ENCYCLOPÉDIE
MÉTHODIQUE,

OU

PAR ORDRE DE MATIÈRES;

PAR UNE SOCIÉTÉ DE GENS DE LETTRES, DE SAVANS ET D'ARTISTES;

Précédée d'un Vocabulaire universel, *servant de Table pour tout l'Ouvrage, ornée des Portraits de MM.* DIDEROT & D'ALEMBERT, *premiers Éditeurs de l'*Encyclopédie.

ENCYCLOPÉDIE MÉTHODIQUE.

GÉOGRAPHIE-PHYSIQUE.

PAR M. DESMAREST.

TOME TROISIÈME.

A PARIS,

Chez H. AGASSE, Imprimeur-Libraire, rue des Poitevins, n°. 6.

M. DCCCIX.

BAAR, comté d'Allemagne en Souabe, dans la principauté de Furſtemberg, vers les ſources du Danube & du Necker, proche la Forêt-Noire & la frontière du Briſgaw. Les montagnes d'Abennou ſont ſurtout connues ſous le nom de *Montagnes de Baar*. C'eſt un point de partage des eaux, très-remarquable, & au centre de pluſieurs pentes diſtribuées vers tous les aſpects de l'horizon.

BAARIOOU, rivière d'Aſie, dans le Kamtzchatka, dont les ſources ſont d'abord réunies dans un ruiſſeau conſidérable, qui coule au fond d'un vallon fort étroit, reſſerré entre deux montagnes. Les bords de cette rivière ſont enſuite marécageux; le fond de ſon lit eſt ſabloneux & couvert de mouſſes aquatiques. Il ſe réunit à cette rivière l'eau de tant de ſources chaudes, que le thermomètre de M. de Liſle, plongé dans ſon lit au deſſous de quelques-unes de ces ſources, s'éleva juſqu'à 23 degrés & demi.

BABEL-MANDEL, île ſituée à l'embouchure de la Mer-Rouge, qu'elle diviſe en deux canaux. Elle eſt ſurtout voiſine de la côte de l'Arabie, & ſi proche, qu'il n'y a entr'elle & la terre-ferme qu'un paſſage fort étroit, qui ne peut ſervir que pour les plus petits bâtimens. Elle a deux lieues de longueur, ſur une largeur un peu moindre. On y voit quelque verdure en différens endroits; mais le reſte ne préſente que l'aſpect d'un rocher ſtérile, brûlé par l'ardeur du ſoleil : en ſorte que cette île peut être conſidérée comme une maſſe entiérement inculte. Il y a grande apparence que cette île s'eſt détachée de la côte occidentale, parce que la mer à cet aſpect mangeoit, comme je l'ai dit à l'article ARABIE, & faiſoit reculer les côtes d'Afrique, en ſorte que les *accrues* & les dépôts ne pouvoient avoir lieu que ſur les rives orientales; ce qui nous apprend que la Mer-Rouge étoit primitivement une vallée qui offroit le lit d'une eau courante conſidérable dans le tems des inondations, & qui, s'étant élargie par l'invaſion de la mer des Indes, eſt devenue le domaine de cette mer, qui s'en eſt emparée par les fortes marées qui s'y introduiſent.

BABEL-MANDEL, détroit entre l'île & la montagne du même nom. Il paroît par le nom arabe de ce détroit, qui ſignifie *porte de deuil*, que ce paſſage étoit regardé comme très-dangereux. A l'entrée de ce détroit il y a une anſe de ſable qui a dix braſſes d'eau de profondeur. Sous l'île précédente, il y a une autre anſe d'un quart de lieue de largeur, avec des terres baſſes dans le milieu. Ce lieu eſt pour les forbans un aſyle contre les vents de la mouſſon & du ſud-oueſt.

BACAIM, ville d'Aſie, avec port, au royaume de Viſapour. Les chaleurs y ſont ſi fortes, que les hommes & les femmes vont preſque nus dans les rues. Tous les environs ſont remplis de jardins couverts d'arbres à fruits de toute eſpèce : ce ſont les payſans mores, gentils & chrétiens qui habitent les villages voiſins, & qui prennent ſoin de leur culture. C'eſt là que les habitans aiſés ſe retirent pour jouir de l'air pur & frais qu'on y reſpire.

BACHARACH, ville du département de Rhin & Moſelle. Elle occupe une contrée où l'obſervateur remarque à chaque pas des beautés naturelles intéreſſantes. Là le Rhin, ſemblable à un lac alongé, a ſon cours reſſerré entre de hautes montagnes, dont les ſommets ſont couronnés d'épaiſſes forêts. Au milieu du fleuve, & à la gauche de l'Obervetel, paroît le vaſte château polygone de *Bacharach*, environné de ruines & de châteaux, & qui forme un ſpectacle fort impoſant. C'eſt là que le Rhin, continuant à ſe faire jour à travers les rochers, ſemble ſe perdre au pied des bords eſcarpés de montagnes, dont le premier apperçu inſpire une certaine ſurpriſe. Cette contrée fait un grand commerce de vins muſcats très-eſtimés, & qu'on récolte dans les environs, les plaines offrant aux raiſins qui fourniſſent ce vin des abris où ils parviennent à une parfaite maturité.

BACHARACH (Forêt de), même département, arrondiſſement de Bonn, canton de *Bacharach*, à trois quarts de lieue oueſt duquel cette forêt eſt ſituée. Elle a du nord au ſud une lieue de longueur, & de l'eſt à l'oueſt trois quarts de lieue de largeur. C'eſt là qu'elle offre le ſpectacle dont on a fait mention ci-deſſus.

BACHE (la), montagne du département des Hautes-Pyrénées, arrondiſſement d'Argelès. Elle a du nord au ſud une pente aſſez rapide, d'un tiers de lieue de longueur.

BACHELARD (la), rivière du département des Baſſes-Alpes, arrondiſſement & canton de Barcelonette. Elle prend ſa ſource à quatre lieues environ de cette ville, coule au nord-oueſt, puis à l'oueſt, paſſe à Fours, &, remontant au nord, ſe rend dans l'Hubaye, à une demi-lieue eſt de Barcelonette, & à quatre lieues & demie oueſt-ſud-oueſt de ſa ſource. La vallée de cette eau courante est très-intéressante à travers les sommets de ces montagnes que cette force active a séparés. En suivant la marche des eaux de ces deux rivières, il est aisé de voir les progrès de l'approfondissement de ces belles vallées. (*Voyez* BARCELONETTE.)

BACHEVIRON, montagne du département des Hautes-Pyrénées, arrondissement d'Argelès, & à cinq lieues sud-sud-est de ce village. Elle a de l'est à l'ouest un quart de lieue de longueur : c'est une des *arêtes* que j'ai distinguées dans le volume précédent. Ici ces arêtes dépendent surtout des grandes montagnes qui dominent dans les environs d'Argelès, & que je rappellerai par la suite en différens articles.

BADEFOL, village du département de la Dordogne, canton d'Hautefort. Près de ce village, au bord de la Dordogne, il y a plusieurs cavernes où l'on trouve des marcassites qui ont à peu près deux pouces d'épaisseur, & qui sont composées de petites lames fort distinctes.

BADEN, ville, centre & capitale d'un comté dépendant des cantons de Berne, de Zurich & de Glaris. Elle est située au milieu d'un pays fertile & abondant, sur les bords du Limat, qui lui ouvre une communication facile avec le lac de Zurich & l'Aar. Depuis long-tems les eaux chaudes de *Baden* ont de la célébrité. Ses bains sont construits sur les deux bords du Limat. Les grands bains sont établis sur la rive gauche de cette rivière, dans les auberges, & même dans des maisons particulières. Ses eaux minérales & chaudes sont fort abondantes, & fournissent à environ cent bassins séparés & sous des voûtes propres & commodes, & parmi lesquels sont deux grands bains publics destinés pour les besoins des pauvres : on a remarqué même une source chaude au fond & au milieu du lit de la rivière. Une des sept sources qui servent à alimenter les grands bains a une chaleur si considérable, qu'on ne peut y résister en y plongeant la main. Toutes sont chargées de soufre, d'un peu d'alun & de nitre. Indépendamment de leur usage pour les bains, elles sont encore salutaires pour la boisson.

Ces eaux étoient célèbres même du tems des Romains. Les environs de *Baden*, les champs, les prairies, les collines, le lit de la rivière, les bains, ont offert aux amateurs d'antiquités plusieurs monumens très-remarquables, tels que statues & médailles de grands prix, en or & en argent. Parmi les beaux ponts qu'on voit dans cette contrée, je ferai mention de celui de *Baden*, qui traverse, sans aucune pile, la Limat, laquelle a cent dix pieds de largeur en cet endroit.

BADET (la), montagne & rivière du département des Hautes-Pyrénées, arrondissement de Bagnères. La montagne, située à trois lieues trois quarts à l'ouest de Vielles, offre à son sommet des rochers en destruction. C'est au pied de cette masse élevée que l'on voit la source de la rivière du même nom, qui coule au nord-est, puis à l'est, & se perd dans la Neste d'Aure, à une lieue nord-est de sa source.

BADINE, plage & port du département du Var, canton d'Hières, à l'est de la presqu'île de Giens. Ils s'étendent depuis le cap de Lefferel jusqu'au passage du *Gras*, près la queue de l'étang du Pasquier. C'est là qu'on peut voir surtout les effets du refoulement des flots de la mer, qui ont chargé de vases toutes les embouchures des eaux courantes de la côte, & y ont formé de nombreux étangs par le moyen de ces digues.

BADON (le Salin de), département des Bouches-du-Rhône, canton d'Arles, près l'étang de Fournele, dans l'île de la Camargue, dépendant du village de Sambuc, à une lieue & demie de la mer. Ce salin, comme beaucoup d'autres voisins, donne de belles récoltes de sel.

BAFFIN (Baie de). Cette baie, à la latitude de 72 deg. 30 m. de l'Amérique septentrionale, fut découverte, en 1613, par *Guillaume Baffin*. Ce navigateur trouva, vers la latitude de 70 deg. 20 m. sur la côte de Londres, que les marées s'élevoient seulement de huit à neuf pieds. Dans le détroit de Horn, latitude de 78 deg. 45 m., il y vit plusieurs peuplades. Au nord de ce détroit, à 75 deg. 40 m., il remarqua une baie large & ouverte, dont le cap Dudley-Digges forme la pointe septentrionale; dans l'intérieur, le détroit de Westenholme, & au-delà celui de la Baleine; à l'extrémité & au fond de cette grande baie, il rencontra le détroit nommé par Baffin, du nom de *Thomas Smith*, & qui est situé à 78 degrés. Ce grand navigateur nous apprend que dans tous ces détroits il y avoit une grande quantité de baleines, & que dans le dernier se voyoient les plus grosses. On pouvoit croire qu'il y avoit plusieurs communications de cette baie à la Mer-Glaciale, à travers lesquelles ces cétacées passoient en certaines saisons, & parvenoient dans cette dernière baie, que l'on doit considérer comme le débouché que ces baleines suivent dans leur transmigration aux parties plus méridionales. La distance à la Mer-Glaciale ne peut être que très-petite; mais on doit craindre qu'elle ne soit fermée par les glaces, ou du moins par la subite accumulation des glaçons au changement des vents qui favorisent ces effets. Au reste, il résulte de là que si les baleines peuvent s'ouvrir cette communication & ce passage, il est pour les navigateurs trop rempli d'obstacles pour être tenté ou suivi par eux.

Ces mêmes obstacles déterminèrent Guillaume Baffin, en 1616, à ne point se hasarder avec les marées dans cette baie : les éclairciſſemens que cette tentative lui auroit procurés, auroient totalement décidé la poſſibilité du paſſage par cette route. Il vit bien des chevaux & des veaux marins dans ces parages, mais il ne trouva ſur les côtes aucun ſigne d'habitation.

De ce point la terre court à l'occident, & va former un détroit que Baffin appelle du nom de l'*Alderman Jones* (latitude, 75 deg. 40 m.). Enſuite ſe préſente un autre détroit (latitude, 74 deg. 20 m.) plus au ſud, qu'il nomme *Lancaſtre*; enfin, la côte ſe courbe pour former un troiſième détroit vers l'orient, entre l'île de Cumberland. Baffin dirigea ſa courſe entre cette île & l'île Saint-Jacques, laiſſa ſon nom au détroit qu'il paſſa, & arriva heureuſement au détroit de Cockin, ſur la côte du Groënland occidental, où il trouva que la marée s'élevoit à dix-huit pieds.

BAGES, village du département des Baſſes-Pyrénées, canton d'Arudy. Un peu au deſſus de ce village, il y a une carrière d'ardoiſe d'une aſſez bonne qualité.

BAGES ET SIJEAN (Étangs de), du département de l'Aude, arrondiſſement de Narbonne. Ils ſont à deux tiers de lieue à l'eſt de Sijean, & à trois quarts de lieue ſud de Narbonne. Ils ont du nord au ſud trois lieues un tiers de longueur, & de l'eſt à l'oueſt une lieue un quart de largeur. De ces étangs ſort le canal qui arroſe la ville de Narbonne, & qui va ſe rendre dans l'Aude, à deux lieues nord-oueſt de cette ville. On peut voir, à l'article AUDE, les circonſtances qui ont contribué à former les baſſins de ces étangs : nous nous bornerons à cette ſeule conſidération qui nous paroît digne d'attention, parce qu'elle a pour objet des effets que d'anciens envaſemens ont produits dans cette contrée, & dont les différens progrès ſont développés à l'article AUDE.

BAGNEAU (Ile de), du département du Var, canton d'Hières, à cinq lieues eſt-ſud-eſt d'Hières, & à un demi-quart de lieue de l'île de Porteroſe. Elle a du nord au ſud un tiers de lieue de longueur, & un demi-quart de lieue de large : on voit à la ſurface de cette île deux montagnes aſſez remarquables par leur élévation, & qui diſtinguent la nature de ſon ſol.

BAGNENAUD (Pointe de), département du Morbihan ; elle a au nord le Roc-Vidée, la Baſſe-Platte & le Roc-Lagalus ; puis au ſud le Port-Gueu, & la Pointe-Bagnerolance à une lieue un quart de diſtance vers le ſud. Toutes ces formes de rochers annoncent les deſtructions du ſol par les flots de la mer, & les débris de l'ancienne terre granitique.

BAGNÈRES DE BIGORRE, ville du département des Hautes-Pyrénées, ſur l'Adour. Située dans une jolie plaine à l'entrée du Férule, vallon de Campan, elle eſt le rendez-vous de ceux qui y ſont attirés par la réputation de ſes eaux ſalutaires & minérales, dont les effets ont produit & produiſent journellement des cures merveilleuſes. Les ſources de cette ville & de ſes environs ſont nombreuſes, & ſont toutes connues par des noms différens. On en a compté juſqu'à trente-deux, dont quelques-unes n'exiſtent plus ou ont pris un autre cours. Les divers degrés de chaleur de ces eaux s'élèvent, au thermomètre de Réaumur, depuis le vingt ſixième juſqu'au quarante-ſixième degré. Les Romains les connoiſſoient & les fréquentoient. La ſource *du Salut* eſt la plus eſtimée ; les deux *Bains des Pauvres*, ceux de *la Goutte*, de *Saint-Roch*, de *la Reine* & de *l'Ane*, ſont au pied de la montagne la plus proche de *Bagnères*. Le *Bain du Salut* eſt à un quart de lieue de la ville ; celui de *la Forge*, *le Grand* & *le Petit Bain* ſont dans *Bagnères* même. On n'a trouvé entre les eaux de tous ces bains d'autre différence que celle du degré de chaleur : elles ſont toutes limpides, mais ſans ſaveur manifeſte, &, nous le répétons, très-ſalutaires. Ces bains ſont fréquentés deux fois l'année, au printems & en automne.

Les montagnes qui environnent *Bagnères* ſont compoſées d'une eſpèce de marbre commun ou de pierre à chaux griſe & d'un grain fin, dont les maiſons ſont bâties : les environs des bains de Salut, qui ne ſont qu'à ſept cents toiſes de *Bagnères*, ſont calcaires & ſchiſteux. On y trouve de la pyrite cubique diſperſée dans la pierre à chaux & dans le ſchiſte : on obſerve auſſi aux environs de *Bagnères* des veines ou filamens d'aſbeſtes criſtalliſés, qui traverſent les ſerpentines dont ces montagnes ſont auſſi compoſées. La figure de ces criſtaux eſt un parallélipipède rhomboïdal comprimé. A une petite diſtance au nord de *Bagnères*, les collines ſont formées de pierres argileuſes : il y en a de grenues en maſſes. On y voit auſſi des couches de ſchiſte un peu micacé & de ſchiſte gris, qui ſe ſépare par feuillets : on y rencontre enfin du marbre gris.

La montagne calcaire du pied de laquelle jailliſſent les eaux des ſources de *Bagnères*, eſt remarquable par une caverne profonde qu'on appelle *la Grotte de Beda*. Entre *Bagnères* & les bains de Salut, il y a des couches verticales de ſchiſte gris, qui ſe diviſe par feuillets : il y en a auſſi quelques-unes d'inclinées. On obſerve de même près de la fontaine de Salut des bancs de marbre gris, & la montagne au ſud de cette ſource en paroît entièrement compoſée. Enfin, à un quart de lieue de *Bagnères*, on a découvert du marbre blanc qui reçoit un beau poli.

BAGNÈRES DE LUCHON, ville du département de Haute-Garonne, où ſont des bains qui ont à peu près les mêmes propriétés que ceux de *Bagnères* de Bigorre, dans le département des Hautes-Pyrénées, mais ils sont moins fréquentés : on a cependant commencé à construire un superbe bain divisé en plusieurs cellules, en une grande salle commune & en deux galeries couvertes pour se promener. Le peu d'affluence rend à Luchon les logemens & la nourriture beaucoup moins chers qu'à l'autre *Bagnerès*, & l'on y trouve quelques maisons commodes. Les eaux de ces bains sont divisées en trois classes ; les chaudes, les presque tièdes & les froides. La première source chaude est l'ancienne source de *la Grotte ;* les eaux en sont excessivement chaudes. La seconde est surnommée de *la Salle ;* la troisième est celle des *Romains*, parce qu'elle va déposer ses eaux dans un endroit où se sont trouvés des vestiges d'anciens bains bâtis par les Romains. La quatrième est celle *du Rocher ;* la cinquième celle de *la Reine :* on donne le nom de *la Douce* à la sixième source ; la septième est *la Chaude à droite ;* la huitième est nommée *la Chaude à gauche ;* les neuvième & dixième sont appelées *les Blanches :* elles sont séparées entr'elles par deux autres sources froides, qui sont les onzième & douzième.

Les eaux de Luchon sont démontrées, par l'expérience journalière, comme très-souveraines contre les maladies cutanées, & principalement contre les dartres & les suites fâcheuses de l'acrimonie des humeurs.

A deux cents toises ouest-nord-ouest de *Bagnères*, sur la rive gauche de la rivière d'Oo, dans la pente de la montagne, est une mine de plomb & de pyrite en filon, à trente toises environ au dessus d'un moulin à scie. Presqu'en face de cette mine, mais plus au couchant, sur la rive droite de la même rivière, il y a une masse de rochers renfermant une certaine quantité de pyrites martiales blanches, de grenats rouges massifs, de mica noirâtre feuilleté, de quartz & de schiste noir : on y rencontre aussi des bancs de marbre gris.

A une petite distance de la ville, les sources minérales jaillissent, dans des bancs de schiste dur, entre des blocs de granits roulés. A un quart de lieue sud des eaux de *Bagnères*, il y a des fours à chaux établis au pied d'une montagne d'où l'on tire des pierres calcaires. A l'hôpital de *Bagnères* il y a des couches d'ardoises argileuses, & les habitans de cette ville en ont ouvert une carrière pour leur usage ; mais en général, les montagnes qui s'élèvent au sud de l'hôpital sont composées, jusqu'aux plus hauts sommets, de marbre gris. Les torrens que l'on voit se précipiter du port de Venasque & des autres montagnes qui dominent l'hôpital, ne roulent pas des roches de granit, mais il s'en trouve dans celui qui vient du côté du port de Glère.

BAGNOLS, ville du département du Gard, arrondissement d'Uzès, près de la Cèze, qui roule des paillettes d'or, & à deux lieues du Pont-Saint-Esprit. On remarque au milieu de la ville deux fontaines abreuvées par des sources très-abondantes : on a recueilli ces eaux dans un canal qui les conduit hors la ville, pour que chacun puisse en faire usage pour arroser ses terres. La Cèze coule à quelques pas de ses murailles ; c'est sur son cours que sont établis plusieurs moulins à soie. Il se file aux environs une grande quantité de cocons : on y fabrique aussi plusieurs étoffes de fantaisie, pour lesquelles sont employés les bourettes ou débris des filatures. On croit que les Romains avoient construit des bains dans cette ville : cette conjecture est confirmée par quelques monumens anciens découverts à *Bagnols* en différens tems.

BAGNOLS, village du département de l'Orne, canton de Domfront, près de Juvigny, au bord de la forêt d'Audaine. Cet endroit est remarquable, & même célèbre, par des eaux minérales tièdes & sulfureuses, dont la source est au fond de cuve d'une vallée nommée *la Vallée de Bagnolles :* elles sont bonnes contre les paralysies qui viennent à la suite de l'apoplexie.

BAGNOLS, village du département du Rhône, arrondissement de Villefranche. Aux environs on trouve des tuileries & des carrières de pierres à chaux, tous produits de la nouvelle terre.

BAGNOLS-LES-BAINS, village du département de la Lozère, arrondissement de Mende. Ses eaux minérales sont fort célèbres dans le pays ; elles excitent l'appétit & des transpirations abondantes.

BAGNOLS-SUR-MER, village du département des Pyrénées orientales, arrondissement & canton de Céret. On fait dans ce village de la chaux avec des pierres qui se trouvent du côté de Notre-Dame-des-Abeilles. Au sud de *Bagnols*, vers les limites d'Espagne, sont quatre tours, dont la quatrième, absolument sur les limites, est à quinze cents toises de la Méditerranée.

BAHAIS, village du département de la Manche, arrondissement de Saint-Lo. Il y a des carrières abondantes de pierres à chaux dans les environs, & d'une excellente qualité.

BAHAMA (Iles de). Ces îles sont situées en face de la Floride. La plupart de leurs côtes sont escarpées, entourées de rochers qui leur donnent l'aspect le plus effrayant. Ces îles sont très-nombreuses, & on en compte à peu près deux cents de toute grandeur. Quelques-unes ne paroissent sur l'eau que comme des pointes de rochers ou d'écueils plats, aspect assez semblable à celui des Antilles & des petites Caraïbes. Comme elles sont très-proche les unes des autres, elles portent toutes ensemble le nom d'*Archipel de l'Amérique*.

Toutes les montagnes qu'on a eu lieu d'observer

dans ces îles, sont composées de pierres calcaires d'un grain extrêmement fin. Elles sont remplies de petites mitulites dont la coquille est très-dure, tandis que leur noyau est resté sous forme pulvérulente.

Il paroît que ces îles, non-seulement ont formé ensemble un seul & même massif, mais encore qu'elles ont été unies au continent qui est en face & voisin de ces îles. La violence du courant qui vient du golfe du Mexique, & qui, passant à l'est de la Floride, se jette au nord-est, est un principe de destruction suffisant pour avoir séparé ces îles, soit les unes des autres, soit de la terre-ferme. Outre cela, il est visible que ces îles sont composées de la même nature de matériaux que le continent voisin; ce qui démontre aux yeux des naturalistes, sans autre circonstance, que ces îles ont formé un même massif organisé de même, comme sont presque toutes les îles voisines des continens.

On peut appuyer cette observation générale par des vues particulières : d'abord, la mer a peu de profondeur entre ces îles, même dans les endroits où les rivages sont à pic, comme nous l'avons dit; en second lieu, les petites îles, les rochers & les écueils sont distribués à peu près sur la même ligne & dans la même direction; ce qui nous annonce les témoins & les vestiges des chaînes suivies autrefois, & coupées par la véhémence des vagues, & il est visible que ce travail se continue encore tous les jours.

Les sommets des montagnes présentent des pointes nues très-peu garnies de plantes ou d'arbustes, parce que la terre végétale y manque; mais à mesure qu'on approche des rivages, on trouve un si grand nombre d'arbres qu'ils en sont obstrués; en sorte que, dans les tems de la haute mer, il ne reste aucun endroit où l'on puisse aborder.

Sept de ces îles sont habitées, parmi lesquelles New-Proudence est la principale. (*Voyez l'article* ANTILLES, où l'on a décrit un grand nombre de ces îles, & où l'on a indiqué plusieurs phénomènes qu'elles devoient à leurs situations & dispositions générales. *Voyez* LUCAYES, où nous présenterons l'ensemble de toutes les îles de l'Archipel, & quant à leur distribution & à leur forme, quoique nous en aiyons tracé une esquisse à l'article ANTILLES.)

BAHAREM (Ile de). Cette île, située dans le golfe Persique, étoit célèbre par la pêche de perles qu'on y faisoit lorsqu'on en trouvoit à Ormuz, à Karck, à Keshy & dans d'autres parages du golfe; mais elle est devenue bien plus importante depuis que les autres bancs sont épuisés, sans que le sien ait souffert une diminution sensible. Cette pêche commence en avril & finit en octobre : elle est renfermée dans l'espace de quatre à cinq lieues. Les Arabes, les seuls qui s'y livrent, vont coucher chaque nuit dans l'île ou sur la côte, à moins que les vents ne les empêchent de gagner cette terre.

Les perles de *Baharem* sont moins blanches que celles de Ceilan & du Japon, mais beaucoup plus grosses que les premières, & d'une forme plus régulière que les autres. Elles tirent un peu sur le jaune; mais on ne peut leur disputer l'avantage de conserver leur eau dorée, tandis que les perles plus blanches perdent avec le tems beaucoup de leur éclat, surtout dans les pays chauds. La coquille qui porte les unes & les autres, connue sous le nom de *nacre de perle* ou de *mere-perle*, sert en Asie à beaucoup d'usages.

Le produit de la pêche qui se fait dans les parages de *Baharem*, est estimé 3,600,000 liv. Les perles inégales passent la plupart à Constantinople & dans le reste de la Turquie : les grandes y servent à l'ornement de la tête, & les petites sont employées aux broderies. Les perles parfaites sont réservées pour Surate, d'où elles se répandent dans tout l'Indostan, où ce luxe est la plus forte passion des femmes. (*Voyez l'article* PERLES, où l'on a rapproché tous les différens parages de la mer qui fournissent les bancs d'huîtres fécondes en perles, & les rivières qui produisent les moules à perles. *Voyez aussi* BANCS A PERLES.)

BAHUS (la), rivière du département des Landes, canton de Geaune. Sa source, située à deux lieues & demie sud-sud-est de Geaune, coule au nord-ouest, puis à l'est, remonte au nord-ouest, & se rend dans l'Adour à une demi-lieue de Saint-Sever, & à sept lieues nord-ouest de son origine. La pente qui verse ces eaux courantes est remarquable comme une des croupes de la vallée de l'Adour.

BAIE. Je renvoie, pour ce qui concerne les *baies*, à l'article ANSE, où j'ai rapproché les différentes formes que les côtes de nos continens ont prises dans toutes les circonstances; c'est ce qui me dispense de revenir à ces objets. Je m'occuperai par la suite, à l'article DÉTROIT, de ce qui reste à considérer sur les autres formes des côtes & des archipels.

BAIES. Le château de *Baies* occupe la partie méridionale du golfe. Il y avoit autrefois à *Baies* un petit port assez commode; mais il est devenu impraticable à cause des décombres de bâtimens qui l'ont comblé. Ce rivage étoit fameux du tems des Romains : les eaux qu'on y venoit prendre en avoient fait un séjour de délices.

A l'occident de *Baies*, on trouve une campagne très-agréable & découverte.

BAIES (*Baia*), ville d'Italie, dans la Campanie, sur un petit golfe du même nom, dont l'entrée est par le cap Misène & par la grotte du

Pausilippe. Ce golfe de *Baies* est délicieux, la nature y est toujours belle, & la rigueur de l'hiver s'y fait peu sentir. La côte y est très poissonneuse, la campagne très-fertile : on y trouve un grand nombre de bains & de sources minérales de différens degrés de chaleur, également agréables & salutaires. Tous ces avantages y attirèrent les Romains, surtout dans la saison de l'hiver. Ils construisirent des maisons magnifiques sur la côte de *Baies*, qui devint bientôt le séjour de la mollesse & même de la débauche. La dissolution fut regardée comme un tribut qu'il falloit payer à un séjour si délicieux : on ne pouvoit le fréquenter sans faire tort à sa réputation. On ne se contenta pas du terrain que la nature donnoit, on fit des digues pour resserrer la mer; on combla par ces moyens une grande partie du golfe pour y élever des bâtimens au milieu des eaux. On en voit aujourd'hui les ruines dans la mer, qui gagne de jour en jour sur cette côte où la nature est la même, mais qui n'a pour habitans que des hommes grossiers : la douceur du climat les énerve plutôt qu'elle ne les adoucit.

Nous ferons connoître par la suite tous les monumens de l'histoire naturelle de ce golfe, également intéressans, & quant au sol intact, & quant aux vestiges & résidus des diverses éruptions des feux souterrains, parmi lesquels je citerai le Solfatare & le Monte-Nuovo, en renvoyant définitivement à leurs articles, ainsi qu'à celui de Pouzzole, & à celui du Temple de Sérapis, ruine sur laquelle on a dit bien des choses hasardées, & sur les phénomènes de laquelle je donnerai une solution simple & raisonnable.

BAÏGORRY (Vallée de), département des Basses-Pyrénées, arrondissement de Bagnères. Cette vallée commence aux limites de la France & de l'Espagne ; elle fait partie de la ci-devant Basse-Navarre, pays des Basques, borné au septentrion par la vallée d'Offez, au midi par la Navarre espagnole, à l'est par le pays d'Ostabarés, & à l'ouest par la Biscaye espagnole. Cette vallée peut avoir quatre lieues de longueur, sur trois de largeur. La rivière de Nive l'arrose en grande partie. On trouve à *Baigorry* une fonderie, & tout auprès des mines de cuivre, les plus considérables de ce département. Cette fonderie a de vastes bâtimens, de beaux fourneaux situés au pied des montagnes, dans un vallon fort étroit, traversé par la Nive, rivière d'une certaine importance qui se rend à Bayonne, où elle se réunit à l'Adour. La Nive resserre beaucoup l'établissement des mines de *Baigorry*, de manière que les bâtimens & les minières se trouvent réunis & resserrés d'un côté pendant que le reste des usines est de l'autre, & n'a de communication que par un pont. Il résulte de cette position gênante, que l'exploitation des mines ne peut se faire avec autant d'économie qu'elle se feroit dans un local plus étendu. Les travaux principaux des mines, les usines, les fonderies diverses, les boccards, les lavoirs, sont rapprochés dans un espace qui n'a pas plus de cinq cents toises. Il est vrai que jamais l'eau n'y manque, & que le bois s'y trouve à portée. Tous les ateliers pour le grillage, la fonte, le raffinage, la liquation, le rafraîchissement, le ressuage & la coupellation y sont réunis. La conduite des eaux, les machines qu'elles font mouvoir, même les trompes ou souflets à eau, le lavage & tous les travaux de la fonderie, l'opération de la casserie, le triage, &c. sont des objets intéressans & curieux qu'il faut renfermer dans ce rapprochement.

L'origine primitive de l'exploitation des mines de *Baïgorry* est très-ancienne, & remonte probablement jusqu'au tems des Romains. En 1728, M. de la Tour obtint la concession de ces mines: les premiers travaux s'exécutèrent en 1730, & ont toujours continué jusqu'à la dernière guerre avec l'Espagne. Les premiers travaux sont ceux que l'on nomme *Philisbourg*, ensuite, à cent quarante toises au dessous des travaux de Philisbourg & sur la rive droite de la Nive, se trouve la mine de *Sainte-Élisabeth* ; puis, en remontant la Nive de quarante toises, on voit sur la gauche les travaux de *Saint-Louis* ; un peu au dessous de ces travaux sont ceux connus sous la dénomination d'*Aoust*, où l'on a creusé un puits au sol duquel on a laissé un filon apparent ; mais la trop grande proximité de la rivière a obligé de rechercher un filon du côté opposé, sur la rive droite de la Nive. Le filon de *Saint-Antoine* a été attaqué un peu au dessus des travaux de *Sainte-Élisabeth*. Le filon ou les travaux de *Sainte-Marie* côtoient la rive gauche de la Nive, de l'est à l'ouest. La mine des *Trois-Rois*, ainsi nommée à cause du jour de sa découverte, est la plus considérable de toutes celles que l'on exploite, tant par son étendue horizontale, que par sa profondeur perpendiculaire, qui est de quatre-vingts toises : elle est sur la rive gauche de la Nive. Le filon a été poursuivi sur une longueur de cent quatre-vingts toises, jusqu'à sa jonction à l'ouest-nord-ouest avec le filon de *Sainte-Marie*. Le filon ou les travaux de *Berg-op Zoom* pénètrent dans l'intérieur de la montagne beaucoup plus que les précédentes. Les travaux de *Sainte-Marthe*, qui sont sur la rive gauche de la Nive, ont été poussés à près de cent trente-cinq toises de profondeur horizontale. Enfin, les travaux dits de *Saint-Michel* sont au sud-est de la mine des *Trois-Rois*, sur la rive gauche de la Nive.

Toutes ces mines ont des galeries profondes & spacieuses, & fournissent du cuivre abondamment. Il y a encore parmi les gîtes de minéraux qu'il est naturel de regarder comme essentiellement dépendans de l'établissement par rapport à leur proximité, quelques veines puissantes de quartz qui se trouvent au nombre de quatre sous l'aqueduc qui conduit les eaux de dessus la rivière d'un de ses bords à l'autre. Il y a de même un large filon d'environ une toise d'épaisseur, découvert à neuf pieds au dessus de la rive gauche de la Nive, vis-à-vis le filet qui arrête le bois flotté, à la place qu'on nomme *Bandalécou*. Il y a encore divers travaux anciens, tels que des puits, près du lieu nommé *Eratsenia*; un puits près la maison d'*Ohaïo*; des travaux près de l'endroit appelé *Berecoborda*; plusieurs galeries le long du canal, & d'autres petites galeries qui ont leur débouché près du canal, mais qui n'ont pas été déblayées. Tous ces travaux paroissent être une suite du filon de Berg-op-Zoom que les Romains avoient effleuré dans tout ce flanc de montagne qui est sur la rive droite de la Nive, & qu'on nomme *la montagne d'Astoescoria*, si l'on en juge par les affaissemens qui s'y font sur cette direction. On trouve dans cette même montagne d'Astoescoria de la mine de cuivre jaune qui fournit environ trente livres de cuivre par quintal, & de la mine de cuivre d'un gris-clair qui rend également trente livres de cuivre, & depuis deux jusqu'à cinq marcs d'argent. En 1766, on trouva à Erresenia, dans un réduit situé un peu à mi-côte au dessus des fonderies de *Baïgorry*, au bord d'un petit ruisseau, un bloc de minerai pur d'environ onze quintaux, qui provenoit vraisemblablement des montagnes supérieures.

Près de la fonderie on rencontre des couches d'une espèce d'ardoise & des bancs argilo-quartzeux, traversés par des filons de mines de cuivre. Non loin de la chapelle de cet établissement ce sont des pierres calcaires très-dures: il y en a de même au sud & près le pont de Bishourieta. Au sud de ce pont sont des matières argileuses dont on fait de la tuile. Plus loin on voit de hautes montagnes composées de bancs inclinés de grès rougeâtre, d'un pied ou environ d'épaisseur. Ces bancs se prolongent du nord au sud, direction assez générale des matières qui se trouvent depuis la fonderie de *Baïgorry* jusqu'aux Alludes.

BAÏKAL, l'un des plus grands lacs de l'ancien continent d'Asie.

La profondeur de ce lac est considérable, la limpidité de ses eaux parfaite : il est navigable dans toutes ses parties, sans embarras d'îles, autres que l'*Olchon* & la *Saetchia*. Dans les tempêtes ses vagues s'élèvent comme celles de la mer. Sa longueur est de cent vingt-cinq lieues communes, & sa largeur de sept à douze. Les veaux marins de l'espèce commune y sont très-nombreux. On sera toujours embarrassé pour expliquer comment ces animaux se trouvent à un si grand éloignement de la mer; car comment supposer qu'au milieu des cataractes ils aient pu faire le trajet du lac à l'Océan. Mais en indiquant cet embarras, je dois dire qu'il se rencontre dans plusieurs autres circonstances semblables.

Lorsque les glaces du lac *Baïkal* se rompent, le *salmo oxyzinchus* & le *lenki* déposent leur frai sur le sable de ses rives, & en été ces poissons se retirent au fond de l'eau.

Le *callionymus baikalensis* est un poisson particulier à ce lac; il a environ neuf pouces de long, & sa chair est très-molle, très-délicate, & rend beaucoup d'huile. Il habite à de très-grandes profondeurs les cavernes du lac, & particuliérement près des rives septentrionales, dans des endroits profonds de trois ou quatre cents brasses : on n'en voit jamais que lorsqu'ils ont été arrachés de leurs cavernes par de violens orages d'été; alors on les trouve flottans à la surface ou jetés en monceaux énormes sur ses bords & à l'embouchure du Selinga. Les habitans du pays en tirent de l'huile qu'ils vendent aux Chinois.

Le saumon d'automne ou *omul* se prend dans le même lac en juin & en juillet.

On voit flotter à la surface du lac *Baïkal* une prodigieuse quantité de peaux d'*oniscus trachurus*, sorte d'insecte qui abonde le long des rivages pleins de rochers, & qui sert de pâture au *salmo lenok* & au *sig*.

Le lac *Baïkal* reçoit le Selinga & quantité d'autres rivières qui viennent du sud; aussi sa forme alongée prouve que son bassin a été creusé dans la vallée des rivières qui lui fournissent de l'eau. L'Angara est la seule rivière qui en sorte : en débouchant du lac elle tombe sur des rochers qui forment des cataractes fort bruyantes & fort dangereuses à franchir.

L'ouverture par laquelle le lac se décharge dans l'Angara paroît avoir été coupée entre deux montagnes, dont le point de vue est très-intéressant. Il est à croire que cet émissaire, ainsi que la digue à travers laquelle il s'est fait jour, a la même constitution que les émissaires & les digues des autres lacs. (*Voyez l'article* LAC.)

BAILLEUL, ville du département du Nord : on y fait d'excellent fromage. Il y a d'ailleurs cent soixante fabriques de fils retors, deux de rubans de fil; deux de faïence, une de poterie & une de sel.

BAILLY-EN-RIVIÈRE, département de la Seine-Inférieure, arrondissement de Dieppe, sur le ruisseau de Baillybecy.

BAINS (les), village du département des Pyrénées-orientales, canton d'Arles, sur le Tech. Ce village est ainsi nommé à cause des bains qu'il renferme; il est situé dans la contrée appelée le *Vallespir*, près le *Fort-les-Bains*. C'est au pied de cette forteresse que se trouvent deux sources qui ne sont distantes que de trente pas l'une de l'autre, & qui ne diffèrent uniquement que par le degré de température. Ces eaux sont extrêmement chaudes, & il faut que les baigneurs soient robustes pour soutenir la chaleur du bassin pendant trois quarts d'heure. Le bassin est fort grand. Le tout est couvert par une voûte fort ancienne, & dont on attribue aux Romains la construction, ainsi que celle du bassin. Cette voûte est percée par le milieu pour donner du jour & une certaine issue à la chaleur.

Bains, bourg du département des Vosges, arrondissement de Mirecourt, sur le Begnerat, ruisseau. Ce bourg est situé dans un vallon très-agréable : il renferme deux principales sources, dont l'une, appelée la *grande source*, est très-abondante: l'eau qui en sort est la plus chaude. La seconde source est *celle du Château ;* elle est moins abondante & moins chaude que la première. L'eau de ces deux sources est réunie dans un bassin spacieux qui sert aux baigneurs. En 1750, on a construit un second bassin pour le même usage. Il a une forme ovale, & dix pieds environ de longueur, sur huit de largeur. Entre la fontaine qui alimente le nouveau bassin, & qui est la troisième, il y en a une quatrième appelée *la Fontaine des vaches ;* elle est enfermée dans un pavillon à côté de ce dernier bain. Ces eaux minérales sont très-limpides. Il y a, outre ces fontaines d'eau chaude, trois belles fontaines d'eau fraîche, à la proximité des bains. Les eaux minérales ne sont pas tout-à-fait si chaudes que celles de Plombières, mais elles sont réputées plus efficaces pour les maladies de la poitrine, les gouttes vagues & les rhumatismes goutteux.

Bains du Mont-d'Or, département du Puy-de-Dôme. (*Voyez l'article* Mont-d'Or-les-Bains.)

BAÏSE (la), rivière du département des Basses-Pyrénées, arrondissement d'Oléron. Sa source, qui a plusieurs branches & qui se montre à trois lieues à l'est d'Oléron, coule au nord-nord-est, arrose l'Asseube, Aubertin & Monein. Cette rivière va se rendre dans le Gave de Pau, à un tiers de lieue est de Lagor, & à six lieues deux tiers nord-est de sa source. Je décris dans plusieurs articles les petites rivières des Pyrénées, ainsi que leur cours, pour prouver l'abondance des eaux pluviales qui pénètrent dans l'intérieur des bancs de ces vastes montagnes, & qui y circulent. Ce que je vais ajouter achevera d'établir cette considération importante.

Baïse-de-Devant (la), rivière du département des Hautes-Pyrénées; arrondissement de Bagnères & canton de Lannemezan, à trois quarts de lieue sud-sud-ouest de ce village, où cette rivière prend sa source. Elle coule ensuite au nord-nord-est, reçoit à sa droite la Solle, & se réunit à la Baise & à la Baissolle vers l'île de Noé; plus bas elle passe à Condom & à Nérac, où elle devient navigable par les écluses; passe près de Laverdac, reçoit le Gélise, & se jette dans la Garonne à une demi-lieue au dessus d'Aiguillon.

Baïse-de-Derrière (la), autre rivière du département des Hautes-Pyrénées, même canton de Lannemezan : on voit sa source à une lieue un quart de ce village. Elle coule au nord-est, & se réunit à la Baïssolle à deux lieues au sud de Mirande. Toute cette eau, qui a son origine aux Pyrénées, suit les mêmes vallées que parcourt la rivière précédente.

BAÏSSOLLE (la), rivière du département des Hautes-Pyrénées. Sa source, qui est à une demi-lieue ouest de Lannemezan, coule au nord-est, & se joint à la Baïse-de-Derrière, à deux lieues au sud de Mirande.

BAÏTAGAN-BASCH, village dans le pays des Tschuwasches en Russie, le long de la rivière de Soek. Ce village est remarquable par des sources d'asphalte & des lacs sulfureux.

La première source d'asphalte qu'on remarque le long de la Soek, est située dans la contrée montagneuse où le ruisseau Battugan prend la sienne, & à peu de wersts de distance du village de *Baïtagan-Basch*, au penchant d'une montagne qui paroît être la plus haute de cette contrée, & qui est placée précisément entre les deux sources du ruisseau. Tous les environs sont couverts de bouleaux, qui croissent dans une terre noire fort grasse. On a donné un peu plus de jour à cette source d'asphalte, & l'on a creusé, dans la pente de la montagne, une fosse en forme de chaudière, qui a trois pieds environ de diamètre, & autant de profondeur. L'eau augmente dans cette fosse sans mouvemens apparens, & s'écoule insensiblement dans le ruisseau qui passe auprès. Quoique cette source ne bouillonne point en sortant de terre, elle ne gele jamais, même dans les hivers les plus rigoureux ; & lorsqu'il arrive que la neige vient à la couvrir, les vapeurs bitumineuses que cette eau exhale, & qui frappent d'assez loin l'odorat, forment en très-peu de tems une ouverture à travers cette neige. L'eau de cette source n'a point cependant un degré de chaleur extraordinaire ; car dans le tems que M. Pallas visita cette contrée (le 13 octobre 1768), le thermomètre, qui étoit descendu en plein air, par une matinée fort froide, à 160 degrés, n'étoit remonté dans l'eau que jusqu'au 138e.

L'eau se couvre, dans le petit bassin dont nous avons parlé, d'un asphalte noir très-tenace, très-gluant, qui a la couleur & la consistance d'un goudron épais, & qui, après qu'on l'a enlevé, se forme de nouveau en peu de jours. Quoiqu'il n'y eut que quinze jours environ que tout l'asphalte eût été enlevé du bassin lorsque M. Pallas s'y rendit, il put néanmoins en faire prendre environ six livres, sans compter tout ce qui, vu sa ténacité, s'en étoit attaché aux parois & à différens corps étrangers : il y en avoit au-delà d'un doigt d'épaisseur dans la fosse ; mais cette épaisseur alloit

toujours

toujours en diminuant jusque vers l'écoulement du bassin ; ce qui prouveroit que l'eau en entraîne toujours une partie en s'écoulant. Toute la cavité de la source est tapissée de cet asphalte, & le lit de terre dans lequel cette cavité se trouve, & qui s'étend vraisemblablement bien avant dans la montagne, en est entiérement pénétré. Après qu'on a tout-à-fait enlevé l'asphalte de dessus la surface de l'eau, on la voit se couvrir encore d'une huile de pétrole singuliérement fine, très-forte & très-pénétrante, qui, quoiqu'en petite quantité, s'enflammeroit très-facilement sur la surface de l'eau qu'on tireroit du bassin avec cette huile.

Il résulte de cette description, que cet asphalte devroit, à parler strictement, être appelé *goudron de montagne, bitumen maltha* Linn., ou *poix minérale*, dont il a toute la tenacité ; mais la seule différence entre ces deux fossiles inflammables pourroit bien ne venir que de leurs différens degrés de consistance, & selon que l'huile de pétrole qui en compose la base, se trouve plus ou moins chargée de parties terrestres ou d'autres matières minérales nécessaires à sa condensation. L'huile de pétrole qui surnageoit après que le goudron de montagne eut été séparé de l'eau, paroît être aussi la base de ce goudron, ainsi qu'elle l'est de l'asphalte. Cette couche de terre, pénétrée de cette poix minérale, nous fournit des données très-concluantes sur l'origine des schistes combustibles, ainsi que de celle de la houille ou charbon de terre ; & cette eau chargée des parties oléagineuses de la mine, est analogue à cette eau mêlée de pétrole dont parle Vallérius, *Hydrologia*, §. 23.

M. de la Sablonière, trésorier de l'ambassade de France en Suisse, a fait avec la mine d'asphalte, dans le comté de Neuchatel, le *pissalphalte*, qui a été employé à caréner deux vaisseaux qui partoient de l'Orient, l'un pour Pondichéry, l'autre pour le Bengale. Quoique ces vaisseaux, à leur retour, eussent perdu une partie de leur carène, ils revinrent bien moins piqués de vers que ceux qui avoient eu la carène ordinaire. Ce même M. de la Sablonière avoit formé de grands projets relativement à cet objet lorsqu'il fit ouvrir une mine d'asphalte en Basse-Alsace, dont on retire encore une sorte d'oing noir propre à graisser tous les rouages, de l'huile de pétrole, &c.

Outre l'asphalte, la montagne de *Baïtagan-Basch* renferme encore du soufre, comme il est aisé de s'en convaincre en examinant à sa source le ruisseau dont nous avons parlé ; car la nature sulfureuse se manifeste, non-seulement par l'odeur de foie de soufre, mais elle est encore sensible à l'œil dans le sédiment blanchâtre & limoneux qui se trouve au fond. Près du village de Kamyschli, qui est à peu de distance de là, l'on trouve encore un mur de rocher de gypse, dans le voisinage de la rivière de Sock. Il filtre de dessous ce rocher une source limpide, dont l'eau, un peu sulfureuse & calcaire, exhale une odeur de soufre assez forte, & dépose un léger sédiment blanc. On apperçoit aussi en quelques endroits, sur les feuilles qui tombent dans cette eau, des fleurs de soufre très-délicates. Il y a encore près du village de Jermack, de l'autre côté de la Sock, quelques petites flaques d'eau sulfureuses, mais qui ne sont d'aucune importance.

La partie la plus remarquable du pays qu'arrose la Sock, celle où les fontaines sulfureuses sont en plus grand nombre & les plus riches en soufre, est habitée par des Tschuwasches, dont plusieurs sont encore païens. Le pays situé au sud de Saparowa, vers la source de la petite rivière de Surgut, recommence à devenir fort montagneux, & il se trouve entre les villages de Mikuschkina & Malaja-Mikuschkina, sur la rivière de Tschambulas, dans un terrain humide, deux flaques d'eau sulfureuse, à peu de distance l'une de l'autre. La plus grande a l'air d'un petit lac de vingt à vingt-cinq toises de long, sur huit toises de large, & environ une archine de profondeur. L'eau en est très-sulfureuse ; elle dépose sur le limon quantité de matière calcaire & sulfureuse, & répand une odeur très-forte. Il y a dans une espèce de cale de ce petit lac, laquelle ne gele jamais, même dans les hivers les plus rudes, une source très-forte, qui sort en bouillonnant, & amène avec elle une matière grise qui ressemble à de la cendre. Les Tschuwasches & d'autres habitans de cette contrée se servent avec succès de toutes ces eaux sulfureuses pour se guérir de la gale & autres éruptions cutanées.

Sernoje-Osero est un autre lac dont les eaux sont pareillement sulfureuses ; il est situé au pied d'une montagne calcaire, qui n'est qu'à la distance d'un werst de Surgut, & occupe un enfoncement assez considérable, de la forme d'une chaudière, & entouré de bouleaux. Le lac peut avoir environ soixante toises de long, sur quarante-cinq de large. L'aspect en est effrayant, & la puanteur qui s'en exhale, semblable à celle d'œufs pourris ou du foie de soufre, se fait sentir jusqu'à trois ou quatre wersts pour peu que le vent en favorise le transport. Il n'a point de mouvement sensible, & ne gele jamais : aussi lorsque M. Pallas fut le visiter, le 15 octobre 1768, il trouva que la chaleur de ses eaux surpassoit de 30 degrés celle de l'atmosphère : c'est ce qui fait que, dans les tems de gelée, il s'élève ordinairement de dessus ce lac une vapeur très-visible. Ses eaux sont très-limpides, & l'œil pourroit aisément juger leur profondeur si le fond n'étoit totalement couvert d'une vilaine matière noirâtre, qui forme une espèce de peau dont la consistance peut être comparée à des peaux d'animaux pourries. Cette peau recouvre le limon noir, & tout ce qui tombe dans le lac : elle a une ligne d'épaisseur, & peut s'enlever par lambeaux ; elle est en très-grande partie d'une couleur olivâtre ou d'un noir-verdâtre très-désagréable à la vue : on y apperçoit une certaine organisation, ou, si l'on veut, des filamens extrêmement fins, qui se dirigent presque toujours parallélement; ils semblent reluire à travers la superficie, & n'empêchent pas que cette superficie ne soit fort lisse. M. Pallas croit effectivement pouvoir lui attribuer une faculté végétative. Ce ne sauroit être un dépôt formé par les eaux sulfureuses: un pareil dépôt n'auroit ni autant de consistance, ni autant de tenacité, ni une épaisseur aussi uniforme & aussi mince. Dans les endroits où cette peau recouvre des fragmens de végétaux en pourriture, on trouve entre deux une matière d'une nature très-sulfureuse, d'un rouge-pâle, qui ressemble à de la bouillie, & qui se forme assez ordinairement, dans d'autres eaux sulfureuses, autour des plantes.

Ce lac a un canal de décharge qui porte le nom de *Monoschlaja-Retska* ou *Ruisseau-de-lait*, nom qu'il porte déjà avant d'entrer dans le lac. Ce canal est partout d'une profondeur assez considérable. A son entrée dans le lac, il a plus de six pieds de fond: sa largeur est de deux à quatre toises. Les eaux sulfureuses du lac ne commencent que dans ce canal à déposer les parties calcaires & sulfureuses dont elles sont chargées, lesquelles prennent, en se précipitant, la forme d'une bouillie ou gelée d'un blanc de lait, ou quelquefois un peu jaunâtre. On voit distinctement les fines couches de cette matière, qui se sont formées successivement sur la superficie de ce canal, particuliérement au dessus des morceaux de bois qui sont allés à fond; & dans nombre d'endroits, ces morceaux de bois en sont couverts de l'épaisseur d'un pouce. Malgré cela, les eaux de ce canal, ainsi tapissées de blanc, conservent au commencement toute leur limpidité, & ce n'est qu'après avoir parcouru un espace de plus de soixante & seize toises, qu'elles deviennent peu à peu blanchâtres, & ressemblent alors à du petit-lait clarifié. Ce ruisseau conserve cette couleur dans toute la longueur d'un werst, & la communique à la rivière de Surgut, dans laquelle il se jette. Dans les endroits où ce même ruisseau, devenant plus profond, ralentit sa source, on apperçoit, sur la superficie, une pellicule semblable à celle qui se forme d'ordinaire sur l'eau de chaux.

Ce sédiment dont nous venons de parler, prend, en se formant, une surface très-lisse, qui est pour l'ordinaire, principalement aux endroits où le courant est le plus rapide, parsemée de cette même végétation sulfureuse dont nous avons fait mention plus haut, & présente un phénomène des plus intéressans. Ce sont de petites houpes en forme de pinceau, composées de filamens simples, les plus fins qu'il soit possible de se figurer. Elles sont d'un blanc de lait; mais on n'y apperçoit aucune organisation sensible, pas même au microscope, & jamais elles n'ont au-delà de trois lignes de longueur. Ces houpes ondoient dans l'eau comme les mousses d'eau (*conferva*) les plus délicates, auxquelles elles ressemblent beaucoup à l'extérieur. Cependant elles sont infailliblement formées de la matière sulfureuse même dont l'eau est chargée, puisqu'elles en seroient sans cela dans peu toutes couvertes & entiérement défigurées, ainsi que le sont tous les autres corps étrangers qui se trouvent au fond de ce ruisseau.

Toutes les matières que ces eaux déposent, ne sont autre chose que du soufre combiné avec des particules calcaires que l'eau a charriées après avoir, par l'effet des propriétés alcalines de la chaux, attaqué le soufre, & avoir produit du foie de soufre imparfait, dont la nature & l'odeur se décèlent, dans l'eau même, d'une manière assez sensible. Le canal entier étoit ci-devant revêtu de planches, afin que l'on pût ramasser ce sédiment dans toute sa pureté & plus commodément. Tout cela se faisoit au profit des fonderies de soufre qui existoient alors le long de la Sock, & dans lesquelles on séparoit le soufre de ce sédiment. A peine apperçoit-on encore aujourd'hui quelques traces de ce revêtement: les fonderies ont été transportées sur les bords du Wolga, & personne ne s'inquiète plus de ce soufre aquatique. Au retour de chaque printems, l'impétuosité du courant, lorsque les eaux du ruisseau grossissent, nétoie, dit-on, presqu'entiérement le canal de ce sédiment, qui sans cela s'y accumuleroit en bien plus grande abondance.

Il y avoit autrefois, à cinq wersts au dessus du Ruisseau-de-lait, près du village d'Ischutkina, situé à peu de distance des bords de la Surgut, deux sources sulfureuses, & l'on trouve dans ces environs-là, sous un lit épais d'une terre noire fort chargée de salpêtre, une espèce de poussière semblable à de la cendre, contenant des pierres calcaires poreuses, qui paroissent avoir été calcinées. Nous laisserons à d'autres à décider si l'on peut inférer de la nature de ce terrain & de la forme de la plupart des collines de ce canton, que les choses ont été mises dans cet état, dans des tems très-reculés, par l'effet de quelque feu souterrain. Peut-être qu'une couche de terre bitumineuse & sulfureuse qui s'étendoit au travers de cette contrée, aura été consumée par le feu, & que dans cet incendie les parties sulfureuses de cette couche se seront en quelque sorte sublimées dans les cavités des montagnes calcaires sous lesquelles elle se trouvoit, & qu'actuellement les sources qui coulent au travers de ces cavités entraînent peu à peu ce soufre. Nous ne donnons ceci que comme de pures conjectures.

Il n'existe plus actuellement dans ce lieu, qu'une seule source sulfureuse dans son état naturel. Cette source forme dans un bas-fonds marécageux, sur la rive droite, une espèce d'étang de moyenne grandeur, qui ne gele jamais, & qui n'a point de décharge, ses eaux se perdant vraisemblablement dans les marais voisins. Différentes circonstances rendent cette source remarquable. On voit très-distinctement son eau sourdre par deux ou trois bouillons d'une terre semblable à de la cendre; elle contient beaucoup plus de parties calcaires que l'eau du grand lac; ce qui n'empêche pas qu'elle n'exhale une forte odeur de soufre; elle dépose aussi en abondance autour des tiges des roseaux une matière blanche, semblable à une crême épaisse & fort chargée de soufre. La mousse dont les bords de l'étang sont garnis, est revêtue & comme incrustée d'un tuf brun, qui fait un effet agréable. Mais ce qu'il y a de plus singulier, c'est une matière qui se forme autour de toutes les branches d'arbres ou d'arbrisseaux qui tombent dans cette eau; elle consiste en une gelée assez compacte, qui a plus d'un doigt d'épaisseur, d'un brun éclatant & frangée à l'extérieur; ce qui lui donne toute l'apparence d'une éponge de mer qui a encore sa bave naturelle: il n'y a d'ailleurs que la superficie de cette gelée qui soit enduite d'une couche très-légère de ce sédiment blanc produit par le soufre. Il sembleroit que cette matière singulière appartînt effectivement à la classe des éponges spongieuses. Mais comme ce que nous en vîmes étoit déjà parvenu à un certain degré de détérioration, il n'étoit pas possible d'en faire une analyse dans les formes. Cette matière se retire considérablement en séchant, & décèle en effet, lorsqu'on la brûle, quelque chose du genre animal (1).

Une chose qui mérite bien encore d'être observée, c'est que la pierre calcaire des collines qui bordent la rivière de Surgut, n'est qu'un assemblage de corps creux, qui ne sont guère plus gros que de la graine de pavot, mais qui, lorsqu'on les examine plus attentivement, ne sont autre chose que de très-petits limaçons, tous d'égale forme & grosseur. Les cavités de cette pierre sont souvent revêtues de cristaux de spath.

Tous ces lacs sulfureux, qui viennent d'être décrits ou cités, se forment dans le même district que les sources d'asphalte, ou tout au moins dans leur voisinage. Ainsi les sources sulfureuses qui entretiennent ces flaques d'eau également sulfureuses, tirent leur origine de la même chaîne de montagnes calcaires qui fournissent la matière des sources d'asphalte. Si nous supposons à présent qu'il suinte à travers les cavités de ces montagnes calcaires quelque partie de l'huile de pétrole, que l'on sait être une des principales parties constituantes de l'asphalte; que cette huile de pétrole, après s'être réunie à une eau chargée de la terre alcaline de la pierre à chaux, vienne à pénétrer jusqu'au soufre natif déposé dans ces cavités; que ce soufre soit ensuite mis en dissolution par les parties huileuses de la pétrole, à la faveur d'un degré modéré de chaleur, qu'on peut très-aisément supposer dans l'intérieur de montagnes aussi remplies que le sont celles-là de corps inflammables; que par l'effet de cette chaleur qui doit augmenter à mesure que cette dissolution a lieu, la terre calcaire se fraie un passage d'autant plus libre pour pénétrer ce soufre, il se formera conséquemment un foie de soufre que les eaux ameneront continuellement au jour; ce qui expliquera tous les phénomènes que M. Pallas vient de décrire, & que nous allons examiner plus en détail.

Le sédiment blanc provient très-vraisemblablement d'une précipitation de soufre détachée du foie de soufre par l'opération d'un sel acide qui doit entrer dans le mélange dont est chargée l'eau de la source sulfureuse. Ce sel acide existe dans tout bitume. Dans le cas actuel il a été séparé des parties huileuses lors du mélange de l'huile de pétrole avec le soufre; mais après avoir été charrié par l'eau dans les lacs sulfureux, il a produit cette précipitation du soufre, & formé ce sédiment blanc. On trouvera de même dans cette précipitation opérée par un acide, au moyen de laquelle le soufre est dégagé de son mélange, l'explication de cette odeur de foie de soufre, qui rend le séjour des environs de ces lacs aussi désagréable.

Ces petites houpes en forme de pinceau, qui se forment sur la superficie du sédiment, ne sauroient être envisagées que comme une cristallisation provenue de la réunion de l'acide sulfureux volatil avec l'alcali. On sait que le sel mixte qu'on prépare de cette manière se distingue du tartre vitriolisé par une cristallisation figurée de même; savoir: en pointes disposées en forme de houpes, de panaches ou d'arbrisseaux. M. de Born a observé cette figure filamenteuse dans les tufs calcaires de différens bains chauds, dans la composition desquels il entroit des parties de soufre & de chaux.

Cette matière grise, semblable à de la cendre, qui sort avec les bouillons de la source, paroît être la partie terreuse de l'huile de pétrole, qui s'est déposée là en forme de caput mortuum, après que ses parties huileuses se sont introduites dans le mélange qui a produit le foie de soufre, & que ses parties salines ont été entraînées dans les lacs par les eaux. Cette matière est actuellement amenée de même de l'intérieur de la montagne. Il paroît encore que cette terre grise, en forme de poussière, semblable à de la cendre mêlée de pierres à chaux calcinées & poreuses, qu'on trouve sous une couche de terre noire chargée de salpêtre, n'est pareillement qu'un résidu de cette huile de pétrole, qui s'étant mêlée autrefois dans ce même lieu avec le soufre qu'elle y rencontra, ces deux matières entrèrent d'abord, pendant leur dissolution réciproque, en une fermentation dont il résulta finalement une inflammation violente, dont les

(1) Cette production spongieuse a, selon cette description, beaucoup d'analogie avec une matière semblable que M. J. A. Marini a trouvée dans les sources chaudes de Viccati, & qui consistoit pareillement en une gelée spongieuse qui brûloit & se consumoit à la chandelle. *Mélanges de Philos. & de Mathémat. de la Société royale de Turin*, tome IV, 1766, 1769.

pierres calcaires calcinées & poreuses fournissent la preuve, & ce sel, renfermé dans cette couche de terre noire qui se trouve au dessus, sel que M. Pallas prend pour du salpêtre, ne devroit-il pas plutôt son origine à la pétrole, qui l'auroit déposé là dans la décomposition de ses parties huileuses & terrestres ? Mais il n'est pas nécessaire de croire, avec M. Pallas, que ce feu ait été assez considérable pour occasionner un incendie souterrain ; car il y a plusieurs autres montagnes calcaires dans lesquelles on trouve du soufre natif, sans qu'on y apperçoive la moindre trace d'un pareil incendie. M. de Born attribue aussi à cette terre ou poussière grise, semblable à de la cendre, dont on vient de faire mention, la formation de cette gelée noire, quelquefois aussi d'un vert-foncé & si désagréable à la vue, qui couvre le fond du lac. Peut-être que cette terre, ayant été mise en dissolution par des acides, se sera convertie en gelée par cette opération (1).

On observe encore le long du ruisseau de Schumbut, qui se jette dans le Surgut, à peu de distance de Sergiesfsk, plusieurs sources sulfureuses dignes d'attention. Les bestiaux les recherchent avec avidité, & se portent toujours très-bien après en avoir bu. Elles présentent d'ailleurs la plupart des phénomènes dont on vient de lire la description. Peu loin de *Gakuschkina*, dans une plaine, l'on voit aussi sortir de terre une source sulfureuse. Le dessous de l'endroit où cette source se manifeste est une pierre dure, & tout autour est un sol mou & tenace, dont on voit sortir de toutes parts, dès qu'on le presse avec le pied, une matière sulfureuse. Cette matière perce en quelques endroits en petites sources qui vont se réunir à la grande.

Au nord-ouest de Jakuschkina, en descendant le long de la Schumbut, on parvient, au bout d'environ cinq wersts de chemin, à une haute colline qui s'étend au loin, & que les Tschuwasches nomment *Sargeat*. On trouve dans le côté sud-ouest de cette colline une fosse profonde qui paroît avoir été une fouille de mine de soufre. La couche supérieure de la montagne présente une marne jaunâtre, à laquelle succède un schiste calcaire, & enfin une pierre gypseuse, très-mollasse & poreuse, radiée en grande partie en rayons très-fins, & séléniteuse. Les paysans la calcinent pour blanchir leurs fourneaux ou poëles.

Ce gypse, composé de chaux & d'acide vitriolique, fait supposer assez naturellement que c'est à ces deux substances minérales qu'il doit son origine. Ainsi la pierre calcaire à dû exister avant d'avoir pu être convertie en gypse par l'acide vitriolique. Wallérius met à la vérité le gypse au rang des pierres anciennes ou primitives, en ajoutant qu'on le trouvoit le plus souvent sous les pierres calcaires ; mais la chose n'est vraie qu'en quelques endroits. Ici M. Pallas l'a bien trouvé aussi sous la chaux ; mais ne peut-on pas considérer ici même la chaux & le gypse comme couches de pierres accidentelles ou récentes ? Dans les mines de cuivre de Nésol, au Bannat de Témeswar en Hongrie, ainsi que dans le Tirol, le gypse se présente même en forme de gangues, dans lesquelles on trouve les filons de cuivre qu'on y connoît jusqu'à présent. Il est vrai que Wallérius dit dans son *Système minéralogique*, tome I, page 154, qu'il n'a point de connoissance que le gypse se présente par veines. Les differentes espèces de pétrifications accidentelles, mêlées avec le gypse, prouvent tout aussi clairement que le gypse appartient aux couches de pierres récentes. L'opinion de M. Wallérius & de quelques autres, qu'on ne trouve point de corps marins pétrifiés dans le gypse, est un faux préjugé que nous avons déjà réfuté plus haut (1).

Nous ajouterons à ces discussions, qu'à tout au plus un quart de lieue de la fosse dont il a déjà été question, on trouve dans un petit terrain plat & humide, un prétendu petit lac d'asphalte, neftanoje-osero, ou plutôt flaque d'eau, entretenue par une source d'environ trois pieds de profondeur, & de trois à quatre pieds de large. La décharge de ce petit lac forme un petit ruisseau. Dans l'été, & plus encore au printems, il se forme, dit-on, sur la surface de cette source, un asphalte très-tenace & visqueux. Lorsque M. Pallas la vit, c'étoit le 16 octobre 1768, elle étoit entiérement gelée, de même que l'étang ; & ayant fait rompre la glace, il ne trouva pas la moindre trace de bitume dessous ; mais toute la terre de l'intérieur, & tout autour de la source, étoit imprégnée d'un asphalte en effet très-tenace : on peut même dire que la totalité de ce terrain est asphaltique. A quelques toises seulement de cette source asphaltique, & dans ce même terrain, est une source sulfureuse, également abondante & profonde, mais dont les eaux fournissent beaucoup moins de sédiment que celles dont nous avons parlé tout-à-l'heure.

BALCÈRE (la), rivière du département des Pyrénées orientales, arrondissement de Prades. Elle a sa source à une lieue deux tiers de Fromiguère, coule au nord-est, reçoit ensuite les eaux de l'étang de *Balcère*, & se rend dans l'Aude, à une lieue deux tiers nord-est de sa source. On doit voir ici que les eaux qui débouchent des monts Pyrénées orientales, coulent au nord-est d'abord, & qu'elles se jettent ensuite dans les vallées des eaux courantes, & se réunissent aux rivières qui ont une marche déterminée de l'ouest à l'est. C'est ainsi que ces grandes distributions des eaux s'opèrent sans qu'on les ait bien observées, & sans

(1) De Born, *loc. cit.*, pag. 313, 318.

(1) De Born, *loc. cit.*, page 294.

qu'on se soit attaché à leur origine : toutes circonstances qui tiennent à la constitution intérieure & physique de certains massifs de la terre, & à leurs pentes & coupures. Je ferai reparoître ces observations en plusieurs articles de ce Dictionnaire, dans la vue d'appuyer ces considérations importantes & relatives à l'*hydrographie physique du Globe*; connoissances qui sont fort peu développées.

BAKU (Sources de naphte de). Les sources de naphte près de *Baku* en Perse ont beaucoup de célébrité. Kempfer les visita il y a près d'un siècle, & n'a pas manqué de les décrire ; mais le lecteur trouvera ici ce qu'il chercheroit en vain dans Kempfer.

La presqu'île d'Abscheron, à laquelle Kempfer donne le nom d'*Ocetra*, qui n'est plus en usage aujourd'hui, presqu'île qui s'étend depuis le côté du nord-ouest de *Baku* jusqu'à la mer, est la matrice inépuisable du naphte ou *naphta* ; car c'est ainsi qu'on nomme ce bitume liquide dans le langage du pays. On met trois heures pour arriver au *feu perpétuel*, & l'on passe à moitié chemin devant le village de Keschlar. L'endroit où se trouve le feu perpétuel annonce sa présence, avant qu'on y arrive, par l'odeur de naphte qui frappe de loin le voyageur. Lorsqu'il y est parvenu, voici les phénomènes que la nature expose à ses observations. Il apperçoit d'abord une place dont l'étendue est indéterminée, car elle change avec le cours des années. Le sol y est de nature à s'allumer dès qu'on le touche avec un charbon ardent ou toute autre matière en feu : cette flamme brûle sans discontinuer, à moins qu'on ne veuille l'éteindre à dessein ; ce qui peut avoir lieu lorsqu'on l'étouffe avec de la terre jetée par-dessus, ou en y versant une suffisante quantité d'eau. La terre à travers laquelle le naphte a pénétré est une sorte d'argile, ou proprement une marne calcaire & grossière ; car elle fait une violente effervescence avec les acides, se durcit au feu, & se laisse travailler lorsqu'elle est détrempée avec de l'eau ; elle est rude au toucher, parce qu'il s'y trouve du sable mêlé, mais en moindre proportion que l'argile. Sa couleur est d'un blanc plus ou moins grisâtre, & tire aussi sur le jaune. Elle est entiérement pénétrée de la matière du naphte ; ce qui se manifeste, non-seulement par des morceaux entiers devenus noirs comme du charbon, mais encore plus positivement par la distillation, laquelle fournit une eau d'une odeur extrêmement désagréable, qui, dès qu'on y mêle de l'acide vitriolique, donne à connoître aussitôt toutes ces propriétés. Lors donc qu'on écorche la superficie de cette terre à un ou deux pouces de profondeur, en quelqu'endroit que ce soit de cet espace de terrain, elle prend feu, comme nous disions, aussitôt qu'on la touche avec un tison ou quelqu'autre corps allumé. La flamme est d'un jaune-bleuâtre. Lorsque l'air est calme ou par un vent favorable, elle s'élève à quelques pieds du sol, & ne s'éteint jamais d'elle-même. La fumée qui en sort est très-désagréable à ceux surtout qui sont incommodés de la poitrine. Les places qui brûlent effectivement (& par les raisons que nous déduirons bientôt, il ne manque jamais d'y en avoir) s'étendent, tantôt en longueur, tantôt obliquement, quelquefois aussi en cercles, ou bien elles forment des ramifications plus ou moins étendues. Ces places brûlantes sont quelquefois assez larges, & la flamme s'en élève avec plus ou moins de tranquillité ; quelquefois aussi elle sort avec une telle impétuosité, qu'il semble qu'on l'excite avec des soufflets. Cependant elle ne consume pas la terre ; elle l'échauffe seulement, & cela de manière qu'on ne sauroit tenir la main à la proximité des places brûlantes.

Ce feu perpétuel est d'un excellent secours aux habitans de *Baku* pour faire leur chaux. On enlève la superficie d'un petit circuit de ce terrain brûlant, qu'on détermine à volonté : on y entasse les pierres qu'on destine à être calcinées, & dont presque tout le sol des environs de *Baku* est composé ; on couvre ces pierres avec la terre qu'on vient d'enlever, & dans l'espace de deux ou trois jours la chaux est entiérement cuite. Les habitans du village de Sroganu se rendent en ce lieu pour y préparer leurs alimens, & en général la flamme du naphte peut être employée au même usage que tout autre feu.

Le choix que quelques pélerins indiens ont fait de ce lieu pour y fixer leur séjour, contribue encore à en augmenter la célébrité. Ils ont élevé tout autour du lieu du feu perpétuel de petits temples construits en pierres, dans lesquels ils ont placé des autels. Il n'y a, pour le présent, qu'un seul de ces temples d'employé. On y a pratiqué, près de l'autel, un tuyau de deux pieds de haut, d'où il sort une belle flamme bleue mêlée de rouge ; qui ne rend pas la moindre odeur. Ce tuyau se rétrécit par en haut pour qu'on puisse poser des pots sur son ouverture, de manière qu'il serve en hiver à donner de la chaleur, & tout le long de l'année à cuire des alimens. Aussitôt qu'on y présente un brin de paille allumé, la flamme monte par le tuyau ; & lorsqu'on veut l'abattre de nouveau, on se sert d'un morceau de gros linge ou de feutre qu'on jette par-dessus.

Lorsqu'on enfonce en terre, à une profondeur indéterminée, un tuyau, ne fût-il que de roseau ou même seulement de papier, pourvu qu'il soit bien recouvert de terre vers le bas, & qu'on approche de son extrémité supérieure un charbon allumé, la vapeur de naphte qui en sort s'allume incontinent, & continue à brûler comme une chandelle sans interruption, jusqu'à ce qu'on l'éteigne tout exprès ou qu'on enlève le tuyau. Ces sortes de tuyaux tiennent lieu de chandelles pendant la nuit, & ne souffrent aucun dommage moyennant la précaution que nous venons d'indiquer, sans laquelle le tuyau seroit nécessairement consumé par le feu.

Naphte blanc.

Le puits d'où l'on tire le naphte blanc n'est éloigné du feu perpétuel que d'environ un demi-werst vers le sud-ouest. Avant d'y arriver, l'on passe à côté d'un petit lac d'environ cinquante toises de longueur, sur vingt de large, & deux toises de profondeur, qui est la plupart du tems à sec, & ne se remplit de quelque peu d'eau qu'en tems de pluie C'est à l'ouest de ce lac, tout-à-fait en plaine au pied d'une petite colline, qu'est la source du naphte. C'est proprement un puits de la profondeur de trente & quelques pieds, & large de deux, au fond duquel le naphte sourcille goutte à goutte hors de la terre, & s'y conserve jusqu'à ce qu'on l'en tire. Ces sources changent de place de tems en tems. A une source qui se perd assez promptement, il en succède une autre aussi vîte. Le puits est recouvert en pierres enduites dans leurs joints d'un ciment de terre grasse, sur lesquelles on a gravé le nom du kan, afin que personne ne puisse s'emparer du naphte à moins que celui qui est préposé par le kan à cet effet, ne lève cette espèce de scellé.

Il ne faut pas s'imaginer que ce naphte blanc ait reçu cette dénomination parce qu'il est blanc de couleur: on ne la lui a donnée que parce qu'il est transparent & jaune, & qu'il se distingue par-là du naphte noir. Sa flamme est plus subtile & plus pure, & la vapeur qui s'en élève n'est pas à beaucoup près aussi désagréable que celle de l'autre; il brûle aussi beaucoup plus vîte, & il s'enflamme, même avant le contact du feu, bien plus tôt que le naphte noir. Le *batmann*, évalué à huit livres pesant de naphte blanc, se vend un abas & demi ou trente copecks, & c'est le kan de *Baku* qui jouit de ce revenu sous le bon plaisir du Seth-Ali-Kan.

Ce n'est que lorsqu'on fait passer ce naphte par l'alambic, qu'il prend une couleur blanche; & si l'on réitère l'opération à une ou deux reprises, il se concentre au plus haut point, & on le prend en Perse comme un résolutif des plus pénétrans dans les rhumatismes & dans les paralysies; de sorte que les Mahométans & les Arméniens en font leur remède domestique le plus en vogue.

BAKU (Environs de). Ce n'est pas seulement dans la presqu'île d'Apscheron qu'on trouve du naphte : on en tire encore d'autres endroits de cette contrée, comme dans la presqu'île que les Persans appellent *Bael*, & le commun des Russes *Schachow-Rinok* ou *Marché-du-Schach*, où l'on a découvert, dans ces derniers tems, plusieurs puits de ce bitume liquide. On en compte plus de soixante & dix, qui sont pareillement de figure cylindrique, profonds de douze toises, & placés sans ordre. L'un d'entr'eux, qui surpasse les autres en capacité, tient lieu de réservoir où l'on va verser le naphte de toutes les autres sources, & qu'on a soin de sceller. Mais ce naphte-là n'est pas d'aussi bonne qualité que celui d'Apscheron, parce qu'il est considérablement altéré par l'eau de la mer, & qu'il brûle par conséquent moins bien; aussi ne le transporte-t-on qu'à Saillian, tandis que toute la Perse se fournit de l'autre.

Le naphte noir est le seul dont on fasse usage pour brûler; aussi s'en fait-il un grand trafic. Le batmann de quinze livres se paie cinq copecks. Tout le naphte blanc, ainsi que le noir, se conserve & se transporte dans des sacs de cuir; il perd trop de son poids dans des vaisseaux de bois; ceux de terre valent mieux; mais les plus convenables de tous sont ceux de verre. Il y a peu de chose à dire sur l'origine de ce bitume, vu qu'il découle des monts Caucases, dont l'histoire naturelle est encore très-inconnue. Quantité de cette huile coule dans la mer, qui en contracte une amertume très-sensible, & produit peut-être ce sel connu en Russie sous le nom de *sel amer d'Astrakan.*

Les productions du pays se bornent au naphte & au sel; quant à ce dernier article, il consiste non-seulement en sel gemme, mais encore principalement dans ce sel qui se cristallise de soi-même sur la superficie d'une quantité de lacs répandus tout autour de *Baku*, & qui se recueille si pur, qu'il n'a pas besoin d'être raffiné par le secours de l'art.

De *Baku* à Schamachie on apperçoit, de distance en distance, de petits lacs salés, couverts de cristaux cubiques, mais qui se trouvent toujours entre-mêlés de sel de Glauber. On y voit de même de la terre brûlante imprégnée de naphte, qui paroît avoir la même origine que celle d'Apscheron. (*Voyez les articles* LACS SALÉS, NAPHTE & BITUMES.)

BALABEA (Ile de). Cette île est située à l'extrémité occidentale de la Nouvelle-Calcédoine. Son aspect est assez semblable à cette terre; mais elle est plus fertile, plus cultivée, & couverte d'une plus grande quantité de cocotiers. On y trouve des coquillages nouveaux & curieux, & plusieurs espèces de plantes différentes de celles qu'on remarque dans les cantons de ce parage. Les productions d'ailleurs sont les mêmes, & les insulaires qui l'habitent sont exactement de la même race que ceux de la Nouvelle-Calédonie: ils ont un caractère aussi bon, & accueillent de même les étrangers qui descendent sur leurs côtes. (*Voyez*, pour les productions naturelles & le caractère physique & moral des naturels de *Balabea*, le mot CALÉDONIE NOUVELLE.)

BALAGNIER (Tour de) ET FORT DE L'ÉGUILLETTE, département du Var, arrondissement de Toulon, canton d'Ollioules, près le passage du Goulet, sur une partie de terre qui défend l'entrée de la petite rade avec la grosse tour qui lui est opposée, à deux tiers de lieue sud-ouest de Toulon. Ces détails sont intéressans, parce qu'ils nous font connoître cette plage.

BALANCE (Iles de), département du Finistère, arrondissement de Brest, & au nord-ouest de l'île de Molène. Elles ont entr'elles deux tiers de lieue d'étendue de l'est à l'ouest, & autant du nord au sud. Ce sont visiblement les débris du continent, qui, sur les côtes voisines de ces îles, est composé de l'ancienne & de la nouvelle terre en même tems, & c'est par ces débris que je les ai reconnues bien en détail.

BALARUC, village du département de l'Hérault, canton de Frontignan, au bord de l'étang de Thau. Ce village est renommé par ses eaux thermales. Les bains sont situés assez près de l'étang; ils sont au nombre de trois ainsi désignés: *le Bain vieux*, dont on fait le plus d'usage; *le Bain ordinaire*, où se trouve la source, & *le Bain des pauvres*, qui est un écoulement du second. La chaleur des eaux de *Balaruc* est, pendant l'été, de 42 à 43 degrés; l'hiver cette température varie, & la chaleur ne s'élève alors qu'à 37 degrés. Ces eaux, dont la source est au dessous du niveau de l'étang & de la mer, sont connues depuis long-tems: elles sont assez fréquentées, & bonnes contre le relâchement des fibres, les obstructions, & les douleurs, ou rhumatismales, ou occasionnées par des blessures. Au milieu de l'étang de Thau, vis-à-vis des bains de *Balaruc*, il y a un rocher isolé, appelé *Rocairals*, dont le pied est garni de moules, de lépas, de glands de mer, d'oursins vivans, qui sont très-fortement attachés au rocher. On les en détache avec un cercle de fer emmanché dans une longue perche, après avoir jeté un peu d'huile sur l'eau. L'eau minérale de *Balaruc* fournit, dans une grotte voisine, des bains dont on fait usage.

Nous nous sommes bornés jusqu'à présent à ce qui concerne les bains de *Balaruc*; nous allons maintenant ajouter ce qui a pour objet *les sources des environs de Balaruc*.

Au milieu de l'étang de Thau, entre les bains de *Balaruc*, le village de Bousigue & vis-à-vis de l'embouchure de la petite rivière d'Avène, qui se jette dans l'étang, il y a une source abondante qui naît dans l'étang même. L'eau en est douce & bonne à boire; elle bouillonne, & s'élève même quelquefois au dessus du niveau de l'étang de près d'un pied, en formant une espèce de grosse gerbe, dont le diamètre a plus d'une toise & demie, & alors cette source repousse vers la circonférence les barques qu'on veut faire passer dessus. Quelque vent qu'il fasse, il n'y a jamais aucune vague en cet endroit, parce que les bouillons de la gerbe les empêchent de se former. On assure aussi que cet endroit de l'étang ne gele jamais dans les plus grands froids, quoique le reste de l'étang soit pris de la glace. On dit encore qu'on n'a jamais pu trouver le fond dans cet endroit avec la sonde.

On sait le cas qu'on doit faire de pareils propos qui n'ont jamais été vérifiés, ou qui ne l'ont point été comme il faut, & dont la fausseté seroit bientôt manifeste si l'on vouloit se donner la peine d'en faire une expérience exacte. Mais du moins cela prouve qu'on est convaincu qu'en cet endroit l'étang est plus profond qu'ailleurs; ce qui doit être par toutes les circonstances que nous avons exposées ci-dessus.

L'abondance de l'eau que jette cette source ou plutôt cette rivière, varie suivant les pluies, &, comme il est aisé de le comprendre, la gerbe que cette source forme sur l'étang est d'autant plus sensible & plus élevée, que l'eau sort plus abondamment. On appelle cet endroit de l'étang l'*Avysse* ou l'*Abysse*, c'est-à-dire (*abyssus*), l'abîme, & ce nom est une nouvelle preuve de l'opinion où l'on est de la profondeur de l'étang en cet endroit.

Dans le lit de la même rivière d'Avène, à une demi-lieue environ de son embouchure, il sort une fontaine abondante, ou, pour mieux dire, un ruisseau souterrain qui paroît au jour; car il en sort trop d'eau pour une simple source. On prétend qu'un ancien aqueduc voûté, qui traverse tout le territoire, le village & les bains de *Balaruc*, servoit à conduire cette eau; mais on ignore où il la conduisoit, parce que cet aqueduc qui est dégradé, aboutit aujourd'hui au bord de l'étang.

Vis-à-vis l'église de Notre-Dame, qui est la paroisse des bains de *Balaruc*, & de l'autre côté d'une petite anse que l'étang de Thau forme en cet endroit, il y a, au pied d'un rocher qui est à l'extrémité d'une montagne, un goufre au niveau de l'eau de l'étang, d'où il sort une grande quantité d'eau douce. Ce goufre donne de l'eau dans l'étang depuis la fin de septembre ou le commencement d'octobre, jusqu'à la fin d'avril; mais depuis la fin d'avril jusqu'au commencement d'octobre il en reçoit de l'étang, dont les eaux s'y précipitent avec grand bruit; ce qui marque la profondeur du goufre. Près de l'église de Notre-Dame il y a une prairie qui est de niveau avec l'ouverture de ce goufre: l'eau naît dans cette prairie de toutes parts comme par transsudation, & en se rassemblant elle forme un petit ruisseau appelé *Colobre*, qui se jette dans l'étang. En été, quand l'eau de l'étang tombe dans le goufre, cette prairie est toute inondée, quoiqu'on soit alors dans la plus grande sécheresse; & elle est d'autant plus inondée, que l'eau de l'étang entre plus abondamment dans le goufre.

On peut conjecturer, d'après ces observations, que l'eau qui sort du goufre pendant les six mois d'hiver, est fournie par un ruisseau souterrain qui coule pendant ces six mois, parce que c'est le tems des pluies ;

Que ce même ruisseau communique avec la prairie dont on vient de parler, & qui est à peu près au niveau de l'ouverture du goufre, & qu'ainsi l'eau qui naît dans cette prairie & qui forme le ruisseau de Colobre, vient de la même origine ;

Que le ruisseau qui sort du goufre tarit pendant les six mois d'été à cause de la sécheresse, & qu'alors l'eau de l'étang se précipite dans le goufre pour peu que l'étang soit enflé par les vents du midi ;

Enfin, que l'eau de l'étang, qui tombe dans le goufre, va inonder la prairie qui est au même niveau, & avec laquelle le goufre communique, comme on l'a déjà remarqué.

On a même observé que la source des eaux thermales étoit plus abondante à mesure que le goufre recevoit plus d'eau de l'étang : ce dernier fait prouve qu'il subsiste une communication entre l'eau de ce goufre & les bains de *Balaruc*. Ce goufre, ou plutôt le ruisseau qui en sort, s'appelle l'*Emversac*, c'est-à-dire, à ce que croient les érudits, *inversa aqua* ; & ce nom paroît convenir à un ruisseau dont l'eau a des mouvemens opposés.

Voilà donc trois sources ou trois ruisseaux qui coulent tous trois sous terre du septentrion au midi, & qui vont sortir en trois différens endroits peu éloignés ; l'un à l'*Abysse*, dans l'étang de Thau, entre les bains de *Balaruc* & le lieu de Bousigue ; l'autre à l'*Issanca*, dans le lit de la rivière d'Avène, un peu au dessus de son embouchure dans l'étang, & le troisième à l'*Embressac*, au bord de l'étang. Il y a une très-grande apparence que ces trois ruisseaux ont la même origine, & qu'ils viennent tous trois de quelque rivière voisine, dont une partie des eaux se perd sous terre pour aller sortir dans ces endroits.

Lorsqu'on adopte cette conjecture qui paroît fort plausible, & qu'on s'en rapporte à plusieurs observateurs, on est tenté de faire tomber le soupçon sur la rivière d'Éraut, la seule rivière voisine assez forte pour fournir cette quantité d'eau, & dont on sait d'ailleurs qu'une partie des eaux se perd dans leur cours. Il faudroit cependant reconnoître les trous par lesquels l'eau de l'Éraut se perd, & ensuite supposer qu'elle parcourt sous terre trois grandes lieues ; car il y a cette distance de la rivière à l'étang de Thau : ce qui n'a rien d'extraordinaire, & l'on pourroit d'ailleurs confirmer cette supposition par plusieurs exemples semblables, dont on trouvera les détails les plus circonstanciés dans quelques articles de ce Dictionnaire, surtout au mot TOUVRE, & particuliérement à l'article ANGOUMOIS, où toute la théorie de ce jeu des eaux souterraines est développée d'après des faits multipliés.

En visitant les environs des bains de *Balaruc* pour en recueillir les notes qui servent à la composition de cet article, j'ai trouvé, à une certaine distance du village, des fragmens de pierres poreuses, fort dures, noirâtres, pesantes, & tout-à-fait semblables à la lave la plus grossière : outre cela, différentes variétés de matières fondues, qui attestent d'anciennes éruptions des feux souterrains. Ainsi je puis annoncer les vestiges de ces feux résidans dans les entrailles de la terre, comme contribuant à l'entretien de la chaleur des bains. Je me dispenserai cependant d'attribuer aux cratères prétendus de ces volcans anciens, des bassins profonds qui renferment les eaux chaudes de *Balaruc*.

BALEINES, mammifères de l'ordre des cétacées, & les plus grands de tous les animaux connus. Nous ne nous occuperons pas ici de la description de ces énormes animaux, mais nous nous contenterons de désigner les principaux parages où ils habitent & où s'en fait la pêche. On distingue, quant à la pêche des baleines, celles de Grande-Baie & celles de Sarde : celles de Grande-Baie se pêchent dans la haute mer, aux environs du Spitzberg ; entre le Groënland & l'Islande, & vers l'embouchure de la baie d'Hudson & du détroit de Davis. On en trouve aussi, en assez grand nombre, dans les mers du Japon & dans les parties méridionales de la mer du Sud : il s'en montre peu dans les parages méridionaux de l'Europe.

BALERNG (la), rivière du département des Basses-Pyrénées, canton de Marlaas. Sa source, à une lieue & demie de Marlaas, coule au nord ; ensuite cette rivière se rend dans l'Huy-de-France, à deux lieues seulement de sa naissance, toujours vers le nord, suivant la pente générale des Pyrénées en cette partie, direction à laquelle sont assujetties les eaux abondantes que verse cette chaîne de montagnes, & dont je ferai connoître les différens débouchés.

BALETOUS (la), rivière du département des Hautes-Pyrénées, arrondissement d'Argelès. Sa source, qui se montre au pied de la Casterelle, pic du sommet des Pyrénées, coule au nord-est, puis reçoit l'eau des trois lacs de Remoulains, &, se dirigeant au nord, prend le nom de *Gave d'Azun*. C'est alors que plusieurs ruisseaux, ainsi que le Gave de Dun, s'y réunissent ; après quoi, passant au midi d'Argelès, cette rivière se rend dans le Gave de Pau, à un tiers de lieue est d'Argelès. C'est toujours la direction des eaux qui débouchent des Pyrénées.

BALLEROY, bourg du département du Calvados, arrondissement de Bayeux. On voit dans ses environs plusieurs mines de fer & quelques forges d'un produit considérable.

BALLESTAVIE,

BALLESTAVIE, village du département des Pyrénées orientales, arrondissement de Prades. Il y a une mine d'argent & de cuivre dans le territoire de ce village, au col de la Galerie. Le filon a quatre pieds d'épaisseur au lieu nommé *le Puich-des-Mores*. On a découvert aussi un second & un troisième filon au lieu qu'on appelle *la Coma*.

BALLON, ville du département de la Sarthe, arrondissement du Mans; elle est située sur la rive gauche de l'Orne. On y voit un atelier de salpêtre, parce que les couches de pierres s'imprègnent abondamment des principes qui entrent dans la composition de ce sel.

BALLON, certaines formes de montagnes dans le département des Vosges, parmi lesquelles nous indiquerons le *Ballon d'Alsace & celui de Franche-Comté*. Ce sont de gros massifs de pierres de sable, sur les sommets aplatis desquels sont des pâturages & des *marcaireries* où se fabriquent des fromages cuits, façon de Gruyères. Ils sont aussi couverts de neige pendant l'hiver, & ce sont les endroits élevés où elle disparoît le plus tard.

Il y en a aussi beaucoup dans les Pyrénées, surtout vers l'extrémité occidentale de cette grande chaîne. Telle est *la Rune*, montagne détachée des Pyrénées, en face du port de Saint-Jean-de-Luz. (*Voyez* RUNE.)

Il y en a un très-grand nombre en Limousin, surtout vers les sources du Taurion & de la Maulde. Je les ferai connoître par la suite, &, ce qui est très-important dans ce cas, les principales circonstances de leurs formes arrondies, & des agens qui y ont concouru.

BALME : c'est le nom qui sert en Provence & en Dauphiné à désigner les grottes ou cavernes qui sont creusées dans les massifs de couches calcaires horizontales, au milieu desquelles ont circulé des eaux souterraines qui sont les agens principaux de ces cavités. Elles nous font connoître ce qui se passe dans le sein de la terre, d'où il sort des sources plus ou moins abondantes.

Il y a des cas où l'on considère aussi en Dauphiné les *balmes* comme des *berges* élevées qui dominent les plaines fluviales & même torrentielles; & comme cette expression nous manque, rien de plus raisonnable que d'en faire usage dans ce sens. Ces *balmes* sont visiblement d'anciens bords des canaux qu'ont occupés les rivières dans la suite des différens progrès de l'approfondissement de leur vallée.

Ces *balmes* sont de deux sortes : les unes sont formées de dépôts fluviales ou torrentiels, composés de cailloux roulés ou de sables accumulés sur le fond de cuve des plaines, & c'est la bordure de ces dépôts qui présente l'aspect d'une *balme*. La seconde sorte offre des bancs & des couches coupés par les eaux courantes, & ensuite abandonnés par elles à mesure qu'elles gagnoient des niveaux plus bas.

D'après ces détails, il me paroît qu'on pourroit distinguer les *berges* des *balmes* : j'appliquerois donc le mot *berge* aux bords des lits ou canaux des eaux courantes, formés par des amas de pierres roulées ou d'autres matériaux très-considérables, qui ont pris une certaine liaison & consistance.

Quant aux *balmes*, je les considere comme des coupures verticales de rochers qui servent de bords escarpés aux rivières. Ces *balmes* offrent, dans ces coupures, des débouchés de grandes galeries souterraines, d'où il sort la plupart du tems des sources considérables & même des ruisseaux. Nous allons joindre ici la description de quelques-unes de ces *balmes* les plus célèbres.

BALME (Grotte de). Elle est située à un quart de lieue au dessous du village de *Coin*, à la hauteur d'environ deux cents toises au dessus du lac de Genève : elle pénètre dans l'intérieur du mont Salève, à une plus grande profondeur que celle d'*Orjobet*; elle offre à ceux qui tentent de s'y enfoncer, un canal très-tortueux & très-étroit. Le thermomètre, plongé à différentes reprises dans des couches d'argile, donne constamment 7 degrés & demi, tandis qu'un semblable thermomètre, exposé au soleil à l'entrée de la grotte, marquoit 10 degrés.

Quant à la cause de la formation de cette grotte, il est à présumer qu'on doit y reconnoître aisément les effets d'une fente accidentelle qui aura donné passage aux eaux, qui l'auront arrondie & augmentée. Les parois de ce canal, irrégulières, tortueuses, parsemées de cavités arrondies, manifestent de toutes parts l'action des eaux souterraines par des progrès insensibles.

BALME (la), village du département de l'Isère, canton de Crémieu, près la forêt de Serveirin. Il y a dans ce village une fameuse grotte creusée dans une montagne fort élevée, que tous les voyageurs visitent avec la plus grande attention. Lorsqu'on s'est avancé dans le sein de la montagne, à travers des débris de rochers qu'on rencontre dans le voisinage de l'entrée, on reconnoît la vraie excavation de la grotte. Dans une grande salle on voit deux rues ou galeries dont les parois sont tapissées & pavées d'une grande quantité de congélations de figures variées. Dans celle qui est à droite, & qu'on appelle *la Galerie des chauves-souris*, est un réservoir formé de la même matière que les congélations : il est rempli d'une eau fort claire, qui coule à travers un massif de pareilles pétrifications. La salle qui est à gauche peut être appelée *la Salle du torrent*. En effet, on y en apperçoit un qui vient d'une rue profonde dont on ignore la longueur. Dès qu'il est sorti de cette ouverture il disparoît dans un souterrain, & après avoir parcouru toute l'étendue de la grotte, il reparoît vers l'entrée, où il forme un ruiſſeau qui va non loin de là ſe jeter dans le Rhône. Ce torrent a été reconnu comme la ſuite d'un courant d'eau ſouterraine, depuis qu'un curé du village de *la Balme* eſt parvenu juſqu'à la ſource avec pluſieurs de ſes amis, & s'eſt aſſuré, après une navigation d'une lieue, que cette ſource réſidoit dans une ouverture ronde & ſpacieuſe d'où l'eau ſortoit à gros bouillons. Pour peu qu'on examine la marche de ces eaux ſouterraines, il eſt aiſé de ſe convaincre que cette grotte & toutes les excavations qui l'accompagnent, ſont l'ouvrage de ces eaux.

Balme (la), montagne du département de l'Iſère, arrondiſſement de Grenoble, à trois lieues ſud-eſt de cette ville. Elle offre une pente inclinée du nord-nord-eſt au ſud-ſud-oueſt, d'une lieue un quart de longueur, & qui eſt toute couverte de bois.

Balme (la), montagne du département du Léman, arrondiſſement de Genève, canton de Saint-Julien, à une lieue un quart au midi de Cruſeille, à trois lieues nord-oueſt d'Annecy, & cinq lieues ſud-oueſt de Genève. Dans l'intérieur de cette montagne eſt une grotte connue ſous le nom de *Grotte de Balme*, élevée de deux cents toiſes au deſſus du lac de Genève. Elle pénètre dans la profondeur par une ouverture ou canal ſi tortueux & ſi étroit, qu'on ne s'y engage qu'avec peine. On penſe avec raiſon que la formation de cette grotte eſt due primitivement à une fente verticale qui a donné paſſage aux eaux, leſquelles l'ont arrondie & augmentée. Les parois de cette grotte, irrégulières, tortueuſes, parſemées de cavités, ſont une ſuite inconteſtable & manifeſte de l'action des eaux qui y circulent.

Balme du Dauphiné. Cette grotte eſt ſituée à ſept lieues de Lyon, neuf de Grenoble, entre le village d'Amblerieux & celui de Sallettes : elle dépend du village de *la Balme*, qui en a tiré ſon nom; elle eſt creuſée irréguliérement dans le maſſif d'une montagne à couches horizontales de pierres calcaires, fort élevée & qui s'étend fort loin.

On y entre par une ſalle preſque carrée, extrêmement vaſte, dont le ſol eſt aſſez applani juſqu'à la moitié de ſa longueur, qui eſt creuſée à un niveau ſix pieds plus bas, & ſemée de morceaux de pierres qui ſemblent des décombres détachés de la voûte.

Elle eſt ouverte dans toute ſa hauteur & ſa largeur par une arcade d'environ neuf toiſes de largeur, ſur dix ou douze de hauteur; ce qui fait qu'elle eſt très-éclairée.

Au fond de cette ſalle eſt une autre cavité qui peut avoir environ cinq toiſes de largeur, ſur huit de hauteur, & qui conduit dans une galerie percée à travers le maſſif intérieur de la montagne. Elle eſt embarraſſée, dans ſa partie ſupérieure, par des rochers qui font ſaillie, & qui obligent de ſe baiſſer en quelques endroits.

Lorſqu'on a marché quelque tems on arrive ſur le vrai ſol de la grotte, dans une ſalle aſſez grande, où l'on trouve deux galeries, l'une à droite & l'autre à gauche, qui aboutiſſent à pluſieurs pièces de différentes grandeurs & de diverſes formes, leſquelles communiquent les unes aux autres. C'eſt dans ces ſouterrains que ſe forment, en plus ou moins grande quantité, des criſtalliſations infiniment variées, & quant à leur couleur & leur tranſparence, & quant à leurs formes.

Cependant, laiſſant à part les figures bizarres, on trouve que ces criſtaux repréſentent particuliérement des colonnes & des piliers de groſſeurs différentes & de diverſes hauteurs, dont les uns s'élèvent du ſol & vont atteindre les plafonds des voûtes, & les autres ſont attachés & ſuſpendus en forme de cul-de-lampe, & ſont étendus plus ou moins près du ſol. Il y a de ces colonnes qui ont juſqu'à huit ou neuf pieds de longueur, ſur trois à quatre pieds de diamètre, tandis que d'autres, auſſi minces que des baguettes, & qui ſe prolongent depuis la voûte juſqu'au ſol, ſemblent autant de piliers qui ſoutiennent la voûte.

Quelques-unes de ces baſes de colonnes, ébauchées ſur le ſol des ſalles de la grotte, reſſemblent, par leur forme hémiſphérique, par leur poli, leur blancheur ou leur tranſparence, à des mamelons dont le bout eſt toujours humecté de gouttes d'eau qui, tombant de la voûte, & s'accumulant par une ſuite de couches, donnent une idée de ce que les naturaliſtes appellent *ſtalagmites* ou *baſes de colonnes*. Ce ſont ces baſes qui, par des progrès inſenſibles, vont rencontrer les culs-de-lampe, & forment avec eux des colonnes entières.

Ce qu'il y a enſuite de plus étonnant, ce ſont des cuvettes où l'eau ſe raſſemble, & forme des nappes & des caſcades qui franchiſſent les bords de ces cuvettes, tous guillochés ſinguliérement. L'eau, en ſe retirant de certaines parties de ces cuvettes criſtalliſées, y laiſſe ſouvent un ſédiment très-fin, dont les grains ſont pour la plupart des criſtaux très-brillans. Il y en a qui ſont revêtus d'une croûte terne & blanchâtre; auſſi le peuple leur a-t-il donné le nom de *pralines*.

Les perſonnes inſtruites ne ſe bornent pas à contempler ces différens réſultats du travail de l'eau, qui tend à remplir les vides de ces galeries ſouterraines; elles s'occupent auſſi à faire en détail l'examen des divers matériaux qui ſont entrés dans la compoſition des couches de la montagne. On y trouve des ſuites de coquilles & d'aſtroïtes rayonnées, qui ſont rangés par ordre, & qui annoncent d'une manière bien intéreſſante les dépôts de la mer, & les dépouilles des animaux qu'elle nourriſſoit dans ſon ſein lorſque le maſſif de la montagne ſe formoit ſans interruption dans ſon baſſin.

Tous ces détails instructifs se trouvent dans les galeries de la grotte qui sont à droite, dans la galerie qui est à gauche, & qu'on peut appeler celle du *Lac* parce qu'on y voit un amas d'eau qui dans son origine a tout au plus un pied de profondeur. Les gens du pays lui ont donné le nom de *lac* quoique l'eau n'y soit pas dormante, & qu'au contraire elle y coule avec assez de rapidité comme un petit torrent souterrain. On voit venir cette eau d'une rue dont on ignore la profondeur. Quant à sa largeur, elle est d'environ six pieds, & elle paroît avoir été creusée de manière à servir de lit au torrent, qui aussitôt se perd sous terre, & , après avoir parcouru toute la longueur des salles encombrées de la grotte, reparoît vers l'entrée, & forme pour lors un ruisseau qui passe vers l'ancienne abbaye de Sellettes, & se jette dans le Rhône, qui est fort voisin de l'entrée.

Ce ruisseau, à en juger par son lit, est assez considérable. Il est aisé d'imaginer qu'étant formé par le torrent dont on a parlé, & par le concours des filets d'eau qui circulent de tous côtés dans les salles & les galeries de la grotte, il doit être réduit à un petit volume d'eau pendant l'été; mais que dans l'hiver, & après des pluies abondantes, il devient considérable.

Je n'entrerai pas dans un plus grand détail sur l'origine de ce ruisseau, que je considère comme une source dont les eaux ont contribué dans une première époque à former les excavations des différentes salles & des galeries de la grotte, & qui certainement, à juger de l'étendue de ces excavations & des premiers réservoirs qu'elles occupoient, ont dû être fort abondantes. C'est ainsi que j'envisage les premières opérations de la nature dans l'approfondissement des grottes en général, & dans la partie de ce travail qui doit autant intéresser les naturalistes, que les cristallisations & leurs formes bizarres.

Je distingue donc dans *la Balme* de Sallettes deux époques bien caractérisées; la première, celle où l'eau de la source du ruisseau dont nous trouvons les restes, a été assez abondante pour se former de grands réservoirs dans le sein de la montagne, & ces réservoirs sont les différentes galeries que nous y trouvons actuellement. Il est à croire qu'une grande partie de ces réservoirs souterrains a été mise à découvert par l'excavation & le travail des eaux courantes du Rhône, & c'est ce qui a diminué en grande partie les eaux de la source, qui, s'étant trouvées dispersées en grande partie par petits filets, ont contribué à déterminer la seconde époque, c'est-à-dire, la formation des cristaux, soit de stalactites, soit de stalagmites, qui tendent chaque jour à remplir les vides de la première époque.

C'est aussi d'après ces vues que j'ai visité & décrit, non-seulement cette grotte, mais encore toutes celles dont j'ai fait mention dans ce Dictionnaire, & d'après lesquelles j'ai formé la théorie de ce qui concerne le travail de la nature, & dont j'ai donné l'exposition aux articles GROTTE, CAVERNE, &c.

Je finis par observer que, dans plusieurs de ces grottes, il est survenu des changemens assez considérables pour avoir fait disparoître toute eau courante, & n'avoir laissé que les seuls filets d'eau qui traversent les voûtes, & qui continuent le travail des cristaux dans certaines parties de ces souterrains, qui partout ailleurs sont à sec. »

La grotte dont nous venons de donner une description est, suivant un naturaliste d'une certaine célébrité, un des monumens les plus frappans qui attestent le séjour de la mer sur cette partie de notre continent. Il ajoute même que tout y prouve que la formation & l'existence de cette grotte est fort antérieure au desséchement de la partie du globe que nous habitons, & à la retraite de l'Océan. Voici ce qu'il nous disoit dans un Mémoire qu'il a présenté à l'Académie royale des sciences en 1776.

« La grotte de *la Balme* en Dauphiné est ouverte ou creusée dans une pierre calcaire grise, extrêmement dure, qui fait feu avec l'acier trempé, & qui répand une forte odeur de foie de soufre lorsqu'on la brise. Cette pierre calcaire est distribuée par lits, dont les uns renferment des débris de coquillages, d'autres des rangées de madrépores, qui sont tous placés sur leur pédicule. Ils y forment des groupes considérables, qui sont de la plus belle conservation. Les espèces les plus communes sont les fungites & les cerveaux de Neptune. On trouve au centre de ces blocs de madrépores lorsqu'on les détache, des cristallisations quartzeuses, & autour des cristaux calcaires. C'est surtout dans les petites cavités des parties supérieures de la grotte, que ces productions de la mer sont les plus abondantes. Elles y sont entassées les unes sur les autres, mais au milieu de la pierre calcaire. Ces corps marins paroissent attachés sur la voûte comme sur les parties des parois de la grotte. L'eau qui circule à la surface de ces parois, entraînant la matière qui les enveloppe, les a mis à découvert; & elles paroissent, suivant le naturaliste, dans cet état, différentes des fossiles qui font partie des couches. »

Telle est l'exposition des faits que notre observateur met en avant dans son Mémoire, & voici les conséquences qu'il en tire. Il lui semble, dit-il, que ces faits ne permettent pas de douter que l'existence de cette grotte ne soit plus ancienne que celle des autres, qui doivent leur formation à des torrens intérieurs & à des éboulemens qui sont postérieurs au desséchement de notre continent; qu'elle a été long-tems sous les eaux de la mer, & qu'elle a servi d'habitation à presque tous les animaux marins; que les madrépores s'y sont formés & rassemblés comme ils se rassemblent journellement sur les rochers du bord de la mer. Il falloit qu'ils y fussent en très-grande quantité;

puisqu'on les y trouve encore très abondans. L'air, l'eau, l'indiscrétion des voyageurs & des curieux devoient concourir à détruire ces monumens antédiluviens selon lui. Ce sont cependant, suivant la même prétention, les stalactites qui les ont préservés, & qui ont aussi empêché ceux qui ont décrit la grotte de parler des madrépores, & surtout de ceux qui sont sur leur pédicule.

Je trouve plusieurs vues fausses dans les conséquences que ce naturaliste tire de ses observations, comme dans les faits d'après lesquels il établit ses prétentions hasardées. D'abord il suppose que la grotte de Sallettes n'a pas été formée comme les autres grottes ordinaires, ni dans le même tems. Cependant il est nécessaire qu'il convienne que l'excavation de la grotte est postérieure à la formation des couches horizontales au milieu desquelles elle se trouve creusée. Or, comme ces couches ont été visiblement composées par les dépôts que la mer a laissés pendant son séjour dans ces parages, il est incontestable que la grotte est postérieure à sa retraite. Il y a grande apparence qu'elle doit son origine, quoi qu'en dise ce géologue, à l'action d'une eau torrentielle souterraine, qui n'a été libre de circuler au dedans & de se porter au dehors qu'après la retraite de la mer, & que c'est à cette eau que les couches horizontales, qui sont correspondantes des deux côtés des galeries, ont dû leur séparation, & qu'elles auront été coupées & interrompues lors de l'excavation de la grotte. Comment conçoit-on que la mer, qui a formé ces couches lorsqu'elles se trouvoient dans son bassin, a pu permettre leur destruction telle qu'on les observe dans la grotte? Sur quelle présomption notre naturaliste avance-t-il donc que la mer elle-même s'est étendue de nouveau jusqu'à la grotte lorsqu'elle étoit déjà formée, qu'elle y a porté ses eaux, & que les madrépores se sont établis sur les parois des galeries lorsque les eaux de la mer les baignoient? J'avoue que je ne puis admettre la distinction de deux époques: la formation des couches calcaires, les dépôts des coquillages & des madrépores au milieu de ces couches & dans leur intérieur; & dans une seconde époque, l'établissement de nouveaux madrépores sur les parois des galeries de la grotte, sur les voûtes, & précisément à côté des dépôts semblables, qui s'étoient opérés lors de son premier séjour supposé. D'ailleurs, on ne peut se dissimuler que la grotte, se creusant tous les jours, ne mette à découvert les madrépores que l'on voudroit nous persuader avoir été établis par une seconde mer sur les parois des galeries, & on cessera de distinguer la formation de ces madrépores, de celle des madrépores contenus dans l'intérieur des couches, & des autres coquillages qu'on y trouve, ou entiers ou par débris. On verra que ces madrépores ont été déposés au milieu d'une vase qui est une comminution de certains corps marins, & que cet ensemble prouve seul le séjour de la mer sur nos continens avant leur destruction, plutôt qu'un fait isolé qui ne tient à rien, & qui est purement hypothétique. Pour admettre toute cette hypothèse, il faut d'abord faire former les couches calcaires de toute la contrée par une mer qui a couvert tous les environs de la grotte & bien plus avant encore, ensuite faire découvrir tous ces dépôts offrant un massif continu, sans vide & sans excavation, & donner à la nature le tems d'approfondir la grotte, puis faire revenir la mer au même niveau sans doute pour attacher des madrépores aux parois de la grotte, & faire faire une seconde retraite à l'Océan sans avoir laissé d'autres traces de son irruption dans les terres, & de son second séjour, que les madrépores sur leur pédicule, sans s'embarrasser que la seconde mer auroit formé dans le cas présent des madrépores à côté des anciens dus aux premiers dépôts; ce qui paroît dans l'hypothèse de la supposition la moins vraisemblable, comme nous le ferons voir par la suite.

Je fais cette remarque parce que le naturaliste dont nous discutons l'hypothèse, n'a fait l'analyse d'aucune autre observation d'où il résulte des preuves du second bord de la mer, que les madrépores établis sur leur pédicule. Cependant elles étoient d'autant plus nécessaires, que ces fossiles pouvoient naturellement être réunis aux anciens comme appartenant aux mêmes amas & au même travail de la mer.

En se bornant à ne proposer que le fait simple des madrépores sur les pédicules, tel qu'on nous le présente, il ne peut pas être considéré comme suffisant pour prouver une démarche aussi singulière de la mer, un déplacement qui auroit reporté l'Océan dans une contrée qu'il auroit occupée, & où il auroit formé des dépôts semblables à d'anciens, & dans une même position.

J'ai cru devoir entrer dans cette discussion pour montrer qu'un seul fait isolé ne méritoit d'être cité comme pouvant servir de base à un événement aussi remarquable, qu'autant qu'on auroit fait l'examen d'autres faits du même ordre, & qu'on auroit en même tems tiré la ligne de séparation qui les distingue de toutes les opérations de la nature, qui sont, soit d'une époque antérieure, soit d'une époque postérieure, de manière à placer le nouveau fait dans son lieu. Telle est la marche qu'il faudra suivre pour adopter une observation comme neuve & propre à figurer dans la théorie de la Terre.

Pour terminer ce qui concerne cette curieuse discussion sur *la Balme*, je dois dire que celle de Sallettes se trouve placée dans la vallée-golfe du Rhône, où l'on observe des dépôts de la mer, qui appartiennent sensiblement à deux époques différentes. Ainsi l'on voit partout, le long du cours du Rhône & de la Saône, les témoins du double travail de l'Océan. Je remarquerai d'abord que le second dépôt a un caractère particulier, qui le distingue du premier; car il est placé à un niveau qui annonce un âge & une époque beaucoup plus modernes. Le dépôt le plus ancien, au contraire, occupe la partie de la vallée la plus profonde, & celle qui repose ordinairement sur l'ancienne terre dans laquelle la vallée a été approfondie; c'est alors que la mer, par un séjour d'une certaine durée, a pu former ce premier dépôt d'une grande importance; car c'est dans le massif de ces sédimens très-étendus qu'une seconde vallée s'est approfondie après la première retraite de l'Océan; car pour lors un nouveau travail de l'eau courante, qui a succédé à la mer & qui a circulé à la surface de la terre libre, a fait un vide assez considérable pour que le second dépôt pût l'occuper après que la mer a eu envahi, pour la seconde fois, la nouvelle vallée.

Or, il s'en faut de beaucoup que *la Balme* de Sallettes montre, dans ce qui constitue les dépôts sous-marins qu'on y observe, tous les caractères qui distinguent les deux dépôts qu'on y suppose. *La Balme*, quoi qu'en dise le naturaliste qui croit y voir les deux sortes de dépôts, n'en annonce les caractères que d'un seul, qui paroît appartenir au second travail de la mer, lequel a fourni à la circulation de l'eau souterraine un massif d'une composition uniforme, & au milieu duquel cette eau a trouvé de quoi creuser des galeries suivies, offrir des voûtes qui missent en évidence des madrépores établis sur leurs pédicules, lesquels corps marins appartiennent, comme je l'ai déjà dit, au même système de dépôts, de couches, & au même amas de fossiles.

BALTIQUE, l'une des plus considérables mers intérieures ou Méditerranées de l'Europe. Outre la principale étendue d'eau connue sous la dénomination de *Baltique*, elle comprend deux grands golfes, celui de Bothnie & celui de Finlande. Je me propose de considérer dans cet article la réunion de ces trois mers sous différens points de vue intéressans. Je m'occuperai d'abord de toutes les circonstances qui ont concouru à leur formation, telle qu'elle a dû avoir eu lieu dans les premiers tems; ensuite je ferai connoître les différens agens que la nature emploie à leur entretien, en y comprenant les modifications qu'on peut observer sur leurs bords. Enfin, en suivant les mêmes vues, j'exposerai succinctement les curieux phénomènes que m'ont offerts les eaux affluentes d'un côté dans l'intérieur des bassins maritimes, puis, de l'autre côté, à la surface des bassins terrestres qui forment l'enceinte de ces mers au nord, à l'est, au sud, & surtout le long de leurs bords.

Occupé de tous ces objets, j'ai senti la nécessité d'insister de plus en plus sur les effets qui ont dû résulter du concours étonnant de toutes ces eaux affluentes qui ont contribué à la formation des bassins maritimes de la *Baltique* & de ses deux golfes, & pour les faire connoître j'ai suivi, avec le plus grand soin, le dénombrement de chaque fleuve & de chaque rivière qui parcourent les bassins terrestres avant de parvenir au rendez-vous commun; & pour que cette énumération se fasse avec un certain ordre, je noterai leurs embouchures telles qu'elles sont figurées sur les Cartes composant la seconde partie de *la Carte d'Europe* de Danville, & surtout celles dont les affluences ont été reconnues avoir une certaine profondeur. On trouvera ces détails géographiques raisonnés à l'article BASSIN, division concernant la *Baltique*.

De la réunion des agens & des circonstances qui ont contribué à la formation de la Baltique & de ses golfes, & qui continuent de concourir à leur entretien.

Les golfes de Bothnie & de Finlande, la mer *Baltique*, celle de Danemarck, de Hollande, la mer d'Allemagne, sont d'anciens vallons ouverts aux eaux courantes. On peut prendre une idée de l'ancien état des terrains dont ces mers occupent la place, dans ce que j'ai dit sur les progrès de l'élargissement de la Manche, qui a succédé à une vallée ou même à plusieurs; car c'est toujours à cela qu'il faut revenir. La multitude de détroits dont ces mers & ces golfes sont remplis, leurs formes, leur distribution, doivent nous rendre ces principes aussi certains pour le nord de l'Europe, que le sont les événemens pareils pour le midi.

J'ai déjà indiqué une analogie entre les Bosphores de Thrace & des Dardanelles, & les rivières qui unissent les lacs de Ladoga & d'Onega; ce qui réduit tous ces détroits, toutes ces mers à des vallées dont quelques parties sont devenues des lacs non fermés, & puis des mers. En général, les résultats des opérations de l'eau dans la formation des vallées étant bien appréciés, on peut en faire l'application aux détroits, aux golfes, aux méditerranées, & toutes les circonstances qu'on y remarque se prêtent sans difficulté à cette analogie. Je ramène tous les faits que nous présentent la *Baltique* & ses environs à ces résultats, parce que les uns confirment les autres.

Une preuve que le bassin maritime de la *Baltique* est l'ouvrage des eaux courantes qui s'y rendent de plusieurs provinces, & surtout des grands fleuves qui s'y déchargent, soit de l'Allemagne, de la Pologne & de la Russie, soit de la Laponie & de la Suède, c'est qu'à l'embouchure de tous ces fleuves on trouve encore des golfes assez profonds & étendus: ce sont les restes des anciens canaux de ces fleuves avant leur réunion en un seul bassin. Pour peu qu'on ait observé le long des côtes de cette grande Méditerranée, on retrouve encore des vestiges de ces mêmes canaux prolongés dans l'intérieur des terres, & qui ont été comblés en partie par les sables que les fleuves y ont déposés & abandonnés d'ailleurs en conséquence de la diminution des eaux que ces fleuves ont éprouvée. Ce sont ces deux causes qui ont contribué à l'abaissement du niveau des eaux de la *Baltique* & à la diminution de ses bassins : c'étoit à cette seule considération que devoit se borner la grande & longue dispute entre les savans de la Suède sur cette mer ; mais comme ils y ont mêlé des discussions étrangères, il n'est pas étonnant qu'une question aussi simple, & qui auroit pu se décider par des observations susceptibles d'une grande précision, ait donné lieu à tant d'écrits dont la plupart sont peu instructifs.

On y rappelle aussi des faits d'une époque bien antérieure à celle de la formation des Méditerranées, telle que nous l'avons supposée ci-devant ; car on a examiné les dépôts de l'Océan, qui datent d'un tems plus ancien que celui auquel on doit rapporter les dépôts de la *Baltique* ; car, comme nous l'avons mis en principe, si la formation du bassin des Méditerranées a commencé à l'époque où les fleuves ont creusé leurs vallées & déblayé les matériaux qui les remplissoient, elle a continué par l'action des mêmes eaux courantes qui ont réuni leurs canaux en détruisant les bords de chaque embouchure.

On peut aisément reconnoître, par l'observation, que les eaux de la *Baltique* ont laissé à découvert une grande étendue de terre du côté de l'Allemagne, de la Poméranie, de la Prusse, &c. 1°. Il y a beaucoup de sables & de cailloux roulés à une très-grande distance des rivages actuels, comme nous le dirons par la suite. En second lieu, on trouve à une grande distance des côtes de cette mer, des étangs & des lacs qui sont visiblement l'ouvrage des vagues, lesquelles, refoulant les sables contre les eaux courantes des rivières, en ont bouché les issues. Ces lacs, ces étangs, sont fort communs dans la Poméranie & dans la Finlande : on ne peut douter qu'ils ne soient d'anciens étangs des bords de la mer *Baltique*. On a cherché de petits faits dans la dispute sur la diminution de l'eau de la *Baltique* ; mais un fait physique de cette importance doit avoir des suites, des conséquences qui prouvent beaucoup mieux les démarches de la mer, que tous les faits historiques qu'on peut avoir recueillis pour ou contre. Ceux que nous citons sont les seuls monumens qu'on puisse admettre comme preuves physiques. Dans la dispute des Suédois on ne s'est attaché qu'à de simples faits historiques, sur lesquels on ne savoit quel parti prendre. Je ne prétends pas, au reste, que cette mer ait quitté toutes ses côtes également ; car il y a grande apparence que certaines côtes ont été abandonnées dans des parties par une retraite suivie, pendant que d'autres ont anticipé sur les bassins terrestres.

Je le répète, si l'on considère toute l'étendue des bassins terrestres de cette mer & celle de la superficie de la terre qui y verse ses eaux, on verra aisément qu'elle a été naturellement formée par le rendez-vous de ces fleuves & rivières, & que son bassin n'est que le résultat de la réunion de tous ces canaux particuliers qui avoient leur débouché dans la mer d'Allemagne : par conséquent on ne peut pas la regarder comme un lac, mais comme une grande & large embouchure d'une grande quantité de fleuves.

Cette mer peut être considérée comme une preuve que toutes les Méditerranées sont l'ouvrage des fleuves qui s'y jettent, & qu'en général les inégalités des bords de la mer, les enfoncemens, les golfes ont été produits par l'action de l'eau intérieure des continens, qui a une activité continuelle, plutôt que par l'action des vagues qui ne minent que très-peu, & qui n'a pu pénétrer ainsi dans les terres par une ouverture aussi étroite que le détroit du Sund.

Le Sund n'a donc pas été ouvert tout à coup par l'Océan, mais il a été l'ancien canal, l'ancienne embouchure des fleuves qui ont dû se décharger dans la mer assez abondamment & avec une certaine vitesse, lorsque les différentes parties du bassin de la *Baltique* n'étoient pas encore agrandies comme elles le sont, ni le bassin creusé, parce qu'alors l'évaporation ne pouvoit être assez abondante pour suffire à l'enlévement des eaux superflues de la *Baltique*.

C'est pour mettre toutes ces vérités essentielles en évidence, que j'ai fait figurer deux Cartes de la mer *Baltique* ; la première, où j'ai joint au bassin de cette mer les bassins terrestres des fleuves & des rivières qui s'y jettent ; la seconde, où je continue les lits particuliers de ces fleuves dans le bassin maritime, tel que je conçois qu'il existoit dans les premiers tems. Ceci fait voir les progrès du travail de l'eau dans l'agrandissement de l'embouchure de chaque fleuve. J'ai déjà dit que, dans la grande discussion au sujet de la diminution du niveau des eaux de la *Baltique*, on n'avoit pas fait entrer tous les élémens nécessaires à la solution de ce problême curieux ; car il n'a pas été question de ces différens états par lesquels je prouve que la mer *Baltique* a passé, &, par cette considération, je ramène la question à ses véritables termes ; car, de part & d'autre, il me paroît qu'on les a méconnus, & qu'on a confondu surtout les époques.

Il est évident que l'eau de la Méditerranée a été plus élevée qu'elle ne l'est, lorsque les fleuves n'avoient pas encore réuni & élargi leurs canaux ; & d'ailleurs, il y a grande apparence que chacun des fleuves dans ces tems donnoit plus d'eau, & ces deux circonstances ont suffi pour augmenter le niveau, au lieu que, par la suite, les circonstances contraires ont concouru à sa diminution. J'ajoute que d'ailleurs tous ces faits n'annoncent point une diminution absolue des eaux de la mer en général ; car comme ce golfe tient ses eaux séparées de celles de l'Océan avec lequel il n'a qu'une très-petite communication, les différens états par lesquels l'eau de la mer *Baltique* a pu passer, ne peuvent avoir aucune correspondance à l'Océan, ni autoriser les conséquences qu'on pourroit en tirer relativement à la diminution de la masse de ses eaux en général.

La quantité de l'eau de la *Baltique* & la hauteur de leur niveau dépendant de la quantité de l'eau des fleuves qui s'y rendent, il est clair que les diminutions ou augmentations qu'elle éprouvera, doivent avoir pour origine les changemens que la culture des terres occasionne chaque jour dans l'eau des fleuves. Or, comme ces changemens sont connus, il s'ensuit qu'on ne doit pas avoir recours à d'autres causes hypothétiques dont l'influence est aussi difficile à établir que l'existence.

Détails sur l'intérieur du bassin de la Baltique.

Depuis la bouche orientale du Sund jusqu'à l'île de Bornholm, la *Baltique* a de neuf à quatre-vingts brasses de profondeur; de là jusqu'à Stockholm, de quinze à cinquante, & un peu au sud de Lindo, soixante. On trouve dans ce trajet plusieurs bancs de sable, mais assez enfoncés sous l'eau. Entre Alands-Haff & parmi les îles Alandes, à côté de l'île d'Ozel, dans le golfe de Riga, les profondeurs varient de soixante à cent dix brasses. Il y a beaucoup de lacs d'eau douce qui en ont davantage: ainsi l'on doit en conclure que cette mer a très-peu de profondeur en général, & qu'elle n'est sous cette considération que la somme des embouchures des rivières qui y affluent. L'étendue en longueur de la *Baltique* est très-considérable: d'Elseneur, où proprement elle commence, jusqu'à Cronstadt, à l'extrémité du golfe de Finlande, cette mer a huit cent dix milles marins d'Angleterre; sa largeur, entre Salurie en Smaland & le rivage opposé, est de deux cent trente-sept milles.

De l'île de Rugen, le bassin de la *Baltique* est droit & ouvert, excepté où il est interrompu par l'île de Gothland.

Au-delà de Stockholm, la *Baltique* se divise comme en deux golfes: celui de Bothnie, & celui de Finlande. Le premier court au nord, & son bassin se trouve dans un massif immense de granit, de telle sorte que, sur les côtes, le pays offre des masses détachées de cette même pierre. Sa plus grande largeur est entre Gefle & Abo, dans la Finlande, où elle embrasse une étendue de cent quatre-vingt-quinze toises. Le granit se termine en Laponie, pays arrosé par la rivière de Tornéa, navigable fort avant dans les terres. Le pays offre une suite de montagnes couvertes de forêts non interrompues, de vastes marais, de rivières, de lacs fort nombreux traversés par ces rivières: ces lacs & ces rivières servent de retraite à des milliers d'oiseaux aquatiques, qui s'y rendent l'été pour y faire leur ponte, dans la paix & loin des atteintes des hommes. Linné nous apprend que ces oiseaux, en grand nombre, vont chercher en automne des rivages & des climats plus favorables. Les lacs & les rivières sont aussi peuplés de poissons, de peu d'espèces il est vrai, mais dont chacune est nombreuse: ce sont des saumons en grande abondance, qui remontent jusqu'à la source des rivieres de Tornéa & de Kimi pour y déposer leur frai; le char s'y trouve dans les lacs, & l'ombre dans les rivières: on y pêche des gwiniades du poids de huit à dix livres, des brochets qui ont jusqu'à huit pieds de longueur, des perches fort grosses; enfin, le saumon *albula* termine la courte liste des poissons qu'on pêche dans cette partie de la Laponie.

Dans les contrées méridionales de ce pays, la civilisation & la culture ont prospéré depuis longtems. On y trouve plusieurs cantons bien peuplés, des marais desséchés, & la raison s'y est tellement perfectionnée parmi ces peuples, que beaucoup d'entr'eux se sont unis avec les Suédois, & qu'ils ont même envoyé leurs représentans à la chambre des paysans dans les diètes nationales. Ils furent dans tous les tems les plus laborieux de cette race: ils accoutumèrent le renne au traîneau, l'apprivoisèrent, & le substituèrent au bœuf & à la vache.

L'embouchure du golfe de Bothnie est remplie d'un groupe nombreux d'îles fort petites & d'écueils dangereux pour la navigation. Aland est la principale de ces îles, qui présente partout l'aspect de rochers escarpés.

C'est de là que le golfe de Finlande s'étend droit à l'est: on voit, sur la côte septentrionale une chaîne d'îles semblables. Toute la côte, ainsi que ces îles, est composée de masses graniteuses rouges & grises: les côtes de Suède sont des mêmes matériaux, mêlés de pierres de sable.

La Finlande & la Carélie sont les bornes du golfe d'un côté, la Livonie & l'Ingrie de l'autre. Le golfe diminue en profondeur de soixante brasses à cinq en avançant vers Cronstadt; de ce port il y a douze milles de basses-eaux jusqu'à Pétersbourg.

Quelques auteurs ont prétendu que la mer *Baltique* communiquoit avec la Mer-Blanche, & ont cru reconnoître les vestiges de cette communication dans les lacs nombreux que présente leur intervalle, ainsi que dans l'état de la terre qui offre presque partout le massif primitif des granits, couvert de dépôts modernes formés par des cailloutages & des graviers abondans; enfin, dans les fragmens de granits détachés de la grande masse.

Ils croient retrouver les portions de ce canal de communication de la Mer-Blanche à la *Baltique*, dans les lacs Siouda & Vigo, qui forment une chaîne assez suivie de la Mer-Blanche au lac Onega: Les lacs & les rivières étant d'ailleurs situés dans des lieux bas, semblent offrir les restes d'un canal: c'est là le détroit, selon eux, par lequel la marée se versoit de la Mer-Glaciale, & couvroit de son flux les îles que Pomponius Mela a décrites. C'est ainsi qu'on peut expliquer comment la Scan-

-dinavie étoit une île, ainsi qu'elle se trouve dans une des Cartes de Cluvier.

On ajoute qu'aussitôt après que ce détroit a été fermé, la *Baltique* a perdu les propriétés d'une mer, & en même tems une grande partie de ses eaux, déperdition qui se continue, suivant les savans Suédois, qui l'ont fixée à cinquante pouces en un siècle. Nous rapportons tous ces détails sans en adopter aucun, & en observant que toutes ces conjectures sont trop vagues pour pouvoir rendre raison de l'état actuel & de l'intervalle de la Mer-Blanche à la *Baltique*, & de la *Baltique* elle-même. Il faudroit étudier avec une plus grande précision cet intervalle, avant de pouvoir établir ces assertions comme des faits. Cette mer manque de marée : aussi n'éprouve-t-elle pas de variations dans la hauteur de ses eaux, excepté lorsqu'elle est exposée à des vents impétueux : il se forme alors un courant à l'entrée de la *Baltique*, ou à sa sortie, suivant les points de l'horizon d'où les vents souflent ; ce qui force l'eau de traverser le Sund avec la vitesse de deux ou trois milles danois par heure. Quand le vent soufle de la mer d'Allemagne, l'eau s'élève dans les ports de la *Baltique*, & celle des ports de la partie occidentale, voisine de l'embouchure & du détroit, éprouve une salure passagère.

Effectivement, le peu de communication qu'elle a avec la grande mer, la quantité d'eau douce qu'y versent les fleuves qu'elle reçoit, font que ses eaux sont souvent douces au point qu'en plusieurs endroits elles sont propres aux usages domestiques.

Dans toute la *Baltique*, les botanistes n'ont reconnu que trois sortes de *fucus*, & n'en ont pas même rencontré une seule sur toutes les côtes du golfe de Bothnie, qui est si éloigné de l'eau de la mer.

Le petit nombre d'espèces de poissons est encore une autre différence entre la *Baltique* & l'Océan : on n'y trouve qu'une espèce de cétacée, nulle autre ne s'aventurant au-delà du canal étroit qui sépare la *Baltique* du Categat. Les harengs fréquentèrent, avec une abondance égale, les rivages de Livonie & ceux de Courlande jusqu'en 1313, qu'ils s'attachèrent à ceux de Danemarck, ensuite ils ont abandonné la *Baltique* pour quelques siècles ; mais en 1753, ils commencèrent à reparoître sur la côte de Suède, où on les pêche entre les rochers & les îles, & point à la mer, depuis Gothenbourg jusqu'à Stromstad, dans un espace de trente-cinq lieues ; mais au-delà on n'en a pas encore trouvé ni au nord ni au sud. Dans les premiers tems de la pêcherie, ils paroissoient vers la fin de juillet ou le commencement d'août ; mais ils ont progressivement changé de saison, & depuis quelque tems on ne les voit guère avant le commencement de novembre. On a remarqué qu'ils ne sont plus si gras que lorsqu'ils se montroient plus tôt, & maintenant on s'apperçoit que ce poisson commence à ne paroître dans la *Baltique* qu'en bien moindre quantité qu'au commencement de cette reprise vers 1753.

Il a été prouvé dans ce siècle, par des expériences, que la mer *Baltique* avoit un contre-courant comme la Méditerranée au détroit de Gibraltar. Un habile marin anglais s'étant avancé, dans une pinasse, au milieu du canal, fut emporté avec violence par le courant. Bientôt après il plongea dans la mer un seau de cuir qui contenoit un gros boulet, & il arrêta par ce moyen le mouvement de la pinasse ; alors faisant enfoncer de plus en plus le seau, il fut entraîné par l'avant de la pinasse malgré le vent & le courant supérieur. Le courant d'en haut n'avoit pas plus de quatre à cinq pieds de profondeur, & plus on faisoit enfoncer le seau de cuir, plus le courant de dessous avoit d'avantage.

Résumé sur la formation de la Baltique.

Toute cette étendue d'eau qui forme la mer *Baltique*, les golfes de Bothnie, de Finlande & même celui de Livonie, doit être considérée comme l'assemblage d'un grand nombre de canaux, de fleuves & de rivières, qui, s'étant élargis & réunis ensuite par l'action de ces eaux, n'ont plus formé qu'un seul & même canal. D'après cette idée simple sur la formation de ces golfes, il n'est pas étonnant que ces mêmes fleuves qui ont concouru à la formation de cette mer, continuent à l'entretenir en se portant toujours au rendez-vous commun. Ainsi je vois d'un côté, en Allemagne & en Pologne, l'Oder, la Vistule, le Niémen & la Droine y porter le tribut de leurs eaux ; de même plusieurs autres rivières en Livonie & en Finlande fournissent aux différentes parties des golfes où elles ont leurs embouchures ; d'autres plus grands encore & plus nombreux sont fournis par les terres de la Laponie : tels sont le fleuve Tornéa, les rivières Calix, Luléa, Pithéa, Uméa, & plusieurs autres qui viennent de la Suède. Ces fleuves un peu considérables sont au nombre de plus de quarante, y compris les rivières latérales qu'ils reçoivent. D'après cette vue générale de tant de canaux d'eaux courantes, on ne peut pas douter qu'il n'en résulte une quantité suffisante pour entretenir la mer *Baltique* ; c'est pour cette raison qu'elle se décharge dans l'Océan, & qu'elle ne participe pas au mouvement général de flux & reflux, quoiqu'elle soit fort étroite : c'est aussi aux mêmes circonstances qu'elle doit d'être très-peu salée, comme nous l'avons vu ci-devant.

Pour faire saisir plus facilement l'étendue de la superficie de la terre qui fournit à cette mer les eaux courantes qui s'y rendent & qui l'abreuvent, j'ai fait rédiger une Carte particulière & bien circonscrite de son bassin terrestre : on la trouvera dans mon Atlas, avec une description détaillée des rivières & de leurs latérales, telles qu'elles sont font figurées dans les meilleures Cartes des pays distribués le long des bords méridionaux & septentrionaux des golfes de la *Baltique* : on y verra d'ailleurs les limites curieuses du bassin, tracées par une arête montueuse fort remarquable, ainsi que les lacs nombreux qui rassemblent les premières eaux des provinces de Suède & de Danemarck.

Vues générales sur les courans de la Baltique.

L'amiral Nordenankar, auteur du travail sur les courans de la *Baltique*, dont nous nous proposons de publier la traduction, commence cette description par suivre leur origine dans le golfe de Bothnie, ensuite il montre comment ces courans se dirigent entre les îles, les rochers & le long des côtes. Pour développer d'autant plus sa théorie, il indique les fleuves, les torrens & les ruisseaux qui alimentent la *Baltique* : travail infiniment curieux & utile. Il parle définitivement de la diminution insensible des eaux de cette mer, des refoulemens occasionnés par les vents qui soufflent des mers voisines. En comparant dans la *Baltique* les golfes de Bothnie & de Finlande, ainsi que d'autres golfes moins considérables, & les passages étroits le long des côtes, appelés *Scharen*, cette mer présente, entre Stockholm & Pétersbourg, une largeur de quatre-vingt-dix à cent milles, à 15 au degré, & une longueur de cent soixante & quinze milles depuis Tornéa, dans la province de Vestro-Bothnie, sur les confins de la Laponie, jusqu'à Wollin ou Wismar en Allemagne. Semblable aux lacs, la *Baltique* est plus élevée que l'Océan, car elle a son écoulement dans cet égout & réservoir général. En envisageant cette Méditerranée sous ce point de vue, on ne sera pas surpris que son niveau baisse, & que ses eaux diminuent annuellement. Cette diminution, attestée d'ailleurs par des monumens historiques, doit avoir commencé lorsque les eaux, rompant les barrières qui les séparoient de l'Océan, se sont ouvert des débouchés par le Sund & les Belts : elle doit cesser lorsque, le bassin s'étant élargi & les fleuves ayant diminué le tribut des eaux qu'ils y portent de tous côtés, la *Baltique* se trouvera au niveau de l'Océan.

Les courans sont nombreux & très-rapides, & ils doivent l'être puisque l'étendue du bassin est fort étroite en raison de la quantité d'eau courante qui y afflue sans cesse de plusieurs plages, depuis les montagnes de la Laponie, jusqu'aux limites les plus méridionales des bassins terrestres de la *Baltique*. Cette mer reçoit deux cent onze rivières & torrens, sans compter des eaux courantes en très-grand nombre & moins considérables. Les grandes rivières de Tornéa, Luléa & Pithéa donnent la première impulsion aux courans du golfe de Bothnie ; aussi trouve-t-on les plus rapides depuis Tornéa jusqu'à l'île d'Aland. Lorsqu'il règne des vents nord-ouest violens, & qu'ils durent long-tems dans l'Océan septentrional, ces courans sont refoulés de manière qu'il en résulte des crues frappantes dans le golfe de Finlande & dans les parages qui avoisinent Stockholm.

On voit que, dans la grande question de la diminution des eaux de la *Baltique*, qui a partagé l'opinion des naturalistes suédois, l'amiral Nordenankar a pris parti pour l'affirmative. On ne peut s'empêcher de s'attacher à l'opinion de ce savant, parce que son travail sur les courans de la *Baltique* le mettoit en état d'embrasser les circonstances de la question dans toute leur étendue.

De la direction des courans de la mer Baltique.

Si l'on mesure l'enceinte étroite qui, sur des Cartes marines, est proprement désignée sous le nom de *mer Baltique*, on trouvera qu'elle ne comprend pas plus de quatre-vingt-dix milles marins (à 15 au degré) du nord au sud, depuis l'archipel de l'île d'Aland, jusqu'à la côte d'Allemagne, auprès de Dantzick, Wollin, ou au plus loin Wismar ; & seulement trente & quelques milles de l'ouest à l'est, depuis la côte de Suède jusqu'à celle de Courlande, encore renferme-t-elle, dans ces limites resserrées, les grandes îles de Gothlande & d'Aland.

Si l'on prend la dénomination de la *mer Baltique* dans un sens plus étendu, c'est-à-dire, en y réunissant ses baies, ses golfes, ses archipels, comme on l'entend le plus généralement, & que l'exige le sujet que l'on traite ici relativement au système des courans de cette mer, elle comprendra sans difficulté quatre-vingt-dix à cent milles de Stockholm à Pétersbourg, & environ cent soixante-seize milles de Tornéa à Wollin ou Wismar.

Considère-t-on de plus la circonstance remarquable d'une diminution annuelle d'eau, ou d'une diminution annuelle dans la hauteur de la surface de l'eau ? cette mer peut avec raison être comptée parmi les mers closes, qui généralement sont regardées comme étant, à la même hauteur du pôle, plus élevées que les mers ouvertes ; ainsi la mer *Baltique* est plus élevée que l'Océan, comme le lac Meler l'est lui-même plus que la *Baltique*. Sous ce rapport, cette diminution tant discutée des eaux de la *Baltique* paroîtroit moins douteuse, moins étonnante & surtout moins signifiante, quelqu'incertaine que puisse d'ailleurs être l'époque où elle prit naissance lorsque les flots s'ouvrirent un passage à Ohresund & par les Belts pour se réunir à la mer du Nord, & celle où elle doit cesser lorsque, par le dégorgement continuel qui s'opère & qui peut devenir plus considérable encore par des débouchés plus grands s'il s'en forme, il s'établira définitivement un équilibre constant entre la *Baltique* & l'Océan.

Mais que cette diminution ait encore lieu aujourd'hui, dans le rapport que l'on connoît, d'à peu près quatre lignes & demie par an, ou quatre pieds cinq pouces par siècle, c'est ce dont les observations suivantes peuvent donner un certain apperçu.

Les endroits où des repaires ont été marqués dans des rochers pour constater les nuances de la diminution des eaux, sont :

1°. *Ratan*, bon port, sous le 64e. degré de latitude, dans le golfe de Bothnie, l'an 1749, par M. Chydenius, & en 1774 par M. Hettant;

2°. *Stor Rebb*, île montagneuse, située assez loin dans la mer, au voisinage de la ville de Pithéa, l'an 1751;

3°. *Vargo*, quelques milles au sud de la ville de Wasa, l'an 1753, par M. Klingius;

4°. *L'Ofgrund*, situé au nord-est de Gefle, à deux milles & demi dans la mer, l'an 1731, par M. Rudman.

Toutes ces marques sont taillées dans la roche vive, & ne peuvent, suivant aucune vraisemblance, être détruites par les glaces ni par une autre cause moindre qu'un tremblement de terre.

En 1785, on examina les différens endroits cités ci-dessus, & l'on remarqua que :

A Ratan, la hauteur moyenne de la surface de l'eau s'étoit abaissée, & par conséquent rapprochée du niveau de l'Océan, de dix-sept pouces dans l'espace de trente-six ans,

Et au même endroit, pendant les onze dernières années, de cinq pouces & demi;

A Rebb, en trente-quatre ans, de dix-sept pouces;

A Vargo, en trente ans, de quatorze pouces & demi;

A l'Ofgrund, en cinquante-quatre ans, de vingt-neuf pouces.

Le niveau de l'eau s'abaisse aussi dans le golfe de Finlande : c'est un fait dont on a la certitude historique, mais il n'y a aucun monument d'après lequel on puisse déterminer les nuances & les degrés de cet abaissement.

Il paroît que la diminution des eaux de la *Baltique*, telle qu'elle seroit établie par ces observations, seroit due surtout à ce que ces eaux se seroient écoulées du lit de la *Baltique* en plus grande abondance qu'elles n'y affluoient, & que cette seule circonstance doit y opérer un continuel abaissement du niveau, quelque peu sensible qu'il puisse être; mais la cause principale des courans les plus considérables de la mer *Baltique* est cette quantité immense d'eaux étrangères, résultat des pluies & des neiges fondues, qui descendent des grandes montagnes de la Laponie, & de celles qui bordent les rivages, lesquelles forment un si grand nombre de fleuves, de torrens & de rivières qui se précipitent dans son bassin, & suivent par-là, faute d'une autre route, leur pente naturelle pour se mettre au niveau de l'Océan.

On ne compte pas moins de deux cent onze de ces torrens, fleuves & rivières, non compris un nombre immense de ruisseaux, toutes eaux voulant se rendre à la mer.

Cette affluence innombrable d'eaux courantes, comparée avec les bornes étroites du bassin de la *Baltique*, dans lequel ces eaux sont reçues, nous autorise à tirer des conséquences sensibles. On peut en conclure d'abord qu'il est nécessaire qu'il y ait des courans; en second lieu, que les courans se dirigent vers une issue quelconque avec une rapidité proportionnée au rétrécissement du lit dans lequel ils se trouvent; enfin, qu'ils doivent durer autant que le tribut des eaux étrangères aura lieu, ou que les issues de la mer *Baltique* ne seront point fermées.

Ces courans sont néanmoins soumis pendant leur course à plusieurs modifications, soit relatives à leur direction, soit à leur vitesse.

Dans les détroits, par exemple, ils augmentent de rapidité en proportion du resserrement des bords, & d'ailleurs ils se plient à leurs sinuosités. Dans les baies plus spacieuses, ils s'étendent davantage : là où ils trouvent plusieurs fils d'eau, ils se dirigent au milieu d'eux en subissant les altérations imposées par toutes les circonstances. Rencontrent-ils des pointes solides? ils se courbent autour d'elles en augmentant de vitesse; trouvent-ils quelques obstacles? ils se partagent en deux bras qui l'enveloppent avec une rapidité accélérée, & se réunissent ensuite; se présente-t-il quelqu'autre courant? ils s'inclinent de côté dans la proportion moyenne des forces respectives.

De ces causes résultent la grande quantité & variété des courans dans les archipels, qui y rendent la navigation si périlleuse & souvent si fatale. Afin de procéder par ordre nous observerons d'abord que les causes qui concourent à la formation des fleuves & en même tems à celle des courans, ont leur principe au loin dans le nord, auprès de Tornéa, dans le golfe de Bothnie.

Dans ce golfe dont la longueur, prise de la ville de Tornéa à Qvarke, vis-à-vis Vinéa, est seulement de trente milles, & la largeur, mesurée de Carlo à Rebb, n'est que de dix-sept, se jettent pourtant quarante-quatre grands fleuves des côtes occidentales & orientales. Nous en supprimons ici les noms. Ils occasionnent dans cette partie un courant très-marqué au sud-sud-ouest, jusqu'à Qvarke, où le golfe se termine par une gorge de six milles de largeur. A cet endroit la rapidité du courant s'augmente en se resserrant par les deux passages de Qvarke oriental & de Qvarke occidental, aux deux côtés de l'île d'Holm, pour s'étendre ensuite dans la mer de Bothnie.

Cette mer, a quarante-huit milles de longueur de Qvarke à Aland, & près de trente en largeur de Huddikwal à Biornborg; quarante-deux nouveaux fleuves qui y débouchent, viennent accroître la vitesse du courant qui se continue du golfe supérieur, d'abord dans la direction du sud-sud-ouest, ensuite dans celle du sud tout-à-fait jusqu'à l'île d'Aland, contre laquelle il vient se briser & se diviser, une partie se dirigeant par la mer d'Aland, & l'autre par le Dalen & le Wattuskift. La branche qui pénètre par la mer d'Aland, mer dont la largeur est d'à peu près cinq milles de Grisselhamn à Ekero, & la largeur d'environ huit depuis Ogstâns-Bak jusqu'à Lagskars-Bak, prend sa direction au sud-est, qui est celle de cette mer elle-même, la suit, grossie en route par quatre rivières (la rivière Forsmarks, la rivière Gimo, auprès de Sueslinge; la rivière Hallsta, qui vient du lac Nardinge, lequel reçoit les eaux de vingt-six autres lacs, & se jette au-delà de Skabo-Bruk dans le lac Eobo; la rivière Norr-Telge), jusqu'à ces rochers si connus, les plus éloignés parmi ceux qui forment l'archipel de Stockholm, le Stanske-Hogarne, à onze milles & demi en ligne droite nord-est de cette ville. Ce courant, en cet endroit, change sa direction qui devient méridionale, reçoit sept rivières (le fleuve de Stockholm, la rivière Trosa, la rivière de Bergshomn, dans le Sandwick; la rivière Svasta, la rivière Nikoping, la Motala, dans le Bravik; la Stor, près de Slakbak); il est ensuite divisé par les îles d'Aland & de Gothlande, & pénètre partie par le détroit de Calmar, où il reçoit encore deux grandes rivières (Emma & Liungby), en suivant la direction sud-sud-ouest de ce détroit, partie par le passage profond qui sépare l'île d'Aland de celle de Gothlande, dans une direction entièrement sud.

L'autre partie du courant divisé par l'île d'Aland, reflue par le Delen, passage de sept milles de long de Vaderskar à Kokar, & par le Wattuskift, qui en a dix de l'Oporto à Kokar. Là ces deux branches se subdivisent encore en autant de petits courans particuliers qu'il se rencontre d'îles & de rochers dans ce vaste archipel, entre Aland & la Finlande méridionale, surtout en recevant dans ce trajet douze nouvelles rivières, qui sont, Korpis, Wirmo, Nousis, Maiko, Reso, Abo, Pimie, Lemar, Haliko, Salo, Yokela & Bjerno. Tous ces différens rameaux se réunissent enfin au sud de Kokar, & forment un courant général dans la direction du sud, jusqu'à la rencontre de celui qui sort du golfe de Finlande.

Ce golfe a soixante milles de long, à compter de Pétersbourg à Simpenas, pointe septentrionale de Dago. Sa largeur, qui n'est pas toujours uniforme, est de dix-sept milles entre Frédéricshamn & la baie de Narva, & de six milles entre la pointe de Porkala & Nargo, ou la pointe de Rogonem, près Reval. Le courant établi dans ce golfe, & qui part de son origine même, se dirige, après plusieurs inflexions autour des îles Seskar, Lavensary, Tytar & Ogland, généralement vers l'ouest-sud-ouest, direction du golfe jusqu'à la pointe de Porkala. Accru de trente rivières, il change ensuite sa direction en ouest-sud-ouest devant la pointe d'Hango, tourne Dago, & entre dans la *Baltique* pour se réunir au grand courant descendant de Kokar.

Ce courant reçoit par cette jonction un accroissement considérable, mais il éprouve en même tems une déviation dans sa course précédemment sud, & décline au sud-sud-ouest en passant devant l'île d'Osel; là, rejoint encore par le courant venant du golfe de Riga, entre Svarfvarort & Domasnas, formé dans ce golfe par la chute de dix-sept rivières; il tourne au sud-ouest en traversant la profondeur qui se trouve entre l'île de Gothlande & la Courlande. Il continue dans la même direction en passant par-devant la pointe méridionale de l'île de Gothlande, au-delà de laquelle il est renforcé par le courant venant du nord, entre les îles de Gothlande & d'Aland, & par une masse de vingt-sept rivières qui viennent de la côte d'Allemagne, à sa rencontre jusqu'à Bornholm.

Arrivé à cette île, il se divise & l'enveloppe: une partie longe sa côte septentrionale, reçoit le courant arrivant du détroit de Calmar, ainsi que dix rivières, dans son passage entre l'île & la côte de Scanie, & se dirige sur Wittow; l'autre, suivant la côte méridionale, avance du côté de Wollin, où elle se grossit des tributs de neuf rivières, &, tournant à l'ouest, arrive au rendez-vous général de tous les courans de la *Baltique*, entre Ystad & Wittow, passage de dix milles de largeur.

De là, poursuivant leur cours, ils sortent de la mer *Baltique* par trois ouvertures remarquables, le Sund, le grand Belt & le petit Belt, augmentant de rapidité en proportion du rétrécissement des passages. Une partie se jette au sud-ouest vers le golfe de Wismar, reçoit là cinq rivières, se courbe autour de Fameren, entre dans le *Colbelger-Heide*, où elle reçoit encore trois rivières (l'Eider, le Sley, & la rivière près de Flansberg), &, continuant sa course tortueuse autour de Funen, sort par le petit Belt, entre Colding & Middelfart.

Une autre partie se dirige en plein ouest par plusieurs courans sinueux entre les îles de Moen & de Laaland, & s'échappe par le grand Belt, entre l'île de Funen & celle de Sélande.

Une troisième enfin tourne vers le nord, entre Falsterbo & la pointe de Staffen, longe le Flintvanna & le Drogden, arrive près Helsingborg, recueillant huit rivières sur sa route, & pénètre par le Sund, entre Helsingborg & Elseneur, dans le Categat; là continuant sa course dans le nord, ce courant suit la côte de Suède, d'où il reçoit dix rivières, qui sont Noda, Laga, Nissa, Athoran, Asklosters, Kongsbacka, Gotha, Uddevatta, Qvistrum & Stromstad; il se plie autour de la pointe de Skaga, double cette pointe, la rase, & s'avance ensuite plus loin vers le nord.

Tels sont l'ordre & la direction que conserveroient invariablement les courans dans la mer *Bal-*

tique par la suite, & des causes qui leur donnent naissance, & de la conformation du bassin de cette mer, si des causes accidentelles n'y apportoient par fois quelques modifications.

Je n'entrerai pas dans le détail minutieux des variations qui peuvent avoir lieu en différens endroits dans toutes les circonstances possibles, résultantes d'une plus ou moins grande quantité d'eau fournie par les fleuves, en différentes années & en différentes saisons; des vents impétueux soufflant dans une direction concurrante ou opposée à celle des courans, circonstances où leur vitesse doit être augmentée ou diminuée, ou même leur mouvement anéanti sur la surface de l'eau; des vents obliques continus, qui, dans les endroits spacieux, peuvent les déranger de leur direction, qu'ils reprennent pourtant lorsqu'ils approchent de passages plus étroits; des tempêtes dans la mer *Baltique*, qui quelquefois élèvent subitement l'eau à une hauteur prodigieuse dans les archipels, les golfes, & sur les côtes opposées au vent.

Il est des dérangemens plus considérables encore dans la direction des courans, & ils éprouvent des changemens naturels, venant de causes étrangères à la *Baltique*, & trop remarquables pour les passer sous silence.

Quand des vents violens du sud-ouest ou de l'ouest s'élèvent dans la mer du Nord, chassent l'eau contre la côte orientale, & la forcent de refluer vers le Sagerack, & jusque dans le Categat, mais surtout quand le vent d'ouest soufle long-tems & avec force dans l'Océan, qu'il pousse les flots contre les îles Orcades & celles de Schetteland dans la mer du Nord, & les amoncèle contre la côte orientale dans le golfe de Hambourg, la résistance qu'oppose la terre-ferme & l'effort continu du vent obligent alors les eaux élevées à une hauteur considérable, à s'écouler avec rapidité le long de la côte qui leur présente le passage le plus facile dans une direction est-nord-est, par le Sagerack, entre la Norwège & le Jutland.

Ce courant occidental tourne ensuite à l'est, autour de la pointe de Skaga, force le courant du nord à se ranger plus au nord-est dans le golfe, perce dans le Categat, laissant une eau quelquefois immobile, quelquefois tournoyant avec rapidité, entre lui & le courant opposé, qui alors se rapproche de la côte de Suède, & élève l'eau à une grande hauteur dans les skares qui la bordent: de là il continue son cours au sud, autour des îles Lasso & Anholt, vers les Belts & le Sund. Là luttant contre les courans qui se précipitent en sens opposé, il les rejette sur l'un des côtés, & s'ouvre un passage en partie par le Sund, où il suit la côte de Sélande pendant que le courant septentrional sortant se glisse le long de la côte de Scanie, & en partie plus considérable par les Belts, & pénètre dans une direction précisément opposée à celle des courans sortant de la *Baltique*, aussi loin que sa force le lui permet.

Décrire maintenant la marche progressive de ce courant dans cette mer, ce seroit retracer de nouveau la direction des courans, dans un sens inverse.

Plus le vent du nord-ouest est violent, plus il dure, plus aussi, par une suite naturelle, ces contre-courans accidentels s'enfoncent profondément dans la mer *Baltique*.

Pénètrent-ils jusqu'à la hauteur de Stockholm ou plus loin par l'archipel d'Aland, & de la mer d'Aland dans la mer de Bothnie? alors l'eau monte à une hauteur extraordinaire sur ces côtes, dans l'archipel de Stockholm, dans le golfe de Finlande, & cause, dans les courans qui en sortent, les changemens qui doivent naturellement résulter des circonstances que nous avons exposées.

S'il s'élève en même tems un ouragan chassant du sud-ouest ou de l'ouest dans la mer *Baltique*, l'eau afflue pour lors, en plus grande abondance encore, dans le golfe de Finlande; le courant occidental, passant devant Dago, perce dans le golfe tout le long de la côte russe, tandis que le courant ordinaire sort en côtoyant la Finlande & double la pointe de Hango, à cinq milles de laquelle gissent les célèbres écueils de Jussari & de Segersten, où la boussole éprouve une variation.

L'ouragan soufle-t-il au contraire du sud-est ou de l'est? alors le courant occidental entre encore plus avant dans le golfe de Bothnie & dans l'archipel de Stockholm, où il produit ce que l'on appelle en suédois *upsjo*, c'est-à-dire, *remonte de la mer*, & se jette dans le Mélar ou Méler, dont la surface est pourtant à Medelhoge de trois pieds plus haute que celle de la mer *Baltique* à Soderslus.

Ces accidens, qui s'écartent de la règle ordinaire, ne se présentent que rarement, & n'ont guère lieu que dans les saisons orageuses, lorsque les vents ont plus de constance & de force, & ils ne durent le plus souvent que quelques jours; car la nature est ordinairement modérée dans ses opérations, & tout ce qui est violent est par bonheur aussi de courte durée.

Bassins terrestres de la Baltique & de ses golfes.

J'ai cru qu'il convenoit de traiter à part ce qui avoit pour objet les bassins terrestres de la *Baltique* & de ses golfes, cette méthode étant nécessaire pour faire valoir ce que l'observation nous a découvert sur l'ensemble de la constitution de ces mers & sur les circonstances qui ont concouru à leur entretien, de telle sorte que de grands changemens ont pu s'introduire dans les causes que la nature met en jeu, circonstances qui s'annoncent particuliérement, & en grand détail, par les courans intérieurs qui paroissent liés avec les eaux affluentes du dehors; ce qui définitivement montre la correspondance qui a subsisté en tout tems, & qui subsiste encore entre les bassins maritimes & les bassins terrestres. Ceci prouve surtout la nécessité de cette double considération, qui est cependant parfaitement nouvelle en géographie, & c'est son importance qui m'engage à décrire les différentes parties des bassins terrestres que j'ai eu occasion de parcourir & d'observer à plusieurs reprises. Faute d'avoir été à portée de saisir la correspondance des bassins, & d'avoir soupçonné l'existence de ceux du dehors ou *terrestres*, on a méconnu l'état primitif de la *Baltique :* aussi dans la discussion de la question sur la diminution des eaux de cette mer, il est visible qu'on n'avoit pas embrassé toutes les circonstances qui pouvoient éclairer sur sa solution; car les eaux rassemblées dans les bassins maritimes, étant alimentées par les fleuves & les rivières qui appartenoient aux bassins terrestres, & qui n'avoient aucune correspondance avec l'Océan, ne pouvoient être appréciées comme une masse qu'on pût soumettre à un calcul précis : d'où il suit que l'on ne pouvoit appliquer à l'Océan les résultats des observations qu'on avoit inconsidérement suivies sur les côtes de Suède & de Danemarck. D'ailleurs, tout ce que nous dirons sur cette Méditerranée, prouvera incontestablement qu'elle n'a, comme toutes les autres mers, aucune union ou dépendance avec la grande mer. Il est visible que cet amas d'eau n'a de correspondance avec l'Océan, que parce qu'il est plus élevé que de grands égouts, le Categat & la mer d'Allemagne, où il verse son trop plein.

Bassins terrestres.

En allant de Hollande à Copenhague, on trouve, du côté d'Oldenbourg en Westphalie, des blocs de granit gris & rouge, isolés & dispersés sur un sable fin de même nature que les élémens du granit; & ce sol, à la surface duquel il ne croît que de la bruyère, s'étend sans interruption jusqu'à Hambourg : seulement on remarque que plus on approche de Hambourg, & plus on s'élève vers le nord, plus les blocs détachés de granit sont considérables : ce sont souvent des fragmens de plusieurs pieds de diamètre.

On ne découvre à l'horizon aucune montagne d'où l'on pourroit croire que ces masses auroient été détachées; & si l'on jette les yeux sur les Cartes de ce canton, & qu'on suive le cours des rivières qui s'y réunissent, tels que l'Elbe & le Weser, on voit que la distribution des granits ne suit point l'ordre & les progrès qu'auroient dû suivre les dépôts de ces fleuves.

Sur la route de Hambourg à Kiel, ces mêmes blocs de granit se voient encore dans un sol plus fertile & plus cultivé; & on les retrouve même au Sund, sur la rive du Danemarck, c'est-à-dire, à un degré & demi de latitude de Kiel, & à trois degrés d'Oldenbourg. Mais vers le nord ce ne sont pas seulement quelques morceaux isolés sur du sable fin, mais un grand nombre de blocs de toutes grandeurs. Enfin, cette composition singulière du sol se prolonge de l'autre côté du Sund, sur la rive qui appartient à la Suède.

Depuis le Sund jusqu'à Carlscroon, qui est à trois degrés plus à l'est, on rencontre toujours de ces mêmes masses de granit détachées. Quelques lieues avant d'arriver à cette ville, on apperçoit des monticules à l'horizon, qui forment une chaîne de granit, laquelle court de l'ouest à l'est, & Carlscroon est à l'extrémité de cette chaîne qui se perd dans la mer, & reparoît par quelques éminences sur lesquelles on a établi des batteries qui défendent le port, & c'est dans un massif de ce granit qu'on a commencé à creuser ces formes qu'on destine à vingt-quatre vaisseaux de ligne. Ce massif de granit se continue, & se montre à découvert jusqu'en Dalécarlie, en se prolongeant jusque sur les bords de la Mer-Glaciale. Enfin, il s'étend aussi à l'est. La base de l'île d'Aland dans le golfe de Bothnie, est de granit. On le voit dans la Finlande, sur la route d'Abo à Pétersbourg; mais on remarque que, dans la partie de la Finlande qui appartient à la Russie, ces blocs de granit sont dispersés en désordre, & les voyageurs s'en sont assurés en suivant des routes tortueuses tracées entre ces blocs énormes de granit.

Lorsqu'on approche de Pétersbourg, le sol s'abaisse & devient marécageux; mais on y trouve toujours de ces morceaux de granit détachés. C'est une de ces masses trouvées dans un marais voisin de Pétersbourg, qui sert de piédestal à la statue de son fondateur.

Ces mêmes granits sont encore semés sur la route de Moscow, à plus de cent lieues au sud de Pétersbourg, dans des pays bas & marécageux. Il est vrai qu'ils sont plus rares & moins gros que dans les environs de Pétersbourg.

Enfin, les sables granitiques sont dispersés, à la surface de grandes plaines en Pologne, au cinquante-troisième degré de latitude. Plusieurs de ces amas de sables recouvrent des dépôts sous-marins composés de coquillages; ce qui indique que le sable granitique est postérieur à ces dépôts.

En réfléchissant sur ces faits, on croit être autorisé à en conclure que les blocs de granit isolés qu'on trouve dans la Westphalie, y ont été amenés du nord. On est tenté de penser que les sables granitiques qui recouvrent les mêmes plaines où sont dispersés ces blocs, sont le produit du détritus de ces masses pendant leur transport.

La dégradation de ces masses, quant à leur nombre & à leur volume, semble indiquer que leur origine est du nord au sud, & de l'est à l'ouest.

Le terrain sur lequel se trouvent ces dépôts embrasse à peu près quatre degrés de latitude, & vingt-neuf degrés de longitude.

La hauteur de Carlscroon, où l'on retrouve le

granit en place, paroît être le point d'où l'on peut présumer que les masses détachées sont parties : c'est le gîte le plus occidental.

Dans la partie orientale, la destruction ne peut avoir eu lieu qu'à la hauteur de la Finlande. Les masses y sont trop grosses & en trop grande quantité, pour avoir été déplacées & transportées pendant un certain trajet.

On prétend, à la suite de tous ces faits, que les morceaux de granit n'ont été transportés en Westphalie qu'avant la formation de la *Baltique*. Il est vrai que, si l'origine des granits est à l'est & au nord de la *Baltique*, & qu'ils se trouvent placés & déposés le long des côtes méridionales de son bassin actuel, il est nécessaire que ces granits aient franchi toute sa surface pour arriver à leur gîte : leur transport doit donc être antérieur à l'approfondissement du bassin de la *Baltique*.

Cependant, quelque hypothèse qu'on adopte relativement au transport des granits, il faut avoir recours à l'eau courante, continue & abondante, qui a fait ensuite la *Baltique* : il y avoit donc une eau courante, & un vaste lit à cette eau. C'est dans ces vues que nous donnerons la description du sol qui se trouve le long de la côte méridionale de la *Baltique* & les pays adjacens. Par les dernières recherches qui ont été faites, on a trouvé sur ces côtes le même sable granitique, & des blocs de granit isolés & dispersés comme on en voit entre Oldenbourg & Hambourg.

Bassins terrestres dependans de la Laponie & de la Finlande.

Toutes les eaux dont le cours est figuré, sur les Cartes de Danville, dans l'intervalle des terres qui se trouvent entre le golfe de Bothnie, la Mer-Glaciale & la Mer-Blanche, m'ont paru pouvoir se réduire à trois classes : d'abord aux eaux courantes, dont les unes affluent aux golfes de Bothnie & de Finlande, & les autres à la Mer-Glaciale & à la Mer-Blanche, auxquelles on peut ajouter les grandes rivières qui se jettent dans cette dernière mer. Les eaux qui affluent dans le cul-de-sac arrondi du golfe de Bothnie, ont des canaux fort étendus & fort nombreux. Très-peu sont interrompus par des groupes de lacs si communs dans quelques autres.

La seconde distribution des eaux de cette singulière contrée du Nord est celle qui se porte dans les deux lacs Onega & Ladoga.

Enfin, la troisième classe renferme toutes les eaux dispersées, sans ordre, dans des lacs entre ces deux premiers systèmes qui ont des égouts déterminés. Ce sont les produits des sources semblables à celles que nous avons décrites ci-devant en Scandinavie. Ces lacs sont à la tête des flaques d'eau vagues, ou dans le cours des rivières qui n'ont pas des directions & ne suivent pas des pentes bien déterminées. Je pourrois joindre à cette classe les nombreux lacs de la contrée marécageuse de la Finlande.

Il resteroit maintenant à faire connoître la constitution du sol de cette contrée, d'où sortent des sources aussi multipliées dans l'enceinte des golfes, & qui reçoit & conserve les produits de ces sources dans des lits vagues. Nous savons, il est vrai, qu'il s'y trouve des blocs de granit, très-gros & assez nombreux, dispersés & isolés à la surface de cette contrée dont l'hydrographie nous a occupés ; ce qui nous annonce en même tems les effets d'une certaine révolution qui paroît avoir embrassé toute l'étendue du bassin maritime de la *Baltique* & de ses golfes, ainsi que les enceintes ou bassins terrestres : c'est à quoi il faut toujours revenir.

Je vois que, pour avoir l'explication & le dénoûment de deux phénomènes que nous offrent les bassins maritimes & surtout terrestres, il faut étudier leur marche & le travail des eaux sur leurs bords. C'est là qu'on voit les blocs de granit dispersés à la surface des bassins terrestres, & arrondis par les vagues ; c'est là qu'on remarque les hafs qui nous font comprendre comment ont pu se former les digues des lacs, dont la plupart occupent les canaux des rivières qui auparavant couloient, avec liberté & sans interruption, dans les bassins maritimes. Ces faits, & beaucoup d'autres, nous font connoître que les bassins terrestres ont éprouvé de grands changemens ou révolutions, puisqu'ils ont atteint, par leurs limites, les gîtes des lacs dont nous avons parlé, ainsi que ceux des blocs roulés & arrondis par les flots, & que depuis ces événemens ces limites ont été transportées dans l'état & la situation où nous les trouvons actuellement. Nous avons été bien aise de rapprocher ici tous ces faits, que nous avons présentés en détail dans plusieurs autres occasions.

Bassins terrestres de la Baltique & du golfe de Bothnie, limitrophes de la Laponie & de la Suède.

D'après l'examen d'une Carte de la Scandinavie, qui me paroît rédigée avec une grande intelligence, je suis convaincu que l'hydrographie de cette grande contrée ne s'y trouve pas distribuée sur le même système que celle des contrées voisines du centre de l'Europe. Les eaux courantes très-multipliées ont pour origine des sources qui n'ont pas des dispositions uniformes & régulières. Outre cela, la marche de ces eaux ne paroît pas assujettie à des vallées principales & latérales, ramifiées comme dans les autres provinces.

D'ailleurs, ces eaux s'y rassemblent assez souvent dans des égouts nombreux, qui n'offrent aucune forme régulière. Les lits des premières eaux courantes ne sont souvent que des filets qui n'éprouvent aucune suite d'accroissement, & cependant parcourent un trajet de plusieurs lieues.

Je persiste donc à croire que le sol de cette contrée étoit d'une constitution particulière &

ſingulièrement variée, ſi l'on en juge d'après la diſtribution des eaux & les différences de leurs cours. Ici, je le répète, ce ſont de ſimples filets d'eau qui ont pour origine certains groupes de montagnes, & ſont renfermés dans des vallées fort étroites & ſouvent très-alongées, juſqu'à ce qu'ils ſoient réunis à des lacs ſitués ſur les bords de la mer *Baltique*. Ailleurs, & aſſez près de ces filets d'eau, ſont des lacs ou flaques d'eau fort alongés dans la direction des filets, & qui ſont groupés quelquefois avec d'autres flaques d'eau. Enfin, tous ces cours d'eau ſont liés enſemble ſans aucune ſuite régulière & uniforme. Je dois remarquer qu'il y a entre la mer du Nord & le golfe de Bothnie, deux pentes qui déterminent la marche des eaux courantes dont je viens de parler, & que la plus longue eſt celle qui verſe dans le golfe de Bothnie, & la plus courte dans la mer du Nord; en ſorte que la ligne de partage de ces eaux eſt beaucoup moins voiſine de la mer *Baltique*. Je ne puis omettre de dire que les deux îles de Vettern & de Vernern ſont entourées d'un grand nombre de lacs où les eaux réſident en grandes maſſes, leſquelles ont très-peu d'intervalle entre elles, comme on en voit dans le voiſinage de la ligne de partage des eaux, qui préſente une chaîne de ſommets pointus donnant naiſſance à de nombreux filets d'eau ou à des ruiſſeaux fort étroits.

Je dois obſerver qu'aux environs de Stockholm & autour du golfe ou cap de Chriſtiania, on voit de ſemblables diſtributions des eaux, ſoit courantes, ſoit ſtagnantes.

J'ajouterai ici que les chaînes de montagnes qui donnent iſſue aux eaux ſur les pentes dont j'ai parlé, ont une allure qui a toujours la même direction. Cependant de grandes ſuites paroiſſent modifiées par les bords de la mer du Nord, où ſe trouvent des lacs nombreux qui s'étendent à une grande profondeur dans les terres.

D'un autre côté, les chaînes de montagnes qui ſe rapprochent du golfe de Bothnie, offrent, dans les baſſins terreſtres qui en occupent l'intervalle, tout ce que la retraite des eaux du golfe & de la *Baltique* ont dû y produire d'anomalies ſur leur diſtribution, anomalies que nous avons eſſayé de faire connoître, dans toute leur étendue, comme phénomènes tenant aux Méditerranées qui nous occupent.

Baſſins terreſtres.

Je reviens à Copenhague. Depuis cette capitale juſqu'à Hambourg, ce grand fait d'hiſtoire naturelle continua ſans ceſſe à m'occuper. En ſortant de Hambourg, je pris ma route du côté d'Hanovre pour obſerver les limites des granits iſolés & roulés. A une certaine diſtance, les granits ne paroiſſoient plus que de loin en loin, en petite quantité, & ſous un volume moins conſidérable. Entre Hanovre & Gœttingue, & depuis Gœttingue juſqu'à la Heſſe, c'eſt un ordre de choſes entiérement différent. C'étoit dans une époque où je venois de découvrir le baſalte, en Auvergne, comme production volcanique : je reconnus qu'il ſe trouvoit partout; que les chauſſées en étoient conſtruites; qu'une infinité de priſmes & de fragmens de priſmes figuroient dans des tas de matériaux placés de droite & de gauche des chemins, & deſtinés à leur entretien & à leur réparation ; ce qui me diſpenſoit de les aller reconnoître à leurs gîtes primitifs.

Dans cette courſe j'ai obſervé auſſi, & avec la même attention, que les ſables granitiques du Holſtein me conduiſoient juſqu'à Hanovre ; & d'ailleurs, j'ai pluſieurs raiſons de croire que toute la plage qui entoure la mer *Baltique* vers le ſud, en eſt couverte.

En quittant la Heſſe, j'ai traverſé une partie de la Saxe pour me rendre aux environs de Leipſick; mais dans ce trajet je n'ai rien rencontré d'intéreſſant, relativement aux baſſins terreſtres de la *Baltique*.

Auſſitôt qu'on arrive en Pruſſe, la ſcène change; ce n'eſt plus qu'une vaſte plaine couverte de ſable pur, de quelques lignes de terre végétale, de grandes forêts de ſapins, & de gros blocs de granit roulés, épars & iſolés dans toute l'étendue de cette vaſte plaine. La conformité de ce ſol avec ce que j'avois vu en Danemarck, en Suède, en Holſtein, attira de nouveau mon attention. J'examinai la nature du ſable, &, le trouvant un mélange de feld-ſpath, de quartz & de mica, je ne doutai plus qu'il ne dût ſon origine à de grands blocs de granit réduits à cet état d'extrême diviſion par une cauſe quelconque. Je penſai même que cette immenſe quantité de ſable, ces maſſes de granit iſolées, pouvoient bien n'être qu'un ſeul & même fait, & deux circonſtances d'une ſeule opération de la nature qui avoit embraſſé la Pruſſe, le pays d'Hanovre, le Holſtein, le Danemarck, la Suède, & ſans doute auſſi le terrain intermédiaire de la Poméranie ſuédoiſe & du Mecklenbourg. La queſtion n'étoit plus que de connoître cette cauſe, &, s'il étoit poſſible, de déterminer les limites de ſon action. Il étoit naturel de penſer que la mer *Baltique* jouoit un grand rôle dans ce travail, qui étoit beaucoup trop vaſte pour de ſimples eaux courantes fluviales. En faiſant ces réflexions, j'en approchois ou plutôt j'en parcourois les bords à une certaine diſtance, & la plage m'offroit les mêmes phénomènes.

Dantzick étoit pavé de granit, & aſſis au milieu des ſables granitiques; mais il falloit être au bord même de la mer pour me confirmer dans mes idées ou les rejeter. J'y arrivai, & je la côtoyai, depuis Kœnigsberg juſqu'à Memel, ſur une langue de terre qui ſépare la *Baltique* du *Curiſch-Haf*. Cette langue de terre eſt du ſable tout pur, que la mer jette dehors de ſon baſſin. On y trouve auſſi, de diſtance à autre, de groſſes maſſes de granit, dont tous les angles ſont arrondis, comme on les voit ſur les blocs du Danemarck & du Holſtein. J'ai obſervé fort en détail le travail de la mer ſur ces côtes, & voici ce qui ſe paſſe. Chaque vague, ſurtout quand la mer eſt agitée, apporte une certaine quantité de ſable, qu'elle dépoſe ſur le rivage : inſenſiblement ce ſable s'accumule, & finit par ſe trouver au deſſus du niveau ordinaire de l'eau, qui par conſéquent travaille à étendre le rivage de la mer, & à reſſerrer ſon lit. La mer *Baltique* & le haf ont formé autrefois une maſſe d'eau continue; mais il n'eſt pas difficile de concevoir la formation de la langue de terre qui les ſépare, en ſuppoſant qu'il ſe ſoit rencontré des rochers élevés en cet endroit, leſquels ont arrêté le ſable dont la mer tendoit à ſe débarraſſer, & ſur leſquels ce ſable s'eſt amoncelé juſqu'à ce qu'il ait paru hors de la ſurface de l'eau.

Étendons maintenant ces opérations, & ſuppoſons que la mer *Baltique* ait couvert autrefois toute la plage ſabloneuſe, c'eſt-à-dire, la Pruſſe & le Brandebourg, juſqu'aux montagnes de Saxe, le pays d'Hanovre juſqu'à ſes montagnes, le Holſtein, &c.; ſuppoſons auſſi que la mer ait travaillé à ces extrémités de ſon baſſin terreſtre les plus reculées, comme on voit qu'elle travaille maintenant ſur les bords de la langue de terre qui la ſépare du haf ou des hafs, car il y en a trois : il eſt clair que la Poméranie ſuédoiſe, le Brandebourg & la Pruſſe, ainſi que le Hanovre & le Holſtein, ont dû ſortir inſenſiblement des eaux. Ces terrains n'auront été d'abord que des amas de ſables, ſur leſquels à la longue ſe ſeront formées quelques couches de terre végétale. Je concevrai la formation du Holſtein & du Jutland comme je conçois la formation du continent de la Pruſſe, & celle des îles comme celle de la langue des hafs.

Les blocs de granit iſolés qu'on voit aux environs de Copenhague & en Danemarck, ainſi que ſur les bords méridionaux de la *Baltique*, & fort avant dans les terres, trouveront ici une explication naturelle; car la mer qui a couvert les plages de ſable quartzeux, ſpathique & micacé, a bien pu y dépoſer des granits de différentes groſſeurs qu'elle aura détachés de quelques chaînes, & qu'elle aura roulés & mis enſuite à ſec avant d'avoir eu le tems de les décompoſer. Il n'eſt pas inutile de remarquer que dans les contrées où le ſable granitique eſt à la ſurface du ſol, les blocs de granit ſont auſſi à la ſurface, tandis que, dans les pays où la couche de terre végétale eſt de quelque épaiſſeur, on trouve les granits moins à la ſurface qu'à une certaine profondeur.

En examinant bien l'état & la diſpoſition de ces langues de terre, qu'on peut obſerver entre la mer *Baltique* & les hafs, il eſt clair que ces langues de terre s'étendent & s'étendront de plus en plus, & qu'à la fin les hafs ſe trouveront fort loin des bords de la mer. Il eſt très-poſſible qu'à Memel, où la jonction de la mer ſe fait avec le haf, par un détroit d'une très-petite largeur, il ſe faſſe par la ſuite un amas de ſable aſſez conſidérable pour ſéparer entiérement le haf de la mer. On peut croire auſſi que le Friſch-Haf éprouvera une ſéparation totale à Kœnigsberg; que deviendront pour lors les hafs? de ſimples lacs, qui pourront ſe trouver avec le tems fort avant dans les terres, perdre leur ſalure à la longue, & devenir tout-à-fait des lacs d'eau douce. N'eſt-il pas poſſible que les lacs, ſi communs en Suède, en Danemarck & particuliérement en Finlande, n'aient pas une autre origine, du moins ceux qui ne ſont pas fort élevés au deſſus du niveau de la *Baltique*?

On trouve encore dans ces hypothèſes l'explication du ſyſtème des phyſiciens ſuédois ſur la diminution graduelle des eaux de la *Baltique*. Cette diminution a lieu ſans doute quant à la ſurface, mais elle gagne en profondeur ce qu'elle perd en étendue; & ſi les Suédois regardent cette retraite de la mer comme une déperdition abſolue de la ſubſtance de l'eau, il eſt évident qu'ils ſont loin de compte.

Il reſteroit à ſavoir où la nature a placé cette énorme proviſion de granits dont la deſtruction a formé l'incroyable quantité de ſable néceſſaire pour couvrir une ſi grande étendue de terrain, ainſi que des blocs de granit roulés & iſolés, qui ſe trouvent dans ces ſables.

Je dois dire que la partie de la Pologne qui borde la *Baltique*, la Courlande, la Livonie, l'Ingrie même, qui, ſelon moi, font partie de ſon baſſin terreſtre, préſentent abſolument la même compoſition de ſol que la Pruſſe & le Holſtein, c'eſt-à-dire, du ſable granitique & des blocs de granit roulés, iſolés. Mais à Péterſbourg on en voit des morceaux auſſi énormes & en très-grand nombre. D'ailleurs, le grand quai de la Néva & beaucoup de palais en ſont conſtruits; mais ce ne ſont pas des granits roulés qui ſont entrés dans ces conſtructions. J'ai ſu que ces matériaux ſe tiroient de carrières immenſes, ſituées vers Wibourg, à la pointe ſeptentrionale du golfe de Finlande. Voilà donc le magaſin de la nature, & ſans doute ce n'eſt pas le ſeul.

On voit en Livonie un grand lac qu'on appelle *Peipus*, lequel eſt évidemment un démembrement de la *Baltique*, dont il n'eſt ſéparé que par une plage ſabloneuſe, comme le haf de Memel le ſera un jour; ce qui confirme mon opinion ſur ces hafs & ſur les autres lacs que j'ai indiqués en Suède, en Danemarck & en Finlande.

Hydrographie des baſſins terreſtres de la Baltique & de ſes golfes.

Juſqu'à préſent j'ai conſidéré d'une vue générale le concours des eaux courantes que je ſuppoſois avoir creuſé les baſſins de la *Baltique* & de ſes

ses golfes. Maintenant je crois qu'il convient de m'attacher à chacun de ces bassins, & de faire connoître en détail ces fleuves & ces rivières, dont le travail particulier peut s'indiquer par leurs affluences, qui subsistent encore presque dans leur entier. Je commence par le golfe de Finlande, & je vois d'abord qu'il reçoit à son extrémité les eaux de la Néva, qui traverse les deux lacs Onéga & Ladoga par un canal assez large & bien nourri. Je trouve ensuite qu'il est alimenté par des rivières parallèles à celle qui sort du lac Peipus, & qui sont au nombre de sept. J'ai reconnu le sol entre Peipus & le golfe; il offre partout une bande sabloneuse que parcourent les rivières dont j'ai parlé, & qui ont à peu près un cours de la même longueur que la bande; ce qui prouve l'étendue de la dernière retraite du golfe, & pour lors le lac Peipus en faisoit partie. Ce n'est qu'au commencement de cette révolution que les vagues du golfe ont formé la digue du lac.

Le long du bord opposé à la droite du golfe, on trouve à Wiborg quelques rivières d'un cours peu alongé, qui ont leurs embouchures autour d'un petit golfe. A Fredrichshann sont les débouchés de longs groupes de lacs; à Borgo & à Eknas sont de semblables rivières, qui se multiplient & s'alongent aux environs d'Abo, où la côte est très-dentelée & semée d'écueils. Il y a même quelques-unes de ces rivières dans tout le cul-de-sac de la côte du *Sud-Finland*, & les écueils s'étendent assez près de l'île d'Aland, qui forme comme la séparation du golfe de Bothnie & de la mer *Baltique*.

En remontant la côte du golfe de Bothnie, je trouve à Sata-Kuneda l'égout des étangs ou lacs groupés de *Nord-Finland*, qui se jette dans le golfe, puis, au dessus & au dessous de ce point, deux rivières qui dans leurs embranchemens renferment aussi quelques lacs. De Christianstadt on voit de moyennes rivières qui s'alongent à mesure qu'on approche de Wasa, où s'observent plusieurs écueils & îles qui occupent presque toute la largeur du golfe, lequel d'ailleurs est resserré dans ce point. Plus haut, à Jacobstadt & à Gamla-Carieby, sont quatre rivières renfermant beaucoup de lacs. Ensuite, après quatre rivières d'un cours de moyenne longueur, vient celle de Piha, qui a cinq embranchemens, dont le plus alongé aboutit à deux lacs. Plus haut, après un intervalle de trois autres rivières aussi d'un cours de moyenne grandeur, succède Uléa, vis-à-vis quatre îles dont la principale est celle de Carles. Cette rivière réunit dans plusieurs embranchemens tous les lacs de Cajaneborg & de Kiande. Je remarque, dans l'arrondissement de l'extrémité du golfe, la Jasari & la Cuivaniemi avec quelques embranchemens chargés de lacs; enfin la Kimi & la Tornéa, deux rivières principales : la première a six embranchemens, dont Acunis-Jocki, qui est fort alongé, se termine par un groupe de quatre îles, & Kimi se réunit à Kimi-Traft, grand lac, & aboutit en même tems à quelques autres lacs. Tornéa, qui est célèbre par les opérations astronomiques du cercle polaire, est très-remarquable par trois embranchemens qui occupent un long & large terrain de la Laponie, & qui réunissent un fort grand nombre de lacs dans les limites de la Finmark. On peut joindre à cette rivière celle de Calix, dont la tige a la même étendue, & qui se ramifie par sept embranchemens qui se terminent par autant de lacs. A quelques rivières moyennes, toutes chargées de lacs, succède l'embouchure de la rivière d'Uléa, aussi importante que Calix, Tornéa & Kimi. Elle a, outre sa tige principale, un embranchement avec plusieurs divisions chargées de lacs comme sa tige, lesquelles divisions s'étendent jusqu'aux pieds des sommets de la chaîne de la Laponie. J'en dirai autant de Pithéa, dont le cours est également chargé de lacs. Skelested, qui suit, a un cours aussi alongé, mais renfermant outre cela deux grands lacs, outre quelques autres petits. Vindala & Uméa ont un cours plus simple, moins étendu, mais toujours semé de lacs de grandeurs moyennes.

Je passe à l'Angermanie, province arrosée par quatre rivières qui tombent sur une côte dentelée; la Gafile, qui n'a qu'un lac dans son cours; la Skalevad vient ensuite avec un petit embranchement chargé d'un lac; ensuite à Soblerve, deux petits ruisseaux, dont le premier sert d'égout à deux lacs. Enfin, toute cette hydrographie est terminée par l'Angermanan, qui présente d'abord une rivière avec embranchement & trois subdivisions chargées de lacs; l'embranchement *Asele* succède avec un long lac, & à côté Jornision s'embranche avec un semblable lac. J'indiquerai définitivement une division intéressante, chargée de subdivisions qui réunissent des lacs de différentes formes de bassins. Je dois ajouter ici qu'il se détache des sommets, aux pieds desquels aboutissent tous les lacs, deux chaînes qui circonscrivent l'Angermanie.

Je trouve dans Jempterland & la Médelpadie deux rivières qui servent d'égout à de nombreux systèmes de lacs : la première, l'Ind-Als, a trois embranchemens chargés d'autant de lacs; la seconde, Liangdal, offre quelques débouchés aux lacs dont j'ai fait mention ci-dessus.

Dans l'Hériedal & l'Helsingie, les eaux sont rassemblées par une rivière qui a plusieurs embranchemens qui versent leurs eaux dans le golfe, sans que leur cours soit interrompu par des lacs. J'en excepte l'embranchement de la Voxna, qui, par plusieurs divisions, donne issue à quelques lacs.

Je termine l'hydrographie particulière au golfe de Bothnie par l'Osterdal, dont le cours est composé de cinq embranchemens fort alongés, entre des chaînes de montagnes fort étendues dans l'intérieur des terres. Ils abreuvent la Dalécarlie & le Gaftrik.

Je dois remarquer que toutes ces grandes rivières dont j'ai fait mention, verfent dans le golfe de Bothnie leurs eaux affluentes d'une manière bien fenfible, puifqu'elles s'annoncent au milieu du golfe par des courans dont nous avons donné la marche en déterminant leurs origines avec affez de précifion. Nous n'avons befoin que de rappeler ces détails intéreffans & nouveaux, dont nous avons fait connoître l'enfemble, qui fera correfpondant à l'hydrographie.

Il ne me refte plus, pour rendre compte de toute l'étendue des baffins terreftres hydrographiques de la *Baltique* & de fes golfes, qu'à décrire les eaux courantes qui affluent fur les côtes feptentrionales, depuis l'île d'Aland-Haf jufqu'à Bornholm. Je trouve d'abord dans l'Upland, la côte dentelée par fix îles & quelques ruiffeaux qui fervent de débouchés à l'eau de quelques étangs. Enfuite la Sudermanie offre le lac Weler & fes embranchemens, qui s'étendent dans toute la Weftmanie. Tous les étangs voifins de Nycoping & de Nord-Koping ont leurs embouchures dans la *Baltique*. Si l'on paffe en Oftrogothie & dans le Smaland, en partant de Sud-Koping, on trouve douze petites rivières formant autant de petits golfes ou dentelures fur la côte. Cette notice de la côte feptentrionale de la *Baltique* fe termine par l'indication des rivières un peu confidérables des environs de Calfcrom & de Gotnige; elles font femées de lacs. On voit par tous ces détails, que la mer *Baltique* tire peu d'eau de cette côte. Nous avons fait mention des rivières qui appartiennent à la côte méridionale & occidentale, en traitant des débouchés des eaux de cette mer & de fes golfes.

Débouchés des eaux de la Baltique & de fes golfes.

Les îles de la *Baltique*, les plus nombreufes & les plus étendues, font voifines du Sund & des Belts : ce font vifiblement les reftes des anciens terrains que les eaux courantes ont creufés, & dont elles ont pris la place. Effectivement, les trois débouchés de la *Baltique* ont entr'eux des terres qui forment des îles confidérables quant à leur fuperficie. Ainfi le *Sund* fe trouve ouvert entre la pointe de la Scanie d'un côté, & la Sélande de l'autre. De même le *grand Belt* forme un autre débouché parallèle entre la Sélande & Funen. Enfin, le *petit Belt* eft femblablement ouvert entre Funen & Sud-Jutland. S'il refte aux environs des Belts & du Sund de petites îles, elles font féparées par de petits courans d'eau qui dénotent les efforts des eaux vers le *Categat*, & dans la même direction que les grands débouchés.

Il eft évident que le concours étonnant des fleuves & des rivières qui ont formé & comblé les baffins maritimes de la *Baltique*, a dû s'ouvrir dans les premiers tems à peu près les mêmes débouchés que nous obfervons aujourd'hui. Ils ont été toujours néceffaires pour procurer une iffue au trop plein des eaux qui d'abord étoit plus confidérable lorfque les baffins n'avoient pas été approfondis dans toute leur étendue, & pour l'enlévement & le tranfport des matériaux déplacés par le creufement des golfes. Il eft vrai que ces débouchés font ouverts dans une direction fingulière ; mais il paroît que la forme primitive des terrains, & que la marche des eaux qui débouchoient de la *Baltique*, l'ont déterminé ainfi. C'eft ce que l'on concevra aifément par le dépouillement des embouchures des principales rivières affluentes dans la *Baltique*, telles qu'elles font figurées dans la feconde partie de la Carte d'Europe de Danville.

On voit par là que la *Baltique* n'a guère reçu des eaux que du midi & de l'oueft. C'eft fur ces bords que s'obfervent les embouchures de la Perna, du Liddou & de la Wenden, qui fe jettent dans le golfe de Livonie; puis les affluences de la Duna & de fes nombreux embranchemens très-prolongés ; du groupe des rivières qui fe réuniffent à Mittau d'un côté, & à Riga de l'autre; de la rivière de Vidou, du Niémen avec l'embranchement très-étendu de Wilia, & les petites rivières qui abreuvent la Carifch-Haf; de la Prégel, qui tombe à Kœnigsberg, & abreuve une extrémité du Frifch-Haf pendant que la Viftule, par deux embouchures, dont la première paffe à Mariembourg, tombe dans l'autre extrémité du même haf, & la feconde fe rend à Dantzick. Je dois obferver que vis-à-vis toutes ces affluences fe trouve une efpèce de golfe au fond duquel fe trouve le Frifch-Nerung oppofé au Frifch-Haf.

On voit par ces détails, que toutes les côtes méridionales de la *Baltique* reçoivent l'eau des rivières dont la direction eft du midi au nord, enfuite entre le midi & l'oueft, puis entiérement à l'oueft, comme l'Oder, dont les embouchures font en Poméranie, & embraffe plufieurs étangs qui s'étendent depuis Wollin jufqu'à Stralfund. La *Baltique* reçoit auffi la petite rivière de Pene & d'autres qui affluent à Barat & à Roftock : toutes ces eaux, comme on peut le remarquer, ont un cours de l'oueft à l'eft. Il en eft de même des rivières qui ont leurs embouchures à Wifmar, à Lubeck & à Slefwick; ces dernières paroiffent produites par des dérivations de l'Elbe. Il me femble que ce font en partie toutes ces influences qui, avec celles des plus grandes rivières, ont déterminé les eaux des débouchés de la *Baltique* à prendre la voie du *Sund* & des *Belts*, & à fe vider dans *le Categat*, dont les eaux reçoivent la même direction par la marche des rivières dans fon baffin terreftre, comme nous le ferons voir à l'article CATEGAT. Il m'a paru intéreffant d'ajouter ces nouvelles vues fur cette mer, dont l'aliment, ainfi que l'approfondiffement, tient au même fyftême d'agents que les bassins des Méditerranées voisines, comme je l'ai remarqué ci-devant. Je finirai par montrer ici que l'état de mer méditerranée, de mer intérieure, se trouve bien clairement déterminé pour la *Baltique*. Cet amas des eaux du Continent se verse sensiblement dans l'*Océan*.

Notes relatives à quelques opinions que les savans ont eues en différens tems sur la grande Méditerranée de la Baltique & de ses golfes, & sur la Mer-Blanche, autre mer intérieure dans ces mêmes contrées.

La mer *Baltique* est de tous côtés entourée de terres, excepté en trois endroits, au moyen desquels elle a communication avec la mer du Nord; savoir: le Sund entre la Sélande, île du Danemarck, & la province de Gothie méridionale; le petit Belt, entre l'île de Funen & le Jutland; & le grand Belt, entre la Sélande & Funen. La mer *Baltique* est donc une véritable mer méditerranée, & non un lac comme le dit M. de Buffon.

On ne lui a donné le nom de mer *Baltique* que depuis le onzième siècle. En allemand, en hollandais on la nomme *mer d'Orient*, parce qu'elle est située à l'est de ces peuples. Proche de *Pillau* & de *Memel* elle se joint à deux lacs d'eau douce.

Cette mer contient plusieurs golfes: les principaux sont, celui de *Bothnie*, celui de *Livonie* & celui de *Finlande*.

La mer *Baltique* est jointe, au moyen d'un large canal, avec le lac de *Ladoga*, & ce lac communique par la rivière Swir au lac d'*Onéga*, d'où, dit M. de Buffon à tort, sort une rivière du même nom, qui joint ce lac à la Mer-Blanche.

Herbinus soutient que le golfe de Bothnie a une communication souterraine avec la mer de Norwège, mais il ne dit pas les raisons sur lesquelles il s'appuie. L'eau du golfe de Bothnie est, dans les étés mêmes les plus chauds, beaucoup plus froide que celle des autres mers. Ses vagues ne s'élèvent pas aussi haut que dans la mer du Nord, mais elles se suivent plus immédiatement, & la lame est plus courte. Lorsque le tems est calme, elle mugit beaucoup moins que les autres mers. Du côté de la Prusse, elle forme une écume considérable, & une fermentation qu'on n'éprouve point sur les bords des autres pays auxquels elle avoisine, & ces phénomènes se manifestent principalement dans le tems des premières neiges & à l'entrée du printems.

L'eau de la mer *Baltique* est moins salée que celle des autres mers, peut-être à cause de la quantité de fleuves qui s'y déchargent. M. de Buffon dit qu'il y en a quarante: les principaux sont, l'Oder, le Weser, le Niémen, le Drace, &c. Quelque quantité d'eau que les rivières donnent à cette mer, elle n'en devient pas plus considérable.

La *Baltique* n'a point de flux & de reflux réglé; c'est pour cela que quelques auteurs l'ont nommée *mer paresseuse* (*mare pigrum*). Elle n'a d'écoulement que par le Sund & les Belts; de sorte que quand les vents d'ouest continuent long-tems, ses eaux grossissent beaucoup. Quelquefois cette mer a totalement été gelée, comme en 1333, 1339, 1533; en 1709 & 1740, elle le fut en grande partie.

La *Baltique* est très-profonde: presque partout elle a cinquante brasses, dans quelques endroits on ne trouve pas son fond.

Il y a des auteurs qui prétendent que la mer *Baltique* a considérablement baissé depuis les tems anciens. *Varenius* prétend que la Prusse a gagné considérablement de terrain. *Olof-Dalin* dit que cette mer perd annuellement un demi-pouce du côté de la Suède. Ce royaume étoit, selon lui, anciennement inhabitable, & il dit que les plus hautes montagnes qu'on y voit aujourd'hui étoient autrefois couvertes d'eau. *André Celsius* est en général d'accord avec lui; il croit que l'eau de la *Baltique* tombe dans une année de quarante-cinq pouces, & que si cela continue, dans trois à quatre mille ans son sol sera entiérement à sec. *Pontopidan* a observé la même chose sur les côtes du Danemarck. *Algarotti* le croit aussi, & étend ce phénomène à toutes les mers. M. *Bergman* regarde le fait comme démontré.

Tous les sectateurs de ce système se fondent sur de très-anciennes cartes des Vénitiens, que l'on conserve dans le couvent de Saint-Michel de Murano, à Venise. On pense devoir se fier à ces preuves, principalement parce que les Vénitiens, jusqu'à l'année 1600, ont été les plus grands navigateurs de l'Europe, & que leurs vaisseaux fréquentoient toutes les mers. On avoit besoin de bonnes Cartes de la *Baltique*, parce qu'il se faisoit un grand commerce à Wisby, & dans des villes anséatiques situées sur ses bords. On sait encore que dès ces tems-là les plus habiles astronomes & géomètres se trouvoient à Venise de même qu'à Gênes; que dans ces villes aussi se faisoient de bonnes Cartes géographiques. On ne peut donc douter de leur justesse; elle est d'ailleurs confirmée par l'expérience: on y voit la cime de quelques rochers qui naguère étoient sous l'eau, s'élever de plus en plus. Là, sur les bords de la *Baltique*, dans les endroits où autrefois on ne voyoit que quelques pierres, on en apperçoit actuellement des files entières qui sont sur le rivage. De jeunes gens se souviennent d'avoir pêché au filet dans des endroits aujourd'hui pleinement desséchés. On connoît des terres fertiles qui jadis étoient des bancs de sable. On trouve souvent des coquillages, des corps marins & jusqu'à des fragmens pétrifiés; & plus souvent aussi sur des montagnes qui aujourd'hui sont à quarante pieds au dessus de la mer, des anneaux de vaisseaux, des crampons, &c. On dit en Laponie, qu'il y a des endroits qui étoient des ports de mer commodes, & qui aujourd'hui sont à trois ou quatre mille pas de la mer.

Ce n'est pas seulement sur les côtes de la Suède qu'on a observé cette diminution de la mer: M. *Masch* avance que la même chose a lieu dans le Mecklenbourg, & que les côtes de la Poméranie se dessèchent de jour en jour; c'est ce qu'atteste M. *Bruggemann* dans sa description topographique de ce duché.

Dans le pays d'*Urkunden*, on appelle aujourd'hui *île* le territoire situé entre *Friedland* & *Trepton* en *Newbrandebourg*, & l'on croit que les plaines qui sont entre *Demin* & *Anclam*, étoient autrefois couvertes d'eau. On prétend même que le *Lausnetz*, qui aujourd'hui est très-éloigné de la mer *Baltique*, appartenoit autrefois à son lit; qu'un golfe de cette mer entroit très-profondément dans la Marche moyenne, près *Rudersdorf*, & s'étendoit au loin dans le *Lausnetz* inférieur. On soupçonne même qu'une partie de la Pologne étoit autrefois couverte des eaux de la *Baltique*. Les sables qu'on rencontre dans la Livonie, prouvent que la mer s'étendoit aussi jusque-là.

MM. *Pisanti* & *Fuchs* font l'énumération de plusieurs corps pétrifiés, dont on trouve les originaux dans la *Baltique*.

En Prusse, la même chose doit avoir lieu: *Varenius* l'atteste. Une tradition très-ancienne veut que toute la Prusse ait été couverte des eaux de cette mer. Ce qui est certain, c'est qu'on trouve partout de l'ambre & des corps marins pétrifiés. *Hartknoch* raconte qu'il étoit connu que de son tems la mer venoit jusqu'à *Kulm*, & que petit à petit elle s'est retirée jusqu'à *Dantzick*. Les *endroits bas* près de cette ville & près de *Marienbourg* en sont des preuves. Ce sont des îles & des péninsules. Dans tous ces *bas lieux* on ne rencontroit, il y a deux cents ans, aucune maison. On se rappelle que les Mennonites ont desséché plusieurs terrains dans ces parties. Il y a quelques centaines d'années que la ville de *Dantzick* étoit située si près de la mer, qu'elle étoit continuellement sujète à des inondations, &c.

Quelque positives que paroissent ces preuves, elles n'ont pas laissé d'être contredites par des personnes très-éclairées. L'évêque *Browallius*, *Klein* & *Rumberg* les ont réfutées pour la Suède; *Muschenbrock* & *Rasp* se sont pareillement décidés pour la négative. Ils ont pensé qu'on s'étoit trop tôt décidé à conclure avant d'avoir observé toutes les circonstances des choses. Si l'on pouvoit généraliser les conclusions prises à cet égard, les côtes de Gibraltar, de l'Égypte, de la Grèce & de l'Italie devroient avoir beaucoup changé; cependant on sait qu'elles sont toujours les mêmes.

Ces savans doutent si les Cartes des Vénitiens sont exactes. Ils pensent que ce sont les navires des villes anséatiques qui ont fait le commerce. D'ailleurs, on trouve en Suède des forêts entières dont les arbres ont plus de trois cents ans, & dont les racines sont plus élevées d'une aune, que la surface de la mer. Si donc cette mer, selon les calculs susmentionnés, avoit baissé en trois cents ans de plus de six aunes, ces arbres devroient être à sept aunes au dessus de la mer.

Nous ajouterons ici que, dans ce que nous dirons des bassins terrestres & maritimes de la *Baltique*, on trouvera quelques monumens qui peuvent sûrement appuyer la vérité de ces anecdotes, ou jeter des doutes sur la première partie des assertions qu'on y hasarde. Au reste, dans ce que nous disons sur les résultats de nos observations, nous avons réduit les faits à leur juste valeur.

Si l'on s'en rapporte aux observations qu'on a faites sur les côtes de la Suède & de la Finlande, on peut croire que les eaux de la *Baltique* sont un peu baissées. Mais d'ailleurs il y a lieu de se persuader que les bords méridionaux de la même mer éprouvent différens transports vers le sud, beaucoup plus sensibles qu'auparavant. Ainsi la Vineta, située autrefois sur ces côtes, n'existe plus; les golfes nommés *Curisch-Haf* & *Frisch-Haf* ne doivent-ils pas leur origine aux eaux de la *Baltique?* D'où il résulte incontestablement que si, du côté du nord, l'eau abandonne les côtes & baisse, elle se porte au sud & s'élève considérablement.

Quelques savans doutent que la *Baltique* soit plus élevée que le Categat, & que le golfe de Bothnie occupe un niveau supérieur aux archipels des environs de Stockholm. Cependant ces doutes disparoissent aux yeux de ceux qui observent l'écoulement des eaux des golfes dans le Categat.

Le golfe de Bothnie, dont la surface a huit cent cinquante-quatre lieues suédoises carrées, reçoit un plus grand nombre de rivières & de torrens que les autres côtes, qui n'en reçoivent que deux cent onze. Il n'est pas facile d'en déterminer au juste la différence. Si l'on compare les rivières, plus ou moins considérables, on ne peut pas en faire un compte exact.

La distance la plus courte de Stockholm à Pétersbourg est de soixante-quatre lieues suédoises. Entre Tornéa & Wollin la distance est de cent trente-quatre lieues françaises. Les torrens qui se précipitent dans la *Baltique* ne sont pas aussi considérables, ni pour la grandeur, ni pour le nombre, que ceux du golfe de Bothnie. On peut en juger par la seconde partie de la Carte d'Europe de Danville. L'évaporation d'une surface si vaste doit nécessairement être bien grande: on pourroit penser d'ailleurs qu'il y auroit des courans plus rapides entre Tornéa & l'île d'Aland. Au reste, il n'y a rien de prouvé à ce sujet par des observations suivies & constatées.

Je renvoie à ce que j'ai dit plus en détail sur la prétendue communication de la mer *Baltique* avec la Mer-Blanche. D'ailleurs, je m'attacherai à prouver, à l'article de la Mer-Blanche, que les rapports de ses bassins maritimes & terrestres se trouvent différer de beaucoup de ceux de la *Baltique*, & jettent un grand jour sur l'influence des bassins terrestres, relativement à la formation des bassins maritimes. Il suffira, pour le prouver, de renvoyer les géographes à l'inspection de la seconde partie de la Carte de l'Europe par Danville : on verra quelle disproportion il y a entre la superficie du bassin terrestre qui fournit l'eau de plusieurs grandes rivières, à un golfe d'une médiocre étendue.

BALZAC, petit bourg dans le département de la Charente, à une lieue un tiers d'Angoulême. La culture du safran y est très-animée, & les produits en sont considérables. On l'exporte à Lyon, en Allemagne & en Hollande.

BANCAUX-RAYS, arrondissement de Pont-l'Évêque, dans l'embouchure de la Seine, à une demi-lieue nord d'Honfleur. Il a, de l'est à l'ouest, deux tiers de lieue de longueur, & une demi-lieue de largeur.

BANCHE, pierre blanche molle, mais dure, comparée à l'argile. M. de Réaumur prétend que ce n'est autre chose que de la glaise durcie ; ce qu'il appuie sur la disposition de ses feuillets & sur sa couleur. Au reste, la *banche*, vers sa surface supérieure, est assez dure, & n'est molle qu'à une certaine profondeur. En général, plus on la prend bas, moins elle a de solidité, & moins elle diffère de la glaise. En s'approchant du lit de glaise pure, la *banche* paroît aussi s'approcher de la nature de cette terre, & cela par des degrés si peu sensibles, qu'il n'est pas possible de déterminer précisément la ligne où la *banche* finit, & où la glaise commence. La *banche*, de grise qu'elle est lorsqu'on la prend en place, acquiert de la blancheur & de la dureté lorsqu'elle n'est plus humectée par l'eau. (*Mém. de l'Acad.*, année 1712, page 128.) La *banche* est le terrain qu'habitent ordinairement les dails sur les côtes du Poitou & de l'Aunis. Il paroît que la *banche* qui entoure une partie des trous de dails, a pris la dureté de la pierre depuis que ces animaux l'ont percée.

BANCS. On nomme ainsi des lits de pierres qui sont établis les uns sur les autres, tantôt horizontalement, comme les lits de la nouvelle terre, tantôt dans une situation inclinée à l'horizon, comme sont les lits de la moyenne terre ou des tractus schisteux. On ne peut pas fixer l'épaisseur ni les autres dimensions des *bancs*, soit sur la longueur, soit sur la largeur : elles varient suivant la quantité des matières qui ont pu servir à leur composition.

Je trouve trois sortes de *bancs* dans les environs de Paris, qui fournissent des pierres à bâtir : le *bon banc*, le *banc blanc*, *&c.*

On trouve aussi, dans plusieurs parages voisins des côtes, des *bancs de sable :* ce sont des amas de sable qui se montrent dans la mer à la surface des eaux. Celui de Terre-Neuve est le plus grand qu'on connoisse : il a environ cent cinquante lieues de long, sur cinquante de large, & n'a au dessus de lui qu'environ vingt brasses d'eau. Il y a aussi le *Banc des baleines*, le *Banc des perles*, dont nous ferons l'énumération à l'article BANCS MARITIMES.

BANCS CONSIDÉRABLES DE COQUILLES-FOSSILES : tels sont celui de la Touraine, qui a environ neuf lieues de longueur ; ceux des environs de Paris ; celui de Courtagnon près de Rheims, qui a plusieurs lieues de longueur, sur quatre de largeur, lequel s'étend jusqu'à Damery près d'Épernay.

Dans tous ces *bancs de coquilles-fossiles* nommés *falunières*, les corps marins sont blancs, friables & crétacés, parce que, dans leur séjour au milieu des terres, ils se sont décolorés. Lorsque ces coquilles-fossiles, en partie pulvérisées, sont mêlées d'une grande quantité de terre calcaire, elles forment une substance friable appelée *terre falunière primitive.* Aujourd'hui celle qu'on trouve dans les montagnes calcaires, est mêlée de sable, & colorée par les terres martiales.

Cette terre calcaire, étant pénétrée par l'eau une seconde fois, forme un dépôt nommé *tuf calcaire.* Il est disposé, par couches horizontales, à une grande profondeur : aussi peut-on présumer qu'il est la base de toutes les montagnes calcaires. Ce dépôt ou tuf calcaire est dur & compacte. Je le considère comme la base de la terre végétale dans bien des occasions.

La craie est une pierre calcaire qui forme des couches disposées sur celles du tuf calcaire : elle doit aussi son origine aux corps marins pulvérisés entièrement par le mouvement des eaux de la mer. Dans la craie on trouve encore des coquilles entières, des dents de poisson, des bélemnites transparentes & colorées en jaune, beaucoup de pyrites martiales éparses & groupées de diverses formes ; enfin, des silex de diverses couleurs. On n'a pas encore déterminé à quelle profondeur s'étendoit le *banc* de craie qui se trouve dans toute l'étendue de la province de Champagne. Nous savons cependant que, dans certaines plaines, il y a des carrières de craie qui ont plus de deux cents pieds de profondeur : cependant elles sont environ quatre cents pieds plus basses que le sommet des montagnes calcaires les plus voisines. La craie forme des galets calcaires. Enfin, on a remarqué que les stalactites & les stalagmites opaques & poreuses résultoient des infiltrations de la craie coulante. (Nous renvoyons à l'article CRAIE, où nous exposerons ces détails sur un plan plus raisonné.)

La formation des pierres calcaires est due à divers principes calcaires, surtout aux débris des corps marins, & aux autres débris calcaires : elles ſont opaques, grenues, plus ou moins poreuſes, ſuivant la groſſeur des débris des corps marins.

Le ſpath calcaire joue un rôle dans les montagnes calcaires dont je viens de parler : il eſt produit par une diſſolution de la terre alcaline. Les criſtalliſations du ſpath calcaire ſe diſtribuent dans la maſſe des craies & des pierres calcaires, & ſervent de ciment pour lier, ou les débris des corps marins, ou les principes de la pierre calcaire : d'où il réſulte la cohéſion des parties de ces pierres, & leur ſolidité à un certain point. On voit par ces détails, ce qui entre dans la compoſition des ſols qui environnent les villes de Troyes, d'Arcy, de Châlons-ſur-Marne, de Rheims, & les bourgs de Piney & de Méry. Nous rappellerons ces faits intéreſſans aux articles de ces villes & bourgs.

Bancs de coraux. On trouve, autour de la plupart des îles de la Société & des Amis dans la mer du Sud, des bordures conſidérables de coraux, qui ont la forme de murs. L'île Sauvage en particulier ne préſente, le long de ſes côtes, qu'une enceinte de rochers de coraux. Si ces rochers de coraux ont été formés dans la mer par les animaux dont ils ſont les produits, comment ont-ils été élevés à cette hauteur au deſſus du niveau de la mer? Ceci eſt une difficulté à laquelle il n'eſt pas aiſé de répondre. Des phyſiciens naturaliſtes ont eſſayé d'expliquer la formation des îles baſſes qu'on rencontre dans la mer du Sud; mais ils n'ont rien dit des îles hautes que Forſter a décrites.

Dans l'île Sauvage ce ne ſont pas ſeulement des roches éparſes qui couvrent ſes bords & qui ſont de pierre de corail, mais toute la côte n'offre aux navigateurs qu'une file ſolide de rochers eſcarpés, dans le maſſif deſquels le battement continuel des flots a creuſé différentes cavernes très-curieuſes, dont quelques-unes ſont d'une étendue conſidérable. Les voûtes de ces cavernes ſe trouvent ſoutenues par des colonnes auxquelles les vagues, en ſe briſant, ont donné les formes les plus variées. Une de ces cavernes, dont la voûte s'étoit détachée par la deſtruction des colonnes, offroit, par ſa chute, une eſpèce de vallée d'une fort grande ouverture.

Comme la ceinture de l'île Sauvage eſt un *banc de corail* qui s'eſt élevé, ainſi que nous l'avons dit, du ſein des eaux, il y a grande apparence qu'elle renferme un terrain fertile, qui étoit autrefois une lagune.

L'île Cornango reſſemble aſſez à l'île Sauvage & aux autres, qui ſont en général plus élevées que les îles ordinaires de corail.

L'île d'Anamœka eſt compoſée, comme Tonga-Tabboo, d'un rocher de corail couvert d'un bon terreau.

L'île de la Tortue eſt défendue par un récif de corail, qui, en quelques endroits, s'étend à deux milles du rivage.

A la diſtance de cinq ou ſix milles de cette île eſt un *banc de corail* qui a environ quatre à cinq lieues de circuit : ce *banc* ſe découvre, à baſſe mer, dans preſque toutes ſes parties. Quelques-uns de ces rochers, fort larges, s'élèvent à près de quinze pieds au deſſus de la ſurface de la mer.

Bancs de coraux : ce ſont des peuplades de coraux établies à un certain niveau au deſſous de la haute mer. Dans le voiſinage des bords de ces mers, il réſulte, du travail de ces animaux, des maſſes pierreuſes qui ſervent de bordures à des *bancs* formant des aterriſſemens remarquables autour de certaines îles. Des navigateurs qui ont rencontré pluſieurs de ces peuplades, prétendent qu'elles commencent à combler les détroits de ces *bancs*. Ce ſont des preuves inconteſtables que la mer continue à former des couches dans ſon baſſin actuel, principalement ſous la zône torride.

J'ai trouvé, dans pluſieurs cantons de la France, des couches qui reſſemblent beaucoup à ce qu'offrent déjà les *bancs de coraux* qui forment une certaine étendue, & qui ont pris de la conſiſtance. Ces couches ont conſervé la forme de leur formation primitive : l'organiſation des madrépores y paroît encore; ſeulement les *bancs* n'en ſont pas bien lités : tels ſont les environs de la Rochefoucauld & ceux de Champlite en Franche-Comté. Nous renvoyons à ces articles.

Bancs maritimes.

Banc (le grand) de l'Amérique ſeptentrionale, vers la côte orientale de Terre-Neuve. C'eſt le plus grand *banc* de ſable qu'on connoiſſe : il n'eſt pas dangereux. Les Européens y font la pêche de la morue.

Banc aux baleines, dans l'Amérique ſeptentrionale, à l'occident du *Grand Banc*, & au midi du *Banc-à-Vert*.

Banc de l'ile de sable, dans l'Amérique ſeptentrionale, au midi de l'île & de l'Acadie, dans la mer de la Nouvelle-France.

Banc des iles, dans le grand golfe de Saint-Laurent en Canada, dans l'Amérique ſeptentrionale, au-devant de la baie des Chaleurs.

Banc-a-vert, en Amérique, près de la côte méridionale de Terre-Neuve, vis-à-vis des baies de Plaiſance & des Trépaſſés.

Banc Jacquet *ou* le Petit Banc, dans l'Amérique méridionale, à l'orient du *Grand Banc*.

Banc des perles, dans l'Amérique méridionale, ſur la côte de Carraques, entre la ville de Rio-de-la-Gacha & le cap de la Vela.

Banc des perles, dans l'Amérique méridionale, vers la côte de Venezuala, en allant de l'île Marguerite à celle de la Tortue.

Banc de Saint-Georges, dans l'Amérique septentrionale, vers la Nouvelle-Angleterre & le cap de Sable, sur la côte de l'Acadie. On l'appelle aussi *Banc-aux-Anglais*.

Banc de Bimini, près de l'île Bimini, une des Lucayes & de celle d'Abacoa, vers la Floride, sur la partie orientale de Bahama.

Bancs dans la mer d'Allemagne. (*Voyez* Mer d'Allemagne, & Côtes de la Flandre et de la Hollande.)

Bancs de sable : ce sont des amas de sables qui se forment, ou dans les rivières, ou près des bords de la mer, ou bien à une certaine distance de ces bords, mais toujours, à ce qu'il paroît, dans le voisinage de l'embouchure des rivières plus ou moins considérables. La plupart s'élèvent au dessus de la surface des eaux ; mais d'autres restent au dessous. Les *bancs de sable* ne diffèrent des écueils & des rochers, qu'en ce que ceux-ci sont formés de pierres dures, solides, & d'une seule pièce ; au lieu que les *bancs de sable* sont des amas formés de gravier & de sable, ou mobiles, ou liés plus ou moins fortement ensemble par des limons & des terres vaseuses.

Ces *bancs de sable* se rencontrent, comme nous l'avons dit, dans la partie inférieure du lit des rivières ou à leur embouchure. Ils s'y forment à peu près de la même manière que tous les aterrissemens dont nous avons parlé. Les graviers, les sables, les terres que les rivières entraînent dans leurs crues & dans leurs inondations, & qu'elles laissent précipiter ensuite lorsque leur vitesse se ralentit & qu'elles rentrent dans leur lit, sont les circonstances qui contribuent aux dépôts successifs des *bancs de sable* & de *vase*.

Il ne sauroit arriver rien d'aussi fâcheux pour les villes riches & commerçantes établies à l'embouchure des rivières, que les *bancs de sable*. On peut citer Stavoren en Frise, Armugen en Zélande, Dordrecht en Hollande, Anvers dans le Brabant, & Stadt dans l'évêché de Brême. Les *bancs de sable* de l'Elbe ont fait périr quantité de vaisseaux : il en est de même au Texel, & au passage d'Ulie à Amsterdam.

On voit beaucoup de ces *bancs* sur les côtes de Flandre & de Frise. Pendant le reflux, ils semblent le prolongement de la terre ; mais dans la haute marée ils ont si peu d'eau, que les vaisseaux ne peuvent se hasarder de les franchir. Les *bancs de sable* les plus fameux par les naufrages qu'ils ont occasionés, sont : 1°. ceux que l'on trouve dispersés sur la côte du Brésil, & qui y règnent l'espace de soixante & dix milles. Ceux qui voyagent aux Indes les évitent avec soin.

2°. Ceux de Sainte-Anne, dans le voisinage de la côte de Guinée en Afrique, à six degrés de latitude septentrionale. Les vaisseaux qui se trouvent engagés sur ces *bancs de sable*, sont arrêtés dans leur route pendant plusieurs jours. Ces *bancs de sable* ne sont pas unis ensemble, mais séparés par des trajets de mer profonds ; de sorte qu'après avoir navigué avec cinq ou six toises d'eau, on est quelquefois étonné de n'avoir plus que six pieds d'eau un moment après.

3°. Ceux qu'on rencontre entre Madagascar, l'Arabie & l'Afrique. Ceux-ci sont des écueils & des rochers garnis & entourés de *bancs* de madrépores & de coraux de différentes formes & de différentes couleurs.

4°. Ceux qui sont voisins des côtes de la Chine.

5°. Enfin, ceux qu'on rencontre dans la mer d'Allemagne, & qui sont peu éloignés de l'embouchure de l'Escaut & de la Meuse. Les *bancs de sable* les plus considérables sont ceux du fleuve Saint-Laurent.

Il y a une circonstance qui concourt à la formation de ces *bancs de sable* & à leur arrangement ou disposition le long des côtes ; ce sont les courans qui déterminent la marche des eaux que les rivières versent dans la mer : c'est ainsi que les *bancs de sable* s'accumulent le long de la côte orientale de l'Amérique méridionale, qui se trouve depuis l'embouchure de l'Amazone jusqu'à celle de l'Orénoque. (*Voyez* Guiane.)

J'ajouterai ici que les flots de la marée montante dans les rivières, en repoussant & en suspendant leur courant, accélèrent aussi les dépôts successifs qui forment chaque jour les *bancs de sable*. Mais il faut toujours admettre l'action de l'eau courante supérieure comme la principale cause.

Je distingue particuliérement les îles des *bancs de sable* : ceux-ci sont formés de matériaux transportés d'ailleurs & de l'intérieur des terres par les eaux courantes des rivières, au lieu que les îles sont des parties des continens, organisées de même par couches suivies & régulières, & qui en ont été détachées par les mêmes eaux courantes qui ont pénétré dans les golfes dont les ouvertures se sont élargies & approfondies. (*Voyez* Iles & Détroits.)

Souvent ces *bancs de sable* s'établissent le long des côtes des îles, parce que la masse des îles favorise les dépôts des courans en interrompant leur marche : souvent aussi les *bancs de sable* se forment dans les parages où l'eau de la mer jouit d'un certain repos, & à une certaine distance des îles qui contribuent à ce repos & aux dépôts qui en sont la suite. C'est ainsi qu'on voit plusieurs *bancs de sable* dans le voisinage de l'embouchure du fleuve Saint-Laurent, dont les uns s'attachent aux côtes des îles, & d'autres se continuent dans des réduits voisins de ces îles : tels sont le *Banc Jacquet* & le *Banc-à-Vert.*

Bancs de sable des fleuves : ces *bancs* sont fort nombreux, surtout dans le voisinage de l'embouchure des fleuves, mais ils ne gênent pas toujours la navigation : ainsi les *bancs* qui règnent dans le golfe que forme la Mersey, n'empêchent pas que Liverpool ne soit la ville la plus commerçante de l'Angleterre, & cependant les *bancs* de Madwhart & de Burbo changent aussi souvent de place au gré des marées, que ceux de la Seine. On pourroit en dire autant du cours de la Tamise. Dans l'examen qu'on en a fait, on a trouvé que, sur seize raques dont se compose la navigation de la Tamise, il y en a le tiers encombré de *bancs* qui ne sont pas plus dangereux que ceux de la Seine.

Bancs d'ardoise. On entend par *bancs* dans les carrières d'ardoise & autres, le long parallélipipède formé par deux foncées. Ces *bancs* s'élèvent les uns au dessus des autres, & forment, à droite & à gauche, une espèce d'échelle ou plutôt d'escalier. On ne peut fixer ni la hauteur ni la largeur de ces *bancs*, ou de chaque degré de cet escalier; elles varient l'une & l'autre selon la profondeur, l'étendue & la nature de la carrière. D'ailleurs, les *bancs* ou parallélipipèdes d'ardoise n'ont pas la même hauteur dans toute leur longueur; ils vont un peu en s'inclinant vers le fond de la carrière, & forment une pente aux eaux vers la cuvette qui les reçoit. La hauteur du *banc* est de neuf pieds dans nos carrières d'ardoise, & sa largeur suit la même échelle. La surface supérieure du *banc* s'appelle *nif.* (*Voyez les articles* Foncée, Cuvette, Nif & Ardoise.)

Bancs de pierres a grain fin *ou* de Cos & de pierres a gros grain. Je commence ici à remarquer qu'une des propriétés les plus intéressantes des *bancs de pierres à gros grains* est de n'offrir aucune fente de dessiccation, au lieu que ces fentes sont très-multipliées dans les bancs contigus de pierres qui n'ont pas de grain, dans les bancs de ce que plusieurs naturalistes nomment *cos.*

Si les fentes de dessiccation sont, comme on n'en peut douter, l'effet de la retraite des substances qui ont formé primitivement les bancs en masses continues, il s'ensuit que le travail de la nature, qui a lié les débris de coquilles dans les *bancs de pierres à grains calcaires*, ainsi que l'état & la disposition de ces débris, a mis constamment obstacle à cette retraite, & il est aisé d'en concevoir la raison. Pour qu'il s'opère une retraite dans une masse pierreuse continue, il faut que toutes les molécules pierreuses soient bien homogènes, & pénétrées bien également par le fluide que la dessiccation fait évaporer. Dans ce cas, chaque molécule pierreuse pourra obéir à un déplacement uniforme qui tend vers certains centres, & qui fuit les bords des fentes à mesure qu'elles s'élargissent. Dans ce déplacement, chaque molécule qui reste prend la place de chaque molécule qui s'évapore; ce qui suppose une certaine liaison en toutes les parties de la masse : mais dans les *bancs de pierres à gros grain*, je ne trouve aucune de ces conditions. Les débris des corps marins sont placés les uns à côté des autres, & ont une disposition & une organisation qui sont propres à chacun d'eux. C'est dans cet état que s'opère, sur ces débris, le premier travail de la pétrification : l'eau qui en est l'agent soude simplement ces débris les uns aux autres, & en forme les pierres à grain; ensuite ces débris, qui ont été pénétrés de cette première infiltration & de cette ébauche cristalline, reçoivent assez promptement de nouvelles additions, &c. D'après ces idées simples, on conçoit toutes les nuances du travail perfectionné de la nature dans la formation de ces pierres à grain, & les différens degrés de dureté qu'elles acquièrent sans cesser d'être pierres à grain; & tant que les infiltrations répétées n'ont pas masqué chacun des débris, qu'ils sont restés isolés & apparens, la pierre conserve toujours son caractère de pierre à grain.

On peut saisir, par ces détails, la marche simple de la nature, qui économise tout, qui met tout à profit, qui ne détruit dans tous les cas les corps organisés, qu'autant qu'il falloit pour former, avec les moindres frais possibles, de nouveaux composés. Ces conséquences résultent de la manière dont j'ai envisagé mon objet.

Cette théorie est, comme on voit, applicable à toutes les nuances du grain des pierres que j'ai suivies, soit dans les cas d'un grain simple, soit dans ceux d'un grain composé. Cette théorie nous éclairera de même dans ce qui nous reste à dire relativement aux autres caractères des pierres à grain que je me propose de développer dans cet article. Un de ces caractères est la qualité & la propriété qu'ont ces pierres de se tailler; c'est-à-dire, que les élémens dont elles sont formées se désunissent ou se brisent aisément par l'effort que fait le marteau de l'appareilleur.

On conçoit aisément que cet effet doit avoir lieu, si l'on réfléchit que les pierres à grain calcaires sont un composé de débris de corps marins organisés, qui n'ont que très-peu de consistance par eux-mêmes, & qui sont unis par une foible infiltration, par une foible enveloppe. Ainsi quand on appareille ces pierres, le marteau enlève les débris de coquilles, soit en détruisant le lien, soit en tranchant ces débris eux-mêmes; mais si l'infiltration pénètre & consolide ces débris, & si, par la répétition de ce même travail, les cristaux qui les unissent ont acquis un tissu serré, alors le grain disparoît, & la pierre ne peut plus prendre le moindre appareil; elle tombe en éclats sous le marteau, ou ne reçoit l'appareil que par un un marteau pointu, qui n'attaque ces pierres que par petites parties, comme se taillent les grès.

Je dois faire observer d'ailleurs, que les débris des corps organisés peuvent avoir plusieurs degrés de consistance, & que le lien de la pétrification est alors dans le cas d'acquérir un tissu très-serré, par des infiltrations répétées, avant que le marteau cesse de produire l'appareil.

Les pierres de pâte fondue, comme les cos qui n'ont pas de grain, sont bien visiblement le produit de la décomposition des corps marins, mais il n'y reste plus de vestiges d'organisation. D'ailleurs, dans ces produits de la décomposition, l'infiltration domine de manière que, sous le marteau de l'appareil, la pierre tombe en éclats.

Je conclus de tout ce qui précède, que l'apparition ou la disparition des fentes de dessiccation dans les *bancs de pierres* quelconques, est une des circonstances générales d'après lesquelles la distinction des pierres à grain ou des pierres de *cos* peut être par le fait solidement établie. Dès que les fentes de dessiccation se montrent dans les *bancs*, on doit considérer les pierres de ces *bancs* comme privées de grain d'une manière quelconque; mais sitôt que l'on n'y voit plus de fentes ou de gerçures, il s'ensuit que ces pierres ont un grain bien distinct. Ces circonstances décident beaucoup plus franchement l'état des pierres par rapport au grain, puisqu'il tient à leur formation intérieure. (*Voyez l'article* PIERRES A GRAIN.)

BANDES DE TERRE ET DE MER. La surface de la Terre est divisée, d'un pôle à l'autre, par deux *bandes de terre* & deux *bandes de mer*. La première & principale *bande* est l'ancien continent, de trois mille six cents lieues de longueur, depuis le cap oriental de la Tartarie septentrionale, jusqu'au Cap de Bonne-Espérance. Si l'on mesure cette surface par une ligne parallèle aux méridiens, on ne trouvera que deux mille cinq cents lieues depuis le cap nord de Laponie, jusqu'au Cap de Bonne-Espérance. Cet ancien continent a environ quatre millions neuf cent quarante mille sept cent quatre-vingts lieues carrées; ce qui ne fait pas la cinquième partie de la surface totale du globe.

A l'égard du nouveau continent, on peut le regarder comme une *bande de terre*, dont la plus grande longueur doit être prise depuis l'embouchure du fleuve de la Plata, jusqu'à cette contrée qui s'étend au-delà du lac des Assiniboils. Cette ligne peut avoir environ deux mille cinq cents lieues de longueur. Ce continent a environ deux millions cent quarante mille deux cent treize lieues carrées de superficie; ce qui ne fait pas la moitié de l'ancien. Toutes ces terres réunies ensemble, tant de l'ancien que du nouveau continent, font environ, suivant les appréciations précédentes, sept millions quatre-vingt mille neuf cent quatre-vingt-treize lieues carrées; ce qui n'est pas, à beaucoup près, le tiers de la surface totale du globe, qui en contient vingt-cinq millions.

On peut observer que les deux continens font des avances opposées, & qui se regardent; savoir: les côtes d'Afrique, depuis les îles Canaries jusqu'aux côtes de la Guinée, & celles de l'Amérique, depuis la Guiane jusqu'à l'embouchure de Rio-Janeiro.

On peut encore ajouter à ces observations deux faits qui sont assez remarquables. Le vieux & le nouveau continent sont presqu'opposés l'un à l'autre. L'ancien est plus étendu au nord de l'équateur qu'au sud; &, au contraire, le nouveau l'est plus au sud qu'au nord de l'équateur: de même le centre de l'ancien continent est à 16 ou 18 degrés de latitude nord, & le centre du nouveau est à 16 ou 18 degrés de latitude sud; en sorte que ces terres fermes & seches semblent faites pour se contre-balancer.

BANDES VERTICALES DE SCHISTE. M. de Saussure considère les couches verticales de schiste, qui semblent appliquées à l'extérieur des pentes des montagnes, comme le résultat d'une sorte de cristallisation confuse qui s'est opérée sous les eaux mêmes; ce qui tranche la difficulté plutôt qu'elle ne la résout.

D'autres au contraire pensent que ce sont des portions de couches schisteuses qui, situées jadis comme tous les bancs des montagnes dont elles faisoient partie, ont été sapées par les eaux courantes, &, cédant à leur poids après avoir perdu leur à-plomb, se sont repliées sur la pente de la montagne où elles ont pris une position verticale.

M. Voigt, dans ses *Lettres sur les montagnes*, a cru pouvoir expliquer la formation de ces couches verticales comme s'étant opérées sous les eaux, dans une situation pareille à celle qui attache aux parois des chaudières les matières dont sont chargées les eaux qu'on y tient en ébullition, & aux parois des vases dont on se sert dans les expériences de chimie; ce qui est une vue très-hypothétique & très-incomplète pour expliquer les artichaux de M. de Saussure. (*Voyez* Saussure, deuxième ou troisième volume, *sur les Couches verticales ou inclinées*.)

BANDES DE TERRAINS ET DE SOLS. Comme on y a substitué l'*ancienne*, la *moyenne* & la *nouvelle terre*, nous renvoyons à ces articles, qui d'ailleurs renferment une division de terrains & de sols plus exacte & plus précise que les *bandes* de Guettard.

BANDOL (Plage, Château, Ile & cap de), département du Var, arrondissement de Toulon, entre la calenque de Renecros & la plage de Gazaille. Ces bords de mer présentent des détails intéressans; le tout couronné par *Bandol*, belle rade.

BANGOR, département du Morbihan, arrondissement de Lorient, canton de Belle-Ile-en-Mer, dans l'île de ce nom, à neuf lieues un tiers d'Auray. C'est une des quatre communes entre lesquelles les contrées de cette île étoient divisées, *Palais*, *Sauzon* & *Locmaria*. (*Voyez* BELLE-ILE-EN-MER.)

BANNO (Monte di), montagne qui fait partie de l'Apennin, entre la vallée d'Orba & celle de Piotta; elle sépare aussi la Ligurie du département du Tanaro.

BANTELU, département de Seine & Oise, arrondissement de Mantes. On peut regarder ce village comme le centre de la récolte du bon cidre qui se fait dans les environs de la Roche-Guyon. Il y a un pressoir pour le cidre.

BAQUE (Col de la), montagne du département de Haute-Garonne, canton de Bagnères-de-Luchon, au sommet des Pyrénées, à trois lieues sud-sud-ouest de Bagnères.

BAR, ci-devant province de Lorraine, qui avoit trente-deux lieues de longueur, sur seize de largeur. Ses principales rivières sont la Meuse, la Moselle, l'Aire, la Sault, l'Ornain, &c. Ce pays est mêlé de collines, de plaines, de montagnes. L'air y est froid & épais, cependant point malsain. On y recueille abondamment du vin & des grains de toute espèce; le gibier, la volaille & le poisson y abondent également. Les pâturages y sont bons & nourrissans: on y élève quantité de gros & de menu bétail. Il y a aussi beaucoup de bois, & entr'autres du bois de Sainte-Lucie, des mines de fer & d'autres métaux, beaucoup de forges, des carrières de belles pierres de taille, des eaux minérales, des fossiles marins curieux, &c. Comme cette province fait partie des départemens de la Moselle, de la Meuse, de la Haute Marne & de celui des Vosges, tous ces objets reparoîtront en détail dans les différens articles de ces départemens.

BAR (la), rivière du département des Ardennes, canton de Buzancy. Sa source, à trois quarts de lieue nord-nord-est de Briquenay, coule au nord-ouest, puis au nord, & va, en serpentant dans la plaine, se rendre dans la Meuse, à une lieue deux tiers à l'ouest de Sedan.

BAR (la), rivière du département des Ardennes, canton de Buzancy, ancienne source de la rivière de *Bar*, dont les eaux sont détournées pour la forge de Champigneulle. Cette source, à trois quarts de lieue nord de Buzancy, coule au sud-ouest, puis à l'est, & se rend dans l'Agron à une lieue sud de Buzancy. Cette distribution des eaux de la *Bar* est assez remarquable pour que nous en aiyons fait cette double note.

BAR-SUR-AUBE, ville du département de l'Aube, chef-lieu d'arrondissement & de sous-préfecture. Elle est située dans un bassin de la vallée de l'Aube, fort profond, & dominée par une montagne assez élevée, au bord escarpé de laquelle elle est adossée. On y fait commerce des vins provenans de son territoire. Nous allons rendre compte de la constitution physique du sol des environs, & surtout de la partie de sa sous-préfecture, qui s'étend au nord par les communes de *Ville-sur-Terre*, de *Soulaines*, de *Beaufort*, de *Monstierender*, &c. L'étude que j'ai faite depuis long-tems de cette contrée & de son histoire physique, l'intérêt que je dois prendre à la faire connoître, m'engagent à joindre ici tous ces détails.

Ce qui achevera de faire connoître cette contrée, c'est la description de la vallée de la *Voire*, principale rivière qui l'arrose. (*Voyez l'article* VOIRE.)

Lorsqu'on approche de *Bar-sur-Aube* en partant de Colombey-les-deux-Églises, les sommets des collines paroissent à l'horizon indiquer une pente vers la vallée de l'Aube; en sorte que, par ces dispositions des sommets, on est autorisé à conclure que les anciens torrens de l'Aube ont circulé jusqu'à cette élévation avant que de tracer & d'ébaucher leur vallée. La continuation du travail & de la même marche des eaux courantes se suit très-aisément à mesure qu'on gagne la vallée de l'Aube, & qu'on s'y enfonce. C'est au point de Colombey-les-deux-Églises que j'ai remarqué ces mêmes dispositions des sommets de toutes les collines vers la Marne & vers la Blaize, deux rivières qui suivent à peu près des pentes semblables à celles de l'Aube, mais par des vallées particulières.

A Côte-à-Four j'ai vu le passage subit du cos à grain fin aux couches de pierres à gros grain, formées par les débris de l'amas des huîtres. A ce point j'ai remarqué la différence considérable de niveau entre ces deux amas. L'amas des huîtres qui règne à Ville-sur-Terre & à Soulaines, est à un niveau plus bas que le massif du cos: ce dernier s'étend jusqu'à Éclance, & occupe les deux côtés d'un vallon qui conduit à Bossancourt; mais on retrouve l'amas des huîtres avant Magnifouchard, & même aux Chanets & à Trannes. Il s'est formé à Éclance une obstruction dans les vallons: & les eaux, avant de parvenir au village, se perdent dans des goufres qui les absorbent. Il y a même grande apparence que ces eaux vont par des canaux souterrains alimenter les sources de Trannes.

Le cos finit donc dans l'intervalle d'Éclance & de Bossancourt à Trannes, de Lévigny à Fuligny & à Vernonvilliers; car l'amas des huîtres se trouve dans ces trois derniers villages, & se continue, par Vendœuvre, Montieramey, Briel & Fouchères, à peu près parallélement aux limites de la craie, ces différens dépôts s'étant faits dans le bassin de la mer, de manière qu'il y a eu une correspondance dans l'époque des matériaux qui ont concouru à la formation de chacun d'eux. Si les dépôts qui se trouvent au même niveau ont été faits en même tems, comme on n'en peut douter, les familles de coquillages qui ont fourni les matériaux des pierres du cos, n'ont occupé dans la mer qu'un parage correspondant à l'étendue du cos. Il en est de même de l'amas des huîtres & des autres coquillages qui les accompagnent, comme nautilites, cornes d'ammon, poulettes & visses: leurs parages auront été circonscrits entre deux limites très peu distantes l'une de l'autre, mais ils se seront étendus en longueur. Enfin, c'est à peu près la même distribution pour les coquilles dont les débris ont servi à composer le massif de la craie, avec cette exception seulement, que cette dernière famille occupoit des parages plus larges que celui des huîtres. Ce parallélisme des amas & des dépôts, & leur distribution successive, annonceroient assez, du premier coup-d'œil, les progrès de la découverte de la nouvelle terre & de la retraite de la mer, dont les bords auroient toujours conservé leurs contours à peu près parallèles entr'eux. Ainsi les coquilles qui formoient l'amas des huîtres auroient succédé à celles du cos, étant toujours assorties aux nouveaux climats que la partie du globe correspondante aux provinces de France a pris successivement; & comme les coquillages paroissent des animaux littoraux, à mesure que la mer se retiroit, elle se peuploit, dans la partie de son bassin qui s'approchoit des nouveaux bords, de familles aussi nouvelles: de cette marche il est résulté ces amas parallèles & successifs qu'on trouve en partant des parties de la France que la mer a dû quitter les premières comme plus élevées, jusqu'à celles qu'elle aura dû abandonner les dernières, qui avoisinent ses bords actuels, & dont les couches & le niveau approchent plus du niveau actuel de la mer.

Ces vues, au reste, ont besoin, pour être développées & établies solidement, d'un très-grand nombre d'observations. D'ailleurs, il ne paroît pas prouvé que tous les amas de coquilles fossiles qui sont apparens à la surface de la Terre, soient placés superficiellement les uns à côté des autres, & non pas les uns au dessus des autres.

Je m'explique: on trouve, par exemple, des loumachelles formées par des amas de petites huîtres dans le bassin de *Bar-sur-Aube*, & adossées au pied de la côte de Sainte-Germaine: ces mêmes amas se retrouvent dans d'autres parties de ce bassin, & à peu près au même niveau. Il faut s'assurer si ces huîtres qu'on retrouve à Soulaines se continuent par-dessous les couches de pierres calcaires, soit de taille, soit à grain fin, que je nomme *cos*, qui composent le massif superficiel, lequel couronne toutes les collines du bassin de *Bar-sur-Aube*; ou si ces dépôts n'auroient pas été formés, à une époque postérieure, tout autour de ces massifs de pierres de taille ou de pierres calcaires à grain fin, qui auroient pour lors une profondeur indéfinie, mais qui ne porteroient pas sur des bancs d'huîtres. Dans le premier cas, les huîtres auroient peuplé ces parages avant que la famille des coquillages qui ont fourni la matière du cos, y eût été établie à un niveau supérieur, & y eussent laissé leurs dépouilles sur celle des huîtres. Dans le second cas, les familles de coquillages qui ont produit le cos auroient vécu, avant les huîtres, dans les parages que le cos occupe, & y auroient laissé leurs dépouilles dont se seroit formé le massif immense du cos; après quoi les huîtres auroient succédé, & auroient formé, tout autour du cos & en suivant une ligne parallèle à sa bordure extérieure, un banc très-peu large, mais fort alongé.

Dans le premier cas, les parties de l'amas des huîtres qui sont à découvert, auroient été débarrassées de la couverture du cos que les eaux torrentielles ou pluviales auroient détruite insensiblement; ou bien, dans le second cas, les huîtres auroient formé leur dépôt à un niveau plus bas que les familles des coquillages du cos, & beaucoup moins abondamment, &c.

Pour décider quelle est l'une des deux suppositions qui a eu lieu, il est besoin, je le répète, de recueillir un grand nombre d'observations correspondantes. Au reste, ces vues méritent d'être suivies, parce qu'elles paroissent devoir jeter du jour sur les progrès de la formation des parties superficielles du globe, & sur la distinction des tems dans les époques elles-mêmes.

Dans toutes les suppositions possibles, je présume que les massifs du cos ont été détruits à la superficie des parties voisines de la masse des huîtres; ce qui le prouve, ce sont les diminutions considérables qu'a éprouvées la bordure du massif du cos. Je puis citer pour témoins les environs d'Éclance & de Bossancourt, qui sont moins élevés que ceux de Vernonfeyt, quoiqu'ils appartiennent au même massif.

De ce que les cos ont été diminués de hauteur vers les limites de l'amas des huîtres, il semble que ces destructions peuvent conduire à croire que les couches de ce cos auroient pu être détruites totalement dans les parties où l'amas des huîtres est à découvert; mais pour décider une question aussi importante, il faut voir, dans quelques coupes profondes, si l'amas des huîtres sert quelque part de base aux massifs de pierres dont les couches superficielles sont de cos. Cette recherche de la position relative & contiguë des massifs de différente nature, soit dans le sens horizontal, soit dans le sens vertical, est indiquée dans plusieurs problêmes de l'histoire naturelle du globe, & ses résultats précis conduiroient alors à leur solution; mais cette recherche est encore éloignée de nous donner ces résultats.

Les roches calcaires qui se trouvent le long de

la bordure de l'amas des huîtres à Soulaines, à Vendœuvre, à Fouchères, à Vaſſy, &c. forment des couches à fentes irrégulières, qui ne ſont point en lignes droites, parce que les débris de la deſtruction des huîtres étant groſſiers, ils ne ſe ſont pas arrangés par bancs bien lités; & d'ailleurs, les intervalles terreux qui auroient pu contribuer à leur ſéparation ſuivie, ne s'étant pas diſtribués réguliérement entre les maſſes formées par ces débris, ces ſortes de dépôts bruts que j'ai été fort à portée d'obſerver ſouvent, m'ont donné la première idée des couches de la Terre par *rognons*.

Ces maſſifs m'ont d'ailleurs prouvé qu'il n'y avoit de couches & de lits bien continus, bien réguliers, que lorſque les réſultats de la décompoſition des corps marins ont éprouvé une comminution aſſez grande pour former une pâte fine & égale, ſuſceptible d'être diſtribuée réguliérement par couches. Mais ſi la pâte eſt groſſière, quoiqu'il s'y trouve parmi un mélange de débris de petites coquilles d'une nature différente des huîtres, cette aſſociation d'élémens diſparates formera pour lors des couches dont les ſéparations n'étant ni nettes ni horizontales, la ſuperficie de ces lits ne ſe trouvera pas dans les mêmes plans: ils ne doivent préſenter les mêmes ſéparations bien ſuivies, qu'entre des portions de la maſſe d'un même lit, qui ſont enveloppées par des marnes ou par des argiles.

C'eſt ainſi que ces dépôts de la mer, moitié terreux, moitié pierreux & ſolides, peuvent s'exploiter par rognons ou par fragmens irréguliers. Ce que j'ai dit du principe de la ſéparation des couches entr'elles, je le dis pour lors des parties d'une même couche, quant à leur déſunion & à la facilité d'en débiter les parties dans les fouilles qu'on y fait. Ces diſtributions du principe hétérogène terreux, argileux, &c. entre les rognons de divers volumes qui ont pris conſiſtance comme débris de corps marins, ſont aſſez communes dans les rochers de la bordure de la pierre dure, parallèle à celle de la craie. Il eſt viſible que ces rognons n'ont pu faire corps enſemble, à cauſe de l'interpoſition des matières hétérogènes. Les rognons ſont un cas qui complète la théorie des circonſtances qui ont contribué à la deſtruction des couches de la terre. A meſure qu'on quitte cette bordure & qu'on s'approche des maſſifs intérieurs où les familles des coquilles foſſiles ſont de nature à donner des débris plus petits, les pierres ſont mieux litées, & ſéparées par de larges faces, parce que les matières hétérogènes terreuſes ont été diſtribuées auſſi plus facilement & avec plus d'ordre; mais ſitôt que ces gros débris reparoiſſent tels que ſont des morceaux d'huîtres, les lits deviennent irréguliers, & parſemés de veines terreuſes diſtribuées ſans aucun ordre ſuivi; en ſorte qu'on peut facilement reconnoître partout le principe de la diſtinction des couches par la ſéparation des rognons, au milieu deſquels ce principe a reçu différentes modifications: il ſuffit de ſuivre, dans les environs de *Bar-ſur-Aube* que je viens d'indiquer, les larges coupures des carrières, pour être convaincu de ces vérités, qui n'ont point été connues juſqu'à préſent des naturaliſtes.

Ces mélanges des principes terreux avec les rognons calcaires ſe trouvent ſurtout le long des limites de l'ancienne & de la nouvelle terre: c'eſt là où le principe terreux, d'abord ſeul & ſurabondant, diminue de proportion avec les débris des coquillages; enſuite on retrouve ces débris tellement abondans, qu'ils forment, par leur accumulation, des couches épaiſſes, au deſſus & au deſſous deſquelles les ſables & les principes terreux ne ſe montrent plus que par lits peu épais, mais bien ſuivis.

Si nous paſſons maintenant aux formes du terrain & aux vallons, nous verrons que ce n'eſt pas ſeulement dans la craie que les vallons ont des bords fort inclinés; car ſur ces limites les vallons ont une forme évaſée, de telle ſorte que les deux croupes de deux vallons voiſins & parallèles ſe réuniſſent preſqu'au point de partage des eaux, qui en conſéquence ont peu de largeur. Cette conformation a lieu auſſi dans l'amas des huîtres. Lorſqu'on a bien étudié ce qui conſtitue cet amas, il eſt aiſé d'en trouver la cauſe; car l'amas des huîtres étant compoſé de pluſieurs couches de pierres peu ſuivies & diſtribuées en grande partie par rognons, il eſt aiſé de voir que ces couches ſont alternativement ſéparées par des lits d'argile, de terre marneuſe & de ſable. L'eau pluviale torrentielle, comme l'eau intérieure des ſources, en conſéquence de cette diſpoſition, a tourmenté avec une grande facilité la partie ſuperficielle de ce ſol, ſoit en pénétrant à travers les interruptions fréquentes des lits de pierres & de rognons, ſoit en circulant à la ſurface, & entraînant les terres & les débris des pierres lorſqu'elles ne peuvent pénétrer dans l'aſſemblage des lits. Ainſi le travail de l'eau circulant dans ces deux cas, a dû évaſer, ainſi qu'elles le ſont, les croupes des vallons au milieu d'un maſſif pareil à celui que nous venons de décrire. Pour que les bords des vallons aient pris cette diſpoſition, il ſuffit que ceux des ravines ébauchées par les eaux courantes en maſſe ſe ſoient éboulés facilement. Or, c'eſt ce qu'on remarque, & ce qui doit arriver tous les jours dans l'épaiſſeur d'un aſſemblage de couches mis à découvert, compoſées de terres mobiles, aiſées à s'imbiber d'eau, & de pierres diviſées en rognons: c'eſt la ſuite de ces approfondiſſemens & de ces éboulemens qui a donné lieu à l'évaſement des croupes des vallons qui ſont creuſés dans l'amas des huîtres, & qui ne ſont, à le bien prendre, que le réſultat des ravines multipliées & ſucceſſives, auſſitôt détruites que formées: ce ſont les différens filets d'eau, produits des sources ou des pluies, qui, à force de se balancer en différens sens, ont produit ces excavations étendues, qui étonnent les naturalistes peu instruits & peu capables de remonter jusqu'à l'origine de ce travail important, & d'en saisir les progrès & la durée.

Dans le cos, au contraire, la forme des vallons diffère comme le massif au milieu duquel ils sont creusés; car ce massif a plus de consistance & de solidité que celui de l'amas des huîtres. Les vallons sont encaissés, & leurs croupes presque perpendiculaires à l'horizon, depuis les bords supérieurs jusqu'au fond des vallons : ce sont de grandes ravines qui ont conservé les escarpemens de leurs bords, & qui n'ont éprouvé que très-peu d'éboulemens irréguliers. Entre les vallons qui se trouvent dans les cos, on voit ordinairement de grands & larges plateaux qui servent à séparer leurs bords presque verticaux. Dans l'amas d'huîtres, la pente & l'inclinaison des croupes font que les arêtes supérieures ont très-peu de largeur, & se réduisent même quelquefois à un simple ados qui verse les eaux des deux côtés. (*Voyez l'article* VOIRE, rivière.) On pourra prendre dans les différentes suites de ses vallées, une idée précise de l'hydrographie de cette contrée, & surtout relativement à la constitution variée de ses sols; car ils offriront tous ces détails intéressans.

BAR-SUR-ORNAIN, *ci-devant* BAR-LE-DUC, ville du département de la Meuse, sur la petite rivière d'Ornain. Elle est située au penchant d'une colline, à trois lieues & demie nord-est de Ligny. Les bois forment dans ce pays une branche de commerce considérable : on y travaille en particulier le bois de Sainte-Lucie. C'est aussi près de là que l'on construit des bâtimens qui servent à la navigation de la Marne, & qu'on nomme *marnois*. Il y a aussi aux environs beaucoup de forges où se travaillent les mines de fer nombreuses qui s'y trouvent dispersées, ainsi que des amas de coquilles fossiles très-curieux, qui rendent encore cette contrée intéressante. Enfin, je dois parler ici des eaux minérales.

C'est dans ces vues que je crois devoir placer à la suite de *Bar-sur-Ornain*, le village d'*Attancourt*, aux environs duquel on trouve une fontaine minérale, connue depuis plus d'un siècle par les bons effets qu'en ont obtenus les personnes travaillées de la gravelle. Elle a son écoulement dans la plaine, à environ dix verges de la rivière de Blaise. Le bassin de cette fontaine a quatre pieds en carré, & la source donne de l'eau par un jet qui a la grosseur du bras. Ce bassin est toujours plein, soit en hiver, soit en été; l'eau est froide, claire & légère, d'une saveur un peu aigrelette & astringente. Un grand nombre de médecins de cette contrée de la Champagne font de pompeux éloges de ces eaux & de leurs propriétés, qui les leur font préférer aux eaux de Forges & de Passy. Il y a encore au milieu du bois de *Marne*, à une lieue d'*Attancourt*, une autre source qui porte le nom du bois, & qui est fortement ferrugineuse; aussi coule-t-elle sur des mines de fer. Elle est rafraîchissante & apéritive. A la même distance d'*Attancourt*, dans un endroit nommé *Marnalle*, est une troisième source d'eau minérale, qui est savoneuse, & ne diffère essentiellement de celle d'*Attencourt*, qu'en ce qu'elle est moins ferrugineuse & un peu plus chargée de sélénite.

BAR-SUR-SEINE, ville du département de l'Aube, sur la Seine. Le territoire de cette ville étoit connu dès le huitième siècle sous la dénomination de *Pagus patrisus*. Son commerce consiste principalement en vins. Il y a près de Riel-les-Eaux une mine de fer & une carrière de marbre. Le terroir est parsemé de collines nombreuses. C'est dans cette contrée que se trouvent les carrières à pierres plates qui ont fourni les matériaux primitifs des *graviers* que la Seine a charriés & déposés le long de son lit, & même transportés abondamment dans les plaines au dessus & au dessous de Troyes, au dessus & au dessous de Nogent, & dont l'on trouve quelques amas même aux environs de Paris. On les reconnoît aisément lorsqu'on a suivi les dépôts de la Seine, sur une certaine étendue de sa vallée. (*Voyez les articles* GRAVIERS PLATS CALCAIRES & SEINE.) C'est dans la correspondance de ces mêmes couches & leur prolongement que traversent les rivières d'Aube & de Marne, que ces eaux courantes ont rencontré les matériaux de semblables graviers, qui sont aussi déposés le long de leurs cours & à mêmes niveaux. Nous les avons indiqués dans la description de ces vallées.

BARBADE (Isle de). M. Richard Ligon, qui a rédigé une relation d'un voyage à *la Barbade* il y a plus d'un siècle, rapporte que l'humidité de l'air y étoit si considérable, qu'elle faisoit rouiller dans un instant les couteaux, les clefs, les aiguilles, les épées, &c. Il observe, par exemple, que si l'on faisoit passer son couteau sur une meule pour en ôter la rouille, & qu'on le remît dans sa gaîne, on trouvoit, après un très-court intervalle, qu'il avoit commencé à se couvrir de tous côtés d'une nouvelle rouille, & que, si on laissoit gagner cette rouille, elle pénétroit dans l'acier & dans le reste de la lame. Il ajoute encore que les serrures qu'on laissoit en repos se rouilloient tout-à-fait, & au point de ne pouvoir plus servir; que les horloges & les montres n'y alloient jamais bien à cause de la rouille. Il attribue cette rouille à l'humidité extraordinaire qui régnoit dans l'air à la surface de cette île. Il paroît aussi que l'air de la mer, qui environne cette île, est encore une circonstance qu'il faut réunir à l'action des vapeurs aqueuses; & ce qui le prouve d'une manière incontestable, c'est que les mêmes voyageurs de qui on tient ces faits & ces particularités, remarquèrent ces mêmes effets de la rouille sur mer, pendant quatre à cinq jours qu'ils eurent un tems fort humide avant d'arriver sur l'île; ce qui prouve, ainsi que je l'ai remarqué plus haut, que la cause de la rouille des métaux est l'humidité combinée avec l'air de la mer, qui est chargé de particules salines, fort propres à hâter, étant dissoutes dans les vapeurs aqueuses, la dissolution des métaux, qui produit la *rouille*. Voyez l'article où l'on examine différentes contrées de la Terre, relativement à la *rouille*.

BARATON, pays & vallée du ci-devant Béarn: ils s'étendent entre le gave d'Aspe & le pays de Soule. La vallée a dix lieues de longueur, sur trois de largeur. Il y a de belles forêts sur les hauteurs, d'où l'on tire des mâts de vaisseaux, qui sont transportés à Bayonne par le gave d'Oléron & par l'Adour. Cette vallée fait partie du département des Basses-Pyrénées.

BARBANÇON, bourg du département du Nord, canton de Solre. On y fait commerce du marbre qu'on tire des carrières des environs. Il est connu en général sous le nom de *marbre de Flandre*.

BARBANTANE, bourg du département des Bouches-du-Rhône, arrondissement de Tarascon, sur une hauteur, au confluent du Rhône & de la Durance. Au lieu appelé *la Garde-Frainet* & dans les montagnes des Maures, il y a une mine de fer & des filons d'une mine de plomb.

On fait aussi à *Barbantane* commerce de vins & de fruits.

BARBEN (la), village du département des Bouches-du-Rhône, canton de Salon, sur la Touloubre: on y trouve une carrière de bol rouge, & d'ailleurs une mine de fer en grains, dont la décomposition contribue à ce premier dépôt.

BARCAHALLÉE (Gave de), rivière du département des Hautes-Pyrénées, canton de Luz. Sa source, à une lieue un quart sud-sud-ouest de Luz, coule au nord-est, & se rend dans le gave de Barège, à une demi-lieue nord-est de son origine, sans s'écarter de la montagne du même nom, qui a de l'est à l'ouest une demi-lieue de longueur, & un tiers de lieue du nord au sud. Telle est en général la direction du débouché des eaux qui sortent de la masse des Hautes-Pyrénées, dont j'indiquerai quelques ruisseaux ou gaves dans ce Dictionnaire, avec cette précision qui est le fruit de l'observation particulière que j'en ai faite, & dans les vues d'en faire connoître l'hydrographie, aussi intéressante qu'elle est étendue.

BARCE, rivière du département de l'Aube, canton de Vendoeuvre, où elle reçoit une de ses sources. Elle est sujète à des crues assez considérables, parce qu'elle recueille les eaux d'une pente alongée qu'elle rencontre sur la droite du bassin qu'elle parcourt, & surtout celles que lui fournissent plusieurs étangs distribués dans toute l'étendue de cette pente. J'ajouterai de même que le fond de cette pente est fort argileux, & fait partie de cette lisière dont j'ai parlé à l'article du département, & qui côtoie la bordure de la craie, laquelle se montre à découvert après les ponts de la Guillotière, à côté de Gérodot, & au-delà de la forêt de Piney.

Après cette exposition succinte des circonstances qui concernent le cours de *la Barce*, si nous remontons à ses sources, nous trouverons aux environs de Vendoeuvre, & au dessus de ce premier débouché des eaux intérieures, de fort longs & nombreux vallons qui concourent avec les plateaux élevés qui les accompagnent, à l'approvisionnement continuel des eaux de cette belle source. Au dessous de ce bourg, & à la droite du premier ruisseau de *la Barce*, on rencontre d'abord trois ruisseaux latéraux qui abreuvent plusieurs suites d'étangs.

Au midi de Vendoeuvre & à Thieffrain une seconde source fort abondante donne naissance à la Bodronne, que l'on doit considérer comme le premier embranchement de *la Barce*. Elle est assez forte pour faire mouvoir plusieurs moulins avant sa jonction à *la Barce*, vers Monstier-Amey. Après un certain trajet reparoissent, toujours sur la droite, trois autres ruisseaux latéraux, qui abreuvent des étangs considérables quant à leur étendue. Le premier a deux embranchemens qui sortent de *la belle forêt d'Orient*, ainsi que le second & le troisième qui coulent sur le sol argileux dont j'ai parlé ci-devant à l'article du département de l'AUBE, avant la limite du massif de craie dont la bordure est élevée & fort apparente à Doschy, à Laubressel & à Tennelière, & au pied de laquelle est un quatrième ruisseau, lequel se prolonge jusqu'au dessus de Troyes, & va se perdre dans le marais de Villechetif, & de là dans la Seine.

Je reviens au fond du bassin de *la Barce*; je ferai encore remarquer que le sol étant argileux, il ne s'y perd aucune partie du produit des pluies: c'est ce que j'ai eu lieu d'observer depuis longtems, ayant pu étudier surtout la marche des eaux qui circulent à la surface de la terre de tout le bassin, & particuliérement la nature des terres qui sont employées avantageusement dans plusieurs arts, & surtout dans la verrerie & la faiencerie, & dont les principales carrières sont à Briel.

Je présente tous ces détails dans la description de cette rivière, parce que depuis long-tems j'ai parcouru très-attentivement toutes les parties de son bassin. Après un cours d'environ sept lieues, elle se jette dans la Seine au dessus de Troyes, par une embouchure qui exige une grande surveillance pour prévenir les ravages de ses inondations.

BARCELONETTE (Vallée de). Cette vallée est comprise dans les montagnes alpines de l'ancien diocèse d'Embrun. La montagne de Saint-Vincent la ferme à l'occident, avec le mont Morgon. La rivière d'Ubaye, qui descend de la montagne de l'Arche par laquelle cette vallée est terminée au levant, la traverse dans toute son étendue. Cette vallée se rétrécit de plus en plus vers cette dernière montagne. Elle est bornée au nord par les Alpes du Dauphiné, au midi par la montagne de Gemete, & celle de Lans qui descend des Alpes du Piémont. Ces montagnes s'abaissent pour se joindre, & laissent au milieu d'elles un étroit vallon où coule la petite rivière de *Bachelard*, qui va joindre l'Ubaye au dessous de *Barcelonette*. La montagne de Saint-Vincent, dont l'exposition principale est au nord, est couverte d'arbres résineux, de mélèses, dont les troncs & même les branches ont plusieurs toisées de circonférence. Quelques-uns de ces arbres, ayant été renversés & ensevelis dans les terres éboulées des montagnes, ont acquis un tel état de pétrification, que les fibres ligneuses, pénétrées de sucs lapidifiques, sont cassantes comme l'ardoise. Le petit village du Lauzet est le premier qu'on rencontre en entrant dans cette vallée par l'ancien diocèse de Digne. Les eaux pluviales & celles d'une source qui jaillit d'un rocher, ont formé, près de ce village, un petit lac, dont les eaux sont si pétrifiantes, qu'elles forment du tuf sur ses bords. Les feuilles des plantes & des arbustes qui y tombent, sont bientôt couvertes d'une croûte pierreuse.

Au midi du Lauzet, il y a une montagne fort haute, d'environ trois lieues d'étendue, & couverte de sapins : elle empêche, dans certains mois, le soleil de pénétrer dans la vallée. L'espace qui se trouve entre les deux sommets de la montagne abonde tellement en pâturages, qu'il nourrit une quantité considérable de troupeaux que les bergers d'Arles y amènent.

La rivière d'Ubaye, qui traverse la vallée, cause de grands dommages aux terres voisines de son cours par ses débordemens. Aussi on ne trouve sur ses bords que des cailloux roulés détachés des montagnes, & déposés par la rivière ; ce qui fait que le terrain est stérile & pierreux depuis Lauzet jusqu'au-delà de Miolan.

Le terroir de ce dernier village est fort stérile à cause de sa situation qui lui dérobe les rayons du soleil une partie de l'année. Les arbres de haute futaie, dispersés çà & là sur le penchant de la montagne, modèrent la chute des lavanges (*voyez ce mot*) que le dégel précipite du sommet. La vallée s'élargit à l'est en approchant de *Barcelonette*. Cette ville est bâtie sur le bord de l'Ubaye, dont on n'a point encore cherché à arrêter les débordemens. Quand le dégel arrive, elle grossit tellement, que ses eaux pénètrent à travers les terres, dans les caves & les rez de chaussée. Les pierres & les graviers, entraînés du haut des montagnes par la fonte des neiges & par les eaux pluviales, ont si fort exhaussé le lit de la rivière, que le sol de *Barcelonette* est au dessous de son niveau. Aussi les eaux, en se retirant, laissent-elles beaucoup de limon, & se filtrent même pendant l'été à travers ces dépôts. Toute cette vallée, jusqu'à *Jossier*, est menacée d'une inondation générale si l'on n'y pourvoit en creusant le lit de la rivière, & en la contenant par de bonnes digues.

Le terrain de la vallée aux environs de *Barcelonette* est assez fertile; il est argileux dans la partie méridionale, & un peu sablonneux au nord. Les prairies donnent des pâturages excellens, qui nourrissent beaucoup de troupeaux. Il s'y vend chaque année plus de soixante mille brebis.

Les montagnes qui bordent la vallée à la hauteur de *Barcelonette*, sont en général de nature calcaire : il y a cependant des rochers de grès & de quartz, & d'autres pierres vitrifiables entremêlées.

La forêt des Allemands, située au dessus de la ville, vers le midi, contient un gros rocher, qui est une dépendance de la montagne supérieure : on en tire des pyrites cuivreuses. Il ne s'est point fait jusqu'à présent d'excavation considérable dans ces montagnes. Elles fournissent des ardoises qui tiennent encore un peu de la nature calcaire ; & quoiqu'elles soient sonores, cassantes & feuilletées, elles ne sont pas tout-à-fait argileuses. Ces ardoises rendent les toits plus solides, & résistent beaucoup mieux au poids des neiges, que les planches dont on couvre les maisons ailleurs.

La *vallée de Barcelonette* s'étend encore plus de quatre lieues au levant, par une gorge qui se rétrécit vers la montagne de l'Arche. Les villages de Faucon, Jausier, Chatellard & Meironnés sont situés sur le chemin : Jausier, comme plus voisin da la rivière d'Ubaye, se ressent davantage de ses débordemens : ses caves, ses jardins, demeurent sous l'eau une partie de l'année, tant le lit de cette rivière s'est exhaussé.

Le village de Saint-Paul est situé entre trois montagnes, à deux lieues de Jausier vers la gauche. Il sort du bas d'une de ces montagnes une source d'eau minérale, qui va se jeter dans une branche de l'Ubaye. Elle est légérement bitumineuse, saline & thermale ; elle contient du sel marin & de la terre absorbante ; elle est purgative. La source en est presque toujours couverte par les débordemens de l'Ubaye. Il y a un lac sur la montagne de Jausier, très-abondant en truites.

L'ardoise se trouve dans des carrières ouvertes, depuis Jausier jusqu'à Chatellard. Tous les rochers qui bordent le chemin qui conduit à Meironnés, offrent de ces schistes feuilletés. Le hameau de Saint-Ours, éloigné de Meironnés d'un quart de lieue, a une mine de charbon de pierre assez considérable, dont l'accès est très-difficile; elle est située au milieu d'une montagne, entre deux rochers qui ont la figure d'un cône renversé. Elle a cessé d'être exploitée à cause des difficultés du travail. Le charbon, quoique de bonne qualité, ne dédommageoit point des frais.

La montagne de l'Arche, qui sépare la *vallée de Barcelonette* du Piémont, a au moins cinq lieues de long, sur une de large. Son sommet a mille toises d'élévation au dessus du niveau de la mer, & présente une longue plaine couverte de prairies. Il est surmonté par d'autres montagnes des Alpes du Piémont.

Le lac de la Magdeleine se trouve au commencement de la vallée d'Asture en Piémont, à laquelle il sert de limite, ainsi qu'à celle de *Barcelonette*. Ce lac n'a que cinq ou six cents pas de circonférence; il doit son origine aux eaux pluviales & à quelques petites sources qui sortent des montagnes voisines. Il sort deux ruisseaux du lac de la Magdeleine: l'un forme la principale branche de l'Ubaye, au couchant, & l'autre la petite rivière de la vallée d'Asture, au levant.

Quoique ces deux ruisseaux ne paroissent hors de terre qu'à un demi-quart de lieue du lac, leur cours & le murmure souterrain de leurs eaux indiquent qu'elles n'ont pas d'autre origine.

Le lac de *Lauzagny*, situé au bout de la montagne de l'Arche, est dans un bassin plus élevé de deux cents toises que celui de la Magdeleine: il est supérieur aux prairies, & peut avoir un quart de lieue au moins de circonférence; il est surmonté par d'autres montagnes, dont quelques-unes paroissent composées de schistes, parmi lesquels les schistes calcaires dominent. Ce lac abonde en truites, & fournit un ruisseau qui traverse des concavités pierreuses, & va se réunir à la branche de l'Ubaye, qui sort du lac de la Magdeleine.

C'est à ces deux lacs que se trouve le point de partage des eaux de la *vallée de Barcelonette* & des vallées opposées, qui débouchent en Piémont. Les premières vont, par la rivière d'Ubaye, dans la Durance & dans le Rhône, & par conséquent dans la Méditerranée, au couchant; les secondes, après avoir formé plusieurs rivières, se rendent au levant dans le Pô, qui se jette dans la mer Adriatique.

BARD, village du département de la Doire, à la gauche de la Dora-Baltea, dans la vallée d'Aoste, & dans un lieu où elle est tellement resserrée, qu'il ne reste que le chemin qui traverse le village, & qui étoit dominé par un petit fort que sa position rendoit inexpugnable. Il étoit regardé comme la clef du val d'Aoste; mais en 1800 il fut tourné par l'armée française de réserve; elle fut obligée de s'y frayer un chemin à travers les précipices. On transporta les canons sur les rochers qui dominoient le fort, & peu de jours après il se rendit & fut rasé.

BARD, village du département du Puy-de-Dôme, canton de Saint-Germain-Lanbron. Il y a des eaux minérales qui sortent par plusieurs débouchés d'un petit monticule, en bouillonnant & en se réunissant ensemble, d'où il résulte un ruisseau assez considérable. Ces eaux sont alcalines.

BARDONECHIA, village du département du Pô, chef-lieu de canton, situé dans une vallée du même nom, à la jonction de deux torrens, dont l'un a sa source dans les Alpes cotiennes, aux confins des trois départemens de l'Éridan, du Mont-Blanc & des Hautes-Alpes, & se jette dans la Dora-Riparia, à Houlx. Le cours de ce torrent est de sept lieues; & il donne son nom à la vallée qu'il a formée & qu'il parcourt encore avec une vitesse qui peut nous donner une juste idée de l'énergie avec laquelle il a présidé à l'ancien travail de l'approfondissement de sa vallée.

BARÈGE, bourg du département des Hautes-Pyrénées, canton de Luz, dans une contrée montagneuse de la ci-devant province de Bigorre, à quatre lieues environ de Bagnères. *Barège*, en langue celtique, signifie *lieu retiré*, *lieu caché*. Ce bourg est effectivement couvert par des montagnes escarpées, & n'a qu'une seule rue d'environ cent toises de longueur. Les casernes qu'on y a bâties pour les militaires blessés, sont aussi belles que commodes. La situation de *Barège*, plus basse que le gave de Bastan, l'expose à de fréquentes inondations, surtout lors de la fonte des neiges qui grossissent ce torrent avec une incroyable rapidité. D'ailleurs, les orages qui se forment au sommet des Pyrénées, se précipitent avec violence dans les vallées. Le voyage que fit Louis XIV pour prendre ces eaux sur les lieux, leur acquirent une grande réputation. Ces bains sont au nombre de quatre. Celui surnommé le *Grand* est entretenu par deux sources d'une eau limpide, dont la chaleur fait monter le thermomètre au 36e. degré. Les trois autres, provenans des mêmes sources, diminuent sensiblement de chaleur. Quelques savans, & entr'autres Montaud, ont publié des ouvrages sur ces eaux, sur leurs propriétés & sur la manière de les administrer, & il est bon de les consulter.

A l'est de *Barège* il y a une carrière de marbre blanc, avec des veines verdâtres. A l'extrémité de la grande rue de *Barège*, vers le Tourmalet, on remarque des bancs presque verticaux de schiste dur. On voit aussi du schiste dur ferrugineux au pied du Tourmalet. Plus haut vers ce passage, la montagne est composée de schiste gris. Presque tous les ruisseaux qui se déchargent dans le gave de de la vallée de Bastan, roulent des blocs de granit : il y en a d'énormes à une petite distance de *Barège*, & en si grande quantité, qu'on ne peut s'empêcher de penser que cette sorte de pierre a dû former anciennement les plus hautes montagnes dans cette partie des Pyrénées. Les montagnes qui sont sur la rive gauche du Bastan, offrent de l'amiante, surtout celle qu'on nomme la montagne de *Dretlis*, dont les productions minérales sont le schorl blanc de différentes formes & plus ou moins transparent, du quartz cristallisé, du spath calcaire, dit *spath d'Islande*. Cette montagne est composée en partie de granit, & en partie d'une roche argileuse micacée.

Barège (Vallée de), département des Hautes-Pyrénées, arrondissement d'Argelès, canton de Luz. Elle commence au dessus de Gavernie, à la source du gave de Pau. Il y a dans la montagne de Héas, de la mine d'argent & de plomb. Au nord-est de Gavernie, dans la montagne de Cournelie, au sud de Luz, on trouve des marbrières & des eaux minérales.

Toutes les sources de *Barège*, hormis une seule, sont recueillies dans le sol factice sur lequel ce village est établi : ce sont les débris des anciens dépôts du Bastan, où elles ont été épanchées à la sortie du rocher.

Ce rocher qui verse ces sources, est très-voisin de la surface de la terre. Le *banc* dit *de la Grotte* y est creusé. C'est un marbre fond blanc, feuilleté, à couches redressées, dont les bandes se prolongent dans une direction qui coupe la vallée sous un angle trè -aigu. Il est fendillé de gerçures, d'où s'échappent les sources chaudes & plusieurs sources froides.

Nous avons dit que les sources minérales de *Barège* sortoient originairement des marbres qui bordoient la vallée : on l'a observé en recueillant la source de la grotte : les eaux découlent des fentes verticales de ce marbre. Il est naturel de croire que ces fentes sont les intervalles que l'extrémité ou la section des couches présente : en conséquence il est à présumer que les sources arrivent à *Barège* dans le sens des bandes mêmes du marbre, & qu'elles viennent, ou de la partie orientale, ou de la partie occidentale de la montagne.

On croyoit autrefois que les eaux thermales étoient préparées, au sein des montagnes, dans de vastes chaudières que chauffoient des feux souterrains, dont on ne s'inquiétoit plus une fois qu'on avoit supposé une certaine provision de soufre pour les entretenir : de la chaudière partoient des tuyaux dans toutes les directions que l'on jugeoit à propos d'imaginer, & ni la structure ni la nature des matériaux de la montagne ne faisoient rien à l'affaire ; car on la considéroit comme une masse informe & sans influence sur ces effets ; & rien par conséquent ne gênant les suppositions, les eaux des bains de Sauveur étoient le produit de l'épanchement du réservoir de Cauterès, parce qu'elles sont à l'opposite. *Barège* puisoit aussi fort bien à la même chaudière ; vu qu'il n'est qu'à quelques lieues. Des hommes disposés à voir en grand ont été puiser toutes les eaux thermales des Pyrénées dans le même réservoir, & ils ne s'assujettissoient pas à tenir compte des niveaux. La nouvelle chimie & la lithologie moderne ont relégué au pays des fables cette hydraulique imaginaire. La chimie a démontré qu'il suffit que des filets d'eau passent par des veines de rochers ferrugineux, alumineux, pyriteux, &c. pour que la décomposition mutuelle de ces matières & de l'eau communique à celle-ci un grand degré de chaleur, & l'imprègne de différens gaz ; en sorte que le lieu où les sources ont moins de chaleur, peut fort bien être le réservoir d'où elles partent.

Il s'agit donc premiérement de trouver quels sont, dans les Pyrénées, les rochers qui jouent ce rôle ; & ensuite, si les découvertes récemment faites sur la structure régulière des montagnes ne sont pas illusoires, il ne sera pas difficile d'assigner ces différentes fonctions aux rochers dont *Barège* est environné.

Or, un grand nombre d'observations faites sur les lieux démontrent que, dans cette partie des Pyrénées, la génération des eaux thermales hépatiques est due à certaines roches dont la pierre de corne fait communément la base, qui sont fréquemment teintes en vert, tant par l'état du fer qu'elles contiennent, que par un mélange de stéatite.

Dans ces roches on rencontre d'ailleurs des nœuds & des veines de quartz blanc, des rognons de terre verte, des lames ondulées de terre calcaire, souvent rougeâtre & un peu bitumineuse ; du mica & de petites pyrites ferrugineuses.

La composition hétérogène de ces roches y laisse beaucoup de vide ; elles sont très-caverneuses & très-perméables à l'eau : ces eaux ont en outre toutes les conditions requises pour décomposer une partie de ces substances, & communiquer à la source des sels & des gaz accompagnés de chaleur.

Ces roches une fois reconnues, il n'a pas été difficile de déterminer la situation qu'elles affectent dans l'ordre des montagnes qui dominent dans le canton de *Barège*.

Elles sont placées dans les lieux où s'opère le passage du terrain calcaire au terrain argileux, & de celui-ci au terrain siliceux. Dans la première position, elles abondent en matières calcaires ; dans la seconde, elles en renferment moins, & la pierre de corne y est plus ordinairement d'un bleu d'ardoise que verte : dans toutes deux, elles sont en masses disposées par bandes régulières. Ce sont de vrais filons placés aux lieux où les divers genres de roches anciennes s'approchent, se touchent & se confondent ; & c'est, à l'égard des sources minérales, une sorte de gangue formée du mélange des matières pierreuses qu'elles séparent, gangue aussi facile à retrouver par sa situation, que facile à reconnoître par sa composition.

En transportant ces observations sur le pic d'Eyré, d'où sortent les eaux de *Barège*, il est facile de retrouver ces roches, tant du côté du vallon de l'Art, que du côté du vallon de Lientz. Nous allons déterminer, par une suite d'observations qui se réunissent aux précédentes, à laquelle des deux faces du pic peuvent appartenir les sources minérales.

1°. Les bandes constituantes du pic d'Eyré forment, avec la direction de la vallée, un angle très-aigu, qui décline au levant par le sud, & au couchant par le nord. Il est naturel de croire que les bandes qui suivent nécessairement le cours des couches, au moins dans l'origine, viennent du levant; car en supposant qu'elles fussent au couchant, il faudroit qu'elles descendissent d'abord vers le lieu de Betpoëy, & qu'elles quittassent subitement cette route pour rétrograder vers *Barège*, en faisant un angle très-obtus avec leur première direction; ce qui est contraire à toute vraisemblance.

2°. Il y a une source chaude dans le *Haut-Barège*, au dessus du niveau de la source des bains: on peut donc en conclure que la veine générale vient de ce côté; car il est plus naturel de croire qu'une forte source jette latéralement quelques filets d'eau avant d'atteindre à son issue, que de supposer qu'étant parvenue à cette issue, elle n'y débouche pas en entier, & pousse des filets d'eau plus avant.

3°. La partie orientale du pic d'Eyré est plus humide que sa partie occidentale, parce qu'elle est la moins escarpée, & que les neiges y séjournent assez long-tems pour remplir les réservoirs intérieurs. C'est donc à cette face qu'il faut attribuer l'origine des sources les plus constantes, &, en effet, on en voit jaillir beaucoup de ce côté, & point de la face occidentale.

4°. Une longue expérience a démontré que les sources de *Barège* étoient sensiblement moins chaudes durant le printems, & jusqu'après le solstice d'été. Ce refroidissement est visiblement dû à l'infiltration des eaux froides que produit la fonte des neiges, & à la fin du printems la face occidentale du pic n'a plus de neiges: son exposition aux rayons du soleil & la chute des lavanges l'en ont débarrassée depuis long-tems. Ce n'est donc pas avec cette face que les sources de *Barège* correspondent à la même époque: au contraire, il y a beaucoup de neiges sur la face orientale, & ce qui en est une suite remarquable, c'est que les sources froides y dégorgent long-tems après la fonte de ces neiges. C'est donc de ce côté que les eaux thermales se refroidissent, & c'est avec cette face qu'elles communiquent.

Ceci posé, il reste à déterminer à quelle distance de la marbrière passe la roche génératrice des eaux; ce qui n'est pas aisé, vu que toutes ces parties sont couvertes de terre, d'herbes & de bois; mais des inductions conduisent assez sûrement dans ces routes souterraines.

La marbrière est certainement limitrophe de ces roches: la partie verte qui colore ces marbres est argileuse & magnésienne; elle est la cause de leur délitescence. Cette composition annonce le voisinage des roches de corne.

Mais, 1°. les couches de la marbrière sont assez épaisses pour faire juger que le passage des roches calcaires aux roches argileuses est éloigné. 2°. Une observation faite du haut du chemin de Lientz confirme cette présomption, en démontrant que les marbres occupent une grande épaisseur de ce côté de la montagne.

Les roches génératrices des eaux de *Barège* sont donc suffisamment éloignées; mais indépendamment de cet éloignement, les sources s'approchent de *Barège* par une crevasse faite dans les marbres. Or, cette crevasse ne suivant point une loi déterminée, il reste à écarter toute idée qu'elle parcourut les couches de la marbrière au voisinage de son escarpement actuel.

Il sort de la marbrière plusieurs sources d'eaux froides; elles ne se mêlent point avec les eaux chaudes. Leur cours est donc antérieur à celui des sources chaudes, & par conséquent celles-ci arrivent à *Barège* dans une direction divergente de celle du marbre.

Cette divergence même doit être considérable; car les escarpemens faits dans le marbre au voisinage des bains, n'ont point éventé les conduits des sources.

Les sources de *Barège* échappent au marbre, comme on voit; mais dans cet endroit où les bancs de marbre disparoissent, ils sont remplacés par un amas de débris principalement granitiques, parmi lesquels les sources se sont épanchées.

La cause de l'interruption des bancs de marbre, de l'accumulation des blocs de granit & du dispersement des sources n'est pas éloignée. C'est un ancien ravin formé originairement, aux dépens des bandes du marbre, par les eaux & les pierres que charrioient ces eaux. Ces marbres ont laissé entr'eux une vaste lacune, qui s'est remplie des débris que rouloit le torrent. Le ruisseau de Mouré est le reste de ce torrent: son ravin actuel est le nouveau lit qu'il s'est creusé après avoir encombré le premier. C'est la marche de tous les ravins de se replier peu à peu vers la pente de la vallée principale. (*Voyez* LAVANGES, N°. 2. B.)

Nous sommes, au reste, autorisés à conclure de cet ensemble d'observations, que le réservoir des eaux chaudes de *Barège* est à l'est; que les sources se minéralisent & s'échauffent en descendant à travers des roches qui occupent la partie moyenne antérieure du pic d'Eyré; qu'elles en débouchent latéralement par la route que leur présente une rupture transversale de la marbrière, & qu'elles descendent vers *Barège* dans une direction qui fait un angle assez ouvert avec celle de la vallée du Bastan.

BAREITH, principauté dans le margraviat d'Anspach. Une chaîne de montagnes du premier ordre traverse l'Allemagne presqu'entiérement, en courant à peu près de l'est à l'ouest. Le Hartz, les montagnes de Thuringe, le Fichtelberg en Franconie, appartiennent à cette chaîne, & ses derniers rameaux forment le Riesenberg, & atteignent les monts Krapachs. Les sommets & les massifs de cette chaîne sont granitiques; mais ce qui est fort remarquable, c'est qu'ils sont flanqués de part & d'autre, c'est-à-dire, sur les faces du nord & du sud, par des massifs de montagnes stratifiées & d'alluvion, qui sont, tantôt calcaires, tantôt marneuses, & tantôt composées de pierres de sable. Telle est du moins la chaîne des collines dans lesquelles se trouvent les cavernes dont on va donner une description, & qui traverse la grande route d'Erlang ou de Nuremberg. On trouve, à moitié chemin de cette dernière ville à *Bareith*, la poste de Streitberg, & les cavernes dont nous allons nous occuper, n'en sont distantes qu'à trois milles anglais, ou deux mille quatre cent soixante & quinze toises de France. Elles sont voisines, en un mot, de Gaylenreuth & de Klaustein, deux petits villages auxquels les découvertes faites dans leurs environs ont donné quelque célébrité.

La chaîne des collines est ici interrompue par plusieurs petites vallées fort étroites, & pour l'ordinaire bordées de rochers coupés à pic, & qui, surplombant quelquefois, semblent prêts à écraser le voyageur qui les côtoie. Tout indique aux environs les effets de grands mouvemens dans les eaux courantes.

Les bancs qui constituent les collines sont principalement composés de pierres calcaires, dont le tissu & la couleur varient beaucoup; de marne & de pierres de sable. Les bancs calcaires abondent en pétrifications, qui sont les dépouilles de diverses espèces d'animaux marins.

L'entrée commune des cavernes de Gaylenreuth s'ouvre, vers le sommet d'une colline calcaire, du côté de l'est. Une arcade d'environ sept pieds d'élévation conduit à une sorte d'antichambre de quatre-vingts pieds de longueur, sur trois cents pieds de circonférence. C'est ici le vestibule de quatre cavernes. Il est élevé & aéré; mais il n'est éclairé que par la lumière qui vient de l'ouverture. Son sol est horizontal & couvert d'un terreau noir, quoique le sol des environs soit une terre végétale ordinaire, mêlée de marne.

Il paroît, d'après diverses circonstances, qu'on a fait de ce souterrain un lieu de refuge dans des commotions politiques ou guerrières; mais ce n'est pas dans ces vues que nous devons le considérer.

De ce vestibule ou première caverne on arrive dans une seconde par une allée étroite & sombre, qui se présente à l'angle méridional. Celle-ci a environ quatre-vingts pieds de long, quarante de large, & dix-huit de hauteur. Les parois & le plafond sont garnis de stalactites & de colonnes, dont les unes descendent de la voûte, & les autres s'élèvent du sol comme pour les rencontrer. L'ensemble de ces objets présente des formes auxquelles l'imagination peut prêter des ressemblances; mais les naturalistes ne se bornent pas à ces jeux de la nature.

La température de ces cavernes est toujours fraîche, & même, au fort de l'été, elle est constamment au dessous du tempéré; ce qui n'est pas étonnant, puisque l'eau y éprouve un certain mouvement qui n'est pas sans évaporation. Il faut à cet égard prendre certaines précautions lorsque l'on visite ces souterrains; car on a remarqué que toutes les personnes qui viennent de les parcourir, en sortent très-pâles: phénomène qui peut provenir de la fraîcheur de l'air & des exhalaisons particulières qui y séjournent.

Un passage très-étroit, qui va en serpentant, conduit à une troisième caverne de forme à peu près circulaire, & de trente pieds de diamètre: elle est presqu'entiérement garnie de stalactites. Près de l'entrée est l'ouverture d'un puits d'environ trente pieds de profondeur. On y descend au moyen d'une échelle, en prenant des précautions pour ne pas glisser ni se heurter contre les stalactites. On trouve au fond du puits, & sur les côtés, une cavité d'environ quinze pieds de diamètre, & de trente pieds de hauteur, qu'on peut considérer comme un appendice à la troisième caverne.

Dans le passage qui a conduit à celle-là, on rencontre quelques dents & quelques fragmens d'os; mais lorsqu'on descend dans le puits, on est environné de toutes parts par des entassemens de dépouilles d'animaux. Le fond de la troisième caverne est outre cela pavé d'une croûte de dépôt calcaire, qui a près d'un pied d'épaisseur. On y apperçoit çà & là des fragmens osseux, de toute espèce, répandus confusément à terre, ou qu'on retire facilement d'une sorte de terreau dans lequel ils paroissent ensevelis. Les parois mêmes de la caverne présentent une quantité innombrable de dents & d'ossemens brisés. La croûte de dépôt calcaire qui recouvre ces parois en forme de stalactites, ne descend pas tout-à-fait jusqu'au sol; ce qui porteroit à croire que, dans un tems antérieur, cette vaste collection de dépouilles d'animaux s'élevoit davantage, & que son volume a diminué peu à peu par la décomposition.

Cet endroit ressemble à une carrière considérable de pierres de sable, & l'on pourroit en tirer les plus beaux morceaux de concrétions si l'entrée en étoit facile. On a sondé ce roc osseux dans plusieurs endroits, & partout on a reconnu que cette couche s'étendoit de tous côtés, & fort au dessous des bancs calcaires qu'elle traverse, & dans lesquels ces cavernes sont creusées; en sorte qu'on ne peut douter du nombre prodigieux des animaux qui ont été ensevelis dans ces rochers.

Il y a, dans les côtés de cette troisième caverne, plusieurs ouvertures qui mènent à de plus petites chambres, dont on ignore le nombre & la disposition. On a trouvé dans quelques-unes, des os d'animaux plus petits, mais de grands amas de mâchoires, de vertèbres & d'os longs.

Le fond de la troisième caverne conduit, en pente douce, à un passage de sept pieds de haut, sur autant de large, qui forme l'entrée d'une quatrième caverne haute de vingt pieds, & large de quinze, garnie, dans sa circonférence, d'une croûte calcaire en stalactites. On arrive de là, par une pente graduée, à une seconde descente rapide, où il faut employer l'échelle avec les mêmes précautions qu'auparavant, & on atteint une caverne de quarante pieds de haut, sur vingt de large. On retrouve avec étonnement, dans ces vastes & profondes cavités creusées toujours dans un roc solide, un nombre immense de fragmens osseux, de toute grandeur & de toute espèce, incrustés dans les parois ou entassés au fond de la caverne. Celle-ci, comme la précédente, est environnée d'autres cavernes plus petites, dans l'une desquelles on trouve une stalagmite d'une grosseur peu commune. Elle a la forme d'un cône tronqué, de quatre pieds de hauteur, & de huit de diamètre.

Le sol de toutes ces cavernes est couvert d'un véritable terreau animal, dans lequel les fragmens osseux sont engagés plus ou moins profondément.

Outre ces petites cavités latérales dont nous venons de parler, on a trouvé, vers l'un des angles, une ouverture très-étroite, dans laquelle on ne peut s'introduire qu'en rampant. Ce passage pénible conduit à une cinquième caverne, qui a près de trente-six pieds de hauteur, quarante-trois de longueur, & dont la largeur varie beaucoup. On a creusé dans celle-ci à la profondeur de six pieds, & l'on n'y a trouvé que des fragmens d'os & du terreau animal. Ses parois sont couvertes de stalactites, dont la croûte est remplie, depuis le sol jusqu'au plafond, de différens fragmens osseux.

De cette cinquième caverne, un autre passage très-étroit conduit à une sixième, qu'on a découverte la dernière. Elle n'est pas très-spacieuse; mais elle est garnie, de même que les précédentes, de stalactites, dans lesquelles on trouve çà & là des ossemens.

Ici se termine la suite de ces souterrains remarquables: on ne les a du moins pas visités dans une étendue plus considérable. Il peut y en avoir beaucoup d'autres, soit contigus à ceux-ci, soit dans d'autres parties de la même chaîne de collines calcaires.

M. Esper a publié, en allemand, l'histoire de ces cavernes, & a donné la description, avec figures, d'un grand nombre des ossemens fossiles qu'on y trouve. Les échantillons envoyés à la Société royale ont été soigneusement examinés par le célèbre Hunter, & M. Home, son élève & son ami, a communiqué, à cette même Société, le résultat de ses observations, qui doit intéresser les anatomistes. Mon savant collègue Cuvier a aussi examiné ces ossemens fossiles de Gaylenreuth, & principalement ceux qui ont appartenu à une espèce d'hyène.

Les échantillons de ces dépouilles animales, examinés, comme nous venons de le dire, par le célèbre anatomiste Hunter, ont offert les résultats suivans, qu'on ne peut méditer avec trop de soin.

Il remarque d'abord, relativement à l'état de ces ossemens, que leur tissu n'est pas pétrifié; qu'il est resté intact, & seulement incrusté à l'extérieur de cristaux pierreux.

Les terres qui incrustent ainsi le plus ordinairement ces os, sont des terres calcaire, argileuse & siliceuse, mais surtout les premières, & cette incrustation paroît s'être faite de deux manières, tantôt par une longue immersion des os dans de l'eau qui tenoit cette terre calcaire en dissolution ou simplement suspendue, tantôt par le passage de l'eau ainsi chargée de matières pierreuses, sur les os ensevelis dans les couches de la terre.

Les os incrustés ne paroissent pas avoir subi ce changement dans la terre ou sous l'eau lorsque les parties charnues avoient été probablement enlevées, tandis que les os véritablement pétrifiés sont pénétrés de sucs pierreux dans le milieu même où ils ont été déposés à la mort de l'animal. Les os ensevelis avec les muscles qui les recouvroient, prennent une teinte qu'ils ne perdent jamais. Il en est de même de ceux qui ont été long-tems plongés dans l'eau. Les os incrustés, au contraire, ont été préalablement exposés long-tems à l'action de l'air, & c'est le cas des os fossiles de *Bareith*, ainsi que de ceux qu'on trouve dans le rocher de Gibraltar & en Dalmatie: il en est de même de ceux de l'île de Cérigo, d'après les détails donnés par Spalanzani. Ils ont tous les caractères d'os qui ont supporté fort long-tems les inclémences de l'air: plusieurs d'entr'eux, surtout ceux qui sont de forme cylindrique, sont fendus en divers endroits, ainsi que cela arrive aux os qui ont été long-tems exposés à l'action des rayons du soleil. Cette circonstance, qui les distingue essentiellement des os pétrifiés, nous donne déjà quelques lumières sur leur histoire.

Si leur nombre ne surpassoit pas toutes les accumulations d'os récens qu'on est dans le cas de rencontrer, on pourroit asseoir quelques conjectures sur la cause de ces faits singuliers. Trois questions se présentent naturellement lorsqu'on réfléchit à leur histoire: 1°. Les animaux auxquels ces os ont appartenu, sont-ils venus mourir dans le lieu où on les trouve? 2°. Leurs cadavres y ont-ils été apportés, & y sont-ils demeurés exposés à la décompofition naturelle ? 3°. Enfin, ces os font-ils venus d'ailleurs, & ont-ils été raffemblés dans cet endroit ? Mais il eft difficile de fe décider fur ces diverfes hypothèfes, quoique la première foit la plus vraifemblable.

On trouve des offemens incruftés dans des fituations très-différentes, & cette circonftance rend encore difficile l'explication de leur état actuel.

Les os de *Bareith* fe trouvent dans des cavernes fouterraines : nous favons que les côtes de Dalmatie, & même certaines îles de l'Adriatique, en font prefqu'entiérement compofées, & qu'il en eft de même d'une partie des rochers de Gibraltar.

Si l'on ne trouvoit dans les cavernes tous ces os qu'en maffes folides couvertes de marne ou de pierres calcaires, cela fuggéreroit l'idée qu'ils ont été enfevelis comme d'autres foffiles ; mais ce n'eft point là leur feule difpofition. Si d'autre part on ne les rencontroit que dans des cavernes, on pourroit croire que ces fouterrains auroient fervi de retraite à des animaux pendant plufieurs milliers d'années.

On doit confidérer ici que l'excavation des cavernes eft de beaucoup poftérieure à la formation de la montagne, & que de même l'exiftence des animaux, dont les dépouilles s'y trouvent renfermées, eft encore d'une époque bien poftérieure ; car tous ces événemens doivent néceffairement fe fuivre.

Au refte, les différences qu'on obferve dans l'état de ces os, indiquent qu'ils y font arrivés fucceffivement pendant une longue fuite d'années.

Si l'on confidère le tems qui a dû s'écouler depuis que les os les plus entiers ont été dépofés, & que l'on calcule enfuite le tems néceffaire pour les amener à l'état de décompofition auquel ils font parvenus, on trouve plufieurs motifs pour reculer la date de ces événemens : il en réfulte auffi que ces os n'ont pas été amenés à la fois dans les gîtes qu'ils occupent dans le même tems.

On fuppofe que le terreau animal que les naturaliftes obfervateurs ont trouvé au fond de ces cavernes, a été produit par la putréfaction de la chair de ces animaux, lefquels, dans cette fuppofition, feroient arrivés dans leur entier au fond de ces fouterrains ; mais on objecte qu'en accordant que ces cavernes euffent été remplies de ces animaux jufqu'au plafond, la fimple décompofition de leurs mufcles n'auroit pu produire la dixième partie de la terre qu'on y trouve. On pourroit auffi fuppofer que cette terre provient des excrémens des animaux qui habitoient les cavernes, & des matières contenues dans les entrailles de ceux qui leur ont fervi de nourriture. On eft furtout porté à adopter cette idée en confidérant les cavernes dans lefquelles les chauves-fouris habitent pendant le jour, & qui leur fervent de retraite pendant l'hiver. Le fol de ces cavernes eft couvert des excrémens de ces animaux fouvent à plufieurs pieds d'épaiffeur, & dans tous les degrés de décompofition, depuis celui de fumier jufqu'à celui de terreau : on conçoit auffi que les os des chauves-fouris qui y meurent, pourroient être incruftés par la matière des ftalactites qui fe forment au plafond de ces cavernes.

D'après l'hiftoire & les figures données par Efper, & d'après les obfervations de Cuvier, il paroît que les os qu'on tire des fouterrains de *Bareith*, ont appartenu à des animaux différens. On y trouve en particulier des mâchoires, dont les dents font à peu près femblables, par leur nombre, leur forme & leur mode d'infertion, à celles de l'ours blanc ; d'autres reffemblent à celles du lion & de la hyène.

Dans les offemens d'ours envoyés par le margrave d'Anfpach, les têtes diffèrent de grandeur entr'elles, & font plus alongées, comparativement à leur largeur, que ne le font celles d'aucun ours connu : elles ont néanmoins plus de rapport avec celle de l'ours blanc actuel, qu'elles n'en ont avec les têtes des autres ours. On a cru remarquer cependant que les têtes d'ours incruftées de *Bareith* appartenoient à plufieurs efpèces différentes.

Non-feulement ces têtes diffèrent dans leurs formes, mais elles diffèrent auffi dans leurs dimenfions. Quelques-unes, fi on les compare à celle de l'ours blanc que nous connoiffons, paroiffent provenir d'un animal au moins double en groffeur, tandis que d'autres ont les dimenfions ordinaires à l'ours blanc, & que d'autres encore paroiffent même plus petites que celle de cet animal.

On voit parmi les échantillons recueillis à *Bareith* deux os de l'épaule, d'une dimenfion moindre que ceux de l'ours blanc, & une première vertèbre qui eft auffi plus petite. Les dents, quoique d'une grandeur très-différente, femblent appartenir à la même efpèce d'animal, & l'on obferve autant de variété entr'elles, qu'il peut en exifter entre ces mêmes dents & celles des animaux de ce genre qui vivent maintenant.

Quant à la forme de la tête, on fait que l'âge y a une grande influence. Le crâne d'un jeune chien eft beaucoup plus arrondi que celui d'un vieux animal de la même efpèce : il eft donc poffible que les mêmes différences aient auffi lieu dans les têtes d'ours.

On pourroit fuppofer, avec affez de vraifemblance, que des offemens réunis dans des circonftances auffi femblables pour tous, devoient appartenir, dans chaque lieu de dépôts où on les rencontre, à des animaux d'un même ordre ou d'une même claffe ; car les mêmes caufes qui ont opéré leur deftruction, ont dû agir fur tous.

Les offemens du rocher de Gibraltar proviennent prefque tous d'animaux ruminans ou de rongeurs. On y a trouvé auffi les os d'un renard & des coquilles marines.

Les os de Dalmatie appartiennent furtout à la claffe d'animaux ruminans. On y a reconnu cependant l'os yoïde d'un cheval, & ceux qu'on trouve en Allemagne ſont, comme nous l'avons déjà dit, plus généralement des dépouilles de carnivores. D'après ces faits, il paroît que ce n'eſt pas l'inſtinct qui a raſſemblé ces animaux; car le même genre de vie n'auroit pas convenu aux herbivores & aux carnivores.

Après cette expoſition des faits, qui concernent les amas d'oſſemens qu'on a rencontrés en différentes contrées, il paroît néceſſaire de ſe permettre la diſcuſſion des conſéquences qu'on peut en tirer ſur les révolutions du globe, qui ont contribué à leur raſſemblement & à leur conſervation.

Si l'on conſidère les animaux ſous le rapport de leur ſituation ſur la terre, on verra facilement qu'il y en a un grand nombre qui ne vivent que dans certains climats; que d'autres au contraire ſont moins confinés: tels ſont les harengs, les maquereaux, les ſaumons, pendant que d'autres enfin ſe trouvent preſque dans toutes les mers, tels que les requins & les baleines. Certains coquillages de même eſpèce ſont en revanche attachés aux mêmes rochers.

Si la mer n'eût pas changé plus d'une fois de poſition, & ſi elle avoit abandonné ſon baſſin d'une manière bruſque, on pourroit dans ces cas déterminer, d'après les dépouilles foſſiles des animaux ſtationnaires, quel étoit le climat dans lequel ils ont vécu; car on trouveroit ceux-là ſeulement mêlés avec ceux de paſſage: mais ſi la mer ſe tranſporte lentement d'un lieu dans un autre, alors les dépouilles d'animaux de différens climats peuvent ſe trouver mêlés par une ſuite de ce tranſport. En général, toutes ces queſtions ſont difficiles à décider. Il faut avoir conſidéré avec grande attention les dépouilles foſſiles des animaux, pour déterminer, d'une manière nette & préciſe, comment les oſſemens foſſiles des animaux terreſtres peuvent ſe trouver diſpoſés relativement à ceux des animaux marins.

Si la mer avoit occupé un eſpace qui n'eût fait partie d'un continent dans aucune époque antérieure, les foſſiles qu'on y trouveroit après la retraite des eaux ne pourroient provenir que d'animaux marins. On obſerveroit, dans chaque contrée particulière, les dépouilles des animaux qui y étoient ſtationnaires, mêlées, dans les parties voiſines des continens, de quelques dépouilles d'animaux amphibies & d'oiſeaux de mer: on pourroit auſſi admettre quelques mélanges d'oſſemens d'animaux terreſtres ſi l'on ſuppoſoit que ces dépouilles euſſent été entraînées dans la mer. On peut encore ſuppoſer que la mer ait couvert des parties de continens où exiſtoient des végétaux & des animaux: il eſt inconteſtable que leurs dépouilles deviendront de même foſſiles, &, ſi la mer y ſéjourne long-tems, on ne peut douter que les dépouilles d'animaux de pluſieurs eſpèces ne ſe trouvent recouvertes, dans les dépôts de la mer, par les dépouilles d'animaux purement marins; en ſorte que, ſi la mer abandonnoit ce lieu, on y trouveroit, à diverſes profondeurs, des dépouilles, ſoit terreſtres, ſoit marines; & comme nos recherches ſuivent l'ordre inverſe de celui des dépôts, on y rencontreroit d'abord une couche formée des dépouilles d'animaux purement marins, puis au deſſous un mélange de dépouilles marines & terreſtres, & enfin au deſſous de ces dépôts le ſol vierge & primitif. On ſent bien que les dépouilles marines auroient dans ce cas une épaiſſeur proportionnée à la durée du ſéjour des eaux de la mer & à d'autres circonſtances, telles que les courans, les marées, &c.

D'après une ſuite de changemens pareils dans le baſſin de la mer, nous pouvons avoir, dans certaines parties de nos continens, d'abord des lits de foſſiles marins, enſuite des lits de terre mêlée de dépouilles de végétaux & d'animaux terreſtres, enfin d'autres lits de productions marines; mais comme la mer tranſporte avec elle ſes habitans, partout où il y aura des reſtes d'animaux terreſtres, ils ſeront mêlés de productions marines. D'ailleurs, la mer ayant ſéjourné probablement pendant pluſieurs milliers d'années dans le même lieu, on doit trouver très-fréquemment auſſi, dans les mêmes contrées, des foſſiles marins ſans mélange.

Toutes les opérations de la nature, qui ont rapport à l'accroiſſement ou à la décompoſition des ſubſtances animales & végétales, s'exécutent plus promptement à la ſurface que dans l'intérieur de la terre. L'action de l'air & un certain degré de chaleur ſont inconteſtablement les circonſtances qui favoriſent ces combinaiſons & ces décompoſitions. La végétation, par exemple, s'opère à une certaine profondeur: il en eſt de même de la décompoſition; car les ſemences meurent & ſe détruiſent à cette même profondeur. Mais à une diſtance un peu plus grande de la ſurface de la terre, les ſemences conſervent, pendant un tems très-long, leur principe de vie, & ne ſe développent que lorſque les circonſtances les amènent à une profondeur convenable. Il arrive aux foſſiles étrangers quelque choſe d'aſſez analogue; car, quoiqu'un morceau de bois ou un os ſoit mort lorſqu'il ſe trouve placé dans les circonſtances qui lui donnent rang de foſſiles, cependant il y eſt encore ſain & non décompoſé, & la profondeur à laquelle il eſt enveloppé par les matières terreuſes, le préſerve de la putréfaction & de la deſtruction: il eſt là probablement comme dans le vide. D'ailleurs, la température de neuf degrés y eſt uniforme, & dans les régions plus froides ces corps organiſés peuvent ſe conſerver encore plus long-tems.

Quant à la partie animale, rien ne prouve que, dans ces foſſiles étrangers à la terre, elle ſoit entièrement détruite, comme quelques naturaliſtes l'ont cru. Ainſi les coquillages & les os de poiſſon en ont conſervé la moindre partie, parce que ce ſont les plus anciennes dépouilles animales que la terre renferme dans son sein ; & ce qui a pu contribuer à cette conservation, c'est que la substance terreuse ou pierreuse qui les enveloppe, est très-compacte & d'un tissu fort serré. On découvre leur partie animale en les dissolvant dans les acides ; elle se présente pour lors sous l'apparence d'une mucosité lorsqu'on traite un coquillage fossile, tandis qu'on la voit fibreuse & cartilagineuse dans le coquillage qu'on tire de la mer. La partie animale n'a dans le fossile aucune ténacité ni liaison, & l'eau s'en charge comme de corps en poussière, & quelquefois elle forme des flocons dans la dissolution.

Dans les glossopètres ou dents de requin l'émail est composé de terre calcaire & d'une partie animale, & cet émail est presqu'en aussi grande quantité dans la dent fossile, que dans la dent nouvellement détachée de la mâchoire du requin ; mais la matière centrale de la dent conserve la portion animale dans l'état de *mucus* disséminé dans la substance calcaire.

Dans les os fossiles des animaux marins, tels que sont les vertèbres de la baleine, la partie animale est en quantité considérable, & dans deux états différens ; tantôt elle a une certaine ténacité, & d'autres fois elle ressemble à de la poussière humide : elle a plus de fermeté dans quelques os qui ont un tissu plus compacte & plus serré.

La partie animale ou muqueuse est en très-grande quantité dans les os fossiles des animaux terrestres, dans ceux de certains amphibies, comme l'hippopotame, le crocodile & la tortue. Dans les cornes de cerf fossiles d'Angleterre & d Irlande, la partie animale est très-abondante ; & après qu'on en a dissous la partie calcaire, elle reste très-ferme & très-solide. Les mêmes observations peuvent s'appliquer aux dents d'éléphant trouvées en France & en Angleterre, comme dans celles qui nous viennent de la Sibérie & des autres contrées de l'Asie & de l'Europe. Les mêmes résultats ont été obtenus dans les analyses des os de bœufs, & plus particuliérement des dents de ces animaux ; celles enfin qu'on trouve sur les bords des lacs d'Amérique ont si peu souffert, que les habitans ne voient presque d'autre différence entre leur ivoire & celui des dents récentes, que dans la teinte plus jaune du premier. Il se peut que le froid ait contribué à leur conservation.

Cette conservation est plus ou moins parfaite, suivant la matière qui a servi d'enveloppe. Il y a eu cependant une sorte de dissolution ; car la matière animale, quoique passablement ferme, passe à l'état de mucosité épaisse, comme de la gomme dissoute dans l'eau lorsqu'on l'exposé à une température un peu au dessus de 30 degrés de Réaumur, & une partie de la surface extérieure devient semblable à de la poussière humectée.

Dans les os incrustés, la quantité de la substance animale est très-variable. Ceux de Gibraltar en contiennent très-peu : elle conserve en partie sa ténacité & une sorte de transparence. Les os de Dalmatie présentent à l'analyse des résultats semblables. Les ossemens d'Allemagne, & ceux qui sont les plus durs, particuliérement les dents, paroissent contenir encore toute la substance animale qui leur étoit naturelle. Les os des animaux terrestres ont leur terre calcaire unie à l'acide phosphorique au lieu de l'acide carbonique, & ils paroissent le conserver dans l'état fossile à proportion de la quantité de matière animale qu'ils contiennent.

On peut juger de cette quantité par les phénomènes de l'effervescence ; car lorsqu'on met dans l'acide muriatique des os fossiles, l'effervescence n'est point aussi marquée que lorsqu'on y met une coquille fossile. Mais en général elle est plus marquée pour quelques-uns de ces os fossiles, qu'elle ne l'est lorsqu'on traite de la même manière des os récens. Ceux d'entre les os fossiles qui n'ont conservé que peu de matière animale, produisent, dans un acide, la plus grande effervescence lorsqu'il agit à leur surface, & très-peu au contraire lorsqu'il attaque le centre de l'os. Ces variétés d'effets peuvent s'expliquer en supposant que les couches extérieures ont perdu leur acide phosphorique, qui a été remplacé par l'acide carbonique, & que ces parties sont très-solubles dans l'acide muriatique, pendant laquelle solution l'acide carbonique, s'échappant avec abondance, produit une effervescence fort vive.

Cette effervescence est très-considérable dans quelques os de baleine ; elle est moindre dans ceux qu'on trouve en Dalmatie & à Gibraltar ; elle est enfin fort foible dans ceux qu'on trouve dans les cavernes de *Bareith*, qui ont donné lieu à cet article, parce que ceux-ci contiennent la matière animale dans la plus grande proportion.

Je terminerai cette discussion intéressante sur les corps organisés fossiles, & particuliérement sur les os, par observer que l'acide phosphorique qui y est contenu, ne s'y trouve pas seulement dans leur état d'organisation, mais qu'on la rencontre dans des substances pierreuses, qui sont visiblement le résultat de la décomposition de ces dépouilles osseuses, sous forme de marbre ou d'albâtre, ces substances, primitivement organisées, ayant conservé, malgré les divers changemens qu'elles ont subis, cette combinaison de l'acide phosphorique, d'où il est résulté le *phosphate de chaux*.

BARGEMONT, bourg du département du Var, canton de Callas. Ce bourg est situé sur une colline couverte d'oliviers & de vignes, & entourée de montagnes qui forment l'enceinte d'un bassin très-agréable autour de ce centre riche en produits précieux par leur maturité.

BARICADES (les) du département du Var : elles sont formées par un rocher qui resserre tellement la vallée de Sture, qu'il semble le couper.

en deux parties, entre Perinaldo & Ponte-Bernardo. Ce rocher est très-fortifié & très-important par sa position & par la difficulté qu'il présente dans ce passage, où l'on est obligé de franchir cinq ponts dans un quart de lieue pour profiter du peu de terrain que laisse la rivière. Cette forme de vallée m'a paru très-propre à faire connoître la marche des eaux dans l'escarpement des deux croupes. Toutes ces formes de terrain peuvent s'observer dans cette vallée.

BARJAC, ville du département du Gard, arrondissement d'Alais. On y trouve une pierre blanche d'une espèce particulière. Tendre lorsqu'on la tire de la carrière, la scie peut la partager alors avec facilité, quoique son grain soit cependant fort serré. Quand elle sèche, elle devient sonore, parce qu'elle durcit à un certain point à l'air. La finesse de son grain la rend en cet état très-propre pour la sculpture.

BARJOLS, ville du département du Var, arrondissement de Brignoles. Dans la montagne de *Barjols*, on voit le long de la route une fontaine dont les eaux sont chargées de sel. Dans la chapelle souterraine d'une sacristie du ci-devant couvent des Carmes de cette ville, les congélations offrent différentes figures, où l'on croit reconnoître des animaux & des fruits. Outre cela, beaucoup d'autres galeries méritent d'être visitées par les curieux des belles stalactites, & de toutes les circonstances qui contribuent à leur formation. On tire d'ailleurs de ces souterrains, du sable propre aux verreries. Enfin, à quelque distance de *Barjols* il y a une mine d'argent qu'on exploitera peut-être avec avantage quelque jour.

BARNEVELT (Iles de) Ces deux petites îles sont plates & très-voisines l'une de l'autre; elles sont cependant environnées en partie de rochers, qui s'élèvent à différentes hauteurs au dessus de la surface de la mer. Leur gissement est à vingt-quatre lieues du détroit de le Maire. Enfin, ces deux îles sont situées à l'ouest de la Terre-de-Feu, sur la côte de l'Amérique méridionale. (*Voyez* Cook, troisième voyage.)

BARNUKOWA (Grotte de). C'est dans la partie solide du rocher de *Barnukowa* qu'existe la grotte que nous allons décrire. Elle a été formée inconteſtablement par la chute des gros fragmens du rocher que l'eau des sources intérieures de la montagne a sous-miné. L'entrée de la grotte est au bas du mur que forme le rocher; elle a plus de deux toises de largeur. Une grande crevasse s'étend en montant depuis cette entrée jusque dans le cœur de la montagne. La galerie qui conduit à la grande grotte présente les ouvertures de divers petits rameaux très-étroits, mais qui pénètrent à plusieurs toises dans l'intérieur de la masse. On entend dessous les fragmens du rocher qui couvre le terrain sur lequel on marche, le murmure d'une eau courante. Cette galerie principale a plus de trente-cinq archines (environ soixante & dix-sept pieds) de longueur, & fraie un chemin facile dans la vaste grotte qui occupe l'intérieur de la montagne. Elle s'étend en travers, sous une forme oblongue: sa plus grande largeur ne passe pas les quarante archines (quatre-vingt-huit pieds), mais sa longueur s'étend à plus de cent (deux cent vingt-un pieds); sa hauteur est de sept archines & au-delà (quinze à seize pieds). Les parois de cette grotte sont d'un gypse compacte, que sa nature sélénitique rend très-luisant, à l'exception d'un lit d'une espèce différente; savoir: d'une pierre de corne grise, qui règne dans tout son pourtour, & qui peut avoir environ un empan d'épaisseur.

Le froid qu'éprouve dans cette grotte un corps un peu échauffé, est presqu'insoutenable. La liqueur du thermomètre étoit, le 27 août 1768, sur la montagne à l'ombre, au 114e. degré; au bord de l'enfoncement, à 123 deg.; à l'entrée de la grotte, à 127 $\frac{1}{3}$ deg.; dans la galerie, environ à quatre toises de l'entrée, elle étoit déjà tombée à 138 deg.; & dans la grande grotte, elle étoit descendue jusqu'à 140 & même à 141 deg. dans les endroits les plus enfoncés. Cependant la liqueur remonta jusqu'à 136 deg. lorsqu'on mit le thermomètre dans l'eau dont les cavités de la grotte sont remplies, & ce phénomène se répéta constamment avec différens thermomètres qui furent apportés à sec dans cette grotte: d'où il résulte clairement que ce froid qu'on éprouve dans les grottes d'albâtre, est produit par des vapeurs, acides peut-être, qu'on remarque généralement dans toutes les grottes de cette espèce.

L'eau suinte de tous les côtés du plafond & des parois de cette grotte, & produit, en tombant goutte à goutte, un bruit sonore qui est tout différent lorsqu'elle tombe dans l'eau ou lorsqu'elle tombe sur la pierre. Le 26 août elle filtroit très-modérément, mais le 27 au matin les gouttes tomboient en abondance; ce qui prouvoit que la pluie du 25 ne faisoit que d'achever de pénétrer à travers les fentes de la montagne. Malgré le froid qui règne dans ces cavités, tout y est rempli de chauves souris, qui volent même pendant le jour dans ce grand espace ténébreux, & prennent de nuit leur essor par la galerie principale. Elles sont de l'espèce que M. de Buffon nomme la *pipistrelle.*

BARONDE (Lacs de), au département des Hautes-Pyrénées, canton de Vielle, près le pic du même nom. Il y en a deux, dont le plus grand a de longueur, du nord au sud, deux cent cinquante toises, sur cent cinquante toises de large, & le plus petit deux cents toises de longueur, sur cent de largeur: ils ont leurs bassins dans la vallée de la rivière de Saure. Il est aisé de voir que leurs digues

digues font de beaucoup postérieures à la formation de leurs bassins, suivant la théorie que j'ai exposée à l'article LAC.

BAROUSSÉ, pays & vallée de la ci-devant Gascogne. C'est une de celles connues sous le nom de *Pays des quatre vallées*. Celle-ci est située au levant de la vallée d'Aure. C'est une contrée froide : la terre y est fertile, surtout en pâturages. Il y a de belles forêts, d'où l'on tire des bois de charpente & de construction pour la marine. Ce pays fait maintenant partie du département des Hautes-Pyrénées.

BARRE. Ce mot a plusieurs acceptions différentes, que nous devons faire connoître.

1°. On nomme ainsi le *flot* de la marée montante dans la Seine : ce flot peut avoir environ deux pieds de hauteur, & frappe avec tant d'impétuosité les bateaux qui sont sur cette rivière, qu'il peut être dangereux pour ceux qui ne sont pas fermés. La *barre* n'est sensible que jusqu'au Pont-de-l'Arche ; parce que la marée ne s'etend pas au-delà.

Ce même flot est très-sensible à l'embouchure du fleuve des Amazones, où il est connu sous le nom de *pororoca*, au lieu qu'on l'appelle *barre* à Cayenne, où l'on est instruit de son impétuosité : aussi les habitans ont-ils soin d'en garantir leurs barques en mouillant dans des endroits où il y a beaucoup d'eau, & où cette *barre* est moins sensible.

2°. On appelle aussi *barre* les dépôts de sable qui s'accumulent à l'embouchure de certaines rivières, précisément à l'extrémité de la force vive des eaux courantes de ces rivières, & qui en gênent la navigation : telle est la *barre* de l'Adour. Comme ce banc de sable est déterminé par le point où le ralentissement du courant de la rivière laisse précipiter les matières qu'il charrie, il s'ensuit que, si ce courant est d'une certaine énergie, la *barre* se forme à un plus grand éloignement de la côte, & dès-lors elle gêne beaucoup moins la navigation qui se fait à l'embouchure des rivières. C'est pour cette raison que la *barre* de l'Adour est beaucoup diminuée, & par conséquent moins dangereuse pour les vaisseaux depuis que les levées construites sur ses deux bords, ayant resserré & contenu ses eaux dans un lit plus étroit, leur conservent, surtout dans les crues, la force nécessaire pour porter plus loin dans la mer les sables, & les disperser de manière qu'ils n'obstruent plus également son embouchure, & n'opposent plus d'obstacle aux navigateurs lorsqu'ils veulent gagner la pleine mer ou remonter en rivière.

Si l'on eût prolongé les levées encore plus loin du côté de la mer, on seroit peut-être parvenu à détruire la *barre* entiérement.

Il y a une *barre* pareille sur la côte de Coromandel, & qu'il faut franchir pour arriver à Pondichery. Sans doute que celle-là & beaucoup d'autres doivent leur formation aux mêmes circonstances que nous venons d'exposer, & nous en parlerons à leurs articles. (*Voyez* POROROCA.)

J'ajoute, au sujet des *barres*, que ce sont des amas de sables ou de vases qui se forment à l'entrée de certaines rivières ou de certains golfes où ces rivières viennent se décharger, & qui les bouchent quelquefois de telle sorte qu'on n'y peut arriver que de haute mer, à moins qu'il ne se trouve, dans le prolongement de ces *barres*, des ouvertures qui forment des *passes* pour les bâtimens, & qui sont connues sous le nom de *chenaux*. Ces sortes de golfes ou de rivières se nomment *Havre de barre* ou *Rivière de barre*. (*Voyez l'article* HAVRE.)

BARRE DE LA SEINE. C'est un grand événement pour les habitans des villages riverains de la Seine, & surtout pour ceux qui sont à une certaine distance de la mer. Cet événement se décide par l'action & la force des premiers flots de la marée, qui s'étendent, d'une manière très-sensible, jusqu'à une certaine hauteur, dans le canal de la rivière. C'est dans ce trajet que le flot s'épanche & se répand sur les prairies basses : aussi crie-t-on la *barre*, annonce-t-on la *barre*, pour prévenir ceux qui pourroient souffrir de l'inondation. Avant que ce flot monte, il s'annonce par les tournoiemens de l'eau, qui s'élève plus ou moins rapidement. Tout ceci se passe au dessous de Rouen : au port de cette ville & au dessus, jusqu'au Pont-de-l'Arche, il n'est question que d'un flot ou petit mascaret, formant un bourrelet qui traverse la rivière, & qui vient mourir toujours à peu près au même point du courant de la Seine.

BARRE DU SÉNÉGAL (la) est fort dangereuse, parce que les lames du dehors y ont une grande activité, & que les eaux de l'intérieur ne peuvent les contre-balancer.

BARRE DE SEMILLY (la), village du département de la Manche, canton de Saint-Lo, & à une lieue de cette ville. Dans le territoire de *la Barre*, il y a deux carrières d'ardoise en exploitation. Cette ardoise a ordinairement un côté plus uni que l'autre ; outre cela, sa couleur est moins foncée que celle de l'ardoise d'Angers ; enfin, son épaisseur est un peu plus forte, mais son principal défaut est d'être traversée par des veinules qui en diminuent la solidité.

BARREME, bourg du département des Basses-Alpes, arrondissement de Digne, sur la rivière d'Asse, à un tiers de lieue de Senez. Près de cette commune, on extrait de la terre le soufre sur les pyrites qui se décomposent.

BARRETONS (Vallée des), département des

Basses-Pyrénées, arrondissement d'Oléron, & à cinq lieues deux tiers sud-ouest de cette ville, sur une des branches du Vert. Elle a deux lieues deux tiers de longueur, & se termine près d'Aramits. Elle mérite d'être suivie avec soin, relativement à la forme de ses croupes, où l'on démêle encore les progrès de son approfondissement par le travail des eaux courantes, surtout dans leurs accès torrentiels.

BARTH (Crête de), montagne du département des Hautes-Alpes, arrondissement d'Embrun, & située à trois lieues nord-est de cette ville. Elle a du sud sud-ouest au nord-nord-est deux lieues de longueur. Je puis la citer comme l'une des *arêtes* dont j'ai fait mention à cet article, surtout de celles qui m'ont paru figurer dans les chaînes de montagnes fort élevées, comme les Alpes.

BARTHE (la), bourg du département des Hautes-Pyrénées, arrondissement de Bagnères & chef-lieu de canton, à sept lieues sud-est de Tarbes. Au nord de *la Barthe* est une grande plaine, qui manque moins de fécondité que de cultivateurs. Les pierres rouiées qu'on y rencontre, sont les témoins qui annoncent les agens de sa formation. Située au pied des Pyrénées, son sol s'est élevé par les matières que les torrens y ont entraînées & déposées.

BAS (Ile de), département du Finistère, arrondissement de Morlaix, dans l'Océan, à l'entrée de la baie de Saint-Pol-de-Léon. Cette île faisoit partie autrefois de la Basse-Bretagne. Elle a de l'est à l'ouest une lieue & demie, & du nord au sud deux tiers de lieue. On trouve la petite île Verte entre Roscoff & l'*île de Bas*, qui est entourée de rochers; & depuis cette île jusqu'à l'embouchure de la rivière de Morlaix, la mer est en grande partie couverte d'écueils. La pêche fait la principale occupation des habitans. La population de cette île est d'environ huit cents habitans, dont est composé le village de *Bas*.

BAS (Forêt de), département de la Loire, arrondissement de Roanne. Elle a dix-huit cents toises de longueur, sur douze cents toises de large.

BAS EN BASSET, bourg du département de la Haute-Loire, arrondissement d'Yssengeaux-sur-l'Ance, à une lieue ouest de Monistrol. Ce bourg est sujet à des inondations qui viennent de la montagne. Ses productions sont en vin & en blé. On y fabrique de la poterie.

BASALTE. Agricola est le premier qui ait donné la dénomination de *basalte* à ces assemblages de pierres noires en forme de colonnes polygones, qu'il avoit trouvées à Stolpen & dans d'autres provinces d'Allemagne. Les naturalistes anglais qui, depuis Agricola, ont fait connoître un des plus beaux monumens de *basalte*, connu sous le nom de *Chaussée des Géans*, qu'on voit dans le comté d'Antrim en Irlande, ont aussi adopté cette même dénomination. Ces pierres prismatiques sont de deux sortes, ou d'une seule pièce dans toute leur longueur, ou formées par la réunion de plusieurs articulations qui s'emboîtent les unes dans les autres. Les prismes de Stolpen sont de la première espèce, & ceux du comté d'Antrim de la seconde. Chacune de ces articulations a des concavités & des convexités qui s'adaptent très-exactement dans les convexités & dans les concavités des articulations supérieures & inférieures. Outre cela, ces colonnes polygones sont placées les unes à côté des autres ordinairement dans une situation verticale, & se touchent de telle sorte, que chaque prisme est environné d'autant de prismes qu'il a de côtés, & réciproquement pour tous les prismes contigus. Ces prismes ont depuis trois jusqu'à neuf faces; mais ceux de cinq, de six & de sept faces sont les plus communs. Dans un même prisme les côtés sont fort inégaux; mais les côtés de deux prismes qui se touchent, sont nécessairement égaux.

La pierre dont sont composées les colonnes polygones de *basalte*, est d'un grain assez fin, comme celui d'une lave compacte. Sa couleur est tantôt noirâtre, & tantôt d'un gris-cendré. Elle est ordinairement assez dure pour faire feu avec l'acier trempé; elle prend un poli dont la beauté dépend de la finesse & de la dureté de son grain.

Tels sont les principaux caractères du *basalte*: telle est la régularité de ses formes. Ces phénomènes connus si propres à piquer la curiosité m'avoient depuis long-tems inspiré le desir de compléter les observations des naturalistes anglais qui en avoient été témoins, & d'insister particulièrement sur les circonstances capables de décider, s'il étoit possible, l'origine & la nature de cette pierre, sur lesquelles nous n'avions rien de précis. Je jetois de loin les yeux sur la *Chaussée des Géans*; j'envisageois ces masses de prismes comme le monument le plus curieux que l'histoire naturelle nous offrît dans ce genre, & comme l'endroit où la nature avoit marqué plus en grand les vestiges de ses opérations, & répandu, avec plus de profusion & de magnificence, les variétés instructives qui décident souvent mieux que la régularité, les agens & les causes.

Je n'espérois pas que le centre de la France m'offriroit tous ces phénomènes avec des circonstances encore plus favorables, pour déterminer bien précisément la *nature & l'origine du basalte-lave*; en un mot, du *basalte prismatique*. En 1763 je visitai une partie de la province d'Auvergne, où l'on trouve des produits fort étendus des éruptions de volcans, depuis Volvic jusqu'au Puy-de-Dôme, & depuis Clermont jusqu'aux Monts-Dor. Sur le chemin de Clermont au Puy-de-Dôme, vers le haut de la rampe qui conduit à la plate-forme de Prudelle, j'apperçus d'abord quelques prismes de pierre noire & compacte, semblable à celle qui recouvroit une grande partie de la superficie de la plate-forme. Ces prismes, qui se montroient autour des bords escarpés de Prudelle, étoient placés sur un lit de scories & de terres cuites, & définitivement sur un massif de granit à découvert dans les sommets inférieurs à la pointe de Prudelle, & à la plate-forme contiguë.

Un peu plus loin je trouvai d'autres prismes encore plus réguliers, & dont quelques débris servoient à ferrer la grande route. Ils avoient fait partie de cette couche de pierre noire que j'ai indiquée ci-dessus, laquelle recouvre jusqu'à *la Baraque* la plaine haute qui conduit au Puy-de-Dôme. Comme au retour de cette montagne fameuse j'avois suivi, avec attention, cette couche pierreuse dont les prismes faisoient partie, j'y avois reconnu le caractère des laves compactes & à grain serré. Considérant ensuite le peu d'épaisseur de cette couche qui étoit établie sur un lit de scories & avoit recouvert un massif de granit, cette couche, prenant son origine au pied des collines dont la forme & les matériaux annonçoient des cheminées de volcan, se présenta tout aussitôt à mon esprit comme le produit d'un courant de laves sorti du volcan le plus voisin. J'en déterminai, d'après cette première idée, les limites latérales & les extrémités les plus éloignées. Outre cela, je retrouvai les prismes qui m'offroient, dans leur épaisseur, leurs faces & leurs arêtes, & montroient, à leur surface, leurs bases bien distinctes les unes des autres. D'après cet examen détaillé & ces observations correspondantes, je commençai à me convaincre que le *basalte prismatique* appartenoit aux productions des feux souterrains, & que cette forme constante & régulière étoit la suite de l'ancien état de fusion où la matière première, c'est-à-dire, la lave du courant, s'étoit trouvée.

Enfin, les courses que je fis aux environs de Clermont me procurèrent une observation correspondante à la première, dont les circonstances furent pour moi très-décisives quant à la nature & à l'origine du *basalte*. En face des fontaines de Royat est une large brèche que le ruisseau de la Font-de-l'Arbre a faite dans un courant de laves échappé du flanc septentrional du volcan de Graveneire. Sur les bords de cette coupure on voit des prismes dont les formes sont assez décidées, & même on distingue dans quelques-uns des ébauches d'articulations. Si l'on remonte ensuite des fontaines de Royat le long des croupes qui conduisent au foyer de Graveneire, on parvient jusqu'à la bouche de ce volcan, & l'on retrouve les courans de laves & les scories qui les accompagnent. Après ces observations suivies avec soin, je ne doutai plus que ces prismes de Royat, qui font partie du courant, ne fussent un produit du volcan de Graveneire. Je me confirmai dans ce sentiment en examinant, aux environs des prismes, le sol intact sur lequel les matières fondues avoient couru, s'étoient refroidies, & avoient pris leurs formes. Enfin, j'achevai d'être convaincu en comparant toutes les circonstances de l'observation de Prudelle, avec celles qui concernoient les *basaltes* de Royat, comme le grain des laves, leur couleur, les scories & les terres cuites qui leur servoient de lit. Je parcours ici les différens progrès de mes observations & de la découverte qui en a été la suite, laquelle ne s'établit que par les faits discutés & comparés avec le plus grand soin.

Je ne pensai plus qu'à multiplier les observations, & à suivre mon objet dans l'intention de constater d'abord les vraies circonstances du phénomène en Auvergne, & ensuite sa conformité avec ce que nous offroit le comté d'Antrim, conformité qui exigeoit encore quelques points de ressemblance. La route de Clermont au Mont-Dor me présenta des *basaltes prismatiques* toujours à peu près dans les mêmes positions, c'est-à-dire, au milieu, à l'extrémité & sur les bords des courans de matières fondues, dont la direction conduisoit, par une rampe plus ou moins rapide, jusqu'au centre des éruptions qui se trouvoient constamment dans les environs des Monts-Dor. Ce fut sur les bords escarpés de la Dordogne, qui a sa source dans ces groupes de montagnes, que je reconnus le *basalte prismatique* distribué par couches plus ou moins épaisses, & séparées par des amas de scories, de ponces, de terres cuites & de tripoli, qui continuoient d'annoncer une production de volcan. Enfin, les environs de la petite ville de Rochefort achevèrent de m'offrir, toujours à l'extrémité de plusieurs courans, toutes les variétés des formes prismatiques, surtout les articulations.

Je ne doutai plus, après ces observations si multipliées, que les assemblages des colonnes prismatiques d'Auvergne n'appartînssent à la même conformation que ceux du comté d'Antrim, & que cette forme prismatique constante & régulière ne fût produite, dans le comté d'Antrim, par une cause semblable à celle qui s'annonçoit, d'une manière si uniforme, en Auvergne. Ce qui acheva de me convaincre de la vérité de cette comparaison, ce furent, 1°. la ressemblance de la pierre des prismes d'Auvergne avec celle des prismes de la Chaussée des Géans, dont j'avois des échantillons qui avoient le même grain, la même couleur & la même dureté que le *basalte* d'Auvergne; 2°. les vues de la Chaussée des Géans & de ce qui les accompagne dans les deux estampes de M. Drury, qui ont pour fond plusieurs croupes de montagnes, dont l'aspect présente un caractère de ressemblance très-marqué avec les vallées des Monts-Dor.

Je tirai de cette conformité reconnue & des

faits qui servoient à l'établir, une conséquence que la force de l'analogie m'autorisoit à tirer. Cette conséquence me fit voir, dans la Chaussée des Géans & dans toutes les masses prismatiques qui se montroient sur les bords de la mer en Irlande, en un mot, dans les sommets tronqués qu'on y apperçoit, plusieurs traces de volcans qui se sont éteints comme ceux d'Auvergne. Bien plus, je me persuadai qu'en général ces assemblages de colonnes polygones étoient des témoins infaillibles de l'existence d'anciennes éruptions des feux souterrains, pourvu que la pierre qui composoit ces prismes eût un grain serré, parsemé de points brillans, & offrît une couleur noire ou grise. J'ajoute ici que, dans la comparaison du comté d'Antrim avec l'Auvergne, cette dernière province doit conserver une grande supériorité, attendu que les preuves des volcans y existent dans les cratères placés à la tête des courans qui renferment le *basalte*, au lieu que tous ces témoignages ont disparu en Irlande.

Après avoir analysé tous ces faits, & achevé la comparaison de deux pays également célèbres par des phénomènes qui portoient l'empreinte du même produit du feu, je formai le projet de lever la Carte de toutes les parties de l'Auvergne qui étoient volcanisées, & qui étoient couvertes de courans de laves. Les courses que j'ai faites en conséquence m'ont mis à portée de revoir les *basaltes prismatiques* dans les circonstances qui leur étoient propres, & avec les formes variées les plus instructives. A mesure que la Carte se levoit, qu'on y traçoit les courans de laves, on prenoit une note des *basaltes* qu'on figuroit avec soin sur une Carte particulière qui accompagne le tableau imprimé dans les *Mémoires de l'Académie des sciences*. C'est là où tous les *basaltes* de l'Auvergne figurent dans quelque situation qu'ils se trouvent, & sous quelque forme qu'ils se présentent. Daubenton, ayant cette Carte sous les yeux, disoit, en la consultant, que cette lithographie lui paroissoit un nouveau genre de preuves incontestables. C'est cependant contre ce témoignage qu'on a révoqué en doute la découverte que j'avois mise au jour sur la nature & l'origine du *basalte-lave prismatique*. J'étois en état d'indiquer sur la Carte les différens lieux où se montroient les masses de prismes réguliers & irréguliers, en situation verticale ou horizontale, ou inclinée à l'horizon, depuis un pied jusqu'à cent & cent cinquante pieds, d'une seule pièce, & depuis cinq ou six pouces, & jusqu'à cinq, sept & neuf pieds de diamètre; en sorte que l'on a découvert & indiqué, sur la partie volcanisée de l'Auvergne, que l'on a levée, plus de formes & de positions variées dans les prismes, qu'on n'en avoit décrit ou dessiné dans ceux de la Chaussée des Géans ou ailleurs, & ces prismes étant composés d'une pierre qui porte partout les marques incontestables d'une production de volcan, & par son grain, & par sa position.

C'est pour présenter ces détails dans tout leur jour que j'ai montré sur la Carte, quoique rapidement, les principales masses de *basalte prismatique* distribuées dans les différens cantons de l'Auvergne, & surtout au milieu des courans de laves. Je les partageai, relativement à leurs formes & à leurs dispositions, en trois classes différentes. Dans la première, je plaçai les prismes articulés; dans la seconde, je rangeai les prismes horizontaux ou inclinés à l'horizon; dans la troisième figurent les prismes d'une seule pièce, verticaux, réguliers & irréguliers. Je renvoie, pour ces trois classes de *basaltes prismatiques*, au Mémoire & à la Carte qui l'accompagne, & qui font partie du volume de l'Académie des sciences pour l'année 1771.

On pourra voir, dans la suite du Mémoire & sur la Carte, l'ensemble des faits sur lesquels je me suis fondé pour en *conclure* que le *basalte prismatique* étoit une production du feu des volcans. Le concert des circonstances semblables d'après lesquelles je me suis déterminé, forme un tout de conviction auquel il est difficile de se refuser. Ce concert, si frappant sur la Carte où les principaux courans sont figurés, l'est bien davantage lorsqu'on le contemple dans la nature. Les indications qui précèdent, suffisent, avec les secours de la Carte jointe au Mémoire, pour guider les pas & les observations de ceux qui souhaiteront s'instruire sur ce phénomène, & adopter une opinion sur l'origine du *basalte-lave*.

A mesure qu'on parcourt ces cantons en faisant la recherche & l'énumération des masses prismatiques, qu'on étudie les courans surtout vers leurs extrémités, qu'on suit leur marche depuis le centre des éruptions, qu'on détermine leurs limites, qu'on examine les différentes espèces de pierres dont ces courans sont composés, on reconnoît à chaque pas que ce sont des hors-d'œuvres établis sur le sol naturel & primitif. On distingue par conséquent les produits du feu des substances intactes, & l'on reconnoît en même tems les transports immenses des matières fondues, dont les prismes basaltiques font toujours partie.

Ce qui achève de décider entièrement l'état de lave des *basaltes*, c'est que le grain & la couleur de la pierre des prismes sont constamment les mêmes, dans quelque situation qu'on les trouve; que les scories, les matières spongieuses ou au moins les terres cuites & les matières noires, friables, pulvérulentes, les accompagnent toujours.

Je vais plus loin encore, & je dis que la forme prismatique n'est pas la seule que prenne le *basalte*, & la seule qui mérite l'attention des naturalistes. Dans certaines parties des courans qui renferment, comme je l'ai dit, le *basalte prismatique*, on peut suivre des amas de boules accumulés les uns sur les autres, & cette forme se présente pour lors aussi fréquemment que la prismatique. Mais je remets à l'article BOULES tous les détails qui concernent cette forme, ainsi que l'indication des principaux endroits où ces amas se montrent & concourent à la composition des *basaltes* de diverses formes.

La découverte de la nature du *basalte* & des agens qui ont contribué à le former, sembleroit incomplète si l'on ne pouvoit pas faire connoître en même tems les matériaux que le feu a fon..us pour le produire. J'ai recueilli une suite de granits que je considère comme ces matériaux primitifs : ils ont éprouvé, par le feu, différens degrés d'altérations, qui se terminent à la lave compacte, c'est-à-dire, au *basalte*. On y voit le feld-spath, qui, dans quelques échantillons, est grisâtre, & qui, dans d'autres, présente un fond noir d'un grain serré, & au milieu de ces échantillons on reconnoît très-aisément le quartz qui reste en cristaux intactes, ou éclatés par lames, ou réduits à une couleur d'un blanc-terne, comme sont les quartz blancs rougis au feu. Enfin, j'ai deux fragmens de granit dont une partie est totalement fondue, & a le grain de la lave compacte, pendant que l'autre semble réservée pour notre instruction. On y suit des bandes alternatives & distinctes du quartz qui est cuit à blanc, & du feld-spath qui est fondu & noir.

Les échantillons que j'ai présentés à l'Académie seroient des preuves fortuites, qui n'autoriseroient pas la généralisation que je donne aux conséquences que j'en ai tirées, si des observations suivies & répétées ne mettoient en état d'indiquer, dans les Monts-Dor, des contrées de cinq à six cents toises d'étendue, qui offrent en grand ces nuances si instructives de l'action du feu. De même en Italie, en Auvergne, en Velay, en Vivarais, dans le Vicentin, sont à la tête des courans des montagnes que je nomme *fritées*, qui renferment du granit altéré par le feu & des sortes de porphyres. Je finis par remarquer que le *basalte* qui m'a occupé jusqu'ici, ou, ce qui est la même chose, la lave qui a le grain serré & une couleur plus ou moins foncée, a reçu le contact de la flamme dans la cheminée ou dans le foyer du volcan ; au lieu que les granits que je nomme *cuits*, les tripolis, n'ont été chauffés que par la communication de la chaleur qui a pénétré les masses de proche en proche, sans que la flamme les ait touchés.

Je me propose de continuer à faire connoître les endroits de l'Italie, où j'ai observé le *basalte prismatique* à peu près dans les mêmes circonstances où je l'ai étudié en Auvergne. En 1766, j'ai vu ce *basalte* aux environs de Vicence, dans les États de la République de Venise, & constamment au milieu des autres produits du feu, tels que les scories, les laves trouées, les ponces & les terres cuites. Il s'y montre sous toutes sortes de formes, en masses irrégulières, en boules, en corps à facettes & en prismes très-réguliers, comme en Auvergne. Je me contenterai d'indiquer ici rapidement les différens lieux où je l'ai reconnu constamment placé au milieu des courans. Ainsi de nombreuses masses prismatiques se sont montrées à Moncalèse, proche les villages de Brendola, de Gambellara & de Terrossa ; mais la vallée de Ronca m'a présenté des rideaux de la plus grande régularité. On peut jouir du même spectacle tout le long du vallon de l'Alpon, particuliérement depuis San-Giovanne-Hilarione jusqu'à Monte-Bolca, sur une étendue de trois lieues, les rochers de *basaltes* étant découverts de toutes parts, le long des croupes de ces deux vallées profondes, par les eaux qui ont enlevé les dépôts de la mer qui couvroit les produits des feux souterrains, qui sont antérieurs à ces dépôts dans toute cette contrée. Quelques-uns des prismes basaltiques sont encore engagés en partie dans des scories, dans leurs débris & dans des terres cuites, sous lesquelles substances ils étoient ensevelis avant que les eaux eussent dégradé ces terrains mobiles. Les mêmes matières servent aussi de lit à ces rochers de prismes. De Moncalèse à Monte-Bolca il y a environ vingt lieues qui offrent partout les produits du feu souterrain, sur une largeur de six à sept lieues. Voilà très à peu près l'étendue que je puis donner à cette contrée volcanisée, très-remarquable d'ailleurs par les courans qui renferment le *basalte prismatique*, & qui doit être placée dans la même classe que l'Auvergne.

Kircher nous apprend qu'en dirigeant sa marche de Bolsène vers Monte-Fiascone, on rencontre, sur le bord élevé du lac à gauche, des rochers entiérement composés de prismes. Ce fait se trouve appuyé par une observation du D. Breyn, qui, dans les *Transactions philosophiques*, n°. 334, annonce que, près de Bolsène, les montagnes étoient en plusieurs endroits formées de *basalte*. Prévenu de ces faits, j'ai observé, en 1769, sur les bords du lac de Bolsène, les prismes de *basalte* dont parlent Kircher & le D. Breyn. Mais outre cela il est aisé de remarquer que tout le bord du lac, qui forme une suite de collines élevées, offre, sur une étendue de plus d'un mille, plusieurs assemblages de prismes à moitié couverts par des scories & des terres cuites, & placés à côté de matières, ou fondues, ou seulement altérées par le feu. Les bases sur lesquelles ils sont placés, sont des lits de cendres horizontaux, au milieu desquels se trouvent des fragmens de ponces & des débris de scories. Ces colonnes de *basaltes*, entassées les unes sur les autres, fort serrées entr'elles & formées d'une lave dure & compacte, présentent des hexagones à faces égales. Outre cela, quelques-unes de ces colonnes ont trois ou cinq côtés, mais leurs formes sont très-régulières ; de sorte que la retraite s'est faite bien uniformément sur des matières homogènes. Enfin, certains assemblages de prismes sont dans une situation horizontale ; & ne laissent voir que leurs bases sur les croupes des collines ; d'autres sont verticaux, & paroissent sur toute leur longueur. La forme prismatique de ceux-ci est aussi bien régulière ; les faces contiguës sont fort unies, les arêtes très-nettes, & les bases plates & dans un seul plan. Définitivement la pierre ressemble, par son grain & par sa couleur, à la pierre des prismes d'Auvergne & du comté d'Antrim.

J'avois été préparé à ces prismes par un groupe de semblables prismes, moins régulières à la vérité, que l'on observe à côté du village de Radicofani, & au commencement de la rampe qui conduit au château de cette ancienne forteresse. Des laves trouées, des matières noires & pulvérulentes accompagnent ces prismes, & les annoncent toujours comme une production des feux souterrains. Ce qui achève de prouver que Radicofani étoit un centre d'éruptions volcaniques, qui a été ensuite recouvert par la mer, c'est qu'on voit, au dessous du sommet du château, des carrières de meules de moulin, qu'on taille dans le massif d'une lave trouée, semblable à celle de Volvic en Auvergne.

Dans certaines coupures qu'on observe sur le chemin de Bolsène à Viterbe, on rencontre des amas de boules d'une lave aussi compacte que celle dont les prismes sont formés. Il est à croire qu'il y en a aussi quelques-uns parmi les boules. Pour les détails, je renvoie à l'article BOULES.

On voit par ce que nous avons dit sur les prismes des environs de Vicence, du lac de Bolsène & de Radicofani, qu'il y a en Italie trois contrées où le *basalte* figure d'une manière très-remarquable.

Pour ne pas alonger cet article, je crois devoir renvoyer à ceux des différens endroits où se trouve le *basalte prismatique ;* ainsi je reprendrai ce qui le concerne, en traitant de la géographie-physique de la *Saxe*, de la *Bohême*, de la *Silésie*, de l'évêché de *Hildesheim*, du comté de *Nassau*, de *Lauterbach*, d'*Andernack*, de *Cassel*, de *Cologne*, de l'*Islande*, du *Velay*, du *Vivarais*, des environs de *Pezenas* & d'*Agde*. Le *basalte prismatique* y reparoîtra avec le même intérêt qu'il nous a présenté en Auvergne, & avec les mêmes circonstances qui décident son état & sa nature.

La plupart des masses prismatiques que je viens d'indiquer annoncent clairement, par leur situation & leur origine, leur nature de lave compacte ; mais quelques-unes de ces masses, en conséquence des altérations survenues visiblement dans la disposition primitive des courans, soit par les bouleversemens des éruptions postérieures, soit surtout par les dégradations des eaux, n'ont plus conservé leur ancienne union avec les courans, & pour lors on trouve des prismes sans suite, & même guindés sur les sommets depuis isolés, dont la base est une matière qui n'a aucunement souffert du feu. Il est vrai que souvent la correspondance des différentes parties des courans est encore assez marquée pour que leur accordement puisse se faire sans effort ; mais d'autres fois ces masses prismatiques ne tiennent à rien, &, par leur disposition, excluent toute correspondance avec des portions de courans interrompus ; ou avec des centres d'éruptions. Il est donc nécessaire pour lors de les supposer fondues & refroidies en place, & c'est ce que certaines circonstances prouvent incontestablement : telles sont le grain & la couleur de la pierre des prismes, dans quelque situation qu'on les trouve, si l'on ajoute les scories, les matières spongieuses, les terres cuites, les matières noires, friables & pulvérulentes qui les accompagnent constamment dans l'état de masses isolées.

Si les observations qui précèdent, rendent les naturalistes attentifs à toutes les circonstances que j'y indique, je ne doute pas qu'ils ne rencontrent d'autres productions du feu partout où ils remarqueront des prismes. Je puis déjà citer M. Raspe, conseiller à Cassel, qui décrivit dans ces vues les différentes masses de *basalte* qu'il découvrit dans plusieurs endroits de la Hesse. Il annonça les résultats de ses observations par un Mémoire inséré aux *Transactions philosophiques*. Il nous apprend qu'à Habichwald, proche Weissenstein, dans les environs de Cassel, le haut de la montagne sur laquelle les fameuses cascades sont construites, n'est presque composé que d'énormes quartiers de laves & de scories, & qu'un peu plus bas, vers le milieu de la hauteur, il avoit remarqué du *basalte*, dont plusieurs blocs étoient en colonnes polygones, mais dont quelques autres, plus voisins des laves trouées, n'étoient que des masses arrondies sans aucune forme déterminée. M. Raspe se fonde sur le détail de ces observations intéressantes pour adopter mon sentiment sur l'origine & la nature du *basalte*, & pour abandonner entièrement l'idée de sa formation par la voie humide qu'il avoit hasardée dans son ouvrage sur la formation des nouvelles îles.

Il faut avouer qu'il y a des masses prismatiques dans le voisinage desquelles les vestiges des anciens incendies sont peu frappans. M. Raspe trouve quelque difficulté en ce que certaines montagnes composées de *basalte prismatique* ne lui ont montré, à côté des prismes, aucun produit du feu. Je l'ai dit & je le répète, j'ai beaucoup vu de ces masses de *basalte* isolées, & j'avoue que, si j'avois été réduit à ces masses dans le cours de mes observations, je n'aurois osé décider que le *basalte* étoit une lave compacte ; mais les résultats infiniment variés des opérations du feu que l'Auvergne renferme, m'ont présenté ici les circonstances les plus décisives, & là les plus grandes altérations de ces circonstances. Je me suis donc attaché aux courans dont le *basalte* occupoit le centre & les bords, & dans lesquels j'ai reconnu une continuité non interrompue depuis leurs extrémités les plus reculées, jusqu'à la bouche ouverte du volcan, ou bien jusqu'au culot qui en tenoit lieu. Il m'a paru accompagné en même tems de laves trouées, de scories, de ponces

& de terres cuites. Telles sont les circonstances qui m'ont guidé dans tout le cours de mes observations. Une fois éclairé sur l'état primitif des phénomènes, j'ai cru que les altérations survenues dans la disposition des masses de *basalte* en certaines contrées, ne pouvoient infirmer ce qui avoit été bien reconnu dans d'autres.

En dernière analyse je finis par croire que, lorsque les circonstances primitives manquent, un observateur instruit par elles & accoutumé à distinguer le *basalte*, pourra se borner, pour le reconnoître, à la substance noire & pulvérulente qui l'accompagne le plus souvent, surtout s'il réunit à ces circonstances les caractères du grain & de la couleur noire ou grise de la lave, & ceux des différentes formes singulières sous lesquelles il se montre constamment.

Résultats généraux sur les formes des bases des prismes de basalte.

Quoique communément les courans soient recouverts de scories & de terres cuites, & que les prismes de *basalte* qui en occupent l'intérieur soient comme encaissés sous des croûtes de laves qui ne permettent pas d'observer leurs bases, cependant j'ai vu un assez grand nombre de prismes entièrement dégagés de ces enveloppes naturelles & primitives, pour pouvoir donner des résultats généraux sur les formes de leurs bases.

Dans les assemblages de prismes d'une seule pièce dont les colonnes sont verticales, les extrémités supérieures présentent des plans parfaitement unis, & assez semblables à la surface d'une chambre carrelée. Ces pavés naturels, ces assemblages de bases unies, se voient dans des plaines, de deux à trois cents toises de longueur, au dessous des centres d'éruption. Je puis indiquer les environs de Chauvet, de Chastreix, de la Haute-Chaudérie & du Bousquet, à une lieue de la Tour-d'Auvergne.

Les bases inférieures de ces mêmes prismes présentent des plans aussi parfaitement unis que leurs bases supérieures; c'est ce que j'ai pu remarquer très-fréquemment en considérant des rangées de prismes verticaux, établies les unes sur les autres sans aucun intervalle, & surtout au Puy-de-Chaffort, à Saint-Arçon, & aux environs de Blesle, de Massiac & d'Ardres. Dans ce cas la base inférieure des prismes du rang le plus élevé est un plan uni, qui porte sur le sommet des prismes du rang inférieur, & qui le touche dans toute son étendue. Cette disposition a lieu, soit que les faces des prismes qui occupent les divers lits ou étages, étant situées dans le même plan, forment une seule colonne polygone, qui a autant d'assises ou de tronçons prismatiques qu'il y a de lits ou de rangées de prismes, soit que les faces des prismes, ne se raccordant point d'une rangée à l'autre, comme il arrive le plus souvent, forment autant de colonnes prismatiques distinctes qu'il y a de rangées. Quand les bases inférieures des prismes portent immédiatement sur des terres cuites ou des scories étendues par lits assez suivis dessous les courans, ces bases prennent les impressions des inégalités de ce sol. Il en est de même lorsque les laves trouées informes recouvrent les prismes à leurs extrémités supérieures. Ces sommets participent assez souvent des irrégularités auxquelles ils touchent. On trouve malgré cela un assez grand nombre de prismes dont les bases sont coupées net, & se séparent sans effort de ces laves trouées, &c. par un plan fort uni.

Si nous passons aux prismes dont l'axe est dans une situation horizontale, nous trouverons leurs bases coupées par un seul plan perpendiculaire à l'axe. C'est ainsi que les deux faces du mur de la cour, situé au pied du Mont-Dor, offrent les bases des prismes dont ce mur semble construit, comme sont les pierres d'un appareil régulier. On voit avec étonnement cette espèce de mur qui paroît avoir quatre cents pieds d'élévation, sur cent toises de longueur, & huit à dix toises d'épaisseur. C'est un assemblage de prismes dont les axes traversent l'épaisseur du mur dans une situation parfaitement horizontale. Le pied du mur & son extrémité septentrionale sont couverts de prismes culbutés en désordre : c'est le produit des éboulemens successifs qu'il éprouve chaque jour. De loin, ce mur offre un aspect assez semblable à celui des chantiers de bois de Paris, excepté cependant que les faces contiguës des prismes se touchent bien plus exactement que les quartiers de bois qui sont en piles. Les bases des prismes dont la reunion forme les deux faces du mur, sont fort unies, & ne présentent que les fentes qui séparent chaque prisme. Il n'y a sur ces bases ni protubérance, ni plan incliné en biseau, ni d'autres conformations irrégulières.

Ce spectacle vraiment singulier est encore moins frappant que la face méridionale de la roche Sanadoire qu'on trouve sur le chemin de Rochefort au Mont-Dor. Cette face offre plusieurs enceintes de murs naturels un peu arrondies, sur lesquelles on apperçoit les bases des prismes horizontaux dont ces enceintes sont formées. Comme ces enceintes ont été dégradées, on peut suivre, sur de larges brêches, toutes les bases des prismes découpées dans la face de l'enceinte extérieure, & qui présente l'aspect des anciens murs romains, dont les revêtissemens sont en pierres d'un appareil uniforme, & que Vitruve décrit sous le titre d'*Opus reticulatum*. Quelques-unes de ces bases sont recouvertes de lames obliques, qui s'étendent sur toute la surface de ces bases, & même d'un prisme à l'autre, comme les tuiles d'un toit; mais outre que cette conformation n'est que locale, il est visible qu'elle n'est due qu'à l'épanchement de la pâte molle dont ces prismes ont été originairement formés.

Quant à ce qui concerne les prismes articulés, leurs bases m'ont paru avoir des conformations on ne peut pas plus variées. La plupart des grandes masses de prismes que j'ai eu lieu d'observer, celles du Puy-de-la-Malroche proche Murat-le-Quaire, celles de la Tour-d'Auvergne, de Saint-Arcon & du Puy-de-Mont-Redon proche la ville de Besse, m'ont montré, presque toutes également, à leur superficie, des amas de boules irrégulières à moitié aplaties, dont une seule recouvroit deux ou trois colonnes polygones; en sorte que les dernières articulations, les plus voisines de cette surface, sembloient avoir été modifiées par ces sortes de boules.

A la Tour-d'Auvergne, le long des faces latérales de la terrasse du Champ-de-Foire, ainsi que dans certaines parties de la superficie de cette terrasse, on voit une croûte de matière semblable à celle des prismes, toute composée de boules ou de tronçons prismatiques à moitié ébauchés, laquelle recouvre les prismes articulés réguliers encaissés dans l'intérieur; & même, dans le voisinage de cette croûte, les formes des articulations sont plus ou moins altérées.

Quoiqu'on puisse dire en général que les bases des prismes articulés sont, ou concaves, ou convexes, sans qu'elles affectent plutôt une de ces formes que l'autre, cependant on trouve assez souvent, dans des massifs de prismes articulés, leurs bases supérieures terminées par des boules assez exactement rondes vers le haut, & qui n'ont guère perdu de leurs formes primitives vers le bas. Tels sont la plupart des prismes articulés de Murat-le-Quaire, & quelques assemblages de prismes aux environs du moulin de Sarsenat, &c. Quelquefois des amas de boules ont visiblement contribué, comme des moules, aux conformations extérieures des bases que montrent plusieurs prismes articulés; mais d'autres fois un très-grand nombre de bases sont concaves vers le haut, sans qu'il paroisse que le voisinage des boules ait contribué à cette conformation. Cependant il est à croire que plusieurs circonstances les ont fait disparoître aux environs du Bousquet. On peut visiter des parties de terrasse très-étendues, dont la superficie est composée de bases de prismes qui n'offrent ni renflemens ni concavités, quoiqu'ils soient articulés dans l'intérieur.

Il faut remarquer qu'il y a des systèmes de prismes articulés dont les articulations n'ont presque point de concavités ni de convexités, mais se joignent par des surfaces planes. Les bases des prismes articulés, composés de ces tronçons, sont très-unies. Tels sont les prismes du Puy-de-Crau près d'Olby, un système entier à Chiliac sur le bord de l'Allier, ceux dont parle Pococke, & qui se trouvent dans l'intérieur des terres aux environs de la Chaussée des Géans; ceux que le chevalier Darcy a donnés au Cabinet des Plantes, & qui viennent des mêmes contrées.

Telles sont les principales observations que j'ai recueillies sur la conformation des bases des prismes basaltiques. J'ai cru devoir entrer dans ces détails pour donner un tableau des variétés que les formes naturelles m'ont présentées dans toutes les circonstances que j'ai été à portée d'observer.

Rien n'est plus dangereux que les systèmes en histoire naturelle, surtout lorsqu'on peut avoir recours à l'observation bien suivie & bien raisonnée. J'avois opposé ces ressources à Guettard, qui, étonné des résultats de mes observations sur la nature & l'origine du *basalte prismatique*, faites en Auvergne, lesquelles prouvoient que c'étoit un produit du feu, avoit imaginé que ses formes constantes & régulières étoient l'effet d'une cristallisation opérée par la voie humide. Il appuyoit son système sur deux raisons: par la première, il soutenoit que les cristallisations ne pouvant s'exécuter que dans un milieu tranquille, le *basalte* ne prenoit pas ses formes au milieu des courans; dans la seconde, il supposoit que toutes les laves, tous les produits du feu, étoient nécessairement poreux ou chargés de scories: c'étoit une erreur générale admise du tems de Guettard.

Le travail sur le *basalte* me fit bientôt reconnoître que les naturalistes, qui, comme Guettard, n'avoient pas étudié en grand les volcans, avoient adopté une erreur en supposant un mélange nécessaire de scories dans tous les produits du feu: ainsi c'étoit d'après ces fausses idées qu'ils ne pouvoient ranger le *basalte* parmi les laves les plus remarquables à grain serré & compacte, parce qu'ils comprenoient difficilement ce qui contribuoit cependant à ses formes régulières, les substances homogènes dont cette lave étoit uniformément composée. Ils n'avoient pas vu, comme j'avois été à portée de l'observer, que les laves qui avoient été versées au dehors du foyer, des volcans sous forme de courans, se dépuroient, par une marche tranquille, en occupant la partie inférieure de ces courans, & que c'étoit par une suite de cette dépuration que les *basaltes prismatiques* se trouvoient vers l'extrémité des courans. On doit penser, d'après ces considérations, qu'il n'y avoit pas de milieu plus tranquille qu'un courant de laves, qui, après avoir terminé sa marche, donnoit le tems aux différentes substances homogènes de se rapprocher, par une condensation lente, à mesure qu'elles se refroidissoient.

En second lieu, c'étoit une erreur générale qui avoit fait croire à certains naturalistes, que tous les produits du feu étoient poreux, pendant que l'étude des courans m'avoit convaincu que le *basalte*, qui étoit un effet de la dépuration de la lave, n'avoit qu'un grain uniforme & serré, sans vestiges de scories. Enfin, je finissois à contester à Guettard que la forme prismatique du *basalte* fût le résultat d'une cristallisation même par la voie sèche, mais l'effet de la retraite de la lave produite en même raison que le refroidissement lent.

J'ai

J'ai insisté sur tous les détails de cette discussion, parce que Guettard, dans le tems que je publiai mon Mémoire sur le *basalte*, se trouvoit à la tête de ceux qui, sur son origine, avoient adopté le parti de la voie humide, & qu'il a encore des espèces de sectateurs, quoiqu'il ait changé d'opinion, parce que ces sectateurs ont embrouillé la question, comme je le ferai voir par la suite.

Il y a dans les notes de Diétrich, sur la dix-septième lettre de Ferber, une anecdote relative à la nature & à l'origine du *basalte prismatique*, dont les détails suffisent pour imposer silence aux partisans de la voie humide. Ferber, étant en Saxe & en Bohême avec M. de Born, rencontra le *basalte prismatique*. Sa première idée fut de se persuader que cette belle forme que le *basalte* avoit prise dans ces provinces, étoit due à l'eau. Il ne nous dit pas d'après quels motifs il fut déterminé à adopter cette opinion, & quelles circonstances l'avoient éclairé sur l'agent dont il soupçonnoit l'action. De Born, qui étoit de la partie & qui n'avoit pas adopté aussi légérement l'hypothèse de Ferber, crut, pour fixer ses idées, devoir visiter de nouveau la Saxe & la Bohême, & dans ces vues il dirigea principalement ses recherches sur les traces des volcans qui sont fort altérées & défigurées dans ces contrées. Ce sont aussi ces circonstances qui avoient inspiré des doutes à ce minéralogiste éclairé, doutes dont il desiroit d'être débarrassé. Enfin, il sut retrouver la liaison des volcans avec les masses de *basaltes prismatiques* de Stolpen, &c., & crut devoir annoncer sa découverte comme un fait important qui intéressoit l'histoire naturelle. C'est ce qu'il fit par une lettre où il se déclara pour l'origine & la nature du *basalte* par la voie sèche, & exposa, dans cette lettre adressée à M. de Kinski, toutes les raisons qu'il étoit en état de faire valoir pour détromper ses amis. La conduite de M. de Born, ses doutes, la manière dont il sut les dissiper, doivent servir de modèle à tous les naturalistes qui sentent le prix de l'observation sévère & rigoureuse, & le danger des hypothèses vagues que redoutent les bons esprits. Cette conduite m'a toujours frappé d'autant plus agréablement, qu'elle se trouve opposée à celle de Verner, qui, dans l'incertitude où le laissoient des faits vagues, eut le courage d'envoyer en France un de ses élèves, partisan de la voie humide, & au lieu d'en tirer la lumière que l'observation du grand fait d'Auvergne pouvoit lui procurer, contribua au désordre & à la confusion qui brouilla cette question simple, décidée pour les bons esprits qui savent voir. Je ne veux, pour faire connoître cette confusion & ce désordre, que renvoyer aux différens articles sur le *basalte*, insérés dans les ouvrages élémentaires & dictionnaires d'histoire naturelle publiés de notre tems. Que deviendroient l'histoire naturelle & la minéralogie si chaque question étoit traitée comme celle qui concerne l'origine & la nature du *basalte prismatique* est traitée dans ces articles? On sait d'ailleurs comment les observateurs y sont accueillis par des auteurs hypothétiques qui n'ont fait aucune recherche dans le genre qu'ils se hasardent à discuter sans moyens. (*Voyez les articles* PRISMES, BOULES, CORPS A FACETTES.)

BASCHKIRIE. On trouve dans la contrée de la *Baschkirie* la montagne de Psetak, une des plus hautes branches de l'Ural. Cette branche s'étend à une distance d'un peu plus de vingt wersts, jusqu'à la rivière de Kutkur, & se termine à une autre montagne escarpée, appelée *Irjak-Tasch*. Celle-ci est couverte, en beaucoup d'endroits, de neiges abondantes : on y éprouve, au milieu des jours les plus chauds de l'été, un froid très-rigoureux. Quelque pénible que soit l'accès du sommet de ces montagnes, & quelque piquant que soit l'air qu'on y respire, on est amplement dédommagé de la fatigue & du froid qu'on y éprouve, par la beauté des points de vue dont on y jouit. On essuie dans cette contrée des orages effrayans, mêlés de tonnerres & de pluies qui tombent par torrens.

L'observation qui a déjà été faite sur les autres branches de l'Ural, se vérifie aussi dans cette contrée; savoir : que les couches de ces branches ont une pente rapide vers l'est, tandis qu'au milieu de l'Ural elles offrent une disposition constamment horizontale, & qu'au contraire, sur la montagne de Psetak, ces couches ont une direction toute opposée, & penchent vers l'ouest.

On a observé les mêmes arrangemens & dispositions dans les couches du Jura, sur les aspects de l'est & de l'ouest, & il est vraisemblable que ceci tient à des déplacemens qu'ont favorisés les différentes croupes orientales & occidentales de cette chaîne de Franche-Comté. (*Voyez* JURA, *où toutes ces circonstances sont décrites*.)

Sur les bords de la Jurjuse on trouve une montagne d'*ardoise vitriolique*, située à un peu plus de trente wersts de Jurjusenskoi-Savod, près du village de la *Baschkirie*, appelé *Karagusha*, sur cette même rivière de Jurjuse. Un petit ruisseau d'eau de source, Kalagasch, partage la montagne en deux parties égales, dont chacune est composée de roche particulière. La moitié supérieure consiste en une ardoise d'un gris-clair tirant sur le jaune, dont les lits grossiers, disposés par couches, sont inclinés de l'est à l'ouest, & on les prendroit, à la première apparence, pour une ardoise stérile. Ils paroissent composés de filamens délicats & droits, adhérens fortement les uns aux autres; ce qui leur donne une apparence d'amiante, qui cependant ne se manifeste en aucune manière dans leur fracture; en quoi ils s'accordent avec les ardoises communes : la seule propriété qui paroît résulter des dispositions de ces parties, est celle de se fendre facilement en tables dans leur longueur. Cette pierre ne fait aucune effervescence avec les acides, & se durcit au feu plutôt que d'y éprouver quelqu'altération. Cependant, quoiqu'on n'y trouve pas la moindre trace de pyrites ni de parties dissolubles lorsqu'on la passe à la lessive, elle a cette propriété singulière de se décomposer dans les parties de sa surface exposées au jour, & de se convertir en une poussière grise, laquelle, non-seulement manifeste un caractère très-distinct d'acide sur la langue, mais encore lorsqu'on sature l'eau avec cet acide; en sorte que cette eau prend une teinte jaunâtre. Elle entre dans une forte effervescence mêlée avec les sels lixiviels, se change en tartre vitriolique, & convertit une solution de noix de galle en une encre pâle. Si l'on fait évaporer cette eau acide sans autre mélange, il ne se manifeste aucune cristallisation, mais seulement une pellicule grasse semblable à celle que présente ordinairement le résidu de ce qu'on appelle *beurre de pierre* (*kamenæ-maslo*). Il y a dans la partie qui borde le ruisseau dont nous avons déjà parlé, un espace de douze à quinze toises de long, où une portion de la roche d'ardoise, de la largeur d'une aune, s'est convertie, jusqu'à la profondeur d'une palme, en une poussière acide, telle que nous venons de l'indiquer. Cependant cette portion de rocher ne diffère en rien du reste où cette poussière n'est pas à beaucoup près aussi abondante.

L'autre moitié de cette chaîne rocailleuse est composée de couches verticales, noires comme de la poix, salissant les doigts, & disposées en feuilles minces & luisantes comme le charbon de terre; mais elles ne sont telles qu'au pied de la chaîne, immédiatement au dessus du niveau de l'eau. Plus haut les couches de la roche sont grises & couvertes d'une espèce de rouille jaune, avec des tables brunes vitrioliques. La roche noire est abondamment entre-mêlée de veines de quartz, & incrustée de pyrites blanches; elle a même tous les caractères d'une roche pyriteuse, se décomposant au jour, & présentant çà & là des efflorescences blanches qu'on pourroit comparer à du beurre de pierre, & qui se cristallisent souvent en très-petites étoiles.

BASECLES, village du département de Jemmapes, à cinq lieues ouest-nord-ouest de Mons. Dans ce canton il s'exploite une pierre noire, qui, par son grain, est semblable au marbre, sans être susceptible de poli.

BASLE. Nous ferons connoître ici la nature du sol depuis Schaffausen jusqu'à cette ville. Les terrains aux environs de Schaffausen sont de galets couverts de terre argileuse, & les roches sont de pierres calcaires. On passe par un vallon & une plaine bien cultivés, bordés de monticules boisés: de tems à autre on trouve des masses d'agrégations de galets. Le lit du Rhin est dans un massif de galets agglutinés, au lieu que celui de l'Aar, qui se jette dans le Rhin vis-à-vis de Waldshut, est creusé dans des roches calcaires, qui ne sont composées que d'entroques: on sait que ce sont les débris du palmier marin. Après Waldshut on trouve l'usine d'Alpbruck, qui est un bel établissement. Le pays est plus serré aux environs de cette usine. Les hauts sont boisés, les roches schisteuses, & composées de quartz & de mica: la superficie des terrains est de galets couverts de terre argileuse. Aux environs de Lauffingen, on trouve des plaines cultivées. Il y a une grande quantité de cerisiers: on y fait de l'eau-de-vie de cerise ou du *kirschenwasser*.

Le Rhin est fort encaissé à Lauffenbourg, entre des roches schisteuses, quartzeuses, & quelquefois micacées. Dans les cavités de ces rochers les galets s'y sont logés & agglutinés, & forment corps avec l'autre roche. Le pont est bâti sur des roches absolument quartzeuses, qui sont fort dures, & dans lesquelles le Rhin s'est creusé un lit fort étroit, où il passe avec une rapidité extrême: on y pêche aussi le saumon.

A Rheinfelden, le fond du lit du Rhin est de roche calcaire, dont on distingue facilement les couches. Les bords du Rhin du côté de la Souabe sont aussi de la même nature de pierre; mais à une très-petite distance du pont, c'est de la pierre de sable rouge, couleur de rose-blanchâtre & verdâtre: elle est aussi par lits horizontaux bien suivis. Parmi ces lits il y en a d'autres d'une terre argileuse, d'un rouge-foncé, feuilletée & durcie. Le grain de la pierre de sable varie quant à la grosseur: ce sont de petits quartz agglutinés ensemble, dont les plus gros sont comme des pois. Elle varie outre cela quant à la liaison de ses parties & à sa dureté. Après être sorti de Rheinfelden, les terrains sont toujours des galets, & les roches des pierres calcaires. Le Rhin coule au milieu de roches formées de galets agglutinés dans les environs du village d'Augst.

La ville de *Basle*, partagée par le Rhin qui est fort large & assez rapide, est construite avec de la pierre de sable distribuée par couches différemment colorées, & qu'on tire des environs. On emploie, pour faire les voûtes, de la pierre de tuf, dont la carrière est à un quart de lieue sur la Birse. On a cru que cette rivière charioit une grande variété de pierres, parce qu'elle se trouve dans le confluent de cette rivière avec le Rhin; mais si l'on remonte cette rivière à une lieue seulement, on trouvera qu'elle charie des pierres calcaires, & peu d'autre nature. La variété des cailloux ou pierres roulées qu'on trouve à l'embouchure de la Birse, & qu'on a faussement attribuée aux transports de la Birse, vient d'une plaine au dessus, ou, pour mieux dire, d'un terrain qui n'est qu'un dépôt immense de galets ou d'autres pierres roulées, dans lequel les eaux torrentielles de la pluie se sont ouvert un passage, & y ont formé un ravin qui, dans les grandes averses, entraîne ces galets jusqu'au bas de la Birse. Ce torrent vient du côté de Murtens, à une lieue de *Basle*. Il est remarquable que la partie supérieure du terrain n'offre que des pierres calcaires roulées, & que les roches apparentes dans les environs soient aussi calcaires, & composées en grande partie d'oolithes. Le fond est un amas de belles pierres roulées, infiniment variées, qui s'y trouvent distribuées par couches, avec d'autres couches de graviers & de sables. On peut y ramasser une belle suite de granits variés, & quant aux élémens, & quant aux couleurs; des pierres schisteuses avec des raies alternatives de quartz & de mica; d'autres avec des bandes de schorl; des pierres ollaires vertes; des jaspes de toutes couleurs; des poudingues ou agrégations de cailloux de différentes sortes; du serpentin vert ou porphyre vert, avec des taches verdâtres de feld-spath.

Le canton de *Basle* & ses environs sont très-riches en fossiles. On y trouve de belles suites de madrépores, des cornes d'ammon, des bélemnites, &c. toutes richesses naturelles bien connues à *Basle*, & bien décrites par leurs naturalistes.

Basle (Fontaine de). La fontaine qui coule à *Basle* dans le *Gerberstrasse* (ou la rue des Tanneurs), depuis la montagne de Saint-Léonard, est d'une couleur bleuâtre & un peu trouble, imprégnée de cuivre, de bitume & d'antimoine; environ trois parties du premier, une du second, & deux du troisième. Les tanneurs trempent leurs peaux dans cette eau; & comme elle est salutaire & de bon goût, on en boit beaucoup, & l'on s'y baigne. Elle se mêle avec une autre eau de source qu'on appelle le *Birsick*, & se jette avec elle dans le Rhin.

La ville de *Basle* abonde en eau de source; il y en a deux de plus remarquables que les autres: on les appelle *Bandulph's-Well*, & *Brun-zum-Brunnen*. La première, qui a une qualité *camphrée* & desséchante, est connue pour un remède contre l'hydropisie. La seconde contient un peu de soufre, de salpêtre & d'or; elle est excellente à boire, & les habitans en font grand usage.

BASOUGES-LA-PÉROUSE, bourg du département d'Ille & Villaine, canton d'Antrain. La pierre dite de *landrasse*, que l'on exploite près de *Basouges*, est estimée pour les constructions, & surtout recherchée par les Suédois, parce qu'ils s'en servent pour recevoir le cuivre fondu qu'ils mettent en saumons.

BASQUES (Pays des), ci-devant petite contrée de France, vers les Pyrénées: on le comprenoit souvent dans la ci-devant Gascogne. Il renfermoit trois petites contrées assez remarquables; savoir; le *Labour*, la *Basse-Navarre* & le *pays de Soule*. Bayonne étoit la principale ville de la première contrée, Saint-Jean-Pied-de-Port de la seconde, & Mauléon de la troisième. Ce pays fait actuellement partie du département des Basses-Pyrénées. Nous parlerons à cet article de tout ce qui concerne son hydrographie, qui occupe une partie intéressante des Pyrénées.

BASSÉE (la), ville du département du Nord, sur la Deule. Les environs de *la Bassée* donnent des tourbes très-estimées dans le pays. Il s'y fait d'ailleurs un commerce de bestiaux & de grains, outre celui de la tourbe qu'on extrait avec art, & qu'on prépare avec une grande intelligence. Il seroit à desirer que, dans les environs de Paris, on connût cet art.

BASSÈRE (la), village du département des Hautes-Pyrénées, arrondissement & canton de Bagnères. Sous le village de *la Bassère*, sur la rive gauche du ruisseau qui se joint au Gailreste, il y a des couches de schiste un peu nuancé & de schiste gris, qui se sépare par feuillets. Elles se prolongent par le domaine dépendant de Lacoume, maison bâtie sur des couches de schiste gris. L'église de *la Bassère* est située au pied d'une colline calcaire, dont la coupe est aride du côté du sud-ouest. Après l'église, il y a des couches verticales de schiste gris, lesquelles se délitent par lames.

BASSES TERRES. On nomme ainsi certaines plaines de l'Amérique septentrionale, par opposition à de *hautes terres* ou *hautes plaines* qui se trouvent dans la même portion de cet hémisphère. Ces *basses terres* sont situées entre le pied des monts Apalaches & la mer, particuliérement dans la Virginie & dans la Caroline. Il paroît qu'elles ont été occupées autrefois par l'Océan; car dans plusieurs endroits on trouve un grand nombre de petites collines composées en partie de coquillages. Ces mêmes dépouilles des animaux marins se trouvent aussi au dessous de la surface des plaines, dont le fond fait partie du même dépôt sous-marin. Près du Mississipi, à la latitude de 31 deg. 28 m., depuis cinquante à quatre-vingts pieds de hauteur, on rencontre, toujours en creusant, du sable & des coquilles fossiles de la même espèce que les coquilles qu'on ramasse sur les rivages de la mer près de Pensacola: le tout est recouvert d'une couche épaisse de glaise ou de marne, & au dessus est un lit d'une riche terre végétale. D'après l'état de ces dépôts on a eu tort de dire & d'écrire que cette partie du Globe étoit nouvelle, & nouvellement découverte par la mer, & que, sous ce rapport, elle devoit être considérée comme appartenant au Nouveau-Monde. Cependant on voit dans l'Ancien-Monde, en plusieurs endroits de l'Europe & de la France même, des amas de coquillages fossiles semblables à ceux d'Amérique; aussi, d'après ces dépôts, a-t-on cru que l'Europe étoit un pays *nouveau*, & nouvellement abandonné par la mer. Ces décisions hasardées sur des observations mal faites & nullement comparées à d'autres semblables, prouvent qu'un seul fait isolé est très-capable d'induire en erreur les naturalistes qui s'y bornent.

Je veux bien que les vastes plaines qui avoisinent le Mississipi, que celles qu'on rencontre entre les Apalaches & l'Océan atlantique, aïent été autrefois couvertes par l'Océan ; mais à cette époque l'Europe même n'étoit-elle pas semblablement couverte, & ne recevoit-elle pas les mêmes dépôts des dépouilles de coquillages de la même espèce ? Ainsi on ne peut conclure de ces faits, que l'Amérique ait été formée postérieurement à l'Europe, puisque l'Europe nous offre les mêmes vestiges du séjour de la mer.

Je terminerai cet article en observant que la population de l'Amérique, si l'on entend bien les circonstances qui peuvent y avoir concouru, n'a rien de commun, quant aux époques, avec la formation & la constitution de son sol dans ses différentes parties. Pour déterminer l'époque de la formation des differentes parties de nos continens, il faut avoir des caractères bien plus précis que ces apperçus vagues, & faire ensuite de ces caractères une application suivie aux terrains dont on prétend décider l'état & l'âge.

BASSIES (Étangs des), département d'Arriège, arrondissement de Foix, à deux lieues ouest-sud-ouest de Vic-de-Sos. Ils sont au nombre de cinq, sur un petit ruisseau qui se rend dans le Vic-de-Sos à une lieue & demie de sa source. Le plus grand de ces étangs a trois cents toises de longueur de l'est à l'ouest, & deux cents toises de largeur. A côté est une montagne qui a trois quarts de lieue de longueur.

BASSIGNY (le), pays qui faisoit partie de la Champagne, & maintenant du département de la Haute-Marne. Borné au nord par le Vallage, au levant par le duché de Bar & la Franche-Comté, au midi par la même province & la Bourgogne, au couchant par cette dernière province, il pouvoit avoir vingt lieues dans sa plus grande longueur du septentrion au midi, & seize dans sa plus grande largeur du levant au couchant.

La rivière d'Aube l'arrosoit du midi au septentrion. La Marne outre cela étoit sa principale rivière ; elle y prenoit sa source aux environs de Langres, qui en étoit la capitale. La Meuse, l'Aube & l'Amance y avoient aussi leurs sources. Les villes les plus considérables après Langres, étoient Chaumont, Montigny-le-Roi, Nogent-le-Roi, le Val-des-Écoliers & Bourbonne-les-Bains. L'air y est sain & tempéré ; la terre y est fertile en grains, en vins & en fruits. Il y a des eaux minérales, quantité de bois & de bons pâturages. Le gibier, le poisson & la volaille y sont abondans. Tous ces objets reparoîtront, en plus grand détail, dans les différens articles de ce Dictionnaire, où l'on traitera des environs des villes & du cours des rivières principales de cette contrée.

BASSINS des rivières de France. Nous avons figuré, dans une Carte physique & hydrographique, le cours des principaux fleuves & rivières de France, & le contour des arêtes qui environnent les *bassins* de ces fleuves, & qui en indiquent les limites.

Les traces des arêtes qui séparent ces *bassins* les uns des autres, sont entre deux rangs de petites hachures qui expriment les pentes, les talus des crêtes par lesquels les eaux pluviales sont déterminées à s'écouler dans le fleuve principal qui occupe le fond du *bassin*. Ces crêtes sont par conséquent mitoyennes entre les *bassins* ; elles ont même quelquefois des points de réunion communs à trois ou quatre *bassins* différens, & ces points sont incontestablement les plus élevés de la contrée où ils sont figurés.

Les crêtes, dans tout leur cours, n'ont pas à beaucoup près partout la même élévation ; elles éprouvent souvent des abaissemens, des échancrures qui dépendent de plusieurs circonstances que nous ne pouvons passer sous silence. Ces crêtes, élevées d'abord, appartiennent à l'ancienne terre, aux massifs graniteux ; ensuite leur succèdent des amas de couches horizontales, de pierres de sables ou de pierres calcaires, qui sont adossés à ces premiers massifs. Mais ce ne sont pas les seuls amas qui entourent les massifs de l'ancienne terre : il y a des systèmes de couches horizontales plus récentes, qui sont autant au dessous du niveau des couches de la moyenne terre inclinées, que celles-ci sont subordonnées à celui de l'ancienne terre.

Dans la délimitation de ces *bassins*, on indique plusieurs considérations : la première est celle qui a pour objet le canal particulier de chacune des rivières secondaires qui se réunissent à la rivière principale, laquelle est le rendez-vous de toutes ces eaux courantes ; la seconde est celle des arêtes secondaires qui séparent chacune de ces vallées latérales, organisées de même que la vallée de la rivière principale, & qui méritent le même examen & la même discussion. Nous allons suivre, d'après ces principes, les différens *bassins* qui sont tracés dans notre Carte.

Bassin de la Seine.

La crête septentrionale du *bassin* de la Seine commence à Fécamp, dans le pays de Caux, & se prolonge par la Picardie, en passant entre Neuchatel & Forges ; de là au dessus de Mont-Didier ; de Mont-Didier cette limite passe entre Saint-Quentin & la Fère, & puis entre Cateau-Cambresis & Guise ; ensuite elle se détourne vers le midi pour se rendre au dessus de Rocroi, de Mézières, & de là au sommet de Langres, en passant entre Clermont en Argonne & Verdun. Le sommet de Langres est un point commun aux trois *bassins* de la Marne, de la Meuse & de la Saône. Entre Saint-Quentin, Cambresis & Guise, est un autre sommet commun à quatre *bassins* différens, à celui de l'Escaut au nord, au couchant à celui de la Somme qui passe à Abbeville, au midi à celui de la Seine, & à celui de la Meuse au levant. Je puis ajouter le plateau de Forges, qui verse ses eaux dans la Seine sur deux faces, puis dans le *bassin* de la Somme, enfin, au nord, dans le *bassin* inondé de la Manche. Je trouve encore à Montreuil & à Boulogne, & entre Boulogne & Dunkerque, de petits *bassins* qui se terminent à la Manche: ce sont l'Antie & la Canche, &c.

La limite méridionale du *bassin* de la Seine commence au bord de la mer à Honfleur, & se prolonge vers la Trappe, où se trouve un point de partage commun à trois *bassins*, à celui de la Seine qui nous occupe, à celui de la Loire par la Sarthe, & à celui de l'Orne qui se jette dans la Manche au dessous de Caen. Du Pont-de-Trappe cette crête méridionale se prolonge dans les plaines de la Beauce, en passant, entre Châteauneuf & Nogent-le-Rotrou, vers la forêt d'Orléans, & ensuite par les points de partage des deux canaux d'Orléans & de Briare, pour se prolonger, par le Nivernois & le Morvan, entre Saulieu & Arnay-sur-Arroux. C'est près d'Arnay que l'on trouve un point de partage des eaux, commun aux trois *bassins* de la Seine, de la Loire & de la Saône; au *bassin* de la Seine par l'Armençon, à celui de la Loire par l'Arroux, & à celui de la Saône par l'Ouche.

De ce plateau la crête se prolonge en se portant vers Langres, &, en passant entre Langres & les principales sources de la Seine, achève ainsi de circonscrire l'enceinte générale de son *bassin*. Nous reviendrons aux différentes rivières qu'il renferme, après avoir poursuivi la circonscription générale des autres *bassins* de la France.

Bassin de la Meuse.

Le *bassin* de la Meuse commence aux environs de Langres, & se trouve renfermé, du côté du couchant, par la limite orientale du *bassin* de la Seine, qui, pour ce nouveau *bassin*, devient limite occidentale; puis la crête, en embrassant la Sambre, suit la limite du *bassin* de l'Escaut du couchant au nord-est, & enfin tourne au nord. Du côté de l'Orient, la crête du *bassin* de la Meuse, commençant de même au plateau de Langres, se prolonge droit au nord, en passant au dessus de Toul & de Luxembourg, & traversant les hauteurs entre Luxembourg & la principauté de Bouillon, puis fait un coude pour se rapprocher du Rhin à la hauteur de Cologne. Ce *bassin* en général est fort étroit dans sa partie supérieure, attendu qu'il n'y renferme presque que le seul canal de la Meuse, jusqu'au Chiers & au Semoy d'un côté, & à la Sambre de l'autre; mais ensuite il se rétrécit au couchant, & n'a guère que trois ou quatre rivières du côté du *bassin* de la Moselle ou plutôt du Rhin: outre cela ce *bassin* est contigu à celui du Rhône ou plutôt de la Saône, dans la partie la plus élevée de son enceinte vers Bourbonne-les-Bains.

Bassin de la Moselle.

Ce *bassin*, contigu à celui que nous venons de décrire, en est séparé, à l'ouest, par la seconde des deux limites qu'on vient d'indiquer; du côté du midi, il est séparé de celui de la Saône par la crête qui passe entre Remiremont & Plombières, & qui part du ballon d'Alsace; du côté de l'orient, il est séparé du *bassin* du Rhin par la crête qui traverse le duché des Deux-Ponts, & qui, en oscillant entre Trêves & Mayence, va se terminer à Coblentz, où la Moselle se réunit au Rhin. Cette rivière n'a guère que les rivières des Vosges, avec la Seille & la Sarre d'un côté, & de l'autre l'Our & l'Else.

Bassin de la Loire.

Le *bassin* de la Loire, le plus grand de ceux que renferme la France, confronte à la fois à cinq *bassins*, à celui qui comprend les rivières côtières de la Bretagne & de la Basse-Normandie, à celui de la Seine, à celui du Rhône, & à ceux de la Dordogne & de la Charente.

La crête septentrionale de ce *bassin* commence au Croisic, d'où, après plusieurs détours, elle se porte sur Vire en Normandie. Tournant ensuite au levant, & passant entre Sées & Alençon, elle vient se confondre avec la limite méridionale du *bassin* de la Seine, jusqu'aux environs de Dijon, où se trouve un plateau commun à trois *bassins*. De ce point la crête tourne au midi, & sépare le *bassin* de la Loire de celui du Rhône, dont elle devient ainsi la limite orientale, puis elle se prolonge en embrassant les deux sources de la Loire & de l'Allier. C'est là où se trouve un plateau fort élevé, & qui est commun aux trois *bassins* du Rhône, de la Loire & de la Garonne.

La limite méridionale commence à Paimbœuf, près de l'embouchure de cette rivière, &, par plusieurs détours, elle se prolonge vers Mauléon, Partenay, & va passer entre Saint-Maixent & Lusignan; & après avoir franchi l'extrémité du détour de la Charente vers Civrai, en côtoyant la vallée de la Charente, elle se prolonge vers Chalus, où est un point de partage commun aux trois *bassins* de la Loire, de la Charente & de la Garonne; de là cette crête tourne à l'est, & après avoir franchi les sources de la Dordogne, elle se porte au midi, & va rejoindre les sources de l'Allier & de la Loire, où elle termine l'enceinte de ce grand *bassin*.

Bassin de la Charente.

Le *bassin* de la Charente, placé entre celui de la

Loire & celui de la Garonne, renferme, outre la Charente, deux autres rivières, qui ont chacune leurs embouchures différentes de celle de cette rivière : ce sont les deux Sèvres. Ce *bassin* est séparé de celui de la Loire par la portion méridionale de la crête de ce *bassin*, qui s'étend depuis Paimbœuf jusqu'à Chalus, & qui, pour le *bassin* de la Charente, doit être considérée comme sa limite septentrionale. Quant à l'autre partie de l'enceinte de ce *bassin*, elle commence entre la Seudre & la Gironde, & va rejoindre le point de Chalus, en suivant la ligne tracée par les sources des rivières qui se jettent dans la Seudre & la Charente.

Bassin de la Garonne.

Le *bassin* de la Garonne a pour limite, du côté du nord, la crête par laquelle il confronte à celui de la Charente, depuis le bord de la Garonne jusqu'à Chalus. A partir de ce point, il est contigu avec le *bassin* de la Loire & de l'Allier, jusqu'aux sources de cette dernière rivière. De là le *bassin* de la Garonne est séparé de celui du Rhône par la crête qui, du même point, se prolongeant par le point de partage du canal de Languedoc, va rejoindre les sources de la Garonne.

Du côté de l'occident, le *bassin* de la Garonne est séparé de celui de l'Adour par la ligne de partage des eaux, qui, commençant au bord de la mer, à l'embouchure de la Gironde, se prolonge entre les sources des rivières qui tombent dans la Garonne d'une part, & les sources des rivières qui tombent, ou immédiatement dans la mer, ou dans l'Adour d'autre part, jusqu'aux sources de la Garonne dans les monts Pyrénées, & de toutes les rivières qui, du pied des Pyrénées, se rendent dans la Garonne.

Bassin de l'Adour.

Le *bassin* de l'Adour est séparé de celui de la Garonne par une ligne qui, dans les landes de Bordeaux, se prolonge entre les sources des rivières qui se jettent dans la Garonne d'une part, & les sources de celles qui tombent dans l'Adour d'autre part, jusqu'à la rencontre de la Garonne; ensuite toute la partie du revers des monts Pyrénées jusqu'à leurs cimes, & jusqu'à la source de la Bidassoa & celle de la rivière de Saint-Jean-de-Luz, forme l'autre partie du *bassin* de l'Adour, qui a pour limite méridionale la crête des Pyrénées.

Bassin de l'Aude, de l'Orbe & de l'Eraut.

Le *bassin* de l'Aude, de l'Orbe & de l'Eraut a pour limite, au nord-ouest, une ligne qui, partant des Pyrénées, sépare les sources des rivières qui se jettent dans la Garonne, & se rend, par le point de partage du canal de Languedoc, aux sources de l'Allier, & ensuite revient à la Méditerranée en côtoyant la vallée de l'Eraut. Quant à sa limite méridionale, elle est tracée par une ligne qui, des Corbières, se rend à la Méditerranée, en laissant au midi trois rivières côtières qu'on peut renfermer dans le même *bassin*.

Bassin du Rhône.

Le *bassin* du Rhône, plus étendu du nord au midi que du couchant au levant, a pour limite au nord la crête qui sépare les *bassins* de la Meuse & de la Moselle de Langres à Plombières, & qui se prolonge jusqu'à la crête qui sépare le *bassin* de la Moselle de celui du Rhin. Du côté de l'occident, le *bassin* du Rhône est séparé de celui de la Seine & de celui de la Loire par la crête qui, de Langres par Arnay-sur-Arroux & l'étang de Longpendu, se prolonge, à travers le Forez, jusqu'aux sources de la Loire & de l'Allier, & de là se rend à la Méditerranée aux environs de Montpellier.

Du côté de l'orient, le *bassin* du Rhône est circonscrit par la ligne qui, commençant près l'embouchure orientale du Rhône dans la Méditerranée, passe à Salon au dessus d'Aix, entre les villes de Senez & de Grasse, & se dirige ensuite, en remontant vers Barcelonette, Château-Dauphin, le Mont-Cenis, le Grand & le Petit-Saint-Bernard, & de là, près du mont Saint-Gothard, aux sources du Rhône. De ce point la crête qui sépare le *bassin* du Rhin de celui du Rhône, se prolonge par plusieurs détours, &, traversant le massif qui se trouve entre les lacs de Genève & de Neuchatel, s'élève sur le sommet du Jura, suit la rivière du Doubs, & va rejoindre, dans les montagnes des Vosges, la crête qui sépare le *bassin* de la Moselle de celui du Rhône dans le point commun aux trois *bassins* du Rhin, de la Moselle & du Rhône.

Bassin du Rhin.

Le *bassin* du Rhin, séparé de celui du Rhône, depuis les hautes Alpes, par la crête qui passe entre les cantons Suisses & le Valais, puis entre la Suisse & la Franche-Comté, est séparé ensuite de celui de la Moselle par la crête qui s'étend depuis les sources de la Moselle jusqu'à Coblentz. Cette crête, décrite ci-devant en parlant de la Moselle, appartient à un *bassin* secondaire ; car la Moselle ne verse pas immédiatement ses eaux à la mer. Puis ce même *bassin* se trouve séparé de celui de la Meuse par la ligne qui se prolonge entre les sources des rivières qui se jettent dans la Meuse d'un côté, & dans le Rhin de l'autre. Nous n'avons pas compris dans notre Carte les rivières qui se jettent dans ce fleuve le long de sa rive droite, parce qu'elles coulent dans des contrées étrangères à la France.

Récensement des différentes limites des bassins.

Pour tracer un tableau plus net & plus précis des différentes crêtes ou limites qui forment la division des *bassins* dont nous venons de décrire l'étendue & la position respectives, nous allons parcourir de nouveau ces crêtes & limites des *bassins* que nous avons désignées, non-seulement par une trace, mais encore par des lettres majuscules placées aux points de concours de ces différentes limites.

A, B, C, D, E, F, indiquent les différentes parties de l'enceinte du *bassin* de la Seine. La ligne A, B, indique la limite commune au *bassin* de la Seine & à celui de la Somme; elle commence en A au bord de la mer, entre Fécamp & le Havre, se prolonge par Gaillefontaine, passe entre Mont-Didier & Clermont, de là se porte vers Noyon & Guise, où se trouve en B un point ou plateau commun aux quatre *bassins* de la Seine, de la Somme, de l'Escaut & de la Meuse. De ce point B, & après plusieurs détours, la limite atteint le point C, & dans tout ce trajet cette ligne est mitoyenne entre le *bassin* de la Meuse & celui de la Seine. Le point C, commun aux trois *bassins* de la Seine, de la Meuse & du Rhône par la Saône, est placé sur le plateau de Langres. De C en D la crête est mitoyenne entre les deux *bassins* de la Seine & de la Saône. Le point D, placé proche Arnay-sur-Arroux, indique un plateau commun à trois *bassins*, aux deux premiers dont nous avons parlé, ceux de la Seine & de la Saône, & celui de la Loire par l'Arroux. De ce même point D, la crête, par plusieurs détours, se prolonge vers les points de partage des canaux de Briare & d'Orléans, traverse la Beauce & le Perche, & arrive au point E commun à trois *bassins*. Dans tout ce trajet la ligne D, E, est mitoyenne entre le *bassin* de la Seine & celui de la Loire, & le point E est commun à ces deux derniers *bassins*, & à celui des trois rivières de la Basse-Normandie, la Touque, l'Orne & la Vire.

A, F, est l'ouverture par laquelle toutes les eaux du *bassin* de la Seine se rendent à la mer, réunies dans l'embouchure de la Seine.

Le *bassin* de l'Escaut est contigu à celui de la Meuse du côté du levant, & en est séparé par une crête qui, du point B, se prolonge en embrassant la Sambre & la Meuse en Ϭ; du côté de l'ouest, la ligne de limite, embrassant la Scarpe & la Lys, se prolonge en Δ.

De même, en revenant à B, point qui correspond à quatre *bassins*, à celui de la Somme, circonscrit par les deux lignes B G & A B; à celui des rivières côtières du Boulonnais, circonscrit par les deux lignes B G & B Δ; à celui de l'Escaut, à celui de la Meuse, & enfin à celui de la Seine.

Le *bassin* de la Meuse, Ϭ, B, C, H, I, est circonscrit, comme nous l'avons déjà dit, du côté de l'Escaut, par la ligne B Ϭ, qui se prolonge du côté de la Seine par la crête B, C, dans toute la longueur de laquelle ce *bassin* est contigu à celui de la Seine. Du côté du midi, le *bassin* de la Meuse est circonscrit par la ligne de limite C, H, le long de laquelle il confronte à celui du Rhône par les rivières qui se jettent dans la Saône; & du côté du levant, le *bassin* de la Meuse est séparé de celui de la Moselle par la ligne H, I.

Le *bassin* de la Moselle, séparé, du côté du couchant, de celui de la Meuse par la crête H, I, dont on vient de parler, l'est également au midi suivant la ligne H, K, & à l'orient par K, L, du *bassin* du Rhin.

Le *bassin* de la Loire, S, E, D, P, Q, R, est séparé des rivières de Bretagne & de celles de la Normandie, par la crête S, E; du *bassin* de la Seine, par la crête E, D, & du *bassin* du Rhône, par la crête D, P. Le point D est commun à trois *bassins*, qui sont ceux de la Seine, de la Loire & de la Saône. Le point P, placé aux sources de la Loire & de l'Allier, est commun à quatre *bassins*, ceux du Rhône, de l'Eraut, de la Garonne & de la Loire. Du point P, la limite se prolonge vers Q, plateau commun aux trois *bassins* de la Garonne, de la Charente & de la Loire. Dans ce trajet, P Q sépare, comme on voit, le *bassin* de la Loire de celui de la Garonne; de Q en R, la ligne de la limite sépare le *bassin* de la Charente, & des rivières côtières qu'il renferme, du *bassin* de la Loire, dont l'embouchure est entre les deux points S, R, extrémités des deux branches de l'enceinte totale. C'est par cette ouverture que toutes les eaux courantes de ce vaste *bassin* s'écoulent dans l'Océan.

Le *bassin* de la Charente, R, Q, T, qui renferme plusieurs rivières côtières, est séparé de celui de la Loire par la crête R, Q, qui, par plusieurs détours, parvient du point R au plateau Q, commun aux trois *bassins* de la Loire, de la Charente & de la Garonne. Il est aussi séparé du *bassin* de la Garonne par la ligne T, Q, qui commence au bord de la mer près de l'île d'Oléron, & se termine à Chalus, comme nous l'avons déjà dit, point commun à trois *bassins*.

Le *bassin* de la Garonne, T, Q, P, Z, X, V, est contigu, du côté du nord, par la Dordogne, aux *bassins* de la Charente & de la Loire. T, Q, sépare, comme nous venons de le dire, le *bassin* de la Garonne de celui de la Charente. Q, P, sépare le même *bassin* de la Garonne de celui de la Loire, jusqu'au point P, où sont les sources de l'Allier & de la Loire. P, Z, est la crête qui sépare le *bassin* de la Garonne de celui de l'Aude, & des autres rivières côtières que ce *bassin* renferme: elle passe par le point de partage du canal de Languedoc, près le *bassin* de Naurouse, & se termine en Z, à la grande chaîne des Pyrénées en Y, Æ, dont la partie du milieu, Y, X, sert de limite méridionale au *bassin* de la Garonne. X, V, prend naissance à la chaîne des Pyrénées, sert de limite occidentale au *bassin* de la Garonne, & le sépare de celui de l'Adour. T, V, est l'ouverture du *bassin* de la Garonne, qui se décharge dans la mer par la Gironde, laquelle, après le bec d'Ambez, réunit les deux grandes tiges de ce *bassin*, la Dordogne & la Garonne.

Le *bassin* de l'Adour est circonscrit, du côté du levant, par la crête V, X, qui le sépare du *bassin* de la Garonne; du côté du midi, il est renfermé & circonscrit par la crête des Pyrénées, qui s'étend d'Y en Æ, & du côté du couchant il est terminé par l'Océan, dans lequel les eaux courantes qu'il renferme s'écoulent par plusieurs embouchures, dont la principale est celle de l'Adour qui passe à Bayonne.

Le *bassin* de l'Aude & des autres rivières côtières qui l'avoisinent, Æ, Z, P, O, est circonscrit, du côté du midi, par la partie Æ, Z, de la chaîne des Pyrénées; du côté du couchant, par la crête Z, P, qui le sépare du *bassin* de la Garonne, &, du côté du levant, par la limite P, O, qui le sépare du *bassin* du Rhône, & enfin, au midi, par les côtes O, Æ, de la Méditerranée. On voit que les eaux de ce *bassin* s'écoulent à la mer Méditerranée par plusieurs embouchures.

Le *bassin* du Rhône, O, P, D, C, H, K, M, N, est contigu à un grand nombre de *bassins* différens. Ainsi du côté du couchant il est séparé du *bassin* de l'Aude & des autres rivières côtières par la ligne O, P, laquelle le sépare aussi du *bassin* de la Garonne. Ensuite la ligne P, D, forme sa limite avec le *bassin* de la Loire, & cette même ligne, prolongée de D en C, le sépare du *bassin* de la Seine. Du côté du nord, C, H, forme la limite commune à ce *bassin* & à celui de la Meuse, puis H, K, celle du même *bassin* du Rhône & de celui de la Moselle. En partant de K, & parcourant l'intervalle qu'il y a entre ce point & les sources du Rhône, on suit la ligne qui circonscrit les deux *bassins* du Rhône & du Rhin; de ce point M, la crête, prolongée par plusieurs détours vers le midi, va se terminer au point N, au bord de la Méditerranée; elle embrasse tous les *bassins* des rivières du Dauphiné & de la Provence. On voit que O, N, est l'ouverture de ce grand *bassin* par laquelle les eaux pluviales qui arrosent cette superficie, se déchargent dans la mer par les embouchures du fleuve.

Le *bassin* du Rhin, séparé de celui de la Moselle par la limite K, L, &c. Telles sont les circonscriptions des *bassins* des fleuves & rivières dans lesquels le sol de la France est partagé; en sorte qu'à partir de ces lignes, l'eau se porte à droite ou à gauche, comme celle qui est reçue sur un toit à deux égouts.

Nous observerons, comme une chose essentielle, que chacun de ces *bassins* en contient un grand nombre d'autres, que nous distinguerons en différens ordres, ainsi que les rivières qui y coulent.

D'après cette considération, nous disons qu'un *bassin* principal ou du premier ordre, est celui qui verse directement ses eaux à la mer: tels sont les *bassins* que nous venons de décrire, & qui sont circonscrits sur notre Carte, à l'exception de celui de la Moselle, dont la rivière principale se décharge dans le Rhin à Coblentz.

Ainsi l'on doit compter autant de *bassins* principaux ou du premier ordre, qu'il y a d'embouchures de rivières dans la mer, si l'on en excepte les rivières côtières qui ont un cours particulier & une embouchure séparée dans la mer.

Les *bassins* secondaires sont ceux où la rivière qui en occupe le fond, & qui reçoit les ruisseaux ou rivières latérales, s'embranche & se jette dans la rivière principale du grand *bassin*: ainsi l'Oise, la Marne, l'Aube, la Yonne, sont des rivières secondaires par rapport à la Seine, qui reçoit successivement leurs eaux, & les porte réunies à la mer.

Les *bassins* du troisième ordre sont ceux dont les rivières viennent se réunir à une rivière secondaire: tels sont les *bassins* de l'Aisne & du Thérain dans l'Oise, de l'Orne, de la Blaise, du Grand & du Petit-Morin dans la Marne, de la Voire dans l'Aube, de l'Armançon dans la Yonne, &c.

Les *bassins* du quatrième ordre sont ceux dont les rivières s'embranchent dans celles du troisième ordre, & ainsi de suite, jusqu'aux moindres ruisseaux qui descendent des parties voisines de la ligne qui sépare les *bassins* de chaque ordre.

Tous ces *bassins* de différens ordres sont chacun exactement circonscrits par des inégalités & des arêtes plus ou moins élevées, & qui diminuent de hauteur à mesure qu'on s'approche de leur débouché dans le *bassin* de la rivière principale.

Les arêtes qui circonscrivent les *bassins*, & qui les séparent les uns des autres, varient cependant dans leur élévation au dessus du fond des vallons. Il faut bien distinguer cette élévation de celle qu'elles peuvent avoir au dessus du niveau de la mer: les points les plus élevés de ces crêtes sont ordinairement ceux qui sont communs à trois ou quatre *bassins*. C'est un fait bien observé, qu'en partant de là, les crêtes s'abaissent insensiblement à mesure qu'elles s'éloignent de cette origine: ceci tient aux pentes primitives du sol après la retraite de la mer, pentes qui ont déterminé la marche & la dégradation des eaux courantes.

Par une conséquence de cette même forme du terrain, dépendante de l'abaissement graduel des arêtes, toutes les rivières qui s'y trouvent renfermées, & qui en rassemblent les eaux, ont beaucoup plus de rapidité dans le voisinage de leur source, que lorsqu'elles sont à la moitié ou vers la fin de leurs cours.

Cette affection générale des fleuves & des rivières d'un certain ordre & d'une certaine position, d'avoir la première partie de leur cours fort inclinée à l'horizon, surtout dans l'ancienne terre, je l'ai vue même dans d'autres tractus, surtout dans

dans ceux qui, par leur élévation au dessus du niveau de la mer, recueillent les eaux abondantes & particulières à ces régions, & je l'indiquerai à leurs articles, comme il conviendra à la marche des eaux courantes.

Bassins des Rivières. On peut considérer ces *bassins* sous différens points de vue, d'abord en se bornant à l'examen d'une seule des rivières, de quelqu'ordre qu'elle soit, dont ces *bassins* sont composés, en y faisant seulement entrer ce qui a pour objet la source de cette rivière.

En second lieu, on peut passer à la description d'une des rivières secondaires, avec la mention raisonnée des rivières du troisième & du quatrième ordre, en y ajoutant l'indication des sources & leur distribution successive suivant les niveaux des rivières dans le *bassin*. En parcourant toutes les rivières secondaires avec ces détails, on ne peut pas manquer de prendre une idée de ce qui intéresse le plus dans l'hydrographie du *bassin*.

Outre cela on envisagera la rivière principale conjointement avec les rivières secondaires seules dégagées des eaux courantes d'un ordre inférieur, & relativement à la quantité d'eau qu'elles charrient, & à leur vitesse.

Enfin, après tous ces examens, il sera convenable & facile d'embrasser, dans une description générale, la rivière principale ; les rivières secondaires avec les latérales de tous les ordres & de tous les niveaux ; leurs subdivisions, & toutes les sources comparées avec les correspondantes, quant aux niveaux successifs, dans toute l'étendue du *bassin*, considéré depuis la naissance de la rivière principale, jusqu'à son embouchure dans la mer.

Cette partie du *bassin* des rivières qui nous a occupés jusqu'à présent, est son hydrographie, laquelle mérite notre première attention relativement aux effets que l'eau courante a opérés à la surface de la terre par l'approfondissement des vallées, & à ceux qu'elle opère maintenant relativement à la navigation, par le transport des denrées de toutes sortes, deux objets que nous traiterons séparément, avec les développemens qu'ils exigent, & l'intérêt qu'ils doivent nous inspirer.

Il est une autre partie dans les *bassins* des rivières dont il convient de s'occuper également ; c'est celle des dépôts formés par les eaux courantes des rivières secondaires. L'examen de ces dépôts se portera principalement sur deux sortes de substances, les sables & les terres d'abord, ensuite les pierres usées & roulées par les transports, suivis & prolongés sur de longs trajets. Ces dépôts sont quelquefois assez abondans pour couvrir les fonds de cuve des vallées, & changer par-là la nature du sol de ces fonds de cuve. C'est ainsi que, dans le cours de la Seine, aux environs de Troyes & au dessous de cette ville, le fonds de cuve, qui naturellement est un lit de craie, se trouve changé en bonnes terres par les dépôts des eaux courantes de la Seine & des rivières latérales, & cette amélioration de tous les fonds des vallées du *bassin* de la Seine se continue dans toute l'étendue de craie, non-seulement le long de la vallée de la Seine, mais encore le long des parties correspondantes des vallées de l'Aube & de la Marne.

Je dois reprendre ce qui a pour objet les graviers plats ou petites pierres roulées calcaires qui se montrent dans une grande étendue des vallées de la Marne, de l'Aube, de la Seine, de la Yonne, & au même niveau du cours de ces rivières. J'ai trouvé que l'origine de ces dépôts est à la hauteur de Bar-sur-Seine dans la vallée de la Seine, de Clervaux dans celle de l'Aube, & de Chaumont dans celle de la Marne, parce que les couches des pierres plates sont à ces hauteurs, & se prolongent dans tous ces intervalles des trois vallées. Ceci nous indique d'après quels principes nous devons diriger nos recherches sur les gîtes premiers des pierres roulées qui circulent dans les *bassins* des rivières, & comment nous pouvons déterminer l'étendue des trajets que ces pierres ont parcourus pour recevoir la forme & le poliment que nous leur trouvons le long des vallées de chaque rivière secondaire, surtout de celles de la Marne & de la Yonne, qui se réunissent plus tard à la rivière principale de la Seine.

Bassins des Lacs. Il me paroît qu'en général les *bassins* des lacs sont des parties d'anciennes vallées approfondies bien antérieurement à l'époque où l'eau courante s'est trouvée soutenue dans ces *bassins* par de nouvelles chaussées. La plupart de ces vallées appartiennent à des massifs de l'ancienne ou de la moyenne terre ; elles ont été ensuite encaissées ou diguées par les dépôts de la nouvelle terre. C'est aussi par cette raison que les *bassins* des lacs sont placés vers les limites de la nouvelle terre, & au milieu des dépôts littoraux de l'ancienne mer. C'est ainsi que, dans un lac digué par des amas de cailloux roulés, le fond du *bassin* est une pierre calcaire d'un grain fin, & appartenante à la moyenne terre. Je puis citer le lac de Gérardmer, placé au milieu des granits des Vosges. On voit en même tems que le fond du vallon où il a trouvé son *bassin* ainsi que sa digue, est formé des dépôts de la nouvelle terre. On y trouve, le long de son émissaire, des cailloux roulés de granit, & de la pierre de sable qui sert d'enveloppe aux massifs de granit dans ces hautes montagnes. Ceci explique pourquoi les lacs sont si profonds ; car ils occupent le fond des antiques vallées de l'ancienne & de la moyenne terre. Je trouve également tous les lacs des cantons de Zurich, de Berne, de Lucerne, &c. placés dans les mêmes circonstances, ainsi que les lacs qui sont sur les bords de la vallée du Pô, limitrophes aux Alpes. C'est dans ces contrées que sont les vallées de l'ancienne & de la moyenne terre.

Que les lacs occupent les anciennes vallées, c'eſt un fait bien conſtaté encore par la poſition du lac de Côme, dont le *baſſin* eſt bien à découvert, & annonce ſur ſes bords des matériaux bien caractériſés de la moyenne terre. On ne remarque rien de plus marqué que la nature de ces matériaux qui ſe trouvent adoſſés vers la digue du lac: ils diffèrent outre cela de ceux qui forment cette digue, & qui ſont des dépôts de l'ancienne mer, laquelle a formé la nouvelle terre. Ces ſortes de faits également circonſtanciés ſe retrouvent partout, dans leur plus grand développement, autour des lacs Majeur, de Locarno, &c. : c'eſt là où les principes de cette théorie ont été recueillis; c'eſt là où j'invite à les aller reconnoître ceux qui cherchent à s'inſtruire par l'obſervation.

Il ne me reſte plus qu'à faire connoître les différentes formes & diſpoſitions que nous préſentent les *baſſins* des lacs au milieu des eaux courantes qui circulent à la ſurface du Globe. Je crois devoir en diſtinguer de quatre ſortes quant à ces caractères. La première eſt celle de lacs qui ne reçoivent point de fleuves ni ne donnent naiſſance à des fleuves: leurs *baſſins* ſont ſujets à être inondés par les pluies ou abreuvés par des ſources abondantes. Il y en a beaucoup de pareils, qui ſont remplis par les débordemens du Nil & du Niger. Les lacs Parima & Mexico ſont de cette première eſpèce, comme les nombreux lacs de la Moſcovie & de la Finlande.

La ſeconde ſorte eſt celle des lacs qui donnent naiſſance à des rivières, & qui n'en reçoivent aucune. Leurs *baſſins* ſe trouvent figurés à la tête de toutes les rivières & de tous les fleuves ſur les Cartes topographiques. Le nombre de ces lacs eſt très-grand en Moſcovie, en Finlande, en Lapponie. Le Volga a un ſemblable lac à ſa tête, ainſi que le Tanaïs, & l'Adac, embranchement du Tibre, &c. Le lac Chiamay eſt très-célèbre dans les environs du Gange; il donne naiſſance à quatre fleuves. J'en trouve trois de cet ordre en Amérique : les lacs Titicaca, Nicaragua & Iroquois : ce dernier donne naiſſance au fleuve de Saint-Laurent : ſon *baſſin* eſt très-grand.

La troiſième ſorte eſt de ces lacs qui ſont les égouts des fleuves, mais qui ne verſent au dehors aucune eau courante. On peut ranger dans cet ordre le lac Aſphaltite ou la Mer-Morte, qui reçoit le Jourdain, & ne donne naiſſance à aucun fleuve dans la contrée que ce lac occupe.

La quatrième eſpèce eſt des lacs qui reçoivent des fleuves, & donnent iſſue à d'autres. Ces lacs ont leurs *baſſins* dans le lit des fleuves : tel eſt le lac de Genève. Le Nil & le Niger rencontrent pluſieurs lacs dans leurs vallées, & la Dwina en traverſe dans ſon cours ſix ou ſept; & pluſieurs rivières en Finlande, en Lapponie & en Suède, renferment de nombreux groupes de lacs avant de parvenir au golfe de Bothnie; de même Onéga & Ladoga reçoivent beaucoup d'eaux courantes avant de verſer la Neva dans le golfe de Finlande. Le lac Oſero reçoit le fleuve Kouſan, & verſe le Soſnan qui ſe jette dans le Volga. Nous ferons connoître, à l'article de chacun des lacs d'une certaine étendue, toutes les circonſtances qui méritent une conſidération particulière, & ſurtout relativement à leurs *émiſſaires* & à leurs *digues*.

J'ajouterai ici qu'il y a une poſition des lacs omiſe dans celles que j'ai préſentées ci-devant : c'eſt celle du voiſinage des points de partage des eaux. Je dois faire remarquer qu'ils y ſont ordinairement fort nombreux ſur les premières pentes de la diſtribution de ces eaux. Je puis citer pluſieurs lacs de cette eſpèce en Dauphiné.

Bassins de culture. On a partagé la France en quatorze *baſſins* de rivières, relativement à la culture. Les quatre premiers ſont les *baſſins* du Rhône, de la Loire, de la Garonne & de la Seine. Les dix autres ſont ceux de la ci-devant Provence, du ci-devant Languedoc, de la Navarre, des landes de Bordeaux, de la Saintonge, de la Bretagne, de la Picardie, de l'Artois, &c. Ces *baſſins* peuvent être conſidérés comme autant de ſyſtèmes de vallées creuſées par les eaux courantes; mais dès qu'on enviſage les différens ſols qu'on a conſacrés particulièrement à la culture, il ſemble qu'on doit réunir, à la conſidération des *baſſins*, beaucoup d'autres circonſtances eſſentielles & comparables avec les productions particulières dont on pouvoit ſe propoſer de faire l'énumération.

Il n'y a pas de doute que l'on ne dût joindre à cette conſidération des vallées approfondies, celles des différens degrés de leur température, de la nature des différens ſols, de leur élévation au deſſus du niveau de la mer, enfin des diverſes eſpèces de productions qu'on en retire.

Comment n'a-t-on pas ſenti la néceſſité de diſtinguer les ſols de ces *baſſins* & de ces vallées, des terrains qu'offrent aux cultivateurs les plateaux, les plaines élevées qui leur ſervent d'enceintes? Car en vain croiroit-on devoir concentrer l'étude des travaux de la culture dans les *baſſins* des rivières de France ou des pays étrangers; car aucune culture particulière quelconque n'eſt renfermée excluſivement dans ces limites. Car combien ne voyons-nous pas de belles cultures & d'abondantes récoltes ſur des plateaux & dans de vaſtes plaines qui ne ſont pas partie des *baſſins* de nos rivières?

Je pourrois citer à ce ſujet la Brie & la Beauce, qui ne ſont renfermées dans aucun de ces *baſſins* qu'on a choiſis & adoptés comme les centres naturels de nos cultures les plus importantes; car la Brie eſt un plateau élevé entre les deux vallées de la Seine & de la Marne. Il en eſt de même de la Beauce par rapport aux *baſſins* voiſins. Comparant la nature du terrain de ces plateaux élevés avec celle des terrains qui occupent le fond des vallées correſpondantes, il eſt aiſé de ſe convaincre que le ſol des plateaux eſt en général bien ſupérieur à celui des vallées. Il est donc évident que cette division de la France en *bassins*, considérés comme les seuls centres des cultures qui méritent l'attention des agronomes, n'est pas le partage le plus méthodique & le mieux raisonné que l'on pût faire dans un Dictionnaire d'agriculture. Ce n'est donc pas une division agricole.

D'ailleurs, si l'on vouloit l'adopter, il étoit fort important d'y joindre plusieurs discussions, comme je l'ai déjà observé, soit relativement aux terrains élevés qui se trouvent former des ceintures autour des *bassins*, soit relativement aux degrés de température des différentes parties de ces *bassins*, soit relativement à la nature des terres qui revêtent les croupes de ces vallées, soit enfin relativement à la nature des terres que les rivières ont entraînées & déposées sur les fonds de cuve des *bassins*. Toutes ces circonstances méritoient des discussions particulières, parce que les agronomes les plus instruits les considèrent toujours dans leur ensemble.

C'est le plan de travail que j'ai suivi dans mon article QUEBRADA. On y verra qu'en établissant cette distinction, les habitans du Pérou ont mieux senti les raisons qui devoient présider aux partages des terrains propres à la culture, que les docteurs agronomes de la France; car je trouve dans le travail de ceux-ci deux grands défauts : une fausse distribution des *bassins* des rivières; en second lieu, une description de ces *bassins* sans aucune distinction des terrains particuliers.

Il en résulte d'abord que toute la surface de la France se trouve couverte par ces *bassins*, & par conséquent n'offre aucune distinction de terrains qui n'y soient pas compris. D'ailleurs, on ne peut pas considérer chacun de ces *bassins* comme renfermant une nature de sol propre à une sorte de culture. Pourquoi faire des partages qui ne servent pas aux diverses considérations qui ont pour objet l'agriculture? Ainsi la Carte des *bassins* des rivières de France, telle qu'elle est rédigée, ne peut être d'aucun avantage pour faire connoître l'état des cultures de ce vaste Empire; car les limites de ces *bassins* ne sont point celles de la culture de telles ou telles plantes. Outre cela, ces *bassins* n'offrant pas, dans leurs circonscriptions, la même nature de terrains, ils ne peuvent servir à fixer le choix des cultivateurs ni à déterminer leurs travaux. Enfin, il est visible que les différentes contrées de ces *bassins* ne jouissent pas de la même température, tant parce qu'elles ne sont pas exposées à la même action du soleil, que parce qu'elles ne sont pas situées au même degré d'élévation au dessus du niveau de la mer, où ces *bassins* ont leurs débouchés. Ainsi aucune des circonstances qui doivent être envisagées comme pouvant servir à la distinction des tractus propres à telle ou telle culture, ne se trouvent indiquées dans les *bassins* grands & petits qu'on a distingués dans le Dictionnaire de l'agriculture.

Pour peu qu'on ait étudié ces différens *bassins*, on ne reconnoît pas, dans la description qu'on en a faite, ces plans méthodiques sur la distinction des différens sols que nous avons indiqués dans plusieurs articles de ce Dictionnaire, & que la géographie-physique nous fait connoître. Je puis citer à cette occasion les *bassins* du Rhône, de la Loire & de la Garonne, qui nous offrent tant de terrains hétérogènes, & qui appartiennent aux différens massifs de l'ancienne, de la moyenne & de la nouvelle terre. Le *bassin* de la Garonne, par exemple, renferme, dans certaines contrées, les substances qui ont été détachées des Pyrénées, & qui n'ont rien de commun avec les matériaux entraînés des environs de Saint-Flour & de Mende, & sont encore plus éloignés des débris des matières volcaniques qu'on trouve dans les premières vallées de la Dordogne.

Il y a, comme on voit, un plus grand contraste entre les terrains appartenans aux premières vallées de la Garonne & de la Dordogne, quoique ces rivières aient une embouchure commune. Elles ne peuvent naturellement être comprises dans un même *bassin*. (*Voyez* CULTURE.)

Je renvoie ce qui me reste à dire sur les *bassins* de chaque rivière un peu considérable, aux articles de ces rivières. Il en est de même sur les *bassins terrestres* & *maritimes* des golfes & des méditerranées. Je puis déjà citer à ce sujet la mer Baltique & le golfe de Bothnie.

BASSINS DE CERTAINES MERS DU NORD. En partant du détroit de Bering, & en prolongeant sa marche à travers les îles & les golfes découverts par cet habile navigateur & les Russes, on trouve un grand *bassin* qui mérite l'attention des navigateurs & des naturalistes. Si l'on ajoute à ces découvertes celles des Hollandais, & particuliérement celles de la Peyrouse, on verra de vastes étendues de détroits, de manches, & des terres qui les bordent & en font les limites; & pour peu qu'on s'étende au sud, on rencontrera deux nouveaux *bassins* qui se réuniront sans difficulté au premier, c'est-à-dire, qu'on aura sous ses yeux le *bassin* du nord, celui du sud & celui du midi. Ce sont les détails qui concernent ces trois *bassins* que je ferai figurer dans notre Atlas, & qui mettront dans leur développement les découvertes les plus récentes que nous devons aux navigateurs de nos voisins & aux nôtres.

BASSINS DES PORTS. Quelques ports renferment des *bassins* qui sont de deux formes particulières : les uns sont *ouverts*, tels que ceux qui se voient à Toulon, au Ferrol, à Carthagène d'Europe, &c. Ils sont appelés *darces* ou *darses* par les Français, & *wet dock* par les Anglais, comme indiquant un *bassin* où il y a toujours de l'eau. Les autres *bassins* capables de recevoir plusieurs vaisseaux, tel que le *bassin* du Havre-de-Grace, sont fermés par des portes que l'on n'ouvre qu'à mer haute, pour faire entrer ou sortir des vaisseaux au moment où la mer étale : les Anglais les appellent *dry dock*, *bassin qui asséche*, & en général *bassin*, ou *basin*, ou *bason*. On donne aussi la dénomination de *bassins* aux formes, *basin of a dock* ou *dry dock*, qui sont des fossés creusés dans la terre à une profondeur au dessous du niveau de la haute-mer, dans lesquels on introduit des vaisseaux pour être radoubés ; quelques-uns servent pour des constructions entières.

BASTENNES, village du département des Landes, canton d'Amon. Le territoire de ce village produit une espèce de terre qui a la propriété du bitume quand on l'emploie avec le bois, & du ciment quand on l'unit à la pierre. On la pêtrit aisément comme on pêtrit le bitume échauffé, & cependant, comme lui, elle ne s'attache pas aux doigts. Elle est impénétrable à l'eau, qui ne la décompose point. On s'en sert avec succès pour sceller les vases qui contiennent quelques liqueurs. On peut en user comme du mastic, & c'est surtout pour lier les pierres dans la maçonnerie, qu'elle est d'un précieux usage. Elle acquiert à l'air & avec le tems une telle dureté, qu'on ne peut plus, dans les démolitions, séparer les pierres que cette terre a unies, & qu'on est obligé de les briser. Il faut dire qu'il y a une mine d'asphalte & de bitume dans les environs, & qui peut être considérée comme le foyer de cette terre. On voit encore les vestiges des anciennes fouilles faites sur cette mine, & les ruines des anciens fourneaux.

BASTIA, ville & chef-lieu du département du Golo, sur la côte orientale de la Corse, avec un bon port & un fort château, qui est établi sur un sol appelé *Terra-Nova*. Les environs sont fertiles en froment, en vin, & un grand nombre de sources ne permettent pas à la sécheresse d'affliger ce terrain. Près de *Bastia* on trouve une sorte de minéral appelé vulgairement *petra quadrata*, qui, sous cette forme carrée, a presque la dureté du marbre, avec la couleur du fer & le poids du plomb. Nous entrerons dans de plus grands détails sur ce pays à l'article de la CORSE.

BASTIDE DE CLARENCE (la), ville du département des Basses-Pyrénées, arrondissement de Bayonne. Le territoire de cette ville renferme une mine de cuivre située sur la pente méridionale d'une ravine creusée par le ruisseau d'Arrestschoulegui. On y a rencontré, dans des bancs de schistes argileux inclinés au nord, une veine, dont la pente à l'ouest, composée de quartz, de spath & de rocher calcaire, mêlés de belle mine de cuivre jaune & de mine de fer spathique qui coupe le banc de schiste sans épontes distinctes.

Ce même territoire renferme encore une autre mine appelée *Ustelcy*. Celle-ci est la plus considérable par la bonté & la puissance de son filon, qui produit une mine de fer spathique blanche pure, sur trois toises d'épaisseur.

BASTIDE DE SERON, ville du département de l'Arriège, arrondissement de Foix. Cette petite ville ne contient qu'une forge. Dans le voisinage il y a plusieurs ruisseaux aurifères. Le ruisseau de la Beouse, situé à quatre cents toises nord-nord-ouest de la *Bastide*, est à sec lorsqu'il ne pleut pas. Il a formé une ravine dont les bords offrent une argile rougeâtre, une argile grise, & des cailloux roulés quartzeux & schisteux. Cette ravine est d'ailleurs entourée de terres fortes, propres au labour. L'argile grise est d'une très-belle couleur : on s'en sert pour peindre les maisons. Les verreries d'Arbas, de Pointis & de Sainte-Croix en viennent chercher pour la composition de leurs creusets. Cette terre est mêlée de fragmens de jayet, dispersés & point en veines.

Sur le revers de la côte de Beouse est le ruisseau de Taliol, qui est aurifère, & dont les produits sont entiérement semblables à ceux du ruisseau de la Beouse.

Le ruisseau de Pitrou, près de la métairie de Mazelles ou Mazères, est également aurifère.

En montant la côte de la métairie de Sourre, on trouve un filon de mine de cuivre qui traverse le chemin. Au dessus, en montant la côte & sur des rochers dont il y a de grandes parties couvertes de vert de montagne, on a fait une ouverture au milieu d'un spath pesant. Dans le même quartier, nous ajouterons qu'on a découvert, en 1749, les mines d'argent & de cuivre de Méras & de Montegalle.

BASTIDE DES JOURDANS (la), village du département de Vaucluse, canton de Pertuis. Le territoire possède des moules d'eau douce à perles : il y a aussi des couches de silex ou pierres à fusil au milieu des pierres blanches & tendres.

BASTIDE DE CONGOUST, village du département de l'Arriège, canton de Mirepoix-sur-l'Eers, à trois lieues sud-sud-est de Mirepoix : il y a des manufactures de jayet.

BAT (Roc du), montagne du département des Hautes-Alpes, arrondissement de Briançon, à deux lieues un quart sud de Ville-Vieille : elle a du nord-ouest au sud-est un quart de lieue de longueur.

BAT (la), rivière des Basses-Pyrénées, arrondissement de Pau. Sa source se montre à une lieue deux tiers nord-ouest de Nay, puis cette rivière coule au nord, & se rend dans l'Asbareits après une lieue de cours.

BATAILLE (la), rivière du département du

Var, arrondissement de Toulon. Sa source, à une demi-lieue du Roc-Rigaud, coule au sud-ouest, puis au sud-est, passe à un tiers de lieue sud-ouest de Bormes, & se jette dans la mer, à une lieue sud-est de Bormes, sur la plage de la Vielle.

BATAVIA (Ville de). *Batavia*, la capitale des domaines hollandais dans l'Inde, à laquelle on ne peut comparer aucune autre ville des possessions européennes en Asie, est située sur le côté septentrional de l'île de Java, dans une plaine basse & marécageuse, où plusieurs petites rivières, qui prennent leur source dans les montagnes, à environ quarante milles dans l'intérieur du pays, débouchent dans la mer, & où la côte forme une baie appelée *Baie de Batavia*, à huit lieues du détroit de la Sonde. Elle gît par 6 deg. 10 m. de latitude sud, & par 106 deg. 50 m. de longitude ouest (méridien de Greenwich).

Les Hollandais semblent avoir choisi ce terrain pour la commodité de la navigation intérieure, & à cet égard c'est véritablement une seconde Hollande, supérieure à tous les autres endroits du Monde. Le havre de *Batavia* passe pour le plus beau de l'Inde, & c'est avec raison. Il est assez vaste pour contenir la plus grande flotte, & le fond en est si bon, que l'ancre y tient jusqu'à ce que le cable pourrisse. La mer n'y est jamais incommode, & il n'a d'autre inconvénient que le bas-fond qui est entre la rade & la rivière. Quand la bise de mer soufle frais, elle produit une mer moutonneuse, dangereuse pour les bateaux. En dehors & autour du havre il y a plusieurs îles que les Hollandais consacrent à différens usages : dans l'une, on y relègue les coupables ; dans l'autre, on y a établi des magasins : il en est une que l'humanité a fait choisir pour y fonder un hôpital, où les malades respirent un air plus salubre qu'à *Batavia*.

Le climat de ce pays est très-chaud & si malsain, qu'en peu de tems les vaisseaux qui y abordent, éprouvent ses malignes influences. Plusieurs causes ajoutent à ses effets naturels, & on les indiquera dans la description de cette ville célèbre.

Batavia est bâtie d'une manière convenable à son degré de latitude. Les rues sont spacieuses & belles, & les bords des canaux sont plantés de rangées d'arbres qui forment un charmant coup-d'œil ; mais les canaux & les arbres concourent à rendre cette ville mal-saine. L'eau stagnante des canaux exhale, dans la saison sèche, une puanteur insupportable, & les arbres empêchent le renouvellement de l'air qui pourroit dissiper, jusqu'à un certain point, les émanations putrides. L'inconvénient est égal dans la saison pluvieuse ; car alors ces réservoirs d'une eau corrompue sortent de leurs lits, inondent la partie basse de la ville, & remplissent les étages inférieurs des maisons, où ils laissent une quantité d'ordures & de vase. On nétoie quelquefois ces canaux ; mais cette opération mal faite entraîne des suites aussi funestes que si on y laissoit une eau croupissante. La boue qu'on tire du fond & qu'on laisse sécher sur les bords des canaux, étant composée du détriment des matières animales, empoisonne l'air à une distance considérable. Les eaux courantes elles-mêmes sont nuisibles, à leur tour, par la mal-propreté des habitans, qui traînent de tems en tems sur le rivage les animaux morts de maladie, & les y laissent jusqu'à ce qu'ils soient consumés ou qu'une inondation les entraîne plus loin.

Le pays des environs de *Batavia*, dans un espace de quelques milles, est semé partout de maisons de campagne & de jardins. La plupart de ceux-ci sont très-grands, &, par une étrange fatalité, ils sont tous plantés d'autant d'arbres que le terrain peut en contenir, de sorte que l'île ne tire aucun avantage d'avoir été débarrassée des bois qui la couvroient autrefois, si l'on en excepte les fruits que lui procurent les arbres substitués aux anciens. Ces impénétrables forêts occupent un terrain plat, qui s'étend à plusieurs milles au-delà des jardins, & qui est entre-coupé par des rivières & des canaux navigables pour les petits bâtimens. Ce n'est pas encore le plus grand inconvénient : tous les champs & jardins sont environnés d'un fossé, &, au milieu des terres mises en culture, on trouve partout des marais, des fondrières & des amas d'eaux saumâtres.

Il n'est point étrange que les habitans d'un pareil pays soient familiarisés avec la maladie & la mort ; ils prennent des médecines de précaution presqu'aussi régulièrement que des repas, & chacun attend le retour des maladies comme nous attendons les saisons de l'année. On ne voit point à *Batavia* un seul visage qui indique une santé parfaite : les joues des hommes & des femmes ne sont animées d'aucune couleur. Les personnes du sexe seroient pourtant très-jolies si, avec un air de maladie, on pouvoit avoir quelque beauté. L'idée de la mort, si affligeante en général, ne les affecte en aucune manière, & l'on en parle avec autant d'indifférence que dans un camp.

Il y a peu d'exception à la description que l'on vient de faire des environs de *Batavia*. Tout le terrain est plat, si l'on excepte une hauteur qui s'élève à peu près d'une trentaine de pieds au dessus de la plaine. Le pays, dans une étendue de trente à quarante milles, est exactement parallèle à l'horizon. Passé cette distance, il y a deux collines d'une élévation considérable, où l'on dit que l'air est sain & frais relativement à celui des bords de la côte. Les végétaux d'Europe, & en particulier les fraises qui ne peuvent supporter la chaleur, y croissent fort bien. Les Insulaires qui habitent ce canton y sont vigoureux, & ont des couleurs. Quelques-uns des principaux personnages de *Batavia* possèdent des maisons de campagne sur ces collines, où ils vont une fois par année réparer les torts que cause à leur physique l'air dangereux qu'on respire à la ville. Les médecins y envoient aussi les malades recouvrer la santé : ils s'y guérissent en peu de tems ; mais ils retombent toujours bientôt après leur retour à *Batavia*.

La même situation & les circonstances qui rendent *Batavia* & ses environs mal-sains, les rendent aussi le meilleur canton de la terre pour la culture des légumes. Le sol est fertile au-delà de ce qu'on peut imaginer, & les productions du besoin ou du luxe qu'il fournit, sont presqu'innombrables.

Le riz, qu'on sait être le grain du pays & qui sert de pain aux habitans, y croît en grande abondance. On doit observer ici que sur les parties montueuses de Java & de plusieurs îles orientales, on cultive une espèce de riz entiérement inconnue dans les parties occidentales de l'Inde. Il est appelé par les naturels, *paddy gunung* ou *riz de montagne*. Tandis que l'autre espèce doit être sous l'eau pendant les trois quarts du tems de sa croissance, on sème celle-ci sur des coteaux qui ne sont arrosés que par la pluie : il faut pourtant remarquer qu'on le sème au commencement de la saison pluvieuse, & qu'on le recueille au commencement de la sèche. Il seroit peut-être avantageux de rechercher jusqu'à quel point cette espèce de riz pourroit être utile dans nos îles d'Amérique qui ne produisent point de froment.

Il faut compter au nombre des productions de ce pays, le blé d'Inde ou maïs, que les habitans recueillent avant qu'il soit mûr, & grillent en épis : beaucoup d'espèces différentes de haricots, des lentilles qui font une partie considérable de la nourriture du peuple ; du millet, des ignames fondantes & d'autres sans suc ; des patates douces, des pommes de terre d'Europe, qui sont excellentes, mais qu'on n'y cultive pas en grande quantité. On trouve dans les jardins, des choux, des laitues & des concombres ; des raves blanches de la Chine, qui cuisent presqu'aussi bien que le turnep ; le fruit de la plante appelée *plante aux œufs*, des carottes, du persil, du céleri ; le pois d'Angole, qui est délicieux lorsqu'après l'avoir rôti on le mange avec du poivre & du sel ; une sorte de légume ressemblant à l'épinard ; des oignons très-petits, mais très-bons ; des asperges, & en outre quelques plantes d'Europe fort odoriférantes, telles que la sauge, l'hyssope & la rue. On y recueille, avec très-peu de culture, des quantités immenses des plus belles & des plus grosses cannes de sucre qu'on puisse imaginer, & elles donnent beaucoup plus de sucre que celles des îles d'Amérique. Les mélasses servent à la fabrique de l'arrack : elles sont le principal ingrédient de cette liqueur, ainsi que du rum, en y ajoutant un peu de riz & de vin de coco, afin de lui donner quelques parfums. Il y croît encore de l'indigo ; mais comme il se consomme dans le pays, il ne fournit point une branche de commerce.

Mais les comestibles les plus abondans de cette partie du Globe sont les fruits, dont la prodigieuse quantité ne peut se décrire. Il n'y en a pas moins de trente-six espèces qu'on se dispensera de nommer : il suffit de dire que, parmi leur nombre, on distingue l'ananas, les oranges douces, les pimplemousses, les citrons, les limons, les mangues, les bananes, les raisins, les melons d'eau, &c. Telles sont en partie les ressources salutaires des habitans de ce parage, qui en font une consommation extraordinaire, & les lieux où l'on vend ces fruits divers présentent le spectacle de la plus riche comme de la plus étonnante abondance.

Les Insulaires de cette partie de l'Inde ont un luxe qui n'est guère pratiqué dans les autres pays : ils brûlent continuellement des bois aromatiques & des résines, & s'environnent d'odeurs en plaçant autour d'eux une multitude de fleurs agréables. Les personnes des deux sexes en remplissent leurs cheveux & leurs habits, & les mêlent avec les feuilles d'une plante appelée *pandang*, qu'on coupe en petits morceaux. Ils poussent la recherche encore plus loin ; ils répandent ce mélange sur leurs lits, de manière que la chambre où ils couchent, respire le plus délicat & le plus pur des parfums. Il y a toute apparence qu'ils regardent ces précautions comme l'antidote nécessaire pour arrêter les effets dangereux des exhalaisons méphitiques qui s'élèvent de leurs fossés & de leurs canaux. Parmi les fleurs dont ils font usage, il en est plusieurs entiérement inconnues en Europe : de ce nombre est le *champacka*, dont la fleur croît sur un arbre aussi grand que le pommier ; elle a quinze pétales longues & étroites ; ce qui lui donne l'apparence d'être double, quoique réellement elle ne le soit pas. Sa couleur est jaune, & beaucoup plus foncée que la jonquille, à laquelle elle ressemble par son parfum. Le *camanga* a une fleur verte, qui ne ressemble point du tout à la fleur d'aucun arbre ou plante d'Europe ; elle a plus l'apparence d'une touffe de feuilles, que d'une fleur. Son parfum est suave, mais il lui est particulier. Le *bonja taujon* a la forme d'une étoile de sept ou huit rayons, & d'environ un demi-pouce de diamètre : cette fleur est jaunâtre, & d'une agréable odeur. Il en est encore d'autres dont la description est inutile : on en a dit assez pour montrer à quel point cette terre est enrichie des dons bienfaisans de la nature.

Ce pays produit encore quelques épiceries, telles que le poivre, le girofle & la muscade, dont les Hollandais font une branche considérable de commerce.

Les animaux domestiques, parmi les quadrupèdes, sont principalement les chevaux, les vaches, les bufles, les moutons, les chèvres & les cochons. Les chevaux sont petits, mais ils sont agiles & pleins de feu. On assure que les Européens les ont trouvés dans ce pays lorsqu'ils doublèrent, pour la première fois, le Cap de Bonne-Espérance. On prétend que les bœufs sont de la même espèce que ceux d'Europe ; cependant leur figure est si différente de celle des nôtres, que l'on doute qu'ils soient de la même race. Ce qui est certain, c'est qu'on en trouve de sauvages, non-seulement dans cette contrée, mais encore dans plusieurs îles de l'Orient. Le bœuf que l'on mange à *Batavia* a la chair plus belle que le bœuf d'Europe, mais il est moins succulent & excessivement maigre. Les bufles y sont abondans : les Hollandais n'en mangent jamais ; ils ne boivent pas non plus le lait des femelles, parce qu'ils sont persuadés que cette nourriture est mal-saine & tendante à donner la fièvre si prompte à se manifester dans ce climat. Cependant les naturels du pays, & les Chinois qui y demeurent, mangent de l'un & de l'autre sans en être incommodés. Les moutons sont de ceux qui ont de grandes oreilles pendantes, & du poil au lieu de laine : la chair en est dure & coriace, & c'est à tous égards le plus mauvais mouton qu'on puisse jamais manger. Les chèvres ne sont pas meilleures ; mais les cochons, surtout ceux de la race chinoise, sont excellens.

Outre ces animaux qui sont domestiques, ils ont encore des chiens & des chats sauvages, ainsi que des chevaux & d'autres bestiaux dans les montagnes de l'intérieur de l'île. Les environs de *Batavia* sont très-bien fournis de deux espèces de daims & de cochons sauvages très-bons.

On dit qu'il y a une grande quantité de tigres & quelques rhinocéros dans les montagnes & les lieux déserts de l'île : ces mêmes endroits nourrissent aussi des singes, qui ne sont qu'en petit nombre aux environs de *Batavia*.

On est étonné de l'abondance de poissons qui se trouvent à *Batavia* : il y en a plusieurs d'excellens, & ils sont à bon marché. Il y a des tortues, mais elles ne sont ni aussi tendres ni aussi grasses que celles des îles d'Amérique. On trouve des lézards ou ignans qui sont très-grands, & dont la grosseur quelquefois égale celle de la cuisse d'un homme. On en tue qui ont cinq pieds de long, & la chair de cet animal est une excellente nourriture.

La volaille y est très-bonne & en grande abondance. En général, le gibier volant y est rare : on voit peu de canards sauvages, mais beaucoup de grives. On trouve souvent des bécassines de deux espèces, dont l'une est exactement la même que celle d'Europe. Il est à remarquer que les bécassines se rencontrent dans beaucoup plus de pays du Monde, qu'aucun autre oiseau : elles sont communes presque dans toute l'Europe, l'Asie, l'Afrique & l'Amérique.

La nature n'a pas accordé tant de boissons aux habitans de Java, qu'à d'autres peuples placés dans les régions les moins fertiles du Nord. Il est vrai que les naturels de cette île, & la plupart des autres Indiens qui y demeurent, sont Mahométans, & par conséquent ils n'ont pas beaucoup à regretter de ne point avoir de vin ; mais comme si la prohibition de leur loi ne regardoit que la manière de s'enivrer & non l'ivrognerie elle-même, ils mâchent du bétel jusqu'à perdre entièrement la raison & la santé.

L'arrack qu'on y fait, est trop connu pour qu'il soit nécessaire d'expliquer la manière dont on le fabrique. Le palmier donne en outre un vin qu'on prépare de trois façons différentes. Dans son premier état, il est presque tel qu'il sort de l'arbre, & on l'appelle *tuac manise*. Il a cependant déjà reçu quelque préparation, au moyen de laquelle il le garde deux jours, & sans laquelle il se corromproit en douze heures : il est alors d'une douceur agréable, & n'enivre pas. Dans les deux autres états, il a subi une fermentation, & on y a mis une infusion d'herbes & de racines qui lui font perdre sa douceur, & lui donnent un goût très-austère & très-désagréable. L'une de ces liqueurs est nommée *tuac cras*, & l'autre *tuac cuning* : on ne peut assigner quelle est leur différence ; mais elles enivrent fortement toutes deux. Ils expriment aussi des noix de coco une liqueur appelée *tuac* ; ils s'en servent principalement pour la mettre dans l'arrack, car c'est un ingrédient essentiel de la composition de celui qui est bon.

Quoique *Batavia* soit la capitale des domaines hollandais dans l'Inde, elle est si loin d'être peuplée de Hollandais, que, parmi les habitans européens de la ville & de ses environs, il n'y en a pas la cinquième partie qui soient natifs de Hollande ou d'extraction hollandaise. Les Portugais forment le plus grand nombre, &, outre les Européens, il y a des Indiens de diverses nations, des Chinois & beaucoup d'esclaves nègres. On trouve dans les troupes des hommes de presque toutes les nations de l'Europe, des Français, des Anglais, des Allemands, & plus de ceux-ci que de tout autre pays. Parmi la confusion de tant de peuples divers, il est impossible d'indiquer le vrai caractère physique & moral de l'espèce primitive qui habitoit antérieurement cette contrée. Le cachet particulier que la nature imprime aux hommes de chaque climat, a dû nécessairement s'effacer en grande partie au milieu du mélange de tant de conformations, de passions & d'usages différens.

La langue que parlent presque tous ces peuples, de quelque pays qu'ils tirent leur origine, est le malais, au moins c'est le nom qu'on lui donne, & c'est probablement un dialecte très-corrompu de celui qui est en usage à Malacca. Chaque petite île cependant a son langage particulier, & Java en a deux ou trois ; mais cette espèce de langue franque est la seule qu'on y parle aujourd'hui, & l'on assure qu'elle est usitée dans une grande partie des Indes orientales.

BATCHESERAI & ses environs. Lorsqu'on traverse ce désert depuis Perecop jusqu'à Kosloff, on ne trouve aucun arbre, & il paroît outre cela qu'il seroit assez difficile d'y en élever, surtout vu la quantité de sel dont la terre est imprégnée. D'ailleurs, les lacs, pendant l'été, sont couverts d'une croûte épaisse & blanche, résultat de la cristallisation du sel qui se porte à leur surface. L'extrême chaleur produit là un phénomène tout semblable, en apparence, à celui qui résulte des grands froids dans le Nord ; car alors la glace de l'eau salée renferme du sel, & dans l'hiver on trouveroit ce phénomène.

Le sel ainsi naturellement cristallisé, est un grand objet de commerce dans la Tauride. Nous avons vu d'ailleurs que la qualité saline des prairies étoit d'un avantage considérable pour le bétail qui y paît ; & outre les chameaux, les dromadaires & les chevaux qui y prospèrent, l'on y trouve cette précieuse espèce de brebis, nommée par Pallas *ovis taurica*, dont la fourrure est si estimée en Pologne & en Russie.

En quittant Sympheropol on suit, pour arriver à *Batchescrai*, une vallée extrêmement variée & agréable. A droite & à gauche, la vue est bornée par des montagnes qui s'abaissent, d'intervalle à autre, comme pour montrer de beaux échantillons de paysages qu'elles cachent. Les montagnes de la Tauride ont une direction de l'est à l'ouest, & se subdivisent en trois chaînes distinctes. La plus septentrionale de ces trois lignes est toute calcaire, & présente peu de ressources à la végétation. La chaîne centrale offre au contraire une riche verdure, de beaux arbres, & des points de vue fort agréables. Enfin, la ligne méridionale est composée de rocs vifs, qui semblent être placés sur ce rivage comme une forte digue contre la fureur de la mer & des vents.

A peu près à moitié chemin entre Sympheropol & *Batcheserai*, on voit la belle rivière d'Alma, qui coule doucement dans cette vallée délicieuse. Ses bords sont ombragés par des groupes de peupliers de Lombardie & de beaux tilleuls. Les prairies, qui s'étendent des deux côtés de la rivière, sont couvertes de nombreux troupeaux & de cabanes de bergers. On est étonné de découvrir tout à coup *Batcheserai* en arrivant au sommet d'une hauteur qui le domine. Ici on tombe tout à coup sur une grande ville cachée dans une vallée.

A côté du palais dont cette ville est ornée, on trouve un petit jardin arabe, où la vigne est chargée de beaux raisins. Les pêches, les abricots, les cerises, les prunes, y sont d'une qualité excellente.

Ensuite, en côtoyant la rivière de Katza jusqu'à l'extrémité de la vallée, on trouve ses bords couverts de petits jardins semblables, & remplis de fruits délicieux. L'arbre qui se fait remarquer, parmi tous les autres, par sa taille avantageuse, est le peuplier d'Italie. Il s'élève à une grande hauteur, &, à une certaine distance, il a l'air d'un obélisque. Il contraste d'une manière fort agréable avec les humbles habitations des Tartares, placées sous son ombre, & entourées de vergers distribués dans la partie basse de la vallée.

La situation de cette ville semble d'abord être mal-saine ; mais on a remarqué qu'elle contenoit un grand nombre de vieillards, d'où l'on est obligé de conclure que cette situation est plus salubre qu'elle ne paroît.

A cinq wersts de *Batcheserai*, on trouve une de ces montagnes excavées qui ont servi au séjour des Troglodites de ces climats. Ces habitations sont de forme conique, couvertes en bois, & divisées en compartimens avec des fenêtres taillées & des citernes encore pleines d'eau. Outre cela, à sept wersts plus au sud, sont encore deux montagnes également excavées. On ne peut fixer précisément à quelle époque ces retraites ont été construites & habitées ; mais on peut conjecturer, avec grande certitude, qu'elles ont servi de refuge aux peuples chassés de la plaine par divers conquérans, tels que les Alains & les Goths.

De la ville de Balaklava.

Cette ville, qui est l'*Urbs climatum* de Constantin Porphyrogenète, est occupée aujourd'hui par une colonie d'Albaniens, qui s'y sont retirés pour éviter la vengeance des Ottomans, dont ils étoient menacés pour avoir pris parti, en faveur des Russes, dans la dernière guerre. Ces peuples ont malheureusement choisi le lieu le plus mal-sain de toute la Tauride. La génération qui s'élève en souffre moins que celle qui a formé l'établissement. L'influence fatale est due au voisinage des marais. Ce sont les mêmes exhalaisons malfaisantes qui ont chassé les Russes de la ville moderne de Cherson, & qui anéantiront bientôt la nouvelle colonie des Français, formée sur les bords du Niéper.

Le port de Balaklava est un des plus singuliers bassins qui existent : il est exactement entouré de montagnes, de manière à être à l'abri de tous les vents. Son entrée ou son goulet ressemble plus à la porte d'une caverne, qu'à un port. Le passage est fort étroit. Son ouverture étant oblique entre deux rochers élevés, il faut beaucoup d'adresse pour y conduire un vaisseau, & l'on ne découvre ce bassin que lorsqu'on est dedans. Cette avantageuse position fit du *Portus symbolon* la retraite des pirates, si nombreux, pendant plusieurs siècles, sur le Pont-Euxin. C'étoit à Balaklava qu'étoit le grand marché des esclaves qu'ils rassembloient dans leurs courses. Après l'extermination des pirates, ce port fut long-tems florissant, par le commerce, sous la domination des Génois : aujourd'hui il est fermé par une chaîne qui ne s'ouvre jamais : on n'a trouvé que ce moyen d'empêcher l'entrée des marchandises de contrebande qui mettroient Balaklava en danger de la peste. Les habitans de cette ville sont donc à tous égards dans une situation fort triste.

C'est un fait remarquable, que l'insalubrité de ces marais remplis d'une eau salée ; car la partie marécageuse aboutit à l'extrémité intérieure du port. Mais il faut outre cela observer que les eaux d'un d'un ruisseau, chargées de matières végétales, sont versées continuellement dans le bassin; que, d'un autre côté, les plantes marines, accumulées dans le bassin par les vents, n'en ressortent point, puisqu'il n'y a ni flux ni reflux; enfin, que l'action des vents, qui tendroit à purifier les eaux du bassin, y est nulle, parce qu'il est complétement fermé. Il résulte de toutes ces circonstances, que, pendant les grandes chaleurs de l'été, il se fait une évaporation infecte des matières végétales en putréfaction dans la partie marécageuse du port. Il n'est donc pas surprenant que ce mauvais air occasionne des fièvres rémittentes; mais si c'est là la cause de l'insalubrité de Balaklava, on demandera peut-être pourquoi cette cause n'agissoit-elle pas autrefois, & dans les tems où nous savons que ce port étoit extrêmement florissant & peuplé. On peut répondre avec fondement, que si le pays étoit aujourd'hui peuplé & cultivé, les matières végétales en putréfaction, & qui gâtent l'air, seroient employées à l'agriculture; ce qui ne peut se faire maintenant que les Albaniens sont obligés à un service militaire, &c.

De la vallée de Baydar.

Cette vallée, qui est la tempe de la Crimée, présente un bassin de vingt milles de longueur, de forme ovale, & entouré de hautes montagnes couronnées de bois. On y voit là des prairies, des arbres à fruits, des arbustes à fleurs d'une variété infinie. Un grand nombre de villages sont disséminés dans tous les sites les plus pittoresques. Des chaumières appliquées contre les pentes de la montagne se découvrent à peine à travers les vergers qui les entourent. Enfin, des habitations distribuées dans la plaine & sur les bords de deux ruisseaux, sont indiquées par les groupes de beaux arbres.

BATCHIMALE (la), montagne du département des Hautes-Pyrénées, arrondissement de Bagnères, canton d'Arreau, à cinq lieues d'Arreau. Elle est située au sommet de la chaîne des Pyrénées, & offre, du sud-ouest au nord-est, une pente d'un tiers de lieue d'étendue, objet d'observation intéressant.

BAT-DAVILLE, montagne du département des Basses-Pyrénées, canton d'Arady, à une lieue deux tiers sud-ouest de Bielle. Elle a, dans sa direction de l'est à l'ouest, deux tiers de lieue de longueur, & mérite d'être suivie dans cette contrée intéressante, qui en offre quelques autres semblables. C'est là qu'on peut observer la constitution intérieure des Basses-Pyrénées.

BATIS ET DES HAMETS (Forêt des), département de la Haute-Marne, arrondissement de Wassy. Elle a deux mille huit cents toises de longueur, sur mille huit cents toises de largeur. Tous les bois qu'on tire de cette forêt sont d'une très-bonne qualité pour l'exploitation.

BATTE (la), rivière du département des Forêts, canton d'Arlon, à une demi-lieue sud-ouest duquel cette rivière prend sa source; ensuite elle coule au sud, puis à l'ouest, & va se rendre dans le Tow au nord de Saint-Mard. Elle a quatre lieues de cours.

BATTERIES (Plage des), département du Var, canton d'Ollioules, entre l'île de la Carsalade & le cap du Gros, à deux lieues un quart ouest par le sud de Toulon.

BATUÉCAS, district au nord-ouest de Talavera, dans le bassin du Tage. Tout ce pays est remarquable par la hauteur des montagnes qui séparent l'Estramadure de la Nouvelle-Castille, & par la profondeur des vallées & des défilés qui sont entre ces montagnes. Dans la totalité de ce district, on distingue deux vallées : premièrement, celle de *Batuécas*, qui peut avoir une lieue de longueur, & où, dans quelques endroits, on ne trouve que le lit de la rivière qui y coule. Cette vallée n'a pour habitans que quelques paysans qui communiquent difficilement avec leurs voisins, vu les précipices & les rochers qui les en séparent.

Secondement, celle des Jurdes, qui a environ quatre lieues de long, sur trois de large.

L'eau qui coule dans ces vallées est claire & limpide : les ruisseaux abondent en truites : on y trouve aussi des grains d'or mêlés au milieu des sables. Les habitans savent bien les trouver; ce qui ne laisse pas d'être une ressource pour cette contrée. Comme il n'y croît guère que du genêt, du ciste, &c. le miel qu'on y recueille a un goût d'amertume désagréable.

Une chose digne de remarque, c'est que les habitans n'y sont pas incommodés de goîtres, ainsi que ceux de plusieurs autres vallées qui ont à peu près la même situation. C'est que sans doute on y éprouve une température plus douce & moins froide que dans les vallées de Suisse & de Piémont où régnent ces goîtres.

BAU (le), rivière du département de l'Arriège, canton de Saint-Giron. Sa source, à une lieue sud-sud-ouest de Rimont, prend son cours au nord-ouest, puis à l'ouest, & se rend dans le Salut à trois lieues & demie ouest de la source.

BAUD, ville du département du Morbihan, arrondissement de Pontivy. Les environs de cette ville fournissent des pierres qui offrent des formes de croix régulières, & souvent en sautoir ou en croix de saint André. (*Voyez* STAUROTIDE.)

BAUDRICOURT, village du département des

Vosges, arrondissement de Mirecourt, & à une lieue & demie de cette ville. Dans la cour du château est une source d'eau minérale sulfureuse.

BAUGÉ (Forêt de), département de Maine & Loire, arrondissement & canton de *Baugé*, & à un quart de lieue nord-ouest de cette ville. Elle a de l'est à l'ouest dix-sept cents toises de longueur, & du nord au sud quinze cents toises de largeur.

BAULE, village du département du Loiret, canton de Beaugenci. On recueille dans son territoire le meilleur safran du ci-devant Gâtinois.

BAULON, village du département de l'Arriège, canton de Foix. Dans cette commune on a creusé, au dessus de la ferme de Zarupel, une mine de charbon de terre; outre cela, il en a été percé une autre sur la pente orientale du Roc-de-Redon, où l'on a découvert une petite veine de jais.

BAUMANN (Caverne de). Cette grotte souterraine, voisine de Goslar, dans le comté de Blanckenbourg, excavée dans l'intérieur d'un rocher, s'étend à une profondeur très-considérable. Elle est composée d'un grand nombre de cavernes qui communiquent les unes aux autres, & qui sont remplies de stalactites d'une forme singulière, mais qui ne peuvent fixer l'attention des naturalistes instruits. Le peuple y a cherché des ressemblances qui n'y sont point. On trouve dans les couches excavées par les eaux, à l'action desquelles on doit attribuer l'approfondissement de ces souterrains, des os d'animaux, que les gens crédules ont pris pour des os de géans. M. Leibnitz cite cette grotte & les ossemens fossiles qu'on y trouve, comme une preuve des dépôts que la mer a faits à la surface de la terre à mesure qu'elle l'a couverte; mais il auroit pu la considérer en même tems comme une preuve des destructions que les eaux qui ont circulé à la surface de la terre depuis la retraite de la mer, ont faites dans les couches voisines de cette surface lorsque ces eaux ont pu pénétrer dans ces couches, & y former des excavations successives en agissant avec une certaine énergie.

BAUME-LES-DAMES *ou* BAUME-SUR-LE-DOUBS, ville du département du Doubs. On y récolte des vins très-estimés, & dans les environs il y a des carrières de marbre, de gypse, d'ardoise, & des mines de fer dont on sait tirer grand parti.

BAUME-LA-ROCHE, village du département de la Côte-d'Or, canton de Sombernon. On trouve dans ce village des carrières de marbre couleur d'olive, tacheté de points rougeâtres & parsemé de veines blanches.

BAUME. *La Grand'-Baume* ou *la Baume de la Grand'-Combe* est un goufre dont l'ouverture est au sommet du Jura, & qui pénètre dans les entrailles de la montagne à une profondeur étonnante. Ce qui frappe le plus les voyageurs dans la rencontre de ce goufre, c'est que rien n'y prépare. On y jette ordinairement de grosses pierres & des poutres sans pouvoir estimer, par l'intervalle des retentissemens qui résultent de la chute de ces corps, l'immense profondeur de cet abîme. La bouche ou l'ouverture de ce goufre est circulaire, & d'environ douze pieds de diamètre. Pour peu qu'on s'élance sur l'ouverture, on découvre d'abord que les bords en sont d'à-plomb dans le rocher, & l'on se persuade aisément que ce vide profond a été produit par la précipitation d'une masse solide, qui, n'étant plus soutenue par sa base, a cédé, & a été remplir les excavations formées par les eaux souterraines qui circulent, à de grandes profondeurs, dans cette contrée. Nous aurons occasion de citer de semblables déplacemens au milieu des *cantons absorbans*, où les eaux se perdent dans l'intérieur des terres. Ainsi tout ce merveilleux des *goufres* & des *abîmes* disparoîtra par cette explication simple, & d'après le rapprochement de toutes ces circonstances.

BAUZON (Forêt de), département de l'Ardêche, canton de Thueyts & de Montpezat. Elle forme deux parties séparées: la plus considérable est située à deux lieues ouest de Montpezat; elle a de l'est à l'ouest cinq mille toises, & du nord au sud trois mille six cents toises. La seconde partie, située à deux tiers de lieue nord de Montpezat, a de l'est à l'ouest trois mille toises, & deux mille du nord au sud.

BAYE, sorte d'enfoncement dans les côtes de l'Océan. Lorsqu'on considère les différentes côtes de la mer, & qu'on parcourt avec attention tout ce littoral, on est étonné du grand nombre de sinuosités qu'on y a distinguées sur les Cartes générales, & auxquelles on s'est attaché à donner des dénominations particulières. C'est ainsi qu'à côté du mot *sinus*, la seule expression dont fissent usage les Latins pour indiquer les divers enfoncemens des côtes de l'Océan, & que Varénius a de même adoptée seule pour ranger par ordre ces affections de la terre (*affectiones telluris*), on trouve, dans certains géographes modernes, *golfes*, *bayes*, *anses*, *mers intérieures* ou *méditerranées*. En adoptant cette nomenclature, j'aurai le plus grand soin, lorsque je traiterai chaque article, de spécifier, non-seulement ce qui convient à telle forme de côte, mais encore ce qui la distingue de toute autre. C'est d'après ces principes que je m'occuperai, bien en détail, des *bayes*, en présentant une certaine liste de celles qui s'offrent dans différentes contrées & positions. Ce sont, comme on sait, des parties de l'Océan qui se trouvent renfermées entre deux rivages, & qui forment dans les terres des enfoncemens plus ou moins profonds. Je distinguerai ensuite les *bayes* des *golfes*, des *anses*, des *méditerranées*, en ce que les *bayes* ont en général moins d'étendue que les *golfes*, & les *golfes* beaucoup moins que les *mers intérieures* ou *méditerranées*; car souvent les *golfes* en font partie. Quant aux *anses*, ce sont les sinuosités des côtes les moins apparentes & les moins étendues.

Les *bayes* ont différentes formes : les unes sont un peu longues & étroites; d'autres ont une large ouverture, & plus ou moins de profondeur. Il y a des *bayes principales*, & d'autres *secondaires*. Les premières tiennent à l'Océan, ayant un débouché immédiat sur cette grande mer; les secondes ont une correspondance avec les bassins des premières, & en sont le plus souvent les appendices.

On distingue deux espèces de *bayes* : les *bayes ouvertes*, & qui ne sont que de petits golfes, telles que la *baye* de Campêche, celle de Honduras, que leur configuration doit faire qualifier de *golfes*, &c., & les *bayes fermées*, qui sont pour ainsi dire de *petites mers intérieures*, telles que la *baye* de Cadix, la *baye* de Boston, &c. On appelle aussi improprement *bayes* de véritables *mers intérieures*, comme nous l'avons montré, telles que la *baye* de Baffin & la *baye* d'Hudson.

Je ne parlerois pas ici des *bayes* & les laisserois à la géographie simple si les côtes qui les forment, n'indiquoient pas des agens physiques qu'il importe de considérer, & qui appartiennent autant aux mouvemens des eaux de l'intérieur des terres, qu'à ceux des flots de l'Océan. C'est ce que j'ai indiqué ci-devant à l'article de la BAYE DE CADIX, en montrant la part que les embouchures de deux rivières devoient avoir à sa formation.

Notre nomenclature ne s'est pas toujours assujettie aux distinctions régulières & méthodiques que nous avons indiquées, & qui sont très-propres à jeter du jour sur les configurations des côtes de l'Océan, & les circonstances qui les accompagnent; en sorte qu'on a appelé *bayes* les *golfes*, & de même *golfes* les *bayes*, quoiqu'on ait dit que les *golfes* étoient une *grande baye*, & qu'une *baye* étoit un *petit golfe*. (*Voyez l'article* ANSE, *où se trouvent des détails plus étendus & plus instructifs sur les diverses sinuosités de la lisière des continens.*)

Je joins ici une liste assez étendue des *bayes* qui varient quant à leurs dimensions & à leurs positions, comme je l'ai dit.

BAYE D'ANTONGIL, petite *baye* sur la côte orientale de Madagascar. On la connoît dans cette île sous le nom de *Manghabay*.

BAYE DE BAFFIN. C'est un grand golfe qu'on peut considérer comme une méditerranée, en y joignant la *baye d'Hudson*, à laquelle elle communique par des détroits. (*Voyez* BAFFIN.)

BAYE DES BASQUES, golfe sur la côte occidentale de l'île de Terre-Neuve, au nord du cap de Raye.

BAYE DE BUTTONS, golfe des terres arctiques de l'Amérique septentrionale. Il fait partie de la *baye d'Hudson*.

BAYE BLANCHE, golfe sur la côte orientale de Terre-Neuve, entre Belle-Ile & l'Ile-aux-Oiseaux.

BAYE DE CADIX, petit golfe sur l'Océan atlantique, près de l'Andalousie, sur la côte d'Espagne, entre les embouchures de la Guadalquivir & de la Guadelete au nord. Ceci me paroît prouver que les rivières qui abreuvent ce beau port, ont plus contribué que l'Océan au creusement de la *baye de Cadix*.

BAYE DE CANCALE, petit golfe de la Manche, sur la côte de France, près Saint-Malo, entre la Normandie & la Bretagne. C'est vers le milieu de ce golfe qu'est le mont Saint-Michel. Quand la mer s'est retirée, cette *baye* n'étale plus qu'une grève très-étendue.

BAYE DES CHALEURS; c'est un assez bon havre sur le golfe du fleuve Saint-Laurent. Il est d'une grande profondeur. On pêche dans cette *baye* une grande quantité de loups-marins. Elle est située à 47 deg. 30 m. de latitude nord, & à vingt lieues environ de l'île Saint-Jean.

BAYE DE CHESAPEACK, golfe de l'Amérique septentrionale, entre la Virginie & le Mariland, proche Philadelphie. Elle a deux cent cinquante milles d'enfoncement dans les terres : au milieu est un banc de sable.

BAYE DE LA CONCEPTION, golfe de l'Amérique, dans le Canada & sur la côte orientale de l'île de Terre-Neuve, près de la *baye de la Trinité*, qui est située sur la côte septentrionale.

BAYE DE FRANCE, golfe de l'Afrique, sur le golfe de Guinée & près du cap de Sierra-Léone. Il a reçu ce nom des Français qui y ont abordé les premiers.

BAYE DE FRANCE, partie considérable des côtes de l'Océan, à laquelle les pilotes français ont donné ce nom. Cette *baye* s'étend depuis la pointe de la Bretagne jusqu'au cap Finisterre. Elle offre une infinité de formes intéressantes, que nous ferons connoître avec le détail des îles, des lacs, des pertuis qui bordent cette côte, & servent à la navigation de la France.

BAYE DE FRANCE, golfe du Canada, entre l'Acadie & le continent. Il n'est séparé de la *baye*

Verte que par un isthme fort étroit, lequel fait la communication de l'Acadie avec la terre-ferme. On appelle *Baye des mines* le fond de la *Baye française*, qui est terminé par un isthme.

BAYE D'HUDSON, golfe très-considérable de l'Amérique septentrionale, dans les terres arctiques. Elle reçut son nom de *Henri Hudson*, Anglais, qui la découvrit en 1611. Elle est au nord du Canada, à cent lieues de Quebec. Elle s'étend du nord au sud depuis le 51e. degré de latitude, jusqu'au 64e. Elle a près de deux cents lieues de largeur dans sa partie septentrionale : dans son milieu une presqu'île s'avance au sud pendant quarante lieues.

Les environs de la *baye d'Hudson* n'offrent aux observateurs qu'une terre inculte, sauvage, hérissée de rochers très-escarpés & à côté de ravines d'une profondeur effrayante, & de vallées où ne pénètrent point les rayons du soleil. Les neiges entassées depuis des siècles, & les glaces qui s'accumulent d'années en années, rendent ces contrées inabordables. Les hivers y sont si rigoureux, que les liqueurs & l'esprit-de-vin y gelent. Les hommes y habitent en petit nombre, & ont une taille qui n'excède pas quatre pieds. La mer elle-même, couverte d'immenses glaçons, défend les approches des vaisseaux pendant neuf mois de l'année.

Ce qui attire les Européens dans un pays si sauvage, c'est qu'il est très-riche en pelleteries de toute espèce, outre qu'elles sont les plus estimées de tout le Canada.

L'entrée de la *baye d'Hudson*, qui est à l'extrémité du détroit d'Hudson, laquelle est commune avec l'ouverture de la *baye* de Baffin, n'est praticable que depuis le commencement de juiliet, jusqu'à la fin de septembre. On voit par-là que, dans ces deux *bayes*, l'été y est fort court ; aussi sont-elles à peu près à la latitude de l'Islande. On doit penser combien peu les eaux & les mers ont eu de liberté pour creuser les bassins de ces deux *bayes*. Nous devons faire ces réflexions, puisque nous nous occupons de ces espèces de mers méditerranées, auxquelles nous reviendrons à leurs articles. (*Voyez les articles* BAFFIN & HUDSON.)

BAYE DES MORUES, sur la côte méridionale de l'île de Terre-Neuve, au couchant de la côte du Chapeau-Rouge.

BAYE DE PLAISANCE, *baye* d'Amérique, dans la partie méridionale de Terre-Neuve. Elle a un fort qui est habité par les Français.

BAYE DES PUANS, golfe du lac Michigan, dans la partie septentrionale. Il forme comme une seconde *baye*, nommée *baye des Nogues*, du nom d'une nation de sauvages qui habitent les environs. Cette *baye des Puans* n'a guère que sept à huit lieues de moyenne largeur. Dans le fond de cette *baye*, le pays est agréable. C'est là que demeurent les Sakis & les Orchagras, qu'on a nommés *Puans*. On les connoissoit auparavant sous la dénomination de *Nation de Pétun*.

BAYE DE TOUS LES SAINTS, grande *baye* d'Amérique, sur la côte orientale du Brésil, au midi de la ville de Saint-Salvador. C'est le rendez-vous des vaisseaux qui vont dans les Indes orientales.

BAYE DES TRÉPASSÉS, située dans la partie méridionale de la grande île de Terre-Neuve. Elle est fréquentée par des pêcheurs français.

BAYE DE LA TRINITÉ : elle fait partie de la côte orientale de l'île de Terre-Neuve, & au nord de la *baye* de la Conception. Nous avons cité sept *bayes* qui font partie des côtes de Terre Neuve : cela donne une idée des enfoncemens fréquens qu'on y trouve, & des formes qui favorisent la navigation sur les côtes de cette île, rendez-vous de nos pêcheurs de morues.

BAYONNE, ville du département des Basses-Pyrénées, chef-lieu d'arrondissement & de canton, à une lieue de la mer, au confluent de la Nive & de l'Adour. Ces deux rivières, après avoir partagé cette ville en trois parties à peu près égales, se réunissent à une demi-lieue de là, & vont se perdre dans l'Océan, en y formant un *port de barre*.

Le marbre des environs de *Bayonne* est entiérement blanc : il se tire des Pyrénées.

Bayonne a l'avantage d'avoir, pour son commerce, deux rivières qui ont flux & reflux. Elle reçoit de petits mâts par la rivière de Nive ; mais il en vient de très-beaux par le gave d'Oléron, que l'on tire des vallées d'Arste & de Baraton, dans les Pyrénées. Ces mâts arrivés à *Bayonne* sont mis dans une fosse faite exprès pour les ramasser : de là on les fait passer à Brest & dans les autres ports de France. L'entrée du port de *Bayonne* est difficile ; mais les vaisseaux abordés y sont en sûreté.

Nous devons parler du principal commerce de cette ville. Il entre à *Bayonne* environ quinze mille balles de laine de toute qualité : on les distingue en ségovies superfines, ségovies léonèses, ségovies ordinaires ; sories ségoviennes, burgalèses ; sories de Caballeros, sories molines, grands & petits albarasins ; cuencas étremenas, campes d'Aragon, fleuretons de Navarre, & toutes sortes d'agnelins fins en surge & lavés. Quantité de négocians de *Bayonne* achètent une partie de ces laines en surge, & les font laver sur les lieux pour leur compte. Les autres s'adressent directement aux Espagnols qui ont des troupeaux, ou à des marchands de cette nation, qui les envoient toutes lavées pour les y vendre à leur nom ; de manière que les négocians de cette ville peuvent se procurer ces laines de la première main, & sont en état de les mettre dans le commerce à bon compte.

BAYONS. Les terres que le Mississipi inonde au printems, reçoivent tous les ans un petit dépôt. A droite & à gauche du lit de ce fleuve l'eau suit les pentes des terrains bas, & finit par se rendre dans un grand nombre d'égouts & de canaux naturels qui la portent jusqu'à la mer. Ces canaux ont été nommés *bayons*. Les égouts des cyprières qui sont aux environs de la Nouvelle-Orléans, donnent naissance à une sorte de rivière qui aboutit au lac de Pontchartrain. Cette rivière, formant une sorte de petite baye, a été nommée *Bayon*, diminutif de *baye*. C'est ce *Bayon* qui a fait donner le même nom à tous les canaux ou égouts du Mississipi. Il y en a de considérables : tels sont la *Fourche des Chitimaches*, à soixante lieues du fort de la Balise, qui est à l'embouchure du fleuve; le *Bayon* de *Plaquemine*, à soixante & dix; celui de *Manchac*, à soixante & douze; celui de *Latanache*, à quatre-vingt-quinze; celui de *Tchafalaya*, à plus de cent lieues de la mer, & plusieurs autres dont l'énumération est inutile à notre objet. Tous ces canaux ou égouts sont à l'ouest du fleuve, excepté celui de Manchac, qui sépare ce que l'on appelle l'*île de la Nouvelle-Orléans du pays des Chattas & des Natchez*. Je remarquerai ici que cette prétendue île est partagée en plusieurs autres par des canaux à peu près semblables, & que ce *Bayon* de Manchac reste à sec les trois quarts de l'année. Il n'en est pas de même de Tchafalaya, qui ne manque jamais d'eau, & qui est plutôt un bras du fleuve contenant le quart à peu près du courant principal, qu'un simple *bayon*. Il se termine à la mer près de la baye Saint-Bernard. Il étoit autrefois fort peu considérable : ce n'est que depuis une cinquantaine d'années qu'il s'est élargi au point de former lui seul une grande rivière. On est porté à croire que le fleuve entier prendra son cours de ce côté; car une batture de gravier jette tout le courant où ce canal se trouve.

Comme le pays est peu habité, on néglige les *bayons*, & ils sont la plupart encombrés d'arbres que l'eau du fleuve y porte & y laisse : il y en a aussi qui tombent du rivage même. Si les bords de ces *bayons* étoient défrichés & habités, on n'y laisseroit pas pourrir ces arbres, & les bateaux pourroient naviguer librement par ces *bayons* dans toutes les parties de la Basse-Louisiane. (*Voyez cet article de la* BASSE-LOUISIANE *& celui du* MISSISSIPI.)

BAZADOIS (le), ci-devant pays de Guyenne & de Gascogne : il fait maintenant partie des départemens de la Gironde & de Haute-Garonne. Ce pays étoit arrosé par la Garonne, le Drot, la Dordogne, l'Urance, &c. Son climat est tempéré & sain. La terre produit des blés & des vins d'excellentes qualités, à la réserve de la partie méridionale qui est trop sabloneuse, & où commencent les grandes landes. Les habitans de ces contrées cultivent quantité de chanvre, qu'ils envoient à Bordeaux par la Garonne. On y exploite aussi des bois de toute espèce & de construction pour la marine. Il y a aux environs de Bazas deux fabriques de faïence, & plusieurs blanchisseries de cire, où l'on fait beaucoup de bougies. La Garonne sert beaucoup au commerce de cette contrée; car la marée monte dans ce fleuve jusqu'à Langon, petite ville du *Bazadois*, à dix lieues à l'est de Bordeaux.

BAZOCHES DE-GALLERANDES, village du département du Loiret, arrondissement de Pithiviers. Les productions de la contrée consistent en blé, vin, lentilles & safran. Cette dernière denrée, par sa qualité supérieure, forme une branche principale de commerce pour Orléans & Paris : le reste passe à l'étranger.

BAZOIS, contrée qui occupoit la partie orientale du pays appelé *Nivernois*. Il étoit composé de plusieurs vallées bordées par les montagnes du ci-devant Morvan. Cette contrée avoit dix lieues de longueur, sur autant de largeur. Elle est arrosée de plusieurs petites rivières, dont la principale est celle d'Airon. La terre, peu fertile en blé, abonde en pâturages excellens, en bois & en mines de charbon de terre. La ville de Moulins-en-Gilbert est comme le chef-lieu du pays, qui fait partie du département de la Nièvre.

BAZOUGES, département de la Sarthe, arrondissement de la Flèche-près-le-Loir. Les environs produisent un vin rouge très-estimé, qui conserve cependant un petit goût de terroir.

BAZUS, arrondissement de Bagnères, canton de la Barthe-de-Nestes sur la Nestes, à une lieue un quart de la Barthe. Il y a dans les environs des montagnes où l'on exploite des marbres gris.

BÉ (Grande & Petite Iles de), département d'Ille & Vilaine, au bord de la mer, attenantes Saint-Malo; elles ont chacune un fort.

BÉAL-DU-PONT (le), rivière du département des Hautes-Alpes, arrondissement de Gap, canton de Serres. La source est à une lieue & demie à l'est de Serres. Elle coule à l'ouest par le nord, & se rend dans la Malaise à une lieue de la source.

BEAUCAIRE, ville du département du Gard, sur le Rhône. Il y a un canal de *Beaucaire* à Nîmes : il commence à l'étang d'Escamandre, & va, après quelques sinuosités, se terminer à *Beaucaire*, où il se décharge dans le Rhône. Il a quinze mille toises de longueur. En 1734, on découvrit un grand chemin des Romains, qui va de *Beaucaire* à Nîmes. C'est une partie de l'ancienne route aurélienne, qui alloit aboutir jusqu'aux extrémités de l'Espagne.

Nous nous occuperons maintenant à faire connoître les phénomènes les plus intéressans que nous a offerts la vallée du Rhône au dessus & au dessous de *Beaucaire* jusqu'à la mer.

Toutes les terres qu'on rencontre le long du cours du Rhône depuis *Beaucaire* jusqu'à la mer, dans l'espace de huit à dix lieues, sont visiblement des aterrissemens formés par les dépôts de ce fleuve, & qu'on nomme *crémens* dans le pays.

Ces crémens diffèrent entr'eux par des caractères assez marqués, les uns étant doux & fertiles comme tous les dépôts de rivières, les autres étant salés comme tous les remoux de la mer. Les premiers crémens se reconnoissent très-aisément au dessus de *Beaucaire*, & même depuis *Beaucaire* jusqu'à la mer, dans les endroits qu'on appelle *Isles du Rhône*.

Quant aux crémens salés, on les distingue de même à leur stérilité & à l'amertume du sol. Nous allons exposer maintenant, dans tout leur jour, les circonstances qui nous paroissent avoir concouru aux différens états où se trouvent ces deux sortes de crémens.

Le sol des crémens qui environnent la ville de *Beauçaire* n'est élevé que de six pieds au dessus du niveau de la mer, suivant la détermination qui en a été faite par des opérations géodésiques très-sûres, & l'épaisseur de ces crémens a plus de quinze pieds de profondeur; ce dont on s'est assuré par la fouille des puits qu'on a creusés dans leur massif : d'où il suit que le fond du crément de *Beaucaire* étoit au moins de neuf pieds plus bas que la mer, & que par conséquent la mer a pu s'étendre autrefois jusqu'à ce point avant que les aterrissemens fussent formés.

Cette conséquence est encore confirmée, avec la dernière évidence, par la nature même des crémens salés, qui n'ont acquis & conservé cette qualité que parce qu'ils ont été formés dans l'eau de la mer, où les substances limoneuses, amenées & déposées par le fleuve, ont pu s'imprégner des principes salins & autres qu'y mêloit l'eau de la mer qui les baignoit pour lors.

Ainsi nous devons être convaincus qu'à une certaine époque l'espace de la vallée du Rhône, compris depuis *Beaucaire* jusqu'à la mer, étoit un golfe dans lequel le Rhône se déchargeoit ; & comme ce fleuve, dans ces points voisins de son embouchure actuelle, a toujours entraîné, dans ses crues, beaucoup de limon, ce golfe, occupé par l'eau de la mer, a été comblé par les dépôts du Rhône, formés surtout à la suite du refoulement des eaux du fleuve par les eaux du golfe ; mais comme ces dépôts sont l'ouvrage, de part & d'autre, d'une longue suite d'années, il n'est pas étonnant que ces terres, en se précipitant fort lentement & par petits lits, se soient chargées des principes salins & bitumineux que renfermoient les eaux de la mer.

Si l'on se représente le Rhône débordé & voiturant dans ce golfe, ainsi que les crémens nous ont autorisés à l'établir, une quantité d'eau immense, on conçoit que le courant actif du fleuve occupoit seulement le milieu de la vallée, pendant que les eaux du débordement s'étendoient à droite & à gauche, se mêloient à l'eau du golfe, & déposoient, à mesure qu'elles ralentissoient leur mouvement, toutes les substances dont elles étoient chargées, c'est-à-dire, les sables & les limons, avec cette circonstance que les sables & les limons les plus grossiers se déposoient dans les premiers momens de la grande cessation du mouvement, restoient en conséquence plus près du courant de la rivière, le limon le plus fin ayant besoin d'un plus long-tems pour se déposer, l'eau qui en étoit chargée pouvoit se porter à une lieue de *Beaucaire*, à l'est ou à l'ouest, avant de former un précipité ; &, suivant ce système de déposition, les endroits les plus éloignés du cours du Rhône ne recevoient qu'un très-léger dépôt de limon fin & délié. C'est à toutes ces circonstances que nous devons attribuer les marais dont le sol est si bas, pendant qu'à côté les bords de la vallée du Rhône sont si élevés. On a une preuve de cette marche qu'ont suivie les eaux du Rhône, ainsi que leurs dépôts, en examinant la nature & la disposition de ces différens terrains ; car le sol des bords du Rhône est beaucoup plus élevé, plus sabloneux & plus grossier que celui des marais, qui est visiblement plus fin & formé de matériaux déposés à un niveau très-inférieur

On a encore une preuve que l'eau du Rhône, avant de former ses dépôts, s'est trouvée mêlée à l'eau de la mer. Ces preuves se tirent de la salure que ces eaux ont communiquée, plus ou moins abondamment, à tous ces vastes dépôts. Tous ces terrains ont été salés sur la partie du bassin de la mer dont ils ont pris la place. On croit que ceux qui ne le sont plus, ont été moins salés que les autres ; soit que les inondations survenues depuis y aient porté ensuite plus de sel, il s'ensuit qu'il y a beaucoup de terrains plus salés que d'autres. On reconnoît sensiblement cette salure ou ces plus grands degrés de salure à deux symptômes bien remarquables, & qu'on distingue facilement. Le premier est la couleur brune & l'état d'humidité qui y règnent pendant les tems pluvieux, tandis que les terrains environnans sont secs & moins colorés en brun.

D'un autre côté, pendant les sécheresses, ces mêmes terrains plus ou moins salés sont couverts de cristaux salins plus ou moins considérables ; ce qui rend leur surface toute blanche. Ainsi les terrains au dessous de *Beaucaire* ont de quoi se faire distinguer & reconnoître, comme les anciennes révolutions des embouchures du fleuve & des inondations de la mer nous autorisent à expliquer les résultats tels qu'ils s'offrent à nos yeux dans les momens présens.

BÉARN, ci-devant province qui faisoit partie d'un gouvernement militaire : elle est située au pied des Pyrénées, & bornée à l'orient par le ci-devant comté de Bigorre, au couchant par une partie du pays de Soule & la Basse-Navarre, au midi par les montagnes d'Arragon & de la Haute-Navarre, & enfin par le Bas-Armagnac & la Chalosse au septentrion.

Le pays est montueux, & par conséquent fort sec. Les plaines y sont assez fertiles par l'industrie des habitans. On n'y sème guère de froment ni de seigle, mais le pays abonde en manioc qui supplée aux grains ordinaires, & dont le peuple se nourrit. Les coteaux sont couverts de vignes, qui donnent, en certains vignobles, d'excellens vins. Ceux de Jurançon entr'autres ont la meilleure réputation. Dans les montagnes de Moncius, il y a des mines de plomb, de cuivre & de fer, & quantité de sapins dont on fait des mâts de navire & des planches. Dans la vallée d'Osseau on trouve des mines de cuivre qui tiennent un peu d'argent, & les eaux minérales d'Aigues-Caudes, très-salutaires contre les maux d'estomac & très-bonnes pour les plaies. Dans la même vallée, près du bourg d'Arudy, on rencontre une ancienne carrière de marbre appelée l'*espalange*, & une marne noire près des villages d'Ogon & de Busy : on voit aussi une mine de plomb, appelée *foris*, paroisse de Souze & Aas, à une lieue de Laruns, sur la montagne de Habas. Les montagnes de Belonca & de Ludens renferment d'un côté deux mines de plomb avec de beau talc, & de l'autre une mine de cuivre ; enfin, on apperçoit plusieurs filons de ce dernier métal sur la montagne de Malpestre. La fontaine & le puits d'eau salée de la ville de Saillies, dans la commune de Sauveterre, fournissent d'excellent sel au *Béarn* & à la Navarre : il y a une autre source d'eau salée du côté de Saint-Jean-Pied-de-Port, & une troisième à Revenac. Dans la vallée d'Aspe se trouvent une mine de cuivre près du bourg de Bodens, & les eaux minérales d'Escot, qui sont fort rafraîchissantes, & près d'Oléron celles d'Ogon, qui ont les mêmes qualités. Nous parlerons encore des mines de Bellons, de Diriré, de Bourrins, toutes de cuivre aussi, & nous y ajouterons celles de bitume, situées dans les environs de Gaujeac. On tire du goudron de celles-ci, & l'on en obtient de l'asphalte. Dans une des montagnes de ce pays & des environs, appelée *Auvesia*, on trouve des carrières de très-beau marbre. Au reste, le commerce principal de ce pays consiste dans le débit qu'on y fait des vins que produit le canton de Morlaas : ils souffrent facilement le transport. Les deux rivières principales du pays sont nommées *Gaves*. L'une est le *Gave béarnais*, & l'autre le *Gave d'Oléron*. Ces rivières ne sont point navigables, mais fort poissonneuses. Plusieurs ruisseaux qui s'y jettent, roulent des paillettes d'or. Nous rendrons par la suite un compte plus détaillé de plusieurs des objets dont nous avons fait mention dans cet article. Cette ci-devant province fait actuellement partie du département des Basses-Pyrénées. Ainsi l'on verra reparoître aux articles SAILLIES, GAUJEAC, JURANÇON, GAVES, tous les détails qui nous rendent intéressans ces différens lieux, ainsi que leurs productions.

BEAUCE : c'est un pays qui avoit ses limites dans la partie méridionale de l'Ile-de-France, à huit ou dix lieues de Paris, & s'étendoit au nord de l'Orléanais d'un côté jusqu'à la Loire, & de l'autre jusqu'à Briare. Cette grande contrée pouvoit avoir vingt-cinq lieues dans sa plus grande longueur, & dix-huit dans sa plus grande largeur. C'est un pays de plaines élevées, au milieu desquelles on ne rencontre aucune montagne. Il est très-fertile en froment : on n'y voit que très-peu de vignes. L'eau courante & les prairies y sont rares ; cependant les pâturages y sont excellens. On y nourrit une très-grande quantité de moutons. Comme il n'y a presque ni fontaines ni rivières, les habitans sont obligés de se servir de citernes & de mares profondes pour conserver l'eau des pluies. Ils ont néanmoins quelques puits extrêmement profonds, attendu l'élévation du sol, mais dont l'eau n'est pas bonne.

La *Beauce* se divisoit en pays Chartrain, en Dunois & en Vendômois. Nous renvoyons à ces articles, & d'ailleurs au département d'Eure & Loire & à celui de Loir & Cher, dont la *Beauce* fait maintenant partie.

BEAUCEN, village du département des Hautes-Pyrénées, canton d'Argelès. On voit une source hépatique dans la vallée de Davantaigue, près de *Beaucen*. Les habitans du pays l'emploient en boisson ; elle est sulfureuse, mais froide ; & comme elle se présente en cette température à la sortie de son rocher, il est à présumer qu'elle doit son refroidissement à des causes auxquelles il est difficile de parvenir.

Il y a une mine de plomb dans un rocher qui sert de base au château de *Beaucen*. Ce rocher, formé de schiste calcaire, renferme de la pyrite, de la galène & de l'ocre. Les veines de galène se montrent sur une étendue de cinq à six toises. Il y a de même une mine de cuivre dans le voisinage de *Beaucen*, & au sein d'une petite butte nommée *Aigue-Salat*.

BEAUCHAMP, village du département de Saône & Loire, canton de Gueugnon, commune de Neuvy, à trois lieues de Bellevue-les-Bains, & à deux lieues & demie de Gueugnon. Il y a dans ses environs des forges de fer fort bien tenues.

BEAUCHAMP-AMBREVILLE, village du département de la Somme, canton de Gamaches, près la Bresle. Il y a fabrique de serrurerie & de quincaillerie.

BEAUCHÊNE, village du département de l'Orne, canton de Tinchebray, à deux lieues & demie de Domfront. Il y a de grandes fabriques de clous.

BEAUCLAIR, village du département de la Meuse, arrondissement de Montmédy. Il y a une forge où l'on fabrique du fer ordinaire, & outre cela une tuilerie & une briqueterie; ce qui nous annonce dans le voisinage une mine de fer, & un amas d'argile dont on fait des emplois utiles.

BEAUCOURT (Plage de), département du Var, canton d'Ollioules, à deux lieues un quart à l'ouest de Toulon, entre l'île & le cap de la Tourette, & à côté de la plage de Cristan-Rocher, qui s'avance au sud-ouest d'environ un quart de lieue.

BEAUDÉAN, village du département des Hautes-Pyrénées, canton de Campan, aux environs du château de *Beaudéan*, du côté du sud-ouest. Il y a des bancs de pierres calcaires très-remarquables par leur beauté & par leur grain.

BEAUDUC (Étang de), département des Bouches-du-Rhône, situé à trois quarts de lieue du vieux Rhône, auquel il communique, & au bord de la mer, dont il n'est séparé que par un banc de sable qui en fait la digue. Il a du nord au sud une lieue & demie, & de l'ouest à l'est deux lieues.

BEAUFORT, ville du département de Maine & Loire, arrondissement de Beaugé. Cette ville étoit appelée *Beaufort-en-Vallée*, pour la distinguer de *Beaufort-en-Franchise*, qui en est le faubourg Ils sont séparés par une branche de la rivière de Coesnon. Les productions du territoire consistent en froment, en légumes que les habitans font sécher, & surtout en chanvres, qui alimentent les fabriques principales du pays.

BEAUFORT, bourg du département du Mont-Blanc, arrondissement de Moutiers. Il y a dans son territoire des mines de cuivre, &, dans la vallée de ce bourg, une mine de plomb.

BEAUFORT, village du département de la Meuse, canton de Stenay, à quatre lieues de Montmédy. Il y a plusieurs forges & fourneaux.

BEAUGENCI, ville du département du Loiret, chef-lieu de canton, près la Loire, sur laquelle est un pont de vingt-deux arches. On fait dans cette ville commerce de vins, dont la qualité est supérieure à la plus grande partie de ceux d'Orléans. On trouve à *Beaugenci* des carrières de pierres de taille calcaires, dont on a construit les fondations de la cathédrale d'Orléans, & celles des ponts d'Orléans & de Tours. On ne peut trop faire connoître ces grands dépôts de coquillages marins, dont la comminution a formé, dans certaines parties du bassin de la mer, des couches & bancs de pierres, qui, par leur grain, sont susceptibles de prendre le plus bel appareil.

BEAUJEU, ville du département du Rhône, sur l'Ardière, à trois lieues trois quarts de la Saône. Le commerce de cette ville consiste en vins, en fabriques & blanchisseries de toiles & tanneries.

BEAUJEU, village du département de la Haute-Saône, arrondissement de Gray, sur la côte près la Saône. Il y a une forge & un haut fourneau.

BEAUJOLAIS, petite contrée faisant partie de la ci-devant province du Lyonnais. Elle est située entre la Saône & la Loire. Le terroir en est fort fertile : on y voit quelques montagnes couvertes de beaux bois. Les rivières & les ruisseaux qui l'arrosent, sont principalement la Franbouse, le Reins, la Tardine, la Zergues & la Moinanton. Cette province abonde en minéraux. On y trouve, dans les contrées affectées surtout aux mines de cuivre, des masses de granit, au milieu desquelles règnent des filons de quartz, des veines de spath & de fluors cristallins. Cette province fait actuellement partie du département de Rhône & Loire. Nous reviendrons sur la contrée des mines, qui avoisine la ville de Lyon. En attendant nous allons publier quelques détails instructifs sur le climat du département, & en même tems sur l'exploitation & la fouille de ses principales carrières, ainsi que sur la qualité & la nature des pierres qu'on en a tirées & qu'on en tire actuellement.

Climat du département de Rhône & Loire.

Ce climat est fort tempéré; il est à peu près tel que celui de Paris. Il semble qu'étant plus avancé vers le midi de quatre degrés, il devroit être plus chaud; mais les montagnes qui couvrent tout le pays, & le vent du nord qui y règne le plus souvent, rafraîchissent extrêmement l'air.

Le cours des saisons est assez régulier dans ces provinces. Le soleil, en s'élevant sur l'horizon, commence dès le mois de février à donner quelques beaux jours. C'est un véritable printems; mais il arrive très-fréquemment que l'air, qui étoit doux & tempéré, se refroidit subitement. Le vent du nord est la cause de ces vicissitudes. On n'est pas même affranchi de toute inquiétude dans le mois d'avril, ni à l'abri de tous les dangers. On en fit

fit la triste expérience en 1759. La saison étoit très-avancée ; les noyers gelèrent presque tous ; les bourgeons des jeunes vignes furent brûlés, & les vignes anciennes, nouvellement fumées, souffrirent plus que les autres. En général, les gelées ne sont plus à craindre dans le mois d'avril, & l'on commence à y ressentir les douces influences du printems. Il faut cependant convenir que c'est la plus inconstante des saisons. Le passage du froid au tempéré & du tempéré au froid est si rapide, qu'on respire le matin l'air du printems, & que l'on éprouve le soir toutes les rigueurs de l'hiver : aussi les maladies sont-elles alors plus fréquentes que dans les autres saisons de l'année. Ces alternatives de froid & de chaud se soutiennent ordinairement jusqu'à la fin de mai, & sont la cause qu'on ne jouit du printems qu'en détail.

Le passage du printems à l'été est si rapide, que l'on sent une chaleur très-vive sans y avoir été préparé ; cependant elle n'est pas excessive. A l'exception de quelques jours, où elle peut être comparée à celle qu'on éprouve dans la zône torride, elle est modérée, parce que les pluies & les orages qui sont alors fréquens, & le vent du nord, rafraîchissent l'air. L'été le plus violent qu'on ait jamais ressenti, fut celui de 1738, où le thermomètre s'éleva au 28e. degré au dessus du terme de la congélation. L'été de 1762 sera à jamais mémorable, moins par la chaleur que l'on ressentit, que par sa constante durée, qui fut accompagnée de la plus longue sécheresse dont on ait conservé le souvenir. En général, quelque forte qu'ait été la chaleur pendant le jour, il est bien rare qu'on ne respire pas après le coucher du soleil ; il s'élève ordinairement alors un petit vent frais, qui procure des nuits délicieuses. La chaleur est dans toute sa force pendant les mois de juin & de juillet : elle se soutient encore pendant une partie du mois d'août ; mais s'il survient alors une pluie de quelques jours, la chaleur diminue insensiblement, en conservant néanmoins assez de vivacité jusqu'à la fin de septembre.

La plus brillante saison de l'année est celle de l'automne : on en jouit ordinairement en entier dans ces provinces. Les mois de septembre & d'octobre sont, dans ces climats, les plus beaux mois de l'année : le ciel est presque toujours serein. Le beau tems est si assuré, surtout pendant le mois d'octobre, qu'on le voit souvent s'écouler tout entier sans pluies, sans nuages, & avec une très-légère différence dans la température. Elle ne peut pas être toujours égale, par rapport aux brouillards, qui commencent alors à rendre les matinées très-fraîches : il est vrai que le soleil les dissipe ordinairement lorsqu'il est parvenu à sa plus grande élévation. Nous ne dirons rien des hivers ou des tems qui les précèdent : ils ressemblent en général aux hivers de Paris & des environs de la capitale.

Des carrières principales.

Nous commençons par celles du Mont-Dor, si célèbre autrefois par ses vignobles, & qui est encore un des plus fertiles cantons de la province. Il renferme plusieurs montagnes qui présentent une variété singulière de produits de la terre. Les unes sont composées de roche primitive, dont les refends sont perpendiculaires ou obliques, & les autres de terres fortes. Sur leur sommet, comme dans l'intérieur, on y trouve un prodigieux assemblage de fossiles. L'on voit, dans quelques-unes, des carrières de pierres par couches, qui ne sont composées que des mêmes fossiles ; d'autres enfin fournissent des pierres excellentes, & les unes & les autres ne sont distinguées que par de petits vallons.

Comment expliquer la formation de l'arrangement de tant de corps différens qui occupent une surface de quelques lieues ? Comment définir la direction des différentes couches qui composent ces immenses carrières ? C'est là que la nature nous montre la nouvelle terre à côté & dessus l'ancienne graniteuse.

Du Mont-Dor.

La masse de ce qu'on appelle à Lyon le *Mont-Dor*, fournit une occasion précieuse de reconnoître exactement la manière dont l'ancienne & la nouvelle terre se touchent, & dont la dernière s'adosse à côté de la première ou la recouvre. Cette masse du Mont-Dor est composée de trois parties, qui ne paroissent séparées par aucun vallon, & qui ne forment qu'une seule montagne. La partie qu'on voit au dessous du village de Couzon, & qui regarde la Saône, appartient à la nouvelle terre. Elle est composée de bancs d'une épaisseur très-médiocre pour la plupart, d'une pierre jaunâtre d'un grain assez gros, & qui fournit presque tout le moëlon qui s'emploie à Lyon dans les bâtimens. Cette pierre est semblable à celle qui domine dans le *Beaujolais*, & dont j'ai vu une carrière à peu près pareille à Tournus. Je crois aussi que j'en ai vu de semblable en Bourgogne, entre Chanceaux & le Val-Suzon.

Je suis resté persuadé que la pierre de Couzon étoit calcaire comme les autres. J'ai vu avec grand plaisir, dans ce lieu, comment les couches horizontales de cette pierre se terminoient, en s'appuyant sur les masses de granit de l'ancienne terre.

Les couches de ces pierres ne sont pas exactement parallèles à l'horizon, mais inclinées assez sensiblement. Outre cela, le sol du sommet de quelques coteaux paroît suivre la même inclinaison, & offre des masses qui sont brisées & détachées du reste de la grande masse dont elles faisoient partie : cela leur donne un aspect très-différent de celui qu'ont ordinairement les hauteurs de la nouvelle terre, dont les sommets présentent presque toujours un plan horizontal. Ceux dont je parle présentent au contraire l'aspect d'une ligne brisée ; qui ressemble assez à la coupe de plusieurs planches en ados, placées à la suite les unes des autres, & qui auroient la même inclinaison.

Il seroit très-bon de reconnoître la vraie direction de ces plans inclinés. Il ne suffit pas pour cela d'observer une seule coupe, puisqu'il est question de l'inclinaison d'un plan, laquelle ne peut être déterminée par la seule disposition de points placés dans la même ligne.

Il n'y a point de lieu plus propre pour faire ces observations, que la maison du propriétaire du Mont-Dor à Saint-Romain-de-Couzon. Elle réunit à l'avantage d'être dans une position charmante, celui d'être sur les limites de l'ancienne terre. On voit dans son jardin des rochers d'un granit fort dur, de même nature que celui de l'Ile-Barbe & de Pierrecize. Ce granit, avec d'autre granit décomposé dans la partie supérieure, forme le second massif du Mont-Dor. Enfin, cette même masse contient, du côté de Saint-Cyr, un marbre bleuâtre, tout composé de coquilles que je crois des gryphites entre-mêlées de cornes d'ammon. Quand on casse ce marbre bleuâtre, les coquilles ne se cassent point, & restent entières, attachées à la partie du bloc à laquelle elles tiennent le plus ; ce qui prouve que l'infiltration du spath calcaire n'a pas tellement pénétré uniformément le corps de la coquille, qu'il en soit résulté une masse également dure dans toutes ses parties. La cassure des brêches présente le même phénomène.

Lorsque ce marbre est scié, il paroît d'un grain très-égal. On le connoît à Lyon sous le nom de *pierre de Saint-Cyr*, & l'on s'en sert pour faire presque toutes les marches des escaliers.

Dans sa carrière, le marbre est en couches horizontales, comme les marbres de Bourgogne. Il y a aussi au Mont-Dor une carrière de marbre rouge. Il est aisé de voir comment la masse de pierres jaunâtres s'adosse contre celle des marbres, & comment cette dernière s'appuie contre le granit dont est composé le noyau du Mont-Dor.

Les vallons qui séparent les montagnes ne changent point la direction des lits ni la superficie de la carrière de Saint-Fortunat-de-Couzon, au moins trois cents pieds plus bas ; & s'il étoit possible de travailler & de tirer des blocs du côté opposé à la même profondeur, l'on rencontreroit les mêmes bancs que l'on trouve à Saint-Fortunat. Après de très-longues recherches, on croit pouvoir avancer que la superficie de toutes ces carrières est sur la montagne de Montou, au dessus de Couzon & de Saint-Romain, & qui est la plus haute de tout le Mont-Dor.

La pierre n'y est point par gros blocs, mais par cubes, depuis six pouces jusqu'à deux pieds. Le grain en est fin, de couleur de chair, dégénérant, en descendant, en gris d'ardoise ; mais le gris terminé, l'on apperçoit comme une croûte nuancée de blanc-azuré. Cette pierre est plus dure que celle de la superficie. La pierre jaune commence au dessous de cette croûte ; mais le grain en est plus fin qu'à soixante & quatre-vingts pieds plus bas. L'on trouve des ouvertures perpendiculaires qui s'étendent jusqu'à soixante pieds de profondeur. Quelquefois les fentes ou les séparations ne sont point régulières : il y en a qui, plus ou moins séparées, tendent à l'obliquité. Les plus serrées ont été remplies par un dépôt cristallin très-blanc, plus dur que la pierre ; c'est un vrai spath. Cette substance paroît dans les séparations plus ouvertes, & y a formé des croûtes cristallisées. Ce spath n'est pas toujours blanc ; il est ordinairement jaune & opaque. Il est si abondant, que l'on en voit des parties découvertes de près de six cents pieds de superficie. L'on y trouve aussi des trous revêtus de plusieurs couches de congélations, dont les parties supérieures sont blanches, & tiennent de l'albâtre ; d'autres trous sont remplis de bois ou de terre glaise.

On ne trouve presqu'aucun gros coquillage fossile dans cette pierre, qui est généralement assez pleine ; elle est presqu'agatisée dans de certaines parties, & elle étincelle sous le marteau, quoique dans d'autres elle soit facile à couper.

Il est impossible de donner une description des différens bancs, jusqu'à deux cents pieds de profondeur ou environ, par rapport à la variété que l'on y rencontre quelquefois : un banc de quatre pieds d'épaisseur, sur vingt pieds de largeur, se trouve séparé perpendiculairement. La partie qui le touche a cinq ou six couches dans la même épaisseur ; mais la direction des couches suit constamment celle dont on a déjà parlé, à quelques irrégularités près.

L'ouverture de ces carrières se pratique ordinairement à mi-coteau. L'on découvre une superficie proportionnée au nombre d'ouvriers que l'on veut employer. Dès qu'on a levé douze ou quinze pieds de ces cubes dont on a parlé plus haut, l'on s'arrête aux refends les plus considérables ou séparations verticales. Ceux qui sont remplis de terres sabloneuses sont préférés, parce qu'ils donnent plus d'espérance d'être séparés à une plus grande profondeur ; ce qui épargne aux ouvriers, en descendant, la peine de les détacher de la masse. Lorsqu'on rencontre des bancs d'une épaisseur considérable, l'on y fait jouer la mine, surtout lorsque la trop grande dureté de la pierre ne permet pas de la façonner. Lorsqu'on est arrivé à cent pieds de profondeur, les lits sont plus réguliers & la pierre plus douce. L'on en taille beaucoup pour des croisées, des portes, &c. ; mais en général, sur quinze parties, il y en a quatorze d'employées brutes, comme moëlon ou parpin. L'on en charge des bateaux sur la Saône, qui arrivent tous les matins aux ports qui leur sont assignés, dans la ville de Lyon, pour le déchargement.

Des carrières de Couzon & de Saint-Romain l'on passe à celles de Saint-Cyr, village éloigné d'une lieue de Saint-Romain, en descendant la Saône. Le large vallon qui le sépare de Collonges divise totalement la nature des matières, puisque Collonges, qui est situé entre les rivières & Saint-Cyr, ne présente, dans sa partie escarpée qui regarde la Saône & dans quelques endroits du côté du vallon, que des roches qui présentent des fentes verticales, comme sont tous les rocs primitifs; mais en général, ce qui paroît à la superficie est feuilleté, facile à extraire, &, lorsqu'il est détaché, se réduit en terre en très-peu d'années; c'est ce qui est appelé, dans le pays, *roche pourrie*.

Il y a entre les rochers des superficies de terre assez larges, dont on n'a point encore connu la profondeur. L'on trouve réguliérement, dans les différens lits de terre, des corps marins pétrifiés. Les plus abondans sont les boucardes, les cornes d'ammon & les bélemnites. L'on y trouve de la terre glaise, du bol & de la marne. Le terrain est très-fort, & partout arrosé par de petites sources.

Il y a deux qualités de pierres dans les carrières de Saint-Cyr, lesquelles diffèrent entr'elles par l'espèce & par l'usage auquel on les emploie.

La première, située au sommet de la montagne, est une pierre jaune, qui se tire par lit de quatre, cinq ou six pouces au plus d'épaisseur, & qu'on emploie pour moëlons dans les bâtimens. Cette pierre, assez semblable à celle de Couzon, dont presque toutes les maisons de Lyon sont construites, n'offre rien de remarquable que la régularité de ces bancs qui la rendent d'un usage très-commode; & quoiqu'elle ait la dureté du choin, elle n'est cependant pas propre à faire de la chaux.

La seconde espèce, placée au bas de la montagne, est une pierre de choin, dont on se sert pour la taille dans les bâtimens: elle est d'un gris-brun, mêlé de jaune & de rouge; elle a la dureté & le poids des marbres communs, & reçoit assez bien le poli. On l'emploie avec succès pour des tablettes & des jambages de cheminées, pour les escaliers, les portes & les fenêtres: elle est excellente pour faire de la chaux. Les carrières d'où on la tire à la tranche & au coin, présentent des lits de toutes grandeurs & épaisseurs que l'on peut desirer dans une masse d'environ quarante pieds d'élévation apparente, & qui n'a point de borne dans sa barre, que celle qu'y mettent les eaux qu'il faut détourner pour travailler à sec.

Les différentes couches de ces carrières, & surtout les plus profondes & les plus dures, sont mêlées de coquillages nommés, par les naturalistes, *gryphites* ou *nautilites*. Dans quelques bancs ils sont si abondans, qu'il semble que la pierre entière ne soit uniquement formée que de ces corps marins réunis & pétrifiés en masse.

Les ouvertures faites dans quelques autres carrières de ce canton offrent une pierre grise plus dure, ayant des parties tirant sur le noir, & d'autres sur le rouge. Les coquillages bivalves, les cornes d'ammon & les bélemnites y sont en une si prodigieuse quantité, qu'elles surpassent de beaucoup les parties pierreuses qui servent à les unir ensemble; ce qui forme une pierre trop défectueuse pour être employée dans les édifices, parce que la pluie & les autres injures de l'air dégradent les parties qui lient ensemble ces fossiles, & qui sont d'une substance plus dure. Malgré tous ces défauts, on en fait une assez grande consommation à Lyon pour des piliers doubles. Les couches sont inégales pour l'épaisseur: les plus minces ont deux pouces, & les plus fortes deux pieds. Mais lorsqu'on est parvenu à la plus grande profondeur, l'on trouve une qualité de pierre supérieure, plus liée & moins remplie de fossiles: il y a même des bancs plus épais, & dont la pierre est beaucoup plus dure.

Dans ces carrières, comme dans celles de Saint-Fortunat, l'on ne fait point jouer la mine, & on ne se sert pas de la poudre par plusieurs raisons. La première est que les moëlons qui seroient détachés viendroient en pure perte, parce que le transport par des chemins difficiles les rendroit trop chers, & doubleroit le prix de ceux que l'on tire à Saint-Romain, où on les embarque sur la Saône. 2°. Les bancs n'étant pas épais, il est facile de les trancher. Les ouvriers à qui appartiennent les carrières ménagent différentes profondeurs dans la superficie qu'ils ont découverte, afin de se procurer les pierres d'épaisseur: les architectes leur fournissent des panneaux ou des planches coupées suivant le plan des piliers dont ils ont besoin; les tailleurs de pierres les placent sur la superficie du banc qui a l'épaisseur demandée, creusent autour, tranchent & séparent la pièce sans perdre beaucoup de pierre. Lorsque la tranchée est faite, l'on y introduit des leviers en fer avec des coins; la pièce est bientôt séparée. Les ouvriers sont intéressés à faire le moins qu'ils peuvent de débris, par la difficulté de placer les décombres qui les embarrassent toujours, & qu'ils seroient obligés de jeter dans les vignes voisines dont le terrain est précieux.

L'on ne fouille point perpendiculairement dans toute la circonférence de ces carrières: l'on ménage un débouché dans le côté qui est le plus près du chemin, afin que les voitures puissent parvenir jusqu'au pied de l'endroit où l'on travaille. Lorsque le chemin commence à avoir trop de pente pour que les chevaux puissent tirer avec facilité, l'on reprend au dessus une autre superficie, & les décombres remplissent en partie les excavations, de façon que la montagne se coupe & s'applanit par cette opération. On couvre d'une couche de terre les décombres qui ont rempli les anciennes ouvertures, on rend le terrain égal, & l'on y plante de la vigne qui réussit très-bien.

Un peu plus avant, en s'éloignant de la Saône, on trouve le village de Saint-Fortunat, séparé, par un profond vallon, de celui de Saint-Cyr, mais plus contigu à la montagne de Montou. Les carrières de Saint-Fortunat fournissent la plus excellente qualité de pierre de tout le Mont-Dor. La direction de ces différens lits fait penser que la superficie passe au dessous des endroits les plus fouillés de Saint-Romain & de Couzon : on croit en avoir acquis la preuve par la carrière exploitée dans une vigne à l'extrémité de Couzon, près du village d'Albigny, qui est situé au pied de la montagne. L'on y a fait, il y a peu de tems, des excavations très-profondes, & l'on a rencontré un banc noir de même nature que les couches supérieures de Saint-Fortunat.

La pierre est de couleurs différentes : il y en a de très-noire, veinée de blanc, pleine & sans aucun coquillage, tenant beaucoup du marbre : il y en a une qualité qui est grise, tirant sur le blanc, & une autre qui est rougeâtre. En général, il y en a beaucoup qui ont de petites parties cristallines. Les couleurs ne sont point séparées par couches ; il est très-facile de s'en convaincre, puisque la partie découverte & entamée à mi-coteau, à mesure que l'on descend, découvre la coupe de la montagne. Il y en a une entr'autres qui présente une surface verticale d'environ douze cents pieds de large, & deux cents pieds de profondeur. La pierre y ayant été tranchée vive, l'on peut facilement compter les bancs & remarquer la variété des couleurs. La partie supérieure qui est noire, descend ordinairement presque jusqu'au fond de la même couleur, tranchant quelquefois un peu obliquement. Cette couleur se fond, en d'autres endroits, dans celle qui lui est voisine, de manière que l'on peut avoir de la pierre noire de tous les bancs & de trois couleurs.

Voici les noms que les ouvriers du pays donnent à chaque banc, qui sont pour l'ordinaire relatifs à sa qualité & à son emploi.

La première couche qui sert de croûte à la superficie, se nomme *banc de savon* : il n'a que trois pouces d'épaisseur ; il est communément gris d'ardoise, quoiqu'il y en ait dans l'intérieur de toutes les teintes dont nous avons parlé. L'on n'apperçoit, dans cette couche seulement, aucun de ces sucs cristallins qui paroissent faire le corps principal de cette pierre : le grain en est aussi plus fin que tous les autres.

2°. Le *banc des broquettes*, qui a huit pouces d'épaisseur, & qui donne une pierre médiocre.

3°. Le *banc sanguin*, qui a huit pouces d'épaisseur. L'on trouve communément dessus de la terre glaise ou une espèce de bol rouge.

4°. Le *banc sandras*, qui a quatorze pouces d'épaisseur.

5°. Le *banc roive*, qui a quatorze pouces d'épaisseur, & dont le grain est fort gros.

6°. Le *banc balofu*, qui a dix pouces d'épaisseur, dont la pierre est mal-saine, & ne peut être employée à des ouvrages délicats.

7°. Le *petit banc platu*, qui a six pouces d'épaisseur. Bonne pierre qui a peu de fossiles.

8°. Le *banc mérifoliet*, qui a quatorze pouces d'épaisseur, tout en refend horizontal.

9°. Le *banc blanc*, qui a seize pouces d'épaisseur, & qui forme une bonne pierre.

10°. Le *pavé du banc des marches*, qui a quatre pouces d'épaisseur. C'est une mauvaise pierre, dans laquelle on trouve quelques fossiles.

11°. Le *banc des marches*, qui a treize pouces d'épaisseur, & qui est une bonne pierre : on y trouve cependant des coquillages.

12°. Le *pavé du banc guepu*, qui a quatre pouces d'épaisseur, & rempli de fossiles.

13°. Le *banc guepu*, qui a seize pouces d'épaisseur, & qui donne des pierres de bonne qualité.

14°. Le *banc platu*, qui a treize pouces d'épaisseur. Bonne pierre, dans laquelle il y a peu de fossiles.

15°. Le *pavé du grand banc supérieur*, qui a trois pouces d'épaisseur. Bonne pierre, quoique remplie de fossiles.

16°. Le *gros banc*, qui a douze pouces d'épaisseur. Pierre excellente, sans fossiles. Cette pierre, veinée de blanc, reçoit un beau poli.

17°. Le *banc blanc*, qui a huit pouces d'épaisseur. Cette pierre contient peu de fossiles.

18°. Le *petit banc platu*, qui a six pouces d'épaisseur. Pierre excellente, sans fossiles.

19°. Le *gros banc platu*, qui a douze pouces d'épaisseur. Bonne pierre, peu de fossiles.

20°. Le *banc bossu*, qui a cinq pouces d'épaisseur. Pierre inégale, beaucoup de fossiles.

21°. Le *banc foliassu*, qui a quatre pouces d'épaisseur. Mauvaise pierre, qui contient des fossiles.

22°. Le *banc des couches*, qui a quatre pouces d'épaisseur. Bonne pierre, sans fossiles.

23°. Le *banc de la terre*, qui a cinq pouces d'épaisseur. Pierre ingrate, remplie de terrasses.

24°. Le *banc des portes*, qui a seize pouces d'épaisseur. Pierre très-bonne, peu de fossiles.

25°. Le *pavé du banc platu*, qui a cinq pouces d'épaisseur. Mauvaise pierre, peu de fossiles.

26°. Le *banc platu*, qui a treize pouces d'épaisseur. Bonne pierre, peu de fossiles.

27°. Le *banc porpu*, qui a vingt pieds d'épaisseur. Bonne pierre, dont le grain est un peu serré.

28°. Le *banc des évies*, qui a cinq pouces d'épaisseur. Bonne qualité de pierre, qui est dure, & qui renferme peu de fossiles.

29°. Le *banc des quatre mises*, qui a treize pouces d'épaisseur. Bonne pierre, mais elle ne peut être employée que sur son lit de carrière, autrement elle éclateroit.

30°. Le *banc des cailloux*, qui a cinq pouces d'épaisseur. Cette pierre inégale est dure à travailler.

31°. Le *banc des trois mises*, qui a dix-sept pouces d'épaisseur. La pierre est tout-à-fait semblable à celle du banc des quatre mises, ou du n°. 29.

32°. Le *banc d'avas*, qui a quatorze pouces d'épaiſſeur. Cette pierre eſt bonne & remplie de foſſiles.

33°. Le *banc dur*, qui a cinq pieds d'épaiſſeur. Cette pierre eſt bonne & ſans foſſiles.

34°. Le *banc balicam*, qui a ſix pouces d'épaiſſeur. La pierre eſt bonne, & ne renferme que peu de foſſiles.

35°. Le *banc des couches*, qui a quatre pouces d'épaiſſeur, fournit une bonne pierre.

36°. Le *banc de marche*, qui a ſix pouces d'épaiſſeur, eſt encore une excellente pierre.

37°. Le *banc creſiliam*, qui a vingt-deux pouces d'épaiſſeur, eſt une mauvaiſe pierre remplie de foſſiles.

38°. Le *gros banc platu*, qui a dix-ſept pouces d'épaiſſeur, eſt une bonne pierre qui a peu de foſſiles.

39°. Le *banc des évies*, qui a douze pouces d'épaiſſeur. Pierre très-bonne, peu de foſſiles.

40°. Le *banc de vas*, qui a neuf pouces d'épaiſſeur. La pierre en eſt mauvaiſe, peu liée enſemble, & renferme beaucoup de foſſiles.

41°. Le *grand banc de vas*, qui a vingt pouces d'épaiſſeur. La pierre en eſt bonne, & n'a point de foſſiles, à l'exception de quelques bélemnites. L'on deſcend rarement plus bas.

L'exportation des pierres de Saint-Fortunat ſe fait de la même manière que celle de Saint-Cyr: c'eſt le même mécaniſme pour détacher les bancs. Mais on trouve à Saint-Fortunat des pierres beaucoup plus grandes, & en général elles y ſont meilleures. Pluſieurs bancs, tels que les n°s. 16, 18, 19, 26 & 27, ſont ordinairement très-noirs, avec des parties veinées de blanc. On en fait des chambranles de cheminées & des ouvrages d'égliſe, qui ont de l'éclat après avoir été polis. Le treizième banc a été beaucoup employé pour des tables. Il y a des bancs très-intéreſſans par la variété des foſſiles dont ils ſont jonchés. Il faut obſerver que les foſſiles ſe détachent toujours en blanc.

On trouve, en fouillant derrière la montagne de Saint-Fortunat, une carrière de grès rangée auſſi par couches de grès. L'on trouve de la molaſſe, pierre tendre qui réſiſte au feu, & dont on ſe ſert, comme du grès, pour polir. Il y a grande apparence que les couches de grès & de molaſſe ſe perpétuent ſous les carrières dont nous avons parlé.

Depuis Saint-Fortunat juſqu'à Ville-Franche, c'eſt-à-dire, dans l'eſpace d'environ trois lieues, ſur une longueur peu conſidérable, on voit au moins quatorze carrières, à ne les compter que par le nombre des paroiſſes qui en poſſèdent: il ſeroit facile d'en nommer plus de cent ſi l'on vouloit décrire toutes les ouvertures qui ſont actuellement entretenues. En effet, chaque paroiſſe en offriroit huit ou dix. Cependant on ne prétend pas qualifier du nom de carrière, des fouilles d'où l'on tire de la pierre que la difficulté des charrois fait employer dans le voiſinage.

On paſſe même ſous ſilence toutes les excavations qui ont été faites dans la paroiſſe de Poleynueux, ſituée entre Saint-Fortunat & Saint-Germain: on ſe contentera de faire obſerver que cet eſpace, qui renferme plus d'une lieue, paroît être partout de la même nature que Saint-Cyr & Saint-Fortunat, & il y a apparence qu'on y trouveroit les mêmes qualités de pierres & de marbres.

A Saint-Didier, il y a une carrière d'une pierre à qui l'on a donné le nom de *choin*: elle eſt d'un rouge-ſale, mêlé de jaune, & prend un vrai poli.

Saint-Germain, village dans le Mont-Dor, éloigné de trois lieues de Lyon & ſitué au levant ſur le penchant d'une montagne, a des carrières ouvertes à une demi-lieue de la Saône. La direction des bancs eſt la même que celle des carrières dont on a déjà donné la deſcription, c'eſt-à-dire, qu'elle eſt du ſud-oueſt au nord. Elle s'écarte de la ligne horizontale de dix pouces par toiſes. La pierre y paroît plus également griſe qu'à la carrière de Saint-Fortunat, quoiqu'elle ſoit de la même qualité que celle des bancs ſupérieurs de cette dernière. Elle eſt remplie de parties molles & tendres qu'on ne ſauroit tailler proprement, & ſujètes à ſe décompoſer en peu d'années quand cette pierre ſe trouve expoſée à l'air. Les cauſes principales de ces défectuoſités ſont, d'une part, que les coquillages marins qui ſont entrés en abondance dans la formation de cette pierre, ſont pétrifiés à un point de dureté très-ſupérieur à celui où s'eſt arrêtée la pétrification de la matière qui les unit & les lie, &, de l'autre, que cette matière pétrifiante n'eſt pas toujours juxtapoſée immédiatement à ces foſſiles. Pluſieurs de ces foſſiles ſe trouvent enduits d'un bouſin noir que le ſuc lapidifique n'a pu pénétrer ou du moins n'a pu durcir. Cette matière n'eſt pas même partout juxtapoſée à elle-même, le bouſin s'y trouvant renfermé en lames très-minces, qui ont à la vérité peu d'étendue, mais qui ſont très-fréquentes.

Cependant, quoique cette pierre ſoit très-défectueuſe ſous le ciſeau, la découverte n'en eſt pas moins importante pour toutes les conſtructions en général: elle fournit la meilleure qualité de chaux que l'on emploie dans ces contrées, & la plus grande partie de celle dont on ſe ſert à Lyon en provient.

Ne devroit-elle pas ſon excellente qualité à la prodigieuſe abondance de coquillages foſſiles qu'elle renferme? Les boucardites ou cœurs de bœuf y fourmillent. Les bélemnites & les cornes d'ammon, ſi abondantes dans les carrières précédentes, ſont très-rares dans celles de Saint-Germain. Les dix-huitième & dix-neuvième bancs préſentent des veines d'un rouge-vif, qui traverſent verticalement la pierre. Au reſte, on n'a découvert les carrières de Saint-Germain, & on n'y a fouillé que juſqu'à la profondeur de vingt-cinq à trente pieds: on n'a pas encore pénétré juſqu'aux bancs inférieurs, qui sont vraisemblablement les mêmes que ceux que l'on exploite à Saint-Fortunat. Les entrepreneurs ne trouveroient pas leur compte à tirer des blocs considérables de ces carrières; ils ne pourroient les faire parvenir à leur destination qu'en les embarquant sur la Saône; il faudroit donc les charger à la carrière pour les porter au rivage, les charger sur un bateau, les décharger au port, les recharger de nouveau pour les conduire aux lieux où l'on voudroit les employer, tandis qu'une charrette prend, dans la carrière de Saint-Fortunat, un gros bloc ou plusieurs d'un volume considérable, les voiture jusqu'à leur destination, & peut faire deux voyages par jour. Il n'est donc pas surprenant que les propriétaires des carrières de Saint-Germain se bornent à n'extraire de la pierre que pour mettre dans les fours à chaux qui sont dans le faubourg de Vaise, & de ceux qui sont situés sur les bords de la rivière. Ils ne tirent de la pierre par grandes parties & destinées à la taille, que pour leurs propres constructions & l'usage de leurs voisins.

Dans une observation assez surprenante, & qui paroît détruire toutes les conséquences qu'on avoit tirées de l'inspection des carrières précédentes, est qu'on examina, aux carrières de Saint-Germain, des bancs inclinés du sud-ouest au nord: on y reconnut néanmoins les mêmes qualités qui sont dans ceux des carrières voisines, en y faisant creuser & lever les terres jusqu'à la superficie de la pierre; on y reconnut, par le niveau, que les bancs analogues aux voisins étoient d'un pied neuf pouces plus bas. Cette singularité engagea à faire découvrir de plus en plus la superficie: on apperçut enfin une séparation d'environ trois pieds, remplie de terre, entre la masse générale & la partie qui fixoit toute attention: on découvrit bientôt qu'elle n'étoit qu'un gros fragment qui avoit glissé sur ses fondemens, & qui s'étoit placé, sur sa nouvelle assiète, selon que les circonstances qui accompagnèrent son déplacement l'avoient permis. Les informations qu'on prit en rétrogradant, apprirent que cette espèce de phénomène n'étoit pas rare, & qu'on en avoit découvert de semblables dans les autres carrières.

A Dardilly, éloigné d'une lieue & demie de Lyon, il y a une carrière au couchant. Si l'on ne s'est point trompé dans l'examen qu'on en a fait, elle mérite attention. On dit que ses bancs supérieurs répondent aux quinzième & seizième bancs des carrières de Saint-Fortunat, comme une suite de ces mêmes bancs. Cependant leur pente y est plus considérable, puisqu'au lieu de dix pouces, on y a trouvé jusqu'à trois pieds; mais elle est dans la même direction. Les bancs inférieurs répondent pareillement, par leur couleur & par leur qualité, à ceux de Saint-Fortunat, qui sont au dessous du seizième, selon le même ordre qui s'y fait remarquer, & dont on a déjà représenté le tableau.

Après avoir passé la rivière d'Azergues, & en déclinant vers le nord, on trouve les coteaux d'Anse & de Lucenay. Quoiqu'ils soient à peine éloignés d'une lieue des cantons que nous venons de parcourir, ils nous offriront des objets bien différens de ceux qui ont fixé jusqu'à présent notre attention.

On trouve au bas de ces coteaux six ouvertures principales de carrières. La pierre qu'on en tire, comme toutes celles que fournit cette montagne jusqu'à Pommiers, est tendre sous le ciseau. Sa couleur, qui est un blanc-sale, règne, sans variation bien apparente, depuis le haut jusqu'à la plus grande profondeur à laquelle on soit parvenu. Le grain en est gros. On voit facilement, dans le bas où la pierre est moins compacte, qu'elle est composée, en grande partie, de coquillages marins, qui sont comme fondus & pulvérisés, ainsi qu'on le remarque à la superficie des carrières de Couzon; mais on n'y apperçoit pas cette espèce de grès ou ce sable brillant qui fait le fond essentiel des carrières de Couzon & de Saint-Romain. La pierre dont on parle n'a rien qui la rapproche des marbres: on ne sauroit en faire des ouvrages aussi achevés que le peuvent être ceux dont la matière seroit tirée des meilleurs bancs de Saint-Fortunat; mais, en général, sa qualité est supérieure pour résister aux injures du tems, & elle l'emporte encore par l'épaisseur de ses bancs. Il faut aussi convenir qu'elle est moins propre que la pierre bien choisie de Saint-Fortunat, à faire des marches & des pavés. Le frottement des pieds l'use plus tôt; mais employée à tout autre usage, elle résiste beaucoup mieux aux impressions de l'air. Un seul exemple peut nous en convaincre. L'église de Saint-Nizier à Lyon fut construite trois siècles avant son portail: il paroît très-certain que les matériaux de l'église furent tirés des carrières dont nous parlons à présent, & ceux du portail des carrières analogues à celles de Saint-Cyr & de Saint-Fortunat. L'église n'offre aucune dégradation apparente si on n'en excepte les marches qui conduisent au clocher, qui sont profondément usées dans leur foulée, & le portail exigeoit depuis long-tems des réparations qu'il n'a plus été possible de différer.

La première des carrières dont il est ici question, est ouverte presque dans le bas du coteau de Lucenay. La couverture est un amas d'environ huit pieds de hauteur, de moëlons d'une forme cubique, & recouverts de quelques pouces de terre. On ne peut les employer que dans les constructions grossières, & la difficulté du transport les rend presqu'inutiles. On tire néanmoins quelque parti des moëlons dont la forme est aplatie; ils servent à faire du pavé.

Les couches régulières commencent sous cette couverture: leur pente suit la même direction que celle de toutes les carrières que nous avons déjà parcourues; elle est de vingt-cinq pouces par toise. Quoique les délits qui séparent les bancs soient sensiblement parallèles entr'eux, on ne peut s'assurer de trouver dans le même banc plusieurs blocs de l'épaisseur qu'ils présentent au premier coup-d'œil. Si le banc est entier ici, là il est refendu en plusieurs bancs réguliers. Au reste, on peut extraire des blocs de deux pieds d'épaisseur: ce sont les bancs les plus bas qui les fournissent: leur épaisseur diminue en remontant, mais non graduellement; les plus minces sont de trois pouces: la pierre en est tendre & plus égale, & en général elle est meilleure dans le bas que près de la couverture.

Dans toutes les autres carrières ouvertes au bas du coteau, on ne découvre aucune différence, soit dans la pierre en elle-même, soit dans la disposition des bancs. Les carrières les mieux exploitées sont la seconde & la troisième. On voit, dans la partie la plus profonde de cette dernière carrière, une masse d'environ neuf pieds d'épaisseur, presque sans refends, qui continue visiblement dans la longueur d'environ vingt-un pieds. Le grain en est fort gros, mais il est très-égal.

En montant, & au quart environ du coteau, sur le territoire d'Anse, on rencontre la dernière ouverture. La pierre y est de la même couleur qu'on a observée dans les précédentes, mais le grain en est plus fin; elle est plus compacte. On a cru s'appercevoir que les parties les plus exposées au soleil étoient aussi les plus avancées dans leur pétrification. Cependant, à la considérer en général, elle est inégale; les refends y sont plus communs, & on n'y apperçoit aucun vestige de corps marins. Le possesseur de cette carrière ne descend ordinairement que jusqu'au douzième banc. La raison qu'il en donne, est que le treizième est mêlé de pierre à-feu. Il est certain que celui à qui appartient cette carrière, est le mieux placé pour voiturer de gros quartiers au port d'Anse.

L'inclinaison des bancs de cette carrière est dans la même direction que les autres; mais elle l'est de deux pieds de plus par toise. Cependant elle n'est éloignée de la première carrière qu'on trouve sur ce coteau, que d'environ trois quarts de lieue.

Carrières de Pommiers.

Dans le fond d'un vallon, au revers de la montagne, à la distance de deux lieues & à trois quarts de lieue de Ville-Franche, on trouve la carrière de Pommiers, qui a fourni à la ville de Lyon, pendant plus de douze siècles, des blocs immenses, & de la meilleure qualité. Cette carrière est actuellement presqu'abandonnée. Peut-être que les chemins ont été détruits par quelqu'événement; peut-être aussi que les contestations qui s'élevèrent, il y a trente ans, pour la succession de celui qui étoit le propriétaire de cette carrière, ne sont pas encore terminées; peut-être enfin que celui qui la possède aujourd'hui, a des raisons pour ne pas la faire travailler. Quoi qu'il en soit, il est certain que cette carrière ne produit rien en comparaison de ce qu'on seroit en droit d'en attendre.

La partie qui est ouverte au pied de la montagne, présente à son sommet une surface à peu près verticale, de vingt-cinq à trente pieds de hauteur, refendue obliquement & sans suite, depuis la terre qui recouvroit la masse entière, jusqu'aux premiers des six lits qui sont actuellement découverts; c'est ce qui fait que cette carrière est bien différente des autres, dont les couvertures en général sont composées d'une couche de huit, de dix ou de douze pieds d'épaisseur, refendue en cubes irréguliers, de la grosseur du moëlon ordinaire. Cependant cette différence ne donne à cette carrière qu'un très-foible avantage sur les autres, parce qu'on est obligé de se servir de la poudre pour extraire ses parties considérables & irrégulières, & que, par le grand nombre de fentes qui se trouvent dans les déblais, les trois quarts se réduisent en décombres qu'il faut enlever. Mais à vingt-cinq ou trente pieds de ces premiers bancs, on commence à trouver ceux qui sont réguliers, inclinés suivant la même direction qu'on observe dans les autres carrières, c'est-à-dire, de seize pouces par toise. Ces bancs ont différentes épaisseurs; mais en général ils sont plus épais que ceux analogues des carrières dont nous avons parlé. Cette carrière, lorsqu'on la vit, étoit fort embarrassée; ce qui fut cause qu'on n'y put appercevoir que six bancs, mais le plus mince avoit dix pouces d'épaisseur. On en mesura un bloc parfaitement détaché & très-sain, n'ayant aucun délit apparent, & qui portoit cinq pieds trois pouces de longueur, deux pieds dix pouces de largeur, & deux pieds six pouces d'épaisseur. Des six bancs qu'on apperçoit, celui qui est le plus bas paroît supérieur aux autres dans toutes ses parties. Si cette carrière étoit bien servie, elle l'emporteroit infiniment sur toutes celles qui sont ouvertes dans les environs de Lyon: il est à regretter qu'elle soit fort négligée.

Sur la montagne opposée, & presqu'à son sommet, en tirant au couchant, à une demi-lieue de Pommiers, paroisse de Liergues, on trouve la première ouverture d'une carrière qui fournit une pierre dont la qualité est entiérement différente de celles dont nous venons de parler: la couleur en est d'un jaune-brun, & le grain ressemble à celui de la pierre ordinaire de Couzon & de Saint-Romain, quoiqu'elle soit cependant inférieure à plus d'un égard. La pente des couches est dans la même direction, & de dix pouces par toise. Le nombre des bancs est de trente-six, & le plus épais a huit pouces. Cette carrière est comme abandonnée, & mérite de l'être.

BEAUJOU, village du département des Basses-Alpes, arrondissement de Digne. On trouve dans son territoire un filon de mine de fer de bonne qualité, & une mine de plomb qui mérite d'être exploitée.

BEAULIEU, village du département du Puy-de-Dôme, arrondissement d'Issoire. Il y a des eaux minérales alcalines, dont la source a son débouché sous le village d'où elle tire son nom. Elle sort d'une grotte fort étroite, & qui est creusée dans les couches de pierres qui bordent la rivière. Ses eaux paroissent & disparoissent fort souvent, sans qu'on puisse en attribuer la cause ni à la pluie ni à la sécheresse. Ainsi on ne peut douter que cette source ne soit réellement *périodique-intermittente*, puisqu'elle a des tems marqués pour ses apparitions & ses disparitions. Il seroit à desirer que quelques observateurs attentifs suivissent l'ordre des écoulemens & des intermittences de cette source, & nous en donnassent des résultats semblables à peu près à ceux que nous avons publiés à l'article BÉLESTA.

BEAULIEU, ville du département d'Indre & Loire, canton de Loches, & à un quart de lieue de Loches. Il y a plusieurs fabricans de draps, & quelques tanneurs qui fabriquent des cuirs forts, des baudriers & des veaux à l'huile. Ces tanneries sont établies avantageusement sur la rivière d'Indre.

BEAULIEU, village du département de la Meuse, arrondissement de Bar-sur-Ornain, canton de Triancourt, près la forêt d'Argonne. On voit à Corrupt une verrerie où l'on fabrique des bouteilles de verre noir, des cloches & pièces de chimie en verre blanc.

BEAULIEU (la), rivière du département de la Haute-Loire, arrondissement du Puy, canton de Saint-Julien-de-Chapteuil. Sa source, à une lieue nord Saint-Julien, verse ses eaux à l'ouest, puis au nord-ouest, dont le cours retourne à l'ouest pour se rendre dans la Loire, à trois lieues nord-ouest de la source.

BEAULIEU (Forêt de), département des Deux-Sèvres, canton de Mazières, à une lieue & demie sud-est de Parthenay. Elle a dix-huit cents toises de longueur, sur douze cents toises de largeur. Le bois est de bonne qualité & fort abondant.

BEAULIEU-DES-MARCHAIS (Forêt de), département de Maine & Loire, arrondissement de Saumur, canton de Thouarcé, à une demi-lieue nord de Rablay. Elle a de l'est à l'ouest trois mille deux cents toises de long, & du nord au sud douze cents toises de large.

BEAUME-LES-MOINES, ville du département du Jura, arrondissement de Lons-le-Saunier, au milieu de précipices & d'arides rochers qui se sont détachés des hauteurs voisines. Ces ruines sont remarquables, & annoncent les éboulemens qui ont eu lieu dans cette partie de la montagne qui domine la vallée du Doubs.

BEAUME (la), rivière du département de l'Ardêche, arrondissement de l'Argentière, canton de Saint-Étienne-de-Lucdarès. Sa source se trouve à deux lieues & demie à l'est sud-est de Saint-Étienne, verse ses eaux à l'est sud-est, qui passent au nord de Joyeuse, vont au sud-est, arrosent *Beaume* qui donne le nom à la rivière, & se rendent dans l'Ardêche à deux lieues sud-est de Joyeuse.

BEAUME-DE-SAINT-MICHEL-D'EAU-DOUCE (la), montagne du département des Bouches-du-Rhône, arrondissement & canton cinquième, dit du sud *extra muros* de la ville de Marseille, à trois quarts de lieue de Masargues. Cette *Beaume* ou *Balme* offre un pélérinage très-célèbre.

BEAUME (Forêt de la), du département du Var, arrondissement & canton de Saint-Maximin, à trois lieues un quart sud-ouest de Saint-Maximin. Elle a de l'est à l'ouest quinze cents toises de longueur, sur environ six cents toises de largeur. Ce qu'il y a de remarquable, c'est qu'elle est toute composée de sapins.

BEAUMES, village du département de Vaucluse, arrondissement d'Orange. Les environs de ce village sont fertiles en blé, en bons pâturages, en vin muscat excellent & en huile d'olives. Il y a d'ailleurs dans son territoire trois sources d'eau salée qui ne tarissent jamais : aussi trouve-t-on sur les bords des ruisseaux qui en sortent, quelques-unes des plantes qui viennent sur les bords de la mer, & à la production desquelles cet amas salin méditerrané contribue incontestablement.

BEAUMONT, bourg du département de Calvados, arrondissement de Pont-l'Évêque. On y admire une terrasse d'où l'on découvre la mer & le pays d'Auge. Le commerce des bœufs y est très-considérable au milieu des excellens pâturages de cette contrée.

BEAUMONT, ville du département de Jemmapes, arrondissement de Charleroi. Les environs de *Beaumont* sont riches en marbres nuancés dans leurs couleurs, connus sous le nom de *flandre*. On y voit aussi des indices de mines d'argent, qui n'ont pas été exploitées parce qu'elles se trouvoient dans la proximité des frontières. Aujourd'hui sans doute l'administration des mines éclairera les propriétaires sur les avantages qui peuvent résulter pour eux des travaux d'une exploitation assurée & tranquille.

BEAUNE, ville de la ci-devant province de Bourgogne,

Bourgogne, située à 47 deg. 2 min. de latitude, & à quatre lieues à l'ouest de la Saône, dans une plaine qui règne le long des coteaux si connus par l'excellent vin qu'ils produisent, & qui donnent issue à beaucoup de sources abondantes, formant des ruisseaux & de petites rivières qui vont se rendre dans la Saône. Parmi ces sources il y en a une nommée *Genet*, qui est remarquable par son intermittence : elle est peu éloignée du pied des coteaux, & ne donne jamais d'eau qu'après des pluies de longue durée ; elle sort tout à coup, & forme presqu'aussitôt un torrent considérable d'une eau très-claire, filtrée à travers une couche de très-gros gravier, qui s'étend le long du pied du coteau. Cette source ne donne pas toujours la même quantité d'eau ; mais quand elle commence à couler, elle semble annoncer la cessation de la pluie. Le mauvais tems peut continuer encore huit à dix jours ; mais le beau tems succède, la fontaine donne toujours de l'eau, mais le volume diminue ensuite, & son écoulement cesse tout-à-fait. On la regarde faussement comme un signe certain de la cessation de la pluie ; car il est à présumer qu'il faut une certaine quantité de pluie pour remplir les réservoirs de cette fontaine, de manière à ce qu'ils versent au dehors leur trop plein. C'est alors que le plus souvent, suivant le proverbe, *après la pluie le beau tems*, la pluie cesse. Il est à croire que si la pluie continuoit un certain tems, la fontaine auroit un écoulement qui continueroit en même raison, & ne diminueroit qu'après le retour du beau tems pour cesser ensuite. Il n'y a dans tous ces phénomènes que des effets très-naturels ; mais le peuple veut trouver partout du merveilleux, & parmi ce peuple il se trouve souvent des gens qui se disent physiciens.

BEAURAIN, village du département de l'Oise, arrondissement de Compiegne. On a découvert près de cet endroit une terre inflammable, dont les cendres sont un très-excellent engrais, qu'on répand, au mois de janvier, sur les fromens & sur les bas-prés. Ces sortes de terres se rencontrent aussi aux environs de Rheims & surtout à Béru. Nous ferons connoître dans ce dernier article la manière dont s'exploite cette espèce de substance pyriteuse, qui s'enflamme d'elle-même.

BEAURECUEIL, village du département des Bouches-du-Rhône, arrondissement d'Aix, & à une lieue un quart de cette ville. Il existe près de là une carrière de marbre jaune bariolé & très-beau : c'est une espèce de brocatelle fort remarquable.

BEAUREGARD (Forêt de), du département de Saône & Loire, canton de Chagny, à deux lieues de Châlons-sur-Saône. Elle a environ cinq mille toises de longueur, sur autant de largeur.

BEAUREPAIRE, bourg du département de l'Isère, arrondissement de Vienne. Il y a plusieurs moulins à blé, un moulin à tabac, un foulon, une tannerie, des fabriques de draperie, & toutes ces usines vont par le même courant d'eau.

BEAURONNE (la), rivière du département de la Dordogne, arrondissement de Riberac, canton de Neuvic. Sa source, à trois lieues sud-est de Riberac, verse ses eaux au sud-ouest, & se rend dans Lité, à une demi-lieue nord-nord-est de Mussidan.

BEAUROUGE (Pointe & Calanque du), du département du Var, canton d'Ollioules, à la côte près Saint-Nazaire, à deux lieues & demie ouest de Toulon, entre le cap de Portissol & le grand môle.

BEAUSSET (le), bourg du département du Var, arrondissement de Toulon, à trois lieues nord-ouest de cette ville, & à deux lieues & demie est-nord-est de Tarente. Son commerce consiste en huile d'olives, eau-de-vie & savon. Il y a d'ailleurs une tuilerie & une verrerie ; ce qui annonce aux environs des amas de matières propres à ces différens travaux.

BEAU-TEMS (Mont du). Ce mont, situé sur la côte ouest de l'Amérique septentrionale, git par 58 deg. 52 min. de latitude nord, & par 222 deg. de longitude est (méridien de Greenwich). Cette montagne à pic, qui surmonte le cap du même nom, est à cinq lieues dans l'intérieur des terres, & la plus haute d'une chaîne ou plutôt d'une rangée de montagnes qui s'élèvent à l'entrée nord-ouest de la *Sonde* ou *Canal de la Croix*, & qui se prolongent, au nord-ouest, dans une direction parallèle à celle de la côte. Ces montagnes sont entiérement couvertes de neige, depuis la partie la plus haute, jusqu'à la côte de la mer. Il faut pourtant en excepter un petit nombre d'endroits, où l'on voit des arbres qui semblent sortir du sein des flots. D'après cette apparence, il est vraisemblable qu'ils croissent sur des terrains bas ou sur des îles qui bordent le rivage du Continent.

BEAUVAIS, ville, chef-lieu du département de l'Oise, sur le Thérain. Le territoire de cette ville est très-fertile en grains. Il fournit abondamment des lins & des chanvres. Il y a des sources d'eaux minérales. Les principales & les plus remarquables sont celles appelées *Fontaineaux* & *la Rouge-Vêtue*. Cette dernière tire son nom d'un ocre ferrugineux ou d'un sédiment rouge dont sont couverts les bords de la fontaine ou les vases dans lesquels cette eau repose quelque tems. Les habitans de *Beauvais* & des contrées voisines ont fait usage, dans les tems les plus reculés, des eaux de ces deux fontaines, & surtout de celles de la

Rouge-Vêtue, pour la guérison d'un grand nombre de maladies dangereuses.

BEAUVOIR, ville du département de la Vendée, arrondissement des Sables-d'Olonne. Cette ville est située au bord de la mer, où elle a un port. Il y a d'ailleurs dans les environs des marais salans, qui donnent des sels excellens & d'un grand débit.

BEAUVOISIS, contrée de la ci-devant Picardie, au nord de Paris, & dont la capitale étoit la ville de Beauvais. Ce pays étoit borné, au septentrion, par l'Amiénois & le Santerre; au levant, par le Valois & le Noyonnais; au midi, par l'Ile-de-France proprement dite & le Vexin français; enfin, au couchant, par la Normandie. Il a bien environ seize lieues de long, sur dix de large. Les villes les plus remarquables sont Beauvais & Clermont. Il est arrosé par l'Oise, le Thérain & plusieurs autres rivières moins considérables. L'air de cette contrée est un peu froid, mais fort sain. Le sol y est mêlé de plaines & de collines, & par conséquent assez inégal. On y recueille beaucoup de blé, mais peu de vin. Ce pays ne manque pas de bois, & les pâturages y sont excellens pour le gros & le menu bétail. On recherche beaucoup le beurre & les fromages de cette contrée : on vante aussi les moutons de Beauvais. Enfin, ce pays abonde en volaille, en gibier & en poisson. Cette contrée dépend actuellement du département de l'Oise.

BEAUX (les), ville du département des Bouches-du-Rhône, arrondissement de Tarascon, canton de Saint-Remy, sur un rocher escarpé, à trois lieues sud est de Tarascon, & à trois lieues & demie d'Arles. Le sol de ces environs est fertile, & l'huile qui en provient est excellente. On trouve dans le voisinage une carrière de bol rouge, mêlé de quelques grains de fer. On rencontre aussi, en montant sur la hauteur sur laquelle cette ville est établie, des pierres composées de grains ferrugineux, qui sont visiblement la matière première du bol.

BEAUZÉE, bourg du département de la Meuse, arrondissement de Bar-sur-Ornain. Il y a une papeterie & des tanneries.

BEBRE (la), rivière qui prend sa source aux environs de Saint-Priest-la-Pingne, arrondissement de Roanne. Elle verse ses eaux au nord, lesquelles entrent dans le département de l'Allier, traversent l'arrondissement de la Palisse, passent dans cette ville & à Jalligny.

BEC (le), ruisseau du département de l'Aude, arrondissement de Limeux, canton d'Arques. Sa source, à une lieue un quart de Bugarach, au sud-ouest, verse ses eaux au nord-ouest, lesquelles se rendent dans la Valette, à une lieue trois quarts nord-ouest de la source.

BEC. Cet ancien mot est employé dans des circonstances géographiques à peu près semblables; ce qui nous prouve que primitivement il servoit à indiquer une certaine pointe de terre, une avance de terre-ferme que deux rivières ou ruisseaux renferment avant de se joindre dans le même lit.

On peut citer, comme des exemples fameux des formes de terrain dans des confluences qui ont conservé cette ancienne dénomination, le *bec d'Ambez*, qu'on place un peu avant l'endroit où la Garonne & la Dordogne mêlent leurs eaux; de même le *bec d'Allier*, qu'on voit à la jonction de la Loire & de l'Allier.

Tout le monde connoît le *bec d'Ambez* comme celui qui a conservé, d'une manière plus authentique, la signification du mot *bec* appliqué aux formes du terrain, & qui doit être considéré par conséquent comme un ancien terme géographique de nos ancêtres.

Je place au même rang un autre *bec* situé au confluent de deux grandes rivières, la Loire & l'Allier, & qui est connu, dans les environs, sous la dénomination de *bec d'Allier*.

Bec se dit aussi d'un cap ou d'une pointe de terre élevée, qui s'avance dans la mer ou sur les bords des vallées dans l'intérieur des terres : tel est d'abord le *bec de Raz* en Bretagne, sur les côtes de l'Océan. On peut citer aussi *le Bec-Crepin*, *Saint-Martin-du-Bec* & *Notre-Dame-du-Bec*, trois communes situées dans le pays de Caux, sur les pointes élevées des bords de la vallée de la Lasarde, au dessus de Montivilliers.

Si nous parcourons les différens lieux qui ont cette dénomination dans le premier sens, nous trouverons d'abord *le Bec*, ancienne abbaye & bourg dans la ci-devant Normandie, situés sur une langue de terre renfermée par une petite rivière & la Rille. Cette petite rivière prend sa source au dessous de la commune de Buhot, située au pied de la côte de Calleville; & après avoir passé à Saint-Martin-du-Parc & traversé le bourg du *Bec*, elle se jette dans la Rille, un quart de lieue au dessous du parc. Je trouve ces détails sur la planche de Lisieux.

Cet ancien mot paroît dans la même planche de Lisieux, où l'on voit *Clarbec*, village situé à la pointe d'un terrain renfermé entre deux embranchemens d'une rivière latérale qui se jette à Pont-l'Évêque dans la Touque, & sur une autre pointe de ce même terrain un autre village qu'on nomme *Drubec*.

Sur la planche du Havre est *Bolbec*, situé sur la rivière de Bolbec, à l'embouchure d'un vallon sec, qui, avec la première vallée, forme une langue de terre alongée. Ce qu'il y a de remarquable, c'est que, sur les deux bords du vallon sec, on trouve d'un côté *le Petit-Bec*, & de l'autre *Mont-Bos-le-Bec*.

Sur la feuille de Forges, on trouve aussi *Caudebec*, ville qui occupe un emplacement remarquable entre deux rivières latérales, dont une se nomme *Brebecq*; l'autre coule à l'extrémité d'un vallon dont la partie supérieure est à sec, & traverse la ville de Caudebec. Dans l'intérieur des terres de l'emplacement de cette dernière ville, on voit un lieu nommé *Bec-de-Croq*.

Sur la feuille d'Argenton, on voit *Orbec*, ville située sur le bord d'une petite rivière, & à la jonction d'un vallon latéral & sec. C'est encore la situation naturelle d'un *bec*, c'est-à-dire, d'un terrain compris entre deux eaux courantes; car le vallon sec est abreuvé dans le tems des pluies.

Je soupçonne que, s'il ne reste pas plus de lieux qui aient conservé la dénomination ancienne de *Bec*, ce sont les circonstances qui ont accompagné leur habitation première, & qui les ont fait disparoître. Il est aisé de voir les noms modernes qui ont succédé indubitablement aux primitifs, lesquels, suivant toute apparence, étoient des expressions simples des formes naturelles du terrain. Les plus remarquables sont *loch*, *dor*, dont on a fait à tort *d'or*, puis *pic*, *pucch*, *puy*.

Il en est de même des ponts qui ont fait disparoître les dénominations de *bacs*, noms anciens & qu'on donnoit aux villages près desquels il y avoit des passages de rivières au moyen des *bacs*: témoin le village de *Berry-au-Bac*, sur la rivière d'Aisne, près de Rheims.

Il y a eu aussi des changemens des noms de *becs* par les Romains, qui ont introduit à leur place des dénominations latines. C'est à la suite de toutes ces révolutions que j'ai trouvé la confluence de la Dordogne & de l'Ille, indiquée dans un poëte latin par *Condatum ad Portum*, qu'on a traduit par *Condat*; en sorte que, sur la même rivière de la Dordogne, se trouve *Bec* & *Condat*, pour désigner deux confluences, le *bec d'Ambez* & *Condat*. Je dirai, en passant, que *Condatum* & sa traduction *Condat* nous donnent l'étymologie naturelle & incontestable des *Condés*. (*Voyez ce mot.*) C'est ainsi que les dénominations géographiques différentes se sont introduites, & qu'on peut les suivre & les comparer relativement aux changemens politiques, variés suivant les âges & les époques.

Il est visible que les noms de Saints, qui sont fort nombreux & postérieurs à l'époque de l'introduction de la religion chrétienne dans un pays, ont fait disparoître beaucoup de noms anciens de villages. On peut penser aussi qu'il y a plusieurs habitations qui doivent leur naissance à la religion chrétienne, & par conséquent leurs dénominations géographiques. Il est vrai qu'il est resté, avec les noms des Saints, beaucoup d'expressions plus anciennes & plus caractéristiques de la forme naturelle des habitations.

Je terminerai ici mes citations de lieux qui ont conservé l'ancien terme géographique de *Bec*, 1°. par *le Bec-de-Gallowai*, qui occupe une petite presqu'île de l'Écosse. On peut se convaincre par-là que cette dénomination ancienne étoit répandue dans plusieurs contrées de l'Europe.

2°. Je reviens en France par *Bec-de-Rioux*, ville située dans le diocèse de Béziers, & enfin par cinq articles qui suivent l'article général de Bec.

Bec. On appelle ainsi, dans quelques provinces de France, le prolongement des aterrissemens formés autour des bords élevés du confluent de deux rivières ou de deux ruisseaux, principalement au point de leur jonction. Les côtes élevées forment un cap, une pointe plus ou moins saillante. Les dépôts formés au pied de ces caps, en écartant les eaux courantes des deux rivières, éloignent le point de leur réunion, & forment proprement le *bec*: tel est le *bec d'Ambez*. Par ces aterrissemens, l'angle de confluence devient souvent plus aigu; d'autres fois il est plus obtus. Il devient plus aigu quand les eaux, par l'éloignement du point de leur jonction, acquièrent plus de vitesse relative; il devient plus obtus, au contraire, quand cet éloignement ralentit leur vitesse; ce qui favorise leurs dépôts. Il y a des cas, comme dans le *bec d'Ambez*, où l'eau ne dépose que par l'action de la marée qui opère le ralentissement du courant des rivières qui descendent.

Lyon est situé, en grande partie, sur le *bec* produit au dessous des côtes élevées du Rhône & de la Saône.

Les travaux de Pérache ont alongé ce *bec*. Il y a un long & large *bec* au dessus de la jonction de la Marne & de la Seine, ainsi qu'au dessus de la jonction de la Seine & de l'Yonne à Montereau.

Quant aux matériaux qui concourent à former les *becs*, ils varient beaucoup, suivant la nature des terrains que les rivières parcourent. Certains *becs* ne sont composés que de cailloux roulés, quartzeux; d'autres n'offrent que des amas immenses de graviers calcaires & plats, & d'autres enfin où l'on ne voit que des limons argileux, ou seuls, ou recouvrant des lits fort épais de sables & de graviers, &c. (*Voyez* Ambez (*bec d'*), & tant d'autres jonctions ou confluences de rivières; car c'est là où se trouvent les *becs*.) Je m'attacherai à faire l'examen & la description de ces *becs*, & j'y joindrai des Cartes topographiques où tout le travail de la nature sera figuré sous les traits qui conviennent aux différens progrès de ce travail. Ils doivent intéresser tous ceux qui étudient les dépôts des rivières & le travail des eaux courantes. (*Voyez, au reste, les articles* Confluent, Confluens, Condés, Condats, Candes, &c. qui sont autant de *becs* formés par des aterrissemens au pied des côtes renfermées entre les deux rivières qui se joignent.)

Bec. Je dois faire remarquer que ces *becs* présentent un sol en plaine, qui est surtout inférieur, dans bien des circonstances, à la tête des caps terrestres qui se trouvent dominer ces terrains. La plupart du tems le sol de ces *becs*, ou appartient à l'ancienne organisation du pays & a été abaissé au niveau où nous le voyons par le cours de quelques-unes des rivières principales qui bordent actuellement un côté du *bec*, & qui ont abandonné le pied du cap ou promontoire terrestre, ou par les deux rivières en même tems.

Je puis citer, par exemple, trois sortes de *becs* fort alongés, & qui sont dominés par des caps terrestres : tels sont les trois *becs* qui se trouvent entre la Charente & la rivière de l'autre côté du plateau d'Angoulême : ce *bec* est composé de l'ancien sol, mais il est couvert de cailloux roulés que la Charente y a déposés. Vers l'extrémité, le second *bec* est entre la dernière rivière & la seconde, & le troisième entre la seconde & la troisième : ces *becs* sont, dans le même état, dominés par des caps au pied desquels la Charente a coulé avant qu'elle ait parcouru la superficie des *becs*, & qu'elle ait gagné les bords de sa vallée actuelle.

Il faut considérer que ces *becs* ont la plupart des formes de trapèzes, parce que la Charente, dans laquelle ces deux rivières se jettent, vient couper le terrain avant leur jonction. Il y a bien des cas pareils, & pour lors les intervalles de confluences des ruisseaux & des rivières ont trois limites, les ruisseaux ou rivières latérales, & la rivière principale où se jettent les deux ruisseaux avant leur jonction : il y a pour lors autant de confluences avec la rivière principale, qu'il y a de ruisseaux ou de rivières latérales. Il n'y a pas de *becs* dès que ces rivières tombent à angles droits, comme dans bien des contrées, ou qu'elles sont éloignées les unes des autres.

Au *bec d'Ambez* il y a un cap fort élevé ; c'est l'extrémité de l'ancien sol, qui est environnée des dépôts des deux rivières, tant de ceux qui bordent chaque côté, que de ceux qui s'étendent vers la pointe, & ce sont ces dépôts qui lui ont donné la forme d'un *bec*. Je les ai observés & suivis avec attention, & je joins mes observations relatives à ces changemens opérés par les eaux des fleuves à l'article AMBEZ. (*Voyez* BEC, considéré sous un point de vue général.)

BECS DES CONFLUENCES. Ces *becs* nous montrent les progrès de leurs prolongemens. J'y vois d'abord les bords élevés de ces *becs* qui sont l'ancienne forme des confluences, ensuite j'y trouve, autour de ces bords élevés, les premiers dépôts des deux rivières qui sont venus à une certaine distance des rideaux des anciens bords élevés ; ce qui a formé des lacs qui sont alimentés par les sources qui suintent des bords des rideaux, & par les pluies. Ces eaux se sont trouvées contenues par les dépôts des deux rivières, qui se sont formés & élevés de plus en plus au dessus du sol des anciens bords : ces lacs ou marais sont placés à la pointe des rideaux qui ont une étendue considérable en tout sens.

Je dois donner pour modèle d'une confluence instructive le *bec d'Ambez*, entre la Garonne & la Dordogne, & qui offre, non-seulement les bords élevés, mais encore les amas d'eau au pied de ces bords qui les entretiennent, ainsi que les dépôts des deux rivières, lesquels servent à diguer les marais & à former une enveloppe qui contient leurs eaux, & c'est le prolongement de cette enveloppe qui donne une nouvelle forme à la confluence. Comme on n'a fait nulle part cette observation, c'est pour la faire connoître que j'annoncerai ici ces détails comme offrant l'ensemble de toutes les formes de terrain qui conviennent aux confluences. (*Voyez* CONFLUENCE.)

BEC-DE-MONTAGNE, village du département de la Seine-Inférieure, arrondissement du Havre, canton de Goderville, à cinq lieues trois quarts de Montivilliers.

BEC (Notre-Dame-du-). (*Voyez* NOTRE-DAME-DU-BEC.)

BEC-AUX-CAUCHOIS, village du département de la Seine-Inférieure, arrondissement d'Yvetot, canton de Valmont, commune de Rouxmenil, sur la rivière de Groiseville, à deux lieues trois quarts de Cany.

BEC-HELLOUIN (le), bourg du département de l'Eure, arrondissement de Bernay, canton de Brionne, sur la Rille, à quatre lieues de Bernay. La quatorzième cohorte de la Légion d'honneur, dont Bernay est chef-lieu, réside dans l'abbaye de ce bourg.

BÉCHEREL, bourg du département d'Ille & Vilaine, arrondissement de Monfort, à quatre lieues nord de cette ville, & à deux lieues un quart ouest de Hédée. Les environs de ce bourg produisent quantité de lin. La plus grande partie est employée à faire du fil retors, qui se débite avantageusement dans les environs. Il y a près de *Bécherel* une source d'eau minérale acide ferrugineuse & vitriolique, dont le dépôt se trouve à Rennes, & que les médecins de cette ville prescrivent comme tonique.

BÉCON (Forêt de), département de Maine & Loire, arrondissement d'Angers, canton de Saint-Georges-sur-Loire, à trois quarts de lieue au nord d'Angers. Elle a de l'est à l'ouest deux mille quatre cents toises de long, & du nord au sud douze cents toises de large.

BECQUERA (Col) (Piémont), passage du val Vallaise dans celui d'Evoi, & de l'Illiane à

Sorderio. (*Voyez* ELVOI.) Ce passage est de troi heures.

BÉDARIDES, bourg du département de Vaucluse, arrondissement d'Avignon. Les environs de ce bourg sont très-fertiles, & produisent d'excellens pâturages.

BÉDARIEUX, ville du département de l'Hérault, sur la rive de l'Orbe, à neuf lieues sud-ouest de Lodève. Il y a des fabriques de draps. Il y a aussi beaucoup d'autres fabriques de bas poil d'Inde, composés de fil de laine & coton; un grand nombre de fabriques d'étoffes mi-soie & mi-laine : on y fabrique encore de l'huile d'olives & de l'eau-de-vie; enfin, il y a dans cette ville industrieuse une verrerie.

BÉDAT (la), rivière du département du Puy-de-Dôme, arrondissement de Clermont. Sa source, à une lieue deux tiers de Clermont, verse ses eaux à l'est, passe à Gerzat, tourne ensuite au nord-est, & se rend dans l'Embenne à Entraigues, à quatre lieues nord-est de Clermont. C'est la marche ordinaire des eaux que fournit la montagne, & qu'elle verse dans les plaines qui entourent la butte de Clermont.

BEDDE, village du département du Cher, canton de Château-Maillant, & à une lieue de cette ville. Les environs produisent du froment & du seigle. Il y a quelques vignes & des prairies.

BÈDE (Cap). Ce cap est situé sur la côte ouest de l'Amérique septentrionale; il se trouve au côté nord du cap Elisabeth. Entre ce cap & ce promontoire élevé que le capitaine Cook a nommé *cap Bède*, on rencontre une baie au fond de laquelle il y a deux havres bien fermés, & où l'on mouille par vingt-trois brasses.

Du cap *Bède* la côte court nord-est quart est. Elle offre, dans l'intérieur des terres, une chaîne de montagnes qui se prolongent vers le même point. Elle est boisée, & ne semble pas manquer de havres; mais ce qui ne favorise pas l'espérance de trouver un passage au nord par cette entrée, c'est qu'on apperçoit au milieu une terre basse, qui se prolonge du nord-nord-est au nord-est quart est un demi-rumb est.

BÉDEILLAC (Grottes de). Non loin des grottes de Lombrive sont celles de *Bédeillac*; elles sont voisines du village de ce nom, & à une demi-lieue de Tarascon, dans le pays de Foix.

L'entrée de ces grottes offre une salle de cent neuf pieds de largeur, sur cinquante pieds de hauteur. La voûte s'élève à mesure qu'on avance dans cette salle; elle est revêtue de stalactites & de concrétions pierreuses, qui offrent aux yeux un spectacle propre à exciter la surprise de ceux mêmes qui sont habitués à l'examen de ces sortes de phénomènes.

A la distance de soixante-cinq pieds de l'entrée, on passe dans une salle de six cents pieds de longueur, sur quarante de largeur : la voûte n'a que seize pieds de hauteur; elle n'offre aucun objet capable de fixer l'attention, que la vaste étendue de cette excavation.

De cette salle on entre dans une galerie longue de cinq cent soixante pieds, qui conduit à une autre salle voûtée comme la précédente. On rencontre dans cette dernière salle une grande masse de cristaux, qui a la forme d'un tombeau; elle est placée à la partie la plus large de la salle, qui est de deux mille trois cents pieds. La plus grande hauteur de la voûte est de trente-six pieds.

Dans la même salle, & à deux cents pieds du tombeau, on remarque un gros pilier, & à côté une suite de colonnes qu'on nomme *le jeu d'orgues*, à cause de leur ressemblance avec les tuyaux apparens d'un buffet d'orgue. Lorsqu'on frappe sur ces colonnes, elles rendent un son semblable à celui de plusieurs pierres creuses.

En continuant de marcher, & après avoir parcouru une autre galerie de quatre cents pieds, on rencontre dans la même salle, qui n'a pour lors que cent trente pieds de largeur, un gros pilier, dont la circonférence est de trente-six pieds. Cette salle est terminée, après un trajet de quatre cents pieds, par une belle colonnade composée de gros piliers qui semblent soutenir la voûte : ils y occupent une largeur de quatre-vingts pieds.

Entre ces piliers il y a plusieurs passages qui conduisent à une salle dont la largeur est de deux cents pieds. On y voit deux pyramides, dont la plus grosse a environ quatre-vingts pieds de circonférence.

Au fond de toutes ces galeries est un ruisseau d'une eau claire & limpide, qui, après un cours d'environ soixante pieds dans une galerie, se perd sous terre. On tire de cette même galerie de la terre glaise propre à dégraisser la laine.

La température des grottes de *Bédeillac* est la même que celle des grottes de Lombrive : le mercure du thermomètre de Réaumur, qui étoit dehors à 20 degrés au dessus de la glace, descendit dans ces grottes à 8 degrés, & s'y soutint sans aucune variation.

Sans nous arrêter à ce qui concerne les stalactites, nous nous bornerons à dire qu'elles s'accroissent journellement, & qu'elles s'étendent au point d'occuper de grands espaces dans les vides des sallons & des galeries, & même de les remplir ensuite si l'eau y charrioit assez de matière pour opérer cet effet.

J'ajouterai même que, d'après des essais dont les résultats sont très-assurés, la plupart des stalactites prennent le poli comme des morceaux d'albâtre.

Enfin, je dois faire observer qu'il reste dans le

fond de ces grottes un ruisseau d'eau qui est le reste de cet agent que la nature a mis en œuvre pour creuser ces vastes galeries que nous avons indiquées, & pour en déblayer les matériaux par des débouchés souterrains qui servent maintenant d'issues aux eaux actuelles.

BEDOUS, bourg du département des Basses-Pyrénées, arrondissement d'Oléron, près le gave d'Aspe. Dans les environs de cette commune on voit des matières argileuses mêlées avec des masses d'ophite. On trouve aussi des bancs de pierre calcaire à une très-petite distance de ce bourg. A la montagne d'Aidious, on remarque les indices d'une mine de cuivre nommée *la mine de Boureins*. Ce sont des veines de vert-de-montagne sur des pierres argileuses du genre des ardoises. La même montagne offre de la mine de fer en chaux, qui est brune & solide.

A la montagne de Certignous il y a un filon de mine de cuivre d'environ dix pouces d'épaisseur. Sans doute que ces dépôts de minéraux résidans dans cette contrée, feront quelque jour l'objet des spéculations des propriétaires de ces montagnes; car les anciennes fonderies sont en ruines.

BEEMSTER, polder très-curieux. C'est un ancien lac qu'on a desséché, & qui continue à l'être par l'effet de moulins qui sont distribués le long des digues qui l'entourent. Au moyen de trois moulins placés sur trois étages ou niveaux, l'eau du fond de ce polder se trouve élevée de dix-sept à dix-huit pieds, jusqu'à la surface du terrain naturel. Le fond de ce polder est saigné de différens canaux qui en rassemblent les eaux. C'est là où les puisent les moulins les plus bas, pour les élever à un niveau supérieur, où les seconds moulins les prennent pour les rendre au niveau des troisièmes, lesquels les versent au dehors du polder. Au fond de *Beemster* sont des habitations où des bergers président aux pâturages des vaches & des moutons. C'est ainsi qu'on met à profit les terrains qu'on a tirés de dessous les eaux. *Beemster* est situé dans la partie de la Nord-Hollande qu'on nomme *Waterland*. C'est là où j'ai observé aussi deux autres lacs plus petits, Wormer & Purmer, qui sont desséchés, & tous deux dans l'état de polders digués, lesquels, comme tous les polders, s'annoncent par les moulins qui sont établis sur leurs digues. Dans ces polders bas, les maisons sont distribuées le long des fossés ou canaux qui servent à la circulation de l'eau.

Osterhuis, beau village voisin d'un canal servant aux voitures publiques. L'eau du canal qui conduit à Horn est élevée de six à sept pieds au-dessus de celle qui vient d'Edam. Cette eau, étant plus élevée que celle du sol naturel, est contenue entre deux petites digues. D'un autre côté, l'eau pluviale recueillie sur le sol naturel est élevée, dans des canaux d'un niveau forcé, par les moulins. Il m'a paru que, dans ces cas, on n'emploie qu'un moulin; ce qui indique cinq ou six pieds d'élévation totale pour l'eau. On doit considérer cette circulation comme appartenante à des polders, quoique résidant sur le sol naturel, parce qu'on y fait usage de moulins. Il y en a de deux sortes: les uns élevant l'eau de trois ou quatre pieds, & les autres, comme ceux dont il est ici question, ayant une action de six ou sept pieds. C'est avec ces moyens que l'eau des canaux de communication des maisons d'un village aux maisons de l'autre, ou d'une maison à une autre maison, se trouve plus élevée que celle du sol naturel, & au niveau des canaux des voitures publiques. Toute eau qui circule se hausse nécessairement, & aboutit à certaines écluses qui servent d'un débouché commun à tout un canton. (*Voyez l'article* POLDER.)

BEERSEL, village du département de la Dyle, arrondissement de Bruxelles, canton d'Uccle. Le terroir, quoique sabloneux, produit du froment, du seigle, de l'orge & de l'avoine, par une suite de la bonne culture des habitans.

BEES, rivière du département des Basses-Pyrénées, arrondissement d'Oléron, canton d'Arudy. Elle prend sa source à deux lieues un quart à l'est de Bielle, coule au nord, puis à l'est, retourne au nord & au nord-est pour se rendre dans le gave de Pau, à trois lieues nord-nord-est de sa source près Rai.

BEFFOUS (Forêt de), du département des Côtes-du-Nord, canton de Belle-Ile-Terre, à une lieue & demie à l'ouest de Plougouvert. Elle a de l'est à l'ouest deux mille deux cents toises de long, sur huit cents toises de large.

BÉFORT, ville principale du département du Haut-Rhin, sur la Savoureuse. Elle étoit capitale d'un petit pays appelé le *Sundgaw*. Les environs de *Béfort* sont fort fertiles, surtout en pâturages. On y trouve des mines de fer très-abondantes, & qu'on exploite dans des fourneaux & des forges à plusieurs sortes de martinets.

BEGGENENDICK, village du département de la Dyle, arrondissement de Louvain, canton d'Ærschot, à trois lieues de Louvain. Ce village est environné de bois, d'étangs & de bruyères.

BÉGOSSE (la), montagne du département des Basses-Pyrénées, arrondissement de Mauléon, canton des Tardets. Elle a du nord-ouest au sud-est deux tiers de lieue de long. C'est un détachement de la chaîne principale.

BEHRENKOPFF, montagne qui fait partie des Vosges, dans le département du Haut-Rhin. Elle sépare le canton de Géromagny de celui de

Masvaux; elle a six mille six cents toises de longueur.

BÉLABRE, ville du département de l'Indre, sur l'Anglin, arrondissement de Leblanc, à trois lieues nord-est de la Trémouille. On y exploite les deux forges de Mauvières & de Rêmes. Quoique j'aie commencé de faire connoître, à l'article ARGENTON, les doubles limites de l'ancienne terre du Limousin & de la nouvelle terre du Berry, cependant je crois qu'il ne sera pas inutile de reprendre les mêmes objets & les résultats des mêmes observations à l'article BÉLABRE; car tout ce travail gagnera sans doute à être présenté sous différens points de vue : c'est ce que je vais tenter au risque de m'engager dans des répétitions fort étendues.

Je me suis rendu d'Argenton à *Bélabre* en traversant les varennes & les bois que m'a offerts la plus grande partie du trajet dans cette course. J'avois en vue, comme je l'ai déjà dit, de reconnoître la constitution apparente du sol que je savois être le produit des transports faits par les eaux courantes que versoient les pentes de l'ancienne terre du Limousin. J'ai vu que les rivières & les ruisseaux suivoient la marche que ces eaux courantes ont dû tenir depuis les divers centres qui ont dû fournir les matériaux transportés, jusqu'aux dépôts formés dans tout l'arrondissement de *Bélabre*. Ce sont des sables quartzeux, abondans, mêlés aux débris des granits au milieu desquels le quartz domine. De grandes parties de ces débris ont été roulés, arrondis par les flots de la mer; car c'est aux environs où nous avons rencontré tout ce qui porte les indices de l'ancienne mer, qui formoit indubitablement une enceinte assez élevée autour du Limousin. Au dessous des matériaux que l'on peut observer dans les dépôts de la superficie, on trouve, à une petite profondeur, une pierre de lavage sabloneuse; c'est une roussette blanche & rouge; & dans certains endroits on rencontre de la mine de fer; enfin, à une plus grande profondeur, on trouve un lit de pierre calcaire d'un grain bien fondu, &, à côté, des amas d'argile bien pure & d'une très-bonne qualité, argile dont on fait usage dans des tuileries qui sont dispersées aux environs de *Bélabre*. En continuant mes courses & mes observations, j'ai rencontré, à Saint-Benoît-du-Sault, le grison ou pierre de lavage, ainsi qu'à Lussac-les-Églises. Cette pierre se taille aisément, & s'emploie avantageusement dans les constructions de ces deux villes. A Lussac-le-Château & à Montmorillon des lits de pierre à chaux se montrent à découvert, ainsi qu'à Moulisme & à Moutier. Dans ces deux villages & à la Trémouille on observe la limite de ces dépôts sousmarins.

D'un autre côté, j'ai retrouvé le grison ou la pierre de lavage à Plaisance, à Rochechouart, à l'Ile-Jourdain, à Confolens, au dessus de *Bélabre*. A Bussière-Poitevine le grison se montre aussi avec le granit.

En sortant de *Bélabre*, on rencontre, dans les vallées, des couches de pierre à chaux assez suivies, & des amas d'argile, le tout recouvert par des sables & des cailloux roulés; &, dans la lande, plusieurs filons de mine de fer.

Dans ce même trajet, près des couches de pierre à chaux, se trouvent des madrépores étoilés en boules avec des ammites, qui m'ont paru être les produits de la décomposition des coquilles blanches, arrondis par l'eau de la mer.

La mine de fer qu'on exploitoit dans les forges de *Bélabre*, se tiroit de fouilles qui se faisoient dans les brandes des environs d'Azerac.

Les châtaigniers qui avoient disparu dans les environs de *Bélabre*, ne recommençoient à offrir des plantations nombreuses qu'à moitié chemin de Lussac au Dorat, le sol naturel du Limousin étant le seul qui convienne à cet arbre.

On trouve des silex, sous formes bizarres, dans la pierre calcaire des environs de Montmorillon, & à la surface des couches qui sont en destruction. Ces silex sont dispersés en pierres perdues; ainsi la pierre calcaire a été leur premier gite.

Les matériaux voiturés de l'ancienne terre du Limousin, & déposés depuis *Bélabre* jusqu'à Pins, ont pour fond une bonne terre argilo-calcaire, qu'on mêleroit avec succès aux terres de lavage de la superficie. A mesure qu'on approche des limites de la nouvelle terre de Berry, la terre végétale de la superficie n'a pas besoin de ce mélange, car elle se trouve argilo-calcaire partout.

Beau ruisseau fort abondant en truites entre le moulin de Sanne & Rancon. Il donne une eau beaucoup plus pure & plus claire que la Gartempe, & beaucoup moins chargée que l'eau de cette grande rivière, d'une lessive ferrugineuse qui lui donne une teinte roussâtre.

Après les notes qui précèdent sur l'histoire naturelle de la contrée intéressante des environs de *Bélabre* & d'un certain arrondissement fort étendu où figurent, d'une manière bien aisée à reconnoître, les limites de l'ancienne & de la nouvelle terre, il convient de donner une description succincte de l'hydrographie de cette contrée. On y verra un tableau des pentes du terrain qui ont favorisé les transports des matériaux de l'ancienne terre, lesquelles sont venus recouvrir les dépôts sousmarins qui en occupent la base, comme nous l'avons fait voir dans plusieurs endroits.

L'Anglin est la rivière principale de cette hydrographie; il reçoit les eaux de quatre rivières secondaires, la Sosne, l'Abloux, la Benaise & le Sarleron, qui étendent, dans le sol du Limousin, plusieurs embranchemens, lesquels servent à l'aliment de leurs sources. Nulles rivières n'en ont de plus avancés que l'Anglin & la Benaise. Cette dernière a trois embranchemens très-forts & très-alongés à la surface des granits.

J'observe que les dépôts littoraux dont le centre est à *Bélabre*, & que traverse l'Anglin avec ses secondaires, sont accompagnés de deux appendices composés de grandes rivières, la Creuse & la Gartempe, dont la tête s'étend fort loin dans l'ancienne terre du Limousin, & nous trace le prolongement des pentes qui ont concouru au travail dont nous avons suivi les résultats. C'est ainsi qu'on retrouve les témoins incontestables des opérations de la nature, que l'observation réfléchie & raisonnée remet sous les yeux de ceux qui savent voir.

BELAIR (Forêt de), du département de Charente, arrondissement de Ruffec, canton de Mansle & de Chasseneuil, qui la partagent en deux, à deux lieues & demie nord de la Rochefoucauld. Elle a deux mille quatre cents toises de long, sur mille toises de large.

BELAIR (Ile de), du département du Morbihan, arrondissement & canton de la Roche-Bernard, près la côte. Elle est très-petite, n'ayant qu'environ cent cinquante toises de diamètre. Elle a au nord la grande côte du Pilay, la pointe de Loemer, celle de Cosreno & la pointe de l'Ile; & au sud celle de Loscolo, le Pertuis-du-Diable, le Goulins & l'Alloés, rochers très-escarpés, & montrant, avec les pointes, les preuves des destructions de la côte.

BÉLAN-SUR-OURCE, arrondissement de Châtillon-sur-Seine, département de la Côte-d'Or. Il y a des forges où l'on travaille les mines des environs.

BELBOS (le) (Piémont), rivière qui a sa source au mont Zemotto, dans l'Apennin, arrose les départemens de la Sture & du Tanaro, passe à Nissa, & se jette dans le Tanaro, entre Felizzano & Alexandrie. Son cours est de vingt-trois lieues, & traverse le pays des collines qui bordent l'Apennin.

BÉLECHY, village du département des Basses-Pyrénées, canton & commune de Saint-Étienne-de-Baygory. Il y a des fours à chaux près du ruisseau qui descend de ce village, & la chaux se fait avec la pierre qui se trouve dans les environs. Sur la montagne de *Bélechy* il y a une mine de cuivre. On a fait, dans la pente est-nord-est d'une petite gorge, un travail sur un filon qui offre, dans une épaisseur de quatre pieds jusqu'à une toise, une mine de cuivre jaune, avec un mélange de quartz, de grès & de pyrite. Les parois du filon sont composés de schiste noir.

BÉLESTA, ville du département de l'Aude, commune de Peyrefite. Il y a, au midi & à quelque distance de cette petite ville, une fontaine nommée *Fontestorbe*. Elle est si abondante, qu'elle forme presque seule la rivière de Lers. Elle sort d'une espèce de grotte à l'entrée de laquelle on a placé des pierres d'espace en espace, pour qu'on pût s'y introduire pour voir la fontaine même à l'instant de son plein. Cette grotte est terminée en une voûte grande & spacieuse, qui a quatre à cinq toises de profondeur, & dont l'ouverture a pour le moins quarante pieds de largeur, sur trente pieds de hauteur. La source de la fontaine est précisément à droite en entrant dans la voûte. Cette ouverture est triangulaire, & la pointe du triangle la plus aiguë est à la partie supérieure, & sa base est à fleur de terre; mais en cet endroit le terrain est beaucoup plus élevé que le lit du Lers. Une singularité de cette source est d'avoir un écoulement périodique à toutes les heures du jour & dans tous les tems de l'année. Lorsque le flux arrive, on entend un grand bruit du côté d'où viennent les eaux, & elles coulent avec tant d'abondance, que l'on peut s'assurer aisément qu'elles grossissent la rivière de Lers plus de deux lieues au dessous.

Une circonstance très-remarquable dans les écoulemens périodiques de cette source, c'est qu'elle n'est intermittente que dans le tems des longues sécheresses & des basses eaux; car dans tous les autres tems ses eaux sortent sans interruption & avec la même abondance, de telle sorte qu'il n'y a aucun flux intermittent.

Il est aisé de sentir la raison de ces phénomènes, en considérant les formes des galeries souterraines qui contribuent aux intermittences des sources, & en reconnoissant que les interruptions & les intervalles qui s'établissent d'un flux à un autre, dépendent de la quantité d'eau nécessaire pour remplir la branche montante du siphon dans un tems donné. Ainsi lorsque la source fournit intérieurement plus d'eau qu'il n'en peut passer dans le siphon, comme on peut concevoir aisément que cela a lieu dans le tems des grosses eaux, l'eau s'élève au dessus de la courbure du siphon, fournit plus qu'il n'en faut dans les différentes branches du siphon, & pour lors la source coule sans interruption.

Mais dès que la dernière colonne du siphon a autant d'eau que la source peut en fournir dans la première, la fontaine devient intermittente au dehors. Ainsi le secret de ce mécanisme dépend de la proportion qu'il y a entre les produits de la source intérieure & la capacité des branches du siphon. L'on voit pourquoi la fontaine n'est intermittente que dans les basses eaux où cette proportion se trouve.

Les eaux de cette source qui est très-abondante, & qui à leur issue donnent naissance à une rivière d'environ dix-huit pieds de largeur, sur un pied quelques pouces de profondeur & d'un courant fort

fort rapide, proviennent visiblement des pluies qui tombent dans la plaine de Sault, située à un niveau fort élevé, & à côté des rochers au pied desquels est Fontestorbe; & il paroît certain que, dans leur circulation intérieure, ces mêmes eaux doivent éprouver plusieurs détours avant de parvenir au débouché de la source. (*Voyez* FONTAINE.)

BÉLESTA (Forêt de), du département de l'Arriège, arrondissement de Foix, canton de Lavelanet, à une lieue un quart de Sainte-Colombe, & deux tiers de lieue de *Bélesta*. Elle a du sud-ouest au nord-est trois mille quatre cents toises, & de l'est à l'ouest quinze cents toises. Elle est toute composée de sapins.

BELGIQUE *ou* PAYS-BAS. On a donné le nom de *Pays-Bas* à toute cette étendue de pays qui est entre la France, l'Allemagne & l'Océan. Les Pays-Bas ont la France au midi, l'Allemagne à l'orient, & l'Océan au nord & à l'ouest. Le terrain y est, en plusieurs contrées, plus bas que la mer, & c'est ce qui leur a fait donner le nom de *Pays-Bas*.

Lorsque les Pays-Bas étoient réunis sous une même domination, ils formoient un État moins considérable par son étendue que par ses richesses, le nombre & l'industrie de ses habitans. L'espace qu'ils occupent n'est pas plus grand que la cinquième partie de l'Italie, & le pays est plus riche & plus peuplé que l'Italie entière.

On ne doit attribuer cette abondance de population & de richesses qu'aux travaux infatigables & à l'industrie des habitans. On ne voit nulle part de terres mieux cultivées. C'est là que l'on sait vaincre, à force de travail, la résistance de la nature, & il n'y a point de sol si ingrat & si stérile, dont les Flamands ne viennent à bout de tirer parti.

Sans nous occuper ici de tous les événemens politiques qui concernent la *Belgique*, nous croyons devoir nous borner à ce qui a pour objet la constitution physique du sol des Pays-Bas, & de déterminer les changemens successifs qui ont eu lieu dans l'ancien état naturel de la Flandre maritime ou de la *Belgique*, ainsi que les causes qui les ont produits. Nous ajouterons ce que nous devons aux recherches de Don Mann sur la nature de son climat & de son terrain, sur les marées de ses côtes & leur comparaison avec les hauteurs des différentes parties du pays adjacent, recherches que ce savant a consignées dans les *Mémoires de l'Académie de Bruxelles*, tome 1, page 59.

Il s'occupe d'abord à démontrer que toute la partie de la *Belgique* où il ne se trouve ni montagnes, ni collines, ni rochers, a été très-certainement couverte par la mer, & qu'elle en faisoit le fond dans des siècles très-reculés, mais beaucoup plus récens cependant que ceux qui ont présidé aux grandes révolutions du Globe. Il étend cette assertion, non-seulement pour la *Belgique*, mais encore pour la partie de la Picardie qui renferme les tourbières, & qui est la vallée de la Somme, ainsi que la Hollande, la Zélande, & certaines parties de la Frise occidentale & orientale, de la Westphalie, des duchés de Brêmen, de Ferden, de Lunenbourg, de Lawenbourg, du Holstein, du Mecklenbourg & de la Poméranie, jusqu'aux terres où commencent les côtes élevées de la Baltique, vers les montagnes de Waldow.

Il se fonde surtout sur la ressemblance qui existe entre ces pays très-plats & fort peu élevés au dessus du niveau actuel de la mer, avec les bancs de sables qui bordent les côtes de la Flandre, & qui ont reçu le nom de *bancs flamands*. Il remarque surtout que, dans ce pays, certaines parties de sable pur sont sans végétation, comme les bancs de sables de la mer, pendant que d'autres où les bruyères commencent à pousser, & que d'autres s'offrent encore où ces sables sont déjà couverts d'un sol de marne & de terres labourables de plus ou moins d'épaisseur, selon que certaines circonstances ont concouru à ces sédimens.

Enfin, à toutes ces variétés d'effets succèdent des contrées qui renferment des lacs & des marais, faute d'écoulement nécessaire pour les eaux qui ont été abandonnées autrefois par la mer. Outre cela, ces lacs sont entretenus, soit par l'écoulement des eaux que versent des terres plus élevées, soit par les eaux pluviales. Certaines parties des Provinces-Unies sont dans ce cas, ainsi que le Nider-Munster, le comté d'Embden, les duchés de Brêmen, de Ferden, le Holstein & le duché de Mecklenbourg.

Il paroît que les anciennes côtes qui dominoient ces plaines peuvent facilement être reconnues & figurées, parce qu'elles présentent aux eaux des chutes rapides & bien prononcées : ce sont pour ainsi dire d'anciennes berges éboulées.

Ces détails donnent à peu près l'indication des jalons qui peuvent servir à tracer les limites de cette ancienne côte. La chaîne commencera donc entre Boulogne & Calais, vers Witsan & Blancnés; elle passera, sur la droite de Guines & d'Ardres, par le mont de Rumingheim jusqu'à Watte, où, au tems de César & même jusqu'aux neuvième & dixième siècles, il y avoit un golfe ou enfoncement de mer jusqu'à Saint-Omer, Blandeque & Wisernes.

De Watte cette ancienne côte élevée se dirige assez droit vers le mont Cassel par Ravesberg, Balemberg & Doneberg. De Cassel cette côte passe par Ecke, Catsberghe, Craneberg, Locre, Swartzberg, mont Kemele qui est fort élevé, Witsecatte, Messine, Rosemberg & la Hutte, jusque vers Werneton : de là, en suivant la gauche de la Lys, la chaîne passe par Houtem, Holbeck, Ghelewe, mont Dadzeele, & tourne, par Wincle-Cappele, jusqu'à Courtray; mais au midi de la Lys, la chaîne commence, vis-à-vis de Messine, par Mont-Vervick, Mont-Hallewyn, Pottelberg, &c. jusqu'à Courtray, y donnant sortie à la Lys dans le plat pays.

De Courtray la chaîne de montagnes se dirige sur Oudenarde par Clytberg, Snevelghem, Wulsberg, Castre, Spyteberg & Moreghem. L'Escaut sort du pays élevé près d'Oudenarde, & la chaîne d'élévation tourne, à une lieue ou environ, à l'est d'Alost, près d'Affighem. On y trouve encore une quantité de substances marines dans les carrières.

De là l'ancienne côte élevée tourne vers Merchten, Grimberge, Laecke, &c. jusqu'à Vilvorde, où il doit y avoir eu originairement un enfoncement de la mer jusqu'à Bruxelles.

De Vilvorde elle va assez droit, par Corteberghe, jusque près des portes de Louvain. A l'est de Louvain, & tout près de la ville, il y a eu anciennement un golfe ou enfoncement de la mer, qui entouroit cette côte vers l'abbaye du Parcq & le château de Hervelé.

De Louvain l'ancienne côte tourne vers le nord jusqu'à Ærschot, de là à Sichem & Diest, & se retourne vers Leuwe & Borcholen jusqu'à Tongres (autrefois port de mer célèbre si l'on en croit Vestegen). De Tongres elle va jusqu'aux bords de la Meuse près de Maëstrich : de là elle passe, par Valckenberg, à Aix-la-Chapelle, ensuite aux environs de Dueren, Lechenich, &c. jusque vers Hersel, sur les bords du Rhin, entre Bonn & Cologne.

Telle est la limite de l'ancienne côte de la *Belgique*; & comme il n'est pas de notre objet de les suivre plus loin, nous nous contenterons de dire que Don Mann a retrouvé une côte de semblable apparence en Angleterre, & notamment dans les provinces de Lincoln, de Huntingdon, de Cambridge, d'Essex & de Kent. Nous reviendrons sur ces détails à l'article KENT.

La plupart des points relevés de l'ancienne côte de la *Belgique* présentent des amas considérables de fossiles. Les plus célèbres sont les carrières de Vilvorde, la montagne de Saint-Pierre de Maëstrich, & les collines des environs d'Aix-la-Chapelle.

Près de Cologne cette côte présente des indices d'anciens volcans, surtout à Andernach & à Steffen. (*Voyez* ANDERNACH.)

Parmi les meilleures preuves que l'auteur apporte pour soutenir son opinion, il fait remarquer que le terrain compris entre l'ancienne côte & le nouveau rivage de la mer est fort peu élevé, & qu'il est sujet à de grandes inondations. Il cite surtout celles des années 860, 1111, 1170, 1225, 1277, 1337, 1421, 1530, 1532, 1551, 1570, 1651, 1675, 1682, 1717 & 1775.

Climat de la Belgique.

Toute la côte de la Flandre maritime, depuis Gravelines jusqu'à l'Ecluse, est exposée à la mer du nord, même jusqu'au pôle arctique sans aucune interposition de terres; ce qui paroît être la cause principale des vents fréquens & violens du nord-ouest & du sud-ouest qui y dominent, & qui y causent souvent des dégâts effroyables. Les orages à tonnerres & éclairs y sont aussi très-communs.

Les vents d'est y règnent ordinairement depuis le commencement de l'année jusqu'au printems, & y amènent presque toujours la gelée. On n'y attend le dégel qu'avec un changement de vent vers l'ouest ou sud-ouest, qui est ordinairement doux & humide.

Les vents d'ouest sont ceux qui dominent le plus en automne & jusqu'à la fin de l'année. Ce sont les plus violens; mais ils sont doux & humides.

Il y a rarement sur cette côte de grandes gelées avant le commencement de janvier. Le froid, pendant les grandes gelées, est extrême, & la chaleur, quelquefois en été, n'est pas moins excessive. Elle est souvent aussi insupportable que celles que l'on ressent dans les provinces méridionales de l'Espagne & sur les côtes de la Méditerranée; mais ces chaleurs sont passagères, & ne durent guère plus de trois ou quatre jours de suite. Les orages à tonnerres y sont terribles.

La nature du pays y rend les tremblemens de terre fort rares. Les aurores boréales y sont communes, & quelquefois très-remarquables.

Sol de la Belgique.

Le sol de la *Belgique*, à une certaine profondeur, ne présente que du sable de la mer & des débris de substances marines. Sa surface est couverte d'un terreau qui le rend d'une fertilité extrême. On ne trouve en Flandre ni mines ni carrières de pierres, si ce n'est sur la limite de l'ancienne côte de la mer que nous avons tracée.

L'air de ce pays, quoique plus grossier & plus humide que celui des montagnes, n'est cependant pas mal-sain, parce qu'il est presque continuellement purifié & nétoyé par les vents de la mer. Les brouillards y sont rares; les marées y sont fortes, & l'on a remarqué que, plus elles sont grandes & élevées, plus leur mouvement du nord au sud est rapide, & aussi plus leur regonflement & leur rétrogradation vers le nord sont violens.

BELHAUDI (la), montagne du département des Basses-Pyrénées, arrondissement de Mauléon, canton de Tardets. Elle a du nord au sud une demi-lieue de long: c'est une masse détachée de la chaîne centrale des Pyrénées, où l'on peut observer de grandes parties de leur constitution.

BÉLIGNY, village du département du Rhône, arrondissement & canton de Villefranche-sur-Saône, dont il est distant d'un tiers de lieue. Les habitans sont dans l'aisance : les environs sont fertiles en grains, en bons fruits & en vin.

BELLE (la), rivière du département des Deux-

Sèvres, arrondissement & canton de Melle. Sa source, à une lieue un quart nord de Melle, verse ses eaux au sud-ouest, & se rend dans la Boutonne à une lieue sud-est de Chizé.

Belle (la), rivière du département de la Vienne, arrondissement de Civray, canton de Gençay, où elle prend sa source à quatre lieues nord-est de Civray, verse ses eaux au nord, lesquelles se jettent dans la Clouère près Gençay.

Belle-Beeck (la), rivière du département de la Dyle, canton de Limnick-Saint-Martin, à trois quarts de lieue ouest-sud-ouest duquel elle prend sa source, coule au nord, reçoit le ruisseau Groot, &, tournant à l'ouest, va se rendre dans la Dendre à l'ouest-sud-ouest de Téraphène, après trois lieues & demie de cours.

BELLEFONTAINE, village du département du Jura, canton de Morey, à cinq lieues de Saint-Claude. Il s'y fait beaucoup d'ouvrages mécaniques, comme montres, pendules, horloges, tournebroches, qui s'exportent dans toute l'Europe.

BELLEGARDE, ville du département de la Creuse, arrondissement d'Aubusson & chef-lieu de canton. Le territoire de cette ville est dans les montagnes de la Marche.

Bellegarde (Marais de), dans le département du Gard, arrondissement de Nîmes, canton de Beaucaire, à quatre lieues est-sud-est. Il a du sud-sud-ouest au nord-nord-est une lieue & demie de longueur. Sa forme est triangulaire, & du sommet du sud-est au nord-ouest il a une lieue de traverse.

Bellegarde, fort & ville du département des Pyrénées orientales, arrondissement de Céret, canton d'Argelès, à deux lieues un quart de Céret. Cette forteresse est située à la frontière de l'Espagne, sur une montagne qui domine l'entrée de l'Ampourdan, & qui défend le passage des Pyrénées de Catalogne par le col du Pertuis.

BELLE-ILE. Cette île est située par 47 deg. 15 min. de latitude nord, & le 5e. deg. 45 min. de longitude occidentale du méridien de Paris. La forme de cette île est ovale, son plus grand diamètre étant de neuf mille toises, & son petit diamètre de quatre mille. En parcourant ses différens caps & anses, on lui trouve dix lieues de circonférence. Son élévation au dessus du niveau de la mer est de cent cinquante à cent soixante pieds. C'est la terre la plus élevée de ces côtes. Elle a deux rades fort bonnes, à chacune desquelles répond un petit havre propre aux petits navires marchands.

Cette île est environnée d'écueils, & la côte qui regarde la Bretagne est inabordable dans tous ses points. Lorsque les vents de cette partie règnent, la haute mer vient se briser avec fureur contre les rochers qui bordent cette côte.

La pierre de tout le massif de l'île & des rochers qui sont à découvert le long de ces côtes, est calcaire.

Sur le sommet de l'île est une plaine fort unie. C'est là qu'on rencontre des lits de terre parallèles à l'horizon. Des vallées qui la coupent sous différens aspects, sortent des sources d'eau très-pures, qui, en se réunissant, forment des ruisseaux qui vont se rendre à la mer.

On compte dans *Belle-Ile* douze à treize mille journaux de terres cultivées; de la meilleure qualité. Les moissons alternent de deux ans l'un, c'est-à-dire, qu'une année l'on y sème des grains, & que la seconde les terres sont en jachères. Les terres se fument, avec grand succès, avec du goëmon, de la fougère & des bruyères qu'on fait pourrir, moyens qui peuvent déterminer à supprimer les jachères.

Outre les terres cultivées, il y a deux mille journaux de landes où paissent les troupeaux.

Cinq mille ames composent le fond de la population, parmi lesquelles on compte mille matelots occupés de la pêche de la sardine, qui fait la base d'une branche de commerce considérable. Les habitans y sont grands, bien faits & courageux. Le climat de *Belle-Ile* est sous un ciel doux & tempéré: on y voit rarement de la glace & de la neige.

Le laurier, le figuier & le myrte y prospèrent sans soins.

Le Palais, bourg principal, est situé, vers le milieu de la côte orientale, dans une vallée dominée par une citadelle d'une certaine force.

Belle-Ile-en-Terre, ville du département des Côtes-du-Nord, sur le Guer. Il y a plusieurs mines de plomb aux environs, dont une dite de *Quartnos*, & une autre dans la forêt de Coetanos.

BELLÊME, ville du département de l'Orne, arrondissement de Mortagne. Elle est située au sud d'une grande forêt du même nom. Il y a dans la forêt que nous venons de citer, quelques sources d'eaux minérales estimées, mais que l'on n'a pas su mettre en réputation. L'exploitation des bois de la forêt de *Bellême*, où l'on fabrique surtout du mérain pour les vignobles environnans, fait le principal & presque l'unique commerce de cette ville. Outre cela, il y a des mines de fer dans la forêt de *Bellême*.

BELLENAVE, bourg du département de l'Allier, arrondissement de Gannat. Dans le territoire de ce village il y a une carrière de marbre.

BELLEPERCHE (Forêt de), département de la Haute-Vienne, arrondissement de Bellac, canton de Saint-Sulpice-les-Feuilles, à une lieue un quart du Dorat. Elle a du nord ouest au sud-est deux mille sept cents toises, & du nord-est au sud-ouest huit à neuf cents toises.

BELLEVAIVRE (Forêt de), département de la Haute-Saône, arrondissement de Gray, canton de Frêne-Saint-Matnez, près la Saône, à une lieue & demie de Gray. Elle a sept mille deux cents toises de long, sur mille toises de large.

BELLIGAGNA (la), montagne du département des Basses-Pyrénées, arrondissement de Mauléon, & à trois lieues sud-sud-ouest de cette ville. Elle a du nord au sud une demi-lieue de longueur, & cependant sur cette masse détachée on peut voir une partie de la composition de la chaîne centrale dans cette partie.

BELLINZONA, *Bellinzona* est à trois lieues au nord du lac de Locarno ou du lac Majeur. C'est à ce point qu'on commence à jouir de toutes les productions de la terre. Cette petite ville appartient aux trois cantons d'Uri, Schwitz & Underwald. Elle est à cent quarante-huit toises au dessus du niveau de la mer.

BELLOC (la), montagne du département des Hautes-Pyrénées, arrondissement de Bagnères, canton de Mauléon, à deux lieues & demie sud-ouest de cette ville. Elle a du nord au sud une demi-lieue de longueur. Je la considère, ainsi que la montagne de Belligagna, comme présentant même un échantillon de massifs plus près du centre.

BELLONGUE (Vallée de), département de l'Arriège, arrondissement de Saint-Girons, canton de Castillon, le long du cours de l'Aubouigane. Elle a environ deux lieues de longueur, qui offrent aux orpailleurs un atelier intéressant.

BELMATTE (Montagne de), du département de la Drôme, arrondissement de Die, canton de Châtillon, à trois lieues à l'est de Die. Elle a de l'est à l'ouest une lieue de longueur. C'est une de ces *îles terrestres* qui offrent l'échantillon de la composition du sol des environs.

BELMONT (la), rivière du département de l'Arriège, arrondissement & canton de Foix. Sa source, à deux lieues sud-sud-est de Saint-Paul, verse ses eaux au nord-est, puis à l'ouest, lesquelles passent au nord de Saint-Paul, & vont au nord-nord-ouest se rendre dans l'Arriège, à trois lieues & demie nord-ouest de leur source. Toutes ces rivières dans le département de l'Arriège méritent d'être visitées par les orpailleurs.

BELMONT, village du département des Vosges, arrondissement de Saint-Dié, canton de Brouvelieures, à deux tiers de lieue de Bruyères, & à cinq lieues un quart d'Épinal. Ces contrées des Vosges offrent tous objets très-intéressans pour un naturaliste qui veut étudier l'ancienne terre.

BELONCE (la), rivière du département des Basses-Pyrénées, arrondissement d'Oléron, canton d'Accous. Sa source, au pied des Rouges-d'Espalunguères, verse ses eaux au nord-nord-est, qui se rendent dans le gave d'Aspe, à une lieue & demie nord-nord-est de leur source.

BELPECH *ou* BEAUPUY, village du département de Haute-Garonne, arrondissement & canton de Toulouse, & à deux lieues & demie. Je considère ce village comme ayant conservé des dénominations géographiques anciennes.

BELTS (Grand & Petit), deux des trois détroits par lesquels la Baltique communique avec la mer d'Allemagne. Je ferai remarquer à cette occasion, que tous ces détroits n'ont pas des ouvertures bien directes qui favorisent l'introduction de l'eau de la mer dans la Baltique, & qui donnent lieu de croire, par leur disposition, que cette Méditerranée ait été formée, comme quelques écrivains l'ont avancé, par l'irruption de l'Océan dans les terres. Il paroît au contraire que ces détroits & golfes parsemés d'îles ressemblent plutôt à l'embouchure d'un grand fleuve qui se jette dans la mer : aussi avons-nous fait voir, à l'article de la BALTIQUE, que ce grand golfe est dû principalement à la réunion de plusieurs rivières ou fleuves, dont la destruction des bords a formé les différentes parties du bassin de cette Méditerranée. (Voyez, dans notre Atlas, une Carte où toutes les formes des détroits qui communiquent de la Baltique à la mer d'Allemagne, sont figurées dans le plus grand détail.)

BELUY (Montagne de), du département de Vaucluse, arrondissement d'Orange, canton de Malaucenne. Elle a de l'est à l'ouest deux lieues un quart de longueur.

BÉMAJOUR, rivière du département de l'Arriège, arrondissement de Saint-Girons, canton d'Oust. Sa source, à deux lieues trois quarts sud-ouest de Saint-Girons, coule au nord, puis au nord-est, & ses eaux se rendent dans le Salat, à deux lieues un tiers de la source.

BÉNASQUE (Port de), du département des Hautes-Pyrénées, arrondissement de Bagnères, canton d'Arreau, à six lieues sud-est de cette ville, à la frontière.

BÉNAT (Mont de), département du Var, arrondissement de Toulon, canton de Bormes, près de la pointe de la grande Calanque, à une lieue deux tiers sud de Bormes. Il a de l'est à l'ouest un tiers de lieue de longueur.

BÉNAT (Calanque & Pointe de), du département du Var, arrondissement de Toulon, entre la pointe de la grande Calanque & la pointe du Pradeau, à une lieue est de l'île de Bregançon.

BÉNAUDET (le), rivière du département du Finisterre, arrondissement & canton de Châteaulin. Sa source, à une lieue sud de Châteaulin, verse ses eaux au sud, lesquelles se rendent dans le *Bénaudet* à Quimper, à quatre lieues de la source.

BÉNAUGES. C'est un petit pays fort peuplé, faisant partie du ci-devant Bordelais en Guienne. La ville de Cadillac en étoit le chef-lieu. Cette contrée est située le long de la rive droite de la Garonne. Elle peut avoir cinq lieues de longueur, sur autant de largeur. Ce pays est bien cultivé. On y recueille du blé, du vin & des fruits. Il fait maintenant partie du département de la Gironde.

BENE, branche de rivière faisant partie de la réunion de plusieurs ruisseaux du département de la Stura. Elle passe à *Bene*, & se divisant en deux branches, l'une tombe dans la Bealeradi-Cherasco, & l'autre dans la Mondalavia.

BENFELDEN, ville du département du Bas-Rhin, arrondissement de Bar-sur-l'Ile. Le tabac est cultivé particuliérement dans ce canton. On y compte quatre tuileries & briqueteries, & deux poteries de terre où l'on emploie d'excellente argile du pays. A une lieue de cette ville se trouve un puits découvert au dixième siècle. Il a environ douze pieds de profondeur. Il est fort ample, & défendu des injures de l'air par une couverture. L'eau n'en tarit jamais. On y a pratiqué une pompe par le moyen de laquelle on élève cette eau, qui coule ensuite dans des conduits de bois pour se rendre de là dans les bains qu'on y a construits, & qu'on appelle les *bains de Holzbad*.

BENGALE. On a trouvé très-remarquable que, dans l'Indostan dont le climat se rapprochoit en beaucoup d'endroits de celui de l'Égypte, la religion d'une partie des habitans étoit précisément la même; que les villes offroient une architecture qui avoit les mêmes formes, & qu'enfin tous les usages, toutes les habitudes de la vie se ressembloient beaucoup dans les deux pays. Il est vrai cependant que la peste, celle-là du moins qui fait tant de ravages au Caire, n'a jamais paru sur les rives du Gange. En revanche, loin que l'inondation de ce fleuve, dans le Delta du *Bengale*, soit considérée comme contribuant à la salubrité du pays dans les extrémités sud & sud-est de cette province, ainsi qu'on l'observe pour le Nil, la saison de ce débordement est la plus mal-saine de toute l'année.

Cette différence dans le climat de l'Égypte & du *Bengale*, pays qui d'ailleurs se ressemblent à beaucoup d'égards, dépend probablement des circonstances suivantes. Les deux fleuves principaux coulent dans des directions diamétralement opposées, le Nil du sud au nord, & le Gange du nord au sud, le premier atteignant la mer au dehors du tropique, & le second en dedans: il arrive de là que le Delta d'Égypte au dessous du Caire se trouve dans un climat tempéré. C'est d'ailleurs un pays ouvert & peuplé, bien desséché, bien cultivé, & dont le sol fertile est composé de bonnes terres & de sables, tandis que le Delta du *Bengale* au dessous de Calcuta est marécageux & inculte; que la marée y amène du fond du golfe du *Bengale* de grandes quantités de sables imprégnées de sel; qu'il s'y forme en conséquence des étangs d'eau croupissante au milieu des broussailles: ces circonstances réunies produisent les vapeurs qui rendent ces régions mal-saines.

Ainsi, tandis que l'inondation du Nil amène la santé & la fertilité pour les habitans de l'Égypte, où de tout tems l'on a employé les eaux de ce fleuve pour perfectionner la culture, le Gange n'apporte dans les parties méridionales de son Delta, faute d'une industrie appropriée, que la maladie & la mort.

BÉNIGUET (Pointe & Roche de), département du Morbihan, arrondissement de Vannes. Elle a vers l'ouest la pointe Saint-Jacques, & à l'est celle de Bocarvi & l'anse de Siccinto, qui a une lieue d'ouverture, & vers le sud-est l'île ou roc des Demoiselles, tous détails qui nous instruisent des différentes conformations de la côte en cet endroit.

BÉNIN, royaume situé sur les côtes occidentales de l'Afrique. La ville de *Bénin* est placée au bord d'une rivière qui porte aussi son nom. Son embouchure, dans sa plus grande largeur, a sept ou huit lieues, & la multitude de ses bras forme un grand nombre d'îles, parmi lesquelles il s'en trouve de flottantes, & d'autres qui ne sont couvertes que d'arbustes & de roseaux.

Dans les environs est l'île de Saint-Thomas, qui est d'une figure ronde, & qui peut avoir trente-six à quarante lieues de circuit. On y ressent de si fortes chaleurs, que les Européens ne peuvent les soutenir. Les Nègres seuls s'accommodent de ce climat. Le froment & la vigne n'y réussissent pas à cause de l'extrême chaleur du climat; mais elle produit beaucoup de sucre, des patates, des palmiers qui fournissent une liqueur équivalente au vin, & enfin d'excellente chair de porc. Au midi de cette île est celle d'Annobon, & au nord celle du Prince. On y trouve deux montagnes fort élevées, & dont les sommets sont la plupart du tems environnés de nuages. Au pied de ces montagnes font des vallées très-fécondes en coton.

BENNAFORT, département du Var, canton de Calles, à une lieue à l'est de Draguignan. On voit à *Bennafort* des pierres à fusil qui ont les couleurs du jaspe. Les unes sont blanches & rouges, les autres blanches & violettes. On y voit aussi un granit blanc assez beau, & une mine de fer.

BENNECOURT, village du département de Seine & Oise, arrondissement de Mantes, & à deux lieues de cette ville. Il y a des pressoirs pour le vin qu'on récolte aux environs, & qui a quelque qualité.

BENNEY (Forêt de), département de la Meurthe, canton d'Haroué. Elle a trois mille huit cents toises de long, sur quinze cents toises de large.

BENO (Ile), département des Côtes-du-Nord, à une lieue trois quarts de Perros-Guirec.

BÉNON (Forêt de), département de la Charente-Inférieure, canton de Surgères, à l'est & près de *Bénon*. Elle a du nord-nord-ouest au sud-sud-est six mille toises, & du sud-ouest au nord-est douze cents toises.

BÉNON (Forêt de), département des Basses-Pyrénées, arrondissement d'Oléron, canton d'Arudy, à trois quarts de lieue à l'est de Bielle. Elle a de l'est à l'ouest deux mille deux cents toises, & du nord au sud dix-sept cents toises.

BÉNON (la), montagne du département des Basses-Pyrénées, canton d'Aramits. Elle a de l'est à l'ouest trois quarts de lieue de longueur, détachée de la chaîne centrale.

BÉON, village du département des Basses-Pyrénées, canton de Bielle, commune d'Aost, sur le gave d'Ossau. Il y a une forge près de ce village.

BÉONS (la), rivière du département de la Drôme, arrondissement de Die. Sa source, à trois lieues ouest de Valdrôme, verse ses eaux au nord-est, & elles se rendent dans la Drôme à l'ouest de Luc.

BÉOST, village du département des Basses-Pyrénées, arrondissement d'Oléron, près le gave d'Ossau. Dans les environs de ce village, du côté d'Assouste, il y a une carrière de très-bonne ardoise. Outre cela, les montagnes de *Béost* offrent les mines suivantes : 1°. au quartier appelé *Fournateig*, de la mine de cuivre d'un jaune-pâle, mêlée avec de l'ocre martial & du vert de montagne. La gangue en est quartzeuse. 2°. Au quartier appelé *Lombré*, de la mine de fer spathique, d'un gris-fauve, & de la mine de fer en chaux brune & solide : celle-ci ressemble un peu à des scories. 3°. Au quartier de *Lalout*, de la mine de cuivre d'un jaune-pâle. 4°. Enfin, au quartier nommé *Gadost*, de la mine de plomb à petites facettes, avec gangue spathique. Cette mine, qui paroît avoir été attaquée par les Anciens, est souvent semée de petits grains pyriteux.

BÉRANGE (la), rivière du département de l'Hérault, arrondissement de Montpellier, canton de Castries. Sa source, à une lieue & demie ouest de Restinilières, verse ses eaux au sud-est, lesquelles se rendent dans l'étang de Mauguio, à quatre lieues sud-est de la source.

BERCA (la), montagne du département des Basses-Pyrénées, canton d'Arudi, à deux lieues sud-sud-ouest de Bielle. Elle a du nord au sud un tiers de lieue de longueur : c'est une masse détachée de la chaîne, & qu'on observe avec intérêt.

BERDER (Ile de), département du Morbihan, arrondissement & canton ouest de Vannes, à deux lieues sud-ouest de Vannes.

BERDIN (la), rivière du département de la Sarthe, arrondissement de Mons, canton de Sillé. Sa source, à deux tiers de lieue de Sillé, verse ses eaux au sud, lesquelles se jettent dans la Vesgre à une lieue & demie de la source.

BÈRE (la), montagne du département des Basses-Pyrénées, canton d'Aramits, à trois lieues sud-sud-ouest d'Oléron. Elle a de l'ouest par le nord & de l'est par le sud une demi-lieue de longueur. On trouve outre cela dans cette masse montueuse une mine de cuivre.

BERGERAC, ville du département de la Gironde, dans une grande plaine, sur la Dordogne. La quantité d'ouvriers qui sont occupés à fabriquer des ustensiles avec le fer que l'on tire en abondance des forges répandues dans les environs, y donne une très-grande activité. Il y a un atelier de salpêtre & des faïenceries, dont les terres propres sont dans le voisinage. On y fait commerce de grains, de vin & d'eau-de-vie, qui participent de la bonne qualité des vins. Ces vins sont enlevés, en grande partie, par les Hollandais qui en font beaucoup de cas.

Il y a aux environs de *Bergerac* plusieurs objets remarquables, parmi lesquels nous en rappellerons trois principaux, qui nous ont frappés surtout comme objet d'histoire naturelle. Ainsi je parlerai d'abord des rideaux de graves, dépôts qui indiquent les anciens bords de la Dordogne dans cette ville. Ces graves, qui s'élèvent assez haut sur les croupes de la vallée, sont formées de cailloux roulés, de granits, de quartz, de schistes fort gros, comme ceux qui se trouvent actuellement dans le lit de la Dordogne : on peut ajouter beaucoup de silex aussi roulés, qui sont dispersés dans la plaine des environs de Corbiac. En second lieu, la plaine & la côte au midi de *Bergerac* méritent d'être visitées & parcourues : on y trouve surtout Mont-Basillac, colline élevée offrant des couches qui se présentent en rideaux escarpés. Les pierres qui les forment, sont infiltrées dans certaines parties ; & comme elles sont trouées, on les emploie pour meulières. Quelques-uns des bancs de cette colline ont éprouvé des infiltrations qui vont jusqu'à la silification qui a pénétré la totalité des lits de marnes. Il y a même quelquefois certaines parties de silex qui sont très-transparentes & très-colorées. On s'en sert à *Bergerac* & dans les communes des environs pour meulières. Ce sont de grandes masses de silex. On les tire de dessous les bancs de pierres calcaires qui ont conservé leur état primitif, pendant que les marnes ont éprouvé des changemens véritablement étonnans.

Une seconde visite des carrières de Mont-Basillac d'où l'on tire des meules de moulin, m'apprit qu'il y en avoit de deux sortes. Les unes étoient des pierres trouées non encore infiltrées, du moins d'une infiltration siliceuse ; car le travail du dépôt paroissoit seulement fait par l'eau. Ces sortes de meulières servent dans les moulins de *Bergerac*, & chaque jour, tous les matins, on est obligé de piquer ces sortes de meules, car elles s'usent sensiblement pendant vingt-quatre heures de travail. Dans la première carrière on fabrique des meules entières : on les tire à la surface de la terre, on commence par les arrondir, & ensuite on les détache avec des coins de fer qui les font éclater.

Dans une partie un peu plus élevée dessous la terre végétale, on trouve les pierres trouées en couches, dont les élémens ont peu d'adhérence ensemble, & n'ont que deux pieds d'épaisseur. Plus bas est un tuf de quinze à seize pieds d'épaisseur, ou une pierre de sable argileux durci avec un lit d'argile qui lui sert de base. On voit au dessous de cette masse une couche de pierre blanche, semblable à celle de la première espèce, laquelle a sept ou huit pieds d'épaisseur. C'est au dessous de tous ces systèmes de bancs que l'on peut contempler l'amas de pierres infiltrées, comme nous l'avons déjà remarqué en silex plus ou moins, suivant qu'on peut en suivre les nuances sur les divers échantillons. Il y en a qui sont purement silifiés & transparens : il y en a qui ont des taches grises, avec des infiltrations ou dépôts blancs. On envoie à Toulouse ou sur les bords de la Garonne ces sortes de meulières, qui se nomment *pierres de peuzot*. Les doubles meules coûtent trois cents livres.

Sur le Drot on se sert de meules de peuzot blanc infiltré ; elles sont d'un bon usage dans les moulins où l'on travaille pour les colonies, &c. Les meules de pierres calcaires tendres & qu'on pique souvent, ne durent guère qu'un an.

3°. Les plantations de bois occupent la plus grande partie des terrains qui sont à une certaine distance dans l'arrondissement de *Bergerac*. Ce sont des noyers & des châtaigniers qu'on cultive particuliérement dans les endroits voisins des habitations. Le plus grand nombre de ces châtaigniers sont des *coudrières* ou châtaigniers sauvages, qui produisent des tiges fortes & vigoureuses, lesquelles servent à faire des cercles qu'on emploie avec avantage à la construction des fortes bariques. On fait même des envois de ces cercles aux îles. Cet objet d'exportation devroit fixer l'attention des cultivateurs de cette contrée ; mais un vice qui gâte les plantations de châtaigniers, soit entés, soit en coudrières, c'est leur dévastation par les pâturages des petits moutons, de quelques chèvres & cochons, pour lesquels on sacrifie de grands terrains où le châtaignier viendroit très-bien, & seroit d'un produit & d'un débit considérables. Il est à desirer que, soit par des plantations de bois, soit par d'autres cultures, on fasse produire à la terre ce qu'on peut en tirer naturellement. Ainsi je crois qu'il seroit surtout avantageux pour cette partie de l'ancien Périgord, qu'on s'appliquât à la culture des pieds de coudriers, & qu'on en peuplât les terrains qui conviennent à ces belles & utiles productions, & qui sont fort communs aux environs de *Bergerac*.

BERGES, bords escarpés des rivières ou de forts ruisseaux, dont le lit est encaissé dans leurs dépôts. Ces bords sont formés le plus communément par des amas de fragmens de pierres roulées, mêlés de terres distribuées en lits irréguliers. Tous ces matériaux ont été déposés successivement par les eaux des rivières qui oscilloient dans le fond de leur vallée. Ces *berges* sont escarpées dans la plus grande partie de leur étendue, où elles éprouvent des éboulemens fréquens à mesure que l'eau courante vient en sapper la base. Au reste, les *berges* s'éboulent plus ou moins aisément, suivant la nature des matériaux dont elles ont été primitivement composées, & suivant que ces matériaux ont pu prendre une consistance plus ou moins solide.

Dans des parties inférieures aux *berges* escarpées ou opposées à ces *berges*, on trouve des plans inclinés qui s'agrandissent plus ou moins, suivant que les matériaux des éboulemens y sont transportés plus aisément, & s'y établissent plus abondamment.

C'est le jeu continuel de l'éboulement des *berges* escarpées & du prolongement des plans inclinés, qui occasionne des déplacemens considérables dans le canal des rivières. Comme ce travail laisse des traces bien faciles à reconnoître, on peut les suivre & les apprécier sans crainte de se tromper. Tous les dépôts de seconde formation, tous les prolongemens des plans inclinés, sont garnis de saules, de vergues & d'osiers ; ce qui forme des *accrues* fort rapides, & sujètes, dans les débordemens des rivières, aux inondations qui contribuent à l'exhaussement du terrain. Nous parlerons ailleurs du *mouvement vermiculaire* des rivières qui serpentent dans leurs dépôts ; ainsi nous ne nous étendrons pas davantage sur cette marche des canaux de ces rivières : nous passons maintenant aux matériaux qui composent nos *berges*.

Outre les matières entraînées d'amont par les rivières, & déposées dans les plaines fluviales, on trouve des débris de pierres non roulées, & des terres fournies par les croupes des vallées. Ces amas sont beaucoup plus solides que ceux qui sont composés de matériaux venus d'amont, parce que les débris de pierres sont plus anguleux & moins mobiles, & qu'ils sont empâtés avec des matériaux terreux plus abondans. Cependant si l'on examine les parties inférieures des croupes, on trouve que les dépôts qui s'y sont accumulés, contiennent beaucoup plus de matériaux venus d'amont, que de ceux entraînés des parties supérieures des croupes. Quand ces derniers sont surabondans, ce ne peut être que la suite de quelques ravines qui ont formé de grandes avalaisons sur le fond des vallées, & pour lors, dans les *berges*, on distingue facilement le produit du travail des pluies de celui des eaux courantes.

J'ai dit plus haut que les *berges* étoient composées de cailloux roulés, de graviers, de sables & de substances terreuses qui souvent recouvrent ces diverses matières, ou qui sont distribuées par veines au milieu de ces dépôts irréguliers. Les lits de terres argileuses, lorsqu'elles n'ont aucun mélange de sables, se présentent sur les faces des *berges* divisées par des lignes verticales & parallèles, qui sont visiblement des effets de la retraite qu'éprouvent les argiles en conséquence de la dessiccation. Les couches ainsi prismatisées se trouvent, vers les parties supérieures de la *berge*, sur une épaisseur de trois à quatre pieds, mais toujours au dessus de la surface de l'eau des rivières, qui, lorsque dans les crues elle peut atteindre les prismes, resserre, par une imbibition prompte, les fentes & les fait disparoître : aussi ne remarque-t-on pas de prismes dans les parties des couches terreuses qui sont continuellement baignées par l'eau, parce que la dessiccation & les fentes qui en sont la suite, ne peuvent pas avoir lieu dans ces circonstances.

La division des parties terreuses des *berges* par prismes en facilite la destruction & l'éboulement, parce que ces élémens des couches s'en détachent d'abord assez facilement par eux-mêmes. D'ailleurs, comme la plupart de ces couches prismatisées portent sur des amas de sables & de graviers mobiles que l'eau détruit journellement, dès que cette base leur manque on voit des rangées de ces prismes se précipiter dans l'eau, & laisser sur la *berge* des brêches fort apparentes & assez profondes.

Quant aux *berges* composées de graviers, de cailloux roulés & de sables, elles s'éboulent d'autant plus facilement, que ces matériaux sont plus mobiles & ont moins d'adhérence ensemble ; mais lorsque ces matières sont unies par des terres marneuses ou argileuses, ou par quelques veines de terres ocreuses, elles résistent davantage à l'action de l'eau, & ne s'éboulent guère que par blocs & par des fragmens de lits sous forme de poudingues, que l'eau détrempe ensuite, & qu'elle décompose assez promptement.

C'est en suivant l'examen des *berges* actuelles & des anciennes, dont les vestiges subsistent au milieu des *accrues*, qu'on trouve la confirmation & l'application du principe que j'ai développé à l'article des Couches. On y voit donc qu'il n'y a de distinction dans les différens bancs des dépôts de graviers ou de sables, que par l'interposition de lits ou de l'amas d'argile & d'autres terres. Il en est de même de la distinction des terres limoneuses & des sables. Dans tous ces détails les progrès du travail des eaux des rivières, ainsi que l'étendue & la variété de leurs dépôts dans les plaines fluviales, sont visibles, & il paroît que certaines rivières ne font plus, dans l'état actuel, qu'osciller au milieu des massifs des dépôts qu'elles ont formés autrefois ; que toute la superficie du fond des vallées, quelque largeur qu'elle ait, a été couverte & comblée par l'effet de circonstances plus favorables que celles de nos jours, circonstances qui ont agi long-tems de la même manière. L'ancien travail des premiers dépôts se distingue aisément de celui qui s'opère chaque jour pour le prolongement des *accrues* ou la formation des nouvelles alluvions. On découvre au milieu des *accrues* des restes de *berges* qui indiquent les reprises & les successions du travail moderne, en cela bien différent de l'ancien. Quant à la surface, l'ancien a plus d'uniformité & de continuité, parce que les *crues* étoient plus régulières, & assujetties à une marche toujours à peu près la même.

Berges. Il y a plusieurs sortes de *berges :* les unes composées de couches naturelles, horizontales & marines, & les autres offrant des lits de matières mobiles, semblables à celles dont sont composées les îles qui se forment au milieu des rivières.

Les premières *berges* présentent des bords escarpés, où l'on peut distinguer les couches dont nous venons de parler. Au contraire, on voit sur les bords des secondes des éboulemens suivis comme les lits qui en fournissent les matières ; car on distingue sur leur épaisseur autant d'éboulemens qu'il y a de lits.

Les *berges* des pays de schistes & de granits offrent des éboulemens sabloneux, au milieu desquels les sables quartzeux se trouvent mêlés de terres, débris des schistes ou des feldspaths.

J'ai vu, à la tête de l'île alongée de la Seine, en face

face de Paffy, & qu'on a détachée du bord de la gauche, un amas de fables couvert de plantes aquatiques, qui furnageoient de manière à faire croire que l'amas de fables étoit affez élevé. La Seine étoit fort baffe le 30 fructidor an XI. Le même jour un appendix de femblables matériaux, à la queue de la même île, couvert également de plantes, paroiffoit plus enfoncé dans l'eau qui reftoit; ce qui me paroît autorifer les principes que j'ai établis, d'après plufieurs autres obfervations, que les îles en rivières font plus élevées à la tête qu'à la queue; car les précipités formés à la tête font plus abondans qu'ils ne le font à la queue; ce qui définitivement fe diftingue fur la forme générale de la furface des îles.

Il y a des *berges* de différente conftitution : la plus grande partie fe trouve formée des dépôts des fleuves & des rivières, & dont les matériaux ont été entraînés, foit d'amont, foit des croupes latérales : telles font les *berges* qu'on peut fuivre, au deffus & au deffous de Paris, dans la navigation de la Marne & de la Seine. Dans ce trajet il y a peu de *berges* dans le vif des bancs & des lits naturels. J'ai obfervé de même une belle fuite de *berges*, des deux côtés de la Seine, de Nogent à Montereau; elles font coupées dans de pareils dépôts où domine la grève plate calcaire.

J'ai trouvé des *berges* coupées, au milieu de dépôts fousmarins, par les fleuves; mais ceci n'a lieu que dans les vallons golfes, comme on les voit dans les vallées du Rhône, de la Loire, de l'Allier & du Pô. Lorfqu'on aura bien connu ces vallons golfés, on fentira facilement la raifon de cette difpofition. J'ajoute à ces fortes de *berges* celles qu'on rencontre le long des rivières latérales du fecond ordre; elles font coupées dans les couches fuperficielles parce qu'il n'y a pas de dépôts. Au refte, ceci mérite d'être fuivi avec une certaine attention, & comparé avec les différentes natures de fols.

J'ai vu dans la *berge* de la Seine, depuis Auteuil jufqu'à Sèvres, dans les endroits coupés à pic & fur une épaiffeur d'environ deux à trois pieds, des fentes de defficcation fort nettes & verticales, d'où il eft réfulté une divifion de la terre par des formes de prifmes dont les faces font fort nettes.

Je dois confidérer les matériaux qui compofent ces *berges* comme faifant partie de ceux qui ont fervi à remplir le fond des vallées au milieu defquelles coule la rivière : ce font vifiblement des fubftances apportées & dépofées par les eaux courantes, diftribuées par lits le plus fouvent irréguliers. On y rencontre le plus fouvent des fables, des argiles, des marnes, des fragmens de pierres calcaires ou autres, auxquels il faut ajouter des graviers plats calcaires ufés & polis, ou bien des cailloux roulés de pierres dures. On peut ajouter à ces matériaux ceux que les eaux des pluies entraînent du haut des croupes latérales des vallées, qui viennent combler les plaines, & fe portent ainfi jufque fur les bords des rivières.

Les *berges* ont plus ou moins de hauteur au deffus des eaux ordinaires des rivières; ainfi elles ne débordent & n'inondent les plaines que lorfque leurs eaux s'élèvent au deffus des *berges*.

C'eft par l'examen des *berges* que l'on peut juger de la conftitution du fol des plaines pluviales; c'eft par l'examen des *berges* de la Seine & de la Marne aux environs de Paris, que j'ai connu d'abord la compofition des plaines qui fe trouvent au deffus & au deffous de cette ville; c'eft par l'obfervation des *berges* de la Seine à Nogent & à Montereau, de celles de la Marne au deffus & au deffous de Meaux, de celles de l'Yonne à Auxerre & à Sens, entre Sens & Montereau, que j'ai pu juger du fol des plaines que m'ont offert ces rivières.

En remontant plus haut dans les vallées de la Marne, de l'Aube & de la Seine, j'examine les *berges* des parties correfpondantes de ces vallées; j'y retrouve les mêmes fonds dans les lits des rivières, & les mêmes matériaux dans les *berges*; enfin, une compofition femblable du fol des plaines qui s'étendent à la fuite des *berges*. Je renvoie au refte à une plus grande difcuffion fur les *berges* à l'article CHAMPAGNE, où je traiterai plus amplement de la correfpondance des plaines de la Marne, de l'Aube & de la Seine dans le département de l'Aube.

Il y a des *berges* fort élevées; d'autres n'ont qu'une très-petite épaiffeur. Au refte, elles ne règnent que le long des plaines d'une certaine largeur : on n'en voit plus lorfqu'il n'y a plus de plaines, & que l'eau du fleuve ou de la rivière rafe le pied des couches folides des montagnes qui forment les bords de la vallée.

Quelquefois, dans le cas précédent, il n'y a de *berge* que d'un côté, parce qu'il n'y a de dépôts & de plaines que d'un côté.

BERGÈRES (Ile aux), du département de Maine & Loire, canton de Saint-Florent. Cette île eft formée par la Loire, près Saint-Florent.

BERGONS (le), rivière du département des Baffes-Pyrénées, arrondiffement de Pau, canton de Lembeye. Sa fource, à une lieue un quart de Lembeye, verfe fes eaux au nord, comme toutes les fources qui fortent des Pyrénées. Elles paffent à Madiran, & vont fe rendre dans l'Adour à un quart de lieue oueft de Rifèle.

BERGONS (la), montagne des Hautes-Pyrénées, arrondiffement d'Argelès & canton de Luc. Cette maffe montueufe peut s'examiner avec intérêt.

BERGUES-SAINT-VINOX, ville du département du Nord, chef-lieu d'arrondiffement & de canton, fur la Colme, au pied d'une montagne, à deux lieues au fud de Dunkerque. Cette ville eft coupée par plusieurs canaux, principalement le quartier de Saint-Martin. Elle a un port commode, & un canal de deux lieues de longueur qui conduit directement à la mer, & qui peut porter & recevoir des navires chargés de trois cents tonneaux, au moyen d'une grande écluse à l'embouchure du port de Dunkerque. Il y a un vaste emplacement commode & utile pour le commerce, qui deviendroit fort important si *Bergues* pouvoit obtenir à son gré l'ouverture de cette écluse.

Bergues est au centre du canton. Ses communications sont faciles par le grand nombre de canaux & de routes qui y conduisent. Les habitans des villes voisines qui vont s'y approvisionner, y trouvent abondamment tous leurs besoins.

BERGUES A DUNKERQUE (Canal de). Au nord il prend ses eaux à *Bergues*, &, suivant une ligne courbe, se rend à Dunkerque & de là à la mer, en traversant la principale rade. Il a deux lieues & demie de longueur.

BERGUES A FURNES (Canal de). Il prend ses eaux à *Bergues*, va vers l'est, s'approche des étangs de la Grande-Mœrs, &, tournant au nord, se rend à Furnes, en recevant de cette Mœrs, à une demi-lieue de Furnes, des eaux par des canaux qui en fournissent à Furnes & au canal de Dunkerque. Il a cinq lieues de longueur.

BERGUES A WATTEN (Canal de). Il reçoit ses eaux à *Bergues*, va à l'ouest, redescend au sud, reçoit les eaux de plusieurs ruisseaux, & verse ses eaux à Watten au canal de Saint-Omer & à Gravelines. Il a cinq lieues & demie de cours.

BERGZABERN, village du département du Bas-Rhin, chef-lieu de canton. On y trouve une mine de fer en grains, une forge, neuf poteries en terre de vaisselle, &c., six tuileries ou briqueteries. La terre argileuse que l'on tire des environs est excellente pour la fabrique des pots de terre & des ustensiles de ménage, dont on fait dans ce village un grand commerce, ainsi que des autres objets dont nous avons fait mention ci-dessus.

BÉRICLE (Ile ou Tey de), département des Bouches-du-Rhône, canton d'Arles. Elle est formée par deux bras du Rhône & par la mer. Ces trois principes de formation lui ont donné une forme triangulaire. Effectivement, il est aisé de remarquer qu'elle doit sa composition aux deux dépôts des bras du Rhône refoulés, du sud au nord, par le courant de la Méditerranée.

BERICO (Monte de). Cette colline, dans le voisinage de Vicence, est formée de cendres volcaniques d'un brun-noirâtre, dans laquelle se trouve une grande quantité de cailloux de calcédoine & d'opale, les uns formant des truffes dont les parois ont l'épaisseur d'un brin de paille, & les autres ayant la figure de petits cailloux elliptiques creux intérieurement, & quelquefois remplis d'eau : la grandeur de ces derniers varie depuis le diamètre d'un petit pois, jusqu'à celui d'un demi-pouce. Il est à présumer que ces cailloux ont été formés, dans la cendre, après la colline, & que l'eau qu'ils renferment, filtre dans l'intérieur lorsqu'elle trouve du jour. On monte ces cailloux sous le nom d'*opales qui renferment de l'eau*, & on les paie fort cher, quoiqu'elles soient assez communes. J'en ai vu, dans le cabinet d'un médecin de Vicence, qui, après avoir été portées quelque tems, avoient perdu l'eau qu'elles renfermoient : elle s'étoit évaporée, selon toute apparence, par de petites crevasses imperceptibles. Il y en a qui conservent constamment leur eau. Les *enhydris* existent dans plusieurs collines également volcaniques du Vicentin, & ils ressemblent aux calcédoines & aux opales du *Monte-Berico*. Les boules de calcédoine & de zéolithe de Ferroë en Islande se trouvent nichées dans une terre d'un brun-noirâtre, de la même matière que les cailloux qui font l'objet de cet article. Il n'y a pas de doute que la terre brune d'Islande ne soit un produit de volcan.

BÉRING. Nous mettrons sous le nom de cet habile navigateur, trois parties importantes du nord de l'Asie, qui sont limitrophes des côtes de l'Amérique : d'abord un *détroit*, puis une *île*, enfin une *baie* ou un *bassin*, qu'on peut considérer comme celui *du nord*, suivant M. de Fleurieu.

Nous parlerons d'abord du *détroit* où la distance de l'Asie & de l'Amérique n'est que de treize lieues. Vers le milieu du canal sont deux petites îles, nommées par les Russes *îles de Saint-Diomède*, qui n'ont que trois à quatre lieues de tour. Il est étonnant que *Béring* ait navigué dans ce passage étroit, & qu'il n'ait apperçu aucune terre. On ne peut attribuer ce malheur qu'aux brumes & aux brouillards épais qui sont si communs dans ces parages.

La profondeur de ce canal est depuis douze jusqu'à vingt-neuf ou trente brasses. La plus grande se trouve au milieu du détroit, dont le fond est limoneux. Les parties les moins profondes sont près des rivages qui offrent un sable mêlé d'os & de coquillages. Le courant ou la marée est fort peu considérable, & ce qu'il y a de sensible vient de l'ouest. Du cap Est la terre s'étend au sud par l'ouest. A la latitude de 65 deg. 36 min. est la baie où le capitaine Cook eut une entrevue avec les Tschutski. Immédiatement au-delà de celle-là est la baie de Saint-Laurent, qui peut avoir environ cinq lieues de large à l'entrée, & quatre lieues de profondeur, bornée par une terre fort élevée dans son enfoncement. Il y a encore trois autres baies jusqu'à l'extrémité la plus méridionale de la terre des Tschutski. Quelques lieues au sud-est de cette pointe est l'île de Clercke, & immédiatement au-delà une plus grande, à laquelle *Béring* donna le nom de *Saint-Laurent*. C'est le rendez-vous de la pêche des Tschutski. Ces deux îles sont composées de hautes falaises jointes par une basse-terre.

Depuis le Tschutskinoss de *Béring*, la terre s'étend au large vers l'ouest, & borne de ce côté le vaste golfe d'Anadir, dans le fond duquel se décharge la rivière du même nom, laquelle est la limite du territoire des Tschutski.

Béring (Ile). Elle est à environ deux cent cinquante wersts à l'est de l'embouchure de la rivière de Kamtzchatka, & à la latitude de 55 deg. Elle a environ soixante & dix à quatre-vingts wersts de longueur. Elle consiste en hautes montagnes de granit hérissées de pics, & qui, vers les promontoires, se changent en pierre à bâtir. Toutes les vallées de cette île vont du nord au sud; & ce qu'il y a de remarquable, c'est que des collines de sable, des bordures de bois flotté & de squelettes d'animaux marins se trouvent à une certaine distance du rivage, & à trente brasses de hauteur perpendiculaire au dessus du niveau de la haute mer, monumens visibles de l'ancien niveau de la mer, & preuves de son abaissement.

L'île s'étend au nord-ouest 35 degrés, dans une étendue de quarante milles. La partie occidentale est couverte de montagnes chargées de neiges, & dont on ne peut voir les sommets, parce que, vu leur élévation, ils sont enveloppés d'épais brouillards. La pointe septentrionale est à 52 deg. 26 min. de latitude nord, & à 166 deg. 15 min. à l'est de Greenvick. Elle est très-basse, & la neige n'y séjourne pas. Il y a vers cette pointe deux baies où hivernent les galiotes marchandes; mais il y a peu d'eau, & l'entrée en est dangereuse; elles sont exposées aux vents du nord. Chacune de ces baies reçoit un ruisseau dans lequel on trouve des cailloux blancs & transparens. Il est visible que les eaux de ces deux ruisseaux ont contribué à l'approfondissement de ces baies. Quelquefois, après des coups de vents de nord, la mer jette sur la plage des morceaux de cuivre natif.

Il faut ajouter à cela la destruction qui s'opère, soit par les eaux, soit par la gelée, le long des côtes de cette île; car chaque année il s'en précipite quelque grande masse dans la mer, & ces accidens produisent, dans la forme de l'île, de grands changemens qui sont la suite de l'abaissement de la mer. Les autres îles voisines éprouvent les mêmes ravages: d'où l'on peut conclure qu'elles ont diminué par degré, & qu'en conséquence la communication d'un continent à l'autre a été plus suivie avant que ces causes actives eussent insensiblement diminué le nombre & la grandeur de ces îles, qui forment une chaîne assez suivie de témoins isolés.

Si l'on considère de même les côtes de l'Asie, qui offrent partout des traces visibles des ravages qu'elles ont subis, on ne peut plus douter que l'ouverture du détroit ne soit due à de pareilles destructions des terres.

L'île de *Béring* étoit autrefois remplie de loutres de mer, qui disparoissoient au mois de mars. Le veau marin oursin leur succédoit par troupeaux nombreux, & quittoit la côte à son tour vers la fin de mai. Le veau marin lion, le grand veau marin & le *manati* y abondoient aussi. Les malheureux compagnons de *Béring* y virent des troupes nombreuses de renards arctiques: ils complètent la liste des quadrupèdes qui peuploient ces îles. Les mêmes espèces d'oiseaux que celles de Kamtzchatka habitent les rochers de l'île, & les mêmes espèces de poissons en remontent les rivières. Les marées s'y élèvent de sept à huit pieds.

Je finirai cet article en faisant remarquer qu'on observe au fond de la mer beaucoup de rochers correspondans à ceux qui composent le massif de l'île de *Béring*; ce qui prouve de plus en plus l'étendue de la destruction du massif lui-même qui a dû réunir l'Asie à l'Amérique, puisque les bases en subsistent même dans les intervalles des îles qui en sont proprement les témoins.

On se contentera d'offrir, sous le nom de l'*île de Béring*, toutes celles que l'on rencontre dans la côte sud de l'Amérique septentrionale. Chacune de ces terres ne présentant aucun détail particulier, & n'ayant été qu'apperçue, il est inutile d'en faire des articles à part, & il suffit d'en indiquer les positions. On commencera, de même que le capitaine Cook, par celles qui sont les plus voisines du Kamtzchatka, & l'on comptera les méridiens sur celui de Pétropaulowska, dans la baie d'Awatska.

La première est l'*île de Béring*, qui gît par 55 deg. de latitude, & 6 deg. de longitude. On rencontre à dix lieues de son extrémité méridionale, & dans la direction de l'est quart sud-est ou de l'est-sud-est, *Maidnoi-Ostroff* ou l'*île de Cuivre*. L'île qui vient ensuite est appelée *Atakou*. Sa position est indiquée à 52 deg. 45 min. de latitude, & à 15 ou 16 deg. de longitude. Elle a environ dix-huit lieues d'étendue de l'est à l'ouest, & il paroît que c'est la terre vue par *Béring*, & nommée par lui *Mont-Saint-Jean*. Il n'y a point d'îles dans ses environs, si l'on n'en excepte deux peu considérables, qui gissent à trois ou quatre lieues de son extrémité orientale, & à l'est-nord-est. On arrive de là à un groupe composé de six îles, ou même d'un plus grand nombre. Deux de celles-ci, *Atghka* & *Amluk*, sont assez étendues, & chacune d'elles offre un bon havre. Le milieu de ce groupe est situé par 52 deg. 30 min. de latitude, & 28 deg. de longitude: il se prolonge à l'est & à l'ouest l'espace de quatre degrés. On trouve encore une autre île appelée *Amoghta*, qui est à 51 deg. 45 m. de latitude, & 4 deg. de longitude.

L'illustre navigateur anglais n'assure point que la position de ces différentes îles soit d'une extrême exactitude. Il a suivi les corrections de

M. Ismyloff, Russe, qui habitoit alors dans cette partie de l'Amérique, & qui avoit parcouru ces parages. Mais le gissement du groupe, dont Oonalashka est une des principales terres & la seule qui offre un havre, est déterminé avec plus de précision, & en particulier le havre de Samganoodha, qui doit être regardé comme un point sûr.

L'île de Cuivre ou Maidnoi est très-montueuse. Elle git à vingt-sept milles au nord-est, & à 67 degrés de la pointe méridionale de l'île *Béring*, s'étendant à vingt-cinq milles sud-est 61 degrés. Il y a beaucoup de rochers entre ces deux îles, & en dehors de l'extrémité méridionale de l'une & de l'autre. Une grande quantité de cuivre se trouve au pied d'une chaîne de montagnes, & dans la partie orientale on peut recueillir, sur les rivages, de grandes masses de ce métal. Parmi les bois flottés que les courans amènent & déposent sur les côtes de cette île, s'est trouvé le camphrier & une autre sorte de bois odorant qui croissent au Japon, & que la mer a voiturés depuis cette île.

BÉRING (Bassin de). Dans cette partie du grand Océan boréal, les côtes du nord-ouest du nouveau Continent forment, avec celles du nord-est de l'ancien, un grand bassin circulaire, borné au sud par la chaîne des îles Aleutiennes qui laissent entr'elles des passages ouverts, des communications avec la grande mer. Ce bassin pourroit être appelé géographiquement *bassin du Nord*, mais plusieurs motifs nous engagent à le nommer *bassin de Béring*; car ce navigateur est le premier qui ait pénétré dans ces baies, & qui s'y est élevé jusqu'au cercle polaire, sous lequel est situé le *détroit* qui porte son nom. D'ailleurs, c'est sur une île de ce bassin que ses cendres reposent.

Le bassin de *Béring* renferme, dans son enceinte au nord-ouest, le golfe d'Anadir, ainsi nommé parce que le fleuve de ce nom y verse ses eaux par une large embouchure. Dans la partie du nord se trouvent des groupes d'îles que le capitaine Cook a nommées *îles de Gore*, *îles de Clerke*, comme faisant partie de la baie ou bassin à qui il donna le nom de *Béring*, comme M. de Fleurieu.

Au sud de la baie ou bassin de *Béring*, l'Océan a pénétré dans les terres, du côté de l'Asie, par un grand nombre d'ouvertures, & en a détaché des portions pour former en quelque sorte une digue ou chaussée composée d'une suite d'îles qui séparent la grande masse des eaux de la *mer intérieure*, que l'on voit s'étendre, dans une direction nord-est & sud-ouest, entre le 63e. & le 33e. parallèle nord, sur une longueur de six cents lieues marines, & sur une largeur variable de deux cents à cent lieues.

BERLAND (la), rivière du département des Deux-Sèvres, arrondissement & canton de Melle. Sa source, à une lieue un quart à l'est de Melle, verse ses eaux au sud-ouest, puis à l'est, lesquelles se rendent dans la Béronne, à une lieue un tiers sud-ouest de Melle.

BERLOU (le), rivière du département du Tarn, arrondissement de Castres, canton de la Caune. Sa source, à une lieue sud de Vanne, verse ses eaux à l'ouest, lesquelles se rendent dans le Gijou à trois lieues de la source.

BERMUDES (Ile des). Les marées ne montent jamais au-delà de cinq pieds autour de cette île, & cela seulement entre la Saint-Michel & les fêtes de Noël; mais pendant le reste de l'année, elles ne montent qu'à trois pieds. Il y a pleine-mer une heure après le lever de la lune & après son coucher. La direction des marées est du nord-ouest au sud-ouest, & elles se font sentir plus tôt aux endroits qui sont plus au nord-ouest, que dans les autres. Cependant elles ne suivent pas toujours ce cours autour de la côte. On suppose que quelques pointes de terre ou bas-fonds changent leur direction du nord-ouest au sud-ouest.

On trouve aux *Bermudes* plusieurs sortes de poissons, entr'autres une grande quantité de baleines, qui s'approchent des côtes pendant les mois de mars, avril & mai. Les femelles ont beaucoup de lait, dont elles nourrissent leurs petits. Leurs mamelles sont placées auprès de leur nombril : elles n'ont point de dents; elles rongent la mousse qui croît, pendant ces trois mois seulement, sur les rochers qui sont au fond de la mer. Les baleines se retirent lorsqu'elle est consommée. On les tue pour leur huile. La mer jette aussi sur le rivage des baleines qui produisent le *sperma-ceti*, lequel est répandu sur tout leur corps. Celles-ci ont plusieurs dents, qui peuvent être de la grosseur du poing. Aux îles de Bahama, on trouve de ces baleines mortes sur le rivage, toutes couvertes de *sperma-ceti*. C'est en vain qu'on cherche à les tuer : on ne peut y réussir, tant cette espèce est féroce & vîte à la course. Une de ces baleines doit valoir plusieurs centaines de livres. Elles sont très-fortes, & couvertes de nerfs par tout leur corps : on en peut tirer de la longueur de trente brasses.

Les habitans des *Bermudes* vivent long-tems : il y en a qui vivent cent ans & au-delà. Il y en a beaucoup qui parviennent jusqu'à près de cent ans, & qui meurent de vieillesse plutôt que de maladie. La maladie la plus ordinaire est un froid qui saisit dans les plus grandes chaleurs. L'air est très-doux & très-agréable. Le peuple est pauvre, & l'on observe que c'est cette classe qui se porte le mieux.

Il y a une plante qui est semblable au lierre d'Europe, & qu'on appelle dans ces parages *herbe venimeuse*. Il y a des personnes chez qui elle procure des effets singuliers : leur visage pèle pour la regarder seulement & sans y toucher. Il en est d'autres sur qui elle ne produit rien de semblable.

On trouve encore aux *Bermudes* une espèce d'araignée qui file sa toile entre des arbres éloignés de sept ou huit brasses. Pour cet effet elle jette son fil en l'air, & le vent le porte d'un arbre à l'autre. Cette toile, lorsqu'elle est finie, peut arrêter un oiseau gros comme une grive.

BERMUDES (Marées aux). La pleine mer aux *Bermudes* arrive sur les sept heures aux nouvelles lunes, & une ou deux heures plus tard dans quelques petites baies. L'eau ne monte guère qu'à quatre pieds, & à cinq seulement dans les plus fortes marées du printems. Leurs directions sont très-différentes. Quelquefois elles sont poussées vers l'est, quelquefois vers l'ouest; mais dans le beau tems elles vont du sud-ouest vers le nord-ouest.

On trouve des puits d'eau douce à vingt brasses de la mer, & plus près, dont l'eau hausse & baisse avec la marée; ce qui arrive à la plus grande partie des puits de ce pays. Lorsqu'on veut faire un puits, on creuse jusqu au niveau de la mer, où l'on trouve de l'eau douce & salée. Si elle est douce, on découvre sûrement l'eau salée en creusant deux ou trois pieds au dessous. L'eau est douce dans les terrains sabloneux ou de gravier que l'eau peut pénétrer; mais si ce sont des rochers de pierre à chaux au travers desquels l'eau ne pénètre pas, elle est salée ou saumâtre. Néanmoins, pour le dire en passant, on ne voit jamais dans ce pays de sable brillant, semblable au verre pilé ou à la pierre à aiguiser, tel qu'on le trouve en Angleterre, mais une substance semblable au sable, quoique plus molle. Il n'y a pas non plus de cailloux ni de pierre à fusil.

BERNAND (la), rivière du département de Loire, arrondissement de Roane, canton de Héronde. Sa source, à six lieues sud-est de Roane, verse ses eaux à l'est, puis au sud, lesquelles se rendent dans la Loire.

BERNARD (Cheste du Haut-), montagne du département de l'Isère, canton d'Allevard, à une lieue un quart sud-est d'Allevard. Elle est inclinée du nord-nord-est au sud-sud-est. Elle tient à la cheste du mont Moyen, qui commence à une lieue d'Allevard. Ces masses ont ensemble près de deux lieues, au milieu des belles mines de fer d'Allevard.

BERNARD (Grand-Saint-), une des plus hautes montagnes de la Suisse, entre le Bas-Valais & le val d'Aoste, à la source de la Drance. On l'appeloit autrefois *Mons Penninus*, & Jupiter y avoit sous ce nom un temple fameux. Il y a au sommet de cette montagne, sur le territoire du Valais, un monastère connu sous le nom de *Montjoux*, fondé, au dixième siècle, par saint Bernard de Meuthon. C'est une espèce d'hôpital où l'on exerce de grandes charités envers les voyageurs, sans distinction de religion. Cet hôpital reçoit des aumônes considérables dans toute la Suisse & ailleurs, & il les mérite bien par l'usage pieux qu'il fait de ses revenus. Les limites entre la Savoie & le Valais sont sur le sommet de cette montagne.

BERNARD (Mont Saint-). Le *Grand-Saint-Bernard* ou *Mont Saint-Bernard*, à jamais célèbre par le passage de l'armée française commandée par N. Bonaparte, est situé sur les confins du Valais & du Piémont, dans cette partie des Alpes qu'on nomme *Pennines*.

Pour donner une idée du mont *Saint-Bernard*, je crois qu'il convient de décrire les environs, & particuliérement les routes qui y conduisent.

En venant du Valais, on passe d'abord par Martigny. Le château voisin de cette ville est situé sur des rochers calcaires qui bordent la Drance dans cette partie. La Drance prend sa source au mont *Saint-Bernard*. On compte huit lieues de Martigny à l'hospice situé sur ce mont. A une demi-lieue de la ville de Martigny on commence à monter insensiblement. On voit dans ce trajet, que la vaste base des montagnes accumulées les unes sur les autres n'est qu'un composé de débris des montagnes supérieures. On rencontre ici des granits roulés, qui sont un assemblage de quartz, de feldspath & de mica; des graviers & des sables provenans de la décomposition des granits, des pierres calcaires grises, puis de grosses masses de granits arrondies, dont il seroit difficile d'assigner d'abord l'origine puisque toutes les montagnes à portée de la vue, & qui forment cette gorge, sont absolument composées de pierres micacées, placées par lits & par couches, ou schisteuses mêlées de gros & de petits rognons, de filons & de veines de quartz : elles font en général toutes feu avec le briquet. Le chemin & la Drance qu'on passe & qu'on repasse plusieurs fois, occupent tout le fond de la vallée, qui devient fort étroite. On rencontre aussi des pierres schisteuses, quartzeuses & sabloneuses seules, & sans mélange d'autres espèces.

De Martigny à Saint-Branchier on marche, pendant une demi-heure, dans la vallée d'Entremont. Des deux chaînes de montagnes qui la forment, celle qui est à la rive gauche de la Drance tourne derrière l'autre qui borde cette vallée & celle de Sion. Toutes deux ensemble forment la vallée de Bagnes. Cette dernière est encore plus étroite & plus sauvage que la première. Ce sont, de côté & d'autre, des rocs s'élevant à pic & couverts d'une verdure sombre & de tristes & vastes forêts, pour la plupart de mélèses ou de broussailles. Quelques points de cette vallée offrent, à leur surface, des décombres & des débris de rochers. Cette vallée est aussi peu cultivée qu'elle est peu habitée. On n'y voit guère que quelques chèvres guindées sur les sommets les plus élevés, & quelques pasteurs aussi sauvages que leurs troupeaux.

La Drance traverse ces deux-vallées dans toute leur longueur, &, lors de la crue des eaux, elle déborde comme les autres rivières torrentielles de ces contrées. Cette vallée s'abaisse en forme de gradins; en sorte que les eaux qui y coulent, ont une pente très-considérable qui les empêche d'y croupir ou de séjourner sur aucun plateau. Comme il n'y a point de marais ni d'exhalaisons pernicieuses, on y respire un air pur & sain, à la salubrité duquel contribue encore l'élévation de la vallée. On s'apperçoit de tous ces effets par la rapidité du cours de la Drance, qui augmente tellement lors des grandes eaux & acquiert une telle force, qu'elle charrie, depuis sa source jusqu'à la vallée de Bagnes, de prodigieux blocs de rochers détachés des montagnes : telles sont des masses immenses de granits gris avec du schorl noir ou amphibole, & du feldspath en grosses lames dont sont sans doute composées les montagnes de Chormontana, où la Drance prend sa source, & qui est le même granit que l'on trouve, en blocs roulés, dans les torrens aux environs de Lausanne.

Les montagnes qui bordent la Drance sont toujours composées de la même roche feuilletée, quartzeuse & micacée, que celle des montagnes qui bordent le Rhône; mais elle varie encore en couleur, & tantôt elle est grise avec du mica noir, tantôt rouge avec du mica rouge, & tantôt blanche, formée de lames minces de quartz blanc, avec de beau mica argenté.

A une demi-lieue de Saint-Branchier est une mine de plomb qui offre un filon perpendiculaire, dont l'épaisseur varie d'un demi-pied à deux pieds. A une lieue de Bagnes est la mine de Sarrayé. Cette mine offre un filon perpendiculaire de peu d'épaisseur, avec du cobalt gris disséminé dans la matrice, qui est proprement la roche quartzeuse & fort micacée de toutes ces montagnes, & des veinules de cobalt arsenical. Il y a encore d'autres endroits où l'on trouve de bons indices de cobalt dans le Bas-Valais, & dans plusieurs autres montagnes des vallées d'Entremont, de Bagnes & de la vallée du Rhône.

Saint-Branchier, bon village, est situé entre des montagnes très-hautes & très-escarpées, composées des mêmes espèces de pierres schisteuses micacées que les précédentes; elles sont de couleur bleuâtre. Vues en grandes masses, elles paroissent inclinées à l'horizon. Cette même inclinaison se remarquant dans la même direction d'un côté à l'autre de la Drance, parce que les couches se correspondent, il est visible que ce torrent s'y est creusé un passage.

En avançant on trouve une ardoise feuilletée bleue, avec des veines de spath calcaire, ensuite une grande quantité de granits & de pierres calcaires roulées, sans que les montagnes environnantes changent de nature de pierres. Les montagnes à l'est sont bien cultivées, rapportent différentes sortes de grains avant & après avoir passé Orsière. On retrouve de l'ardoise entre ce village & Liddes, & les derniers granits roulés.

La Drance est ici fort resserrée & très-encaissée. Quand on est placé sur deux morceaux de bois jetés d'une roche à l'autre & appelés *Ponts* ici, ce n'est pas sans frémir qu'on apperçoit un goufre de plus de trois cents pieds au dessous de soi. Il faut être sur cette espèce de pont pour s'en appercevoir, & distinguer sur chaque face les différentes sinuosités tracées du haut en bas, & qui sont autant de preuves des différentes hauteurs où l'eau a passé avant de parvenir à sa profondeur actuelle. En face de Liddes, sur la montagne nommée *la Tour*, il y a une mine de pyrite cuivreuse, mêlée de bleu d'azur & de verd de montagne, ou cuivre carbonaté bleu & vert.

Le dernier village qu'on rencontre avant d'arriver au mont *Saint-Bernard* est le bourg Saint-Pierre. On monte toujours jusqu'à ce village, & on ne peut plus se servir de voitures pour aller au-delà. Les montagnes sont trop rapides : il n'y a plus de chemin fait, & on ne peut en pratiquer parce que les torrens & les avalanges les détruiroient.

La truite ne remonte pas au-delà du bourg Saint-Pierre; elle se trouve arrêtée par les cascades & les chutes considérables de la Vassorée, qui va se jeter dans la Drance. Ce torrent, fort encaissé & resserré dans le lit qu'il s'est creusé, provient d'un glacier qu'on rencontre en montant le *Saint-Bernard*. L'entrée du Valais est fermée & défendue de ce côté par le lit de la Vassorée. C'est un des fossés les plus profonds & les plus escarpés qui existent. Lorsque l'on considère la chute de ce torrent, on voit le travail des eaux dans le rocher qu'il a miné, & où il s'est ouvert un passage.

On compte trois lieues de ce bourg à l'hospice situé sur le haut du mont *Saint-Bernard*. C'est le passage le plus fréquenté pour communiquer du Bas-Valais en Italie, par le Piémont & par la vallée d'Aost. Le transport des marchandises ne se fait qu'à dos de mulets & de chevaux.

On ne rencontre sur cette route que des rochers entassés les uns sur les autres, entre lesquels on passe, en faisant mille détours, pour suivre les petits vallons qu'ils forment, où des torrens des eaux y roulent & s'y précipitent de chaque côté. Dans ces fonds on voit des bois de sapins mêlés de quelques pins & mélèses. Ils diminuent insensiblement de grandeur, parce que leur végétation est moins vigoureuse. Les arbres y sont plus rares, & les derniers qu'on rencontre sont des mélèses, à une lieue de Saint-Pierre.

Plus loin on ne voit plus que des buissons bas & rabougris. Au bord des ruisseaux ce ne sont plus que des aunes. Le dernier arbrisseau qu'on y trouve entre les mélèses & les aunes, sont les sureaux. Les pâturages, l'herbe & le gazon suivent la même progression. Ce n'est que dans quelques endroits d'où les eaux n'ont pas entraîné la terre végétale à un certain point, qu'on trouve du gazon fin, menu & serré, des gentianes & autres petites fleurs presqu'aussi basses que ces gazons, nuancées des plus belles & des plus vives couleurs, qui se détachent de ce fond de gazon; des mousses, non moins curieuses que variées, couvrent & colorent quelques parties de rocher: le reste n'offre à l'œil que d'énormes masses de pierres culbutées & amoncelées dans les fonds en partie couverts de neiges, où les vents les ont portées & entassées. Elles s'y conservent d'autant plus, qu'elles sont abritées, contre les rayons du soleil, par les rochers entassés; elles y restent toute l'année dans un grand nombre d'endroits. Cette neige est si tassée & si ferme, que les fers des chevaux y laissent à peine leur empreinte.

La variété continuelle de tous ces objets fait paroître ce chemin moins long & moins affreux qu'il ne l'est en effet.

A une demi-lieue de l'hospice de *Saint-Bernard*, dans un vallon assez large pour une telle hauteur, on rencontre une énorme quantité de pierres roulées qui couvrent presque tout le haut de ce vallon. Cet amas de pierres provient des glaciers & des hauteurs qui descendent du mont Vélan, qui est la partie la plus élevée du groupe de montagnes qui forment le *Grand-Saint-Bernard*. Le premier glacier se nomme *les Glarets*: il y a peu d'années qu'il descendoit jusqu'au fond du vallon: on n'en apperçoit actuellement que l'extrémité inférieure ou le bas. Le second est le *Vassoré*, qui entretient le torrent du même nom, & dont nous avons parlé ci-devant. Ces glaciers proviennent l'un & l'autre du mont Vélan. La fonte des neiges & des glaciers de cette partie fournit aussi à la Drance dont nous avons suivi le cours, & qui va se jeter dans le Rhône au dessous de Martigny. Nous aurons occasion d'expliquer, à l'article GLACIER, comment se forment & se fondent ces amas étonnans de glaces.

On ne voit de ces pierres roulées qu'en cet endroit: elles viennent directement des glaciers; elles ont été entraînées par les eaux qui en sortent, & ne peuvent avoir été dégrossies que dans la marche des glaciers eux-mêmes; elles sont en tout semblables aux rochers situés au dessus, & dont elles proviennent, composées de parties micacées argileuses, plus ou moins mêlées de parties de quartz en rognons, le tout distribué par lits & par couches irrégulières plus ou moins épaisses. Tous les rochers qui composent ce côté de montagne tournent au nord, & sont de la même espèce. On n'y voit point de granit, c'est-à-dire, de pierres composées de petites masses irrégulières de quartz, agglutinées avec des parties de feld-spath, de schorl noir ou amphibole, & de mica.

Nous avons dit précédemment que c'étoit entre Orsière & Liddes qu'on rencontroit les derniers granits roulés: nous ajouterons ici qu'on n'en rencontre plus, dans tout le reste de la route, jusqu'au haut du mont *Saint-Bernard*. Les rochers qui dominent ce sommet ne sont pas composés de granits; & quoiqu'on ne puisse être à portée de les observer de près, on peut en juger par les masses qui s'en précipitent. D'où peuvent donc provenir ces masses de granits roulés qui se trouvent jetées & répandues sur le penchant & au bas de cette montagne? Il n'est pas facile de le découvrir. On seroit induit en erreur en s'attachant à suivre toujours le cours actuel des eaux qui descendent des montagnes, & il resteroit encore à trouver les causes qui auroient usé & poli ces granits. Ce n'est pas, au reste, dans ces seuls endroits qu'on éprouve ces difficultés; mais beaucoup de pays de hautes montagnes, en Italie, en Allemagne & même en France, fournissent également des exemples de pierres roulées de différente nature, dont il n'existe pas de rochers pareils dans toutes les parties élevées environnantes, & souvent totalement inconnus dans les pays d'alentour.

Si l'on remarque, au reste, les mêmes sortes de rochers faisant corps, & attachés au sol à une ou plusieurs lieues de distance, on trouve souvent d'ailleurs que des montagnes plus hautes sont interposées entre ces masses roulées & les rochers d'où on auroit pu supposer qu'elles ont été arrachées. Il répugne à croire que des masses d'un poids prodigieux aient été transportées & roulées dans un vallon profond, pour remonter & passer de l'autre côté d'une montagne. Il est donc nécessaire d'admettre des changemens dans la disposition des lieux, en conséquence desquels des vallées ont été creusées dans des endroits qui formoient un plein pied, que les eaux & les matériaux dont il est question pouvoient suivre dans leurs déplacemens sans aucun effort. Nous expliquerons, à l'article CAILLOUX ROULÉS, toutes ces circonstances dans un détail suffisant pour résoudre facilement ce problême.

Le vallon par lequel on monte pour aller à l'hôpital, conserve des neiges qui ne se fondent point. On y voit, à gauche, partie d'une forte muraille, qui est presqu'en face de la porte du couvent, & qui a été construite contre les avalanges de la montagne du plan des Aiguilles, au pied de laquelle elle est située. C'est derrière cette montagne qu'est le mont Vélan, couvert de glaces & de neiges. C'est la partie la plus élevée du *Saint-Bernard*. Le milieu est la montagne du Barasson & sa pointe; au bas du Barasson est le pied du mont Mort, devant lequel est situé l'hospice.

La masse de toutes ces montagnes & leurs découpures frappent le voyageur qui les contemple. On n'y voit ni plantes ni arbres. Les glaces & les neiges couvrent toutes les sommités, & il y en a d'entassées dans les fonds où le vent les a précipitées avec le peu d'assiète qu'elles trouvoient sur les hauteurs. Quelques gazons & quelques mousses sont les seuls produits de la nature vivante.

Je n'entrerai pas dans un grand détail sur l'hospice

du *Saint-Bernard ;* je me contenterai de dire que, dans cette maison, tous les voyageurs qui se présentent, sans distinction de religion & de sexe, sont reçus, nourris & logés. Outre cela, dans le tems des neiges, c'est-à-dire, pendant huit mois de l'année que ce passage est dangereux, des domestiques vont au loin du couvent à la découverte des voyageurs, pour recueillir ceux qui sont assaillis par les orages ou égarés dans les neiges.

Si les orages sont fréquens sur ces hautes montagnes, & si la quantité abondante de neige qui tombe fouettée & amoncelée par les vents violens, font courir de grands dangers aux voyageurs, les avalanges sont encore plus redoutables par leur effet subit & terrible. Dans plusieurs occasions où les religieux de l'hospice ont été avertis à tems, ils sont parvenus à dégager les infortunés qui étoient ensevelis sous les neiges.

On ne peut s'empêcher d'admirer combien la religion & l'amour de l'humanité peuvent donner de courage. Il suffit, pour en juger, de considérer que ce lieu qu habitent ces religieux, est le séjour des vents, des tempêtes, des glaces & des neiges; que c'est au haut de ces Alpes élevées que se forment ces orages violens qui souvent viennent remplir les plaines d'effroi & de terreur; que pendant le tems qu'on y appelle *l'été*, on passe toujours sur la neige pour arriver à l'hospice; que non compris celle qui reste sur les hauteurs environnantes, il y en a toujours autour du couvent; qu'il y gele toutes les nuits; qu'on n'y a peut être jamais pu compter, dans une année, dix jours purs & sereins; qu'on y éprouve une vicissitude continuelle de température dans les plus beaux jours; qu'un vent chaud, venant d'Italie, est subitement suivi d'un vent glacé qui passe sur les neiges, & qu'on n'a jamais pu y élever une laitue sur des couches. Malgré les chaleurs qu'on ressent certains jours, les nuits sont froides. Assez souvent, après un jour clair, le sommet des montagnes se trouve enveloppé le lendemain de nuages épais & tranquilles lorsqu'il n'y a point de mouvement dans l'air. Pour lors, au dessous de ce sommet, il fait beau tems, &, en descendant sur le revers méridional de la montagne qui conduit au val d'Aost, on se trouve, après une demi-heure de marche, hors de cette atmosphère sombre & humide. Les rayons du soleil sont chauds parce que le ciel est pur & serein, & l'on voit que les sommets aussi élevés que le *Saint-Bernard* sont également enveloppés dans les nuages, pendant que d'autres sommets, d'un niveau inférieur & plus voisins, sont découverts & éclairés par le soleil.

Toutes ces masses de montagnes sont, comme dans la partie opposée de la montagne, composées de pierres schisteuses, argileuses, micacées, la plupart en feuillets plus ou moins épais, & en couches différemment inclinées: le tout mêlé de veines & de parties quartzeuses de couleurs variées. De plus, sur la hauteur de ce revers on trouve des masses & des blocs prodigieux de quartz blanc & grenu sans mélange. A quelque distance c'est un amas immense de blocs de pierres de toutes grandeurs, jetés, culbutés, entassés dans la plus grande confusion. C'est toujours la même nature de pierre micacée qui fait le fond de toutes ces hauteurs.

Cette partie de montagne qui est en Savoie a une pente plus rapide que celle qui est du côté du Valais; elle est aussi plus couverte de terre végétale & de gazon. Les premiers arbres qu'on y rencontre, sont à plus d'une lieue & demie de l'hospice du mont *Saint-Bernard :* ce sont des conifères. Les autres montagnes du fond de la vallée, vers Saint-Remi, sont toujours composées de la même sorte de pierre qui a été indiquée ci-dessus.

En remontant on retrouve les épais nuages qui couvrent les sommets, & qu'on a quittés en descendant. Lorsqu'ils sont épaissis à un certain point, ils donnent toute la nuit de la pluie mêlée de neige chassée par un grand vent. Ceci règne souvent le jour suivant. Le vent augmente pour lors, & souffle de bas en haut : il pousse & fait tourbillonner de gros nuages qui montent en torrens par la vallée par laquelle on arrive du Valais. Ces nuages se succèdent à la file les uns des autres, en suivant les contours & les sinuosités des masses de montagnes, & vont s'accumuler dans un fond de l'autre côté du couvent, où il y a un très-petit lac. Ces nuages s'y pressent, & y restent immobiles, étant à l'abri & au dessous du vent. L'obscurité en conséquence devient générale : c'est alors que le tonnerre commence à gronder, & devient plus violent par la suite : on l'entend au dessus & au dessous de soi. La pluie, la neige, la grêle, se succèdent ou tombent mêlées ensemble. Il suffit d'être d'ailleurs un moment dans ces nuages épais pour être couvert d'une fine rosée, & l'on se trouve à la fin percé & mouillé jusqu'à la peau.

On a remarqué que, quoique le thermomètre ne descende qu'à quatre degrés au dessous de la glace, le froid étoit d'une grande vivacité, & beaucoup plus pénétrant qu'il ne l'est dans les plaines au même degré. Cet état de l'atmosphère, à la suite des orages & des vents violens, produit le même effet sur les religieux accoutumés à son âpreté; car ils recherchent le feu avec autant d'empressement que les étrangers.

Tels sont en général les météores de la région supérieure des Alpes, dont plusieurs physiciens ont été souvent témoins.

On trouve, aux environs du convent, quelques schistes argileux ou ardoises grises feuilletées, détruites à moitié. On ne voit nulle part de ces ardoises sur pied ou formant des masses attachées au sol. Il faut que les lits de ces ardoises qui avoient été placées sur ces hauteurs, aient été détruits & renversés par le tems. A l'occident du couvent on voit un filon de mine de fer micacée, attirable à l'aimant, & un filon de terre martiale.

Toute cette montagne, une des plus hautes des Alpes

Alpes Pennines, couverte de neiges & de glaces permanentes, est composée en général de pierres & de roches schisteuses, dont les couches & les lits sont plus ou moins marqués, plus ou moins inclinés, & qui sont d'une grande dureté. Leurs parties constituantes sont un mica argileux, dont les lames, plus ou moins grandes & brillantes, sont diversement colorées. Elles sont traversées de filons & de veines de quartz ordinairement blanc, quelquefois vitreux, transparent, opaque ou grenu. On ne trouve des granits que sur le penchant de la montagne, & encore sont-ils en blocs isolés & roulés.

BERNASOBRE, rivière du département de l'Hérault, arrondissement de Saint-Pons-de-Thomières. Sa source, à deux lieues nord-ouest de Saint-Chinian, verse ses eaux au sud-est, lesquelles arrosent Saint-Chinian, &, remontant à l'est-nord-est, se rendent dans l'Orbe, à trois lieues à l'est de leur source.

BERNASOUBRE, rivière du département du Tarn, arrondissement de Castres, canton de Dourgne. Sa source, à deux lieues un tiers à l'est de Sorèse, verse ses eaux au nord-ouest, lesquelles bordent la forêt d'Autamboul, & se rendent dans la Mouscaillou, à deux lieues deux tiers de la source.

BERNASSONNE (la), rivière du département de l'Aude, arrondissement de Carcassone, canton de Saissac. Sa source, à une lieue nord-est de Saissac, verse ses eaux au sud-est, lesquelles arrosent Saissac, & se rendent dans la Fresquel au sud-est d'Alzonne, à trois lieues deux tiers sud de la source.

BERNAY, village du département de la Sarthe, arrondissement du Mans, canton de Coulie-sur-la-Vesgre. La plupart des coteaux qui forment les croupes de la vallée de la Vesgre renferment des pierres de taille calcaires, d'une grande finesse & d'un grain très-serré. Le beau pont d'Écommoi est bâti de cette espèce de pierre; aussi l'appareil s'en ressent-il, ainsi que je l'ai remarqué après la visite des carrières, & pour achever de reconnoître ce beau travail de la nature & les matériaux primitifs dont elle a fait usage dans la composition de ces pierres.

BERNCASTEL, ville du département de la Sarre, arrondissement de Treves. Elle est avantageusement située sur la Moselle, au pied de trois montagnes qui offrent des vignobles très-fertiles. Elle a un grand débit de ses vins, vu leurs bonnes qualités. On voit aussi aux environs des mines de cuivre & de plomb.

BERNE (Canton de). Notre objet, dans cet article, n'est pas de faire connoître la ville de Suisse la plus considérable & la mieux bâtie; mais comme les curieux vont ordinairement de *Berne* au Grindelwald, j'ai cru qu'il convenoit de faire connoître ici l'histoire naturelle du pays intermédiaire entre *Berne* & le Grindelwald. Il n'y a guère de pays plus satisfaisant à voir par le nombre de choses intéressantes & singulières qu'il renferme. Il y a peu de choses à remarquer jusqu'à Thun. Le pays est bien cultivé, & les cultures sont entrecoupées de prairies & de bois. Le fond de ce terrain est de galets ou pierres roulées par la mer. Il y en a des masses qui font corps, & où les galets sont fortement agglutinés ensemble au moyen d'une base de sable & d'un gluten calcaire. Ces aggrégations ou poudingues se nomment *nagelflue* dans le pays. Les petites montagnes qui sont à droite & à gauche du chemin, sont sablonneuses & intéressantes par la quantité de grandes huîtres & d'autres coquillages fossiles qu'on y trouve. A quelque distance de *Berne* on côtoie la rivière d'Aar jusqu'à Thun, où elle sort du lac de Thun, sur lequel on s'embarque pour éviter les mauvais chemins qui ne peuvent se faire qu'à cheval, & qui obligent à de longs détours.

A une lieue sur le bord du lac qui est à droite, on voit le débouché du canal souterrain qui a été coupé dans la montagne pour faire entrer dans le lac le Kander, torrent qui dévastoit un grand pays avant de se réunir à l'Aar au dessous de Thun. Un grand nombre de maisons isolées & quelques villages couvrent les coteaux de la gauche; des vignes sont au dessous d'Oberhofen, & de hautes montagnes, aussi calcaires, sont derrière. Les montagnes de la droite sont plus élevées: il y a des bois & des pâturages sur leurs croupes, dont les pentes sont rapides. Plus avant, des rochers fort hauts & à pic, dont les couches calcaires sont inclinées de douze degrés environ. On trouve enfin, à gauche, un promontoire; c'est le commencement du Battenberg qui avance dans le lac. Il s'en précipite une cascade qui vient d'une grotte qui est au dessus, & qui offre un grand nombre de stalactites.

On débarque à Neuham, sur un terrain exactement nivelé, & qui est d'une bonne demi-lieue jusqu'à Unterseen. Il est encore marécageux & peu propre à la culture; ainsi on n'y voit que des pâturages qui sont de bonne qualité.

Il paroît que le lac de Brientz a été digué par les matériaux que les torrens qui descendent du Grindelwald ont déposés dans cet endroit, & y ont formé un aterrissement fort large, au milieu duquel il ne s'est conservé que l'écoulement de la rivière, qui est le trop plein du lac. On y reconnoît encore bien sensiblement le travail de l'eau torrentielle.

Derrière Unterseen, des rochers à pic s'élèvent à une grande hauteur; c'est une masse calcaire nommée le *Harder*, dont les larges couches inclinées sont très-distinctes. On y remarque aussi, sur leur épaisseur, des fentes assez fréquentes.

C'est l'Aar qui sort du lac de Brientz pour entrer dans celui de Thun, & qui, avec un torrent, fournit les eaux claires & limpides de ce canal. Le terrain à côté du lac de Brientz est de niveau comme celui dont nous avons parlé, & qu'on voit aux environs d'Unterséen.

Après avoir passé le torrent de Saulsbach, qui charrie une grande quantité de pierres toutes calcaires, on entre dans la partie montagneuse. Le vallon est fort étroit, & paroît fermé par une haute montagne qui sépare deux vallons, l'un à droite, l'autre à gauche. Ils sont l'un & l'autre terminés par des montagnes d'une grande hauteur. Au fond de celui qui est à droite, est la montagne de la Vierge, couverte de neige; au fond du vallon à gauche est le Mettenberg, également couvert de neige. Ce dernier vallon conduit au Grindelwald; celui de la droite à Lauterbrunen. (*Voyez ces deux articles; voyez aussi* THUN (lac de), & BRIENTZ (lac de).

Les contrées de la Suisse qui se trouvent depuis *Berne* jusqu'aux montagnes des Alpes les plus élevées, offrent une suite de massifs trop intéressans pour n'en pas présenter succinctement la disposition & les différens caractères tels que mes recherches me les ont fait connoître.

On apperçoit de *Berne*, & surtout des environs du lac de Thun, un amphithéâtre immense, qui s'élève graduellement jusqu'à ces pics élevés qui sont couverts d'une neige éternelle, & qui ne sont guère accessibles que par de très-petites parties.

Ces montagnes sont connues sous les noms de *Wetterhorn, Schreckhorn, Eger, Jungfrauhorn, Lanter Aar-Horn, Brumlis-Alpes, &c.*; mais avant d'arriver à cette dernière, on a franchi celle des plaines & des collines qui sont entre *Berne* & Thun, & qui sont composées de cailloux roulés & de terres argileuses nommées *molières*, disposés par couches horizontales.

La molière à Guerten, distant d'environ deux milles de *Berne*, est quelquefois mêlée de dents de lamies, & la route de Belpberg, à sept ou huit milles de *Berne*, offre un grand nombre de coquilles fossiles, comme chamites, ostracites, globosites, strombites, & d'autres espèces de dépouilles d'animaux marins.

Dans les collines qui bordent le grand chemin de *Berne* à Thun, on trouve en plusieurs endroits, & principalement en-deçà de Musingen, des lits d'ostracites, dont quelques-unes pèsent plus de quinze livres. La disposition des matières dans les couches dont sont composées les différentes parties des collines de ces contrées, leur nature & les corps organisés qu'elles renferment, prouvent qu'elles sont les produits des dépôts faits sur les bords de l'ancien bassin de la mer, & la direction des vallées qui séparent les tractus de collines les uns des autres, achève de prouver qu'elles formoient autrefois une plaine étendue, qui depuis la retraite de la mer a été creusée & divisée par les eaux courantes, & surtout par celles de l'Aar.

Sur les croupes, & même sur les sommets de ces collines, qui, dans certains endroits, sont très-élevés, on trouve fréquemment des masses de granits qui servent de matériaux pour les édifices publics de *Berne*. Ces granits sont parfaitement semblables à ceux du Grimsel, & des montagnes qu'on peut considérer comme la chaîne centrale des Alpes. Il n'y a pas de doute que ces fragmens de granits n'aient été entraînés par les eaux torrentielles, & déposés dans les lieux où on les trouve actuellement avant que les vallées profondes qui séparent les montagnes graniteuses des sommets des collines aient été creusées. On peut faire la même observation relativement aux blocs de marbre & des autres pierres calcaires qui se trouvent dans la même position. Quoiqu'un grand nombre de ces pierres ait été enlevé par les eaux torrentielles, lors de la formation des vallées, fort loin de leur première position, il s'en trouve encore abondamment qui sont dispersées au milieu des collines voisines de *Berne*, où l'on en fait usage pour les constructions de cette ville.

En approchant de la ville & du lac de Thun, on découvre, vers le sud-est, la haute chaîne de montagnes qui a fourni ces pierres calcaires, & de laquelle Stockhorn, le Neunereu & le Genterish font partie. Cette chaîne est liée à celle de Schwnotzenburgh, qui fait partie du canton de Fribourg. Elle est presqu'entiérement composée de pierres calcaires, & les dépouilles des animaux marins s'y trouvent en plus petit nombre que dans les collines dont j'ai parlé. Outre cela, ces collines ne sont pas à beaucoup près aussi élevées; car leur tête n'est jamais couverte de neiges continuelles.

La Niess, qui est la dernière montagne de cette chaîne de pierres calcaires, est placée sur les bords du lac; elle sépare la vallée de Frutingen de celle de Sienne. On a trouvé des lits de pierres schisteuses au pied de cette montagne : au milieu sont des bancs de pierres calcaires, & près du sommet sont des couches de pierres mélangées, remplies de fragmens de coquilles.

Les bords du bassin du lac de Thun sont formés de cailloux roulés, unis ensemble par un ciment calcaire. Ces massifs règnent jusqu'aux montagnes de Saint-Béat. Dans les parties de ces chaînes voisines de Raliingen, les rochers sont calcaires, & renferment des fragmens nombreux de corps marins, dont on ne peut guère déterminer les espèces. En continuant sa route vers Saint-Béat, on observe que les bancs des rochers qui sont à pic & qui menacent de s'ébouler, ont été sillonés, à différentes hauteurs, par les eaux torrentielles qui, dans les siècles passés, avoient leur égout dans le lac. On remarque les mêmes sillons ou ravines, à pareille hauteur, sur les montagnes qui bordent les vallées de Lauterbrunen & de Hasly. Mais, je le répète, ce sont les effets des eaux courantes, & non ceux des eaux sédentaires du lac.

Après qu'on a traversé le lac de Thun, on entre dans la vallée étroite d'Unterséen & d'Interlacken. Cette vallée, qui sépare les lacs de Thun & de Brientz, est entiérement comblée par les pierres & les sables que les torrens latéraux ont entraînés des hautes montagnes des Alpes.

Sur la droite de cette vallée on voit Abendberg, qui se trouve lié à un groupe de montagnes assez étendu. Le Ballehœchst, Sulek, Schnabelhorn, Schwartzberg, Schwalmern, Schilthorn, Kirchstuch, Fatreyenfirn & Dreyspitz sont les montagnes les plus remarquables de ce groupe, qui d'un côté borde la vallée de Lauterbrunen, & de l'autre va se joindre à la Niess, à l'entrée de la vallée de Frutingen. Il est joint d'ailleurs aux Alpes *Sesinen* par les Dents-Rouges, & à la grande chaîne centrale des montagnes de granit. Ces montagnes ont toutes pour base des couches de schiste argileux, qui renferme un mélange de parties qui ont acquis la dureté des pierres à un certain degré d'élévation. On trouve sur cette base, surtout près de Lauterbrunen, une pierre calcaire d'un beau grain.

En revenant à la vallée d'Unterséen, on rencontre un autre groupe de montagnes calcaires, qui s'étend le long du lac de Brientz vers Harty. Elles ont également pour base un schiste argileux. Au reste, la chaîne de ces montagnes n'est pas éloignée des massifs de granit; car lorsqu'on est entre Unterséen & Interlacken, on apperçoit le Jungfrau dans toute sa beauté.

La vallée de Lauterbrunen est bordée, dans toute sa longueur, par des rochers calcaires d'un grain fin. Les premières masses de granit apparentes forment, à Schellanenen, la base des rochers calcaires qui y ont une grande élévation. C'est surtout par Wengenalp, qui est la dernière montagne d'un groupe de montagnes calcaires avec base de schistes, qu'il est plus facile de s'approcher de la chaîne des granits. Ce groupe se trouve placé entre Lauterbrunen & Grindelwald, qui se joignent au Jungfrau. Les sommets de ces dernières montagnes paroissent être des massifs graniteux. Dans la vallée où l'on voit le granit à découvert, on ne remarque, à côté ou dessus cette masse centrale, que le schiste argileux, & les bancs de pierres calcaires établis dessus le schiste. Les parties supérieures des sommets de l'Éger, du Methenberg & du Wetterhorn sont calcaires, & couvrent la base graniteuse centrale. Les seules pièces de granit qu'on y trouve entiérement à découvert, sont les fragmens qui ont été entraînés dans la vallée par les glaciers. La chaîne calcaire qui est opposée aux glaciers, & qui forme le côté septentrional de la vallée de Grindelwald, a aussi pour base le schiste argileux qui, dans plusieurs endroits, & principalement dans les environs d'Hasly, renferme des cornes d'ammon.

Je vais maintenant, après des descriptions préliminaires, examiner plus particuliérement la chaîne centrale graniteuse des Alpes, & tracer les sommets de cette chaîne comme ils sont marqués sur la Carte de notre Atlas. Je considérerai le Jungfrau comme le noyau de ce centre, d'où je me dirigerai d'un côté vers le Gemmi, & de l'autre vers le Schreckhorn, le Wetterhorn & le Grimsel.

Le Jungfrau ou la Vierge est une des montagnes les plus élevées & les plus intéressantes du canton de *Berne*. On n'en distingue la composition graniteuse que lorsqu'on est parvenu à une hauteur considérable. Vers le pied on trouve des rochers de pierres calcaires, qui couvrent le noyau graniteux à découvert vers la tête du pic. En suivant les rochers calcaires jusqu'à Sichellaninen, qui est à deux lieues environ de Lauterbrunen, on observe une veine rouge qui semble marquer la ligne de séparation entre le granit & les couches calcaires. Cette veine est composée d'un schiste argileux, d'une couleur rouge tachetée de jaune & de vert, & d'un minéral ferrugineux qui renferme des anomites. Cette même veine s'appuie aussi sur l'Éger, le Wetterhorn, & sur plusieurs autres montagnes qui sont voisines de Hasly. On la voit à différentes hauteurs.

La chaîne du Jungfrau s'étend, à droite, jusqu'aux pics inaccessibles qu'on nomme *le Gletscherhorn*, *Ebenfluh*, *Mittaghorn*, *Grosshorn* & *Breithorn*. On y trouve des pierres calcaires à une très-grande élévation, principalement du marbre blanc, & un autre marbre de couleur grisâtre. Outre ces pierres on rencontre, dans les glaciers de Breitlaninen & de Breithorn, du granit de différentes compositions, ou par feuillets, ou par blocs, & des talcites argilo-micacés du *saxum fornacum*. Tous ces fragmens prouvent que le granit est la masse la plus abondante, & qui domine dans les parties les plus élevées de ces montagnes, quoique cette même matière serve souvent de base à d'autres montagnes voisines.

A droite s'élève majestueusement le Blumlis. Un vaste glacier s'étend sur plusieurs parties de sa base. C'est dans ces parties que le schiste de couleur noire se trouve adossé au noyau de granit, qui ne se montre qu'à une très-grande élévation.

La chaîne du glacier de Gamchi est formée de bancs de pierres calcaires noires, d'un beau tissu; elles se fendent en lames de formes rhomboïdales. Dans d'autres endroits ces pierres sont grenues, avec des veines blanches & noires.

Les flancs du Blumlis, qui bordent le glacier, sont formés d'ardoises de couleur noire, dans lesquelles sont renfermées des bélemnites & des cornes d'ammon. Les morceaux de granit qu'on apperçoit sur le glacier, & qui viennent des sommets du Blumlis & des Dents-Rouges, sont d'une composition fort semblable à celle du granit des environs de Sichellanium, dans la vallée de Lauterbrunen.

La chaîne graniteuse qui s'avance à la droite d'Alpschelenhorn & de l'Altitis, est entiérement confondue avec le mont Gemmi, où il n'y a d'apparent que les couches de schiste & les bancs de pierres calcaires. Il paroît aussi que le granit ne se montre pas davantage dans les montagnes de Simmenthal & de Gessenay, où il est également enveloppé de pierres calcaires.

Si l'on revient au Jungfrau, & qu'on examine les montagnes qui sont près du Grindelwald & du Grimsel, on trouvera deux hautes pyramides qui s'élèvent près du Jungfrau, & qui sont les deux Égers nommés *extérieur* & *intérieur* à cause de leur position. Les bancs de pierres calcaires que ces masses renferment, se font voir à une grande élévation. Quelques personnes prétendent que le côté de l'Éger extérieur qui regarde le Grindelwald, est entiérement calcaire; mais il est probable que ces masses sont composées de granit. Les pierres qui sont tombées dans les glaciers font voir que les sommets du Viescherhorn & du Zezenberg, de même que celui du Schreckhorn, sont de granit d'une composition uniforme, de granit rayé, mêlé de stéatite verte, d'amiante & de cristaux de quartz.

Les sommets du Mettenberg sont de granit, & même les parties inférieures de cette masse sont d'un granit rayé, qui renferme des feuillets de mica & de quartz.

Les aiguilles du Schreckhorn, qui s'élèvent à une hauteur considérable, sont formées également de granit de diverses compositions.

La montagne qui suit cette chaîne est le Wetterhorn, dont les flancs escarpés bordent le glacier supérieur. La partie extérieure est formée de pierres calcaires jusqu'à une grande élévation; mais son sommet & son noyau sont indubitablement de pierres graniteuses. On observe dans ses flancs la même veine rouge qu'on voit dans l'Éger & dans la base du Jungfrau.

En examinant les pierres qui sont tombées du glacier supérieur, on trouve du granit rayé, de la roche de corne mêlée de stéatites & de quartz.

La base du Wetterhorn & celle du Mettenberg contiennent, en divers endroits, du marbre blanc, veiné de rouge, de vert & de jaune. La carrière qu'on en a exploitée autrefois est couverte par le glacier inférieur.

En allant de Grindelwald à Meiringen, on traverse le Scheidek, qui est entiérement formé de schiste noir; & la chaîne qui sépare le Grindelwald des plaines de Hasly & du lac de Brientz, est formée de cette même ardoise.

En descendant le Scheidek, on voit le chemin qui se joint au Wetterhorn, & se prolonge du côté du Grimsel. Elle renferme la même espèce de marbre qu'on trouve dans le glacier supérieur du Grindelwald, ainsi que des ardoises rouges & diverses sortes de granits; mais il est certain que le front extérieur de ces montagnes n'offre que des pierres calcaires, & que la véritable position du granit ne se retrouve qu'après qu'on a passé Meiringen. En montant le Grimsel, on trouve le granit de diverses compositions. Ainsi le Grimsel & la chaîne adjacente renferment le vrai granit, & les rochers composés de quartz & de mica. C'est la région qu'on peut considérer comme le centre du massif graniteux que j'ai distingué d'abord.

Il résulte de ces faits, qu'il y a dans le trajet qu'on peut parcourir entre la ville de *Berne* & la chaîne centrale des Alpes, trois ordres de massifs, qui appartiennent à trois époques de la nature.

Le premier, le plus moderne, est le massif des collines, qui offre des couches horizontales de cailloux roulés, liés par un ciment calcaire de pierres calcaires, & d'argile renfermant une grande quantité de coquillages marins fossiles. Les cailloux roulés annoncent incontestablement l'ancien bord de la mer, comme les couches horizontales de pierres calcaires, & les dépouilles testacées des animaux marins attestent la partie de son bassin, voisine de ces bords.

Le second massif est composé de bancs de schiste renfermant quelques corps marins d'espèces différentes des premiers, & de lits de pierres calcaires d'un grain fin & bien infiltré, qui, dans certains endroits, ont acquis la dureté du marbre. La disposition de ces deux sortes de substances est telle, que les schistes servent constamment de base aux pierres calcaires. Cependant certains tractus de pierres calcaires sont établis sur les massifs de granit.

Ceci nous conduit au troisième ordre de massifs, qui est composé de substances graniteuses distribuées, ou par feuillets, ou par blocs uniformes. Ces massifs se trouvent à toutes sortes de niveaux. Là ils occupent le pied des chaînes, dont les flancs, plus élevés, offrent des bancs de schistes ou de pierres calcaires : un peu plus loin les granits se montrent dans les sommets & les pics des montagnes les plus élevées; en sorte que, dans toute cette région, on ne peut douter que la substance graniteuse ne forme les noyaux des chaînes de montagnes quand même leurs sommets seroient formés de bancs calcaires, qui souvent occupent les plus grandes hauteurs. Mais il est incontestable aussi que les granits ne sont pas par couches, & n'ont point d'autres substances pour base qu'eux-mêmes.

Jusqu'à présent je n'ai considéré tous ces ordres de choses que comme de simples massifs, parce que j'envisageois seulement leur forme primitive & leur disposition relative; mais cette connoissance étant une fois bien établie, il ne reste plus à discuter que les destructions qui sont l'ouvrage des eaux. Toutes les vallées qui sont creusées dans les massifs des collines, sont visiblement l'ouvrage des eaux courantes qui y circulent maintenant, & qui dégradent continuellement ces collines & leurs flancs. C'est au même agent qu'on doit attribuer les vallées profondes qui séparent les différentes chaînes du second ordre de massifs, qui étoient à découvert & exposées à l'action des eaux courantes lors même que la mer occupoit la partie de son bassin où sont tous les dépôts horizontaux des collines. C'est à la circulation des eaux courantes dans ce trajet, que sont dus les transports des fragmens de pierres dures de toutes sortes dans le bassin de la mer, & qui ont fait la base de tous les cailloux roulés. Il paroît que, dans ce tems où la mer occupoit les environs de *Berne* & du lac de Thun, les massifs du second & du troisième ordre n'étoient pas encore exposés aux neiges & aux glaciers qui les couvrent, ou toute l'année, ou seulement une grande partie de l'année.

Je vois que l'observation des massifs du troisième ordre est devenue fort difficile depuis que les neiges & les glaces les recouvrent, & en ont rendu l'accès presqu'impossible aux naturalistes. On ne peut en connoître les substances que par les fragmens que les glaces en détachent, & qu'elles entraînent, dans leur marche, jusqu'à l'extrémité des glaciers inférieurs.

En rendant compte de tout ce que peut offrir la partie des Alpes qui est contenue depuis *Berne* jusqu'à la chaîne centrale des granits, & de l'est à l'ouest depuis le Grimsel jusqu'au Gemmi, nous n'avons pas franchi des limites au-delà desquelles cependant on rencontre les mêmes phénomènes correspondans des trois ordres de massifs dont nous avons désigné les divers caractères dans la description qui précède. J'ajoute même que ces trois ordres de massifs, y étant moins rapprochés, laissent voir des détails qu'il est plus difficile de découvrir dans le théâtre auquel nous nous sommes bornés.

Un des phénomènes correspondans le plus curieux & le moins connu, c'est la formation de la digue des lacs, qui est un composé de pierres ou cailloux roulés par les vagues de l'ancienne mer. Effectivement, les digues des lacs de Lucerne & de Zurich sont composées des sables & des cailloux roulés, entraînés par les eaux courantes du Continent, & déposés dans le bassin de la mer, comme on les voit dans les digues des lacs de Thun & de Brientz. Ces matériaux ont été accumulés, au dessous des lacs, par les rivières latérales qui viennent se réunir à la rivière principale, précisément au point où les digues ont été formées. Il est probable que la formation des digues des lacs de cette région a été favorisée aussi par les vagues de la mer, qui, en refoulant les eaux des rivières, ont accéléré ces dépôts, lesquels ont augmenté & augmentent chaque jour par l'action des rivières latérales.

Je dois observer ici que les vallées des rivières principales, comme celles de l'Aar & de beaucoup d'autres où se trouvent les lacs de Brientz & de Thun, celle qui forme le bassin du lac de Lucerne, enfin celle où le lac de Zurich est situé, ont été creusées par les eaux de ces rivières, dont le cours n'éprouvoit pour lors aucun obstacle, & ont été creusées à la profondeur du bassin de ces lacs; sans cela ces vallées n'auroient pu être approfondies dans l'état actuel de la stagnation des eaux des lacs.

On voit par ces détails, que toutes les circonstances nécessaires pour la formation des lacs se sont réunies dans les limites du premier & du second ordre de massifs que nous avons distingués: le second ordre a offert le bassin des lacs, & le premier les matériaux des digues & de tous les agens nécessaires pour les accumuler au point où ils sont.

J'ajoute ici qu'en tournant autour de la chaîne centrale du granit, on trouvera le même ordre de massifs que nous avons rencontré entre *Berne* & le Grimsel, c'est-à-dire, les pays de collines, de couches de pierres calcaires, de cailloux roulés & de bancs d'argile farcie de coquilles fossiles; en un mot, tout ce qui caractérise le bord de l'ancienne mer de la dernière époque. Il est aisé de découvrir cette correspondance du prolongement de ces massifs vers Lucerne & Zurich, & jusqu'à la vallée du Rhin, où les mêmes phénomènes se montrent à découvert & bien caractérisés. Il suffit de consulter nos articles LUCERNE, ZURICH, ALTORF, &c., pour achever de prendre une idée de tous ces pays, anciens bords de la mer.

BERRE, ville du département des Bouches-du-Rhône, sur l'étang du même nom. Cet étang a quatre lieues de longueur, sur trois de largeur. Il est bordé de villages, & il communique à la mer par les canaux de Martigues & de la Tour-de-Bouc. Il s'y fait du sel excellent & en grande quantité. Enfin, les environs donnent de bonnes récoltes d'huile.

BERRE (la), rivière du département de l'Aude, arrondissement de Narbonne. Sa source, qui sort près de Quintillan, coule à l'est-nord-est. Cette rivière arrose ensuite Durban, Portel, le Lac, & va se rendre dans l'étang de Bages & de Sigean. Elle passe à trois quarts de lieue nord de Sigean, & à cinq lieues deux tiers de sa source.

BERRE, SAINT-CHAMAS, MARTHE & VAINE (Étangs de), du département des Bouches-du-Rhône. Ces étangs n'en forment qu'un, qui a pour centre celui de *Berre*, celui de *Saint-Chamas* au nord-nord-ouest, celui de *Marthe* au sud, & celui de *Vaine* à l'est. Ils ont ensemble, du nord-nord-ouest au sud-sud-est, quatre lieues un tiers de longueur, & autant de l'est à l'ouest.

BERRE, étang d'eau salée, près de l'embouchure du Rhône. En examinant ses bords, on peut s'assurer qu'il est à peine la vingtième partie de ce qu'il étoit autrefois. Cet étang, navigable dans toute l'étendue de son bassin, communique à la Méditerranée par le canal de Martigues. On y sale, chaque année, jusqu'à quatre cents quintaux d'anguilles, sans compter celles qu'on mange fraîches. On y fait encore près de quarante quintaux de *boutargue*, espèce de saucisse composée d'œufs de poisson salés, séchés au soleil.

BERRIEN, village du département du Finistère, arrondissement de Châteaulin. On élève des moutons dans Spézel & *Berrien*. Les porcs y sont fort nombreux. Il y a une mine de plomb près de cette commune.

BERROGAIN, village du département des Basses-Pyrenées, arrondissement & canton de Mauléon, à trois quarts de lieue de cet endroit. Il y a des couches de terre argileuse friable près de ce village.

BERRU, village du département de la Marne, arrondissement de Rheims, & à deux lieues de cette ville. On trouve à *Berru* une source d'eau minérale. Cette eau, d'après les observations des officiers de santé, est très-salutaire pour les maladies chroniques. Il y a aussi une fontaine qui donne une eau ferrugineuse, laquelle dépose beaucoup d'oxide de fer.

Je considère aussi *Berru* comme une *île terrestre* ou *continentale*, située dans le voisinage de la ville de Rheims. Cette île m'a paru fort intéressante, ainsi que deux autres, celles de Brimont & de Prouvay, dont je parlerai à leurs articles particuliers. On retrouve dans le massif de *Berru* le système de toutes les couches qui composent la montagne de Rheims, établies sur la même base crayeuse. Je crois être autorisé, d'après cette considération, à conclure que cette île est une portion du massif qui remplissoit autrefois la plaine de Rheims, & que, par conséquent, c'est un témoin qui subsiste au milieu des deblais considérables que les eaux ont faits dans toute l'étendue de ce bassin. (*Voyez* BASSIN DE RHEIMS.) Nous avons figuré cette île dans la Carte où se trouve tracé le tractus de la craie superficielle de la Champagne. Nous renvoyons à cette Carte pour qu'on puisse saisir la situation de cette île terrestre, relativement aux différentes parties du bassin de Rheims (Feuille 30, N°. 79 de la Carte de France), & l'arrangement des matériaux qui sont entrés dans sa composition. Nous allons maintenant faire connoître tous ces matériaux, & l'usage qu'on en fait.

En parcourant la plaine basse qui conduit de Rheims à Cernay, on trouve un sol formé de débris de craie, mêlés de terres jaunes & de sables transportés des hauteurs de l'île de *Berru*. Les vignes de Cernay, surtout les basses vignes, sont établies dans ce sol. On les marne, comme toutes les autres vignes du bassin de Rheims, avec des terres qu'on tire de certaines couches. Le vin de Cernay est estimé, surtout celui qu'on récolte dans les clos où la vigne a le pied au milieu de la craie.

Au-delà du village de Cernay, on trouve les premières rampes qui conduisent au sommet de la montagne, & sur lesquelles se montre d'abord le massif de la craie, en partie à découvert, & en partie recouvert par les marnes & les autres substances terreuses entraînées des hauteurs par les eaux pluviales.

En continuant de monter, on trouve sur cette base crayeuse, en couches suivies & dans l'ordre que nous allons indiquer en commençant par le haut, 1°. des sables & des débris de meulières; plus bas, de la roussette composée de gros sables liés ensemble par une mine de fer : ceci ressemble à l'alliofte des landes de Bordeaux, & à la roussette du Maine. Au dessous est un lit de sables purs; ensuite viennent quelques couches de terres noires, séparées par de petits lits de sables jaunes spathiques. La première couche de terres noires est par lames inclinées à l'horizon; plus bas vient une couche de terres noires mêlées de cames, de visses, de rouleaux & d'autres coquilles marines; ensuite celle des terres noires inflammables; puis un lit de sables jaunâtres, auquel succèdent une couche de terres noires vitrioliques, un lit de sables, & enfin un lit de marnes jaunâtres.

Tels sont l'ordre & la disposition relative des matières qui entrent dans la composition de l'île ou montagne isolée de *Berru*, lesquelles se voient à découvert sur les faces de l'excavation profonde où l'on exploite les terres noires inflammables, les marnes dont on fait usage pour l'engrais des vignes, & des terres qu'on consacre aux prairies artificielles.

Pour exploiter les terres noires inflammables, on les transporte avec des brouettes, & on les distribue, au centre de l'excavation & autour d'un noyau de terres déjà brûlées, sur des lignes concentriques, & on y met le feu. Lorsqu'une de ces ceintures concentriques est bien enflammée, on la recharge d'une nouvelle couche en commençant par le bas, &, à mesure qu'on l'élève davantage, le feu qui s'est communiqué, gagne toute la masse par des progrès assez rapides. Cette combustion décompose les pyrites martiales, qui se trouvent en très-grande quantité dans les terres noires : aussi voit-on, à la surface des terres qui brûlent, une croûte de vitriol martial calciné à blancheur, & quelques parties de soufre qui n'ont pas été détruites. Lorsqu'après la combustion on remue les résidus, on y trouve, non-seulement des cendres & des terres argileuses plus ou moins cuites, mais encore des terres noires qui, en grande partie, ont résisté entièrement à la combustion, & qui jettent encore de la fumée. On met à part les substances terreuses qui sont réduites en poudre, & on en sépare les argiles cuites dont on forme des tas : elles éprouvent en cet état, par l'action de l'air, une comminution fort grande, en conséquence de laquelle on peut les mêler avec les autres principes terreux bien divisés dont nous avons parlé.

Je dois faire observer ici que le vitriol martial se montre, en très-grande quantité, dans les couches naturelles des terres noires qu'on exploite, & qui restent quelque tems exposées au soleil : il paroît, à l'extrémité de ces couches, en croûtes assez épaisses de cristaux verdâtres, & il y a grande apparence que c'est en partie ce sel qu'on voit calciné à blancheur, comme je l'ai dit, sur les tas des résidus de la combustion des terres noires. On ne profite pas de ce vitriol cristallisé ainsi naturellement ; cependant on retireroit peut-être du profit de le dépurer & de le faire cristalliser suivant les procédés connus.

Les eaux qui pénètrent les couches de terres noires vitrioliques, & dont on se débarrasse par le moyen d'une tranchée profonde, sont chargées du même sel vitriolique, & déposent un peu de terres martiales produites par la décomposition de ce sel. C'est avec des morceaux enflammés de la couche la plus profonde des terres noires qu'on met le feu aux amas des zônes concentriques. Au dessus est la couche de terres noires renfermant des coquilles marines, & dont on fait usage pour marner les vignes. Enfin, c'est dans la couche supérieure & épaisse de ces terres noires que se voient les cristaux verdâtres de vitriol martial.

Les vignerons des environs de *Berru* enlèvent les sables jaunâtres & les terres noires qui renferment des coquilles marines, les mêlent en parties égales, & après que ces mélanges ont séjourné, pendant quelques mois, au bout des vignes, ils s'en servent pour les marner. On suit à Rilly, & dans les vignobles limitrophes de la bordure du bassin de Rheims, la même méthode d'engrais, parce qu'on trouve dans toute cette bordure les mêmes substances terreuses, & la même distribution par couches qu'à *Berru*.

La constitution de l'île de *Berru* se raccorde, non-seulement avec celle des côtes élevées de la montagne de Rheims, mais encore avec celles de Montaigu & des environs de Laon : aussi tire-t-on de ces mêmes lieux des terres dont on se sert également pour amander les vignes. Ceci prouve combien ces trois sols se raccordent, malgré leur éloignement & leur séparation, par de larges bassins & de grandes vallées. On voit qu'ils formoient autrefois un massif continu & organisé de la même manière sous la mer, puisqu'on retrouve les traces du même travail, & des dépôts semblables, dans la montagne de Rheims, à l'île de *Berru*, & le long des côtes de Montaigu à Laon.

Ce ne sont pas seulement les terres, dans leur état naturel, qu'on emploie à l'engrais des cultures : on vient, de tous les environs de Rheims, enlever les résidus de la combustion des terres noires de *Berru*, sous le nom de *cendres de Berru*, pour fertiliser les terres à fond de craie & autres qu'on destine aux prairies artificielles ; & la ressource de cet engrais précieux contribue chaque jour à multiplier, dans la Champagne crayeuse, les cultures de ce genre. J'indiquerai comme une industrie correspondante déjà connue depuis longtems, les mêmes terres inflammables vitrioliques réduites en cendres, comme à *Berru*, dans les environs de Laon, & servant au même usage. Comme l'amas de *Berru* est le plus éloigné de tous, on tire de ces cendres à plus de douze à quinze lieues de Rheims, & ce débit soutenu atteste plus que tout raisonnement les bons effets de cet engrais.

Cependant il est aisé de voir que cet engrais, contenant des cendres, doit produire le même effet que le mélange des terres bien divisées. Ce qui reste des terres noires naturelles qui a échappé à la combustion, peut être considéré comme un fumier de débris de végétaux. Ajoutez à cela les terres cuites argileuses, qui, se mêlant à la craie, la divisent & l'ameublissent comme nous voyons que cela a lieu dans *l'écobuage*. Ces terres cuites ont outre cela la propriété de se pénétrer d'eau aisément pendant l'humidité, & de la retenir assez longtems & assez abondamment pour fournir aux besoins des plantes pendant la sécheresse.

Telle est à peu près la petite théorie que je me suis faite des bons effets de cette sorte d'engrais, & des différentes substances dont il est composé. On doit sentir que la combustion le rend bien plus propre à l'amélioration des terres crayeuses, qu'il ne le seroit dans son état naturel de fumier ; au lieu que, pour la vigne, le mélange des sables jaunâtres spathiques avec les terres noires coquillières dispense de brûler ces dernières, qui sont suffisamment divisées par les sables, & même par une petite addition des fumiers qui s'y fait. Cet engrais entretient les vignes dans un état continuel de verdure jusqu'à la maturité des raisins ; ce qui donne une bonne qualité aux raisins, qualité que ce fruit perd lorsque la vigne souffre l'alternative des températures humides & sèches.

Je renvoie à l'article du BASSIN DE RHEIMS pour ce qui concerne ces îles terrestres & les autres inégalités du terrain. En attendant j'indiquerai les îles terrestres les plus considérables qui figurent à côté de celle de *Berru*, & qui pourront faire connoître ces différentes formes de terrain, lesquelles se présentent à la surface de nos plaines. D'après cette liste on pourra prendre une idée des motifs qui m'ont engagé à introduire dans la *Géographie-Physique* la nomenclature nouvelle des îles terrestres, laquelle donne lieu de noter des collines intéressantes qu'on avoit négligées jusqu'à présent, soit sur les Cartes topographiques, soit dans la description des diverses contrées.

Je trouve d'abord, sur la planche de Rheims, les trois îles de *Prouvai*, de *Loyre* ou *Brimont*, & de *Moronvilliers*, dont les enceintes sont bien dessinées, & dont les hauteurs, égalant celle de *Berru*, renferment la totalité des couches ou bancs de l'ancien massif des environs de Rheims.

J'y ajouterai *la Croix-Godinot*, *Saint-Thierry*, *la Croix-de-Saint-Pierre*, *les Trois-Puits* & *Montbré*, toutes îles terrestres bien circonscrites, mais qui varient quant à la hauteur & au nombre des lits qui en forment les différentes masses. On peut jeter les yeux sur la planche N°. 79 de la Carte de France, pour prendre une idée de la position de ces îles, & juger des avantages de cette nouvelle nomenclature.

BERRY (le). C'étoit une des grandes provinces situées au centre de la France. Elle étoit bornée au septentrion par l'Orléanois, au levant par le Nivernois, au midi par le Bourbonnois & la Haute-Marche, & au couchant par le Poitou & la Touraine. Bourges en étoit la capitale. Le *Berry* se divisoit en haut & bas. Le premier s'étendoit, au levant d'été, depuis le Cher jusqu'à la Loire, & le bas étoit compris entre le Cher & la Creuse. Cette province avoit trente-six lieues de long, sur trente de large. Elle compose aujourd'hui la plus grande partie du département du Cher. Ses principales villes étoient Bourges, Issoudun, Vierzon, la Chartres, Leblanc & Châteauroux.

Les forêts étoient Hautebrune, Châteauroux & Vierzon.

La terre y est très-fertile en toutes sortes de grains. Les pâturages y sont abondans. On y recueille de fort bon vin, quantité de fruits & des légumes excellens. On y sème beaucoup de chanvre & de lin. La volaille, le gibier, le poisson, y sont très-abondans. Les toisons des bêtes à laine qu'on y élève & qu'on y entretient en grand nombre, sont fort fines, & passoient, avant la révélation des *métis* & des *mérinos*, pour les meilleures de la France. La chair de ces mêmes animaux est délicate & de fort bon goût.

Il y avoit un grand nombre de manufactures de toiles & d'étoffes de laine. Sa plus grande richesse étoit dans l'exploitation des bois & d'un grand nombre de forges; car il y a beaucoup de mines de fer, & de la meilleure qualité. Le fer ne s'y présente pas par filon, comme dans d'autres provinces; mais il se trouve près de la surface de la terre, à quelques pieds de profondeur, & sous la forme de grains très-nombreux & très-ronds.

BERSAY (Forêt de), département de la Sarthe, arrondissement de Saint-Calais, à deux lieues trois quarts de Château-du-Loir. Elle a la forme d'un demi-cercle; elle a d'ailleurs huit mille toises de diamètre, & deux mille toises de largeur.

BERSCH (Forêt de), département du Bas-Rhin, arrondissement de Barr, canton de Rosheim, à une lieue & demie de cet endroit. Elle a trois mille quatre cents toises de long, sur deux mille six cents toises de large.

BERTAUD (Pointe de), département du Var, canton de Saint-Tropez, dans le golfe de Grimaud, à l'ouest de la plage d'Avignon, à deux tiers de lieue ouest de Saint-Tropez.

BERTHELEVILLE, village du département de la Meuse, arrondissement & canton de Gondrecourt, à une lieue un quart de cet endroit. Il y a plusieurs forges & fourneaux.

BERTHOMM (Pointe de), département du Finisterre, arrondissement de Brest, à une lieue un quart est-sud-est du Conquet. Elle a au nord & nord-est la pointe de Temboget, l'anse de Porsnilin, la pointe & l'anse de Tréganon, qui tiennent une demi-lieue d'étendue.

BERTRAMBOIS, village du département de la Meurthe, arrondissement de Sarrebourg, canton de Lorquiun-sur-l'Herbos, à deux lieues un tiers de Blamont. Il y a une manufacture de faïence & de poterie, où l'on fait usage d'une argile excellente.

BERTRENS, village du département des Hautes-Pyrénées, arrondissement de Bagnères, canton de Mauléon en Barousse, près de la Garonne. Les montagnes inférieures des environs, jusqu'à Saint-Bartrens, renferment des bancs bien suivis de marbre gris.

BERTRICH, village du département de la Sarre, arrondissement de Treves, canton de Wittlich, commune d'Hontheim, à deux lieues & demie nord-ouest de Wittlich. Il y a des eaux minérales.

BERTRONE (Tuc de), montagne du département de l'Arriège, canton d'Oust, à deux lieues & demie sud-ouest de cet endroit. Elle a de l'est à l'ouest une demi-lieue de longueur.

BERVILLE, village du département de Seine & Oise, arrondissement de Pontoise, canton de Marines, près de la source du Sausseron. Il y a près de ce village des veines de mines de fer. On y a travaillé autrefois une mine de cuivre. Il y a aux environs un sable verdâtre, qui, aux essais, donne du cuivre, mais en petite quantité.

BÉRY, village du département d'Aisne, arrondissement de Soissons, canton de Vic-sur-Aisne, commune de Saint-Cristophe en Béry. Il y a un moulin à huile, où sont toutes les usines nécessaires pour faire cette expression.

BERZÉ-LA-VILLE, village du département de Saône

Saône & Loire, arrondissement & canton nord de Mâcon, situé partie en montagne, partie dans la vallée. Il y a quelques vignes, & un petit ruisseau qui fournit de l'eau à plusieurs moulins. On trouve de l'albâtre blanc ou jaune-blanc dans les deux carrières de *Berzé-la-Ville*.

BESANÇON (Grotte ou Glacière de). C'est une grande caverne qu'on trouve dans une montagne près de Baume, à cinq lieues de *Besançon*. Plusieurs Mémoires insérés dans ceux de l'Académie des sciences ont parlé de cette grotte. M. de Cossigny en a donné une description insérée dans le deuxième tome des Mémoires présentés à l'Académie des sciences. Le thermomètre, suivant ses observations, est presque toujours fixé dans cette caverne à un demi-degré du terme de la glace. Le fond de cette caverne est à cent quarante-six pieds au dessous du niveau de la campagne. L'entrée est large de soixante pieds, & haute de quatre-vingts. La grotte a cent trente-cinq pieds dans sa plus grande largeur, & cent soixante-huit de longueur. On y voit treize ou quatorze pyramides de glaces de sept à huit pieds de hauteur. En 1737, on en détruisit les plus grandes pour l'usage du camp de la Saône, & il y a quelqu'apparence que celles-ci se sont formées depuis.

Cette glace est plus dure & plus compacte que la glace des rivières.

La variation du thermomètre, pendant l'hiver & l'été, y est très-peu considérable : aussi la glace s'y conserve-t-elle en tout tems. Il sort quelquefois de cette grotte un brouillard ou une vapeur qui annonce une évaporation considérable & une destruction de la glace; mais dès que l'air de la grotte devient serein, la glace augmente, non-seulement aux pyramides établies sur le fond de la grotte, mais encore aux parties de glaçons qui sont attachées à la voûte. On auroit tort de croire que ce phénomène de la glace qui se conserve & se forme chaque jour dans ce souterrain, n'est pas à beaucoup près unique dans son genre : il y a plusieurs glaciers semblables ; & lorsqu'on aura bien saisi toutes les circonstances qui contribuent à la formation de la glace dans ces souterrains, il sera facile d'en établir la théorie générale; mais il faut rapprocher toutes ces circonstances avec autant de précision que d'intelligence.

BESIMANDA, montagne du Piémont, qui fait partie de l'Apennin. Elle s'avance vers la vallée de Vermegana & celle de Pesio, & se termine près de Boves. On peut y observer un échantillon intéressant de l'Apennin.

BESSANCOURT (Garenne de), arrondissement de Pontoise, canton de Montmorency, à une demi-lieue de Pontoise. Elle a du nord-ouest au sud-est quatre mille six cents toises de longueur, & du nord-est au sud-ouest seize cents toises de largeur.

BESSE, ville du département du Puy-de-Dôme, arrondissement d'Issoire, à deux lieues des Monts-Dor, & à cinq lieues d'Issoire. Je considère ici cette petite ville comme le centre intéressant de plusieurs monumens des feux souterrains que l'on y trouvera figurés dans notre Carte, avec tous les caractères qui appartiennent à leurs époques. Après avoir désigné deux courans anciens occupant l'emplacement considérable qui se trouve au dessus & au dessous de *Besse*, & qui ont à leur tête cinq culots, au nombre desquels figure, d'une manière remarquable, le Puy-de-Percusa, je passe à deux autres courans plus anciens & d'un niveau plus élevé, qui sont d'abord celui qui part de *Servers*, & ensuite le plus étendu & qui se termine à Mont, après plusieurs chutes ou cascades, & qui passe au *Verdier*.

Je reviens aux courans de *Besse*. Il y en a deux rangs. Le plus élevé se dirige sur *Besse*, &, passé au-delà, il se sépare en trois masses, celle qui sert d'emplacement à cette ville & qui va se terminer au village d'Oursєyre, & un troisième qui est guindé dessus.

C'est entre les deux systèmes de courans anciens, tels que je viens de les indiquer, que se trouve le courant moderne avec tous les caractères qui conviennent à ces derniers produits du feu. D'abord, il est couvert de scories. Il paroît assujetti aux oscillations du vallon au fond duquel coule un ruisseau, qui, depuis la ferme de Bercheyre jusqu'à Ourseyre, le sépare en deux courans. Il est évident que le vallon a été approfondi par l'eau au point où il se trouve, avant que le courant soit venu l'occuper. Il débouche par-dessous les croupes que présentent les extrémités de courans anciens, & qui dominent le cul-de-sac du vallon. Le ruisseau, d'abord assez foible, en reçoit plusieurs autres à *Besse*, puis à Ourseyre, à Chaune, au moulin neuf, où vient se réunir à la Couze le produit d'une fontaine aérienne martiale, qui sort de dessous un courant ancien latéral. Les ruisseaux latéraux qui se jettent dans le ruisseau primitif, coupent le ruisseau & le courant moderne en plusieurs endroits. Le courant moderne suit d'abord les anciens bords du vallon, & après des chutes & des obstructions qu'il a formées, la partie du milieu, étant la plus basse & la moins remplie, suivant que le vallon est large ou étroit, le courant s'élargit ou se rétrécit : ainsi il est fort large vis-à-vis Serre-Haut, à Lempras, & surtout depuis Leint jusqu'au moulin neuf.

Comme la ville de *Besse* se trouve à l'origine de la Couze, on voit plusieurs lacs à la tête des embranchemens qui servent à alimenter la source de cette rivière, d'abord celui de la Moussinière, qui forme un demi-cercle (son émissaire est à l'extrémité de ce demi-cercle), ensuite le lac de la Bourboulouse, entre les courans de deux culots, puis le lac de Lativadou, qui a reçu le courant d'un des culots ou centre d'éruption qui accompagnent le Puy-de-Percusa; enfin, le dernier est le lac Paven, dont le bassin offre un entonnoir fort profond, & pour émissaire une large brêche qui entame ses bords, & qui verse le trop plein du lac dans la Couze, laquelle passe à côté, & va ensuite se rendre à *Besse*, & suit le vallon du courant moderne.

Tous ces différens détails, tous ces phénomènes dont la ville de *Besse* est le centre principal, on les pourra suivre & reconnoître sur la partie de la Carte volcanique, où nous nous sommes attachés à les faire figurer.

J'ai observé, à plusieurs reprises, Mont-Redon, voisin de *Besse*. J'ai trouvé d'abord que cette masse étoit totalement séparée des courans anciens qui ont éprouvé, sur leurs limites & le long de la route voisine de *Besse*, des destructions considérables, lesquelles ont mis à découvert le granit intact qui leur servoit de base, surtout entre Serre-Haut & Puy-Redon. On voit dans cet intervalle les mêmes substances pierreuses dont est formé le Puy de Mont-Redon.

On remarque dans ce Puy, d'une hauteur médiocre, plusieurs terrassemens qui s'annoncent par un égal nombre de plans inclinés, au moyen desquels on s'élève jusqu'à la plate-forme qui termine la hauteur de ce Puy. J'ai vu avec étonnement sur ce sommet des prismes fort beaux & très-réguliers, dont la plupart offrent des assemblages de calottes adaptées les unes dans les autres, avec la suture apparente sur les faces des prismes, & encore mieux sur les angles solides. Ces assemblages de calottes sont par systèmes très-remarquables, & en général ils présentent les concavités constamment ouvertes vers le haut des prismes, & par conséquent la partie convexe se montrant toujours vers leur base.

J'ai mesuré certaines concavités qui vont à plus de neuf pouces; mais en général ceci varie depuis six pouces jusqu'à deux, qu'on peut vérifier fort aisément, parce que plusieurs de ces prismes articulés se trouvent décomposés dans plusieurs des terrassemens. Dix à douze calottes composent l'épaisseur ordinaire de ces prismes décomposés ou non. Il y a de grandes parties de prismes où l'on ne voit point de ces calottes ni de ces reprises d'assemblages.

C'est surtout près de la base du Puy de Mont-Redon, à l'aspect du couchant comme au sud-est, qu'on peut observer ces prismes décomposés, & où l'on peut étudier ces singuliers assemblages. J'en ai vu plusieurs qui avoient la forme d'un choux pommé ou d'une rose à moitié épanouie.

Ce n'est que d'intervalles à autres que les séparations des articulations ont lieu. Le plus souvent les calottes restent collées ensemble.

Quelques prismes, ceux surtout qui se montrent sur la face du couchant, sont d'un grain de basalte fort fin. Ceux qui se présentent sur l'asp & du levant, annoncent plus de mélanges de granits & de gabbro dans les matières fondues. Je ne puis trop exhorter ceux qui s'occupent des différentes formes élémentaires qui composent les prismes articulés, de faire une étude aussi suivie de Mont-Redon, & ils y trouveront, comme moi, des objets intéressans d'instruction sur la composition des basaltes.

BESSENAY, bourg du département du Rhône, canton de l'Arbresle, à une lieue & demie est de Montrotier: on y fait grand commerce de bons vins.

BESSIN. C'étoit un pays qui faisoit partie de la ci-devant Normandie, borné au couchant par la Vire ou le Cotentin, au septentrion par la Manche, au levant par le pays d Auge & celui des Marches, & au midi par le pays d'Houlme. Il avoit environ dix-huit lieues de long, sur autant de large; ce qui faisoit presque toute l'étendue du diocèse de Bayeux, dont il avoit pris sa dénomination. Il étoit arrosé par la Vire, la Drôme, l'Aure, l'Orne, la Dive & la Loire. On le divisoit en trois petites contrées; savoir: *le Bessin* proprement dit, *le Bocage* & *la Campagne de Caen*.

Le *Bessin* proprement dit renfermoit le territoire de Bayeux, qui en étoit le principal lieu. Il est borné au septentrion par la Manche, au levant par la Campagne de Caen ou par la Seule, depuis sa source jusqu'à son embouchure; au midi par le Bocage, & au couchant par le Cotentin ou par la Vire, depuis les environs de Thorigny, bourg sur un ruisseau, à une lieue de la rive droite de la Vire. Ses autres rivières sont la Drôme, l'Aure, l'Elle & l'Esque. La Drôme & l'Aure se perdent au fossé du Soucy, à une lieue de la mer. Cette petite contrée peut avoir neuf lieues de long, sur sept lieues de large. Son territoire abonde en pâturages excellens, & on y recueille beaucoup de blé. On y fait aussi de très-bon cidre. Le poisson, la volaille & le gibier y sont fort communs. La plus grande forêt de ce pays est celle de Cerisy. Les communes du *Bessin* font partie du département de Calvados.

BETANCOURT (Forêt de), du département de la Haute-Marne, canton de Donjeux, près *Betancourt*. Elle a treize cents toises de long, sur cinq cents toises de large. Elle est peuplée de plusieurs espèces de bois, où le chêne domine.

BÉTHUNE, ville du département du Pas-de-Calais, chef-lieu d'arrondissement & de canton, à trois lieues ouest de la Bassée, près la petite rivière de Brette. *Béthune* a quelques moulins à farine, & beaucoup de moulins à huile de colsat. Il y a une bonne poterie de terre. Cette ville est aussi renommée pour ses excellens fromages qu'on distribue dans les départemens voisins.

BÉTHUNE, rivière du département de la Seine-Inférieure, arrondissement de Neufchâtel, canton de Forges. Elle prend sa source près de Gaillefontaine, & recueille les eaux de la plus grande partie du plateau de Forges; & après avoir traversé les arrondissemens de Neufchâtel & de Dieppe, elle se jette dans l'Argues, au village d'Argues.

BÉTIGNICOURT, village du département de l'Aube, canton de Brienne-le-Château, sur la rivière de Voire. La position de ce village, situé au pied d'un coteau élevé formé par la bordure du massif de la craie superficielle & apparente, m'a toujours paru très-remarquable, ainsi que celle de plusieurs autres villages de cette contrée, rangés sur cette limite. Outre cela, c'est vers cette bordure que la pente du massif crayeux détermine la direction de plusieurs ruisseaux qui se portent dans la vallée de la Voire & de l'Aube. On verra ces beaux détails sur la planche de Troies, N°. 81.

BÉTOIRES *ou* BOITOIRES. Ce sont des ouvertures qui sont à la surface de la terre, & qui servent à l'introduction de l'eau dans les premières couches. Je distinguerai ici deux sortes de *bétoires:* les uns qui sont ouverts au milieu de certaines contrées fort plates, & où les eaux pluviales n'ayant pas d'écoulement, on ne peut s'en débarrasser que par des issues qui les absorbent dans les massifs qui composent ces contrées. Ces ouvertures sont dans ce cas l'ouvrage des habitans.

Les seconds *bétoires* se trouvent naturellement dans les vallées des rivières qui se perdent, & particulièrement le long de leur lit. Ces derniers sont très-multipliés dans ces circonstances. Lorsque les rivières coulent à plein canal, ces ouvertures absorbent l'eau. Elle y entre en occasionnant un bruit & un mouvement circulaire, semblables à ceux qui ont lieu dans les entonnoirs. On apperçoit qu'à ces ouvertures l'eau s'engoufre avec une grande vitesse, surtout si ces ouvertures offrent des plans inclinés qui favorisent l'affluence de l'eau de tous côtés.

Les *bétoires* éloignés du lit de la rivière reçoivent assez souvent l'eau qui s'y rend abondamment avec une grande vitesse & sans interruption, & de telle sorte que cette eau, qui a pénétré ainsi dans le sein de la terre par le moyen de ces *bétoires* pendant l'été & les autres saisons sèches, en sort en hiver, & va gagner, par un courant marqué, le lit des rivières.

Ce dégorgement des eaux intérieures n'est produit ainsi que par le refoulement de celles qui remplissent les réservoirs des collines ou des bords des vallées où coulent les rivières qui se perdent. Il est à présumer que pour lors l'eau de ces réservoirs s'élève jusqu'à l'ouverture des *bétoires*, s'écoule au dehors, & forme comme une fontaine qui se décharge dans la rivière. On voit que l'eau des réservoirs souterrains n'a pas d'autres issues que les *bétoires*, & qu'à mesure qu'elle croît dans les réservoirs, elle dégorge par les *bétoires*. Ce commerce de l'eau intérieure avec celle de la rivière fait que celle de la rivière éprouve une augmentation considérable.

Les premiers *bétoires* dont nous avons parlé ne se trouvent que dans les parties hautes des plaines, & c'est aux environs de Formerie qu'il s'en trouve un plus grand nombre, qui sont formés comme nous le dirons par la suite. Il paroît que ceux qui sont situés près les communes de Ville-Dieu-la-Montagne, le Autieux, Bosc-des-Puits & Contreville, tous lieux aux environs de Formerie, sont ceux qui fournissent aux sources des rivières d'Epte, du Terrein & de Bresle. Cette dernière se jette dans la vallée d'Aumale, & généralement toute cette partie haute de plaines, depuis Gaillefontaine jusqu'à Grandvilliers, passant par Formerie, est la partie la plus élevée où il se trouve le plus de *bétoires:* ce sont même eux qui fournissent aux sources circonvoisines de ces contrées. Il ne faut, pour s'en convaincre, que jeter les yeux sur les feuilles 11 & 30 de la Carte de France.

Quant à l'étendue du terrain compris depuis Gournay jusqu'à Forges, elle est trop basse pour que l'on y rencontre des *bétoires*. Ce ne sont, la plus grande partie, que des bruyères qui offrent de grandes inégalités, & dont les parties basses sont des molières remplies d'eau, qui ont leur écoulement par des rigoles ou fossés qui passent par-dessous plusieurs ponts ou arches qui font partie du grand chemin de Gournay à Forges, lequel n'est achevé que jusqu'à la forêt de Bray. Ces rigoles ou fossés suivent les endroits les plus bas de ces bruyères, & vont se jeter dans l'Epte, l'un à Beuvereuil, & l'autre au Mont-Gripet.

Entre Gaillefontaine & Forges, l'espace des bruyères qui comprend cette étendue & les vallons, est défriché & converti en herbages & closeries, avec différens petits ruisseaux qui se réunissent, & vont se jeter dans l'Epte au moulin de la commune de Haussez; mais toute cette partie est trop basse pour qu'il y ait des *bétoires*.

A la gauche de Forges, sur le chemin qui conduit, à environ deux lieues de distance, près Bois-Bordel & Bourg-de-Bouchy, à côté d'une habitation nommée *la Fosse-à-l'eau*, on trouve un de ces *bétoires* qui paroît assez considérable pour alimenter les sources des rivières d'Andelle & d'Argues, ainsi qu'un autre embranchement de l'Andelle aux villages de Mauquenchy & de Ronchérolles.

A quatre ou cinq lieues de Forges ou de Gaillefontaine, sur les confins de la Normandie & de la Picardie, dans les plaines hautes qui n'ont pas de pentes, & qui n'offrent pas par conséquent d'écoulement aux eaux pluviales, ces eaux forment des mares plus ou moins étendues, qui s'opposeroient à la culture si les habitans de ce pays n'avoient pas trouvé le moyen de s'en débarrasser en formant ce qu'ils appellent des *bétoires*, par où les eaux s'infiltrent assez promptement.

Pour former un *bétoire*, un homme robuste prend une barre de fer plus ou moins longue, d'un pouce & demi en carré. Il la soulève, & la laisse retomber toujours dans le même endroit de la mare. Par ce moyen il parvient à briser les cailloux qu'on y a mis, à déranger les graviers, & à ouvrir les amas argileux qui les enveloppent & qui tiennent les eaux. Il fait ainsi à ces eaux une issue par où elles s'écoulent en se perdant dans les sables, dont elles traversent toute l'épaisseur inférieure aux amas argileux, pour aller se reposer en nappe sur les bancs calcaires qui sont dessous à une certaine profondeur; &, comme là, des couches calcaires à diverses inclinaisons vers les vallons circonscrivant les hautes plaines, ces eaux sont déterminées à suivre ces pentes, gagnent les bords des vallons, & forment des sources plus ou moins abondantes, suivant l'étendue de la surface supérieure de la masse calcaire souterraine qui recueille & verse ces eaux.

Ces *bétoires* s'agrandissent insensiblement, parce que l'eau, entraînant avec elle les parties les plus déliées de la terre, mêlées au sable, & déplaçant aussi les sables du fond, se creuse une route plus évasée au centre du *bétoire*; ce qui produit des éboulemens le long des bords supérieurs de l'entonnoir. On voit que, par ce travail de l'eau, ces *bétoires* factices deviennent des goufres propres à absorber une grande quantité d'eau, laquelle se fait jour par le pied des collines environnantes. Il y a de ces *bétoires* dont l'ouverture a plus de cinquante pieds de diamètre, sur une profondeur telle que le comportent & que prennent d'eux-mêmes les sables argilo-graveleux par l'effet de l'affluence des eaux qui s'engoufrent dans le centre.

La perméabilité du sable graveleux qui recouvre les bancs de pierres calcaires, & la grande épaisseur de ces amas, font que les eaux pluviales se clarifient en les traversant pour arriver à la surface de ces bancs: c'est par-là qu'on explique pourquoi les eaux sortent très-limpides des sources qui se montrent sur les flancs des collines qui environnent les hautes plaines de ces cantons de la Normandie & de la Picardie, quelqu'abondantes qu'aient été les pluies. On conçoit aussi, d'après ces détails du mécanisme qui procure l'écoulement souterrain de ces eaux, pourquoi ces sources ne tarissent pas communément, parce que le tems nécessaire pour leur filtration à travers l'épaisseur des sables graveleux, & pour faire le trajet sur les pentes des bancs calcaires qui les rassemblent depuis les *bétoires* jusqu'aux vallons, est moins grand que celui qu'il faudroit pour épuiser l'eau que les pluies versent de tems en tems sur ces plaines hautes, & qui sont ordinairement abondantes.

Toutes ces circonstances jettent un grand jour sur la grande question qui a partagé les physiciens du siècle passé. Plus les physiciens deviendront naturalistes, plus ils rassembleront de preuves du mécanisme simple que la nature met en œuvre pour alimenter & entretenir les sources. (*Voyez* SOURCES.)

Des puits & de la nappe d'eau sédentaire dans le plateau de Formerie.

Entre les *bétoires* qui se forment au milieu de certaines contrées du plateau de Formerie, & qui s'entretiennent, par des moyens fort variés, d'un canton à l'autre, il y a des puits à côté des habitations, lesquels, suivant leur disposition, donnent connoissance de la nappe d'eau qui se prolonge depuis les grands *bétoires* intérieurs, & pour ainsi dire centraux, jusqu'aux débouchés des sources.

Ces détails m'ont paru très-beaux à suivre & à déterminer, tant par la visite des puits, que par la reconnoissance des différens niveaux de stagnation de leurs eaux.

C'est à Formerie que j'ai observé & reconnu ces premiers faits intéressans, & les moyens qu'on peut prendre pour comparer les niveaux de l'eau des puits, que je considère comme des *regards* ouverts en divers points de la surface du plateau, & par le moyen desquels on peut s'instruire de ce qui se passe dans les couches superficielles de la contrée.

Ces puits sont plus ou moins profondément revêtus de murs; & moins ils le sont, plus on y accumule de pierrailles; ce qui les constitue plus ou moins *bétoires*.

Il n'est donc pas étonnant que les puits qui ont succédé aux puits primitifs, qui sont les vrais *bétoires*, participent de leur état, & servent, par les mêmes moyens, aux besoins des habitans. Tout dépend, dans l'un & l'autre cas, de l'état où se trouve le massif superficiel qui recouvre le plateau, & qui reçoit les pluies, origine visible & incontestable des eaux dont nous examinons la marche & la circulation intérieures, & enfin les débouchés par les sources.

Il suit de là qu'on ne sauroit trop envisager les inconvéniens des terrains plats où les eaux séjournent sans écoulement, & quels avantages les habitations des hommes & des animaux tirent des pentes qui facilitent la libre circulation des eaux; enfin, quels bénéfices il résulte de l'approfondissement des vallées à la surface de la terre. Le plateau de Formerie nous apprend tous ces détails de vérités intéressantes pour la *Géographie-Physique*, & à quelles circonstances on doit ambitionner l'habitation des plaines.

BÉVIEUX (Salines de). On rencontre ces salines en allant de Vevay au Valais. Ce sont les seules qui soient exploitées en Suisse ; elles appartiennent au canton de Berne. Les sources salées sont à une lieue de *Bévieux* ; elles ne sont pas abondantes, puisqu'elles ne produisent pas neuf mille quintaux chaque année. Elles ont même diminué depuis les fouilles qu'on a faites dans l'espérance de trouver l'amas ou le dépôt de sel qu'on a supposé y exister. Les travaux qu'on a faits sont immenses. Il faut lire tout cela dans les ouvrages de M. de Haller, qui a été directeur de ces salines.

Nous observerons que ces sources salées sont dans des massifs de gypse, ainsi que toutes celles qui sont connues. En entrant dans les galeries, on remarque des veines considérables qui coupent, en divers sens, les bancs du roc d'un spath tessulaire jauni par le fer dont les eaux, qui suintent des rochers, sont presque partout chargées. Entre les petits filets d'eau saline qui suintent des bancs d'une pierre-marneuse, & qui ont formé un dépôt de sel marin en cubes, on trouve trois sources sortant des mêmes bancs, dont une seule est saline & soufrée. Des deux autres, l'une est martiale & dépose beaucoup d'ocre de fer, & l'autre tient en dissolution un vrai foie de soufre, qui se dépose contre le rocher en forme de filets jaunâtres.

Le cylindre qui se trouve enveloppé dans le roc gris marneux, & dont M. de Haller a donné la description, est formé de couches d'une sorte de bol d'un gris-rougeâtre, & recouvert, en plusieurs endroits, de petits cristaux séléniteux, semblables à des amas de cheveux blancs & imprégnés de sel. Malgré les travaux qu'on a faits depuis M. de Haller, on ne connoît guère la forme de ce cylindre.

Le district des salines & la mine de sel qui l'accompagne, s'étendent depuis la pointe nord-ouest de Panex, jusqu'au sud-est de Chamosaire, puis, passant entre Panex & Chamosaire, se dirigent au sud-est vers le Bouillet, & tournent de là vers les fondemens à l'est. Comme la source salée de Panex sort de la montagne vers sa pointe la plus nord-ouest, & que son autre extrémité, vis-à-vis Chamosaire, donne aussi une autre source salée, il paroît naturel de croire qu'il est possible de découvrir d'autres sources dans les hauteurs & dans les gorges ou vallons qui les séparent, & où coulent des torrens qui vont se jeter dans la grande eau ou dans la Grionne, entre Panex, Chamosaire & Grion, sur une circonférence d'environ quatre lieues.

Les couches de l'intérieur de ces montagnes ne renferment du sel que dans certains endroits, & ces sels sont des dépôts sousmarins faits au milieu de ces couches : ils sont dissous par des filets d'eau douce, qui s'en chargent en filtrant à travers ces couches. Il y a grande apparence que les sources salées que l'on voit sortir de ces couches, ont parcouru un certain trajet avant de paroître au dehors, & que ce trajet est dans une ligne, ou horizontale, ou de haut en bas, sans qu'on puisse admettre que ces eaux qui se chargent des sels, remontent de bas en haut, & à de grandes profondeurs.

BEURBOUDOUZE (Lac de), du département du Puy-de-Dôme, arrondissement d'Issoire, canton de Besse, à une lieue sud de Besse. Il est à une des sources de la Couze. Il a deux cent cinquante toises de long, sur cent cinquante toises de large. Son bassin est sur le sol intact, & se trouve resserré par deux centres d'éruption qui ont versé chacun leur courant de deux côtés opposés du bassin au dessus de l'émissaire.

BEURRE, village du département du Doubs, arrondissement & canton sud de Besançon, à trois quarts de lieue de cette ville, & sur les bords du Doubs. Il y a un moulin à blé & un autre à huile, une ribe à préparer le chanvre avant de le peigner ; enfin un martinet appelé *gouille*, employé pour le service de la grosse artillerie. On y fabrique des lames pour les ateliers de Paris & de Besançon. Toutes ces usines sont établies sur la rivière du Doubs, à un quart de lieue de ce village.

BEUVRAY (Le Mont), du département de la Nièvre, arrondissement & canton de Château-Chinon. Il offre à son sommet, qui a trois quarts de lieue de long, sur une demi-lieue de large, une plaine fort appropriée à un champ de foire.

BEUVRY-LES-ORCHIES, village du département du Nord, canton d'Orchies. Il y a cinq forges, où l'on fabrique les divers instrumens de la culture. C'est au centre d'un pays où l'agriculture est en honneur.

BEY, village du département du Finisterre, arrondissement & canton de Quimperlé, à une lieue de Quimperlé. Le territoire de *Bey* est arrosé d'un grand nombre de ruisseaux. La moitié de ce pays est cependant encore couverte de landes, comme beaucoup d'autres contrées de ce département.

BEYRÈDE, village du département des Hautes-Pyrénées, arrondissement de Bagnères-sur-la-Nesse. Il y a quatre carrières de marbre, qui ont été exploitées pour le compte du Gouvernement. La première consiste en une taille ouverte de six toises de profondeur, sur environ quatre toises de hauteur, & qui pénètre dans le rocher de l'est-sud-est à l'ouest-nord-ouest. Elle donne du marbre blanc & gris, veiné de rouge. La seconde, plus étendue que la précédente, est taillée dans le rocher sur la même direction. Elle a environ douze toises de profondeur horizontale, sur sept toises de hauteur. Les veines rouges y sont très-fortes. La fouille de la troisième a les mêmes dimensions à peu près que la première. La quatrième est la plus élevée de toutes : elle a dix-huit toises de profondeur, quatre de largeur & cinq de hauteur, dans la même direction que les précedentes, qui est celle de la grande masse du rocher. Le grain du marbre qu'on extrait de cette carrière, vu sa profondeur, est d'une finesse supérieure à celui de toutes les autres, & l'on présume, avec raison, qu'en poussant ces exploitations plus avant, on obtiendroit des produits d'un plus grand degré de perfection. Ces marbres se transportoient, par radeaux, sur la Neste à Toulouse, & de là, par la Garonne, à Bordeaux, d'où s'en faisoit une distribution générale. Ce sont des marbres de la *moyenne terre*. (*Voyez* MARBRES.)

BEYSSAC, village du département de la Corrèze, canton de Lubersac. Ce village est à peu près le centre du schiste ardoisé qui, en couches inclinées, accompagne les différentes masses de granits lesquelles occupent le noyau de l'ancienne terre du Limousin.

BEYSSEM, village du département de la Dyle, arrondissement & canton de Louvain, à une lieue & demie de cette ville. Son territoire fournit des grains de toute espèce, ainsi que des bois & des pâturages.

BEZANGE-LA-GRANDE, village du département de la Meurthe, arrondissement de Château-Salins, à deux lieues de cette ville. Il y a une fontaine d'eau minérale ferrugineuse.

BÈZE, bourg du département de la Côte-d'Or, arrondissement de Dijon, canton de Mirebeau, à la source de la *Bèze*, & à deux lieues de cette ville. Il y a, dans cette commune, une forge, un martinet pour le fer fin, & des mines de fer.

BÈZE (Source de la). Cette source est à cinq lieues au nord-est de Dijon, & donne naissance à la rivière de la *Bèze*. Elle jaillit au milieu d'un bassin avec un bouillonnement considérable, en formant une colonne ou jet principal de cinq à six pieds de diamètre, qui s'élève à une hauteur de sept à huit pieds. Il faut que les eaux qui arrivent dans le réservoir intérieur de cette fontaine, s'y portent avec une certaine violence pour opérer cet effet. On croit dans le pays, & avec une grande vraisemblance, que l'abondance des eaux de cette fontaine est due à une rivière qui se perd. A la suite d'une longue sécheresse, cette belle fontaine a entiérement tari, & le cours de la rivière ne présenta plus qu'un filet d'eau, & ne se trouva pour lors alimenté que par de petits ruisseaux qui portèrent encore à son lit leur foible tribut. C'est la troisième fois, depuis 1000, que cette source éprouve cet accident. Au neuvième siècle elle tarit; en 1681 elle cessa de couler par l'effet de la même cause. Il me paroît que ces accidens sont la suite de la disposition du réservoir de la source, qui est en grande partie une eau courante fort près de la surface de la terre, & par conséquent plus exposée aux effets de la sécheresse.

BÉZIERS, ville du département de l'Hérault, chef-lieu d'arrondissement & de canton, sur une colline près de la rivière d'Orbe. Il est rare de trouver une ville dans une situation plus belle & plus heureuse que *Béziers*. Elle est située sur une colline assez élevée, au pied de laquelle passe la rivière d'Orbe, qui reçoit le canal du midi. A l'ouest de la ville on voit, vers le nord, une chaîne de montagnes, du sein desquelles semble sortir la rivière d'Orbe. En face est un riche vallon qui s'élève insensiblement, & présente un amphithéâtre diversifié par des jardins, des vignobles, des champs pleins de moissons ou couverts d'oliviers & de mûriers, des bouquets d'arbres plantés çà & là, & un bon nombre de villages & de métairies répandus dans la campagne. On apperçoit, sur un autre point de vue, les huit écluses du canal dans leur position respective, où la chute des eaux offre la plus belle cascade qu'on puisse voir.

On fait à *Béziers* commerce de grains, de vins, d'huile d'olives, d'eau-de-vie & de la soie. L'agriculture y est en vigueur, & nul canton du Languedoc n'offre des terres aussi bien cultivées que les environs de *Béziers*.

BÉZU-LA-FORÊT, village du département d'Eure, arrondissement du Grand-Andelys, canton de Lions, près de la Lévrière, à cinq lieues un quart du Grand-Andelys. Il y a une verrerie.

BÉZY, village du département de la Dyle, arrondissement de Nivelles, canton de Genappe, à deux lieues sud-est de cette ville. Cette commune renferme beaucoup de prairies & de pâturages, & les plus grandes ressources pour la nourriture des bestiaux.

BIAISSE (la), rivière du département des Hautes-Alpes, arrondissement d'Embrun. Elle prend sa source au pied du Col-de-Prel, au Minier-d'Argent, à une lieue & demie nord d'Orcier, continue son cours à l'est, & va se rendre dans la Durance après quatre lieues de cours.

BIAN (Port de), du département de Finisterre, arrondissement de Quimper, à une lieue & demie sud de Plomeur. Il a environ une demi-lieue de largeur, & à l'ouest les rochers de Penivic & Penbras, & à l'est celui de Tresmenmeur.

BIAN (Port de) & Anse Saint-Yves, département du Finisterre, arrondissement de Quimper, à une lieue & demie ouest d'Audierne. Il est borné au sud-est par le port d'Ars, & à l'ouest par l'anse de Porsergor. Il a un tiers de lieue de largeur.

BIAS (Lac de), département des Basses-Pyrénées, arrondissement d'Oléron, canton d'Arudy. Il a de l'est à l'ouest quatre cents toises de long, sur cent toises de large. Son bassin, dans la disposition de l'est à l'ouest, est surtout fort remarquable.

BIAU (le), rivière du département du Tarn, arrondissement de Castres. Elle a sa source à une lieue trois quarts au nord de Murat. Elle coule au sud-ouest, & se rend dans la Vehre après un cours de deux lieues un quart.

BIBICHE (Forêt de), du département de la Moselle, arrondissement de Thionville. Elle a dix-neuf cents toises de longueur, sur sept cents de largeur.

BICÊTRE, ancien château à une demi-lieue de Paris. Le puits de cette maison de correction mérite l'attention des curieux.

BIDACHE, village du département des Basses-Pyrénées, arrondissement de Bayonne, sur la Bidouze. Il y a dans ce village une grande quantité de pierres à bâtir & des amas de grave roulée, espèce de caillou qui forme, avec de bon mortier, des murs d'une grande solidité. Ces amas de cailloux roulés nous indiquent, d'une manière incontestable, l'ancien bord de la mer, dont les flots ont arrondi ces fragmens de pierre brute.

BIDART, village du département des Basses-Pyrénées, canton de Saint-Jean-de-Luz, près de la mer. On trouve dans les environs des pierres calcaires qui ont servi de gites à beaucoup de pierres à fusil, lesquelles sont en pierres perdues par la décomposition des pierres calcaires. A une certaine distance on rencontre des couches d'argile.

BIDIERBACHER (la), rivière du département de Rhin & Moselle, canton de Kirchberg. Elle prend sa source à une lieue un quart au nord, ensuite coule au sud-est, & dans ce trajet reçoit plusieurs ruisseaux, puis va se rendre dans la Simmerbach après deux lieues & demie de cours.

BIDOUZE (la), rivière du département des Basses-Pyrénées, arrondissement de Mauléon. Sa source débouche près de la montagne Appanitas, à trois lieues est-sud-est de Saint-Jean-Pied-de-Port, coule au nord, passe à Saint-Palais, &, tournant au nord-nord-ouest, passe près de Bidache, où elle reçoit l'Hibours, & se rend dans l'Adour à une demi-lieue ouest-nord-ouest de Guiche.

BIELLE, village du département des Basses-Pyrénées, canton d'Arudy, sur le gave d'Osseau. Au nord de *Bielle* il y a des bancs de marbre gris très-foncé, qui prend très-bien le poli. Il est composé d'un assemblage de petits corps ronds, que l'on regarde comme une seule espèce de corps marins. Dans ces montagnes composées de couches de marbre, on voit l'ouverture d'une grotte fort étendue & remarquable par ses cristallisations calcaires, & située au dessus d'Iseste. On rencontre aussi de ces bancs de marbre gris entre *Bielle* & Aste, ainsi que des couches de pierres calcaires, qui, se levant par lames, peuvent être rangées parmi les ardoises marneuses. On a ouvert, entre ces deux villages, des carrières d'ardoise, mais on l'emploie rarement à cause de sa mauvaise qualité. Près de là se trouve une mine de cuivre jaune, à la montagne de l'Espetche, au dessus de la rive gauche du ruisseau de l'Arrioumaye, pente occidentale de la gorge qu'il arrose à l'ouest de *Bielle*. Cette mine tient un peu d'argent. Elle a été ouverte en 1739.

BIELLE (la), rivière du département de l'Arriège, arrondissement de Saint-Girons, canton d'Oust. Sa source, qui débouche à trois lieues & demie sud de Seix, verse au nord ses eaux, lesquelles se rendent dans l'Aleth après une lieue & demie de cours.

BIELLÈSE, petite contrée d'Italie, dans le Piémont, arrondissement de Biella, département de Sesia. La ville de Biella en étoit la capitale. C'est là que la culture du chanvre est surtout établie, & les moyens de le préparer & de le filer.

BIELS (Port-de-), montagne du département des Hautes-Pyrénées, arrondissement de Bagnères, canton de Vielle, près du sommet des Pyrénées, à quatre lieues sud-ouest de Vielle. Elle est couverte de rochers en destruction : c'est en grande partie l'ouvrage des neiges fondues.

BIÉMÈLE (la), rivière du département de Jemmapes, canton de Beaumont, à une lieue & demie est duquel endroit elle prend sa source. Elle coule au nord, & va se rendre dans la Sambre au nord-ouest de Thuin. Elle a trois lieues trois quarts de cours.

BIENNE (Ci-devant République de), pays & contrée de la ci-devant principauté de Porentruy, sur les confins des cantons Suisses de Berne & de Soleure, qui le bornent à l'est, & qui tiennent à la Franche-Comté à l'ouest. Sa situation est riante, favorable pour la facilité de se procurer toute espèce de denrées, & par les eaux propres à tout usage. La ville de *Bienne* en étoit la capitale. La plaine au nord-est est riche en beaux vergers & en bons pâturages. Derrière la ville de *Bienne*, & aunord-est, s'étend un vignoble dont les produits sont abondans, mais de médiocre qualité. De l'intérieur du Jura elle tire de beaux bois de construction, & toutes les productions ordinaires des Alpes en pâturages d'été. Le torrent ou la rivière de la Suze sort d'un vallon qui ouvre la communication avec l'Erguel, Moutiers Grandval, le Salsgaw & autres pays de l'évêché de Bâle, par le fameux passage de Pierre-Pertuis, ouvert à travers un roc. Les eaux de ce torrent, en débouchant dans la plaine vers Boujean, servent pour des martinets, des tireries de fil de fer & d'autres usines. On en tire encore parti, dans les basses eaux, pour l'irrigation. La Thièle, qui sort du lac près de Nidau, offre la commodité des transports par eau jusque dans l'Aar, & de celle-ci dans le Rhin. A une très-petite distance de *Bienne*, au pied du Jura, sort une source d'eau vive qui fournit à toutes les fontaines publiques.

Les lieux principaux de cette contrée sont la Neuveville, Diesse, Lamboing, Nodz, Presle & Boujean. Ce pays, ainsi que l'Erguel & Moutiers-Grandval, quoiqu'implicitement réuni à la France avec la principauté de Porentruy, s'étoit, pendant quatre ans, soustrait à l'effet du décret du 23 mars 1793; mais le Directoire exécutif a prononcé l'adjonction définitive de ces lieux au département du Mont-Terrible, & ce département ayant été incorporé à celui du Haut-Rhin, le canton de *Bienne*, tel que nous l'avons fait connoître, est aujourd'hui compris dans l'arrondissement de Délémont.

BIENNE, ville du département du Haut-Rhin, arrondissement de Délémont, sur la Suze, à une demi-lieue de Nidau, entre Soleure & Neuchâtel. Cette ville, jadis alliée des Suisses, faisoit partie de la principauté de Porentruy, & non de l'évêché de Bâle proprement dit, parce que ses habitans, ainsi que ceux de la Neuveville, du Val-Saint-Imier & de Moutiers-Grandval, suivant la religion réformée sous la protection de l'État de Berne, se trouvoient ainsi hors du domaine spirituel de l'évêque de Bâle. La position de cette ville sur la Suze, non loin du lac auquel on arrive par un chemin bordé d'arbres, est très-pittoresque. La propreté y règne. Ses maisons sont décorées au dehors de peintures suivant le costume allemand. Cette ville est ornée de belles fontaines; elle sert d'entrepôt au commerce de Neuchâtel, dont elle n'est éloignée que de six lieues. Elle a plusieurs ateliers, & une fabrique de toiles peintes. Le lac de *Bienne* a quatre lieues de longueur du nord au sud, sur une lieue de largeur. Il est très-poissonneux, & renferme deux petites îles, dont la plus grande, dite de *la Mothe* ou de *Saint-Pierre*, d'une lieue de circuit, & qui, dans cet espace borné, contient une maison champêtre, & réunit à la fois des champs, des prés, des vignes, une petite forêt, des pâturages, des collines & des vallées, est illustrée par le séjour de *Jean-Jacques Rousseau*, lorsqu'obligé de fuir du territoire de Môtier-Travers, il vint chercher, dans cette habitation isolée & tranquille, un abri contre les persécutions; mais Berne le força de quitter ce séjour. De là il passa quelque tems à *Bienne*. « *De toutes mes habitations*, » dit-il dans ses *Confessions*, celle que j'ai le plus » regrettée, c'est l'île de Saint-Pierre au lac de » *Bienne*. »

Le principal commerce de *Bienne* consiste en vins, planches de sapin, bois de construction, &c.

BIENNE (Lac de). Ce lac est situé à la suite du lac de Neuchâtel : il reçoit les eaux de la Thielle, dans le vallon de laquelle son bassin est placé. Il peut avoir quatre lieues de longueur, sur une petite lieue de largeur.

La Thielle, qui sort du lac près de Nidau, offre la communication du transport par eau jusque dans l'Aar. Au printems, lors de la fonte des neiges, la rivière de la Suze & le torrent Traunbach grossissent au point qu'ils font hausser considérablement les eaux du lac. C'est alors que le bailliage de Nidau est exposé aux inondations du lac de *Bienne* & de l'Aar : celles du lac surtout arrivent, comme nous l'avons dit, au printems, & elles submergent souvent toute la ville de Nidau, avec le pays des environs dans la longueur de six lieues. Souvent ces inondations durent trois mois; mais si elles sont courtes, elles contribuent plutôt à augmenter la récolte des prairies, qu'à la détruire. Ces inondations surviennent quelquefois si rapidement, que les habitans de certains villages sont obligés de se sauver au haut de leurs granges pour y rester jusqu'à ce que les eaux se soient retirées, ou jusqu'à ce qu'on vienne à leur secours avec des bateaux.

La plus grande profondeur du lac est de soixante & dix toises, entre Douane & Gerofingue, ou même, suivant quelques observateurs, de quatre-vingts toises près de Gléresse, vis-à-vis la roche qui est au milieu du lac.

Le courant de la Thielle, qui a son embouchure dans le lac de *Bienne*, est encore sensible assez avant dans son bassin; mais ses deux bords se garnissent de joncs & de roseaux, qui de là s'étendent le long de la rive méridionale du lac, en suivant une large lisière de sable formée par les dépôts de la Thielle, & qui tendent à combler le lac de ce côté, pendant que le bord septentrional est plus net & plus profond, parce que les eaux le battent & gagnent sur la terre. Ce banc de sable est fort large à son origine, & se prolonge ensuite jusqu'à l'île Saint-Pierre.

La Thielle, à son entrée dans le lac, forme plusieurs petits bras, dont l'un embrasse la presqu'île Saint-Jean. Cette rivière ou plutôt le trop plein du lac sort à Nidau, & se jette dans l'Aar à une lieue & demie du lac. C'est ce courant d'eau qui, avec la Schuss, a formé tous les marais au milieu desquels sont situées les villes de *Bienne* & de Nidau;

Nidau ; en sorte que le bassin du lac paroît avoir beaucoup perdu à son extrémité orientale, & que, par une suite de cet ancien état, l'embouchure de la Schuss étoit beaucoup plus bas. Les marais, surtout vers Nidau, sont si pénétrés d'eau, que tous ses bâtimens en sont fondés sur pilotis.

Ainsi la Schuss & la Thielle tendent à combler le lac de *Bienne*, & à en resserrer les bords de la même manière que la Thielle & l'Orbe, la Broye & la Glane tendent à combler les lacs de Neuchâtel & de Morat. (*Voyez les articles de ces lacs.*) C'est aussi aux dépôts des sables que la première surtout y charrie, qu'on doit attribuer plusieurs bancs de sables qui paroissent jetés çà & là sans suite & sans ordre, & que les bateliers appellent des *montagnes*, assurant que plusieurs des collines de sables sont presqu'aussi hautes, à compter de leur base, que celles qui s'élèvent au dessus de la surface de l'eau.

Environ au tiers de la longueur du lac, & au milieu de sa largeur, on voit la jolie petite île de Saint-Pierre, connue par les descriptions de Jean-Jacques Rousseau. Cette petite île, qui n'est proprement qu'un rocher isolé de mollasse, s'élève environ vingt-quatre pieds au dessus de la surface de l'eau. Elle est de forme alongée ; elle n'a guère qu'un quart de lieue de longueur du nord-nord-est au sud-sud-ouest.

Plus loin on voit encore, au milieu du bassin du lac, une autre île plus petite, étroite, environnée de roseaux, & formée de la même mollasse que la précédente.

Ces singulières masses de rochers isolés au milieu d'un lac, composées de couches régulières, paroissent avoir été détachées du bord méridional du lac, & surtout du cap avancé de Julimont, qui offre les mêmes couches & la même organisation. Cette séparation a été probablement opérée par le travail lent & graduel de l'eau courante, qui, en creusant la vallée de la Thielle, a réservé, dans le massif qu'elle entamoit, les deux îles de la même manière qu'ont été formées plusieurs masses isolées qu'on rencontre dans certaines vallées à sec, où les rivières coulent sans obstacle. (*Voyez* LAC.)

Le lac de *Bienne* est situé dans une vallée fort étroite, resserrée par des côtes dont les pentes sont plus ou moins rapides. Le long de sa rive méridionale, les côtes sont très-peu élevées, & composées d'une mollasse semblable à celle du Joret. On y exploite des carrières, d'où l'on tire des pierres propres à la construction des portes & des croisées. Les plus élevées de ces côtes sont Julimont, sur lequel est située la ville de Cerlier, & le promontoire isolé qui est en face de Nidau. La rive septentrionale, au contraire, est formée par un prolongement du Jura, qui offre, dans toute l'étendue du lac, une pierre calcaire dure, compacte, susceptible de poli, blanche ou jaunâtre, qui se délite en gros blocs de forme indéterminée, ou en larges plaques de deux ou trois pouces d'épaisseur. C'est une partie du même massif qu'on observe le long de la rive du lac de Neuchâtel, mais qui, au-delà de Neuchâtel, offre une pierre jaune tendre, & qui peut être taillée facilement.

Outre les deux îles du lac de *Bienne* qui sont composées de mollasse, on trouve, entre la Neuveville & le village de Chavannes, un petit promontoire qu'on nomme *les Celliers*, contigu au massif du Jura qui s'élève au dessus & à côté, & qui est aussi composé de couches horizontales de mollasse, comme celle des deux îles. On a d'ailleurs remarqué que cette pierre forme le fond du lac presque partout où le sable & les cailloux roulés qui le recouvrent communément, ont pu permettre de le reconnoître ; ce qui donne lieu de croire que la pointe des Celliers, celle de Julimont & les deux îles ont appartenu au même massif de la pierre de sable avant que la vallée de la Thielle ait été creusée & approfondie de manière à former le bassin du lac.

Cette même rive septentrionale est arrosée par de belles sources très-abondantes, qui donnent naissance à plusieurs rivières, lesquelles, après avoir parcouru la croupe du Jura, se jettent dans la plaine ou dans les lacs.

Quant aux productions du lac de *Bienne*, elles sont presque toutes les mêmes que celles des lacs de Neuchâtel & de Morat, ainsi nous n'en parlerons pas ; mais nous croyons devoir faire mention ici d'une production qui est commune aux trois lacs & peut-être à beaucoup d'autres, & dont nous n'avons rien dit. Les eaux de ces lacs, surtout dans le mois de juillet, sont sujètes à se couvrir en entier d'une mousse en forme d'écume blanche, qui rend ces eaux très-sales : elles ne se nétoient, pour un moment seulement, que lorsqu'un coup de vent balaie leur surface. Cette mousse communique à l'eau un goût désagréable & une odeur très-forte de marée, laquelle dure plusieurs semaines. Le même phénomène se montre sur les lacs de Neuchâtel & de Genève, dont la surface se couvre aussi, vers la fin de mars, d'une matière d'un vert-jaunâtre, qui en altère l'eau à tel point qu'elle ne peut servir ni au blanchissage du linge ni à la cuisson des viandes, &c. Il y a tout lieu de croire que ce phénomène est du même genre que celui dont Vallérius fait mention dans son *Hydrologie*, comme se montrant communément sur les eaux des lacs, & avec les mêmes circonstances. C'est avec raison que ce savant naturaliste attribue ce phénomène à des plantes aquatiques qui croissent à certaines époques, & disparoissent de même.

Climat de la vallée de Bienne.

Nous terminerons ce que nous avons dit du lac de *Bienne*, par quelques considérations sur le climat de ce pays. Excepté les environs du pont de la Thielle & du Landeron, ainsi que ceux de Nidau situés au milieu des marais, où l'air est chargé de vapeurs humides & mal-saines, où les habitans sont sujets à des fièvres & à d'autres maladies dépendantes visiblement de cet état habituel de l'atmosphère, les autres parties de cette vallée sont fort saines. Les hommes y sont robustes, & y vivent long-tems. Cependant nous devons remarquer ici qu'il y a une différence frappante entre les habitans de la rive septentrionale du lac, & ceux de la rive méridionale. Les premiers sont bien constitués; les femmes mêmes, quoique partageant avec les hommes les travaux rudes & pénibles de la culture, y sont fort belles, tandis que les hommes & les femmes de la rive opposée sont d'une laideur marquée, & d'une mal-propreté égale à leur laideur. Il n'est pas douteux que la différente constitution du sol & de l'atmosphère dans les terrains de ces deux rives, ne produise cette différence dans la constitution des habitans. Ce contraste est d'autant plus frappant, que ces deux cantons étant très-peu éloignés, le rapprochement & la comparaison des effets qu'on y observe sont plus faciles à faire, & conduisent plus sûrement à la détermination des causes.

Cette vallée éprouve quelquefois des hivers assez rudes, &, dans ce cas, le lac de *Bienne* se gèle en entier.

Marais qui bordent les lacs de Bienne, de Neuchâtel & de Morat au nord-est.

Vers les extrémités septentrionales des trois lacs de Neuchâtel, de Morat & de *Bienne*, on trouve des marais très-considérables, dont le sol est encore en partie pénétré d'eau, & qui, tous les printems, sont inondés de manière que ces lacs semblent alors réunis, & que le pays de Vuilli, situé entre le lac de Morat & celui de Neuchâtel, & la côte orientale du lac de *Bienne*, forment des îles au milieu de cette grande étendue d'eau. Si l'on considère que ces marais s'exhaussent continuellement par les dépôts des rivières dont nous avons parlé, & des torrens qui viennent des hauteurs situées au sud de ces marais, les traversent en tout sens pour se rendre aux trois lacs; que, dans les endroits où l'on a pu sonder à d'assez grandes profondeurs, on a trouvé le même fond de couches successivement argileuses & graveleuses remplies de cailloux roulés, comme on le trouve sur les bords des lacs mêmes; si, dis-je, on rapproche toutes ces circonstances, on sera porté à croire que les trois lacs n'ont pas toujours existé séparément, & qu'ils ont formé autrefois une seule masse d'eau contenue dans un seul bassin, & que ce bassin étoit même plus étendu que ne pourroit être actuellement la somme des trois. Ce n'est que par la formation lente & successive des deux digues du lac de Neuchâtel & de celui de Morat, que leurs bassins ont été distingués.

Au milieu de cette étendue d'eau, on ne voyoit que des îles détachées du continent, & formées de couches suivies comme le pays de Vuilli, les hauteurs qui sont à l'orient du lac de *Bienne*, auxquelles il faut ajouter cette suite de collines basses qui, de l'extrémité des deux pointes de Sugi & d'Anet, s'élèvent au dessus des marais & des aterrissemens, & dont l'organisation est semblable aux terrains primitifs que l'on peut distinguer aisément des dépôts & des aterrissemens placés à côté.

Si l'on sonde à une certaine profondeur dessous ces dépôts, on trouve le fond primitif, qui est le même que dessous les îles dont nous venons de parler; &, à une certaine profondeur dans le bassin des lacs, on le retrouve, en plusieurs endroits, à trente ou quarante pieds sous la surface des terrains marécageux; ce qui prouve que la vallée inondée, dans les anciens tems, étoit creusée à cette profondeur, & que les matériaux amenés par les eaux l'ont comblée sur toute cette épaisseur, comme cette même cause continue à l'exhausser sous nos yeux.

La surface de ces marais présente d'abord une terre noire, ensuite une terre jaune martiale; plus bas une terre d'un jaune ocreux & mêlée de parties noires, de débris de végétaux, d'où il résulte une tourbe limoneuse martiale. On trouve cette espèce de tourbe, en plusieurs endroits, toujours mêlée de veines ocreuses. Ces dépôts de fer occupent, à une certaine profondeur, de grandes étendues de terrain, & ils se montrent à découvert dans les endroits qui ont été creusés par les eaux courantes. Quelques-uns des grains de cette mine de fer limoneuse ont pris la forme des racines & des plantes sur lesquelles elles ont été déposées. Nous observerons que tous ces dépôts de fer ne sont pas particuliers à ces marais sabloneux, & qu'ils se rencontrent dans tous les amas superficiels de sables qui sont inondés, soit par les eaux courantes, soit par les eaux pluviales. (*Voyez* ALLIOSTE, ROUSSETTE, &c.)

Dans plusieurs endroits de ces marais, quelquefois à la surface du sol, ailleurs à une profondeur de six à sept pieds, on trouve des troncs d'arbres plus ou moins longs, noirs, durs, semblables à ceux dont nous avons parlé ci-devant. Ils ont paru couchés, le plus souvent, dans la direction du nord-est au sud-ouest.

Il est très-remarquable que ces bois fossiles soient tous de l'espèce des chênes, & cependant on n'en voit plus aujourd'hui un seul dans cette plaine, où l'on ne trouve d'autres bois que quelques bouquets de saules & d'aunes.

De ce qui vient d'être dit ci-dessus, que les trois lacs semblent avoir été réunis autrefois, & qu'ils le sont encore en quelque sorte tous les printems par les débordemens annuels & la submersion des plaines qui les divisent, il s'ensuit que leurs digues, surtout celles qui séparent les lacs de Neuchâtel & de Morat l'un de l'autre, & du lac de *Bienne*, se sont formées insensiblement par les amas de sables que les rivières, qui peuvent agir dans les intervalles de ces lacs, y ont accumulés; que c'est par la suite du même travail des eaux que ces lacs se comblent chaque jour; que leurs bords se resserrent par des aterrissemens dont les progrès sont sensibles & très-marqués dans certaines circonstances.

A la suite de tous ces faits & de ces événemens, on peut rechercher ce que devient la masse des eaux des rivières qui se déchargent dans les lacs. S'il est avéré que leurs bassins diminuent d'étendue & de capacité, ne peut-on pas dire que si certains bords des lacs s'envasent, se comblent, se resserrent par les amas de sables que des circonstances favorables y accumulent, comme nous l'avons indiqué ci-dessus, les eaux des lacs minent d'autres bords, les creusent toujours peu à peu, & même les parties du fond qui avoisinent le milieu, de manière que leurs bassins, non-seulement s'élargissent aussi sur quelques rives, mais même s'approfondissent de plus en plus, & peuvent contenir à peu près la même quantité d'eau? C'est peut-être à cette action profonde des eaux qu'on doit attribuer les variations qui arrivent dans le fond des lacs, & ces excavations locales que la sonde y a fait connoître, & qui sont si étonnantes.

D'ailleurs, n'est-il pas possible que les eaux, resserrées & trouvant des bassins moins étendus, s'élèvent insensiblement, & ce qui même, dans tous les cas, doit être en raison de l'exhaussement de la digue des lacs, qui soutient l'eau à un niveau variable comme elle? On ne peut objecter ici l'opinion générale contraire à cette supposition; car ces variations dans le niveau doivent être très-lentes, comme toutes les grandes opérations de la nature. Elles ne s'opèrent pas non plus peut-être dans le même sens, parce qu'elles dépendent aussi de la quantité d'eau fournie par les rivières. Au reste, tous ces effets si naturels, si liés avec les autres phénomènes que présentent les grands lacs, si conformes aux lois du mouvement des eaux, n'ont pas encore été remarqués partout où ils ont lieu & comme il convient, faute d'observateurs intelligens & attentifs qui sont partout si rares.

BIENTINA. Cet endroit est remarquable par un lac qui a environ trente milles de circuit. On peut le diviser en deux parties; l'une qu'on nomme le *Chiaro* (le Clair), & l'autre *Padule* (le Marais). Le Chiaro, qui en occupe le milieu, mérite seul le nom de lac: il est profond, toujours rempli d'eau claire fournie par des sources qui jaillissent du fond, & par des fossés qui s'y déchargent après avoir déposé sur les bords le limon dont leurs eaux sont chargées. On n'y voit point de plantes aquatiques. Le tour du lac se nomme *Marais*, parce qu'après les pluies d'hiver il reste entièrement inondé, & que plusieurs ruisseaux portent tant d'eau au lac, qu'il augmente de près de deux brasses, & qu'il couvre, non-seulement les canaux de ces ruisseaux, mais même qu'il inonde les campagnes voisines jusqu'à *Bientina* & aux collines, surtout quand l'Arno grossi empêche la Serezza, qui est le trop plein de ce lac, de verser ses eaux dans le lit du fleuve. Dans l'été le Padule ou Marais se dessèche, & se remplit de plantes aquatiques très-hautes. Les racines de ces plantes, principalement celles des roseaux, s'entrelacent les unes avec les autres, se couvrent de vases & de feuilles pourries sur lesquelles naissent d'autres plantes, & forment ainsi une espèce de gazon qui a une certaine densité. Quelques-uns de ces gazons acquièrent une grandeur considérable; & lorsqu'ils sont agités par les vents ou par quelqu'autre cause, ils flottent, & sont portés çà & là par les vagues du lac. Ce sont, en un mot, de vraies îles flottantes, comme ces îles fameuses tant admirées des Anciens, & surtout par Sénèque dans ses *Questions naturelles*.

Toutes les eaux des plaines adjacentes se réunissent dans ce lac par quinze torrens qui y portent une grande quantité de limon, qui doit nécessairement rehausser peu à peu le fond du marais, & il doit arriver enfin qu'il se remplira totalement, & que cette partie deviendra une plaine propre à être ensemencée. C'est ainsi que les marais d'Asciano & d'Agnano sont devenus des plaines fertiles. Il paroît même que ce marais est plus petit aujourd'hui qu'il ne l'étoit autrefois. Un historien de Lucques nous apprend que, dans l'année 1181, on fit à la commune de cette ville un abandon des terres laissées par les marais de Lavano, de Guisciano, & comblées par les eaux de Piscia, de Cerbaria & du marais Sextus: ce marais est celui de *Bientina*. Tous ces marais sont une preuve du travail d'alluvion opéré par les eaux des rivières qui s'y jettent ou qui les traversent. (*Voyez l'article* MARAIS.)

BIENVALT (Forêt de), département du Bas-Rhin, canton de Lauterbourg, entre le Rhin, le Lauter & Lotterbach. Elle a dix mille huit cents toises de long, sur cinq mille toises de large, à sept lieues nord-est d'Haguenau.

BIENVILLERS-AU-BOIS, bourg du département du Pas-de-Calais, canton de Foucquevillers, à quatre lieues d'Arras. On y fabrique de l'huile de colsat dans des moulins disposés à ce sujet.

BIERBEECH, village du département de la Dyle, canton de Louvain. Son territoire abonde en grains, en pâturages & en bois.

BIERULIET, ville & fort du département de l'Escaut, canton d'Issendick, au bord de l'Escaut, à une lieue un quart est d'Issendick. L'île dans laquelle cette forteresse est située lui a donné son nom. Le 12 novembre 1377, la mer submergea dix-neuf villages entre l'île de *Bieruliet* & le fort de Terneuse.

BIÉVÈNE, village du département de Jemmapes, canton de Leffines, & à une lieue trois quarts de Leffines. Il y a une saline.

BIÈVRE (la), rivière du département de Seine & Oise, arrondissement & canton ouest de Versailles, où elle prend sa source, à une demi-lieue sud de Saint-Cyr, grand parc de Versailles, près l'étang d'Arcis. Elle coule d'abord à l'est, passe à Buc, à *Bièvre* dont elle prend le nom, traverse la route d'Orléans au pont d'Antony, arrose Arcueil, Gentilly, prend ensuite le nom de *rivière des Gobelins*, entre dans le champ de l'Alouette & dans le faubourg Saint-Marcel, côtoie la manufacture des Gobelins à Paris, se jette dans la Seine au dessus du Jardin des Plantes, après sept lieues de cours.

BIEZ, village du département de la Dyle, arrondissement de Louvain, canton de Grez, près la Trine, rivière, à un quart de lieue sud-sud-est de Grez. On cultive le tabac dans le territoire de cette commune, où se trouvent d'ailleurs d'autres cultures de grains, des pâturages & des bois.

BIGNON, île du département de Seine & Oise, canton & commune de Meulan. Cette île embellit le cours de la Seine dans cette plaine.

BIGNY-SUR-CHER, village du département du Cher, à une lieue un quart sud-ouest de Châteauneuf. Il y a des forges situées sur la rivière du Cher.

BIGORRE (le) étoit une province de la ci-devant Gascogne. Elle étoit bornée au septentrion par l'Armagnac, au midi par la chaîne des Pyrénées qui la séparent de l'Arragon, au levant par le pays des Quatre-Vallées, le Nébousan & l'Astarac, & au couchant par le Béarn. Elle avoit environ vingt lieues de longueur, sur neuf de large. On divisoit communément ce pays en trois parties, qui sont les *Montagnes*, la *Plaine* & le *Rustan*. Ses villes & bourgs remarquables sont Tarbes, capitale; Vic-de-Bigorre, Lourde, Bagnères, Barèges, Saint-Sévère-de-Rustan, Jornac, &c.

Ses principales rivières sont le Gave, l'Adour & l'Arroz.

L'air de ce pays est tempéré dans les plaines, & froid dans les montagnes. Les plaines sont fertiles en pâturages & en foin, en seigle, en orge & en millet. On y recueille fort peu de froment. Les vignes, qui la plupart sont plantées, donnent d'excellens vins. Cette ci-devant province étoit bien peuplée de soixante-cinq mille ames.

Le *Bigorre* avoit ses priviléges distingués du reste de la Gascogne. On y assembloit tous les ans les États, dont nous ne nous occuperons pas ici. Quant au commerce de cette ci-devant province, la partie la plus importante étoit celle du bétail, qu'on engraissoit dans les vallées qui s'avancent le plus au midi, & où il y a de très-bons pâturages. Ce bétail se vendoit surtout en France & en Arragon.

Dans la montagne du Pic-du-Midi, qui est une des plus hautes des Pyrénées, & dans quelques autres voisines de Barèges, on trouve des cristallisations transparentes, auxquelles est attaché ce que l'on nomme le *lin incombustible*, par amas de petits filamens très-fins, de couleur cendrée-argentée. C'est ce que les naturalistes appellent *amiante* ou *asbeste*. Les montagnards de ces cantons font, de ce lin minéral, des bourses, des jarretières, &c.

Il y a dans les montagnes de *Bigorre* de très-beaux bois de charpente & de construction, même de beaux mâts de vaisseaux; mais l'éloignement des rivières & la difficulté des transports sont cause qu'on ne retire pas de ces bois tous les avantages qu'il seroit possible. Cette province a aussi des carrières de très-beaux marbres, & plusieurs sources d'eaux minérales très-estimées. Les plus renommées de ces dernières sont celles de Bagnères, de Barèges & de Cauterès. Cette province compose aujourd'hui une partie du département des Hautes-Pyrénées : c'est alors qu'on rappellera ce qui concerne son sol & ses productions.

BIGUE (Ile ou Tey de la), département des Bouches-du-Rhône, canton ouest d'Arles, à l'embouchure du Rhône dans la Méditerranée, à deux lieues & demie sud-ouest de Martigues. Elle est formée, à l'est & au sud, par la mer; à l'ouest par un bras du Rhône qui la sépare de l'île ou tey de Béricle, & au nord par un autre bras qui est parallèle à la côte. Elle a une lieue du nord au sud, & de l'est à l'ouest un quart de lieue.

BIGUGLIA (Étang de), département du Golo, canton de Mariana, au bord de la mer & au sud de Bastia. Il reçoit les eaux de la rivière de Bevineo, & se décharge dans le canal du Golo, à son embouchure dans la mer, à quatre lieues & demie. Cet étang est dans la plaine d'Aleria, près Mariana. Près de là on voit aussi un autre étang connu sous le nom de *Stagno di Diana*, remarquable, en été, en ce que le soleil faisant évaporer une partie de son eau, l'autre est absorbée par le sable, d'où il reste un sel dont les habitans font usage. Outre cela, on pêche de fort bon poisson dans l'étang *di Diana*. D'ailleurs, l'on trouve d'excellentes huîtres sur le bord de la mer, où cet étang se décharge.

BILAZAY, village du département des Deux-Sèvres, canton de Thouars, & à une lieue un quart de cet endroit. Il y a dans ce village deux fontaines, dont l'une traverse des amas sulfureux, & l'autre une mine de fer; en conséquence elles ſe trouvent chacune chargée de ces principes différens. Le territoire produit d'ailleurs des vins rouges & blancs d'une certaine qualité.

BILIN. Les environs de *Bilin* ſont fameux par les montagnes qui les entourent. Quoique pluſieurs de ces montagnes ſoient compoſées de baſalte dont le plus grand nombre de colonnes n'a point de forme régulière, il y en a cependant qui n'en ſont pas, quoique la figure pyramidale & priſmatique des pierres dont elles ſont compoſées, ſemble annoncer cette ſubſtance. Dans le fait, ce ſont des couches horizontales de homſchieffer feuilleté, ſur une baſe de gneiſs.

Au pied du mont Kanthofer, vers le côté de l'eſt, ſortent du gneiſs quatre ſources d'eaux minérales acidules, dont les deux principales ſont actuellement bouchées. Dans leur cours ces eaux perdent leurs eſprits, & il ſe forme alors de très-belles criſtalliſations de ſpath calcaire. Les choſes qu'on jette dans cette eau ſe couvrent d'une croûte calcaire. Toutes les pierres, tous les végétaux auxquels cette ſource touche, ſe couvrent d'un alcali minéral qui eſt criſtalliſé avant le lever du ſoleil, mais qui, après ſon lever, tombe dans une pouſſière très-fine. C'eſt le natrum que Boyle & Duhamel ont trouvé dans les environs de Smyrne; le docteur Héberden ſur le pic de Ténérif. On trouve auſſi des ſtalactites dans les canaux creuſés pour recevoir ces eaux, qui ſont très-abondantes.

Dans les environs de Trziblits on trouve des grenats de la groſſeur, depuis un grain de millet juſqu'à celle d'un pois. Ils ont des pointes obtuſes, ſont d'une couleur rouge de ſang, & tranſparens. On en trouve même de plus gros; mais quelqu'attention qu'on y faſſe, on trouve preſque toujours occaſion de les voler & de les vendre en fraude. Le grenat ſe trouve dans le ſable, qui eſt en couches horizontales à une ou pluſieurs toiſes ſous la terre végétale. On jette ce ſable dans un petit ruiſſeau dans lequel on a adapté une machine qui reçoit le ſable léger avec les petits grenats: le ſable peſant & les grenats de valeur ſe trouvent au fond. On envoie ce ſable à *Bilin:* de jeunes filles trient les grenats, & on les envoie bruts à Freyberg. Le grenat ſe vend au poids. On compte pour les plus beaux ceux où il en entre trente-deux dans une once poids d'Autriche, & pour les moindres ceux dont il en faut quatre cents pour le même poids. On en trouve quelquefois d'une grandeur dont il n'en faut que ſeize, vingt ou vingt-quatre dans une once; mais ceux-là n'entrent point dans le commerce. Une fois on en a trouvé un du poids d'un quart d'once. Quelquefois, mais rarement, on trouve le grenat ſemé dans une pierre ſerpentine jaunâtre & légère. On l'appelle *la matrice du grenat.* Toutes les pierres qui ſe trouvent dans cette matrice ont une forme régulière. Vraiſemblablement ſe détachent-elles de cette matrice par l'eau, & qu'en roulant enſuite ſur le ſable elles perdent cette régularité. Cependant cette régularité n'eſt pas générale. Une choſe remarquable, c'eſt que ces grenats ſe trouvent au milieu des montagnes de baſalte; ce qui feroit ſoupçonner que leur origine remonte au même tems.

C'eſt près de Sedlitz qu'eſt la ſource d'eaux minérales qui ſe tranſportent, comme ſalubres, dans pluſieurs provinces. Ces eaux jailliſſent d'une argile griſâtre. C'eſt vraiſemblablement cette argile qui contient le ſel amer dont cette eau eſt imprégnée, & cette eau, en ſe filtrant à travers les ſables, diſſout les criſtaux, & donne à l'eau le goût ſalé amer qu'elle a; car on trouve dans l'argile des criſtaux de différentes grandeurs juſqu'à un pouce. Il paroît remarquable que toutes les ſources minérales dont les eaux ſont ſalées & amères, jailliſſent dans l'argile; il eſt remarquable encore que, ſous les eaux minérales de cette nature, on trouve ordinairement des mines de charbon de terre, & dans tous ces endroits on rencontre beaucoup de ces charbons conſumés, beaucoup de cendres & de beaux criſtaux d'alun; ainſi acquiert la plus grande probabilité l'aſſertion de Crell (1), qui ſoutient que l'argile & l'ardoiſe argileuſe contiennent une terre ſalée & amère, dont le ſel ſe ſépare par le moyen de l'alun.

Tout, dans ces environs, ſemble imprégné de ſel. A l'oueſt de la ſource dont nous venons de parler, eſt le marais de Serpina, où, dans le printems, on recueille des criſtaux d'un pouce de long: les uns ſont d'un ſel amer, les autres un pur ſel de Glauber. Les prairies qui entourent ce marais renferment auſſi des charbons de terre dans leur ſein; mais on ne les exploite pas, parce que le terrain étant extrêmement bas, on ne pourroit point donner d'écoulement aux eaux. Mais ſi ces cantons ſont utiles par le ſel qu'ils produiſent, ils n'offrent rien que de triſte & d'ennuyeux pour leurs habitans. Il n'y a pas un ſeul arbre dans toute la plaine ni ſur aucune des montagnes. Le printems n'y produit aucune fleur; aucun oiſeau ne s'y fait appercevoir, & tout ce qui a vie ſemble fuir cette plaine. Le manque d'eau douce en eſt une des plus grandes cauſes. Ceux qui ſont obligés d'y habiter ſe ſervent de cette eau ſaumâtre pour cuire leurs mets & pour boire, ſans qu'ils en éprouvent aucune incommodité ni ſe reſſentent de ſa vertu purgative.

Du côté de Töplitz on trouve des colonnes de baſalte, dont quelques-unes ont la forme de criſtaux; elles ſont de forme priſmatique & à ſix faces. Près du village de Starka eſt le plus beau jaſpe-porcelaine qu'on peut voir. Ses couleurs variées ont un ſingulier éclat; ſouvent il eſt mêlé de lave. Comme tout ce canton contient une très-grande quantité de mines de charbon de terre, il eſt probable que cette lave, ce jaſpe, ce baſalte, ne ſont autre

(1) *Annales chimiques*, 1784.

chose que des suites d'incendies dans ces mines de charbon. Ce qui le prouve, c'est que, plus on approche des endroits où l'on sait qu'il y a eu de grands incendies, plus on trouve de ces matières. Ce sont d'ailleurs la quantité de chutes de terres qui ont formé de vastes cavités, dans lesquelles on trouve plus ou moins de basalte. (*Par* M. Reuss.)

BILLARRI, montagne du département des Basses-Pyrénées, canton d'Arcous. Elle a du nord au sud deux tiers de lieue de longueur. Elle est fort élevée, & présente une suite intéressante de couches.

BILLÈRES, village du département des Basses-Pyrénées, canton d'Arudy. Il y a des blocs de schistes dans le territoire de ce village, ainsi qu'au col de Marie-Blanque, passage situé à l'ouest de ce lieu. Ce schiste se divise par feuillets, & renferme des pierres verdâtres de la nature de l'ophite. Des couches de schiste jaunâtre se trouvent pareillement à l'ouest, & non loin de ce passage.

Les montagnes qui dominent la prairie du Renou du côté du nord, sont composées de pierres calcaires à demi cristallisées, grises & brillantes. Des carrières d'ardoise bornent la prairie du Renou du côté du sud. Les habitans de *Billères* en tirent de l'ardoise marneuse.

BILLIGHEIM, village du département du Bas-Rhin, canton de Bergzabern, à deux lieues de Landau. Il y a, outre plusieurs industries, dans ce village deux poteries en terre d'argile excellente qu'on tire des environs, deux tuileries & briqueteries qui s'exercent sur la même matière. *Billigheim* a aussi des tourbières, dont l'exploitation pourroit être avantageuse pour le chauffage économique des habitans.

BILLY-SOUS-MARGIENNE, village du département de la Meuse, arrondissement de Montmédi, sur le Loison, à trois lieues d'Estain. Il y a plusieurs forges.

Billy-sous-les-Côtes, village du même département, arrondissement de Commercy, à trois lieues & demie de Saint-Mihiel. Il y a de même plusieurs forges & fourneaux.

BILSEN, ville du département de la Meuse-Inférieure, arrondissement de Maëstricht, à deux lieues & demie de Tongres. On trouve à quelque distance de *Bilsen* une source d'eau minérale-ferrugineuse.

BINCH, ville du département de Jemmapes, à trois lieues & demie sud-est de Mons. Elle est arrosée par un ruisseau qui tombe dans la Haine, au dessous de Trivière. Le commerce de *Binch* consiste en coutelerie très-estimée, en marbre, faïencerie, tuilerie & verrerie.

BINDY, île & pointe à trois lieues trois quarts de Landerneau, dans la rade de Brest. Elle a au sud l'anse du Loc, & au nord-est l'embouchure de la rivière de Landerneau.

BINET (la), montagne du département des Basses-Pyrénées, arrondissement & canton d'Oléron, à deux lieues un tiers sud de cet endroit. Elle tient à celle de Mallet-Rouge, & elle a une demi-lieue de l'est à l'ouest. C'est toujours une masse détachée de la chaîne, & qu'on peut toujours observer avec intérêt.

BINGEN, ville du département de Mont-Tonnerre, arrondissement de Mayence & chef-lieu de canton, au confluent de la Nave. Cette ville est située sur le bord du Rhin. C'est près de là que se trouve le Bingerloch, goufre formé par une chaîne étroite de rochers, d'où l'eau se précipite, en forme de cataracte, sur une pointe voisine. Au milieu du fleuve est la *Tour-des-Rats* ou *Mausethurn*, où l'archevêque Ratton fut, à ce que l'on assure, dévoré par les animaux en punition de son mépris pour les pauvres, qu'il appeloit *des rats mangeant la peine des riches*. Une des portes de cette ville, nommée *Drusithor* (Porte de Drusus), prouve son antiquité. Elle tient le milieu entre l'apparence vénérable de l'antique, & les agrémens des fondations modernes. En face de *Bingen* s'offrent, sur la cime d'un rocher, les ruines du château d'Ehrenfelds.

Depuis *Bingen* jusqu'à Bonn les montagnes contiennent de la pyrite & de l'argile ardoisée : on y trouve aussi des masses de granit & de porphyre très-précieuses.

BINIC, village du département des Côtes-du-Nord, arrondissement de Saint-Brieux, & à deux lieues trois quarts de cet endroit, sur la Manche. Il y a un petit port. Le commerce consiste en fil : on y fait la pêche de la morue.

BINKOM, village du département de la Dyle, arrondissement de Louvain, & à trois lieues de cette ville. La récolte dans ce canton consiste en seigle, avoine, sarrasin & chanvre. D'ailleurs, ce pays est couvert de bois. Il y a outre cela une brasserie.

BINNIGUET (Ile de), département du Finistère, à cinq lieues & demie de Brest, & à une demi-lieue de la côte. Elle a du sud-sud-est au nord-nord-est deux tiers de lieue de longueur, sur un quart de lieue de largeur. Elle a des rochers au sud-sud-est.

BIOCOVA, la plus haute montagne des côtes

du Primorie en Dalmatie, & au pied de laquelle se trouve la ville de Macarska. Cette montagne est remarquable surtout par les *ledenizzes* ou les réservoirs naturels de glace, qui se conserve, pendant les plus grandes chaleurs de l'été, dans les cavernes de la partie la plus élevée de la montagne.

Le sommet du mont *Biocova* est composé de brèche, de marbre commun, blanchâtre, au milieu desquels on trouve des cailloux pleins de corps marins.

Suivant l'opinion des habitans de ce district, le mont *Biocova* produit les vents, la pluie, la grêle, & généralement tous les changemens qui arrivent dans l'atmosphère. La vérité est qu'il sert à leur annoncer ces changemens, suivant que son sommet est couvert ou dégagé de nuages. C'est sur les vents du nord qu'ils ont fait les observations les plus exactes.

Si le mont *Biocova* est couvert de brouillard, ce brouillard s'élève avant que le nord souffle, & se dissipe par parties. Si le *Biocova* n'a point de brouillard, les nuages terminés, qui flottent & résident dans une certaine région de la montagne, annoncent de même l'arrivée du même vent.

Quand la montagne est mouillée par de longues pluies, si le nord souffle il ne prend de force qu'à mesure que la montagne se sèche par une évaporation soutenue & abondante.

La durée du nord est à l'ordinaire d'un nombre de jours impairs, c'est-à-dire, qu'il souffle de suite pendant trois, cinq, sept, neuf, onze, treize ou quinze jours. Il commence, la plupart du tems, au lever ou au coucher du soleil; il se modère ou tombe quelquefois à la pointe du jour ou à midi. S'il ne le fait pas, on est sûr qu'il dure long-tems.

Il y a un vent de nord périodique, qui souffle le 17e. ou le 27e. de mars; mais le plus constant est celui qui souffle vers la Pentecôte. Si ce vent a une force modérée, on le croit utile & même nécessaire à cette époque, parce qu'il emporte les fleurs des oliviers qui sont desséchées. Il fait du bien encore quand, à la suite d'une longue humidité, la rouille attaque les vignes; mais il a des effets pernicieux, car il occasionne beaucoup de maladies; il éloigne de la côte les bandes de poissons de passage, & quand il est d'une certaine force il détruit les nouvelles plantations. Les navigateurs n'osent pas s'embarquer sur le canal entre le Primorie & les îles de Brassa & de Lesina; ils craignent la fureur de ce vent de nord, qui semble se précipiter de la montagne.

Le scirocco ou sud-ouest & le maëstral ou nord-ouest règnent aussi en certaines parties de l'année dans le Primorie. La mer haute & la rapidité des courans annoncent le scirocco, comme les eaux extrêmement basses indiquent l'approche des vents du nord.

Tous les ans un scirocco périodique se fait sentir vers la fête de Pâques: alors il n'amène pas de la pluie, mais de la chaleur. Il se soutient pendant environ une vingtaine de jours; mais il tombe quand le soleil se couche.

L'été de l'année où le scirocco périodique, dont nous venons de parler, ne souffle pas dans le tems & de la manière accoutumés, cet été, dis-je, est exempt des vents de nord-ouest & d'orages.

Le scirocco sec est mal-faisant, parce qu'il brûle les fleurs des plantes, inconvéniens qui sont compensés par les abondantes récoltes des pays montueux, & par la riche pêche qu'on croit lui devoir.

Quand en été le maëstral se repose un jour, le scirocco règne le jour suivant, & alors il amène un orage, & finit par cet orage.

Les saisons des grandes pluies dans le Primorie sont au commencement de l'automne & sur la fin de l'hiver. Quand l'hiver & l'été sont fort pluvieux, les saisons sont dérangées. Un été pluvieux procure une bonne récolte d'huile, mais peu de vin; & l'on éprouve au contraire une disette de toutes les productions de la terre quand l'hiver a été fort pluvieux, & qu'on éprouve de la sécheresse au printems & en été. Si l'été est trop pluvieux, il tombe à l'entrée des nuits, dans les tems sereins, une rosée rougeâtre qu'on observe surtout quand on voyage par mer, & à laquelle on attribue la rouille de la vigne.

La neige & la glace ne durent guère dans le Primorie, pas même sur le sommet du mont *Biocova*; cependant dans les cavernes de cette montagne & dans les précipices du mont Mossor, elles se conservent quelquefois d'une année à l'autre. L'abondance de la neige produit, à ce qu'on croit, une récolte abondante de toutes les denrées, principalement de l'huile. Le froid qui arrive trop tard est pernicieux, parce qu'il surprend les plantes quand la sève est en mouvement; il cause même beaucoup de mal au jeune bétail. Au reste, le froid, dans ces contrées maritimes du Primorie, n'est heureusement jamais bien rigoureux, à moins qu'il ne soit produit par le vent du nord. Sans ce vent, le mois de janvier, dans cette partie de la Dalmatie, auroit la température du mois d'avril à Venise. Presque partout, sur cette même côte, on essuie en été des chaleurs très-fortes, & presqu'aussi fortes que dans la Pouille.

BIOLLY (le Mont), département du Léman, arrondissement & canton de Cluses. Il est traversé sous terre par la rivière de Gitre. Il a du nord au sud une lieue & demie de longueur.

BIOT, village du département du Var, canton d'Antibes, près la Bragué, à une lieue un quart d'Antibes. L'argile de *Biot* est estimée pour les cruches à l'huile d'olives. On en fait des creusets qui sont recherchés. En général, la poterie cuite de ce village a beaucoup de réputation dans plusieurs espèces, & le commerce en est considérable.

BIRCHES (Montagne de), département de la Drôme, canton nord du Crest, & à trois lieues de cet endroit. Elle a une lieue de long du sud-ouest au nord-est, & tient à la montagne d'Embel.

BIRKENFELD, ville du département de la Sarre, chef-lieu d'arrondissement & de canton. Cette ville, dans le ci-devant cercle du Haut-Rhin, près la Nau, a dans ses environs deux fonderies de fer.

BIRLENBACK, village du département du Bas-Rhin, arrondissement de Weissembourg, & à une lieue trois quarts sud de cet endroit. Il y a dans les environs des mines de charbon de terre.

BIRON (Col de), département de la Sture, passage de la vallée de Maira dans celle de Strita-de-Saint-Damiano-à-Rore.

BIROS (Vallée de), département de l'Arriège, arrondissement de Saint-Girons, & à quatre lieues & demie de cet endroit.

BIRSE (la), rivière du département du Haut-Rhin, arrondissement de Délémont. Elle prend sa source près le fameux passage de Pierre-Pertuis, & après un cours tortueux & rapide de quatorze lieues du sud au nord-est, va se jeter dans le Rhin à une demi-lieue de Bâle.

BISCAROSSE (Étang de), département des Landes, arrondissement de Mont-de-Marsan. Il a du nord au sud deux tiers de lieue de long, sur autant de large. Sa forme est triangulaire. Sa décharge est, vers le sud, dans le petit étang d'Aureillan, d'où il va se rendre dans la mer par un émissaire qu'on nomme le *Courant*.

BISCAYE. Cette province peut avoir onze à douze lieues d'orient en occident, & environ huit du midi au nord. Son territoire est couvert de montagnes de différentes hauteurs, séparées entr'elles par des vallons étroits, & par quelques plaines qui sont des vallons élargis ou la réunion de plusieurs vallons.

Le sol porte en général, tantôt sur des rochers isolés, tantôt sur des bancs & des couches suivies, soit cachées, soit découvertes, de marbres diversement colorés, dont quelques-uns sont fort estimés: tel est celui qui a de grandes taches grises ou noires, avec des veines blanches. Dans d'autres endroits le terrain porte sur des bancs de pierres calcaires, sur des pierres de sables & sur des mines de fer, dont la principale est celle de Somorostro, & dont nous parlerons par la suite.

On voit en *Biscaye* beaucoup de montagnes composées, c'est-à-dire, placées les unes sur les autres: telle est la montagne de Gorveya, qu'on ne peut monter qu'en cinq heures de tems. On trouve sur son sommet une grande plaine couverte de pâturages, dont les bestiaux de *Biscaye* & d'Alaya se nourrissent quelques mois de l'année.

Aux environs de Durango il y a d'autres montagnes calcaires pelées, & difficiles à gravir tant elles sont escarpées. Serantes est une autre montagne simple, élevée en pyramide. Il y a d'autres montagnes, d'une demi-lieue & d'une lieue de longueur, couronnées de pointes ou de crêtes pelées calcaires, mais dont les pentes sont fort peuplées & cultivées très-avantageusement. Enfin, il y a des montagnes basses & arrondies, couvertes de lits de terre, remplies de métairies jusqu'au sommet, abondantes en bois propres à faire du charbon, comme en pâturages.

Il sort de petites rivières & des ruisseaux des différentes fentes des montagnes: ainsi celle de Gorveya en fournit quatre qui grossissent la rivière de Bilbao, surtout en se joignant à la rivière qui prend sa source dans la montagne d'Ordogne, ainsi qu'à divers torrens qui sont à sec en été, mais qui sont si impétueux en tems de pluie, que Bilbao se trouve quelquefois en risque d'être submergé lorsque ces torrens se précipitent dans l'embouchure de la rivière à marée haute.

A l'exception des terres qu'on laboure, & du sommet des montagnes élevées composées de rochers nus, tout le reste est planté d'arbres & de taillis, dont quelques-uns sont naturels, comme ceux de chêne & d'arbousier; les autres sont semés ou plantés de bon rouvre blanc, qui y vient bien. Dans les endroits où il n'y a point de bois & où la terre a un peu de profondeur, on trouve des touffes de tilleuls & de bruyères à feuille de myrte, &, sur les hauteurs où la terre est moins profonde, de la petite bruyère. Sur les croupes des montagnes & dans les vallons il y a une grande quantité de châtaigniers entés, dont les Hambourgeois viennent enlever les châtaignes pour les vendre aux Allemands, qui en font le plus grand cas. On diroit que les pommiers sont dans leur pays natal; car ils y réussissent quoiqu'en plein champ & sans culture. On recueille, dans tout le pays, une quantité prodigieuse de pommes de différentes espèces; mais celles de Durango sont les plus estimées. Godejuele donne beaucoup de pavies très-délicates, & remplies de suc si on les cueille dans leur maturité. On y trouve aussi des cerises ordinaires, des figues, des groseilles, des légumes très-bons & très-abondans. On y sème beaucoup de navets de la même qualité que ceux de Galice, qu'on coupe par morceaux pour la nourriture des bœufs en hiver. En général, les bêtes à cornes y sont petites, mais fortes. On trouve des vignes dans les territoires d'Ordogne, de Bilbao & de plusieurs villages des environs; & ceci doit être remarqué d'autant plus, qu'il n'y a pas de vignes du côté de Saint-Sébastien, de Saint-Jean-de-Luz, de Saint-Jean-Pied-de-Port, mais

mais qu'à leur place sont des pommiers à cidre qui suppléent au vin.

Presque toutes les montagnes de cette province, celles de Guipuscoa, & une partie de celles d'Alava, sont composées d'argile. Les pierres se décomposent, & de leur destruction résulte un peu de terre. Quoique les pierres calcaires y abondent & qu'on améliore les champs avec la chaux, on y remarque peu de changement. La chaux est un très-bon engrais pour diviser la terre argileuse, & la rendre plus facile à pénétrer par les racines des plantes; mais comme ces terres sont surabondantes à la partie calcaire, il n'est pas étonnant qu'il faille renouveler tous les ans le mélange de la chaux.

Les montagnes des environs de Bilbao arrêtent & fixent les nuages qui s'élèvent de l'Océan : aussi les pluies sont-elles fréquentes dans ce pays; mais comme il y règne toute l'année quelque vent de terre ou de mer, ces courans d'air variés & continus mettent en mouvement les vapeurs humides; ce qui empêche qu'elles ne restent dans une stagnation nuisible. Ainsi le voisinage de la mer, les pluies & les courans d'air variés sont les causes physiques de la salubrité du climat de Bilbao. Il résulte d'une disposition contraire, que, dans plusieurs endroits de la Manche où l'on trouve l'eau à deux ou trois pieds de la superficie de la terre, les habitans sont sujets aux fièvres tierces, parce que, quoique le pays soit plat, l'air y a peu d'agitation, surtout en été. C'est à cette heureuse agitation de l'air qui, comme nous venons de le dire, règne à Bilbao & dans les environs, qu'il faut attribuer la force & l'activité des habitans.

Les arbres, les arbustes & les fruits dont les vallées de la *Biscaye* sont remplies, y attirent cinq espèces d'oiseaux de passage, que les Biscayens appellent *chimbos*, & qui forment un mets excellent lorsqu'ils sont gras. Ces espèces d'oiseaux qui viennent tous les ans en *Biscaye*, partent d'Afrique lorsque les chaleurs insupportables les forcent à changer de climat; car alors les fruits se sèchent, les ruisseaux tarissent, & les fourmis, délices des chimbos, se cachent. C'est alors que les chimbos passent le détroit, entrent dans l'Andalousie, & se partagent par tribus ou familles pour se distribuer ensuite dans toute l'Espagne. Chaque tribu dirigeant son vol vers son ancienne patrie, ceux qui sont nés en Andalousie & dans la Sierra-Morena, s'y arrêtent; ils s'y accouplent, & y font leurs nids dans les endroits où ils trouvent des buissons, des fruits, de l'eau & des fourmis. Ils aiment beaucoup l'ombre des bruyères. Ils ont soif à chaque instant; mais quand les graines & les fourmis commencent à leur manquer, ils volent par intervalles vers d'autres endroits où ces ressources se retrouvent abondamment. Ils traversent rapidement les plaines de la Manche, où ils ne trouvent ni ombre, ni eau, ni rien qui leur convienne, & ils arrivent en *Biscaye* vers le mois d'août, qui est le tems où le mûrier sauvage, le troêne, la garance, le sureau, &c. sont chargés de fruits. Ils arrivent maigres & décharnés par la fatigue du voyage; mais, au bout d'un séjour très-court, ils deviennent aussi gras que des bec-figues & des ortolans. La Manche est pour ces oiseaux un désert comme l'Arabie, au lieu que la *Biscaye* est un pays de délices.

Lorsque les pluies de l'automne commencent à faire pourrir les graines & les fruits, & que les fourmis commencent à se cacher, les chimbos prennent leur vol, à l'exception de quelques-uns qui restent, soit par paresse, soit pour cause de maladie, & ce sont ceux qui font jusqu'à trois couvées. Ces petits oiseaux ont une grande sensibilité, qui leur fait prévoir jusqu'au moindre changement dans l'atmosphère. On a vu une année, sur la fin de septembre, une grande quantité de chimbos : à cette époque il s'éleva un vent un peu frais, &, pendant la nuit, ils quittèrent le pays après avoir tenu un conseil-général comme les hirondelles, & ils devancèrent par ce moyen les grandes pluies qui suivirent.

Presque tout le pays de Guipuscoa & la plus grande partie de la province d'Alava sont très-propres pour les arbres. Les habitans entendent la culture des arbres infiniment mieux que dans tout autre canton de l'Espagne : c'est un avantage qu'ils doivent à la pratique & à l'expérience.

On peut réduire les bois de ces provinces en trois classes : on met dans la première les bois naturels qui viennent d'eux-mêmes, mais qui sont en petite quantité; ils sont composés de rouvres, de chênes & de grands arbousiers. Dans la seconde, on compte les châtaigniers, les rouvres blancs plantés par allées dans les endroits découverts. Enfin, dans la troisième classe, on comprend les pépinières ou bois taillis enclos.

Il n'y a rien à dire sur les bois de haute futaie, parce qu'ils viennent & s'élèvent comme dans les autres pays. Parmi les pépinières il y en a de naturelles : on en voit d'autres qui sont peuplées en rouvres ou en châtaigniers, mêlés ou séparés.

Quand on se propose de planter des taillis ou des avenues d'arbres, on a soin de former d'avance des pépinières de rouvres ou de châtaigniers, &, au bout de huit ou dix ans, on les enlève pour en former des bois découverts : on les plante en allées ou en quinconce, & à une grande distance les uns des autres; ensuite on a soin de cultiver le long des plants. Lorsque le rouvre & le châtaignier sont dans un terrain favorable, ils augmentent, tant en fruits qu'en bois, jusqu'à soixante & dix & même quatre-vingts ans : ils commencent à déchoir à quatre-vingt-dix ou cent ans, & finissent par devenir creux. Les bons cultivateurs les arrachent en cet état, & en plantent d'autres : cela n'empêche pas quelques personnes de laisser sur pied ceux qui sont creux dans leurs possessions, parce qu'ils donnent toujours du bois & des fruits.

Je finirai ces détails sur la province de *Biscaye* par une anecdote sur leur navigation au dehors, & qui porte que la pêche de la baleine se faisoit, dans les premiers tems, par les Biscayens, dans la baie de Saint-Laurent.

BISCHWEILLER, petite ville du département du Bas-Rhin, arrondissement de Strasbourg, sur le Moder, près de la rive droite du Moter, à une lieue trois quarts sud-est d'Haguenau. Le commerce de cette ville est fondé sur son industrie intérieure. On y trouve une manufacture de garance, quatre moulins à préparer le chanvre, une mine de fer en grains, par bancs & par nappes; une fonderie en cuivre & en fer, neuf poteries de terre où l'on emploie l'excellente argile à potier des environs, cinq tuileries & briqueteries où l'on fait usage de la même terre.

BITCHE, ville du département de la Moselle, arrondissement de Sarguemines. Il y a beaucoup de forêts près de cette ville : on trouve une tuilerie hors des murs.

BITRY, village du département de la Nièvre, arrondissement de Cosne, & à trois lieues un quart de cette ville. *Bitry* est proche Donzi en Nivernois.

Cet endroit est très-renommé par une mine d'ocre fort abondante; elle sert principalement à peindre les bâtimens. Ces ocres se transportent surtout à Nantes : leur qualité friable les rend supérieures à celles tirées des ports de l'Empire. Voici les détails de cette exploitation les plus propres à donner une idée de cette mine, & de la substance qu'elle renferme.

Les puits qu'on fait à l'ocrière de *Bitry* sont carrés ou au moins carrés longs, & leur profondeur varie suivant le lieu où se trouve cette ouverture. Si la fouille s'entame sur le sommet d'une petite montagne, ils sont plus creux; si c'est au fond d'une vallée, ils le sont moins. Ceux de *Bitry* n'ont guère que vingt-cinq ou trente pieds de profondeur. L'ocre est communément précédée de trois lits ou bancs de terre, qu'il faut percer pour arriver jusqu'à elle. Le premier est celui qui fait le fond du terrain, dont l'épaisseur est plus ou moins grande, selon l'endroit où la fouille est située. A *Bitry* il n'a guère plus d'un pied ou deux d'épaisseur. Au dessous se trouve une glaise blanche ou plutôt d'un gris cendré, ou quelquefois d'une couleur bleue tirant sur le noir. Cette glaise peut être employée à la poterie, & le banc qui la contient peut avoir huit à dix pieds d'épaisseur. Au dessous est une autre espèce de glaise ou terre rouge, dont l'épaisseur est un peu moindre que celle du banc précédent. Celle-ci est suivie d'un lit d'une sorte de grès jaunâtre, composé de deux ou trois couches, dont chacune peut avoir un pouce d'épaisseur. C'est immédiatement sous ce lit que se rencontre l'ocre. Le banc en est le plus épais de tous, puisqu'il occupe à lui seul plus du tiers de trente pieds de profondeur qu'ont les puits de *Bitry* : il est posé sur un banc de sable dont on ignore l'épaisseur. Les ouvriers ne le creusent ordinairement que de la hauteur d'un homme pour y pratiquer, à droite & à gauche, des chambres dont le banc d'ocre forme le plafond, & la faire tomber dans ces chambres au moyen de coins de bois, de plus d'un pied de long, qu'ils y enfoncent pour en détacher des quartiers considérables. Ces gros morceaux se nomment *l'ocre en quartiers*, & les moindres morceaux s'appellent *le menu*. On enlève les uns & les autres sur le sol où est percé le puits, & là on les dépouille soigneusement des glaises qui peuvent y être restées adhérentes, & ensuite on les met en tas ou en meules à peu près coniques. On porte ensuite l'ocre, pour la dessécher, sous des halles, qui, en la mettant à couvert de la pluie, la laissent exposée à toute l'action de l'air; & lorsqu'elle a subi cette préparation on la met dans de vieux tonneaux à vin, & pour lors elle est en état d'être vendue.

On a dit que l'on ignoroit l'épaisseur d'un banc de sable qui se trouve au dessous de l'ocre, & cela se trouve effectivement vrai à *Bitry*. L'ocrière y est placée dans le fond d'un vallon, & les eaux qui y séjournent ôtent assez la fermeté du terrain pour que les ouvriers ne puissent fouiller, ni fort avant ni fort profondément, sans s'exposer à être ensevelis sous les éboulemens qui s'y feroient infailliblement; mais dans d'autres ocrières différemment placées, des ouvriers ont reconnu qu'on trouvoit les bancs d'ocre & de sable placés alternativement les uns sur les autres.

On ne trouve, dans aucune des ocrières dont nous avons connoissance, que de l'ocre jaune. La rouge est l'ouvrage de l'art, & c'est en calcinant fortement l'ocre jaune qu'on lui donne cette couleur. On la place pour cet effet dans un fourneau semblable à celui des tuiliers, observant d'y arranger les quartiers d'ocre de manière qu'ils laissent entr'eux un libre passage à la flamme de bois qu'on allume dessous dans le foyer du fourneau. Le feu doit durer trois jours, modéré dans les deux premiers, mais assez vif le troisième. Si l'on tiroit l'ocre plus tôt, elle ne seroit pas rouge, mais d'un brun-rousseâtre, & beaucoup plus dure qu'elle ne doit être naturellement.

Je dois joindre à cette description celle de deux autres ocrières, la première de Saint-Georges-sur-la-Prée dans le Béry, & la seconde de Tannay, proche Sancerre en Brie. Saint-Georges-sur-la-Prée est situé sur un coteau servant de rivage à la rivière du Cher. Les trous de l'ocrière sont ouverts dans une petite montagne; ils ont ordinairement cinquante à soixante pieds de profondeur, sur quatre à cinq de largeur. On ouvre en les faisant quatre à cinq pieds de terre commune, quinze à seize pieds d'une terre argileuse mêlée de cailloutage. On trouve ensuite un banc de gros sable rouge, de l'épaisseur de trois à quatre pieds, qui est immédiatement suivi d'un massif de grès gris & luisant, de cinq à six pieds d'épaisseur, & quelquefois si dur qu'on est obligé d'employer la poudre pour le rompre. Après ce massif on perce une terre brune, plus ferme & plus solide que l'argile : elle a dix-huit à vingt pieds d'épaisseur ; elle change ensuite de couleur, & devient jaunâtre. Le banc qu'elle forme a deux ou trois pieds d'épaisseur. Sous ce banc est placé celui de l'ocre, qui s'étend horizontalement fort loin ; il n'a tout au plus que huit à neuf pouces d'épaisseur. On trouve immédiatement dessous l'ocre un sable fin & luisant, dont on ne connoît pas la profondeur. Ce qu'il y a de constant, c'est qu'on le creuse ordinairement de la hauteur d'un homme pour y faire des galeries, & y prendre l'ocre au dessus de la tête. L'ocre ne se trouve pas par quartiers séparés ; elle forme un lit continu dans toute son étendue, & conserve presque partout la même épaisseur. Elle est tendre dans la mine, & on la coupe aisément avec la bêche. Elle est originairement d'un jaune-foncé ; mais elle pâlit un peu, & durcit en séchant. L'ocre n'est pas mélangée de glaise d'aucune couleur ; mais lorsqu'il se fait des fentes dans le lit, il s'attache une petite quantité d'une matière blanche aux parois de ces fentes. Il ne se trouve aucun caillou dans le corps de l'ocre ; mais une sorte de gravier, de deux ou trois doigts d'épaisseur, tient à l'ocre par-dessous. Il y a parmi ce gravier quelques petites pierres, de la couleur de l'ocre, assez tendres, & qui semblent se former par couches. Elles sont ordinairement plattes : on en rencontre rarement de rondes.

L'ocrière de Tannay en Brie est ouverte dans une terre labourable : cette terre est maigre, & a peu de consistance ; elle forme le premier banc des puits dont on tire l'ocre, & elle peut avoir environ trois pieds d'épaisseur. Sa couleur est blanchâtre. Elle est suivie d'une autre terre, dont le lit a cinq ou six pieds d'épaisseur : c'est une argile grise, & propre à faire de la tuile & des poteries. Au dessous de cette terre il y en a une dont le banc est épais de huit à neuf pieds ; ensuite on en trouve une couleur de lie de vin qui n'a environ qu'un pouce dans cette dimension, & sous laquelle est placé un lit, également d'un pouce, formé par une matière pyriteuse qui ressemble à du potin. Ensuite vient le banc de l'ocre qui a huit ou neuf pouces, & même quelquefois un pied d'épaisseur. Il est porté dessus un sable verdâtre que la fouille ne passe pas. Quand on trouve l'ocre plus profondément, chaque sorte de matière forme un lit plus épais, excepté l'ocre & la terre rouge qui conservent toujours la même épaisseur. On rencontre quelquefois dans ces fouilles des pierres de grès très-grosses, & propres à la construction des fourneaux à fer.

Lorsqu'on compare les descriptions de ces trois ocrières avec celle que le Monnier, médecin, a donnée dans ses *Observations d'Histoire naturelle* à la suite de *la Méridienne*, page 118, on ne peut s'empêcher d'être frappé des rapports qu'il y a entre la distribution & la nature des matières qui accompagnent l'ocre. Les lits de sable, de glaise dont il est parlé dans la description de l'ocrière de Saint-Georges-sur-la-Prée, sont parfaitement de même nature que ceux dont parle le Monnier, & leur arrangement est également le même. De plus, on trouve des grès & des pyrites dans ces ocrières, & les lits de ces substances semblablement posés.

Il y auroit cependant une petite différence d'après ce que le Monnier rapporte de l'ocrière qu'il a décrite ; savoir, qu'il se trouve plusieurs lits de sable & d'ocre posés alternativement les uns au dessus des autres ; mais comme les fouilles des autres carrières ne s'étendent pas au-delà du lit de sable qui est au dessous de l'ocre, on ne peut rien décider à ce sujet. Le Monnier dit encore que l'ocre est pâle & presque blanche dans l'ocrière dont il parle, & qu'elle devient d'un beau jaune à l'air. C'est le contraire dans les ocrières qui sont décrites ci-dessus. L'ocre, étant mouillée, devient toujours d'un plus beau jaune qu'elle ne l'est quand elle est sèche ; &, lorsqu'elle est dans la mine, l'humidité la pénétrant toujours, il est naturel qu'elle y soit d'un beau jaune.

Il y a donc un rapport considérable entre toutes ces ocres & les mines d'où on les tire : les petites différences qu'on a pu y remarquer ne sont pas fort essentielles, & ne dépendent peut-être que de la profondeur plus ou moins grande qu'on est obligé de donner à ces mines pour parvenir au lit de l'ocre ; ce qui ne vient probablement que de la situation où se trouve le massif où l'on fait la fouille. Il est évident que les ocrières qui sont dans des fonds, ne doivent pas être si profondes que celles qu'on ouvre sur des collines ou sur des monticules : dans celles-ci on peut percer plusieurs lits d'ocre, au lieu qu'il ne seroit pas facile de pénétrer également dans les ocrières placées dans les vallées, à cause de l'eau qu'on y trouve beaucoup plus tôt.

On voit que l'ocre que l'on emploie communément dans les arts, est naturellement jaune dans la carrière, & qu'elle devient rouge par l'action du feu. Elle est douce au toucher, s'attache à la langue, se durcit au feu, y devient un mauvais verre si le feu est très-violent, ne se dissout pas aux acides, mais se délaie dans l'eau commune.

Les naturalistes qui pensent que l'ocre commune est une substance qui a souffert l'action du feu, peuvent se détromper par l'examen de la description des ocrières qui précèdent. Les bancs de sable, de glaise & d'ocre y sont trop régulièrement posés pour qu'ils aient été soumis à l'action des feux souterrains. On y reconnoît plutôt l'ouvrage de quelques dépôts occasionnés par des alluvions, & le gravier qui se trouve au dessous de l'ocre ressemble plutôt au gravier du bord de la mer ou des rivières, qu'à des graviers de matières brûlées, à des scories réduites en poudre.

Il peut très-bien se faire qu'il y ait des terres rouges qui n'ont cette couleur que parce qu'elles ont souffert une espèce de calcination par les feux souterrains. Il suffit pour cela que l'ocre se trouve dans les montagnes qui ont été exposées à ces inflammations; mais il s'en faut bien que les ocrières nous donnent cette idée des ocres qu'on en tire, soit par la situation, soit par l'arrangement, soit par l'état où se trouvent, soit ces ocres ou les matières qui les accompagnent.

Au reste, ce qui m'intéresse le plus après tous ces détails, c'est la connoissance & l'indication des principaux endroits d'où l'on tire les ocres, & surtout la constitution du sol au milieu duquel elle est renfermée. (*Voyez l'article* OCRE.) Le premier endroit est *Bitry*, proche Donzi en Nivernois; le second la Villotte, dans le voisinage de *Bitry*; le troisième Saint-Georges-sur-la-Prée, dans le Béry, & le quatrième Tannay, proche Sainte-Bourse-sous-Sancerre en Brie. Il y a encore en Champagne des amas qui ont peu de suite, dans les environs de Soulaines.

BITUMES. Ce sont des matières de consistance molle, friable ou liquide, susceptibles de se fondre à l'aide de la chaleur, répandant une odeur très-forte qui leur est particulière, brûlant facilement en faisant une fumée très-noire & très-épaisse, & ayant les propriétés électriques de la résine. Elles sont souvent plus légères que l'eau. Enfin, elles ne donnent point de gaz ammoniacal à la distillation, comme la houille, & ne fournissent point d'acides particuliers, comme le lignite ou jayet, & le succin ou ambre jaune.

On distingue cinq espèces de *bitumes*: 1°. le *naphte*, qui est liquide, diaphane, très-odorant, & plus léger que l'eau. 2°. Le *pétrole* ou l'*huile de pierre*, qui n'est peut-être que le naphte impur: il est liquide, d'un brun-noirâtre; sa pesanteur est plus considérable que celle du naphte, mais moindre que celle de l'eau: son odeur est nauséabonde. 3°. Le *malthe* ou *pissasphalte* (poix minérale) est plus épais que le pétrole, & susceptible de se solidifier par le froid: il nage sur l'eau, & n'est probablement au pétrole que ce que celui-ci est au naphte. 4°. L'*asphalte*, solide, à grain fin, se cassant, comme le silex, par lames conchoïdes; il est un peu plus pesant que l'eau, & de couleur noire-foncée. 5°. Le *caout-chouc fossile* ou *bitume élastique* des minéralogistes; il ressemble, à s'y méprendre, à la gomme élastique; mais son odeur bitumineuse, la facilité avec laquelle il brûle, sa légéreté spécifique, moins considérable que celle de l'eau, l'en distinguent suffisamment.

Nous allons nous occuper de faire l'énumération de tous les lieux de la Terre connus où l'on a trouvé ces différens *bitumes*, en ayant soin de faire remarquer leur gissement ordinaire dans chacun de ces lieux.

Nous devons dire, avant tout, que les hypothèses avancées jusqu'à ce jour sur l'origine des *bitumes* se réduisent à les regarder comme le produit de la décomposition des matières animales & végétales, dont les couches de la terre renferment en si grande quantité les débris solides. On a dit aussi que le naphte & le pétrole étoient vraisemblablement le résultat de la combustion de mines de houille anciennement enflammées, résultat comparable à celui qu'on obtient de la distillation du bois; car l'on doit remarquer en effet une analogie frappante entre ces deux *bitumes* & l'huile empyreumatique que l'on retire des végétaux par l'opération dont nous venons de parler.

Quant à la disposition générale des *bitumes* dans le sein de la terre, nous dirons seulement que quatre d'entr'eux, le naphte, le pétrole, le malthe & l'asphalte, appartiennent aux terrains de nature calcaire, argileuse, volcanique ou sabloneuse. Souvent la pierre calcaire à grain fin, & surtout des marbres, est imprégnée de *bitume*, mais en si petite quantité qu'on n'en reconnoît l'existence que par la percussion de ces pierres, qui alors laissent échapper une odeur bitumineuse très-sensible. On les trouve aussi souvent flottant sur la surface des eaux de sources, des lacs ou de la mer. Les terrains schisteux & ceux de houillières en renferment aussi quelquefois. Les sulfures métalliques forment, dans certaines circonstances, des alliages avec les *bitumes*. Le *bitume élastique* ou *caout-chouc fossile* appartient exclusivement aux terrains schisteux.

§. I. *Du bitume naphte.*

C'est le plus rare des *bitumes*, & même n'est-il pas bien certain qu'il se trouve dans l'état de transparence & de pureté qu'on connoît au naphte du commerce, qui peut-être n'est que du pétrole purifié & mêlé d'huile de térébenthine. On dit qu'il se trouve assez fréquemment en Perse, sur les bords de la Caspienne, près de Baku, dans la presqu'île d'Apcheronn. Il sort d'un terrain marneux & sabloneux, & est l'objet d'une exploitation qui rapporte au moins 200,000 francs par an au khan de Baku.

On en trouve aussi en Calabre, sur le mont Zibio près de Modène, en Sicile, &, dit-on, en Amérique; mais rien n'assure que ce naphte soit pur & sans mélange de pétrole.

Dans le quinzième siècle on connoissoit une source à Waldsbrunn (Alsace), dont les eaux charrioient du naphte.

En 1802 on a découvert, près du village d'Amiano, dans l'État de Parme, une source de naphte jaune de topaze, & fort abondante.

§. II. *Bitume pétrole.*

Le *pétrole*, tel que nous l'avons défini au commencement de cet article, se trouve :

A Bégrède, près Anson en Languedoc.

A Gabian, dans les environs de Béziers.

Près de Dax, dans les Landes.

A Beckelbronn, commune de Lampertsloch, près de Weissembourg & des sources salées de Sultz : il y est mêlé au sable.

A Seyssel, près la perte du Rhône, aussi dans un banc de sable interposé entre un banc d'argile & un lit de pierres calcaires.

A Omskirk, dans le Lancashyre en Angleterre; dans les mines de Cornouailles & en Écosse.

Au lac Tégern, en Bavière.

Près de Neuchâtel en Suisse.

On le trouve aussi à Amiano près Parme, & au mont Zibio près Modène, toujours dans des terrains argileux, calcaires ou sabloneux.

On le voit encore à Pétraglia en Sicile, dans les mines de sel gemme de la Transilvanie, en Galicie, dans les monts Krapaths près de Kalurch.

Dans la montagne de Gebel-el-Moel, dans la Thébaïde, & dans le royaume d'Ava d'après le récit de Samuel Turner. Dans cette dernière situation le pétrole sort d'une couche de houille, & traverse ensuite des bancs d'argile bleuâtre & de sable agglutiné.

On a trouvé aussi du pétrole en Afrique, sur le mont Atlas, & en Amérique, auprès de Carthagène.

A quinze mille toises au sud de la ville d'Altkirch, dans le territoire du village de Hirtzbach, on rencontre des sources où surnage le pétrole noir. Ces sources bitumineuses se trouvent à une petite distance au sud de Hirtzbach, & sur les deux rives du ruisseau nommé *Œhlbach*. Les pierres de sable qu'on a extraites des environs de ces sources sont noirâtres, & au moyen de l'ébullition dans l'eau on en a retiré du pétrole. Il résulte de ces expériences, que, si l'on fouilloit à une certaine profondeur, on trouveroit des couches de sable assez chargées de pétrole pour y établir une exploitation aussi avantageuse que celle de Beckelbronn en Basse-Alsace. Je dois dire qu'en certains tems l'huile surnage en plus grande abondance sur l'eau de la fontaine de Hirtzbach.

§. III. *Du pissasphalte ou poix minérale.*

Ce *bitume*, qui n'est pour ainsi dire que du pétrole concret, se trouve abondamment en France dans les départemens qui correspondent à la ci-devant province d'Auvergne. C'est dans les gissemens qu'il y occupe que nous l'avons particulièrement observé. Tout le terrain compris entre Riom & Issoire du nord au sud, & de l'ouest à l'est, entre le plateau granitique sur lequel est établie la suite des volcans qui accompagnent le Puy-de-Dôme & les montagnes du Forez, tout cet espace, disons-nous, qui porte le nom de *Limagne*, renferme le pissasphalte dans divers états de mélange avec les substances minérales ou terreuses qui composent ce pays. Les environs de Clermont surtout en présentent une grande quantité; mais avant de détailler les gissemens particuliers à l'Auvergne, nous dirons seulement qu'on trouve également le pissasphalte aux environs de Dax, où il agglutine des grains de sable dont il forme une pierre très-tenace lorsqu'il fait froid, & très-molle lorsque la chaleur est un peu forte.

Le mont Ida fournissoit, dit-on, le pissasphalte employé par les Anciens, qui employoient aussi celui de la Piérie en Macédoine.

La montagne de Darap en Perse, sur la route de Bender-Congo à Schiras, donne aussi du pissasphalte.

Pissasphalte d'Auvergne. La butte de Clermont renferme des couches qui sont imprégnées de pissasphalte. Ces couches paroissent formées par un mélange de matières cuites & volcanisées avec le *bitume*; mais, à les bien prendre, ce sont des matières déposées par les eaux, avec une partie de *bitume* infiltrée. Ces couches ont, par cette raison, beaucoup plus de consistance que les autres : aussi, dans les fouilles des caves, les laisse-t-on pour servir de voûtes aux excavations, parce qu'elles peuvent résister à l'effort des matières surincumbentes.

Ces couches nous ont paru si singulières, que, pour décider entièrement leur véritable état & les circonstances qui avoient concouru à leur formation, nous avons cru devoir leur comparer les couches ou amas semblables qui se trouvoient dispersés dans la plus grande partie de la Limagne, tant en-deçà qu'au-delà de l'Allier.

Et c'est de cet examen que nous avons tiré la solution de ce problême intéressant.

Après le Puy-de-la-Poix & le Puy-de-Crouelle que nous avons décrit ailleurs, nous avons trouvé le Puy-de-Banne, qui est en terres bitumineuses, & qu'on prendroit pour des terres cuites; mais il est aisé de voir que c'est l'interposition des *bitumes* qui donne aux couches de pierres calcaires cette apparence.

En face de Dalet il y a des assemblages de couches de pierres calcaires blanches, qui sont distinguées à l'ordinaire par des intervalles terreux. C'est par ces intervalles & par des fentes de dessiccation fort multipliées que transsudent plusieurs filets de *bitume* ou de pissasphalte pendant les fortes chaleurs du jour & de l'été. Nous devons dire ici que, dans ces couches de pierres calcaires blanches, il y a de gros tampons de poix qui forment au dehors de fortes bavures.

On seroit tenté de croire, comme nous l'avons déjà dit, que les terres & les rochers bituminisés sont cuits. Cependant il est certain que plusieurs parties de couches bituminisées, salies & tachées par la poix, & qui ont conservé leur dispositio horizontale primitive, ne font pas cuites; à plus forte raifon les couches qui ne renferment que des tampons de poix, & qui ont confervé leur blancheur naturelle : toutes circonftances qui fe trouvent dans la carrière de pierres à chaux qui eft en face de Dalet.

Mais il n'eft pas auffi aifé de décider le véritable état des rochers bituminifés dont la fituation primitive eft vifiblement altérée, & annonce un certain défordre, comme le Puy-de-Crouelle. D'ailleurs, ces rochers font pénétrés par le *bitume* très-inégalement, & de manière à former des taches noires plus ou moins foncées, plus ou moins larges, & ces taches n'ont point altéré le fond de la pierre qui paroît toujours être refté intact.

Ces taches noires ou même les teintes générales de *bitumes*, comment ont-elles été formées dans les couches de pierres calcaires? Eft-ce à l'époque de leur formation dans le baffin de la mer, ou bien à la fuite d'une inflammation fouterraine & d'une fublimation de la fubftance du *bitume?*

Il eft certain d'abord que la poix, dans l'état de poix, a été dépofée, au milieu des couches de pierres calcaires blanches en face de Dalet, comme elle eft, fous forme de tampons, fans qu'il y ait eu une inflammation fouterraine qui y ait contribué depuis la formation de ces couches. Ces tampons de poix flottoient donc dans la mer lorfque la matière calcaire étoit diftribuée par couches; & ce qui achève d'en convaincre, c'eft le dépôt du fel marin mêlé aux tampons de poix.

Les couches falies & teintes par la poix n'ont-elles reçu ces matières bitumineufes que par dépôts, ou bien en ont-elles été pénétrées par fublimation, les feux fouterrains chauffant par-deffous ces mêmes couches au milieu defquelles pourtant il faut néceffairement fuppofer que réfidoient les tampons & les lits de poix, dont une grande partie fe rencontre encore au milieu de ces couches pénétrées par la poix, falies & déformées? Dans ce cas il eft néceffaire de fuppofer que la fublimation auroit produit auffi une certaine cuiffon, qui dans des parties de couches auroit été plus avancée que dans d'autres, fuivant la nature des fubftances, foit rochers, foit marnes ou argiles, & fuivant l'action des feux fouterrains.

Dans ce cas, quelle étendue n'auroit pas eue l'inflammation fouterraine qui auroit terni, fali, altéré, cuit, déplacé ces différentes parties de couches qui font difperfées dans la Limagne & dans les environs de Clermont, & que nous avons indiquées ci-deffus fous le nom de *rochers bituminifés?* Outre cela, il eft à croire que ces inflammations auroient eu lieu en différens tems, & feulement par cantons très-circonfcrits fi l'on en juge par les rochers bituminifés qu'on rencontre dans la Limagne.

Les rochers bituminifés qui font, dans bien des cas, fenfiblement diftingués des couches intactes; ont-ils eu pour bafe des couches plus anciennes que les couches intactes qui auroient été dépofées à une époque moins reculée? Il y a des faits qui femblent favorifer cette préfomption, mais d'autres la contredifent.

Effectivement, ces couches cuites ou bituminifées renferment des morceaux de pierres calcaires intactes, & même des parties de couches intactes à côté des boules très-applaties & ternies par les *bitumes*, diftribuées dans ces mêmes couches.

Ces diverfes altérations des couches & des matériaux qui les compofent en conféquence de la pénétration ou du dépôt du *bitume*, ont pu avoir lieu dans le baffin de la mer, qui depuis auroit recouvert, par des matériaux intacts, les maffifs altérés d'une manière quelconque.

Nous avons vu, dans la Limagne, beaucoup de puys dont les bafes font des rochers bituminifés, & en divers états. Ces puys font toujours plus élevés que ceux qui ne font compofés que de matières intactes calcaires ou argileufes.

Outre cela, nous avons trouvé des parties de terres & rochers bituminifées à certaines profondeurs : elles étoient très-peu couvertes de terres intactes. Il paroît que les rochers bituminifés ont plus réfifté à la deftruction, que les terres & les couches intactes; mais cependant il eft à croire que les maffifs bituminifés qui font profonds & ont peu d'élévation, ont été détruits auffi en grande partie.

Les maffifs bituminifés nous ont donc offert différens degrés d'élévation & d'épaiffeur. Il y en a fouvent des maffifs de plus de cent toifes d'épaiffeur; mais nous n'en avons pas vu fur des bafes totalement intactes, & qui ne fuffent pas ternies par le *bitume*. Quoique, relativement à la pénétration du *bitume* dans les couches, il y ait peu d'ordre, peu de fuite & d'uniformité, foit que la nature différente des fubftances qui auroient éprouvé l'action du feu fouterrain, foit que la diftribution de la flamme y ait influé, &, fi l'on n'admet pas la cuiffon, la fublimation du *bitume* par le feu, on trouvera la caufe de ces phénomènes dans le mélange de la poix dans les fubftances des couches lors de leur formation, & dans la manière dont elles s'en pénétroient.

Les couches falies & ternies par la poix ou le *bitume*, & qui font reftées dans leur fituation horizontale, tiennent à un dépôt de mer, & n'ont pas éprouvé grand changement.

En général, la province d'Auvergne eft très-favorable à l'étude des *bitumes*, attendu qu'elle les offre fous toutes les formes poffibles. Effectivement, j'en ai vu, en gros tampons, dans des réduits ronds, au milieu des couches de pierres calcaires blanches, d'un grain peu ferré & bien intactes. C'eft auffi par les fentes des intervalles de ces couches qu'on voit tranffuder ce *bitume*, qui fort en formant de larges & nombreufes bavures qui occupent trois ou quatre pieds d'étendue.

Je le répète : c'eft auffi au milieu de pierres

calcaires à grain fin, salies de *bitume* dans toute leur épaisseur, & dans d'autres plus grenues, avec des taches produites aussi par ce *bitume* infiltré. Dans ces sortes de massifs le *bitume* coule par les intervalles des couches, & forme des bavures abondantes que l'eau, chargée de sel marin, entraîne surtout pendant l'été. Ceci est un phénomène très-curieux, & je connois beaucoup de ces masses bitumineuses dans la Limagne, d'abord au Puy-de-Crouelle, ensuite au Puy-de-la-Poix, plus loin à Malintrat, en descendant plus bas le long de l'Allier, près le Pont-du-Château.

Après avoir traversé l'Allier, on rencontre des terres noircies par le *bitume* dans une masse qui se détache du Puy-du-Mur pour se porter sur Chignac.

De là, en visitant la butte de Vertaison du côté du village, nous avons trouvé beaucoup de rochers bitumineux sous les maisons. Plusieurs ressembloient à ceux de Crouelle. Au sud étoient des groupes de rochers dans le même état bitumineux, &, en descendant vers la route, le fond du chemin offre plusieurs rochers bitumineux noirs & friables, lesquels se montrent également dans une petite butte au bas de la Broussilie.

Au-delà de ce village, en suivant la route, on retrouve de ces rochers bitumineux, & dans les intervalles des pierres calcaires, & des marnes intactes & sans mélange.

Dans la continuation des têtes de Vertaison sont le grand & le petit Turlurou, deux têtes fondues & enveloppées de couches à une certaine hauteur. Il y a peu de montagnes dans tous les environs, & dans toute la Limagne en général, qui n'aient pour noyau des laves ou des rochers bituminisés & gris : tels sont Courcourt & Moissat, qui ont la même apparence que les deux appendices de Chignac, & qui paroissent également pénétrés de *bitume*.

A côté de Montmorin, un puy couvert de matières bitumineuses.

Avant la descente dans la vallée de l'Allier, on trouve beaucoup de têtes isolées, qui sont composées de rochers bituminisés. Celui de Saint-Bonnet est dans le même état.

Au dessous de Cornon, au bas d'une croupe qui appartient au puy de Banne, on voit des massifs de terres bituminisées. Nous avons dit ci-dessus que Banne étoit composé de ces rochers.

Nous avons observé que ces massifs de rochers bituminisés étoient recouverts, sur les côtés, de terres marneuses intactes & sans aucun mélange.

Cornonet & un puy placé plus bas que Cornonet sont composés de rochers bituminisés.

De même, à six cents toises environ de Cornon, on trouve trois massifs de ces mêmes matières bituminisées, & le dernier paroît tenir à l'appendice méridional des enveloppes du Puy-Danzay, qui est un culot de laves solides & à grain serré.

Au dessous des couches calcaires blanches sont des bancs de brasier ou de pierres de sables, qui sont tellement pénétrées par le *bitume*, qu'elles en sont entiérement salies.

Enfin, on peut observer les rochers qui sont le long de la route qui descend de la ville du Pont-du-Château à la rivière. Les rangées de boules à couches concentriques sont distribuées dans les bancs de la superficie, & recouvrent ceux qui renferment le *bitume*, & qui en sont pénétrés au point d'avoir pris la couleur d'un mélange de gris & de bleu. Cette couche est fort épaisse : on y voit plusieurs fentes de dessiccation à travers lesquelles la poix ou *bitume* transsude abondamment. La matière de cette couche semble avoir été pénétrée de *bitume*, de manière à présenter plusieurs taches noires, dont une grande partie a éprouvé *la fusion* comme certaines couches de Crouelle.

Ce sont ces différens états & ces circonstances qui ont contribué à mettre un certain désordre dans ces couches.

Les boules à couches concentriques qui partout ailleurs m'ont paru avoir été produites par l'action du feu, surtout lorsqu'il l'exerce sur certaines couches de cos, ne peuvent avoir éprouvé cette action que dans le cas où le feu auroit traversé les couches inférieures où réside la poix, & dont une grande partie semble être dans l'état intact. On doit bien penser que ces effets sont bien plus marqués lorsque le feu a pu agir. C'est peut-être à cette sublimation de la poix que les couches épaisses de pierres calcaires doivent leurs couleurs grises & leur friabilité.

Il faut ajouter ici qu'un travail de la nature, bien différent de la sublimation de la poix & de la cuisson qui en a été la suite, a laissé des résultats très-curieux : ce sont des bouillons d'agate ou stalactites de calcédoine distribués, avec la poix, à la surface des fentes de dessiccation.

Le pissasphalte se trouve encore en Auvergne, 1°. à la base du Puy-Châteix, presqu'en face des moulins de Saint-Félix. Il imbibe une couche de brasier ou psammite qui est inclinée, & qui reparoît plus bas dans un chemin creux, mais qui est sans *bitume* dans cette dernière position ; c'est un sable feldspathique à très-gros grains, & qui a reçu un commencement d'agglutination.

Le sable bitumineux agglutiné du Puy-Châteix est employé, à Clermont, pour la construction de terrasses. On le fait fondre dans une chaudière, & alors il devient presque liquide ; mais il ne tarde pas à reprendre une consistance solide lorsqu'il est refroidi.

Le Puy-du-Lin, près le Petit-Pérignon, laisse suinter du pissasphalte.

On en retrouve au Puy-de-Marmant, mais en très-petite quantité.

Le calcaire compacte qui renferme les barytes de la fontaine du Tambour, est parsemé de petites veines de pissasphalte.

§. IV. *Du bitume asphalte.*

On trouve ce *bitume* particuliérement à la surface du lac de Judée, qui porte le nom de *Lac asphaltique*; à Morsfeld, dans le Palatinat; à Iberg, dans les montagnes du Hartz; à Neuchâtel en Suisse, & à Aulona en Albanie.

Celui du Lac asphaltique surnage à la surface des eaux.

Celui d'Aulona est en couches épaisses.

§. V. *Du caout-chouc fossile ou bitume élastique.*

On ne l'a encore trouvé que dans le Derbyshire, près de Castleton.

On en distingue deux variétés; l'une dure, friable, qui se brise comme les résines. Sa cassure est lisse & vitreuse. L'autre est molle, élastique, précisément comme le caout-chouc ou gomme élastique. Leur couleur est d'un brun-foncé; mais la molle, lorsqu'on la coupe, est d'un jaune-verdâtre intérieurement. Ces deux variétés ne paroissent pas différer, & dans le même morceau on trouve de l'une & de l'autre.

Les morceaux de ce *bitume* sont mélangés avec du plomb sulfuré ou galène, du spath calcaire, du spath fluor ou chaux fluatée, & de la baryte sulfatée ou spath pesant. Son gissement est dans les fissures d'un schiste argileux.

C'est en 1785 qu'on fit la découverte de ce minéral, dont on chercha de suite à connoître la composition. Pour arriver à ce but, on a suivi les procédés de M. Berniard dans l'analyse du caout-chouc (*Journal de physique*, avril 1781), afin d'avoir des expériences comparatives.

On a pris douze grains du *bitume* de la variété solide, & l'ayant grossiérement concassée, on versa dessus une once d'esprit-de-vin, qui ne l'attaqua nullement. Au bout de huit jours, en ayant versé dans l'eau, il n'y eut point de précipité. Celle qui est molle n'a pas été plus attaquée par l'esprit-de-vin.

L'éther vitriolique n'a également exercé aucune action sur les deux variétés.

Il en fut mis douze grains de chacune dans de l'acide nitreux blanc. Il ne les attaqua point, ni n'en fut coloré l'ayant fait chauffer jusqu'à l'ébullition. Il a paru quelques bulles à la surface de cette substance; mais elle n'a pas été dissoute, & l'acide a conservé sa blancheur, ou au moins n'a été que très-peu coloré.

Douze autres grains de la sèche furent mis dans deux onces d'huile de térébenthine. Au bout de vingt-quatre heures l'huile n'avoit exercé aucune action sur elle.

On a pour lors versé le tout dans une petite cornue, & fait bouillir l'huile. Elle s'est colorée: une partie de la substance a été dissoute. Le tout a pris beaucoup de consistance. On en a versé une partie dans une soucoupe de porcelaine, & l'ayant laissé refroidir, on en a enduit le taffetas; mais elle étoit encore trop liquide; en conséquence on a encore fait bouillir celle qui étoit dans la cornue: pour lors la matière a pris une consistance poisseuse très-forte. Sa couleur étoit celle du succin ou ambre foncé tirant sur le rougeâtre.

Ayant cassé le col de la cornue pour prendre de cette dissolution & en enduire un taffetas, on la trouva trop grasse & trop poisseuse.

La seconde variété de *bitume*, savoir, la molle & élastique, présente absolument les mêmes phénomènes, traitée de la même manière avec l'huile de térébenthine.

On en a mis, dans trois onces d'huile d'olives, vingt-quatre grains de celle qui est molle & élastique, & on l'a fait bouillir; elle a été parfaitement dissoute.

Ayant pour lors distillé, à feu nu, ces deux substances, & pris vingt-quatre grains de chacune que l'on a mis dans deux petites cornues.

Dès les premiers coups de feu il s'est élevé une fumée assez épaisse. Cette fumée a augmenté; il a passé des vapeurs blanches qui se sont condensées en huile.

La matière, dans la cornue, est devenue absolument liquide comme de l'huile fondue, & ne se boursoufloit point. L'huile a continué de passer; les vapeurs blanches ont diminué; enfin, la matière a été réduite en charbon. Le dernier coup de feu a été assez vif pour ramollir la cornue. Le feu cessé, elle paroissoit enduite intérieurement d'un vernis noir, ayant une zône de bleu.

Il n'a point passé d'alcali volatil.

L'huile qui étoit dans les vaisseaux avoit une forte odeur bitumineuse, & étoit très-fluide.

Ce sont les mêmes phénomènes que présente la gomme élastique. Elle n'est attaquée ni par l'esprit-de-vin, ni par l'éther vitriolique, ni par l'acide nitreux à froid; mais les huiles la dissolvent. Enfin, à la distillation elle donne les mêmes produits. D'ailleurs, ce *bitume* a l'élasticité du caout-chouc. Il paroît donc que c'est, sinon la même substance, du moins une substance très-analogue.

Mais la gomme élastique ne se trouve aujourd'hui que dans l'Amérique méridionale ou dans les Indes. Ce fait confirme donc les anciennes révolutions qu'a essuyées le Globe.

On a trouvé, dans d'autres contrées de l'Angleterre, un *bitume* semblable à du cuir pour sa consistance, & qui avoit pour gissement une mine de fer argileux.

BIZE, village du département des Hautes-Pyrénées, arrondissement de Bagnères, à une lieue un quart de la Barthe. Il y a dans le territoire de *Bize* une carrière de marbre fond noir.

BIZEC (Ile du), département de Finisterre, canton de Saint-Pol-de-Léon, & à une lieue un quart de cet endroit.

BIZY, village du département d'Eure, canton de Vernon. Il y a un château dont le parc est très-considérable. Il a deux lieues de long, sur une lieue de large. La grande route d'Évreux le traverse.

BLACHE (la), forêt de l'arrondissement de Vienne, & à quatre lieues sud-est de cette ville. Elle a seize cents toises de long, sur douze cents toises de large.

BLAIGNY *ou* BLIGNY, village du département de l'Aube, arrondissement de Bar-sur-Aube. Il y a une verrerie.

BLAINDEVASECH, bourg du département de la Meurthe, arrondissement & canton de Sarrebourg, à une lieue & demie de cette ville. Il y a une fabrique de verres.

BLAINVILLE, village du département de la Seine-Inférieure, arrondissement de Rouen, canton de Buchy. On y a établi un atelier où l'on purifie le salpêtre.

BLAISE (la), rivière du département de la Haute-Marne, arrondissement de Chaumont. Ses sources sont aux environs de Bléfy & de Gillancourt, dans plusieurs petites vallées abreuvées. Elles se continuent plus bas à Marbeville, près de Morfontaine. Je dois citer entre les eaux qui alimentent cette rivière, le *Blaison*, dont le cours est fort étendu, & qui a des moulins & des forges. Il en est de même de la rivière, qui a plusieurs forges. Toutes ces eaux courantes se distinguent surtout par l'établissement d'un certain nombre de petites villes, bourgs considérables & villages, ainsi qu'ils se trouvent rassemblés dans les vallées qu'arrosent les grandes rivières de ces contrées. C'est dans les environs de la *Blaise* que les habitans peuvent se procurer les grandes commodités de la vie, l'eau & le bois; car ce pays est peuplé de plusieurs forêts plus ou moins considérables. On a senti les avantages de cette rivière, de sa vallée & de l'habitation de ses bords; car plusieurs villages portent son nom: tels sont *Blaise-le-Châtel*, *Blaise-sous-Arzilliers*, *Blaise-sous-Hauteville* & *Blaise*. Quant à l'embouchure de cette rivière avec la Marne, outre que les eaux qui affluent de chaque côté à la *Blaise* éloignent son lit de la Marne, les dépôts s'opposent à leur jonction pendant plusieurs lieues, & jusqu'à Vitri. Nous en parlerons plus au long à l'article de la rivière de MARNE.

BLAISOIS, petite contrée du département de Loir & Cher, qui étoit bornée, au septentrion, par le Dunois & l'Orléanois proprement dit, au levant par le Berry, au midi par la Touraine, & au couchant par la Touraine & le Vendômois. Elle avoit environ vingt lieues de longueur du couchant au levant, sur quatorze lieues de largeur du septentrion au midi. Ce pays est arrosé par la Loire, le Beuvron, la Seudre, la Bonneheure, la Cise, l'Andizon & le Raire.

Ses villes principales étoient Blois sa capitale, Romorentin, Saint-Dié, Suèvre, Mer & Chambord. L'air y est sain & fort tempéré, & la terre fertile en grains, en vins, en fruits & en pâturages. Il y a plusieurs belles forêts, dont les plus considérables sont celles de Chambord & de Boulogne, la forêt de Blois, celle de Bruadan & la forêt de Ruffy.

Le *Blaisois* est abondant en gibier, en volaille & en poisson: on peut le regarder comme un des pays qui, par sa constitution, est le plus agréable & le meilleur de la France. Les habitans du *Blaisois* font un commerce considérable des denrées de leur crû, telles que des vins, des grains, du bétail, des laines qu'ils vendent en nature & en étoffe. Une grande partie de la Sologne étoit confondue avec le *Blaisois* au midi.

BLAME (Col de la), département du Pô, passage de la vallée de San-Martino dans celle de Pzagelato-de-Basille.

BLAMECOURT, village du département de Seine & Oise, arrondissement de Mantes, canton de Magny. Il y a un pressoir à cidre comme au centre de la contrée du bon cidre, & de la plantation de la bonne espèce de pommiers qu'on a tirée d'Espagne, où l'on sait qu'elle est naturelle.

BLAMONT, village du département du Doubs, arrondissement de Saint-Hippolyte, à la source de la Glon, & à deux lieues nord de cette ville. Il y a une forge où se fabriquent du fer, du fil de fer, des canons de fusil & des verres.

BLAMONT, ville du département de la Meurthe, arrondissement de Lunéville, sur la Vezouze. La terre des environs de cette ville est très-fertile; elle produit de beaux grains & d'excellens pâturages. Il y a une faïencerie. On trouve du cristal de roche au village de Couvay, à une lieue de *Blamont*. A pareille distance de cette ville, dans un lieu nommé *Lombrigny*, il se trouve une fontaine minérale très-bien entretenue, entourée de murailles & de pavés. L'eau de cette source a les mêmes propriétés que celle de Domèvre.

BLANC (le), roc & montagne du département des Hautes-Alpes, arrondissement d'Embrun, à deux lieues & demie de Saint-Clément. Cette montagne a, du nord au sud, deux tiers de lieue de longueur.

BLANC (le), ville du département de l'Indre; elle est située sur la rivière de Creuse. Le sol des environs est ingrat & stérile; il est rempli de bois

& de forges. A une certaine distance est un vignoble qui produit d'assez bon vin. Quoique la rivière de Creuse ne soit pas navigable, elle ne laisse pas de servir au débit de beaucoup de bois qu'on fabrique en merrain, qu'on jette à bois perdu, & qu'on rassemble au port de Piles. On remarque, entre la Creuse & la rivière de Clatse, une si prodigieuse quantité d'étangs, qu'on en comptoit trois cent neuf dans la seule commune du Bouchet. On fait aussi commerce de poisson dans la ville de *le Blanc*.

BLANC (Lac) & émissaire de ce lac, département de l'Isère, canton du bourg d'Oysans. La rivière où est son bassin coule au sud-sud-ouest, traverse le lac *Blanc*, & va se rendre dans la Sarennes à une lieue un quart sud-ouest de sa source.

BLANCFOSSÉ, village du département de l'Oise, canton de Crève-Cœur. Il y a dans ce village deux pressoirs pour le cidre; ce qui annonce que cette récolte est considérable dans les environs.

BLANCHE (Mer-). Ce n'est proprement qu'un golfe; car ses eaux sont basses, son fond est rempli de limon apporté par les grandes rivières qui s'y déchargent, & qui ne laissent presqu'aucune salure à ses eaux. La Dwina ou la *Double Rivière* est la plus grande; elle tire son nom de ce qu'elle est formée par la Suchona & la Yug, à une très-grande distance de son embouchure. Elle est navigable jusqu'à Vologda; ce qui fait par eau environ six cent soixante-six milles. Elle sert à voiturer les denrées des parties intérieures de l'Empire à Archangel, ville située sur ses bords à environ six milles de la mer. Pendant l'hiver on envoie de cette ville à Pétersbourg une grande quantité de nawaga, petite espèce de morue toute gelée, comme Kola y fait passer des harengs dans le même état.

Les îles de Podesemskoë forment le delta de cette rivière; elles sont séparées les unes des autres par un détroit fort resserré.

La *Mer-Blanche* est, tous les hivers, remplie de glace qui lui vient de l'Océan glacial, & qui amène avec elle le harp-seal, espèce de phoque. La léporine, autre espèce, fréquente cette mer durant l'été.

Quiconque jettera les yeux sur les Cartes des provinces situées entre cette mer & les golfes de Bothnie & de Finlande, remarquera que le plus grand espace de cet intervalle est occupé par des lacs. Il y a des auteurs qui en concluent que la *Mer-Blanche* étoit unie avec la Baltique au moyen d'un long détroit dont les lacs sont les vestiges; mais il faudroit réunir à cette présomption beaucoup d'autres observations pour rendre cette communication ancienne vraisemblable, & en tirer toutes les conséquences qu'on en tire.

Au côté oriental de l'entrée du détroit est l'île de Kaudinos. Entre cette île & la terre-ferme il n'y a qu'un canal très-resserré. Après qu'on a doublé le cap de Kaudinos, la mer forme deux grandes baies. Une partie considérable du rivage à l'est se trouve composée de basses collines de sable.

Dans la baie la plus reculée, à la latitude de 68 deg. 30 min., se décharge, par plusieurs bouches, la vaste rivière de Peczora. Il s'y faisoit autrefois une grande pêche de béluga ou baleine blanche. Un banc de sable, à l'entrée de cette rivière, la rend dangereuse. La marée n'y monte qu'à quatre pieds.

Les côtes à l'est d'Archangel jusqu'à Loby sont habitées par les Samoïèdes, race aussi dégradée que celle des Lappons, mais plus difforme & infiniment plus brute. Leur nourriture sont les cadavres de chevaux & d'autres animaux. Ils se servent du renne pour tirer leurs traîneaux; mais ils ne se sont pas encore avisés de le substituer à la vache pour user de son lait. Ce sont les vrais Hottentots du Nord.

A l'est de Peczora commence le Continent de l'Asie & se termine celui d'Europe.

BLANCHES (Montagnes). Ces montagnes, situées dans les parties septentrionales du Nouvel-Hampshire, ont attiré, depuis l'établissement de cet État, l'attention de tous les savans. Elles sont certainement les plus hautes de celles de la Nouvelle-Angleterre. Les vaisseaux qui viennent de l'est les apperçoivent, dans le beau tems, avant toutes les autres terres, & on les a souvent prises pour des nuages à cause de leur couleur éclatante. On les voit, du côté du sud & du sud-est, à la distance de soixante ou quatre-vingts milles du rivage: l'on assure même qu'elles sont très-visibles dans le voisinage de Québec. Les Indiens ont une vénération superstitieuse pour ces montagnes, qu'ils regardent comme la demeure d'êtres invisibles; c'est pour cette raison qu'ils ne se hasardent jamais de monter sur leur sommet, & qu'ils tâchent d'en détourner ceux qui veulent y aller.

Ceux qui ont essayé de donner l'histoire de ces montagnes, ont attribué leur éclat à des rochers brillans ou à des mousses blanches; mais ce que nous allons dire sera plus vrai & plus satisfaisant.

Les montagnes *Blanches* sont la partie la plus élevée d'une chaîne qui s'étend, du nord-est au sud-ouest, dans une longueur qu'on n'a pas fixée. L'aire de leur base est une figure irrégulière, ressemblant en quelque manière à un triangle isocèle, dont le côté le plus long est vers le sud. Le circuit de toute cette base ne peut pas avoir moins de cinquante milles. On voit distinctement, du côté du nord-ouest, sept sommets, dont quatre sont arides. En montant sur le plus élevé, on trouve d'abord le terrain compris entre les rivières de Saco & d'Amariscogin, après avoir parsouru une pente de douze milles, depuis la plaine de Pigwachet. A cette hauteur sont des prairies qui ont succédé à un étang de castors, comme on le voit par une digue qui est à chaque extrémité. Il sort du flanc oriental de cette montagne plusieurs sources, dont les produits errent à travers la prairie; & après s'être amassés au milieu, ils se divisent à l'extrémité méridionale, & se jettent, une partie dans la rivière Ellis, qui est une branche du Saco, &, vers le nord, dans la rivière Péabody, branche de l'Amariscogin.

Les flancs de ces montagnes sont composés de rochers détachés, couverts d'une mousse verte très-longue, qui s'étend de rochers en rochers, & qui est dans quelques endroits si épaisse, qu'elle peut soutenir le poids d'un homme. Cet immense lit de mousse, étendu sur la surface de ces montagnes, sert comme d'éponge pour retenir l'humidité qu'y déposent continuellement les nuages & les vapeurs qui se rassemblent autour. Les broussailles épaisses qui y croissent, empêchent le soleil d'y pénétrer & de dissiper ces vapeurs. C'est ainsi que les eaux se conservent pour entretenir les sources nombreuses dont cette contrée abonde, & qu'il se fait une circulation perpétuelle fort intéressante pour le spectateur; car il n'est pas plutôt tombé une pluie abondante, que les vapeurs s'élèvent de dessus les feuilles des arbres de la forêt voisine en d'innombrables petites colonnes, qui, ayant atteint une certaine hauteur dans l'atmosphère, se rassemblent, & sont attirées par la montagne sur laquelle elles retombent en pluie ou s'imbibent dans la mousse, se déposent dans les crevasses des rochers, & de là portées sur une couche impénétrable, jusqu'à ce qu'elles trouvent une issue pour sortir sous la forme de sources.

Les rochers dont ces montagnes sont composées, sont, dans quelques endroits, d'ardoise, dans d'autres de quartz; mais, vers le sommet, c'est une pierre d'un gris-obscur, qui présente dans ses cassures des points brillans de talc ou de mica.

Quand on a franchi les rochers les plus escarpés, on arrive à ce qu'on nomme *la plaine*, où la rampe devient douce & facile. Cette plaine est composée de rochers couverts d'herbes & de mousses, & ressemble à la surface d'un pâturage sec. Dans quelques ouvertures de ces rochers on trouve, ou de l'eau, ou du gravier sec. La plaine est d'une figure irrégulière; elle a, depuis son bord oriental jusqu'au pied du pain de sucre, plus d'un mille d'étendue; du côté de l'ouest, elle s'étend davantage. Le pain de sucre est un amas pyramidal de rochers détachés & grisâtres, qui n'a pas moins de trois cents pieds de hauteur perpendiculaire; mais la montée n'en est pas si difficile que celle des rochers escarpés au dessus de la plaine. Du sommet de cette pyramide on jouit d'une vue qui s'étend, au sud-est, jusqu'à l'Océan; à l'ouest & au nord, jusqu'aux montagnes qui séparent la rivière de Connecticut des eaux du lac Champlain & de Saint-Laurent. Par des observations du baromètre, on a trouvé que la hauteur de ce pic étoit de cinq mille cinq cents pieds au dessus de la prairie, & que la prairie étoit de trois mille cinq cents pieds au dessus du niveau de la mer.

Sur les flancs de la montagne on voit de profondes crevasses qui commencent aux rochers escarpés, & s'étendent au dessus de la plaine. En hiver les neiges, poussées par les vents de nord-ouest sur le sommet de ces montagnes, s'accumulent dans ces crevasses, & forment un corps compacte qui se fond difficilement par le soleil du printems. Ces montagnes commencent à se couvrir de neige & de glace vers la fin de septembre ou au commencement d'octobre, & ne se fondent qu'en juillet. Pendant cette période de neuf ou dix mois, elles ont plus ou moins cette apparence brillante qui a fait donner le nom de *Blanches* aux montagnes qu'elles couvrent. Dans le printems, quand la neige est en partie fondue, elles paroissent d'un bleu-pâle mêlé de blanc. Lorsque la neige est fondue presque totalement, ces montagnes paroissent, à la distance de cinquante ou soixante milles, d'un bleu-céleste; & lorsqu'on les regarde seulement de dix milles de distance, elles sont d'une couleur grisâtre tirant sur le brun. Ces changemens ont été observés par des personnes qui jouissent constamment de la vue de ces montagnes.

On peut aisément conclure de ces faits, que la blancheur de ces montagnes doit être attribuée à la neige & à la glace dont elles sont couvertes, & non à aucune autre substance blanche que réellement elles ne contiennent point. Il y a à la vérité quelques parties qui paroissent plus brillantes dans les mois d'été; mais ces parties ne sont autre chose que les bords des crevasses éclairés par le soleil. Ces places brillantes changent de place selon la position de cet astre & la fonte des glaces.

Il n'est pas inutile de rechercher si une si grande quantité de neige, accumulée & retenue sur ces montagnes, ne peut pas augmenter l'activité des vents qui soufflent de ces hauteurs? Combien ne peut-il pas y avoir de montagnes, vers le nord & l'ouest, couvertes de neige & de glace, qui ne se dissolvent jamais dans les régions les plus éloignées? Et ne pouvons-nous pas attribuer le froid perçant de nos vents d'ouest à leur passage sur ces chaînes nombreuses de montagnes glacées, plutôt qu'aux lacs & aux forêts?

Ces hauteurs immenses que nous avons décrites comme réservoirs d'eaux abondantes, présentent une grande variété de magnifiques cascades, dont quelques-unes tombent en nappes perpendiculaires, d'autres serpentent en ruisseaux étroits; quelques-unes s'étendent sur la surface unie de vastes rochers, & tombent de dessus leurs bords en nappes majestueuses.

Trois des plus grandes rivières de la Nouvelle-

Angleterre reçoivent une grande partie des eaux de cette région. Les rivières Amonoosuck & Israël, deux principales branches du Connecticut, coulent sur les pentes occidentales de ces montagnes. La rivière Péabody & une autre branche de l'Amariscogin sortent du nord-est, & presque toute la rivière de Saco sort du sud. La déclivité étant très-rapide, cette dernière rivière grossit très-soudainement dans les tems de pluie, & diminue ensuite aussi promptement.

Sur le côté de l'ouest de ces montagnes on trouve un pas qui, dans l'endroit le plus étroit, n'a que vingt-deux pieds entre deux rochers perpendiculaires. On y a construit, à grands frais, une route, qui est le chemin le plus court du Haut-Cohoss à la rivière de Connecticut, & à cette partie du Canada qui borde la rivière Saint-François. La rivière de Saco prend naissance à la hauteur de cet étroit passage. Un ruisseau descend de la montagne, & serpente à travers une prairie qui étoit anciennement, comme nous l'avons dit, un étang de castors, bordée, d'un côté, par un rocher escarpé. Ce ruisseau descend le long du côté occidental du défilé; l'autre est la route. Ce passage s'élargit à mesure qu'on descend; mais pendant huit ou dix milles il est si étroit, qu'il n'y a de place que pour la rivière.

On voit, à d'immenses hauteurs & dans des lieux inaccessibles, des rochers blanchâtres, d'autres rougeâtres, dont la surface est polie par le frottement continuel des eaux.

On n'a trouvé, dans ces montagnes, que du quartz & point de pierre calcaire. Toutes les recherches qu'on a faites dans ces montagnes pour y trouver des mines, ont été jusqu'ici inutiles. Les richesses les plus certaines qu'elles fournissent, sont les eaux qui entraînent, dans les vallées, un riche limon propre à fertiliser le sol & lui faire produire les plus beaux blés.

BLANCHE (la), montagne du département des Basses-Alpes, canton de Barcelonnette. Elle a, du nord-ouest au sud-est, trois lieues de longueur.

BLANCHEROCHE, village du département du Doubs, à trois quarts de lieue de Morteau. Il y a une verrerie.

BLANCKENBERGHE, ville & place riveraine de la mer, canton & section est de Bruges. La pêche en est très-renommée. On s'y baigne dans la mer commodément, autant pour le plaisir que pour la santé. Elle fait partie du premier arrondissement maritime.

BLANCSABLON (Anse du), arrondissement de Brest, à un quart de lieue nord du Conquet. Elle a l'anse du port Babu à l'ouest, & au nord l'anse, la pointe & le corps-de-garde d'Illien.

BLANDEN, village du département de la Dyle, canton de Louvain, près la forêt d'Hervèle, à une lieue & demie sud de Louvain. Il y a beaucoup de bois dans ses environs.

BLATTENBERG, montagne située à côté du village de Mat, dans le canton de Glaris, où se trouve une carrière d'ardoise de table dont on fait un grand commerce, surtout en Allemagne. Elle est dure, noire, d'un grain fin : on la polit afin de la dresser tout-à-fait. Une chose remarquable dans cette carrière, c'est que ses couches sont alternativement d'un grain fin & d'un grain plus grossier. Elles sont minces, & se détachent aisément l'une de l'autre. C'est la plus fine, qui est la plus dure & la plus compacte, qu'on emploie pour faire des tables. Il n'est pas rare d'y trouver des empreintes de poissons ou d'arêtes de poissons entre les deux couches. Les beaux & grands morceaux dans ce genre, que renferment certains cabinets, viennent de cette carrière. La différence des carrières qui composent ces couches & les poissons qui se trouvent entre deux, prouvent que le tout a été précipité & déposé par les eaux. Ces couches sont inclinées, de cinq à six degrés, vers le midi.

La carrière de *Blattenberg* paroît inépuisable. On croit que celle qui existe près du torrent de Diesthal, sous les monts dits Eckbergen, dans la grande vallée du canton de Glaris, a une communication avec la carrière de *Blattenberg*, & celle-ci avec les couches d'ardoise qu'on trouve jusqu'auprès de Pfeffers. On a aussi découvert une carrière d'ardoise au pied du village de Sool; mais elle n'est pas exploitée, parce que les ardoises sont peu propres à être détachées aussi légérement & aussi uniment que celles de *Blattenberg*. Autrefois le transport des grandes tables d'ardoise étoit plus considérable : ce commerce est un peu tombé depuis qu'on préfère aux tables d'ardoise les tables incrustées avec des pierres de rapport. Cependant on prétend qu'on transporte annuellement hors du pays, par eau, en Hollande, & de là, sur mer, en Angleterre, cent soixante à deux cents caisses de petites tables d'ardoise à écrire. Les Hollandais & les Anglais les transportent ensuite dans les deux Indes.

BLAYE, ville du département de la Gironde, sur la Gironde. La ville de *Blaye* est construite sur un rocher. Rien de plus majestueux que la Gironde devant *Blaye* & du port où l'on s'embarque! Le coup-d'œil est enchanteur. Là le fleuve a deux lieues de largeur; mais au milieu, en face même de la ville, il y a un fort que l'on appelle *Pâté-de-Blaye*, qui bat de tous côtés, de manière que la flotte la plus formidable, avant d'arriver jusqu'à lui, seroit détruite si elle tentoit le passage de cette rivière pour atteindre le port de Bordeaux. Les batteries du fort se croisant, d'un côté, avec celles de la citadelle de *Blaye*, & de l'autre avec celles du fort Médoc, situé sur la rive opposée, rendent ce passage, non-seulement difficile, mais impossible aux ennemis.

On ne parle pas des inconvéniens qu'il faut surmonter pour entrer en rivière, des bancs de sable qui se présentent, tantôt d'un côté, tantôt de l'autre, & qui dérangent la marche naturelle d'un vaisseau.

Aussi ce fleuve, à l'embouchure de la mer, est-il surveillé par une infinité de pilotes côtiers, les uns habitans de *Blaye*, les autres de Royans & des lieux circonvoisins, qui attendent l'instant du malheur ou de la fortune pour prendre le commandement du navire qui sort ou qui entre en rivière. Ces hommes ont une étude-pratique tellement approfondie de tous les écueils mobiles, & savent si bien, par la nature des vents, ce qui doit résulter de leur impétuosité ou de leur tranquillité, qu'ils ont acquis le droit de commander en maîtres jusqu'à ce qu'ils aient mis le bâtiment qu'ils gouvernent hors de danger. C'est même une loi de sûreté commerciale, qu'aucun vaisseau n'entre ou ne sorte de la rivière, jusqu'à une certaine distance en mer, sans avoir un pilote pour le conduire. La violation de cette loi est terrible pour le capitaine qui oseroit l'enfreindre.

Le port de *Blaye* est fréquenté, en tems de paix, par un nombre considérable de vaisseaux étrangers, qui rendent cette ville florissante. Elle fournit de vivres tous les bâtimens qui sortent de la rivière de Bordeaux. Il s'y fait un grand commerce de blé qu'on recueille dans les marais qu'on a desséchés, & qu'on tire, en grande quantité, des départemens voisins. Il s'y fait aussi un commerce de vins rouges & blancs, & qui sont de nature à souffrir de longs trajets sur mer; ce qui procure l'aisance dont jouissent tous les habitans, qui sont en général très-industrieux.

BLÉRANCOURT, bourg du département d'Aisne, canton de Coucy-le-Château. On y fait le commerce de chevaux, de chanvres & de grains. On y emploie des terres végétales pyriteuses.

BLESSIÈRE (Col de), dans le département du Pô. C'est une communication entre les vallées d'Houx & Prageleto-du-Puy-à-Sapel, trajets de deux heures remarquables.

BLÉSY, village du département de la Haute-Marne. C'est un des premiers bassins de la Blaise, car il est voisin de sa source. (*Voyez* BLAISE, rivière, *pour connoître l'importance de ce bassin.*)

BLÉVILLE, bourg du département d'Eure & Loire, arrondissement du Havre, à une lieue trois quarts de Montivilliers. Il y a des eaux minérales.

BLICOURT, village du département de l'Oise, canton de Marseille, sur le ruisseau de l'Herperie, à trois lieues un quart de Grandvilliers. On y fabrique de petites étoffes de laine, auxquelles ce village a donné son nom.

BLIGH (Cap) est un rocher élevé & de forme ronde. C'est la terre que M. de Kerguelen a appelée *Ile du Rendez-vous*; mais il semble qu'elle ne peut servir de rendez-vous qu'aux oiseaux, & il ne doit pas y avoir d'autre animal. Cette île est la plus septentrionale de plusieurs autres qui l'avoisinent. Sa longitude est à 68 deg. 40 min. est; sa latitude à 48 deg. 29 min. sud.

BLINO (Val), du département de Piémont, petite vallée qui débouche dans celle de Vraita à Castel-Delfino. Elle a quatre lieues de longueur depuis Castel-Delfino jusqu'au col de l'Autaret.

BLISE (la), rivière du département de la Sarre, arrondissement de Sarrebruck. Cette rivière prend sa source au pied du mont Schaumberg, coule au nord-est, tourne au sud-est, arrose Saint-Vendel, va au sud, passe à Ottweiler, avoisine Neukirchen, après quoi elle fait cinq ou six oscillations, &, se dirigeant au sud-ouest, elle se rend dans la Sarre à Sarguemines après dix-neuf lieues d'un cours très-tortueux, & au milieu d'une vallée fort large qui offre plusieurs caps avancés à l'eau courante.

BLOCS ERRANS, PIERRES PERDUES. Tous les voyageurs ont trouvé, non-seulement dans les hautes régions, comme certains plateaux des Alpes, mais aussi dans les plaines les plus basses, des *masses errantes* & isolées, qui leur paroissoient comme tombées des nues, & n'ayant aucun rapport, par leur grain & leur nature, à la qualité dominante de la contrée où ils les voyoient. On en a trouvé dans les Alpes, dans certaines provinces de la Chine & de nos départemens. Une position aussi étrange ne leur est certainement pas naturelle. Un rocher, souvent gros comme une maison, sans base, n'a jamais été formé, au milieu de nos plaines fluviales, comme une ruine antique. D'où vient-il donc? sinon des débris de ces bancs supérieurs qui ne sont plus, & qui occupoient les vides des plaines au fond desquelles ils se trouvent; enfin, dont ils étoient sans doute les parties les plus dures & les plus solides. On doit considérer, comme une chose très-probable, qu'il y a eu en France, en Allemagne, en Italie, en Grèce, en Syrie, dans l'Arménie & dans le reste de l'Asie, des terrains contigus & continus avec les Pyrénées, les Cévennes, les Alpes, l'Apennin, les monts Taurus, Caucase & autres, & qu'ils couvroient presqu'entièrement, quoiqu'à un niveau plus bas, les contrées inférieures; que généralement la coupe de tous ces terrains, dans les lieux découverts & escarpés, nous présente les arrachemens de leurs lits & les extrémités de leurs bancs.

Si les pierres d'attente de nos bâtimens sont

connoître ce que l'on projette pour l'avenir, & si, dans des démolitions de constructions antiques, ce qui reste sur pied fait juger de l'état du passé; si je vois une voûte entière où il ne reste plus qu'une naissance, & si je me représente une colonne entière où il n'y a plus qu'un fragment de colonne & d'entablement, je ne puis & je ne dois qu'en faire de même au sujet du spectacle qu'ont présenté, en tout tems, les montagnes, monumens si anciens dans la mémoire des hommes.

Si je vois donc des lits rompus & inclinés, comme ce n'est pas là leur position primitive & naturelle, je les redresse par la pensée. Si je les vois interrompus & tranchés net, je les continue, & je vois leur prolongement traverser l'air pardessus les villes & les tours que nous habitons. C'est par-là que nous avons jugé d'abord en voyant à découvert des lits semblables, & uniformément appareillés sur les faces des deux croupes qui bordent nos vallées de part & d'autre, & même des bras de mer, qu'il faut qu'il y ait eu un tems où ces terrains n'ont dû être qu'une seule & même masse continue. C'est par-là que nous avons commencé à soupçonner qu'il y avoit eu une infinité de dégradations à la surface de la terre, & c'est par-là enfin que les lits de nos plus hautes montagnes isolées, terminées de même en arrachement, prouvent que toutes les différentes chaînes qui serpentent çà & là sur nos continens, n'ont aussi anciennement formé qu'une même & seule masse continue avant que des accidens les aient séparés & désunis en emportant tous les terrains dont les défauts nous les font paroître si grandes & si élevées, & ont produit les bassins & les vases de nos fleuves & de nos rivières.

Or, 1°. tous les terrains supérieurs auxquels nos montagnes & les parties les plus élevées de leurs cimes, qui n'existent plus, ont dû leur construction lors de leur position relative sous les eaux, &, 2°. tous les terrains qui leur ont été supérieurs & contigus, même à l'égard de leur position actuelle, tous ces terrains n'existoient déjà plus au commencement de la Genèse; il n'en restoit plus dès-lors que les débris & les chaînes de nos montagnes, & les autres sommets des pays inférieurs qui donnoient aux fleuves & aux rivières une pente vers les mers, causoient les sinuosités & les contours de ces fleuves, & les amenoient à des confluences.

Voyez à l'article AUTEUIL le développement des principales circonstances qui ont présidé à la formation & à la disposition des *blocs errans* qui sont dispersés dans le bois de Boulogne & même dans Paris. Je m'applaudis d'avoir trouvé & indiqué les preuves authentiques de l'origine de ces beaux monumens de l'histoire du Globe.

BLOIS, ville du département de Loir & Cher, sur la Loire, dans un pays fertile & agréable. Cette ville s'élève en amphithéâtre sur la rive droite de la Loire, & ce spectacle semble couronné par le château qui le domine. Un aqueduc superbe, taillé dans le roc par les Romains, atteste son antiquité. Cet ouvrage est intéressant. Il est construit en forme de grotte, & coupé dans le rocher avec un tel art, que plusieurs personnes peuvent presque, sur toute la longueur de la grotte, y marcher de front. Au nombre des monumens qui méritent l'attention proche la ville de *Blois*, est le pont qui traverse la Loire, ouvrage du dixième siècle, soutenu sur onze arches & parfaitement conservé. C'est au centre de la ligne courbe qu'il décrit, que l'on a élevé une pyramide de cent pieds d'élévation, dont la forme étonne & plaît à la fois.

Les productions du territoire de *Blois* consistent en vins & eaux-de-vie tirés de la ci-devant Sologne, en blés récoltés dans d'immenses & fertiles plaines voisines, en bois de toute espèce exploités dans les trois forêts de Chambord, de *Blois* & de Russi, montant ensemble à quinze ou seize mille arpens.

Sa position géographique, sur les bords d'un des principaux fleuves de la France, est des plus agréables. L'évêché de *Blois* est situé sur la partie la plus élevée de la ville. Il a pour la première vue, au midi, la grande & belle vallée de la Loire & du fleuve qui coule au milieu; au-delà sont les forêts qui forment, pour perspective, un des beaux rideaux que la nature puisse offrir: les variétés du sol de la Sologne & même le parc de Chambord en sont facilement apperçus, & couronnent le point de vue le plus riche que la France mette sous les yeux des curieux.

Le commerce de *Blois* consiste en coutellerie, clincaillerie, verrerie, bois de construction, vins, eaux-de-vie & vinaigre. On trouve aux portes de la ville quelques morceaux de mine de fer bézoardique ou de pyrolite ferrugineuse réunis en masse. Les fontaines doivent être mises au nombre des principales beautés de cette ville, & surtout considérées relativement aux sources qui fournissent à leur entretien.

BLOIS (Forêt de), du département de Loir & Cher, à une demi-lieue ouest de *Blois*. Elle a quatre mille deux cents toises de longueur, sur deux mille cinq cents toises de largeur.

BLOSCON (Fort de), département du Finisterre, canton de Saint-Pol-de-Léon, à une lieue un quart de cette ville, près de Roscoff.

BLOSSEVILLE, village du département de la Seine-Inférieure, arrondissement d'Yvetot. Il y a une manufacture de poteries.

BLOT-EGLISE, village du département du Puy-de-Dôme, canton de Menat. On y fait commerce de bois.

BLUYE (Montagne de), département de la Drôme, arrondissement de Nions. Sa direction est de l'ouest à l'est. Elle a deux lieues de longueur.

BOBBIÈSE. Ce petit pays faisoit partie du territoire de Bobbio. Ce n'est proprement qu'une portion de la vallée de la Trebbia, comprise dans le département de Marengo.

BOCAGE. C'est une contrée de la ci-devant Normandie, qui forme présentement la partie méridionale des départemens de la Manche & du Calvados. La butte de Brimbal, aux environs de Tinchebray, est la partie la plus élevée de cette contrée. La Vire, le Noireau, l'Égraine & la Sée ont leur origine aux pieds de cette montagne. Deux de ces rivières se déchargent immédiatement dans la mer; savoir : la Sée, dans la baie du mont Saint-Michel, & la Vire, dans la baie d'Isigny. Le Noireau verse ses eaux dans l'Orne, & l'Égraine va se joindre à la Mayenne.

Un peu plus bas, & au sud, la forêt de Lande-Pourrie donne naissance à la Sélune, qui coule ensuite au couchant vers Saint-Hilaire, où elle reçoit l'Airon, & de là va se rendre dans la baie du mont Saint-Michel, où elle se réunit à la Sée.

A l'ouest de Brimbal la Sienne commence son cours dans la forêt de Saint-Séver, au pied du mont Joie, coule dans la même direction jusqu'à Ville-Dieu, puis elle se porte un peu au nord, &, après avoir reçu l'Airon au dessous de Gavray & la Soulle près de Coutances, elle se jette dans la mer au havre de Régneville.

Les saumons qui remontent de la mer dans les rivières du *Bocage*, sont de fort bonne qualité. Les ruisseaux affluens dans ces rivières fournissent outre cela d'excellentes truites. La Brizelle, qui descend de Bourigny à Brecé dans la Sée, en donne de fort bonnes. La carpe, la tanche, la perche, &c. se multiplient & croissent assez promptement dans les étangs. La rivière de Lances, qui arrose le territoire de Mortain, produit beaucoup de belles écrevisses au dessus de la cascade en remontant vers sa source.

L'intérieur de ce pays est coupé par des chaînes de collines qui partent des points de partage des eaux, & vont, en s'abaissant, vers l'embouchure des rivières. Chaque suite de ces collines offre un grand nombre d'embranchemens, entre lesquels coulent une multitude de ruisseaux. Ces eaux courantes sont pures, claires & saines : il y en a d'ailleurs de minérales ferrugineuses. Les fontaines de Drugey, du Bois-du-Parc près Coutances, de Bouillant près Avranches, & celle de Bourbe-Rouge près Mortain, jouissent d'une réputation bien méritée.

Le retour des saisons est assujetti à peu de régularité. L'hiver y est très-long, froid & humide. Les gelées, les frimats & même les neiges s'y prolongent fort avant dans le printems, & les chaleurs de l'été y sont souvent raffraîchies par les orages qui sont accompagnés de grêles & de pluies abondantes. Au reste, pendant toute l'année l'air est chargé de nuages & de brouillards que les landes marécageuses occasionnent dans leurs environs. Les forêts & les bois, dont la contrée est couverte en grande partie, contribuent à entretenir le même état de l'atmosphère.

La terre végétale du *Bocage* est, dans certaines parties, un débris des granits & des schistes. Effectivement, le sol est graniteux dans la forêt de Saint-Séver & au Gast. Dans l'espace compris entre Tinchebray, Domfront & Mortain, il y a des mines de fer très-abondantes. Aux environs de Saint-Lo il y a une mine de cuivre & une mine de charbon en exploitation, qui fournit, aux départemens du Calvados & de la Manche, un combustible de bonne qualité. On reconnoîtroit aisément, dans toutes ces contrées, les limites de l'ancienne, de la moyenne & de la nouvelle terre, & ce seroit d'après les caractères connus de ces limites qu'on fixeroit, à des détails précis & réguliers, toutes les dispositions des diverses substances du sol qui s'y trouvent, & même qu'on pourroit les annoncer d'avance. A quoi serviront les statistiques sans aucun principe? Ce seront les objets d'un pur bavardage, & qui ne pourront entrer dans aucune des sciences exactes.

Le val de Sée & celui de Sélune sont plantés de cerisiers de toute espèce, de pruniers & de pêchers en plein vent, & de plusieurs sortes de poiriers dont les fruits sont bons à manger. Ces deux abris remarquables fournissent des fruits à Mortain, à Tinchebray, à Vire, Ville-Dieu, Coutances, & à toute la côte maritime. C'est par la même raison que les cantons de Clécy, Barenton & du Tilleuil produisent d'excellent poiré.

Je pourrois citer beaucoup d'autres vallées dans le *Bocage*, où la température est très-favorable à tous les fruits & aux autres productions de la terre. C'est aussi dans ces contrées que les villes & gros bourgs sont établis, tant parce que les eaux courantes remplissent un des premiers besoins des habitans, que parce que les bonnes terres s'y trouvent pour les cultures des productions les plus nécessaires.

BOCANÈRE (Roc & Montagne de la), arrondissement de Saint-Gaudens, canton de Bagnères, au sommet des Pyrénées. C'est là qu'on voit l'origine des destructions & des débris de cette chaîne de montagnes.

BOÉDIC (Ile de), arrondissement & canton est de Vannes, commune de Sené. Elle se trouve dans le lac de Morbihan, à une lieue un quart sud-est de Vannes. (*Voyez ce lac.*)

BOÈGE, village du département du Léman, arrondissement de Bonneville, canton de Vieuxen-Salaz, à une lieue un quart de cet endroit. Il y a une manufacture de poteries.

BOËGE (Mont), département du Mont-Blanc, arrondissement & canton de Thonon. Il a de l'est à l'ouest trois lieues de longueur, & du nord au sud deux lieues.

BOEN, ville du département de la Loire, arrondissement de Montbrison & chef-lieu de canton, sur le Lignon. Il y a une manufacture de papier sur cette rivière.

BOGDA (Mont). Le mont *Bogda* est situé à cent quarante werfts de Zarizyn, bien avant dans la steppe du Jaïk. Le mont se dirige, en droite ligne, du sud à l'ouest; il a, vers sa base, à peu près huit werfts de circonférence, & paroît avoir, à vue d'œil, environ soixante & dix toises de hauteur. On apperçoit, dans les fentes & dans les escarpemens de cette montagne, des couches de sable & d'argile qui se succèdent alternativement, avec un bol rouge très-beau. La base du tout est une pierre calcaire : on y rencontre aussi des carrières entières de gypse & d'albâtre, qui, à parler généralement, ne sont nulle part aussi communes dans les provinces méridionales de l'Empire russe, que dans les lieux où les mines de sel rendent plus richement : aussi se trouve-t-il un lac salé dans le voisinage du mont *Bogda*, & dans les environs des couches de gypse.

Ce qui rend le mont *Bogda* réellement digne d'attention, c'est qu'il se trouve absolument isolé sur une steppe unie & ouverte, & qu'il est rempli de pétrifications qui doivent leur origine à des corps qui n'ont pu vivre ailleurs qu'au fond de la mer. Cette montagne paroît être une preuve bien palpable que ce qui est actuellement continent, a été autrefois sous les eaux. Toute la contrée au dessous du Wolga, qui semble n'être qu'un amas de coquillages, & la nature salée des steppes du Jaïk & du Cuban, viennent à l'appui de cette opinion. De plus, la steppe est plus élevée en avant de la montagne du côté de Zarizyn, & plus basse par derrière du côté d'Astrakan.

BOHÊME. Le royaume de *Bohême* est une belle & fertile contrée, riche en minéraux & en métaux de toute espèce, & environnée de hautes montagnes. Les parties intérieures sont couvertes de collines, de terrains élevés, qui paroissent être les bases & les ruines des montagnes anciennes, le sol étant composé de débris de rochers, mêlés d'un peu de terre végétale. Les rochers des plus hautes montagnes sont un composé de pierres calcaires, de spath, de quartz, de mica, &c. Les plaines sont couvertes des parties les plus dissolubles de tous ces rochers.

On trouve sur le sommet des montagnes des rochers décomposés, qui, mêlés avec un peu de terre végétale, font exactement le même sol que les terrains peu élevés & les plaines qui sont dispersés entre ces montagnes.

Les pâturages sont bons, & nourrissent une grande quantité de bétail.

On trouve, en plusieurs endroits, des charbons de terre, des mines d'alun & de vitriol. Il y a des mines d'argent à Kuttenberg, à Pilsen, à Béchin & dans le district d'Elnbogen, où il se trouve aussi des mines de cuivre. Dans la Watawa & la Vitava on pêche de fort belles perles.

A Carlsbad & à Tœplitz il y a des bains chauds fort renommés.

Les fleuves qui arrosent le royaume sont l'Elbe, l'Éger & la Moldau. Les rivières & les étangs nourrissent des poissons de toute espèce.

BOIGNY, bourg du département du Loiret. Il est situé à l'entrée de la forêt d'Orléans. On trouve dans ce bourg une pierre à grain fin, d'un blanc-sale mêlé de taches noires, qui paroît être une concrétion de coquilles pétrifiées.

BOIS (les), village du département du Haut-Rhin, arrondissement de Porentruy. Les habitans s'adonnent presqu'exclusivement à l'horlogerie. A une demi-lieue des *Bois*, près de la Chaux-d'Abel, on a construit des moulins & des scieries dans un souterrain de cent pieds de profondeur, & que font mouvoir les eaux d'un étang situé à l'entrée du souterrain, lesquelles s'y précipitent & s'y perdent.

BOIS. La nature a jeté de vastes forêts sur le Globe. C'est l'état commun des grandes contrées qui ne sont pas habitées; en sorte que les destructions des forêts sont les premiers actes de la prise de possession d'un pays par l'homme. La seconde opération de l'homme est la culture des terrains défrichés, pour en tirer la production des grains & des végétaux qui peuvent servir à sa nourriture. A mesure que la population s'accroît, la proportion entre les terrains cultivés & les forêts naturelles s'affoiblit. Il n'est donc pas étonnant qu'un certain degré de civilisation produise une diminution considérable dans les bois.

Toutes les sociétés qui se forment, ne s'établissent que dans des contrées où les bois annoncent la faculté productrice de la nature; car on conçoit que ces sociétés ne peuvent y exister qu'autant qu'il y existe primitivement des forêts. C'est par la destruction des forêts que des contrées anciennement peuplées en Asie, & aussi fertiles que celles de l'Europe, sont devenues stériles & désertes par la destruction de la terre végétale & par la diminution des eaux, qui sont un des premiers besoins des hommes.

La fécondité de la terre ne peut être entretenue que par les arbres, qui entretiennent les pluies & l'eau dans les couches de la surface de la terre des

des contrées cultivées. J'y vois l'entretien des sources qui ne sont les produits que des eaux surabondantes ; j'y vois l'entretien des ruisseaux, des étangs, des rivières & des fleuves ; enfin, les amas d'eaux courantes, dont les vapeurs procurent la salubrité de l'air.

Les arbres fécondent la terre, non-seulement en y entretenant une certaine humidité, mais encore en la couvrant des débris de leurs feuilles qui se renouvellent tous les ans. Les parties nouvellement défrichées conservent, pendant long-tems, toutes les améliorations du sol que la végétation naturelle y avoit produites.

Les arbres forment aussi des abris contre les vents du nord, & conservent la chaleur moyenne qui s'y est introduite pendant que le soleil agissoit librement ; mais, en général, il n'y règne que la masse de chaleur qui étoit nécessaire au progrès de la végétation.

L'atmosphère qui s'étend sur un sol aussi varié est le réservoir de tous les météores qui forment les vents, les rosées, les pluies, les brouillards, & l'on peut dire que de vastes forêts modifient ces effets. On sent aisément qu'un sol humide, couvert de végétaux, attire & détermine l'humidité de l'atmosphère & les pluies.

Je voudrois qu'au lieu de dire des choses vagues sur les *bois*, les forêts & les pluies, on pût suivre les effets de ces différens massifs dans certaines contrées de nos départemens, & qu'on en montrât les effets relatifs. J'ai vécu long-tems dans un pays où les forêts sont bien entretenues, où la terre végétale est substantielle & uniformément répandue dans les premières couches de la terre, & où l'organisation des bancs horizontaux calcaires se prête très-avantageusement à la circulation intérieure de l'eau qu'y attirent & concentrent les forêts, & où l'on trouve des sources abondantes & l'origine de plusieurs ruisseaux & rivières abreuvés par ces sources.

D'après ce plan je crois qu'il est utile de contempler les Cartes topographiques de ces pays, où ces différens objets sont figurés avec soin & avec tous les rapports de leur correspondance. Deux ou trois planches de la Carte de France montrent, à ceux qui les parcourent dans ces vues, toute l'économie de la nature dans ces contrées. Ils trouveront donc ces beaux détails sur les planches de Troyes & de Tonnerre, où sont figurés de grands, de moyens & de petits *bois*, & de manière que les terrains cultivés reçoivent les produits des pluies qui se forment sur ces *bois*.

On a beau disserter vaguement sur la diminution des eaux, & en rejeter la cause sur les abattis des arbres dispersés dans nos campagnes, on est fort loin d'avoir pris & donné une idée vraie & générale de l'économie de la nature. Ce ne sont ni de petites plantations ni de petits bouquets de *bois* dont la destruction seroit capable de causer une révolution dans une contrée, soit relativement à la sécheresse ou à l'état d'humidité naturelle, soit aux arrosemens des pluies nécessaires aux productions : ce sont les grandes forêts auxquelles on doit rapporter ces bons effets, & ce ne peut être qu'à leur destruction qu'on verroit succéder les malheurs d'une sécheresse trop long-tems prolongée.

J'ajoute ici que l'élagage des *bois* le long des routes & des rivières, & dans les contrées du plat pays dont on s'est plaint beaucoup parce qu'il est effectivement d'une grande sévérité ; ces élagages, dis-je, ne portent aucun dommage considérable au système des plantations de *bois*. C'est sur les endroits élevés qu'il importe d'entretenir & de soigner les *bois* plus que partout ailleurs. Une montagne couronnée de *bois* est aussi souvent fertile sur ses croupes inférieures, & susceptible d'y entretenir des plantations d'une belle venue ; mais les montagnes élevées, dont le sommet est dépouillé de *bois* & de terres végétales, deviennent, par le laps du tems, des masses effroyables de rochers d'une nudité parfaitement stérile, & les centres d'une sécheresse très-étendue. Une humidité favorable à la végétation n'y séjourne pas.

Bois charriés par les rivières & par la mer. Plus les pays seront habités par la suite, moins il y aura de convois de *bois* par les rivières, & moins ces rivières en voitureront dans les mers où elles ont leurs embouchures.

Les ruisseaux, la plupart torrentiels, qui coulent dans les pays où les *bois* sont abondans, arrachent les arbres qui sont dispersés sur leurs rives, & les transportent dans les rivières principales qu'ils alimentent. C'est ainsi que les convois des *bois* se forment lors des crues des grands fleuves ou des rivières principales.

Lorsque ces trains considérables de troncs de *bois* sont parvenus dans la mer, ils y deviennent le jouet des vents & des flots, & obéissent aux courans qui les portent sur les bords des îles septentrionales.

Les pays où les forêts sont nombreuses, sont très-peu habités ; ils sont exposés à des pluies abondantes, parce que les forêts, dans ces parties élevées, occasionnent des nuages qui servent à alimenter les ruisseaux : ces circonstances réunies servent à tous ces convois de *bois* flottés.

Ces convois datent souvent de tems fort reculés. C'est de ce nombre que sont les arbres enfouis dans les dépôts des fleuves, & qui sont très-abondans. Ils forment quelquefois plus de la moitié de ces aterrissemens fort étendus qu'on trouve sur les bords de la mer & à côté de leurs embouchures ; car alors l'eau des fleuves, plus active dans les parties supérieures de leurs vallées, entraînoit également les arbres & les terres qu'elle y déposoit en même tems dans les parages voisins de leur embouchure, parce qu'elle y jouissoit d'un ralentissement considérable, & par l'adoucissement de la pente, & par le remoux des eaux de la mer.

C'est particuliérement le long des bords du fleuve Mississipi que se trouvent ces dépôts & ces amas d'arbres, ainsi que vers son embouchure; mais rien n'égale le dépôt immense formé entre l'embouchure du fleuve des Amazones & Cayenne: ce sont des forêts d'arbres ensevelis dans la vase, l'un & l'autre ayant été voiturés par l'eau de ce fleuve, & déposés ensuite, au dessous de son embouchure, par la direction nord-est du courant dont nous avons fait connoître la force & l'énergie à l'article ANTILLES.

BOIS D'ESPINÉE, département de la Meuse: il y a une manufacture de faïence.

BOIS FLOTTÉS. Ce sont des *bois* voiturés, soit de l'Amérique jusque sur les côtes des terres & des îles du nord de l'Europe & de l'Asie, soit des côtes méridionales de la mer du Sud, le long des côtes du Kamtzchatka & des îles du détroit de Bering.

Pour expliquer le transport des arbres flottés, des fruits exotiques & des végétaux étrangers que la mer apporte sur les rivages des Orcades, de l'Islande, des îles Feroë, sur les côtes de Norwège, depuis le golfe du Mexique & même l'embouchure du fleuve des Amazones, &c. il faut réunir toutes les causes qui concourent à cet effet étonnant.

La première cause est le courant qui part du golfe du Mexique. Les vents alisés forcent la masse des eaux de l'Océan, venant de l'ouest, à se porter le long des Antilles & à franchir le golfe, &, lorsqu'elle est parvenue aux côtes septentrionales, elle se trouve refoulée le long des rivages, depuis les bouches du Mississipi jusqu'au cap de la Floride. Dans le canal étroit que le courant trouve entre Cuba & la Foride jusqu'au cap Cannaveral, il se dirige presque nord à la distance de cinq ou six lieues du rivage, & sur une largeur de quinze à dix-huit lieues. Les sondes sont régulières depuis la terre jusqu'au bord du courant, où la profondeur est assez généralement de soixante & dix brasses, ensuite on ne trouve plus de fond. Les sondes, devant le cap Cannaveral, sont fort inégales & fort incertaines. L'eau manque si subitement, que de quarante brasses elle n'en donne plus que quinze, ensuite quatre & moins encore; en sorte que, sans la plus grande circonspection, un vaisseau peut, en quelques minutes, se trouver à sec. Il est à remarquer que le courant, quoiqu'il commence assez généralement au lieu où les sondes finissent, étend cependant son influence, à plusieurs lieues, dans les limites des sondes. Souvent même les vaisseaux trouvent un courant considérable tendant au nord tout le long de la côte, jusqu'à ce qu'ils gagnent huit ou dix brasses d'eau même dans les endroits où les sondes s'étendent jusqu'à vingt lieues du rivage; mais ce courant est généralement augmenté ou diminué par les vents dominans, dont cependant la force ne peut affecter celui qui occupe l'Océan qui ne peut être sondé.

Du cap Cannaveral au cap Hatteras les parages qu'on peut sonder commencent à s'élargir, en les comptant depuis le rivage jusqu'au bord intérieur du courant: sa largeur étant assez constamment de vingt lieues, & les sondes toujours régulièrement de soixante & dix brasses près du bord du courant; ensuite l'on ne peut plus trouver de fond parallélement à la rivière de Savannah; le courant coule presque nord; après quoi il s'étend nord-est jusqu'au cap Hatteras, & de là il continue nord est jusqu'à ce qu'il ait perdu toute sa force. Comme ce cap s'avance considérablement dans la mer, le bord du courant n'est qu'à la distance de cinq à sept lieues du cap: sa force & sa rapidité ont une si puissante influence, à cette distance, sur la marche des vaisseaux voguant au sud, que, dans des vents impétueux ou dans des calmes, ils ont été fréquemment entraînés au nord; ce qui a pour lors occasionné de grands mécomptes & des revers considérables aux vaisseaux marchands & aux vaisseaux de ligne, comme nous en avons été témoins dans la dernière guerre.

En décembre 1754, un vaisseau, excellent voilier, allant de Philadelphie à Charlestown, gagnoit tous les jours, pendant treize jours, la hauteur du cap Hatteras. Quelquefois il étoit porté, par la marée, dans une distance moyenne entre le cap & le bord intérieur du courant, & cependant il étoit journellement rentraîné sur ses traces, & il ne pouvoit chaque fois regagner sa route perdue qu'à la brise du matin; il éprouva les mêmes accidens jusqu'à ce qu'enfin, le quinzième jour, un vent frais & vif l'aida à combattre le courant, & à gagner le sud du cap; ce qui montre l'impossibilité où est un corps qui est tombé dans le courant, d'aller contre sa direction ou d'arrêter sa course.

A l'autre bord du courant est un violent reflux ou courant contraire vers l'Océan, &, près de l'Amérique, une forte marée combat contre lui. Lorsqu'il part du cap Hatteras il prend un cours presque nord-est; mais en chemin il rencontre un grand courant qui vient du nord, & probablement de la baie d'Hudson & de la côte de Labrador, jusqu'à ce qu'il soit divisé par l'île de Terre-Neuve. Une branche suit le long de la côte à travers le détroit de Belle-Ile, &, passant avec rapidité audelà du cap Breton, croise obliquement le courant du golfe, & lui donne une direction plus vers l'orient.

Quant à l'autre branche du courant nord, on croit qu'elle joint le courant du golfe sur la côte orientale de Terre-Neuve. L'impulsion de ces courans réunis doit se faire sentir au loin, & cependant il se peut que leur effet ne soit pas si grand ni si resserré dans des limites aussi bien terminées &

aussi droites qu'avant leur rencontre & leur réunion.

Les vents dominans sur toute cette partie de l'Océan sont l'ouest & le nord-ouest, & conséquemment la masse entière de l'Océan paroît, suivant leur impression, avoir une tendance qui le porte vers l'est ou vers l'est-nord-est. Ainsi les productions de tous les lieux qui bordent le golfe du Mexique ou qui sont dispersées dans les îles de ce golfe, peuvent être voiturées, d'abord du golfe dans le courant que nous venons de décrire, enveloppées de l'algue du golfe & entraînées par le courant le long des côtes de l'Amérique, & ensuite dans l'Océan, & ensuite, par la force du courant & par le secours des vents dominans qui soufflent assez généralement les deux tiers de l'année, suivant cette même direction, être voiturées jusqu'aux rivages des parties de l'Europe, où on les trouve.

Le mât du vaisseau de guerre *le Tilbury*, brûlé à la Jamaïque, fut ainsi transporté jusqu'à la côte occidentale de l'île Schetland. Toutes les grandes rivières contribuent pour leur part à ces *bois flottés* : il sort par leurs embouchures des convois nombreux d'arbres de toute espèce qui croissent le long de leur canal : c'est ainsi que le fleuve des Amazones, l'Orénoque, le Mississipi & plusieurs rivières de la Caroline & de la Virginie versent dans l'Océan des *bois* qu'on a reconnus facilement en Europe pour croître dans ces différentes contrées.

C'est ainsi d'abord que, parmi l'étonnante quantité de *bois flotté* ou de *bois* de charpente annuellement jeté sur les côtes de l'Islande, on a retrouvé des espèces d'arbres qui croissent dans la Caroline, dans la Virginie & sur les bords du Mississipi.

L'Islande doit aussi à l'Europe une certaine portion de son *bois flotté*; car le pin commun, le sapin, le tilleul & les saules sont parmi les espèces d'arbres dont M. Troil fait l'énumération, & tous probablement y sont apportés des côtes de la Norwège. C'est particuliérement sur les côtes du nord & du nord-ouest que se trouvent tous ces *bois* que les Islandais pêchent avec d'autant plus de soin, que le fond de l'île leur en fournit moins.

A l'est du Spitzberg est une autre île, presqu'à l'opposite de l'entrée du Waygats : la grève est formée d'une ancienne concrétion de sable, d'os de baleines, de troncs d'arbres & de *bois flottés* : on y trouve des pins de soixante-dix pieds de longueur, dont quelques-uns ont été déracinés; d'autres, coupés par la hache, étoient couchés & confondus ensemble à seize ou dix-huit pieds.

Quoiqu'il ne croisse pas d'arbres sur certaines côtes du Nord, les substances combustibles n'y manqueroient pas si l'on vouloit en user, la mer charriant continuellement contre les côtes des *bois* déracinés, des monceaux d'algue & de mousses, & d'autres plantes marines qui, étant desséchées, pourroient être employées à nourrir le feu.

Les arbres qui flottent dans la mer du Nord, & qui échouent sur les côtes du Spitzberg, de la Nouvelle-Zemble, de l'Islande, du Groenland, des côtes d'Écosse & de la Mer-Glaciale, ont long-tems été l'objet des recherches des navigateurs & des naturalistes, qui, faute d'avoir des connoissances sur le gissement des terres polaires, & sur les classes auxquelles ces arbres appartiennent, se sont épuisés en vaines conjectures. Entre ces *bois flottés* il y a de petits buissons d'aune, d'osier & de bouleau nain, qui viennent de la pointe la plus méridionale du Groenland, où les flots les déracinoient. Quant aux troncs de la grosseur d'un mât, ce sont des corps de trembles, de mélèses, de cèdres de Sibérie, de picéas, de sapins que les rivières débordées voiturent du centre de la Sibérie, & portent à la mer par l'embouchure de l'Oby & des autres grands fleuves de cette contrée. Il vient aussi des *bois* de la côte occidentale de l'Amérique, qui se dirigent vers les plages de la mer du Kamtzchatka & vers l'embouchure du Léna, où ils se forment en tas que les vents & les mouvemens de l'Océan dispersent.

BOIS FLOTTÉS. Dépôts de la Seine. On a trouvé, sur les bords de la Seine, plusieurs espèces d'arbres qu'elle entraînoit & arrachoit de ses bords, & qu'elle a déposés dans différens endroits de son cours.

L'île de Chatou doit peut-être son origine à de pareils amas d'arbres. On y découvre maintenant, à une certaine profondeur, des arbres tout entiers, couchés en différens sens, dont quelques-uns paroissent être des chênes & des noisetiers, par les fruits qu'on a trouvés dans la terre qui recouvre ces arbres. Il y en a aussi entre Chatou & Saint-Denis, le long des bords de la Seine. Ces arbres, à en juger par les quartiers qu'on en a vus, étoient d'une grosseur considérable, & surpassoient de beaucoup celle des arbres que nous voyons de nos jours dans nos plus anciennes forêts. La grosseur des arbres souterrains de l'île de Chatou semble nous indiquer qu'il faudroit remonter jusqu'aux tems les plus reculés pour retrouver, s'il étoit possible, celui de la formation de cette île. On ne voit plus dans les endroits les plus habités des Indes, ainsi qu'en France, de ces arbres monstrueux par leur grosseur. Ces arbres datent donc du tems antérieur à l'habitation de ce pays & à la première exploitation des forêts.

Les rivages voisins du détroit de Waygats sont remplis de *bois flottés* que l'Oby & le Jeniscea y voiturent. On connoît aussi, le long du cours du Mississipi, plusieurs endroits où il y a des amas considérables d'arbres tout entiers, & surtout dans le pays de Colas-Pissas; un autre amas entre cet endroit & le pays de Pelis ou Mas, & un troisième près le vieux village de cette peuplade. On sait d'ailleurs que les amas de ces arbres, qui se font à l'embouchure de ce fleuve, concourent à arrêter les vases qui seroient portées dans le golfe du Mexique, & que le terrain vaseux, qui s'étend depuis le détour de Piaquemines jusqu'à la mer, est dû à ces sortes d'aterrissemens. Il est probable que ce fleuve ne cessera de charrier de ces arbres que lorsque le pays qu'il traverse, sera rempli de peuplades qui arracheront & détruiront les forêts voisines des bords du Mississipi.

On a trouvé de même, en creusant les fondemens du pont de la Révolution, un grand nombre d'arbres ensevelis sous de grands amas de terres, & qui étoient parfaitement semblables à ceux que l'on a tirés des fouilles de l'île de Chatou. (*Voir ces détails*, 1753, Académie des sciences.)

La France a été autrefois dans le même état que les pays qui bordent ces fleuves, & elle y est demeurée jusqu'à ce que les habitans multipliés aient défriché le terrain qui occupoit les bords des rivières par le moyen desquelles se faisoient toutes les communications. Dans ces tems reculés, les pluies, les averses, les débordemens entraînoient tout ce qui se trouvoit à la surface de la terre, & le déposoient ensuite au fond des vallées.

Bois flotté. On a rarement vu sur les bords de la Mer-Glaciale du *bois* de flottage : seulement des navigateurs nous disent avoir remarqué deux arbres d'environ trois pieds de tour avec leurs racines, mais sans écorce ni branches, preuves qu'ils avoient été apportés de bien loin, & dépouillés dans les différens combats qu'ils avoient soutenus contre les flots & les glaçons.

Au nord de ce que Davis appelle à bien juste titre *la terre de désolation*, il arriva dans une eau sale, noire, stagnante, de la profondeur de cent vingt brasses. Il trouva, à la latitude de 66 deg., du *bois flotté*, & un arbre entier de soixante pieds de long avec ses racines. Les espèces de ces *bois* étoient des sapins, des spruces & des genièvres, qui étoient descendus de lieux très-éloignés, sur les bords des rivières de la baie d'Hudson. M. Hutchins assure qu'encore aujourd'hui, dans certaines années, une grande quantité de *bois* de charpente est apportée avec la glace à l'embouchure des rivières.

Les *bois* d'Islande ont disparu depuis long-tems : on n'y voit plus qu'un petit nombre de bouleaux avortés, de dix pieds de haut, & une très-petite espèce de saule presqu'inutile aux habitans. Mais il leur vient en abondance du *bois flotté* de l'Europe & de l'Amérique. On le reconnoît aux espèces qu'on trouve sur les rivages, surtout à la côte du Nord, comme à Langaness au nord-est, & à Hornstrandt au nord-ouest.

Bois flotté. A l'est du Spitzberg est une autre île presqu'à l'opposite de l'entrée du Waygats. La grève en étoit formée d'une ancienne concrétion de sable, d'os de baleines, de troncs d'arbres ou de *bois flotté*. Des pins de soixante-dix pieds de long, quelques-uns avec leurs racines, les autres fraîchement coupés par la hache, & marqués par elle de divisions de douze en douze pieds, étoient couchés, confondus à seize ou dix-huit pieds au-dessus du niveau de la mer, mêlés de cannes, de roseaux & de *bois* façonnés pour différens usages : tous avoient été amoncelés à la hauteur indiquée ci-dessus par l'action des vagues en fureur.

Rien n'est plus commun que ces amas de *bois flottés* dans plusieurs parties des côtes de ces hautes latitudes, dans les mers du Groenland, du détroit de Davis & de celui d'Hudson, ainsi que sur les côtes de la Nouvelle-Zemble. On ne voit que deux centres qui puissent fournir cette immense quantité de *bois* qu'on trouve sur les côtes de la Nouvelle-Zemble & des îles que j'ai citées. Le premier est les embouchures de l'Oby & des autres grands fleuves voisins, qui versent leurs eaux dans l'Océan glacial. Au printems, dans la saison du bris des glaces des fleuves, de vastes inondations se répandent sur les terres, & entraînent des forêts entières que déracinent les eaux, aidées du tranchant d'énormes quartiers de glace. Ces arbres sont voiturés au-delà de l'embouchure des fleuves, ensuite obéissent aux courans qui les déposent en mille endroits différens. Ceux qui sont marqués par des entailles qui les divisent de douze en douze pieds, ainsi que le merrain & les douves de tonneaux & autres *bois* façonnés, sont charriés par les rivières de Norwège, dont les inondations détruisent la clôture des chantiers. Dans ces tems d'inondations, & les arbres qui flottent le long des torrens, & les moulins à scie, & tous les ateliers où le *bois* se travaille, sont ravagés par la même calamité, & les *bois*, dans l'état où ils se trouvent, sont entraînés dans l'Océan, & portés par les marées, les courans & les tempêtes jusque dans les contrées les plus reculées.

Qu'on ne s'étonne pas de l'immense longueur du voyage, on a vu de pareils exemples que j'ai cités, dans une direction contraire, c'est à dire, de l'ouest à l'est. Une partie des mâts du *Tilbury*, brûlé à la Jamaïque, a été recueillie sur la côte occidentale de l'Écosse : une multitude de semences & de fruits de cette même île & des autres contrées chaudes de l'Amérique sont annuellement voiturés sur les rivages de la côte occidentale de l'Écosse, mais même sur ceux, bien plus éloignés, de la Norwège & de l'Islande, &c.

Bois flotté. Ce n'est pas seulement dans les mers du Nord & sur les côtes des pays que ces mers baignent, que l'on voit des *bois flottés* & leurs débris, comme branches, écorces ; on en voit aussi sur les bords des lacs de la Laponie &

de la Finlande, qui sont très-nombreux. Ces convois ont lieu lorsque les rivières qui abreuvent ces lacs, traversent des forêts qui ne sont pas exploitées. On voit flotter sur ces lacs des branches, des troncs d'arbres & surtout du bouleau, & particuliérement des écorces de cet arbre, qui se conservent long-tems & même plus long-tems que l'intérieur des troncs enveloppés par ces écorces. Ce sont surtout les vents du nord qui déracinent les bouleaux, & les exposent ainsi à la rapidité des torrens qui les charrient dans les lacs.

Bois fossiles. On tire de la terre, en Islande, des racines & des troncs d'arbres considérables, particuliérement dans les marécages. Outre cela, il y a dans cette île un autre *bois fossile* nommé *suturbrand* : ces *bois*, mis au feu, jettent une flamme vive, qui donne une grande chaleur. Les forgerons & tous ceux qui travaillent en fer préfèrent ces *bois* au charbon de terre, par la raison qu'il ne brûle pas le fer comme le charbon. Il y en a des parties qui ont acquis, par leur séjour dans la terre, une grande dureté : on en fait des tasses de thé & des assiettes auxquelles on donne le poli. On le trouve dans différens endroits en Islande, surtout dans les montagnes, où il est rangé par couches horizontales. Dans la montagne de Laeek à Bardestrand, on voit quatre couches de ce *bois*, séparées par autant de lits pierreux de différentes espèces. On voit sur certains morceaux les couches ligneuses circulaires, bien distinctes, qui indiquent la suite des additions annuelles que l'arbre a reçues : on y voit aussi les nœuds des insertions des branches : on trouve aussi des fragmens de l'écorce & des impressions de feuilles dans les couches terreuses qui accompagnent les dépôts du suturbrand.

Quelques personnes pensent que ces arbres ont été couchés par l'effet des courans de laves, & ensevelis par elles ; mais ces opinions ne s'accordent guère avec la régularité des couches horizontales de ces arbres & des lits de pierres intermédiaires.

On trouve en grande abondance, dans le comté de Nassau, un *bois fossile* dont plusieurs morceaux semblent n'avoir été pénétrés que d'autant de bitume qu'il en falloit pour les conserver sains, & dont d'autres en plus grand nombre en ont été imbibés au point d'avoir été réduits en une espèce de charbon. Les mines ou amas de cette espèce de *bois* se trouvent principalement dans un canton rempli de montagnes très-peu élevées ; mais elles s'y trouvent par lits à peu près horizontaux : on dit à peu près, parce que ces lits suivent à peu près la pente du terrain, s'élevant lorsqu'il s'élève, & s'abaissant lorsqu'il s'abaisse, avec cette circonstance que, si le terrain a une pente de plus de dix degrés, le banc de *bois* ou de charbon ne s'élève que de cette quantité, & se trouve par conséquent plus avant sous terre. En quelques endroits on ne rencontre qu'un seul de ces bancs, dans d'autres il y en a jusqu'à quatre les uns sur les autres ; ils sont, dans ce cas, séparés par une argile bleuâtre. Lorsqu'il y a plusieurs lits de charbon, les plus profonds sont les plus épais. Ce charbon, tiré de la mine, doit être porté promptement à l'abri du soleil ; autrement il s'éclate & est réduit en petits fragmens. La pluie & l'humidité ne lui font en aucune façon préjudiciables, & il brûle aussi bien étant mouillé, que sec. Ce charbon est très-pesant & dure long-tems au feu ; il répand, en brûlant, une odeur de bitume plus ou moins forte, selon que le banc d'où il a été tiré, est plus ou moins profond. La couleur des bancs est aussi différente. Dans les endroits où il y en a plusieurs les uns au-dessus des autres, le charbon du banc le plus haut n'est que brun, pendant que celui du lit le plus profond est absolument noir. En faisant brûler ce *bois* ou charbon fossile on en fait un véritable charbon propre aux usages auxquels celui de *bois* est employé. On ne trouve ni forêts ni rivières considérables aux environs : il faut que l'époque de l'inondation qui a enfoui ce *bois*, soit de même date que celle des autres mines de charbon de terre.

Il y a des *bois fossiles* dans plusieurs endroits, qui ne sont proprement que les produits des dépôts de la mer voisins des hautes montagnes, couvertes de forêts : ces arbres se trouvent parmi les débris des montagnes. Beaucoup d'autres *bois fossiles* sont dus aux transports faits par les eaux : ce sont des *bois flottés*, devenus *fossiles* ensuite & pétrifiés.

Au reste, ces débris sont peu de chose si l'on considère les grands amas de *bois fossiles* combustibles, qui sont si considérables & à une grande profondeur. J'en rendrai compte à leurs articles. Ils appartiennent à plusieurs époques qui les distinguent.

Les *bois fossiles* de nos continens à nouvelle découverte sont-ils de la même nature que nos *bois* formant des charbons de terre ou *bois fossiles* & pétrifiés du moyen Monde ? Y a-t-il des pétroles dans le nouveau Monde comme il y en a dans le moyen ? des flammes locales & légères, des produits des arbres bitumineux ? Je commence à en douter beaucoup ; je crois les *bois fossiles* & pétrifiés des continens à nouvelle découverte, d'une nature bien différente des *bois fossiles* & pétrifiés du moyen Monde.

Il faudroit déterminer si les *bois fossiles* & les charbons de terre ont leurs analogues correspondans pour le climat aux analogues des coquilles fossiles, & alors il me semble qu'il seroit prouvé que la mer occupoit nos continens à couches calcaires de nouvelle découverte pendant tout le tems que les côtes ont produit les arbres qui font la base de nos charbons de terre, & qui se sont distillés dans les entrailles de la terre pour former nos pétroles.

On trouve, dans un grand nombre d'endroits, des veines d'une espèce de charbon connu sous la dénomination de *bois fossile*. On en a découvert à Sainte-Agnès près Lons-le-Saunier, dans le département du Doubs, lequel ressemble parfaitement à des bûches ou troncs de sapin : on y remarque très-distinctement les couches de toutes les crûes annuelles, ainsi que la moëlle qui en occupe le centre. Ces troncs ne diffèrent des sapins ordinaires qu'en ce qu'ils sont ovales sur la largeur, & que leurs couches forment autant d'ellipses concentriques. Une autre différence est que ces bûches n'ont guère qu'environ un pied de tour, & que leur écorce est très-épaisse & fort crevassée, comme celle des vieux sapins, au lieu que les arbres ordinaires de pareille grosseur ont toujours une écorce lisse.

J'ai également rencontré plusieurs filons de ce même charbon aux environs d'Assas, à deux lieues & demie de Montpellier & de Saint-Jean-de-Cuculle. Ici les troncs sont très-gros, & leur tissu intérieur est fort semblable à celui des châtaigniers, qui ont trois ou quatre pieds de tour. Ces sortes de fossiles ne donnent au feu qu'une légère odeur d'asphalte ; ils brûlent, donnent de la flamme & de la braise précisément comme le *bois* neuf. Ils se trouvent ordinairement dispersés par bûches & troncs dans une terre noire, combustible, connue en France sous le nom de *houille*. Il n'y a qu'en Flandre & dans le pays de Liège, où l'on donne indifféremment la dénomination de *houille* à cette terre & au véritable charbon de terre. Lorsque les couches de houille, mêlées de *bois fossile*, ont une forte inclinaison, on est presqu'assuré qu'en approfondissant on parviendra au véritable charbon de terre : les *bois fossiles* sont fort rares, au lieu que le charbon de terre ordinaire est assez commun.

Dans les environs de la petite ville de Valentine, qui fait partie du diocèse de Comminges, il y a un banc d'argile dans l'intérieur duquel il se trouve du *bois fossile* dispersé par morceaux détachés : on y voit des troncs d'arbres entiers, & même fort gros. Il y a des parties de ces troncs qui sont changées en charbon jayet ; mais c'est la moindre : la plus grande partie n'a encore subi qu'un commencement de cette métamorphose, & n'est qu'un *bois* altéré par l'acide vitriolique, au point qu'il y a de grandes portions qui ont conservé toutes leurs couches ligneuses, & au tissu desquelles on peut très-bien reconnoître que ce sont des troncs de châtaigniers ; en sorte qu'il n'est pas rare de voir, dans un même tronc, du *bois* peu altéré, d'autres parties à moitié charboneuses ; enfin, le reste réduit en charbon de terre parfait.

On trouve près du moulin de Paziols deux veines de charbon de terre, dont les têtes renferment beaucoup de troncs de *bois fossiles* semblables à ceux que nous avons décrits ci-dessus, & qui se trouvent aux environs de Saint-Jean-de-Cuculle, près de Montpellier. Ainsi le diocèse de Narbonne offre dans ce genre les mêmes phénomènes que celui de Montpellier, & l'on doit être porté à croire que les têtes de beaucoup d'autres veines de charbon de terre présentent de semblables débris de *bois fossiles*, très-variés quant à leur origine & à leurs espèces primitives.

BOISGELIN (Canal de), département des Bouches-du-Rhône, arrondissement de Tarascon, canton d'Orgon. Il tire ses eaux de la Durance, au canton de Martigny & au nord de Malmort, va à l'ouest, remonte au nord, se rend dans un ruisseau qui côtoie la Durance à l'est d'Orgon, va au nord-nord-ouest se rendre dans la Durance après avoir reçu les eaux du canal de Réal. Il a environ trois lieues & demie de construction, pendant lesquelles il sert avantageusement aux arrosemens qui sont dirigés avec toutes les vues utiles qu'avoit proposées l'habile administrateur dont ce canal porte le nom.

BOISMAUR, village du département des Bouches-du-Rhône, arrondissement & canton d'Arles, territoire des Saintes-Maries, près de la rive gauche du petit Rhône. Il jouit de tous les avantages de cette situation.

BOIS NATIONAL du département des Basses-Alpes, arrondissement & canton de Forcalquier : il a du sud-ouest au nord-est deux mille toises, & de l'est à l'ouest quatre cents toises ; il est d'une forme irrégulière.

BOIS NATIONAL du département des Ardennes, arrondissement de Mézières, canton de Renwez, à deux tiers de lieue nord de cette ville ; il a de l'est à l'ouest treize cents toises, & du nord au sud huit cents toises.

BOIS NATIONAL du département des Ardennes, arrondissement de Mézières, canton de Charleville, à deux lieues nord-est de cette ville ; il a du nord au sud deux mille huit cents toises, & de l'est à l'ouest quinze cents toises.

BOIS NATIONAL du département des Ardennes, arrondissement de Mézières, canton de Monthermé, à trois lieues nord de Charleville ; il a de l'est à l'ouest dix-huit cents toises, & quinze cents toises du nord au sud. Ces trois forêts nationales se trouvent dans un département qui en renferme beaucoup d'autres.

BOIS NATIONAL du département du Cantal, arrondissement de Saint-Flour, canton de Chaudes-Aigues, sur la Trueyre qui le traverse dans sa longueur ; il a deux mille huit cents toises de long, sur cinq cents toises de large.

Bois national du département de la Côte-d'Or, arrondissement de Beaune, canton de Nuits, tenant à la forêt de Borne, à une lieue & demie nord-est de Beaune; il a deux mille toises de long, sur quinze cents toises de large.

Bois national du département de l'Hérault, arrondissement & canton de Saint-Pons de Thomières, à une lieue nord-ouest de Saint-Pons; il a du sud ouest au nord-est dix-huit cents toises de long, sur cinq cents toises de large.

Bois national du département d'Ille & Vilaine, arrondissement de Fougères, canton d'Antrain, à deux lieues sud-ouest de Bazonges; il a de l'est à l'ouest dix-sept cents toises de longueur, & du nord au sud environ mille toises de largeur.

Bois national du département de l'Indre, arrondissement & canton d'Issoudun, à deux lieues sud-sud-ouest de cette ville; il a cinq mille toises de long, sur dix-huit cents toises de large.

Bois national du département de la Marne, arrondissement & canton de Sainte-Ménéhould : il a du nord au sud une étendue de cinq mille cinq cents toises, & de l'est à l'ouest trois mille six cents toises; il borde la rivière de Biesme.

Bois national du département de la Meurthe, arrondissement & canton de Sarrebourg, dans les montagnes des Vosges; il a sept mille deux cents toises de long, sur cinq mille quatre cents toises de large.

Bois national du département de la Meurthe, arrondissement de Sarrebourg, canton de Fenestrange; il a deux mille huit cents toises de long, sur deux mille toises de large.

Bois national du département de la Meurthe, arrondissement de Toul, canton de Domèvre; il a cinq mille deux cents toises de long, sur trois mille trois cents toises de large.

Bois national du département de la Meurthe, arrondissement & canton de Nancy; il a deux mille quatre cents toises de long, sur deux mille toises de large.

Bois national du département de la Meurthe, arrondissement de Château-Salins, canton d'Albestroff; il a trois mille six cents toises de long, sur douze cents toises de large.

Bois national, nommé *le Bois des chasses*, arrondissement & canton de Luneville; il a cinq mille quatre cents toises de long, sur huit cents toises de large.

Bois national du département de la Moselle, arrondissement de Thionville, canton de Launsdorff; il a sept cents toises de long, sur huit cents toises de large.

Bois national du département de la Nièvre, arrondissement & canton de Château-Chinon, à une lieue & demie de cette ville; il a trois mille six cents toises de long, sur deux mille cinq cents toises de large.

Bois national du département de Saône & Loire, arrondissement d'Autun, canton de Lucenay-l'Évêque, à deux lieues ouest d'Autun; il a trois mille six cents toises de long, sur douze cents toises de large.

Bois national du département de Saône & Loire, arrondissement d'Autun, canton de Mont-Cenis, à deux lieues un quart d'Autun; il a environ cinq mille toises de long, sur trois mille toises de large.

Bois national du département de Saône & Loire, arrondissement & canton de Châlons-sur-Saône, à une lieue & demie sud de cette ville; il a environ cinq mille cinq cents toises de longueur, sur deux mille quatre cents toises de largeur.

Bois national du département du Tarn, arrondissement de Castres, canton d'Angles, à une lieue un tiers ouest-nord-ouest de Saint-Pons; il a, de l'est à l'ouest, deux mille quarre cents toises, & du nord au sud trois cents toises.

Bois national du département de la Vienne, arrondissement de Poitiers, canton de Lusignan, à une lieue sud de Lusignan; il a seize cents toises de long, sur mille toises de large.

Bois national du département de la Vienne, arrondissement de Poitiers, canton de Lusignan, à une lieue deux tiers sud de cette ville; il a deux mille quatre cents toises de long, sur treize cents toises de large.

BOISNEY, bourg du département de l'Eure, arrondissement de Bernay, canton de Brionne, à deux lieues de Bernay. C'est dans le territoire de ce bourg qu'on recueille le meilleur safran du Gâtinois.

BOIS PÉTRIFIÉS. Il y a près d'Orembourg, dans la Steppe kirgisienne, une mine de cuivre des plus remarquables, qu'on nomme *seigatschei-ruduik*, & dont l'exploitation avoit été abandonnée pendant près de huit ans, jusque dans l'été de 1768, qu'elle a été reprise. C'est dans cette minière, ainsi que dans d'autres anciennes des environs du mont Ural, dont le sol est si riche en toutes sortes de métaux, qu'on trouve si fréquemment, dans les filons, des fragmens de troncs d'arbres pétrifiés, de toutes les grandeurs, qui semblent autant de quartiers de bois amenés, & jetés pêle-mêle par un courant d'eau, & qui sont répandus partout dans le grès avec le minéral. La pierre dont ils ont pris la nature est sonore, & donne du feu lorsqu'on la frappe avec un briquet. On reconnoît souvent, vers leur superficie, des vestiges très-distincts d'un commencement de carie ou pourriture antérieur à leur pétrification. La plupart de ces *bois* ont conservé la couleur jaunâtre, & la texture des fibres qui sont naturelles aux tilleuls & à d'autres *bois* connus. Ils se fendent facilement selon le fil de ces mêmes fibres, & quoique rudes au toucher, comme toutes les pierres sabloneuses, ils ne laissent pas d'être susceptibles d'un certain poli. On trouve aussi, parmi ces bûches, des parties de troncs dont la fracture suit manifestement les sinuosités des veines. Tout ce *bois pétrifié* est minéralisé, à l'extérieur, d'un cuivre vert ou bleu, qui pénètre même dans les fentes. Cependant il ne contient pas la plus petite quantité de métal, au lieu que l'écorce, qu'on distingue encore dans plusieurs de ces pièces de *bois*, est ordinairement transformée en chrysocolle ou vert de montagne très-riche.

Autant ces sortes de *bois pétrifiés*, si dignes de la curiosité des naturalistes, sont rares dans les autres contrées, autant ils sont abondans dans presque toutes les minières ouvertes jusqu'à présent le long de la partie méridionale du mont Ural. Toutes les mines qui sont en exploitation entre le Haut & le Bas-Jaïk, sur les deux rives de ce fleuve, la Russe & la Kirgisienne, en remontant le long des petites rivières & des ruisseaux qui se jettent dans la Samara, tels que la Salmisch, le Jaugis & la Kargara, sont plus ou moins remplies de ces morceaux de *bois pétrifiés*, ou des débris de troncs enfumés qui ressemblent à du charbon. On y trouve même quelquefois de très-gros troncs, dans lesquels on distingue encore les origines des branches & des racines. On rencontre déjà près du Wolga, & même vers les bords de la Mosena, des pièces de *bois pétrifiés*, très-caractérisées, répandues çà & là dans des couches de marnes & d'argile entre-mêlées de toutes sortes de coquillages marins. On y observe pareillement de ce *bois pétrifié*, dont une partie renferme des cristallisations quartzeuses, tandis qu'une autre partie est pénétrée de cuivre : dans les minières de ce métal, découvertes au sein de la montagne de Krassno-Jagora, ainsi que dans les filons des mines de cuivre de Twerdischef, près du village Baskire, de Jakabault (1).

BOISSETTE, village du département de Seine & Marne, sur le bord de la Seine, & à une lieue de Melun. Il a été établi dans ce village une manufacture de porcelaine dont la blancheur est fort belle; outre cela, elle a l'avantage d'aller au feu.

BOISSEZON-D'AUMONTEL, bourg du département du Tarn, arrondissement de Castres, canton de Mézamet, sur la Durinque, à deux lieues un quart nord de Mézamet. On y fabrique toutes les espèces de petites étoffes de laine & couvertures.

BOISSIÈRE (la), rivière du département de la Haute-Loire, arrondissement de Brioude, canton de la Chaise-Dieu. Elle prend sa source à trois lieues ouest de la Chaise-Dieu, verse ses eaux au sud-ouest, puis à l'ouest, lesquelles vont se rendre dans la Ternivelle, à deux lieues sud de leur source.

BOISSY-MAUVOISIN, village du département de Seine & Oise, arrondissement de Mantes, canton de Bonnières, à deux lieues & demie de Mantes. Il y a des pressoirs pour les vins & cidres de bonne qualité, qu'on récolte dans les environs.

BOITSFORT, village du département de la Dyle, arrondissement de Bruxelles, canton d'Ucèle, à une lieue à l'est de cette ville, & à pareille distance de Bruxelles. Son territoire est presqu'en entier enclavé dans la forêt de Soigne. Ses productions consistent principalement en grains : il s'y fait d'ailleurs un commerce de bois considérable.

BOIZON (Forêt de), du département de l'Ardêche, arrondissement de l'Argentière, canton de Saint-Étienne-de-Lucdarès, à une lieue un tiers est de Saint-Étienne. Elle est formée, partie en sapins, partie en autres espèces de bois. Elle a du nord au sud quatre mille deux cents toises, & de l'est à l'ouest douze à quinze cents toises.

BOLABOLA (Ile). Cette île est située dans le grand Océan, & est au nombre de celles de la Société.

Bolabola n'a que huit lieues de tour, & lorsqu'on songe à ce peu d'étendue, on est étonné que ses habitans aient entrepris & achevé la conquête d'Uliétéa & d'Otoha; car la grandeur de la première

(1) Les mines des pays héréditaires de l'Autriche fournissent aussi des échantillons remarquables de *bois* pénétrés de diverses substances métalliques. Près des villes royales des mines de Bressnitz & d'Altsattel en Bohême, se remarquent des amas nombreux de *bois* convertis en pierre martiale. Les *bois* d'Idrie, pénétrés de mercure & de cinabre; celui de la Saſska, dans le bannat de Témeswar, qui renferme du cuivre natif, décrits l'un & l'autre par M. de Born, dans son *Index fossilium*; enfin, ce tronc où l'argent natif perce entre les intervalles de ses couches de crues annuelles, & dont M. Peithner fait mention dans ses *Elémens de minéralogie*, page 29, diffère des précédens en ce que le *bois* conserve son état naturel, & que, sans être pétrifié, il sert de matrice à ces métaux vierges. (*De Born*, p. 330, 335.)

première de ces deux îles est au moins double de la sienne.

La montagne élevée & à double pic qu'on voit au milieu de l'île paroît stérile du côté oriental; mais au côté occidental elle offre des arbres & des arbrisseaux même dans les endroits les plus escarpés. Les terrains bas qui l'environnent près de la mer sont couverts de cocotiers & d'arbres à pain, ainsi que les autres îles de cet Océan, & les nombreux îlots qui la bordent en dedans du récif ajoutent à ses productions végétales & à sa population.

Les ressources qu'y trouvent les navigateurs sont nombreuses & abondantes, & l'approvisionnement qui leur est nécessaire s'y fait avec une extrême facilité. Lorsque les quadrupèdes & les volailles qu'y déposa le capitaine Cook se seront multipliés, aucune autre partie du Monde n'offrira aux équipages qui aborderont sur les belles îles de la Société, des raffraîchissemens plus variés & plus abondans, & même dans leur état actuel il n'est point de relâche meilleure. On y rencontre une quantité considérable des diverses productions du sol, & en particulier beaucoup de cochons.

Le havre de *Bolabola*, situé au côté occidental de l'île, est un des plus étendus que l'on puisse rencontrer. Son entrée est un fond de roche; mais le dedans présente un bon mouillage. La sonde y rapporte vingt-trois & vingt-cinq brasses. Le canal a un tiers de mille de large, & les vaisseaux peuvent y tourner.

Depuis la conquête d'Uliétéa & d'Otoha, les Insulaires de *Bolabola* ont été regardés comme des guerriers invincibles, & telle est leur célébrité, qu'à O-Taïti, île trop éloignée pour avoir à craindre une invasion, on parle de leur valeur, sinon avec effroi, du moins avec éloge. On dit qu'ils ne prennent jamais la fuite dans une bataille, & qu'à nombre égal ils triomphent toujours de leurs ennemis.

BOLBEC, ville du département de la Seine-Inférieure. Cette ville est située sur la Bresle. Elle est intéressante par ses fabriques de cuirs, de toiles de lin, de mouchoirs de fil de chanvre & de dentelles. On y fabrique des couteaux fort estimés à cause de la bonté de la trempe. On y fait aussi commerce de chevaux. Elle est environnée de la belle culture & des pâturages excellens du pays de Caux.

BOLCA (Monte-). Ce plateau montueux est sur les frontières du Véronois, à la distance d'environ dix-sept lieues à l'ouest-nord-ouest des lagunes de Venise, qui sont la mer la plus voisine. Sa hauteur, au dessus du niveau de la mer, est fort considérable. Cette montagne forme un des échelons ou montagnes secondaires, qui, à partir de Vicence, s'élèvent graduellement les unes au dessus des autres jusqu'aux Alpes de l'évêché de Trente.

En visitant cette contrée, je l'ai trouvée couverte de productions volcaniques. La lave de ces volcans diffère de celle dont les monts Euganiens sont composés. (*Voyez cet article* EUGANIENS.) La lave du Vicentin & du Véronois est noire & d'un grain serré, comme celle des basaltes ordinaires. Elle est presque homogène, excepté certains petits fragmens de schorl qu'elle contient quelquefois. Elle ressemble donc parfaitement aux basaltes du comté d'Antrim, d'Auvergne & du Vélay, qui sont si nombreux, & j'ai reconnu que le sommet de ce plateau étoit couronné par une grande masse de basalte prismatique très-bien figuré.

La masse entière du coteau, autant que j'ai pu l'observer, paroît composée de matières assez semblables; mais il faut en excepter les masses dans lesquelles on trouve les poissons fossiles & leurs empreintes.

Celles-ci sont calcaires, & éloignées du sommet d'environ un demi-mille. Indépendamment de la dissemblance de ces matières avec celles qui composent le reste du plateau, il est important de remarquer qu'elles ne forment pas un *stratum* ou banc continu, mais qu'elles sont disposées en grandes masses tout-à-fait distinctes, & comme accidentellement logées, dans la pente du coteau, parmi des fragmens argileux & calcaires, le tout dans un état de décomposition plus ou moins avancée.

La masse qu'on a le plus travaillée est vers la pointe d'une arête qui sépare deux ravines profondes creusées par deux torrens. La hauteur de cette arête peut être de cent quarante à cent cinquante pieds; mais comme on ne peut déterminer combien elle s'enfonce dans le sol, il n'est pas aisé de juger de ses dimensions absolues. La pierre est calcaire & feuilletée; les feuillets sont tous parallèles & disposés de la même manière; ils ne sont point horizontaux, & ont une autre inclinaison que celle de la montagne.

Je fis venir quelques-uns des ouvriers de la carrière avec leurs outils pour les voir travailler, pour les interroger, & dans l'espérance qu'ils trouveroient sous mes yeux quelques poissons. J'assistai à ce travail, qui me procura quelques poissons & des débris de plantes marines. Ces poissons, la plupart entiers, sont de la plus belle conservation.

On travaille ces pierres en détachant des blocs culbutés des échantillons d'une grandeur médiocre, qu'on refend, avec des marteaux tranchans ou des coins de fer, partout où l'on soupçonne qu'il se trouvera entre les feuillets quelque poisson ou quelque corps organisé. On les obtient rarement entiers; mais on en rétablit facilement les différentes parties.

Ces poissons ont été subitement ensevelis dans une grande quantité de matière calcaire sous la forme de poudre très-atténuée. Cette matière, en ensevelissant ces poissons, conserva toutes les parties de ces animaux en absorbant tous les liquides. L'odeur fétide que donne cette pierre dans toutes ses parties lorsqu'on la racle, explique que cette imbibition a dû imprégner cette pâte, & par conséquent tout le tissu de la pierre qui en a été formée.

Un des sujets de recherches les plus frappans & les plus dignes d'être approfondis, c'est cette grande variété qu'on observe parmi les poissons réunis dans un même lieu très-peu étendu. Les catalogues qu'on en a nous montrent des espèces qui ne se trouvent que dans des mers très-éloignées de celles de l'Italie, & même dans d'autres climats. On ne peut trop insister sur cette analogie entre ces poissons de climats différens du nôtre, & les coquilles & les dépouilles de divers quadrupèdes qui se trouvent dans des pays où les analogues vivans n'ont jamais pu être trouvés, & souvent dans des climats où ces animaux n'ont jamais pu vivre. Ces faits sont connus depuis longtems, & la solution des difficultés qu'ils présentent est bien loin d'être assurée. Soit que toutes les circonstances naturelles ne soient pas encore bien détaillées, & que la collection des faits ne soit pas encore assez complète pour assurer le succès de ces recherches à cet égard, ceux qui desirent de contribuer aux progrès réels de la science le feroient plus utilement en employant leurs talens à rassembler les faits avec toutes les circonstances locales & immédiates qui les concernent, qu'à donner l'essor à leur imagination pour bâtir une théorie sur chaque fait. C'est ce qui aura lieu de manière que la postérité, mieux informée que nous, pourra porter un jugement plus éclairé sur les causes. Au reste, les spéculations de cette espèce ne doivent jamais faire diversion à des études plus sévères.

Monte Bolca n'est point le seul endroit où l'on trouve des poissons pétrifiés ou des *ichtyolithes*. On en voit à Mansfeld, à Eisleben & ailleurs, qui sont devenus métalliques par des minéralisations. Ceux-ci se trouvent ordinairement dans des ardoises ou des schistes ardoisés; mais ceux qu'on rencontre dans les carrières de Pappenheim & d'Œningen en Souabe & en Brisgaw, sont renfermés dans une pierre calcaire puante qui ressemble à celle de *Monte-Bolca*. Il seroit intéressant d'établir, par des observations comparées entre les phénomènes, & surtout entre la position relative de ces dépôts; mais on s'y hasarderoit beaucoup si l'on réunissoit ici la considération des symptômes volcaniques aux circonstances; car il paroît qu'elles n'ont aucune liaison avec les effets des volcans.

Il y a eu plusieurs savans naturalistes qui ont reconnu, dans les charpentes osseuses des poissons imprimées sur des lames plates des pierres blanches calcaires de *Bolca*, les espèces qui vivent dans les eaux douces, mêlées avec quelques-unes de celles qui vivent dans la mer. Ce mélange s'explique très-bien par la théorie de mes lavages intérieurs, & en est la suite. Ce ne sont pas, comme l'a prétendu Lehmann, des éboulemens fortuits qui ont fixé ces poissons dans la vase où ils sont restés ensevelis, & ensuite conservés dans leurs squelettes seulement. Ces espèces de poissons d'eau douce s'accoutument à l'eau un peu salée, & s'aventurent ensuite ou bien sont entraînés par les grands débordemens des rivières, dans la mer, de sorte qu'ils n'ont pas souvent le tems de pouvoir l'abandonner avant de mourir.

Le *Monte-Bolca*, où l'on trouve les poissons qu'on connoît dans les cabinets, est une masse de couches horizontales, qui s'est établie sur une base de matières pulvérulentes volcanisées, organisées aussi par couches. Seroit-ce quelques éruptions sousmarines du volcan qui auroient suffoqué les poissons, & les auroient fixés dans une vase qui les auroit conservés avant leur destruction? Car il est très-sûr que la putréfaction, si elle eût eu lieu, auroit détruit les petits cartilages qui tiennent les portions osseuses, & que le lavage de l'eau les auroit dispersés & désassemblés, en sorte que les nageoires y seroient conservées, & dans leurs plus petits détails. Il faut bien que, dans leur position relative, la cause qui a saisi ces poissons ait brusqué ses effets.

Il y a aussi en Allemagne un endroit où l'on trouve des poissons: la pierre est la même qu'au *Monte-Bolca*. Il seroit curieux de savoir si la base n'est pas, comme dans le Véronois, un fond de volcan.

Les pierres du *Monte-Bolca* ont une couleur blanchâtre, se fendent par lames, au milieu desquelles se trouvent des poissons desséchés, des pailles & des feuilles d'olivier. En fendant ces pierres les poissons se trouvent presque toujours partagés par la moitié de leur épaisseur, & les deux faces des poissons sont imprimées comme dans une pâte molle qui s'est durcie. L'extérieur du corps du poisson est très-exactement marqué, & outre cela leur squelette se trouve encore existant sous les débris.

On en voit de pareils, dans la galerie du grand-duc, également conservés au milieu de semblables pierres feuilletées, qui ont été prises dans le territoire de Biblis en Phénicie, sur des montagnes élevées & éloignées de la mer d'environ quinze milles.

Il est à croire que tous ces poissons ont été ensevelis dans les vases qui se trouvoient au fond du bassin de la mer, & que ces vases ayant été durcies & pétrifiées, ces poissons ont été conservés, comme ils le sont, au milieu des pierres calcaires. Ce qu'il faut bien observer, c'est que ces pierres font partie de couches & de lits horizontaux, & par conséquent de dépôts anciens formés dans le bassin de la mer: toute autre explication ne peut se concilier avec les phénomènes.

BOLCHERETSK (Ville de). La ville de *Bolcheretsk* est la métropole du Kamtzchatka; elle est située dans une plaine basse & marécageuse, d'environ quarante milles de longueur, & d'une largeur considérable, qui se prolonge jusqu'à la mer d'Okotsk; elle est bâtie au côté septentrional de la Bolchoireka (ou de la grande rivière), entre l'embouchure de la Gottsofka & de la Bistraia, qui jettent leurs eaux dans cette rivière. La péninsule sur laquelle se trouve *Bolcheretsk* a été séparée du continent par un grand canal : ce canal n'a pas seulement ajouté à la force de la place; il l'a rendue moins sujète aux inondations, qu'elle ne l'étoit auparavant. La rivière a de six à huit pieds de profondeur, & environ un quart de mille de large au dessous de la ville; elle se perd dans la mer d'Okotsk, vingt-deux milles plus loin, où elle peut alors recevoir des bâtimens d'une grandeur considérable. On ne cultive des grains d'aucune espèce dans cette partie du Kamtzchatka, & le jardin du Gouverneur est le seul qu'on y trouve. Le sol est composé d'une espèce de tourbe noire, & rempli de petits mondrains. On y apperçoit quelques vaches, des chevaux & beaucoup de chiens, qui sont les seuls animaux domestiques. Les habitans du Kamtzchatka, obligés, d'après l'état actuel du pays, d'entretenir un grand nombre de chiens qui servent à la conduite des traîneaux, ne peuvent nourrir que le bétail assez gros & assez robuste pour résister aux attaques des chiens; car durant l'été on lâche ces chiens, & on leur abandonne le soin de leur subsistance; ce qui les rend si avides, qu'ils attaquent quelquefois les taureaux eux-mêmes.

Les maisons de *Bolcheretsk* sont toutes de la même forme; elles sont bâties en bois, & couvertes de gramens : celle du Gouverneur est beaucoup plus grande que les autres, & pourroit passer pour jolie si le talc qui remplit les carreaux des fenêtres ne la rendoit pas d'un aspect pauvre & désagréable.

La population est de cinq à six cents personnes. On ne peut exprimer avec quelle sensibilité & quelle politesse les habitans de *Bolcheretsk* accueillent les étrangers : les attentions les plus délicates, les soins les plus empressés leur sont prodigués avec cette effusion du cœur qui en caractérise si bien la franchise. L'ame noble & grande du major Behm, qui pendant plusieurs années a gouverné ce peuple, n'a pas peu contribué au développement des qualités précieuses dont on fait l'éloge avec tant de justice, & les vertus de cet homme si rare se sont propagées dans un pays dont il a fait le bonheur.

Rien de plus touchant que la manière dont les habitans de cette contrée prennent congé de leurs amis : ils les accompagnent en pompe, & chantent des airs doux & mélancoliques, qui peignent tout ce que la séparation présente de douloureux; ils restent sur le rivage tant qu'ils peuvent appercevoir ceux qui les quittent, & de tendres acclamations signalent leurs derniers adieux.

BOLOGNE (en italien *Bologna*), capitale du Bolonois, est une ville d'environ soixante-quatorze mille ames, située à 44 deg. 30 min. de latitude, & à 29 deg. 1 min. de longitude, ou 36 min. 5 sec. de tems à l'orient de Paris. C'est la seconde ville de l'État ecclésiastique, & l'une des plus célèbres de toute l'Italie pour les sciences.

Cette ville a quinze cents toises de longueur depuis la porte Saint-Félix jusqu'à celle de Stra-Stefano, & mille soixante-treize toises depuis Porta di Galeria jusqu'à Porta San-Mamelo; elle elle est arrosée par un torrent nommé *Avesa*, & le Reno passe à l'occident de cette ville, mais à deux milles de distance. (*Voyez à l'article* BOLONOIS, tout ce qui est relatif aux richesses que la nature étale dans cette belle contrée.)

BOLOGNE. (*Voyage de Bologne jusqu'aux montagnes de Saint-Pélerin.*) En sortant de *Bologne*, on trouve d'abord les monts Pradalbino, Maggiora & Blancano. Il est peu de montagnes sur lesquelles on rencontre une aussi grande quantité de corps marins. On y voit des testacées de plusieurs genres différens, des cames, des peignes, des pétoncles, des huîtres, des coquilles turbinées, &c. dont les uns sont isolés & enfouis dans la marne, & les autres forment, par leur réunion, des pierres tantôt compactes & dures, tantôt molles & friables. On trouve sur les deux premières montagnes plusieurs fragmens de pierres phosphoriques de *Bologne*, & les habitans du pays assurent qu'on y en trouve beaucoup davantage lorsqu'après des pluies abondantes, les eaux roulant impétueusement sur le penchant de ces montagnes, entraînent avec elles les rochers & les terres. La pierre de *Bologne* n'est donc point particulière au mont Paterno, comme on l'avoit cru. Au sommet du mont Blancano on observe une prodigieuse quantité de pinnes fossiles. Dans un endroit où l'on creusa à la profondeur de trente pieds, on vit un grand nombre d'oursins confondus avec la marne, dont cette montagne est entiérement composée : leur écaille, ainsi que celle des pinnes, étoit presqu'entiérement détruite par l'injure du tems; mais leur conformation & leur étoile les faisoient aisément reconnoître. On trouve dans le même endroit, des bois pétrifiés & des feuilles d'arbres, dont les linéamens & les fibres, quoiqu'un peu altérés, paroissent ressembler à ceux des feuilles de laurier.

En quittant le Bolonois pour entrer dans le duché de Modène, M. Galeati, à qui l'on doit ces détails instructifs, se rendit avec empressement au goufre de Saxoli, anciennement observé par Pline, & décrit par Vallisnieri dans le tome III du *Journal de Venise*, article VI. L'état où M. Galeati l'a vu huit ans après s'accorde assez bien avec cette description; en sorte que, dans cet intervalle, il n'y est survenu aucun changement considérable. Non loin du chemin qui conduit au mont Zibio s'élève une colline, distante de Saxoli d'environ mille pas, dont le sommet se termine en une plaine large de soixante-quinze pieds, stérile & entiérement dépouillée d'herbes : on n'y trouve que des pierres & un limon aride, de couleur cendrée. Sur cette plaine s'élève, à la hauteur de trois pieds, un petit monticule formé des mêmes pierres & du même limon, dont la partie supérieure s'ouvre par une embouchure d'environ deux pieds de diamètre, évasée en forme de coupe : c'est là le siége du phénomène qui attire les physiciens, & qui a rendu ce lieu fameux. La cavité ou bassin du monticule est rempli, presque jusqu'à son embouchure, d'une matière tout-à-fait semblable à celle du limon détrempé, de couleur noirâtre, qui bouillonne, sans interruption, avec un certain bruit, & des bulles qui viennent crever à sa surface. Quelquefois ce bouillonnement augmente & devient si violent, que la matière s'élève jusqu'à la surface du bassin, & s'échappe par les bords. On voit, dans le bassin, des pierres qui roulent en tout sens les unes sur les autres : on a quelquefois trouvé des marcassites parmi elles. La manière dont l'eau & le limon se meuvent entre ces pierres, fait penser qu'ils viennent d'une caverne souterraine, & qu'ils se font jour à travers les crevasses de ses parois. Lorsque le bouillonnement est très-fort dans ce goufre, il se fait des éruptions, ordinairement accompagnées de fracas, de fumée, & quelquefois même de flammes qui soulèvent les pierres & les jettent à plusieurs pieds de distance. Mais ces éruptions sont rares, & n'arrivent, suivant les habitans du pays, que de quinze en quinze ans. Elles leur sont annoncées par une odeur forte de soufre & de bitume, dont les bestiaux mêmes sont incommodés.

M. Galeati voulut s'assurer si le bouillonnement de la matière contenue dans ce goufre étoit causé par une chaleur souterraine. Il y plongea, à la profondeur de huit pouces, un thermomètre à l'esprit-de-vin; mais la liqueur, bien loin de monter, baissa au contraire. De 17 pouces 6 lignes & demie où elle étoit avant l'immersion, elle descendit à 17 pouces 4 lignes; chaleur qui répond à peu près à celle de 59 degrés 4 lignes du thermomètre de M. Stancari, neuf pouces au dessous de la chaleur de l'eau bouillante. Il est bon de savoir qu'on étoit alors au mois de juillet, & que M. Galeati fit son épreuve à deux heures après midi, tems de la plus grande chaleur du jour. Il essaya encore s'il pourroit atteindre le fond du goufre avec un bâton; mais après l'avoir enfoncé à la profondeur d'une palme, les pierres qu'il rencontra l'empêchèrent de le pousser plus avant. Ce jour-là même le goufre étoit si plein de matière, que le limon en découloit de tous côtés, mêlé avec une eau trouble & brunâtre. On voyoit çà & là, sur la surface, des filamens très-déliés, qui se faisoient remarquer par une couleur plus noire que celle du reste du limon, & par une grande fluidité. M. Galeati étoit porté à croire que c'étoit du pétrole; mais ils n'en avoient ni le goût ni l'odeur; il s'assura seulement que c'étoit du bitume.

Après avoir examiné le goufre de Saxoli, M. Galeati se rendit sur le mont Zibio, fameux par ses sources de pétrole. Elles sont éloignées d'environ cinq cents pas du lieu où est le goufre. Elles jaillissent des bords de la montagne communément auprès des ruisseaux qui roulent sur son penchant. L'eau en est reçue dans des creux où elle séjourne, & l'huile de pétrole nage à sa surface. Toutes les sources n'en sont pas également chargées; mais dans celles mêmes où elle abonde le plus, la quantité est encore très-modique, comparée à celle de l'eau; & si les habitans du canton n'avoient soin, lorsqu'à certains jours marqués ils viennent recueillir le pétrole, de puiser en même tems toute l'eau, cette eau, surmontant bientôt les bords du puits & des réservoirs où elle est renfermée, se répandroit de tous côtés, & l'huile seroit perdue. Parmi ces puits il y en a un que les habitans disent avoir été creusé depuis quatre cents ans, & qu'ils nomment *la vieille source*. On croit que c'est la même dont parle Bacci, & qu'il assure avoir été si fort abondante en huile, qu'on en retiroit autrefois, chaque jour, jusqu'à quarante livres, quoique de son tems elle n'en fournit pas au-delà de huit. Aujourd'hui on n'en retire plus qu'une livre par jour, du moins pendant l'hiver & dans des tems humides & pluvieux; car pendant l'été, lorsque le ciel est serein & que le vent souffle avec force, on en recueille un peu plus. M. Galeati observa, avec un thermomètre, la chaleur de ces différentes sources, & la trouva toujours au dessous de celle de l'atmosphère, & dans les mêmes proportions qu'on a vues en parlant du goufre de Saxioli.

Le mont Zibio, comme les autres montagnes dont on a parlé au commencement de cet article, renferme un très-grand nombre de corps marins. On découvre une quantité prodigieuse de coquilles pétrifiées, dont même des rochers entiers sont formés. On y ramasse aussi des morceaux de corail, qui, par leurs linéamens très-bien exprimés & par leurs pores, ne peuvent être méconnus pour de vrais litophytes. Quelques naturalistes prétendent que les poissons & les autres corps marins ensevelis dans les couches de la terre peuvent bien avoir été portés, dans le sein des montagnes, avec les eaux de la mer. Il n'est donc pas possible qu'ils aient été transportés sur de hautes montagnes sans que les eaux de la mer, soulevées & sortant de leur lit, se soient répandues sur toute la surface du Globe, en brisant & renversant tout ce qui s'opposoit à leur effort.

Le Zibio est la dernière des montagnes où

M. Galeati ait trouvé des corps marins. En continuant sa route jusqu'au mont Pélerin, & montant toujours à mesure qu'il avançoit dans le pays, il ne put, malgré des recherches soigneuses, decouvrir le moindre vestige de productions marines. Cette circonstance, à laquelle il ne s'attendoit pas, le fit pencher fortement vers l'opinion de M. le comte de Marsigli, savoir, qu'il n'y a aucun corps marin sur les montagnes fort élevées, mais seulement sur celles d'une médiocre hauteur.

M. Galeati, étant parvenu au lieu nommé *Volta*, situé au pied du mont Saint-Pélerin, à l'endroit où le fleuve Secchia se joint à la Rasenne, examina la différente hauteur de ces lieux. Gravissant ensuite sur la montagne, il s'arrêta à Frassino, qui est à peu près au milieu de son penchant. Cette élévation est le terme au-delà duquel cette montagne n'est plus susceptible de culture. Les grains n'y viennent pas, & l'on n'y rencontre plus que des hêtres, des arbres sauvages & des herbes très-menues. M. Galeati, parvenu enfin à la cime de la montagne qu'on appelle proprement *mont Saint-Pélerin*, examina son élévation, & le baromètre lui indiqua 23 pouces 3 lignes.

Du mont Saint-Pélerin, M. Galeati partit de Fanano pour se rendre ensuite au mont Cimone, le plus élevé de tous ceux de cette contrée, & fameux par les plantes rares qu'il produit. On en trouve beaucoup auprès d'une source qui jaillit un peu au dessous de la cime de la montagne vers le couchant, & qui jette une grande quantité d'eau. Au côté opposé de la montagne on trouve une autre source encore plus abondante, qui jaillit avec plus de force, & qui est même plus près du sommet.

Du mont Cimone M. Galeati se rendit à Barigatia, lieu fameux par les flammes qui sortent fréquemment & inopinément de la terre. Il est vis-à-vis Cimone, du côté du couchant, à environ onze mille pas de distance. Ce savant vit sortir de la terre, à diverses reprises, des flammes qui s'élevoient à la hauteur d'un pied & quelquefois de deux. Elles ressembloient, par leur couleur, à la flamme ordinaire; mais leur étendue étoit si considérable, qu'elles avoient six pieds de longueur; elles en ont même jusqu'à vingt & trente dans les éruptions plus violentes: elles répandent une odeur de soufre; ce qui indique qu'une matière sulfureuse en est l'aliment. Quoique cette odeur fût plus sensible à une certaine distance, que lorsqu'on en approchoit de plus près, la chaleur des flammes ne se faisoit sentir que dans un très-petit espace, &, à trois pieds d'éloignement, le thermomètre n'en éprouvoit aucune action: dans les flammes mêmes, la liqueur ne monta que de huit lignes. Si l'on frappe rudement la terre, ou si l'on répand de l'eau sur l'endroit d'où les flammes sortent, elles s'éteignent sur-le-champ pour reparoître quelque tems après avec plus d'abondance & de force. On les voit indifféremment dans toutes les saisons; mais il ne se fait point d'éruption lorsque la terre est humectée par des pluies abondantes, ou qu'il règne quelque vent violent. Les habitans du pays pensent que ces flammes communiquent, par des voies souterraines, avec d'autres flammes qu'on voit au côté opposé de la montagne, à l'endroit nommé *Vet*, & ils se fondent sur ce que les unes augmentent quand les autres viennent à cesser. Quoi qu'il en soit, il est probable que ces exhalaisons ne sont point chaudes tant qu'elles sont renfermées dans le sein de la terre, & qu'elles ne s'enflamment qu'au moment qu'elles éprouvent le contact de l'air. C'est ce que paroît prouver une fontaine d'eau douce qui jaillit tout auprès. Quoiqu'elle ait une odeur sulfureuse, elle n'est pas moins froide que les autres; elle parut même l'être davantage au fond qu'à la surface, peut-être parce que celle-ci avoit été échauffée par le soleil.

M. Galeati poursuivit sa route vers le mont Bonello, autrement appelé *Festino*, éloigné de Barigatia d'environ vingt mille pas, & renommé par ses sources de petrole. Les puits où on le ramassoit, étoient autrefois plus nombreux; ils se réduisent maintenant à trois. Tous les autres ne contiennent que de l'eau & du limon. L'huile coule rarement sans eau, & plus celle-ci est abondante, moins elle charrie d'huile. Pour recueillir celle-ci, il est nécessaire, comme dans tous les puits du mont Zibio, & pour la même raison, d'épuiser en même tems toute l'eau. Au reste, le pétrole qui coule du mont Bonello est limpide & transparent; ce qui le rend beaucoup préférable à celui du mont Zibio, qui est d'un rouge-brun. Tous ces puits sont creusés dans une plaine vaste, mais inégale, qui produit des plantes, des arbustes & même des arbres. Ils ne tiennent pas même toute l'étendue de la plaine; mais ils sont renfermés dans une enceinte d'environ cinq cents pieds. On n'en trouve point au-delà. L'ouverture de chaque puits est d'environ six pieds de diamètre: leur profondeur varie, mais elle n'a jamais moins de cinquante pieds, ni au-delà de soixante-dix. M. Galeati étoit porté à croire que les fonds de tous ces puits, & ceux du mont Zibio, étoient dans le même plan horizontal, & son opinion lui paroissoit d'autant plus probable, qu'elle lui étoit suggérée par la seule inspection & comparaison de ces lieux. Mais dépourvu de baromètre, & hors d'état de mesurer l'élévation du terrain, il abandonna une conjecture qui lui paroissoit dénuée de preuves, regrettant plus que jamais la perte de son instrument.

BOLONOIS (Montagnes du). L'auteur de ces observations, voyageant auprès du mont Maggiora, découvrit une couche de terre qui possédoit une qualité astringente comme le bol, & qui contenoit une assez grande quantité de nitre. Cela lui fit soupçonner qu'il y avoit dans ces lieux quelque grande mine de vitriol ou de cuivre. Ce soupçon fut ensuite confirmé par un fragment non équivoque de mine de cuivre qu'il trouva dans le torrent del Salso qui est dans le voisinage. On trouve aussi quelquefois dans ce torrent des pyrites assez grosses & d'un tissu moins serré que celles que charrient les autres torrens. Quelques-unes d'entr'elles, moins compactes que les autres, & calcinées pour ainsi dire par le tems, se changent en un sel qui, mêlé avec la terre, lui communique la saveur & presque toutes les propriétés du vitriol; circonstance qui concourt à prouver dans ces lieux l'existence d'une mine de vitriol ou de cuivre. Un autre indice de mines, c'est qu'on y rencontre des rochers stériles, nommés *calanches* par les habitans, parsemés d'une grande quantité de pyrites métalliques, qui même leur imprime diverses couleurs. L'auteur a encore trouvé, dans la rivière d'Idice, d'assez gros fragmens de soufre minéralisé, mêlés avec du gypse; ce qui lui fit conjecturer qu'il y a aussi des mines de soufre dans le *Bolonois*. Ces découvertes semblent favoriser l'ancienne opinion adoptée par Licetus & par d'autres, suivant laquelle les Bolonois deviendroient un des peuples les plus riches s'ils se donnoient la peine de creuser dans leur territoire. Ces auteurs, en effet, croyoient pouvoir y montrer, non-seulement des mines de gypse, dont l'existence n'est point douteuse, mais encore de cuivre, d'antimoine, de cinabre, & même de fer, d'argent & d'or.

L'auteur de ces remarques trouva dans une grande mine de gypse, des concrétions du genre de celles que les naturalistes appellent *stalagmites*. La liqueur qui les produisoit, en se figeant sur le sol de la mine, prenoit une couleur jaune qui rendoit ces concrétions semblables à l'albâtre, désigné en latin par l'épithète de *cotogninum*. Il assure avoir trouvé plus d'une fois, en litholisant dans le *Bolonois*, de l'ambre jaune, des cristaux noirâtres & plusieurs pierres singuliérement figurées. On trouve encore d'autres pierres singulières qui, sciées par le milieu, représentent au naturel, par leurs taches & leurs veines, des figures d'animaux. L'auteur a ramassé sur le mont della Guardia quelques dentales dont la cavité étoit remplie d'un noyau d'agate qu'on auroit pu enlever aisément. Cela confirme l'opinion de ceux qui pensent que les pierres précieuses ne sont pas absolument étrangères au *Bolonois*.

A ces observations faites sur le mont Maggiora & les collines voisines, il faut ajouter des montagnes entières formées par des conques de mer entassées, & par des fragmens de peignes & de pétoncles confondus avec la terre. Ce phénomène est des plus frappans. Voici d'autres observations du même genre qu'on se contentera d'indiquer.

L'auteur trouva deux genres de cames remarquables par leur grosseur; l'un au conchyte fascié dont parle Aldrovande dans son *Cabinet métallique*; pour ce qui est de l'autre, il n'ose décider si c'est l'*argyropolites in saxo corticoso* dont il est fait mention dans le même ouvrage, ou la *concha gacades lapide facta* du *Muscum moscardum*. Dans une excavation faite sur le Blancano, montagne des plus élevées, il trouva une prodigieuse quantité de pinnes fossiles, disposées dans une argile bleuâtre. Le test de ces pinnes étoit presqu'entiérement détruit par la vétusté, & on ne les reconnoissoit que par leur conformation, par une poussière argentée, très-fine, qui étoit attachée à l'argile, & par l'impression qu'on y voyoit de la forme intérieure de la coquille. Il trouva encore dans le petit torrent de Martignone, un murex pétrifié d'une structure particulière.

L'auteur parle encore d'un corps marin remarquable, entr'autres des ostracites qu'on trouve en grande quantité sur la montagne qui est vis-à-vis la chapelle de Notre-Dame del Salso, & de ce testacée, le plus beau de tous ceux de ce territoire, savoir, le peigne à charnière large, à base plane, magaritifère; testacée dont Lister fait mention dans son *Histoire des coquilles*, & qu'on trouve dans le *Cabinet métallique* d'Aldrovande, sous le nom d'*aggroconchite*. La quantité de ces peignes est immense sur cette montagne : plusieurs d'entr'eux, consumés par le tems, ont été réduits en écailles très-fines, qui pulvérisées passent pour un alcali terreux, excellent & préférable à tous les autres, même à la nacre de perles; car elles neutralisent le vinaigre distillé plus parfaitement qu'aucun autre alcali.

A l'endroit appelé *Poggioli Rossi*, l'auteur recueillit plusieurs dents de lamié, dispersées dans une terre rouge. Dans le torrent dit *de Saint-Martin d'Ancugnano*, il trouva un fragment d'un grand came pétrifié. Enfin, il vit une pierre sabloneuse qui contenoit un grand nombre de coquilles marines pétrifiées, & outre cela un corps oblong, mais aplati & large à son extrémité, qu'on ne pouvoit méconnoître pour la queue d'un poisson.

BOMMAL, village du département de la Dyle, arrondissement de Nivelles, canton de Jedoigne, près de la Grande-Gette, rivière à une lieue & demie au sud de Jedoigne. Ses productions principales consistent en froment, seigle, orge, avoine, colsat & quelques bois; à quoi il faut ajouter des pâturages pour le bétail.

BONAC, village du département de l'Arriège, arrondissement de Saint-Girons, canton de Castillon, sur le Lez. Il y a, dans le territoire de ce village, des couches d'ardoise argileuse inclinées du sud au nord.

BONA-ROGGIA, petit ruisseau du département de la Sesia, dérivé à Aziliano de la Gardina. Il arrose les rizières, & se jette dans la Sesia près de la Morcova.

BONA VISTA (Ile). Cette île est une de celles du Cap-Vert ; elle gît par 16 deg. de latitude nord, & par 21 deg. 51 min. de longitude ouest. (Méridien de Greenwich.)

Une chaîne de rochers s'étend à environ une lieue & demie au sud-ouest quart ouest de la pointe sud-est de l'île ; ce qui oblige les navigateurs à beaucoup de précautions pour en approcher sans danger. On voit dans ce parage un grand nombre de poissons volans, qui, des fenêtres de la chambre d'un vaisseau, paroissent d'une beauté surprenante. Leurs côtés ont la couleur & le brillant de l'argent bruni ; mais ils perdent à être vus de dessus le pont, parce qu'ils ont le dos d'une couleur obscure. On y rencontre aussi une espèce de mollusque. Cet animal a la forme d'une petite vessie très-ressemblante à celle des poissons, d'environ sept pouces de long, & du fond de laquelle sortent un certain nombre de filets rouges & bleus, dont quelques-uns ont jusqu'à trois & quatre pieds de long, & qui piquent comme l'ortie, mais plus fortement : au sommet de la vessie est une membrane dont l'animal se sert comme de voile en la tournant à son gré pour recevoir le vent. Cette membrane est veinée de différentes couleurs très agréables ; en un mot, l'animal est, à tous égards, un objet de curiosité très-intéressant.

Plusieurs poissons à coquilles méritent encore une petite description, surtout l'*helix janthina* & la *violacea*. On les trouve flottantes sur l'eau ; elles sont à peu près de la grosseur d'un limaçon, & sont soutenues sur la surface de la mer par une petite grappe de bulles remplies d'air, formées par une substance gélatineuse, d'un assez grand dégré de viscosité. L'animal est ovipare, & ces espèces de vessies ou bulles lui servent aussi à déposer ses œufs. Il est probable qu'il ne va jamais à fond & qu'il n'approche pas non plus volontairement du rivage, car sa coquille est extrêmement fragile, & aussi mince que celle de quelques limaçons d'eau douce. Chaque coquille contient à peu près la valeur d'une cuillère à café de liqueur que l'animal jette aussitôt qu'on le touche, & qui est du rouge-pourpre le plus beau qu'on puisse voir. Elle teint le linge, & il seroit peut-être utile de rechercher si ce n'est pas là le pourpre des Anciens, d'autant que ce testacée se trouve sûrement dans la Méditerranée.

Parmi les objets curieux qu'on vient de décrire, on ne passera pas sous silence ce phénomène lumineux de la mer, dont les navigateurs ont parlé si souvent, & que Cook observa à peu près à cette latitude. Les uns supposent qu'il est l'effet du mouvement que des poissons donnent à l'eau en poursuivant leur proie ; d'autres, que c'est une émanation que fournit la putréfaction des animaux marins ; plusieurs le rapportent à l'électricité, &c. Les jets de lumière ressemblent exactement à ceux des éclairs, quoiqu'un peu moins considérables. Ils sont si fréquens, que quelquefois il y en a huit à dix de visibles presque dans le même moment. Le navigateur anglais conjectura que ce phénomène étoit dû à quelqu'animal lumineux. Il eut lieu d'être confirmé dans cette opinion lorsque, ayant jeté un filet, on eut pris une espèce de *medusa* que l'on trouva de la couleur d'un métal chauffé fortement, & qui rendoit une lumière blanche ; avec ces animaux on prit aussi des crabes très-petits, de trois espèces différentes, qui tous donnoient de la lumière comme les vers luisans, quoique moins gros des neuf dixièmes. M. Banks, que ses connoissances ont rendu célèbre, en examinant ces animaux, eut la satisfaction de trouver qu'ils étoient absolument inconnus aux naturalistes. (*Voyez l'article* MER LUMINEUSE, *où tous ces faits sont discutés.*)

BONCOU (Combe & Rivière de), département de la Haute-Garonne, arrondissement de Saint-Gaudens, canton de Bagnères-de-Luchon. Sa source, à deux lieues sud de Bagnères, verse ses eaux au nord, comme toutes les eaux des Pyrénées, lesquelles suivent cette direction, puis se rendent dans la Lys à trois quarts de lieue de leur source.

BONCOU (Montagne de), département de la Haute-Garonne, arrondissement de Saint-Gaudens, canton de Bagnères, & à deux lieues sud de cette ville. Elle a, du sud-ouest au nord-est, une demi-lieue de longueur ; masse détachée de la chaîne principale des Pyrénées.

BONCOURT, village du département de la Meuse, arrondissement & canton de Commercy. Il y a des fourneaux & une forge pour la fabrication du fer en barres.

BONDEVAL (Forêt de), département du Doubs, à deux lieues un quart nord de Saint-Hippolyte. Elle a dix-huit cents toises de long, sur neuf cents toises de large.

BONDICE (la), village du département de la Haute-Marne, arrondissement de Langres, canton de Bourbonne-lès-Bains. Il y a une verrerie.

BONDY (Village & Forêt de), arrondissement de Saint-Denis, canton de Pantin. Ce village a donné son nom à une grande & belle forêt. Il y a au village plusieurs belles maisons. La forêt de *Bondy* a, du nord-nord-ouest au sud-sud-ouest, y compris le Petit-Raincy, deux mille cinq cents toises de longueur, sur dix-huit cents toises de largeur de l'est à l'ouest.

BONGES, village du département de Sambre & Meuse, arrondissement & canton de Namur, & à un quart de lieue de cette ville. Il y a plusieurs fours à chaux dans ce village, où les couches de pierres calcaires propres à être cuites se trouvent abondamment.

BONIFACIO, ville du département de Liamone, arrondissement de Sartène, chef-lieu de canton, à l'extrémité sud de l'île de Corse, avec un bon port, située vis-à-vis l'île de Sardaigne, avec laquelle elle forme un détroit auquel elle donne son nom. Cette commune a un syndic des marins.

BONN, ville du département de Rhin & Moselle, chef-lieu d'arrondissement & de canton, sur le Rhin. Le sol des environs de cette ville est très-fertile en grains, en légumes, & la vigne y réussit bien. Le chauffage ordinaire est du charbon de terre, le bois y étant très-rare. Bingen & *Bonn* se trouvent unies par des masses montueuses, qui renferment des pyrites & de l'argile sous forme d'ardoise. Elles montrent, à leur surface, de grosses couches de pierres de sable. A Gudesberg, distant d'une lieue de *Bonn*, il y a une source d'eau minérale, qui a été mise, depuis quelque tems, en réputation.

BONNAL, village du département du Doubs, arrondissement de Baume, canton de Rougemont, près de l'Oignon, à quatre lieues de Baume. Il y a dans les environs des fourneaux & des forges pour la fabrication du fer. Ces usines sont établies sur l'Oignon.

BONNE (la), rivière du département de l'Isère, arrondissement de Grenoble, canton d'Entraigues. Elle prend sa source aux glacières de Turbat, verse ses eaux à l'ouest, passe au sud du Désert, & va se rendre dans le Drac, à deux tiers de lieue au sud de la Mure.

BONNEFOND, village du département de la Loire, arrondissement & canton de Saint-Étienne, à une lieue & demie de Saint-Chamont. Il y a une clouterie & plusieurs fosses d'où l'on tire du charbon de terre.

BONNERT, village du département des Forêts, arrondissement de Luxembourg, canton d'Arlon, à trois quarts de lieue nord-est de cette ville. Il y a une platinerie.

BONNES, village du département des Basses-Pyrénées. On trouve dans les environs des eaux thermales, souveraines pour les maladies de poitrine, tumeurs, viscères, &c.

BONNET, village du département de la Meuse, arrondissement de Commercy, à une lieue & demie de Gondrecourt. Il y a plusieurs fourneaux & forges aux environs de ce village.

BONNEVAL, bourg du département du Mont-Blanc, arrondissement de Saint-Jean-de-Maurienne, canton de Thermignon, près de l'Arc. Il y a une mine de plomb abondante, qui contient une portion considérable d'argent.

BONNEUIL, village du département de l'Oise, arrondissement de Clermont, canton de Breteuil, & à une lieue deux tiers de cette ville. Il y a quelques pressoirs pour le cidre qu'on récolte dans les environs.

BONNEVILLE, ville du département du Léman, chef-lieu d'arrondissement & de canton, sur l'Arve, à six lieues sud-est de Genève, dans une jolie plaine. Elle n'a de remarquable que la forme triangulaire de sa situation, & une place qui occupe l'aire du triangle. Elle est élevée de trente-neuf toises au dessus du lac de Genève. La porte de la ville est assise sur les rochers d'une pierre composée de mica. On trouve dans les fentes de belles cristallisations de spath calcaire.

BONPORTEAU (Pointe, Cap & Plage de), département du Var, arrondissement de Draguignan, canton de Grimaud, entre la Calanque de la Chappe & la Calanque du Cavalaire.

BONPORTEAU (le), rivière du département du Var. Sa source, à deux lieues & demie sud de Grimaud, verse ses eaux à l'est, lesquelles se rendent à la mer, dans la plage de *Bonporteau*, sans être arrêtées par un lac comme beaucoup d'autres eaux courantes de cette côte.

BONRENAUD (Plage & Cap de), département du Var, canton d'Hières, à la côte septentrionale de l'île de Porquerolles, entre le cap du Man & la plage de l'Aiguade.

BONVILLARD, village du département du Mont-Blanc, arrondissement de Saint-Jean-de-Maurienne, canton d'Aiguebelle, à cinq lieues de Chambery. Les mines de la montagne de *Bonvillard*, outre le fer, contiennent encore deux filons de plomb tenant argent, un grand filon de cuivre, &, près du Mas du Châtelet, une mine de houille. Le Val-du-Châtelet est le foyer principal de la mine de plomb; elle se porte ensuite vers la montagne de Sainte-Hélène, où l'on connoît des affleuremens de filons de plomb mêlé à du bismuth & de l'antimoine, mais qui n'ont pas été suivis régulièrement. Ces mines de cuivre & de plomb sont très-remarquables, parce qu'elles sont encaissées & recouvertes de mines de fer.

BONVOISIN, montagne du département des Hautes-Alpes, canton de l'Argentière, à trois lieues ouest de Vallouise. Elle a de l'ouest à l'est une demi-lieue de long.

BOOM,

BOOM, bourg du département des Deux-Nèthes, arrondissement d'Anvers, à deux lieues un quart de cette ville. Il y a deux fabriques de sel, deux amidoneries, une poterie & plusieurs briqueteries.

BOQUIEN (Forêt de), département des Côtes-du-Nord, canton de Collinée, à trois quarts de lieue de cette ville. Elle a de l'est à l'ouest deux mille six cents toises, & du nord au sud douze cents.

BORANDA, pays qu'on appelle actuellement *Peczora*, lequel est situé entre les Lapons moscovites & les Samoïèdes, dans la partie de la terre coupée par le cercle polaire arctique, & traversée, dans la direction du nord au midi, par le fleuve Peczora.

La bourgade de *Boranda* est située à 22 deg. du pôle, sur la côte occidentale d'un petit golfe, dans lequel se décharge la grande rivière de Peczora. Ce pays, habité par les Borandiens, est, comme on voit, borné par la Mer-Glaciale vis-à-vis l'île de Kolgo, les petites îles Toxar & Maurice; au couchant, il est séparé des terres de la province de Jagori par d'assez hautes montagnes; au levant, ce pays confine avec celui des Samoïèdes. Les Borandiens ne diffèrent que très-peu de cette race, ni quant à la stature, ni quant à la manière de vivre, & paroissent tenir à cette même variété de l'espèce humaine sur laquelle le climat a dû influer également. Tous les hommes de ces contrées arctiques sont à peu près semblables entr'eux, puisque le froid & les autres influences du climat les ont rendus très-différens des peuples des zônes tempérées. Indépendamment de leur courte taille, ils ont tant d'autres rapports de ressemblance entr'eux, qu'on peut les considérer comme une même race, qui s'est étendue & multipliée le long des côtes des mers septentrionales, dans des déserts & sous un climat inhabitable pour tout autre peuple.

BORCE, village du département des Basses-Pyrénées, arrondissement d'Oléron, canton d'Accous, sur le gave d'Aspe. Les montagnes, au nord de ce village, sont composées de bancs d'un marbre gris-bleuâtre; au midi, vers le pont Sévers, il y a des couches d'ardoise grise argileuse: à ce pont il y a aussi des bancs de marbre d'un gris-bleuâtre, &, à une petite distance, des couches de schiste gris. Au Pourtalet, restes d'un ancien fort dominé par les montagnes de la région supérieure, il y a des bancs de marbre gris-foncé: on y distingue des pierres calcaires composées de madrépores. A la montagne d'Irrivé, à une hauteur considérable au dessus de la rive gauche du gave, il y a une mine de cuivre. A Ibosque, au dessus d'Irrivé, il y a une galerie sur une mine de cuivre jaune dans de la pierre à chaux, avec efflorescence de vert de montagne.

A cinq cents toises au dessus & au sud de *Borce* est le torrent de Belonce, venant du sud-ouest, & qui se jette dans le gave par sa rive gauche. On y voit un puits de dix toises, & une galerie de cinq toises sur une mine de plomb en filon, qui contient de la galène & de la bleinde. Il y a du vert de montagne dispersé dans les rochers de la montagne de la Graveste. En suivant le gave d'Aspe jusqu'au bois d'Anglus, aux frontières d'Espagne, on arrive à la montagne de Maspêtre, où il se trouve de la mine de cuivre gris & argent, éparse dans un rocher calcaire. Au dessus de Peyrenèse, entre la montagne de Maspêtre & celle de Causia, sur la pente septentrionale de la gorge à la montagne de Lascourettes, est une mine de cuivre en filon.

BORCETTE, bourg du département de la Roër, à un quart de lieue sud-est d'Aix-la-Chapelle. On peut prendre des bains chauds dans quatorze maisons différentes de ce bourg. Il y en a une quinzième, où les pauvres se baignent *gratis*. L'eau de plusieurs bains est si chaude & si bouillante, qu'en y jetant un animal il meurt sur-le-champ. Le peuple y fait cuire des œufs. Outre les eaux minérales, il y a une fabrique d'aiguilles.

BORD (Forêt de), du département de l'Allier, arrondissement de Moulins, & à deux lieues sud-est de cette ville. Elle a deux mille deux cents toises de longueur, sur sept cents toises de largeur.

BORD (Lac de), du département de la Lozère, arrondissement de Marvejols, à trois lieues deux tiers nord-ouest de cette ville. Ce lac a environ deux cents toises de large, sur deux cent cinquante toises de long.

BORDEAUX, ville du département de la Gironde, chef-lieu de ce département, sur la Garonne.

Le sol des environs de cette ville est abreuvé d'une eau abondante: on creuse partout des puits avec succès, & l'eau se rencontre quelquefois à une petite profondeur. Dans les landes la constitution du sol est telle, que les eaux y sont stagnantes à la surface, & forment des marais ou des lacs. Les étangs qui sont distribués le long de la côte de la mer, sont les produits des eaux courantes refoulées par les dunes. Les eaux des landes sont de mauvaise qualité, parce qu'elles se chargent des débris des plantes qui y pourrissent, ou des principes de l'allioste, couche de mine de fer dilatée, sur laquelle elles résident.

Le fond des vallées larges & peu profondes des environs de *Bordeaux* est arrosé ordinairement par de petits ruisseaux. Ces eaux courantes se rendent, les unes dans l'Adouze & l'Adour, au sud; à l'est, dans la Garonne; à l'ouest, dans le golfe de Gascogne ou dans les étangs qui en bordent les rivages.

La ville de *Bordeaux* est traversée par six de ces ruisseaux; celui du Marais ou de Bacalan, celui des Carmes, la Dévèze, le Peugne, le Guy & l'Esteymajoux. Le sol des marais de la Chartreuse est plus bas que les lits du Peugne & de la Dévèze qui les traversent.

Six sources de bonnes eaux se trouvent aux environs de *Bordeaux*; celles de Mérignac, du Tondut, de Figueyreau, de Fond-d'Eaudège, des Salinières & de la Font-de-l'Or. Celle-ci fournit aux approvisionnemens des navires.

La plus grande partie du territoire bordelois est occupée par les landes, c'est-à-dire, par une plaine sabloneuse couverte d'un petit nombre de plantes ligneuses & de gramens qui se dessèchent sur la fin de l'été, & demeurent inondés pendant l'hiver & pourrissent. Il y a dans cette plaine beaucoup d'endroits couverts de marais considérables.

Dans tous les lieux cultivés qui se trouvent le long de la Garonne, l'air, quoique humide, est fort sain, & les habitans y sont plus robustes que dans les landes. La disparition des marais & l'écoulement bien entendu des eaux pluviales le long de ces côtes sont les principales causes de la salubrité de l'air.

Le flux & reflux & la direction des bords des collines de l'entre-deux mers y favorisent l'introduction d'un air humide par les vents d'ouest, assez violens.

J'ajoute ici deux phénomènes qui appartiennent à *Bordeaux*, quoiqu'ils ne puissent s'observer qu'à une certaine distance de cette ville: 1°. le bec d'Ambez, dont j'ai donné la description à l'article AMBEZ, &, 2°. le roc de Tau, carrière qui fournit la pierre à bâtir, laquelle sert aux constructions des bâtimens de cette ville. Cette pierre a cela d'intéressant, en ce qu'elle renferme des débris d'étoiles marines; qu'elle offre aux naturalistes lorsqu'elle se décompose.

Bordeaux est situé sur la rive gauche de la Garonne, qui forme, en face, une portion circulaire dont les deux pointes sont éloignées l'une de l'autre d'une lieue, & cette courbe est assez alongée pour qu'il soit possible de l'appercevoir, d'un seul coup-d'œil, dans toute son étendue.

La beauté du fleuve qui coule avec une majestueuse rapidité, & dont la largeur est de trois quarts de lieue dans cette partie, toute couverte, en tems de paix, d'une épaisse forêt de mâts qui s'élèvent d'une foule de vaisseaux de toutes grandeurs & de toutes nations: ces objets forment un ensemble dont les yeux ne peuvent se rassasier, & que l'on revoit toujours avec les charmes de la surprise & de la nouveauté.

Les vins sont une des grandes richesses de *Bordeaux*. Ceux de première qualité se vendent de 2000 à 2400 liv. le tonneau ou les quatre bariques. Les plus estimés sont ceux connus sous les noms de *Médoc*, de *Haut-Brion*, de *Saint-Émilion*, de *Grave*. Les meilleures qualités des vins de Médoc sont ceux de la Fite, de la Tour & de Margaut. Les plus recherchés de Grave sont ceux de Haut-Brion, du Haut-Talence, de Mérignac, Pessac, Langon, Villenave, &c. Les vins blancs qui tiennent les premiers rangs sont ceux de Carbonnieux, Sérons, Barsac, Pignac, Lanterre-Baume & Sainte-Croix-du-Mont.

Une partie du vin de Médoc passe en Angleterre: les vins de Grave, blancs & rouges, se consomment ordinairement en France. La plus grande partie de ceux de Paluds s'embarque pour les colonies & l'Inde: les Hollandais en tirent une quantité considérable. Les vins de côtes & autres qualités inférieures passent, en grande partie, en Allemagne, en Hollande & dans la ci-devant Bretagne. Le surplus sert à la consommation du pays, ou se convertit en eau-de-vie ou en vinaigre.

Il y a dans la ville de *Bordeaux* une fontaine d'eau minérale, découverte, dans le seizième siècle, rue de *la Roussellе*, dont la fontaine a pris le nom. Elle a la vertu de purger en rafraîchissant, de guérir les obstructions, & d'être souveraine même dans les fièvres intermittentes.

BORDELOIS *ou* BOURDELOIS. Ce pays renfermoit beaucoup d'autres petits pays; savoir: le *Bordelois* propre, le Médoc avec la petite Flandre du Médoc, les landes de Bordeaux, le pays de la Tête-de-Busch, le pays de Born & celui de Morentin: tous ces pays sont au midi de la Garonne ou de la Gironde. Le Bénange, le pays d'Entre-deux-mers, les environs de Libourne, le Fronsadois, le Cudjagois, le Bourgès, le Blayois & le Vittrezay, tous ces pays sont au septentrion ou le long de la rive droite de la Garonne.

Le *Bordelois*, y compris les petites contrées nommées ci-dessus, est borné, au septentrion, par la Saintonge; au midi, par le Bazadois & les grandes landes; au levant, par les grandes landes, le Bazadois, le Périgord & l'Angoumois, &, au couchant, par l'Océan. Quant au *Bordelois* propre, il s'étend le long de la Garonne au midi de ce fleuve, & n'a que douze à treize lieues de long, sur cinq lieues de large. Tous ces pays composent aujourd'hui une partie du département de la Gironde.

BORDES (les deux Lacs de), du département de l'Arriège, arrondissement de Saint-Girons, canton de Castillon, à la source de la rivière de *Bordes*. Ils sont petits, & ont tout au plus cent toises de large.

BORDS DE LA MER, considérés relativement à la constitution du sol & aux productions végétales.

Les *bords de la mer* sont escarpés ou en pente; ils présentent, ou des rochers, ou des terres basses, tantôt pierreuses, tantôt sabloneuses. Dans certaines parties des côtes de la ci-devant province de Normandie, on trouve des falaises élevées & coupées à pic, parce qu'elles ont été minées insensiblement par les flots.

Les côtes sont toujours plates à l'embouchure des rivières. Deux forces opposées, les eaux courantes des fleuves d'un côté, qui entraînent les terres & les sables, & le flux de la mer qui les repousse, concourent à la formation des bancs de sable, des barres, & même des îles si communes à l'embouchure des grands fleuves. Le terrain s'exhausse par degrés, les sables surmontent le niveau des eaux ordinaires, &, n'étant pas arrosés, ils deviennent le jouet des vents. C'est ainsi que se forment les dunes.

Un canton, jadis fertile, entre Boulogne & Calais, est devenu insalubre & abandonné, en grande partie, depuis que les eaux de la Slacq, arrêtées par les sables, n'y ont plus un écoulement libre. Les maladies qui règnent parmi les habitans de ce pays sont un triste exemple du tort que font, à l'agriculture & à la santé des habitans, le dérangement du cours des eaux. Pour remédier à ces inconvéniens, il convient que l'art aide la nature, en formant des débouchés & des issues aux eaux de l'intérieur.

Les sables occupent une grande étendue de terrain le long des *bords* de la Manche : on en trouve de vastes plaines, & des dunes fort élevées, entre la Somme & la Cauche. Cette plage, qui se prolonge au loin dans la mer, est célèbre par des naufrages. Il faut que les ensablemens y aient fait de grands progrès, puisqu'au dessus d'Étaples, à une lieue de la mer, on trouve, près de Saint-Josse, les vestiges d'un ancien port. On sait d'ailleurs que les navires arrivoient près du village de Rue-Voisin-du-Crotoy Tout ce pays est donc de nouvelle formation : il occupe la place d'un golfe étendu, qui s'est comblé par degrés. Une partie a été desséchée, & a cédé à l'industrie; mais ce qui reste à défricher offre encore de grandes ressources à l'agriculture.

Dans les départemens du midi, vers les bouches du Rhône, on trouve, entre ce fleuve & Aiguemortes, un désert de sables de vingt lieues. C'est là que sont établies les salines de Peccais. On y voit aussi des forêts de pins (*pinus silvestris maritima*), qui, au lieu d'élever leurs têtes comme ceux qui occupent les montagnes, ont la cime arrondie, & surpassent à peine la taille d'un pommier. Malgré leur voisinage de la mer Méditerranée, ils résistent aux coups de vents.

Le genévrier, que les habitans appellent *cade*, est si abondant dans ce désert, qu'il offre une ressource aux habitans pour le chauffage. Les *filaria* & les *nerpruns* s'y plaisent aussi.

Depuis Nice jusqu'au Port-Vendre, les plantes qui habitent les *bords* de la Méditerranée sont à peu près les mêmes.

Quant aux arbres & arbustes, nous en montrerons la différence aux mots ABRI & CLIMATS. Si nous revenons aux plantes, nous indiquerons diverses espèces de soudes & de salicornes, des arroches, des giroflées, des euphorbes, *frankenia lævis & pulverulenta, ephedra distachya*, & beaucoup d'autres qui servent à lier les sables & à consolider leurs masses, qui, sans ces secours, deviendroient le jouet des vents & la désolation des plaines environnantes. On y rencontre aussi beaucoup de graminées, dont quelques-unes forment d'excellens pâturages pour les moutons, qui aiment les prés salés & les terrains voisins des *bords* de la mer.

En repassant des *bords* de la Méditerranée aux côtes de la Manche, on ne trouve, depuis l'embouchure de la Somme jusqu'auprès de Boulogne, que des sables & quelques fonds marécageux. Les dunes de Saint-Quentin, de Bereck, de Camier, sont très-élevées; elles changent assez fréquemment de forme & de position.

Lorsque le vent d'ouest souffle avec force sur les dunes de ces parages, des nuages de sable sont portés au loin, inondent les champs cultivés, & y portent la stérilité. Alors les chemins disparoissent, les étangs se comblent & se changent en fondrières d'autant plus dangereuses, qu'elles offrent l'apparence de plaines solides. On trouve encore près de Quend, de Verton & de Merlimont, des marais dont le terrain est si peu assuré, que le poids d'un homme y ébranle tous les environs à des distances considérables.

On ne rencontre, dans les sables de cette côte, que des arbrisseaux de petite taille, tels que des argoussiers, des saules nains (*salix arenaria & repens*). Rien n'y est si commun que le roseau des sables (*arundo arenaria*), la laiche des sables, l'*agrostis stolonifera* & des chiendens. On y trouve aussi *aira canescens, phleum arenarium & nodosum; eryngium maritimum, pyrola rotundifolia; gallium verum; arenaria peploides; convolvulus arvensis, sepium, soldanella, ononis repens, &c.*; & dans les endroits un peu humides, *schœnus mariscus & nigricans, scirpus maritimus & acicularis; juncus articulatus, bufonius & maritimus; cineraria palustris; parnassia palustris, asparagus officinalis maritima; plantago maritima; ophioglossum vulgatum; chenopodium maritimum; artemisia maritima; althæa officinalis, &c.*

La ceinture de galets qui borde la mer dans quelques parties de cette côte, n'est pas entièrement privée de végétaux. Le pois maritime (*pisum maritimum*), inconnu ailleurs en France, croît au Lourdet, vers l'embouchure de la Somme, pendant que l'on a beaucoup de peine à l'élever dans les jardins. A Saint-Valery, au Crotoy, à Cayeux, se plaisent le pavot cornu, les arroches, &c. &c. tandis qu'à l'entrée de la Bresle, près du tréport, l'*eryngium maritimum* conserve sa fraîcheur au milieu des pierres, & pompe l'eau intérieure par ses racines, semblables à de petits cables qui serpentent dans leurs interstices. La bette maritime & le chou (*brassica oleracea maritima*) aiment aussi les *bords* de la mer. Ce chou sauvage, type des espèces cultivées, est comme suspendu dans les craies sur les faces de l'escarpement des falaises.

Après avoir ainsi comparé l'état des *bords* de la mer le long des côtes méridionales avec celui des *bords* de la Manche, on peut être en état de juger que, dans les rivages intermédiaires, la constitution des sols & les espèces de plantes maritimes qui y croissent, ne diffèrent pas beaucoup de celles qui viennent d'être indiquées, & d'ailleurs nous aurons lieu de faire connoître immédiatement ces contrées dans plusieurs articles de ce Dictionnaire. On s'apperçoit seulement, en s'approchant des contrées méridionales, que les productions des pays chauds sont plus abondantes. On remarque de même que les semences sont aussi plus variées & les genres plus multipliés dans les climats chauds; mais que, vers le nord, les individus de chaque espèce sont en plus grand nombre, de sorte qu'en dernier résultat, dans ces deux régions, la somme & la masse des végétaux doivent être à peu près les mêmes.

Supposons maintenant qu'après cette étude des productions naturelles, un cultivateur veuille établir son habitation & ses cultures au milieu des sables, & dans le voisinage des dunes distribuées aux environs de l'embouchure de la Somme: il est aisé de voir quelle est la marche qu'il doit suivre pour assurer son établissement & étendre ses domaines.

Il choisira d'abord un emplacement qui ne soit ni trop sec ni trop humide, & se mettra surtout au dessus des inondations. Au lieu de s'établir dans une plaine exposée à tous les vents, il cherchera les abris que les collines peuvent lui procurer. Si ce sont des dunes, il faudra qu'il les affermisse par des plantations, soit d'arbrisseaux & des semis des principales plantes dont nous avons fait mention ci-devant. Le roseau des sables, par exemple, croît partout dans les landes sabloneuses de Saint-Valery & de Boulogne: son utilité pour retenir les sables est si bien démontrée, qu'il y a une défense générale de l'arracher à proximité des ports & des forts.

L'élyme des sables réussiroit de même que le roseau; il croît spontanément le long des digues de la Hollande, & l'étonnante facilité avec laquelle ses racines tracent dans les jardins, annonce qu'il se plairoit dans les dunes. La laîche des sables (*carex arenaria*), commune sur les côtes voisines de l'embouchure de la Somme, ne doit pas être négligée dans ces cultures. Sa manière de croître mérite d'être remarquée. Ses racines s'étendent au loin horizontalement & en lignes droites. A chaque noeud, à des distances à peu près égales, s'élèvent des tiges qu'on prendroit pour de petites plantations alignées ou espacées à dessein. Les rejets, qui se coupent & se croisent en différens sens, enveloppent les sables comme un réseau. On pourroit faire usage des chiendens; mais ce sont des plantes dont on doit se défier: le genêt d'Angleterre est préférable.

Lorsque les roseaux & les plantes dont nous venons de faire l'énumération se sont emparés des terrains sabloneux, les autres plantes des environs ne tardent pas à y paroître: on peut même essayer d'y répandre des graines; mais en aidant la nature, il faut chercher à multiplier de préférence les végétaux utiles, & surtout ceux qui peuvent servir de fourage & de nourriture aux bestiaux.

C'est au cultivateur jaloux de recueillir les fruits de ses travaux, à consulter son expérience; il doit connoître ces ressources que lui offre un terrain neuf, délaissé par la mer & imprégné de sel. Pourvu qu'il n'ait rien à redouter des vents & des eaux, il doit être sûr d'être avantageusement dédommagé de ses travaux.

Il n'a été jusqu'ici question que des plantes & des arbrisseaux de petite tige, qui peuvent servir à lier les sables & à fixer leur mobilité: il est tems de parler des arbres à hautes tiges, qui sont dans le cas de s'accommoder de cette nature de terrain. Nous avons dit que, vers l'embouchure du Rhône, il existoit de grandes forêts de pins maritimes. Il en est de même des landes de Bordeaux, où se trouvent de grandes étendues de terrain couvertes de ces arbres, dont l'on tire les plus grands avantages pour la résine, le goudron, &c. Si cette espèce ne réussissoit pas sur les côtes de la ci-devant province de Picardie, il n'y a pas de doute qu'on ne puisse y employer avec succès le pin d'Écosse (*pinus silvestris*). Indépendamment de ce qu'il s'arrange d'un climat froid & humide, il mérite d'être préféré pour sa beauté & la bonne qualité de son bois, dont on pourroit tirer parti pour la marine.

Une variété de saule-marceau, appelée, dans les environs de Boulogne, *boquette*, ne craint point les vents de mer; elle est susceptible d'être placée en seconde ligne dans les sables. C'est le *salix latifolia rotunda* de Bauhin.

Le faux acacia (*robinia pseudo-acacia*) est peut-être un des arbres les plus propres à arrêter les sables par ses racines qui rampent sous terre à douze ou quinze mètres. On en voit, sur le *bord* de la Méditerranée, qui s'élèvent à une grande hauteur; & comme ceux qu'on plante dans les villes & villages des environs de Saint-Valery ne craignent pas la gelée, il est croyable qu'ils résisteroient bien sur les côtes de la Manche.

Lorsqu'on s'approche du département de la Seine-Inférieure, entre le bourg d'Ault & le tréport, on trouve, dans une gorge, des bois presque contigus à la mer, & qui néanmoins sont pleins de vigueur & fort élevés. La forêt d'Eu &

celle d'Arques sont exposées à toute la fureur des vents d'ouest, & cependant elles sont comparables, en beauté, aux forêts du centre de la France.

A la place des tamarises, si utiles au *bord* de la Méditerranée, & qui ne résistent pas au froid sur les côtes de la Manche, on peut substituer l'ajouc ou genêt épineux. Il peut remplir le même objet lorsqu'on le fait servir de bordure ou de haies: il vient bien dans les sables, car toutes les hauteurs de Saint-Valery en sont couvertes.

Il paroît certain, en général, que beaucoup de plantes qui périroient par le froid dans l'intérieur des terres, peuvent se conserver dans quelques parties des dunes de la Manche, soit parce que la végétation y est généralement foible, soit parce que la chaleur y est concentrée.

Le tabac, les colsats, les choux, les navets peuvent réussir aussi sur les *bords* de la Manche.

La moutarde, employée dans le commerce, croît naturellement sur les digues du canal de Saint-Valery, &c. (*Voyez* DUNES, LANDES DE BORDEAUX, ATERRISSEMENT DES CÔTES DU CI-DEVANT LANGUEDOC.)

BORDS DE LA MER. Il paroît que le fond du bassin de la mer, le long de ses *bords*, est plane ou rempli d'inégalités dans le même rapport que la superficie des terres du Continent. En effet, on remarque dans les environs de la zône torride, que partout où ces terres présentent une superficie plane & fort étendue, le fond des eaux qui en baignent les côtes a aussi la même uniformité. Ceci est sensible dans les endroits que les marins espagnols appellent *fonde*, & où l'on trouve toujours le fond, même à une fort grande distance des côtes. Ensuite on remarque que la profondeur de l'eau diminue toujours à mesure qu'on approche de la côte; c'est ce qu'on éprouve sur les côtes de la Floride, dans la baie de Pensacola, & dans toute l'étendue de la mer occupée par le golfe du Mexique, & qui comprend les côtes de Campêche & de Honduras.

Mais il n'en est pas de même le long des côtes, où la terre s'élève beaucoup près de la mer ou à très-peu de distance: l'eau y est très-profonde sur les *bords* mêmes. C'est ainsi qu'on ne trouve pas le fond du bassin de la mer, à la sonde, sur les côtes de la mer du Sud, à moins qu'on ne soit à la vue des terres & même assez proche du *bord*.

Les fonds plats que couvre la mer sont aussi régulièrement unis que les plaines correspondantes du Continent; c'est ce que démontrent les placerès ou parages d'une très-petite profondeur. Les vaisseaux traversent celui de la Vivora par la partie de l'ouest de Cascavel, & courent douze lieues du sud au nord, au dessus d'un fond si uni, qu'il n'a presque partout que douze brasses & jamais treize. Mais aussitôt qu'on s'éloigne de cette distance, la profondeur devient si considérable, qu'on ne trouve plus le fond à cinquante brasses. On voit par-là que si les eaux qui couvrent cette surface, venoient à se retirer, on verroit succéder à la mer une plaine de douze lieues du nord au sud, & qui seroit, relativement au *bord* de la mer correspondant, ce que sont les cimes des chaînes de l'Amérique méridionale par rapport aux profondeurs de la mer qui les environne.

Lorsqu'on passe de la Trinité à Batavano, on fait plus de la moitié de la course sur un haut-fond qui ne permet qu'aux petits vaisseaux de s'y exposer. Parmi les différens fonds qu'on traverse, il y a une espèce de langue de terre prolongée, qu'on appelle le *Quebrado de Cayo-Cacao*, & sur laquelle on ne trouve que onze pieds d'eau. Les vaisseaux qui doivent y passer n'avancent qu'en labourant avec la quille pendant environ cinq quarts d'heure. Or, si la superficie n'en étoit pas uniforme, les vaisseaux se trouveroient bientôt engravés faute d'eau suffisante. Sur les côtes, on trouve douze à vingt pieds d'eau, & l'on a ainsi un trajet de trois ou quatre lieues à parcourir sans que la profondeur de l'eau augmente ou diminue.

Ces fonds unis des *bords* de la mer ne peuvent être mieux comparés qu'au plat pays de la Havane, où les terrains sont si bas & si unis, que l'eau des pluies en couvre bientôt la surface, parce qu'il n'y a pas assez de pente pour le prompt écoulement de ces eaux.

Je le répète, vu l'importance des faits: les navigateurs attentifs ont remarqué dans presque tous les parages, que la profondeur des mers étoit, le long des côtes, dans le rapport de l'élévation des côtes, c'est-à-dire, que, si les côtes sont très-élevées & les bords fort escarpés, la mer qui les baignoit, étoit très-profonde. C'est une remarque dont ils ont souvent profité lorsqu'ils ont été obligés de jeter l'ancre. On trouve cette observation dans le *Voyage de Dampier*, deuxième partie, page 476. Elle n'a pas échappé aux habitans des côtes de la Norwège, comme nous l'apprenons de Pontoppidan, *Histoire générale de Norwège*, pag. 125. « La mer, dit-il, forme, surtout à l'ouest, beaucoup de grands & de petits golfes de six à huit milles d'étendue: le fond de la mer y diffère beaucoup en profondeur; mais en général elle est dans le rapport de l'élévation des côtes voisines. Ainsi, pour estimer la profondeur de l'eau, il suffit de jeter les yeux sur la montagne la plus proche. »

Je ne m'arrêterai pas à examiner les exceptions dont cette règle est susceptible. Pontoppidan essaie de rendre raison de la grande profondeur de plusieurs des golfes dont il parle, en disant qu'elle est due à l'écoulement des eaux qui se sont précipitées des hauts promontoires à l'époque du déluge universel; mais cette explication est bien précaire aux yeux de ceux qui ne veulent pas admettre le déluge comme la cause d'aucun phénomène. Au reste, il paroît que l'observation est conforme à la règle que nous avons posée. On peut consulter ce que dit M. Bergman dans sa *Description physique du Globe*, partie 1re. pag. 539.

Bords de la mer & côtes.

La mer actuelle pratique & façonne un nouveau rivage tout à l'entour des continens, comme on en trouve les vestiges autour de l'ancienne & de la moyenne terre, qu'il est aisé de suivre & de reconnoître. Ses falaises deviennent de plus en plus escarpées : on voit, d'un autre côté, ses plages & ses côtes plates se combler, s'élever & se prolonger, & former des plaines littorales, semblables à celles qu'elle a laissées à sec au dessous de ses anciens *bords*, mais que les eaux pluviales des ruisseaux & des rivières ont sillonnées ensuite. Sur ces plages elle accumule les galets, les coquilles & les sables de toute espèce. Ce sont ces amas de sables qui, avec le secours des vents, forment incessamment sous nos yeux des dunes & des montagnes de sables pareilles à celles que l'ancienne mer a laissées au milieu des continens, sur la ligne de ses limites. On peut suivre ainsi la comparaison de l'un & l'autre *bords*; mais il ne faut pas s'y méprendre, & considérer tous ces amas de sables formés au milieu des terres, comme d'anciennes dunes, & par conséquent en conclure, d'après ces signes équivoques, que le rivage de la mer a existé dans les environs de ces amas. C'est pour n'avoir pas su apprécier au juste les destructions opérées par les eaux, les déplacemens des matériaux qui composoient les couches détruites, & qui tous ont été stratifiés régulièrement dans le bassin de la mer, qu'on a placé plusieurs rivages sur l'étendue de nos continens; qu'on nous annonce d'une manière vague plusieurs retraites qui ont eu lieu les unes après les autres, à différentes hauteurs & à de longs intervalles de tems. (*Voyez* DÉPÔTS LITTORAUX. On y expose les signes auxquels on peut reconnoître les véritables limites de la mer.)

Souvent les côtes de la mer sont interrompues sur une grande étendue de terrain, & font place aux *bords* qui sont bas & couverts de sables ou de vases. Les côtes au contraire reparoissent dans les parties où la mer vient baigner les pieds des escarpemens, & le *bord* ne diffère point de la côte, l'eau venant battre son pied. C'est au pied des côtes que le bassin de la mer est profond en raison à peu près de son élévation; au contraire, les parties de ce que je nomme *bords de la mer* sont le commencement d'un plan incliné, qui s'abaisse insensiblement dans le bassin de la mer.

C'est dans les parties des bords de la mer que se trouvent les barres, à l'embouchure des rivières. Tous les *bords* de la mer sont factices plus ou moins; toutes les côtes sont d'une ancienne organisation, & sont dues au travail journalier des eaux courantes, soit de l'intérieur du bassin de la mer, soit des rivières qui s'y jettent.

Quelquefois les *bords* de la mer sont au pied des côtes, quelquefois ces *bords* ne s'y trouvent plus : on n'y voit que les côtes formant un escarpement qui s'enfonce sous l'eau, ou verticalement, ou par une légère inclinaison.

C'est d'après ces considérations que je distingue les parties des limites du bassin de la mer, qui sont de nouvelle formation, de celles qui sont d'ancienne formation, que j'appelle *côtes*. Celles qui se forment actuellement & se prolongent, méritent d'être distinguées de celles qui se détruisent & se resserrent.

Bords des rivières & côtes.

Je crois qu'on peut admettre avec autant de raison la distinction des côtes & des *bords*, tant par rapport aux rivières & aux fleuves, que par rapport à la mer. Ainsi, suivant la même analogie, j'appellerai *côtes des rivières* les faces des massifs entamés par les eaux des rivières lorsqu'elles ont creusé la vallée; en un mot, la limite de ces massifs tels qu'ils sont organisés primitivement, soit par masses dans les pays de l'ancienne terre, soit par couches dans les pays de la moyenne & de la nouvelle terre. On peut désigner les côtes de l'ancienne mer lorsqu'elle occupoit les vallées où se trouvent ces fleuves, & qu'elle en formoit autant de golfes anciens. C'est ainsi que, dans la vallée du Rhône, j'appellerai *bords des rivières & des fleuves* ceux formés le long de leur lit ou de leur canal actuel, par les dépôts de ces mêmes rivières ou fleuves, au milieu des plaines, ou bien à une certaine distance du pied des côtes. Ces bords sont assez souvent dégradés depuis la côte jusqu'au lit de la rivière. Ces sortes de *bords* se voient dans toute l'étendue du plan incliné, surtout vers sa pointe, & tout le long de la limite du flanc.

On remarque des côtes bien distinctes sur la face du plan incliné, & le long de cette face. Il est vrai que les *bords* se montrent souvent vers la partie la plus basse de la face, à l'endroit où elle vient se réunir à la plaine. Il s'y trouve quelquefois des *bords* au pied des côtes escarpées, & elles sont d'autant plus larges, qu'il est tombé plus de matériaux de la côte escarpée, depuis son dernier éboulement.

Souvent il se trouve deux *bords* égaux, formés des mêmes dépôts, au milieu des plaines fluviales, & on les nomme *berges*. (Voyez cet article, où toutes les circonstances qui concernent ces *bords* sont exposées d'après l'examen fait en plusieurs endroits.) J'en ai trouvé de grandes étendues au dessus & au dessous de Paris, le long de la Seine. J'ajoute à ce que j'ai déjà dit sur la distinction de ces différentes formes de terrain, que les côtes ont éprouvé un grand nombre de coupures & d'inégalités par l'effet des eaux latérales qui aboutissent dans la vallée principale ; au lieu que les *bords* des rivières ont bien plus d'égalité & de continuité, attendu que les eaux latérales les ont bien moins tourmentés & altérés : seulement ils ne sont coupés que par les ruisseaux qui se jettent dans la rivière principale.

Je crois que ces mêmes caractères de distinction des côtes & des *bords* peuvent avoir une application aussi fondée aux côtes & aux bords des mers. Combien n'apperçoit-on pas de formes bizarres dans ces côtes, soit lorsqu'on les apperçoit de quelques îles ou de quelque portion saillante des continens. Les marins mêmes se sont attachés à étudier les formes des côtes, à les décrire & à les figurer, pour diriger la marche des vaisseaux dans l'entrée des golfes, des anses & des ports, & l'on doit dire qu'ils en ont tiré de grands secours : il eût été seulement à desirer qu'ils ne se fussent pas contentés de les observer de loin & de les figurer d'après un apperçu souvent trompeur, mais qu'ils eussent réduit ces formes à des règles précises, en déterminant les différentes causes qui ont contribué à ces formes, comme je l'ai fait dans plusieurs vallées, où j'ai suivi dans le plus grand détail les formes que présentent leurs côtes, & où je me suis attaché à reconnoître les causes des différentes formes des croupes, ainsi que le progrès du travail des eaux dans l'approfondissement des vallées. (*Voyez* CÔTES, CROUPES & VALLÉES.)

Il y a des côtes de réaction à l'extrémité des plans inclinés lorsque l'eau de la rivière a émoussé dans le vif leurs extrémités, les a escarpés plus ou moins : dès-lors cette côte, ou conserve à son pied l'eau courante de la rivière, ou bien la rivière en est écartée depuis par une côte plus ou moins large, formée de dépôts entraînés de la surface du plan incliné, ou bien accumulés par les eaux de la rivière, sous forme d'alluvion. (*Voyez ce mot.*)

Il y a surtout des *bords* plus ou moins étendus le long du canal de la rivière, vers l'embouchure d'une vallée latérale, & les eaux de cette vallée ont le plus contribué à leur formation dans les différens accès qu'ont éprouvés les eaux courantes des rivières du second ordre, suivant leur abondance, la rapidité de la pente & la facilité que les eaux ont trouvée d'entraîner les différentes matières de la vallée secondaire.

Souvent on voit une même continuité de *bords* comme de côtes, en partant de la mer, & remontant par les rivières principales & ensuite par les secondaires, assez haut. Ceci se remarque partout où les vallées ont une certaine largeur, & offrent une suite de plaines non interrompue ; c'est en observant ces *bords* & ces côtes, en les comparant ensemble, qu'on peut se convaincre de la nécessité de distinguer les côtes des *bords* dans les vallées des rivières, & même dans les vallons les plus petits ; qu'on en saisit les caractères distinctifs, relativement à la nature & à la disposition des matériaux qui les composent, d'après lesquels on remonte facilement aux différens agens qui ont contribué à leur formation : ainsi l'on voit dans les côtes les coupures faites par les eaux courantes torrentielles, au milieu des massifs d'une formation régulière primitive, lors de l'excavation de la vallée ou du vallon. (*Voyez l'article* VALLÉE.)

BORDURE DE LA CRAIE. J'ai suivi avec grand soin les *bordures de la craie* qui est à découvert & si aisée à distinguer des autres substances pierreuses & terreuses, & j'ai cru que par cet examen on pouvoit prendre une idée juste de la disposition des différens massifs qui composent la superficie de la terre, & particuliérement dans les cantons affectés à la nouvelle terre.

Une des circonstances les plus remarquables que j'ai eu lieu d'observer le long de la *bordure orientale de la craie*, c'est qu'elle dominoit sur toutes les parties qui formoient la limite extérieure ; que cette *bordure* se terminoit par une coupure fort escarpée & nette, & au pied de laquelle s'appuyoit une bande d'amas argileux, d'une lieue & demie à deux lieues de largeur. Je me suis assuré qu'au-delà se trouvoit un massif de pierres coquillières, dans lequel les huîtres dominent, tant par leur nombre, que par leurs formes variées. C'est dans l'intervalle de ces deux bandes que se trouvent des amas de glaise & d'argile que j'ai suivis depuis la vallée de la Seine, à l'ouest de Fouchères, jusqu'à la vallée de la Marne, au-delà de Saint-Dizier. J'ai remarqué que les eaux torrentielles, tant des rivières principales, que des rivières secondaires & latérales, avoient causé de grandes destructions à la surface des terrains & des sols les plus solides. C'est par l'action que les eaux de l'Aube & de la Seine ont exercée sur la tête de l'amas de la craie, qu'elles ont non-seulement abaissé & détruit ce massif, mais encore enlevé une grande partie des sables & des argiles qui occupoient l'intervalle entre les deux bandes de craie & de pierres coquillières dont j'ai parlé.

J'y trouve encore des vestiges de l'argile dans le Perthois, à Vassy, à Sommevoire, à Soulaines, à Ville-au Bois, à Eclance, à Tranne, à Amance, à Vandœuvre, à Briel, à Villentraude, à Brienne, aux environs de Rosnay, à Fouchères, à Breviande, à l'est de Troyes.

Dès qu'on est placé sur la *bordure orientale de la craie*, on voit une suite de vallées dont les croupes offrent une bande d'argile que les eaux ont rongée : telle est la vallée de Bourg, qui se prolonge jusqu'à celle de la Marne, & règne dans toute l'enceinte du Perthois ; ensuite la plaine de l'embouchure de la Blaise, & celle de la petite rivière de Voire, qui s'étend jusqu'à Betignicours.

BORMES, ville du département du Var, arrondissement de Toulon, à quatre lieues à l'est d'Hières. On a trouvé de l'aimant dans le cap de Benac, près de cette ville, sur le rivage de la Méditerranée, à côté du château de Bragauſon.

BORNACQ (Forêt de), département du Cher, arrondiſſement de Saint-Amand, & à deux lieues ſud-ſud-eſt de cette ville. Elle a trois mille ſix cents toiſes de long, ſur ſeize cents toiſes de large.

BORN. C'eſt une petite contrée dans le ci-devant Languedoc, ſur les confins des diocèſes de Viviers, de Mende & d'Uſez. Les principales communes qu'il renfermoit, ſont : *Parentis*, *Biſcaroſſe*, *Sanguinet*, *Gaſtes*, *Porens*, *Saint-Paul-de-Born*, *Memiſans*, *Bias*, *Meſos*, *Saint-Julien*, *le Vignac* & *Contis*. Les dénominations de toutes ces communes ſont aſſez ſingulières, & annoncent l'établiſſement d'une colonie particulière dans cette contrée, dont on a perdu le ſouvenir. Le pays de *Born* fait aujourd'hui partie du département des Landes.

BORNE (la), rivière du département de l'Ardêche, arrondiſſement de l'Argentière, canton de Saint-Étienne-de-Lucdarès. Sa ſource, qui prend naiſſance dans la forêt de Boizon, verſe ſes eaux au ſud, puis au ſud-oueſt, retourne au ſud, enſuite à l'eſt-ſud-eſt, reçoit le Granſon, &, remontant au nord-eſt, prend le nom de *Chaſſeſac*, & ſe rend dans l'Ardêche à deux lieues ſud eſt de Joyeuſe. Le cours des rivières, dans ces contrees, doit intéreſſer tous ceux qui les conſidèrent comme renfermant la plupart les dépôts précieux de l'or.

BORNE (Forêt de), du département de la Côte-d'Or, arrondiſſement de Baune, & à une lieue & demie de cette ville. Elle a trois mille trois cents toiſes de long, ſur dix-huit cents toiſes de large.

BORNÉO, île d'Aſie, dans les Indes, l'une des trois grandes îles de la Sonde; qui ſont Sumatra, Java & *Bornéo*. Celle-ci eſt ſous la ligne qui la coupe en deux parties; car elle s'étend à 4 degrés & demi au ſud, & à 8 degrés au nord de l'équateur; ce qui fait 12 degrés & demi en latitude, ou trois cent vingt-cinq lieues; enfin, on lui donne mille ſix cent cinquante milles d'Italie de tour. Tout ce pays, ſi fertile, eſt abondant en caffe, en cire, en muſcades, camphre, poivre, benjoin, plantes aromatiques, clous de girofle, bois réſineux & odoriférans.

Le riz y eſt le meilleur de toute l'Aſie. On y ramaſſe de l'or en grande quantité, ſoit en poudre, ſoit en lingots. On y trouve auſſi des diamans, ſurtout dans la province de Succadana; des perles, ſur la côte ſeptentrionale; enfin, du fer, du cuivre & de l'étain. Les grandes forêts qui règnent dans différentes parties de l'île ſont remplies d'animaux. Le plus extraordinaire eſt celui que l'on appelle l'*homme ſauvage*. Il s'en trouve, à ce qu'on rapporte, de la hauteur des plus grands hommes; il a la tête ronde comme la nôtre; des yeux, une bouche, un menton un peu différens des nôtres, preſque point de nez, & le corps entiérement couvert d'aſſez longs poils. Ces animaux courent plus vîte que des cerfs; ils rompent, dans les bois, des branches d'arbres, avec leſquelles ils aſſomment les paſſans, dont enſuite ils ſucent le ſang. Ces particularités ſont rapportées dans une lettre inſérée aux *Mémoires de Trévoux* en 1701. Ces bêtes, qu'on trouve au premier coup-d'œil reſſembler ſi fort à l'homme, & qui, examinées en détail, en diffèrent preſque dans tous les traits, ne ſont que des ſinges de l'eſpèce de ceux qu'on nomme *ourangs-outangs*, dont quelques voyageurs, amis du merveilleux, ont exagéré un peu la taille, l'agilité à la courſe, & beaucoup la conformité avec l'eſpèce humaine.

On y voit auſſi des ſinges rouges, noirs ou blancs, qui fourniſſent de très-beaux bézoards.

Les côtes de l'île ſont habitées par des mores appelés *Malais*, nation belliqueuſe & méchante, qui, après pluſieurs années de poſſeſſion, s'eſt donné des rois au nombre de ſix ou ſept, qu'on déſigne par les noms des différentes places dont ils ont fait leur capitale : tels ſont *Baujar-Maſſin*, *Succadana*, *Landa-Sambas*, *Hermata* & *Bornéo*. Celui de Baujar-Maſſin paſſe pour le plus puiſſant de tous. Les Malais, outre les armes blanches, connoiſſent l'uſage des armes à feu.

L'intérieur des terres, rempli de montagnes & de forêts inacceſſibles, eſt habité par des idolâtres nommés *Beajous*. Ces peuples, qui n'ont point de rois, mais des chefs, ſont grands, robuſtes, baſanés, bien faits & fort ſuperſtitieux. Ils n'épouſent qu'une ſeule femme, puniſſent de mort l'adultère, & vivent entr'eux dans une grande union. Mais les Malais les oppriment le plus qu'ils peuvent. Les Beajous n'ont pour armes que des couteaux & des ſarbacanes avec leſquelles ils ſoufflent de petites flèches qui la plupart du tems ſont empoiſonnées, & avec leſquelles ils atteignent de fort loin.

Il y a divers ports dans l'île. Le plus fréquenté eſt celui de Baujar-Maſſin pour le commerce des drogues, ſurtout par les habitans de Macao. On y trouve beaucoup de pico ou nids d'oiſeaux que les Chinois voluptueux achètent ſi cher pour le luxe de leurs tables, & auxquels ils attribuent tant de propriétés : ils paient juſqu'à trois cents pièces de huit un de ces pico. Ces eſpèces d'oiſeaux font leurs nids dans les fentes des rochers, & ces nids ſont compoſés d'une pâte très-fine, dont on ne connoît point la matière première. Cette île ſurpaſſe tous les autres pays par la prodigieuſe diverſité des oiſeaux.

Le camphre de *Bornéo* passe pour être le plus parfait de tous les autres pays : les Japonois donnent cinq à six quintaux du leur pour une livre de celui-là. Les Chinois, qui le considèrent comme le premier des remèdes, le paient jusqu'à huit cents livres la livre.

Les Portugais & les Anglais ont tenté vainement de former des établissemens dans cette île ; ils ont été massacrés. Les Hollandais, qui n'avoient pas été mieux traités, reparurent en 1748 avec une escadre assez foible pourtant, mais qui en imposa au prince de Baujar-Massin, qui possède seul le poivre, & qui se détermina à leur en accorder le commerce exclusif : seulement il lui fut permis d'en livrer cinq cent mille livres aux Chinois, qui de tout tems fréquentoient ses ports. Les Hollandais envoient à Baujar-Massin, du riz, de l'opium, du sel & de grosses toiles ; ils en retirent quelques diamans, & environ six cent mille livres de poivre, à trente-une livres le cent ; ce qui leur fait un immense profit.

BORNÉO, ville d'Asie, capitale du royaume de *Bornéo*, dans l'île du même nom. Cette ville est grande, commerçante & bien peuplée ; elle est bâtie dans un marais, sur pilotis, comme Venise : son port est grand & beau. Le roi de *Bornéo* n'est que le premier sujet de sa femme, à qui le peuple & les grands déferent toute l'autorité. La raison en est qu'ils sont extrêmement jaloux d'être gouvernés par un légitime héritier du trône, & qu'une femme est certaine que les enfans sont à elle ; ce qu'un mari n'ose assurer. La situation de cette ville est sur la côte septentrionale.

BORNHEM, village du département des Deux-Nèthes, arrondissement de Malines, à deux lieues nord-ouest de Bonn. Il y a une fabrique de poterie, une autre d'huile de colsat, & trois fabriques de vinaigre de bière.

BORNHOLM, île de la mer Baltique, appartenant au royaume de Danemarck ; elle a six milles de longueur sur trois de largeur. Le terrain, quoique pierreux, est fertile, surtout en avoine : on y trouve d'excellens pâturages & beaucoup de bétail. La pêche du saumon y est d'un grand produit. Les côtes sont d'un accès difficile, à cause des bancs de sable qui s'accumulent sur les rivages. Ronne en est la capitale : c'est une petite ville, dont le port est fortifié. On y compte quatre autres petites villes, dont trois ont des ports. A deux milles de l'île, dans la mer, vers l'orient, est la forteresse de Christiansoë.

BORNIVAL, village du département de la Dyle, arrondissement & canton de Nivelles, à trois quarts de lieue de cette ville. Son territoire est abondant en grains de toute espèce, avec des prairies & des pâturages.

BORNO ou BOURNOU, ville & royaume d'Afrique dans la partie orientale de la Nigritie, avec un lac & un désert du même nom. On croit que c'est le pays des anciens Garamantes. Les femmes y sont communes, & les particuliers n'y reconnoissent pour leurs enfans que ceux qui leur ressemblent.

Ce pays abonde en troupeaux, en millet & en coton ; il est situé entre le 32e. & le 41e. degré de longitude, & entre le 10e. & le 20e. degré de latitude. Le lac de *Borno* est remarquable, parce que le Niger s'y jette. Ce fleuve, après avoir disparu sous terre, au pied d'une chaîne de montagnes, reparoît de l'autre côté. Il n'y a qu'une seule ville dans ce royaume : c'est *Borno*. On y compte quelques villages, & le reste de la population campe sous des tentes.

BORROMÉES (Iles). Ce sont deux îles dans la partie méridionale du lac Majeur. De ces deux îles, l'une se nomme *Isola-Bella*, & l'autre *Isola-Madre* ; elles sont à une lieue de distance l'une de l'autre, & doivent aux soins, au goût, à la munificence des comtes René & Vitalien Borromée le nombre & la diversité des beautés qu'elles présentent. Voici l'idée qu'en donne M. de Lalande dans son *Voyage d'Italie*.

« Ce qu'il y a de plus beau dans ce canton de » la Lombardie, ce qu'il y a de plus singulier par » la situation, le coup-d'œil, la grandeur, les or- » nemens, ce sont les îles *Borromées*. Situées dans » le lac Majeur, à quinze lieues de Milan, les des- » criptions romantiques des îles d'Armide, de » Calypso ou des Fées les plus célèbres semblent » avoir été faites pour le délicieux séjour de l'I- » sola-Bella & de l'Isola-Madre, mais surtout de » la première, & c'est une des choses uniques » dans leur genre, pour lesquelles un curieux peut » faire le voyage d'Italie. Les terrasses, les grot- » tes, les jardins, les fontaines, les berceaux de » limoniers & de cèdres, la vue admirable du lac » & des montagnes, tout y enchante, & l'on est » bien dédommagé de la peine que donne ce » voyage. »

J'ajoute qu'après avoir parcouru & contemplé à loisir toutes ces beautés de l'art comme elles sont présentées ci-dessus, j'ai su en distinguer les résultats des grandes opérations de la nature qu'on peut observer de ces trois îles : tel est le golfe qui sert de bassin à cette partie du lac, au milieu de laquelle figurent ces îles ; golfe creusé & vidé par la rivière de Toca, que l'eau des vallées de plusieurs montagnes alimente, & qui afflue dans le lac. Je place au même rang la digue du lac & son émissaire, qui est assez abondant pour donner naissance au Tésin. (*Voyez l'article* LAC.)

BORT, ville du département de la Corrèze, arrondissement d'Usez. Cette ville est située sur la rive droite de la Dordogne, & sur la gauche de cette rivière paroissent les produits prismatiques des volcans, & forment un spectacle très-intéressant. Il y a des mines de charbon de terre aux environs de cette commune, mais elles sont négligées.

BORVE (Fort de), dans la province de Cathness en Écosse. C'est un petit bâtiment carré, établi sur un rocher qui s'avance dans la mer, & qui est joint à la terre-ferme par un isthme qui n'a pas dix pieds de large. A côté du fort est un magnifique passage pour les bateaux, lequel perce le roc de part en part, & est recouvert par une arcade naturelle très-remarquable, parce qu'elle se rencontre très-rarement, dans ces circonstances, sur les bords de la mer.

BORYSTHÈNE, grand fleuve qui prend sa source dans la Russie & la sépare de la Lithuanie, traverse l'Ukraine, & tombe dans la Mer-Noire à Oczakow; il est fort large à son embouchure, & d'une navigation dangereuse par les rochers qui embarrassent son cours, & à cause des soixante-dix îles qui se sont formées à son embouchure.

BOSCABELLO, passage de deux heures & demie dans le département de Piémont: c'est celui de la vallée de Sésia dans celle de Sessera, par le mont de Scopello à la Sessera.

BOSC-MESNIL, village du département de la Seine-Inférieure, arrondissement de Neufchâtel, à deux lieues un quart de cette ville. Je trouve dans cet arrondissement, ainsi que dans ceux de Rouen & de Dieppe, plusieurs communes dont les noms commencent par *Bosc*: il en est de même du département de l'Eure pour les communes des arrondissemens du Grand-Andelis, de Bernay & d'Évreux.

BOSCODON, torrent qui commence à couler dans le voisinage d'Embrun en Dauphiné. Ce torrent, qui n'a qu'un filet d'eau dans les tems de sécheresse, se trouve grossi considérablement lors de la fonte des neiges ou bien à la suite des pluies soutenues & abondantes. Plusieurs ravines qui tombent des sommets des orres, élevées d'environ cinq cents toises, & dont les croupes ont des pentes très-rapides, lui fournissent une grande quantité d'eau. La direction de son cours est du sud au nord. Toutes ses eaux étant réunies un peu au dessous de *Boscodon*, elles roulent & se précipitent ensuite par plusieurs cascades qu'offre le fond d'une gorge de mille toises de longueur, sur cent cinquante de largeur à son extrémité supérieure, & qui s'élargit jusqu'à deux cent cinquante-une toises à son embouchure dans la plaine. La pente du fond de cette gorge est de cinq pouces un quart par toise, avec un devers de trois pouces par toise d'un bord à l'autre.

De toute cette largeur de deux cent trente-une toises qu'occupoit anciennement le lit de ce torrent dans la gorge que nous venons de décrire, il n'en occupe plus maintenant, & de tems à autre, que soixante-douze toises vers la rive occidentale, le surplus se trouvant rempli de gros blocs mêlés de gravier, au milieu desquels il croît un grand nombre de plantes & d'arbustes, suivant les différentes graines que l'eau entraîne des montagnes, & dépose sur ce fond qu'elle a formé.

C'est dans cet espace de soixante-douze toises que le lit du torrent de *Boscodon* se trouve resserré, & qu'il s'est maintenu depuis quelques siècles: c'est là que l'eau creuse & comble alternativement son canal, suivant la quantité de matières qu'elle entraîne avec elle dans les crûes du torrent. En général, ce canal a dix toises environ dans les parties les plus larges, & cinq dans celles qui sont les plus étroites, & où l'eau a communément quatre pieds de profondeur dans les plus grandes crûes.

Depuis la gorge dont nous venons de parler, & d'où le torrent débouche dans la plaine, il n'a plus, jusqu'à la Durance, d'autres limites que celles qu'il se forme à lui-même; en sorte qu'ayant distribué, dans des tems reculés, une grande quantité de matériaux de part & d'autre sur ses rives, il est parvenu maintenant à occuper onze cents toises de largeur entre Savines & Embrun, après avoir élevé un remblai de cent trente-six pieds de hauteur au dessus du reste de la plaine; mais actuellement, & depuis l'époque de 1604, le canal du torrent se maintient sur la crête du remblai dont je viens de parler, dans une longueur de trois mille toises, prise depuis la gorge d'où il débouche, jusqu'à sa réunion à la Durance, toujours assujetti à la même direction, & entraîné par la même pente qu'il a dans les parties supérieures de son cours. Cette disposition est telle néanmoins, que certaines circonstances peuvent faire dériver le torrent du côté de Savines, vers lequel le fond du lit incline: d'où il arriveroit qu'il déborderoit sur les côtés de ses remblais en causant d'assez grands ravages.

Il est peu d'années qui ne soient marquées par quelques accidens qu'éprouvent ceux qui s'exposent à passer le torrent de *Boscodon* lors de ses grandes crûes, produites par la fonte des neiges ou par les pluies d'orage.

On profite quelquefois d'un petit pont provisionnel qui se trouve à un quart de lieue au dessus du passage public, dans la gorge d'où ce torrent descend; mais ce pont subit souvent le même sort qu'éprouveroit un ouvrage plus solide, c'est-à-dire, qu'il est ordinairement emporté aux approches du flot, par le choc de la colonne d'air qui précède celle de l'eau, & qui renverse tout ce qui s'oppose à son passage. Cet accident indique le danger qu'il y a de placer des ponts de bois pour le passage des torrens, dans les gorges étroites par lesquelles ils débouchent des montagnes avec une grande masse d'eau & une grande vitesse.

BOSPHORE DE THRACE, vallée creusée par l'émissaire de la Mer-Noire. En mettant cette définition à la tête de cet article, mon but est d'imposer silence aux érudits qui ont recueilli les opinions des Anciens sur l'ouverture du *Bosphore* par une irruption subite dans l'Archipel. Comme, à la suite de cette première vue, je dois rendre compte d'une opinion contraire, j'exposerai ici toutes les raisons qui viennent à l'appui de cette opinion.

Tout ce qu'on peut admettre au sujet du *Bosphore de Thrace* est l'inondation qui auroit eu lieu à une certaine époque dans ce canal, anciennement creusé par un épanchement local du Pont-Euxin; car le Pont-Euxin n'a jamais existé dans l'état de lac. C'est dans ces premiers tems que cet épanchement a dû rencontrer le bassin de la mer de Marmara, formé par les eaux de petites rivières affluentes, & ayant en même tems commencé à dégorger dans l'intervalle qui se trouvoit entre les îles Cyanées & cette mer.

On attribue, en conséquence d'un certain gonflement de la Mer-Noire, une inondation qui s'éleva dans l'Archipel à une telle hauteur, que les eaux couvrirent non-seulement les îles de l'Archipel même les plus élevées, mais encore certaines villes de l'Asie & les parties basses de la Thrace & de la Macédoine : on ajoute même que ces eaux refluèrent du côté de l'île de Samothrace, & encore plus sur la Thessalie, la Béotie & l'Attique, vers lesquelles on a imaginé que l'impétuosité du courant étoit dirigée.

Si nous revenons au canal du *Bosphore de Thrace*, nous reconnoîtrons de plus en plus qu'il étoit ouvert & approfondi avant l'inondation dont on nous parle, si elle a eu lieu avec cette abondance & cette étendue que nous avons racontées d'après les Anciens, par bénéfice d'inventaire. Voici ce que l'observation nous apprend. L'embouchure du canal s'ouvre, du côté de la Mer-Noire, par un entonnoir qui regarde le nord-est, & qui doit se prendre à la colonne de Pompée, d'où l'on compte près de trois milles, jusqu'aux nouveaux châteaux d'Asie. De ces châteaux le canal fait un grand coude dans la partie où sont les golfes de Saraia & de Tarabié, & après ce coude il se dirige au sud-est, vers le sérail appelé *Sultam-Soliman Kiosc*, à la distance de cinq milles des châteaux. Ensuite, par d'autres coudes & oscillations, le même canal se porte peu à peu vers le sud, jusqu'à la pointe du sérail, où il se termine un peu au dessus de ce point, dans la partie concave, où est le bord escarpé. Au fond de son lit est l'abîme, qui paroît être un goufre fort profond.

Selon la conformation générale des lieux qui avoisinent le Pont-Euxin, il ne pouvoit fournir un certain épanchement de ses eaux que par la ligne qu'occupe le *Bosphore*. Il paroît que ce seul entonnoir dont nous avons parlé, occupe le nord-est au dessus de Constantinople, où ces eaux pussent creuser le canal entre l'Asie & l'Europe : c'est là qu'il offre les bords les plus escarpés : c'est dans ce sol que les eaux de la Mer-Noire commencèrent à se creuser une vallée, en se présentant de front par un courant qui se fraya insensiblement une route à travers les terres qu'elle emporta. Ces eaux s'ouvrirent d'abord un lit en ligne droite entre les deux rochers où sont les deux châteaux : c'est là que se formèrent les oscillations du premier coude, où sont les golfes de Saraia & de Tarabié. La pente naturelle des terres détermina ensuite ce premier courant à descendre jusqu'au Kiosc de Soliman II, & de là, changeant de direction par la rencontre de nouveaux rochers, il forma les secondes oscillations, qui se portèrent vers le midi; ensuite les eaux, dans leur marche, continuèrent à charrier les terres qui se trouvèrent entre les deux rochers voisins des vieux châteaux, & par-là étendirent leur canal jusqu'à la pointe du sérail : c'est par la suite du même mouvement, que la vallée fut creusée entre Constantinople & le cap Scutari, & se réunit à la mer de Marmara.

Or, il est visible que tout ce travail des eaux n'a pu s'ébaucher par un seul débordement. Il paroît que les différens bassins du canal se sont creusés par les progrès insensibles que nous avons indiqués ci-dessus : c'est là qu'une suite de vallées a été excavée, depuis la Mer-Noire jusqu'à la Propontide; c'est là de même qu'on trouve de semblables vallons dans tout le contour de la mer de Marmara. Les pierres cyanées ne sont, ainsi que les îles de la Propontide, que les restes des rochers que les eaux courantes ont détruits pendant une longue suite d'années : aussi toutes les côtes du détroit & les bords du canal offrent, comme tous ceux de nos vallées, des plans inclinés, opposés à des escarpemens réguliers, toutes formes qui annoncent les progrès d'une eau dont la marche est lente & insensible. La partie du golfe de Saraia, exposée directement à la marche des eaux courantes, est si escarpée jusqu'au plan incliné, dont la pointe est tournée vers les vieux châteaux, qu'elle est coupée à pic, & que les eaux qui en baignent le pied y font un si grand bruit, que les Grecs la nommoient *Phonea*.

Ainsi l'on ne trouve dans cette contrée que les marques les plus sensibles du travail ordinaire des eaux courantes, continué pendant une longue suite de siècles, & non les ravages irréguliers d'un simple débordement. C'est à la suite de ce travail des eaux qu'on rencontre, dans les environs de Constantinople, plusieurs parties de plaines fort belles & très-fertiles, & qui paroissent, par leur disposition, être formées par les dépôts des eaux courantes, dont elles occupent les abris : ce sont des vases entraînées visiblement des parties d'amont du détroit. C'est ainsi que les jardins du sérail de Scutari l'emportent, par la fertilité du sol, sur ceux du premier sérail.

On pourroit demander maintenant par quel accident le Pont-Euxin, de l'état d'un lac tranquille, borné entre ses rives & environné de toutes parts de contrées & de montagnes, a pu s'accroître au point de déborder tout à coup, & de produire les ravages dont les Anciens nous rapportent les détails. La nature ne nous offre nulle part un phénomène pareil.

Lorsqu'on a envisagé le canal du *Bosphore de Thrace* sous le point de vue dont nous en avons présenté les différentes parties, & qu'on a comparé les formes de ses bords avec celles des bords des vallées du Danube, du Borysthène, du Don ou Tanaïs, &c. qu'on y a vu partout les mêmes plans inclinés & bords escarpés qui sont placés dans le cours de ces vallées, alternativement & d'espace en espace, on ne peut douter que ces formes ne soient toutes de la même date, & qu'elles ne dépendent du même fait, soit que ces vallées aient cinquante toises de longueur, soit qu'elles en aient cent ou mille.

Les escarpemens les plus éloignés n'ont été produits que par les eaux courantes qui étoient descendues de ces sommets : les escarpemens des contrées les plus élevées n'ont de même été produits que par de semblables eaux courantes, dont la marche vers les lieux bas y a occasionné par la suite de semblables dégradations, & partout les mêmes approfondissemens & des excavations progressives. Rien de plus aisé à concevoir. Or, l'on sait que le Pont-Euxin se décharge dans la Méditerranée ; l'on sait encore que le Danube, le Borysthène & le Tanaïs se déchargent dans le Pont-Euxin. Nous pouvons considérer le *Bosphore* comme n'étant que la continuation des vallées de ces fleuves réunis, dont le réservoir est le Pont-Euxin. Si nous trouvons maintenant dans ces grandes vallées les mêmes empreintes des eaux courantes que nous présente le *Bosphore de Thrace* ; on ne peut disconvenir que les unes & les autres vallées n'aient été approfondies par la même marche des eaux courantes, & à peu près à la même époque.

Si l'on jette les yeux sur les cartes du Danube, dont l'ouvrage de M. le comte de Marsigli est décoré, on y verra les mêmes plans inclinés & de semblables bords escarpés que dans le *Bosphore*, toutes ces formes se présentant les unes à l'égard des autres dans le même rapport & dans les mêmes situations respectives.

On n'a pas donné le plan des opérations des feux souterrains, auxquelles on attribue l'ouverture du *Bosphore* dans la partie voisine des bords du Pont-Euxin, ni dans l'indication des différens états des produits du feu, les époques de ces effets, d'après lesquelles on pût annoncer les tems de l'ouverture du *Bosphore*. Ainsi ces effets des feux souterrains sont restés dans un état fort vague. Comment, à la suite des approfondissemens prétendus de la vallée par les feux souterrains, les vallons se sont-ils trouvés également creusés plus bas, sans que les feux y aient rien opéré ? Cependant l'eau coule aussi abondamment dans toutes les parties du *Bosphore*. Il y a contradiction dans les explications toutes les fois qu'on admet des agens hypothétiques à côté des agens généraux & uniformes.

Je veux bien que l'ouverture du *Bosphore* soit volcanique, suivant Olivier ; que, depuis Buyukdéré jusqu'à la mer, l'une & l'autre rives paroissent coupées ; que partout la roche soit à nu, que les escarpemens annoncent un travail successif des eaux, & que depuis Buyukdéré jusqu'à la Propontide, le *Bosphore*, suivant Olivier, ne soit qu'un vallon naturel, auquel viennent aboutir de chaque côté d'autres vallons latéraux ; que les plans inclinés soient couverts de terres. Si la Mer-Noire, beaucoup plus élevée, se fût tout à coup précipitée dans ce canal, il est très-certain que la partie du *Bosphore* prétendue volcanique qui se lie avec la Propontide, n'a été creusée que par les mêmes moyens que le vallon naturel dont parle M. Olivier. C'est ignorer comment se sont creusés les vallons, que de supposer la partie supérieure du *Bosphore* ouverte par les volcans avant que la suite, jusqu'à la Propontide, en ait été creusée ; car l'on voit que l'une est la suite de l'autre par une marche constante & uniforme des eaux courantes.

Tous les plans inclinés, tous les bords escarpés prouvent que le *Bosphore* a été ouvert, non par une irruption subite, mais par des progrès insensibles, les eaux ayant commencé par l'ouverture du canal ; & c'est ainsi qu'on doit estimer les agens qui ont approfondi tout ce qui faisoit l'ouverture du canal & la communication de la Mer-Noire avec la Propontide.

Il n'y a que les gens qui n'ont rien observé, qui puissent attribuer l'ouverture du *Bosphore* à une irruption. Tout s'opère dans les vallons, dans les canaux, par des progrès suivis & bien déterminés : c'est cette marche des eaux qui a été méconnue des Anciens & de ceux qui se dirigent d'après leurs fables merveilleuses.

Lorsqu'on a parcouru l'Hellespont avec soin & qu'on a visité ses bords, on est convaincu que c'est un vallon naturel, auquel viennent affluer plusieurs vallons latéraux, abreuvés par des plaines assez étendues qui leur fournissent des eaux. Il est visible que la Propontide a toujours fait partie de la Méditerranée ; que le *Bosphore* a l'apparence d'un golfe semblable à ceux de Nicée & de Nicomédie jusqu'à Buyukdéré, & que sa partie supérieure tient à la même marche des eaux courantes. La Mer-Noire ayant toujours eu cette décharge, on ne peut pas lui supposer une élévation considérable au dessus du *Bosphore*, puisque les observations qu'on a faites aux environs de celui-ci prouvent que cet émissaire a eu lieu successivement, d'abord par la partie supérieure, comme tous les vallons, & s'est approfondi de même. Ainsi donc, si l'on trouve quelques anomalies dans la forme de ses bords, causées par les volcans, cela ne pourra former d'obstacle à son approfondissement, qui a peut-être précédé à un certain point l'action des feux souterrains. D'ailleurs, il paroît assez hasardé de faire creuser cette partie du *Bosphore*, ce vallon, en un mot, par des feux souterrains : les observateurs qui en ont vu les effets ont toujours été fort embarrassés pour loger les eaux de l'irruption avant l'approfondissement du canal. Effectivement, toutes ces irruptions sont contre toutes les règles de l'approfondissement des vallons. Les eaux courantes sont plus ou moins abondantes, suivant que le canal se creuse davantage, comme elles l'ont été dans le *Bosphore*, à mesure que l'ouverture de la Mer-Noire s'est élargie en tout sens.

L'Hellespont est venu à la suite de ce travail des eaux dans le *Bosphore*. S'il y a eu inondation, elle a eu lieu comme dans les vallons ordinaires ; mais alors ceci a été un accident incapable de creuser l'émissaire, & de faire tout ce que lui attribue la Fable. Il en est de ces effets comme dans tous les émissaires des lacs qui donnent naissance à des rivières ou à des fleuves, & qui se sont agrandis de plus en plus. Les absurdités que je réfute dans cette discussion sont imaginées par la suite de l'ignorance des lois de la nature dans l'approfondissement des vallons, & du peu de connoissance de la forme de leurs bords par les progrès de l'action des eaux courantes dans le *Bosphore de Thrace*.

Je conclus de toute cette discussion, que le *Bosphore* est un émissaire naturel de la Mer-Noire, & qu'aucune irruption de cette mer n'a pu le creuser ; que s'il y a eu une inondation, ç'a été un accident semblable à ceux qui ont lieu dans des vallons ordinaires. Elle a eu lieu par le canal déjà creusé, & qui auroit éprouvé un débordement.

Toutes ces observations ne doivent pas être bornées aux environs de la Mer-Noire, de la Propontide & de la mer Égée, comme semblent l'avoir fait les anciens écrivains ; mais il faut suivre toutes les eaux courantes qui affluent dans la mer Méditerranée, comme je m'en suis occupé dans la *Notice de Tournefort*. La Mer-Noire n'a jamais été séparée de la Propontide & de la mer Égée par un isthme étroit que formoient les roches Cyanées : il ne s'est donc pas ouvert tout à coup un passage à la suite d'une éruption volcanique. La mer a eu de tout tems un émissaire qui est le *Bosphore*, lequel a toujours formé une communication avec la Propontide & avec la Méditerranée.

Croit-on que cette éruption volcanique ait été assez vive, assez violente pour avoir tout à coup donné naissance à un détroit qui auroit admis cette masse d'eau à laquelle on attribue de si grands désastres.

J'ai beaucoup observé en Auvergne & parmi les opérations multipliées des feux souterrains, je n'y ai rien rencontré qui ait quelque forme d'un vallon où les eaux puissent couler librement, & dans toutes mes observations j'ai suivi exactement la marche du feu ; ce que n'ont pas fait ceux qui citent les volcans comme une des causes de l'ouverture du *Bosphore*.

Ce qui me persuade que la rupture subite du *Bosphore* n'a pas eu lieu, & que de tout tems l'émissaire du Pont Euxin a été ouvert, c'est que toutes les parties de la Méditerranée, qui supposent son ouverture, existoient dès les premiers tems.

L'irruption d'ailleurs du *Bosphore* est une supposition contraire à tous les événemens que nous ont offerts les eaux courantes, & à ceux que nous ont présentés, dans toutes les circonstances, les progrès de l'extension du bassin de la Méditerranée ; extension qui n'a eu lieu que par l'intérieur des terres, & par la réunion des fleuves & des rivières, lesquels ont toujours franchi les sommets des enceintes de tous les bassins, comme je l'ai dit ailleurs.

Ainsi l'on ne peut attribuer la formation de toutes les parties du vaste bassin de la Méditerranée, qu'à l'action des eaux courantes, qui partout ont commencé à couper les détroits par les sommets des digues qui occupoient ces détroits. Il n'est pas question ici d'inondation, mais de vallées approfondies par les eaux courantes, dont la direction part de l'intérieur des terres pour se porter vers le centre des mers.

Tout ce qui est occupé par cette Méditerranée formoit sur nos continens des bassins particuliers, mais non des lacs, car partout les enceintes étoient coupées par les embouchures.

C'est d'après la même marche des eaux affluentes dans le centre de cette mer, que s'est faite l'ouverture du détroit de Gibraltar par-dessus le sommet. Dans ce cas, il n'y a pas plus de rupture que dans le premier débouché du *Bosphore*. L'ensemble actuel entre l'introduction de l'eau & son débouché n'a pu s'opérer que par les coupures qui ébauchent les vallées : il n'est question que des vallées par où les grands fleuves se font jour jusqu'à la mer. Cet ensemble d'action se comprend facilement dans la formation comme dans l'entretien des mers intérieures, & tout ce que nous voyons le long des bords de leurs bassins nous y conduit.

Ainsi, dans la formation de la Méditerranée, on doit voir seulement la réunion des fleuves & des rivières dont les eaux ont suivi les pentes des terrains qui aboutissoient au bassin ou amas des eaux, comme ce sont les mêmes pentes qui les ont conduites dans leurs débouchés jusqu'à l'Océan.

Toutes les méditerranées se sont formées sur le même plan, &, si je passe à la Baltique, j'y trouve des émissaires semblables à celui que je place au Pont-Euxin. Cette analogie écarte, comme on voit, toute idée d'irruption, toute opération merveilleuse. Je vois des émissaires de tous côtés.

Ainsi, pour prouver que l'émissaire du Pont-Euxin ou le *Bosphore de Thrace* date des premiers tems de sa formation, il suffit de comparer les émissaires semblables de la Baltique, ouverts également entre les lacs Onéga, Ladoga & le golfe de Finlande; on voit par-là des vallées qui se prolongent depuis le bassin terrestre jusqu'au bassin de l'intérieur, sans obstacle, sans qu'on soit obligé d'avoir recours au merveilleux des Anciens.

BOSSUS, village du département des Ardennes, arrondissement de Rocroy, canton de Rumigny, sur le Tarn. Il y a une forge & un fourneau pour le service de l'artillerie. Il y a de semblables usines près d'une autre commune, connue sous le nom de *Bossus-en-Fagne.*

BOSTON, ville agréablement située dans une péninsule de quatre milles de longueur, au fond de la baie de Massachuset. Elle est défendue contre l'impétuosité des flots de la mer, par une quantité de récifs qui sont au dessus de l'eau, & par douze petites îles la plupart fertiles & habitées. L'entrée de la baie a si peu de largeur, qu'à peine trois vaisseaux peuvent y entrer de front; mais l'intérieur peut contenir cinq cents voiles. Avant la guerre de l'indépendance, il en partoit près de six cents vaisseaux chargés pour l'Europe & l'Amérique. Cette ville a, du côté de la mer, un fort château situé sur une île, qui défend l'entrée du port. Du côté de la terre, elle est défendue par divers forts placés sur trois hauteurs voisines, & depuis le commencement de la guerre actuelle les Anglo-Américains y ont encore ajouté de nouveaux ouvrages qui la rendent presqu'imprenable.

Pour l'avantage du commerce, il s'y tient un marché tous les jeudis, & deux foires par an, l'une le premier mercredi de mai, l'autre le premier mercredi d'octobre : chacune de ces foires dure trois jours. *Boston* enfin est la principale & la meilleure colonie des Anglais dans l'Amérique. Elle ne peut qu'acquérir une nouvelle grandeur lorsque les Anglo-Américains auront forcé la métropole à reconnoître leur indépendance. Cette ville, qui a la forme d'un croissant autour du port, contient près de quatre mille maisons & environ trente mille ames. On lui donne deux milles de longueur & près d'un mille dans sa plus grande largeur. Il n'y a presque point de différence entre les habitans de *Boston* & ceux de Londres : ce sont les mêmes moeurs & les mêmes usages. La baie de Massachuset, au fond de laquelle cette ville est située, s'étend d'environ vingt milles dans les terres.

BOTANIQUE (Baie). Cette baie a été ainsi nommée à cause de la quantité de diverses plantes qu'on y trouve. Elle est située au 34e. deg. de latitude sud, & au 208e. deg. 37 min. de longitude ouest (méridien de Greenwich). Elle est étendue, sûre & commode : on peut la reconnoître à l'aspect de la terre, qui, sur les bords de la mer, est presqu'unie & médiocrement élevée. En général, la côte est plus haute que dans l'intérieur du pays, & il y a près de la mer des rochers escarpés, qui ont l'apparence d'une longue île située au dessous de la côte. Le havre se trouve à peu près au milieu de cette terre, & lorsqu'on en approche en venant du sud, on le découvre avant que le vaisseau arrive en face; mais on ne l'apperçoit pas sitôt en venant du nord. L'entrée a un peu plus d'un quart de mille de large, & sa direction est ouest-nord-ouest. Pour faire voile dans le havre, il faut côtoyer la rive sud jusqu'à ce que le bâtiment soit en dedans d'une petite île stérile qui est sous la côte septentrionale. En dedans de cette île, la plus grande profondeur de la mer est de sept brasses, & même il n'y en a que cinq dans un assez grand espace. On trouve à une distance considérable de la côte méridionale, un bas-fond qui s'étend depuis la pointe sud la plus intérieure, jusqu'au fond du havre. Vers la côte nord & nord-ouest, il y a un canal de douze ou treize pieds à la marée basse : ce canal est de trois ou quatre lieues de long jusqu'à un endroit où la sonde donne trois ou quatre brasses, mais on n'y trouve que très-peu d'eau douce. Il y a un très-beau courant sur la côte du nord, dans la première anse sabloneuse, qui est en dedans de l'île, devant laquelle un vaisseau pourroit mouiller presqu'entiérement environné de la terre, & s'y procurer de l'eau & du bois en très-grande abondance.

La marée est haute, dans ce parage, sur les huit heures dans les pleines & les nouvelles lunes, & le flot s'élève & retombe perpendiculairement de quatre à cinq pieds.

L'intérieur du pays, au fond de la baie, présente un sol riche : il est composé d'un terreau profond & noir, très-propre à produire des grains de toute espèce. On trouve dans les bois un arbre portant un fruit de la couleur & de la forme d'une cerise, & dont le jus a un goût aigrelet & agréable quoiqu'il ait peu de saveur. Les bois sont entrecoupés des plus belles prairies du monde. Il y a quelques endroits, mais en petit nombre, dont le fond est de rocher. La pierre est sabloneuse, & on pourroit l'employer avec beaucoup d'avantage pour bâtir. En pénétrant dans la campagne, on trouve que le sol est d'une terre marécageuse ou d'un sable léger. Partout on voit des bois & des plaines qui diversifient agréablement la scène. Les arbres sont grands, droits, sans broussailles au dessous, & placés à une telle distance l'un de l'autre, que tout le pays, si l'on en excepte les endroits où les marais y rendent le labourage impossible, pourroit être cultivé sans les abattre. Outre les arbres, le fond est couvert d'une grande quantité de gazon qui y croît en touffes serrées les unes près des autres, & qui sont aussi grosses que la main en pourroit contenir. Le côté septentrional de cette terre est dénué de bois; le sol ressemble un peu aux terrains marécageux d'Angleterre. La surface est cependant couverte de broussailles clair-semées & de la hauteur du genou : les collines près de la côte sont basses; mais il y en a d'autres derrière qui s'élèvent par degré jusqu'à une distance considérable, & qui sont entrecoupées par des marais.

Parmi les différens arbres qui embellissent cette contrée, il n'y a que deux espèces qui puissent être regardées comme bois de construction. Les arbres sont pour le moins aussi grands que les chênes d'Europe : celui qui y ressemble assez distille une gomme rouge, pareille au sang-de-dragon; le bois en est pesant, dur & brun comme le *lignum vitæ*. L'autre a la tige grande & droite à peu près comme le pin, & le bois, qui a de la ressemblance avec le chêne d'Amérique, en est dur & pesant aussi. Il y a quelques arbrisseaux & plusieurs sortes de palmiers : les palétuviers croissent en grande abondance près du fond de la baie. Le pays, autant qu'on en peut juger, est en général uni, bas & couvert de bois remplis d'oiseaux d'une extrême beauté. Il y en a de différentes espèces, & en particulier des loriots & des catacouas qui volent en troupes très-nombreuses. Autour du fond du havre, où sont de grands bancs de sable & de vase, il y a beaucoup d'oiseaux aquatiques, dont la plupart sont entiérement inconnus. Un des plus remarquables est noir & blanc, plus gros qu'un cygne, & d'une figure un peu approchante de celle du pélican.

Le nombre des cailles est prodigieux; elles sont de la même espèce que celles qui se trouvent en Europe.

On ne peut donner que des indices sur les quadrupèdes qui habitent cette terre. On a vu de loin, & en passant, un animal de la grosseur à peu près d'un lapin. Les excrémens d'un autre qui se nourrit d'herbe, firent juger qu'il étoit au moins de la grosseur d'un dain. On apperçut les traces d'un autre animal qui avoit les pattes comme celles du chien, & qui paroissoit être à peu près de la grosseur d'un loup, & celles d'un quatrième animal plus petit, dont le pied ressembloit à celui d'un putois ou d'une belette. La mer de ce parage fournit beaucoup de poissons. Parmi leur nombre on distingue celui appelé par les marins, *jaquette de cuir*, parce que leur peau est singuliérement épaisse; & les grandes passenades, dont le poids excède souvent plus de trois cents livres.

On trouve sur les bancs de sable & de vase, de grandes quantités d'huîtres, de moules, de pétoncles & d'autres coquillages; ils semblent être la principale subsistance des habitans, qui vont dans les bas fonds avec leurs pirogues, & les pêchent à la main. Ils ont cependant d'autres moyens de nourriture; ils prennent quantité de poissons qu'ils harponnent avec des fouanés, ou qu'ils pêchent à l'hameçon ou à la ligne.

Il est impossible de donner des détails bien satisfaisans sur les individus épars de cette contrée. Leur approche est difficile & dangereuse, car ils paroissent déterminés à défendre leur rivage jusqu'à la dernière extrémité. Effrayés ensuite par l'explosion des armes à feu, ils fuient dans les bois, & ne se montrent qu'à une distance qui interdit toute espèce de communication. Ni les signes d'amitié, ni les présens ne peuvent les attirer auprès des étrangers qui abordent sur leurs côtes. Ils ont la peau d'un brun très-foncé sans être noire. Quelques-uns d'entr'eux offrent une figure singulière : leurs visages semblent être couverts d'une poudre blanche, & leurs corps sont peints de larges raies de la même couleur, qui, passant obliquement sur la poitrine & sur le dos, ont la forme des bandouillères de nos soldats. Ils portent aussi, sur leurs jambes & sur leurs cuisses, des raies de la même espèce, qui ont l'apparence de larges jarretières. Ils sont tous armés de longues piques & d'une pièce de bois, dont la forme est ressemblante à celle d'un cimetère. Ils ont des gestes menaçans, poussent des cris aigus, & parlent d'un ton de voix très-élevé, & dans un langage rude & désagréable. Hommes & femmes, chez ces Indiens farouches, ne font usage d'aucun vêtement, pas même de la feuille de figuier.

Ils ne paroissent pas être en grand nombre, ni vivre en société; mais, comme les animaux, ils sont dispersés le long de la côte & dans les bois. Leurs maisons ou plutôt leurs huttes sont en petit nombre, & éparses çà & là.

Leurs pirogues ont beaucoup de rapport aux plus petites de la Nouvelle-Zélande; elles sont plus mal travaillées que celles de ce peuple, & que celles de tous les Insulaires qui ont été visités par les Européens. Ces pirogues ont de douze à quatorze pieds de long, & sont faites d'une seule pièce d'écorce d'arbre jointe & attachée aux deux bouts; le milieu reste ouvert au moyen de quelques bâtons mis en travers dans l'intérieur, depuis un des côtés jusqu'à l'autre.

BOTANIQUE (Ile de). Cette petite île est une portion des différentes terres qui composent la Nouvelle-Calédonie : elle n'est, à proprement parler, qu'un banc de sable qui n'a pas plus de trois quarts de mille de tour; elle produit, outre les pins, l'arbre que les Taïtiens nomment *etos*, & beaucoup d'autres, ainsi que des arbustes & d'autres productions qui enrichissent l'histoire naturelle : c'est ce qui l'a fait appeler *Ile de Botanique*. On y compte trente espèces de plantes, & plusieurs qui étoient inconnues jusqu'ici. Le sol est très-sabloneux sur les côtes; mais il est mêlé, dans l'intérieur, de terre végétale; effet des arbres & des plantes qui y tombent continuellement en pourriture.

Il y a des hydres, des pigeons, & des tourterelles différentes en apparence de toutes celles qui ont été vues. On y voit des faucons pareils à ceux d'Europe, & une nouvelle espèce d'atrape-mouches. Les débris de quelques feux, des branchages, des feuilles encore fraîches & des restes de tortues annoncent que ce canton est visité assez souvent par les Indiens. Une pirogue, précisément de la forme de celles de la Balade, échouée sur le sable, a fait connoître quel est le bois dont les Calédoniens font usage pour la construction de leurs canots; ils se servent de pins, & il s'en trouve sur cette île qui ont vingt pouces de diamètre, & soixante à soixante-dix pieds de haut. Puisque des arbres de cette taille croissent sur un si petit espace, il est probable qu'il y en a de plus gros sur la principale terre & sur des îles plus grandes.

On ne connoît aucune île de la mer Pacifique, à l'exception de la Nouvelle-Zélande, où un vaisseau puisse mieux se fournir de mâts & de vergues. Ainsi la découverte de cette terre est précieuse, ne fût-ce qu'à cet égard. Le bois des arbres qu'on appelle *pins* est blanc, d'un grain serré, dur & léger en même tems. La térébenthine sort de la plupart des branches; mais la chaleur du soleil dans ce climat l'épaissit en une résine attachée au tronc & autour des racines. Ces arbres dévelopent leurs branches comme les pins d'Europe, avec cette différence que ceux-ci ont des branches plus courtes & plus petites; de sorte que les nœuds deviennent à rien quand on travaille la tige. On observe que les plus grands de ces arbres ont les branches plus petites & plus courtes, & qu'ils sont couronnés comme s'il y avoit à leur sommet un rameau qui eût formé un buisson. La semence est dans des capsules coniques; mais on n'en voit aucun qui renferme de cette semence, du moins dans un état propre à la reproduction. Outre ces arbres, il y en a un autre de l'espèce des sapins de Prusse; il est très-petit, & c'est moins un arbre qu'un arbrisseau. On rencontre encore sur cette île une espèce de cresson & une plante semblable à celle qu'on nomme en Angleterre *quartier d'agneau* ou *poule grasse*, qui, étant bouillie, se mange comme des épinards.

La mer est haute dans les pleines & les nouvelles lunes à dix ou onze heures.

La navigation de ces parages offre des dangers extrêmes. Partout on rencontre des îlots, des bancs de sable & des brisans qui s'étendent aussi loin que l'horizon, surtout dans la partie de l'ouest. Tous ces écueils ne sont point liés ensemble, & ils laissent appercevoir plusieurs canaux de différentes sinuosités.

Tandis que le capitaine Cook employoit ses lumières & son courage pour reconnoître une côte où les périls se présentent de toutes parts, il observa un phénomène qui mérite d'être détaillé, quoique connu des navigateurs. Dans la partie du nord on vit une boule qui, par sa grosseur & par son éclat, ressembloit au soleil, quoiqu'elle fût un peu plus pâle; elle s'évanouit en crevant quelques momens après, & elle laissa derrière elle des étincelles brillantes, dont la plus grande, d'une forme oblongue, se remuoit promptement hors de l'horizon, tandis qu'une espèce de flamme bleuâtre la suivoit & marquoit sa route. A l'apparition de ce météore, les officiers expérimentés attendirent un vent frais, & ils ne se trompèrent point.

BOTHNIE, contrée considérable de Suède, sur le golfe du même nom, qui la divise en orientale & en occidentale. L'orientale est celle qui est à l'orient du golfe, & l'occidentale celle qui est à l'occident. Je l'ai déjà décrite, comme bassin terrestre du golfe, à l'article de la BALTIQUE.

Les contrées habitées de la *Bothnie occidentale* ont, depuis les limites de Langermanie jusqu'à Tornéa, environ cinquante-huit milles suédois de long, sur dix-sept à dix-huit milles de large. On y voit, le long des côtes du golfe, différentes îles d'un aspect agréable. Les forêts, dont les plus grandes confinent à la Laponie, les fleuves & les lacs y sont en grand nombre. Les pâturages, dans les intervalles de ces fleuves, sont excellens. Le pays est uni & le sol très-fertile. Quoiqu'on ensemence les terres fort tard, les grains mûrissent en quelques semaines, selon que les contrées cultivées sont plus ou moins rapprochées du nord. Le froid cause souvent de grands dommages, surtout au mois de juillet, tems où les gelées commencent à se montrer. Les habitans vivent de la culture, de leur bétail, de la chasse & de la pêche. Leur commerce consiste en poutres, planches, goudron, saumon salé & fumé, en suif, huile de poisson, beurres, fromages, toiles & pelleteries de toute espèce.

La *Bothnie orientale* est située, vers le nord, à l'orient du golfe de *Bothnie*. Sa longueur est de quatre-vingt-neuf milles, & sa largeur de quarante. La nature a séparé cette contrée des pays adjacens par des montagnes qui règnent au milieu des terres. Plusieurs fleuves qui se déchargent, soit dans la Mer-Blanche, soit dans le golfe de *Bothnie*, ont leurs sources au pied des montagnes. Le pays est généralement assez uni, mais rempli de lacs & de marais. Les étés froids sont d'autant plus nuisibles, que l'on ne peut semer que vers la fin de mai; mais celles des terres qu'on nomme *terres brûlées* à la suite de l'écobuage, sont de la plus grande fertilité. Les pâturages sont assez médiocres. L'exportation du goudron est évaluée, année commune, à plus de trois mille tonneaux. Tout le bétail est d'une petite espèce, proportionnée à la la nature des pâturages. Comme ce pays a beaucoup de forêts, on y a fait aussi de nombreux établissemens de forges.

Les lacs & les fleuves sont très-poissonneux, & la pêche du saumon est fort abondante. En quelques endroits les rivières produisent des perles assez belles, qu'on y pêche avec grand succès. Le total des habitans de cette vaste contrée ne passe pas quatre-vingt mille.

Le golfe de *Bothnie* est la partie la plus septentrionale de la mer Baltique. Il est situé entre l'Uplande, l'Helsingie, la Medelpadie, l'Angermanie, la *Bothnie* orientale & occidentale, & la Finlande. Il s'étend, du sud au nord oriental, jusqu'au 65e. deg. 40 min.; il est large d'environ quarante-cinq lieues marines, depuis les îles d'Aland jusqu'au 63e. degré, qu'il se rétrécit considérablement. Il est fort étroit vis-à-vis des îles de Querken; mais ensuite il s'élargit de nouveau à près de vingt-six lieues marines vis-à-vis d'Ulaborg.

BOUANT, village du département de l'Arriège, arrondissement de Foix, à une lieue & demie de Tarascon. Sur la montagne située près de ce village il y a une mine en filons de deux pieds d'épaisseur, qui renferme de la mine de fer spathique jaunâtre, de l'hématite brune & de la mine micacée. A Gudanes, dans la même commune, il y a trois forges situées sur la rivière d'Arton. Un long canal, dont les eaux sont tirées de cette rivière, fournit l'eau aux deux forges inférieures. La première, qui est la plus près du château de Gudanes, est la forge du château de Verdun, & la seconde, la forge neuve. Enfin, la supérieure est la forge d'Arton, qui est éloignée du château de deux mille toises. De ces trois forges, il y en a deux qui vont toute l'année. Elles consomment la moitié de la mine de Vic Desse, & le surplus de la montagne de Lareat. Les mines de Gudanes sont toutes situées autour ou à une petite distance du château. Il y a encore à Sinxat, sur la montagne, des mines qui ont été exploitées autrefois, & qui sont comblées maintenant.

BOUBLE (la), rivière du département du Puy-de-Dôme, arrondissement de Riom. Sa source, à deux lieues & demie sud de Montaigu, verse ses eaux au nord-est, lesquelles passent à Saint Pourçain, & se rendent dans la Sioule à une demi-lieue sud-ouest de Saint-Pourçain.

BOUCAUT. On désigne ainsi certaines embouchures de rivières, soit à la mer, soit dans les lacs qui se trouvent rangés sur les bords de la mer. J'ai trouvé cette dénomination généralement en usage à la côte de Médoc & de Biscaye; aussi ai je été fort attentif à suivre les formes de ces embouchures assez remarquables & toujours dépendantes, tant de l'action des eaux courantes qui viennent de l'intérieur des terres, que du refoulement des eaux stagnantes des lacs, & de l'Océan.

BOUCHAIN. Cette ville n'est remarquable que par ses fortifications; elle a des écluses par lesquelles on peut faire monter l'eau dans les fossés de ses dehors.

BOUCHER (Col de), montagne du département des Basses-Alpes, arrondissement de Barcelonette, canton d'Allos, à une lieue deux tiers de cette ville. Elle a de l'est à l'ouest un tiers de lieue de longueur. Près de cette montagne est une rivière qui prend sa source à une lieue deux tiers d'Allos, coule au sud-ouest, & se rend dans le Verdon au nord d'Allos, à une lieue deux tiers de sa source.

BOUCHES. On donne quelquefois ce nom aux ouvertures par lesquelles de grandes rivières se déchargent dans d'autres ou versent leurs eaux à la mer: ainsi l'on nomme *bouche d'Allier* l'endroit où l'Allier se réunit à la Loire. On connoît les *bouches du Nil*, *septem ostia Nili*. On distingue aussi les *bouches du Rhône*, qui servent à désigner le département qui comprend ces *bouches* dans la division du royaume de France. Quelquefois on applique ce mot à certains détroits ou à des passages très-resserrés de la mer entre deux terres: telles sont les *bouches de Bonifacio*, qu'on rencontre entre la Corse & la Sardaigne. (*Voyez l'article* CORSE, où l'on fait connoître la nature des couches qui servent de bords à ces *bouches*.)

BOUCHES D'ÉOLE (les) sont des crevasses ou de petites cavernes ouvertes, par la nature, dans le flanc des montagnes, d'où il sort des vents qui sont d'autant plus forts & plus froids, que la chaleur de l'air extérieur est plus grande. C'est à Cœsi surtout, ville située dans l'Apennin, proche Terni, que les Anciens ont remarqué ces phénomènes, & c'est là qu'ils ont donné cette dénomination de *bouches d'Éole*, dont nous nous servirons pour titre à l'article où l'on s'occupera en général de cette sorte de phénomènes. (*Voyez* CŒSI.)

On observe aussi le même phénomène en France comme en Italie, dans plusieurs endroits; dans l'île d'Ischia, au pied du mont Tellacio près de Rome, au bas du roc de Saint-Marin, mais particulièrement au bord du lac de Côme: on voit surtout dans les caves de cette ville, voisines du lac, le thermomètre descendre de sept degrés au dessous du tempéré dans les plus grandes chaleurs de l'été, par l'action des vents tempérés qui règnent dans ces souterrains.

On trouve en France beaucoup d'endroits d'où il sort de pareils courans d'air de certains soupiraux naturels, & qui sont sensibles à une assez grande distance.

BOUCHES-DU-RHÔNE, département qui a pris

sa dénomination des différentes embouchures du Rhône, qui en font une partie considérable. Ce département a pour limites, au nord, la Durance, qui le sépare de celui de Vaucluse; à l'est, le département du Var; au sud, la Méditerranée; à l'ouest, le Rhône, qui le sépare du département du Gard. Il renferme, comme on voit, une grande partie des diocèses d'Arles, d'Aix & de Marseille.

Une partie de ce département est arrosée, de l'est à l'ouest, par la Durance, d'où l'on a tiré un canal qui commence à quelque distance du Pertuis, tandis que la Durance remonte, par le nord-ouest, pour se rendre dans le Rhône à quelque distance au sud d'Avignon, & très-près de Barbantane vers le nord. Ce canal va très-directement à l'ouest se rendre dans le fleuve à Arles

C'est à ce même point où se trouve Arles, que le Rhône se divise en deux branches assez considérables; l'une descend au sud, tirant un peu vers l'est; l'autre passe à l'ouest, puis tourne au sud pour se rendre à la mer aux Saintes-Maries. C'est entre ces deux branches que se voit le vaste étang de Vauréas.

Tout ce que nous ont dit les Anciens des embouchures du Rhône, nous prouve qu'elles ont varié, tant en configuration qu'en nombre. D'ailleurs, leurs directions sont aussi fort différentes. Les uns donnent à ce fleuve, deux, d'autres trois & même jusqu'à sept embouchures. Les géographes surtout, d'après ce qui est arrivé à Aigues-Mortes, ont prétendu que les eaux de la Méditerranée se sont retirées; mais de bons observateurs en histoire naturelle sont aujourd'hui convaincus que ce sont les terrains, enrichis de tous les dépôts du fleuve, qui se sont élevés, & c'est ce qui est particulièrement arrivé aux *bouches du Rhône*. Outre les embouchures naturelles de ce fleuve, Marius, faisant la guerre dans ce pays, avoit employé son armée à creuser un canal pour établir une communication plus facile entre Arles & la mer. On l'appeloit *Fossa mariana*. A peine en reste-t-il quelques traces auprès de Fos-lès-Martigues. A Aigues-Mortes on reconnoît encore les vestiges d'un ancien lit appelé le *Rhône-Mort;* & depuis le Grau jusqu'aux bords opposés dans le département du Gard, on trouve dans la Camargue (île située entre les deux bras du Rhône indiqués ci-dessus) les traces d'un ancien lit qui a éprouvé perpétuellement de grands déplacemens de gauche à droite dans cet espace; en sorte qu'il n'offre que de grands amas de matériaux déposés par le fleuve, & c'est probablement parce que le Rhône varie ses embouchures à l'ouest, que les Anciens n'y avoient pas construit de port, au lieu que les Modernes, l'ayant tenté par ignorance, en ont vu combler cinq depuis le cinquième siècle. On doit remarquer, au contraire, que vers l'est le Rhône n'a rien changé aux environs des villes de Toulon & de Marseille. Nous en avons déjà fait mention ci-devant comme l'effet du courant constant qui règne sur cette côte de l'est à l'ouest; aussi le voyage par mer de Marseille à Cette est-il plus court que de Cette à Marseille. Il existe encore plusieurs tours solitaires à quelque distance de la mer, lesquelles servoient alors à défendre l'entrée des différentes embouchures, & à y recevoir les péages. Cette augmentation de la côte, dans l'un & l'autre département, produite par des amas de sables & de pierres roulées, entraînés des parties supérieures du fleuve, a été estimée de trente-huit mille neuf cents mètres (ou de vingt mille toises carrées.)

Il a été parlé précédemment des deux branches du Rhône, qui forment un angle dont le sommet est à la ville d'Arles. La branche orientale se nomme le *Grand-Rhône*, & la branche occidentale le *Petit-Rhône;* mais nous observerons ici que la branche orientale se partage en six divisions avant de se jeter à la mer. Ces six branches se nomment les *Gras-de-Foz, de Fer, de la Brigue, de Bériche-du-Midi & du Sauzet.*

La branche de l'ouest, appelée aussi quelquefois *Rhodanet*, est à peu près aussi large que la Seine à Paris. Elle se jette à la mer par le Grau ou le Gras-d'Orgon. Cette seconde branche du Rhône s'ouvre vers Olivier, & donne ses eaux au canal de Silvéréal, qui se divise en deux canaux, le Peccais & le Bourgidon.

Le canal de Peccais se subdivise en trois autres canaux appelés le *Rhône-Vif*, le *Rhône-Mort-de-la-Ville* & le *Rhône-Mort-de-Saint-Romain*. Ces derniers se perdent dans l'étang de Repauset. Quant au Rhône-Vif, il ne donne qu'après les inondations, & on l'a laissé perdre dans des aterrissemens considérables depuis que son embouchure a été comblée & que le Grau neuf n'existe plus.

Au reste, il faut rappeler ici que le Rhône fournit continuellement à deux torrens qui versent à la mer, l'un de l'eau, l'autre des sables, & que ce dernier est si considérable, qu'en un jour il pourroit combler une passe qui la veille eût été praticable pour des navires: aussi l'État entretient-il des *balisiers*, dont les fonctions sont de sonder ces embouchures, & de montrer quels sont les passages praticables aux vaisseaux. Ces balisiers se placent à différentes stations, & indiquent, par des signaux convenus, l'état du lit fluvial.

La Camargue est le Delta des *bouches du Rhône*. Sa surface offre des assemblages de petites îles, des amas de sable coupés par des marais, & dont le fond est un ancien lit de mer sabloneux qui a conservé une grande quantité de sel. On y élève des chevaux très-légers à la course, & des bœufs presqu'indomptables.

La Crau est une vaste plaine couverte de cailloux roulés, où l'on entretient des moutons qui s'y nourrissent d'herbes fines & savoureuses.

Le climat de ce département est fort varié. En général, il est sec vers la mer. On y récolte beaucoup plus de fruits que de grains. L'on y est d'ailleurs quelquefois fort incommodé d'un vent froid & assez violent, appelé *le mistral*.

Il y a quatre canaux d'arrosemens, ceux de Boisgelin, de Craponne, du Réal & du Vegueyral; vingt-trois étangs, dont trois surtout sont remarquables : ce sont ceux de Berre, de Marignane & de Valcares.

Seize îles, à la tête desquelles je citerai celle de Béricle.

Enfin, il y a un grand nombre de plages, de ports, de caps & de pointes.

On distingue aussi quinze collines & montagnes.

Les productions de ce département sont très-nombreuses, & toutes fort recherchées, pour la consommation, de plusieurs États de l'Europe. Elles consistent en vins de liqueur, eau-de-vie, huile, savon, olives, blé, riz, anis, figues, avelines, amandes, raisins secs, confitures de toute espèce, grenades, oranges, citrons, miel, cire, capres, corail, alun, térébenthine, sels, nitre, sels alkalins, buis, liége, laines, soies, mûriers, poissons frais & salés, thons & anchois, sardines, bétail dans lequel on distingue le mouton, la brebis & la chèvre; enfin, les produits de plusieurs salines.

Ce département est rempli de carrières de marbre de toutes couleurs, fort curieux & d'un grand prix. Il contient beaucoup d'albâtre & des grottes intéressantes par leurs singulières congélations. Il y a aussi plusieurs mines de fer & de plomb.

BOUCHEVILLE (Forêt de), du département de l'Aude, arrondissement de Limoux. Elle a une lieue & demie du nord au sud, & une lieue de l'est à l'ouest.

BOUCHIER (le), rocher & montagne du département des Hautes-Alpes, arrondissement de Briançon. C'est la partie nord de Rochebrune.

BOUCHIÈRE (Calanque de la), du département du Var, entre la pointe Saint-Pierre & la Calanque de la Moutte.

BOUCLANS (Forêt de), département du Doubs, arrondissement de Baume, sur le Doubs, à deux lieues & demie à l'est de Besançon. Elle a quinze cents toises de long, sur autant de large.

BOUCONNE (Forêt nationale de), département de la Haute-Garonne, arrondissement de Toulouse, & à trois lieues un tiers de cette ville. Elle a, du sud-ouest au nord-est, cinq mille toises de long, sur dix-huit cents toises de large.

BOUCONVILLE, village du département de la Meuse, arrondissement & canton de Saint-Mihiel, & à trois lieues & demie de cette ville. On y voit un étang qui a plus d'une lieue de contour.

BOUCQ, village du département de la Meurthe, arrondissement & canton nord de Toul, & à deux lieues trois quarts de cette ville. Il y a une tuilerie, où il se fabrique des tuiles creuses.

BOUILLE (la), bourg du département de la Seine-Inférieure, arrondissement de Rouen, & à trois lieues de cette ville, près de la Seine & de la forêt de la Londe. Tout près de la *Bouille*, à Caumont, on voit une carrière nommée *Jacqueline*, qui mérite l'examen des curieux. Cette carrière présente, à son entrée, un grand vestibule très-intéressant.

BOUILLE-LORRETZ, village du département des Deux-Sèvres, arrondissement de Thouars, & à trois lieues de cette ville. Les environs de ce village possèdent beaucoup de vignes excellentes, qui fournissent, à la consommation & au commerce, de bons vins rouges & une grande abondance de vins blancs.

BOUILLON. Ce ci-devant duché étoit un pays souverain; il étoit situé entre les terres du duché de Luxembourg, celles de la principauté de Carignan, de l'abbaye de Saint-Hubert & de la principauté de Sedan. Il a plus de cinq lieues de longueur, sur environ la moitié de largeur. Il occupe de grandes parties de la forêt des Ardennes, & par conséquent c'est un pays rempli de bois. Il y a d'assez bons pâturages, beaucoup de gibier & des étangs fort poissonneux, mais peu de terres en culture. Il est réuni maintenant à la France, & fait partie du département des Ardennes. Quant à la nature de son sol, nous devons dire qu'il est compris dans l'ancienne terre graniteuse.

BOUDOUT (la), montagne du département des Basses-Pyrénées, arrondissement d'Oléron, & à une lieue un quart d'Accous. Elle a du nord au sud une demi-lieue de longueur, dont elle est détachée de la chaîne centrale.

BOUE (Port & Tour de), dans les bouches du Rhône, à l'entrée de l'étang de Caronte. La tour, située à l'entrée du port, est dans une petite île à une lieue un tiers nord-est de Martigues.

BOUFFIOUX, village du département de Jemmappes, arrondissement & canton de Charleroi, & à une lieue & demie est-sud-est de cette ville. Il y a une platinerie. Outre cela, les fabriques de pots de grès qui s'y trouvent en grand nombre, font l'objet principal du commerce des habitans.

BOUGES (Montagne du), département de la Lozère, arrondissement de Florac; elle a deux lieues de longueur, & se prolonge, de l'ouest à l'est, à deux lieues est de Florac.

BOUGIVAL, village du département de Seine & Oise. Il y a, dans les escarpemens du terroir, de grands massifs de craie.

BOUGY, village du département du Loiret, arrondissement d'Orléans, près de la forêt, à trois quarts de lieue de Neuville. Il y a trois goufres dans lesquels se décharge le Nau, gros ruisseau qui prend sa source à Mallesse, & qui fait de grands ravages en Beauce quand il déborde.

BOUILLY, village du département de la Marne. En creusant un peu sur la montagne de *Bouilly*, on trouve des bancs de roches toutes cristallisées.

BOUJEAN, village du département du Haut-Rhin, à une demi-lieue nord-est de Bienne : il y a une tirerie de fil de fer, que fait mouvoir les eaux de la Suze.

BOULAY, ville du département de la Moselle, arrondissement de Metz. Cette petite ville est située sur la rive gauche d'une petite rivière, appelée *Kultzbach*. Le pays est mêlé de montagnes, de plaines & de bois; il produit du blé, du seigle, de l'avoine, peu de fourages, de pâturages, mais bons; beaucoup de fruits à noyaux. Il y a des mines de charbon de terre & de plomb, qui ne valent pas les frais d'exploitation.

BOULEAU : c'est le bois du Nord; il est d'une grande ressource pour les habitans des contrées septentrionales de l'Europe surtout. Son écorce est employée à plusieurs usages domestiques; elle se conserve fort long-tems, & souvent l'écorce entière d'un *bouleau* se sépare du tronc comme un tuyau, pendant que le tronc est entiérement pourri & réduit en poussière. Il est plus grand & plus gros dans le Nord que dans les provinces du Midi. On en extrait une liqueur qui tient lieu de vin.

BOULES BASALTIQUES. J'ai rendu compte, à l'article BASALTE, de divers lieux où l'on peut observer les dispositions de toutes les formes prismatiques de cette production volcanique. Il me reste à faire connoître les endroits où cette même substance se présente aux naturalistes sous la forme de *boules*.

Je pourrois d'abord indiquer des suites & amas de *boules basaltiques* dans presque tous les courans que l'on rencontre en Auvergne autour des centres d'éruption, ainsi que dans les massifs de laves isolés; mais je crois devoir me borner ici à parcourir les principaux endroits où l'on pourra reconnoître aisément les phénomènes de cette forme.

On voit beaucoup de *boules* sur le sommet du puy de Charade & dans toutes les parties du puy de la Roudade; entre Ceyrat & Boisseghoux, sur la plate-forme qu'on rencontre entre Prudelle & la Baraque, sur Chanturge & les côtes de Clermont, & particuliérement le long des croupes de la vallée qui avoisine le village de Nohanent; sur la plate-forme du puy de Resolle : on en trouve également entre Gergovia, Jussat & Omme, dessous l'église de Saint-Martin de Tours, au village de Reyviale, entre Rochefort & le village de Chez-Dias, entre Rochefort, Bordas & Buges, & à Saint-Pardoux proche la Tour-d'Auvergne. Tous les environs du puy de Chaffort, la montagne de Tilly, la butte de Saint-Sandoux, les courans d'Ollois, de Laval, de Baune, de Sauvagnat, en offrent des suites & des amas qui en occupent la plus grande partie.

La plupart de ces *boules* ou ellipsoïdes sont d'une masse de lave compacte, comme les prismes d'une seule pièce; mais ailleurs elles sont formées de couches concentriques, assez distinctes les unes des autres.

Le plus souvent des portions de la matière du basalte en état de fusion, & qui avoient une tendance à s'arrondir en *boules*, en ayant rencontré d'autres à peu près semblables, il est résulté de leurs divers points d'attouchement, des corps à facettes plus ou moins réguliers; quelquefois les points d'attouchement ont formé des faces planes sur les deux parties des *boules* en contact; d'autres fois la surface d'une *boule* a éprouvé une concavité qui admet la convexité de la *boule* contiguë. J'ai trouvé des corps à facettes qui offroient des plans s'étendant de la superficie au centre, & les portions de lave séparées par ces plans avoient les formes, ou de tronçons pyramidaux, ou de trapézoïdes.

Ces phénomènes nous donnent un moyen de rendre raison des diverses formes des basaltes articulés, qui ne sont, à tout prendre, que des *boules* déformées de différentes manières. D'ailleurs, quand les *boules* se sont rencontrées dans le voisinage des tables & des prismes, elles y ont laissé les impressions de leur convexité en creux sur les parties qu'elles touchoient lorsqu'elles avoient acquis une certaine consistance; dans un cas différent elles ont été aplaties par ces corps. J'ai montré, dans un Mémoire raisonné, la correspondance qu'avoient les *boules* de lave avec les prismes de basalte articulés. J'y renvoie.

BOULES. J'ai renvoyé aux *boules* dans l'article du BASALTE-LAVE, parce que les articulations des basaltes suivent les amas de *boules* de lave compactes. J'ai déjà dit, en parlant ci-devant des articulations, combien elles dépendoient des *boules* & de leurs différentes compressions, qui en font des élémens des prismes basaltiques lorsque ces amas de *boules*, étant exposés à l'action d'un courant, se trouvent dans tous les sens comprimés par cette action.

BOULES. Je dois citer ces formes singulières

que prennent les granits, les grès & certaines parties de couches calcaires, en attendant que j'expose en détail toutes les circonstances qui président à ces phénomènes, aux articles GRANIT, GRÈS & COUCHES CALCAIRES. Je me contenterai de dire ici que certains massifs de granit se divisent à la surface de la terre en trapézoïdes, & que les parties saillantes de ces trapézoïdes, exposées aux alternatives de l'humidité & de la sécheresse, deviennent friables dans les parties saillantes qui se détachent du noyau occupant le centre, lequel prend la forme de *boules*, la plupart du tems bien arrondies. J'ajouterai en même tems qu'il en est de même des grès ou pierres de sable & des couches calcaires, qui prennent d'abord des formes de cubes ou de trapèzes, lesquels servent également d'élémens aux *boules* qui résultent de la friabilité qu'acquièrent les angles solides, exposées aux intempéries de l'atmosphère. J'invite les observateurs à suivre ces nuances d'effets, qui méritent les plus grandes attentions de leur part.

BOULEVERSEMENS. Parmi les événemens constatés par les monumens de toute espèce qu'on trouve à la surface du Globe, on ne remarque rien qui tienne à des *bouleversemens* & à des désordres intérieurs qu'on a supposés avoir eu lieu dans plusieurs théories de la terre. Si nous parcourons toutes ces parties du Globe, nous verrons combien ces suppositions étoient peu fondées. La régularité des dépôts sousmarins & de ces couches horizontales qui composent une grande partie de nos continens, la solidité & l'uniformité des bases sur lesquelles ces dépôts sont établis, ne permettent pas d'admettre aucun *bouleversement* dans l'intérieur du Globe, non plus qu'à sa surface.

La forme régulière des continens est une preuve qu'ils n'ont point éprouvé de *bouleversemens*. Qu'on examine la forme de l'Europe, de l'Asie, de l'Afrique & de l'Amérique, on ne trouvera dans leurs contours que des côtes modifiées par des golfes, des détroits, des mers intérieures; dans les centres on trouve une continuité & une solidité qui ne donnent aucune idée de fracture; & si l'on y voit des éboulemens, ils ne sont que superficiels, & n'ont agi que sur la croûte de certaines parties de ces continens, & non à une certaine profondeur. Il en est de même des cavernes, qui ne nuisent en aucune sorte à la solidité & à la continuité des continens, & qui d'ailleurs sont des vides dont les causes visibles & appréciables nous prouvent que tout a été rempli par des matériaux enlevés successivement.

Les eaux circulantes à la surface de ces continens, en creusant les vallées, n'ont point nui à la continuité du terrain qu'on remarque partout sur les croupes comme dans le fond des vallées, & la mer Caspienne n'est que le réceptacle nécessaire où l'eau des fleuves qui s'y jettent, a dû se rassembler, sans qu'on soit obligé d'admettre un grand enfoncement : la Méditerranée elle-même n'est que la suite de plusieurs vallées dont les bords ont été élargis. Enfin, les lacs ne sont point formés par des enfoncemens, mais sont la suite des anciennes vallées qu'ont approfondies les fleuves qui les traversent. (*Voyez* LACS.)

De même, si l'on suit les bassins des rivières, on y trouve une distribution fort régulière dans les canaux, suivant les pentes qui sont plus ou moins rapides : les pentes générales en sont fort régulières & adoucies.

Il n'y a ni crevasses ni fractures, & les pentes plus ou moins rapides dépendent du passage d'un massif à un autre : on retrouve partout les produits des opérations successives, arrangés & disposés régulièrement & successivement comme ils ont dû l'être, & point de *bouleversement* dans chacun de ces massifs ni dans la ligne de leurs limites.

Au moyen de cela, il n'y a donc point lieu à aucun *bouleversement* : ceux qui en admettent ou qui en ont besoin ne peuvent en citer des preuves, & sont démentis par toutes les observations qu'on a faites jusqu'à présent, & par celles qu'on fera dans la suite.

Dans les continens on ne trouve aucun enfoncement considérable, aucune crevasse ou interruption de pentes qui absorbe les eaux : c'est en conséquence de cette régularité des pentes, qu'on ne rencontre ni plaine ni vallons situés dans l'intérieur des terres qui soient abaissés jusqu'au niveau de la mer, & qui recueillent les eaux courantes destinées à cet égoût général. Nous verrons que les lacs mêmes ne dérangent pas la marche de ce tribut des continens pour les mers. (*Voyez* LACS.)

La régularité de la surface des continens est une preuve qu'ils n'ont pas éprouvé ces *bouleversemens* dont on a tant parlé, sans pouvoir en assigner les causes ni les circonscrire. Leur inspection nous démontre que tous ces massifs qu'on y voit, sont des tous continus, quoique formés de pièces hétérogènes & en divers tems, & que ces tous n'offrent ni fractures ni grands éboulemens : il règne au contraire une continuité frappante dans toute leur étendue. Les bases des montagnes font partie des mêmes masses, qui, depuis le sommet jusqu'au fond des vallées, ont été coupées dans les mêmes massifs régulièrement suivis, & il n'y a nulle part la moindre apparence des décombres d'une croûte fracassée.

Mais quoique la surface de la terre n'ait pas été bouleversée, elle a subi de grands changemens & des altérations considérables. Les corps marins que renferment les couches sont une preuve de grands déplacemens. Les plaines, les vallées, les montagnes nous annoncent une autre suite de démolitions & de destructions, dont les agens sont connus. Ainsi rien ne nous donne l'idée de *bouleversemens*. C'est ainsi qu'il faut savoir circonscrire les opérations de la nature, & leur assigner en même tems des limites fixes & régulières.

Je ne puis croire à l'enthousiasme des naturalistes qui, sans analyse comme sans principes, mettent en jeu tous les agens extraordinaires qu'ils peuvent imaginer pour produire des effets dont ils n'ont su ni déterminer la mesure, ni fixer les époques; ils n'ont pas vu qu'avec les agens ordinaires, tout se suit & s'analyse sans effort.

Il résulte de ce que nous avons dit, qu'en supposant le déplacement des mers, l'action & le travail des eaux courantes à la surface de nos continens ou à deux ordres d'opérations qui, bien analysées & distribuées sur un espace de tems bien proportionné, nous dispenseront d'avoir recours à des *bouleversemens* qu'on n'admet qu'autant qu'on n'embrasse pas l'ensemble des événemens ni la suite des tems que la nature fait y employer.

Effectivement, notre Globe a subi quelques révolutions; mais peut-on y reconnoître des *bouleversemens* que les auteurs de plusieurs systèmes sur la théorie de la terre, & surtout les petits naturalistes, qui décrivent de petits phénomènes, admettent au besoin. Lorsqu'on observe avec attention, on trouve tant de régularité dans la distribution des divers matériaux qui s'offrent à la surface de la terre, qu'on ne peut admettre de ces *bouleversemens*.

Il est vrai que les grands amas des corps marins ensevelis presque partout dans les couches de la terre, & jusqu'à une grande profondeur, que cette belle organisation par bancs & par lits, ouvrage des eaux de la mer, nous forcent à admettre une révolution générale, qui a dû opérer les changemens que nous voyons, & dans la situation des continens, & dans celle des mers; mais je ne vois, au milieu de ces changemens, aucune trace de *bouleversement* & de désordre: il n'est question ici que de déplacement des mers & de leur abaissement. Tout le travail de l'eau restant dans l'état où il doit être depuis la retraite de cet agent, il n'y a rien de bouleversé. Trouvera-t-on une autre raison d'admettre des *bouleversemens*, lorsqu'on examinera les effets des eaux courantes à la surface des continens découverts & abandonnés par l'Océan? Qu'on apprécie bien ces nouveaux phénomènes, & l'on verra qu'avec le tems les eaux courantes ont tout fait, sans qu'il soit besoin d'avoir recours à des agens extraordinaires, à des *bouleversemens* étranges.

Qu'on suive les fleuves, les rivières & les ruisseaux, & l'on verra que toutes les inégalités du Globe sont dues à leur travail; que toute l'ancienne continuité des couches n'a été interrompue que par les eaux qui y coulent encore actuellement. C'est par l'écoulement de ces eaux que je suis les diverses pentes, les dégradations des différentes parties de la surface de la terre, que j'en fais le nivellement général. Toutes les méditerranées qui communiquent avec l'Océan me paroissent une suite du même système du travail des eaux courantes: il en est de même des lacs liés aux lits des fleuves. Les autres lacs tiennent à de petits éboulemens que je suis bien éloigné de confondre avec des *bouleversemens* & des désordres; car ces éboulemens ont une marche suivie, & tiennent à des déplacemens réguliers qu'on peut reconnoître aisément.

Les pentes des rivières, depuis les centres des continens jusqu'à la mer, sont douces & continues. Les sauts, les cataractes, sont dus à des causes apparentes & sensibles. Partout où les eaux ont un cours, il règne un lit uniforme & réglé, dont l'élévation au dessus du niveau de la mer est peu considérable, & sur lequel, comme base commune, nos collines & nos montagnes sont placées. Les plaines les plus élevées dans lesquelles coulent les fleuves, n'ont pas plus de deux cents toises au dessus du niveau de la mer.

Si des grandes élévations des plaines nous passons à leurs plus grands abaissemens, la régularité de la surface des continens nous frappera bien davantage, & éloignera toute idée de *bouleversement*: dans cette étendue on trouvera un tout également solide. Si des sommets les plus élevés des montagnes on passe aux plus grands enfoncemens des vallons, on verra que tout a été taillé dans un même solide par l'eau seule, & que toutes les pentes sont dirigées vers l'égoût actuel des eaux courantes, qui est la mer.

Il n'existe aucune preuve que nos continens ou quelques-unes de leurs parties aient été formés par des bouleversemens: il règne une solidité continue à leur surface, partout où les voyageurs ont porté leurs pas. Les montagnes ont été taillées dans les massifs primitifs, bien loin de se présenter comme les débris d'une croûte brisée par quelques agens en désordre.

Ces considérations écartent certainement une infinité d'hypothèses hasardées, & encouragent à la recherche des phénomènes réguliers & qui portent l'empreinte d'agens assujettis à une marche lente & insensible.

Il résulte de là, que tout ce que nous offre la surface de la terre ne sera bien connu que par l'observation, qui doit nous montrer tout sans qu'il soit nécessaire de nous livrer aux conjectures: les *bouleversemens* lents les auroient autorisées, & je les démontre partout impossibles dans le système des opérations de la nature.

BOULLOIRE, bourg du département de la Sarthe, à trois lieues & demie ouest-nord-ouest de Saint-Calais, sur un ruisseau qui se jette dans l'Huigne. On y fabrique des toiles de crin & de lin de différentes qualités, longueur & largeur.

BOULOGNE, ville du département de la Haute-Garonne, arrondissement de Saint-Gaudens. On y fait commerce de grains, de châtaignes, de fil de lin & de fer.

BOULOGNE (Bois de), arrondissement de Saint-Denis, canton de Neuilly, à une lieue un quart de Paris. Le *bois de Boulogne* a, du nord au sud, deux mille quatre cents toises de long, & de l'est à l'ouest onze cents toises de large. Ce bois occupe les deux pentes du plan incliné qui s'étend depuis Passy & la hauteur de l'Étoile jusqu'à Auteuil, d'un côté; de l'autre, à Boulogne, ainsi qu'une partie de la pente qui mène à la rivière, sur l'aspect de l'ouest.

Il n'est plus question que de faire connoître en quoi consiste le sol de ce bois, & à quelles causes on peut en attribuer la composition singulière.

Ce sol offre de tous côtés les débris de la couche des meulières, qui sont de deux sortes; d'abord les petits fragmens de ces pierres dures, de formes bizarres, mêlées dans une certaine quantité de terres sabloneuses. C'est cependant le sol où se trouvent les anciennes plantations de chênes.

J'ajoute que parmi ces fragmens on apperçoit de semblables débris de silex, qui ont été degagés de leur gîte dans la couche des craies.

Enfin, les gros blocs, qui sont de deux natures de pierres; d'abord de celles qui appartiennent aux meulières, ensuite des grès qui sont originaires de la couche des sables.

On voit aisément que je fais envisager ce sol comme le résultat de la décomposition de plusieurs couches dans lesquelles on peut reconnoître des matériaux semblables à ceux du sol de ce bois, & qui pourroient être celles qui sont encore en place.

Ainsi la couche des meulières, par sa destruction & son déplacement produit par la Seine, a pu fournir les matériaux les plus nombreux qui composent le sol dont nous nous occupons. Ce sont de petits fragmens de pierres dures, de formes bizarres, &c.

C'est de ces mêmes couches que les gros blocs errans de meulières, lors de la grande révolution opérée par la rivière, auront été tirés & ensevelis dans le sol entre deux terres. On peut mettre de ce nombre les gros blocs de grès qu'a fournis la large couche des sables qui sert de base à celle des meulières, & qui a éprouvé une égale destruction dans les mêmes circonstances.

Je n'abandonnerai pas la même couche sans montrer combien, étant si épaisse, elle a pu contribuer, par sa destruction & son déplacement, à former ces grands amas de sables de la même nature que ceux de la couche dans plusieurs réduits du *bois de Boulogne*.

Il reste à faire mention des silex que nous avons dit être disposés en certain nombre parmi les petits fragmens de pierres dures de meulières, silex qui ont été dégagés de leurs gîtes lors de la destruction de la couche des craies.

En sortant du *bois de Boulogne*, on tombe dans une plaine, ancien lit de la rivière, & qui renferme le territoire occupé entre Auteuil, le Point-du-Jour, Billancourt, *Boulogne* & la rivière, & est couvert d'un dépôt de rivière qui a près de douze pieds d'épaisseur; il est composé également, comme dans le *bois de Boulogne*, de petits fragmens de meulières, d'un petit nombre de silex & de petites pierres plates calcaires. Outre cela la différence qu'on trouve entre ces matériaux dispersés à la surface de la plaine, & ceux du *bois de Boulogne*, est que ceux de la plaine, appartenans au lit de la rivière, sont un peu arrondis & usés, & surtout les calcaires qui viennent de fort loin. Ces matériaux, qui sont si nombreux, sont employés à ferrer les chemins. On peut voir à l'article AUTEUIL ce que nous avons dit sur l'emplacement actuel des couches de meulières, de sables & de craie dont sont originaires tous ces matériaux dont j'ai parlé, & qui sont représentées par de semblables couches en place.

J'oubliois de dire qu'il se trouve dans la plaine de *Boulogne* de gros blocs errans de meulières & de grès en certain nombre.

BOULOGNE (Forêt de), du département de Loir & Cher, arrondissement de Blois, dont elle est distante d'une lieue deux tiers. Elle tient au parc de Chambord. Elle a sept mille cinq cents toises de longueur, sur deux mille quatre cents de largeur.

BOULOGNE (Forêt de), du département du Pas-de-Calais. Elle a une lieue trois quarts de long, sur une demi-lieue de large.

BOULOGNE (la), rivière du département de la Vendée, arrondissement de Montaigu, canton des Essarts, près de *Boulogne*. Elle prend sa source à trois quarts de lieue sud-ouest des Essarts, verse ses eaux au nord dans le lac de Grand-Lieu, qui est un égoût général de tout le canton de Machecoul, à quatre lieues & demie sud-ouest de Nantes.

BOULOGNE-SUR-MER, ville du département du Pas-de-Calais, chef-lieu d'arrondissement & de canton, au bord de la Manche, à l'embouchure de la Lianne, avec un port qu'on a embelli d'après un projet d'expédition maritime.

La ville de *Boulogne* a un port difficile: l'état dans lequel il se trouve, les sables qui l'assaillent continuellement, en rendent l'entrée dangereuse. Il y a une faïencerie.

On a découvert à quelque distance de cette ville, sur la route de Calais, une fontaine à laquelle on a donné le nom de *Fontaine de fer*. Elle coule toujours par un seul petit jet: l'eau en est très-claire; elle est bonne contre les obstructions.

BOULONNOIS. C'étoit un petit pays situé le

long de la Manche, dans la partie la plus septentrionale de la Picardie. Il étoit borné, au septentrion, par le pays reconquis; au levant, par l'Artois; & au midi, par le Ponthieu. Les rois de France, pour récompenser la bravoure & la fidélité de ses habitans, leur accordèrent le privilége de se garder eux-mêmes. Ils s'enrégimentèrent & formèrent un corps de troupes. Le *Bolonnois* fait aujourd'hui partie du département du Pas-de-Calais.

BOULON (le), bourg du département des Pyrénées-Orientales, arrondissement & canton de Ceret, & à une lieue trois quarts de cette ville, sur le Tech. Près de *Boulon*, il y a des masses de granit, & au-delà de la rivière de Tech des schistes grossiers, & plus loin ces schistes se trouvent mêlés avec du granit traversé de veines de quartz.

BOURBON (Ile de), île d'Afrique, dans la mer des Indes, à l'orient de Madagascar. Elle a environ quinze lieues de long, sur dix de large. Elle fut souvent reconnue par les Français dans leurs voyages de Madagascar à l'Inde. Leurs vaisseaux y relâchoient, engagés par la salubrité de l'air, la bonne qualité des eaux & l'abondance des tortues de terre.

Ce ne fut qu'en 1720 que l'établissement en grand de la compagnie des Indes vint animer les premiers habitans de cette colonie. Elle est actuellement dans l'état le plus florissant.

L'île peut se nourrir elle-même, & fournir à ses besoins en cuir, en laine & en coton.

L'île est ronde & a bien soixante lieues de circonférence. Elle n'a pas de port, mais plusieurs rades foraines, dont celles de Saint-Denis & de Saint-Paul, du nom des quartiers principaux de l'île, qui y sont situées, sont les meilleures & les plus fréquentées. La dernière même pourroit être regardée comme une excellente baie s'il étoit possible d'en sortir quand les vents passent dans la partie de l'ouest. La côte est saine & a dix brasses de profondeur partout à une ou deux portées de fusil du rivage; cependant le vent, les barres & les récifs qui ferment le rivage dans plus de la moitié de l'île, les madrépores qui couvrent une grande partie des fonds, rendent la plus grande partie des côtes inabordables, & les mouillages peu sûrs. L'intérieur de l'île n'a de terres cultivables que dans le trajet de la mer aux montagnes, jusqu'à une certaine hauteur, faisant la profondeur d'environ une ou deux lieues. Or, déduisant sur cet espace les montagnes & les ravines en grand nombre qui s'y trouvent placées, les roches, les tufs, les sables & les lits des rivières, on croit pouvoir réduire la superficie des terres cultivables, tant bonnes que mauvaises, à cinquante lieues carrées.

Les terres, presque partout en pente, réparant leurs pertes par les matériaux que les eaux leur apportent des terrains supérieurs, y sont en général de meilleure qualité que celles de l'Ile-de-France, quoique l'île soit actuellement dans un état brillant en comparaison de ce qu'elle étoit. Cependant on peut assurer que les produits de la culture étoient plus considérables autrefois, qu'ils ne le sont maintenant. Les terres neuves y sont très-rares aujourd'hui, & la terre une fois épuisée par la production non interrompue pendant quarante ou cinquante ans de deux récoltes par an, devient un tuf qui ne rapporte pas même de mauvaises herbes.

Le riz, le maïs, le froment, le pois du Cap, les haricots, les voëmes, les amberies, les ambrevates, la canne à sucre, le manioc, la patate, le songe, le café, le coton, sont ici, ainsi qu'à l'Ile-de-France, les objets de culture les plus généraux. Les labours se réduisent à en gratter la superficie à deux ou trois pouces de profondeur au plus avec la pioche.

Les chevaux y sont bons & vifs, mais en général ils y durent peu. Les autres animaux domestiques, comme bœufs, cochons, cabris, moutons & les volailles, s'y multiplient aisément. Les vaches y donnent peu de lait. La tortue de terre, si commune autrefois, y manque totalement. La chauve-souris de la grande espèce, mets aussi recherché qu'elle le mérite par son goût délicat, commence à y devenir rare. Il y a beaucoup d'abeilles sauvages qui fournissent à l'île sa consommation en cire.

Dans la partie sud-est de cette île, à quatre lieues des bords de la mer, il y a un volcan qui brûle toujours plus ou moins depuis que l'île est connue. On y voit encore la trace bien marquée d'un ancien volcan qui a brûlé dans la partie de l'est, à deux lieues des bords de la mer, & dont les vestiges n'ont pas plus d'un siècle d'antiquité.

BOURBON-LANCY, ville du département de Saône & Loire, chef-lieu de canton, près la Loire. Cette ville est sur le penchant d'une montagne. On la divise en trois parties : la première, appelée *la ville*, n'est séparée de la seconde que par une fosse, & la troisième est le faubourg de Saint-Léger, où sont les bains que nous allons faire connoître. Les eaux de *Bourbon-Lancy* sont claires, très-légères, & tellement sans odeur, qu'on peut s'en servir pour faire du pain. Les fontaines qui donnent ces eaux sont au dessous d'un rocher escarpé; elles étoient déjà en réputation du tems des Romains; ce qu'on a reconnu par des monumens antiques, dont les restes subsistent encore. Toute la distribution de ces eaux étoit dans le plus grand désordre lorsque, vers 1680, le Gouvernement s'occupa de remettre en état les fontaines & les bains : il y a maintenant cinq bains, de deux desquels on a retiré des monumens antiques. Les fontaines sont au nombre de sept : la principale s'appelle *la grande limbe*; une autre, *la fontaine de la Reine*, parce que Marie de Lorraine, femme de Henri

Henri III, en fit usage. La première de ces fontaines est très-chaude : on en boit cependant l'eau quelque tems après qu'elle est sortie de la source. En général, ces eaux n'ont ni goût ni odeur, quoiqu'elles soient sulfureuses, bitumineuses, & chargées de sel marin; elles raffermissent les nerfs & soulagent les personnes tourmentées de rhumatisme, &c.

J'ajouterai maintenant à ces détails sur *Bourbon-Lancy* deux considérations sur la distribution des eaux par les Romains, dans la construction des bains qu'ils nous ont laissés & transmis. On croyoit, par exemple, du tems des Romains, que les eaux chaudes pouvoient guérir les maux de nerfs; car ces indispositions furent à Rome, comme parmi nous, un des effets du luxe & de la mollesse. L'exercice, qui est peut-être le seul remède véritablement efficace contre ces sortes de maux, faisoit toute la réputation des eaux, & surtout des eaux éloignées. Il semble que les médecins ont trop négligé ces ressources lorsque, dans les embellissemens des eaux célèbres & fameuses, ils ont consenti à la facilité des abords & à l'amélioration des routes. Des chemins remplis d'inégalités, & au milieu desquels on éprouvoit des secousses fortes & répétées pendant plusieurs lieues, étoient plus assortis au système de guérison qu'on devoit se proposer, en tirant les malades d'une vie oisive, où l'on a plus de desirs que de besoins, & plus de passions que de forces.

En second lieu, nous trouvons à *Bourbon-Lancy* la distribution des eaux d'après leurs vertus médicinales, comme une suite de l'étude que les Romains avoient faite de leurs différens effets.

Lorsqu'on voit quelques-unes de ces sources abondantes d'eaux chaudes dans le Bourbonnois, l'Auvergne & la Champagne, contenues dans les bassins que les Romains ont construits, & qui ont conservé le même degré de chaleur & les mêmes principes d'efficacité; lorsqu'on remarque même que cette construction des Romains est appropriée aux usages auxquels ces eaux continuent d'être applicables; que celles qui, par leur température, conviennent aux bains, sont distribuées dans des bassins qui sont propres à ces usages depuis dix-huit cents ans, on ne peut, sans étonnement, contempler des merveilles aussi durables. Quel principe aussi constant de cette chaleur, de ces différentes nuances de température peut-on soupçonner dans les canaux souterrains qui nous fournissent ces eaux? Quel aliment peut suffire à l'entretien de cette chaleur? Je ne vois rien qui puisse nous conduire à la solution de problêmes aussi importans. Si nous parvenons jamais à connoître les ressources de la nature pour opérer tous ces effets, elles tiendront à des élémens dont nous n'avons pas les premières idées; car les Modernes ne sont pas plus avancés à cet égard que les Anciens, dont Sénèque nous rapporte les conjectures dans différens chapitres du troisième livre de ses *Questions naturelles*. Ces conjectures, au reste, sont dans ce cas équivalentes à un aveu d'ignorance, excepté qu'elles ne sont ni aussi modestes ni aussi sincères.

BOURBON-L'ARCHAMBAUD, ville du département de l'Allier; elle est célèbre par ses eaux minérales, qui sont contenues dans trois puits, chacun de cinq pieds huit pouces de diamètre, & qui paroissent d'abord alimentés par trois sources différentes, mais qui n'en sont qu'une seule. Les bouillons du puits du milieu sont plus abondans que dans les deux autres latéraux. Au dessus de ces puits il y a un grand bain carré, qu'on appelle *le bain des pauvres*, & à deux pas de là est une maison où sont, au rez de chaussée, trois chambres voûtées : c'est là où l'on trouve les autres bains, qui ont trois pieds d'eau. L'un est pour les hommes; le second n'est presque d'aucun usage, & le troisième sert pour les femmes. Près de cette ville il y a des rochers avec des veines, dont les petits cristaux quartzeux ressemblent à des diamans, & qui coupent le verre.

BOURBONNE-LES-BAINS, ville du département de la Haute-Marne, chef-lieu de canton, sur l'Apance : il y a des eaux minérales chaudes, qui sont excellentes pour la paralysie, les rhumatismes, le scorbut, la goutte, la gravelle, &c. L'hôpital militaire de *Bourbonne-les-Bains* est rempli de soldats blessés, depuis le 30 juillet jusqu'au 2 octobre. La fontaine est située à l'extrémité méridionale de la ville, & coule vers la partie occidentale; elle est renfermée dans une sorte de puits, & l'on s'en sert uniquement pour boire, du moins à la source. La chaleur de l'eau de cette fontaine est au sixième degré au moins; ce qui fait qu'on ne peut se servir de cette eau pour les bains domestiques, qu'après qu'elle a reposé un tems considérable. La source dont il est question peut fournir près de deux cents muids d'eau par jour : cette eau s'écoule en partie dans le bassin du bain public, distant de quarante pas ou environ vers l'orient. L'eau de ce bain pénètre insensiblement dans un autre qui est contigu, & qui n'est séparé que par un mur : celui-ci d'ailleurs se remplit par d'autres sources. Ces deux bains sont voisins d'une maison ci-devant seigneuriale, que l'on nommoit *la maison* ou *le bain du seigneur*. A côté, & à deux pas de distance, en retournant vers la source principale, sont deux autres bains séparés par une cloison, l'un pour les hommes, & l'autre pour les femmes : on les nomme *les bains des pauvres*. A cent cinquante pas vers l'orient, plusieurs petites sources concourent à remplir deux autres bassins séparés également par une cloison, & dont la chaleur est supportable : c'est ce que l'on appelle *le bain Patrice*.

Ces eaux chaudes font monter le thermomètre de Réaumur jusqu'à soixante-deux degrés. Il y a aussi, dans le même endroit, des eaux salées à un degré assez fort : on en trouve aussi dans les eaux chaudes environ soixante-trois grains par livre; mais on ne peut pas dire que ces principes & les autres, tels que la sélénite & la terre absorbante qui s'y trouvent aussi en certaines proportions, contribuent à la chaleur des eaux, & il est difficile de deviner quelles sont les causes de cette chaleur, qui subsiste à peu près la même depuis plusieurs siècles. On ne sait à quelle profondeur elles s'échauffent, & à quelle distance de ce foyer elles se montrent au dehors.

On trouve aussi, dans les environs de *Bourbonne*, des carrières de gypse, d'où l'on tire des quartiers assez gros pour en faire des chambranles de cheminée. Ce gypse prend le poli comme l'albâtre : aussi quelques morceaux ont une sorte de transparence. Ce gypse accompagne toujours les amas de sel & les puits salans : cette disposition est constante tout autour des Vosges, dont *Bourbonne* n'est pas très-éloigné. Je soupçonnerois en conséquence que l'ancienne terre n'est pas à une grande profondeur, parce que les dépôts de la nouvelle n'ont pas une épaisseur considérable : de là j'en conclurois que les eaux chaudes viennent de cette ancienne terre, & traversent la nouvelle pour se montrer à la surface de la terre; que c'est en traversant la nouvelle terre qu'elles se sont chargées du sel marin, de la sélénite & de la terre absorbante.

En parcourant les ravins des environs de *Bourbonne-les-Bains*, on reconnoît que toutes les pierres qui composent le massif du sol affectent la forme de rhombes parfaits pour la plus grande partie, & qu'en brisant ces pierres, leurs fragmens sont des rhombes de plus en plus petits. En conséquence, sur les faces des ravins coupés à pic, on voit toujours l'angle aigu de ces pierres qui est saillant & qui déborde : cette forme rhomboïdale est fort commune dans tout ce canton, & surtout depuis Montigny-le-Roi jusqu'à *Bourbonne*.

Il paroît que les pierres de sable surtout affectent ces formes régulières. Ceci paroît être l'effet d'une dessiccation uniforme & d'une retraite aussi régulière en conséquence de cette dessiccation, que les couches de pierres ont éprouvées dans tout ce canton; car ce seroit une grande illusion que d'attribuer ces formes à une cristallisation qui auroit eu lieu dans un fluide. Il suffit que les fentes qui se font sur la longueur des couches & des lits les coupent obliquement à cette longueur, pour qu'il en résulte ces formes trapézoïdales. Leur symmétrie dépend surtout de la grande homogénéité des principes terreux qui sont entrés dans la composition des couches, & qui éprouvent une semblable retraite dans toutes les masses.

BOURG-DES-COMTES, village du département d'Ile & Vilaine, canton de Guichen, à quatre lieues trois quarts de Rennes. On trouve près de ce village un grès argileux tendre, d'un grain propre à faire des pierres à aiguiser : ainsi il peut être utile de les connoître pour en construire des meules.

BOURG-D'OISANS, bourg du département de l'Isère, chef-lieu de canton, sur la Romanche. A une demi-lieue de ce bourg, sur la montagne de Pointes, il y a une mine de plomb, partie à grandes facettes, & partie à petits points brillans dans le nœud de deux filons qui se croisent. Le quintal de cette mine a donné quarante-deux livres de plomb doux, & dix deniers douze grains d'argent. Il y a aussi de la mine d'or près de ce bourg.

BOURG-SUR-MER, ville du département de la Gironde, arrondissement de Blaye, au-dessous & à côté du bec d'Ambez. Cette ville est un petit port, où quelques bâtimens viennent charger des vins de la contrée d'une assez bonne qualité, & qui se conservent bien à la mer. Ils passent à l'étranger, où ils sont extrêmement recherchés.

Dans les montagnes de *Bourg* on trouve une pierre d'un gris-blanc, que les habitans de cette contrée appellent *marbre bâtard*. Quoiqu'il soit propre à recevoir le poli, il est cependant bien différent du marbre quant à la dureté.

BOURGES, ville, chef-lieu du département du Cher. La situation de cette ville, sur l'Auron & l'Èvre, rend son séjour agréable. Les rivières, les marais qui l'environnent, sont larges & profonds, & la rendent très-forte. On trouve près de *Bourges* plusieurs carrières de différentes sortes de pierres; l'une, assez molle, imitant le moëlon qu'on emploie comme pierre de taille dans la construction des édifices; l'autre, appelée *pierre grise*, plus dure que la première, mais qui, étant susceptible de se fendre à la gelée, ne s'emploie qu'à faire de la chaux. Une troisième qualité de pierre extrêmement dure sert pour les premières assises des bâtimens dont les fondations se font dans l'eau.

Près de *Bourges* il y a une fontaine minérale appelée *la Fontaine Saint-Firmin*. Elle prend sa source dans des collines d'une certaine hauteur, dont les couches sont ferrugineuses en plusieurs endroits. Au faubourg de Saint-Privé il y a une source d'eau aigrelette, & salubre pour ceux qui sont travaillés de la gravelle.

BOURGOGNE. Cette ancienne province de France est traversée, du nord au midi, par une chaîne de montagnes, d'où il sort, au couchant, un grand nombre de sources, qui toutes vont porter leurs eaux à l'Océan par la Loire, la Seine & la Meuse. Ces mêmes montagnes donnent également naissance, à l'est, à beaucoup de ruisseaux qui donnent dans la Saône, & communiquent à la Méditerranée par la vallée du Rhône. Ces ruisſeaux, ſe réuniſſant les uns aux autres, forment, dans un trajet aſſez peu conſidérable du ſommet de la chaîne ou point de partage, pluſieurs rivières en état de faire mouvoir nombre d'uſines, & vont arroſer des vallées qui pourroient être extrêmement fertiles en toutes ſortes de denrées, ſi ces denrées avoient des débouchés prompts, faciles & peu coûteux.

Je trouve d'abord à l'eſt le Salon, depuis Feybillot; la Vingeanne, depuis Saint-Seine; la Tille, depuis Is-ſur-Tille; l'Ouche, depuis Dijon; la Bourgeoiſe, depuis Beaune; la Déhune, depuis Saint-Léger; la Grône, depuis Cluny, qui toutes ſe jettent dans la Saône.

A l'oueſt, la Meuſe, depuis Meuvy; l'Aujon, depuis Arc-en-Barrois; l'Ource, depuis le bourg de Ricey; la Seine, depuis Orrey; la Brenne, depuis Viteaux; l'Armancon, depuis Semur; le Serin, depuis Aiſy-ſous-Thil; le Couſin, depuis Avalon; la Cure, depuis Châtelux; l'Yonne, depuis Coulange-ſur-Yonne; l'Arroux, depuis Arnay-le-Duc; la Bourbince, depuis Blanſy; la Reconce, depuis Charolles, & le Sornain, depuis Sordet, qui toutes vont à l'Océan, la Meuſe dans la mer d'Allemagne, les neuf autres, par la Seine, à la Manche, & les quatre dernières à l'Océan atlantique par la Loire.

Par ce détail de la partie hydraulique de la *Bourgogne*, on voit l'activité de la nature & la marche des eaux dans l'intérieur d'une partie du Continent qu'occupe la *Bourgogne* : on verra le même ſyſtème lorſqu'on fera connoître les différens partages des eaux courantes en Champagne, en Normandie & dans l'Ile-de-France.

BOURGOGNE, province conſidérable de la France, ſituée entre le Bourbonnois & le Nivernois à l'occident, la Franche-Comté à l'orient, la Champagne au ſeptentrion, & le Lyonnois au midi. Les blés, les vins & le fer ſont les principales branches de ſon commerce; les bois, les foins, les laines & les beſtiaux ſont encore des objets conſidérables de négociations.

Le gouvernement de *Bourgogne* comprend la Breſſe, dont le Bugey & le Valromey font partie, ainſi que le pays de Gex; il confine d'ailleurs au Dauphiné & à la Savoie vers le ſud-eſt; & même à la Suiſſe par le pays de Gex. D'après ces différens détails il a environ ſoixante lieues de longueur, ſur une trentaine de largeur. C'eſt un pays mêlé de plaines, de collines, de montagnes, & dont le climat, quoiqu'inégal & beaucoup plus tempéré dans les plaines que ſur les hauteurs, y eſt partout fort ſain. Le terroir y eſt en général des plus fertiles. Les plaines ſurtout, qui s'étendent le long de la Saône, offrent des prairies magnifiques, outre les cultures qui abondent en grains de toute eſpèce, comme froment, ſeigle, orge, blé de Turquie, avoine, navette, chenevis, pois, haricots, chanvres de la meilleure qualité.

Mais la *Bourgogne* eſt ſurtout renommée pour ſes vins, eſtimés les meilleurs de la France pour l'uſage ordinaire de la vie. Ces vins précieux croiſſent entre Dijon & Châlons, au pied de la côte qui règne de l'une à l'autre ville ſur un intervalle de treize lieues, & qu'on nomme la *Côte-d'Or*, laquelle a donné ſon nom au département. Les vins les plus vantés ſont ceux de Nuits, de Beaune, de Vollenay, de Pomard, de Chaſſagne & de Meurſaut, de Veſne, de Savigny, de Morey. On met au premier rang, & au deſſus de tous ces autres vins, ceux de la Romancé, de la Tâche, de Richebourg, de Chambertin, du clos de Voujaut, de Montrachet, qui ſe recueillent dans le diſtrict de Nuits, à l'exception du Chambertin, qui croît dans le territoire de Gevrey, à deux lieues de Dijon, & du Montrachet, que donnent les collines voiſines de Chagni.

Indépendamment des grands vins dont nous avons indiqué la poſition, il s'y trouve partout des vignobles plus ou moins grands, plus ou moins renommés, dont les plus conſidérables ſont ceux d'Auxerre & de Mâcon.

Les montagnes fourniſſent des pâturages excellens, dans leſquels on nourrit quantité de beſtiaux, & principalement des bœufs & des chevaux.

On y cultive du chanvre & du lin, & le linge des ménages s'en reſſent. Le chiffon, pour la fabrication des papiers dans les moulins, en eſt fort recherché.

Il y a des mines de différens métaux, & particuliérement du fer qu'on fabrique dans pluſieurs forges établies au centre de certaines forêts. On y trouve un grand nombre de carrières de diverſes eſpèces de pierres de taille, ſurtout du marbre de différens grains & de différentes couleurs. Il y a auſſi pluſieurs mines de charbon de terre en exploitation. On y nourrit une grande quantité de volaille. La pêche & la chaſſe fourniſſent beaucoup de poiſſon & de gibier.

On y rencontre, en pluſieurs contrées, de beaux bois & forêts; car on en compte juſqu'à ſoixante mille arpens. Il s'y trouve parmi eux une aſſez grande quantité de bois de conſtruction, qu'on exploite & qu'on enlève pour les différens beſoins de la marine.

Les rivières qui prennent leurs ſources dans cette province & qui l'arroſent, ont à leur tête la Seine, qui naît entre les bourgs de Saint-Seine & de Chanceaux, & paſſe à Châtillon; la Saône, qui a ſa ſource dans les Voſges, à quatre lieues au deſſus d'Arnay, & qui, prenant ſon cours vers le midi, arroſe Auxonne, Saint-Jean-de-Laune, Seurre, Verdun, Châlon, Tournus & Mâcon; l'Armancon, qui ſort du bailliage d'Arnay-ſur-Arroux, & baigne les murs de Semur; l'Yonne, qui deſcend des montagnes du Morvan; le Serin, qui naît dans le bailliage d'Arnay-ſur-Arroux, & parcourt ceux de Saulieu, de Semur, d'Avalon, de Noyers ; l'Ouche, qui a sa source dans le bailliage de Beaune, passe à Dijon, où elle grossit, par intervalles, du torrent de Suson, & finit par se jeter dans la Saône près de Saint-Jean-de-Laune ; la Déhune, qui sort de l'étang de Longpendu, traverse une partie du bailliage de Mont-Cenis, qu'elle sépare de celui de Châlons, & ce dernier de ceux de Beaune & de Nuits, & se rend dans la Saône près de Verdun, après avoir reçu la Bourgeoise qui traverse la ville de Beaune ; l'Arroux, qui a sa source au petit étang de Mouillan, à un quart de lieue de Pouilli en Auxois, & se jette dans la Loire ; la Bourbince, qui sort de l'étang de Longpendu, ainsi que la Déhune, parcourt presque tout le Charolois, passe à Paray & se mêle à l'Arroux ; le Rhône, qui passe entre la Bresse & la Savoie ; la Loire, qui sert de limites entre la *Bourgogne* & le Bourbonnois ; le Doubs, qui entre dans la Saône à Verdun ; la Belle, la Bèze, la Vingeanne, la Gronne, la Seille, qui se perdent dans la Saône ; l'Arconce, la Ressource, la Vesle, la plupart de ces rivières avec un volume d'eau assez considérable pour être navigables & toutes très-poissonneuses. On y pêche de l'alose, du saumon, de la truite, du brochet, de l'esturgeon, de l'anguille, de la lamproie, de la carpe, du barbeau, de la lette, de la tanche, &c.

Il y a des eaux minérales à Poigni près de Seignelai, à Premeaux près de Nuits, à Vezelay, à Sainte-Reine, à Bourbon-Lancy : celles-ci surtout sont très-célèbres.

Dans les montagnes, on trouve des lits entiers de coquilles au milieu de bancs de pierres. L'on y trouve même des poissons pétrifiés, dont les empreintes font connoître les espèces qui ont fourni les premiers modèles. On a ramassé dans les mêmes montagnes des cornes d'ammon, des nautilites, des oursins, des peignes, des pétoncles, des moules, des huîtres, des buccins, des impressions d'étoiles marines.

Dans l'Autunois & dans le Morvan, on voit des amas de schistes & des massifs de granits, qui occupent de grands tractus dont on a suivi les limites très-intéressantes, qui ont tous les caractères des bords de l'ancienne mer. Dans les environs, on y voit des bancs pleins de branches & de racines d'arbres, d'empreintes d'herbes & de fougères, & de diverses espèces de plantes exotiques.

Il se trouve dans cette même province des grottes très-curieuses, & particuliérement celles d'Arcy. (*Voyez cet article.*)

Il y a cinq à six fontaines salées dans cette province. Dans le pré qui est au bas de Vézelay, en creusant à la profondeur de deux pieds, on puise des eaux salées qui, par l'évaporation, donnent une grande quantité de sel. Il existe encore quelques fontaines salées à Maisières, à Soutenai, à Diancey & à Poullenay, dont on ne tire aucun avantage.

Il se fabrique en *Bourgogne* une grande quantité de fer excellent ; mais le commerce en est borné aux villes de Lyon, de Saint-Étienne, & à quelques parties du Languedoc. La mégisserie, les faïenceries, les verreries, les papeteries sont d'autres branches d'industrie à la vérité peu active.

La *Bourgogne* est divisée, dans sa longueur, par une chaîne de montagnes qui règne de Dijon jusqu'à Lyon, & qui, près de Dijon, est connue sous le nom de *Mont-Afrique.* La partie orientale de cette province est une plaine immense & riche, qui ne se termine qu'aux montagnes de Franche-Comté & de la Savoie, & qui est arrosée par la Saône & par les rivières plus ou moins considérables qui s'y rendent. On a une superbe vue de cette plaine des hauteurs de la Rochepot, de Beaune & des montagnes du Jura, de celles qui sont entre Bourg-en-Bresse & Genève. L'autre partie de la province est montueuse & aride en beaucoup d'endroits. La terre n'y est pas cependant rebelle à la culture ; mais le peu d'aisance des cultivateurs ne l'encourage pas comme il faudroit.

La *Bourgogne* est le point de partage d'où les eaux se versent dans les deux mers. Cette position a fait depuis long-tems penser à un canal qui, réunissant les rivières qui suivent les pentes de part & d'autre, fît communiquer l'Océan à la Méditerranée, par une des grandes dimensions de la France. Il y a eu deux projets pour l'exécution de ce canal. L'un a proposé l'étang de Longpendu, dans le bailliage de Mont-Cenis, comme le point désigné par la nature même, pour l'établissement de ce grand ouvrage. De ses deux extrémités opposées, cet étang verse les deux rivières de Déhune & de Bourbince, dont l'une, par la Saône, se dirige à la Méditerranée ; & l'autre, par la Loire, se porte à l'Océan. L'autre projet a représenté dans un grand rapprochement les sources de l'Ouche qui se jette dans la Saône, & celle de la Brenne qui, par l'Armançon & l'Yonne, se décharge dans la Seine. De ces deux projets on a d'abord adopté le second, suivant lequel la communication des deux mers se fait par la capitale de la province & par celle de toute la France. L'ouvrage même est déjà fort avancé.

J'ose croire qu'on profitera des facilités qu'offre la nature pour ouvrir en *Bourgogne* la double communication de la Saône à la Seine, & de la Saône à la Loire. Les nombreux avantages qui peuvent résulter de l'une & de l'autre communication sont assez considérables pour qu'on se détermine à les exécuter successivement.

La partie occidentale de la *Bourgogne* & le Bassigny, qui en est le prolongement, forment une bande de terre très-élevée, de laquelle descendent un grand nombre de rivières, dont les unes se rendent dans la Méditerranée, les autres dans l'Océan ; quelques-unes dans la Manche, d'autres enfin dans la mer du Nord.

Les comtés qui dépendent du duché de *Bourgogne* sont le Charolois, le Mâconois, l'Auxerrois & le comté de Bar-sur-Seine.

On divise la *Bourgogne* en huit petits pays, dont quatre au nord & quatre au midi. Ceux du nord sont le pays de la Montagne, l'Auxerrois, l'Auxois & le Dijonnois; ceux du midi sont l'Autunois, le Châlonnois, le Charolois & le Mâconois. Le Dijonnois renferme les bailliages de Dijon, de Nuits, de Beaune, de Saint-Jean-de-Laune & d'Auxonne. Le pays de la Montagne ne renferme que le bailliage de Châtillon. L'Autunois comprend les bailliages d'Autun, de Mont-Cenis, de Semur-en-Brionnois & de Bourbon-Lancy. L'Auxois contient ceux de Semur, d'Avalon, d'Arnay-le-Duc & de Saulieu.

BOURTH, bourg du département de l'Eure, canton de Verneuil près de l'Iton, à deux lieues nord-ouest de cette ville. Il y a forge, fourneau & fonderie, où il se fabrique de toutes sortes de fer & poterie en fonte. Il y a aussi une fabrique d'épingles.

BOURTH (Forêt de), département de l'Eure, canton de Verneuil, à un quart de lieue est de *Bourth*. Elle a douze cents toises de long, sur mille toises de large.

BOURZOLLES (Forêt de), département de la Dordogne, arrondissement de Sarlat, & à quatre lieues à l'est de cette ville. Elle a mille toises de long, sur sept cents toises de large.

BOUSOU, village du département des Alpes-Maritimes, arrondissement du Pujet-Theniers, à quatre lieues & demie de cette ville. Il y a deux usines à farine & à huile.

BOUSSAGNES, village du département de l'Hérault, canton de Bédarieux, & à une lieue un quart de cette ville. Il y a des mines de plomb & de cuivre qui sont riches en argent. Le mont Condour, près de *Boussagnes*, renferme une mine de charbon de terre.

BOUSSENAC, village du département de l'Arriège, canton de Massat. Près de cette commune, entre les mines de Massat & de Saurat, à huit cents toises au midi du chemin de ces deux communes, est située la forge dite de *Canadele*. Les eaux y sont abondantes, & leur chute est très-considérable. La fabrication du fer y dure huit à neuf mois. La mine de fer est à la montagne du côté du four, & une mine en filon de pyrite martiale blanche dans la pente de la montagne d'Escarol. Cette pyrite est attirable à l'aimant, & le filon a deux pieds d'épaisseur.

BOUSSÈRE, montagne du département de la Drôme, à deux lieues un tiers nord-est de Crest. Elle a une lieue un quart du sud au nord.

BOUSSOLENE (la), montagne du département des Hautes-Alpes, arrondissement & canton d'Embrun, à deux lieues sud-est de Baratier. On trouve dans cette masse toutes les formes intéressantes des sommets qui entourent la ville d'Embrun, & que je ferai connoître à son article.

BOUTAN, état d'Asie, faisant partie de la Grande-Tartarie, & situé entre le 26e. & le 29e. degré de latitude nord, & entre le 87e. & le 92e. degré de longitude est, borné, au nord, par le Thibet; au sud, par le Bengale; à l'ouest, par le Napaul, & à l'est par le royaume d'Assam.

Nous ne saurions donner, sur le *Boutan*, de notions plus exactes que celles recueillies par MM. Samuel Turner & Saunders, envoyés par la compagnie anglaise des Indes au Thibet, dans l'année 1794, & qui traversèrent le *Boutan* dans le sens de sa largeur. Ainsi nous ne parlerons que d'après eux, & nous décrirons principalement la route qu'ils ont suivie.

Le *Boutan* sépare le Bengale du Thibet; il est placé entre deux, &, quoique situé à la même latitude, il présente une différence de climat très-considérable; ce qui est dû à ses hautes montagnes.

Les montagnes du *Boutan* forment une partie de la grande chaîne que les géographes appellent en général l'*Imaüs*, & dont les historiens mythologiques des Brames font souvent mention sous le nom d'*Himalaya*; à leur pied s'étend une vaste plaine, remplie de marais & couverte de bois, qui sépare le *Boutan* du Bengale, & qui, n'offrant que très-peu de subsistance, est presqu'entièrement dépourvue d'habitans.

Depuis l'année 1772, le district de Couch-Bahar, situé du côté du Bengale, c'est-à-dire, de la plaine, & qui, par sa position géographique, appartenoit à ce dernier pays, a été ajouté au *Boutan* par une invasion que firent les Boutaniens d'après l'ordre de leur Raja.

Outre les limites naturelles que la différence de climat établit entre le *Boutan*, le Thibet & le Bengale, il en existe encore dans les mœurs des habitans de ce pays, & leurs religions. Les Bengalis & les Thibetains n'ont entr'eux presqu'aucune communication, parce que le *Boutan* les sépare, & que les peuples de cette contrée ne donnent que difficilement accès aux étrangers, & ce n'est que depuis 1774 qu'il y a une communication directe établie entre le Thibet & le Bengale. D'un autre côté, il n'existe que peu de rapports entre le Bengale & le *Boutan*, qui sont pourtant des contrées limitrophes, & l'on peut en attribuer la cause à l'esprit de conquête, qui forme le caractère de tous les États mahométans, & à l'animosité que leur prescrit leur religion contre tous ceux qui ne sont pas de leur secte.

Quoique robustes & courageux, les habitans du *Boutan* connoissent peu l'art de la guerre. Ils vivent d'ailleurs dispersés sur leurs montagnes, dont le difficile accès est ce qui les a jusqu'à présent fait échapper à la rapacité des conquérans, avantage qu'ils ne conserveroient pas long-tems s'ils laissoient libre le passage de leurs montagnes. Cependant il est certain que tous les peuples qui habitent les pays situés au nord de l'Indostan, sont très-jaloux d'avoir des relations avec eux. Une caravane du *Boutan* se rend réguliérement à Rungpore dans le Bengale, & y vend des oranges, des noix, de grosses étoffes de laine, ainsi que les chevaux qui portent les marchandises. Après y avoir séjourné un mois, elle prend en retour des toiles de coton, du sel & d'autres productions du Bengale; mais les Boutaniens qui vont chez les Bengalis, n'admettent jamais les caravanes de ceux-ci chez eux.

Les communications des habitans du Bengale avec ceux du *Boutan* sont encore interceptees, ainsi que nous l'avons dit, par la différence des mœurs & du climat. Certes, il est impossible de concevoir moins de ressemblance physique & morale entre deux nations, que n'en ont les foibles & doux Bengalis avec les actifs & robustes Boutaniens. Leur religion, qui dérive évidemment de la même source, & qui doit influer beaucoup sur leurs mœurs, a eu chez les deux nations des effets tout opposés.

Le *Boutan* est si froid, à cause de la hauteur de son territoire, que peu de ses voisins méridionaux peuvent endurer la rigueur de son climat. D'un autre côté, les Boutaniens, vêtus d'étoffes de laine, & inaccoutumés aux ablutions presque continuelles des Indous, souffrent beaucoup de l'atmosphère brûlante & humide du Bengale : ces contrées ne différent pas moins pour la salubrité. La cause qui met une si grande différence dans la constitution physique des deux peuples, agit de même sur leur caractère & sur leurs mœurs.

On peut diviser le *Boutan* en *Boutan* proprement dit, & le Bahar.

Le Bahar ou Couch-Bahar, cette contrée du Bengale que les Boutaniens envahirent en 1772, est la partie basse du *Boutan* actuel. De ses limites du côté du Bengale, formées par la rivière Tourscha, on apperçoit les hautes montagnes du *Boutan* proprement dit, & qui ressemblent à des nuages épais & élevés : son sol est marécageux & malsain, son atmosphère remplie de vapeurs & de brouillards; son aspect général est triste; les habitans pauvres, & d'une complexion foible & malingre. Les gens du peuple vendent leurs enfans à qui veut les acheter, & certes la pauvreté & le malheur de ce peuple doivent paroître extrêmes quand on songe qu'il est forcé d'avoir recours à ces moyens extraordinaires, quoique, dans ces contrées, on ait besoin de si peu de chose pour vivre. La nourriture d'un paysan ne lui coûte pas plus d'un sou tournois par jour, en supposant qu'il consomme deux livres de riz bouilli, avec une quantité proportionnée de sel, d'huile, de légumes, de poisson & de piment.

Les bords de la rivière Tourscha, qui sert de limite au *Boutan* & au Bengale dans une partie de son cours, sont parsemés de bois épais & entrecoupés de ruisseaux qui sont très-peu profonds. Ce pays a l'air triste & désagréable; il manque d'habitans & de culture : on n'y voit guère d'autres animaux qu'une espèce de grande grue que les Anglais du Bengale nomment *l'adjudant*, & les habitans du Bahar *harghilas*, & quelques autres oiseaux, aussi du genre des grues. La végétation y paroît difficile, & les plantes qui y croissent, sont en grande partie des roseaux, des joncs & des fougères.

Entre le district de Couch-Bahar & les montagnes du *Boutan* il y a un espace de terrain de trente-cinq milles de largeur, qui est infertile & inhabitable; il peut être considéré comme n'appartenant ni à l'un ni à l'autre pays; cependant il fait partie maintenant du *Boutan*, ainsi que le district de Bahar. Les forêts de ce pays renferment des éléphans sauvages. On trouve dans plusieurs endroits des ananas qui sont redevenus sauvages, & les Baharites n'en connoissent pas l'usage, & même ne savent peut-être pas qu'il en croît chez eux. Ces habitans, peu nombreux, sont petits, laids, mal faits & sans force.

Le village ou forteresse de Chichacotta est situé vers le milieu de cet espace de terrain, & au-delà sont des plaines couvertes de grandes herbes, & qui recèlent des tigres & des buffles sauvages, & de grandes forêts qui, dit-on, sont abondantes en rhinocéros, en éléphans & en sangliers.

Les maisons de ces pays marécageux sont portées sur quatre poteaux, & tout-à-fait isolées de terre.

La plaine s'étend jusqu'à la montagne de Buxadéouar, & l'accès du pied de cette montagne est facile jusqu'au point nommé *Santarabarry*, qui est renommé par la quantité d'orangers qu'on y voit, & par l'excellence de leurs fruits. Là, le chemin devient difficile, & est obstrué par de gros blocs de marbre commun. Les montagnes que l'on apperçoit de cet endroit sont entiérement couvertes d'arbres, quoiqu'extrêmement hautes : les vallées qui les séparent, sont profondes.

Les Boutaniens ont une seconde ligne frontière le long de la chaîne de montagnes qui regarde le Bengale.

Buxadéouar est la première ville du *Boutan* proprement dit du côté du Bengale, & les habitans de cette ville & de ses environs peuvent donner une idée de tous ceux qui habitent le reste du *Haut-Boutan* : ils ont tous les mêmes traits; ils sont moins bruns & plus robustes que les Bengalis leurs voisins; ils ont le visage plus large, & les os des pomettes plus proéminens. Il y a une si grande différence entre ces deux races d'hommes; qu'un étranger qui les verroit pour la première fois n'hésiteroit pas à croire qu'elles habitent deux régions très-éloignées, & ne pourroit se persuader que leurs pays sont limitrophes.

En continuant à traverser les chaînes de montagnes qui règnent dans le *Boutan* dans le sens de sa longueur, les deux premières que l'on rencontre, sont celle de Pichnkom & celle de Oumkou: cette dernière, plus haute que la première, est entiérement couverte d'arbres, tous chargés de mousse & entre-mêlés de sarmens de vignes sauvages, d'une longueur & d'une grosseur moins remarquables que leur flexibilité & leur dureté: aussi s'en sert-on généralement dans le *Boutan* au lieu de cordes.

La montagne d'Oumkou est en quelques endroits argileuse; mais sa plus grande masse est composée de pierre vitrifiable, dans laquelle il y a des veines de talc & de marbre. Il y croît beaucoup de bambous qui sont très-creux, & beaucoup plus gros que ceux du Bengale; ils ont d'ailleurs les nœuds plus éloignés, & ils mûrissent en une seule saison: leurs feuilles sont très-grandes, & servent à la nourriture des chevaux. On voit aussi sur cette montagne beaucoup de touffes de bananiers.

La montagne de Phidinchim, que l'on trouve ensuite en traversant toujours les chaînes du *Boutan*, est âpre & très-élevée, & ses différentes parties sont séparées par des précipices très-profonds.

Non loin du pied de cette montagne, on arrive sur les bords du Téhintchieu, qui traverse le *Boutan* du nord au midi, & l'on trouve des vallées où les pêchers, les cédrats, les orangers & les framboisiers sont cultivés.

Les montagnes les plus élevées du *Boutan* sont à trente ou quarante milles anglais au nord de la ville de Buxadéouar, & ont leur sommité couverte de neige.

Celle de Murichom, dans la vallée de Téhintchieu, est extrêmement difficile à gravir, du moins pour des hommes à cheval; elle est couverte de grands arbres, ainsi que celles qui l'avoisinent, comme les montagnes du Bengale; mais il y a fort peu de broussailles. Le village est situé près du sommet, où il y a un très-grand plateau tapissé d'une riche verdure, & entouré de figuiers indiens, de pêchers & de saules. Les habitans de Murichom cultivent la pente de la montagne en y formant des gradins. Le canellier est commun dans les bois des environs, & l'on y trouve aussi des fraisiers & des framboisiers. Les moustiques sont très-abondans dans les bois de Murichom, & diffèrent, par la forme & la grosseur, des moustiques ordinaires.

Après avoir passé la montagne de Terim, qui est aussi fort élevée, on trouve encore les bords du Téhintchieu, qui coule entre les montagnes de Babousou & de Merifaka. Le torrent de Dadoukou tombe vers ce point dans cette rivière, & roule sur un lit de rochers extrêmement étendu.

En marchant toujours au nord après avoir dépassé Chouka, les montagnes deviennent moins boisées que celles dont nous avons parlé, & elles renferment des productions très-analogues à celles de nos climats. Le fraisier, l'oseille sauvage, l'ortie & la primevère y sont communs. Le chant du coucou s'y fait entendre, ainsi que celui de beaucoup d'autres oiseaux, qui ressemble au chant des oiseaux de nos bois.

Les pins & les térébinthes, les sapins & les frênes s'y font aussi remarquer, & couvrent, surtout le pin, les sommités les plus élevées. La température y est déjà très-froide, & l'on y endure le feu au mois d'avril, époque à laquelle le Bengale, si voisin, est dévoré par les plus fortes chaleurs de l'année.

Les habitans du village de Panuga, situé dans ces montagnes, cultivent l'orge, & engraissent leurs terres avec des feuilles de sapin pourries.

La montagne de Choupka, qu'on trouve en avançant toujours au nord, est une des plus hautes de celles sur laquelle la neige ne séjourne pas une grande partie de l'année: sa pointe, couverte de magnifiques sapins, est souvent plongée dans les nuages. Le sommet du mont Lomila, situé à environ cinq milles anglais de distance de Choupka à l'est, est couvert de neige.

Dans cette région, les seuls arbres sauvages que l'on trouve abondamment sont les pins & les sapins, & l'on y trouve à peine quelques érables, quelques saules, des églantiers & des ronces.

Les bords du Téhintchieu sont cependant assez fertiles, &, dans le fond de sa vallée, on remarque des vergers où les pommiers, les poiriers, les pêchers, les abricotiers & les épine-vinettes sont fort abondans, principalement dans les environs du village de Nomnou.

En continuant de suivre les bords de la rivière, on remarque, à dix milles de distance de ce dernier endroit, le village de Ouangoka. Ici, le pays commence à être découvert: le Téhintchieu y court avec moins de rapidité; sa vallée est étroite, mais charmante, & il n'y a pas un seul coin de terre en friche.

En suivant toujours cette rivière, on apperçoit, à droite & à gauche, des montagnes dont les sommets sont encore couverts de neige au premier juin, & l'on arrive à la résidence d'été du Deb-Raja ou à la capitale du *Boutan*, & qui porte le nom de *Tassisudon*, mais qui n'est pas une ville proprement dite, puisque les maisons sont très-éloignées les unes des autres, & distantes de plus d'un mille du palais du Deb-Raja. Ici, la vallée du Téhintchieu est assez large & bien cultivée, & les bords de la rivière sont garnis de saules. Les montagnes voisines sont ornées de grands arbres, parmi lesquels on distingue des pins, des sapins, ainsi qu'une grande quantité d'arbustes à fleurs. Le palais du lama Ghaffatou eſt ſitué ſur une petite colline, à un mille au ſud du palais du Deb-Raja.

C'eſt d'après les habitans de Taſſiſudon que l'on peut donner une deſcription générale des Boutaniens proprement dits. Les hommes ſont droits, bien proportionnés, & ont l'air extrêmement vigoureux; ils ont tous les cheveux noirs, & leur coutume eſt de les couper très-courts. Leurs yeux ſont petits, noirs, & ont les angles des paupières longs, pointus, & comme ſi on leur avoit donné une extenſion artificielle. Leurs cils ſont ſi fins, qu'à peine les apperçoit-on, & leurs ſourcils ſont peu fournis. Ils ont la partie du viſage qui eſt au deſſus des yeux, plate, & elle ſe rétrécit en deſcendant vers le menton : leur peau eſt très-unie. La plupart d'entr'eux atteignent un âge très-avancé avant d'avoir la moindre apparence de barbe ; ils portent des mouſtaches, mais elles n'ont jamais que quelques petits poils. Les Boutaniens ſont grands : pluſieurs d'entr'eux ont plus de ſix pieds de haut, & en général ils ont le teint plus blanc que les Portugais de Lisbonne ; ils ſont généralement mal-propres, & les prêtres ſeuls, *lamas* & *gylongs*, font de fréquentes ablutions que leur commande leur religion : auſſi ſont-ils remarquables par leur ſanté & par la beauté de leurs traits.

La plupart des Boutaniens ſont exempts d'infirmités ; cependant ceux qui habitent les contrées baſſes & marécageuſes, notamment le Couch-Bahar, ſont ſujets au crétiniſme & à l'idiotiſme, qui en eſt la ſuite ordinaire.

La ſaiſon pluvieuſe ſe fait peu ſentir dans les montagnes du *Boutan* : il y tombe de fréquentes ondées, mais non pas de ces torrens de pluie qui, dans le Bengale, accompagnent toujours la mouſſon du ſud.

Ouandipore, ſitué à l'eſt-nord de Taſſiſudon, & Panoukka, au nord-eſt de cette ville, ſont deux des principales réſidences du *Boutan* : la dernière eſt la demeure d'hiver du Deb-Raja. Les environs d'Ouandipore ſont aſſez peuplés, & leur climat eſt très-doux : ce village ou forterеſſe eſt ſitué à l'embouchure du Matchieu-Patchieu, dans le Tahantchieu, où ces deux rivières réunies commencent à porter le nom de *Chaantchieu* (1), & qui ſe jettent dans le Burhampouter, ainſi que le Téhintchieu, après avoir arroſé le diſtrict de Bijni, ſitué ſur les limites du *Boutan*, à l'eſt.

Les montagnes qui ſont au nord d'Ouandipore ont leur ſommet couvert de neige juſqu'au commencement de juillet ; mais les environs de cette forteresse ſont très-abrités, & à la même époque préſentent des orangers, des citroniers, des grenadiers, des pêchers, des mangliers en pleine végétation.

Les montagnes de Ghaſſa, que l'on apperçoit au nord en ſe rendant d'Ouandipore à Panoukka, ſont éternellement couvertes de neige à leur ſommet, & ont une ſource chaude à leur baſe : ce ſont peut-être les plus hautes de tout le *Boutan*. La ville de Ghaſſa eſt la capitale d'un diſtrict du *Boutan*.

Panoukka eſt ſitué à l'extrémité d'une péninſule, dont un côté eſt baigné par les eaux du Patchieu, & l'autre par celles du Matchieu, qui enſuite ſe réuniſſent pour former le Patchieu-Mantchieu, dans la vallée duquel eſt bâti Ouandipore. On y trouve une température égale à celle d'Ouandipore & de Taſſiſudon, & à celle de la plupart des fonds de vallées du *Boutan*, qui ſont des abris remarquables par la douceur de leur climat, quoiqu'ils ſoient formés par des montagnes très-élevées, & dont les ſommets ſont, la plus grande partie de l'année, couverts de neige. Les mêmes fruits d'Ouandipore ſe trouvent auſſi à Panoukka ; mais on doit remarquer que les végétaux qui viennent d'Angleterre n'y réuſſiſſent pas bien : les laitues y deviennent petites & amères ; les choux y ſont dégénérés, & les pommes de terre qui y ont été introduites en 1776 par M. Bogle, pas plus groſſes que les billes de marbre qui ſervent de jouets aux enfans. Cependant on doit attribuer cette dégénération plutôt au manque de ſoin de la part des Boutaniens, qui ſont fort ignorans dans le jardinage, qu'au défaut de fertilité du ſol. Les navets du *Boutan* ſont remarquables par leur groſſeur, par leur goût exquis & par l'abſence de ces fibres qui rendent les nôtres filandreux.

Si le jardinage n'eſt pas un objet des occupations des habitans du *Boutan*, la culture des terres mérite d'être remarquée par les ſoins qu'ils y apportent. Les femmes ſont chargées de la culture des champs ; elles ſèment, elles ſarclent, &, la plupart du tems, ce ſont encore elles qui manient la faucille & le fléau.

Sur les frontières du Thibet, la place la plus forte eſt celle de Paro. La vallée du Patchieu, au milieu de laquelle cette forteresse eſt ſituée, eſt plus large que celle de Taſſiſudon. La nature a fortement deſſiné ces frontières, & le Globe n'offre peut-être pas un autre exemple d'un contraſte auſſi frappant. Des hauteurs qui forment ces limites on découvre, au midi, les montagnes du *Boutan*, couvertes, pour la plupart, d'arbres & de verdure juſqu'au ſommet. Le gazon croît encore ſous les pieds de l'obſervateur ; mais au nord, c'eſt-à-dire, le Thibet, l'œil ſe promène au loin ſur une vaſte étendue de montagnes & de vallées ; mais pas un arbre, pas une plante, ne s'offrent à la vue ; à peine s'arrête-t-elle ſur quelques traces de gazon. Dans l'eſpace de moins d'un demi-mille, on quitte le ſol le plus fertile, couvert d'une verdure éternelle, pour entrer dans une contrée où la terre & le climat ſemblent être oppoſés à toute eſpèce de végétation.

BOUTERESSE (la), village du département de la Loire, à trois lieues de Montbriſon. Il y a dans

(1) Le *Chaantchieu* eſt parallèle au *Tehintchieu*.

dans ce village de l'argile propre à la poterie, à la tuilerie & à la briqueterie; aussi l'emploie-t-on avec succès pour les ustensiles de ces différens usages.

BOUTIERS, petite contrée du ci-devant Vivarais. Ce pays est rempli de montagnes presqu'entiérement stériles; le reste donne des chanvres & des châtaignes.

BOUTILLIÈRES (les), village du département de Seine & Marne, arrondissement de Coulommiers, canton de Rosoy, commune de Neutmoutiers, à une lieue & demie de Tournans.

BOUTONNE (la), rivière du département des Deux-Sèvres, arrondissement de Melle, canton de Chefboutonne, près duquel elle prend sa source. Elle verse d'abord ses eaux au nord-est, redescend ensuite au sud-ouest, passe à Chizé, de là au sud de Saint-Jean-d'Angely, & se rend dans la Charente après avoir parcouru & arrosé une contrée intéressante.

BOUVANTES-EN-ROYANS, village du département de la Drôme, arrondissement de Valence, canton de Saint-Jean-en-Royans, sur la Lionne. A quelques lieues de cette commune on exploite, pour le fourneau de Saint-Laurent, plusieurs filons de belle mine de fer spathique demi-transparente, une terre ocreuse jaune & abondante, & une mine en roche quartzeuse très-dure. Ces mines ne sont employées à la fonte du fourneau qu'avec celle d'Allevar, département du Mont-Blanc. Il y a d'ailleurs dans ce village des moulins à scier des planches.

BOUVELINGHEN, village du département du Pas-de-Calais, arrondissement de Saint-Omer, canton de Lumbres, entre le bois du Petit-Quercamps & le bois de Tervat, à trois lieues & demie de Saint-Omer.

BOUVIGNES, ville du département de Sambre & Meuse, arrondissement & canton de Dinant, sur la rive gauche de la Meuse, à un quart de lieue nord-ouest de Dinant. Elle a dans ses environs plusieurs forges de fer & de cuivre, avec des papeteries.

BOUVILLERS, village du département d'Oise, canton de Froissy, à une lieue un quart de Breteuil. Il y a des fabriques particulières de toiles de chanvre.

BOUVRESSE, village du département de l'Oise, canton de Formerie, & à une demi-lieue de ce bourg. Il s'y trouve des bétoires.

BOUVRESSE (Forêt de), département de l'Oise, canton de Lassigny, &c. Elle a, du sud-ouest au nord-est, trois mille huit cent quatre-vingt-quinze toises de long, sur environ mille toises de large.

BOUXIÈRES-AUX-DAMES, village du département de la Meurthe, arrondissement & canton est de Nancy, sur la Meurthe. Ce village renferme, dans son territoire, plusieurs fossiles, parmi lesquels on trouve des peignes & des poullettes cristallisées.

BOUXWEILLER, ville du département du Bas-Rhin, arrondissement de Saverne & chef-lieu de canton, dans un terrain très-fertile, entre trois montagnes. Cette petite ville est dans la partie basse de l'Alsace. Son commerce suit les progrès de ses manufactures ou ateliers. On y voit une blanchisserie de toiles, un atelier d'armes, un atelier de chaudronnerie, des fabriques de brosses en crin, une de chanvre, une de potasse & salin, deux tuileries & briqueteries. L'argile à potier est excellente dans le territoire de *Bouxweiller*.

BOUZIN : c'est une partie des bancs pierreux calcaires, qui est mollasse & friable, & qui n'a pas la consistance solide du reste du banc, tel qu'il est dans le milieu. Ce *bouzin* occupe ordinairement la face inférieure du banc; il s'y trouve souvent une partie de l'intervalle terreux du banc composé d'argile ou de marne, qui est presque toujours dans un certain état d'humidité. C'est par l'enlévement du *bouzin* qu'on commence l'appareil des pierres de taille; c'est aussi par la même opération qu'on pique le moëlon. (*Voyez* MOELON.)

BOUZONVILLE, bourg du département de la Moselle, arrondissement de Thionville, sur la pente d'une colline, près de Nied, à trois lieues nord de Boulay. *Bouzonville* se nomme, en allemand, *Busendorff*; car on n'y parle que cette langue. Ce bourg a une fabrique de cuirs de veau pour empeignes, & une chamoiserie.

BOUZY, village du département de la Marne, arrondissement de Rheims, canton d'Ay. On fait à *Bouzy* récolte & commerce de bon vin rouge; aussi c'est le même sol qu'à Ay, fond de craie.

BOYARD (Banc de sable de), du département de la Charente-Inférieure, arrondissement de Marennes, au nord-est de l'île d'Oléron, en face du chenal de la Pérotine, à un quart de lieue nord-est de la côte. Il a du nord-ouest au sud-est deux tiers de lieue de longueur.

BOYAVAL, village à quatre lieues de la ville d'Aire en Artois, remarquable par un puits d'environ vingt-deux brasses de profondeur. L'eau n'y monte ordinairement qu'à onze brasses; mais quelquefois elle le remplit entiérement, & coule même par-dessus ses bords. Le tems où ce puits déborde ainsi ne paroît pas réglé ni assujetti à certaines circonstances. Le village est d'ailleurs sans eau courante &, sans fontaine : il est situé sur un coteau. Quand le puits dégorge, il se forme, auprès d'un bois voisin, une fontaine dont la source a environ un pouce de diamètre. Ce bois est plus élevé de neuf pieds que les bords du puits, & cette fontaine tarit dès que le puits cesse de répandre ses eaux au dehors, & qu'il se remet à son niveau ordinaire. On a remarqué que quand le puits déborde ainsi quelque tems, les campagnes voisines sont frappées de stérilité, & que le froment y est maigre & rare. L'eau, en se répandant entre deux terres, produit sans doute ces mauvais effets.

En février 1703 ce puits débordoit de telle sorte, qu'à cent pas de là son produit, joint à celui de petites sources qui s'étoient formées aux environs, étoit assez abondant pour faire tourner un moulin. L'eau avoit commencé à sortir le 6 janvier précédent, & avoit formé, tout autour du puits, une nappe d'eau considérable. Cette inondation, en pénétrant dans le sol, ébranla les voûtes des caves & même les fondemens des maisons. Ces mêmes effets des débordemens des eaux souterraines se font sentir sur une colline plus haute de soixante pieds que l'ouverture du puits. On croit communément dans le pays, que tous ces débordemens, soit par le puits, soit par les sources, sont l'effet de pluies abondantes dont les eaux se rassemblent, dans un endroit plus élevé que le village, par des canaux souterrains. C'est en conséquence de cette marche souterraine des eaux pluviales qu'en 1703, après la gelée & la sécheresse qui l'accompagna, le débordement du puits continua, & se soutint assez long-tems quoique les sources eussent cessé de couler dans le village.

Ceux qui, en Artois, travaillent aux carrières de pierres blanches, ont assez souvent trouvé des ruisseaux souterrains qui les ont obligés d'abandonner leur travail. Il y a de même, dans plusieurs autres villages des environs d'Aire, des puits au fond, & à travers desquels passent des ruisseaux qui coulent avec plus de rapidité que plusieurs de ceux qu'on voit à la surface de la terre. On a remarqué qu'ils couloient dans la direction de l'orient d'été au couchant d'hiver, c'est-à-dire, qu'ils se portoient du centre du continent vers les bords de la mer, & qu'ils étoient à cent dix pieds de profondeur. Leur canal n'avoit guère que deux ou trois pieds d'ouverture.

On découvre les indices du cours de ces ruisseaux souterrains dans des fosses grandes & larges qui sillonnent une plaine, & qui sont produites par les affaissemens qu'occasionnent ces courans. Ce qui autorise à croire à la dépendance de ces phénomènes, c'est que, lorsqu'on remarque quelques-unes de ces nouvelles tranchées, on observe en même tems que les eaux des puits sont troubles & chargées de boues.

C'est d'après les mêmes preuves qu'on soupçonne l'existence d'un lac souterrain sous la ville de Valenciennes. Dans les fouilles qu'on a eu occasion d'y faire, on a trouvé, après la terre végétale, une pierre grisâtre de quatre pieds d'épaisseur, & au dessous un amas d'eau dont on ne peut pas atteindre la profondeur. D'ailleurs, dans les galeries de la mine d'Auzain, voisine de cette ville, on a souvent rencontré de ces ruisseaux souterrains qui nuisent beaucoup aux travailleurs occupés à l'exploitation & à l'extraction des charbons de terre.

La source de la Lys, qui est dans le village de Lysbourg, distant de quatre lieues d'Aire, offre des phénomènes assez analogues à ceux-ci. Lorsque le tems est disposé à la pluie, l'eau qui sort du sein de la terre charrie des sables qui disparoissent aux approches du beau tems. (*Voyez* AIRE.)

BOYES, village du département de la Somme, canton de Soins, à une lieue trois quarts d'Amiens. Les fermes de Formanoir & du Cambos dépendent de cette commune.

BOYES, petite ville du département de la Sture, arrondissement de Coni, au pied d'une colline, à la jonction de la Colle & d'un torrent au sud de Cunco.

BOYNE, ville du département du Loiret, arrondissement de Pithiviers, & à deux lieues & demie de cette ville. Il se fait à *Boyne* récolte & commerce de vin & de safran.

BRA, ville du département du Tanaro, arrondissement d'Albe, à une demi-lieue de Cherasco. Cette ville est dans une situation très-agréable, en plaine, au pied d'une colline. On y fabrique de grosses toiles & des étoffes de laine communes.

BRABANT (le) étoit une des dix-sept provinces des Pays-Bas, & on lui donnoit le premier rang parmi les autres provinces. Il est entouré de rivières, ayant la Meuse à l'orient & au nord, la Sambre au midi, & l'Escaut au couchant. Outre cela, le Demer coule du levant au couchant, & divise le *Brabant* en deux parties presqu'égales, avec la Dyle lorsqu'elle a reçu ses eaux. Il a une partie de la Gueldre & du pays de Liége au levant, la Flandre & une partie de la Zélande au couchant, les provinces de Hainaut & de Namur au midi, & au nord la Hollande & l'autre partie de la Gueldre. La province de *Brabant* a vingt lieues de largeur, sur vingt-deux lieues de longueur, & environ quatre-vingts lieues de circuit. L'air y est sain & le terrain fertile. Louvain en étoit la ville centrale : néanmoins Bruxelles avoit le titre de capitale, parce que les gouverneurs y résidoient. On divisoit le *Brabant* en trois parties : 1°. en *Brabant* proprement dit. Les principales villes étoient Bruxelles, Grimberghem, Louvain, Ærschat & Tirlemont. 2°. Le *Brabant wallon*, que l'on nommoit ainsi parce qu'on y parle le langage wallon qui est un français corrompu, & que dans le *Brabant* proprement dit on parle flamand. Il y a dans cette contrée plusieurs forêts propres pour la chasse; d'ailleurs, le sol en est plus montagneux qu'uni. La rivière de Dyle y prend sa source; outre cela, celle de Ghète l'arrose; ainsi que la Sambre d'un côté, & de l'autre il confine à la forêt de Sonjuc & au Hainaut. On y compte cinq petites villes: Nivelles, Gembloux, Judoigne, Vavre & Hannut. 3°. Le *Brabant hollandais*, dont les principales villes sont Bois-le-Duc, Berg-Op-Zoom, Breda & Maëstricht. Les trois premières villes sont sous la domination du royaume de Hollande; quant à celle de Maëstricht, elle fait partie de la France. On en a fait deux départemens, celui de la Dyle & celui de la Meuse-Inférieure: c'est là qu'on trouvera une description raisonnée du *Brabant*.

BRACONNE (Forêt de), département de la Charente, canton de la Rochefoucauld, & à une lieue à l'ouest de cette ville. Elle a six mille six cents toises de long, sur dix-huit cents toises de large.

On la traverse dans la grande route de la Rochefoucauld à Angoulême. Je la rappelle ici parce qu'on y rencontre un grand vide produit par le déplacement d'une masse considérable qui s'est affaissée, & a rempli une excavation souterraine que les eaux des rivières, qui se perdent dans cette contrée, y avoient formée à une certaine profondeur. Il est visible que le vide produit par l'affaissement de la masse est égal à celui de l'excavation que la circulation des eaux absorbées y avoit occasionnée. Ce qu'on observe dans cette contrée met à portée de saisir & de rapprocher toutes les circonstances de *grands accidens* que l'on considère ailleurs sous le nom étonnant d'*abîme*, parce qu'on ne peut indiquer aucune des causes naturelles qui y ont concouru. Ici tout ce merveilleux disparoît par cette explication simple, & l'indication de la marche des eaux absorbées dans les entrailles de la terre. C'est ainsi que, dans le Jura, les *Combes* pourroient trouver une explication suivie & raisonnée si l'on avoit rapproché de ces accidens les causes que la circulation des eaux souterraines peuvent nous faire connoître. J'aurai soin, lorsque je traiterai ces articles, d'indiquer les agens semblables que l'examen des contrées environnantes m'aura autorisé à faire connoître; je montrerai que ces *accidens* se trouvent dans les mêmes circonstances; je ferai voir enfin qu'il n'y a point d'accidens lorsqu'on sait rapprocher les faits analogues qui décident parfaitement que ce sont des démolitions dans l'ordre des opérations ordinaires de la nature.

BRADA (Plaine de), montagne du département des Hautes-Pyrénées, canton de Luz. Elle a de l'est à l'ouest une lieue de longueur, & présente un échantillon intéressant de la chaîne principale & des plaines qui les accompagnent.

BRADETS (Montagne des), département du Var, arrondissement de Draguignan. Elle a du nord au sud un quart de lieue de longueur.

BRÆCKLINCK, ruisseau du département de l'Escaut, arrondissement de Gand: il sort de la rivière de Live à l'ouest, & verse ses eaux dans le canal de Gand, au Sas-de-Gand. Il a trois lieues deux tiers de cours.

BRAGELONE, village du département de l'Aube, arrondissement de Bar-sur-Seine, canton des Riceys, à la source de la Sarce, à neuf lieues de Troyes.

BRAI (Lac de). Au nord-ouest & à deux petites lieues de Vevay, dans le Jorat, au fond d'un joli vallon assez resserré, se trouve le petit lac de *Brai*, qui a environ un quart de lieue de longueur, soixante toises de largeur, & soixante brasses de profondeur.

Nul ruisseau n'entre dans ce lac, & cependant, vers son extrémité méridionale, ses eaux se sont ouvert une issue par où le trop plein s'écoule, de manière que la surface de ses eaux se tient constamment au même niveau. On doit conclure de là qu'il est continuellement abreuvé par des filets d'eaux souterraines, qui vont se rendre dans le lac en traversant les terrains marécageux qui le bordent, & dont le fond spongieux laisse passer la partie surabondante à son imbibition. Il est facile de voir que le lac de *Brai* a été plus grand qu'il n'est actuellement, & que son bassin se rétrécit chaque jour. Les roseaux qui croissent abondamment sur ses bords se décomposent, se pourrissent, & forment un amas de débris de plantes à moitié désorganisées, pénétrées d'eau, mobiles & élastiques au point que, quand on les presse avec les pieds, le mouvement de compression se communique, de proche en proche, à de grandes distances; partout le fond marécageux est tremblant, sans consistance & sans solidité, de manière qu'on ne peut y marcher qu'avec prudence.

Ce lac est surtout renommé par l'excellence de son poisson & de ses écrevisses. Sa hauteur, au dessus du lac de Genève, est de cent soixante-six toises. Ce petit lac se couvre en entier de glace chaque hiver.

BRAIN (le), rivière du département de la Creuse, arrondissement & canton de la Souterraine. Elle prend sa source à une demi-lieue sud-ouest de cette ville, verse ses eaux à l'ouest, passe au sud de Magnol-Laval & à une demi-lieue au nord du Dorat, & va se rendre dans la Gartampe.

C'eſt une des rivières côtières de l'ancienne terre du Limouſin, qui parcourt le pays de limites de cette ancienne terre & celles de la nouvelle qui l'accompagne.

BRAINE, bourg du département de l'Aiſne, arrondiſſement de Soiſſons, dans une belle plaine, ſur la Veſle, à trois lieues & demie à l'eſt de Soiſſons. On trouve des ſources d'eaux minérales aux environs de cette commune. Une entr'autres ſe rencontre à une porte de ce lieu, dite la *Porte de Châtillon*. La qualité de ces eaux approche de celle des eaux de Paſſy près Paris. Pluſieurs perſonnes les ont priſes avec ſuccès; elles purgent doucement. Outre cela, il y a un moulin à huile & un à tan. Aux environs & à une petite diſtance d'un vieux château ruiné appelé *la Folie*, on voit des rochers entiérement compoſés de pierres numiſinales & de tubes vermiculaires. Il y a auſſi des pyrites, des marcaſſites à la ſurface de la terre & à une petite profondeur, ainſi que la céraunite ou pierre de tonnerre de différentes formes & de différentes groſſeurs, de la pierre fromentaire de concrétions des fluors & de criſtalliſations infiniment variées.

BRAINE-LA-LANDE, ville du département de la Dyle, arrondiſſement & canton deuxième de Nivelles. Il y a une verrerie de verre à vitre, des fabriques d'étoffes de laine, des amidonneries & des ſalines.

BRAINE-LE-CHATEAU, village du département de la Dyle, à deux lieues trois quarts de Nivelles. Cette commune, où abondent les grains & les pâturages, a une braſſerie & une genévrerie.

BRANDEVILLE, village du département de la Meuſe, arrondiſſement de Mont-Médi. Il y a un moulin à ſcier les planches, & un preſſoir pour les vendanges.

BRANNE, bourg du département de la Gironde, arrondiſſement de Libourne, ſur la Dordogne. Cette commune a un ſyndic de marine.

BRANTIGNY, village du département de l'Aube, canton de Piney, commune de Ville-Hardouin, ſur l'Auzon. Tous ces villages ſont ſitués ſur les limites de la craie qui ſe montre à la ſurface de la terre en Champagne.

BRANTOME, ville du département de la Dordogne, à une lieue & demie de Bourdeille, & à quatre lieues & demie de Nontron. Cette petite ville eſt ſituée près de la Drôme. C'eſt entre ces limites que ſe trouvent des amas de foſſiles très-peu connus; & ſurtout ceux que j'ai fait figurer & que j'ai décrits ſous la dénomination de BARBESIEUX.

BRASIER du Bas-Limouſin; Pierre de ſable des Voſges; Mollaſſe de Suiſſe & en particulier des environs de Genève. (Pſammite des Allemands.)

Les pierres de ſable ſont compoſées de ſables fuſibles mêlés de mica. Ces pierres font ſouvent effervescence avec les acides, & elles ſont par couches horizontales.

Ce qu'il y a de bien étonnant, & ce qui peut éclairer ſur la formation de ces pierres, c'eſt qu'elles inveſtiſſent & même enveloppent preſque toujours les noyaux graniteux ou ſchiſteux.

Quelle étoit la forme des matériaux qui ſont entrés depuis dans la compoſition de la pierre de ſable, enſuite ſtratifiée par couches? Cette recherche peut être très-importante, puiſque le phénomène eſt général ou au moins très-étendu.

Dans les couches de cette pierre on trouve les granits ſecondaires, qui ſont viſiblement les produits de la décompoſition des granits, & enfin les cailloux roulés fournis par la décompoſition des mêmes maſſifs de granits.

Ces mélanges peuvent nous conduire à la ſolution du problême; mais il faut étudier auparavant tous ces maſſifs, & ce n'eſt que par un examen ſuivi qu'on pourra parvenir à découvrir la cauſe de cette liaiſon & de cette correſpondance des pierres de ſable avec les maſſifs graniteux.

On trouve cette pierre de ſable tout autour des Voſges, autour du Limouſin, & ſurtout du côté de Brive, de Pompadour, &c.; enfin, aux environs de Genève, autour de la Suiſſe, autour des Pyrénées, autour de l'Apennin & autour des montagnes du Hartz.

La ſuite des opérations de la nature tend à mettre à découvert les noyaux graniteux que recouvroient les pierres de ſable. Il y en a beaucoup qui ſont dépouillés à leur ſuperficie, & qui n'en offrent plus le moindre veſtige de manière à faire douter ſi réellement ces ſables ont formé une couverture ſuivie ſur ces noyaux: tels ſont le Limouſin, l'Auvergne, le Velay, &c. Les Voſges au contraire en offrent encore des parties aſſez conſidérables, ou au moins des débris qui ne permettent pas de douter que cette couverture n'ait été autrefois aſſez épaiſſe; ce qui préſente une difficulté aſſez grande lorſqu'on veut ſavoir au juſte ce qui peut avoir fourni ces matériaux; car ſi ce ſont des débris, ils ont dû être fournis par des maſſes plus élevées, & on n'en voit point dans les Voſges, puiſque les pierres de ſable ont recouvert les ſommets les plus élevés.

Je dois dire cependant que ces pierres de ſable manquent ſouvent entiérement, non-ſeulement deſſus, mais même autour des noyaux graniteux, & cependant ces noyaux graniteux ont dû de même fournir des débris conſidérables; mais il y en a peu où il n'y ait quelque part des pierres de ſable ou des granits ſecondaires: cela dépend de la détermination des eaux courantes avant le séjour de la mer ou pendant ce séjour.

BRASSAC, bourg du département du Puy-de-Dôme, arrondissement d'Issoire, près de l'Allier, & à trois lieues trois quarts de cette ville. On y construit un grand nombre de bateaux, dont les bois se tirent de la forêt de la Chaise-Dieu, & sont fournis par les villages voisins. Il y a à Bressayer des mines de charbon de terre, que l'on transporte à Paris & à Orléans par l'Allier. Les puits fournissent des pierres d'ardoise portant des impressions de fougères d'Amérique, de capillaires, & d'autres plantes étrangères au pays. On voit de semblables empreintes de feuilles de roseau plus larges que la main. Cette ardoise est, à proprement parler, le *lapis schistus* des Anciens.

Les cristallisations qu'on tire des mines d'améthystes, situées fort près du château de *Brassac*, sont fort recherchées par les étrangers, qui en font grand cas.

BRAUX-LE-COMTE, village du département de l'Aube, canton de Chavange, sur le Ravet, ruisseau à cinq lieues un quart d'Arcis. C'est un village qui occupe la limite de la craie superficielle.

BRAY. C'étoit une petite contrée de la Haute-Normandie, qui forme un angle entre le pays de Caux, le Vexin normand & la Picardie. Elle n'a que sept lieues environ dans sa plus grande étendue. Les rivières qui l'arrosent sont l'Argues, la Béthune & l'Eaulne, qui toutes les trois y prennent leurs sources, aussi bien que l'Epte & l'Andel, dont la première borne ce pays au levant, & l'autre au couchant. La ville de Neufchâtel en étoit la ville principale. C'est un pays assez montagneux, mais qui renferme des vallées fort marécageuses. Le terrain y est gras & fertile en excellens pâturages. On y recueille quantité de fruits, surtout des pommes & des poires, dont on fait de très-bon cidre & du poiré fort estimé & fort recherché dans un pays où il n'y a pas de vignes. Ce pays ne manque pas de bois. Sa plus considérable forêt est celle de *Bray*. Il fait partie aujourd'hui du département de la Seine-Inférieure.

BRAY. Je le citerai comme un nom de village & même de rivière assez commun dans une contrée de la France. Il servoit à distinguer un pays de cidre, & je présume que dans les deux lieux appelés *Bray* du département de la Somme, il n'y a que des pommiers & des poiriers. Nous avons beaucoup parlé de ce que signifioient ces noms qui étoient propres à distinguer les cultures, soit parce que les cultures ont changé en s'améliorant. Il y a vingt-un villages qui portent ce nom.

BRAY, ville du département de la Somme, arrondissement de Péronne, sur la Somme, & à trois lieues & demie de cette ville. C'est un pays inégal, montagneux, où les vallées sont fort marécageuses. Cependant le terrain est gras & fertile en pâturages. On y recueille beaucoup de fruits, surtout des pommes & des poires, dont on fait d'excellent cidre, surtout du poiré estimé. Il ne manque pas de bois.

BRAY-SUR-SEINE, ville du département de Seine & Marne, arrondissement de Provins, à trois lieues trois quarts sud de cette ville, & à trois lieues un tiers au nord de Pont-sur-Yonne. On y fait commerce de blé & de poisson.

Je le prends pour le centre de l'observation des berges de la rivière de la Seine : c'est là où l'on peut reconnoître ce que j'ai observé, sur cet objet intéressant, tant au dessus de cette ville qu'au dessous, jusqu'à Pont-sur-Yonne. (*Voyez l'article* BERGE.) C'est là qu'on voit combien le lit de la Seine, ceint de berges, domine sur la plaine fluviale, laquelle se présente, aux observateurs, d'une grande largeur proportionnée à l'étendue du détour que la rivière a éprouvé en abandonnant successivement le sol d'une belle & large prairie que les soins des habiles cultivateurs, occupés des pâturages, ont consacrée aux approvisionnemens de la capitale.

BRAZZA, île de la mer de Dalmatie. Elle a trente-deux milles de longueur, sur une largeur inégale, mais qui ne passe pas neuf milles.

L'île de *Brazza* est couverte de rochers & de montagnes. Dans les parties les plus élevées il y a plusieurs espaces incapables de produire des genévriers ou d'autres arbustes, &, si l'on veut défricher là ou partout ailleurs, on est obligé de faire des dépenses considérables. Cependant les plantations de la vigne se multiplient ; mais en augmentant le produit du vin, on diminue celui des bois & des troupeaux par la nature pierreuse de son sol, & surtout par la rareté des sources, cette île étant exposée à des sécheresses fâcheuses.

Dans l'île de *Brazza* on trouve une grande variété de pierres. Les plus généralement répandues dans l'île sont le marbre commun blanchâtre, le marbre lenticulaire & les brèches. Près du port de Spliska sont les anciennes carrières d'où l'on a tiré les matériaux pour le palais de Dioclétien. On trouve assez près de là, & en s'élevant vers les montagnes, un marbre noir rempli de taches blanches occasionnées par des corps marins qui sont changés en spath blanc. On y exploite aussi un banc d'une pierre blanche qui résiste peu au ciseau quand elle est fraîchement tirée de la carrière, mais elle se durcit ensuite à l'air. Cette même pierre se trouve aux deux extrémités opposées de l'île, à San-Giovanni & à Pucischie.

Pline distingue *Brazza* des autres îles de la Dalmatie par la qualité supérieure de ses chèvres ;

capris laudata brattia, lib. III, cap. 26. Les pâturages que les chèvres trouvent dans cette île donnent en effet, non-seulement aux chevreaux, mais encore aux agneaux & au lait des chèvres & des brebis, un goût particulier, supérieur à celui des mêmes productions dans les autres pays. C'est par cette raison que le fromage de *Brazza* est recherché en Dalmatie, & qu'il s'exporte à l'étranger. Les habitans substituent cependant actuellement les brebis aux chèvres, comme moins nuisibles. Les laines de *Brazza* sont de médiocre qualité; cependant d'habiles cultivateurs ont réussi à se procurer de belles laines par l'introduction des races étrangères.

Les vignes, les oliviers, les abeilles, par les soins de ces mêmes cultivateurs, ont donné des produits meilleurs & plus abondans. Les ruches, dans cette île, sont construites de tables de marbre scissile, bien lutées & cimentées aux joints. La table supérieure, qui sert de couvercle, peut être enlevée à volonté, & pour la garantir, ainsi que la ruche, de l'impétuosité des vents, on la charge d'une pierre pesante. L'ouverture de la table sur le devant, par laquelle les abeilles sortent & rentrent, est fort petite. Il y a une grande quantité de ces ruches dans un même endroit. Les propriétaires intelligens ont soin surtout que ces abeilles ne manquent ni d'eau ni de nourriture, inconvéniens auxquels cet insecte est exposé dans cette île.

L'île de *Brazza* produit beaucoup de vin, qui passe généralement pour le meilleur de la Dalmatie. Cet article, avec les bois & les troupeaux, est la principale source du revenu des habitans. Elle fournit aussi de l'huile, des figues, des amandes, de la soie, du safran & un peu de froment. Il y croît une quantité prodigieuse de lentisque. Le peuple tire des baies de cet arbuste une huile qui supplée à la disette de l'huile d'olives; & quoique cette huile ait une odeur un peu forte, on s'y accoutume cependant. La pêche n'est pas non plus une source de revenu indifférente, quoique la mer ne fournisse aucun poisson particulier.

L'île de Solta, voisine de *Brazza*, peut être considérée comme une continuation de celle-ci. Solta peut avoir vingt-quatre milles de circuit; mais elle est très-peu peuplée, parce qu'elle est couverte, en grande partie, de bois, où se trouvent, comme dans ceux de *Brazza*, une grande quantité de vipères. Le miel que produisent les abeilles qu'on y entretient, a de la réputation, & ne le cède en rien à celui d'Espagne ni à celui de la Sicile.

BRÈCHES. Ces marbres ne sont que des assemblages de morceaux de pierres calcaires irréguliers, collés les uns aux autres par un ciment de différente nature : ce sont des marbres qui ne sont pas veinés comme les marbres ordinaires; leurs couleurs font des taches circonscrites par les morceaux réunis & soudés ensemble.

Dans la *brèche antique*, les morceaux de pierres laissent entr'eux des intervalles assez considérables. La matière qui les lie, & qui est parsemée de petits cailloux, est très-abondante. La plus grande partie des taches est arrondie; elles sont blanches, bleues, rouges & noires.

La *brèche*, connue sous le nom de *brèche d'Alep*, ressemble beaucoup à la *brèche antique*. Tous les morceaux de ce marbre sont calcaires & arrondis, & liés par un ciment coloré en rouge. Les taches ont de même des couleurs variées & circonscrites. Il est visible que les morceaux de pierres qui sont entrés dans leur composition ont été roulés par les eaux, car ils sont arrondis.

La *brèche* de Seravesse est composée de morceaux de pierres anguleux & point arrondis. Ces morceaux sont très-serrés ensemble, & ne laissent voir entr'eux que très-peu de ciment. Outre cela, ces morceaux varient beaucoup quant à la grandeur. Quelques-uns ont quelquefois plus d'un pied & d'un pied & demi de longueur, sur un pied de largeur. Cette composition & cet assemblage de morceaux de pierres porteroient à croire que tous ces élémens auroient fait corps ensemble, & n'auroient été séparés & distingués que par des gerçures multipliées qu'une infiltration générale auroit remplies en pénétrant également ces élémens & le ciment qui s'y est insinué. Beaucoup de taches de la *brèche* de Seravesse sont blanches, d'autres de couleur isabelle; mais le plus grand nombre est de couleur violette. (*Voyez* DAVILER.)

La *brèche violette* diffère beaucoup de la précédente : les cailloux en sont communément assez gros & bien liés par un ciment qui est parsemé de petits morceaux de *brèches* Quelques-uns des petits cailloux, comme la plupart des grands, sont blancs; les autres sont violets. Cette *brèche* ne diffère de la *brèche* d'Italie, dont les morceaux sont noirs, blancs & gris, que par la couleur violette.

La grosse *brèche*, comme celle des colonnes qui portent la châsse de sainte Genevieve, renferment des cailloux d'un médiocre volume, mais ils réunissent les couleurs de toutes les autres.

La *brèche* des Pyrénées est presqu'aussi variée que la précédente. Le fond en est brun, & mêlé de diverses couleurs quant aux élémens.

La *brèche* de Florennes en Hainaut, proche Namur, a de grandes taches noires, blanches, couleur d'agate, sur un fond rouge.

Ainsi, d'après ces détails, on pourroit définir les *brèches*, des pierres composées de morceaux de pierres susceptibles de prendre le poli, différemment colorés, & liés ensemble par un ciment de diverses nature & couleur.

Quelque liés que soient ces élémens des *brèches*, on apperçoit aisément qu'ils ne forment pas une seule masse faite d'une seule pâte. Il y a entre ces cailloux de petits espaces que les marbriers appellent *des terrasses* lorsqu'ils ne prennent pas le poli aussi bien que le reste des parties du ciment. Aucune des *brèches* que j'ai examinées, n'a ce défaut plus que la *brèche antique* & la *brèche d'Alep*.

La figure ronde des cailloux de la *brèche antique* & de la *brèche d'Alep* force, en quelque sorte, à faire regarder comme des cailloux roulés ceux qui composent ces *brèches*, & à les distinguer de ceux qui sont entrés dans la composition des autres sortes, & qui ont des formes irrégulières & anguleuses.

Pour peu qu'on ait vu les carrières d'où l'on tire ces pierres, il est aisé de décider la question. On reconnoît que les *brèches* à cailloux arrondis sont dans des vallées, où leurs élémens ont pu être déposés par les eaux qui les ont roulés & ainsi polis à leur surface; au lieu que les *brèches* formées de cailloux irréguliers & anguleux se trouvent partout où ces débris de rochers calcaires ont pu s'accumuler conjointement avec la terre de leur ciment, & ont été tellement recouverts, que l'eau qui circuloit dans ces amas, a pu les infiltrer & les lier solidement ensemble; car ces sortes de pierres ne peuvent avoir acquis une certaine liaison que par le travail de l'eau qui a durci le ciment, & même quelquefois pénétré & coloré les cailloux de la *brèche*. Plusieurs échantillons prouvent que le travail de l'eau, dans l'infiltration du ciment, a duré long-tems, & perfectionné même la totalité des élémens de la *brèche*. C'est ainsi qu'on voit de gros blocs de *brèche d'Alep* qui sont susceptibles du plus beau poli, pendant que les bords de ces mêmes blocs, qui n'ont reçu qu'un travail imparfait, terressent dans la plupart des intervalles des taches où se trouve le ciment.

Une des plus belles preuves que l'infiltration de l'eau qui a pénétré le ciment s'est étendue ensuite dans les cailloux, c'est que la couleur foncée de ce ciment y a formé une teinte dégradée depuis les bords des cailloux jusqu'au centre; ce qui n'a pu arriver ainsi que par le travail de l'eau, tel que je l'indique.

Je n'ai point parlé ici de la *brèche africaine*, & je ne sais si Daviler en a fait mention, comme il s'est occupé des autres *brèches*; mais je la considère comme la composition la plus belle & la plus curieuse qu'il y ait parmi cette sorte de marbre. Ce ciment est souvent abondant & coloré; il forme même des ondes dans les vides plus ou moins étendus qui se trouvent entre les morceaux de pierres. Il est visible que l'eau a entraîné ces matières, a continué à les infiltrer, à les lier, & qu'elle a en même tems coloré les cailloux en transportant la couleur du ciment.

Brèches (Marbres). Les *marbres brèches* sont composés de morceaux de pierres brisées, liés par un ciment particulier. Les pierres brisées diffèrent, par leur grain & par leurs teintes, de la matière du ciment qui les lie. Ils sont rarement par bancs, mais par masses & par blocs entassés les uns sur les autres, & isolés. Il n'est pas difficile de nous retracer le plan des époques que ces amas de marbre nous font connoître. En les examinant, je vois, 1°. qu'il fut un tems où les eaux ont fait un dépôt en un lieu quelconque; 2°. qu'il fut un tems pendant lequel ce dépôt s'est durci & pétrifié; 3°. qu'il fut un tems où ce dépôt a été décomposé & réduit en différens morceaux qui ont été roulés long-tems & arrondis par les flots de la mer, & enfin abandonnés au milieu d'une vase totalement étrangère à ces débris; 4°. qu'il a été un tems où ce dépôt, mélangé de vase & de débris de pierrailles solides, a été couvert, &, à la suite d'un long travail de l'eau, s'est durci, consolidé & pétrifié de manière que les morceaux solides se sont trouvés empâtés par un ciment presqu'aussi solide, puisque l'une & l'autre matière ainsi élaborée s'est trouvée également susceptible de poli. Le premier de ces tems est extraordinairement ancien; outre cela, depuis la dernière époque, les massifs de *brèches*, qui sont les résultats de toutes ces opérations, ont été mis à découvert par des eaux courantes qui ont creusé des vallées au milieu d'eux; ce qui a exigé encore une longue suite de siècles. Qui pourroit contester la force de toutes ces démonstrations si simples, si lumineuses sur l'antique existence de la Terre & des travaux de la nature qu'elle renferme dans ses entrailles?

La sixième chaîne de montagnes que l'abbé Sauvage a décrite, renferme tous les faits que nous venons de rappeler avec des caractères très-frappans. Cette chaîne n'est pas composée de bancs posés réguliérement les uns sur les autres; c'est un amas immense de blocs de pierres à chaux, au dessous duquel règne un massif de pierre morte, où il ne paroît aucun vestige de corps marins fossiles. Ces blocs de l'amas sont composés de pierres de différens grains & de différentes couleurs, & sont usés & arrondis comme les galets des bords de la mer; ils sont noyés dans une terre ou ciment roussâtre, où se voient aussi une grande quantité de coquillages étrangers à nos climats, qui ne sont pas distribués par couches comme partout ailleurs, mais mêlés & confondus avec les blocs de pierres, & semblablement usés & arrondis. Tous les matériaux qui composent cette chaîne annoncent un certain désordre qui a mêlé les pierres avec les coquillages qu'on trouve indifféremment dans toute l'épaisseur & la longueur de l'amas. D'après ces indices, il est évident, 1°. que la pétrification des blocs de pierres à chaux & des coquilles qui s'y trouvent mêlées, est de beaucoup antérieure à la pétrification du ciment terreux qui les lie; 2°. que tous les matériaux de l'amas sont étrangers à l'emplacement qu'ils occupent; 3°. que les blocs de l'amas ont été usés, polis, arrondis & roulés les uns sur les autres par les flots de la mer avant d'avoir été disposés comme ils le sont dans le rocher; mais avant toutes ces opérations, à juger de l'état primitif des blocs de pierres calcaires par leur grain & leur couleur, il est évident qu'ils ont été anguleux autrefois, & détachés d'une plus grande masse, où ils ont été pétrifiés bien avant que la pétrification du ciment qui les lie, ait été faite. Cet état de pétrification même a été assez solide pour que le mouvement des vagues, qui agitoit ces blocs & les rouloit les uns contre les autres, ait pu les user, les polir & les arrondir. Je ne puis que rappeler, à cette occasion, toutes les époques que j'ai distinguées au commencement de cet article, & en faire l'application à la chaîne dont il est question, & en tirer les mêmes conséquences. (*Voyez l'article* AMEULA.)

BRECHE (Canal de), département du Bas-Rhin; il commence à Moutzigt, puis va à l'est, se dirige au nord, passe à Molsheim, à Dachstein, & finit par réunir ses eaux à l'Ill. Il a onze mille quatre cents toises de longueur.

BRÉE, ville du département de la Meuse-Inférieure, arrondissement de Ruremonde, à trois lieues & demie de Maseych. Il y a une belle source près de cette ville, dans les bruyères de la Campine.

BREGNA *ou* BRENNA (Val), bailliage de Bollenz, l'un des sept bailliages que les Suisses possèdent en Italie. C'est une vallée profonde, de sept lieues de longueur, sur une demi-lieue de largeur. Les pâturages & les châtaigniers sont ses principales ressources.

BREIL-LAMBERT (Forêt de), département de Maine & Loire, canton de Cholet, à une lieue deux tiers de Maulevrier. Elle a du nord au sud dix-sept cents toises de longueur, & de l'est à l'ouest douze à quinze cents toises de largeur.

BRÊME, État d'Allemagne, dans le cercle de Basse-Saxe, situé entre l'Elbe & le Weser qui l'entourent presqu'entiérement. Sa plus grande longueur est de douze milles & demi, sur dix & demi de largeur. Tout le pays offre une grande plaine sans aucune montagne. Ses principales rivières, outre l'Elbe & le Weser, sont l'Oste, la Schwinge, la Lutie & l'Este, qui se jettent dans l'Elbe; la Gaëste, la Lesum, la Rohre, la Lune & la Drepte, qui se jettent dans le Weser. Il y a le long de l'Elbe, de l'Oste & du Weser, des cantons bas & humides extrêmement fertiles. On y a construit des écluses & des levées qui les préservent des inondations. Les terrains plus élevés présentent, de tous côtés, de bonnes terres cultivables & d'excellens pâturages, où l'on nourrit quantité de bétail. D'autres cantons, principalement le Duvelsmoor, donnent des tourbes, & outre cela on y cultive beaucoup de chanvre & de lin.

Les manufactures sont en toiles, en cordes, en draps & en flanelles. Il y a à Aumund des fabriques de faïence. On exporte de cet État, de la navette, du lin, du chanvre, des toiles, des fruits, des laines, du miel, de la cire & de la tourbe.

BRÊME, ville libre & impériale, arrosée par le Weser qui la sépare en deux parties, la vieille ville & la ville neuve. Elle est au nombre des villes anséatiques, & il s'y fait un commerce considérable. Le port de cette ville en est éloigné de trois lieues. Il en sort un grand nombre de vaisseaux qui trafiquent sur la mer Baltique, ou qui vont à la pêche de la baleine.

BREMS (la), rivière du département de la Sarre, arrondissement de Birkenfeld, canton d'Hermeskeil, à deux lieues nord-est duquel elle prend sa source. Elle verse ses eaux au sud-ouest, puis au sud, retourne au sud-ouest, ensuite reprend le sud, va à l'ouest, reçoit la Wadererbach, retourne au sud, arrose plusieurs villages, met en activité plusieurs forges, reçoit la Thel, &, se portant au sud-ouest, va se rendre dans la Sarre à Rockersbach, à une demi-lieue nord de Vandranges, après un cours tortueux de treize lieues & demie.

BRÉMUR, village du département de la Côte-d'Or, arrondissement & canton de Châtillon-sur-Seine, sur la côte près du confluent du Brévou dans la Seine, à trois lieues un quart de Châtillon. On voit, à une demi-lieue de ce village, sur la Seine, une forge où l'on fabrique du fer.

BRENNE, rivière du département du Jura, arrondissement de Lons-le-Saunier, canton de Veiteur. Elle prend sa source à une lieue & demie sud-sud-ouest de Poligny, remonte au nord, va à l'est, passe à Sellières, à Bellevesvre, à Louhans, où elle reçoit les eaux de la Solman, & se jette dans la Saône à une lieue un quart sud de Tournus.

BRENNE (la), rivière du département de la Côte-d'Or, arrondissement de Dijon, canton de Sombernon, auprès duquel elle prend sa source, coule au nord-nord-ouest, passe à Vitteaux, à Montbar, & va mêler ses eaux à celles de l'Armançon à une lieue nord-ouest de Montbar.

BRENNE (la), rivière du département de Loir & Cher, arrondissement de Vendôme. Elle prend sa source à deux lieues un quart sud de cette ville, coule au sud-ouest, puis au sud, passe à Château-Regnault, & va se jeter dans la Loire à une lieue trois quarts à l'est de Tours.

BRENUA (Glacier de), du département de la Dora, qui descend du Mont-Blanc, & s'étend jusqu'au val Veni.

BRESCHE (la), rivière du département de l'Oise,

l'Oise, arrondissement de Clermont, canton de Froissy. Elle prend sa source à un quart de lieue de Neuville-Saint-Pierre, à trois lieues sud-ouest de Breteuil, coule à l'est-sud-est, puis au sud, passe à l'ouest de Bulles, retourne au sud-est, passe au nord-est de Clermont, &, après avoir traversé le parc de Liancourt, va au sud se rendre dans l'Oise à une demi-lieue nord-est de Creil.

BRESCOU (Fort de), département de l'Hérault, à une lieue & demie d'Agde, sur un rocher qui est le culot d'un ancien volcan, & qui est, en grande partie, fortifié par la nature. C'est un poste de guerre de la neuvième division militaire, & la résidence d'un adjudant de place.

BRÉSIL, grande contrée de l'Amérique méridionale, bornée au nord, à l'orient & au midi par la mer, & à l'occident par le pays des Amazones & le Paraguay. Les côtes ont environ douze cents lieues de longueur, sur soixante de largeur. Cette partie du Nouveau-Monde est fort riche. Les capitaineries de la côte orientale sont Rio-Grande, Parayba, Tamaraca, Fernambouc, Seregippe, Baie-de-Tous-les-Saints, Rio-dos-Isleos, Puerto-Seguro, Espiritu-Santo, Saint-Vincent, Des-Rey.

Les capitaineries de la côte du nord sont Para, Maragnan & Ciora.

On ne connoît qu'imparfaitement cette immense contrée par le danger qu'il y a de s'enfoncer dans l'intérieur des terres, où sont encore des nations féroces & barbares. Ces peuples diffèrent, presqu'à chaque canton, par les mœurs, le langage, &c. On distingue cependant les Tapuyes, qui sont divisés en plus de soixante sociétés. Je ne détaillerai pas les peuples dont on ne connoît que les noms. Ces autres, totalement inconnus, sont très-nombreux, & il eût été possible de les civiliser. Les missionnaires avoient déjà réussi à se concilier l'amitié d'un grand nombre de ces nations, & auroient pu adoucir leurs mœurs féroces & sauvages; mais les Portugais, plus sauvages, plus féroces encore, employoient toutes sortes de moyens pour les tromper. Il existe donc une haine invétérée entre ces Américains & leurs tyrans: & ces hommes, si souvent trompés, n'ont d'autre bonheur aujourd'hui que la vengeance. C'est ainsi que, par un intérêt mal entendu, on s'est fait des ennemis dangereux & irréconciliables de ceux dont on pouvoit se faire des alliés & des amis.

Parmi ces peuples il en est quelques-uns de policés. Il ne leur manqueroit que des conducteurs sages pour en faire des nations puissantes & heureuses. Les autres sont errans, passent d'un canton dans un autre, & vont asseoir parmi les rochers, dans les forêts, dans les montagnes inaccessibles, le siége de leur liberté & de leur indépendance. Quoique la nature, dans cet heureux climat, leur prodigue ses trésors en tous genres; que la terre, sans cesse cultivée, leur offre ses richesses, & qu'il suffise de travailler un jour pour obtenir la subsistance d'une année, cependant leur goût pour la chair humaine leur met continuellement les armes à la main.

Les habitans du *Brésil* vont nus, & ne souffrent qu'avec impatience toute espèce de vêtemens. Ils sont robustes, guerriers, peu sujets aux maladies, & vivent fort long-tems. On ne leur connoît ni temples ni culte. Dans cet abrutissement ils ne contractent pas cependant de ces genres d'alliances qui répugnent à la nature: leurs mères, leurs sœurs & leurs filles ne peuvent jamais devenir leurs femmes. A l'exception de quelques sociétés particulières connues par leur férocité, les habitans du *Brésil* sont, de toutes les nations, celle qui exerce l'hospitalité avec le plus de grandeur d'ame. C'est pour eux une grande jouissance que de bien traiter leurs hôtes, & ces mêmes antropophages pleurent de joie à l'arrivée & au départ des étrangers qui leur ont fourni l'occasion d'exercer envers eux leur humanité.

L'air du *Brésil* est bon, quoique très-chaud. Le terrain en est fertile & excellent: la canne à sucre y croît en plus grande quantité qu'en aucun autre lieu d'Amérique. Les campagnes sont couvertes de bétail, de volaille, de gibier, de bêtes féroces de toute espèce, de serpens de différentes sortes & d'une grandeur monstrueuse. On y trouve des forêts entières d'arbres de *Brésil* & d'un bois nommé *copaïba*, d'où distille le baume appelé de *copahu*.

La classe des oiseaux y est innombrable; ils sont aussi remarquables par leurs chants que par l'éclat de leurs plumages. On y distingue surtout le *colibry*, qui est moins gros qu'un serin au sortir de sa coque, mais dont le ramage le dispute à celui du rossignol.

Enfin, on y trouve des perroquets, des singes, des arbres singuliers, des fruits exquis, des simples précieux pour la pharmacie & inconnus à l'Europe; des mines très-fécondes d'or, d'argent & de tous les métaux; des diamans & des pierres de toutes les sortes; la topaze, le rubis & une foule de productions très-précieuses dans les quatre règnes, qui font du *Brésil* l'un des plus riches pays du Monde.

BRESLAU. Cette principauté est bornée, au nord, par celles d'Œls & de Wohlau; au couchant, par celles de Lignitz & de Schweidnitz; au midi, par celles de Schweidnitz & de Brieg, & à l'orient par celles de Brieg & d'Œls.

Les rivières principales qui l'arrosent, sont l'Oder, l'Ohlau, le Lohe, la Weida & la Weistritz. Les environs de l'Oder & des autres rivières sont sabloneux & marécageux; malgré cela le terrain est excellent pour le blé, & les pâturages, qui sont fort gras, sont couverts de nombreux troupeaux; mais, en général, le bois est rare. On a du poisson en abondance près des rivières.

BRESSAYER, village du département du Puy-de-Dôme, arrondissement d'Issoire, canton & commune de Brassac. Dans les environs de ce village il y a cinq mines de charbon de terre de différentes qualités. Une, appelée de *Lacqs*, qui tire à deux puits; la seconde, dite *la Mouillière*, aussi à deux puits; la troisième, nommée *la Chambilève*, à un puits; la quatrième, qu'on appelle *les Gourds*, pareillement à un puits, de même que celle de *la Roche*, qui est la cinquième. Il y en a encore plusieurs autres, telles que les mines de *la Méchécôte*, *la Leuge*, *la Mine-Rouge*, *la Barate* & *l'Orme*, mais dont le charbon ne s'envoie pas à Paris comme celui des autres mines précédentes: il n'est propre qu'à cuire la chaux, d'où il a pris la dénomination de *chaussine*. Ces mines sont situées dans la vallée-golfe de la Limagne; elles sont recouvertes de cailloux roulés, qui sont originairement des laves.

BRESSE. C'étoit un pays qui faisoit partie de la Bourgogne, laquelle comprenoit le pays de Gex & le Bugey, contrées dans lesquelles étoit enclavé le Valromey. Tout ce pays a pour bornes la Franche-Comté au septentrion, la même province, la Suisse & la Savoie à l'orient, le Dauphiné au midi, le Lyonnois, la Dombes & la Bourgogne à l'occident. Cette contrée se divisoit en haute & basse; elle étoit composée d'une partie du terrain des *Ædui*, & d'une partie de celui des *Sequani*. Elle a pris son nom d'une grande forêt qui en couvroit la presque totalité, & qui étoit connue anciennement sous le nom de *Saltus Brexius* ou *Brexia* vers l'an 1000.

Les villes les plus considérables de la *Bresse* sont Bourg, Montruel, Pont-de-Vaux, Châtillon, Pont-de-Vesle & Baugé.

Les rivières qui l'arrosent, sont la Chalarine, le Viourgon, le Chevron, le Remon, la Vesle, le Saran, l'Yvrance, la Reyssouse & l'Ain. Celles qui en forment l'enceinte sont le Rhône au midi, & la Saône à l'ouest.

Cette province est assez abondante en productions. Comme elle fait partie du département de l'Ain, c'est à cet article que l'on trouvera tout ce qui peut avoir rapport au produit du sol & à l'industrie des habitans, relativement à la culture. (*Voyez le Département de l'*AIN.)

Hydrographie de la Bresse & des environs.

En décrivant les rivières principales & toutes les rivières secondaires qui y portent l'eau des terrains qu'elles parcourent, je m'attacherai soigneusement à marquer les pentes de ces terrains, & surtout celles des massifs de différente nature que tous ces bassins embrassent. Je trouve, par exemple, qu'il y a dans ces bassins des contre-pentes singulières qui fournissent l'eau à des rivières secondaires : telles sont les rivières qui versent leurs eaux dans la Seille, & dont quelques-unes coulent du nord au sud, pendant que d'autres coulent du sud au nord, & vont gagner le tronc principal qui va se réunir à la Saône dans la direction de l'est à l'ouest. Ceci paroît assez singulier, parce que le cours de la Saône, qui recueille toutes ces eaux & les porte à la mer par le Rhône, est dans la direction du nord au sud. Ce n'est pas seulement dans le bassin de la Seille que cette distribution des pentes ou plutôt des contre-pentes a lieu; je les trouve également dans celui de la Reyssouse & de la Vesle, qui voiturent les eaux d'une grande partie de la *Bresse*, en sens contraire du cours de la Saône.

Il faudra voir comment se vident les eaux des étangs de la *Bresse* à l'article de la BRESSE, dont je me propose de faire l'hydrologie, & par conséquent la distribution des rivières qui servent de décharges générales aux étangs nombreux qui couvrent le sol de cette province.

Je trouve dans le Jura deux pentes générales; celle indiquée par la première partie du cours du Doubs, qui est du sud au nord jusqu'aux Brenets, & puis les débouchés du Doubs de l'est à l'ouest. La seconde pente générale est celle de l'Ain, qui est constamment du nord au sud.

Ce n'est pas, au reste, la seule direction des eaux qui soit remarquable à la superficie du Jura; ce sont encore les suites d'arêtes bien marquées & bien saillantes qui se montrent à la surface de ce massif, & qui servent de limites aux vallées étroites des ruisseaux & rivières dont nous avons parlé d'abord. C'est particuliérement dans les vallées de la rivière d'Ain, ou des ruisseaux qui lui sont parallèles, qu'on remarque cette forme de terrain & cette distribution des eaux. Il y a encore quelques autres pentes dans la limite occidentale du Jura : telle est celle de la Loue ou Louve, & par l'Orbre vers Neufchâteau; outre cela deux rivières assez abondantes, la Drugone & l'Oignon. Elles occupent un terrain de la nouvelle terre, & qui domine d'un côté le fond de la vallée de la Saône en partant du pied du Jura. Au surplus, le Jura lui-même domine, par son sommet, cette superficie; ce qui sert de limite à la vallée du Doubs, dont nous rendrons compte en parlant de cette belle rivière & de la singularité de son cours.

La Saône, au dessous de sa jonction avec le Doubs, reçoit les eaux de la Seille, rivière formée de la réunion d'un grand nombre d'autres qui coulent sur toutes les pentes opposées de ce grand bassin. On y voit au nord la Brène, qui rassemble les eaux de plusieurs étangs de la *Bresse*, & coule du nord au midi; ensuite la Seille, qui coule de l'est à l'ouest, & puis prend son cours dans la direction de la Brène depuis sa réunion jusqu'à Louhans, où viennent se joindre la Vaille, qui coule de l'est à l'ouest, ensuite le Solnan & le Chevron, qui coulent du midi au nord : après quoi la somme de ces eaux courantes, sous le nom de *Seille*, prend la direction de l'est à l'ouest, puis du sud-ouest, & après la jonction de la Sane, qui a coulé du midi au nord, ensuite à l'ouest & au sud-ouest, la Seille se réunit à la Saône dans la direction de l'est à l'ouest. Plus bas on trouve l'embouchure de la Reyssouse, qui, grossie d'un ruisseau qui lui est parallèle, & après avoir coulé du sud au nord depuis Bourg-en-Bresse & même au-delà, tourne à l'ouest. Il en est de même de la Veyle & de la Chalaronne, qui, après avoir rassemblé les eaux des nombreux étangs de la *Bresse* & de la Dombes sur la pente du sud au nord, vont gagner la Saône en suivant la pente de l'est à l'ouest. En suivant la rive occidentale de la Saône depuis l'embouchure du Doubs jusqu'à Lyon, la Saône ne reçoit que des rivières peu considérables. D'abord, au dessous de Châlons, le ruisseau de Tahe, réuni aux rivières de l'Orbize & de la Corne ; puis la Grène, formée des eaux de la Gaye qui coule du nord au sud jusqu'à Salorney, prend la direction du sud-ouest au nord-est, & va se jeter dans la Grène, dont le cours, dirigé du sud au nord, est très-long. Ces deux rivières réunies sont encore augmentées des eaux du Grison, qui coule d'abord du sud au nord, puis le tout ensemble se jette, vers Marnay, dans la Saône. Depuis cette embouchure jusqu'à Lyon je ne vois que l'Azergues, qui coule d'abord du nord au sud en contre-pente avec la Grosne, se détourne ensuite au sud-est après avoir reçu les rivières de la Réole & de la Brévonne, dont la première coule de l'ouest à l'est, & la seconde du sud-ouest au nord-est. C'est après avoir reçu ces deux rivières que l'Azergues modifie son cours, & prend sa direction pour se rendre dans la Saône : les autres rivières, dans l'intervalle, ne sont que de petites rivières qui suivent la pente de l'ouest à l'est des croupes de la vallée de la Saône.

BRESSE (la), village du département des Vosges, arrondissement de Remiremont, & à quatre lieues trois quarts de cette ville. Ce village est situé dans une gorge profonde, où la seconde & la troisième source de la Moselle se réunissent. On ne cultive dans les environs de cette commune que quelques topinambours ; tout le reste est en pâturages.

BRESSUIRE, ville du département des Deux-Sèvres, arrondissement de Thouars, sur le côté près de l'Argenton. La température de cette ville est saine : ses environs sont agrestes & un peu âpres. Les principales productions de son territoire sont le chêne, le genêt, le seigle & le blé noir. A Saint-Bréhaire près de *Bressuire*, il y a une poterie & des carrières de granit qu'on emploie à différentes constructions. Aux Dorides près de *Bressuire*, il y a une fontaine minérale qui passe pour avoir de grandes propriétés.

BREST, l'un des ports les plus importans de la France, & du département du Finisterre. Le district de *Brest* a de longueur, du levant au couchant, environ huit lieues, & quatre du midi au nord. Du Conquet à l'Annilis il est montueux, assez fécond & riche. Le territoire de Gouesnon est coupé de ruisseaux, couvert d'excellens pâturages, & les terres labourées en sont très-fertiles. On y voit quelques terrains incultes, parce que les bras y manquent comme dans tous les environs de *Brest*, dépeuplés par la marine.

Tout le district est surtout dépouillé de bois ; car *Brest* n'a pas épargné ceux qui se trouvent à une certaine distance.

On n'a rien négligé pour défendre de toute attaque les avenues du port de *Brest*, premier département de la marine française, une des clefs de la France, & un des centres de sa puissance au dehors.

Le climat le plus venteux, le plus humide de l'Univers est peut-être celui de *Brest* & de ses environs. Le ciel y est toujours couvert de nuages : il y faut un observatoire pour les besoins de la marine. Aucun point de la terre n'est cependant aussi peu propre aux observations astronomiques. Les nuages, sans cesse chassés par des vents impétueux, offrent des accidens, des effets de lumière d'une variété infinie.

Le district de *Brest* ne produit aucun cidre : il donne peu de fruits, quoique les jardins y soient multipliés. Les légumes viennent de Pol-de-Léon, de Landerneau, de Plougastel & Châteaulin.

On ne connoît pas de mines dans le district. Les eaux minérales de Kéroual, dans la commune de Guiler; les cristaux de Kervalon, ceux qu'on a déterrés en travaillant à la place d'armes de *Brest*, font croire qu'on pourroit en trouver en employant les moyens connus des mineurs. Toute la côte est bordée de granit à gros grains mêlés de quartz.

L'île Ronde dans la rade de *Brest* est un bloc de marbre noir, dont on fait de la chaux. Sur la côte de Plougastel il existe une espèce de marbre blanc, qu'au premier coup-d'œil on prendroit pour du quartz.

Rien de plus rare que la pierre calcaire dans toute l'étendue du département du Finisterre.

Les rivières d'Aberverach, d'Aberbeloi, de l'Anilis & de Pensel sont les plus considérables du district, qui d'ailleurs est coupé par une infinité de ruisseaux.

Le pont de Saint-Renan facilite les communications de *Brest* avec les ports de l'Aberildut, d'Argenton, de Portsal & d'Aberbeloi.

Il y a trois lieues de la rade de Corrajou à la pointe droite qui ferme l'entrée de la rade d'Aberverach.

Cette rade a la profondeur & la capacité nécessaires pour contenir les flottes les plus nombreuses ; elles y seroient en sûreté. Le canal de la partie de l'oueſt, aſſèche aux baſſes-marées, l'autre a toujours plus de vingt-pieds d'eau. Son entrée eſt garnie de rochers. Pluſieurs petites îles de ſable en rendent l'abord très-difficile. L'île Sezon partage les deux canaux ; elle eſt fortifiée par un parapet de gazon. Sa batterie, placée vers le nord-oueſt, bat la rade ; celle du nord-eſt bat le grand canal. Les bords de la rivière d'Aberverach ſont agréables & rians. A deux lieues de ſon embouchûre eſt l'ancien château de Carman.

Entre le Corrajou & la rivière d'Aberverach eſt Tréméneach, dont l'égliſe, qui ſervoit encore au commencement de ce ſiècle, eſt à préſent engloutie dans les ſables à la hauteur de ſon entablement.

Toute cette côte, depuis Guytalmezeau ſurtout, préſente une multitude de deſſéchemens à faire ; ils produiroient une terre féconde. De ſimples digues, des portes à clapets, quelques canaux de deſſéchemens, ſans grandes-dépenſes, procureroient des revenus conſidérables aux entrepreneurs de ce travail.

En face de la commune de Landunvez on voit un rocher nommé *le Four*, qui n'eſt jamais couvert par les eaux de la mer : il s'élève à deux cents pieds. Les habitans de cette extrémité du monde regardent ce rocher comme le point qui ſépare la Manche de l'Océan.

On jouit à Landunvez de la vue d'Oueſſant & de celle de l'Océan, où l'on voit le coucher du ſoleil ſans qu'aucun obſtacle nuiſe à ce ſublime coup-d'œil.

Les terres de Landunvez ſont travaillées par les femmes. On ne s'y chauffe qu'avec la bouſe de vache & du goëmon.

Il n'y a qu'une lieue de Poſpeder à Albérildut : cette côte eſt inabordable. D'Albérildut à l'île d'Oueſſant on ne compte que trois lieues. Cette île eſt à cinq lieues du Conquet, & à pareille diſtance à peu près de la pointe de Saint-Mathieu. Elle a ſept lieues de circuit. Ses côtes ſont très-eſcarpées & inacceſſibles, ſi l'on en excepte quelques anſes où l'on peut débarquer.

La principale habitation d'Oueſſant eſt ſituée dans le nord de l'île. On y vit comme dans l'âge d'or : la charité, l'égalité & l'amour y ſont les baſes de la ſociété. Content du ſtricte néceſſaire, l'habitant n'y voit régner ni la ſomptuoſité ni le luxe de nos tables. Une longue vieilleſſe eſt la récompenſe de cette modération, ſans laquelle il n'eſt pas de bonheur ſur la terre.

L'habitant de l'île d'Oueſſant cultive quelques champs, & nourrit des troupeaux de moutons. Il porte à *Breſt* les produits de ſa pêche, & il en rapporte les uſtenſiles dont il a beſoin.

Les femmes y labourent la terre. Il faut de grands obſtacles pour que les hommes ne retournent pas, au printems, dans leur île. On ne voit pas un pauvre dans Oueſſant : c'eſt le pays de la médiocrité, de la paix & de l'hoſpitalité.

C'eſt avec du goëmon & de la fiente de vache qu'on cuit le pain dans cette île. On chauffe l'âtre, on y étend la pâte qu'on recouvre de cendres chaudes, & la cuiſſon s'opère très-bien. La manière de vivre d'Oueſſant eſt à peu près celle de l'île de Bas & des côtes dont nous avons parlé, & le coſtume eſt le même, à quelques différences près.

Oueſſant, par une ſuite d'îlots, de bancs de ſable & de rochers, s'unit à la côte du Conquet & de Saint-Mathieu. Cette chaîne court au ſud-oueſt. Les îles de Balanec, d'Équinet, de Quéméncé, de Béniguet, la grande terre aſſez élevée, les clochers du Conquet, de Lochriſt & de Saint-Mathieu ſont les principaux objets de ce beau point de vue. On aime à ſuivre, dans cette étendue, les mouvemens variés de la mer, & les ſinuoſités bizarres des cantons de Plondalmezeau, de Saint-Renan & du Conquet, toujours battus & toujours dévorés par l'Océan. Ces aſpects ſont grands, ſauvages, & plus mélancoliques que pittoreſques.

Je reviens à l'indication des différens ports de la côte. D'Abérildut à Portſpol, port très-ſûr, enfoncé dans les terres, mais d'une entrée très-difficile, on ne compte que trois quarts de lieue. Porſmoguer eſt à la même diſtance de Portſpol. C'eſt une anſe vaſte & profonde, dont le mouillage eſt bon, ſur un fond de ſable. Un débarquement s'y feroit avec facilité ; mais des forts ſur la pointe de Quemerène & ſur celle de Pouarzel y mettent obſtacle. On exécuteroit de même, & auſſi facilement, une deſcente dans la rade des Sablons ; elle eſt fort vaſte & très-profonde ; outre cela le mouillage en eſt très-ſûr : on a eu ſoin que des canons & des mortiers la préſervaſſent de toute attaque.

La côte de Saint-Mathieu n'eſt pas praticable. Le *promontoire de Gobée de Ptolomée* domine ſur des rochers très-élevés, creuſés par d'immenſes cavernes. Les terres qu'elles ſupportent, ne tarderont pas à s'engloutir : la tour & l'égliſe diſparoîtront comme d'autres édifices, comme des villes qui s'avançoient peut-être au loin dans cette mer dévaſtatrice. Des troupeaux paiſſent, à baſſe-marée, ſur d'anciennes prairies ſéparées de la grande terre depuis un demi-ſiècle au plus. L'Océan bat ces rivages avec tant de fureur, pouſſé par les vents du nord-oueſt, la puiſſance qui les frappe eſt ſi grande, que, ſans la chaîne d'îles & de rochers qui les protègent, cette maſſe énorme de granit qui forme un des bras de la rade de *Breſt* lui-même, feroit peut-être englouti dans les flots. Ces ravages frappent, étonnent, épouvantent les paiſibles habitans des terres ; mais on ſe fait bientôt à ces idées ſur les rives de la Bretagne, depuis la pointe de Roſcoff ſurtout, juſqu'à la pointe de Penmarch. Lorſqu'on ſe tranſporte aux tems ſi reculés dont ces vaſtes ruines ſont des médailles exiſtantes & des témoins bien certains, on ne peut s'empêcher de retrouver, dans ſa mémoire, le ſouvenir des grandes fractures du Globe. On voit les géans de la Bretagne comme des êtres subjugués au pied de leur vainqueur, qui les détruit, qui les écrase, & ne laisse exister sur le champ de bataille que des débris qui disparoîtront bientôt.

Où sont ces collines, ces champs qui réunissoient autrefois la Cornouailles de la Gaule à la Cornouaille insulaire ? Où sont les peuples qui les habitoient, qui les cultivoient ? Cette pointe de Saint-Mathieu, par ses prolongemens, touchoit peut-être aux terres atlantiques dont ces mers conservent le nom.

La pointe de Rats, les rives de Douernénez, l'anéantissement de la ville d'Is, les ruines de Croson, les débris, les traditions, nous montrent les millions de siècles qui se sont écoulés, & ceux qui doivent leur succéder éternellement. Cette vicissitude infinie qui transforme en plaines, en collines les lits de sable, de rochers que l'Océan inondoit jadis, & qu'il doit dévorer encore quand ils auront long-tems servi de base aux palais des puissans, ou de théâtre aux folies & à l'imbécillité des hommes.

La pointe de Saint-Mathieu & celle de Toulinguet forment l'entrée du goulet de *Brest* : il y a quatre lieues de là jusqu'au grand port.

On compte une demi-lieue de Berthomme à la pointe de Minions. Le goulet n'a qu'une lieue de large. La batterie de Mingan, sur la terre de Léon, se croise avec celle de Cornouailles, & protège l'entrée de la rade.

Le Mingan, rocher redoutable, coupe en deux parties le goulet. Nous voici parvenus à la rade de *Brest*, dont la grandeur, la sûreté & les fortifications majestueuses en imposent à toute personne qui les contemple. *Brest* paroît bientôt, dans le nord, entouré de ses bastions, défendu par mille bouches à feu, couronné d'un château massif. Les caps, les enfoncemens, les îles variées de formes, les collines de Plouescat, l'embouchure de l'Élorn; des montagnes lointaines, des rivages à pic & dépouillés; quelques forêts éparses sur un espace immense; la masse imposante des vaisseaux à trois ponts, la légéreté des frégates, cent pavillons flottans au gré des vents; ces bricqs, ces bâtimens légers qui coupent comme un trait la surface de l'eau, mille canots en mouvement, sont un des plus grands spectacles que l'on puisse se procurer. J'ai vu des ports plus imposans, plus majestueux, mieux ordonnés que celui de *Brest*; des rades plus vastes, mais aucune d'aussi sûre, d'aussi bien défendue & de mieux proportionnée. C'est le plus grand théâtre que je connoisse de la force & de la puissance humaine.

On place *Brest* par les 6 deg. 50 min. 50 sec. de longitude, & par les 48 deg. 23 min. 30 sec. de latitude. On assure que la rade pourroit contenir au moins cinq cents vaisseaux de guerre; que le goulet n'a que sept cent cinquante toises de large, sur une lieue de long, & que la baie formant la rade a deux lieues un tiers de longueur, sur une lieue un quart de largeur.

L'entrée du port de *Brest*, qui diffère de la rade, est défendue par le château, par les ouvrages faits sur Recouvrance, par la batterie de la pointe, & par la batterie qui commande la rade.

Tel est en masse le port de *Brest*; c'est un canal fort long, mais trop étroit : il peut contenir seize vaisseaux du premier & du second rang, vingt-quatre du troisième, dix du quatrième, vingt-six brûlots, flûtes & vaisseaux de charge; en tout soixante & quinze bâtimens, sans compter cependant une multitude de corvettes, de chalands, de chaloupes, & les mille canots nécessaires au service.

Autant la rade de *Brest* l'emporte sur celle de Toulon, autant le port de Toulon a d'avantage sur celui de *Brest*. Ici les bâtimens pressés ne peuvent être déplacés sans des dispositions préliminaires, qui demandent un grand travail & toute l'habileté d'un officier de port intelligent. Dans les tems des grands armemens, toutes les passes sont obstruées; il règne dans le port un embarras, une confusion, une mal-propreté que les tems orageux, que les pluies continuelles augmentent encore. Les querelles se multiplient sur les cales étroites & serrées; les bâtimens pressés se touchent. A Toulon, au contraire, tout est large, propre, espacé; tout mouvement se fait avec la plus grande facilité : il y règne un ordre & une propreté qu'on ne connoît pas en Bretagne. Les magasins n'y sont pas aussi longs; ils sont plus rapprochés, plus multipliés, mieux conçus & d'une architecture plus noble.

Brest est dominé par des collines : des remparts garnis d'arbres couronnent la ville : ils n'offrent à ceux qui les parcourent qu'une vue très-bornée du côté des terres, mais on y voit la rade sous mille aspects animés par les vaisseaux qui la décorent.

Les terres qui la bordent, ne sont pas élevées : on apperçoit cependant, dans le lointain, à l'est-sud-est, la montagne de Menez-Côm. Les côtes de Plougasles & de Crozon, l'île Ronde, vaste rocher de marbre noir, la presqu'île de Kelern, chef-d'œuvre de fortification, se présentent au loin, & se dessinent à l'œil avec variété sans offrir des masses imposantes. Les rochers du rivage paroissent écartés sous le poids des travaux de l'art, & la rade semble définitivement céder aux vaisseaux qui la pressent.

La rivière de Pensel descend dans l'anse que forme le port de *Brest*. Ce port n'a qu'environ douze cents toises de longueur, sur soixante toises de largeur. Les rives de cette rivière sont solitaires : on y voit cependant, d'espace en espace, de jolies bastides, où les laborieux habitans de *Brest* se reposent les jours de fêtes.

Les villages voisins de *Brest*, les anses variées

des côtes offrent des promenades délicieuſes, ſoit du côté de Guipavas, ſoit dans les bois de Kéroal, ſoit à Saint-Marc, où l'on jouit d'un ſi bel aſpect de la rade.

Breſt offre quelquefois des fêtes dont on ne peut avoir l'idée que dans les ports de ſon importance. Ainſi lorſque la rade eſt couverte de vaiſſeaux illuminés, on peut imaginer l'éclat produit par les reflets de l'Océan, par une lumière étrangère à celle de la voûte du ciel. Que ſont les feux qui vont mourir à l'horizon ſi vous les comparez à ces promontoires éclairés qui ſe reflettent dans les ondes ? à ces auréoles de feux, à ces tourbillons lumineux dont chaque navire eſt le centre? Le Véſuve, éclairant la nuit les rivages de Cume, d'Iſchia, de Prochita, du Pauſilippe, de Caprée & du vaſte baſſin de Naples; l'Etna, verſant ſur la Sicile des flots d'une lumière ardente, peuvent ſeuls donner l'idée du ſpectacle que je décris avec un coloris ſi pâle & des expreſſions ſi foibles.

BRETAGNE. C'étoit une province conſidérable, renfermée dans une preſqu'île ſituée entre le 12e. deg. 47 min. & le 16e. deg. 57 min. de longitude, & entre le 46e. deg. 57 min & le 48e. deg. 52 min. de latitude. Elle eſt bornée, au ſeptentrion & au couchant, par l'Océan; au midi, par l'Océan & le ci-devant Poitou, & au levant par le Maine & l'Anjou. Elle peut avoir ſoixante & dix lieues de longueur, ſur quarante-ſix de largeur; ce qui peut être évalué à deux mille huit cents lieues carrées. On eſtime qu'elle a plus de deux cents lieues de côtes.

Les principales rivières de la *Bretagne* ſont la Loire, la Vilaine, l'Erdre, le Men, le Bonneau, la Claye, l'Ardenne, la Rance, la rivière de Fémur, l'Arguenon, le Coueſnon, l'Ouſt, le Blavet, l'Aon, le Benaudet, l'Oder, l'Ellai, l'Iſote & le Len, & de toutes ces eaux courantes il n'y a que la Loire de navigable. La plupart des autres rivières qui ont leurs ſources dans la province & leur embouchure dans l'Océan, ſont à la vérité dans l'eſpace que parcourt le reflux de la mer, & cela ne s'étend pas bien loin. D'ailleurs, preſque toutes portent bateau. Outre ces rivières & un grand nombre d'autres moins conſidérables, il y a un lac appelé *lac de Grandlieu*, un grand nombre de baies & de ports de mer; ce qui met les habitans à portée de participer, au moyen du commerce, aux richeſſes des autres pays même éloignés.

En général, la *Bretagne* eſt un pays de plaines & de montagnes de moyenne élévation : les montagnes d'Arré ſont les plus diſtinguées par leur hauteur.

Quant au climat de cette province, l'air y eſt partout aſſez tempéré; mais, au voiſinage de la mer, il eſt épais.

Il y a dans cette province des contrées fort couvertes de bois; mais il y en a d'autres qui offrent de grandes landes entiérement incultes. Les terres cultivées ſont très-fertiles en blé : auſſi cette denrée, produite par la culture du pays, eſt plus que ſuffiſante pour ſa conſommation; ainſi il s'en exporte une grande quantité à l'étranger. Les terres y produiſent auſſi beaucoup de lin & de chanvre. Le pays Nantois & celui de Rhuys ſont les ſeules contrées où l'on recueille du vin. Ailleurs le cidre, qui eſt d'une qualité excellente, eſt la boiſſon ordinaire des habitans.

Comme les vins de *Bretagne* ſont de très-petite qualité, à l'exception de celui que produiſent certains cantons & qui eſt aſſez bon, ils ſe conſomment dans le pays; mais lorſque la récolte en eſt abondante, on convertit une grande quantité de ces vins en eaux-de-vie que les étrangers eſtiment beaucoup, parce qu'elles conſervent leur qualité ſur mer.

Indépendamment des denrées dont on vient de parler, la *Bretagne* abonde en pâturages excellens dans des lieux où l'on nourrit quantité de bétail de toute eſpèce, & même des chevaux. Le beurre que l'on tire du lait que donnent les vaches, eſt très-eſtimé : celui que fournit le canton de Rennes, & qui eſt connu ſous le nom *de la Prévalaye*, eſt le plus excellent : on en exporte de tous côtés. La *Prévalaye* eſt une métairie qui eſt à environ deux lieues au midi de Rennes. On y nourrit beaucoup de vaches, qu'on y entretient dans les excellens pâturages de ce canton.

Cette province ne manque pas de forêts : le Gouvernement en avoit pluſieurs qui faiſoient partie de ſes domaines. Celles de Rennes, de Saint-Aubin & de Liffré, ces trois forêts, quoique diſtinctes, ſe joignent & ſemblent n'en former qu'une. Il y a encore celles de Fougères, Ville-Cartier, Marcillé, Toulon-la-Gavre, Rhuys, Lanvaux, Boſquon & Cornouailles, qui renferment en tout quarante-cinq mille cinq cent vingt-ſix journaux.

Outre ces forêts il y en a d'autres qui appartiennent à différens particuliers, telles que les forêts de Vitré, Château-Brillant, Montauban, Ancenis, Quintin, les Salles, la Guerche, la Nouée, Pont-l'Abbé, Saint-Malo, le Faon, Loudac, Oudon, Brianſon, la Hunaudais, Blain, Machecou, Molac, Ellevain, Rieux, la Forêt-Neuve & la Roche-Bernard, qui toutes enſemble renferment quatre-vingt mille journaux. A ces forêts on pourroit encore ajouter celles de Chavaux & de Juigné, dans la partie ſeptentrionale du pays Nantois; de Coialon & de Coubian, dans l'évêché de Quimper; de Leuvre, aux confins des évêchés de Saint-Brieux & de Saint-Malo; de Pavée, dans la partie orientale de l'évêché de Nantes; de la Treille, aux confins des évêchés de Rennes & de Nantes, & de pluſieurs autres bois moins conſidérables répandus çà & là dans la province. Les forêts de la *Bretagne* ſont ordinairement compoſées de hêtres, de chênes, de châtaigners & de bois blanc.

La *Bretagne* a des mines de plomb très-abondantes, des mines de fer & d'antimoine; des mines de charbon de terre, des mines d'argent, des eaux minérales, des carrières de marbre & plusieurs amas de coquilles fossiles. Les mines de plomb sont dans les communes de Carnot, diocèse de Quimper; de Poulaoüen en *Basse-Bretagne*, de Bérien, de Sérugnat, de Ploué, de Loquefré, du Prieuré, de la Feuillée, de Ploué-Nominais, de Plusquels, de Tréhiran & de Melcarhais.

Le commerce de la *Bretagne* est considérable. Il s'y fabrique une quantité prodigieuse de toiles, soit de chanvre, soit de lin, depuis les plus fines jusqu'aux plus grosses, mais surtout des *blanchards*, espèce de toile de lin à demi-blanc, ni grosse ni fine, & dont l'exportation a lieu surtout dans les pays chauds. Quant aux toiles estimées par leur finesse, leur blancheur, la beauté & l'égalité de leurs chaînes & trames, elles ont leur principal débit en Espagne, dans l'Amérique espagnole & aux colonies françaises. Cette même province a aussi quelques manufactures de toiles peintes, outre un grand nombre de fabriques de petites étoffes de laine. Il en sort du fil teint. La pêche de la sardine, du maquereau & surtout de la morue occupe un nombre considérable de matelots de la province, & fait un des meilleurs produits de la *Basse-Bretagne*. Outre cela, il se fait du sel dans deux cantons différens, savoir: dans les neuf villages de la baie de Bourgneuf, & dans le territoire de Guerande & du Croisic. Il est certain qu'année commune les marais salans de ces deux cantons ont produit la quantité de quarante mille muids de sel, qui valoient à peu près quatre millions à la province.

Nantes est la ville la plus commerçante de cette province, à cause de son heureuse situation sur un fleuve large & profond. Saint-Malo est aussi regardé comme une des villes dont le commerce est le plus étendu au dehors. Les autres villes de la *Bretagne* sont Bourgneuf, Portnic, la Roche-Bernard, Vannes, Auray, Port-Louis, Lorient, Hennebon, Concarneau, Quimper, Brest, Saint-Pol-de-Léon, Morlaix, Tréguier & Saint-Brieux. Quelques-unes des îles qui environnent cette province ont aussi des ports très-avantageux.

La *Bretagne* compose aujourd'hui cinq départemens, savoir: celui d'Ille & Vilaine, des Côtes-du-Nord, du Finisterre, du Morbihan & de la Loire-Inférieure. C'est en rendant compte de ces départemens, que nous acheverons de faire connoître cette partie intéressante de la France, comme il convient aux détails de sa géographie-physique.

Il résulte des observations que j'ai pu faire en parcourant les diverses contrées de la *Bretagne*, que la presque totalité du département du Finisterre est un granit à gros grain, mêlé de quartz, de feldspath & de mica; qu'on y trouve une grande quantité d'autres granits d'un grain très-fin, propre à la sculpture & à l'architecture, ainsi que le démontroient les façades des vieilles églises & les ornemens qui les décorent; que la pierre le plus communément employée par les sculpteurs, & qu'on nomme *kersauton* en *Bretagne*, est un très-beau granitelle noir à grains très-fins, composé de quartz, de horn-blende semblable au granit noir statuaire des Égyptiens: dans quelque variété de cette pierre le mica remplace l'horn blende. Le tems n'altère pas les roses, les fleurons, les plus légers ornemens de kersauton. Quant à ses côtés, les granits les plus durs, placés à la même époque, sont friables & décomposés. Cette pierre coupe le verre comme le diamant. Elle rend un son clair quand on la frappe avec le fer. Quelques principes de sa composition font effervescence avec les acides.

Ce qui n'est pas granit est schisteux. Dans tout le Finisterre on y trouve de riches mines d'ardoises.

On voit beaucoup de grès quartzeux dans les environs de la Feuillée & sur la sommité des montagnes d'Arès.

Dans les environs de Lesneven & de Scaër, les terres sont remplies de diverses espèces de quartz cristallisés sous les formes de prismes & de pyramides. Les quartz sont souvent mêlés de schorls & de tourmalines, dont les stries sont très-prononcées.

La mine de Poulaoüen offre de très-beaux morceaux de schorls.

On trouve à Coray une innombrable quantité de pierres de croix fort grosses ou starotides.

Le quartz, sous forme d'améthyste, peut se recueillir dans tout le Finisterre.

Ainsi on peut faire, en parcourant ce département, une assez riche collection de roches schisteuses micacées;

De pyrites cristallisées cuivreuses & cubiques;

De silex gris;

De schiste noir, argileux & feuilleté;

De spath pesant, avec schistes & pyrites;

De feldspath cristallisé comme ceux de Baveno;

De grès analogues à ceux de Fontainebleau, mais à grains plus fins;

De pierres meulières semblables à celles des environs de Paris;

Du fer cristallisé chatoyant, coloré comme celui de l'île d'Elbe.

On ne trouve de pierre calcaire que dans les environs de Plougastel & à l'île Ronde. Point de coquilles sur les sommets des montagnes, & rien qui puisse y démontrer le séjour des eaux de la mer dans une contrée dont le niveau est si bas.

Bretagne (Nouvelle-), pays & presqu'île de l'Amérique septentrionale, au Canada & au nord du fleuve Saint-Laurent.

Ce pays peut avoir environ quatre-vingts lieues de long. L'air en est très-froid, & le terroir stérile.

Les Anglais en tirent des peaux de castor. C'est la partie la plus orientale de la terre de Labrador. Ce sont les Français de la province de Bretagne qui ont découvert ce pays, & qui lui ont donné leur nom.

BRÉTÈCHE (la), village du département de la Loire-Inférieure, arrondissement de Savenay, près de la forêt qui porte son nom, à six lieues de Guérande.

BRETEUIL (Forêt de), du département de l'Eure, arrondissement d'Évreux, canton de *Breteuil* & de Rugles, & à un tiers de lieue de *Breteuil*. Elle a six mille toises de long du nord-ouest au sud-ouest, & trois mille six cents toises de large du sud au nord.

BRETEUIL, ville du département de l'Eure, arrondissement d'Évreux, sur l'Iton, à deux lieues & demie nord de Verneuil. Il y a deux manufactures à fondre la mine de fer, une fonderie de canons & une tarauderie. Il s'y fabrique du fer, des chaudrons, des marmites, des gueuses pour les canons, des lests pour les vaisseaux, des canons de 8, 12, 16, 18, 24 & 36, des boulets, des biscayens de tous calibres, & généralement toutes sortes de marchandises en fonte & en fer. On y a établi un parc de construction des chariots & convois militaires, deux clouteries, deux tuileries & briqueteries. Il y a des amas d'argile & des mines de fer près de cette commune.

BRETEUIL, ville du département de l'Oise, arrondissement de Clermont. Dans cette petite ville on compte plus de trois cents ouvriers occupés aux fournitures de souliers : il y a en outre quatre pressoirs à cidre, objet principal de son commerce.

BRETON (Cap). Cette île forme un des côtés de la grande entrée dans le golfe Saint-Laurent; elle est haute, rocailleuse & d'un aspect effrayant. On y trouve beaucoup de lits profonds de charbon de terre, & il pourroit devenir le Newcastle de l'Amérique. Après sa découverte par Onfroi Gilbert, elle ne tarda pas à être fréquentée pour la chasse des walruses & la pêche des baleines jusqu'à ces derniers tems. Ç'a été une île importante à raison de ce qu'elle étoit le siége de la pêche des Français; mais la forteresse de Louisbourg est maintenant démolie.

La grande presqu'île de la Nouvelle-Écosse est séparée du cap *Breton* par un détroit d'une moyenne largeur. Elle étoit occupée par les Français, qui essayèrent d'y former des colonies tirées de leur grand établissement du Canada.

Les Français lui avoient donné le nom d'*Acadie*. Sa situation, par rapport aux pêcheries, ne le cède guère à celle de Terre-Neuve. Les vastes bancs appelés *le banc de l'île de Sable*, *le banc Brun*, *le banc Saint-Georges*, sont fréquentés par des légions de morues.

BRETTAT (Ile de), département des Côtes-du-Nord, à un tiers de lieue de la côte. Elle a, du nord au sud, un tiers de lieue de longueur, sur un quart de lieue de largeur.

BRETTEVILLE, village du département de la Meuse, arrondissement de Mont-Médi. Il y a dans cette commune deux tuileries.

BRETTEVILLE-L'ARGILEUSE, village du département du Calvados, arrondissement de Caen, canton de Tilly-sur-Saulles, & à deux lieues de cette ville. Il y a des tanneries & une fabrique d'huile.

BRETTEVILLE-SUR-BORDEL, village du département du Calvados, canton de Tilly-sur-Saulles, près de la source du Bordel.

BREUCHIN, rivière du département de la Haute-Saône, arrondissement de Lure, canton de Faucogney. Elle prend sa source dans les montagnes des Vosges, à cinq lieues de Luxeuil, passe à Faucogney près de Luxeuil, se réunit ensuite à la Lautenne à une lieue un quart de Luxeuil.

BREUIL, village du département de l'Oise, arrondissement de Soissons, & à une lieue un tiers de cette ville. Il a été accordé aux cultivateurs de cet endroit d'exploiter des terres végétales pyriteuses.

Il y a dans ce département trente-quatre villages qui portent le nom de *Breuil*, & sept dans celui de Seine & Oise.

BREUX, village du département de la Meuse, arrondissement & canton de Mont-Médi. Il y a un moulin à huile, où l'on fait de l'huile de lin, de faîne, de navette & de chenevis : des deux dernières, l'une sert à manger, & l'autre à brûler.

BRÉZENTINE (la), rivière du département de la Creuse, arrondissement de Guéret. Elle prend sa source à deux lieues trois quarts de la Souterraine, coule au nord, & se rend dans la Sodelle à trois lieues un tiers nord-est de la Souterraine. Elle commence son cours par quatre grands embranchemens, chargés de plusieurs subdivisions de petits vallons abreuvés, ensuite elle le continue par une suite de vallons abreuvés de différentes longueurs. Tel est le cours des rivières du Limousin.

BRÉZOLETTES, village du département de l'Orne, arrondissement de Mortagne, canton de Pierrefort, dans la forêt du Perche, à trois lieues de Mortagne. Il y a une forge, où l'on fabrique une grande quantité de fer.

BRÉZONS

BRÉZONS (la), rivière du département du Cantal. Elle prend sa source au pied du Plomb du Cantal, & verse dans la Trueyère, les eaux que lui fournissent ces hautes montagnes, à deux lieues à l'est de Mur-de-Barrez.

BRIANCE (la Grande), rivière du département de la Haute-Vienne, canton de Châteauneuf. Elle naît par deux embranchemens fort alongés, qui renferment une suite de petits vallons abreuvés, coule au nord-ouest, reçoit la petite *Briance* qui s'alimente de la même manière que la grande, tourne à l'ouest, passe au nord de Pierre-Buffière, &, remontant au nord-ouest, se dirige au sud près de Salagnac, & va se rendre dans la Vienne à une lieue & demie sud-ouest de Limoges.

On peut prendre sur cette rivière une idée de la marche que suivent celles qui naissent dans les terrains graniteux du Limousin, & qui y ont un cours un peu soutenu. Cette étude peut se faire sur la Carte de France, & encore mieux sur le terrain. Il n'y a pas proprement de *sources* dans les terrains graniteux : ce sont d'abord des embranchemens fort alongés, qui se réunissent sous des angles aigus, tous composés d'une suite de petits vallons multipliés, & tous abreuvés par de petits ruisseaux qui affluent à la tige principale : de là il résulte un beau travail de l'eau courante qui a creusé plusieurs vallons qui concourent tous vers leurs embouchures. Il est ici question d'une rivière secondaire ; il en est de même de tous ses affluens : aussi s'est-il formé, par le progrès de l'approfondissement des vallées de tous les ordres, un abaissement considérable de terrain où sont les bourgs & les villages en habitations dispersées, qui toutes trouvent, dans leurs emplacemens, le bénéfice inestimable d'une eau claire, limpide & courante.

Pour offrir un objet également instructif, j'ajouterai l'article de la petite *Briance*. Ce sont trois embranchemens qui s'étendent au dessus de Saint-Germain-les-Belles-Filles, & qui se continuent en recevant les eaux de huit vallons de différentes grandeurs, lesquelles affluent, de droite & de gauche, jusqu'à sa confluence avec la grande *Briance*. Outre cela, cette rivière principale en reçoit deux autres secondaires, semblables à la petite *Briance*, tant par rapport au volume d'eau, que relativement au système des vallons abreuvés qui le leur fournissent.

BRIANÇON, ville du département des Hautes-Alpes. Cette ville principale du Briançonnois, dans le Dauphiné, est située dans un pays hérissé de montagnes, un peu au dessus du confluent de deux ruisseaux, appelés l'un *le Dure*, & l'autre *l'Ance*. Ils forment, avec le ruisseau sur lequel *Briançon* est situé, les sources de la Durance. C'étoit un gouvernement de place avec un château situé sur le haut d'un rocher escarpé, d'où il commandoit à la ville.

Depuis la cession faite de plusieurs places du Briançonnois à la Savoie par la paix d'Utrecht de 1713, la ville de *Briançon* étant devenue frontière des États de Savoie, d'où elle n'étoit qu'à un quart de lieue de distance, on en avoit considérablement augmenté les fortifications. On avoit construit des redoutes sur presque tous les rochers isolés qui les environnoient. Les deux principaux se nommoient *le Rondouillet* & *les Trois-Têtes*. On y avoit construit des casernes magnifiques, & au dessous un nombre suffisant de citernes à l'abri de toute insulte, & qui se remplissent d'eau de source. On a escarpé des rochers, & construit un pont superbe d'une seule arche : ces travaux égalent les travaux tant vantés des Romains.

Il y a à *Briançon* une fabrique de cristaux de roche, deux de clous, & une d'ouvrages en fer, cuivre & métal.

On recueille près de cette ville la *fameuse manne de Briançon*, qui passe pour la seizième merveille du Dauphiné. Cette manne tombe & s'amasse la nuit d'une espèce de pin ou mélèse ; mais elle se fond au premier rayon du soleil. Elle n'est jamais si abondante que dans les premières chaleurs de l'été, & on a grand soin de la recueillir avant le lever du soleil. C'est une espèce de miel condensé. A quelque distance de cette ville il y a une roche percée, qu'on appelle *Pertuis-Rostang*. On lit au dessus de son entrée une inscription qui la dédie à Auguste.

Les carrières des environs de *Briançon* offrent du talc en grosses masses dures & compactes, de diverses couleurs & opaques, mais plus souvent blanchâtres & striées. C'est ce que l'on appelle *craie de Briançon*. On la calcine pour en faire le fard dont les femmes se servent pour blanchir leur teint. Cette craie sert aussi de fard ou carmin avec lequel on fait le rouge de la toilette. Il y a aussi, dans les environs de cette ville, des mines de charbon de terre.

BRIANÇON (Notre-Dame de), village du département du Mont-Blanc, arrondissement & canton de Mouthiers. Il y a une mine de plomb, & à une lieue & demie de Mouthiers est une forge où l'on fond du minerai de cuivre. Il y a aussi une mine de fer au lieu dit *les Champs*, où l'on fabrique du gros fer, des pelles, des tridens, &c.

BRIANCONNET, village du département du Var, arrondissement de Grasse, & à six lieues de cette ville. Il y a, près de ce village, ce qu'on a regardé comme une mine de charbon de terre ; mais ce ne sont que des pyrites brillantes, dont l'éclat a trompé bien des gens qui les avoient exploitées.

BRIANÇONNOIS. Ce pays faisoit partie de

l'ancienne province du Dauphiné, borné, au septentrion, par la Savoie; au midi, par la vallée de Barcelonette & de la Provence; au levant, par le Piémont, & au couchant par l'Embrunois & le Graifivaudan. L'air y eſt extrêmement froid en hiver, & très chaud dans les mois de juillet & d'août. Il fait aujourd'hui partie du département des Hautes-Alpes.

BRIANDE (Plage de), département du Var, canton de Saint-Tropez, entre la calanque des Cambous & la tour de Camarat.

BRIANSON (le), rivière du département de la Lozère, arrondiſſement & canton de Florac. Elle prend ſa ſource à deux lieues un tiers nord-nord-eſt de Florac, verſe ſes eaux au ſud-ſud-oueſt, & ſe rend dans le Tarn à deux tiers de lieue nord-nord-eſt de Florac.

BRIANTE, petite rivière du département de l'Orne. Elle prend ſa ſource dans la forêt d'Écouves, arrondiſſement d'Alençon, & ſe jette dans la Sarte à Alençon.

BRIARE, ville du département du Loiret, ſituée au point de l'ouverture du canal de *Briare* dans la Loire, & à deux lieues un quart de Gien.

Cette petite ville eſt très-connue par le canal qui porte ſon nom, & qui réunit la Loire à la Seine. C'eſt un entrepôt pour les vins. Près de cette ville, à un endroit appelé *la Rochepont-Saint-Thibaut*, on trouve des poudingues qui forment des rochers conſidérables & d'une extrême dureté.

BRIARE (Le Canal de) traverſe les départemens du Loiret & de Seine & Marne; il entre auſſi dans le département de l'Yonne près la limite de ce département, à une lieue à l'eſt de celui du Loiret, à Saint-Privé. Il tire ſes eaux de la rivière de Loing. Sa direction au nord-oueſt occupe un trajet de trois lieues, remonte au nord, côtoie le Loing dont il alimente les eaux, paſſe à Montargis, &, à une lieue au deſſus de cette ville, il entre dans le Loing, où il reçoit le canal d'Orléans. Depuis ce point il eſt navigable juſqu'à Moret, où il ſe rend dans la Seine.

J'ajoute ici quelques circonſtances qui me paroiſſent remarquables au ſujet du canal de *Briare* quant à la diſtribution des eaux.

A la droite du Loing je trouve d'abord le ruiſſeau d'Aillant, celui de Chapelle, enſuite la Sureine & tous ſes affluens. Je remarque qu'outre la longueur de ces vallées, leurs extrémités ſupérieures aboutiſſent à beaucoup d'étangs; ce qui ménage l'écoulement des eaux ſuperficielles, & devient favorable pour abreuver le canal du Loing.

BRIDGE (Rocky), pont naturel qui ſe trouve en Virginie, dans les montagnes Bleues, & qui traverſe une vallée profonde, où coule un petit ruiſſeau. Les bords de cette vallée ſont fort eſcarpés, &, à l'endroit du pont, ils ſe trouvent réunis par le prolongement de la maſſe du rocher naturel. Ce pont forme une voûte de quinze toiſes de longueur, de l'eſpèce de celle qu'on nomme *corne de vache*. La corde de cette voûte eſt de dix-ſept toiſes à la tête d'amont, de neuf à celle d'aval, & l'arc droit eſt une demi-ellipſe ſi aplatie, que le petit axe n'eſt pas un douzième du grand. Le maſſif de pierre qui charge cette voûte eſt de quarante-neuf pieds ſur la clef du grand ceintre, de trente-ſept ſur celle du petit; & comme on trouve à peu près la même différence dans le nivellement de la colline, on peut croire que la voûte eſt parfaitement de niveau ſur toute la longueur de la clef. Il eſt inutile d'obſerver que le rocher ſe continue ſur toute l'épaiſſeur de la voûte, que du côté oppoſé elle n'a que vingt-cinq pieds dans ſa plus grande largeur, & qu'elle va toujours en ſe rétréciſſant.

Toute la voûte ne ſemble faite que d'une ſeule & même pierre. L'intrados eſt ſi uni, que les hirondelles qui voltigent autour en grand nombre, ne peuvent s'y attacher. Les culées, qui ont un petit talus, ſont très-entières, &, ſans être planes, ont tout le poli qu'un courant d'eau donneroit à une pierre brute au bout d'un certain tems. Les quatre rochers adjacens aux culées paroiſſent être de la plus parfaite homogénéité, & ont un très-petit talus. Les deux rochers de la rive droite du ruiſſeau ont deux cents pieds d'élévation au deſſus de l'eau, l'intrados cent cinquante, & les deux rochers de la rive gauche cent quatre-vingts.

Si l'on conſidère ce pont en naturaliſte, on doit ſe contenter des obſervations qui peuvent conduire les phyſiciens à former une conjecture raiſonnable ſur l'origine de cette maſſe extraordinaire.

Les rochers ſont de nature calcaire, & c'eſt au milieu de ces maſſifs de couches calcaires que le vallon, qui ſe trouve au deſſus & au deſſous du pont, a été creuſé comme tous les autres vallons ſemblables. En conſidérant ainſi l'ouverture étonnante de ce pont naturel comme l'effet d'un courant d'eau, il eſt néceſſaire que ce courant ait eu la force d'entraîner en même tems un maſſif de cinq mille toiſes cubes qui rempliſſoient le vide du pont, car il ne reſte ſur la place aucun veſtige de cette excavation. Les blocs qu'on trouve ſous la voûte & un peu plus bas, ont leur place antérieure encore marquée ſur les pendans collatéraux du côté d'aval, & ne proviennent d'aucune autre démolition que du pont même qu'on dit avoir été d'un tiers plus large. Le recreuſement de huit à dix pouces, formé dans le pied droit de la rive gauche du ruiſſeau ſous la naiſſance de l'arc, le ralonge dans la forme d'un bec-de-corbin. Cette dégradation & pluſieurs parties ſoufflées ſont présumer que cette masse surprenante pourra devenir un jour la victime du tems, qui en a détruit tant d'autres.

Il est aisé de voir que ce pont naturel, tel qu'on vient de le décrire d'après des observateurs attentifs, est l'effet lent & pénible du travail des eaux, qui, en creusant la vallée, ont réservé seulement la voûte du pont : ce qui n'a pu se faire qu'après que les eaux courantes se sont ouvert un passage libre à travers le rocher qui remplissoit d'abord le vide de l'arche. Si l'arche n'est pas régulière, si la courbure de l'aval n'est pas aussi grande que celle d'amont, c'est que, de ce côté, la masse du rocher est plus élevée que celle qui lui est opposée, & que d'ailleurs l'effort de l'eau s'est fait sentir de la partie d'amont. Il paroît que l'eau, à mesure qu'elle détruisoit & minoit le rocher, entraînoit les blocs qu'elle détachoit de la partie du pont, comme des parties supérieures de la vallée ; car on ne voit, ni dans les environs du pont ni au dessus, aucun débris considérable. Ceux qui croiroient tout ce travail difficile doivent penser que, non-seulement le vide du pont a servi de passage facile à l'enlévement des matériaux qui le remplissoient, mais qu'il a dû exister aussi pour l'évacuation successive de tous les déblais de la vallée supérieure ; car sans cette issue il est visible qu'elle n'auroit pas pu être approfondie comme elle l'est, & au niveau où elle se trouve approfondie. Tout ce travail a été fait par une eau courante d'une grande activité, & à laquelle a succédé le petit ruisseau qui y coule actuellement.

Ce qui a pu faciliter tout ce travail, c'est non-seulement la nature calcaire du rocher, mais surtout sa disposition par couches & par lits, toutes circonstances qui ont dû favoriser l'action de l'eau, & qui doivent écarter toute idée de mouvemens extraordinaires ou d'accidens. (Voyez un dessin de ce pont dans le *Voyage de M. le marquis de Châtelux dans l'Amérique septentrionale.*) (*Voyez* PONT NATUREL.)

BRIDLINGTON (Baie de). Les côtes de cette baie s'abaissent considérablement, & près du promontoire de Flamborough le pays rentre si profondément, qu'il forme la baie de *Bridlington*, anciennement appelée *Gabrontovicorum sinus*, dénomination à laquelle le géographe ajoute l'épithète *Eulimenos*, à cause de l'excellence & de la sûreté de son port, où les vaisseaux sont pleinement à l'abri sous la hauteur du promontoire. Le banc de sable de Smithie, le seul qui se trouve entre Flamborough & Spurn-Gead, s'étend en travers de l'entrée de la baie de *Bridlington*, & dans les vents violens du nord & du nord-ouest il augmente encore la sûreté de cet asyle pour les navires qui longent la côte Sureby, village adjacent.

BRIE, contrée de France, qui faisoit partie de la Champagne & du gouvernement de l'Ile-de-France, & qui correspond principalement aux départemens de Seine & Marne, de l'Ain, de la Marne & de l'Aube. (*Voyez ces mots.*) Elle a environ trente lieues dans sa plus grande longueur, & vingt-deux lieues dans sa plus grande largeur. Elle forme une espèce de carré entre la Seine & la Marne, & s'étend cependant encore de quelques lieues au-delà de cette dernière rivière, jusqu'aux confins de la Champagne, entre le septentrion & le couchant.

Cette province étoit divisée en *Brie champenoise*, qui faisoit partie de la Champagne, & en *Brie française*, qui faisoit partie de l'Ile-de-France. Quant à ce qui concerne cette dernière, voyez l'article ILE-DE-FRANCE.

La *Brie champenoise* est bornée, au septentrion, par le Valois & le Soissonois, deux petits pays dépendans de l'Ile-de-France ; au couchant, par l'Ile-de-France proprement dite & par la *Brie française* ; au midi, par le Gâtinois français, & au levant par la Champagne proprement dite & le Rhemois. Elle peut avoir vingt-deux lieues de long, sur quatorze lieues de large. L'air en est sain : son terroir est fertile en blé, mais moins que celui de la *Brie française*. Les vins qu'on y recueille en abondance sont bons, surtout dans le territoire de la Gallevesse. Il y a aussi des bois & de bons pâturages. Ses fromages sont très-estimés & sont excellens. Meaux en étoit la ville centrale.

La *Brie champenoise* étoit divisée en *haute* & *basse Brie* & en *Brie pouilleuse*, autrement dite *Gallevesse*. Cette dernière est au nord, & a pour principale ville Château-Thierry. Elle renferme une partie du Tardenois, dont le reste est confondu avec le Soissonois. Le territoire de la Gallevesse produit de bons vins & d'excellens pâturages.

La *haute Brie champenoise* proprement dite renfermoit les environs de Meaux & une partie du Multien, dont le reste étoit confondu avec l'Ile-de-France proprement dite & le Valois. C'est cette partie de la *Brie champenoise* qui produit le plus de blé, & où l'on fait ces excellens fromages appelés *fromages de Brie*.

La *basse Brie* est la partie de cette contrée qui est située au midi. Provins en est la ville principale. Les rivières de la *Brie champenoise* sont la Marne, la Seine, le grand Morin & le petit Morin, la Voulaie, la Brévone, la Térouane & l'Urtin. Ses villes principales sont Meaux, Coulommiers, Crécy & Jouy.

Les principales villes de la *Brie pouilleuse* ou *Gallevesse* sont Château-Thierry, Crouy, Montmirel, la Fère-en-Tardenois, la Ferté-sous-Jouarre & Nogent-l'Artaut.

Les principales villes de la *basse Brie* sont Provins, Sésanne (ancienne limite), Montereau-faut-Yonne, Jouy-le-Châtel, la Ferté-Gaucher, Braiſur-Seine, Villenoxe-la-Grande, Donnemarie & Anglure.

Brie françaiſe (la), partie de la *Brie* incorporée au Gouvernement de l'Ile-de-France. Ce petit pays eſt borné, au ſeptentrion, par l'Ile-de-France proprement dite; au midi, par la Seine qui la ſépare du Gâtinois; au levant, par la *Brie champenoiſe*, & au couchant par la rivière de Seine qui la ſépare du Hurepoix. Cette petite contrée a treize lieues de long, ſur huit lieues de large; ce qui peut être évalué à quatre-vingt-une lieues carrées.

Son terroir eſt très-fertile en blé & en pâturages excellens. Il y a quelques crus de vins, mais ils ſont d'une qualité médiocre. Le beurre & les fromages qu'on y fait, ſont très-eſtimés.

L'Yerre eſt la ſeule rivière qui arroſe les campagnes de ce petit pays, ſi l'on excepte cinq ou ſix petits ruiſſeaux qui la groſſiſſent depuis ſa ſource juſqu'à Yerre, à peu près une lieue au deſſus de ſon confluent avec la Seine. (*Voyez* Yerre.)

Le ſol de la *Brie champenoiſe* paroît avoir une pente déterminée de l'eſt à l'oueſt, pente que la direction générale des rivières prouve ſenſiblement.

C'eſt dans les plaines les plus élevées que ces rivières prennent leurs ſources. C'eſt là que le pays, quoique plat, reçoit, par les pluies, & conſerve, par ſa conſtitution argileuſe, beaucoup d'eau, & la verſe par des pentes inſenſibles ou bien par des ſources abondantes qui ſe trouvent diſperſées le long des croupes des vallées.

La pierre meulière des environs de Paris eſt très-abondante en *Brie*: on la trouve par lits ſous la terre argilo-ſabloneuſe, & ſous celle qui eſt entiérement ſabloneuſe, & dans laquelle ſe forment les *grès*. Ce ſont ces greſſeries qui préſentent les crêtes plates les plus élevées.

Les couches de terres argileuſes qui règnent dans les plaines ſecondaires, ont facilité les moyens d'établir des étangs à l'origine des vallées.

Il y a d'ailleurs beaucoup d'eaux ſtagnantes à la ſurface des plaines hautes où réſident des plateaux de meulières, parce que l'argile domine dans les couches de ces pierres.

En général, les emplacemens des villages paroiſſent affectés à ces eaux ſtagnantes, ou bien aux ſources qui en ſont les égouts. Toute cette diſtribution naturelle des eaux par les ſources mériteroit plus d'attention pour la conſervation des eaux, leur écoulement régulier & uniforme, de manière à remplir les beſoins journaliers des habitans de la *Brie*.

Vallons dans la Brie.

Il eſt aiſé de reconnoître, en parcourant la *Brie*, que tous les vallons du grand & du petit Morin ſont des excavations faites par les eaux dans le maſſif des couches ſuperficielles de la terre. On peut voir que toutes les pentes des bords de ces vallées offrent des matériaux diſperſés de la même nature que ceux qui couvrent la partie ſupérieure des plateaux formant l'intervalle des vallées: par conſéquent ces matériaux ont été déplacés depuis les bords les plus élevés, juſqu'aux environs des lits de chaque rivière, à meſure que les vallées ſe ſont approfondies.

D'ailleurs, outre le travail des eaux courantes, l'action de l'eau des pluies & l'eau des ſources qui circulent à la ſurface des croupes de ces vallées, contribuent chaque jour à ces déplacemens.

Telle eſt la ſuite des phénomènes que j'ai obſervés le long des vallées du grand & du petit Morin; & comme les meulières forment les couches les plus élevées de la terre dans toute l'étendue du cours de ces rivières, il n'eſt pas étonnant qu'on trouve les débris de ces couches ſur toute la ſuperficie des croupes, débris mêlés à ceux des autres couches inférieures, & beaucoup plus abondans parce qu'ils éprouvent moins de deſtruction que les autres, & qu'ils ſe changent moins facilement en ſubſtance terreuſe pulvérulente, comme les marnes & les pierres marneuſes qui occupent à peu près le milieu des croupes & de la profondeur des vallées.

Après avoir donné une idée de la conſtitution du ſol de ce pays intéreſſant, j'obſerverai que c'eſt ſur ce maſſif que coulent le grand & le petit Morin dans deux vallées que ces rivières ſe ſont creuſées, & qui ſe jettent toutes les deux dans la Marne, l'une à la Ferté-ſous-Jouarre, & l'autre au deſſous de Meaux, par des embouchures dont les détails ſont très-intéreſſans.

Je crois qu'il faut joindre au grand Morin la rivière ſecondaire de l'Aubetin, qui porte à cette première rivière le tribut de ſes eaux au deſſus de Faremoutier, & dont le volume des eaux eſt preſqu'auſſi conſidérable que celui du grand Morin avant leur confluence.

Il paroît que ces rivières prennent leurs ſources à peu près le long de la bordure occidentale de la craie, où l'on voit un grand nombre de ſources qui ſe montrent ſur les bords des vallées encore très-peu approfondies dans cette contrée. Ces trois rivières recueillent les eaux d'une grande ſuperficie: il n'eſt donc pas étonnant qu'elles charrient des volumes d'eaux auſſi conſidérables. C'eſt auſſi par la même raiſon que, lors des pluies ſoutenues de l'hiver, elles ſont ſujètes, non-ſeulement à tant de crues dépendantes de chaque accès de pluie, mais encore à des inondations fort étendues le long de certaines parties de leurs plaines fluviales un peu baſſes. Ces fonds de cuve plats ſont preſque tous couverts d'eau après les pluies abondantes; mais pour peu qu'elles ceſſent, l'eau pénètre dans les terres, & gagne ſucceſſivement le lit des rivières par des filtrations intérieures.

J'ai remarqué qu'en général les grandes parties de terres cultivées à la charrue & enſemencées en froment, en seigle, en avoine & en orge, occupoient les plateaux élevés, ou les parties inférieures des plans inclinés, ou les plaines basses qui dominent les prairies des plaines fluviales.

Quant aux parties des croupes dont les pentes sont plus ou moins rapides, elles sont cultivées, à bras d'homme, en légumes ou en vignes, ou semées en prairies artificielles. Ces différentes cultures sont d'un grand produit, & supposent une population nombreuse.

Comparaison des ci-devant provinces de Brie & de Beauce.

Les causes qui ont multiplié les ruisseaux & les rivières en *Brie*, & qui en ont privé certains cantons en Beauce, sont les mêmes qui ont multiplié les vallées en *Brie*, & ont laissé la superficie du terrain plate & unie en Beauce. Ici l'eau pluviale est recueillie à la superficie, & circule de manière à se creuser des ravines qui deviennent des vallées larges & profondes. Là les mêmes eaux se trouvent absorbées, & pénètrent à une certaine profondeur où elles ne peuvent avoir d'écoulement & d'effet qu'à une grande distance vers les bords du massif absorbant, où elles s'épanchent en sources, & où le sol se creuse en vallées au fond desquelles coulent des rivières fort abondantes.

Si l'on examine l'hydrographie de la Beauce, & qu'on compare les grands vides qui sont sans eaux avec les bordures qui sont abreuvées, on verra que le système de la nature est celui que nous avons exposé ci-dessus d'après l'inspection générale de toute l'étendue de cette province. Je trouve, dans plusieurs départemens, de grandes superficies de terrains fort élevés qui absorbent l'eau des pluies jusqu'à une certaine profondeur, & cette eau, après avoir circulé intérieurement, va déboucher par des sources abondantes qui donnent naissance à des rivières, &c. C'est là que je retrouve l'économie de la nature parfaitement semblable à cette partie de la Beauce que traverse la grande route de Paris à Orléans, qui est sans eaux courantes, & à laquelle succèdent les environs d'Etampes, qui sont abreuvés de sources & de grandes rivières, &, ce qui en est une suite, l'abaissement considérable de la superficie de la terre. (*Voyez* BEAUCE.)

BRIE. Cette dénomination se trouve appliquée, en France, à des contrées fort étendues, ou bien à des habitations dispersées dans plusieurs départemens. C'est d'après la première considération que j'ai parlé ici de la *Brie* divisée en *Brie champenoise* & en *Brie française*. Sous la seconde, je la trouve appliquée à plusieurs villages dans les départemens de l'Ain, arrondissement de Laon; de l'Arriège, arrondissement de Pamiers; de la Charente, arrondissement d'Angoulême; de la Charente, arrondissement & canton de Barbesieux; de la Charente, arrondissement de Barbesieux, canton de Châlons; de la Charente-Inférieure, arrondissement de Jonsac; de la Charente-Inférieure, arrondissement de Saint-Jean-d'Angély, canton de Matha; de la Roër, arrondissement de Clèves; des Deux-Sèvres, arrondissement & canton de Thouars; de la Somme, arrondissement & canton de Péronne; de Seine & Marne, arrondissement de Melun; de la Seine, canton de Charenton. Il paroît qu'en général cette dénomination a été appliquée à des pays de plaines hautes ou basses, & susceptibles de bonne culture. Je ne doute pas que, dans les premiers tems des habitations de ces différens villages, ces dénominations, qui dérivoient de la langue première, n'aient été appliquées suivant les formes des terrains & leurs qualités qui ont dû être remarquées par les habitans, & surtout les habitans cultivateurs.

BRIE-SUR-YERRE *ou* BRIE-COMTE-ROBERT, ville du département de Seine & Marne, à six lieues est de Paris. Cette ville est située près la rive droite de l'Yerre. Son église a une tour remarquable par sa hauteur, & qui a offert un point pour la suite des triangles de la méridienne. Son territoire est gras & fertile en froment.

BRIEG, principauté de Prusse, l'une des plus grandes de la Silésie. Ses principales rivières sont l'Oder, la Neisse, la Stober & l'Ohlau. Son terroir est de la plus grande fertilité. Outre les grains, on y cultive aussi la garence & le tabac. Il y a de grandes forêts de chênes, de hêtres & de sapins. Cette principauté renferme six cercles ou districts. Sa ville principale est située sur la rive gauche de l'Oder. C'est une des plus grandes villes de la Silésie. Le pont de bois sous lequel passe l'Oder mérite attention par sa longueur, sa hauteur & sa solidité. On fabrique de bons draps dans cette ville. A la Saint-Jacques il s'y tient une grande foire en chevaux & en bœufs.

Dans la principauté de *Brieg*, proche Nimitsch, se trouve la montagne de Pangel, entièrement composée de granit, dans laquelle on voit une couche de vingt pouces d'épaisseur, qui offre un assemblage de basalte en forme de boules, se décomposant par lames. En suivant cette décomposition on trouve des vides remplis d'eau. Le granit gris de cette montagne est parsemé de schorl vert ou actinote, qui brille quelquefois comme des chrysolites, tandis que, dans d'autres points, il est en filamens de la finesse des cheveux.

Sur l'aspect du levant, la montagne de Nimitsch présente alternativement des couches d'argile bleue, d'ardoise ordinaire & d'ardoise ferrugineuse; outre cela, l'argile bleuâtre se trouve mêlée avec le schorl vert, le kalkspath & la bleinde. L'actinote est composée en partie de cristaux d'une demi-ligne de longueur, qui ont quatre faces, & en partie de cristaux plus longs, en forme de pyramide. Le trass n'est pas ici, comme à Andernack, une cendre volcanique, mais un composé de grains mi-sphériques & rougeâtres d'argile, tels que les décrit M. Ersçke dans son *Voyage en Saxe*, pages 322 & 464.

Brieg, bourg du Haut-Valais, diocèse de Sion, situé sur la rive gauche du Rhône. Ce lieu est remarquable surtout par ses eaux thermales.

BRIEL, village du département de l'Aube, arrondissement & canton de Bar-sur-Seine, à deux lieues & demie de Bar. Les environs de ce village fournissent une terre argileuse, qui est d'une excellente qualité pour les creusets à verrerie & les gazettes à porcelaine. Ce village est près de la grande route de Troyes à Bar-sur-Aube ; ce qui en facilite les transports.

BRIENNE-LE-CHATEAU, gros bourg du département de l'Aube, avec un château sur une hauteur située au milieu d'une plaine formée par cette rivière. C'est dans la même plaine que se trouve Brienne-la-Vielle, à mille pas du bourg, où il y a plusieurs fabriques dont nous ne donnerons pas le détail. Nous croyons devoir nous occuper de la description du travail intéressant de l'Aube dans cette grande plaine, où le ralentissement des eaux de cette rivière a déterminé les dépôts considérables des graviers en pierres plates qu'elle entraînoit des parties de son cours au dessus de Bar-sur-Aube, en vertu d'une plus grande pente. On ne peut observer avec trop d'attention les dépôts d'une rivière dans un département auquel elle a donné son nom : ce travail me paroît devoir figurer, avec intérêt, à côté de ceux de la Seine & de la Marne dans leurs vallées respectives.

La plaine de *Brienne* commence au dessus de Trane, & s'arrondit au dessus de Jouvanzé. De là elle présente, jusqu'aux environs d'Amance & de l'Étape, les limites des dépôts de la rivière & de son oscillation par les graviers plats qui s'y trouvent. Ces mêmes graviers plats un peu usés, accumulés par la rivière d'Aube, se trouvent le long de ses bords depuis Dienville jusqu'au moulin de *Brienne* & de Basse-Fontaine, sur la butte du château, entre le château & Saint-Léger, entre Saint-Léger & Lesmont. Ensuite ces mêmes dépôts sont dispersés dans une plaine basse & à une fort grande profondeur, sur une étendue considérable, depuis Trane jusqu'au Petit-Mesnil, Chaumesnil, la Rothière, le bois de l'Ajou, Morvilliers, Mézières, Rosnay, Châlette, & l'intervalle occupé par Brienne-la-Vielle.

Il paroît, d'après l'examen des dépôts de ces graviers, que l'Aube a oscillé dans cette grande plaine depuis Morvilliers jusqu'à l'Étape, puisque l'eau courante a applani le terrain dans toute cette étendue, l'a creusé de même, & enfin y a formé ces dépôts immenses & profonds dont nous venons d'indiquer les limites d'une manière nette & précise.

La rivière qui a formé ces dépôts est encaissée maintenant, depuis Dienville jusqu'à Lesmont, dans des couches d'argile de différentes sortes & de différente nature, surmontées de lits irréguliers de graviers amenés & déposés, comme nous l'avons déjà dit, par les eaux torrentielles de la même rivière.

En continuant l'examen de cette même plaine, on y trouve des tombelles alongées dans le sens de la direction des eaux courantes : ce sont des îles terrestres, semblables à celles qu'on rencontre assez souvent dans les anciennes vallées des rivières. Elles sont composées en partie des couches de l'ancien sol, & en partie des dépôts torrentiels : c'est à ce niveau que couroit la rivière lorsqu'elle déposoit les graviers plats qui couvrent ces buttes, & en particulier celle du château.

La butte du château de *Brienne* est composée d'argile qui fait effervescence avec les acides, mais qui ne s'y dissout qu'au tiers. La partie superficielle de la même butte est couverte de plusieurs lits de graviers plats calcaires, amenés par l'Aube des parties supérieures de sa vallée, où se trouvent les bancs de pierres qui ont fourni les premiers matériaux des graviers plats, & qui sont résidans à quelques lieues au dessus de Bar-sur-Aube ; car à *Brienne* le sol naturel est argileux, comme nous l'avons dit, & il n'y a pas de couches de pierres plates. Il en est de même des autres tombelles. (*Voyez* Chalette.)

Je dois ajouter à tous les détails qui précèdent, qu'à commencer à la butte du château de *Brienne* & à suivre cet objet jusqu'à Lesmont, on rencontre une longue île assez élevée, & située entre la vallée actuelle de l'Aube & la large plaine où sont dispersés les graviers plats calcaires, laquelle île a d'ailleurs pour limites latérales les villages d'Épagne & de Précy-Saint-Martin d'un côté, & Saint-Léger-sous-Brienne de l'autre. Je renvoie à la planche de Troyes, N°. 80 de la Carte de France, où l'on pourra observer toutes les notes topographiques intéressantes qui sont renfermées dans cet article.

Brienne-la-Vielle, village du département de l'Aube, canton de Brienne-le-Château, près de l'Aube, dans une plaine large & unie que cette rivière a formée de ses dépôts, tous composés de graviers plats calcaires un peu polis par les transports de l'eau courante.

BRIENZ (Lac de). Ce lac, situé dans le bailliage d'Interlachen, au canton de Berne en Suisse, a environ une lieue de largeur, sur trois lieues de longueur. C'est dans cette dernière dimension que la rivière d'Are, qui vient du Val-Hasel, le traverse. On ne peut douter que la forme alongée du bassin de ce lac, en ce sens, ne soit due à l'ancienne vallée de cette rivière, qui, en sortant du lac, parcourt paisiblement tout le pays d'Interlachen, & fait sa communication avec le lac de Thoun.

Il paroît que le lac de *Brienz* a été digué par la rivière de Gitlanden, laquelle sort des glaciers de Lauterbrunen, & se réunit à l'Are au milieu des dépôts qu'elle a formés ; car cette rivière torrentielle charrie, dans ses fréquens accès, des débris des montagnes, que les eaux de la fonte des neiges & des glaces en détachent. Il n'est donc pas étonnant qu'elle ait accumulé, dans l'intervalle des lacs de *Brienz* & de Thoun, les matériaux qui ont formé la digue & le pays d'Interlachen en obstruant le cours de l'Are, & soutenu ses eaux dans le lac.

Le lac de *Brienz* est entouré de montagnes plus hautes que celles qui ceignent le lac de Thoun ; cependant sa profondeur n'est pas aussi considérable que celle de ce dernier lac, car on ne l'estime que de trois cent cinquante toises ; ce qui est encore une profondeur très-étonnante si on la compare avec l'épaisseur d'une digue qui soutient les eaux à cette hauteur, & qui ne peut être que le résultat de matériaux rapportés par les eaux torrentielles. Cette considération de la formation des digues des lacs & de leur profondeur peut nous donner une idée vraie & frappante de la masse des matières déplacées par les transports des eaux courantes.

Le lac de *Brienz* est très-poissonneux. On y fait des pêches abondantes, surtout d'une espèce de poisson très-délicat, & qui lui est particulière. On en distingue de deux sortes : ceux qu'on pêche au mois de mai sont plus gros que ceux qu'on prend au mois d'août. Ce lac fournit aussi de très-grandes truites.

Je me résume pour présenter toutes les circonstances qui ont contribué à la formation du lac de *Brienz*. Le bassin du lac est situé dans la vallée de l'Are, qui étoit creusée & approfondie, comme elle l'est à peu près, avant que la rivière latérale de Gitlanden accumulât les matériaux, qui, en arrêtant le cours des eaux de l'Are, les ont soulevées au point où elles se trouvent dans le lac, &, à la suite, toute la plaine d'Interlachen s'est trouvée comblée, & se comble tous les jours par le même travail des eaux torrentielles.

J'ajouterai ici que l'Are paroît, au dessus du lac de *Brienz*, avoir comblé de même une partie de son bassin, & que les dépôts se sont étendus considérablement dans la vallée d'Hasly ou de Maizingen. C'est dans ces vallées que les eaux de l'Are sont chargées de tous les matériaux qu'elles entraînent des glaciers qui leur donnent naissance, & qu'elles déposent tant de débris des montagnes qu'elles détachent dans leurs accès torrentiels.

BRIEUX (Saint-), ville considérable de France, dans la Haute-Bretagne, département d'Ille & Vilaine, à une demi-lieue de la mer, avec un bon havre. Elle est située dans un terrain fertile en blé & en fruits. Il s'y fait un trafic assez considérable en fil à coudre & blanc.

BRIEY, ville du département de la Moselle, sur le Vagot, à cinq lieues nord-ouest de Metz. *Briey* est dans une gorge formée par plusieurs collines. On la divise en ville haute & basse ; mais ni l'une ni l'autre situation n'est agréable. La ville haute, remplie de glaces l'hiver, est d'un accès difficile à cause du cours des eaux d'une source abondante qui barre la route, & qu'on n'a pu détourner. Il y a dans *Briey* une papeterie, deux fabriques de draperies & d'étoffes pour les troupes ; des tisseranderies, où l'on fabrique de la toile, des mouchoirs de poche & des fichus à l'usage du pays.

BRIGANCONNET (Cap de), du département du Var, canton d'Hières, au sud-ouest de l'île de Porquerolles, à une lieue & demie du grand Langoustier, entre la place d'armes & le Foy.

BRIGNAIS, bourg du département du Rhône, arrondissement de Lyon, canton de Saint-Geurslaval, sur la Garon, à deux lieues & demie de Lyon. Le climat de ce pays est chaud & très-fertile en vin. L'extrémité de la paroisse du côté du nord offre des vestiges d'anciens aqueducs bâtis par les Romains. Il s'y fait commerce de bestiaux.

BRIGNEUIL (Forêt de), département de la Charente, canton de Chabanois. Elle a deux mille toises de long, sur douze cents toises de large.

BRIGNOLES, ville du département du Var, chef-lieu d'arrondissement & de canton, dans une situation agréable, entre des montagnes où coule la Calamie-Casamie. Cette ville est assez grande & ouverte : elle est située dans une contrée délicieuse : l'air qu'on y respire, a toujours été très-vanté. *Brignoles* est aussi renommé pour ses huiles d'olives, ses oranges & autres excellens fruits, principalement pour ses pruneaux. Le commerce de son industrie est infiniment plus étendu ; car il y a quarante-deux tanneries, sept fabriques de savon, deux filatures de soie, plusieurs fabriques de grosses draperies, deux fabriques de cire, deux de colle-forte, sept d'eau-de-vie, plusieurs d'amidon, de poterie & de faïencerie.

La montagne de Landerac, près de *Brignoles*, contient un jaspe fond brun-rouge, entre-mêlé de taches blanches & noires, dont on a fait des cheminées.

BRIGNON (Port de), dans le département du Finisterre, à trois lieues sud-ouest de Quimperlé. Il a à l'est le port de Boulguen.

BRIGNON (Forêt de), département de Maine & Loire, arrondissement de Saumur. Elle a du nord au sud deux mille quatre cents toises de long, & de l'est à l'ouest quatorze cents toises de large.

BRILIMES (Ile), du département du Finisterre, à quatre lieues un quart sud-ouest de Concarneau.

BRINDES, ville du royaume de Naples, dans le pays d'Otrante, près du golfe de Venise. C'est le *Brundusium* des Anciens. Elle a plusieurs ports enfermés dans une seule entrée; ce qui offroit un excellent abri. Le port est défendu par un fort qui est dans une île située à côté de l'entrée.

BRINN, cercle d'Allemagne, en Moravie. On y trouve plusieurs mines de fer, des carrières de marbre, &, en quelques endroits, des eaux minérales. Près de Tischowitz on tire, d'une montagne, quantité de faux diamans & d'améthystes. Les forges de fer, les verreries & les raffineries d'alun contribuent au commerce de ce cercle, en offrant des objets très-intéressans.

BRINON, ville du département de l'Yonne, arrondissement de Joigny, sur l'Armançon, à deux lieues à l'ouest de Saint-Florentin. On y fait commerce de bois flotté, & différentes expéditions de cette marchandise.

BRION, village du département de la Lozère, canton de Fournels, à trois lieues trois quarts de Saint-Chely. Près de ce village est une source d'eaux tièdes minérales, mais qui ne sont employées qu'aux usages ordinaires.

BRION, village du département des Deux-Sèvres, arrondissement & canton de Thouars, & à deux lieues de cette ville. Ce village recueille des vins rouges & une grande quantité de blancs généralement estimés par leur fumet & leur délicatesse, qui les font passer pour des vins d'Anjou. Ils sont susceptibles d'être exportés, & gardés pendant quelques années.

BRIONNE, ville du département de l'Eure, arrondissement de Bernay, & à trois lieues & demie nord-est de cette ville. Il y a à *Brionne* deux moulins à huile. Ce pays est fertile en grains, & il y a de belles prairies aux environs.

BRIONNOIS *ou* BRIENNOIS, petit pays de la Bourgogne, sur les confins du Bourbonois. Son chef-lieu étoit Semur. Cette petite contrée, enclavée dans l'Autunois, est fertile en blé, en vins & en excellens pâturages. On y élève beaucoup de bestiaux, & ses vins deviennent très bons lorsqu'ils sont gardés. Ce pays fait aujourd'hui partie du département de Saône & Loire.

BRIOU, bourg du département des Deux-Sèvres, arrondissement de Melle. Ce bourg a un haras de baudets.

BRISANT, BRISANS : ce sont des pointes de rochers qui s'élèvent jusqu'à la surface de l'eau de la mer, & quelquefois au dessus, en sorte que les houles y viennent rompre ou briser. Sur les Cartes marines ils sont représentés par de petites croix figurées ainsi +⁺₊+, suivant leur étendue & leur situation.

On appelle aussi *brisant* le rejaillissement des vagues de la mer contre des rochers élevés ou contre une côte escarpée sur laquelle ces vagues se portent.

Parmi les *brisans* connus les plus célèbres, on remarque ceux qui garnissent la côte sud-est de la Nouvelle-Hollande dans toute son étendue, & sur lesquels le capitaine Cook fut jeté dans son second voyage autour du Monde. Ils sont plongés sous les eaux, & fort peu d'entr'eux paroissent même à la marée basse. Ils sont horizontaux & uniquement formés de polypiers très-durs, dont les animaux sont du plus beau vert.

BRIS DE MER. On appelle ainsi, sur les côtes de Bretagne, surtout aux environs de Saint-Malo & de Saint-Brieux, les gros sables que les flots de la mer accumulent sur les rivages, & dont sont formés les *grèves* depuis le mont Saint-Michel jusqu'à Brest. Ces *bris* ont cela de particulier, que, quoiqu'acculés sur les côtes de l'ancienne terre graniteuse, ils font effervescence avec les acides, & entrent dans la composition des terres dont on fait la faïence, laquelle exige un mélange de terres calcaires pour que les ustensiles qu'on en forme, puissent boire l'émail dont ils sont couverts. Ceci mérite une certaine attention si l'on veut remonter à l'origine & aux gîtes primitifs d'où la mer tire ces *bris* ou *débris* pour les étaler le long de ces côtes, & particulièrement dans les golfes qui sont bordés de grèves.

BRISES journalières de terre & de mer. On doit compter, parmi les vents périodiques, les *brises* de terre & de mer que l'on voit régner dans presque tous les pays de la zône torride. Ces vents ont une période journalière; seulement leur cours est très-régulier, mais leurs effets ne sont jamais sensibles qu'à une très-petite distance des terres. Chaque jour, quelques heures après que le soleil est levé, le vent commence à souffler de la mer ou du large vers les terres. D'abord, il est foible, puis il acquiert de la force, & la conserve environ depuis midi jusqu'à quatre heures du soir. Alors il mollit, &, pour l'ordinaire, il est tout-à-fait calme au coucher du soleil. Peu après le vent s'élève de la terre, & souffle ainsi vers la mer pendant toute la nuit. Voilà donc des vents qui,

comme

comme les mouſſons, font exception au vent aliſé. Il eſt aiſé de faire connoître la cauſe de ce mouvement ſingulier de l'atmoſphère.

Nous avons déjà comparé une île entourée de la mer au plat d'eau chaude placé, dans l'expérience de M. Clare, au milieu d'un autre plat d'eau froide. Les réſultats de cette expérience expliquent fort clairement la cauſe des *briſes* du large, & c'eſt alors l'air plus condenſé de la ſurface des eaux qui ſe porte vers l'air plus échauffé & plus dilaté des terres, pendant que le ſoleil les échauffe par ſa préſence. Voilà pourquoi la *briſe du large*, d'abord calme, fraîchit avec la chaleur du ſoleil, & décroît avec elle; voilà pourquoi cette *briſe* ſouffle du nord-eſt à la bande du nord, du ſud-eſt à la bande du ſud, & de l'oueſt ſous le vent de l'île; voilà pourquoi cet effet eſt d'autant plus ſenſible, que l'étendue des terres entourées d'eau eſt plus conſidérable; pourquoi il n'y a pas de *briſes* aux Antilles, qui, par leur petiteſſe, ſont peu ſuſceptibles de déranger le cours général du vent aliſé.

La *briſe de terre*, qui ſuccède à la *briſe du large*, eſt bien plus générale encore : elle a lieu partout, aux petites îles comme aux plus grandes, & aux continens. Ainſi lorſque nous avons dit qu'aux côtes occidentales d'Afrique, d'Amérique & de l'Indoſtan le vent ſe portoit conſtamment vers les terres, il faut toujours entendre qu'il y a la petite exception de la *briſe de terre* qui ſouffle pendant la nuit, & qui s'étend juſqu'à une lieue & deux au large. Elle a, comme on a vu, pour cauſe la condenſation des vapeurs élevées par le ſoleil, qui ſe raſſemblent, & commencent à tomber au coucher de cet aſtre. Ces vapeurs, ou ſont abſorbées par l'air, ou ſe précipitent dans la mer; mais lorſqu'elles ſont fixées & arrêtées par les montagnes & par les terres, elles ſurmontent, par la condenſation qu'elles peuvent occaſionner dans l'air des terres, la tendance qu'a l'air de la mer, ordinairement plus denſe, de ſe porter dans les terres. Lorſque ces vapeurs ſont abondantes, la *briſe* eſt plus forte; lorſqu'elles ſont en médiocre quantité, elle eſt réduite au calme, ou l'on éprouve des viciſſitudes de *briſes du large* & *de terre*. Enfin, quelquefois la *briſe de terre* manque tout-à-fait. Ces *briſes*, en certains tems, ſont très-ſenſiblement froides, & obligent les habitans des côtes à ſe vêtir & à ſe renfermer. L'action de ces vapeurs ſemble partir d'un centre placé au milieu de l'île, & ſe diriger vers chacun des points de la circonférence; de ſorte que chaque cap, chaque anſe, a ſon vent particulier.

Une nouvelle preuve que les vapeurs produiſent ces vents de terre, c'eſt qu'ils ſont conſtamment plus forts lorſqu'il a plu. Nous verrons à l'article de SAINT-DOMINGUE, où l'on obſerve de ces *briſes*, qu'en certains jours orageux la *briſe* ſe lève tout à coup avec une telle violence, qu'elle eſt capable de faire chaſſer les vaiſſeaux ſur leurs ancres & de caſſer des grelins.

En Europe, pendant les ſaiſons chaudes, lorſque le tems eſt beau, on éprouve des effets aſſez ſemblables : ainſi le matin le vent eſt à l'eſt; il paſſe enſuite à l'oueſt pendant le jour, pour retourner au nord-eſt ou à l'eſt pendant la nuit. Cette ſucceſſion de vent eſt, comme nous l'avons déjà remarqué, très-naturelle lorſque l'atmoſphère jouit d'un certain état de pureté & d'équilibre, & que le tems eſt calme. On dit alors que le vent ſuit le ſoleil, parce que l'air, qui ſe porte toujours vers le lieu où la chaleur & conſéquemment la dilatation eſt la plus forte, va frapper ſucceſſivement les faces orientales & méridionales des terres & des objets oppoſés à l'action du ſoleil. Au reſte, comme cela n'a lieu que lorſque le tems eſt très-pur & très-ſerein, on en tire aſſez généralement un indice en faveur de la continuation du beau tems.

BRISES. On appelle ainſi, en Amérique, des vents de nord & de nord-eſt qui ſoufflent, certains mois de l'année, dans des parties de continent & dans des îles, & qui rafraîchiſſent un peu l'atmoſphère. Ces *briſes* n'ont pas lieu tous les jours : elles ne paroiſſent pas à des époques fixes chaque année, ni à des heures réglées chaque jour; elles arrivent, ſur certaines côtes, plus tôt ou plus tard. Depuis le 8 décembre 1764 juſqu'au 12, elles ſoufflèrent vers les deux heures après midi à Panama; le 13, la *briſe* fut foible, & le thermomètre qui, les autres jours, avoit marqué 23 degrès, s'éleva à 24; le 14, point de *briſe*, & le thermomètre fut à 24 degrés & demi; le 15, la *briſe* ſouffla, & le thermomètre ne s'éleva qu'à 23 degrés.

De même à Porto-Belo & à Carthagène d'Amérique, lorſque les *briſes* ſont foibles, elles ne rafraîchiſſent pas autant la terre que quand elles ſe ſoutiennent dans un certain degré de force. Ces *briſes* ont produit, ſoit à Porto-Belo, ſoit à Carthagène, une différence d'un demi-degré ou d'un degré & demi de moins dans la température de ces différens lieux, ſuivant leur force. Ce ſont les mêmes effets à la Havane. (*Voyez les articles* PANAMA, PORTO-BELO, CARTHAGÈNE, HAVANE & SAINT-DOMINGUE, où l'on rappellera ces *briſes* avec les détails qui conviendront à cette marche des vents & à celle de la température qu'ils occaſionnent ſur les terres.)

BRISGAW, pays d'Allemagne, dans le cercle de Souabe, ſéparé de l'Alſace par le Rhin. Le Vieux-Briſach en eſt la capitale. Cette ville eſt ſituée, partie ſur le Rhin, partie ſur une montagne. On y remarque un puits taillé dans le roc, qui a cent quatre-vingts pieds de profondeur. La partie qui eſt ſur les bords du Rhin offre un pont de bateaux, qui offre un paſſage très-fréquenté.

Je dois rappeler ici la découverte de M. Diétrick, qui trouva, dans cette contrée, des veſtiges très remarquables d'une éruption volcanique. C'est là que les naturalistes des environs doivent aller reconnoître les productions des feux souterrains qui sont à la superficie du terrain, & qui ont conservé les différens caractères qui en font des témoins de ces anciens événemens.

Cette découverte est intéressante en ce que l'auteur annonce aux naturalistes l'existence de plusieurs massifs de laves dans les environs du Vieux-Brisach, d'Ihringen, d'Alckern & de Rottweil, & en ce qu'il y joint la description de ces produits du feu & des mélanges qui s'y trouvent.

BRISTOL, baie & rivière situées à 58 deg. 27 min. de latitude sur la côte occidentale de l'Amérique septentrionale.

Au nord du promontoire d'Alaschka l'eau diminue considérablement de profondeur, & les montagnes se reculent fort avant dans l'intérieur des terres, laissant devant elles & la mer une large bordure de terres basses, qui ceignent la grande baie de *Bristol*, avec une rivière au fond dont l'embouchure a un mille de largeur. Le cap Newenham, latitude 58 deg. 42 min., qui est un massif de rocher solide, forme la pointe septentrionale de la baie, à vingt-huit lieues du cap Onemak, qui est la pointe méridionale. Le premier n'offre qu'une stérilité universelle, & sans aucune végétation dans ses environs.

Au 15 juillet les walruses ou vaches marines commençoient à s'y montrer par troupes nombreuses sans qu'il y eût des glaces; ce qui prouve que ces glaces ne sont pas nécessaires à leur existence.

Les habitans de toute cette côte sont beaucoup plus mal vêtus que ceux d'Alaschka & de la rivière de Cook; mais ils ont de commun avec eux la coutume de se défigurer le nez & les lèvres, de raser leur tête & de couper leurs cheveux un peu à la manière des Chinois.

Du cap de Newenham le continent se prolonge droit au nord. A l'ouest est l'île de Gore, remarquable par un rocher considérable, à la latitude de 60 deg. 17 min., longitude 187 deg. 30 min., appelé *la Pointe droite*, & tout près est un îlot dont les côtes sont très-hautes, & en rochers nommés *les Pinnacles*. Des légions de pingouins habitent ces côtes escarpées. Cette île d'ailleurs paroît être la limite septentrionale de la retraite des loutres de mer.

Au-delà de la pointe de Shallow-Water, latitude 63 deg. 30 min., est le cap Stephens, & en face l'île Stuart: ils forment les pointes méridionales du détroit de Norton, formé par un vaste enfoncement des terres vers l'est. Près de la mer la terre est partout basse & stérile: dans l'intérieur du continent on apperçoit des montagnes. Les arbres, fort petits, se réduisent au bouleau, à l'aune, au saule & au spruce. Aucun arbre de cette dernière espèce ne passe six ou huit pouces de diamètre; mais le bois de flottage, couché sur le rivage en très-grande quantité, est beaucoup plus gros. Il est charrié par les rivières qui y débouchent, & qui les amènent de l'intérieur des terres, où apparemment le climat est plus favorable à leur accroissement que sur la côte. Vers le fond de la baie, le cap Denbigh s'avance considérablement à l'ouest dans la mer, & forme une presqu'île. Il y a grande apparence que c'étoit une île; car l'isthme porte des marques fort faciles à reconnoître, que la mer en occupoit la place.

Le détroit, depuis le cap Denbigh, se resserre, & s'alonge en une crique très-profonde qui offre l'apparence d'une longue rivière. Le continent, dans cette partie, consiste en vastes plaines divisées par des collines d'une hauteur moyenne, & arrosées par plusieurs rivières qui y serpentent. La végétation semble prendre une certaine vigueur à mesure qu'on s'éloigne de la mer, & les arbres augmentent en grosseur; ce qui semble prouver que, sur ces côtes, le principe du froid & de la stérilité vient de la mer & des glaces qui s'y forment ou qui y flottent. Un promontoire appelé *Baldhead* (Tête-chauve) termine l'entrée de la crique au nord. Plus loin, à l'ouest, le cap Darby, latitude 64 deg. 21 min., est l'autre limite septentrionale de cette grande baie.

Cette côte est fort peuplée. Les habitans ont environ cinq pieds deux pouces, & ressemblent, quant à leurs traits, à tous les naturels vus depuis la baie de Nootka. Ils avoient deux trous à la lèvre inférieure. La couleur de leur peau est celle du cuivre. Leur langage est un dialecte des Espimaux. Ils leur ressemblent aussi par la manière de s'habiller, &c.

Du cap Darby la terre se range à l'est, & se termine à la pointe Rodney. Là elle est basse; bien loin au-delà elle s'élève considérablement dans l'intérieur du pays, où elle prend une direction nord. Devant la pointe Rodney est l'île du Traîneau, ainsi nommée à cause du traîneau qu'on y trouva, & qui ressembloit à ceux dont se servent les Russes du Kamtzchatka pour voiturer leurs denrées sur la neige.

A la latitude de 64 deg. 55 min. est l'île de King. Le continent, vis-à-vis l'île, tourne vers l'est, & forme une baie dont l'eau est peu profonde; ensuite il s'avance brusquement dans la mer, & y forme l'extrémité la plus occidentale qui soit encore connue. On y a vu plusieurs huttes & des planchers d'os, tels qu'on en trouve dans le pays des Tschutski. Ce cap forme un des côtés du détroit de Béring, & il est situé presque vis-à-vis du cap Est, sur le rivage opposé de l'Asie, à la petite distance de trente-neuf milles ou treize lieues. Il est situé sous la latitude de 65 deg. 46 min., & se nomme *le cap du Prince de Galles*. C'est une terre basse, & au-delà les hauteurs paroissent, &, parmi elles, une montagne pointue se distingue facilement.

BRIVES, ville du département de la Corrèze, située sur la rivière de ce nom, & vis-à-vis d'une île qu'elle forme. Sa situation est dans une plaine charmante. Le commerce de *Brives* consiste en châtaignes, huile de noix & vins d'excellente qualité, les vins ordinaires étant convertis en eau-de-vie; en différentes marchandises provenantes des manufactures de cette ville & lieux voisins. Outre cela, il a un grand débit de bois merrain & de construction. On engraisse aux environs une grande quantité de bœufs pour Paris, & de porcs pour Bordeaux; les Cévennes & le ci-devant Languedoc. Près de *Brives* on voit des carrières d'ardoises, dont les couches sont fort inclinées à l'horizon. Il y a aussi des bancs de pierres de sable assez tendres, & qui sont connues dans la contrée sous le nom de *brasier*.

BRIX, bourg du département de la Manche, canton de Valognes, & à deux lieues de cette ville. Il y a au couchant de *Brix* la forêt de même nom, qui a plus de huit lieues de tour.

BRIZEMBOURG, village du département de la Charente-Inférieure, à trois lieues de Saint-Jean-d'Angély. Les terres des environs sont propres à la fabrication des briques, des tuiles & de la faïence.

BROERS, banc de sable du département de la Lys, arrondissement de Furnes, canton de Nieuport, à une lieue ouest de la côte. Il a la forme d'un triangle, dont les angles sont arrondis. Chaque côté a trois quarts de lieue de longueur.

BROIE, rivière de Suisse, qui prend sa source dans le canton de Fribourg, près de Châtel-Saint-Denis, traverse les bailliages de Montagny, de Moudon & d'Avanche, & va se jeter dans le lac de Morat près d'Avanche. Elle en sort près de Saugy pour se jeter dans le lac de Neuchâtel. C'est dans le lit de cette rivière que se trouve le lac de Morat, & c'est par elle, au sortir de ce lac, que celui de Neuchâtel a été digué, suivant la règle générale. La *Broie*, il est vrai, se jette dans le lac; mais il est visible que l'embouchure actuelle de la *Broie* est l'effet des dépôts de cette rivière, qui ont occasionné ce déplacement après que la digue du lac a été formée. (*Voyez les articles des lacs de* NEUCHATEL *& de* MORAT.)

BRONN (Nider-), bourg du département du Bas-Rhin, à cinq lieues sud-ouest de Weissembourg. Il y a dans ce bourg plusieurs manufactures de garance, plusieurs sécheries, fonderies, forges, martinets & ateliers de taillanderies, mines de fer en grain, une fabrique de potasse & salin, plusieurs de poix noire, résine ou goudron, une de sulfate de fer ou vitriol martial, onze poteries de terre, huit tuileries & briqueteries.

On trouve, aux environs de ce bourg, des eaux minérales qui sont en réputation depuis plus de deux siècles. Elles sont annoncées par plusieurs médecins fameux. La source des eaux a son origine dans un lit de cailloux. On y a formé une enceinte de forme héxagonale, afin que les eaux étrangères ne s'y mêlassent point. De cette colonne creuse sortent deux canaux de plomb, qui conduisent l'eau dans un bain construit avec la même attention. On a remarqué différentes fois que la boisson de ces eaux, ainsi que les bains & les douches, avoit été très-salutaire à des paralytiques. Ces eaux guérissent aussi les affections cutanées, telles que la gale, le prurit & les dartres.

BROSELY, près de Wenlock dans le Shropshire. Au mois de juin 1711, environ trente-six heures après un orage remarquable, on entendit, dans la nuit, à *Brosely*, un bruit terrible qui réveilla plusieurs personnes. On se leva pour voir ce que c'étoit, & on parvint enfin à un endroit plein de fondrières, sous une éminence d'environ six cents pieds au-delà de la rivière Sévern. On s'apperçut que le terrain trembloit: on entendit un murmure intérieur, & l'eau bouillonnoit à travers l'herbe. On prit une bêche, & dès qu'on eut un peu creusé, l'eau jaillit subitement à une grande hauteur, & la chandelle qui éclairoit le travail la mit en feu.

Pour empêcher la source d'être détruite, on a mis par-dessus une cuvette de fer, avec un couverc lequ'on ferme, & qui a un trou au milieu, par lequel les curieux peuvent voir l'eau qui est dessous.

Si on présente une lumière à ce trou, l'eau semble prendre feu sur-le-champ, & brûler comme de l'esprit-de-vin. Cette flamme dure tant qu'on la garantit de l'accès de l'air; mais si l'on ôte le couvercle de la cuvette, elle s'éteint aussitôt.

Quelques personnes ont eu la curiosité de mettre un pot d'eau sur la cuvette après y avoir mis le feu, & d'y faire cuire des pois verts ou une pièce de viande, & l'ébullition a eu lieu beaucoup plus tôt que sur le feu ordinaire. Si l'on y présente du bois vert ou tout autre corps combustible, il est bientôt réduit en cendres.

L'eau par elle-même est froide; mais elle laisse échapper beaucoup de gaz hydrogène, & c'est ce gaz qui s'enflamme & qui brûle perpétuellement, parce qu'il est perpétuellement renouvelé.

Cette fontaine étoit restée perdue pendant plusieurs années. Le propriétaire qui trouvoit du profit à la montrer, est parvenu à la retrouver après bien des recherches. Il a fait un nouveau puits de quatre à cinq pieds de profondeur, sur six à sept de diamètre. Il y a au fond un autre trou moins large, creusé dans l'argile, au fond duquel on a fixé un vaisseau de grès cylindrique d'environ quatre à cinq pouces de diamètre, & serré de tous côtés avec de l'argile battue. On voit dans ce pot une eau brune, épaisse, qui bouillonne continuellement avec un bruit sourd, & qui s'élève & s'abaisse alternativement de cinq à six pouces. Lorsqu'on approche un flambeau de l'orifice du pot, il se forme une flamme qui ressemble à celle de l'esprit-de-vin. On l'éteint avec un goupillon mouillé.

BROSSASCO, bourg du département de la Sture, arrondissement de Saluces, sur la rive gauche de la Vraita, à trois lieues sud-ouest de Saluces. Il y a dans ce bourg des fabriques de grosses toiles & une filature de soie.

BROSSAY (Forêt de), du département du Maine & Loire, arrondissement de Saumur, & à deux tiers de lieue sud-est de Coudray. Elle a de l'est à l'ouest deux mille deux cents toises de long, & du nord au sud mille toises de large.

BROSSES (Forêt des), département de l'Indre, arrondissement & canton de le Blanc, & à cinq lieues de cette ville. Elle a deux mille toises de longueur, sur seize cents toises de largeur.

BROSSIGNY (Étang de). Dans cette paroisse, voisine de Fougères, sur les frontières de la ci-devant province de Bretagne, cet étang se trouve au milieu d'un vallon d'environ trois quarts de lieue de circuit. Il reçoit ses eaux de quantité de sources que fournissent les coteaux qui forment les bords du vallon. Indépendamment d'un petit nombre d'îles flottantes qu'on voit à sa surface, & dont quelques-unes sont garnies d'arbres, il est presqu'entiérement couvert d'une grande prairie fortement adhérente à la chaussée, sans tenir en aucune manière aux autres bords de l'étang. Cette prairie est entiérement soutenue sur l'eau. Quand l'étang est plein, elle est de niveau avec la chaussée; & quand l'étang baisse, elle forme une espèce de glacis. On voit qu'elle doit nécessairement couvrir la bonde de l'étang. Ainsi quand on veut le mettre à sec pour le pêcher, il faut y faire une ouverture. C'est dans cette circonstance qu'on a pu mesurer l'épaisseur de cette île, qu'on a trouvée d'environ soixante pieds. On observa en même tems que ce terrain flottant étoit formé de différentes couches de terres entre-mêlées de racines, dont les plus voisines de la surface de l'eau sont les plus noirâtres. Cet assemblage paroît être un terreau fort léger, formé par la pourriture des racines des plantes & des arbrisseaux qui y naissent & y périssent chaque année. Il paroît que cette île n'a pu parvenir à cette épaisseur & à couvrir presqu'entiérement l'étang, que dans une longue suite d'années. Elle est d'un tissu spongieux : on peut, en y enfonçant un long bâton, traverser toute son épaisseur. Cependant le dessus en est solide & ferme : on peut s'y promener, & l'on croit marcher sur du duvet, parce qu'il est revêtu de mousses entre-mêlées de quelques herbes. L'étang est très-poissonneux : la pêche en est très-abondante, & le poisson fort gros. Cette prairie flottante est assez semblable à celles que les Italiens nomment *cuores*. (*Voyez cet article*, Académie des sciences, 1745.)

BROU, ville du département d'Eure & Loire, arrondissement de Châteaudun. Il y a des fabriques de serges blanches à deux étains, des étamines & des filasses. On tire aux environs beaucoup de marne, terre propre à engraisser les champs qu'on cultive.

BROUAGE, ville du département de la Charente-Inférieure, arrondissement & canton de Marennes, près du canal de *Brouage*, à un quart de lieue de Marennes. Il y a un port assez favorable à l'entrée des gros vaisseaux qui y abordent pour en enlever les différens objets d'exportation. Le principal commerce de *Brouage* consiste dans ses marais-salans. L'abondance en est telle, que ce pays pourroit lui seul approvisionner de sel toute la France & même les pays du Nord. On trouve aux environs des cailloux susceptibles d'un beau poli, imitant ceux de Médoc. Les eaux de la mer montent par les marées jusqu'à ses murs.

BROUAGEOIS (le), petit pays faisant autrefois partie de la Saintonge, & qui s'étend particuliérement le long de ses côtes. Il a été démembré de cette province. C'est dans ce pays que se fabrique le meilleur sel. On a cherché à l'imiter en Bretagne. L'air de ce pays est mal-sain, & les eaux en sont mauvaises. Cette petite contrée fait partie aujourd'hui du département de la Charente-Inférieure.

BROUARD (Forêt de), du département de l'Indre, canton de Villentrois. Elle a trois mille huit cents toises de long, sur trois mille cinq cents toises de large.

BROUDELLO, village du département de la Sture, arrondissement de Saluces, sur une colline, presqu'à la source d'un ruisseau qui tombe dans le Pô, à une lieue & demie sud-ouest de Saluces.

BROUEGEN, FRUNTCUM & CANAPRE, ports du département du Finisterre, arrondissement de Quimper, canton de Ponteroix, à une lieue nord-est de Cloden. Ces trois ports ne tiennent qu'une lieue de longueur.

BROUIS (Montagne de), département du Var, à une lieue un tiers de Comps. Elle a, du sud-sud-ouest au nord-nord-est, une lieue & demie de longueur.

BROUSSETTE (la), rivière du département

des Basses-Pyrénées, arrondissement d'Oléron, canton d'Arudy. Elle prend sa source au pied de l'ancien Mont, verse ses eaux au nord-est, & se rend dans le gave de Gabas.

BROUSSEVAL, village du département de la Haute-Marne, canton de Vassy, près de la Blaise. Il y a une forge intéressante sur la Marne.

BRUADAN (Forêt de), département de Loir & Cher, arrondissement de Romorantin, & à une lieue un quart nord-est de cette ville. Elle a quatre mille six cents toises de long, sur deux mille deux cents toises de large.

BRUC, village du département d'Ille & Vilaine, arrondissement de Redon. Il y a une carrière de marbre jaune & maculé des mêmes couleurs, avec des veines ou zônes d'un bleu-indigo.

Dans le même département se trouve la rivière qui porte le même nom que ce village, dans l'arrondissement de Vitre, canton de Retiers, à l'est duquel elle prend sa source, &, sur la direction de l'ouest-nord-ouest, se rend dans la Vilaine après onze lieues de cours.

BRUCHE (la), rivière du département du Bas-Rhin. Elle prend sa source à trois lieues nord-est de Senones, verse ses eaux à l'est-nord-est, arrose plusieurs villages, passe à Moutzig, à Molsheim & à Dachstein. En parcourant la vallée du Rhin, après avoir quitté les Vosges, la *Bruche* se rend dans l'Ill à Strasbourg.

En parcourant les noms de villages qui se trouvent dans la liste générale de la France, j'en trouve une vingtaine qui portent la dénomination de *Bruche*.

BRUGAS (Plage du Faux-), département du Var, arrondissement de Toulon, canton d'Ollioules, à une lieue deux tiers sud-ouest de Toulon, entre la calanque du Grand-Beau & la plage de la Verne.

BRUGE, village du département de la Dyle, arrondissement de Bruxelles, canton de Hall, & à trois quarts de lieue ouest de cette ville. Le territoire de ce village est fertile en froment, seigle, orge, avoine & colsat.

BRUGES, ville du département de la Lys, sur un beau canal dans une belle plaine, à trois lieues un quart sud-est de la mer & de Blankenberg. Cette ville a cependant un port, avec de grandes commodités pour la navigation maritime. Elle a des fabriques & des manufactures de toute espèce, des corderies & faïenceries; enfin, elle a cent allèges, de quarante à cent tonneaux, pour le transport des marchandises dans l'intérieur.

BRUGGE-BEKE, ruisseau du département de la Lys, canton de Thorout. Il prend sa source à une lieue trois quarts sud-est de Thorout, arrose Lichlervel en allant au nord, tourne à l'ouest, puis au sud-ouest, se réunit au Palink-Put-Beke, & forme le Crekel-Beke, qui fournit des eaux au petit canal de Dixmude à Haut-Sarne, après deux lieues trois quarts de cours de l'est à l'ouest.

BRUGNY (Forêt de), du département de la Marne, canton d'Avise & de Montmort, en deux parties séparées par le bois de Saint-Martin, à deux lieues sud-ouest d'Épernay. Elles ont chacune une forme carrée de quatorze cents toises dans les deux sens. Le sol de ces forêts renferme une certaine quantité de gros blocs de meulières.

BRUHL, ville du département de la Roër, arrondissement de Cologne, & à deux lieues sud-sud-ouest de cette ville. Elle est située sur le Roos, ruisseau qui se perd dans le Rhin. Les étrangers la visitent fréquemment à cause des lieux de plaisance qui se trouvent dans les environs. C'est le chef-lieu de la quatrième Cohorte de la Légion d'honneur.

BRULOIS, petit pays dans le Bas-Armagnac en Gascogne. Il s'étend sur la rive gauche de la Garonne. Le bourg de Leyrac en étoit le chef-lieu. Cette petite contrée est abondante en excellens pâturages, & l'on y recueille du blé & du vin. *Brulois* fait aujourd'hui partie des départemens de Lot & Garonne, & du Gers.

BRUNOY, village & château dans la vallée de l'Yerre. Il y a des fabriques de salpêtre dont on fait commerce, & plusieurs carrières de pierres à chaux. La rivière de l'Yerre est exposée à un grand nombre d'oscillations & à des crues considérables.

BRUNVILLIERS-LA-MOTHE, village du département de l'Oise, canton de Saint-Just-en-Chaussée, à une lieue un quart de cette ville. Il y a des fabriques particulières de toiles de chanvre.

BRUS (Plage du), département du Var, canton de Saint-Tropez, entre l'écueil du Javard & la calanque du Rouveau.

BRUS (Plage du), département du Var, arrondissement de Toulon, à deux lieues & demie ouest-sud-ouest de cette ville, entre la plage de la Péra & l'île des Embies. Les plages sont très-intéressantes le long de cette côte.

BRUSSEGHEM, village du département de la Dyle, arrondissement de Bruxelles, à deux lieues un quart nord-ouest de cette ville. Cette commune est abondante en grains, pâturages & bois, & possède un moulin à vent & une brasserie.

BRUXELLES (Canal de), département de la Dyle. Il commence dans la ville de Bruxelles, & se dirige au nord, passe à l'ouest de Vilvorden, retourne au nord-nord-ouest, puis au nord, passe à l'ouest du village de Blæsvelt, à l'est de Villebroeck, & se rend dans les eaux de la Nethe, de la Dyle & de la Senne réunies au sud de Boom. Il a de long six lieues & demie du sud au nord.

BRUYÈRES, village du département de l'Ain, canton de Fère-en-Tardenois, à trois lieues deux tiers de Château-Thierry. Il y a une fontaine d'eau minérale ferrugineuse.

BRUYÈRES, ville du département des Vosges, arrondissement d'Épinal, & à cinq lieues nord-est de cette ville. *Bruyères* est le centre d'un commerce assez considérable. C'est là que les coquetiers des montagnes vont débiter leurs denrées : beaucoup de ceux des départemens de la Meurthe, de la Moselle, de la Meuse, du Haut & Bas-Rhin y font leurs approvisionnemens. Ce commerce consiste principalement en beurre, œufs, fromages, bestiaux, fil & toiles, dont la plus grande partie se consomme dans le département du Doubs.

C'est près de cette ville intéressante que se fait la pêche des huîtres qui renferment les perles, & qui se trouvent dans la Vologne.

BRUYÈRES. Leurs incendies au pays de Galles. Les *bruyères*, *fougères* & *ajoncs* qui couvrent les montagnes, & qui entourent, de tous côtés, la vallée de Llangollen, ont pris feu dans le mois d'août de l'année 1800, & les flammes se sont portées, en diverses directions, à des distances effrayantes, & jusqu'à huit ou dix milles. En plein jour on voyoit la fumée s'élever en vastes tourbillons, & à une hauteur prodigieuse, en sorte que toute la contrée étoit comme enveloppée dans une espèce de brouillard qui déroboit à la vue tous les objets éloignés. Quand la nuit commençoit, ce spectacle étoit encore plus frappant & plus terrible. Ceux qui se trouvoient placés vers le milieu des montagnes, découvroient une circonférence d'environ vingt milles, d'où, comme d'un immense volcan, s'élevoient des flammes dévorantes, qui malheureusement atteignirent plusieurs champs de blé. On a fait, sur cet accident, plusieurs conjectures. Quelques personnes ont pensé qu'il a été occasionné par la foudre ; d'autres ont cru qu'il provenoit de la combustion des *bruyères*, qui précède ordinairement l'écobuage de certains terrains. Quelle qu'ait été la cause de ce terrible incendie, à raison de la dessiccation de toutes les plantes qui eut lieu quelques semaines avant, il s'est répandu avec une telle rapidité, que quelques bêtes à laine, surprises par les flammes, y ont péri. On a employé d'abord un grand nombre de bras à faire des tranchées pour arrêter ce fléau ; mais on n'a pas eu un certain succès. L'air, tant à Shrewsbury qu'aux environs, fut fortement imprégné, pendant plusieurs jours, d'une odeur de tourbe brûlée qui se fit sentir toutes les fois que le vent souffloit des parties où régnoit l'incendie. Il n'est pas surprenant que le feu se soit communiqué aux tourbes qui se sont trouvées dessous les *bruyères* ; car nous citerons, dans plusieurs articles de ce Dictionnaire, des incendies de tourbes qui ont eu lieu, surtout après qu'elles ont été desséchées par des travaux qui les ont tirées de dessous les eaux des marais où elles avoient été formées, & séjourné un certain tems.

BUA (Ile de), dans la Dalmatie, que Pline appelle *Bubus*. Cette île jouit d'un climat très-doux & d'un bon air ; elle a dix milles de longueur, & vingt-cinq de circuit. Comme sa composition peut donner une idée de celle des environs, j'ai cru qu'il étoit utile de faire connoître la nature des matériaux que les naturalistes y ont rencontrés.

On trouve dans cette île une grande variété de marbres & de pierres de taille molles. On y voit d'abord du marbre commun, dur, feuilleté, & ressemblant à celui d'Istria ; puis un marbre rempli, à sa surface, de corps marins ; mais celui qui y domine, est le marbre lenticulaire, plus ou moins dur. On rencontre en même tems dans cette île des lits de pierres calcaires molles, qui se taillent aisément ; de la craie durcie, & des groupes d'un spath connu des sculpteurs sous le nom d'*albâtre fleuri*.

Des cailloux de toutes couleurs, d'une forme irrégulière, anguleuse, aplatie & quelquefois par grandes tables, sont incorporés dans les marbres. Il paroît que ces corps occupent les fentes qui ont été produites, dans la substance du marbre, par l'effet de la dessiccation de la matière molle. Quelques naturalistes ont prétendu, sans aucun fondement, que ces cailloux sont des matériaux qui ont appartenu à d'anciennes montagnes, & qui ont été ensevelis dans la pâte du marbre avant qu'elle ait pris une certaine consistance & qu'elle ait été infiltrée. Ces cailloux, pris dans le marbre, sont souvent couverts d'une croûte d'ocre d'une demi-ligne d'épaisseur ; quelquefois ils sont marqués de taches de rouille. Ceux qui se trouvent dans la craie ou dans des fragmens de corps marins inégalement pétrifiés, ont la figure ronde, en forme de poire. Ces figures, au reste, sont communes aux cailloux de *Bua* avec d'autres pierres, de nature différente, qui se trouvent aux mêmes lieux ; ce qui pourroit donner lieu de penser que ce qui est cailloux ou silex a reçu cet état par un travail qui s'est étendu sur une base, suivant la forme primitive que cette base pouvoit avoir : ce qui rentreroit dans l'opinion de l'abbé Bacheley, qui a prouvé que la forme de plusieurs sortes de silex étoit due à celle des corps marins qui avoient été silifiés. (*Voyez les articles* SILEX *ou* CAILLOUX.)

Entre les objets remarquables de l'île de *Bua*, on doit distinguer une mine d'asphalte. La montagne d'où sort cet asphalte est composée de couches de pierres qui offrent un grand nombre de fentes. L'asphalte sort des intervalles des couches comme des fentes, avec cette différence que l'intervalle des couches ne donne que des gouttes presqu'imperceptibles de bitume, au lieu que les fentes fournissent des larmes plus considérables. Ces larmes sortent & se montrent au dehors pendant les heures les plus chaudes du jour, & surtout quand les rayons du soleil donnent directement sur les couches de marbre. Cet asphalte est de la meilleure qualité, luisant comme le bitume de Judée, noir, odorant, pur & tenace. Il sort mollasse, & se durcit en grosses larmes après que le soleil est couché. En rompant sur les lieux beaucoup de ces gouttes, on trouve, dans presque toutes, une cavité intérieure remplie d'une eau très-limpide. La plus grande largeur de ces larmes est de deux pouces, & la largeur ordinaire d'un demi-pouce. Les crevasses & les fentes du marbre d'où suinte le bitume sont à peine larges d'une ligne, & sans la couleur noire que l'asphalte leur imprime, on auroit de la peine à les distinguer.

Lorsqu'on brise des morceaux de la pierre dure calcaire du rocher, on trouve, dans les fractures, des taches d'une poix luisante, qui ont quelquefois communication avec des fentes extérieures, mais qui souvent sont concentrées dans l'intérieur. Cette disposition prouve que les amas de poix ont été déposés en même tems que la substance des couches, par conséquent qu'ils flottoient au milieu de l'eau de la mer dans le bassin de laquelle ces couches se formoient. Au reste, pour expliquer tous ces faits & beaucoup d'autres, il faut réunir plusieurs autres observations qu'on a eu lieu de faire dans d'autres provinces, & surtout en Auvergne, où les phénomènes se présentent plus en grand & avec des circonstances infiniment instructives. (*Voyez* PUYS DE LA POIX, ASPHALTE.)

BUC (Montagne de), département de la Drôme, à six lieues deux tiers de Nions. Sa direction est de l'est à l'ouest : elle a une lieue de long.

Buc, village du département de Seine & Oise, arrondissement & canton sud de Versailles, dans le parc, sur la Bièvre dite des *Gobelins*, à deux tiers de lieue de Versailles. Louis XIV y fit élever un aqueduc, & l'on détruisit pour cela la belle maison de l'Étoile, qui servoit de retraite au duc d'Orléans.

BUCAILLE (Bois de la), du département de Seine & Oise, arrondissement de Mantes, canton de Magny, dans le terroir de la commune d'Anicourt, à une lieue trois quarts sud de Magny.

BUCH *ou* CHAPTALAT DE BUCH : c'est une petite contrée du ci-devant Bourdelois en Guienne. Elle est située sur les côtes du golfe de Gascogne. Elle paroît avoir quatorze lieues de longueur, sur dix de largeur. C'est un pays sablonneux, & qui est rempli de dunes fort élevées. Presque tous les habitans sont, ou pêcheurs, ou gens de mer. On y fait un grand commerce de bray, de résine & de goudron que fournissent les forêts de sapins. Le bourg de *Tête-de-Buch* étoit le chef-lieu de ce petit pays, lequel fait partie aujourd'hui du département de la Gironde. C'est là que nous exposerons ce qui a pour objet les productions du sol & l'industrie des habitans de *Buch*.

BUCHAN, contrée de l'Écosse méridionale, bornée, au nord & à l'orient, par la mer; au sud, par le comté de Marr, & au couchant par celui de Murray. Elle a dix lieues de long, sur dix de large. Elle fournit des laines très-fines, de l'ambre jaune qu'on pêche sur les côtes, &, dans l'intérieur des terres, on y trouve beaucoup d'agates.

BUCHARIE, grand pays d'Asie, dans la Tartarie. Elle est bornée, au nord, par le pays des Calmoucks, par la petite Bucharie à l'est, & par les États de la Perse & du Mogol au sud. C'est la partie la plus peuplée & la mieux cultivée de la Grande-Tartarie : aussi est-elle très-fertile & abondante en récoltes. Les habitans sont nommés *Tartares Usbecks* par les Persans & les Mogols. La petite Bucharie est à l'orient des montagnes du royaume de Cachemire.

La *Bucharie* est un pays fort agréable, fertile en fruits, en légumes & en grains. Il y a de beaux pâturages & de grandes forêts.

BUCHY, bourg du département de la Seine-Inférieure, à cinq lieues de Rouen. Il y a un atelier d'évaporation de salpêtre.

BUDE, grande & forte ville de la Basse-Hongrie, sur le Danube. La situation en est agréable, & le terrain des environs est fertile en vins excellens. Il y a des sources d'eaux chaudes, où l'on peut faire cuire des œufs en peu de tems, quoiqu'on y voie nager des poissons qui y vivent.

BUDOMEL (Pays de), contrée d'Afrique, sur la côte de Sénégal. La chaleur y est si grande, qu'il n'y croît ni froment, ni riz, ni aucune espèce de grains. La vigne n'y vient pas plus heureusement. Les pluies n'y tombent que dans l'espace de trois mois dans toute l'année, encore en petite quantité; mais on y recueille du millet, des féves & des noisettes. Les habitans plantent au mois de juillet, pour recueillir au mois de ſeptembre. Ils font uſage de liqueurs & de vin de palmier. Ils ont outre cela pluſieurs eſpèces de fruits différens de ceux d'Europe. Le pays a encore d'excellens pâturages le long des rivières, des étangs & des lacs, & les habitans nourriſſent des vaches, des bœufs & des chèvres. On y trouve auſſi différentes ſortes d'animaux ſauvages, mais ſurtout une prodigieuſe quantité de ſerpens d'une groſſeur monſtrueuſe.

BUECH (la), rivière du département des Hautes-Alpes. Elle prend ſa ſource par deux ruiſſeaux nommés chacun *la Buech*, l'un à deux lieues & demie de Gap, l'autre au département de la Drôme, à deux lieues un quart ſud de Meus, qui coulent vers le ſud, ſe réuniſſant à une demi-lieue nord de Serres, &, ſe dirigeant au ſud-eſt, ſe rendent dans la Durance au nord de Siſteron, à quinze lieues & demie ſud-eſt de leurs ſources.

BUEJES (la), rivière du département de l'Hérault. Elle a ſa ſource à une lieue à l'eſt de Saint-Martin-de-Caſtries, coule au nord-eſt, entre dans l'arrondiſſement de Montpellier, paſſe à Pégacrolles & à Saint-Jean-de-Buejes, &, tournant vers l'eſt-ſud-eſt, va ſe rendre dans l'Hérault.

BUENOS-AYRES, BONNES-AYRES, ville eſpagnole de l'Amérique méridionale, capitale du gouvernement de Rio de la Plata. Elle a, par ſa ſituation & la bonté de l'air qu'on y reſpire, tout ce qui peut rendre une colonie floriſſante. La vue s'étend d'un côté ſur de vaſtes campagnes couvertes d'une éternelle verdure. Le fleuve de la Plata fait les deux tiers de l'enceinte de la ville, & paroît, au nord, comme une mer qui n'a de borne que l'horizon.

L'hiver de cette contrée commence au mois de juin, le printems au mois de ſeptembre, l'été en décembre, l'automne en mars, & ces quatre ſaiſons y ſont très-bien réglées. En hiver les pluies ſont abondantes, & toujours accompagnées de tonnerres & d'éclairs très-violens, & dont l'habitude n'en diminue pas l'horreur. Pendant l'été l'ardeur du ſoleil eſt tempérée par de petites briſes qui ſe lèvent régulièrement entre huit & neuf heures du matin.

La fertilité du terroir autour de la ville répond à la bonté de l'air, en ſorte que la nature n'a rien épargné pour faire de toute cette contrée un ſéjour délicieux.

BUFFON, village du département de la Côte-d'Or, où réſidoit le naturaliſte célèbre qui portoit ce nom. Il y a une forge pour la fabrication du fer.

BUGARACH (Pic de), montagne du département de l'Aude, à deux tiers de lieue ſud-eſt de *Bugarach.*

BUGARET (la), montagne du département des Hautes-Pyrénées, à cinq lieues un tiers ſud-ſud-eſt d'Argelès. Elle eſt ronde & couverte de rochers.

BUGATET (Pic de), montagne du département des Hautes-Pyrénées, arrondiſſement de Bagnères, canton de Vielle, & à trois lieues oueſt de cette ville.

BUGEY (correſpondant au département de l'Ain), petit pays compris entre la Bourgogne & le Dauphiné, préciſément au levant de la Breſſe. Il s'étend, du nord au ſud, le long de la rive gauche de l'Ain juſqu'au Rhône. Il eſt borné, au levant, par la Savoie ou le département du Mont-Blanc. Il peut avoir vingt lieues dans ſa plus grande longueur, ſur onze lieues dans ſa plus grande largeur. Belley en étoit la ville principale. Ce pays eſt coupé de montagnes fort hautes & couvertes de bois, ſurtout de ſapins. Il y a auſſi d'excellens pâturages, dans leſquels on nourrit quantité de beſtiaux de toute eſpèce, & les habitans du *Bugey* y font un grand commerce de leurs fromages; les autres branches de commerce conſiſtent dans la vente des beſtiaux, des bois & des chanvres.

BUISSON: c'eſt le nom de villages qui ſe trouvent diſperſés dans vingt-ſix départemens des environs de Paris.

BULCY, village du département de la Nièvre, arrondiſſement de Coſne. Il y a une uſine deſtinée à émoudre les ſabres, dépendante de la manufacture de la Charité.

BULLERBORN: c'eſt le nom d'une fontaine périodique intermittente. Cette ſource eſt ſituée dans la forêt de la Lippe en Weſtphalie, évêché de Paterborn. Son cours, comme nous l'avons dit, eſt intermittent; & lorſque ſon écoulement veut reprendre, elle fait entendre un bruit ſemblable à celui d'un vent qui va s'élever, après quoi l'eau ſort avec impétuoſité & à gros bouillons.

BULLICAMES. On appelle *bullicames* en Italie toutes les ſources dont les eaux préſentent l'apparence de l'ébullition. On comprend auſſi ſous ce nom les *fumachi*, les *lagoni* & les *zolphatares*; mais comme ces ſources ont des caractères particuliers, je me propoſe de les faire connoître dans un autre Mémoire. Pour donner une idée des *bullicames*, j'ai cru devoir en décrire un qui eſt le plus célèbre d'Italie, & celui dont les phénomènes ſont les plus remarquables, c'eſt celui de Viterbe; enſuite je le comparerai avec quelques autres qui m'ont offert des reſſemblances frappantes avec lui quant aux effets, & des particularités dont l'intelligence dépend de la connoiſſance de ce *bullicame*.

La source de Viterbe, à laquelle convient aujourd'hui, d'une manière particulière, le nom de *bullicame*, parce que son eau est toujours plus ou moins chaude & comme bouillante, est à un mille au couchant de Viterbe. Elle sort d'un grand bassin entouré d'une masse pierreuse ou plateau isolé que l'eau de la source forme en se répandant tout autour, & déposant les molécules pierreuses dont elle est chargée. Ce plateau de roche, bien différent de ces tufs friables qui sont le résultat d'une incrustation sur des mousses, sur des plantes ou quelqu'autre corps, croît de jour en jour par ces dépôts journaliers. Il est élevé, vers le milieu, d'une toise au dessus du terrain, & il s'abaisse, par une pente insensible & générale, vers ses bords. Au moyen de ces dispositions uniformes, il a la forme du segment d'une grande sphère, & présente une convexité dont le bassin de la source est le milieu, & qui a environ trente toises de diamètre.

Les bulles d'air qui s'élèvent continuellement de la source, telles que celles d'un air fixe ou gazeux, sont excitées par une chaleur de 40 degrés, qu'on y observe en plongeant, au bord du bassin, le thermomètre de Réaumur. Il s'en falloit donc de moitié, lorsque j'ai visité le *bullicame*, que l'eau de la source fût au degré de l'eau bouillante. Cette eau est outre cela fade au goût, a l'apparence laiteuse comme une eau où l'on a fait fondre du savon, & elle exhale une fumée abondante, accompagnée d'une vapeur fétide d'hydrogène sulfuré. On la voyoit bouillonner dans deux ou trois endroits du bassin, où elle formoit des jets de quelques pouces d'élévation. Les grosses bulles d'air, en se choquant entr'elles & en crevant avec force, produisoient un bruit pareil à celui d'une chaudière pleine d'eau qu'on fait bouillir à gros bouillons; mais il s'en falloit beaucoup que ce fût avec un bruit égal à celui que M. Targioni désigne lorsqu'il décrit ces sortes de sources. Ce savant naturaliste avoit sans doute vu cette source dans une de ses grandes ébullitions pendant lesquelles les grosses bulles d'air qu'elle poussoit au dehors, faisoient des explosions capables d'étonner les voyageurs & même les gens de la campagne qui habitent dans le voisinage. Ce que je dirai par la suite prouvera que ces effets peuvent avoir lieu de tems à autre.

Effectivement, plusieurs raisons conduisent à supposer différens périodes dans les accès des ébullitions du *bullicame*, & aux éruptions d'eau qui les accompagnent; car il est à croire que, dans certaines circonstances, ces eaux se répandent avec plus ou moins d'abondance, de force & de chaleur, & toujours chargées de matières propres à étendre & à élever le plateau de rocher factice, & à lui donner, de jour en jour, plus de compacité par le travail d'une infiltration continuelle. Les matières dont ces eaux sont chargées & qu'elles déposent, sont de deux sortes: ce sont des molécules cristallines en dissolution, & une substance calcaire blanchâtre, opaque, qui trouble l'eau & qui lui donne cette couleur laiteuse dont j'ai parlé, & sur laquelle je m'étendrai convenablement par la suite.

Les molécules, qu'on n'apperçoit que par leur agrégation ou leur cristallisation, peuvent être supposées pareilles à celles que renferment les gouttes d'eau claires & transparentes des stillations des grottes, & d'où résultent ces dépôts qui s'annoncent par les congélations dont sont tapissées leurs parois, ou par les stalactites en forme de colonnes qui pendent des voûtes de ces mêmes grottes. En conséquence je suis porté à croire que c'est par un procédé ou un mécanisme à peu près semblable à celui de la formation des stalactites que s'exécute le premier dépôt du plateau qui nous occupe, & la première charpente de cette masse pierreuse, dure & compacte.

Les molécules qui nagent dans l'eau du *bullicame* de Viterbe ont, comme celles de toute cristallisation, une tendance naturelle vers celles qui se sont déjà fixées sur le plateau. C'est en vertu de cette tendance qu'elles s'en approchent, s'y unissent, & y adhèrent par une cohésion intime qui fait la dureté des cristaux & de toute vraie pétrification. Cette tendance & cette cohésion des molécules ont surtout lieu, pour nos plateaux, dans les éruptions d'eau moyennes ou basses & peu abondantes, où les molécules nagent dans une moindre quantité d'eau, & s'y trouvent plus concentrées, plus rapprochées entr'elles & avec le plateau; ce qui ajoute à la tendance qu'elles ont d'y adhérer.

Elles sont au contraire plus écartées les unes des autres dans les grandes & tumultueuses éruptions de la source. Le mouvement de l'eau qui dégorge comme celle d'un torrent, l'agitation causée par une plus forte chaleur, les empêchent de s'appliquer, non-seulement aux couches voisines du bassin, mais encore à la partie moyenne d'un plateau qui seroit déjà bien avancé: elles ne peuvent exercer leur tendance que lorsque l'eau, assez éloignée du bassin, a eu le tems, soit de ralentir son cours en se divisant par différens filets, soit de se refroidir, & surtout de diminuer de volume en s'évaporant & perdant la partie de l'eau qui est surabondante à la cristallisation, toutes conditions requises pour que les dépôts de l'eau du *bullicame* s'opèrent convenablement. Ce n'est que par de grandes éruptions ainsi modifiées vers la fin de leur cours, que les extrémités des plus grands plateaux dont nous parlerons par la suite, ont pu se former, croître & continuer à s'élever. L'eau des petites ou des basses éruptions n'y parviendroit qu'à peine, & qu'après avoir déposé, en route, la plus grande partie des molécules dont elle peut être chargée.

Il semble donc nécessaire d'admettre divers degrés d'éruptions dans le mouvement des eaux d'un *bullicame*, qui différeroient entr'eux, du plus au moins, soit pour donner l'accroissement aux plus grands plateaux, soit encore pour produire certains petits trous ou cellules dont le massif des plateaux est parsemé, tant sur leur longueur, que dans l'épaisseur de leurs différentes couches, phénomène dont il importe de connoître la cause.

Ces cellules, dont la surface supérieure d'une couche est parsemée, se touchent le plus souvent; elles sont arrondies, & ont environ trois lignes de largeur & de profondeur. Au moyen de cette continuité elles sont égales, comme si ces vides eussent été déterminés par un même moule. Pour peu qu'on suive le travail de l'eau du *bullicame* de Viterbe, il est aisé d'appercevoir qu'une grande quantité de petites bulles d'air qui couvrent certaines parties du plateau, peuvent faire la fonction d'autant de moules intérieurs qui servent à déterminer la forme des cellules. C'est surtout dans la circonstance d'une petite éruption, que ces effets se remarquent plus sensiblement; car alors les bulles, qui sont fixes & permanentes, occupent les endroits un peu éloignés du bassin, où l'eau coule plus lentement à cause du peu de hauteur qu'elle a, & de la foible inclinaison du plan; c'est aussi là où elle se trouve retardée dans sa marche par l'obstacle des bulles d'air elles-mêmes.

Le mince pellicule d'eau qui couvre, dans ce cas, les bulles d'air, & qui a peut-être quelque glutinosité, tient cet air comme enchaîné: il paroît même que le séjour de ces bulles se trouve entretenu & prolongé par les filamens déliés des conferves qui ne manquent guère de croître dans les eaux stagnantes ou qui sont peu courantes. Le jeu de l'eau chargée de molécules cristallines & des bulles d'air qui s'y trouvent mêlées étant ralenti par ce moyen, il en résulte une accumulation successive de molécules cristallines & de bulles d'air, & par conséquent une addition aux couches parsemées de cellules dans tous les sens. Ce travail étant complet, il est en état de résister au courant d'une éruption plus rapide, plus abondante, qui pourra sur la fin de son cours, avec les mêmes moyens, former à la longue une nouvelle couche pierreuse sur celle des cellules, les couvrir sans les détruire, & se lier par elles au reste du plateau.

Cette dernière sorte d'éruption ne peut former de couches à cellules que lorsque son cours vient à se ralentir après un long espace parcouru: c'est ainsi que sont formées les cellules des plus grands plateaux dont nous parlerons par la suite, ou que du moins leur formation s'est trouvée favorisée par toutes ces circonstances.

D'après ces détails nous croyons être autorisés à supposer des éruptions plus ou moins fortes, plus ou moins abondantes, & à les diviser en grandes, moyennes & basses, en sorte que les premières ne fissent guère de dépôts & surtout de cellules, ou bien seulement vers les extrémités des grands plateaux; les secondes dans leur pente moyenne, & les plus basses dans les parties du plateau, voisines de la source. Dans un sujet où l'on manque d'observations suivies pendant un assez long-tems, on ne peut s'appuyer que sur des conjectures qu'il est juste d'admettre lorsque certains résultats les rendent vraisemblables.

C'est donc par les procédés ci-devant décrits que le plateau du *bullicame* de Viterbe, qui nous occupe, s'est formé, & s'accroît, d'année en année, dans toutes ses parties & ses dimensions. C'est par ces circonstances qu'il s'est garni de cellules, & qu'il devient enfin une roche pareille à celle qui est connue sous le nom de *travertin*, ou cette pierre de taille dont sont construits un grand nombre d'édifices anciens & modernes de Rome & des environs. L'une & l'autre roche ont la même forme extérieure, le même tissu cristallin en dedans, &, ce qui achève d'en prouver l'identité, on y voit les mêmes couches cellulaires: d'où l'on peut conclure qu'elles ont été formées de la même manière, & que les immenses plateaux de travertin qu'on voit principalement dans le voisinage de Tivoli, doivent leur origine à d'anciens *bullicames* pareils à celui qui continue le travail du plateau de Viterbe: c'est de quoi on se convaincra mieux encore par ce qui nous reste à dire sur ce *bullicame*.

Le nom italien *travertino* que porte cette pierre, paroît corrompu du mot *tiburtino*, dérivé lui-même du latin *tibur*, aujourd'hui *Tivoli*; aussi c'est aux environs de cette ville qu'on voit les carrières de travertin les plus abondantes. Les plateaux de cette pierre, qu'on n'a pas exploités dans le même canton, ont précisément la même forme, & sont isolés comme le petit plateau de Viterbe.

On trouve effectivement plusieurs de ces plateaux de travertin entre Rome & Tivoli, aux environs d'Anagni & de Fiorentino, dont on ne peut guère douter que la formation ne soit due à d'anciens *bullicames*, ou éteints, ou taris. Les sources qui les animoient ayant long-tems incrusté, &, par ce travail, rétréci les bouches par où elles se répandoient au dehors, ne pouvoient manquer enfin d'obstruer leurs canaux, de les boucher & de les fermer entiérement. Il en est à certains égards des sources de ces *bullicames* qui ne sont plus en activité, comparées à celle du *bullicame* de Viterbe, comme des anciens volcans éteints, répandus dans une grande partie de cette même contrée, relativement au Vésuve qui brûle seul aujourd'hui, quoiqu'avec des intermittences dans ses éruptions qui se succèdent constamment, depuis bien des siècles, les unes aux autres, en lançant au dehors, tantôt de simple fumée, tantôt de la lave seule.

J'ajouterai à cette comparaison des volcans & des *bullicames*, qu'on auroit pu conjecturer la cause des premiers indépendamment de la connoissance des volcans en activité, au lieu qu'il auroit été très-difficile de deviner l'origine des plateaux de travertin s'il n'en avoit pas existé un modèle ou un exemplaire, pour ainsi dire en pleine activité, dans le *bullicame* de Viterbe, & dont on peut suivre le travail.

Les sources des anciens *bullicames* qui semblent avoir disparu, ne sont pas cependant perdues. Bien des raisons font présumer qu'elles n'ont fait que se dévoyer, & qu'elles existent encore aux environs, comme on peut s'en assurer en les visitant avec soin. Il est au moins à présumer, 1°. que celle appelée *delle Barquetti*, sur le chemin de Rome à Tivoli; 2°. celle du pied de la montagne & de la ville d'Anagni, & enfin celle des environs de Fiorentino, ont servi à la construction des plateaux qui se trouvent dans leur voisinage, & qui sont de la même nature que le travertin ordinaire. C'est ce qu'il est facile de constater en rapportant les observations qu'on peut faire dans ces différens endroits.

Dans une prairie située à quatre milles de Tivoli, sur le chemin de Rome à cette ville, on trouve plusieurs plateaux de travertin d'un très-grand diamètre, tous isolés comme celui de Viterbe. Ces plateaux occupent chacun une partie de la plaine, sans avoir aucune liaison, soit entre eux, soit avec d'autres rochers. L'un de ces plateaux est devenu une carrière actuellement exploitée; ce qui permet d'en examiner l'intérieur. Les autres plateaux qui sont entiers laissent voir d'ailleurs toutes les circonstances des produits d'un *bullicame*; ils ont d'abord leur centre plus élevé que toutes les autres parties de la circonférence, & leur étendue annonce une source très-abondante. Cette abondance se trouve encore dans la source qui s'est portée à la partie inférieure de la plaine où sont les plateaux; elle y forme un petit lac d'une grande profondeur, connu sous le nom de *Stagno a Solfatara delle Barquetti*, à trois milles de Tivoli.

Ce qui fait conjecturer que cette source étoit anciennement un *bullicame*, & que, dans cet état, ses eaux ont contribué à la formation des plateaux dont nous avons parlé, c'est que l'eau en est encore tiède lorsqu'on la compare à la température des sources ordinaires, & de plus qu'elle est laiteuse. Elle a un goût fade d'eau sulfureuse; elle exhale encore une odeur d'hydrogène sulfuré que le siroco répand, & à laquelle il donne plus d'intensité en la portant à un mille au-delà. Enfin, l'eau de ce lac éprouve une certaine ébullition, & pousse au dehors des bulles d'air qui sans cesse se renouvellent: on peut en faire naître même, dans les endroits où il n'y en a pas, en y jetant quelque pierre, & le bouillonnement excité par la précipitation de ce corps étranger dure ensuite assez long-tems lorsqu'il a atteint le fond.

L'eau de la source qui fournit à ce lac s'en échappe par un ruisseau, dans lequel on trouve, comme dans le lac même, les petites concrétions pierreuses, blanches & arrondies, qui sont une agrégation de petits grumeaux cristallins dont toute la surface est hérissée: ces incrustations, qui n'ont pas de noyau, sont connues sous le nom de *confetti* ou *dragées de Tivoli*, bien différens de ceux qu'on fabrique dans cette ville, & qu'on vend aux voyageurs comme le produit naturel de ces eaux, dont les vrais confetti peuvent être considérés comme un reste de leur ancienne propriété de former le travertin.

La source des Barquettes n'arrive au lac qu'en passant sous un pré, & l'on peut soupçonner que ses eaux ont eu la propriété d'avoir détrempé ou dissous, & ensuite emporté la terre qui soutenoit la motte de ce pré dans un large passage qu'elles se sont fait. Cette motte, qui a près d'un pied d'épaisseur, est tissue de fortes racines entrelacées, & peut-être spongieuses, du grand souchet des marais; ce qui forme, dans cette partie du pré, un plancher assez solide ou sur lequel on marche en sûreté, mais lentement & peu commodément, par la raison que la motte enfonce de près de trois pouces sous le pied qui la presse, & qu'elle se relève au moment que cette action diminue & cesse; ce qui a lieu à chaque pas qu'on fait sur cette motte.

On remarque que cette partie du pré qui porte entièrement sur l'eau est un peu enfoncée, & n'est pas au niveau du reste du pré qui a une base solide. Il s'est outre cela détaché, de la partie qui aboutit au lac, de larges lambeaux de mottes qui flottent sur l'eau comme autant de petites îles, & qu'on a nommées *barquettes* ou *petites barques* par cette raison. L'on passe dessus comme sur des espèces de radeaux lorsqu'elles sont à côté du bord, au risque cependant d'y avoir les souliers mouillés, & de ne pouvoir y marcher que comme sur la partie pliante & élastique du pré dont nous avons parlé, en enfonçant à chaque pas.

Ce que l'on vient de dire de la source du lac ou de la Solphatare des barquettes, convient à certains égards à celle qui est au dessous d'Anagni. Sa situation au bas & pour ainsi dire à l'égout de la plaine, où l'on voit plusieurs grands plateaux de roche travertine, rappelle naturellement celle des barquettes, & fait conjecturer que ces plateaux qui sont aujourd'hui au dessus de cette source en furent autrefois surmontés, & que c'est d'elle qu'ils tiennent leur existence lorsqu'elle étoit, comme tout porte à le croire, dans l'activite d'un *bullicame.*

On retrouve les mêmes phénomènes & les mêmes circonstances dans une autre source dont le site est en tout pareil à la précédente, & a des rapports aussi marqués avec des plateaux de travertin qui l'accompagnent. Je veux parler d'une de celles qu'on rencontre au-delà de Fiorentino, sur la même route de Rome à Naples par le Mont-cassin.

Cette ſource ne coule point horizontalement comme les précédentes : on la voit ſourdir & s'élever de terre. Son eau, qui a la couleur laiteuſe, eſt chaude, & répand une forte odeur d'hydrogène ſulfuré. Elle a laiſſé autrefois ſur ſa route quelques incruſtations ; enfin, elle eſt ſurmontée, à peu de diſtance, d'un plateau de travertin, dont les couches ſont preſque horizontales, & portent des empreintes en creux des plantes de marais, comme les foſſiles connus ſous le nom de *lapis ſyringis* ou *ſyringoides*, qui ſont de même tiſſu & de conſiſtance pareille à celle du plateau. On ne peut juger de la nature & de la forme de cette roche travertine que par l'examen des bords du plateau ; car preſque toute la ſuperficie en eſt couverte d'un lit de terre que les ravines y ont entraîné des montagnes voiſines.

Ces montagnes de pierres calcaires ſont des branches de l'Apennin & de la Sabine ; elles bordent les plaines où ſe trouvent, à plus ou moins de diſtance, les plateaux précédens, tant ceux du canton de Tivoli, que ceux d'Anagni & de Fiorentino. On peut croire, avec fondement, que les ſources qui les accompagnent, tirent leur origine de ces montagnes dont les cavités & les cavernes ſont les réſervoirs ordinaires de celles qui ſont les plus abondantes, & qui ont un cours plus ſoutenu & plus régulier.

Ces montagnes renferment donc auſſi dans leurs entrailles, non-ſeulement les ſources, mais encore le laboratoire de la nature dans lequel ſe forment les combinaiſons dont les effets ſe manifeſtent au dehors. La principale de ces opérations eſt la compoſition d'un hydrogène ſulfuré à baſe terreuſe, qui, contractant une grande union avec l'eau de ces ſources, s'y diſſout cependant de manière à laiſſer à l'eau la couleur d'un blanc opaque, comme ſi l'on y eût fait fondre du ſavon.

Ces particules terreuſes qui ſont entrées dans la compoſition des plateaux de travertin dont nous avons parlé, y paroiſſent ſous la forme d'une ſubſtance blanchâtre & opaque. C'eſt probablement la partie terreuſe qui eſt précipitée lorſque le gaz hydrogène ſulfuré ſe dégage, & qui trouble, par ſon opacité, la tranſparence naturelle de ces eaux. On la diſtingue bien ſenſiblement, dans le tiſſu du travertin, par le mat qu'elle préſente à côté du luiſant ſpathique de la charpente criſtalline à laquelle on la voit unie.

A l'égard des molécules qui forment la partie criſtalline de la pierre, j'ai déjà fait remarquer qu'elles étoient diſſoutes dans l'eau comme le ſont les élémens des criſtaux ſalins ou pierreux, & c'eſt par cette raiſon qu'elles n'en troublent pas la limpidité. Ce n'eſt que par leur agrégation qu'elles deviennent ſenſibles dans les pierres du travertin, dont la charpente paroît être, à vue d'œil, un aſſemblage de criſtaux calcaires.

Je dois faire obſerver ici que les plateaux de travertin, ou les concrétions qui leur ſont analogues, n'accompagnent pas toujours les eaux qui exhalent l'odeur de l'hydrogène ſulfuré, & qui ſont laiteuſes. On en trouve un grand nombre depuis Rome juſqu'à Naples, qui, quoique laiteuſes & hépatiques, n'ont formé aucun plateau de travertin, mais ſimplement des concrétions de tuf ou de ſtalactites. Cependant il ſemble qu'elles renferment tous les matériaux du travertin.

Comme certaines ſources, & en particulier celles des cantons de Tivoli & d'Anagni qui ne forment plus de travertin, ſont reſtées laiteuſes & hépatiques, & ne paroiſſent avoir éprouvé d'autres changemens qu'une diminution de chaleur en les comparant à la ſource de Viterbe, je ſerois tenté de croire que c'eſt au défaut de chaleur que les ſources laiteuſes & hépatiques n'ont jamais dépoſé de roche travertine, mais ſeulement de ſimples concrétions de tuf ou de ſtalactites, ou même ne forment aucun dépôt.

Je citerai à cette occaſion la fontaine qui coule au milieu de Viterbe. Cette eau eſt laiteuſe ; mais les habitans la trouvent auſſi ſalubre que l'eau la plus claire & la plus tranſparente, parce qu'elle ne forme aucun dépôt.

On peut ranger dans la même claſſe l'eau de la rivière du Teverone, qui ſe jette dans le Tibre. Sa couleur laiteuſe ſe ſoutient, & date au moins du tems d'Horace, que cette rivière portoit le nom d'*Albula* : on le lui donnoit par une alluſion à la couleur blanche de ſes eaux. Cette rivière a fait ſur ſes bords, & ſurtout aux environs de la chute & du ſaut de la caſcade de Tivoli, de grandes maſſes de dépôts, mais ſeulement ſpathiques, & non de la nature du travertin. Il faut donc ſuppoſer que tous ces effets dépendent de la proportion des principes qui rendent l'eau laiteuſe, ou peut-être de quelqu'autre circonſtance que les chimiſtes nous apprendront, mais qui n'entrent pas dans notre objet actuel. Nous devons nous borner ici à ces ſimples rapprochemens, à ces comparaiſons d'effets dans les dépôts des eaux, ſuivant leur abondance & leur chaleur. Quant à l'explication de la ſolubilité des matières dans l'eau, de la précipitation qui s'en fait ſuivant leur refroidiſſement ou l'évaporation du véhicule ſurabondant, les différentes eſpèces de criſtalliſations confuſes qui en réſultent, tous ces phénomènes, une fois bien conſtatés, pourront être conſidérés ſous différens points de vue, ſuivant que la chimie ſera plus perfectionnée. Ce qui nous intéreſſe particuliérement, c'eſt l'expoſition des faits analogues & leur rapprochement.

Pour ce qui nous reſte à dire, ſuivant ces vues, des *bullicames*, ou même, par occaſion, des ſources laiteuſes & chargées de gaz hydrogène ſulfuré, nous croyons devoir obſerver que, dans tous les cas, une montagne d'où il ſort, depuis des ſiècles, une ſource dont l'eau exhale ſans ceſſe une vapeur fétide abondante, doit renfermer, non-ſeulement les principes de ces vapeurs, mais encore toutes les circonſtances qui doivent en favoriſer la combinaiſon de principes en certaines proportions: d'où il réſulte une ſource continuelle de cette vapeur. Qu'outre cela ces mêmes principes doivent ſe diſſoudre dans l'eau qui les entraîne, de manière à ſe précipiter & former des concrétions de différente nature, ſuivant leurs proportions & la température des eaux. Il réſulte auſſi de ce travail de la nature, & en conſéquence de l'enlèvement journalier de ces principes terreux, qu'il s'eſt creuſé & qu'il ſe creuſe, dans le ſein des montagnes, de grands vides proportionnés aux matériaux qui en ont été tirés, & qui ſont entrés dans la conſtruction des plateaux de travertin & des autres maſſifs de tuf. Je dis plus: l'eau, circulant dans ces diverſes cavités, doit faire ſa route de manière à trouver de tous côtés, malgré les enlévemens journaliers, les mêmes principes, les mêmes compoſés; en un mot, tout ce qui la rend hépatique, laiteuſe, & enfin lui communique un degré de chaleur plus ou moins conſidérable. Quoique nous ne ſoiyons pas en état de donner la ſolution de ces merveilles, j'ai cru devoir y rendre attentifs ceux qui ſont à portée d'en contempler les effets apparens.

BULLY, village du département de la Seine-Inférieure, arrondiſſement & canton de Neufchâtel, & à une lieue de cette ville. Il y a une manufacture de poteries.

BUN (Gave de), du département des Hautes-Pyrénées, arrondiſſement d'Argelès. Elle prend ſa ſource au pied du port d'Azun, ſommet des Pyrénées, enſuite verſe ſes eaux au nord-eſt, traverſe le lac de Leſtaig, & ſe rend dans le gave d'Azun, à quatre lieues un quart nord-eſt de ſa ſource.

BUNSBEECK, village du département de la Dyle, arrondiſſement de Louvain. Cette commune eſt fertile en grains, pâturages & bois, & renferme une braſſerie.

BUNTZLAU (Cercle de), dans la Siléſie pruſſienne. La poterie de terre qu'on fabrique dans la ville qui porte ce nom eſt très-eſtimée, & de couleur brune: l'exportation en eſt conſidérable.

BURAMPOOTER. Ce fleuve a ſa ſource dans le revers des mêmes montagnes qui donnent naiſſance au Gange. Il court d'abord à l'eſt, direction totalement oppoſée à celle du Gange, & traverſe la contrée du Thibet, où il a le nom de *Sampo* ou *Zancin*, qui ſignifient, ainſi que *Gouga*, *Rivière par excellence* dans la langue de l'Indoſtan. Le cours du *Burampooter* à travers le Thibet, tracé ſur la Carte de M. Danville, quoiqu'aſſez exact, ne ſuffit pas pour donner une idée de la longueur de ſon lit. Après avoir erré, comme un torrent rapide, dans le Thibet, il arroſe les bords du territoire de Laſſa, réſidence du grand-lama; après quoi, ſe dirigeant de l'eſt au ſud-eſt, il approche à deux cent vingt milles de Yuman, province la plus occidentale de la Chine. Là il ſemble incertain s'il ſe déchargera dans la mer par le golfe de Siam ou par celui de Bengale; mais il ſe détermine pour le dernier, & tourne bruſquement à l'oueſt à travers le royaume d'Acham, & pénètre dans le Bengale par le nord-oueſt. C'eſt là qu'il prend, ſuivant toutes les apparences, le nom de *Burampooter*. Après que ce fleuve eſt entré dans le Bengale, il fait un circuit autour de la partie occidentale des monts Garrow, & alors, tournant au ſud, il rencontre le Gange à environ quarante milles de la mer. Le *Burampooter*, pendant quatre cents milles de ſon cours à travers le Bengale, paroît avoir une grande reſſemblance avec le Gange, excepté que, pendant les ſoixante derniers milles avant qu'il ſe joigne au Gange, ſon canal a réguliérement quatre à cinq milles de largeur, &, ſans la douceur de ſes eaux, on le prendroit pour un golfe ou un bras de mer. La jonction de ces deux immenſes rivières au deſſous de Luckipour préſente à l'œil étonné une étendue d'eau courante & douce qui n'a rien de ſemblable dans notre hémiſphère, & que l'embouchure du Maragnon ne ſurpaſſe peut-être pas. Ces fleuves réunis forment alors un golfe ſemé d'îles, dont quelques-unes égalent, en grandeur & en fertilité, l'île de Wight. L'eau, vers l'extrémité de cet amas d'îles, eſt très-ſaumâtre; mais dans les ſaiſons pluvieuſes ce golfe offre, du moins à la ſurface, de l'eau parfaitement douce à la diſtance de pluſieurs lieues.

BURGENBERG, montagne du canton d'Underwald en Suiſſe.

Scheuchzer, dans ſon *Itinera alpina*, fait mention de deux fontaines périodiques qu'il a obſervées. La première s'appelle *an dem Burgenberg*, c'eſt-à-dire, *fontaine ſur le Burgenberg*. Cette fontaine eſt non-ſeulement *maiale*, c'eſt-à-dire, du nombre de ces fontaines qui ne commencent à couler qu'au mois de mai par la fonte des neiges, mais elle eſt en même tems périodique auſſi, & ſon cours ceſſe & recommence ſouvent huit ou dix fois par jour.

La ſeconde s'appelle *la fontaine d'Engſtlen*, parce qu'elle eſt ſur une montagne de ce nom dans le canton de Berne, au bailliage de Thun, & aſſez près du mont Grimſel. Cette fontaine eſt maiale & intermittente, de même que la précédente. Elle ne commence à couler que vers le milieu de mai, comme les autres fontaines maiales, & elle ne coule que juſque vers le milieu du mois d'août, c'eſt-à-dire, en tout environ trois mois.

Pendant tout ce tems-là ſon cours eſt ſujet à des variations qui la rendent périodique, à s'en tenir au rapport qu'on a fait à Scheuchzer; car il avoue que c'eſt ſur le rapport d'autrui qu'il en parle, &

qu'il n'a pas eu l'avantage de la voir couler lui-même, quoiqu'il soit allé deux fois sur les lieux ; mais il y arriva trop tard la première fois en 1702, & la fontaine étoit déjà tarie ; & l'autre fois, en 1706, il y alla trop tôt, & elle ne couloit pas encore.

Si l'autorité de celui à qui nous devons *les Délices de la Suisse* étoit capable de contre-balancer celle de Scheuchzer sur une question de physique, nous pourrions douter que cette fontaine fût périodique ; car cet auteur nie expressément qu'il y ait aucune variation dans son cours. Mais il est plus sûr de s'en tenir au témoignage de Scheuchzer qui a été sur les lieux, qui, s'il n'a pas vu, a du moins consulté les habitans du voisinage, dont le rapport enfin se trouve confirmé par tous ceux qui ont parlé de l'histoire naturelle de Suisse, dont il cite lui-même les ouvrages, comme Stumpsius, Zuinger, Suicer, Rabmann, Wagner, &c.

Il faut pourtant convenir que Scheuchzer lui-même n'est pas constant dans le rapport qu'il fait ; mais cela vient de ce qu'il ne parle que sur des oui-dire. Dans un endroit il assure que cette fontaine coule ordinairement deux fois le jour, le matin sur les huit heures, & le soir sur les quatre heures.

Dans un autre endroit il dit que cette fontaine coule ordinairement le soir & le matin ; qu'elle coule pendant deux ou trois heures, & quelquefois pendant toute la nuit sans discontinuation.

L'irrégularité du cours de cette fontaine seroit encore plus grande à en juger sur le rapport que le ministre d'un village voisin de cette source en avoit fait à Wagner, & que Scheuchzer a transcrit dans son ouvrage. On y prétend que cette fontaine commence quelquefois à couler le soir, & ne cesse que le matin ; qu'elle coule d'autres fois le matin, & que son cours se renouvelle pendant le jour même ; qu'elle coule souvent, sans interruption, trois ou quatre jours consécutifs, & que souvent aussi elle demeure à sec plusieurs jours de suite.

Ces variations, quelqu'irrégulières qu'elles paroissent, pourroient peut-être s'expliquer par le mécanisme que nous avons établi pour ces sortes de fontaines, en supposant des variations proportionnées dans la quantité d'eau qui aborde à cette source, dépendamment de la fonte des neiges plus ou moins grande. On peut voir ci-dessus ce que nous avons dit à ce sujet ; mais il faut avouer qu'il est difficile de rien établir de bien solide sur des observations si peu exactes & si mal constatées. Peut-être même que, sans aucun mécanisme particulier, les variations de cette fontaine ne viennent que des seules neiges, suivant lesquelles cette fontaine, qui n'est point entretenue d'ailleurs, doit couler ou tarir sans garder aucun ordre périodique.

BURLATS, bourg du département du Tarn, arrondissement de Castres, sur l'Agout. Sur la montagne du Paradis, dans le voisinage de ce bourg, il y a une mine de plomb tenant argent, dont la gangue est verte. Il y a aussi un marbre noir, dont le grain est grossier, farci de visses & de pierres judaïques.

BUSSANG, village du département des Vosges, canton de Ramonchamp. Assez près de *Bussang* on voit les ruines d'un ancien château qu'on appeloit *de Taille*. On le nommoit aussi *Mosello*, parce qu'il est placé près de la fontaine Mosellotte, qui est la première source de la Moselle. Quant au village, il est situé sur la rive droite de la Moselle, & à peu de distance de sa première source. Il renferme des eaux minérales qui ont une certaine réputation ; mais on les prend peu sur les lieux. On les transporte le plus ordinairement à Plombières, qui en est à sept lieues de distance, où on les boit à la fin de chaque saison des eaux, parce qu'elles sont purgatives & laxatives. Malgré un incendie qui a dévoré les meubles du propriétaire de ces eaux, elles ont été préservées de manière à servir aux transports qu'on en fait dans différens lieux des environs, & se boivent avec plaisir, ayant la saveur du vin de Champagne mousseux. Il y a d'ailleurs, dans le territoire de *Bussang*, une mine de cuivre tenant argent.

BUSSY, village du département du Cher, arrondissement de Saint-Amand. Le territoire de ce village renferme des carrières d'une pierre dure & d'un grain fort fin, & qui résiste à l'air : aussi a-t-on bien soin d'assujettir les adjudicataires des ouvrages publics à n'employer que cette pierre.

Je dois remarquer que vingt villages de différens départemens portent le nom de *Bussy*.

BUSSY, île d'Afrique, dans la Nigritie. Elle a deux ports très-sûrs. Les habitans sont farouches ; ce qui empêche de commercer librement avec eux. On en tire cependant des bestiaux & des noix de palmier.

BUZOT (Forêt nationale de), du département de la Haute-Garonne, canton de Montastruc. Elle a, du nord au sud, deux mille huit cents toises de long, & environ mille toises de large.

BUZY (Côte de), montagne du département des Basses-Pyrénées, canton d'Arudy. Elle a de l'est à l'ouest deux tiers de lieue de longueur, & offre de beaux détails dans sa composition.

BYRSE, rivière du département du Haut-Rhin, canton de Délémont. Elle prend sa source dans les montagnes de la Suisse, à cinq lieues deux tiers sud-est de Délémont, passe à Munster, à l'est de Délémont, à Lauffen, &, remontant vers le nord, va se rendre dans le Rhin à Bâle, à treize lieues nord-est de sa source.

CABALIROS (la), montagne du département des Hautes-Pyrénées, arrondissement & canton d'Argelès. Elle a du nord au sud une demi-lieue de longueur, &, par le sud-ouest, tient à une bande de rocher qui joint le mont Né. Cette bande a une lieue de longueur.

CABANES (les), bourg du département de l'Arriège, arrondissement de Foix, & à quatre lieues un quart de cette ville. Il y a dans ce bourg trois mines d'argent, trois mines de fer, & une mine de cristal de roche. C'est à trois lieues nord-ouest d'Ax que se trouvent toutes ces richesses du sol des environs de cette petite ville.

CABESTERRE. On appelle ainsi, dans les Antilles, la partie de l'île qui regarde le levant. Elle est toujours rafraîchie par les vents alisés qui courent depuis le nord jusqu'à l'est-sud-est.

La basse terre est la partie opposée. Les vents s'y font moins sentir, & par conséquent sa température est plus chaude. D'ailleurs, la mer y étant plus tranquille, elle est plus propre pour le mouillage & pour le chargement des vaisseaux. Enfin, les côtes y sont plus basses que dans les *cabesterres* où elles sont ordinairement hautes & escarpées, parce que la mer agitée les bat continuellement. (*Voyez* SAINT-DOMINGUE; *voyez aussi l'article* MARTINIQUE.)

On peut voir ce qui concerne les deux parties de ces îles dans ce que j'ai dit sur les Antilles: aussi je crois devoir y renvoyer, ainsi qu'aux deux articles précédens.

CABIROLLE (la), village du département de l'Arriège, arrondissement & canton de Foix. Il y a une forge située sur la rivière de Larget, dans la vallée de Berquilliers. On y fait usage de la mine de Vic-de-Sos.

CABRERETS, bourg du département du Lot, canton de Lauzès, sur la Salle, à une lieue nord de Saint-Cirq. Il y a dans ce bourg une grotte pleine de belles stalactites; elle est au milieu d'une montagne très-escarpée: on ne peut y entrer que couché sur le ventre. Elle a près de cinquante toises de longueur, sur quinze à seize pieds de largeur, d'un plain-pied fort inégal dans toute son étendue. Le rocher qui forme sa voûte a environ quatre toises de hauteur.

CACHEMIRE (Royaume de). Le royaume de *Cachemire* est enclavé dans le fond des montagnes du Caucase, & entre celles du Grand & du Petit-Thibet.

Les premières montagnes qui bornent le royaume de *Cachemire*, & qui touchent à la plaine, sont comme les premiers degrés d'un magnifique amphithéâtre. Ces montagnes sont revêtues d'arbres, & abondantes en gibier. Au-delà des premières il s'en élève successivement d'autres beaucoup plus hautes, dont le sommet est toujours couvert de neiges. Une infinité de sources & de ruisseaux en sortent de toutes parts. Ces belles eaux, après avoir formé une multitude d'autres ruisseaux & d'agréables cascades, se rassemblent, & forment une grande rivière qui traverse la capitale, & de là va se rendre dans le fleuve Indus.

Le royaume de *Cachemire* offre plusieurs phénomènes naturels, entr'autres des grottes & des cristaux de diverses couleurs; une fontaine nommée *Sendbrar*, qui coule pendant le mois de mai, & s'arrête régulièrement trois fois par jour. Son flux est ordinairement de trois quarts d'heure. Outre cette fontaine intermittente, la maison de campagne des anciens rois est entourée d'une eau vive qui jaillit, du fond d'un puits, avec une violence & une abondance extraordinaires. Cette eau est d'ailleurs si froide, qu'à peine peut-on y tenir la main. Si l'on ne nous dit pas ce qui donne lieu à ce jeu des eaux qui s'élancent ainsi du fond d'une plaine aussi resserrée, les puits de Modène & d'Artois peuvent nous représenter tous ces effets. (*Voyez les articles des puits d'*AIRE, *de* MODÈNE *& de* BOYAVAL.)

Bernier nous apprend que, dans le beau pays de *Cachemire*, on trouve un grand nombre de cascades distribuées le long des croupes escarpées des montagnes élevées, qui forment comme l'enceinte de ce grand bassin. On apperçoit de loin, sur la pente d'une haute montagne, un torrent qui descend par un long canal, & qui se précipite, avec grand bruit, d'un rocher qui est d'une hauteur prodigieuse.

Ces sortes de cascades, si communes dans le *Cachemire*, sont la suite de la disposition des vallées & vallons, qui, débouchant des hautes montagnes, s'ouvrent au dessus des plaines, & s'y terminent. C'est à l'endroit même où ces vallées sont tranchées net, & comme suspendues au dessus du fond de cuve de la vallée commune, que les eaux courantes à la superficie des sommets les plus élevés se précipitent en abondance, & surtout à la suite de la fonte des neiges ou des grands orages.

Fontaine périodique du royaume de Cachemire.

Bernier, qui a vu cette fontaine en physicien, assure qu'au mois de mai, tems auquel les neiges ne viennent que de fondre, cette fontaine coule environ l'espace de quinze jours, & s'arrête régulièrement trois fois le jour, vers la pointe du jour, sur le midi & à la nuit. Son flux est pour l'ordinaire de trois quarts d'heure, un peu plus, un peu moins, & assez abondant pour remplir un réservoir en carré qui a dix ou douze pieds de largeur ou environ, & autant de profondeur. Après les quinze premiers jours son cours commence à n'être plus si réglé ni si abondant, & enfin, après un mois ou environ, elle s'arrête tout-à-fait, & ne coule plus le reste de l'année, si ce n'est pendant quelques grandes & longues pluies qu'elle coule sans cesse & sans règle, comme les autres fontaines. D'après ces détails on voit, au premier coup-d'œil, que cette fontaine est maiale intermittente, c'est-à-dire, qu'elle ne coule qu'au mois de mai à la suite de la fonte des neiges, & qu'elle est alors périodique intermittente. On peut voir dans Bernier même, au lieu cité, ce qu'il imaginoit pour tâcher de rendre raison des propriétés de cette fontaine; mais je crois qu'il est plus facile de les expliquer par le mécanisme que nous avons établi pour les autres fontaines de la même espèce, & surtout pour celle de Belesta.

La vallée ou la contrée de *Cachemire* est célèbre par la beauté de sa situation, par la fertilité de son sol & la température de son atmosphère; ce qui s'explique aisément quand on considère que c'est une vallée élevée & d'une grande étendue, environnée de montagnes escarpées qui s'élèvent au dessus de la région des neiges, & que son sol est formé du limon d'une rivière principale qui rassembloit ses eaux en lac, & qui couvroit la vallée jusqu'à ce qu'elle s'ouvrît un passage à travers les défilés des montagnes, & qui laissoit cette terre fertilisée à l'industrie de l'espèce humaine.

Quoique cette assertion ne puisse être appuyée par des témoins oculaires, cependant l'histoire & la tradition, &, ce qui est encore plus, les apparences, ont convaincu de cette vérité tous ceux qui ont vu & observé cette vallée. Différens auteurs varient dans l'étendue qu'ils donnent à cette vallée; mais M. Forster, qui est fort exact dans ses observations, lui donne quatre-vingts milles de long & quarante de large, & assure qu'elle est d'une forme ovale.

Je suis loin de douter de la tradition à l'égard de l'existence du lac qui couvroit la vallée de *Cachemire*; l'apparence seule m'en convaincroit sans tradition & sans l'histoire. C'est ainsi que je conçois l'économie de la nature dans les cas où les eaux d'une rivière sont renfermées, dans quelque partie de leur cours, par des terres élevées. Il en résulte d'abord la conversion du terrain renfermé en lac; & si cela arrive près de la source de la rivière & sur un terrain solide, ce lac demeure lac pour toujours, la rivière n'ayant pas assez de force, dans ce foible état, pour se frayer un passage à travers les montagnes. De là vient qu'on trouve plus de lacs près des sources des rivières, que dans les parties basses de leur cours. Si la rivière est renfermée après qu'elle a acquis un grand volume d'eau & conséquemment beaucoup de force, elle formera à la vérité un lac comme dans le premier cas, mais avec le tems le lieu où la rivière couloit, sera rempli; ce qui est arrivé à la rivière Chelum, qui a donné naissance à cette vallée. L'Euphrate s'ouvre de la même manière un passage à travers le mont Taurus, & le Gange à travers le mont Imaüs. Il paroît que le lac du Chelum a existé assez long-tems pour déposer une grande quantité de limon avant que l'eau s'en écoulât. L'histoire de *Cachemire* nomme ce lac *Sutty-Sirr*, & ajoute que Kushup conduisit une colonie de Bramines pour habiter la vallée après que l'eau fut écoulée. *Cachemire* est la province frontière de l'Indostan, vers la Tartarie & le Thibet.

CACHÉO (Banc de), banc de sable qui couvre l'embouchure d'une rivière d'Afrique, qui porte le nom de *Rio San-Domingo*, & qui est situé par 11 deg. de latitude N., & 3 deg. de longitude E.

CADIAC, village du département des Hautes-Pyrénées, canton d'Arreau, sur la Neste. Dans la vallée d'Aure, au pied de la Housquette d'Arreau, on trouve deux sources d'eaux minérales, & à *Cadiac*, une de chaque côté de la Neste. L'importance de ces sources, connues depuis plusieurs siècles, n'est pas douteuse. Les eaux en sont fortement hépatiques, & chargées de principes qui minéralisent les eaux de Barège, mais elles ne donnent aucun indice de chaleur. Cependant les observations des médecins ne laissent aucun doute sur leur grande efficacité dans le traitement des maladies de la peau & des suites de blessures. On y a formé un petit établissement provisoire en faveur des défenseurs de la patrie. Il est certain que ces eaux sont susceptibles d'une grande amélioration, & qu'en les poursuivant plus avant dans les roches on parviendroit à les obtenir chaudes.

Dans le terroir de *Cadiac* il y a des bancs de schistes qui ne se divisent pas par lames minces. Entre *Cadiac* & Arreau on trouve des pierres calcaires de l'espèce de marbre gris: il y a encore du marbre gris à une petite distance sud de ce village.

CADIÈRE (Forêt des Planes de), dans le département du Var, arrondissement de Brignoles. Elle a, de l'ouest-sud-ouest à l'est-nord-est, quatre mille quatre cents toises de long, & environ quinze cents toises de large.

CADILLAC, ville du département de la Gironde, arrondissement de Bordeaux, & à deux lieues sud-est de Langon. A quelque distance de *Cadillac* il y a une fontaine au fond de laquelle on on trouve souvent du mercure coulant : il y a d'ailleurs, dans cette ville, des fabriques de bas assez estimées.

CADIX, ville d'Espagne, dans l'Andalousie, située dans une petite île, à dix-huit lieues de Gibraltar. Les Anciens l'ont nommée *Gades*. Cette ville est une des plus commerçantes de l'Europe. L'île sur laquelle *Cadix* est située, produit peu de blé; mais la vigne qui y croît, donne d'excellent vin. Elle offre quelques pâturages, & du côté du port il y a beaucoup de marais salans. La pêche qu'on y fait, n'est pas moins importante, surtout celle du thon, qui a depuis six jusqu'à dix pieds de long. *Cadix* a un circuit considérable. C'est le lieu où les étrangers envoient leurs marchandises qui passent aux Indes occidentales. Le port est protégé par trois forts, dont l'enceinte est à peu près de cinq lieues. Au tems du reflux une bonne partie se trouve à sec. On ne peut en approcher du côté du sud, parce que les côtes sont élevées & taillées à pic. Dans la partie septentrionale, les bancs de sable & les rochers à fleur d'eau en rendent l'abord très-dangereux.

Vers la pointe du sud-sud-ouest il règne une chaîne de rochers, dont une partie est couverte lorsque la mer est haute. Le côté de la langue de terre, qui est le seul endroit abordable, est défendu par plusieurs ouvrages : outre cela, il y a un fort sur le promontoire Saint-Sébastien. Les prétendues colonnes d'Hercule qui doivent se trouver à la tête de la langue de terre, ne sont que des tours rondes de maçonnerie ordinaire.

CAHORS. Dans la Carte de France de *Cahors*, N°. 36, on trouve un ruisseau qui se perd, & un vallon fermé.

Le ruisseau de la ferme Bellefon se perd dans un vallon ouvert ; ce ruisseau a quatre cents toises de longueur ; il fait tourner un moulin au sud de la paroisse de Valrousie.

Le vallon fermé est auprès de la paroisse & du bourg de Beauregard.

CAILLOU : mot fort vague, dont le vulgaire & quelques naturalistes se sont servis pour désigner plusieurs pierres différentes, & surtout des pierres qui sont mobiles & isolées. Il seroit bien utile d'écarter du langage ordinaire des savans de ces mots vagues, comme *rocher*, *caillou*. On seroit tenté de demander à un grand écrivain, lorsqu'il parle du *caillou* de nous le définir d'une manière claire & précise; car il désigne le *caillou* comme résultat de plusieurs opérations de la nature, & relativement à la transmutation des pierres, sans nous donner aucune idée de ces opérations, sans nous indiquer les moyens de les suivre. On entrevoit quelquefois que ces *cailloux* sont des silex tirés de la craie, & qui s'en dégagent à mesure que la craie se détruit. Sur quelle suite de faits & d'observations nous dit-on que la nature fait voir tous les jours, à l'observateur attentif, ce changement de sable & de *caillou* en argile? Quel est ce *caillou*, & où se trouve-t-il? Veut-on parler de ces silex qui sont épars çà & là sur la craie, dont la superficie est toujours très-blanche, tandis que le côté opposé qui touche la terre conserve sa couleur naturelle? On prétend qu'il est aisé d'y reconnoître le *caillou* qui s'altère, se décompose, & tend à reprendre la forme & les propriétés de l'argile. Que d'assertions hasardées sous ce mot vague de *caillou!* Il y a des transmutations dans la nature, où l'on voit l'état de certaines pierres changer; mais les progrès sont marqués, & les résultats aussi nombreux que certains. Le *caillou* de M. de Buffon est le plus souvent un silex imparfait de différens âges, & qui n'a pas acquis un degré complet d'infiltration.

Je n'entends pas mieux cette autre assertion, que le talc est un terme moyen entre le verre ou le *caillou transparent* & l'argile, au lieu que le *caillou grossier* ou impur, en se décomposant, passe à l'argile sans intermède. Dans quelle partie du Monde tous ces miracles s'opèrent-ils? Dans celle apparemment où l'on emploie le mot *caillou* sans autre explication.

Les *cailloux* de Médoc, du Rhin, de Cayenne sont des cristaux de roche usés, polis & arrondis par les eaux.

§. Ier. *Cailloux des rivières.*

Je ne ferai mention ici que des espèces de pierres transparentes de la nature du cristal de roche, que l'on trouve parmi les matières transportées & déposées par les eaux des fleuves & des rivières, & qui reçoivent un beau poli : tels sont les *cailloux arrondis* de Médoc en Guienne; celui du Bas-Poitou, appelé *pierre de Cumberlan*; le *caillou ovale* du Rhin; le *caillou* de Cayenne : ces sortes de pierres ont été usées & arrondies par les vagues de la mer, qui a occupé les golfes au milieu desquels coulent les rivières qui nous ont charrié & déposé ces *cailloux roulés*. On auroit grand tort d'attribuer ce poliment des *cailloux* de certaines rivières aux eaux courantes de ces rivières, & au léger frottement qui résulte de leur transport. Il faut nécessairement y faire intervenir l'action réitérée des vagues sur les bords de la mer.

§. II. *Cailloux roulés; pierres arrondies.*

J'ai fait très-souvent mention, dans les articles qui ont pour objet la description minéralogique de l'Espagne, des *cailloux roulés*, des *pierres arrondies*, usées & polies par les eaux. J'ai même indiqué, lorsque je l'ai su, les matériaux de ces *cailloux roulés* qui sont quelquefois de différente nature, comme quartz, granits, serpentines, schistes, pierres calcaires à grain fin, marbres, agates, silex, &c. La première idée qui se présente pour expliquer comment ces pierres ont pu perdre leurs angles, s'arrondir & se polir, c'est de penser qu'elles se sont frottées les unes contre les autres, ou contre quelqu'autre matière plus dure encore. Effectivement, nous sommes portés à croire qu'en cela la nature a suivi la marche que nous avons adoptée pour polir quelque matière dure que ce soit; mais comme les *cailloux roulés* se trouvent le plus souvent & le plus abondamment dans les lits des rivières, on a cru que les eaux de ces rivières les avoient entraînés, & que, par un transport suivi long-tems & continu, ils s'étoient usés & polis.

On trouve cette idée dans presque tous les ouvrages qui traitent de l'histoire naturelle des provinces traversées par de grandes rivières. Cependant plusieurs observateurs plus réfléchis, en examinant les pierres arrondies qui se trouvent dans le lit des fleuves & même dans les parties supérieures de leur vallée, ont reconnu que ces pierres ne rouloient pas actuellement, & n'éprouvoient point de transports marqués.

Ainsi l'on peut citer ici les *cailloux* qu'on trouve dans le lit de l'Hénarès près Saint-Ferdinand. Il est visible que si ces pierres rouloient ou cheminoient même par un mouvement fort lent, elles devroient être, depuis tant de siècles que les eaux de cette rivière les tourmentent, arrivées au Tage, qui n'en est pas éloigné; cependant on ne voit pas une seule de ces pierres dans le Tage.

De même le Tage, en passant par Sacedon, est plein de débris de pierres calcaires; mais plus bas, à Aranjuez, on n'y en voit pas une seule.

Dans le royaume de Jaën, près de Linarez, il y a un coteau presque tout composé de pierres roulées fort l[illegible]ses, & de la grosseur d'un œuf. On ne peut pas croire que cette forme arron[illegible]ie, ainsi que le pol[illegible]ment, soit l'ouvrage des pluies, puisque ces pierres ne sont pas exposées à leur action, étant amoncelées & entassées dans le corps du coteau. On ne peut pas plus en attribuer la cause aux eaux courantes de quelque rivière, dont aucune ne paroît pas avoir formé un tel dépôt à quelqu'époque qu'on puisse imaginer.

Dans le village de Maria, à trois lieues au dessus de Saragosse, on trouve une ravine très-large qui se jette dans l'Ebre, & qui offre un amas confus de quartz, de pierres de sable, de pierres calcaires, de gypse fort blanc, & l'Ebre à Saragosse ne contient pas, dans son lit, une seule de ces matières.

On peut citer de même la Cinca, qui, avant de se jeter dans l'Ebre, est remplie de granits roulés & arrondis, de pierres bleuâtres avec des veines blanchâtres, au point qu'elle ne roule avec elles d'autre sable que les débris de ces pierres très-comminués près de Saint-Jean, dans la vallée de Gistau. Cependant dans la partie du canal de l'Ebre inférieure, à l'embouchure de la Cinca, on ne trouve aucune de ces substances.

La rivière de Naxera est remplie de petits grès & de petits quartz blancs en forme d'amandes, mêlés avec de petits quartz roux. Cette rivière se décharge de même dans l'Ebre, & dans le lit de ce fleuve à Saragosse on ne voit aucune de ces substances pierreuses.

La Guadiana roule, en divers endroits, des pierres de la nature de celles qui composent les collines supérieures de son bassin, & de celles qui se trouvent, le long de ses bords, à des niveaux plus bas; & l'on ne remarque pas que les pierres qui sont, par exemple, une demi-lieue plus haut, soient mêlées avec celles qu'on trouve une demi-lieue plus bas; & à Badajoz, où les bords de la rivière n'ont point de pierres, le lit de l'Ebre n'en offre point non plus.

Quelques naturalistes se sont crus suffisamment autorisés, par ces faits & beaucoup d'autres pareils, à croire que les rivières ne rouloient pas des pierres dans leur lit, & qu'ainsi les *cailloux roulés* n'étoient pas l'ouvrage des rivières ni des fleuves.

Je commence d'abord par remarquer que, dans l'état actuel où la plupart des rivières & des fleuves se trouvoient gênés, dans leur mouvement, par des chaussées de moulins qui en barroient le lit, surtout dans les parties supérieures de leur vallée, on ne pouvoit pas juger de ce que les eaux courantes de ces fleuves avoient fait, par ce qu'elles font aujourd'hui.

D'ailleurs, je crois qu'on peut opposer aux faits cités, beaucoup d'autres observations qui prouvent qu'à des époques reculées les mêmes rivières & les mêmes fleuves ont formé des dépôts à des niveaux fort élevés, & que ces dépôts sont composés de matériaux pris dans les parties d'amont, & entraînés sur une longueur de plus de quinze à vingt lieues. Au surplus, n'est-il pas évident que si les rivières n'avoient pas roulé & ne rouloient pas encore les matières qui se trouvent dans leur lit, jamais leurs vallées n'eussent été creusées, & les matières qui les remplissoient enlevées par les eaux. (*Voyez* VALLONS (Formation des).

Au reste, je ne prétends pas ici soutenir que toutes les pierres arrondies, tous les *cailloux roulés* qui sont dispersés le long des canaux des rivières ou accumulés ailleurs, aient été roulés & arrondis par les eaux courantes des rivières. Je trouve au contraire, que la plus grande partie de ces pierres a été ainsi déposée & usée par les flots de l'ancienne mer, qui a tracé, dans plusieurs endroits de la surface de la Terre, ses bords anciens par ces dépôts immenses de *cailloux roulés*, comme je le démontre à cet article, ainsi que dans celui des GOLFES ANCIENS.

§. III. *Cailloux roulés & poudingues.*

Le Rhin roule ses eaux sur un beau sable mêlé

d'une grande quantité de *cailloux* arrondis, dont les matières premières sont des granits & des quartz. La plaine étendue est remplie de ces sables & de ces *cailloux*; de sorte qu'il y a lieu de croire que ce fleuve a successivement parcouru cette plaine, & qu'il y a entraîné & déposé ces sables & ces *cailloux*. On trouve parmi le sable que le Rhin entraîne actuellement, des paillettes d'or que les orpailleurs ramassent en lavant ces sables. Il ne seroit peut-être pas impossible de rencontrer le même métal en lavant successivement le sable de la plaine. Je crois qu'en suivant les erremens des cueilleurs d'or de l'Arriège, les orpailleurs du Rhin devroient l'y chercher, & qu'ils ne tenteroient pas cette récolte sans succès.

Le Necker roule des *cailloux roulés* de pierres calcaires grises, qui forment, dans plusieurs endroits, des poudingues dont le ciment est une terre blanchâtre mêlée de sable. Ces poudingues se trouvent, non-seulement dans le lit de la rivière, mais encore dans le milieu & au sommet des montagnes qui servent à border la vallée où coule cette rivière. Il y a grande apparence que tous ces *cailloux* ont été primitivement arrondis & déposés à différens niveaux dans la vallée de cette belle rivière, & ce sont les lieux où les dépôts jouissent d'une certaine tranquillité, que peuvent se former les poudingues.

Ces poudingues se trouvent sur les montagnes voisines de la vallée, & qui s'étendent depuis Canstadt jusqu'à Stuttgart.

Depuis Canstadt jusqu'à Blochingen les montagnes renferment des *cailloux roulés* semblables à ceux de Canstadt.

De Geislingen à Gunzbourg les chemins sont faits de *cailloux roulés* qu'on tire du Danube. Gunzbourg en est aussi pavée. Ces *cailloux* sont de quartz blanc-gris ou d'autres couleurs.

Après Gunzbourg on descend une montagne dont la coupe & la croupe font voir encore des *cailloux roulés*. On les observe aussi dans les autres montagnes qu'on parcourt jusqu'à Augsbourg. Peu avant cette ville on en voit des carrières d'où l'on tire de ces *cailloux* pour les chemins. Les *cailloux roulés* ne forment souvent que des lits d'un pied au plus d'épaisseur; plus souvent encore ces lits ont plusieurs pieds, & quelquefois enfin ces *cailloux* sont réunis en poudingues. Peu après Augsbourg on retrouve ces *cailloux roulés* ou gros graviers de quartz blanc.

En sortant de Friberg on entre dans des landes qui se prolongent jusqu'à Munich, & dont le fond est composé de *cailloux roulés*. Les *cailloux* sont d'une grosseur considérable, & de quartz. Il n'y a guère au dessus du banc qu'ils forment qu'un ou deux pieds d'une terre noire, de la nature des terres à tourbes. Ce terrain paroît s'étendre dans toute la vallée qu'on suit jusqu'à Augsbourg, & probablement jusqu'aux montagnes du Tirol. De Munich à Nymphembourg on trouve un pareil fond.

En sortant de Munich on trouve un sol semblable à celui qu'on traverse en y arrivant, c'est-à-dire, un terrain sabloneux rempli de *cailloux roulés*, de quartz & de différentes espèces de granits.

Avant d'arriver à Brunau on passe par un endroit appelé Markel. Les montagnes des bords de la Lina sont composées de *cailloux roulés*, qui se continuent jusqu'à Haag. En montant la montagne qui est après Haag, on trouve les mêmes *cailloux* dont les masses sont considérables. Il y en a de quartz, de granits & de schistes.

Le chemin de Lambach à Lintz est fait de *cailloux* semblables aux précédens. A Œving, de même qu'à Airvote, sont des montagnes toutes composées de *cailloux roulés* de matières semblables. Ceci n'est pas étonnant; car les granits gris-blancs entrent dans la construction des bâtimens de Lintz.

A une lieue de Lintz on traverse le Traun, torrent considérable qui roule une infinité de *cailloux*.

La ville d'Ens est construite sur une montagne de sable & de *cailloux roulés*, qui servent à paver les rues de cette ville. Tout ce canton est un sol graniteux.

Peu après Mœlck on retrouve des *cailloux roulés*; ce qui n'est pas étonnant, vu qu'on se trouve dans la vallée du Danube.

On pave à Saint-Polten avec des *cailloux roulés*. On va les chercher dans les torrens qui y passent. Ces *cailloux roulés* servent à ferrer le chemin de Mœlck à Saint-Polten, & de cette ville à Vienne, de même qu'à former le pavé de Vienne. On en trouve de Schœnbrun à Laxembourg.

C'est encore sur de semblables *cailloux roulés* que l'on passe de Vienne à Wolkersdorff, sur la route de Moravie. Il est probable que cette plaine a été autrefois couverte par les eaux du Danube, les *cailloux* & le sable qu'il charrie maintenant étant semblables aux *cailloux* & au sable qui se voient dans cette plaine. Depuis Wolkersdorff jusqu'à Nicolsbourg le sol est sabloneux, mêlé de *cailloux roulés*.

Plus on approche de Vienne en y allant d'Olmutz, plus on rencontre de chemins faits de *cailloux roulés* quartzeux, &c. Près de cette ville & de Vienne on se sert particuliérement de ceux qu'on tire du Danube.

Dans tout ce trajet on doit être surpris de la quantité de sables remplis de *cailloux roulés* qu'on rencontre, & surtout de Bielitz à Strasbourg; mais il manque à toutes ces indications les circonstances principales qui ont pu concourir, non-seulement à l'arrondissement, mais encore à la distribution des *cailloux roulés*. Il manque surtout l'indication de ces vallées, soit principales, soit secondaires, où se sont trouvés autrefois ces golfes anciens où coulent maintenant des fleuves principaux au milieu des dépôts que la mer y a formés pendant son séjour au milieu des terres. Tous ces *cailloux roulés* dont je viens de décrire les masses & les bancs, me semblent appartenir à l'ancien golfe du Danube, & aux vallées secondaires qui s'y réunissent. Tous ces dépôts, envisagés sous un même point de vue & dans toute l'étendue qu'ils pouvoient embrasser, offrent un ensemble vraiment instructif, & beaucoup plus facile à saisir & à décrire que lorsqu'on les parcourt par parties isolées, comme on les a présentés dans un *Voyage de Strasbourg en Pologne*, suivant la mauvaise méthode dont j'ai marqué les défauts & les inconvéniens à l'article GUETTARD. Ce n'est donc qu'en suivant avec soin de grands objets, en les circonscrivant avec précision, qu'on peut se flatter de saisir les opérations de la nature, & surtout les résultats intéressans qui peuvent entrer dans les théories particulières.

§. IV. *Caillou silex.*

Cette nature de pierre ne se trouve que dans les pierres calcaires, & surtout dans la craie : elle y prend différentes formes qui, dans certains cas, sont régulières, parce qu'elles sont celles des corps marins qui ont été silifiés ; d'autres fois elles sont plus bizarres, parce qu'elles tiennent outre cela au travail de l'eau qui a fait des additions aux corps marins qui ont servi de noyaux.

Ces sortes de pierres sont fort nombreuses à la surface de la terre, & sous formes bizarres, surtout parce que la matière qui les renfermoit, a éprouvé & éprouve tous les jours des destructions qui mettent à découvert les silex qui étoient engagés dans les bancs de pierres calcaires, & surtout dans les massifs de craie ou de marne. On remarque partout que les silex, quoiqu'en corps isolés, sont rangés sur des lignes exactement horizontales, comme des notes de musique ; ce qui tient à la stratification des corps marins au fond du bassin de la mer, lesquels ont servi de noyau au silex, & dont l'organisation a sans doute facilité à l'eau l'infiltration silifiante.

Les amas de silex en pierres perdues & en *murgées* sur les tractus crayeux & marneux sont précieux aux yeux d'un naturaliste qui juge, par leur grande masse, de l'étendue des destructions que les pays de craie & de marne ont éprouvées & éprouvent tous les jours. Ces témoins de la destruction des massifs crayeux ou marneux nous prouvent combien les eaux ont dégradé de couches, non-seulement à la superficie des plateaux qui séparent les vallées, mais encore sur les croupes de ces vallées qui se dégarnissent de nombreux amas de silex accumulés sur ces croupes.

Outre les tractus de marne & de craie où se trouvent les silex ainsi dégagés de leurs matrices, lesquels sont très-étendus dans la nouvelle terre, & qui nous donnent une idée de l'abondance des sucs infiltrans qui ont contribué à la formation des silex, il y en a encore d'autres où l'on rencontre, non-seulement les coquilles & autres corps marins silifiés, mais encore des masses informes qui ont pris la dureté & la couleur des silex. Je pense que l'étendue de tous ces tractus mériteroit d'être déterminée avec soin, & qu'au lieu de se jeter dans des conjectures vagues sur leur formation, il seroit fort utile d'en connoître d'abord l'étendue, ensuite d'autres circonstances qu'on joindroit à cette première détermination. Plus j'ai suivi les plans que m'inspiroit le desir de perfectionner la *Géographie-Physique*, & plus j'ai senti que c'étoit le moyen de nous débarrasser des systèmes & des assertions vagues, & de parvenir à la connoissance de la marche de la nature par la connoissance des résultats de ses opérations.

§. V. *Cailloux charriés par les rivières.*

M. Boules a tort lorsqu'il prétend que l'Allier n'a fait aucun transport de pierres le long de son lit : il est visible qu'il a fait de ces transports sur de grands trajets ; car on y trouve des laves fort loin de leurs gîtes. Il en est de même de la Loire ; car on y trouve, particuliérement à Nevers, beaucoup de matériaux d'amont. Il en est de même à Orléans, où l'on trouve nommément des quartz & des granits.

Voici un grand fait qui détruit tous les raisonnemens de M. Boules. Non-seulement l'Yonne, mais même la Seine, l'Aube & la Marne ont fait de grands & d'immenses transports de pierres que leurs eaux courantes ont roulées, polies & déposées à tous les niveaux des croupes de leurs vallées : ce sont des graviers plats calcaires qui ont pris leur origine au dessus de la craie, l'ont recouverte, & se sont établis au-delà. Je vais plus loin, & je dis que quelques-uns de ces graviers plats se trouvent dans les dépôts des environs de Paris & à tous les niveaux : on en trouve dans le canal de la Seine, & même dans la traversée de Paris.

On voit chaque jour que ces mêmes rivières éprouvent des mouvemens vermiculaires ; ce qui ne peut se faire sans les transports des pierres & des sables qui se trouvent dans leur lit, & qui passent successivement d'un bord escarpé à la pointe d'un plan incliné, & de la pointe d'un plan incliné à la pointe d'un autre plan incliné lors des crues.

Je regarde les rochers où se fait la perte du Rhône comme une digue naturelle qui arrête par conséquent, comme les digues, les matériaux que la rivière peut charrier.

Qu'on examine toutes les rivières torrentielles qui, dans leurs débordemens, entraînent des pierres, des graviers & des sables sur les terres voisines lorsque les digues des moulins les forcent à sortir de leurs lits, & qui étendent leurs ravages sur une grande étendue de pays.

J'ai remarqué de même dans le lit de la Vienne,

au dessus & au dessous de Limoges, des morceaux de granits qui ne sont point roulés ni polis comme les *cailloux roulés* ordinaires. Il en est de même des autres rivières du Limousin & de l'Angoumois; mais elles sont toutes barrées par des digues de moulins fort fréquentes, lesquelles s'opposent à tout mouvement des pierres sur le lit de ces rivières: les seules pierres roulées qui se trouvent dans leur lit, viennent des avalaisons latérales.

Ces *cailloux* ou *galets* ont été tous arrondis & polis par la mer, & déposés le long de ses limites. C'est une erreur d'attribuer aux fleuves & aux torrens la forme de tous les *cailloux* qu'ils charrient, & qu'ils détachent chaque jour des amas que la mer a faits à deux époques différentes: 1°. le long des bords du bassin de la mer où a été formée la moyenne terre, c'est-à-dire, le long des limites de ces massifs & sur la ligne où il confronte avec l'ancienne terre ou les massifs graniteux; 2°. le long des bords du bassin de la mer où la nouvelle terre a été formée, c'est-à-dire, actuellement le long des limites des massifs les plus modernes sur la ligne où ils confrontent, ou bien avec l'ancienne, ou bien avec la moyenne terre. Au dessus de ces deux limites successives on ne voit point de *cailloux roulés* dans les lits des fleuves ni des rivières; au dessus ils s'y trouvent abondamment, ayant été détachés & roulés par les eaux courantes, & particuliérement dans les crues que les fleuves & les rivières éprouvent de tems en tems.

Par conséquent, si les fleuves n'ont pas usé & arrondi les *cailloux roulés*, on ne peut pas leur attribuer les dépôts de ces *cailloux* qui se trouvent quelquefois à de grandes hauteurs au dessus de leur lit actuel: ce sont visiblement les restes des dépôts faits par la mer lorsqu'elle couvroit le continent à cette hauteur.

CALAIS, ville de France, département du Pas-de-Calais. Cette ville est bâtie sur une partie des dunes qui bordent le détroit de la Manche, & se prolongent jusqu'à Nieuport. Si l'humidité de l'atmosphère n'a pas, sur cette côte, des effets aussi fâcheux qu'on auroit lieu de le craindre, on doit surtout l'attribuer à l'action des vents impétueux qui ne manquent pas de balayer les émanations malfaisantes des marais les plus voisins. Il n'y a peut-être pas de canton où les vents exercent un empire plus absolu, & où les variations de l'air soient aussi fréquentes & aussi subites. D'ailleurs, le froid s'y fait sentir vivement lorsque les vents sont au nord ou à l'est. En été même, lorsque ces vents règnent, un jour de pluie suffit pour refroidir tellement l'atmosphère, qu'on est obligé de se chauffer à *Calais*.

Les murs des maisons de *Calais*, où l'on trouve du natrum cristallisé, ont leurs fondations posées sur un banc de sable verdâtre, très-fin, rempli de débris de corps marins, & placé à douze ou quinze pieds de profondeur, & au milieu duquel filtre l'eau qui abreuve les puits de la ville: au reste, cette eau, que l'on peut considérer comme stagnante, tient en dissolution beaucoup de sel marin à base terreuse, & du nitre aussi à base terreuse. Il y a grande apparence que le natrum provient du sol, c'est-à-dire, de la portion de sel marin contenue dans la nappe d'eau qui fournit aux puits de la ville. C'est la base de celui qui se décompose.

La connoissance qu'on a acquise depuis quelque tems sur la constitution du sol du royaume, & sur les causes de sa fertilité, qui est parfaitement semblable à celle du sol de la Flandre française maritime & de la Flandre autrichienne, & par la qualité des eaux qu'il contient & par celle des sels qui y sont dissous, & surtout du natrum, qui, en petite quantité, peut entretenir une certaine fraîcheur & une certaine humidité qui y font végéter très-vigoureusement les plantes, même dans les plus grandes sécheresses.

C'est aussi à la constitution de ce même sol, que l'air du Calaisis doit une partie de la grande humidité qui y règne, & dont on s'est assuré par plusieurs expériences très-décisives.

CALAIS (Isthme & Détroit de), placé entre deux mers libres, & où le flux & le reflux se font sentir vivement contre les côtes escarpées. L'action des marées auroit suffi pour détruire insensiblement cet isthme. J'en juge par les côtes de Normandie & par celles du Boulonnois; qui sont minées chaque jour par les vagues. On ne peut objecter les sables qui envasent une partie de ces golfes, puisque c'est l'effet naturel des eaux des fleuves qui se déchargent dans les golfes.

Il faut observer que la pente des terrains qui bordent les deux golfes situés aux deux côtés de l'isthme, part de cet isthme, & détermine les eaux, d'un côté vers la mer d'Allemagne, & de l'autre vers la mer de l'Ouest.

Ce sont ces deux mers qui ont travaillé, par des courans, à creuser le fond & à miner les bords. C'est ainsi que les deux rivages, qui étoient d'abord près l'un de l'autre, sont à présent éloignés de six lieues, & emportés à la moindre profondeur qu'il y ait dans ces deux bassins ou manches.

On regarde assez communément le bassin de la mer comme ayant été du premier moment circonscrit & terminé par des bords tels que nous les voyons. On ne réfléchit pas qu'elle s'est formé & creusé elle-même ses limites, & que toutes les côtes plus ou moins escarpées ont été battues par les vagues, sapées & affouillées avec d'autant plus d'avantage, qu'elles étoient, comme dans le cas présent, d'une matière tendre & crayeuse; au moyen de quoi on peut assurer, d'un grand nombre, qu'elles ont été reculées de beaucoup, &, pour peu qu'on ait observé avec soin, on pourra dire de combien, & juger par-là comment & quand un grand nombre d'îles ont pu être détachées, tant des îles voisines que des continens.

On ne peut pas objecter les amas de sables qui vont inonder aujourd'hui les côtes de Flandre & de Picardie, non plus que les amas de galets qui vont comblant une grande partie de l'embouchure de la Seine & de la Somme.

Si nous portons nos observations vers le nord, nous remarquons que les îles Scilly, les Hébrides, les Orcades, celles de Shetland & peut-être les îles de Féroé pourroient bien n'être que les restes d'une région immense d'où il est résulté toutes ces îles, & que le petit isthme de *Calais*, comparé à toutes ces destructions, peut avoir formé une jonction à laquelle on n'aura jamais fait une certaine attention dans les navigations bornées des premiers âges. Cette péninsule n'avoit été parcourue ni reconnue en son entier, & elle passoit chez les Anciens pour une île primitive.

La correspondance des couches de terre sur partie des rivages opposés de l'Angleterre & de la France ne laisse cependant aucun doute sur leur ancienne union : les collines de craie de Blanc-Nez, entre *Calais* & Boulogne, & celles qui se présentent à l'occident de Douvres, correspondent exactement. Les dernières sont vastes & prolongées. Les premières sont peu étendues & la limite d'un lit immense. Entre Boulogne & Follstone, environ à six milles de ce dernier lieu, est un autre monument de l'ancienne jonction des deux bords de la mer. C'est une étroite colline sous-marine, appelée le *Rip-Raps*, d'un mille environ de largeur, & de dix milles de longueur, s'étendant à l'est vers les bancs de Goodwin. Les matériaux de cette colline sont des cailloux ronds & durs (*boulder-strones*) qui se trouvent accidentellement faire partie de plusieurs couches. La profondeur de l'eau sur cette colline n'est que de quatorze pieds dans les plus hautes marées. Les pêcheurs de Follstone y ont souvent touché avec une rame de quinze pieds, en sorte qu'elle est à juste titre la terreur des navigateurs : plus d'un grand vaisseau y a péri, & s'est aussitôt abîmé dans vingt-quatre brasses d'eau. En juillet 1782, la *Belle-Ile*, de soixante-quatre canons, toucha & y resta pendant trois heures; mais en se déchargeant de sa bierre & de son eau, elle vint à bout de se relever & de se dégager.

Ce détroit fameux n'a que vingt-un milles de largeur dans sa partie la plus resserrée. Du môle de Douvres à celui de Calais, on compte vingt-quatre milles : sa largeur paroît diminuer tous les jours, & l'on conjecture que les deux rivages opposés se sont rapprochés de deux milles, à dater d'un long laps de tems. Au milieu du canal, dans les plus hautes marées, la profondeur est d'environ vingt-cinq brasses. Le fond est un sable grossier où des quartiers de roches, depuis une série de siècles inconnue, résistent au frottement & à l'action des courans. En se portant du détroit vers l'est & l'ouest, la profondeur s'augmente par degrés jusqu'à cent brasses, & puis la sonde se perd.

Les grandes marées, dans le détroit, s'élèvent à vingt-quatre pieds, & les basses à quinze. Le flot vient de la mer d'Allemagne, passe le détroit, ensuite rencontre & combat violemment la marée occidentale de l'Océan, entre Fair-Leigh, près de Hasting & de Boulogne; preuve que si la séparation a été occasionnée par la mer, elle doit avoir été l'effet de la prépondérance de la mer du Nord.

Après la révolution qui a séparé l'Angleterre du Continent, la migration des hommes auroit pu se faire très-promptement dans des bateaux pêcheurs; mais jamais les nombreuses espèces de quadrupèdes n'auroient pu gagner cette île à la nage, malgré le peu de largeur du détroit : dans tous les tems, la rapidité des marées auroit triomphé de leurs efforts. Ils n'ont donc pu passer que sur l'ancien isthme; car il répugne au bon sens que nos ancêtres eussent été assez simples pour transporter dans l'île, les loups, les ours & la nombreuse légion des autres animaux plus petits & aussi nuisibles, après avoir trouvé les moyens d'introduire les espèces utiles & domestiques.

On n'a point, en Angleterre, de quadrupèdes qui ne se trouvent également en France, & parmi les animaux qu'on a perdus, on peut compter l'urus, le loup, l'ours, le sanglier & le castor, qui tous étoient autrefois communs aux deux contrées. L'urus, relégué maintenant dans les forêts de la Lithuanie, a continué d'être en Angleterre dans l'état sauvage au moins jusqu'en 1466, & on a vu quelques-uns de ses descendans renfermés dans les loges du parc de Drumlanrig & de Chillingham. Il y a eu des ours en Écosse jusqu'en 1057; ils ont existé dans le pays de Galles presque jusqu'à la même époque; car les anciennes lois les rangeoient parmi le gibier de chasse. Les loups infestoient jusqu'aux comtés enclavés dans le sein de l'Angleterre en l'année 1281, & ils ont continué leurs ravages dans le nord de la Bretagne sous le règne de la reine Élisabeth. Ils n'ont été entiérement extirpés qu'en 1680. Les sangliers étoient communs dans le voisinage de Londres sous le règne de Henri II, & ils sont restés dans l'état sauvage jusqu'en 1577 : alors on ne les trouvoit plus que dans les bois du lord Latimer, qui prenoit grand plaisir à les chasser, suivant le docteur Monfet. On sait aussi, d'après la même autorité, que les chevreuils existoient en même tems dans la principauté de Galles, & parmi les collines de Cheviot. Aujourd'hui ils sont confinés dans les hautes terres de l'Écosse. Enfin, les castors habitoient le pays de Galles en 1188, lorsque l'historien Giraldus voyagea dans cette principauté. Tous ces animaux, l'urus excepté, se trouvent aujourd'hui en France. Le roi Théodebert périt en chassant un urus, vers l'an 548. Il est probable que l'espèce a subsisté dans ce vaste royaume long-tems après cet événement.

L'élan, le linx, le loir, le rat & la plupart des chauve-souris de France n'ont jamais atteint l'Angleterre, ou s'ils y sont parvenus, ils y ont péri si vîte, que leurs noms ont péri avec eux dans la langue. Cependant l'Angleterre possède plusieurs chauve-souris qui lui sont particulières. L'isbex ou bouc sauvage & le chamois, habitans des seules Alpes les plus éloignées de la Gaule & des Pyrénées, n'ont probablement jamais été introduits en Angleterre. Ainsi la France possède un plus grand nombre d'espèces de quadrupèdes, que l'Angleterre. On doit dire cependant que ce dernier pays possède de plus que la France deux espèces de veaux marins, parce que ces animaux vivent plus particuliérement dans les régions du Nord.

Les oiseaux qui ont reçu de la nature le pouvoir & les moyens de se transporter si facilement d'un lieu dans un autre, ont cependant, dans nombre de cas, les limites de leurs habitations. Le climat confine les uns dans des bornes certaines; des nourritures particulières engagent les autres à se fixer dans des pays peu éloignés de l'Angleterre. Cependant par un merveilleux instinct, les oiseaux suivent les progrès de la culture, & se naturalisent eux-mêmes dans de nouvelles régions. Le cross-bill ou bec-croisé a suivi la pomme de pin en Angleterre. Glence, dans les hautes terres d'Écosse, n'avoit jamais connu la perdrix que depuis que les fermiers ont récemment introduit le blé dans leurs terres; & le moineau n'a jamais paru en Sibérie que depuis que les Russes ont introduit la charrue dans les vastes déserts de cette partie de leurs États. Enfin, les ricebuntings ou alouettes de riz, natives de Cuba, depuis qu'on a introduit le riz dans la Caroline, quittent par milliers leur île natale & traversent l'intervalle au dessus de la mer & des terres pour avoir leur part dans une récolte transportée de l'Inde dans une contrée si éloignée d'elle.

La France, qui, dans son étendue, comprend plus de différens climats que l'Angleterre, est aussi plus riche qu'elle en espèces d'oiseaux. On ne peut en compter, d'après Pennant, dans cette île, que cent trent-un de terre & cent vingt-un d'eau, au lieu que la France en possède cent cinquante-six de la première division, & cent treize de la seconde. Le calcul pourroit n'être pas tout-à-fait exact, car personne n'a encore entrepris le *Faune* de la France, qui doit être très-nombreux dans un royaume qui s'étend depuis *Calais*, à la latitude de 51 degrés, jusqu'à Collioure, au midi du Roussillon sur la Méditerranée, à la latitude de 42 degrés. Les provinces du nord ont leurs espèces communes avec l'Angleterre, &, suivant toute apparence, les provinces de la Méditerranée sont annuellement visitées par les diverses espèces du nord de l'Afrique. Nous renvoyons à l'article DOUVRES ce qui a pour objet les côtes de l'Angleterre, relativement aux changemens qu'elles ont éprouvés.

CALAIS (Dunes de). *Calais* & ses environs présentent un phénomène qui paroît assez singulier. A une portée de canon du rempart, dans les dunes qui bordent la mer, le sol n'offre qu'un sable volant très-fin, qui porte toutes les marques de la plus complète aridité. Cependant on est parvenu à le convertir en champs très-fertiles, en prairies naturelles d'un excellent produit, en bons pâturages, même en potagers, &, dans quelques endroits, en plantation d'arbres de la plus belle venue. Ce qu'il y a de plus étonnant, c'est que les aunes & les peupliers d'Italie, qui exigent un sol humide, sont précisément les arbres qui, avec les précautions requises, réussissent le mieux dans ces sables. Mais tout étonnement cesse lorsqu'on sait que, pour peu qu'on creuse à quelques pieds au dessous du niveau naturel de ce terrain, l'on rencontre une eau limpide, douce & fraîche, qui a toutes les qualités de la meilleure eau de citerne, & qu'on voit filtrer à travers ces sables comme au travers d'un tamis. On a été bien convaincu que cette eau n'étoit pas une filtration de l'eau de la mer, comme plusieurs personnes l'avoient pensé d'abord. Voici les raisons sur lesquelles l'on fonde cette preuve: 1°. les hautes & basses marées ne font jamais élever ni baisser le niveau de cette eau, tandis que la sécheresse ou la pluie influe très-sensiblement, tant sur la profondeur à laquelle on la trouve, que sur son abondance. 2°. Il arrive que, lorsqu'on creuse à quelques pieds plus bas dans l'espoir de se procurer, par une fouille plus profonde, une eau plus abondante, de rencontrer, au dessous d'une espèce de tuf, une eau saumâtre & bitumineuse, nullement potable, & qui vient manifestement de la mer. 3°. Tous les puits creusés dans la ville de *Calais* sont de cette dernière nature; aussi n'y boit-on que de l'eau de citerne. Lorsque celle-ci manque, il faut en faire venir par charrois de près d'une lieue. Ainsi l'eau qu'on trouve, en si grande abondance, à deux pieds au dessous de la surface du sol, n'est manifestement que de l'eau pluviale, qui est retenue sur le tuf après avoir pénétré à travers le sable; ainsi le terrain où ces eaux pluviales séjournent, doit être regardé comme une vaste citerne. Pendant le siége d'Ostende en 1745, les soldats creusèrent, dans des sables absolument pareils & dans la même proximité de la mer, des puits de quelques pieds de profondeur, qui fournirent une eau douce très-saine & très-potable.

Quant à l'étonnante fertilité de ces terrains sablonneux au voisinage de la mer, il paroît que l'amas d'eau souterraine propre à fournir continuellement une fraîcheur convenable aux végétaux à mesure que l'évaporation dessèche la superficie du sol, en est la cause pour peu que ce bienfait inestimable de la nature soit favorisé par la culture. On sait d'ailleurs de quelle ressource est une eau claire & limpide qui vient réparer à chaque instant les pertes qu'occasionnent, dans les plantes, une végétation abondante. Les sols sabloneux se prêtent merveilleusement à cette filtration bienfaisante & toujours ménagée convenablement.

Nous devons ajouter ici quelques faits qui nous feront connoître aussi plusieurs détails sur la constitution du sol de *Calais*, d'après lesquels on verra de nouvelles circonstances qui concourent à cette étonnante fertilité des sables.

CALAISIS *ou* PAYS RECONQUIS. C'étoit une petite contrée de la Basse-Picardie, bornée, au nord, par la Manche; au couchant, par le Boulonnois; au midi, par la Picardie & la Flandre. Le pays d'Artois forme presque tout le côté du midi au levant. Le *Calaisis* a la forme du triangle, dont les côtes de la Manche forment la base. On lui donne huit lieues dans sa plus grande longueur, & environ autant dans sa plus grande largeur. Ce petit pays se divise en haut & bas.

Le *Bas-Calaisis* règne le long des bords de la mer. Cette partie renfermoit sept paroisses. Le *Haut-Calaisis* comprenoit dix-sept communes.

L'air du *Calaisis* est humide & froid. La terre y est coupée de quantité de canaux & de ruisseaux, & couverte de marais. Les cantons où il n'y a point de marais produisent du blé & du lin, & tout le pays abonde en gras pâturages, dans lesquels on entretient un grand nombre de bestiaux. On y fait beaucoup de beurre excellent. Les habitans de ce pays ont pour principal commerce celui de ce beurre, auquel il faut ajouter celui des chevaux & du lin, productions du pays, & enfin celui des vins, des eaux-de-vie & du sel qui arrivent par le port de Calais. Le *Calaisis* fait aujourd'hui partie du département du Pas-de-Calais.

CALAMO, montagne dans l'île de Milo, l'une des îles volcaniques de l'Archipel. Elle est située au sud-sud-ouest de la ville de Milo. Je la considère comme un des principaux centres d'éruption des feux souterrains qu'offre la surface de cette île, telle qu'elle se trouve figurée sur les Cartes qui accompagnent le *Voyage dans l'Empire ottoman* de MM. Bruguière & Olivier. Cette montagne n'est pas bien élevée. Quand on en approche & qu'on en parcourt différentes parties, on rencontre, en plusieurs endroits, des terres volcaniques, mêlées de fragmens nombreux de pierres-ponces. Avant d'arriver au sommet on est averti, par l'issue de quelques exhalaisons & par les odeurs du soufre, de la présence des feux souterrains. Un peu au dessous de la cime conique de la montagne, on apperçoit un déchirement d'une certaine étendue qui s'est fait au milieu d'un massif de laves compactes, & qui est recouvert d'une croûte saline dans laquelle on enfonce quelquefois jusqu'à mi-jambe. On y voit aussi des crevasses d'où il s'exhale une fumée très-fétide, & d'ailleurs, en quelqu'endroit qu'on creuse, la chaleur y est si forte, qu'il est impossible de tenir la main à un pied de profondeur; & enfin, lorsqu'on enlève la croûte saline, on trouve dessous du soufre sublimé en belles aiguilles jaunes d'une très-grande fragilité, & qu'on ne peut conserver dans cet état.

Il s'élève de la fumée des fentes multipliées qui se trouvent dans les rochers voisins, & même, un peu plus loin, une autre bouche présente des boursouflures d'une matière blanche, semblable à la terre cimolée plus ou moins chargée d'alun. Diverses autres ouvertures rendoient une odeur sulfureuse tellement forte, qu'on pouvoit à peine respirer dans le voisinage. Enfin, on sentoit sous les pieds la chaleur du sol de cette montagne.

Par toutes ces observations on reconnoît aisément que la montagne de *Calamo* est fort échauffée vers son sommet par les feux souterrains, & que les effets de ces feux, & surtout des évaporations salines ou sulfureuses, annonçoient une décomposition des substances primitives intactes, ou même des laves compactes, en une terre blanche que l'on peut pétrir à volonté, & qu'on obtient dans cet état avec toutes les propriétés de la terre cimolée, phénomène déjà reconnu depuis long-tems aux environs du Vésuve & de la Solphatare. (*Voyez* Milo.)

CALARON (le), rivière du département des Basses-Alpes, canton de Banon, près duquel elle prend sa source. Elle coule au sud, puis à l'ouest, arrose Apt, & va se jeter dans la Durance à une demi-lieue au dessus de Cavaillon, & à quinze lieues de sa source. Ce n'est en général qu'un torrent qui cause souvent de grands dommages aux terres qui l'avoisinent.

CALASERAIGNE (Ile de), du département des Bouches-du-Rhône, arrondissement de Marseille, à trois lieues sud-sud-ouest de cette ville, & à trois quarts de lieue sud-ouest de la côte. Elle a du nord au sud trois cents toises de long, sur cent cinquante toises de large.

CALCUTA (Rocher brûlant de). M. Plaitter, qui a pris possession, au nom de la compagnie des Indes, de la province de Chetagou, cédée, par le nouveau nabab, à cette compagnie, fait mention de deux phénomènes intéressans qu'il y avoit observés. « Après avoir, dit-il, marché pendant cinquante-quatre milles dans les premiers jours de l'année 1761, il arriva à la ville appelée *Issamabad*, capitale de cette province. Il vit un rocher brûlant qui exhaloit continuellement une flamme légère de plusieurs endroits, & qu'on pouvoit éteindre

éteindre pendant quelque tems ; ce qu'il fit, & il trouva pour lors que la flamme sortoit par d'autres endroits. Les habitans du pays lui assurèrent que la flamme ainsi éteinte se rallumoit d'elle-même. »

En revenant de Chetagou à Lukipore, il revit le rocher qu'il trouva fort dur, & qui ne paroissoit contenir aucune matière combustible. Un morceau de ce rocher, éclaté près d'un endroit enflammé & fortement échauffé, ne distilloit aucune matière sulfureuse, ne jetoit aucune fumée, & la chaleur étoit insensible à six pouces de l'endroit enflammé.

L'autre phénomène intéressant est un puits situé dans les montagnes, environ à quatre milles du sud du rocher, dont la surface est toujours enflammée. Les habitans l'ont environné d'un ouvrage de briques, qui a la forme d'un tuyau de cheminée, lequel rassemble la flamme en un point & en augmente l'intensité. La flamme sort aussi avec l'eau par quelques trous laissés dans la clôture de briques, & est conduite dans une citerne. L'eau bouillonne dans cette citerne, & n'est cependant que tiède auprès de la flamme. Sur le puits on a bâti une pagode qui est constamment pleine de fumée, comme aux eaux de Bath en Angleterre. Le goût de cette eau est à peu près le même que celui des eaux de ces bains.

CALDNOVEN (Forêt de), département de la Moselle, arrondissement de Thionville, en deux langues de bois. Celle vers Sierck a six mille six cents toises de long, sur deux mille trois cents toises de large ; & celle vers Wehwiese, deux mille sept cents toises de long, sur douze cents toises de large.

CALÉDONIE (Nouvelle-), île située dans la mer du Sud. On doit à l'illustre Cook la découverte de cette grande Terre qu'il apperçut le premier septembre 1774. Elle est située dans la partie la plus occidentale de la mer du Sud, & éloignée de douze degrés de la Nouvelle-Hollande. Ce pays est peut-être, la Nouvelle-Zélande exceptée, la plus grande île de la Mer Pacifique, car elle s'étend du 19e. deg. 37 min. au 22e. deg. 30 min. de latitude sud, & du 163e. deg. 37 min. jusqu'au 176e. deg. 14 min. de longitude est (méridien de Greenwich). Son gissement est presque nord-ouest & demi, ouest & sud-est & demi est. Elle a environ quatre-vingt-sept lieues dans cette direction ; mais sa largeur n'est pas considérable, & rarement elle excède dix lieues. C'est une contrée toute entre-coupée de montagnes de différentes hauteurs, qui laissent entr'elles des vallées plus ou moins profondes. De ces montagnes, s'il est permis de juger du tout par les parties qui ont été vues, sortent une infinité de sources, dont les eaux, qui serpentent dans les plaines, portent partout la fertilité, & fournissent aux besoins des habitans. Les sommets de la plupart de ces montagnes semblent stériles, quoique les flancs soient couverts de bois par-ci par-là, comme le sont les vallées & les plaines. La terre étant ainsi coupée de montagnes, plusieurs parties de la côte, vues dans l'éloignement, paroissent dentelées. On croiroit qu'il y a de grandes ouvertures entre les montagnes ; mais en serrant le rivage, on trouve que la terre est continue, basse, & formant une lisière qui règne le long de la côte, entre le rivage & le pied des montagnes. Il est à croire qu'elle est entiérement, ou pour la plus grande partie, défendue par des récifs de corail, des basses & des brisans qui en rendent l'accès très-difficile & très-périlleux, mais qui servent à la mettre à l'abri de la violence des vents & de la fureur des flots, à assurer aux pirogues une navigation aisée & une pêche abondante, & à former probablement de bons ports pour le mouillage des vaisseaux.

Les parties nord-est & sud-est ont seules été examinées : le côté méridional n'a point encore été reconnu ; ainsi les productions annuelles, végétales, & les minéraux que cette terre renferme, offriront vraisemblablement un vaste champ aux naturalistes qui visiteront ces parages. L'aspect des pins, dans la partie de l'est, semble prouver que la nature du sol & les minéraux y sont absolument différens de ceux qu'on a observés dans les cantons qui ont été parcourus.

Le côté sud-est de l'île paroît se terminer par un grand cap que le capitaine Cook a appelé *cap Coluett*, du nom d'un de ses volontaires qui le premier en eut connoissance ; mais la bande nord-est offre un mouillage favorable aux équipages, qui y sont à l'abri de tous les vents. Si on approche trop du rivage, le fond, qui s'élève insensiblement, ne donne que trois brasses. A la distance d'un mille, la sonde rapporte cinq brasses fond de sable, sans aucun mélange de vase. C'est sur cette partie de la côte que le navigateur anglais a abordé : l'endroit de son ancrage a été nommé *la Balade*. Les courans qu'on y trouve, portent au sud-est & à l'ouest, ou au nord-ouest de l'autre côté ; mais leur effet n'est pas bien sensible, & peut-être encore faut-il autant l'attribuer aux canaux que forment les marées, qu'à des courans réguliers. Dans les canaux étroits qui séparent les bancs, & dans ceux qui communiquent à la mer, les marées sont très-fortes ; cependant elles ne font pas monter les eaux à plus de trois pieds & demi. Le tems de la haute mer à la Balade, dans les syzygies, arrive vers les six heures.

C'est du lieu où l'illustre voyageur s'est arrêté, que nous partirons pour jeter un coup-d'œil sur cette portion inconnue du Globe.

L'aspect du pays, à mesure qu'on en approche, devient de plus en plus stérile : il semble n'être couvert que d'une herbe sèche & blanchâtre : les arbres, très-clair-semés sur les montagnes, paroissent tous avoir des tiges blanches, & ils ressemblent à des saules. On n'apperçoit aucune espèce d'arbrisseaux. Plus près, on découvre une petite bordure de terre plate, au pied des collines revêtues d'arbres & de buissons verts & touffus, parmi lesquels on remarque, de tems en tems, un cocotier & un bananier.

Descendu à terre, on s'apperçoit bientôt que le sol de la *Nouvelle-Calédonie* est d'une grande aridité, & qu'il diffère de tous les autres de la mer du Sud. Quoique les naturels le travaillent beaucoup, ils en tirent peu de subsistance ; ce qui est probablement la cause de leur petit nombre ; car sur une étendue de côte de près de deux cents lieues, on juge qu'il n'y a pas plus de cinquante mille ames.

En longeant la grêve de la Balade, qui est sablonneuse & bornée par un fourré d'arbrisseaux sauvages, on atteint bientôt des plantations qui se prolongent derrière la grêve & le bois, & l'on parcourt ensuite un canal qui arrose les plantations, mais dont l'eau est très-saumâtre : de là on gravit une colline où le pays paroît changé. La plaine est revêtue d'une couche légère de terre végétale. L'éminence, au contraire, est un rocher composé de gros morceaux de quartz & de mica. Il y croît des herbes d'environ deux ou trois pieds de haut ; mais elles sont très-clair-semées dans la plupart des endroits, & à quinze à vingt verges les unes des autres. On voit de grands arbres noirs à la racine, qui ont une écorce parfaitement blanche, lâche, qui, en plusieurs endroits, crève & jaillit de la tige, & cache au dedans des escarbots, des fourmis, des araignées, des lézards & des scorpions. Les feuilles de ces arbres sont longues & étroites comme celles de nos saules. Ils sont de l'espèce que Linné appelle *mela-leuca, leucadendra* ; & Rumphius, *albor alba*. Ce dernier écrivain dit que les habitans des Moluques tirent l'huile de *cayputi* des feuilles qui sont extrêmement odorantes. Il n'y a pas le moindre arbrisseau sur cette colline stérile & sauvage. La vue se porte fort loin, sans être interceptée par les bois, & l'on distingue de là une ligne d'arbres & d'arbustes touffus, qui se prolongent du bord de la mer vers les montagnes.

La côte à l'est de la Balade présente un coup-d'œil plus fertile ; elle est presque partout couverte de mangliers, & on entre, à travers ces arbres, dans une crique étroite ou une rivière qui n'a pas plus de douze verges de large, & dont les bords sont élevés d'environ deux pieds au dessus de l'eau. Le sol des environs est en bon état de culture, planté de cannes à sucre, de bananiers, d'ignames, d'eddoës & d'autres racines, & arrosé par de petits canaux conduits avec art depuis le principal ruisseau qui a sa source dans la montagne. Du milieu de ces belles plantations, parfaitement régulières & bien entendues, s'élèvent des cocotiers dont les rameaux épais ne paroissent pas fort chargés de fruits ; & en général, le terrain, naturellement peu productif, ne paroît pas pouvoir fournir à la subsistance annuelle des habitans. Le ruisseau qu'on trouve dans ce canton est bordé de mangliers, au-delà desquels un petit nombre de plantes & d'arbres occupent un espace de quinze ou vingt pieds, revêtu d'une couche de terreau végétal, chargé d'humidité & d'un lit verdâtre de gramen, où l'œil aime à se reposer après avoir contemplé un endroit brûlé & stérile. Les arbrisseaux & les arbres qui bordent la côte offrent des richesses en histoire naturelle. On y trouve des plantes inconnues, & une grande variété d'oiseaux de différentes classes, qui pour la plupart sont entiérement nouveaux. On rencontre assez communément deux ou trois maisons situées près les unes des autres sous un groupe de figuiers très-hauts.

Parmi les montagnes avancées, & la chaîne sur laquelle on les apperçoit, est une grande vallée dans laquelle serpente une rivière. Ses bords sont ornés de diverses plantations & de quelques villages. La plaine ou le terrain uni qui s'étend le long du rivage de la mer, se présente, à cette hauteur, sous l'aspect le plus avantageux. Les sinuosités des eaux qui l'arrosent, des plantations, de petits villages, la variété des groupes dans les bois & les écueils au pied de la côte diversifient tellement la scène, qu'il est impossible d'imaginer un ensemble plus pittoresque. Sans le sol fertile des plaines & des côtes des collines, la contrée entière n'offriroit qu'un point de vue triste & stérile. Les montagnes & d'autres endroits élevés ne sont, pour la plupart, susceptibles d'aucune culture : ce ne sont proprement que des masses de rochers, dont plusieurs renferment des minéraux : le peu de terre qui les couvre, est desséché ou brûlé par les rayons du soleil, & cependant il y croît une herbe grossière & d'autres plantes, & çà & là s'élèvent des arbres & des arbustes. Le pays en général ressemble beaucoup à quelques cantons de la Nouvelle-Hollande, situés sous le même parallèle : plusieurs des productions naturelles paroissent y être les mêmes, & les forêts y manquent encore de sous-bois, comme dans cette île. Les récifs sur la rive & d'autres objets de ressemblance frappent tous ceux qui ont vu les deux contrées. On observe que toute la côte nord-est est remplie d'écueils & de brisans qui s'étendent au-delà de l'île de Balabéa à perte de vue. En descendant les montagnes par un chemin différent de celui par lequel on y monte, on se trouve dans la plaine à travers des plantations, dont la distribution très-judicieuse annonce beaucoup de soin & de travail. On voit des champs en jachère, quelques-uns récemment défrichés, & d'autres qui depuis long-tems sont en état de culture, & qu'on recommence à fouiller. On observe que la première chose que font les naturels pour défricher un terrain, c'est de mettre le feu aux herbes qui couvrent la surface. Ils ne connoissent d'autres moyens pour rendre au sol épuisé sa première fertilité, que de le laisser quelques années en jachère, & cet usage est général chez tous les peuples de cette mer; ils n'ont aucune idée des engrais; du moins n'en a-t-on jamais vu d'employés.

Le rocher est partout de la même nature : c'est un mélange d'une espèce de mica & de quartz plus ou moins teint d'une couleur ocreuse & rougeâtre, qui provient des particules de fer. Les sommets des collines, presqu'entiérement stériles, offrent toujours la même espèce de pierre; ce qui semble indiquer que la *Nouvelle-Calédonie* contient des minéraux précieux. Leur hauteur ne paroît pas fort considérable, & elle doit être inférieure à celle de la montagne de la Table, au Cap de Bonne-Espérance, qui, suivant l'abbé de Lacaille, est de trois mille trois cent cinquante pieds rhinlandois.

Dans la partie ouest de cette contrée, on trouve encore des objets dignes de remarque, & entre autres, sur la grêve, une grande masse irrégulière de rocher, de dix pieds cube, d'une pierre de corne d'un grain ferme, étincelant partout de grenats un peu plus gros que des têtes d'épingles. Cette découverte persuade davantage qu'il y a des minéraux précieux sur cette terre, qui, dans la partie déjà reconnue, diffère de toutes celles qui ont été examinées, en ce qu'elle n'a point de productions volcaniques. Dans ce canton, des bois épais bordent la côte de toutes parts: on y rencontre de jeunes arbres à pain, trop foibles encore pour porter du fruit; ils semblent être venus sans culture, & ce sont peut-être les arbres indigènes sauvages du pays. On y recueille aussi une espèce de fleur de passion qu'on croyoit n'appartenir qu'au climat d'Amérique, & l'on voit un chemin de sable qui paroît avoir été le lit d'un torrent ou d'un ruisseau, dont les deux côtés sont garnis de beaucoup de liserons & d'arbustes odorans.

On ne donnera pas plus d'étendue à la description de cette partie du Globe : les détails où l'on est entré suffisent pour faire connoître une terre où la nature se montre sous des formes si variées & si différentes.

Des volailles d'une grosse espèce & d'un plumage brillant sont les seuls animaux domestiques qui aient été remarqués dans la *Nouvelle-Calédonie*. Il paroît que les individus qui l'habitent, ont peu d'alimens à certaines saisons, & la disette ne se fait jamais plus sentir qu'au printems, lorsque les productions de l'hiver sont épuisées, & que les productions nouvelles ne sont pas encore prêtes. Ils y suppléent sans doute par la pêche, & les récifs étendus qui entourent leur île leur en fournissent en effet l'occasion; mais les vaisseaux qui abordent dans ce parage au mois de septembre, qui est le tems où leurs provisions sont à l'instant de finir, ne peuvent espérer de s'y procurer des rafraichissemens. A toute autre époque, il y a lieu de croire que la relâche seroit plus favorable, & qu'on y trouveroit des plantes & des racines salutaires. Tout annonce que ce peuple doux & humain connoît ces principes d'hospitalité qui rendent les insulaires de la mer du Sud si intéressans pour les navigateurs.

Il paroît que l'île ne possède point de quadrupèdes, au moins le capitaine Cook n'en désigne-t-il aucun; mais guidé par le desir bienfaisant d'augmenter chez ces Indiens les moyens de subsistance, il leur a laissé un verrat & une truie, dont l'espèce pourra facilement se multiplier.

La mer leur fournit un grand nombre de coquillages & beaucoup de poissons. Parmi ces derniers il en est un qui, par ses effets mortels, demande une description particulière, afin de prémunir les voyageurs contre le danger d'en faire usage. Ce poisson, d'une espèce absolument nouvelle, a quelque ressemblance avec ceux que l'on nomme *soleils*; il est du genre que M. Linné nomme *tétrodon*. Sa tête hideuse est grande & large. Quelques heures après qu'on en a goûté seulement, on éprouve un engourdissement général, une extrême foiblesse & une défaillance dans tous les membres : on perd presque le sentiment du toucher, & on ne distingue plus les corps pesans des corps légers quand on veut les mouvoir. Un pot plein d'eau & une plume sont dans les mains d'un poids égal. L'émétique, les sudorifiques qui procurent des transpirations abondantes, parviennent à dissiper le venin qui circule dans les veines. Cependant, malgré ces précautions, on se ressent plusieurs jours des suites de ce funeste état, par des vertiges, des foiblesses, & l'impossibilité de se tenir debout ni de marcher plus de cinq minutes. Les animaux qui mangent de ce poisson venimeux sont trouvés morts le lendemain.

Les Insulaires de la *Nouvelle-Calédonie* sont forts, actifs & bien faits. Leur teint est d'un châtain-foncé ou couleur de mahogany brun, à peu près comme celui des habitans de Tanna; mais ils ont des traits plus réguliers, plus doux, plus ouverts; un air plus agréable & plus intéressant. Ils sont plus robustes, mieux proportionnés & de plus haute taille; quelques-uns ont six pieds quatre pouces. Il en est qui ont les lèvres épaisses, le nez plat, les traits & la mine des Nègres. Deux choses contribuent à former ce rapprochement dans l'esprit de ceux qui les observent : leur tête moutonnée, & l'usage de se frotter le visage avec une espèce de fard d'un noir-luisant. En général, la couleur de leurs cheveux & de leur barbe est noire. Leurs cheveux, naturellement bouclés, paroissent, à la première vue, ne pas différer de ceux des Nègres, & cependant ils sont d'une toute autre nature, & plus rudes & plus forts que les nôtres. Leur barbe est semblable à leurs cheveux, & la plupart la portent courte.

Les femmes ont le teint comme celui des hommes. Leur stature est moyenne; quelques-unes sont grandes. Leurs formes sont un peu grossières, & elles paroissent robustes ; mais elles n'ont point les agrémens qui distinguent leur sexe. Elles connoissent les lois de la chasteté, & ne se livrent point à la prostitution si commune dans les îles du tropique. Cependant leur sort est très-éloigné d'être heureux : les hommes ne leur témoignent aucun égard : elles n'osent les approcher, & paroissent craindre de les offenser même par leurs regards ou par leurs gestes.

La nature a doué ce peuple d'un excellent caractère, &, sur ce point, il surpasse toutes les nations qui ont été reconnues dans ces contrées lointaines. Les Calédoniens sont peu curieux, très-indolens ; mais la bonté, la douceur, l'honnêteté de leur ame se peignent sur leur visage, & rien dans leur conduite ne dément ces qualités précieuses, auxquelles il faut en ajouter une fort rare parmi les Insulaires de la mer du Sud, c'est qu'ils n'ont pas le plus léger penchant au vol. Ils ont encore avec eux cette différence remarquable ; ils n'essaient point de chasser les étrangers qui abordent sur leur côte : au contraire, ils les reçoivent comme des amis, &, dès la première entrevue, ils ne montrent ni crainte ni défiance, & laissent errer librement dans leur pays.

Comme la nature a répandu avec réserve ses faveurs sur cette île, il est très-étonnant que les habitans, au lieu d'être sauvages, défians & guerriers, comme à Tanna, se trouvent paisibles, civils, bienveillans & peu soupçonneux. Ce qui n'est pas moins surprenant, en dépit de la stérilité du sol & du peu de secours qu'ils tirent des végétaux, ils sont plus gros, plus grands, & leur corps est plus nerveux. Peut-être qu'il ne faut pas chercher uniquement dans la diversité des nourritures les causes de la différence de stature & de taille des nations. La race primitive d'où descend ce peuple peut y avoir contribué. Supposons, par exemple, que les naturels de la *Nouvelle-Calédonie* viennent d'une nation qui, vivant dans l'abondance & sous un heureux climat, avoit pris une forte croissance, la colonie qui s'est etablie sur le mauvais sol de cette île conservera probablement, pendant plusieurs générations, l'habitude du corps de ses ancêtres. Le peuple de Tanna a peut-être subi une révolution contraire ; & s'il descend d'une race petite & grêle, telle que celle des Mallicolois, la richesse de sa contrée n'a peut-être pas encore pu changer ces germes primitifs de foiblesse.

Les Indiens de la *Nouvelle-Calédonie* sont les seuls de la mer du Sud qui n'aient pas à se plaindre de l'arrivée des Européens parmi eux. Quand on considère combien il est aisé de provoquer la violence des marins qui se jouent si légérement de la vie des Insulaires, on doit avouer qu'il leur a fallu un degré extraordinaire de bonté pour ne point attirer sur eux un seul acte de brutalité. Les philosophes qui prétendent que le caractère, les mœurs, le génie d'une nation dépendent entiérement du climat, auront peine à expliquer les dispositions pacifiques des habitans de la *Nouvelle-Calédonie*. Si l'on dit qu'ils ne sont pas défians parce qu'ils n'ont rien à perdre, on ne résoudra pas la difficulté, puisque les naturels de la Nouvelle-Hollande, sous l'influence d'un climat & d'un sol pareils, & dans une situation encore plus déplorable, sont farouches & insolens. Cette heureuse disposition des Calédoniens n'est pas un effet de l'ignorance de la guerre & de la dispute, puisqu'on observe chez eux tant d'armes offensives. Ils ont des ennemis à combattre, & le peuple d'une île appelée *Mingha*, peuple d'un caractère bien différent du leur, & qui est antropophage, est la nation avec laquelle ils ont des querelles sanglantes. A l'horreur qu'ils montrent pour ceux qui mangent de la chair humaine, on voit que leur civilisation est beaucoup plus avancée en ce point, que celle de leurs voisins plus riches. Ils n'ont cependant pas encore atteint ce degré où l'esprit est assez perfectionné pour ne point mépriser le sexe. Leur caractère trop grave, trop indolent ne peut être captivé par les caresses des femmes ni apprécier les jouissances domestiques. Ils sont quelquefois obligés de travailler beaucoup pour pourvoir à leur subsistance ; mais ils passent dans le repos leurs heures de loisir ; ils ne se livrent jamais à ces petites récréations qui contribuent tant au bien-être des hommes, & qui répandent la gaîté & la vivacité sur les îles de la Société & des Amis. On ne remarque à la *Nouvelle-Calédonie* aucun instrument de musique, excepté un sifflet d'un petit morceau de bois brun poli, d'environ deux pouces de long, & de la forme d'une cloche. Il est solide en apparence, & il a une corde attachée à la petite extrémité, deux trous près de la base, & un troisième près de la corde. Ces trous communiquent entr'eux. En soufflant dans celui de dessus, il se forme dans l'autre un son aigu, pareil à un sifflement. On ignore aussi s'ils ont des danses & des chansons ; mais on a lieu de supposer qu'ils ne rient presque jamais : ils parlent aussi très-peu, & se livrent difficilement au plaisir de converser avec les étrangers. Leur langue paroît informe, & leur prononciation est si confuse, que les vocabulaires qu'on a faits des mots dont ils se servent, diffèrent beaucoup les uns des autres. Quoiqu'ils aient peu de consonnes dures, ils reviennent souvent aux gutturales, & ils ont quelquefois un son nazal ou *rhinismus* qui embarrasse communément ceux qui ne connoissent d'autre langue que l'anglais. L'éloignement de leurs plantations prévient peut-être cette communication familière qui introduiroit peu à peu le besoin de la société. Comme leur pays n'est pas susceptible d'une grande culture, le meilleur moyen de hâter leur civilisation seroit d'y transporter les quadrupèdes que peut nourrir l'île ; par exemple, des cochons & des chèvres : ces dernières réussiroient très-bien dans cette contrée sèche.

Les hommes vont absolument nus, si on excepte une petite pagne qu'ils replient quelquefois autour de la ceinture ou qu'ils laissent flotter, & qui ne sert pas plus de voile à la pudeur, que celui des Mallicolois. Les femmes n'ont pour tout vêtement qu'une jupe courte, composée de fibres de bananiers, d'environ six ou huit pouces d'épaisseur, mais dont la longueur n'est pas plus considérable qu'il le faut pour l'usage auquel elle est destinée. Les filamens extérieurs sont teints de noir, & la plupart garnis de nacre de perle sur le côté droit. Les deux sexes se parent également de pendans d'oreilles d'écaille de tortue, de bracelets qui se portent au dessus du coude, de coquillages & de pierres. En divers endroits du corps ils se tatouent la peau; mais ces piqûres ne sont pas noires comme dans d'autres îles.

La lèpre affecte beaucoup les habitans de la *Nouvelle-Calédonie :* on en voit qui ont une jambe ou un bras, & quelquefois les deux ensemble, d'une grosseur énorme. En touchant ces membres on les trouve très-durs; mais la peau n'est ni également grossière ni également écaillée dans tous les malades. L'expansion démesurée de la jambe ou du bras ne paroît pas les gêner à un certain point, &, autant qu'on peut le comprendre, ils y sentent rarement de la douleur. Quelques-uns cependant ont une espèce d'excoriation où se forment des pustules qui annoncent un plus grand degré de pourriture. Néanmoins cet état ne se montre point sous un aspect assez dangereux pour penser que le malade risque de perdre la vie, & l'on en voit qui, à leurs cheveux blancs & à leurs rides, annoncent une grande vieillesse. La lèpre, dont cette éléphantiasis ou enflure extraordinaire est une espèce, suivant l'opinion des médecins, semble être une maladie particulière aux climats secs & brûlés. Les pays qu'elle désole le plus, tels que la côte du Malabar, l'Égypte, la Palestine & toute l'Afrique, essuient souvent des sécheresses, & renferment, en plusieurs endroits, des déserts sabloneux. On observe encore que presque tous les Calédoniens ont le scrotum enflé; mais on ignore si ce gonflement est occasionné par quelque maladie, ou s'il est causé par la pagne dont ils font usage.

Leurs maisons, du moins pour la plupart, sont construites sur un plan circulaire; elles ne ressemblent pas mal à des ruches d'abeilles, & elles ne sont ni moins closes ni moins chaudes. L'entrée est un long trou carré, précisément de la grandeur qu'il faut pour admettre un homme plié en deux. Du plancher à la naissance du toit la hauteur est de quatre pieds & demi; mais le toit, qui est d'une élévation considérable, se termine en pointe au sommet, au dessus duquel s'élève un poteau orné de bas-reliefs ou de coquillages, ou des deux à la fois. Ces huttes sont construites avec des perches, des roseaux, &c., & les deux côtés, ainsi que le toit, sont épais & bien couverts d'un chaume de longues herbes grossières. Dans l'intérieur de la cabane il y a des poteaux dressés qui soutiennent des échafaudages de lattes, où ils placent leurs provisions ou toute autre chose. Quelques-unes de ces maisons ont deux planchers l'un sur l'autre. Sur le plancher est répandue de l'herbe sèche, & çà & là on voit des nattes étendues, destinées à servir aux maîtres de siéges pendant le jour, & de lit pendant la nuit. Dans la plupart on remarque deux foyers, & communément un feu allumé; & comme la fumée n'a d'autre issue que la porte, toute la maison est si chaude & si enfumée, que quand on n'est point habitué à une pareille atmosphère, il est impossible d'y rester un moment.

Voilà sans doute pourquoi ces peuples sont si frilleux en plein air s'ils ne font pas d'exercice. On les voit fréquemment allumer de petits feux, & se ranger autour afin de se réchauffer. Peut-être est-il nécessaire que les maisons soient ainsi enfumées pour en écarter les mousquites qui sont très-multipliées dans cette île. A quelques égards il y a de la propreté dans ces habitations; & si d'ailleurs elles paroissent peu convenables dans un climat chaud, elles seroient du moins bien entendues sous un ciel plus rigoureux.

Les ustensiles de ménage se réduisent à peu de chose : une jarre de terre est le seul digne de remarque. Ces Insulaires s'en servent pour cuire leurs racines, & sans doute leurs poissons; car ce sont ces deux articles qui composent leur nourriture journalière, ainsi que l'écorce d'un arbre qu'ils grillent & mâchent continuellement.

Leurs armes sont des massues, des lances, des dards & des frondes pour lancer les pierres. Les massues, longues de deux pieds, ont diverses formes; quelques-unes ressemblent à une faux, & d'autres à une hache. Il en est dont la tête est pareille à celle d'un faucon, & d'autres qui sont à tête ronde; mais toutes sont proprement travaillées. Plusieurs de leurs lances & de leurs javelots sont faits avec le même soin, & ornés de bas-reliefs. Les frondes sont aussi simples qu'il est possible; elles ressemblent beaucoup aux *glandes plumbeæ* des Romains; mais pour les pierres qu'ils lancent, ils prennent la peine de les polir, & de leur donner à peu près la configuration d'un œuf, également gros par les deux bouts. Pour lancer la pierre ils se servent d'une corde comme à Tanna. Ils font un grand usage du dard pour le poisson, & l'on ignore s'ils ont une autre manière de prendre de gros poissons; car on ne voit parmi eux ni hameçons ni lignes. Ils paroissent habiles pêcheurs, & les récifs qui entourent leur île ont dû leur donner ce genre d'industrie.

Il est peu nécessaire de parler des outils dont ils se servent, tant pour l'agriculture que pour le peu d'ouvrages mécaniques qui sortent de leurs mains; ils ne diffèrent guère, pour la matière & pour la forme, de ceux qui sont en usage dans les autres îles. Leurs haches pourroient paroître d'une forme un peu différente ; mais cette différence est autant due au caprice qu'à la coutume. La pioche qu'ils emploient pour travailler la terre a un bec recourbé & pointu, avec lequel ils bêchent les terrains d'une manière très-favorable, & absolument inconnue dans les autres îles de la mer du Sud.

Les pirogues sont assez semblables à celles des îles des Amis ; mais elles sont d'une construction plus lourde & plus grossière. Les doubles ou accouplées sont composées de deux grands arbres creusés en gouttière, avec un plat-bord élevé d'environ deux pouces, & fermé, à chaque bout, par une espèce de cloison de la même hauteur; de sorte que chaque pirogue présente la forme d'une auge en carré-long, d'environ trois pieds plus courte que toute la longueur du bâtiment. Ces embarcations ont une ou deux voiles latines, & chaque voile est tendue sur deux perches.

S'il falloit juger de l'origine de cette nation, on la prendroit pour une race mitoyenne entre les peuples de Tanna & des îles des Amis, ou entre ceux de Tanna & de la Nouvelle-Zélande, ou même entre les trois, par la raison que leur langue est, à quelques égards, un mélange de celles de ces différentes terres. Les Calédoniens sont à peu près du caractère de ceux qui habitent les îles des Amis ; ils sont phlegmatiques comme eux, mais ils ont beaucoup plus de douceur & d'affabilité. (*Voyez* BALABEA, l'Ile des PINS & l'Ile de BOTANIQUE.)

CALENZANA, ville du département du Golo, arrondissement de Calvi, & à deux lieues de cette ville. Près de cet endroit & de la mer il y a une belle mine de fer.

CALIFORNIE. Cette péninsule s'étend depuis le cap Blanc, latitude 32, jusqu'au cap Saint-Lucar, latitude 23. Elle est bornée, à l'est, par un grand golfe appelé la *mer Vermeille*, qui reçoit dans son bassin la grande & impétueuse rivière de Colérado. La côte occidentale est montueuse, sabloneuse & stérile. Plusieurs volcans, tant en terre ferme que dans les îles, y éprouvent de fréquentes éruptions. La côte orientale offre des plaines étendues, & coupées par des vallées que des ruisseaux multipliés arrosent. Il résulte de là, que tout le pays est couvert de forêts & d'arbres fruitiers très-nombreux. Le sol & le climat, surtout à Monterey, latitude 36 degrés, sont propres à la production de tous les végétaux, & surtout à la culture de la vigne, qui produit de fort bon vin.

Les naturels forment une belle race d'hommes, grands & bien faits.

Cette contrée fut découverte, en 1539, avec les régions adjacentes, par François Ulloa, & le point le plus reculé des terres qu'on reconnut, fut le cap de Mendoça.

François Drake s'établit, à la latitude de 38 deg., à la suite de la même côte, en 1578, & il nomma cette contrée la *Nouvelle-Albion*, à cause de ses rochers blancs. Il y trouva la même race d'hommes qu'en *Californie*.

Deux siècles après, la côte a été visitée par le capitaine Cook. A partir de la *Californie*, la mer a soixante & treize à quatre-vingt-dix brasses de profondeur. La terre est en conséquence d'une hauteur modérée, offrant une alternative de collines & de vallées, & partout couverte de bois jusqu'au bord de la mer. Toute la côte, dans une très-grande étendue, est à peu près uniforme, presque droite & sans havres, avec une grêve blanche qui borde le rivage. Ceci règne jusqu'à la rivière d'Oregon ou la grande rivière de l'ouest.

Nous n'avons qu'un détail très-imparfait des animaux de cette province. Il est certain cependant qu'elle possède deux quadrupèdes à toison de laine. Quant aux oiseaux, les Jésuites nous assurent, & ils méritent d'être crus sur cet article, qu'on y trouve tous ceux qu'on voit dans le Nouveau-Mexique & la Nouvelle-Espagne. Les caps de la Floride & de San-Lucar sont sous les mêmes latitudes, & forment à peu près les extrémités de l'Amérique septentrionale ; mais notre ignorance sur les productions des vastes provinces du Nouveau-Mexique laisse aux naturalistes futurs qui pénétreront librement dans ce beau pays, une ample matière à recherches. Humboldt les a faites.

Il est impossible que, dans un aussi long espace, la nature du sol & la température de l'air soient partout les mêmes. On peut dire cependant qu'en général le climat est sec & chaud ; que le terrain y est nu, pierreux, sabloneux & stérile par conséquent. Parmi le petit nombre d'arbres qu'on y trouve, le plus utile est une espèce de cierge, dont les fruits sont la principale nourriture des habitans.

La mer, plus riche que la terre, offre des poissons de toutes sortes, & en grande abondance; mais ce qui rend le golfe de *Californie* plus digne d'attention, ce sont les perles, qui, dans la saison favorable, y attirent, des diverses provinces du Mexique, des hommes auxquels on a imposé la loi de donner au Gouvernement le quint de leur pêche.

Les Californiens sont robustes, mais paresseux & insensibles ; ils sont plus basanés que les Mexicains. Cette différence de couleur prouve que la vie policée de la société change & modifie l'ordre & les lois de la nature, puisqu'on trouve sous la zône tempérée un peuple sauvage plus noir que ne le sont les nations civilisées de la zône torride.

CALLE (Pont de la Grande-), département du Var, canton d'Hières, sur la côte sud-est de l'île de Porquerolles, entre le cap Roux & le cap du Sévaignet. Tous ces détails sont intéressans sur la côte des environs de Toulon.

CALLES, ville du département du Var, arrondissement de Draguignan, & à deux lieues nord-est de cette ville. Il y a dans *Calles* quatorze moulins à huile; ce qui fournit l'objet d'un grand commerce.

CALLIAN, bourg du département du Var, arrondissement de Draguignan. On voit à *Callian* un château orné de marbres blancs que fournissent les carrières des environs. Ce bourg a une verrerie où il se fabrique toutes sortes de verroteries, comme bouteilles, gobelets, &c. Outre cela, on trouve dans le territoire une carrière remplie de belles stalactites. On y trouve aussi du charbon de terre, &, en s'enfonçant dans la montagne de l'Esterel, on y rencontre du jaspe sanguin, avec beaucoup de quartz cristallin; quantité de porphyre, de serpentine, d'ophite, des agates & autres pierres très-curieuses.

CALME. Ce sont des phénomènes assez difficiles à expliquer, que les *calmes* constans qu'on éprouve dans la Guinée, à deux degrés de l'équateur, sous l'équateur même, surtout en avril, mai & juin, tems où il n'y a point de moussons, tandis que la même chose ne se rencontre point dans les autres endroits situés sous l'équateur. On y voit souvent un ecnéphias assez fréquent, qui réjouit les marins parce qu'il leur sert à franchir l'équateur; car sans ce secours, en allant de l'Europe dans l'Inde, les marins sont arrêtés un mois entier sous l'équateur; mais ils ont soin d'éviter la côte de Guinée, &, sans perdre de tems, ils dirigent leur course vers la côte du Brésil, afin de n'être pas surpris par le *calme*, qui a quelquefois retenu des vaisseaux pendant trois mois.

CALME (Pointe). Cette pointe est située dans la côte ouest de l'Amérique septentrionale. Le célèbre Cook lui a donné ce nom à cause du calme qu'il éprouva tandis qu'il fut par son travers.

A huit lieues de la *Pointe Calme*, & dans la direction de l'ouest, on trouve une autre pointe. La côte forme, entre ces deux pointes, une baie qui, en quelques parties, cache les terrains situés par derrière, lors même qu'on regarde du haut des mâts. Il y a aussi une baie au côté nord-ouest de cette dernière pointe, dans l'intervalle qui la sépare d'un promontoire élevé, appelé *cap Newenham*. On trouve ici que le flot porte avec force au nord-ouest le long de la côte. La mer est haute à midi, & l'on mouille dans cet endroit par vingt-quatre brasses, à quatre lieues du Continent.

Je dois à cette occasion annoncer de grands calmes qu'on rencontre à la mer près les côtes du cap Vert, & qui se montrent à la suite de la disparution des vents alisés.

CALPÉ, haute montagne d'Espagne, au détroit de Gibraltar, qu'on regarde comme une colonne d'Hercule, & à laquelle on oppose Abyla qui est en Afrique, vis-à-vis de celle-ci. (*Voyez* ABYLA.) Il auroit mieux valu nous apprendre la correspondance des matières qui composent ces deux montagnes, & montrer par-là leur ancienne union, que de répéter les fables des Grecs & des Egyptiens, pour qui une belle supposition étoit une raison plus frappante que celle qu'on pouvoit tirer de leur constitution physique, dont ils ne savoient tirer aucun avantage, parce qu'ils ne recherchoient que des catastrophes extraordinaires. C'est ainsi que plusieurs savans, en s'attachant à l'explication des fables, se sont écartés du seul moyen que nous avions d'être véritablement instruits, l'observation de la nature. Ils n'ont pas senti qu'en s'attachant aux formes des terrains qui restent, on étoit sûrement sur la voie de constater les événemens & les circonstances qui les ont accompagnées lors des premières opérations des eaux qui débouchoient par-dessus l'isthme du détroit. Ensuite il convient d'y joindre l'action de l'Océan lorsqu'il a pu concourir avec les forces méditerranées qui ont accouru de toutes parts des différentes parties élevées du Continent, & au dessus du niveau de la mer, surtout dans les premiers tems de la formation du bassin de la Méditerranée.

CALVADOS (Département du). Ce département tire son nom d'une bande de rochers placée sur la côte, à l'ouest de l'embouchure de l'Orne. Cette bande de rochers a été appelée *Calvados*, du nom d'un bâtiment espagnol qui s'y perdit autrefois.

Il comprend une partie de la Basse-Normandie, en y ajoutant les diocèses de Lisieux & d'Evreux, qui appartiennent à la Haute.

Les terres, surtout dans la partie orientale, y produisent d'excellens pâturages, & une très-grande quantité de pommiers dans la partie appelée *la vallée d'Auge*.

Les principales rivières sont la Touque, la Dive, l'Orne & la Vire.

La Touque commence son cours dans le département, au sud, remonte au nord, passe à Lisieux, à Pont-l'Evêque, & se jette dans la mer un peu au-delà du lieu dont elle porte le nom.

La Dive a sa source dans le voisinage de celle de la Touque; elle suit la même direction dans son cours, & se rend dans la mer à Dives.

L'Orne, qui commence son cours dans le département de son nom, le suit à l'est de Séez en se portant au nord, arrose Argentan, Caen, puis se rend dans la mer par une vallée fort ouverte.

La Vire prend sa source au sud de la ville qui lui donne son nom, & dans son département; se dirige au nord, arrose Vire, Saint-Lo, puis se jette dans la mer. On pêche du saumon, qui remonte dans cette rivière. Son embouchure est fort large, & forme une inondation connue sous le nom de *Vey Vadum*.

La superficie de ce département est de 570,427 hectares ; il est divisé en six arrondissemens communaux ou sous-préfectures, & en trente-sept cantons ou justices de paix. La préfecture de ce département est à Caen, & les sous-préfectures à Bayeux, Pont-l'Evêque, Lisieux, Falaise & Vire.

Outre le *Calvados*, il y a deux rochers remarquables dans ce département : celui de la Brêche-au-Diable, près Bons, & celui qui se trouve dans la place publique de Falaise. Ce sont des pierres d'une grande dureté, composées de trapézoïdes irréguliers. Il y en a aussi quelques blocs entre deux terres aux environs de Séez, qui sont de la même nature de roc dur. Outre cela, il y a des bancs changeans de Saint-Sauveur-aux-Rays, & d'ailleurs quelques dunes ou buttes de sable sur les bords de la mer. Nous ne parlerons pas des forêts ni des montagnes ; nous en ferons une mention détaillée à leurs articles.

Productions & commerce.

Les productions de ce département lui font plusieurs objets d'un commerce considérable. La Normandie, dont le département du *Calvados* n'occupe guère que la cinquième partie, a toujours passé pour une partie de la France extraordinairement riche & abondante en toutes denrées nécessaires à la vie, & ses manufactures, dont quelques-unes s'alimentent de ces mêmes productions, ont eu un rang distingué dans le commerce.

La nature a favorisé le *Calvados* : il y a de vastes prairies & d'excellens pâturages, où l'on élève une quantité prodigieuse de bestiaux, chevaux, bœufs, veaux, moutons, volaille, &c. L'on y récolte toutes sortes de graines, comme blé, orge, seigle, avoine, sarrasin, pois, féves, haricots, &c. ; des herbes propres à la teinture, telles que la garance, le pastel & la gaude ; des fruits, principalement des pommes, dont on fait beaucoup de cidre. Les laines, le chanvre & le lin, qui fournissent des filatures très-considérables ; le beurre frais & salé, le cidre, le poiré, les eaux-de-vie de cidre, les bestiaux & les viandes salées forment les principales richesses de ce département, qui abonde aussi en gibier & en poisson. On assure qu'année commune il se sale à Isigny cent mille pots de beurre, qui produisent 1,500,000 francs. Il y a des sources d'eaux minérales à Drucourt, Caen, Reux & Litry : on y trouve aussi des salines, plusieurs carrières d'ardoises & des mines de fer, de cuivre & de charbon de terre. De la matière de ces mines il se fabrique des canons, des bombes, des boulets, des clous, des pots, des marmites, & toutes sortes de batteries de cuisine & autres ouvrages en cuivre, en airain, bronze & fer de fonte. Ces différens ouvrages se répandent dans beaucoup de départemens, principalement dans ceux du Finisterre, d'Ille & Vilaine, de Maine & Loire, de la Vienne, des Deux-Sèvres, de la Vendée & d'Indre & Loire, &c.

Les principales villes de ce département sont Caen, belle & grande ville, située entre deux vastes prairies au confluent de l'Orne & de l'Odon, faisant un gros commerce au moyen d'un canal qui peut porter d'assez gros bâtimens à la mer.

Bayeux, fabrique de beurre & de beaucoup d'étoffes de laine.

Lisieux, grande ville, située au confluent de la Touque & de l'Orbec. Commerce & fabrique de toiles.

Honfleur, ville & port sur la rive gauche de l'embouchure de la Seine.

Falaise, belle ville sur l'Ante, petite rivière qui se jette dans la Vire. Fabrique de toiles avec filature ; foire considérable à Guibrai, l'un de ses faubourgs.

Vire, petite ville, fabrique du ruban de fil & de grosses draperies.

Trevières, village aux environs de Bayeux. Commerce de beurre salé.

CALVADOS (Rocher du), arrondissement de Bayeux, au nord & à deux lieues un tiers de cette ville : il est éloigné de la côte d'environ une demi-lieue ; il commence au nord de Bayeux, s'étend, le long de la côte, l'espace de cinq lieues deux tiers à l'est de Bayeux, & finit à quatre lieues deux tiers nord de Caen.

CALVAIRE *ou* LE MONT-VALÉRIEN, département de la Seine, canton de Nanterre, à une lieue nord-ouest de Neuilly. (*Voyez* VALÉRIEN.)

CALVARIENBERG *ou* MONTAGNE DU CALVAIRE, près de Schmnitz en Hongrie. Cette montagne est située à environ un quart de lieue nord-est de Schmnitz. Son apparence la fait bientôt distinguer entre les autres montagnes ; elle est une des plus élevées qui environnent cette ville. Sa forme est un cône assez pointu. Les Jésuites y ont fait construire de petites chapelles ou stations, dont la supérieure est la plus grande. Du sommet de cette montagne on jouit d'une vue très-étendue & très-agréable.

Le *Calvarienberg* n'est pas seulement intéressant par le beau spectacle qu'il met sous les yeux du voyageur : le naturaliste y remarque bientôt un genre de pierre qui fixe son attention.

Cette pierre est d'un brun-foncé ; le grain en est fin, compacte & dur : on y distingue une quantité de petites particules parsemées, qui ont un coup-d'œil vitreux, jaunâtre & transparent. Quelques morceaux de ces pierres présentent à leur surface des cavités rondes & irrégulières. Toute la montagne est composée de grandes masses de cette espèce de pierre. Les blocs de la base paroissent

paroissent avoir subi quelqu'altération, & font agir le barreau aimanté. Cette propriété leur est commune avec les blocs du sommet de la montagne.

Chauffés au feu de forge ordinaire, dans un creuset, les fragmens de cette pierre se changent, en trois quarts d'heure de tems, en une scorie noire, semblable à la pierre obsidienne.

Cette roche est assise sur une base de *saxum metalliferum*, espèce de porphyre qui contient de petits cristaux de feldspath blanc, des cristaux de mica noir en segmens de prismes héxagones & de schorl noir, le tout lié par une pâte de jaspe couleur de rose, trop peu dur pour prendre le poli.

Toutes les autres montagnes environnantes sont formées de ce même *saxum metalliferum*, & offrent seulement quelques variétés ; elles sont généralement abondantes en pyrites.

L'aspect du *Calvarienberg*, sa forme conique, sa nature différente des autres montagnes qui l'environnent, enfin les différentes propriétés de cette roche, ont porté M. Lefebvre d'Hellancourt, d'après le Mémoire duquel nous avons rédigé cet article, à regarder cette montagne comme un produit volcanique; cependant, selon notre opinion, rien n'est moins prouvé que cette assertion.

CAMARADE, village du département de l'Ariége, canton du Mas-d'Azel. On y voit une fontaine salée à douze cents toises au sud-est de l'église, près de la métairie de Lafitte; elle appartenoit au Gouvernement, qui l'abandonna à la commune. Cette source est concentrée dans un puits fort mal construit; elle fournit par vingt-quatre heures vingt-quatre cuveaux de treize pouces de profondeur, vingt-un de longueur, & dix-sept de largeur, ou quatre mille six cent quarante-un pouces cubes. Ces cuveaux fournissent à six petites chaudières de fer, qui, réunies, donnent chaque jour un setier de sel ou la contenance d'un sac de grain, pesant cent cinquante livres. L'eau de cette fontaine a moins de salure dans les tems chauds & secs : alors le travail chome pendant plusieurs mois, & n'est repris que dans les saisons pluvieuses, où le degré de salure augmente.

CAMARGUE (Ile de la), située dans le département des Bouches-du-Rhône, canton de Sainte-Marie. La *Camargue* est un grand terrain qui forme, par sa position, un triangle équilatéral, ayant sept lieues de longueur de chaque côté. Cette île sépare les deux bras du Rhône, qui se divisent au dessous d'Arles; elle est bornée au nord par le petit bras, au midi par le grand bras, & au levant par la mer. Son enceinte étoit moins considérable autrefois. Les atérrissemens successifs que le Rhône a formés à son embouchure, l'ont agrandie. Le terrain de cette plaine est un mélange de gravier fin & de terre de marais, dont il est résulté de riches campagnes. Le Rhône y a couru : plusieurs bras de ce fleuve, convertis aujourd'hui en canaux, servent à l'arroser. Tous les bords de cette île sont mis en valeur : l'intérieur, étant plus bas, est devenu le lit de ces eaux stagnantes, qui ont formé des étangs & des marais salés.

La mer a dû couvrir toutes ces terres avant que le Rhône y déposât ses sables : la quantité de sel marin dont elles sont imprégnées, & les sources salées qui sourdent de toutes parts, en sont une preuve évidente. On donne le nom de *Tour* aux campagnes situées aux bords du Rhône, attendu la quantité de tours qu'on y avoit construites successivement, & où l'on posoit des sentinelles pour défendre l'entrée du fleuve. La tour de Saint-Louis, qui fut élevée près des bords de la mer en 1631, en est éloignée aujourd'hui d'une lieue.

Les étangs & les marais de la *Camargue* communiquent souvent avec les eaux de la mer, surtout lorsque le vent d'est souffle. On peut voir ici comment cet élément abandonne peu à peu les côtes qu'il baigne pour couvrir de ses eaux d'autres plus éloignées, puisque, dans l'intervalle d'un siècle, la mer s'est retirée de plus d'une lieue en avant de ses bords : il est vrai que les aterrissemens (*voyez ce mot*) du Rhône y ont contribué. Ce fleuve passoit autrefois plus près du Languedoc qu'il ne le fait aujourd'hui. C'est à son inconstance & à ses débordemens que sont dus tous les marais des environs; ils occasionnent souvent des naufrages aux navigateurs qui ne connoissent pas les côtes : entraînés par les courans (*voyez ce mot*), ils se trouvent à terre lorsqu'ils se croient encore au large.

Les deux branches du Rhône, à une petite distance du quartier de Trinquetaille, se réunissent : la principale coule près de la ville; l'autre s'éloigne vers le sud-ouest. Quoique ce fleuve soit considérable, il ne verse pas une grande quantité d'eau dans la mer en été, à cause des coupures qu'on y a faites pour arroser les campagnes. Les salinières de Vacarets (*voyez ce mot*) en consomment beaucoup. Les inondations de ce fleuve sont toujours à craindre lorsque les vents d'est & de sud font remonter ses eaux.

La *Camargue* est remplie de bestiaux qu'on y laisse paître nuit & jour en liberté. Cette île nourrit au moins quarante mille agneaux : on y compte actuellement trois mille chevaux & autant de bœufs; les premiers sont tous blancs. Les terres de la *Camargue* ayant été sous les eaux de la mer, ont conservé un degré de salure qui se communique à la plupart des végétaux, que les bestiaux, pour cette raison, dévorent avec avidité. Cette salure est si forte en plusieurs endroits, qu'on se flatteroit en vain de faire produire aux campagnes les riches moissons dont elles sont couvertes si l'on n'avoit pas l'industrie d'y dériver les eaux du Rhône pour mitiger la propriété dessiccative du sel marin par les limons gras & visqueux qu'elles déposent, furtout après leur débordement. L'on est surpris, malgré cela, de trouver presque toujours le terrain de la *Camargue* dans le même degré de salure.

Le sel marin y est très-abondant; il s'y forme naturellement, tant de sources saumâtres & de marais salans y contribuant sans doute.

Les plantes & les arbustes qui croissent dans la *Camargue* sont tous de ceux qu'on recueille sur les bords de la mer & dans les marais salans.

Les salicots ou kalis viennent au bord des étangs, dans les eaux stagnantes des marais. Les cultivateurs des environs les réduisent en cendres & en font de la soude, à l'imitation des habitans d'Alicante en Espagne.

CAMBAIE. Maffée rapporte que, par un calme parfait, les Portugais remarquèrent dans la mer de *Cambaie*, qu'elle s'enfloit tout à coup par le fond, de telle sorte que les vaisseaux s'entr'ouvrirent; ce qui frappa les matelots, dont les plus prudens se déterminèrent à se sauver par le moyen des tonneaux. On reconnut par la suite que cet effet subit étoit venu à la suite d'un tremblement de terre.

CAMBO, village du département des Basses-Pyrénées, arrondissement de Bayonne, sur la Nive, & à trois lieues & demie de cette ville. Les fontaines minérales qui se trouvent à *Cambo* le rendent très-fameux; elles sont au nombre de trois, dont deux à peu près semblables sont nommées *les soufrées*, & la troisième *la ferrée* ou *la ferrugineuse*. Les eaux des deux premières sources sont thermales: elles ont, outre cela, une odeur de foie de soufre; elles sont gluantes & visqueuses au toucher, teignent l'argent en jaune ou en noir, & déposent, sur les bords de la fontaine, du véritable soufre. Les eaux de la troisième source sont acidules, froides & limpides; elles n'exhalent aucune odeur, ont un goût légérement stiptique, & déposent, sur les bords de la fontaine, un oxide rousseâtre. Ces eaux ont la propriété de guérir diverses maladies, & la troisième source a ses vertus particulières.

CAMBOUS (Calanque des), département du Var, canton de Saint-Tropez, entre la plage de Roubine & celle de Briande. Tous ces détails rendent la côte intéressante.

CAMBRAI, ville du département du Nord, chef-lieu d'arrondissement, sur l'Escaut, à cinq lieues & demie sud-est de Douay: c'étoit la capitale du ci-devant Cambresis. Il y a dans cette ville vingt-quatre fabriques, tant en huiles de colza, savon, qu'en toiles de lin, batistes, poteries communes; vingt-quatre usines pour la bière, dix raffineries de sel, une salpétrière & trois blanchisseries de toiles. Il y a beaucoup de filatures de lin d'une grande perfection. Il se fait d'ailleurs un grand commerce de tous ces objets.

Dans la Carte de France on trouve les ruisseaux qui se perdent, dont les noms suivent.

Le ruisseau du bourg Bouchain, qui sort de trois étangs, qui est auprès de la paroisse Béquigny. Il se perd dans un vallon ouvert.

Le ruisseau qui sort de six étangs, & qui est auprès de la paroisse Busigny, se perd dans un vallon ouvert.

CAMBRESIS. C'étoit un pays dépendant de la Flandre française, qui n'avoit que dix lieues de long, sur sept de large, & qui étoit très peuplé. Les terres de cette contrée sont sèches, mais bonnes & fertiles. On y cultive toutes sortes de grains, mais surtout des lins dont le fil est si fin, qu'il a donné naissance à la manufacture de toiles de batistes. Les pâturages y sont excellens, surtout pour les chevaux & les moutons, dont la laine est d'une finesse singulière & fort recherchée. Le commerce du *Cambresis* a pour objet toutes ces denrées si estimables.

CAMON (Lac de), du département des Hautes-Pyrénées, arrondissement de Bagnères, canton de Vielle. Il a du nord au sud cent cinquante toises de longueur, sur cent toises de largeur.

CAMORS (Forêt de), département du Morbihan, arrondissement de Lorient. Elle a du nord au sud deux mille six cents toises de longueur, sur deux mille deux cents toises de largeur.

CAMOU, village du département des Basses-Pyrénées, arrondissement de Mauléon. A l'ouest de *Camou* on trouve des eaux tièdes qui exhalent une odeur de foie de soufre, & au nord du village il y a des eaux salées qui, par évaporation, donnent une petite quantité de sel marin. Outre cela, ce qui est assez ordinaire dans le voisinage du sel marin, on y voit des pierres à plâtre.

CAMOU, village du département des Basses-Pyrénées, canton de Saint-Palais, près de la Bidouse. On a découvert dans ce village une source d'eau salée.

CAMOUS, village du département des Hautes-Pyrénées, arrondissement de Bagnères, sur la Neste. Dans le territoire de ce village, sur la pente orientale de la vallée d'Aure, on a fait exploiter, pour le compte de l'ancien Gouvernement, une carrière de marbre blanc & gris, veiné de rouge, par deux tailles ouvertes, parallèles entr'elles, d'environ vingt toises de profondeur horizontale, & de trente toises de hauteur, dont les plus longs blocs ont treize pieds, sur trente pouces de largeur & un pied d'épaisseur. (*Voyez* CAMPAN.)

CAMP (Banc de sable de), arrondissement & canton de Furnes, département de la Lys, & à deux lieues de Furnes. Il a, du sud-ouest au nord-est, une lieue un quart de long, sur trois quarts de lieue de large.

CAMPAGNAC, village du département du Tarn, arrondissement de Gaillac. Près de ce village est une carrière de plâtre très-abondante, qui s'exploite & se cuit pour évaporer l'eau de la cristallisation.

CAMPAGNE. C'étoit le nom que quelques géographes donnoient à la partie de la Basse-Provence, qui renfermoit les territoires d'Arles, d'Aix, de Barjols, de Draguignan, de Malemort, d'Orgon, de Saint-Maximin, de Saint-Remi & de Tarascon. C'est la partie de la province la plus fertile en blé, en vins & en fruits.

On donne assez généralement le nom de *Campagne* à une certaine étendue de pays plus unie & plus abondante que le reste des environs : telles sont, par exemple, en Normandie, la *Campagne d'Alençon*, faisant partie du département de l'Orne ; la *Campagne de Caen*, la *Campagne de Neubourg* & la *Campagne de Saint-André*. La description d'un de ces cantons peut donner une idée des autres.

CAMPAGNE DE CAEN. C'étoit une petite contrée qui faisoit partie du Bessin, dans la Basse-Normandie, bornée, au septentrion, par la Manche ; au levant, par le pays d'Auge ; au midi, par le pays des Marches & le Bocage, & au couchant par le Bessin proprement dit. Elle a environ sept lieues de long, sur autant de large.

Les rivières qui l'arrosent, sont l'Orne, la Laize, l'Odon, la Seule, la Mue, l'Ajon & la Dive. Elle renferme le territoire de Caen, qui en étoit le lieu principal, & sa dénomination de *Campagne de Caen* vient de ce que cette étendue de pays étoit, par rapport à cette ville, la contrée la plus unie & la plus abondante. Aujourd'hui elle fait partie du département du Calvados.

Il y a de pareils villages, centres d'autant de *Campagnes*, dans seize départemens, que je crois devoir indiquer seulement par arrondissement.

1°. Département de l'Arriège, arrondissement de Pamiers.

2°. Département de l'Aube, arrondissement & canton de Quillan-sur-Aube.

3°. Département de la Dordogne, arrondissement de Sarlat.

4°. Département du Gers, arrondissement de Condom.

5°. Département de l'Hérault, arrondissement de Montpellier.

6°. Département des Landes, arrondissement & canton de Mont-de-Marsan.

7°. Département de Lot & Garonne, arrondissement de Marmande.

8°. Département de l'Oise, arrondissement de Compiegne.

9°. Département du Pas-de-Calais, arrondissement de Montreuil-sur-Mer.

10°. Même département, arrondissement de Boulogne-sur-Mer, près de la forêt de Guines.

11°. Département des Basses-Pyrénées, arrondissement d'Orthez.

12°. Département de la Somme, arrondissement d'Abbeville, & à deux lieues un quart de cette ville.

13°. Département du Pas-de-Calais, arrondissement de Saint-Omer.

14°. Même département, arrondissement de Montreuil.

15°. Même département, arrondissement de Saint-Omer, & à une lieue & demie de cette ville.

CAMPAGNE-DE ROME, province de l'État de l'Église, en Italie, bornée, à l'ouest, par la mer ; au sud, par la Terre de Labour ; à l'est, par l'Abruzze ; au nord, par la Sabine, & au nord-ouest par le Tibre. On est étonné de voir à quel point sont abandonnées & incultes les vastes plaines qui entourent la ville de Rome. Cette terre, autrefois si florissante & si peuplée, n'offre partout qu'une campagne aride & brûlante, des eaux stagnantes en plusieurs endroits, de tous côtés des landes & un immense désert. Ce défaut de culture a rendu l'air si mal-sain, que les Romains qui y ont des maisons de campagne, reviennent tous les soirs coucher à Rome. Les étés y causent des fièvres tierces, putrides & ardentes. C'est moins la force des chaleurs qui incommode, que leur continuité ; car rarement les pluies tempèrent les chaleurs étouffantes de l'atmosphère. On pourroit assigner plusieurs causes physiques & politiques à ce grand changement. Il est certain que, du tems des anciens Romains, ce pays étoit très-bien cultivé, & qu'on y respiroit un air très-pur. J'accuserois le gouvernement des prêtres, qui, par une avidité mal raisonnée, ont découragé le cultivateur en le forçant à donner, à une chambre établie pour cet objet, les grains à un vil prix, tandis que cette chambre les vend aux particuliers à un prix beaucoup plus haut. J'accuserois une seconde fois le gouvernement des prêtres, qui, réunissant la foiblesse au despotisme, a dû contribuer plus qu'aucune autre cause à énerver le peuple auquel il commande, & à faire des descendans des anciens Romains un peuple de bigots fainéans.

Cette *campagne*, jadis couverte de maisons charmantes, de jardins & de bocages, offroit de tous côtés un ombrage salutaire. Plusieurs forêts qui ont été abattues tempéroient alors la chaleur qui est aujourd'hui insupportable, & brisoient le choc des vents du midi. De vastes aqueducs apportoient de tous côtés le tribut de leurs eaux ; partout couloient des sources, des ruisseaux & des fontaines : aujourd'hui que ces monumens sont détruits en partie, les eaux croupissantes & les marais répandent une infection insupportable. Le défaut de culture laisse dans la terre un air fixe dangereux, & l'on ne voit, sur les bords de la mer, qu'une plage nue & presque déserte.

Les eaux cependant de la *Campagne de Rome* sont très-saines, & surtout celles du Tibre. On y compte sept places maritimes, dix à douze fleuves, quatre lacs, dix-sept villes & plusieurs bourgs. Ceci demandera certains développemens qu'on donnera à leurs articles.

CAMPAN, bourg du département des Hautes-Pyrénées, sur l'Adour, à une lieue & demie sud de Bagnières. Ce bourg est situé dans une vallée charmante qui porte son nom, & qui est la plus fertile de ce département. Il y a d'excellens pâturages. Chaque Campanois a son troupeau, son vivier & son jardin qui le font vivre dans l'aisance. On trouve dans cette vallée de belles carrières d'un marbre précieux, propre aux ornemens intérieurs, tels que meubles & socles de vases. Il y en a aussi de vert & blanc, & de couleur extrêmement vive, qui a été employé, avec profusion, pour l'embellissement des maisons royales.

A l'entrée de *Campan* il y a des couches de schistes gris, où est une grotte assez profonde, tapissée de cristallisations calcaires. Au sud de Sainte-Marie est la fameuse carrière de marbre de *Campan*, située à la surface septentrionale d'une petite gorge au sud des baraques d'Espates, & sur la rive droite d'une rivière qui se jette dans une branche de l'Adour à Sainte-Marie. On a ouvert cette carrière sur une masse de marbre communément veiné de petits filets verts, avec des bandes pourpres & de petites taches blanches : il s'en trouve aussi d'un rouge bien foncé, veiné de vert & de blanc. Ce marbre, dont les masses sont énormes, est d'un grain très-fin & sans poils. On n'y trouve aucun vestige de corps marins. D'après l'analyse qui en a été faite, il contient de l'argile, de la terre, de l'alun & de l'oxide de fer mêlée à une portion considérable de pierre calcaire. On a exploité cette carrière, pour le compte de l'ancien Gouvernement, sur une surface de quarante toises de largeur, & de dix toises de hauteur dans la partie la plus élevée. Elle est maintenant entièrement en suspens, malgré la beauté & la grande réputation du marbre qu'on en extrait. Un grand chemin pavé communiquoit, par la montagne, à la vallée d'Aure; il servoit à transporter les marbres à Sarancolin, d'où ils suivoient la même route que ceux des carrières de Beyrede & de Camous. Aux environs de *Campan* il y a différentes mines de cuivre, dont les unes ne paroissent pas mûres, selon le langage des mineurs; d'autres sont du nombre de celles que les mineurs nomment *mines éventées*. Au nord de la marbrière de *Campan* sont des bancs de schistes qui se prolongent dans des blocs de granits.

CAMPAN (Vallée de), département des Hautes-Pyrénées, arrondissement de Bagnières. Elle commence à la source de l'Adour, près de la montagne du col d'Espade, à trois lieues & demie sud de *Campan*, & offre deux vallées, l'une arrosée par l'Adour, & l'autre par le Trasports.

CAMPANIE HEUREUSE, plaine très-fertile aux environs de Naples, & dont le sol est composé de matières volcaniques. Dans les excavations fréquentes qui se trouvent le long des routes qu'on a tracées dans cette plaine, on découvre des amas de pierres ponces, de matières vitrifiées, & enfin de terres cuites, produits de la comminution de certaines scories. Le parallélisme des lits de ces différentes substances avec l'horizon fait croire que les matières dont ils sont formés, ont été transportées & ensuite disposées par les eaux. Le lit de sable qui est dessous la terre végétale, & qui recouvre, dans toute cette plaine, les productions volcaniques, vient à l'appui de cette conjecture; mais elle ne suffit pas pour rendre raison de la formation du sol de cette plaine, & surtout de l'origine des matériaux qui le composent; car on ne voit nul foyer assez abondant pour les avoir fournis. La solution de ce problême exigeroit bien d'autres observations que celles des naturalistes qui en ont parlé; &, éclairés par des principes plus lumineux, il faudroit rechercher d'abord quelles sont les limites de cette plaine & des dépôts volcaniques, & l'on trouveroit certainement qu'ils s'étendent beaucoup au-delà de Capoue & de Francolisi; il faudroit étudier quels ont été les différens centres d'éruption qui ont fourni les laves, les scories, les terres cuites qui couvrent cette plaine; ce qui suppose des recherches particulières dont les voyageurs qui ont écrit sur la géographie-physique de l'Italie, n'ont pas senti l'importance.

Quant aux limites de cette plaine, elles sont tracées, d'une manière bien sensible, par les masses calcaires de l'Apennin d'un côté; de l'autre, par des collines dont le fond est composé de rochers aussi calcaires, & semblables à ceux de l'Apennin. On les reconnoît aisément, ou parce qu'ils se montrent à découvert, ou parce qu'ils sont recouverts de terres cuites.

Avant de terminer ce que je me propose de dire de la *Campanie heureuse*, je crois devoir faire observer que cette belle plaine fournit une bien forte preuve d'une vérité importante, c'est que les bons sols ne s'épuisent point par la production soutenue des végétaux.

La *Campanie* faisoit partie de la grande Grèce. C'est un des pays de l'Europe le plus anciennement habité & cultivé, & depuis très-long-tems la quantité & l'excellence de ses productions ont été célébrées. Les auteurs grecs & latins ne la nomment jamais sans vanter sa fertilité, & la dénomination d'*heureuse* lui vient de cette fertilité. C'est donc certainement une des plaines connues qui a donné, par la culture, la plus grande somme de végétaux, & cependant c'est encore actuellement une des plus fertiles ; car outre les vignes suspendues aux ormeaux à plusieurs étages, la terre, sous ces ombrages épais, donne les plus riches récoltes de blé, de maïs, de lin & de toutes sortes de légumes. Jamais on ne lui laisse un moment de repos ; mais elle est bien remuée & ameublée. Loin que la production de tant de récoltes ait épuisé le terrain, il est aisé de voir au contraire que leurs racines & leurs dépouilles ont formé, en se décomposant, une épaisse couche de terre végétale, qui continue de s'accroître en produisant de nouvelles richesses. C'est que les plantes vivent surtout aux dépens de l'eau, de l'air, &c. & que la terre fournit le moins de principes à la végétation. En même tems que les plantes pompent, par leurs racines, l'humidité de la terre, elles absorbent, par leurs feuilles, & fixent celle qui nage dans l'air. Si elles se nourrissent des vapeurs qui s'élèvent du sol, elles le garantissent de l'ardeur du soleil & du desséchement total qu'il auroit causé sans elles : tels sont les avantages qui doivent résulter d'une culture non interrompue. Les végétaux établissent alors entre l'air & la terre une espèce de commerce, dont les avantages sont pour celle-ci. Je puis indiquer comme principes de la fertilisation continuelle de cette plaine, la décomposition successive des produits volcaniques, & la facilité que cet état du sol lui donne de conserver l'eau & de la rendre à chaque instant aux végétaux : telle est la théorie que l'examen de cette plaine m'a donné lieu de former sur sa fertilisation continue.

CAMPELL (Mont). Le mont *Campell* est une colline ronde, qui a la forme d'un pain de sucre. Cette colline paroît une île à quelque distance de la côte ; mais on reconnoît ensuite qu'elle fait partie de la grande Terre.

La terre est ici peu élevée & unie. Les montagnes finissant à cinq lieues de la pointe basse, il reste un grand espace qui n'a pas beaucoup de hauteur. C'est là qu'est situé le mont *Campell*, à environ quatre milles du pied des montagnes, & à un de la côte de la mer. Ces montagnes sont d'une élévation considérable, ainsi que la plupart des autres situées plus avant dans le pays. Elles paroissent formées de roches nues, dont les sommets sont couverts de neige. L'aspect des vallées n'est pas plus agreable ; on n'apperçoit que des cantons stériles.

De cette pointe de terre peu élevée, le terrain se prolonge au sud-sud-est l'espace d'environ huit milles. Cette nouvelle pointe forme l'extrémité orientale de la terre de Kerguelen, & Cook l'a nommée *cap Digby*.

CAMPINE. Près d'Opoeteren, village à deux lieues de Maseyck & à cinq de Maëstricht, sur la gauche de la Meuse. On y rencontre des montagnes de sable fin fort remarquables. Elles ont près de cinquante à soixante pieds de hauteur, & elles occupent une contrée d'une certaine étendue ; mais ce qu'il y a de plus singulier & fort connu, c'est que chaque année ces montagnes avancent vers le nord de dix à douze pieds pour le moins. Cette progression, que plusieurs gens instruits du pays ont observée de tems immémorial, y est occasionnée par les grands vents qui soufflent dans cette contrée, surtout dans le mois d'octobre. Cet accident cause beaucoup de tort à ceux qui ont des possessions au pied de ces collines du côté où se fait le déplacement ; car il n'y a pas d'obstacles à y opposer. On remarque que depuis cinquante à soixante ans, ces montagnes ont envahi quinze à vingt arpens de bonnes terres ; mais aussi elles en ont laissé libres autant derrière elles. On y voit même à présent de grands & gros chênes croissans qui s'étoient trouvés entièrement enveloppés dans le sable, & qui en sont dégagés, les uns presqu'en entier, les autres à moitié, d'autres enfin qui ne montrent que leurs têtes les plus élevées. Autrefois on avoit détourné un petit ruisseau pour le faire passer au nord de ce grand amas de sables mouvans : on croyoit que l'eau courante s'opposeroit à la marche de ces sables, si redoutables aux cultures voisines ; mais cet essai s'est trouvé parfaitement inutile, le nouveau lit s'étant comblé, en fort peu de tems, par la grande abondance des sables qui ont fait rentrer le ruisseau dans son premier lit. Il en est de ces sables & de leur marche comme de celle des dunes, auxquelles on ne peut rien opposer.

CAMPINE, contrée des Pays-Bas, qui faisoit partie du quartier d'Anvers, département des Deux-Nethes. Quoique ce pays soit couvert de bruyères, l'industrie des habitans en montoit toujours quelques parties en culture & en pâturages. On en exporte quantité de beurre qui se voiture dans les villes voisines. On en tire aussi de la tourbe qu'on fait sécher, & qui sert avantageusement à chauffer les habitans.

CAMPINE LIÉGEOISE, pays & contrée dans les environs de Liége. Le savant Godefroy, qui a publié la *Loi salique*, a prétendu que les anciens Saliens étoient les peuples de la *Campine liégeoise*, & que c'est de là qu'est sortie cette fameuse loi.

CAMPOMORONE *ou* CAMPO-MARONE. *Campomorone* est un village à huit milles de Gênes, qu'on trouve après le passage de la Bochetta. Il est ainsi appelé à cause de la quantité de mûriers qui sont plantés dans les environs. On est étonné de voir un aussi beau chemin que celui qui conduit à ce petit endroit. L'intérieur en est joli : il est pavé de galets ou petits cailloux aplatis, rangés avec soin, & les maisons y sont couvertes d'ardoises qu'on tire de la grande carrière de Lavigna, qui en est peu éloignée.

Le passage de la Bochetta ou Buchetta, c'est-à-dire, le sommet de l'Apennin qu'il faut passer avant d'arriver à *Campomorone* & à Gênes, offre une route fatigante à cause des pierres qui y sont en grand nombre. Ces pierres sont noires. Quelques naturalistes les ont crues volcaniques; mais ce ne sont que des pierres ollaires qui n'ont jamais été touchées par le feu. Le sommet de la montagne paroît être d'une nature quartzeuse & schisteuse.

En allant de *Campomorone* à Gênes, on suit le lit de la Polcevera, torrent dangereux & quelquefois impraticable; il change sans cesse de lit, & il ruine les chemins qu'on pourroit pratiquer sur ses bords. Partout il dépose les cailloux qu'il charrie, & rend les endroits de son passage aussi incommodes que désagréables.

La vallée de la Polcevera est bordée, à droite & à gauche, des plus belles maisons de campagne que l'on puisse voir. La nature y est riche & riante, & la variété de ses productions ajoute aux agrémens de ce beau rivage.

CAMPOURET (Étang de), département des Pyrénées orientales, arrondissement & canton de Prades, dans les montagnes, à deux lieues ouest de Fromiguière. Il en sort un ruisseau qui se rend dans la Balcère, à une lieue & demie sud-est des Étangs.

CANA (Ile de). Dans cette île, qui a quatre milles d'Angleterre de longueur, au sud de Skye & près de l'île de Rum (vers les côtes du nord de l'Écosse), les rochers, à un quart de mille au dessus du port, s'élèvent en colonnes polygones du côté du sud. Vers l'extrémité occidentale de *Cana* est un rocher bas ou îlet, dans lequel se trouve un pavé très-régulier de prismes hexagonaux, qui ont chacun environ neuf pouces de largeur, sur un pied de hauteur. Leurs bases présentent une surface unie & sans interruption, les côtés de toutes ces pierres étant extrêmement serrés entr'eux. Immédiatement au dessus de ce pavé il y en a un autre exactement semblable. Les prismes sont joints précisément de même que ceux de la chaussée des Géans. Les bases concaves sont en dessous, & les convexes en dessus; les creux observent en petit la même proportion que dans la chaussée des Géans. Ces îles sont à environ deux cents milles de distance au nord de cette chaussée; & si l'on suivoit avec attention tous les produits du feu de cette contrée, on verroit qu'ils occupent, tant au fond de la mer qu'au dessus des flots, une grande superficie anciennement ravagée par les feux souterrains; mais avant de tirer de ces conséquences, il faut faire une étude méthodique de l'état où se trouvent les matières volcaniques, & ne pas les confondre avec d'autres matières qui n'y ressemblent que par la couleur.

CANADA. Les deux côtés du fleuve de Saint-Laurent, depuis son embouchure jusqu'à Québec, offrent plusieurs établissemens très-importans. On y trouve aussi des îles de différente grandeur, dont la surface présente des maisons de campagne environnées de terres bien cultivées. La ville de Québec, quoiqu'à cent vingt lieues de la mer, a un port capable de contenir cent vaisseaux. Le fleuve, qui n'a jamais moins de quatre à cinq lieues de largeur depuis son embouchure, se rétrécit beaucoup devant Québec.

La source de ce fleuve est encore inconnue, quoiqu'on l'ait remonté sur une longueur de plus de sept cents lieues. Il passe par différens lacs avant d'arriver à Québec. Le premier lac, au-delà duquel on n'a point encore pénétré, est celui de Lénémignon, qui se décharge dans le lac Supérieur: celui-ci verse ses eaux dans le lac Huron; à ce dernier succède le lac Érié, & puis le beau lac Ontario. C'est de là que sort le fleuve Saint-Laurent, qui coule d'abord avec assez de tranquillité, puis plus rapidement ensuite jusqu'à la ville de Montréal. Là il reçoit une autre grande rivière, & traverse ainsi les environs de Québec. S'élargissant peu à peu, il se rend dans la mer par une embouchure qui est devenue un golfe.

On donne au lac Supérieur environ cinq cents lieues de circuit. Cette petite mer est assez paisible depuis le commencement de mai jusqu'à la fin de septembre; mais pendant l'hiver, qui n'y règne pas moins de sept mois, le froid y est si vif, qu'il est couvert de glaces jusqu'à dix à douze lieues de ses bords. Ils ne sont pas habités par des Sauvages sédentaires; mais, suivant l'usage de ces peuples, il s'en rassemble un grand nombre qui, dans la saison favorable de l'été, y chassent & y pêchent avec avantage. Ce lac, qui fournit abondamment des esturgeons, des truites & d'autres poissons, est partagé par de grandes îles bien peuplées d'élans & de cariboux. Sur tous les lacs d'une certaine étendue & découverts, on y remarque des signes avant-coureurs des tempêtes. D'abord, on apperçoit, à la surface de ses eaux, un léger frémissement qui se soutient tout le jour sans une augmentation sensible. Le lendemain, d'assez grosses vagues couvrent le lac. Le troisième jour l'agitation des flots devient si furieuse, qu'on ne trouve de sûreté que dans des asyles qui sont sur les bords septentrionaux. Ce lac se décharge, dans celui des Hurons, par une cascade de deux lieues de longueur, appelée le *Saut de Sainte-Marie*.

Le lac Érié qui vient ensuite passe pour un des plus beaux de l'Univers. Ses bords sont couverts de chênes, d'ormeaux, de châtaigniers, de pommiers, de pruniers & de vignes qui portent leurs branches & leurs grappes jusqu'au sommet des arbres. On vante aussi la multitude de bêtes fauves & de poules-d'inde qui se trouvent dans les bois, & qui fréquentent les vastes prairies qu'on découvre sur les bords du sud. Les îles du lac sont de vrais parcs de chevreuils, & autant de vergers où la nature a pris soin de rassembler toutes sortes d'arbres.

Entre Québec & le lac Outario est située la ville de Montréal, éloignée d'environ soixante lieues de la capitale du *Canada*. Le pays des deux côtés de la rivière est très-peuplé : on y voit quantité d'habitations fort agréables. Montréal occupe une île du fleuve.

Je ne puis omettre ici la fameuse cascade de Niagara, la plus belle peut-être qu'il y ait dans l'Univers. On donne à cette chute d'eau cent cinquante pieds d'élévation. Le fleuve tombe perpendiculairement dans toute sa largeur, & son cours se trouve tellement dérangé par une secousse si violente, qu'il n'est navigable que trois lieues après sa chute. La forme de la digue qui traverse le fleuve, & qui occasionne cette cascade, est en fer à cheval, & elle a quatre cents pas de longueur. Elle est partagée en deux par une petite île qui ralentit un peu la rapidité du courant, laquelle s'accélère à quelque distance de la cascade. C'est sur un rocher fort dur que cette immense nappe d'eau est reçue ; elle y a creusé une longue fosse très-profonde, où elle fait, en tombant, un bruit sourd assez semblable à celui d'un tonnerre éloigné.

Quoique le *Canada* soit à la même latitude que la France, le climat en est beaucoup plus rude que dans ce royaume. Avant la fin de l'automne les rivières en sont glacées, & la terre est couverte de neiges qui subsistent pendant six mois sans se fondre. Nulle différence entre les rivières & les campagnes : les arbres sont chargés de frimats. Si le ciel est serein, il souffle, de la partie de l'ouest, un vent qui gèle tout, & dont les hommes se défendent avec soin ; si le vent tourne au sud ou au sud-est, le froid s'adoucit, mais il tombe une neige si épaisse, qu'on ne voit pas à dix pas de soi. Au commencement de l'hiver on fait ses provisions en poisson, en volaille, en gibier, en viande de boucherie, parce qu'au moyen de la gelée elles se tiennent en réserve fort commodément depuis la fin d'octobre, & l'on prend ce parti par la difficulté de nourrir les bestiaux pendant l'hiver, de conserver en vie les oiseaux de basse-cour dans les grands froids, enfin de pêcher dans les lacs & dans les rivières à travers la glace; mais s'il survient un dégel, c'est un malheur public, puisque toutes ces provisions sont sujètes à se gâter, & à priver les habitans des ressources sur lesquelles ils avoient lieu de compter.

Plusieurs causes contribuent à rendre ici l'hiver plus rigoureux qu'il ne l'est en France sous les mêmes degrés de latitude. Il n'y a pas de pays où il y ait plus de bois, de lacs & de montagnes. Cette disposition du sol hâte la formation des glaces, amène les neiges dont la quantité produit l'excès & la durée du froid qu'on y éprouve.

Cette saison est aussi la plus favorable de l'année pour la chasse ; du moins c'est le tems que choisissent les Sauvages. Tous se mettent en campagne, les hommes pour tuer le gibier, & les femmes pour le porter & le sécher. L'ours, le chevreuil, le cerf, l'orignal, sont les principaux animaux qui attirent leur attention. Comme ces Sauvages ne sont arrêtés, ni par les buissons, ni par les ravines, ni par les étangs, ni par les rivières, tous ces obstacles sont bientôt franchis par des hommes qui vont toujours en suivant la ligne la plus droite, & rarement ces expéditions de chasse sont malheureuses.

La chasse de l'ours est une des principales qu'entreprennent les nations sauvages du *Canada*. Comme elle se fait en hiver, les ours sont alors établis dans leurs retraites : c'est là qu'il faut les découvrir avant de les attaquer. Dès que les chasseurs s'en sont assurés, ils forment autour une enceinte d'une grandeur proportionnée à leur nombre, &, s'avançant toujours en resserrant le cercle, ils les saisissent tapis dans leurs trous & les tuent. Quoique la peau de l'ours soit le principal objet de la chasse, la chair cependant en est assez recherchée. Les Sauvages la mangent pendant l'expédition, & en rapportent assez pour traiter leurs amis & nourrir leurs familles. Il en est de même de l'orignal, dont la chasse est aussi avantageuse par les mêmes raisons.

Sur la cause du froid qu'on éprouve en Canada.

La partie habitée du *Canada* se trouvant située sous les mêmes parallèles que la France, on ne peut être que fort étonné que la différence de température de deux pays, dont les climats semblent devoir être les mêmes, soit cependant si considérable qu'elle peut passer pour un phénomène. En effet, c'en est un de voir à Paris la liqueur du thermomètre à 15 degrés & demi au dessous de la congélation en 1709, tandis qu'en 1743 elle est descendue en *Canada* au 33e. degré.

L'étonnement devient encore bien plus grand lorsqu'on fait attention que la progression du froid ne suit pas celle des degrés du thermomètre, & qu'un pays où cet instrument marqueroit un nombre de degrés double de celui qu'il indiqueroit dans un autre, ne seroit pas seulement du double plus froid, mais peut-être quinze à vingt fois davantage, suivant que les deux nombres respectifs de degrés seroient, l'un plus près, & l'autre plus éloigné du terme de la glace. On peut considérer la liqueur du thermomètre comme un ressort ou, si l'on aime mieux, comme un bâton dont on voudroit rapprocher les deux extrémités. Il est bien assuré qu'après les avoir fait concourir l'une vers l'autre jusqu'à un certain point, il faudroit ensuite autant & plus de force pour les rapprocher d'un pouce de plus, qu'il n'en auroit fallu pour les vingt, trente, quarante premiers pouces dont on les auroit rapprochés en premier lieu.

Il en est de même de la liqueur du thermomètre : le froid est la force qui la condense & qui presse son ressort : d'où l'on voit que si à mesure qu'elle baisse le froid augmente, c'est dans une progression bien différente du nombre des degrés. On peut juger maintenant quelle énorme différence il y a eu entre l'hiver de 1709 à Paris, & celui de 1743 à Québec : sur quoi il est bon d'observer encore que cette dernière ville est plus près du soleil que la première d'environ deux degrés, celle-ci étant par les 48 deg. 50 min. 11 sec. de latitude, & l'autre par les 46 deg. 55 min.

Avant de donner quelques conjectures sur la cause du grand froid du *Canada*, il convient d'abord d'examiner auparavant celles des Pères Bressany & de Charlesvoix, comme étant les deux seuls qui en aient parlé avec des connoissances, & de montrer en même tems en quoi il paroît qu'ils se sont trompés.

Le premier, dans une relation italienne du voyage qu'il a fait dans la Nouvelle-France, attribue à trois causes principales la rigueur du froid de cet immense pays : 1°. à la quantité de neiges qui y tombe ; 2°. à la proximité de la mer du Nord, &, 3°. à l'élévation du terrain.

D'abord, c'est à tort qu'on prétend prouver cette élévation du terrain par la profondeur de la mer à mesure qu'on approche de la côte, & par la hauteur des chutes d'eau qui se trouvent en fort grand nombre dans les rivières ; car certainement la profondeur de la mer ne prouve absolument rien, & les chutes d'eau pas plus, comme dit fort bien l'abbé Prévôt dans son *Histoire générale des voyages*, que les cataractes du Nil, surtout si l'on fait attention que le fleuve Saint-Laurent, depuis la ville de Montréal où finissent les rapides, jusqu'à la mer qui en est à cent quatre-vingts lieues, n'a pas plus de rapidité que la plupart de nos rivières d'Europe ; c'est de quoi tous les voyageurs nous assurent. On peut d'ailleurs en juger par l'étendue des marées qui, si le pays étoit assez élevé pour produire par cette raison de si grands froids, ne seroient pas sensibles dans le lac de Saint-Pierre, qui est à cent cinquante-quatre lieues de la mer. On peut alléguer encore contre l'opinion du Père Bressany, que le climat, bien loin de devenir de plus en plus rigoureux à mesure qu'on remonte le fleuve, comme cela devroit être si sa conjecture étoit fondée, devient au contraire toujours plus tempéré.

A l'égard de la seconde cause qu'adopte le Père de Charlesvoix, & à laquelle, comme on l'a dit, le Père Bressany attribue en partie le froid du *Canada*, non-seulement elle est mal énoncée, mais aussi moins recevable qu'aucune autre ; car certainement quand on jette les yeux sur une Mappe-Monde, on ne voit pas que Québec soit plus près de la mer du Nord que Paris. Mais, au contraire, puisque l'Océan septentrional, dont les mers de France & du *Canada*, comprises d'ailleurs sous les mêmes parallèles, font partie, suivant à peu près le nord-est, se rapproche de Paris & s'éloigne de Québec. C'est apparemment à cause des glaces qui couvrent, pendant un certain tems de l'année, la mer qui borne le *Canada* à l'est, qu'il a cru pouvoir appeler en particulier *mer du Nord* cette portion de l'Océan ; erreur géographique singulière si, comme il y a grande apparence, elle n'est fondée que sur cette raison. Mais comme dans le fond c'est moins au nom qu'aux glaces de cette mer qu'il attribue la rigueur des hivers de la Nouvelle-France, on peut lui faire une objection qui ne paroît pas facile à détruire ; c'est qu'il n'y a point, pendant l'hiver, de glaces sur les mers du *Canada*. C'est à quoi ces deux Jésuites n'ont pas fait attention, & c'est apparemment ce qui les aura jetés dans l'erreur, & leur a fait confondre les époques en supposant, dans un tems de l'année, des glaces sur une mer où elles n'existent que dans une toute autre saison ; car on sait bien positivement que les glaces ne paroissent guère avant le mois de mars ; qu'elles augmentent jusqu'en juin, & que, diminuant ensuite peu à peu jusqu'à l'automne, elles disparoissent ensuite tout-à-fait jusqu'au retour du printems. Cela vient de ce que ce n'est point de l'eau de la mer qu'elles sont formées, & que, produites par les rivières qui se déchargent dans les golfes, elles se distribuent le long des côtes fort élevées sans doute du nord du Continent : leurs propres masses, aidées du dégel de la belle saison, les détachent de la terre & les précipitent dans l'Océan, où les courans & les vents, les faisant errer au loin, les anéantissent enfin par les chocs & les différens mouvemens qu'ils leur font éprouver. La chaleur du soleil ne contribue pas peu aussi à réduire, dans leur premier état de liquidité, ces monstrueuses glaces qui font l'étonnement des voyageurs, & dont les mers sont couvertes à l'époque que l'on vient d'indiquer.

Cette explication, qui est aussi vraisemblable qu'elle est simple & naturelle, fait trouver d'autant plus extraordinaire celle d'un savant du premier ordre sur le même sujet. Le célèbre Halley pense que l'Amérique septentrionale a été autrefois très-près du pôle ; qu'un changement arrivé, on ne sait pas quand, l'en a éloignée, & que les glaces dont on vient de parler, sont les restes de celles que la proximité du pôle avoit autrefois produites dans cette partie du Nouveau-Monde. Il regarde aussi le froid qu'on y éprouve comme un reste de celui qui s'y faisoit sentir avant que cette contrée eût été déplacée.

On ne peut douter que notre Globe n'ait essuyé de grands changemens ; mais n'est-ce pas abuser des notions que nous en avons, que de nous en servir, comme fait Halley, pour expliquer les phénomènes de la nature.

Une autre observation qui est comme la conséquence du fait que je viens d'établir, & qui ne sert pas moins que lui à détruire l'opinion des deux voyageurs jésuites, c'est que les vents de nord-est, qui soufflent pendant l'hiver & qui parcourent nécessairement la mer du Nord, bien loin de refroidir l'air, occasionnent au contraire une diminution considérable de froid. Il arrive même que, quand ils succèdent tout à coup au nord-ouest, le thermomètre monte, dans l'espace d'une matinée, quelquefois de dix à douze degrés. Cela seul prouveroit assez que la mer n'est pas couverte de glaces pendant l'hiver, si l'on n'en étoit pas d'ailleurs assuré.

Le jésuite Bressany, en attribuant d'abord ces étonnantes gelées à la neige & au séjour qu'elle fait, pendant six à sept mois, sur la terre, ne s'est pas apperçu qu'il ne faisoit que changer la question; car on pourroit lui demander pourquoi il tomboit cette quantité de neige dans un pays situé sous les mêmes parallèles que le Languedoc & la Provence, & pourquoi elle y séjournoit si long-tems. Quand même on lui accorderoit que les vapeurs de ce nombre prodigieux de lacs & de rivières dont le *Canada* est rempli, sont suffisantes pour les remplir, son hypothèse n'en seroit pas plus solidement établie, comme on le fera voir par la suite. On lui demanderoit quel est le véhicule qui réduit ces vapeurs en neiges à des latitudes où l'on n'en voit ordinairement point en Europe ou très-rarement. D'ailleurs, en faisant même abstraction de toutes ces objections, il s'en faut beaucoup qu'on puisse conclure le grand froid du *Canada* de la quantité de neige qui y tombe. Il est des cantons dans nos montagnes de Provence & du Dauphiné où elle est tout aussi abondante, & qui sont même entourés de montagnes, lesquelles en sont éternellement couvertes: cependant il s'en faut bien que le froid qu'on y éprouve, puisse entrer en comparaison avec celui de la Nouvelle-France. Je ne citerai que le Briançonnois: la neige y est au moins en aussi grande quantité qu'à Québec; elle y séjourne presqu'aussi long-tems, & les sommets de ses montagnes n'en sont presque jamais dégarnis. Néanmoins, dans les hivers ordinaires, la liqueur du thermomètre n'y descend qu'au 6e. ou 7e. degré au dessous de la glace. En 1760 elle ne descendit qu'au 6e. degré & demi.

D'ailleurs, si le séjour de la neige pouvoit être la cause d'un aussi grand froid, seroit-ce au bout d'un mois & demi qu'elle a couvert la terre, qu'elle feroit descendre la liqueur du thermomètre au 24e. degré au dessous de la glace, tandis qu'à Briançon, après cinq à six mois de séjour, à peine la fait-elle descendre jusqu'au 7e. degré? En 1759 la neige ne commença, dans la partie de Québec, que du 25 au 30 octobre, & le thermomètre, vers le milieu de décembre, se trouvoit au 24e. degré au dessous de la glace.

Il semble que, d'après toute cette discussion & à la suite des raisons qu'on a proposées, il en résulte que les trois circonstances auxquelles le jésuite Bressany attribue le froid du *Canada* ne peuvent être admises.

Le jésuite Charlesvoix en donne une quatrième, en avouant cependant qu'il ne la croit pas seule capable de produire un aussi grand effet; mais il la considère comme étant de nature à y contribuer beaucoup. C'est, d'un côté, cette étrange multitude de lacs & de rivières dont on sait que le *Canada* est couvert, &, de l'autre, les bois & les montagnes. Le missionnaire Bressany prétend qu'aucun de ces objets ne peut y avoir part, & il est aisé de prouver que cela est ainsi.

Quelqu'abondantes que puissent être les vapeurs qui s'élèvent des eaux, il est bien certain qu'elles seroient toujours insuffisantes pour produire seulement un degré de froid égal à celui de la glace si quelqu'autre cause n'y coopéroit avec elle. Sans examiner ici si, comme l'ont pensé Gassendi & quelques autres philosophes corpusculaires, il convient de séparer la cause du froid de celle de la gelée, & de soutenir qu'il existe des parties frigorifiques, ou si ce n'est pas gratuitement que Musschembroëck, qui distingue ces deux causes, regarde la gelée comme l'effet d'une matière qui, pénétrant dans les interstices des liquides, en arrête les mouvemens. L'opinion la plus généralement reçue aujourd'hui donne également pour cause de la gelée, ainsi que du froid, la simple privation de la matière du feu; mais comme cette privation ne sauroit être assez considérable à des latitudes comme celles-ci pour être la cause du froid rigoureux qu'on y éprouve, il faut voir si ce froid & ces gelées extraordinaires ne proviendroient pas du refroidissement de l'atmosphère, causé par le mélange des vapeurs avec quelque sel, tels que le nitre, le sel ammoniac ou quelqu'autre sel. Cette conjecture mérite d'être discutée; car on sait par expérience, que de tels mélanges peuvent opérer un grand froid.

Il est certain d'abord que les eaux des rivières & des lacs du *Canada* fournissent très-peu de vapeurs; aussi le pays est-il une des contrées de l'Amérique septentrionale où il pleut le moins, & où l'on voit le moins de brouillards; ce qui seroit tout l'opposé si en effet les vapeurs aqueuses y étoient aussi abondantes qu'on est porté à le croire en voyant la quantité d'eau que ce pays contient.

La sécheresse de son sol contribue aussi beaucoup à rendre les pluies très-rares. Il y a peu de pays où la terre soit plus généralement mêlée de sable & de pierres, & qui offre moins d'humidité à sa superficie. C'est ce que les deux Jésuites voyageurs ont très-bien remarqué, & ils en donnent même pour preuve la salubrité singulière de l'air qui rend le *Canada* le pays de l'Univers peut-être le plus sain.

Les sels ne se trouvant que dans des terres grasses & humides, la légéreté du terrain du *Canada* est une preuve certaine qu'il n'en contient pas; mais quand même ils y seroient abondans, dès que les corpuscules salins qui s'en exhaleroient, ne pourroient se joindre à des molécules d'eau que la sécheresse du sol rend très-rares, comme on vient de l'observer, le refroidissement de l'atmosphère, qui seroit proportionné à ces foibles moyens, n'opéreroit qu'un froid très-ordinaire : ainsi la conjecture que nous venons de discuter comme très-plausible, ne peut donc pas avoir lieu dans le *Canada*.

Si les bois paroissent devoir entrer en considération dans la question dont il s'agit, ce ne peut être que par les vapeurs qu'ils empêchent de s'élever; mais comme il n'est guère de pays qui en fournisse aussi peu que le *Canada*, & qu'il est certain que les moyens pour les refroidir n'y sont pas moins rares, il en résulte que cet article des conjectures du jésuite Charlesvoix se trouve suffisamment réfuté par les raisons que nous avons exposées ci-dessus.

On doit être étonné que ce même voyageur ait avancé que le froid diminue dans la Nouvelle-France à mesure qu'on la défriche; car pour peu qu'il eût réfléchi sur cet objet, il en auroit apperçu l'inconséquence; car la Nouvelle-France est une forêt immense aussi grande que l'Europe. Les bords seuls du fleuve Saint-Laurent, dans l'étendue d'environ cent cinquante lieues, & sur une largeur moyenne de trois à quatre cents toises, sont à peu près les seules parties défrichées de ce vaste pays. Je demande après cela si un si petit objet peut apporter quelque différence dans le climat d'une forêt aussi grande que l'Europe, comme on vient de le dire? L'autorité dont s'appuie le missionnaire, c'est l'assurance que lui en ont donnée les habitans. Eh! comment peuvent-ils en juger? Et quel est leur terme de comparaison dans un pays où il s'en faut bien qu'il y ait eu une suite d'observations? Cependant ces assertions ne peuvent être fondées que sur des observations, comme tout phénomène qui a des degrés d'augmentations & de diminutions.

Mais quand même on accorderoit que le défrichement de cette petite portion des bois du *Canada* auroit apporté quelque changement dans son climat, ce changement ne fût-il que d'un demi-degré, il resteroit toujours la plus grande partie des causes qui influent sur le froid du *Canada*: ainsi ce n'est pas dans les bois qu'il faut chercher la cause de ce froid, du moins une des principales causes.

Les montagnes que le même voyageur donne pour une troisième circonstance qui concourt au froid du *Canada*, sont beaucoup plus éloignées de Québec, que les Alpes & les Pyrénées ne le sont de Paris. D'ailleurs, quelles montagnes que les Apalaches, en comparaison de celles-ci! Elles ne figureroient que comme des coteaux auprès de ces masses énormes qui s'élèvent au dessus des nues, & au pied desquelles se trouvent nos provinces du midi de la France sans en éprouver ce froid extrême que Charlesvoix prétend que les Apalaches sont capables d'opérer en *Canada*. Il ne fait pas même attention qu'elles sont dans la partie méridionale de ce pays; mais il y a tant à dire pour réfuter cet article, qu'il suffit d'avoir exposé ces premières difficultés.

Il paroît donc par tout ce qu'on vient d'exposer, qu'il s'en faut bien que les deux voyageurs jésuites aient indiqué les vraies causes du froid de la Nouvelle-France. On peut dire qu'ils ont épuisé les hypothèses pour les découvrir; & quoiqu'elles soient toujours aussi nombreuses qu'on le juge à propos quand on ne met pas une certaine sévérité dans les raisonnemens, je crois qu'il est plus sage de se borner à un petit nombre de causes. Persuadé que c'est là véritablement la marche qu'on doit suivre pour arriver sûrement aux découvertes, j'ai donc cru que je ne m'écartois pas de ce plan en considérant le vent de nord-ouest comme la seule & unique cause de tout le froid du *Canada*.

On voit dans toutes les relations des voyages faits au *Canada*, ainsi que dans celles des deux Jésuites, que les plus fortes gelées n'ont lieu que lorsque c'est le vent de nord-ouest qui règne. Un fait aussi constant n'a point échappé aux gens du pays; mais ni eux ni les voyageurs n'ont cherché à examiner si ce vent ne seroit pas lui seul la vraie cause du froid excessif de cette partie du Continent. Cela vient sans doute que ni les uns ni les autres n'ont pu imaginer que cette cause pût avoir son origine ailleurs que dans le pays même où elle opère. Il étoit assurément bien juste de penser ainsi tant qu'on n'avoit pas fait l'examen des circonstances qui, sans aller au loin, pouvoient servir à l'explication de ce phénomène. On auroit eu tort effectivement de procéder autrement, & de négliger ce que les qualités du sol & sa disposition pouvoient faire mettre en considération pour en rendre raison. Le sol du *Canada* pouvoit être fort élevé au dessus du niveau de la mer; il pouvoit offrir outre cela d'autres circonstances propres à favoriser l'augmentation du froid, comme cela arrive en Sibérie & dans quelques cantons de l'Arménie; mais il s'en faut beaucoup que toutes ces choses y aient lieu après les faits que l'on a discutés. C'est donc hors de ce pays qu'existe la cause de ce froid prodigieux qui s'y fait sentir. Il faut donc prouver, par les observations, qu'elle réside uniquement dans le vent de nord-ouest.

On ne peut douter que les vents n'influent singuliérement sur les vicissitudes des saisons. Ces vents se chargeant d'un degré considérable de froid ou de chaud, il est constaté, par un grand nombre d'observations faites en différens pays, qu'ils voiturent dans ces pays l'air froid ou chaud des régions qu'ils ont traversées. C'est par les vents qui viennent de la Sibérie, qu'à Astracan, ville située au 46e. deg. 32 min. de latitude, la liqueur du thermomètre descend jusqu'au 24e. deg. & demi au dessous de la congélation. C'est aussi par le même principe, quoique l'effet soit différent, que le vent qui vient d'Afrique apporte à Malte, pendant l'été, une chaleur insupportable. On pourroit citer d'autres lieux de la Terre où les vents produisent les mêmes effets, de manière à établir à ce sujet une théorie, comme nous le ferons dans plusieurs articles de ce Dictionnaire.

Si l'on jette maintenant les yeux sur la Carte, & qu'on y suive la route que tient le vent de nord-ouest pour arriver au *Canada*, on verra que depuis les côtes où échouèrent les Russes en 1743, & qui sont à peu près par le 71e. deg. & demi de latitude nord, ce vent parcourt, avant d'arriver à Québec, un espace d'environ douze cents lieues d'une terre qui tient de plus en plus du nord, & qui n'est interrompue par aucune mer; circonstance qu'il est essentiel de remarquer, comme je le ferai voir tout-à-l'heure. Il ne l'est pas moins d'observer en même tems que tout cet espace ne contient aucune chaîne de montagnes capables de s'opposer à la direction de ce vent & à sa marche. Or, il est constant que le froid qu'on éprouve à 71 degrés de latitude nord, est encore bien plus considérable que celui de Québec.

Tous ces faits étant incontestables, je crois qu'on peut en conclure, avec assurance, que le vent de nord-ouest, refroidi à l'excès par les climats presque constamment glacés d'où il vient & qu'il parcourt, est la seule & unique cause du froid excessif qu'on ressent au *Canada* quand il y règne; ce qu'on est d'autant plus autorisé à penser, que ni les eaux ni les bois, non plus que les qualités & la disposition du terrain de ce vaste pays, ne pouvoient être considérés comme pouvant contribuer, à un certain point, à la production d'un phénomène aussi extraordinaire.

Lorsque j'ai fait remarquer qu'aucune mer ne se rencontroit sur la route du vent de nord-ouest, je pensois que s'il en eût parcouru une surface considérable, le degré de froid dont il étoit chargé en auroit été beaucoup affoibli, parce que la mer, moins dense que la terre, & constamment exposée aux rayons du soleil, tandis que les premières neiges leur dérobent la surface de celle-ci, est, par ces raisons, susceptible d'un refroidissement moins considérable que la terre, à moins qu'elle ne soit couverte de glaces. On pourroit ajouter aussi que la mer ne contient pas de ces sols de sels les plus propres à opérer ces froids singuliers si l'on admet leur influence dans la production du froid: d'où il résulte que l'atmosphère de la mer, à latitudes égales, doit être beaucoup plus tempérée que celle de la terre, & diminuer par conséquent le degré de froid d'un vent qui, venant des environs du pôle, le traverseroit. C'est sans doute pour cette raison qu'on éprouve en effet beaucoup moins de froid l'hiver sur mer que sur terre, & c'est surtout lorsqu'en venant de la pleine mer on approche des côtes, qu'on s'apperçoit de cette différence. Il n'y a guère de marin qui n'ait fait cette remarque.

CANAL. On appelle ainsi une mer resserrée entre deux terres, & dont les deux extrémités vont déboucher à une grande mer ou à un grand golfe: on l'appelle aussi *bras de mer*, *manche*. Le terme de *canal* se trouve affecté à quelques détroits particuliers qui sont assez alongés, ou qui ont de certains courans d'eau très-marqués. Ainsi on l'applique au détroit de Gibraltar, qui est l'entrée de l'Océan dans la Méditerranée; au détroit de Babel-Mandel, qui fait la communication de l'Océan avec la Mer-Rouge; au détroit de Bahama, qui est le plus fameux des passages du golfe du Mexique dans la mer dn Nord. On appelle aussi *canaux* ou *manches* certains détroits un peu alongés. C'est ainsi qu'on appelle *Canal* ou *Manche* la mer qui sépare l'Angleterre de la France, & l'on a réservé pour la partie la plus étroite, la dénomination de *pas* ou *détroit*. Ainsi l'on a donné le nom de *Pas-de-Calais* ou *de Douvres*, suivant qu'on est en France ou en Angleterre. C'est ce détroit qui sépare la mer d'Allemagne de la Manche ou *Canal*. Le Bosphore de Thrace s'appelle aussi *Canal de la Mer-Noire*, *Canal de Constantinople*, par rapport à la longueur qu'a le détroit dans cet intervalle.

Canaux des rivières. J'en distingue de deux sortes: les uns sont creusés & contenus dans les massifs mêmes, au milieu desquels les rivières coulent sans aucune interposition de matières étrangères. Ces *canaux* se rencontrent surtout dans les parties supérieures de leurs cours, où l'eau, trouvant une grande pente, a une marche forte & rapide, en conséquence de laquelle il ne se forme aucun dépôt au fond de ces *canaux* ni sur leurs bords; mais dans les parties moyennes ou bien inférieures du cours des rivières, leurs *canaux* sont creusés & contenus dans un terrain factice, formé par ces rivières elles-mêmes. Ce sont des terres, des pierres, des sables, des graviers accumulés sur le fond des vallées, & qui servent à contenir les eaux. Ces sortes de *canaux* éprouvent souvent des serpentemens assez considérables, qui sont la suite du mouvement vermiculaire des eaux. & de leur action latérale contre les bords composés de matériaux mobiles, & qui éprouvent des transports & des déplacemens continuels.

Les *canaux des rivières* prennent souvent différentes largeurs & des directions qui varient suivant les pentes des terrains. Je montrerai ces divers effets des eaux dans toutes les occasions qui s'offriront à mes recherches.

CANAL DE CALAIS A SAINT-OMER. Il commence à Saint-Omer, se rend de là à Watten, & ensuite il tourne à l'ouest une lieue au dessus de ce lieu. Après des sinuosités assez fortes, il remonte au nord-ouest, puis au nord, passe à Calais, & finit par se jeter à la mer.

CANAL DE LA CÔTE-D'OR *ou* DE CHAROLLES. Il part de Saint-Jean-de-Losne, où il reçoit les eaux de la Saône, se rend ensuite près de Dijon, côtoie la rivière d'Ource, descend au sud-ouest, remonte au nord-ouest, passe à Pouilly, à Montbard, où il suit la Brenne; se rend dans le département de l'Yonne, monte au nord-ouest, passe près de Tonnerre, à Saint-Florentin, & se termine dans l'Armançon, à une lieue trois quarts ouest de Saint-Florentin.

CANAL DE BRUGES A L'ÉCLUSE, département de la Lys, arrondissement & canton de Bruges. Il va au nord-est de Bruges, tourne ensuite à l'ouest, remonte au nord-est, & se dirige par le nord-nord-est en droite ligne à l'Écluse, où il se réunit au Zeée de Dick, à un tiers de lieue sud-ouest de l'Écluse. Il a trois lieues & demie de longueur.

CANAL DE DUNKERQUE A FURNES, département de la Lys. Il se dirige de Dunkerque à Furnes avec quelques sinuosités. Il a quatre lieues trois quarts de l'est-sud-ouest au nord-nord-est.

CANAL DE FURNES A NIEWPORT, département de la Lys, canton de Furnes. Il commence à Furnes & va droit au nord l'espace d'une lieue, ensuite reçoit les eaux du ruisseau Langhelis, & va au nord-est se réunir aux eaux de la Graght de Créche, rivière, & à celles qui entourent Niewport. Il a deux lieues & demie de longueur.

CANAL DE LA VILLA, département de l'Aude, canton de Carcassone. Il côtoie l'Aude & va se terminer à l'est de Carcassone. Il a, du sud au nord, deux lieues & demie de longueur.

CANAL DE L'INN, département de la Roër. Ce *canal* commence à une demi-lieue sud-est de Suchtelen, dans la Niers, & communique au Rhin à l'est de l'Inn. Il a trois lieues & demie de longueur.

CANAL DE NIEWPORT A OSTENDE, département de la Lys, canton de Niewport, où il prend ses eaux. Il va ensuite à l'est-nord-est l'espace d'une demi-lieue, remonte au nord-nord-est la longueur d'une lieue trois quarts, ensuite, dirigé à l'est-nord-est, il remonte au nord pour se réunir au *canal* d'Ostende, à une lieue & demie sud-est d'Ostende. Il a dans son cours quatre lieues trois quarts de longueur.

CANAL DE SAINT-OMER A GRAVELINES, départemens du Nord & du Pas-de-Calais. Il commence à Saint-Omer & tire ses eaux de la rivière d'Aa, se dirige au nord-nord-ouest, passe à Gravelines, & se rend à la mer à une lieue nord-ouest de cette ville. Il a six lieues & demie de longueur. C'est la rivière d'Aa qui alimente ce *canal*.

CANAL D'OSTENDE A BRUGES, département de la Lys, canton d'Ostende, où il prend ses eaux; ensuite il va au sud-est l'espace de deux lieues, puis à l'est celui d'une lieue, & remontant au nord-est se réunit à Bruges au *canal* de Bruges à l'Écluse. Il a quatre lieues & demie de cours.

CANAL *dit* FOSSE EUGÉNIENNE, département de la Roër. Il commence à Gueldres, prend ses eaux dans la Niers, rivière, & communique à Landau. Il a quatre lieues un quart de longueur.

CANAL DU DÉPARTEMENT DE SAÔNE ET LOIRE. Il commence à prendre ses eaux dans la Saône, près de Châlons-sur-Saône, monte au nord-nord-ouest jusqu'à Chagny, descend au sud-ouest en suivant la rivière de Meusin & celle de la Bourbince jusque & près de Paray; il rejoint la Loire à Digouin, où il se termine.

CANAL SOUTERRAIN D'EAU SALÉE dans la direction de Dieuse à Moyenvic, & pour alimenter ce dernier foyer. Il a sept lieues un quart de longueur, & trois ventouses. C'est une des belles opérations concernant les salines du département de la Meurthe.

CANARIES. Ces îles, situées à cent mille du continent d'Afrique, sont au nombre de sept; savoir : Lancerotte, Fortaventure, Gomère, l'Ile-de-Fer, Canarie, Palme & Ténériffe. Cet archipel jouit d'un ciel communément serein. Les chaleurs sont vives sur les côtes, mais l'air est agréablement tempéré dans les lieux un peu élevés, & même trop froid sur quelques montagnes couvertes de neige la plus grande partie de l'année.

Les fruits & les animaux de l'ancien & du nouveau Monde prospèrent tous ou presque tous sur le sol varié de ces îles. On y récolte des huiles, quelquefois beaucoup d'orseille & une assez grande quantité de sucre, mais inférieur à celui que donne l'Amérique; & sans compter les boissons de moindre qualité, ses exportations en vin s'élèvent annuellement à dix ou douze mille pipes de malvoisie.

On regarde comme la principale de l'archipel l'île de Ténériffe, connue par son volcan, dont le cratère, selon les dernières & les meilleures observations, s'élève à mille neuf cent quatre toises au dessus du niveau de la mer. (*Voyez* TENERIFFE.) Cette montagne étend sa base jusqu'à la mer. Quoiqu'elle paroisse se terminer comme un pain de sucre, cependant, à son sommet, elle offre une plaine. Le centre de cet espace est le cratère du volcan, d'où il sort de la flamme & de la fumée. On s'y rend par un trajet de sept lieues, sur des mules; mais à une certaine hauteur il faut continuer le voyage à pied & même d'une manière pénible. Dans les quatre premières lieues on rencontre des groupes de très-beaux arbres, & le sol est arrosé par de petits ruisseaux qui y ont leurs sources & qui se rendent à la mer. Quand on est à peu près au milieu du chemin le froid devient fort vif. Le tems le plus commode pour ce voyage est la fin de l'été, parce qu'on évite les torrens qu'y cause la fonte des neiges.

Quoique l'île soit remplie de rochers, elle paroît, du haut du pic, comme une belle & vaste plaine; mais ce qu'on prend pour la terre n'est au fond que le rideau des nuées qu'on voit fort bas au dessous de soi. Toute la partie supérieure de la montagne est stérile & n'offre aucun arbuste. Les bords de l'entonnoir sont couverts de petites pierres qui sont des scories légères, mêlées de soufre. (*Voyez* Tenériffe (Pic de)).

Fortaventure, autre île de ce groupe, a souffert beaucoup d'un volcan qui s'ouvrit en 1730, dans une de ses montagnes, & causa de grands ravages.

Le sol est en général fort inégal dans ces îles; & rempli de rochers fort arides, la plupart du tems produits du feu. On plante la vigne dans les petits intervalles qu'ils laissent & qui sont remplis de terres légères. Ces terres sont d'une grande fertilité: on y voit prospérer tous les grains & tous les fruits de l'Europe, qui sont excellens quoiqu'en petite quantité. On y a aussi la plupart des meilleurs fruits d'Amérique, dont on y a introduit la culture avec succès. On y nourrit beaucoup de bestiaux. Le principal commerce est en vins: le meilleur se recueille aux environs de Lorotava dans l'île de Tenériffe & dans l'île de Palme.

CANAU (Étang de la), département de la Gironde, canton de Castelnau-de-Médoc, à cinq lieues & demie de cette ville, près des dunes de sables qui bordent la mer, & qui forment la digue qui soutient l'eau de l'étang. Il a, du nord au sud, deux lieues de longueur, sur une lieue de largeur.

Canau (Forêt de la), même département, arrondissement de l'Esparre. Elle a, du nord au sud, une lieue de longueur, &, de l'est à l'ouest, une demi-lieue de largeur. La partie qui est au nord est en Pinada.

Canau (la), village du département de la Gironde, canton de Castelnau-de-Médoc, près du fossé pour l'écoulement des eaux de l'étang de la Canau.

CANCALE, ville du département d'Ille & Vilaine, arrondissement de Saint-Malo. C'est au port de *Cancale* que se forment les cargaisons d'huîtres marinées, mises en barils, & celles draguées, mises dans des paniers, qu'on envoie à Paris pour sa consommation.

Cancale (Grouin de), même département, arrondissement de Saint-Malo. C'est une pointe de terre avancée en mer & qui diffère du cap ou promontoire en ce qu'elle n'est pas élevée à un certain point au dessus des flots. Elle est à une lieue nord de *Cancale*.

CANCE (la), rivière du département de l'Ardèche, canton de Satillien, à deux lieues & demie ouest duquel elle prend sa source, coule au nord-est, & tournant à l'est vient traverser le faubourg d'Annonay. C'est là qu'elle sert aux belles papeteries qui sont dans ce faubourg, & auxquelles elle fournit les mouvemens & des eaux bien claires & bien limpides, puis va au sud-est se rendre dans le Rhône, à une demi-lieue nord de Saint-Vallier.

CANCHE (la), village du département de la Côte-d'Or, canton d'Arnay-sur-Arroux. Il y a dans ce village des fourneaux & des forges où on travaille la fonte & le fer.

CANDÉ, ville du département de Maine & Loire, arrondissement de Segré, au confluent de la Mandré & de l'Erdre. On y fabrique des toiles, & on y fait commerce de vins, de légumes secs, de chanvre & d'huile. Son territoire fournit beaucoup de bois, des mines de fer & des carrières de belles pierres.

CANDES, ville du département d'Indre & Loire. On trouve dans cette ville beaucoup de carrières qui fournissent de belles pierres propres à diverses constructions.

CANDIE *ou* CRÈTE, île considérable de la Méditerranée, car elle a environ deux cents lieues de circonférence. Cette île, qui sépare en quelque manière l'Archipel de la Méditerranée, est principalement formée d'une longue chaîne de montagnes, dirigées de l'est à l'ouest. On a cru que ces montagnes étoient une continuation de celles qui, du nord de la mer Adriatique, traversent la Morée & se prolongent en Caramanie pour se rejoindre au mont Liban. Mais ces prétendus embranchemens de montagnes n'ont pas été jusqu'à présent établis pas des observations telles que nous devons les exiger, & je ne les rappelle ici qu'en marquant mes doutes à cet égard, & les incertitudes qui subsistent malgré l'assurance des voyageurs; car il est difficile de croire que cette longue suite de montagnes n'ait pas éprouvé de grandes & fréquentes interruptions. D'ailleurs, il seroit fort important qu'on fût assuré que les divers tractus de montagnes soient composés des mêmes matériaux disposés de la même manière.

Les voyageurs nous parlent de la grotte de Sainte-Marguerite, garnie de très-belles stalactites. Comme on sait qu'il y en a partout où sont les massifs composés de bancs calcaires & horizontaux, ceci nous donne une idée de la nature du sol de cette île, & nous nous bornons à cette indication.

Candie (Labyrinthe de). C'est un conduit souterrain, sous forme de rue, qui, par mille tours & détours pris en tous sens & sans aucune régularité, parcourt tout l'intérieur d'une colline située au pied du mont Ida, à trois milles de l'ancienne ville de Gortine. On entre dans ce labyrinthe par une ouverture de sept ou huit pas de large, où à peine un homme de médiocre taille pourroit passer sans se courber. Le bas de l'entrée est fort inégal, mais le haut est assez plat & terminé naturellement par plusieurs lits ou couches de pierres placées horizontalement les unes sur les autres. On trouve d'abord une espèce de caverne dont la pente est douce & l'aspect rustique; mais à mesure qu'on avance, ce lieu paroît tout-à-fait surprenant. Parmi toutes ces rues il y a une allée qui est bien moins embarrassante que les autres, laquelle, par un chemin d'environ douze cents pas qui se fourche à son extrémité, conduit à une grande & belle salle qui est au fond du labyrinthe. Pour trouver cette allée, il faut se détourner à gauche à trente pas de l'entrée. Si l'on enfile quelqu'autre rue, on s'engage, après bien du chemin, dans une infinité de recoins & de culs-de-sac d'où l'on se tire difficilement.

La principale allée est haute de sept à huit pieds, lambrissée d'une couche de pierre horizontale, toute plate, comme le sont la plupart des lits de pierre de cette contrée. Il y a cependant quelques endroits où il faut un peu baisser la tête, & il y en a un entre les autres où l'on est obligé de marcher à quatre pattes, comme on dit. Cette allée est ordinairement assez large pour laisser passer deux ou trois personnes de front. Le pavé en est uni : il ne faut ni monter ni descendre considérablement. Les murailles sont taillées à pic ou garnies de pierres qui embarrassoient les chemins & que l'on a pris la peine de ranger fort proprement, comme l'on fait celles des murailles où l'on n'emploie pas de mortier.

Il se présente tant de chemins de tous côtés, que l'on s'y perdroit indubitablement sans les précautions nécessaires.

Après avoir bien examiné ces souterrains, on est obligé de convenir qu'il n'y a aucune apparence que ce fût une ancienne carrière dont on eût tiré les pierres pour bâtir les villes de Gortine & de Cnosse, ainsi que quelques auteurs modernes l'ont pensé. Cette multiplicité de rues étroites, sans débouchés faciles, n'annonce pas une carrière comme on les a pratiquées de tout tems, & comme on le voit dans les fameuses carrières de Paros & de Scio. Comment faire passer ces pierres dans l'endroit de la grande & principale allée où il faut marcher à quatre pattes, laquelle a plus de cent pas de long, & offre partout une disposition naturelle dans les lits.

Il y a donc plus d'apparence que le labyrinthe ne soit qu'un conduit naturel, une suite de fentes perpendiculaires, un peu élargies par les eaux souterraines que des curieux ont pris plaisir à rendre praticable en faisant agrandir la plupart des endroits qui étoient trop resserrés; ils ne firent donc que détacher quelques lits de pierres pour exhausser le sol, & taillèrent les bords des rues à plomb. Il y a donc apparence que les Grecs perfectionnèrent ce que la nature n'avoit fait qu'ébaucher. Quelques curieux ayant découvert ces conduits souterrains, ces fentes perpendiculaires, donnèrent lieu à des personnes riches & entreprenantes d'en faire ce merveilleux labyrinthe, où l'on ne voit ni sources ni eaux goutières, comme dans la plupart des grottes. On peut ajouter à cette conjecture, qu'il y a dans les collines voisines du labyrinthe deux ou trois autres systèmes de conduits naturels dont on pourroit faire de semblables merveilles avec très-peu de dépense. D'ailleurs, les cavernes sont fort fréquentes par toute l'île de *Candie*. La plupart des rochers, & surtout ceux du mont Ida, sont percés à jour par des ouvertures assez larges : on y voit plusieurs abîmes profonds & excavés perpendiculairement à l'horizon, pourquoi n'y auroit-il pas des conduits souterrains & horizontaux dans les lieux où les bancs de pierres sont assis horizontalement les uns sur les autres, & dont les intervalles terreux auroient pu être enlevés par les eaux? Il y a grande apparence que ceux qui creusèrent l'amphithéâtre de Doué, proche les ponts de Cé, y furent déterminés par quelque caverne souterraine. La beauté du lieu les engagea à l'agrandir & à lui donner la forme d'un amphithéâtre. Cet ouvrage n'est pas moins étonnant que le *labyrinthe de Candie*. Je pourrois ajouter aussi les greniers souterrains, creusés à Amboise, dans le bord de la Loire. (*Voyez* Doué & Amboise.)

Les murailles ou les bords des rues du *labyrinthe de Candie* offrent des noms écrits. Ce qu'il y a d'étonnant, c'est que les lettres qui les composent, au lieu d'être creuses, comme elles devroient l'être, n'ayant pu être formées qu'avec la pointe d'un couteau ou quelqu'autre instrument semblable, sont en saillie comme des bas-reliefs, & excèdent la superficie du rocher, qui est fort unie, quelquefois de deux lignes & quelquefois de trois. Comment expliquer ce fait, à moins qu'on ne suppose que le creux des lettres s'est rempli peu à peu d'une matière qui sortoit de la roche & qui en est même sortie en plus grande abondance qu'il ne falloit pour remplir ce creux. Cette matière sera donc venue du dedans de la pierre, & aura fermé le vide que le couteau y avoit fait, à peu près comme le calus se forme à un os rompu.

Il est visible que la pierre a reçu, par infiltration, un suc qui s'est porté du dedans au dehors, mais qui ne suppose pas la végétation des pierres comme celle des plantes; seulement l'eau qui les pénètre, pour peu qu'elle se charge de sucs pierreux, peut opérer cet effet sans qu'il y ait une certaine organisation dans les pierres comme dans les plantes.

CANDOR, village du département de l'Oise, arrondissement de Compiègne, près la forêt de Bouvresse. Il y a une mine de charbon de terre dans le territoire de ce village.

CANET, village du département des Pyrénées orientales. Près de ce village il y a des marais salans, d'où l'on tire du sel de l'eau de la mer par évaporation.

CANNES, ville du département du Var, arrondissement & canton de Grasse, sur la côte de la Méditerranée, au fond d'un golfe auquel elle donne son nom, à trois lieues sud de Grasse. Cette ville, de la ci-devant Basse-Provence, a un territoire dont l'étendue est de sept lieues, & qui est très-abondant en vins, en huiles, oranges, citrons & figues, & qui sont tous délicieux; mais son principal commerce consiste en anchois & en sardines salés. Il n'y a que des barques & de petits bâtimens qui puissent mouiller dans le port de *Cannes*.

CANNET, pointe & calanque de village du département du Var, arrondissement de Toulon, à trois lieues deux tiers ouest de Toulon, entre l'île Rousse & la calanque de Recrenas ou du château. Cette côte a beaucoup plus de pointes que de caps, parce que les avances des terres dans la mer sont très-basses.

CANNET (le), village du département du Var, arrondissement de Draguignan, à trois quarts de lieue nord-est de Luc. Il y a des mines de fer dans le territoire de ce village.

CANSTADT est connu, parmi les naturalistes, par les ossemens fossiles qui se trouvent dans son territoire. On les tire d'une grêvière située dans une vallée qui règne au bas des montagnes dont on suit la chaîne en allant de *Canstadt* à Stutgard, & à peu près à moitié chemin de l'une à l'autre ville.

Cette carrière n'est qu'un amas de sable ou de gravier jaunâtre ou blanchâtre; elle est composée de plusieurs lits de sables & d'un lit d'incrustation de roseaux & de mousses. Le sable, de quelque couleur qu'il soit, est graveleux, & ressemble au sable de rivière. Les os se rencontrent dans les uns ou les autres lits de cette grêvière, & surtout dans des blocs de ces sables qui sont agglutinés ensemble.

Il est probable que cette grêvière a été formée par les alluvions & les aterrissemens de la rivière; que les os qui s'y rencontrent, y ont été déposés par ces alluvions. Comme ce dépôt est d'une date assez récente, il n'est pas étonnant de trouver des os de cerfs, d'autres animaux & même d'homme. Il peut se faire que cet endroit ait été une prairie ou un lieu marécageux: les coquilles fluviatiles, les roseaux & les mousses incrustés semblent le démontrer.

Il en seroit par conséquent de cette grêvière comme des tourbières, où l'on trouve souvent des ossemens de différens animaux. Cette idée a d'autant plus de probabilité, que la grêvière dont il s'agit est peu éloignée des prairies qui sont sur les bords du Necker. Les débordemens de cette rivière peuvent l'avoir aisément formée, & y avoir déposé les ossemens que les eaux tiroient d'ailleurs. Au reste, cette grêvière n'est pas la seule qui se trouve aux environs de *Canstadt*, & on peut présumer qu'on trouveroit ainsi beaucoup de pareils ossemens dans plusieurs parties du cours du Necker.

CANTAL (Département du). Ce département a pris son nom d'un groupe de montagnes considérable, qui en occupe à peu près le centre. Il comprend la partie méridionale de l'Auvergne haute & basse.

Ses bornes sont, au nord, le département du Puy-de-Dôme; à l'est, celui de la Haute-Loire; au sud-est, celui de la Lozère; au sud, celui de l'Aveyron; à l'ouest, celui du Lot; au nord-ouest, celui de la Creuse.

Ce pays est fort montueux, ainsi que celui du Puy-de-Dôme, & la plupart des montagnes ont été des volcans, dont les vestiges sont plus ou moins défigurés.

Les principales rivières sont:

La Dordogne qui le borne au nord-ouest, & qui reçoit la Rue, laquelle sort du *Cantal* & passe à Condat-en-Fénier, & après avoir reçu à droite le ruisseau de Marcenat, & à gauche deux autres rivières qui ont la même origine, & dont l'une arrose Riom-les-Montagnes. Plus bas, la Dordogne se trouve grossie de trois autres embranchemens d'eaux courantes, produits du *Cantal*; enfin, le Salers fournit l'Anse à la Dordogne.

En tournant autour du *Cantal*, toujours à l'ouest, je trouve l'Estarreaux joint au Marone, qui a la même origine; puis le Cer, dont la source est au pied du *Cantal*, & qui passe à Vic-en-Carladès: il est grossi considérablement par la Jordane, laquelle passe à Aurillac, & la Doubre, lesquelles rassemblent également les eaux du *Cantal*.

Vers le sud-ouest je vois réunies la Veyre, la

Rance qui passe à Maurs, & la Colle, dont les origines ne s'étendent que dans les montagnes du second ordre.

Si je passe à l'est, je rencontre la Truyère, dont la direction est de l'est à l'ouest jusqu'à sa confluence avec le Lot. Cette rivière reçoit d'abord, à droite, la Bèze qui sort du *Cantal*, passe ensuite à Saint-Flour, après avoir reçu deux embranchemens assez étendus; puis l'Ander & l'Épie, qui s'étendent jusqu'au *Cantal*; ensuite les ruisseaux de Pierrefort, de Bresbus, & la rivière de l'Égout, d'une moyenne étendue. A gauche, la Truyère reçoit la Bèze, la rivière de Chaudes-Aigues, le Hérisson & le Réols, avec un embranchement.

Enfin, vers le nord-est est la rivière d'Alagnon, qui passe à Murat & à Massiac, laquelle se trouve enrichie, à droite, par les eaux de l'Arenoil & de la rivière de Massiac, & à gauche par la rivière d'Allanche & les ruisseaux des environs de Massiac. On voit que toutes les eaux courantes de cette contrée partent d'un même centre, & commencent leurs cours à des niveaux différens, lesquels sont au nombre de trois.

Les principales villes & habitations sont Saint-Flour, Aurillac, Mauriac & Murat. En voici le détail.

Allanches. Commerce de tannerie sur sa rivière.

Aurillac, grande ville, sur la Jordane. Commerce de bestiaux & de fromages.

Chaudes-Aigues. Fabrique de dentelles. Petite ville remarquable par ses eaux chaudes.

Mauriac, petite ville. Commerce en bétail & chevaux.

Murat, petite ville, sur l'Alagnon. Fromages & fabrique de dentelles.

Pleaux. Commerce de toiles.

Saint-Flour, grande ville. Commerce de blés, mules & mulets.

Salers, petite ville. Commerce de chevaux, de bestiaux, de fromages, fabrique de toiles.

Ce pays n'est fertile qu'en pâturages. Il y a peu de culture: seulement quelques vignes donnent d'assez bons vins.

CANTONS VOLCANISÉS. **Nous trouvons, dans certaines parties de nos Continens & à la surface de la terre, des accumulations de matières qui ont subi l'action du feu, & qui présentent différens degrés d'altérations. Nous retrouvons de semblables matières autour de la bouche des volcans qui sont actuellement enflammés, & qui éprouvent de tems en tems des éruptions. A mesure que l'on compare la distribution des matériaux à la surface de la terre, dans les *cantons volcanisés*, avec celle des produits du feu autour des cratères qui vomissent des laves & qui sont en action, on voit que, dans les premiers tems, les opérations des feux souterrains ont été conduites de la même manière que nous les observons dans les volcans enflammés.**

Quoiqu'on n'y voie plus de cratère, plus de bouche ouverte, & peu de matières qui soient sous forme de scories, cependant on peut reconnoître toujours les centres d'éruption par où le feu se faisoit jour. C'est aussi de là que les laves sorties se sont répandues à la surface de la terre, & ont recouvert d'abord des massifs de matières intactes qui entourent, à une certaine profondeur, les centres d'éruption. Ainsi tous les produits du feu, étant à la superficie de la terre, nous prouvent incontestablement que les opérations de ce redoutable élément n'ont attaqué que les parties voisines de la superficie.

Il est vrai que quelques-unes des masses fondues qui résident aux centres des éruptions des feux souterrains, ainsi que les courans de laves qui en sont sortis, sont assez souvent couvertes, en tout ou en partie, par des enveloppes de couches horizontales qui sont l'ouvrage de la mer; ainsi ces *cantons* ont été *volcanisés* avant que la mer les couvrît de ses eaux, ou pendant qu'elle y faisoit son séjour. Nous avons des preuves que certains volcans, dont les matériaux sont couverts par les dépôts de la mer, ont été en activité avant son séjour dans le *canton*; nous en avons aussi que d'autres volcans ont éprouvé des éruptions pendant que la mer résidoit dans ces mêmes *cantons*; car nous trouvons des lits alternatifs des produits du feu & des dépôts de la mer.

Lorsqu'on examine les *cantons volcanisés*, soit dans les îles, soit dans les Continens, on voit que les feux souterrains se sont fait jour par plusieurs points dispersés à la surface de ces *cantons*, & que la force active du feu s'est bornée à pousser, par ces ouvertures, des matières liquéfiées, & à les accumuler au dehors autour de ces ouvertures; & d'ailleurs, nous voyons bien que cet élément, quelque redoutable qu'il soit, ne peut pas soulever autrement une suite de montagnes non volcaniques. Ainsi cette cause ne peut être raisonnablement mise en jeu pour former nos montagnes, de quelque forme qu'elles soient, excepté les montagnes volcaniques qu'on peut facilement reconnoître à la nature des matériaux & à leur disposition.

Si nous nous rapportons à ce que l'observation nous apprend sur les feux souterrains & leurs effets, il paroît qu'ils n'ont agi qu'à la superficie du Globe, parce que leurs produits ou les traces de leurs inflammations ne se trouvent que là. C'est donc à tort que des naturalistes ont pris le feu pour un des grands agens qui ont servi à l'organisation du Globe, & qui ont présidé aux principales révolutions que le Globe a éprouvées. Aucun fait n'établit cette influence des feux souterrains pour l'excavation de ces cavernes dont on fait un si bel usage pour opérer, par l'éboulement de leurs voûtes, l'engloutissement de l'eau de la mer, & sa retraite de dessus de grandes parties de nos Continens.

Plus

Plus on étudiera la partie des volcans, plus on verra que les cavernes ne peuvent être leur ouvrage; & que si le besoin d'expliquer oblige d'avoir recours à cette disposition de la surface de la Terre, il vaut mieux se borner à l'admettre comme un fait, qu'à l'expliquer par un échafaudage vraiment ridicule.

CAP ou PROMONTOIRE. Ce mot est dérivé de l'italien *capo*, qui signifie *tête*. Les Grecs se servoient du mot *acron* pour désigner un *cap*, & les Latins de celui de *promontorium*. C'est une pointe de terre qui s'avance dans la mer plus que les terres contiguës. Quand, en rangeant une côte, on passe près d'un *cap*, on se sert à la mer de l'expression *doubler le cap*. La Sicile fut appelée, par les Anciens, *Trinacria*, à cause de ses trois *caps* ou *promontoires*.

Les principaux *caps* de l'Europe sont le *cap Nord*, sur la côte septentrionale de la Laponie; le *cap Lézard*, sur la côte sud-ouest de l'Angleterre; le *cap de la Hogue*, sur les côtes du Cotentin; le *cap Finisterre*, sur la côte occidentale de l'Espagne; le *cap Saint-Vincent*, sur la côte occidentale du Portugal; le *cap Matapan*, au midi de la Morée.

En Asie se trouvent le *cap Rasalgate*, sur les côtes de l'Arabie; le *cap Comorin*, au midi de l'Inde; le *cap Ningpo*, sur les côtes de la Chine.

En Afrique, le *cap Blanc* & le *cap Vert*, sur la côte occidentale de l'Afrique; ceux des *Trois-Pointes-Nègres*, des *Voltes*, sur la même côte; ensuite le *cap de Bonne-Espérance*, qui est la pointe méridionale de l'Afrique. Nous ajouterons le *cap des Aiguilles*, celui des courans, de *Guardafuy*, sur la côte orientale.

En Amérique, le plus remarquable est le *cap Horn*, à l'entrée du détroit de Magellan; le *cap de la Floride*, qui domine sur le débouquement du golfe du Mexique.

Des caps terrestres.

La dénomination de *cap* s'applique aussi, dans les Pyrénées, à des extrémités de côtes ou de sommets alongés qui présentent une tête arrondie, & je pense qu'il convient d'en faire usage dans ce sens & dans ces circonstances, parce qu'il importe d'indiquer, dans plusieurs occasions, cette forme de terrain qu'il est intéressant de faire connoître relativement aux causes qui ont concouru à donner ces formes à la surface de la Terre, & dès-lors, pour éviter l'équivoque, je les désignerai par la dénomination de *caps terrestres*.

C'est sur la coupure des *caps terrestres* que se peut voir à découvert la suite des couches de la Terre, depuis le fond des vallées jusqu'aux sommets les plus élevés.

Les *caps terrestres* sont presque toujours tournés vers la partie d'aval d'une rivière, & placés un peu au dessus d'un détour que fait la vallée, en sorte qu'en remontant une rivière, le *cap terrestre* se présente en face plus ou moins directement.

D'autres fois cependant les *caps terrestres* se présentent en face de la vallée principale, parce que leurs côtés se trouvent coupés entre deux vallons latéraux qui viennent tomber plus ou moins directement dans la vallée principale. On sent bien alors que ce sont des parties de bords escarpés qui se trouvent découpées par ces vallons latéraux.

C'est par une suite de ce même travail combiné de deux grandes rivières, ou d'une grande & d'une moyenne, qu'on voit des *caps terrestres* se montrer avantageusement dans le confluent de ces rivières lorsque ce confluent se trouve situé au milieu des bords escarpés, & non dans les parties qui appartiennent aux plans inclinés. Je pourrois indiquer un grand nombre de ces formes qui se trouvent dans plusieurs provinces de France, mais surtout dans les pays de la moyenne & de la nouvelle terre.

Ainsi la ville d'Angoulême est située sur un *cap terrestre* : c'est un plateau élevé, & qui vient se terminer par trois faces coupées à pic. Ce plateau est le prolongement d'une plaine haute, dont la superficie est ordinairement un banc de pierre solide : tel est le *cap terrestre* sur lequel est placé le faubourg de la Croix-Rousse à Lyon.

Le bel emplacement de la ville de Langres est un *cap terrestre*. Je connois beaucoup d'autres villes ainsi placées; mais comme on en a reconnu l'incommodité, la plupart de ces villes hautes ont donné naissance à des villes basses mieux situées pour le commerce & les commodités de la vie. La plupart de ces villes hautes, quoique bien aérées, n'en sont pas plus propres, parce qu'elles manquent d'eau. Je puis citer à cette occasion Langres & Angoulême.

Mais je trouve un *cap* bien abreuvé dans celui de Bellevue, qui est entre le vallon de Sèvre & la vallée de la Seine. Il fait partie d'un bord escarpé opposé au bord incliné, dont le principal aspect est du côté de Saint-Cloud.

Je trouve aussi dans le bassin de Rheims deux grands *caps terrestres*; celui de Saint-Thierry, & celui de Corbeny. Ces deux *caps* regardent l'amont des deux rivières de Suippe & de Vesle qui les côtoient.

Il en est de même du *cap terrestre* qui est entre la Marne & la Vesle, & dont la pointe la plus avancée est à Trépail.

J'en trouve un troisième, sur la même ligne, à Vertus, qui est situé entre la vallée de la Marne & la source du petit Morin.

Ces différens *caps* montrent l'extrémité de la bordure occidentale & extérieure de la craie; ils sont composés d'un système de couches de terres & de pierres qui recouvrent la craie. Ce dernier massif s'enfonce ainsi dessous ces couches, qui augmentent en nombre & en épaisseur à mesure qu'on ſuit les vallées de la Marne, de la Veſle & de l'Aine au deſſous de ces *caps*.

Il y a des *caps* qui regardent au contraire la partie d'aval des rivières. On en voit dans tous les confluens des rivières : tels ſont les *caps* qui ſont au deſſus de la réunion de l'Yonne à la Seine, de la Marne à la Seine, &c. Ces *caps* dominent ſouvent des plans inclinés, formés par l'une des deux rivières. Quelquefois ils dominent une large plaine fluviale, abandonnée ſucceſſivement par ces rivières qui ont quitté le point de leur ancienne réunion : d'où il eſt réſulté un long & large *bec*.

C'eſt dans les environs de Forges que j'ai obſervé, avec plus d'attention, les *caps*, les promontoires & les îles terreſtres ou continentales, & que je les ai fait figurer avec les mêmes ſoins & les détails les plus circonſtanciés. Ainſi on reconnoîtra que les *caps* ſont les ſommets des bords eſcarpés des vallées : il en eſt de même des promontoires, qui ſont des *caps* alongés. Quant aux îles terreſtres, on voit que ce ſont des *caps* & des promontoires eſcarpés de tous côtés ; ils ſont entourés, non-ſeulement par des rivières, mais encore par des ruiſſeaux qui ont creuſé les bordures de ces ſortes de terrains, leſquels faiſoient partie de l'ancienne ſurface de la Terre. Souvent les eaux courantes qui entourent ces îles ſont à certaine diſtance de leurs bords.

Enfin, il y a des *caps terreſtres* qui ont des aſpects très-variés, ſuivant qu'ils ſéparent les petites vallées latérales qui tombent dans les vallées principales. Il faut avouer cependant qu'excepté vers les ſources des rivières de l'ancienne comme de la nouvelle terre, il n'y a pas de *caps terreſtres* tournés vers les parties d'amont des rivières, & il eſt aiſé d'en ſentir la raiſon pour peu qu'on ait obſervé ces premiers filets d'eau courante, qui, à meſure qu'ils circuloient ſur des plateaux fort élevés en maſſes, ſe portoient contre la bordure de ces plateaux pour s'y frayer des débouchés, la plupart du tems dans des directions différentes vers leſquelles la pente des plateaux s'eſt trouvée frayée & ouverte.

Caps réſervés.

Quand les *caps* avancés dans la mer ſe trouvent le long d'une côte qui eſt expoſée à être détruite chaque jour, ſoit par l'effet des vagues, ſoit par le peu de conſiſtance de la matière, alors je dis que l'exiſtence ſeule du *cap* & la forme des côtes qui l'accompagnent des deux côtés, ſont une preuve que les cauſes combinées qui détruiſent la côte ont moins influé ſur ce point que ſur d'autres points qui forment l'angle rentrant, ou bien une ligne droite enfoncée ; c'eſt un point conſervé, c'eſt une moindre deſtruction.

La ſeule exiſtence de ces *caps* prouve donc l'affoibliſſement des cauſes qui détruiſent ; mais s'il exiſte de ces variations dans les cauſes qui détruiſent les côtes d'un détroit ou d'un golfe, & s'il y en a de particulières ſur chacune des côtes, elles ne doivent donc plus avoir des formes correſpondantes comme les bords du canal. Ainſi dans tous les détroits où coulent des eaux, dans les méditerranées, c'eſt l'action locale de l'eau ou de la marée, ou du courant modifié par les vents, qui donne la forme aux côtes. Ainſi il y a des caps dans deux circonſtances, où la matière change, & où les agens changent. J'ai trouvé dans d'autres endroits, que c'étoit la matière même & ſa conſiſtance ou dureté qui avoient occaſionné les *caps*. Le paſſage des granits aux pierres calcaires, des granits durs aux granits tendres, voilà les cauſes qui ont influé ſur la forme des côtes, tant de l'Océan, que des méditerranées. (*Voyez* PÉRIPLE.)

On a dit que dans les détroits il y avoit des côtes correſpondantes, & l'on a attribué ces effets à l'action de l'eau qui coule dans un canal, & à laquelle on attribue l'ouverture de ce canal. Mais ſouvent les configurations des côtes le long des bords d'un détroit dépendent des eaux latérales des fleuves qui y tombent des deux côtés ; & pour peu que ces fleuves ſoient diſtribués alternativement, cela a l'air des angles correſpondans. Il manque toujours aux perſonnes qui veulent établir des principes généraux ou des obſervations aſſez exactes ſur la vraie forme des bords des détroits, l'appréciation des deſtructions qui ſont ſurvenues depuis ſa première formation, & qui ont altéré ou qui ſe ſont oppoſés à l'altération des formes primitives. Il faut qu'un principe ſur la forme des côtes des détroits ait été déduit d'après ces examens & ces diſcuſſions, ſi l'on ne veut rien riſquer à ce ſujet.

CAP-BLANC, en Afrique. Golberi fait remarquer que, du *Cap-Blanc* au *cap* de Palme, tous les bords de l'Afrique offrent partout les traces d'un déchirement général & d'une effroyable commotion, & que ces empreintes, qui atteſtent l'époque volcanique du Globe, ſont ſurtout extraordinairement multipliées entre le *cap* Sainte-Marie & le *cap* Verge.

CAP DE BONNE-ESPÉRANCE (Colonie & ville du). Cette partie du Globe qui forme aujourd'hui une colonie riche & floriſſante, a été connue des Anciens. L'extrémité méridionale de l'Afrique où elle eſt ſituée, & dont on fit le tour dès le tems du roi égyptien Récho, & de Ptolomée Lathyre, fut découverte de nouveau par Barthelomee Diaz, navigateur portugais, en 1487. Vaſco de Gama la doubla le premier en 1497, en allant aux Indes, & ſon expédition paſſa pour un prodige. Le terrain du *Cap* cependant fut inutile aux Européens juſqu'en 1650. Van-Riabeck, chirurgien hollandais, apperçut les avantages que tiroit la Compagnie des Indes d'un établiſſement placé ſi convenablement. La colonie qu'il fonda, a toujours appartenu depuis aux Hollandais, qui en ont fort accru la valeur.

Le *Cap de Bonne-Espérance*, qui a donné son nom à la colonie entière, renferme plusieurs baies où les vaisseaux des différentes nations abordent: la Fausse-Baie, la baie de Bois, la baie de Saldanha & la baie de la Table. Cette dernière est large, sûre & commode; elle est ouverte, à la vérité, aux vents du nord-ouest; mais ils y soufflent rarement avec force; cependant ils y élèvent quelquefois une grosse mer. Dans le nord-ouest, à l'ouverture de la baie, les vents sud-est y sont souvent violens; mais comme la direction de ce rumb porte hors de la baie, ils ne sont pas dangereux. On y mouille par cinq brasses.

Le climat est si sain, que les habitans ont peu de maladies, & les étrangers y recouvrent bientôt la santé. L'hiver est très-doux au *Cap*, & il gèle rarement aux environs de la ville; mais sur les montagnes & particulièrement sur celles qui sont bien avant dans le pays, il y a de fortes gelées accompagnées de neige & de grêle. Un vent fort du sud-est y produit quelquefois une gelée pendant la nuit, même au mois de novembre, qui est le printems de ce parage. Les gros vents qui soufflent au *Cap* dans toutes les saisons causent des variations fréquentes dans l'atmosphère, & occasionnent beaucoup de rhumes. Malgré la chaleur, qui est souvent excessive, les habitans d'extraction hollandaise semblent avoir conservé leur tempérament naturel: les deux sexes sont d'une corpulence remarquable, & l'excellente nourriture qu'ils prennent, doit y contribuer.

L'aspect de la colonie du *Cap* offre un contraste frappant entr'elle & San-Iago, dans l'île de Madère, qui appartient aux Portugais. Là on voit un pays d'une assez belle apparence & susceptible d'une excellente culture, mais absolument négligé par ses habitans paresseux & opprimés: on apperçoit au contraire ici une ville propre & bien bâtie, au milieu d'un désert entouré de masses entre-coupées de montagnes noires & effrayantes; enfin le tableau de l'industrie la plus heureuse. Son aspect du côté de la mer n'est pas aussi pittoresque que celui de Funchiale, capitale de l'île de Madère. Les magasins de la Compagnie hollandaise sont tous au bord de l'eau, & les bâtimens particuliers sont répandus par derrière sur un coteau légérement incliné. Le fort qui commande la rade est au côté oriental de la ville, mais il ne paroît pas difficile à prendre. Il y a en outre plusieurs batteries des deux côtés. Les rues sont larges & régulières; les principales sont toutes plantées de chênes, & quelques-unes ont au milieu un canal d'eau courante qu'on est obligé de ménager par des écluses à cause de sa petite quantité. Ces canaux, qui sont quelquefois à sec, occasionnent une odeur désagréable. On reconnoît d'une manière frappante le caractère naturel des Hollandais; ils remplissent toujours leurs établissemens de canaux, quoique la raison & l'expérience prouvent évidemment leur influence pernicieuse sur la santé des habitans, surtout à Batavia.

Les maisons sont bâties de briques, & la plupart peintes en blanc à l'extérieur. Les chambres y sont en général élevées, spacieuses & très-aérées. La chaleur du climat exige ces précautions. Ces maisons ne sont couvertes que de chaume, car la violence des vents du sud-est rendroit tout autre toit incommode, embarrassant & dangereux.

Cette colonie renferme plusieurs districts. Le meilleur est celui de Stellenbosh; il est situé au pied des hautes montagnes qu'on apperçoit à l'est de la ville du *Cap*, dont il est éloigné d'environ vingt milles. Les habitations sont propres: un ruisseau coule à peu de distance, & les plantations diverses y produisent beaucoup plus que partout ailleurs. Les chênes d'Europe y prennent une hauteur considérable, & y étalent un favorable ombrage. On voit autour de la bourgade, des vignes & des vergers qui annoncent un terrain très-fertile, & l'ensemble forme un joli paysage au milieu de ces déserts. L'air y étant d'une extrême salubrité, on doit peut-être attribuer au climat cette belle apparence.

Le district de Drakenstein occupe le pied des hautes montagnes qui sont à l'est de la ville; il a peu d'étendue, & ne contient que quelques plantations peu considérables.

Le district de la Perle renferme des vallées qui offrent plus d'arbrisseaux & de petits arbres que les autres cantons qui l'entourent. Ce lieu a pris son nom d'une pierre remarquable par sa grosseur, & que les habitans appellent *tour de Babylone* ou *diamant de la Perle*. Elle gît au sommet de quelques collines basses; & quoique le chemin ne soit ni roide ni escarpé, il faut plus d'une heure & demie pour y arriver. Elle est de forme oblongue, arrondie vers le haut, & elle se prolonge au sud & au nord. Les côtés est & ouest sont escarpés & presque perpendiculaires. L'extrémité méridionale est escarpée aussi, & c'est le point de la plus grande hauteur: de là elle s'abaisse doucement vers la côte du nord. Arrivé au sommet on voit à découvert tout le pays.

Sa circonférence est au moins d'un demi-mille, car il faut une demi-heure pour en achever le tour. Sa hauteur a plus de deux cents pieds. Cette masse ou bloc de rocher n'offre qu'un petit nombre de crévasses ou plutôt de rainures qui n'ont pas plus de trois ou quatre pieds de profondeur, & une veine qui la coupe près de son extrémité nord. Elle est de l'espèce de pierre que les minéralogistes appellent *saxum conglutinatum*, & composée surtout de morceaux de quartz grossier & de mica, liés par un ciment argileux. La veine qui la traverse, est de la même substance, mais beaucoup plus compacte; elle n'a qu'un pied de largeur & d'épaisseur. Sa surface est divisée en petits carrés ou parallélogrammes disposés obliquement:

on diroit que c'eſt l'ouvrage de l'homme. En deſcendant, on trouve, ſur les flancs des collines, quelques arbres indigènes de l'eſpèce de l'oléa & d'une groſſeuur conſidérable.

Le ſol des divers cantons dont on vient de parler préſente des différences remarquables : celui de la grande plaine qu'on trouve à l'eſt de la ville du *Cap* eſt compoſé partout d'un ſable blanc, pareil à celui qu'on rencontre ordinairement ſur les grèves. Il ne produit que des bruyères & d'autres petites plantes de différentes eſpèces. Celui du diſtrict de Stellenbosh eſt une argile jaunâtre, mêlée de beaucoup de ſable, & il eſt très-productif. Celui du diſtrict de la Perle offre un terreau noir, extrêmement fertile, & tous les champs cultivés préſentent une argile graſſe, mêlée de ſable & de petites pierres.

L'extrémité de l'Afrique, du côté du ſud, eſt une maſſe de hautes montagnes : les plus extérieures ſont noires, eſcarpées & ſtériles ; elles ſont compoſées d'un granit groſſier, qui ne contient aucune partie hétérogène, telles que des coquilles pétrifiées, &c., ni aucune production de volcan. Les montagnes intérieures ſont certainement métalliques, & elles renferment du cuivre & du fer. Quelques tribus d'Hottentots fondent ces deux métaux, d'où l'on peut conclure que la mine qu'ils emploient, eſt riche & très-fuſible. On trouve auſſi des ſources chaudes en différens endroits de l'intérieur du pays, & les habitans du *Cap* vont prendre les bains à environ trois jours de marche de diſtance, dans une de ces ſources fameuſes pour guérir les maladies de la peau, &c. Elle eſt probablement d'une nature ſulfureuſe.

Parmi les montagnes qui s'offrent de tous côtés dans ce pays, on ne peut s'empêcher de décrire celle qui porte le nom de *montagne de la Table*. La route qui conduit à ſon ſommet eſt roide, fatigante & difficile à cauſe des cailloux qui roulent ſous les pieds. Parvenu au milieu de ſa hauteur, on entre dans une vaſte & effrayante crevaſſe, dont les côtés perpendiculaires ſont garnis de rochers menaçans, empilés & couchés. De petits ruiſſeaux ſortent des fentes ou tombent des précipices en gouttes, & donnent la vie aux plantes & aux arbriſſeaux qui rempliſſent le bas. D'autres végétaux qui croiſſent ſur un ſol plus ſec, & qui ſemblent y concentrer leur ſuc, répandent une odeur aromatique dont un vent frais fait ſavourer le parfum. Enfin, après une marche de trois heures, on atteint le ſommet de la montagne. Il eſt preſque de niveau, très-ſtérile, & il n'y a point de terreau. Pluſieurs cavités ſont cependant remplies d'eau de pluie ou contiennent un peu de terre végétale, d'où quelques plantes odoriférantes tirent leur nourriture. Des antilopes, des barbouins hurlans, des vautours ſolitaires & des crapauds habitent quelquefois les environs. La vue dont on jouit à ce point d'élévation eſt très-étendue & très-pittoreſque. La baie de la Table ne paroît plus qu'un baſſin ou un étang, & l'on prend les vaiſſeaux pour de petites barques. La ville & les compartimens réguliers de ſes jardins ſemblent des ouvrages d'enfans. La croupe du Lion n'a plus l'apparence que d'une chaîne peu conſidérable : on regarde avec dédain la tête du Lion, & la ſeule montagne de Charles peut figurer avec celle de la Table. Au nord, l'île Robben, les collines blanches, les collines du Tigre, & au-delà une chaîne majeſtueuſe de montagnes plus élevées arrêtent la vue. Un groupe de maſſes briſées de rochers enferme la baie de Bois à l'oueſt, &, ſe prolongeant au ſud, forme un côté de la baie de la Table, & ſe termine au fameux *cap* des Tempêtes, que le roi Emmanuel de Portugal nomma *de Bonne-Eſpérance*. Au ſud-eſt, l'horizon traverſe l'iſthme bas entre les deux baies : on diſtingue au-delà la colonie des Hottentots, appelée *la Hollande*, & les montagnes aux environs de Stellenbosh. Des plantations enfermées de toutes parts par d'immenſes bruyères, & dont la verdure contraſte agréablement avec le reſte du pays, forment d'ailleurs un charmant coup-d'œil : on apperçoit Conſtantia, célèbre par ſes vins. Telle eſt la beauté de la ſcène que la nature étale aux yeux de l'obſervateur qui a vaincu les difficultés qu'il rencontre pour parvenir au ſommet de cette montagne renommée.

Dans les campagnes aux environs de la ville, le terrain s'élève inſenſiblement de tous les côtés, vers les trois montagnes qui entourent le fond de la baie. Il eſt bas & uni ſeulement près des bords de la mer, & il devient marécageux dans l'iſthme, entre la baie-fauſſe & la baie de la Table qui reçoit un ruiſſeau d'eau ſalée. La partie marécageuſe a quelque verdure, mais elle eſt entre-mêlée de beaucoup de ſable. Les cantons plus élevés, auxquels les bords de la mer donnent un aſpect ſec & horrible, ſont cependant couverts d'une immenſe variété de plantes, & entr'autres d'un nombre prodigieux de buiſſons. On y remarque à peine une ou deux eſpèces qui méritent le nom d'arbres. On voit auſſi quelques petites plantations dans les endroits où un peu d'eau humecte la terre. Les buiſſons ſont habités par des inſectes divers, pluſieurs ſortes de lézards, des tortues de terre, des ſerpens & beaucoup de petits oiſeaux ; mais le côté ſud-eſt de la montagne de la Table offre l'aſpect le plus agréable de tous ceux que préſente cette partie de l'iſthme. Au bord de chaque petit ruiſſeau & ſur les terrains cultivés, on a fait des plantations compoſées de vignobles, de champs de blé & de jardins, & ordinairement entourées de chênes de dix à vingt pieds de haut, qui animent la contrée & mettent à l'abri des tempêtes. Les jardins ſont ſimples & ne préſentent rien de remarquable, ſi ce n'eſt qu'on les tient dans le meilleur ordre, & qu'il y a des allées couvertes & de l'eau. Une belle vallée au côté de la montagne renferme la plantation appelée *le Paradis*, où il y a des bosquets délicieux. On y trouve, ainsi que dans les jardins, tous les fruits & les végétaux d'Europe. Indépendamment de ces ressources agréables & salutaires, ces lieux renferment différentes productions de l'Inde, comme le plane, les goyaviers, les jambos & quelques autres fruits qui appartiennent au climat du tropique, & qui y croissent dans une perfection qui ajoute à leur excellence naturelle.

Dans les habitations éloignées on cultive surtout du blé & de l'orge, & l'on y nourrit une quantité considérable de bétail. La récolte du grain est très-abondante : non-seulement elle suffit à la consommation de la colonie entière, mais elle sert à l'approvisionnement des Ile-de-France & de Bourbon, & on en envoie encore plusieurs vaisseaux à la métropole. Il y auroit plus d'exportation si les établissemens ne s'étendoient pas si loin dans l'intérieur du pays, d'où les productions doivent être amenées à la baie de la Table par terre, à travers des chemins presqu'impraticables. Les espaces intermédiaires entre les diverses plantations sont très étendus, & il y a beaucoup de cantons propres à l'agriculture; mais les colons sont fort dispersés, parce que la Compagnie leur defend de s'établir à moins d'un mille l'un de l'autre.

Le vin se cultive dans des plantations qui sont à peu de jours de marche de la ville. Il y en a de plusieurs espèces, & très-variés pour le goût & la saveur. Quoiqu'on parle beaucoup en Europe de celui de la plantation de Constance, on en boit peu : le vignoble en produit au plus trente pipes par an. Les plants ont été originairement apportés de Schiras en Perse Les environs de cette plantation donnent plusieurs autres espèces de raisins, dont on tire un bon vin qui passe en Europe pour le véritable Constance. On y a aussi essayé des ceps français de Bourgogne, muscats, & de Martignan; ils ont très-bien réussi, & ils donnent quelquefois un vin supérieur à celui du sol naturel. Les principales familles boivent ordinairement un vin sec qui a un léger goût aigrelet, agréable, & qui provient des plants de Madère transplantés. On fait beaucoup d'autres vins de qualités inférieures; ils sont assez bons & coûtent peu.

On est étonné de la variété des plantes de ce pays : leur nombre est immense, & on en a rassemblé plus de mille absolument inconnues jusqu'à ces derniers tems. Le règne animal n'est pas moins riche. Le bœuf & le mouton y sont excellens, quoique ces animaux soient originaires de cette contrée. Les vaches y sont plus petites que les nôtres : leur taille est plus élégante, & elles ont des cornes beaucoup plus écartées. La toison des moutons est une substance mitoyenne entre la laine & le poil, & ils ont des queues d'une grosseur énorme, qui pèsent souvent plus de douze livres. On y trouve aussi des chèvres qu'on ne mange point, des cochons & beaucoup de volailles, des lièvres exactement semblables à ceux d'Europe, des gazelles de plusieurs espèces, des cailles de deux sortes, & des outardes qui ont de la saveur & point de suc. Telles sont les ressources infinies que possèdent les heureux habitans du *Cap*, & que les navigateurs sont sûrs de rencontrer dans ce parage.

Les plus grands quadrupèdes, l'éléphant, le rhinocéros & la giraffe ou le caméléopard habitent cette extrémité de l'Afrique : les deux premiers se tenoient autrefois à cinquante milles du *Cap*; mais on leur a tellemeut donné la chasse, qu'on ne les voit guère aujourd'hui qu'à plusieurs jours de distance. Le rhinocéros en particulier est si rare, que le gouverneur a publié un ordre pour empêcher de l'extirper entiérement. L'hyppopotame, qu'on y appelle *vache marine*, & qui jadis venoit jusqu'à la baie de Saldanha, se rencontre peu, & on n'en tue que fort loin du *Cap*. Les colons en mangent la viande, qui leur paroît très-bonne : sa saveur pourtant est celle d'une chair grossière de bœuf; mais la graisse a presque le goût de la moëlle : cet animal ne se nourrit que de végétaux. On dit que dans l'eau il ne peut pas faire plus de trente verges de chemin. Le buffle sauvage habite aussi maintenant les établissemens les plus éloignés du *Cap*, & on assure qu'il est d'une force & d'une férocité prodigieuses. Ses cornes ressemblent à celles du bœuf sauvage d'Amérique, connu sous le nom de *bison*. Il attaque souvent les fermiers qui sont en voyage dans l'intérieur du pays, & il tue & foule aux pieds une grande partie de leur bétail. Il y a une autre espèce de bœuf sauvage, appelé *Gnoo* par le naturels du *Cap*. Les cornes de celui-ci sont minces; il a une crinière & des poils sur le nez, &, par la petitesse de ses membres, il ressemble à un cheval ou à une antilope, plutôt qu'aux animaux de son espèce. L'Afrique a toujours été connue pour le pays des belles gazelles ou antilopes, & les noms différens qu'on a donnés mal-à-propos à cette classe, n'ont pas peu contribué à embrouiller nos connoissances sur ce sujet. Quelques-unes des bêtes les plus farouches infestent aussi le *Cap*, & les colons ne peuvent jamais venir à bout de les détruire. Les lions, les léopards, les tigres, les hyènes rayées & tachetées, les jakals & plusieurs autres mangent les antilopes, les lièvres, les jerbuas & beaucoup d'autres quadrupèdes plus petits dont le pays abonde. Le nombre des oiseaux est aussi très-grand, & plusieurs sont parés des plus brillantes couleurs. Des reptiles de toute espèce, des serpens dont la morsure est venimeuse, & surtout des insectes de différentes sortes, fourmillent aux environs du *Cap*. Les côtes sont remplies de poissons d'un excellent goût, & il y en a plusieurs que les naturalistes ne connoissent point encore. En un mot, malgré tous les échantillons du règne animal & végétal qui ont été apportés d'Afrique, l'espace immense qui forme l'intérieur du pays est presqu'entièrement inconnu, & il renferme des trésors qui attendent que des voyageurs éclairés & vigilans puissent en rassembler les richesses.

Il y a au moins dans la colonie cinq esclaves pour un blanc : les principaux habitans du *Cap* en ont quelquefois vingt ou trente qu'ils traitent communément avec beaucoup de douceur ; ils les habillent bien, mais ils les obligent de ne porter ni bas ni souliers. Les esclaves se tirent surtout de Madagascar, & un petit bâtiment du *Cap* y va annuellement faire ce commerce.

On y voit en outre un grand nombre de Malois, de Bengalois & quelques Nègres. Les colons sont pour la plupart Allemands : il y a des familles hollandaises & des Protestans français. Les habitans du *Cap* sont industrieux, & recherchent beaucoup les douceurs de la vie : ils sont hospitaliers & sociables ; ils ont peu de moyens de s'instruire, car il n'y a point d'école publique remarquable au *Cap*. Les jeunes gens vont étudier en Hollande, & l'education des femmes est extrêmement négligée.

Les naturels du pays vivent dans des habitations lointaines : ils sont en général d'une taille mince, & plutôt maigres que gras ; mais ils sont d'une force, d'une vivacité & d'une activité remarquables. Leur taille est à peu près la même que celle des Européens, & quelques-uns ont six pieds de haut. Leurs yeux sont ternes & sans expression ; ils ont la peau couleur de suie ; ce qui provient surtout de la poussière qui est si fortement attachée à leur peau, qu'on ne peut distinguer la couleur de l'une d'avec celle de l'autre. Leurs cheveux frisent naturellement, non pas comme ceux des Nègres, mais en boucles pendantes d'environ sept ou huit pouces. Ils sont d'une modestie qui va jusqu'à la stupidité : leurs habillemens consistent en une peau, qui est ordinairement celle d'un mouton, jetée sur leurs épaules. Les hommes portent en outre une petite poche à la ceinture, & les femmes un large tablier de cuir, l'un & l'autre attachés à une ceinture ou cordon orné de verroteries & de petites pièces de cuivre. Les deux sexes ont des colliers & quelquefois des bracelets de grains de verre, & les femmes entourent les chevilles de leurs pieds d'un cercle de cuir dur, afin de se défendre des épines dont le pays abonde de toutes parts.

Plusieurs naturalistes ont avancé que quelques Hottentotes avoient un tablier de chair, qu'ils ont appelé *sinus pudoris*. D'autres ont contredit ce fait ; mais il paroît cependant que ce phénomène existe réellement. M. Perron, naturaliste distingué, a décrit, il y a quelques années, le tablier des Hottentotes avec le plus grand détail. Ce sont deux appendices de chair ou plutôt de peau, tenant à la partie supérieure des lèvres, & qui ressemblent en quelque sorte aux tettes d'une vache, excepté qu'elles sont plates. Elles pendent devant les parties naturelles, & elles sont, chez différentes femmes, d'une longueur différente. Quelques-unes en ont d'un demi-pouce, & d'autres de trois à quatre pouces. Cet homme éclairé imagine que c'est là ce que des écrivains ont appelé, par exagération, un *tablier*, qui descendoit du bas-ventre assez bas pour que les parties naturelles n'eussent besoin d'aucun autre voile étranger.

La langue des naturels du pays semble à peine articulée à un Européen ; elle est d'ailleurs distinguée par une singularité très-remarquable. Pendant qu'ils parlent, ils produisent un gloussement fréquent en appuyant la langue contre le palais : ces gloussemens ne paroissent avoir aucune signification ; mais ils servent plutôt à marquer les divisions des phrases dans leurs discours.

Dans les limites des établissemens hollandais, il y a plusieurs tribus d'Hottentots, qui diffèrent beaucoup les unes des autres par leurs usages & leur manière de vivre. Elles vivent cependant toutes en paix & en bonne intelligence, si l'on en excepte une qui est fixée à l'est, & que les colons appellent *Boschemans*. Les habitans de ce canton n'attaquent jamais leurs voisins ouvertement ; mais ils dérobent secrétement le bétail pendant la nuit. Afin de se défendre s'ils sont découverts, ils sont armés de lances ou de zagayes & de flèches qu'ils empoisonnent de différentes manières, les unes avec du suc de certaines herbes, & d'autres avec le venin d'un serpent nommé *cobra di capelo*. Une pierre est aussi une arme très-formidable dans les mains de ces peuples ; car ils la lancent avec tant de force & de dextérité, qu'ils frappent plusieurs fois de suite, & à cent pas de distance, un but de la largeur d'un écu. Pour se mettre à l'abri de ces voleurs, les autres habitans dressent des taureaux qu'ils placent autour de leurs villages pendant la nuit : ces animaux, à l'approche d'un homme ou d'une bête, se rassemblent & s'opposent aux attaquans jusqu'à ce qu'ils entendent la voix de leurs maîtres, qui les encouragent au combat ou qui les rappellent, &, dans ce dernier cas, ils obéissent avec autant de docilité qu'un chien.

On a déjà vu que quelques-unes de ces nations connoissent l'art de fondre & de préparer le cuivre & le fer. Elles fabriquent des couteaux, auxquels elles donnent une trempe supérieure à celle des couteaux qu'elles pourroient acheter.

Les chefs de ces différentes tribus sont, pour la plupart, riches en bétail, & en possèdent de nombreux troupeaux. Ils sont ordinairement couverts de peaux de lions, de tigres ou de zèbres, auxquelles ils ajoutent des franges & d'autres ornemens de très-bon goût.

Aux détails que nous venons de donner sur le climat & la nature du sol du *Cap de Bonne-Espérance*, nous devons encore en ajouter quelques-uns. Cette extrémité de l'Afrique, qui se termine à ce *cap*, offre des plaines sablonneuses, des bois, de hautes montagnes séparées par des vallées, où coulent des ruisseaux & des rivières. Les plaines de sables sont dangereuses à parcourir. Ces sables sont mouvans : les vents les agitent & les amoncèlent ; ils couvrent des buissons qui déchirent les pieds des voyageurs qui s'y hasardent. Un autre inconvénient de ces sables est qu'ils sont remplis de serpens venimeux.

Les Hollandais du *Cap* nomment *mousson humide* & *mousson sèche* ce que nous appelons *hiver* & *été*. Ils ne connoissent pas d'autres saisons ; encore peut-on dire qu'ils n'ont pas d'hiver ; car, outre qu'il n'y fait jamais assez froid pour qu'on ait besoin de se chauffer, on y a souvent six, sept & huit jours de suite sans pluie, sans vent, sans chaleur incommode, tels que sont en France les plus beaux jours de septembre. Il est vrai qu'on y essuie bien souvent de la pluie, du vent & des brouillards ; mais ce mauvais tems est racheté par les beaux jours qui lui succèdent, au lieu qu'en été, ou bien il règne un vent furieux & froid qui vous tient enfermé dans la maison, ou bien une chaleur qui vous accable. L'hiver n'est incommode au *Cap* que pour les voyageurs, à cause du débordement des rivières. Rarement il gèle au *Cap*, & la glace n'y a jamais plus de deux ou trois lignes d'épaisseur. Enfin, l'air ne s'y refroidit guère qu'au même degré que dans notre automne, & le tonnerre ne se fait entendre que vers les changemens de saisons, aux mois de mars & de septembre, encore n'y est-il jamais violent ni suivi de grands orages.

CAP-BRETON. Il y a dans la baie de Biscaye, sur la côte de la mer, aux environs de Bayonne, près de l'embouchure de l'Adour, un *cap* où la mer devient si grosse sans qu'il fasse le moindre vent apparent, que cette côte paroît en danger d'être submergée, & aussitôt la mer redevient calme. C'est l'effet d'un vent souterrain.

Il y a pareil phénomène sur un lac d'Écosse, appelé *Loch-Laumond*, qui est également causé par un vent souterrain.

CAP-ROUGE, situé sur la côte occidentale d'Afrique, par .... degrés de longitude, & .... degrés de latitude, à cinq lieues au sud de la rivière Casa-Mança. Il doit son nom à la couleur de la terre dont il est formé.

CAP-VERT (Iles du). On ne connoît guère d'endroit où la chaleur soit plus grande & l'air plus mal-sain que dans les îles du *Cap-Vert*. Comme il y pleut rarement, la terre y est si brûlante qu'on ne sauroit poser le pied dans les lieux où le soleil fait tomber ses rayons. Le vent de nord-est apporte dans ces îles une fraîcheur soudaine, dont les effets sont mortels quand on néglige de s'en garantir. Les productions sont les mêmes que sur la côte. On y voit aussi des cannes à sucre, & les vignes que les Portugais y ont plantées, portent deux fois l'an. Les chèvres & les chevaux s'y sont prodigieusement multipliés ; ce qui prouve la bonté des pâturages. Les bœufs & les vaches y sont rares ; mais on y trouve une grande quantité d'ânes. Les principales richesses des insulaires consistent dans les peaux de chèvres qu'ils préparent à la manière du Levant, & surtout dans la vente de leur sel qu'ils récoltent abondamment. On en exporte une grande quantité. On s'en sert aussi pour conserver la chair de tortue qu'on envoie dans les colonies d'Amérique.

L'île de Saint-Philippe se nomme aussi l'*île de Feu*, parce qu'on y trouve un volcan qui brûle sans cesse, & jette des flammes qui se font appercevoir de fort loin pendant la nuit. Il lance aussi des pierres qui s'élèvent à une grande hauteur, & qui retombent sur les croupes de la montagne avec un grand bruit.

La côte du *Cap-Vert* est aussi brûlante que les îles ; aussi les hommes & les animaux peuvent à peine y respirer. Rufisque est au fond d'une baie qu'on a nommée *baie de France* ; elle abonde en poissons de toute espèce. Ses environs sont remplis de bestiaux & de volailles qui se donnent à très-bas prix.

CAPELLE-CORDEN-BOSCH, village du département de la Dyle, arrondissement de Bruxelles. On a construit un pont pour passer le canal de Bruxelles à Anvers, qui coupe cette commune vers l'orient. Il s'est formé un hameau près de ce pont, qui ouvre un passage ; &, le long du canal, les productions de son territoire sont du sarrasin, du colza & du lin. Il s'y fabrique de la bière très-renommée pour sa qualité supérieure.

CAPOLORO, village du département du Golo, arrondissement de Bastia. On y recueille, aux environs, des vins qui ont la qualité du bourgogne. On y fait un vin blanc excellent, ressemblant au vin de Tokai, & qu'on peut boire pour du vin de Syracuse.

CAPOUE. *Capoue*, dans le royaume de Naples, est dans une situation un peu différente de l'ancienne *Capoue*, de même que Modène & d'autres villes anciennes qui ont été ruinées & rebâties. La nouvelle *Capoue* est une ville de cinq mille ames, située à cinq lieues de Naples, sur le Volturne, à quatre lieues au dessus de son embouchure. Elle n'a guère que trois cents toises depuis la porte de Rome jusqu'à la porte de Naples, qui est la partie que l'on traverse ; mais elle en a sept cent cinquante dans la partie qui est le long du Volturne.

A trois lieues de *Capoue* il y a une carrière d'albâtre ; il est d'un blanc-sale, avec des veines de couleur fauve ou isabelle.

Cette ville est située dans le territoire le plus fertile & le plus agréable, au milieu de la superbe plaine de la Campanie heureuse, que les Romains regardoient comme le pays le plus riche & le plus beau de l'Univers.

CAPRAIA, petite île adjacente & dépendante de l'île d'Elbe, dans la mer de Toscane, entre la côte de Toscane à l'orient, & l'île de Corse au couchant. Son circuit est de dix-huit milles. Elle a un fort château pour la défendre contre les pirates.

CAPRÉE (Ile de). L'île de *Caprée* a environ trois mille cinq cents toises de long; elle contient deux villages, Capri & Anacapri, & environ neuf mille habitans qui sont industrieux, actifs, pêcheurs & constructeurs.

La partie occidentale est abondante & cultivée; elle produit tout ce qui est naturel au beau climat du royaume de Naples.

Le village ou la ville de Capri est dans le fond d'une anse, défendue par des rochers, & dans une situation fort agréable.

Une roche élevée & d'un escarpement prodigieux sépare l'île en deux, & en laisseroit les deux parties absolument étrangères l'une à l'autre si l'on n'avoit fabriqué un escalier de cinq cents marches, par lequel on gravit pour arriver à une plate-forme, sur laquelle est bâti un bourg presqu'aussi grand & plus riche que celui de Capri; il s'appelle *Anacapri* ou *Caprée supérieure*, nom que les Grecs lui avoient donné à cause de sa position sur le sommet de l'île.

On assure que, dans certains tems de l'année, les cailles arrivent en si grande abondance dans cette belle île, qu'on en prend pour plus de cent ducats par jour.

CAPSIR. C'étoit autrefois une petite contrée du Roussillon, qui peut avoir quatre lieues dans sa plus grande longueur, sur deux de largeur. Quoiqu'hérissé de montagnes, il y a néanmoins de très-bons pâturages. C'est dans ce pays que l'Aude prend sa source. *Capsir* fait aujourd'hui partie du département des Pyrénées orientales.

CAPUSE (Ile); département du Golo, arrondissement de Bastia, près la côte occidentale de l'île de Corse. Elle a environ une demi-lieue de longueur, & fait partie de nombreuses dentelures que présente cette côte battue par les flots de la mer & par le vent d'ouest.

CARAMANTRAN (Calanque de), département du Var, arrondissement de Toulon, à la côte septentrionale de l'île de Porteros, entre la pointe de la Palu & le rocher de la Galère.

CARCANS (Étang de), département de la Gironde, arrondissement de Lesparre, & à quatre lieues sud-ouest de cette ville. Il a du nord au sud trois lieues & demie de longueur, sur une lieue de largeur. C'est un des étangs des bords de la mer dans les landes de Bordeaux, & qui ont été digués par les sables des dunes.

CARCASSEZ. C'étoit un petit pays qui formoit l'évêché de Carcassonne. Il a environ douze lieues dans sa plus grande longueur, sur sept de largeur. Il est borné, au levant, par l'évêché de Narbonne; au midi, par celui d'Aleth; au couchant, par celui de Saint-Papoul, & au septentrion par celui de Lavaur. L'Aude & le canal du Languedoc divisent cette contrée en deux parties égales. Le sol n'en est pas fertile, mais le vin en est excellent & abondant. Les habitans y sont presque tous occupés à carder, à filer & à préparer les laines, lesquelles sont employées à la fabrication des draps destinés pour le Levant. Ce pays fait partie aujourd'hui du département de l'Aude.

CARCASSONNE. Dans la Carte de l'Académie, n°. 19, *Carcassonne*, on remarque le ruisseau de la paroisse Missègre, lequel se perd dans un vallon ouvert. Ce ruisseau a six cents toises de long.

CARCER, village du département du Var, arrondissement de Brignoles, près de l'Argence, à deux lieues de Brignoles. Il y a deux fabriques de soie. La plaine au dessus de ce village offre, sur les bords de la rivière d'Argens, une couche immense de marne à très-peu de profondeur, & qui pourroit servir à l'engrais des terres voisines.

CARENTAN, ville du département de la Manche, arrondissement de Saint-Lo, à trois lieues de la mer. Cette ville est située dans des marais qui la défendent contre toute attaque. Le climat, quoique humide, en est assez doux, & le territoire, entre-coupé de bois, produit beaucoup de fruits & une grande quantité de grains, dont les habitans font commerce, ainsi que de cidre, de chanvre, de lin, de miel, de beurre salé, de poisson de mer, de bestiaux & de chevaux. *Carentan* a d'ailleurs des manufactures de dentelles & de toiles de coton.

CARENTOIR, village du département du Morbihan, arrondissement de Vannes. On trouve dans cette commune, au lieu dit *la Cossais*, des cristaux blancs transparens, souvent héxagones, & qui, étant taillés, approchent de ceux du Rhin.

CARGAVIRACO, volcan de la Cordilière, du Pérou, écroulé en 1698, & qui, dans cette éruption, ayant produit une grande fonte de neiges, occasionna une inondation considérable. Cette masse volcanique est un prolongement de Chimboraco vers le nord. Les seules pointes de son sommet sont couvertes de neiges, & il a, par une suite d'éruptions, éprouvé de si grands affaissemens, que sa hauteur n'est plus que de deux mille quatre cent cinquante toises au dessus du niveau de la mer.

Ce fut à la suite de ces événemens, qu'un tremblement furieux renversa la petite ville de Lataconga, & plusieurs bourgs & villages, jusqu'à Ambato. Une montagne fort haute, presqu'adjacente à Chimboraco, s'écroula de même que d'autres moins élevées qui étoient sur la même ligne. Il en sortit une si grande masse d'eau, qu'il y eut une inondation terrible dans les environs, si l'on peut nommer inondation des terres éboulées qui se délaient & qui se convertissent en boue, mais en boue assez liquide pour couler sous la forme de ruisseaux & de rivières dont on voit encore les vestiges. *Cargaviraco*, la plus haute de ces montagnes, n'a plus maintenant qu'une hauteur médiocre. D'autres s'écroulèrent en partie; une moitié tomba, & l'autre subsista avec un talus qui la rendit inaccessible du côté de l'éboulement. Le sommet de l'une de ces montagnes, nommée *Pugnalic*, présenta à Bouguer une infinité de différentes crevasses qui l'obligeoient de marcher avec précaution, & il lui parut que la terre y étoit d'une extrême légéreté. *Cargaviraco*, en perdant sa hauteur, a pris une forme conoïdale très-aplatie. Quoiqu'il s'en manque beaucoup qu'il n'atteigne la ligne de niveau qui passe par le bas des neiges des autres montagnes, il a néanmoins son sommet continuellement neigé. Il forme seul une exception bien marquée. On vit des champs entiers & plantés d'arbres se détacher, & passer à quelques lieues de distance. Le malheur de Lataconga principalement fut extrême. Des familles entières furent ensevelies sous le même toit, & il n'y eût absolument aucune maison où on n'eût à pleurer la mort de quelqu'un. Cette terrible scène arriva le 20 juin 1698, vers une heure après minuit, & presque tout le mal fut causé par la première secousse.

CARHAIX, ville du département du Finisterre, arrondissement de Châteaulin. Cette ville est dans une contrée fertile, particuliérement en pâturages. Il y avoit une collégiale très-ancienne. La pierre dont sont construits les clochers est d'un granit très-fin. On y voyoit une tombe de Kersanton, qui étoit célèbre. Cette pierre prend le poli, & est fort dure. Les environs de *Carhaix* offrent des champs bien cultivés. Le gibier en est excellent. Près de cette ville se trouvent les deux mines de plomb de Poulawen, qui donnent plus d'une livre d'argent par quintal. Ces mines se tirent des lieux nommés *Bérien*, *Sarugnat*, *Lafeuillée*, *Carnot* & *Loquefré*.

CARLSBAD est une petite ville en Bohême, remarquable par des sources d'eaux chaudes. Elle est située dans un fond, entre deux montagnes fort élevées. Une rivière, nommée *Toppel*, la traverse du sud-est au nord-ouest. La principale source sort, du côté du nord, à vingt pas environ de la rivière, & à cinq ou six pieds de la surface de l'eau. Elle s'élance, d'un tuyau de bois, avec une force considérable; ce qui lui a fait donner le nom de *Sprondle*, c'est-à-dire, de *Fontaine furieuse*. Elle vient de la montagne qui est de l'autre côté du vallon, & passe dessous la rivière dans un canal qu'elle s'est formé elle-même avec le sédiment de ses eaux. C'est ainsi qu'elle parvient jusqu'à l'endroit d'où elle sort. Il arrive quelquefois que cet aqueduc se remplit & s'obstrue par le tuf, de manière qu'il crève, & que le cours de la fontaine se trouve interrompu. L'eau se répand pour lors dans la rivière; ce qui oblige les habitans à faire de grandes dépenses pour réparer cette conduite. On prévient cet accident en nétoyant, tous les ans, l'aqueduc, & en l'ouvrant dans les parties voisines de la fontaine. Cette source forme, le long des bords de la rivière, de grands massifs de tuf, composés de couches de différentes couleurs. Ce tuf est fort compacte & d'un grain serré, de manière qu'il peut prendre un beau poli. Il y a quelques années qu'en creusant, pour les fondemens d'une église, quarante ou cinquante pas plus haut sur le penchant de la montagne, on trouva une grande quantité de ce tuf qui étoit, en plusieurs endroits, dans un tel état de destruction, qu'il ressembloit à de l'argile; ce qui força de creuser plus avant pour trouver un sol plus solide. On tira de cette excavation une grande quantité de pisolithes, composées de la même matière que le tuf, mais d'une structure différente. Le tuf est formé de couches planes; les pisolithes sont des corps globuleux formés de couches concentriques. Il y a de ces globules qui ont plus d'un pouce de diamètre; mais plus communément ils sont de la grosseur d'un pois: on en trouve parmi quelques-uns qui n'ont que le volume des grains d'un sable fin.

Le long de la rivière Toppel il y a plusieurs autres sources d'eaux chaudes qui diffèrent entre elles, ainsi que de la fontaine Sprondle. La plus remarquable est celle qu'on appelle *la Fontaine du moulin*, qui contient beaucoup moins de matière crétacée que l'eau de la fontaine Sprondle, & dont l'eau est beaucoup plus douce.

Ces sources ont différentes origines. Il y a grande apparence que la source principale se divise, dans le corps de la montagne, en plusieurs filets d'eau. Outre cela, on présume que plusieurs de ces ramifications qui, selon la nature des lieux où elles passent, s'emprégnent de différens principes, les déposent ensuite plus ou moins abondamment, suivant qu'elles sont plus ou moins froides. L'eau de la Sprondle en est si chargée, qu'elle recouvre, en peu de jours, les corps qu'on y dépose d'une couche de tuf fort épaisse, & d'une couleur jaunâtre. Quand on met de cette eau dans un vase, elle se couvre bientôt d'une pellicule semblable à celle qui couvre l'eau de chaux dont on fait usage comme d'un dentifrice.

On doit ranger les sources de *Carlsbad* dans la classe de celles qui sont chaudes & chargées de principes calcaires, & qui les déposent à la suite de leur refroidissement; mais on doit les distinguer de celles qui, outre cela, répandent au loin l'odeur de gaz hydrogène sulfuré, telles que sont les balicames de Viterbe & de Tivoli. (*Voyez cet article.*)

Dans les notes que M. de Goëte vient de publier sur *la minéralogie des environs de Carlsbad*, nous avons remarqué deux observations qui nous ont paru d'un intérêt général.

1°. Les eaux minérales de *Carlsbad*, qui renferment principalement du gaz hydrogène sulfuré & de la chaux, sortent toutes des sources d'une roche qui est une variété de granit à grain fin, traversé en tout sens par des veines de pétrosilex. Les plus épaisses contiennent souvent des noyaux de granit; ce qui semble prouver que ces deux substances ont été formées en même tems. Quelquefois le pétrosilex est enveloppé d'une petite couche de pierre calcaire spathique.

Cette roche, qui renferme des pyrites, est sujète à se décomposer; elle prend alors une teinte ferrugineuse & une contexture grossière.

C'est cette roche qui forme les premiers gradins de la montagne appelée *Hirsch-Sprung*. Non-seulement il sort de nombreuses fontaines d'eau minérale des fissures de cette roche, mais on y remarque encore un dégagement de fluide gazeux qui s'échappe, même en bouillonnant, du fond de la Toppel.

2°. Les dépôts calcaires qui ont formé & qui forment encore les eaux de *Carlsbad*, sont de deux sortes; les uns sont blancs, & se sont formés dans les canaux où l'air n'a pas d'accès; les autres sont d'un rouge-brun, & se forment à l'air libre.

CARLSBERG, montagne volcanique des environs de Cassel, qui renferme une grande quantité de la chrysolite connue sous le nom d'*olivine d'Unkel*. Beaucoup d'autres montagnes de même nature se trouvent dispersées aux environs de cette ville.

CARMEAUX, village du département du Tarn, arrondissement d'Alby. Il y a dans les environs une mine de charbon de terre: on y trouve aussi quelques indices d'une mine de cuivre malachite, qui paroît avoir été exploitée autrefois. Le vert de montagne s'y rencontre à chaque pas. On a découvert, au dessus de *Carmeaux*, une très-bonne terre argileuse, propre à fabriquer de la belle faïence. Il y a une verrerie où l'on fait des bouteilles d'un très-beau noir, & dont les cendres sont un très-bon engrais pour le terroir environnant, qui abonde en froment, légumes & pâturages.

CARNELLE (Forêt de), département de Seine & Oise, arrondissement de Pontoise, canton de Luzarches, & à un quart de lieue est de cette ville. Elle a de l'est à l'ouest deux mille quatre cents toises de longueur, & du nord au sud deux mille toises de largeur.

CARNIÈRES, village du département du Nord, arrondissement de Cambrai, & à une lieue un quart de cette ville. Il y a une fabrique de linons, & une mine de charbon de terre.

CARNOIT, bourg du département des Côtes-du-Nord, arrondissement de Guingamp. C'est une contrée abondante en bois: on y trouve encore une mine de plomb.

CARNICOBAR (Ile de). L'île dont nous allons donner une description succinte, est la plus septentrionale du groupe qui se trouve dans la baie du Bengale, qu'on connoît & que nous avons fait connoître sous le nom de *Nicobar*. A une certaine distance elle paroît entièrement couverte d'arbres; mais, vue de près, elle est basse, ronde, & d'environ quarante-cinq milles de circonférence. En y abordant on reconnoît qu'il y a plusieurs endroits sous bois, & dont le paysage est extrêmement agréable.

Le sol de *Carnicobar* est en général marécageux, & composé d'une espèce d'argile noire. Il produit en abondance, & avec peu de soins, la plupart des fruits du tropique, tels que l'ananas, la banane, la papaie & la noix d'areque. On y cultive aussi d'excellentes ignames, & une racine appelée *cachou*.

Les seuls quadrupèdes qu'on trouve sur cette île, sont le cochon, le chien, une grosse espèce de rat, & un très-grand lézard que les naturels nomment *tollonkoui*, qui mange les oiseaux & même les poules. On ne voit là de volailles que la poule commune, encore n'y en a-t-il pas une certaine quantité.

Les serpens y sont nombreux, de plusieurs espèces & fort dangereux; aussi souvent il meurt des habitans pour en avoir été piqués.

On y trouve du bois de différente qualité, & en grande quantité. Il y en a de très-beau & de très-propre à la construction des vaisseaux.

Les indigènes de *Carnicobar* sont de petite taille, mais bien faits, extrêmement forts & agiles. Ils ont le teint cuivré, & les traits assez semblables à ceux des Malais, c'est-à dire, fort désagréables. Les femmes surtout sont fort laides. Les hommes portent les cheveux courts, & les femmes se rasent la tête. Elles n'ont d'autre vêtement qu'une espèce de pagne faite avec des joncs & des herbes sèches, & qui ne leur descend qu'à la moitié des cuisses. Ces herbes ne sont ni tissues ni tressées. Les hommes ne portent qu'un morceau de toile étroit qui leur ceint les reins.

Les Carnicobariens sont naturellement bons & gais. Les festins & la danse occupent une grande partie de leur tems. Dans ces festins ils mangent beaucoup de viande de cochon, qui est leur mets favori.

Ces insulaires prennent une grande quantité de poisson de mer, qu'ils percent de leurs lances avec une adresse étonnante. Pour cela ils s'avancent dans la mer jusqu'à ce qu'ils aient de l'eau jusqu'aux genoux.

Leur boisson ordinaire est le lait de cocos ou une liqueur fermentée appelée *soura*, qu'ils composent avec des bourgeons & des fleurs de cocotier.

Les habitations des Carnicobariens sont établies en général sur la côte, & forment des villages de quinze à vingt maisons, chacune desquelles renferme environ une vingtaine de personnes. Ces maisons sont élevées sur des poteaux d'environ dix pieds au dessus du sol, & ressemblent à de grandes ruches d'abeilles, couvertes de chaume. Il y a une trappe par-dessous, où l'on monte avec une échelle qu'on a soin de retirer la nuit. Cette méthode de construction a été adoptée par les habitans, pour se garantir des rats & des serpens qui infestent l'île. Outre cela, on entoure les poteaux avec de grandes feuilles d'arbres très-unies, sur lesquelles ces animaux ne peuvent pas monter aisément. D'ailleurs, au haut de chaque poteau il y a un morceau de planche rond & horizontalement placé, qui forme un chapiteau & arrête tous ces animaux au cas qu'ils aient franchi la feuille ou l'écorce du palmier. On construit le plancher avec des bambous fendus, & assez écartés l'un de l'autre pour que l'air & le jour y pénètrent aisément. L'intérieur des maisons est fort propre, & décoré avec les lances, les filets & les autres instrumens des naturels.

Ces insulaires ignorent absolument l'art de fabriquer des étoffes : aussi tout ce qu'ils ont en ce genre leur est apporté par les vaisseaux qui viennent dans leur île pour y acheter des noix de coco. En échange de ces noix, qui sont les meilleures de toute cette partie de l'Inde, ils ne veulent prendre qu'un très-petit nombre de marchandises. Ce qu'ils estiment le plus, ce sont les toiles de différentes couleurs, les petites haches & les coutelas : c'est avec ces coutelas qu'ils fendent les noix de coco.

Les Carnicobariens n'ont pas la moindre notion de l'existence d'un Dieu ; mais ils croient fermement au Diable, & l'adorent parce qu'ils en ont peur. Aux approches de la tempête ils s'imaginent que le Diable est prêt à leur rendre visite, & ils font plusieurs cérémonies bizarres pour l'en détourner.

Une parfaite égalité règne entre tous ces insulaires : les vieillards y jouissent du respect qu'on doit à leur âge ; mais nul homme n'a de l'autorité sur les autres. Leur société semble n'être liée que par les services qu'ils se rendent continuellement les uns aux autres, & c'est sans contredit le lien le plus simple & le plus doux de toute société.

CARNIOLE, duché d'Allemagne, situé entre le 45e. & le 47e. degrés de latitude nord, & les 32e. & 33e. de longitude est. Ce duché a le sol encore plus montagneux que la Stirie & la Carinthie, auxquelles il est contigu. Une chaîne des Alpes va ici se joindre aux montagnes de la Dalmatie & de la Bothnie.

La *Haute-Carniole*, située au nord, a pour capitale Laybah ou Lublanza.

La basse, située à l'est, présente les villes de Gurfeld, où l'on a trouvé un grand nombre d'antiquités & de médailles romaines, & Weichselbourg, environnée de forges & de manufactures d'acier.

La moyenne *Carniole*, située au sud, présente surtout Cirknitz (*voyez ce mot*), remarquable par son lac, & Calowrich, où est établie une verrerie considérable.

Enfin, la *Carniole* intérieure, qui est située à l'ouest, présente une carrière d'un beau marbre noir à Duinum.

Le Frioul autrichien, qui est contigu au duché de *Carniole*, a sur ses limites la ville d'Idria ou d'Hydria, célèbre par ses mines de mercure.

§. Ier. *Sur les environs de Laibach.*

La grande plaine qui s'étend depuis Hauporto ou depuis l'origine du fleuve Lublanza vers le couchant, est d'environ trois milles en carré. Toute cette plaine consiste dans un marais qui, pendant quatre mois de l'année, est submergé. Il est entiérement entouré de collines ou montagnes secondaires. Vers l'orient ces montagnes, depuis le bord du marais, sont d'un marbre grisâtre, dans les interstices duquel on trouve de la marne d'une très-bonne espèce.

Les bords du marais consistent dans une terre calcaire jaunâtre ou une marne non fertile ; elle est telle, parce que ses parties composées de terre glaise & de chaux ne sont pas assez décomposées.

Après cette marne on trouve la tourbe, & de plus, sous ces tourbes, des arbres entiers qui ont la même couleur noire, & qui sont parfaitement sains dans l'intérieur.

La petite rivière Barouniza forme la démarcation entre cette terre à tourbes & une bonne terre végétale.

On trouve dans ce canton, où les collines sont toutes de pierres calcaires, beaucoup de pétrifications de testacées, dont plusieurs sont inconnues. Le plus grand nombre sont des bivalves d'un grand volume : parmi celles-ci on voit quantité de conques de Vénus ou hystérolites.

Dans la partie du marais qui tend vers le nord on trouve une pierre calcaire ferrugineuse ; mais depuis là la pierre calcaire devient blanchâtre & sans pétrifications ; seulement vers Rudnik on trouve de l'ardoise, dans laquelle on rencontre du véritable feldspath. C'est le *gneisschiefer* de Charpentier. Cependant peut-être cet auteur se trompe-t-il, & n'y a-t-il de vrai gneiss que celui qu'on trouve dans la carrière même, & le feldspath n'est pas une des parties constituantes du gneiss. D'ailleurs, les divers auteurs nomment la même pierre d'une manière différente. Ce gneiss est vraisemblablement le *saxum fornacum* de Linné.

Dans le canton de Rudnik, les limites de la chaux & de l'ardoise sont parfaitement distinctes vers l'orient. Les montagnes calcaires ont une chute de soixante-dix degrés sud, vers l'endroit de la vallée où commencent ces montagnes d'ardoise, de sable & d'argile. Avant d'entrer dans les montagnes d'ardoise, on en trouve une près le village de Vorle, dans laquelle on découvre du marbre de deux espèces; le premier est à peu près semblable au *marmor tardum*, l'autre au *marmor salinum* des Italiens. Le dernier est beaucoup plus compacte que le premier. On fait de la chaux très-blanche de la première de ces espèces ; la seconde, réduite en poudre & semée sur les champs, détruit la mauvaise herbe, peut-être tient-elle d'un principe siliceux, & on le croiroit d'autant plus qu'elle donne du feu, & qu'on doit regarder comme un principe assuré, que jamais pierre calcaire n'en donne. Il paroît que cette montagne est assez semblable à celles de la Palestine. En général, le sol de la Palestine ressemble beaucoup à celui de la Carniole, & en particulier l'Arabie pétrée à la partie méridionale de ce duché.

Quant aux montagnes d'ardoise, elles sont composées de plateaux plus ou moins épais de cette matière : souvent l'ardoise est très-sabloneuse. Elles sont toutes sans pétrifications, & s'étendent jusqu'à la ville de Lublanza ou Laybah, où elles s'unissent à la plaine.

Par un canal qu'on a tenté de faire près de la ville de Laybah, on s'est assuré que toute la plaine qui s'étend du côté du nord, & qu'on nomme *kamnitu pole* (champ pierreux), est en effet composée de cailloux de rivière, pareils à ceux qu'on trouve dans la Save, & qui prennent leur origine dans les Alpes. Ainsi ces cailloux n'ont pu venir là que par une rivière, & il est clair que la Save a dû passer anciennement devant Laybah, & former avec la rivière de Lublanza ou Laybah, une péninsule. Au reste, on trouve de pareils cailloux dans toute la Carniole septentrionale.

En continuant l'excavation de ce canal, on parvint à la montagne secondaire, sur laquelle le château de Laybah est bâti : on trouva de l'ardoise & des débris de rochers à une grande profondeur ; mais à peine eût-on avancé de quelques toises, qu'on découvrit de la terre argileuse, mêlée d'ardoise; ensuite il y avoit une terre sabloneuse, rougeâtre & quelquefois bleuâtre, qui auroit été propre à faire des briques si elle eût été moins sabloneuse : cette couche pouvoit avoir un pied d'épaisseur. Après elle on a trouvé de la terre à tourbe, qui avoit plus d'une toise de profondeur. Dans cette tourbe on rencontra de ce bleu de Prusse dont ont parlé Pallas, Douglas, Hagen & autres. Sous la tourbe se trouvoit encore une couche d'argile rougeâtre, dans laquelle cette couleur bleue se montroit toujours assez vive tant qu'elle étoit mouillée, très-pâle dès qu'elle étoit sèche, & en cela différente de celle qui se trouve près de Bleyberg dans la Carinthie, où le bleu ne paroît point avant que la terre ne soit séchée.

La montagne sur laquelle Laybah est bâti, est d'un côté couverte d'une terre partie argileuse, partie végétale ; de l'autre côté, elle est entièrement pelée. Il n'y a point de pétrifications dans ces collines ; & en les décomposant au moyen de l'acide nitrique, on y trouve de petites parties de porphyre & de feldspath.

Au pied de la montagne, vers le midi & le levant, tout est couvert du plus beau glimmer, & de terre argileuse mêlée d'ardoise. Du côté du couchant, il y a deux promontoires qui paroissent avoir eté joints, & que les eaux ont ensuite séparés. Dans Laybah il n'y a de remarquable que le pavé, qui est fait de grands carreaux en mosaïque de pierres calcaires, remplies des plus belles pétrifications, telles que glossopètres, orthocératites, buccinites, chamites, turbinites, &c. d'une grandeur extraordinaire. On trouve ici aussi le *lapis beganensis* & du marbre de plusieurs espèces : il y en a aussi qui est parfaitement blanc ; un autre qui est blanc avec des veines jaunes, du noir : on en voit aussi du gris, & outre cela de très-beau puddingstone d'une couleur verte très-éclatante, & qui reçoit un très-beau poli, parce que son grain est très-fin. On trouve là aussi de l'ophite & du porphyre rouge & noir, des boules de calcédoine & des pierres de touche extrêmement noires.

En sortant de la ville, du côté du nord, on se retrouve dans les collines à ardoise. Anciennement on y a découvert quelques traces de plomb.

Dans les ruisseaux qui entourent ces collines, on rencontre beaucoup de fer : c'est le *minera ferri subaquosa placenti formam habens* de Wallérius. Ferber a dit qu'il y avoit, dans cette plaine, un sable rougeâtre marin ; il s'est trompé grossiérement en dénommant ainsi ce sable calcaire & ferrugineux.

Ici la pierre calcaire est d'un gris-blanchâtre, ou d'un gris-noir, ou bien enfin à peu près d'un noir-foncé à mesure qu'on approche d'Oberlaybach.

A une lieue de là, dans la plaine Lipauza, on observe une vallée où il y a une source d'eau chaude, très-pure & sans saveur.

Dans les montagnes de ce canton, on trouve

beaucoup de jaspe vert & très-fragile : on en voit aussi d'une autre espèce plus brune, plus dure & mêlée de quartz très-blanc; enfin, on y rencontre un jaspe rouge, mêlé de veines de calcédoine, & assez semblable en couleur au sinople de Hongrie. Quelques rochers enfoncés en terre sont composés de quartz, d'argile ferrugineuse & de Glimmer, en très-petits grains, qui a jusqu'à un certain point l'apparence du porphyre; mais la pierre la plus remarquable qu'on trouve ici, c'est le *schistus coticularis*. Il est d'un gris-jaunâtre, très-doux au toucher, & est composé de couches de trois à six lignes d'épaisseur.

Si nous passons ensuite du côté de Sadobie, nous trouverons un très-beau jaspe, semblable à celui de Bohême.

Les vallées depuis Samak jusqu'à Lesenborda, & de là à Dobrara, sont toutes argileuses & calcaires. Du côté de Pohograz, dans la montagne de la Magdeleine & dans d'autres, on rencontre le *granites rubens fragilis* de Wallérius. Dans ces montagnes, du côté de Cocka, on trouve aussi une pierre sabloneuse, rougeâtre, mêlée de glimmer. Elle est extrêmement compacte & d'un grain très-fin, semblable à celle qu'on trouve près du Rhin, & dont Mayence est bâtie.

De là on parvient à la rivière périodique d'Oberlaybach. Le trou d'où elle sort, est dans une pierre calcaire grise.

Le sol tout autour de la montagne de la Magdeleine est calcaire, entre-mêlé de fer : souvent on y découvre une terre verdâtre qui lui donne l'extérieur du serpentin ou d'un ophite incomplet. La vallée d'Hydria est très-étroite; à l'un de ses bouts on voit la petite rivière d'Idéria : là, on voit de très-belles prairies & des bois considérables. Sous la terre végétale on trouve de la pierre calcaire, dont les couches sont dirigées du nord au sud.

§. II. *Mines d'ardoises & de mercure d'Hydria, sur les limites du Frioul autrichien.*

Toutes les montagnes qu'on voit dans les environs d'Hydria ne sont point du genre de celles qu'on appelle *stériles* : on trouve dans toutes une espèce de *lithomurga indurata* qui s'endurcit beaucoup à l'air, & dans laquelle on voit des dendrites.

La petite rivière d'Iderza ne tarit jamais. Ses eaux tombent des Alpes; mais outre cela il y a des sources qui lui en fournissent en assez grande quantité pour qu'elle puisse en toute saison faire tourner des moulins.

Près de là est la petite ville d'Hydria, située dans la plus belle des positions. Elle est fameuse par ses environs, qui fournissent beaucoup aux connoissances de l'histoire naturelle.

Toutes les maisons dans cette ville sont isolées; elles sont bâties avec beaucoup de propreté, & cette propreté règne pareillement dans l'intérieur des travaux des mines, d'où l'on tire le vif-argent.

Cette petite vallée n'a qu'une seule issue que suit la petite rivière d'Iderza pour aller tomber dans la rivière Gorha. La mine va du midi au nord, & se perd du couchant au levant. La partie supérieure de la montagne d'Hydria consiste dans une terre végétale marneuse, dont les couches sont d'une épaisseur inégale; ce qui fait que les arbres n'y sont pas ordinairement d'une belle venue. A quelques pouces on trouve une pierre calcaire jaunâtre, qui est divisée par morceaux (trummeren); ensuite on rencontre une riche mine d'ardoise, dans laquelle on ne rencontre que peu ou point de métal. Cette mine d'ardoise suit la direction de la montagne & est plus riche dans la profondeur, d'où il est à présumer qu'elle s'étend jusque dans la petite vallée. On a remarqué que plus on y a trouvé d'ardoise, & moins on y a apperçu de métal.

La découverte de cette mine, dont on tire le mercure, est due au hasard. C'est un paysan qui trouva, en 1497, du mercure dans un creux qu'il fit.

Le terrain de la montagne dans laquelle cette mine se trouve, est composé ainsi :

L'extérieur consiste dans une pierre calcaire uniforme, grise, quelquefois noirâtre, qui n'a aucune trace de contenir ni minéral ni pétrifications. Elle se polit aisément; quelquefois cependant elle est grenue & écailleuse.

Il arrive, mais rarement, que l'ardoisière se trouve immédiatement sur cette couche, & alors il y en a toujours une partie qui est saturée par l'acide sulfurique, & cette partie ressemble à un gypse imparfait. Mais le plus souvent après la pierre calcaire, il s'en trouve une autre qui entoure la mine, savoir : le *saxum petrosum, frustulis calcareis, argilacea aut calcarea terra conglutinatis*, & celle-ci ressemble entiérement à une brèche calcaire; c'est cette pierre qui couvre tout le minerai par-dessus, & c'est elle que des naturalistes ont désignée par cette phrase : *Lapis calcareus impurus, cinereus, particulis spatosis pyrite & cinnabari inspersus.*

Cette pierre est très-importante à observer dans la minéralogie. Il semble d'abord qu'une pierre qui ne paroît être autre chose qu'une *breccia calcarea*, & qui fait effervescence avec les acides, n'est autre chose qu'une pierre calcaire plus ou moins pure. Mais du moins, dans la Carniole, il est prouvé, par l'expérience, que quand cette pierre fait effervescence avec les acides, il y a du cinnabre dans le voisinage; & la raison en est que le cinnabre est presque toujours gîté dans le spath calcaire, & qu'il est commun dans cette contrée.

Le plus souvent les morceaux calcaires sont mastiqués ensemble par une terre argilo-ferrugineuse ; & plus cette pierre s'éloigne du foyer de la mine, plus aussi elle est calcaire.

Quant à la mine même, on y trouve d'abord une argile commune, plastique, impure, cendrée : c'est cette argile qui dénote que véritablement on est parvenu à un endroit qui contient du minerai ; mais ici on rencontre aussi souvent, 1°. une argile commune, plastique, cendrée & micacée ; 2°. une brèche calcaire, renfermant des pyrites ; 3°. une argile commune, plastique, noire & impure ; & 4°. une argile commune, d'une couleur mêlée de cendré & de brun, pétrie de cinnabre & d'une terre grise.

Telle est la nature des pierres principales qui servent de gangue à la mine, & qui l'entourent. On y trouve accidentellement, 1°. de l'asbeste blanc, du gris & du jonquille. On n'a découvert cet asbeste à Hydria qu'en 1772 ; il s'est trouvé dans les couches inclinées ;

2°. Le pétrosilex brun, écailleux ;

3°. Plusieurs variétés de quartz & d'autres cristaux, &c.

Parmi les substances minérales accidentelles qui se rencontrent ici, il y a des pyrites de plusieurs espèces, & entr'autres des pyrites cristallisés.

On y voit aussi divers sulfates. Parmi ceux-ci, il y a le *vitriolum martis nativum, plumbosum, rubrum, fibris parallelis contortis, cum cinnabari unitis*, qu'on ne trouve plus ; mais il en existe des morceaux tirés de cette mine il y a cent ans.

Tels sont les alentours du minerai. Quant à la mine elle-même, on trouve d'abord de la terre qui contient peu de minéral, ensuite celle qui en a beaucoup, & enfin celle qui contient des parties calcaires & de l'argile. Mais ici aussi il n'y a point de règle sans exception, & on trouve quelquefois des veines très-riches au milieu de la première terre.

La première espèce de minerai que l'on trouve dans la mine, est une sorte d'argile d'un gris-noirâtre ; elle est écailleuse & brillante, & brûle au feu, attendu que dans le vif-argent il y a toujours quelques parties de soufre. Cette terre donne d'une à quatre livres de mercure sur cent livres de terre. Viennent ensuite différentes sortes de minerai pierreux, qu'on peut regarder comme du cinnabre impur : ils sont très-riches, & contiennent de soixante à soixante-dix livres de mercure par quintal.

On trouve encore ici un minerai de mercure d'une espèce différente, non quant à son essence, mais quant à sa forme. C'est celle que les mineurs appellent *minéral de corail* ; ils le nomment ainsi à cause de sa ressemblance avec les morceaux de corail que les femmes portent à leur cou pour ornement, & qui sont arrondis. Dans le fait, ce minéral a la forme d'une féve de café grillée. Wallérius le nomme *silex granularis fuscus*. Cependant il y a différentes sortes de cette espèce de vif-argent, parmi lesquelles on en voit qui sont entiérement noires.

Outre le mercure natif, on trouve aussi du cinnabre ou sulfure de mercure dans ces mines d'Hydria. Il y en a de brut & de cristallisé ; le premier est parsemé dans une pierre calcaire qui est mêlée de graviers & d'une matière gypseuse.

Les ouvriers distinguent cinquante-une sortes différentes de ce cinnabre. Parmi celles qui se présentent sous la forme de cristaux, il y en a de très-belles, de forme prismatique. Il y a quatorze variétés de gissement de mercure natif & fluide. Une des plus belles est celle qui se trouve dans un spath calcaire, non transparent, très-blanc. Le mercure y est dans les petites fentes du spath, dans lequel on voit quelquefois des couches ou feuilles très-fines d'ardoise.

On trouve du mercure natif dans l'ardoise ; & quand ce schistum est mou, c'est alors qu'on en trouve le plus (soixante livres pour cent). On en trouve aussi dans les pyrites : il y en a de globulaires. Le vif-argent le plus pur est celui qui coule des fentes de la mine : c'est celui-là que les alchimistes recherchoient pour le grand œuvre.

En prenant sa route au nord d'Hydria, on trouve d'abord pendant deux lieues des rochers de pierre calcaire, après lesquels on rencontre une montagne d'ardoise rougeâtre, qui, dans son centre, renferme une pierre sabloneuse, rougeâtre & très-compacte. Près de là & du petit village Lanisha se trouvent quelques veines d'argent que l'on a essayé d'exploiter ; mais elles n'ont pas payé les frais. De là on passe dans une très-grande vallée, & dans tout ce canton on trouve de la pierre sabloneuse, propre à faire des fourneaux.

On passe de là dans une vallée assez étroite : les montagnes à droite & à gauche sont toujours de la même nature ; seulement on voit là quelques couches d'une calcédoine sur laquelle il y a des taches & des raies noirâtres, & du hornstein parfaitement blanc & semblable au marbre de Carare ; il se travaille aussi bien. On trouve aussi une terre jaune, très-propre à la teinture. A une demi-lieue de là coule la petite rivière Kopazhenza. Sur ses bords se trouve une source chaude : le tartre en détachoit un peu d'air fixe ; l'esprit de nitre la rendoit un peu trouble. Cette source sert à guérir les maux occasionnés par les travaux du vif argent.

En prenant à gauche sur ces hautes montagnes, du côté de Tolmain, on trouve, au milieu des pierres calcaires, des hornsteins très-beaux & très-compactes, de différentes couleurs, comme la calcédoine : on y trouve aussi des agates, & dans les vallées un peu élevées le *breccia quartzosa*. En parcourant ensuite les montagnes de Zirklah, on rencontre la petite rivière de Gora, & près de là une espèce de pierre singulière. Elle est d'un gris-cendre, semblable au tuf volcanique. Cependant il n'y a ici aucune preuve de volcan.

Sur ces mêmes montagnes, on voit des dendrites cristallisés; ils sont disposés en paquets : on en trouve aussi qui ressemblent au *spongia marina coralloidea*.

Dans ces mêmes montagnes on trouve, du côté du levant, de l'ardoise de plusieurs espèces, & beaucoup de trapps. Il y a aussi des pierres qui ressemblent au jaspe; elles sont absolument semblables au *diaspro paragone* des Italiens.

La plaine derrière ces montagnes, du côté du nord, est remplie de jaspe calchidique.

Le sol de l'autre côté de la Sora est absolument de la même nature : la pierre calcaire y est de différentes couleurs & compacte. Ce pays est connu sous ces deux noms : *Cornea* & *Noricum*. Pline dit : *Rhætis junguntur Norici*, *&c.* C'est ici qu'on a exploité le plus anciennement des mines de fer.

En suivant la Sara jusqu'à Rodolza, on trouve plusieurs éclats d'un porphyre gris & de jaspe à peu près de la même couleur; ensuite du marbre de plusieurs espèces, presque tous d'un gris-jaunâtre ou couleur de chair.

En parcourant toute cette contrée, on rencontre très-peu d'autres métaux, tels que le cuivre, le plomb, &c.

CAROL, village du département des Pyrénées-Orientales, arrondissement de Prades. Dans la vallée de ce nom, il y a une mine de cuivre & argent, & un filon dans les environs de ce village, au lieu dit *le Duc-Forte*.

CAROLINES (les), États-Unis d'Amérique. On les distingue en *Caroline du nord* & *Caroline du sud*.

La *Caroline du nord* est située entre le 78ᵉ. deg. 28 min. & le 85ᵉ. deg. 28 min. de longitude ouest, & entre le 33ᵉ. deg. 50 min. & le 36ᵉ. degré 30 min. de latitude nord; elle est bornée au nord par la Virginie, au midi par la *Caroline* du sud, à l'est par l'Océan, & à l'ouest par l'État de Tenessée, qui s'étend, ainsi qu'elle, jusqu'à la crête des Allegannhys, qui est leur limite respective & naturelle.

La *Caroline du sud* est située entre le 32ᵉ. & le 35ᵉ. deg. de latitude nord, & entre le 80ᵉ. deg. 20 m. & le 83ᵉ. deg. 20 m. de longitude est. Elle est bornée au nord par la *Caroline* du nord, à l'est par l'Océan, au sud & au sud-ouest par la rivière Savannah, qui la sépare de la Géorgie, & à l'ouest par les Allegannhys.

Les deux *Carolines* étant contiguës & ne différant presque pas entr'elles par la nature de leur sol & par leur climat, nous confondrons leur histoire, & nous les considérerons comme formant une seule province.

Au nord, les limites des *Carolines* & de la Virginie, & au midi, leurs limites avec la Géorgie, étant purement artificielles, nous nous abstiendrons d'en parler, ainsi que de celle qui sépare la *Caroline* du nord de la *Caroline* du sud. Mais nous devons porter notre attention sur celles qui bordent ces deux États au sud-est & au nord-ouest. Au sud-est c'est l'Océan atlantique, & au nord-ouest ce sont les monts Allegannhys ou montagnes bleues, dont la chaîne, à peu près parallèle à la côte de la mer, en est distante de cinquante à soixante lieues. Le sol des deux *Carolines* se compose de tout l'espace compris entre ces deux limites, & sa pente se dirige du nord-ouest au sud-est. Toutes les rivières qui le traversent, prennent leur source dans les monts Allegannhys, &, après avoir suivi constamment une direction de l'ouest à l'est, vont se jeter dans l'Océan.

La *Caroline* du sud présente de plus grandes rivières que celle du nord. Quatre d'entr'elles sont navigables : ce sont, en allant du midi au nord, 1°. la rivière de Savannah, qui sépare la *Caroline* du sud de la Géorgie, coule dans toute sa longueur du sud-est au nord-ouest; 2°. l'Édisto ou Pompon naît par deux branches d'un rang de montagnes remarquables dans l'intérieur du pays, lesquelles se réunissent au dessous d'Orangebourg, & forment cette rivière; elle passe à Jacksonbourg & embrasse ensuite l'île Édisto; 3°. la Santée est la plus large & la plus longue de cet État; elle se jette dans l'Océan par deux ouvertures, un peu au dessous de Georgestown. A environ cinquante-deux lieues de son embouchure en ligne directe, elle est formée par la réunion des rivières Congarée & Waterée; cette dernière, la plus au nord, passe à travers la nation des Catabans, & porte le nom de *Cataban* jusqu'à sa source; la Congarée reçoit les rivières Saluda & Broad; 4°. la rivière Pedée prend sa source dans la *Caroline* du nord, où elle est appelée rivière *Yadkin*. Après en avoir reçu quelques autres, elle forme la baie de Winyaw, qui environ quatre lieues au dessous communique avec l'Océan. Toutes ces rivières, à l'exception de l'Édisto, naissent des Allegannhys qui séparent les eaux qui coulent vers l'Océan, de celles qui se rendent dans le Mississipi.

Nous nous abstiendrons de faire l'énumération des rivières du second & du troisième ordre.

Dans la *Caroline* du nord, en venant du nord au sud, on remarque, 1°. la Chowan, formée par la confluence de trois autres qui naissent dans la Virginie, entre dans le côté nord-ouest de la baie d'Albemarle, & a une lieue de largeur à son embouchure; mais un peu au dessus elle se rétrécit beaucoup; 2°. la Roanoke; c'est une rivière longue & rapide, formée par la Staunton dans la Virginie, & la Dan dans la *Caroline* du nord; elle déborde fréquemment : sa navigation est obstruée; elle se rend, par plusieurs ouvertures, dans le sud-ouest de la baie d'Albemarle : les plus riches plantations avoisinent cette rivière; 3°. la rivière du cap Féar ou de Clarendon se jette dans la mer au dessous du cap Féar; elle est navigable pour des bâtimens ordinaires jusqu'à Wilmington, à onze lieues de la mer. Dans cet endroit elle a cent cinquante toises de largeur, avec deux îles qui la divisent en trois canaux; ensuite elle n'est navigable que pour des bateaux jusqu'à Fayetteville, trente lieues au-dessus : c'est dans cette rivière que se fait la meilleure navigation de la *Caroline* du nord, dont la côte n'offre aucun bon port, & où les rivières ont une barre à leur entrée. On en attribue la cause aux courans produits par le retour des eaux de l'Atlantique, que les vents alisés ont poussés dans le golfe du Mexique, & qui se continuent le long de la côte septentrionale; en sorte que les courans & les contre-courans ou remoux encombrent de sable l'entrée de ces rivières.

Le sound Pamlico est une espèce de lac de quatre à six lieues de large, & d'environ trente-trois lieues de longueur, séparé de la mer dans toute son étendue par un rivage de sable couvert d'arbres, qui a à peine un mille de largeur. Il y a plusieurs petites entrées où un canot & des chaloupes peuvent passer, excepté l'entrée d'Ocrecock, qui admet de grands navires dans les districts d'Édenton & de Newbern. Une barre de sable traverse cette entrée, sur laquelle il y a quatorze pieds d'eau à la marée basse. Au nord du sound Pamlico est le sound d'Albemarle avec lequel il communique. Il a vingt lieues de longueur, sur trois à quatre de large. Un autre sound, nommé *Currituk*, parallèle à la côte, communique aussi avec celui d'Albemarle. Un grand marais, nommé *Alligator-Dismal-Swamp*, où il y a de petits lacs & de courtes rivières, sépare les deux principaux sounds, & est très-propre à la culture du riz.

Ce grand marais de Dismal-Swamp est sur une ligne qui divise la Virginie & la *Caroline* du nord; il s'étend au loin dans cette dernière, & occupe un espace de cent cinquante mille acres, dont la plus grande partie est couverte d'arbres qui acquièrent une grosseur énorme; &, en quelques endroits, les broussailles qui les entourent, sont si épaisses, que l'on ne peut appercevoir le marais.

La côte de la *Caroline* du sud ne présente point de ces *sounds* qui rendent si remarquable celle de la *Caroline* du nord. Les ports ou les havres qu'elle possède les plus dignes d'être remarqués, sont ceux de Charlestown, de Port-Royal & de Georgestown. Le premier, spacieux, sûr & commode, est formé par la jonction des rivières Ashley & Cooper. Son entrée est défendue par le fort Johnson. Il y a une barre à quatre lieues de la ville, que l'on franchit par quatre canaux; l'un n'a que dix-huit pieds de profondeur, & l'autre seize & demi. La marée y monte de cinq à huit pieds. Port-Royal a une rade capable de contenir les plus grandes flottes du monde. La côte est bordée de beaucoup d'îles plus ou moins fertiles, & plus propres à la culture du coton & de l'indigo, que la terre-ferme.

Les animaux de la *Caroline* ne diffèrent pas beaucoup de ceux de la Virginie & de la Géorgie. On y trouve peu de quadrupèdes originaires; mais en revanche tous ceux d'Europe s'y sont singulièrement multipliés, & quelques-uns y sont absolument redevenus sauvages. L'ourson, l'ondatra, le petit ours noir, l'écureuil petit gris, le *capistrate* de M. Bosc & le potatouche sont à peu près les seuls quadrupèdes que l'on rencontre dans les forêts.

Les oiseaux y sont nombreux, mais moins brillans que dans les contrées plus méridionales. Le dindon sauvage y existe encore, & l'on y trouve de nombreuses troupes de troupiales.

Les reptiles, & surtout les serpens, sont extraordinairement communs dans les basses *Carolines*, & le serpent à sonnettes n'y est pas rare. Le caïman se trouve dans la rivière de Savannah, &c.

On a trouvé, en creusant à la profondeur de neuf pieds entre les rivières Sautle & Cooper, les os d'un animal gigantesque, qui paroît être le mummouth, & des défenses d'éléphant.

Nous croyons ne pouvoir mieux compléter cet article qu'en donnant ici l'extrait des deux derniers chapitres du *Voyage à l'ouest des monts Allegannhys*, entrepris, en 1802, par M. Michaux fils. Ce naturaliste instruit y a rassemblé des observations générales sur les *Carolines* & la Géorgie, & particulièrement sur la culture & les productions particulières à ces États.

Les deux *Carolines* & la Géorgie se divisent naturellement en haut & bas pays; mais le haut pays embrasse une plus grande étendue. A partir du point où se termine la partie maritime, le sol s'élève graduellement jusqu'à la chaîne des monts Allegannhys, & offre, dans son ensemble, un terrain plutôt irrégulier que montueux & entrecoupé de petites collines jusqu'à l'approche des montagnes. Les Allegannhys donnent naissance à un grand nombre de creeks ou petites rivières, dont la réunion forme les rivières de Pidée, Santée, Savannah & Alatamaha, qui ne sont guère navigables au-delà de deux cent cinquante milles de leur embouchure dans l'Océan. Dans le haut pays les terres les plus fertiles sont situées sur les bords de ces creeks : celles qui occupent les espaces intermédiaires le sont beaucoup moins; celles-ci sont peu cultivées, & même ceux qui les exploitent, sont obligés à des défrichemens successifs pour obtenir des récoltes plus abondantes : aussi un grand nombre d'habitans émigrent-ils dans les contrées de l'ouest, où ils sont attirés par l'extrême fertilité du sol & par le bas prix des terres.

Dans le haut pays la masse des forêts est principalement composée de chênes, de noyers, d'érables, de plaqueminiers & de tulipiers. Les châtaigniers, qui s'élèvent jusqu'à quatre-vingts pieds, ne commencent à paroître dans ces États qu'à soixante

soixante milles en-deçà des montagnes. Ce n'est que dans les plus hautes que les habitans fabriquent du sucre d'érable pour leur usage.

Dans toutes ces contrées, la nature du sol est propre à la culture du blé, du seigle & du maïs; mais cette dernière est la plus étendue. Le bas prix auquel le tabac est tombé en Europe depuis quelques années, en a fait abandonner la culture à la *Caroline.* Celle du coton à semences vertes l'a remplacé avantageusement pour les habitans, dont un grand nombre s'y est déjà enrichi.

Il est très-probable que les différentes espèces d'arbres fruitiers que nous avons en France réussiroient très-bien dans les hautes *Carolines.* A deux cents milles de la mer les pommiers sont magnifiques, &, dans le comté de Lincoln, quelques Allemands font du cidre; mais ici on ne cultive guère que le pêcher; les autres espèces d'arbres fruitiers, tels que les poiriers, abricotiers, pruniers, cerisiers, amandiers, figuiers, mûriers, noyers & groseillers, ne sont guère connus que de nom.

Dans les hautes *Carolines* la surface du sol est couverte d'une herbe d'autant plus abondante, que les forêts sont plus ouvertes. Les bois sont aussi en commun, & chacun y laisse errer ses bestiaux qu'il reconnoît à sa marque. Les bœufs ne sauroient être comparés, pour la force, avec ceux qu'on élève dans les départemens de l'ouest de la France; ce qui provient sans doute du peu de soin qu'en ont les habitans, & de ce que ces animaux ont à souffrir dans les forêts, soit pendant l'été, où ils sont cruellement tourmentés par une multitude innombrable de tiques & de maringuoins, soit en hiver par le manque d'herbes qui se dessèchent par l'effet des premières gelées. Les chevaux qu'on élève dans cette partie des États méridionaux, sont inférieurs à ceux des États de l'ouest. On voit très-peu de moutons chez les habitans, & ceux qui en ont une douzaine passent pour en avoir beaucoup.

Quoique le climat des hautes *Carolines* soit infiniment plus sain que celui des parties basses, ce n'est cependant qu'à soixante lieues, & même à quatre-vingts lieues de l'Océan, qu'on n'a plus à redouter les fièvres intermittentes, & il faut aller à cette distance pour passer l'été avec quelque sûreté.

Les huit dixièmes des habitans de ces contrées sont dans l'abondance. Ils demeurent dans des *loghouses* isolées au milieu des bois, qui restent ouvertes la nuit comme le jour. Quoiqu'ils soient paisibles & qu'ils vivent dans leurs ménages, leur caractère moral n'est pas aussi pur que celui des habitans de l'ouest; il est probablement altéré par la fréquentation des Européens, & notamment des Écossais & des Irlandais qui viennent tous les ans en grand nombre se fixer dans leur pays.

Le pays bas, dans les deux *Carolines* & la Géorgie, s'étend depuis la mer jusqu'à cent vingt-cinq à cent cinquante milles, en s'élargissant davantage & s'avançant vers le sud. L'espace qu'embrasse cette étendue offre un sol uni & régulier, formé d'un sable noirâtre & peu profond, où l'on ne trouve ni pierres ni cailloux; ce qui fait qu'il n'est pas nécessaire de ferrer les chevaux dans toute cette partie des États-Unis. Les sept dixièmes du pays sont couverts de pins de la même espèce que le *pinus palustris*, qui sont d'autant plus élevés & moins branchus, que le sol est plus sec & plus léger. Ces arbres, le plus souvent éloignés de quinze à vingt pieds les uns des autres, ne sont pas endommagés par le feu qu'on met également ici, tous les ans, dans le bois au commencement du printems, pour brûler les herbes & les autres plantes que la gelée a fait mourir. Ces pins, chargés de peu de branches & qui se fendent de droit fil, sont préférés aux autres arbres pour former les clôtures des habitations. Malgré la stérilité du terrain où ils croissent, ils sont quelquefois entremêlés de trois espèces de chênes; savoir: le *quercus nigra*, le *quercus catesbai* & le *quercus obtusiloba.* Le bois des deux premiers n'est bon qu'à brûler, tandis que celui de l'autre est d'un excellent usage.

Les terres à pins, *pine barreus*, sont traversées par de petits marais, *swamps*, au milieu desquels coule ordinairement un petit ruisseau. Ces swamps, de dix à quarante toises de largeur, ont quelquefois plus d'un mille de longueur, & aboutissent à d'autres plus vastes & plus humides qui bordent les rivières. Les uns & les autres ont différens degrés de fertilité assez bien indiqués par les arbres qui y croissent exclusivement, & qui ne se retrouvent que dans les pays hauts. Ainsi le chêne-châtaignier, *quercus prinus palustris*, le *magnolia grandiflora*, le *magnolia tripetala*, le *nyssa biflora*, *&c.* ne viennent que dans les swamps de rivières dont le sol est de bonne qualité, & constamment frais, humide & ombragé. Dans quelques parties de ces mêmes swamps, qui sont submergées la moitié de l'année, où le terrain est noir, bourbeux & repose sur un fond glaiseux, croissent encore les cyprès à feuilles d'acacia, le *gladitsia monosperme*, le chêne lyré, & un noyer à grappes, dont les noix sont petites & se cassent facilement entre les doigts. Le chêne aquatique, l'érable rouge, le *magnolia glauca*, le *liquidambar stiracyflua*, le *nyssa villosa*, le *gordonia lasyanthus* & le *laurus caroliniensis* couvrent au contraire presqu'exclusivement les swamps étroits des terres à pins.

La barbe espagnole, *tillandsia usneoides*, espèce de mousse de couleur grise qui a plusieurs pieds de longueur, & qui croît en abondance sur les chênes & autres arbres, est encore une plante qui est particulière au bas pays.

Dans les cantons où il n'y a pas de pins, le sol est moins aride, plus profond & plus productif. On y trouve des chênes blancs, *quercus alba*, des chênes aquatiques, *quercus aquatica*, des chênes-châtaigniers, *quercus prinus palustris*, & plusieurs espèces de noyers. Tous ces arbres sont ici un indice de la plus grande fertilité ; ce qui n'a pas lieu dans les contrées de l'ouest.

Les meilleures habitations à riz sont établies dans les grands swamps des rivières, qui en facilitent l'arrosement à volonté. Les récoltes y sont abondantes, & le riz qui en provient, dépouillé de sa balle, est plus gros, plus transparent, & se vend plus cher que celui qui croît dans les terres moins humides, où l'on n'a pas les moyens ou la facilité des irrigations. La culture du riz, dans la partie méridionale & maritime des États-Unis, a beaucoup diminué depuis quelques années ; elle a été, en grande partie, remplacée par la culture du coton, qui donne de plus grands bénéfices aux planteurs ; car ils estiment qu'une bonne récolte de coton équivaut à deux de riz.

Le sol le plus propre à la culture du coton se trouve dans les îles situées sur la côte. Celles qui dépendent de l'État de la Géorgie produisent le coton le plus estimé, & qui est connu en France sous le nom de *coton de Géorgie*, *laine fine* ; en Angleterre, sous celui de *sea island cotton*.

Dans toutes les habitations on cultive aussi du maïs, dont la récolte est en grande partie destinée à nourrir les Nègres pendant neuf mois de l'année. On leur en donne environ deux livres par jour, qu'ils font cuire à l'eau après l'avoir grossièrement concassé. Les trois autres mois on leur distribue des patates douces. Jamais on ne leur donne de viande. Dans les autres parties des États-Unis ils sont mieux traités, & vivent à peu près comme leurs maîtres, sans avoir de rations déterminées.

Le climat des basses *Carolines* & de la Géorgie est trop chaud en été pour être favorable aux arbres fruitiers d'Europe, & trop froid en hiver pour convenir à ceux des Antilles. Le figuier est le seul arbre qui y réussisse assez bien. Aux environs de Charlestown, & sur les îles qui bordent la côte, les orangers passent l'hiver en pleine terre, & sont rarement endommagés par les froids ; mais à dix milles de distance dans l'intérieur, ils gèlent tous les ans jusqu'à ras terre, quoique ces contrées soient situées sous une latitude plus méridionale que Malte & Tunis. Les oranges que l'on récolte en *Caroline* ne sont pas bonnes à manger ; celles qui s'y consomment, viennent de l'île Sainte-Anastasie, située vis-à-vis Saint-Augustin, capitale de la Floride orientale. Elles sont douces, très-grosses, ont la peau fine, & sont plus estimées que celles qu'on apporte des Antilles.

CARPATHES (Monts). La masse montueuse que l'on nomme en allemand *Karpatschen-Gebirge*, en français *Carpathes*, & en langue esclavonne *Tartri*, a environ deux cents lieues de longueur. Elle commence à s'élever en Tartarie, se continue en passant par l'extrémité septentrionale de la Transilvanie, d'où elle va former une enceinte remarquable qui entoure une partie de la Hongrie, en se dirigeant un peu vers le nord-ouest jusque dans le comitat de Zypser. Là cette masse se divise en deux autres, dont une continue sa marche pour traverser la pointe méridionale de la Silésie, & se terminer en Moravie, tandis que l'autre, se courbant vers le sud-ouest, va, en pente douce, se terminer aux environs de Presbourg.

La partie la plus élevée de cette masse est celle qui se trouve dans le comitat de Zypser, & qui sépare la Hongrie de la Pologne. C'est une suite & un assemblage de hauts sommets, dont quelques-uns sont couverts de neiges qui s'y soutiennent toute l'année. Ces sommets règnent pendant un espace de quinze à vingt lieues, & dominent, d'une manière très-marquée, sur le reste de la chaîne. Cependant ils se terminent par une pente roide & rapide du côté de l'ouest, & par une dégradation insensible du côté opposé. Comme cette partie des *Carpathes* est la seule que nous parcourons dans le dessein de faire connoître l'organisation de cette masse montueuse, c'est la seule que nous allons décrire d'une manière particulière.

Les monts *Carpathes* n'ont été long-tems un objet d'admiration que pour les habitans des environs. Le laboureur ne voyoit, dans quelques parties habitables, que des terres à cultiver, le chasseur des daims à tirer, & le mineur des mines à exploiter. Quelques savans les avoient examinés de loin ; personne n'avoit osé les parcourir. Ce ne fut qu'en 1615 que David Frœlich essaya de les gravir, & qu'il parvint, avec beaucoup de difficulté, à une des pointes de ces effroyables montagnes, situées sur le territoire de Kapermarck. Ses observations sont décrites, avec beaucoup de soin, dans sa *Medulla geographiæ praticæ*, ainsi que les difficultés qu'il a éprouvées pour y parvenir.

A celui-ci succéda Georges Buchholz, qui, en 1664, fit un voyage sur la pointe du Schlagendorf. Ce voyage est décrit dans les relations du savant Mathias Lebel.

Dacian a décrit, avec beaucoup de gaîté, un voyage qu'il dit avoir fait, pendant trois jours, avec cinq étudians & un guide, dans les montagnes des *Carpathes*. Ce voyage, imprimé en 1683 dans sa *Peregrinatione Scipusiensi*, quoique bien détaillé & bien circonstancié, paroît cependant douteux aux personnes qui ont parcouru ces montagnes.

Le R. P. Pierre-Étienne Ésiba, de la Compagnie de Jésus, a publié, en 1700, un ouvrage imprimé à Tirnau, sous le titre de *Dissertatio historico-physica de montibus Hungariæ*, duquel on devoit espérer quelques nouveaux détails, mais qui ne se trouvent malheureusement qu'une compilation des descriptions qu'en avoit données David Frœlich. Les seules choses neuves que le Père Ésiba s'étoit permis d'y ajouter, sont des développemens absurdes d'observations fausses, semblables à celle des ours blancs qu'il dit habiter ces montagnes,

& dont il attribue la couleur à celle de la neige que la mère avoit devant elle lors de la conception.

Le savant Mathias Lebel est le premier qui ait rassemblé toutes les observations qui avoient été faites séparément sur les montagnes du comitat de Liptauer, pour en faire un corps d'ouvrage qu'il a fait imprimer dans ses *Notitia Hungariæ novæ*. On voit qu'il s'est encore servi, dans ce rassemblement, des dessins que Georges Buchholz l'aîné, fils de Georges Buchholz qui les avoit gravés en 1664, avoit fait imprimer en 1717, ainsi que des notes qu'il y avoit ajoutées. Nous avons fait imprimer ces dessins, afin de donner à nos lecteurs une idée de ces montagnes.

J. Ez publia une nouvelle description des montagnes des *Carpathes*, beaucoup plus étendue que celle de Mathias Lebel, & dans laquelle on trouve beaucoup de remarques importantes sur des passages difficiles, sur des lacs, des cascades & des goufres. Cette extension de l'ouvrage de Lebel paroît être le résultat d'un nouveau voyage fait par l'auteur dans ces montagnes, & qui comprend les comitats de Liptauer & de Zypser.

On trouve dans un ouvrage périodique imprimé à Vienne sous le titre de *Journal d'histoire, géographie, philosophie, physique & beaux-arts à l'usage des amateurs*, la description d'un voyage fait, en 1724, dans ces montagnes, par un Anglais, accompagné d'un autre Buchholz, autrefois recteur à Kœsmarck, qui contient la description des roches prodigieuses, extraordinaires, des trous profonds & des souterrains que l'on voit dans les montagnes des *Carpathes* qui séparent la Hongrie de la Pologne.

Presque tous les géographes qui, depuis cette époque, ont parlé des *Carpathes*, ont puisé leurs citations dans Mathias Lebel, si l'on en excepte la *Géographie élémentaire du royaume de Hongrie* de M. Charles Gottlieb, imprimée en 1780. Ce dernier a puisé son article dans tout ce qui a été imprimé avant lui; aussi est-ce celui qui en donne les détails les plus complets.

Si l'on parcourt un instant les bords du Danube depuis Presbourg jusqu'à Bude, on voit du bord septentrional de ce fleuve, ou à quelque distance de ce bord, s'élever, en pente douce & presqu'en amphithéâtre, une suite de montagnes dont la sommité est formée par les *Carpathes*. Entre les bords du Danube & ces sommités si élevées sont quelques montagnes isolées, dont les hauteurs sont presque nulles quand on les compare à celles qui renferment la source de la Vogus. La plupart de ces petites montagnes granitiques, porphyriques, jaspeuses, gréseuses & calcaires sont posées sur un terrain qui paroît avoir subi l'action du feu, particuliérement celui que M. de Born a nommé *saxum metalliferum*, & qui semble n'être qu'un porphyre volcanique.

On trouve dans cet espace plusieurs mines considérables exploitées, telles que celles de Schemnitz, Kremnitz, Neusol, Schmölnitz, &c., & quelques fontaines d'eaux thermales, qui, chacune en particulier, ont peu de réputation, parce qu'elles sont trop multipliées.

Schemnitz est la ville de Hongrie la plus considérable pour l'exploitation des mines: on y compte jusqu'à dix mille personnes employées jour & nuit, tant mineurs que fondeurs. C'est aussi le lieu où l'on a cru devoir établir l'École des mines des États autrichiens. Les jeunes gens qu'on y envoie, y puisent à la fois des leçons de théorie & de pratique, dont la réunion est absolument nécessaire pour bien apprendre l'art si difficile de l'exploitation.

On exploite, dans les montagnes détachées entre Schemnitz & la rivière de Graun, des mines de fer & de plomb argentifères. Ce dernier minéral est le plus considérable; c'est aussi celui que l'on y exploite de préférence. Ces montagnes sont argileuses, schisteuses ou *saxum metalliferum*. C'est dans une montagne composée de pierres de la nature de cette dernière espèce, que sont les quatre fameux filons de Schemnitz. Tous suivent différentes directions. En général, ils ont, ou celle des pierres de la montagne, & dans ce cas ils sont filons couches; ou bien leurs directions sont perpendiculaires, & deviennent filons fentes.

La pierre que nous nommons ici *saxum metalliferum* d'après M. de Born, est une espèce de pâte argileuse, qui contient épars des cristaux de quartz, feldspath & mica, & qui paroît avoir subi l'action du feu.

Les mines de Kremnitz sont des galènes argentifères, entre-mêlées de grains d'or natif. La montagne dans laquelle sont les filons couches qu'on y exploite, est composée de marne rose & grise, entre-mêlée de *saxum metalliferum*. La gangue est formée de feldspath rose, mêlé de quartz, d'un peu d'argile & de spath pesant cristallisé. Dans cette ville est établi l'Hôtel des monnoies le plus considérable des États autrichiens, & il sert comme de supplément à l'École de Schemnitz.

Le minerai que l'on fond à Neusol, & que l'on retire de Hernngrund, peu éloigné de cette ville, est une pyrite arsenicale de cuivre argentifère. La montagne qui la contient, est composée de gros grains de quartz, liés entr'eux par un gluten siliceux, formant une espèce de grès dont la cassure vitreuse feroit croire qu'il a subi l'action du feu. Les filons sont tous filons fentes; la gangue est un mélange de quartz, d'argile & de gypse rosé.

Toutes les montagnes des environs de Schmölnitz sont formées de schistes argileux micacés. Les mines les plus considérables que l'on y exploite, sont des pyrites jaunes de cuivre, dont quelques-unes contiennent du cobalt ou du cinnabre. Toutes ces mines sont dans des filons couches: leurs gangues sont quartzeuses, entre-mêlées de spath calcaire.

Nous n'avons parlé de ces quatre villes & pays à mines en faisant la description des monts *Carpathes*, que pour donner une idée de la richesse minéralogique du pays sur lequel ces montagnes sont élevées, & pour nous dispenser d'entrer dans de nouveaux détails sur les mines considérables que l'on connoît, & que l'on exploite dans leur intérieur.

La portion de chaîne qui termine cet amphithéâtre, & sur laquelle les voyageurs dirigent leur attention parce qu'elle est formée des montagnes les plus élevées, est aussi composée de granit, de porphyre, de jaspe, de schiste, de pierres calcaires, de cailloux roulés & agglutinés, & de grès. Quelquefois ces espèces de pierres constituent, chacune en particulier, des montagnes; d'autres fois les cinq premières espèces sont mélangées. On y trouve plusieurs filons métalliques, tenant or, argent, cuivre, plomb, fer, antimoine, &c. Plusieurs de ceux qui ne sont pas éternellement couverts par les neiges sont exploités; les autres ne sont connus que des voyageurs.

Les premières montagnes que l'on apperçoit près de Vinscherdorf, dans le terroir duquel se trouve de l'ambre jaune, sont la Lockarna, la Tour-des-Agneaux, le Grand-Cimetière, le Hawran, la Caverne-aux-Ours & le Muran. A peu de distance de celle-ci est le territoire de Hullerhausen, sur lequel, quoique déjà très-élevé, croissent des mûriers qui rapportent des fruits. Ici commencent les hautes montagnes de Sternberg & de Schachtenberg, où se trouve un passage, de Hongrie en Pologne, par lequel on peut aller à cheval; ensuite est le Goffelsberg, le Kœsmarck, le Steinbach, le Kahlen, montagne impraticable; le Schlagendorf & le Grod-alt-Valdorf. Sur la sommité plane de cette montagne est la plus belle vue des *Carpathes*: on y découvre à la fois une grande partie de la Hongrie, de la Pologne, de la Silésie & de la Moldavie; enfin, le Botzdorf & le Mengsdorf, entre lesquelles est le fameux lac dans lequel la Poprad prend sa source. Ici les hautes montagnes font un angle, & l'on trouve la Visoka, la Pilky, le Grand-Krivan, le Toranova & l'Hina, entre lesquelles est un autre passage pour traverser, à cheval, de Hongrie en Pologne; enfin, la Zokopana, la Ternovitz, &c. &c. Nous croyons inutile de donner les noms de toutes ces montagnes, qui ne formeroient qu'une nomenclature ennuyeuse: il suffit d'avoir donné ceux des principales.

Il paroît que personne n'a encore mesuré ces montagnes, ni même fait d'observations barométriques sur leurs sommités élevées. La seule observation qui puisse donner quelques idées sur leur hauteur, est celle que la neige & les glaces s'accumulent dans quelques endroits, sur quelques sommités; ce qui prouve qu'elles sont au moins comparables aux monts Pyrénées.

Quelques-unes de ces montagnes ont, comme celles qui environnent le Mont-Blanc, les sommets aigus, déchirés & tellement inaccessibles, que la neige même ne peut y séjourner; de manière qu'ils paroissent à nu, & élevés au dessus de quelques autres extrêmement couverts de glaces.

La hauteur où la neige se conserve éternellement étant, d'après les observations de divers savans, entre treize cents & quatorze cents toises pour la latitude dans laquelle se trouvent les *Carpathes*, & les hautes montagnes du comitat de Zypser en étant non-seulement continuellement couvertes, mais encore ayant des sommités très-élevées au dessus de la région des neiges, il s'ensuit que ces montagnes ont nécessairement plus de quatorze cents toises.

Ces montagnes, qui ne donnent naissance qu'à quelques rivières dans le nombre desquelles se trouve la Vagus qui traverse la Hongrie & va se jeter dans le Danube à Comorin, & la Poprad, qui, traversant la Pologne, va joindre le fleuve d'Unovitz qui lui-même prend naissance dans les *Carpathes*, & se réunit, près d'Opotovka, dans la Vichelstrom; ces montagnes sont pleines de lacs. Plusieurs se jettent les uns dans les autres par des ruisseaux que l'on peut suivre, sans interruption, depuis leur sortie d'un lac jusqu'à leur rentrée dans un autre; d'autres que l'on ne peut suivre qu'un certain espace, après lequel ils disparoissent pour sortir de nouveau un peu plus loin. Il est des lacs dont il est impossible de deviner l'endroit par lequel les eaux sortent; d'autres, celui par lequel elles entrent. La description seule des lacs de ces montagnes, qui seroit trop longue pour cet ouvrage, formeroit un article intéressant. La plupart de ces lacs portent des noms relatifs à leur couleur, comme les *lacs Blancs, lacs Noirs, lacs Rouges, lacs Verts*; la couleur de quelques-uns est due aux matières qui tapissent leur fond; d'autres, à la réflexion des plantes & des rochers ou des neiges qui les environnent; car toutes leurs eaux sont claires, limpides, & nourrissent d'excellentes truites. Il est un de ces lacs, près le Court-Bâton, qui n'est coloré en vert que par bandes. Quelques lacs portent des noms dépendans de l'espace qu'ils occupent, comme *le Grand & le Petit lacs*: d'autres par rapport à leur état, comme *le lac Glacé*; il en est dont le nom est pris de la forme qu'ils ont, *le lac du Crapaud*; d'autres en raison du tems de leur découverte, *le Nouveau lac*. On donne à quelques-uns les noms des rivières qui y prennent naissance, *le lac Poprad*; enfin, il est des lacs qui ont des noms indéterminés, comme *le Trechter, &c. &c.*

Les montagnes calcaires de cette chaîne, lorsqu'elles ne sont formées que de cette seule espèce de pierre, contiennent très-souvent de grandes cavités; plusieurs sont connues des voyageurs, comme celle qui est sous la porte de fer. Ces cavités sont assez ordinaires dans les montagnes calcaires qui font partie des chaînes alpines. Il ne faut cependant pas les confondre avec quelques galeries qui ont été creusées dans les *Carpathes* pour faciliter l'exploitation des mines qu'elles contiennent, & qui sont le plus souvent dans une autre espèce de pierre. On trouve encore dans cette chaîne beaucoup de belles cascades qui sortent ou des lacs ou de quelques ruisseaux. Quelques-unes de ces cascades tombent de si haut, qu'elles sont, avant d'être arrivées au terme de leur chute, dans un état de divisibilité telle qu'elles ressemblent à une fine rosée. Les autres tombent en un jet continu, ou laissent couler leurs eaux sur une pente rapide, d'où elles n'échappent que par intervalle.

De l'autre côté de cette chaîne, à quelque distance du pied de ces hautes montagnes, dans la suite de montagnes moyennes qui vont en décroissant de hauteur jusqu'à la plaine, est la fameuse mine de Vieliczka, que l'on exploite depuis si long-tems sans pouvoir en trouver la fin. Ce que cette chaîne de montagne a de bien particulier, c'est que de l'autre côté, en Hongrie, dans le comitat de Mormarosch, à quelque distance à l'orient de la mine de Vieliczka, sont plusieurs autres salines moins considérables à la vérité, mais tout-à-fait semblables à celles de la Pologne. Nous parlerons de toutes ces mines aux mots SELS, SALINES.

Indépendamment des mines que l'on exploite dans ces montagnes, on y trouve des rubis, des topazes, des agates, des carnioles, des grenats, des hématites & du steinmilch : on y rencontre des fontaines d'eaux aérées, minérales & thermales. C'est encore dans ces lieux élevés que l'on fabrique le fameux beaume de Hongrie, qui a une si grande réputation. Ce baume n'est autre chose qu'une huile par expression, tirée d'un arbre résineux, le linbaume, qui croît sur ces montagnes.

Les monts *Carpathes* ont jusqu'à présent été peu vus & peu observés. Les voyageurs qui les ont parcourus ou traversés, ne nous en ont donné que des relations inexactes ou seulement des généralités. Ils auroient besoin d'être mieux connus, & il seroit à desirer que quelques minéralogistes intelligens voulussent nous en donner une nouvelle description aussi détaillée que celle du Mont-Blanc. On auroit, pour comparer ces deux masses, des données qui pourroient très-probablement contribuer à augmenter nos connoissances sur le Globe terrestre. Ce que de nouvelles observations pourroient nous apprendre, seroit si l'on ne trouveroit pas sur ces hautes montagnes quelques traces de volcan; ce qui seroit très-probable d'après celles que l'on rencontre dans les montagnes secondaires de la Hongrie.

CARPENTERS ROCS, rochers volcaniques, qui se prolongent du pied du cap Sierra-Léone vers l'ouest, & qui forment écueil.

CARPENTRAS, ville du département de Vaucluse, sur l'Anson, au pied du mont Ventoux, à cinq lieues d'Avignon. Cette ville a plusieurs fontaines, dont les eaux y sont conduites par un bel aqueduc de quarante-huit arches, qui forment une longueur de quatre cent soixante-neuf toises.

Les environs de *Carpentras* sont fertiles en raisins & en olives. On y recueille aussi du safran, des légumes & des fruits excellens. Toutes les terres sont bordées de mûriers pour la nourriture des vers à soie. Il y a des moulins pour moudre la garance, & une fabrique de savon blanc. C'est le siége d'une sous-préfecture.

CARQUAIRANNE (Cap de la), département du Var, arrondissement de Draguignan, au sud-est de la belle & grande rade de Toulon, & à deux lieues sud-est de cette ville, entre le cap de la Garonne & la plage du Bord-Rouge, toutes formes & détails intéressans de cette côte.

CARRARE. *Carrare* est une petite ville ou un bourg de trois mille cinq cents habitans, qui est à une lieue de la mer, à vingt-cinq lieues de Gênes & de Florence, & à trois lieues de Sarzana. Cet endroit n'est remarquable que par les carrières de marbre qui l'environnent, & par le grand commerce qu'on en fait. On compte à *Carrare* & dans les environs douze cents personnes employées à tirer le marbre, le transporter, le dégrossir, le scier, le polir ou le sculpter.

Ces fameuses carrières étoient connues des Anciens : on voit encore celles qu'ils avoient ouvertes, & d'où l'on tira le marbre du Panthéon.

Spallanzani a examiné la structure de ces montagnes & les différentes matières qui les composent; il s'est assuré que les carrières abandonnées depuis le tems des anciens Romains n'ont point été régénérées; il s'est formé seulement dans quelques endroits une croûte de stalactite. Il n'y a point trouvé de corps marins, mais des pyrites ferrugineuses de trois lignes de diamètre, & du cristal de roche en petits grains, qui cependant se trouve rarement sur une base calcaire : on assure en avoir vu de travaillés, qui avoient beaucoup d'éclat.

La plus grande partie de ces montagnes, sur une longueur de deux lieues, est de marbre, depuis la base jusqu'au sommet, & elles ont jusqu'à quatre cents toises de hauteur. Le marbre se tire d'en-haut, ou du moins à cent cinquante toises de hauteur; mais peu à peu les fouilles parviendront au bas de la montagne, & la plus belle carrière est effondrée.

La carrière de Polvaccio est la meilleure de toutes : celle de Betoglio donne un marbre très-blanc, mais qui a moins de consistance. Les trois gorges principales où l'on tire le marbre, sont à un quart de lieue l'une de l'autre.

On trouve souvent une bande verticale de blanc-veiné, à côté du beau blanc : le bardillo bleu-turquin se trouve dans le bas, près du blanc-veiné.

Quelquefois on suit horizontalement une veine de beau marbre fort avant sous la montagne : il y a deux carrières de cette espèce, mais par ce moyen l'on n'a que des blocs assez petits.

Il y a des couches horizontales & des couches qui sont inclinées comme la montagne; elles sont séparées par un poil ou fente imperceptible, qui fixe la largeur des blocs. Quant à la longueur, on la détermine par les convenances. On creuse une tranchée d'une fente à l'autre dans la largeur du bloc, & à la profondeur qu'on veut lui donner. Quand on a creusé aux deux extrémités & au dessous, on y enfonce des coins de fer de chaque côté, on frappe sur ces coins: la pierre se détache, & presque toujours assez droit. Les ouvriers se servent de ces coins avec beaucoup d'adresse, & parviennent à diviser le marbre comme il leur plaît. Quelquefois cependant on est obligé de faire jouer la mine quand on a perdu le joint des couches. Lorsque les fibres sont courbes, disent les ouvriers, le marbre se lève toujours mal.

En général, on n'a pas besoin de creuser la montagne, & l'on travaille à l'air, ce qui est plus commode; mais lorsqu'on pénètre dans l'intérieur de la montagne & qu'on y a formé une voûte, si elle est bonne à exploiter, on n'a pas beaucoup de peine à tirer le marbre en faisant entrer les coins dans les fentes qui séparent les couches. Communément on travaille sur un sol qu'on pratique exprès, mais quelquefois les ouvriers sont obligés de se suspendre à des cordes.

On vend à *Carrare* du marbre jaune de Sienne & d'Espagne, dont on fait des cheminées, des tables, des vases, &c.

La vallée de Serraveze, à quatre lieues de *Carrare*, du côté de l'orient, & qui dépend de la Toscane, produit aussi du marbre blanc; mais ces carrières sont difficiles à exploiter. On y trouve aussi de la brèche violette.

Sur la route de *Carrare* à Lucques, à Pietra-Santa, il y a des mines de fer : on traverse des montagnes désertes, d'où l'on descend dans une riche plaine où est la ville de Lucques.

Il y a tout près de *Carrare* une grotte immense, très-curieuse à examiner pour un naturaliste.

Les environs de *Carrare* sont cultivés : on y sème du froment, même sur des terrasses qui sont les unes au dessus des autres, jusqu'au sommet des montagnes.

On y voit beaucoup d'oliviers & de châtaigniers. Il sort du milieu de la vallée une belle source où l'on pêche de bonnes truites. Les orangers & les citroniers parfument l'air qu'on y respire.

Les habitans sont fort hospitaliers, & accueillent les étrangers. Les nobles, les bourgeois, possèdent en propriété les carrières ou caves, & les font exploiter; ils commercent avec toutes les nations de l'Europe, & même avec l'Asie & l'Afrique; les seigneurs du pays font travailler près de mille paysans dans les trois vallées, sur une étendue de quatre à cinq lieues. Tout le monde y est marchand; chacun a le droit d'avoir une carrière.

La grande difficulté du choix des marbres, ainsi que celle de leur transport, a fait que bien des sculpteurs ont été séjourner & ébaucher leurs ouvrages à *Carrare*. Il y en a même beaucoup qui se sont établis dans le pays, & la communauté a fait bâtir une maison pour l'instruction des jeunes élèves. On y fait beaucoup de copies des antiques. Aussi trouve-t-on dans les églises, dans les maisons, partout enfin, des statues de marbre; mais le travail n'en est pas précieux.

CARRIÈRES. Ce sont des lieux creusés en terre, d'où l'on tire les pierres, ou par un puits qui sert de débouché à des galeries souterraines, ou de plain-pied, par une ouverture latérale, faite dans les bords escarpés des vallées. Les *carrières* d'où l'on tire des blocs de marbre se nomment *marbrières*; celles d'où l'on tire l'ardoise, *ardoisières*, & celles d'où l'on extrait la pierre à plâtre s'appellent *plâtrières*. On détache les pierres, dans les *carrières*, par des méthodes différentes, selon la résistance des masses, la nature & le grain des pierres & la disposition des bancs ou couches, ou celle des fentes distribuées dans les massifs sans couches. Nous exposerons ce que peuvent offrir à un naturaliste les *carrières* des environs de Paris, ainsi que celles qui se trouvent dans le voisinage des grandes villes, & qui fournissent aux constructions. On verra ces détails aux articles de ces villes. J'envisage ici les *carrières* comme des fouilles propres à nous faire connoître, non-seulement la nature des matériaux qui composent les couches de la terre, mais leur disposition générale; je m'attacherai à les décrire sous ce point de vue. Je parlerai de même des plâtrières à l'article PLATRE, des marbrières à l'article MARBRE, des ardoisières à l'article ARDOISE, & enfin des *carrières* de granit dans l'article GRANIT. On verra que partout la méthode du travail a été établie d'après l'étude des masses & de leur disposition particulière, & que ces détails intéressent par leur précision beaucoup plus que des observations vagues & des assertions hypothétiques; car le travail met en évidence la disposition primitive & naturelle des massifs. Il faut choisir, dans les *carrières*, les pierres dures & pleines; ce sont les meilleures : elles résistent davantage à l'humidité, à l'air & à la gelée. Dans la plupart des *carrières*, les pierres sont pénétrées d'eau; c'est cette eau de *carrière* qu'on a soin de laisser évaporer avant de les employer aux diverses constructions : dans cet état de dessiccation, elles prennent mieux l'appareil & ensuite le mortier.

CARRON, en Écosse, mine de houille, composée de trois veines inclinées au sud-est, dont le toit & le mur sont de schiste, & qui sont situées dans une masse calcaire, parsemée de petits points de charbon de terre, de pierre-de-porc & de granit.

CARRY (Port de), département des Bouches-du-Rhône, canton de Martigues. Il y a une pêcherie de thon à l'entrée de ce port, connue sous le nom de *madrague*.

CARS (Forêt de), département de la Haute-Vienne, canton de Chalus, & à une lieue & demie à l'est de cette ville. Elle a de l'est à l'ouest deux mille toises, & du nord au sud environ six cents.

CARSALADE (Ile de), département du Var, canton d'Ollioules, au nord de l'île des Embies, à trois lieues ouest-sud-ouest de Toulon.

CARTHAGE (l'Ancienne), en Afrique. On voit en ce lieu une fontaine sur l'eau de laquelle flotte une substance huileuse, qui a la même odeur que la sciure de citronier : on s'en servoit pour frotter les bestiaux. Nous devons dire outre cela qu'il y a des fontaines dont les unes jettent une eau chargée de liqueur bitumineuse, & les autres une eau sur laquelle on voit nager des gouttes d'huile. A deux milles d'Edimbourg, en Écosse, on voit une source sur la surface de laquelle nagent des gouttes d'huile noire, dont les habitans des environs se servent pour adoucir leur peau & guérir la gale. Il y avoit aussi en Éthiopie un lac qui couvroit d'huile ceux qui s'y baignoient. Enfin, on rapporte que dans l'Inde une source jetoit quantité d'huile. Nous citons ces faits d'après Varenius, & nous pensons que ces espèces d'huiles pourroient bien être du pétrole semblable à celui qu'on tire des puits de Modène, dont nous parlerons par la suite.

CARTIGNY, village du département du Léman, arrondissement de Genève, & à deux lieues & demie ouest de cette ville. *Cartigny* est célèbre par des observations physiques & météorologiques. Il est situé sur un plateau fort étendu, élevé de cent soixante-dix-huit pieds au dessus du niveau du lac de Genève. Les roches de ce village, minées par les eaux, ont éprouvé des éboulemens considérables, & présentent de tous côtés des pyramides irrégulières, d'un aspect sauvage & terrible. On trouve aux environs des pierres calcaires, du spath confusément cristallisé, des pierres & des cailloux susceptibles du plus beau poli. On a ouvert, dans le voisinage, des carrières de cette même pierre, dont le grain est très-fin, & dont la couleur bleu-cendrée est très-agréable.

CARVEN (Port de), département du Finistère, à une demi-lieue nord-ouest de Cloden. Il est borné à l'ouest par la pointe de Castelmeur, & à l'est par celle de Cesbrezeller.

CARYBDE ET SCILLA, fameux courant près de la Sicile, que les Anciens nous ont représenté comme très-rapide & d'un dangereux accès pour les vaisseaux. Le rocher de *Scilla* est sur la côte de Calabre, le cap Pelore sur celle de Sicile, & le célèbre détroit du phare concentre les deux. L'on entend, à quelques milles de l'entrée du détroit, le mugissement du courant ; il augmente à mesure qu'on s'en approche : c'est alors qu'on voit en plusieurs endroits de grands tournans d'eau, lors même que tout le reste de la mer est uni comme une glace. Les vaisseaux sont attirés par ces tournans d'eaux, cependant on court peu de danger quand le tems est calme ; mais si les vagues rencontrent ces tournans d'eaux, elles forment une mer terrible : le courant porte directement contre le rocher de *Scilla*, & il est à environ un mille de l'entrée du phare. Il faut convenir que réellement ce fameux *Scilla* n'approche pas de la description formidable qu'Homère en a faite : le passage n'est pas aussi étroit ni aussi difficile qu'il le représente ; & si l'on en croit Homère, il faut supposer que le détroit s'est élargi, & que la violence du courant a diminué en proportion. L'entrée du détroit, entre le cap Pelore où est le fanal, & la Coda-di-Vulpe en Calabre, paroît avoir à peine un mille de largeur ; mais son canal s'élargit & il a quatre milles auprès de Messine, qui est éloignée de douze milles de l'entrée du détroit. Le célèbre goufre ou tournant de *Carybde* est près de l'entrée du havre de Messine. Il occasionne souvent dans l'eau un mouvement si irrégulier, que les vaisseaux ont beaucoup de peine à y entrer. Les anciens poètes l'ont décrit comme inspirant la plus grande terreur : il n'est pas certainement si formidable aujourd'hui, & il est très-probable que le mouvement des eaux depuis ce tems a émoussé les pointes escarpées des rochers, & détruit les obstacles qui resserroient les flots. Le détroit s'est élargi considérablement. Les vaisseaux sont néanmoins obligés de ranger la côte de Calabre de très-près, afin d'éviter l'attraction violente occasionnée par le tournoiement des eaux, &, lorsqu'ils sont arrivés à la partie la plus étroite du détroit & où l'eau est la plus rapide, c'est-à-dire, entre le cap Pelore & *Scilla*, ils sont en grand danger d'être jetés contre ce rocher. De là est venu le proverbe : *Incidit in Scillam cupiens vitare Carybdim.* On a placé un fanal pour avertir les marins qu'ils approchent de *Carybde*, comme le fanal du cap Pelore les avertit qu'ils approchent de *Scilla*.

CASAMANÇA, rivière d'Afrique, située vers le 13e. deg. de latitude N. & le 2e. deg. de longitude E. Son embouchure est située à vingt-cinq lieues au sud du cap Sainte-Marie. Si une barre ne gênoit pas l'entrée de cette rivière, les frégates pourroient y naviguer ; mais on n'y parvient que par un chenal fort étroit, & dans lequel la profondeur n'eſt que de deux braſſes.

Les Portugais établis ſur les bords ſains & fertiles de cette rivière, l'ont remontée juſqu'à près de ſoixante lieues de ſon embouchure. Ils y ont pluſieurs établiſſemens, dont les principaux ſont : Qinghinchor & Makia Kaconda, & ils y font une traite fort avantageuſe de captifs, de morſil, de cire brute, de peaux crues, de graines aromatiques & de bois de teinture avec les Nègres Felups & les Nègres Bagnons qui peuplent les bords de cette rivière.

CASCADES. Je me propoſe de faire dans cet article l'énumération des différentes chutes d'eau que je range en deux claſſes. Je comprendrai dans la première celles qui ſe trouvent au milieu du lit des fleuves, & qui ſont occaſionnées par des barres de pierres plus dures que celles qui les précèdent ou qui les ſuivent, & qui, ſoulevant les eaux des rivières ou des fleuves, y produiſent une chute plus ou moins conſidérable, & quant à la hauteur, & quant à la maſſe des eaux : telles ſont le cataractes du Nil, la *caſcade* du Rhin à Lauffen, le ſaut de Niagara dans le Canada, les chutes du Vologda près de Ladoga (*voyez ces mots*). Je placerai dans la ſeconde claſſe les chutes d'eau qui ſe trouvent à l'extrémité de certaines maſſes de terrains unis, qui débouchent dans les plaines ou dans un ſyſtème de ſols inférieurs : telles ſont les *caſcades* de Terni, du Mont-Dor, de Staubach, & de pluſieurs autres chutes qui s'obſervent dans les différens cantons de la Suiſſe, & dont la note terminera cet article. Je joindrai à celles-ci la *caſcade* d'Albanie dans la Nouvelle-Yorck, & qui a environ ciuquante pieds de hauteur ; la *caſcade* voiſine de la ſource du fleuve Zaïre dans le Congo. Il y a, dans pluſieurs rivières d'Auvergne, des chutes aſſés marquées, & ſurtout dans les contrées volcaniques. J'ai remarqué à ce ſujet-là, en parcourant l'Auvergne & le Limouſin, deux circonſtances qui ont concouru à y multiplier les *caſcades*, & qui ſemblent autoriſer la diſtinction que j'en fais ici. Un grand nombre de ces chutes ſont produites, ſoit dans le fond des grandes vallées, ſoit ſur leurs croupes, par des courans de matières fondues, dont les extrémités occaſionnent viſiblement des *caſcades* plus ou moins élevées. On voit alors que l'eau ſupérieure coule ſur un terrain uni, & éprouve une chute ſans aucun obſtacle qui en retarde la marche. Voilà les chutes de la ſeconde claſſe. Ailleurs on rencontre des chutes aſſez remarquables à l'extrémité des maſſifs de granits qui ſont d'une certaine dureté, & qui, ayant réſiſté à l'action des eaux courantes, ont offert des barres de roches ſolides qui ont ſoulevé l'eau, laquelle rencontrant enſuite des ſchiſtes ou des pierres de ſable tendres, qui forment les limites de la nouvelle terre, ces ſubſtances ſe ſont plus prêtées à l'action des eaux ; ce qui a occaſionné une pente bruſquée dans le lit des rivières & des fleuves ; ce qui a produit des chutes rapides dans le paſſage des matières dures aux matières tendres.

Caſcades de Suiſſe.

La plus fameuſe *caſcade* de la Suiſſe eſt celle du Rhin à Lauffen, canton de Zurick, à trois quarts de lieue au deſſous de Schafouſe. Ce fleuve ſe précipite dans toute ſa largeur du haut d'un rocher qui traverſe ſon lit, d'envion quatre-vingts pieds d'élévation. (*Voyez l'article* LAUFFEN.)

Les chutes d'eau qu'on rencontre ſur les différentes montagnes de la Suiſſe, ſont en ſi grand nombre, qu'on ne peut guère en faire l'énumération. Le ſeul mont Gothard offre des *caſcades* qui ne ſont pas éloignées les unes des autres de plus de cent pas. Mais l'une des plus belles eſt celle qu'on trouve dans le Valais, ſur la route de Sainr-Maurice à Martigny. Le torrent tombe d'une élévation extraordinaire, par *caſcades* pendant quelques lieues. (*Voyez l'article* PISSEVACHE, où ces phénomènes ſont décrits.)

On obſerve auſſi ſouvent des chutes d'eau de cette force dans le canton de Glaris, entre Dieſbach & le val de la Lint ou du Linthal, & dans le canton d'Uri, lorſqu'on deſcend au val de Schaechen, où le gros torrent de ce nom prend ſa ſource.

J'indiquerai ici trois *caſcades* qu'on voit avec le plus grand étonnement dans le canton de Berne. A quelques centaines de pas du village de Lauterbrunen, dans le bailliage d'Interlacken, le ruiſſeau de Pletſchbach tombe d'environ mille pieds d'un rocher du mont Pletſchberg : on connoît cette chute ſous le nom de *Staubach*. Ces chutes d'eau ſuivent, dans leur diſtribution, toutes les inégalités des rochers qui préſentent des faces & des ſaillies eſcarpées ; & lorſque la chute eſt conſidérable, l'eau ſe change en une pluie fine ; mais en hiver ces faces eſcarpées ſe revêtiſſent d'une colonne immenſe de glace que la chaleur des étés fait fondre. Ces ſortes de torrens, lorſqu'ils ſont enflés par de grandes pluies ou par des fontes de neiges abondantes, entraînent de gros quartiers de rochers qui tombent avec grand fracas.

L'Alp-Bach, que l'on voit près de Meyringen, bourg principal du val Haſli, dans le canton de Berne, deſcend de Haſliberg, & ſe précipite avec un grand fracas par trois chutes de rochers, qui ont chacune à peu près cinquante pieds d'élévation. Avant ſa chute ce torrent ſe creuſe un lit profond, dans lequel il roule beaucoup de ſable & de pierres qu'il va dépoſer, après ſa chute, près de Meyringen : c'eſt par la ſuite de ce travail continuel, que le ſol des environs de Meyringen eſt exhauſſé, & qu'il éprouve de grandes inondations par les eaux qui, n'ayant plus de lit ſur ce terrain factice,

factice, débordent de tous côtés. Un autre torrent dit le *Dorfbach*, qui part de la même source que le précédent, tombe dans le voisinage de l'Alp-Bach, & assez près de Meyrengen. On peut bien juger que ce bourg, entre deux voisins si dangereux, n'est pas souvent sans inquiétude. (*Voyez tous les articles des principales chutes que j'ai indiquées ci-dessus*)

Cascade de la Virginie.

La seule *cascade* remarquable en Virginie est celle qu'on appelle *the Falling Spring* (la source tombante). Elle est située dans le comté d'Augusta, & est formée par les eaux de la rivière James, dans la partie qui prend le nom de rivière de *Jackson* : elle se trouve dans les montagnes appelées *Montains of the warm spring* (montagne de la source chaude), à environ vingt milles au sud-ouest de la source de ce nom, & coule dans la vallée que forment ces montagnes; elle tombe d'environ deux cents pieds de haut. La nappe d'eau est brisée par les rochers en deux ou trois endroits; mais elle ne l'est point dans sa longueur. On peut passer, sans être mouillé, entre la nappe tombante & les rochers. Cette cataracte ne peut être comparée à celle de Niagara quant à la quantité d'eau qui la forme, sa nappe d'eau n'ayant dans le haut que douze à quinze pieds de large, & un peu plus dans sa partie inférieure; mais elle l'emporte de beaucoup en hauteur sur le saut de Niagara, qui, selon les mesures prises par ordre de M. de Vaudreuil, gouverneur du Canada, n'a que cent cinquante-six pieds de chute, & cent trente seulement selon les observations les plus récentes. (*Voyez les mots* CATARACTE, CHUTE D'EAU, RAPIDES, SAUTS, *&c.*)

CASCASTEL, village du département de l'Aude, arrondissement de Narbonne. Dans le vallon appelé *le Champ des mines*, on trouve des puits de mines exploitées anciennement, & qui contiennent des filons de cuivre, de plomb & d'antimoine, lesquels méritent l'examen des personnes instruites.

CASÉGU, l'une des seize îles de l'Archipel (Bissagos), située sur la côte occidentale d'Afrique, par 12 deg. de latitude N., & 2 deg. de longitude E., entre les embouchures du Rio San-Domingo, & du Rio Nuno-Tristao.

Les îles Bissagos fournissent, ainsi que la côte d'Afrique qui leur est correspondante, & les Canaries, une grande quantité d'orseille; mais celle des îles Bissagos est la plus recherchée.

Golberi croit avoir remarqué que l'orseille se propage principalement dans les pays volcanisés, & il paroît penser que les îles Bissagos sont de cette nature.

CASERTE. *Caserte* est une ville peu considérable, située à cinq lieues au nord de la ville de Naples, dans la plaine où étoit autrefois la délicieuse Capoue.

On voit, au nord de *Caserte*, les monts Tifata; au midi, l'on apperçoit les collines de Naples, la mer & l'île de Caprée. Une avenue de quatre rangs d'ormes, dirigée vers la capitale, s'étend à trois mille deux cent cinquante toises de distance, jusqu'au pont de Carbonara.

Les campagnes des environs sont riantes & fertiles : d'agréables collines diversifient le coup-d'œil; des forêts y procurent des ombrages salutaires, & la chasse y est abondante.

Rien de plus beau que le château nouvellement bâti à *Caserte*. L'aqueduc fait pour y amener des eaux, a plus de neuf lieues depuis les sources jusqu'aux jardins de *Caserte*. Ces sources sont à douze milles au levant, au dessous de la montagne appelée *Taburno*, dans la vallée qu'elle forme avec Monte-Vergine. La source appelée *Sorgente de lo Sfizzo* est la première : il s'y joint ensuite plusieurs autres sources qui sont, dans l'endroit, appelées *Airola*. Ces eaux, réunies dans un aqueduc, traversent la Faenza, au pied du Taburno, sur un pont de trois arches.

En creusant pour fonder les piles du grand arc de l'aqueduc de *Caserte*, M. Vauvitelli, architecte, nous apprend que les ouvriers trouvèrent, à quatre-vingt-dix pieds de profondeur, une cave où il y avoit une grande quantité de cadavres. A quelle prodigieuse antiquité ne doit pas remonter la construction de cette cave, puisque, par les ouvrages des Romains, on est autorisé à penser que le terrain étoit, il y a deux mille ans, à peu près au même niveau qu'il est aujourd'hui! Combien n'a-t-il pas fallu de siècles pour que les matières entraînées de la montagne voisine dans la vallée où l'on a fait ces fouilles, l'aient comblée par des remblais de soixante & dix pieds d'épaisseur, en supposant même que les corps aient été enterrés à près de vingt pieds dans le principe! Ce petit fait peut être cité pour convaincre ceux à qui la disposition & la nature des matériaux qui servent aux remblais immenses qu'on rencontre dans le fond de plusieurs vallées, ne pourroient pas suffire pour estimer les grands changemens opérés par les eaux pluviales seules.

Dans la montagne de Garzano on trouva un espace de vingt pieds, où la pierre étoit encore dans son premier état de formation. C'étoit une matière sabloneuse disposée par lits, de la même matière & de la même forme que la pierre vive qui formoit le reste de la carrière dans cette montagne; mais cette matière n'étoit pas encore durcie comme les parties environnantes, c'est-à-dire, que cette masse n'avoit pas reçu l'infiltration qui en avoit formé ailleurs la pierre dont on faisoit usage dans certaines constructions de *Caserte*.

CASPIENNE, mer intérieure ou grand lac situé en Asie, & qui reçoit les eaux de plusieurs grands fleuves, tels que le Wolga, le Jaïk, &c.

On a donné à cette mer, dans les différentes langues de l'Orient, différentes dénominations. On peut consulter là-dessus les *Voyages de Corneille Bruin en Moscovie, en Russie, & dans l'Inde*, page 98 de l'édition hollandaise; le *Voyage d'Oléarius en Perse*, page 273 de l'édition allemande, & la *Géographie de Busching*, tome Ier., page 109 de l'original allemand.

La figure de cette mer n'est point ronde, comme on le croyoit autrefois : l'on sait aujourd'hui, graces aux découvertes qui furent faites sous le règne de Pierre-le-Grand, & à celles surtout qu'on doit à l'habile navigateur Woodroof, qu'elle s'étend beaucoup plus du nord au sud, que de l'est à l'ouest. D'ailleurs, ses bords ont différens enfoncemens ou golfes, dont ceux de Baku, d'Enzelli & d'Aschraff sont les plus considérables. Le long des côtes occidentales elle renferme, depuis Astrakan jusqu'à Astrabad, un grand nombre de petites îles. Le fond de son bassin, tantôt pur, tantôt chargé de coquilles, porte souvent, à la distance de quelques milles d'Allemagne des bords, jusqu'à cinq cents toises de Russie de profondeur; mais lorsqu'on approche du rivage il est partout si bas, que les plus petits bâtimens, pour peu qu'ils soient chargés, sont presque toujours obligés de rester en rade; ainsi l'on voit qu'un vaisseau de ligne ne pourroit point naviguer sur cette mer sans obstacles.

Lorsque l'on considère la mer *Caspienne* renfermée de toutes parts dans les terres, & qu'on fait de plus réflexion que ses bords avoisinent de très-hautes montagnes, on conçoit aisément pourquoi la navigation y est d'une nature tout-à-fait différente de celle qui se pratique dans les autres mers. Il règne sur cette mer certains vents principaux qui y exercent un empire si absolu, qu'on y est très souvent privé de la ressource qu'on voudroit se procurer en louvoyant. C'est aussi ce qui fait qu'on ne peut pas dire qu'il y ait sur toute l'étendue de ses côtes un seul port qui soit parfaitement sûr. On a observé que ce sont les vents de nord, de nord-ouest & d'ouest qui soufflent le plus fréquemment, & qui y excitent les plus violentes tempêtes. Le long de la côte orientale, ce sont les vents d'est qui dominent le plus; aussi les vaisseaux qui se rendent de la Perse à Astrakan, dirigent-ils volontiers leur route le long de cette côte.

Je dois faire remarquer qu'il y a cette différence entre les bassins de la *Caspienne* & de la Mer-Noire, qu'ils ne se prêtent pas également à un émissaire qui donne issue aux eaux du trop plein. Il suffit effectivement de jeter les yeux sur les contours des deux bassins où ces eaux sont rassemblées, pour se convaincre qu'elles affluent de tous côtés; ce qui annonce les pentes générales dans tout le contour du bassin de la *Caspienne*, & l'impossibilité qu'il s'y forme un émissaire; car aucune pente ne favorise le débouché des eaux au-dehors. La même raison prouve qu'un débouché souterrain, pour cette mer, ne peut avoir lieu vers le golfe persique; car beaucoup de rivières, dans cet intervalle, coulent vers la *Caspienne* en sens contraire.

Si je jette les yeux sur la Mer-Noire, je trouve que, du côté du Bosphore, il n'y a point d'eau courante qui y afflue dans une grande étendue de ses côtes, & que c'est au milieu de cette étendue qu'a dû s'ouvrir l'émissaire. C'est ainsi que les considérations générales conduisent à l'explication des différens phénomènes que nous offrent les grands amas méditerranées: on voit que les dehors de la Mer-Noire favorisent l'ouverture de l'émissaire du Bosphore, & nous prouvent qu'en tout tems elle a dû se lier avec les autres parties de la grande Méditerranée, dont elle est un appendice naturel & considérable.

Quoique l'étendue de ce grand lac soit immense, rien n'est moins varié que les productions qu'il renferme dans son vaste bassin; ce qui vient certainement de ce que, n'ayant pas de communication avec l'Océan, il ne peut en tirer aucune de ses inépuisables productions. Mais aussi les êtres vivans que ce lac nourrit, s'y multiplient tellement, que les Russes, qui savent seuls tirer parti de ce grand réservoir, le regardent, à bon droit, comme une source intarissable de richesses. On conçoit que c'est des poissons de la mer *Caspienne* que nous voulons parler, & de leur pêche, qui fait la grande occupation & le principal métier de tous les peuples qui habitent les bords du Wolga & du Jaïk. On distingue cette pêche, dans la langue des commerçans, en grande & en petite pêche. Ils comprennent, dans la première, les esturgeons, les béluges, les sterlets & les sewrugues. La petite pêche comprend la brême, l'idus, l'ablette aux yeux rouges ou *cyprinus erythophtalmus*, le meûnier ou *cyprinatsus*, le *cyprinus rutilus*, l'ablette, le *cyprinus caspius* Linné, le barbu, le *cyprinus jeses*, le brochet, la tanche *cypritinica*, le saumon, le *cyprinus fario*, la bielaja ribiza des Russes, espèce de saumon toute nouvelle, &c.

Les phoques ou veaux-marins sont les seuls quadrupèdes qui habitent la mer *Caspienne*; mais ils y sont aussi tellement abondans, qu'ils y deviennent un moyen considérable de subsistance pour quantité de personnes, ainsi que dans le Groënland. Les variétés en sont extrêmement nombreuses; elles se réduisent néanmoins uniquement à la différence des couleurs: il y en a de tout noirs, d'autres qui sont tout blancs, d'autres blanchâtres, d'autres d'un blanc tirant sur le jaune, d'autres qui sont de couleur de souris, & d'autres qui sont tachetés comme le tigre. Ils se traînent, à l'aide de leurs pattes de devant, du fond de la mer sur le rivage des îles, où ils deviennent la proie des pêcheurs, qui les assomment avec de gros bâtons longs d'une aune & demie. A mesure qu'on en expédie un, il en arrive successivement quantité d'autres au secours de leur malheureux camarade, & ils n'y viennent que pour subir le même sort. Ils ont la vie singuliérement dure, & sont en état de recevoir plus de trente coups vigoureusement assénés avant de la perdre ; il leur arrive même souvent de vivre encore plusieurs jours après avoir été frappés à outrance. Ce qu'ils redoutent le plus, c'est le feu & la fumée ; aussi dès qu'ils en apperçoivent, ils se hâtent de retourner dans l'eau. Le vent ni la pluie ne leur font rien. Ces animaux deviennent extrêmement gras. Il paroît chaque année, sur la mer *Caspienne*, plusieurs petits bâtimens qui partent d'Astrakan uniquement pour aller prendre des veaux-marins. Il leur est enjoint de ne point s'arrêter ailleurs qu'aux îles, parmi lesquelles il y en a surtout une très-renommée, entre K flar & Derbent, que l'on nomme, à cause de cette pêche, l'*Ile aux veaux-marins*.

Si la mer *Caspienne* est peu riche en quadrupèdes, elle l'est encore bien moins, toute proportion gardée, en d'autres productions naturelles qu'on trouve fort abondamment dans l'Océan. On n'y rencontre ni zoophytes ni aucun vers du genre des mollusques. Il en est de même à l'égard des coquilles, dont on ne pêche que certaines espèces.

Les eaux de la mer *Caspienne* ne sont rien moins qu'homogènes. Le nombre considérable de fleuves & de rivières qui s'y jettent d'une part, & de l'autre la constitution de son fond, y occasionnent bien des mélanges. On peut dire en général que les eaux de ce grand lac sont salées ; mais quoique toute la côte occidentale de cette mer s'étende depuis le 46e. jusqu'au 35e. degré de latitude septentrionale, & qu'on pourroit en conclure, par analogie, que ces eaux doivent contenir beaucoup de sel, le résultat des expériences faites dans le Ghilan prouve le contraire, & il est certain que, par les vents de nord-nord-est & de nord-ouest, la salure de cette mer diminue beaucoup, quoiqu'on puisse également présumer, avec fondement, qu'elle doit une grande partie de cette salure aux mines de sel existantes le long de ses deux rivages, tant de celles qui sont déjà connues, que de celles dont la découverte est encore réservée à la postérité. Comme la profondeur des eaux va en diminuant, de pied en pied, à mesure qu'on approche du rivage, ce qui rend les atterages si difficiles, de même aussi la salure de ces mêmes eaux s'adoucit en proportion de leur proximité de la terre ; il arrive aussi fort fréquemment que, lorsque de violens vents du nord soufflent, ils font entrer, par les embouchures des fleuves, des volumes considérables d'eau entiérement douce, mais trouble & tellement chargée de terres, que ces masses d'eau s'étendent jusqu'à trois à quatre lieues en mer. Ces variations que la mer éprouve jusqu'à une certaine distance de ses rives, & qui sont occasionnées par les eaux qu'elle reçoit de l'embouchure des rivières & des fleuves, sont plus ou moins considérables, selon la nature des vents qui soufflent. Elles se manifestent aussi par la couleur de l'eau, qui, dans ces endroits, paroît tantôt trouble, tantôt blanche, tantôt jaune, jusqu'à ce que ces eaux, venant à se confondre entiérement avec celles de la mer, & que leur couleur reprenant pour lors le dessus, on voie reparoître cette couleur de vert-tendre, affectée à l'Océan & à toutes les autres mers méditerranées qui communiquent avec lui.

On sait que toute eau de mer conserve, indépendamment de son goût salé, une amertume très-sensible ; on sait encore qu'il faut attribuer ce goût, non-seulement marin, au sel, mais encore au mélange de différentes matières qui s'unissent, dans la mer, au sel marin, comme les bitumes, le sel de Glauber, &c. Les eaux de la mer *Caspienne* ont par-dessus tout cela une autre amertume qui fait sur la langue une impression semblable à l'amertume de la bile des animaux, propriété qui est particulière à cette mer, & qui n'est pas néanmoins également sensible dans tous les tems. Lorsque les vents de nord & de nord-ouest ont régné long-tems avec violence, cette amertume se fait sentir à un degré considérable, tandis qu'elle se manifeste beaucoup moins par le vent de sud. D'où peut donc venir cette amertume ? Comme les observations qu'on a faites à Baku & à Saillian ont fourni d'avance la solution de cette question, ainsi nous allons la donner d'une manière claire & satisfaisante.

La mer *Caspienne* est environnée, dans sa partie occidentale, par le mont Caucase, dont la chaîne principale, prise dans sa largeur, & qui s'étend depuis Derbent jusqu'à Aschraff, n'en est pas la prolongation. Ce sont ces mêmes montagnes qui, décrivant une courbe près d'Astrakan, se dirigent vers le côté oriental de la mer *Caspienne*, & qui, en se perdant près de l'embouchure du Jaïk, où elles ne sont plus que des montagnes du second rang & disposées par couches, font couler dans la Russie & dans la Sibérie les richesses que ces heureuses provinces renferment dans l'intérieur de leur sol. Comme le Caucase est un magasin inépuisable de substances combustibles, il produit en conséquence une quantité étonnante de métaux dans son sein ; aussi voit-on partout, lorsqu'on le suit dans sa longueur, jaillir du pied de cette chaîne immense, tantôt des sources chaudes, tantôt des sources de naphte de différentes qualités ; ailleurs on trouve du soufre natif ou de la mine de vitriol, ou enfin des lacs dont l'eau bouillonne d'une manière très-sensible. Or, le pied du mont Caucase formant immédiatement le rivage occidental de la mer *Caspienne*, on conçoit aisément qu'il doit lui communiquer un grand nombre de ces substances. Mais c'est surtout au naphte, dont il y a une si prodigieuse quantité dans plusieurs des contrées qui environnent cette mer, qu'il faut attribuer la vraie cause de l'amertume qui est particulière à ses eaux ; car il est certain que ce bitume y coule des montagnes, tantôt dans toute sa pureté, tantôt confondu avec d'autres matières, par des canaux cachés & souterrains qui lui ouvrent un passage depuis les lieux les plus reculés de l'intérieur de ces mêmes montagnes jusqu'à la mer, où il s'unit à ses eaux salées. On doit concevoir par ce que nous venons d'établir, pourquoi l'eau de la mer *Caspienne* est plus amère lorsque les vents soufflent du nord ou du nord-ouest ; c'est qu'il est constant que ces vents détachent alors plus de naphte, & le poussent plus abondamment vers la mer. On pourra comprendre de même pourquoi ses eaux ne sont jamais aussi amères à leur superficie ; & surtout dans la proximité du rivage. C'est que, dans l'un & l'autre cas, ces mêmes eaux y sont moins chargées de sel, & que le naphte que le sel lie ordinairement avec l'eau, est alors, ou emporté plus loin par les vents, ou précipité vers le fond.

Mais le naphte ne communique pas seulement aux eaux de la mer *Caspienne* ce goût amer dont nous parlons, il est encore la matière productrice d'un sel amer qui, d'une part, est fort nuisible, tandis qu'on pourroit, à d'autres égards, en tirer une grande utilité. Les eaux de cette mer, soumises aux épreuves chimiques, ont prouvé qu'outre le sel de cuisine, elles en contiennent un autre qui est le sel de Glauber ; que ce dernier s'y trouve dans une proportion considérable ; qu'il y est uni avec le sel marin, & qu'il est même dominant dans ce mélange.

Comme la mer *Caspienne* n'a aucun écoulement, elle s'étend le long de ses bords dans les terres, & dépose dans ces endroits des lits de sel dont la superficie se trouve au niveau de la surface de l'eau. Les deux grandes steppes qui se prolongent depuis son bassin actuel, vers l'est & vers l'ouest, sont principalement composées d'une terre salée, où le sel se forme, par efflorescence, en cristaux réguliers ; ce qui fait aussi que les pluies & les rosées salées ne sont rien moins que rares dans leur voisinage. Le sel des marais salans d'Astrakan & le sel qu'on trouve en efflorescence dans les steppes, ne sont nullement un sel de cuisine pur, mais altéré par le sel amer dont nous venons de parler. On observe quantité de lieux où ce dernier se manifeste en cristaux sous la forme qui lui est particulière, sans aucun mélange de cristaux de forme cubique. Or, c'est uniquement à ce sel amer qu'il faut imputer la cause des plaintes qu'on ne cesse de faire contre le sel d'Astrakan. Toutes les substances grasses & oléagineuses ont une tendance à la putréfaction, & un sel gras doit nécessairement gâter tout ce qu'on faie avec ces matières impures. Un étang salé qui fournira une année du sel marin assez pur, peut être entièrement gâté l'année suivante. Ce seroit donc une chose très-utile si, avant de l'employer, on pouvoit le dégager de tout son sel amer, & ne faire usage que d'un sel de cuisine pur, & sans un mélange pernicieux. On remédieroit, par un tel moyen, à bien des inconvéniens ; on préviendroit quantité de dommages très-réels, & les revenus de la Couronne en acquerroient une augmentation bien sensible.

On a beaucoup écrit sur l'augmentation & la diminution de la mer *Caspienne* ; mais la majeure partie de tout ce qu'on a publié sur cet objet se trouve absolument faux. On remarque bien, à la vérité, une certaine élévation, suivie d'un abaissement dans ses eaux ; mais on n'a jamais apperçu la moindre régularité dans la succession de ces deux états. On voit bien aussi s'amonceler sur les côtes de ce grand lac, des dunes, tantôt très-sensibles, tantôt presqu'imperceptibles, tantôt hautes & escarpées, tantôt basses & d'une pente facile ; & comme ces dunes disparoissent quelquefois, selon que les circonstances changent, il en est de même des îles. Tout cela dépend beaucoup des variations des saisons ou des vents, & les fleuves qui se précipitent dans cette mer y contribuent encore d'une manière plus efficace.

Nous ferons mention, à l'article SAREPTA, des fortes présomptions qui existent en faveur de l'extension des côtes de la mer *Caspienne* dans des tems fort reculés. M. de Buffon croit que la Mer-Noire communiquoit autrefois avec la mer *Caspienne*, & il place le canal de communication de ces deux mers près de Tria ou, pour mieux dire, près de Zaryzin, c'est-à-dire, à l'endroit où le Don & le Wolga se rapprochent le plus l'un de l'autre. Mais M. le professeur Muller réfute sur ce point M. de Buffon, par la raison que, dans les environs de Zaryzin, le terrain est élevé & montueux ; & M. Pallas place au contraire le détroit qui joignoit anciennement ces deux mers, dans la contrée où le Mantysch, qui dirige son cours vers le bas Don, prend sa source, à l'endroit où le terrain élevé, qui règne le long de la Sarpa, vient se terminer par un angle arrondi vers sa pointe. Cette contrée, où, comme nous venons de le dire, le Mantysch prend son origine à cent quatre-vingts werstes environ des sources de la Sarpa, présente une plaine fort basse de plus de vingt werstes de large, dont le sol est singuliérement salé & marécageux, & de plus entrecoupé de plusieurs petits lacs qui abondent en sel marin. Au sortir de cette plaine, le Mantysch dirige son cours vers l'ouest, à travers un terrain bas, très-étendu, dans un espace d'environ cent werstes, & entre de-là dans une vaste plaine aride, qui se prolonge jusque vers le Don & vers la steppe de la Crimée, à l'entrée de laquelle on trouve deux grands lacs salés. Entre les sources de la Sarpa & du Mantysch on voit continuellement à l'ouest la haute terre, laquelle présente des angles saillans de pur sable, tandis qu'on ne découvre à l'est qu'une steppe entiérement unie, si ce n'est dans la proximité des hautes terres, où le terrain forme des ondulations occasionnées par l'extrémité des promontoires qui viennent se perdre en mourant dans la plaine. Cette même plaine qu'on retrouve en-deçà du Mantysch, y est pareillement couronnée par une haute terre qui règne entre cette rivière & le Kuman, & enfin, vers la source de cette dernière rivière, par les montagnes avancées du Caucase. C'est donc ici que la steppe orientale a dans des bas-fonds une communication ouverte, tant avec la steppe de la Crimée, qu'avec d'autres steppes situées vers la Mer-Noire. Or, cette steppe orientale conserve toutes les traces d'un terrain abandonné par la mer *Caspienne.* Si l'on s'en rapporte aux informations faites à cet égard, les steppes de la Crimée, ainsi que celles qui avoisinent la Mer-Noire, sont absolument de même nature & pareillement salées dans la plus grande partie de leur étendue.

Si donc le niveau de la Mer-Noire, avant qu'elle se fût procuré un écoulement par le canal de Constantinople, étoit élevé de plusieurs toises au dessus de son niveau actuel; élévation à laquelle quantité de fleuves & de rivières qui traversoient dans ces tems reculés des contrées plus couvertes de bois & plus humides, ne pouvoient manquer de contribuer par l'abondance des eaux qu'ils y apportoient, il faut, suivant les apparences les plus vraisemblables, que toutes les steppes de la Crimée, du Kuman, du Wolga & du Jaïk, & les plaines de la Grande-Tartarie jusqu'au-delà du lac Aral, n'aient formé qu'une seule mer qui embrassoit, par un canal étroit & de peu de profondeur, dont le Mantysch découvre encore les vestiges, l'angle septentrional du Caucase; & qui décrivoit deux golfes également vastes & profonds, que nous retrouvons encore aujourd'hui dans la Mer-Noire & dans la mer *Caspienne.*

On a encore allégué d'autres observations relatives à l'ancienne extension de la mer *Caspienne*, & à sa communication avec la Mer-Noire; mais il s'en faut beaucoup que tous les faits qu'on a recueillis & allégués, puissent être adoptés comme des preuves convaincantes de cet ancien état des choses.

Ainsi, par exemple, il résulte des observations qu'on a faites sur les niveaux des eaux du Don ou Tanaïs & du Wolga, que le lit du premier fleuve est de soixante pieds plus élevé que celui du Wolga à même hauteur, & que la mer *Caspienne*, dans laquelle le Wolga se décharge, est beaucoup plus basse que toutes les autres mers voisines. Ainsi cette différence dans les niveaux de ces deux mers rend un peu douteuse leur communication.

On doit aussi regarder comme une foible preuve de cette communication, les débris des joncs & des plantes marines qu'on trouve dans les couches voisines des bords de l'Elkanka, où la haute terre s'approche du Wolga, & semble, au jugement de M. Pallas, former les limites d'une espèce de golfe.

Pour discuter tous ces faits comme il convient, & les apprécier suivant leur vraie valeur, il faut distinguer bien nettement ce qui peut appartenir aux dépôts particuliers de cette mer, lorsqu'elle étoit plus étendue, de ce qui est l'ouvrage de l'ancien Océan qui a couvert la plus grande partie des continens voisins. L'élévation subite du terrain, le bord sabloneux & escarpé de la partie supérieure qui se trouve du côté du désert, les baies & les promontoires que ce talus décrit, donnent lieu, comme nous l'avons dit, de conjecturer l'ancienne extension de la mer *Caspienne.* De même la nature salée du désert inférieur, dont le sol argileux abonde en coquillages qui sont exactement les mêmes que ceux qui se trouvent actuellement dans cette mer, achève de donner la plus grande probabilité à ces conjectures. Ce qui achève de faire croire que de vastes contrées ont été couvertes autrefois des eaux de la *Caspienne*, ce sont, 1°. l'uniformité du terrain qui se présente dans toute l'étendue des déserts du Jaïk, des Kalmoucks & du Wolga, où l'on ne trouve partout qu'un sable pur, lié à la vase du fond de la mer; 2°. cette salure générale du sol; 3°. ces bas-fonds innombrables; enfin ces lacs salés, distribués dans ces mêmes contrées.

D'un autre côté, si l'on examine le terrain qui s'étend le long de la Sarpa, entre le Wolga & le Don, ainsi que les hauteurs d'une contrée renfermée entre le Wolga & le Jaïk, on peut présumer de même que tout le sol a fait partie du bassin de la Mer-Noire lorsqu'elle étoit aussi plus étendue. On est d'autant plus autorisé à penser ainsi, que, dans les terrains plus élevés, terrains disposés par couches, on ne trouve plus la salure générale du sol, mais des dépôts de coquillages marins par bancs suivis & appartenant visiblement à l'ancien Océan; enfin, une terre végétale noire qui se couvre de gazon. De même, si l'on remonte plus haut du côté du Wolga, le sol est composé de bandes de coraux & de coquillages qui diffèrent essentiellement des coquillages qu'on trouve dans la mer *Caspienne* & dans la Mer-Noire: ceci nous annonce l'ouvrage d'une ancienne mer antérieure aux amas d'eaux isolés & particuliers de la *Caspienne* & de la Mer-Noire. C'est ce travail qu'il importoit de distinguer d'un autre postérieur un peu mieux qu'on ne l'a fait, pour bien établir l'ancienne jonction des deux lacs; c'est avec cette attention que nous allons reprendre tous ces faits, & présenter tout ce que les voyageurs ont dit sur ces deux mers sans aucune discussion particulière que les lecteurs pourront faire eux-mêmes.

L'élévation subite du terrain, le talus sabloneux & escarpé de la partie supérieure de la mer *Caspienne* vers la steppe, les baies & les promontoires que ce talus décrit, & plus encore la nature salée de la steppe inférieure, dont le sol argileux est si abondamment mêlé de coquillages, donnent lieu à des conjectures très-vraisemblables, non-seulement sur l'ancien état tant des steppes du Kuman, que de celles des Kalmoucks & du Jaïk, qui se ressemblent partout si parfaitement, mais aussi sur l'extension de la mer *Caspienne* dans les anciens âges du Monde, & sur la communication qui a pu exister entre cette mer & la Mer-Noire; conjectures qui s'accordent singuliérement avec les idées que Tournefort, *Voyage au Levant*, tom. I, pag. 80, & tom. II, pag. 63, a cru pouvoir mettre en avant, non sans beaucoup d'apparence de vérité, sur l'ancienne séparation de la Mer-Noire d'avec la mer Méditerranée; sur l'accroissement des eaux de la première beaucoup au dessus du niveau de la seconde, & sur l'écoulement de ces eaux dans la mer Méditerranée.

Cette multitude de coquillages épars sur toute la steppe du Jaïk, des Kalmoucks & du Wolga, coquillages qui en tout point sont les mêmes que ceux qu'on trouve dans la mer *Caspienne*, & que l'on ne rencontre jamais dans les rivières voisines; cette uniformité du terrain dans toute l'étendue de ces steppes, lequel ne présente partout, hors les places couvertes de sable volant, qu'un pur sable lié avec de la vase du fond de la mer, ou une argile jaunâtre, sans la moindre trace de gazon & sans couches d'autres substances, jusqu'à un lit d'argile auquel on ne parvient qu'à une profondeur assez considérable; la salure générale de ce sol, produite en grande partie par le sel marin; ces innombrables marais & lacs salés; ajoutez à cela cette égalité continue du terrain dans tous ces vastes déserts, on trouve dans ces faits des preuves incontestables que toutes ces contrées doivent nécessairement avoir été couvertes autrefois par les eaux de la mer *Caspienne*; & quoique ces plaines aient été abandonnées depuis nombre de siècles par cette mer, il est arrivé, soit par un effet de l'aridité de leur position dans un climat fort chaud, soit par celui de la salure primitive qui s'y trouve maintenue par la nature argileuse de la couche inférieure, que ces terres ont toujours produit uniquement des plantes de la nature de celles qui demandent une terre ou des eaux salées, & qui par conséquent ne rendent, par leur destruction, que peu de terre & beaucoup de sel; il est arrivé, dis-je, que ces plaines n'ont point encore pu se couvrir de terre végétale ou de gazon, ni d'aucune sorte quelconque de bois.

Il est ensuite très-manifeste que le terrain élevé qui s'étend le long de la Sarpa, entre le Don & le Wolga, ainsi que les hauteurs du district qu'on appelle l'*Obtschei-Sirt*, entre le Wolga & le Jaïk, ont été les anciennes côtes de la mer d'Hyrcanie lorsqu'elle avoit encore toute son étendue; car c'est dans ces hautes terres que les terrains disposés par couches commencent à se montrer; que la salure générale du sol disparoît; que sa superficie se couvre d'un gazon épais, & offre une couche supérieure de terre noire, assez épaisse; enfin, que les coquillages marins particuliers à la mer *Caspienne* ne se montrent plus nulle part; & si l'on rencontre plus haut, le long du Wolga, là où les terres élevées commencent à devenir plus montagneuses, des bancs entiers de coquillages & de coraux, ils proviennent nécessairement d'une inondation du Globe, & bien plus forte, & bien plus ancienne, d'autant plus que les productions marines, renfermées dans ces couches, sont toutes de la nature de celles qui ne se trouvent ni dans la mer *Caspienne* ni dans la Mer-Noire, mais seulement dans les profondeurs de l'Océan.

On peut demander à juste titre par quel événement naturel la mer *Caspienne*, qui reçoit par les fleuves qui s'y rendent un volume d'eau assez égal à celui qu'elle perd par l'évaporation, puisqu'on n'y remarque plus, depuis tant d'années, une diminution bien sensible, a pu en perdre en une fois un volume assez considérable pour mettre à sec un espace de terrain très-certainement plus élevé de quinze toises au moins que le niveau actuel de cette mer, & d'une aussi vaste étendue que le sont les plaines des déserts qui règnent depuis le bas Don jusqu'au Jaïk, & depuis le Jaïk jusqu'au lac Aral, & derrière ce lac vers les monts Urals, qui sont un prolongement méridional des monts Moguldshariens. Si l'on admet la supposition que Tournefort a rendue très-vraisemblable, savoir, que les montagnes du bosphore de Thrace ne faisoient qu'une seule & même masse, & formoient une digue qui séparoit la Mer-Noire de la mer Méditerranée, de manière que la première de ces mers, qui recevoit dans son sein d'aussi grands fleuves que le Danube, le Dniester, le Niéper, le Don & le Kuban, offroit au milieu des terres un lac immense dont le niveau se trouvoit beaucoup plus élevé que celui de la mer Méditerranée & de l'Océan. Si l'on ajoute que, par la rupture de cette puissante digue, occasionnée par l'action successive des eaux, les eaux de la Mer-Noire se sont versées avec impétuosité dans la mer Méditerranée pour se mettre à leur niveau, & que la première chute de cet énorme torrent a occasionné des inondations qui, selon les plus anciens monumens de l'Histoire, ont désolé une partie de la Grèce & des îles de l'Archipel, on parviendra, non-seulement à expliquer cette diminution de la mer *Caspienne*, mais les traces visibles qui subsistent de l'ancienne hauteur de la dernière de ces mers, donneront encore bien plus de poids à l'opinion de Tournefort.

C'est dans ce même tems que les chiens de mer, les différentes espèces d'esturgeons, le sauclet (*atherina*), l'aiguille de mer & les coquilles appelées *peignes*, ont pu se rendre dans la mer *Caspienne*, qui, par sa position actuelle, est trop éloignée de toutes les autres mers pour que ces différens êtres vivans aient pu y parvenir. Aussitôt que la Mer-Noire eût trouvé moyen de verser ses eaux dans la Méditerranée par la Propontide, la première chute de son niveau convertit une grande partie de ses bords peu profonds & plats, en steppes salées. La mer *Caspienne*, qui ne tenoit à la Mer-Noire que par un détroit peu profond, s'en trouva bientôt entiérement détachée, parce que le niveau de cette dernière ne tarda pas à se trouver beaucoup plus bas que le fond de ce détroit, & depuis la mer *Caspienne* ne fut plus qu'un grand lac resserré dans les terres; mais comme elle ne recevoit pas des fleuves aussi abondans ni en aussi grand nombre que la Mer-Noire, & que, faute de communication, les eaux de cette dernière n'affluoient plus dans les siennes, il y eut encore, tant par l'évaporation, qu'à la suite de la retraite des eaux, un plus grand espace de terrain le long de ses côtes basses, qui fut découvert; ce qui resserra cette mer dans ces bornes encore plus étroites; & ce n'est peut-être qu'alors que cessa pareillement la communication qu'elle avoit avec le lac Aral. Ce qui étoit auparavant des bancs de sables se convertit en sable volant, qui forma des éminences pareilles à celles qu'on trouve dans le sable de Naryn & vers le bas Wolga; ce qui étoit antérieurement des îles parut sur le fond de cette mer desséchée, de petites montagnes, telles que pourroient être celles d'Inderski & quelques autres. D'un autre côté, quantité d'endroits plus enfoncés, après que les eaux se furent écoulées des terrains unis, restèrent lacs ou marais salés, tels qu'il s'en trouve en si grande quantité dans les steppes.

En vain objecteroit-on contre une diminution aussi visible de la mer *Caspienne*, le rapport des voyageurs qui ont observé, près de Baku, que la mer y gagnoit sur les terres, & avoit même déjà englouti une partie de la ville. Mais si l'on considère la nature du terrain dans cette partie, on trouvera plus de vraisemblance à admettre ici un affaissement de terrain, qu'un accroissement de la mer *Caspienne*, qui ne sauroit en aucune façon avoir lieu; tandis qu'au contraire la seule inspection de tous les pays qui environnent la partie septentrionale de la mer *Caspienne*, ne permet pas de douter qu'elle n'ait souffert une diminution beaucoup plus considérable que la mer Méditerranée & que toutes les autres mers connues: on peut même présumer qu'elle diminue encore tous les jours. Mais sans supposer seulement, ainsi que nous venons de le faire, le passage subit que la Mer-Noire paroît s'être frayé dans la Méditerranée, ne pourroit-on pas attribuer à la seule diminution qu'éprouvent toutes les mers sans exception, & qui paroît assez généralement adoptée, la séparation qui s'est faite entre la mer *Caspienne* & la Mer-Noire d'une part, & le lac Aral d'une autre, ainsi que le desséchement des détroits de communication, qui a dû peu à peu en résulter dans des tems beaucoup plus rapprochés des nôtres? Ne pourroit-on pas alors également concevoir comment cette communication une fois interrompue, tout s'est établi comme nous le voyons de nos jours?

Le périple de la mer *Caspienne* est de six cent quatre-vingt-dix lieues marines, suivant la Carte de Danville, & de sept cent quarante suivant celle de Guldenstadt. On y voit différens golfes, mais tous dépendant des rivières qui s'y jettent. Plusieurs auteurs qui ont fait la description de la mer *Caspienne*, ont supposé qu'il y avoit, du côté de l'occident, des goufres par lesquels ils l'ont fait communiquer à la Mer-Noire. Le Père Avril suppose avec les mêmes fondemens, qu'elle a des communications souterraines avec le golfe Persique; mais ces suppositions absurdes ne sont plus adoptées que par les auteurs qui ne peuvent renoncer aux erreurs anciennes lorsqu'elles ont quelque chose de merveilleux; elles ne peuvent reparoître que dans les compilateurs des Anciens. Ceux qui sauront apprécier tout ce que nous savons certainement sur cette mer, ne douteront plus qu'elle ne soit un simple lac qui n'a aucune communication ni avec l'Océan ni avec la Mer-Noire. Les coquillages qu'on y trouve de nos jours prouvent d'ailleurs qu'elle n'a jamais fait partie de l'Océan, puisqu'elle ne renferme pas d'autres espèces de coquilles que celles qui habitent les fleuves, & point du tout celles qui peuplent l'Océan ou la Méditerranée.

On a beaucoup écrit sur l'augmentation & la diminution successive des eaux de cette mer. Les uns prétendent que cette élévation est toujours uniforme; d'autres disent qu'elles augmentent pendant trente à trente-cinq ans, & qu'elles diminuent pendant le même espace de tems, & ils portent cette augmentation jusqu'à cinq à six sagènes. Ce qu'il y a de bien certain, c'est qu'on remarque de tems en tems une augmentation ou une diminution des eaux de la *Caspienne* sans aucune régularité, & il est à présumer que ces effets doivent être attribués à toutes les causes qui occasionnent l'augmentation ou la diminution des eaux des fleuves.

Le docteur Halley prétend dans son calcul sur l'évaporation des mers, que la mer *Caspienne* doit perdre une telle quantité d'eau, que, malgré celle des fleuves qu'elle reçoit, elle seroit à sec si ces eaux ainsi évaporées n'y retomboient pas en partie, soit par les rosées, soit par les pluies.

Sur les côtes de ce lac immense, on voit beaucoup de dunes s'amonceler, tantôt hautes & escarpées, tantôt basses & d'une pente douce: il en est de même de certaines îles qui paroissent & qui disparoissent comme ces dunes. Ces phénomènes naturels dépendent des vents qui tourmentent continuellement une matière aussi mobile que le sable. On ne trouve sur toute la côte qui règne dans le Daghestan, qu'une seule & même roche, sans aucune interruption.

On remarque, sur cette mer, des courans particuliers; ils sont dus à certains vents qui donnent directement ou obliquement sur le rivage, & qui agissent sur les eaux en raison de sa distance ou de son élévation. Plus le courant est près du rivage, plus il présente de résistance. Lorsque ce courant est dans son activité, il est impossible de se mettre en mer en partant du rivage; il y porte même fortement les bâtimens qui sont en rade; heureusement qu'il diminue de force en pleine mer, & qu'il est suivi du calme.

Près de la rive occidentale, en tirant depuis Astrabat, vers le nord, jusqu'aux plaines rouges, ce courant se fait sentir avec moins de violence, par la raison que la côte a moins d'élévation de ce côté. L'on ne sent pas ce courant partout où le rivage est très-bas, & le rivage est très-bas depuis Kiouk jusqu'aux îles Koulelip, depuis le golfe d'Embinsk jusqu'au Jaïk, & depuis ce fleuve jusqu'aux quatre collines & à l'île de Tchesnaia.

Cartes de la mer Caspienne.

Les embranchemens qu'on donne à la mer *Caspienne* me paroissent aussi peu fondés que le détroit qu'on suppose réunir, à travers l'Apennin, la mer Tyrrhénienne à l'Adriatique. L'un de ses embranchemens se prolonge jusqu'au golfe Persique, & l'autre s'étend jusque dans la Scandinavie. On a trouvé, d'après des observations assez avérées, que le bassin de la mer *Caspienne* étoit plus étendu qu'il ne l'est actuellement; mais rien n'indique qu'il ait formé ces embranchemens. La forme du terrain, soit entre la *Caspienne* & le golfe Persique, soit entre la *Caspienne* & la Scandinavie, ne paroît pas plus s'être prêté autrefois à ces épanchemens d'eau ou à ces communications, que l'Apennin au détroit de la Toscane.

C'est par une suite de la même erreur que l'on réunit la Mer-Rouge à la mer Adriatique. Il suffit de considérer le massif qui se trouve entre l'extrémité du golfe Arabique & la Méditerranée, pour s'être opposé de tout tems à cette communication & à l'épanchement de l'Océan dans l'Adriatique, en jetant les yeux sur la forme du golfe Arabique & la marche primitive des eaux qui l'ont ouvert, & qui ont dû se porter de Suez dans l'Océan. D'un autre côté, la Méditerranée se seroit plutôt jetée dans le vallon du Nil, qu'elle n'auroit pu franchir les bords orientaux de cette vallée; mais rien n'a pu favoriser le débordement de la Mer-Rouge dans la mer Adriatique, en supposant même une élévation assez considérable dans le niveau des deux mers.

En comparant les trois figures successives de la mer *Caspienne*, il est visible que celles d'Abulféda & de Ptolomée n'ont pu être les anciennes formes de son bassin. Les bords sont trop en ligne droite. On doit concevoir que, dans la supposition où l'eau de ce lac ait été plus élevée comme dans les premiers tems, elle devoit rencontrer des vallées où elle se seroit enfoncée en formant des golfes. Au lieu de ces formes, c'est la figure actuelle qui a plus de ces contours, & c'est cependant le cas où le bassin est le plus resserré: donc on ne peut pas partir de la forme de la *Caspienne*, telle qu'elle se trouve dans les anciens géographes, pour en conclure qu'elle a éprouvé des changemens. On doit donc s'appuyer sur d'autres raisons pour prouver que la mer *Caspienne* a diminué, & ces mêmes raisons nous autorisent à lui donner une forme contraire à celles des anciens géographes.

Il paroît que les Anciens ont mal connu la mer *Caspienne*. Ils ont cru d'abord qu'elle communiquoit à la Mer-Glaciale; en conséquence ils prirent les bouches du Wolga pour un détroit, pour un prolongement de l'Océan septentrional. Il paroît que ce sont ces erreurs que l'auteur du *Monde primitif* a voulu consacrer dans sa Carte, persuadé que ces suppositions étoient l'état primitif de ce lac; mais il ne nous dit pas comment la mer *Caspienne* auroit pu communiquer à l'Océan septentrional à travers un pays qui est fort élevé, & qui a une grande pente, & vers la Mer-Glaciale, & vers le bassin de la *Caspienne*; ce qui nous est prouvé par les longues vallées des fleuves qui se jettent dans l'une & dans l'autre de ces deux mers.

On fait plus: on réunit le Pont-Euxin à la mer *Caspienne*. Cependant on ne paroît pas bien instruit des pays par où cette communication a pu se faire; car on semble ignorer que l'isthme qui sépare ces deux lacs est fermé à l'ouest par les sommets élevés du Caucase, qui étend ses branches au midi, & sépare les deux bassins. On peut en juger par le grand nombre de fleuves à l'est & à l'ouest de cette chaîne, & même un peu au nord, les uns allant dans la mer *Caspienne*, & les autres dans le Pont-Euxin. Mais cette communication n'auroit-elle pas pu avoir lieu par l'élévation de l'eau des deux lacs, dont l'un auroit remonté le long du Wolga, & l'autre par le Don ou le Tanaïs, &, en formant ainsi des golfes, se seroient liés ensemble? Les environs & les intervalles des embouchures des deux fleuves sont fort plats, & l'on pourroit dire que la mer d'Azof seroit les restes de ces baies.

En suivant les dépôts horizontaux qui se trouvent distribués tout autour des côtes de la mer *Caspienne*, on pourroit donner une Carte de son étendue ancienne. Cependant il faudroit bien distinguer, avant de faire usage de ces observations, ces dépôts & ces couches des dépôts de l'ancienne mer; car le bassin de la *Caspienne* peut être primitivement établi au milieu de ces couches, comme certaines parties de l'Océan actuel: tels sont certains golfes & certaines manches. Ce ne sont donc point ces dépôts auxquels il faudroit s'attacher, & il est à croire que les dépôts formés réellement par la *Caspienne* ont une disposition & une organisation particulières. J'y comprendrois volontiers ces amas de sel qui se trouvent dans les golfes

golfes du Wolga & du Jaïk, & qui me paroissent un de ces dépôts modernes de la mer *Caspienne*, cependant dans ses premiers états d'extension.

Ptolomée donne beaucoup d'étendue à la mer *Caspienne;* mais peut-on compter sur les dimensions qu'a ce lac dans la Carte de cet ancien géographe, pour en conclure qu'il a éprouvé une grande diminution?

On argumente des erreurs de quelques anciens géographes, pour prouver que la mer *Caspienne* s'étendoit jusqu'à la Mer-Glaciale. Pline a pris cette hypothèse de ces mêmes écrivains qui n'avoient rien observé sur les côtes de cette mer, & cela paroît suffisant à certains compilateurs pour soutenir que cette union a eu lieu. On nous cite en preuve de cette union les bancs de sel, sans nous fixer l'époque de leur formation. Tous ceux que nous connoissons, semblent dater du tems de la formation des couches horizontales. Ainsi ces dépôts remontent à des époques trop éloignées pour être cités en témoignage de l'union de la mer *Caspienne* actuelle avec la Mer-Glaciale actuelle, s'ils appartiennent aux couches horizontales où toutes ces contrées étoient couvertes par l'Océan; mais si ces bancs de sel sont parmi des dépôts modernes, ils prouvent seulement une certaine élévation des eaux de la *Caspienne* le long de ses bords dans certains golfes, mais non sa jonction avec la Mer-Glaciale. Ce qui prouve d'ailleurs que cette jonction n'a pu se faire comme on le suppose, c'est la grande élévation du terrain entre la Mer-Blanche & la mer *Caspienne*. On peut en juger par la longueur du cours du Wolga d'un côté, & celle du cours de la Peczora & de la Dwina de l'autre.

Les dépôts de la mer en couches horizontales qui sont dans cet intervalle, ne peuvent servir à établir cet épanchement de l'eau de ces deux mers; car il est certain que ce ne peut être la *Caspienne* & le prétendu golfe de la Mer-Glaciale qui aient formé ces dépôts, mais l'état primitif de l'ancienne mer, qui a couvert bien d'autres parties de la surface de nos Continens qu'elle a abandonnées depuis, & c'est à la suite de cette retraite que les formes du bassin de la Mer-Glaciale d'un côté, & du bassin de la *Caspienne* de l'autre, se sont établies à peu près comme elles sont aujourd'hui.

Il faut bien distinguer les dépôts de la mer *Caspienne* comme lac isolé, de la mer *Caspienne* comme faisant partie de l'Océan, & couvrant toutes les moyennes hauteurs de l'Asie. L'auteur du *Monde primitif* ne paroît pas assez instruit pour sentir les motifs de cette distinction, ni assez au fait des résultats de ces deux époques pour assigner les caractères des uns & des autres dépôts.

Je ne puis comprendre comment la presqu'île de l'Inde auroit pu être une île; car il est certain qu'elle est traversée, au milieu, par une chaîne de montagnes semblables à celles de l'intérieur de l'Asie, & qui se lient naturellement avec ces dernières. Ces formes s'opposent nécessairement à de pareilles suppositions.

D'un autre côté, je ne doute pas que le golfe des Anciens, qui aboutit aux rivières de Siam, n'ait pu être autrefois prolongé dans les terres. Ce que les voyageurs nous rapportent de ces contrées, autorise la supposition de ce prolongement; car la partie inférieure du sol qui borde les rivières de Siam est fort basse, & paroît formée de dépôts qui ont éloigné insensiblement la mer en comblant le bassin du golfe.

On suppose, par exemple, la mer *Caspienne* fort élevée, & communiquant au Pont-Euxin qui est dans le même état; mais on n'indique nulle part les effets de l'augmentation du Pont-Euxin qui auroit dû s'annoncer, par une surabondance de ses eaux, dans le détroit de Constantinople ou dans la mer de Marmara: on ne fait point remarquer en conséquence la diminution de la superficie & du nombre des îles de l'Archipel. Cependant tous les observateurs qui ont vu les environs du Pont-Euxin & de sa communication avec l'Archipel, nous disent qu'il a eu plus de largeur; que ses eaux ont couvert les environs & quelques îles de la Grèce, ainsi que nous l'apprennent Pline & quelques autres écrivains. On n'a donc pas mis, dans les diverses parties de cette ancienne forme du bassin de la mer, la disposition correspondante de cette ancienne forme & des limites que les circonstances semblent exiger.

Je vois qu'on s'est occupé d'un objet sans être en état d'apprécier au juste la relation qu'il avoit nécessairement avec d'autres. En un mot, on n'a pas vu toutes les parties que l'Océan a dû inonder dans l'hypothèse de sa plus grande élévation & de l'extension de son bassin, proportionnellement à cette élévation. On n'a donc pas embrassé toute l'étendue de son sujet; on ne l'a vu que d'une manière incomplète & fausse par conséquent: il faut donc mettre beaucoup plus d'ensemble dans toutes les hypothèses que je discute ici.

CASSEL, ville du département du Nord, chef-lieu de canton, à deux lieues nord de Hazebrouk. *Cassel* a une belle fontaine, dont les eaux sont très-bonnes. De la terrasse de l'ancien château on jouit d'une vue intéressante; car on découvre toute l'étendue de la mer, depuis Ostende jusqu'à Douvres en Angleterre. Il y a douze usines où l'on fait de la bière & de l'huile de colza.

Je puis citer la colline sur laquelle est située cette ville comme une des îles terrestres les plus remarquables, tant par sa position, que par sa hauteur. Il en est de même de la colline voisine sur laquelle étoit établi un couvent de Récollets. Je dois faire remarquer d'abord que ces deux îles terrestres sont dans une position telle que de tous côtés il en sort des ruisseaux qui ont contribué, par la destruction qu'ils ont opérée, à leur donner une forme arrondie, & à les détacher de toutes les masses pareilles qui se trouvent dans les environs : ainsi ces îles terrestres sont dans la position qui convient à toutes ces îles. Si tout le terrain des environs étoit à la même hauteur que ces îles, on doit être étonné de la quantité des déblais qui se sont faits dans cette contrée de l'Artois. Peut-on croire que ces foibles ruisseaux aient pu opérer des changemens aussi considérables? L'abaissement de la surface du terrain n'auroit-il pas changé aussi l'état de ses eaux courantes?

CASSINUM. Cette ancienne ville, dont on ne voit que les ruines à Casino, étoit située sur le penchant de la montagne, au sud-est de l'endroit où est actuellement l'abbaye du Montcassin, dans le nouveau Latium, qui porte aujourd'hui le nom de *Campagna felice* ou *Terra di Lavoro*.

La situation élevée de l'abbaye du Montcassin fait qu'on y a des orages fréquens : il ne se passe guère de mois que le tonnerre n'y tombe & n'y fasse quelque dégât. On y ressent aussi, toutes les années, de petites secousses de tremblement de terre.

La montagne de Cairo, qui est près de là, est si haute, que quand on est dessus on peut voir les deux mers.

CASSIS, bourg du département des Bouches-du-Rhône. C'est un petit port de mer qui n'est pas en bon état, mais dont la rade est défendue par un ancien château. Le territoire de *Cassis* est fertile en bons vins & en fruits, dont il se fait un grand commerce.

CASTAGNETA (Valle), village du Siennois, situé sur les frontières de l'État romain.

On y admiroit, avant 1787, un cep de vigne qui avoit cinq pieds de circonférence dans sa partie la plus grosse, sur quatorze pieds d'élévation au dessous de ses ramifications. Il fut arraché par un ouragan, & recueilli par le frère du docteur Santi, qui l'envoya au Jardin des Plantes de Pise, où on le voit encore.

CASTELAS (Écueil, Calanque & Cap du), département du Var, arrondissement de Toulon, à la côte nord-ouest de l'île du Levant ou Titan, entre la pointe du clocher & la calanque des Rousses.

CASTELAS (Mont du), arrondissement de Toulon, canton de Cuers, à deux lieues deux tiers nord-nord-ouest d'Hières. Il a de l'est à l'ouest une demi-lieue de longueur.

CASTELET (le), rivière du département de l'Arriège, canton d'Ax, commune de Perles, près de l'Arriège. Il y a une forge sur la rive gauche de cette rivière, exactement au dessus du Saut-de-Perles, & près du village de ce nom. Les eaux de cette rivière, après avoir servi un moulin à scier, sont conduites, par un canal, dans les bassins du Mail & des trompes de la forge. On y fait usage de la mine de Vic-de-Sos.

CASTELET-SAINT-CASSIEN, département des Basses-Alpes, arrondissement de Castelane. Sur les montagnes appelées *Quédau* est un petit lac nommé *Déligny*, dont les bords présentent des morceaux de cristaux assez gros.

CASTEL-GANDOLFO. *Castel-Gandolfo* est un village bâti sur une hauteur, d'où l'on a une très-belle vue, près du lac appelé *Lago-Castello*, avec un château pontifical, seule maison de campagne des Papes. L'air y est infiniment meilleur qu'à Rome.

De *Castel-Gandolfo* à Albano il y a un mille. On va à Albano par deux allées, l'une qui règne le long du lac, & l'autre qui est à droite du chemin. Ces deux allées sont formées presqu'entièrement par des chênes verts d'une grosseur prodigieuse. Il y a aussi des chênes ordinaires. Les villages de ce canton communiquent entr'eux par des avenues bien plantées & en bon air. Les paysages qu'on y voit, sont très-propres aux études des peintres; car la nature y est très-belle & très-variée.

CASTELLANE, ville du département des Basses-Alpes, sur le Verdon, à deux lieues & demie sud-est de Senez. Dans la plaine, à un quart de lieue de Notre-Dame-du-Plan, on trouve une fontaine un peu salée, qui coule en si grande abondance, qu'à sa source elle fait tourner un moulin. On remarque qu'elle donne une plus grande quantité d'eau lorsque le vent du nord souffle. Elle finit par se perdre dans le Verdon.

CASTELLAUN, ville du département du Rhin & Moselle. C'est une assez jolie ville, située dans un aspect agréable, & environnée d'une trentaine de villages. Son territoire est fertile, & la culture des terres y est avantageuse : leurs produits y font l'objet d'un commerce considérable.

CASTELLAZZARA, haute chaîne de montagnes situées dans le Siennois, au sud-est du Montamiata, qui, au premier apperçu, pourroit être prise pour la continuation ou la prolongation de cette grande montagne volcanique.

Ces montagnes s'appellent *Castellazzara*, du nom d'un château qui est situé au sommet de l'une d'elles.

La principale d'entr'elles, visitée par Georges Santi, ne lui a présenté que des masses calcaires, & principalement d'albâtre veiné, dans la formation desquelles on ne trouve aucun vestige du feu, & qui donnent la conviction que ces montagnes, si l'on en excepte la circonstance du voisinage, n'ont aucun rapport avec le Montamiata.

CASTELLOTIERI, petit bourg de Toscane, situé au milieu des productions volcaniques, & construit même sur de hautes roches de tuf celluleux, semblable à celui du Poggio di Zampino & di Montorio.

L'eau de ce bourg est mauvaise. L'humidité des fossés & des torrens, & le voisinage des bois & des halliers dont les environs sont encombrés, rendent ce séjour très-peu salubre.

CASTELNAU-DE-DURVAN, village du département de l'Arriège. A environ onze cents toises de cet endroit est une forge nommée *de Tourné*, qui va sept à huit mois de l'année. On y emploie la mine de fer de Vic-de-Sos.

CASTELNAU-DE-MAGNAC, ville du département des Hautes-Pyrénées, arrondissement de Bagnières. Cette ville est située dans une contrée fertile en pâturages, & arrosée par les sources de presque toutes les rivières qui traversent ce qu'on appeloit autrefois l'*Armagnac*.

CASTELNAU-DE-RIVIÈRE-BASSE, ville du département des Hautes-Pyrénées, arrondissement de Tarbes. Cette ville est située sur un coteau très-élevé, au bas duquel est une plaine d'une vaste étendue, traversée par deux rivières appelées *l'Adour* & *la Rose*. On y pêche d'excellent poisson : la truite & l'alose y sont fort communes. Tous les coteaux sont chargés de vignobles. Ceux exposés au midi produisent des vins excellens. Les fruits ont une saveur & un parfum très-agréables. Les cuisses d'oie & les jambons sont transportés à Bayonne, sous le nom de *jambons de Bayonne*. En général, tout est bon, tout est sain à *Castelnau-de-Rivière-Basse*. L'air qu'on y respire, contribue à prolonger l'existence au-delà du terme ordinaire de la nature.

CASTELNUOVO, château & montagne en Toscane. Ce lieu est remarquable par des lagons, des mofètes & des eaux chaudes propres à faire des bains. Nous allons donner la description de ces différens objets curieux.

Les lagons (*lagoni*) occupent presque tout le fond de la vallée située entre le château & la montagne. Ils s'étendent le long de cette vallée en suivant la direction du torrent Riputido; ils sont en très-grand nombre; mais on ne peut les compter à cause de leur forme irrégulière, & parce qu'ils communiquent les uns avec les autres. Aucun de ces lagons n'est aussi grand que le plus petit de ceux de Monte-Cerboli (*voyez cet article*) : il n'y en a pas non plus où l'on voie bouillonner la boue comme dans ces derniers. Ceux de *Castelnuovo* n'offrent pas des trous & des ouvertures profonds : ce sont plutôt des espèces de petites cavités, qui sont distribuées dans le fond des différens fossés qui communiquent au torrent. La petitesse des lagons de *Castelnuovo*, pris séparément, est peut-être la cause pour laquelle beaucoup de gens du pays ne leur donnent pas le nom de *lagoni*, mais celui de *fumachi*, à cause de la fumée abondante & continuelle qui s'en exhale. Les écrivains qui en ont parlé, les appellent cependant *lacunæ* & *lacones*. Quelques-uns de ces lagons renferment une vase de couleur plombée ou cendrée : il y en a d'autres dans lesquelles l'eau est presque claire; mais ils bouillent & bouillonnent tous avec un grand bruit. Quelques-uns, qui bouillent à sec pour ainsi dire, frémissent comme l'huile qui est dans une poêle, & soufflent par des accès qui se succèdent rapidement les uns aux autres. Il y a des momens où ils ne jettent au dehors aucune fumée, de telle sorte qu'on peut commodément en observer la forme; mais bientôt après il s'en élève un nuage épais de fumée blanche, qui en dérobe la vue.

Outre les lagons primitifs & plus anciens, situés dans le lit du torrent & au fond des fossés qui en dérivent, il y en a beaucoup de petits & de seconde formation, sur les bords mêmes du torrent, pleins d'eau presque claire, qui bouillent aussi, & de la surface desquels il s'échappe de grandes vessies ou cloches qui finissent par crever, mais le plus souvent sans fumée. Les premiers lagons ont leurs sources sous de grandes masses de rochers, mises à découvert par les débordemens du torrent; les seconds sourdissent de dessous de petites roches à la superficie du sol. Ce sol est tellement constitué, qu'en faisant, sur les bords du torrent, une petite excavation, il s'y forme subitement un petit lagon qui bouillonne & qui souffle. C'est pour cette raison qu'on court risque de s'échauder les jambes en passant imprudemment sur ce terrain.

Dans quelques endroits du même rivage on voit de certains trous ronds & profonds, comme ceux que font les tarentules, desquels il ne sort qu'une vapeur très-chaude. Si l'on place sur ces trous une pièce d'argent, il s'y attache de petites gouttes d'une eau claire, insipide, mais qui a une odeur de soufre, & en moins d'une minute la pièce d'argent devient noire comme du fer. A l'extérieur de la plupart de ces trous qui exhalent cette vapeur, on voit des morceaux d'une substance semblable à la pierre ponce, qui font saillie au dehors en forme de toit. Cette substance est composée de lames filamenteuses un peu transparentes, qui partent de différens centres, & sont disposés comme les rayons d'une sphère; cette substance, dis-je, est entiérement insipide. Ces lames se décomposent en filets semblables à des aiguilles très-fines. Il paroît que ce n'est autre chose qu'un albâtre gypseux, auquel les exhalaisons minérales ont donné la substance la plus légère

& la plus tenue des cristaux, en laissant intacte la charpente cristalline qui d'ailleurs se détruit & se réduit en poussière avec le tems. On peut voir, sur plusieurs de ces morceaux, la décomposition graduelle de l'albâtre par les vapeurs des lagons, de manière qu'il ne peut rester à ce sujet aucun doute. Nous avons vu que les vapeurs des lagons rongeoient les rochers, & les calcinoient comme le feu; comment ne seroient-elles pas capables de ronger l'albâtre, qui d'ailleurs est fort tendre? Un naturaliste qui habiteroit ce canton pourroit faire des observations très-intéressantes sur la décomposition des pierres en les plaçant à côté des trous, & en faisant des espèces de squelettes au moyen desquels on connoîtroit comment elles sont composées, & quelle est leur structure primordiale.

L'examen de plusieurs de ces échantillons pourroit faire croire que ce ne sont point des albâtres décomposés, mais une agrégation singulière formée des parties terreuses des exhalaisons sulfureuses qui se cristallisent en lames déliées & transparentes, souvent recouvertes d'un détritus des pierres environnantes. On peut se fortifier dans cette opinion en examinant certaines croûtes cristallines détachées des lagons du monte Rotondo, qui sont composées de feuillets déliés d'une matière semblable à la sélénite, posés à côté les uns des autres perpendiculairement à la base sur laquelle les croûtes cristallines sont établies, & qui s'augmente par l'apposition successive d'une nouvelle matière sur les pointes des lames; de sorte que l'agrégation de toutes ces lames forme une espèce d'incrustation épaisse de trois doigts, & dont la surface est inégale. Les groupes de ces lames, qui se sont accrues inégalement, forment autant de protubérances: les intervalles qui restent entre ces lames sont remplis d'une terre de différentes couleurs, & qui sont les débris des pierres voisines des lagons: de tout cela il s'est formé une incrustation imprégnée d'acide vitriolique qui agace les dents.

Enfin, on trouve, autour des lagons, des morceaux épars de pierre ponce, assez semblable aux pierres ponces des volcans, c'est-à-dire, formées de lames & de filets presque vitreux, & qui représentent assez bien la texture intérieure des pains de sel ammoniac. Ces pierres n'ont aucune saveur, & sont fragiles sous la dent. On pourroit être fondé à croire que ces pierres ont quelque caractère analogue avec le sel ammoniac natif, ou avec quelques-unes des substances décrites sous les noms d'*alumen scissile pumicosum*, d'*alumen scariola* des Anciens, de *schiston*, de *trichites*, *&c.*; mais on ne connoît guère ces substances. On trouve aussi, avec ces espèces de pierres, beaucoup de morceaux d'incrustations sulfureuses, comme dans les autres solphatares. (*Voyez* SOLPHATARE.)

Dans certains endroits, c'est une sorte de terre rouge; dans d'autres, elle est jaune; ailleurs, elle est verte; enfin, dans d'autres endroits, elle est blanche ou couleur de cendres. Cette terre est légère, & craque sous les pieds comme si elle étoit sèche, quoiqu'elle soit humide. Lorsqu'elle est sèche, & qu'elle a une certaine consistance, elle s'exfolie comme le galestro; enfin, elle a la saveur de l'acide vitriolique & l'odeur du soufre. On peut soupçonner, avec quelque fondement, que ces terres doivent leur origine aux pierres, de différentes sortes, qui ont été détruites & colorées par les vapeurs des lagons, unies aux principes métalliques contenus dans les pierres mêmes. Effectivement, quand on observe la surface des rochers d'albarèse, dessous lesquels sort l'eau des lagons, & qui sont exposés à leur fumée âcre & caustique, on la trouve toute corrodée, se délitant par lames & par petits morceaux comme le galestro, & teints de différentes couleurs.

Outre ces terres on en trouve aussi une grande quantité d'une autre nature, & qui, tant par sa couleur que par son grain, semble, à la première vue, être une cendre que l'on auroit humectée. Elle a une saveur acide, mais sous la dent elle craque comme une cendre de pierre ponce. Les géodes qui sont formées de cette terre, sont spongieuses & remplies de lames plus ou moins grosses de soufre natif parfaitement pur. Il part de ces lames d'innombrables pyramides à trois faces, tout-à-fait semblables à celles de la sélénite. J'ajoute ici que la couleur de la matrice & des pyramides est d'un très-beau jaune, & bien plus vif que celui d'un soufre raffiné. Toutes ces compositions où il entre des mélanges de soufre ne doivent pas étonner, car il s'en forme beaucoup autour de ces lagons, c'est-à-dire, sur les bords de tous leurs soupiraux, & cette quantité est assez considérable pour que les fermiers des poudres le ramassent.

Quant à la chaleur des eaux des lagons, outre qu'elle varie beaucoup, il n'est pas aisé de la mesurer. Pour en donner une idée, il suffit de dire qu'on ne peut pas soutenir la chaleur de ces lagons lorsqu'on porte la main dans les trous qui bouillonnent, & qu'on ne peut détacher les pierres qui sont à l'orifice de ces trous sans risquer de se brûler. Les bergers des environs font cuire des marrons en les renfermant dans un sac, & en les tenant, pendant un peu de tems, plongés dans l'eau qui s'écoule de quelques-uns des lagons. Ils les mangent ensuite sans aucun inconvénient, quoique ces marrons sentent le soufre.

Hors de l'enceinte de tous ces lagons & des fumaches entre le nord & l'orient, il y a deux sources dont l'écoulement est continuel. La plus élevée sort d'une fente qui se trouve entre deux couches d'albarèse, & lance une gerbe d'eau dont la chaleur fait monter le thermomètre de Réaumur à 57 degrés au dessus du terme de la glace; de sorte qu'on ne peut la boire à sa source ni tenir la main plongée dans cette eau. Elle ne fume point, & n'a aucun goût acide; mais elle répand seulement une odeur de foie de soufre comme les bullicames.

Cette eau dépose aussi, comme celle des bullicames, sur les différentes parties du canal par où elle coule, des incrustations blanchâtres, peu dures, & qui ont l'odeur de soufre : elle incruste aussi, de la même matière, les plantes qui croissent dans le fossé où elle coule. De là cette fontaine passe dans un petit lac, dont le bassin a été creusé par main d'homme. Cette eau, tempérée par la course qu'elle a faite pour se rendre dans le lac, est très-propre pour la guérison des maladies de la peau & les douleurs invétérées de rhumatismes. Les habitans du voisinage s'y baignent, & en retirent de grands soulagemens.

Une autre source semblable, mais moins abondante, & située plus bas que la première, a les mêmes qualités, & produit les mêmes avantages.

Si nous revenons maintenant aux lagons, nous remarquerons qu'ils font un grand bruit par leurs différentes manières de bouillir & de bouillonner. On s'est apperçu que ce bruit est encore plus considérable à la veille de la pluie. Il y en a quelques-uns qui contiennent bien peu d'eau, & qui, n'ayant alors que des jets interrompus, ne produisent qu'un bruit semblable à celui d'une forge qui dépend d'un mouvement alternatif des soufflets. De même la fumée de ces lagons est plus fétide, plus épaisse, & s'élève beaucoup moins quand le tems est disposé à la pluie ; mais, au contraire, elle monte beaucoup plus haut lorsque le tems est calme & serein. Un semblable phénomène s'observe dans la plupart des eaux minérales chaudes, & il est aisé d'en sentir la raison.

Les lagons de *Castelnuovo* vont toujours en s'élargissant, & se prolongent, vers le haut de la montagne, d'occident en orient. On pense, avec quelque probabilité, qu'ils pourront s'unir avec ceux de Monte-Cerboli, situés sur la pente opposée de la montagne, & qui s'avancent d'orient en occident. On voit par-là que cette montagne doit être abondamment fournie de matière combustible, comme le font connoître, non-seulement les lagons dont nous venons de parler, mais encore les deux sources d'eaux chaudes & les mofètes dont nous parlerons dans la suite. Des champs qui étoient très-fertiles il y a quelques années, sont devenus présentement stériles, parce qu'ils sont remplis de trous & de crevasses occasionnés par les lagons. Quelques habitations qu'on avoit construites, il y a deux à trois cents ans, ont été abandonnées, parce que le sol s'est ouvert depuis ce tems, & qu'il s'y est formé un fumache qui, par des agrandissemens successifs, deviendra un lagon. Les murailles des habitations en sont crevassées par la ruine des fondemens, & il y a grande apparence qu'il ne subsistera plus, dans quelques années, aucun vestige des maisons.

L'agrandissement de ces lagons, & leur anticipation continuelle sur les terrains des environs, font voir que l'inflammation se propage successivement dans les foyers des lagons, & qu'elle s'étendra jusqu'à ce que la matière de ces filons soit épuisée. On ne peut douter qu'elle ne se consume de jour en jour, & que, dans plusieurs endroits, elle ne soit consumée depuis long-tems, surtout quand on observe, dans la vallée de *Castelnuovo*, plusieurs lagons épuisés & desséchés, c'est-à-dire, plusieurs endroits stériles hérissés de rochers corrodés & calcinés, comme ceux des lagons en activité, & qui ne diffèrent de ceux-ci que parce qu'ils ne fument plus, & que, l'eau ne bouillonnant plus, ils ne font plus de bruit, & enfin parce que l'eau qui y coule, est froide. Il est visible que les foyers de la chaleur étant éteints, les vapeurs ont dû cesser de se répandre au dehors avec bruit & fracas.

On a remarqué que les lagons du Volterre sont semblables à ceux de la Solphatare de Pouzzole, & que les lagons de Monte-Cerboli, dans lesquels bout la vase, sont semblables à un lagon que décrit Vallisnieri.

Il ne nous reste plus qu'à parler des mofètes de *Castelnuovo*, dont la description vient naturellement à la suite des lagons & des fumaches. Ces mofètes sont situées dans un lieu nommé *le Putizze:* on les apperçoit de loin, & on les reconnoît à deux grands rochers nus blancs ; mais on les distingue encore mieux, à mesure qu'on en approche, par l'odeur de soufre qu'elles exhalent, qui est insupportable & beaucoup plus incommode que celle des lagons ; car celle-ci est d'abord désagréable à la vérité, mais on s'y accoutume bientôt, & l'air qui les environne, semble faciliter la respiration, tandis que celui des mofètes appesantit la tête, & rend la respiration difficile.

La montagne où ces mofètes sont situées, est composée de couches inclinées à l'horizon d'une sorte de pierre de sable, de couleur fauve, où se trouve une grande quantité de mica. Ces pierres ont cette apparence aux environs de Putizze ; mais les vapeurs des mofètes ont blanchi ces pierres dans leur voisinage, les délitent par feuillets comme l'albarèse, & finissent par les réduire en poussière de couleur de cendres ; ce qui donne à ce sol un aspect fort hideux. En comparant ce que nous avons dit ci-devant des lagons, & ce qui est dit au mot LAGON, avec ce qui a lieu ici, on comprendra facilement que cette érosion est occasionnée par les parties très-subtiles & très-volatiles de l'acide sulfureux, qui se séparent de l'eau qui leur donne la forme de vapeurs, & qui deviennent ainsi plus caustiques : d'où l'on peut conclure que, non-seulement l'eau n'aide pas cette destruction des pierres, mais plutôt qu'elle l'empêche, surtout lorsqu'on voit que les pierres, dans les endroits où elles sont baignées par l'eau bouillante, & même un peu au dessus, sont saines & entières, & qu'elles sont seulement détruites dans le haut où règnent les vapeurs caustiques. Le débouché principal des exhalaisons pernicieuses est sous une grande couche de pierres, vis-à-vis de laquelle il y a une solphatare. C'est un sol formé d'une terre grasse un peu dure, semblable à la marne entre les bancs de pierres. Cette terre renferme de petits & de gros fragmens de pierres anguleux, mêlés avec du sable dont les grains sont liés & unis avec une pâte sulfureuse. Quelques-uns de ces morceaux sont si noirs, qu'ils paroissent être du charbon; mais on reconnoît aisément, parmi ces morceaux, la pierre de sable colorée par le soufre, & imprégnée d'un sel vitriolique.

Ces mofètes n'exhalent point de fumée : aussi ne contiennent-elles point d'eau, excepté dans les tems de pluie. Si l'on pouvoit y faire passer quelque ruisseau, cet endroit perdroit vraisemblablement la nature de mofète, & deviendroit peut-être un lagon (*voyez cet article*) ou au moins une solphatare, parce que c'est la même qualité de terrain. Nous avons beaucoup d'exemples de lieux qui ne deviennent des mofètes que lorsqu'ils manquent d'eau qui se charge de ces vapeurs nuisibles des mofètes.

On a retiré du soufre de la petite mofète qui est la plus voisine de *Castelnuovo ;* mais on ne s'est jamais hasardé d'en tirer de la plus grande, parce qu'elle est plus dangereuse, surtout dans les tems de pluies; car il s'en exhale alors des vapeurs d'une odeur insupportable, qui font périr tous les animaux qui sont à une certaine distance de l'ouverture. On trouve souvent dans cette atmosphère, des lièvres, des renards & des oiseaux que les vapeurs méphitiques ont tués. (*Voyez d'autres articles de* MOFÈTES *sous les mots de* GROTTE-DU-CHIEN, *de* PUITS DE PÉROLS, &c. *& l'article* MOFÈTE.)

CASTERA-VIVENT, village du département du Gers, canton de Valence. Ce village est près de l'Aloue, dans le ci-devant pays d'Armagnac, où sont deux fontaines minérales dans un vallon fertile. Elles sont connues sous le nom d'*eaux minérales de Verdusage.* Les vertus médicinales de ces eaux ont été reconnues, de tous les tems, pour être une ressource heureuse contre un grand nombre de maladies chroniques rebelles aux moyens connus de l'art.

CASTET, village du département des Basses-Pyrénées, canton d'Arudy, près le gave d'Ossau. On trouve de la mine de fer en chaux brune & solide, en montant le col de *Castet*, dans le penchant méridional de la montagne de Rey. Les environs de *Castet* renferment aussi de la mine de fer en chaux rougeâtre. On ne fait aucun usage de ces mines à cause de leur mauvaise nature.

CASTIGLIONE. *Castiglione* est une petite ville de quatre à cinq mille ames, située à dix lieues de Vérone, six de Brescia, & huit de Mantoue : on l'appelle *Castiglione del le Stiviere* pour la distinguer des autres villes d'Italie qui portent le nom de *Castiglione.* Cette ville appartient à l'Empereur d'Allemagne.

Le terrain entre Brescia & Mantoue est plein de cailloux & planté de mûriers ; celui entre *Castiglione* & Brescia est uni & commode : le chemin est très-beau, bordé d'arbres, de ruisseaux & de prairies, comme la plupart des routes de la Lombardie. Des vignes en guirlande, qui vont d'un arbre à l'autre, ombragent agréablement les chemins sans occuper beaucoup de place, & les mûriers qui les soutiennent, forment une autre espèce de produit, sans préjudice du grain qu'on sème sous ces arbres.

Dans l'espace qui sépare Mantoue de *Castiglione*, on trouve le lac de Garde, qui a onze lieues de long, & qui appartient en partie au territoire de Vérone. Au moindre vent le lac de Garde s'agite, & promène ses flots comme une véritable mer.

Toute la partie occidentale du lac, appelée *Riviera di salo*, est un endroit renommé par la beauté de ses rivages & par la multitude des orangers & des citroniers qu'on y cultive : il y a des mines de fer, des forges, des papeteries & une nombreuse population. Cette partie dépend du territoire de Brescia, & forme un commerce considérable.

La pêche du lac de Garde est un objet important : le poisson en est recherché dans toute l'Italie; aussi les truites, à Peschiera, village de ce canton, coûtent-elles fort cher.

Le carpione du lac de Garde est un poisson très-recherché, qui ne se trouve point ailleurs ; il est fort différent de la carpe : Linné & Artedt le mettent dans le genre du saumon ; il ressemble un peu à la truite; mais il est plus large & il a le ventre plus élevé. Sa longueur ne passe pas un pied. La chair en devient rouge quand elle est cuite : les écailles sont petites, la couleur du dos est moins obscure que celle de la truite ; mais il est parsemé de taches noires. Le ventre & les côtés sont argentés; la tête est luisante & la queue bleuâtre. On disoit autrefois qu'il se nourrissoit avec de l'or, pour exprimer l'excellence de ce poisson.

On pêche aussi dans ce lac, des truites, de grosses sardines & autres poissons qu'on envoie à Milan & à Parme.

Les eaux du lac de Garde ont surtout la qualité de blanchir le fil, de manière à le faire rechercher dans toute l'Italie : on ne sait pas si cela tient à l'eau seule; ou à l'air, ou au sol sur lequel on l'étend pour l'arroser ; mais cela réussit mieux au Lido salodiano, que vers les autres parties du lac.

Il y auroit beaucoup de choses à dire sur le sol du lac de Garde; mais ce sol ressemble à celui qui entoure les autres lacs d'Italie, & annonce le séjour de la mer de nouvelle date.

CASTRES. Dans la ci-devant province de Languedoc, à une lieue environ de cette ville & au nord-est, se trouve la grotte de Saint-Dominique. Elle est principalement située au lieu de la Roquette, ainsi nommé à cause de la multitude de rochers qui y sont tumultueusement dispersés. Parmi ces rochers énormes dont les angles sont arrondis, on en voit qui sont rompus par quartiers, les uns inclinés à l'horizon, & les autres posés dans une situation parallèle. C'est dessous ces rochers, & au pied de la montagne au sommet de laquelle ils sont dispersés, que se trouve la grotte de Saint-Dominique. Le premier vide qui se présente, ressemble à un sallon assez vaste qui a vingt-huit pieds de longueur, sur dix de largeur moyenne, & quinze pieds de hauteur. Le dessus est voûté en berceau, & les parois présentent des tas énormes de rochers qui ne se soutiennent que par leur contact mutuel. Le sol qui est irrégulier, est formé aussi par des rochers entassés les uns sur les autres, qui laissent entr'eux plusieurs intervalles, au milieu desquels on voit couler un ruisseau. Outre cela, l'eau découle de toutes parts dans ce sallon.

Au fond, il y a une ouverture irrégulière de quatre à cinq pieds de hauteur, sur trois à quatre de largeur : par-là on peut pénétrer dans des galeries souterraines qui ont sept à huit cents toises de longueur, sur dix à douze de largeur ; elles offrent de toutes parts des rochers qui ont presque tous la figure d'un sphéroïde alongé ; quelques-uns sont rangés de façon qu'ils forment une voûte qui paroît plutôt l'ouvrage de l'art, que l'effet de la nature. La chaîne qu'ils forment ainsi au plafond de ces galeries, se montre au dehors ; elle suit la pente ordinaire des croupes des autres montagnes. Sous ces arches qui s'élèvent à mesure qu'on s'éloigne de la grotte, coule un ruisseau qui fait un bruit considérable, & dont l'eau, peu abondante, a cependant assez de pente & de vitesse pour faire tourner des moulins à blé, voisins de la grotte.

Il y a grande apparence que c'est au jeu & à la circulation intérieure de l'eau de ces ruisseaux, qu'est dû ce désordre des rochers dont nous avons parlé, ainsi que les vides du sallon & des galeries souterraines qui se prolongent à une si grande profondeur dans le massif de la montagne. On voit là un échantillon du désordre que cause l'eau des sources aux environs de leurs réservoirs, particuliérement dans l'excavation de ces réservoirs. Nous en donnerons encore d'autres preuves à l'article SOURCES, auquel nous renvoyons.

C'est au lieu de la Roquette que se trouve un rocher qui tremble lorsqu'on l'agite avec une force modérée. (*Voyez ci-après.*)

C'est aussi dans le voisinage de *Castres*, au lieu nommé *la Montagnette*, qu'on trouve beaucoup de pierres priapolites. Le coteau de la Montagnette offre, vers l'orient, plusieurs ouvertures qui sont l'ouvrage de l'eau : ces ouvertures ont mis à découvert un rocher qui renferme un amas de ces priapolites ; c'est une masse calcaire fort dure, disposée par couches, au milieu de laquelle sont enchâssées les priapolites, qui s'y trouvent dans des situations différentes. Ces pierres, comme on sait, sont composées de plusieurs couches parallèles de différentes épaisseurs.

Les priapolites sont des espèces de stalactites formées par les dépôts de l'eau. Ce sont des grains de sable ou de terre unis par des sucs salins & cristallins, & même d'autres sédimens terreux ; mais je laisse cette explication aux naturalistes nomenclateurs.

Rocher tremblant de la Roquette, près de Castres.

Le rocher tremblant qu'on veut faire connoître, est peut-être un des phénomènes les plus curieux de la nature : il est distant de *Castres* d'environ une lieue, & se trouve placé au nord-est de cette ville ; il est le plus élevé de tous les rochers qui paroissent autour de la Roquette, ainsi nommée à cause de la quantité de rochers qui s'y trouvent ; il est situé sur le penchant de la montagne qui regarde le levant, & sur le bord d'un autre gros rocher qui sort de terre ; il a une pente d'environ six pouces, vers laquelle il est coupé à plomb. Sa forme est irrégulière ; elle approche beaucoup d'un œuf aplati qui porte sur le petit bout : la plus grande circonférence, qui est vers les deux tiers de la hauteur, est de vingt-six pieds ; la plus petite, qui est vers sa base, est de douze, & sa hauteur est de douze pieds : la masse fait donc un solide de trois cent soixante pieds cubes, & peut peser près de six cents quintaux. Il se trouve précisément placé à un des angles du rocher qui lui sert de base ; il est si près du bord, que la circonférence intérieure est éloignée seulement d'un pied & demi, & qu'un à-plomb qui passeroit par les endroits du roc les plus avancés, tomberoit au-delà de celui qui lui sert de base. Comme on a dit que la figure de ce roc tremblant étoit celle d'un œuf aplati, il faut nécessairement que les diamètres de la base soient inégaux, & que celui-ci soit convexe, de sorte qu'aux extrémités du plus grand diamètre, il s'en faut près de huit pouces qu'elle ne touche le rocher sur lequel elle est placée ; mais le rocher appuie sur toute la longueur du petit diamètre. Cette position d'une masse de roc d'un si grand poids & d'une si grande hauteur, dans un penchant où elle n'a presque point d'autre appui qu'une ligne, n'est pas la partie du phénomène qui mérite le moins l'attention du naturaliste. La pierre dont le roc tremblant est formé, est d'une nature fort dure & fort compacte. Malgré la dureté de ce roc tremblant, les curieux & les étrangers qui l'ont été voir, y ont néanmoins fait graver des caractères dont il est impossible actuellement de découvrir le sens, quelque combinaison qu'on en puisse faire. Un particulier de la Roquette en a cependant donné l'explication. Ces caractères gravés sur le rocher contiennent, selon cet habitant, deux inscriptions en langue italienne; l'une, désignée par les termes *Il più alto è quelche teme*, est une réflexion morale sur le danger où sont exposés ceux qui se trouvent placés dans les postes les plus élevés; ils sont dans une crainte continuelle; ils tremblent toujours: l'autre, conçue en ces mots, *Così al menti movassi, o dura phili*, renferme les souhaits d'un amant, pour que son amante puisse être émue aussi facilement que ce roc qui tremble. Ces deux idées s'accordent parfaitement avec le tremblement du rocher.

Le rocher tremblant piqua si vivement la curiosité de feu M. le Régent, qu'il s'en fit lever le plan en 1718, avec un détail de toutes les particularités qui pouvoient servir à le caractériser. Il est constant que le rocher en question se meut visiblement & d'une manière sensible, lorsqu'une certaine force lui est appliquée du midi au nord. On peut s'en convaincre par une expérience, qui a même été réitérée plusieurs fois; la voici: on appuie un bâton ou quelqu'autre corps près de ce rocher, du côté du midi; on lui donne quelques secousses; il se meut, il exerce des vibrations & des balancemens qui font que le bâton, ne se trouvant pas continuellement appuyé, tombe par degrés sur la base du rocher. Toute force ne suffit cependant pas pour le mouvoir. Celle qui seroit moindre que la force ordinaire d'un homme, ne lui causeroit point un ébranlement sensible: quoique le vulgaire prétende que le moindre mouvement, comme le vent, peut le faire mouvoir. L'observation ne s'accorde pas avec le préjugé: un seul homme toucha le rocher légérement, & n'y appliqua pas toute sa force: le roc resta immobile; & il ne commença à se mouvoir qu'après qu'on lui eût donné successivement plusieurs secousses. Quatre personnes, quoiqu'elles eussent agi de concert & en même tems, ne purent pareillement lui causer le moindre ébranlement à la première impulsion. Le vent ne fut pas plus capable de lui communiquer un mouvement sensible. Il régnoit cependant un vent de sud-est dans le tems de toutes ces différentes observations; il étoit même si violent, que les observateurs avoient peine à résister à ses secousses, & il ne put néanmoins mouvoir sensiblement ce roc, quoique le vent soufflât presque dans la direction suivant laquelle les ébranlemens se font. Il est cependant vrai de dire que, lorsque le roc est une fois en mouvement, il ne lui faut que la moindre action pour l'y conserver. C'est sans doute de là qu'est venue l'erreur que les observations que nous venons de rapporter, viennent de détruire. Il règne encore dans le pays une autre erreur qui n'est pas plus conforme à l'expérience, que la précédente: on prétend que le rocher en question ne tremble point, qu'il reste même immobile lorsqu'une grande force lui est communiquée; mais de nouvelles expériences prouvent sans réplique la fausseté de cette opinion: le roc n'a commencé de se mouvoir que lorsqu'un homme y a appliqué presque toute sa force; & quand plusieurs se réunirent pour le pousser tous à la fois, il remua de la même manière qu'il avoit fait lorsqu'une seule personne avoit agi. Ces dernières observations ne sont pas moins intéressantes que celles qui établissent le tremblement. On ne sauroit trop chercher à désabuser le public sur de fausses merveilles que veulent établir l'ignorance & le préjugé.

Il résulte de toutes ces observations, que le vent ou une action trop légère ne suffit pas pour mouvoir le rocher uniformément; qu'il lui faut une certaine force, & qu'il se meut également lorsque plusieurs forces se trouvent réunies.

Le roc tremblant exerce presque toujours ces balancemens du septentrion au midi, dans une direction perpendiculaire à la coupe de la pente du rocher sur lequel il est assis. Ces balancemens sont tels, que le bord de la base se soulève de trois lignes; qu'il se fait sept ou huit vibrations sensibles, & que la cime parcourt environ un pouce à chaque balancement; après quoi le roc perd presque tout le mouvement qui lui a été communiqué, & revient dans sa première situation. Cela posé, actuellement il est facile de concevoir comment un homme peut mouvoir sensiblement une masse aussi énorme, & pourquoi cette même masse, quand elle est une fois mise en mouvement, continue ses vibrations pendant quelque tems.

Dans la Carte de France, n°. 18, on remarque les ruisseaux suivans qui se perdent.

1°. Celui d'Assau, qui se perd auprès de la ferme d'Alzay, & reprend pour aller se jeter dans la rivière d'Agout.

2°. Le ruisseau qui se perd dans un vallon fermé au sud-est & à peu de distance de la ville de Soreze.

3°. Enfin, le ruisseau de Ravaille, qui se perd dans un vallon ouvert, situé auprès de la paroisse d'Aussilion.

CASTROGIOVANI, montagne & ville de la Sicile. Dans la plate-forme de la montagne sur laquelle sont les restes des anciens édifices d'Enna, & qui n'a que deux cents toises de diamètre, on voit quatre à cinq fontaines qui donnent peu d'eau, il est vrai, mais qui, dans l'été le plus sec, en donnent à peu près la même quantité qu'en hiver.

Cette montagne est élevée à une très-grande hauteur, dans une atmosphère exposée à l'ardeur du soleil. On se demande, dans le pays, comment cette montagne est assez humectée pour fournir de l'eau à cinq fontaines perpétuelles. On ne pense pas que cette eau lui arrive de quelque montagne plus élevée; car il n'y en a pas. La montagne de Calascibetta, & dont le sommet n'est qu'à un mille de distance du sommet de *Castrogiovani*, n'est pas plus élevée, & offre les mêmes phénomènes ; ce qui prouve que l'une ne fournit pas de l'eau aux sources de l'autre. Leurs formes sont pareilles, & les pierres des couches qui les composent, sont de la même qualité.

Outre ces cinq fontaines, cette montagne isolée répand à l'orient, au midi & au couchant une si prodigieuse quantité d'eau, que tous ces produits réunis dans le vallon y forment une petite rivière. Il est visible que cette eau n'est fournie à ces masses que par les vapeurs de la nuit, qui viennent flotter autour, & qui sont imbibées par les rochers spongieux. On peut voir à l'article AGRIGENTE cette facilité d'imbibition qu'ont ces rochers spongieux.

CATABBIO, village du Siennois, où l'on trouve de l'oxide noir de manganèse, formé de pièces irrégulières, souvent arrondies, celluleuses en dedans, & remplies d'oxide de fer rouge, ou jaune, ou brun, avec très-peu de silex.

CATARACTES. Les Anciens entendoient par ce mot, ce que les Modernes indiquent par les termes *cascades*, *sauts*, *rapides* ; c'est la chute des eaux d'un fleuve ou d'une rivière, occasionnée par des rochers qui, en arrêtant les eaux courantes, les forcent de s'élever & de s'accumuler de manière qu'après les avoir franchis, elles retombent ensuite avec grande impétuosité & grand bruit par une pente brusquée. C'est d'après une telle conformation des lieux, que les auteurs anciens nous ont parlé des *cataractes* du Nil. Nous renvoyons à l'article NIL ce que nous nous proposons d'en dire.

Nous avons donné, au mot CASCADES, l'indication de quelques chutes d'eau connues des voyageurs modernes, & décrites par eux.

Dans presque tous les lits des fleuves la pente va toujours en diminuant jusqu'à leur embouchure, d'une manière plus ou moins sensible ; mais il y en a dont la pente est très-rapide dans certains endroits ; ce qui forme ce qu'on appelle une *cataracte*, qui n'est autre chose, comme nous l'avons dit, qu'une chute d'eau plus vive que le courant ordinaire du fleuve.

Buffon a cru que les *cataractes* des fleuves & des rivières se trouvoient dans les pays où le nombre des hommes n'étoit pas assez considérable pour former des sociétés policées, & qu'alors les terrains étoient plus irréguliers, & le lit des fleuves moins égal & rempli de *cataractes* : ce qu'il ajoute, qu'il a fallu des siècles pour rendre le Rhône & la Loire navigables, ne me paroît avoir aucun trait aux *cataractes* ; car on peut bien faire des travaux pour contenir les eaux des fleuves, pour en diriger & en resserrer le cours ; mais je ne connois aucune *cataracte* qu'on ait fait disparoître, qu'on ait enlevée en nétoyant le fond des fleuves. Si la nature est brute & difforme assez pour forcer les fleuves à des chutes, je ne vois pas que les habitans, quelque nombreux & quelqu'industrieux qu'ils aient été, aient fait disparoître ces difformités quelconques. En nous bornant ici à la *cataracte* du Nil, voisine de Phile, & qui se trouve dans une contrée fort peuplée, dont les habitans ont entrepris & suivi des travaux publics d'une grande importance, nous pouvons citer ce monument d'histoire naturelle comme contredisant les prétentions du Pline français. Il resteroit aussi à considérer les différens sols qui nous offrent les *cataractes*, & à montrer que ce ne sont pas des pays nouveaux. Mais nous croyons devoir renvoyer au Mémoire où l'on discute ces différens points, à l'article de SENÈQUE, & où l'on développe ce qui concerne la géographie-physique des *cataractes*, en indiquant toutes les circonstances qui doivent intéresser les naturalistes.

Buffon a dit que les pays à *cataractes* étoient des pays neufs ; cependant il s'en faut bien qu'il nous en ait expliqué les raisons, ou cité les véritables circonstances. Je suis au contraire porté à croire, d'après l'examen que j'ai fait des pays à *cataractes*, que ce sont des pays fort anciens, c'est-à-dire, que les chutes ou *cataractes* se rencontrent dans les rivières dont les eaux courantes passent des cantons de granit à grain uniforme, à ceux de granit rayé, ou plutôt des cantons où dominent d'anciennes masses sur des masses plus modernes, ou enfin traversent les passages des masses dures aux masses tendres.

C'est ainsi qu'au Bas-Limousin le passage des granits au brasier m'a offert de ces chutes brusquées dans les lits des rivières ; de même dans les pays volcanisés, les extrémités des courans présentent autant de chutes dans le fond des vallons abreuvés que ces courans remplissent. Ainsi aucune de ces circonstances ne prouve que les pays à *cataractes* soient des pays anciens ou neufs.

Buffon auroit-il cru que les vallons foiblement ébauchés auroient rendu plus fréquentes les inégalités du sol qui forment les *cataractes*, que les vallons bien approfondis ? Mais cette circonstance n'y fait rien : c'est la dureté locale & inégale de la matière, qui fait les irrégularités dans la pente des lits des rivières. Une égale dureté partout ne fait point de *cataracte* ; une égale mollesse n'en fait pas davantage. C'est l'inégalité dans la dureté & dans la disposition des matériaux qui se trouvent le long du lit des rivières, qui occasionne les chutes & les cascades ; c'est le passage de l'ancienne terre à la nouvelle, &c.

Les chutes brusquées suivent les étranglemens qui ont lieu dans les vallons, soit primitifs, soit secondaires. C'est visiblement la dureté de la matière au milieu de laquelle le vallon a été creusé. Cependant si les parties superficielles du sol sont tendres, le vallon est pour lors évasé par le haut,

& n'eſt reſſerré que vers le fond, au niveau de la *cataracte* ou chute bruſquée.

Au-delà des chutes, les vallons s'évaſent & s'approfondiſſent en même tems, comme ils ſont reſſerrés le plus ſouvent avant la chute. Quant à la première circonſtance, il me paroît que deux raiſons influent ſur ces formes de terrain; la première eſt la moindre conſiſtance du ſol; la ſeconde eſt l'action de l'eau qui éprouve la chute.

Je reviens à l'aſſertion de Buffon, qui ne peut, comme je l'ai déjà dit, avoir d'application que dans les pays de volcans, & où les circonſtances qui occaſionnent les chutes ſont très-récentes, parce que les courans qui rempliſſent les vallons appartiennent à la première époque, & ſont poſtérieurs à la formation du ſol intact. Il eſt vrai que Buffon ne connoiſſoit pas ces circonſtances des pays volcaniſés lorſqu'il nous annonçoit ces aſſertions très-vagues, parce qu'il n'a pas cru pouvoir alors indiquer les contrées qui étoient dans le cas de les autoriſer.

CAUCASE. Le mont *Caucaſe*, ſuivant l'idée qu'en donne en général M. Guldenſtaed, eſt une chaîne d'Alpes véritables, qui court d'orient en occident, entre la Mer-Noire & la mer Caſpienne, dans un eſpace de preſque ſoixante-dix milles, ſur un mille de largeur.

M. Guldenſtaed n'eut pas alors le loiſir d'apprendre à connoître la partie méridionale de cette montagne; mais voici le détail qu'il donne de la partie ſeptentrionale. Cette montagne, où elle a le plus d'élévation, eſt couverte de glaces éternelles; elle s'étend à dix milles vers le ſeptentrion, où elle ſe perd dans une grande plaine qui a deux cents milles en carré, & qui eſt terminée à l'orient par les montagnes de la Sibérie, & à l'occident par celles de la Valachie. Les trois premiers milles de cette montagne, au-delà des glacières, ſont occupés par des Alpes moyennes, & la partie qui touche immédiatement les glacières eſt compoſée de granit. Le milieu eſt formé d'une ardoiſe noire & groſſière, & vers la fin on y trouve des pierres calcaires.

La montagne de pierres calcaires continue dans un terrain argileux de quatre milles en largeur: ce terrain eſt plat; il diminue inſenſiblement, & finit enfin par un promontoire qui eſt large d'un mille & demi, & qui contient du grès.

Ce promontoire ſe perd dans une plaine argileuſe d'un mille & demi, de laquelle s'élève un nouveau promontoire qui à peine a un mille en largeur. Au dernier promontoire finiſſent toutes les montagnes ſeptentrionales, & commence cette plaine immenſe dont nous avons parlé.

Elle préſente fréquemment une argile alcaline, un ſel commun & le natrum des Anciens, dont le natrum de la Paleſtine de Haſſelquiſt eſt ſûrement une eſpèce.

Dans les couches du promontoire qui eſt compoſé de grès, il y a des mines de fer, de pyrites, de ſoufre, du vitriol & des bains. Dans le grès, on trouve des pétrifications nommées *chamites*, mais en petit nombre.

Guldenſtaed n'a point trouvé de pétrifications au pied des Alpes: il y a au contraire beaucoup de pierres à fuſil, &, de loin en loin, des eſpèces de nids de ſpath rhomboïdal: on y trouve auſſi, mais plus rarement, des filons de quartz, qui contiennent des mines de cuivre & de plomb, & qui ſont en plus grande quantité ſur les plus hautes montagnes de granit.

Guldenſtaed obſerve donc que le *Caucaſe*, quant à ſes couches & aux productions qu'il renferme, confirme la théorie de M. Linné & de M. le conſeiller ſupérieur des mines, Gerhard, mais que, dans pluſieurs autres points, ces mêmes montagnes ſont auſſi contre cette théorie, en ce qu'elles ne finiſſent pas, du côté du nord, par des montagnes à couches, & que l'on n'y trouve point les couches d'ardoiſe qui devroient être entre celles de grès & celles de marbre.

Quant à l'ordre des ſaiſons ſur ces montagnes, le mois de juin, dans les hauteurs, fait le printems, celui de juillet l'été, celui d'août l'automne, & pendant le reſte de l'année tout eſt couvert de glaces & de neiges; à quoi on ne s'attendroit ſûrement pas dans un climat où, à Noël, les pieds de ces mêmes montagnes ſont encore couverts d'herbe, & où les violettes ſont déjà en fleurs à la fin de janvier. Ainſi l'hiver ne dure dans la plaine qu'un mois, durant lequel on voit à peine quelques floccons de neige. Guldenſtaed termine ſes obſervations ſur ces montagnes, en diſant que le ſéjour ne peut être que très-agréable dans une contrée où l'on peut éviter auſſi facilement le froid de l'hiver, que les chaleurs de l'été.

CAUDEBEC, ville du département de la Seine-Inférieure, arrondiſſement d'Yvetot. Cette ville eſt ſituée ſur la rive droite de la Seine, au pied d'une montagne couverte de bois. A une lieue & demie, ſur l'autre rive de la Seine, eſt la forêt de Brothonne, qui contient douze mille arpens. L'avantage que lui donne ſon port lui aſſure un commerce conſtant. Celui qu'elle fait en grains, vins, eau-de-vie, ardoiſes, planches, fer, charbon de terre, eſt aſſez conſidérable.

CAUNES (les), ville du département de l'Aude, arrondiſſement de Carcaſſonne. Il y a des carrières de marbre, entr'autres une que l'on conſervoit pour le roi. Dans les montagnes voiſines, on trouve neuf carrières de marbre blanc, noir, jaſpé, dit *porlot*, bleu-turquin auſſi jaſpé, appelé *cervelas*; un albâtre-tigré, & un blanc-incarnat; tous marbres intéreſſans & d'un grand uſage pour la décoration de nos appartemens.

CAUPENNE, village du département des Landes, arrondissement de Saint-Sever. Près de ce village on trouve une mine d'asphalte ou sorte de bitume au lieu nommé *Bastennes :* c'est là où l'on peut le recueillir en certaine quantité.

CAUS (Pays de). Ce sont des pays élevés, & dont la superficie est couverte de plusieurs bancs de pierres calcaires d'un grain serré, avec très-peu de terre végétale. A une certaine distance des limites de l'ancienne & de la nouvelle terre, on trouve de ces pays de *Caus* qui sont établis sur un système de pierre de sable, dont la surface va en s'abaissant à mesure qu'on s'eloigne de ces limites.

Les bords des pays de *Caus* (*cautes*) sont fort escarpés : on y voit la suite des bancs de pierres dures & de terres qui en forment le massif. Ces systèmes de bancs & de couches sont souvent parallèles à l'horizon, & quelquefois inclinés. C'est par leur matière calcaire qu'on les distingue des pays de schistes & des pays de granits, qui offrent des productions différentes & beaucoup plus de fraîcheur que les pays de *Caus*, par la manière dont l'eau des pluies y circule. On trouve aussi dans ces contrées beaucoup de coquillages déposés par la mer ; mais en même tems ils sont empâtés dans des bancs de pierres calcaires fort durs, & qui ont reçu une infiltration long-tems continuée.

C'est sur les *Caus* des diocèses de Mendes, de Vabres & d'Alais qu'on entretient ces troupeaux nombreux de brebis, dont le lait sert à faire les fromages de Roquefort.

Les *Caus* du Quercy, du Bas-Limousin sont de même nature que les précédens, & se trouvent placés de la même manière par rapport à l'ancienne terre du Limousin, & relativement à la pierre de sable qui forme une ceinture tout autour de ce massif. (*Voyez* PIERRE DE SABLE.)

Ce qu'il y a de remarquable aussi dans les pays de *Caus*, c'est qu'on y trouve peu d'eau circulant à leur surface, & un assez grand nombre de vallons fermés & sans débouchés superficiels, comme dans tous les autres vallons, l'eau pluviale étant absorbée à travers les bandes de *caus*, & circulant ensuite intérieurement sur la pierre de sable qui lui sert de base. (*Voyez* VALLONS FERMÉS, où tous ces phénomènes sont exposés en détail; *voyez aussi* l'explication d'une Carte où l'on a figuré un de ces pays de *Caus*.)

CAUSSADE, ville du département du Lot, arrondissement de Montauban, sur le Comte, ruisseau. Le commerce de *Caussade* consiste en grains, bestiaux, volaille, safran, fil de chanvre de bonne qualité ; toutes productions des environs. Il y a des fabriques de toiles communes, où l'on emploie cette production territoriale.

CAUX. C'étoit un pays & une contrée de la Haute-Normandie, borné au nord & au couchant par l'Océan ; au midi par le Vexin normand & le pays de Bray ; au levant par la Bresle, qui la sépare de la Picardie. Il peut avoir vingt-six lieues dans sa plus grande longueur, du levant au couchant, & huit lieues dans sa largeur, qui est à peu près égale dans toute la longueur de ce pays. Il y a peu de rivières, & l'on n'a de bonne eau qu'avec beaucoup de peine. Dieppe en étoit la capitale. L'air y est fort épais le long des côtes. Cette contrée est connue par sa fertilité, & surtout par la culture de ses terres. Les pâturages, outre cela, y sont très-bons, & le sol y produit en abondance toutes sortes de grains : on y recueille aussi quantité de fruits. Ordinairement les fermes & les villages sont entourés de pommiers & de poiriers. Une grande partie même des campagnes est plantée d'arbres alignés, qui n'empêchent point qu'on y sème & qu'on y recueille, comme ailleurs, toutes sortes de grains, tant la terre y est féconde. Le cidre & le poiré que l'on fait dans ce pays de la grande quantité de fruits qu'on y récolte, sont très-estimés, & les habitans en font leur boisson ordinaire ; ils en font aussi un très-grand débit pour Paris & ailleurs.

La volaille du pays de *Caux* est en grande réputation : on donne aux poules le nom de *gelinotes de Caux*. Le gibier & le poisson y sont bons & abondans ; les légumes y sont excellens : on y recueille beaucoup de lin & de chanvre de très-bonne qualité.

Tout le monde connoît la beauté du teint des Cauchoises, leurs grâces, la richesse & l'élégance de leur parure. Il n'est point d'habillement plus agréable, si on le compare à ceux des Alsaciennes & des Hollandaises, qui sont fort élégans.

Pour ce qui concerne l'histoire naturelle, les différentes contrées fournissent un grand nombre de fossiles, des fluors, des stalagmites & des géodes fort nombreux. Ce pays fait aujourd'hui partie du département de la Seine-Inférieure.

CAVAILLON, ville du département de Vaucluse ; elle est sur une hauteur & dans une île formée par la Durance. Le territoire de cette ville semble ne faire qu'un seul jardin : on y recueille abondamment toutes sortes de fruits & de denrées, tels qu'artichauts, pois verts, pêches, qui font, avec les mûriers, le plus important objet de commerce de cette ville. Elle doit la fertilité de ses terres aux eaux de la Durance.

CAVALAIRE (Calanque & Cap du), département du Var, arrondissement de Draguignan, entre le cap de Bonporteau & la grande plage de *Cavalaire*.

CAVALAIRE (Grande plage & Écueil de), du département du Var, arrondissement de Draguignan, canton de Grimaud, entre le cap de *Ca-*

valaire & la plage de Vergeron, qui est elle-même entre la plage & la pointe de *Cavalaire.*

CAVALLO (Ile de), l'une des seize îles de l'archipel Bissagos, située sur la côte occidentale d'Afrique, entre le Rio San-Domingo & le Rio Nuna Tristao, par 3 deg. de longitude O., & 11 deg. de latitude N.

CAVÉES. C'est ainsi que se nomment en Sicile des vallées profondes, qui ont été creusées dans les massifs à couches horizontales calcaires par les eaux pluviales torrentielles, depuis que la mer a mis, par sa retraite, ces parties du sol de la Sicile à découvert, & l'a livrée à l'action des pluies & des eaux courantes. Les *Cavées*, la plupart tortueuses, offrent de chaque côté des rochers taillés à pic, & des habitations creusées dans la roche, à une certaine élévation au dessus du terrain incliné, au fond duquel roulent les ruisseaux & les torrens qui ont creusé ces *cavées* par un travail fort long.

CAVERÉAU, petit hameau de la commune de Nouan, situé sur la rive gauche de la Loire, à neuf lieues au dessous d'Orléans. C'est là qu'on trouve une carrière d'où l'on tire deux sortes de pierres qui méritent l'attention des naturalistes; les unes sont des pierres calcaires d'un grain fin & de différentes formes & volumes, qui, au premier aspect, semblent représenter différentes parties du corps humain, mais qui, examinées avec plus de soin, ne sont que bizarres & singulières; les autres, du même tissu, offrent, sur certaines faces, des dendrites, c'est-à-dire, des tableaux de terrasses, de forêts, qui se trouvent répétés par une double empreinte sur les deux surfaces des fentes multipliées de ces blocs. A chaque coup de marteau, on fait sortir des fentes de ces pierres, des vergers, des terrasses chargées d'arbres, de plantes, d'arbrisseaux artistement dessinés, & gravés en noir sur des fonds blancs ou foiblement colorés.

Les carrières du *Cavereau* occupent, sur le bord de la Loire, un quart de lieue d'étendue; elles présentent un front de quarante à cinquante pieds d'élévation. C'est là que les habitans du *Cavereau* creusent tous les ans des fosses de douze à quinze pieds de profondeur, non-seulement pour en extraire les pierres de formes bizarres & celles qui contiennent des dendrites dont nous venons de parler, & avec lesquelles ils bâtissent leurs maisons, mais surtout pour y fouiller la matière qu'ils emploient à faire le blanc de craie qu'on nomme vulgairement *blanc d'Espagne*. Cette craie est grasse & liée, propre à se détacher en petites masses. Les habitans du *Cavereau* en forment d'abord de petits tas qu'ils pétrissent à pieds nus, en ôtant les petits morceaux de pierres dures qui s'y trouvent mêlés, & en y jetant de l'eau à plusieurs reprises.

Après cette première préparation de la craie, ils en composent des rouleaux gros comme le bras, puis ils les coupent par morceaux de la longueur d'environ quatre ou cinq pouces pour les mouler carrément; ensuite ils les mettent sécher au soleil, ou les arrangent sous des hangards lorsqu'il pleut. Tel est leur blanc d'Espagne commun, qu'ils nomment *grand blanc*, à la différence d'une autre sorte qu'ils appellent *petit blanc*, *blanc rond*, parce qu'il est effectivement arrondi en forme de mamelle: il est plus fin & plus pur que le précédent, parce qu'étant pétri à la main, il contient moins de gravier & de petites pierres.

Si nous revenons maintenant aux dendrites du *Cavereau*, nous nous convaincrons aisément qu'elles ont été formées par une substance ferrugineuse que l'eau dissout & charrie dans le sein de la terre, & qu'elle entraîne & dépose dans les fentes des pierres crayeuses à grain fin, & qu'elle distribue régulièrement sur les faces de ces fentes; & c'est en conséquence de la marche de la matière colorante, que les formes des arbres, des arbrisseaux, des plantes, se trouvent esquissées de manière à faire la plus grande illusion.

On distingue dans les traits des dendrites deux tons de couleurs remarquables: celles des fonds, qui offrent des nuances depuis le blanc-terne jusqu'au jaune-aurore, & ces nuances, servent non-seulement de base pour les objets figurés, mais encore de clair-obscur pour les détacher des fonds.

La couleur des figures est nuancée depuis le brun-pâle jusqu'au noir-foncé & luisant. Cette dernière couleur semble être à l'huile, & appliquée, comme un vernis, sur la précédente, qui paroît être à l'eau & à la détrempe. Aussi la couleur des fonds est-elle si légère & si peu tenace, qu'exposée à la rosée ou à la pluie, ou bien frottée avec un linge mouillé, elle s'enlève promptement; au lieu que celle des figures, étant lavée & frottée, n'en devient que plus fraîche, plus nette & plus brillante, jusqu'à paroître noire comme du jais.

Cependant lorsque ces pierres demeurent exposées aux injures de l'air pendant un certain tems, le coloris des objets s'affoiblit de plus en plus, & à la fin tous les traits s'effacent & disparoissent de manière qu'on ne peut plus rien y reconnoître; ce qui au reste n'est pas bien étonnant, puisque ces couleurs sont purement extérieures & superficielles, & que si elles pénètrent dans la substance pierreuse, ce n'est qu'à une très-petite profondeur; car en raclant avec la pointe d'un couteau on détache toute la matière colorante pour peu que la surface de la dendrite soit humectée, & dès-lors la pierre reste à nu, sans qu'elle paroisse avoir été entamée le moins du monde.

Je finirai par faire remarquer définitivement que tous ces beaux tableaux de terrasses, de forêts, où l'on distingue des arbres, des plantes, &c. ne peuvent faire illusion qu'au premier aspect, & en embrassant les objets d'une vue générale. Pour peu qu'on les examine en détail, on reconnoît facilement l'imperfection des figures comparées avec ce qu'on pourroit imaginer en avoir été des originaux; car on trouve que dans ces prétendues plantes les caractères les plus essentiels manquent. Il faut donc en conclure que le travail de la nature, dans l'exécution de ces dendrites, est une opération purement mécanique de l'eau colorante, assujettie à une marche aveugle, & qui n'a suivi aucun modèle, ni de plantes, ni d'arbres, ni d'arbustes. Ceci est donc dû à une expansion déliée & successive de la liqueur extravasée entre les faces des fentes de dessiccation des pierres crayeuses. (*Voyez* DENDRITES.)

CAVERNES & GROTTES. Il est peu de pays qui n'ait les siennes, dont on ne manque jamais d'exagérer les beautés; mais je m'occuperai moins ici des concretions différemment combinées qui décorent ces cavités, que de leur situation & des massifs où elles se trouvent, & surtout du travail de l'eau dans les différens progrès de leur formation.

J'ai remarqué d'abord qu'il n'y a jamais de *grottes* dans les massifs de granits, ni dans les gneits, ni dans les talcites : on ne les trouve que dans les contrées de pierres calcaires qui ont le grain de marbre ou même celui des pierres de taille plus ou moins gros, & dont les massifs sont organisés par bancs; en sorte que leurs voûtes sont quelques-uns de ces bancs, & surtout ceux où l'eau des sources circule & a contribué à l'excavation de ces souterrains.

D'après ces observations, on peut facilement découvrir la cause de la formation des *grottes*, & ceci sans avoir recours à des révolutions & à de grands changemens survenus dans notre Globe. Il est visible que ces cavités souterraines tiennent à un ordre de choses fort commun, c'est-à-dire, à la circulation souterraine de l'eau des sources d'une certaine abondance. C'est pour cette raison qu'on rencontre toujours dans les *grottes* des restes de ruisseaux & de rivières qui étoient autrefois alimentés par ces sources taries en grande partie, mais qui dans certain tems étoient très-bien fournies d'eau, & le sont même encore quelquefois après des pluies longues & soutenues.

Je connois beaucoup de sources considérables en France, & partout aux environs j'ai trouvé des *grottes* plus ou moins étendues, parce que partout où le terrain est propre, par son organisation intérieure, à la circulation de l'eau souterraine, là il est propre à éprouver ces excavations qu'on a nommées *grottes* & *cavernes*, & où le peuple des naturalistes a cru voir les plus grandes merveilles dans le travail des eaux pétrifiantes. (*Voy.* l'Abbé Sauvage, *Mémoires de* 1746.)

C'est seulement dans les collines & dans les pays à couches horizontales, & au milieu desquels il circule des eaux intérieures qui ont leur issue au dehors, que se trouvent ces *cavernes*, ces grands vides produits & augmentés par l'écoulement de ces eaux. On est étonné, d'après cette théorie simple de la formation des *cavernes*, de voir des écrivains hypothétiques nous dire que les *cavernes* se rencontrent surtout dans les contrées sujètes aux tremblemens de terre, & dans celles où il se trouve beaucoup d'îles, comme si ces circonstances pouvoient contribuer à la formation des *cavernes*. Je ne vois dans la formation des *cavernes* que deux choses, un agent qui vide & entraîne les matériaux, & un débouché facile pour l'agent qui vide. Je ne vois ces circonstances que dans les pays de grandes sources, car les grandes sources creusent de grandes *cavernes* pour leur servir de réservoir, & souvent ces sources ont tari à un certain point lorsque les *cavernes* sont accessibles & peuvent être visitées par les curieux, qui, n'y voyant plus l'agent, imaginent des secousses pour ébouler ce qui cependant ne pouvoit s'ébouler, vu que primitivement le massif primitif dans lequel se trouve creusée la *caverne*, étoit plein & solide, & par conséquent hors d'atteinte d'être détruit par les tremblemens de terre qui n'excavent rien. Voilà comme tous les hypothétiques verront leurs assertions détruites lorsqu'on suivra, comme il convient, les progrès du travail de la nature.

CAVERNES A AIR. On peut expliquer par le mécanisme des fontaines périodiques, un phénomène que présentent certaines *cavernes*. Près de Salfedan, dans les montagnes des environs de Turin, est un rocher qui a une fente perpendiculaire à l'horizon, d'où il sort pendant un certain tems un courant d'air assez rapide pour repousser au dehors les corps légers qu'on expose à son action; ensuite l'air est attiré, & il attire les pailles & les autres corps légers semblables. Dans le voisinage, un semblable rocher aspire l'air & l'expire aussi sensiblement. Tous ces effets, & beaucoup d'autres dont j'ai fait mention dans quelques articles de ce Dictionnaire, paroissent avoir pour principe le mouvement du siphon. Tant que l'eau souterraine, qui se décharge dans la *caverne*, n'est pas parvenue au niveau de l'orifice inférieur du siphon, l'air s'échappe de la *caverne* par le siphon à mesure que la *caverne* se remplit, mais il sort ensuite par la fente du rocher lorsqu'il n'a plus l'issue du siphon, & que l'eau, d'ailleurs versée par le canal d'entretien, se comprime; il est donc obligé d'y rentrer lorsque l'eau coule abondamment par le siphon, & que la cavité se vide par son écoulement. Toutes les observations que l'on a faites dans les grottes, dans les galeries des mines, prouvent que partout où l'on trouvoit de l'eau sous terre, on y avoit aussi trouvé de l'air pur & élastique, & qu'au contraire, quand l'eau manquoit, on ne trouvoit plus d'air propre à être respiré. Or, cela ne peut provenir que de ce que les mêmes ouvertures qui ont servi à faire pénétrer l'eau des pluies dans les entrailles de la terre, ont aussi servi à y introduire l'air : on en doit aussi conclure que toute l'eau qui circule dans l'intérieur des couches & des bancs, vient de la surface de la terre & non de la mer. Cette association de l'eau & de l'air dans tous les réservoirs souterrains annonce que leur origine commune est la surface de la terre, qui reçoit l'eau des pluies, & où flotte l'air de l'atmosphère.

CAYENNE est située sur la côte de la Guiane, à 4 degrés 56 minutes de latitude. Cette île est formée par deux bras de la rivière de *Cayenne*, & sa circonférence est d'environ dix-huit lieues. Elle est assez haute généralement sur le bord de la mer, mais si marécageuse dans son centre, qu'on ne peut aller par terre d'un bout à l'autre. Ces marais sont couverts de mangliers fort épais, qui croissent jusque dans l'eau de la mer, & dont l'entrelacement forme une espèce de chaussée sur laquelle, en certains endroits, on peut marcher plus de douze à quinze lieues sans rencontrer la terre. Ces marais, joints à neuf mois de pluies continuelles, rendent l'air humide & mal-sain; ce qui occasionne des fièvres qui sont souvent très-dangereuses. Cependant depuis que l'île se défriche, l'air en est devenu plus pur, & l'on commence à s'y bien porter. La nature & l'art ont contribué à fortifier la ville qui est à l'occident de l'île.

Le principal commerce de *Cayenne* consiste en sucre, en rocou, en coton & en indigo : le café qu'on y recolte, a la féve petite, mais d'une qualité excellente. La terre est très-fertile en maïs, en manioc : il y croît de la casse, de la vanille & de la pita, dont la cote se taille comme le chanvre.

L'ébène noire & verte, le bois de violette & d'autres bois précieux pour la teinture & la marquéterie sont communs dans l'île. Le poisson & le gibier y sont abondans : on y voit des tigres, des cerfs, des cochons, des agoutis & des sapajous. L'agouti est de la grosseur d'un lièvre. On trouve aussi à *Cayenne* de fort gros serpens, mais point venimeux. Entre plusieurs sortes d'oiseaux, les perroquets y sont d'une beauté singulière. Les bois y sont peuplés de flamands, de petites péruches, de colibris & de toncans.

Le gouvernement de *Cayenne* n'est pas renfermé dans les bornes de l'île; il s'étend à plus de cent lieues sur la côte : à l'ouest, il a la rivière de Marony, qui le sépare de la colonie hollandaise de Surinam; du côté du sud, il touche au bord septentrional de la rivière des Amazones.

On voit à *Cayenne* quantité de chevaux : ces animaux coûtent peu à nourrir. On y nourrit aussi des brebis, des chèvres, de gros bestiaux, avec le soin de mettre le feu dans les savannes aux mois d'août & de septembre.

On ne ressent point à *Cayenne* de ces vives chaleurs qui font la principale incommodité des autres îles. Un vent d'est qui s'élève tous les jours sur les neuf heures du matin, y rafraîchit l'air. Il y pleut neuf mois entiers, à commencer du mois d'octobre, & c'est ce tems qu'on nomme l'hiver. Les bestiaux trouvent partout alors d'excellens pâturages; mais dans les mois de juillet, d'août & de septembre les campagnes sont quelquefois si sèches, que les chevaux & les bœufs périssent de faim & de soif. Les moustiques, les maringouins, les chiques, les tiques, les pous d'agoutis, ceux de bois, les fourmis, les scarabées, seroient d'autres fléaux de l'île par leur nombre & leur voracité si tous ces insectes ne se faisoient une guerre mutuelle qui les détruit : la fourmi coureuse surtout tue les mouches, les guêpes, les scarabées, les araignées & jusqu'aux rats.

Cette île peut devenir par la suite une colonie intéressante par ses productions.

CAYSTRE. On ne peut douter que le fleuve du *Caystre* n'ait formé du terrain à son embouchure : c'est un fait reconnu de toute l'antiquité (Hérodot. lib. II, cap. 10; Strab. lib. XIII, p. 621; Plin. lib. II, cap. 85, & lib. V, cap. 29; Arrian. *de Exped. Alex.* lib. V), & qui s'est perpétué jusqu'à nos jours. (Tournefort, *Voyages*, tome II, pag. 520; Chandl. *Trav. in Asiâ minor.*, cap. 37.)

La plaine de *Caystre*, au dessus même d'Éphèse, étoit un don du fleuve (Strab. *ibid.*; Arrian. *ibid.*). Cette ville elle-même paroît avoir été bâtie par les Amazones sur le bord de la mer; car un de ses quartiers, qui porta ensuite le nom de *Mont-Priom*, s'appeloit d'abord *Lepre acte*; ce qui signifie *le rivage scabreux* ou *raboteux* (Strab. lib. XIV, pag. 633.); & cette montagne paroît être celle qui se trouve dans le fond de la plaine d'Éphèse, sur le plan que M. de Choiseuil-Gouffier a donné de cette plaine (*Voyage littéraire de la Grèce*, planche 120), & sur laquelle est la citadelle. Pline dit positivement (Plin. lib. II, c. 85) que la mer baignoit autrefois le temple de Diane, & il ajoute en plusienrs endroits (*Id.* lib. II, cap. 89, & lib. V, cap. 29), que de son tems une île qui s'appeloit autrefois *Syrie*, étoit enfermée dans les terres & jointe à la ville d'Éphèse.

Le *Caystre* créant toujours du terrain à son embouchure, la ville d'Éphèse ne pouvoit pas avoir un port bien sûr. Néanmoins comme cette ville ne pouvoit s'en passer, Attale Philadelphe, roi de Pergame, entreprit de le dégager des terres qui ne cessoient de le combler. Ce prince fit construire de longs moles qui se terminoient à la fin des sables, à peu près comme les risbans qui protègent aujourd'hui les ports de Calais & de Dunkerque. Il croyoit par-là écarter ces sables pour jamais; mais il se trompa : au lieu qu'auparavant, l'entrée étant large, le reflux dégorgeoit aisément les terres qui l'encombroient, lorsqu'elle fut plus étroite les sables s'y amoncelèrent de telle forte, que les vaisseaux ne purent plus y passer. (Strab. lib. XIV, pag. 641.)

On retrouve encore les ruines de ce port autrefois appelé *Panormus*, & Tournefort & Candler qui en parlent (Tournef. *Voyages*, tome II, pag. 520; Candl. *Trav. in Asiâ minor.*, cap. 37), disent qu'elles sont sur la droite du fleuve, à quelque distance de la mer. Le dernier de ces voyageurs fait aussi mention d'un grand lac rempli de roseaux, qui se trouve à côté de ces ruines, & qui pourroit bien avoir fait partie de ce port. (Candl. *ibid.* cap. 31.)

CAZINE (Étang de la), du département de la Creuse, canton de la Souterraine, près de Noth, & abreuvé par la Sedelle, à une lieue est de la Souterraine.

CECINA. Cette rivière de Toscane, en sortant de la plaine de Querceto dans le Volterre, reçoit les eaux de la Sterza, & va passer derrière la colline de Guardistello & de Scudaio : de là, par une vallée étroite & tortueuse, approfondie entre les collines de Casaglia & de Riparbella, elle arrive à la digue de la Ferraria, où elle fournit un courant d'eau dont la chute produit un vent très-fort que l'on emploie pour accélérer la fusion de la mine de fer. Ce courant sert aussi à faire mouvoir les martinets des forges; ensuite cette rivière court rapidement à la mer.

Malgré la rapidité de son cours, la *Cécina* a un lit fort large, parce que souvent la mer, haute & orageuse, bien loin de recevoir ses eaux, les repousse & les soutient de manière qu'elles occupent son lit tout entier, & même quelquefois inondent la plaine adjacente. Après que la mer s'est calmée, comme la rivière se décharge librement, elle reprend aussitôt son lit ordinaire en laissant beaucoup de lagunes dans les endroits où elle s'est étendue. Il s'élève de ces lacs, comme des marais en certains étés, des exhalaisons fétides & nuisibles, qui sont dues principalement aux substances qu'y versent les bulicames, les lagons & les solphatares du *val di Cecina*; c'est ce qui rend ses eaux fort épaisses & blanchâtres. Mais après la digue des forges, la rivière ne roule que des matières argileuses & sabloneuses qu'elle dépose, & qui, après chaque tempête, occasionnent un changement dans son embouchure.

CEILHES, ville du département de l'Hérault, arrondissement de Lodève, sur l'Arb. Il y a des mines de plomb & de cuivre tenant argent, qui méritent une exploitation attentive.

CEINTURON (Plage du), département du Var, arrondissement de Toulon, au sud-est & à une lieue d'Hières. Elle s'étend depuis le mur du port comblé jusqu'à la plage de Pesquiers; elle a douze cents toises de longueur, & forme un bord de mer fort intéressant.

CELIER (Marais du), département des Bouches-du-Rhône, arrondissement de Tarascon, canton des Saintes-Maries. Il a, du nord au sud, une lieue & demie de longueur, sur un quart de lieue de largeur; ce qui fait un amas d'eau considérable.

CELIGNY, village du département du Léman, arrondissement & canton ouest de Genève. Ce village est dans une situation riante : on y voit des vignes & des prairies : ces dernières sont arrosées par un ruisseau qui, circulant en divers canaux, franchit l'espace qui le sépare du lac.

CELLE, bourg du département des Deux-Sèvres, arrondissement de Melle, & à un quart de lieue de cette ville. Ce bourg est situé sur la rivière de Belle. Les environs sont couverts de bois qu'on a soin d'exploiter pour les besoins de la société.

CELLE (la), rivière du département du Cantal, arrondissement d'Aurillac. Elle prend sa source à cinq lieues d'Aurillac, dans une contrée abreuvée de beaucoup d'eau, coule au sud-ouest, passe à Saint-Constant, à Figeac, & se rend dans le Lot, à quatre lieues de Cahors.

Je dois remarquer ici qu'il y a trente-neuf tant villages que rivières qui portent le nom de *Celle*, & qui sont dispersés dans les différens départemens.

CELLE-DUNOISE, village du département de la Creuse, arrondissement de Guéret, sur la Creuse, & à quatre lieues de cette ville : on y cultive beaucoup de chanvre; on y fait beaucoup de fil dont on fabrique de très-bonnes toiles d'un bon usage; on y fait aussi un grand commerce de bestiaux.

CELLE-SAINT-CLOUD (la), département de Seine & Oise, canton de Marly-la-Machine, à une lieue de Saint-Cloud, sur une hauteur, au rivage gauche de la Seine. Son territoire est couvert de vignes & d'arbres fruitiers d'un très-bon produit.

CELLES, village du département de l'Atriège, arrondissement & canton de Foix, sur le Belmont. Il y a une forge située à mille toises des usines de Saint-Paul, du côté de l'est; elle ne roule que sept à huit mois de l'année : on y emploie la mine de Vic-de-Sos. La trompe de cette forge est en pierre; elle fabrique beaucoup de fer fort.

CELLIÈRES, village du département du Mont-Blanc, arrondissement & canton nord de

Moutier. Il y a dans le territoire de cette commune, des fouilles pour l'extraction du cristal-de-roche.

CELLIEU, village du département de la Loire, canton de Rive-de-Gier, à trois lieues de Saint-Étienne : on y fabrique des clous avec du fer d'une excellente qualité.

CENDRES (Pluies de). Dans plusieurs recueils de faits, & même dans les *Transactions philosophiques*, il est fait mention de *pluies de cendres* dans l'Archipel, lesquelles ont duré plusieurs heures, & se sont dispersées à plusieurs lieues. Ce phénomène n'a rien de surprenant; car il est de fait que pendant certaines éruptions de l'Etna, du Vésuve & du Monte-Nuovo, les cendres & les scories volcaniques légères ont été jetées au loin, & précipitées sous une forme facile à reconnoître.

Dion Cassius rapporte que lors du fameux embrâsement du Vésuve, qui eut lieu sous l'empereur Vespasien, le vent porta les *cendres* & la fumée que vomissoit cette montagne, non-seulement jusqu'à Rome, mais même, dans certains vents, jusqu'en Égypte.

La *Chronique* du comte Marcellin observe, à l'année 472, c'est-à-dire, sous le consulat de Marcien & de Festus, que cette même montagne s'étant embrâsée, les *cendres* qui en sortirent, se répandirent fort loin dans plusieurs contrées de l'Europe, & causèrent même un grand effroi à Constantinople, où l'on célébroit tous les ans la mémoire de cet événement.

CENDRES DES VOLCANS. Ce sont des résidus de la combustion des matières qui servent d'aliment aux volcans : elles sont souvent lancées lors de l'éruption fort haut dans l'air, & poussées ensuite à de grandes distances par le vent; elles sont quelquefois assez abondantes pour ensévelir des villes entières. En l'année 79 de l'ère chrétienne, une pluie de scories mêlées de *cendres* ensévelit la ville d'Herculanum. Ces *cendres* furent aussi très-abondantes lors de l'éruption du Monte-Nuovo, & couvrirent une partie des campagnes voisines, dont elles détruisirent la végétation. Lorsqu'elles ont été pendant quelque tems exposées à l'air, elles se réduisent, par le lavage des eaux de pluies, à de simples matières terreuses, dont on voit de grands amas autour des volcans éteints & le long de la bordure des courans qui en sont sortis. Il faut bien distinguer ces sortes de matières terreuses de toutes les sortes de pozzolanes que j'ai décrites & caractérisées à leur article. (*Voyez* POZZOLANES.) Outre les *cendres* que les volcans enflammés jettent dans leurs éruptions, il y en a de grands amas au milieu des courans, qu'ils versent au dehors, & elles ont été entraînées très-loin, & elles y résident long-tems sous une forme pulvérulente, parce qu'elles occupent tous les vides qui se trouvent entre les tampons de laves spongieuses & scorifiées, & même dessous les lits de la lave solide; elles conservent cette forme pulvérulente tant qu'elles n'ont pas été pénétrées & lavées par les eaux des pluies, & peuvent être, dans cet état, considérées comme des *cendres*; mais lorsqu'elles ont été bien lavées par les eaux des pluies & tassées ensuite, ce sont des matières purement terreuses, réduites au même état que les terres cuites, & peuvent être rangées avec elles.

CENIS (Grand Mont-), haute & fameuse montagne, la principale des Alpes-Cotiennes, située entre le département du Pô ou Éridan & celui du Mont-Blanc. Son sommet, toujours couvert de neiges, est à dix-sept cent trente-quatre toises au dessus du niveau de la mer; mais à neuf cent vingt toises de sa base, on voit un joli vallon renfermé entre la plus haute sommité & le petit *Mont-Cenis* : on y voit un petit lac fort poissonneux, & un hospice pour les voyageurs. De Lens-le-Bourg (Mont-Blanc) à la Novalèse (Éridan), le chemin, autrefois très-âpre & impraticable aux voitures, est devenu très-accessible à tous les passagers qui prennent cette route pour entrer en Piémont. Parmi les diverses manières de descendre cette montagne du côté de la France, celle des traîneaux est la plus expéditive & la plus singulière.

La plate-forme du *Mont-Cenis* est la plaine la plus riante qu'on puisse trouver sur une des grandes montagnes alpines. Vers le milieu du mois de juin, elle est couverte de grandes renoncules, & d'une verdure épaisse où l'on conduit les troupeaux dès le jour de la Saint-Jean, quoiqu'il ne laisse pas d'y avoir encore alors un peu de neige dans les endroits abrités, où le soleil ne donne pas.

Cette plaine est bornée latéralement par deux montagnes qui la surpassent encore de cinq cents toises en hauteur perpendiculaire, à droite le Mont-Bar, à gauche la Roche-Melon, dont cependant le sommet le plus élevé est à trois lieues de là. Du haut de ces montagnes on peut appercevoir la plaine du Piémont, & c'est de là, suivant quelques auteurs, qu'Annibal fit voir à ses soldats le beau pays qu'ils alloient conquérir.

Les rochers du *Mont-Cenis* sont presque tous d'une matière talqueuse, où l'on apperçoit les pailletes brillantes du mica; ils ne sont point par couches régulières, & l'on n'apperçoit ni parties animales ni débris de végétaux dans leur tissu : cela s'accorde assez avec le système suivant lequel les plus hautes montagnes doivent être formées principalement de talc & de granit (*Mémoires de l'Académie*, 1740 & 1747). Le talc dégénère quelquefois en une espèce d'asbeste cru ou d'amianthe verdâtre, dont les filamens ne sont pas séparables, mais où l'on reconnoît la nature du lin fossile & de la toile incombustible. Les marmottes habitent beaucoup ces montagnes : on remarque

remarque en été leurs terriers, & ensuite lorsqu'il y a de la neige & qu'elles dorment, on va les prendre pour avoir la peau, & la graisse, qui est abondante à l'entrée de l'hiver.

On trouve sur le *Mont-Cenis* un grand & beau papillon blanc qui a des taches rondes, & que Linné a observé souvent sur les montagnes de la Suède; c'est celui qu'il appelle *papilio appollo*.

Le lac du *Mont-Cenis* est formé par la réunion des eaux qui découlent des montagnes qui sont à la droite & à la gauche de cette plaine, & il a son écoulement du côté du Piémont en donnant naissance à la Cénise ou *Cenisella*, qui tombe dans la Petite-Doire ou *Dora riparia*; celle-ci prend sa source près du mont Genèvre, & va d'Exilles jusqu'à Suze, où elle se joint à la Grande-Doire, *Dora baltea*, qui vient du petit Saint-Bernard dans la vallée d'Aoste, & va tomber dans le Pô.

On passe le *Mont-Cenis* dans tous les tems de l'année, car en hiver la neige est assez dure pour qu'on puisse y marcher comme sur la terre; quelquefois cependant on fait séjourner les voyageurs cinq à six jours pour laisser passer le danger de la chute des neiges ou d'un vent trop impétueux. Mais il y a des tems, même en hiver, où l'air est si calme au haut du *Mont-Cenis*, qu'on y porteroit une bougie sans craindre de l'éteindre.

Les voyageurs font une peinture effrayante des difficultés de cette route, des précipices dont elle est bordée, & des dangers qu'on y court; mais on n'y apperçoit réellement rien de terrible: le chemin est partout assez large pour que les précipices voisins ne fassent aucune espèce de danger ni même de frayeur.

En descendant du *Mont-Cenis*, on entre dans la vaste plaine de Lombardie, qui a quatre-vingt-dix lieues de longueur jusqu'à la mer Adriatique. On trouve aussitôt un changement subit de climat, de langage, de caractère, de mœurs, de productions naturelles & d'animaux. Le jour où l'on passe le *Mont-Cenis*, il semble que l'on arrive dans un Monde nouveau.

CER (le), rivière du département du Cantal, canton de Vic-en-Carladès. Elle prend sa source au pied du plomb du Cantal, coule au sud-ouest en suivant une vallée bordée de deux grands courans de laves qui forment deux croupes élevées, & qui sortent des sommets les plus hauts. Cette rivière passe ensuite à la Roquebroue, & se rend dans la Dordogne.

CERBOLI (Monte). Ce lieu est remarquable par des lagons situés sur le penchant occidental de la montagne, composée de couches épaisses & tortueuses d'albarèse, le plus souvent inclinées du nord au sud. Ces masses anciennes sont à découvert, parce qu'elles ont été presqu'entièrement dépouillées des dépôts horizontaux qui les recouvroient.

Les lagons commencent près du torrent de la Possera, & occupent une grande partie du pied de la montagne; ils sont en grand nombre, mais il est difficile de les compter, à cause de leurs contours tortueux, de leurs fréquentes communications & des nuages épais de fumée qui les couvrent. En approchant des lagons, on sent une forte odeur de soufre, à laquelle cependant on s'accoutume au point de ne plus s'en appercevoir: on y sent subitement les bouffées d'une fumée épaisse, blanche, chaude, mais peu humide, & dans l'intervalle de ces bouffées on peut appercevoir le terrain sur lequel on marche, & le lieu d'où elles s'élèvent. Quand le tems est à la pluie, la fumée est très-épaisse; mais elle est plus claire & beaucoup moins abondante quand l'air est calme & serein. De même quand il doit pleuvoir, le bruit est plus considérable, & il semble qu'on soit au milieu d'un grand nombre de soufflets qui jouent tous en même tems.

Les lagons sont des trous plus ou moins grands, d'une figure communément ronde, dont les bords sont très-hauts & très-rapides: leurs diamètres sont de toutes grandeurs, depuis huit jusqu'à soixante brasses. De même leur profondeur varie beaucoup: il y en a qui ont jusqu'à quinze brasses de profondeur. Ces trous sont pleins d'une eau couleur de cendre, qui bouillonne d'une manière extraordinaire, & à la surface de laquelle se lèvent des cloches dont quelques-unes sont grosses comme des ballons à jouer.

Parmi ces lagons il y en a un qui est extrêmement singulier: il est rond, très-large, & renferme une île qui est ronde & un peu élevée: l'eau bout dans toute l'étendue de ce grand lagon très-fortement, & s'agite comme l'eau de la mer dans de petites tempêtes. Mais dans sept ou huit endroits différens, qui sont peut-être les principales sources, l'eau s'élève à plus de trois brasses au dessus du niveau des autres endroits, en gros jets qui retombent en se divisant & formant une multitude de vessies & beaucoup d'écume. Ce lagon, sous ce rapport, est le plus grand & le plus curieux de toute la Toscane. La fumée blanche & très-épaisse s'élève en fréquentes bouffées de la superficie de l'eau, surtout lorsque les vessies crèvent.

Un de ces lagons n'a pas d'eau comme les autres, mais il contenoit une boue cendrée qui bouillonnoit aussi en formant çà & là des cloches très-grosses, qui, après avoir subsisté un peu de tems, crevoient, & s'éclatoient à une hauteur de plus d'une demi-brasse. Leurs parois étoient si épaisses, que leurs fragmens ressembloient à des lambeaux: ces vessies exhalent de la fumée de tems en tems. Dans l'été, lorsqu'il est tout-à-fait à sec, il bout plus vivement, & il lance au loin des éclaboussures de la boue qui réside au fond.

Il y a encore un autre lagon d'où il s'exhale une fumée moins dense que du précédent, mais d'où il sort un vent impétueux comme s'il jouoit dans le fond un grand nombre de soufflets; & dans les jours très-chauds de l'été, on dit qu'on en voit sortir quelques exhalaisons enflammées.

Les terrains qui sont entre les lagons & celui qui forme les bords de chacun d'eux, sont totalement privés de plantes, & semblent être une matière calcinée. En passant sur ce terrain, on le sent craquer & s'affaisser sous les pieds comme si c'étoit de la pierre ponce. On voit aussi çà & là des croûtes de soufre de différentes grandeurs & de couleurs différentes. La surface des rochers qui sont à nu entre ces lagons, est toute rongée, s'éclate facilement, & se réduit en poussière comme les pierres à chaux calcinées.

Il y a d'ailleurs dans tout ce terrain des trous cylindriques, semblables à ceux que font les tarentules dans les collines : il en sort une vapeur chaude très-sensible. Aux environs de ces trous, on trouve des morceaux d'une substance semblable à la pierre ponce : il y en a de rouges, de jaunes, de noirs & de transparens. Il n'est pas étonnant que ces morceaux ne se trouvent qu'aux environs de ces trous ou soupiraux, parce que l'air qui en sort avec impétuosité les pousse dehors.

Il paroît que l'eau se maintient dans ces lagons à peu près à la même hauteur, parce que cette eau leur est fournie par des sources souterraines, & ils ne débordent qu'à la suite des grandes pluies : l'eau s'écoule alors dans la Possera, torrent voisin, &, par son mélange avec l'eau de ce torrent, les poissons meurent dans une grande partie de son cours.

Les personnes qui sont à portée d'observer souvent ces lagons, assurent qu'ils augmentent tous les jours en nombre, & qu'il s'en ouvre continuellement de nouveaux, vraisemblablement suivant la trace des couches ou filons de la montagne, qui renferment les matières propres à leur entretien.

Les exhalaisons des lagons ne nuisent en aucune manière aux animaux, comme nous l'avons déjà dit; c'est pourquoi dans l'hiver, & surtout dans les tems de neige, les bestiaux s'y rassemblent en grand nombre pour y jouir de l'air tempéré qui y règne. Ce sont non-seulement les animaux domestiques, mais encore les lièvres & différentes espèces d'oiseaux. Dans l'été, les troupeaux qui paissent dans le voisinage, s'y retirent, surtout à l'heure de midi, pour s'y reposer & pour se garantir des mouches & des taons, car ces insectes incommodes évitent l'atmosphère des lagons.

CERCHIAGO, source chaude & sulfureuse. A environ un quart de mille de Monterondo, s'élève une montagne qui a deux fosses à ses côtes latérales : ces fosses reçoivent les eaux qui sortent de cette montagne. Les sources sont tout autant d'ouvertures de la terre, par lesquelles l'eau sort avec impétuosité; elle est si chaude & si bouillante en sortant, qu'elle brûle au seul tact autant que peut brûler l'eau réduite au plus grand degré de chaleur. Il exhale en même tems de ces ouvertures une quantité de fumée poussée dehors avec véhémence & avec bruit : cette fumée, de couleur grise & humide, est tellement imprégnée d'exhalaisons, que par ses dépositions elle colore les pierres qui sont à l'entour, & remplit l'atmosphère de l'odeur de gaz hydrogène sulfuré.

CERDAGNE. C'étoit un petit pays du ci-devant Roussillon, formant la partie la plus occidentale de cette province. Il fait partie aujourd'hui du département des Pyrénées-Orientales. Il pouvoit avoir environ six lieues dans sa plus grande longueur, sur quatre lieues de largeur. La rivière de Teth & la Sègre y ont leurs sources. La rivière de Teth traverse le ci-devant Roussillon dans sa plus grande longueur, & se jette dans la Méditerranée après avoir abreuvé Villefranche, Prades, Millas & Perpignan. La Sègre dirige son cours vers l'Espagne. Ce pays est rempli de montagnes; il abonde cependant en excellens pâturages. Cette contrée n'étoit qu'une petite partie de la *Cerdagne* espagnole; elle en a été démembrée, & cédée à la France par la convention passée entre ces deux puissances lors du traité des Pyrénées. (*Voyez le département des* PYRÉNÉES-ORIENTALES.)

CÉRESTE, village du département des Bouches-du-Rhône, canton de la Ciotat. Les environs de *Céreste* sont très-agréables, & abondent en bons vins muscats & en fruits excellens.

CÉRET, ville du département des Pyrénées-Orientales, à six lieues de Perpignan. Cette ville est située au pied des Pyrénées, à un quart de lieue de la rive droite du Tec. Le seul objet qui mérite l'attention des voyageurs est une grande fontaine bien décorée, construite en marbre blanc : elle jette particuliérement par huit côtés, en forme d'arc, une grande quantité d'eau dans un bassin construit en pierres. La ville est entourée de hautes montagnes. On passe le Tec auprès de *Céret*, sur un pont d'une seule arche de cent trente-huit pieds d'ouverture, bâti sur deux rochers. L'élévation prodigieuse de ce pont fait l'admiration des connoisseurs : on le considère comme le plus haut, le plus large & le plus hardi qu'il y ait en France : on ignore l'époque de sa construction; on trouve seulement qu'il fut réparé en 1333. Le territoire de Palol, à une lieue de *Céret*, renferme une mine de pyrites cubiques. *Céret* est le siége d'une sous-préfecture.

CÉRIGO, autrefois CYTHÈRE. Cette île a environ soixante milles de circuit; elle offre presque partout des rochers arides & dépouillés de terre. Quatre objets principaux ont fixé l'attention des observateurs qui ont visité cette île. Ils y ont vu d'abord des vestiges de feux volcaniques qui dominent de tous côtés. Outre cela, il paroît que sur cette base altérée plus ou moins par le feu, il s'est formé une superfétation, un dépôt considérable de testacées d'une grandeur remarquable, & surtout beaucoup de pectinites, les uns & les autres dans un état de pétrification parfaite, & n'ayant souffert aucune altération par les feux souterrains. On trouve aussi parmi ces dépouilles d'animaux marins, des masses assez considérables d'ossemens semblables à ceux de Cherzo & d'Ozero : ce sont des ossemens humains pétrifiés, qui n'ont rien perdu de leurs formes. Enfin, sur une des faces de l'île, on rencontre une grotte dont les parois intérieures sont garnies de stalactites extrêmement curieuses & instructives. (*Voyez Mémoires de la Société italique*, tome VIII.)

CÉRISY (Forêt de), département du Calvados, canton de Balleroy, & à une demi-lieue de cet endroit : elle a trois mille six cents toises de long, & deux mille quatre cents toises de large ; elle est près de la Drôme.

CÉRISY-LA-SALLE, bourg du département de la Manche, arrondissement de Coutances, & à deux lieues à l'est de cette ville. Il y a dans ce bourg beaucoup de métiers où l'on fabrique des toiles de coutil. C'est sans doute ce qui est cause que la plus grande partie des terres des environs est semée de lin. C'est le plus grand arrangement de l'industrie lorsqu'on donne aux denrées que l'on récolte le dernier degré de préparation : en cela le lin est préférable au coton.

CERNAY, ville du département du Haut-Rhin, arrondissement de Béfort, au bord de la Thuren, à une lieue un quart est de Thann. Il y a dans cette ville des manufactures où l'on fabrique des toiles, tant indiennes que mouchoirs ; un martinet pour le fer & une salpétrière.

CERTALDO. *Certaldo* est un village de la Toscane, qui est remarquable par la colline qui est auprès, & dont le sommet est une plaine ornée de deux allées plantées de vignes & d'arbres fruitiers.

La colline est si abondante en pétrifications, que la culture en souffre considérablement.

CERVIA. *Cervia* est à deux lieues de Cesenatico. Cette petite ville fournit du sel à presque tout l'État ecclésiastique : les habitans des environs vivent de ce commerce & de l'argent qu'il y répand.

Près de *Cervia*, il y a une forêt de pins d'une demi-lieue de longueur.

CERVIÈRES, bourg du département de la Loire, arrondissement de Montbrison, canton de Noiretable, sur un mont. Il y a une fonderie au dessous de la montagne, qui est toute remplie de différens minéraux, & qui peut fournir à plusieurs fouilles intéressantes.

CESI, petite ville située dans l'Apennin, à six milles au nord de Terni, & qui est remarquable par les bouches d'Éole. Ces bouches d'Éole sont des crevasses & de petites cavernes ouvertes naturellement dans le flanc d'une montagne, d'où il sort en été des vents ou souffles qui sont d'autant plus forts & d'autant plus froids, que la chaleur de l'air extérieur est plus grande, & l'on dit qu'en hiver elles aspirent ou pompent l'air extérieur & le réchauffent en même tems. Les habitans de ces lieux savent tirer un très-grand parti de ces vents ; ils bâtissent leurs caves à l'entrée des soupiraux d'où ils sortent. Les vins aussi s'y conservent très-long-tems, & les fruits, même ceux d'été, y résistent pendant très-long-tems à la pourriture. Ils conduisent par des tuyaux cet air frais jusque dans leurs appartemens, & les rafraîchissent plus ou moins à leur gré, en ouvrant plus ou moins les robinets placés à l'extrémité de ces tuyaux. Lorsque les chaleurs de l'été ou de l'automne sont modérées, ce phénomène n'est pas à beaucoup près aussi sensible que lorsque les chaleurs sont vives & soutenues. Cependant il l'est toujours assez pour qu'on puisse aisément reconnoître qu'il ne dépend pas de la même cause qui maintient l'égalité de la température dans les caves ordinaires ; car cette cause, quelle qu'elle soit, soutient la chaleur de ces lieux profonds au degré pour cela appelé *tempéré*, au lieu que l'air qu'on sent sortir des bouches d'Éole, au milieu de l'été, fait descendre le thermomètre jusqu'à 4 degrés au dessus de la glace, tandis que dans les lieux qui n'étoient pas refroidis par ces vents ni exposés aux rayons du soleil, le thermomètre s'élevoit à près de 14 degrés. La montagne de Cesi, dans laquelle sont les bouches d'Éole, est composée de couches de pierres calcaires d'un grain serré, comme les rochers de Terni. (*Voyez* VENTS PÉRIODIQUES.)

CESSIÈRES, village du département de l'Aisne, arrondissement de Laon, canton d'Anisy-le-Château. Il y a dans le territoire de ce village des couches de pyrites.

CETTE, ville du département de l'Hérault, à une lieue sud-est de Meze. Cette ville est située dans la partie basse du Languedoc, avec un port de mer d'où l'on entre dans le canal du Languedoc, appelé le *Canal du Midi*. La côte maritime, distante de Montpellier de deux lieues un quart environ, y est assez singulière, d'abord par l'étang de Thau qui se prolonge dans une grande étendue, & ensuite par la langue de terre extrêmement étroite qui commence à Aigues-Mortes, se termine à Agde, & sépare cet étang de la Méditerranée. Ce n'est peut-être qu'un aterrissement formé à la longue par la retraite insensible de la mer, & par les efforts que l'on sait opérer depuis nombre de siècles des révolutions semblables à son embouchure. C'est sur cette langue de terre que l'on a bâti *Cette* & que l'on a construit le port qui porte le même nom, & qui n'est qu'à une heure & demie de Frontignan, c'est-à-dire, le tems à peu près qu'il faut pour traverser l'étang. La ville est bâtie sur une petite montagne calcaire, qui s'élève entre l'étang & la mer. Ce que la ville ne couvre pas est bien cultivé. Les travaux du port, terminés il y a plus de cent ans, ont été dirigés par un ingénieur nommé *Clerville*, estimé dans le siècle dernier. Deux môles forment le bassin. Le plus long des deux est couronné par une batterie & par une tour fort élevée, sur laquelle on entretient toutes les nuits un fanal pour diriger les vaisseaux. La sonde trouve plus de trois cents pieds d'eau autour des môles; mais il y a malheureusement en dehors un banc de sable, sur lequel on compte à peine trois brasses; ce qui ne permet pas aux gros vaisseaux d'en approcher. Cependant il s'y fait par jour un transport de marchandises considérable. Il y a d'ailleurs à *Cette* une raffinerie de sucre, une savonerie & une manufacture de tabac. *Cette* peut être considéré comme entrepôt des vins, des eaux-de-vie, des huiles, des savons, du vert-de-gris & de toutes les productions du ci-devant Languedoc. Tout près de cette ville sont des marais salans d'une grande utilité pour le nord de l'Europe & l'Amérique; ils comprennent une étendue de trois lieues de longueur. Dans la montagne du promontoire de *Cette*, il se trouve un rocher rougeâtre, rempli d'ossemens d'animaux pétrifiés.

CETTINA, rivière de la Dalmatie, dont le cours offre des particularités remarquables, tant relativement au sol, qu'à la marche & à la nature des eaux.

Les quatre principales sources de la *Cettina* sont au pied d'une colline de pierres en état de marbre, voisine de Verlika. Après un cours de peu d'étendue les eaux de ces sources se réunissent, & forment une rivière assez abondante. Deux des sources de la *Cettina* sont remarquables en ce que l'une & l'autre sortent chacune d'un lac caché sous les rochers, & en ce que les rochers paroissent avoir éprouvé de grands éboulemens.

Quand on fait attention à l'abondance des eaux que ces lacs & les autres fontaines fournissent, on ne peut douter que ces eaux ne soient rassemblées de loin, & ne se soient frayé des routes souterraines à travers les collines & les montagnes qui annoncent en conséquence partout les éboulemens & les affaissemens les plus étendus : de là il en est résulté plusieurs cavernes plus ou moins spacieuses, mais au fond desquelles sont de petits étangs dont les eaux ont un écoulement réel.

Les Morlaques ont remarqué un rapport constant entre les crues de la *Cettina* & celles du lac de Busco-Blato, situé de l'autre côté des montagnes. Ils en ont conclu qu'il devoit exister une communication souterraine entre ce lac & la rivière; ce qui devient très-vraisemblable dans un pays aussi rempli de cavernes.

La *Cettina*, augmentée par les eaux des différentes sources de Zarebiza, traverse la plaine de Pascoglie, sujète aux inondations, surtout en automne lorsque cette saison est pluvieuse, parce que le cours de cette rivière n'est pas renfermé dans un lit fixe & terminé par des bords élevés. Ce qui achève de rendre cette plaine marécageuse, ce sont les eaux de la Sutina, qui se perdent dans un marais. Ajoutez à cela le torrent de Rude, qui se répand aux environs de Trigl, & enfin les gorges étroites par lesquelles passe la rivière en perçant la grande montagne qui sépare le territoire de *Cettina* de la mer, & qui, en ralentissant son cours, rendent ses eaux stagnantes.

Depuis Trigl jusqu'à Duare, la *Cettina* se précipite de rocher en rocher, & pendant l'espace de seize milles coule presque toujours par un canal creusé à travers le massif de la montagne. A un petit mille de Duare, la *Cettina* forme une cascade magnifique: l'eau tombe perpendiculairement de la hauteur d'environ cent cinquante pieds: là le lit de la rivière, dans sa chute, n'a pas quatre-vingts pieds de largeur. Plusieurs blocs de pierre écroulés embarrassent sa chute, rompent les vagues, & les rendent encore plus bruyantes & plus chargées d'écume. Dans ces chocs violens, l'écume se résout en vapeurs qui forment des fumées & des nuages que le vent distribue dans la vallée inférieure sans les dissiper. Quand ces brouillards montent dans l'atmosphère, les habitans attendent le sciroco, qui manque rarement cette indication.

A un demi-mille au dessous de la première cascade, la rivière tombe de nouveau d'une vingtaine de pieds. Cette cascade présente un coup-d'œil moins magnifique, mais qui offre plus de mouvement, la rivière se précipitant entre des masses de rochers culbutés. Elle se répand ensuite dans une vallée spacieuse, bordée par des collines couvertes de forêts.

En suivant le cours de la rivière depuis Duare jusqu'à son embouchure, qui en est éloignée de douze milles, on la trouve, dans ce trajet, partout remplie de tuf qui augmente continuellement, & qui, malgré le grand volume d'eau que cette rivière charrie, rend sa navigation impraticable. En sortant des gorges de Miriz, la *Cettina* s'étend dans la vallée, & se partage en plusieurs bras séparés par des amas de tuf & des bancs de gravier. Enfin, depuis Vissech jusqu'à la mer, la rivière coule librement & sans obstacles, quoique son cours soit tortueux, entre des précipices d'une hauteur effrayante. J'ai décrit avec soin cette rivière pour donner une idée de la marche des eaux courantes dans la Dalmatie, ainsi que des vallées qu'elles parcourent, & qui sont alternativement des plaines inondées ou des gorges resserrées entre des rochers de montagnes en désordre & culbutés de mille manières différentes.

Dans le voisinage des sources de cette rivière, on trouve beaucoup de cavernes où les produits des eaux goutières sont très-variés & très-multipliés. Le jeu de la nature le plus curieux sont des vases ou cuvettes formés par plusieurs lames dont quelques-unes ont un demi-pied de longueur, & qui ont deux pieds & demi de demi-diamètre; elles peuvent contenir une quantité d'eau considérable. L'art ne pourroit pas exécuter des pièces d'ornement plus belles pour décorer des fontaines ou des grottes de jardins. Les mêmes eaux qui ont produit ces bassins en tombant de la hauteur de deux pieds, forment aussi des contours en forme de fortifications entourées de murs & de bastions hauts de trois ou quatre pouces.

En avançant, on rencontre de petits étangs dont la surface est couverte de petites lames cristallines & très-blanches : ces lames se joignent, &, après avoir fait une croûte un peu pesante, elles sont précipitées au fond de l'eau, & font place à un semblable travail de la nature, qui éprouve les mêmes progrès dans sa formation, & les mêmes précipitations au fond de l'eau.

Immédiatement sous les eaux goutières on voit s'élever des tiges de stalactites d'une grande blancheur, & qui ont quelquefois la forme de colonnes. Le vide qui se trouve dans le centre des colonnes & des petites tiges de stalactites, se retrouve de même dans les glaçons de stalactites qui pendent de la voûte des grottes; ce qui prouve que toutes ces cristallisations appartiennent à la même cause.

Outre cela, les fréquens renversemens des couches de marbre qu'on apperçoit dans ces diverses cavernes, confirment de plus en plus dans l'opinion que ces excavations sont dues à l'action des eaux souterraines qui y ont circulé plus ou moins abondamment.

Enfin, on arrive à un pont naturel formé par un arc suspendu en l'air, & qui est visiblement le reste d'un banc de rochers écroulés. Sous ce pont passent les eaux des montagnes voisines, qui se sont frayé une large ouverture souterraine. La longueur de ce pont est de douze pieds, & sa hauteur d'environ vingt-quatre. Ce travail de la nature prouve que de semblables ponts formés dans certaines vallées au grand jour, sont la suite de la destruction opérée par les eaux courantes.

Les côtés du pont naturel sont si hauts & si escarpés, qu'il paroît impossible d'aller plus avant; mais on peut continuer sa route en descendant sur des couches inclinées, & l'on parvient ainsi à de petits lacs ou puits remplis d'eau. Ces puits donnent lieu de penser qu'on est sur une voûte sous laquelle se trouve une masse d'eau courante. Effectivement, en jetant des cartes dans ces puits, comme elles sont emportées vers les mêmes points, leur mouvement suffit pour prouver que ces eaux souterraines s'écoulent, quoique lentement, vers un débouché constant.

C'est par de semblables examens des cavités qui se rencontrent dans le sein des montagnes, qu'on peut découvrir, non-seulement leur structure intérieure, mais encore les causes & les progrès des destructions qu'elles ont éprouvées, & qui ont apporté des changemens dans cette structure.

CÉVENNES, montagnes du ci-devant Bas-Languedoc, situées dans les ci-devant diocèses d'Alais, d'Usèz, de Mende & d'une partie du Vivarais; c'est une continuation des montagnes du Forez & de l'Auvergne : elles s'étendent depuis les sources de la Loire jusqu'à Lodève.

La plupart des géographes comprennent sous le nom de *Cévennes*, le Gévaudan, le Vivarais & le Velay, quoiqu'il n'y eût qu'une partie de ces pays dans les *Cévennes*. Ces contrées abondent en gibier & en châtaigniers : on y nourrit quantité de bétail dans les vallées qui sont assez fertiles, surtout le long du Rhône. Les *Cévennes* font aujourd'hui partie des départemens du Gard, de la Lozère & de la Haute-Loire.

Ce pays, dans la partie qui avoisine les montagnes de l'Esperon, de l'Aigoual, &c. offre aux naturalistes des pierres de différentes espèces, parmi lesquelles les granits semblent dominer : on en distingue aisément quatre différentes variétés, trois desquelles sont d'une certaine dureté, & la quatrième est fort tendre. Le granit qu'on trouve le plus communément, est trouvé par blocs considérables : les plus durs sont d'une forme de boules oblongues, isolées & hors de terre, & n'y touchant que par leurs bases. Il paroît que ces boules sont les noyaux de plus gros blocs sous formes trapézoïdales, & dont les angles ont été détachés, parce que ces parties étoient plus tendres & plus exposées d'ailleurs à l'action de l'eau & de la sécheresse. Mandagout, le Vigan, Aulas, Vallerauge, Saint-André-de-Magencoules & autres villages des *Cévennes* sont arrosés par plusieurs ruisseaux ou petites rivières qui ne tarissent presque jamais en été. Dans ces petites rivières, & principalement dans celles dont la pente est très-considérable, on voit des masses énormes de granit, d'une forme presqu'ovale & poli à sa surface, & qui paroissent avoir été détachées des terrains par où elles ont passé, & entraînées dans les fortes inondations à près d'une lieue. On ne se persuaderoit jamais que les eaux d'une petite rivière eussent pu rouler de si grosses masses, si l'on ne voyoit nombre de fois de pareils blocs. On pourroit peut-être s'imaginer que ces boules de granit auroient pris naissance dans ces parties du lit de cette rivière ; mais ce qui prouve le contraire, c'est qu'à droite & à gauche la nature du sol s'y oppose totalement, les montagnes bordant les endroits où on les trouve, étant composées de schistes & de talcites depuis le sommet jusqu'au pied. Il y a dans la paroisse de Mandagout, au dessus du hameau qu'on appelle *la Curée*, un espace occupé par plusieurs rochers de granit hors de terre entiérement. Ils sont si près les uns des autres, qu'ils se touchent presque. Il y en a de dix jusqu'à trente pieds de diamètre. Ils affectent différentes figures ; cependant la plupart ont une forme ovale, ronde ou oblongue, & c'est ainsi que nous l'avons dit, qu'ils ont pris cette forme.

Les rochers de granit dont il est question ici, se sont formés en grandes masses, ensuite divisés par morceaux trapézoïdaux. C'est ainsi qu'ils se sont trouvés enveloppés de terres, qui sont les premiers produits de leur destruction. Peu à peu les eaux pluviales les ont découverts en conséquence de la grande pente, & de la qualité de la terre légère & facile à emporter. Leur figure primordiale est bien différente de celle d'aujourd'hui. Il y a à côté de ces granits un peu durs, des granits mous qui se décomposent très-facilement, de la même nature que les premiers, & qu'on peut égrener avec les mains, où le feldspath, le mica & le sable ou quartz sont séparés, ou au moins à coups de marteau.

Aux environs du Vigan, en suivant le cours des petites rivières & des ruisseaux qui sont en grand nombre dans ces contrées, les blocs de granit affectent la même figure, tantôt ovale, tantôt ronde.

On ne trouve dans tous les environs de l'Esperon & de l'Aigoual, dont le sol n'offre que des granits, des talcites & des schistes, on ne trouve, dis-je, pas une seule coquille, & même on n'en trouve pas dans les différens marbres ni dans les pierres dont on fait de la chaux, & qui sont d'un grain très-fin. Ne pourroit-on pas dire, 1°. que la mer n'a jamais pénétré jusqu'aux montagnes dont il est ici question? 2°. que les eaux pluviales de ces montagnes, ayant entraîné une partie des terres légères qui les recouvrent, ont formé successivement ces grands aterrissemens qui obligent la mer de se retirer? Ajoutons que, dans la grosse mer, le sable ou le limon étant jeté tantôt d'un côté, tantôt de l'autre, les coquillages qui dominent dans la Méditerranée se sont trouvés ensévelis dans ce sable ou ce limon, où ils ont péri quand la mer s'est retirée, & sont restés des siècles entiers, jusqu'à ce que, dans la suite des tems, les fouilles les aient fait découvrir.

Il y a encore dans les *Cévennes* une autre sorte de granit, qui n'est pas aussi commun que le premier dont on vient de donner la description. Ce granit est d'un gris-sale tirant sur le jaune : il est rarement en blocs, excepté au haut des montagnes ; il est communément par chaînes peu larges ; il est très-dur, d'un grain serré : on y trouve des paillettes de mica ; jaunes & blanches, mêlées aux cristaux de feldspath ; au quartz d'un petit volume, & liés ensemble par un gluten fort solide. Quelquefois ce granit se délite comme l'ardoise ; mais les tables ont communément une épaisseur considérable : elle va d'un demi-pied jusqu'à un pied. Toutes ces chaînes se suivent parallélement, & n'ont pas beaucoup de largeur. On se sert de ce granit pour bâtir en pierres sèches, parce que, se décomposant carrément, & ses surfaces étant unies par la nature de son grain, tous ces échantillons s'appliquent exactement les uns sur les autres.

Le granit de la troisième sorte est d'un rouge-rosacé ; il ne se trouve que dans la paroisse de Mandagout : il y en a de différente consistance. Ceux qui sont durs, sont, tant par leur couleur que par la nature de leur grain, parfaitement semblables au granit d'Égypte, même couleur, même dureté.

La quatrième espèce de granit est d'un gris-sale, tacheté de mica jaune, séparé en petites lames.

On trouve, dans ces différens cantons, différens micas, le jaune, le noir & le blanc, dont on ignore la composition. Ils sont unis à différens granits & talcites, qui en renferment différentes proportions. On sent bien que la décomposition de ces pierres a fourni beaucoup de mica qui se trouve mêlé aux autres débris des granits, &c.

Des rivières qui coulent sur le sommet de la montagne de l'Esperon, les unes vont grossir la rivière de l'Hérault, qui se jette, comme on sait, dans la Méditerranée ; les autres se déchargent dans la rivière de Dourbie, où elles gagnent le Tarn & ensuite la Garonne. Parmi ces petites rivières, celles dont le lit ou les bords sont formés de pierres calcaires, offrent une singularité fort remarquable. Il m'est souvent arrivé de faire un demi-quart de lieue, & même une demi-lieue sans trouver d'eau dans leur lit. A leur source, l'eau étoit cependant assez abondante pour qu'elle pût couler sans interruption ; mais ces rivières se perdent sous terre, & reparoissent assez loin du lieu où elles ont disparu. On appelle, dans le pays, les endroits où elles se perdent, un *aven*.

La rivière qui passe à Sumène, petite ville des environs d'Alais, est assez considérable ; cependant elle se perd, en été, dans un gravier sablonneux, à un demi-quart de lieue de cette ville, & l'on ne sait point comment & où elle reparoît. Quelques personnes disent qu'elle va former de petites fontaines qui se déchargent dans l'Hérault au milieu d'une gorge de montagne, qui est entre Saint-Bausely & la Roque-de-Ganges ; d'autres prétendent qu'elle débouche par la source de la Ville-de-Sauve qui est plus éloignée ; mais ceci est avancé sans aucune preuve.

On n'observe rien de pareil dans les rivières qui ont leur lit dans les pays de granit : celles-ci coulent sans interruption ; car les trous absorbans par où les rivières se perdent, ne se trouvent que dans les pays de couches calcaires. C'est aussi dans ces contrées où ont été creusés les canaux souterrains par où continuent de couler les rivières qui se perdent.

Dans ces mêmes parties des *Cévennes*, on trouve des grottes très-curieuses : telles sont celles d'Angeu près Saint-Laurent, celle de Mondardier, celle de Breau près du Vigan, celle de Merueis, celle de Bramebiou près de Canrieu. Toutes ces grottes sont aux environs d'Alais. Celle de Bramebiou a cela de remarquable, qu'elle est creusée au milieu d'un assemblage de bancs. Une rivière coule au dedans, y parcourt un espace de près d'un quart de lieue, & sort par une ouverture qui a environ cinquante pieds de haut. Toutes ces circonstances suffisent pour donner une idée de la formation de cette grotte : c'est visiblement l'effet des eaux de la rivière qui en sort. On trouve de même, aux environs de cette grotte, plus de déplacemens de bancs & de lits occasionnés sans doute par des eaux souterraines avant leur sortie de ces vallées.

Tout ce que nous venons de décrire de la grotte n'a besoin que des agens simples, connus, & dont les opérations réitérées sont dans l'ordre commun de la nature. Je veux parler de l'eau souterraine. C'est aux observateurs à suivre ces indications, sans avoir recours à des événemens extraordinaires qui n'expliquent rien, & qui ne présentent rien de satisfaisant à l'esprit. Ceux qui les mettent en avant prouvent que, dans leur manière d'observer, ils n'ont pas mis une certaine analyse qui est cependant la clef de tous les effets naturels, puisqu'elle nous en offre tôt ou tard le dénoûment. Point d'éboulement vague lorsque l'eau peut excaver, enlever les matériaux qui remplissoient une grotte, & s'il n'y a pas de vide il n'y a pas d'éboulement ; & ces vides une fois supposés comme cela doit être, il n'y a rien de si naturel que de les continuer par les mêmes agens, de manière à donner aux grottes toute leur étendue en largeur, longueur & profondeur. (*Voyez* GROTTES.)

On nous dit que cette grotte a été formée à la suite d'un éboulement. Je voudrois savoir comment on a imaginé que cet éboulement s'étoit opéré ; car enfin il y a beau y avoir de grands orages, de grandes inondations qu'on nous objecte, il n'y aura rien d'éboulé s'il n'y a rien de creusé.

Partout où le granit se trouve dans les contrées des *Cévennes*, la terre végétale est fort légère, & elle conserve partout cette même nature propre à certaines productions. On a remarqué que les châtaigniers ne deviennent nulle part si gros ni si hauts que dans les terrains graniteux & sablo-neux ; ils sont moins hauts dans les terres végétales calcaires.

La terre végétale graniteuse est facilement emportée par les eaux pluviales, surtout dans les endroits où le terrain a une grande pente. Les grosses pluies entraînent le sable, qui n'est que le débris du granit tendre, dans les ruisseaux d'abord, & les petites rivières qui le portent dans l'Hérault, & de là dans la mer. Lorsqu'on a fait l'examen du sable des côtes du Languedoc, on paroît convaincu que ce sont ces contrées couvertes des débris des granits qui fournissent le plus de ces sables : la mer les rejette, & c'est ainsi que se forment ces grands bancs de sable qu'on y voit. Vraisemblablement le Rhône en porte la plus grande quantité de la Suisse, du Vivarais, du Dauphiné & des *Cévennes*, par le moyen des autres rivières qui s'y jettent, parce que le granit tendre est si abondant, que toutes les terres sont remplies de ce sable. On voit toutes les parties des débris graniteux séparées, le mica, le quartz & le feldspath.

C'est dans le terrain graniteux que se trouve l'or en paillettes. Les orpailleurs qui ramassent dans la rivière d'Hérault, ne cherchent les paillettes d'or qu'à deux, trois, quatre ou cinq lieues de la source de cette rivière, & dans une étendue de terrain qui n'a presque pour rochers que le granit & le talc. C'est par le moyen du lavage des terres qu'ils cherchent ces paillettes, non-seulement dans les endroits de la rivière où l'eau est dormante & dans les sinuosités, mais fort souvent sur les rives, & bien avant dans les terres & dépôts qui sont voisins de la rivière, & dont la plupart ont fait partie de son ancien lit. C'est dans ce terrain que se trouvent les plus grosses paillettes. Jamais les orpailleurs ne font mieux leurs affaires qu'après les grandes inondations, quand les eaux ont pénétré fort avant dans les terres voisines, & en ont fait ébouler une partie ; c'est là qu'on trouve beaucoup plus de paillettes que partout ailleurs. Il faut creuser bien profondément pour trouver la bonne terre *aurifère*, qui n'est qu'une suite de dépôts de matières que les ruisseaux ou la rivière y ont entraînées des montagnes voisines, & qui ne sont composées que des terres légères graniteuses & talqueuses. Ce qui fait conjecturer que les mines d'or sont contenues dans ce terrain, c'est que, hors des massifs, on ne trouve plus de paillettes d'or lorsque la terre des dépôts est d'une autre nature.

Dans cette partie des *Cévennes*, on voit plusieurs montagnes qui peuvent avoir une lieue d'étendue, tant en longueur qu'en largeur : tout le bas est en ardoise tendre. Tout à coup le terrain change ; le granit forme la base, & le sol environnant est une terre végétale sabloneuse. Quand on fouille à une certaine profondeur on trouve le granit tendre, & cette même terre, & le même rocher, se continue jusqu'au sommet de la montagne. La chaîne qui va aboutir à Morèses, est toute différente : la plus grande partie du terrain jusqu'au sommet est une terre végétale, propre au froment, & tous les rochers qui l'environnent, sont des bancs calcaires. Presqu'au pied de cette montagne il y a beaucoup d'oliviers ; ils ne viennent que dans les terres végétales calcaires, & propres à la production des fromens, ou dans les terres végétales, débris des ardoises tendres. Ils ne réussissent pas dans les terres végétales graniteuses.

C'est un coup-d'œil assez satisfaisant pour un naturaliste, que celui que présentent les deux côtes d'une montagne des *Cévennes* d'une assez grande étendue, dont la masse inférieure est du talcite, le milieu d'une ardoise fine, & le sommet de pierres calcaires par bancs, tandis que d'un autre côté on apperçoit une autre montagne qui a une ou deux lieues de large, sur autant de longueur, & dont le massif est de granit tendre. Les rochers, qui sont par blocs, sont formés d'un granit plus ou moins dur, qui, à mesure qu'on avance vers le sommet de la montagne, est d'un grain plus serré. Ce granit se trouve aussi le long des petites rivières de ces cantons, & toujours par blocs arrondis. Dans toute cette contrée il n'y a que du granit & point de pierres calcaires. Les matières dominantes dans cette partie des *Cévennes* sont les rochers de granit & les terres végétales qui sont les débris des granits tendres. Telle est la constitution du sol de cette contrée montagneuse : à mesure qu'on s'en écarte on trouve les ardoisières ou schistes durs & tendres, enfin les pierres calcaires par bancs.

La montagne qui passe au dessus d'Alais à Anduse, à Saint-Hippolyte, est remarquable par ses interruptions & par ses brèches, qui ne se trouvent précisément qu'à la rencontre d'une rivière ou d'un ruisseau dont les eaux ont beaucoup de pente, parce qu'elles descendent de montagnes fort élevées. Plus on examine ces interruptions, plus on les trouve dignes d'attention, & plus on est autorisé à penser qu'elles pourroient bien entrer dans le plan des changemens du Globe terrestre, & être regardés comme des monumens qui serviroient à éclairer quelques points de théorie des plus anciennes révolutions. Il est en effet assez singulier que dans un pays tel, par exemple, que celui des *Cévennes*, où les montagnes sont quelquefois entassées sans ordre, on n'en trouve point qui soient tellement disposées, qu'elles forment, par la réunion de leurs vallons, un bassin considérable qui n'eût aucune issue, ou qui n'eût qu'une seule ouverture pour recevoir les eaux d'une rivière ; en sorte que ces eaux ne puissent s'échapper autrement qu'en s'élevant jusqu'au bord du bassin pour s'échapper par-dessus, après y avoir formé un lac considérable. Les plus petits ruisseaux, comme les plus grandes rivières, ont pour tous un écoulement par une pente qui n'est point arrêtée, & qui est plus ou moins grande, selon que le terrain est plus ou moins au dessus du niveau de la mer. Lorsque le cours en est traversé par une chaîne de montagnes ou de rochers, la chaîne est à coup sûr interrompue en cet endroit si la rivière n'a pu se détourner commodément sur les côtés. Loin d'être une disposition établie par l'auteur de la nature dès l'origine des montagnes & des rivières, ne seroit-ce pas plutôt un effet naturel, postérieur à la formation des continens, qu'on peut rappeler à des lois connues ? Ne seroit-il point arrivé à cette chaîne un événement approchant à celui que la tradition rapporte du détroit de Gibraltar ?

Pour justifier des soupçons & des conséquences si raisonnables, il est aisé de faire voir que les rochers ont été réellement percés par l'action des eaux de la rivière. On auroit tort d'imaginer que la rupture se soit opérée au tems où la masse des montagnes étoit molle, comme quelques naturalistes ont voulu nous le faire croire ; car la rupture de nos continens est de beaucoup postérieure à cet ancien état, s'il a subsisté. Ainsi nos continens n'étoient pas mous lorsque les ravages des eaux ont culbuté dans les *Cévennes* tant de rocs isolés & entassés les uns sur les autres ; ils n'étoient point mous lorsque la chaîne d'Anduse a été rompue & coupée par un torrent dont une médiocre rivière occupe la place aujourd'hui. La chaîne de rochers est coupée jusque dans ses fondemens, de la largeur précisément du lit de la rivière, & celle que lui ont permis de prendre deux coteaux qui bordent la rivière dans son courant, & qui se terminent à la chaîne. Elle a laissé de part & d'autre deux rochers de marbre, d'une hauteur à peu près égale ; savoir : de vingt-cinq à trente toises, si également escarpés, qu'ils sont taillés presque partout à plomb. Ils forment une gorge qui livre un passage assez étroit à la rivière.

Or, n'est-il pas visible ici que si ces matières de marbre eussent été molles au tems de la rupture, ce débouché auroit été bien plus large, & ne seroit point escarpé comme il l'est. Si certaines circonstances favorables s'étoient rencontrées, les deux rochers tiendroient par le sommet & formeroient une arche sur la rivière, comme on le voit dans une chaîne de rochers qui traverse la rivière d'Ardèche en Vivarais, au lieu nommé le *Pont-de-l'Arc*.

Quelle solidité ne falloit-il pas qu'eussent alors les bancs de la terre pour rester ainsi suspendus en l'air après avoir été rompus par le pied ? On pourroit même dire que les digues de rochers qui traversent nos chaînes & nos vallées en certaines contrées, & du haut desquelles les eaux se projettent avec bruit, sont de même les bases des rochers emportés, comme ceux dont il est ici question, avec cette différence qu'au dessous des premiers la rivière avoit sans doute une pente rapide, & emportoit le terrain inférieur qui étoit moins solide : c'est ainsi que se sont formées une cataracte & une chute d'eau.

Cette

Cette dernière observation est parfaitement d'accord avec ce que j'ai dit ci-dessus sur les cataractes, & d'ailleurs établit très-bien quelle étoit la solidité des terrains dans les âges de ces destructions, & combien les eaux courantes ont trouvé dociles les chaînes de montagnes quand elles ont été obligées de s'ouvrir des débouchés pour se frayer un écoulement jusqu'à l'Océan.

Plusieurs observateurs ont supposé que nos fleuves & nos rivières avoient été autrefois bien plus considérables qu'ils ne le sont. En examinant les rochers de talcites & de granit qui occupent certaines contrées des *Cévennes*, & qui fournissent les noyaux des cailloux & des graviers de toute espèce, lesquels se trouvent dans le lit des rivières, ils ont reconnu très-aisément leur origine & les agens qui les y ont voiturés; ils n'ont pas douté que ce ne soit la source des galets arrondis des rivières; ils sont d'ailleurs portés à croire que les caillloutages parfaitement semblables à ceux-là, & dont un canton des environs, nommé *Brésis*, est rempli, forment une suite de coteaux fort élevés au dessus du niveau du Gardon ou de la rivière qui traverse le pays. Les cailloux & les galets de Brésis sont de même nature que ceux du Gardon; ils sont usés & arrondis de la même manière. En faut-il davantage pour être fondé à conjecturer que le terrain de Brésis, quelqu'élevé qu'il soit aujourd'hui, quelque place qu'il occupe, tire son origine du golfe du Gardon ou d'une rivière qui traversoit les *Cévennes*, & une contrée de même nature? J'ajoute que, creusant un puits très-profond, on en a tiré ces mêmes galets & cailloux. On doit donc se persuader que la rivière s'est portée de ce côté ou à cette profondeur, ou, ce qui est plus vraisemblable, que tous ces matériaux & leur distribution dépendent de l'étendue du golfe où les flots de la mer ont pu jouer & arrondir ces noyaux de graviers. Ainsi les différentes matières qu'on en tire, confirment l'opinion que tout a été travaillé dans un golfe, & que ce n'est qu'à des époques anciennes que le niveau des eaux atteignoit d'abord le sommet des coteaux de Brésis dans les premiers âges. Définitivement, tout s'explique par l'établissement d'une vallée-golfe, & de ce qui a dû s'opérer, dans ces contrées, à la suite de la retraite de la mer.

CEYLAN. Cette île, située à l'orient du cap Comorin, a quatre-vingts lieues de longueur, sur trente dans sa plus grande largeur. Dans les siècles reculés, elle étoit connue sous le nom de *Trapobane*. On peut conjecturer, avec vraisemblance, que cette terre, qui n'est qu'à quinze lieues du Continent, en fut détachée, dans des tems plus ou moins reculés, par une suite des mouvemens de la mer. L'espace qui sépare *Ceylan* de la pointe du cap Comorin, est rempli de bas-fonds qui empêchent les vaisseaux d'y naviguer. Dans quelques intervalles seulement on trouve quatre à cinq pieds d'eau. C'est dans ce détroit que se fait la pêche des perles, qui fut autrefois d'un grand rapport; mais on a tellement épuisé cette source de richesses, qu'on n'y peut revenir que tous les cinq ans; car le banc d'huîtres a besoin de ce tems pour se repeupler de manière à fournir une pêche un peu abondante, & qui dédommage des frais.

CÈZE, rivière qui sort des Cévennes, & va se rendre dans le Rhône au dessous de Bagnols. C'est celle de toutes les rivières du Languedoc dont les orpailleurs retirent le plus de paillettes d'or. Il paroît que ces orpailleurs, non-seulement font le lavage des terres dans son lit, mais qu'ils se sont mis sur le pied de s'éloigner de ses rives, de telle sorte que les propriétaires des terres voisines se plaignirent qu'ils détruisoient leurs terrains pour y chercher des paillettes d'or. D'autres propriétaires, pour terminer ces contestations, leur vendirent la permission de chercher l'or dans leurs terres. Tous ces faits prouvent que les mines d'or en grains & en paillettes sont surtout contenues dans les terres qui quelquefois sont assez éloignées des rivières aurifères, pourvu qu'elles soient toujours voisines des montagnes où elles prennent leur source.

CHABANOIS, ville du département de la Charente, arrondissement de Confolens, à trois lieues & demie sud de cette ville, & à trois lieues un quart de Saint-Junien, sur la Vienne. On peut observer le granit à bandes depuis *Chabanois* jusqu'à Saint-Junien, avec quelques îles fort intéressantes de granit à grain uniforme.

J'ai vu à *Chabanois* les fragmens de pierres, débris de granit voiturés par la Vienne, qui n'étoient ni usés ni arrondis. Il est vrai que la rivière étoit au commencement de son cours, ainsi que toutes celles qui y affluent. J'ajouterai, au reste, qu'à Châtelleraut les débris de granit qui sortent du Limousin, ne sont pas arrondis à un certain point.

J'ai remarqué le long des bords de la Vienne, au dessus & au dessous de *Chabanois*, sur une étendue de deux lieues, une suite non interrompue de vallons affluens, tous abreuvés, soit simples vallons, simples filets, soit d'une certaine longueur, même avec embranchement à leur naissance. Cette observation mérite d'autant plus d'être discutée, que ses détails annoncent plus particulièrement la naissance d'une grande quantité de filets d'eau sortant du granit à bandes dont j'ai suivi les massifs, lesquelles bandes sont des moyens de l'imbibition des eaux de pluies, & les rendent en même raison qu'elles les reçoivent.

Je ne puis trop insister sur cette organisation des granits en Limousin, & sur la circulation des eaux à la superficie de la terre qui en est la suite. C'est ainsi que je me suis instruit, pendant le séjour que j'ai fait en Limousin, par l'étude de ces massifs singuliers qui sont la base de plusieurs phénomènes, qu'on n'a pas obſervés parce qu'on n'en a pas ſuivi les cauſes conſtantes, & que l'économie de la nature tient dans une activité continuelle.

J'ajoute à ce que j'ai dit relativement à l'hydrographie des environs de *Chabanois*, une circonſtance importante; c'eſt que les *ruiſſeaux affluens* des deux côtés du canal de la Vienne occupent, au deſſous de cette ville, une longueur de trois lieues & demie de ce canal intéreſſant; car il ſe termine à Confolens. C'eſt là qu'on peut obſerver les ruiſſeaux des limites de l'ancienne & de la nouvelle terre, que j'ai reconnues & que j'indique d'après ces caractères des limites. Je renvoie d'ailleurs, pour de plus amples détails, à l'article CHARROUX & à la notice de cette planche.

CHABLAIS (le), *Caballicus ager*, ci-devant province de Savoie. Le *Chablais* s'étend le long du bord méridional du lac de Genève juſqu'aux confins du Valais, qui eſt à l'orient du *Chablais*. Tout le Bas-Valais faiſoit auſſi partie du *Chablais*, juſqu'à la conquête qu'en firent les Hauts-Valaiſans. Les Nantuates ont auſſi occupé une partie de ce pays. Les bornes du *Chablais* ſont, au nord, le lac de Genève; à l'orient, le Valais; au midi, le Faucigny, & à l'occident la république de Genève. Ce pays, qui a peu d'étendue au couchant, va toujours en s'élargiſſant juſqu'à ſes limites orientales, qui ſont tracées par la rivière de Morges, depuis ſon embouchure juſqu'à ſa ſource, & de là une ligne tirée par les montagnes vers le midi juſqu'aux Glaciers, de telle ſorte que la Valaiſine eſt du *Chablais*. Les lieux les plus remarquables du *Chablais* ſont, le long du lac de Genève, d'orient en occident, Hermance, Thonon, Ripaille & Évian; & dans les terres, Donaine & le fort des Alinges. Ses principales rivières ſont la Morges, l'Urſine, la Drance, la Béveronne & quelques autres.

Ce pays & toutes ſes dépendances, ayant été réunis à la France, font partie du département du Léman. C'eſt là où l'on trouvera ce qui a pour objet la nature & les qualités du ſol, l'induſtrie, & tout ce qui peut intéreſſer d'ailleurs dans le *Chablais*.

CHABLIS, ville du département de l'Yonne, ſur les frontières de la ci-devant Bourgogne. *Chablis* eſt renommé, à juſte titre, par ſes excellens vins blancs que l'on recueille ſur les coteaux voiſins, & qui ſont les principaux objets de ſon commerce.

CHABONS, village du département de l'Iſère, arrondiſſement de la Tour-du-Pin, & à trois lieues ſud de cette ville. Il y a dans ce village une fabrique d'acier qui a de la réputation.

CHABRIÈRES (Col de), montagne du ſommet des Alpes, département des Baſſes-Alpes, arrondiſſement de Barcelonette, à trois lieues nord-eſt de Saint-Paul. Ce col mérite d'être obſervé avec attention pour les débouchés qu'il préſente.

CHABRIÈRES (Roc de), du département des Hautes-Alpes, arrondiſſement d'Embrun, canton de Chorges, & à une lieue & demie de cet endroit. Il a de l'eſt à l'oueſt trois quarts de lieue de longueur, & forme une arête très-dominante ſur tous les ſommets voiſins.

CHACRISE, village du département de l'Aiſne, arrondiſſement de Soiſſons, ſur la Criſe, & à une lieue de Soiſſons. Comme ce village eſt au centre des récoltes de la denrée dont on tire de l'huile, c'eſt pour cela qu'on y trouve un moulin à huile & un tordoir.

CHADENET, village du département de la Lozère, arrondiſſement de Mende, ſur le Lot. On fabrique dans ce village des ſerges connues ſous le nom de *ſerges de Mende*. J'obſerve ici qu'on trouve dans pluſieurs villages des montagnes de ces fabriques d'étoffes de laine de différentes qualités, cette fabrication étant inſpirée par le climat froid de ces montagnes. C'eſt le meilleur uſage de cette denrée dont ces fabriques puiſſent tirer parti.

CHAGNY, bourg du département de Saône & Loire, arrondiſſement de Châlons-ſur-Saône, ſur la Dheune. Ce bourg eſt dans une ſituation agréable, & dans une poſition favorable pour la vigne qui ſe trouve plantée ſur les coteaux environnans. C'eſt le paſſage de la route de Paris à Lyon. On peut y goûter avec plaiſir le vin qu'on y recueille, & s'aſſurer des qualités qui font ſa réputation.

CHAGRE, fleuve de l'Amérique. Ce fleuve & ſes bords peuvent être conſidérés comme un exemple des changemens qu'ont éprouvés les différens cantons de l'Amérique depuis que les hommes y ont formé des établiſſemens. Ainſi le *Chagre* eſt actuellement bien différent de ce qu'il étoit il y a quarante ans. Les arbres qui le bordoient, les oiſeaux qui venoient nicher dans les branchages de ces arbres, tous ces objets ont diſparu. Le ſol n'offre plus que des maiſons de bois, bâties à une certaine diſtance les unes des autres, pour les familles qui s'y ſont établies. Ces peuplades s'étendent depuis les bords du fleuve juſque dans l'intérieur des terres qu'elles ont cultivées, & en ont ainſi chaſſé cette quantité prodigieuſe d'oiſeaux & d'animaux qui peuploient les bords du *Chagre*. Cependant, malgré ces cultures & ces défrichemens, certaines eſpèces de quadrupèdes & d'oiſeaux reſtent toujours, & ſe maintiennent dans ces contrées. La ſeule différence qu'il y a, c'eſt qu'ils ſe retirent d'un canton pour ſe réfugier dans un autre où ils trouvent plus de sûreté & de facilité pour faire leurs petits, & pour se procurer leur nourriture ; mais, d'un autre côté, on voit diminuer insensiblement quelques espèces d'animaux, surtout lorsqu'on les chasse de plusieurs endroits à la fois, & qu'on les tue sans aucun ménagement.

CHAIGEY, village du département de la Haute-Saône, arrondissement de Lure, canton d'Héricourt, près de l'Isel. On y trouve un fourneau & une forge où l'on travaille le fer que donne le fourneau, & qui est de très-bonne qualité.

CHAILLOT, village du département de la Seine, & un des faubourgs de Paris. Il est situé au bout du cours des Champs-Élysées, à très-peu de distance de la barrière. Il se trouve établi sur la lisière du bord escarpé qui domine la vallée de la Seine, & sert de limite à la pente du plan incliné que cette rivière a suivi autrefois jusqu'à la plaine de Boulogne, & à la surface duquel cette eau courante a laissé des dépôts fort curieux à mesure qu'elle se portoit sur les différens niveaux de ce plan incliné, surtout dans les parties supérieures voisines de l'Étoile. Un des côtés les plus agréables pour examiner *Chaillot* avec intérêt, est celui du bord du canal de la Seine. Comme ce village est bâti sur la hauteur, il présente un amphithéâtre varié par les différentes maisons de campagne, qui de leur côté jouissent d'une belle vue, agrément qu'on retrouve sur les bords escarpés de la vallée de la Seine, aux pieds desquels cette rivière promène ses eaux.

Je dois ajouter qu'au pied de ces mêmes coteaux sont deux établissemens, celui de la pompe à feu des frères Perrier, & celui de la Savonerie ou de la fabrique des tapis de Turquie.

Si on étudie la nature du sol de *Chaillot*, on ne tarde pas à se convaincre que cette colline est formée, depuis sa base connue jusqu'à son sommet, de couches calcaires horizontales, non de craie comme celles des Moulinaux & du pied de Meudon qui lui sont opposées de l'autre côté de la Seine, mais de pierre calcaire à coquilles, de l'espèce de celle des environs de Nanterre, du sommet de Meudon, du coteau de Saint-Maurice près Vincennes, &c.

Ce même calcaire est celui qui domine la craie, & qui est inférieur au gypse ; aussi trouve-t-on, dans les couches les plus superficielles de *Chaillot*, de nombreuses lentilles semblables, pour la forme, à celles du gypse de Montmartre, mais dont la nature est totalement changée. Elles font feu sous le choc du briquet, & sont totalement quartzeuses.

Vers le nord de *Chaillot*, ces couches calcaires plongent sous une légère inclinaison, & sont recouvertes par les dépôts sabloneux qu'on observe dans le sol du bois de Boulogne & de l'Étoile. Ce qui le prouve incontestablement pour ce dernier lieu, c'est la fouille que l'on a faite pour établir les fondations de l'Arc de triomphe. On a creusé trente pieds, & dans cette épaisseur on n'a trouvé qu'un sable de différentes teintes jaunes & vertes, & très-fin ; mais en creusant encore un peu, on a retrouvé les cristaux gypseux silicifiés que l'on observe sur le sommet de *Chaillot*.

CHAINE *ou* CHAIN-ISLAND (Ile de la). Cette île est située dans la mer du Sud ; elle ressemble à une double rangée d'îles basses, couvertes de bois, & jointes l'une à l'autre par des récifs, de manière qu'elle forme une seule île ovale ou en ellipse, avec un lac au milieu. Les petites îles & les récifs qui environnent le lac ont la forme d'une chaîne, & c'est ce qui lui a fait donner ce nom. On juge que la longueur du nord-ouest au sud-est est d'environ cinq lieues, & qu'elle a environ cinq milles de largeur. Les arbres qu'on y voit, paroissent grands, & la fumée qui s'élève entre ces arbres prouve, d'une manière certaine, que cette terre est habitée. Le milieu de l'île est au 17e. deg. 23 min. de latitude sud, & au 145e. deg. 54 min. de longitude ouest, à quarante-cinq lieues à l'O. N. de l'île des Oiseaux.

CHAINES DE MONTAGNES. On appelle ainsi les montagnes dont les sommets sont liés les uns aux autres, & parcourent plusieurs royaumes sans d'autres interruptions que celles des coupures plus ou moins larges, plus ou moins profondes qu'y ont formées quelques passages de rivières ou quelques cols, pas ou défilés. Cependant lorsqu'on suit avec une certaine attention les masses montueuses qu'on nous a données & décrites comme les portions de ces *chaînes de montagnes*, il s'en faut bien qu'on retrouve cette belle continuité qu'on nous vante tant, & dont on fait un si grand & si brillant étalage. Il semble qu'avant de donner aux masses montueuses cette dénomination de *chaînes*, il falloit s'assurer de ce qui devoit constituer d'abord la nature des chaînons qu'on prétendoit réunir sous la considération d'une chaîne. Or, non-seulement on n'a fait aucune recherche sur cette correspondance & sur les caractères qui devoient l'établir, mais pour peu qu'on ait observé, on peut assurer qu'il n'y a nul caractère de ressemblance entre les différentes parties des montagnes qu'on a comprises sous les mêmes *chaînes*, ni quant à la nature des matériaux, ni quant à leur disposition intérieure ou organisation, ni même quant à leur hauteur. Cependant il semble qu'il falloit auparavant reconnoître ces détails, les comparer ensemble, & suivre avec la plus grande attention les massifs du même ordre avant d'annoncer ce prétendu enchaînement des montagnes. On nous dit que le comte de Marsigli avoit eu le projet de prouver cette singulière connection des montagnes. Je regrette beaucoup qu'il n'ait pas commencé l'exécution de son projet ; je ne doute pas qu'il n'en eût reconnu le peu de fondement, & qu'ainsi il eût réservé pour une autre considération & pour un autre travail le titre qu'il devoit donner d'*Ossature de la Terre* à son Traité des montagnes ; il auroit vu sans doute, s'il eût mis à son travail toute l'attention, toutes les vues dont il étoit capable, que les différentes montagnes ne pouvoient être en aucune sorte comparées avec la charpente osseuse du corps humain. En partant de ce que d'habiles observateurs nous ont appris depuis M. le comte de Marsigli, nous ne considérons pas comme ossature du Globe toutes les montagnes en général, toutes les élévations de terres marquées à la surface du Globe, ainsi que l'a dit M. Buaché, mais les masses de substances pierreuses, d'une nature particulière, & servant généralement de base à tous les autres amas d'autres substances disposées aussi d'après des arrangemens différens ; en un mot, le massif de l'ancienne terre. Ainsi quelque desir que nous aiyons de considérer, par des rapprochemens généraux, les montagnes sous la forme de *chaînes*, de suivre ce que des écrivains modernes qui n'avoient pas observé, ont imaginé à ce sujet, nous croyons que les principes de la géographie-physique nous obligent à distinguer les massifs suivant la nature des matériaux & leur disposition intérieure. Nous ne pouvons admettre une prétendue connection entre des massifs disparates & qui appartiennent visiblement à plusieurs ordres de choses, à plusieurs époques différentes ; & qu'il est aussi important pour l'utilité générale, que pour le progrès de la science, d'étudier, de décrire & de figurer séparément. Nous renonçons donc à ces belles *chaînes de montagnes* qui ont été admises sans examen, par la seule considération vague & superficielle de la distribution des eaux sur le Globe ; considération aussi fausse dans son principe, que dans ses conséquences. (*Voyez* OSSATURE DU GLOBE.)

Chaînes de montagnes du Globe terrestre.

Pour se former une idée nette & précise, il faut se placer au tems où les eaux, qui couvroient les plus hautes montagnes, telles que celles du mont Ararat, quelques-unes de la Cordilière des Andes, commencèrent à les mettre à découvert, & formèrent un petit nombre d'îles qui composoient alors toute la surface du Globe. Bientôt les eaux qui diminuoient toujours, laissèrent paroître d'autres montagnes un peu moins élevées, mais qui agrandirent les premières îles & en formèrent d'autres séparées des premières. La diminution des eaux continuant, les crêtes élevées qui unissoient ces îles commencèrent à se montrer ; les plaines hautes, formées par des espèces d'amas de montagnes, se découvrirent ensuite, puis les plaines moins hautes. Si l'eau eût encore diminué sur notre Globe, d'autres terres moins élevées se seroient à la fin découvertes successivement. Le fond de la mer auroit donc été une vaste vallée ; les continens, des masses montueuses à différens degrès d'élévation ; les îles, des sommets de montagnes dans la grande vallée du bassin de la mer ; les unes & les autres auroient donc été unies ou par le fond de la vallée ou par des sommets de montagnes moins élevées, qui sont enfin toujours restées cachées sous les eaux de la mer.

Pour voir toutes ces formes du Globe terrestre dans cet état, il faudroit absolument anéantir les eaux ; mais ce que l'on a supposé avoir eu lieu à la partie découverte du Globe de la Terre doit nous autoriser à conclure ce qui arriveroit à la partie qui reste cachée sous les eaux si elles étoient enlevées.

La direction de certaines *chaînes* d'îles, de rochers à fleur d'eau, de bas-fonds qui traversent certains parages de la mer, & qui semblent unir les *chaînes de montagnes terrestres* ; les sondes des navigateurs, les observations sur les courans & sur leur direction, sont des preuves presqu'incontestables que le fond de la mer ne diffère de la Terre que parce qu'il s'est trouvé au dessous du terme auquel les eaux devoient s'abaisser, & qu'il a, comme elle, ses montagnes, ses plaines & ses vallées.

Cette disposition du fond de la mer & des montagnes fait l'objet d'un travail intéressant. Il résulte de toutes ces observations, 1°. que le Globe de la Terre est soutenu de plusieurs *chaînes de montagnes* qui traversent la mer comme les terres, & qui servent probablement à augmenter la solidité du Globe ; 2°. que ces montagnes partagent la mer en différens bassins qui ne paroissent unis que parce que les montagnes qui les enferment, sont pour la plupart couvertes par les eaux, mais qui cependant n'en sont pas moins réels, & présentent probablement un obstacle au trop grand mouvement des eaux dans certaines occasions.

Les vallées marines ne sont pas toutes de même profondeur : il s'en faut bien, par exemple, que le bras de mer qui sépare la France de l'Angleterre ne soit aussi profond que l'Océan.

La partie de la mer qui sépare l'Amérique de l'Europe & de l'Afrique, & qu'on nomme ordinairement *Océan*, est partagée, par ces *chaînes de montagnes* marines, en trois principales parties : la première, connue sous le nom de *mer du Nord*, est comprise entre une de ces *chaînes* qui, partant du Nord-Cap, va par l'Islande joindre le Groënland, & celle qui, du Pas-de-Calais, va à travers les îles britanniques & des Vigies joindre le Grand-Banc & le cap Ras de Terre-Neuve. Au reste, on doit considérer que ce n'est pas cette masse seule qui a formé à l'est le bassin de la mer Baltique, & au nord-ouest celui des baies d'Hudson & de Baffin, car nous avons prouvé que dans ces circonstances ce sont les eaux courantes du Continent qui se sont creusé la plus grande partie des bassins de ces baies & de ces méditerranées. Je finis par annoncer ce travail des eaux du Continent, comme je me propose de le faire envisager en suivant toutes les côtes de la mer du Nord.

Chaînes de montagnes coupées par des brêches.

Cette *chaîne* qui passe au dessus d'Alais, à Anduse & à Saint-Hippolyte, est remarquable par des brêches qui ne se rencontrent que vis-à-vis des ruisseaux & des rivières dont les eaux ont beaucoup de pente, parce qu'elles ont leur origine dans des montagnes fort élevées. Les plus petits ruisseaux comme les grandes rivières ont partout un écoulement qui suit une pente sans obstacle, & qui est plus ou moins grande, selon que le terrain est au dessus du niveau de la mer. Lorsque le cours d'une rivière est traversé par une *chaîne de montagnes* & de rochers, il est nécessaire que cette *chaîne* soit interrompue dans l'endroit opposé à la marche des eaux de la rivière, si elle n'a pu se détourner commodément sur les côtés.

C'est ce qu'on remarque dans plusieurs contrées de la Terre, surtout en Amérique & même en France. Je puis indiquer ici la *chaîne* coupée à Anduse & à Saint-Hippolyte par deux rivières différentes. On n'a donc, pour rendre raison de ces brêches ou interruptions, que la suite du travail des eaux courantes de ces deux rivières.

La *chaîne* étoit autrefois continuée ou remplie dans la brêche par où passe aujourd'hui la rivière, & cette masse a été réellement percée par l'effort des eaux de la rivière, mais de manière que ces eaux courantes ont commencé l'ouverture par les parties supérieures de la *chaîne*.

En supposant que cette *chaîne* n'ait pas été coupée par la rivière dans l'endroit de la brêche où elle coule, je ne vois pas comment elle auroit pu s'ouvrir une pareille barrière : il faut donc que ce travail ait été commencé dans les premiers tems de l'approfondissement des vallées, & suivi dans les tems postérieurs.

Que cette *chaîne* ait été continuée à Anduse, dans l'endroit par où passe la rivière, tout semble l'indiquer. La *chaîne* des rochers est coupée jusque dans ses fondemens, & de la largeur précisément du lit de la rivière, & de celle que lui ont permis de prendre deux coteaux qui bordent la rivière dans son courant, & qui se terminent à la *chaîne*. La brêche qui a été faite dans cette *chaîne* a laissé de part & d'autre des rochers de marbre d'une hauteur à peu près égale & de vingt-cinq toises, & si également escarpés, qu'ils sont taillés presque partout à plomb. Ils se présentent sur les bords d'une ouverture qui donne un passage assez étroit à la rivière. Des deux côtés c'est la même pierre, le même grain, la même couleur, même disposition des blocs & des bancs de marbre : mêmes espèces de coquillages sont renfermés dans les blocs ; la terre limoneuse qui couvre les deux rochers produit les mêmes plantes. Que manque-t-il pour prouver que ce n'étoit autrefois qu'une même masse de pierre continue ?

Si certaines circonstances s'étoient rencontrées ici, les deux rochers seroient encore liés l'un à l'autre par le sommet, & formeroient une arche sur la rivière, comme on le voit dans une autre *chaîne de montagnes* que traverse la rivière d'Ardèche en Vivarais, au lieu nommé *Pont-de-l'Arc*. A Anduse les rochers ne sont plus liés que par la base commune qui sert de lit à la rivière.

Quant aux moyens qu'a employés la rivière d'Anduse pour former cette ouverture, pour peu qu'on examine le cours de cette rivière & les environs de la *chaîne*, il est aisé de voir que plusieurs circonstances y ont concouru : 1°. la rivière d'Anduse a une grande pente jusqu'à la *chaîne*, & la plaine ne commence qu'après cette *chaîne* ; 2°. cette rivière est bordée à droite & à gauche, jusqu'à la même *chaîne*, par une suite de collines élevées & adossées de part & d'autre contre des massifs fort étendus & d'une hauteur égale à la leur ; 3°. la *chaîne* n'est pas de même soutenue par derrière ; 4°. le courant de la rivière est dirigé sur le flanc de la *chaîne*, & c'est là que tous ses efforts se portent.

Voyons maintenant ce qui est arrivé dans les premiers tems que la rivière a creusé son vallon : elle a dû occuper les sommets des massifs qui se rencontroient dans tout le trajet qu'elle a parcouru ; elle a donc dû entamer d'abord le sommet de la *chaîne* en même tems qu'elle approfondissoit son lit dans les massifs antérieurs à la *chaîne*. Sans cela la rivière n'auroit pas pu avoir d'écoulement, & par conséquent le mouvement nécessaire pour creuser son lit dans aucune partie de son cours ; car si la masse qui occupoit le vide de la brêche avoit formé une digue, l'eau de la rivière étant stagnante partout, n'ayant pu la détruire, auroit reflué au dessus de la *chaîne*, mais n'auroit pas pu former un lac, puisque la rivière n'auroit pu creuser un bassin où l'eau du lac auroit pu être contenue ; & d'ailleurs, dans la supposition du lac & de l'existence de la digue, le trop plein du lac auroit pris son cours en traversant les cimes des collines qui sont adossées à la *chaîne* en question.

En vain voudroit-on supposer que la matière de la *chaîne* a eu dans les premiers tems assez de mollesse pour que l'eau de la rivière se fît jour aisément dans la partie de la brêche ; car une fois que l'eau de la rivière est stagnante, elle n'a d'autre effort que celui de son poids ; & puis comment supposer qu'il y ait eu une rivière si l'eau n'a pas trouvé la plus grande liberté d'écoulement dans toute l'étendue de son cours ? C'est en conséquence de cette liberté & de la pente primitive que le lit de la rivière se creuse, en commençant par les sommets les plus élevés & en approfondissant continuellement son canal par la destruction des bords. (*Voyez les articles* LAC, VALLON, ARC (Pont-de-l'), où toutes les circonstances qui ont concouru à l'ouverture des *chaînes* par les rivières, sont exposées en détail.)

Chaînes de montagnes Urallienne & Altaïque en Asie.

A l'est de Peczora commence le Continent de l'Asie, qui s'offre avec les limites les plus naturelles & les plus énergiques. C'est là que se montrent les monts Verchoturiens ou la fameuse *chaîne Urallienne*, qui commence visiblement près de la ville de Kungur dans le gouvernement de Casan, latitude 57 deg. 20 min., & qui court ensuite au nord, & qui finit en face du détroit de Waigat, & se relève de nouveau dans l'île de la Nouvelle-Zemble. Les Russes appellent encore cette *chaîne* du nom de *Semennoi-Poias* ou *Ceinture du Monde*, parce qu'on croyoit pour lors qu'elle embrassoit l'Univers. C'étoient, chez les Anciens, les monts Riphées : *Riphei montes, pars Mundi damnata à naturâ rerum & densâ mersâ caligine.* Les monts Riphées, portion du Globe condamnée par la nature à de profondes ténèbres, dont la seule partie méridionale étoit connue des Anciens, & encore si imparfaitement, qu'on en a écrit des fables sans nombre. Au-delà de ces montagnes étoient placés les heureux Hyperboréens, sur lesquels nous supprimerons les fictions brillantes que nous a transmises Pomponius Méla.

Les Modernes n'ont pas été plus exempts d'exagération sur certaines circonstances qui concernent ces montagnes. Isbrandſ-Idés qui les traversa dans son ambassade en Chine, assure qu'elles ont cinq mille brasses ou toises de hauteur ; d'autres ont prétendu qu'elles sont couvertes d'une neige éternelle. Ce dernier fait peut être vrai dans les plus voisines du cercle polaire ; mais on sait que, dans les passages ordinaires des voyageurs, elles sont dégagées de toutes neiges pendant trois ou quatre mois de l'année.

Les hauteurs d'une partie de cette *chaîne* ont été déterminées par M. Chappe d'Auteroche, qui assure que la montagne Kiria, près de Solikamskaia (latitude 60 deg.), n'excède pas quatre cent soixante & onze toises en hauteur au dessus du niveau de la mer, ou deux cent quatre-vingt-six au dessus du sol qui lui sert de base. Mais, suivant Gmelin, la montagne Pouda est beaucoup plus haute, puisqu'elle a sept cent cinquante-deux toises au dessus du niveau de la mer.

De Pétersbourg à cette *chaîne* est une vaste plaine mêlée de quelques élévations & plateaux, semblables à des îles au milieu de l'Océan. La partie orientale descend graduellement, en pénétrant assez longuement dans les bois de la Sibérie, & forme un immense plan incliné vers la Mer-Glaciale. Cette disposition est évidente d'après le cours de toutes les grandes rivières qui prennent leurs sources dans les contrées les plus élevées. Quelques-unes, à la distance très-considérable de 46 degrés de latitude, & après un cours de 27 degrés, vont tomber dans la Mer-Glaciale à la latitude de 73 deg. 30 min. Le seul Jaïk, qui, naissant près de la partie méridionale du côté oriental, peut prendre une direction au midi, va se jeter dans la Caspienne. La Dwina, la Peczora & un petit nombre d'autres rivières de la Russie européenne démontrent l'inclinaison de cette partie : toutes se rendent dans la mer du Nord ; mais leur cours, en comparaison de celui des autres, n'est pas long. Une autre pente dirige le Dniéper & le Don dans la Mer-Noire, & le large Wolga dans la Caspienne.

La *chaîne altaïque*, limite méridionale de l'Asie, commence à la vaste montagne du Bogdo, passe au dessus des sources de l'Irtisch & de l'Oby, puis suit un cours montueux, inégal, escarpé, plein de précipices couverts de neiges, riches en minéraux dans la partie voisine des sources de l'Irtisch & de l'Oby : de là cette *chaîne* s'avance près du lac Teleskoi à la source de l'Oby, puis elle prend une inflexion par laquelle elle embrasse les bassins des grandes rivières, & particuliérement celui du Jenesei. Enfin, sous le nom de *Sainnes*, elle continue, sans interruption, jusqu'au lac Baikal. Une branche s'insinue entre les sources des rivières Onon, Ingoda & Ichikoi, & comprend plusieurs masses montueuses fort élevées, qui se prolongent au nord-est sans interruption, & séparent ces sources de celles de la rivière d'Amur, laquelle se décharge à l'est dans l'Empire de la Chine, depuis la Lena & le lac Baikal.

Une autre branche se prolonge le long de l'Olecma, traverse la Lena au dessous de Jakoutsh, & se continue le long des deux rivières Tongouska jusqu'au Jenesei, où elle se perd au milieu de plaines semées de bois & de marais. La principale *chaîne*, hérissée de becs anguleux & de pics, s'approche des rivages de la mer d'Ockhozt, & s'y maintient ; ensuite, passant près des sources des rivières Outh, Aldan & Main, se distribue en petites branches dirigées entre les rivières les plus orientales qui tombent dans la Mer-Glaciale. Je comprends dans ce nombre deux branches principales, dont l'une, tournant au sud, traverse le Kamtzchatka par le milieu, & se brise, au cap Lopacka, dans les nombreuses îles Kuriles, & , à l'est, forme une autre *chaîne* maritime dans les îles situées depuis le Kamtzchatka jusqu'en Amérique. La plupart de ces îles, comme le Kamtzchatka, sont remarquables par de terribles volcans ou par les traces de leurs éruptions & de leurs incendies. Enfin, la dernière *chaîne* forme principalement le grand cap Tschutsky, avec ses promontoires & leurs rivages escarpés & hérissés de rochers. C'est d'après le docteur Pallas & ses savans travaux, comme d'après les belles Cartes de l'Asie de Danville, que j'ai tracé les limites de cette vaste région. J'ai ajouté ailleurs ce qui concerne les bassins qu'a décrits M. de Fleurieu.

A l'extrémité nord de la grande *chaîne Urallienne* est le détroit de Waygatz, qui la sépare de la Nouvelle-Zemble. Le passage est étroit, embarrassé d'îles, & très-souvent obstrué par les glaces. Ici le flux & le reflux sont rendus irréguliers & incertains, comme partout ailleurs, par les vents. On a observé que la marée ne monte que de quatre pieds, & que la masse d'eau a dix à douze brasses de profondeur.

Chaîne des Alpes en Amérique.

La terre intermédiaire entre les sources de la rivière de Bourbon, du fleuve Saint-Laurent & du Mississipi est la plus haute terre de la Nort-Amérique. Cette terre si élevée fait partie des *Montagnes-Brillantes*, qui sont des rameaux de la vaste *chaîne* qui traverse tout le Continent d'Amérique. On peut très-bien en prendre le commencement de l'extrémité méridionale à la Terre-des-États ou à la Terre-de-Feu. Les Alpes d'Amérique s'élèvent de la mer, comme des anneaux isolés, à une hauteur immense, noirs, rocailleux, & surmontés de sommets escarpés pyramidaux, assez souvent couverts de neiges. On peut annoncer la Nouvelle-Géorgie comme un autre anneau, semblable en pareilles horreurs, & se détachant plus loin vers l'est. Les montagnes des environs du détroit de Magellan s'élancent à une étonnante hauteur, bien supérieure à celles de l'hémisphère septentrional, sous le même degré de latitude. A côté nord du détroit de Magellan, elles forment, à travers les royaumes du Chili & du Pérou, une *chaîne* continue qui se maintient dans le voisinage de la Mer-Pacifique. En plusieurs endroits leurs sommets sont les plus hauts du Globe. Il n'y en a pas moins de douze qui ont depuis deux mille quatre cents toises d'élévation, jusqu'à trois mille. Pichincha, qui penche sur Quito, & qui est à environ trente-cinq lieues de la mer, a sa cime élevée de deux mille quatre cent trente toises au dessus du niveau de ses eaux. Cayembé, qui est précisément placé sous l'équateur, a plus de trois mille toises, & Chimborazo est plus haute encore que la dernière, de deux cents toises. La plupart de ces montagnes ont été volcans, &, à différentes époques, elles ont été remarquables par des éruptions incomparablement plus terribles que celles dont on a été à portée de connoître les effets dans toutes les autres parties du Globe. Sur leur face orientale paroissent des plaines alongées, sur lesquelles coulent de grandes rivières, dont le fleuve des Amazones peut nous offrir un exemple. Cette rivière coule sur un terrain revêtu de forêts, depuis la retraite d'où elle sort à Pongo di Borjas, jusqu'à son embouchure, où elle ressemble plutôt à un grand golfe qui entre dans l'Océan atlantique.

Dans l'hémisphère septentrional, les Andes passent par l'isthme étroit de Darien, dans le royaume du Mexique, & conservent une hauteur majestueuse & une disposition volcanique. La montagne Popocatepec fit une violente éruption pendant l'expédition de Cortez, bien décrite par son historien Antonio de Solis. Ce pourroit être le même volcan que rencontra l'abbé Chappe dans sa route de Vera-Cruz au Mexique, & qu'il conjectura tout récemment éteint par l'état où il trouva les laves. Du royaume du Mexique cette *chaîne* se prolonge au nord & à l'est de la Californie; ensuite elle tourne tellement à l'ouest, qu'elle ne laisse qu'un intervalle très-peu étendu entr'elle & la Mer-Pacifique, & des montagnes souvent détachées vont s'avancer dans la mer même, & former, sur ses bords, des caps & des promontoires remarquables, qui ont été vus & décrits par les navigateurs qui ont suivi la côte *nord-ouest* dans le cours de leurs voyages. Une plaine riche en bois & en *savannes* ou prairies, couverte de bisons ou buffles, de cerfs, de daims de Virginie, d'ours & d'une grande variété de gibier, occupe une prodigieuse étendue, depuis les grands lacs du Canada jusqu'au golfe du Mexique, &, vers l'est, jusqu'à l'autre grande *chaîne*, les Apalaches, qui sont les Alpes de cette suite de contrées dans la Nort-Amérique. Je trouve qu'elle commence vers le lac Champlain & le lac Georges, & jette des rameaux qui s'avancent obliquement jusqu'au fleuve Saint-Laurent à l'est, & qui s'élèvent sur ses côtes opposées; d'autres qui descendent, en décroissant graduellement, jusqu'au triste débris qui nous reste du Nouveau-Monde, la Nouvelle-Écosse. La principale *chaîne* passe à travers la province de New-Yorck, où elle est distinguée par le nom de *Hautes-Terres*, & située à quarante milles de l'Atlantique : de là elle s'éloigne de la mer à mesure qu'elle s'avance vers le sud, & près de son extrémité dans la Caroline méridionale elle est à trois cents milles de l'Océan. Elle est composée de plusieurs *chaînes* parallèles, divisées par les plus délicieuses vallées, & généralement couronnées d'une très-grande variété de forêts. Ces *chaînes* s'élèvent graduellement de l'est l'une au dessus de l'autre jusqu'à la *chaîne* centrale, d'où elles redescendent, & vont, s'inclinant de même par degrés, vers l'ouest, dans les plaines immenses du Mississipi. La *chaîne* du milieu est d'une masse & d'une élévation considérables, & toutes ensemble embrassent une largeur de soixante & dix milles, laissant, dans plusieurs endroits, de grandes ouvertures pour la décharge de vastes & nombreuses rivières qui naissent dans le sein des montagnes, & versent leurs eaux dans l'Océan atlantique, après avoir parcouru une navigation sans égale pour les provinces qu'elles arrosent.

J'ai montré au lecteur la haute & immense plaine qui s'étend, dans l'Empire russe, au-delà de la branche des monts Apalaches, appelés *Monts-sans-Fin :* il en est une autre, d'une étendue prodigieuse, presqu'aussi haute que les montagnes elles-mêmes. Cette étendue, appelée *les Hautes-Plaines*, est une terre extraordinairement riche.

Elle commence à la rivière de Mohock, gagne très-près du lac Ontario, &, vers l'ouest, elle forme une partie des vastes plaines de l'Ohio, d'où elle s'étend, à une distance inconnue, au-delà du Mississipi. De vastes rivières y prennent leurs sources, & coulent, vers tous les points de l'horizon, dans le lac Ontario, dans la rivière d'Hudson, dans la Delaware & la Susquehanna. La marée de la rivière d'Hudson remonte très-loin dans son lit, & même jusqu'à une petite distance de la source de la Delaware, qui, après un cours rapide & précipité sur une longue descente interrompue par de rapides chutes, rencontre la marée assez près de sa décharge dans l'Océan.

Quantité de basses terres, situées entre le pied des monts Apalaches & la mer, surtout dans la Virginie & la Caroline, ont été assez récemment occupées par l'Océan. En mille endroits on trouve nombre de petites éminences composées de coquillages assez semblables, quant au nombre & aux espèces, à ceux que nous trouvons aux environs de Paris. Près du Mississipi, à la latitude de 32 deg. 28 min., depuis la hauteur de cinquante à quatre-vingts pieds, on trouve, en creusant, toujours du sable & des coquilles de mer exactement semblables à celles qu'on trouve sur les rivages près de Pensacola : le tout est couvert d'une couche épaisse de glaise & de marne, & au dessus est un lit de terre végétale. Tout prouve la justesse de l'épithète de *nouveau* donnée à cette partie du Globe, mais dans un autre sens que pour exprimer la nouveauté de la découverte. Il est du moins certain qu'une grande partie de la Nort-Amérique n'est devenue habitable que récemment. Les vastes plaines du Mississipi & l'intervalle entre les monts Apalaches & l'Atlantique ont été occupés jadis par la mer. De deux choses l'une : ou bien, à cette époque, l'Amérique n'avoit pas reçu sa population de l'ancien Continent par le nord de l'Asie, ou ses habitans doivent avoir été confinés dans les montagnes & leurs vallées jusqu'à ce que les eaux aient cessé de couvrir les basses terres, qui sont maintenant peuplées de milliers d'hommes.

Nous revenons actuellement à ces montagnes, pour nous occuper des différens matériaux qui entrent dans leur composition. Nous avons reconnu d'abord que ces matériaux ressembloient beaucoup à ceux que présentent les montagnes du nord de l'Asie. C'est une roche grise, un granit mêlé de glimmer & de quartz, le premier ordinairement noir, & le second tirant sur le pourpre. Près du fleuve Saint-Laurent une grande partie des montagnes repose sur une espèce de pierre à chaux feuilletée. De larges lits de pierres calcaires de différentes couleurs se voient à côté des masses montueuses & granitiques, & renferment des cornes d'ammon, différentes sortes de coquillages du même ordre, & particuliérement une petite espèce de pétoncle avec plusieurs variétés de coraux, soit étoilés, soit en ramifications. Les couches de pierres calcaires se montrent près de la base des différentes parties de la *chaîne* des monts Apalaches. Sans doute la bande schisteuse, consistant en une variété de pierre fendue & divisée par scissures horizontales & verticales, qui dans l'Asie sont les gîtes des veines métalliques, se trouve aussi constamment dans les montagnes de granit de la Nort-Amérique, &, comme elles, on la trouvera riche en mines. C'est dans de pareilles matrices que paroissent aussi être logées les mines de plomb & d'argent qu'on trouve dans le Canada; mais cette contrée n'a pas encore été examinée par un physicien naturaliste. Le travail sera amplement payé aux propriétaires par la découverte des sources minérales, de richesses peut-être égales à celles qui sont déjà reconnues dans les *chaînes* semblables de l'Empire de Russie.

CHAISE (Forêt de la), du département de la Vendée, canton de la Roche-sur-Yon, à une demi-lieue nord-est de *la Chaise*. Cette forêt a, du nord-est au sud-est, dix-huit cents toises, & du sud-ouest au nord-est neuf cents toises. On ne peut trop mettre de soin à sa conservation.

CHAISE-DIEU, ville du département de la Haute-Loire, arrondissement de Brioude. C'est une des habitations les plus élevées dans les montagnes granitiques de la France. C'est sous ce point de vue que nous indiquerons cette ancienne habitation des Moines bénédictins, & l'une des ressources de la fortune des Cardinaux français. Le seul avantage que l'industrie de la France en ait retiré, est la fabrication de dentelles façon de Malines & d'Angleterre, qu'on y remarque avec plaisir.

CHALABRE, ville du département de l'Aude, arrondissement de Limoux, sur le Lers, & à quatre lieues de cette ville. On y fabrique des draps pour le Levant, & du savon noir & blanc.

CHALABREIL (le), ruisseau du département de l'Aude, canton de Chaladre. Sa source, qui se montre à une lieue & demie sud-est de Chalabre, verse ses eaux à l'ouest, puis au nord-ouest, lesquelles se rendent dans le Lers à Chalabre.

CHALADE (la), village du département de la Meuse, arrondissement de Verdun, près la forêt d'Argonne, à deux lieues & demie de Sainte-Menehould. Il y a une verrerie à bouteilles noires, où l'on fabrique d'ailleurs des cloches & des pièces de chimie.

CHALAMONT, ville du département de l'Ain, à deux lieues & demie de Meximieux. Elle est située sur une montagne près de deux grands étangs qui dominent dans cette contrée. Elle étoit autrefois la ville principale de la Haute-Dombes. Le poisson & le gibier y abondent.

CHALANCHES

CHALANCHES (les), rocs & montagnes du département des Hautes-Alpes, canton de l'Argentière, & à deux lieues deux tiers de cette ville. Ils ont, du nord au sud, deux tiers de lieue de longueur, & présentent des *arêtes* élevées dont j'ai fait mention à cet article, & auquel je renvoie.

CHALEUR DU GLOBE. Le soleil est, de tous les corps célestes, celui dont l'action physique se fait le plus sentir sur notre Globe, & cette action est la source d'un grand nombre de phénomènes qu'il peut être utile d'indiquer ici. Le soleil, considéré comme influant sur la Terre, peut être regardé comme un feu immense successivement placé à des distances & à des positions qui diffèrent beaucoup d'un jour à l'autre, soit relativement à toute la Terre, soit relativement à quelques contrées. Les effets en sont par-là plus variés, & par conséquent plus sensibles. Une tranquille & constante uniformité frappe rarement. Le mouvement de la Terre sur son axe présente, pendant les vingt-quatre heures, successivement toutes les parties de sa surface au soleil; ce qui produit une succession de lumière & d'obscurité, sur laquelle porte la distinction frappante du jour & de la nuit.

Mais les effets du soleil, comme principe de la *chaleur*, sont beaucoup plus grands, plus étendus & plus sensibles. Ces effets varient beaucoup, suivant que les rayons de cet astre sont directs ou réfléchis, suivant leur obliquité & la quantité des points qui les réfléchissent : de là naissent les différences de *chaleur* qu'on éprouve, à l'ombre ou au soleil, dans les plaines ou dans les vallées, ou sur les hautes montagnes. La diversité de la *chaleur* des différens climats & des différentes saisons naît, en grande partie, des angles sous lesquels les rayons du soleil viennent frapper la surface de la Terre. (*Voyez* CLIMAT.)

On démontre en mécanique, qu'un corps qui en frappe perpendiculairement un autre, agit avec toute sa force, & qu'un corps qui agit dans une direction oblique, agit avec d'autant moins de force, que sa direction s'éloigne davantage de la perpendiculaire. Le feu, étant lancé en ligne directe, doit suivre la même loi mécanique que les autres corps, & par conséquent son action doit être mesurée par le sinus de l'angle d'incidence. C'est pourquoi le feu, venant à frapper un objet dans une direction parallèle à cet objet, ne produit point d'effet sensible, parce que l'angle d'incidence étant nul, le rapport du sinus de cet angle au sinus total est comme o à 1, c'est-à-dire, nul: par conséquent le soleil n'a encore aucune *chaleur* dans les lieux de la Terre où il commence à répandre ses rayons suivant cette direction.

M. Halley a fait, en conséquence de ce principe, un calcul mathématique de l'effet du soleil en différentes *saisons* & sous différens *climats*. Voici une idée de ce calcul, sur lequel nous ferons ensuite quelques réflexions. M. Halley part de ce principe, que l'action simple du soleil, comme toute autre impulsion ou percussion, a plus ou moins de force en raison des sinus des angles d'incidence : d'où il suit que les rayons du soleil, frappant la surface de la Terre à une hauteur quelconque, seront à la force perpendiculaire des mêmes rayons, comme le sinus de la première hauteur est au sinus total.

De là il conclut que le tems pendant lequel le soleil continue d'éclairer la Terre étant pris pour base, & les sinus de la hauteur du soleil étant élevés sur cette base comme des perpendiculaires, si l'on décrit une ligne courbe par les extrémités de ces perpendiculaires, l'aire de cette courbe sera proportionnelle à la somme ou totalité de la *chaleur* de tous les rayons du soleil pendant cet espace de tems.

Il conclut aussi de là que, sous le pôle arctique, la somme de toute la *chaleur* d'un jour de solstice d'été est proportionnelle à un rectangle formé par le sinus de 23 degrés & demi par la circonférence d'un cercle. Or, le sinus de 23 degrés & demi fait à peu près les quatre trente-sixièmes du rayon, & les huit trente-sixièmes du rayon, qui en sont le double, sont à peu près le sinus de 53 degrés, dont le produit, par la demi-circonférence ou par douze heures, sera égal au produit ci-dessus : d'où il infère que la *chaleur* polaire le jour du solstice, à celle du soleil échauffant l'horizon pendant douze heures, a 53 degrés constans d'élévation. Comme il est de la nature de la *chaleur* de rester dans les corps après la retraite du corps qui l'a occasionnée, & surtout de continuer dans l'air, l'absence de douze heures que fait le soleil sous l'équateur ne diminue que fort peu la *chaleur* produite par l'action précédente de ses rayons; mais dessous le pôle l'absence de six mois que fait le soleil, y laisse régner un froid extrême; de sorte que l'air y étant très-refroidi & couvert de brouillards épais & presque continuels, les rayons du soleil ne peuvent produire sur cet air aucun effet sensible avant que cet astre ne se soit rapproché considérablement du pôle; & ce qui ralentit ces effets, ce sont les grandes masses de glaces qui continuent à y refroidir l'air. Ainsi, comme on voit, nous devons ajouter à ces considérations générales, que les différens degrés du chaud & du froid qu'il fait en différens endroits de la Terre, dépendent beaucoup de leur situation & de circonstances étrangères. La situation des lieux y influe beaucoup, ainsi que les montagnes dont ils sont environnés, leurs différens degrés de hauteur, les masses de neiges ou de glaces qui y résident, les vents qui soufflent dans ces endroits, & qui sont refroidis souvent en traversant les montagnes, &c. &c. D'ailleurs, on sait que la nature du sol d'un pays, après sa situation, contribue beaucoup à contrarier ou à favoriser l'action du soleil. Ainsi les sols arides, pierreux, sabloneux

& crayeux réfléchissent la plupart des rayons du soleil, & les renvoient dans l'air, tandis qu'un terrain gras & noir absorbe la plupart des rayons, & n'en renvoie que fort peu ; ce qui fait que la *chaleur* s'y conserve long-tems.

Une table construite par l'auteur dont nous venons de parler, donne la *chaleur* pour chaque dixième degré de latitude aux jours tropiques & équinoxiaux, & par ce moyen on peut estimer la *chaleur* des degrés intermédiaires : d'où l'auteur déduit les corollaires suivans :

1°. Que sous la ligne équinoxiale la *chaleur* est comme le sinus de la déclinaison du soleil ;

2°. Que dans les zônes glaciales, lorsque le soleil ne se couche point, la *chaleur* est à peu près, comme la circonférence d'un grand cercle, multipliée par le sinus de la hauteur moyenne, & par conséquent que, dans la même latitude, la *chaleur* est comme le sinus de la déclinaison moyenne du soleil à midi, & qu'à la même déclinaison du soleil elle est comme le cosinus de la distance du soleil au midi ;

3°. Que la *chaleur* des jours équinoxiaux est partout comme le cosinus de la latitude ;

4°. Que dans tous les lieux où le soleil se couche, la différence entre les *chaleurs* d'été & d'hiver, lorsque les déclinaisons sont contraires, est à peu près proportionnelle à la différence des sinus des hauteurs du soleil.

Tel est le précis de la théorie de M. Halley sur la *chaleur*, en tant qu'elle est produite par le soleil dans les différens lieux de la Terre. Il semble qu'on pourroit lui faire plusieurs objections. En premier lieu, on peut prouver aisément que l'effet de la *chaleur* n'est pas simplement comme le sinus de l'angle d'incidence des rayons du soleil, mais comme le carré de ce sinus suivant les lois de l'impulsion des fluides. Pour faire bien concevoir ce principe, imaginons un faisceau de rayons parallèles qui tombent sur un pied carré de la surface de la Terre dans une direction perpendiculaire ; il est certain que la *chaleur* sera proportionnelle au produit de la quantité de ces rayons par le sinus total, puisque chaque rayon en particulier agit sur le point qu'il frappe. Supposons ensuite que ce même faisceau de rayons vienne à tomber obliquement sur le même plan d'un pied en carré, il est aisé de voir qu'il y aura une partie de ce faisceau qui tombera hors du plan, & que la quantité des rayons qui le frapperont, sera proportionnelle au sinus de l'angle d'incidence. Mais de plus, l'action de chaque rayon en particulier est comme le sinus de l'angle d'incidence : donc l'action de la *chaleur* sera comme le carré du sinus. C'est pourquoi il est bon de corriger, à ce premier égard, la table de M. Halley, &, au lieu des sinus d'incidence, y mettre les carrés de ces sinus.

D'un autre côté, il s'en faut beaucoup, comme l'observe l'auteur lui-même, que la *chaleur* des différens climats suive les lois que cette table semble lui prescrire, 1°. parce qu'il y a une infinité de causes accidentelles qui font varier le chaud & le froid, causes que nous indiquerons dans un grand nombre d'articles, & dont l'action ne peut être soumise à aucun calcul, ou dérangeroit les résultats de ceux qu'on voudroit hasarder ; 2°. parce qu'il s'en faut beaucoup, comme nous le verrons dans ces mêmes articles, que l'auteur ait fait entrer dans le sien toutes les causes mêmes qui ont un effet réglé, & une loi constante & uniforme, mais dont la manière d'agir n'étoit pas encore connue de son tems. L'obliquité plus ou moins grande des rayons du soleil est sans doute une des causes de la différence de la *chaleur* dans les différens jours, & dans les différens climats, & peut-être en est-elle la cause principale ; mais de plus on doit considérer que les rayons du soleil traversant fort obliquement notre atmosphère en hiver ; ils occupent alors, dans l'air grossier qui nous environne, un plus grand espace qu'ils ne font en été lorsqu'ils tombent directement. Or, il suit de là que la force de ces rayons est, jusqu'à un certain point, amortie à cause des différentes réfractions qu'ils sont obligés de souffrir dans ce trajet : ainsi ces rayons sont plus brisés à midi pendant l'hiver, que pendant l'été. C'est pour cette raison que, lorsqu'ils tombent le plus obliquement qu'il est possible, comme il arrive toutes les fois que le soleil parvient à l'horizon, on peut, sans aucun risque, regarder cet astre ; ce qui ne peut se faire, à beaucoup près, lorsque le soleil est à de plus hauts degrés d'élévation, & surtout, dans les grands jours d'été, vers le midi. Or, cet affoiblissement des rayons, causé par leur passage dans l'atmosphère, est jusqu'à présent hors de la portée des plus grands géomètres.

Il y a d'ailleurs une cause beaucoup plus considérable, qui influe bien plus que toutes les autres sur la vicissitude des *saisons*, & sur la *chaleur* des différens *climats*.

L'on sait qu'un corps s'échauffe d'autant plus, qu'il est exposé à un plus grand feu, & qu'il s'y trouve exposé plus long-tems. Or, en été la Terre est échauffée par les rayons du soleil pendant seize heures, & ne cesse de l'être que pendant huit heures. Au contraire, pendant l'hiver le soleil ne reste que huit heures sur l'horizon, & disparoît pendant seize heures entières : d'où l'on voit qu'à notre latitude il doit y avoir une grande différence de *chaleur* entre les deux saisons. Il est vrai que M. Halley fait entrer cette dernière considération dans le calcul de sa table ; mais il suppose que la *chaleur* instantanée d'un moment quelconque s'ajoute toujours à la *chaleur* du moment précédent : d'où il paroîtroit s'ensuivre que, tant en été qu'en hiver, la *chaleur* la plus grande seroit à la fin du jour ; ce qui est contre l'expérience.

Et d'ailleurs, on sait que la *chaleur* imprimée à un corps ne se conserve que quelque tems. Ainsi sur le soir d'un grand jour d'été, la *chaleur* que le soleil a excitée dans les premières heures du matin, est beaucoup diminuée. Or, comme on ne sait suivant quelle loi la *chaleur* se conserve, il est impossible de calculer, d'une manière assez précise, l'augmentation ou la diminution de la *chaleur* à chaque heure du jour, quoiqu'on ne puisse douter que la longueur du jour n'entre pour beaucoup dans l'intensité de la *chaleur*.

Puisque la force des rayons du soleil est la plus grande lorsqu'ils tombent le plus directement qu'il est possible, & lorsque cet astre reste le plus long-tems sur l'horizon, il semble qu'il s'ensuit que la plus grande *chaleur* devroit toujours se faire sentir le jour du solstice d'été, & le plus grand froid, par la même raison, le jour du solstice d'hiver; ce qui ne se trouve pas conforme à l'expérience; car ordinairement les plus grands chauds arrivent environ un mois après le solstice d'été, & les plus grands froids se font aussi sentir assez souvent quelques semaines après le solstice d'hiver.

Pour répondre à cette objection, il faut se rappeler ce qui a été déjà remarqué plus haut, que l'action du soleil sur les corps terrestres qu'il échauffe, n'est pas passagère comme celle de la lumière, mais qu'elle a un effet permanent, & qui dure encore même lorsque le soleil s'est retiré. Un corps une fois échauffé par le soleil demeure donc échauffé fort long-tems, quoiqu'il n'y soit plus exposé. La raison en est fort simple. Les rayons qui viennent du soleil, pénètrent ou sont absorbés, du moins en partie, par les corps qui s'y trouvent exposés. Ils y restent même assez long-tems pour y exciter une grande chaleur, & ces corps ne commencent à se refroidir que lorsque cette *chaleur* s'évapore ou se communique à l'air qui les environne; mais si un corps est toujours plus échauffé qu'il ne perd de *chaleur*, si les intervalles de tems où il perd de cette *chaleur*, diminuent en sorte qu'il perde toujours moins de *chaleur* qu'il n'en acquiert, il est certain qu'il doit recevoir toujours de nouveaux degrés d'augmentation de *chaleur*. Or, c'est précisément le cas qui arrive à la Terre au commencement de l'été; car lorsque le soleil paroît au tropique du Cancer, c'est-à-dire, vers le solstice d'été, les degrés de *chaleur* qui se répandent chaque jour, tant dans l'air que sur la Terre, augmentent presque continuellement. Il n'est donc pas surprenant que la Terre s'échauffe de plus en plus, & même fort au-delà du tems du solstice. Supposons, par exemple, qu'en été, dans l'espace du jour, c'est-à-dire, pendant tout l'intervalle de tems que le soleil paroît sur notre horizon, la Terre & l'air qui nous environnent, reçoivent 100 degrés de *chaleur*; mais que pendant la nuit, qui est alors beaucoup plus courte que le jour, il s'en évapore 50; il restera encore 50 degrés de *chaleur*. Le jour suivant le soleil, agissant presqu'avec la même force, en communiquera à peu près 100 autres, dont il se perdra toujours 50 autres pendant la nuit. Ainsi, au commencement du troisième jour, la Terre aura à peu près 100 degrés de *chaleur*. On voit par-là que, puisqu'elle acquiert ainsi beaucoup plus de *chaleur* pendant le jour, qu'elle n'en perd pendant la nuit, il doit se faire à la fin, tant que les mêmes circonstances subsistent, une augmentation de *chaleur* considérable. Mais après l'équinoxe, les jours venant à diminuer, & les nuits devenant plus longues, il se doit faire une compensation, de sorte que, lorsqu'on est en hiver, il se dissipe une plus grande quantité de *chaleur* de dessus la Terre, pendant la nuit, qu'elle n'en reçoit pendant le jour. Ainsi le froid doit à son tour reprendre le dessus, & se faire sentir.

C'est à peu près d'après ces mêmes élémens que M. de Mairan a calculé les différentes causes qui produisent la *chaleur* de l'été, & trouvé que cette *chaleur* est à celle de l'hiver dans le rapport de 66 à 1. Voici comme il concilie ce résultat avec ceux que des expériences avoient donnés à M. Amontons, qui n'a, pour ces 2 degrés de *chaleur*, que le rapport de 60 à 51 ½. M. de Mairan conçoit qu'il y a dans la masse de la Terre & dans l'air qui l'environne, un fond de *chaleur* permanent d'un nombre constant de degrés, auxquels le soleil ajoute 66 degrés en été, & 1 seulement en hiver. Ce nombre trouvé par M. de Mairan est 393 à peu près; de sorte qu'il y a, selon lui, une *chaleur* permanente de 393 degrés, auxquels le soleil en ajoute 66 en été & 1 en hiver. M. de Mairan laisse aux physiciens la liberté de juger quelle peut être la source de cette *chaleur*, soit les matières enflammées que le sein de la Terre renferme, soit une *chaleur* acquise depuis plusieurs siècles par l'action du soleil.

A l'égard de la méthode par laquelle M. de Mairan parvient à trouver le rapport de 66 à 1, nous nous contenterons de dire, 1°. que les sinus des hauteurs méridiennes du soleil, aux solstices d'été & d'hiver, étant à peu près comme 3 à 1, on trouve qu'en vertu de cette cause le rapport de la *chaleur*, dans ces deux cas, doit être comme 9 à 1; 2°. que les rayons du soleil ayant moins d'espace à traverser dans l'atmosphère en été comme en hiver, parce que l'été l'astre est plus haut, ils en sont moins affoiblis, & M. de Mairan juge, d'après plusieurs circonstances qu'il sait démêler, que la *chaleur* de l'été doit être augmentée du double sous ce rapport; ce qui, multiplié par le rapport de 9 à 1, donne celui de 18 à 1; 3°. M. de Mairan, en mettant tout sur le plus bas pied, estime que la longueur des jours, beaucoup plus grande en été qu'en hiver, doit quadrupler le rapport précédent; ce qui lui donne le rapport de 72 à 1, rapport qu'il réduit à celui de 66 à 1, ayant égard à certaines circonstances.

Parmi ces dernières circonstances est celle de la plus grande proximité du soleil en hiver qu'en été, du moins par rapport à nous. On sait que cet astre est en effet moins éloigné de nous en hiver qu'en été; ce qu'on reconnoît parce que son diamètre apparent est plus grand en hiver qu'en été : il suit de là que les peuples qui habitent l'hémisphère opposé au nôtre, ou plutôt l'hémisphère austral, doivent avoir, toutes choses d'ailleurs égales, une plus grande *chaleur* pendant leur été, que nous, & plus de froid pendant leur hiver; car le soleil, dans leur été, est plus près d'eux & darde ses rayons plus à plomb, & dans leur hiver il est plus éloigné, & ses rayons sont plus obliques. Dans notre été au contraire, qui est le tems de leur hiver, le soleil darde ses rayons plus à plomb sur nous; mais étant plus éloigné, cette circonstance doit éloigner un peu de sa chaleur, & réciproquement. Il est vrai qu'il y a encore ici une compensation; car si le soleil est plus loin de nous dans notre été, en récompense il y a plusieurs jours de plus à compter de l'équinoxe du printems à celui d'automne, que de l'équinoxe d'automne à celui du printems. Cependant il est de fait, malgré cette circonstance, qu'en général le froid est plus grand dans l'autre hémisphère que dans le nôtre, puisqu'on trouve à l'hémisphère austral des glaces à une distance beaucoup moindre de l'équateur, que dans celui-ci.

C'est en suivant ces principes généraux, que nous allons indiquer les causes qui contribuent le plus à former la *chaleur* & le froid, & à les entretenir dans les différentes zônes de la Terre. Voici donc ces causes :

1°. L'obliquité plus ou moins grande avec laquelle les rayons du soleil tombent sur la surface d'une partie de la Terre : la direction verticale produit la plus grande *chaleur*, au lieu que la *chaleur* diminue à proportion de l'obliquité des rayons;

2°. La durée du séjour du soleil sur l'horizon produit de même une chaleur plus forte à proportion.

3°. La dépression plus ou moins grande du soleil dessous l'horizon donne aussi une *chaleur* en raison inverse.

4°. Les mers & les lacs voisins occasionnent une diminution dans la grande chaleur, comme une diminution dans le grand froid.

5°. La situation des lieux au dessus du niveau de la mer; car le soleil agit sur les montagnes différemment que sur les vallées. Souvent les montagnes empêchent les rayons du soleil d'arriver jusqu'aux vallées : de là vient que les montagnes changent la température des contrées voisines dans tous les environs.

6°. Les vents, surtout ceux qui sont généraux & réglés, augmentent ou diminuent la *chaleur* des différens pays. Ainsi sous la zône torride le vent général, & surtout le vent d'est au Pérou, y cause une chaleur modérée, tandis qu'à l'ouest de l'Afrique le même vent produit une chaleur violente.

7°. Enfin, les nuages & la chute de la pluie diminuent la *chaleur*. (*Voyez l'article* ZÔNES, où ces effets seront plus développés encore.)

Il y a des personnes qui croient que plus les lieux sont près de la ligne équinoxiale, plus aussi la *chaleur* du soleil est grande; mais on a reconnu le contraire. A Siam, qui est à 14 degrés 18 min. de latitude nord, les mois de mars, avril, mai, octobre, novembre & décembre sont les plus chauds; car les pluies qui tombent presque tous les jours dans les mois de juin, juillet, août & septembre, & le vent de nord-nord-est qui règne ordinairement pendant janvier & février, rafraîchissent beaucoup l'atmosphère. Les nuits de ces deux derniers mois paroissent fort froides aux gens du pays & à ceux mêmes des étrangers qui y ont passé quelque tems.

Malaye, quoique situé seulement à 2 deg. 12 m. de la ligne, est beaucoup plus tempéré. La *chaleur* y est modérée & presque toujours la même. Cette température de l'air vient de ce qu'il ne se passe pas de semaine qu'il n'y pleuve une ou deux fois, & même, hors le tems des pluies, le voisinage de Sumatra lui procure d'ailleurs des rafraîchissemens. Cette île est tellement exposée aux pluies & aux tempêtes, qu'on ne passe jamais aux environs sans essuyer beaucoup de tempêtes.

Les environs de Malaye sont fort agréables. Le pays est fort fécond en fruits qui y mûrissent deux fois l'année.

La diversité de la *chaleur* dans les différens climats de la Terre & dans les saisons successives de l'année naît en grande partie de la nature du sol, de la situation des lieux, relativement au niveau de la mer, & des différens angles sous lesquels les rayons du soleil viennent frapper la surface de la Terre, à quoi il faut surtout ajouter l'influence des vents, suivant les pays qu'ils parcourent. La *chaleur* directe du soleil en été est ordinairement double de celle qu'on éprouve à l'ombre dans cette saison. Cette proportion change & varie beaucoup au printems & en automne; car dans ces deux saisons la *chaleur* directe du soleil est assez souvent triple & quadruple de celle qu'on éprouve à l'ombre.

La *chaleur* augmente dans les souterrains jusqu'à une certaine distance de la surface de la Terre; mais, à la profondeur de quarante à cinquante pieds, la glace se conserve sans se fondre si elle est bien préservée de l'action de la *chaleur* dans les couches plus voisines de la surface de la Terre.

Si au contraire on s'élève sur les hautes montagnes, même dans les climats les plus chauds, l'air diminue de *chaleur*, &, se trouvant raréfié à un certain degré, devient de plus en plus froid.

Aussi, à un certain point d'élévation au dessus du niveau de la mer, les sommets des montagnes, même de celles qui sont placées sous l'équateur, sont-ils toujours couverts de neiges. On attribue le premier de ces effets à la subtilité de l'air, dont, à une si grande hauteur, les parties sont trop écartées les unes des autres pour réfléchir une assez grande quantité de rayons du soleil.

La *chaleur*, dans tous les climats, a pour cause la chute ou la direction perpendiculaire des rayons du soleil, & le froid sa chute la plus oblique; c'est d'après ces positions qu'on a déterminé la température des zônes torrides, tempérées ou glaciales, & que la nature nous offre partout la confirmation de cette détermination générale.

CHALEX, village du département du Léman, canton de Collonge, à une lieue & demie sud-est de Thairy. Ce village est situé sur le plus élevé des coteaux qui dominent le lac de Genève, & qui a quatre cent dix-huit pieds au dessus du niveau de ce lac. On trouve aux environs des os fossiles, dont les formes peu marquées attendent un connoisseur pour décider à quel animal ils ont appartenu.

CHALIGNY, village du département de la Meurthe, arrondissement & canton de Nancy, sur la Moselle & à deux lieues & demie de cette ville. Il y a dans ce village une fontaine d'eau minérale.

CHALLAIS, village du département de la Vienne, arrondissement & canton de Loudun & à une lieue de cette ville. On récolte aux environs de ce village des vins blancs, très-bons & très-spiritueux, dont la plus grande partie s'exporte en Hollande.

CHALLAIS, bourg du département de la Charente, arrondissement de Barbésieux, sur une éminence au pied de laquelle coule la rivière de la Tude, à deux lieues d'Aubeterre.

CHALLAN (Val de), vallée du département de la Doire, arrosée par le Lovinson. On exploite des mines de cuivre dans les environs.

CHALLANS, bourg du département de la Vendée, arrondissement des Sables-d'Olonne, à trois lieues de la mer, où l'on trouve des salines & des marais salans, source de la richesse du pays.

CHALLES, village du département de la Sarthe, arrondissement & canton du Mans, sur le Narais, à quatre lieues du Mans. On trouve dans ce village des eaux minérales ferrugineuses, d'une grande réputation, & une papeterie.

CHALETTE, village du département de l'Aube, arrondissement d'Arcis-sur-Aube, canton de Chavange, sur la Voire, & à une lieue nord-est de Pougy: il est situé dans la plaine où se fait la jonction de la Voire & de l'Aube. C'est là que commence la navigation de cette rivière pour la Seine & Paris. C'est là que l'ou construit les bateaux propres à cette navigation, car on trouve les matériaux qui conviennent à cette construction dans les forêts voisines de Dienville, de Brienne & de Soulaines. C'est aussi de ce point que partent les boutiques de poisson que garnissent les pêches des étangs nombreux & étendus qui sont dans les environs.

CHALONNE, ville du département de Mayenne & Loire, arrondissement d'Angers, près du confluent de l'Ayon & de la Loire, à trois lieues deux tiers nord de Chemillé. Il y a près de cette ville des carrières de marbre noir, veiné de blanc, & beaucoup de fours à chaux; ce qui indique de grandes masses de pierres propres à la cuisson. Le territoire produit de bons vins. Il y a enfin dans les environs plusieurs mines de charbon de terre.

CHALONOIS. C'étoit un petit pays dans la ci-devant Bourgogne. Il étoit séparé en deux parties par la rivière de Saône, & borné, au levant, par la Franche-Comté; au nord, par la Bourgogne propre; au couchant par l'Autunois, & au midi par le Mâconois. Le *Châlonois* fait partie maintenant du département de Saône & Loire. C'est là qu'on trouvera tout ce qui concerne le sol & les productions de cette contrée.

On trouvera à l'article CHAMPAGNE de nouveaux détails sur le *Châlonois*, qui faisoit partie de cette province.

CHALONS-SUR-MARNE, ville & chef-lieu du département de la Marne, à neuf lieues sud-est de Rheims, & sept de Vitry. Cette ville est située sur la rive droite de la Marne, dans la ci-devant Champagne crayeuse.

Le canal de la Marne est fort large à *Châlons* & au dessus; il se rétrécit vers Couvrot en même raison que les bords s'élèvent davantage, & qu'ils encaissent plus sensiblement la plaine fluviale. Avant Omey les côtes sont fort plates, & se réunissent au fond de la vallée, par une pente continue & assez douce, surtout depuis *Châlons* jusqu'au village d'Omey.

Cette disposition est en partie due aux eaux torrentielles qui viennent de fort loin, & surtout au vallon de croupes de la Moivre. La limite de la distribution des eaux pluviales vers la Marne est assez éloignée sur cette rive droite. De l'autre côté, sur la rive gauche, on apperçoit quelques hauteurs correspondantes à celles de la source de la Vesle & de la Moivre. Elles se montrent à l'extrémité d'une pente insensible, & qui se termine vers Sommepuys, Sommesou, Cosle & Sonde. Dans ce dernier canton j'ai trouvé des vestiges de l'ancienne couverture de la craie: ce sont des débris de meulières, de terres jaunes, &c.

Le vallon de la Marne, dans le trajet que je viens d'indiquer, est un large fossé, dont les bords sont effacés & évasés par le travail des eaux pluviales, & par la facilité qu'a eue la masse d'eau de la Marne de détruire ses bords dans les différentes oscillations qu'elle éprouvoit aux époques successives de l'approfondissement du vallon.

En parcourant la plaine fluviale de la Marne aux environs de Moncets, on voit que tout le fond de cuve de la vallée est formé d'un mélange de grève plate calcaire, de terre calcaire, débris de ces pierres, & de morceaux de craie très-peu arrondis. Ce sol factice peut avoir vingt à vingt quatre pieds de profondeur, si l'on en juge par plusieurs fouilles où l'on est parvenu jusqu'au massif naturel de la craie qui sert de base à ces dépôts. Il est aussi très-perméable à l'eau; car à *Châlons*, pour peu que les débordemens de la Marne se soutiennent quelque tems, les caves se remplissent d'eau par l'effet d'une filtration facile & abondante. Il en est comme des dépôts de la Seine à Paris.

La plaine fluviale de la Marne, au dessus & au dessous de *Châlons*, est exposée à des inondations assez considérables, soit quant à l'étendue de la plaine qui est couverte, soit quant à la hauteur à laquelle les eaux débordées s'élèvent. Ainsi l'on voit la plaine de Sarry & celle au dessous de *Châlons* couvertes, dans les crues de la Marne, de deux à trois pieds d'eau, sur une distance de deux à trois cents toises du canal actuel de la Marne. Ceci prouve l'état torrentio-fluviale dans cette partie des environs de *Châlons*. On concevra facilement pourquoi ces crues & ces débordemens sont si considérables si l'on envisage la disposition de la plaine fluviale, qui, large & plate, & formée de matériaux amenés & déposés par les eaux de la rivière elle-même, n'a pu être élevée au dessus des plus grandes eaux, du moins à une certaine distance du canal actuel de la Marne; car à cette distance les parties inférieures des croupes inclinées ont été comblées par des amas de terres & de débris de craie entraînés par les eaux pluviales, & ces matériaux ont été assez abondans pour élever ces bords de la plaine fluviale de la Marne au dessus de ses débordemens.

Si l'on examine la marche de l'eau de la rivière au dessus & au dessous de *Châlons*, & dans son canal actuel & ordinaire, on y voit des dépôts de graviers plats fort abondans, particuliérement à l'extrémité des angles saillans. C'est là que le courant ralenti les dépose. Par une raison contraire, on n'en voit point au bas des bords escarpés où l'eau produit des éboulemens continuels. Ce sont ces déplacemens successifs, cette marche des graviers qui sont la cause du mouvement vermiculaire du canal des rivières, & de la Marne en particulier, au dessus & au dessous de *Châlons*. Ces mouvemens deviennent surtout très-sensibles lors de la fréquence des crues & des intermittences qui succèdent à ces crues, dans certaines saisons, à *Châlons*. C'est là que je les ai observés avec la plus grande facilité, parce que la Marne surtout, soit par elle-même, soit par les rivières qui s'y jettent, est sujète à des crues assez fréquentes.

CHALONS-SUR-SAÔNE, ville du département de Saône & Loire, chef-lieu d'arrondissement & de canton. Cette ville étoit la capitale du ci-devant Châlonois. Elle est dans une plaine fertile & abondante, sur le bord de la Saône, qui forme une île nommée *le Faubourg Saint-Laurent*. On distingue cette ville en ancienne & nouvelle. La nouvelle est en partie partagée par le bassin du canal qui a son embouchure à *Châlons*, & qui se perd dans la Loire. Le pont sur la Saône est d'une bonne construction. Les quais en sont agréables & commerçans.

Les vins du territoire de *Châlons* sont fort estimés. Cette ville en fait un grand commerce, ainsi que des grains, du bois, du fer, des fourrages & des légumes. Les meilleurs vins du Châlonois sont ceux de Reuilly, Mercurey, Givry & Saint-Valéry. A quelque distance de *Châlons*, près du village de Prest, on y trouve des mines de plomb.

CHALOSSE (la). C'étoit un petit pays de la ci-devant Gascogne, borné, au septentrion, par le Bazadois; au midi, par le Béarn; au couchant, par le pays des Landes, & au levant par l'Armagnac. Il pouvoit avoir seize lieues dans sa plus grande longueur du septentrion au midi, sur neuf lieues dans sa plus grande largeur du levant au couchant.

Les rivières qui arrosent ce pays, sont l'Adour, la Médouse, le Lury, le Lona & le Gabas. Le sol en est un peu sabloneux; il produit cependant en abondance des grains, des vins, des fruits & des pâturages. Il se divise en deux parties: *la Chalosse* propre au midi, & le pays de Marsan au nord. Cette dernière partie vaut mieux que la première. *La Chalosse* propre est la plus considérable en étendue, mais la moins fertile. Tout ce pays fait partie aujourd'hui du département des Landes. C'est là qu'on trouvera en détail tout ce qui concerne l'ancienne *Chalosse*.

CHAMALIÈRE, bourg du département du Puy-de-Dôme, arrondissement & canton de Clermont-Ferrand, à un quart de lieue à l'ouest de cette ville. Ce bourg est situé au bas des coteaux très-fertiles qui bordent la plaine de la Limagne, & qui sont dominés par des masses montueuses beaucoup plus élevées & moins fertiles. La chaîne de ces montagnes sert de base ou de soubassement à l'énorme & célèbre montagne du Puy-de-Dôme. C'est dans le beau parc de Mont-Joly, à côté de *Chamalière*, qu'on trouve une cave où il est dangereux de pénétrer lorsque le ciel est couvert de nuages. La vapeur méphitique qu'exhale le terrain dans lequel ces caves ont été pratiquées, peut faire périr ceux qui y resteroient quelques minutes. Ces caves se trouvent dans les mêmes circonstances que la Grotte-du-Chien dans les environs de Naples. Il n'est donc pas étonnant qu'on y soit exposé aux mêmes dangers. Près de ce bourg est une source d'eau minérale, connue sous le nom d'*eau de Saint-Marc*. C'est sur une certaine lisière qu'on peut suivre le long des bords escarpés des montagnes qui forment l'enceinte de *Chamalière*, que se trouvent les limites de l'ancienne & de la nouvelle terre, limites que j'ai reconnues sur une longueur de plusieurs lieues.

CHAMBÉRY, ville & chef-lieu du département du Mont-Blanc. Cette ville, capitale de la ci-devant Savoie, est située dans une plaine entourée de collines. Elle est arrosée par les ruisseaux de l'Aisse & de l'Albans, qui rafraîchissent ses différens quartiers; ce qui contribue à les tenir propres & à y maintenir l'air salubre. Plusieurs places publiques sont décorées de fontaines. La promenade appelée *du Vernay* est très-spacieuse. Elle est plantée de six rangées d'arbres, qui font l'effet le plus agréable.

Le commerce & les fabriques de cette ville consistent en toiles, basins, bas & bonnets de laine, carton, poterie, cuirs & peaux de tout genre, salpêtre, briques & chaux.

Près de cette ville, non loin d'une montagne coupée qu'on nomme *le Pas-de-l'Échelle*, au dessus du grand chemin taillé dans le roc à l'endroit appelé *Chailles*, coule & bouillonne, dans des goufres affreux, une petite rivière qui paroît avoir mis, à les creuser, des milliers de siècles. On a bordé le chemin d'un parapet pour prévenir les accidens. En regardant par-dessus le parapet on entrevoit, de tems en tems, cette écume & cette eau bleue dont on entend le mugissement à cent toises de profondeur. Dans les endroits où la pente est unie & les broussailles assez claires pour laisser traverser des cailloux, on se plaît à en lancer, & à les voir rouler, bondir & voler en mille éclats avant d'atteindre le fond du précipice.

Plus près de *Chambéry* on voit un spectacle d'un autre genre. Le chemin passe au pied de la plus belle cascade qu'on puisse voir. La montagne est tellement escarpée en cet endroit, que le courant d'eau se détache, & tombe en cascade assez loin pour qu'on puisse passer entre la cascade & la roche sans être mouillé; mais si l'on approche sans précaution, bientôt on est inondé par cette espèce de nuage qui crève au-dessus de vous.

A une lieue de cette ville, au lieu dit *des Abîmes*, furent engloutis, en 1249, une ville du nom de *Saint-André* avec seize villages. Les irrégularités du sol attestent, d'une manière bien frappante, la vérité de ces accidens, & les ruines de cette catastrophe.

CHAMBIERS (Forêt de), du département de Maine & Loire, arrondissement de Baugé, & à deux lieues deux tiers nord-ouest de cette ville. Elle a de l'est à l'ouest trois mille quatre cents toises de longueur, sur deux mille toises de largeur.

CHAMBOLLE, village du département de la Côte-Dor. Il y a plusieurs fontaines. C'est d'ailleurs un vignoble considérable qui produit d'excellent vin.

CHAMBON, ville du département de la Creuse, arrondissement de Boussac & chef-lieu de canton, au confluent de la Vouise & de la Tardes. Il y a deux manufactures pour la préparation des cuirs & des pelleteries.

CHAMBON (Lac de), département du Puy-de-Dôme, canton de Besse, & à une lieue & demie nord de cette ville. Son bassin est renfermé dans la vallée de la Couze. Il a une île au milieu, laquelle a deux cents toises de longueur, sur cinquante toises de largeur. Quant au lac, il a cinq cents toises de long, sur trois cents toises de large. Sa digue a été formée par l'éruption de plusieurs petits volcans qui sortent du fond de la vallée.

CHAMBON (le), bourg du département de la Loire, arrondissement de Saint-Étienne, & à une lieue & demie sud-ouest de cette ville. Ce bourg est situé sur le ruisseau de Vachery. La fabrique de couteaux, qui y fut établie en 1594, a une grande réputation. On trouve dans les environs beaucoup de minéraux de fer qui servent à alimenter des forges. A peu de distance de Saint-Étienne, où il y a eu pendant long-tems un incendie souterrain, on a établi trois fosses d'où l'on tire du charbon de terre en abondance.

CHAMBOULIVE, village du département de la Corrèze, canton de Bellac. Il y a dans cette commune une mine de soufre peu abondante. On y voit aussi des quartz cristallisés à facettes.

CHAMBOURIGAUD, village du département du Gard, arrondissement d'Alais, sur le Luech. Une chaux naturelle se trouve sur le bord d'une fontaine près de ce village.

CHAMESSON, village du département de la Côte-Dor, canton de Châtillon-sur-Seine, & à une lieue un quart de cette ville. Il y a dans ce village trois forges & un fourneau, où l'on fabrique la fonte, le fer & la tôle.

CHAMOLLE, village du département du Jura, à un quart de lieue de Poligny. Les toits de ce village sont couverts d'une espèce de pierre calcaire à feuilles minces, sous forme de tuiles ou tables qui se maintiennent l'une sur l'autre par leur propre poids, & qui peuvent résister aux grêles violentes du pays. Cette sorte de couverture se trouve en usage, dans d'autres villages, sous le nom de *lave* ou *lève*.

CHAMOUILLEY, village du département de

de la Haute-Marne, canton de Saint-Dizier, près de la Marne, & à une lieue & demie de Saint-Dizier. Il y a plusieurs forges dans ce village & les environs; aussi y exploite-t-on plusieurs mines de fer de la meilleure qualité & entiérement limoneuses. C'est le centre des fouilles du minerai de fer, les plus intéressantes qu'on trouve dans la vallée de la Marne.

CHAMOUNIX, bourg du département du Léman, arrondissement de Bonneville. *Chamounix* est près d'une vallée où viennent tomber des glaciers. Elle est dominée par une colline dont la vue est fort belle, & qu'on nomme *le Chapeau*. De là on découvre avec admiration les mouvemens de ces glaciers & leur horreur. C'est là qu'on voit des débris qui retracent à l'imagination une ville antique & déserte. Ce ne sont partout que des pilastres renversés, des corniches, des chapiteaux, des ponts à moitié rompus & mille autres formes semblables. Ici c'est une tour qui s'écroule; là une pyramide qui se brise & qui tombe en éclats; plus près ce sont des blocs de rochers qui, glissant sur leurs bases, entraînent d'autres blocs & beaucoup de cailloutages, avec des arbres entiers encore verts, qui se placent verticalement entre les pics & les amoncellemens des glaces. Le bruit de la chute des glaçons, leurs éclats lorsqu'ils se rompent, causent un étonnement & une grande surprise lorsqu'on n'est pas accoutumé à ces opérations d'une nature sauvage.

CHAMOUNIX (Montagne de), même département, à une lieue & demie sud-est de *Chamounix*; elle a de l'est à l'ouest trois lieues de longueur, & une lieue & demie du nord au sud. Au pied de cette montagne est la vallée connue sous le nom de *Chamounix*, dont l'aspect est fort intéressant pour les physiciens naturalistes. C'est là qu'on découvre successivement les extrémités des différens glaciers qui descendent dans cette vallée. Ces glaciers majestueux, séparés par de grandes forêts, couronnés par des rocs de schistes verticaux d'une hauteur prodigieuse, présentent un des plus grands & des plus singuliers spectacles qu'il soit possible d'imaginer. A l'admiration que cause la vue de si sublimes objets, succèdent bientôt un étonnement & une espèce de surprise dans l'ame des voyageurs. Quelquefois ils entendent de grands éclats semblables à des coups de canon, suivis de longs roulemens qui annoncent à ceux qui en connoissent la cause, combien est grande la masse des glaçons dont la rupture produit un si terrible fracas. Près de la montagne, on voit un grand amas de débris d'ardoise, mêlés de spath & de quartz. Ces débris sont entraînés dans la vallée par les glaces qui cheminent continuellemens & à mesure que leur fonte s'opère, laquelle croît en même raison que les glaçons s'approchent de la vallée, qui est plus tempérée que les culs-de-sacs-vallées d'où partent les glaciers.

CHAMP-DE-LA-PIERRE, village du département de l'Orne, arrondissement d'Alençon. Il y a un fourneau pour la fonte, & une fonte pour la fabrication du fer.

CHAMP-DE-PRAZ, village du département de la Doire, sur un petit ruisseau, à la droite & près de la Dora-Baltea. Il y a des mines de cuivre en exploitation, & une forge qui annonce des mines de fer.

CHAMP-SÉGRE, village du département de l'Orne, à une lieue & demie de Domfront, près de la Varenne. Il y a cinq grosses forges pour la fabrication du fer, & deux fabriques de tuiles.

CHAMPAGNAC, village du département du Cantal, canton de Saignes. Il y a près de ce village une mine de charbon de terre ouverte depuis très-long-tems.

CHAMPAGNE, dénomination qui se trouve appliquée à plusieurs habitations & contrées dispersées dans un grand nombre de départemens de la France, dont je présenterai le tableau par la suite. En attendant, je commencerai par traiter dans le plus grand détail de cette ci-devant grande province qui portoit le nom de *Champagne*, & qui étoit bornée au septentrion par le pays de Liége & le Luxembourg, au levant par la Lorraine, au midi par la Bourgogne, & au couchant par l'Ile-de-France & la Picardie. Elle forme aujourd'hui les départemens de la Marne, de la Hante-Marne, de l'Aube & des Ardennes, avec partie des départemens de l'Yonne, de l'Aisne, de Seine & Marne. La province de *Champagne* avoit environ soixante lieues dans sa plus grande longueur du septentrion au midi, sur quarante lieues de largeur du levant au couchant.

Elle étoit divisée en huit petites contrées, avec quelques-unes desquelles étoient confondus d'autres petits pays. (*Voyez le tableau de la province de Champagne, à l'article* FRANCE.)

Les rivières qui arrosent la province de *Champagne* sont: la Marne, l'Aube, l'Aisne, l'Yonne, la Seine, la Meuse, le Sormonne, le Ton, la Serre, l'Hurtaut, la Vaux, la Barse, la Vesle, la Suippe, la Somme, la Sonde, l'Ardre, le grand & le petit Morin, la Voulsée, l'Urtin, la Brévène, la Térouane, le Losain, l'Auson, l'Armançon, la Melde, l'Isson, la Pleurs, la Saux, la Vière, la Blaise, la Voire, la Soulaine, le Mannet, l'Oreuse, la Caise, le Serin, la Vaune, la Laigne, l'Ounune, la Marilla & quantité de ruisseaux alimentés par de belles sources. Les six premières portent bâteau à certains points de leur cours.

On trouve généralement dans cette ci-devant province tout ce qui peut être nécessaire aux besoins de la vie. Dans une ou deux de ces contrées seulement

seulement la disette de bois & de matériaux pour bâtir, se fait sentir; l'eau même en est mauvaise; les vins en sont fort estimés, & de si bonne qualité, qu'une infinité de personnes balancent entre le choix de ceux-ci & ceux de Bourgogne. En effet, ses vins blancs, si recherchés & si promptement enlevés, ont quelque chose qui excite, qui inspire la gaîté; ce qu'on ne trouve dans aucun autre vin. Les meilleurs vins blancs de ce pays sont ceux d'Hautevillers, d'Aï, de Pierry, d'Avenay, de Sillery, & ceux des environs d'Épernay, & qui viennent sur la craie & dans un fonds de craie, comme ceux des coteaux qui environnent le bassin de la ville de Rheims. (*Voyez ce mot.*)

Ses vins rouges soutiennent parfaitement la navigation, se gardent très-long-tems & s'améliorent en vieillissant. Les plus recherchés sont ceux de Versy & de Versenay, Thesy, Bousy, Mailly; viennent ensuite ceux de Rilly, Chigny, Sadut, Viller-Allerand, Monbré, &c.

Elle produit en abondance toutes sortes de grains & de bons pâturages. Quelques-unes de ces contrées ont quanité de bois; d'autres sont remplies d'étangs, & toute la ci-devant province en général abonde en gibier, en poisson & en volaille. Il y a des forges & des eaux minérales: celles de Sarmaise, de Sussy, de Provins, de la fontaine d'Autilly, de la fontaine Notre-Dame & du bourg de Véron.

La *Champagne* étoit une des provinces qui avoient le plus de verreries: on y fabriquoit beaucoup de menues marchandises qui étoient d'un grand débit dans le Sénégal, sur les côtes de Guinée & au royaume de Congo. Elle fournissoit une grande quantité de laines avec lesquelles se fabriquoient les chaînes des étoffes de Rheims.

Il y avoit beaucoup de poteries de terre. C'est à la qualité de ses miels jaunes, que les pains d'épices, dont on fait un grand débit à Rheims, doivent leur réputation.

Toutes les montagnes, depuis Châlons-sur-Marne jusqu'à Rheims, ont pour base la craie, ensuite le sable dans le milieu, & des pierres mêlées d'argile & de meulières à leur sommet. C'est là que se trouvent des bélemnites, des oursins, des peignes, des buccins & des marcassites de plusieurs espèces. Dans la forêt d'Argonne il y a plusieurs forges. On voit aussi dans cette province un grand nombre d'ardoisières & plusieurs vestiges d'anciennes chaussées ou chemins romains.

La *Champagne* proprement dite étoit bornée au septentrion par le ci-devant Rhémois, au levant par le Perthois & le Vallage, au midi par le Senonois & la ci-devant Brie; elle avoit dix-huit lieues dans sa plus grande largeur, & vingt-cinq dans sa plus grande longueur. Ses principales rivières étoient: la Marne, la Seine, l'Aube, la Molde, la Pleurs, la Barse, & l'Isson, qui côtoie dans tout son cours la rive gauche de la Marne, & la Blaise, qui côtoie sa rive droite.

On nommoit *Champagne pouilleuse* la partie de cette contrée renfermée entre la Fère & Troyes, ou bien entre Nogent & Piney. C'est la partie la moins peuplée: on y voit peu de villages, & encore ont-ils un air bien pauvre. Toute la contrée manque de bois, mais l'on y trouve d'ailleurs tout ce qui est nécessaire à la vie: on y recueille des grains, des vins & des fruits en abondance: on y nourrit quantité de gros & de menu bétail. Il y a surtout beaucoup d'étangs.

Toute la haute *Champagne*, c'est-à-dire, le terrain compris depuis la Marne jusqu'à la Seine, est d'une craie blanche, légère, peu propre à la production du froment: on n'y sème que du seigle & d'autres menus grains. Au reste, ce sol crayeux ne règne pas si généralement dans ce canton, que dans certaines vallées, dans certaines gorges, où il se rencontre de la terre rouge ou brune, bonne pour le froment. Les carrières de craie sont très-profondes, & on n'en a pas trouvé la fin: les ouvriers qui les exploitent, s'étendent plus en largeur qu'en profondeur: rien ne peut les arrêter que les amas d'eau qui sont éloignés de la surface de la terre. Il y a des puits, dans certains villages élevés, qui ont jusqu'à cent cinquante & même deux cents pieds de profondeur. Il n'est pas cependant ordinaire de tirer de la craie des vallées, parce que l'eau est très-voisine des fonds de cuve. Au reste, il n'y a point de fouilles qui aient mis à découvert de l'argile, & ce n'est pas cette substance qui contribue à retenir l'eau.

La pierre à fusil est fort abondante à la surface de la terre, dans la *Champagne*: les anciens chemins des Romains en sont construits; les pyrites y sont aussi très-communes; elles ont différentes formes & toutes sont ferrugineuses. Il y a grande apparence que c'est la destruction des premières couches de la craie, qui a mis ainsi à découvert ces amas de pierres à fusil & de pyrites, qui sont engagées dans le massif de la craie par lits assez suivis & assez profonds.

Le fond des rivières est, comme on le pense bien, de la nature du terrain par où elles passent: la grève calcaire garnit le lit de la Marne depuis le grand pont de Saint-Dizier. Ce pont est même posé sur le roc ou le banc de pierre dure calcaire, sans pilotis. Depuis Saint-Dizier jusqu'à Langres, c'est une pierre calcaire semblable, mais couverte souvent de grève. La Blaise coule aussi sur le même fond, avec des dépôts de grève, ainsi que la Saux, jusqu'à Bar-le-Duc: ces deux rivières coulent dans deux vallées qui forment une extension au Perthois. Si l'on remonte la Marne jusqu'à Norrois, & qu'on trace à cette rivière une parallèle qui passe à Neuville, Saint-Genis, Saint-Remy, Isson, Outines, Bailly & Joncreuil qui est à côté, on trouvera un sol bien différent de la craie & d'une nature très-variée: c'est une terre argileuse, extrêmement forte; elle est noire comme celle de jardin dans certaines parties, & fort profonde; il n'y passe aucune rivière, si ce n'est celles qui se portent vers Villerot & Villers, où il y en a une fort poissonneuse. C'est là que commence une nouvelle plaine, qui a bien trois lieues de longueur, sur deux de largeur, & d'un terrain à peu près égal à celui du Perthois. Cette plaine est baignée d'un côté par cette petite rivière qui coule au pied des coteaux crayeux de Montmorency & de Rosnay, & de l'autre par la rivière d'Aube, depuis Beaulieu jusqu'à Dieuville. Cette plaine s'étend jusqu'à Chalette, où la Voire se réunit à l'Aube. Cette plaine est bordée, d'un côté seulement, par la colline de Brienne.

La haute *Champagne* est terminée par la Brie, qui commence à Sézanne. C'est une chose assez singulière, que, dans la ville même de Sézanne, où finit la *Champagne* & où commence la Brie, certaines caves sont creusées en partie dans la craie & en partie dans le grès, qui s'étend ensuite dans cette province. Ce grès, comme celui d'Étampes, ne contient point de coquilles, au lieu que celui d'Herblay en est parsemé : elles y sont très-bien conservées en substance, souvent même avec leur vernis naturel, & quelquefois avec leur couleur. On voit sur cette ligne la limite de la craie, comme on l'a déjà remarqué, mais le commencement d'un autre ordre de choses, où se trouvent, non-seulement les grès, mais encore les pierres calcaires dures, les marnes & enfin les meulières à la superficie. Telle est la constitution du sol de la Brie, qui confine avec la *Champagne* que je viens de faire connoître, en présentant des massifs plutôt que de petits détails mesquins, décousus, & qui rendroient les descriptions d'histoire naturelle comme des amas de faits confus & véritablement plus propres à surcharger la mémoire, qu'à éclairer l'esprit; enfin, qui ne montrent aucunement les résultats simples des opérations successives de la nature, tels que la géographie-physique doit s'attacher à en faire l'étude & le rapprochement avant que nous puissions les offrir avec le secours des Cartes.

Contrée crayeuse de la Champagne.

La contrée crayeuse de la *Champagne* commence au sud de Troyes, & se termine un peu au-delà de Rhétel. Elle forme une tare irrégulière sur la surface de cette province, qui a plus de quarante lieues de longueur du sud au nord, & communément dix à douze lieues de largeur de l'est à l'ouest. La figure de ce massif, qu'on peut voir sur la planche qu'on en a tracée, n'a point, dans ses plus grandes dimensions, un certain rapport avec la direction du cours des rivières qui le traversent, pour nous faire croire qu'il ait pu en être autrefois l'ouvrage & le dépôt; car il s'étend du nord au sud, & c'est au contraire du sud-est au nord-ouest que ce massif est obliquement traversé par l'Aisne, la Retourne, la Suippe, la Vesle, la Marne, l'Aube & la Seine; en sorte que le cours de toutes ces rivières paroît être accidentel, & postérieur à la construction & à la disposition de ce grand amas de craie. Celles de nos rivières qui y prennent leurs sources, ne sont pas aussi considérables que celles dont l'origine est au-delà; mais toutes généralement ont des vallées fort approfondies, où tous les chocs alternatifs des eaux courantes, imprimés le long de leur cours, se distinguent fort aisément; ce qui prouve que tout ce massif de craie est d'une construction bien antérieure à l'action de ces eaux qui y ont creusé les vallées de ces rivières. On peut être pleinement convaincu de cet effet des torrens lorsqu'on observe le long de la vallée de la Marne, & surtout dans les plaines de Brou & de Chelles, au milieu des dépôts de sables, de grèves & des autres débris apportés par cette rivière, & dans des lieux dont la hauteur excède de beaucoup le niveau des plus grands débordemens, des morceaux de craie arrondis, depuis la grosseur d'une noisette jusqu'à celle d'un œuf, & parfaitement semblables à ceux qu'on trouve aussi, & en plus grand nombre, dans les sablières des environs de Châlons, où les crues actuelles ne peuvent plus arriver. J'ajouterois aussi parmi les matériaux qui prouvent également les transports des eaux courantes de la Marne, les graviers plats calcaires qui sont originaires des contrées à l'est de la craie, & qui sont fort abondans dans les dépôts de la Marne, comme dans ceux de la Seine.

Tout ceci prouve, 1°. que ces graviers & ces pelottes de craie, disperses au milieu des autres matières des dépôts du cours inférieur de la Marne, ne peuvent provenir que des anciens torrens qui ont coupé les massifs de la contrée crayeuse de la *Champagne*, ainsi que de la bande calcaire à grain fin qui est au dessus à l'est, & qui a fourni les graviers plats; 2°. que la nature & la solidité du massif de cette contrée étoient dès-lors ce qu'elles sont aujourd'hui; 3°. qu'elle ne doit point sa construction au passage des eaux courantes auxquelles ont succédé nos rivières d'aujourd'hui, & qui ont creusé les vallées; & réciproquement, que ces vallées n'ont point été les effets des mêmes causes qui ont formé l'ancien dépôt de la craie, comme le pensent les physiciens qui ont prétendu que nos vallées sont les vestiges du séjour des mers, & doivent leur origine aux courans marins qui auroient charrié & nivelé autrefois les matériaux dont nos contrées de la Marne sont formées. Si les courans imaginaires que ces physiciens ont conçus avoir charrié des matières qu'ils écartoient & déposoient à droite & à gauche de leurs lits, & avoir élevé les revers de la cuve de nos vallées, eussent été, par un tel mécanisme, capables de construire nos terrains depuis le plus profond de leur masse jusqu'à leur superficie, & de figurer en même tems cette superficie telle qu'elle est aujourd'hui, la nature de ces terrains & leur plan devroient en conséquence avoir un rapport sensible avec la direction de nos vallées que ces physiciens prennent pour les traces de ces courans constructeurs ; & ce massif de craie qui constitue une grande partie de la ci-devant province de *Champagne*, devroit être disposé, dans sa longueur, suivant la direction de nos rivières. Or, puisque les phénomènes répondent si peu à l'hypothèse moderne, il est incontestable que l'on ne peut plus raisonnablement regarder ces vallées comme l'ouvrage du séjour des anciennes mers & de leurs courans.

Les dispositions des contrées qui environnent la craie font de plus connoître que toute la partie de la *Champagne* où cette craie domine, a été autrefois, en tout ou en partie, recouverte de lits & de bancs composés de matériaux d'une autre nature, & surtout de pierres meulières qui sont d'une grande dureté. On en trouve, sur certains plateaux élevés, des morceaux épars & de volumes différens : ainsi l'on peut croire que le massif de craie étoit couvert autrefois de ces bancs suivis, qui ont disparu par la destruction de la base. Ce qui confirme cette opinion, ce sont des espèces de pyramides isolées dont les parties inférieures sont de craie, pendant que leur sommet est entiérement composé de ces bancs de pierres dures.

La montagne de Rheims, qui forme, ainsi qu'on peut le voir sur la Carte, une grande saillie en escarpement des deux côtés de la Marne & de la Vesle, est construite de même, à sa partie supérieure, d'une espèce de pierre qui diffère de la craie, & qui tend à prendre la dureté de la meulière. Il semble que cette saillie s'avançoit autrefois beaucoup plus qu'elle ne fait actuellement, tant vers Rheims que vers Châlons & la source de la Vesle, & recouvroit par conséquent toute cette base crayeuse qui est présentement à découvert : on voit par-là que la craie s'abaisse en général, & s'enfonce sous la bordure occidentale. Du côté de Vitry, c'est tout le contraire ; car il paroît que le massif crayeux s'étendoit sur les contrées du Perthois, & constituoit le sol primitif des plaines, où l'on ne trouve plus aujourd'hui, depuis la destruction de ce massif par la Marne & la Saulx, sous de la terre végétale excellente, que de grands amas de grèves plates calcaires & de sables déposés par ces rivières.

L'aspect des escarpemens qui dominent aux environs de Vitry, où les coteaux sont entiérement de craie, & aux environs de la montagne de Rheims, où les sommets sont de pierre dure, fait voir en même tems que la disposition primitive & générale des massifs de la *Champagne* est assujettie à cet arrangement qui fait que les bancs plongent vers l'ouest, & se relèvent vers l'est sous un degré d'inclinaison plus grand que la pente du cours des rivières & des vallées qui les traversent. On doit croire que, dans les premiers tems, les masses de la craie, du côté de l'est, ont présenté aux eaux courantes leurs extrémités & leurs flancs élevés, par où elles sont venues les attaquer pour les détruire lorsqu'elles ébauchoient les vallées.

Cette disposition des bancs & des couches qui se montrent à découvert en *Champagne*, n'est pas particulière à cette grande contrée : il est à croire qu'elle est générale partout ailleurs, surtout dans les contrées circonvoisines, à partir du sommet qui sert de point de partage aux eaux, & qui se trouve placé à côté des sources de la Marne, de l'Aube, de la Seine & de l'Yonne ; en sorte que la plupart de nos rivières ne roulent point leurs eaux, comme on pourroit le croire, sur la surface des bancs qui servent de fond de cuve aux vallées, mais sur l'extrémité supérieure de plusieurs de ces bancs plus inclinés que leur lit vers l'Océan.

Par une suite de cette disposition qui est plus ancienne que la marche des eaux courantes, & qui appartient au tems de la construction des massifs, les torrens étant descendus des sommets de Langres sur la *Champagne*, & ayant pris, dans le Perthois, le banc de craie sur son extrémité, l'ont fait reculer, en le démolissant, jusqu'au-delà de Vitry-le-Français, où l'on voit aujourd'hui les escarpemens qui investissent, du côté de l'ouest, toute cette contrée qui, par cette destruction, est devenue beaucoup plus basse qu'elle ne l'étoit, & qui, par cet événement, y a beaucoup plus gagné que perdu, puisque l'ancien massif du Perthois ne pouvoit offrir qu'un sol stérile, au lieu qu'après cette destruction le fond, qui est encore de craie, a été recouvert de dépôts qui rendent cette plaine un des meilleurs pays de la contrée.

Je pourrois faire voir, en parcourant les rives orientales du massif crayeux de la *Champagne*, que tous les débouchés des autres rivières sont dans le même cas que le Perthois & les environs de Vitry ; car dans la vallée de l'Aube comme dans celle de la Seine, aux endroits où les torrens ont pénétré pour y sillonner leurs lits, on voit qu'après avoir démoli les craies qui s'opposoient à leur passage, ils ont laissé de nouveaux & de meilleurs dépôts. C'est ainsi que la Seine l'a fait vers Bréviande jusqu'à Troyes & au-delà, & que l'Aube l'a fait également depuis Montmorency & Chalette jusqu'à Arcy, & l'Aisne depuis le finage d'Amagne en descendant vers Rhétel & beaucoup au-delà.

Pour sortir ensuite de la contrée crayeuse, les torrens, en continuant leur marche & leurs destructions, n'ont pas toujours amélioré le fond de leurs vallées, quoiqu'ils aient assez étendu leurs bons dépôts sur celui de la craie. Ils n'ont pas fait partout un si heureux échange ; car la même disposition des bancs inclinés à l'ouest & découverts à l'est, qui avoit occasionné la destruction du mauvais sol, occasionna, vers les côtes occidentales, la destruction des bons terrains qui s'y montroient plus élevés que la craie qui s'y cachoit sous leurs bancs. C'eſt pour cette raiſon que la craie ſemble ſuivre la Marne juſqu'à Damery, les bancs qui la couvroient ayant été plus détruits le long du lit principal du torrent, que dans les lieux qui en étoient plus éloignés à droite & à gauche : de là vient que les montagnes de Rheims & de Bergères ſont reſtées en ſaillie ſur la contrée de part & d'autre, les efforts des eaux courantes n'y ayant été portés qu'obliquement & par un cours latéral. La Seine, l'Aube & l'Aiſne, en quittant la craie, ont auſſi à peu près produit les mêmes effets ſur des terrains correſpondans & organiſés ſemblablement.

Quand les torrens ont ainſi détruit, par leurs attaques violentes & ſucceſſives, les maſſifs qui leur oppoſoient leurs extrémités élevées, & ont mis à découvert un nouveau ſol en déblayant les terrains ſupérieurs, leur deſtruction n'a pas eu lieu ſi parfaitement qu'ils n'aient laiſſé derrière eux des eſpèces d'îles qui peuvent être conſidérées comme des témoins inconteſtables des grandes démolitions qu'ils ont faites. Je puis en citer pluſieurs, que j'ai reconnues le long de la bordure occidentale de la craie.

Le mont Aime, qui eſt reſté iſolé au milieu des plaines crayeuſes de la *Champagne*, eſt un de ces monumens & une preuve frappante de ces démolitions. La nature de ſes bancs & de ſes couches de pierres n'a aucun rapport avec le terrain qui l'environne, mais avec les montagnes ſituées du côté de Bergères & de Vertus. Il en doit donc être conſidéré comme une dépendance, & il formoit une maſſe continue avec elles avant que le cours & la chute de pluſieurs torrens particuliers, dont on voit encore les traces, l'en aient tout-à-fait iſolé & détaché comme il l'eſt aujourd'hui.

On doit encore conſidérer comme des monumens ſemblables & comme des débris du continent auquel appartenoit le mont Aime, les différentes pierres errantes qui ſe trouvent quelquefois dans des contrées de la *Champagne*, & engagées fort avant ſur le maſſif de craie où l'on ne voit que des carrières d'où l'on tire des blocs énormes de craie. Aux environs de Sommeſou, ſur un des ſommets qui ſépare l'Aube de la Marne, ſe voient, dans un lieu appelé *la Pierre-aux-Vignes*, des cailloux & des pierres meulières dures, briſées & fort abondantes, qui, vu la nature générale du ſol de la contrée, ne peuvent être regardés que comme les débris des anciens bancs qui couvroient la craie.

Il en doit être ſans doute de même dans toutes les autres contrées où ſe remarquent des pierres perdues, des roches énormes & iſolées, qui ont paru étrangères aux lieux où elles ſont viſiblement les débris des terrains ſuperficiels qui régnoient partout, & qui ont diſparu preſqu'en entier.

On rencontre encore, dans preſque toute la *Champagne*, des veſtiges d'un autre genre de bancs ſupérieurs détruits : ce ſont des pyrites iſolées & errantes, qui ſe trouvent communément à la ſurface de certaines plaines ou plateaux en culture. Elles ſont le plus ſouvent briſées & à moitié décompoſées, & il paroît même que leur quantité a dû autrefois être très-conſidérable, tant ſur la ſurface du maſſif de la craie, que dans ſon intérieur; car la véritable matrice de ces pyrites ſemble avoir été la craie même. Les carrières où l'on exploite les différens blocs de craie en montrent des ſuites qui ſont belles, entières & d'une forme régulière; ce qui nous donne lieu de croire que celles qui ſont diſperſées à la ſurface des plaines, réſidoient de même au milieu des couches ſupérieures qui ont été détruites. On doit penſer auſſi que les eaux courantes en ont entraîné de grandes parties; car dans les ſablières des environs de Châlons, où l'on trouve des pelottes de craie arrondies, on y trouve auſſi un gravier noir formé des débris de ces pyrites décompoſées, arrondis & très-polis, mais néanmoins aſſez reconnoiſſables pour montrer que ces débris pyriteux, & ceux qui ſe voient à la ſurface des plaines crayeuſes, ne ſont point des productions modernes, ni placées comme elles ſont par des accidens journaliers & récens, mais des productions très-anciennes qui ont été arrachées de leurs matrices, briſées, charriées & abandonnées, dans les lieux où elles ſe trouvent, à la ſuite d'événemens arrivés dans des tems fort reculés. Ceci prouve inconteſtablement quelle eſt l'étendue des diverſes deſtructions que le maſſif de craie a éprouvées depuis qu'il eſt expoſé à l'action des eaux courantes.

Il eſt encore une autre ſorte de monumens des deſtructions ſemblables que la craie a éprouvées depuis les mêmes époques, & qu'elle éprouve chaque jour : ce ſont les ſilex qui, dégagés des différentes couches détruites, ſe trouvent, ſurtout dans certaines vallées, par amas fort abondans, & ſous des formes bizarres. Pour peu que les maſſes de craie ſoient à découvert, & préſentent des eſcarpemens & des coupes d'une certaine profondeur, on voit, au milieu d'elles, des lits & des rangées de ces ſilex plus ou moins ſuivis : d'où il réſulte que ceux qui ſont dégagés & errans n'ont pu ſe trouver dans cette poſition qu'à la ſuite de la deſtruction des maſſifs au milieu deſquels ces ſilex réſidoient & ont été formés primitivement.

De toutes ces obſervations diverſes il réſulte que le maſſif de la craie ſurtout doit avoir éprouvé des deſtructions de plus d'un genre; ce qui ne doit pas étonner lorſqu'on conſidère le peu de ſolidité de cette ſorte de ſubſtance pierreuſe. On doit auſſi en conclure que nous ne pourrons connoître que très-imparfaitement les formes primitives des différens maſſifs qui ſont à la ſurface de la terre; on ne peut en rétablir les maſſes entières, parce que de grandes parties en ont été détruites, comme nous l'avons fait remarquer par rapport à la bordure orientale de la craie; que d'ailleurs une autre partie ſe dérobe à nos yeux ſous des dépôts poſtérieurs que des accidens d'une autre nature y ont amenés des ſommets les plus élevés de nos continens.

Ceci nous conduit à replacer d'abord tous les déblais que les eaux courantes ont faits dans ces maſſifs, & enſuite à ſuivre ce qui ſe trouve enſeveli ſous les remblais que les torrens ont déposés à la place de ce qu'ils ont détruit. Au moyen de cette double conſidération on pourra prendre une idée générale des maſſifs, & en circonſcrire les limites anciennes & primitives ſur des Cartes. C'eſt ce que j'ai fait en parcourant les différentes bordures du maſſif de la craie; c'eſt ce que j'ai exécuté de même en traçant les limites de l'ancienne terre du Morvan, & c'eſt d'après les mêmes principes que je ferai connoître l'étendue de tous les maſſifs dont il importe d'indiquer auſſi la diſpoſition relative, & que je parviendrai à former un tableau des différens maſſifs de la France phyſique.

Les ſommets de craie qui ſe prolongent entre les petites & les grandes Loges, entre les grandes Loges & la Veuve ſur la route de Châlons à Rheims, ſont preſqu'auſſi élevés que ceux qu'on voit entre Béru & Suippe; ils le ſont moins cependant qu'à Béru lui-même & dans les côtes de la montagne de Rheims & de Saint-Thierry; car ces côtes ſont compoſées de la même baſe de craie, & d'une addition ou couverture de couches de marnes, de ſables & de meulières. Or, ſi l'organiſation de la nature eſt uniforme & régulièrement la même ſur une certaine étendue, il eſt viſible que ces couches ont été détruites ſur les ſommets iſolés & élevés de craie, & qu'il n'en reſte que la baſe.

Que cette couverture de couches ait exiſté autrefois ſur la craie, c'eſt ce que me paroiſſent démontrer les débris de pluſieurs eſpèces qu'on trouve diſperſés à la ſuperficie du maſſif de craie qui eſt à découvert en *Champagne*. On voit, par exemple, de gros blocs de meulières aux grandes & aux petites Loges, à la Veuve, ainſi que dans les environs: ces meulières n'ont pas été tranſportées dans ces lieux. On en trouve de ſemblables à quelque diſtance des villages. Ces pierres perdues atteſtent la deſtruction de toutes les couches de la craie, ainſi que des marnes & des ſables qui les recouvroient au même niveau où l'on voit de ſemblables meulières ſur le ſommet du cap de Trépail: donc l'aſſemblage des matières & des couches qui compoſent ce cap a dû être prolongé juſque-là, ces débris de l'ancien état ne nous laiſſant pas douter de ſa deſtruction.

Pour concevoir les progrès de ces changemens & l'activité des agens qui y concourent, il faut avoir examiné tous les contours des croupes de la montagne de Rheims, tant du côté de cette ville, que du côté de la Marne, & ſurtout vers la pointe du cap de Trépail. De grands blocs de meulières, de petits éclats de ces meulières, ou entièrement ſiliſiés, ou d'une élaboration imparfaite; des marnes, des argiles jaunâtres diſperſées çà & là ſur les petits ſommets de craie iſolés, préſentent tout le travail de la deſtruction en activité. On voit de pareils éboulemens le long de la vallée de la Marne, dans la plaine fluviale de cette rivière, & ſur pluſieurs crêtes élevées le long de ſon canal.

Ces tranſports multipliés des terres & des ſables que font les eaux des ſources recueillies ſur les argiles, les affaiſſemens des meulières & des autres ſortes de pierres qui ſont entraînées en même tems que leur baſe, le long de la ceinture du cap de Trépail comme le long de la ceinture du cap de Saint-Thierry, ſur les croupes des îles terreſtres de Béru, de Brimont & de Prouvay, rendent le ſpectacle intéreſſant à quiconque ſait ſaiſir les différentes nuances du travail de la nature. Les eaux des ſources plus ou moins abondantes tourmentent toutes les couches établies ſur la craie, & ces eaux, après avoir gagné les plaines, ſe perdent dans les débris qu'elles ont accumulés. Il n'eſt pas étonnant, après cela, que les eaux pluviales plus abondantes, en achevant le travail lent & pénible de l'eau des ſources, n'aient reculé ſucceſſivement les limites des côtes de la montagne de Rheims, & n'aient enlevé à la craie ſa couverture, comme nous en ſommes les témoins.

Doit-on être étonné, après cela, que les débris des croupes ſe ſoient accumulés en ſi grande quantité dans les bas, & que les croupes ſoient ſi adoucies & ſi arrondies dans toute l'étendue de la craie, qui, ayant perdu, par l'action des eaux, la couverture qui la défendoit, a été expoſée à l'action de l'humidité & de la ſéchereſſe? Elle s'eſt décompoſée par la ſeule alternative de l'imbibition des pluies & de la deſſiccation. Les eaux pluviales l'ont ravinée en enlevant les molécules dans leſquelles la craie ſe décompoſe, & enfin toutes les croupes des vallées creuſées dans le maſſif de la craie ont été uſées, arrondies, & les débris déposés, ou dans les fonds de cuve des vallées, ou le long de la partie inférieure des croupes, ou aux débouchés des vallons, ou enfin le long des plaines fluviales. C'eſt une ſorte de dépôts qui prouve bien la facilité des deſtructions & des dégradations, & par conſéquent combien toute la ſuperficie de la craie a été abaiſſée de niveau.

Il eſt aiſé d'apprécier au juſte l'étendue de ces deſtructions en comparant les parties de la craie qui ſont reſtées couvertes, avec celles qui ont été expoſées depuis long-tems à l'action des eaux. J'ai ces points de comparaiſon dans tous les environs des côtes de la montagne de Rheims, de Saint-Thierry, & ſurtout aux environs des îles de Béru, de Brimont & de Prouvay, où la craie eſt couverte par les couches de meulières, de marnes & de ſables qui la préſervent de l'action des eaux. J'ajoute encore que c'eſt ſurtout dans les parties de craie les plus élevées dans toute l'étendue du massif à découvert, que l'on trouve plus de vestiges des anciennes couches de la couverture. Comme ces sortes de parties ont été découvertes les dernières, & que d'ailleurs, par leur élévation, elles ne sont exposées qu'à la chute des eaux pluviales & nullement à la dégradation des eaux courantes, elles ne se détruisent que foiblement & par des progrès fort lents.

Des rivières qui traversent la Champagne crayeuse.

Les rivières qui traversent la craie, y ont creusé des vallées fort larges : telles sont la Seine, l'Aube & la Marne. Elles y ont déposé aussi, à de grandes hauteurs, des graviers calcaires, c'est-à-dire, des morceaux de pierres calcaires à grain fin & plates, qui ont été usés par les eaux courantes. Elles en ont entraîné & déposé aussi dans leurs vallées; ce qui a rendu le fond de ces vallées, ainsi que les parties inférieures de leurs croupes, fort fertile. Elles y ont entraîné de bonnes terres jaunes des parties supérieures de la craie.

Quand je donnerai les dimensions de la craie, je ne prétends parler que de la craie actuellement découverte; mais je dois faire observer ici que ce ne sont pas les dimensions précises de ce massif; car il auroit une plus grande largeur si l'on y ajoutoit les parties de la limite occidentale qui sont couvertes par des couches, & surtout les parties qui se sont montrées au fond des vallées de l'Yonne & du Loing, & bien au-delà de la limite que j'ai indiquée sur la Carte.

Cette craie se montre vers Saint-Quentin, au-delà de Laon & plus loin encore, le long de la Somme, dans certaines parties du cours de l'Oise, à Crevecœur & jusqu'à la Roche-Guyon, & vers Mantes, Visson, &c.; mais ce ne sont que certaines parties peu étendues, & elles sont toutes recouvertes par une suite de couches. Où j'ai plus vu cette couverture, c'est à la Roche-Guyon, & j'en ferai le sujet d'un article. (*Voyez* ROCHE-GUYON (la)); (*Voyez l'article* CRAIE.)

Graviers plats calcaires de la Champagne.

Ces graviers plats calcaires se trouvent sur toutes les hauteurs des environs de Brienne, qui correspondent à l'amas de semblables graviers qu'on a trouvés sur la butte du Château. Ce dépôt de graviers prouve que l'Aube a recouvert ces hauteurs, & que les massifs qui occupoient la place des vallées creusées tout autour en étoient semblablement couverts.

Depuis que ces vallées ont été creusées, des dépôts semblables de graviers ont été formés dans la plaine, où l'on en trouve une grande épaisseur. Il paroît que l'Aube a oscillé dans cette large plaine, & y a laissé des graviers plats, mêlés de terres calcaires. La rivière, dans ses débordemens, parvient quelquefois au niveau de la plaine de Brienne.

Ces phénomènes sont correspondans à ceux que présente la plaine entre Troyes & Fouchères, & à ceux de la vallée de la Marne, entre Saint-Dizier & Vitry. Nous avons décrit avec détail ces dépôts, à l'article BRIENNE. (*Voyez ce mot.*)

La Cure & l'Yonne en ont déposé au dessous d'Auxerre, qui sont apparens jusqu'à Joigny, & presque jusque vers Sens; ils sont beaucoup moins abondans que le long des trois autres rivières précédentes; mais les bonnes terres calcaires sont surabondantes.

Les graviers plats calcaires sont formés des débris des pierres calcaires à grain fin, qui se trouvent au dessus de Saint-Dizier pour la Marne, au dessus de Bar-sur-Aube pour l'Aube, & au dessus de Bar-sur-Seine pour la Seine.

On en trouve abondamment entre Saint-Dizier & Vitry, au dessus & au dessous de Brienne, distribués sur l'Aube, entre Fouchères & Troyes; enfin, au dessous d'Auxerre jusqu'à Joigny. Je dois observer que les dépôts de graviers plats sont distribués le long des canaux des quatre rivières dont je viens de parler.

Ces dépôts sont très-étendus, car on en trouve, pour la Marne, depuis Saint-Dizier jusqu'au dessous d'Épernai, formant, avec de bonnes terres calcaires, le fond de cuve de la vallée de la Marne.

Il en est de même de l'Aube : les dépôts de graviers plats commencent au dessous de Tranne, & se continuent le long du canal de l'Aube jusqu'à sa jonction avec la Seine.

Si l'on suit la Seine, on trouve ces graviers au dessous de Fouchères, qui se continuent très-abondamment jusqu'à Troyes, & s'étendent au dessous de Nogent jusque vers Montereau; ils recouvrent tout le sol de la craie, mêlé à de bonnes terres fertiles.

Les graviers plats calcaires, déposés hors du canal de la Marne & dans l'étendue du massif de la craie que parcourent plusieurs rivières qui prennent leur source dans ce massif, méritent une certaine attention. Comme ils sont dispersés hors des plans inclinés qui appartiennent aux eaux courantes de la Marne, il paroît d'abord assez difficile de leur donner la même origine que ceux qu'on trouve dans la vallée de cette grande rivière; cependant ces rivières, telles que la Retourne, la Suippe & la Vesle, ne rencontrant point dans leur cours de sol propre à leur fournir les matériaux primitifs de ces graviers plats, par quelle suite d'événemens ces graviers se trouvent-ils dans les vallées de ces rivières? Les premiers courans de la Marne, qui en ont déposé vers les hauteurs de Notre-Dame-de-l'Épine & de Somme-Vesle, n'auroient-ils pas, avant que la Retourne, la Suippe & la Vesle eussent un cours réglé & apparent, franchi ces hauteurs, & déposé ces graviers plats par un débordement assez suivi, sur la superficie du massif de la craie, occupé maintenant par les vallées des rivières dont j'ai fait mention ci-dessus ?

Ce qui me donne lieu de soupçonner que les graviers plats de la Retourne, de la Suippe & de la Vesle doivent leur origine à un débordement de l'ancien courant de la Marne, c'est qu'ils sont en petit nombre le long du canal de ces petites rivières, & qu'on en trouve quelquefois plus abondamment sur les hauteurs qui servent de bords à leurs vallées, que partout ailleurs ; ainsi ces graviers plats ont été déplacés & tourmentés par les eaux pluviales & courantes qui ont creusé & approfondi cette même superficie, où ils ont été déposés primitivement.

Quant aux graviers plats calcaires qui se trouvent dispersés dans la vallée de l'Aisne, & plus abondamment que dans celles des trois autres rivières, on pourroit croire que les parties supérieures de son cours, qui sont hors de la craie, auroient pu fournir les pierres du même grain, de la même couleur & dureté que les graviers. Pour constater la possibilité de cette suite de faits, il seroit nécessaire de visiter la partie supérieure de la vallée de l'Aisne, & de reconnoître si les circonstances y ont pu favoriser ces dépôts.

L'observation des graviers plats calcaires qu'aucun naturaliste n'a suivie, parce qu'aucun n'en a senti l'importance, peut nous faire connoître l'ancienne marche des eaux courantes à la superficie du massif de la craie. Nous voyons d'abord que ces graviers résident en dépôts torrentiels sur certaines hauteurs, pendant que d'autres ayant été transportés dans les vallées à une époque postérieure aux dépôts primitifs & torrentiels, continuent encore à être transportés par les rivières qui occupent le fond de ces vallées, surtout dans leurs débordemens. C'est ainsi que de petites pierres plates, usées & polies par les eaux courantes, déposées ensuite sur de grandes hauteurs, & entraînées dans le fond des vallees, servent, dans toute cette suite de dispositions successives, à prouver la marche des diverses eaux courantes qui les ont tourmentées. C'est ainsi que de petits faits, rapprochés & saisis dans leur ensemble, attestent de grands changemens à la surface du Globe.

J'ai trouvé des graviers plats calcaires, à grain fin, dans tout le cours des rivières qui débouchent du canton de la craie dont je viens de parler : il y en a dans la vallée de la Vesle, dans celle de l'Aisne, même après sa réunion avec les rivières de Suippe & de Retourne, & enfin dans la vallée de l'Oise, réunie avec l'Aisne.

Ces mêmes graviers plats se trouvent encore, mais bien plus abondans, dans la Marne, au dessous de Paris, dans les anciens dépôts de la rivière, à quelque hauteur qu'on les prenne ; ils se trouvent mêlés avec les silex à peine dégrossis, & les débris de meulières, qui sont les uns & les autres surabondans.

De la culture de la Champagne crayeuse.

La culture de cette partie de la *Champagne* se fait facilement, parce qu'elle a pour objet une terre légère, peu profonde, qui est proprement une comminution de sol crayeux & un petit reste de la terre jaune qui recouvroit primitivement ce sol. Ce mélange de terre jaune, de sable jaune, avec les débris de la craie, se trouve dans des proportions qui diffèrent beaucoup, suivant qu'on est éloigné, ou de la bordure de la craie, qui en renferme une certaine quantité, ou des îles où l'on en trouve encore assez abondamment. Les eaux qui ont produit de si grands changemens à la surface de la craie, ont tourmenté cet engrais naturel de mille manières différentes : on en voit en conséquence le long des petits ruisseaux, qui a suivi la pente des vallons évasés, au milieu desquels les filets d'eau sont rassemblés ; en sorte que certaines parties sont enrichies de la dépouille des autres.

Pour avoir une idée des ressources naturelles qu'a l'industrie des cultivateurs dans la *Champagne* crayeuse, il faut y réunir la considération des dépôts des rivières qui traversent ce canton, l'Yonne, la Seine, l'Aube, la Marne, la Suippe & l'Aisne, & on trouvera que dans les vallées de ces rivières la terre végétale a changé de nature, parce que les eaux des rivières ont entraîné & déposé dans leurs vallées & le long des croupes aplaties de ces vallées, sur une large bande, des matières qu'elles ont détachées de la lisière orientale, où se trouvent des sables, des terres jaunes & marneuses, très-divisées & très-propres à fertiliser le sol de craie, soit en le couvrant par un lit suffisant, soit en se mêlant à ce sol en certaine proportion convenable pour le rendre bien meuble & bien productif.

Des mines de fer de la Champagne.

Les mines de fer de la *Champagne* se trouvent dans les environs de Bar-sur-Ornain & de Joinville : elles sont toutes de l'espèce nommée *argileuse* ou *limoneuse* & plus ou moins terreuses ; elles ont pour gangue de l'argile & des bancs calcaires. Outre que ces minerais varient beaucoup, on les trouve dans le haut pays, depuis la profondeur de cinquante pieds, jusqu'à celle de cent vingt ; il y en a qui ne sont enfoncés que jusqu'à douze ou quinze pieds seulement. Les mines les plus remarquables en Bassigny sont celles de Poisson, de Cousance & de Roche ; & les plus abondantes du bas pays sont celles de Bettancourt & d'Ancerville, situées sur les limites de la Lorraine & de la *Champagne.*

Les mines du Bassigny sont, comme nous l'avons dit, assez profondes, surtout celles de Poisson, qui ont plus de cent cinquante pieds de profondeur : on les exploite par galeries comme les autres mines métalliques ; elles n'ont qu'une bure

& un puits d'airage. Les veines métalliques les plus riches se rencontrent à la profondeur de trente à trente-cinq pieds ; ensuite viennent les autres, distantes entr'elles de quelques pieds d'épaisseur. Les minerais qu'on exploite, sont toujours placés entre des bancs de terres argileuses ou de pierre calcaire très-dure & d'un grain très-fin, sans aucune apparence de coquillage. Ces mines limoneuses sont en masses sphéroïdales, composées de diverses couches d'une matière noirâtre. Elles donnent environ trente-six livres de fer par quintal.

La minière d'Ancerville est également limoneuse : on ne tire le minerai qu'à la profondeur de huit à dix pieds, sous un lit d'argile & un banc de pierre calcaire très-dure. Comme la mine est peu profonde, on l'exploite à ciel ouvert, en faisant des excavations très-étendues, dans lesquelles les ouvriers peuvent descendre & travailler facilement. Cette mine est dure, compacte & cristallisée confusément en prismes irréguliers ; elle donne ordinairement trente à trente-six livres de fer par quintal ; mais le métal qu'elle produit, est aigre : aussi mêle-t-on la mine d'Ancerville avec celle de Bettancourt.

La minière de Bettancourt se trouve depuis la surface de la terre, jusqu'à la profondeur de dix à douze pieds. Alors on la rencontre en fouillant sous des bancs considérables de terre franche, de sable, de pierre calcaire & de tuf. Elle n'affecte aucune cristallisation régulière. Elle est ordinairement recouverte d'une couche d'ocre très-rouge, & ses cavités sont remplies d'une mine terreuse rouge, qui est de la sanguine. On trouve aussi dans cette minière de l'hématite argileuse, ou crayon rouge, assez friable, mais très-divisé, & disséminé dans la terre limoneuse qui renferme le minerai. La mine de Bettancourt est moins riche que celle d'Ancerville ; mais le fer qu'elle produit, est doux & point cassant. Le fer qui résulte du mélange de la mine de Bettancourt & d'Ancerville est assez malléable, mais d'une qualité inférieure à celui des forges du haut pays.

Des carrières de la Champagne.

Les carrières qui sont dans le massif de la craie, sont situées vers la partie méridionale de la ville de Rheims : ces carrières présentent de toutes parts des pyrites, des bélemnites & des oursins de différentes figures. On y trouve aussi des silex de formes bizarres.

Ces pierres ne sont pas distribuées par bancs, non plus que la craie. On en trouve de pareilles à portée de la ville de Troyes & des gros villages des environs.

Tonnerre est depuis long-tems connu par la bonté & la beauté de sa pierre : on en choisit préférablement à toute autre, une sorte pour la sculpture & pour les autres ouvrages où l'on veut réunir l'élégance à la durée. C'est d'une pierre des environs de Tonnerre, dont on se sert dans les bâtimens publics pour des ouvrages de cette nature. C'est en conséquence de cet emploi qu'on a donné au banc de la carrière d'où on la tire, ce nom qui indique sa destination. L'endroit où la carrière de cette pierre est située, n'est pas proprement Tonnerre, mais Ancy. Cette carrière a trois bancs, dont chacun a dix-huit à vingt pouces d'épaisseur. On peut en tirer des blocs de trois, quatre, cinq & six pieds de longueur, sur trois à quatre pieds de largeur, suivant les échantillons qu'on desire.

Une autre sorte de pierre qui se tire de la carrière des bois de la ville de Tonnerre, peut donner des blocs des mêmes dimensions que la première. Cette pierre est bonne pour toutes sortes d'ouvrages qui demandent une certaine solidité ; elle n'est pas sujète aux effets de la gelée : on l'emploie ordinairement dans le canton, pour les premières assises des gros bâtimens, comme les ponts, les moulins & autres ouvrages exposés à l'eau & à l'air.

Je dis que le grain de la pierre de Tonnerre est d'une grande finesse, & que le fond de cette pierre a reçu en conséquence une certaine infiltration dans le premier degré de pétrification, qui la rend susceptible d'un certain poli qui diffère de celui du marbre, en ce qu'il est terne & qu'il n'en a pas le brillant. Je ne connois de semblable à la pierre de Tonnerre qu'une pierre qu'on tire d'une carrière de la ci-devant province de l'Angoumois, dans les environs de Verteuil, & avec laquelle on fait des chambranles de cheminées, qui prennent le plus bel appareil en conséquence de la finesse du grain de la pierre.

Je joins à l'article de la grande province de *Champagne* le tableau des villages & des contrées qui portent le même nom, avec la désignation des départemens où ils se trouvent situés, & les cantons dans lesquels cette dénomination a été adoptée ; ce qui me paroît annoncer une certaine dépendance des premières formes des terrains lorsque des habitans s'y sont établis pour la première fois.

CHAMPAGNE, village du département de la Charente, arrondissement d'Angoulême, canton de Blanzac.

CHAMPAGNE, village du département de la Charente-Inférieure, arrondissement de Marennes, & à trois lieues de Rochefort.

CHAMPAGNE, village du département d'Eure & Loire, arrondissement de Dreux, canton d'Anet.

CHAMPAGNE, village du département du Jura, arrondissement de Lons-le-Saunier, canton de Saint-Amour.

CHAMPAGNE, village du département de l'Ourthe, arrondissement & canton de Malmédi.

CHAMPAGNE, village du département de Saône & Loire, arrondissement de Mâcon, canton de Lagny.

CHAMPAGNE, village du département de la Sarthe, arrondissement du Mans, canton de Montfort. Les vins blancs des environs sont excellens, quoiqu'ils conservent un petit goût de terroir.

CHAMPAGNE, village du département de Seine & Marne, arrondissement de Fontainebleau, canton de Moret, près la Seine, à quatre lieues de Melun.

CHAMPAGNE, village du département de Seine & Oise, arrondissement de Pontoise, canton de l'Ile-Adam, près de l'Oise.

CHAMPAGNE, village du département de Seine & Oise, arrondissement de Corbeil, canton de Lonjumeau.

CHAMPAGNE, village du département de la Vendée, arrondissement de Fontenai-le-Peuple, canton de Chaillé-les-Marais.

CHAMPAGNE (la), village du département de la Marne, arrondissement de Châlons-sur-Marne, canton d'Écury-sur-Coole.

CHAMPAGNE, canton du ci-devant pays d'Ouche, dans la Haute-Normandie. Il renferme les environs de la ville d'Évreux, & il ne faisoit qu'une même contrée avec les campagnes de Neubourg & de Saint-André. Ce canton fait aujourd'hui partie du département de l'Eure.

CHAMPAGNE, bourg du département de l'Ain, arrondissement de Belley, & à trois lieues nord de cette ville.

CHAMPAGNE, village du département de l'Ardèche, arrondissement de Tournon, canton de Serrières, près du Rhône, à deux lieues trois quarts de Saint-Vallier.

CHAMPAGNE, village du département de la Sarthe, arrondissement du Mans, sur l'Huisne, & à deux lieues & demie du Mans. Les vins blancs des environs sont excellens, quoiqu'ils conservent un petit goût de terroir.

On fait dans ce village un grand commerce de toiles, qu'on doit considérer comme une industrie d'autant plus importante, qu'elle est l'emploi des productions du pays.

CHAMPAGNEY, village du département de la Haute-Saône, arrondissement de Lure, sur le Rahain, & à trois lieues de cette ville. Il y a une mine abondante de charbon de terre très-renommée & d'une bonne qualité, qu'on vient chercher de Klingental (manufacture d'armes blanches dans le canton de Wasselonne, département du Bas-Rhin), éloigné de trente-trois lieues.

CHAMPAGNOLE, bourg du département du Jura, sur la Londaine, au pied d'une montagne. Les maisons de ce bourg sont presque toutes couvertes en lattes de sapin. Sur la rive gauche de l'Ain, près de ce bourg, est une belle manufacture de fils de fer, dont on fait beaucoup d'envois à Paris. *Champagnole* est couvert par une haute montagne appelée *Mont-Rivel*, masse pyramidale qui peut être comptée parmi celles qui pèsent sur le centre du Globe. A quelque distance du sommet jaillissent des fontaines d'une excellente eau bonne à boire, & qui ne tarissent jamais.

CHAMPCELLA, village du département des Hautes-Alpes, canton de Guillestre, à une lieue & demie d'Embrun. Près de ce village il y a une mine de plomb.

CHAMPEDAZE (Lac de), département du Puy-de-Dôme, canton de Besse. Il a deux cents toises de long, sur autant de large.

CHAMPEIX, ville du département du Puy-de-Dôme, chef-lieu de canton, sur la Couze, à deux lieues & demie nord-est d'Issoire. Cette ville est sur une vallée qui part du Mont-Dor, & qui aboutit à l'Allier. On peut observer différentes productions des feux souterrains, qui sont distribuées sur les bords successifs de cette vallée intéressante. Nous en donnerons le profil.

CHAMPIGNEUILLE, village du département des Ardennes, arrondissement de Vouziers, près de Lagron, à une lieue de Grand-Pré. Il y a des fourneaux & des forges où l'on fabrique des boulets, du fer en barres, en verges, en carillon, & des plates de charue.

CHAMPIGNEUILLE, village du département de la Meurthe. Près de cette rivière il y a une papeterie où l'on fabrique des cartons & des papiers.

CHAMPIGNY. (*Voyez* CHARENTON.)

CHAMPLATREUX, village du département de Seine & Oise, canton de Lusarches. Il est ainsi nommé à cause du voisinage des carrières à plâtre, dont son territoire est rempli.

CHAMPLITTE, ville du département de la Haute-Saône, arrondissement de Gray. Cette petite ville est sur une montagne au bas de laquelle coule le ruisseau le Salon. Elle est divisée en deux parties : celle qui est située sur la montagne est appelée *Champlitte-le-Château*, & l'autre, située au pied de la montagne, se nomme *Champlitte-la-Ville*. On trouve dans les environs, des silex & des cailloux en abondance. Il y a, au milieu de la cour de *Champlitte-le-Château*, un puits très-profond. Il a fallu percer toute la montagne & parvenir au niveau de la petite rivière du Salon, qui coule au bas avant d'avoir de l'eau dans ce puits, qui est, comme on voit, un ouvrage digne d'admiration.

CHAMPOLY, village du département de la Loire, arrondissement de Roanne. Il y a dans ce village, ainsi qu'à Urfé-la-Chaîne, une mine de plomb fort abondante.

CHAMPORCHET (Val de), vallée du département de la Doire, entre les monts Soana & Logne : un torrent du même nom l'arrose. Il fait partie du val d'Aoste.

CHAMPROND EN GATINE, bourg du département d'Eure & Loire, canton de la Louppe. Il y a dans les environs de ce bourg des mines de fer, des forges considérables & une fabrique de clous d'épingles.

CHAMPROUX, village du département de la Nièvre, canton de la Charité, & à une lieue de cette ville. Il y a une grosse verrerie, alimentée par des bois considérables, situés dans le département de l'Allier. On n'y fait que des bouteilles & des bocaux. Le verre en est de la plus belle qualité. Toutes les bouteilles qui en sortent, s'embarquent pour Paris, Orléans, Tours, Angers & Nantes. Elles descendent aussi les canaux de Briare, d'Orléans & du Loing.

CHAMPSAUR, petit pays du ci-devant Haut-Dauphiné, sur les confins & au midi du Graisivaudan, près du ci-devant Embrunois. C'est un pays plein de montagnes. Il fait partie aujourd'hui des départemens des Hautes-Alpes & de la Drôme.

CHAMPSAUR (Plaine de). L'amas étonnant de cailloux roulés qui se trouvent rassemblés dans cette plaine, doit son existence à plusieurs circonstances qui s'y sont réunies successivement; mais aucun des naturalistes qui ont vu & décrit cette plaine avant moi, n'y a reconnu les deux ordres de choses qu'il faut bien y distinguer si l'on veut donner la solution de ce problême de géographie-physique. D'abord il est évident que la vallée du Drac a été creusée à peu près dans l'étendue qu'elle a par les eaux courantes de cette rivière impétueuse, & de tous les torrens qui s'y réunissent. Ce premier travail de l'eau a eu lieu avant l'invasion de la mer, qui a fait de la vallée approfondie du Drac un golfe qui occupoit toute la plaine. C'est pendant le tems qu'a duré cette invasion, que les eaux du Drac & des rivières affluantes ont voituré dans le golfe, des fragmens de diverses pierres. Ce sont ces matériaux que les flots de la mer ont roulés, & qui ont été abandonnés ensuite dans ce golfe par la retraite de la mer qui a succédé à un long ballotage de ces pierres.

Il y a donc ici trois époques fort distinctes à suivre & à désigner pour expliquer tous ces phénomènes : 1°. celle de l'approfondissement de la plaine de *Champsaur*; 2°. celle de l'invasion de la mer dans cette plaine après son creusement, & du séjour de la mer, pendant lequel elle a reçu les noyaux de cailloux roulés, les a ballotés & arrondis dans l'état où ils sont; 3°. celle de la retraite de la mer, qui se continue dans l'état actuel. C'est pendant cette retraite, que les eaux courantes se sont ouvert différentes routes à travers les dépôts du golfe, & particuliérement au milieu des amas de cailloux roulés. C'est là où le Drac coule avec toutes les rivières latérales. Il n'est donc pas question dans tous ces événemens, dans toutes ces révolutions, du lac que Lamanon y introduit sans nous expliquer les circonstances de sa formation, de son bassin & de sa digue surtout, & puis, ce qui peut être encore plus difficile à concevoir, de sa destruction.

En examinant attentivement les pierres roulées qui sont actuellement dans la plaine de *Champsaur*, on voit qu'elles ne sont que des fragmens des pierres qui ont pu être entraînées par le Drac & les rivières latérales qui sont restées en place depuis la retraite de la mer.

Ce problême reçoit d'autant plus facilement sa solution par la réunion de ces agens, que beaucoup d'autres événemens s'expliquent également bien par les mêmes moyens.

CHAMPS-SUR-LIZERENS, village du département des Vosges, canton de Bruyères, & à une demi-lieue de cette ville. Ce village est situé près de la rive droite de la rivière de Vologne, dans la partie de son lit où se trouvent des moules qui renferment des perles d'une assez belle eau. Vers *Champs-sur-Lizerens*, en allant à Granges, on voit, dans le vallon de la Vologne, des cailloux roulés de granit, dont les noyaux grossissent de plus en plus, & des restes de masses schisteuses & graniteuses qui n'ont pas été ballotées par les eaux. Vers les hauteurs qui dominent *Champs*, en sortant de Bruyères & au dessus de Granges, on rencontre un amas considérable de gros quartiers de granit roulés. Cet amas est placé dans le concours de plusieurs vallons qui se réunissent au vallon principal de la Vologne. C'est là où les effets des eaux courantes se montrent de manière à mériter l'examen & l'étude des géologistes.

CHAMPVERT, village du département de la Nièvre, arrondissement de Nevers, à un quart de lieue de Décise. Il y a une grosse & une petite forge pour la fabrication du fer, & une mine de charbon de terre qui sert à entretenir toutes les forges du département.

CHANCEAUX, bourg du département de la Côte-Dor, arrondissement de Semur, sur la côte près des premiers embranchemens de la Seine. Cette rivière y a une de ses sources. Si l'on considère les environs, on trouve que les eaux y ont à tous les niveaux des débouchés très-considérables, & propres à abreuver les rivières qui y ont leurs origines.

CHANCELADE, village du département de la Dordogne, & à une lieue & demie de Périgueux, en suivant la vallée de l'Ille. C'est sur les bords escarpés & les plus élevés de cette rivière qu'on peut observer, dans le voisinage de l'ancienne *Chancelade*, des amas de coquillages fossiles de différentes formes, totalement inconnus, & qui ont leurs correspondans en Angoumois. Je me propose de les décrire, & d'en faire connoître les formes singulières par des gravures, dont les détails seront soignés comme le méritent ces différens corps marins.

CHANDELAIS (Forêt de), département de Maine & Loire, arrondissement de Baugé, & à deux tiers de lieue de cette ville. Elle a du nord-ouest au sud-est deux mille six cents toises de longueur, & du nord au sud dix-huit cents toises de largeur.

CHANDEY, village du département de l'Orne, arrondissement de Mortagne, canton de l'Aigle, près de l'Iton. Il y a une usine pour la fabrication de la tôle & des lames de cuivre.

CHANGEMENS à la surface du Globe. Lorsqu'on étudie, avec grande attention, les divers ordres d'agens qui figurent en certaines contrées du Globe, & que l'on doit considérer comme l'économie de la nature, on n'est pas étonné qu'il se soit opéré, à plusieurs époques, des *changemens* très-marqués à la surface de la Terre. C'est d'après ces observations que j'ai cru qu'il convenoit d'en distinguer ici ces ordres particuliers d'agens, ainsi que leurs effets.

Suivant ce plan, je commence à considérer séparément les embouchures suivies des fleuves. On voit qu'elles ont contribué à détacher plusieurs îles des côtes de notre Continent.

Ce premier travail de l'eau courante ayant exposé ces portions de la terre-ferme détachées à toute la fureur des flots, elles se trouvent, à la suite des tems, coupées en plusieurs groupes d'îles: telles sont les îles Maldives & Laquedives, si nombreuses & dispersées par groupes dans le vaste Océan.

De même si l'on suit les fleuves & les rivières d'Asie, on trouve la plus grande variété dans les côtes de l'Océan indien. Ici les fleuves forment des golfes fort profonds, fort étendus, pendant que d'autres eaux courantes continuent à conserver des presqu'îles fort larges & fort profondes dans les côtes.

Les embouchures de plusieurs rivières & fleuves concourant vers le même bassin, il en est résulté des méditerranées composées de plusieurs golfes: telles sont la grande Méditerranée d'Europe, la Baltique, la Mer-Blanche, &c. Sur certaines côtes de l'Océan atlantique les dunes s'accumulent à un tel point, qu'elles forment les digues de certains lacs dans lesquels se rassemblent les eaux des Continens. C'est ainsi qu'on rencontre des lacs qui se multiplient & s'agrandissent le long des côtes des landes de Bordeaux & du Languedoc.

J'ajoute ici que les approfondissemens des vallées ont occasionné de grands *changemens* à la surface de la Terre; car ce travail des eaux opéroit, par la démolition successive des couches, sur une des faces de la vallée contre laquelle l'eau a battu, en continuant les éboulemens successifs au moyen desquels se sont opérés les approfondissemens.

Les coupures des chaînes par les rivières sont encore un de ces événemens très-importans, & qui prouvent avec quelle facilité les eaux courantes se sont ouvert des débouchés dans les montagnes du premier ordre, pour gagner les plaines qui les conduisent à l'Océan. C'est ainsi que les grands fleuves ont tracé leurs vallées.

On voit par tous ces détails, que c'est aux eaux courantes auxquelles j'attribue les plus grands *changemens* & déplacemens qu'on peut observer à la surface du Globe, & que j'ai cru devoir ranger par ordre.

CHANNONAT, village du département du Puy-de-Dôme, canton de Saint-Amand-Tallend, sur la rivière de l'Auson, & à une demi-lieue de ce bourg. On y remarque des eaux minérales froides, fort estimées pour différentes cures. Les environs d'ailleurs en sont très-remarquables par les différens produits des feux souterrains. *Channonat* lui-même est situé sur une coulée de lave moderne, qui, sortant du puy Noir ou du puy de la Meye, suit une direction parallèle à la grande chère produite par les puys de la Vache, de la Gravouse, de la Rode, de Montchal, &c. Cette coulée sur laquelle est bâti *Channonat*, passe d'abord par Fonfreide & par Theix, & se prolonge au-delà de *Channonat* jusqu'à la tour Julia, où la rivière de l'Auson paroît toute entière, & continue son cours jusqu'à l'Allier. Les hauteurs qui couronnent la vallée de l'Auson sont aux points de *Channonat* & de Julia, au nord, le puy de Girou & les montagnes de Jussat, qui forment la base de Gergovia: ces dernières sont couronnées de fragmens basaltiques; au midi, la Serre, grande coulée ancienne qui commence aux environs du lac de la Cassière, & s'étend jusqu'au Crest. Cette ancienne coulée a l'apparence de celles qu'on remarque aux environs du Cantal. Nous y reviendrons à l'article SERRE.

Près de *Channonat* le lit de la rivière paroît creusé dans le brasier ou pierre de sable.

CHANTECOQ (Haut & Bas), canton de Nanterre, à une demi-lieue ouest de Neuilly, sur la pente du beau plan incliné qui va du Mont-Valérien à Asnière, & détermine la première branche de la seconde oscillation de la Seine.

CHANTELOUBE, village du département de la Haute-Vienne, canton de Bessines. Il est situé au milieu des montagnes granitiques fort élevées qu'on franchit, sur la route de Paris à Toulouse, avant d'arriver à Limoges. Ces granits renferment plusieurs substances quartzeuses très-remarquables. C'est au milieu d'eux que M. Lelièvre a trouvé des prismes d'émeraude ou plutôt de béril, qui ont plus d'un pied & demi de longueur, & huit à neuf pouces de diamètre.

CHANTEMERLE (Forêt de), département des Deux-Sèvres, canton de Montcoutant. Elle a deux mille toises de long, sur sept cents toises de large.

CHANTURGE, montagne située à une lieue au nord de Clermont-Ferrand, département du Puy-de-Dôme. Cette montagne, rangée sur le bord de la Limagne, ressemble beaucoup, pour la forme, à la montagne de Gergovia, qui est au midi de Clermont, c'est-à-dire que ses côtés sont coupés à pic, & que son sommet est très-plat. Ce sommet est couvert d'une énorme quantité de débris basaltiques anguleux, au milieu desquels on a trouvé, dans ces derniers tems, une substance minérale & calcaire qui a reçu le nom d'*arragonite violette*. Les flancs de cette montagne ne présentent que des argiles sabloneuses ou du brasier ou pierre de sable, & l'on retrouve, dans le petit col qui la sépare des côtes de Clermont, autres montagnes voisines & de même forme, des amas de prétendues stalactites, qui ne sont autre chose que des étuis formés, à la manière des fourreaux de teigne ou de frigane, par des animaux aujourd'hui inconnus, & qui les composoient de petites coquilles agglutinées.

Ces étuis, décrits pour la première fois par M. Bosc sous le nom d'*indusia tubulosa*, se retrouvent aussi à Gergovia, au dessus de Romagnat, & également sur une montagne des environs de Moulins.

CHANTILLY (Forêt de), département de l'Oise, canton de Creil, au sud de *Chantilly*, à une lieue sud-ouest de Senlis. Elle a, de l'est à l'ouest deux mille six cents toises de longueur, & du nord au sud deux mille toises de largeur.

CHANTILLY, bourg du département de l'Oise, à une lieue trois quarts à l'ouest de Senlis. C'étoit un séjour enchanté, où l'art & la nature s'étoient épuisés. Ce qui étoit le produit de l'art a disparu par l'effet de la révolution; mais la nature continue à embellir ces lieux par des fontaines qui, comme disoit l'inscription latine placée au bas de la statue du Grand-Condé, *Lætos dat in hortis ludere fontes*. La Nonette continue d'abreuver ces lieux après avoir embelli Ermenonville par un des premiers embranchemens, dont le cours est aussi très-varié & propre à toutes les décorations auxquelles l'art l'a fait servir. Quant à *Chantilly*, la nature a conservé aussi ses bois & ses forêts.

CHANTONAY, bourg du département de la Vendée, arrondissement de Fontenai-le-Peuple. On trouve, dans les carrières des environs, des pierres blanches sonores, & d'autres pierres propres à faire des meules de moulin, dont on fait un assez bon commerce. Il y a des mines de cuivre à une demi-lieue au dessus de *Chantonay*, dans la montagne appelée *la Tabarière*. On a trouvé, à trois toises de profondeur, une mine de charbon de terre.

CHAOLOGIE. (Histoire ou description du chaos.) On dit qu'Orphée avoit fait une *Chaologie*, dans laquelle il avoit marqué les différentes formes par lesquelles la Terre avoit passé avant de devenir habitable; ce qui revient à ce que nous avons appelé depuis *cosmogonie*. On peut dire que le docteur Burnet nous a donné une *Chaologie* dans sa *Théorie de la Terre*; mais je doute que la moderne vaille mieux que l'ancienne. Le docteur anglais représente d'abord le chaos comme une masse de matière brute & informe. Il ne nous dit pas quelle étoit cette matière; il essaie seulement de nous montrer le chaos comme ayant été partagé en ses diverses régions respectives, & de nous faire voir comment ce chaos a commencé à se débrouiller par la séparation des matières homogènes qui se sont rassemblées dans certains départemens; enfin, il finit par nous rendre la Terre habitable par des moyens que l'observation n'avoue guère.

M. de Buffon n'a pas été jusqu'au chaos dans la formation de son Monde, puisque le soleil & les comètes existoient lors de la formation de notre système planétaire & de notre Terre en particulier. En cela il a été plus sage qu'une infinité d'écrivains, qui, pour expliquer un petit phénomène, nous ramènent au chaos & n'en sortent guère.

CHAOS. Les anciens philosophes ont entendu, par ce mot, un mélange confus de substances de toute espèce, sans forme ni distribution régulière; & les philosophes modernes ne nous ont rien dit de plus lumineux. Ils ont supposé tous que le *chaos* étoit l'ébauche de l'Univers. Les philosophes platoniciens ont admis dans le *chaos* plusieurs périodes, & comme des passages successifs d'un état confus à un autre état, jusqu'à ce qu'enfin, suivant eux, les lois du mouvement & les différentes combinaisons aient amené l'ordre actuel des choses; mais ils ne nous ont produit aucune preuve, aucune raison solide de ce développement successif. Je ne trouve pas plus de fondement dans l'opinion des différens naturalistes qui ont prétendu que ce que nous appelons *le Globe terrestre* n'étoit, dans son origine, qu'une masse informe, contenant les principes & les matériaux du Monde tel qu'il est. Si nous étudions la Terre abandonnée à nos recherches, nous ne trouvons pas plus de confusion dans les massifs les plus anciens, que dans ceux qui leur ont succédé ou qui ont été établis sur ces premières bases. Il n'y a donc dans ce que l'observation nous présente de précis, rien qui autorise le *chaos*. Quant aux écrivains systématiques, ils peuvent nous dire sur le *chaos*, sur la manière dont il a été débrouillé, ce qu'ils jugeront propre à servir d'appui à leurs hypothèses; mais ces tableaux hypothétiques ne peuvent aucunement servir à nous donner aucun moyen solide, soit pour nous guider dans les recherches sur l'histoire naturelle de la Terre, soit pour perfectionner ces recherches.

CHAOURCE, village du département de l'Aube, arrondissement de Bar-sur-Seine, près de la source de l'Armance. Ce village se trouve sur la ligne du prolongement de l'amas des fossiles de la limite du Morvan. Il y a d'ailleurs des couches d'argile propre à la poterie, & dont on fait usage dans ce village avec quelque succès.

CHAOURCE (Forêt de), tenant à la forêt d'Aumont. Elle a six mille quatre cents toises de longueur, sur deux mille quatre cents toises de largeur.

CHAP-DE-BEAUFORT, village du département du Puy-de-Dôme, canton de Pont-Gibaut. Nous pouvons annoncer des mines de plomb distribuées dans des lieux voisins dits de *Rouze*, *Décombres* & *Barbaco*, dont les fouilles sont toutes situées sur les bords de la rivière de Sioule.

CHAPEAUROUX (la), rivière du département de la Lozère, canton de Châteauneuf-Randon. Sa source, à cinq lieues un tiers ouest de Langogne, verse ses eaux à l'est, lesquelles passent près d'Arzène, reçoivent la Gaboutaresse & la Clamouse, puis le Grandrieu, & se rendent dans l'Allier, à trois lieues un quart nord-nord-ouest de Langogne.

CHAPELLE (la), village du département des Vosges, arrondissement de Saint-Dié, à une lieue & demie sud-est de Bruyères. On voit près de là un amas très-abondant de sable doré qui sert de poudre pour l'écriture. Ceci annonce une décomposition du granit dans les environs, puisque ce sable est un de ses principes.

CHAPELLE-AUX-POTS (la), village du département de l'Oise, canton du Coudray-Saint-Germer, près de Lavelon, à trois lieues de Beauvais. Il y a une grande fabrique de poterie en terre & en grès, dont une partie s'exporte à Paris.

CHAPELLE-DES-POTS (la), village du département de la Charente-Inférieure, arrondissement & canton nord de Saintes, à une lieue & demie de cette ville. On trouve aux environs de ce village des terres propres à fabriquer des briques, des tuiles, de la faïence, & surtout des pots pour les raffineries de sucre.

CHAPELLE-ENJUGER (la), village du département de la Manche, canton de Marigny, à deux lieues de Saint-Lô. On y fabrique de la poterie rouge & vernissée, des briques & des carreaux.

CHAPELLE-GODEFROY (la), village du département de l'Aube, canton de Nogent-sur-Seine, & à trois quarts de lieue de cette ville. On a embelli cet endroit en profitant des eaux de Lordusson, & outre cela de deux tombelles de craie, couvertes de meulières & de bosquets. Les environs sont intéressans parce qu'ils offrent les limites de la craie & de la pierre calcaire dure.

CHAPELLE-SÉGUIN (la), village du département des Deux-Sèvres, arrondissement de Parthenay. Il y a aux environs les matières premières pour la fabrique des verres & des glaces. Il doit être curieux de connoître ces ressources pour en faire usage dans l'occasion.

CHAPELLE-SAINT-MESMIN (la), village du département du Loiret, arrondissement d'Orléans, & à une lieue à l'ouest de cette ville, sur la Loire. Il existe dans ce village une carrière creusée dans le bord escarpé de la Loire, où l'on entre de plain-pied. A des distances différentes, on y a ménagé des piliers pour le soutien des voûtes. Cette carrière renferme un tuf calcaire.

CHAPELLE-SAINT-ROBERT (la), village du département de la Dordogne, canton de Nontron & à deux lieues trois quarts de cette ville. Il y a dans ce village, des mines de fer & d'antimoine, & des forges où l'on emploie ces mines avec succès.

CHAPELLES (les Grandes & Petites), deux villages du département de l'Aube, canton de Méry-sur-Seine. Ils sont situés au milieu de la craie découverte, & dans des vallons secs, très-plats & fort évasés sur leurs bords, comme tous ceux qu'on observe dans cette contrée.

CHAPNIERS, bourg du département de la Charente-Inférieure, arrondissement & canton de Saintes, & à une lieue & demie de cette ville. Le territoire de ce bourg est très-abondant en pâturages : on y recueille d'ailleurs une grande quantité de froment & de vin.

CHAPONOST, village du département du Rhône, canton de Saint-Genis-Laval, & à deux lieues de Lyon. Il y a dans ce village, des carrières fort abondantes en pierres calcaires, propres aux constructions, & dont on fait un grand usage à Lyon.

CHAPPE (Pointe & Calanque de la), département du Var, arrondissement de Draguignan, canton de Grimaud, entre la calanque des Gavots & plusieurs pointes & calanques sans nom.

CHARBON DE TERRE *ou* HOUILLE. C'est une substance inflammable qu'on trouve par couches dans les entrailles de la Terre. Elle est d'un noir-foncé, & formée par un assemblage de feuillets ou de lames minces, étroitement unies les unes aux autres, & dont la consistance, les propriétés, les effets & les accidens varient suivant les endroits d'où elle est tirée. Quand cette matière est allumée, elle conserve le feu plus long-tems, & produit une chaleur plus vive qu'aucune autre substance inflammable. L'action du feu le réduit, ou bien en cendres, ou bien en une masse poreuse & spongieuse, qui ressemble à des scories volcaniques, au rapillo du Vésuve.

On distingue ordinairement deux sortes de *charbon minéral*. La première est dure, compacte & grasse : sa couleur est d'un noir-luisant comme celle du jais; elle ne s'enflamme pas fort aisément, mais quand elle est une fois allumée elle donne une flamme claire & brillante, accompagnée d'une fumée fort épaisse. C'est la meilleure qualité, & elle reçoit le nom de *houille grasse*.

Les *charbons* de la seconde sorte sont tendres, friables & sujets à se décomposer à l'air; ils s'allument fort aisément, mais ils ne donnent qu'une flamme passagère & de peu de durée & d'activité. Ils sont inférieurs à ceux de la première sorte, & portent le nom de *houille sèche*.

Pour peu qu'on ait étudié les mines de *charbon de terre*, il est visible qu'elles doivent leur origine à des matières végétales qui ont été ensevelies dans certaines parties de la Terre, & à une profondeur plus ou moins considérable. Les veines ou couches de *charbon minéral* sont ordinairement couvertes d'une espèce de pierre feuilletée & écailleuse, semblable à l'ardoise, sur lesquelles on trouve très-souvent des espèces de plantes des forêts, & surtout de fougères & de capillaires, dont les analogues ne sont ni de notre climat ni même de notre Continent; c'est ce qu'on peut voir dans l'excellent Mémoire que M. de Jussieu a donné sur les empreintes qui se trouvent dans certaines pierres des environs de Saint-Chaumont en Lyonnois.

D'ailleurs, il arrive assez souvent qu'on remarque une texture parfaitement semblable à celle des couches ligneuses dans les feuillets ou lames dont le *charbon minéral* est composé. Stedler nous apprend qu'on a trouvé près de Grumsbourg une sorte de *charbon de terre* qui étoit composé de petites lames & de filamens parallèles les uns aux autres, comme ceux du bois. Un autre auteur nous assure qu'au duché de Wirtemberg, près du couvent de l'Orch, dans des lits d'argile aluminaire & grise, on a touvé du *charbon* fossile qui, par l'arrangement de ses fibres, prouvoit qu'il devoit son origine à du bois.

Mais ce qui prouve encore d'une manière plus convaincante que c'est à du bois que le *charbon de terre* doit son origine, c'est le bois fossile qui a été trouvé dans ces derniers tems en Allemagne, dans le comté de Nassau & en Autriche; il est arrangé dans la terre, & y forme une couche qui a la même disposition que celle du *charbon* minéral, c'est-à-dire, qui est inclinée à l'horizon. A la surface de la terre on rencontre un vrai bois résineux, assez semblable à celui de gayac, & qui n'est certainement point de ces contrées ni même de notre Continent. Plus on enfonce en terre, plus on trouve ce bois décomposé, c'est-à-dire, friable, feuilleté, & d'une consistance peu solide; enfin, en fouillant plus bas encore, on rencontre un vrai *charbon* minéral.

Il y a tout lieu de croire que, par une suite d'événemens qui se sont passés dans les différentes parties de notre Globe, à peu près de la même manière, & dans des tems fort reculés, des forêts entières de bois résineux ont été englouties & ensevelies dans des bas-fonds, dans des vallées, ou peu à peu, ou pendant une longue suite de siècles, & que c'est dans cette disposition souterraine que ces bois ont acquis l'état & les qualités de *charbon* minéral.

On trouve du *charbon de terre* dans presque toutes les parties du Monde : c'est cet ensemble & ce raccordement de toutes les mines de *charbon de terre* que nous nous sommes attachés à décrire, & à présenter avec les détails que nous avons pu recueillir, soit dans les auteurs qui nous ont précédés, soit dans les observations qui nous sont propres.

Si nous voulons citer en général des exemples de dispositions du *charbon* minéral dans le sein de la Terre, nous verrons que les traces qui nous sont le mieux connues, sont celles de la masse qui s'étend, en partant d'Aix-la-Chapelle, par Liége, Hui, Namur, Charleroi, Mons, Valenciennes,

Tournai, jusqu'en Angleterre, en passant sous l'Océan.

D'un autre côté, en partant d'Aix-la-Chapelle, la même trace va se rendre en Allemagne par la Bohême & la Hongrie, &c.

Cette traînée de couches, qui est d'une lieue & demie & jusqu'à deux lieues de largeur, varie quant à l'épaisseur des veines, qui n'est quelquefois que de deux ou trois pouces, & qui pour lors ne valent pas la peine d'être exploitées; mais d'autres veines au contraire ont une épaisseur de quatre, de six & de huit pieds. On ajoute qu'en Scanie, près de Helsinbourg, il y a des masses de *charbon de terre* qui ont jusqu'à quarante-cinq pieds d'épaisseur.

Ces différentes couches ou veines suivent toujours une direction parallèle aux différens lits de pierre ou de terre qui les accompagnent ou les séparent. Au reste, leur inclinaison varie d'une masse à l'autre de plusieurs degrés.

On trouve de même dans cette traînée de veines charboneuses des directions fort différentes. Quelques veines de *charbon* ont leur direction de l'est à l'ouest, avec une inclinaison de plus de 36 degrés à l'horizon; quelquefois ces couches se relèvent & prennent une nouvelle direction; rarement elles sont horizontales, mais pour lors elles décrivent une courbe en remontant jusqu'à la surface de la terre, du côté opposé à la couche principale; elles montent & descendent ainsi sur des plans plus ou moins inclinés.

Les mines de *charbon* les plus profondes que l'on connoisse en Europe, sont celles du ci-devant comté de Namur (départemens de Jemmapes & de l'Ourthe), qu'on assure être fouillées jusqu'à deux mille pieds de profondeur. L'exploitation des mines de White-Haven est très-étendue, puisque, depuis l'entrée de la fouille, les travaux sont ouverts pendant une demi-lieue toujours en suivant la pente des couches: ce qu'il y a de singulier, c'est qu'une partie des ouvrages où l'on travaille journellement, se trouve plus d'un quart de lieue entièrement sous la mer, & ces travaux se continuent sans danger, parce que les rochers qui sont entre l'eau & les galeries d'exploitation, ont plus de cent toises d'épaisseur.

Les mines de *charbon* n'ont rien de commun avec les bitumes engagés dans les différentes couches de la terre, & qui se trouvent en différens états, parce que ce sont les résultats des différentes opérations de la nature sur les *charbons de terre* ou sur les arbres résineux qui ont été ensevelis dans les couches de la terre comme les *charbons de terre*.

Les mines de *charbon* s'embrâsent quelquefois d'elles-mêmes, au point qu'il est très-difficile & même impossible de les éteindre; c'est ce qu'on peut voir en plusieurs endroits d'Angleterre, où il y a des mines de *charbon* qui brûlent depuis long-tems. La mine de Zwickau en Misnie brûle depuis plus d'un siècle. Près de Saint-Étienne en Forez est une mine de *charbon* qui brûle depuis plus de cent cinquante ans. Ces embrâsemens sont causés, tantôt par l'approche des lampes des ouvriers qui travaillent dans les mines, & qui mettent le feu à des vapeurs inflammables qui en sortent; tantôt l'embrâsement spontané est dû à la décomposition des pyrites qui s'y trouvent, & des schistes qui renferment de la terre d'alun. (*Voyez ci-après l'article sur les mines de charbon de terre du département de la Loire.*)

Le *charbon* minéral est répandu dans toutes les parties du Monde. On sait qu'à la Chine le *charbon de terre* est aussi commun & aussi connu qu'en Europe, & que de tout tems les Chinois en ont fait un grand usage, parce que le bois leur manque presque partout. Il en est de même au Japon. On en connoît aussi des mines en Afrique & à Madagascar, celle du cap Breton, de Cumana, de l'île de la Providence, du Canada. Il y en a aussi dans l'intérieur des terres, à la baie de Disco, & sur la côte du Groënland; & l'on pourroit aussi, sans crainte de se tromper, en placer partout où il y a des volcans en feu.

La France possède aussi une grande quantité de *charbon* minéral de la meilleure qualité. Il y a des mines dans les ci-devant provinces de Hainaut, Flandre, Lorraine, Normandie, Bretagne, Lyonnois, le Forez, Marche, Limousin, Dauphiné, Languedoc & Provence.

Nous en ferons ci-après l'énumération département par département.

De tous les auteurs qui ont écrit jusqu'à ce jour sur le *charbon de terre*, celui qui à ses propres observations a joint le relevé le plus exact & le plus succint de toutes les observations faites avant lui par les différens minéralogistes qui ont fait une étude particulière du *charbon de terre* & de sa disposition géologique & géographique, c'est M. Lefébvre d'Hellancourt. Après avoir concouru au prix proposé par l'Académie des sciences, il a publié, dans le *Journal des Mines*, plusieurs Mémoires dont nous nous savons gré de donner un extrait raisonné dans cet article.

Dans son premier Mémoire (*Journal des Mines*, n°. 7, p. 136) il divise en quatre sections la matière qu'il se propose de traiter.

Dans la première il essaie de déterminer quelle est la nature & la disposition des différentes substances qui non-seulement servent d'enveloppes aux couches de *charbon* suivant leurs qualités, mais encore forment les bancs de roches interposés entre ces couches.

Dans la seconde il cherche à indiquer ces substances de manière à guider tous ceux qui peuvent faire des recherches de ce combustible.

Dans la troisième il parle des dérangemens des veines de *charbon*, des crans, des failles & barremens qui occasionnent les interruptions de ces veines, de la nature & du gisement des matières qui donnent lieu à ces accidens, des différentes inflexions ou plis des couches de *charbon* dans leurs inclinaisons ou directions.

Dans la quatrième, toutes ces observations le conduisent à donner quelques apperçus sur les indices extérieurs qui peuvent annoncer l'existence de ce combustible.

§. Ier. Première Section.

Le moyen le plus prompt de parvenir à ce but est de présenter un tableau fidèle des lits qui accompagnent le *charbon de terre* & ceux qui sont interposés entre ces veines, dans divers endroits du Globe. (*Voyez* le tableau ci-joint, publié par M. Lefebvre d'Hellancourt, *Journal des Mines*, n°. 7, page 136.)

La lecture de ce tableau fait connoître que l'on n'a guère rencontré le *charbon de terre* que dans les grès, les schistes & la pierre calcaire, les grès & les schistes ayant singulièrement rapport ensemble, puisqu'ils n'existent presque jamais l'un sans l'autre.

La première division de cette section traite des *charbons de terre* qui se rencontrent ordinairement dans les schistes. La seconde a pour objet les *charbons* qui gisent dans la pierre calcaire. La troisième traite des *charbons* qui se trouvent dans d'autres roches.

A. *Première division des charbons qui se trouvent dans les grès, pierres de sable, & dans les schistes.*

Le tableau fait voir que la couverture immédiate des *charbons*, appelée *toit*, est ordinairement un schiste; mais ce schiste varie par sa texture, ses qualités apparentes & ses parties constituantes. Il est en général noir & feuilleté, & s'effleurit à l'air lorsqu'il y est exposé pendant quelque tems. Souvent ses surfaces sont polies, d'autres fois il est terne; souvent aussi il est alumineux, & plus ordinairement vitriolique.

La partie qui touche au *charbon* a plus ou moins de ses propriétés, c'est-à-dire, qu'elle présente quelques pouces plus ou moins bitumineux, plus ou moins combustibles.

Le toit des veines de *charbon* est sujet à recéler, même à des profondeurs de plus de huit cents pieds, des cailloux arrondis, mais non roulés, d'une substance siliceuse ou argileuse, au centre de laquelle se trouve un noyau de minerai de fer limoneux. L'on trouve aussi fréquemment dans le toit, des géodes de minerai de fer argileux, dont le centre est occupé, ou par de l'eau, ou par de la glaise, ou quelquefois par des cristaux de quartz; mais ces géodes sont toujours très-près du jour.

La partie appelée *mur*, sur laquelle repose le *charbon*, est aussi généralement un schiste; mais il est plus doux au toucher, moins feuilleté, moins bitumineux que celui du toit; il ressemble assez à une terre glaise durcie sans retraite: sa ligne de démarcation avec le *charbon* est nette; il s'effleurit aussi à l'air.

Le toit & le mur offrent souvent des empreintes de fougères, de capillaires, de roseaux, de joncs marins, de bois, &c., & l'impression de ceux du mur est plus précise, mais plus rare. Ces deux lits marchent toujours parallélement, à moins d'accidens particuliers qui sont de peu de durée.

Le nombre de couches de *charbon*, leur direction, leur pente, la quantité de lits qui leur sont interposés, varient presque dans toutes les mines. Il est cependant un cachet que l'on ne peut méconnoître, & des lois générales satisfaisantes. Le tableau ci-joint fait voir que les dépôts alternent le plus généralement avec les *charbons*. Ce sont des grès & des schistes: leurs qualités sont singulièrement variées; mais il est une vérité qui jette un grand jour sur l'histoire naturelle, c'est qu'elles ont un rapport constant avec les roches primitives environnantes.

Les mines de Noyant & de Fins, département de l'Allier, sont situées dans un vallon étroit, bordé d'un côté par une chaîne de granit, & de l'autre par des montagnes quartzeuses. Le pied des granits offre des schistes & des grès où l'on retrouve toutes les parties constituantes de cette roche antique. L'on y voit le quartz, le feldspath, le mica & le schorl; mais les angles en sont brisés. L'agrégation des parties n'est plus la même: leur couleur est blanche & altérée comme si elles avoient éprouvé une sorte de décomposition. Les schistes offrent une prodigieuse quantité de mica.

L'autre côté de la vallée, que l'on a dit être bordé de montagnes quartzeuses, présente bien des schistes & des grès, mais ils sont bien moins micacés, moins tendres, & se rapprochent davantage de l'état d'ardoise; enfin, ils sont homogènes, plus durs, & l'on n'y distingue qu'une pâte grise étincelante.

Un seul exemple ne suffiroit pas pour prouver notre assertion: nous allons en citer d'autres. Les mines de Saint-Étienne-en-Forez, entourées de montagnes de granit & de gneiss, fournissent un grès semblable à celui dont nous avons parlé. La haute & basse Auvergne sont encore dans ce cas.

Enfin, un grès quartzeux qui soutient & recouvre le *charbon* de Saint-Georges-Châteloison en Anjou, vient totalement confirmer cette observation. Ce grès est si homogène, son grain est si fin, si serré, il est si dur qu'il faut le regarder avec attention pour ne pas le prendre pour un quartz primitif. On a été long-tems à rencontrer l'espèce de rocher dont il est les débris. Enfin, il se trouve sur le chemin de Ligny à Vihiers. Un quartz primitif s'y présente, en grandes masses, de couleur laiteuse.

On a dit que le nombre & la qualité des couches placées entre les *charbons* étoient très-variées. On peut, pour s'en faire une idée, consulter la description que donne Lehmann des couches qui se

TABLEAU des différens lits qui accompagnent le charbon de terre dans divers endroits de l'Europe.

...MS DES MINES où ont été faites ... OBSERVATIONS.	DÉPARTEMENS de la France & provinces étrangères.	VEINE ou MASSE.	DIRECTION.	INCLINAISON.	NATURE DU TOIT.	NATURE DU MUR.	TERRAINS ET ROCHERS INTERPOSÉS ENTRE LES VEINES.	ROCHES ENVIRONNANTES.	OBS...
...ténis	Dép. de Saône et Loire	Masse	Sud-O. Nord-E.	Nord-Ouest.	N'a ni toit ni mur, est cependant enveloppée de schiste		Schistes & grès mêlés dans la masse de la houille	Granit immédiatement contre la masse.	
...ge	Dép. de la Nièvre	4 veines	Sud-E. Nord-O.	Sud-Ouest.	Schiste noir écailleux	Schiste gris compacte	Schistes & grès par lits parallèles	Granit.	
...sur	Dép. de l'Allier	5 veines	Sud-O. Nord-E.	Nord-Ouest.	Schiste noir feuilleté	Schiste blanchâtre & compacte	Grès blanchâtre & tendre; poudingue; schiste tendre micacé; schiste dur feuilleté	Granit en grandes masses.	
...	Idem.	2 veines	Idem. Idem.	Idem.	Idem	Idem.	Grès tendre & schiste micacé	Granit & porphyre.	
...dier	Idem.	3 veines	Orient. Occident.	Nord.	Schiste feuilleté	Schiste gris, compacte	Schistes noirs; lits de grès peu solides, & effleurissant promptement à l'air	Granits; gneiss.	
...er	Idem.	Plusieurs veines.	Est. Ouest.	Sud.	Schiste noir très-ardoisé	Schiste gris, moins feuilleté	Grès & schistes déposés alternativement l'un sur l'autre	Granits.	
...-Eloi	Dép. du Puy-de-Dôme	Plusieurs veines.	Nord-E. Sud-O.	Sud-Est.	Schiste ardoisé	Schiste gras & compacte	Grès & schistes recouverts quelquefois de terre glaise & de mineral de fer	Granits; quartz; gneiss; minéral de plomb.	
...Taupe	Idem.	Masse.	Sud-Nord.	Est.	L'enveloppe est de schiste		Grès & schistes; ceux-ci sont plus fréquens.	Granits; laves; roches calcaires.	
...Combes	Idem.	Plusieurs veines.	Sud-Nord.	Est.				Granits & roches calcaires	La direction a é... schistes que l'o...
...Roche	Idem.		Sud-S-E. N-N-O.	Sud-Sud-Ouest.	Ces mines étant abandonnées, on n'en voit que les décombres		Schistes & grès	Granits & roches calcaires	
...Hippolyte	Dép. du Haut-Rhin	2 veines	Nord-O. Sud-E.	Nord-Est.	Schiste feuilleté	Une lame de schiste sur un granit primitif.	Schistes; grès solides; sable; granit secondaire, difficile à distinguer du primitif	Granit.	La houille de ce... moins partis ...
...-Croix	Dép. de ... (Lorraine.)	1 veine.	N'est point réglée.		Schiste	Glaise durcie.	Grès durs & schistes	Gneiss	
...tye	Dép. du Bas-Rhin	3 veines	Est. Ouest.	Sud & Nord.	Schiste noir feuilleté	Schiste plus tendre, grisâtre	Grès.	Gneiss.	
..., vall. St.-Amarin.	Idem.	1 couche	Est. Ouest.	Sud.	Schiste.	Une petite lame de schiste sur du grès	Grès & schistes.	Granits.	
...agney	Dép. de la Haute-Saône	5 veines	Nord. Sud.	Est.	Schiste alumineux avec des empreintes	Grès très-dur, d'un gris-sale	Schistes & grès.	Quartz & granits.	
...	Dép. du Nord	Plusieurs veines.	Est. Ouest.	Sud & Nord.	Schiste feuilleté très-noir.	Schiste moins feuilleté, plus gris	Les veines de houille de Valenciennes sont recouvertes de seize à dix-huit couches sensiblement horizontales, & de diverses épaisseurs, de tuf, de craie pure, de craie mêlée de silex & de grains, de terre argileuse, de pierre grise calcaire, de terre schisteuse, ferme & solide, & enfin d'un banc d'argile, mêlée de cailloux roulés & de coquilles fluviatiles. Sous ce terrain en est un autre qui n'a aucun rapport avec lui, ni par la qualité, ni par la position de ses lits, qui sont en général très-inclinés à l'horizon. Ces lits courent comme les veines de houille, entre lesquelles ils alternent; ils sont composés de grès gris très-dur & étincelant, & de schistes feuilletés, mêlés souvent d'une terre blanche sablonneuse	Grès; sables pulvérulens; marnes; pierres calcaires.	
...	Idem.	Plusieurs veines.	Nord O. Sud-E.	Sud-Ouest.	Schiste feuilleté très-noir.	Schiste moins feuilleté, plus gris			Au sud-ouest, la ... ligne courbe, ... cheval, dont ... vers l'autre.
...-Condé	Idem.	Plusieurs veines.	N-N-O. S-S-E.	Sud-Sud-Ouest.	Idem.	Idem.			
...ghen	Dép. du Pas-de-Calais	6 veines	Est. Ouest.	Nord.	Schiste noirâtre feuilleté	Schiste moins noir & plus doux.	Argile; gravier avec cailloux & silex usés, craie solide, marne friable, bleuâtre; sable, schiste gras, friable, feuilleté, non calcaire; querelle, espèce de grès légèrement calcaire. Il n'y a que les deux derniers lits qui alternent avec la houille; les premiers leur sont superposés	Craie; pierre calcaire dure, très-grenue & friable; marbre (lumachelle); pierre à paver sur une longueur de mille toises & une largeur de cent toises, aboutissant immédiatement aux mines.	
...	Dép. du Calvados	Plusieurs veines.	Est. Ouest.	Nord.	Schiste feuilleté	Schiste mêlé de stéatite	Schistes de diverses solidités & couleurs	Schiste; ardoises; pierre calcaire.	
...Georges	Dép. du Mont-Blanc.	4 veines	Sud-O., Nord-E.	Nord-Ouest.	Schiste noir feuilleté	Schiste feuilleté & dur.	Schistes & couches épaisses d'un grès extrêmement dur & ignifère.	Quartz primitif; pierres calcaires; ardoises.	
...	Dép. de la Loire-Inférieure.	Plusieurs veines.	Nord-E. Sud-O.	Nord-Ouest.	Schiste	Idem.	Schistes & grès	Pierres calcaires & grès.	
...	Idem.	Plusieurs veines.	Idem.	Idem.	Idem.	Idem.	Idem	Idem.	
...	Dép. des Bouches-du-Rhône.	Plusieurs veines.	Est. Ouest.	De 45 à 90 degrés.	Schiste avec des empreintes de plantes	Schiste moins noir, plus uni, avec des empreintes	Grès quartzeux, très-dur; schistes.		
...	Dép. du Gard	2 veines	Est. Ouest.	Sud.	Schiste noir	Schiste.	Schistes & grès.	Pierres calcaires & granits.	
...	Dép. de la Meurthe.	Plusieurs veines.	Est. Ouest.		Schiste grisâtre, argileux & solide		Pierre sableuse; minéral de fer quartzeux; schistes.		
...ler, près Sarre-...	Dép. de la Sarre	Plusieurs veines.	Sud-E. Nord-O.		Schiste noir feuilleté, luisant.	Schiste grisâtre, onctueux	Schiste argileux pur, avec beaucoup d'empreintes de plantes minéralisées; grès feuilleté, très-dur, avec quelques grains de pyrites.	Pierre sableuse; minéral de fer; couches minces de bois changé en minéral de fer, quelquefois en houille; lits de sable séparant toutes les couches.	
...& Grand-Combe, ... Gardon, à deux ... d'Alais	Dép. du Gard	3 veines	Horizontale.	Horizontale.	Schistes	Schistes	Schiste micacé & grès	Quartz; granits & gneiss.	
...	Idem.	Plusieurs veines.	Sud-E. Nord-O.		Schistes	Schistes	Grès; schistes	Pierre calcaire, avec de petits points de charbon; pierre-porc; granits.	
...tle	Angleterre	Plusieurs veines.	Sud-O. Nord-E.	Sud-Est.	Schiste noir alumineux.	Schiste blanc alumineux	Pierre de grain propre à aiguiser; grès blanc se délitant à l'air; roc bleuâtre ou espèce de schiste se délitant à l'air, avec des impressions de plantes	Pierres à chaux.	
...aven	Côtes occid. d'Angleterre	20 couches	Nord. Sud.	Ouest.	De même que celui de Newcastle	Idem.			
...g, comté de Lan-...	Angleterre.	Plusieurs veines.	Est. Ouest.	Sud.	Schiste feuilleté noir	Schiste moins feuilleté	Grès & schistes.	Pierres à chaux.	
...	Écosse	3 veines		Sud-Est.	Schiste.	Schistes.	Grès & schiste.		
...urg	Idem.	2 veines	Est. Ouest.	Sud.	Même terrain, mêmes accidens qu'aux mines de Newcastle		Voyez le N°. 80.		
...	Dép. de l'Ourthe.	60 veines	Est. Ouest.	Sud & Nord.	Terre noire, schisteuse, dure, se décomposant à l'air	A peu près semblable au toit, mais plus doux.	Grès très-dur dont on fait du pavé; grès à grains fins qui paroît être un mélange de sable & de mica liés par une terre argileuse fine, se décomposant à l'air; grès encore plus divisé, se rapprochant de la nature du schiste; il est noirâtre & quelquefois rougeâtre; il s'effleurit à l'air; schiste pur.	Grès & roches primitives.	Les veines sont suje... on rencontre sou... quinze à vingt ... pent, depuis la ... la plus grande p... parvenu, non-... de houille, mais qui se trouvent ...
...berg	Westphalie.	Plusieurs veines.			Lits de six, huit & dix pouces d'épaisseur, de graviers très-petits & réunis, formant une pierre assez dure	Schiste	Grès par couches assez épaisses dont on fait du pavé; il ressemble à celui qui recouvre les mines de Newcastle, N°. 80.		
...	Duché de Magdebourg	Plusieurs veines.			Argile durcie avec des empreintes de plantes	Rocher d'un blanc noirâtre, sablonneux	Grès compacte; terre sablonneuse durcie, mêlée de mica; rocher feuilleté, blanchâtre & micacé; pierre sableuse sans consistance, avec du minéral de fer quartzeux.		
...asse à Freiberg, en ... par le territoire ...	Saxe.	Mines de houille					Recouvertes de pierre à chaux par couches horizontales.	Pierre calcaire.	
...de la ci-devant ...	Provence.	Mine de houille, sur vingt lieues de longueur.			Argile noire durcie, calcaire	Roche bleuâtre, calcaire & onctueuse	Pierre calcaire coquillière; tourbe		
...u dit l'Hermitage, ... grand Salève	Partie des Alpes du côté de Genève ... (Léman.)	Petites couches de houille très-minces			Terre grise, durcie, calcaire	Idem.	Pierre calcaire, avec une grande variété de corps marins	Roches primitives	Les veines de houille ... inclinées comme ... les renferment, ... des Alpes, elles ... d'une chaîne de ...
...illérie	Dép. du Léman	Plusieurs veines d'excellente qualité.			Couches d'argile dure	Idem.	Pierre calcaire.	Roches primitives	
...	Idem.	Plusieurs veines de très-bonne houille			Schiste noir, compacte	Idem.	Pierres calcaires	Roches primitives	
...noir, près des mines ...eyant	Dép. de l'Allier	3 veines	Sud-O. N-O. E.	Nord-Ouest.	Schiste noir très-terreux	Schiste.	Grès très-caractérisé; schiste; schorl en roche ou trapp des Suédois	Le toit de la veine inférieure est appuyé immédiatement sur le granit.	

se trouvent derrière Noderhausen, dans le comté de Hohenstein, & qui environnent le Hartz jusqu'auprès du comté de Mansfeld.

On verra que des lits d'argile, de pierre calcaire, d'ardoise, &c. &c. peuvent être placés entre deux veines de *charbon;* mais une loi frappante, c'est que ces lits sont composés des débris des roches antiques environnantes, ou de ceux des couches secondaires inférieures, ou enfin des débris des roches particulières & de ceux de quelques lits secondaires. Il n'est donc pas étonnant que le nombre & la qualité en soient très-variés.

B. *Seconde division des charbons, qui gisent dans la pierre calcaire.*

Long-tems les systèmes des naturalistes ne leur ont pas permis de reconnoître que l'on pût trouver du *charbon de terre* dans la pierre calcaire. Enfin, M. Bernard, de Marseille, a fait voir cette vérité, non pas par un exemple, mais par deux cents que présente la Provence sur plus de vingt lieues de longueur. Saussure fournit aussi plusieurs exemples de ce genre, pris dans divers endroits des Alpes.

Les mines de *charbon* de Provence sont situées au pied des plus hautes montagnes de la Basse-Provence; elles courent dans des collines contiguës peu inégales, où le terrain est d'un rouge-blanchâtre. L'organisation intérieure des collines n'a rien de remarquable pour des yeux ordinaires. A la première couche de terre succède un banc de pierre plus ou moins épais; vient ensuite une autre couche de terre de même nature que la première, qui repose à son tour sur de nouveaux bancs de pierre dure. Cet ordre continue ainsi jusqu'à une profondeur qui varie, & après laquelle les lits de terre disparoissent pour faire place à ceux de houille, qui sont constamment compris entre des bancs de pierre calcaire.

M. Bernard observe que l'épaisseur des bancs n'est pas considérable; qu'ils sont divisés en lames plus ou moins minces, & comme feuilletées; qu'à mesure qu'ils sont plus voisins du *charbon*, leur couleur de blanc-sale devient d'un bleu plus ou moins foncé; qu'ils ont souvent l'apparence de schistes, quoique leur nature soit différente: c'est un schiste calcaire.

Ce naturaliste ajoute que, dans toute l'étendue du terrain où il y a des mines de houille, on voit abondamment des moules & des visses fluviatiles de toutes grandeurs. On observe en même tems des chamites à stries transversales & longitudinales. Ces coquillages ne se trouvent nulle part rassemblés en plus grande quantité, & leur conservation n'est jamais plus parfaite que sur les parties de rocher qui forment le toit & le lit des veines de houille. Toutes les veines de *charbon*, tant les superficielles que les plus profondes, depuis Naus jusqu'à Gardanne, sont organisées de la même manière; elles sont sujètes à des inégalités, à des sauts & à des interruptions; mais jamais elles ne sont interrompues par l'interposition d'un terrain calcaire, vitrifiable ou argileux, mais seulement par de la terre-houille qu'on doit regarder comme la matière même du *charbon*.

Il n'est pas inutile de dire que les veines de *charbon* varient dans leur puissance. En général, elles n'ont guère que deux à trois pieds d'épaisseur: il y en a cependant de six pieds.

Une autre observation non moins importante, c'est qu'il y a peu de mines de *charbon* en Basse-Provence où il n'y ait de la tourbe par intervalles; c'est ce qui forme les seules failles dans ces veines. Quelquefois aussi il existe des couches de tourbes d'un pied ou deux, qui courent, pendant un assez long espace, entre deux couches de *charbon* sans les atteindre.

Voici d'autres exemples de veines de *charbon* comprises dans des bancs calcaires.

Le mont Salève renferme, dans l'intérieur de ses couches calcaires, une grande variété de corps marins pétrifiés, des peignes, des térébratules, des gryphites, des entroques, des coraux & plusieurs espèces de madrépores; & un minéral qu'il renferme, mais malheureusement en trop petite quantité, c'est le *charbon de terre*.

On en trouve au dessus du château de l'Hermitage, & au grand Salève sous la grange des-hêtres. La beauté & la bonté de ce *charbon*, qui est noir, brillant, compacte, & qui donne la plus belle flamme, font regretter que les veines en soient si minces.

Ce minéral se trouve là renfermé dans une pierre tendre ou terre durcie, de couleur grise ou brune, composée d'argile plus ou moins mélangée de principes calcaires. Cette couche argileuse se répète trois à quatre fois depuis le creux de Monetier jusqu'au haut de la montagne, mais elle ne produit pas partout une égale quantité de *charbon;* quelquefois même elle n'en contient absolument point.

Les montagnes de la Meillerie & de Saint-Gengouph sont toutes de nature calcaire; elles sont généralement escarpées sur le lac de Genève; mais, en divers endroits, elles ont à leur pied des couches, ou verticales, ou appuyées contre le bas de leurs escarpemens, semblables à celles qu'on observe au mont Salève: on y trouve des mines de *charbon de terre* d'une excellente qualité, dont les couches sont entre-mêlées de lits d'argile renfermés entre les bancs de la pierre calcaire, & inclinés, comme ces bancs, en descendant vers l'intérieur des Alpes. La carrière la plus considérable de ce précieux fossile est située au midi & au dessus des chalets de bise, sur la chaîne qui sépare la vallée où sont ses pâturages, d'avec la vallée d'abondance.

Les montagnes calcaires situées au nord-est &

au dessus de la caverne près le village de Cluze, renferment des lits très-considérables de *charbon de pierre*, encaissés dans un schiste noir & compacte.

Ces exemples (surtout ceux de Provence) sont suffisans pour démontrer l'existence du *charbon* dans les bancs calcaires; mais une chose essentielle à remarquer, c'est qu'il s'y trouve compris, comme celui des pays à grès, dans deux couches dont la nature est sensiblement différente des autres. Les *charbons* de Provence ont, pour toit & mur, un schiste calcaire; ceux dont on a parlé ensuite ont, pour toit & mur, des couches d'argile, ou une pierre tendre ou terre durcie, de couleur grise ou brune, composée d'argile plus ou moins mélangée de terre calcaire. Il est clair encore que ces couches ont beaucoup de rapport avec celles qui enveloppent les *charbons* de Provence, puisque les unes & les autres contiennent une prodigieuse quantité de coquilles marines.

Les montagnes calcaires qui renferment les *charbons* de ces divers endroits, sont dominées par des montagnes plus élevées, de formation première, qui influent sur elles comme les chaînes granitiques influent sur les dépôts qui sont dans des grès & des schistes que l'on trouve à leur pied.

On ne croit pas que les qualités de roches calcaires qui recèlent des veines de *charbon*, soient très-variées : leur plus grande différence est dans leur texture, leur dureté, leur poids, la propriété d'être ou ne pas être bitumineuse, d'offrir un grain partout homogène ou une plus ou moins grande quantité de coquilles. Néanmoins on croit qu'il seroit intéressant de faire l'analyse de ces roches : il ne le seroit pas moins de décrire les montagnes adjacentes.

C. *Troisième division des mines de charbon qui ne se trouvent ni dans les grès* (pierre de sable) *ni dans les pierres calcaires.*

Plusieurs naturalistes ont remarqué des veines de *charbon* sous des matières volcaniques. On en voit un exemple au lieu nommé *Laubépin*, dans le Velay. Une grande & superbe coulée de basalte y recouvre une couche de *charbon*. Cette couche de *charbon* doit être renfermée dans des couches de certaine nature : c'est là ce qui intéresse seul.

A Sanjac d'Aubenas en Vivarais, on rencontre le même accident. On voit aussi en Auvergne plusieurs exemples de ce genre; mais l'on n'en doit pas conclure que le *charbon* puisse se trouver parmi les basaltes volcaniques. En effet, si l'on examine ces endroits avec un peu d'attention, on voit toujours ces basaltes superposés au *charbon*. On remarque encore une couche de schiste plus ou moins épaisse, qui est le véritable toit de la veine, entr'elle & les matières volcaniques. Comme ces veines rentrent dans l'espèce de celles que l'on a décrites dans la première division, on n'en parlera pas davantage.

Mais il faut faire connoître une autre roche que l'on n'a jamais rencontrée avec des couches de *charbon*, qui sert aux unes de mur, & aux autres de toit.

A environ treize cents toises de Souvigny en Bourbonnois, sur la route de cette ville à celle de Montmarot, est un rocher nommé *le Rocher noir*. Ce nom lui a été donné probablement à cause de sa couleur, qui cependant se rapproche davantage du vert-foncé. L'on remarque dans son intérieur des grains de schorl d'une nuance plus terne. Si l'on divise un bloc de cette roche à l'aide d'un ciseau, l'on remarque que l'une des cassures d'un morceau est concave, tandis que l'autre est convexe; mais ce qui n'est pas moins singulier, c'est que l'on voit sur ces deux faces des stries en rayons qui partent d'un même centre, qui est toujours le point de percussion. Si l'on frappe l'un contre l'autre des fragmens de cette pierre, ils produisent un son d'autant plus clair, qu'ils sont plus minces.

La pointe de cette roche a subi divers degrés d'altération, qui sont d'autant plus marqués qu'elle étoit plus exposée aux injures de l'air : on en voit des parties depuis l'état d'argile jusqu'à celui de la plus grande dureté, & depuis le jaune-tendre jusqu'au noir-foncé.

Ce rocher n'est apparent au jour que dans une longueur d'une cinquantaine de toises. C'est dans cette dimension que courent trois veines de *charbon*, parallèles entr'elles, inclinées, comme ses lits, de 55 à 60 degrés.

Quoique le combustible qu'elles fournissent, ne soit pas d'une excellente qualité parce qu'il est immédiatement au jour, on ne peut le méconnoître parce qu'il brûle bien; que les couches schisteuses dans lesquelles il se trouve, ont un véritable toit & un mur, & que sous chacun de ces derniers est un banc de grès de plusieurs pieds d'épaisseur, où l'on voit beaucoup de cailloux roulés.

Plusieurs minéralogistes ont pris la substance pierreuse dont on vient de parler pour une lave, mais sans aucun fondement.

Les trois veines de *charbon*, leur toit, leur mur, les bancs de grès que l'on y voit, sont ce qui nous intéresse le plus.

§. II. Deuxième Section.

Cette section aura deux divisions.

Dans la première, M. Lefebvre d'Hellancourt cherche à décrire les bancs qui, sans contenir du *charbon*, se trouvent ordinairement près des mines de ce combustible, & indique l'ordre du dépôt de ces couches.

Dans la seconde, il essaie de déterminer leur situation par rapport aux bassins qui les renferment.

A. *Première division.*

Si l'on consulte le Tableau joint à cet article, on verra qu'il est très-ordinaire de trouver des granits, des porphyres & autres roches primitives, des *charbons de terre*, des ardoises, des pierres calcaires, des brèches & des marbres circonscrits dans un très-petit espace. On a quelquefois vu ces passages dans un trajet de moins de cinq cents toises. Des yeux ordinaires diroient que la nature ne suit jamais d'autres lois que celles de son caprice.

Cependant plusieurs savans ont cherché à découvrir ses secrets. On va en citer quelques-uns.

De Dresde à Freyberg on rencontre, en passant par le territoire de Plouen, de la pierre à chaux par couches horizontales, au dessous desquelles il y a du *charbon de terre*.

Derrière Lesselsdorf, vers Gertzogswald & Mohorn, les montagnes s'élèvent de plus en plus, & l'on trouve sous le gazon des couches d'ardoise dont la pente va communément vers la plaine.

Si l'on parcourt la Silésie & les monts Carpathes, on voit qu'à l'endroit où ils se terminent, c'est-à-dire, près de Béraun, de Plesse & de Nicolaï, on trouve une grande quantité de *charbon de terre*, de pierre à chaux & de fontaines salantes.

Vers Opezode & Mansdorf, dans le comté de Mansfeld, on trouve des couches de *charbon de terre*, ensuite de l'ardoise & de la pierre à chaux.

En gagnant le côté de la plaine dans le comté de la Marck en Westphalie, on y trouve une grande quantité de montagnes, au pied desquelles on rencontre, près de Boëlhorst & de Schneiker, du *charbon de terre*.

Les couches de schistes, infiniment plus considérables & plus communes que les lits d'ardoises, sont généralement adossées aux flancs des montagnes primitives, & descendent avec elles pour s'enfoncer dans les vallons, & souvent reparoître au-delà en se relevant sur la montagne opposée, les grès ne se trouvant communément que près des contrées de quartz & de granit, & rarement au milieu des terres où il y a des pierres calcaires.

C'est un fait bien important, à ce qu'on croit, pour la théorie de la Terre, que presque toujours entre les dernières couches secondaires & les premières primitives, on trouve des bancs de grès ou de poudingues. Ceci s'observe dans les Alpes, dans les Vosges, dans les Cévennes, dans les hautes montagnes de la Bourgogne & du Forez.

Les montagnes de la Stirie inférieure, de toute la Carniole jusqu'à Vienne en Autriche, sont formées par des couches horizontales, plus ou moins épaisses, de pierres calcaires entassées les unes sur les autres, & ont pour base un véritable schiste argileux, c'est-à-dire, une ardoise bleue ou noire, ou bien un schiste de corne mélangé de quartz & de mica, pénétré d'une petite partie d'argile.

On croit que toutes ces observations autorisent ces conséquences générales :

1°. Que le grès & les schistes dans lesquels se trouvent les *charbons de terre*, sont déposés sur le flanc ou au pied des montagnes primitives ;

2°. Que les poudingues, les ardoises, les roches feuilletées & quartzeuses les recouvrent ensuite ;

3°. Que ceux-ci sont souvent cachés sous des bancs d'argile, de minerai, de fer, &c. ;

4°. Que les roches calcaires sont ordinairement supérieures à tous ces dépôts.

D'après ces observations l'on seroit tenté d'imaginer que les pierres calcaires doivent toujours se trouver dans les parties les plus élevées des pays de dernière formation. Ici on confond les couches calcaires du travail intermédiaire avec celles de la nouvelle terre, & c'est cependant dans le travail intermédiaire que se trouvent les dépôts qui accompagnent les *charbons de terre*.

Mais ceci n'est pas exact dans tous les cas ; car on remarque assez souvent, dans les parties les plus hautes, les grès à découvert passer ensuite sous les ardoises, & celles-ci s'enfoncer sous les pierres calcaires.

Il en est de même des couches secondaires : elles approchent d'autant plus de la ligne verticale, qu'elles sont plus près des montagnes primitives ; &, au contraire, elles approchent d'antant plus de la ligne horizontale, qu'elles sont plus éloignées des chaînes primitives.

La pierre de la plaine où sont les *charbons* de Saint-Étienne, ne s'écarte de l'horizontale que pour prendre l'inclinaison des coteaux.

Ces couches de *charbon* sont placées, à la manière des dépôts, entre des grès ou schistes. Ces couches ne sont elles-mêmes que des dépôts, & sont de même plus épaisses à mesure qu'elles s'éloignent du coteau contre lequel elles sont appuyées.

Les montagnes primitives qui bordent un pays secondaire, c'est-à-dire, intermédiaire, influent donc sur la disposition de ses lits.

B. *Deuxième division.*

On a rapporté ci-dessus plusieurs observations qui prouvent que les montagnes primitives influent sur la pente des couches secondaires. Cela suppose nécessairement qu'elles influent aussi sur leur direction : il suit donc de là que les veines de *charbon*, leurs enveloppes & les lits qui leur sont intermédiaires, courent comme les chaînes des montagnes primitives. Or, ces chaînes forment les vallons : donc les veines de *charbon* courent aussi comme eux.

Des exemples vont suivre à l'appui du principe; mais pour se faire entendre, on doit prévenir que l'on appellera *grande vallée* ou simplement *vallée* celle où coule un fleuve ou une rivière considérable; *vallées latérales*, celles qui aboutissent à la grande vallée; *vallons*, les gorges plus ou moins étendues, situées sur les côtes des vallées latérales.

On va prendre pour exemple la vallée où coule la Loire. Tout le monde sait qu'elle prend sa source dans les montagnes du Vivarais, à peu près au centre d'un cercle qui passe par les villes du Puy, de Valence & d'Aubenas, & qu'elle va se jeter dans la mer au dessous de Painbeuf, après avoir arrosé le Velay, le Lyonnois, le Beaujolois, une partie de la Bourgogne, le Nivernois, l'Orléanois, l'Anjou, la Bretagne, & parcouru un espace de cent soixante & dix lieues.

Les mines de Saint-Étienne & de Saint-Rambert sont dans une vallée latérale, arrosée par la rivière du Furant, qui se jette dans la Loire. La direction générale des veines est celle de la vallée latérale.

Celles de Décise sont à deux lieues, sur la gauche de la Loire, & ont aussi une direction transversale à la grande vallée.

Celles de Montcenis n'ont point de direction déterminée, puisque leurs *charbons* sont par masses; mais ils se trouvent dans un vallon situé sur le côté de la vallée transversale de la rivière d'*Arroux*, allant se jeter dans la Loire près de Digoin.

Celles de Saint-Georges-Châteloison en Anjou sont près de la rivière de Lagon, dont elles suivent le cours pendant douze lieues de longueur, c'est-à-dire, depuis les Venhes jusqu'à Châlonne, où cette rivière se perd dans la Loire.

Les mines de Montrelaix sont à une lieue de la Loire, hors de la grande vallée, & ont une direction qui lui est transversale.

Si l'on examine un autre grand bassin, celui de l'Allier, on retrouve les mêmes faits. Les mines des Brands, des Gabeliers, celles de Fins & de Noyant, courent comme la petite rivière de Queune, qui se jette dans l'Allier au dessous de Moulins.

Celles d'Alais, de la Grande-Combe dans les Cévennes, sont parallèles au Gardon, au bord duquel elles sont situées. Ce torrent se jette dans le Rhône.

Celles de Saint-Hippolyte en Alsace courent comme le vallon qui les renferme : il aboutit à une petite rivière qui se jette dans le Rhin.

Celles de Saint-Éloi en Combrailles ont la direction du Cher, qui tombe dans la Loire au dessous de Tours.

Celles de Rive-de-Gier & de Saint-Chaumont, voisines de celles de Saint-Étienne, n'ont pas la même direction, étant situées sur deux grands bassins différens. Les premières sont sur le bord d'une rivière qui se jette dans le Rhône, tandis que les secondes sont, comme on l'a dit, dans le bassin de la Loire.

M. Lefebvre a retrouvé cette singularité dans le Bourbonnois. Il connoissoit dès-lors les mines de Fins, de Noyant, & celles des Gabeliers dans la vallée de la Queune. Il savoit qu'il y avoit à quelques lieues de là, près Montmareau, d'autres mines de *charbon*. Partisan alors du système de la marche constante des veines suivant la même direction, il crut que celles de Montmareau étoient le prolongement des mines exploitées à Noyant & à Fins. Il chercha inutilement leur passage. Arrivé à la partie la plus élevée du vallon de la Queune (c'est-à-dire, près de Montet-aux-Moines), il ne trouva, depuis cet endroit jusqu'à Montmareau, que des granits, des gneiss & des porphyres. Il imagina alors que les mines de Montmareau avoient été formées dans une espèce de lac. Ce ne fut que dans un autre voyage qu'il fit quelques années après, que ses idées se débrouillèrent, & qu'il reconnut que ces mines étoient renfermées dans une autre vallée transversale, dont elles suivent également les lois.

Les conséquences tirées de la première division, & les faits que présente la seconde, peuvent se réduire à ces généralités :

1°. Les veines de *charbon* sont déposées, ainsi que les couches qui les renferment, dans de grandes vallées, dans des vallées transversales, & dans des vallons situés sur les côtés de celles-ci. Il y a toujours communication entr'elles.

2°. Chacune des vallées latérales va en remontant jusqu'à sa partie la plus reculée.

3°. Les côtés des bassins où l'on voit des mines de *charbon*, sont ordinairement bordés de montagnes primitives. Si l'on n'en apperçoit pas, c'est qu'elles sont recouvertes par des dépôts secondaires.

4°. Lorsqu'il y a du *charbon* dans un endroit de la vallée, il en existe dans toute sa longueur; mais il est plutôt visible dans son extrémité supérieure terminée en pointe plus ou moins arrondie, ou sur les côtés du bassin dans la jonction des dépôts avec les montagnes primitives adjacentes.

5°. Le plus souvent les grandes vallées, & les parties basses des vallées latérales, ne présentent point de *charbon*; c'est qu'elles sont recouvertes quelquefois, jusqu'à une certaine hauteur, par des roches calcaires, des sables & autres dépôts.

6°. Les *charbons*, soit qu'ils gisent dans les grès & les schistes, soit qu'ils se trouvent entre des bancs de pierres calcaires, prennent la direction des vallées qu'ils parcourent, & suivent les lois de l'inclinaison que leur prescrivent les montagnes environnantes & le sol primitif sur lequel elles se sont moulées.

M. Lefebvre d'Hellancourt contrarie les idées

de ceux qui prétendent que les veines de *charbon* courent sur six heures, ou, ce qui est la même chose, de l'orient à l'occident, parce que ce système peut induire en erreur, & faire faire des recherches inutiles.

Pour prouver que les directions ne sont point constantes, il suffit de jeter un coup-d'œil sur le Tableau joint à cet article, & l'on verra que, sur trente exemples de directions qu'il présente, il y en a neuf du nord-est au sud-ouest, cinq du nord-ouest au sud-est, onze de l'est à l'ouest, quatorze du nord au sud, & une du nord-nord-ouest au sud-sud-est.

§. III. Troisième Section.

Cette section est divisée en trois parties : dans la première on parle des différentes inflexions ou plis des couches de *charbon* dans leur direction & leur inclinaison.

Dans la seconde on décrit les dérangemens des veines de *charbon*, les *crans*, les *failles* & les *barremens* qui occasionnent les interruptions de ces veines.

Dans la troisième on indique les moyens convenables pour retrouver le combustible précieux que l'on auroit perdu.

A. *Première partie ou division.*

La certitude que l'on a acquise que les grandes chaînes de montagnes & le sol des anciens bassins influent beaucoup sur la direction des couches de *charbon* & sur les pentes de ces matières qui les comblent, cette certitude va nous donner présentement les moyens de rendre raison des principales courbures & inflexions des veines de *charbon*. En effet, les vallons primitifs offrent, surtout près des hautes montagnes, beaucoup d'inégalités, & les dépôts ayant dû se faire d'une manière à peu près uniforme, les couches auront pris les différentes courbures de l'ancien sol. Les veines se feront donc moulées sur les monticules de leurs bassins, & auront pris la forme d'une espèce d'onyx si l'on peut employer cette comparaison.

Ces exemples sont très-fréquens. Si les côtés d'un vallon primitif n'étoient pas parallèles, les veines qui auront été moulées sur eux feront chacune une inflexion sinueuse, où l'on trouvera des angles solides, dont la direction & l'inclinaison seront celles qu'offroit le fond de la vallée avant d'être comblée. On peut faire cette observation dans les mines de Valenciennes.

Lorsque le vallon primitif étoit étroit & bordé de montagnes ou de monticules escarpées, les dépôts se sont faits suivant une ligne qui approche plus ou moins de la verticale. On a eu lieu de confirmer cette observation dans plusieurs mines, & principalement à celle des Gabeliers en Bourbonnois.

Si un vallon primitif, avant d'être comblé, étoit bordé seulement d'une chaîne de montagnes escarpées, que son fond fût uni & étendu, les dépôts s'y sont faits à peu près horizontalement.

Si le bassin étoit entouré de montagnes primitives de 45 à 50 degrés d'inclinaison, & que l'intervalle compris entre le pied de ces montagnes fût uni, les dépôts se seront faits suivant les courbures des pentes de ces montagnes.

Enfin, si les montagnes primitives formoient entr'elles une gorge très-irrégulière & étroite, les dépôts en ont pris les différentes courbures; on y rencontre une masse informe de *charbon* qui a quelquefois plus d'une centaine de pieds d'épaisseur, mêlée souvent de schistes & de grès. L'on remarque que les feuillets qui les composent, sont contournés de diverses manières. Cet exemple est tiré des mines de Montcenis (Saône & Loire), & de celles de la Taupe, dans la ci-devant province d'Auvergne.

B. *Seconde division.*

Les accidens que peuvent éprouver les veines de *charbon*, sont de plusieurs espèces.

1°. Elles peuvent faire un angle dans leur pente, soit en s'enfonçant en terre, soit en se relevant au jour.

2°. Elles peuvent se trouver interrompues sans que la couche qui les renferme, ait changé de pente ni de direction.

3°. Elles peuvent être coupées par un rocher sans changer de pente ni de direction. Cependant les deux parties de la veine peuvent être chacune dans un plan différent.

4°. Elles peuvent changer de direction ou garder la leur, être rejetées sur le côté par un obstacle étranger aux dépôts secondaires.

5°. Elles peuvent être interrompues par l'inclinaison du toit sur le mur ou par le relévement du mur vers le toit.

6°. Elles peuvent être interrompues dans leur direction & sur toute leur hauteur par une ligne oblique à l'horizon.

7°. Elles peuvent être divisées dans leur épaisseur, pendant quelques toises, par une roche intermédiaire.

C. *Troisième division.*

1°. Lorsqu'une veine fait un ressaut ou une inflexion, le toit, le mur & la roche environnante font le même angle. Il peut être plus ou moins aigu, mais il ne peut avoir que deux situations : ou l'angle est en bas & ses côtés en haut, ou bien l'angle est en haut & ses deux côtés en bas.

Si une veine est interrompue sans que son toit & son mur aient changé de direction ni d'inclinaison, c'est une simple solution de continuité de *charbon de terre*, qui alors est remplacé par de la terre grasse, de l'argile, des schistes pourris ou autres terres & roches.

3°. Si une veine est coupée par un rocher d'une nature quelconque, l'on cherchera à connoître le mieux qu'il sera possible sa position : il se présentera comme une espèce de mur droit ou incliné, à angle droit ou obliquement à la direction de la veine.

Si une veine est interrompue par un obstacle étranger, elle peut être rejetée très-loin, suivant une ligne de réflexion, changer de direction ou garder sa première, ou bien elle peut encore changer d'inclinaison & de direction sans éprouver de discontinuité.

Le premier cas arrive lorsque des veines de *charbon* sont situées très-près d'une chaîne de montagnes primitives, & qu'une montagne de cet ordre dépasse la ligne générale, & s'avance dans la vallée.

Le second cas est assez ordinaire : on le voit à Noyant en Bourbonnois, à Saint-Georges-Châteloison en Anjou, & ailleurs. Ce cas arrive à l'extrémité la plus reculée d'un vallon, où ses côtés se réunissant d'une manière plus ou moins arrondie, obligent les veines à prendre cette courbure. Il arrive encore dans l'embranchement de deux vallons; mais il est très-rare de trouver dans ces endroits de bon *charbon :* il y est ordinairement déposé par blocs.

5°. Il est très-commun d'observer que le mur d'une veine se relève vers le toit, ou que le toit s'abaisse sur le mur : dans ces deux circonstances le *charbon* disparoît entiérement. Alors, pour l'exploitation, le parti le plus sûr à prendre est de suivre la petite trace qui est appliquée contre le toit ou le mur qui n'a pas changé de position. Au bout de quelques toises on retrouve la veine, & on se convainc que l'absence du *charbon* n'étoit produite que par un étranglement de la couche.

6°. Une veine peut être interrompue dans toute sa hauteur, suivant une ligne oblique à l'horizon. On voit cet accident sur la veine du Grison de Saint-Georges-Châteloison.

7°. Enfin, il est bien ordinaire de voir une veine divisée en deux parties par un banc de grès & de schiste; il peut être d'une très-petite épaisseur, & parallèle à une veine; il ne peut guère alors égarer, mais il peut être incliné dans la veine, & la faire perdre.

§. IV. Quatrième Section.

On a démontré dans la deuxieme section, que les sols anciens ont un rapport constant avec les couches secondaires, dans lesquelles sont toujours renfermés les *charbons ;* que ceux-ci sont déposés sur le flanc des montagnes primitives, ou dans des bassins formés par leurs chaînes; que ces bassins communiquent toujours ensemble, & qu'on peut les diviser en trois espèces : vallées principales, vallées latérales, vallons transversaux. On a encore fait voir que les *charbons* sont quelquefois reconnoître, par une épaisseur plus ou moins considérable de dépôts qui leur sont étrangers, que ces dépôts sont dans les parties basses des vallées latérales & principales, tandis que ceux qui renferment des *charbons* se présentent ordinairement à nu dans les parties les plus élevées des vallées.

Beaucoup d'exemples donnent lieu de croire qu'il est plus ordinaire de trouver des *charbons* dans les vallées latérales, que dans les principales, qui, étant toujours plus basses & quelquefois recouvertes, comme nous venons de le dire, de dépôts étrangers aux *charbons*, ne permettent pas que l'on voie aisément ce combustible fossile à découvert.

Ces notions peuvent & doivent guider dans l'indication de la meilleure méthode à suivre pour trouver le combustible précieux dont nous nous occupons.

1°. On reconnoîtra toutes les vallées latérales, & même leurs embranchemens jusqu'à la partie la plus élevée, où le vallon se termine, par la réunion de ses côtes.

2°. On examinera dans ce trajet toutes les natures de pierres que l'on rencontrera ; on tiendra note de leurs qualités, de leur organisation, &c.

3°. On fera ensuite plusieurs voyages transversalement à la vallée, & l'on examinera avec la plus grande attention les variétés sensibles des bancs que l'on traversera; on n'affectera aucune route; on suivra les chemins creux, les ravins; on visitera les carrières, les puits & tous les endroits où l'on appercevra la roche à nu; on détachera des échantillons de toutes les variétés caractéristiques; on numérotera chaque échantillon; on notera la direction & la pente qu'observe le banc dont il faisoit partie; mais afin de pouvoir le rapporter sur une Carte, on aura un instrument quelconque à l'aide duquel on mesurera l'angle que fait ce point avec deux autres angles déjà connus & tracés sur la Carte. On en fera de même de tous les points d'observations.

Un point bien essentiel, c'est de suivre le plus strictement possible la ligne de jonction des pays secondaires avec les contrées de l'ancienne terre, & de figurer sur la Carte leurs sinuosités.

Tous ces renseignemens pris, on doit connoître parfaitement la vallée, & savoir quels sont les bancs supérieurs & inférieurs, quelle est leur direction & leur inclinaison, quelles sont leurs variétés, &c.

Si l'on a rencontré des grès & des schistes, on ira les examiner encore de nouveau, mais bien plus attentivement; on grattera la terre avec un pic toutes les fois que l'on verra quelques bancs de schiste pourri : s'il est encaissé entre deux lits de grès ou d'une autre roche secondaire; s'il se présente comme une terre grise ou bleuâtre, &

renferme des noyaux de minerai de fer limoneux ; s'il ressemble encore à une terre noirâtre, feuilletée & micacée ; si elle renferme de petits points noirs ; si, lorsqu'on les presse entre les dents, ils ne se dissolvent pas dans la salive, il y a lieu de croire que l'on trouvera du *charbon de terre* dans cet endroit. Pour s'en assurer on sondera cet affleurement de manière à le couper à cinq ou six toises de profondeur. Si la tarrière rapporte quelques morceaux de *charbon*, on se déterminera à creuser un puits de recherche, de quinze à vingt toises de profondeur, au moyen duquel on pourra reconnoître les veines, leur direction, leurs pentes, leur puissance, & disposer des travaux plus considérables avec sûreté & économie.

On ne sauroit trop répéter que lorsque l'on veut faire des recherches de *charbon*, il est prudent de les faire préalablement avec la sonde de mines, & de sonder de préférence les lits de schistes & de grès, dont la direction & la pente sont les mieux réglées. En général, on peut assurer que les veines de *charbon* situées aux environs des pays granitiques se présentent au jour dans une terre noire, encaissée dans une espèce de schiste écailleux, recouvert d'une roche grenue, plus ou moins tendre, plus ou moins composée. Au contraire, lorsque l'on trouve des schistes pourris sur une grande étendue, & sans forme ni direction déterminées ; lorsque leurs lits sont arqués, que leur pente est en plusieurs sens ; lorsqu'ils présentent de grandes masses roulées, c'est une preuve que les dépôts se sont faits dans cet endroit d'une manière confuse : il seroit imprudent d'y faire des recherches dispendieuses.

Si la vallée que l'on a examinée, ne renfermoit ni grès à *charbon*, ni schistes, ni ardoises, ni poudingues, mais seulement de la pierre calcaire, l'on examineroit si cette roche est déposée par lits bien réguliers ; si l'intervalle des bancs ne présente pas quelque lit étranger : on s'appliquera pour lors à bien reconnoître sa nature. Si c'est une terre grise ou bleuâtre qui enveloppe une terre noirâtre ou espèce de schiste, on sondera ce lit pour s'assurer positivement de sa qualité. Si la pierre calcaire, lorsqu'on la frotte, exhaloit une odeur de foie de soufre, ce seroit une indication de *charbon*.

Les houillères de la Provence offrent tous ces caractères : ils pourroient bien n'être pas aussi vrais dans d'autres endroits ; mais réunis à d'autres signes, ils augmentent la présompion. En effet, l'odeur que cette pierre répand, n'étant due qu'à une matière bitumineuse, on doit espérer de rencontrer les masses qui y ont donné lieu. Il seroit possible que ce caractère fût plus général qu'on ne croit. Les mines d'Herdinghen ont près d'elles de la pierre calcaire puante ; celles d'Alais présentent encore les mêmes phénomènes.

Les pays calcaires dans lesquels courent les veines de *charbon*, recevant des montagnes primitives les mêmes lois que les pays de grès & de schistes, on se conformera, pour la recherche des couches de *charbon* dans la pierre calcaire, aux principes que nous avons posés pour celles des pays à grès.

Il n'y a pas de doute que le *charbon* ne soit beaucoup plus commun qu'on ne se l'imagine ordinairement. Il est peu de grandes vallées, & surtout de celles qui leur sont latérales, qui n'en contiennent ; mais quelque général qu'on le suppose, on ne peut être de l'avis de ceux qui lui font faire le tour de la Terre entière, & encore moins de l'opinion de ceux qui, parce qu'il existe une veine de *charbon* qui va de l'est à l'ouest, se reportent plusieurs lieues au-delà, & y font faire des travaux considérables dans cette direction. Ce système ne seroit supportable que dans le cas où les recherches se feroient dans les mêmes vallées ; encore l'application du principe étant fausse, le résultat peut être dangereux. En effet, supposant que les veines de *charbon*, dont on a pris la direction, soient sur six heures, qu'elles ne se dévient pas d'une ligne, & qu'elles passent à quatre lieues plus loin, dans le pays où l'on a fait des recherches, peut-on se flatter que le point où l'on est, soit le prolongement de la ligne où la direction des veines a été prise ? N'est-il pas plutôt à craindre que l'on soit sur une parallèle assez écartée de la véritable ligne, pour ne pas retrouver les lignes que l'on cherche ? Dans ces circonstances, il faudroit non-seulement jalonner sur les six heures, depuis le point de l'observation jusqu'à l'endroit où l'on veut faire un puits, mais encore niveler le terrain, afin d'avoir egard à sa pente & au pendage des veines.

Notre intention n'est pas de faire entendre qu'il est toujours inutile de prendre la direction de quelques veines connues pour faire des recherches au-delà : cela peut faciliter, il est vrai, mais ce ne peut être que dans le prolongement d'un bassin dont les côtés présentent à peu près une ligne droite. On se propose seulement ici de faire voir combien il est imprudent de tenter des travaux considérables d'après une simple donnée de direction.

M. Lefebvre, après avoir donné aux Anglais le tribut de louanges qu'ils méritent relativement à leur manière d'exploiter le *charbon de terre*, nous fait le petit reproche suivant, que nous ne saurions omettre tant il nous semble fondé.

« Je suis bien persuadé qu'en Angleterre on n'auroit pas dépensé autant d'argent qu'on l'a fait pour la recherche du *charbon* à Luzarche & sur le mont Calvaire. A coup sûr les Anglais n'auroient pas été placer un puits près de la partie la plus élevée de ce monticule, dont les lits presqu'horizontaux facilitent les moyens de les connoître au jour en une demi-heure ; à coup sûr ils n'auroient pas fait une trentaine de puits à Luzarche, près les uns des autres, & à peu près de la même profondeur; ils auroient sondé jusqu'à six cents pieds, & auroient ensuite abandonné s'ils n'avoient rien rencontré, ou bien s'ils avoient voulu connoître les bancs à une très-grande profondeur, ils auroient fait au pied de la montagne un puits de deux, trois ou quatre cents pieds, & se seroient ensuite servi de la sonde, qui leur auroit fait connoître la nature du terrain, au moins jusqu'à neuf cents pieds. Si ces recherches eussent toujours fourni de la pierre calcaire, des silex, de la marne, &c., ils auroient renoncé à leur projet. Dans la première circonstance, 3000 livres de dépense & un mois de tems leur auroient suffi; dans la seconde, 24 à 30,000 livres & quinze mois de travail leur auroient plus appris que toutes les folies réunies des environs de Paris.

» J'ai insisté sur ces circonstances, parce qu'il paroît qu'on devoit prévoir le sort de ces établissemens dès l'instant de leur formation, par l'exploitation des carrières.

» Paris est entouré de gypse & de pierres calcaires qu'on a traversées assez profondément pour connoître qu'elles ne sont pas de nature à recéler du *charbon*: leur grande étendue de tous côtés doit faire présumer avec raison que leur épaisseur est très-considérable, & qu'il faudroit peut-être aller à plus de quinze cents pieds avant de trouver quelque crête de monticule secondaire; mais supposant qu'on trouvât le grès & le *charbon* à cette profondeur, l'exploitation de ce combustible exigeroit encore que l'on s'enfonçât, & les moyens mécaniques deviendroient bientôt insuffisans pour l'extraction des matières. »

Après avoir décrit avec détail les différens gisemens généraux du *charbon de terre*, nous terminerons cet article important par l'énumération des principales mines de ce combustible, connues jusqu'à ce jour.

Énumération des principales mines de charbon de terre de la France (1).

1. AIN. Ce département n'offre point de couches de *charbon de terre* en exploitation; mais on trouve à Surjoux, canton de Seyssel, sur les bords du Rhône, de l'asphalte qu'on extrait d'un grès granitique grossier, analogue à ceux qui recouvrent certaines couches de *charbon*, ou alternent avec elles.

2. ALLIER. Il y a des mines de *charbon* exploitées à Noyant, commune du même nom, à six lieues sud-ouest de Moulins, sur le bord de cette ville, à Mont-Luçon. A trois quarts de lieue plus loin, en continuant vers cette dernière ville, on trouve une autre houillère en exploitation, celle de Fins, commune de Châtillon, & à une demi-lieue de là; mais de l'autre côté de la route, celle dite *des Gabliers*, commune de Tronget. Le produit annuel de ces exploitations s'élève au moins à vingt millions de livres en poids, & cependant il s'en faut qu'elles soient portées au degré d'activité dont elles paroissent susceptibles.

Ce département offre encore, aux environs de la commune de Commentry, des couches de *charbon* considérables & d'exellente qualité: on en connoît aussi dans les communes de Plavert & de Bouije, qui ont donné, en l'an III, deux millions de livres en poids de houille de bonne qualité.

3. BASSES-ALPES. Quelques mines sont exploitées aux environs de Manosque & de Forcalquier; mais la qualité de ce *charbon* est très-médiocre.

4. HAUTES-ALPES. La commune de Saint-Martin-de-Querrière & les environs offrent des mines de *charbon*.

5. ALPES-MARITIMES. On a trouvé en l'an IX, une mine de ce combustible à Roquebrune; mais les tentatives qu'on a faites pour son exploitation n'ont point été heureuses. Il paroît cependant qu'il se fait des extractions de houille en plusieurs lieux aux environs de Monaco.

6. ARDÈCHE. Plusieurs cantons offrent du *charbon de terre*, notamment les environs de Jaujac, de Privas, d'Aubenas, de Vallon & de Saint-Marcel-d'Ardèche.

7. ARRIÈGE. Ce pays, riche en substances métalliques, & notamment en mines de fer d'excellente qualité, ne possède point de mine de houille en exploitation. On n'y connoît encore que deux indications, l'une à Montesquieu près de Foix, & l'autre au Mas-d'Azil.

8. AUDE. Les environs de Cascatel, de Quintilian, Ruchan & les montagnes de Sabrezan offrent de la houille.

9. AVEYRON. Ce département est un des plus riches en mines de *charbon*. Il est également intéressant par plusieurs substances minérales, & particuliérement à cause de celles propres à fournir l'alun & la couperose verte du commerce, qu'on y trouve abondamment dans les cantons de Milhau, de Sainte-Afrique, & en plusieurs autres. Les amas de houille qui sont connus auprès de Cransac, de Vialarets, de Livignac, de Montignac, & dans les lieux voisins, sur le bord & à peu de distance de la rivière du Lot, sont d'une abondance inépuisable, & le plus souvent d'une très-facile extraction.

(1) Dans l'Atlas qui doit accompagner ce Dictionnaire, nous donnerons une Carte générale de la France, qui comprendra les indications figurées des différens départemens qui renferment des mines de *charbon de terre*.

Des couches de *charbon* se sont allumées à Fontaignes, à Moitot & en plusieurs autres endroits. L'incendie se propage & s'alimente au sein même de la Terre; les terrains superficiels, calcinés, ne présentent, sur une surface considérable, que le tableau aride & affligeant de l'absence de toute végétation & de toute existence animée.

Les lieux cités ci-dessus, au voisinage du Lot, & dans le canton de Cransac, ne sont pas les seuls de ce département, où il se rencontre des mines de *charbon :* on en connoît encore dans l'arrondissement de Milhaud, sur les bords de la Dourbie, à Mégamel & à Lavergne, dans le pays de Severac, à Bertholène & à Senzac, aux environs de Rodez : une nouvelle exploitation a été ouverte dans ce dernier lieu, en l'an X, par les soins du préfet.

10. Bouches-du-Rhône. La seule partie de ce département qui ait donné lieu à l'extraction du *charbon*, est celle au sud-est, voisine du département du Var. Les mines sont situées notamment aux environs des communes de Gardanne, Sureau, Tretz, Peynier, Belcodène, Saint-Savournin, Auriac, Roquevaire & Gémenos.

Les incendies souterrains ont déjà dévoré une partie des couches de houille de ce pays, notamment au lieu dit *la Galère ;* & à une autre mine peu distante de celle-là, les couches sont enflammées, & brûlent depuis plusieurs années.

11. Calvados. Une mine de *charbon* est exploitée dans la commune de Litry, canton de Baynes. Elle fournit cent millions de livres en poids de houille de diverses qualités. Cette mine est la seule actuellement exploitée dans le département du Calvados. Cependant on est informé qu'il en existe une à Feuguerolles, près de Caen, qui mériteroit d'être suivie.

12. Cantal. Ce département, si intéressant pour l'histoire naturelle & surtout pour l'observation des anciens volcans qu'on y rencontre, n'est pas riche en mines de houille; c'est seulement au nord-ouest, dans le pays compris entre Mauriac & Bort, & Jussac, à deux lieues d'Aurillac, qu'on a découvert quelques amas de ce combustible.

13. Corrèze. La houille est extraite dans plusieurs communes de ce département, & il s'en rencontre de très-nombreuses indications. Les communes dont les exploitations sont les plus connues, sont Argental, où les amas paroissent abondans; la Pléau, où plusieurs couches sont connues & exploitées avec facilité; enfin, les communes de Cublac, de Ventessac, de Montignac & les environs d'Alassac.

14. Creuze. Plusieurs mines de *charbon* sont exploitées dans ce pays, encore très-peu connu sous le point de vue minéralogique, & qui paroît mériter d'être visité avec soin. Les communes où se trouvent les mines en exploitation sont celles de Coucherotte, Bosmorand, Vavory, Saint-Palais & Saut-Mazuras.

15. Dordogne. Les cantons de Cransac & de Térasson offrent des amas & des couches de houille de bonne qualité & d'une grande richesse. Ces mines seroient l'objet d'exploitations actives & très-importantes si la navigation de la Vézère étoit rendue plus sûre & plus facile. Aujourd'hui elles sont exploitées seulement à la surface par quelques propriétaires des terrains, qui ne fournissent qu'à la consommation locale.

16. Doubs. Plusieurs indices de houille ont été annoncés dans ce département : il y a même été entamé des recherches sur différens points, mais jusqu'ici il n'y a pas de mines exploitées.

On a reconnu au Grand-Denis, commune de Flanchebouche (aux environs d'Ornans) une masse très-considérable de bois fossile bitumineux. Ce combustible n'a pas entiérement les qualités de la houille; mais à l'état auquel on le trouve au Grand-Denis, il peut être employé avec avantage à plusieurs usages, notamment sous les chaudières.

17. Drôme. On a souvent annoncé des mines de *charbon* dans ce département; mais, au rapport des ingénieurs des mines qui l'ont visité, il paroît que ces indications n'étoient autre chose que des bois fossiles bitumineux qui se rencontrent fréquemment dans les couches de sable, particuliérement aux environs de Crest, dans le district de ce nom, & sur le territoire de plusieurs communes aux environs de Mons.

On a exploité de ces bois fossiles, notamment à Crest; & quoiqu'ils ne puissent être appliqués aux mêmes usages que la houille, ils sont encore d'un emploi utile dans ce pays pour les filatures de la soie.

18. Finisterre. Il n'y a point encore de mine de houille qu'on puisse considérer comme étant en exploitation productive; cependant, sur d'anciennes indications on a repris, depuis peu d'années, des travaux de recherches auprès de Quimper. Ils ont donné quelques espérances : on y a trouvé même de petites veines de houille.

Plusieurs autres indices ont été annoncés à Cleden & au fond de l'anse de Dinan.

19. Gard. C'est l'un des départemens du midi de la France, où ce combustible soit le plus abondant.

Au nord d'Alais, les mines de Cendras, de Portes, de la forêt d'Abilon, la Grand-Combe & Pradel fournissent environ quarante-quatre millions de livres pesant de *charbon* par an.

Les houillères de Banes, de Robillac, de Méranes, de Saint-Jean-de-Valerisque en fournissent au moins dix-huit millions.

On exploite encore aux environs de Pont-Saint-Esprit & du côté de Laudun, plusieurs couches de combustible fossile ; mais sa qualité est inférieure à celle des houilles citées ci-dessus.

Il y a encore dans ce département des couches de houille connues, & qui sont exploitées aux environs de la commune de Vigan.

20. Hérault. Les mines de *charbon* se rencontrent fréquemment dans ce département. Le canton de Bédarieux en offre d'infiniment riches ; celles de Saint-Gervais, de Camplong, Boussaque, Graissesac ; plus au midi, dans le canton de Roujan, celles du Bousquet, commune de Nessies ; au sud-ouest, canton de Saint-Chiniau, les mines de Cessenon ; & plus au midi, auprès du Canal des deux mers, celles d'Azillanet : on en a reconnu aussi en différens lieux, aux environs de Montpellier. Il doit être accordé une concession pour l'exploitation de celle de Saint-Gely-du-Fesq.

Quoique la plupart des houilles extraites de ces différentes mines ne soient pas de première qualité, elles sont néanmoins d'un grand secours, à cause de la cherté du bois & de la multiplicité des fabriques auxquelles elles sont employées.

On peut évaluer les produits des mines du département de l'Hérault à trois cent soixante mille quintaux par an.

21. Jemmapes. Une très-grande portion de ce département, surtout à sa partie méridionale, peut être considérée comme une immense masse de houille à peine recouverte en quelques endroits par des couches d'aterrissement, plus modernes que les dépôts de ce minéral.

C'est là que le naturaliste observateur, en parcourant l'intérieur des mines, reste étonné des phénomènes variés que lui présentent les nombreuses couches successives de houille, dont les inflexions, les crochets, les retours en sens inverse & le parallélisme entr'elles pendant ces divers mouvemens ouvrent un champ vaste, mais difficultueux, aux conjectures sur leur formation & sur les catastrophes du Globe, qui ont dû produire de tels résultats.

Plus de trois cents exploitations sont connues aux environs de Jemmapes, Mons & Charleroi ; elles sont loin d'être portées au maximum d'activité ; cependant la somme de leur produit s'élève au moins à quarante-quatre millions de quintaux en poids par an, & ces produits seroient doublés si les besoins de la consommation augmentoient dans cette proportion.

22. Isère. La partie méridionale de ce département offre quelques mines de *charbon*, notamment aux environs des communes de la Motte, Pierre-Châtel, la Mure, Saint-Barthélemi-de-Sechilienne, &c. Elles fournissent un combustible minéral d'une médiocre qualité ; mais il est néanmoins très-précieux dans le pays, où le bois devient de jour en jour d'une rareté plus embarrassante. On peut estimer le produit annuel de ces houillères à deux cent mille quintaux en poids.

23. Haute-Loire. D'abondantes mines de *charbon* sont exploitées dans les cantons de Brassac, Sainte-Florine, Freugères, Lempde & Vergongheon ; elles forment des produits importans. Celle dite du *Grosménil*, située dans la commune de Lempde, est celle qui donne les plus belles espérances pour l'avenir. Les mines de ce département livrent annuellement au commerce trois cent soixante mille quintaux de *charbon de terre*.

24. Loire. La partie sud-est de ce département offre un grand nombre de mines de houille exploitées, sur une étendue de plus de dix mille toises de longueur, sur trois mille cinq cents à quatre mille de largeur. Les principales communes dans l'arrondissement desquelles ces mines sont situées, sont celles de Rive-de-Gier, Saint-Chamond, Saint-Étienne, le Chambon, Firnini, Roche-Molière, &c. &c.

La multiplicité & la puissance des couches de *charbon*, reconnues dans ces divers cantons, donnent lieu, depuis plusieurs siècles, à l'extraction d'une immense quantité de ce combustible.

Indépendamment des mines du district de Saint-Étienne, on connoît encore dans le département de la Loire quelques amas de houille de médiocre qualité, du côté de Roanne, à Saint-Symphorien-de-Lay & aux environs.

Les mines si riches des environs de Saint-Étienne ont été exploitées sans ordre ni soins dans les travaux. On a pratiqué, pour obtenir des produits prompts & faciles, une infinité de percemens au moyen desquels on a extrait les houilles des couches les plus voisines de la surface. Tout le pays est criblé de ces ouvertures. Ces travaux irréguliers rendent l'exploitation des couches inférieures plus pénible & plus dispendieuse.

Dans une de ces mines le feu se conserve & brûle depuis environ cent soixante ans. Elle est située dans un endroit appelé *Saint-Genis*, à trois quarts de lieue de Saint-Étienne en Forez, dans un endroit peu éloigné de Chambon, sur la route du Puy.

Une légère vapeur noire qui s'élève de cette mine annonce les endroits enflammés. Elle est plus sensible en certains tems, que dans d'autres. Quand il fait froid la vapeur est plus apparente, & pour lors on la voit monter à trois ou quatre pieds de hauteur, & pendant la nuit on y apperçoit de la flamme. De certains endroits où il s'est formé des crevasses & ouvertures, il s'exhale une odeur de soufre fort sensible.

Quand on présente la main à ces ouvertures, on y ressent une chaleur assez vive pour obliger de la retirer; elle est même assez forte pour donner aux paysans la facilité de faire cuire des pommes de terre.

Ces soupiraux, au reste, n'offrent pas tous la même chaleur. Le feu changeant de foyer & se portant avec plus de vivacité dans un endroit que dans un autre, certains fourneaux qui procuroient le plus de chaleur n'en donnent aujourd'hui qu'une très-foible; mais ces fourneaux peuvent servir à tracer aux observateurs le chemin que le feu a suivi.

L'étendue du terrain brûlé par ce feu souterrain est d'environ cent toises, sur cinquante à soixante de largeur; les plantes n'y viennent plus; la terre a l'air d'avoir été desséchée, & en quelques endroits elle est rouge, & en d'autres elle est noire. Tout l'espace qu'occupe cette mine, dans la portion qui a été enflammée, est aisé à reconnoître: on y voit les traces d'un dérangement & d'un désordre considérables, occasionnés par l'action du feu; certaines parties du terrain sont affaissées: on y rencontre de grosses pierres renversées; d'autres sont brûlées, fendues, & ont pris une couleur jaune-rougeâtre qui les fait ressembler au tripoli; enfin quelques autres sont plus ou moins vitrifiées. Dans des cavités souterraines où l'on trouve de ces pierres vitrifiées, il y a des fleurs de soufre qui s'y subliment: on y entend un bruit tel que le produit un feu qui brûleroit avec force & qui se rallumeroit, excité par un nouveau courant d'air.

On ne sait pas au juste quelle est la cause de l'inflammation de cette mine. Au reste, quantité de faits rapportés dans les recueils des Académies prouvent que ces accidens peuvent être produits naturellement & sans que les ouvriers y aient contribué: on a fait quelques tentatives pour éteindre le feu, mais le peu d'intelligence & le peu de suite qu'on a mis dans ces travaux ont été cause qu'on n'a eu aucun succès. Le feu suit aujourd'hui plusieurs filons de la mine, qui dans ce canton sont très-près les uns des autres. Cette remarque donne tout lieu de craindre que les progrès de l'incendie ne deviennent plus considérables par la suite. Cette considération doit faire envisager la nécessité d'arrêter la marche d'un feu qui peut, avec le tems, consumer une grande partie de la richesse du pays.

Les *Transactions philosophiques* rapportent plusieurs exemples de mines qui brûlent depuis bien des années en Angleterre: on connoît une mine qui brûle depuis 1600, aux environs de Zuickau en Misnie.

Il ne faut pas comparer cet incendie à celui des volcans, quoique l'on pût donner la même origine à ces feux souterrains. Au reste, certains effets pourroient ici se rapprocher comme ceux de l'action du feu sur les pierres qui servent de parois aux soupiraux par où le feu se fait jour dans l'un & l'autre cas, & ce que j'ai été à portée de comparer en visitant cette mine de Saint-Genis.

25. Loire-Inférieure. Ce département ne renferme que les mines exploitées de Montrelais, situées à deux ou trois lieues au nord de Varades & d'Ingrande, sur les bords de la Loire.

La quantité de houille qui peut être extraite annuellement de cette mine, seroit évaluée très-modestement en la fixant à deux cent mille quintaux.

On fait des travaux de recherches dans ce département, sur le territoire de la commune de Nort, arrondissement de Nantes, sur les bords de la rivière de l'Erdre: on y a trouvé de la houille, & sa disposition fait concevoir l'espérance d'une exploitation lucrative.

Il y a aussi dans ce département, des tourbières dont les produits sont abondans & très-utiles aux habitans. Les plus considérables se trouvent dans les marais de Montoire, au nord de Nantes. L'exploitation de ces tourbières occupe plus de huit mille individus.

26. Lot. On connoît aux environs de Figeac, à l'extrémité est de ce département, des mines de houille abondantes. Elles sont mal exploitées par les propriétaires du sol, mais susceptibles de travaux considérables & productifs si on leur créoit des débouchés convenables.

27. Mayenne et Loire. Il y a plusieurs petites extractions de houille dans la commune de Saint-Aubin-de-Luigné, sur les territoires de Chaudefond, Montjean & en divers autres lieux circonvoisins.

La mine de Saint-Georges-Châteloison, située entre Vilhiers & Doué, à l'ouest de cette dernière commune, offre une exploitation assez importante.

Plusieurs autres mines de *charbon* sont connues dans ce département, surtout aux environs de Vilhiers & de Saumur; mais la plupart ne sont point exploitées ou ne le sont encore que foiblement, quoique la qualité du combustible soit généralement bonne.

28. Meuse-Inférieure. Ce département possède des mines de houille très-importantes. A Bolduc leur produit annuel s'élève à deux millions sept cent mille quintaux.

Cette contrée est d'ailleurs abondamment pourvue de houille par les mines des environs de Liège (département de l'Ourthe), dont les produits descendent la Meuse.

Il y a des tourbières abondantes dans les cantons de Heythnysen & de Weert.

29. Mont-Blanc. Plusieurs mines de houille sont connues dans ce pays. Quelques-unes sont

exploitées dans le territoire des communes d'Entrevernes, près Annecy; de Montnim, de Novalaise, Servolex, petit Saint-Bernard (Doire).

On en a annoncé des indices dans le canton de Moutiers, aux environs des communes de Thonon, de Crufeilles, Valloires, Coguin (Léman).

Les produits annuels des houillères exploitées dans le département du Mont-Blanc peuvent être portés à vingt-quatre mille quintaux.

30. Mont-Tonnerre. Plus de trente mines de *charbon* font connues dans ce département. Les cantons qui en offrent le plus font ceux de Lautereck, Wolfftein, Obermofchel. Les produits de ces diverfes mines peuvent être portés, dans l'état actuel, à environ quatre-vingt-cinq mille quintaux de *charbon*.

Ce *charbon* fert pour les fonderies de mercure dont ce département poffède plufieurs mines très-importantes, & pour l'évaporation aux belles falines de Kreutznack.

31. Moselle. Il y a des mines de houille exploitées dans ce département, aux environs des communes d'Oftenbach, & dans le canton de Pételange. Leurs produits annuels peuvent être évalués à vingt mille quintaux au moins. La houille eft d'affez bonne qualité.

32. Nord. Des exploitations de mines de *charbon* très-importantes ont lieu à Anzin, près de Valenciennes; à Frefnes, Raifmes & Vieux-Condé. Il en exifte auffi une confidérable fur la commune d'Aniche. Plufieurs recherches font tentées en ce moment fur différens points de ce département, où on efpère encore rencontrer des couches de houille. Ces recherches font néceffairement très-difpendieufes, parce qu'il faut traverfer prefque partout une épaiffeur de cent quatre-vingt à deux cent quarante pieds de couches calcaires avant de parvenir au terrain houillier.

Les différentes mines exploitées dans ce département fourniffent au moins fix millions de quintaux par an.

33. Nièvre. Les mines connues dans le canton de Decife ont donné lieu à une exploitation très-productive; car elle fe monte, pour cette mine feulement, à deux cent mille quintaux par an.

Plufieurs indices de houille ont été annoncés dans ce département, & il paroîtroit utile d'approfondir les recherches fur la commune de Couron, canton de Cervon.

Il a été fait, il y a douze ans, un fondage dans la commune de Savigny, canton de Varzé: on s'eft arrêté à cent quatre-vingts pieds de profondeur, dans des fchiftes gris-bleuâtres, après avoir traverfé différens terrains dans lefquels les couches de fchiftes pyriteux & de marnes alternoient. On n'a point rencontré jufqu'à cette profondeur de grès micacé, ayant le caractère de détritus de roches primitives.

34. Ourthe. Ce pays eft un des plus riches de l'Europe en mines de houille, dont l'exploitation remonte à des tems reculés.

De nombreufes extractions fe font autour de Liège, & jufque dans l'enceinte même de cette ville. Elles font portées à de très-grandes profondeurs, & des machines puiffantes font appliquées à l'épuifement des eaux de ces vaftes fouterrains, & à l'enlévement du minerai au jour. Les produits connus font portés à huit millions fept cent mille quintaux.

35. Pas-de-Calais. Les mines de houille d'Hardinghen, fituées à fept lieues nord eft du port de Boulogne, font les principales houillères exploitées dans ce département.

Plufieurs indications de houille ont été annoncées aux environs de Boulogne: différentes tentatives même ont été faites; mais les recherches ont été abandonnées, plutôt vraifemblablement par le défaut de fonds pour les continuer, que par le peu d'efpérance qu'elles avoient fait concevoir.

Les produits annuels de ce département font de cent vingt à cent quatre-vingt mille quintaux.

36. Puy-de-Dôme. Les cantons de la Montgie, Braffac, Auzat-fur-Allier, fitués au deffus d'Iffoire, offrent plufieurs houillères importantes, très-anciennement exploitées, notamment celles de Salles, la Combelle & Barre. Leurs produits s'élèvent de deux cent mille à deux cent quarante mille quintaux par an.

On connoît encore des mines de houille aux environs de Montaigu, vers le nord de ce département; elles ne font que très-peu exploitées, faute de débouché.

37. Haut & Bas-Rhin. Les mines qui font exploitées dans ces deux départemens, ne font pas d'une grande importance, ni par leurs produits ni par leurs moyens de circulation; néanmoins ces mines font précieufes par les reffources qu'elles offrent aux cantons dans lefquels elles fe trouvent.

Ainfi les houillères de Sainte-Croix & de Rodern, dans le Haut-Rhin, fourniffent à la confommation de la ville de Colmar & du pays voifin.

Celles de Charbes & la Laye, dans le Bas-Rhin, font utiles à la manufacture d'armes de Klingenthal, où on eft parvenu à fabriquer des Damas qui le difputent en qualité & en beauté avec les lames de Syrie.

Les produits des houillères exploitées dans ces deux départemens peuvent être évalués à quarante mille quintaux par an.

On exploite dans le Bas-Rhin, à Lamperlofch,

canton de Sultz, des couches de sable ou de grès contenant du bitume. (*Voyez ce mot.*)

On exploite aussi à Sultz des couches analogues, & il s'y trouve même des couches de houille.

Auprès de Strasbourg M. Hecht a fait des recherches sur des amas d'un minéral très-bitumineux, qui donne l'espoir de parvenir à de la véritable houille.

On a rencontré fréquemment dans ces deux départemens, des indices de sables bitumineux & de *charbon de terre*; mais jusqu'à présent il n'a pas été donné beaucoup de suite à ces découvertes.

38. RHÔNE. Des mines de *charbon* sont connues dans plusieurs lieux de ce département, surtout dans la partie qui touche au département de la Loire. On a fait des tentatives dans les cantons de Larbresle, de Vaugueray & de Courzieux, qui sembleroient mériter d'être suivies.

Des indications ont été annoncées aussi du côté de Saint-Laurent-de-Chamousset & dans le canton de Tarrare.

Enfin, les houillères de Sainte-Foi-l'Argentière, qui sont reconnues susceptibles d'une exploitation avantageuse, fournissent en effet une grande quantité de houille, mais pourroient en produire davantage.

39. ROER. Des mines très-importantes sont connues à Eschweiller, Carnelins-Munster, Weisweiller, Bardenberg & Heyden. Leur produit peut être évalué au moins à quatre millions de quintaux par an.

La qualité de ces houillères varie suivant les diverses veines ou couches dont elles proviennent. On connoît seulement à Eschweiller quarante veines successives & inférieures les unes aux autres.

Les houillères du département de la Roër fournissent à la consommation du pays & aux nombreuses fabriques de Stolberg & des environs. Elles concourent avec celles de Bolduc, département de la Meuse-Inférieure, pour alimenter Aix-la-Chapelle & ses fabriques, ainsi qu'une portion de ce departement.

40. SAARRE. Ce pays offre les plus belles mines de houille qui soient connues, les plus faciles à exploiter, & aussi les mieux exploitées pour la régularité & l'ordre des travaux.

Plusieurs extractions sont établies sur les territoires de plus de quinze communes différentes. Les principales sont Saint-Imbert, Dutweiller, Selsbach, Illing, Walcheidt, Gueisweiller, Busbach, Schwalbac, Wellesweiller, Schilfweiller, Breytenbach, Goldelhausen, &c. On évalue le produit annuel de ce département à environ huit cent mille quintaux.

Les avantages que le département de la Saarre retire de ses mines de houille sont infinis. A chaque pas on rencontre de hauts fourneaux pour traiter les minerais de fer, & des forges pour concentrer & affiner ce métal. Autour de ces grandes usines, d'autres ateliers secondaires sont en activité : ce sont des platineries, des ferblanteries, des fabriques de différens objets de taillanderies; plus loin, des verreries, des poteries offrent une multitude de vases de forme & de couleur variées; dans d'autres lieux on fait cristalliser la couperose verte & l'alun, obtenus des couches schisteuses qui accompagnent le *charbon de terre*; d'un autre côté encore on remarque des distillations en grand qui produisent, ici de l'ammoniaque, là le noir de fumée; enfin, des fabriques de bleu de Prusse offrent à l'œil satisfait les plus riches nuances d'azur.

L'observateur ne peut parcourir ces lieux sans éprouver cette sorte d'admiration qu'imprime l'aspect des grands établissemens industriels. Cependant ce département offre encore un champ riche à de nouvelles entreprises. D'autres fabriques peuvent encore y être créées. Les mines de fer inépuisables, & la quantité des fers & des aciers qu'on en obtient, doivent déterminer à y fixer, avec certitude de succès, un genre de fabrication qui n'est pas encore assez perfectionné en France, celui des faux, faucilles, &c. Le département de la Saarre a tout ce qu'il faut pour rivaliser, à cet égard, avec la Styrie.

41. HAUTE-SAÔNE. Les mines de Champagney & Ronchamps, canton de Lure, donnent lieu à des extractions de houille, faciles & très-avantageuses. On a annoncé d'ailleurs d'autres couches de ce combustible en plusieurs endroits de ce département, à Faucogney, Saulnot, à Puessant, Chatouvillars, Gounemans, &c.

42. SAÔNE ET LOIRE. On exploite des mines de *charbon* en différens cantons de ce département. Les principales sont celles de Blanzy & du Creusot, près Montcenis; celle de Saint-Berain, canton du même nom, & de Resille, commune d'Épinac.

Les produits annuels des extractions qui se font dans ces divers lieux sont d'environ six cent mille quintaux.

Ces houilles sont consommées aux fonderies du Creusot, aux verreries de Saint-Berain & d'Épinac, ainsi qu'à l'arsenal d'Autun & aux autres différentes fabriques du pays.

43. SAMBRE ET MEUSE. Il n'y a jusqu'ici qu'une seule houillère en exploitation dans ce département, au château de Namur. Cette mine est peu importante.

44. TARN. Ce département offre de la houille en plusieurs lieux. Les mines de Carmeaux, près Alby, sont celles dont l'exploitation est la plus considérable & la mieux conduite.

Il y a d'autres houillères à Brugnères, à la Jonquière, près Lavaur, du côté de Castres. On extrait encore ce combustible aux environs de la Canne, à Lignière & à Saint-Gervais. On en a obtenu dans la commune de Réalmont.

Le produit des houillères exploitées dans le département du Tarn s'élèvent par an à cent vingt mille quintaux environ.

45. VAR. Un petit nombre de mines de *charbon* sont en exploitation dans ce département, notamment aux lieux de Calliau & de la Cadière, dans l'arrondissement de Toulon.

Des indications sont annoncées à Revert, aux environs de Fréjus, du côté de Calas, près Draguignan, & à Saint-Paul-du Var.

46. VAUCLUSE. On extrait de la houille sur le territoire des communes de Méthamis, de Piolen, de Mormoiron, & dans quelques autres lieux de ce département.

Dans les départemens du Piémont, qui ne sont point compris dans ce tableau, on ne connoît que peu de mines de houille : il y en a une à peu de distance de Tende, sur la route de Nice à Coni; une autre près de Démont; une troisième à la Thuile, près le petit Saint-Bernard (Doire). Enfin, on en connoît dans le Montferrat, entre Turin, Asti & Alexandrie.

Des mines de charbon de terre de l'Allemagne.

On va rapporter par extrait ce que M. Morand a donné sur les mines d'Allemagne.

« Différens cantons, dit cet académicien, abondent en mines de *charbon de terre*; la Haute-Saxe, aux environs de Marienbourg, province de Zwickau. Mais comme il a été question de ces mines avant celles de Liége, citées ci-dessus, on ne fera mention que de celles qui n'ont pas encore été indiquées. »

M. Morand expose qu'à Mansfeld & à Quedlinbourg en Thuringe il y a des mines de *charbon*;

Qu'il y en a aussi à Bernbourg, dans la principauté d'Anhalt;

A Plaven, dans le duché de Meckelbourg;

Aux environs de Tœplitz en Bohême;

A Hansdorf, comté de Glatz;

A Gablau en Silésie;

A Rothenbach & à Gottsberg, au duché de Schweidnitz;

A Reicheinstein, à deux lieues de Glatz;

A Altdorf en Franconie;

A Sultzbach, Haut-Palatinat, à cent pas de la source des eaux minérales de cet endroit;

A Bazharach, Bas-Palatinat, appelé aussi *Palatinat du Rhin, comté de Spanheim.* Il y a aussi du *charbon* à Trimerstein, ainsi que dans le Tonnersberg, c'est-à-dire, montagne du tonnerre.

Enfin, M. Morand, d'après Lehmann, rapporte qu'il y a du *charbon de terre* à Kirn, chef-lieu d'un comté du même nom, distant de Creutznach de six lieues. L'auteur n'entre dans aucun détail sur les directions ni sur les inclinaisons des veines de *charbon*.

Des mines de charbon de terre de l'Angleterre.

SOMMERSET. M. Morand expose que, dans toutes les mines de ces contrées, les veines de *charbon* ont une pente de vingt-deux pouces par brasse. La veine de *charbon* de Stowy & de Faringdone court vers le nord-ouest.

A Bishop-Suttone, près de Stowy, sont plusieurs veines de *charbon*, éloignées de cinq jusqu'à dix brasses au dessus les unes des autres.

A Feringdone, environ à quatre milles des mines de Suttone, on trouve les mêmes veines.

Dans la paroisse de Stantondru, en tirant vers l'ouest, il y a plusieurs veines de *charbon* en exploitation, dont la direction est du nord-est au sud-ouest. La première, épaisse d'environ trois pieds; la seconde, placée à environ trois brasses au dessous de la première, est épaisse de deux pieds & demi; la troisième veine, à peu près à la même profondeur au dessous de la précédente; elle n'a que dix pouces d'épaisseur.

A Clutton, à environ deux milles des dernières mines, on retrouve les mêmes veines : le sol est, dans ce quartier, d'une couleur rouge.

A Burnet, Queen-Charton & Bristeton, on connoît quatre veines de *charbon*, qui se dirigent presque vers le nord. Le sol est formé d'une terre rouge jusqu'à la profondeur de quatre à cinq brasses.

A Bristeton, la première ou la supérieure de ces quatre veines a depuis trois jusqu'à six pieds d'épaisseur; la seconde se trouve à six brasses au dessous de la première; elle n'a que dix-huit pouces d'épaisseur; la troisième se trouve à sept brasses au dessous de la précédente; elle a depuis deux pieds & demi jusqu'à trois pieds d'épaisseur, & d'un *charbon* solide; la quatrième, que l'on estime, se trouve aussi à sept brasses au dessous de la précédente.

L'inclinaison de ces veines est d'environ vingt-deux pouces par brasse, & sont accompagnées des mêmes bancs de terre, de marne & de roche.

STAFFORDSHIRE. On exploite dans le comté de Stafford une grande quantité de mines de *charbon de terre*, tout autour de la ville de Neucastel-Underline : les couches de ce combustible sont à très-peu près horizontales. La plus grande profondeur des travaux ne passe pas vingt toises. Les rochers qui contiennent ces veines de *charbon*, sont à peu près les mêmes que ceux de Newcastle, dans le Nort-Humberland, dont il sera fait mention ci-après. Le *charbon*, quoique de bonne qualité, n'y est pas tout-à-fait aussi bitumineux, ainsi qu'il est rapporté dans le tome premier des *Voyages métallurgiques*.

NEWCASTLE en Nort-Humberland. Les fameuses mines de Newcastle s'exploitent sur huit veines de *charbon* de différentes épaisseurs, depuis un pied jusqu'à huit : leur inclinaison n'est que d'environ une toise sur vingt du côté du sud-est, & leur direction est du nord-est au sud-ouest.

Tous les rochers qui composent le terrain, à plus de vingt milles à la ronde, consistent en différentes couches qui approchent beaucoup de la ligne horizontale : c'est entre ces bancs de roche que se trouvent les veines de *charbon*. La roche la plus commune est du grès dont le grain est quelquefois grossier, & ailleurs très-serré : on fait des pierres à aiguiser de ce dernier.

Il s'y trouve aussi un grès presque blanc qui se délite par feuillets assez minces, entre lesquels on trouve des impressions de plantes. Outre ces différens grès, on trouve des couches de roc bleuâtre & noir, très-compactes, qui se décomposent à l'air. Le dernier sert ordinairement de toit & de mur aux veines de *charbon* : c'est un schiste vitriolique.

Il a été reconnu que la veine inférieure est exploitée à quatre-vingt-huit toises plus bas que le niveau de la mer; ce qu'il a été facile de constater par une galerie d'écoulement, qui porte les eaux de la mine jusqu'à la rivière de Tyne, & au niveau des plus hautes marées.

Près la ville de Whithe-Haven, sur les côtes occidentales d'Angleterre, est une minière très-considérable de *charbon*, sur une profondeur de cent vingt toises perpendiculaires : on a découvert successivement une vingtaine de couches différentes de *charbon*, du nombre desquelles il n'y en a que trois d'exploitées, les autres n'étant pas assez puissantes pour supporter les frais. Toutes ces couches ont leur direction du nord au sud, & leur inclinaison vers l'ouest, d'environ un pied par toise en plongeant au dessous des eaux de la mer.

La première des couches qui méritent l'exploitation est séparée de la seconde par quinze toises d'épaisseur de bancs de roche. Cette première veine de *charbon* a de quatre à cinq pieds d'épaisseur. La deuxième a sept à huit pieds d'épaisseur : le *charbon* y est divisé en deux veines par une couche intermédiaire de terre noirâtre, de consistance assez dure; elle est vitriolique, & fleurit à l'air.

La troisième veine en exploitation se trouve dans un plan de vingt toises au dessous de la précédente; elle a dix pieds d'épaisseur en très-bon *charbon*, sans nerf ou terre noire comme dans la seconde.

Les couches de *charbon* dont on vient de parler, éprouvent assez souvent des dérangemens dans leur inclinaison.

Les travaux faits sur ces couches sont très-étendus : une partie des ouvrages se trouve, pendant environ un quart de lieue, au dessous de la mer, sans que l'eau salée y pénètre. Il est vrai qu'il y a une épaisseur de roche d'environ cent toises entre le fond de la mer & les souterrains de la mine.

Les mines de *charbon* de Workington sont éloignées de huit milles ou environ des précédentes; elles contiennent de même beaucoup de veines de *charbon*, dont six sont exploitées avec avantage. L'épaisseur du rocher entr'elles est de neuf à dix toises; la puissance des veines est depuis deux pieds & demi jusqu'à sept pieds; mais celle qui a cette dernière épaisseur n'a que quatre pieds de *charbon*; le surplus, en deux veines qui divisent celle du *charbon*, est une terre noire que les Anglais nomment *mettle*; elle est très-vitriolique. Mise en tas, elle s'échauffe promptement, & s'enflamme en produisant des vapeurs sulfureuses qui se condensent en partie en soufre dans les ouvertures par lesquelles les fumées sortent.

C'est aussi de cette matière vitriolique que s'émane l'air inflammable qui existe dans les souterrains de cette mine, & qui est d'autant plus dangereux, qu'il s'enflamme avec explosion quand on lui présente une lumière; ce qui a fait périr un grand nombre d'ouvriers.

A sept milles de Manschester, dans le comté de Lancaster, sont les mines de *charbon* de Worsleg. Les veines de *charbon* de cette minière sont inclinées, vers le sud, d'environ deux pieds par toise : leur direction est de l'est à l'ouest. On a reconnu, tant par les travaux intérieurs que par la sonde, qu'il y a un grand nombre de veines de *charbon*, dont beaucoup sont trop foibles pour mériter l'exploitation; les autres ont depuis trois jusqu'à sept pieds de puissance. La nature des roches est à peu près la même qu'à Newcastle; mais le *charbon* y est beaucoup moins bitumineux, & par conséquent moins désagréable pour le chauffage des appartemens.

Il y a aux environs de la ville de Shffield un grand nombre de veines de *charbon* très-abondantes, de même qualité que celui de Newcastle-Underline. Ces mines étant trop éloignées de la mer pour les débouchés de *charbon*, on y a établi beaucoup de manufactures d'acier, de quincaillerie & autres qui consomment ce combustible.

A Carron, près de Falkirck en Écosse, & au bord de la mer, il a été reconnu trois veines de *charbon de terre* l'une sur l'autre; la première n'a été découverte qu'à quarante toises de profondeur; la seconde, dix toises plus bas; enfin, la troisième, cinq toises au dessous de la seconde. L'inclinaison de ces couches vers le sud-est n'est que d'une toise perpendiculaire, sur dix à douze de longueur. Cette pente varie quelquefois; de sorte qu'au lieu d'avoir leur pente au sud-est, elles remontent en formant deux plans inclinés; mais lorsqu'elles remontent, elles diminuent d'épaisseur, elles ſont même quelquefois entiérement interceptées par les deux couches de roches qui leur ſervent de toît & de mur, & qui ſe joignent. Enfin, ces veines ne ſont ſuſceptibles d'une exploitation utile que quand elles reprennent leur inclinaiſon du côté du ſud-eſt. Leur direction eſt nord-oueſt.

La veine intermédiaire, qui donne le meilleur *charbon* pour le chauffage des appartemens, a depuis trois juſqu'à quatre pieds d'épaiſſeur. Sa partie ſupérieure eſt compoſée de *charbon* dur & compacte, faiſant un feu clair & agréable. La partie du milieu de la couche eſt moins compacte: le *charbon* en eſt feuilleté, & ſe délite comme l'ardoiſe. Ce qu'il y a de ſingulier, c'eſt qu'entre ces feuillets il y a une pouſſière noire qui teint les doigts & qui reſſemble parfaitement au pouſſier de *charbon* de bois. Ce *charbon* ſe colle très-peu enſemble en brûlant; il ne ſert qu'aux forges à fer. La troiſième partie de la veine, qui eſt contre le mur, eſt un *charbon* très-compacte & ſouvent pierreux. Les rochers du toit & du mur ſont ſemblables à ceux de Newcaſtle, dont on a parlé.

Les mines de *charbon* de Kinneil ſont ſituées à ſept milles de celles de Carron dont on vient de parler, & près la ville de Bourron-Stoneſs, où eſt un beau port de mer. La direction & l'inclinaiſon des couches de *charbon* qu'on exploite dans ces mines, ſont comme celles de Carron. La qualité du *charbon* eſt auſſi la même. Les puits ne ſont pas éloignés de plus de dix toiſes des eaux des hautes marées. Il y a des ſouterrains qui s'étendent au deſſous de la mer. Une partie du *charbon* ſert à la conſommation du pays, une autre va en Hollande; la troiſième, qui eſt de moindre qualité, ſe conſume pour retirer le ſel de l'eau de la mer par évaporation.

Au ſud & à trois milles de la ville d'Édimbourg, capitale de l'Écoſſe, eſt une mine de *charbon*: ſon puits principal n'eſt qu'à environ quarante toiſes du bord de la mer, & ſon orifice n'eſt que de trois toiſes au deſſus du niveau des hautes marées. Ce puits a cinquante toiſes de profondeur.

On exploite dans cette mine deux veines de *charbon* parallèles, dont la direction eſt de l'eſt à l'oueſt, & l'inclinaiſon depuis 40 juſqu'à 50 degrés du côté du midi. « Cette inclinaiſon, dit M. Jars, tome Ier., page 281 des *Voyages métallurgiques*, eſt tout-à-fait contraire à celles des couches du rocher qu'on voit au jour, & qui ont leur pente vers le nord-oueſt, mais beaucoup plus approchant de la ligne horizontale. »

Ce ſeroit un phénomène ſans exemple ſi les veines de *charbon* de ce diſtrict traverſoient les bancs de roche comme les filons métalliques, qui alors prennent la dénomination de *filons-fentes*. Les veines de *charbon* au contraire ſe trouvent toujours entre les bancs de la roche qui les contient; c'eſt ce qui leur fait donner le nom de *filons-couches*. Il n'eſt cependant pas rare de trouver les bancs de roches de la ſuperficie des terrains qui contiennent des mines de *charbon*, inclinés en ſens oppoſé aux veines de ce combuſtible, qui exiſtent dans des plans inférieurs; mais ces mêmes veines ſe trouvent renfermées entre d'autres lits de rochers plus anciens, ayant une pente oppoſée à ceux qui ſe préſentent à la ſuperficie du terrain. Voilà ce qui a pu induire M. Jars en erreur. D'ailleurs, les veines de *charbon* ſont ſi ſujètes à faire des coudes ou plis, qu'il n'eſt pas rare de trouver les mêmes veines inclinées, tantôt d'un côté, tantôt de l'autre; mais ce qui ne peut avoir lieu ſans que les bancs de roches qui leur ſervent de retraite, faſſent les mêmes plis.

La qualité du *charbon* des mines d'Édimbourg eſt d'être trop ſec pour la forge: il n'y croûte pas aſſez, mais il eſt excellent pour brûler dans les appartemens; il donne beaucoup de flamme & peu de fumée, & une braiſe qui ſe réduit entiérement en cendres lorſqu'il ne contient point de nerf.

Des mines de charbon de terre d'Eſpagne.

Ces mines ſont peu nombreuſes & peu riches. On a reconnu des couches de houille dans pluſieurs provinces, entr'autres celle indiquée par M. Larugga, dans les montagnes de la Roideras & d'Alcaras, qui ſont un rameau de celles d'Oroſpeda.

Derrière Azuago, entre Valmes & Eſpiel, dans la Sierra-Morena, il y a des couches de cette ſubſtance de ſix pieds d'épaiſſeur, qu'on extrait pour la machine à vapeur d'Almaden.

On en exploite auſſi en Catalogne.

Ici finit l'énumération des principales mines de *charbon*, connues juſqu'à ce jour. Nous devons faire remarquer que s'il eſt des pays qui en ſont très-riches, tels que la France & l'Angleterre, il en eſt auſſi qui ſemblent en être privés preſque totalement: tels ſont l'Italie, l'Eſpagne & ſurtout la Suède, d'ailleurs ſi riche en mines métalliques. (Voyez *Notice de Rouelle.*)

CHARBONNIER, village du département du Puy-de-Dôme, arrondiſſement d'Iſſoire, & à trois lieues un quart de cette ville. Il y a pluſieurs mines de charbon de terre près de ce village, & toutes dans la vallée de la Haute-Limagne, & à côté deſquelles ſe trouvent des dépôts de débris de roches.

CHARBONNIÈRE, village du département du Rhône, arrondiſſement de Lyon, & à une lieue un quart de cette ville. Dans le territoire de ce village on trouve de la terre propre à la fabrication de la faïence. Il y a d'ailleurs des eaux minérales qui ont été analyſées; elles ſont ferrugineuſes & ſalutaires dans les affections cutanées & dans les engorgemens des viſcères.

CHARBONNIÈRE (Calanque & Pointe de la), département du Var, arrondissement de Toulon, à la côte nord de l'île du Levant ou Titan, entre la pointe de la Vaire & la calanque de la Pigeonnière.

CHARDIN (Forêt de), département de la Charente, arrondissement & canton d'Angoulême, & à trois lieues un quart sud-ouest de cette ville. Elle a deux mille toises de longueur, sur quatre cents toises de largeur.

CHAREMBERT (Forêt de), du département de la Drôme, arrondissement de Montelimart, & à trois lieues & demie de cette ville. C'est une forêt intéressante dans ces contrées.

CHARENCY, village du département du Jura, canton de Longuyon, à une lieue trois quarts nord-ouest de cette ville. Il y a dans ce village un haut fourneau pour la fonte du fer.

CHARENTE (Département de la). Ce département a pris son nom d'une rivière assez considérable. Elle le traverse du nord au sud jusqu'à Angoulême, puis de ce point elle prend son cours de l'est à l'ouest. Il comprend l'ancienne province de l'Angoumois. Les bornes de ce département sont, au nord, ceux de la Vienne & des Deux-Sèvres; à l'est, celui de la Haute-Vienne; au sud-est, celui de la Dordogne; à l'ouest, celui de la Charente-Inférieure.

La principale rivière est, comme nous l'avons dit, la Charente: on y voit les environs de sa source entre la Péruse & l'Alloue; ensuite, après une longue interruption, elle y pénètre de nouveau, & passe à Ruffec, à Verteuil, à Mansle, à Vares, à Angoulême, à Châteauneuf & à Cognac. Cette rivière reçoit, à droite, l'Amps qui passe à Aigre, l'Ange qui y tombe à Marsillac, la Vouare, la Sounoire, & l'Anteine aux environs de Cognac.

A gauche, la rivière qui passe à Champagne-Mouton; le Son & la Sonnette, qui arrosent Saint-Claude & Ventouse; puis le Bandiat, qui passe à Marton; la Tardoire, qui arrose Montbron & la Rochefoucauld; & la Drôme, qui passe à Montanbœuf & Chasseneuil: ces trois rivières ne s'y rendent qu'après leur réunion; enfin la Toubre. Au dessous d'Angoulême, les trois rivières des papeteries; le Né, qui se réunit à l'Arce & à deux autres embranchemens.

Plus bas, vers Barbésieux, Brassac, Chalais, Mont-Moreau & Aubeterre, dans la partie du sud, sont la rivière de Barbésieux, ensuite celle de Brossac, la Tude, qui passe à Mont-Moreau & à Chalais, & enfin la Dronne dans la partie qui baigne Aubeterre.

Il ne nous reste plus que la partie dans laquelle se trouve la Vienne, qui passe à Saint-Germain, à Confolens & à Chabanois, & qui reçoit dans ce trajet l'Issoire & la rivière de Brigneuil l'aîné.

Les principales villes de ce département sont Angoulême, Cognac, la Rochefoucauld & Confolens.

Angoulême, belle ville située sur une montagne & à côté d'un faubourg qu'arrose la Charente, & qui fait un grand commerce de papier & d'eau-de-vie.

Barbésieux. Commerce & fabrique de toiles.

Cognac. Vins blancs & rouges, & eaux-de-vie très-renommées.

La Rochefoucauld, petite ville sur la Tardouère. Son commerce consiste en tanneries & en fil retord blanchi.

Ce pays est fertile en vins & abondant en gibier: on y fabrique beaucoup d'eau-de-vie & de très-beau papier. On y cultive & on y file du lin. Il y a des blanchisseries de cire.

Je puis renvoyer à l'article ANGOUMOIS pour ce qui reste à faire connoître de ce département, tant relativement au sol & à son histoire naturelle, qu'aux productions.

CHARENTE, rivière; elle a son origine dans l'ancienne terre du Limousin. J'ai tracé les détails de cette origine dans une planche de mon Atlas, & l'on y voit clairement que cette rivière rassemble les eaux d'un bassin bien terminé par des arêtes plates: on y remarque deux systèmes de petits ruisseaux groupés, & qui, après leur réunion, coulent dans un vallon fort resserré. C'est ainsi que sont distribuées en Limousin les eaux de ce qu'on nomme *les sources des rivières*: on voit que c'est un assemblage de plusieurs filets d'eau superficiels, qui, parcourant une assez grande étendue de terrain, deviennent des ruisseaux dont le volume d'eau augmente par leur réunion.

On y distingue, d'après cela, deux sources principales, dont la première est la Pêcherie, qui se trouve proche l'église de Charonnat. (*Voyez* tous ces détails dans la planche de mon Atlas, où ils sont figurés avec soin, & d'après des considérations que l'examen des lieux a permis de recueillir & de rendre avec exactitude.)

La *Charente*, après avoir quitté le Limousin, continue à se porter droit au nord en se prolongeant dans la planche de Charroux, où elle rassemble plusieurs ruisseaux latéraux qui ont, jusqu'à un certain point, la forme propre à l'ancienne terre aux environs d'Alloue, de Benest & d'Épénède. C'est là qu'on peut voir un assemblage de nombreux vallons, tous abreuvés par des filets d'eau. Ensuite elle fléchit son cours à l'ouest, vers Charroux & Civray; alors, rencontrant une contre-pente décidée, elle descend au midi, en serpentant vers Vouleme, Lisle, Condat, Ruffec & Verteuil. Ces oscillations moyennes continuent jusqu'à Mansle, ainsi que celles d'une rivière latérale qui se jette dans la *Charente*; mais elles s'agrandiffent considérablement au dessous de Mansle jusqu'à Angoulême, & même au-delà. Je me suis surtout attaché à étudier ces contrées, au milieu desquelles la *Charente* & les rivières latérales offroient le jeu de plusieurs oscillations successives. J'y ai observé en même tems les bords escarpés, saillans & rentrans; les caps terrestres sous différens aspects, & qui se présentent comme autant de systèmes d'abri d'une bonne température, & propres à hâter la maturité de toutes les productions végétales : c'est ce que j'ai reconnu en parcourant les eaux courantes des deux départemens de la Charente & de la Charente-Inférieure. (*Voyez* ANGOUMOIS.)

CHARENTE (Bassin de la). Ce bassin d'une rivière principale, avec ses affluences, a d'un côté pour limites l'embouchure de la Loire, & de l'autre celle de la Garonne. Il comprend les ci-devant provinces de Saintonge, d'Angoumois, du pays d'Aunis, avec une partie du Poitou. De l'embouchure de la Loire s'élèvent des monticules qui se détachent des plaines à mesure qu'on s'approche des bords orientaux de la *Charente*, lorsqu'on est parvenu à la source de cette dernière rivière, qui suit un embranchement qui passe par le Velay, & qui embrasse les sources du Bandiat, de la Tardoire, de la Touvre, & des rivières qui servent aux usines des papeteries d'Angoulême, & se prolongent jusqu'à l'embouchure de la Seudre.

La principale rivière de ce bassin est, comme on voit, la *Charente*, qui est navigable depuis Angoulême jusqu'à Rochefort, & qui arrose beaucoup de cultures dans sa vallée fort large à la suite de ses oscillations vers Angoulême; mais outre les abris favorables à ces cultures qui sont dispersées dans une suite de plaines, les rivières & les ruisseaux qui se jettent dans la *Charente* offrent les mêmes ressources & les mêmes avantages pour les cultivateurs, soit qu'ils sèment du froment ou du maïs, soit qu'ils se bornent à l'éducation de petits veaux ou à l'engrais des bœufs. Les châtaigniers & les marroniers y donnent de bonnes récoltes. Les lins d'Aigres sont employés à des filatures qui servent à la fabrication de bonnes toiles de ménage. Outre ces productions, il en est une qui équivaut à toutes les autres; c'est celle du vin, qui ne se vend pas en général sous cette première forme de liqueur, mais qui devient si précieuse par sa bonne qualité en eau-de-vie, qu'elle surpasse sans contredit toute autre eau-de-vie connue dans le commerce.

Il ne me reste plus qu'à désigner les diverses contrées principalement distinguées par la culture de la vigne, & par les abris où mûrissent plus complétement les maïs & les fruits de toute espèce; car toutes ces productions dépendent, plus qu'on ne pense, des abris dans une contrée qui est naturellement moins chaude & moins hâtive que les environs de Brive & de Périgueux, vu la plus grande proximité de la mer.

Je dois dire ici que les bassins simples se présentent d'une manière plus nette & plus précise sur les bords de la *Charente* & des rivières affluentes, que les autres grands bassins que nous avons été obligés de décomposer. Au reste, les principales vallées de l'une & l'autre contrée attestent que les derniers dépôts de la mer se sont faits dans ces bassins. La différence de ces petits bassins aux grands consiste en ce que les grands s'étendent au-delà des dépôts de la dernière époque : ce sont ceux qui remontent jusqu'à l'avant-dernière.

CHARENTE-INFÉRIEURE (Département de la). Ce département, qui est situé assez près des côtes de l'Océan, est arrosé par la partie de la Charente plus voisine de son embouchure, d'où il a pris le nom de *Charente-Inférieure*. Il répond aux anciennes provinces de Saintonge & d'Aunis.

Ses bornes sont, au nord, le département de la Vendée; au nord-est, celui des Deux-Sèvres; à l'est, celui de la Charente; au sud, celui de la Gironde; à l'ouest, l'Océan & les îles.

Les rivières principales sont :

La Charente, la Sèvre, la Boutonne, la Seudre & la Seugne.

La Charente, qui traverse le département de l'est à l'ouest, passe à Saintes, à Tonnay-Charente & à Rochefort, où elle forme un grand port; enfin, à Soubise, & se rend à la mer en face de l'île d'Aix & de l'île d'Oléron. A droite, la Charente reçoit deux ruisseaux à côté de Dompierre, puis une troisième rivière au dessous de Taillebourg, ensuite la Boutonne, qui passe à Saint-Jean-d'Angély & à Tonnay-Boutonne, & dont la tête est abreuvée par la belle rivière réunie à trois embranchemens, dont celui du milieu passe à Aunoy, puis par la Nie, qui prend sa source à Nère.

A gauche, la Charente reçoit la Seugne, qui a sa source à Monlieu, passe à Léoville, à Jonsac & à Pons. Cette petite rivière est abreuvée ensuite par six ruisseaux; plus bas sont, au dessous de Jonsac, de chaque côté, les produits de quatre embranchemens réunis; enfin, à la hauteur de Rochefort, la Charente reçoit, à droite, la Gore, qui prend sa source à Mauzé & passe à Surgères, &, à gauche, la rivière de Pont-l'Abbé. A l'embouchure de la Charente est la petite île d'Aix, où vont mouiller des vaisseaux qui partent de Rochefort.

Maintenant si nous passons à la bordure septentrionale que suit la Sèvre, & qui passe à Marans, nous trouverons qu'elle reçoit, à gauche, le Mignon, puis deux autres rivières de l'intérieur, dont l'une arrose Aigrefeuille.

Il ne me reste plus que la Seudre qui passe à Saujon, & dont l'embouchure, qui est fort large, sert à entretenir le détroit qui sépare l'île d'Oléron de la terre-ferme, & qui est connu sous le nom de *Pertuis de Maumusson*. A gauche, la Seudre reçoit la rivière de Paray, qui passe à Coze.

La pointe sud-est du département est arrosée par plusieurs petites rivières, dont quelques-unes passent à Montendre & à Montlieu, & d'autres à Montguyon & Saint-Aigulin. C'est entr'autres la rivière de Palais, qui a les deux embranchemens de Larry & de Mouzon, & là c'est la Dronze, qui passe à Saint-Aigulin.

La Gironde reçoit de petites rivières, & offre quelques îles alongées, & en particulier celle de la Tour-de-Cordouan.

Les principales villes de ce département sont Saintes, la Rochelle, Rochefort, Saint-Jean-d'Angély & Jonsac.

Brisembourg. Poterie.

Coze. Commerce de grains, vins & fruits.

Marans, petite ville située à côté de marais salans, près la Sèvre niortoise. Commerce de blés & farines.

Marennes, petite ville près de la mer. Commerce d'huîtres vertes & de sel gris.

Miranbeaux. Mulets.

L'île d'Oléron. Son commerce consiste en sel, vins & eau-de-vie: elle est très-bien cultivée.

Rochefort, port de mer sur la Charente. Marine militaire, que nous ferons connoître plus en détail.

La Rochelle, grande & forte ville. Son commerce consiste en vins, eau-de-vie, sel, raffinerie de sucre.

Royan, petite ville, près l'embouchure de la Gironde. Pêche de sardines.

Saint-Jean-d'Angély, petite ville, sur la Boutonne. Son commerce consiste en vins & eau-de-vie.

Saint-Savinien. Commerce de grains & eau-de-vie.

Saintes, ancienne & grande ville. Son commerce consiste en vins, eau-de-vie, grains, étamines, bonneteries de laine & tanneries.

Surgères. Commerce de chevaux, bœufs & moutons.

Ce pays est fertile; mais vers la mer il y a des marais dont l'eau stagnante est un voisinage funeste, surtout pour la ville de la Rochelle. On en tire du sel & de bonnes huîtres, & sur les côtes on pêche de très-bonnes sardines.

La poterie de Brisembourg offre un phénomène rare, & qui met à découvert ce qui se passe dans les souterrains à la suite de la circulation de l'eau des sources. Il est à croire que souvent l'eau souterraine trouve à se frayer à elle-même, sans qu'il y ait des vallons approfondis, des routes pour s'épancher au dehors, & va chercher, par ce moyen, des vallons où elle fournit à des sources.

Ce fait peut être fort commun sans qu'on en ait des preuves. J'en ai une qui est très-décisive, & qui renferme toutes les circonstances de la théorie que je viens d'indiquer.

Au fond d'un vallon sec on a creusé une carrière où l'on a enlevé, du fond de ce vallon, un massif de couches de pierres calcaires d'environ trente ou quarante pieds cubes dans tous les sens. Un peu avant de parvenir au fond de la carrière, on a trouvé un tuyau naturel, un aqueduc souterrain, où couloit un volume d'eau considérable qui se dirigeoit vers un vallon approfondi fort éloigné de cette carrière, & qui étoit le prolongement du vallon ébauché. L'abondance de cette eau a déterminé à creuser davantage dans cette carrière, pour y placer un moulin qui tourne par le moyen de cette eau que fournit l'aqueduc. Cette eau, après avoir fait mouvoir la roue du moulin, se retrouve à l'embouchure du prolongement de l'aqueduc souterrain; ce qui rétablit la marche de l'eau souterraine, qui continue à se porter au débouché naturel de la source. Lorsqu'on arrête toute l'eau dans un bassin qui est creusé au dessus du moulin, & dans les tems de sécheresse, les sources qui sont sur le bord de la Charente éprouvent une intermittence qui ne dure que pendant le chomage du moulin.

Si l'eau des pluies, qui a ébauché le vallon, l'eût approfondi d'une trentaine de pieds, l'eau qui se seroit échappée du rocher auroit continué à couler à la superficie de la terre, en suivant le fond du vallon; mais comme le travail de l'eau pluviale est resté dans cet état d'imperfection, l'eau qui étoit recueillie au dessous du fond du vallon, n'a été déterminée à couler dans l'aqueduc souterrain que lorsque le vallon de la Charente lui a ouvert un débouché favorable au dessous de son niveau.

Ceci prouve que l'eau des sources vient souvent de loin, & fait des trajets assez longs au milieu des couches horizontales souterraines, en s'y frayant des routes par les fentes perpendiculaires, par les intervalles d'une couche à l'autre, & par tous les accidens qui interrompent, de quelque manière que ce soit, les bancs solides & terreux qui sont à la surface du Globe.

C'est à la suite de ce que je dois faire connoître sur le département de la *Charente-Inférieure* & sur le cours de cette rivière, qu'il convient de joindre la description raisonnée des côtes du pays d'Aunis. J'y vois d'abord l'embouchure de la Charente, dont les détails sont très-intéressans; car lorsqu'on examine les environs de cette embouchure, on trouve que l'activité de cette eau courante a ouvert le *Pertuis d'Antioche*, & séparé, en creusant cette baie, les deux îles de Ré & d'Oléron, l'île d'Aix & l'île Madame. On reconnoît en même tems qu'en approfondissant son canal, elle a préparé l'étendue des bassins du port de Rochefort, après avoir organisé, par le prolongement de ce canal, une forme de rade à portée de ce port. Ce sont tous ces avantages que j'ambitionne de mettre ſous les yeux des phyſiciens qui s'intéreſſent à reconnoître, dans les côtes de l'Océan, les effets combinés des marées avec ceux des eaux courantes de l'intérieur des terres du Continent.

La rade de Rochefort eſt compriſe, à l'embouchure de la Charente, entre l'île d'Aix, la pointe de Fouras & la pointe des Palmes, à l'extrémité nord-oueſt de l'île Madame. Ainſi, quoique les îles de Ré & d'Oléron, les côtes de l'Aunis, ſemblent circonſcrire un baſſin très-vaſte, le mouillage des vaiſſeaux qui ſortent du port de Rochefort eſt cependant très-peu étendu.

Les côtes du Continent ſont en général très-baſſes; mais cependant, en pluſieurs endroits, elles ſont coupées à pic, & offrent des bancs & couches de pierres calcaires, dans leſquels on ne remarque pas des lits de rognons ſiliceux. Le maſſif de l'île d'Aix eſt de même nature que celui d'Énet, ainſi que les rochers qui s'étendent entr'elle & la pointe de l'Aiguille, ſous le château de Fouras. On peut donc, je crois, en conclure, avec raiſon, que ces petites îles ont autrefois tenu au continent de l'Aunis. Quant à l'île Madame, on n'en peut douter, puiſque même encore, à la marée baſſe, elle eſt unie à la côte par un iſthme de ſable.

Si l'on s'avance dans le ſud du côté de Brouage, la côte devient plus baſſe, & on n'y voit plus de rocher ni d'eſcarpement calcaire, mais une plage ſabloneuſe qui s'étend juſqu'à l'embouchure de la Gironde, & même juſqu'à celle de l'Adour.

Je crois qu'on ne peut guère douter que l'île d'Oléron, dont le ſol eſt entiérement ſabloneux & rempli de ces amoncellemens connus ſous le nom de *dunes*, n'ait jadis tenu à cette partie de la côte, & que le pertuis de Maumuſſon, qui l'en ſépare, n'ait été bouché. Le peu de profondeur de l'eau dans ce pertuis, & les bancs dont il eſt encore obſtrué, ſemblent confirmer cette opinion.

Voici, je crois, comment on peut expliquer la formation de ce pertuis, & ce qui a donné lieu à la rupture de l'iſthme qui uniſſoit Oléron à la côte.

Les marées produiſent des courans violens dans le golfe de Gaſcogne; ces courans ſont portés, avec la plus grande rapidité, dans la rade de Rochefort, par le large pertuis d'Antioche (entre l'île d'Oléron & celle de Ré). Leur viteſſe eſt encore augmentée par l'impulſion des vents du large, qui, pendant preſque tout l'hiver, ſoufflent du nord-oueſt, & par conſéquent embouchent directement le pertuis. La mer ſe trouvant par-là portée, avec impétuoſité, du nord-oueſt au ſud-eſt, dans le cul-de-ſac que je ſuppoſe avoir exiſté, la langue ſabloneuſe qui joignoit Oléron à la côte, aura dû être détruite par ſon impulſion & ſa tendance à s'ouvrir un paſſage vers le ſud.

Par la maſſe de ſes eaux que ſoulèvent & abaiſſent ſucceſſivement le flux & le reflux contre les terres, l'Océan eſt venu compléter les premiers travaux des rivières. Ainſi, d'après cette double conſidération, on peut ſans difficulté entendre toutes les opérations de la nature, parce que l'on embraſſe tous les réſultats des différens agens qu'elle peut avoir à ſa diſpoſition.

Sans la rapidité de ces courans, le pertuis de Maumuſſon ſeroit bientôt comblé par le ſable qui provient des dunes de l'île d'Oléron, & que les vents du nord-oueſt y amaſſent ſans ceſſe; mais la violence des marées entraîne chaque jour autant de ſable qu'il en avoit été jeté.

Un raiſonnement ſemblable peut expliquer la formation du pertuis Breton, entre l'île de Ré & la côte du Bas-Poitou.

Ainſi donc je penſe qu'il eſt probable que les îles de Ré & d'Oléron tenoient jadis au Continent, & que la rade de Rochefort & le pertuis Breton étoient, dans les premiers tems, deux baies profondes, ouvertes ſur l'Océan par les eaux courantes des Sèvres d'un côté, & de la Charente de l'autre. Ce ſont ces deux forces actives auxquelles on doit la formation de ces deux baies, comme je l'ai prouvé dans mes premières obſervations.

Si je me tranſporte à l'embouchure des deux Sèvres, je trouve le même ſyſtème d'opérations des eaux courantes de l'intérieur, combiné avec l'action de l'Océan & l'ouverture du pertuis Breton, entre l'île de Ré & la côte du Bas-Poitou. Le flanc de la côte de l'île de Ré eſt très-altéré par les deux golfes des Lois & d'Ars; mais les altérations de cette côte ſont peu de choſe ſi on la compare à la côte du Bas-Poitou. J'y trouve d'abord l'Aiguillon & la pointe d'Aiguillon, qui ſont alternativement les embouchures de la rivière de Lay, & puis une pointe de terre fort avancée; enſuite le golfe d'Aiguillon avec les vaſes de Saint-Michel, amenées par les rivières qui arrondiſſent cette côte du golfe. A l'extrémité eſt l'embouchure intéreſſante de la Sèvre, dont le double canal ſe termine par des eaux ſtagnantes qui environnent pluſieurs îles qui s'oppoſent en partie à leur cours, & auxquelles il faut ajouter la Vendée, rivière qui ſe joint à ces grandes eaux ſtagnantes. Quoiqu'on doive croire que ces marais n'aient pas exiſté de tout tems dans le cours des deux Sèvres & de la Vendée, & que leurs eaux courantes aient eu aſſez de force, dans les premiers tems, pour ouvrir le pertuis Breton, cependant ce pertuis a aſſez peu de profondeur pour s'oppoſer à la navigation des frégates dans cette eſpèce de golfe.

La nature des fonds dans les pertuis eſt aſſez variable. La ſonde rapporte du ſable dans toute l'étendue du pertuis d'Antioche; mais près de l'île d'Aix, à l'endroit où les vaiſſeaux de guerre mouillent, les marins m'ont appris qu'il eſt d'une vaſe très-molle, & que les ancres s'y enfoncent à une profondeur ſi conſidérable, qu'on a ſouvent beaucoup de peine à les en retirer. La tenue y est donc excellente ; mais on a remarqué que ce fond vaseux a l'inconvénient de pourrir promptement les cables.

Sur le mouillage qui s'étend depuis la pointe méridionale de l'île d'Aix jusqu'à l'extrémité de la pointe des Palmes, on ne trouve que dix à douze brasses d'eau.

Le fond est de roche entre l'île d'Aix & celle d'Énet, & l'on passe rarement par cet intervalle à cause du peu de profondeur de l'eau.

Le passage du pertuis Breton est dangereux pour les grands bâtimens à cause des roches entre lesquelles il se trouve resserré, & l'on ne doit jamais l'essayer sans avoir un vent & une marée favorables.

Quant au pertuis d'Antioche, le seul fréquenté, en tems de paix, par toutes sortes de bâtimens, sa grande largeur, qui leur permet de louvoyer, en fait une passe parfaitement sûre, le brassiage y étant d'ailleurs assez considérable.

Le pertuis de Maumusson n'est praticable que pour des navires de trente à quarante tonneaux au plus.

On voit, par les détails qui précèdent, que plusieurs raisons ont déterminé l'établissement d'un port de guerre à Rochefort : d'abord le canal large & profond de la Charente, qui offroit plusieurs bassins de construction ; ensuite la facilité du transport des bois propres à la construction des vaisseaux, depuis les forêts jusqu'au port ; enfin, la facilité de sortir de la rade, de tous vents, par le pertuis d'Antioche, dans lequel on peut courir de longues bordées. Quant à la rade elle-même, elle a, comme on l'a déjà dit, une tenue excellente ; du reste, elle est exposée à tous les coups de vent : les terres qui l'environnent, sont trop basses pour lui servir d'abri contre les violentes raffales qui y passent surtout l'hiver. La mer y est très-grosse, & cela, joint à la grande distance qu'il y a du mouillage au port (elle est à cinq lieues), rend les communications difficiles pour l'approvisionnement des escadres qui sont sur cette rade ; car on ne peut armer les vaisseaux dans le port.

CHARENTON, village situé à une lieue de Paris, à l'est, sur les bords de la Marne, & près de l'embouchure de cette rivière dans la Seine.

Charenton est dominé par une côte escarpée, formée de couches calcaires, & qui porte le nom de *coteau Saint-Maurice*. Cette côte s'affaisse insensiblement jusqu'à Saint-Maur, où elle n'existe plus, mais en face duquel commence à s'élever le bord escarpé de Champigny.

CHARIX, village du département de l'Ain, arrondissement & canton de Nantua, & à une lieue deux tiers de cette ville. Il y a dans ce village deux scieries, un moulin à tan, & une usine où l'on fabrique des pointes de Paris.

CHARLE-FONTAINE, village du département de l'Aisne. Il y a une verrerie dans ce village.

CHARLEROI, ville du département de Jemmapes, arrondissement de Rocroy. On trouve, dans le territoire de *Charleroi*, des mines de charbon considérables. Bruxelles en consomme à elle seule six mille chariots, pesant chacun treize milliers.

CHARLEVAL, bourg du département de l'Eure, arrondissement des Andelys, sur la Lieure, près de la rivière d'Andelle. Il y a une imprimerie d'indiennes & une papeterie. Les environs sont fertiles. Il y a aussi des forêts bien fournies de gibier, & de riches pâturages.

CHARLEVILLE, ville du département des Ardennes, arrondissement de Mézières, & à un quart de lieue de cette ville, sur la rive gauche de la Meuse. On y admire une fontaine en marbre. Il y a des manufactures d'armes à feu, de clous, de verres de plusieurs espèces, de vergettes composées de bruyères, de poteries de terre. Il y a aux environs des carrières de marbre & d'ardoise, & des mines de fer.

CHARLIEU, ville du département de la Loire, arrondissement de Roane, & à trois lieues & demie nord-est de cette ville. Cette ville est située dans un vallon agréable & fertile, & au milieu de ce qu'on appeloit autrefois la *Vallée-Noire*, sur le ruisseau de Saint-Sornin. On a toujours fait, dans cette ville, un commerce de bétail. On trouve, dans ses environs, beaucoup de mines de fer. On tire de *Charlieu* de la terre propre à faire de la faïence, & des creusets pour la verrerie ou pour la monnoie.

CHARLOTTE (Canal de la Reine). L'entrée du canal de la reine *Charlotte*, dans la Nouvelle-Zélande, gît au 41e. degré de latitude sud, & au 184e. degré 45 min. de longitude ouest (méridien de Greenwich), & à peu près au milieu du côté sud-ouest du détroit où il est situé. La terre de la pointe sud-est du canal, appelée, par les naturels du pays, *Koamaroo*, & à la hauteur de laquelle il y a deux petites îles & quelques rochers, forme la pointe la plus étroite du détroit. De la pointe nord-ouest, un récif de rocher, dont une partie est au dessus de l'eau & l'autre au dessous, se prolonge à environ deux milles dans la direction du nord-est un quart nord. Ces points suffisent pour faire connoître le canal. A l'entrée il a trois lieues de large ; il court sud-ouest un quart sud-sud-ouest & ouest-sud-ouest, dans un espace d'au moins dix lieues, & il contient quelques-uns des plus beaux havres qu'il soit possible de trouver. La terre qui fait le havre ou l'anse dans laquelle mouilla le capitaine Cook, est appelée *Tortarranne* par les Indiens. Le havre lui-même, que l'illustre navigateur a nommé *Anse-du-Vaisseau*, n'est inférieur, pour la commodité ou la sûreté, à aucun autre du canal; il gît sur le côté ouest du canal, & c'est la plus méridionale des trois anses qui soient en-dedans de l'île Motuara, qui est à l'est relativement à l'anse. On peut entrer dans l'Anse-du-Vaisseau, ou entre Motuara & une île longue appelée *Hamote* par les naturels du pays, ou entre Motuara & la côte occidentale. Dans la dernière de ces routes il y a deux bancs de rochers à trois brasses sous l'eau, qu'on peut reconnoître aisément par les herbes marines qui croissent dessus. En entrant ou en sortant du canal avec un petit vent, il faut faire attention aux marées qui montent sur les neuf ou dix heures dans les pleines & les nouvelles lunes, & qui s'élèvent & retombent perpendiculairement de sept à huit pieds. Le flot vient à travers le détroit du sud-est, & porte avec force sur la pointe nord-ouest, & sur le récif qui gît en son travers. Le jussant court, avec une rapidité encore plus grande, au sud-est.

Dans les environs de ce canal, la terre, qui est si élevée qu'on l'apperçoit à la distance de vingt lieues, est composée entièrement de hautes collines & de vallées, couvertes d'un grand nombre d'excellens bois, propres pour toutes sortes d'ouvrages, excepté des mâts, car ils sont trop durs & trop pesans pour cela. Les collines, qui sont à sommets émoussés, y commencent au bord de la mer. L'œil apperçoit sur les flancs des collines, jusqu'à une distance considérable, des vallées ou plutôt des empreintes des vagues qui n'ont point de profondeur, & qui, du côté du rivage, aboutissent à une petite anse dont la grêve est de sable ou de caillou. On trouve derrière cette grêve un terrain plat de peu d'étendue : c'est là que les naturels bâtissent ordinairement leurs cabanes. La position en est d'autant plus commode, que chacune des anses offre un joli ruisseau poissonneux, qui a son embouchure dans l'Océan.

Les habitans de ce canton ne sont pas nombreux. Ils vivent dispersés le long des côtes, dans les endroits où ils peuvent se procurer plus facilement du poisson & de la racine de fougère dont ils font leur nourriture, car on ne voit point de terrain cultivé. Lorsqu'ils sont menacés de quelque danger, ils se retirent dans leurs *hippahs* ou forts. Ils sont pauvres en comparaison des autres Indiens de ce pays, & leurs pirogues sont sans ornement. Le peu de trafic qu'on fait avec eux consiste en poissons, & véritablement ils n'ont guère autre chose qu'ils puissent vendre. Ils semblent cependant avoir quelque connoissance du fer, connoissance que n'ont pas les habitans des autres pays; car ils changent volontiers leurs poissons contre des clous, & même ils paroissent quelquefois les préférer à toutes les autres choses qu'on peut leur donner. Ils ne paroissent pas attacher beaucoup de valeur à l'étoffe d'O-Taïti; mais ils estiment beaucoup le gros drap d'Angleterre & le kersey rouge; ce qui prouve qu'ils ont assez de bon sens pour apprécier les marchandises qu'on leur offre, éloge qu'on ne peut pas faire de quelques-uns de leurs voisins, qui avoient d'ailleurs meilleure mine. (*Voyez, pour leur caractère physique & moral, ce qui est dit à ce sujet au mot* ZELANDE (Nouvelle-).)

CHARLY, village du département du Cher, arrondissement de Saint-Amand. Il existe dans son voisinage des carrières de pierres dures, d'un grain très-fin, & susceptibles de poli : on peut par conséquent les employer à l'ornement intérieur & extérieur des édifices. Les statues de la superbe façade de Saint-Étienne de Bourges & l'escalier de la tour sont formés de cette pierre.

CHARLY-SUR-MARNE, bourg du département de l'Aisne, arrondissement de Château-Thierry, & à deux lieues & demie sud-ouest de cette ville. Les promenades de *Charly* sont agréables. Il y a dans ce bourg trois fonderies en cuivre. Le terrain des environs est très-fertile & bien cultivé.

CHARMES-SUR-MOSELLE, ville du département des Vosges, arrondissement de Mirecourt, & à trois lieues nord-est de cette ville. *Charmes* est située sur la rive gauche de la Moselle, que l'on y passe sur un pont de dix arches. Son territoire est fort fertile en grains, en vins & en bois. On y remarque aux fenêtres beaucoup de verres peints d'assez bon goût, qui sont assez bien conservés. Ceci indique l'atelier d'un de ces anciens peintres si habiles & si fameux, dont l'art a cessé d'être en vigueur.

CHARMONT, village du département de Seine & Oise, arrondissement de Mantes, canton de Magny, & à trois lieues de Mantes. Il y a dans ce village un pressoir à cidre; ce qui annonce le centre d'une culture de pommiers d'excellente qualité.

CHARNIE, petit pays dans le Haut-Maine. Sainte-Suzanne en étoit le chef-lieu. *Charnie* fait partie actuellement du département de la Mayenne.

CHARNIE (la grande Forêt de), département de la Sarthe, arrondissement du Mans, canton de Loué, à trois lieues sud-ouest de Sillé. Elle a trois mille six cents toises de long, sur environ deux mille six cents toises de large.

CHARNIE (la petite Forêt de), même département, même arrondissement. Elle a deux mille cinq cents toises de long, sur douze cents toises de large.

CHAROLLES, ville du département de Saône

& Loire, entre deux coteaux, sur la Reconce. Cette ville étoit la capitale du ci-devant Charolois. Son commerce actuel consiste en grains, vins, bétail, bois de construction & merrain. Sur la route de *Charolles* à Mâcon, près du château du Taureau, on trouve des cristaux & du jaspe ondé extrêmement dur.

CHAROLLES (Forêt de), département de Saône & Loire, arrondissement & canton de Charolles, & à un quart de lieue ouest de cette ville. Elle a trois mille toises de long, sur dix-huit cents toises de large.

CHAROLOIS (le). C'étoit un comté de la ci-devant province de Bourgogne. Ce pays est environné de tous côtés par de hautes montagnes, l'intérieur étant rempli de collines. Il produit du froment, du seigle, des bois de haute futaie & des taillis. Il y a beaucoup d'étangs très-poissonneux. Les bois de service & le merrain se transportent à Paris par la Loire & le canal de Briare. Le *Charolois* fait partie aujourd'hui du département de Saône & Loire. On renvoie à ce département pour les productions de cette contrée intéressante.

CHAROST, village du département du Cher, arrondissement de Bourges. Près du château il y a une ocrerie qui fournit beaucoup d'ocre de très-belle qualité. Les bois de Fond-Mureau ne sont pas éloignés de ce village. Son territoire est propre aux pâturages. On recueille du fort bon vin aux environs.

CHAROUX, ville du département de la Vienne, près de la branche supérieure de la Charente. Comme cette ville donne son nom au N°. 68 de la Carte topographique de la France, je me propose, à son article, de publier la description détaillée de son hydrographie, en faisant mention des ruisseaux latéraux qui se réunissent aux rivières principales, surtout dans les parties de leurs cours qui traversent l'ancienne terre, à la suite de ce qui se voit depuis Chabanois jusqu'à Confolens. Effectivement, si l'on embrasse les différens systèmes de distribution des eaux qu'on peut suivre sur la planche de *Charoux*, on trouvera plusieurs grandes pentes très-remarquables. D'abord, celle de la Vienne, qui se dirige droit au nord, mais qui, dans les environs de Confolens, réunit à son lit plusieurs ruisseaux, tels que ces rivières principales ont coutume de les réunir lorsqu'elles parcourent les différentes contrées de l'ancienne terre du Limousin, & dont les environs de Confolens font partie, comme je m'en suis assuré par une observation suivie. C'est le même système d'embranchemens nombreux & fort alongés, qui se trouve aux environs de l'Oradour & de l'Uchat, à l'origine des Grands-Blourds, rivière qui se jette dans la Vienne après qu'elles ont quitté l'ancienne terre, & qu'elles ont parcouru la nouvelle terre, réduites à leur lit.

En revenant, près de Confolens, dans le district de l'ancienne terre du Limousin, on trouve, à la gauche de la Vienne, les sources du Clain & du Tronson, qui s'offrent avec les petits & nombreux ruisseaux latéraux qui caractérisent l'ancienne terre, comme je l'ai déjà remarqué ci-devant; après quoi le Clain se réunit au Préhobe & à la Cloire, qui l'entraînent au nord-ouest. C'est après un cours assez long dans cette direction, que le Clain rencontre les deux rivières de Dive & de Boulieur, qui non-seulement l'enrichissent beaucoup, mais le redressent droit au nord.

Si je reviens au midi, je trouve la Charente, qui, après avoir quitté le Limousin où elle prend son origine, comme je l'expose ailleurs, continue à se porter droit au nord, en se prolongeant dans cette planche où elle rassemble plusieurs ruisseaux latéraux qui présentent les formes propres à l'ancienne terre, surtout dans les environs d'Alloue, de Benest & d'Épenède. C'est là que l'on peut contempler des assemblages de nombreux vallons, tous abreuvés par des filets d'eau, comme près de Confolens; ensuite la Charente fléchit son cours à l'ouest vers *Charoux* & Civray, en suivant une marche très-remarquable; car, rencontrant une contre-pente décidée, elle descend brusquement au midi, en serpentant sur la ligne de Voulême, de Lisle, de Condat, de Ruffec & de Verteuil. Ces oscillations moyennes continuent jusqu'à Mansle sur la planche d'Angoulême, ainsi que celles d'une rivière latérale qui se jette dans la Charente; mais ces oscillations s'agrandissent considérablement au dessous de Mansle jusqu'à Angoulême, & même au-delà.

Dans le terrain qu'embrasse la Charente, planche de *Charoux*, je suis le cours de deux rivières: d'abord, l'Argent & l'Or, qui, réunies, forment l'Argentor, ensuite la Lisonne, lesquelles ne rassemblent aucun ruisseau latéral. Je terminerai la notice de la planche de *Charoux* par indiquer, sur la partie de l'ouest, trois pentes fort abreuvées, dont l'une, au midi, offre l'Osne & la Portauderie; la seconde, à l'ouest, reçoit la Boutonne & la Berlaude; enfin, la pente nord-ouest offre l'origine de la Sèvre, qui devient bien importante puisqu'elle donne son nom au département, & qu'elle a ouvert, par son embouchure à la mer, un pertuis célèbre parmi les navigateurs.

CHARQUEMONT, village du département du Doubs, arrondissement de Saint-Hippolyte. Il y a deux filons de mines d'argent, qui ont été ouverts & ensuite abandonnés.

CHARTRAIN (Pays) ou la Beauce proprement dite. Ce petit pays étoit du ci-devant gouvernement de l'Orléanois, faisant la partie du nord de la Beauce. Il eſt borné, au ſeptentrion, par le ci-devant Mantois & le Hurepoix ; au levant, par le Gâtinois & l'Orléanois ; au midi, par l'Orléanois proprement dit & par le Dunois ; au couchant, par le Perche-Gouet & le Timerais. C'étoit le principal des trois petits pays ; & ce que nous avons dit des productions de ce dernier, convient particuliérement au pays *Chartrain*. Cette grande contrée n'a preſque pas de bois ; mais elle eſt, de toutes celles de la France, la plus abondante en blé.

Le pays *Chartrain* a environ ſeize lieues dans ſa plus grande longueur du levant au couchant, & environ treize lieues dans ſa plus grande largeur du ſeptentrion au midi. Il eſt arroſé par l'Eure, la Voiſe & l'Ozane. Il y a dans ſon territoire un canal ou aqueduc connu ſous le nom d'*aqueduc de Maintenon*, qui eſt dépendant de la rivière d'Eure, vis-à-vis Pontgouin, & au même courant d'eau près de Maintenon. Ce travail fut entrepris ſous Louis XIV, dans l'intention de conduire des eaux à Verſailles ; mais il a été abandonné malgré les grands moyens qu'il offroit, & qu'il offre toujours pour alimenter d'eau cette grande ville. Le pays *Chartrain* fait partie aujourd'hui du département d'Eure & Loire.

CHARTRES, ville, chef-lieu de département, d'arrondiſſement & de canton du département d'Eure & Loire, ſur l'Eure, dans un territoire très-fertile. *Chartres* étoit la ville principale de la Beauce, & en particulier du pays Chartrain dont nous venons de donner la notice. Les druides y tenoient leurs aſſemblées. Elle étoit la capitale des *Carnutes*, peuples les plus puiſſans de la Gaule celtique. L'induſtrie de cette ville conſiſte en fabriques d'étoffes de laine, de bas au tricot & bonneterie. On fait de ces objets un grand commerce, ainſi que des grains & foins que le territoire produit en abondance.

Dans le faubourg Saint-Maurice il y a une fontaine dont l'eau a une vertu ſouveraine contre les affections chroniques, & près des remparts de cette ville, dans une prairie, on voit couler, en pluſieurs endroits, des eaux minérales ferrugineuſes. Lorſque ces eaux ſont nouvellement ſorties de leur ſource, elles ont la propriété d'extraire la teinture de noix de gale ; mais dès qu'elles ont ſéjourné à l'air & dépoſé, elles perdent cette propriété. On leur attribue, dans toute leur force, une vertu déſopilative : elles ſont par conſéquent très-bien indiquées, d'après l'opinion des médecins, contre la jauniſſe, la cachéxie & autres affections chroniques.

CHARTREUSE (la Grande), près de Grenoble, département de l'Iſère. Le chemin qui conduit de Grenoble à la grande *Chartreuſe* ſe nomme *le Sapé*. Ce chemin, depuis ſon entrée dans les montagnes un peu au-deſſus de Saint-Laurent-du-Pont juſqu'à la grande *Chartreuſe*, dans la longueur de près de trois fortes lieues, étoit beau & bien entretenu par ces Religieux. Il eſt preſque partout coupé dans les rochers qui forment, en beaucoup d'endroits, une demi-voûte au deſſus du chemin, mais trop baſſe pour que les voitures puiſſent y paſſer. Les ponts de pierres de taille, les murs de ſouténement, les aqueducs & autres ouvrages faits pour conſerver les chemins, étonnent autant que la ſingularité du pays. Cette belle route eſt le réſultat de cinq à ſix cents ans de travail & d'induſtrie. Le chemin ſuit les bords & les détours d'un torrent qu'on nomme le *Guyer*, qui prend ſa ſource près la grande *Chartreuſe*, & va paſſer au pont de Bon-Voiſin. Cette rivière, très-difficile à contenir, eſt ruineuſe en réparations ; elle emporte ſouvent, par ſa rapidité, toutes les écluſes. Les montagnes qui la bordent des deux côtés, ſont très-hautes, très-eſcarpées, & forment une gorge fort étroite. En pluſieurs endroits le paſſage ſe trouve tellement ſerré entre des murs à pics & des précipices effrayans par leur profondeur, qu'une ſeule compagnie pourroit y arrêter une armée. Cependant le pays paroît beaucoup moins ſauvage que pluſieurs autres parties du ci-devant Dauphiné, tels que les bords de la Romanche, & le reſte de la petite route de Grenoble à Briançon : là toutes les montagnes ſont en ruines, & tout eſt hériſſé de leurs horribles débris. Celles de la grande *Chartreuſe* ſont couvertes de bois de toutes parts : les chênes, les fayards, les ſapins, ſont les ſeules eſpèces qu'on y rencontre, entremêlées d'une grande quantité de bois blancs. Ces bois, que les Religieux entretenoient & ménageoient avec beaucoup de ſoins, ſervent à conſerver leurs montagnes, en empêchant la chute des terres & des rochers.

On pourroit conſerver de même une grande partie du Haut-Dauphiné, où on ne voit que des ruines & des débris immenſes partout où les bois ont manqué. Les nombreux troupeaux de chèvres que l'on nourrit en Dauphiné contribuent beaucoup à la ruine des bois, qui ſera bientôt ſuivie de celle des montagnes. On ne rencontre point de chèvres dans les vaſtes domaines de la *Chartreuſe*, & les bois y ſont dans le meilleur état. Un autre moyen que les Chartreux employoient pour conſerver les terres productives ſur les penchans rapides de ces montagnes, conſiſtoit à partager les eaux ſur les hauteurs, à leur ménager différens écoulemens par des rigoles creuſées dans des bancs de pierres dures, avant qu'elles euſſent acquis aſſez de volume pour ne pouvoir plus être gouvernées. Ils empêchoient, par cet artifice, la formation des ravines profondes, & le déchauſſement des rochers. La terre féconde & les jeunes arbres qui n'ont point encore aſſez d'attache ne ſont point entraînés, au fond des précipices, par les pluies d'orages ni par les fontes des neiges : les eaux qui ſe précipitent en caſcades ſur des bancs de rochers n'y font que des dégradations peu sensibles, & toutes les terres sont en sûreté. (*Voyez l'article* CULTURE DES MONTAGNES.)

Ces observations importantes & les conséquences qu'on doit en tirer pourroient être utiles dans beaucoup d'endroits du Dauphiné, qui deviendront dans la suite tout-à-fait déserts si l'on n'y met ordre. Après avoir passé cinq à six mois ensevelis sous la neige dans leurs cabanes, les habitans de ces pays sauvages sont souvent exposés à voir leurs cultures couvertes d'un déluge de pierres que les eaux entraînent du haut des montagnes, & ces pierres en éclats sont quelquefois accompagnées ou suivies par des masses énormes de rochers; en sorte que non-seulement quelques habitations, mais des villages entiers sont abandonnés lorsque ces accidens arrivent. Il n'auroit pas été difficile de les prévenir, mais alors il est impossible d'y remédier.

Tout le pays qu'on nomme *montagnes de la Chartreuse*, depuis Saint-Laurent-du-Pont jusqu'à leurs sommets, qui en sont éloignés de quatre lieues, ne présente de tous côtés que des masses énormes de pierres calcaires, coupées, en quelques endroits, par des bancs de schistes. Il en est de même du revers de ces montagnes qui bordent le vallon de l'Isère: on n'y trouve que des pierres calcaires, & les schistes qu'on y rencontre, font effervescence avec les acides. Les montagnes que l'on traverse entre Saint-Étienne & Saint-Laurent-du-Pont, en allant de Voiron à la grande *Chartreuse*, ne présentent de même que des rochers calcaires d'une grande hauteur: ces rochers sont partout divisés en différentes couches, quelquefois horizontales, mais aussi souvent inclinées sur toutes sortes de directions.

Dans l'étendue des possessions vastes de la *Chartreuse* on y faisoit exploiter trois mines de fer, deux à la montagne de Janieux, dont une est une sorte de maillot, & l'autre une terre jaunâtre assez pesante, de couleur d'ocre; la troisième est à la montagne de Bouvines. Ces trois filons, dont la gangue ne fait point effervescence avec l'esprit de nitre, sont épontés par des bancs de pierres calcaires. La gueuse qu'on en tire, donne un fer très-doux, mais il n'est point propre à faire de l'acier. On n'y emploie pour fondant que le tuf, sans aucun mélange d'argile. On fond la mine avec le charbon de bois dur, c'est-à-dire, de chêne ou de fayard; mais pour forger le fer, on n'emploie que le charbon de sapin, qui convient mieux à la forge, en ce qu'il est gras & résineux. On observe que les charbons des bois qui croissent sur des rochers calcaires, sont beaucoup plus propres à traiter le fer, que ceux des bois qui poussent sur les granits & autres pierres de même nature.

Quoi qu'il en soit, les fers de la grande *Chartreuse* sont d'une excellente qualité, & il n'en sort pas de meilleurs des autres forges de l'Empire. L'expérience a fait connoître aux Frères qui gouvernoient ces usines, que la qualité du charbon influe beaucoup sur celle du fer; que le charbon des jeunes arbres n'est point propre à donner une bonne fonte, & que le charbon n'a ces qualités requises que lorsque les arbres ont plus de vingt-cinq ans. Cette observation peut être importante, & mériteroit qu'on en fît une suite d'expériences pour constater les différens effets des charbons sur les mines. Cette recherche tendroit à améliorer les forges de l'Empire, qui presque partout sont conduites au hasard, & fort négligées faute de connoissances, tant sur la nature des mines & de leurs gangues, que sur la nature des fondans qui leur conviennent, & sur le choix des charbons qu'il faut employer pour les fondre & pour les forger.

La grande *Chartreuse* est très-remarquable par sa position dans un désert qui autrefois étoit presqu'inaccessible; elle est encore aujourd'hui fort éloignée de toute habitation. Cette maison est située dans un vallon sauvage, dominé par des montagnes & des rochers escarpés du côté du midi. Autrefois l'habitation des Chartreux étoit établie dans un lieu plus élevé, à plus d'une demi-lieue de marche de son emplacement actuel; mais elle étoit alors ensevelie sous les neiges pendant plus de huit mois de l'année, dans un lieu qu'on nomme *Saint-Bruno*, peu éloigné des cimes des montagnes; elle est à présent dans un climat un peu plus doux, sur un terrain moins escarpé & plus agréable à tous égards. Une des raisons principales qui détermina ces Solitaires à changer le lieu de leur habitation, fut la chute continuelle des rochers. Ces masses énormes ont plusieurs fois renversé leurs cellules, & plusieurs Religieux en ont été écrasés.

On ne pouvoit qu'être émerveillé du coup-d'œil & de la surprise agréable qu'offroit cette maison, dont les bâtimens formoient l'ensemble d'une petite ville au débouché des gorges qui y conduisent. Elle nourrissoit près de quinze cents hommes. La singularité du lieu & sa célébrité attiroient tous les ans, pendant sept à huit mois, un concours d'étrangers, de toutes nations & de tout état, au nombre d'environ dix mille personnes.

La hauteur de ce lieu, suivant les observations faites sur un baromètre qui donne pour hauteur moyenne 24 pouces 11 lignes, est de cinq cent deux toises deux tiers d'élévation au dessus du niveau de la mer.

CHARTREUVE, village du département de l'Aisne, arrondissement de Soissons, canton de Braisne. Il y a près de cet endroit une fontaine pétrifiante; elle a une chute de trente pieds de hauteur, & s'est formé elle-même un lit très-épais, composé des parties pierreuses qu'elle charrie.

CHASNAY, village du département de la Nièvre, arrondissement de Cosne, canton de la

Charité, sur la Nièvre. Il y a des forges & des mines de fer dans ce village.

CHASSAGNE (Haut & Bas), département de la Côte-Dor, arrondissement de Beaune. Les vins que produit cette contrée sont très-bons & de garde.

CHASSAGNE (la), village du département du Rhône, canton d'Anse, à une lieue trois quarts de Villefranche. Les vins rouges, qui sont excellens dans ce canton, font un objet de commerce assez considérable.

CHASSELAY, ville du département du Rhône, arrondissement de Lyon, & à trois lieues de cette ville. Dans le territoire de *Chasselay* il y a une mine de plomb dont les galeries souterraines ont plus de deux cents pieds de profondeur, avec une source dans l'endroit le plus bas. On y trouve quelques cristaux de plomb, quelques parties d'argent, & du quartz qui réunit un fort grand nombre de couleurs.

CHASSENAY, village du département de l'Aisne, arrondissement de Soissons, canton de Braine, à trois lieues de Soissons. Il y a une tuilerie dans une montagne voisine de cet endroit, laquelle s'est affaissée par l'effet de la filtration des eaux; ce qui a mis à découvert des amas & des couches de terres grasses & savoneuses propres à dégraisser les draps, & dont les manufactures du pays font usage avec succès.

CHASSENAY, village du département de l'Aube, arrondissement de Bar-sur-Seine, canton d'Essoyes, à une demi-lieue de Châtillon, & à un quart de lieue de la rive gauche de l'Ource. On a ouvert dans cette terre une carrière de très beau marbre, qui n'est qu'à huit lieues d'un port sur la Marne; ce qui en favorise l'exportation. Ce marbre prend le plus beau poli; il est caillouté, très-dur, bleu & petit gris.

CHASSENAY, village du département de la Nièvre, canton de Decize, & à une lieue & demie de cette ville. Il y a deux petites forges pour la fabrication du fer, situées sur la route de Decize à Moulins.

CHASSENON, village du département de la Charente, canton de Chabanois. Une des grandes considérations dont doivent s'occuper ceux qui suivent, avec attention, les différentes contrées où se sont montrés les feux souterrains, est celle qui a pour objet l'organisation primitive des terrains que le feu a touchés. J'ai pensé qu'il étoit avantageux de modifier les opinions qu'on peut avoir sur les opérations du feu, en suivant, par une observation rigoureuse, les différentes nuances des altérations qu'il a produites lorsqu'il a chauffé une masse de terrain d'une certaine étendue, & qu'il y a laissé les empreintes de son action.

D'après ce plan d'étude, j'ai reconnu qu'il falloit distinguer trois sortes de terrains qui s'étoient trouvés exposés à ces accidens, les granits à bandes, les brasiers ou pierres de sable, & les bancs calcaires; mais ces effets divers n'ont été ni suivis ni indiqués d'une manière particulière, & comme ils le méritoient. En général, on n'a fait mention que des éruptions violentes des volcans, de leurs courans de laves plus ou moins compactes, de leurs scories, ainsi que des résultats d'une fusion plus ou moins complète. Quant aux autres altérations occasionnées par les feux souterrains, elles ont échappé parce qu'elles se bornoient à de simples changemens dans l'état des principes primitifs des différens sols que j'ai indiqués ci-dessus.

Cependant j'ai pensé qu'il importoit, plus qu'on ne l'a cru jusqu'à présent, de reconnoître tous les effets du feu sur les sols que j'ai fait connoître, lesquels consistent à contourner toutes les matières distribuées par bandes, par lames & par lits; à déformer leurs tissus, leurs dispositions primitives, & même à varier leurs couleurs en agissant inégalement sur les divers principes qu'il chauffe suivant leur nature lorsqu'il ne parvient pas à les confondre par une fusion complète.

C'est à *Chassenon* que tous ces effets du feu se sont offerts à moi sur une grande superficie de terrain; ce qui m'a déterminé à les suivre avec attention & dans un détail rigoureux. Outre cela, la suite de ce travail m'a fait saisir deux accidens du feu très-remarquables : le premier se manifeste par des altérations dégradées autour de plusieurs foyers & centres où le feu paroît avoir agi avec plus de violence, sans cependant ouvrir le sol par une éruption marquée.

Le second accident consiste en des déplacemens de grandes masses de terrain qui avoient pour centres les foyers dont j'ai parlé, & qui embrassoient une circonférence très-étendue. J'observe que la plus grande partie du sol chauffé à *Chassenon* est un granit à bandes : aussi a-t-il donné lieu aux phénomènes qui m'ont le plus frappé, relativement à ces bandes.

CHASSERALE (la), montagne dans le département du Haut-Rhin, arrondissement de Délémont, canton de Bienne. Cette montagne est réputée pour être la plus haute du Jura; elle correspond avec les Alpes. Son sommet est couvert de neiges pendant dix mois de l'année. La vue dont on jouit sur cette montagne lorsque son sommet est débarrassé de neige, est fort agréable & surtout d'une grande étendue; car elle embrasse les cantons de Soleure, Lucerne, Berne & Fribourg, & n'est bornée que par la chaîne des Alpes & des Vosges, qui est en opposition.

CHASSEY, village du département de la Meuse, canton de Gondrecourt, & à une lieue trois quarts de cette ville. Il y a plusieurs forges & fourneaux à Beaupré, dépendans de *Chassey*; aussi cette contrée est-elle abondante en mines de fer.

CHASSIGNOLES, village du département de la Haute-Loire, arrondissement de Brioude, canton d'Auzon. Il y a dans ce village des mines de plomb, qui donnent aussi de bon antimoine.

CHASSILLÉ, village du département de la Sarthe, arrondissement du Mans, canton de Loué, & à cinq lieues un quart du Mans. Les environs de ce village fournissent un marbre argileux grisâtre, qui prend très-peu le poli.

CHASSIRON (Tour de), département de la Charente-Inférieure, arrondissement de Marennes, canton de Saint-Pierre, commune de Saint-Denis, à la pointe de l'île d'Oléron, *pointe du bout du Monde*, à côté du rocher d'Antioche, à trois lieues & demie nord-ouest de Saint-Pierre.

CHASSY, village du département de Saône & Loire, arrondissement de Charolles, canton de Gueugnon, à quatre lieues trois quarts de Charolles. Près de la carrière de *Chassy* on trouve du granit sans mica, qui se pulvérise aisément sous les doigts. Il est gris ou rougeâtre. Plus loin on rencontre des couches de schiste rougeâtre, parsemé de très-petites lames de mica. Ces lits argileux sont confondus avec d'autres couches de granit quartzeux micacé à petits grains. Cette sorte de granitelle se réduit fort aisément en poussière.

CHAT. C'est le nom que les ouvriers qui exploitent les carrières d'ardoise donnent à ces filons quartzeux si durs, si fragiles, & qui s'opposent à ce que l'ardoise soit de bonne qualité. Ce sont visiblement des substances déposées, dans les vides des masses schisteuses, par l'infiltration des eaux qui ont donné une certaine consistance à l'ardoise au moyen des principes semblables dont elles étoient chargées. Il est assez étonnant que ces eaux aient rencontré, en traversant les schistes, de pareils principes. Cependant je dois dire qu'il se trouve, au milieu de certains marbres, des fils quartzeux déposés de même par l'eau qui paroît avoir opéré l'infiltration de ces masses calcaires. Comment se forment ces principes quartzeux au milieu des schistes & des marbres? C'est un problême que plusieurs chimistes se sont proposé, sans avoir recueilli aucun des moyens de le résoudre.

CHATAGNAT, village du département du Jura, canton d'Orgelet, & à une lieue de cette ville. Ce village renferme le débouché d'un canal souterrain par lequel une montagne vomit un petit torrent en hiver, & exhale au dehors, dans la belle saison, un courant d'air sensible, qui fait flotter un mouchoir suspendu devant cette ouverture. Ces phénomènes méritent d'exciter la curiosités des physiciens-naturalistes.

CHATEAU-SUR-ATTUR, village du département de l'Allier, arrondissement de Moulins. Près de ce village on trouve, entre Nevers & Moulins, des bâtimens considérables (ci-devant de Notre-Dame de Lorette), sur les bords de la rivière de Bieudre qui se réunit à l'Allier. Cette position est avantageuse pour former des établissemens entre Nevers & Moulins. Le choix, à très-bon compte, des combustibles, tant en bois qu'en charbon de terre; la variété des marnes & argiles, celle des sables de toutes sortes qui se trouvent sur les lieux; la grande facilité d'y pouvoir établir des usines que l'eau fasse mouvoir, rendent ces établissemens susceptibles de toutes fabriques, & particuliérement de celles de terre à pipe, de faïence, de tanneries, &c. Sa situation au centre de la France est d'une grande importance pour le commerce d'entrepôt de toutes denrées & marchandises, comme charbons, grains, viandes salées, sels, bois de toutes sortes, denrées coloniales qu'on peut transporter aux deux mers, à très-bon marché, par l'Allier, la Loire & la Seine, à l'Océan, à la Manche; par le canal du centre, la Saône & le Rhône, à la Méditerranée, & communiquer ainsi par eau à toutes les communes situées sur les bords de ces fleuves, rivières, canaux & ports.

CHATEAU-CHINON, ville du département de la Nièvre, sur la pointe d'une montagne, près de la rivière d'Yonne, à trois lieues nord-est de Moulins-en-Gilbert. Cette ville étoit la capitale du ci-devant Morvan. Elle est intéressante par son industrie commerciale, qui naît naturellement des ressources que lui procure son sol. Ce pays, arrosé par les rivières d'Yonne, de Cure, & par une multitude de ruisseaux, est couvert en grande partie, & de forêts qui toutes s'exploitent pour l'approvisionnement de Paris, & de prairies naturelles, formées par les ruisseaux qui coulent dans le fond des vallons & sur le penchant des collines.

De cette disposition des lieux sont nées deux branches de commerce très-étendues, celle des bois pour l'approvisionnement de Paris, & celle des bestiaux. L'exploitation des bois, leur vente sur les ports de flottaison, aussi multipliés qu'il y a de propriétaires; leur flottage à bûches perdues jusqu'à Clamecy, donnent lieu à plusieurs marchés qui se font à *Château-Chinon*.

La seconde branche de commerce, qui est celle des bestiaux, n'est pas moins importante. C'est là que s'approvisionnent les marchands pour Paris & les fournisseurs des armées. C'est aussi l'entrepôt de tous les vins qui passent de la Côte-Dor & de Saône & Loire dans la Nièvre. Les habitans de *Château-Chinon* en font un commerce très-étendu.

CHATEAU-DU-LOIR, ville du département de la Sarthe. Elle est située à quelque distance de la rive droite du Loir, sur un coteau qui règne le long de cette rivière. On récolte, dans les environs, des vins blancs & clairets, susceptibles de transport même par mer & jusqu'en Angleterre, où ils sont estimés & recherchés.

CHATEAU-DUN, ville du département d'Eure & Loir, sur une hauteur proche du Loir. Cette ville étoit la capitale du Dunois, dans la Beauce. Le mot *dun* signifiant, dans l'ancien langage celtique, *éminence*, *Château-Dun* a pris son nom de sa situation. On recueille, dans son territoire, du blé & du vin, mais particuliérement beaucoup de fruits, dont on tire du cidre qu'on consomme dans le pays.

CHATEAU-LAMBERT, village du département de la Haute-Saône, arrondissement de Lure, près la source de l'Oignon. Il y a des mines d'argent dans la partie du territoire de ce village, qui est sur le mont Jura. Une autre mine se trouve au pied de la montagne du Balon, près de la fonderie de *Château-Lambert*.

CHATEAU-LIN, ville du département du Finisterre, sur l'Auzon. La digue qui barre la rivière & la grande quantité de peupliers & de chênes mêlés à des rochers saillans donnent au pays une figure extraordinaire qui frappe les spectateurs. Il se fait dans cette ville un grand commerce d'ardoises, qu'on y vient chercher même des pays étrangers. Il y a aussi, dans les environs, des mines de cuivre & de fer. On y pêche une si grande quantité de saumons, que les départemens environnans s'en fournissent. A une lieue de cette ville est une fontaine qui regorge lorsque la mer monte, & qui diminue lorsqu'elle descend. Dans un autre village, sur le même coteau, est encore une autre fontaine qui éprouve de pareils mouvemens. La première coule à trois cents pas environ de la rivière d'Aou, & la seconde à deux cents. Le regorgement n'altère en rien les eaux de ces fontaines, qui sont toujours douces. On ne peut pas cependant douter que ce regorgement ne soit produit par la mer.

CHATEAU-MEILLANT, ville du département du Cher, arrondissement de Saint-Amand, sur le ruisseau de Sinaise. Cette petite ville a deux fourneaux de fonte pour alimenter la fonderie de canons & les forges de Charenton; aussi trouve-t-on dans ce canton des mines de fer abondantes. On fait aux environs une bonne récolte de châtaignes.

CHATEAU-PORTIEN, ville du département des Ardennes, arrondissement de Réthel. Cette ville fait un grand commerce d'ardoises. On y prépare des cuirs, & on y fabrique des huiles. A deux lieues de cette commune il y avoit une abbaye. Le lieu où elle étoit située porte le nom de *Piscine*, à cause des sources qui s'y trouvoient anciennement, & qui étoient propres aux bains.

CHATEAU-RENARD, village du département des Bouches-du-Rhône, arrondissement de Tarascon. On y fait commerce de grosses toiles. Grand nombre de maisons de campagne forment la majeure partie de *Château-Renard*; les habitans en sont presque tous agriculteurs & jardiniers: ce sont des hommes laborieux, qui font rendre à la terre toutes les productions qu'on peut en tirer. Ils alimentent avec ces ressources, pendant l'année entière, à plusieurs lieues à la ronde, les marchés des productions de leur sol.

CHATEAU-ROUX, ville du département de l'Indre, sur l'Indre. Il y a dans son territoire beaucoup de forêts, d'étangs, de prairies & de bruyères. Les laines que donnoient les moutons passoient pour les meilleures du ci-devant Berry, avant qu'on y eût introduit les moutons espagnols. La manufacture connue sous le nom de *manufacture du Château-du-Parc* entretient un grand nombre d'ouvriers & de fileuses. On y fabrique des draps façon d'Elbeuf, & des draps fins façon de Sedan. Il y a, dans les environs, des mines de fer qui alimentent plusieurs forges. Le fer qui s'y fabrique, est reconnu pour être un des meilleurs de la France. Il est propre à faire des essieux de voitures, &c.

CHATEAU-ROUX (Forêt de), à une lieue sud de cette ville. Elle a six mille toises de long, sur cinq mille toises de large.

CHATEAU-SALINS, ville du département de la Meurthe, à trois lieues ouest de Dieuse. Cette ville, qui a pris son nom du château & de la saline qu'elle renferme, est située près de la rive droite de la petite Seille. La saline est au milieu de la ville, & entourée de murs. Elle donne autant de sel que celle de Dieuse. Les principales productions de son territoire sont d'ailleurs des grains, des vins, du bois & du safran. Les sources d'eau salée que l'on y a découvertes, & qui donnent jusqu'à quinze livres de sel par chaque quintal d'eau, ont occasionné la construction des usines qui y furent bâties en 1330, & qui sont bien conçues & bien dirigées pour leur objet.

CHATEAU-SALINS (Forêt de), département de la Meurthe. Elle est située d'un côté près de la Nied, & de l'autre près de la petite Seille. Elle a deux mille huit cents toises de long, sur deux mille cinq cents toises de large.

CHATEAU-THIERRY, ville du département de l'Aisne, sur la Marne. Cette ville étoit la capitale de la ci-devant Brie pouilleuse. Elle s'élève en amphithéâtre sur le bord de la Marne, & a un très-beau port. Outre cela, elle a un vieux château situé sur la colline qui la domine. Dans la plaine il y a un pont de pierre d'une seule arche, construit, en 1759, sur un canal de dérivation que l'on a creusé pour servir de décharge à la Marne, & mettre la campagne plus à l'abri des inondations. *Château-Thierry* a deux sources d'eaux minérales ferrugineuses; elles coulent dans deux maisons voisines l'une de l'autre. Celle qui a le plus de réputation, & qui attire tous les ans dans cette ville, pendant la belle saison, un concours de malades, est celle qu'on nomme l'*eau de la Fleur-de-lis*, du nom de l'ancienne auberge où elle est située. La vraie source de cette fontaine est dans les caves de la maison voisine de la Fleur-de-lis, qui n'est que la décharge de cette source primitive. Ces eaux ont le goût d'alun, de féraille. On pense que la source passe par quelques-unes des plâtrières qui sont fort communes dans ce territoire. Il y a plusieurs carrières de meules à moulin & à plâtre. Le pays renferme beaucoup de vignes. On y récolte beaucoup de foin le long de la Marne, mais le grand commerce consiste en vins.

CHATEAUVERS (Forêt de), département de la Creuse, arrondissement d'Aubusson. Elle a deux mille toises de longueur, sur autant de largeur.

CHATEAU-VILAIN (Forêt de), département de la Haute-Marne. Elle a cinq mille toises de longueur, sur quatre mille toises de largeur.

CHATEIGNERAYE-SUR-VOUVANT (la), ville du département de la Vendée, arrondissement de Fontenay. Cette petite ville, intéressante autant par l'industrie de ses habitans, que par la fertilité de son sol, est située dans une contrée abondante en grains & en pâturages. On y fait un commerce considérable en blé, en bestiaux & en laines.

CHATEL-AILLON (Pointe de), dans le département de la Charente-Inférieure, arrondissement de la Rochelle, & à deux lieues de cette ville, sur la côte, près des sables de la mer. Elle consiste en un banc de sable & un fort rocher entre la mer & la côte, où est situé *Châtel-Aillon*.

CHATELAR, village du département de l'Ain, à une lieue & demie à l'est de Châtillon, sur une hauteur. Il y a dans les environs de ce village, beaucoup de bois dont les habitans font un grand commerce. On y trouve aussi une tuilerie & une terre propre à cet établissement.

CHATELAUDREN, ville du département des Côtes-du-Nord, arrondissement de Saint-Brieux, & à trois lieues & demie ouest de cette ville. Il y a plusieurs années que cette ville éprouva un désastre dont les habitans conserveront éternellement le souvenir. Les digues d'un étang situé au dessus de la chaîne, s'étant rompues pendant la nuit, fit passer presque tous les habitans du sommeil à la mort, ainsi que ceux de plusieurs autres bourgs voisins. Peu de maisons résistèrent à la violence du torrent, & celles qui eurent le bonheur d'échapper, furent presqu'également perdues par l'énorme couche de vases que les eaux laissèrent en se retirant. Il y a une mine de plomb près de cette commune.

CHATELET (le), bourg du département de Jemmapes, canton de Charleroi, & à une lieue un quart à l'est de cette ville. Ce bourg a deux raffineries de sel & une genièvrerie. Le commerce y est assez florissant. Les tanneries, les fabriques d'étoffes de laine & les poteries donnent du travail aux indigens.

CHATEL-GUYON, village du département du Puy-de-Dôme, canton ouest de Riom. Il y a dans cette commune des eaux minérales, qui, d'après l'analyse des médecins, tiennent du sel marin, du sel alkalin & du nitre; ce dernier a paru le principe qui s'y manifeste le plus.

CHATELIER (le), village du département de la Vendée, arrondissement de Fontenay. Les carrières de ce village fournissent des pierres blanches & tendres, & d'ailleurs des pierres propres à faire des meules de moulin.

CHATELLERAUT, ville du département de la Vienne, située dans une vallée fertile, sur la Vienne, au point où cette rivière commence à être navigable. On doit aux habitans de cette ville l'éloge d'avoir porté le plus loin la renommée en fait de coutellerie, laquelle n'a dû sa perfection qu'à la surveillance des jurés sur les ouvrages qui étoient exposés à leur inspection. Cette fabrication bien soignée fait vivre dans l'aisance un grand nombre de familles. Les productions de son sol consistent en grains, vins, pruneaux, huile de noix, anis, coriandre, chanvre, miel, cire & pierres à meules de moulin; tous ces objets forment une branche de commerce très-considérable.

CHATEL-PERRON, village du département de l'Allier, arrondissement de la Palisse. Entre le Donjon & Jalligny, il y a une usine & des forges: on trouve au même endroit une sorte d'émeri & de la pierre à aiguiser des faux. Il y a d'ailleurs une carrière de marbre abandonnée depuis long-tems.

CHATELUS, village du département de

l'Yonne, canton de Quarré-lès-Tombes, près de la Cure. Ce village occupe une contrée du Morvan, remplie de bois & de beaux pâturages ; ce qui la rend intéressante sous tous les rapports de la culture.

CHATELUS-LE-MARCHAIS, bourg du département de la Creuse, canton de Bénévent, sur le Thaurion, & à trois lieues de cette ville. Ce bourg est situé dans un pays fertile en grains & en excellens pâturages. On y élève une grande quantité de bestiaux, dont on fait un bon commerce.

CHATILLON, village du département de l'Allier, canton de Montet-aux-Moines, sur la Queune. Au lieu dit *Fins* est une mine de charbon de terre qui a quatre ponts, & qui fournit Paris depuis plus d'un siècle. Dans la forêt de Message, qui en est voisine, on tire un grès blanc d'un grain très-fin, dont on fait des chambranles de cheminées, & que j'ai proposé aux fondeurs des monnoies pour recevoir les flans.

CHATILLON, ville du département du Rhône, arrondissement de Villefranche, sur la côte près de l'Azergue. Il y a dans le territoire de *Châtillon* une espèce d'ocre qui renferme une mine de fer en grains. On pourroit faire un grand usage de cette mine.

CHATILLON, village du département de la Seine, arrondissement de Sceaux, à une lieue trois quarts sud-ouest de Paris, & à deux tiers de lieue sud-est de Meudon. C'est à *Châtillon* que se trouvent les anciens dépôts de la Seine. C'est dans une des belles maisons qu'il renferme, que M. Trudaine père, d'après les excellens principes qu'il s'étoit formés sur l'administration des ponts & chaussées & des manufactures, en dirigeoit les travaux.

CHATILLON-SUR-SEINE, ville du département de la Côte-Dor, sur la Seine. Cette petite ville est le centre d'un pays de moyennes montagnes : le sol en est peu fertile ; les bois & les bruyères en couvrent au moins la moitié ; mais la nécessité rend les habitans industrieux : un commerce assez considérable s'est établi dans ces montagnes, & leur fournit des ressources précieuses. Plus de trente usines, répandues sur une surface de quatre-vingts à cent lieues, occupent une grande quantité de bras à l'exploitation des bois, à l'extraction des mines, à la fabrication des fers, des tôles, des clous de toutes sortes, des réchauds & tuyaux de poëles pour une partie de la France. On y fabrique tous les ans environ quatre mille cordes de bois de moule pour l'approvisionnement de la capitale : on y prépare aussi des planches de tout échantillon, des cercles, des tonneaux, & du merrain ou bois propre à faire des tonneaux pour les départemens limitrophes. On y élève une grande quantité de moutons, dont les laines sont enlevées pour les fabriques de Rheims, d'Amiens, de Troyes, &c. Les bestiaux qu'on y élève également s'engraissent pour être vendus à Paris. Il y a aux environs de *Châtillon* des carrières de marbre. Enfin, les vins forment une des branches les plus importantes de son commerce. Je terminerai cette notice par une remarque qui me paroît d'un certain intérêt ; c'est qu'on trouve dans les collines voisines de cette ville, des couches de pierres plates qui ont fourni les premiers matériaux des grêves que charrie, le long de son cours & de sa vallée, la rivière de Seine, & qui forment des dépôts considérables.

Une chose dont on est frappé en remontant la vallée de la Seine dans les environs de *Châtillon* est de voir cette vallée s'élargir d'une manière très-sensible, & offrir une plaine qui paroît à perte de vue. Les coteaux qui la bordent, s'écartent l'un de l'autre à une lieue & demie à peu près avant d'arriver à *Châtillon*. On laisse sur la droite du chemin, c'est-à-dire, sur la rive gauche de la Seine, une butte isolée, dont le sommet est de niveau avec le couronnement des coteaux qui bordent la vallée. Cette butte frappe par la manière dont elle est détachée de tous les coteaux voisins ; en conséquence la plaine semble partagée en deux par cette butte. Sur la gauche du chemin on apperçoit, aussi à la hauteur de *Châtillon* à peu près, deux autres buttes aussi parfaitement isolées & détachées de tous les coteaux voisins. Ce phénomène est très-peu commun dans les pays de tractus calcaire, l'eau courante n'ayant pas eu occasion de faire ces séparations.

En avançant dans la plaine dont j'ai parlé, & en laissant derrière soi les buttes isolées, on s'élève insensiblement par une pente douce. Cette plaine paroît grasse & fertile : le fond cependant en est toujours semé des débris des mêmes pierres calcaires. Enfin, on découvre *Châtillon-sur-Seine*, & l'on reconnoît que cette plaine qu'on vient de traverser, y est coupée à revers par le vallon de la Seine. L'arrangement régulier des bancs de pierres calcaires paroît merveilleusement dans l'escarpement qui entoure le bassin de la Seine : on diroit, dans quelques endroits, voir les marches d'un escalier couvertes d'herbes & de mousses. Plusieurs de ces bancs de pierres, surtout les inférieurs, paroissent d'une très-grande épaisseur & dureté.

En examinant les pierres dont on bâtit la ville de *Châtillon*, j'y ai remarqué une très-grande variété. En général cependant, ce que j'appelle le *cos dur* & la pierre de lave qui sert à couvrir les toits, y dominent. Il y a de très-grosses pierres de ce cos dur. Ces pierres sont prises dans les bancs des coteaux voisins. J'ai remarqué plusieurs variétés de pierres, soit pour la couleur, soit pour le grain, & dont aucune ne se trouve en place de ces bancs des coteaux; elles sont répandues au pied de ces coteaux : ce sont visiblement des débris des couches supérieures décomposées par les eaux.

Le pavé du chœur de l'église du château est blanc & bleu. Les carreaux bleus sont fort grands, & faits de marbre bleuâtre, veiné d'un brun-obscur, & plein d'assez grandes coquilles dont les volutes ont une partie de leur intérieur rempli de marbre blanc. Ce marbre paroît assez beau. On le tire de Marsangis, sur la droite de la vallée de la Seine. Ce lieu est sur le couronnement d'un coteau qui borde la plaine fertile entre Mussi & *Châtillon*. Ce marbre se trouve donc sur le sommet d'une plaine dont toutes les couches inférieures ne sont que des pierres calcaires blanches & communes. J'ai conjecturé qu'il est placé comme les plaques de marbre coquillier de Denainvilliers; ce qui est une position bien différente de celle que j'ai vue au marbre blanc de la vallée de Châlonne en Anjou, & au marbre gris de Bretteville-sur-l'Aise en Normandie; ce qui prouve de plus que le marbre se trouve, non-seulement dans l'ancienne terre, mais aussi dans la nouvelle jusqu'ici d'une manière bien différente, & à beaucoup plus petites masses. Ce marbre annonce aussi, de même que celui que j'ai trouvé sur les coteaux de Bar-sur-Seine, la distinction des couches supérieures.

En examinant les carrières depuis *Châtillon*, & en suivant le lit de la Seine jusqu'à Saint-Mard, j'ai remarqué qu'un des bancs durs paroissoit renfermer plusieurs empreintes de coquilles entières. J'ai aussi remarqué que plusieurs pierres analogues d'ailleurs aux cos étoient moins homogènes, & quelquefois parsemées de petits trous comme des têtes d'épingles. Dans un autre endroit, à une descente assez roide une lieue avant Saint-Mard, on observe une espèce de poudingue composé de petits éclats de cos réunis par une matière calcaire qui n'en remplissoit pas les interstices, & qui seulement attachoit ces petits éclats l'un à l'autre. Vers le même lieu, & en s'approchant un peu plus de Saint-Mard, j'ai vu un lit de glaise assez épais, qui étoit surmonté d'une masse de bancs calcaires. Le niveau en étoit indiqué par une très-grande quantité de sources qui sortoient du rocher, & se répandoient sur toute la surface du coteau.

A mesure que je m'éloignois de *Châtillon* & que je m'approchois de Saint-Mard, le vallon alloit en se rétrécissant; les coteaux s'escarpoient, & paroissoient semés à leur pied de rochers, & couronnés en général de bois. Plusieurs vallons fort étroits conduisoient de petits ruisseaux au vallon principal. A voir les pointes des coteaux qui séparoient ces vallons s'élever presqu'à pic, hérissées de rochers, on se croiroit dans un pays de montagnes si le parallélisme des couches & la nature des pierres n'avertissoient qu'on n'a pas quitté la nouvelle terre.

A Saint-Mard on quitte la vallée de la Seine, & le chemin continue sur le dos de la plaine, qui est vaste & très-unie. Elle doit être au moins de deux cents toises au dessus du niveau de la mer. Cependant elle est tellement jonchée, dans toute son étendue, de petits éclats de cos calcaire entremêlé d'une terre franche rougeâtre, qu'on ne sauroit guère s'empêcher de penser qu'au dessus de cette plaine il n'y ait eu autrefois des couches épaisses entraînées depuis par les eaux. Cette plaine s'étendoit, à ce qu'on croit, dans une grande partie de la Bourgogne, qui doit appartenir par conséquent, pour cette partie, au tractus calcaire.

Depuis Donnemarie jusqu'à la Perrière je n'ai pas vu l'ombre d'un *silex*. Il y en a sur le grand chemin près de Troyes. Il faut donc en conclure que ceux qu'on voit près de Paris dans les anciens dépôts de la rivière, ne viennent pas du voisinage de sa source, mais bien, comme je l'ai dit ci-dessus, les pierres plates qui servent aux graviers plats déposés le long du lit de la Seine. Quant aux silex, ils ont été apportés par les rivières affluentes, ou même ils ont été formés peu loin des lieux où on les trouve aujourd'hui.

Je n'ai trouvé non plus aucun grès ni aucune pierre qui paroisse vitrescible dans toute cette partie supérieure du cours de la Seine.

En partant de la Perrière, on continue de suivre la plaine jusqu'à un vallon ou plutôt jusqu'à deux vallons, dont les eaux courantes concourent à former la Seine. Celui qui conduit les eaux de la source de cette rivière étoit encore à sec le 30 septembre, & se trouve en cet état la plus grande partie de l'année. Ainsi c'est assez improprement qu'on a donné le nom de *Seine* au ruisseau qui porte ce nom dans le pays; il auroit plutôt fallu donner ce nom à quelques-uns des ruisseaux qui se jettent dans ce premier, & qui ont de l'eau toute l'année. En perdant la Seine de vue, je ne laisserai pas passer l'occasion de remarquer que cette rivière prend sa source, & continue à couler jusqu'à son embouchure inclusivement, dans des terrains qui, malgré la grande variété qui les distingue, ont tous les caractères par lesquels M. Rouelle désignoit la nouvelle terre. On y voit partout des coquilles, des pierres calcaires, des couches horizontales, &c. Quelques-unes des rivières qu'elle reçoit, coulent un peu dans l'ancienne terre : telles sont les rivières qui se jettent dans l'Yonne. Outre cela, j'ai vu du granit roulé par l'Aube à Bar-sur-Aube, & je ne sais d'où il peut venir.

En remontant on trouve la même plaine que le vallon dont je viens de parler, avoit coupé. La pierre dominante du pays est toujours celle dont les bancs se délitent & sont remplis de gerçures, en sorte qu'on peut en couvrir les maisons. Elle se trouve, en plusieurs endroits, à la surface de la terre : à peine, sur toutes les plaines que j'ai parcourues, y a-t-il quelques pouces de terre végétale rougeâtre. Quand la charrue l'a mêlée avec les débris de pierre, il en résulte que le sol n'est pas sans fertilité. Dans beaucoup d'endroits il n'y a point de terre végétale. Cette pierre à lames plates varie beaucoup dans son grain, dans sa couleur, dans sa dureté, &c. A mesure qu'on s'éloigne de Bar-sur-Seine & qu'on s'approche de Dijon, je l'ai trouvée en général plus grenue, & ayant plus le caractère d'une pierre arénaire, que du cos auquel je l'ai d'abord comparée. Mais quelque différence qu'il y ait entre ces pierres à d'autres égards ; qu'elles tiennent de la nature du cos, du marbre, de la pierre calcaire commune, d'un grain approchant du grès, &c. ; qu'elles soient blanches, rouges, grises, bleuâtres, elles ont partout un caractère commun dans leur disposition ; partout elles sont disposées en bancs horizontaux qui se délitent d'une manière assez irrégulière, en sorte que les lames n'ont aucune forme régulière, & n'ont leurs faces parallèles ni entr'elles ni avec les deux surfaces supérieures & inférieures du banc. De plus, ces bancs sont traversés, dans le sens perpendiculaire, d'une prodigieuse quantité de gerçures qui paroissent aussi, au premier coup-d'œil, n'avoir aucune régularité, mais qui cependant en ont une assez singulière. Elle consiste en ce qu'elles se suivent, d'une manière non interrompue, à travers toutes les lames horizontales dans lesquelles le banc principal se délite ; en sorte que, lorsque le banc est brisé & interrompu par un escarpement quelconque, comme dans les carrières creusées de mains d'homme ou sur la croupe d'un coteau, chaque banc, dans cet escarpement, présente toujours une face très-unie. A la régularité près, je ne puis mieux le comparer qu'à un mur de briques, ou, si l'on veut, à la tranche d'un gâteau feuilleté. Une chose assez singulière, c'est que ces sections si fréquentes qui partagent ces bancs dans toute leur épaisseur, & qui se croisent en mille manières, n'affectent, en aucune façon, la direction perpendiculaire à l'horizon & aux deux faces du banc. Elles le traversent de biais, en sorte que l'aspect qu'il présente, est celui d'un mur en talus. D'autres fois la section est perpendiculaire ; & comme les bancs de pierres, dans tout ce canton, posent immédiatement les uns sur les autres, & ne sont point séparés, comme dans nos carrières d'Arcueil, par de petites couches minces d'argile ou de bousin, on croiroit quelquefois que ces escarpemens sont des ruines de murs faits de mains d'homme, & réguliérement arrangés par assises. Par exemple, en remontant du vallon de la Seine dans la plaine qui conduit à Chanceau, on voit, au haut de l'escarpement, quelques-uns de ces bancs, qui, à cela près qu'ils ne sont point distribués par colonnes, ressemblent un peu aux estampes de la Chaussée-des-Géans du comté d'Antrim.

Quelle que soit la cause de ces sections, soit perpendiculaires, soit obliques, de bancs horizontaux formés de plusieurs lames, elle a agi généralement dans tout le pays, depuis Bar-sur-Seine & même Fouchères jusqu'à Dijon, & probablement dans toute cette partie de la haute Bourgogne qu'on laisse à droite, depuis Dijon jusqu'à l'extrémité du grand vignoble un peu avant Chagny. Son action s'est fait sentir sur toutes les natures de pierres qui sont dans toute cette étendue, cos, marbres, laves, pierres d'un grain plus grossier, dures ou tendres. A la vérité, parmi les bancs qui s'étendent dans tout ce trajet, il y en a plusieurs sous la lave : il y en a plusieurs qui paroissent liés dans toute leur épaisseur, & dont on fait des pierres de taille très-bien équarries. Il y a aussi des blocs de marbre énormes dans certains cantons ; mais malgré cette dureté, on y apperçoit encore des traces de l'action de la cause dont j'ai parlé, quoiqu'elles soient presqu'effacées. La plupart de ces pierres laissent voir des fentes, surtout lorsqu'elles ont été long-tems exposées à l'air, & lorsque les gelées les ont fait éclater. Or, ces éclats sont exactement dirigés comme les sections dont il a été question ci-dessus.

Depuis Chanceau les eaux tombent dans des rivières affluentes à la Saône, & se rendent définitivement dans la Méditerranée. Les vallons qu'elles ont creusés, sont d'une grande profondeur & hérissés de rochers, qui sont, pour la plupart, des blocs de marbre. En descendant dans la vallée de Saint-Seine, je remarquai avec surprise que les bancs de pierres dures qui sont au dessous de la lave, & qui paroissent dans le chemin sur la pente de la montagne, n'étoient pas parallèles à l'horizon, & y étoient inclinés sous toutes sortes d'angles ; mais je m'assurai que c'étoit uniquement un accident provenant de la grosseur énorme des blocs qui s'étoient renversés lorsque les eaux avoient miné les couches inférieures : les bancs qui n'avoient pas été dérangés par cette cause, conservoient leur parallélisme à l'horizon. Cela m'a prouvé qu'il ne faut pas prononcer légérement, & sur un premier coup-d'œil, sur l'inclinaison des couches, surtout lorsqu'on ne les voit que sur la pente d'un coteau. En descendant encore plus bas, & environ à mi-côte, je fus très-surpris de rencontrer de l'ardoise aussi bleue & aussi bien feuilletée, au coup-d'œil, que celle d'Angers, mais, à la différence de celle-ci, feuilletée par des lames parallèles à l'horizon. J'en détachai quelques échantillons : les feuilles les mieux distinguées étoient de pure argile feuilletée, comme on en trouve aussi dans l'Anjou, dans les cantons qui environnent les ardoisières. Cette argile étoit un peu onctueuse : il n'y en a que dans ce petit coin.

En examinant cette ardoise en place, j'ai été frappé d'une circonstance sur laquelle je dois insister. L'argile feuilletée, & l'ardoise qui ne paroît être

être que cette argile consolidée par l'infiltration d'une espèce de spath, étoient coupées, comme je l'ai dit ci-dessus, de la lave, & la section étoit oblique à la direction des feuilles qui étoient parallèles à l'horizon. La section étoit aussi très-nette, ou comme celle d'un gâteau feuilleté, coupé très-proprement. Je me rappelai à cette occasion, que l'ardoise d'Angers étoit aussi coupée par des sections obliques à la direction de ses feuilles; ce qui donne à une masse quelconque d'ardoise dont la figure n'a point été altérée, une forme rhomboïdale.

Maintenant supposons qu'une masse quelconque d'ardoise ou d'argile feuilletée ait été formée comme celle de Saint-Seine; ensuite, que ses feuilles soient parallèles à l'horizon, & que la masse entière ait été coupée, comme elle l'est à Saint-Seine, par plusieurs sections en différens sens, toutes obliques à la direction des feuilles, & cela par la cause, quelle qu'elle soit, qui a ainsi coupé tous les bancs de pierres de la haute Bourgogne; qu'ensuite, par quelque grand événement, quelque grande révolution, la masse entière ait été renversée toute ensemble, en sorte que les feuilles qui étoient parallèles à l'horizon se trouvassent faire, avec ce plan, un angle de 70 degrés à peu près, n'est-il pas évident que l'on auroit une masse entièrement semblable à celle des ardoisières d'Angers? Je ne m'étendrai pas sur les conséquences; mais je ne puis m'empêcher de faire remarquer que cette explication nous dispense de recourir, pour rendre raison de la *forme rhomboïdale* des masses d'ardoise, à une cristallisation à grande masse inexplicable en elle-même, & incompatible d'ailleurs avec la mollesse primitive de l'ardoise dans son premier état d'argile, où elle paroît avoir reçu sa forme. Le problême seroit donc réduit à cet autre beaucoup plus simple : découvrir la cause ou la circonstance qui a pu couper, par des sections obliques ou en différens sens, des bancs horizontaux. Il paroîtroit aussi que l'ancienne terre ne différeroit de la nouvelle, quant à l'inclinaison des couches, qu'en ce que celle-ci n'auroit pas essuyé d'aussi grandes révolutions.

Après avoir remonté dans la plaine, il faut redescendre dans la vallée ou plutôt dans le précipice du *Val-Suzon*. C'est un vallon étroit & profond, dans lequel serpente un ruisseau. Les bords en sont très-escarpés, couverts de bois, entre lesquels on voit s'élever de grandes masses de rochers de marbre qui feroient croire qu'on est au milieu de l'ancienne terre. Plusieurs vallons latéraux viennent se rendre dans le vallon principal, dont ils augmentent l'horreur. Leurs pointes & celles des sinuosités du vallon semblent des montagnes d'une très-grande élévation, & c'est dans de pareils lieux que l'on a adopté la théorie des *angles saillans & rentrans des montagnes*. Cependant il nous paroît qu'il auroit fallu décider, avant de rien conclure à ce sujet, si c'étoit la côte qui étoit une montagne, ou bien le vallon qui étoit un trou. Je doute que la correspondance des angles ait lieu hors ce dernier cas.

Je suspends ici l'extrait de mon voyage en Bourgogne, & me propose de le continuer dans les articles de DIJON, MACON, &c.

CHATOU, village situé à deux lieues & demie à l'ouest de Paris, sur la troisième oscillation de la Seine, & vis-à-vis d'une grande île basse qui doit sa formation à des troncs d'arbres qui ont retenu les terres.

CHAVANGE, bourg du département de l'Aube, arrondissement d'Arcis-sur-Aube, à sept lieues de cette ville, & à trois lieues de Brienne-le-Château. *Chavange* est un point remarquable de la limite de la craie apparente de la Champagne, qui passe à l'ouest de ce bourg, & qui, par les villages de Courcelles, Bétignicourt, Ville-Hardouin & Brantigny, se rend à l'occident de Piney. Je pourrois suivre la marche de cette limite de la craie qui traverse la vallée de la Seine à quelques lieues au dessus de Troyes, pour aller rejoindre la Champagne pouilleuse. On voit que cette craie apparente se prolonge dans une grande partie du département de l'Aube. Les détails qui précèdent le prouvent, en attendant qu'on indique tout le contour de la *masse crayeuse* dont je m'occuperai à cet article.

CHAUDES-AIGUES, petite ville du département du Cantal, remarquable par ses eaux minérales, tellement chaudes, qu'on peut s'en servir pour faire durcir les œufs.

Ces eaux sont assez abondantes pour que chaque maison de la ville ait sa conduite d'eau particulière.

CHAUMONT EN VEXIN, petite ville du département de l'Oise, située au pied d'une colline assez élevée, entièrement formée de débris de coquilles analogues à celles des dépôts de Grignon & de Courtagnon.

CHAUSSÉE-DES-GÉANS : on appelle ainsi un assemblage immense de basaltes prismatiques, dont le plus grand nombre est articulé assez régulièrement, & qui se trouve sur le bord de la mer en Irlande, dans le comté d'Antrim.

La *Chaussée-des-Géans* est à un peu plus de huit milles au nord-est de la ville de Colrain, & à trois milles de Bushmills, presque directement au nord. Elle s'étend depuis la partie inférieure d'une haute montagne jusque dans la mer. On ne peut déterminer à quel éloignement elle se termine; mais lorsque la marée est basse, sa longueur est d'environ six cents pieds, sa plus grande largeur de deux cent quarante, & elle en a cent vingt dans les endroits où elle a trente-six pieds de hauteur au niveau du rivage, & dans d'autres endroits elle n'a que quinze pieds de largeur. Nous allons donner, d'après *les Transactions philosophiques*, quelques détails qui peuvent servir à faire connoître cette production de la nature, quoique cette description ait été faite sans vue comme sans méthode. Nous ajouterons ensuite nos réflexions sur ces inexactitudes.

La *Chaussée-des-Géans* est composée de plusieurs mille de prismes, verticaux la plupart, & contigus les uns aux autres; mais on n'a pu reconnoître s'ils sont enfoncés ou non dans le terrain comme les pierres d'une carrière. On en voit de très-longs & de plus élevés que les autres: il en est de courts & de rompus; quelques-uns, dans un assez grand espace, sont d'une égale hauteur, en sorte que leurs bases forment une surface plane & unie. Il en est beaucoup d'imparfaits, de fendus & d'irréguliers; d'autres sont entiers, uniformes & fort beaux; enfin, ils présentent des formes & des diamètres différens. Presque tous ces prismes sont pentagones ou héxagones; quelques-uns ont sept côtés; mais il y en a beaucoup plus de pentagones que d'héxagones: d'ailleurs, on n'en trouve aucun dont toutes les faces soient égales. Quelques-uns de ces prismes ont quinze pouces, d'autres dix-huit, d'autres deux pieds de diamètre. Il n'y en a point qui soit d'une seule pièce; mais chacun d'eux est composé de plusieurs assises, dont les unes ont six pouces, les autres douze, d'autres dix-huit, & d'autres enfin ont deux pieds de hauteur.

Ces différentes pièces sont aussi bien jointes qu'il est possible qu'une pierre le soit à une autre. Les surfaces articulées, si l'on peut s'exprimer ainsi, ne sont point plates; car lorsqu'on les sépare de force, on en trouve une concave dans le milieu, & l'autre convexe. Il y a beaucoup de ces pièces éparses en quelques endroits de la *chaussée* & sur le rivage, qui ont été détachées par quelques accidens. Les jointures ne sont pas toutes dans le même sens; dans quelques piliers la convexité est toujours vers le haut, & dans d'autres elle est toujours vers le bas. Quand on les sépare, on trouve les deux extrémités très-lisses, comme le sont aussi les côtés ou faces de ces piliers qui se touchent. Ces pierres sont d'un grain assez fin & assez serré, & quand on en casse quelques fragmens, l'intérieur ressemble au marbre noir.

Ces piliers sont serrés les uns contre les autres; & quoique les uns aient cinq côtés, les autres six, ils sont si bien adaptés, qu'il n'y a point de vide entr'eux, l'inégalité du nombre des côtés de ces prismes étant toujours compensée, d'une manière très-merveilleuse, dans toute la *chaussée*, par l'inégalité des angles & des largeurs de ceux qui leur répondent; de sorte qu'à peu de distance la totalité présente une parfaite régularité. Chaque prisme conserve, dans toute sa longueur, à peu près les mêmes dimensions & le même nombre de côtés.

Les piliers qui paroissent entiers comme ils étoient dans l'origine, sont plats & raboteux au sommet, sans aucune strie ou dépressions régulières; d'autres dont les sommets ont été renversés, sont, ou concaves, ou convexes à leurs extrémités.

Le banc élevé qui domine la *chaussée* paroît presqu'entiérement composé, de ce côté & vers la mer, de rochers escarpés de l'espèce la plus commune. On voit seulement quelques piliers irréguliers du côté de l'est, & quelques-uns plus loin vers le nord, qu'on nomme les *orgues*, & qui sont placés sur le flanc d'une grande masse. Les piliers du milieu sont les plus longs, & ceux des côtés vont en diminuant par degrés; mais immédiatement au dessus de la *chaussée* l'on voit les sommets de quelques piliers qui semblent sortir obliquement du flanc de la montagne. On suppose que tous les piliers de la *chaussée* sont continus jusqu'au fond, parce que tous ceux que l'on voit à l'extérieur le sont ainsi.

Les différens côtés de chaque prisme ont une largeur très-inégale entr'eux, & dans ceux qui sont héxagones, un côté plus large est toujours opposé à un plus étroit. C'est la même disposition que la nature observe dans la formation des cristaux, quoiqu'on ne puisse pas considérer nos prismes comme tels.

De tous les fossiles, aucun n'approche plus, à tous égards, des prismes de la *Chaussée-des-Géans*, que le *lapis basaltes misneus*, décrit par Kentman dans Gesner, *de Figuris lapidum*, où il dit qu'on en voit une grande masse à trois milles de Dresde. Mais l'on trouve cette différence entre ces piliers & le *basalte de Misnie*, que les colonnes de ce dernier sont d'une seule pièce dans toute leur longueur, au lieu que le basalte d'Irlande est composé de prismes divisés en plusieurs assises, en sorte que, pour le distinguer de tous les autres, on pourroit, avec assez de raison, le nommer *lapis basaltes vel basanos maximus hibernicus, angulis minimum tribus, plurimum octo constante; crebris articulis sibi invicem affabre conjonctis, sed facile separabilibus, geniculatus*.

On ne peut pas dire positivement si le basalte d'Irlande mérite, comme celui de Misnie, le nom de *basanos*, du mot grec βατανιζω, *exploro*, par la propriété de servir de pierre de touche pour les métaux, qu'à moins d'en faire polir exprès quelque portion.

On voit dans la *Chaussée-des-Géans* un groupe de sept colonnes bien disposées dans la *chaussée*. Elles montrent que, bien que les piliers diffèrent entr'eux par leur forme & par le nombre de leurs angles, leurs côtés s'ajustent cependant aux piliers contigus, de telle sorte qu'il ne reste aucun vide entr'eux; car quelle que soit la forme des interstices, les piliers sont tellement variés, qu'il s'en trouve toujours quelqu'un qui les remplit avec justesse.

Les piliers triangulaires, carrés & octogores sont en moins grand nombre que ceux d'une autre figure; de sorte qu'ils ne se présentent pas à la vue à moins qu'on ne les cherche.

On trouve une grande quantité de ces pierres ainsi figurées en beaucoup d'endroits de cette contrée, dans l'espace de quatre à cinq milles; car outre ce qu'on appelle vulgairement la *Chaussée-des-Géans*, qui est d'une grande étendue, & dont on ne connoît pas les limites en mer, il y a plusieurs autres amas de la même sorte de prismes dans les environs, comme de *moindres chaussées*, si l'on peut les appeler ainsi, mais plus imparfaites, qui sont à quelque distance à gauche de la grande quand on la voit au nord, & un peu plus loin en mer on voit paroître, quand la marée est basse, quelques rochers qui sont entiérement formés de la même pierre. Si l'on monte au dessus de la *chaussée*, dans la montagne à laquelle elle est adossée, on rencontre des groupes de ces prismes situés obliquement. Au-delà de cette montagne, du côté de l'est, on rencontre, à différentes distances, plusieurs rangées de prismes droits & verticaux, placées avec ordre le long des flancs des monticules. La plus voisine de la *chaussée*, celle qu'on nomme l'*orgue*, est si régulière, qu'on peut en compter tous les piliers: les plus gros & les plus élevés sont au milieu; ils ont au moins quarante pieds de hauteur, & sont composés de quarante-quatre assises. Les autres vont en diminuant proportionnellement de chaque côté.

A quatre milles à l'ouest de la *Chaussée-des-Géans*, à un mille & demi de la mer, trois milles de la ville de Calrain, & environ deux milles de Dunluca, ancien château du marquis d'Antrim, on voit, le long d'un rocher sur environ trois cents pas, plusieurs rangées de colonnes fort hautes, & il y a, à un quart de mille, une église appelée Balliwillan, qui, à ce qu'on dit, a été bâtie en grande partie avec des pierres tirées de ces piliers. Ceux-ci ne diffèrent de ceux de la *chaussée* qu'en ce que, 1°. ils sont beaucoup plus gros, car ils ont deux pieds & demi de diamètre; 2°. il n'y en a point qui aient plus de six côtés; 3°. les assises ne sont point jointes par la même espèce d'articulation, convexe & concave, qu'on voit dans la *Chaussée-des-Géans*, mais leurs surfaces se touchent par un plan uni, & elles ne sont jointes que par la pression seule du poids; de sorte que la moindre force les sépare.

L'on voit cependant, lorsqu'on observe scrupuleusement les jointures de chaque espèce de pilier de la *chaussée*, qu'il est quelques assises qui n'ont point de concavités ni de convexités, & qui ne sont unies que par des plans unis un peu inclinés à l'horizon. Cependant ce ne sont pas des exceptions à la règle générale qu'observent les piliers de la *chaussée*; mais il est à remarquer que les cavités & les renflemens ne sont pas constamment formés & moulés dans la pierre avec toute la précision & l'exactitude circulaires. Une autre irrégularité à observer dans une assise pentagone de la *chaussée*, c'est qu'elle est concave en dessus & en dessous, au lieu que, dans la structure ordinaire, la pièce qui est concave d'un côté, est convexe de l'autre.

Les creux dans les assises de la surface, qui se trouvent exposés à l'air, sont d'une grande ressource pour le pauvre peuple du voisinage. Lorsqu'ils ont besoin de sel dans l'été, ils remplissent d'eau de mer ces bassins naturels, & dans l'espace de deux jours ils trouvent toute l'eau évaporée, & le sel à sec dans le fond des concavités.

Quant à la substance de cette pierre, elle est d'un tissu extrêmement dur, serré & compacte, & d'un grain si fin & si uni, qu'on le distingue à peine dans les cassures récentes. En l'approchant de l'œil, on voit alors sur la surface comme un sable brillant, très-menu, disséminé dans le reste de sa masse.

Il paroît que cette pierre est unie ou homogène, sans aucun mélange de coquillages ou autres matières étrangères semblables qu'on rencontre si communément dans la plupart des autres concrétions pierreuses. On n'observe non plus ni rayons, ni stries, ni autres impressions à sa surface, en sorte qu'elle est capable de recevoir un beau poli. Elle a d'ailleurs en perfection la propriété du *lapis lydius* ou pierre de touche; mais étant en petites masses, & d'une si grande dureté qu'elle émousse ou casse le tranchant des meilleurs outils, elle est peu propre à l'embellissement des maisons, & l'architecte & le sculpteur ne peuvent guère en tirer avantage.

L'extérieur de ces pierres, qui a été exposé aux injures de l'air, n'est pas de couleur blanchâtre comme les rochers ordinaires; mais quand on sépare les jointures, on trouve l'intérieur de couleur gris-de-fer-noirâtre, comme le plus beau marbre noir avant qu'il soit poli, mais avec une nuance un peu plus sombre.

Lorsqu'on frappe fortement cette pierre avec une autre pierre ou avec un morceau de fer, il s'en dégage une odeur forte & désagréable, pareille à celle de la corne brûlée.

La *Chaussée-des-Géans* en elle-même n'est pas ce qu'il y a de plus singulier à voir dans cette production extraordinaire, car les rochers voisins paroissent encore plus surprenans. A les examiner de l'autre côté d'une petite baie, à un demi mille à l'est de la *chaussée*, on observe de là qu'il règne au bas de ces rochers une couche de pierre noire, de la hauteur d'environ soixante pieds, divisée perpendiculairement, à d'inégales distances, par des raies d'une pierre rougeâtre qui ressemble à du ciment, & qui a environ quatre à cinq pouces d'épaisseur. Sur cette couche il y en a une autre de la même pierre noire, qui est séparée de la première par un lit de pierre rouge, de cinq pouces d'épaisseur. Sur celui-ci est une autre couche de pierre, de dix pieds d'épaisseur, divisée de la même manière; ensuite une couche de la pierre rouge, de vingt pieds d'épaisseur, & au dessus de celle-là une couche de prismes verticaux qui s'élèvent, en quelques endroits, jusqu'au sommet des rochers, & où ils forment ce qu'on nomme *les cheminées*.

Cette face de la partie escarpée de la montagne s'étend jusqu'à trois milles de la *chaussée*. Les piliers supérieurs semblent se terminer au dessus de la *chaussée*, & paroissent se raccourcir de plus en plus à mesure qu'on s'en éloigne.

Il est à présumer que des zônes se rencontrent tout autour, & renferment cette singulière production de la nature; & si cela est ainsi, les piliers doivent être très-courts vers les extrémités.

Voici les observations qui conduisent à cette conjecture. Le lit inférieur de ces piliers est celui qui va en descendant vers la mer, & qui forme ce qu'on appelle la *Chaussée-des-Géans*. Il paroît probable qu'en approchant de la mer, les colonnes deviennent toujours plus courtes, en sorte qu'elles ne s'étendent pas beaucoup plus loin.

Dans la montagne, au dessus de la *chaussée*, plusieurs piliers couchés sans ordre, presque horizontalement, paroissent appartenir au lit supérieur, & s'être renversés parce que le toit qui étoit par-dessus a cédé; & c'est là probablement que se terminoit le lit supérieur, car on n'en voit plus au-delà dans la montagne. Les sommets des piliers, à l'est & à l'ouest de la *chaussée*, sont de niveau avec le rivage, & quelques-uns sont plus bas que la *chaussée* même. Il est probable que ceux-ci sont beaucoup plus courts que ceux de la *chaussée*, qui s'élèvent à plus de trente pieds au dessus.

Les assises des colonnes qui forment ce qu'on nomme les *orgues*, sont presque plates & unies par les deux bouts, & les convexités de leurs surfaces supérieures sont si peu saillantes, qu'à peine on peut les discerner.

Dans cette description on ne s'est pas assez scrupuleusement attaché à distinguer ce qui pouvoit être dû à des circonstances accidentelles, de ce qui devoit être considéré comme l'ouvrage de la nature. Si l'on eût étudié la *Chaussée-des-Géans* d'après ce plan, on auroit pu remonter jusqu'à son état primitif, & par conséquent se mettre en état de décider plus facilement à quelle cause on pouvoit attribuer ce beau & singulier monument des opérations de la nature. Il est vrai qu'il se trouve maintenant dans des circonstances où les vestiges des causes ont disparu entièrement, & par conséquent ont mis le plus grand obstacle à ce qu'on pût rapprocher, sans suppositions, les causes de leurs effets. Aussi après que j'eus découvert, dans des circonstances où tous les vestiges des agens de la nature se trouvoient bien caractérisés & rapprochés fort heureusement, que ces assemblages de prismes étoient des produits du feu des volcans, parce qu'ils faisoient partie de courans sortis de cratères encore ouverts & subsistans, je reconnus que la disposition générale de l'assemblage des prismes dans la *Chaussée-des-Géans* ne répugnoit pas à ma découverte, puisqu'elle avoit encore la forme d'un courant sorti d'un centre d'éruption. J'allai plus loin : d'après les belles estampes qu'on a publiées de ce monument, & surtout des environs, je reconnus de même que d'autres assemblages de prismes dispersés sur la côte voisine, offroient les mêmes vestiges de courans, & par conséquent annonçoient, d'une manière non équivoque, les produits du feu des volcans.

Depuis ce tems M. Hamilton, professeur à Dublin, a revu cette contrée volcanique; mais n'ayant pas l'habitude d'observer, il s'est plus livré aux raisonnemens, qu'il ne s'est occupé à recueillir les faits, & à les lier pour arriver au même résultat que j'avois annoncé sur des preuves incontestables trouvées en Auvergne, & qu'on a retrouvées ensuite partout où il y a eu des volcans.

Cependant j'exposerai à l'article IRLANDE, le précis de son travail & de ses recherches qui sont fort curieuses, en me bornant aux simples faits qui pourront intéresser les naturalistes, en attendant qu'un bon observateur ait été sur les lieux, & ait donné de tous ces phénomènes une description raisonnée & débarrassée de toutes explications inutiles; description où l'on se borne aux simples faits instructifs qui peuvent se lier aisément & offrir des résultats lumineux.

CHAUSSÉE DES LACS. Les lacs, comme nous l'avons fait voir, se trouvent dans trois positions différentes : ou bien ils sont placés à l'origine des vallées où les ruisseaux & les rivières prennent leurs sources, ou bien ils occupent le fond de ces grandes vallées des rivières qui les traversent, ou enfin ils reçoivent l'eau des rivières qui y terminent leur cours. Il n'y a que les lacs des deux premières positions qui aient des *chaussées*. Celles de la première position sont formées par les matériaux que les eaux latérales ont entraînés vers l'embouchure de la petite portion de vallée qui forme le bassin du lac, & dont un autre courant d'eau a favorisé l'accumulation.

Les *chaussées des lacs* de la seconde position sont formées par les dépôts d'une rivière qui vient couper à angle droit la rivière principale qui fournit au lac de l'eau & un bassin. Il faut que cette rivière latérale ait un certain ascendant sur la principale, sans quoi ces dépôts ne pourroient pas former les *chaussées* considérables qui soutiennent les eaux des lacs. Il faut que ces rivières soient torrentielles, & par conséquent puissent, par la pente & la rapidité de leur cours, entraîner & déposer une grande masse de pierres, de terres & de graviers propres à former les *chaussées* & les encaissemens où se trouvent soutenues les eaux des lacs.

Voici encore une autre suite de circonstances

qui me paroissent avoir concouru à la formation des *chaussées* & des encaissemens des lacs.

La plupart des lacs sont placés à l'extrémité des dépôts littoraux de l'ancienne mer. Or, il est évident qu'en accumulant les cailloux roulés, les matières sur ses bords, la mer, ses flots, ont accumulé tous les matériaux de la digue du lac, & ont formé une barre d'abord, ensuite un encaissement assez fort pour soutenir les eaux du lac.

Je puis donner une idée de ce travail des *chaussées des lacs*, tel qu'il a été exécuté à peu près sur les bords de l'ancienne mer, par celui qui s'exécute, sous nos yeux, le long des plages de la mer Méditerranée, en Languedoc & dans les landes de Bordeaux. La mer pousse contre l'embouchure des rivières les matériaux dont sont formés les digues, les *chaussées*, les encaissemens des bassins, des étangs & des lacs : il ne reste que des *boucauts* qui versent le trop plein des étangs ou lacs dans la mer.

Qu'on examine, d'après ces considérations, le lac de Côme, le lac Majeur, celui de Genève, ceux de Zuric, de Lucerne, &c., & l'on verra que leurs digues ont été établies naturellement avec ces matériaux & dans ces circonstances; on verra que ces digues sont constamment d'une composition bien différente du fond & des croupes de la vallée qui sert de bassin aux lacs, & par conséquent sont d'une époque bien postérieure. J'ajouterai même que les rivières latérales & torrentielles ont, dans plusieurs circonstances, complété les dépôts que la mer avoit commencés, & que leur travail a eu même de nos jours des progrès très-sensibles, qu'on peut suivre très-aisément lorsqu'on se trouve à portée de ces lacs.

Il ne me reste plus maintenant qu'à parler des lacs qui se trouvent situés sur les bords de la mer actuelle; mais nous avons déjà indiqué par quels moyens ses flots avoient concouru à la formation de leurs *chaussées*. Aujourd'hui nous voyons que cette opération tient à celle qui élève chaque jour les dunes ou obstrue les débouchés des étangs de la côte de Languedoc ou des landes de Bordeaux: il en est de même de ceux de la Louisiane. (*Voyez* ÉTANGS, LACS, LANDES DE BORDEAUX, LOUISIANE, *& les articles des différens lacs.*)

CHEF-BOUTONNE, bourg du département des Deux-Sèvres, près la source de la Boutonne, & à trois lieues un quart sud de Melle. Il y a une manufacture de faïence commune & plusieurs tanneries. Les terres des environs de cette commune sont grasses & argileuses : les bois y sont fort communs. *Chef-Boutonne* entretient un haras de baudets très-estimés, & dont on tire le plus grand profit.

CHEIRON, montagne du département du Var, arrondissement de Grasse, canton de Saint-Aubin, & à trois lieues à l'est de Sernon. Elle a de l'est à l'ouest trois lieues de longueur, dont la moitié est dans le canton de Saint-Paul-du-Var.

CHELLES, village du département de Seine & Marne, canton de Lagny. Ce lieu est remarquable pour avoir été l'emplacement d'une abbaye célèbre de Bénédictines, & outre cela une belle & grande vallée de la Marne, où l'on trouve beaucoup de grève entraînée par la rivière, avec des pelottes arrondies de craie que cette eau courante a charriées en traversant la Champagne crayeuse.

La révolution a fait disparoître tous les bâtimens de ce séjour intéressant : tout est démoli : il n'y reste que les collines de plâtre qui entouroient cette plaine.

CHEMILLY, village du département de l'Allier, canton de Souvigny, près de l'Allier. Les environs de *Chemilly* fournissent beaucoup de bois pétrifié, & même des troncs entiers, où l'on peut contempler les différentes parties de ces troncs.

CHEMINÉES DES VOLCANS. Il y a plusieurs *cheminées* ou *cratères* dans les volcans. Je ne voudrois pas avancer comme un principe, que tout épanchement de matières fondues fût la suite d'une éruption de flamme par une *cheminée*; mais cependant le plus souvent la *cheminée* se trouve réunie avec l'épanchement des laves ou des courans de matières fondues, & cette réunion m'annonce les volcans modernes.

Cependant je connois des *cheminées* & des cratères qui n'ont pas versé au-dehors, quoique la fonte des matières contenues dans le creuset ait été complète. La masse fondue étant restée au fond du creuset, y a formé, par le refroidissement, un culot immense qui l'a rempli : outre cela, on y trouve quelques éboulemens sur les côtés du creuset, qui ne sont couverts que d'une petite quantité de scories & de lapillo. Apparemment que toutes ces matières mobiles ont été enlevées, par les eaux, à la suite des tems.

Il y a des *cheminées* sans éruptions latérales qui ont fourni des courans, & tout se réduit pour lors à des amas de scories avec un cratère au milieu : tel est le petit puy de Dôme.

Il y en a où les matières ont été cuites sans avoir fondu dans une enceinte suivie, mais où les cratères sont visibles avec les épanchemens de matières formant des courans : alors la masse de la *cheminée* n'est pas factice, comme dans certains cas.

D'après ces considérations générales, je vais indiquer les différentes sortes de volcans : ainsi le puy de Côme, avec deux *cheminées* ouvertes dans une grande masse, présente à sa base plusieurs courans très-étendus; celui de Louchadière n'est qu'une *cheminée* démentelée avec de grands courans; celui de Verrière offre une *cheminée* élevée avec des courans. Nugère offre plusieurs *cheminées* démentelées, & des versemens de matières fondues par ces ouvertures, lesquelles ont formé des courans fort alongés & fort épais de la pierre de volvic. Le volcan de Pariou est celui dont la *cheminée* ou le cratère est le plus régulier, & qui a versé au-dehors, par le pied des masses accumulées & plus ou moins fondues, de grandes traînées de matières fondues, qui ont gagné le niveau de la Limagne par deux vallons, dont l'un conduit à Chamalière, & l'autre à Nohanent.

Si nous allons plus au sud, nous trouvons trois *cheminées* très-modernes, celles des puys de la Vache, de la Mèye & de la Gravouse, dont les courans s'étendent par des vallées très-alongées.

Je citerai maintenant une éruption au dessus de Besse sans *cheminée*, comme j'en ai remarqué à Ischia. Au Monte-Nuovo il y a *cheminée* sans courans; à Jumes il y a *cheminée* & courans.

Je n'ai plus trouvé de *cheminées* dans des cantons très-étendus qui sont couverts de matériaux fondus & transportés, par des courans établis, sur les bords des vallons actuels, & qui sont antérieurs à l'excavation de ces vallons par les eaux pluviales. La considération de toutes ces circonstances liées ensemble mérite de nous occuper sérieusement, comme offrant des élémens très-importans pour l'établissement de certaines époques.

Il faut bien remarquer que, dans ces cas, la même suite de siècles nécessaire pour l'excavation des vallons par les eaux pluviales, l'a été aussi pour combler les *cheminées*, ou plutôt pour les faire disparoître par la destruction des scories & par leur enlévement qui a mis à découvert les matières fondues & refroidies dans les cratères, & nous les montrer sous la forme de *culots*.

J'ai reconnu, à la suite de ces considérations, un grand nombre de vallons qui m'ont paru avoir commencé à s'approfondir depuis l'existence des anciens courans; d'autres qui étoient à peine ébauchés lorsque des courans plus modernes sont venus les remplir. Ces derniers se sont annoncés, 1°. par des amas de cailloux roulés qui leur servoient de base, comme celui qui recouvre les croupes septentrionales du bassin de Champeix; 2°. à la différence de niveau des masses fondues & de leurs bases intactes. On voit bien ces différentes circonstances à la Tour-d'Auvergne : la portion de courant qui passe à cet endroit & qui s'y termine, est sur un massif de granit plus élevé que celui que recouvrent le courant du moulin & ceux des villages voisins.

D'ailleurs, les courans qui ont occupé les premières ébauches d'un vallon, se trouvent encaissés par des terrains un peu plus élevés que le sol sur lequel ils sont établis : ce sont les premières croupes du vallon. Au reste, je suis très-porté à croire qu'une grande partie de ces croupes a disparu, sur les deux côtés des courans, par la dégradation des eaux qui ont enlevé ces encaissemens lorsqu'ils se sont trouvés de nature à se prêter à ces destructions. C'est par cette raison que ces courans se trouvent plus élevés que tout ce qui les environne, parce qu'ils ne se sont pas trouvés primitivement comme les épanchemens d'une pâte molle qui a été entraînée par la pente du terrain sans être contenue par des encaissemens solides. Au reste, ce qui subsiste maintenant, & ce que la dégradation postérieure des eaux n'a point mis à découvert, est dû à la pente du sol depuis les parties supérieures des courans, jusqu'aux diverses ramifications qui les terminent. Cette pente est bien réglée, & plus ou moins rapide.

Ce que j'ai eu lieu d'observer aussi dans ces mêmes circonstances, ce sont les diverses épaisseurs des courans suivant les inégalités des terrains. On conçoit facilement que tous les creux accidentels ont été comblés avant que la matière qui cheminoit, ait continué sa marche; de même si la pente a été rapide, le courant a conservé peu d'épaisseur dans ces circonstances. Au contraire, cette épaisseur augmente lorsque la pente diminue & succède à une pente rapide. En un mot, l'extrémité des courans est fort épaisse lorsqu'ils ont rencontré quelques vides & des obstacles après une chute considérable.

Au reste, & c'est en quoi les courans modernes diffèrent encore des courans anciens, il y a de grandes inégalités dans leur marche, parce qu'ils en ont trouvé davantage dans le sol sur lequel ils ont cheminé. Comme ils sont venus depuis l'excavation des vallons dans la nouvelle terre surtout, & même depuis leur plus grand approfondissement dans l'ancienne, ils ont dû trouver, au sortir des cratères, la terre beaucoup plus sillonée de ravines, de coupures, & de toutes les inégalités produites par le travail de l'eau pluviale.

Il est vrai que, dans l'ancienne terre, les courans ont toujours rencontré des inégalités, & il ne paroît pas que ces circonstances n'aient pas été les mêmes dans la nouvelle, où le sol, dégagé depuis peu de tems de dessous les eaux de la mer, n'avoit pas encore été exposé, autant qu'il le falloit, à l'action des pluies & des torrens. Ceci a eu lieu surtout dans la plus ancienne époque; mais dans le passage à la plus moderne, le sol a éprouvé assez d'inégalités pour offrir un aspect différent dans les courans.

Dans l'ancienne terre les courans ont occasionné les changemens des vallons, qui pour lors ont été distribués à côté des courans. Ces vallons étoient creusés depuis une date bien antérieure à celle de la première retraite de la mer, au lieu que sur la nouvelle terre ils n'ont été déterminés à une direction différente par les courans, que suivant les époques des éruptions qui les ont produits.

En général, lorsqu'il y a eu passage d'un courant de l'ancienne terre où se sont toujours opérées les éruptions sur la nouvelle, il y a eu les plus grandes inégalités, & dans les bases des courans, & dans la suite des masses de laves.

CHEMIRÉ-LE-GAUDIN, village du département de la Sarthe, canton de la Suze, sur le Renom, ruisseau à quatre lieues du Mans. Il y a une forge pour la fabrication du fer. Outre cela, près de ce village, il y a des sources d'eaux minérales très-salubres.

CHENAL DE BROUAGE, rivière du département de la Charente-Inférieure, canton de le Gua, à une lieue duquel elle prend sa source, verse ses eaux au nord-ouest, passe près de Broue, ensuite à Brouage; & se rend dans la mer en face de l'île d'Oléron. Les deux troncs & les différens embranchemens du Chenal sont bordés d'un grand nombre de marais salans, suivant leur première destination; ce qui produit une abondante récolte de sel de la première qualité.

CHENAY, village du département de la Marne, canton de Fimes, à deux lieues de Rheims. Il y a, au milieu de ce village, une fontaine qui a pour aspect le couchant. Son eau ferrugineuse fait cependant la boisson ordinaire des habitans. On prétend qu'elle a les mêmes vertus & les mêmes propriétés que celle de Forges.

CHÊNE, village du département du Léman, à une lieue sud-est de Genève. Ce village est partagé par un ruisseau qui marque les anciennes limites de l'État de Genève & de la Savoie. De là jusqu'à la rivière d'Arve & au Rhône on trouve des campagnes fertiles. Ce territoire s'étend sur les deux rives de l'Arve; mais sur la rive méridionale il n'y a qu'une langue étroite qui, dans la plaine, ne présente que des prairies, &, sur la hauteur qui domine la jonction de l'Arve au Rhône, que quelques champs. J'ai déjà dit, à l'article ARVE, en quoi cette rivière avoit contribué à la formation de la digue du lac; ce qui est plus intéressant que la connoissance du terrain qu'elle parcourt.

CHENECEY, village du département du Doubs, canton de Quingey, sur la Loue, à une lieue trois quarts de cette ville. Il y a une forge dont le fer est fort doux & d'un bon usage. On y fabrique différens outils d'agriculture.

CHENOVE, village du département de la Côte-Dor, arrondissement de Dijon, & à une lieue de cette ville. On trouve, dans le territoire de ce village, une carrière de marbre brèche, dont le fond est couleur de peau de cerf, avec des taches blanches très-serrées.

CHEPPE (la), village du département de la Marne, arrondissement de Châlons, canton de Suippe. Ce village est remarquable par le camp d'Attila, dont on voit encore les vestiges au couchant, entre Cuperly & cette paroisse, dans une plaine très-propre à l'établissement d'un camp.

CHÉPY, village du département de la Meuse, arrondissement de Verdun. Il y a près de ce village une forge où l'on travaille le fer, & une papeterie où l'on fabrique des cartons pour les apprêts des draps dans les manufactures.

CHER (Département du). Ce département tire son nom de sa principale rivière, qui le traverse à peu près du sud au nord, & de l'est à l'ouest. Il est formé, dans sa partie orientale, de l'ancienne province du Berry, & il est borné, au nord, par le département du Loiret; à l'est, par celui de la Nièvre; au sud, par celui de l'Allier; à l'ouest, par ceux de Loir & Cher & de l'Indre.

Les principales rivières qui arrosent tout son territoire, sont: le Cher, dont nous avons décrit le cours à son article; l'Auron, qui prend sa source au sud-est, dans le département de l'Allier, passe à Dun-le-Roi, se rend à Bourges, où elle reçoit la Levrette, lesquelles, réunies, prennent le nom d'Èvre jusqu'à Vierzon, où cette rivière se rend dans le Cher.

La superficie de ce département est d'environ un million quatre cent cinquante mille cent trente-quatre arpens carrés. Il est composé de trois cent huit communes, & divisé en trois arrondissemens communaux ou sous-préfectures. La préfecture de ce département est à Bourges. Sancerre & Saint-Amand sont les centres des sous-préfectures. Ce département occupe l'ancien archevêché de Bourges.

Les villes principales sont, Bourges, Sancerre & Saint-Amand, auxquelles on peut ajouter Vierzon.

Il y a six forêts, qui sont celles d'Allogny, d'Aubigny, de Bornacq, de Haute-Brune, de Vierzon & d'Yvoy.

Productions. La terre y est très-fertile en toutes sortes de grains. Les pâturages y sont abondans. On y recueille de très-bon vin, quantité de fruits, & des légumes excellens. Vu la position de son territoire & les abris multipliés qui s'y trouvent, on y sème beaucoup de chanvre & de lin. Les toisons des bêtes-à laine qu'on y nourrit en grand nombre, sont très-belles, & le deviendront davantage par les améliorations qu'on y a introduites.

Si ce département avoit plusieurs débouchés, il seroit susceptible de faire un très-gros commerce. Celui qu'il fait, est borné à la vente des productions du sol. Outre cela, on y trouve un grand nombre de manufactures de toiles & d'étoffes, où l'on fait l'emploi des productions du sol; mais ses plus grandes ressources sont dans l'exploitation des bois & d'un grand nombre de forges. Il y a beaucoup de mines de fer de la meilleure qualité. Le fer n'y vient point par filons comme dans d'autres contrées ; il se trouve près de la surface de la terre, &, à quelques pieds de profondeur, sous forme de grains bien arrondis. Les forges ont chacune leurs fonderies, chaufferies & affineries. On y trouve aussi des mines d'ocre, préférables à celles d'Angleterre, & d'un très-grand produit. Enfin, il y a des carrières de plusieurs sortes de pierres fort estimées, dont l'extraction se fait avec beaucoup d'activité, & sans avoir épuisé ces fouilles pour améliorer en grand toutes ces ressources naturelles. Il ne faudroit qu'achever les travaux commencés pour ouvrir & assurer toutes les communications des différentes parties de ce département au-dehors.

CHER, rivière qui prend sa source dans le département de la Creuse, arrondissement d'Aubusson, canton d'Auzance. Sa source, à deux lieues & demie au sud de cette dernière ville, verse ses eaux au nord. Nous commencerons par remarquer que la source du *Cher*, comme toutes celles des rivières qui prennent leur origine dans ces contrées, est formée par huit embranchemens distribués dans autant de vallons abreuvés, dont quelques-uns renferment des étangs. Près de l'embranchement le plus éloigné, on voit le village du *Cher*, qui a donné son nom à la rivière, ou qui l'a reçu d'elle ; & à la tige du premier système des embranchemens est aussi le village de *Cherposat*. Le second système des embranchemens renferme six vallons avec leurs ruisseaux, si communs dans l'ancienne terre.

A mesure que le *Cher* s'avance vers Auzance & Château-sur-Cher, il reçoit plusieurs rivières latérales assez fortes, & entr'autres Mouson, Boron, Buron & celle de Saint-Pardon, qui rassemblent les eaux d'une grande étendue de terrain, distribuées dans une suite nombreuse de vallons abreuvés, après quoi il devient considérable par la réunion de la Tardes, que grossissent également les rivières du second ordre, la Meoure, la Douleux & la Vouise, si remarquables par l'ensemble des gros ruisseaux qui s'y jettent successivement.

Je reviens à la Tardes, relativement à la considération du nombre des vallons abreuvés qui forment sa source & celle de la Tardette qui en fait partie. On compte vingt-huit embranchemens, présentant autant de vallons tous distribués sur une grande superficie, caractère bien intéressant de l'origine des rivières.

Le *Cher* continue à se porter droit au nord par Montluçon & Saint-Amand-Mont-Rond, entre les rivières latérales la Naris, la Magieure, la Meuselle, l'Aumonse & la Marmande, qui s'y jettent à droite & à gauche, & qui en maintiennent le cours dans la même direction. C'est ainsi que les eaux courantes superficielles se portent vers le lit du *Cher*, creusé depuis les tems les plus reculés, vu la plus ancienne marche des eaux de cette rivière.

Ce n'est qu'à la hauteur de Saint-Amand que le *Cher* commence à fléchir son cours vers l'est, & à gagner Château-Neuf par ce petit détour.

Je dois aussi remarquer que c'est à ce point que les vallons abreuvés, dont le grand nombre a sensiblement diminué depuis Montluçon, ont cessé entiérement de suivre le cours du *Cher*, ainsi que ceux des rivières latérales ; ce qui peut annoncer aux observateurs qui se sont occupés des phénomènes hydrographiques de l'ancienne terre, les changemens que leur offre la nouvelle. C'est ce que présente le cours du *Cher*, qui, coulant entre l'Evre & l'Arnon, va faire partie du nombreux rendez-vous de ces rivières, qui se fait à Vierzon, & les adopte, après quoi, enrichi d'une si grande masse d'eau, il prend son cours directement à l'ouest.

C'est pour lors qu'il occupe les bordures des deux planches de Loches & de Blois ; d'abord la septentrionale de Loches, & ensuite la méridionale de Blois. C'est dans ce trajet assez étendu que le cours du *Cher* est simple, & n'est accompagné que de filets d'eau courante plus ou moins alongés, mais qui n'annoncent pas l'ancienne terre. C'est là que le lit du *Cher* occupe une plaine fort large & bien dessinée. Dans la partie de cette rivière qui parcourt la bordure méridionale de la planche de Blois, les nombreux filets d'eau qui s'y jettent, donnent naissance à un grand nombre d'étangs qui font partie de ceux de la Sologne.

Je dois dire enfin que c'est dans ce trajet des deux bordures que le *Cher* donne son nom à un second département, celui de *Loir et Cher*, qui commence à Menetour, & finit un peu au-delà de Montrichard.

Une preuve de la vigueur & de la force du cours du *Cher*, qu'il tire de l'abondance des eaux que lui fournissent les environs de sa source dans l'ancienne terre, c'est que depuis qu'il a quitté cette ancienne terre il chemine très-bien, jusqu'à ce qu'il adopte l'Évre & l'Arnon ; en sorte que ces masses d'eau réunies dans un seul lit, lui donnent une grande tendance vers le bassin de la Loire, qu'il côtoie, avec un cours plein, jusqu'à ce qu'il l'ait atteint, & qu'il se confonde avec ce fleuve principal.

D'après les détails contenus dans cet article, on doit comprendre comment la nature, dans l'ancienne terre, donne naissance aux grandes rivières, & sous quelles formes ces grandes rivières prennent leurs cours dans la nouvelle terre, après qu'elles ont quitté l'ancienne.

Je vois depuis long-tems ce qui favorise, dans la nature, cette belle distribution des eaux courantes ; c'est la différence de niveaux des deux terres, dont l'ancienne se trouve toujours plus élevée, comme les bords de l'ancienne mer, & dont la nouvelle, représentant le fond de cette mer, offre, depuis sa retraite, de grandes & larges plaines qui ont dû lui succéder. On voit aussi, dans la suite du cours du *Cher*, que les eaux de l'ancienne terre, fournissant toujours abondamment cette grande rivière, ont un cours plein & bien nourri, comme toutes les autres qu'elle côtoie, & qui ont la même origine; c'est, je dois le dire, ce qui distingue, d'une manière particulière, les rivières qui naissent dans l'ancienne terre : tels sont définitivement les résultats de la reconnoissance du cours du *Cher*, lesquels ont déterminé à charger cette rivière de donner son nom à deux départemens contigus; car elle les parcourt toujours majestueusement.

CHERBOURG, ville maritime du département de la Manche, arrondissement de Valogne, & à quatre lieues un quart de cette ville.

Cette ville, dans la ci-devant Basse-Normandie, a un arsenal pour la marine, des magasins pour les vivres de terre & de mer, ainsi que pour les bois & fourages. Elle a un long faubourg qui règne autour du port, à l'extrémité duquel est un pont tournant & un bassin pour y recevoir les navires.

Il y a dans la ville une fontaine, & trois dans les faubourgs : ainsi on y est bien abreuvé.

On a fait échouer des cônes pour former, dans le port, une digue de garantie, & rendre la rade d'une bonne tenue. Ces travaux ont commencé en 1783, & ont fini en 1788. Dans cet intervalle de tems il y a eu trente cônes d'échoués. A la même époque on a construit trois forts pour garantir des vaisseaux de ligne. Un des forts est sur l'île Pelée, un autre au Hommet, & un troisième à Querqueville. Ce dernier n'est pas entiérement terminé.

Il y a dans cette ville une manufacture de glaces, qu'on y a établie en 1670; elle occupe plus de douze arpens de terrain, en quatre circuits, dans la forêt commune de Tour-la-Ville. C'est la première qui ait fait des glaces soufflées en France. Il y a aussi une manufacture de bouteilles. On fabrique à *Cherbourg* de la soude avec des plantes marines que l'on récolte le long des rivages de la mer. On y fait le commerce de blé, d'avoine, d'orge, de pois, de féves, de laines & d'ardoises. On construit à *Cherbourg* des bâtimens de moyenne grandeur, dont le plus grand nombre est vendu aux armateurs des ports voisins, où le bois est moins commun. Les chantiers occupent en conséquence beaucoup d'ouvriers.

Les environs de *Cherbourg* produisent du froment, de l'orge, de l'avoine, du blé-sarrasin, beaucoup de lin & quantité de légumes. Le sol est graniteux dans la plus grande partie de ce territoire. On y trouve aussi des carrières de grosses ardoises. Celles de la montagne du Roule & de la commune de Tour-la-Ville sont fines. D'ailleurs, tout le terrain des environs de *Cherbourg*, à une certaine distance, est composé de cette sorte de schiste. Elle altère la bonté de l'eau qui circule dans ses couches.

CHERBOURG (Forêt de), département de la Manche, arrondissement de Valogne. Elle a deux lieues & demie de longueur, sur autant de largeur.

CHÉRIE (Ile), de la Mer glaciale. La première apparence de la chaîne de montagnes qui divise la Scandinavie & qui se montre au dessus de l'eau, est à l'île *Chérie*, latitude 74 deg. 30 m., place déserte & solitaire, un peu plus qu'à moitié chemin entre le Cap-Nord & le Spitzberg, ou à environ cent cinquante milles du dernier. La figure de cette terre est presque ronde. Sa superficie s'élève en cimes hautes & montueuses, escarpées & couvertes d'une neige permanente. L'une de ces montagnes est nommée, avec bien de la vérité, *le Mont-Misère*.

Cette île fut découverte, en 1603, par Étienne Bennet, employé par l'alderman Chérie, dont, par honneur, on a imposé le nom à ce lieu sauvage. Près d'elle, le mouillage est de vingt à trente brasses. Il y trouva des dents d'un walrus, mais il ne vit aucun de ces animaux, parce que la saison de leur séjour étoit passée. On étoit alors au 17 d'août. Encouragé par l'espoir du gain, Bennet fit un second voyage l'année suivante, & aborda à l'île le 9 juillet. Pour lors il trouva des walrus couchés & rassemblés les uns près des autres, jusqu'à former des tas de mille. Faute d'expérience il n'en tua qu'un petit nombre; mais dans les voyages suivans il fut plus heureux. En 1606, ses chasseurs tuèrent sept à huit cents de ces animaux en six heures de tems, & en 1608, neuf cents ou mille dans l'espace de sept heures. Le profit qu'on retiroit de l'huile, des dents & de la peau de ces animaux étoit considérable; mais le carnage qu'on en avoit fait, épouvanta ceux qui échappèrent, & les empêcha de revenir à cette île fatale, en sorte qu'on a perdu le bénéfice de ces voyages; mais ce fut à cette occasion que l'on commença à former l'établissement de la pêche de la baleine, que les Anglais allèrent chercher ailleurs.

Les walrus habitent actuellement les côtes des îles Magdeleine, dans le golfe Saint-Laurent, entre la latitude du 47e. & du 48e. degré, qui est le degré le plus méridional de leur séjour dans aucune partie du Globe. Les Eskimaux achètent des Indiens de Noek-Vanck, à la latitude de 60 d., les dents de walrus pour armer leurs flèches à veaux marins. Ces Indiens disent qu'ils sont annuellement visités par de nombreux troupeaux de ces animaux. On les trouve dans le détroit de Davis & la baie d'Hudson, latitude 62 deg.; ils habitent aussi la côte du Groënland; ils sont en grand nombre près des îles du Spitzberg, parmi toutes les glaces flottantes, depuis cette contrée jusqu'à l'île *Chérie*, place intermédiaire entre le Spitzberg & la pointe la plus septentrionale de la Norwège. On les trouve encore sur les côtes de la Nouvelle-Zemble, sur les promontoires qui s'étendent le plus vers le nord jusqu'à la pointe de Tschutki, & même jusqu'aux îles voisines de ce cap. Ils ne descendent guère plus bas que le pays de l'Anadir; mais on les voit en abondance aux environs du cap Newnham, sur les côtes d'Amérique. Les naturels des îles situées près le Noss-Tschutki s'attachent aux lèvres & au nez des débris osseux de la dépouille de walrus en forme d'ornement. Les naturels d'Unalascha, du détroit de Sandwich & de la rivière Retourne, suivent la même mode. On ne sait pas si ces animaux sont de la même espèce que ceux du golfe Saint-Laurent. Au reste, les défenses de ceux de la Mer glaciale sont beaucoup plus longues & plus déliées. J'ajouterai ici qu'on voit ces animaux résidant de préférence sur les glaces, parce qu'ils ont besoin d'être rafraîchis pour tempérer la chaleur que leur donne leur excessive graisse.

Je reviens à l'île *Chérie*, qui m'a donné lieu de parler des walrus, & j'observe qu'elle produit d'excellent charbon de terre, & qu'on trouve aussi des mines de plomb, tant dans cette île, que dans une petite île adjacente, nommée l'île *Gull* ou *des Mouettes*.

CHESSY, ville du département du Rhône, arrondissement de Ville-Franche, & à trois lieues de cette ville. Il y a près de *Chessy* une mine de cuivre, à cent pas de laquelle se trouve une galerie souterraine qui a été creusée horizontalement, à plus de deux cents pieds de profondeur, pour exploiter les filons du métal. On a rencontré, dans cet approfondissement, une source d'eau chargée de principes vitrioliques. On dit dans le pays, que l'eau de cette source change le fer en cuivre; mais pour peu qu'on ait de connoissances de la physique, on sent la fausseté de cette assertion. Le fait est que les sels vitrioliques dont cette eau est chargée, précipitent des particules de cuivre qui s'attachent à la superficie du fer qu'on y jette, & lui donnent la couleur & l'apparence du cuivre.

Chessy a des carrières de très-belles pierres propres à la construction des différens édifices.

CHETTERY, village du département des Ardennes. On y fait des boulets, du fer en barres, en verges & en carrillon, le tout dans les forges de Beauclaire, qui sont bien tenues.

CHEVAGNÉ, village du département d'Ille & Vilaine, arrondissement de Rennes, près de l'Ille, à deux lieues trois quarts de Rennes. Il y a aux environs, dans le lieu dit *Quesnou*, des carrières de marbre noir veiné de blanc, trop dur pour être travaillé: aussi on en fait communément de la chaux de bonne qualité.

CHEVINAY, village du département du Rhône, arrondissement de Lyon, & à trois lieues trois quarts de cette ville. On voit encore dans ce village des restes d'aqueducs & des souterrains appelés *les Thus*, qui ont servi de retraites aux Sarrasins. Il y a d'ailleurs une mine de cuivre située dans la montagne appelée *des Vieilles mines*. On soupçonne, avec quelque raison, que les travaux ont été faits par les Romains. Le minerai est une pyrite cuivreuse, mêlée à une très-grande quantité de blende. Les égouts qu'on nomme le *toit*, ainsi que le *mur* du filon, sont un schiste blanc pyriteux. Lorsque ce minéral est extrait de la mine trié & rôti, on le transporte, pour le reste des préparations, dans la fonderie de Saint-Bel.

CHÈVRE (Pointe de la), dans le département du Finistère, arrondissement de Châteaulin. Elle a, au nord-est, la pointe de la batterie de Saint-Nicolas, de Saint-Hernot & de la Chaise, & sur la côte ouest l'anse de Kerguillier & celle de Quelebar, près de l'anse de Dinan, à une lieue deux tiers nord de la *Pointe de la Chèvre*.

CHEVREUSE, ville du département de Seine & Oise, chef-lieu de canton, sur l'Yvette, dont la vallée est très-agréable & bordée de couches de pierres à chaux. Le grès y est d'ailleurs fort abondant.

CHEVROLLET (Forge de), dans le département de la Haute-Marne, arrondissement de Chaumont, dépendante de la commune de Dancevoir-sur-l'Aube, à trois lieues un quart sud-ouest de Château-Vilain.

CHÈZE, village du département des Hautes-Pyrénées, arrondissement d'Argelès, canton de Luz, près du gave de Barrège, à deux lieues trois quarts d'Argelès. Il y a une mine de plomb dans le territoire de ce village, sur la rive droite du gave, au bord de la chaussée au-delà du pont de Mayavat. Cette mine renferme de la galène à gros grains, mêlée de blende & de pyrites blanches, dispersées dans un schiste noir argileux & calcaire fort dur.

CHÉZERY, ville du département du Léman, arrondissement de Genève, & à quatre lieues de cette ville. C'étoit le chef-lieu d'un pays & d'une vallée du même nom. La vallée de *Chézery*, située à la rive gauche du Rhône, s'étend, du midi au nord, jusqu'aux frontières de la ci-devant Franche-Comté, & n'a que quatre lieues de long, sur environ une lieue de large. Elle est bornée, au levant, par le pays de Gex, & au couchant par une partie du ci-devant Bugey. Le terroir est fertile en grains & en pâturages.

CHIARA (la), rivière du département du Pô, laquelle a sa source au mont Rochemelon, & tombe dans la Sture au dessous de Lanzo, après dix lieues de cours.

CHICHOUÉ (Val de), département de l'Arriège, arrondissement de Saint-Girons, à la descente de la montagne de Crabère & du lac de Sarran, à quatre lieues sud-ouest de Castillon. Il a une demi-lieue de long du nord au sud, & ouvre un débouché vers le lac & la montagne.

CHIERI, village du département du Pô. Ce village est situé dans le Piémont, sur le penchant d'une colline bordée d'un coteau couvert de vignes, dans un terrain fort agréable, & abondant en tout ce qui est nécessaire à la vie.

CHIEVRES, village du département de Jemmappes, arrondissement de Mons. Ce village, situé sur la petite rivière d'Hunel, fait une grande récolte de colsa; aussi a-t-il deux pressoirs à huile. Outre cela, on y trouve sept brasseries de genièvre & une saline.

CHIGNON (le), rivière du département du Cher, arrondissement de Saint-Amand. Elle prend sa source à deux lieues & demie de cette dernière ville, verse ses eaux à l'ouest, & se rend dans le Cher à Saint-Amand.

CHIGNY, village du département de la Marne, arrondissement de Rheims, & à deux lieues & demie de cette ville, sur la montagne qui sert de bordure à son bassin, & dont le sol est formé par la couverture de la craie qui fait le fond de ce bassin intéressant.

CHILLY, village du département de Seine & Oise, arrondissement de Corbeil. C'est un village dont la position est agréable. On y trouve quelques maisons de plaisance d'assez bon goût. Chapelle y avoit une de ces maisons où il célébra le dieu du vin. Molière & Gassendi étoient de ses amis.

CHIMAY, ville du département de Jemmappes, arrondissement de Charleroi, sur la rivière Eau-Blanche, à trois lieues & demie de Marienbourg. Il y a aux environs de cette ville une carrière d'ardoise très-abondante. On trouve, dans son territoire, beaucoup de forges pour la fabrication du fer. Chaque fourneau consomme quinze mille cordes de bois, & chaque forge vingt-cinq mille voies de charbon. Il s'y fabrique des dentelles très-renommées. Il y a outre cela plusieurs ateliers de poteries & de faïenceries au milieu des amas des terres propres à ces fabrications.

CHIMBO-RACO, s. m. (Géogr.), l'une des plus grosses montagnes du Monde, & vraisemblablement la plus haute. Elle fait partie de la Cordilière des Andes. Elle est située, par un degré & demi de latitude australe, près de Riobamba, dans la province de Quito au Pérou, à cinquante lieues à l'est du cap San-Lorenzo. On la voit en mer du golfe de Guayaguil, à plus de soixante lieues de distance. Elle a trois mille deux cent vingt toises au dessus du niveau de la mer. La partie supérieure est toujours couverte de neige, & inaccessible à huit cents toises de hauteur perpendiculaire. En 1738, MM. Bouguer & de la Condamine, de l'Académie des sciences de Paris, y firent, au pied de la neige permanente, des expériences pour reconnoître si un fil à plomb étoit détourné de la ligne verticale par l'action de la masse de la montagne sur ce même fil. La quantité moyenne, tirée d'un grand nombre d'observations, donna sept à huit secondes pour la déviation du fil vers l'axe de la montagne, quantité qui devroit être beaucoup plus considérable dans les principes de Newton si la montagne étoit de la même densité intérieurement qu'au dehors; mais il y a beaucoup d'apparence qu'elle est remplie de grandes cavités si, comme la tradition du pays le porte, elle a été autrefois volcan, & qu'on y voit encore aujourd'hui des bouches & des traces de son éruption. *Chimbo-Raco*, ainsi nommé d'un bourg voisin appelé *Chimbo*, qui veut dire *passage* (& en effet on y passe une rivière), & de *Raco*, qui signifie *neige* dans l'ancienne langue quetchoa ou des Jacas. (*Voyez* ATTRACTION DES MONTAGNES.)

CHINE (la), grand Empire d'Asie, entre le 120e. & le 160e. deg. de longitude, & les 20e. deg. 14 min. & 41e. deg. 25 min. de latitude septentrionale, en y comprenant la Tartarie chinoise, dont la *Chine* n'est séparée que par une grande muraille de plus de quatre cents lieues, & qui est à présent mal entretenue. Elle est bornée par la mer orientale; au nord, par une partie de la Tartarie russe; à l'ouest, par de hautes montagnes & des déserts; au sud, par l'Océan & par le royaume de Tonquin. Cet Empire a au plus cinq cent cinquante lieues de l'ouest à l'est, & cinq cent vingt-cinq du sud au nord.

Quoique je n'aie qu'un apperçu très-peu détaillé de la constitution physique de l'intérieur des terres dans l'Empire de la *Chine*, je m'attacherai cependant à faire connoître ce que certains voyageurs m'en ont appris, & qui consiste en trois classes de terrains, les campagnes plates, les pays de collines & les montagnes.

D'abord, les campagnes offrent des terrains plats, sablonneux, jaunâtres & rouges, sur un fond de glaise. Les pierres sont d'une nature argileuse, & disposées par bancs inclinés à l'horizon. Les Chinois emploient une grande partie de ces terrains plats à la culture du riz, des cannes, & à faire croître beaucoup de bamboux, &c.

Des points de vues très-agréables se présentent souvent dans les campagnes, & des collines boisées en garnissent les côtes. En remontant les rivières, on trouve les collines coupées par gradins. En général, partout les collines sont boisées; les unes plantées de pins, & d'autres couvertes d'arbres à huile. La plupart du tems ces collines annoncent les montagnes, & sont en première ligne, offrant des bancs inclinés comme elles. Quelques-unes sont grises, avec des pierres de même couleur qui se montrent à découvert.

Peu de pays offrent autant de diversité dans les montagnes que la *Chine*; tantôt elles sont en masses suivies, formant des chaînes; tantôt elles sont isolées : on diroit que c'est la main des hommes, & non la nature qui les a formées. Les montagnes de Tanse-Ky, que certains voyageurs ont prolongées, s'élèvent à pic sur la rivière, & s'étendent dans la campagne par le côté opposé. Les pierres qui composent ces masses énormes sont placées par bancs inclinés à l'horizon, souvent jaunâtres, quelquefois gris ou noirâtres, avec des veines blanches, & liées par des couches de terres friables. C'est cette disposition des élémens de ces montagnes, qui contribue à leurs formes singulières; car l'eau des pluies, pénétrant entre les bancs, les divise & les détache facilement par feuillets. A cette raison il faut ajouter encore la méthode des Chinois dans l'exploitation des carrières, laquelle se fait presque toujours à voie ouverte.

Les pierres qui composent les montagnes sont toujours par bancs inclinés à l'horizon; mais avant d'arriver à la ville de Nan-Kan-Hien, le terrain & les pierres sont rougeâtres. Celles-ci ressemblent beaucoup au grès. Plus loin les terres sont d'une nature argileuse, & rougeâtres par intervalles. On les occupe par des blés, de l'orge, des féves & des raves. On y voyoit très-peu de riz.

Dans les contrées où se trouvent des rivières d'une moyenne largeur, elles sont bordées, des deux côtés, par des montagnes en partie arides, & en partie couvertes d'arbres. Sur les torrens qui se précipitent des hauteurs, & qui, dans les tems de pluies, paroissent devoir amener à la rivière un grand volume d'eau, on a construit des ponts solides & proportionnés à la largeur de la rivière.

La *Chine* a plusieurs montagnes très-intéressantes, surtout celles de Chien-Si, de Honan, de Kangtong & de Fo-Kyen, qui sont couvertes d'immenses forêts, dont les arbres principaux sont le pin, le frêne, l'orme, le chêne, le palmier, le cèdre, &c.

Nous ne devons pas oublier ceux dont on trouve plusieurs espèces, & dont on tire le plus grand parti, surtout pour fabriquer le papier, ni les cannes à sucre, ni le racan, plante fort menue, mais très-forte, qui rampe sur terre jusqu'à la longueur de huit pieds.

Il y a d'ailleurs plusieurs autres montagnes qui sont fameuses par leurs mines, leurs sources minérales & leurs plantes. On trouve, dans les premières, des filons d'or, d'argent, de fer, de cuivre, d'étain, de cuivre blanc, de cinabre, de l'alun, du jaspe, des rubis, du cristal de roche, du porphyre, & des carrières de différentes sortes de marbres. On ne connoît pas de pays aussi riche que la *Chine* en mines de charbon de terre.

Les salines y sont fort nombreuses, & donnent des récoltes abondantes de sel.

RIVIÈRES. Le sol de la *Chine* est coupé par un grand nombre de rivières, & par des canaux qu'on a multipliés autant qu'il a été possible, non-seulement pour arroser les campagnes, mais encore dans la vue d'ouvrir des communications & de faciliter les transports. Outre que le commerce se fait généralement par eau, les Chinois qui voyagent d'une province à l'autre préfèrent cette voie, & ne prennent les routes de terre que dans des circonstances pressées. On peut aller de Canton à Pékin constamment en bateau, excepté pendant un seul jour qu'on emploie à parcourir, par terre, le trajet qui sépare Nan-Kiong-Fou & Nan-Ngan-Fou. En sortant de cette dernière, on descend la rivière jusqu'au lac Po-Yang, qu'on ne quitte qu'au-delà de Nankin à Kouatcheou, pour suivre le canal impérial qui conduit à Pékin.

Avant de parler de ce canal, il est à propos de faire connoître deux grandes rivières qui partagent la *Chine* en coulant de l'ouest à l'est, & dans lesquelles le canal impérial vient aboutir.

Le Hoang-Ho, l'une de ces rivières, ainsi nommé de la couleur de ses eaux jaunes & bourbeuses, prend sa source, par le 35e. deg. de latitude, dans les montagnes de Kokonor en Tartarie. Après avoir parcouru une partie de ce pays, il entre en *Chine* par les provinces de Chen-Sy & de Chan-Sy, traverse ensuite le Honan, une partie du Kiang-Nan, & se jette, après un cours de six à sept cents lieues, dans l'Océan oriental.

Ce fleuve n'est pas aussi large que le Kiang à Pe-Tsuc-Tcheou, où on le traverse dans la route de Pékin à Canton. Il peut avoir trois à quatre cents toises de largeur. A vingt-cinq lieues au dessus de son embouchure, il a environ cinq à six cents toises de large.

Les rives du Hoang-Ho sont d'une terre argileuse jaunâtre, dont ses eaux sont salies. Ce fleuve est rapide, & cause souvent de grands ravages par ses débordemens. C'est pour le contenir & s'opposer à ses dégradations, qu'on a construit des chaussées faites avec de la paille mêlée de lits de terre. C'est dans les environs de la ville de Sou-Tsin-Hien qu'on a commencé à élever une forte digue, qui se prolonge pendant près de vingt lieues.

Ces ouvrages considérables sont confiés aux soins d'un grand mandarin, qui en a l'inspection & qui veille à ce qu'ils soient bien entretenus. La digue peut avoir de vingt-cinq à trente pieds de largeur au sommet; sa hauteur est de quinze à vingt pieds; vers sa base elle a quarante à quarante-cinq pieds de largeur; ainsi elle présente un talus sur les deux rives du fleuve.

Le Kiang, situé plus au sud que le Hoang-Ho, prend sa source dans le pays des Tou-Fan, par le

33e. deg. de latitude, & traverse une partie des provinces de Yunnan, de Setchuen, de Hou-Kouang & de Kiang-Nan. Son cours a plus de sept cents lieues d'étendue. En se jetant dans la mer orientale, au 32e. deg. de latitude, il a formé une île considérable nommée *Tong Ming*, qui peut avoir vingt lieues de long, sur six de large.

Ce fleuve est profond; aussi son cours n'est pas aussi rapide que celui du Hoang-Ho. A Kieou-Kiang, ville éloignée de la mer de cent quarante lieues, ce fleuve a environ une demi-lieue de large; & à Tsin-Kiang-Fou, trente lieues au dessus de son embouchure, il a environ une lieue de largeur.

Je dois dire maintenant, relativement aux circonstances qui contribuent à charger d'eau les deux fleuves précédens à mesure qu'ils parcourent les différentes provinces de la *Chine*, que leurs lits se trouvent accompagnés, sur les deux rives, par plusieurs ruisseaux qui ont un très-grand nombre d'embranchemens, & qui couvrent un espace considérable de terrain sur les deux côtés des rivières: d'où il résulte que les bassins de ces masses énormes d'eaux courantes occupent des bandes d'une largeur très-considérable; en sorte que ces deux fleuves sont les centres d'une infinité de ruisseaux & rivières dont sont chargées les Cartes des provinces de la *Chine* de Danville, & surtout les parties où sont figurées les différentes suites du cours des deux rivières singulières dont je viens d'ébaucher la description d'après cette géographie intéressante, qui me rappelle l'origine de nos rivières dans l'ancienne terre du Limousin, de l'Auvergne, &c.

Je finis par indiquer ces ressources naturelles comme les moyens dispersés partout, qui ont fourni aux ingénieurs chinois les plus grandes facilités d'ouvrir des canaux de communication & de navigation dans toutes les provinces de l'Empire de la *Chine*.

Canaux. C'est pour l'approvisionnement de Pékin que les empereurs tartares mongoux ont fait construire le grand canal ou le *Yun-Ho*, en 1289. Ce canal ne s'étendit d'abord que dans une partie du Chan-Tong. Enfin, après quelques réparations qui l'agrandirent peu à peu, on le réunit avec le Hoang-Ho en 1409, & on lui donna la forme qu'il a maintenant. Ce canal est généralement bordé de digues, quelquefois revêtues en pierres, mais plus ordinairement faites en terre argileuse, c'est-à-dire, composées de lits de terre & de lits de paille mêlés alternativement. De tems en tems on rencontre des écluses fermées par des portes de bois, qu'on élève lorsqu'on veut faire une prise d'eau pour l'arrosement des terres voisines. Dans les endroits où le canal est de niveau avec la campagne, on a creusé des fossés de dérivation par où l'eau pénètre dans les terres, & sur lesquels on a construit des ponts pour établir les communications. En général, ces ponts ne sont pas épargnés dans tous les lieux où ils sont nécessaires, & sous les formes les plus convenables.

Le Yun-Ho, après avoir parcouru le Chan-Tong & une partie du Kiang-Nan, entre à Yang-Kia-Yn dans le Hoang-Ho; il reprend ensuite à Tsin-Kiang pour passer à Ouay-Ngan-Fou, à Yang-Tcheou-Fou, & se décharge dans le Kiang. Il se prolonge au-delà de ce dernier fleuve, & continue jusqu'à la ville Hang-Tcheau-Fou, où il se termine après un cours de plus de trois cents lieues, pendant lequel il a fallu, tantôt creuser la terre à une grande profondeur, tantôt construire de longues jetées sur des fonds marécageux, & même souvent les continuer le long des lacs, de sorte que les eaux du canal sont quelquefois plus élevées que les eaux des terres voisines. En quelques endroits les eaux du canal coulent lentement; elles sont stagnantes dans d'autres, & près de Yang-Tcheau-Fou on les voit descendre & remonter dans la même journée.

Si au dessus de Tsin-Kiang-Fou l'égalité du sol, sa nature, la grande quantité d'eau courante qui a peu de pente; si tous ces avantages réunis ont facilité la construction du canal, on n'en doit pas moins convenir que les Chinois ont entrepris & exécuté un ouvrage d'autant plus remarquable, qu'il a dû leur coûter beaucoup de travaux, de soins & d'argent.

Le Père Duhalde rapporte que, dans une étendue de terrain de plus de cent soixante lieues traversée par le canal, on n'a rencontré ni montagnes à percer ni rochers ou carrières à couper ou à creuser; en sorte que, pendant ce long trajet, le canal ne traverse que des terrains plats & unis.

Il suffit de jeter les yeux sur la Carte du lord Macartney pour voir que le canal ne traverse ni lacs ni montagnes, & même, dans cette Carte, ce canal est figuré à une plus grande distance des lacs qu'il ne se trouve réellement. En avouant que les Chinois ont exécuté des travaux hydrauliques considérables, on ne doit pas les représenter comme d'habiles ingénieurs fort intelligens. Il est évident qu'ils ont été favorisés par la nature & les circonstances, & ils ont suivi les idées que leur a inspirées l'expérience. Ils sont louables certainement en achevant un ouvrage aussi important que le canal impérial, & en procurant à l'Empire les avantages journaliers qui en résultent pour les provinces que traverse ce canal. En leur rendant justice, on ne doit pas les présenter comme ayant des connoissances & des talens qu'ils n'ont pas.

Eaux. Les eaux, dans toute l'étendue de l'Empire de la *Chine*, ne sont pas généralement d'une bonne qualité; car, dans certains endroits, elles sont saumâtres, &, dans beaucoup d'autres, elles sont chargées d'un principe séléniteux qui se trouve peut-être dans cette couche schisteuse entrecoupée de veines de charbons fossiles qui se prolongent sous terre, à ce qu'on prétend, d'une extrémité de la *Chine* à l'autre.

Le limon jaunâtre du Hoang-Ho paroît être dû à une substance ocreuse, ainsi qu'à la couleur rougeâtre des eaux de la rivière Tan. Le fleuve Mékiang charrie des principes vitrioliques; les eaux du Hiao ont une odeur de bitume; celles du Ceing-Yang sont savoneuses, & renferment des principes alkalins.

D'ailleurs, le Père Lecomte, dans ses Mémoires sur la *Chine*, observe que la plupart des fleuves, & surtout à une certaine époque, n'étoient que d'immenses torrens de boue, parce qu'ils avoient de grandes pentes dans leur cours, & qu'ils entraînoient, en se précipitant des montagnes, toutes les terres que leurs eaux pouvoient délayer.

Quant aux rivières de la province de Pe-Che-Ly, le Père Martini prétend qu'elles contiennent une si grande quantité de nitre, que la glace s'y forme plus tôt & s'y fond plus tard que cela ne devroit être, eu égard à sa latitude & à son climat, que Linneus assure être plus rigoureux que celui de la Suède, où il a élevé des plantes que la gelée tue dans les environs de Pékin, quoique plus près de l'équateur d'environ vingt degrés. On a bien dit, avec quelque raison, que le vent du nord, soufflant sur les neiges de la Sibérie & de la Tartarie, & arrivant, avec cette température, dans les environs de la capitale de la *Chine*, y augmentoit nécessairement l'âpreté du froid. On pourroit ajouter que le peu de culture qu'il y a dans la province de Pe-Che-Ly, contribuoit beaucoup à ce phénomène.

On peut se former à ce sujet des idées justes en lisant la description d'un immense terrain où l'empereur Can-Hi chassa, en 1721, avec l'ambassadeur de Russie. Cette solitude n'est qu'à deux ou trois lieues de Pékin, & l'on ne sauroit rien imaginer de plus sauvage. *Il y avoit six heures*, dit cet ambassadeur, *que nous étions à cheval, & quoique nous eussions déjà fait quinze milles d'Angleterre, on ne voyoit pas encore le bout des forêts. Nous tournâmes du côté du midi, & nous arrivâmes dans un terrain marécageux, couvert de roseaux fort hauts, d'où nous fîmes lever quantité de sangliers.*

Au lieu de nous faire remarquer cette constitution physique des environs de Pékin, qui influe puissamment sur la température de l'air, les Missionnaires ont préféré de soutenir que la grande quantité de nitre devenoit plus abondante à mesure qu'on quittoit Pékin pour avancer vers la Tartarie chinoise; mais n'ayant appuyé leurs assertions que sur des hypothèses vagues, nous devons les regarder comme très-hasardées.

Nous sommes également bien instruits relativement à ce qui concerne les environs de Canton. Comme il n'y a pas de sources, toute l'eau qu'on y boit est puisée dans la rivière, qui éprouve le reflux à plusieurs lieues de son embouchure. Or, on conçoit qu'une précipitation qui ne dure que six heures, & qui n'est jamais parfaite, ne sauroit clarifier entièrement l'eau chargée de limon.

Au reste, à quelque cause qu'on veuille attribuer ce qu'on a dit de l'état des eaux de la *Chine*, il est certain que l'expérience y a enseigné qu'elles devenoient meilleures par l'ébullition & l'addition de quelques feuilles d'une plante astringente. Cette découverte s'est faite, à ce qu'on dit, il y a près d'onze à douze cents ans, & il en est résulté une diminution considérable de l'usage du sampsu ou de la bière de riz, qu'on a cependant fait chauffer pour la boire depuis le tems de la plus haute antiquité, & plusieurs siècles avant la découverte du thé, s'il est vrai qu'on n'ait commencé à le connoître que sous la dynastie des Tang, quoiqu'il y ait lieu d'en douter.

Poisson. Des causes qui paroissent très-opposées entr'elles, la grande chaleur & le froid, augmentent la fécondité des poissons. Dans la proximité du cercle boréal & vers les tropiques, elle est bien plus grande que dans les pays tempérés de l'Europe. On estime que le Nil est quatre fois plus poissonneux que le Rhin; encore ne sauroit-on s'abstenir de croire que, dans le premier de ces fleuves, les crocodiles, de même que les pélicans, ne fassent des dégâts prodigieux. Quand on considère la position des peuples véritablement ichtyophages de notre ancien Continent, on voit qu'ils ont existé, & qu'ils existent encore dans les terres arctiques, où le froid est très-grand. Il en est de même sur les plages brûlées de l'Afrique & de l'Asie. Cependant on observera que les Chinois, n'ayant que peu de jeûnes, hormi ceux que les mandarins indiquent de tems en tems dans les provinces, on expose chez eux, pendant toute l'année, une égale quantité de poisson en vente; ce qui a pu faire croire à quelques voyageurs, que la consommation en étoit bien plus considérable qu'elle ne l'est bien réellement.

Mers. Les mers de la *Chine* & du Japon ont été exposées à plusieurs révolutions. On a des preuves & des monumens constans, que la Corée a été unie à la *Chine*, & que par conséquent le golfe qui l'en sépare, n'existoit pas à cette époque. La montagne de Kic-He-Rang, qui étoit un petit promontoire du territoire d'Yong-Ping-Fou, est aujourd'hui à cinquante lieues en mer.

Le Vang-Ho passoit au pied de cette montagne avant d'arriver à la mer; mais les grands changemens qui ont eu lieu à l'embouchure de ce fleuve en ont tellement dérangé le cours, qu'au lieu de déboucher dans la mer au 40e. degré où il débouchoit autrefois, il y a environ trente siècles, quand l'empereur y fit travailler après de grandes inondations, il se décharge aujourd'hui dans la rivière de Whay-Ho, province de Nanquin, au 34e. degré.

Hydrographie maritime. Après avoir décrit les différentes distributions des eaux courantes de l'intérieur des terres, tant dans l'Empire de la *Chine* que dans la Tartarie chinoise, je dois exposer, dans un détail raisonné & successif, l'hydrographie des mers, des golfes, des détroits & des îles qui bordent ces deux grands États.

Je commence par indiquer cette *mer intérieure* que l'on voit s'étendre, dans une direction nord-est & sud-ouest, entre le 63e. & le 33e. parallèle nord, sur une longueur de six cents lieues marines, & une largeur variable de cent à deux cents lieues.

Cette mer intérieure baigne, à l'ouest, sur toute son étendue, la Tartarie russe & la Tartarie chinoise, &, du côté de l'est, elle est bornée par les fragmens de terres que l'Océan a détachés du Continent, conjointement avec les embouchures des fleuves de l'intérieur, en s'emparant des terrains les moins élevés des côtes. Ces fragmens sont: la presqu'île de Kamtzchatka, les îles Kuriles, l'île des États, la Terre de la Compagnie, les îles Chicha des Tartares tonguses, & les îles du Japon; ainsi j'appellerai cette *mer intérieure*, la *mer de Tartarie*.

En dedans du détroit de Sangaar, la mer de Tartarie se développe, & forme un bassin circulaire, d'environ cent cinquante lieues de diamètre, entre les îles du Japon & la Tartarie chinoise, pour se porter ensuite dans le nord, jusqu'au 52e. parallèle, par un long canal qui sépare du Continent la grande île Saghalien-Ula-Hata ou île du Fleuve-Noir, & qu'on doit nommer *île Saghalien*.

Ce premier bassin, qu'on peut appeler *bassin du sud*, communique avec celui du nord par deux détroits que forme la grande île Tchoka. Le premier est ce long canal qui se prolonge jusqu'au 52e. parallèle, entre Tchoka & le Continent. Il a la figure d'une *manche*, de cent quatre-vingt-dix lieues de longueur, de soixante de largeur prise à la hauteur de la pointe la plus sud de l'île, & il se resserre dans le nord jusqu'à n'avoir plus que quatre lieues de large, entre Tchoka & la côte de Tartarie. Mais la Peyrouse, qui a conduit dans cette manche les premiers vaisseaux qui y aient navigué, & qui le premier nous l'a fait connoître, a trouvé le détroit obstrué par les sables qu'y apporte sans doute le Saghalien-Ula, dont l'embouchure est située à douze ou quinze lieues au nord du détroit; car en examinant la direction de cette embouchure & la disposition de la côte nord-ouest de l'île, laquelle s'oppose à la décharge du fleuve, les sables & les terres qu'il charrie à l'époque de la fonte des neiges & des glaces, doivent être déposés & s'accumuler à l'ouverture du détroit. Ces sables, amoncelés par une longue succession de tems, semblent interdire aujourd'hui aux vaisseaux toute communication par cette passe entre le bassin du sud & le bassin du nord.

La Peyrouse a imposé à ce long bras de mer, qui sépare la grande île de Tchoka du Continent, le nom de *Manche de Tartarie*, par analogie avec notre *Manche d'Europe*, dont celle d'Asie a la configuration sur une longueur beaucoup plus grande.

En redescendant du nord au sud le long de la côte occidentale de Tchoka, la Peyrouse a découvert un autre détroit qui fait communiquer le bassin du milieu avec le bassin du nord, & qui s'ouvre, sur une largeur d'environ quatre lieues, entre la pointe la plus méridionale de Tchoka & la partie septentrionale de Chicha. Ce passage a reçu le nom de *Détroit de la Peyrouse*. C'est par ce détroit que ce navigateur a passé du bassin du milieu dans celui du nord, qu'il a traversé dans sa partie du sud pour en sortir par le détroit de la Boussole, entre l'île Marikan au nord-est, & la Terre de la Compagnie au sud-ouest.

Le bassin du nord s'étend sur trois cent soixante lieues du nord au sud, & sur deux cents lieues dans sa plus grande largeur. Il comprend dans le nord-est un golfe formant deux cornes. La corne de l'est est nommée *golfe de Pengina*, du nom du fleuve qui a son embouchure dans la partie la plus nord de ce golfe; la corne de l'ouest est appelée *golfe d'Engiga*.

Dans la partie occidentale du bassin du nord est un grand golfe désigné improprement par le nom de *mer d'Okotsk*, situé à sa côte du nord. On croit qu'il sera mieux dénommé *golfe de Lama*, nom qu'il reçoit des Tartares tonguses. La partie du sud du même bassin présente un troisième golfe formé par la Terre de la Compagnie & par l'île des États à l'est, par l'île Chicha au sud, & à l'ouest par la partie sud-est de la grande île Tchoka qu'occupent les baies de Patience & d'Aniwa.

La mer de Tartarie, dont nous présentons quelques détails, communique avec une autre par un détroit d'environ vingt-cinq lieues de largeur, ouvert entre la côte sud-est de la Corée & l'île Kiusiu, la plus méridionale de celles du Japon. Ce détroit doit prendre le nom de *détroit de Corée*.

La mer qui succède, dans le sud-ouest, à celle de Tartarie, s'étend sur environ deux cents lieues de longueur du nord au sud, & cent quarante de largeur de l'est à l'ouest. Elle pénètre fort avant dans les terres par sa partie nord-ouest, & y forme un golfe profond qui se prolonge d'abord du sud au nord, & se porte ensuite dans l'ouest par un retour d'équerre, à l'extrémité duquel se trouve l'embouchure du fleuve qui baigne, dans son cours, la ville de Pékin, capitale de l'Empire de la *Chine*. Les Chinois ont nommé ce golfe *Hoang-Hai* (Mer jaune), dénomination qu'on ne peut admettre, puisqu'un *golfe* n'est pas une *mer*: il seroit mieux nommé *golfe de Pékin*. Cette seconde mer orientale de l'Asie peut être appelée *mer de Corée*, pour la distinguer de la *mer de Chine*, avec laquelle elle communique par le détroit qui s'ouvre entre la côte de la *Chine* & l'île Tai-Oan (ou Formose). Elle est formée, au nord, par la côte méridionale de la presqu'île de Corée; à l'ouest, par la *Chine*; à l'est, par l'île de Kiusiu, la plus méridionale & occidentale de celles du Japon & l'archipel des Lieu-Kieu, & au sud par la partie septentrionale de Tai-Oan. Elle a ses communications, avec le grand Océan, par les canaux qui séparent les îles, & dont le principal est entre Formose & les plus méridionales des Lieu-Kieu.

La troisième mer, en descendant du nord au sud le long de la côte orientale de l'Asie, est la *mer de Chine*. Elle est bornée, au nord, par l'île Formose; à l'occident, par les côtes occidentales de la *Chine*, les côtes de Cambaie & celles de la presqu'île de Malaie; au midi, par les îles de Banka & Billiton; à l'orient, par l'île de Bornéo & l'archipel de Saint-Lazare (les Philippines). Cette mer communique, avec le grand Océan équinoxial, par les canaux, les passages sans nombre, les détroits que forment les îles qui la limitent à l'orient & au midi; elle comprend d'ailleurs, dans sa partie occidentale, le golfe de Siam & celui de Tonkin.

En sortant de la mer de *Chine*, ce grand canal que nous avons suivi sur une direction nord-est & sud-ouest, depuis le 63e. parallèle nord jusqu'au sud de l'équateur, sous les noms de *mer de Tartarie*, ensuite de *mer de Corée*, puis enfin de *mer de Chine*, change cette direction sous le 4e. parallèle austral, & se porte dans l'est par un retour d'équerre, & cette branche orientale se subdivise en trois petites mers intérieures de la même espèce que les précédentes.

La première est bornée, du côté de l'ouest, par les îles Banka & Billiton, qui terminent, au sud, la mer de *Chine*; du côté de l'est, par la partie méridionale de l'île Célèbes, & par d'autres îles qui forment une chaîne entre Célèbes & Flores; au nord, sur la plus grande partie de sa longueur, par la côte méridionale de Bornéo. On pourroit la nommer *mer des détroits*, car elle en présente un grand nombre; mais elle sera mieux désignée par la dénomination de *mer de Bornéo*. Elle communique, du côté de l'ouest, avec la mer de la *Chine* par le détroit de Banka, par celui d'entre Banka & Billiton, & par le grand passage qui s'ouvre, sur une largeur d'environ trente-cinq lieues, entre Billiton & Bornéo. (*Voyez* Fleurieu, *Observations sur la division hydrographique du Globe.*)

ARTS. Parmi les arts cultivés par les Chinois, celui de la papeterie est le plus remarquable. Nous préparons depuis long-tems un travail sur ce sujet.

Rhabillage des papiers, ou fabrication des papiers seconds avec d'anciennes pâtes.

A l'extrémité d'un des faubourgs de Pékin, on trouve un village fort long, uniquement habité par des ouvriers qui ne s'occupent que du *rhabillage* des vieux papiers, qu'ils ont l'art de nétoyer & d'en former de nouveaux papiers. Chacune de leurs maisons est ceinte de murailles bien blanchies à la chaux. C'est là qu'ils rassemblent des monceaux énormes de vieux papiers de toute espèce. Peu leur importe qu'ils soient chargés de colle, d'encre, de couleurs ou de toutes autres saletés quelconques. Après avoir fait le triage des papiers fins & d'une pâte moyenne ou grossière, ils remplissent de chaque sorte des paniers plats qu'ils portent près de l'eau, &, les distribuant sur un plan incliné garni de pavés, ils les arrosent & les lavent en les maniant & les pêtrissant avec les mains; enfin; ils les foulent aux pieds jusqu'à ce que toutes les saletés aient été dégagées. Lorsqu'à la suite de ces diverses manipulations ces vieux papiers ne présentent plus qu'une masse de pâte informe, ils la font cuire de nouveau, la battent jusqu'à ce qu'elle soit réduite sous forme de pâte liquide & semblable parfaitement à celle dont les papiers ont été formés primitivement. C'est avec cette pâte secondaire qu'ils fabriquent de nouveaux papiers, suivant la méthode que nous ferons connoître par la suite lorsque nous décrirons l'*Art de la papeterie de la Chine.* Nous ferons voir que cette étoffe est de nature à se prêter à toutes les manipulations du rhabillage, qui sont une partie des procédés de la première fabrication. Ainsi c'est suivant ces vues qu'ils appliquent les feuilles du nouveau papier, encore humides & au sortir de la cuve, sur les murs blanchis de leur enclos, où l'action du soleil les sèche en peu de tems; ils les en détachent pour lors, & les rassemblent pour leur donner les derniers apprêts qui les rendent propres à un grand nombre des usages auxquels servent les papiers de première formation. Je le répète: la matière dont sont fabriqués ces premiers papiers, & qu'on tire du bambou ou de l'écorce intérieure des arbres, est de nature à résister, jusqu'à un certain point, aux manipulations de la fabrication & aux usages différens qu'on fait de ces papiers, de manière qu'on peut les rhabiller plusieurs fois. Mais les seconds papiers, quoique traités avec la plus grande attention & intelligence, sont toujours d'une qualité inférieure à celle des premiers. Il en est de même des papiers de troisième fabrication par rapport aux seconds. En général, cette belle pâte est toujours susceptible de former une étoffe d'un certain usage, avec des procédés très-faciles à exécuter. Avec la pâte du papier d'Europe on parvient bien à rhabiller un papier secondaire, mais les manipulations en sont plus longues & d'un succès plus difficile à obtenir.

CHINON, ville du département d'Indre & Loire, chef-lieu d'arrondissement & de canton. Cette ville, de la Touraine, est agréablement située sur la rive droite de la Vienne. Son commerce & les productions de son territoire consistent en grains, vins rouges & blancs, pois, féves, miel, noix, anis, coriandre, gomme, fruits secs, laine, chanvre, toiles, suifs; huile de noix, de chenevis & de lin; cuirs & peaux de toutes sortes. Les environs de *Chinon* & les coteaux de de la Loire, près de cette ville, fournissent de grandes récoltes de salpêtre. L'exposition est très-favorable à la formation de ce sel dans les étables ou autres lieux habités par les animaux. La récolte de ce sel est la base d'un commerce assez considérable.

CHINON (Forêt de), département d'Indre & Loire, arrondissement de Chinon, à une lieue trois quarts de cette ville. Elle a cinq mille quatre cents toises de long, sur trois mille deux cent vingt toises de large.

CHINY (Forêt de), département des Forêts, arrondissement de Neufchâteau, au nord & à l'est de Chiny. Elle a du nord au sud une lieue & demie, & de l'est à l'ouest quatre lieues.

CHIRENS, bourg du département de la Tour-du-Pin, à une lieue & demie nord-ouest de Voiron. Il y a une fabrique de tuiles creuses & à crochets, une autre de briques, enfin plusieurs fours à chaux.

CHISSERIAT, village du département du Jurat, arrondissement de Lons-le-Saunier. On y récolte beaucoup de maïs qui y mûrit bien, & qui forme en cet état une nourriture fort saine pour les habitans. Les feuilles de cette plante, données aux vaches, leur procurent un lait très-salubre.

CHIVASSO, ville du département de la Doire. Cette ville, voisine du Pô, est si avantageusement située, qu'elle est la clef du pays qui renferme Turin, le Conavez, le Verceillois, le Mont-Ferrat & la Lombardie. On y fait commerce de grains, & on y fabrique des étoffes de laine.

CHIZE, bourg du département des Deux-Sèvres, arrondissement de Melle, sur la Boutonne. Il y a une belle forêt qui facilite aux habitans le commerce de bois, du charbon, des sabots, des pelles, &c. Près de là on trouve des mines de fer très-abondantes, d'une substance très-fine, & dont l'emploi s'étend à vingt lieues à la ronde.

CHIZE (Forêt de), département des Deux-Sèvres, arrondissement de Melle. Elle a quatre mille toises de long, sur trois mille toises de large.

CHOISY-SUR-SEINE, village du département de la Seine, à une lieue un quart de Villeneuve-Saint-Georges. On trouve dans *Choisy*, après les démolitions, plusieurs maisons particulières. L'air y est pur; le bord de la Seine y est très-agréable. Le lit de cette rivière y offre plusieurs serpentemens, &c.

CHOLET, ville du département de Maine & Loire, arrondissement de Beaupréau, sur la côte près de la Moine, à deux lieues un quart nord-est de Mortagne. *Cholet* est recommandable par ses manufactures de mouchoirs & par ses fabriques de toiles, dont le débit est considérable. On y fait aussi grand commerce de bestiaux.

CHOLET (Forêt de), département de Maine & Loire, arrondissement de Beaupréau, à une demi-lieue nord-ouest de Cholet. Elle a du nord-ouest au sud-est quatorze cents toises de long, & du sud-ouest au nord-est onze cents toises de large. Elle tient d'ailleurs, à l'ouest, au bois de Mortagne.

CHOLEY (Forêt de), département du Doubs, arrondissement de Baume, à deux lieues trois quarts sud-est de Besançon. Elle a deux mille toises de long, sur quinze cents toises de large.

CHOVILLY, village du département de la Marne, arrondissement & canton d'Épernay, sur la Sommesoude, & à une lieue d'Épernay. On y récolte & on y fait commerce d'excellens vins blancs.

CHOUSSY (Forêt de), département de Loir & Cher, canton de Saint-Aignan. Elle a deux mille huit cents toises de long, sur dix-huit cents toises de large.

CHUR-TRIERICHER (Forêt de), département de la Sarre, arrondissement de Birkenfeld. Elle est bornée au nord par celle d'Hohe; elle a du nord-est au sud-ouest trois lieues trois quarts de longueur, sur trois lieues de largeur.

CHUZELAN, village du département du Gard, arrondissement d'Uzès, & à deux lieues trois quarts du Pont-Saint-Esprit. On récolte dans ce village, des vins rouges qui sont estimés.

CHYPRE est une des plus grandes îles de la Méditerranée, sur la côte de l'Asie, ayant la Natolie au nord & la Syrie à l'orient.

Sa fertilité naturelle, ses productions en vins & ses mines l'ont rendue si considérable parmi les Grecs, qu'ils lui avoient donné le nom de *Fortunée*. Maintenant elle a conservé encore partie de ces avantages, quoique sous la domination des Turcs. Ses vins sont délicieux, & servent aux desserts dans les bonnes tables. On en tire beaucoup de bons cuirs marroquinés. Nicosie en est la capitale.

CIBITS, village du département des Basses-Pyrénées, arrondissement de Mauléon, près de la Bidouze. Au nord de *Cibits* il y a des matières argileuses de l'espèce du schiste mol. Près & au sud de ce même village il y a des couches de pierres calcaires: ce sont des lits marneux. On y remarque aussi des bancs de marbre. Toutes ces matières ont, comme on voit, changé de formes.

CIBOLA, province de l'Amérique septentrionale, dans le Nouveau-Mexique, habitée par des Sauvages. Ses productions sont, le maïs, les pois & le sel. Il s'y trouve des ours, des tigres, des lions & des brebis très-hautes. Le pays est sans montagnes, & cependant fort froid ; ce qui dépend d'ailleurs des vents qui y soufflent le plus souvent de la bande du nord.

CIBRICAGLI (Iles de), département de Liamone, à deux lieues est-sud-est de Porto-Vecchio. Elles sont au nombre de sept, toutes très-petites, & visiblement les produits de la destruction de la côte.

CIERP, village du département de la Haute-Garonne, arrondissement de Saint-Gaudens, sur l'Aune. Il y a dans ce village une carrière de marbre rouge & gris, & des bancs calcaires dont la surface est ondoyante.

CIGALIÈRE (Pic & Montagne de la), département de la Haute-Garonne, arrondissement de Saint-Gaudens, au sommet des Pyrénées, à trois lieues sud-est de Saint-Béat. Ceci mérite l'attention de ceux qui s'occupent de la constitution de ces montagnes.

CIGNATEO, île de l'Amérique septentrionale, dans la mer du Nord, l'une des Lucayes. Elle a peu de largeur, mais elle a environ trente lieues de longueur. Toutes ses formes sont dues aux courans des mers, au milieu desquelles ces fragmens de terres détachées du Continent se trouvent exposés.

CILLEY, petite ville d'Allemagne, au cercle d'Autriche, dans la Basse-Stirie, sur la Saun, capitale du comté du même nom. Ce comté est riche en toutes sortes de métaux. Les environs sont remplis de sources minérales.

CIMETIÈRE (Calanque & Pointe du), du département du Var, arrondissement de Toulon, à la côte nord-est de l'île de l'Avant ou Titan, entre la pointe de Brousse & la plage de Courcousson.

CIMETIÈRE (le Clos du), montagne du département du Var, arrondissement de Toulon, à une lieue & demie de Pierre-Feu.

CINALOA, province de l'Amérique septentrionale, sur la côte de la mer de Californie, habitée par des nations sauvages. L'air en est fort sain. La terre, grasse & fertile, produit abondamment le maïs, les féves de Turquie & le coton. Les naturels du pays sont de belle taille ; ils ont eu beaucoup de peine à se soumettre aux Espagnols.

CINCA, rivière d'Espagne, qui prend sa source dans les Pyrénées, & traverse tout l'Arragon.

CINEY, ville du département de Sambre & Meuse, arrondissement de Dinant, & à trois lieues nord-est de cette ville. Cette ville s'embellit depuis quelque tems ; & si l'on achève la chaussée de Liége à la France par *Ciney*, elle continuera à s'enrichir par sa manufacture de poterie, dont la réputation est faite dans les Pays-Bas.

CINGLAIS (Forêt de), département du Calvados, arrondissement de Falaise, à l'est de Bretteville. Elle a de l'est à l'ouest trois mille deux cents toises, & du nord au sud deux mille sept cents toises.

CINISCA (le), torrent dans le département du Pô. Il a sa source au col du Mont-Cenis, département du Mont-Blanc, & se jette dans la Dora-Riparia, après un cours de quatre lieues & demie, sur le revers du Mont-Cenis.

CINNING, ville de la Chine, première métropole de la province de Yun Nan. Près de cette ville est le mont Kinna, où l'on trouve de riches mines d'or.

CINQMARS-LA-PILE, bourg du département d'Indre & Loire, arrondissement de Chinon, près de la Loire. Il y a un pilier construit avec des briques si dures & si bien cimentées, qu'on le prétend l'ouvrage des Romains, comme le pilier du Port-de-Pile sur les limites de la ci-devant province de Touraine.

CINQ-PORTS : ce sont cinq villes maritimes d'Angleterre, avec ports de mer, sur les côtes de la Manche. Ce sont Hartings, Romney, Hythe, Douvres & Sandwich. Au premier des cinq appartiennent Winchelsea & Rye. Toute cette côte est dentelée par golfes propres aux abordages.

CINTRAY, village du département de l'Eure, arrondissement d'Évreux, canton de Breteuil, sur l'Iton. On fabrique dans ce village des étrilles de plusieurs espèces, des éperons, des boucles d'équipages & autres objets de clincaillerie.

CIOTAT (la), ville du département des Bouches-du-Rhône, au bord de la mer, sur le golfe de Légues, à cinq lieues sud-est de Marseille. Cette ville faisoit partie de la Basse-Provence. Son port a la forme d'un fer à cheval ; il est formé par deux môles. Il en sort beaucoup de petits bâtimens, tant pour la pêche que pour la course. Il s'y en construit aussi beaucoup pour Marseille. Près de *la Ciotat* il y a une fontaine d'un cours périodique, à qui on attribue flux & reflux comme à la mer; mais, d'après l'examen, ce cours tient à d'autres circonstances que les mouvemens de l'Océan. Cette ville est renommée par ses fruits, ses excellens vins muscats blancs & rouges, ses olives, ses huiles & ses amandes.

CIOULE (la), rivière qui prend sa source à une certaine distance des Monts-Dor & au pied des revers nord de ces montagnes, ensuite elle continue à recueillir les eaux abondantes que toutes ces hauteurs fournissent, d'abord en Auvergne, dans la vallée de Front-Gibaut; ensuite elle arrose les villes de Menat, de Saint-Pourçain, & se jette dans la Loire à deux lieues de cette dernière ville. Son cours est de trente lieues; elle ne porte que des radeaux vers la fin de son cours.

CIRANGA-PATNAM, ville des Indes, dans la presqu'île en deçà du Gange, à l'orient des montagnes de Gate, dans la partie septentrionale du royaume de Meissour, & sur la rive orientale de la rivière de Coloran.

CIRCULATION DES EAUX. Je suis bien convaincu que tous les effets naturels du même ordre sont tellement liés ensemble, qu'on ne peut donner le dénoûment d'un phénomène sans que les autres qui y tiennent, ne se présentent aux remarques & aux réflexions du naturaliste. De ce nombre sont les effets des eaux qui circulent à la surface du Globe, considérés relativement à la manière dont ces eaux sont distribuées dans les massifs qui se montrent à la superficie. Ainsi dès qu'on a discuté la formation des vallons & la suite du travail des eaux torrentielles & fluviales, on ne peut méconnoître que leurs ramifications ne soient très-dépendantes de la manière dont l'eau pénètre dans les massifs, en s'insinuant par les fentes & les ouvertures qui sont très-multipliées à leur surface, & dans la manière dont elle se trouve recueillie sur les bancs qui la contiennent & l'empêchent d'aller plus avant.

Dans les pays de granit, par exemple, l'eau pluviale est recueillie par les fentes multipliées de dessiccation que les blocs de cette pierre ont éprouvées, & elle s'échappe ensuite par les faces de ces fentes. Il n'est donc pas étonnant que l'on trouve une infinité de petits filets d'eau qui abreuvent les croupes des vallées de l'ancienne terre; d'où naît ce grand nombre de cul-de-sacs, de vallons qui s'abouchent à un vallon principal, parce que toutes les ramifications se sont subdivisées autant que la multiplicité des faces abreuvées & abreuvantes l'a exigé. Non-seulement ces subdivisions existent dans un plan quelconque le plus élevé, mais encore à toutes sortes de niveaux; en sorte que toutes les croupes sont sillonées, & versent des eaux à tous les niveaux possibles.

Ainsi l'origine des ruisseaux est le produit de cette multiplicité étonnante de cul-de-sacs, de ramifications qui s'étendent de tous côtés, suivant que les pentes & l'économie de cette distribution favorisoient le versement de leurs eaux. On voit du premier coup-d'œil, que la distribution des eaux est dépendante de la distribution des vallons; & que la manière dont cette eau s'épanche au dehors des massifs est la suite de la manière dont elle y pénètre. Il y a plus d'eau dans les pays de granits, parce que ces contrées sont en général plus élevées, & que l'eau réside plus abondamment à la surface; en conséquence tout le travail de l'eau étant borné à l'extérieur, il n'est pas étonnant que la superficie du sol soit plus sillonée. L'extrême division de l'eau fait qu'elle circule par petits filets, & que ces filets ont creusé autant de petits sillons qui sont devenus, par la suite des tems, autant de vallons toujours abreuvés d'eau. Ainsi ce sont des pays où l'on ne voit pas proprement des sources, mais des réunions naturelles ou artificielles de plusieurs filets d'eau : artificielles si l'on entame les granits par des tranchées naturelles, ou si un aterrissement favorise cette collection; naturelles, dans les lieux où tout est resté organisé suivant l'état primitif des choses.

L'économie de cette distribution des eaux est réglée sur un plan totalement différent dans la nouvelle terre. L'eau pluviale pénètre, par les fentes perpendiculaires, jusqu'à ce qu'elle soit rassemblée sur les lits d'argile ou de marnes argileuses; elle ne sort & ne s'épanche au dehors, lorsque l'eau pluviale a creusé au milieu des couches superficielles, que jusqu'au niveau des lits argileux qui la tiennent rassemblée; mais l'eau en masse ne circule guère qu'en suivant certaines pentes & des vallons fort simples qui sont assujettis à ces pentes. L'eau sort au bas des croupes le plus souvent & ne les sillone guère, à moins que, comme cela a lieu quelquefois, il n'y ait plusieurs couches argileuses qui recueillent l'eau, & que ces couches ne soient à des niveaux bien différens. Alors la disposition de l'eau, reçue sur des lits horizontaux, en fait des nappes très-étendues en superficie, & pour peu qu'elle trouve d'issues, elle s'épanche au dehors en gros volume qui sort & se vide à la fois. Il est visible que de cette distribution il résulte, 1°. que les vallons sont fort simples, & qu'ils se terminent par un ou deux cul-de-sacs seulement ramifiés ensemble; 2°. que l'eau circule moins à la surface de la terre, excepté dans les contrées où les bancs qui recueillent l'eau se trouvent à la superficie même; 3°. que la nouvelle terre est moins humectée que l'ancienne; 4°. qu'outre cela cette nouvelle terre, placée à un niveau plus bas, se trouve en conséquence moins exposée aux accès des pluies.

Si je passe maintenant à la moyenne terre, je

vois qu'elle participe assez de ces deux économies, 1°. en ce que le granit sert souvent de base à la moyenne terre, & se montre à découvert sur les croupes basses; 2°. en ce que les couches inclinées font office de syphons qui recueillent les eaux sur des lits qui s'étendent plus ou moins favorablement, & qui les versent dans leurs interruptions. On voit par-là que la distribution des eaux est pour lors la même que dans l'ancienne terre graniteuse; mais dans d'autres circonstances toute la conduite des eaux se trouve réglée comme dans la nouvelle terre, & paroît assujettie aux mêmes principes.

Comme la moyenne terre d'ailleurs est plus élevée que la nouvelle, elle reçoit aussi plus d'eau; mais dans certaines parties elle est aussi sèche, & particuliérement dans certains amas de couches pierreuses très-dures & très-compactes, & qui n'admettent l'eau que par un petit nombre de fentes. Les sources y sont abondantes comme dans la nouvelle, & suivant le même plan de distribution; c'est-à-dire, que la collection des eaux est assujettie aux mêmes principes, comme leur versement au dehors. Ainsi la circulation de l'eau dans la moyenne terre participe plus de l'économie de la nouvelle, que de celle propre à l'ancienne. Elle ne participe de l'ancienne que dans les cas où il y a plusieurs niveaux & où le granit se trouve placé dessous, & enfin quand les couches verticales ne sont que des feuillets multipliés qui n'admettent que très-peu d'eau, comme les granits à bandes.

Il y a une distinction entre deux amas de l'ancienne terre. Ainsi les pays de granits à grains uniformes, étant divisés par trapézoïdes, n'admettent l'eau que par les fentes, & ne la rendent que par les faces inférieures. Dans les pays à granits distribués par bandes, les lames verticales admettent l'eau par les faces les plus aisées à pénétrer, & les rendent par des suintemens qui sont les produits des parties inférieures des lames. Il résulte de là que, si l'on fait des tranchées au milieu de ce dernier massif, les suintemens se trouvent multipliés dans toute la coupure; & si la coupure ou tranchée est fort étendue, on trouvera au fond de la tranchée le tribut du versement d'une infinité de feuillets, lequel se rend dans la rigole, & l'on conçoit que les deux côtés tranchés donneront en même tems, & formeront un ruisseau artificiel assez abondant.

Dans l'état ordinaire, comme ce ne peut être que par les fentes des trapézoïdes que l'eau recueillie s'épanche, il y a peu de différence entre ce qui se passe dans les granits à grain uniforme & les granits à bandes. Cependant j'ai remarqué que, lorsqu'il est question de circulation intérieure artificielle, de tranchées & de coupures qui procurent des sources abondantes dans les habitations & dans les fermes du Limousin, il est plus avantageux d'opérer dans les sols de granits à bandes, que dans ceux de granits à grain uniforme: tels sont les environs de Limoges, qui donnent de si belles fontaines dans la ville.

D'ailleurs, l'eau pénètre plus aisément dans les sols de granits à bandes, que dans les sols de granits à grain uniforme, parce qu'elle s'insinue plus uniformément dans les premiers blocs que dans les seconds. Il y a d'ailleurs plus d'ouvertures dans les premiers sols, &, par suite, plus de suintemens lorsque les blocs sont à découvert dans les cul-de-sacs des petits vallons dont nous avons parlé ci-dessus.

On pourroit donner un Traité *sur la circulation de l'eau à la superficie du Globe & sur ses effets.* Ce Traité seroit très-piquant, parce qu'il seroit rempli de vues & d'observations neuves; car on n'a pas encore écrit sur cette partie importante de l'histoire de la Terre.

Dans le premier Traité, on considéreroit l'eau comme l'agent général de ce qui a été fait sur le Globe, 1°. quant aux inégalités de sa surface; 2°. quant à sa constitution intérieure. On pourroit la distinguer quant à sa marche extérieure, & quant à sa circulation intérieure. (*Voyez* SOURCES.)

CIRES-LÈS-MERLOU, village du département de l'Oise, près du Thérain, à quatre lieues de Senlis & à deux lieues de Creil. Dans le territoire de cette commune, au lieu dit *Tillet*, on a cru reconnoître un filon de mine de cuivre, & on a fait tous les frais d'une grande exploitation à différentes reprises; mais ce travail infructueux a été abandonné après de grandes dépenses risquées sur des apparences trompeuses d'un faux filon.

CIREY, village du département de la Meurthe, canton de Langon, sur la Vezouse, à deux lieues à l'est de Blamont. Il existe dans ce village une forge qui présente, depuis 1766, un établissement utile, & qui donne de très-bon fer.

CIREY-LE-CHATEAU, village du département de la Haute-Marne, canton de Doulevent. Il y a des forges sur la rivière de Blaise, dont les produits ont de la réputation.

CIRKNITZ (Lac de), dans la Carniole.

Ce lac étoit nommé, par les Anciens, *Lugea palus*; par les Modernes, *Lacus lugeus*, quoique son nom latin soit maintenant *Lacus zirkanicensis*, en allemand, *Zirknischersee*, & dans la langue carniole, *Zirknisco jesero.* Il tire son nom actuel de la ville voisine, *Cirknitz*, ainsi nommée d'une chapelle de la Vierge qui étoit d'abord isolée, & autour de laquelle on a ensuite bâti. Ce n'étoit qu'un petit édifice qu'on appeloit *la petite Chapelle* (*Zirkvisa*): de là le lac fut nommé *Zirkvisco jesero* ou *lac de la Chapelle*, & aujourd'hui on a changé le *v* en *n*.

Il est à six milles d'Allemagne de Laybach, capitale de la province. Sa longueur est d'un grand mille ou au-delà de quatre mille pas géométriques, & il a environ la moitié moins de largeur. Sa profondeur ordinaire est de dix à seize coudées; la moindre, de cinq ou six, rarement de trois. Il est entouré de tous côtés de montagnes boisées, qui, vers le midi & l'ouest, sont très-hautes, ont trois milles de largeur, & s'étendent au loin, en longueur, dans les pays soumis à la domination de la Porte. Elles ne présentent que des déserts affreux, remplis d'arbres & de rochers. Du côté du nord & de l'est, on trouve entre les montagnes & le lac, un petit territoire étroit, mais agréable, occupé par une ville & trois châteaux.

Dans la montagne nommée *Javornick*, qui est auprès du lac, se trouvent deux trous ou précipices extrêmement profonds, dans lesquels plusieurs milliers de pigeons sauvages s'abritent tout l'hiver. Ils y entrent en automne, & en sortent au commencement du printems. Les gens de la campagne croient que les sorciers tiennent leurs assemblées sur une autre montagne nommée *Slivenza*, parce qu'on y observe quelquefois des lumières comme des feux follets.

Huit ruisseaux se rendent continuellement dans ce lac. Les deux plus petits sont le Bellebrech & le Tresenz; le troisième est la fontaine Oberch, qui jette de l'eau avec grande force; les quatrième, cinquième & sixième, Steberziza, Lipsiziza & Seromschiza, sont assez forts pour mériter le nom de rivière; le septième, Martinschiza, sort d'une fente de rocher; le dernier, appelé Cirknizerbach, est une assez grande rivière.

Ce lac étant entouré de montagnes & n'ayant aucune issue par où il puisse s'épancher, la nature y a pourvu par deux canaux visibles: ce sont deux cavernes pierreuses, nommées Velka-Karlousa & Mala-Karlousa, par lesquelles l'eau s'écoule sous la montagne, & un troisième passage souterrain caché, qui sans doute communique sous terre avec les deux autres, ainsi que nous essayerons de le prouver ci-après. Ces canaux, ayant parcouru un demi-mille d'Allemagne, sortent de l'autre côté de la montagne, près de la chapelle de Saint-Cantian, dans un lieu désert, par une caverne pierreuse, & forment la rivière appelée, par les habitans, Jésero, c'est-à-dire, le lac. Cette rivière est d'une grosseur médiocre, & après avoir fait un demi-quart de mille, elle entre dans une grande caverne pierreuse, & coule lentement, sous la montagne, l'espace d'une bonne portée de mousquet. Elle sort de l'autre côté, &, ayant parcouru un petit plateau, elle entre dans une troisième caverne ou grotte, dans laquelle, après avoir fait cinquante pas, elle se précipite, avec mugissement, dans un canal pierreux très-incliné, dans lequel personne n'a osé la suivre.

Il faut noter que la vallée dans laquelle coule cette rivière Jésero, est extrêmement escarpée; mais le plateau du terrain est uni & pierreux, d'une forme ovale; il est environné pour ainsi dire d'un rempart très-élevé, si escarpé, qu'une chèvre ne pourroit le franchir si ce n'est dans un endroit où un homme peut se hasarder à monter & à descendre, quoique ce ne soit pas sans risquer sa vie; le passage n'ayant, en quelques endroits, que trois ou quatre pouces, & nulle part plus de six pouces de largeur.

Lorsque les eaux sont basses, on peut aller fort loin sous terre avec des torches, & l'on prétend qu'il y a de très-singulières stalactites formées par les eaux, entr'autres une que l'imagination peut faire regarder comme la figure d'un tisserand à l'ouvrage, au sujet de laquelle les gens de la campagne ne manquent pas de faire des contes superstitieux.

Mais pour revenir à notre lac, il perd ses eaux & se dessèche vers le mois de juin, & quelquefois cela n'arrive qu'au mois d'août; mais il se remplit de nouveau le plus communément en octobre ou novembre. Cependant il n'y a pas d'époque fixe pour cette alternative, car quelquefois il a été desséché deux ou trois fois dans la même année; comme, par exemple, dans l'année 1685, il étoit sec en janvier; l'eau recommença de se retirer le 15 août, & il étoit tout-à-fait sec le 8 de septembre. En l'année 1687, il a été vide trois fois; ce qui rend la pêche très-pauvre. Quelquefois aussi, mais plus rarement, il est arrivé que le lac a été plein d'eau pendant trois ou quatre ans de suite, & alors la pêche a été des plus avantageuses.

Il y a trois îles dans ce lac; savoir: Mala-Goriza & Velka-Goriza, qui sont inhabitées. La troisième est une très-jolie île appelée Vorneck; elle contient un hameau de quatre maisons, nommé Ottock. A côté, sur une petite éminence, est une église qui orne le paysage. Les habitans de cette île ont des champs, des prés, des pâturages, du bois, des jardins, des vergers & tout ce qui est nécessaire à la vie.

Il y a aussi une belle péninsule toute couverte de bois, qui porte le nom de Dorvasek. Lorsque le lac est plein & qu'on avance, sur un bateau, entre l'île de Vorneck & cette presqu'île, la partie ultérieure du lac, dominée par la montagne, ressemble très-bien à un port de mer. Tout à l'extrémité, lorsque l'eau se retire, il paroît des rangées de pieux qui montrent qu'il y a eu anciennement un pont, & cette circonstance a fait donner à cet endroit le nom de Vieux-Pont.

Il y a dans ce lac un grand nombre de creux en forme de bassins ou de chaudières, qui n'ont pas tous la même profondeur & la même largeur; ils varient depuis vingt jusqu'à soixante coudées de diamètre, & de huit à vingt de profondeur. Au fond de ces creux sont différens trous par lesquels l'eau & les poissons s'écoulent lorsque le lac se vide.

Les principaux creux dans lesquels on pêche, sont au nombre de dix-huit. Voici leurs noms: Maljoberch, Kamine, Sueinskojamma, Vodonos, Louretschka, Kraloudour, Rescheto, Ribeskajamma, Rethje, Sittarza, Lipanza, Gebno, Koteu, Ainz, Zeslenza, Pounigk & Levische. Outre ces creux il y en a plusieurs autres moins considérables, & dont on ne tient point compte, parce qu'on n'y pêche pas comme dans ceux que je viens de nommer.

Dans les mois de juin, juillet & août, lorsque ce lac commence à se retirer, il est tout-à-fait sec en vingt-cinq jours s'il ne survient pas de grandes pluies, & les dix-huit creux sont tous vidés, l'un après l'autre, dans un certain ordre de tems qui n'est jamais interverti.

Quand le lac commence à baisser, ce qui paroît sur une certaine pierre qu'on observe, les habitans du village d'Oberdorf ou Seedorf en donnent avis à tous les pêcheurs du voisinage, qui sont appointés par les différens seigneurs auxquels appartient cette pêche. Les habitans de ce village ont la charge, non-seulement d'épier la retraite de l'eau, mais encore d'avoir soin que personne ne s'avise de pêcher dans le lac lorsqu'il est plein, la pêche étant alors défendue; ils sont donc pour ainsi dire les gardes du lac.

1. Le premier creux, nommé Maljoberch, n'est pas proprement un creux comme une chaudière; c'est seulement une dépression du fond, sans aucun trou; mais il y croît beaucoup d'herbes, & on y prend beaucoup de poisson. Trois jours après que l'eau a commencé à se retirer, ce creux est vide; alors le clerc de la paroisse de Seedorf en fait le signal par le son d'une cloche, & tous les habitans de la ville, vieux & jeunes, hommes & femmes, laissent toute autre affaire de côté, & vont à la pêche nus comme la main, sans qu'aucun motif de honte ou de modestie les arrête. Ils partagent en deux la totalité du poisson: une partie appartient au seigneur du lieu; l'autre moitié est pour eux.

2. Le creux Velkjoberch est vide le troisième jour après le premier. La manière de pêcher & le droit sur la pêche sont les mêmes.

3. Quatre heures après ce creux, le creux Kamine commence à se vider. On y pêche ordinairement avec un filet à mailles étroites (trawle), comme dans quelques autres creux de moindre importance.

4. Sueinskojamma se vide une heure après Kamine. On y prend beaucoup de poisson & quantité de grosses écrevisses; mais elles sont maigres & peu savoureuses.

5. Le cinquième creux, Vodonos, se desseche cinq jours après Kamine. Dans celui-ci & dans les suivans on pêche avec un long filet ou seine. On ne peut y lever le filet que cinq ou six fois, à cause de la grande violence avec laquelle l'eau se précipite vers les trous du fond, & entraîne le poisson dans la terre. Quelquefois, lorsque les pêcheurs ne sont pas alertes, à peine peuvent-ils lever le filet deux fois avant que l'eau soit partie. Pour prévenir cette surprise, ils ont une marque auprès de ce creux; c'est la pierre appelée du *pêcheur*, qui, dès qu'elle commence à paroître à fleur d'eau, indique qu'il est tems de commencer la pêche.

6. Le creux Louretschka se vide un jour & demi après Vodonos. La pêche s'y fait de la même manière, & il faut les mêmes précautions à cause de la retraite subite des eaux.

7. L'eau quitte le creux Kraloudour douze heures après Louretschka.

8. Le creux Rescheto est mis à sec trois jours après celui-là. Dans ce dernier, en l'année 1685, le lac ayant été quelques années sans être à sec, on prit, au premier coup de filet, vingt-une charretees de poisson, dix-sept au second, & neuf au troisième. (On entend par charretées autant qu'un cheval peut traîner.)

9. Le creux Ribeskajamma se desseche en même tems que Rescheto, qui est le plus proche. On pêche sous terre dans ce creux; ce qui est une curiosité amusante, & une chose toute différente des autres pêches. Il y a au fond un grand trou dans la pierre, par lequel les hommes peuvent aisément descendre, avec des torches allumées, comme dans une citerne profonde, & ils se trouvent dans une grande caverne voûtée, dont le fond ou le pavé est, comme un crible, tout percé de petits trous par lesquels l'eau s'enfuit, & laisse le poisson à sec au pouvoir du pêcheur.

10. Le creux Rethje est vide deux heures après les précédens. Il n'est pas de grande importance pour la pêche. Une heure après celui-là,

11. Le creux Sittarza, &, dans cinq à six heures de plus,

12. Le creux Lipanza, sont à sec.

13. Le troisième jour après Rescheto, le creux Gebno est évacué. On se sert rarement de filet pour y pêcher; mais on le laisse vider. Les trous du fond étant si petits qu'un homme peut à peine y fourrer sa main, tous les gros poissons restent à sec dans le creux.

14. Deux jours après Gebno, le creux Koteu devient sec. On prend quelquefois le poisson dans celui-là comme dans le précédent; mais les trous étant plus grands, on perd plus de gros poissons.

15. Le creux Ainz se vide quatre à cinq heures après Koteu. Les pêcheurs laissent rarement écouler l'eau sans y jeter leurs filets comme dans Gebno, à moins qu'ils ne puissent pas faire autrement, parce qu'il y a dans le fond un grand trou par lequel beaucoup de gros poissons peuvent s'échapper.

16. Le creux Zeslenza baisse trois heures après. On y pêche toujours avec des filets, comme dans

17. Le creux Pounigh, qui est évacué le lendemain après Koteu.

18. Le dernier creux, appelé Levische, s'évacue le troisième jour après Pounigh, c'est-à-dire, le vingt-cinquième jour après que l'eau du lac a commencé à se retirer; de sorte que, dans l'espace de vingt-cinq jours, la pêche de ce lac est terminée. Des personnes dignes de foi ont assuré que, dans ce dernier creux, il tomba une année, dans le tems de la pêche, un coup de foudre qui étourdit une grande multitude de gros poissons, de sorte qu'on en ramassa vingt-huit charretées. Ces poissons n'étoient pas proprement foudroyés; ils n'étoient qu'étourdis par la violence du choc & par la vapeur sulfureuse du tonnerre; ce qui les faisoit surnager comme morts à la surface de l'eau; mais si on les prenoit & si on les mettoit dans de l'eau fraîche, ils revenoient bientôt; autrement ils périssoient. C'est un accident qui n'est pas rare dans ce lac.

La pêche étant ainsi terminée, un signal est donné par une cloche. A ce son tous les habitans des villages voisins & de *Cirknitz*, sans distinction d'âge ou de sexe, entrent, pour la plupart tout nus, dans le lac, & cherchent le poisson parmi les joncs, les herbes & dans les petits creux. Plusieurs se glissent dans les cavernes & passages souterrains, & y trouvent beaucoup de gros poissons. Ils sont alors en pleine liberté de chercher partout le lac, excepté dans les creux Pianze, Narte & Velkjoberch.

Outre les creux dont nous avons parlé, il y en a quelques autres dans le lac, comme Skednenza, Mala & Velka-Bobnarza, où l'on pêche aussi, comme encore dans Mala-Kalouza & Velka-Karlouza. Dans ces derniers on va sous terre avec des torches allumées, & on trouve du poisson; mais ces creux ne sont pas d'un grand produit. Dans Velka-Bobnarza on peut entrer dans de grands trous, & descendre à plusieurs brasses dans la terre. Ces deux noms, Velka & Mala-Bobnarza, signifient, en langue carniole, *le grand & le petit tambour.* Ce n'est pas sans raison que ces creux sont ainsi nommés, car lorsqu'il tonne, on y entend comme le battement de plusieurs caisses.

Les deux creux Narte & Pianze ne sont jamais vides, mais ils demeurent toujours marécageux lorsque le reste du lac est tout-à-fait sec. On croit que les poissons laissent leur frai dans ces creux; c'est pourquoi la pêche y est prohibée. Il s'y trouve un nombre incroyable de sang-sues qui s'attachent souvent à ceux qui pêchent, & la méthode qu'on emploie pour s'en défaire est de faire pisser quelqu'autre personne sur la sang-sue; ce qui lui fait lâcher prise.

Il y a sur la montagne auprès du lac, mais un peu plus haut, deux grandes cavernes pierreuses, l'une nommée Urainajamma, l'autre Sekadulze, qui, quoique très-éloignées l'une de l'autre, ont cependant le même effet; savoir : lorsqu'il éclaire & qu'il tonne, ces deux grottes jettent de l'eau avec une force étonnante & incroyable, & quelquefois, en même tems, une grande quantité de canards, avec du poisson.

Lorsqu'il pleut modérément, l'eau jaillit avec violence, à deux ou trois brasses de hauteur perpendiculaire, des creux Koteu & Zeslenza; elle sort aussi avec force de la source Tresenz, ainsi que du creux Velkjoberch, emmenant avec elle, de ce dernier, beaucoup de poissons & quelques canards. Mais lorsqu'il pleut fort & long-tems de suite, surtout avec du tonnerre, l'eau arrive avec une force excessive, non-seulement par les creux, les trous & les cavernes dont nous avons parlé, mais encore par plusieurs milliers d'autres petits trous qui sont répandus dans tout le fond du lac, & qui, lorsque le lac est à sec, engloutissent les eaux des huit ruisseaux qui s'y rendent; ils forment des jets d'eau de plusieurs brasses de hauteur, les unes perpendiculaires, les autres obliques, en sorte qu'on ne peut rien voir de plus beau dans ce genre. Les creux Vodonos, Reschero & quelques autres qui ont des trous dans le fond, vomissent avec l'eau une grande quantité de poissons. Dans les grandes pluies, les huit ruisseaux s'enflent aussi beaucoup; de sorte que, par le concours de toutes ces causes, ce lac, en vingt-quatre heures, de sec qu'il étoit, devient rempli d'eau, & quelquefois il ne faut pour cela que dix-huit heures, quoique d'autres fois on l'ait vu être trois semaines à se remplir; mais c'est une observation constante, que les orages avec éclairs & tonnerres aident beaucoup à le remplir promptement.

Ce lac, ainsi humide & sec tour-à-tour, sert aux habitans de plusieurs manières. 1°. Tandis qu'il est plein d'eau, il attire diverses espèces d'oies & canards sauvages, & d'autres oiseaux aquatiques, comme des hérons, des cignes & autres, qu'on peut tirer au fusil, & qui sont excellens. 2°. Aussitôt que le lac est vidé, ils enlèvent les joncs & les mauvaises herbes, qui fournissent une excellente litière pour les bestiaux. 3°. Vingt jours après qu'il a été tout-à-fait sec, ils y fauchent une très-grande quantité de foin. 4°. Dès que le foin est enlevé, ils labourent & sèment du millet, qui quelquefois, par le retour trop subit des eaux, se trouve détruit; mais pour l'ordinaire il parvient à sa maturité. 5°. Pendant que le millet est en végétation, ils prennent un grand nombre de cailles. 6°. Le millet étant recueilli, il reste un bon pâturage pour le bétail. 7°. Dès que le lac est à sec, il y vient une quantité de venaison des montagnes & des bois voisins, tels que des lièvres, des renards, des bêtes fauves, des sangliers, des ours, &c. 8°. Lorsqu'il est plein, on peut y pêcher. 9°. Dans l'hiver, la glace qui le couvre est si forte, qu'elle porte toutes sortes de voitures, & c'est une grande commodité pour le transport du bois & autres denrées. 10. Enfin, au moment où l'eau se retire, il fournit, comme nous l'avons dit, une très-grande abondance de poissons; & ce qu'il y a de plus remarquable, c'est que tout cela se passe dans le même lieu & dans la même année, pourvu que le lac se vide de bonne heure & ne se remplisse pas trop tôt; mais il faut noter qu'on ne recueille pas du foin & qu'on ne sème pas du millet dans toute l'étendue du lac; c'est seulement dans les endroits les plus fertiles.

On ne prend dans le lac que les espèces de poissons suivantes, qui sont toutes de très-bon goût. 1°. Des lottes (*mustela fluviatilis*), dont quelques-unes pèsent deux ou trois livres. 2°. Des tanches, dont quelques unes de six ou de sept livres; &, 3°. des brochets en très-grande quantité, de dix, vingt, trente, & quelques-uns de quarante livres. Il est assez ordinaire de trouver des canards entiers dans leur estomac. On ne rencontre des écrevisses nulle autre part que dans les creux Kamine & Sueinskajamma; elles sont grosses, mais de mauvais goût.

Voici, suivant les observations des auteurs qui ont écrit sur le lac *Cirknitz*, la cause ou plutôt le *modus* de tous ces phénomènes qu'il présente.

Il y a sous le fond du lac un autre lac souterrain, avec lequel il communique par les trous que nous avons décrits. Il y a aussi un ou plusieurs autres lacs sous la montagne Javornick, mais dont la surface est plus haute que celle du lac de *Cirknitz*. Ce lac supérieur est peut-être nourri par des rivières qui se perdent dans la terre, en assez grand nombre dans les environs. Il a une fuite suffisante pour les eaux qu'il en reçoit d'ordinaire; mais lorsqu'il pleut, & surtout dans les pluies d'orages qui sont les plus rapides, l'eau se précipite dans les vallons escarpés qui servent de lits à ces petites rivières; de sorte que le lac, recevant tout à coup plus d'eau qu'il n'en perd, se gonfle, & trouvant dans la montagne plusieurs trous ou cavernes au dessus de son niveau ordinaire, il se décharge, par cette voie, tant dans le lac souterrain qui est au dessous de celui de *Cirknitz*, & qui lui fournit de l'eau, tant par les trous dont son fond est percé, que par des passages visibles à la surface du terrain, tels qu'Urainajamma, Sécadulze & Tréfenz.

Ce qui paroît être cause que quelques-uns de ces passages amènent du poisson, d'autres des canards & du poisson, & d'autres seulement de l'eau, c'est la position des orifices intérieurs de ces canaux souterrains; car s'ils sont placés de manière qu'ils tirent l'eau de la surface du canal supérieur sur lequel nagent les canards, ceux-ci doivent être emportés, par le courant, dans ces cavernes, & reparoître avec l'eau; mais si ces canaux s'ouvrent, dans le lac supérieur, au dessous de la surface de l'eau, & que de là ils remontent obliquement un certain espace avant de descendre, alors l'eau qu'ils reçoivent ne pourra entraîner que des poissons. On peut supposer que les creux qui ne jettent que de l'eau, sont nourris par des canaux trop étroits pour donner passage aux poissons, quoique leur multiplicité produise une masse d'eau très-considérable.

On explique de la manière qui suit, la retraite de l'eau ou le desséchement du lac. Après une longue sécheresse, toutes les sources qui nourrissent le lac supérieur situé sous Javornick, sont beaucoup diminuées; de sorte que, faute de nouvelles eaux, il cesse de refluer par les différens canaux dont on a parlé. Alors le lac de *Cirknitz* & celui qui est au dessous ne sont plus nourris que par les huit ruisseaux qui s'y rendent toujours, & l'eau s'enfuit plus abondamment qu'elle n'arrive, tant par les canaux de Mala & Velka-Karlouza, que par un passage caché qui part du lac inférieur, & qui seul est capable de transmettre plus d'eau que n'en fournissent les huit ruisseaux permanens. Conséquemment le lac doit baisser, & cela dans un tems proportionné à la quantité d'eau à évacuer, comparée par l'excès de celle qui s'enfuit, sur celle qui entre dans le même tems. Les creux les plus hauts sont en effet le plus tôt vidés; les plus bas le sont plus tard, dans l'ordre décrit ci-dessus; & lorsque le lac est tout sec, les ruisseaux se perdent, par plusieurs petits trous, dans le lac inférieur, & toute leur eau est transmise par le passage ci-dessus mentionné.

Il est très-évident que ce passage existe, & qu'il communique sous terre avec les canaux de Mala & Velka-Karlouza, sortant avec eux, près de Saint-Cautian, par une grotte pierreuse pour former la rivière Jésero; car lorsque le lac de *Cirknitz* est très-plein, & qu'il a sa fuite par Velka & Mala-Karlouza, le Jésero à Saint-Cautian déborde, & son courant est très-fort & très-rapide. Lorsque le lac ne fuit que par Mala-Karlouza, qui est un peu plus bas que l'autre, l'eau de Jésero est beaucoup moins rapide, & lorsque le lac est baissé au point de ne plus couler par aucun des deux, le Jésero est encore moindre; mais il continue à couler, avec un courant considérable, encore deux jours après le desséchement du lac. Après cela, cette rivière diminue, & ne donne pas plus d'eau que le lac n'en reçoit des huit ruisseaux qui s'y rendent; ce qui prouve assez clairement que le passage souterrain se joint aux canaux de Velka & Mala-Karlouza, sans qu'il soit besoin d'autre preuve.

On explique ainsi pourquoi ce lac est quelquefois sec à deux ou trois reprises dans une année; pourquoi d'autres fois il demeure plein pendant trois ou quatre ans de suite, & enfin pourquoi on ne l'a jamais vu rester à sec une année entière. Il se desséche en toute saison lorsqu'il ne tombe que peu de pluie dans un long intervalle de tems. Dans les années pluvieuses, il se maintient toujours plein; mais il n'arrive jamais dans cette contrée, que la sécheresse dure une année entière.

Les canards dont nous avons parlé, & qui sont entraînés par les eaux, naissent dans le lac qui est sous

sous la montagne Javornick. Lorsqu'ils arrivent, ils nagent bien, mais ils sont entiérement aveugles, & n'ont que peu ou point de plumes, en sorte qu'il est facile de les prendre; mais en quatorze jours leurs plumes ont poussé, leurs yeux sont ouverts encore plus tôt, & ensuite ils s'envolent par troupes. Ils sont noirs, avec un peu de blanc seulement au-devant de la tête. Leur corps n'est pas bien gros. Ils ressemblent aux canards sauvages ordinaires; ils sont de bon goût, mais trop gras, car ils ont presqu'autant de graisse que de chair.

Quelques-uns de ces canards vomis par Sékadulze ayant été ouverts, on trouva dans leur corps beaucoup de sable, dans quelques-uns de petits poissons, & dans d'autres une masse verte, comme des herbes; ce qui paroît d'autant plus étonnant, qu'on n'en a jamais trouvé de semblables dans le lac de *Cirknitz*, ou dans les autres grottes ou lacs souterrains de la Carniole.

Presque chaque année, à un trou de la montagne, appelé Storseg, à environ un demi-mille d'Allemagne du lac de *Cirknitz*, près du village de Laas, toutes les fois qu'il y a de grandes pluies, cette espèce de canards est rejetée, en grande abondance, par l'eau qui ruisselle avec beaucoup de force.

Je conçois que cette caverne Storseg est un autre passage qui sert de dégorgement au même lac souterrain de Javornick, dont le débordement remplit le lac de *Cirknitz*; mais ce trou étant plus haut que les autres, il ne fournit jamais de l'eau que lorsque le lac de Javornick est extraordinairement enflé par la violence des pluies. Quant à la singulière origine des canards, c'est une chose si commune ici, qu'on ne la regarde nullement comme une rareté.

Il peut paroître étrange & difficile à croire qu'il y ait vraiment des lacs & des canaux souterrains tels que nous les supposons; mais outre que, sans les supposer, il seroit impossible de rendre raison de tous ces différens phénomènes, qui sont très-réels, il y a un exemple très-remarquable de ces mêmes effets dans la caverne souterraine qu'on appelle *la grotte Podpetschio*.

CITIESEB, petite ville d'Afrique, dans la province de Tedla, au royaume de Maroc. Les plaines en sont fertiles & couvertes de nombreux troupeaux, qui produisent, pour le commerce des habitans & pour leurs fabriques, des laines fines dont ils font de belles casaques & des tapis.

CIVAUX, village du département de la Vienne, arrondissement de Montmorillon. Dans les environs de ce village, situé près de la rive gauche de la Vienne, & dans un vaste champ, on voit un nombre considérable de tombeaux de pierre élevés à la mémoire des Français tués à la bataille de Vouillé.

CIUDAD-DE-LAS-PALMAS, ville capitale de l'île Canarie, avec un beau port très-fréquenté.

CIUDAD-DE-LOS-REYES, ville considérable de l'Amérique méridionale, dans la terre-ferme, près de la source de César-Pomparao. Le territoire de cette ville, ainsi que celui des contrées voisines, n'est pas exposé à de grandes chaleurs, parce que, pendant l'été qui commence au mois de décembre, les vents d'est qui y soufflent, modèrent la chaleur du soleil. Il y pleut beaucoup l'hiver, à cause de la proximité des montagnes qui sont froides. Les environs sont couverts d'arbres fruitiers de toute espèce. On y trouve d'excellens pâturages. Le pays produit aussi beaucoup de coton.

CIUDAD-REAL, ville d'Espagne, dans la Nouvelle-Castille, capitale de la Manche, à une lieue de la Guadiana. Elle est remarquable par la propreté avec laquelle on y prépare les peaux blanches pour les gands.

CIVITA-CASTELLANA. C'est une ville d'environ trois mille ames, située dans la Sabine, à trente-quatre milles de Rome, près de la *via flaminia*, sur une élévation ou rocher en forme de presqu'île. Cette ville a deux milles de tour, presqu'un mille de long, & un quart de mille ou environ deux cents toises de largeur. Elle a quatre portes, qui regardent les quatre parties du Monde; mais elle ne tient à la montagne principale que par le côté de la citadelle; elle est environnée, de trois côtés, par de petites rivières qui coulent dans des vallons très-profonds. Deux de ces torrens vont se jeter dans le troisième au dessous de la ville : ce dernier s'appelle *Treia*, & va se jeter, à deux milles de là, dans le Tibre.

Du haut de la tour de cette ville on voit le château de Caprarola, qui en est à douze milles du côté du couchant; le mont Saint-Oreste, *Candidum Soracte*, qui a trois cent cinquante-cinq toises de hauteur, & les coteaux de la Sabine, qui sont très-agréables, très-fertiles & très-peuplés. Parmi les villes & les villages dont ils sont couverts, on distingue Magliano. Près de là est un banc d'huîtres fossiles, d'une assez grande étendue.

La montagne sur laquelle est bâtie *Civita-Castellana*, est un tuffau rougeâtre, dans lequel sont renfermées des pierres-ponces noires & brûlées, les unes petites, les autres aussi grosses que le corps d'un homme; elles surnagent l'eau. Ce même tuffau se revoit à Santa-Maria-di-Falari, à une lieue de distance.

Aux environs du mont Saint-Oreste, la pierre est d'un bleu-noir, parsemée de globules blancs qui paroissent être du quartz, & qui ressemblent presqu'à du sel. C'est avec cette pierre, qui est très-dure, qu'on a pavé la voie flaminienne.

CIVITA-VECCHIA, petite ville d'Italie, dans l'État de l'Église, sur le bord de la mer. Elle a un bon port & un arsenal, où sont d'ordinaire les galères du Pape. L'air en est mal-sain, comme celui des Maremmes qui sont voisines ; ce qui est cause que cette ville est médiocrement peuplée.

Dans les montagnes voisines de *Civita-Vecchia*, le terrain est glaiseux ; il renferme des schistes, & même des ardoises pures d'un assez beau noir.

La grotte des Serpens est à quelque distance de *Civita-Vecchia*. Il s'y fait quelques guérisons ; elles viennent sans doute d'une vapeur sulfureuse qu'on y respire, & non de la fable ridicule de ces prétendus serpens qui venoient lécher les plaies des malades.

La célèbre mine d'alun, l'alumière, qui est à trois lieues au nord-est de *Civita-Vecchia*, près de la Tolfa, est la plus abondante de l'Italie.

CIVRAY, petite ville dans le Poitou. J'ai déjà indiqué cette ville, placée sur les bords de la Charente, comme servant à faire connoître le point remarquable où cette rivière, qui, depuis sa source en Limousin, s'est portée droit au nord, rebrousse chemin, & tourne au sud vers Angoulême, en faisant plusieurs oscillations très-étendues. *Civray* marque le point où le terrain du Poitou s'élève de manière à s'opposer au prolongement du cours de la Charente, & à déterminer cette belle eau courante à se porter dans une région opposée ; ce qui est fort rare.

CIZE (Petit Pays de). Il dépendoit du ci-devant pays des Basques en Gascogne. Saint-Jean-Pied-de-Port en étoit la capitale. Les autres lieux principaux étoient Mongelos, Sarasquet, Mandibe, Juescum & Sratison. Ce pays fait partie aujourd'hui du département des Basses-Pyrénées.

CLACI, village du département de l'Aisne, arrondissement & canton de Laon, & à trois quarts de lieue de cette ville. On trouve à *Claci* des eaux ferrugineuses, très-renommées pour les coliques venteuses & les diarrhées.

CLAIN, rivière du département de la Charente, à une lieue & demie ouest de Confolens, où elle prend sa source dans l'ancienne terre, ainsi que je l'ai remarqué dans la notice de la planche de Charroux. Elle coule au nord.

CLAIRAC, ville du département de Lot & Garonne, canton de Tonneins, & à une lieue & demie sud-est de cette ville. *Clairac*, située sur le Lot, fait commerce de vins, d'eau-de-vie & de tabac.

CLAIRE-FONTAINE, village du département de Seine & Oise, canton sud de Dourdan, près de la forêt des Ivelines. Le local de cette ci-devant abbaye sert d'hospice de bienfaisance, & renferme une manufacture de dentelles, dont le produit est pour les indigens. Le terroir des environs en est sabloneux. Il y a beaucoup de bois & d'étangs.

CLAIRMARAIS, village du département du Pas-de-Calais, canton nord de Saint-Omer, près du bois de *Clairmarais*, & à une lieue de Saint-Omer. Il y a près de la ci-devant abbaye de *Clairmarais* des îles flottantes sur un marais : on peut les promener de côté & d'autre à peu près de la même manière qu'un bateau. Elles sont au nombre de vingt-une, tant grandes que petites. La plus grande a douze pieds de circonférence, & la plus petite quatre à cinq pieds. Elles sont plantées d'arbres que l'on a soin de tenir fort courts, pour que le vent n'ait pas trop de prise sur ces îles.

CLAMECY, village du département de l'Aisne, arrondissement de Soissons, & à une lieue & demie de cette ville. Ce village est dans une contrée fertile en grains & en bons pâturages. Il y a d'ailleurs des vignobles & des bois.

CLAMECY, ville du département de la Nièvre, chef-lieu d'arrondissement & de canton. Cette ville est le rendez-vous des marchands de bois pour l'approvisionnement de Paris. Ce port est arrosé par les rivières d'Yonne & de Beuvron, qui reçoivent tous les bois des environs & des endroits où sont les meilleures forêts de ce département. Il y a dans cette ville une manufacture de faïence : on y trouve aussi des fabriques de cuirs, de gants, & une papeterie.

CLAON (le), village du département de la Meuse, canton de Clermont. Il y a dans ce village une verrerie, où l'on fabrique des bouteilles & des cloches pour les jardins : on y fait aussi de la tuile & des briques.

CLARASCA (la), torrent du département du Tanaro. Il a sa source dans de hautes collines près de Neviglie, & se jette dans le Tanaro un peu au dessous d'Alba. Il a cinq lieues de cours.

CLARY (Forêt de), dans le département du Gard, canton de Villeneuve-lès-Avignon. Elle a dix-huit cents toises de longueur, sur environ cinq cents toises de largeur.

CLAY (Forêt de), dans le département de l'Isère, arrondissement de Saint-Marcelin, & à une lieue sud-ouest de cette ville. Elle a seize cents toises de long, sur huit cents toises de large.

CLÉMONT, village du département du Cher, arrondissement de Sancerre, sur la grande Seudre, à trois lieues d'Aubigny. On y fait commerce de laines qui ont quelques qualités, de cire & de chanvre. Le terroir de ce village est fertile dans plusieurs de ces productions.

CLERES, bourg du département de la Seine-Inférieure. Le terroir est fertile en blé, fruits & pâturages, & l'on y recueille beaucoup de chanvre de la meilleure qualité.

CLERKE (Ile). Cette île est située dans la côte sud de l'Amérique septentrionale; elle est assez considérable : on y distingue au moins quatre collines, toutes réunies par des terrains bas, & de loin elle ressemble à un groupe d'îles. On voit, près de sa partie orientale, une petite île que trois rochers élevés rendent remarquable. Cette dernière île est habitée, ainsi que la grande, qui gît par 63 deg. 15 m. de latitude, & 190 deg. 30 m. de longitude (méridien de Greenwich).

CLERMONT, village du département de Sambre & Meuse, canton de Valcourt, sur la Biemelle, à une lieue trois quarts nord-ouest de cette ville. Il y a aux environs une carrière de marbre fond bleu, très-estimé pour la couleur & le tissu.

CLERMONT-FERRAND, ville du département du Puy-de-Dôme, située entre les rivières d'Arrier & de Bédat, sur une petite éminence & au pied du plateau du puy de Dôme. Les places publiques, dites *du Taureau d'Espagne* & *de la Poterie*, sont très-agréables par leurs points de vue qui dominent sur la Limagne. On trouve des sources minérales autour de l'emplacement qu'occupe la ville. Effectivement, sans y comprendre sept ou huit sources abondantes qui coulent en différens quartiers des faubourgs, presque tous les puits sont autant de fontaines minérales qui participent des mêmes principes. Les eaux mêmes des fontaines publiques, qui servent de boisson ordinaire, sont aussi imprégnées de la même vertu, quoiqu'à la vérité d'une manière peu sensible. Parmi les sources minérales de *Clermont*, il s'en trouve de fort estimées. Celles de Saint-Bène & de Jaude sont renommées pour la santé. Cette dernière est la plus fréquentée & la plus en usage. Cette eau sort de sa source en bouillonnant, & produit, en sortant, beaucoup de bulles d'air. Outre cela, elle exhale au dehors une certaine odeur. Il y a encore une source assez semblable dans la route qui conduit à la fontaine Saint-Allyre, & une autre, chargée de bitume, à une demi-lieue à l'orient de la ville, près d'une butte qui s'élève dans la Limagne. L'eau n'en est pas fort abondante, & sa surface est couverte d'une couche mince de bitume qu'on prendroit pour de l'huile, & qui, venant à s'épaissir par la chaleur de l'air, est assez semblable à de la poix : aussi les passans, qui s'en servent pour graisser les essieux de leurs voitures, appellent cette source *le puy de la poix*. Il y a aussi de l'eau qui entraîne au dehors ce bitume, & qui est chargée de sel marin.

Les autres sources des environs de la ville sont d'abord celle dite de *Beaurepaire*; elle est tiède; ensuite une autre qui est connue sous le nom de *la Fontaine du champ des pauvres*, dont les eaux sont chargées de salpêtre & de soufre qui s'évapore aisément, & celle dont les eaux sont froides. A une demi-lieue de *Clermont*, sur le chemin du Pont-du-Château, on trouve un petit terrain au bout duquel il y a une fontaine de naphte ou de bitume dont l'eau est noire comme de l'encre, mais plus épaisse, & d'une odeur forte & désagréable. On n'a pas de peine à trouver cette fontaine, car elle s'annonce de loin par cette odeur. Il existe, sur un monticule nommé *Crouelle*, une mine de bitume épaissi au milieu de couches, agatifiées la plupart.

Après m'être occupé des eaux minérales des environs de *Clermont*, je reviens à l'intérieur de cette butte intéressante.

En examinant la colline sur laquelle la ville de *Clermont* est bâtie, on trouve qu'elle est composée de dépôts littoraux semblables à une grande partie des massifs en couches qui sont distribués le long de la bordure de l'ancienne & de la nouvelle terre. L'on y trouve des sables graniteux, du fer, des cailloux roulés de granit, de pierres calcaires ou de laves. Toutes ces matières ayant été détachées des parties du golfe où elles résidoient, ou même de la côte de l'ancienne mer, & roulées le long de cette côte, ont été déposées ensuite parmi les autres sédimens.

Ceci étant bien conçu, on explique, sans aucun embarras, l'isolement de la butte ou colline sur laquelle *Clermont* est construit. C'est visiblement l'effet des eaux courantes fournies par les vallées des montagnes qui débouchent dans la plaine aux environs de *Clermont*.

Il y a plus de difficulté à rendre raison de l'état où sont certaines couches de cette butte, & qui semblent être un mélange de matières cuites & volcanisées pénétrées de bitume. Elles ont beaucoup plus de consistance que toutes les parties environnantes intactes, qui sont par lits suivis & réguliers. On ne peut pas décider aisément si ce sont d'anciens amas antérieurs à la formation des couches horizontales, ou bien des portions de couches horizontales qui auroient été cuites en place depuis leur formation, altérées & déformées par l'action des feux souterrains.

Au reste, ces amas de terres cuites & bituminisées, étant dispersés dans une grande partie du golfe de la Limagne, & même au-delà de l'Allier, ce sera de l'ensemble des observations que j'ai recueillies en différens tems à ce sujet, que je présenterai quelque chose de plausible sur leur origine, les circonstances de leur formation, & l'époque précise à laquelle on peut les rapporter.

Je ne dois pas omettre une seconde difficulté

que présentent les matériaux qui entrent dans la composition de cette butte : ce sont les morceaux de pierres calcaires, ou roulés, ou d'une forme irrégulière, qui sont distribués au milieu des autres matières. On conçoit aisément que la mer a pu recevoir, dans son bassin, des morceaux de granits & de laves, qu'elle a polis & arrondis avant de les abandonner au milieu des bancs qui se formoient dans son bassin, car ces matériaux existoient dans le tems qu'elle occupoit le golfe. Mais d'où lui sont venus les morceaux de pierres calcaires qui semblent n'avoir pas pour lors pris une certaine consistance pour servir de base aux cailloux roulés ? Toutes les pierres calcaires ne se formoient donc pas pour lors : il y en avoit donc de formées ; la mer avoit donc occupé le golfe avant de former ces couches.

CLERMONT-DE-LODÈVE, ville du département de l'Hérault, située sur un coteau auprès de la rivière de l'Orgne, dans la partie basse du ci-devant Languedoc. Un ruisseau, appelé *Ydromel*, coule au pied du coteau. On fabrique dans cette ville beaucoup de draps pour le Levant, des mouchoirs, des bas de laine & de coton, de la crême de tartre & du vitriol. Les eaux-de-vie, les huiles d'olives, les vins, les amandes, le vert-de-gris, les laines, les moutons y forment une branche de commerce très-considérable.

CLERMONT-OISE, ville du département de l'Oise, chef-lieu d'arrondissement & de canton, au sud-ouest de la rivière de Briche. Cette ville, dans la ci-devant Ile-de-France, étoit la capitale du Beauvoisi. *Clermont* fait le commerce du blé, de la volaille, des œufs, du fil de lin, des toiles de Flandres & de Hollande. Il y a une fabrique de salpêtre.

CLERVAUX, bourg du département de l'Aube, arrondissement & canton de Bar-sur-Aube, & à deux lieues & demie de cette ville. *Clervaux* est entouré de bois & de montagnes que Hugues donna à S. Bernard, en 1115, avec toutes leurs dépendances. C'étoit là qu'étoit cette fameuse abbaye, où ce saint laissa, en mourant, sept cents religieux, tant pour soigner & cultiver ces possessions, que pour consommer les revenus immenses qu'elles produisoient. Il ne reste de tout cet établissement religieux que des bois bien entretenus, des forges, une verrerie, une papeterie & une brasserie.

CLERVAUX-LES-VAUXDAIN, ville du département du Jura, arrondissement de Lons-le-Saunier, & à quatre lieues sud-est de cette ville. Au midi de cette ville est un lac qui fournit de belles écrevisses. C'est aussi dans cette même ville que se voit la plus belle forge du pays. Les ouvriers forment une petite population à part.

CLESSY, village du département de Saône & Loire, arrondissement de Charoles. Il y a dans son territoire une carrière composée de bancs à peu près horizontaux, de pierre à chaux brillante, dans laquelle on observe plusieurs genres de coquilles bivalves très-bien conservées.

CLÈVES, ville du département de la Roër, à quatre lieues est-sud-est de Nimègue. C'est une jolie ville d'Allemagne, située dans le ci-devant cercle de Westphalie, vis-à-vis du pont de Shent. *Clèves* est partagée en haute & basse ville. La ville haute est si élevée, que l'on apperçoit de ce point de vue vingt-quatre villes. Elle n'est distante qu'à une lieue du Rhin, avec lequel elle communique par la rivière de Kermis. Ses habitans, très-industrieux, s'appliquent particuliérement au commerce & à la navigation sur le Rhin, en faveur de laquelle on a creusé un canal nommé *Kermisthal*. Le ci-devant duché de Clèves, partagé en deux par le Rhin, est un des plus beaux & des meilleurs pays d'Allemagne. Il a environ seize lieues de long, sur quatre lieues de large.

CLICHY-LA-GARENNE, village du département de la Seine, canton de Neuilly, près la rivière, vis-à-vis d'Anières & de son bac, & deux îles qui séparent le cours de la Seine. C'est un joli emplacement, remarquable par un superbe château.

CLIGNANCOURT, village du département de la Seine, canton de Neuilly, commune de Montmartre. Il y a une manufacture de porcelaine. Ce village est voisin des exploitations de la première masse du plâtre.

CLIMAT. On appelle ainsi une portion de la surface de la Terre, terminée par deux cercles parallèles à l'équateur, & d'une largeur telle que le plus long jour dans le parallèle le plus proche du pôle surpasse d'une certaine quantité, d'une demi-heure, le plus long jour dans le parallèle le plus proche de l'équateur. Nous n'entrerons pas dans le détail de la division de la Terre par *climats* d'après cette idée : nous nous attacherons à considérer les différentes positions des pays relativement aux saisons, aux productions de la terre, & aux peuples qui les habitent.

Il ne faut pas croire que la température soit exactement la même dans les pays situés sous le même *climat* ; car une infinité de circonstances, comme les vents, le voisinage ou l'éloignement de la mer, l'élévation du sol à un certain niveau, la nature du sol & enfin la proximité des montagnes élevées se compliquent avec l'action du soleil, & rendent souvent la température très-différente dans des lieux placés sous des mêmes parallèles. (*Voyez* CLIMATS AGRAIRES, CHALEUR.)

Il en est de même des *climats* placés des deux côtés de l'équateur à des distances égales, outre que la chaleur même du soleil doit différer d'une quantité fort considérable dans ces *climats;* car ils sont plus près du soleil que nous dans leurs étés, & plus loin dans leurs hivers.

Les observations du thermomètre que M. Cossigny a faites dans son voyage aux Indes orientales, semblent nous autoriser à croire que la chaleur n'avoit pas été plus grande en aucun endroit pendant ce voyage, que celle qui fut observée en même tems à Paris, & qu'ainsi la chaleur de l'été est à peu près égale dans tous les pays. On expliqueroit même cette uniformité de température par la plus longue ou la plus courte durée des jours que compense le plus ou le moins d'obliquité des rayons du soleil; mais on doit avouer que la conséquence qu'on a déduite de ces expériences ne peut avoir d'application dans beaucoup d'autres pays, tel que le Sénégal, où il fait beaucoup plus chaud en été que dans nos *climats*.

En déterminant les *climats* par le degré de chaleur ou de froid qu'on doit éprouver, dans certaines saisons, en conséquence de l'approche ou de l'éloignement du soleil, on court risque de tomber souvent dans l'erreur; car il est certain qu'en beaucoup d'endroits, sous la zône torride, les saisons ne répondent pas au tems, que le soleil s'en approche ou s'en éloigne; car on y compte l'hiver, qui est pluvieux & orageux, quand ce devroit être l'été, puisque le soleil est alors plus proche, & tout au contraire, on y compte l'été quand le soleil s'en éloigne. En un mot, on y fait consister l'été dans un ciel clair, & l'hiver dans un tems pluvieux & humide. Il est donc vrai que les idées des saisons diffèrent considérablement suivant les lieux, & que celles des *climats*, qui sont un résultat de ces saisons, doivent y être assujetties. (*Voyez* SAISONS.)

Une autre modification qu'éprouvent les *climats*, & très-marquée, est celle qui est occasionnée par les vents. Pour en juger il suffit de considérer ce qui arrive dans notre *climat*, où, généralement parlant, le vent du nord est froid, & le vent du midi chaud. Ainsi suivant que le vent du nord a coutume de souffler dans un certain pays, il en modifie la température dans toutes les saisons de l'année; il en est de même du vent du midi qui amène la chaleur, ou bien une température douce au milieu de l'hiver.

Outre ces vents généraux, il y en a de particuliers qui apportent de grands changemens dans le *climat* des contrées qu'ils parcourent. Ainsi tous les vents qui traversent les sommets des montagnes élevées & couvertes de neiges, refroidissent beaucoup les plaines voisines. L'effet de ces sortes de vents est assez connu: ils sont souvent bornés à une étendue de pays peu considérable: quelquefois ils s'étendent assez loin. C'est ainsi qu'on remarqua que le froid de 1709 arriva par un vent de midi qui avoit traversé les montagnes d'Auvergne, du Forez & des Cévennes, couvertes pour lors de neiges & de frimats. Il seroit facile de multiplier les exemples qui prouveroient jusqu'où peut aller l'influence des vents sur la modification des *climats*.

La chaleur du soleil étant le principal agent employé par la nature dans l'ouvrage de la végétation, il est évident que tout ce qui peut faire varier les degrés de cette chaleur, fait varier également l'accroissement & le développement des arbres & des plantes. C'est ainsi que les arbres & les plantes des pays appartenans aux *climats* chauds ne peuvent croître & subsister que dans ces *climats*: de là vient cette diversité des végétaux suivant les lieux & les *climats*. Ici, dans les plaines où la température est douce, les plantes sont fortes & vigoureuses, & les arbres présentent tout le développement que comporte leur nature; mais à mesure que l'on s'élève au dessus du niveau, tous ces végétaux diminuent ou ne sont plus les mêmes; & enfin ceux qui peuvent résister à un certain degré de froid, tel qu'on l'éprouve sur les montagnes élevées & couvertes de neiges, sont rabougris & réduits à de très-petites dimensions. On retrouve là, en s'élevant depuis les plaines jusqu'aux sommets couverts de neiges, une échelle graduée, où la dégradation des végétaux est à peu près la même qui se rencontre dans les plaines également élevées au dessus du niveau de la mer, à mesure qu'on s'éloigne de l'équateur & qu'on se rapproche des pôles. (*Voyez* ALPES, ANDES, PYRÉNÉES.)

Les pays voisins de la mer, toutes choses d'ailleurs égales, & surtout les terrains des îles, éprouvent une température moins froide que les terrains de l'intérieur des terres, non-seulement parce qu'ils sont moins élevés, mais encore parce que leur atmosphère, plus chargée de vapeurs, concentre facilement la chaleur des rayons du soleil, & la conserve contre l'action des vents froids. Les pays cultivés, desséchés & habités, sont moins froids que les pays incultes, inhabités ou marécageux. Enfin si, comme nous venons de le dire, les pays maritimes sont moins froids, à la même latitude, que les pays méditerranés, ils sont aussi moins chauds.

Il ne nous reste plus maintenant qu'à montrer les effets du *climat* sur les animaux & les hommes. Sous cet aspect nous ne les considérerons que relativement à la température. Quoique toutes les causes physiques qui peuvent agir sur la santé des habitans de chaque pays se combinent assez confusément avec leur température, cependant nous lui attribuerons les effets dont elle est vraisemblablement la cause prédominante. Ainsi nous ferons voir facilement que c'est du *climat* que dépendent les différences des peuples prises de la complexion générale ou dominante de chaque individu, de leur taille, de leur vigueur, de leur couleur, de leurs cheveux, de la durée de leur vie, de leur précocité plus ou moins grande relativement à la génération, de leur vieillesse plus ou moins retardée. On a généralement observé que les habitans des *climats* chauds étoient plus petits, plus secs, plus vifs, & qu'ils avoient la peau moins blanche que ceux des pays froids; qu'ils étoient aussi plus précoces, qu'ils vieillissoient plus tôt, & vivoient moins long-tems que les habitans des pays froids; que les femmes des pays chauds étoient moins fécondes que celles des pays froids; qu'une blonde étoit un objet rare dans les pays chauds, comme une brune dans les pays septentrionaux.

Nous avons montré de grands effets du *climat* en parcourant les habitans de la Terre relativement à leurs couleurs, & nous renvoyons à cet article très-étendu. Nous avons fait voir aussi l'effet d'une température froide sur l'espèce humaine qui se trouve répandue dans les régions voisines du pôle arctique, & nous ne pouvons mieux apprécier ces effets qu'en renvoyant à ces détails exposés très-exactement dans plusieurs articles. (*Voyez* LAPONS, SAMOIÉDES, ESQUIMAUX.)

Nous ajouterons seulement ici, comme une observation fort importante, que cette race d'hommes dégénérée, malgré cet état, est plus propre à supporter la rigueur du froid, qu'une race plus forte & plus vigoureuse qu'on tireroit d'un pays plus tempéré. Une des causes qui me paroît influer davantage sur cette qualité des habitans du Nord, est la nourriture de corps graisseux qui, se conservant à peu près sous cette forme dans leur corps, leur servent d'enveloppe contre le froid, en sorte que la même raison qui attire & concentre dans ces contrées de grands animaux, soit marins, soit terrestres, c'est-à-dire, une grande abondance de graisse, y fait subsister les hommes. Ainsi les baleines, les vaches marines, les ours, recherchent les contrées septentrionales, parce que le froid ne les incommode pas sous l'enveloppe de graisse qu'ils portent partout, & cette même graisse en préserve de même les hommes qui s'en nourrissent.

C'est une grande économie de l'Auteur de la nature d'avoir pourvu ainsi de nourriture tout un monde animal, tel que celui qui occupe les différentes parties de la surface de la Terre, tant dans les zônes torrides, que tempérées & glaciales. On peut dire que cette nourriture est très-abondante. Ce qu'il faut particuliérement remarquer, c'est que, parmi la plus grande variété d'alimens, les plus utiles sont les plus universellement répandus: ils croissent & se multiplient le plus facilement, & résistent le mieux aux attaques du dehors. Les diverses espèces d'animaux recherchent des alimens différens : c'est cette diversité de goûts qui a fait qu'une provision médiocre a produit l'équivalent d'une provision abondante, & c'est un moyen très-bien ordonné pour substanter suffisamment chaque sorte d'animaux, & même au-delà du nécessaire. Chaque contrée de la Terre apporte une nourriture qui est propre à l'entretien des animaux qui l'habitent. Comme toutes les régions de la Terre, ses divers *climats*, ses divers sols, les mers & les eaux douces, tous les lieux les plus affreux en apparence sont habités par des créatures vivantes, il s'ensuit qu'elles trouvent toutes la nourriture qui leur est propre.

Mais la manière dont la nature pourvoit à la nourriture des animaux aquatiques est très-singulière : des plantes nombreuses croissant dans les eaux, ensuite des essaims d'insectes s'y multipliant, les poissons trouvent dans leur élément tout ce qui peut leur être nécessaire; mais si cette provision ne leur suffit pas, ils remontent dans les eaux douces, dans les rivières, & vont à la recherche d'un supplément de nourriture qui fournit, non-seulement aux vieux animaux, mais peut-être plus encore à ceux qui sont destinés à repeupler l'espèce.

CLIMATS (Comparaison des). La comparaison des *climats* peut servir aux progrès de la physique & à l'économie politique. Si on veut transplanter des plantes ou des hommes d'un *climat* dans l'autre, il faut les connoître tous deux. Nous prendrons pour exemple la comparaison des *climats* de Suède & de Paris.

Par les tables qui ont été faites, on voit que le froid ordinaire en Suède est entre 5 & 6 degrés. Il commence à la fin de décembre, est à son plus haut point au commencement de février, & continue, en diminuant, jusqu'à la fin de mars. La chaleur prend le dessus en avril, & augmente peu à peu dans les mois suivans. Au commencement de juin elle atteint rapidement à son plus haut point. Vers la fin d'août elle diminue, mais non pas si rapidement qu'elle augmente au printems. La température ordinaire de l'été, prise moyenne entre celle du jour & celle de la nuit, est de 16 à 17 degrés; mais la chaleur à midi est de 20, 21, 22 degrés. Les nuits sont ordinairement de 12 à 13 degrés : celles de juillet sont presqu'aussi chaudes que les jours de mai.

Le froid va quelquefois en hiver depuis 15 jusqu'à 20 degrés, rarement à 25. Le 28 janvier 1754, il descendit, pendant quelques heures seulement, à 27 degrés à Upsal & à Stockholm; le 21 décembre 1751, il fut à Stockholm de 33 degrés.

La chaleur de l'été monte ordinairement au dessus de 20 degrés, quelquefois à 25, plus rarement à 30. Le 3 juillet 1750, elle fut à Stockholm de 33 degrés.

La France a rarement un hiver continu. Dans les dix années d'observations qui ont été faites par MM. de Réaumur & Duhamel, il n'y a eu que 1740 où l'hiver ait duré pendant janvier & février, & les fortes gelées fort avant dans mars. On a eu quelques jours plus froids en 1698, 1709, 1717 & 1729; mais la totalité de l'hiver a été moins longue. Celui de 1740 fut plus long que les hivers de Suède les plus doux, tel que celui de 1750, qui ne dura que cinq semaines. Le froid ne fut pas très-vif à Paris en 1748 ; mais depuis le commencement de l'année jusqu'à la fin de mars, il gela presque toutes les nuits. En général, la température de l'air, vers le milieu de la France, depuis le milieu de novembre jusqu'à la fin de février, est comme celle du milieu de la Suède vers la fin d'octobre & le commencement de novembre : il y gèle fréquemment ; le froid est vif quelquefois, & même constant : il y tombe un peu de neige, & le froid se termine par des gelées fréquentes pendant la nuit, & une chaleur de 10 à 12 degrés pendant le jour. Le froid le plus vif qu'on ait éprouvé en France depuis 1695 jusqu'en 1751, a été de 19 à 20 degrés du thermomètre suédois, & seulement deux fois durant tout ce période, en 1709 & 1717. Il est dit dans le *Journal économique*, que le 6 janvier 1755, le thermomètre descendit à Paris au-delà de 22 degrés suédois, c'est-à-dire, 17 deg. 6 m. du thermomètre de Réaumur.

Dans ce même *climat*, le printems commence au mois de mars, & la chaleur augmente jusqu'en mai. L'air y est alors aussi chaud qu'il l'est en Suède au commencement du mois de juin. Ainsi l'été commence à Paris un mois plus tôt qu'à Upsal, & dure jusque vers le milieu d'octobre, c'est-à-dire, un mois de plus, avec cette différence que les jours les plus chauds d'Upsal sont à peu près la chaleur moyenne de Paris, ou de 25 à 30 degrés. Mais en juillet & août, la chaleur du jour est de 33 degrés à Paris pendant quelques jours, & quelquefois de 37 ; celle de la nuit est presque la même que celle de Suède dans la canicule. En octobre & en novembre, elle diminue très rapidement.

Le froid d'Upsal est plus vif de 6 ou 7 degrés que celui de Paris, & si l'on prend les termes moyens, l'un est à l'autre comme 5, 4 à 10, 7. La différence est encore plus grande entre Paris & Alger. Dans ce dernier *climat* on ne connoît point la gelée. Le tems le plus froid au mois de janvier est presqu'aussi chaud que le milieu de l'été l'est en Suède : le point le plus bas du thermomètre, même pendant la nuit, est de 13 deg. au dessus de la glace. Dès le mois d'avril la chaleur y est aussi forte qu'elle l'est à Paris en juillet. Celle de juillet & d'août n'y est pas plus vive pendant le jour, qu'elle ne l'est en Suède aux jours les plus chauds, & l'est moins qu'elle ne l'a été quelquefois en France. Mais cette chaleur y diminue peu pendant la nuit ; & tandis qu'en Suède & en France le thermomètre baisse de 10 à 15 degrés dans les nuits d'été, il ne descend sur les côtes d'Alger que d'environ 3 ou 4. Cette chaleur dure ainsi jour & nuit pendant quatre mois ; & si l'on prend la moyenne, celle d'Upsal est 5, 4 ; de Paris, 10, 7 ; d'Alger, 23, 7. La température est différente sous la même latitude. On a en Palestine & en Syrie des jours plus chauds qu'en Barbarie ; mais les nuits y sont plus fraîches, & on y connoît la neige & la gelée. L'air est assez froid pendant l'hiver en Égypte, qui est de quelques degrés plus méridionale qu'Alger ; mais à Pondichery, qui n'est qu'à 12 degrés de l'équateur, il n'y a pas eu, dans deux ans & demi, une seule nuit où le thermomètre soit descendu à moins de 21 degrés au dessous du point de la glace. La chaleur moyenne, dans le tems le plus froid, a été de 26 degrés ; celle de la nuit, pendant la moitié de l'année, a passé 30, & le jour 35 & 40 degrés. Il y a des *climats* habités où la chaleur est plus forte. Au Sénégal, qui est à 16 degrés de l'équateur, la chaleur va quelquefois jusqu'à 48 degrés, surtout par le vent de l'est : celui de l'ouest est beaucoup plus frais.

La hauteur moyenne du thermomètre est à Upsal 5, 4 ; à Paris, 10, 7 ; à Alger, 23, 7 ; à Pondichery, 31, 0, au dessus de la glace ; mais il ne faut pas en conclure que la chaleur soit en raison de ces nombres dans ces différens *climats*. Pour avoir la mesure de cette progression de chaleur, il faudroit connoître le point auquel toute chaleur cesse. Si on veut supposer ce point à 87 degrés & demi au dessous de la glace, ce qui est le plus grand froid qu'on ait éprouvé en Sibérie, alors la hauteur moyenne au dessus de ce point d'extinction sera pour Upsal 93 degrés, pour Paris 98, pour Alger 111, pour Pondichery 118 & demi ; c'est-à-dire, que le *climat* de France est plus chaud d'un dix-huitième, & celui des pays vers l'équateur plus chaud d'un tiers, ou un peu moins d'un tiers que le *climat* de Suède. Si l'on prend le point d'extinction encore plus bas, les mesures moyennes de la chaleur dans ces différens pays se rapprocheront davantage. Il faut supposer de plus que le thermomètre est une mesure invariable ; & que le mercure se dilate dans la même raison que la chaleur augmente ; ce qui est encore incertain.

Climats agraires. On a fait un partage fort ingénieux des *climats* de la France, qu'on a séparés en quatre arrondissemens : ce sont les *climats du pommier, de la vigne, de l'olivier & de l'oranger*. Quelques-uns de ces mêmes degrés de température sont présentés à l'article Abri. Le premier refuse d'adopter les richesses des trois autres ; le second ne peut se parer que de celles du premier, &c. ; mais quelquefois un très-petit espace offre des températures très-variées, suivant ses expositions à droite ou à gauche d'une colline.

Si l'on parcourt quelques-unes des provinces de France, on trouve que, non-seulement de grands terrains restent en friche quoique la culture pût les rendre propres à produire du froment & à nourrir des bestiaux, mais encore que les terres cultivées ne rendent pas, à beaucoup près, ce que la nature du sol comporteroit si le laboureur employoit tous les moyens de les mettre en valeur.

Je pourrois ajouter deux autres *climats* remarquables, & dont j'ai recueilli les élémens en Limousin : d'abord celui du froment qui s'y trouve dans quelques vallées, & puis au dehors, en Périgord, en Bas-Limousin, en Angoumois ; & le second en seigle, qui occupe la plus grande partie des contrées cultivées en Limousin & de la Haute-Auvergne. Les châtaignes pourroient offrir un septième *climat* remarquable, qu'on n'a pas trop distingué, comme il convenoit. Ici, d'après ce que j'ai vu en Limousin, c'est autant la nature du sol que la température de l'air qui, en Espagne & ailleurs, constituent le *climat* favorable aux châtaigniers.

On trouvera dans l'Aveiron la distinction des deux *climats* du froment & du seigle : il faut les y chercher ; ils y sont marqués.

C'est définitivement, comme on voit, par les productions végétales que ces sortes de *climats* se distinguent & se circonscrivent dans toutes les contrées de la Terre, grandes ou petites.

CLION (le), village du département de la Loire-Inférieure, arrondissement de Paimbœuf. Il y a une source d'eau minérale qui sort des rochers distribués sur la côte ; elle est connue sous le nom des *eaux de Malucy en Gourmalon*. Son origine est à Roo, & la direction de son cours est au midi. Ces eaux renferment à peu près les mêmes principes que celles de la plaine, qui en sont distantes à une lieue & demie vers l'est ; aussi ont-elles les mêmes propriétés.

CLIOUX-CLAT, village du département de la Drôme, arrondissement de Valence, & à une distance de cinq lieues de cette ville. Il y a une manufacture de poterie de terre, où se fabriquent des ustensiles de ménage ; ce qui annonce, dans le voisinage, un amas d'argile propre à ce travail.

CLIS, village du département de la Loire-Inférieure, canton & commune de Guérande, près de la route qui conduit de cette dernière ville à celle du Croisic, près des marais salans, à une demi lieue de Guérande.

CLISSA, montagne du comté de Spalatro, en Dalmatie. Cette montagne, tant par sa composition que par l'arrangement des substances qui la composent, ressemble à plusieurs autres des mêmes contrées. (*Voyez* MARIAN.) Son sommet est formé de marbre de Dalmatie commun, en couches horizontales, ainsi que d'une pierre dure lenticulaire & d'une brèche compacte.

La base de tous ces bancs présente, aux yeux des observateurs, beaucoup de divisions de couches en forme de segmens circulaires, dont les extrémités sont tournées vers le haut.

Le rocher isolé sur lequel la forteresse de *Clissa* est bâtie, consiste, en grande partie, dans une brèche dont les interstices entre les pierres qui en forment le fond, sont remplis de corps marins. Le pied de la colline est d'une pierre de sable, semblable à celle des côtes de Spalatro. Entre cette pierre & le marbre s'étend un filon de terre calcaire, remplie de coquillages en débris, & des morceaux d'une terre bitumineuse pétrifiés. Quand on examine cette colline, & qu'on la compare avec la montagne voisine, on voit qu'elle en a été séparée, & que ses couches, tant relativement à leur direction qu'à la nature des matières qui les composent, sont correspondantes dans les deux masses. Les couches en arc s'y retrouvent également bien distinctes & bien prononcées des deux côtés.

Si l'on parcourt l'intérieur du pays entre *Clissa* & Scigu, on trouve de même des marbres communs, des pierres de sable, des couches de terre argileuse diversement colorée, & remplie de turbinites & d'autres coquillages : ces couches sont inclinées à l'horizon. On y trouve aussi des terres bitumineuses, mais seulement dans quelques endroits.

Le sol des plaines est souvent couvert d'une foible couche de terre, ainsi que de rochers aigus précipités des hauteurs voisines par les éboulemens multipliés & successifs que les couches des sommets ont éprouvés. Ces rochers aussi peuvent être considérés comme les restes de collines affaissées ; car de tels événemens ne sont pas rares dans des pays remplis de cavernes, où les rivières coulent par des issues souterraines, & où les eaux mêmes, ramassées dans ces plaines, finissent par se perdre & disparoître. C'est ainsi que la vaste vallée de Prugova devient souvent en hiver un lac profond, qui se dessèche au printems ; que la rivière de Salona sort toute formée d'une montagne, & que les ruisseaux des moulins de Trau sont si abondans à leurs sources. (*Voyez* MARIAN.)

CLISSON, ville du département de la Loire-Inférieure, arrondissement de Nantes, & chef-lieu de canton, sur la Sèvre nantaise. Il y a dans le territoire de *Clisson* d'excellens pâturages. On y recueille beaucoup de grains & du lin, dont on fabrique des toiles nommées *nantaises*.

CLOCHER, calanque & pointe du département du Var, arrondissement de Toulon, à la côte nord-ouest de l'île de Titan, entre la pointe de la plaine & l'écueil de Castelas.

CLOHARS-CARNOET, village du département du Finisterre, canton de Quimperlé, & à deux lieues sud de cette ville. Les environs de ce village, voisin de la mer, produisent beaucoup d'orge, de seigle & de sarrasin, ainsi que quantité de pommes, desquelles on obtient un cidre excellent & abondant.

CLOUÈRE (la), rivière du département de Vienne, arrondissement de Civray, canton d'Availle, où elle prend sa source, à cinq lieues un tiers est de Civray, coule au nord-ouest, reçoit les eaux de la Belle, & se jette dans le Clain à une demi-lieue nord-est de Vivonne, & à trois lieues est de Lusignan. Comme Civray est un point de partage des eaux très-intéressant, il n'est pas étonnant que la *Clouère* nous indique, par ses différentes marches, les pentes du terrain vers les aspects de l'horizon fort opposés.

Ce qui achève de faire connoître ces pentes, c'est l'observation du cours de la Cloire, rivière du même arrondissement & canton, qui coule au nord-est de Civray, reçoit les eaux du Clain & de la Pairon, & se jette dans le Clain à trois lieues de Lusignan, & à cinq lieues un quart nord de Civray.

CLUNY, ville du département de Saône & Loire, arrondissement de Mâcon. Cette petite ville est située dans une vallée entre deux montagnes, & sur la rivière de Grosne. Le commerce de *Cluny* consiste en vins, blé, peaux de veau & de mouton préparées. Il y a aussi une blanchisserie de fil, une fabrique de pelleterie & de gants. Le territoire des environs de *Cluny* est fertile même en vins; mais à une certaine distance, c'est un pays de bois & de montagnes, comme ayant été habité par des moines. On trouve dans ces montagnes des carrières d'albâtre & de jaspe.

CLUSE (la), village du département du Doubs, arrondissement de Pontarlier, près du Doubs, & à deux tiers de lieue de Pontarlier. Il y a dans ce village des carrières de marbre d'un grain fin, aisé à polir, couleur de chair, jaspé d'un rouge-vif, connu sous le nom de *jaspe-agate*.

CLUSES, ville du département du Léman, arrondissement de Bonneville & chef-lieu de canton, sur l'Arve. Cette ville, élevée de soixante-trois toises au dessus du niveau du lac de Genève, se rétrécit à mesure que son emplacement s'élève contre le cours de l'Arve, & qu'il se trouve resserré entre la rivière & la montagne voisine. Il est plus large vers le bas. La montagne au pied de laquelle *Cluses* est bâtie, est d'une structure très-extraordinaire. On en juge mieux à une certaine distance. Cette montagne, de forme conique, est comme coiffée d'une bande de rochers, qui, du haut de son sommet, descendent, à droite & à gauche, jusqu'au pied. Ces rochers nus sont relevés par le fond de verdure dont le reste est couvert. Ils sont composés de plusieurs bandes parallèles entr'elles, dont les extérieures sont blanches & épaisses, & les intérieures brunes & minces. Près de cette ville est un rocher rempli de pétrifications, telles que cornes d'ammon, turbinites, orthocératites, dont les articulations sont très-distinctes & très-marquées.

Près de cette ville est une caverne où se trouve un puits dont l'ouverture est un peu plus éloignée que la moitié de la distance à laquelle on peut parvenir en se portant vers le fond de la caverne. Les montagnes calcaires au nord au dessus de la caverne renferment des bancs considérables de charbon de terre. On pourroit, avec un peu d'effort, tirer parti de ces productions naturelles. A un quart de lieue du pied de la caverne, on rencontre des sources d'une eau parfaitement claire & de la plus grande fraîcheur. Non loin de là on trouve des huîtres pétrifiées, & d'autres coquillages rares & curieux. La ville de *Cluses* a une fabrique d'outils de toute espèce pour la marine & pour les autres ateliers.

CLUSONE (le), gros torrent du département du Pô. Il a sa source dans les Alpes grecques, au col de Rodoreto, passe à Fenestrelle, à la Pérouse, & tombe dans le Pô à deux lieues de Villa-Franca, après un cours rapide de douze lieues.

CLUSSAY, village du département des Deux-Sèvres, arrondissement de Melle, près de la source de la Bouleur, & à trois lieues un tiers de Melle. Le sol des environs produit beaucoup de châtaigniers, parce qu'il est un débris de granit, comme celui du Limousin qui en entretient des espèces de forêts.

COARAZA, village du département des Alpes maritimes, arrondissement de Nice, canton de Scarena, à trois lieues de Nice. On fait dans ce village commerce de blé, de vin, d'huile & de châtaignes.

COARRAZE, village du département des Basses-Pyrénées, arrondissement de Pau, canton de Clara, près du gave de Pau, & à quatre lieues de cette ville. On fait dans ce village des étoffes pour capes avec la laine du pays. Près du château de *Coarraze* il y a des pierres calcaires blanches, & plus loin, vers le sud, on rencontre des grès argileux.

COARTAU (Pic de), montagne du département des Hautes-Pyrénées, arrondissement de Bagnières, à cinq lieues un quart sud-est d'Arreau. Elle a une demi-lieue de pente du nord au sud. Dans l'intervalle, on voit tout ce qui intéresse dans les montagnes des environs de Bagnières.

COAZZO, ville du département du Pô, arrondissement de Suse, sur une colline assez près de la jonction du Sangone & du Sangonetto, à cinq lieues & demie d'Ivrées. C'est une des limites intéressantes des Alpes, qui dominent sur le Piémont.

COBBEGHEM, village du département de la Dyle, arrondissement de Bruxelles, à deux lieues ouest de Vilvorden, & à deux lieues un quart de Bruxelles. Cette commune récolte une grande quantité de grains; elle a d'ailleurs, dans ses environs, beaucoup de pâturages & de bois.

COBLENTZ, ville du département de Rhin & Moselle, chef-lieu de département. Cette ville est située sur la rive gauche du Rhin, au confluent de ce fleuve & de la Moselle, dans un terrain fertile, environné de montagnes couvertes de vignobles. Enfin, c'est une des plus belles contrées de la vallée du Rhin. De l'autre côté de ce fleuve est le faubourg nommé *le Thal*, où se trouve l'ancien palais de l'électeur, au pied de l'importante forteresse d'*Ehrenbreistein*, qu'on a démolie dans ces dernières guerres. C'est du confluent du Rhin & de la Moselle que *Coblentz* tire son nom. Elle forme en conséquence une espèce de triangle par ses rapports avec ces deux fleuves.

A un quart de lieue de cette ville, sur la cime de plusieurs montagnes qui s'élèvent insensiblement & par degrés, les unes au dessus des autres, sont des bancs d'argile qui servent avantageusement pour les travaux de la poterie.

COCCORICH, vallée dans les environs du Primorie, l'un des districts de la Dalmatie. Elle est remarquable par des goufres ou *dégorgeoirs* qui couvrent cette vallée d'eau. Ces dégorgeoirs ont environ vingt pieds de diamètre à leur ouverture, & leur profondeur est d'environ cent vingt pieds. Comme le fond contient toujours de l'eau, on l'a mesurée & on l'a trouvée de douze pieds, niveau qui correspond à celui du lac de Jezero, éloigné de quelques milles de cette vallée. Après de grandes pluies tombées dans l'intérieur de la Bosnie, ces dégorgeoirs, qu'on nomme *james* en esclavon, vomissent des colonnes d'eau à la hauteur de vingt pieds. Dans l'espace de quinze jours, la vallée de *Coccorich*, longue d'environ trois milles, devient un lac dont les eaux atteignent une certaine hauteur, & cette hauteur est quelquefois augmentée assez subitement par les pluies ou par la fonte des neiges de l'intérieur du pays. Ces inondations n'ont lieu qu'en automne & au printems, & après deux mois de stagnation le terrain redevient sec. Une quantité surprenante de poissons sort des entrailles de la terre avec l'eau des dégorgeoirs, & les habitans des environs en prennent abondamment en étendant des filets sur l'ouverture des goufres quand les eaux commencent à se retirer. La petite profondeur de la terre végétale, dans la plaine de *Coccorich*, est la raison pour laquelle l'air n'en est pas infecté après l'écoulement des eaux. (*Voyez* DÉGORGEOIRS, FRAISPUITS.)

COCHEM, ville du département de Rhin & Moselle, sur la rive gauche de la Moselle, à une lieue & demie de Beilstein. Le canton de *Cochem* est très-abondant en vignobles : on y recueille d'ailleurs de l'avoine & du seigle en petite quantité. Le sol y est d'un petit rapport, aussi l'agriculture y est négligée. Il y a peu de bétail, mais le bois y est abondant.

COCHINCHINE, vaste État d'Asie, situé à l'est & au nord de l'Indostan. Nous allons parler de ce pays-là en rendant compte de ce que les voyageurs ont pu voir d'intéressant dans la baie de Turon & aux environs. La baie de Turon forme un excellent port; elle est profondément découpée de promontoires & de golfes dans tout son pourtour, en sorte que, quelque vent qui souffle, les vaisseaux y trouvent un abri. Le fond est de vase partout. La brise de mer souffle depuis quatre heures du matin jusqu'à quatre heures du soir; le vent de terre succède alors & continue à régner le reste du tems. Les vaisseaux en rade reçoivent tout le bénéfice de la fraîcheur de ce dernier vent qui vient des montagnes sans passer sur des sables brûlans ni sur des contrées marécageuses.

Entre les montagnes qui entourent la baie, il y a des vallées où l'on cultive le riz, & où l'on élève avec succès des troupeaux de buffles.

Le poisson abonde sur cette côte; aussi plusieurs familles de pêcheurs y sont établies. A l'extrémité sud de la baie, on trouve l'embouchure de la rivière qui conduit à Turon. Elle a environ deux cents verges de large, & son courant est assez fort pour se creuser un canal à travers le banc de sable qui s'est formé à son embouchure. A basse marée on voit les deux bords de ce canal : la rivière y a plus de deux brasses de fond dans le voisinage de Turon, & sur toute cette côte les vents sont variables toute l'année. Les vents périodiques perdent leur influence près du rivage. On regarde ce pays comme fort sain; car les chaleurs de l'été sont tempérées par les brises de mer. Septembre, octobre & novembre sont les mois des pluies. Les parties basses sont alors sujètes à être inondées par les torrens qui descendent des montagnes avec une abondance prodigieuse. Ces inondations reviennent de quinze en quinze jours, & durent deux ou trois jours. En décembre, janvier & février les vents froids du nord amènent des pluies, & donnent à ce pays un hiver qui le distingue, quant à son climat & à sa température, de la plupart des pays voisins de l'équateur.

Les inondations ont ici le même effet sur les terres, que sur le sol de l'Égypte, & c'est un des pays les plus fertiles de l'Inde; car en quelques contrées on fait trois récoltes de grains dans une année.

Le riz est le principal objet de culture, & on en connoît une espèce, nommée *riz de montagne*, qui prospère dans les terrains secs & légers, principalement sur le penchant des coteaux cultivés à la bêche. Il ne demande pas plus d'humidité que n'en fournissent les pluies & les rosées, qui sont cependant peu fréquentes dans la saison où il végète. En Amérique, dans le voisinage de l'Ohio, sous un climat assez semblable au climat moyen de la France, on cultive le riz en plein champ, comme les autres grains & sans inondations. C'est une espèce particulière, & probablement la même que les Cochinchinois cultivent dans leurs montagnes : il ne paroît pas qu'elle soit inférieure à l'autre. Il seroit bien intéressant de chercher à acclimater en Europe une plante d'une aussi grande ressource, & dont la culture, suivant la méthode ordinaire, est accompagnée des inconvéniens les plus graves.

Le riz est encore plus important aux Cochinchinois, que le pain ne l'est aux peuples de l'Europe, parce qu'il suffit presque seul à la nourriture des classes inférieures : un peu d'huile, d'épices ou de viande font son accompagnement ordinaire. Les objets de luxe le plus général sont les liqueurs, le tabac, les noix d'aréca & les feuilles de bétel. Les Cochinchinois ont une forte de passion pour ces deux dernières substances dont ils forment des pâtes. Les deux sexes, dans tous les rangs, mâchent les noix d'aréca & le bétel, & sont dans l'usage de fumer.

La *Cochinchine* a des mines d'or & d'argent. Elle produit du poivre, de la canelle, du sucre, des soies, des cotons en échange des marchandises d'Europe; aussi les nations commerçantes ont-elles toujours eu des relations de négoce avec cette partie de l'Asie & avec le Tunquin.

On trouve sur cette côte un grand nombre de rivières navigables. C'est par ces rivières que le commerce se faisoit avec des bâtimens chinois qui venoient faire des échanges de noix d'aréca & de sucre avec les objets de leurs manufactures; mais ces échanges ont cessé depuis les troubles qu'a éprouvés le royaume de la *Cochinchine*, & depuis que le Tunquin a été envahi par le dernier usurpateur. La *Cochinchine* s'étend du 12e. degré de latitude nord jusqu'au tropique du cancer; mais sa largeur n'est pas de deux degrés de longitude. Elle est bornée à l'ouest par une longue chaîne de montagnes, sur le revers desquelles sont les royaumes de Laos, de Siam & de Cambodie. La mer borne la *Cochinchine* & le Tonquin à l'est; celui-ci est borné au nord par la province chinoise de Yunnan, & celle-là est bornée au sud par le pays de Tsiompa. La superficie de la *Cochinchine* a environ quatre-vingt-quinze milles carrés d'étendue. (*Voyez* le no. 4 du VIe. volume de la *Bibliothèque britannique*.)

COCHON, ville du département des Pyrénées-Orientales, canton de la Tour. Dans ce village il y a une source d'eau minérale, dont les effets sont très-salutaires.

COCLOIS, village du département de l'Aube, canton de Ramerup-sur-l'Auzon, près de la rivière principale. Il est situé, comme on voit, dans la double vallée de l'Aube & de l'Auzon, au milieu d'une plaine arrosée par ces deux rivières, dont les lits sont séparés pendant un assez long espace; ce qui ajoute à l'agrément de ces eaux courantes, qui traversent la grève abondante, laquelle forme le sol de la plaine.

COCQ (Col du), département de l'Isère, montagne de roche établie sur le schiste, entre les montagnes de Sorel & d'Aynard, où l'on découvre la même fracture & la même marche de déplacement des couches, à quatre lieues nord-est de Grenoble.

COCRIOMONT, hameau dans le département de Seine & Oise, canton de Magny, commune de Charence, à deux lieues & demie de Magny. Il est établi sur le massif de craie très-élevé, couronné de bancs calcaires qui donnent des sources assez abondantes, auxquelles le sol de la craie sert de base pendant que les bancs calcaires s'imbibent de l'eau pluviale qui abreuve ces sources. Ce massif de craie fait partie de celui de la Roche-Guyon, & est un des bords escarpés de la Seine.

CODIRE (le), montagne du département des Basses-Pyrénées, canton d'Aramits. Elle a, de l'est à l'ouest, direction de la chaîne, une demi-lieue de longueur, où l'on peut contempler la composition de cette chaîne.

COESMES, village du département d'Ille & Vilaine, canton de Retiers, à trois lieues trois quarts de la Guerche. Il y a, dans les environs de ce village, de belles carrières d'un granit fort dur.

COESNON, rivière du département d'Ille & Vilaine, arrondissement & canton de Fougères. Elle prend sa source à deux lieues & demie ouest de Fougères, verse ses eaux à l'ouest, passe au sud de la même ville, remonte au nord à deux lieues nord-ouest de Saint-Aubin-du-Cormier, continue son cours à l'ouest d'Antrain & de Pontorson, & se rend dans la mer à treize lieues nord de sa source, au milieu d'une contrée qu'elle abreuve avec de grands avantages.

COGNAC, ville du département de la Charente, chef-lieu d'arrondissement & de canton. Cette ville est située dans la grande vallée de la Charente, qui faisoit partie de l'Angoumois. Il y a aux environs un étang d'une longueur considérable. D'ailleurs, sa situation est agréable par les beaux paysages & vignobles dont elle est environnée. On y fait une grande quantité de vins rouges & blancs, dont une grande partie est employée à faire des eaux-de-vie qui participent de la qualité primitive des vins. Il y a des fabriques de faïence & des tanneries considérables aux environs de cette ville; une carrière de gypse à filet, & d'autres couches de plâtre dont on tire le plus grand parti dans le pays & au dehors, & surtout dans le Limousin. C'est dans la vallée de la Charente que cet amas de gypse a été découvert à une grande profondeur, & a fourni aux besoins des constructions intérieures & étrangères.

COGNE, village du département de la Doire, arrondissement d'Aoste, au confluent d'un ruisseau & du torrent de *Cogne*, dans la vallée du même nom, à quatre lieues d'Aoste. Il y a une mine de fer excellent, & un fourneau où l'on tire un grand parti de cette mine.

COGNE (Val de). Cette belle vallée, dont *Cogne* est le chef-lieu, est arrosée par un torrent du même nom, qui coule presqu'en sens contraire de la Doire, dans laquelle il se jette. On y trouve des mines de fer, de cuivre & de manganèse.

COGNE (Col de), département de la Doire. On y trouve un passage du val de *Cogne* dans celui de Soana. Il est aussi praticable de Chavavis (val de *Cogne*) à Cordonnière (val de Soana), & se termine en trois heures.

COGNE (Torrent de), même département. Il sort des glaciers du mont Soana, se rend dans la Dora-Baltea, vis-à-vis Saint-Pierre. Il donne son nom à une vallée. Son cours est de sept lieues.

COIRE, ville capitale de la Ligue grise. Nous allons décrire les environs de cette ville. En partant de Richenau pour aller à *Coire*, on passe le pont qui est sur le Haut-Rhin; ensuite côtoyant ce fleuve qui coule dans un fond, on entre dans une plaine nivelée, qui n'a qu'une pente insensible. Le fond du terrain n'est qu'un amas de pierres roulées de toute nature. Les deux côtés sont bordées de montagnes calcaires qui courent parallélement entr'elles. Celle de la gauche, au pied de laquelle coule le Rhin, est très-rapide; celle qui est à droite est moins haute & couverte de sapins. Il y a dans le vallon de très-grands & beaux sapins; mais ce qu'on voit de plus remarquable, c'est une suite de gros mamelons ou buttes élevées de cinquante à soixante toises, plus ou moins isolées & à différentes distances les unes des autres. Ces buttes sont rondes, la plupart alongées dans le sens du vallon, & composées de débris calcaires & de sables. On trouve dans le fond du vallon beaucoup de pierres roulées. Il est très-probable que ce vallon a été rempli de matières apportées par les eaux, jusqu'au niveau du sommet des buttes; que de nouvelles inondations ont ensuite creusé & entraîné ce qui manque de terrain à ces buttes; que c'est en circulant autour, que les eaux leur ont donné la forme ronde & surtout alongée dans le sens du vallon, & que c'est par le moyen de ces mêmes eaux que le fond actuel de cette plaine a pris son niveau & sa pente insensible vers un pays plus ouvert qui est au-delà. On a déjà fait mention de pareilles buttes qui se trouvent dans le vallon du Valais, parcouru par le Rhône.

On trouve ensuite un terrain plus propre à la végétation : on y cultive du maïs, du sarrasin, & il y a des arbres fruitiers. A une lieue de Sargans on trouve une mine de fer très-abondante.

La ville de *Coire* est située sur la pente d'une colline qui vraisemblablement a été formée par les inondations du Plessur, qui, encore de nos jours, charie beaucoup de pierres & cause bien des ravages. Tout est calcaire jusqu'à Werdenberg : une grande & belle plaine bien de niveau, couverte de pâturages, s'étend jusqu'à Hohensax. Ce village est au pied de très-hautes montagnes calcaires qui reposent sur des schistes.

Des plaines & des pâturages conduisent jusqu'à Hirzen-Sprung, où il y a une roche calcaire qui paroît avoir été entr'ouverte par les eaux, comme celle dont on a parlé à l'article de SOLEURE; même correspondance de couches des deux côtés. Les rochers calcaires continuent des deux côtés du Rhin jusquà Alsteten.

On monte beaucoup en sortant d'Alsteten. Toute cette montagne qui est fort rapide & fort haute, n'est composée que de pierres roulées de toutes grosseurs. Il s'y trouve des granits de différentes sortes, des pierres de jaspes de diverses couleurs, des pierres de sables, des schistes, des pierres ollaires & beaucoup de pierres calcaires. Ce qui mérite attention, c'est que cet énorme tas de galets est traversé, à différentes hauteurs, par des lits ou des couches de gravier ou de sable, qui varient dans leurs épaisseurs. Les sables & les graviers en sont fortement agglutinés ensemble, & lient de même les galets : ce sont visiblement des dépôts de la mer. Les montagnes & les collines environnantes sont de la même composition. Il faut bien remarquer, outre cela, qu'il n'y a point de montagnes dans tous les environs, qui soient plus hautes ou qui dominent celles dont on parle.

COIRON (le), montagne du département de l'Ardèche, canton d'Aubenas, & à une lieue nord-est de cette ville. Cette montagne offre sur tous ses flancs plusieurs bouches volcaniques qui appartiennent à des époques différentes, & surtout à la dernière la plus récente.

COIZARD, village du département de la Marne, arrondissement d'Épernay, au bord du marais de Saint-Gond, à trois lieues & demie de Sézanne. C'est la partie la plus élevée de la Brie, & la source du Grand-Morin.

COL, Brêche, Coupure, Port, Porte, Détroit. Il s'est fait dans la suite des arêtes & des chaînes de montagnes, plusieurs ouvertures par lesquelles les rivières de différens ordres se sont fait jour, & continuent à y avoir leurs débouchés. J'avois d'abord pensé que ces brêches étoient fort rares; mais j'en ai trouvé un très-grand nombre qui toutes offrent des *coupures* très-profondes & d'une largeur très-variable.

La chaîne qui passe au dessus d'Alais, à Anduse & à Saint-Hippolyte, est remarquable par ses *brêches*, qui ne se trouvent qu'à la rencontre d'une rivière ou d'un ruisseau dont les eaux ont beaucoup de pente, & qui ont leur origine dans des montagnes élevées.

Plus on examine ces interruptions, ces *coupures*, plus on les trouve dignes d'attention : il est visible qu'elles tiennent au même ordre de choses, qui a trait au creusement des vallées, car elles en sont certainement la continuation.

On voit partout, dans le pays des Cévennes, que les plus petits ruisseaux, comme les grandes rivières, ont un écoulement qui n'est pas arrêté, parce que la pente du terrain est continue, & qu'elle est plus ou moins grande suivant que le terrain est élevé au dessus du niveau de la mer. Lorsque le cours est traversé par une chaîne de montagnes & de rochers, la chaîne est interrompue souvent dans cet endroit si la rivière n'a pu se détourner commodément sur les côtés. C'est ce qu'on remarque dans la chaîne coupée à Anduse & à Saint-Hippolyte par deux rivières différentes. Ces *coupures* ont pu être produites de deux manières, ou bien elles ont commencé à se faire par le sommet des chaînes de montagnes lorsque ces montagnes s'organisoient, & que toutes les inégalités se creusoient par l'action des eaux courantes aux niveaux les plus élevés : par conséquent la formation des chaînes étant de la même époque que l'approfondissement des vallées, il n'est pas étonnant que les eaux courantes aient entamé & coupé les chaînes, & se soient fait un passage à travers. La seconde manière est l'ouverture de la *brêche* par des canaux souterrains qui auroient produit l'éboulement de toutes les parties des bancs de pierres qui occupoient la *brêche*, & par conséquent l'ouverture forcée, assez semblable à ce que nous voyons au Pont-de-l'Arc, dont une partie des bancs a été conservée.

COL-DE-CABRE, montagne du département du Cantal, canton de Saleis, à une lieue & demie du Plomb-du-Cantal : c'est le col le plus élevé de ce groupe de montagnes.

COL-DE-SERVIÈRE, département du Pô, passage peu praticable du val d'Houx dans celui de Servière, département des Hautes-Alpes.

COLAPIN (Lac du), département de l'Isère, canton du Bourgdoisans, au pied de la montagne des Sept-Lacs. Il a quatre cents toises de longueur, sur trois cents de largeur.

COLBAS (le), montagne du département des Basses-Alpes, arrondissement de Barcelonette, à deux lieues est-sud-est de la Bréaule. Elle a du nord au sud trois quarts de lieue de longueur.

COLET (le), montagne du département des Hautes Alpes, arrondissement de Briançon, à une lieue deux tiers de Villevieille. Elle a du nord au sud une demi-lieue de longueur dans les granits.

COLIGNY, bourg du département de l'Ain, arrondissement de Bourg, à une lieue de Saint-Amour. Ce bourg, en forme d'amphithéâtre, est situé sur les flancs d'une montagne qui a sa pente vers le couchant, & partie dans la ci-devant Bresse, partie dans la ci-devant Franche-Comté, & qui est couverte de vignes & environnée de rochers. La situation du château lui procure un point de vue surprenant, qui s'étend sur tout le département & sur les ci-devant pays du Mâconois, du Châlonois & de la Dombe : on y découvre la ville de Bourg, le Mont-Dor près de Lyon, au sud-est, & à l'est le Mont-Jura, toutes les montagnes du Bugey & une partie de celles de la Savoie. Le commerce de *Coligny* consiste en blé, vins, chanvre, chevaux & bestiaux de toute espèce.

COLLAT (le), montagne du département de l'Arriège, canton d'Oust, & à quatre lieues sud-est de cette ville, à la frontière, près du sommet des Pyrénées; elle a du sud-ouest au nord-ouest une lieue de longueur dans les massifs de granit.

COLLE (la), rivière du département de la Dordogne, canton de Saint-Pardoux-la-Rivière. Elle a sa source à l'est-nord-est de Nontron, coule au sud-ouest, puis au sud, ensuite à l'ouest; passe à Saint-Jean-de-Colle, va au sud-ouest, puis à l'ouest, & se rend dans la Drome, à deux tiers de lieue à l'est de Brantôme.

COLLINES. On donne ce nom à des montagnes peu élevées, à sommet plus ou moins plat, le plus ordinairement isolées les unes des autres, & ne formant pas de crête solide & tranchante comme les montagnes granitiques ou primitives.

Les *collines* sont de nature calcaire comme celles de la Bourgogne; crayeuse comme celles d'une partie de la Champagne; gypseuse comme celles des environs de Paris, telles que Montmartre, Belleville, Sannois, Bagneux, &c.; volcanique comme la butte de Clermont, le Puy-de-Crouelle dans la Limagne d'Auvergne; sabloneuse comme celles que l'on remarque dans les landes & dans tous les autres pays de dunes; schisteuse comme celles de l'Anjou, &c.

Comme les *collines* appartiennent presque toujours aux terrains secondaires, elles sont formées de couches nombreuses, horizontales ou inclinées, semblables à celles qui constituent ces terrains.

Targioni est l'auteur d'une Théorie sur la formation des *collines*, considérées comme un produit du travail de l'Océan, différent de celui des montagnes primitives; Théorie que nous avons exposée avec assez de détails (dans le tome Ier., 2e. partie de ce *Dictionnaire*, page 547) pour que nous ne jugions pas nécessaire d'y revenir ici.

Je me contenterai de traiter dans le présent article un point de vue qui avoit échappé à Targioni, & qui me paroît présenter quelqu'intérêt; il a pour objet la considération particulière des *collines* ou moyennes montagnes qui servent de limites à l'ancienne terre.

J'ai vu du côté de la ville Aubrun-le-Dognon, département de la Haute-Vienne, des montagnes rondes après des espèces de tombelles alongées. Il en est de même aux environs de Lure, & aussi avant Scavica-l'Asino, sur le chemin de Bologne à Florence. Cette configuration prouve la dégradation des eaux torrentielles qui, après avoir quitté l'ancienne terre, se précipitoient dans la nouvelle, dont le niveau étoit plus bas. Dans ce passage elles trouvoient un espace plus étendu, en conséquence duquel leur cours avoit plus d'incertitude, & c'est de là que se sont formées ces îles arrondies. (On m'a assuré que M. Bouguer avoit vu quelque chose de correspondant dans la partie intermédiaire entre les sommets des Cordillières & les dépôts du fleuve des Amazones.)

Ceux qui douteroient de l'immensité des parties enlevées & détruites par l'eau dans l'ancienne terre, s'en convaincront en visitant les matériaux transportés qui recouvrent les vastes plaines voisines de la ligne qui forme la limite de l'ancienne & de la nouvelle terre, & qui s'étendent particuliérement sur la nouvelle & assez loin.

Ces dépôts ne sont pas de la date la plus anciene; ce sont des dépôts de l'époque torrentielle. Mais si l'on étend ses vues plus loin, & qu'on joigne à cette première considération celle des dépôts intérieurs qui ont été faits dans le bassin de la mer & par les eaux de la mer, alors l'étonnement augmentera, & l'on verra qu'elle est la longue suite de ces déplacemens autour de l'ancienne terre. Ces nouveaux dépôts sont par couches suivies & horizontales: il y en a depuis Juillac jusqu'à Hautefort. On remarque aussi qu'à mesure qu'on s'éloigne d'Ayen, les dépôts littoraux sont moins élevés, & que leur surface suit une pente assez marquée depuis Juillac jusqu'à Hautefort; en sorte qu'à Ayen & à Saint-Robert, ils sont recouverts par des couches calcaires qui sont peu épaisses à Ayen, plus épaisses à Saint-Robert, & à Hautefort à peine ces couches rouges sont-elles sensibles; elles se perdent sous un massif immense de pierres calcaires. C'est la même chose en tirant des lignes d'Ayen à Terrasson: j'ai vu même des cailloux roulés engagés dans des couches de sables sur les bords de la Véfère, particuliérement au dessous de Montignac.

On remarque donc généralement que les couches de pierres de sable diminuent de hauteur à mesure qu'on s'éloigne de la vraie ligne, & que les masses calcaires qui les recouvrent, augmentent en épaisseur en même raison qu'on s'éloigne de ces mesures.

Lorsqu'on a bien observé tous ces phénomènes, on est tenté de rechercher quels sont les endroits d'où les eaux ont pu tirer tous ces sables pour les voiturer dans la mer & en former ces dépôts littoraux qui ne sont pas quelquefois recouverts de couches calcaires.

J'en ai trouvé tout autour des Vosges avec des cailloux roulés, & sans cailloux roulés: tout autour du Limousin & de la Marche, tout autour de la Limagne d'Auvergne, &c.

Il est nécessaire de distinguer ici plusieurs sortes des pierres de sable, des pierres de sable gris-blanc & rouge, qui sont par couches mêlées de mica;

Des brasiers à gros grains de quartz & de feld-spath; des brasiers à débris de granits, & des brasiers de débris de granits & de pierres calcaires.

Les cailloux roulés sont tous les quartz, les granits durs, les serpentines dures, les basaltes ou scharts ou laves: tous ces cailloux roulés paroissent souvent avoir été entraînés de parties peu éloignées, si l'on considère les pentes possibles qui ont pu favoriser leurs transports. Le peu d'espace qu'ils ont eu à parcourir, joint à leur poliment, donne lieu de croire que la mer les aura ballottés long-tems sur ses bords avant de les déposer; elle aura achevé d'arrondir ceux que les torrens avoient à peine dégrossis.

Quant aux sables rouges, il y a grande apparence que certaines masses en couches inclinées ont fourni à la destruction, & que ce sont ces matériaux que la mer aura stratifiés ensuite en couches horizontales: ceci est fort bien prouvé aux environs de Brives, de Meyssac & d'Ayen.

Je n'ai rien trouvé de semblable autour des Vosges & des Pyrénées.

Il y a quelques difficultés au sujet du niveau de ces pierres de sable: certains sommets très-élevés en sont recouverts, & ces sommets sont plus élevés que ceux qui montrent les granits à découvert. D'autres fois ces granits, bien moins élevés, servent de base aux couches de pierres horizontales de sable rouge-gris. Il est nécessaire que l'eau ait recouvert tous ces granits, & qu'elle y ait déposé des couches de sable qui ont été détruites par les eaux pluviales, lesquelles ont mis à découvert les granits.

Il faut distinguer deux sortes de pierres de sable, qui appartiennent à deux époques : celles qui sont en couches horizontales, qui sont des débris de granits ou de pierres de sable rouge, mêlées d'une substance calcaire qui les rend susceptibles de faire effervescence avec les acides. Celles-ci sont de la même époque que les couches calcaires qui environnent l'ancienne terre; elles ont été formées dans la mer. Les autres ont existé auparavant & sont d'une époque antérieure; elles sont par couches inclinées. Ce sont ces masses détruites par la mer & stratifiées ensuite par la même mer, qui ont fourni tous les matériaux des premières. Toutes les pierres de sable en couches horizontales ne sont pas des débris de granits, mais sont seulement des débris des couches de sable inclinées, de la même époque intermédiaire.

Plus on étudiera ces masses, plus on distinguera ce qui les caractérise, c'est-à-dire, la disposition générale des lits & la nature des matériaux; plus on sera en état de bien distinguer ces deux sortes de pierres de sable. J'ai vu plusieurs pierres de sable ou dépôts littoraux qui sont appuyés sur des granits de l'ancienne terre ou sur des couches inclinées de la moyenne, soit graniteuse, soit calcaire.

Collines (Ile des trois). Cette île est une de celles qui composent le groupe des Nouvelles-Hébrides. Elle a environ quatre lieues de tour, & elle est remarquable par trois *collines* qui forment trois pics; circonstance qui lui a fait donner le nom qu'elle porte. Un récif très-étendu sort de la pointe méridionale de l'île. A l'ouest-nord-ouest, à cinq milles de la pointe occidentale, est une nouvelle chaîne de récifs, sur laquelle la mer se brise continuellement. Cette terre est fort boisée & probablement bien peuplée; car plusieurs naturels ont été apperçus sur la côte, & ils ressembloient à ceux de Mallicolo. (*Voyez*, pour le climat, le sol, les productions, le caractère physique & moral des habitans, *le mot* Hébrides (Nouvelles).)

COLLIOURE, ville du département des Pyrénées-Orientales, canton d'Argelès, sur le bord de la mer, avec un petit port à cinq lieues un quart est sud-est de Perpignan. C'est une petite ville forte, dans le ci-devant Roussillon, située à mi-côte des Pyrénées, & défendue par un château qui, bâti sur un rocher escarpé, & battu par la mer, domine la ville & le golfe de Lyon. Son port ne peut recevoir que des barques & des tartanes. L'art & la nature se sont réunis pour en faire une place de guerre fort importante. On fait à *Collioure* une pêche considérable de sardines, que l'on sale en grande partie.

Dans une vigne au pied de la montagne, on trouve une source d'eau minérale d'une odeur & d'un goût martial, laquelle dépose un sédiment de même nature, & contient outre cela du sel alcali fixe en petite quantité. Les environs de *Collioure*, jusqu'au cap de Béarn, offrent des bancs presque perpendiculaires de schiste grossier.

Au sud-ouest de cette ville, on voit les tours de Massane & de Masselotte, qui sont bâties sur des bancs de schiste.

COLLOBRIÈRE, village du département du Var, arrondissement d'Hyères & à quatre lieues & demie nord-est de cette ville. Il y a, dans le territoire de ce village, une mine de plomb & une mine de fer.

COLMAR, village du département des Forêts, arrondissement de Luxembourg, commune de Berg, sur la rivière d'Atterte, sur laquelle sont établies plusieurs forges.

Colmar, ville & chef-lieu du département du Haut-Rhin, sur la Lauch, à trois lieues à l'ouest de Neuf-Brisac. Cette ville est située au milieu de la Haute-Alsace, près des montagnes des Vosges, dans une plaine; elle a été une des villes les plus considérables de l'Alsace, tant par la fertilité de son territoire, l'étendue & la bonté de ses pâturages, que par les vignobles qui l'environnent. Son principal commerce consiste en blé & autres grains, & en vins excellens que son territoire produit, & dont l'exportation forme un objet considérable. On trouve hors de ses murs une poudrière, dans laquelle on exploite la poudre suivant les nouveaux principes qui ont tant d'avantages dans l'exploitation. Il y a d'ailleurs une raffinerie & plusieurs usines & fabriques le long du canal de la Ferht; enfin, une manufacture d'indienne & une belle pepinière, principe d'amélioration, dans une vaste vallée fertile.

COLMARS, ville du département des Basses-Alpes, arrondissement de Castellane, sur le Verdon, à neuf lieues nord de cette ville, & à une lieue sud d'Allos. Colmars faisoit partie de la Haute-Provence. Les montagnes voisines produisent toutes les espèces de végétaux que les botanistes rencontrent dans les Alpes. C'est près de cette ville qu'on observe une fontaine périodique, remarquable par la fréquence de ses écoulemens. Elle s'arrête & coule environ huit fois dans une heure. Lorsqu'elle se dispose à couler, un léger murmure annonce son écoulement; elle croît peu à peu pendant environ une demi-minute, & décroît ensuite pendant six autres minutes. Il paroît qu'il y a pour lors un moment de cessation d'écoulement intérieur, après quoi l'eau recommence dans le même ordre que nous avons dit. On sait d'après quels principes ces fontaines périodiques exécutent leurs écoulemens & leurs intermittences; ainsi nous ne nous exposerons pas à réfuter les fausses hypothèses contraires que des historiens ont hasardées.

COLME, canal de Saint-Omer à Gravelines, département du Nord.

COLMIERS-LE-HAUT, village du département de la Haute-Marne, canton d'Auberive. Il y a beaucoup de forges.

COLMIZA (le), montagne du département des Pyrénées-Orientales, arrondissement de Prades, canton d'Olette, & à deux lieues sud de cette ville. Cette montagne a du nord au sud une lieue de longueur dans la traversée des Pyrénées, qu'on peut observer dans les masses granitiques.

COLNÈGRE (Cap de), dans le département du Var, arrondissement de Toulon, à une lieue nord-est de l'île Roès-de-la-Fournigue, entre la plage de Cavalière & la plage du port Mousquier. D'après tous ces détails intéressans, on doit reconnoître les différentes formes successives qu'ont prises les côtes de la mer des environs de Toulon.

COLNTHALER (la), forêt du département de la Sarre, arrondissement & canton de Sarrebruch, à une demi-lieue de cette ville. Elle a du nord au sud deux lieues de longueur, & de l'est à l'ouest une lieue & demie de largeur.

COLOGNE, ville du département du Gers, arrondissement de Lombès, à trois lieues un quart de l'Ile-en-Jourdain, & à deux est de Mauvesin. Cette ville est sur le ruisseau de Sarampion : son territoire est fertile en plusieurs productions, & dans une situation agréable.

COLOGNE, ville du département de la Roër, dans une plaine sur la rive gauche du Rhin. Elle a la forme d'un arc, dont le fleuve qui baigne sa concavité fait la corde. Le port de Cologne est sûr : les bateaux y sont à l'abri des glaces. Les habitans de Cologne transportent en Hollande ou ailleurs les objets suivans : beaucoup de vins du Rhin & de la Moselle, des bois de charpente pour la marine, des poteries de terre & de grès de toutes sortes, des ardoises & des carreaux de terre grise pour paver, toutes sortes d'ouvrages en fer & des ustensiles de ménage, du tabac, du millet, des fruits secs, du genièvre, des chiffons, de la potasse, du fer, du cuivre, de la terre d'ombre, de la terre à pipe, & autres matières minérales brutes; mais le bois, le vin & le trass sont les objets les plus importans.

Les Hollandais transportent dans le Haut-Rhin les productions des deux Indes, telles que café, thé, sucre, riz, épiceries de toute espèce, harengs, stokfisch, toutes sortes de poissons de mer, des fromages, du tabac de Virginie, des peaux du Brésil, de l'étain & du plomb d'Angleterre, des bois de couleur, de la cochenille & de l'indigo, du papier, des huiles, du coton, des toiles, &c.

COLOGNY, village du département du Léman, canton est de Genève, à une lieue de cette ville, & à un quart de lieue au sud du lac. Ce village est sur une colline dont la pente est couverte de vignes, de champs, de vergers, de prairies, de riantes maisons de campagne, dont le lac baigne le pied. La situation du sommet est des plus brillantes. On voit au couchant le lac, ses collines, Genève, le Rhône, le Jura; au levant, une belle & grande vallée, couronnée par les Alpes. La base de cette colline est un grès tendre qui a, dans les environs, la dénomination de *mollasse*; le reste est un mélange de cailloux roulés, de gravier & d'argile. On trouve, dans cette argile, des veines d'un gypse blanc en lames striées; c'est le *gypsum lamellare* de Vallérius. Il s'y trouve aussi des veines de terre bitumineuse, que l'on pourroit regarder comme des indices de charbon de terre.

COLOMBADE (Montagne de la), département du Var, arrondissement de Toulon, canton de Guers, à deux lieues nord-est de Pierre-Feu. Elle a de l'est à l'ouest une demi-lieue de longueur.

COLOMBAN (Montagne de Saint-). Cette montagne, située dans le territoire de Lodi, département du Pô, peut être rangée dans la classe de celles qui s'abaissent sensiblement de jour en jour; elle est composée de matériaux très-mobiles & très-aisés à entraîner par les eaux.

A considérer la situation de cette montagne maintenant éloignée de l'Apennin d'environ six milles, il paroît qu'elle en a fait partie. Les collines intermédiaires ayant été détruites par les eaux, cette masse s'est trouvée isolée. Un sable blanc, quartzeux & parsemé de mica, quelques cailloux roulés, des lits d'argile & des bancs de pierre calcaire, tels sont les matériaux dont la colline est composée. Les matières légères du sommet, ainsi que celles qui recouvrent les croupes, entraînées chaque jour par les pluies, ont exhaussé le pied de cette montagne, & ce travail de l'eau est si sensible, que de certains villages on apperçoit la tour d'un château & le clocher d'une église, qui étoient autrefois entièrement cachés par la colline : outre cela, les eaux pluviales, rassemblées dans le lit d'un torrent, ont voituré une si grande quantité de sables, que dans le cours de dix-sept ans, suivant les observations de M. Amoretti, ils ont couvert & desséché deux cent dix perches de marais. Si toutes les personnes à portée d'observer de pareils phénomènes en publioient les détails, on verroit quelle est l'étendue & la variété du travail des eaux à la surface de la Terre, & combien ce travail actuel se lie facilement avec les anciennes destructions mêmes les plus étonnantes. Pour peu qu'on ait voyagé dans les pays de montagnes, on voit que leurs formes tiennent à cette cause active & générale.

COLOMBE (Forêt de), département de l'Aude, canton de Roquefort, à une lieue un quart à l'est de Bélesta. Elle a de l'est à l'ouest douze cents toises, & du nord au sud treize cents toises. Elle est toute en sapins.

COLOMBE (Col de la), montagne du département du Mont-Blanc, canton de la Chambre, à une lieue nord-est de cette ville. C'est là où le col se trouve ouvert entre les montagnes de la Chambre & de Saint-Jean-de-Maurienne.

COLOMBÉ-LA-FOSSE, village du département de l'Aube, canton de Soulaines, à une lieue deux tiers de Bar-sur-Aube. La situation de ce village procure au vignoble qui s'y trouve, un abri qui contribue à la grande maturité des raisins & à la bonne qualilé du vin qu'on y récolte.

COLOMBES, département de la Seine. Les deux villages, avec la Garenne, qui occupent l'extrémité d'une des oscillations de la Seine au dessous de Paris, méritent d'être remarqués quant à cette situation intéressante.

COLOMBEY-AUX-BELLES-FEMMES, bourg du département de la Meurthe, arrondissement de Toul, & à trois lieues & demie ouest de Veselize. On observe, à quelque distance de ce bourg, les vestiges d'une ancienne chaussée romaine.

COLOMBIER, village du département de l'Allier, canton de Montmaraut, à trois lieues trois quarts de Mont-Luçon. Ce village a dans son voisinage, au lieu dit *Forez*, une mine de charbon de terre.

COLON (Montagne de), arrondissement de Grenoble, canton de Domène, à l'ouest du lac Domainon, à quatre lieues à l'est de Grenoble. Elle a les couches inclinées de l'ouest à l'est, & des pentes alongées d'un tiers de lieue.

COLONIES. Plusieurs principes doivent présider à l'établissement des *colonies*. Tout État qui fonde des *colonies* se dirige d'après des vues de finances ou de politique, ou d'après ces différentes vues réunies. Il se dirige d'après des vues de finances lorsqu'il ne veut que favoriser la population, l'agriculture & le commerce, qui donnent des profits. Il se dirige d'après des vues politiques lorsqu'il cherche à changer les mœurs & les préjugés d'un pays nouvellement conquis, & qu'il veut s'en assurer la possession en y établissant des partis affidés, suivant les principes de la métropole. Dans ce cas, le choix des colons dépend de leur constitution morale.

Les hommes, considérés quant à leur constitution physique, peuvent être traités comme les plantes transplantées : celles qui ont toute leur vigueur sous les climats brûlans, s'abâtardissent sous les climats tempérés, & dépérissent sous les zônes glacées, & réciproquement. Remarquons cependant que les peuples méridionaux s'écartent avec moins de danger de l'équateur, que les peuples septentrionaux ne s'en rapprochent. Les ressorts de la nature se dilatent, se relâchent, s'affoiblissent vers le midi, se resserrent & se fortifient à mesure qu'on gagne les pays voisins du nord.

D'ailleurs, sous la zône torride, il faut choisir avec discernement la terre que l'on habite, l'eau que l'on boit, & jusqu'à l'air que l'on respire. Il faut donc bien plus de précautions lorsqu'il s'agit de peupler le midi avec des hommes du nord, que dans le sens contraire.

Ces mêmes principes doivent être suivis lorsqu'on est dans le cas de faire des transmigrations d'animaux domestiques. Les brebis, par exemple, se tirent avantageusement des provinces méridionales pour être introduites dans les pays moins chauds, & les brebis accoutumées aux climats froids supportent moins bien les climats chauds, tant par rapport à la nourriture qui est plus mesquine, que par rapport à la chaleur qui nuit à leur multiplication : la nature, qui a pourvu à leur vêtement, ne les a pas destinées à des climats chauds.

COLY (le), rivière du département de la Dordogne, canton de Terrasson. Sa source est à trois lieues un tiers sud-est de Montignac; elle verse ses eaux à l'ouest, puis au nord, lesquelles vont se rendre dans la Vezère, à un condat qui occupe l'angle d'affluence, à une lieue deux tiers nord-est de Montignac.

COLY (Forêt de), canton de Terrasson. Elle a deux mille cinq cents toises de longueur, sur quatre cents toises de largeur.

COMBE-DE-BROUSSIN (la), montagne du département de l'Ardèche, canton de Serrières, à une lieue un quart ouest de cette ville. Elle a du nord-est au sud-ouest une lieue trois quarts de longueur, dans une contrée dont les collines sont intéressantes.

COMBE-LES-BOIS (Grande), village du département du Doubs, canton de Russey. Il y a une verrerie dans une contrée où l'on trouve de quoi alimenter cette usine.

COMBES, village du département du Tarn, canton de Monestier, à trois lieues & demie d'Alby. A Saint-Benoît-les-Monestier, près de ce village, il y a des veines de charbon de terre.

COMBIERS, village du département de la Charente, canton de la Vallette, près de la Nizonne. Il y a, dans les environs de ce village, des mines de fer, des forges & une fonderie de canons pour la marine.

COMBIN, montagne du département de la Doire, qui est une des sommités des Alpes pennines, entre le val d'Aoste & le Killais. La hauteur du sommet est de treize cent quatorze toises au dessus du niveau de la mer.

COMBLES A DEUX CROUPES, DEMI-COMBLES, COMBLES A CROUPES INÉGALES *ou* LAMBDA. Ce sont les différentes formes que nous offrent les sommets des chaînes de montagnes dans les contrées à couches inclinées, surtout dans celles de la moyenne terre calcaire. Les *combles à deux croupes* sont ceux qui sont formés par l'élévation en sens contraire de deux parties d'une même couche ou de deux couches différentes qui, dans leur glissement, viennent s'appuyer l'une sur l'autre : ce sont les formes des sommets les plus rares.

Les plus communes sont celles des *demi-combles* qui se présentent quelquefois à plusieurs étages les uns au dessus des autres, d'autres fois isolés, d'autres fois adossés à de grandes masses qui les dominent.

La troisième espèce de sommet que je distingue, offre l'inégalité de deux croupes, & est encore plus rare que les *combles à deux croupes* ; car c'en est une variété qui tient à des circonstances qui ne se rencontrent pas aisément. (*Voyez* COUCHES INCLINÉES.)

Les *demi-combles* & les *combles* entiers à deux croupes égales sont si communs en nombre d'endroits, qu'il convient d'expliquer les circonstances qui ont pu concourir à leur formation.

Voici comme je conçois que se sont opérés d'abord les *demi-combles*, puis les *combles* à deux croupes égales, puis les *combles* à deux croupes inégales.

Les assemblages de bancs qui formoient les bords des vallées dans les premiers tems de leur approfondissement, s'étant trouvés assis sur une base molle & glissante d'argile, & ayant reçu, par l'effet de la compression de cette base, un mouvement en avant, se sont inclinés & se sont portés tout d'une pièce dans le fond de la vallée, en s'appuyant sur les croupes de cette vallée ; & c'est ainsi que se sont formés les *demi-combles*. Le vide produit par le déplacement de la première masse rompue ayant laissé la masse contiguë hors d'équilibre, elle a éprouvé un semblable déplacement & une pareille inclinaison ; & il a succédé un *demi-comble* au premier & dans le même sens, & ainsi de suite jusqu'à ce qu'un certain désordre survenu dans les déplacemens en ait arrêté la suite, ou que les couches primitivement horizontales aient cessé de fournir des assemblages de bancs.

On conçoit aussi que, dans tous ces mouvemens, la chute & l'inclinaison ont pu se faire en sens contraire par l'écoulement rapide de l'argile molle, & pour lors la surface inclinée de ces derniers bancs étant réunie à celle des premiers assemblages de bancs inclinés dans la vallée, il a dû se former un toit ou *comble* à deux croupes. On conçoit encore que l'un de ces deux assemblages de bancs déplacés successivement peut être beaucoup plus considérable que l'autre, & par conséquent présenter un *demi-comble*, un glacis beaucoup moindre que cet autre ; il a pu se faire aussi que le défaut d'équilibre dans une plus grande masse s'élève aussi davantage, & dès-lors ces deux masses se rencontrant, comme nous l'avons dit, ont pu former ces *lambda* qu'on voit assez communément dans les Alpes, dans les Pyrénées & dans plusieurs parties de l'Apennin.

COMBRAILLE. Ce petit pays dépendoit de l'Auvergne, dans la partie basse & au couchant d'été de cette ci devant province ; il confinoit à la Marche. On lui assigne dix-huit lieues dans sa plus grande longueur, sur six de largeur. Cette contrée étoit divisée en *Combraille* proprement dit & en pays de franc-aleu. La partie qui portoit le nom de *Combraille* occupoit le nord, & étoit séparée de l'Auvergne par un ruisseau qui se jette dans le Cher : Évaux en étoit la ville principale. L'autre partie, qu'on nomme aussi *Combraille*, étoit située au septentrion, & Sermur en étoit le principal lieu. Le Cher & la Creuse, qui prennent leur source dans cette dernière partie, la rendent très-recommandable, relativement à ces deux objets, aux yeux des naturalistes qui s'occupent de la géographie-physique. C'est dans cette vue que je renvoie aux articles CHER & CREUSE : on y reconnoîtra comment ce fait, dans ces contrées, la distribution primitive des eaux.

On ne recueille en général, dans ce pays, que du seigle ; mais on y entretient, dans des pâturages qu'on y arrose, une grande quantité de bestiaux, dont il se fait un commerce considérable. *Combraille* fait aujourd'hui partie du département de la Creuse, où l'on trouvera la description de la source de cette belle & intéressante rivière.

COMBRETTE, montagne du département des Basses-Alpes, arrondissement de Barcelonette, canton d'Allos, à trois quarts de lieue sud-est de cette ville. Elle a de l'est à l'ouest une lieue de masses, où l'on peut observer la nature du terrain qui en forme la constitution.

COME (Puy-de-), montagne volcanique, située à l'ouest de Clermont-Ferrand (département du Puy-de-Dôme) & à quatre à cinq lieues environ de cette ville, sur le plateau granitique qui sert de base à toute la ligne de volcans modernes qu'on observe depuis le Puy de la Bannière jusqu'à ceux des Gouttes & de Montchal.

Le *Puy-de-Côme*, placé vers le milieu de cette

chaîne, a deux cratères assez bien formés; il est uniquement composé de scories, comme les puys de Nugère, de la Vache, de la Gravouse, de Graveneire, de Louchadière, &c.

Les laves qui sont sorties de son pied, au lieu de se répandre au levant, comme celles de beaucoup d'autres puys, se sont répandues au contraire au couchant, où, avec celles de Louchadière, elles forment la vaste plaine inculte & rocailleuse que l'on nomme *la Chère*, & qui s'étend jusqu'au bord de la rivière de Cioule ou Sioule, & sur le confin de laquelle est situé le bourg de Pont-Gibaud.

Le *Puy-de-Côme* est un des volcans modernes les plus élevés; il ne le cède guère à celui de Pariou, qui est le mieux conservé. Sa forme est plus élevée & plus pyramidale que celle de tous les autres volcans de cette chaîne, si on en excepte cependant le Puy-de-Chopine, qui présente une sommité très-aiguë, mais dont la nature est totalement différente, puisqu'elle a les plus grands rapports avec celles des Puys-de-Dôme, de Cherson, du Grand-Souchet & de Sarcouy.

Le *Puy-de-Côme* n'a versé aucune lave ni au nord, ni au midi, ni à l'ouest, par la raison toute simple que la partie du plateau granitique sur laquelle il est situé, n'a de pente qu'au couchant; aussi la vaste plaine de la Chère a-t-elle recueilli toutes les déjections que ce vaste cratère a vomies, & en présente-t-elle encore les restes & les effets d'une manière frappante.

Au pied de ce puy & au nord-ouest sont un petit lac & deux fontaines qui sont l'objet de l'article suivant.

CÔME (Fontaines du Puy-de-) en Auvergne. On trouve deux fontaines ou deux souterrains dans le courant du *Puy-de-Côme*, qui ont de la glace au commencement de l'été, & qui n'en ont plus en hiver : ces fontaines sont des cavités qui se trouvent, à une certaine profondeur, dessous des courans de laves. Les neiges sont assez abondantes dans ce canton, qui est fort froid; quand elles fondent, le produit de cette fonte s'insinue doucement dans la cavité & s'y regèle la nuit, &, par une addition successive de semblables lames de glace, ces cavités se remplissent plus ou moins. A l'une il n'y a que les laves & une certaine pente qui défendent la glace de la fonte, mais il est rare qu'il y en ait au mois d'août : à l'autre, où un bois assez touffu & quelques bâtimens défendent la cavité de l'impression du soleil, la glace y subsiste plus long-tems, & l'on en trouve dans le mois d'août. Mais au commencement du printems ces cavités sont remplies de glace, & même les glaces s'y trouvent revêtir une grande partie des laves qui forment la voûte de ces cavités.

COME, ville du royaume d'Italie, située à huit lieues de Milan, vers le nord, à la pointe d'un lac qui a dix lieues de long, dans une plaine agréable & bien cultivée, mais entourée de montagnes. On y compte environ quinze mille habitans.

Les environs de *Côme* sont garnis de maisons de campagne : on y trouve des vignes, des mûriers, des oliviers; le poisson y abonde. La ville est commerçante en soie & en velours, & on y a établi une manufacture de draps.

Le lac de *Côme* est le plus voisin de Milan, du côté du nord. Il tire son nom de la ville dont nous venons de parler, & fait l'objet de l'article suivant.

CÔME (Lac de). Ce lac est bordé, à sa partie septentrionale, par des montagnes de granit. A Domaso, la partie inférieure des montagnes, qui descend au lac, commence à être recouverte de pierre micacée, & les montagnes qu'on trouve après sont de cette même pierre micacée. Elles continuent jusqu'à Menagio. Après Menagio, les montagnes qu'on trouve, sont ou de marbre ou de pierre calcaire à grandes couches souvent inclinées. Elles sont recouvertes de dépôts, c'est-à-dire, de sable & de granits roulés: beaucoup de ces granits sont composés de quartz, de schorl & de gros cristaux rhomboïdes de feldspath. Les montagnes calcaires vont presque jusqu'à la fin du lac, où l'on trouve des montagnes de dépôts, & de brêche qui n'est autre chose que des dépôts infiltrés par un suc lapidifique. Après ces montagnes on trouve des collines des mêmes dépôts, qui qui vont toujours en s'abaissant jusqu'à la plaine de la Lombardie. Cette plaine est aussi toute en dépôts. Plus on avance & plus les cailloux roulés deviennent petits, de manière qu'à Pavie les dépôts sont presque tous en sable, & les granits qu'on y trouve, sont très-petits. On peut donc diviser les montagnes dont je viens de parler, en plusieurs zônes.

1°. La chaîne des granits, qui commence au Saint-Bernardin & descend jusqu'à la partie la plus septentrionale du lac;

2°. La pierre micacée, qui commence à Domaso & finit d'un côté à Menagio, & de l'autre à Varena, & qui n'est point du tout recouverte de dépôts;

3°. La pierre calcaire, qui vient tout de suite après la pierre micacée, & va jusqu'à la fin du lac : on trouve au milieu de ces montagnes de pierre calcaire des amas d'ardoise très-compacte; c'est cette zône qui est toute recouverte de dépôts, où se trouvent de très-gros blocs de granit;

4°. Les montagnes de dépôts ou de brêches, qui sont parallèles aux montagnes calcaires.

Auprès de Domaso la pierre micacée est recouverte d'un recouvrement calcaire. Il commence à Dono, est coupé par la vallée de Livo & par la rivière de Domaso, & descend jusqu'au lac, entre Domaso & Geix.

Cette même pierre calcaire reparoît de l'autre

côté du lac, au commencement de la Valteline, près de Monastero. Il y a aussi à Piona un marbre blanc qui se retrouve de l'autre côté du lac, près de Dongo, & une mine de fer hépatique qui se trouve aussi en ces deux endroits. Toutes ces choses sembleroient prouver que la vallée du lac n'existoit pas autrefois. Il faut aussi remarquer que, sur la zône micacée, il n'y a point du tout de dépôts de la chaîne des granits, & que les dépôts qu'on trouve quelquefois au bas des montagnes de pierre micacée, ne sont que de cette même pierre micacée ou d'un granit très-schisteux & très-micacé qui se trouve presque toujours dans les montagnes de cette nature. Ce n'est que sur la zône calcaire que l'on trouve ces dépôts. Voici une explication qu'on pourroit en donner : autrefois la vallée du lac n'existoit pas, & les courans des eaux, qui venoient de la chaîne des granits, passoient par-dessus la zône micacée avec une grande rapidité, & alloient se jeter dans la mer, qui recouvroit alors la zône calcaire. Passant avec rapidité, les eaux n'y auront laissé que peu de dépôts, qui auront été depuis entraînés dans le lac par les courans & les eaux des pluies.

CÔME (Fontaine de), dans le royaume d'Italie. La description des fontaines périodiques la plus exacte & la plus circonstanciée qu'on trouve dans les Anciens, est celle que fait Pline le jeune de la *fontaine de Côme*. Pline son oncle en avoit déjà parlé, & selon lui cette fontaine, qui étoit abondante, grossissoit & diminuoit une fois chaque heure. Mais Pline le jeune, qui l'avoit observée lui-même, en parle d'une manière un peu différente. « Cette fontaine, dit-il, prend sa source dans une montagne, coule entre deux rochers, passe dans une petite salle à manger faite auprès, s'y arrête quelque tems, & enfin tombe dans le lac de *Côme*. Ce qui rend cette fontaine merveilleuse, c'est qu'elle hausse & baisse régulièrement trois fois le jour par des retours périodiques. Ce jeu de la nature est sensible aux yeux, & on ne peut le voir sans un sensible plaisir. Vous pouvez vous asseoir sur les bords de cette fontaine, y manger, boire même de son eau, car elle est très-fraîche, & vous voyez cependant, ou qu'elle monte peu à peu, ou qu'insensiblement elle se retire. Vous mettez un anneau ou ce qui vous plaît en un endroit de son lit qui est à sec : l'eau qui revient peu à peu gagne l'anneau, le mouille & le couvre tout-à-fait. Quelques momens après l'eau qui baisse peu à peu, découvre l'anneau, & à la fin l'abandonne. Si vous observez long-tems ces mouvemens divers, vous verrez la même chose arriver jusqu'à deux & trois fois par jour. »

Jean-Marie Catanée, qui a fait des Commentaires sur les *Lettres de Pline*, remarque que cette fontaine subsiste, qu'elle est appelée par les gens du pays *la fontaine de Pline*, & qu'elle conserve à peu près la même nature. On en trouve un témoignage encore plus exprès dans l'*Histoire de la ville de Côme* de Benoît Jove, & dans l'ouvrage de Thomas Porcacchi sur le même sujet. Ces deux auteurs, tous les deux de *Côme* même, affirment que cette fontaine qui est au bord du lac de *Côme*, à sept milles de la ville de ce nom, conserve la même propriété qu'elle avoit du tems de Pline : *Priscam adhuc naturam servat*, dit Benoît Jove ; *serbà anchora l'antica sua natura*, dit Thomas Porcacchi. L'un & l'autre disent qu'elle est si abondante, qu'elle fait aller plusieurs moulins ; l'un & l'autre ajoutent qu'il y a tout auprès une seconde fontaine qui est sujète aux mêmes variations, & qui, à ce qu'ils croient, étoit jointe à la première du tems de Pline ; mais ce qui est plus important, & ce qui rend parfaite la conformité de cette fontaine avec celles de Fontestorbe & de Fonsauche, Benoît Jove assure avoir vu cette fontaine entiérement tarir dans une grande sécheresse, & l'avoir vue au contraire déborder si abondamment après de grandes pluies, qu'on n'y observoit plus de variations. Thomas Porcacchi rapporte le même fait, mais il ne le rapporte que sur la foi d'autrui : *Sono anchora*, dit-il, *in Como alcuni i quali hanno veduto una volta del tutto asciuta questa fonte, rispetto alla gran secura; & all'incontrò per grosse piogge così gonfia, chè non calava ne cresceva, abondando di soverchio l'acque sopra la conca, dove son ritenute.*

Pline le jeune, après avoir décrit les variations de la *fontaine de Côme*, tâche d'en pénétrer la cause. « Quelque vent renfermé, dit-il, ouvriroit-il ou fermeroit-il alternativement le canal de cette fontaine, suivant que ce vent arrêteroit l'eau en entrant, ou qu'il la laisseroit librement couler en sortant, à peu près comme il arrive dans une bouteille dont l'ouverture est un peu étroite ? Quoique vous la renversiez, l'eau qui en sort, ne coule pas également ; mais comme si l'air qui fait effort pour entrer, la retenoit, elle ne tombe que par de fréquens élans qui ne ressemblent pas mal à des sanglots. La même cause qui fait croître & décroître la mer si régulièrement, feroit-elle le mouvement réglé de cette fontaine ? Ne seroit-ce point aussi que, comme les fleuves, emportés par leur pente vers la mer, sont forcés quelquefois de remonter par des vents ou par un reflux, qui s'opposent à leurs cours, de même il se rencontre quelqu'obstacle interne qui successivement arrête & renvoie l'eau de cette fontaine ? N'y auroit-il point plutôt une certaine capacité dans les veines qui fournissent cette eau, & qui fait que lorsqu'elles sont épuisées, & qu'elles en rassemblent de nouvelle, la fontaine qui n'en reçoit plus, diminue & coule plus lentement ? qu'au contraire elle augmente & coule plus vîte dès que ces mêmes veines remplies renvoient la nouvelle eau qu'elles ont ramassée.

COMMENTRY, village du département de l'Allier, canton de Montmaraut, & à trois lieues de Mont-Luçon. Les environs de ce village offrent plusieurs mines de houille qui pourroient devenir importantes, notamment celle de Clavéré près de la rivière de Baune. La houille qui en provient, est de très-bonne qualité, propre à souder le fer & à tous les arts.

COMMERCY, ville du département de la Meuse, à cinq lieues ouest de Toul. Sa situation est à gauche de la Meuse, dont le canal vient baigner les murs de la ville.

On fabrique dans cette ville des boucles de fer, de cuivre & d'étain. Il y a d'ailleurs une forge pour la fabrication du fer en barres; une manufacture de colle-forte de différentes qualités. Son principal commerce consiste en grains, vins, bois, chanvre & bestiaux.

COMMERCY (Forêt de), département de la Meuse, arrondissement de *Commercy*. Elle est divisée en deux parties: celle voisine de *Commercy* a quatre mille deux cents toises de large, sur trois mille huit cents toises de longueur; l'autre partie, située du côté de Void, a trois mille six cents toises de long, sur dix-huit cents toises de large.

COMMINGES. Ce pays, situé dans la ci-devant Gascogne, étoit borné au nord par l'Armagnac, au midi par les Pyrénées, au couchant par le Bigorre & une partie par l'Armagnac, & au levant par le Couserans & le Bas-Languedoc. On lui donnoit vingt-deux lieues dans sa plus grande longueur, sur douze lieues de largeur. Saint-Bertrand en étoit la ville principale. Cette contrée est arrosée d'un grand nombre de ruisseaux & de rivières qui y prennent leur source; les principales sont la Neste, la Save, le Lez & la Noue. J'ai conservé dans cet article plusieurs distinctions de pays, parce que ces contrées gagnent à être connues & désignées séparément.

Le climat du ci-devant pays de *Comminges* varie suivant que les villes en occupent les hauteurs ou les plaines, & que celles-ci avoisinent les montagnes. Ces derniers cantons sont les plus froids, & les pâturages qui en sont les principales productions y sont excellens. C'est là qu'on nourrit de gros & de menu bétail, & surtout des mulets fort estimés. Les montagnes sont couvertes de bois de sapins, de hêtres & de chênes. Cette denrée est transportée par les rivières de l'Allut, de Neste & de Garonne, pour la construction des vaisseaux. Dans le *Bas-Comminges* on recueille beaucoup de grains & de vins. On voit par le détail de ces denrées, que le principal commerce du pays de *Comminges* doit consister en bestiaux, & surtout en mulets, en bois, en vins & en grains.

COMMOTIÆ, nom des Nymphes qui habitèrent le lac *Cutilensis*: on leur donna ce nom parce qu'il y avoit dans ce lac une île flottante, & on y ajouta le surnom de *Cutilenses*. Telle étoit la marche des Anciens, qui personnifioient tous les phénomènes sans les connoître. N'auroit-il pas été plus satisfaisant, pour la raison, que l'on se fût attaché à rechercher quelles étoient les circonstances qui avoient pu contribuer à la formation des îles flottantes & à leur entretien. Je conçois que cette étude auroit plus embelli la nature, que toute cette création imaginaire de dieux factices qui ne valurent jamais la plus simple des bergères qui fréquentoient les bords du lac. Je me trouve infiniment plus heureux en me bornant à l'observation de la nature, dont les beautés surpassent pour moi tout ce que l'imagination des Anciens a pu nous transmettre. Laissons donc là leurs rêveries, leurs superstitions pour les réalités qu'on n'a pu nous ravir. Pourquoi ces rêveries feroient-elles l'objet d'une science qui contrarieroit la marche de l'histoire naturelle? Ces rêveries qui ont arrêté la connoissance de l'histoire naturelle, occupent aujourd'hui des gens qui vont à leur recherche parce qu'il en est fait mention dans les ouvrages des Anciens.

COMMUNICATIONS SOUTERRAINES. On a déjà pensé qu'il y avoit des *communications souterraines* entre le Vésuve, la Solfatare, les îles de Lipari & le mont Gibel en Sicile, quoique celui-ci soit à quatre-vingts lieues du mont Vésuve. La principale raison qu'on en a donnée, c'est la quantité prodigieuse des matières qui sont sorties du Vésuve, & qui ont couvert une partie des campagnes voisines. Pour juger du mérite de cette preuve, le Père de la Torre a essayé de comparer ces laves avec l'espace vide qu'il y a au dedans du Vésuve. En supposant seulement cent trente pieds de hauteur pour la partie qui se voyoit en 1755, & trois cent soixante-dix-sept pieds pour la profondeur du gouffre qui étoit au dessous, il contiendroit un milliard cinq cent dix millions quatre cent soixante mille huit cent soixante-dix-neuf pieds cubes de matière, & il pourroit renfermer vingt-quatre fois toute la lave qui sortit en 1737, en calculant l'espace qu'elle devoit occuper dans son état naturel: cela suffit pour faire croire que la quantité des laves sorties du Vésuve n'exige pas un espace plus considérable que le creux même de la montagne, ou du moins les environs de sa base. Le pays eût été ruiné depuis long-tems si un brasier aussi vaste & aussi profond en avoit miné tout l'intérieur depuis tant de siècles.

Le Père Damato, dans sa Dissertation imprimée à Paris en 1760, à la suite de l'Histoire du Père de la Torre, prouve assez au long qu'il ne peut pas y avoir de *communication*. M. d'Arthenay lui-même nous en fournit une preuve dans son Mémoire; car quoiqu'il crût assez à la *communication* du Vésuve avec la Solfatare, il avoue, d'après ses propres observations, qu'il n'y avoit dans leurs effets aucune correspondance. Dans l'éruption de 1751 & dans celle de 1754, il ne survint aucun changement à la Solfatare ; il n'y parut pas la moindre flamme, & elle ne fuma ni plus ni moins qu'auparavant.

Il y a bien moins encore de liaison entre l'Etna & le Vésuve : le pays qui les sépare, eût été bouleversé bien des fois si le feu existoit dans tout cet intervalle. Le Vésuve, en 1751, eut une éruption qui dura pendant trois mois : il n'y en eut point dans le premier ; au contraire, à la suite de celle du Vésuve, qui commença le 3 décembre 1754, il y en eut une de l'Etna dans les premiers jours de mars 1755, & toutes deux se trouvèrent avoir lieu dans le même tems pendant plusieurs semaines. Il n'est donc pas vrai, comme les uns l'ont dit, que ces deux volcans s'embrâsent en même tems par une cause commune, ou, comme d'autres l'ont prétendu, que pendant que l'un s'enflamme, l'autre s'éteint : ces deux faits peuvent s'être rencontrés ; mais c'est un hasard qui paroît n'indiquer aucune relation entre les deux montagnes. Au reste, M. le commandeur de Dolomieu attribue les tremblemens de terre qui ont dévasté la Calabre en 1783, à une raréfaction de l'air & de l'eau, causée par le Vésuve, & qu'il croit s'être étendue à trente lieues de distance.

L'histoire du mont Etna a été traitée par différens physiciens observateurs. On peut consulter, sur ce sujet, Borelli, Carrera, Antoine Philotée, Bourdelot, Hamilton, &c.

On étoit si tranquille à Catane avant l'éruption de l'Etna en 1536, qu'on commençoit à douter de ce que les Anciens avoient raconté de ce volcan. Sa plus violente éruption fut celle de 1669 : le Père de la Torre (art. 97) raconte celle du mois de mars 1755.

Si l'on trouve des matières volcaniques dans l'intervalle du Vésuve à l'Etna, elles proviennent des volcans éteints qui existoient autrefois, & qui étoient également voisins de la surface de la terre. En effet, les traces des volcans ouverts autrefois à la surface même de la terre, se trouvent en grand nombre, soit au midi de Naples, soit au nord. Toutes les collines, les éminences & les montagnes à l'occident de Naples sont des volcans éteints. La Solfatare n'est pas le principal point ni le centre de ces volcans ; c'est la montagne des Camaldules, presqu'aussi haute que le Vésuve. On reconnoît tout autour un grand nombre de cratères. Ces volcans éteints sont tous des cônes creux & tronqués : M. Halmilton en a décrit plusieurs. Il s'en trouve à Pausilype, à Bayes, à Caserte, à Capoue : ils ne sont séparés du Vésuve que par le Sebeto & la plaine qu'il arrose ; ils concourent, avec ce volcan, à élever considérablement la côte de Naples. Cette ville est bâtie sur des éminences qu'ils ont formées.

Les îles d'Ischia, de Procida, Nisita, Monte-Christo sont aussi des volcans éteints. La plaine comprise entre le Vésuve & l'Apennin est formée de matières volcaniques : à quelque profondeur qu'on y creuse, on en trouve sous une première couche composée de débris de végétaux ; elles ne viennent pas toutes du Vésuve, puisqu'à une grande distance on trouve des laves sans qu'il y en ait dans l'intervalle.

Au delà de Capoue & jusqu'à Calvi, douze lieues au nord du Vésuve, on monte beaucoup : les terres y sont encore volcaniques, & les rochers sont des laves tendres.

On parcourt ensuite trente lieues dans l'intérieur des montagnes sans trouver de vestiges de feu : on ne les retrouve qu'aux environs de Ferentino, dans les États du Pape. Une chaîne de l'Apennin, qui se termine à Gaete & à Terracine, interrompt toute *communication* avec les volcans de Naples ; & ceux qui commencent aux environs de Rome, s'étendent jusqu'au Siennois, sur une longueur de plus de trente lieues en Toscane.

M. de Richeprey a trouvé dans l'île de Corse, qui commence à plus de vingt-cinq lieues des côtes de la Toscane, de beaux basaltes ; ce qui paroît indiquer d'anciens volcans dans cette île.

Le long des racines du Vésuve, entre le Bosco & le Mauro, on voit un étang prodigieux de lave ; elle est noire & rouge, beaucoup plus fondue que celle que l'on voit ailleurs : sa surface est ondée & tortillée d'une façon singulière ; mais elle n'est point couverte de pierres ponces & de pierres spongieuses, qui rendent les laves ordinairement si raboteuses.

COMPAINS, village du département du Puy-de-Dôme, canton de Besse & à deux lieues de cette ville. Il y a une mine de fer, dite *Laizier*.

COMPIÈGNE, ville du département de l'Oise, sur cette rivière. Son territoire produit beaucoup de blé & de bois. Elle est située dans une belle plaine arrosée par l'Oise. Les coteaux & les collines qui en forment l'enceinte, sont en grande partie composés d'un fossile qui se trouve occuper plusieurs massifs & bancs calcaires des environs. Ce fossile a la forme lenticulaire.

COMPIÈGNE (Forêt de), du département de l'Oise, arrondissement & canton de *Compiègne*. Cette forêt s'étend jusqu'à Estrées, Saint-Denis & Attichy. Elle a d'étendue de l'est à l'ouest neuf mille huit cents toises, & du nord au sud sept mille cinq cents toises. Elle est très-belle, & bien percée pour la chasse ; elle renferme environ vingt-neuf mille arpens.

COMPS, village du département du Puy-de-Dôme, arrondissement de Riom, canton de Maussat. Dans le territoire de cette commune, près du moulin, il y a une mine de plomb fort pyriteuse, dont le minerai ne donne que cinq livres de plomb par quintal ; mais cent livres de plomb laissent sur la coupelle deux marcs & une once d'argent.

COMTAT D'AVIGNON. Ce petit État ne comprenoit que la capitale, le bourg de Morières, la paroisse de Montfavet, & grand nombre de fermes répandues dans la campagne. Il étoit enclavé dans la ci-devant Provence, situé entre le Rhône, la Sorgue & la Durance, & contigu au Comtat Venaissin. Ce petit pays, un des plus beaux & des plus salubres de la France, avoit deux lieues de longueur, sur une lieue trois quarts de largeur. Il est arrosé par une branche de la Sorgue, qui va se perdre dans le Rhône à Avignon même, & par un canal tiré de la Durance, qui se jette aussi dans le Rhône près d'Avignon. Le *Comtat d'Avignon* est réuni à la France; il fait partie du département de Vaucluse, dont la ville d'Avignon est le chef-lieu.

COMTAT VENAISSIN, petite province enclavée dans la ci-devant Provence, & qui, avant la révolution, étoit, avec le Comtat d'Avignon, un petit État dont la souveraineté appartenoit au Pape. Cette petite province étoit bornée au nord & au nord-est par le Dauphiné, au sud par la Durance qui la séparoit de la Provence, à l'est encore par la Provence, & à l'ouest par le Rhône qui la séparoit du Languedoc. Elle avoit quatorze lieues de longueur, sur neuf lieues & demie de largeur, & l'on évaluoit toute son étendue à quatre-vingts lieues carrées. Le climat & les productions diffèrent très-peu du climat & des productions de Provence. Il fait partie aujourd'hui du département de Vaucluse.

CONCARNEAU, ville du département du Finisterre, arrondissement de Quimper & à quatre lieues & demie sud-est de cette ville. Cette petite ville a un port de mer, & est située presqu'au fond du port, sur une petite île. Son commerce ne consiste qu'en sardines, dont on fait la pêche : on en prend, année commune, de douze à quinze mille barils; ce qui occupe un grand nombre d'hommes & de femmes, tant pour la pêche, que pour la fabrication des filets propres à cette pêche. A une demi-lieue de *Concarneau* il y a une belle aggrégation de pierres schisteuses. Le port a cent toises de largeur, sur deux cent soixante toises de longueur : il faut être habile ou bien exercé pour y mouiller avec avantage, à cause des rochers qui se rencontrent dans la passe. Il peut contenir trois cents barques & quelques bâtimens de cinq à six cents tonneaux.

CONCHES, ville du département de l'Eure, arrondissement d'Évreux, & à trois lieues trois quarts sud-ouest de cette ville. *Conches* est situé sur la croupe d'une colline fort élevée. En général, tout ce pays est très-fertile en grains & en pâturages. Il y a d'ailleurs beaucoup de bois, plusieurs usines & moulins à tan, à huile & à papier. On fabrique dans les environs, plus de deux mille pièces de toiles d'étoupes, & il seroit à desirer qu'on pût améliorer ces étoupes en perfectionnant les moyens de donner les premiers apprêts au chanvre. On trouve dans les environs, des mines de fer, dont la matière sert à fabriquer toutes sortes d'ouvrages en fer, tels que des clous, des épingles, des ustensiles de cuisine.

CONCHES (Forêt de), dans le département de l'Eure, arrondissement d'Évreux. Elle est située en plusieurs cantons, au sud-ouest & à un quart de lieue de *Conches*. Il y a des plaines vides dans l'intérieur de ces bois, occupées par plusieurs villages & hameaux. Elle a neuf mille toises de longueur, huit mille toises de largeur, & tient à la forêt de Breteuil.

CONCHES, village du département de Seine & Marne, canton de Lagny, & à trois lieues deux tiers de Meaux. Il y a, dans le territoire de ce village, beaucoup de vergers & d'arbres fruitiers. C'est là qu'on peut prendre des connoissances sur cette culture, que plusieurs motifs engagent à étendre parmi les différentes habitations.

CONCISE (Forêt de la), département de Mayenne, arrondissement & canton ouest de Laval. Elle a deux mille huit cents toises de long, sur quinze cents toises de large.

CONCRESSAUX, ville du département du Cher, canton de Vailly, sur la Grande-Seudre. Le territoire de cette ville abonde en pâturages. On y élève beaucoup de chevaux & d'autres gros bestiaux.

CONDAT, CONDÉ. Je me propose de comprendre dans un seul article tous les *Condat* & les *Condé* qui se trouvent dispersés dans les Cartes topographiques de la France, & de les indiquer séparément dans les situations particulières qu'ils occupent, & qu'on peut suivre & étudier dans l'hydrographie générale. C'est par ces vues & par ces moyens que je crois devoir faciliter l'étude de cette belle Carte.

J'observe d'abord que les *Condat* ne se trouvent, sur cette Carte, que dans les départemens méridionaux, dont la limite peut être désignée par ceux de la Charente, de la Haute-Vienne & du Puy-de-Dôme; dénomination qui dépend sans doute des autres terminaisons de lieux si communes en *ac* & en *at*.

C'est dans les départemens qui sont en-deçà, vers le milieu de la France, & qui ensuite occupent les provinces septentrionales, que se rencontrent les *Condé*.

Les différentes situations que les *Condat* & les *Condé* occupent dans l'hydrographie générale de la France, sont, en dernière analyse, les angles d'affluence ou de confluence des rivières & des ruisseaux. Ainsi l'on peut croire que ces dénominations ont été introduites dans les premiers tems pour faire connoître ces circonstances toujours intéressantes, & qui appartiennent au physique plus qu'on ne pense; & que par conséquent ces mots doivent être rappelés & rapprochés dans un Traité de Géographie-Physique.

Je ne puis quitter ces dénominations particulières, qui ont pour objet les affluences des eaux courantes, sans rapprocher quelques-unes de celles qui désignent les mêmes réunions sous d'autres termes aussi généraux. C'est ainsi que nous avons indiqué la confluence de la Moselle & du Rhin sous le nom de *Coblentz*, & les deux jonctions de la Seine, aux environs de Paris, avec la Marne & l'Oise, sous le nom de *Conflans-sous-Carrières* pour la confluence de la Marne & de la Seine d'abord, ensuite de *Conflans-Sainte-Honorine* pour celle de la Seine & de l'Oise.

Je vais indiquer les *Condat* & leurs situations.

CONDAT sur la Vezère, dans l'angle d'affluence formé par cette rivière & par un ruisseau fort long qui s'y réunit. Ces détails se voient sur les planches de Tulle & de Sarlat.

CONDAT, sur la même planche de Tulle, en remontant la même rivière de Vezère. On rencontre, aux environs d'Uzerches, la rivière de Bradascou & un *Condac* au milieu de deux systèmes de filets abreuvés, qui forment les sources de cette dernière rivière.

CONDAT, dans l'angle d'affluence d'un petit ruisseau à la Vienne, une lieue au dessus de Limoges. Planche de cette ville principale.

CONDAT sur la Charente, dans l'angle d'affluence de la rivière de Péruse qui passe à Ruffec, & se jette dans la Charente. Planche de Charroux.

CONDAT, sur une rivière qui passe à Sauxilanges, & dans l'angle d'affluence d'un petit ruisseau. Planche de Clermont-Ferrand.

CONDAT, sur une rivière qui prend sa source à la Godivel, planche d'Issoire, & qui passe dans celle de Mauriac. *Condat* est dans l'angle d'affluence d'un petit ruisseau à cette rivière.

CONDAT. Sa position se trouve dans l'angle de réunion du ruisseau de Chaverlanges au ruisseau qui porte le nom de *Condat*, & qui se jette dans la Sioule. Planche d'Aubusson.

CONDAT se trouve placé dans l'angle de confluence de deux rivières assez considérables, la Dronne & la Colle. Planche de Perigueux.

CONDÉ, au confluent de la Suippe & de l'Aisne. Planche de Reims.

CONDÉ sur l'Aisne, dans l'angle d'affluence du ruisseau de Seraincourt. Planche de Mézières.

CONDÉ, dans l'angle d'affluence du ruisseau des Marets dans l'Aisne. Planche de Reims.

CONDÉ, dans la confluence de l'Haisne & de l'Escaut. Planche de Lille. Ce *Condé* est une place forte. Il y a dans les environs, des mines de charbon de terre, dont les puits ont jusqu'à quarante toises de profondeur.

CONDÉ, dans l'angle formé par la rivière de Sarthe & un ruisseau qui passe à Pontperie. Planche d'Alençon.

CONDÉ, situé dans l'angle formé par la jonction du ruisseau qui passe à Berthon, Celles & l'Huine, au dessus de Nogent-le-Rotrou. Planche de Chartres.

CONDÉ-FOLIE, situé dans l'angle formé par le ruisseau de Longpré & la rivière de Somme. Planche d'Arras.

CONDÉ, situé dans l'angle d'affluence du Petit-Morin dans la Marne. Planche de Meaux.

CONDÉ, place considérable au fond du cul-de-sac formé par la réunion de la rivière d'Huis & de celle d'Orbais, d'où il résulte la rivière de Surmelin qui se jette dans la Marne, au dessus de Château-Thierry. Planche de Meaux.

Nous pourrions alonger de beaucoup cette liste de noms de *Condé;* mais nous pensons que les exemples que nous avons cités, suffisent pour démontrer l'étymologie que nous avons cru trouver dans ce nom.

CONDOMOIS (le). C'étoit un petit pays faisant partie de la ci-devant Guienne, borné au nord par l'Agénois, au levant par la Lomagne, au midi par l'Armagnac, & au couchant par le Bazadois. C'est avec ce dernier pays que le *Condomois* formoit une contrée militaire, dont Condom étoit la ville principale. Ce pays étoit arrosé par la Garonne, la Baise & la Gelise. On lui donnoit dix-sept lieues de longueur, sur douze lieues dans sa plus grande largeur. Le sol en est surtout fertile en blé : on y recueille aussi beaucoup de vin. Le *Condomois* fait aujourd'hui partie des départemens du Gers, de la Haute-Garonne & de Lot & Garonne.

CONDOUCET (la), montagne du département des Hautes-Pyrénées, canton de Vielle, & à une lieue deux tiers de cette ville. Elle a de l'est à l'ouest, dans la direction de la chaîne, un tiers de lieue de longueur, & fait partie du sol granitique.

CONDRIEU, ville du département du Rhône, canton de Sainte-Colombe, à deux lieues & demie de Vienne. Cette ville est située au pied d'une colline sur les bords du Rhône. Les vins de Condrieu ont une grande réputation. On n'y fait presque pas d'autres récoltes. Le port de Condrieu est une espèce de petit bourg sur le bord du Rhône, habité en partie par des gens de rivière instruits de la navigation de ce fleuve, & en partie par des charpentiers occupés à la construction des barques & des bateaux.

CONDREZ (le), petite contrée particulière dans le ci-devant pays de Liége. Les principaux lieux qu'elle renfermoit, étoient *Cinay* pour l'administration, Dinan & Huy; les deux premières villes sont aujourd'hui du département de Sambre & Meuse, & la dernière du département de l'Ourthe.

CONFIGNON, village du département du Léman, canton de Carouge, à un quart de lieue de Bernex dont il dépend, & à une lieue un quart de Genève. Ce village, situé sur un coteau dont le plus haut point est élevé de trois cent soixante-sept pieds au dessus du lac de Genève, renferme des lits d'argile & beaucoup de gipse cristallisé par filets. C'est le *gypsum striatum* de Vallérius.

CONFLANS, village du département de l'Arriège, arrondissement de Saint-Girons, & à cinq lieues un quart de cette ville. On trouve au nord-est de ce village des bancs de schiste mêlé avec des matières calcaires, & à peu de distance des bancs verticaux de schiste ferrugineux. Le port d'Ornoriers, ou passage par lequel on traverse de France en Espagne, se trouve ouvert à travers les bancs de schiste.

CONFLANS, village du département de la Marne, arrondissement d'Epernay, canton d'Anglure, près de l'Aube, à quatre lieues & demie de Sezanne: tout cela se trouve dans la jonction d'un ruisseau & d'une rivière.

CONFLANS, bourg du département du Mont-Blanc, arrondissement de Moutier, près du confluent du Doron & de l'Isère, à quatre lieues deux tiers de Moutier. Il y a une saline dans laquelle l'eau vient de la seconde branche de la source de Salins. On emploie dans ce travail un bâtiment de graduation pour concentrer les eaux salées, c'est-à-dire, pour opérer l'évaporation d'une partie du fluide aqueux qui tient le sel en dissolution. Il y a deux poêles ou chaudières établies comme celles de la saline de Moutier. L'emplacement des travaux de cette saline est dans une plaine à l'extrémité de la vallée de Tarantaise, bornée au sud par la rivière de l'Isère, à l'ouest par le torrent d'Arly qui descend des vallées de Beaufort & d'Ugines, à l'est par la vallée de Tarantaise, & au nord par le rocher sur lequel *Conflans* est placé. La saline est à un quart de lieue de *Conflans*, à pareille distance du bourg de Lhôpital, & à quatre lieues de Moutier. Il n'y a qu'un seul bâtiment de graduation comme nous l'avons dit, & les procédés qu'on suit dans cette saline sont les mêmes qu'à celle de Moutier. Le produit de cette saline étoit, année commune, de cinq mille quintaux de sel. Dans l'état actuel ce produit peut encore s'élever à deux mille cinq cents quintaux. Une fort bonne route de communication sert à les transporter de *Conflans* à Ugines, par les montagnes d'Ugines à Favergues, & de là par Annecy & Carouge à Château-de-Rives, où on les embarque pour le lac de Genève.

CONFLANS, ville du département de la Haute-Saône, canton de Saint-Loup, & à deux lieues trois quarts ouest de Luxeuil. *Conflans*, situé dans une belle prairie, faisoit partie du duché de Bar, dans la ci-devant province de Franche-Comté. On trouve, à un quart de lieue de cette ville, des mines de fer, où l'on observe des cornes d'ammon, depuis le diamètre de deux ou trois lignes, jusqu'à celui de deux pieds. La plupart sont métallisées, & les plus grosses cristallisées dans l'intérieur, & couvertes de dendrites à l'extérieur.

CONFLANS, village du département de la Seine, canton de Charenton, à trois quarts de lieue de Vincennes. Ce village tire son nom du confluent de la Marne & de la Seine. Nous avons dit à l'article *Carrières*, que ce dernier endroit étoit uni avec *Conflans*; qu'ils ne formoient ensemble qu'un seul & même village, & dépendant de la même commune. Mais à la rigueur, Charenton, qui se trouve très-voisin de *Conflans*, pourroit des trois villages n'en faire qu'un. Au reste, *Conflans* sera toujours remarquable par la jonction de la Marne à la Seine au dessus de Paris, rivières qui, malgré cette union, peuvent encore se rendre sensibles, tant par leurs crues particulières, que par leurs troubles au milieu de la capitale.

CONFLANS-SAINTE-HONORINE, village du département de Seine & Oise, canton de Poissy, sur la Seine. Il occupe la base du bord de la Seine, qui se prolonge & se raccorde avec celui de l'Oise qui vient s'y réunir. C'est là que se trouvent les carrières de pierres de taille & de moëlon. On y voit aussi des grottes extrêmement curieuses, ornées de stalactites & de toutes sortes de dépôts formés par les eaux.

Dans les environs de Paris nous avons donc deux

positions sous le nom de *Conflans*. Je crois devoir ajouter plusieurs circonstances intéressantes, relatives à la distribution des eaux courantes autour des îles terrestres, qui, bien qu'étrangères à cet article, puisqu'elles ont rapport à l'*Angoumois*, n'en doivent pas moins trouver place ici.

Dans cette province dont je parle, se trouvent des eaux courantes qui coulent dans des vallées creusées & approfondies à un certain point, pendant qu'à côté il y a d'autres vallées sèches, & que souvent il y a encore de longs ruisseaux qui coulent à la superficie du sol, qui n'est creusé que vers les extrémités des ruisseaux qui affluent dans la Charente & dans la Seudre. Il y a enfin d'autres ruisseaux latéraux & fort alongés qui ont un cours marécageux : tous ces différens états des ruisseaux & des eaux courantes en général dépendent incontestablement de la constitution du sol de la superficie de la terre. Elle varie surtout beaucoup dans la planche de Saintes, qui m'a offert tous ces phénomènes curieux sur l'hydrographie du Globe, & d'après lesquels j'aurai occasion d'exposer plusieurs théorêmes élémentaires de cette science, qui n'a été que très-peu ébauchée par des géomètres. C'est dans ces mêmes contrées que j'ai eu lieu d'observer plusieurs vallons secs à l'origine des vallons abreuvés; vallons secs dont j'ai reconnu en même tems l'état souterrain par le travail d'une carrière qui a mis à découvert à Venerand un ruisseau assez fort pour faire tourner un moulin, lequel a été établi dans le fond de cette carrière, de manière que l'eau du ruisseau passe par-dessus la roue de ce moulin, & continue à couler dans le même lit qu'il s'étoit creusé au sein de la terre. Ce ruisseau souterrain continue ensuite son cours jusqu'à sa sortie au dehors dans la partie inférieure du vallon bien plus approfondi. Si l'on passe avec quelques-uns de ces principes dans l'ancien Monde, l'on trouvera de même que les îles terrestres sont également les centres de la distribution des eaux, qui ont toutes leur cours des vallons. Je puis citer ici la Bretagne que j'ai visitée avec soin, relativement à la nature du sol qui est schisteux & granitique, & qui reçoit les eaux pluviales à la superficie de la terre, comme en Limousin.

Je dois observer que les îles terrestres, que j'ai considérées comme les centres de la distribution des eaux courantes, sont d'autant plus nombreuses & remarquables, qu'elles occupent certains points de partage des eaux, & qu'elles se trouvent plus près de l'origine des rivières de la seconde & de la troisième classe, qui ont leur direction vers les différens aspects de l'horizon.

Il y en a beaucoup moins dans les contrées qui se trouvent distribuées le long du cours des grandes rivières & à l'origine des ruisseaux latéraux. Effectivement, je connois de ces îles terrestres à l'origine de la Voire, qui se jette dans l'Aube. Il y en a aussi à sa gauche, qui forment proprement les limites de la craie: il y en a aussi de ma connoissance, & qui sont boisées au midi de la plaine de Troyes, à l'origine des ruisseaux latéraux. (*Voyez* ILES TERRESTRES.)

CONFLENT. C'étoit une petite contrée du ci-devant Roussillon; il occupoit le milieu entre Perpignan au levant, & la Sardaigne française au couchant: on lui donnoit dix lieues dans sa plus grande longueur, sur cinq lieues de largeur. Ce pays, arrosé par le Ter, est fertile quoique hérissé de montagnes; il offre plusieurs vallées abondantes en pâturages excellens. On comptoit soixante-deux communes dans le *Conflent* & le Capsir. *Conflent* fait aujourd'hui partie, avec le Capsir, du département des Pyrénées-Orientales.

CONFLUENCES, réunion de deux rivières. Si l'on juge de la désignation des parties de ces confluences par la position des lieux qui les annoncent, on en trouvera deux d'abord; celle des lieux qui occupent la pointe de terre comprise entre les deux canaux des rivières qui s'y réunissent, ensuite celle des lieux qui occupent la droite ou la gauche d'une des deux rivières après leur jonction : tout cela m'a paru indifférent : ainsi se trouve *queue*, *bec*, *bouche*, *pointe* dans la première position; *Conflent*, *Confolent* dans la seconde.

Toute rivière qui se jette dans un grand fleuve après avoir traversé une grande plaine qui appartient à ce fleuve, éprouve un grand ralentissement dans la vitesse de ses eaux : son canal circule assez irrégulièrement; ses eaux sont divisées par de longues & de larges îles. Enfin, on trouve assez souvent les bords de ces rivières mal terminés, & baignés des deux côtés par de longs marais.

Les rivières qui se jettent dans le Rhin aux environs de Strasbourg, d'Haguenau, m'ont offert toutes ces circonstances, & je pourrois encore citer ici d'autres exemples de ces phénomènes, & particuliérement le long du Danube. Ceci prouve que les eaux des rivières latérales secondaires qui se sont jetées dans le Rhin, ont été envasées par leurs propres dépôts; que ces dépôts ont été favorisés par les eaux du Rhin, ou bien même par les dépôts de ce fleuve.

On peut observer aussi dans ces mêmes cantons, que les environs des endroits marécageux offrent des rivières collatérales, tombant à angles droits dans les rivières principales ; ce qui indique encore, suivant nos principes, cessation de pentes & ralentissement de la vitesse des eaux courantes en conséquence.

Je trouve aussi que l'Ill & les autres rivières parallèles au Rhin & à l'Ill sont aussi envasées de même dans la plus grande partie de leurs cours par leurs dépôts qui ont formé tout le sol de la large plaine de l'Alsace, & aussi leurs eaux sont-elles divisées par ces terrains accumulés, fournis en grande partie par les torrens qui descendent des

Vosges. On reconnoît ce travail des eaux à la nature des sables qui couvrent la plus grande étendue de cette large plaine de l'Alsace. Ce sont des débris de montagnes coupées & dégradées continuellemet par les torrens. Ce sont donc des débris de granits, de pierres, de sables & de schiste. Le Rhin a mêlé aussi quelquefois ces dépôts, surtout dans la portion de la plaine qui se trouve entre l'Ill & lui.

CONFLUENS, pointes de terre, situées dans la jonction de deux rivières. Les confluens un peu étendus sont des terrains très-fertiles. Si l'on pouvoit les faire passer tous en revue, on reconnoîtroit des circonstances qui y ont entraîné & déposé des vases abondantes. Nous savons que c'est aux différens confluens de l'Indus & du Gange que se trouvent les plus riches contrées de l'Inde; qu'au confluent du Kian & du Wangho sont les plus belles contrées de la Chine; & sans aller chercher les preuves de cette vérité si loin, c'est le confluent de la Marne & de la Saulx, qui a fait la fertilité du Perthois; c'est le confluent du Rhin & du Mein qui a fait l'abondance & la beauté du Palatinat. Enfin, pour peu qu'on ait parcouru les différens pays de l'Europe, il n'y en a aucun où les meilleurs terrains ne se trouvent au débouché des grandes rivières & des grands fleuves dans les mers, des rivières dans les fleuves, & des ruisseaux dans les rivières, surtout lorsque les fleuves, les rivières & les ruisseaux, avant leurs débouchés, ont parcouru des terrains fertiles eux-mêmes, car pour lors les amas de vases & les autres dépôts qui s'y sont formés sur une étendue & à une profondeur considérables, sont le produit des différens débordemens des eaux courantes, qui ont surpassé de beaucoup la hauteur & la force des eaux actuelles.

C'est pourquoi je puis dire, toujours d'après les mêmes principes, que les vases chariées par les torrens dont le Tigre & l'Euphrate ne sont plus que les restes, avoient formé à leur confluent les plaines spacieuses, fertiles & délicieuses que les premiers hommes que nous connoissons, ont habitées & cultivées. La terre a si peu changé de figure depuis soixante-quatre siècles, que la Mésopotamie offre encore aujourd'hui les plus vastes plaines & les plus beaux pays du Monde.

Nous avons des contrées même en France, qui peuvent nous faire juger des différens états où ces belles contrées ont passé avant que le Tigre & l'Euphrate y aient eu un cours séparé, & que par cette marche distincte ils aient laissé entr'eux les terrains qui donnent leur nom à la Mésopotamie.

La Loire & le Cher, après avoir eu, depuis leurs sources jusqu'à leur jonction au dessus de Tours, des vallées séparées, commencent à ne plus en avoir qu'une à deux lieues au dessus de cette ville, quoique ces deux rivières y conservent néanmoins leurs lits séparés jusqu'à dix lieues au dessous de cette ville, où elles se réunissent. Dans cette étendue de douze lieues, elles coulent séparément, l'une au pied de la côte méridionale, & l'autre au pied de la côte septentrionale de la même vallée. L'entre-deux de leurs cours est une vaste plaine que l'on peut appeler une vraie Mésopotamie, dont la fertilité ne provient aussi que des dépôts étrangers que les eaux torrentielles des deux rivières y ont apportés. Mais ces rivières séparées ont dû autrefois n'en former qu'une seule, & creuser en même tems par un même courant toute cette large vallée.

Il faut considérer d'abord que, dans le premier âge, dans celui de l'état torrentiel, la vallée a été creusée & approfondie comme nous la voyons actuellement, & qu'ensuite, par le ralentissement des eaux courantes des deux rivières, les dépôts qui ont couvert les fonds de cuve de cette vallée ont contribué insensiblement à leur séparation; car c'est par cette distinction des différens travaux de la nature qu'on pourra distinguer les deux époques successives; la première, où la vallée s'est approfondie par l'enlévement & la démolition des matières qui remplissoient le vide où elle se trouve, & puis la seconde, où se sont faits les dépôts qui ont recouvert son fond de cuve, & en ont formé la plaine fertile qui sépare les deux rivières.

Il en est de même de la véritable Mésopotamie. Le Tigre & l'Euphrate, qui dans l'Arménie ont des vallées séparées, n'en ont plus qu'une dans cette fameuse contrée, & je ne doute pas qu'il n'y ait eu des tems où les deux revers qui circonscrivent cette vallée, n'étoient que les bords du lit d'un seul torrent, qui, après avoir tranché ses terrains & s'être réduit à l'état fluvial, a laissé des dépôts qui n'ont pu se former que peu à peu, & au milieu desquels les deux lits du Tigre & de l'Euphrate se trouvent séparés, & font l'ornement de cette belle & fertile contrée; ainsi tous les changemens qui ont eu lieu dans ce pays depuis la retraite de la mer dans le bassin de laquelle il avoit été construits, sont dus aux eaux torrentielles qui ont creusé des vallées, & au ralentissement du cours de ces eaux qui ont favorisé les dépôts des matières qu'elles charioient; ainsi tout s'explique en Mésopotamie, de la même manière que nous avons donné le dénoûment des phénomènes que nous présentent les environs de Tours.

CONFOLENS, ville du département de la Charente. Elle est située sur la Vienne, dans un terrain qui fait encore partie de l'ancienne terre du Limousin, & de la méthode d'alimenter les rivières par un grand nombre de filets abreuvés à la superficie de la terre. Le sol est en général d'un mauvais produit, étant graniteux, dans lequel le quart domine. Il y a aux environs une mine de plomb propre à vernir la poterie. A une certaine distance commencent la nouvelle terre & le sol propre à la production du froment. Au reste, on s'occupe moins de la culture, que de faire beaucoup d'élèves de bestiaux dans les pâturages abondans qui l'environnent, & surtout de bœufs que l'on envoie dans la Haute-Vienne pour y être engraissés, & servir à l'approvisionnement de Paris.

CONGO, royaume sur la côte occidentale de l'Afrique. On ne compte que soixante lieues du port de Loanda à la belle & grande rivière qui traverse le royaume de *Congo*. Ce fleuve, qui entre dans la mer par une embouchure large de dix à douze lieues, y tombe avec tant d'impétuosité, que ses eaux se fraient une route particulière au milieu des eaux de l'Océan, & on les distingue par leur couleur fort loin de la côte. Les Portugais appellent cette rivière *Zaïre*, & les naturels du pays *Congo*. Elle n'est navigable dans l'intérieur des terres que l'espace de neuf lieues, au-delà desquelles son canal se trouve resserré par des rochers, d'où elle se précipite avec un grand bruit. Entre l'embouchure & la cataracte le lit de la rivière est divisé par de grandes îles. Quelques portions de ces îles étant souvent submergées, les habitans se réfugient sur les arbres, où ils se font des habitations qui ressemblent à de grands nids d'oiseaux (*voyez l'article* ORÉNOQUE). L'hiver est aussi doux à *Congo* que les plus beaux printems de l'Europe. La longueur des jours & des nuits est presqu'égale toute l'année. Dans certains cantons on y fait double récolte; on n'y connoît point l'usage de la charrue, mais seulement la culture à bras, encore fort facile & fort légère. On remue la terre avec une espèce de truelle; & à mesure qu'on ouvre un sillon d'une main, on y répand de l'autre les semences. Cet exercice n'empêche pas les femmes de porter leurs enfans sur le dos dans une espèce de hamac qu'elles se lient autour des épaules. Dans les jardins on cultive la plupart de nos légumes. L'abondance des fruits est presque générale partout; & c'est dans plusieurs provinces de ce royaume la principale nourriture des habitans.

CONGUET (Ile de), département du Morbihan, canton de Quiberon, à la pointe sud-est de la presqu'île de Quiberon, tout près de la pointe. Elle a au sud la petite île de Gonon, celle de Volrèvre, la Tagouse & beaucoup de petites îles qui couvrent la mer l'espace de trois quarts de lieue de la pointe, & vont jusqu'au passage ordinaire des vaisseaux, entre Quiberon, les îles de Hoat & au nord du port du *Conguet*.

CONI, ville du département de la Sture, chef-lieu de département, d'arrondissement & de canton. Cette ville du Piémont est située sur une langue de terre, dont la forme, ressemblant à celle d'un coin, lui a fait donner le nom de *Cueno* ou de *Coni*. C'est à l'avantage de sa position qu'elle doit son origine & son accroissement rapide, comme beaucoup d'autres habitations. On construisit d'abord une chapelle à la Vierge sur l'extrémité de la langue de terre formée par le confluent de la Sture & de la rivière de Gesse : on bâtit un petit village par la suite pour recevoir les pèlerins, les dévots & les voyageurs, & à ce village a succédé une ville qui a soutenu plusieurs sièges; enfin, elle est devenue le chef-lieu de la préfecture d'un département.

CONLIÈGE, bourg dans le département du Jura, arrondissement de Lons-le-Saunier, & à une lieue sud-est de cette ville, sur la Vaille. Il y a une mine de cuivre près de ce bourg.

CONNAUGHT, province d'Irlande. Dans la description de l'Irlande, Giraldus rapporte que, dans la province de *Connaught*, il y a au sommet d'une haute montagne, éloignée de la mer, une fontaine qui imite le flux & le reflus en croissant & décroissant deux fois par jour.

Cette histoire n'a pas manqué d'être adoptée de même, & par le P. de Nieremberg, & par le médecin Varen; mais elle est fausse, & la preuve n'en sauroit être plus certaine. C'est le sieur Gerard Boate, auteur d'une histoire naturelle d'Irlande, qui nous la fournit. Voici ses termes : « Jusqu'à présent je n'ai pu trouver personne en Irlande qui me confirmât les choses surprenantes que rapporte Giraldus Cambrensis de plusieurs fontaines qui s'y rencontrent, l'une dans la province de *Connaught*, laquelle, bien qu'elle soit sur le sommet d'une haute montagne fort éloignée de la mer, ne laisse pas d'avoir flux & reflux deux fois le jour, comme la mer même; ce qui me fait croire que ce bon homme a été trompé en ces choses-là pour avoir été trop crédule. »

Je crois qu'on en peut dire autant de la première observation, d'autant plus que David Povel, professeur en théologie, & originaire du pays de Galles, qui a donné en 1585 une édition de l'*Itinerarium Cambriæ* de Giraldus avec des notes, ne dit rien sur cette fontaine d'auprès de la ville de Dmevor, & se contente de parler d'une autre fontaine du même pays, près de Ruthlau, dans la province de Tegengel, appelée *Finnon Leinw*, qui est véritablement périodique.

CONQUET (le), ville du département du Finistère, arrondissement de Brest, canton de Saint-Renan, avec un bon port de mer & une rade sûre, à quatre lieues & demie à l'ouest de Brest. Entre le *Conquet* & Brest est un château nommé *Bertheaume*, au bord de la Morveanne; il est fondé sur deux pointes de rochers très-élevés au dessus de la mer, qui les entoure d'eau & en forme deux îles, dont une est jointe à la terre-ferme par un pont, & dont l'autre ne peut se gravir que par des escaliers & des échelles. Ce château seroit imprenable si ceux qui voudroient surprendre Brest n'avoient pas la facilité de le laisser de côté. Ces deux pointes de rochers ont entr'elles une communication fort singulière. Elle se fait au moyen d'un bateau volant conduit sur deux cordes, comme les bacs qui vont sur l'eau. Ainsi on voyage en l'air, ayant la mer à plusieurs centaines de toises. Ce voyage est effrayant sans être dangereux.

CONQUET (Anse du), dans le même département, canton de Saint-Renan. Ellle a au sud l'anse de Portes & de port Ligan, & au nord celle du port Barbu.

CONSTANCE (Lac de). C'est le plus grand des lacs de la Suisse. On peut le considérer comme partagé en trois parties; la partie supérieure qu'on nomme *Bodensée* est la plus longue & la plus large; celle du milieu se nomme *Bodmersée*; c'est une espèce de golfe qui reçoit ses eaux de la Souabe. La partie inférieure porte le nom de *Zellersée*, ainsi appelé de la ville de Zell. La partie qui porte le nom de *Bodensée* peut avoir deux milles d'Allemagne de longueur, sur deux milles de largeur. Près de Mœrspourg on a trouvé au lac trois cents toises de profondeur; il reçoit continuellement les eaux de plusieurs grandes & petites rivières qui s'y déchargent à plusieurs points de sa circonférence & sur des pentes infiniment variées; aussi son bassin paroît-il avoir été modifié par les vallées de ces différentes rivières. On peut indiquer ici les rivières d'Arg, de Bregenz, de Goldach, de Steinach, &c. Mais le Rhin, qui y a son embouchure, peut être considéré comme la principale, & celle qui fournit le plus d'eau au lac, & surtout celle dans la vallée duquel le bassin de sa partie supérieure se trouve placé. On observe que le courant du Rhin y est encore sensible environ une lieue & demie au-delà de son embouchure dans le lac. Au reste, il est faux que ses eaux traversent sans mélange le lac jusqu'à *Constance*.

Les autres parties du bassin du lac, qui ne peuvent être considérées comme appartenant à l'ancienne vallée du Rhin, sont celles du lac du milieu, qu'on appelle *Bodmersée*, & qui ont été approfondies par les rivières qui viennent de la Souabe sur une pente différente de la pente du Rhin. Il en est de même de la partie du bassin du lac de Zell, qui dépend d'autres rivières, dont la marche est à peu près en sens contraire de la pente du Rhin.

Maintenant il est question de savoir quelles sont les rivières qui ont contribué à former une obstruction générale à ces trois systèmes d'eaux courantes. Je veux dire à celui du Rhin, à celui des rivières de Souabe & à celui des rivières qui se déchargent dans le lac de Zell. Je trouve cette cause dans les dépôts qui ont formé les rivières que fournit le canton d'Appenzel, & surtout la rivière de Thur, qui rassemble les eaux de plusieurs chaînes de montagnes, & que la quantité immense de ses dépôts a éloignée de son ancienne embouchure, qui devoit être aux environs de Stein. C'est jusque-là que les eaux du lac sont soutenues; c'est là où la digue de ce grand lac s'est formée. Ce lac est très-poissonneux toute l'année. On observe cependant que la quantité & les différentes espèces de poissons que l'on pêche dans le lac inférieur sont beaucoup plus considérables que celles qu'on prend dans le lac supérieur: peut-être que la plus grande profondeur de cette dernière partie en est la cause. Le lac inférieur gèle presque tous les hivers, & si fortement qu'on peut transporter en traîneaux des charges entières d'un côté du lac à l'autre; mais en revanche le lac supérieur ne gèle que très-rarement.

CONSTANTINOPLE. Cette ville, située à l'extrémité orientale de l'Europe, près la Mer-Noire, n'est séparée de l'Asie que par le Bosphore de Thrace. Ce canal, qui fait la communication de la Mer-Noire à l'Archipel, verse dans cette dernière l'excédent des eaux que les fleuves charient dans la Mer-Noire, & que l'évaporation ne peut enlever. Des courans violens descendent à cet effet du canal, & se portent sur la pointe du sérail. Une partie continue sa route, mais l'autre, divisée par un détour après avoir circulé dans le port, en ressort pour aller rejoindre le premier courant; & c'est par cette action continuelle des courans, que le canal & le port de *Constantinople* se maintiennent au même degré de profondeur. On ne connoît guère à *Constantinople* que les vents du sud & du nord, & rarement y est-on incommodé par le *Cham-Yely* ou *vent de Damas*. Les vents du nord & du sud se succèdent, & les derniers sont presqu'alisés en été. Ils se calment au coucher du soleil, & ne commencent à souffler que vers les dix heures du matin, & plus tard dans les grandes chaleurs. C'est en hiver que les vents du sud règnent plus communément, & l'on est sûr qu'ils succèdent aux tourbillons de neiges que le nord y apporte, & qu'ils fondent très-promptement. On observe cependant que le premier jour du vent du sud, après la neige, on éprouve à *Constantinople* un froid vif qui y produit de fortes gelées; ce froid s'adoucit ensuite, & fait place au dégel que suivent quelquefois d'assez grandes chaleurs.

La situation du Mont-Olympe, constamment couvert de neiges, paroît être la cause de ce phénomène, & en donne une explication simple & naturelle. Cette haute montagne est située en Asie, dans la direction du méridien de *Constantinople*. Les premières neiges qui y tombent, portées, comme nous l'avons dit, par les vents du nord, fournissent au premier souffle du vent de sud un grand froid que ce vent contracte en traversant ces montagnes, & qu'il porte à *Constantinople*. Ce n'est qu'après avoir fondu ces neiges que le sud amène le dégel & même la chaleur, & qu'en général l'atmosphère à *Constantinople* & aux environs reçoit une température plus douce. La position de cette ville fait aussi que les orages, qui y sont assez fréquens, sont toujours suivis d'un éclairci rapide au nord-ouest, parce que le vent porte les nuages sur l'Asie mineure.

CONSTITUTION EXTÉRIEURE DU GLOBE.

PREMIÈRE PARTIE.

Il ne faut que baisser les yeux vers la terre, la considérer avec une attention un peu réfléchie, pour s'appercevoir que le plus grand nombre des contrées que nous en connoissons, ont été construites sous les eaux & par les eaux. Non-seulement on y découvre des bancs & des couches posées les unes sur les autres avec une régularité & une étendue si vaste, qu'il n'y a qu'un élément fluide, tel que l'eau, qui ait été capable d'une construction si uniforme, mais encore, dans presque tous les lieux du Monde, les matières qui forment ces bancs & ces couches ne sont que des productions des eaux, des amas de toutes sortes de substances animales, végétales & pierreuses, qui n'ont pu naître, vivre, croître & multiplier que sous les eaux.

Depuis que cette grande & surprenante découverte a frappé les yeux des savans, ces monumens des anciennes opérations de la nature ont cependant paru si extraordinaires & si surnaturels, que les physiciens, en se multipliant dans la proportion de la multitude des phénomènes, se sont peu fiés aux découvertes des Anciens, & ont cherché, dans ce siècle, à les vérifier & à les reconnoître en tous lieux; mais plus ils ont fait de recherches, plus ils se sont assurés que toutes les productions de la mer étoient rassemblées avec une abondance prodigieuse sur les sommets, dans les bancs & dans les couches des plus hautes montagnes, aussi bien que dans les carrières les plus profondes.

On a souvent vu, au milieu des continens, les coquilles disposées & accumulées ainsi qu'elles le sont dans le fond de la mer la plus calme. Des contrées n'ont offert que certaines espèces que d'autres n'avoient point. On a rencontré presque partout des collines entières, dont la substance principale n'étoit que coquilles réduites en poudre, ou semence de coquilles; en sorte qu'il paroîtroit nécessaire de conclure de cette étrange construction, que les coquilles étoient plus anciennes que les montagnes & les collines, & que ces masses n'auroient jamais existé s'il n'y avoit eu antérieurement des mers, des productions marines pour leur fournir tous les matériaux dont elles sont composées. Il a paru enfin, & avec grande raison, & que la nature ne nous étaloit en aucun genre, une fécondité plus admirable & plus immense, en sorte que la plupart de nos habitations se sont trouvées au milieu des fonds de mer sans nous en douter.

Indépendamment de ces coquilles, de ces poissons marins & de ces végétations également marines, reconnus dans nos continens, dans nos terres, dans nos sables, dans nos pierres, l'on y a rencontré des animaux & des plantes terrestres pétrifiés, & ensevelis si profondément, sous les couches régulières de chaque contrée, que leur disposition a paru visiblement avoir précédé l'état présent des montagnes des vallées, des fleuves & même de la surface de la terre actuelle. Certaines carrières ont semblé avoir été des charniers d'animaux connus & inconnus. D'autres végétaux nous ont offert des forêts ensevelies sous les lits & les couches des diverses contrées. Les mines de charbons de terre & de tourbes, ainsi que les ardoisières, se sont tellement trouvées encombrées des végétaux terrestres les plus fragiles & les plus délicats, que ces matières, entassées & comme conservées par le bitume, paroissent en faire la substance principale. Enfin, l'Angleterre, la Sibérie & beaucoup d'autres régions du nord nous ont conservé des ossemens d'animaux qui ne vivent aujourd'hui qu'en Amérique & aux Indes. D'ailleurs, l'intérieur de la France, de la Suisse & d'autres contrées de l'Europe ont montré des plantes parfaitement conservées, & qui ne croissent naturellement qu'à la Chine, en Amérique & aux confins de l'Asie, phénomènes incompréhensibles, qui ne semblent exister que pour perpétuer la mémoire d'un ancien Monde qui a fait place à un autre plus moderne.

On a déjà projeté & entrepris de former des tables de tous les lieux où se trouvoient ces antiques dépôts des mers anciennes, & l'on a reconnu avec la plus grande facilité, les limites de ces dépôts formés par les eaux, & d'ailleurs les circonscriptions des bancs & des couches régulières horizontales ou inclinées en divers sens. Il n'a été question que de fouiller plus ou moins, suivant les lieux dont la superficie ne pouvoit être altérée, soit par les travaux des hommes, soit par des accidens postérieurs aux grandes révolutions de la Terre.

Avec toutes ces preuves sensibles & convaincantes du séjour & des vestiges de la mer sur nos continens, nous découvrons encore de toutes parts des débris & même des décombres d'une certaine étendue. Nous rencontrons des lits & des couches de coquilles rompues & bouleversées. Nos continens nous présentent dans leurs montagnes & leurs collines, dans leurs vallées & sur les croupes des terrains tranchés, des coupes, des escarpemens partout où les hommes ont été obligés de fouiller pour leurs besoins comme pour objets de luxe.

De grandes régions & des chaînes considérables portent aussi les empreintes d'un feu qui les a brûlées & calcinées jusque dans leurs fondemens; & ces empreintes se montrent à découvert, non-seulement dans les continens désolés par les volcans, mais encore dans des contrées paisibles & heureuses, où, de mémoire d'homme, aucun accident de cette nature n'a été connu ni même soupçonné. La Terre paroît donc, depuis sa construction &

son apparition hors des eaux, avoir été embrasée d'un côté par les feux souterrains, & de l'autre altérée dans toutes les parties de sa masse & de sa superficie par les eaux courantes.

Toutes ces observations sont trop multipliées pour être traitées d'erreurs & d'illusions : on en peut donc tirer avec succès cette conséquence générale, que notre séjour, après avoir perdu une ancienne disposition qui nous est inconnue, en a repris une autre qui est secondaire, & qui diffère de la primitive, laquelle nous apprend que les continens de la Terre ont été sous les eaux, ou tout à la fois ou successivement, pendant des tems dont l'observation la plus sévère, la plus précise ne pourra jamais nous faire connoître la durée absolue.

On ne peut nier, dit l'abbé Sauvages, que les terrains, quant à leur état & à leur situation, n'aient beaucoup changé de face, puisque, par l'apparition de la Terre au dessus des eaux, les mers & les continens ont pris d'autres limites, & se sont mutuellement déplacés.

Au reste, le Monde entier, tantôt sous les eaux, tantôt hors des eaux, offre une vicissitude si peu conforme aux idées communes, & si éloignée de la tranquillité connue de la nature depuis bien des siècles, que, pour concevoir la possibilité de ces changemens, ceux qui y ont réfléchi, ont cru ne pouvoir rien imaginer d'assez extraordinaire pour en donner l'explication. L'imagination des hommes n'a jamais trouvé dans aucun sujet une carrière plus vaste & plus propre à lui faire déployer toute sa force, toute sa hardiesse & toutes ses extravagances mêmes. On ne peut disconvenir cependant que plusieurs de ces causes, réelles ou imaginaires, ont quelquefois satisfait sur certains faits; mais rarement l'explication générale a-t-elle donné la solution de tous les phénomènes dont la plupart ont été trouvés incomplets lorsqu'ils n'ont pas été reconnus faux, absurdes & ridicules. Il est vraisemblable qu'on s'est trop pressé de rechercher les causes, leurs effets n'étant pas eux-mêmes tous parfaitement connus, & il est certain, comme on le verra; qu'on s'y est toujours mal pris pour connoître les effets, puisque les observateurs n'ont encore mis aucun ordre chronologique ni analytique dans leurs recherches & dans leur théorie.

Un déluge universel a été néanmoins le moyen général & l'unique époque qu'ont adoptée depuis long-tems la plupart des nations. C'est encore aujourd'hui l'opinion du peuple, & il n'y a pas même long-tems que les savans aussi appeloient tous les fossiles marins les *médailles* & les *reliques* incontestables de ce déluge. Cependant nous pensons à présent que ce seroit, pour cet événement, la plus mauvaise de toutes les preuves, la nature de ces monumens ne pouvant correspondre en tout aux traditions mosaïques depuis que les observations se sont plus étendues, & que l'art de voir & de raisonner sur ce qu'on voit, s'est perfectionné. Les plus grands naturalistes reconnoissent que le déluge n'a pu opérer ce que nous voyons d'extraordinaire sur la Terre, & qu'en particulier la dispersion des corps marins sur nos continens ne peut appartenir aux effets de cette antique inondation, mais aux suites d'un ancien & long séjour des mers. Cette opinion particulière & assez moderne doit être mise au nombre des plus belles découvertes de notre siècle. Les physiciens, ainsi débarassés des préjugés où ils étoient depuis si long-tems à cet égard, ne peuvent que marcher à grands pas dans la carrière de l'histoire du Monde, dont ils s'étoient fermé l'entrée, moins par le manque d'observations que par des principes faux d'une religion mal entendue, d'après lesquels on croyoit rendre hommage aux livres saints en rapportant aveuglément au déluge dont ils parlent, tous les désordres & toutes les irrégularités qu'ils appercevoient dans la construction intérieure & extérieure de la Terre, sans s'embarrasser de la longue succession des tems, de la diversité des époques indiquées par les monumens de ces mêmes constructions régulières ou irrégulières.

C'est cette distinction des faits & des tems, si indispensable & si nécessaire dans l'étude & dans l'examen des opérations de la nature, que j'aurai principalement en vue dans cet article. Je ne l'entreprends point dans les vues de tracer ici une histoire universelle de la Terre, mais dans le dessein de recueillir en un ordre raisonné & méthodique les anecdotes de l'histoire du Monde, dont une multitude d'observations excellentes, mais dispersées, nous instruisent déjà, & dont un grand nombre de traditions éparses parmi les nations nous ont conservé la mémoire.

La méthode qui m'a semblé la plus naturelle & en même tems la plus simple pour suivre les traces des anciennes opérations de la nature, & remonter aux premiers événemens, a été de considérer séparément la superficie de la Terre pour en tracer les formes, & séparément l'intérieur pour en former les coupes instructives. A l'aide de ce genre d'analyse, je suis parvenu à m'assurer que les formes extérieures du terrain méritoient une considération particulière & des descriptions figurées avec soin pendant que l'intérieur des terres méritoit des examens particuliers de toutes les excavations qui les mettent à découvert. Ces derniers objets, ces différentes natures de substances qui servent à la composition des couches, sont de la plus ancienne date, parce que cette organisation a précédé tout autre travail de la nature. Il m'a paru de plus que les irrégularités intérieures avoient été produites à différentes reprises, & nécessairement à de grands intervalles, & qu'il en étoit de même des différentes formes de terrains superficiels. Enfin, si la nouvelle méthode que je me suis prescrite, ne m'a pas séduit & trompé, il m'a paru que tout ce que nous voyons de détruit, de dégradé, de déplacé à la surface dans ce que nous connoissons de l'analyse du Globe, n'étoit pas les effets d'une seule action distincte & subite, mais les suites de divers grands événemens & de différentes causes, tantôt lentes, tantôt rapides, qui, en succédant les unes aux autres, ont été séparées par les âges les plus longs, quant aux principaux agens & aux causes premières de tous ces grands événemens : c'est sur quoi je ne crois pas devoir insister avec la même assurance & avec la même certitude ; car au plus ai-je entrevu ce qui est arrivé. Cependant, comme nous devons parcourir des faits constans, ce pourra être le moyen de connoître un jour, ou au moins de soupçonner quelques-unes des causes les plus prochaines, avantage que n'ont pas encore procuré les théories publiées jusqu'à présent, les observations faites jusqu'à ce jour ayant été assez vagues, peu sûres, parce qu'elles étoient un peu souvent sans liaison entr'elles & sans rapport convenable.

Enfin, les époques diverses de tous ces faits offrent aussi de très-puissantes difficultés à déterminer. On verra, & l'on sait déjà que ce sont des écueils redoutables pour la chronologie la plus sûre. On ne peut tout au plus, dans ce cas, qu'indiquer l'ordre des faits ; mais il seroit téméraire de prétendre fixer l'âge des événemens.

Sur les inégalités de la surface du Globe.

Je commence d'abord par ce qui se rend le plus sensible à nos yeux, c'est-à-dire, par les inégalités superficielles des terrains, dépendantes surtout des vallées & des montagnes ; & comme le théâtre de la Terre entière est trop vaste, & qu'il ne peut être vu & décrit que partie à partie, j'ai choisi la France pour en étudier les inégalités, après quoi il suffira de savoir si le reste du Monde offre les mêmes dispositions, ce qu'un coup-d'œil bien instruit pourra nous apprendre ensuite & en peu de tems.

Le sommet de la distribution des eaux courantes de cet empire forme une ligne sinueuse qui vient des Pyrénées, passe par les Cevennes, par la Bourgogne, par la montagne de Langres, & de là va gagner les Alpes en traversant les Vosges.

Je désigne ici par sommets, non pas toujours les endroits les plus élevés du continent, mais seulement une ligne qui le traverse de part & d'autre, & de laquelle les pentes les plus opposées se décident vers le nord comme vers le midi, ainsi qu'il arrive de part & d'autre du sommet que nous avons désigné en France, qui distribue les eaux des sources & des pluies, les unes dans l'Océan, & les autres dans la Méditerranée.

Ce sommet doit être considéré comme la tige d'un grand arbre, dont un grand nombre de branches se dirigent vers le nord ou vers le midi, & ces branches sont une infinité de petits rameaux. D'ailleurs, les intervalles entre ces branches & ces rameaux sont à des niveaux plus ou moins profonds, à proportion de la hauteur des sommets. Tous ces détails environnent ce que nous nommons les vallées & les vallons, qui ne sont souvent que les résultats des montagnes, comme réciproquement dans ces mêmes cas les montagnes ne sont que les résultats des vallées ; en sorte que les unes & les autres ne doivent avoir pour principe de leur forme & de leur situation, que la même cause. Ce sont ces deux espèces de ramifications, l'une saillante à la superficie de nos terrains, & l'autre rentrant dans leur masse ; les premières, remplissant tous les intervalles des secondes, couvrent ensemble, comme il est d'expérience, tous les continens de la Terre, & constituent toutes les inégalités de sa surface.

Il est aisé de reconnoître, par exemple, que la masse du pays de Langres est un de ces lieux fort élevés, quoiqu'il soit à un niveau inférieur des Vosges. Ainsi les rivières qui y ont leurs sources communes prouvent & témoignent sa grande élévation. Les principales rivières qui coulent au fond des vallées environnant ce centre sont la Meuse, le Rognon, la Saux, l'Ornez, la Suize, la Marne, l'Aube, l'Ourcq, la Seine, l'Ose, l'Oserain, les deux Tilles, la Vingeanne, le Saulon, l'Amance, l'Apance & l'Epance ; plus de trois cents petits ruisseaux d'une ou de deux lieues de cours. La quantité de sources qui ont les débouchés au fond des petites gorges est innombrable ; & pour mieux dire, toute la masse du pays n'est qu'une source d'eau générale, qui semble ne demander encore que des jours, des passages & des pluies abondantes pour se montrer partout comme dans les premiers tems. Les têtes de presque toutes ces vallées sont terminées en demi-cercles, qui forment autant d'entonnoirs profonds, isolés & escarpés ; ce qui paroît annoncer le travail de l'eau jaillissant du sein de la Terre. Ces dispositions de la naissance de certaines vallées & les conséquences de ces dispositions ont été parfaitement décrites par quelques naturalistes. La plupart de toutes les ouvertures des sources dans les pays de montagnes sont beaucoup plus grandes qu'il ne convient à la quantité d'eau qui en sort aujourd'hui, & les dégradations des terres qui s'y rencontrent toujours tout autour sont au dessus des forces de leurs efforts présens. Elles avoient une force supérieure autrefois, & les pluies les alimentoient à ce degré de force dans les premiers tems, non-seulement dans les montagnes, mais encore dans les extrémités des pentes qui aboutissent à de larges plaines. Par conséquent les pluies qui tombent sur le plateau étroit de Langres, peuvent suffire à l'entretien des eaux courantes que nous voyons en sortir de tous côtés, même vers le haut de la montagne. Je dois croire d'ailleurs que, dans cet assemblage de couches, les filtrations qui s'ensuivent, sont assez abondantes pour donner aux sources la force de fouiller & de creuser à l'origine de leurs cours une vallée de cent toises de profondeur, pareille à celle qui environne la ville du côté de la Marne. Une certaine régularité que je vais décrire,

décrire, après l'avoir observée plusieurs fois dans les pays de montagnes comme dans ceux des plaines, n'a pas pour principe les pluies, quelque abondantes qu'elles aient pu être. Qu'il pleuve sur une montagne isolée & constamment toujours sur le même sommet, que cette montagne ait d'abord partout une égale épaisseur de terre, peu à peu le sommet s'en dépouillera, les terres descendront, & formeront au pied de la montagne une zône uniforme & très-épaisse de bonnes terres, tandis que le sommet sera devenu chauve & dépouillé dans tout son contour.

Ces effets varient beaucoup, & dans certaines circonstances les montagnes présentent des côtes plus chargées de terres végétales que d'autres. Tout y offre le choc d'une eau courante, qui, frappant la colline d'un côté, la dépouilloit sur cette face, la dégradoit même dans sa masse, & portoit sur le revers opposé les terres, les vases & les débris qu'elle charioit. Ces dispositions des collines & des montagnes sont des faits constans que l'on peut vérifier dans les premiers pas que l'on fait en descendant des différens sommets de nos provinces.

Il ne faut pas supposer, pour expliquer ces phénomènes, une certaine exposition du nord ou du midi, du couchant ou du levant, qui détruiroit les côtes qui lui sont opposées. Si cela étoit, & que ce fût par exemple le midi dont l'aspect causât la fertilité, toutes les côtes fertiles seroient opposées, & les plaines fertiles seroient au dessous des mêmes côtes, &, par la raison contraire, toutes les côtes exposées au nord & les plaines inférieures seroient de mauvais pays arides & dépouillés, ou enfin de moindre rapport; ce qui n'est pas cependant.

J'ai reconnu, au contraire, que la bonne ou la mauvaise qualité de toutes les côtes & de tous les terrains de la France avoit rapport, premiérement, à la ligne du sommet général du partage des eaux; en second lieu, à la direction des sommets particuliers qui y ont leur naissance, & que généralement, par toute la Terre, les pays secs, arides & infertiles avoient, pour aspect constant, le sommet du pays où ils sont situés. L'explication unique d'un phénomène si général consiste en ce que les eaux courantes opèrent, depuis les entonnoirs, des sources jusqu'aux pentes que leur offrent les terrains inférieurs, à quoi il faut toujours ajouter les pluies plus ou moins abondantes qui arrosent ces sommets & alimentent les eaux courantes. Pour rendre ces observations plus sensibles & en reconnoître toutes les particularités les plus intéressantes, je supposerai que plusieurs observateurs éloignés ont été frappés de cette uniformité, chacun dans leur contrée, & qu'ils ont voulu s'assurer de la cause & de la généralité de ces phénomènes. J'en place un dans la vallée de la Seine, l'autre dans celle du Rhin, & un troisième dans celle du Rhône. Ils remontent le long de ces fleuves en observant qu'ils laissent toujours les grandes côtes derrière eux, & qu'elles regardent constamment les sommets d'où ces fleuves descendent. Ils reconnoissent aisément partout qu'elles ne peuvent être que l'ouvrage des eaux qui ont creusé ces vallées par un travail successif, & ils continuent leur marche & leur examen jusqu'à ce qu'ils soient parvenus à l'origine des torrens, auteurs de tous ces escarpemens; car la route qu'ils ont tenue, n'est pas difficile à suivre. Les dégradations des terrains sont des guides assurés qui indiquent toujours d'où ils venoient. L'observateur de la Seine aura pu remonter par la Marne, celui du Rhin par la Meuse, & celui du Rhône par la Saône & la Vingeanne. Le premier aura toujours pensé que les eaux courantes qui ont dégradé les montagnes de la Seine & de la Marne, ne pouvoient venir que de l'orient; le second, qui examine le cours du Rhin & de la Meuse, aura senti que l'origine qu'il cherchoit, ne pouvoit être qu'au midi, & le troisième enfin, remonté le long du Rhône, de la Saône & de la Vingeanne, l'aura au contraire placée vers le nord. Des directions si opposées les font cependant arriver sur les mêmes sommets autour de Langres, où ils ne peuvent douter que ce ne soit là le terme & l'origine qu'ils cherchoient. De plus, voyant que les sources de la Meuse sortent des marécages du Bassigny, & en partie très-étroites, très-profondes, très-escarpées, on ne peut douter que les sources du second ordre n'aient été alimentées par des pluies également abondantes; qu'en général les sources, dans quelqu'ordre qu'elles se trouvent situées, n'aient été organisées par les eaux pluviales qui ont circulé au milieu des couches superficielles, comme nous l'avons fait voir à l'article CIRCULATION DE L'EAU, & comme nous le démontrerons par la suite à l'article SOURCE.

Ces mêmes observateurs ont vu que toutes ces circonstances si essentielles se rencontroient dans l'Amance & la Vingeanne, qui se jettent dans la Saône; que la vallée de la Marne sous Langres avoit cent toises environ de profondeur; que toutes ces vallées étoient devenues plus âpres & plus roides à proportion qu'on approchoit des sommets; ce qui étoit la suite de la rapidité des pentes auxquelles sont assujetties les eaux, ainsi que celles des pluies dans le tems des grandes inondations. Ils restent tous trois persuadés que les eaux qui ont creusé ces trois vallées, n'ont pu avoir leur principale & première origine que dans cette contrée où se trouvent les sommets, & que, dans cette même contrée élevée, le cours des eaux a été très-abondant; cependant on ne peut dissimuler que les eaux du plateau inférieur n'aient été aussi abondantes, soit en pluies, soit en sources, comme on peut s'en assurer par l'observation des phénomènes actuels.

Ces mêmes observateurs ont reconnu que les directions des eaux courantes avoient varié, &

que l'aspect & la déclinaison des côtes escarpées avoient également varié; que les eaux & les vallées, dont la pente étoit au midi, comme la Rille, la Venelle, le Saulon, l'Apence, & plus bas la Saône & le Rhône, avoient leurs côtes escarpées, tournées vers les sommets de Langres, & regardoient le nord; que ceux dont la pente est vers le nord, comme le Rognon, la Suize, l'Aujon & la Marne avec la Seine, avoient le levant dans la partie supérieure de leurs cours. La Meuse & le Rhin ont aussi leurs côtes escarpées, tournées vers les sommets de Langres ou ceux qui leur sont contigus, & regardant le midi. Il en est de même de tous les différens ruisseaux qui se jettent dans ces vallées, & qui coulent vers le levant ou vers le couchant. Ils ont tous leurs côtes escarpées, situées à l'opposite du cours de chaque torrent, & sous l'aspect du sommet particulier d'où ils descendent. Tous les aspects varient comme les directions; mais dans chaque direction ils sont toujours les mêmes, & cette variété constante & régulière d'exposition se fait remarquer dans tous les sommets généraux & particuliers des diverses contrées de la France, & de la naissance des vallées & des moindres vallons.

Je conclurai de tous les détails précédens, que les pluies plus ou moins abondantes ont été le principe de la disposition des lieux d'où sont sorties les sources, & l'unique cause qui a imprimé une figure & un rapport constant & régulier à toutes les côtes qui bordent nos fleuves & nos rivières quelquefois à plus de cent lieues, mais que les principes & les agens de ces effets ont été des eaux courantes alimentées par les pluies.

Les sources qui produisoient de pareils courans devoient être, ainsi que je l'ai dit, nombreuses & considérables, & rien n'en peut donner une plus grande idée que l'inspection même des lieux d'où elles sortoient, & d'où elles sortent encore aujourd'hui. Cette action devoit être alors bien puissante, puisque ces eaux ont pu former une infinité de cavernes profondes, d'entonnoirs & d'amphithéâtres si grands & des vallées si considérables dès leur naissance, puisqu'elles ont pu culbuter des rochers énormes, des quartiers de montagnes. Rien ne prouve tant la grande multiplicité de ces sources que la vue de tous les petits vallons qui se jettent dans les grandes vallées, dont la plupart, quoiqu'entiérement à sec aujourd'hui & sans eau, portent encore néanmoins des vestiges de celles qui les ont creusés, & des torrens qui les ont frappés. Il y a des vallons de cette espèce dans les pays les plus secs & les plus arides. Comme ce ne peut être ni nos sources, ni nos rivières, ni nos fleuves, dans leur état présent, qui aient causé ces dégradations, il faut donc qu'il y ait eu des causes puissantes qui n'existent plus.

La Terre, pour être habitable & propre au séjour de l'homme, n'a jamais pu être sans sommets & sans grandes inégalités à sa surface, autrement elle n'auroit offert que des marécages immenses; & sous telle forme qu'on la conçoive, elle a toujours été hors des eaux, partagée en lieux hauts & en lieux bas: c'est ce que nous allons montrer, en considérant sous un plus grand point de vue les inégalités de nos terrains au sortir du lit de nos vallées, où nous sommes restés jusqu'ici, & en examinant la disposition de ces différens sommets qui divisent nos continens.

Le récit de Moïse peut servir beaucoup à confirmer cette vérité par des expressions qu'il faut recueillir çà & là dans la Genèse. Il parle de terres & de mers, de montagnes très-hautes, & par conséquent de vallées & de vallons très-profonds, de fleuves d'un cours sinueux, ayant des directions diverses & des confluens: de là une terre inégale, variée de hauts & de bas; des lieux extrêmement fertiles & des lieux qui ne l'étoient pas; des pays de labour & des pays de pâturages; des vases, des limons, des bitumes, des métaux; enfin le commencement de ces ouvrages, le séjour du premier homme & des premières nations; la supercie de la Terre, couverte de ces inégalités qui, suivant lui, devoient exister avant le déluge, & le Globe extérieurement figuré comme il l'est aujourd'hui, aux dégradations près des dernières eaux.

Lorsque la superficie des parties de continens qui s'élèvent au dessus des mers, est de peu d'étendue, & ne présente que des contrées bornées ou des îles entiérement détachées, leur sommet n'est ordinairement qu'un point autour duquel, comme centre, les eaux des pluies & des sources s'écoulent & se dilatent vers les rivages.

Lorsque ces superficies sont plus longues que larges, comme sont les îles de Java, de Sumatra, & comme est l'Europe depuis le Portugal jusqu'en Moscovie, où le sommet général forme une ligne dirigée à peu près suivant la longueur des continens, alors les eaux n'ont que deux principales directions, dont l'une est entiérement opposée à l'autre.

Lorsque les parties élevées au dessus des mers sont d'une étendue très-considérable en longueur & en largeur, ce qui forme le sommet n'est plus une seule ligne, c'est une grande superficie de terrains qui, à proportion de leur étendue, ont formé des revers opposés aux mers, par lesquels les eaux se trouvent toutes amenées vers un centre où elles forment des lacs & des mers méditerranées. C'est le cas où se trouve toute l'Asie, qui n'envoie que les eaux de son contour dans les mers, mais qui rassemble toutes les eaux intérieures dans différens lacs, dont celui de la Caspienne est le plus considérable. On voit que cette partie du Monde n'est point divisée comme l'Europe & chaque partie de l'Amérique, par un seul sommet direct; mais elle en contient un circulaire dans les montagnes de l'Arménie, les monts Caucase & Taurus, les chaînes de l'Imaüs, &c. Cette ceintire de montagnes renferme une infinité d'autres bassins particuliers, & de très-vastes pays qui sont séparés les uns des autres par des sommets entrelacés. On y trouve aussi des déserts de sables d'une immense étendue, & des plaines de cent lieues, couvertes d'excellens pâturages, sans eaux néanmoins, quoique l'herbe ne laisse pas d'y croître à une hauteur extraordinaire. En général, les contrées diverses sont si élevées au dessus du niveau des mers, que, les vapeurs intérieures ne pouvant s'élever ni transpirer, il n'y a ni sources ni rivières. Ce ne sont que des régions vagues qui n'offrent aucun point fixe pour y fixer des nations, en sorte que de tout tems elles y ont toujours été errantes & vagabondes.

Les déserts de la Barbarie, les grandes contrées de la Nigritie & des autres royaumes de l'intérieur de l'Afrique portent ces mêmes indices de la souplesse de la Terre. Le sommet de cette partie du Monde, dans les bordures septentrionales surtout, n'est qu'une enceinte de montagnes qui renferment au milieu d'elles de très-grandes régions fermées, dont la nature, à la chaleur près de la zône, ressemble fort à celle des bassins de l'Asie. Ces montagnes envoient, par leurs revers extérieurs, des eaux dans l'Océan indien & atlantique, & dans la Méditerranée, & au dedans elles les dirigent dans des lacs, dans des marais & dans des déserts sabloneux où elles se perdent.

Il y a aussi quelques-uns de ces bassins, mais en plus petit nombre, & sous une plus petite forme, dans l'Amérique méridionale, & la septentrionale en contient un plus grand nombre. Lorsque les continens n'ont pas été assez larges ni assez souples pour conserver une partie concave dans leur centre, ni assez étroits pour n'avoir qu'une ligne pour sommet, il s'est formé dans leur partie supérieure des plaines dont les pentes ont été indécises, ou qui n'en ont point eu du tout. Les sources de ces plaines ont produit une multiplicité de petits lacs & de vastes marécages qui ont servi de sommets aux fleuves qui sont tous sillonnés sur les deux revers : tels sont en Europe les marais de la Lithuanie & de la Moscovie, d'où le Niemen, le Boristhène, le Volga & bien d'autres rivières tirent leurs sources. Tels sont en Amérique ceux du Canada, d'où le Missisipi, le fleuve Saint-Laurent, descendent, & ceux du Paraguay, d'où le grand fleuve de la Plata tire son origine.

Tel est le véritable ensemble sous lequel on doit considérer les grandes inégalités de nos continens. L'auteur de la Mappe-Monde dédiée aux progrès de nos connoissances s'est attaché, autant que la grandeur de la carte le permettoit, à présenter, sous ce point de vue, les bassins & les sommets qui divisent nos continens : point de vue essentiel pour nous faire connoître l'état du Globe & sa constitution actuelle.

Le nombre des bassins a été beaucoup plus grand sur l'hémisphère terrestre; mais la plupart de nos mers s'en sont emparées accidentellement & successivement. Il suffit de jeter les yeux sur cette Mappe-Monde, pour connoître que la longue chaîne du mont Atlas en Afrique, le Liban & les monts Taurus & Caucase en Asie, unis avec les sommets de l'Europe, depuis la Moscovie jusqu'au fond de l'Espagne, n'ont formé qu'un seul bassin, & même tout semblable à celui qui occupe le centre de l'Asie. Ce bassin lui-même étoit subdivisé & partagé en plusieurs autres par différens rameaux de ses sommets. L'Espagne devoit tenir à l'Afrique par son détroit de Gibraltar, ainsi que l'a transmis la tradition. L'Italie & l'Afrique étoient liées par les sommets de Corse & de Sardaigne d'un côté, & de l'autre par les sommets prolongés vers le royaume de Tunis. La tradition a conservé le souvenir de la rupture du détroit de Messine. L'Italie devoit encore tenir à la Grèce, au dessus des monts Acrocérauniens & de l'île de Zante.

La mer Adriatique ne devoit être que la continuation de la vallée du Pô, qui sans doute se rendoit vers les côtes de l'Albanie, dans quelque lac particulier. La Grèce devoit aussi se réunir à cette partie de l'Afrique, qui s'avance encore vers elle par les sommets de la Morée & de Candie.

Les sources du Nil pouvoient fort bien ne pas envoyer alors leurs eaux où elles arrivent aujourd'hui, car elles étoient vraisemblablement retenues dans quelque bassin particulier. Les grands contours dans l'Abyssinie indiquent que son cours y est fort embarrassé, & que sa pente devoit être fort différente ou fort indécise avant l'affaissement de ce continent, & les fractures qui produisirent les fameuses cataractes & l'issue de ses eaux, telle qu'elle est présentement. Du reste, ce fleuve pouvoit exister dans sa portée intérieure, mais bien moins long & bien moins considérable qu'il n'est, & il devoit se perdre dans quelque lac particulier du plus oriental des bassins de la Méditerranée. Enfin, on a vu ci-devant, & l'on sait, avec la certitude la plus grande, par les traditions & par les monumens, que l'Europe a tenu à l'Asie mineure, par la Grèce & la Thrace, avant que le bassin de la Mer-Noire & celui de la Propontide fussent unis à l'Archipel, autre bassin plus anciennement submergé.

Le golfe de Bothnie & de Finlande, la mer Baltique, & celles de Danemarck, de Hollande & d'Angleterre, n'ont été de même que des bassins séparés les uns des autres. La tradition n'a rien conservé, sur leur ancienne situation, que la jonction de la France à l'Angleterre par le Pas-de-Calais, sur laquelle j'ai publié une Dissertation. La multitude des détroits dont ces mers & ces golfes sont remplis, leurs formes & leur distribution, doivent nous rendre ces faits aussi certains, pour le nord de l'Europe, que le sont les événemens qui ont eu lieu dans le midi.

A l'égard de la mer Atlantide, les observations que l'on a faites sur le fond de ces mers, feront peut-être connoître aussi quelle a été la disposition des bassins de ses anciennes contrées.

Quant aux mers de l'Orient, la Mer-Rouge n'a été elle-même que le lit d'un bassin qui ne contenoit qu'une grande vallée, ou devoit être quelque grand fleuve avec son lac particulier. Plusieurs voyageurs ont reconnu que le détroit de Babel-Mandel portoit toutes les empreintes d'une rupture violente, & ils ont été tentés de croire, vu le grand nombre d'îles & de rocs dont ce détroit étoit embarrassé, que ce passage avoit autrefois été bouché. Et en effet, telle est la tradition & l'opinion qu'en ont les Arabes. Quand on lit les journaux de ceux qui ont parcouru cette mer, tout y indique la primitive disposition d'une vallée, & il leur a semblé qu'ils naviguoient encore dans un fleuve ordinaire. Avant que d'entrer dans le golfe de Suez, on est obligé d'aller alternativement d'une côte à l'autre pour y jeter l'ancre; l'on trouve ensuite, à l'ouest de l'autre côté de la ville de Tor, une longue côte de dix à douze lieues de longueur, toujours escarpée, dont le plan rentre dans les terres. Le terrain se baisse ensuite, & les escarpemens ne sont plus que du côté de Korondel, d'où ils gagnent la ville de Suez, où ils s'abaissent & tournent insensiblement. Le golfe de Suez n'est, comme l'on voit, qu'une véritable vallée; & il m'a paru étonnant que les cartes n'aient pas mieux rendu la description qu'en font quelques journaux, que j'ai trouvée conforme à la nature. Dans le reste de la Mer-Rouge, on reconnoît de même cette disposition en passant le détroit de Babel-Mandel. Pour y entrer, il faut toujours, suivant les voyageurs, longer la côte d'Abyssinie. En effet, son plan circulaire & les affreuses montagnes dont elle est bordée jusqu'au dessus de Suaquem, témoignent que cette côte ayant souffert autrefois toutes les insultes des torrens, la Mer doit y être sûre & profonde. (*Voyages de Prévost*, tom. II.)

Le cours du Tigre & de l'Euphrate, qui se jettent dans le golfe Persique, n'a pas été de tout tems ce qu'il est aujourd'hui. Ces beaux fleuves qui décorent l'Asie, n'ont point toujours existé dans l'état où ils sont. Ce n'est qu'accidentellement qu'ils se sont formés, & qu'ils ont prolongé leur embouchure jusqu'à la mer. Les sources de ces rivières ont été contenues dans des bassins particuliers, dont le plus grand nombre s'est rompu, & dont quelques-uns subsistent encore, surtout au dessous des sources du Tigre. Ce fleuve même, quoiqu'il passe à travers de la chaîne du mont Taurus, ayant trouvé sous ce sommet des passages souterrains, ne l'a point culbuté, mais, en s'y engageant, a passé par-dessous pour reparoître ensuite dans la Mésopotamie. Il n'en est pas de même de l'Euphrate, qui, n'ayant point trouvé d'issues semblables proposées par la nature, a rompu les digues qui le retenoient; en sorte qu'il ne reste plus de ces digues que les démolitions & les ruines que l'on en apperçoit à trois journées au dessous d'Erzerum, où son lit & sa vallée sont tellement embarrassés d'une multitude de rochers abîmés & culbutés, que la navigation qu'on desire continuer en cet endroit, devient tout-à-fait impraticable. La Mésopotamie devoit être un bassin bien différent, fort marécageux sans doute, & peut-être un ancien lac, parce que cette contrée est extrêmement basse & unie; elle n'a pu devenir un lieu de délices pour des peuples qui l'ont ensuite habitée, que parce qu'elle s'est ouverte & déchargée dans le golfe Persique, autre bassin qui, dans un tems bien plus ancien encore, avoit aussi été rompu & submergé par l'affaissement des contrées du midi. Le détroit d'Ormus devoit être le lieu où les sommets de l'Arabie étoient continus avec ceux de la Perse.

Il nous reste de ces affaissemens du midi, la tradition de la perte de la Taprobane, dont on croit que les Lacquedives & les Maldives ont fait autrefois partie. Ces îles, ainsi que les écueils & les bancs qui restent, sans presque discontinuer, depuis Madagascar jusqu'à la pointe de l'Inde, indiquent un autre bassin dont les sommets réunissent l'Afrique avec l'Asie. Les îles de cette mer, ayant presque toutes du côté du nord des terres & des bancs qui se prolongent très-loin sous les eaux, donnent à penser que ces sommets appartenoient à des continens qui se sont versés du midi au nord, & qu'ils devoient avoir quelques lacs particuliers placés entre l'Afrique & l'Inde, & où se réunissoient les eaux de leurs fleuves & de leurs rivières.

Les îles de Madagascar & de Ceilan ont été aussi unies aux continens qui les avoisinent, & les traditions n'en sont pas totalement éteintes.

Les mers de la Chine & du Japon ne sont encore qu'accidentelles, & l'on a des preuves & des monumens constans que la Corée a été unie à la Chine, sans que le golfe qui la sépare, existât en aucune forme. La montagne de Kic-Che-Rang, qui étoit un promontoire du territoire d'Yong-Ping-Fu, est aujourd'hui à cinquante lieues en mer, & le Vanzho passoit au pied de cette montagne avant que d'arriver à la mer; ainsi l'affaissement qui s'est fait du nord au midi pour produire d'aussi grands changemens, a tellement altéré le cours de ce grand fleuve, qu'au lieu de déboucher au quarantième degré, où il se jetoit à la mer il y a environ trente siècles, quand l'empereur y fit travailler après de grandes inondations qui ravagèrent la Chine, & en laissèrent long tems les parties basses sous les eaux, ce fleuve se décharge aujourd'hui dans la province de Nankin, vers le trente-quatrième degré. (*Voyez* à l'article CHINE, ce qui a trait aux mers orientales voisines.)

Les contrées du nord de l'Amérique n'offrent aussi que de bassins rompus, brisés, affaissés, entre-coupés.

La multitude des lacs, leur grandeur, le nombre de sauts, de cataractes, dont toutes les rivières & les détroits de ces lacs sont embarrassés, nous apprennent que cette immense contrée avoit primitivement une toute autre disposition, & que les mêmes événemens & les mêmes accidens qui ont altéré les bassins de nos régions, ont opéré dans celles-là de semblables phénomènes & des dégradations plus en grand.

Le détroit de Magellan, à l'extrémité de l'Amérique méridionale, offre, par sa situation & la nature de ses côtes, un monument admirable de la rupture des anciens sommets, capable peut-être de nous apprendre d'où sont venues ces eaux étrangères à notre hémisphère, qui y ont formé tant de mers & tant de golfes. Je ferai usage, pour en donner une idée, du journal du capitaine *Narbrough*, dans son voyage de la mer du sud, fait en 1669 & 1670, journal où j'ai trouvé des traits d'exactitude & d'observations utiles. C'est là où je me propose de présenter tout ce qu'il renferme d'intéressant à l'article MAGELLAN. En attendant, je dois dire que ce voyageur, étant au port de Saint-Jullien peu de tems avant que d'entrer dans le détroit, trouva sur le sommet de cette contrée, où les montagnes sont des monts sur monts, comme il s'exprime, & dans les fonds, de grandes coquilles d'huîtres fossilles de six à sept pouces de largeur, qui étoient renfermées dans des bancs de terre; cependant on n'en trouve pas dans la mer prochaine, d'où il conclut qu'elles sont déposées dans ce gîte depuis la création du Monde. Que de gens, dans tous les siècles, ont ainsi confondu les effets des révolutions de la nature avec la création! C'est une erreur qui n'a été que trop générale. Je dois remarquer ici que les montagnes où se trouvent ces fossilles, sont des branches très-voisines des cordillères du Chili, où quelques physiciens, qui n'étoient pas naturalistes, ont annoncé qu'il n'y avoit point de coquillages de mer fossilles.

Quelqu'incomplète que soit la relation du voyage de *Narbrough*, elle offre cependant un champ vaste à qui veut pénétrer dans les événemens passés qui ont changé la face du Globe. Il m'a paru que la disposition de ces contrées de l'Amérique indiquoit évidemment que les cordillères du Pérou & du Chili se prolongeoient autrefois plus loin vers le midi; que ces contrées se sont ensuite affaissées, & que la grande mer du sud s'est répandue sur notre hémisphère. La partie la plus élevée de cette contrée & le point de partage de ces sommets devoient être la pointe du passage & le cap Quade. A l'ouest de ce dernier cap devoit être une vallée qui descendoit vers la mer de l'ouest, & à l'est de la pointe du passage devoit être une autre vallée d'un cours opposé, qui descendoit vers quelques bassins du continent de l'est. Le plus grand effort des eaux s'est fait sur cette terre, actuellement désolée, du revers de l'ouest, où ce voyageur témoigne qu'est la véritable partie du détroit, parce que les côtes en sont partout affreuses & escarpées de part & d'autre. La mer a dû, en effet, les former dans cette partie pour déboucher entiérement des sommets qui lui nuisoient encore, & se creuser un canal aussi profond à travers de cette partie élevée, que dans les parties les plus basses. Les escarpemens sont placés partout, dans le détroit de Magellan, de façon à nous montrer la direction des eaux qui les ont formés: la marée la suit encore, puisque, dans ces gorges étroites qui sont à l'entrée du côté de l'est, elle repousse les vaisseaux qui s'y présentent; ce qui rend cette route fort dangereuse, & qui même la fait abandonner pour doubler la Terre-de-Feu.

L'inclinaison des sommets de cette contrée vers l'est nous confirme dans l'opinion qui nous fait croire que les régions de l'est se sont affaissées & ont été submergées dans leurs parties inférieures. Non-seulement la désolation du revers de l'ouest nous instruit que ces grandes mers ont fait effort sur ces sommets, mais la disposition générale de ces mêmes sommets dans toute l'Amérique, où ils suivent constamment les rives occidentales du nord au midi de cette partie du Monde, en envoyant des fleuves d'un cours immense vers l'est, & n'ayant sur la côte opposée que des torrens courts & rapides, & des contrées sabloneuses & arides, nous fait connoître aussi qu'il a été un tems où tous ces sommets étoient comme le boulevard de notre hémisphère, & qu'ils étoient exposés à des assauts violens de la part des mers de l'hémisphère maritime, qui, dans des âges qui nous sont inconnus, sont enfin parvenues à y faire ces brêches énormes, par où elles ont inondé une partie de nos continens: événemens terribles pour notre hémisphère terrestre, qui a dû produire des continens nouveaux dans l'hémisphère maritime, comme il a produit des mers nouvelles dans le nôtre. La Nouvelle-Hollande, la Nouvelle-Zélande & la Guinée, terres basses & sans montagnes, doivent peut-être leur apparition hors du sein des eaux à cet événement. (*Voyez* la nouvelle Mappe-Monde, où les hémisphères sont figurés avec l'ébauche des bassins, &c.)

Malgré les maux que les submersions ont pu faire à l'humanité, je ne puis m'empêcher de remarquer ici que nous leur devons beaucoup. Nous ne pouvons dissimuler que l'Europe surtout en a reçu les plus grands avantages, & je pourrois ajouter, tout ce qu'elle est entre les quatre parties du Monde. Si nous prenons garde que nous tenons notre police, nos lois & nos mœurs du commerce maritime des orientaux, dont les colonies nous ont tirés de l'état de sauvages & de barbares errans où nous étions, nous sentirons aisément que si les mers ne s'étoient pas emparées des bassins qui unissoient l'Afrique avec l'Europe, ces nations n'auroient point eu la même facilité ni le même goût pour les voyages. Ces mers occidentales, qui devoient, à ce qu'il semble, séparer pour jamais les nations, & diviser le Monde en autant de Mondes isolés, sont cependant ce qui les a réunis tout d'abord quand ces mers n'ont point été trop larges, & qu'elles ont fait connoître peu à peu tous les peuples riverains de notre Globe. Nous ne connoissons guère, & même point du tout, ceux qui habitent le centre des grands continens; aussi toutes ces nations sont-elles encore barbares & sauvages. Il eût donc été à desirer, pour toutes ces contrées, que quelque bras de mer eût pu y pénétrer; que cet immense bassin, par exemple, qui renferme toutes les contrées centrales de l'Asie, eût été rompu tout-à-fait; & qu'il s'y fût formé une Méditerranée semblable à celle qui s'est formée en occident. Alors les nations de l'Arménie auroient commercé avec la Chine. Celles de l'Indostan avec la Sibérie, sur les promontoires, les îles & les grandes saillies qui auroient arrêté toutes les autres nations vagabondes qui l'habitent; & de ce commerce mutuel il seroit résulté pour toutes les avantages qu'elles n'ont point, & que nous n'avons acquis que par ce moyen. Le coup-d'œil de la Terre n'en auroit pas été moins admirable. Alors le Globe n'auroit offert qu'une ville commerçante, & l'on n'auroit point vu de ces contrées du Monde qui ne sont pas du Monde cependant, où tout ce qui se passe demeure inconnu & comme inutile, semblables en cela à ces enceintes de monastères qui se trouvent dans des villes considérables, dont le terrain est consacré à rétrécir le reste du territoire & diminuer le nombre de ses *concitoyens*. Je dis concitoyens & non habitans, parce qu'il ne suffit pas, pour le bonheur du Monde, qu'il y ait des habitans, mais qu'il faut encore que ces habitans soient entr'eux tous réciproquement liés, utiles & nécessaires; c'est ce qu'exprime le mot de *concitoyen*, titre honorable pour ceux qui ont le bonheur de le porter, & qui ne convient point, comme l'on voit, ni aux Tartares de l'Asie, ni aux peuplades ignorées de l'Afrique, ni aux Sauvages de l'Amérique, ni aux moines de l'Europe.

La rupture des bassins qui n'ont point été submergés par les mers, a de même rendu un autre service à tous les continens qui sont restés en place: c'est d'avoir mis les nations en possession d'une infinité de terrains fertiles, qui ne devoient être auparavant qu'humides, fangeux & couverts de vastes marécages. Les sources & les rivières, sans autres décharges que les conduits souterrains, l'évaporation généralisée, devoient former une multitude de lacs & de bourbiers inhabitables qui ont disparu.

Les plus riches contrées de la Chine, le Cachemire, la Mésopotamie, l'Égypte, les meilleures contrées de l'Allemagne, de la France & de l'Italie ne pouvoient être alors les domaines des peuples que nous y connoissons depuis tant de siècles; & c'est visiblement là une des raisons qui retenoient auparavant chaque nation dans son territoire, par un contraste singulier alors que ces nations n'étoient séparées que par des barrières qui ne pouvoient être cependant qu'étroites, mais à la vérité multipliées. Elles ne commerçoient point entr'elles; & depuis que la nature, en formant des mers, n'a laissé que quelques barrières, mais d'une largeur extrême, elles ont presque toutes osé les franchir.

SECONDE PARTIE.

Pour parler en détail & avec quelqu'ordre des vallées, des montagnes & des sommets de nos continens, & se mettre sur la seule voie qui peut conduire à l'origine de leurs formes présentes, on a déjà fait voir combien les eaux courantes sont des moyens simples & naturels pour y parvenir. Je vais continuer d'en exposer les effets, & j'en citerai encore des exemples, & des preuves aussi frappantes que celles que j'ai déjà employées. Il est à propos, puisque je donne les élémens d'une science nouvelle, de faire des répétitions, & j'ose espérer qu'on me les pardonnera. Je fais cette histoire des vallées & des montagnes pour être un livre d'étude. Ce sont les principes de la seule partie de l'Histoire de la Terre, où les Savans puissent pénétrer au moyen de l'observation. Je m'occupe à chercher les monumens des faits qui ont eu lieu. Je confirme les traditions qui en sont restées parmi les nations différentes, ou bien je les redresse par l'examen de ces mêmes monumens. Je me propose donc de profiter de tout ce qui se présentera de propre à mon sujet pour rappeler quelques vérités que je n'aurai que légèrement exposées d'abord, pour présenter, dans de nouveaux points de vue, des faits qui, quoique simples, ont cependant une infinité de faces qu'il est nécessaire de développer & de considérer, soit pour confirmer ce qui peut avoir été déjà dit, soit pour prévenir les objections les plus légères, parce que tout devient important quand il s'agit de détruire des préjugés foibles par eux-mêmes, mais forts par leur antiquité, & d'après lesquels on a élevé de grands & bizarres édifices. Sans méthodes & sans principes, on s'égare: les progrès que l'on peut faire sont lents & tardifs, & les découvertes vagues & incertaines. C'est la position où l'on s'est trouvé jusqu'à présent, quand on a raisonné sur les montagnes & sur les inégalités superficielles de nos continens. On a cru remarquer dans la direction des montagnes une disposition constante d'orient en occident: on la considéra même comme un des articles de la théorie de la Terre; mais rien n'est moins réel ni plus idéal que cette direction. Il suffit de considérer d'abord l'Amérique, dont le sommet parcourt constamment la direction du nord au midi, une bien plus grande longueur que ceux de l'Europe & de l'Asie, joints ensemble, n'en parcourent d'orient en occident avec bien moins de régularité encore, puisque ces sommets ont une infinité de coudes & de sinuosités, & qu'ils ont de plus un bien plus grand nombre de chaînes dirigées du nord au midi; ce que les saillies des grands promontoires indiquent assez nettement sur les côtes de la mer.

Le cours des fleuves les plus considérables d'occident en orient a donné lieu à cette hypothèse, parce qu'il est censé que ces fleuves sont dirigés dans leurs cours par deux chaînes de montagnes; mais ce n'est pas là envisager, sous le plus grand coup-d'œil, les grandes masses de la Terre. Tout fleuve qui descend d'occident en orient fait connoître que la partie la plus élevée de tout son cours est à l'occident, & que le sommet principal a sa direction du nord au midi. Si cette direction étoit de l'orient vers l'occident, les montagnes se dirigeroient vers le midi ou vers le nord. Or, comme sur nos grands continens tous nos grands fleuves se dirigent vers l'orient & se jettent dans les mers orientales, si l'on a égard à leurs sommets, les premiers & les plus grands sommets de ces continens sont dirigés du nord au midi.

Si nous voyons sous l'équateur des montagnes plus hautes que dans les autres zônes, & surtout vers les pôles, c'est parce que ces contrées ont été plus détruites & plus profondément ravinées par les eaux courantes. Leur passage explique facilement les aspects réguliers que l'on remarque dans ces montagnes.

C'est par la même raison que les pays du nord ne sont point dessinés comme les autres pays du Monde, les eaux n'étant point sorties du sein de la Terre avec le même degré de violence que sous l'équateur; & parce que les eaux pluviales n'y ont pas été non plus aussi abondantes, les vallées n'y sont pas exprimées aussi profondément que dans les autres climats. Les montagnes, par conséquent, y sont peu considérables, & l'on n'y voit point de ces fleuves d'un cours immense & continu, comme dans toutes les autres régions. Mais il est arrivé de là qu'y ayant moins de ces grands fleuves qui réunissent les eaux d'une vaste étendue de pays, il y a plus de bassins isolés dont les eaux se réunissent dans les lacs, & des puisards particuliers & en grand nombre, & que les inégalités superficielles n'y étant point dessinées & fouillées à grands traits, ces inégalités y sont d'autant plus multipliées, qu'elles ont moins d'expression. Enfin, les continens polaires ne sont pas si élevés au dessus des mers polaires que les continens de l'équateur sur les mers de l'équateur; ce qui est conforme au récit de tous les observateurs qui ont vu ces deux parties opposées des deux extrémités de la Terre.

D'ailleurs, ces parties de l'équateur, pour être plus élevées au dessus des mers, & plus écartées du centre de la Terre, n'en sont pas plus solides que celles des pôles qui sont plus près de ce même centre; je les soupçonnerois même d'être plus foibles à cause des fouilles profondes que les eaux courantes y ont sillonnées.

Depuis qu'une partie des continens de l'hémisphère terrestre a été submergée par des mers étrangères qui l'ont envahie, nos montagnes ne forment plus de ces réseaux & de ces chaînes toutes suivies & toutes entrelacées, qui réunissoient tous les sommets du Monde. Elles forment présentement de grandes ramifications qui paroissent avoir leurs troncs, leurs branches & leurs rameaux découpés ou plus étendus.

Je distingue, par exemple, en Europe, premiérement, un sommet général qui sert de point de partage à toutes les eaux des pluies & des sources, qui de là se jettent les unes dans les mers du nord, & les autres dans celles du midi. C'est là le seul & vrai sommet de cette partie du Monde. C'est lui qui donne aussi naissance aux rivières & aux plus grands fleuves; on pourroit le nommer sommet du premier ordre. Je reconnois ensuite d'autres sommets particuliers qui ne sont point continus entr'eux, quoiqu'ils puissent l'avoir été, mais qui ne paroissent être que les branches du sommet général. Ces sommets sont les séparations que les anciennes eaux courantes avoient entr'elles, même en marchant parallélement. Ils servent aujourd'hui de point de partage aux eaux des sources qui leur sont propres, & des pluies en décident leurs cours vers un fleuve ou vers un autre, comme le sommet général le décide pour l'une ou l'autre mer: on pourroit donc nommer ceux-ci sommets du second ordre. De ces sommets particuliers il ne sort ordinairement que des rivières; ils ont aussi d'autres embranchemens, lesquels ont encore les leur. L'on pourroit suivre très-loin cette division du sommet des fleuves au sommet des rivières, de ceux-ci au sommet des ruisseaux, & enfin ceux des moindres sources, & les nommer *du premier, du second, du troisième & du quatrième ordre.*

Il en sera de même à l'égard des vallées que séparent tous les sommets dans leurs intervalles. Ainsi je regarderois, par exemple, tout le terrain qui porte ses eaux à la Seine, laquelle tombe du sommet général dans la Manche, comme formant une vallée du premier ordre; ensuite tout le terrain qui porte ses eaux à la Marne, laquelle tombe dans la Seine comme une vallée du second ordre; puis après tous les terrains qui portent leurs eaux à la Saux, laquelle tombe dans la Marne comme des vallées du troisième ordre; enfin, tous les terrains qui portent leurs eaux dans le ruisseau de Trois-Fontaines, lequel tombe dans la Saux comme une vallée du quatrième ordre; définitivement, tous les vallons & vallées qui se rendent dans cette dernière, formeroint une vallée du cinquième ordre s'il s'en trouvoit, & ainsi de suite tant qu'il y en auroit d'autres. Il est impossible qu'aucun lieu de la Terre, soumis aux pluies & aux eaux courantes, puisse se soustraire à cette distribution de vallées ou vallons.

La ligne du sommet général de l'Europe se continuant avec celle de tout le continent de l'Asie qui lui correspond, commencera en Espagne à la Sierra-Morena dans l'Andalousie, & se terminera aux sources du Volga & du Boristhène, où commence le sommet de l'Asie, en formant deux branches, dont l'une se dirige vers la Sibérie, & l'autre vers l'Arménie, & qui, s'éloignant beaucoup l'une de l'autre, se rapprochent ensuite & se rejoignent vers les frontières de la Chine. Ces longs sommets forment à la surface des continens un grand nombre de sinuosités qui se voient mieux sur les cartes d'Europe & d'Asie, ou sur celles des contrées particulières par où elles passent, que par tout le détail que j'en pourrois indiquer ici. Arrêtons-nous donc à réfléchir sur l'origine de ces sinuosités.

Les sommets formant primitivement des réseaux irréguliers on sent bien que les parties les plus entières qui en sont restées, ont dû conserver leur ancienne disposition, & nous représenter sur les continens, qui sont fort longs, des espèces de replis tortueux qui serpentent d'une extrémité à l'autre avec une sorte de bizarrerie. Du midi de l'Espagne, le sommet général remonte vers les Pyrénées, où il tourne à l'est, puis se dirige au nord & pénètre dans le milieu de la France; il se replie ensuite vers l'est par les Vosges, redescend au sud-est, & traversant les Alpes il continue à décrire dans l'Allemagne, la Pologne, &c. de semblables irrégularités. Mais indépendamment de ces détours qui embrassent des contrées fort étendues, ces grandes courbes ne sont composées elles-mêmes que d'une infinité d'autres plus petites; en sorte qu'il est rare que ce sommet général décrive plusieurs lieues sans changer de direction. Je soupçonnerois que ces sinuosités particulières, qui sont si multipliées au milieu des grandes, ont été produites ou par des affaissemens ou plus généralement par le travail des anciennes sources qui, soulevant ou minant & entraînant les terrains de dessous lesquels elles sortoient en abondance, ont, pendant tout le tems de leur éruption, fait reculer plus ou moins, & ont changé & altéré la direction de ces sommets, autrefois plus égale & plus régulière.

C'est de cette sorte qu'on a tout lieu de croire que ces espèces de golfes, tracés par cette ligne du sommet général autour de la Franche-Comté, de la Suisse, de la Bohême, doivent en partie leur origine aux sources de chaque fleuve, de chaque rivière considérable, se trouvant par-là logée depuis long-tems dans ces enfoncemens qui, pour avoir été d'abord des bassins particuliers & fermés, ont été ensuite ouverts & affouillés par les eaux courantes qui en ont dégorgé : tels sont figurés sur les cartes, en Espagne, l'Ebre; la Loire, la Saône, le Doubs, le Rhône en France; le Rhin, le Mein, l'Elbe & le Danube en Allemagne; la Vistule en Pologne, & le Pô en Italie & dans les Alpes, &c.

Des effets de cette étendue auront peut-être de la peine à se concevoir; mais en considérant les mêmes travaux de la nature, du petit au grand, on se rendra leur possibilité très-sensible.

Si l'on examine la plupart des lieux d'où sortent présentement ces sources, & ceux dont il devoit en sortir autrefois, c'est de dessous des ruines pour la plupart, dans les pays des rudes montagnes; c'est du milieu d'immenses excavations, & de dessous des amas énormes de roches brisees & culbutées, dont un grand nombre sont encore comme suspendues à tous les revers des environs.

Dans les contrées où les montagnes sont moins hautes & les terrains moins solides, les sources sortent ordinairement de côtes circulaires & escarpées, & souvent d'un entonnoir isolé qui forme le cul-de-sac où commence la vallée.

La source de la Marne sort ainsi d'un demi-cercle ou amphithéâtre taillé presqu'aplomb. J'ai reconnu, sur les lieux, que ce sont les eaux, autrefois plus abondantes, de cette source, qui ont creusé ce demi-cercle en emportant & détruisant ce qui les gênoit le plus dans leur éruption. On ne peut disconvenir, en considérant la coupe des lits de pierres qui se montrent à découvert aux deux extrémités & dans le contour de l'amphithéâtre, que, malgré l'intervalle qui les sépare, ces lits n'aient été autrefois continus, & que le vide n'ait été rempli de matériaux tout semblables à ceux des terrains qui subsistent, & posés dans le même ordre. Le travail de cette source, comme je l'ai déjà dit, s'est creusé un demi-cercle qui peut avoir quelques centaines de toises d'ouverture. Si l'on considère en même tems les trois principales sources de la Marne, savoir : la Marne proprement dite, la Bonelle & le Petit-Lié, l'on voit d'abord que chacune en particulier est logée dans un petit golfe, & que, prises ensemble, elles en forment un autre plus grand d'une lieue de profondeur sur trois de largeur; ce qui fait faire une sinuosité au sommet général en cet endroit. L'inspection des trois vallées fait de même connoître qu'elles ont été creusées par les autres sources, & que les terrains qui les remplissoient, ainsi que ceux qui les surpassoient, ont été détruits & emportés par leurs courans, dont les effets du choc sont encore très-reconnoissables sur tous les revers escarpés que l'on y remarque; & ce long promontoire à l'extrémité duquel la ville de Langres est située, étoit autrefois continu & contigu avec les terrains de Breuvonne, de Poigny, de Noydant-le-Torcheux, de Molandon, &c. Nous renvoyons à ces contrées pour vérifier toutes ces formes de terrains si instructives.

On peut, par cet exemple, juger de l'origine des plus grands golfes & autres enfoncemens qui se remarquent dans la ligne de direction des sommets de de l'Europe & des autres sommets du Globe. Chaque source, comme on voit, s'est creusé un petit entonnoir : les principaux ruisseaux en ont fait de plus sensibles. La tête des rivières a formé, par leur réunion, des golfes plus grands, & enfin les fleuves en ont fait qui embrassent des provinces entières. C'est ainsi que la nature a toujours opéré de même, & que ses effets se sont montrés plus ou moins grands, suivant que les agens qu'elle a mis en œuvre ont été plus ou moins puissans. L'espace qui règne entre les sommets que côtoient la Saône & ceux du mont Jura, l'espace renfermé dans ceux qui enveloppent presque toute la Suisse, doivent être regardés chacun comme étant de ces grands bassins qui ont été ouverts & creusés, l'un par l'éruption du Doubs & de la Saône, l'autre par l'éruption du Rhin & de l'Aar. Les terrains qui réunissoient tous ces sommets, & ceux qui les dominoient, ont été minés, sapés & emportés de la même manière. Tous ces monts isolés, tous ces pics inaccessibles, qui sont en si grand nombre dans ces deux vallées si vastes, doivent être regardés & sont effectivement les témoins de tous les terrains qui, après avoir été ébranlés, soulevés & emportés, n'existent plus dans leur ancienne position.

Dans la partie du sommet général de la France, qui passe près de Langres, on y voit beaucoup de pains de sucre isolés, situés à droite & à gauche, & à peu de distance de cette ville. Quelques-uns sont placés sur la ligne même du sommet. Si on les examine tous en particulier, on reconnoît aisément qu'ils ne sont que les restes de terrains contigus qui n'existent plus. Il y en a plusieurs de fort remarquables autour des sources de la Meuse, vers Clermont, vers Montigny-le-Roi, qui est situé en partie sur un monticule escarpé, encore adhérent au continent par une langue de terre de quelques toises. On en voit un à Andilly, qui est un point du sommet général ; on en voit vers l'Amance, aux sources de la Vingeanne, auprès d'Heuilley, Cotthon, le Pailly, de Chassigny, de Montsaujeon. Comme en cette contrée le sommet général est au point le plus bas qu'il soit en France, ces monticules n'ont pas une élévation qui excède quarante toises, mais ils sont plus élevés vers les sources de la Tille & de la Seine ; & quand on continue à remonter au long de la même ligne, soit par les Cevennes, soit vers la Suisse par les Vosges, alors on les voit insensiblement s'élever autant au dessus du terrain, que le terrain s'élève au dessus du niveau de la mer, & peu à peu on voit ces buttes isolées devenir très-hautes, & former enfin des pics inaccessibles. Leur position, toute semblable à l'égard des sommets qu'ils suivent & côtoient toujours, doit nous faire juger que leur origine ne peut être que celle des buttes les moins élevées des sommets de Langres & des autres contrées inférieures. Tels hideux, tels isolés & élancés qu'ils soient ailleurs, ils ne sont non plus que les restes des terres contiguës qui ont disparu.

Les irrégularités qui se trouvent dans la direction des sommets particuliers ou du second ordre, & dans la position & l'origine de leurs pics & de leurs monts isolés quand ils en ont, proviennent de même de l'éruption de leurs sources & de l'écoulement des eaux courantes, depuis les lieux supérieurs dont elles avoient soulevé & culbuté les fondemens. Mais il est encore une cause de l'irrégularité de leur ligne de direction qui leur est particulière, & par laquelle cette direction a été souvent changée & altérée. C'est le choc des eaux courantes qui descendoient du sommet général, & qui, roulant & serpentant sur un grand nombre de contrées avant de parvenir dans les derniers bassins, étoient portées sur les sommets particuliers qu'elles ont déchirés & fait reculer plus ou moins, suivant la force de leurs cours & l'angle de leur chute.

Pour retrouver toutes les traces du cours de ces eaux impétueuses qui ont descendu depuis la hauteur de nos sommets jusqu'aux mers, on ne peut trop bien suivre les moindres effets de ces eaux courantes. Comme l'agent est toujours le même, il est bien aisé d'en reconnoître partout les effets, quelque petits qu'ils soient, surtout lorsqu'entre les grands & les petits il y a une gradation facile à suivre à cause des différens points connus où sont tracés ces effets.

La planche XII représente en particulier la Seine, la Marne, avec les autres rivières principales qui s'y jettent, & plusieurs autres fleuves & rivières des pays circonvoisins : d'où il résulte que, du cours constant de ces eaux, il a dû arriver des effets constans. Les lignes ponctuées marquent exactement les sommets & les points de partage où les eaux se divisent pour les rivières opposées. On y voit généralement que toutes ces rivières, après avoir reçu, par le revers du sommet général, une chute dirigée vers le nord, ont été ensuite rejetées vers le couchant par une pente propre au continent de la France. Il est arrivé de là que tous les revers des sommets qui regardent le midi ont été raccourcis & dégradés par la chute de toutes ces eaux courantes qui tendoient au nord, & que les revers qui regardent le nord ont été ralongés & enrichis par une situation plus favorable. Cette uniformité, si générale & si exacte pour presque toutes les contrées de la France, est un phénomène qui ne peut manquer d'être admiré, parce qu'on ne l'a pas encore remarqué, & dont l'exposition en détail doit paroître singulière. Cette carte fait voir, par exemple, comme l'Oise s'est jetée sur les sommets de la Somme en évitant ceux de l'Aisne, comme l'Aisne s'est jetée sur ceux de la Meuse & de l'Oise en s'éloignant de ceux de la Marne, comme la Marne s'est jetée sur ceux de l'Aisne en fuyant ceux de l'Aube & de la Seine ; enfin, comme l'Aube & la Seine se sont jetées fur ceux de la Marne en defcendant du fommet général. La Haute-Seine, l'Yonne & les rivières qui s'y rendent, ne font pas tout-à-fait dans le même cas, parce que leurs cours font affez directs & perpendiculaires fur la ligne du fommet général; en forte que leurs eaux ne font guère portées vers un côté plutôt que vers l'autre. Mais fi ce phénomène ne s'y diftingue pas, la carte détaillée des montagnes & des fommets de ce pays en feroit connoître bien d'autres. Il n'en eft pas de même des autres lieux où les eaux courantes ont eu un cours circulaire : ces eaux fe font toujours rapprochées du fommet extérieur qu'elles ont formé. C'eft ainfi que le Loing s'eft jeté fur les fommets mitoyens de la Loire & de la Beauce en évitant ceux de l'Yonne : c'eft ainfi que l'Eure & la Rille en Normandie, que l'Huigne & le Loir dans le Perche & le Vendômois ont été fujets à la même loi, quoique leurs courbes foient tournées dans un fens tout oppofé aux torrens ci-deffus.

Si l'on confidère toute la contrée qui porte fes eaux à la Seine, contrée qui eft renfermée entre les fommets de la Somme, de la Meufe, de la Saône & de la Loire, comme une feule vallée, on y verra que tous les pays les plus fertiles & les plus terreux de toute cette enceinte font fur le revers méridional d'une grande vallée, parce que le torrent général évitoit ce revers, & étoit entièrement porté par la pente du terrain fur l'autre; en forte que les vafes très-légères qui cherchoient toujours à dériver hors du courant, s'échappoient vers les lieux les plus calmes & les plus tranquilles, lieux qui forment aujourd'hui la Beauce & le pays Chartrain, toute la Normandie & quelques autres contrées des environs, toutes renommées par la bonté du terroir, & qui même, fur leurs fommets particuliers, font couverts d'une grande épaiffeur de terre. Tout le terrain qui porte fes eaux à la Loire fait également admirer cette uniformité. Ce fleuve femble aujourd'hui côtoyer avec une fingulière affectation les fommets qui la féparent des eaux de la Seine, parce que les eaux courantes qui tombèrent fur ce fleuve des fommets de l'Auvergne & du Limoufin, fe jetèrent fur fon revers feptentrional, & détruifirent les terrains les plus avancés qui couvroient le Berri, la Sologne, le Blaifois & la Touraine, &c. & raccourcirent par ce moyen ce revers dans tout fon contour. Par les déblais immenfes de tous ces terrains, il s'eft formé une grande excavation qui paroît à une grande profondeur au deffous de tous les pays circonvoifins; ce qui eft très-remarquable lorfqu'on defcend dans la Sologne par le nord ou par l'eft, & que l'on va à Blois ou bien à Tours par Vendôme ou par le Mans. A tous les terrains emportés ont fuccédé plufieurs lits de fables & de grèves qui ont rempli & recouvert une partie du fond de la vallée, & qui forment des plaines fort étendues, furtout le long du lit actuel de la Loire, dans lefquelles ce fleuve n'a préfentement qu'un canal inconftant & peu affuré : dans d'autres parties de fon cours il s'eft amaffé de profonds lits de fablons, de vafes & de limons, qui, après avoir été de vaftes marais, font devenus, au moyen du travail des hommes qui les ont deffechés par des levées & des canaux, des contrées fort connues par leur fertilité.

On peut remarquer ici en paffant, que dans tous les lieux où le travail des hommes a donné des lois à la nature, ce ne peut être que pour un tems. Les fociétés & les intérêts politiques des fociétés changent; mais la nature tend toujours à faire les mêmes efforts : fon cours peut être gêné pour un tems, mais à la fin elle devient victorieufe. Il m'a femblé que c'eft à la fuite de cette connoiffance tacite que peut provenir cette tradition qui eft venue jufqu'à nous, que Tours ne périra que par les eaux.

En effet, on peut prédire prefqu'à coup fûr que toutes les villes fituées dans les pays bas & au milieu des eaux courantes & environnées de rivières, de canaux, d'éclufes & de levées, font en danger d'être fubmergées, ou il faut un perpétuel travail pour fe mettre à l'abri des crues de fables & de limons, & qu'il viendra un tems où la nature reprendra le deffus, & rendra aux eaux un cours que les plus puiffantes villes n'ont fait qu'ufurper. Une pareille prédiction, faite dans l'antiquité, auroit paru merveilleufe au vulgaire; elle ne provient cependant que de quelques connoiffances des lois & du cours ordinaire & foutenu de la nature dans l'hydrologie.

Je reprends la marche & le cours de la Loire, & je trouve que tout le terrain qui porte fes eaux à la Mofelle, a été fujet à la même loi; que les eaux courantes qui defcendoient du haut des Vofges, tomboient toutes fur les fommets mitoyens avec la Meufe qui fe trouvoit à ces niveaux, & fe portoient jufqu'au Rhin.

Le Rhin, dégagé du baffin de la Suiffe, où il a pris naiffance par des eaux abondantes, s'eft jeté auffi fur les Vofges, à côté defquels fommets il a ouvert cette immenfe ravine où eft aujourd'hui toute l'Alface. La pofition conftante & invincible de ces terrains a brifé fon cours & l'a rejeté vers le nord; & tandis que cet indomptable torrent attaquoit ces fommets & les côtoyoit derrière Colmar & Schéleftat, il apportoit & accumuloit, fous l'abri du fommet oriental, les vafes qui forment la fertilité du Brifgaw. Enfin, il en charioit encore d'autres plus loin, qui, réunies à celles qu'amenoient auffi les eaux courantes latérales du Neffre & du Mein, ont produit cette fertilité fi renommée du Palatinat, fitué au confluent de ces rivières. J'ai reconnu tous ces bons effets en parcourant toutes ces belles parties de la vallée du Rhin.

Les eaux courantes de la Meufe ne fe font pas trouvées dans la même pofition que toutes les autres, & ont pris un cours qui leur eft particulier. Toutes celles qui étoient dirigées vers l'occident ont décrit des courbes du midi au couchant, & celles dont la pente étoit vers l'orient, comme celles de la Meuse, leurs courbes ont été dirigées du midi vers l'orient; ce qui indique qu'elles étoient justement posées sur le sommet mitoyen de ces contrées, & qu'elles n'ont pas trouvé d'obstacles pareils à ceux qui ont fait fléchir toutes les autres & leur ont fait perdre leur direction naturelle. Aujourd'hui encore, tout ce terrain long & étroit qui porte ses eaux à la Meuse, doit être regardé comme un sommet commun & supérieur à la Lorraine & à la Champagne. Le lit de la Meuse, quoiqu'enfoncé dans sa vallée, est supérieur aux lits des rivières des deux provinces; ce que l'on voit aisément vers Vaucouleurs. Lorsqu'on est au sommet qui sépare cette vallée de celle de la Moselle, il faut descendre beaucoup plus du côté de Toul que du côté de Vaucouleurs, & de même, par rapport à la Marne, vers Joinville, & à Lorne & à la Saux, qui s'y jettent vers Vitry-le-François.

Le même travail des eaux s'est opéré dans le revers méridional du sommet général de la France. Les eaux de la Saône, augmentées de celles du Doubs, de l'Isère & de la Durance, ont toujours côtoyé & miné le sommet occidental, contre lequel ces eaux tomboient de la Savoie & du Piémont dans tous leurs cours.

C'est de la même manière que les sommets particuliers ont été altérés & modifiés par les eaux courantes qui sont survenues, & qu'une multitude de terrains que l'on rencontre partout, ont été produits. L'on voit, par exemple, ce qui a dû résulter lorsque les eaux courantes, venant de sommets différens & opposés, ont été déterminées par la pente du terrain sur un autre sommet, ainsi qu'il a dû arriver entre l'Europe & l'Asie par les eaux du Don & du Volga. Ces sommets, tels grands & tels forts qu'ils aient été, ont dû disparoître partout en pareil cas.

Reconnoissons ici seulement que le sommet général de l'Europe, & que les sommets particuliers de la France nous montrent, par leur direction, la cause de cette direction. Ils retracent la marche des eaux courantes qui ont coulé généralement & à plusieurs reprises sur toutes ces grandes régions, puisqu'un seul passage n'auroit certainement pas été capable de laisser des empreintes si fortes & d'une si vaste étendue. Les dernières eaux courantes ont trouvé des voies préparées par celles qui les avoient précédées; celles-ci par d'autres plus anciennes, & celles qui pourront venir encore suivront les mêmes routes, & elles ne feront que continuer ce qui a été commencé, qu'agrandir & multiplier les détails de toutes les inégalités que nous avons observées. Ce sont des faits sensibles & simples. Ce sont les traits véritables & naturels de la Terre, qui ont fait appercevoir par leur étendue & leur grandeur, un ensemble merveilleux qui nous a fait voir l'origine & les causes de toutes les inégalités dont la surface de notre séjour est universellement couverte.

Cette origine des montagnes a été inconnue jusqu'à nos jours. Elle a été diversement expliquée par toutes les nations, suivant leurs génies & leurs connoissances; mais aucune n'a jamais rencontré la vérité : tout ceci en est une preuve incontestable. Quelques naturalistes de notre siècle ont commencé à l'entrevoir; mais généralement dans la plus haute antiquité, comme dans cet âge moderne, les peuples ont réellement regardé la formation des montages, celle du Globe & celle de ce vaste Univers comme un seul & même fait. *Priusquàm montes fierent, aut formaretur Terra & Orbis, à seculo & usque in seculum tu es Deus.* (Ps. 89, vers. 2.) Vous êtes Dieu de toute éternité, avant que les montagnes aient été faites & que la Terre ait été formée. *Numquid primus homo tu natus es, & ante colles formatus?* (Job, cap. 15, vers. 7.)

Ces expressions sont très-souvent répétées dans les écritures, & ont leurs synonymes dans les livres des Orientaux; mais il faut ignorer le génie de ces langues & de ces peuples pour s'en tenir à la lettre.

Si donc il y a ici un continent & là une mer, là une plaine immense & ici une énorme montagne, là un confluent de rivière & ici un point de partage des eaux; si nous voyons une prairie & un pâturage pour nos troupeaux, & tout auprès une terre propre au labour, ici du limon & ailleurs du sable; s'il y a au Monde une Arabie pétrée au dessus d'une Arabie déserte, & à côté d'une Arabie heureuse; si les sommets de l'Euphrate, comme ceux du Rhin, sont hérissés de montagnes; si au contraire son confluent avec le Tigre a toujours été un pays riche & fertile, & est encore, comme autrefois, le paradis de l'Asie; si enfin toutes les montagnes qui en forment l'enceinte, ont des formes arrondies & tronquées comme toutes les autres montagnes du Globe, ce ne sont pas là les ouvrages de la toute-puissance, mais tous effets de la nature. Je ne peux pas dire avec M. Pluche : A son ordre, les collines s'élancent & les vallées se creusent, & je ne dois plus prendre à la lettre une infinité d'expressions de la Bible, que le style & le feu du génie oriental rendent encore plus sublimes, & tout-à-fait dignes de la majesté divine. Ce ne sont plus que des expressions figurées qui nous annoncent en grand des faits dont la nature nous montre les détails & les agens. Elle est ici la seule & la digne interprète de l'Ecriture.

C'est bien à tort qu'Ovide fait construire les montagnes par Jupiter à son premier commandement, former des plaines, creuser des vallées, peupler les forêts de la plus belle verdure.

Jussit, & extendi campos, subsidere valles,
Fronde tegi silvas, lapidosos surgere montes,

Tous ceux qui, comme Ovide, par ces deux

vers, n'ont expliqué les faits de la nature que suivant leur imagination, n'ont pu donner que dans des écarts absurdes. Il n'en est pas de même quand on ne consulte que la nature sur les ouvrages de la nature, & qu'on s'en tient à l'observation sévère & rigoureuse. Ovide est bien plus sage, quand il dit ailleurs que les eaux courantes ont approfondi les vallées à la surface des plaines, & que les sources sorties du sein de la Terre ont donné naissance aux fleuves.

Quodque fuit campus vallem decursus aquarum
Fecit, & antiquis tàm multa tremoribus Orbis
Flumina prosiliunt.

CONSTITUTION INTÉRIEURE DU GLOBE.

Je viens de décrire les principales inégalités qui se montrent à la superficie de la Terre. Je vais présenter maintenant les différentes dispositions des substances qui constituent les parties de sa masse, où nous avons pu pénétrer.

Ces parties sont peu considérables, par rapport au tout. Quand nous aurions fouillé une lieue en profondeur dans chaque partie opposée du Globe, nous ne connoîtrions que la quinze centième partie de son épaisseur. Or, il s'en faut beaucoup que nos recherches aient pu pénétrer même jusqu'à la cinquième ou sixième partie d'une lieue. Ainsi il faudra, malgré nous, nous contenter de bien peu de chose sur l'épaisseur voisine de la superficie, qui doit être susceptible du plus grand & du plus profond détail.

J'ai dit ci-dessus que les dispositions indiquées dans la masse & le solide de la Terre sont bien plus anciennes que les inégalités de la superficie; ce qui doit être reçu comme un axiôme fort simple, fort aisé à saisir. Le travail qui nous représente aujourd'hui, sur un bloc de marbre, la figure & les traits d'Alexandre, ainsi que l'accident qui lui auroit mutilé le nez ou un bras, sont des faits beaucoup plus récens que ceux auxquels le marbre doit la disposition de ses veines & l'arrangement de ses parties intérieures & la composition de chacune de ses parties. Il en est de l'intérieur de la Terre & de ses inégalités, comme des formes de la superficie. Les chaînes de montagnes, les ramifications des vallées & toutes les inégalités de nos continens, qui sont les traits de notre Globe, ont été sculptés dans une masse qui avoit une disposition intérieure dans son tout & dans chacune de ses parties, bien plus ancienne que tous les événemens, que tous les accidens qui l'ont tronquée & mutilée, & qui ont produit les différentes situations présentes de sa superficie. On doit bien sentir, après tout ce que j'ai dit ci-dessus, que pour avoir une idée juste des montagnes il faut les considérer comme des parties d'une ancienne masse, qui sont restées en relief; & ensuite des vallées comme des sillons creusés dans la masse, & qu'une seule cause a produit ces deux effets; & cet agent, c'est l'eau. C'est ainsi que le sculpteur, pour faire enfler une draperie, ne fait que fouiller dans le marbre les plis qui doivent la faire valoir.

Les eaux courantes de la Marne, descendant dans les premiers tems des sommets de Langres pour se précipiter dans les bassins inférieurs, a formé les vallées des environs de Meaux, & du déblai de ces vallées sont résultées les montagnes ou collines, dont nous avons examiné les différentes formes. La grande éruption des eaux du Nil a formé les côtes escarpées dont l'aspect étonne tous les voyageurs: ce sont ces côtes escarpées qui forment la vallée profonde du Nil. Les eaux qui ont approfondi la vallée du Danube, qui ont fait enfler le Pont-Euxin, & tranché le détroit de Constantinople, en produisant ces excavations énormes aux dépens du sein de la Terre, ont détaché de même les côtes élevées & les montagnes affreuses de ce passage fameux. Les terrains qui remplissoient les vides de ces vallées, réunissoient à ces anciennes époques ces croupes aujourd'hui séparées, & ils étoient, comme ces masses, de même nature & de même construction intérieure.

Pour connoître, autant qu'il sera possible, cette masse ancienne dont les eaux courantes ont ouvert une partie & même sillonné toute la surface, c'est donc dans le sein des montagnes qui en sont les restes & les vestiges, qu'il faudroit faire des recherches avec grands frais & de grands travaux. Mais les carrières & les mines déjà ouvertes pour les besoins des sociétés, nous ont épargné ces peines presqu'en tous lieux; outre cela, nous pouvons mettre à profit les avances que nous fait la nature lorsqu'elle nous présente dans les flancs escarpés des vallées, la coupe de ces terrains tranchés.

Nous y appercevons des bancs & des lits remarquables par leur position générale & par leur nature particulière. Ils sont régulièrement construits les uns sur les autres dans une étendue si considérable, qu'elle règne sous des provinces entières, malgré les grandes vallées qui les séparent, malgré les montagnes qui les couvrent.

Ces bancs varient entr'eux dans leur épaisseur: souvent elle est de plusieurs pieds; souvent aussi ce sont moins des bancs que des feuillets très-minces, dont le nombre est considérable & l'épaisseur insensible. Mais pour chaque banc l'épaisseur est presque toujours la même, dans telle étendue qu'il puisse régner. On voit le sommet des montagnes construit ainsi par bancs, & leur base dans la plus grande profondeur des mines & des carrières est aussi construite de la même manière. Ils sont quelquefois désunis, brisés, culbutés & hors de leur position naturelle, plus ordinairement dans les montagnes élevées que dans les souterrains profonds. Tel est en général ce qui concerne leurs dispositions: voici ensuite ce que l'on peut connoître de leur nature.

Autant la position de ces bancs est-elle uniforme & simple dans certaines contrées du Globe, autant disparoît-elle dans d'autres, où succèdent des fentes de dessiccation dans certaines masses graniteuses : tantôt ces bancs sont composés d'amas confus de pierres & de pierrailles & de cailloux brisés, comme en certains marbres ; tantôt de sables & de menus graviers, comme les pierres à grain ; tantôt de sablons & de cristaux très-fins, comme les roches vives & les grès ; tantôt d'une matière douce & terreuse, comme les pierres tendres & les craies ; tantôt enfin, de limons, de glaise, de sables & de sablons, qui ont conservé leur ancienne nature sans se pétrifier. Quelquefois dans le même banc on trouve l'amas informe de tous ces décombres ; mais ce qui nous étonne le plus, c'est qu'au milieu de ces différentes matières molles ou solides se trouvent compris & renfermés les débris de tout ce que les genres animal & végétal produisent naturellement sur la terre & dans les mers, des parties d'animaux terrestres, souvent des animaux entiers, des poissons & des coquillages sans nombre, des arbres & des arbrisseaux, même les plantes les plus tendres de nos landes & de nos marais. Rien surtout n'y domine avec plus de profusion que les productions marines, & nos continens, plus riches en cela que la mer même, nous ont fait connoître plus d'êtres de cet élément, que nous n'en avons connu jusqu'à présent dans l'Océan tout entier ; phénomène admirable, autant ignoré & même négligé de l'antiquité, qu'il est généralement renommé & recherché par les savans naturalistes de nos jours. Je dois cependant remarquer qu'Hérodote, Pline & Ovide en ont dit quelque chose, mais peu de chose d'instructif.

Les Académiciens qui ont été au Pérou, n'y ayant trouvé que peu ou point de coquillages fossiles, il en étoit résulté un doute sur l'universalité de ce phénomène. Il est vrai que, dans ce pays, tout y paroît, surtout dans les montagnes, être l'ouvrage du feu. Effectivement, la superficie des terrains, jusqu'à une grande profondeur, n'y montre que des couches produites par les éruptions des volcans. Néanmoins, dans les ravines profondes, l'on y voit le sol naturel de la contrée formé, comme partout ailleurs, de lits & de bancs de pierres qui n'ont pu être que l'ouvrage de l'eau, quoiqu'on les trouve brisés & bouleversés en des endroits ; qu'en d'autres on les trouve calcinés, quelquefois pendant plusieurs lieues de longueur. M. Bouguer, dans son *Traité de la figure de la Terre*, a bien reconnu que les énormes débris qui étoient sous les couches produites par les volcans, devoient avoir une autre époque. Du reste, il est très-certain qu'il y a des coquilles dans les cordillères comme dans la plupart des montagnes du Globe : plusieurs voyageurs en ont parlé. Je vais citer plusieurs passages tirés d'un Traité de métallurgie, fait par Alphonse Barba, curé du Potosi. « A quatre lieues des mines de Saint-Christophe d'Ochocolla est un lac, près duquel est une veine de pierres judaïques, page 25. » La mine qui est sur le chemin du Potosi à la vallée d'Oronesta, montre une variété de figures tracées sur les pierres. Barba annonce qu'il y en a quelques-unes sur lesquelles on voit des coquilles de toutes grandeurs, dont les unes sont marquées par une partie concave, & les autres par leur partie convexe, avec tous les linéamens de leurs moindres traits, très-bien exprimés. L'endroit dont il parle est situé au milieu de la terre ferme, & la plus montagneuse du Pérou, page 64.

Tout ce que nous avons dit jusqu'à présent prouve que cette merveille embrassoit la plus grande partie des plaines & des montagnes, & qu'à l'exception des contrées qui renferment ce que j'ai nommé *l'ancienne Terre*, il n'y avoit pas le plus petit coin de la Terre habitable dont la mer n'ait formé les matériaux, & où enfin elle n'ait séjourné pendant tout le tems nécessaire à cette longue opération. Ce sont les résultats & les conséquences les plus justes où le progrès de nos connoissances & l'art de voir & d'observer nous aient amené après avoir bien long-tems combattu contre les préjugés de l'ignorance & de la superstition.

De toutes les idées que l'on avoit eues à ce sujet, la plus sensée étoit celle qui regardoit ces trésors de la mer comme les effets & les suites de tempêtes accidentelles qui les avoient jetés & abandonnés par quelque désordre passager sur les continens où nous les trouvons. Mais ces coquilles ayant été découvertes dans la masse des montagnes & sur leurs sommets, comme dans les carrières les plus profondes, ont prouvé que le séjour des eaux de la mer avoit été fixe & constant sur nos terres, comme il l'est présentement dans les bassins qu'elles occupent ; que c'est pendant un séjour pareil que les bancs de la Terre & tout ce qu'ils renferment ont été construits successivement les uns après les autres, & réguliérement placés les uns sur les autres, comme nous les observons. Rien ne représente dans la masse de la Terre & dans la disposition de ses bancs, la confusion & le désordre d'un accident passager & particulier : tout y est général & uniforme ; tout y est aussi régulier que les assises d'un rempart. Les espèces marines sont d'ailleurs cantonnées, les unes dans un lieu, & les autres dans un autre. Ici c'est un banc de buccins ; ailleurs ce sont des huîtres qui dominent. Dans une contrée, ce sont des oursins qui sont les plus nombreux, ou des légions de petites cornes d'ammon lenticulaires ; & dans une autre, ce sont des forêts de madrépores, de coraux & autres ouvrages des plus petits insectes de la mer. La seconde chaîne de montagnes que décrit M. de Sauvages dans son Mémoire, n'est presque composée que de tellines, & sa principale remarque est que, dans presque toutes, les valves sont deux à deux, les unes ouvertes & les autres fermées, de façon que les unes & les autres se joignent toujours à l'endroit de la charnière : d'où il conclut, avec raison, que les coquillages n'ont pas passé par degré de la mer dans les continens, & qu'ils n'y ont pas été déposés peu à peu, mais qu'il faut avoir recours à un dépôt immédiat de la mer. Deux observations nouvelles viennent de constater encore cette vérité, & ajouter un grand poids au sentiment de quelques naturalistes qui avoient déjà cru pouvoir avancer que toutes les pierres calcaires devoient leur substance & leur matière aux coquillages qui se sont produits & détruits sous les eaux de la mer.

« La nature (*Mercure* de juin 1753) de tous les » terrains que la Marne a tranchés & traversés depuis Joinville jusqu'à Saint-Dizier, & dont la » coupe se présente en plusieurs endroits, est d'une » pierre blanche & coquillière, dont les plus belles » carrières sont à Chevillon & à Savonnière. En » examinant les pierres de ces carrières, j'ai trouvé, » dit l'auteur, que le bousin ou la partie la plus » tendre de leurs bancs n'étoit qu'une fine semence » de coquilles, qui affecte différentes formes, » mais qui généralement est un peu ovale & creuse, » & qui laisse une multitude de petits vides, lesquels rendent cette pierre extrêmement susceptible de la gelée. Un seul pouce cube de ce » bousin peut contenir cent vingt-cinq mille semences, & le pied cube, par conséquent, deux » cent seize millions, & la toise cube quarante-six milliards six cent cinquante-six millions; le » tout est entre-mêlé d'autres coquilles toutes » formées, & plus ou moins avancées les unes que » les autres. Quelle prodigieuse fécondité en si » peu d'espace! Que sera-ce si l'on regarde, non » pas un seul pouce cube, mais toute la masse du » pays? Et ne sera-ce pas un argument invincible » pour prouver combien la multiplication des coquilles a contribué à construire les lits & les bancs » du fond des mers, que de calculer ce qu'un » pouce cube de cette semence pétrifiée eût formé » en volume, en supposant qu'elle eût eu le tems » de parvenir à une moyenne grandeur, ainsi que » toutes les autres? Si chacune de ces graines eût » acquis, par exemple, en croissant, le volume » d'un cinquante-quatrième de pouce cube, toutes » contenues dans ce pouce cube eussent formé un » solide de deux mille trois cent quatorze toises » cubes, & par conséquent ce pouce cube auroit » pu couvrir d'un banc de deux pieds d'épaisseur, » sans aucun vide, une superficie de six mille neuf » cent quarante-deux toises carrées. Quand on examine tous les autres bancs du pays, on reconnoît » qu'ils ne sont pas formés d'autres matières; que » ceux dont le grain est le plus fin, ne sont composés que de cette même semence écrasée & » autres coquilles, les unes brisées, les autres » consommées. Ainsi donc, en ne considérant » l'espace d'où cette pierre calcaire se tire, que » sur trois lieues carrées, & un quarantième » de toise de hauteur, on voit qu'il a dû y avoir » un tems où cette masse énorme, qui contient six cent vingt-trois millions sept cent cinquante-six mille toises cubes, n'a été qu'un solide de cent cinquante-six pieds cubes environ. » Nous n'avons point pris ici les termes qui auroient rendu cette croissance encore plus merveilleuse, car, 1°. la grosseur de ces semences » n'est pas la première grosseur, puisqu'elle n'a pu » parvenir au terme que par une infinité de degrés » inférieurs, par lesquels doivent passer tous les » êtres qui se développent organiquement; 2°. les » pierres dans lesquelles cette semence est consumée & broyée, sont bien plus compactes & en » contiennent par conséquent bien plus de quarante-six milliards par toise cube, & 3°. il est certain » que cette semence étoit, pour la plus grande » partie, de nature à acquérir un plus grand volume que celui d'un cinquante-quatrième de » pouce cube; chose sensible par les coquilles plus » entières & plus avancées, & par les fragmens » épais que l'on trouve dans les autres pierres de » la contrée. Si les deux extrêmes de ces grandeurs étoient connues, ces seules carrières nous » feroient presque juger à coup-sûr que la masse » des plus grandes montagnes du Monde, & peut-être celle de tous les continens, ont eu pour » commencement sous les eaux des infinimens petits. J'ai trouvé les mêmes embryons de coquilles » dans un grand nombre d'autres carrières. Le bousin de la pierre de Saint-Maur & des autres pierres » dont on se sert à Paris, est de cette nature. »

L'auteur de cette observation ne parle ici que des grands produits des animaux marins & dépôts de la mer qui sont entrés dans la composition des montagnes. Je crois qu'on doit en excepter *l'ancienne Terre*, & je pense qu'il convient de renvoyer à cet article. Que de matières s'y trouvent accumulées, qui n'ont pas sans doute pour élément & pour principes les coquilles fossiles ou leurs débris!

Une observation si belle & si détaillée confirme d'une façon bien éclatante, ce que M. de Buffon avoit fort clairement reconnu bien avant l'auteur de cette lettre. « Il y a, dit ce savant naturaliste » (tome I, article 8), une prodigieuse abondance » de coquilles bien conservées dans les marbres, » dans les pierres à chaux, dans les craies & dans » les marnes: on les voit souvent par collines & » par montagnes; elles y font souvent plus de la » moitié du volume des matières où elles sont contenues. Mais je vais bien plus loin; je prétends » que les coquilles sont l'intermède que la nature » emploie pour former la plupart des pierres; je » prétends que les craies, les marnes & les pierres » à chaux ne sont composées que de poussière & » de détrimens de coquilles; que par conséquent » la quantité de coquilles détruites est encore infiniment plus considérable que celle des coquilles » conservées. On verra dans le discours des minéraux les preuves que j'en donnerai. »

On pourroit déjà s'en tenir aux observations faites de son tems, & être sûr de la vérité de ces recherches. La lettre de M. Maffard à M. Jalabert, écrite sur le même sujet, & insérée aussi dans le *Mercure* de mai, année 1753, reçoit de tout ceci un grand degré d'authenticité, ainsi qu'une autre lettre sur le même sujet, encore de M. Maffard à M. Jalabert, au château de Prépatour, *Mercure* d'octobre de la même année. J'avois fait aussi de mon côté toutes ces remarques en plusieurs provinces de France. Toutes les carrières des coteaux de Choignes, auprès de Chaumont en Baffigny, sont remplies de ces embryons de coquilles; mais ce n'est pas le bousin seul, c'est la pierre de toute la carrière qui en est formée. Les pierres qui sont entrées dans la construction des parties hors des eaux du pont d'Orléans, ont aussi un bousin de cette nature, & ces embryons, qui ne se voient ordinairement que pétrifiés dans les pierres, se trouvent en nature & semés dans les sablons de Courtagnon, de Grignon, de Pont-le-Vire & autres lieux connus pour leurs beaux coquillages fossiles. Que de démonstrations s'offrent partout, toutes certaines sur l'origine des couches & des bancs de la Terre!

La seconde observation que je voulois citer se trouve aussi dans la même lettre d'où j'ai tiré la première. Elle ne prouve pas avec moins d'évidence combien la substance de nos pierres doit aux corps marins. « Ce même bousin de la pierre de » Savonnière en Champagne, celui des pierres de » Saint-Maur & de Saint-Leu, celles mêmes où » ces embryons trop consumés ne se distinguent » plus, & où il n'y a plus le moindre vestige de » coquilles, toutes ces pierres échauffées sous le » marteau ont une odeur désagréable & fétide, » qui ne peut provenir que de la substance toute » animale dont elles sont formées. Cette obser- » vation que j'ai faite, dit l'auteur, en plusieurs » contrées de la France, avoit, quelque tems au- » paravant, été faite aussi en Allemagne, & avoit » été publiée déjà dans un Mémoire sur la végéta- » tion des pierres, par M. Lieberoth, officier dans » les mines de Saxe. Ce Mémoire a été inséré dans » le *Journal économique* de juillet 1752. Les bancs » d'ardoises, dit cet observateur, chargés de pois- » sons pétrifiés, dans le comté de Mansfeld, sont » surmontés d'un banc de pierre appelée *Puante;* » c'est une espèce d'ardoise grise qui a tiré son » origine d'une eau croupissante, dans laquelle les » poissons avoient pourri avant de se pétrifier; elle » répand une très mauvaise odeur lorsque les ou- » vriers la travaillent, ou qu'on la brise & qu'on » la frotte avec force, & cette puanteur doit être » uniquement attribuée aux sels urineux qu'elle » renferme, qui n'agissent que quand on les met » en mouvement. »

Notre observateur français auroit pu citer encore d'autres physiciens qui ont fait la même remarque. On voit dans la lithogéognosie de M. Pott, que Vallérius parle d'une craie noire qui, exposée au feu, répand une odeur très désagréable; qu'il y a plusieurs pierres dont parle Henkel, qui participent de la nature de la chaux & du caillou, & dont il sort une odeur de pourriture quand on les humecte avec de l'eau; que la pierre de porc, *lapis suillus*, ou la pierre puante du genre des calcaires, se distingue surtout par sa mauvaise odeur; & qu'enfin il y a certains marbres & un grand nombre de ces pierres puantes qui donnent un sel urineux & volatil, & des traces de sel marin, qui indiquent les substances marines dont toutes ces pierres tirent leur origine en partie. L'histoire des anciennes révolutions du Globe terrestre rapporte aussi les remarques de M. Hoffman, exact observateur. Dans une de ses expériences, l'ardoise rendit une odeur plus désagréable que la pierre puante lorsqu'on la frotta; « & non-seulemnt, dit-il, les » poissons qu'on y trouve pétrifiés, ont été des » êtres vivans, mais les couches d'ardoises n'ont » été que le dépôt d'une eau fangeuse, qui, après » avoir fermenté & s'être putréfiée, s'étoit préci- » pitée par couches très-minces, en sorte que les » parties les plus légères & les plus volatiles ont dû » prendre le dessus, comme il est manifeste par » l'odeur de l'ardoise qui couvre le poisson. »

Ce qu'on ne sauroit trop admirer à la suite de ces observations, c'est le concert surprenant des naturalistes étrangers les uns à l'égard des autres, qui, en divers tems & en divers lieux, en Allemagne, en Angleterre & en France, ont observé les mêmes phénomènes, & les rendent presque tous dans les mêmes termes & en tirent les mêmes conséquences. Cette odeur infecte, qui est plus générale qu'on ne pense dans les pierres, surtout quand elles sont fraîchement tirées des carrières, a occasionné un soupçon nouveau sur les principes de la mauvaise qualité de certaines eaux.

« La plupart des vapeurs, dit encore l'auteur » de notre première lettre, proviennent vraisem- » blablement de ces dépôts infects dont l'inté- » rieur de la Terre est rempli, & dont la plupart » de ses bancs sont formés. Toutes ces matières y » sont encore dans une fermentation continuelle, » & l'on ne peut douter que les mauvaises qua- » lités des eaux ne proviennent aussi par quelques » endroits, indépendamment de toute autre cause, » de leur séjour & de leur passage dans des réser- » voirs & des canaux pleins de corruption. »

Entr'autres faits qui peuvent confirmer cette réflexion, c'est que les eaux des contrées de la Touraine, où se trouvent les faluns, ont un goût extrêmement insipide, que l'on ne peut guère attribuer qu'au terrain, qui n'a peut-être pas son semblable dans le Monde, relativement à l'innombrable multitude de fossiles marins qu'il renferme. M. de Réaumur en a assez parlé pour que je sois dispensé de répéter ce qu'il a dit sur la parfaite régularité que ces coquilles présentent chacune dans leur position & dans la direction de leurs veines, qui ne nous annoncent que l'ancien ouvrage d'une mer calme & tranquille. J'ajouterai seulement un fait qu'il n'a point sans doute été à portée de voir, puisqu'il n'en a fait aucune mention. J'ai vu dans quelques-uns des trous dont on tiroit le falun des veines horizontales d'une pierre grise formée d'une substance limoneuse & fine, & dont la qualité présente étoit dure, quoiqu'encore fort grasse : cette pierre étoit remplie d'une infinité de dactiles ovales & gros comme des noix moyennes. Ce coquillage, quoique compris dans la pierre, n'étoit point adhérent à la loge qui le renfermoit. En agitant la pierre, on sentoit son mouvement, & en la cassant il sortoit avec facilité; mais il étoit d'une si grande délicatesse, qu'à peine pouvoit-on le toucher. Néanmoins la pierre n'en contenoit aucun qui ne fût entier. Je n'en trouvai nul fragment détaché, & les loges continues & placées les unes très-près des autres n'en contenoient jamais plus d'un. Je ne crois pas qu'il puisse y avoir de démonstration plus évidente de la tranquillité qui régnoit dans ces contrées, quand la nature a opéré la multiplication de tous ces êtres & des bancs qui les renfermoient. Le séjour de la mer, calme & paisible, y est tellement prouvé, que je hasardai de demander à un curé, d'où tous ces coquillages pouvoient provenir; il me répondit qu'ils avoient été apportés par les eaux du déluge. Me trouvant si éloigné de la réponse qu'un homme d'étude & de bon sens devoit me donner, je fis la même question à un paysan, qui, secouant la tête comme un homme qui réfléchit, me répondit, en son patois, qu'il falloit bien que son pays eût été autrefois un trou de mer, voulant dire un lieu où la mer devoit avoir séjourné. J'admirai combien le sens droit de ce paysan avoit d'avantage sur l'opinion de son curé, qui d'ailleurs avoit l'esprit assez cultivé. Mais, sur cette matière, l'esprit de l'un avoit son ressort naturel, celui de l'autre ne l'avoit plus, & par état il ne devoit plus l'avoir.

De tous les corps étrangers que nous trouvons dans les différentes parties de l'hémisphère terrestre, il y a encore une conclusion très-importante à tirer. Nous avons dit qu'indépendamment de tous les corps marins, on trouvoit aussi des vestiges d'animaux & de végétaux terrestres; & ce n'est pas seulement dans les bancs superficiels qu'ils se rencontrent, c'est aussi dans des carrières profondes & souvent au dessous des autres lits réguliers où les coquillages se trouvent avec tant d'abondance; ce n'est point non plus dans les dépôts des dernières eaux courantes, c'est dans la masse même des terrains qu'elles ont tranchés. Ainsi ces substances étrangères ne peuvent être que beaucoup plus anciennes dans leurs positions & leurs gîtes, que le passage des eaux courantes à travers les terrains où on les découvre.

Je peux dire, premiérement, qu'il est nécessaire que les eaux qui ont apporté & élevé les matériaux des différens lits où ces corps étrangers sont contenus, aient été tranquilles & courantes; tranquilles parce que la construction générale des lits est régulière & parfaite; & courantes, puisqu'on y trouve des corps étrangers à la nature des lieux où ils sont, & qu'ont amenés ces eaux. 2°. Il est nécessaire que ces lieux aient été des endroits bas, & que toutes ces parties & les différens êtres dont ces dépôts sont formés, soient descendus de lieux plus hauts & plus élevés, ou, ce qui est la même chose, on doit penser que si nos continens ont été dans un certain tems des bassins de mer qui contenoient des poissons & des coquillages, & qui étoient le rendez-vous de toutes les vases & de tous les dépôts réguliers & parallèles que nous observons, il y avoit aussi, dans ce même tems, des parties de continens élevés au dessus des eaux, qui produisoient les végétaux dont nous trouvons les espèces, & sur lesquels vivoient les animaux terrestres dont nous trouvons les dépouilles; & qu'enfin, si nous voyons des pierres brisées, des sables, des terres, des végétaux, des minéraux & des corps terrestres & marins faire partie du solide de toutes nos contrées & de nos continens secs & découverts, quoiqu'ils soient l'ouvrage des eaux, tous ces mélanges extraordinaires ne peuvent provenir que d'une révolution qui, dans le même tems où elle a donné à la Terre la situation présente, en a changé une autre plus ancienne. Cette conclusion reçoit une application très-naturelle, à ce que l'observation nous apprend sur l'état du Globe.

Sur les apparences de ce nouveau Monde qui se découvre à nos yeux, quelle forme pouvons-nous donner à l'ancien? De quelle nature pouvoit-il être? Et où ces vieux continens pouvoient-ils être placés? Si tous ceux que contient l'hémisphère terrestre étoient réellement des lieux bas & des mers profondes, comme on ne peut en douter, le seul emplacement qu'ils aient pu & dû avoir ne peut être sans contredit que celui même de ce vaste Océan qui remplit l'hémisphère maritime & qui environne aujourd'hui de toutes parts l'hémisphère terrestre.

A l'égard de la nature des anciens continens, par tout ce que nous pouvons connoître du fond des mers qui les occupent aujourd'hui, les terres qu'elles ont submergées lors de l'apparition des nôtres, étoient, dans leur superficie, couvertes des mêmes inégalités que les nôtres. Les îles sans nombre dont ces mers sont remplies, font voir qu'ils étoient variés de haut & de bas, de vallées & de montagnes, par conséquent qu'ils devoient avoir été sujets, de la part des eaux des sources & des pluies, aux mêmes vicissitudes, tantôt d'une marche périodique & constante, comme sont les débordemens annuels, & tantôt d'une marche extraordinaire, par des eaux courantes qui auroient roulé sur ces continens comme ils ont roulé sur les nôtres. Ce n'est que par de tels agens qu'ont pu être construites au fond des mers les couches de nos continens.

Pour

Pour nous en convaincre, nous pouvons facilement nous former l'idée de ce qui s'opère présentement au fond de l'Océan, par le transport des vases & des autres matières terrestres qu'y font perpétuellement les fleuves & les rivières sans nombre qui s'y dégorgent, & nous représenter ensuite ce qui doit résulter du mélange de toutes les matières animales & végétales qui s'unissent & s'allient avec les productions de la mer qu'elles rencontrent.

Depuis plus de soixante-quatre siècles que ce transport continuel s'opère à notre connoissance, il y a des lieux, surtout au dégorgement des grands fleuves, qui sont sujets à des débordemens annuels & à des crues réglées, où les lits de vases doivent avoir acquis une épaisseur des plus considérables. (*Voyez* CRUES.) Ces vases, portées plus ou moins loin par le courant, suivant leur volume & leur gravité, s'y déposent sur des épaisseurs plus ou moins grandes, qui diminuent à mesure que la force ralentie du courant ne peut plus se charger que de parties légères & infiniment subdivisées; en sorte qu'il y a des lieux dans les mers, où les fleuves font des dépôts chaque année, qui ne doivent avoir que la millième partie d'une ligne, d'un pouce, d'un pied, de deux & plus enfin; où les accroissemens auront été d'une ligne chaque année, cela aura produit en tout, depuis ces soixante-quatre siècles, quarante-cinq pieds; où ils auront été d'un pouce, ils se seront élevés en tout de quatre-vingt-dix toises; où ils auront été d'un pied, ils auront monté à mille soixante-quinze toises; & enfin, dans les lieux où chaque année il aura pu s'en déposer de deux pieds de hauteur, ils auront monté à près d'une lieue d'élévation. Quelle hauteur ne trouveroit-on pas encore si l'on considéroit ces dépôts où ils ont pu augmenter davantage, & si on faisoit entrer dans cette supputation des dépôts qui viennent de causes réglées & ordinaires, les amas extraordinaires & prodigieux que les années ou les siècles, des inondations fréquentes, des déluges & des terres auront dû produire, quand ils auront détruit & entraîné tout ce qui manque aujourd'hui sur nos continens? Joignons encore à ces dépôts l'amas immense des productions de la mer, coquilles, végétations, minéraux, cristaux, matières presqu'indestructibles, qui seules ont dû suffire, dans la plus grande partie des mers, pour construire des masses de continens entiers.

Jugeant, par cet examen, quelle doit être la hauteur de ces dépôts dans le fond des mers présentes, l'on n'aura plus lieu d'être étonné de voir dans nos continens, puisqu'ils ont été les lits des mers anciennes, les sommets les plus élevés n'être construits que de bancs posés les uns sur les autres; d'y voir des productions terrestres investies des dépôts de la mer, & de trouver la même construction dans le fond des carrières les plus profondes, en exceptant cependant les mines les plus étendues, qui ne sont pas par couches. Maintenant, connoissant les causes de ce qui s'opère dans nos mers, & considérant que leurs effets sont en tout semblables à tout ce que nous voyons dans nos montagnes & dans nos fouilles, il n'y a point de phénomènes dont nous n'ayions l'explication la plus nette & la plus précise. Il n'y a donc plus de doute que ces effets semblables n'aient été produits par les mêmes causes, c'est-à-dire que nos continens n'aient été construits lits par lits, bancs par bancs, au moyen du tribut des vases & des limons que les fleuves & les rivières des anciens continens portoient continuellement dans les bassins où ces matériaux se rassembloient, & que ces lits aient été construits en même tems par un travail périodique infiniment long, & où entroit la génération successive des corps marins. Ces continens & ces mers ont dû subsister, ainsi que les nôtres, plusieurs milliers d'années.

Tous les fossiles trouvés dans les lits des anciennes mers nous apprennent aussi que les continens étoient couverts des mêmes productions, de la végétation des mêmes arbres, des mêmes plantes, de la même verdure que les nôtres. Les productions animales que nous y trouvons aussi, nous instruisent de même que sur ces continens vivoient des animaux que nous connoissons, depuis le plus grand des quadrupèdes jusqu'au plus petit des insectes; que les mers nourrissoient & contenoient les mêmes poissons, les mêmes coquillages & les mêmes productions qu'elles nourrissent & contiennent encore aujourd'hui dans d'autres bassins; & enfin, que la nature, toujours la même, végétoit alors, & fleurissoit comme elle végète & fleurit maintenant, mais en d'autres lieux & sous d'autres aspects.

Ces changemens de terres en mers, & de mers en terres, se présentent avec tant de vraisemblance & avec des preuves si authentiques, que, quoiqu'on ne puisse point expliquer d'une manière décisive comment un fait si extraordinaire a pu arriver, il faut néanmoins reconnoître qu'il est arrivé. Ce n'est point ici la place de donner des conjectures. Je ne m'écarte point des faits & des événemens réels; cependant je suis très-porté à croire que ce changement ne s'est point fait peu à peu, comme quelques-uns l'ont pensé. Les lits de nos continens ont été à la vérité construits sous les eaux peu à peu; mais la cause qui les en a fait sortir, n'a pu être vraisemblablement qu'une cause violente & subite, telle qu'un défaut d'équilibre & un mouvement général de toutes les parties de la voûte terrestre, que je soupçonne, avec l'auteur de la *Nouvelle Mappemonde* dédiée aux progrès de nos connoissances, être d'une grande souplesse & élasticité. Au reste, quoiqu'on ne puisse nettement concevoir la cause de cette révolution, & que l'on n'ait aucune instruction sur cette matière de la part de nos Anciens, il suffit, pour un historien, d'avoir prouvé que ces faits sont arrivés. Les monumens innombrables que la nature en a répandus par tout le Monde étant plus vrais que tout ce que les hommes auroient pu nous en laisser, & plus respectables que tout ce qu'ils peuvent & pourront alléguer pour les réfuter & en affoiblir l'autorité.

Vidi ego quod fuerat quondàm solidissima tellus
Esse fretum; vidi fractas ex equore terras,
Et procul à pelago conchæ jacuêre marinæ.

J'ai vu que ce qui étoit jadis une terre solide, étoit devenu un détroit de mer; j'ai vu des terres ouvertes par la violence des flots, & des coquilles marines dans des gîtes éloignés de la mer.

On trouvera peut-être l'article qui précède trop long pour ce Dictionnaire, mais on doit le considérer comme le précis de l'histoire du Globe dont j'ai fait depuis long-tems une étude raisonnée. D'ailleurs, il est la base de plusieurs des articles que j'ai commencé à publier sur un sujet aussi important pour le développement & l'établissement des principes de la géographie-physique.

CONSTITUTION PHYSIQUE DES TEMPÉRAMENS, DÉPENDANTE DES CLIMATS. Hyppocrate vécut au sud-est de l'Europe, & non au nord. Sous cette heureuse température, les hommes étoient, de son tems, comme ils le sont encore aujourd'hui, forts & musculeux; & ceux du nord, qui étoient foibles, n'ont pas, de nos jours, changé de constitution. Les observations d'Hyppocrate n'ont donc pas le même degré d'utilité pour les habitans des contrées septentrionales, qui passent leur vie dans les climats froids, dans les neiges ou au milieu des frimats; qui, couverts d'une peau blanche, parés de longs cheveux blonds, peuvent être comparés aux végétaux qu'on voit prendre racine dans des grottes humides, & dont les tiges longues & jeunes ne sont garnies que de rameaux sans élasticité.

Il ne faut donc pas s'étonner qu'Hyppocrate & Gallien aient le plus souvent trouvé les constitutions humaines sujètes à l'irritation & à l'inflammation dans la Grèce, dans l'Égypte & dans l'Italie, tandis qu'au contraire Sydenhan, Cuffen & Brown les ont trouvées languissantes & engourdies dans la Grande-Bretagne, dans l'Allemagne & dans la Russie. C'est par cette raison que les premiers soumirent leurs malades à l'émission des contenus & aux calmans, au lieu que l'humanité souffrante fut réchauffée & nourrie sous la direction des Sydenhan & des Brown.

Hyppocrate, sous les régions qu'il habitoit, eut à ramener à l'équilibre les forces croissantes. Sydenhan, sous un ciel moins favorisé, dut au contraire relever les forces abattues, & cela après qu'on eut reconnu que, sur cent maladies, on en trouvoit quatre-vingt-dix-sept provenant de langueur, contre trois seulement causées par l'irritation; différence effrayante en effet, & relevée principalement dans les pays où, d'après les observations météorologiques les plus exactes, on ne peut espérer, dans tout le cours d'une année, que soixante-six jours fort favorables à la santé. Aussi n'est-il pas rare, dans ces climats, de voir des malades languir, quelquefois même périr victimes de la routine aveugle des humoristes, qui, en leur refusant les moyens de recouvrer leurs forces, les conduisent au point de n'être plus susceptibles de guérison.

Le système de Brown a déjà été adopté par les régions limitrophes de la France; & on le dédaigne à tort, aujourd'hui surtout que la chimie & la physiologie répandent un grand jour sur le phénomène de la vie, & qu'elles le mettent même en évidence, aidées en cela par le galvanisme, qu'on perfectionnera dans ces vues.

Les médecins de Naples, qui se trouvent dans une position favorable à l'observation & à la comparaison des extrêmes, ont eu soin de distinguer l'excitabilité de la vie; mais ils soutiennent que cette excitabilité est un principe essentiel de la vie. C'est là tout ce que nous apprend le professeur de Naples, & à quoi il se borne.

Ils observent, avec fondement, que si les cataleptiques, les apoplectiques n'étoient pas excitables, la circulation de leur sang cesseroit, ainsi que leur respiration: outre cela, que si ces deux appuis de la vie leur restent, ce n'est que parce que leur sang, en circulant dans leurs veines, & l'air en s'introduisant dans leur poumon, agissent comme des stimulans propres à recevoir l'excitabilité. Les extatiques, dont l'état diffère si peu des apoplectiques, sont sortis de leur extase toutes les fois qu'on a feint d'alarmer leur pudeur. La cause en est l'influence morale, qui, comme agent interne, dispose alors l'extatique à certains sentimens violens, & lui fait éprouver une commotion. D'après toutes ces considérations on ne peut douter que les effets des climats intermédiaires, entre les deux extrêmes que nous avons indiqués au commencement de cet article, n'entrent dans la suite des tempéramens de ces climats, & n'en autorisent toutes les conséquences qui nous ont paru intéresser particuliérement la géographie-physique.

CONTEVILLE, village du département de l'Oise, canton de Crève-Cœur, à cinq lieues de Beauvais. Il y a quelques fabriques où l'on emploie avec avantage les laines du pays.

CONTINENT. C'est la partie solide de la surface de la Terre. J'en distingue de deux sortes: les *continens* secs qui servent de limites au bassin de la mer, & qui versent leurs eaux par les rivières & les fleuves: on n'a compté jusqu'à présent que deux *continens*, l'ancien, qui comprend l'Europe, l'Asie & l'Afrique; le nouveau, qui comprend l'Amérique méridionale & l'Amérique septentrionale. Mais, suivant la définition précédente, toutes les îles, & particuliérement celles d'une certaine étendue, sont des *continens*, & doivent être considérés comme tels.

La seconde sorte de *continens* sont les *continens* sousmarins, qui servent de fond au bassin de la mer.

On a eu tort de n'admettre de *continens* que ceux qu'on opposoit aux mers, comme si le fond du bassin de la mer n'étoit pas une partie de la surface du Globe, aussi solide que celle qui n'en est pas recouverte; c'est par une suite de la même erreur qu'on partageoit le Globe en mers qu'on opposoit aux *continens*, puisque les mers ne sont que des masses d'eau, seulement extérieures & superficielles, qui n'ont rien de commun avec les *continens* secs & solides qui s'étendent jusqu'au centre de la Terre. On a eu tort enfin d'opposer les îles aux *continens*, puisque leur constitution intérieure & extérieure est la même, & que ces parties de la surface du Globe ne diffèrent que par la grandeur. J'ai été fort surpris de trouver dans l'ancienne *Encyclopédie* cette distinction des îles aux *continens*, fondée sur ce que les îles sont environnées d'eau, & au lieu que les *continens* ne sont ni coupés ni environnés par la mer: il suffit de jeter les yeux sur nos Mappemondes pour ne pas donner dans des idées aussi fausses, en considérant sous le nom de *continens* les deux parties de la surface du Globe que je viens de distinguer. Je n'ai pas prétendu établir une parfaite ressemblance entr'elles, surtout quant aux inégalités de leur surface.

On a dit que le fond du bassin de la mer, ce que je nomme *continens sousmarins*, offroit les mêmes formes extérieures que la surface des *continens* secs.

Teliamed, qui a fait de cette assertion hasardée la base de son système, nous rend compte ingénuement des moyens qu'il prétend avoir employés pour s'assurer de cette ressemblance parfaite dans les formes extérieures des deux *continens*. Il nous présente les détails de ses voyages sousmarins de manière à nous dispenser d'y croire, tant ses récits sont romanesques. Ainsi, sur la foi de Teliamed, aucun des résultats imaginaires qu'on trouve dans son ouvrage, n'a été adopté par les naturalistes. Cependant je dois excepter un écrivain habile qui, considérant ces assertions comme un principe qui pouvoit servir à l'établissement d'un système assez semblable à celui de Teliamed, a cherché à les développer davantage & à les appuyer sur le raisonnement & sur un autre genre de preuves. Il ne nous a pas conduits au fond du bassin de la mer pour nous y faire voir des formes semblables à celles que nous offre la surface des continens secs; il a mis en jeu des agens connus qu'il a fait mouvoir suivant les besoins de son système; il a chargé les courans de la mer de sillonner le fond de son bassin, d'y tracer des vallées semblables à celles des *continens* secs, & enfin de lui donner toutes les formes extérieures que nous voyons à la surface de ceux-ci. Il est vrai que les bons esprits qui cherchent des preuves solides & non des hypothèses hasardées, ont trouvé dans cette nouvelle marche à peu près le même fond de roman que dans le premier inventeur. On a senti d'abord que l'action des courans sur le fond de la mer étoit très-peu connue; que l'existence des vallées sousmarines n'étant prouvée par aucun fait, en faisant creuser de prétendues vallées par les courans, c'étoit se charger de produire un effet incertain par une cause incertaine, & que, sous la plume de M. de Buffon, tout étoit resté hypothétique comme dans les récits de Teliamed.

On alla plus loin encore en observant les inégalités de la surface des *continens* secs; on remarqua que bien loin d'avoir reçu ces formes dans l'état des *continens* sousmarins lors de leur première formation, ils ne les avoient reçues & ne les recevoient chaque jour encore que depuis qu'ils étoient devenus *continens* secs par la retraite de la mer; enfin, depuis qu'ils avoient été exposés à l'action de l'eau des pluies & de sa circulation à leur surface. Nous avons développé ces grands effets des eaux pluviales & montré cette belle économie de la nature aux articles PLUIES, VALLONS, BASSINS DES RIVIÈRES: nous y avons prouvé que les vallées n'avoient été creusées à la surface des continens secs que par les eaux dont ces vallées facilitoient la marche & la circulation, & que par conséquent les deux sortes de *continens* que nous venons de distinguer différoient par ces derniers effets des eaux pluviales.

Nous avons démontré que cet état de *continent* sec étant supposé, soit par la retraite de la mer, soit autrement, les inégalités de leur surface, telles que nous les voyons, devenoient nécessaires; que l'économie de la nature subsistant telle que nous la voyons, les formes de toutes ces inégalités avoient dû s'ébaucher d'abord, se perfectionner ensuite, puis se modifier & s'altérer suivant les circonstances favorables ou défavorables à l'action de l'eau pluviale. D'un autre côté, n'avons-nous pas des preuves incontestables que le fond du bassin de la mer sous l'eau qui le couvroit, non-seulement n'étoit pas exposé à être sillonné par des courans particuliers, mais qu'au contraire toutes les parties de sa surface, en supposant que le mouvement de la masse des eaux se fût fait sentir jusqu'à ce fond, s'étoient trouvées chaque jour, par ce mouvement égal & uniforme, réduites à un niveau parfait?

Il suffit, pour s'en convaincre, de jeter les yeux sur les *continens* secs, & d'y suivre les traces de la construction des *continens* sousmarins. Leur organisation par couches horizontales, qui étoit certainement le résultat du travail de l'eau de la mer, démontroit incontestablement que l'action des courans n'avoit interrompu nulle part la continuité des dépôts. Cette considération de la forme des dépôts, jointe à la certitude acquise par l'observation, que l'interruption des couches par les vallées est l'effet des eaux pluviales & circulant librement à la surface des *continens* secs, nous formoit un concert de preuves contre l'hypothèse de l'approfondissement des vallées sous la mer par les courans.

Il résulte de là que l'ouvrage de la mer, bien apprécié, n'a d'autres formes qu'une suite de dépôts par lits suivis & distincts, & sans aucune interruption : donc si ces lits ont été coupés & interrompus, on ne peut envisager cette destruction que comme l'effet des eaux à la surface des *continens* secs. Il est certain d'abord que les couches horizontales ont été déposées sous la mer, qu'elles ont été ainsi arrangées sur une très-grande superficie par les eaux qui couvroient les *continens* sousmarins : il est donc certain, d'un autre côté, que ces couches ont été coupées par l'action des eaux courantes, qui ne peuvent produire quelqu'effet semblable qu'en agissant librement, & seulement en suivant des routes particulières : donc ceux qui supposent que les courans de la mer ont creusé les vallées, admettent un travail qui est contradictoire avec celui de la mer, dont nous connoissons les résultats, ainsi qu'avec celui des eaux courantes que nous observons chaque jour à la surface de la Terre. Pourquoi donc réunir sous la mer deux opérations aussi peu compatibles, l'une qui a pour objet la formation des couches, & qu'on ne peut pas contester ; l'autre la destruction d'une partie de ces couches par la même cause, par l'eau de la mer agissant en masse ? Concluons donc de cette discussion, que les deux sortes de *continens* que nous avons distingués, ne se ressemblent pas quant à leurs surfaces.

Maintenant que nous avons détruit des échaffaudages que l'erreur ou les vues fausses inspirées par les besoins des systèmes avoient fait élever à grand frais, que nous avons écarté les suppositions hasardées pour nous borner à ce que l'observation peut nous faire connoître, il nous importe d'insister de plus en plus sur les caractères qui peuvent établir la distinction des deux sortes de *continens* que nous avons admis.

D'abord, les *continens* sousmarins anciens ou actuels sont composés d'une base quelconque qui a servi de fond au premier bassin de la mer : sur cette base ont été déposés & se déposent chaque jour une suite de lits & de couches parallèles entr'elles, & régulièrement assujetties au plan de l'horizon comme la surface des eaux qui forment ces dépôts. Par conséquent, lorsque ces *continens* deviennent secs par la retraite de la mer, leur surface, le dernier lit, en un mot, qui s'est formé sous la mer, doit se trouver parfaitement de niveau dans les premiers tems de sa découverte, & sans aucune interruption ou inégalité. Mais cet état ne peut pas subsister long-tems ; c'est à cette découverte qu'a dû commencer un nouvel ordre de choses, que les inégalités ont dû s'ébaucher à la surface du *continent* sousmarin, devenu *continent* sec, par l'action des eaux pluviales & des eaux courantes. Sous ces agens infatigables, les premiers sillons, les coupures légères se distinguent de toutes parts ; elles se creusent enfin & s'approfondissent par des progrès insensibles : tels sont les différens états par lesquels nos *continens* ont dû passer ; telles sont les circonstances qui ont contribué à les différencier en leur donnant les formes intéressantes qui les caractérisent, & qui sont des effets simples de causes bien connues. Il est aisé de voir, après que tout est ainsi simplifié, que ce qu'on a imaginé au-delà est non-seulement inutile, mais même auroit fort embarrassé la marche de la nature.

Concluons de là que toute partie solide du Globe, où l'on reconnoît des suites de vallées recouvertes par une superfétation de lits & de couches qui ont comblé ces vallées, a été d'abord *continent* sec, & est redevenu par la suite *continent* sousmarin, & enfin *continent* sec. On y distinguera les vestiges des eaux courantes imprimés sur le premier *continent* sec, puis des dépôts postérieurs établis au milieu de ces inégalités. On peut donc y retrouver les vestiges du premier état sous les produits du second ; enfin, le *continent* sousmarin passant pour la seconde fois à l'état de *continent* sec, les derniers dépôts doivent se trouver fouillés de nouveau par les eaux courantes, dont le travail se combinera cependant avec le premier, de manière à en faire saisir aisément la distinction : telle est la suite des événemens que l'analyse précédente des différens états de nos *continens* nous fait connoître, & établit d'une manière incontestable ; elle nous fait saisir les caractères propres à chaque époque, & à la succession d'une époque à l'autre.

Il est encore d'autres caractères de distinction assez frappans entre le premier *continent* sousmarin qui a passé à l'état de *continent* sec, & le second *continent* établi dessus le premier, & devenu aussi continent sec : ce sont les matériaux qui ont concouru à former les lits & les couches dans les deux sortes de dépôts. Je vois dans les premiers dépôts un grain fort fin & des espèces particulières de coquilles ; dans les seconds, un grain fort gros, une pierre très-tendre & des débris de coquillages d'espèces totalement différentes. Avec ces caractères, je reconnois très-facilement le premier massif qui a été sillonné par des vallées profondes, & de même je distingue les seconds dépôts qui ont été employés à combler ces vallées & à recouvrir la totalité de cette base ancienne par un système de couches assez suivies & assez étendues. Les premiers dépôts paroissent avoir été plus élaborés par la nature que les seconds, formés de débris mal liés, & en conséquence les vallées creusées à la surface de ces derniers dépôts ont été approfondies plus promptement que celles creusées dans les premiers, & sont parvenues en certaines circonstances au-delà des premières. C'est d'après ces principes que l'on peut étudier nos *continens*, en recueillant tous les détails instructifs que nous montrent les différentes portions de la surface de la Terre, suivant qu'elle a fait partie des *continens* sousmarins & secs successivement, ou des *continens* secs & sousmarins dans un ordre renversé.

Il y a aux environs d'Alais, des formes de terrain qui ont servi de base à ces observations, & qui peuvent satisfaire à tous les phénomènes de ces divers continens.

Il nous resteroit à parler d'une autre nature de *continens* qui ne paroissent avoir rien de commun avec ceux dont il a été question jusqu'à présent : ce sont ceux qui non-seulement n'offrent pas les massifs disposés par couches comme eux, mais encore des matériaux d'une nature totalement différente à ceux qui se trouvent dans le bassin de la mer : il suffit de les indiquer ici par ces caractères, nous réservant d'en parler aux articles ANCIENNE TERRE, GRANITS, &c. MASSIFS.

Niveau des continens.

On a beaucoup écrit sur la différence de niveau des deux sortes de *continens* que nous avons distingués : on a dit que les *continens* secs étoient autant élevés au dessus du niveau de la mer, que les *continens* sousmarins étoient au dessous ; mais cette assertion n'étoit appuyée sur aucune observation précise. D'ailleurs, si quelque considération nous obligeoit d'admettre cette correspondance comme un principe, il auroit cessé d'être vrai, puisque cette égalité ne peut être constante que dans le cas où les montagnes diminueroient autant en hauteur, que le fond des mers s'éleveroit ; ce qu'on ne peut supposer raisonnablement, car comment peut-on croire que la surface des *continens* fournisse précisément au bassin de la mer une quantité de déblais égale au remblais que ce bassin recevroit. On voit donc que, sur ces rapports de hauteurs dans les montagnes, & de profondeurs dans les mers, il n'y a nulle uniformité, nulle régularité qu'on puisse citer, & qui pût se maintenir par une correspondance constante.

Forme des continens.

Si l'on consulte une nouvelle Mappemonde, dans laquelle on a représenté autour du pôle arctique toutes les terres des quatre parties du Monde, à l'exception d'une pointe d'Amérique, & autour du pôle antarctique les mers & le peu de terres qui composent l'hémisphère opposé, on reconnoîtra facilement qu'il y a beaucoup plus de terres envahies par la mer dans ce second hémisphère que dans le premier, & que la quantité d'eau y est bien plus considérable que dans l'hémisphère arctique. La vue de cette distribution des mers semble très-propre à convaincre que de grandes parties de *continens* ont été détruites par les eaux, à quoi il faut ajouter la quantité d'archipels, qui sont les restes de ces continens détruits ; enfin, les golfes profonds & multipliés entre les caps des différentes parties des côtes de l'Asie achèvent d'établir la même vérité.

Les groupes de montagnes alongées qui occupent le milieu de ces caps, & qui se prolongent dans la direction du nord au sud, prouvent que ce sont les parties les plus élevées & les plus solides qui ont résisté à l'action destructive de la mer. On retrouve la même disposition dans les îles comme dans les presqu'îles.

Il est résulté de tout ce travail de la mer, que toutes les pointes formées par les *continens* sont posées de la même manière, c'est-à-dire qu'elles regardent toutes le midi.

La première pointe est celle de l'Amérique méridionale, qui regarde le pôle austral ; seulement elle est coupée par le détroit de Magellan, qui en a séparé la Terre-de-Feu.

La seconde pointe est celle de l'Afrique, où est le cap de Bonne-Espérance, qui est dirigée au midi.

La troisième est la pointe de la presqu'île de l'Inde, opposée au pôle austral.

Je pourrois citer encore d'autres pointes aiguisées & disposées de même, soit le long des côtes de l'Asie, soit appartenantes aux îles qui en sont voisines.

Il paroît qu'il s'est formé entre toutes ces pointes de grands enfoncemens, au milieu desquels il se trouve de nombreux amas d'îles. Nous exposons ces détails sans penser qu'on puisse en tirer aucun avantage, aucune lumière, soit pour en présager l'état futur, soit pour remonter à l'état ancien de ces parties de notre Globe. Quoique ces observations n'aient conduit à aucun résultat important, il est toujours utile de les rapprocher & de les présenter dans cet état de rapprochement, en attendant que de nouvelles connoissances nous fournissent de nouvelles vues.

Comparaison des deux continens.

On croit aujourd'hui que le *nouveau continent* de l'Amérique a tout au plus la moitié de la surface de l'ancien. Malgré une certaine ressemblance dans leur forme, dont nous venons de parler, il ne paroît pas qu'ils puissent se contrebalancer l'un & l'autre. (*Voyez* TERRAQUÉE.) L'équilibre est donc produit par d'autres moyens, & surtout par cet élément qui, flottant sans cesse autour des diverses parties de la terre-ferme, peut, par sa mobilité, l'établir parfaitement, comme il convient entre toutes les parties du Globe.

L'Amérique a beaucoup plus d'eau, à proportion de sa superficie, que l'ancien continent. Cette quantité d'eau se manifeste par les lacs & les marais dispersés au milieu des terres, & surtout dans l'Amérique septentrionale, à quoi il faut ajouter les larges & longs canaux des fleuves qui rassemblent les eaux courantes & les versent dans la mer, au lieu que les eaux stagnantes sont bien moins abondantes en Asie, en Afrique & en Europe; & en général, les fleuves de ces parties du Monde charient des masses d'eau bien moins considérables.

Mais dans l'un & l'autre *continent*, la constitution & la disposition des massifs de l'ancienne & de la nouvelle Terre sont parfaitement semblables. La structure intérieure des dépôts sousmarins a les mêmes caractères dans les deux *continens*. On a donc lieu d'être étonné de voir plusieurs écrivains nous assurer, contre toute évidence, que le *continent* de l'Amérique est une terre d'une nouvelle formation, & à laquelle la nature n'a pas eu le tems de donner toute son élaboration. S'ils eussent observé bien attentivement les matériaux du règne minéral que cette terre nous a fournis, ils auroient vu que les granits d'Amérique sont aussi solides que dans l'ancien *continent*, & formés des mêmes principes; qu'il en étoit de même des pierres calcaires, des marbres & des autres substances qui constituent les massifs qu'on rencontre dans les diverses contrées de l'Amérique. Les coquilles fossiles y sont aussi nombreuses que dans l'ancien *continent*: on y trouve les mêmes espèces distribuées également par familles, dans les mêmes états de conservation, de destruction, de pétrification. Ne doit-on pas en conclure que tous les différens ordres de massifs qu'on y rencontre s'y sont formés dans des circonstances parfaitement semblables, & par conséquent aux mêmes époques? Si l'Amérique diffère de l'Europe, de l'Asie, ce ne peut être que parce que la nature n'y a pas été encore interrogée par l'industrie humaine: ce sont moins les matériaux qui manquent en Amérique, que leur emploi. (*Voyez l'article* AMÉRIQUE, & surtout AMÉRIQUE SEPTENTRIONALE, VIRGINIE, &c. MONTAGNES BLEUES.)

On a dit que, dans toutes les parties des deux *continens*, la pente des terrains étoit plus rapide & moins alongée du côté de l'occident que du côté de l'orient. Ce phénomène est effectivement très-marqué & très-sensible dans le *continent* de l'Amérique, où les pentes des terrains sont très-brusquées vers les mers de l'ouest, & pendant qu'ils se prolongent en pentes douces & aboutissent presque tous à de grandes plaines du côté de la mer atlantique, vers l'orient.

Mais il est difficile de trouver cette même régularité dans toutes les parties de l'ancien *continent*. Il suffit de les parcourir pour s'assurer qu'il y a plus d'exceptions à ce principe, que d'applications. Si d'un côté la ligne du sommet de la Grande-Bretagne, qui s'étend du nord au sud, est bien plus proche du bord occidental de l'Océan que du bord oriental, on ne rencontre pas ailleurs la même distribution dans les chaînes élevées des montagnes.

Outre que ce phénomène n'est pas général, il ne peut être rapporté au mouvement de la mer de l'orient à l'occident, dans les lieux où il se rencontre; d'abord, parce que ce mouvement n'existe pas; en second lieu, parce que s'il avoit produit quelques effets un peu constans, il auroit altéré & même détruit une grande partie de cette disposition. M. de Buffon, pour appuyer ce prétendu mouvement de la mer d'orient à l'occident, que l'intérêt de son systême l'avoit déterminé à supposer, ne cite aucun fait d'après lequel on auroit pu être autorisé à l'admettre. Tous les faits qu'il cite, ou prouveroient dans l'Océan une marche contraire à celle d'orient en occident, ou ne peuvent être rapportés à cette cause, s'ils se trouvoient dans des circonstances favorables à cette hypothèse de l'action de l'Océan sur les côtes orientales. M. de Buffon cite, par exemple, l'accroissement des côtes orientales de l'Amérique méridionale. Or, il est visible que cet accroissement s'est opéré & s'opère dans un sens contraire à celui qu'auroit le mouvement de l'est à l'ouest; mais il est visible aussi que cet aterrissement est un dépôt formé par les fleuves qui ont leurs embouchures le long de cette côte: de même M. de Buffon prétend que les pays & les côtes orientales de l'Amérique septentrionale sont des terrains de nouvelle formation; ce qui ne seroit pas conforme au systême du mouvement de la mer de l'est à l'ouest si cette assertion étoit aussi fondée qu'elle l'est peu, comme nous l'avons fait voir ci-dessus, & à l'article de l'AMÉRIQUE SEPTENTRIONALE.

En dernière analyse, tous les aterrissemens allégués par M. de Buffon comme des preuves de la marche de l'Océan de l'est à l'ouest, sont l'ouvrage des fleuves, à l'embouchure desquels ces accroissemens de la terre-ferme & des *continens* se trouvent situés; ainsi on ne peut les rapporter à l'action de la mer dans cette direction; de même les destructions des *continens* se trouvant sur les côtes exposées à toutes sortes d'aspects, il est visible que ces effets ne peuvent être considérés comme la suite de cette marche prétendue. Les côtes des *continens* ont été reculées, découpées par des golfes & des enfoncemens considérables partout où les mers profondes, mues par des vents violens, les tourmentent continuellement. (*Voyez* ce que nous avons dit des côtes de l'ÉCOSSE à leur article, ainsi qu'à celui de l'île de CORSE.)

Niveau des dépôts de la mer sur les continens.

On nous a dit autrefois que l'on avoit trouvé des coquilles sur les sommets les plus élevés des montagnes qui sont situées au centre de nos *continens*, & l'on en a conclu que la mer avoit couvert toute la Terre, & même avoit laissé partout des vestiges de son séjour; des dépouilles des animaux qui vivent & croissent dans son bassin. Depuis ce tems, des naturalistes ont trouvé dans plusieurs endroits de la surface du Globe, des exceptions à cette prétendue règle générale, & ils ont dit que les coquillages ne se trouvoient à la surface de nos *continens* secs que jusqu'à deux mille toises au dessus du niveau de la mer actuelle, d'où l'on a conclu que les eaux de la mer ne s'étoient pas élevées au dessus de ces limites, & qu'elle n'avoit pu former & organiser par couches que les collines & les massifs qui ne s'élevoient pas au dessus de deux mille toises.

Mais je trouve, par des observations bien suivies, de grandes parties de la surface de nos *continens* dont la hauteur moyenne n'a pas six à sept cents toises d'élévation au dessus du niveau de la mer, & qui cependant ne sont point couvertes par des dépôts sousmarins : telles sont les parties de l'*ancienne Terre* qui occupent le centre de la France, comme le Limousin, la Haute-Auvergne, une partie du Rouergue, du Velay, du Forez. A côté même de ces parties, qui n'offrent aucune trace du séjour de la mer, on rencontre des massifs plus élevés, où l'on voit des bancs de pierres calcaires qui renferment des coquillages, de la même manière que d'autres cantons inférieurs. Par conséquent on ne peut fixer l'existence des coquillages & des autres dépouilles des animaux marins sur certaines parties des *continens*, d'après une certaine échelle d'élévation au dessus du niveau de la mer; car en même tems que je trouve des massifs de l'ancienne Terre à découvert, où la mer n'a laissé aucun dépôt, quoiqu'ils soient à un niveau fort bas, je trouve à des niveaux beaucoup plus hauts des couches horizontales calcaires avec des coquillages. On voit que dans ces circonstances il faut recueillir les faits sans les généraliser, puisque les exceptions sont aussi multipliées.

Ce n'est donc pas en s'attachant aux différens degrés d'élévation au dessus du niveau de la mer, qu'on pourra déterminer les différentes contrées où elle a séjourné & laissé les produits de son séjour, & celles qu'elle n'a pas recouvertes de ses dépôts. Il n'y a que l'observation qui puisse le faire; cependant je vois que, dans certaines contrées fort étendues, les districts, les tractus de la nouvelle Terre, sont toujours à un niveau très-inférieur à celui de l'ancienne; que la nouvelle l'environne presque de toutes parts. Il résulte de cette disposition générale, que l'ancienne Terre formoit primitivement une île découverte & élevée au dessus de l'élément où s'organisoit la nouvelle Terre, inférieure à l'ancien massif. Je vois, outre cela, que certains dépôts de la mer ont un caractère qui les distingue d'autres dépôts plus ou moins élevés qu'eux; qu'ainsi c'est à ces caractères qu'il faut s'attacher plutôt qu'aux différens degrés d'élévation au dessus du niveau de la mer pour déterminer les circonstances de leur formation. (*Voyez* Ancienne Terre, Nouvelle Terre, Moyenne Terre, où ces caractères distinctifs sont appréciés & réduits à leur juste valeur.)

Pour terminer ce que je m'étois proposé de dire sur les *continens*, il me reste à parler de deux considérations générales dont se sont occupés plusieurs naturalistes : la première a pour objet les chaînes des hautes montagnes, leur distribution, leur direction à la surface de l'ancien & du nouveau *continent*. Mais comme ces détails intéressans seront présentés & discutés à l'article Montagne, nous ne ferons que les indiquer ici : il en est de même de la distribution des eaux, de la direction des fleuves sur ces mêmes *continens*, nous réservant de présenter ces phénomènes aux articles Massifs, Pentes, Fleuves, Rivières, Bassins des Rivières.

CONTREXEVILLE, village du département des Vosges, canton de Vittel, à neuf lieues d'Epinal. Ce village est situé sur la rive droite de la Verre, rivière formée par une source abondante qui se partage en deux branches : l'une coule au pied de la montagne qui est au couchant; l'autre traverse le village qui est au midi, & reçoit les eaux de plusieurs sources particulières; en sorte que depuis la source de la Verre, qui coule à l'orient, *Contrexeville* est une presqu'île environnée d'eau de part & d'autre. C'est au centre de cette presqu'île, au milieu d'un jardin verger, humide dans toute son étendue, que se trouve au couchant du village la fontaine minérale qui en fait la réputation. Son bassin a huit pieds de diamètre, & il est d'une figure angulaire; l'eau sort abondamment de l'angle qui est au midi. Ces eaux sont souveraines pour les personnes attaquées de la pierre, & qui y ont recours avec le plus grand succès.

COOK (Rivière de), du détroit du Prince-Guillaume. (*Voyez cet article.*) La côte occidentale de l'Amérique méridionale tire au nord-ouest, & se termine par deux promontoires appelés le cap *Elisabeth* & le cap *Bède*. Ces deux caps, avec le cap Bancks sur le rivage opposé, forment l'entrée de la belle *rivière de Cook*, au milieu de laquelle sont les îles nues & stériles de Barren. En dedans, à l'ouest, est une haute montagne à deux sommets, appelée cap *Douglas*, où l'on a remarqué l'éruption d'un volcan qui s'annonçoit par des tourbillons de fumée blanchâtre. Cette montagne paroît faire partie d'une chaîne fort élevée. Dans le fond d'une baie opposée est une île formée d'une haute montagne, à laquelle on a donné le nom de *Mont Saint-Augustin*. L'embouchure de la rivière de *Cook* est ici d'une grande largeur qu'elle doit à une baie qui, à l'opposite du mont Saint-Augustin, s'enfonce profondément vers l'est.

L'embouchure de la rivière de *Cook*, qui vient à la suite, est d'une longueur & d'une étendue considérables. La rivière commence entre la pointe de l'Ancre & le rivage opposé, où elle a trente milles de large, avec une grande profondeur & un jusant très-rapide. Fort loin, dans l'intérieur, le canal se rétrécit, & n'a plus que quatre lieues; espace où se précipite une marée extrêmement forte, agitée comme le font les vagues qui se brisent contre des rochers. La marée monte, dans ce canal resserré, à vingt-un pieds. On a examiné cette rivière à soixante-dix lieues de l'entrée, latitude 61 degrés 30 m., long. 210 degrés, & on a trouvé ses bords plats, marécageux, avec quelques bois clairsemés jusqu'à ce qu'ils approchent du pied des grandes montagnes. Vers le nord, cette rivière se divise en deux grands bras ou peut-être en deux rivières distinctes: le bras qui est à l'est, s'appelle *Retourné*: la première est large d'une lieue, & navigable pour les plus grands vaisseaux, jusqu'à l'endroit où on l'a remontée. L'eau y étoit toujours saumâtre.

D'après ces détails, on est porté à croire que cette rivière a un très-long cours, & qu'elle peut devenir dans la suite d'un grand usage pour la navigation intérieure de ces contrées. Il est même certain que dès à présent il s'y fait quelque commerce, car on a trouvé qu'ici, comme dans le détroit du *Prince-Guillaume*, les Indiens possédoient des grains de verre & de grands couteaux de manufacture angloise, que la compagnie de la baie d'Hudson envoie tous les ans pour servir en échange de pelleteries avec les naturels, qui viennent de très-loin dans l'ouest. Le trafic se fait par les tribus intermédiaires.

Depuis la rivière Retourné jusqu'à la partie la plus voisine de la baie d'Hudson, il y a 55 degrés ou environ seize cents milles; mais de la partie la plus occidentale du lac Arapathescow, qui est intermédiaire, il n'y a que 26 degrés ou environ sept cent cinquante milles. Il ne se décharge d'autre eau de ce vaste lac, que celles qui coulent dans la baie d'Hudson. Ce qu'on sait d'ailleurs sur les lacs & les rivières n'est ni assez exact ni assez détaillé pour en rien conclure sur la facilité de ces communications.

Les habitans des bords de la rivière de *Cook* diffèrent très-peu de ceux du *détroit du Prince-Guillaume*; ils ont des chiens, les premiers qu'on ait vus sur ces côtes; des loutres de mer, des martres, des lièvres blancs & une abondante provision de saumons & d'holibut.

COQUILLES FOSSILES. Les *coquilles* sont une des matières les plus abondantes que nous trouvions sur la surface de la Terre & dans son sein, jusqu'aux plus grandes profondeurs où il a été ouvert. De toutes les parties des animaux qui peuplent la Terre & les eaux, si l'on en excepte l'émail des dents, les *coquilles* sont celles qui se conservent le plus long-tems après la mort de l'animal. Lorsqu'elles en sont séparées, elles acquièrent souvent dans le sein de la Terre un nouveau degré de solidité par des infiltrations qui leur donnent la dureté des pierres ou même des silex, au milieu desquels ces *coquilles* se trouvent; de sorte que leur dureté doit égaler celles des bancs de rochers dont elles font partie: on a même remarqué qu'au milieu de la destruction de ces bancs souvent les fragmens de *coquilles* se retrouvoient dans leurs débris de manière à montrer encore leur ancienne organisation & une grande partie de leur forme.

Cependant on ne pourroit pas conclure de ces faits, que la plupart des *coquilles* qui ont existé depuis que les animaux à *coquilles* ont eu vie, existent encore aujourd'hui à peu près sous la même forme. On trouve, il est vrai, des *coquilles* dans un grand nombre de contrées: on les voit dispersées dans les plaines & à la surface de la Terre, ou réunies par bancs très-étendus & très-suivis, & même fort profonds; mais la plus grande partie a été détruite & réduite en petits fragmens qui composent des couches fort épaisses, & qui sont réunies par un gluten plus ou moins abondant & plus ou moins dur. On les trouve ainsi par lits entiers dans toutes les carrières, & même je ferai voir à l'article GRAIN DES PIERRES, qu'il dépend parfaitement de la forme que prennent les fragmens les plus petits des *coquilles* qui ont fourni la matière de ces pierres. On les reconnoît même dans les marbres avec les madrépores de toute espèce.

En effet, sans sortir de l'Europe, la France, l'Angleterre, l'Allemagne, l'Italie, fournissent des couches & des amas immenses, & à une très-grande distance de la mer. Les environs de Paris nous présentent des carrières inépuisables de pierres propres à bâtir, qui paroissent uniquement composées de *coquilles* ou de leurs débris. En général, il y a tout lieu de croire que toutes les terres & pierres calcaires, c'est-à-dire, qui sont propres à se changer en chaux par l'action du feu, comme les marbres coquillers ou autres, les pierres de taille à gros grain, les autres pierres calcaires molles & à grain fin, sont des produits du règne animal, & doivent leur origine à des *coquilles* qui ont été plus ou moins détruites & décomposées dans le sein de la Terre.

Ces couches immenses de *coquilles fossiles* sont toujours parallèles à l'horizon, & souvent il y en a plusieurs qui sont séparées les unes des autres par des lits intermédiaires de terre ou de sable. Il ne paroît pas, comme je l'ai déjà dit, qu'elles soient jetées au hasard & répandues sur les diverses parties de nos continens, puisqu'elles se trouvent distribuées par familles, composées constamment des mêmes espèces. Les animaux qui les habitoient & se multiplioient, paroissent avoir ainsi vécu en société a peu près dans les mêmes parages.

Une chose digne de remarque, c'est que, suivant les observations des meilleurs naturalistes, un grand nombre des *coquilles* & des corps marins qui se trouvent au milieu de nos continens, ne sont pas de nos mers. Leurs analogues vivans ne se rencontrent guère que dans les mers des Indes & des pays chauds. Quelques individus qui sont de tous les parages, & que l'on trouve avec ces *coquilles*, ne prouvent rien contre cette observation générale: il y en a même plusieurs dont les analogues vivans

vivans nous sont absolument inconnus: telles sont les cornes d'ammon, les bélemnites, les anomies & les ortocératites. Il en est de même de beaucoup de plantes, de bois, d'ossemens d'animaux & de quadrupèdes qui se trouvent enfouis dans la terre, & qui, ayant été fournis par les continens qui servoient de bords aux anciennes mers, ne paroissent pas plus appartenir à nos climats, que les *coquilles fossiles* aux climats de nos mers.

On avoit déjà remarqué, dans l'antiquité la plus reculée, que la Terre renfermoit un très-grand nombre de corps marins : cela donna lieu de penser, à plusieurs philosophes, que la Terre avoit autrefois été un fond de mer. Hérodote observa les *coquilles* qui se trouvoient dans certaines montagnes de l'Egypte, & soupçonna que la mer avoit abandonné ces contrées. Mais que ce sentiment eût été assez universel parmi les philosophes anciens, il n'en fut pas moins oublié par la suite; car les observations d'histoire naturelle qui auroient pu l'entretenir parmi nous, furent entiérement négligées dans les siècles d'ignorance qui succédèrent. Quand on commença ces observations, les savans à qui la philosophie péripatéticienne & les subtilités de l'École avoient fait adopter une façon de raisonner fort bizarre, prétendirent que les *coquilles* & autres *fossiles*, dépouilles des animaux marins qui étoient renfermées dans le sein de la Terre, avoient été formées par une force plastique (*vis plastica*) ou par une semence universellement répandue : d'où l'on voit qu'ils ne regardoient les *coquilles* & les autres corps marins *fossiles* que comme des jeux de la nature, sans faire attention à la parfaite ressemblance qui se trouvoit entre ces mêmes corps tirés de l'intérieur de la Terre, & d'autres corps que l'on avoit tirés de la mer. On sentit cependant qu'il y avoit beaucoup de corps *fossiles* auxquels on ne pouvoit attribuer cette formation, parce que l'on y remarquoit clairement une structure organique : de là vint, par exemple, l'opinion de quelques auteurs, qui ont regardé les ossemens *fossiles* que l'on trouve dans plusieurs endroits de la Terre, comme ayant appartenu aux Géans dont parle l'Écriture. Cependant un peu de connoissance dans l'anatomie auroit suffi pour les convaincre comme nous avons été convaincus par nos anatomistes, que ces ossemens avoient appartenu à des poissons ou à des quadrupèdes, & non à des hommes. Ces prétendues forces plastiques & ces explications, quelqu'absurdes qu'elles fussent, ont trouvé des partisans, parmi lesquels on peut compter Lister, Langius & beaucoup d'autres naturalistes éclairés d'ailleurs. Cependant, dès le seizième siècle, plusieurs savans, à la tête desquels on doit mettre Palissi, & à la suite Fracastor, considérant avec attention les *coquilles fossiles*, trouvèrent qu'elles avoient une ressemblance si parfaite avec celles qu'on tiroit de la mer, qu'ils ne doutèrent plus que ce ne fût la mer elle-même qui les eût apportées sur nos continens; & comme on ne voyoit point de cause plus vraisemblable de ce phénomène que le déluge universel, on regarda cette catastrophé comme ayant répandu sur notre Globe les corps marins qui s'y trouvent.

Burnet, en suivant le système de Descartes, prétendit expliquer comment cette grande révolution s'étoit faite, & d'où étoit provenue l'immense quantité d'eau qui produisit l'inondation générale. Mais l'hypothèse de Burnet, en rendant raison de la manière dont le déluge avoit pu se faire, n'expliquoit pas, à beaucoup près, comment il avoit pu entraîner les corps marins que nous trouvons, non-seulement sur la Terre, mais même distribués régulièrement au milieu des couches. Woodward crut remédier & suppléer à ce qui manquoit à la théorie de Burnet, par une idée qui ne s'accorde point malheureusement avec les observations que l'on a eu occasion de faire depuis qu'il a publié son ouvrage. Il prétendit que toutes les substances non organisées du Globe avoient été parfaitement délayées & dissoutes par les eaux du déluge universel, & qu'au contraire les substances organisées qui s'y trouvoient après avoir été pendant quelque tems suspendues dans ces eaux, s'étoient affaissées, & enfin précipitées chacune en raison de leur pesanteur spécifique. Cette bizarre hypothèse fut adoptée par un grand nombre de naturalistes, & entr'autres par Schenchzer : cependant il est difficile de concevoir par quelle raison les eaux du déluge auroient eu la puissance de délayer tous les autres corps, même les plus durs, excepté ceux qui étoient organisés : outre cela, comment imaginer que le tems de la durée du déluge ait suffi pour détremper une masse telle que le Globe de la Terre, au point que le prétend Woodward? D'ailleurs, l'observation nous prouve que les corps marins n'ont point été jetés au hasard dans les lieux où nous les trouvons, puisqu'il y a des espèces de *coquilles* qui se trouvent constamment rassemblées les unes avec les autres. Outre cela, ces corps ne se trouvent pas disposés suivant leur pesanteur spécifique, car souvent on rencontre dans des couches voisines de la superficie de la Terre des corps marins d'une pesanteur beaucoup plus grande que ceux qui sont placés dans les couches plus profondes, & même des corps fort pesans se trouvent quelquefois mêlés avec d'autres qui sont beaucoup plus légers; enfin, comment peut-on, dans l'hypothèse que nous réfutons, expliquer la distinction & la séparation des couches au milieu de cette confusion de tant de substances qui ont dû prendre leur arrangement par des dépôts suivis & non interrompus.

Nous devons dire cependant que plusieurs naturalistes qui n'ont pas adopté les systèmes de Burnet & de Woodward sur la cause & les effets du déluge, n'ont pas laissé de regarder ce déluge comme le grand moyen dont l'Auteur de la nature s'étoit servi pour introduire les productions marines, & surtout les *coquilles fossiles*, dans l'intérieur de nos continens. Ils ont pensé que, par un changement dans la position de l'axe de la Terre, la mer pouvoit avoir été jetée avec violence sur les parties sèches; qu'elle les avoit inondées, & qu'elle y avoit apporté les *coquilles* & les autres dépouilles des animaux qui vivoient dans son sein.

Quoique les naturalistes admettent la réalité du déluge universel, il semble que, sans s'écarter du respect qu'ils doivent aux Saintes Écritures, ils ont la liberté d'examiner si cette catastrophe a été réellement cause des phénomènes dont nous nous occupons dans cet article. C'est en conséquence de cette liberté d'examen & de recherches, qu'ils ont reconnu & publié que ce n'est pas au déluge dont parle Moïse, qui n'a été que passager, que sont dus les corps marins que l'on trouve dans le sein de la Terre. En effet, l'énorme quantité de *coquilles* & d'autres corps marins dont les premières couches de la Terre sont remplies; la grande étendue des collines qui en sont presqu'entièrement composées, les carrières de pierres à *coquilles* qui se rencontrent dans plusieurs provinces, semblent annoncer que ces dépôts immenses n'ont pu se faire que pendant un séjour des eaux de la mer de plusieurs siècles, & non pas à la suite d'une inondation passagère & de quelque mois, telle que fut celle du déluge suivant la Genèse. D'ailleurs, nous l'avons déjà remarqué ci-dessus, si les *coquilles fossiles* eussent été apportées par une inondation subite & violente comme celle du déluge ou par des courans d'eau, tous ces corps auroient été jetés confusément & dispersés à la surface de la Terre; ce qui est contraire aux observations dont nous avons déjà rappelé les résultats. On voit, par tout ce qui vient d'être dit, que le sentiment le mieux appuyé par les faits est celui des naturalistes, qui pensent que les parties des continens qui renferment des corps marins distribués par bancs & par lits, ont été un fond de mer, & formées ainsi dans le bassin de l'ancien Océan.

Nous n'entrerons pas ici dans le détail des *coquilles fossiles* qu'on a recueillies dans les différens amas qu'offrent la surface de la Terre ou les différentes fouilles qu'on a faites dans son intérieur; nous remarquerons seulement que les productions marines de toute espèce sont quelquefois si bien conservées, qu'elles ont encore un émail aussi brillant que celles qu'on vient de tirer de la mer. Quoique d'autres fois elles soient plus ou moins détruites, on reconnoît assez bien dans les fragmens & dans les débris les vestiges de l'organisation animale. Il est vrai que souvent, à côté de ces amas qui annoncent un commencement de décomposition, on trouve de ces corps si parfaitement détruits, qu'il est impossible d'y remarquer aucune trace de structure organique; mais on y voit cette substance farineuse calcaire qui montre les matériaux d'un grand nombre de bancs pierreux qui ont été liés plus ou moins fortement par l'infiltration du suc lapidifique. Ces différens états des corps marins nous annoncent l'emploi que la nature en a fait dans plusieurs circonstances, où l'on ne peut plus aussi bien remonter à l'origine des choses & aux causes premières. (*Voyez* CRAN, FALUN, CRAIE.)

Les ouvrages des naturalistes renferment les descriptions de toutes ces *coquilles fossiles* qu'ils ont recueillies dans les différens pays qu'ils habitoient; mais nul observateur n'a mis plus d'ordre & plus de vues dans ce travail, que M. Rouelle, de l'Académie des sciences. Cet habile naturaliste ayant remarqué, comme nous l'avons déjà dit en plusieurs endroits de ce Dictionnaire, que certains corps marins se trouvoient toujours constamment ensemble dans des cantons d'une médiocre étendue, pensé que ce sont les dépouilles appartenantes à des animaux qui vivoient en famille dans le bassin de la mer; il désignoit ces classes de *fossiles* sous le nom d'*amas*. (*Voyez* AMAS.) Il nous faisoit connoître dans ses leçons, combien il seroit intéressant de décrire les individus qui se trouvent rassemblés dans un même amas, afin de déterminer par ces collections, quelles sont les différentes espèces qui vivent ensemble dans certains parages, & forment ainsi une société assez semblable à celle que l'on remarque dans quelques animaux terrestres. Il nous montroit les avantages qu'il y auroit, si ces amas étoient bien connus, de remarquer seulement deux ou trois individus pour déterminer quelles sont les autres *coquilles* qui doivent s'y trouver également. D'après ce plan de travail il abrégeoit infiniment les détails minutieux des collecteurs de *coquilles*, à qui il auroit suffi de désigner deux ou trois *coquilles* pour terminer leurs recherches. (*Voyez* ce que nous avons dit des avantages de ce plan dans l'article du discours sur les théories de la Terre, qui concerne M. Rouelle. *Voyez* surtout au mot FOSSILES, où nous avons rassemblé avec soin tout ce qu'il est important de connoître sur ces débris de corps organisés, si communs dans la plupart des points de la terre sèche.)

CORAIL, production d'animaux marins, qui se trouve sur un grand nombre des côtes de la mer, & croît assez abondamment sur les lieux qui lui sont propres; c'est toujours sur le haut des antres & des creux de rochers ou de tuf, & rarement en croît-il sur le fond de la mer.

Le golfe Persique, la Mer-Rouge, la mer de Sicile & de Naples, la côte d'Afrique, les îles de Majorque, de Minorque, le cap de Quiers en Catalogne, les côtes de Provence & de quelques autres îles de la Méditerranée, fournissent une grande quantité de *corail*, qui s'y pêche du moins dans la Méditerranée, depuis le commencement d'avril jusqu'à la fin de juillet.

Il paroît que les sortes d'animaux qui construisent les tiges de *corail* s'établissent à un certain niveau constamment dépendant de la surface des eaux de la mer, & toujours à une très-petite profondeur; aussi le *corail* forme-t-il des bancs de matières pierreuses qui servent à border certaines îles de la mer du sud, & à prolonger, par une croûte solide, leur aterrissement. (*Voyez* MADRÉPORES & RÉCIFS.)

CORBEIL, ville du département de Seine & Oise, à trois lieues ouest nord-ouest de Melun. Cette petite ville est sur la Seine, qui la divise en deux parties. Celle qui est sur la rive droite faisoit partie de la ci-devant Brie, & se nomme le *Vieux-Corbeil*. La partie située sur la gauche dépendoit du ci-devant Hurepoix. *Corbeil* a deux ponts, l'un sur la Seine, l'autre sur la Juine, qui se réunit à la Seine dans cette ville. *Corbeil* est un des plus forts magasins des subsistances de Paris, surtout pour les grains & les farines. Les préparations de tan & de cuirs forment un article principal du commerce. Il y a, outre cela, plusieurs manufactures de colle-forte, une de cuivre, deux poudrières, plusieurs moulins à farine & six moulins à tan, &c.

CORBEIL-CERF, village du département de l'Oise, canton de Méru, à trois lieues trois quarts de Beauvais. La situation de ce village, bordé d'arbres fruitiers, est très-riante. On trouve, dans ce pays, des couches de pierres calcaires. Presque tous les habitans s'occupent à faire des éventails avec des bois indigènes. On y recueille une grande quantité de bon cidre.

CORBELIN, village du département de la Nièvre, canton de Varzy. Il y a un fourneau & cinq forges, où l'on prépare de la fonte de fer & de l'acier.

CORBENY (Forêt de), du département de l'Aisne, arrondissement de Laon, canton de Craonne, à un quart de lieue de cette ville. Elle a de l'est à l'ouest trois mille toises de long, & du nord au sud quinze cents toises de large.

CORBERA, village du département des Pyrénées-Orientales, arrondissement de Perpignan, & à quatre lieues deux tiers de cette ville. On voit dans les environs de ce village une grotte qui présente une suite de cavités & de galeries creusées d'une manière assez symmétrique, & qui communiquent les unes aux autres. On y trouve quelques lacs d'eau de distance en distance. Lorsqu'on est parvenu à une certaine profondeur on entend un bruit sourd très-fort, comme celui d'un torrent impétueux qui se perd dans un abîme, & l'on sent un vent très-fort & humide qui éteint les flambeaux. Si l'on tente de pénétrer plus avant, tous ces phénomènes, très-remarquables, annoncent les causes qui ont contribué à l'excavation de ces souterrains. Il paroît, outre cela, que les filtrations de l'eau y ont continué leur travail, puisque ces grottes sont remplies de stalactites, de stalagmites, de congélations & de toutes sortes de cristallisations. On voit que les deux époques des opérations de la nature y ont leurs différens caractères bien marqués.

CORBIE, ville du département de la Somme, arrondissement d'Amiens. On y trouve des sources d'eau minérale, qui produisent des effets surprenans dans les personnes attaquées de maladies chroniques provenantes de l'épaississement des liqueurs & des obstructions des viscères du bas-ventre.

CORBIÈRES, vallée dans le ci-devant Bas-Languedoc. Elle est arrosée par la rivière d'Orbien. Les collines qui en forment les bords sont remplies de fossiles très-singuliers, qu'on ne sauroit examiner avec trop d'attention. Cette vallée fait actuellement partie du département de l'Aude.

CORBIGNY, ville du département de la Nièvre, arrondissement de Clamecy, sur l'Anguison. On y fait le commerce de bois à brûler, avec des préparations de cuirs forts au tan.

CORBONNOIS, petit pays du ci-devant Perche, qui tiroit son nom du village de *Corbon*. Ce pays fait partie du département de l'Orne, où l'on trouve tout ce qui le concerne.

CORBONAD, village du département d'Ain, arrondissement de Belley, canton de Seyssel, sur la côte près du Rhône. Il y a, dans cette commune, une indication d'une mine de combustibles.

CORDILLÈRES, montagnes qui coupent l'Amérique méridionale presqu'entiérement sur sa longueur, & dont les différens rameaux s'étendent dans sa largeur. C'est surtout sur la ligne & au Pérou que ces montagnes célèbres sont le plus élevées. A travers les masses énormes de neiges qui couvrent les sommets les plus considérables, on démêle aisément qu'elles furent autrefois des volcans. Les tourbillons de flammes & de fumée qui sortent encore de quelques-unes, attestent qu'elles éprouvèrent de violentes éruptions. Chimboraco, la plus élevée, & qui a trois mille deux cent vingt toises au dessus du niveau de la mer, surpasse de plus d'un tiers le pic de Ténériffe. Le Pichincha & le Caraçon, qui ont principalement servi de point d'appui aux observations entreprises pour la figure de la Terre, n'en ont que deux mille quatre cent trente, & deux mille quatre cent soixante-dix. C'est à ces hauteurs que les voyageurs les plus intrépides ont été obligés de s'arrêter. La neige permanente à un niveau supérieur a toujours rendu inaccessibles les sommets plus élevés. Une plaine qui a depuis trente jusqu'à quarante lieues de largeur & mille neuf cent quarante-neuf toises au dessus de l'Océan, sert de base à ces étonnantes montagnes. Des lacs plus ou moins considérables occupent une partie de ce vaste espace. Celui de Titicaca, qui reçoit dix à douze grandes rivières & beaucoup de petites, a soixante-dix toises de profondeur & quatre-vingts lieues de circonférence : de la plupart des lacs sortent des torrens qui, avec le tems, ont creusé des vallées d'une profondeur effrayante. Les quebrados au sommet des collines qui les bordent, sont ordinairement les filons des mines dans un terrain généralement aride. C'est à un niveau plus bas, ou bien dans le fond des vallées & des gorges, que le blé croît, que les troupeaux paissent, que l'on cultive les cannes à sucre, le maïs & les arbres à fruit.

Les terrains en pente, d'une longueur immense, qui peuvent avoir depuis huit jusqu'à vingt lieues de largeur, & qui s'étendent de la plaine dont nous venons de parler jusqu'à la mer, enfin que l'on connoît sous le nom de *vallées*, n'offrent qu'un amas de sables. Une stérilité éternelle semble devoir être le partage de ce sol ingrat.

La nature varie la température & les productions dans un sol aussi inégal. On a vu que les sommets les plus élevés, quoique sous la ligne, étoient constamment couverts de neige ; qu'à la suite venoient des rochers & des sables nus ; qu'au dessous on commençoit à voir quelques mousses ; que plus bas étoit l'*icho*, plante que l'on brûle, & qui est assez semblable au jonc ; elle devient plus longue & plus forte à mesure qu'on descend. Des arbres se montrent au nombre de trois espèces particulières à ces montagnes : tous annoncent par leurs feuillages & leur structure la rigueur du climat où ils sont nés. Le plus utile de ces arbres est le cassis. Ces grands végétaux ne se retrouvent plus dans un climat plus doux ; ils ne sont remplacés que par un petit nombre d'autres, d'une qualité différente. Il n'y en auroit même d'aucune espèce dans les vallées, si l'on n'y en avoit porté qui s'y sont naturalisés.

Outre les maladies qui sont particulières à ces différentes températures, & dont nous ne parlerons point ici, il est un autre fléau auquel l'esprit humain ne trouvera jamais de remède. Les tremblemens de terre, si rares ailleurs, que les générations se succèdent souvent sans en voir un seul, sont si ordinaires dans le Pérou, qu'on y a contracté l'habitude de les compter, comme une suite d'époques d'autant plus mémorables, que leur retour fréquent n'en diminue pas la violence.

Le climat offre des singularités remarquables dans le Haut-Pérou. On y éprouve le même jour, quelquefois à la même heure, & toujours dans un espace de tems très-borné, la température des zônes les plus opposées : ceux qui s'y rendent des vallées sont percés, en y arrivant, d'un froid très-rigoureux, dont ni le feu, ni l'action, ni les vêtemens ne peuvent les garantir, mais dont l'impression cesse d'être désagréable après un séjour d'un mois. Les symptômes du mal de mer tourmentent les voyageurs qui y paroissent pour la première fois, avec plus ou moins de violence, selon qu'ils auroient eu à souffrir sur l'Océan. Cependant, quelle qu'en soit la cause, on n'est pas exposé à cet accident partout, & aucun des académiciens qui mesurèrent les degrés du méridien sur les montagnes de Quito, n'en fut attaqué.

Quoique très-près de l'équateur, ce pays jouit d'une délicieuse température. Les quatre saisons de l'année y sont sensibles, sans qu'aucune puisse passer pour incommode. Celle de l'hiver est la plus marquée : on en a cherché la cause dans les vents du pôle austral, qui portent l'impression des neiges & des glaces qu'ils ont franchies ; ils ne la conservent même en partie que parce qu'ils soufflent au milieu d'un brouillard épais, qui couvre alors la Terre. A la vérité, ces vapeurs grossières ne s'élèvent que vers le midi ; mais il est rare qu'elles se dissipent. Le ciel demeure communément assez couvert pour que les rayons du soleil, qui quelquefois se montre, ne puissent adoucir le froid que très-légérement. Quelle que soit la cause d'un hiver si constant sous la zône torride, il est certain qu'il ne pleut jamais, ou qu'il ne pleut que tous les deux ou trois ans dans le Bas-Pérou. Ne pourroit-on pas attribuer la cause d'un phénomène si extraordinaire au vent du sud-ouest, qui y règne la plus grande partie de l'année, & à la hauteur prodigieuse des montagnes, dont la cime est couverte de glaces perpétuelles ? Le pays situé entre deux, continuellement refroidi d'un côté, continuellement échauffé de l'autre, conserve une température si égale, que les nuages qui s'élèvent, ne peuvent jamais se condenser au point de se résoudre en pluie.

Il faudroit cependant des pluies, & des pluies fréquentes pour communiquer quelque fertilité aux côtes qui s'étendent depuis Tombès jusqu'à Lima, c'est-à-dire, dans un espace de deux cent soixante-quatre lieues. Les sables en sont si généralement arides, qu'on n'y voit pas la moindre verdure, la pointe d'une herbe, excepté dans les parties qu'on peut arroser, & ces eaux propres aux arrosemens sont très-rares. Il n'y a pas une seule source dans le Bas-Pérou ; ce qui n'est pas extraordinaire, puisqu'il n'y pleut pas, comme nous l'avons dit. Par la même raison, les rivières n'y sont pas communes, & celles qu'on y voit, ou prennent leurs sources dans une région supérieure, ou n'ont la plupart de l'eau que six à sept mois de l'année. Ce sont la plupart des rivières fort rapides qui sortent des lacs plus ou moins grands, dont les bassins sont formés dans la base des *cordillères ;* elles ne parcourent qu'un petit espace & tarissent durant l'été. Du tems des Incas, ces eaux précieuses étoient recueillies avec soin, &, par le secours de divers canaux, distribuées sur une superficie fort grande qu'elles fertilisoient. Les Espagnols ont profité de ces travaux.

CORDOUAN (Tour de), dans le département de la Gironde. Cette tour est dans l'embouchure de la Garonne, sur un rocher, où l'on voit un phare bâti vis-à-vis de Royan, dont il n'est séparé que par un trajet de quelques minutes. Cette *tour de Cordouan* est un bâtiment d'architecture qui a cent soixante pieds d'élévation. Il sert à éclairer les vaisseaux qui approchent de la côte, & qui sans ce secours seroient en danger de se perdre la nuit sur les bancs de sable dont l'embouchure de la Gironde est embarrassée.

CORENT, village & montagne très-remarquables dans la Limagne, département du Puy-de-Dôme. Cette montagne est, dans la plus grande partie de sa masse volcanique, couverte de scories dont on peut aisément charger des barques sur l'Allier qui passe au pied de cette montagne.

CORGOLIN, village du département de la Côte-Dor, arrondissement de Beaune, & à deux lieues nord-est de cette ville. Il y a, dans ce village, des carrières de marbre jaunâtre ou couleur d'or, mêlé de veines pourprées.

CORGUILLEROY, village du département du Loiret, arrondissement & canton de Montargis, à une lieue un tiers de cette ville.

CORMEILLES, bourg du département de l'Eure, arrondissement de Pont-Audemer, sur la rivière de Calonne, à trois lieues & demie sud-ouest de Pont-Audemer. Son principal commerce consiste en grains & en toiles. Il y a un moulin à huile, & l'on y prépare des cuirs. La campagne des environs est très-fertile.

CORMERA (le), village du département de l'Yonne, canton de Blenau. Il y a une verrerie dans ce village.

CORMORIN, village du département de la Sarthe, canton & commune de Vibraye, & à une demi-lieue de cette ville. Près de ce village il y a des forges bien entretenues.

CORNASQUE (Pointe de), du département des Basses-Alpes, canton de Meironnes, à la frontière du Piémont. Elle a du nord-est au sud une demi-lieue de longueur.

CORNE (Col de la), montagne des Alpes-Maritimes, canton de la Briga, à deux lieues & demie de cette ville.

CORNÉ, village du département de Maine & Loire, arrondissement de Baugé, à quatre lieues & demie de cette ville, & à trois lieues & demie d'Angers. Il y a des carrières de l'ardoise la plus estimée de la France.

CORNEILLA, village du département des Pyrénées-Orientales, arrondissement & canton de Prades. Il y a, dans le territoire de ce village, au lieu appelé la *Berne*, deux sources d'eaux minérales ferrugineuses, nommées communément *Picherottes*.

CORNETO. *Corneto* est à quatre lieues au nord de Civita-Vecchia, à neuf lieues de Montefiascone, & autant de Viterbe; c'est une petite ville de l'État ecclésiastique, remarquable par des restes curieux d'antiquités étrusques, qui en sont peu éloignés. A une lieue au nord de *Corneto* est une colline appelée *Civita-Tarchino*, où l'on croit qu'étoit autrefois la ville célèbre de Tarquinia ou Tarquinium. Ce n'est plus aujourd'hui qu'une vaste campagne, dans laquelle on a trouvé en différens tems, des inscriptions, des médailles & autres restes d'antiquités.

Plusieurs petites éminences appelées *Monti-Rossi* sont entre cette colline & la ville de *Corneto*, à une lieue de la mer: on en a ouvert une douzaine, & l'on y a trouvé des chambres souterraines de vingt à trente pieds, taillées dans le tuf, revêtues de stuc, garnies de vases étrusques de différentes formes, & des peintures, dont quelques-unes sont supérieures à tout ce que l'on connoissoit de la manière des Étrusques.

CORNICHE (Passage de la). *Le Passage de la Corniche* est surtout pratiqué par ceux qui vont de Nice à Gênes lorsque les vents sont contraires pour aller par mer; ce qui est très-ordinaire, parce que le vent d'est règne au moins deux jours sur trois dans ces parages.

Les voyageurs font une peinture effrayante de ces chemins. Les sommets des rochers, sur lesquels on passe en descendant & montant alternativement des uns aux autres, font quelquefois saillie sur les ondes effrayantes, qui se brisent au bas avec un mugissement épouvantable. On conçoit à peine comment les mulets s'en tirent en plein jour & par le tems le plus beau. La difficulté augmente dans l'obscurité (car les couriers ne s'arrêtent point), ou bien lorsque le roc, qui est glissant par lui-même, vient à être couvert de verglas ou échauffé par un soleil brûlant; alternative presque continuelle. Cependant, au milieu de tant de périls qu'offre cette route, l'œil jouit d'un spectacle aussi varié qu'intéressant. Rien n'égale en effet le charme pittoresque de ces montagnes, qui sont une branche des Alpes-Maritimes; elles sont séparées par des golfes, & dans chaque enfoncement on voit toujours un bourg ou un village; d'un côté la mer présente un abîme; de l'autre, un roc se penche en demi-voûte, ou semble se perdre dans les cieux. Le nu de plusieurs de ces rocs tranche d'une manière pittoresque sur l'ombre noire que présentent d'épaisses forêts de pins, conservées avec le plus grand soin dans tout l'état de Gênes.

Les accidens de lumière que la disposition des nuées produit sur la mer, enfin les vaisseaux qui la couvrent, tout cela fait un spectacle admirable, & digne de la curiosité des amateurs de sites, de paysages & de vues maritimes.

CORNIMONT, village du département des Vosges, canton de Sauxures, sur une branche de la Moselle, à quatre lieues & demie de Remiremont. On fait, dans ce village, beaucoup de fromages semblables à ceux de Geradmer.

CORNOL, village du département du Haut-Rhin, arrondissement & canton de Porentruy, à une lieue & demie sud-est de cette ville. On trouve, sur son territoire, une carrière abondante de plâtre, qu'on réduit en poudre au moyen de moulins à pilons. Cette terre forme un excellent engrais, & le commerce en est très-étendu. On fabrique beaucoup de poterie à *Cornol.*

CORNOUAILLES (Mines d'étain de). Les pierres d'où l'on tire l'étain se trouvent quelquefois à un ou deux pieds au dessous de la surface de la terre, le plus souvent disposées en veines entre deux murs de rocher, couleur de rouille, qui n'ont que très-peu d'affinité avec l'étain. La veine a depuis quatre jusqu'à dix-huit pouces de largeur.

Il y a des gens qui prétendent que la veine est dirigée du nord au sud; mais il est certain qu'elle l'est plus souvent de l'est à l'ouest, quoique cette direction ne soit pas constante & qu'elle varie beaucoup.

On trouve quelquefois un métal riche & gras; quelquefois il est maigre & affamé; quelquefois il n'y a qu'une substance écumeuse, qui n'est ni terre pure, ni pierre, ni métal, mais ressemble au fraisis des forges: sa couleur est quelquefois vive, & tire sur la carnation; quelquefois elle est plus sombre. Lorsque les mineurs trouvent cette substance, ils jugent que le métal est mûr.

Les fosses ont quarante, cinquante & quelquefois soixante brasses de profondeur.

Lorsque la mine est riche, on trouve la mine à dix brasses de profondeur ou environ, & au dessous on trouve une cavité ou place vide, dans laquelle il n'y a que de l'air à plusieurs brasses de profondeur. Cette cavité est entre deux lits de pierres dures, éloignés l'un de l'autre de six ou neuf pouces. Lorsqu'il s'élève quelque vapeur de ces caves souterraines, on entend un bruit extraordinaire: ces vapeurs estropient beaucoup de monde, & tuent quelquefois tout d'un coup sans laisser aucune trace de blessure.

L'étain est, le plus souvent incorporé avec des pierres, ou se trouve dedans. On rompt chaque pierre en particulier. Si l'on apperçoit quelque chose de noir, on l'en tire: c'est avec cette matière noire qu'on fait l'étain.

Quoiqu'on tire la plus grande partie de ce métal des pierres, cependant on le trouve quelquefois mêlé à une espèce de gravier quelquefois blanc, mais le plus souvent rouge. On le sépare aisément de cette terre en le lavant seulement; mais il faut le battre pour le retirer des pierres dans lesquelles il est renfermé.

On distingue l'étain qu'on tire du gravier de celui que fournissent les pierres, & on l'appelle étain de *Pryan.* Cent veines de celui-là en valent à peine cinquante de l'autre; mais il y a beaucoup de variété dans la bonté des différentes veines.

Il y a une autre espèce de mine qu'on appelle *mine de mundick.* Ces deux substances étant mêlées ensemble, on distingue aisément le mundick par la couleur brillante, mais cependant brune & sale, dont il teint les doigts.

On dit que le mundick nourrit l'étain; cependant les mineurs affirment qu'ils ne trouvent point ou presque point d'étain dans les endroits où ils rencontrent du mundick; & au contraire il y a beaucoup & de très-bon étain dans les endroits où il y a très-peu de mundick. Il est certain que si on laisse du mundick parmi l'étain qu'on veut fondre, il le rend épais & cru, c'est-à-dire, moins ductile, car l'étain se plie aisément; mais lorsqu'il est mêlé avec le mundick, il devient très-cassant.

Ce mundick paroît être une espèce de soufre: le feu seul peut le séparer de l'étain. Il s'évapore en fumée, qui s'amasse sur de petits bâtons qu'on met dans la cheminée: les mineurs la regardent comme un poison, & croient que c'est une espèce d'arsenic. Cette substance se dissout aisément dans l'eau, & produit un excellent vitriol.

L'eau dans laquelle on dissout cette substance, change en peu de tems de petites verges de fer, & on assure qu'elle leur communique sa nature.

On est généralement persuadé que les poissons meurent dans l'eau dans laquelle on a jeté du mundick, & les gens du pays attribuent la mort de quelques personnes à une eau qui en étoit imprégnée.

Il en sort une puanteur très-dangereuse lorsqu'on le brûle pour le séparer de l'étain.

Outre les pierres dont on a déjà parlé, & que l'on a dit se trouver dans les mines d'étain, & incorporées avec ce métal, il y a aussi une espèce de sparr qui y est mêlé, comme il l'est avec le plomb & le cuivre.

Il paroît souvent sous la forme d'une substance brillante & blanchâtre; ce qui fait que quelques personnes l'appellent *mercure.* Il jette une écume blanche sur l'eau dans laquelle on le lave. Lorsqu'on le tire de la terre, il est mou & onctueux, mais bientôt après il durcit un peu. Les mineurs l'appellent *sparr blanc.* Il y en a qui pensent qu'il produit & nourrit l'étain; mais il est certain qu'on trouve souvent dans les terres marécageuses du sparr sans aucune apparence de mine; cependant il n'y a pas de mine d'étain où l'on n'en trouve.

Les pierres qu'on appelle *diamans de Cornouailles*

se trouvent mêlées avec la mine, & quelquefois par morceaux. Il y en a d'assez grosses pour qu'on puisse y graver un cachet, & elles sont assez dures pour couper le verre. Il y en a de rouges, qui ont l'éclat d'un rubis foncé. Ces diamans paroissent être une espèce de spath plus fin, plus pur & plus dur que le spath ordinaire, car on les trouve avec cette substance sur les rochers de Saint-Vincent, près de Bristoll.

La mine de Godophin est la plus fameuse de toutes celles de la comté de *Cornouailles* par la quantité de métal qu'elle fournit, quoique depuis quelques années certaines gens prétendent qu'il y en a une encore plus riche. Quelques-uns disent que c'est une mine d'argent, d'autres de plomb. Un essai de cette mine a produit sur le poids de dix livres, deux onces un quart d'argent.

La différence des autres mines, à la réserve de celle qu'on appelle *Pryan* & de celle où il y a du mundick, est très-petite.

La meilleure mine est celle qui est en paillettes; après celle-là, celle qui contient du spath blanc.

Voici de quelle manière on travaille la mine: les pierres ayant été battues, comme on l'a dit, on les porte à un moulin semblable à un moulin à papier que l'eau fait aller. Les pierres sont disposées de façon qu'elles tombent peu à peu dans des caisses doublées de fer-blanc & percées: c'est dans ces caisses que sont les pilons. Là, elles sont broyées, & l'eau qui coule sans cesse, les lave, & entraîne tout ce qui n'est pas métal; le reste tombe à côté du moulin par son poids. C'est ainsi que se fait la première préparation.

Alors on ramasse ce que l'eau a laissé, & on le dispose de façon que l'eau entraîne encore une fois ce qui reste d'étranger.

Ensuite on le fait sécher dans un fourneau sur des lames de fer, & on le broie sous une meule de moulin faite de pierres qui se trouvent fort communément dans ce pays.

Après quoi on le lave comme auparavant, & on le fait un peu sécher. Enfin, on le porte ainsi préparé à un fourneau pour le fondre & le jeter.

Il nage sur le métal, lorsqu'il coule du fourneau, des scories semblables à celles du fer, qui, étant fondues avec de nouvelles mines, se changent en métal.

On entasse tout ce que l'eau a entraîné, & au bout de cinq à six ans on le travaille. On a remarqué qu'avant ce tems on n'en retiroit pas assez de métal pour payer la dépense, & que même on n'en retiroit point du tout si on le travailloit dès que l'eau l'a entraîné.

On a trouvé depuis peu le cuivre arsenical dans les mines de *Cornouailles*.

CORNOUAILLES, ci-devant petit pays. Il a pris ce nom parce qu'il forme une espèce de corne, dont la baie de Douardenez & celle de Brest remplissent le vide, ou parce que ce furent les habitans du pays de *Cornouailles* en Angleterre, qui vinrent s'établir dans cette partie de la Bretagne. Ce pays comprenoit tout le diocèse de *Cornouailles* ou de Quimper-Corentin. Ce pays fait maintenant partie des départemens des Côtes-du-Nord, du Finisterre & du Morbihan.

COROMANDEL ET MALABAR. La nature a mis entre les deux côtes de *Coromandel* & de *Malabar* des différences plus sensibles encore que celles qui règnent entre le génie & les mœurs de leurs habitans. Ces deux contrées si voisines présentent, quant à leurs climats, un contraste très-frappant. Pendant que l'hiver se fait sentir à la côte de *Malabar*, & que les pluies & les tempêtes y règnent, on jouit sur celle de *Coromandel* d'un tems calme & serein, & de tous les agrémens de l'été. Cependant ces deux côtes sont à la même élévation, & ne sont séparées que par les montagnes de Gate, qui courent du nord au sud. Quand on est sur leur cime, on n'a qu'un petit trajet à faire pour passer assez subitement de l'été à l'hiver, ou de l'hiver à l'été. Nous avons vu qu'à l'île de Ceilan, la même différence de deux saisons opposées se fait sentir dans deux cantons aussi peu éloignés l'un de l'autre.

L'hiver commence, à la côte de Malabar, vers les premiers jours du mois de juin, & finit au mois d'octobre. Alors la mer cesse, non-seulement d'y être navigable, mais il y a peu de ports où les navires soient en sûreté & à couvert des tourmentes occasionnées par les orages mêlés d'éclairs & de tonnerres. C'est du midi que viennent les nuages: le vent les pousse avec violence contre les montagnes de Gate, où ils se brisent & se résolvent en pluies: ces eaux forment des torrens qui se répandent dans les campagnes & les inondent. Cette saison n'a rien d'ailleurs de rigoureux; on n'y éprouve aucun froid: c'est même pendant ce tems que les fruits arrivent à leur maturité, & que les fleurs & les plantes ont le plus de vigueur.

L'été commence au mois d'octobre, & dans tout le cours de cette saison on découvre à peine dans l'air le moindre nuage; & malgré les chaleurs brûlantes auxquelles le pays est exposé pendant le jour, les nuits sont toujours fraîches, & peuvent même passer pour froides pendant les trois premiers mois de l'année.

Toute la plage étant fort basse, & le terrain s'élevant par degrés, on découvre de la mer une partie des richesses de cette belle contrée. Des bois de cocotiers & de palmiers toujours verts, de vastes plaines, des rivières, des ruisseaux, des lacs, forment un coup-d'œil très-agréable.

C'est à la pointe formée par la réunion des deux côtes de *Coromandel* & de *Malabar* que se trouve située l'île de Ceilan, qui paroît avoir été détachée de cette pointe par l'ouverture d'un détroit qui n'est ni large ni profond. (*Voyez* CEILAN.)

La température de la côte de *Coromandel* surpasse en chaleur la plupart des autres lieux de l'Inde. Comme le sol n'est presque que du sable, il s'échauffe fort aisément par les rayons du soleil aux mois de juin & de juillet, où ils agissent plus vivement.

Le pays seroit stérile si les pluies qui viennent réglément tous les ans, & qui durent quatre mois, ne le rendoient fécond & ne remplissoient des réservoirs que les habitans ont creusés de toutes parts avec de grands travaux, pour avoir, pendant la séchresse, de quoi abreuver leurs bestiaux & arroser leurs terres : il y en a qui ont jusqu'à trois milles de tour, dont une grande partie est revêtue de pierres, & qui, pendant six à sept mois qu'il ne tombe point de pluie, fournissent, par des ruisseaux abondans & qui coulent six heures par jour, de quoi arroser une très-grande étendue de ce pays.

Dans les lieux qui sont au nord de la ligne, le vent du nord commence pour l'ordinaire au mois d'octobre, & dure jusqu'à la fin de mars; au mois d'avril il tourne au sud & règne jusqu'en septembre; c'est ce qui fait les moussons, qui sont si fort réglées.

Les pluies ne sont pas moins réglées, mais elles ne commencent pas au même tems dans tous les lieux; elles durent à Siam depuis le mois de juin jusqu'au mois d'octobre; à Malaie, depuis juillet jusqu'en décembre; à Pondichery, depuis octobre jusqu'en janvier; à Batavia, depuis le mois de novembre jusqu'en mars; il passe peu de jours sans pluie pendant ce tems.

COROMANDEL (Mines de diamans de la côte de). Les mines de diamans de ce pays sont en général adjacentes à des montagnes qui commencent près du cap Comorin, & ont cinquante milles d'Angleterre de large, se joignant en quelques endroits, & en d'autres s'écartant les unes des autres : de là elles s'étendent jusqu'à Bengale. C'est près de ces montagnes qu'on sait que sont ces mines. Mais si ce pays abonde en richesses, il est d'ailleurs stérile & n'a de bonnes eaux qu'en très-peu d'endroits. Les chemins sont rudes & pénibles; l'on ne fouille que peu de mines, & cela même en secret, de sorte que la plupart sont abandonnées ou cachées.

COROMANDIÈRE (Pointe des Espagnols), département du Finisterre, arrondissement de Châteaulin, canton de Crozon, dans la rade de Brest. Elle a la pointe de Roberk à l'ouest, & l'anse de Ponscorf au sud.

CORRÈZE (Département de la). Ce département tire son nom d'une rivière fort foible, mais qui a été distinguée par les villes qu'elle arrose, Tulle & Brives; il comprend le Bas-Limousin ancien.

Les bornes de ce département sont, au nord, celui de la Creuse; à l'est, celui du Puy-de-Dôme; au sud, celui du Lot; à l'ouest, celui de la Dordogne, & au nord-ouest celui de la Haute-Vienne.

Ses principales rivières sont la Corrèze, qui a sa source au nord-est de Tulle, passe à Corrèze, à Tulle, à Brives & à Terrasson.

La Vezère. Il y a deux rivières de ce nom; celle que l'on nomme le Haut-Vezère, qui a son origine au nord-ouest d'une petite chaîne de montagnes & de Lubersac, coule au sud-ouest dans le département avant de se réunir au Bas-Vezère, qui commence à couler un peu au dessus de Bugeat, passe à Teignac, à Uzerche, à la papeterie de Vigeois, à Abassac, & se réunit à la Corrèze au dessous de Brives. Le Bas-Vezère réunit ensuite le Bradascou, Leyre & deux autres embranchemens, & dans l'intervalle de la Corrèze & du Bas-Vezère coule la rivière de Donzenac.

Si je passe maintenant au sud-est, je trouve la Dordogne, qui d'abord sert de limites au département, & y pénètre entre Servières, Argentat & Beaulieu, qu'elle arrose en conséquence de cette disposition. La Dordogne reçoit d'abord le Chavanoux, ensuite la Diége, grossie de la Sarsonne qui passe à Ussel, puis la Triousanne qui arrose Neuvic & Lusège, qui passe à la Pleau, & qui y réunit trois embranchemens. Enfin, le Doustre, qui arrose la Roche-Canillac : il ne reste plus que les parties supérieures de trois rivières, qui passent, l'une près de Turenne, l'autre à Meissac, & la troisième à Curemont.

Les principales villes sont Tulle, Uzerche, Brives & Ussel.

Brives, jolie ville sur la Corrèze, commerce de vins, de châtaignes, d'huile de noix, mouchoirs de soie imprimés, filatures de coton, mouchoirs, fils & coton fond rouge.

Tulle, grande ville au confluent de la Corrèze & du Soulan, commerce en manufactures d'armes à feu & papeteries.

Ussel. Son commerce consiste en cuirs & pelleterie, chanvre, toiles & cire.

Vigeois. Papeterie sur la Vezère.

Ce département a peu de terres fertiles en froment, mais plus en seigle. Il y a beaucoup de châtaigniers, de noyers & d'excellens vignobles.

La superficie de ce département est de 1,165,235 arpens carrés, & sa population a été estimée de 243,654 ames.

CORSE, département de la France & île dans la Méditerranée, entre le 41e. & le 43e. degré de latitude nord, & entre le 8e. & le 10e. degré de longitude est. Elle a la ville & le golfe de Gênes au nord; à l'est, la mer de Toscane; au sud, un détroit de dix milles qui la sépare de la Sardaigne, & la Méditerranée à l'ouest. Sa plus grande longueur, à prendre de la partie du nord au cap Corse, jusqu'à la partie méridionale au port de Bonifacio, est de trente-neuf lieues. Sa largeur, qui est inégale, est dans quelques endroits de dix-huit lieues,

&

& dans d'autres de quinze, plus ou moins. Cette île est séparée de la Sardaigne par le *détroit de Bonifacio.*

L'air y est mauvais & mal-sain. D'ailleurs, l'intérieur de l'île est montagneux, pierreux & plein de forêts : cependant il y a quelques vallées agréables & fertiles. L'île de Corse a cinq cent vingt-neuf lieues carrées de surface, ou deux millions six cent trente-six mille arpens, mesure de Paris. Elle est partagée en deux départemens, celui du Golo au nord, & celui de Liamone au sud. Cette île produit du froment, du seigle, de l'orge, du millet. Il n'y a point d'avoine, & les habitans sont forcés de nourrir leurs chevaux & leurs mulets avec de l'orge.

Il y croît beaucoup de lin, dont on fait des toiles grossières. Plusieurs cantons de cette île produisent des vins excellens. Les vins blancs de Capo-Corso ont beaucoup de rapport au Malaga. Celui de Faviani peut se boire pour du Syracuse. L'olivier est fort commun en Corse. On trouve de beau corail sur la côte qui fait face à la Sardaigne. Il y en a de trois sortes, du blanc, du noir & du rouge. L'île nourrit toutes sortes d'animaux sauvages & domestiques. Les chevaux sont de petite race, ainsi que les mulets & les ânes, mais, comme les chevaux, agiles & vigoureux. Il y a beaucoup de gibier, point de loups & peu d'animaux venimeux.

Les montagnes donnent du plomb, du cuivre, du fer, de l'argent, de l'alun, du granit, du porphyre & du jaspe : on y trouve aussi du talc & de l'amiante ou asbeste. On prétend même qu'il y a des émeraudes & quelques autres pierres précieuses. Près de San-Fiorenzo, il y a une mine d'argent fort riche, puisqu'elle rend cinq livres sterling par quintal. Le fer de Corse est d'une qualité supérieure, étant d'une dureté égale à celle du fer préparé d'Espagne, qui est le meilleur que l'on connoisse.

Considérations particulières sur la Corse.

Cette île est alongée du nord au sud, & la chaîne de montagnes qui la partage dans toute sa longueur, suivant sa direction, est constamment composée de substances graniteuses ou d'un noyau de l'ancienne Terre.

C'est autour de ce noyau, dont quelques sommets ont jusqu'à quinze cents toises d'élévation au dessus du niveau de la mer, que tous les massifs secondaires sont distribués & adossés en s'abaissant par des pentes plus ou moins rapides. Cette grande chaîne, qui partage la Corse, commence à la pièvre d'*Ostriconi* & s'étend jusqu'auprès des bouches de *Bonifacio*. Sur les côtes, elle a pour limites les bords de la mer à droite & à gauche, & les montagnes du second ordre; celles-ci commencent au Cap-Corse, suivent les pièvres de *Nebio*, de *Pietralba*, *Bigorno*, *Restino*, *Valla-Rustia*, *Razzio*, *Venaco*, *Serra*, & une partie de celle de *Castello*.

Les montagnes du premier ordre sont formées généralement, comme je l'ai dit, de granits, & dans les granits l'on trouve plusieurs filons de pierres noires de gabbro, de serpentines plus ou moins dures, des jaspes, des porphyres & des variolites : sur quelques parties de cette chaîne appartenant à l'ancienne terre, sont deux massifs isolés de pierres calcaires en couches inclinées. Un de ces massifs est à une lieue d'Asco, l'autre à la montagne d'Asinao, au dessus de Queuza. Ces deux massifs calcaires sont établis visiblement sur une base graniteuse, & plus élevée qu'aucune autre partie de ceux qui sont de même nature & du même ordre.

On trouve, dans les montagnes du second ordre, des matériaux de ces derniers massifs, des pierres calcaires en couches inclinées, des schistes, des pierres de sable, composées en grande partie des débris de granits, de serpentines, de variolites, de pierres ollaires : il s'y trouve aussi de la mine de fer octaèdre & quelques autres mines, enfin plusieurs sortes de cristallisations.

Les montagnes du premier ordre, les plus élevées, sont le Monte-Rotondo, le Monte-Doro & le Monte-Cinto. Suivant les opérations des ingénieurs chargés du terrier de la Corse, la première de ces montagnes a quinze cent douze toises au dessus du niveau de la mer. On trouve à son sommet un lac qui peut avoir cent soixante toises dans son grand diamètre, & cent dans son petit; il verse ses eaux dans le Venaco.

A la partie septentrionale du Monte-Rotondo, il y a plusieurs petits lacs continuellement glacés, & entourés d'une neige dont la fonte fournit l'eau de ces lacs.

Outre ces lacs, il s'en trouve encore trois autres dans la masse graniteuse; l'un, qui est proprement la source de la rivière de Restonica; ensuite celui de Creno, dont les eaux s'écoulent dans le fleuve Liamone; enfin le lac Nino, le plus grand de tous quant à sa surface, mais qui n'a que très-peu de profondeur. C'est un lac qui est devenu marais; c'est proprement une vaste prairie submergée: pendant l'été ses eaux diminuent, & laissent à découvert des pâturages excellens. Le fleuve de Tavignano prend sa source au midi, & le Golo au nord de ce lac.

Enfin on trouve, dans ces mêmes cantons, les vestiges des bassins de plusieurs autres lacs qui ont été comblés, & dont les formes sont encore bien visibles. Celui de Nino, dont j'ai parlé, est celui qui approche le plus de l'état de ces derniers. (*Voyez l'article* LAC.)

Les granits de ces montagnes élevées sont, comme nous l'avons dit à l'article GRANITS, constamment par masses, sans aucune espèce de stratification; mais comme il s'y trouve ce que nous avons indiqué comme des *fentes de dessiccation*, on y remarque en conséquence, dans certaines parties, des sommets arrondis, des divisions en calottes ſphériques. Mais on auroit tort de prendre ceci pour des couches : ce ſont viſiblement des noyaux de granits, dont les angles ont été décompoſés & détachés ſous cette forme.

Si nous revenons maintenant aux filons de pierres noires ou gabbro dont nous avons parlé, nous ferons voir aiſément que ce ne ſont point des laves ou autres produits du feu, comme on a voulu nous le faire croire. D'abord, l'épaiſſeur de ces filons varie depuis deux pieds juſqu'à douze : outre cela, ces filons ſont entiérement enveloppés par des granits, au milieu deſquels ils s'étendent plus ou moins. Comme ils ſont compoſés de ſubſtances plus homogènes que les granits, ils ſe ſont moins détruits, & excèdent plus ou moins au deſſus de leur ſurface en forme de murs. Le plus remarquable de ces filons eſt celui qui deſcend du Monte-Rotondo juſqu'au fond du vallon de la rivière de Reſtonica, à côté du Monte-Oriente; il a de huit à neuf pieds d'épaiſſeur, & il s'élève perpendiculairement à ſoixante ou quatre-vingts pieds. Sa décompoſition ſe fait par priſmes quadrangulaires, plus ou moins, en ſorte qu'il reſſemble ainſi à un ancien mur.

Ces filons ſe décompoſent de deux manières différentes; l'une donne, comme nous venons de le dire, des priſmes quadrangulaires; l'autre donne pluſieurs calottes ſphériques, dont la réunion forme des boules qui ont quelquefois juſqu'à ſix pouces de diamètre. Souvent ces calottes ſe montrent juſqu'auprès du centre, lorſque l'humidité, principe de la décompoſition, a pu y pénétrer; d'autres fois ces gabbros ſont en maſſes priſmatiques ſolides, & annoncent ſeulement une diſpoſition à ſe tronquer par les angles : d'où il réſulte, comme on voit, des boules dans le centre, & des calottes concaves à la circonférence. (*Voyez* DÉCOMPOSITION DES PIERRES, BOULES, TUF.)

La couleur de ces pierres eſt griſe; elles ſont quelquefois compoſées du ſeul gabbro; d'autres fois elles renferment des criſtaux lamelleux de pluſieurs couleurs : on y remarque pour lors quelques fragmens de mine de fer & des pyrites; enfin du feldſpath blanc verdâtre, & particuliérement roſacé, comme je l'ai trouvé dans le gabbro du Limouſin. C'eſt ſurtout dans le Niolo & au bord du torrent qui deſcend du Monte-Cinto, que l'on peut obſerver ces filons & y voir ces détails. J'ai, dans mon cabinet, tous les échantillons qui ſervent de preuves à ces détails. Quelques-uns de ces filons renferment auſſi une ſorte de pierre particulière, contenant des globules étoilés & criſtalliſés du centre à la circonférence, & enfin quelques grenats mêlés à ces fonds vraiment ſinguliers. Telles ſont les ſubſtances qui conſtituent le maſſif ou les montagnes du premier ordre dans la Corſe. Il faut ne pas connoître ni les laves ni leur diſtribution autour des centres d'éruption, pour ranger les pierres noires qui s'y trouvent par filons parmi les produits du feu, & les filons parmi les courans; il faut ne rien redouter en genre de ſuppoſition quand on regarde des filons renfermés exactement & étroitement au milieu des maſſifs de granits, qui s'y enfoncent à une grande profondeur, & s'élèvent comme des murs au deſſus de leurs ſurfaces comme des courans épanchés de quelques cratères, & qui ne peuvent ſe répandre que ſur des plans inclinés. Indiquerons-nous encore une autre ſuppoſition auſſi étrange, qui conſiſte à conſidérer les baſſins des lacs voiſins de ces filons, cependant bien inférieurs à ces lacs de quelques centaines de pieds, comme les cratères des prétendus volcans qui ont fourni la lave des filons? Appelons de toutes ces ſuppoſitions aux réſultats que l'étude raiſonnée des opérations du feu & de ſes produits nous a donnés, & laiſſons l'ignorance ſe jouer & ſe complaire dans ſes idées fantaſtiques.

Maſſifs du ſecond ordre. Les maſſifs du ſecond ordre occupent en général une poſition inférieure à celle des ſommets du maſſif graniteux. D'abord, ce ſont les couches des pierres calcaires qui occupent les plateaux les plus élevés après les ſommets graniteux : elles enveloppent les parties du noyau, qui ſe trouvent leur ſervir de baſe à cette hauteur.

On doit comprendre, parmi ces pierres calcaires, 1°. celles qui ſe trouvent à Leſinao, près de Queuza, au milieu des granits; 2°. celles qui, au deſſus de Poggio di Nazza, forment la montagne de Lagui-Laggia & celle de Farcarella; c'eſt une brêche d'un rouge ſanguin, avec des nuances de jaune & de blanc; 3°. enfin, la troiſième maſſe de pierres calcaires iſolée, qui ſe trouve près de Corté dans le vallon de la rivière de Reſtonica. C'eſt dans cette maſſe que ſe trouvent réunis les ſortes de marbres appelés par les Italiens, *pavonazzo*, *cipolino* & *bardiglio.* Cette dernière montagne calcaire eſt par bancs inclinés au milieu des ſchiſtes; outre cela, dans le Venaco, on trouve des ſyſtèmes de bancs calcaires aſſez élevés; l'un entre Corté & San-Pietro, l'autre entre Seragio & Ponte-Vecchio. Ces maſſifs ſont placés au milieu d'une pierre de ſable, débris de granits.

Après ces maſſifs calcaires les plus élevés viennent les ſchiſtes, qui ſont aſſez généralement griſâtres, micacés & ſtratifiés en tout ſens. Dans beaucoup d'endroits, les raies ſont ſi prodigieuſement tourmentées, qu'elles forment toujours parallélement des ondulations de retours arrondis & anguleux, qui ſe replient ſur eux-mêmes, & il paroît que la cauſe de ces détours ſi multipliés eſt principalement le grand nombre de noyaux quartzeux qui ſe trouvent diſperſés dans ces maſſifs. Après les ſchiſtes on rencontre une large bordure de pierres de ſables en couches ſuivies, dont la plus grande partie conſerve encore la diſpoſition horizontale à côté de quelques tractus où l'on trouve des bancs inclinés. Ces pierres de ſables ſont compoſées de différentes ſortes de matériaux, les uns d'un grain fin, ſoit quartzeux, ſoit ſpathiques; les autres d'un grain plus gros, mais qui annoncent également les débris de granits.

L'endroit où l'on trouve les masses de pierres de sables les plus remarquables, est au nord de la rivière de Solinzara, dans un vallon appelé *Capracotta*. Il y a une suite de bancs parallèles un peu inclinés, composés de sables quartzeux, spathiques, micacés. Ces bancs s'appuient, d'un côté, sur le noyau des granits, qui dominent aussi & s'étendent de l'autre côté vers les côtes de la mer.

Les serpentines sont distribuées seulement par filons, qui règnent surtout aux environs du Golo & de Finmorbo. Ils offrent un grand nombre de variétés, & même des variolites dont les globules sont plus ou moins gros : c'est à peu près dans les mêmes cantons que se trouvent les pierres ollaires, où sont renfermés des filets d'asbestes & d'amiantes, distribués par paquets plus ou moins volumineux.

Massifs du troisième ordre. Il nous reste à indiquer ici, d'une vue générale, les dépôts les plus modernes, formés par la mer tout autour de ces différens massifs que nous venons de décrire & de présenter très-succinctement.

Sur la côte orientale de l'île, les dépôts de la mer, appartenans au troisième massif, sont distribués par petites dunes composées de masses pierreuses qui commencent au dessous de Cervione, & qui s'étendent jusqu'au Millaciaro. Les dépôts les plus remarquables par les différens états où se trouvent les corps marins, se voient à la Guadina. En partant du lac d'Orbino, ils sont dispersés sur le rivage, en débris isolés : à une demi-lieue plus loin, ils sont réduits en poussière & agglutinés ensemble avec une certaine quantité de sable. Enfin, à une lieue plus loin, l'union de la substance calcaire est beaucoup plus forte & plus intime, & les dépôts qui en sont formés, ont acquis assez de consistance pour qu'il en soit résulté une pierre propre à bâtir & même à donner de la chaux par la calcination.

Mais les amas les plus considérables de cet ordre de dépôts se voient aux bouches de Bonifacio & au golfe de Saint-Florent. Aux bouches de Bonifacio ces dépôts sont calcaires, par couches horizontales, & adossés, d'une part, aux massifs des granits, & de l'autre vont former une côte escarpée sur le bord de la mer. Les côtes de la Sardaigne, opposées à celles-ci, sont parfaitement semblables; ce qui prouve que ces deux îles étoient autrefois unies par la continuité des mêmes dépôts.

Il paroît que ces couches portent sur les granits; car les deux îles qui sont dans le détroit, & dont la surface est presqu'à fleur d'eau, sont des masses de granits. Ainsi nous observerons ici, en passant, que le granit occupera ici, comme dans une infinité d'autres endroits, les parties de l'île les plus élevées & les plus basses. Elle ne forme donc, dessous les différens massifs qui la recouvrent, qu'un seul & même noyau qui paroît lorsque ces massifs ont été détruits dans les parties les plus basses.

Vers Saint-Florent, la petite chaîne de collines qui commence à la tour de Facinolet, & s'étend entre le golfe & le vallon d'Oleta, est formée par un assemblage de couches parallèles, mais inclinées d'environ quarante degrés à l'horizon. Cependant cette pierre calcaire, tant par la nature des matériaux qui sont entrés dans sa composition, que par son tissu, ressemble parfaitement à celle de Bonifacio. Elle est également blanche & feuilletée; elle contient de même beaucoup de corps marins : seulement les masses calcaires sont interrompues par des amas de cailloux roulés, de granits, de pierres noires ou gabbro, de porphyre, qui ont été voiturés par les torrens, ensuite balottés & arrondis par les vagues, puis rejetés par la mer sur son rivage. Nous devons remarquer comme un phénomène qui se montre dans un grand nombre d'autres endroits, que tous ces amas, tous ces dépôts qui doivent leur existence aux flots de la mer, forment actuellement des monticules placés au dessus du niveau de la mer actuelle.

Si nous résumons maintenant tout ce que nous avons dit sur la composition de cette île, nous trouverons que tous les matériaux sont distribués en cet ordre : d'abord le massif qui occupe le centre de cette île & les parties les plus élevées, est de granit. On trouve dans ce massif alongé, suivant la plus grande dimension de l'île, des filons de pierres noirâtres & rougeâtres, même des veines de granits rosacés en gros cristaux de feldspath, des jaspes, des porphyres, &c.

2°. Tout autour de ce noyau primitif sont distribués des talcites ou granits rayés, des schistes avec des veines de serpentines dures ou tendres, des pierres ollaires.

3°. Dessus l'un & l'autre massif, & particuliérement vers les limites, se trouvent de grands tractus de pierres calcaires à grain fin, distribués par couches inclinées à l'horizon, & ces tractus descendent même fort bas.

4°. Enfin, le quatrième massif forme proprement une ceinture de couches horizontales, composées, soit des débris détachés des parties du centre & de la moyenne région, soit de débris de coquillages & d'autres animaux marins. Les pierres calcaires, formées de ces derniers débris, ont un grain plus grossier que les premières à couches inclinées. On y remarque même de grands amas de coquilles entières ou des fragmens très-faciles à reconnoître & à distinguer.

On peut ajouter à ces dépôts sousmarins les produits des eaux torrentielles, qui forment, le long des bords de la mer, des aterrissemens considérables, où l'on ne remarque aucune distribution régulière par lits & par couches. C'est par le progrès de ce travail, que les ravines se creusent de plus en plus, que les vallées s'élargissent chaque jour, & que les bords de la mer anticipent sur les limites de son bassin.

Principes & progrès de la formation des montagnes.

Nous n'avons considéré jusqu'à présent que les différens massifs qu'on trouve dans l'île de *Corse*, & nous avons montré la succession des événemens auxquels leur formation est due; mais maintenant il convient de faire voir les causes qui ont pu contribuer à leur donner la forme de montagnes & de vallons. J'observe d'abord que les eaux qui viennent des parties les plus élevées du centre, & qui ont creusé les vallées qui y prennent leur origine, ont entamé les massifs intérieurs, placés dans la moyenne & dans la plus basse région; que toutes ces vallées ont été approfondies dans le même tems & par le même agent; car un vallon qui a son origine au centre de l'île, se continue sans interruption jusqu'à son débouché dans la mer. Si les canaux des eaux courantes ont éprouvé quelques détours vers leur embouchure, ce ne peut être que l'effet des envasemens composés des matériaux fournis par la décomposition des massifs & la formation des montagnes.

Il est bien vrai cependant que les montagnes les plus élevées, celles où le granit est à découvert, peuvent avoir été figurées jusqu'à un certain point dans le tems que la mer formoit les tractus des couches calcaires inclinées, les massifs des marbres. Ce n'est donc que depuis la retraite de la mer, que l'agent qui avoit commencé à sillonner le massif des granits à découvert, a entamé les nouveaux tractus en continuant à leur superficie les vallées commencées, & en y formant même d'autres systèmes de vallées totalement nouveaux.

Il en est de même de la ceinture de couches horizontales dont l'excavation a commencé après la seconde retraite de la mer. Cette retraite est indiquée par les dépôts qu'elle a laissés dans la région la plus basse.

Quant à la forme des montagnes, on ne peut pas les distinguer maintenant par des époques qui ne peuvent plus leur convenir, attendu que toutes les parties de l'île sont actuellement soumises à la même action de l'eau courante, & que les excavations qui ont commencé les dernières, sont peut-être les plus avancées, parce que la masse des eaux y est plus considérable, & les massifs plus tendres. Ainsi, plus j'ai été attentif à distinguer les époques des massifs, plus j'ai dû confondre le travail des montagnes dans ces massifs, attendu qu'actuellement il se continue parallélement partout, & se continuera de même par la suite. D'après ces considérations, on voit combien il est absurde d'avoir distingué les montagnes par époques.

Travail actuel de la mer.

L'île de *Corse* étant alongée dans la direction du nord au sud, ses côtes sont plus ou moins exposées à la force des vents, suivant la direction de ceux-ci & l'exposition de celles-là. La côte occidentale, par exemple, est exposée à l'action de deux vents qui sont très-violens, le nord-ouest & l'ouest-sud-ouest : aussi les côtes sont-elles plus dentelées, plus coupées par des golfes assujettis à l'embouchure des rivières, & qui sont également l'ouvrage des rivières & celui du refoulement de leurs eaux par la mer. J'y vois aussi également & des caps & des plages qui sont, ou le prolongement des dépôts anciens, ou celui des dépôts nouveaux, formés par l'action combinée des eaux des rivières & des flots de la mer.

La côte orientale au contraire est exposée à l'action de deux vents qui n'ont pas autant d'énergie, & qui ne règnent pas autant de tems dans ces parages. Je veux parler des vents de nord-est & de sud-est.

Ainsi, à l'exception du fond des golfes où la mer & les fleuves déposent, la côte de l'ouest est perpétuellement dégradée, & ne présente que des ruines occasionnées par l'action des vagues. Au contraire la côte orientale, opposée à l'Italie, reçoit chaque jour des aterrissemens qui augmentent des plaines larges & fertiles, lesquelles commencent près de Bastia, & s'étendent jusqu'à Solinzara; ce qui comprend trente lieues de longueur, sur une largeur moyenne d'une lieue. C'est là que se trouvent Mariana & Alleria, anciens ports de mer, & qui sont maintenant à une lieue de son bassin actuel. (*Voyez* la carte de l'île de *Corse*, où tous ces détails sont rendus très-exactement, ainsi que l'explication de cette carte, où ils sont rapprochés avec soin. *Voyez aussi l'article* ILE.)

CORSONNA, rivière de Toscane, qui prend sa source dans les montagnes de Pistoia, & se jette dans le Serchio, presque vis-à-vis Gallicano. Cette rivière a maintenant un grand volume d'eau; elle est sujète à des crues pendant lesquelles elle fait beaucoup de dégâts, parce qu'elle entraîne de gros blocs de pierres serènes, de pierres calcaires, & même une grande quantité de troncs d'arbres. C'est une tradition constante dans le pays, que la *Corsonna* n'avoit autrefois que peu d'eau; qu'en cet état elle ne sortoit jamais de son lit, n'entraînoit que très-peu de terres, & ne causoit aucun dommage à l'étroite vallée au milieu de laquelle elle couloit paisiblement. Mais depuis qu'on a fait de si grands défrichemens dans les montagnes de Pistoia, les eaux pluviales n'étant plus retenues par les plantes spontanées & le gazon qui affermissent la terre, se précipitent rapidement & avec la plus grande impétuosité dans la vallée de la *Corsonna*; de manière qu'elles entraînent une immense quantité de pierres, de terres & d'arbres qu'elles arrachent. Depuis ce tems cette rivière, ne pouvant plus tenir dans son ancien lit, inonde tout le fond de la vallée où elle coule, & la rend ainsi totalement inutile pour la culture, au grand dommage des propriétaires riverains. La commune de

Barga a fait quelques dispositions pour resserrer le cours de cette rivière ; mais en vain on a tenté de les exécuter : la rapidité de sa marche est trop violente, & pour peu qu'elle trouve d'obstacle elle couvre toute la vallée de ses eaux.

Cette rivière, au reste, n'est pas la seule qui, à la suite du défrichement des montagnes, inonde les plaines en Toscane. Il y en a beaucoup d'autres & il y en aura bien davantage par la suite si le travail des défrichemens fait des progrès avec aussi peu de précautions qu'on en a pris jusqu'à présent. Les eaux pluviales coulent trop rapidement des montagnes qu'on dégarnit de bois ; & d'ailleurs, lorsque ces masses d'eaux torrentielles sont parvenues dans les plaines, elles ne peuvent plus être contenues dans leur lit, qui se comble tous les jours par les terres & les pierres que les eaux entraînent.

On voit de Barga une montagne qui est une preuve convaincante de ces mauvais effets des défrichemens. Cette montagne domine la vallée de la *Corsonna*; elle étoit autrefois couverte de bois, comme les autres montagnes de Pistoia; mais depuis que ces bois ont été coupés, & qu'on y a substitué des champs cultivés, les neiges, en se fondant, & les pluies, ont humecté & détrempé très-facilement la terre ameublie, &, ne trouvant plus d'obstacle, ces eaux ont emporté avec elles la terre superficielle, & en ont totalement dépouillé cette montagne, qui de Barga présente un aspect hideux à côté des montagnes qui sont restées couvertes de bois. D'un fait indubitable qui s'est passé sous les yeux des habitans de cette ville, ils en ont conclu qu'il faut éviter de faire de pareils défrichemens dans les mêmes circonstances ; & quand on n'envisageroit que cette seule cause de l'abaissement des montagnes, on peut raisonnablement conclure de ces observations, que depuis des tems très-reculés, & pendant une longue suite de siècles, les montagnes de tout le Globe ont été très-abaissées, & que les eaux pluviales & torrentielles en ont enlevé une grande quantité de terre qu'elles ont transportée dans les vallées & dans la mer, & qu'il en est résulté l'exhaussement du lit des vallées & de la mer.

Si la *Corsonna* eût trouvé une digue aussi haute que l'est Barga dans l'endroit de son confluent avec le Serchio, il est manifeste que toute la terre qui manque à la montagne dépouillée dont nous avons parlé, se seroit trouvée rassemblée & déposée par couches dans la vallée moderne de la *Corsonna*, où elle auroit formé un système de collines à couches de terre, de sable & de gravier, suivant la diversité des matières que les eaux auroient entraînées dans cette espèce de lac ; mais comme la *Corsonna* n'a pas rencontré ces obstacles, & qu'elle a trouvé une grande pente au milieu de son étroite vallée, elle n'y a laissé ni terre ni sable, mais seulement les plus gros blocs de pierres, & elle a détruit le pied des anciennes collines qui se sont trouvées le long de son cours. (*Voyez* DÉFRICHEMENS, CULTURE DES MONTAGNES.)

CORTÉ, ville du département du Golo. *Corté*, au centre de l'île peut devenir un jour célèbre. Située au pied du rocher, entourée de montagnes & environnée de champs fertiles, elle semble avoir été fortifiée par la nature. Son château est placé sur un roc hérissé de pointes & d'arêtes, & entouré de tous côtés de précipices. Près de *Corté* on voit des blocs de roche éboulés & chariés par les rivières de Caccia & d'Asco. Les vallées sont semées de jaspes & de porphyres. A quelque distance on voit les débris d'une tour : c'est une de celles que les Génois employoient pour découvrir ce qui se passoit en mer. Cette ville est une place de guerre de la quatrième classe ; c'est le siége de la préfecture du département du Golo.

COS (lac du), du département de l'Isère, arrondissement de Grenoble, canton de Bourgdoisans, au pied de la montagne des Sept-Lacs, à quatre lieues & demie de Bourgdoisans. Il a six cents toises de longeur, sur cinq cents toises de largeur.

COS-FALL *ou* COHOS-FALL, cataracte de la rivière d'Hudson, à deux milles au dessus d'Albany ; elle embrasse toute la largeur de la rivière, c'est-à-dire, près de deux cents toises, & forme, dans sa chute, une nappe d'eau, dont la hauteur est de soixante-seize pieds anglais. Dans cet endroit la rivière est resserrée entre deux bords escarpés, formés par des croupes de montagnes qui aboutissent au lit de la rivière. Le cours de la rivière d'Hudson est droit avant comme après la chute. Les rochers qui forment cette cascade, & qui appartiennent à la base & aux couches inférieures des montagnes, présentent une surface horizontale fort unie ; aussi le jeu de la masse d'eau qui les franchit avant la chute, est-il aussi tranquille que majestueux. Il est visible que cette chaîne de rochers oppose à l'action de l'eau un obstacle qu'elle n'a pu creuser ni entamer en même raison que les autres parties de son lit, soit supérieures, soit inférieures. C'est ainsi que s'entretient la cataracte de *Cohos-Fall*.

COSNE, bourg du département de l'Allier, canton d'Hérisson, entre l'Œil & l'Omance, à trois lieues & demie de Cerilly. Les pâturages y sont très-bons, & l'on y nourrit une grande quantité de bétail.

COSNE, ville du département de la Nièvre, sur le confluent du Nonain & de la Loire. Cette ville est fort ancienne : il en est fait mention dans l'*Itinéraire d'Antonin*. Il y a dans cette ville une clouterie considérable pour la marine, une fonderie & autres petites forges pour toutes sortes de machines, douze coutelleries très-estimées. Dans la forge on fabrique des ancres de vaisseaux, des boulets, & en général tout ce qui est nécessaire à la marine. On y fait en outre commerce de clincaillerie, coutellerie en fer & acier, fil de fer, &c. provenans des mines de fer des environs. La carrière de *Cosne* donne un grain dur qui sert utilement à ce qu'on appelle *l'ouvrage du fourneau.* Ce pays d'ailleurs est abondant en vin & en blé. Il y a à *Cosne* une sous-préfecture.

COSTES DE SASSENAGES (les), village du département de l'Isère, arrondissement de Grenoble & à une lieue un tiers de cette ville. Ces *costes* sont remarquables par des chutes d'eau abondantes, & la commune par la réputation des fromages qui s'y fabriquent & qui sont fort estimés. (*Voyez* SASSENAGES.)

COSTIÈRES. On appelle ainsi aux Antilles les croupes des montagnes qui se correspondent & qui forment les bords d'un vallon profond & de peu d'étendue. Les terrains des *Costières* ne sont point propres aux établissemens des sucreries : on les occupe lorsqu'elles sont praticables aux plantations de café, de cacao, de manioc, & pour l'ordinaire on y cultive des légumes. On voit, par ces divers emplois, combien est fausse la prétention de Buffon & de quelques autres naturalistes aussi peu instruits, par une observation raisonnée, qui soutiennent que les coteaux sont stériles d'un côté & fertiles de l'autre. Ils auroient appris des cultivateurs, que souvent même les bords escarpés des vallées sont couverts de terres végétales assez abondantes pour offrir des sols susceptibles d'emplois avantageux. (*Voy.* COTEAU & COTIÈRES (montagnes).)

COSTIGLIOLE, bourg du département de la Stura, sur la rive droite de Vraita, à quatre lieues sud-ouest de Savigliano. On y récolte des vins muscats. Il y a une filature de soie & des forges.

COTEAU. On donne ce nom à un terrain élevé & en plan incliné, qui domine une plaine ou qui joint une plaine haute à une plaine basse ; & lorsque le *coteau* forme l'enceinte de la plaine un peu alongée, on l'appelle *côte*. Ce sont les *coteaux* de différente forme & aspects qui bordent les vallées. Les *coteaux* sont souvent très-bien cultivés, & cultivés à bras, & leur culture varie suivant la nature de la terre & l'exposition. Assez souvent les *coteaux* sont plantés en vignes. Les *coteaux* qui forment la ceinture d'un massif sont plus ou moins fertiles, suivant que les faces de ce massif offrent des couches propres à fournir des terres qui soient faciles à déliter & à cultiver, & substancielles. Toute autre idée générale ne porte sur aucune base solide ; c'est donc sans aucune raison que M. de Buffon prétend que les côtes & les *coteaux* ne sont ordinairement fertiles que d'un côté. Pourquoi voudroit-on que le *coteau* opposé à celui qui est fertile, eût été dépouillé de terres, si d'ailleurs il a la même pente & la même facilité de recevoir les terres fertiles de la croupe, & de les conserver ? Effectivement, les bords escarpés des vallées sont plus dépouillés de terres que les plans inclinés, parce que les pluies les enlèvent plus facilement sur les pentes rapides ; mais en vain, pour expliquer ces différens états de fertilité des *coteaux*, voudroit-on avoir recours aux courans de la mer, qui, suivant M. de Buffon, ont creusé les plaines.

Les terres qui recouvrent les *coteaux* sont ou adventices, & le produit des dépôts des eaux courantes lors de l'approfondissement des vallées, ou bien le produit de l'avalaison des eaux pluviales & de la destruction des couches ou des masses qui composent la croupe. Dans ces deux cas il n'y a pas de raison pour que les *coteaux* à droite soient successivement dépouillés & infertiles, pendant que de l'autre côté, à gauche, ils seroient très-fertiles.

COTE-BLANCHE (Montagne de la), département de la Drôme, arrondissement & canton nord de Crest, & à trois lieues deux tiers de cette ville. Elle a une demi-lieue de longueur, & forme une partie de l'enceinte du bassin du lac.

COTE DE BIÈME (la), village du département de la Meuse, arrondissement de Verdun. Il y a une verrerie.

COTE-DOR (Département de la). Ce département renferme la partie septentrionale de l'ancienne Bourgogne, où se trouvent l'Auxois, le pays de la montagne & le Dijonnois. Il tire son nom d'un coteau excellent, voisin de Dijon.

Ses bornes sont, au nord, le département de l'Aube ; au nord-est, celui de la Haute-Marne ; à l'est, celui de la Haute-Saône ; au sud, celui de Saône & Loire ; à l'ouest, ceux de la Nièvre & de l'Yonne.

Les rivières principales sont, 1°. la Seine, qui prend sa source au village de Chanceau, près de Saint-Seine, remonte au nord, se rend à Châtillon, à Mussy-l'Evêque, à Troyes, &c.

2°. L'Ouche, qui prend sa source dans la *Côte-Dor*, remonte par le nord-est, reçoit à Dijon le Suzon, redescend par le sud-ouest & se rend dans la Saône à Saint-Jean-de-Lône.

3°. La Tille, dont la source est peu éloignée de celle de la Seine, mais coulant dans une direction opposée. Elle tourne à l'est, va à Is, puis tourne au sud, où, mêlant ses eaux à celles de l'Ouche, elle tombe avec cette rivière dans la Saône.

Les principales villes de ce département sont Dijon, Châtillon-sur-Seine, Sémur & Beaune.

La superficie de ce département est d'environ un million sept cent dix-huit mille deux cent vingt-huit arpens carrés, ou de huit cent soixante-seize mille neuf cent cinquante-six hectares, & sa population de trois cent quarante-sept mille huit cent quarante-deux ames. La préfecture est à Dijon. Châtillon-sur-Seine, Sémur & Beaune sont les siéges des sous-préfectures.

Les rivières qui prennent leur source dans ce département, sont fort nombreuses & assez considérables: ce sont l'Armançon, l'Arroux, la Bourgeoise, la Bourgogne, la Brenne, le Cousin, l'Ignon, la Laignes, l'Avandheune, l'Ose, l'Oserain, le Meuzin, l'Ouche, la Reize, la Seine, le Serin, la Tille, le Travoux & la Vouge.

Il y a six forêts, qui sont la Borne, la Chaume, Faux, Jaillie, la Mongie haute & basse, & un bois national.

On y récolte une grande quantité d'excellens vins. Il est abondant en toutes sortes de grains & en pâturages, dans lesquels on entretient une grande qantité de bêtes à laine; en chanvre de très-bonne qualité. Ses forêts sont remplies de gibier, & l'on en tire des bois de construction pour la marine & propres à bâtir. Ses rivières sont fort poissonneuses. Sa température est favorable à la maturité des fruits. Il y a plusieurs carrières de marbre, des mines d'argent, de cuivre, de plomb, d'ocre, de charbon de terre, des fossiles fort curieux pour la géologie, des sources d'eau salée, des eaux minérales, & beaucoup de forges où l'on travaille les mines de fer que fournissent différentes contrées. Les meules de couteliers & de taillandiers sont aussi estimées & recherchées que celles d'Angleterre: celles propres aux moulins à farine sont d'un beau grain & de la meilleure qualité; elles peuvent moudre toutes sortes de grains sans échauder la farine.

Les principales fabriques de ce département consistent en petites étoffes de laine, en bonneteries, tanneries, briqueterie de la première qualité. Son commerce le plus ordinaire a pour objets les grains, les bois & les vins. Il en sort beaucoup de bestiaux, du chanvre, des toiles, des étoffes de laine, du fer, du charbon de terre, &c. Paris & Lyon sont les endroits principaux où il dépose & vend, non-seulement ses productions territoriales, mais encore tous les produits de la main-d'œuvre.

Nous croyons faire plaisir aux riches consommateurs en leur indiquant les endroits où se recueillent les meilleurs vins de ce département, connus sous le nom de *vins de Bourgogne*, province divisée en haute & basse. Ceux de la haute sont la Romanée, le Mont-Rachet, le clos de Voujaut, Chambertin, Pomard, Volnay, Nuits, Beaune. Ceux de la basse sont Auxerre, Avallon, Tonnerre & Coulanges.

Pour faire connoître la construction du sol de ce département dans les environs de Châtillon & d'Is-sur-Tille, je suis entré dans quelques détails instructifs que je devois à l'observation. En partant du Val-Suzon pour suivre les mêmes objets, je remonte dans la plaine, où j'apperçois plusieurs montagnes fort élevées, inégales en hauteur. Cette partie si élevée est en couches horizontales de pierres calcaires. Les ruptures & les gorges qu'on voit entre ces montagnes sont l'effet de ravins pratiqués dans un plateau par les eaux pluviales, semblables à la vallée du Val-Suzon. La gauche du chemin présente un aspect tout opposé: on croit être sur une terrasse qui domine une plaine immense. Il paroît que cette plaine est la vallée dans laquelle coulent la Saône & les rivières y affluentes entre les montagnes de Bourgogne & celles de Franche-Comté. Dijon est situé au pied de l'entrée de cette plaine, & au pied des montagnes. La plaine par laquelle on descend à Dijon forme plusieurs avances, & pour ainsi dire des caps qui dominent la plaine inférieure. On passe, en entrant à Dijon, entre deux de ces caps, qui sont même isolés & détachés de tous côtés du grand plateau. Ce plateau, ces avances en caps & ces montagnes dont j'ai parlé, se confondent à l'œil quand on est dans la plaine de Dijon, & paroissent comme une chaîne continue.

On emploie à Dijon, soit pour les bâtimens, soit pour le pavé des rues & des chemins, une grande quantité d'espèces de pierres, de la lave, de la pierre dure, dont j'ai parlé ci-dessus à l'article CHATILLON. Ces deux pierres sont rouges, grises ou bleues, avec la pierre blanche coquillère d'Is-sur-Tille, à quoi j'ajouterai une espèce de marbre grossier très-dur, entre-mêlé de parties grises, avec des fentes pleines de cristallisations spathiques. Je mets du nombre le cos, qui prend le poli comme le marbre, & dont la ville de Dijon est pavée pour la plus grande partie.

En sortant de Dijon pour aller à Lyon, on suit la plaine au pied d'une chaîne de coteaux, qui n'est autre chose que l'espèce de terrasse ou d'escarpement du plateau de la Haute-Bourgogne. Autant qu'on en peut juger à l'œil, ce plateau présente la même disposition pour les bancs de pierres, que le bord des vallons dont j'ai parlé ci-dessus. Il paroît qu'il y a beaucoup de marbre. Il y a un escarpement vis-à-vis Meursault, qui forme un enfoncement en demi-cercle.

C'est au pied de ce coteau qu'est le grand vignoble de Bourgogne, depuis Voujaut jusqu'à Meursault. Ce qu'il y a de remarquable, c'est que les vignes ne sont pas plantées sur le haut du coteau, qui est dans la plus grande partie aride & dépouillé. Si ce n'est quelques endroits, par intervalle, où il est couvert de bois, la vigne n'est plantée qu'au bas de la côte, & s'étend même dans la naissance de la plaine jusqu'au grand chemin, & même par-delà. Ce qu'il y a de singulier, c'est que la terre où croissent les vignes à côté du chemin, paroît, au premier coup-d'œil, une très-bonne terre, noire, profonde, gardant même l'humidité; en un mot, une terre telle qu'on la desireroit pour la production du blé. Et en effet, l'on voit à chaque pas le plus beau blé, le plus beau chanvre, le plus beau maïs à côté d'une vigne. Il est vrai qu'on prétend que les vins les plus fins sont ceux du coteau. Cependant le fameux clos de Voujaut est dans la plaine auprès du chemin. Cela contredit un peu le préjugé que les terres à blé ne sont pas bonnes pour produire du vin. Et nos politiques, arracheurs de vignes & dédégustateurs de terres, doivent en être un peu embarrassés. J'ai remarqué qu'à Dijon, & dans tout le pays que je décris, on tire l'eau des puits avec une corde & sans poulies; ce qui prouve que les puits sont peu profonds.

Le fond de la plaine basse de Bourgogne paroît un amas de gravier & de différens débris; même les coupes des petits tertres en collines que j'ai été à portée d'observer, ne présentent que des dépôts de rivières ou de torrens, & dans toutes les fouilles on trouve de ces gros cailloux roulés, dont est pavée une partie de la ville de Dijon. Il suit de ces observations, que cette plaine immense est une vallée creusée par les eaux courantes entre le plateau de la haute & de la basse Bourgogne d'un côté, & les montagnes de la Franche-Comté de l'autre.

Côte-Dor, portion de la côte occidentale de l'Afrique, qui commence à la rivière de Volta & qui finit au cap d'Apollonia. Cet espace contient environ cent dix lieues, qui offrent différens établissemens. Ce pays tire son nom de la grande quantité d'or qu'il produit, & de celui que les habitans de la côte achètent dans l'intérieur des terres pour le revendre aux facteurs de l'Europe.

La rivière de Volta vient de fort loin dans les terres; mais on ignore la longueur de son cours, le pays qu'elle traverse & le lieu où elle prend sa source. Ses eaux se précipitent dans la mer avec tant de rapidité, qu'on les distingue encore à deux lieues du rivage. Son embouchure est divisée en deux bras par une petite île fort escarpée, & couverte de bois qui en rend l'entrée étroite & difficile.

La côte qui est au-delà du rivage, depuis la mer jusqu'à trois lieues, est fort unie, & sert comme de parc à des troupeaux de daims, de pintades, de chèvres sauvages & d'autre gibier. Après qu'on a doublé le cap des trois pointes, on trouve le pays d'Akim. La rivière du même nom passe au milieu de la capitale; elle est à peine navigable pour les canaux; mais son sable est tout chargé d'or: les Nègres en remplissent des calebasses, & lorsqu'ils en ont une quantité suffisante ils en mettent dans un vase plusieurs poignées & l'exposent au courant dans la rivière; ils le remuent avec la main: les parties les plus légères sont emportées par l'eau, & ce qui reste est une poudre jaune & pesante, dans laquelle il se trouve quelquefois des grains considérables. Cet or est ordinairement fort pur & passe pour le meilleur de la côte.

Si l'on en croit les naturels du pays, les états situés derrière la côte se divisent en plusieurs souverainetés; mais ce qu'il nous importe de savoir est qu'on y trouve beaucoup d'or. Les habitans le tirent du sein de la terre ou des rivières, dont ils lavent le sable.

L'or & le sel sont les seules marchandises qui se vendent sur cette côte. C'est avec ce même or que les Anglais ont frappé ces pièces de monnaies auxquelles ils ont donné le nom du pays, celui de *Guinée*. Les Nègres creusent des trous dans la terre près des lieux où l'eau tombe des montagnes; & comme l'or s'y arrête par son poids, ils en tirent le sable, le lavent, & en dégagent les matières étrangères jusqu'à ce qu'ils en obtiennent le prix de leur travail. Les marchands d'Europe prennent ordinairement à leur service des Nègres pour séparer de l'or véritable un or faux, une espèce de poussière de cuivre qu'ils savent reconnoître & séparer.

On distingue ici trois sortes d'or, le fétiche, les lingots & la poudre. L'or fétiche est fondu & travaillé pour servir de parure aux deux sexes: rien n'est si commun parmi les naturels du pays, que ces ornemens. Dans les danses publiques, on voit des femmes chargées de plusieurs livres de ce métal. Les lingots sont des morceaux de différens poids, tels qu'on les trouve dans les mines; mais ils contiennent, par cette raison, de l'alliage. La meilleure poudre d'or est celle qui vient, comme nous l'avons dit, du royaume d'Akim.

Le sel produit aussi de grandes richesses aux Nègres de cette côte: cette seule marchandise y attire un grand nombre de peuples de l'intérieur de l'Afrique. Dans les contrées qui fournissent le plus d'esclaves, on donne deux hommes pour une petite quantité de sel. Les Nègres habitans de la côte creusent des fossés où ils font entrer l'eau de la mer: le soleil fait évaporer l'eau qui tient le sel en dissolution, & il reste un sel excellent, qui ne demande aucune autre préparation. Dans quelques endroits on voit des salines régulières, où l'on n'a que la peine de recueillir chaque jour un bien dont la nature fait tous les frais. Ce sel est d'une blancheur extraordinaire: on le prendroit d'autant plus facilement pour du sucre, qu'on lui donne communément la forme d'un cône. Son unique défaut est d'acquérir, dans les transports, une sorte d'amertume.

On trouve aussi sur cette côte des fourmis d'une voracité étonnante: elles font leurs loges au milieu des champs & sur les collines, & ces habitations, qu'elles composent avec un art infini, sont des dômes coniques, qui ont quelquefois la hauteur d'un homme: comme elles sortent en troupes, elles sont très-redoutables, & assiègent souvent les hommes dans leurs maisons. Si quelqu'animal est assailli par des fourmis, tandis qu'il s'efforce de les secouer & de s'en débarrasser, il se trouve assailli par une quantité d'autres qui l'accablent par leur nombre. Lorsque des troupes de ces animaux se mettent en campagne & s'introduisent dans les habitations des hommes, on ne peut s'en débarrasser qu'en mettant sur le sentier qu'elles se sont tracé,

tracé, une traînée de poudre, & on en fait sauter ainsi plusieurs milliers, dont la destruction met en déroute l'arrière-garde, qui rebrousse chemin & regagne leur habitation.

COTE-D'IVOIRE. C'est le nom que l'on donne à cette partie de la Guinée, qui s'étend d'orient en occident, depuis le cap d'Apollonie jusqu'au cap de Palme, à cause de la grande quantité d'ivoire ou de défenses d'éléphans qu'on tire de cette contrée.

Parmi les rivières qui l'arrosent, on vante principalement celle de Saint-André & la fertilité de ses bords. On y voit des bosquets de palmiers, d'orangers, de citronniers. Les cannes à sucre y parviennent naturellement à une grande maturité, & sont plus grosses & plus douces que celles de l'Amérique. On les abandonne aux éléphans, quoiqu'avec un peu de soin & d'industrie on pût en tirer beaucoup de sucre & de rhum.

Les bestiaux sont si abondans aux environs de cette rivière, qu'on a un bœuf excellent pour de petites clincailleries. Les éléphans y sont d'une grosseur monstrueuse, car on en tire des défenses qui pèsent jusqu'à deux cents livres. Les contrées intérieures en fournissent plus que la côte, & l'ivoire d'ailleurs en est plus estimé. Le pays est si rempli de ces animaux, que les habitans sont obligés de se creuser des habitations sur le haut des montagnes, d'en rendre les portes très-étroites afin de les écarter de leurs habitations. De quelqu'utilité qu'ils puissent être, les Nègres n'ont jamais pensé à les apprivoiser; ils se contentent de leur tendre des pièges pour les prendre morts, se nourrir de leur chair, & en vendre l'ivoire aux Européens.

COTES-DU-NORD (Département des). Ce département est un de ceux qui tirent leur nom de leur position. Situé sur la côte septentrionale de la ci-devant Bretagne, on l'a nommé comme il convenoit, surtout à la disposition de ses côtes, exposées au nord à l'embouchure de la Manche.

Il est borné effectivement au nord par la Manche, à l'ouest par le département du Finisterre, au midi par celui du Morbihan, & à l'est par celui d'Ille & Vilaine.

Il n'y a pas de rivière un peu considérable: celles qui le sont le plus, sont: la *Rance*, qui a sa source au sud-est de Broons, remonte par le nord-est, & se jette dans la mer à Saint-Malo;

Le *Trieu*, qui a son origine à quelque distance de Guingamp & remonte au nord-ouest de Paimpol;

Le *Blavet*, qui commence son cours près de Caillar, passe à Rostrenen, à Pontivy, à Hennebon, & se jette dans la mer entre Lorient & le Port-l'Ille.

Les principales villes sont Saint-Brieux, Lamballe, Dinan, Loudéac & Guingamp.

La superficie de ce département est d'environ un million cent quarante-trois mille quatre cent soixante-trois arpens carrés; sa population, de quatre cent quatre-vingt-dix-neuf mille neuf cent vingt-sept habitans. La préfecture est à Saint-Brieux. Lannion, Dinan, Loudéac & Guingamp sont les sièges des sous-préfectures. Il est contenu dans l'évêché de Saint-Brieux.

Nous avons indiqué les principales rivières qui arrosent ce département & qui y prennent leurs sources: les autres eaux courantes méritent peu d'attention. Il y a vingt-une îles qui bordent les côtes. Il y a six forêts, qui sont celles de Besson, de Boquien, de Catelun, de Lorge, de Loudéac & de Guenecan.

Cinq ports ou pointes, Ahouet, Goret, Goule-de-Chien, Sillon & Saint-Cast; deux anses, Plecherel & Saint-Brieux; le cap Fréhel & la baie de Frenaye.

En général, ce département est un pays de plaines & de montagnes: l'air y est partout tempéré; mais au voisinage de la mer il est fort épais. Il y a des contrées couvertes de grandes landes & de terres incultes, & les terres cultivées sont fertiles en maïs & en froment: cette dernière denrée est même plus que suffisante pour les habitans du pays, & il s'en transporte une grande quantité en Espagne & en Portugal. Le lin & le chanvre y croissent abondamment. Il y a d'excellens pâturages où l'on nourrit quantité de bestiaux de toute espèce & même des chevaux. On y fait beaucoup de beurre que l'on transporte à Paris & ailleurs. Comme les vins sont de médiocre qualité, ils se consomment dans le pays; mais lorsque la récolte est abondante on en convertit une grande quantité en eaux-de-vie que les étrangers estiment & recherchent, parce qu'elles conservent leur qualité sur mer.

Ce département renferme des mines de plomb & de fer très-doux, & d'un grand produit. Il y a aussi des forges considérables. On y trouve des mines de charbon de terre, une carrière de marbre & deux sources d'eaux minérales.

Le commerce de ce département est un des plus étendus de la France, tant par ses productions territoriales, que par la quantité de toiles qu'on y fabrique en employant une grande partie de ces productions. Les toiles, estimées par leur finesse, leur blancheur, la beauté & l'égalité de leur fil, s'exportent en Espagne, dans l'Amérique espagnole & aux colonies françaises. Il y a aussi des manufactures de toiles à voiles pour les vaisseaux, & un grand nombre de petites étoffes de laine que fournissent les moutons du pays. La pêche de la sardine, du maquereau, du saumon frais & surtout de la morue occupe un grand nombre de matelots, qui en retirent un des meilleurs produits de ce département.

COTENTIN, pays qui fait aujourd'hui partie du département de la Manche. Il est situé dans la ci-devant basse Normandie, & borné au couchant

& au nord par la Manche; au levant, par le Bessin & le Bocage, & au midi par l'Avranchin. Il a vingt lieues dans sa plus grande longueur, sur neuf lieues dans sa plus grande largeur, qui est à peu-près la même depuis le midi jusqu'au septentrion; il est arrosé par plusieurs petites rivières, parmi lesquelles il n'y a que la Vire qui soit considérable. Effectivement, le *Cotentin* est de l'ancienne terre schisteuse & graniteuse, où l'eau pluviale abreuve tous les petits vallons. Coutances est la ville principale de ce pays, qui renferme aussi les autres villes considérables de Carentan, Valogne, Cherbourg & Granville. La terre y est fertile en grains & principalement en pâturages: on y élève beaucoup de chevaux, qui sont fort estimés. Quant au commerce qui se fait d'ailleurs dans ce pays, il consiste en cidre, en chapons & en poulardes qu'on envoie à Paris, en chanvre & en lin dont on fabrique quantité de bonnes toiles: on y fait aussi beaucoup de beurre. Quoique le *Cotentin* ne manque pas de bois, il y est cependant rare sur les bords de la mer. Les principales forêts sont celles de Briquebec, de Cherbourg, de Beauquenay & de Saint-Sauveur.

Les habitans du pays nommoient *Bocage* toute la partie de cette contrée qui est au levant, & principalement le territoire de Valogne. Les géographes placent le Bocage dans le Bessin & beaucoup plus vers le midi. (*Voyez* cet article.) Le *Cotentin* est environné d'un grand nombre de petites îles, dont nous indiquerons les principales.

COTE-SAINT-ANDRÉ (la), bourg du département de l'Isère, arrondissement de Vienne, & à sept lieues & demie sud-est de cette ville. On y fait commerce de vins & d'eau de la côte, qui est très-estimée. On y fabrique des cierges & des bougies. Il y a une tannerie en cuirs forts. Après avoir indiqué les objets d'industrie dont on s'occupe dans cette commune, il nous reste à indiquer les différens rochers qui forment proprement la côte & qui dominent sur la plaine.

COTE-SAUVAGE, département de la Charente-Inférieure, canton de Saint-Martin-de-Ré, à la côte sud-sud-ouest de l'île de Ré. Elle est bordée de plusieurs rochers à fleur-d'eau, le long du Pertuis-d'Antioche; elle a quatre lieues de longueur.

CÔTE-SAUVAGE, même département, arrondissement de Marennes, à la côte ouest de l'île d'Oleron, à l'ouest de Saint-Denis. Elle a environ une lieue & demie de longueur; elle est à quatre lieues deux tiers nord-ouest d'Oleron, & bordée de rochers comme la côte précédente, qui sont exposés aux vagues de l'Océan.

COTES DU CI-DEVANT LANGUEDOC. Sur les *côtes du Languedoc* on trouve d'abord les plages produites par le refoulement des matériaux des fleuves & des rivières le long des côtes par les vagues.

2°. Les étangs: ce sont les eaux retenues par les plages dans l'ancienne embouchure des rivières.

3°. Les dépôts supérieurs des rivières, le long de leurs anciennes vallées: ces dépôts ne se trouvent guère que dans les endroits où ils n'ont pu être enlevés par les eaux torrentielles.

4°. Les dépôts modernes de la mer, bien organisés par couches. Coupés par les vallées & s'étendant assez loin des bords de la mer, ils s'enfoncent assez avant, & surtout dans les vallons des rivières. On pourroit figurer ces dépôts & leurs limites qui règnent tout autour des bords de la Méditerranée & dans les anciens golfes surtout. Je les ai retrouvés en Toscane & dans l'État de l'Église à une certaine hauteur près des deux côtés de la côte de l'Apennin: ce seroit l'objet d'une belle observation à suivre sur toutes les côtes de la Méditerranée.

5°. Les dépôts anciens de la mer, qui sont dessous ces premiers: ce sont la plupart des massifs ou couches inclinées à grain fin & infiltré.

6°. Les schistes, qui sont le sol primitif dans lequel le premier bassin de cette mer a été creusé peut-être avec les massifs des couches inclinées qui précèdent, car ces massifs ne paroissent pas assujettis aux mêmes formes que les dépôts modernes du n°. 4. Ce seroit effectivement par les limites de ces dépôts modernes que je desirerois qu'on recherchât les limites de l'ancien bassin de la Méditerranée; de l'ancienne inondation des golfes dont la réunion a fait le bassin actuel par l'agrandissement & l'élargissement des embouchures.

Les schistes dont il est question me paroissent bien un dépôt, surtout si j'y trouve des couches avec des intervalles & des impressions de plantes, de coquilles & d'animaux marins de la classe des crustacées.

COTIÈRES (Montagnes). Je ne fais mention de ces montagnes que parce que M. Buache les a rangées dans la troisième classe de celles qu'il a distinguées, sans faire connoître ni la nature des matériaux qui les composent, ni leur organisation. Les *montagnes côtières* de M. Buache sont celles qui suivent la situation qu'il leur assigne sur les bords de la mer. Il paroît qu'il n'a eu en vue, dans cette distinction, que les montagnes de la Normandie, qui ne sont que des collines comme celles de la Picardie, de l'Ile-de-France & de la Champagne.

Mais s'il a voulu comprendre sous cette dénomination de *montagnes côtières* toutes celles qui sont placées sur les côtes de la mer, il est visible qu'il n'a pas pu en faire une classe particulière; car, pour peu qu'on ait observé ces côtes & ces hauteurs qui s'y trouvent placées, on voit qu'on ne peut pas partir de cette situation pour caractériser des montagnes. En suivant les côtes de la Normandie je vois d'abord, dans le pays de Caux, des collines calcaires, ainsi que dans les environs de Pont-Audemer, de Lisieux, de Caen. Dès que je suis parvenu dans le Cotentin, ce ne sont plus de ces collines, mais des massifs de granits, comme tout le long des côtes de la Bretagne; ensuite dans le pays d'Aunis, en Saintonge, ce sont des massifs composés de couches calcaires bien horizontales; mais dès que j'ai atteint les côtes de la mer à Saint-Jean-de-Luz, à Bilbao, je trouve des couches calcaires inclinées, composées de pierres à grain fin, & qui n'ont rien de commun avec les collines calcaires que j'ai parcourues précédemment : ce sont des massifs de la moyenne terre. Comme M. Buache a prétendu donner, par la distinction de ces montagnes, une idée de la composition du Globe, & surtout de son ossature, je puis dire ici qu'il s'est trompé, qu'il a même induit en erreur ceux qui ont adopté ses distinctions de montagnes sans examen. Effectivement, il résulte du détail qui précède, que les *montagnes côtières* peuvent être composées de massifs plus anciens que les montagnes secondaires, & même que les hautes montagnes. Nous avons vu que les massifs de la basse Normandie & de la Bretagne, quoique *montagnes côtières*, sont de l'ancienne terre, & d'une composition bien antérieure à celle des massifs des collines calcaires que M. Buache range aussi parmi les *montagnes côtières*.

Je vois que, dans la charpente du Globe de M. Buache, il n'y a que des distinctions vagues & superficielles. Il ne connoissoit aucun de ces caractères qui nous ont servi de base pour déterminer la nature & les limites des différens massifs du Globe. Puisque M. Buache s'étoit occupé de la composition du Globe, il semble qu'il auroit dû étudier les caractères des massifs superficiels qu'il a pu voir partout: mais en général il a manqué à ce géographe les connoissances du naturaliste observateur. Ce ne pouvoit être qu'avec un fonds d'observations variées & soutenues, & surtout dirigé sur un plan raisonné, qu'on étoit en état d'entreprendre des cartes de géographie-physique & de publier des principes sur cette science; ce ne pouvoit être que d'après ces détails que l'Académie des sciences étoit autorisée à les adopter & à les publier.

COTIGNAC, ville du département du Var, à deux lieues & demie à l'est de Barjols, & une lieue trois quarts sud-est de Salerne. Cette ville tire des profits considérables des figues & des autres fruits qu'on y prépare en confiture. On croit même que c'est de ce lieu que nous sont venues les premières confitures sous le nom de *Cotignac*. Outre ce commerce, il y a, dans cette ville, trente-une tanneries où l'on prépare des cuirs forts & des vaches. Son territoire fournit beaucoup de soie.

COTOPAXI, volcan qui n'est éloigné que de six lieues de Lataçunga, capitale de ce corrégiment au Pérou. Lors de la conquête de ce pays par les Espagnols, ce volcan éprouva une violente éruption. Depuis ce tems il s'est embrâsé avec des effets encore plus terribles. Le bruit d'une de ses explosions, arrivée en 1744, se fit entendre très-loin : les eaux des neiges fondues par la chaleur du feu souterrain, en se précipitant du sommet de la montagne, firent plusieurs bonds dans la plaine voisine avant de s'y répandre uniformément; ce qui sauva la vie à plusieurs personnes près desquelles cette masse d'eau passa sans les toucher. On assure que la flamme qui sortit de ce volcan s'éleva à dix-huit cents pieds de hauteur, & lança de gros quartiers de pierres à plus de trois lieues. Les cendres furent portées jusqu'à la mer à plus de quatre-vingts lieues de distance, & dans l'espace de dix à douze lieues elles couvrirent les prés & les moissons jusqu'à dérober la vue de toute la verdure. Cette couverture, qui subsista pendant plus d'un mois, fit périr un grand nombre de bestiaux.

Inondations du Cotopaxi.

Le dernier incendie de *Cotopaxi* a produit deux inondations qu'a opérées la fonte des neiges dont cette montagne étoit couverte dans certaines parties, & que l'éruption des feux a pu atteindre. Comme dans les inondations extraordinaires, l'eau tomba au moins de sept à huit cents toises; elle causa des ravages très-considérables, dont nous croyons devoir présenter les principaux effets.

Dans sa première impétuosité, l'eau bouleversa entiérement ce qui s'opposoit à son passage. Les vagues qu'elle forma dans la campagne avoient plus de soixante pieds d'élévation, & elle monta même en certains endroits à plus de cent vingt pieds. Sans parler d'un nombre infini de bestiaux qu'elle enleva, elle rasa cinq à six cents maisons, & elle fit périr huit à neuf cents personnes. Toutes ces eaux avoient dix-sept à dix-huit lieues à parcourir ou plutôt à ravager vers le sud de la Cordillère avant que de pouvoir en sortir par le pied de Tongouragoua. Elles ne mirent pas plus de trois heures à faire ce trajet. C'est ce qui peut donner une idée de leur vitesse moyenne, celle qui tient le milieu entre la rapidité qu'elles avoient d'abord, & la moindre vitesse qu'elles eurent dans la suite; mais si l'on en juge par divers effets produits à trois ou quatre lieues de la montagne, elles devoient parcourir alors quarante ou cinquante pieds par seconde. Il y eut des pierres très-pesantes, de plus de dix à douze pieds de diamètre qu'elles changèrent de place, & qui furent transportées quatorze ou quinze toises de distance sur un terrain presqu'horizontal.

Tout le monde étoit persuadé à Quito, que l'eau étoit sortie de l'intérieur de la montagne. On se trouva d'autant plus porté à le croire, qu'on prétendoit qu'il y avoit deux sortes de volcans, ceux de feu & ceux d'eau.

Mais on ne pouvoit pas se former cette idée à l'égard de *Cotopaxi*; car des témoins dignes de foi, qui avoient eu le bonheur de ne toucher qu'au bord de l'inondation, assuroient que l'eau n'étoit pas chaude. Ils avoient vu une matière huileuse qui étoit enflammée, que l'eau portoit & poussoit devant elle, & qui dut produire l'effet sur les cadavres submergés au bas de la montagne. Il parut, en examinant l'étendue des espaces qui avoient été submergés, & toutes les autres circonstances, qu'une très-petite quantité d'eau avoit causé tout le désastre, car l'inondation ne dura pas un quart de minute en plusieurs endroits. Elle étoit annoncée par un bruit qui étourdissoit. On s'avertissoit les uns & les autres du danger. L'eau disparoissoit dans un instant, & on auroit pu s'imaginer que c'étoit un songe sans les marques funestes qu'elle laissoit de son passage. On peut soupçonner que la neige se fondoit depuis long-tems vers le haut du volcan, & que celle d'en-bas, beaucoup plus éloignée du feu, conservoit sa dureté & formoit une espèce de bassin avec la croupe de la montagne. Mais la fonte des neiges, devenant toujours plus grande, le poids en augmenta trop considérablement, l'eau dut tomber, & l'on vit aussi de grosses masses de neiges toutes fumantes qu'elle entraînoit, & qui, quoique brisées, avoient encore plus de quinze à vingt pieds de diamètre.

COUCHES DE LA TERRE. On appelle *couches de la terre* les différens lits ou bancs de terre, de pierres de sables dont notre Globe paroît composé à certaines parties de sa surface. Pour peu qu'on observe dans toutes les coupures qu'on rencontre à la surface du Globe, on reconnoît qu'il est formé d'un grand nombre de différentes substances disposées par *couches*, dont les unes sont horizontales & parallèles entr'elles, les autres inclinées à l'horizon & également parallèles lorsque quelque cause extraordinaire n'a pas mis d'obstacle à ce parallélisme. Ces *couches* varient en différens endroits, quant au nombre, à l'épaisseur & à la nature des matières qu'elles contiennent. Dans certaines contrées on ne trouve, en fouillant à une très-grande profondeur, que quatre à cinq *couches* différentes, tandis que dans d'autres on rencontre trente à quarante, placées les unes au dessus des autres : quelques-unes de ces *couches* sont entièrement composées de terres, telles que les argiles, les marnes, les craies, les sables durs & coulans, les graviers; d'autres, de cailloux roulés ou galets semblables à ceux qu'on trouve sur le bord des mers & des rivières; d'autres contiennent des fragmens de pierres détachés de différens endroits, & rassemblés dans les lieux où on les trouve actuellement.

Quelques couches sont composées de bancs de pierres d'un grain plus ou moins fin, plus ou moins dur, plus ou moins infiltré, qui s'étendent & se prolongent sur une assez grande partie de la surface de la Terre. Tantôt ces pierres sont calcaires ou gipseuses; ailleurs, sabloneuses, argileuses : quelques-unes de ces *couches* sont d'un seul lit, d'autres fois elles sont distribuées sur leur épaisseur en plusieurs petits lits ou feuillets ou lames plus ou moins faciles à séparer.

Ces différentes *couches* offrent quelquefois des amas de coquilles, de madrépores & d'autres animaux marins, d'ossemens de poissons & de quadrupèdes terrestres, d'impressions de plantes aussi terrestres, & tous ces amas de corps qu'on a regardés comme étrangers à la Terre, quoiqu'ils aient contribué à en former une grande partie, occupent de vastes contrées, de grandes parties de nos continens.

Enfin, on trouve des systèmes de *couches*, la plupart fort inclinées à l'horizon, & qui sont toutes composées de matières bitumineuses & combustibles : telles sont les mines de charbon de terre.

D'autres sont des amas de matières salines : c'est ainsi que se trouvent dans l'intérieur des continens le sel marin & le natrum. (*Voyez ces articles.*)

Enfin, on trouve aussi beaucoup de matières minérales distribuées par *couches*, & qui semblent avoir été transportées par les eaux & déposées ainsi dans les lieux où nous les trouvons. (*Voyez* MINES SECONDAIRES.)

Personne ne connoît jusqu'à quelle profondeur sont disposées dans le sein de la Terre ces matières stratifiées par *couches*; mais on sait qu'en général elles sont assez suivies quant à leur allure, & que dans certaines circonstances on rencontre des massifs qui ne sont pas organisés par lits, & qui servent de bases à ces *couches*.

Ainsi, dans certaines parties des continens, en suivant de grandes vallées, on observe un système de *couches* parallèles à peu près le même, sur une étendue considérable, & composées de semblables matières, disposées de la même manière. Mais dans d'autres cantons, la direction de ces *couches*, leur composition, leur matière, leur épaisseur, leurs positions respectives offrent tant de variations, qu'on ne peut guère établir de règle générale sur leur structure, leur composition & leur position.

Dans le premier cas dont nous venons de parler, on voit d'un bord d'une vallée à l'autre opposée, les mêmes *couches* correspondantes, coupées à peu près de même; en sorte qu'il résulte de cette organisation uniforme des deux bords d'une vallée, que le massif qui remplissoit le vide de la vallée étoit composé de la continuité des mêmes *couches*. Ces phénomènes se retrouvent quelquefois dans les parois des cavernes & des grottes, & souvent encore dans les deux bords d'un golfe ou d'un détroit; ce qui prouve aussi que la suite des *couches* a été détruite dans l'un comme dans l'autre cas.

Quoiqu'il y ait des preuves fréquentes de la continuité & du prolongement des *couches* d'un canton à un autre pendant un assez long trajet, il s'en faut bien qu'on puisse en faire une règle générale, & que cette uniformité ne soit pas troublée dans bien des cas. L'on ne pourra prononcer à ce sujet qu'autant qu'on aura bien décrit en détail chacune des *couches*, & les matières qui sont entrées dans leur composition d'un intervalle à l'autre : c'est même sur ce plan de travail que la géographie-physique pourra nous mettre en état de prononcer.

Woodward, Derham & plusieurs autres physiciens qui avoient fait quelques observations un peu trop vagues, & peut-être guidés par un intérêt de système, crurent pouvoir décider, comme une loi générale, que les matières étoient disposées dans ces *couches* suivant l'ordre de leur pesanteur spécifique. Mais depuis qu'on a mis plus de suite & d'exactitude dans les observations, on a reconnu qu'il y avoit beaucoup plus de faits contraires à cette prétendue disposition générale, que de favorables.

Ce n'est pas seulement dans le passage d'une *couche* supérieure à une *couche* inférieure, qu'on trouve cette irrégularité dans la disposition des matériaux qui les composent, relativement à leur gravité spécifique ou à leur nature & qualités, mais encore souvent dans une seule & même *couche* on rencontre cette confusion & ce désordre apparent.

Malgré ces exceptions, nous devons dire cependant que les mêmes matériaux qui composent les *couches de la Terre* semblent distribués à peu près dans les mêmes cantons ou dans des cantons semblables, relativement à leur allure, à leur disposition relative ; ce qui annonce que cette organisation & cet arrangement tiennent à des agens qui ont travaillé en grand, & sur un plan aussi vaste que magnifique. (*Voyez* TRACTUS, AMAS.)

Nous avons déjà fait mention des coquilles & des dépouilles des animaux marins, comme formant en grande partie certaines *couches de la Terre.* La quantité & la variété de ces fossiles est immense ; leurs rapports avec les êtres du règne animal sont on ne peut pas plus marqués : on en trouve dans des tractus fort étendus & à de très-grandes distances. Mais cependant nous exceptons certaines portions de la surface de la Terre, où aucune espèce de ces fossiles ne se rencontre, tant parce qu'il ne s'y trouve ni lits ni bancs, que parce que la nature des substances qui composent ces massifs diffère totalement de la nature calcaire des animaux marins.

Ces corps, figurés au reste partout où on les observe, sont dans divers états, suivant les *couches* & les mélanges des matières hétérogènes qui les enveloppent : les uns sont calcinés, d'autres pétrifiés, quelques-uns agatifiés, & enfin minéralisés. Quelquefois on en voit des empreintes sur les pierres, d'autres fois des noyaux moulés dans le creux de ces corps. (*Voyez* COQUILLES FOSSILES & FOSSILES, & d'autres articles, comme FALUN, AMAS, où l'on trouvera un grand nombre de faits relatifs à toutes les circonstances précédentes.)

Au reste, nous pouvons dire ici que nous avons sur les *couches de la Terre* des faits & des observations assez multipliés, assez bien raisonnés pour pouvoir donner une explication satisfaisante de la formation de ces *couches*, & surtout de l'introduction des corps marins entiers & des végétaux qui s'y trouvent.

J'ai déjà parlé de *couches* inclinées à l'horizon sous différens angles ; j'ajoute ici que ces systèmes de *couches* ont été reconnus occuper certaines parties de la Terre qu'on a déjà distinguées, & que j'indique particuliérement sous la dénomination de *moyenne terre*. Outre leur inclinaison, elles ont éprouvé des courbures & des inflexions infiniment variées, que je décrirai très en détail à leur article COUCHES INCLINÉES : en même tems je tâcherai de développer les différentes circonstances qui ont contribué aux phénomènes de l'inclinaison & de la courbure de ces bancs. Je dois me borner ici à ce qui concerne les *couches* horizontales & leurs différentes compositions.

Avant de parler de leur formation, je dirai un mot de leur distinction ou séparation, & de ce qui contribue à ce phénomène. Lorsqu'on jette les yeux sur un de ces systèmes de *couches* qui se montrent sur les bords de certaines vallées, on voit que les bancs, les lits de pierres, sont toujours séparés par l'interposition des substances terreuses, qui ne sont pas de nature à prendre une consistance solide : en sorte que ces substances terreuses, ces marnes & ces argiles se trouvent en lits plus ou moins épais dans l'intervalle d'une couche à une autre, d'un banc à un autre. (*Voyez* à ce sujet DISTINCTION DES COUCHES, où toutes les circonstances qui se rencontrent dans ce beau travail de la nature se trouvent décrites.)

Toutes les autres circonstances qui accompagnent les *couches de la Terre* ont depuis long-tems attiré l'attention des physiciens & des naturalistes, & depuis long-tems ils ont cherché à rendre raison des dispositions qu'ils y remarquoient & des principaux phénomènes qu'elles ont offerts à mesure qu'ils les ont observées davantage. La position horizontale de la plupart de ces *couches*, le parallélisme qu'elles observent entr'elles, ont fait sentir aisément qu'il n'y avoit que les eaux qui pussent leur donner cet arrangement si uniforme, si régulier, si étendu. Une expérience fort simple suffit pour confirmer cette idée. Si l'on jette dans un vase plein d'eau quelques poignées de terre ou de sable, chacune de ces substances s'y déposera plus tôt ou plus tard, en raison de sa pesanteur, & le tout formera plusieurs lits qui seront parallèles les uns aux autres. D'après ces effets simples on a conclu qu'il falloit nécessairement que les *couches de la Terre* eussent été formées de la même manière par des substances délayées dans un fluide immense, d'où elles se sont précipitées successivement en formant ces dépôts qui sont nos *couches*.

Comme l'histoire ne nous a pas conservé le souvenir d'une inondation plus étendue que celle du déluge, quelques naturalistes n'ont pas fait difficulté de le regarder comme ayant contribué à la formation des *couches de la Terre*. Parmi ceux qui ont adopté cette opinion, Woodward peut être mis au premier rang. Cette hypothèse a eu un grand nombre de sectateurs; mais depuis Woodward, de bons observateurs ont reconnu que le déluge n'étoit pas propre à rendre raison de la formation des *couches* qui nous occupent ici. Effectivement, comment admettre qu'une inondation passagère qui, suivant le récit de Moïse, n'a pas même duré une année, ait pu produire toutes les *couches* composées de substances si différentes les unes des autres, dont on trouve de si grands tractus dans toutes les parties du globe de la Terre? N'est-il pas plus raisonnable d'attribuer ces *couches* au séjour des mers qui ont successivement, & pendant plusieurs siècles, occupé les parties de nos continens où se trouvent ces *couches*? C'est dans le bassin de ces mers que se sont déposées peu à peu les différentes substances dont leurs eaux ont été chargées. Nous avons dit ailleurs que les fleuves qui se déchargent dans ces mers, charioient sans cesse un limon qui n'a pu manquer de former à la longue des dépôts immenses. D'ailleurs, à ces matières adventices se sont réunies toutes les dépouilles des animaux marins qui, résidant sur les différentes parties du fond, ont élevé ce fond, l'ont comblé par des matériaux dont on reconnoît encore la plus grande partie, & que les flots ont étalé par lits & par *couches*. Leur étendue & leur épaisseur se trouvent proportionnées aux familles nombreuses de coquillages & d'autres animaux marins qui habitoient & se multiplioient dans ces parages.

Or, il est aisé de voir que tout ce travail de la nature suppose une mer tranquille & nullement livrée à des agitations violentes, à des bouleversemens semblables à ceux qui ont dû accompagner les déluges, & surtout le déluge universel, s'il a eu lieu comme inondation. Mais ce qui, de nos jours, a le plus contribué à simplifier les questions qui concernent les *couches de la Terre*, c'est la distinction des différentes parties de sa surface, qui offrent des *couches* de telle ou telle nature & de telle ou telle forme. Ainsi les *couches* inclinées ou de la moyenne terre, les plus anciennes, ont été distinguées des *couches* horizontales de la nouvelle terre plus récente. Les *couches* des hautes montagnes ont été distinguées des *couches* des montagnes moins élevées, adossées à ces premières, ou même des *couches* des collines. On a fait une classe à part des *couches* produites par les débordemens des rivières, qui portent sur les terrains qu'elles couvrent une quantité prodigieuse de limon ou de graviers, & qui, au bout de plusieurs siècles, forment des lits que l'œil distingue facilement des bancs plus anciens qu'offrent les bords de leur vallée. C'est là qu'on peut compter le nombre des débordemens de ces rivières par celui de ces dépôts qui ont dérangé le lit de la rivière à mesure qu'ils se sont formés.

On a de même distingué depuis peu de tems des *couches* composées de matières cuites, de pierres calcinées & de laves d'un grain ouvert ou compacte. On a senti facilement que ces *couches* n'ont point été produites par les eaux, & qu'elles étoient l'ouvrage des embrâsemens souterrains & des volcans qui, dans différentes éruptions, ont vomi ces matières à des intervalles quelquefois très-éloignés les uns des autres, & les ont déposées suivant les époques de leurs embrâsemens dans des positions totalement différentes. (*Voyez* VOLCANS, EPOQUES.)

On trouve une grande quantité de ces *couches* superficielles en Sicile, près du mont Etna; en Italie, près de Naples, aux environs de Rome & de Viterbe; en Auvergne, en Velay & en Vivarais, sur une très-grande étendue de terrain. Si Lazzaro Moro eût mieux connu ces produits du feu, on pourroit croire que c'est d'après leur étude & leur examen qu'il auroit cru ou imaginé que toutes les montagnes avoient été produites par les volcans, d'où l'on voit qu'il auroit étendu à tout notre Globe des phénomènes qui n'existoient que dans la contrée qu'il habitoit, & encore seulement à la superficie de la Terre.

Lorsque nous distinguons les *couches* composées de matières vomies par les volcans des *couches* de la mer, nous ne prétendons parler que de ces dépôts superficiels qu'on trouve autour des cratères ou des centres d'éruption; car il faut bien remarquer que, dans plusieurs pays volcanisés, il se trouve à une certaine profondeur & dessous des *couches* composées de matières intactes, de pierres calcaires, & même de lits de coquilles, des bancs de laves, des lits de matières cuites pulvérulentes qui ont été stratifiées par les eaux de la mer avec les autres substances. La connoissance qu'on a acquise dans ces derniers tems, de tous les produits du feu, nous a appris, en même tems que nous distinguions les matières premières, à reconnoître dans leur arrangement le travail des eaux de la mer, qui les avoit distribuées par bancs & par *couches*, comme les autres matières intactes qui se trouvoient mêlées avec elles.

Enfin, ce qui a jeté le plus grand jour sur ce qui concerne les *couches de la Terre*, c'est la détermination ou la délimitation des pays où il ne se trouve plus de *couches*, où toutes les substances pierreuses sont seulement par masses, & où ce qu'on a pris pour des séparations de *couches* ne sont que des fentes produites par la dessiccation qu'ont éprouvée ces massifs. On verra dans l'article DISTINCTION DES COUCHES, un des caractères les plus décisifs pour ne pas confondre, comme plusieurs naturalistes habiles d'ailleurs l'ont fait jusqu'à présent, la ligne de séparation des *couches* avec les fentes de dessiccation des massifs. (*Voyez* GRANITS A BANDES, ANCIENNE TERRE ET NOUVELLE TERRE.)

Au moyen de toutes ces distinctions on parviendra facilement à concilier toutes les observations qui ont été faites par les différens naturalistes, & à montrer en même-tems combien sont insuffisantes les hypothèses enfantées d'après un examen incomplet de ce grand phénomène des *couches de la Terre.* En comparant les descriptions détaillées des *couches* terrestres faites d'après les excavations entreprises pour l'extraction des charbons de terre, pour celles des pierres à bâtir & des mines diverses, on y verra des bancs variés, quant à leur composition, quant à leur matière & à leur stratification, & d'après ces caractères on pourra les ranger dans les diverses classes que je viens d'indiquer, que je pourrai faire connoître dans le plus grand détail.

COUCHES HORIZONTALES. Il est question, dans cet article, de déterminer les cas où l'on peut conclure quelque chose relativement aux *couches*, de la correspondance de leurs niveaux, & les cas où l'on ne peut en rien conclure.

Les *couches horizontales* de la même nature & de la même espèce de matériaux sont-elles toutes de niveau dans toute leur étendue? Si le niveau d'une couche quelconque qui régneroit tout autour de l'ancienne terre, étoit bien déterminé, il seroit très-important pour juger de toutes les autres masses qui se trouvent le long des limites de l'ancienne & de la nouvelle terre; mais il se rencontreroit beaucoup de difficultés qui s'opposeroient à cette détermination du niveau d'un certain assemblage de *couches*, 1°. parce que toutes les *couches* ne se trouvent pas les mêmes sur une certaine étendue : celles qui sont à la superficie de la Terre, ici, sont détruites plus loin, ou bien recouvertes par d'autres. Il faudroit donc tenir compte de tous ces changemens pour obtenir des résultats sur lesquels on pût décider quelque chose.

2°. Il est difficile de trouver un vallon dont les bords escarpés soient assez régulièrement approfondis pour y assujettir les opérations du nivellement, & les rapporter toujours à un même lit aisé à reconnoître.

3°. Parce que souvent, lorsqu'on étend ses observations sur une certaine longueur, comme on doit le faire pour en tirer des conséquences plus sûres, on passe d'une matière à l'autre, & l'on n'a plus aucun repaire pour y attacher les points de nivellement correspondans.

Si, par exemple, on prétendoit déterminer le point le plus élevé où sont parvenus les dépôts littoraux qui enveloppent l'ancienne terre, & par conséquent à peu près le niveau des eaux de l'ancienne mer, on ne pourroit guère s'en rapporter à la masse des *couches* qui composent ces dépôts littoraux; car, comme il est survenu des changemens dans l'état primitif, tant par les dégradations & les enlévemens que les eaux torrentielles ont faits, que par les transports des matériaux qu'elles ont déposés à la place de ces *couches*, comment déterminer au juste la hauteur où les dépôts sous-marins se sont arrêtés, & le niveau de ces dépôts dans plusieurs points de ces limites.

D'ailleurs, si l'on considère que les dépôts littoraux faits le long des côtes de l'ancienne mer ont dû être plus ou moins abondans dans différens points de cette côte, par des circonstances particulières, alors il n'y auroit plus de niveau dans les *couches* semblables, quoiqu'il ne fût survenu aucun dérangement notable. On conviendra donc qu'on ne peut tirer aucune conclusion décisive des différences de niveau qui se trouveroient dans des dépôts semblables.

Effectivement, il y a certains cantons placés dans le voisinage de ces limites, qui offrent des *couches* de pierres de sables à un niveau fort élevé, pendant que, dans d'autres lits, de semblables matériaux, remplis de cailloux roulés, sont à un niveau plus bas. Plus loin cette base est recouverte par des *couches* calcaires fort épaisses. Enfin, à mesure qu'on s'éloigne davantage, les *couches* calcaires de la superficie ont disparu, & la pierre de sable se trouve distribuée par lits peu épais, alternativement avec la pierre calcaire. Toutes ces différences sensibles, que j'ai eu lieu d'observer plusieurs fois dans une très-grande étendue de limites, semblent prouver qu'on ne doit pas espérer une grande uniformité dans les niveaux des *couches* de même nature.

Je considère, outre cela, que certaines parties des bords de l'ancienne mer, qui étoient placées à l'embouchure de quelque rivière de l'ancienne terre, ont été comblées par des vases, des sables, des cailloux roulés que ces rivières voituroient en très-grande quantité dans leurs crues ou dans leur état torrentiel; que ces accès s'étant affoiblis, les coquillages s'y sont établis; & c'est ainsi qu'alternativement les dépouilles des animaux & les dépôts des fleuves ont concouru à la formation des massifs déposés sur les limites de l'ancienne & de la nouvelle terre.

On voit aisément par combien de causes tous ces dépôts ont pu varier. Dans certaines parties, où les coquillages ont trouvé des parages favorables à leur multiplication, il n'est pas étonnant que les *couches* calcaires soient plus épaisses qu'ailleurs où cette multiplication a été troublée par l'accumulation des vases ou autres matériaux transportés par les fleuves. L'on voit que, d'un côté, les dépouilles des animaux marins ont suppléé aux vases & aux dépôts des fleuves, & que de l'autre les vases & les dépôts des fleuves ont écarté les animaux marins, & que dans ces deux cas les *couches* littorales ont varié, & quant à la nature des matériaux, & quant à leur abondance. Il y a même des cas où, l'une & l'autre ressource ayant manqué, on ne trouve que des dépôts horizontaux très-peu épais; ce qu'on rencontre assez souvent. De toutes ces considérations je conclus que, le long des bords de l'ancienne mer, quoique les eaux fussent de niveau, & que les dépôts aient été fort abondans, la surface des dépôts ne se trouve pas de niveau. D'ailleurs, depuis la retraite de la mer, on ne peut se persuader que ce niveau se soit conservé le long de tous ces anciens dépôts, quand même il auroit existé.

Je conclus enfin de tout ceci, que les niveaux pris dans les vues d'établir quelque comparaison entre la hauteur relative des dépôts de l'ancienne mer & de la surface de l'ancienne terre, n'avanceroient pas beaucoup la théorie des grands phénomènes du Globe; qu'ainsi l'on doit s'attacher à des caractères qui soient indépendans des niveaux.

Il y auroit aussi la différence des niveaux depuis le centre des continens à *couches horizontales*, jusqu'aux bords de la mer actuelle; mais quoique ces niveaux n'apprissent rien de bien précis, & qu'on ne puisse en tirer aucune conséquence relative à l'étendue de la retraite de la mer & à la découverte des continens, soit successive, soit rapide, cependant on doit tenter de déterminer quelques rapports de niveau entre les limites de l'ancienne terre & le niveau de la mer actuelle.

Dans l'examen des phénomènes de la moyenne terre les nivellemens n'apporteroient pas plus de lumière. Ces phénomènes se présentent à toutes sortes de niveaux, & d'ailleurs l'inclinaison & le déplacement des masses annoncent la difficulté de remonter au niveau primitif de chaque endroit. Les déplacemens d'un assemblage de *couches* courbées, pliées en tout sens, sont très-considérables & de plusieurs centaines de toises: il n'y a donc que l'étendue des massifs qu'on puisse déterminer sûrement par leurs limites, & enfin leur position relative.

Il y a des masses de *couches* inclinées sur le sommet des Alpes, & depuis ce sommet à tous les différens degrés d'élévation, jusqu'au niveau de la mer. Par conséquent les opérations du nivellement ne pourroient fournir aucune vue générale qu'on ne puisse avoir par l'observation détaillée des masses.

Couches inclinées. L'inclinaison si variée & si remarquable des *couches* tant de terres que de pierres, a donné lieu à un grand nombre de conjectures que je me contenterai d'indiquer seulement ici, parce que je les crois d'autant moins recevables, qu'elles ne sont fondées sur aucun principe ni sur des faits bien discutés.

Un premier principe qu'on doit poser dans cette matière, c'est que tous les grands bancs de terre ou de pierre n'ont pu être formés que par les eaux, & de la manière seulement dont les eaux peuvent agir, c'est-à-dire, par dépôts. Or, elles n'ont jamais pu faire leurs dépôts que parallélement à leur surface, soit lorsqu'elles ont été en repos, soit lorsqu'elles ont été en mouvement. Dans l'état de tranquillité elles ont arrangé & disposé par lits, sur un plan uniforme & parallèle à l'horizon, les matières, ou produites dans leur sein, ou amenées du dehors dans leur bassin: comme courantes & en mouvement, elles ont détruit ces mêmes dépôts pour les reconstruire ailleurs, sur une pente qui n'a pu être inclinée au-delà de cinq degrés, & passé laquelle l'expérience prouve que les grandes eaux courantes, loin de déposer, démolissent & entraînent au loin.

Quelques auteurs ont cru qu'il y avoit des exceptions à faire à ces principes, & ont prétendu que certaines inégalités du fond de la mer étant données, l'eau, en formant des sédimens sur des plans inclinés, a pu former des *couches* parallèles à ces plans, & par conséquent toujours inclinées comme la première base. Ils n'ont pas vu que la théorie & les faits s'opposoient également à ces suppositions; car on peut s'assurer par expérience, que les matières suspendues dans les eaux tranquilles sont toujours accumulées par lits horizontaux qui ont rempli d'abord les parties les plus basses, & ainsi de suite. Dans le bassin de la mer, les dépouilles des animaux marins ont été distribuées de la même manière, tant sur un fond inégal, que sur un plan uniforme & parallèle à la surface de l'eau.

Quant aux eaux courantes, il doit y avoir des irrégularités dans les dépôts, occasionnées par les inégalités du fond sur lequel ces eaux coulent; mais outre que ces inégalités disparoissent facilement, ces dépôts ont toujours une tendance à s'arranger de niveau comme l'eau qui les forme. Il ne faut pas avoir observé pour avoir des doutes à ce sujet.

Il y auroit encore moins d'exceptions à faire en faveur d'un système de matières cristallisées, car cet état de cristallisation n'est qu'une modification locale & intérieure des substances formant les mêmes dépôts. D'ailleurs, il est évident que les lames cristallines, infiniment minces, ne peuvent pas affecter l'extérieur des massifs sur une certaine étendue; elles ne peuvent donc avoir rien de commun avec une formation aussi uniforme, aussi étendue que celle des grands bancs, généralement parallèles entr'eux & avec l'horizon. Si le travail de la cristallisation peut être considéré comme ayant concouru à la composition de ces bancs, c'est uniquement lorsqu'ils ont pris la dureté & la solidité de la pierre; mais ce travail n'a rien changé dans leur disposition primitive. D'ailleurs, ceux qui sont restés jusqu'à présent sans être pétrifiés, ayant conservé la même forme, on ne peut pas dire que les uns & les autres ont été cristallisés en forme de bancs. L'observation doit forcer ceux qui ont hasardé ces hypothèses, à reconnoître que, pétrifiés ou non pétrifiés, leur forme d'arrangement est toujours la même, soit à côté, soit au dessus les uns des autres. On doit donc en conclure

conclure que la différence dans le gisement des *couches* ne peut provenir ni de la cristallisation ni de la pétrification, si toutefois on doit mettre, par rapport aux bancs de la terre, quelque différence entre ces deux opérations de la nature.

Un second principe aussi incontestable que le premier, c'est que, dans le tems de la formation des *couches*, il y a toujours eu quelque circonstance locale qui ne leur a pas permis d'être ni parfaitement homogènes dans toute leur étendue, ni totalement semblables entr'elles, en les considérant de haut en bas, soit quant à la matière, soit quant aux épaisseurs. On conçoit aisément les raisons de ces différences qui ont dû avoir lieu dans la formation primitive des *couches*, quand même elles ne seroient pas découvertes aux yeux de tout le monde par l'observation.

Une circonstance surtout qui ne doit pas être omise, & qui paroît cependant avoir échappé aux observateurs, ce sont les intervalles terreux qui servent à la distinction des *couches*, & qui indiquent nécessairement un dépôt fait par l'eau dans le passage d'une *couche* à une autre. Or, ces intervalles terreux qui suivent régulièrement tous les bancs, tant ceux qui sont horizontaux, que ceux qui sont inclinés, n'ont certainement rien de commun avec la cristallisation.

D'ailleurs, il est aisé de concevoir que, pendant leur séjour sous les eaux de la mer, ces bancs ont pris une certaine consistance en se tassant & se comprimant, suivant la nature, le poids & le nombre des autres bancs supérieurs qui se sont trouvés établis sur eux.

Il est certain enfin que lorsque la mer a par la suite abandonné tous ces dépôts à sec, il en est résulté une nouvelle compression, une suite de tassemens & de desséchemens relatifs à la nature des matériaux qui étoient entrés dans leur composition. Il n'est donc pas étonnant qu'on trouve quelques irrégularités dans l'assemblage & la position de ceux de ces bancs qui ont le mieux conservé leur gisement primordial, & qu'aucun d'eux ne soit parfaitement de niveau sur une certaine étendue.

Tel est l'état naturel & primitif des *couches* qu'on peut observer dans un grand nombre de cantons de la moyenne terre, & j'ai cru qu'il étoit important de partir de ce point avant que de passer à l'examen & à la description d'un grand nombre d'autres masses du même genre & de la même date, qui ont été visiblement forcées de changer de situation & de place par des causes puissantes plus ou moins étendues. Ces assemblages de *couches* sont même les plus remarquables, tant par leur hauteur que par leurs formes singulières & par la célébrité qu'ont en géographie les chaînes de montagnes qui nous les offrent. C'est en visitant ces montagnes qu'un observateur attentif & exercé peut voir, à la faveur des faces rompues & escarpées de ces bancs, leur arrangement intérieur : ce sont elles aussi qui présentent les gisemens les plus variés, les plus compliqués, les plus opposés en apparence à la loi générale de l'horizontalité des *couches* marines.

Il est visible que la figure extérieure de ces grandes montagnes, telle que je viens de l'indiquer, n'a pu bien avoir lieu que depuis la retraite des eaux de la mer. Il est visible aussi que ce sont les eaux courantes à la surface des parties du continent, abandonnées par la mer, qui ont détruit l'ordre primitif de la formation des *couches* & de leur gisement. Mais ces sortes d'effets qui nous occupent actuellement n'ont pu se montrer qu'à la suite d'un grand nombre de destructions que je réduis au tracé & à l'excavation de ces tranchées profondes & alongées; en un mot, au creusement des vallées de tous les ordres. (*Voyez* VALLONS, VALLÉES, &c.)

Ce sont les eaux courantes qui ont fait les grands vides qu'on trouve dans la moyenne terre, qui ont arraché & emporté toutes les matières qui y manquent, & qui formoient, avec celles qui restent, des massifs solides & continus. Qu'on suive maintenant les progrès de l'excavation des vallées, qu'on se représente la forme des premières coupures des bancs, la poussée des terres & des pierres qui se sont trouvées à découvert sur le bord de ces vallées, les déplacemens qui ont dû s'opérer par le manque d'équilibre qui augmentoit chaque jour, & dès-lors on sentira qu'il n'y a pas d'inclinaison de *couches* si étendue, si singulière, qui ne puisse s'expliquer & se démontrer aux yeux comme nécessaire & inévitable. Pour peu qu'on réunisse à ces considérations celle des différens degrés de mollesse & de solidité, celle des intervalles terreux qui les séparoient, celle des bases schisteuses plus ou moins molles qui les soutenoient, on ne peut douter que le jeu & l'influence de toutes ces circonstances ne se montrent visiblement partout dans le déplacement des *couches*, dans leurs courbures, &c.

On voit que tous les dépôts primitivement horizontaux ont agi, cédé, résisté en tout sens à toutes les hauteurs, à des distances différentes, suivant les lois de la statique. Comme ces phénomènes occupent une place importante dans l'histoire de la Terre, je crois devoir entrer dans quelques détails nécessaires pour les faire connoître, & dissiper les incertitudes qu'une étude vague & minutieuse semble avoir laissées dans ce sujet.

Il est constant d'abord que le sommet actuel des montagnes n'est qu'un reste de l'ancien fond de la mer, & que les plus hautes sont celles les moins dépouillées, excepté celles qui appartiennent à l'ancienne terre. Ainsi les plus hautes montagnes sont celles à côté & autour desquelles il s'est fait de plus grands ravages. Il en faut dire, à proportion, autant des moyennes & des basses montagnes comparées avec leurs voisines, mais toujours dépendantes de la moyenne terre. Ainsi, non-seulement l'ancien fond de la mer n'existe plus sur le sommet d'aucune montagne, non-seulement ce sommet se trouve tronqué & abaissé, mais il a encore perdu beaucoup de cette hauteur par la compression & le desséchement de la masse; enfin par tous les accidens que peut avoir occasionnés par la suite le défaut d'équilibre & de solidité.

Si l'on suit ces effets dans le Jura que nous prenons pour exemple, on y trouvera quantité de bancs, tous différens d'épaisseur & de qualité, mais tous continués parallélement entr'eux & presque de niveau sur plusieurs lieues de longueur, à quelques interruptions près dont on voit la cause, & au-delà desquelles on les retrouve & on les reconnoît pour être toujours les mêmes, jusqu'à ce que de grandes lacunes en fassent perdre la suite.

Qu'après cela l'on observe cette variété infinie de couches inclinées vers tous les aspects & sous tous les angles possibles, on verra clairement partout que ce sont des parties plus ou moins étendues de la montagne, qui pour l'ordinaire se sont affaissées sur elles-mêmes, mais la plupart de côté, faute de base ou d'appui; ou bien lorsqu'elles se sont déplacées, elles sont descendues d'une seule pièce d'une hauteur considérable, & l'on voit qu'elles ne sont descendues que pour remplir des vides. On peut s'assurer encore à présent, que le défaut d'équilibre ayant été introduit dans un canton, les premiers bancs culbutés ont été bientôt suivis par d'autres. C'est ainsi que se sont formés de grands amphithéâtres, où quelques-unes des masses mal assurées poussent encore au vide, pendant que d'autres se sont enfin arrêtées où elles ont trouvé du repos par l'opposition des obstacles inébranlables.

Tout ce travail de la nature étant bien connu, se réduit en deux mots, à des destructions ou enlévemens qu'attestent encore certains vides, certaines vallées; à des arrachemens ou transports qui ont pris plus ou moins réguliérement la place des parties enlevées. Ce sont visiblement les anciens matériaux qui ont pris une situation nouvelle & accidentelle. Sur plusieurs de ces montagnes détachées les unes des autres, on reconnoît souvent les débris d'un certain banc de pierre d'un grain particulier, dont le gisement naturel ne se voit que mille ou douze cents pieds au dessus, où se distinguent sur les escarpemens, non-seulement les cassures, mais encore les vides exacts que les blocs ont laissés en se détachant.

Il faudroit nier les déplacemens des *couches*, attestés par tant de monumens, pour ne pas voir qu'ils sont la cause des inclinaisons, des courbures, des inflexions de toutes sortes qu'on voit à côté & au milieu des masses rompues, par l'extravasion des lits d'argile molle qui subsistent encore au même état sous les mêmes bancs de pierres qui n'ont éprouvé aucune déformation.

On peut d'ailleurs se convaincre, à mesure qu'on avance dans cette étude, que c'est aux vallées primitives qu'on doit attribuer les déplacemens des couches; que ces déplacemens sont proportionnels à la largeur, à la profondeur de ces vallées. Ainsi les gorges peu profondes sont restées en partie comblées par les premiers éboulis qui présentent, par cette raison, un gisement bien peu compliqué. Dans ce cas, on voit le plus souvent les bancs couchés sur une pente réglée, parallèle à celle du coteau où l'on ne voit aucune rupture. La rupture apparente s'est jointe quelquefois à l'inclinaison, & alors il n'y a qu'une séparation sans désordre plus considérable.

A cette considération des parties de plusieurs sommets, déplacées & déformées en conséquence de l'approfondissement des vallées & des gorges, on peut joindre celle des sommités qui les partagent & que je nomme *arêtes*; & dès lors on embrasse tout ce qui peut jeter du jour sur cette question importante. Si ces sommités, tout élevées qu'elles sont, ont conservé une certaine largeur plane en tout sens, & suffisante pour garantir leur stabilité malgré le tassement & la dessiccation primitive, leurs *couches* intérieures sont sensiblement de niveau comme celles de leur superficie. L'on peut en dire autant des autres montagnes isolées voisines, & même des plus élevées, si leur sommet est rond & régulier, si leurs talus sont en pente ou présentent des escarpemens égaux & assez uniformes de toutes parts pour y annoncer l'équilibre de la première formation; mais si ces sommets n'offrent que des arêtes plus ou moins aiguës, des espèces de demi-combles, que les croupes soient irrégulières & inégales quant aux pentes, ces indices m'ont toujours annoncé des déplacemens, des déformations plus ou moins considérables. Je pourrois entrer dans un certain détail à ce sujet, mais je me bornerai à quelques résultats de mes observations les plus décisifs.

L'inclinaison des *couches* est presque toujours plus grande sur l'un des flancs dont la pente est plus rapide, que sur l'autre. Dans certaines masses de montagnes, l'inclinaison va croissant de la surface jusqu'au noyau, où les *couches* montrent leur tranche & sont même verticales.

En suivant ces croupes inégales & irrégulières, on trouve souvent vers les parties inférieures des *couches* qui recouvrent en très-grand nombre les bancs du centre par forme d'escaliers simples, doubles & triples; ce qui prouve que, dans le tems où ces mêmes bancs se prolongeoient jusqu'aux sommités, les arêtes des sommites avoient plus de cent cinquante à deux cents pieds d'élévation au dessus de leur niveau actuel, si l'on compte les assises encore apparentes dont elles ont été visiblement dépouillées. L'autre croupe opposée a souvent bien plus perdu, puisqu'elle est réduite aux seules *couches* verticales qui s'y trouvent dans la même situation où elles sont tombées. Qu'on estime d'après cela la hauteur des *couches* qui existoient au dessus de ces arêtes, & qui recouvroient primitivement l'assemblage des bancs lors de leur pétrification, on sera tenté de croire qu'aujourd'hui la plus grande partie de ces montagnes de la moyenne terre sont autant au dessous de l'ancien fond de la mer où elles ont été formées, qu'elles sont elles-mêmes au dessus des vallées qui en forment l'enceinte.

En nombre d'endroits, les assemblages de bancs qui formoient les bords des vallées s'étant trouvés assis sur une base molle & glissante, & ayant reçu un mouvement en avant, se sont non-seulement inclinés par l'effet de la compression de la base sur les bords, mais se sont portés tout d'une seule pièce dans la vallée : c'est de là que se sont formés les demi-combles. Le vide produit par le déplacement de la première masse rompue a occasionné un semblable déplacement de la masse contiguë, par les mêmes causes & de la même manière. Il a succédé un demi-comble dans le même sens & ainsi de suite, jusqu'à ce qu'un certain désordre survenu dans les déplacemens en ait arrêté la suite. On sent bien qu'il y a plusieurs circonstances où ce travail n'est pas, à beaucoup près, complet, & où il s'achève par des progrès insensibles : on conçoit aussi que, dans tous ces mouvemens, la chute & l'inclinaison des gros massifs de bancs détachés a pu se faire en sens contraire par l'écoulement rapide de l'argile molle, & pour lors la surface inclinée de ces bancs, réunie à celle des premiers massifs inclinés vers la vallée, a formé des toits à deux croupes. On conçoit encore que l'un des deux massifs, déplacés successivement, peut être bien moins considérable que le second, & par conséquent présenter un glacis, un demi-comble moindre que le second. Il a pu se faire aussi que le défaut d'équilibre dans une plus grande masse l'élève aussi davantage, & dès-lors les deux masses se rencontrant ont pu former ces lambda qu'on voit assez fréquemment dans les Alpes & même dans les Pyrénées.

Une fois qu'on a bien conçu ces divers accidens, il n'y a qu'un pas à faire pour expliquer la formation des arêtes si étendues, si communes à la superficie des montagnes de la moyenne terre, & surtout dans le Jura de la Franche-Comté, de la Bresse, du Dauphiné & de la Provence. Il suffit de supposer deux vallées ou deux gorges assez voisines l'une de l'autre, pour que l'on conçoive que les *couches* supérieures des deux côtés se soient arquées vers les deux gorges, ou bien que l'une des gorges étant plus large & plus profonde que l'autre, une des croupes ait été inclinée toute entière pendant qu'une partie seulement de l'autre croupe a été déplacée.

Il n'y a pas loin des *couches inclinées* aux *couches verticales*; elles ne diffèrent que par un degré d'inclinaison plus ou moins grand. J'ai même remarqué dans plusieurs endroits, que les *couches* qui avoient commencé à s'incliner pendant que la masse qui les portoit, avoit eu un mouvement général en avant, s'étoient non-seulement inclinées jusqu'à prendre une position verticale, mais même jusqu'à déverser & surplomber en sens contraire; & ces effets paroissent avoir eu lieu, surtout lorsqu'une autre masse, se déplaçant à la suite de celle-ci, lui avoit fait perdre son aplomb. On peut citer surtout à ce sujet la masse du rocher qui commande la porte de France à Grenoble.

Je pourrois indiquer de même ces grands paquets, ces longues files de rochers à *couches* verticales qu'on trouve assez communément au sommet de plusieurs montagnes du Jura, soit en Franche-Comté, soit en Dauphiné. Il est visible que, de ces assemblages de lits, aucun n'a pu être primitivement dans la situation où ils sont; car les opérations terreuses démontrent que leur formation est la suite de dépôts distingués par ces intervalles, & de dépôts qui n'ont pu se faire que dans le plan de l'horizon; ce qui rend les déplacemens nécessaires, & ce que nous avons dit plus haut les rendant possibles, il ne reste plus aucune difficulté.

Il me semble que ces détails suffisent, je ne dis pas pour expliquer toutes les dispositions les plus bizarres, les plus extraordinaires que les bancs des massifs de la moyenne terre ont pu prendre, mais pour les croire possibles, en supposant que toutes les circonstances que nous avons indiquées, s'y soient rencontrées. Il me suffit, & aux observateurs qui savent faire un choix dans les faits, que tous les élémens de ces formes que je viens de parcourir soient des assemblages de bancs primitivement horizontaux, & dont les déplacemens & les altérations n'ont pas détruit les premières empreintes de leur formation, je veux dire les *intervalles terreux* servant à distinguer & à séparer les bancs.

Tout ce qu'on a vu, tout ce qu'on nous a donné comme un assemblage de feuilles d'artichaut est la suite d'observations minutieuses où l'on a pris une distribution de différens matériaux par lames pour des *couches*. Il est visible que ces feuillets sont placés sur la tranche de leurs lames; que, se présentant ainsi debout à l'action de l'eau & de l'humidité, ils aient pris la forme d'obélisques feuilletés, où l'on voit les parties les plus tendres évidées, & celles qui sont plus dures en relief de feuilles d'artichaut, disposition qui dément tout arrangement, tel que certains observateurs, trompés par les apparences extérieures, ont cru devoir admettre comme une forme primitive de la nature. La situation verticale des lames, leur exposition isolée à l'action des pluies, de la gelée & des nuages, ont suffi pour donner à ces espèces de pics la forme pyramidale & l'apparence trompeuse de feuilles d'artichaut. La marche simple de la nature est bien éloignée de ces prétendus secrets que des observateurs minutieux nous ont annoncés comme des merveilles inconnues jusqu'alors. C'est pour compléter ces prétentions, qu'ils ont eu recours à la cristallisation, en avouant un peu que ces moyens sont étranges. Ces petites ressources sont des preuves en faveur de l'horizontalité primitive des *couches*. Ils n'ont pas été plus fondés en supposant des explosions souterraines ; car comment admettre, dans ces agitations qui brisent tout, une force assez puissante pour soulever de pareilles masses à une hauteur plus ou moins considérable, & cependant assez modérée pour conserver à chaque *couche*, à chaque lame sa place respective & leur distinction.

Partout, dans la moyenne terre, on rencontre des assemblages de bancs visiblement déplacés. Cela vient-il de ce que le milieu auroit été enlevé à une hauteur de cent toises par une force souterraine, ou de ce que le poids des deux extrémités ou d'une seule qui portoit à faux, les auroit fait plier & descendre cent toises plus bas. Je laisse le choix aux bons esprits habitués à suivre les opérations de la nature.

J'ajoute ici une considération qui se réunit à la première. Je vois partout dans la moyenne terre des vallées qui communiquent à droite & à gauche à d'autres vallées. Les fonds de ces vallées sont-ils des restes de plaines primitives, le long desquelles se seroient élevées des chaînes de grandes montagnes continues par une force souterraine qui auroit produit en même tems les dérangemens des *couches* qui nous occupent, ou bien sont-ce des ravines creusées par les eaux à travers ces massifs continus, & dont les vides latéraux ont occasionné la compression, le glissement ou la chute des assemblages de bancs horizontaux qui composoient ces masses? (*Voyez* VALLÉES.)

La base générale des montagnes du Jura, quoique découverte à des hauteurs & à des profondeurs différentes, se montre presque partout en *couches* horizontales dans toutes les vallées du Doubs, de l'Ain, du Rhône, de l'Isère, du Drac. Les sommets mêmes, dans plusieurs endroits où l'on remarque d'ailleurs le plus d'accidens & les plus grands dérangemens, sont composés de même. Il est vrai qu'on observe plus communément les plus grands massifs à *couches* horizontales dans l'intérieur des chaînes de montagnes, dont les plateaux sont ou assez solides, ou assez larges, ou assez éloignés de toute vallée pour n'avoir pas été ébranlés dans leur assiette. Partout ailleurs où les *couches* sont inclinées, non-seulement les sommets le sont aussi, mais les parties du corps de la montagne qu'on peut observer, sont visiblement tourmentées par les accidens que nous avons suivis & expliqués. Quoique ces désordres affectent principalement les bords des grandes vallées, cependant plusieurs des ravines se montrent encore bordées & couronnées à perte de vue de bancs horizontaux, dont on peut suivre la régularité des assises, & leur correspondance face à face d'un bord à l'autre. Comment ne reconnoîtroit-on pas, dans ces endroits & dans ceux que nous avons indiqués ci-dessus, la formation originelle des *couches* & leur conservation dans l'assiette primitive? Comment ne considéreroit-on pas cette disposition comme la forme d'où il faut partir pour juger ensuite de l'étendue des dérangemens qui se montrent ailleurs ?

C'est à la suite de ces déplacemens des *couches* & de leur inclinaison, qu'on trouve quantité de lacs & de réservoirs, surtout aux environs des principaux points de partage & suivant les glissemens des fragmens de ces *couches*, qui ont formé les digues des bassins de ces lacs : il y en a même qui font écluse les uns sur les autres ; il y en a même qui se vident par des issues souterraines ; ouvrage du déplacement des *couches* qui ne se sont pas établies les unes sur les autres sans laisser des vides.

Les *couches inclinées* sont de l'époque de la formation des vallons de la moyenne terre, & doivent être rapportées à cette époque. Il est vrai que ce travail s'est continué depuis qu'ils sont formés. Cet ordre de chose doit être considéré très-attentivement, & il me paroît précieux en ce qu'il doit être compté parmi les événemens qui ont occupé non-seulement tout le tems que la moyenne terre a été découverte par la mer, mais encore celui de la formation de la nouvelle terre, & enfin la longue durée de la découverte de la nouvelle terre qui se continue encore.

Ainsi les causes accidentelles qui ont contribué à l'inclinaison des *couches* dans les pays de la moyenne terre, sont uniquement les eaux intérieures & extérieures, dont les premières ont emporté les bases sur lesquelles ces *couches* solides étoient établies d'abord, & dont les autres les ont mises à découvert. En vain voudroit-on avoir recours aux feux souterrains dont les explosions auroient culbuté tous ces bancs : de même l'affaissement des voûtes des cavernes intérieures de la Terre ne peut pas être cité comme une cause qu'on puisse ni prouver ni admettre.

Je n'ai jamais observé d'indices de feux souterrains au milieu des cantons de la moyenne terre, où se remarquent les plus grands dérangemens des *couches inclinées* ; ainsi les observations s'opposent à cette première ressource. Quant aux cavernes intérieures, on sait que leur existence est purement hypothétique, & je suis toujours porté à mettre au même rang les effets qu'on leur attribue.

COUCY-LE-CHATEAU, ville du département de l'Aisne, à trois lieues sud-est de Chauny. On y voit encore les restes de l'ancien château des sires de Coucy, avec une énorme tour dont les murs ont trente pieds d'épaisseur. On trouve dans son territoire une source d'eau minérale ferrugineuse.

COUCY-LÈS-EPPES, village du département de l'Aisne, à deux lieues & demie de Laon. On y exploite des terres végétales pyriteuses.

COUDON (le), montagne du département du Var, arrondissement & canton est de Toulon, à une lieue un tiers nord de cette ville. Elle a du nord au sud une demi-lieue de longueur, & de l'est à l'ouest deux tiers de lieue de largeur. Elle est couverte de rochers, débris des couches qui sont à sa surface.

COUDOULIÈRE (Pointe de), département du Var, à une lieue deux tiers de Toulon, entre la plage de la Cour-du-Curé & la belle plage des Batteries.

COUDOUTIÈRE (Plage de la), département du Var, au sud de la presqu'île où est situé le lazaret, à une lieue trois quarts de Toulon, entre le cap Monragon & le cap Capetelle ; elle a de l'est à l'ouest deux tiers de lieue de longueur.

COUDRAY (Bois du), du département de Seine & Oise, canton d'Ecouan, près & dans le territoire de Puizeux, à une demi-lieue de Louvres.

COUDRAY-SAINT-GERMER (le), département de l'Oise, arrondissement de Beauvais & à quatre lieues de cette ville. Il y a une fabrique de dentelles noires ; ce qui fait l'objet d'un commerce assez considérable.

COUDRECEAU, village du département d'Eure & Loir, arrondissement de Nogent-le-Rotrou, à une lieue & demie de cette ville. Il y a une fabrique de poterie dans ce village ; ce qui indique dans les environs une matière propre à cette fabrication.

COUDRECIEUX, village du département de la Sarthe, arrondissement de Saint-Calais, à deux lieues deux tiers de cette ville. Il y a une verrerie considérable, dont les produits nourrissent tous les habitans. Son cristal, façon d'Angleterre, est de la plus belle qualité.

COUÈQUE (la), montagne du département des Basses-Pyrénées, canton d'Accous, à trois lieues sud de cette ville. Elle a, de l'est à l'ouest, une demi-lieue de longueur, dans laquelle on peut observer l'organisation & la composition de ces montagnes.

COUËRON, bourg du département de la Loire-Inférieure, canton de Saint-Etienne-de-Mont-Luc, près de la Loire, avec un port, à trois lieues de Nantes. Il y a un petit port où l'on carène les vaisseaux. On y pêche beaucoup de poissons. On y récolte une grande quantité de vins rouges & blancs. Les vins blancs donnent une très-bonne qualité d'eau-de-vie & en grande quantité. Cette commune est du quatrième arrondissement maritime.

COUEST, montagne du département de l'Isère, canton de Vizille. Elle est inclinée du nord au sud, & est à quatre lieues sud de Grenoble. Elle a une lieue & demie de longueur dans l'inclinaison de ses couches.

COULADE (Col de), montagne des Pyrénées-Orientales, canton de Mont-Louis, à deux lieues sud-est de cette ville. Ce col est très-intéressant.

COULANDON, village du département de l'Allier, canton ouest de Moulins, à une lieue un quart de cette ville. On y trouve une carrière de pierres de sable rouge très-abondante, facile à couper, dont les pierres ont servi à la construction du beau pont de Moulins, & de la partie neuve du pont de Nevers.

COULANGES-LA-VINEUSE, ville du département de l'Yonne, arrondissement d'Auxerre, à deux lieues & demie sud de cette ville. *Coulanges-la-Vineuse* a été nommée ainsi parce que son terroir produit le meilleur vin de tout le ci-devant Auxerrois, & pour la distinguer de Coulanges-sur-Yonne, chef-lieu d'un autre canton.

COULEDOUX, village du département de la Haute-Garonne, canton d'Aspet, près du Ger, à cinq lieues de Saint-Gaudens. Sur le territoire de ce village, en remontant la rivière de Lautriech, on trouve la montagne de Pérenèse, sur laquelle est un rocher schisteux & ferrugineux, faisant face à la vallée de Lautreich. La face de ce rocher est considérable. On y voit beaucoup de petites veines & de rognons de galène à gros grains qu'on a tenté de travailler par deux attaques en forme de galeries souterraines. Le même territoire renferme encore la montagne de Pellerasse, dans la pente occidentale de la vallée, près du combe du Ger. On y voit un rocher nu, schisteux, dans lequel on a fait sur de la mine de plomb plusieurs fouilles irrégulières.

COULEURS DES INDIENS D'AMÉRIQUE. On n'a pas été peu surpris qu'il y eût dans quelques contrées de la zône torride, & directement même sous la ligne, des nations d'une blancheur qui pourroit le disputer aux teints les plus clairs de l'Europe & de l'Asie.

Les Indiens d'Amérique ont naturellement une couleur qui tire sur le rouge, une couleur de cuivre, dont il y a plusieurs nuances ; car, dans certaines contrées, ce rouge cuivré devient obscur, & il paroît que les températures des différentes contrées produisent à cet égard une variation sensible. C'est ainsi que la couleur des habitans des vallées des Quebradas présente une nuance moins foncée que celle des habitans des contrées plus chaudes.

Si l'on suit avec attention la couleur de ceux qui habitent la partie méridionale de l'Amérique depuis le 40e. degré de latitude sud, & qu'on la compare avec celle des hommes qui occupent la partie correspondante vers le nord, il est aisé de voir qu'elle diffère non-seulement dans ces habitans, mais encore dans ceux qui sont aux deux côtés de l'équateur. Quoiqu'il y ait un fond de couleur à peu près le même, ce fond se modifie par l'action du soleil, du froid, de l'air, & prend une teinte plus ou moins obscure, suivant ses influences.

Quant à la taille, il paroît qu'elle varie aussi d'une manière remarquable. Les habitans des hautes contrées du Pérou sont de moyenne taille, & dans la partie basse elle est plus alongée.

Ceux qui habitent les parties méridionales en allant vers le sud depuis le 36ᵉ. degré, ceux qu'on a rencontrés aux Cayes de la Floride & dans les parties du nord depuis le 30ᵉ. degré de latitude; enfin ceux qui sont dispersés le long du Mississipi, dans le Canada & vers la partie de la Nouvelle-Espagne, ont une taille haute & un beau corsage.

On a observé que les Indiens de l'Amérique sont également sans barbe ni poil en aucun endroit du corps, dans toutes les contrées de l'Amérique qui s'étendent du nord au midi; ce qui distingue naturellement cette race de toutes les autres nations de la Terre.

COUMELLE (la), montagne du département des Hautes Pyrénées, arrondissement d'Argelès, canton de Luz. Elle a, du sud-ouest au nord-ouest, deux tiers de lieue de longueur. On trouve, à l'ouest de la montagne, une mine de plomb tenant argent.

COULÈVRE, bourg du département de l'Allier, arrondissement de Moulins, canton de Lurcy, à deux lieues de Cérilly & à sept lieues de Moulins. Il y a des verreries & une manufacture de bouteilles.

COULOMMIERS, ville du département de Seine & Marne. Elle est située sur la rive droite du Grand-Morin. Son territoire est fécond en blé & en vins. On pêche d'excellens poissons dans les étangs voisins. Les melons y sont de la meilleure qualité, & d'un volume si extraordinaire, qu'il en est qui pèsent jusqu'à vingt & vingt-cinq livres. Il y a plusieurs tanneries dont les cuirs sont fort estimés.

COUPES DES ARBRES. Les forêts sont une des productions les plus précieuses de la nature, pour l'homme en société comme pour le sauvage: sans leur coûter aucun travail, ils en tirent les moyens de se garantir des intempéries, d'apprêter leurs alimens, de se construire des habitations & enfin de naviguer sur les fleuves & les mers.

Les Français, dans le dernier siècle, n'étoient pas tributaires des autres nations pour les bois de marine; mais différens abus ont tellement épuisé les forêts, qu'il ne reste peut-être pas dans toute la France une seule pièce propre à la grande mâture, & que la quantité considérable de celles qui se trouvent dans les forêts de Corse, ne pourront nous être, pour cet usage, d'aucun secours dans nos besoins pressans si nous suivons la routine ancienne consacrée par l'Ordonnance de 1669.

Sans aucune distinction des différentes espèces de bois, elle a déterminé que la coupe s'en feroit depuis le 1ᵉʳ. septembre jusqu'au 15 avril, & a laissé la liberté de couper les pins & les sapins dans toutes les saisons.

Cependant il paroît qu'il convient de varier les époques des *coupes*, en raison de l'élévation des sites & de leur latitude; circonstances qui influent sur l'état de leur sève.

En second lieu, les pins, les cèdres & les sapins ne doivent pas seulement être coupés dans le tems du repos de leur sève, mais dans l'hiver qui suit tous les deux ans l'abondance de leurs fruits. Nous allons démontrer ces vérités-pratiques par ce qu'on a eu lieu d'observer en Corse.

Le massif des montagnes de cette île, dont les plus considérables sont élevées de quatorze cent cinquante toises au dessus du niveau de la mer, offre, dans tout son coutour, des sites correspondans à tous les climats des départemens de la France. Outre cela, l'on trouve dans le fond des vallées que ce massif domine, des forêts très-peuplées, & dont le Gouvernement peut tirer beaucoup d'avantages.

Ces forêts sont peuplées de diverses espèces de pins, de cèdres, de sapins, de chênes, de hêtres & d'ormes. Les arbres qui sont dispersés dans les cultures particulières, sont communément des oliviers & des châtaigniers.

A partir du niveau de la mer, les oliviers ne croissent plus dans les terrains élevés de quatre cents toises; les chênes & les châtaigniers disparoissent dans ceux qui surpassent sept cents toises; les pins, les cèdres & les sapins continuent jusqu'à onze cents toises ou environ: au-delà de ce point, on ne trouve plus que des arbres ou arbustes dégénérés. Enfin, depuis douze cents toises jusqu'à quatorze cent cinquante, il n'y a plus que des mousses & des plantes herbacées. La terre végétale y est trop rare, les vents trop violens, & la température trop froide en général sur les sommets des montagnes.

Effectivement, vers le milieu de septembre, de fréquens orages tourmentent les cimes les plus élevées: le thermomètre y varie jusqu'à la fin de ce mois, & dans les premiers jours d'octobre, du 3ᵉ. degré au dessus de la glace, jusqu'au 2ᵉ. au dessous du point de la congélation; bientôt après elles sont totalement couvertes de neiges, & le froid qui succède, communiquant de là dans les vallons voisins, y suspend insensiblement la végétation. Mais loin d'être affoiblie dans les parties basses où le thermomètre se soutient encore du

20°. degré au 15°., c'est alors que la maturité y perfectionne les fruits de toute espèce.

Cette élaboration ne s'opéreroit pas si la sève ne se conservoit pas dans un état d'activité très-grande. Ce n'est qu'après un mois & demi que, le soleil ayant perdu sa force dans ces lieux, & la superficie du sol se trouvant pénétrée du froid, les arbres se dépouillent de leurs feuilles, que les fruits tombent d'eux-mêmes, & que le travail de la végétation est totalement suspendu. Il semble que c'est, en Corse, le tems que la nature a marqué pour la *coupe des arbres ;* & comme ce tems varie suivant les degrés de latitude & les points d'élévation, il convient de varier, suivant ces circonstances, les époques auxquelles on peut commencer la *coupe des bois*. Mais s'il est dangereux que la *coupe des bois* se fasse avant le repos de la sève, il l'est encore bien plus que ce travail soit continué jusqu'au-delà du tems où son action se renouvelle. Il faut donc déterminer au juste ce tems, suivant les différentes dispositions des lieux. Les boutons qui s'apperçoivent à Bastia vers la mi-février, contiennent les uns des fleurs, les autres des feuilles & même des branches, avec les formes plus ou moins développées, & souvent avec les couleurs propres. Le froid des dernières semaines de l'hiver n'empêche donc pas, autant qu'on le croiroit, les opérations de la végétation : elles s'exécutent intérieurement sous les écorces des arbres & les enveloppes particulières des boutons. Ainsi le travail de la *coupe des bois* se feroit inconsidérément vers la fin de février.

Les pins, les cèdres & les sapins ne doivent être coupés que dans la saison de l'hiver, par la raison que c'est le tems du repos de leur sève : il reste seulement à examiner si tous les hivers sont également convenables à la *coupe* de ces arbres. On présume que, comme ces arbres gardent leurs fruits deux années, l'une d'elles étant plus fertile que l'autre, l'élaboration des sucs ne pouvant s'achever que dans la période de ces deux années, il convient de mettre le même intervalle dans leurs *coupes ;* ainsi, d'après les faits qui viennent d'être exposés, on est autorisé à tirer ces conséquences :

1°. Que les exploitations des forêts les plus septentrionales & les plus élevées du territoire de la France, & de l'île de Corse en particulier, ne doivent point commencer avant le 7 octobre, ni être prolongées au-delà du 24 janvier. Dans les forêts les plus méridionales & situées en même tems au milieu des terrains les plus bas, les mêmes travaux ne doivent point, par les raisons contraires, commencer avant le 24 novembre, & devront cesser le 8 janvier.

2°. Il sera déterminé des époques intermédiaires pour la *coupe* des arbres des forêts dont l'élévation est moyenne, entre celle des forêts désignées ci-devant, ainsi que la latitude.

3°. Les arbres dont les fruits alternent, ne se couperont que dans l'hiver qui suivra la récolte marquée par la chute des fruits.

Coupes des couches de la nouvelle terre. Dans les *coupes* dont j'ai fait mention en plusieurs endroits de cet ouvrage, on donneroit la disposition relative de plusieurs matières qui sont distribuées dans les couches, lesquelles se montrent à découvert sur les différentes épaisseurs des bords de nos vallées.

On pourroit exécuter deux *coupes* correspondantes l'une à l'autre : dans la première on figureroit l'état actuel, & dans la seconde on traceroit en même tems les matériaux enlevés & ceux qui subsistent. Les vides de l'état actuel seroient remplis par l'indication des masses que les eaux ont détruites. Ces *coupes* correspondantes sont les seuls moyens que nous ayions pour donner une idée des dégradations des eaux, apprécier leur étendue & leur marche. On doit sentir qu'un certain nombre de ces *coupes*, avec une description raisonnée des objets qui y seroient figurés, jetteroit un grand jour sur la constitution physique d'un pays.

La seconde *coupe* qui représenteroit l'état primitif, seroit exécutée de manière que les limites des remplissages y seroient conservées. Quand, par exemple, un vallon auroit été creusé dans un système de couches calcaires, on indiqueroit les couches des croupes du vallon par des lignes foibles, & dans le vide les mêmes couches correspondantes aux deux côtés : on jouiroit, par ce moyen, de la comparaison des deux états dans une seule *coupe*. En rétablissant les matériaux enlevés, on se réglera toujours sur les parties qui subsistent encore, & qui sont les témoins des enlévemens. Cependant lorsque certaines dispositions des parties subsistantes annonceroient des altérations un peu considérables, & de telle sorte que les raccordemens seroient fort difficiles, on aura soin de rétablir dans la *coupe* tout ce qu'on pourroit retrouver de l'ancien état, & l'on insisteroit en même tems sur les motifs qui auroient déterminé à figurer le remplissage qu'on auroit imaginé. On sent combien il importe d'être fort réservé sur les conjectures, surtout dans certaines vallées fort élargies par les dégradations successives, où les raccordemens sont plus difficiles. Mais en suivant la marche des eaux courantes on pourra toujours retrouver l'ancienne organisation, la rétablir, & raccorder, par des remplissages bien réguliers, les deux bords d'une vallée, quelle que soit sa largeur & son étendue. On sent bien que ces *coupes* ne peuvent avoir d'application que sur la moyenne terre calcaire & sur la nouvelle. Dans les massifs des granits, il n'y a nulle organisation qui autorise les raccordemens ; mais les premières observations conduisent aux autres.

COUPRAY, village du département de la

Haute-Marne, canton d'Arc-en-Barrois, ſur l'Aujon, à une lieue de cette ville. Il y a une mine de fer aux environs, & des fonderies dans l'intérieur.

COUPURES DES CHAÎNES DE MONTAGNES, & AMAS DE CAILLOUX ROULÉS. Il eſt très-important de faire voir que les eaux courantes ſe ſont primitivement trouvées à des niveaux aſſez élevés pour former les coupures & les eſcarpemens les plus remarquables, qui ſervent de débouchés aux baſſins les plus fermés en apparence, dès qu'il y a eu une ſucceſſion de travail de ces eaux dans l'approfondiſſement des vallées.

Les baſſins que les fleuves arroſent maintenant, ont toujours offert des pentes ſuivies à ces fleuves, & il n'y a eu, pour l'approfondiſſement des vallées, d'autres efforts de l'eau que ceux des oſcillations qui les ont portées contre les bords eſcarpés, & les ont écartées des plans inclinés. Il ne faut donc rien imaginer pour détruire des digues ou d'autres obſtacles qui, n'ayant pas certainement exiſté, n'ont exigé aucun effort pour être détruits.

Les plus petits ruiſſeaux, comme les plus grandes rivières, ont partout un écoulement ſur une pente ſuivie & plus ou moins alongée, ſelon que le terrain eſt plus élevé au deſſus du niveau de la mer. Lorſque leur cours traverſe une chaîne de montagnes ou de rochers, la chaîne ſe trouve à coup-ſûr interrompue en ces endroits ſi la rivière n'a pu ſe détourner commodément ſur les côtés. On voit alors que les rochers ont été réellement percés par les eaux courantes. (*Voyez notre article* ANDUSE, *Encyclopédie méthodique.*)

Pour établir les efforts des eaux courantes ſur les pentes que la nature leur a comme abandonnées, il ſuffit de ſuivre le cours de nos rivières. Il n'y a aucune partie des vallées dont les eſcarpemens ne nous indiquent l'action des cauſes & les ouvertures qu'elles ont faites, les chutes des rivières, leurs coudes & leurs détours fréquens, leurs paſſages multipliés au travers des gorges très-étroites, où leurs lits, de larges qu'ils étoient, ſe rétréciſſent en même raiſon que les difficultés des terrains.

Les ſauts extraordinaires de certains fleuves, les cols & les portes des montagnes, toutes ces différentes parties des bords de nos vallées, nous apprennent de la façon du monde la plus authentique, que la ſurface de nos continens, bien long-tems après ſa découverte par l'Océan, a été fillonée, non-ſeulement par le cours de chaque fleuve, quelque long qu'il fût, mais par toutes ces eaux courantes qui ont des points de partage & des ſommets communs juſqu'aux bords de la mer.

On peut ajouter à ces conſidérations les amas de cailloux roulés que l'on trouve dans les lits de nos rivières, dont on peut reconnoître les origines & les baſes analogues, ſi l'on ſuit toutes les circonſtances que ces amas nous offrent. Il y a grande apparence que pluſieurs de ces amas n'ont rien de commun avec le cours des rivières, & qu'ils doivent leurs diſpoſitions comme leurs formes arrondies à l'invaſion de la mer dans des vallées-golfes. C'eſt cette invaſion qui donne inconteſtablement la ſolution de pluſieurs difficultés qu'on trouve nommément dans la vallée du Gardon, & qui, dans d'autres vallées ſemblables, ont fort embarraſſé Sauſſure, qui rapportoit la forme des cailloux roulés comme leurs amas aux ſeules eaux courantes des rivières, pendant que ſelon moi tout prouve qu'il faut y faire intervenir une débâcle de la mer, dont il étoit loin de nous faire connoître toutes les circonſtances. Seulement il nous en a montré le beſoin d'une manière fort équivoque.

COUPVRAY, village du département de Seine & Marne, arrondiſſement de Meaux, à deux lieues un quart de cette ville. Ce village eſt ſitué ſur une hauteur, avec un château d'où l'on domine tous les environs, entr'autres les baſſins de la vallée de la Marne, qui oſcille à Ebly & aux îles de Villenoy: outre cela, on apperçoit tous les détails de la confluence du Grand-Morin avec la Marne, où ſe trouve le *Condé* Sainte-Libière. On y découvre auſſi la marche des rivières latérales qui ſe jettent dans la Marne, & dont le cours eſt plus ou moins alongé; enfin, c'eſt de là qu'on peut aller reconnoître les différens niveaux des habitations qui ſont ſituées ſur les bords eſcarpés & les plans inclinés de la vallée de la Marne. Ainſi j'ai trouvé au premier rang d'élévation, Carnetin, Chaliſer, *Coupvrai*, Montreux, la Juſtice de Nanteuil, Jouarre, la tour de Montgy, château de la Thuilerie.

Je mets au ſecond rang le plateau entre Dampmart & Carnetin, les hauteurs des environs de Chelles & celles des bois de Meaux.

Je place au troiſième rang les environs de Varèdes.

Je ſupprime la note de toutes les habitations qui ſont au quatrième rang, & qui ſont les plus nombreux des terrains & les veſtiges des eaux courantes de cette contrée inſtructive des environs de Lagny & de Meaux. C'eſt là où je renvoie les naturaliſtes qui veulent étudier les bords des rivières qui oſcillent.

COURADE (la), montagne du département des Baſſes-Pyrénées, arrondiſſement d'Oléron, à une lieue & demie ſud-eſt de Bielle; elle a du ſud-eſt au nord-eſt un quart de lieue de longueur.

COURANS DE LA MER. On ne doit pas ſe repréſenter le plus grand nombre de ces *courans* comme on ſe repréſente le cours d'un fleuve qui ſe creuſe un lit étroit & fixe: ce ſont les mouvemens des eaux de la mer, particuliers à la vérité; mais qui occupent une très-grande ſuperficie & forment dans la mer pluſieurs mers ambulantes qui, ſecondées du flux & du reflux, applaniſſent & régalent

régalent au long & au large les vases & les sables, dispersent les coquillages : voilà pourquoi les couches de la terre, qui sont à la surface de nos continens, & qui ont été anciennement formées par les mers, s'étendent sur de vastes contrées sans aucune interruption. Tous ces mouvemens ne sont pas capables de produire des irrégularités constantes, parce que la trace qu'un *courant* produit, est peu de tems après détruite & effacée par un autre *courant* Ces *courans* sont ordinairement vagues & indécis dans leur direction. Il est des mers où après avoir couru six mois à l'est, ils courent ensuite six mois à l'ouest. Il est d'autres parages où ces changemens arrivent souvent dans le même jour, & où le navigateur embarrassé les voit varier sous tous les rumbs de vent. L'action des *courans* & des marées ne doit donc que très-rarement produire des effets remarquables, locaux & particuliers sur le fond des bassins des mers. Leur jeu unique, le plus étendu, est de déposer des sables & des coquillages, tantôt d'un côté, tantôt de l'autre. Cette oscillation perpétuelle doit occasionner, dans le centre de tous les golfes, de toutes les Méditerranées & même de l'Océan, un tassement perpétuel des matières mobiles, & les ramener toujours au niveau ; mais comme tous ces mouvemens n'ont qu'une certaine sphère d'activité déterminée, & bornée par les *courans* circonvoisins en applanissant leur centre, ils doivent se former un bassin où les dépôts qu'ils chassent à la ronde sont accumulés suivant un système particulier qu'ils ne franchissent pas ; car les *courans* circonvoisins ne leur permettent pas de les pousser plus loin, & que leur propre force se trouve affoiblie : telle pourroit être la première origine des bassins particuliers des tractus de certains matériaux qui se remarquent sur nos continens, & qui sont encore si remarquables. Les limites de ces tractus que chaque mer ambulante construisoit autour d'elle, & formoit de vases, de sables & de débris de coquillages, ne devoient pas présenter ces escarpemens affreux que nous rencontrons le long de certains bords de nos vallées ; elles n'étoient point ni ébauchées ni approfondies comme nous les voyons à la surface de nos continens.

Les parties les plus élevées de ces bassins, comparées avec les plus basses, ne pouvoient offrir à leur surface que des ondes alongées & adoucies, semblables à peu près à celles que nous offrent les plaines de sables agitées par les vents. Si la mer se retiroit aujourd'hui de nos côtes, son fond nous présenteroit le même spectacle : nos continens seroient alongés en général par des plaines immenses, où l'on remarqueroit seulement les éminences & les amas de matériaux qui ont été construits par les différens *courans* & les différentes marées de chaque parage, selon leur plus ou moins d'étendue, où ces mouvemens des eaux dominoient. J'en juge ainsi par les résultats des sondes prises d'une manière suivie dans certains golfes. Si dans le fond du bassin de la mer on a trouvé des irrégularités particulières, elles n'ont paru provenir que de ce que les lits de ces mers ayant fait partie des anciens continens, ces inégalités, ces empreintes d'un état fort ancien n'ont pu être totalement recouvertes dans un grand nombre d'endroits, surtout vers l'embouchure des grands fleuves, dans les parages où les *courans* sont constans & réguliers ; ce qui n'a lieu probablement en ces endroits que parce qu'une ancienne disposition du fond du bassin de la mer détermine leur marche : on rencontre aussi ces mêmes irrégularités aux environs des îles, qui ne sont elles-mêmes, ainsi que les rochers que l'on voit à fleur d'eau, que des restes de continens autrefois à découvert. Enfin, les golfes, les anses, les baies nouvellement envahies sur nos continens, où se trouvent tant de rochers, d'écueils & de vallées qui n'ont pu être comblés par les *courans*, forment encore une exception aux parties de la mer, où les *courans* ont pu mettre de niveau les dépôts du fond. Il est ainsi convenable de suivre sur nos continens les nuances de toutes ces opérations des *courans* & des marées dans l'ancien bassin de la mer, & les causes des diverses exceptions qui y ont eu lieu. La distinction des différens massifs qui appartiennent à l'ancienne, à la moyenne & à la nouvelle terre, est le premier moyen à quoi il faut nécessairement ajouter tout le travail fait par les eaux pluviales & courantes à la surface de nos continens, si l'on veut remonter à l'ancien état du fond de la mer, lorsqu'il fut dégagé des eaux & qu'il parut à découvert : c'est ce travail des eaux *courantes* superficielles, qu'il ne faut pas confondre avec celui des eaux *courantes* dans le bassin de la mer. Nous nous sommes attachés à les bien distinguer dans tous les articles de ce Dictionnaire, où il est question des inégalités de la surface de nos continens, surtout dans les massifs de la nouvelle terre.

COURANS DOUBLES. J'ai déjà parlé à l'article de la MER BALTIQUE, d'un *courant double* observé à l'entrée du Sund, & j'aurai lieu de faire la même remarque à l'article de GIBRALTAR & à celui du BOSPHORE. M. Deslandes, habile navigateur, a remarqué le même phénomène dans le golfe de Guinée, entre les caps Gonsalves & Sainte-Catherine. Il remarqua que la mer descendoit dans la direction nord-nord-ouest suivant le gisement des terres qui sont ainsi situées, & qu'elle descendoit avec une force capable de lui faire parcourir depuis une demi-lieue jusqu'à une lieue par heure : en même tems il s'assura, en plongeant une serviette à une certaine profondeur, que les *courans* remontoient en dessous avec au moins autant de vitesse qu'ils en avoient au dessus.

Il observa même qu'entre ces deux *courans* l'eau n'avoit de mouvement dans aucune direction, & qu'elle restoit immobile entre ces deux forces contraires.

En réitérant l'expérience, M. Deslandes trouva que le *courant* supérieur étoit d'autant plus profond, que le fond avoit plus de hauteur. Sur cinquante brasses de profondeur il avoit douze à quinze brasses, au lieu que sur huit brasses il n'y en avoit que trois occupées par le *courant* supérieur.

M. Deslandes pense que les vents sont pour beaucoup dans les causes générales de ces effets, ainsi que les fleuves qui se déchargent dans la mer le long de cette côte, & qui charient une grande quantité de terre dans le golfe de Guinée; & enfin que le fond de cette partie oblige, par sa pente, la marée de rétrogader lorsque l'eau, étant parvenue à un certain niveau, se trouve pressée par la quantité nouvelle qui la charge sans cesse, pendant que les vents agissent en sens contraire à la surface, la contraint de conserver son cours ordinaire.

Il paroît donc que la seule pression de l'eau parvenue à son niveau, jointe à l'inclinaison du fond, est la seule & unique cause qui produit ce phénomène; car ces *courans* n'ont lieu qu'à raison de la pente plus ou moins rapide du rivage, & il y a grande apparence qu'ils ne se font sentir qu'à douze ou quinze lieues au large, qui est l'éloignement le plus grand le long de la côte d'Angole, où l'on puisse se promettre d'avoir fond.

Il s'appuie sur le résultat d'une de ses expériences pour croire que les *courans* du large n'éprouvent pas de pareils changemens.

Lorsqu'il sondoit par une hauteur de fond moyenne, telle que trente-cinq brasses d'eau, il trouvoit le *courant* dirigé dans le nord-nord-ouest jusqu'à la hauteur de cinq à six brasses. En descendant davantage, comme de deux à trois brasses, la direction étoit à l'ouest-nord-ouest; ensuite trois trois ou quatre brasses de profondeur de plus donnoient un *courant* à l'ouest-sud-ouest, puis au sud-ouest & même au sud, & enfin à vingt-cinq & vingt six brasses on avoit une direction au sud-sud-est, & jusqu'au fond au sud-est & à l'est-sud-est.

M. Deslandes tire de ces faits plusieurs conséquences. Il compare l'Océan, entre l'Afrique & l'Amérique, à un grand fleuve dont le cours est presque continuellement dirigé dans le nord-ouest, & qui dans son cours transporte un sable ou limon qu'il dépose sur ses bords, lesquels, se trouvant rehaussés, augmentent le volume d'eau, ou, ce qui est la même chose, élèvent son niveau & l'obligent de rétrograder suivant la pente du rivage. Mais comme il y avoit un premier effort qui le dirigeoit d'abord, il ne retourne pas en sens contraire; ainsi, obéissant aux deux forces à-la-fois, il doit nécessairement décrire une courbe plus ou moins alongée, jusqu'à ce qu'il rencontre ce *courant* du milieu avec lequel il peut se réunir en partie; ce qui lui sert de point d'appui pour suivre la direction contraire que lui impose le fond; &, comme il faut considérer la masse de l'eau de la mer dans un mouvement continuel, il faut que le fond subisse les premiers changemens comme étant plus près & plus pressé, & il ira en sens contraire du courant supérieur, pendant qu'à des hauteurs différentes il n'y sera pas encore parvenu.

Ces observations sont décisives, & répondent parfaitement aux autres que j'ai citées au commencement de cet article; & comme les mêmes circonstances doivent se rencontrer assez souvent dans le bassin de la mer, & particuliérement le long des côtes, dans des golfes, dans des détroits, on doit croire que les *courans* simples se changent assez souvent en *courans* doubles, produisent alors des effets très-variés tant sur les bords de la mer que sur son fond.

Courant de Bahama.

On doit faire remarquer la différence singulière qu'il y a entre la chaleur de ce *courant* & celle de la mer qu'il traverse. Dans le mois d'avril, à 33 degrés de latitude nord & à 76 de longitude à l'ouest de Greenvich & un peu au nord de Charles-Town, la chaleur du *courant* se trouva plus forte au moins de 6 degrés, que celle de l'eau de la mer en dehors du *courant*. En jugeant de la largeur du *courant* par cette chaleur, il paroît qu'elle est de 20 degrés, & qu'il conserve, durant une aussi grande partie de son cours, le point de chaleur qu'il avoit dans la zône torride; ce qui prouve son étonnante rapidité. Les navigateurs qui ont occasion de traverser ce *courant* singulier pourroient trouver de grands avantages à suivre toutes ces remarques afin de bien connoître la marche & les autres circonstances de ce *courant*.

On suppose que le *courant* s'étend jusqu'aux bas-fonds de Nantucket, qui sont éloignés de mille milles du golfe de la Floride.

Je viens maintenant à ce qui concerne l'usage que des écrivains hypothétiques ont prétendu faire des *courans* de la mer pour creuser les vallées en même tems que les matériaux des couches se distribuoient régulièrement à droite & à gauche de ces vallées, & formoient les massifs des collines. C'est surtout M. de Buffon qui a le plus fait valoir ces agens. Nous le voyons à chaque instant nous montrer les angles saillans & rentrans comme les formes que les *courans* sousmarins avoient imprimées aux bords des vallées lorsqu'ils ont organisé les dépôts dans le bassin de la mer.

J'ai discuté ces prétentions, & je n'insisterai pas davantage sur les motifs qui m'ont déterminé à combattre d'aussi fausses hypothèses. (*Voyez les articles* VALLÉES & ANGLES SAILLANS ET RENTRANS.)

Courans profonds ou *sous-courans.*

Ce sont des *courans* qui se font sentir à une certaine profondeur dans certains parages, & particuliérement dans certains détroits. M. Halley croit qu'il y a des *sous-courans* dans les dunes & dans le détroit de Gibraltar ; il appuie cette opinion sur l'observation qu'il a faite de la haute mer entre le nord & le sud de Foreland, & par laquelle il s'est assuré que le flux ou le reflux arrivoit dans cette partie des dunes trois heures avant qu'il ait lieu dans la pleine mer ; ce qui prouve, selon lui, que tandis que le flux commence à la partie supérieure, le reflux dure encore à la partie inférieure, dont les eaux sont resserrées dans un lit plus étroit, & réciproquement que le flux dure encore à la partie inférieure quand le reflux commence à la partie supérieure : d'où il conclut qu'il y a dans ces détroits deux *courans*, l'un inférieur & l'autre supérieur.

Ce savant observateur confirme son sentiment par une expérience faite dans la Baltique, & qui lui a été communiquée par un habile marin, témoin de cette expérience. Cet homme étant dans une des frégates du Roi, elle fut tout d'un coup portée au milieu d'un *courant* & poussée avec beaucoup de violence : aussitôt on descendit dans la mer une corbeille où l'on mit un gros boulet de canon ; la corbeille étant descendue à une certaine profondeur, le mouvement de la frégate fut arrêté ; mais quand elle fut descendue plus bas, le vaisseau fut porté contre le vent & dans une direction contraire à celle du *courant* supérieur, qui n'avoit qu'environ quatre à cinq brasses de profondeur. M. Halley ajoute, au rapport de ce marin, que plus on descendoit la corbeille, plus on trouvoit que le *courant* inférieur étoit fort. Par ce principe il est aisé d'expliquer, suivant M. Halley, comment il se peut faire qu'au détroit de Gibraltar, dont la largeur n'est que d'environ vingt milles, il passe continuellement une si grande quantité d'eau de la mer Atlantique dans la Méditerranée, par le moyen des *courans*, sans cependant que l'eau s'élève considérablement sur la côte de Barbarie, ni qu'elle inonde les terres qui sont fort basses le long de cette côte. Il suppose qu'il y a pour lors dans ce détroit un *courant* inférieur, un *sous-courant* qui vient de la Méditerranée & qui est contraire au *courant* supérieur, & que par cette marche la Méditerranée perd d'un côté ce qu'elle gagne de l'autre. (*Voyez* GIBRALTAR & BALTIQUE : ce sont ces détails que j'ajoute ici.)

Courans de l'embouchure du détroit de Gibraltar.

Le cap Spartel & celui de Trafalgar sont connus pour former l'embouchure du détroit de Gibraltar, d'où il part un *courant* qui tient le milieu du canal, dont la largeur est d'environ cinq lieues, & parcourt au moins deux milles par heure jusqu'à Ceuta. Là, les deux côtes s'éloignant d'environ dix-huit lieues l'une de l'autre, la vitesse du *courant* n'est pas de plus d'un mille par heure, & continue ainsi jusqu'au cap de Gat, qui est à soixante-dix lieues dans la Méditerranée. Nos marins observent un *courant* qui va de Ceuta vers l'Océan le long des côtes de Barbarie, & un autre qui va de Gibraltar le long des côtes de l'Espagne ; mais celui de la côte de Barbarie est ordinairement leur route, non-seulement parce qu'il est moins dangereux, mais parce que le *courant* est plus rapide que de l'autre côté, & qu'ils sont ainsi plus tôt sortis des détroits qui sont plus resserrés entre Gibraltar & Ceuta. C'est dans ce lieu qu'une langue de terre s'avance sur une longueur considérable dans la mer, & je pense, ainsi que plusieurs autres personnes, que le *courant* qui parcourt, comme je l'ai déjà dit, deux milles par heure, rencontre dans cette avance de terre une forte opposition à son cours, que l'eau est refoulée avec tant de force, qu'une partie retourne le long de la même côte & sort ainsi du détroit ; ce qui est regardé, avec le petit refoulement qui part des côtes d'Espagne, comme suffisant pour vider une quantité considérable des eaux qui entrent continuellement par le détroit dans la Méditerranée. Ce qui démontre cette assertion est le fait suivant : M. de Laigle, capitaine du *Phénix*, de Marseille, donnant la chasse, près de Ceuta, à un vaisseau hollandais, lui envoya une bordée qui le coula à fond entre Tariffa & Tanger : l'équipage fut sauvé par les soins de ce généreux capitaine, mais le vaisseau, coulé à fond avec sa cargaison d'huile & d'eau-de-vie, reparut quatre jours après sur les côtes près de Tanger, qui est au moins à quatre lieues à l'ouest du lieu où il avoit été coulé, & directement en remontant contre la force du *courant*. Il est clair que si le *courant* inférieur n'eût pas existé, comme nous l'avons supposé, ce vaisseau auroit été poussé vers Ceuta & au-delà. On a été confirmé de la vérité de ce qu'on vient de dire, par le capitaine du vaisseau hollandais & par les Espagnols qui reconnurent aussi le vaisseau.

A mesure que la masse d'eau fournie entre par l'Océan dans la Méditerranée, la vitesse avec laquelle elle est poussée, doit diminuer par la perte de son mouvement qu'elle communique aux eaux de cette mer, sur la surface de laquelle elle trouve beaucoup de facilité à s'étendre, tant à cause de l'élargissement des côtes, que de la grande distance qui est entre le détroit de Gibraltar & la côte de Syrie : d'où il résulte, 1°. qu'elle emploiera un tems considérable à parcourir cette distance, qui est d'environ six cents lieues de trois mille toises, & que pendant ce tems il surviendra un nouveau flux ; 2°. que la force de cette masse d'eau ne se conservera pas dans une même situation, comme si elle couloit dans un canal dont les bords seroient parallèles ; mais le défaut de parallélisme des côtes l'obligera à décliner de la situation qu'elle avoit en entrant dans la Méditerranée.

En premier lieu, elle emploiera plus de cinq jours avant que d'arriver à la côte de Syrie. Il est constant, par toutes les observations, que le long des côtes de l'Espagne, depuis le cap Sainte-Marie jusqu'au détroit de Gibraltar, & depuis ce détroit jusqu'au cap de Geer, le long des côtes de Barbarie, la mer monte seulement de dix pieds. Or, selon les principes de l'hydrodynamique, à cette hauteur une masse d'eau a une vitesse pour faire vingt-quatre pieds dans une seconde, & par conséquent quatre lieues & quatre cinquièmes de lieue par heure: d'où il suit que le volume d'eau porté par le flux de l'Océan dans la Méditerranée, ne parviendra aux côtes de Syrie qu'au bout de cinq jours & demi; ainsi il est évident que, dans l'espace de tems qu'il emploiera pour arriver en Syrie, un second flux doit succéder au premier, un troisième au second, &c., & par-là le mouvement se perpétuera. En second lieu, la face de ce volume d'eau, en coulant à la surface de la Méditerranée, déclinera de la première situation qu'elle avoit après avoir passé le détroit.

Courant particulier de Nantucket.

Les vaisseaux sont quelquefois retardés & quelquefois avancés dans leurs voyages par des *courans* que souvent on ne connoît pas. Il existe un de ces *courans* en Amérique, que les pêcheurs de Rhode-Island & de Nantucket connoissent parfaitement, parce qu'ils poursuivent sur les bords de ce *courant* les baleines, qu'ils le serrent toujours de près sans jamais y entrer, peut-être que pour le traverser.

Ce *courant* est probablement formé, dit M. Franklin, par la grande quantité d'eau accumulée sur les côtes orientales de l'Amérique, entre les tropiques, par les vents alisés qui y soufflent constamment. On sait qu'une grande pièce d'eau de dix milles de large, & seulement de trois pieds de profondeur, a eu ses eaux poussées d'un côté par un vent très-fort, & soutenues ainsi de manière qu'elles avoient six pieds de profondeur, tandis que l'autre côté étoit à sec. Ceci peut donner une idée de la quantité d'eau amoncelée sur les côtes de l'Amérique, & expliquer comment elle se précipite en un *courant* rapide entre les îles du golfe du Mexique, & que ce *courant* sort à travers le golfe de la Floride, & suit les côtes jusqu'au banc de Terre-Neuve, où il se détourne ensuite & descend vers les îles Western. Ayant passé ce *courant* plusieurs fois, M. Franklin fit attention aux différentes circonstances par lesquelles on peut reconnoître quand on est dans les eaux de ce *courant;* il trouva qu'il est toujours plus chaud que la mer qui est de chaque côté, & qu'il n'étincelle pas pendant la nuit. Il lui a paru qu'un thermomètre seroit un instrument utile au navigateur, puisque les *courans*, venant du nord dans la mer du sud, seront probablement trouvés plus froids que l'eau de ces mers, comme on trouve les *courans* qui viennent de la mer du sud dans celle du nord plus chauds que les eaux de cette mer. Il n'est pas étonnant qu'un si grand volume d'eau, d'une si grande profondeur & de plusieurs lieues de large, venant d'entre les tropiques & entrant dans les mers du nord, retienne sa chaleur plus long-tems que vingt ou trente jours pour son passage vers le banc de Terre-Neuve. La quantité d'eau est trop grande & trop profonde pour être refroidie soudainement en passant sous un air plus froid. L'air qui se trouve immédiatement au dessus de ce *courant*, peut cependant en recevoir assez de chaleur pour être raréfié, & s'élever en devenant plus léger que celui qui est de chaque côté de ce *courant*. Ces airs doivent se précipiter pour remplacer l'air échauffé qui s'élève & se raréfie, & se rencontrant l'un & l'autre, ils forment ces tornados ou calmes & ces trombes qu'on voit fréquemment sur ce *courant* & dans son voisinage.

Le pouvoir du vent, pour élever l'eau au dessus de son niveau commun dans la mer, nous est connu en Amérique, par les grandes marées qui s'élèvent dans nos ports de mer, quand un vent violent de nord-est souffle contre ce *courant*.

Courant de Mosche.

On doit comprendre dans les *courans* de la mer le fameux *courant de Mosche*, sur les côtes de Norwège, dont un savant Suédois nous a donné la description. Ce *courant*, qui a pris son nom du rocher de *Mosch-en-Sicle*, situé entre les deux îles de Tofode & de Woeren, s'étend à quatre milles vers le sud & vers le nord. Il est extrêmement rapide, surtout entre le rocher de Mosche & la pointe de Lofœde; mais plus il rapproche des deux îles de Woeren & de Rœst, moins il a de rapidité. Il achève son cours du nord au sud en six heures, puis du sud au nord en autant de tems.

Ce *courant* est si rapide, qu'il fait un grand nombre de petits tournans dans sa route. Son cours ne suit point celui des eaux de la mer dans leur flux & dans leur reflux: on peut même dire qu'il y est plutôt contraire; car lorsque les eaux de l'Océan montent, elles vont du sud au nord, & alors le *courant* va du nord au sud. Lorsque la mer se retire, elle va du nord au sud, & pour lors le *courant* va du sud au nord.

Ce qu'il y a de remarquable, c'est que, tant en allant qu'en revenant, il ne décrit pas une ligne droite, ainsi que les autres *courans* qu'on trouve dans quelques détroits où les eaux de la mer montent & descendent; mais il suit une ligne circulaire.

Quand les eaux de la mer ont monté à moitié, celles du *courant* vont au sud-sud-est; ensuite, plus la mer s'élève, plus il se tourne vers le sud: de là il se dirige vers le sud-ouest, & du sud-ouest vers l'ouest.

Lorsque les eaux de la mer ont entiérement monté, le *courant* va vers le nord-ouest, & ensuite vers le nord. Vers le milieu du reflux il recommence son cours après l'avoir suspendu quelques momens. Le principal phénomène qu'on y observe, est son retour par l'ouest, du sud-sud-est vers le nord, ainsi que du nord vers le sud-est. S'il ne revenoit pas par le même chemin, il seroit fort difficile & presqu'impossible de passer de la pointe de Lofœde aux deux grandes îles de Woeren & de Rœst, & deux paroisses seroient sans habitans; mais au moyen de la route qu'il suit, ceux qui veulent passer de la pointe de Lofœde à ces deux îles, attendent que la mer ait monté à moitié, parce qu'alors le courant se dirige vers l'ouest; & lorsqu'ils veulent revenir de ces îles à la pointe de Lofœde, ils attendent le mi-restux; ce qui leur facilite le passage. On doit remarquer ici que l'eau monte d'un côté & descend de l'autre.

Pour se convaincre de cette vérité, il suffit de considérer qu'il y a une petite langue de terre qui s'étend à seize milles des côtes de la Norwège dans la mer, depuis la pointe de Lofœde, qui est le plus à l'ouest, jusqu'à celle de Loddinge, qui est la plus orientale. Cette petite langue de terre est environnée par la mer, & soit pendant le flux, soit pendant le reflux, les eaux y sont toujours arrêtées, parce qu'elles ne peuvent avoir d'issue que par six petits détroits ou passages qui divisent cette langue de terre en autant de parties. Quelques-uns de ces détroits ne sont larges que d'un demi-quart de mille, & quelquefois ils ont moitié moins; ils ne peuvent donc contenir qu'une petite quantité d'eau. Ainsi, lorsque la mer monte, les eaux qui vont vers le nord s'arrêtent en grande partie au sud de cette langue de terre; elles sont donc bien plus élevées vers le sud que vers le nord. Lorsque la mer se retire & va vers le sud, il arrive pareillement que les eaux s'arrêtent en grande partie au nord de cette langue de terre, & sont par conséquent bien plus hautes vers le nord que vers le sud.

Les eaux arrêtées de cette manière, tantôt au nord & tantôt au sud, ne peuvent trouver d'issue qu'entre la pointe de Lofœde & de l'île de Woeren, & qu'entre cette île & celle de Rœst.

La pente qu'elles ont lorsqu'elles descendent, cause la rapidité du *courant*, & par la même raison cette rapidité est plus grande vers la pointe de Lofœde que partout ailleurs. Comme cette pointe est plus près de l'endroit où les eaux s'arrêtent, la pente y est aussi plus forte; & plus les eaux du *courant* s'étendent vers les îles de Woeren & de Rœst, plus il perd de sa vitesse.

Après cela, il est aisé de concevoir pourquoi ce *courant* est diamétralement opposé à celui des eaux de la mer. Rien ne s'oppose à celles-ci, soit qu'elles montent, soit qu'elles descendent, au lieu que celles qui sont arrêtées au dessus de la pointe de Lofœde ne peuvent se mouvoir, ni en ligne droite, ni au dessus de cette même pointe, tant que la mer n'est pas descendue plus bas, & n'a pas, en se retirant, emmené les eaux qui doivent être remplacées par celles qui sont arrêtées au dessus de Lofœde.

Au commencement du flux & du reflux, les eaux de la mer ne peuvent pas détourner celles du *courant*; mais lorsqu'elles ont descendu ou monté à moitié, elles ont assez de force pour changer sa direction. Comme il ne peut alors se tourner vers l'est, parce que l'eau est toujours plus stable près de la pointe de Lofœde, ainsi qu'on l'a déjà dit, il faut nécessairement qu'il aille vers l'ouest, où l'eau est plus basse. Ainsi l'on voit, par cette explication, que tous les phénomènes que présente le *courant* sont conformes à la théorie des eaux courantes.

Courant de la Guiane.

On ne peut aller des Antilles à la Guiane dans aucune saison, tant les courans sont rapides & constamment dirigés de la Guiane à ces îles. Il faut deux mois pour le retour, tandis qu'il ne faut que cinq ou six jours pour aller de la Guiane aux Antilles. Effectivement, pour ce retour on est obligé de prendre le large à une très-grande distance des côtes, & vers le milieu de l'Océan atlantique, d'où l'on dirige sa route droit à la terre-ferme de l'Amérique méridionale. Ces *courans* rapides & constans de la Guiane aux Antilles sont si violens, qu'on ne peut les surmonter à l'aide du vent: l'eau semble y couler avec autant de rapidité que si elle descendoit par un canal d'un lieu plus élevé pour arriver à un endroit plus bas. Au reste, une partie de la force des *courans* de Cayenne aux Antilles est due aux eaux qui débouchent de la terre, parmi lesquelles je compte:

1°. Le fleuve des Amazones, dont l'impétuosité est très-grande, l'embouchure large de soixante-dix lieues, & la direction plus au nord qu'au sud.

2°. La rivière d'Ouassa, rapide & dirigée de même, & dont l'embouchure peut avoir une lieue de largeur.

3°. L'Oyapok, encore plus rapide que l'Ouassa, & venant de plus loin, avec une embouchure à peu près égale.

4°. L'Aprouak, à peu près de même largeur à son embouchure, & de même étendue de cours que l'Ouassa.

5°. La rivière Kaw, qui est plus petite, tant de cours que d'embouchure, mais très-rapide, quoiqu'elle ne vienne que d'une savanne noyée à vingt-cinq ou trente lieues de la mer.

6°. L'Oyak, qui est une rivière très-considérable; elle se sépare en deux branches à son embouchure, pour former l'île de Cayenne. Cette rivière en reçoit une autre à vingt ou vingt-cinq lieues de distance, qu'on appelle l'*Oraput*, laquelle est très-impétueuse; elle prend sa source dans une montagne de rochers, d'où elle descend par des torrens très-rapides.

7°. L'un des bras de l'Oyak se réunit près de son embouchure avec la rivière de Cayenne, & ces deux rivières réunies ont plus d'une lieue de largeur; l'autre bras de l'Oyak n'a guère qu'une demi-lieue.

8°. La rivière de Kourou, qui est très-rapide, & qui a plus d'une demi-lieue de largeur vers son embouchure, sans compter le Macousia qui ne vient pas de loin, mais qui ne laisse pas de donner beaucoup d'eau.

9°. Le Sinamari, qui vient de fort loin, & dont le lit est fort serré, & le cours d'une grande impétuosité.

10°. Le fleuve Maroni, dans lequel on a remonté très-haut, quoiqu'il soit d'une assez grande rapidité : il a plus d'une lieue d'embouchure, & c'est, après l'Amazone, le fleuve qui fournit la plus grande quantité d'eau. Son embouchure est plus nette que celles de l'Amazone & de l'Orénoque, qui sont semées d'une grande quantité d'îles.

11°. Les rivières de Surinam, de Berbiche & d'Essequebo & quelques autres, jusqu'à l'Orénoque, qui, comme l'on sait, est un très-grand fleuve. Il paroît que c'est de leurs limons accumulés & des terres que ces rivières ont entraînées des montagnes, que sont formées toutes les parties basses de ce continent, dans le milieu duquel on ne trouve que quelques montagnes qui sont trop peu élevées pour que les neiges & les glaces puissent couvrir leurs sommets. On ne peut pas plus douter que ce ne soit par le concours de tous les *courans* de ce grand nombre de fleuves, que se soit formé le *courant* général de la mer, depuis l'Amazone. Ce *courant* général s'étend peut-être dans ces parages à plus de soixante lieues de la côte orientale de la Guiane; de sorte que les vaisseaux, pour retourner en Europe, sont forcés d'aller chercher le 50e. degré de latitude nord. En général les eaux de la mer sont continuellement poussées d'orient en occident, & ce mouvement est plus fort entre les deux tropiques, que vers les pôles, parce que le vent d'est qui règne dans ces limites, pousse les eaux suivant cette direction. Aussi ces eaux, rencontrant les obstacles des côtes orientales des continens, soit d'Asie, soit d'Amérique, prennent-elles un mouvement latéral qui les porte vers les pôles. C'est ainsi que les *courans* sont très-décidés depuis les côtes de la Guiane, jusqu'aux îles du golfe du Mexique; que même des embouchures de l'Orenoque & du fleuve des Amazones il se détache, par ces *courans*, des convois de bois flottés, qui, après avoir débouché entre les îles de Bahama, vont se rendre sur les côtes du Groënland, de l'Islande & de l'Écosse. C'est par cette marche des eaux & des *courans*, qu'on trouve sur ces côtes plusieurs productions de l'Amérique, ainsi voiturées des côtes de l'Amérique méridionale, comme des côtes de l'Amérique septentrionale. (*Voyez l'article* BOIS FLOTTÉS PAR LA MER.)

COURANS DES VOLCANS. Ce sont des espèces de chaussées de matières volcaniques que les laves échappées des volcans ont formées par leur marche & par leur refroidissement. J'ai distingué deux sortes de *courans*, les *courans anciens* & les *courans modernes*. Les *courans anciens* ont pour origine d'anciens centres d'éruption qui sont marqués, ou par des montagnes volcaniques considérables, ou par de simples culots. Ces centres d'éruption n'ont plus ni cratères ni scories : les cratères sont comblés ou détruits par la comminution des scories & des laves spongieuses qui ont été réduites sous forme de terre & de sables noirs. Les *courans* eux-mêmes offrent partout à leur surface la même destruction des scories qui les ont recouverts anciennement, & qui les enveloppoient, soit sur les côtés, soit par-dessous. Outre cela, les *courans anciens* sont placés sur des parties d'anciennes plaines qui occupent maintenant des plateaux élevés beaucoup au dessus du niveau des plaines modernes qui forment les fonds de cuves des vallées actuelles.

D'ailleurs, en examinant attentivement les massifs de laves qui forment le noyau des *courans anciens*, on trouve que la portion la plus basse de ces massifs renferme une lave compacte & peu trouée. Plus haut on ne voit plus de trous dans la lave du milieu; ils ne reparoissent que vers la partie superieure. On sentira bien aisément la raison de ces nuances dans la compacité des laves, lorsqu'on saura comment les matières fondues se comportent dans les *courans*.

Courans modernes. Ces sortes de chaussées diffèrent des premières & anciennes en ce que le noyau de laves compactes qui en occupent le centre, se trouve enveloppé de tous côtés par des scories, des laves spongieuses & des terres cuites. Or, les parties du noyau qui avoisinent ces enveloppes doivent se ressentir & participer à un certain point de l'état spongieux de ces enveloppes, & en avoir conservé quelques portions, malgré le départ & la séparation qui s'est opérée lors du refroidissement des deux sortes de laves. Les enveloppes formées de laves spongieuses & de scories, ainsi que des terres cuites, se sont refroidies les premières, & parce que la nature de ces laves couvertes d'un tissu moins serré, & qui d'ailleurs étoient exposées, pendant la marche du *courant*, à un refroidissement & à une retraite bien marquée. Ce qui contribuoit beaucoup à leur refroidissement, c'est l'extension continuelle qu'elles éprouvoient à mesure que le *courant* se prolongeoit, qui les a séparées du noyau, les a partagées en petites croûtes très-peu épaisses, & réduites en laves pulvérulentes, comme on en trouve des amas aux deux côtés des *courans modernes*. Une grande partie de ces enveloppes offre des blocs de laves à demi spongieuses, dont on fait un usage continuel, tant pour construire des murs, que pour les voûtes plates des rez-de-chaussée de toutes les maisons des villes. Il faut avoir vu les extrémités des *courans* de Beaumont, celles du *courant* de Roya, celles du *courant* de Chamalières, celles de Nohanent, pour avoir une idée des masses énormes de ces laves. Je rendrai compte de ces *courans* dans les différens articles compris sous les noms de ces lieux.

COURBEVOYE, village du département de la Seine, canton de Nanterre, près de la Seine, à une demi-lieue de Nanterre. Il y a de belles casernes. Le village & les casernes sont sur la pente du beau plan incliné du mont Valérien à Asnières, formé par la seconde oscillation de la rivière de Seine, au dessous de Paris.

COURBIÈRES, village du département de l'Aveyron, arrondissement de Villefranche, à trois lieues de cette ville. Il y a, près de ce village, des mines de cuivre dont l'exploitation est négligée.

COURBOUZON, village du département du Jura, à trois quarts de lieue de Lons-le-Saulnier. A peu de distance de ce village il y a une carrière à plâtre très-abondante.

COURCELLES, village du département du Doubs, canton de Quingey, sur la Louve. Il y a un martinet où l'on fabrique des outils pour l'agriculture.

COURCELLES, village du département de l'Aisne, canton de Braine, près de la Vèle. Il y a un four à chaux où l'on cuit la pierre des environs.

COURCELLES, village du département de la Sarthe, arrondissement de la Flèche, près de la forêt de Vabre, à deux lieues un quart de la Flèche. Le territoire de ce village renferme des filons de mines où l'on trouve l'argent, le plomb, le cuivre, &c.

COURCELLES, ferme près de la Seine, entre Neuilly & Clichy, & commune de Clichy. Son territoire offre la nature du sol formé par les eaux courantes de la rivière.

COURCHELETTES, village du département du Nord, arrondissement de Douay, près du canal de communication de la Scarpe à Censé, à trois quarts de lieue de Douay. Il y a quatre moulins propres à tirer l'huile de colza.

COURCOUSSON (Plage & pointe de), département du Var, arrondissement de Toulon, à la côte nord-ouest de l'Ile-du-Levant ou Titon, entre la pointe de Cimetière & celle de Rocher-Blanc.

COUR-DU-CURÉ (Plage de la), département du Var, arrondissement de Toulon, à deux lieues un tiers sud-ouest de cette ville, entre le Cap-Nègre & la pointe de Condoulière. C'est toujours avec ces détails intéressans qu'on fait connoître les bords de la mer des environs de Toulon.

COURENDLIN, village du département du Haut-Rhin, arrondissement & canton de Délémont, sur la Birse, à une lieue un quart de Délémont, à l'entrée des fameuses gorges de Moutiers. On trouve à *Courendlin* un fourneau à fondre la mine de fer.

COURET (les très), montagne du département de la Haute-Garonne, canton de Bagnères-de-Luchon, au sommet des Pyrénées, à une lieue deux tiers de Bagnères. Elle a du nord au sud deux tiers de lieue d'étendue.

COURETTES (Col des deux), montagnes du département des Hautes-Alpes, arrondissement d'Embrun, à deux lieues un tiers ouest de Saint-Clément. Elles ont de l'est à l'ouest trois quarts de lieue de longueur.

COURGENAY, village du département du Haut-Rhin, arrondissement & canton de Porentruy & à deux tiers de lieue de cette ville. On trouve près de ce village une grosse pierre carrée, trouée vers le milieu, qu'on nomme *pierre percée*. Un antiquaire pense que cette pierre servoit d'autel aux Germains victorieux des Ednois, & qu'ils plaçoient dans son trou orbiculaire l'image de quelque divinité ou celle du vainqueur. C'est entre *Gourgenay* & Cornol que se trouve le Mont-Terrible.

COURLANDE. Cette province est couverte de bois dans la plus grande partie de sa surface; l'autre, qui est défrichée & cultivée, produit du froment, du chanvre & du lin, nourrit des bestiaux. En automne & vers le printems les prairies situées dans les contrées basses sont cachées sous les eaux qui y portent un engrais qui les fertilise. Les bords de la mer Baltique donnent beaucoup d'ambre. Ses principales rivières sont la Duna & la Windau. A quelques lieues du promontoire de Domesness qui s'avance vers le nord dans le golfe de Livonie, est un gouffre qui ne s'annonce par aucun mouvement extraordinaire. Pour éviter le danger qu'on court en le franchissant, on entretient des fanaux qui guident la marche des matelots.

COULONGES, ville du département des Deux-Sèvres, arrondissement de Niort, & à quatre lieues nord-ouest de cette ville. Il y a une fabrique de draps & d'étoffes communes, petite largeur, où l'on emploie les laines du pays. On recueille à *Coulonges* peu de vins rouges & une grande quantité de blancs, de bonne qualité.

COULOUCHE (la), village du département de l'Orne, arrondiſſement de Domfront, & à trois lieues & demie de cette ville. Il y a une manufacture de toiles eſtimées.

COURMAYEUR, village du département de la Doire, arrondiſſement d'Aoſte, ſur la Dora-Baltéa, & à ſept lieues oueſt d'Aoſte. Il y a, près de ce village, une mine de cuivre très-renommée, & des ſources d'eaux minérales.

COURNON, bourg du département du Puy-de-Dôme, arrondiſſement de Clermont, canton de Pont-ſur-Allier, à deux lieues un quart de Clermont-Ferrand. On voit, près de ce bourg, des pyrites ſulfureuſes ſe détacher d'une roche qui, dans les chaleurs, diſtille une eſpèce de bitume noir.

COURON (Val & rivière de), canton de Bagnères-de-Luchon. La ſource de la rivière eſt à une lieue un quart ſud oueſt de Bagnères; elle verſe ſes eaux au nord-eſt, leſquelles ſe rendent dans le Go, à une lieue un quart ſud-oueſt de Bagnères.

COUR-SAINT-ÉTIENNE, village du département de la Dyle, arrondiſſement de Nivelles, au confluent des rivières de Genappe, de la Dyle & de Mauligna, à deux lieues eſt-nord-eſt de Nivelles. Ses environs ſont peu fertiles en grains. Il y a beaucoup de bruyères, quelques prairies & pâturages, avec quantité de bois & forêts.

COURSEULES-SUR-MER. Le thermomètre deſcendit le 5 janvier 1768 à onze degrés & demi au deſſous de la glace. La neige n'y fondit pas même au ſoleil. A l'endroit de la haute mer il s'étoit formé un amas d'écume glacée, ſemblable à de la neige, mais plus ſolide, qui avoit plus de vingt-cinq pieds de baſe, & qui avoit depuis quatre juſqu'à dix pieds de hauteur, & depuis cet amas juſqu'à la baſſe mer ce n'étoit qu'une glace dans laquelle ſe trouvoient enchâſſées les petites barques des pêcheurs, & plus de quatre cent milliers d'huîtres dans la ſeule paroiſſe de *Courſeules*.

COURSOLRE, village du département du Nord, canton de Solre-le-Château, à quatre lieues trois quarts d'Aveſnes. Il y a, dans ce village, une forge & deux fonderies.

COURT, village du département du Haut-Rhin, arrondiſſement de Delemont, à deux lieues un quart ſud de cette ville. Ce village eſt ſitué à l'extrémité des défilés & à la fin de la chaîne de Moutiers. On découvre d'ailleurs, aux environs de *Court*, des carrières de pierres molles & de tuf. On y trouve auſſi de l'ocre aſſez eſtimée.

COURT (la), village du département de l'Arriège, arrondiſſement de Saint-Girons, ſur le Salat, à une lieue de Saint-Girons. Au lieu nommé la *Roquautte*, il y a un abondant filon de quartz, entre deux parois de gneiſſ. Le quartz eſt ſéparé de ſon mur par une large veine d'argile, mêlée d'ocre. A une portée de fuſil au nord, il y a des bancs de marbre gris. Outre cela, les montagnes qui ſe prolongent depuis ce village juſqu'à celui de Saint-Sernin, ſont compoſées de maſſes de granit.

COURTADE (Plage de), département du Var, arrondiſſement de Toulon, à la côte nord-oueſt de l'île Porquerolles, entre le cap du Quin & la grande plage, à l'oueſt du fort d'Alicaſtre. Tous ces détails de la côte des environs de Toulon ſont intéreſſans comme tous ceux qu'on obſerve ſur les bords de la mer Méditerranée dans ces contrées.

COURTAGNON, village du département de la Marne, arrondiſſement de Reims, canton de Châtillon, à la ſource de l'Ardre, à trois lieues un quart de Reims. Il y a, dans ce village, un banc de coquilles de pluſieurs myriamètres de longueur, ſur près de deux de largeur. Il renferme un grand nombre d'eſpèces de coquilles très-bien conſervées. Pluſieurs montrent encore leurs couleurs & leur poli. On en compte plus de ſoixante eſpèces, telles que les huîtres-pourpre, les peignes, les cames, les porcelaines, les manches de couteau, les moules, les boucardites, les arches, &c.

COURTALIN, village du département de Seine & Marne, canton de Roſoy, près de Faremoutiers. Il y a une papeterie où, après avoir établi des cylindres hollandais, avec la méthode la plus propre à leur gouvernement, j'ai préſidé à la conſtruction des étendoirs à deux étages, où la chaleur eſt ménagée de manière à procurer la deſſiccation des papiers la plus convenable.

COURTAISON, village de la principauté d'Orange, dont les environs ſont remarquables par un étang, dont les bords, dans la belle ſaiſon, ſe garniſſent de criſtaux de ſel marin. Cet étang eſt éloigné de *Courtaiſon* d'une demi-lieue au ſud-oueſt, & ſitué dans un fond entouré de baſſes montagnes ou coteaux qui forment une enceinte preſque circulaire autour de cet étang, qui a preſqu'une demi-lieue de tour. Les coteaux qui l'entourent, ſont ſabloneux, & compoſés de pierres graveleuſes, tendres, griſes, parſemées de portions de coquilles & de fragmens d'autres corps marins.

L'eau de cet étang eſt claire & limpide, un peu onctueuſe au toucher, d'un goût ſenſiblement ſalé, telle que pourroit être l'eau de la mer qu'on auroit mêlée avec égale partie d'eau douce.

Quoique l'étang de *Courtaison* ne puisse pas se comparer avec les grands lacs d'eau salée dont les voyageurs nous ont parlé, & dont on trouvera la description dans ce Dictionnaire à leurs articles, cependant il présente, comme ceux-ci, le phénomène d'un amas d'eau, éloigné de la mer d'environ une vingtaine de lieues, & qui est chargée d'une certaine quantité de sel marin.

Il est vraisemblable que cet effet singulier s'opère par les eaux douces des pluies ou des sources qui, en s'amassant dans des lieux imprégnés de sel marin, s'en chargent plus ou moins, & fournissent ainsi de l'eau salée aux étangs ou aux lacs dont il est question.

On ne peut douter que la mer n'ait couvert la plaine qui forme actuellement la principauté d'Orange, & en particulier les environs de *Courtaison*. Les coquilles marines fossiles qu'on observe dans les rochers qui entourent cet étang, en sont une preuve à laquelle on ne peut se refuser. Mais l'eau actuelle de l'étang est due nécessairement aux eaux des pluies & des sources qui traversent les masses de sel, semblables à celles des mines de sel gemme de Wiliska en Pologne, ou bien seulement ont lavé des terres imprégnées d'une quantité considérable de sel, comme sont les terres des mines de sel de Saltzbourg en Bavière. (*Voyez ces articles.*) Les eaux, ainsi chargées de sel, se mêlent avec les eaux des pluies qui se rendent dans l'étang, & ce n'est que par une certaine évaporation abondante, produite dans les tems chauds, que l'eau abandonne son sel, le laisse précipiter sur les bords de l'étang sous la forme de cristaux.

Cet étang ne reçoit aucun ruisseau, aucun courant d'eau apparent. Il faut, comme nous l'avons dit, qu'il soit continuellement alimenté par des sources dont les eaux ont dissous le sel qu'elles rencontrent dans leur marche souterraine.

Toute la quantité de sel que les eaux déposent en cristaux se conserve dans l'étang, surtout depuis que la gabelle est établie dans ce pays, & qu'elle s'oppose à ce qu'on fasse usage de ce bienfait de la nature, qui se conserve pour le tems où l'on pourra le mettre à profit.

L'étang de *Courtaison* offre encore un fait curieux que nous indiquerons ici. On trouve sur ses bords quelques plantes qui ne se voient ordinairement que sur les bords de la mer, & qu'on appelle, pour cette raison, *plantes maritimes*. Comment se trouve-t-il, à une vingtaine de lieues de la mer, des plantes qui demandent un sol imprégné de sel marin ou humecté par les vapeurs qui s'élèvent de la mer? Il est visible que la circonstance d'une eau chargée de sel marin, rassemblée dans l'étang de *Courtaison*, a seule contribué à l'accroissement des plantes maritimes sur ses bords, & contribue chaque jour à leur propagation. Mais comment ces plantes se trouvent-elles dans cet endroit favorable, il est vrai, à leur germination? Comment leurs graines ont-elles été apportées & semées dans cet endroit? Comment les vents ont-ils pu les voiturer de si loin? Nous laissons aux botanistes la solution de cette difficulté, qui se montre dans beaucoup d'occasions. Seulement nous leur ferons observer que, quoique la mer ait séjourné fort long-tems dans les lieux où se trouvent ces lacs, ces étangs salés, elle n'a pu y laisser les graines de ces plantes, vu les événemens qui ont accompagné & suivi sa retraite; enfin, les changemens considérables qui ont eu lieu dans les dépôts qu'elle avoit formés aux environs de *Courtaison*.

COURTRAI, ville du département de la Lis, sur la Lis qui la traverse, à deux lieues & demie est nord-ouest de Menin. C'est dans cette ville que l'on fabrique des toiles de la plus grande beauté; elles sont connues & recherchées dans toute l'Europe. C'est à *Courtrai* qu'on excelle dans la fabrication du linge de table. Les dentelles forment aussi dans cette ville un objet de commerce considérable; car elles imitent celles de Valenciennes. L'article des siamoises y est devenu très-important, & occupe un grand nombre d'ouvriers. Il y a dix-sept blanchisseries pour les toiles, & cinq pour les fils; auxquelles on peut ajouter plusieurs amidonneries & savonneries, & une manufacture de faïence dans le genre de celle d'Angleterre.

COURTELARY, bourg du département du Haut-Rhin, arrondissement de Delémont, sur la Tuze, à sept lieues sud de cette ville. Les habitans s'occupent de l'horlogerie, & les ouvrages en tout genre qui sortent de leurs mains sont fort estimés.

COURTION (Port de), département des Bouches-du-Rhône, arrondissement & canton nord de Marseille, au pied de la montagne de Gradule, à deux lieues sud-est de Masargues, & à trois lieues sud-est de Marseille.

COURTIVRON, village du département de la Côte-Dor, canton d'Is-sur-Tille, sur l'Ignon, à deux lieues & demie de cette ville. Il y a une forge pour le fer commun.

COURTON, village du département de la Côte-Dor, arrondissement de Dijon, canton de Grancey, sur une branche du Tille, à trois lieues d'Is-sur-Tille. *Courton* a des carrières de marbre brêche à fond cendré, avec des taches blanches ou jaunâtres, ou dorées, ou couleur de fer; ce qui fait un détail intéressant & très-varié.

COURUPT, village du département de la Meuse, canton de Clermont, annexe de Belle-Fontaine, dans la forêt d'Argone, à deux lieues sud-ouest de Clermont. Il y a une verrerie dans ce village.

COUSANCE, ville du département du Jura,

arrondissement de Lons-le-Saunier, à quatre lieues & demie sud-ouest de cette ville. Il se fait, dans cette ville, des envois considérables de volailles dans les départemens voisins; ce qui prouve qu'on y en élève beaucoup. D'ailleurs, on tire des environs du marbre grisâtre, bariolé de taches rondes & rougeâtres, dans un tissu de différentes lignes.

COUSANCES, village du département de la Meuse, canton d'Ancerville. Il y a un fourneau de fonderie où se fabriquent des boulets, des obus, & une aciérie.

COUSSAC-BONNEVAL, village du département de la Haute-Vienne, arrondissement & canton de Saint-Yrieix, à deux lieues un quart de cette ville. Il y a des mines de fer & une forge dans le territoire de ce village.

COUSIN (Rivière du), département de la Côte-Dor, arrondissement de Sémur, canton de Saulieu. Cette rivière prend sa source à une demi-lieue ouest de Saulieu, verse ses eaux au nord, ensuite à l'ouest, passe à Avallon, dans l'ancienne terre du Morvan, & se jette dans la Cure, sous le nom de *Voisin*, à deux lieues un quart nord-est d'Avallon.

COUTANCES, ville du département de la Manche, chef-lieu de canton, sur une hauteur près de la mer. Il n'existe à *Coutances* d'autres antiquités remarquables qu'un aqueduc construit dans les prairies arrosées par le ruisseau Bulsard, & l'on croit que c'est l'ouvrage des Romains. Son commerce consiste en grains, chanvre, beurre, volailles & bestiaux, à quoi il faut ajouter le pastel, la garance, les laines, le parchemin & les dentelles. Il y a une sous-préfecture & un troisième arrondissement maritime.

COUTURE-D'ARGENSON (la), village du département des Deux-Sèvres, arrondissement de Melle, canton de Chef-Boutone. Il y a, dans ce village, un haras de baudets dont on fait commerce dans tout le département.

COUVIN, bourg du département des Ardennes, arrondissement de Rocroy, sur la rivière d'Eau-Noire. Il y a quatre forges & cinq fourneaux où se fabrique du fer pour l'artillerie.

COUZE, village & rivière du département de la Dordogne, canton de la Linde. Il y a beaucoup de papeteries sur la rivière & aux environs du village; ensuite la rivière se jette dans la Dordogne.

COUZON, village du département de la Haute-Marne, canton de Neuville, au bord de la Saône. Dans les carrières abondantes de *Couzon*, des sources peu abondantes & lapidifiques forment des colonnes irrégulièrement cylindriques de trois à quatre pouces de diamètre, d'un blanc-jaunâtre, tel que celui des pierres de *Couzon*, qui ne sont propres qu'à bâtir. On trouve dans ces carrières des pierres très-dures, creusées & cristallisées comme de prétendus melons du Mont-Carmel, & des pierres plates appelées *graptolithes*, représentant des ramifications séparées.

COUZERANS (le), petit pays dans la ci-devant Gascogne, borné à l'orient par le comté de Foix, au septentrion & à l'occident par le pays de Comminges, & au midi par la Catalogne. Son nom lui vient des anciens *Conforani*, peuples d'Aquitaine. Ce pays est dans les Pyrénées. Il est rempli de montagnes de difficile accès, qui le séparent de la Catalogne, & il fait aujourd'hui partie du département de l'Arriège. On peut le regarder comme le centre de différentes contrées qui ont été possédées par plusieurs peuples & seigneurs qui leur ont donné des noms particuliers, que nous avons indiqués dans ses limites.

COYE, village du département de l'Oise, arrondissement de Senlis & à deux lieues & demie de cette ville. La plupart des habitans sont bûcherons ou cordiers, surtout en cordes à puits, tissues avec des écorces de tilleuls.

COZES, bourg du département de la Charente-Inférieure, à trois lieues & demie est de Royan. Il s'y fait commerce de grains, de fruits & de vins. Cette commune est dans le syndicat de l'inscription maritime du quartier de Royan, troisième arrondissement.

CRABE (Pic de), montagne du département des Hautes-Pyrénées, arrondissement de Bagnères, à trois lieues trois quarts sud d'Arreau.

CRABÈRE (la), montagne du département de l'Arriège, canton de Castillon, & à quatre lieues un quart sud-ouest de cette ville. Elle a de l'est à l'ouest une demi-lieue de longueur, où l'on peut voir sa structure intéressante.

CRACATOA (Ile de). Cette île est la plus méridionale du groupe situé à l'entrée du détroit de la Sonde. On voit, à l'extrémité sud, une haute colline à pic, qui gît par 6 degrés 9 min. de latitude sud, & 105 degrés 15 min. de longitude orientale (méridien de Greenwich). L'île entière n'a pas plus de trois lieues de circonférence. Il y a en travers de l'extrémité nord-est, une autre petite terre qui forme la rade. En dedans d'un récif qui se prolonge sur l'extrémité méridionale de la petite île, on trouve un bon abri contre tous les vents du nord, par dix-huit brasses près du récif. On y est également à l'abri, sur vingt-sept brasses, au milieu du canal. Le nord-ouest offre aux canots un passage étroit entre les deux îles.

La côté qui forme la bande ouest de la rade a sa direction au nord-ouest, & on y voit un banc de corail qui se prolonge en mer à environ un tiers d'encablure ; ce qui rend le débarquement des canots difficile lorsqu'on n'est pas au tems de la mer haute ; mais le mouillage est très-bon, & on n'y trouve point de rochers. On remplit les futailles des vaisseaux à un ruisseau situé par le travers de l'extrémité méridionale de la petite île, & à peu de distance des bords de la mer. On rencontre, un peu au sud, une source chaude où se baignent les insulaires.

L'île de *Cracatoa* est réputée fort saine en comparaison de celles des environs : elle offre des terrains qui, de tous les côtés, s'élèvent peu à peu depuis les bords de la mer ; elle est couverte d'arbres, excepté en quelques endroits que les insulaires ont défrichés, & où ils cultivent du riz. La population est peu considérable. Le chef est soumis au roi de Bantam, ainsi que ceux des autres îles du détroit. On trouve sur le récif de corail une grande quantité de petites tortues ; mais les autres rafraîchissemens y sont fort rares & d'un prix énorme.

La mer est haute à sept heures du matin dans les pleines & les nouvelles lunes, & elle s'élève de trois pieds deux pouces.

CRACOVIE. C'est aux environs de cette ville que sont situées les fameuses mines de Wiliska, que le hasard fit découvrir en creusant un puits vers le milieu du treizième siècle, & qui fournissent du sel à toute la Pologne. On y descend par huit ouvertures, dont six donnent dans la campagne, & deux dans la ville même. Ces dernières servent pour y faire passer les ouvriers & pour enlever le sel ; les autres pour y jeter les provisions. Ces ouvertures sont carrées & larges de quatre pieds, & au dessus est établie une grande roue qu'un cheval fait tourner, & au moyen d'une corde on y descend les curieux qui veulent visiter la mine. Voici comment s'exécute cette descente :

Un des ouvriers s'attache avec une petite corde à la grande, &, portant le curieux dans ses bras, il donne le signal pour faire tourner la roue. Comme on y va le plus souvent plusieurs ensemble, l'usage est qu'un second ouvrier attaché de même à une corde, se charge d'un autre curieux, & ainsi de suite tant qu'il y en a : il n'est pas rare d'en voir jusqu'à quarante suspendus au même cable. On arrive ainsi jusqu'à la profondeur de six cents pieds, que la frayeur & l'ennui de la marche font paroître bien plus considérable.

Lorsque toute la compagnie a gagné le fond de la mine, on allume une lampe avec laquelle, par des chemins étroits & tortueux, on la mène toujours à une plus grande profondeur. Le froid, les vapeurs, l'obscurité, sont de petits inconvéniens en comparaison du spectacle admirable qu'offrent ces souterrains. C'est là qu'on est frappé du plus singulier étonnement : on y voit des rues, des places, des chemins voûtés, des maisons, des voitures, des hommes ; en un mot, une ville souterraine & tous ses mouvemens, creusée dans une masse de sel brillant comme du cristal. Les voûtes sont portées par des colonnes du même minéral, qui fournit aussi la matière des plafonds & des planchers ; de sorte qu'on croit entrer dans un édifice du verre le plus pur ; & comme on y emploie, pour les travaux, des lumières perpétuelles, leur réflection sur la mine y forme l'éclat le plus vif & le coup-d'œil le plus éblouissant ; quelquefois le sel est coloré de jaune, de vert, de rouge, de bleu, & toutes ces teintes produisent les plus beaux effets.

C'est en différens lieux de cette vaste plaine, que l'on voit les huttes des mineurs & de leur famille : quelques-unes sont éparses, & d'autres sont rassemblées comme des espèces de villages. Ces ouvriers ont fort peu de communication avec le monde qui est au dessus d'eux. Plusieurs naissent & passent leur vie dans cette demeure profonde, sans se soucier de voir la lumière du jour. Au milieu de ces souterrains on apperçoit de grands chemins qui conduisent à l'ouverture principale de la mine, & où l'on voit rouler un grand nombre de voitures chargées de masses de sel que l'on mène dans l'endroit où le cable se charge & enlève ce qu'on y attache. On consacre à ces transports beaucoup de chevaux, qui une fois entrés dans ces souterrains n'en sortent jamais : ils deviennent communément aveugles quand ils y ont demeuré quelque tems ; mais ils n'en sont pas moins utiles, & servent également.

Les instrumens dont se servent les ouvriers sont des pioches, de marteaux, des ciseaux, avec lesquels ils coupent le sel en forme de larges cylindres du poids d'environ deux ou trois cents livres. On le réduit ensuite en plus petits volumes que l'on envoie aux moulins, & des morceaux les plus fins & les plus transparens on fait de petits bijoux.

On appelle *chambres* les endroits d'où l'on a tiré le sel, & il y en a d'assez vastes pour former une église ; d'autres servent de magasins à foin, & d'autres d'écuries pour les chevaux. On compte dans ces souterrains jusqu'à six cents ouvriers qui creusent & extraient six cent mille quintaux tous les ans. Ces mines produisent à peu près six cent mille écus de revenu.

Cette mine est si vaste, qu'on emploie beaucoup de tems à la parcourir. Une circonstance heureuse & admirable, c'est qu'il coule au travers des endroits fouillés & habités une source d'eau douce, suffisante pour fournir aux besoins de ceux qui y demeurent. On y trouve aussi des eaux salées qu'on fait évaporer pour en tirer du sel ; mais ce sel n'égale pas l'autre en bonté. Il faut alors se servir de machines pour détourner les eaux des pluies, qui pénètrent jusque dans ces souterrains assez abondamment.

L'air de la mine est extrêmement froid; il se charge aussi de vapeurs inflammables qui prennent feu à l'approche des chandelles. (*Voyez* sur cette mine, sur sa composition, sur le détail des couches de sel & des matières qui les accompagnent, le mot *Wiliska*, où tous ces objets sont décrits & raisonnés comme il convient à la géographie-physique : ce qu'on voit dans le présent article sont des descriptions préliminaires qu'il est toujours utile de savoir.)

Le palatinat de *Cracovie* présente une autre singularité dans ce que l'on appelle la *Montagne merveilleuse*, où se trouve une fontaine dont l'eau a des propriétés extraordinaires. C'est une source d'une eau claire & limpide qui sort de terre avec bruit, & a un écoulement intermittent. Quand on la fait bouillir, elle rend une espèce de bitume noirâtre qu'on applique avec succès sur toutes sortes d'ulcères; ce qu'elle a d'ailleurs de particulier, c'est que si l'on présente à sa surface un flambeau allumé, elle s'enflamme comme l'esprit-de-vin, & l'on voit voltiger à la surface de l'eau une flamme légère qui se soutient pendant long-tems au même état. Ces phénomènes sont communs à plusieurs sources chargées, comme celle-ci, de bitume, & qui brûlent de la même manière. Il y en a surtout plusieurs dans l'Appennin. (*Voyez* PIÉTRA-MALA, *&c.*)

Tout ce que la nature produit en fait de mines, comme mines d'or & d'argent, de cuivre, de plomb, de mercure, d'antimoine, de fer, de charbon de terre, de vitriol, d'alun, de sel, de naphthe, d'asphalte, d'ambre, se trouve fort abondamment dans la Pologne. Elle peut fournir aussi du marbre, de l'albâtre, du plâtre, des coquilles fossiles, des agates, du jaspe, des calcédoines, des améthystes, des grenats, du cristal de roche; mais il manque à la Pologne un travail raisonné sur l'histoire naturelle de cette contrée, où tous ces objets puissent être placés dans l'ordre qui leur convient, & qui fassent connoître ce beau & riche pays, de manière qu'on puisse le comparer utilement à beaucoup d'États en Europe, qui ont été observés & décrits très-utilement. C'est alors que la géographie-physique pourra compter la Pologne parmi les contrées qu'elle embrasse dans son domaine.

La Pologne offre très-peu de montagnes : les principales se trouvent dans les palatinats de *Cracovie*, de Siradie & de Sandomir. Les monts Carpathes la séparent de la Hongrie. Il y tombe souvent de la neige en plein été, & sur plusieurs sommets de ces montagnes; elle ne fond jamais. Les hivers sont longs & durs; le printems, pluvieux & incommode par les inondations que les dégels amènent; l'été est court & tempéré. Quoiqu'une grande quantité de marais semble devoir nuire à la température & à la salubrité de l'air, il est cependant en général pur & sain.

CRACOVIE (Fontaine singulière dans le palatinat de). Dans le palatinat de *Cracovie*, au milieu d'une montagne dont la terre est limoneuse, pleine de cailloux grisâtres, & ordinairement couverte d'herbes & de fleurs odoriférantes, il y a une grande fontaine dont l'eau est claire, d'une odeur & d'un goût agréables à sa source. Elle en sort avec impétuosité, & bouillonne avec un bruit qui se fait entendre d'assez loin.

Cette eau est froide; cependant si l'on approche de ses bouillons un flambeau allumé, elle s'enflamme comme l'esprit-de-vin; mais cela n'arrive qu'à sa source. Cette flamme, quoique très-subtile, brûle le bois qu'on en approche; elle a duré autrefois des années entières. On l'éteint en frappant sur la surface de l'eau avec des balais faits de branches d'arbres.

Les autres sources douces & salées qui se trouvent en différens endroits de la même montagne, n'ont point ces propriétés, qui sont particulières à cette fontaine; l'eau en est aussi très-bonne, prise en bain & en boisson, pour plusieurs maladies d'hommes & de chevaux. Le transport ne lui ôte rien de sa vertu, & elle se garde long-tems sans se corrompre. Lorsqu'on la fait évaporer, on en tire une espèce de bitume noirâtre qui est bon pour les ulcères. On attribue aussi plusieurs vertus au limon qui se trouve au fond de cette fontaine.

CRAIE. C'est une pierre calcaire, communément blanchâtre, peu compacte & faisant des raies blanches. On trouve la *craie* formant des tractus fort étendus, dont la plus grande partie est à découvert, & l'autre gît sous des couches horizontales de pierres calcaires plus dures, coquillières, & même des couches de sable & de pierres meulières.

Les massifs de *craie* n'ont aucune distinction de couches, cependant on voit dispersées plusieurs rangées de silex de formes bizarres, qui sont exactement assujetties au plan de l'horizon. On rencontre aussi dans ces massifs, des coquilles & d'autres productions marines, qui sont plus ou moins bien conservées; enfin plusieurs pyrites martiales sous toutes sortes de formes. Il paroît que la *craie* est le résultat de la décomposition des productions marines, du broiement des coquilles d'un grain fin, & propres à donner, par leur destruction, une substance analogue à la *craie*. Ces dépouilles des animaux marins auront été broyées & réduites en poudre par les eaux de la mer. Quant à la production des silex au milieu des massifs de *craie*, il n'y a pas de doute qu'ils ne soient dus à des corps marins qui ont été stratifiés avec la *craie* elle-même, & qui ont été infiltrés par une eau qui a traversé le massif de la *craie*, & chargée du suc silicifiant. La forme bizarre des silex contenus dans la *craie* a eu certainement pour noyau des corps marins du genre des ficoïdes, & des autres corps marins semblables. Il y a de ces silex arrondis & branchus, suivant la forme primitive de ces noyaux. Une preuve que l'infiltration silicifiante s'est faite au milieu de la *craie*, c'est qu'on trouve aussi dans les fentes & dans les vides de ce massif, des lames de silex qui ont été déposées par l'eau qui a pénétré la masse totale avant que de parvenir à ces fentes & à ces vides. Ainsi leur silicification est postérieure à la retraite de la mer & à la découverte des massifs des parties de nos continens, dans lesquelles la *craie* se trouve renfermée.

On trouve de la *craie* à découvert en Champagne & en Bourgogne, dans l'Orléanois & en Picardie; elle s'étend dans une partie de la Normandie : on en voit aussi dans les environs d'Aix-la-Chapelle, dans l'Artois & dans la province de Kent, au-delà du détroit de Calais.

Les environs de Paris nous la montrent à Nemours, sous un grand amas de galets; à Meudon, à Passy, à Bougival, à la Roche-Guyon, &c.

Tractus de la craie de Champagne.

La pente primitive de la surface du massif de craie qui se trouve à découvert en Champagne, a contribué bien sensiblement à la destruction de son ancienne couverture. Les preuves les plus remarquables de cette destruction sont les îles de cette couverture, qui subsistent encore, ayant été conservées à l'origine des rivières dont les eaux circulent à la surface de la *craie*. Outre les détails de ces faits, nous trouvons la *craie* qui se montre dessous les couches qui la couvrent, & la direction des eaux courantes des rivières qui ont leur source dans la *craie*. Ce sont ces eaux qui ont causé ces ravages, à la faveur de la pente. L'eau ayant cette direction a entamé les bords de la couverture qui subsiste à un niveau plus élevé que le reste, parce que les dégradations des eaux ayant abaissé leur niveau, il en est résulté la destruction de la *craie* avec celle de sa couverture.

Nous devons observer d'ailleurs les circonstances qui ont concouru à tous ces événemens dont nous voyons les résultats. La première est le peu de solidité de cette couverture & son peu d'épaisseur, par l'élévation de la *craie* qui lui servoit de base.

La couverture, comme on voit, n'a résisté que dans les parties où elle avoit une épaisseur & une solidité suffisante; & d'ailleurs, comme je l'ai dit, à mesure que les eaux pluviales ou courantes des ruisseaux ou des rivières ont agi contre la couverture, elles ont creusé la *craie*, qui se prêtoit à ces destructions. Les bordures de la couverture, outre la destruction des eaux, se sont décomposées par l'action de l'air & des eaux pluviales, & les mêmes agens destructeurs continuent leur travail sous nos yeux.

Les parties qui sont sur les limites orientales de la *craie*, sont fort élevées, & ne paroissent pas s'enfoncer sous les autres couches; en sorte qu'on seroit tenté de croire, d'après cette disposition générale, que les bancs des matières qui entrent dans la composition de cette province, se plongent vers l'ouest, & se relèvent à l'est, & que cette inclinaison est plus grande que n'est la pente des rivières qui traversent ce massif.

Cette élévation plus grande a fait que cette limite a été exposée au choc des rivières qui descendoient des arêtes les plus élevées. C'est aussi pour cette raison que ces coupures énormes qui regardent l'est sur la limite inférieure, semblent être les restes d'un autre ordre de dépôts qui a été appuyé sur la *craie*, & qui l'est encore.

Cette disposition des couches de la Champagne n'est peut-être pas particulière à cette province; elle sera surtout une distribution générale depuis l'arête de Langres ou de Chanceaux ou d'Arnay-sur-Arroux; en sorte que toutes les rivières ne roulent pas leurs eaux sur un banc qui soit parallèle à l'horizon & à leur lit, mais sur les têtes & les revers inclinés vers l'Océan, de plusieurs systèmes de ces dépôts successifs.

C'est par les efforts que les eaux de la Marne, de l'Aube & de la Seine ont faits sur la tête de l'amas de la *craie*, qu'ils l'ont détruit jusqu'au-delà de Vitry-le-Français; ce qui a baissé tout le sol & en a fait une plaine inférieure, & la même eau qui a dégradé la *craie* & ce sol infertile y a déposé des terres supérieures & des pierres roulées & usées par les transports. C'est après cette destruction, qui n'a été poussée que jusqu'à quinze à vingt pieds de profondeur, que ce sol a été recouvert de bonnes terres, lesquelles ont fait de ces contrées les pays les plus fertiles de la Champagne : tels sont le Perthois, les environs de Brienne, ceux de Rosnay, de Fouchères & de Bréviande au dessus de Troyes.

On voit que, dans le cas où les eaux torrentielles ont pénétré sur les limites orientales du massif de la *craie*, elles ont entamé ce massif, & ont mis à la place de bons dépôts : c'est ainsi que la Seine a étendu ces dépôts quelques lieues au dessous de Troyes. Il en est de même de l'Aisne, qui a formé de semblables dépôts depuis le finage d'Amagne jusqu'à Rhétel.

On peut suivre les graviers comme les témoins de ces transports : ils ont été si abondans à Troyes & dans le canal de la Seine, qu'on en trouve qui ont été voiturés jusqu'aux Granges. Par la même raison les limites orientales de la *craie*, en s'étendant par la destruction de la tête d'un nouveau système de bancs superficiels, ont reculé ces limites, & mis à découvert un mauvais sol; & d'ailleurs, dans les parties mêmes des vallées où la *craie* ne se trouve plus dessus les bancs non détruits, les dégradations de la *craie* en depôts de boules & de gâteaux crayeux se sont trouvées en plus grande proportion que les autres substances de bonne qualité; en sorte que les terrains arides se sont prolongés le long des rivières & de leurs vallées.

C'est en conséquence de ces mêmes circonstances, que la *craie* est à découvert au dessous d'Épernay dans les parties basses, au lieu qu'elle est couverte dans les parties supérieures des croupes de la vallée de la Marne.

Les massifs des *craies* ne sont recouverts que le long des bords des vallées, soit au dessous de la grande paroisse, soit au dessous d'Épernay, soit au dessous de Reims & de Rhétel.

Les sommets crayeux qui se prolongent entre les petites & les grandes Loges, & entre les grandes Loges & la Veuve, sont presqu'aussi élevés que ceux qu'on voit entre Béru & Suippe. Ils le sont moins cependant que Béru lui-même & que les côtes du bassin de Reims & du cap Saint-Thierry; car ces dernières côtes sont composées de la même base crayeuse & d'une addition ou couverture qui est un assemblage de couches de marnes, de lits de sables & de bancs de meulières. Si les dépôts sousmarins sont uniformes & régulièrement de niveau sur une certaine étendue, il est visible que ces couches ont été détruites sur les sommets crayeux, isolés & nus, & qu'ils n'y restent plus que comme une ancienne base.

Cet assemblage de différentes substances a existé autrefois sur la *craie* qui est maintenant à découvert; ce que paroissent démontrer les débris des grès & des meulières, ainsi que les vestiges des terres jaunes qu'on trouve de tous côtés dispersées à la superficie du massif de *craie* qui se montre au milieu de la Champagne. On voit, par exemple, de gros blocs de meulières aux grandes & aux petites Loges, à la Veuve, ainsi que dans les environs. Ces meulières n'ont été transportées dans ces lieux par aucun agent naturel; mais faisant partie des bancs élevés à un certain niveau au dessus des gites où elles résident, elles sont descendues à mesure que la base qui les soutenoit, s'est détruite.

On peut se former une idée de l'ancienne disposition des choses si l'on suit la composition du cap de Trépail. Il est visible que l'assemblage des matières qui forment ce cap, existoit au dessus des grandes & des petites Loges & de la Veuve. Les pierres perdues qu'on y trouve, attestent que le cap de Trépail se prolongeoit jusqu'à ce point, & même au-delà, & en même tems la destruction de tous ces environs.

Pour concevoir les progrès de ces changemens & l'activité des agens qui y ont concouru, il faut avoir observé tous les contours de la montagne de Reims, tant du côté de cette ville, que du côté de la vallée de la Marne, & surtout vers la pointe du cap de Trépail. De grands blocs de meulières, de petits blocs de ces mêmes pierres, ou entiérement silicifiées ou d'une élaboration imparfaite, des marnes, des argiles jaunâtres, toutes ces substances dispersées çà & là sur de petites buttes crayeuses, isolées, présentent les plus belles preuves de la destruction qui s'est opérée depuis long-tems dans ces contrées, & qui s'y continue chaque jour. On voit les produits de pareils éboulemens en doublant le cap pour se rendre dans la vallée de la Marne & dans la plaine fluviale de cette rivière.

Les transports multipliés des terres & des sables que les eaux des sources recueillies sur les argiles font chaque jour; les affaissemens des meulières & des autres lits de pierres, qui sont la suite de la destruction de leurs bases en Champagne, & qu'on observe le long de la ceinture du cap de Trepail, comme le long du cap de Saint-Thierry, sur les croupes de Versy, de Versenay, de Rilly, ainsi que sur celles de Pouilly & de Cormicy, rendent le spectacle des destructions opérées par les eaux des sources, intéressant pour quiconque sait suivre les différentes nuances du travail de la nature. Les eaux des sources plus ou moins abondantes tourmentent considérablement les couches établies sur le fond de la *craie*, & après avoir gagné les plaines se perdent dans les débris qu'elles ont accumulés. Il n'est donc pas étonnant qu'à la suite de ces effets les eaux pluviales abondantes n'achèvent dans leurs accès le travail long & pénible de l'eau des sources, ne reculent successivement les côtes de la montagne de Reims, & n'enlèvent au massif de la *craie* de grandes parties de sa couverture, comme les nombreux témoins que nous avons cités & qui subsistent encore nous l'attestent partout.

Il est aisé d'apprécier au juste l'étendue de ces destructions en comparant les parties du fond de *craie* qui sont restées couvertes, avec celles qui ont été exposées depuis le même tems à l'action des eaux. J'ai vu ces points de comparaison dans tous les environs des côtes de la montagne de Reims, du cap de Saint-Thierry, & surtout aux environs des îles terrestres de Béru, de Brimont & de Prouvay, où la *craie* se trouve couverte par les couches de meulières, de marnes, de sables fort élevées, lesquelles la préservent de l'action des eaux.

Je crois devoir ajouter ici que c'est particuliérement sur les parties de *craie* les plus élevées, que se trouvent plus de vestiges des anciennes couches de sa couverture : comme ces parties ont été exposées à l'action des eaux courantes plus tard, & que d'ailleurs, par leur élévation, elles ne sont exposées qu'à la chute des eaux pluviales, & nullement aux dégradations des eaux courantes, elles ne se détruisent que par des progrès insensibles & fort lents.

La *craie* de Champagne, dont je publie ici la Carte, est la seule d'une certaine étendue qui ne soit pas couverte en France, & il semble que, pour les observateurs fort peu attentifs, la *craie* n'a paru un massif qui méritât, de leur part, quelqu'attention que dans les parties de la surface de la Terre où elle est à découvert. Cependant quand on observe avec plus de soin, on voit que ce massif s'enfonce d'abord le long de ses limites occidentales, dessous un assemblage de couches dont l'épaisseur augmente à mesure qu'on s'éloigne de ces limites. C'est ainsi que le fond de *craie*, dans une grande partie de la Picardie, de l'Artois, du Vexin français & normand, s'étend sous les couches dont j'ai fait mention. Le massif qui règne sous le Vexin ne se reconnoît, ne peut se suivre que par les approfondissemens des vallées principales qui le traversent, telles que celles de l'Oise, de la Somme, de la Marne; ainsi cette *craie* sera bien plus long-tems conservée dans son état primitif, que celle de la Champagne. Ce dernier massif nous fournit un moyen très-sûr de nous convaincre de l'étendue des dégradations que la superficie des continens a éprouvées & éprouve chaque jour, surtout lorsqu'elle est formée de matières tendres par l'action des eaux depuis la retraite de la mer. On trouve partout un grand nombre de vallées qui prouvent combien l'eau courante en masse a creusé & fait de grands transports à la surface de la Terre. (*Voyez l'article* VALLÉES.) Mais on n'a pas suivi les progrès de la destruction des couches & de l'abaissement du niveau d'une grande étendue de cette superficie; on n'a pas montré, par des témoins subsistans encore, les déblais qui se sont opérés à la surface d'une province entière par l'action longue & réitérée des eaux.

Il est très-vraisemblable que l'enlévement & la destruction de la croûte superficielle qui recouvroit les massifs de *craie* en Champagne, sont dus au peu d'épaisseur de cette croûte dans les contrées où elle se montre à nu; car, comme cette croûte s'amincissoit à mesure que le massif de *craie* s'élevoit vers les bords orientaux, il en a subsisté par conséquent moins de vestiges dans ces parties. Au contraire, ce fond de *craie* s'abaissant vers les bords occidentaux, & l'épaisseur de l'assemblage des couches qui le recouvrent, augmentant en même raison, il n'est pas étonnant qu'il en subsiste des vestiges considérables, & qu'ils se montrent encore en entier. C'est, comme nous le verrons au-delà de cette même limite, que le fond de *craie* s'abaisse insensiblement depuis Épernay jusqu'à Dormans, pour gagner le niveau de la *craie* des provinces de Picardie & des autres contrées situées au nord-ouest de la Champagne.

Si toutes les parties de nos continens offroient des fonds superficiels aussi faciles à reconnoître & à distinguer des massifs intérieurs, & dont les vestiges, tant par le volume que par la nature des matériaux, fussent propres à faire connoître l'étendue & les progrès des destructions, on pourroit en tirer les mêmes conséquences que des fonds de *craie* de la Champagne; mais si ces circonstances manquent, on peut y suppléer par la comparaison des niveaux de la superficie de ces mêmes massifs, si l'on combine, avec cette considération, celle de la dureté des différentes substances des couches, & surtout leur position par rapport aux eaux courantes, &c.

Quelle différence d'aspect offre la superficie des contrées où la *craie* se montre à découvert, & celle des pays de cos ou de pierres calcaires d'un grain fin? Dans ces derniers cantons, tous les bords des vallées sont escarpés, au lieu que dans les contrées crayeuses les croupes sont adoucies, les vallons évasés en conséquence. D'ailleurs, la *craie* se délite, se décompose & se reduit en débris comminués, au lieu que dans les pays de pierres calcaires à grain fin tout est solide, & il n'y a de décomposition que dans les échantillons qui ne sont séparés que par les fentes de dessiccation & les substances terreuses mêlées à ces échantillons.

J'ai trouvé dans les pays où la *craie* domine, des sources assez abondandes dans les culs-de-sac de plusieurs vallées; mais ces culs-de-sac étoient presque tous vers l'extrémité de la *craie* & dans des bordures de ce massif où l'eau peut se rassembler, comme sur les marnes & les bancs d'argiles. C'est ainsi qu'à la hauteur du village de la Veuve, on trouve, la plus grande partie de l'année, un ruisseau assez considérable. Dans les environs de Châlons est la source de Saint-Memie, qui donne un ruisseau fort abondant; mais ces sortes de sources sont sujètes à tarir en automne. Il faut surtout excepter les belles sources de la Suippe, du Soin, de la Retourne, &c., qui fournissent constamment & abondamment toute l'année.

La contrée de la Champagne, qui présente à sa superficie la *craie* à déouvert, peut avoir en longueur, du midi au nord, environ quarante lieues, sur une largeur de douze à treize lieues de l'est à l'ouest. Cette substance offre en conséquence un massif d'une figure irrégulière au milieu des autres sols de cette province.

La figure & la disposition du massif de la *craie* ne paroît pas avoir rapport avec la direction & le cours de toutes les rivières qui le traversent. Ainsi l'on ne peut supposer que cette masse ait été déposée dans la direction des courans qui, dans le bassin de la mer, auroient creusé les vallées où coulent ces rivières; car sa plus grande dimension est du sud au nord, & elle est traversée, du sud-est au nord-ouest assez obliquement, par l'Aisne, la Retourne, la Suippe, la Vesle, la Marne, l'Aube & la Seine; en sorte que leurs vallées sont des excavations postérieures à la forme primitive des contours du grand amas de *craie*. Il y a un certain nombre de ces rivières qui prennent leur source dans la *craie*; elles sont peu considérables, car elles ont un cours d'une petite étendue: toutes y ont des vallées bien distinctes, bien limitées, quoique leurs bords aient été un peu dégradés par les eaux pluviales & courantes.

La pente primitive du massif de la *craie*, jointe à la direction des eaux courantes suivant cette pente, a favorisé considérablement cette destruction. C'est en suivant cette pente que toutes les eaux des rivières qui prennent, comme je viens de le dire, leur source dans la *craie*, & qui ont une partie de leur cours à la surface de la *craie* nue, ont creusé insensiblement leurs vallées.

Bordure de la craie de Champagne.

J'ai remarqué depuis long-tems que la bordure orientale de la *craie* étoit un fond d'argile assez épais & d'une largeur fort considérable qui varioit entre deux & trois lieues, à partir du fond de *craie* jusqu'au banc de roche qui renferme des huîtres & d'autres coquillages d'un amas fort curieux, que j'appelle l'*amas des huîtres*. Cette bordure offre des forêts assez étendues. Il y a aussi plusieurs ruisseaux dont la plupart coulent sur la *craie*; mais dans certaines contrées ces ruisseaux y prennent leur source pour revenir dans l'intérieur de la bordure. Comme cette bordure est plate, le sol favorise les retenues des eaux; aussi y trouve-t-on un grand nombre d'étangs, dont quelques-uns sont fort grands & d'un bon rapport.

Il y a dans cette bordure, des poteries, des tuileries & des briqueteries, parce que l'argile qui en fait le fond est d'une très-bonne qualité, & même une grande partie cuit blanc. Les étangs ne sont nombreux & ne forment des suites de bassins non interrompus que dans la bordure orientale: c'est là que la bande argileuse se soutient, comme je l'ai dit, entre le massif de la *craie* & l'amas des huîtres, des griphites, des vis à double rampe, & des nautilites; c'est là où l'on peut prendre une juste idée des amas, de la régularité & de l'étendue de leurs limites.

Ces étangs se trouvent surtout sur la planche de Troyes: j'en donnerai le détail dans sa notice. Les indications de tous ces objets sont bien importantes lorsqu'on connoît les circonstances qui ont concouru aux différentes formes du terrain, mais encore à la constitution physique du sol de ces contrées; car ces deux considérations doivent être présentées également dans l'examen général des massifs de la *craie*, de la bordure argileuse, & enfin de l'amas des huîtres. Ceci ne peut offrir qu'un ensemble intéressant qui donnera la solution de deux ou trois problêmes qui n'ont pas encore été discutés comme ils le méritent, & par conséquent résolus; car des occasions aussi favorables ne se sont pas présentées, & que d'ailleurs aucun observateur n'a réuni des vues raisonnées sur aucun des tractus comparables. Je puis dire que toutes ces contrées, outre qu'elles m'ont offert des massifs très-distincts & très-variés, & dont la disposition relative ne peut que jeter du jour sur un grand nombre d'autres massifs dispersés à la surface de la France, les vérités que nous tirerons de ces examens nous fourniront des résultats à tous les tractus de la nouvelle terre des environs. Ceci nous prouve qu'un certain ensemble de massifs bien connus, comparés avec soin, peut ouvrir la porte à de semblables objets très-multipliés & fort étendus, & guider, non-seulement l'examen intérieur de chacun de ces massifs, mais surtout la détermination de leurs limites. C'est en perfectionnant ce travail, que l'on mettra en évidence les principes élémentaires des grands massifs.

Si l'on considère cette bordure orientale relativement à ses différens degrés d'élévation au dessus ou au dessous de la surface de la *craie* découverte, on voit que, dans certaines parties, la craie verse les eaux de sa limite sur la bordure argileuse, & que de là ces eaux retournent sur la *craie* en gagnant les vallées des grandes rivières; que dans d'autres parties les eaux de la *craie* n'ont aucune détermination vers la bordure, & même n'ont, de cette bordure, aucune direction sur le massif de la *craie*. Ces observations qu'on peut vérifier sur les planches de la carte topographique de France prouvent que le niveau relatif, tant de la bordure orientale, que de la limite intérieure de la *craie*, varie beaucoup; mais j'ajoute que, si l'on suit la marche des eaux courantes par rapport à la situation des trois massifs & à leur intérieur, on trouve que les pentes sont constamment de l'est à l'ouest & dans la direction des rivières principales.

Dès qu'on est placé sur la bordure orientale de la *craie*, on voit une suite de vallées toutes formées par une bande argileuse que les eaux ont rongée: telle est la vallée de Bourg, qui se continue jusqu'à la vallée de la Marne, & qui règne dans tout le Perthois. Ensuite vient la vallée de l'embouchure de la Blaise & celle de la rivière de Voire, qui se prolonge jusqu'à Betignicourt; & après, lorsqu'on a traversé la large vallée de l'Aube, on retrouve la bande d'argile aux environs de Ville-Hardouin, de Brantigny, de Rosson, & lorsqu'on a franchi la double vallée de la Barse & de la Seine réunies, où l'on voit des amas d'argile qui vont passer à Saint-Thibault, à Saint-Jean-de-Bonneval, à Saint-Phal, & se continuer par Ervi & Saint-Florentin.

Cette lisière argileuse se retrouve constamment entre la *craie* & la pierre calcaire à grain grossier, dans toute l'étendue de la limite orientale. Cette lisière a plus de deux cents pieds de profondeur dans les parties où elle paroît avoir conservé toute son épaisseur. La bordure de la pierre calcaire dure, semée d'huîtres, de nautilites, de cornes d'ammon, se trouve à trois ou quatre lieues de celle de la *craie*. J'ai même remarqué que la lisière d'argile se continuoit le long des parties de la

craie,

craie, qui sont encore couvertes ; c'est ainsi qu'elle se montre vers Saint-Florentin & même jusqu'au-delà de Joigny.

La lisière de pierre à chaux farcie d'huîtres a aussi une allure particulière très-fixe & très-distincte ; elle passe à Chaources, Fouchères, Montieramey, Vandœuvre, Mataux, Esclance, Fuligny, Soulaines, Sommevoire, Vassy & Saint-Dizier.

Ce qu'il y a de remarquable, c'est que des sources très-abondantes, & qui sont les têtes d'autant de rivières, dominent cette lisière. Ces rivières coulent sur la bande argileuse, & gagnent le massif de la *craie*. (*Voyez* SOURCES.) Je citerai surtout les belles sources de Vandœuvre, de Soulaines & de Sommevoire. Je renvoie à ces articles.

La surface de la *craie*, à partir de la limite orientale, s'abaisse vers l'ouest, de telle sorte qu'elle s'enfonce dessous la bordure correspondante ; & à juger par ce qu'on voit à découvert au pied des coteaux du bassin de Reims, du cap d'Aï, des coteaux d'Épernay, de Vertus, de Villenoxe & de Nogent, le massif de *craie* sert de base à un système de couches sousmarines en fort grand nombre ; & si l'on suit la vallée de la Marne, la *craie* continue à s'abaisser dessous ces couches jusqu'à ce qu'elle ait atteint le fond de la vallée vers Dormans.

Rivières qui coulent sur la craie de Champagne.

Je dois considérer sous un point de vue général les quatre rivières considérables qui coulent sur la *craie*, parce que je desire faire connoître certains phénomènes correspondans, qui sont communs aux cours de ces rivières, & dont le rapprochement doit jeter un grand jour sur les effets des eaux courantes lorsqu'elles rencontrent & traversent des massifs semblables, & disposés de la même manière, relativement à leur marche connue. J'ai recueilli ces détails instructifs en suivant les vallées de ces quatre rivières, la Marne, l'Aube, la Seine & l'Yonne, & j'ai cru qu'il convenoit de les exposer ici.

J'ai trouvé d'abord que chacune de ces rivières est encaissée & coule dans des vallées fort resserrées, & dont les côtes ont été coupées au milieu des mêmes assemblages de bancs calcaires ; que l'extrémité de ces couches est dégradée en forme d'escaliers, depuis les sources de ces rivières jusqu'à l'extrémité de ces assemblages. Il est visible que les dégradations de ces couches sont dues à l'action des eaux pluviales qui ont détruit les parties saillantes des lits, exposées à leurs cours.

En second lieu, j'ai vu les vallées s'élargir, & de larges dépôts s'y former vers la ligne où les bancs de pierres à gros grains, renfermant des huîtres, des nautilites, des cornes d'Ammon, se trouvent coupés par les vallées de ces quatre rivières.

En troisième lieu, j'ai rencontré la bande d'argile, enfin le massif de la *craie* à découvert, où les vallées sont larges & évasées. C'est sur la largeur de ces trois ordres de choses que je trouve des dépôts de bonnes terres jaunes, des amas de graviers plats, calcaires : ces graviers sont déposés dans certaines parties des vallées de ces rivières, où les eaux courantes ont commencé à diminuer de vitesse par l'adoucissement de la pente des terrains ; ce qui a favorisé leur accumulation à la superficie de plaines fort larges. J'observe ces dépôts, si remarquables dans la vallée de la Marne ; ils se montrent d'abord à Saint-Dizier, &, s'étendant sur une grande plaine au dessus de Vitri, jusque dans l'angle intérieur du confluent de la Marne & de la Sault, ils se prolongent jusqu'au-delà de la *craie* sans discontinuité. Un semblable dépôt correspondant, de gravier plat, calcaire, se voit dans la vallée de l'Aube, aux environs de Brienne, & occupe la superficie d'une large plaine. (*Voyez* BRIENNE, où les plus grands détails sont présentés de manière à faire connoître les différens états de ces dépôts & de cette plaine.)

Je dois dire ici que c'est particuliérement à l'abondance des dépôts de graviers que sont dues les oscillations des eaux de ces rivières, dont le cours s'est déplacé à mesure que le courant jetoit sur ses bords de ces graviers qui les forçoient de se détourner. Il est visible aussi que les noyaux de ces graviers plats, calcaires, sont des débris des pierres que les eaux courantes de ces rivières ont entraînés des parties supérieures de leurs vallées, & qu'elles ont usés & polis par les transports qu'elles en ont faits.

Je puis indiquer maintenant les mêmes dépôts de terres jaunes, de graviers plats dans les vallées de la Seine & de l'Yonne, depuis Fouchères jusqu'à Montereau pour la Seine, & depuis Auxerre jusqu'au même confluent, remarquable pour l'Yonne.

Il convient donc d'indiquer les limites des graviers plats, calcaires, lesquels occupent le fond des vallées de la *craie* & la superficie des plaines qui les accompagnent : ainsi celles de la Marne commencent avant Saint-Dizier, & se prolongent jusqu'à Damery & au-delà ; celles des graviers de l'Aube commencent à Trane, & se prolongent jusqu'à l'embouchure de cette rivière dans la Seine ; celles des graviers plats de la Seine commencent à Breviande, & se prolongent jusqu'à Montereau ; celles de l'Yonne & des rivières parallèles commencent au dessous d'Auxerre, & s'étendent dans les plaines au dessus de cette ville, & se terminent à Montereau.

Rivières qui ont leur source dans la craie.

Il est intéressant de faire connoître les rivières

qui ont leur origine dans le massif de la *craie*, & qui continuent à couler sur ce massif à découvert pendant un certain trajet. On pourra voir par ces détails, 1°. que la *craie* n'absorbe, dans ces contrées, l'eau pluviale que jusqu'à une certaine profondeur, & ceci dans une certaine lisière voisine des limites de ce massif; 2°. que le cours de toutes ces eaux & leur direction annoncent d'une manière incontestable les pentes naturelles qu'offre la surface de ce massif. En conséquence, je suis convaincu que ces pentes se sont continuées sans interruption de l'est à l'ouest, depuis la bordure orientale jusqu'à la bordure occidentale. D'ailleurs, il est évident que cette marche est aussi celle des rivières étrangères à la *craie*.

Cependant je dois remarquer qu'il y a exception pour de petits ruisseaux qui coulent vers l'est, pour abandonner la *craie* & se jeter dans la bordure argileuse qui côtoie la limite orientale.

J'observe aussi que le long des bords de ces rivières, qui appartiennent à la *craie*, on rencontre des graviers plats, calcaires, assez abondans & bien dispersés; je les considère comme amenés & déposés par les eaux des débordemens, qui ont eu leur origine hors de la *craie* & sur sa bordure.

Parmi les rivières dont il a été question jusqu'à présent, je puis citer, dans l'ordre naturel & constant, en commençant par le nord, la *Retourne*, qui n'est sujète à aucun débordement, & dont le cours est assez étendu, laquelle a son embouchure dans l'Aisne, puis la *Suipe*, rivière assez forte; ensuite la *Vesle*, qui passe à Reims; enfin la *Soude*. (*Voyez* les articles de ces rivières.)

Plaine crayeuse de l'Aube.

Cette plaine est circonscrite d'un côté par les bords de Saint-Léger à Lesmont, & de l'autre par la position du Petit-Ménil & de la suite des tombelles jusqu'à l'embouchure de la Voire.

Elle commence au dessus de Trane, & se termine latéralement par Armance & Letape, & s'arrondit au dessus de Jouvenze; elle trace d'ailleurs, au dessus de Jouvenze, d'Armance & de Letape, ses limites par les dépôts des graviers qui s'y trouvent : on observe même, vers le moulin de Brienne & de Basse-Fontaine, sur la butte plate du château, & entre le château & Saint-Léger, sur les hauteurs enfin entre Saint-Léger & Lesmont, des dépôts de graviers très-remarquables. Il n'est pas étonnant que l'Aube ait oscillé depuis Morvilliers jusqu'à Letape, puisqu'on rencontre des graviers déposés dans toute cette étendue par la rivière, qui, à la place des dépôts, a détruit en même proportion.

D'un autre côté, la rivière a réservé dans la même plaine, des tombelles & des collines qu'elle a détachées des masses, d'une égale hauteur, & qui sont singuliérement alongées dans le sens des eaux courantes : ces tombelles ou îles terrestres se trouvent souvent dans les anciennes vallées & au milieu des plaines factices, ouvrage des eaux torrentielles.

Détermination précise des limites de la craie de Champagne.

J'ai suivi avec le plus d'exactitude qu'il m'a été possible les bordures de la *craie*, si faciles à distinguer de toutes les autres substances pierreuses & terreuses qui l'environnent, tant par son grain & sa couleur, que par la disposition intérieure de ce massif, qui ne paroît pas distribué par lits & par bancs. Ce n'est qu'après l'examen de tout le fond de *craie*, que je me suis attaché à déterminer ses limites : j'ai reconnu d'abord qu'il avoit sa plus grande longueur du nord au sud, & sa plus petite dimension de l'est à l'ouest. Cet amas, d'une figure irrégulière, qui figure au milieu des autres terrains de la province, a environ quarante lieues du nord au sud, sur dix à douze lieues de largeur dans la direction de l'est à l'ouest.

Il résulte de là que les plus grandes dimensions de la *craie* découverte ne sont pas dans le sens des pentes du terrain ni des vallées des rivières. Nous verrons par la suite les conséquences qu'on peut tirer de ces observations importantes.

Outre ces dispositions générales, j'ai remarqué, 1°. que la limite orientale de la *craie* dominoit sur toutes les autres masses contiguës qui formoient la bordure extérieure que j'ai décrite ci-devant, & que sur cette ligne la *craie* se terminoit par une coupure escarpée & fort nette qui confrontoit à une bande d'argile, dont la largeur peut être d'environ une lieue & demie ou deux lieues : ce banc d'ailleurs, comme nous avons vu, suit constamment la limite orientale de la *craie* dans toute sa longueur, en éprouvant les inflexions correspondantes qu'on remarque dans cette bordure : au-delà de cette bande d'argile se trouve la pierre dure farcie d'huîtres & de noyaux de différens corps marins.

En notant les autres limites du massif de *craie*, différentes de la bordure orientale où la couverture se termine, je suis éloigné de penser que le fond de *craie* n'existe plus au-delà de ces limites, comme je présume qu'il cesse au-delà de la bordure orientale; c'est ainsi que, dans une grande partie de la Picardie, par exemple, le massif de *craie* règne & réside à une très-petite profondeur. Je sais aussi qu'il s'étend entre Joigny & Sens, & court vers Nemours & au-delà dans la partie méridionale. Il y a des endroits où la limite est nette, quoique la bordure de la *craie* soit fort élevée, surtout dans la même direction du midi.

Vers l'ouest, je connois plusieurs prolongemens intérieurs sous la couverture, non-seulement de sable, mais encore de pierre calcaire à gros grains, & de lits coquilliers de sable de mer, &c.

Ce qu'il y a de remarquable, c'est que, le long de la bordure orientale & méridionale, comme je l'ai indiqué, il n'y a plus d'enfoncement dans le massif de la *craie*, mais qu'il est coupé net, & jusqu'à de grandes profondeurs, &c.

Le tableau-ci-joint est le relevé exact de toutes les positions de la carte de France, par lesquelles passent les limites de la *craie*, & celui des positions les plus remarquables entre lesquelles passent ces limites.

DÉTERMINATION des positions sur lesquelles & entre lesquelles passent les limites de la craie superficielle de la ci-devant province de Champagne.

	Positions hors la craie.	*Positions sur la limite.*	*Positions dans la craie.*
		§. Ier. *Du nord à l'ouest.*	
Pl. de Sedan, n°. 78.	Chaumont.		
		La Piscine.	
	Hannogne	Carrrière ouverte	Bannogne.
	Nizy-le-Comte		Le Tour.
	La Malmaison		Magnivillers.
Pl. de Noyon, n°. 43.	Fleuricour.		
		Cense-aux-Groseilles.	
	Outre	Goudelancourt-lès-Bérieux.	
		Saint-Thomas	
	Aiselle		Bérieux.
Planche de Soissons, n°. 44.			Les Fayaux.
	Corbeny		(*Ile de Prouvray*, n°. 1.)
			Grand-Juvincourt.
	Laville-aux-Bois.		
		Béry-au-Bac, sur l'Aisne.	
		Sapigneules.	
		Neuville	
		Gauda	(*Ile de Loyvre*, n°. 2.)
	Couroy-lès-Hermonville.		
Pl. de Reims, n°. 79.	Villers-Franqueux		Les Fontaines.
		Rocquincourt.	
	Coucy.		
	Saint-Thierry		La Neuvillette.
	Mersis	Les Marais.	
Planche de Soissons, n°. 44.		Châlons.	
		Muizon	Les Voûtes.
	Sapicourt.		
		Ronay.	
	Méry	Jermigny	REIMS (*Île de Béru*, n°. 3). *Planche de Reims, n°. 79.*
		Janvry	(Ile de Moronvillers, n°. 4.) *Planche de Reims, n°. 79.*
		Gueux	La Hogette.
		Vregny.	
	Coulomme		
	Sainte-Euphraise	Pargny.	
		Jouy.	
		Villedemange.	

Xxx 2

	Positions hors la craie.	*Positions ſur la limite.*	*Positions dans la craie.*
Planche de Reims, nº. 79.		Sacy.	
			Villers-aux-Nœuds.
	Éceuil & Balois.		
	Chamery & Nogent.		
	Villers-Allerand.		
		Rilly-la-Montagne.	
		Chigny.	
		Lude	Raumont.
	Mailly	Verzenay	Le Preſſou.
	Saint-Baſle & Verzy.		
		Villers-Marmery	Les Petites-Loges.
		Trépail	Grand & Petit-Billy.
		Bouzy	Ambonnay.
		Avenay	Biſſeuil.
	Champillon	Aï	Mareuil.
		Épernay.	
Pl. de Soiſſons, nº. 44.		Damery (dépôt de coquilles, ſemblable à celui de Grignon).	
		Vanteuil.	
		Bourſault.	
		Vaucienne.	
Planche de Châlons-ſur-Marne, nº. 80.	Pierry	Les Forges.	
	Puy	Cramant.	
	Grauves	Avizé	Flavigny, Châlons.
		Oger.	
		Le Ménil.	
		§. II. *De l'oueſt au ſud.*	
	Gionges		Renneville.
		Vertus	Voypreux.
		Bergères	(*Île de la tour Montaimé*, nº. 5.)
	Étrechy		Colligny.
Planche de Meaux, nº. 45.	Loiſy & Givry		Gravelle & Vert.
			Toulon.
	Étoges.		
	Fer-Briange.		
	Congy		Courjeonnet.
		Villerenard	Coizard.
	Oye	Saint-Gond	Marais de Saint-Gond.
	Mondement		Reuvre.
	Goufre		Petit-Brouſſy.
	Allement	Péas	Saint-Loup.
			Saint-Remy.
	Mœurs	Sezanne	Chichey.
		Vindé.	
		Saudoy.	
	Forêt de la Taconne		Barbonne.
			Fayel.
			Ville-Louvotte.
		Fontaine-Denis.	
		La Celle	Nuiſy.
	Blanquefort	Chantemerle	Potangis.

	Positions hors la craie.	*Positions ſur la limite.*	*Positions dans la craie.*
Planche de Sens, n°. 46.		Mongenot.	
	Dival		Villenoxe-la-Grande.
			Barbuiſe.
			Sous-l'Annoy.
			Les Vignaux.
	Mont-le-Poitiers.		
	Bois de Sauſſotte		Frécu & Liours.
	Saint-Féréol		Le Port.
	Saint-Nicolas.		Les Caves, le Pleſſis, Mériot.
	Melz		Mériot.
		La *Seine*.	
	La Motte-Tilly		Nogent & Pont. (*Ile du bois de l'Étoile*, n°. 6.) (*Ile du bois du Chaſlat*, n°. 7.)
			La Trinité.
			La Chapelle.
			Saint-Aubin.
			Le Paraclet.
			Quincey.
		Ferreux	Saint-Loup.
			Avant.
			Fontenay-le-Pierreux.
	Bouy		Solligny.
	La Louptière.		
	Le Pleſſis-Gadebled	Château-des-Bornes	Charmeceau.
	Les Forêts		Sognes.
	Vallières		Grange.
		Thorigny.	
		L'Apoſtole.	
		La Charmée.	
	Lailly		Voluiſant.
	Villeneuve-l'Archevêque	Maulny-le-Repos.	
	Bagneaux		Vullainnes-ſur-Vannes.
	Flaccy		La Haie-Carrée.
		Rigny-le-Feron.	
		Bérulle.	
Planche d'Auxerre, n°. 47.	Vieux-Verger		Four Jacquet.
	Fournaudin		Les Langots.
		La Petite-Jarronée.	
			La Grande-Jarronée.
	Forêt d'Othe	La Bertellerie.	
			Les Boudins.
		La Coudre.	
			Rue Chèvre.
		Sormery	La Tuilerie.
		Notre-Dame-du-Pleſſis.	
	Courchamp	Boulay-Fontaine	Laſſon.
	Turny	Courcelles	Neuvy.
			Beugnon.
	Saint-Florentin & Franchevault		Soumaintrain.
		Bruyères.	
		Villiers.	
	Maizières	Grandchamp (vallée de l'Armance)	Courtaoult.

	Positions dans la craie.	*Positions sur la limite.*	*Positions hors la craie.*
		§. III. *Du sud à l'est.*	
Planche de Tonnerre, n°. 82.	Ervy		Basse-Vacherie.
			Montiérault.
	Chaînes-Merlin.		
		Moulin-du-Bois.	
	Villiers.		
	Courtelon	Roncenay.	
		Ver.	
	Auxon	Montigny	Vèvres.
	Chamoy.		
	Saint-Phal ou Saint-Fal.		
		Longueville.	
	Lirey		Les Chartreux-en-l'Ile.
		Petit-Beauvais.	
	Grand-Beauvais	Grand-Marivat	Petit-Marivat.
Planche de Troyes, n°. 81.	Broy	Moulin de Vanne.	
	Champinchal.		
	Saint-Thibault		Le Tronchet.
	Maisons-Blanches		Saint-Martin.
			Verrières.
	Bretonnière & Marivat		Dandes.
			Rouillerot.
		Menois	Rouilly.
		Panay	Ruvigny.
		Tennelière.	
	Sainte-Catherine		La Folie.
	Laubressel.		
	(*Iles de Prugny*, n°s. 8 & 9.)		
	Troyes.		
		Dosches.	
	Le Tronche	Rosson	Bois du Chardonnet.
	Sacey.		
	Rachisy.		
		Chapelle-de-la-Vierge	Piney.
	Villeroque	Brantigny	Le Doyen.
	Moulin de Lombelle	Ville-Hardouin.	
	Auzon		Pel & Der.
			Précy.
			Lesmont.
		Chalette.	
	Bétignicourt		Lassicour & Saint-Christophe.
		Ronay.	
	Yèvre.		
		Courcelle	Rance
	Montmorency		Villerest.
		La Maison-Blanche.	
	Charange		Grand-Jardin.
	Moulin de Chassericourt		Joncreuil.
	Le Châtelier		Notre-Dame-d'Ormont.
			Arambécourt.
			Le Nuisement.
	Chassericourt.		
		Mégricourt.	

	Positions dans la craie.	*Positions ſur la limite.*	*Positions hors la craie.*
Pl. de Troyes, n°. 81.	Charboté		Verſeuil.
	Margerie	Branjon.	
	Hancourt		Bois de Dampierre.
	Chapelaine	Lignon.	
		Petit-Paris.	
		Brandonvillers.	
Planche de Châlons-ſur-Marne, n°. 80.	La Malmaiſon	Gigny.	
	Sainte-Pétronille	Buſſy.	
	Saint-Chéron		Saint-Geneſt.
		Arzilliers.	
	Hanruelle		Neuville.
			Blaize-ſous-Arzilliers.
	Charton.		Norois.
		Monmóret.	
	Nuiron		Bignicourt.
	Glannes	La Grenouillère	Villotte.
			Frignicourt.
	Blacy		VITRY-LE-FRANÇAIS.
			Bas-Village.
	Couvrot.		
		Vitry-le-Brûlé.	
			Plichancourt.
		Merlant.	
		Outrepont.	
	Changy		Heilz-l'Évêque.
	Baſſué.		
	Grand-Vavenay.		
		Doucé.	
		Bayard.	
	Roſay		Sogny-en-l'Angle.
		Saint-Pierre.	
	Vano-lès-Dames		Vernancourt.

§. IV. *De l'eſt au nord.*

	Positions dans la craie.	*Positions ſur la limite.*	*Positions hors la craie.*
	Vano-le-Chatel		Saint-Jean-devant-Poſſeſſe.
		Bertheval.	
	Buſſy-le-Repos.		
	Maiſon-Vigny		Saint-Crépin.
	Coutaut-le-Maupans		Sancy.
		Saint-Mard-ſur-le-Mont.	
	Remicourt.		Givry-en-Argonne.
		La Neuville-au-Bois.	
	Eſpence		Hautecourt.
		Courtizons.	
	La Baſſe-Vaucelle		Sivry.
	Braux-Saint-Remy		Ferme-Sauley.
Pl. de Reims, n°. 79.	Châtillon.		
		Voilmont.	
			Gizancourt.
			Dommartin-la-Planchette.
		Valmy.	
	Nans		Dommartin.

Planche de Reims, n°. 79.

Positions *dans la craie.*	Positions *sur la limite.*	Positions *hors la craie.*
	Courtemont.	
		Montagne de Malmont.
Berzieux.		
	Malmy.	
		Virginy.
Le Mont-Charmont.		
	Massige.	
		Rouvroy.
Fontaine en-Dormois.		
		Bouconville.
	Ardeuil.	
Vieux.		
Marvaux & Aveyres.		
Liry.		Corbon.
	Le Mont-Saint-Martin.	
		Sugny.
	Cheppe.	Contreuve.
	Bourq.	
		Mars-sous-Bourq.
Tourcelles.		
		Chardeny.
		Loisy.
	Coulommes.	
Vaux-en-Champagne.		
		Sainte-Vaubourg.
Saulce-Champenoise.		
Mont-Laurent.		
	Seuil.	
		Thugny.
	Bierme.	
Sault.		
Réthel		Pargny.
		Doux.
Berthoncourt.		Novy.
La Folie.		
	Dyonne.	
Couvercy.		
Sery		Mont-de-Sery.
	Justine.	
Hautteville.		Vilaine.
	Les Neuf-Fontaines.	
Son.		Chapes.

CRAMANT, village du département de la Marne, arrondissement d'Épernay, canton d'Avizé, & à une lieue deux tiers d'Épernay : on y récolte & on y fait commerce de vins blancs excellens.

Les montagnes qui avoisinent ce village présentant des détails intéressans pour la géographie-physique, nous allons les décrire.

§. I. *Montagne de Cramant.*

La montagne de *Cramant* est bornée par celle d'Avizé & de Cuil, & forme une partie de cette dernière, car elle a la même élévation : leurs sommets sont au même niveau, & leurs couches sont parallèles, & composées de matériaux de même nature.

La masse est en partie couverte de bois, & l'autre partie inculte ne produit que des bruyères & des plantes : la terre végétale en est jaunâtre & arénacée. Sous cette couche est une terre argileuse, ensuite une pierre calcaire assez dure, dont l'intérieur renferme quelques coquilles ; elle a sept à huit pieds d'épaisseur.

On trouve dessous celle-ci un lit de sable rougeâtre

rougeâtre de plusieurs pieds de profondeur, dans lequel on voit des masses de grès colorées en rouge, & des silex ou pierres à fusil.

Sous ce sable est du falun friable & coloré, ensuite de la marne : à toutes ces couches succède le tuf calcaire, puis le banc de craie qui se trouve dans cette montagne, à quarante pieds environ de profondeur. Sur le penchant de cette montagne qui domine sur le village de *Cramant*, & dans les environs du bois, les couches se trouvent disposées dans un ordre différent. La terre végétale est marneuse, grisâtre & fort peu sablonneuse. La pierre calcaire se trouve à la montagne ; elle est tendre, formée entiérement de coquilles, comme rouleaux, vis, sabots, buccins. Sous cette pierre se trouve du falun très-friable, ensuite de la pierre pourrie, de la marne, du tuf calcaire, & enfin le banc de craie.

§. II. *Montagne d'Avizé.*

Cette montagne, située vers le milieu de la chaîne qui est à l'ouest de Châlons-sur-Marne, est plus élevée que celles des environs ; elle a quatre cent soixante-seize pieds de hauteur verticale, & neuf cents toises de pente. Sa surface a près d'une lieue carrée. Elle est bornée par un vallon du côté de Grauves & par les montagnes de *Cramant* & d'Auger. La terre végétale qui couvre son sommet varie dans quelques endroits ; mais sur la plus grande partie c'est un limon sablonneux & extrêmement jaune : dans d'autres cette terre est d'un rouge-brun ; elle renferme du quartz grenu ou meulière & de l'argile ; enfin, dans les vallons entre cette montagne & celle d'Auger, elle est noire, semblable à du terreau ; aussi renferme-t-elle quantité de débris de végétaux, qui sont presque dans l'état terreux. Sous cette couche de terre végétale, qui a sept à huit pouces d'épaisseur, on en trouve une seconde, d'un limon jaune, de dix-huit pouces à deux pieds : vient ensuite le banc de pierre calcaire, qui a depuis trois jusqu'à dix-huit pieds d'épaisseur. Cette pierre est assez dure, quoique renfermant une grande quantité de coquillages, parmi lesquels on distingue des vis, des sabots & des moules. Les masses de pierres qui sont à une certaine profondeur ne contiennent plus aucune coquille entière ; & comme les corps marins qui sont entrés dans sa composition ont été extrêmement comminués, celle-ci est très-compacte & présente un grain fort serré. Sous le lit de cette pierre calcaire est une couche de terre ou de limon jaunâtre, dans laquelle on rencontre des cailloux épars, colorés en noir, en brun & en rouge. Parmi ces silex on en trouve quelques-uns d'un gris noirâtre : il y en a de roulés & d'agglutinés ensemble. Plus bas est un lit de sable rougeâtre, dans lequel est du grès en grandes masses & coloré. Cette couche de grès varie dans son épaisseur ; car elle a depuis cinq jusqu'à douze pieds & plus : cependant on trouve sur la pente sud-ouest de la montagne un autre banc d'un grès rougeâtre, très-dur, de plusieurs pieds d'épaisseur, qui se trouve immédiatement sous la terre végétale & sur un lit de sable coloré où il s'est formé. Sous la couche de grès & de sable on rencontre de l'argile noirâtre, ensuite une terre falunière, friable & colorée, sous laquelle est un tuf calcaire, dur, contenant un peu de substance ochracée ; enfin, on trouve le banc ou le massif de craie à la profondeur d'environ cent pieds.

Au sud-ouest de la montagne d'Avizé, derrière les bois, est un vallon entouré de montagnes. La nature des couches qui entrent dans leur composition diffère absolument de celle des lits qu'on trouve aux environs : la terre végétale en est noirâtre ; elle contient beaucoup de végétaux décomposés & réduits en terre, de l'argile & un peu de sable. Cette contrée étant arrosée par un ruisseau & par l'eau de plusieurs sources, la terre en est humide & marécageuse. Sous la terre est un lit de tourbe légère, fibreuse & friable, formée d'un amas de racines & de tiges de plantes aquatiques. Cette couche, qui a cinq à six pouces, recouvre un lit de tourbe plus compacte que la précédente, noire, vitriolique, & assez bitumineuse ; elle contient, comme la première, beaucoup de débris de végétaux. Il n'a guère que dix-huit pouces d'épaisseur. Sous cette tourbe on trouve une argile noirâtre, arénacée, dans laquelle sont ensevelis des arbres entiers & à demi décomposés & noircis par le concours de l'eau & de l'acide vitriolique. Ce bois fossile est noir comme l'ébène, surtout le chêne. Lorsqu'on le tire de la terre, il est mou ; mais après qu'il a perdu son humidité, il acquiert une certaine dureté à l'air. En fouillant plus avant, on trouve dans le sable quelques morceaux de bois, des glands & des noisettes entiérement pétrifiés.

Les observations qu'on a faites sur ce vallon, & où se trouvoit une grande quantité de bois enfouis à la profondeur de dix à douze pieds, nous prouvent que des arbres qui garnissoient le haut de la montagne ont été précipités naturellement. Tous les végétaux, en se décomposant dans la terre, ont formé ces tourbières, tandis que la forêt a fourni des arbres qui, enfouis à une certaine profondeur, ont donné la matière des bois fossiles. Cette tourbe d'Avizé ne s'emploie pas comme combustible ; elle répand, lorsqu'on la brûle, une odeur très-désagréable de bitume : on brûle cette tourbe en tas, comme le charbon de bois, & on en obtient une cendre qu'on emploie très-avantageusement pour l'engrais des terres, & surtout de celles qui sont en prairies artificielles. Ce qui prouve que la tourbe d'Avizé contient beaucoup de bitume, c'est que des ruisseaux & des sources découle une fort grande quantité d'huile de naphte, qui suinte à travers les terres & les pierres. Ce pétrol provient aussi des veines de charbon de terre qui se trouvent dispersées sous la montagne, aux environs de la tourbière.

On présumoit, il y a long-tems, qu'il y avoit du charbon de terre dans la montagne d'Avizé; & l'on s'en assura, en 1753, par l'ouverture d'un puits au pied de la montagne, & à environ cent toises de distance d'Avizé. On trouva sous une argile verdâtre, & à la profondeur de six pieds, un filon de charbon de terre d'une assez bonne nature, & deux pieds plus bas un second de la même épaisseur, ensuite une troisième & quatrième couche; & on n'alla pas plus loin dans cette recherche. On essaya pour lors ce charbon; il étoit assez dur, peu inflammable, vu que l'on n'avoit fouillé qu'à la profondeur de douze pieds. En 1785 on reprit la première exploitation, & dans cette seconde fouille on trouva, sous un lit de sable jaunâtre, une couche d'argile verdâtre; ensuite une seconde de falun friable & coloré; puis une argile noirâtre, recouverte de terre ochracée. A la profondeur de sept pieds environ d'enfoncement on rencontra le premier filon de charbon de terre, qui n'avoit qu'un pied ou quinze pouces d'épaisseur, dont la direction est du levant au midi, en traversant sous la montagne. Sous cette première couche est une pierre argileuse noire, ou schiste fort tendre, de sept à huit pouces d'épaisseur. A huit pieds se trouva la seconde couche de charbon de terre: cette veine se divise en plusieurs veinules. Un schiste bleuâtre, contenant beaucoup de coquilles brisées, comme dans le falun, & de quinze à dix-huit pouces d'épaisseur, sépare la troisième couche de la seconde; celle-ci, comme la première, a quelques rameaux qui vont dans plusieurs directions. Une couche de schiste d'un gris noirâtre, & d'environ deux pieds d'épaisseur, recouvre la quatrième veine de charbon & ses veinules. Cette quatrième couche se trouve à la profondeur de quatorze à quinze pieds. En poussant la fouille plusieurs pieds plus bas, on trouva, toujours alternativement, des couches de charbon épaisses, presque toutes de quinze à dix-huit pouces, séparées par des schistes tendres, dans lesquels étoient renfermées des coquilles & des terres calcaires. Cette fouille, n'ayant que la curiosité pour but, apprit seulement qu'il y avoit dans les environs d'Avizé une mine de charbon de terre, qui se trouvoit à une petite profondeur, en couches peu distantes l'une de l'autre. Quelques personnes présument que le filon principal est de cent cinquante à deux cents pieds de profondeur. Il semble que, sur de simples présomptions, on ne peut guère hasarder des travaux aussi coûteux que ceux qu'exigeroit l'exploitation de cette mine, telle qu'elle se présente; car, d'un autre côté, peut-on se promettre de grands produits de petites veines séparées, & qui, suivant toute apparence, ne sont que superficielles, & probablement établies sur le massif de la craie.

§. III. *Montagne d'Auger & des environs.*

Cette montagne a pour limites celles du Ménil & d'Avizé; elle paroît ne former que la continuation de cette dernière, car elle a la même hauteur, & la même nature de matériaux. Sa terre végétale est un limon jaune, arénacé, sous lequel est une couche de terre jaune contenant beaucoup d'argile, où l'on rencontre de petits silex colorés; ensuite on trouve un lit de pierre calcaire assez dure, mais dans laquelle on ne voit plus aucune coquille entière: le spath calcaire s'y trouve confusément. Sous la pierre calcaire est une couche d'argile, qui occupe toute l'étendue de la montagne, à la profondeur de dix à douze pieds. Cette argile colorée contient des silex & quelques pyrites martiales. Sous ce lit d'argile, qui a environ deux pieds, on rencontre des couches de sable variant à l'infini: dans plusieurs endroits il est rougeâtre, dans d'autres d'un gris-jaune, & enfin il y a des cantons où il y a du sable blanc & aussi pur que celui d'Etampes.

Sous ces sables on trouve de l'argile colorée, & ensuite de la marne. A la profondeur de quarante-cinq pieds est un tuf calcaire dur & ochracé, & enfin est un banc de craie, où l'on rencontre par hasard des coquilles, des bélemnites, des silex & quelques pyrites martiales.

On rencontre dans une gorge, derrière le bois d'Auger, des morceaux de roches composées; ce qui paroît très-étonnant dans des montagnes absolument calcaires. Cette pierre ne se trouve que dans cet endroit de la chaîne. Ce granit est composé de feld-spath rougeâtre, de quartz blanc transparent, entre-mêlé de petits cristaux de schorl noirâtre & de mica blanc; c'est visiblement une pierre perdue.

Par plusieurs fouilles & observations on s'est assuré de l'endroit de la montagne d'Auger, où l'on trouvoit cette roche mélangée. On ignore comment cette pierre peut se trouver dans ces montagnes, sous une terre végétale formée par la combinaison de la terre calcaire, de l'argile & du quartz granuleux. Dans le vallon qui est derrière le bois, les couches sont dans cet ordre: la terre végétale noirâtre, mêlée d'une grande quantité de sable; des silex colorés se trouvent à sa surface: il y en a de jaunes, d'autres d'un rouge-tendre; & enfin l'on en voit plusieurs qui, par leur rouge-foncé, ressemblent beaucoup à de l'agate-cornaline. Sous cette couche est une couche formée d'argile, de craie & de sable coloré: elle a environ deux pieds d'épaisseur; ensuite on rencontre un lit de pierre calcaire, sans qu'on y apperçoive aucun vestige de coquilles. Cette couche de pierre calcaire est interrompue dans quelques endroits de la montagne; alors on rencontre des masses de grès éparses. Ces masses de grès, la plupart calcaires, sont tendres; ils sont colorés en rouge par la chaux de fer; plusieurs sont intérieurement rubanés par des zônes rougeâtres. Sous ces grès est un sable coloré ; ensuite on rencontre la couche d'argile.

CRAM-CHABON, village du département de la Charente-Inférieure, canton de Courson. On tire des carrières voisines de ce village, une espèce de pierre de sable, plus facile à tailler que la pierre calcaire, & qui se durcit à l'air.

CRAMEAUX, village du département de la Loire, arrondissement de Rouanne, & à quatre lieues de cette ville. Ce village a, dans ses environs, plusieurs mines de charbon de terre.

CRAN, CRON. On nomme ainsi une terre sous forme pulvérulente lorsqu'elle est sèche, & qui n'est formée que par un amas de fragmens de coquilles : dans certains endroits on y distingue encore des coquilles entières, mais fort petites, & qu'on ne peut reconnoître qu'à l'aide de la loupe ou du microscope. Il y a de certaines couches de la terre où ces mêmes matériaux ne sont plus sous forme pulvérulente & friable ; mais alors ils ont reçu une infiltration qui en a formé des pierres de taille d'un grain fort gros. Un naturaliste habitué à voir, y retrouve aisément le *cron* ou *cran*. Quand ces coquilles sont dans un état de destruction plus grand, qu'il n'y a plus aucun vestige d'organisation animale, & que les coquilles sont réduites en poudre, si cette poudre a pris une certaine consistance, il est probable que ces matériaux ont pu former ainsi la craie. (*Voyez* CRAIE, COQUILLES FOSSILES.) C'est ainsi qu'un observateur attentif, en notant les nuances des différens états où se trouvent les fossiles que renferme le sein de la terre, peut faire en même tems des rapprochemens très-propres à lui montrer l'origine des différentes sortes de pierres. (*Voyez* GRAIN DES PIERRES.)

CRANENBOURG, bourg du département de la Roër, arrondissement de Clèves, & à une lieue trois quarts ouest de cette ville. Ce bourg, que l'on croit être l'ancien *Burginatium*, est situé sur le ruisseau du Wettering, près du Wahl, à l'ouest de Clèves.

CRANS, village du département du Jura, canton des Planches. On y trouve du marbre de deux espèces, dont l'une ressemble au bois d'olivier, & l'autre, sur un fond ventre de biche, offre des taches rouges jetées sans ordre.

CRANSAC, bourg du département de l'Aveyron, canton d'Albin, & à une demi-lieue de cette ville. Les eaux minérales qui se trouvent près de ce bourg méritent l'attention des physiciens naturalistes. Non-seulement ces eaux se prennent sur les lieux, mais encore on les transporte en bouteilles par toute la France. On assure qu'elles guérissent les rhumatismes & les paralysies, & qu'elles sont excellentes pour les foiblesses d'estomac, les obstructions & les vomissemens habituels. Elles sont sulfureuses & chaudes, au point que la terre des environs fume pour peu qu'il pleuve.

CRANCEY, village du département de l'Aube, canton de Romilly, près du confluent de l'Aube dans la Seine. Ce village se trouve outre cela situé sur un des embranchemens multipliés qui font autour de cette confluence, surtout du côté de la Seine, & au milieu des belles prairies qu'elle abreuve.

CRAON, ville du département de la Mayenne, arrondissement de Château-Gontier, & à quatre lieues ouest de cette ville. On y fabrique des étoffes grossières avec les laines du pays. Ses environs abondent en grains, vins, lin & bons pâturages.

CRAON (Forêt de), département de la Mayenne, canton de Saint-Aignan-sur-Roez, & à une lieue ouest-nord-ouest de *Craon*. Elle a deux mille quatre cents toises de longueur, sur neuf cents toises de largeur.

CRAPONNE (Canal de), département des Bouches-du-Rhône, arrondissement d'Aix. Il prend ses eaux dans l'étang & au sud-est de Saint-Chamas, va ensuite au nord-est & se rend dans la Touloubre à Pelissane, tourne à l'ouest, remonte au nord & se réunit au canal de *Craponne*, à une lieue & demie nord de Salon : il paroît qu'il n'est qu'une branche du canal dont il tire les eaux ou auquel il les porte ; c'est un canal qui sert à plusieurs arrosemens.

CRASTRES, village du département du Gers, arrondissement & canton nord d'Auch. Il y a dans ce village une mine de turquoises, peu inférieure à celles d'Orient.

CRATÈRE. C'est la bouche d'un volcan, qui offre la forme d'une coupe, soit dans les volcans éteints, soit dans les volcans enflammés, pendant les intervalles des éruptions. Si l'on considère le *cratère* comme l'extrémité de la cheminée par laquelle le feu des volcans se fait jour au dehors, on y trouve des laves qui en forment les bords, dont une partie par la flamme qui, ayant été fondue de nouveau, se trouve dans un état de scorie. Dans les volcans enflammés, comme dans le Vésuve, le *cratère* est quelquefois couvert d'une croûte de laves spongieuses, qui s'élève au dessus du bord ordinaire, jusqu'à une certaine hauteur, & qui, après l'épanchement de la lave, s'affaisse & se précipite dans le fond du *cratère*, lequel reprend à peu près sa forme ancienne.

Les *cratères* des volcans éteints se réduisent à de

simples coupes, dont les rebords se dégarnissent insensiblement des terres cuites, des scories & des laves spongieuses qui les formoient lors de l'extinction du volcan. Cette destruction des bords de la coupe continue par le laps de tems; &, après une longue suite de siècles, ils se trouvent enlevés par les eaux, & la forme de la coupe est détruite de manière que le fond met à découvert les masses des dernières laves fondues qui sont restées dans le creuset, & qui présentent à la place du *cratère* d'un trou ou d'une cheminée une grosse masse de lave que je considère comme un *culot*. (*Voyez l'article* CULOT.) C'est par ce culot que je retrouve les centres des éruptions anciennes, en y joignant le concours des courans qui en sont sortis, & d'où ils ont pris leur écoulement vers divers points de l'horizon; c'est ainsi, d'après ces principes, que j'étudie les productions des volcans de la seconde époque. Je suis bien éloigné en conséquence de rechercher les *cratères* dans les contrées volcaniques de la seconde époque, & d'assigner pour ces *cratères* tous les trous, tous les enfoncemens accidentels qui se présentent au hasard; c'est ainsi que plusieurs écrivains, qui n'ont point raisonné sur les observations dont ils nous ont rendu compte, ont indiqué les *cratères*, lorsqu'il est prouvé qu'ils n'existent plus sous cette forme de coupe dans les lieux qu'ils ont visités assez légèrement; c'est ainsi que des novices en histoire naturelle prouvent leur ignorance présomptueuse, en décidant des questions dont ils ne sentent pas les difficultés.

Je dois de même remarquer une autre erreur au sujet des *cratères*, admise par des savans qui n'ont consulté que les convenances apparentes, sans avoir observé toutes les circonstances essentielles. Cette erreur consiste à placer les lacs dans les *cratères* comme dans des bassins naturels & propres à contenir l'eau. Ces savans n'ont pas vu que les *cratères* ne peuvent pas plus contenir l'eau que le tonneau des Danaïdes; que jamais l'eau des neiges accumulées par les vents dans les vrais *cratères* ne subsiste plus de deux ou trois jours; qu'en conséquence, après la fonte des neiges, tous ces *cratères* sont à sec; que dans aucun tems de l'année on ne voit de sources ni de flaques d'eau dans les environs des centres d'éruption qui ont conservé leur *cratère*, & dont les courans sont recouverts de scories encore peu comminuées, & admettent l'eau des pluies comme des cribles. Ce sont tous ces faits, que j'ai vérifiés avec soin, qui détruisent cette erreur. Outre les observations générales que j'ai suivies à ce sujet dans les cantons où se trouvent les *cratères* & les productions du feu des volcans appartenans à la dernière époque, j'ai recherché quel étoit l'état des bassins qui contiennent les eaux des lacs dans les pays de volcans, & j'ai toujours trouvé que les bassins de ces lacs étoient tous établis sur le sol intact ou sur un sol qui avoit éprouvé, depuis les ravages des feux souterrains, des changemens considérables. Toutes les terres cuites, toutes les scories, toutes les laves spongieuses y étoient réduites en poudre & tassées, & même stratifiées, de manière qu'elles pouvoient contenir l'eau. Au reste, je renvoie à l'article LACS DES PAYS VOLCANIQUES la discussion entière de cette erreur, qui a séduit les savans, depuis la Condamine jusqu'au D^r^. J. Deluc, qui a trouvé un grand *cratère* dans l'emplacement du lac d'Andernack: *Spectatum admissi risum teneatis amici*. Ce beau lac d'Andernack peut bien figurer, quant à son bassin, avec le lac de Bolsène, qui en a imposé à M. de la Condamine. M. Deluc, qui trouve que cette étendue du bassin du lac d'Andernack est démesurée pour un *cratère*, a imaginé que le volcan s'étoit affaissé, & avoit formé ce qu'il appelle une couronne, c'est-à-dire, un vaste *cratère*. Quels faits nous a-t-il cités pour la formation de sa couronne, & pour nous expliquer comment un *cratère* qui est dans un fond avoit pu verser au dehors toutes les laves qui entourent ce lac & le dominent. (*Voyez* ÉPOQUES DES VOLCANS & VOLCANS.)

CRAU (La). C'étoit un des quartiers qui formoient le territoire de la ville d'Arles, & auquel on donnoit quarante-quatre lieues de tour sur douze lieues de large. Cette contrée, qui est entre le Rhône & l'étang de Berre, quoique couverte de cailloux, est plantée de vignes & d'oliviers: on y récolte des huiles d'une qualité excellente. Les pâturages y sont très-bien pour la nourriture des brebis. Outre les fruits de toute espèce que produit ce petit pays, il y croît de la manne & une sorte de graine appelée *kermès*, propre à faire du vermillon. A cette esquisse succinte de la *Crau* nous croyons devoir ajouter une description étendue, qui fera mieux connoître le physique de cette contrée singulière.

Le nom de *Crau* vient de *Crai*, qui signifie *pierre* en langue celtique; ce qui lui a fait donner le nom de *champ pierreux*. La *Crau* a pour bornes le terroir d'Arles & d'Eiguières au couchant, celui de Fox & d'Istres au midi, le terroir de Salon & de Miramas au levant, celui de Lamanon & partie du terroir d'Eiguières au nord. Les Anciens avoient fait mention de ce champ singulier sous le nom de *campus herculeus*, *campus lapideus*. Strabon, livre IV de sa géographie, lui donne l'épithète d'*admirable*. Sa forme est triangulaire: son sol a peu de profondeur; il est couvert de différentes couches d'une terre rousseâtre & brune, mêlée avec une quantité innombrable de cailloux de divers volumes, depuis la grosseur d'un pois, jusqu'à celle d'une courge. Ces cailloux, également répandus sur la surface du terrain, se touchent tous; ils forment une espèce de poudingue qui s'enfonce jusqu'à trois ou quatre pieds de profondeur, & que le fer le plus dur entame difficilement. Il y a des endroits où le poudingue pénètre jusqu'à cinquante pieds dans le sein de la terre, comme on l'a reconnu en creusant des puits. Ces cailloux sont également séparés ou adhérens entr'eux, au moyen d'un gluten lapidifique d'une consistance fort dure. La terre qui est au dessus des premières couches horizontales est plus calcaire qu'argileuse. Ces deux substances se trouvent souvent mêlées ensemble; elles sont presque toujours humides. Le gravier, le sable, n'y sont pas moins communs: on rencontre ensuite la roche vive.

La plaine de la *Crau*, qui paroît d'une égale continuité & entiérement nue à l'œil, est interrompue par des élévations & de bas-fonds. On voit, en la parcourant, des ravins & des enfoncemens que les eaux pluviales remplissent jusqu'à former des étangs.

Pour avoir une idée exacte du local, il faut se représenter une plaine unie, dont les bords méridionaux & occidentaux se terminent au même niveau, tandis qu'elle est bornée au nord par des collines & des montagnes; ce qui offre la forme d'une plage que les eaux de la mer ont couverte auparavant. Les cailloux de divers calibres qui remplissoient l'ancien lit de la mer paroissent avoir été apportés par ses flots, qui les ont laissés en se retirant, ou bien avoir été détachés en partie des montagnes environnantes. Plusieurs de ces cailloux ont leur surface unie; ils ont été roulés & tiennent du calcaire: leur forme extérieure a du rapport avec la pierre des montagnes & des collines voisines; ils n'ont point le grain ni la contexture du silex, & ne sauroient scintiller avec le briquet; d'autres, plus unis, plus serrés, sont de nature fusible: il en est où le grès arrondi & les molécules quartzeuses dominent entiérement. La longueur du tems a perfectionné les uns & altéré les autres. La nature opère insensiblement des mutations surprenantes par des voies qui nous sont inconnues. Cette espèce de poudingue est devenue, en quelques endroits, par l'adhésion de petits cailloux diversement colorés, un vrai marbre brèche qui en reçoit le poli. Des variolites, plus ou moins grandes, sont disséminées parmi ces cailloux. La variolite est arrondie, lisse, & paroît avoir été roulée; elle est compacte, solide, *scintillant* un peu avec le briquet: sa couleur est verte, tirant sur le brun; elle est parsemée de taches obscures, plates ou relevées, qui se touchent ou bien sont éloignées les unes des autres. Lorsque ces taches sont protubérantes, elles ressemblent à des grains de petite vérole; dont la pierre a tiré son nom, *lapis variolarum*. On la nomme, du côté de Sisteron, *peiro de la rougne*; ce qui fait que l'on confond les variolites avec d'autres pierres. Ces accidens se voient en effet sur des marbres roulés, des granits, des agates; mais la variolite est reconnoissable à ces caractères distinctifs.

Le brillant de ces pierres après les avoir cassées, leur contexture intérieure, leur pesanteur, indiquent qu'elles renferment quelque minéral. En effet, M. de la Tourette, secrétaire perpétuel de l'Académie de Lyon, croit y avoir apperçu de l'argent natif en feuilles, qu'on prendroit d'abord pour du mica sans l'analogie & la comparaison. L'acide nitreux n'attaque point la variolite: il s'en échappe seulement quelques bulles d'air, mais il n'excite aucune effervescence. En la tenant long-tems dans l'acide vitriolique on pourroit mieux juger de sa nature par la combinaison de cet acide avec les substances qui entrent dans sa composition. La variolite résiste à l'action du feu & n'est point fusible: on y trouve des molécules ferrugineuses, comme dans la plupart des quartz, du feld-spath. Elle a la dureté du porphyre; elle est réfractaire comme lui: c'est peut-être le *silex vitrescens Linnæi*. Ce qui la distingue du silex, c'est d'être métallique. Les variolites que la Durance entraîne avec elle ont toutes la propriété de celles de la *Crau*, leur dureté, leur pesanteur, leurs taches, le même grain: il y en a dont les taches sont blanchâtres: on diroit que c'est une véritable efflorescence qui s'est formée sur la pierre. On trouve plus communément les variolites aux bords de la Durance & dans les champs de la *Crau* que partout ailleurs; elles sont beaucoup plus répandues sur quelques collines du Dauphiné. M. Guettard a découvert dans cette province, un coteau rempli de variolites qu'un torrent entraîne dans la Durance. Les rivières qui naissent dans les montagnes du Dauphiné, celle d'Ubaye, qui a son embouchure dans la Durance, charient des variolites. On en a trouvé sur les coteaux de Digne, vers Malijay, le long de Bleaune, dans des ravins & des ruisseaux près de Sisteron. Il paroît par là que les variolites se forment en plusieurs endroits, & que la matière silicée dont elles sont composées, acquiert insensiblement, dans la succession des tems, les propriétés qui la distinguent des autres cailloux.

Les bas-fonds de la *Crau* sont couverts de bois & de pâturages: on y élève des chênes qui donnent des bois taillis. Les mûriers y viennent très-bien, mais ils ne parviennent jamais à une certaine grosseur. Le noyer y prospère davantage, à raison de l'humidité qu'il aime. L'amandier n'y sauroit réussir; le terrain est trop découvert, trop battu des vents & sous un ciel trop froid en hiver. L'olivier réussit à la *Crau*, mais par la même raison il n'a pas de durée. Les vignes s'accommodent bien du sol de la *Crau*; mais leur durée, comme de toutes celles qu'on plante aux bords de la mer, n'est pas longue. Leur produit annuel dédommage le propriétaire de leur courte existence. Le vin en est fumeux, pétillant & spiritueux; il jouit d'une réputation méritée.

Les puits qu'on est obligé de creuser dans la *Crau* pour se procurer de l'eau douce, sont plus ou moins profonds, relativement au voisinage des montagnes. Il existe des eaux souterraines au quartier de l'Hamadelle, duquel paroît avoir été détachée une grande quantité de cailloux. Ces montagnes ont une direction parallèle à celle des Aupies, dont elles ne sont éloignées que d'une lieue. Cette direction va du levant au couchant. Elles présentent une crête exhaussée de trois pieds sur la surface du terrain, dans l'espace de plus de cinq cents pieds d'étendue. Une fouille que l'on pratiqua dans l'emplacement de ces roches, fit voir combien elles s'enfoncent dans le sein de la terre. Ces montagnes ont été couvertes des dépôts successifs de la mer, qui en ont comblé les vallons & réduit ces vastes champs au niveau d'une plage qui représente l'ancien lit de la mer. On ne voit qu'une plaine continue, qui décline à l'ouest, entre les montagnes & la mer. Les eaux qu'on retire des puits ouverts dans cet espace ont d'autant plus de profondeur, qu'elles en sont plus éloignées. A Entressaut, où les montagnes ne sont qu'à la distance d'un quart de lieue des Aupies, on voit sourdre une fontaine à la superficie de la terre, & l'on puise à la main l'eau des puits qu'on y a creusés, tandis qu'à une lieue plus bas l'eau est à une profondeur extraordinaire dans les puits; ce qui paroît indiquer que ces montagnes retiennent les eaux dans leurs cavités, où il s'est formé des réservoirs, tandis qu'entraînées plus loin dans la profondeur de la terre, où elles ne trouvent aucun obstacle à leurs cours, il faut creuser fort bas pour les rencontrer.

La plaine de *Crau* est extrêmement aride : il n'y a que ses lisières qui soient devenues fertiles par la culture; elles sont situées dans les terroirs d'Arles, d'Eiguières, de Salon, d'Istres, &c. Les eaux du canal de Craponne y favorisent puissamment l'agriculture. Une branche de ce canal traverse la *Crau*, &, au moyen des saignées qu'on y pratique, tout le pays arrosé présente un spectacle agréable. Les prairies, les jardins potagers, les vergers, les plans immenses d'oliviers, les champs à blé entourés de mûriers, les arbres de haute futaie qui s'élèvent majestueusement au dessus, forment un contraste frappant avec la partie aride & déserte de ce champ pierreux. Toute la *Crau* seroit encore un désert inhabitable sans le canal de Craponne, qui en a changé la face; mais si, loin de le faire traverser par un simple canal, on y dérivoit une plus grande quantité des eaux de la Durance, plutôt que de laisser dévaster à ce torrent les plus belles terres de la Provence; on pourroit se flatter de fertiliser les trois quarts de la *Crau*. On voit encore les vestiges de la voie aurélienne, qui conduisoit de Salon à Arles, à travers ce champ pierreux. Les Romains s'étoient servis de ces cailloux pour construire le lit du chemin. Le mortier qui les lie, est devenu aussi dur que la pierre.

Le climat de la *Crau* ne diffère pas de celui de la partie méridionale de la Provence. Les hivers y sont communément doux & tempérés. Les vents du midi & du nord décident de cette température. Ouvert comme il est, au couchant & au midi, ce vaste champ se ressent de leur souffle impétueux, qui est suivi de frimats ou de pluies. Le calme amène toujours la chaleur & la sécheresse. Il y pleut rarement en été, & ce n'est qu'après des tonnerres épouvantables que cela arrive. On ne doute plus aujourd'hui que le tonnerre ne s'élève quelquefois brusquement du sein de la terre & n'éclate souvent avant d'atteindre la nuée : on en a été souvent témoin en plaine, comme sur les plus hautes montagnes. On le voit s'élever des bas-fonds, frapper le bétail, les arbres avant d'être parvenu au dessus de l'horizon. Tout sert de conducteur alors au feu électrique, & il vaut mieux être isolé en plaine, qu'appuyé sous quelque arbre, où l'on se croit mal-à-propos en sûreté. On sait, par une longue expérience, que dans cette contrée les pluies, après une grande sécheresse, n'arrosent ces plaines que de proche en proche : il faut qu'il pleuve sur les hautes montagnes, voisines de la *Crau*, pour qu'elle profite à son tour de ce bienfait, & qu'elle reçoive ces arrosemens qui lui sont nécessaires. S'il s'est écoulé plusieurs mois sans pleuvoir, en vain le ciel se couvre de nuages, en vain le tonnerre gronde. Si les pluies ne sont point tombées graduellement sur les montagnes, toutes ces fausses apparences ne sont suivies d'aucun effet. Il tombe quelques gouttes d'eau; mais tout à coup les nuages s'éclaircissent; la sérénité, les chaleurs, la sécheresse reviennent encore. Ce n'est qu'après des jours de ces petites pluies, qui se montrent à plusieurs reprises, & après plusieurs fausses annonces, qu'on voit enfin tomber la pluie à grosses gouttes; mais une fois qu'il a commencé à pleuvoir, que la terre est imbibée d'eau, le plus petit nuage, de quelque côté que le vent l'amène, se résout en pluie. Sans doute que les grandes chaleurs dont la terre est brûlée après une longue sécheresse, contribuent d'abord à dissiper les nuages qui amènent la pluie, au lieu que dans les saisons pluvieuses, lorsque l'atmosphère est déjà chargée de beaucoup d'humidité, les vapeurs qui s'élèvent du sein de la terre & de la mer venant à se réunir sur le sommet des montagnes avec celles dont l'air est déjà chargé, se condensent promptement & tombent en pluie; aussi le peuple, accoutumé à de pareils phénomènes sans en connoître la cause, dit proverbialement : *Fau que lou tems barrule per plaure*. Il faut que le tems varie souvent pour pleuvoir.

Les vents du sud-est & d'est y amènent encore la pluie, au lieu que ceux d'ouest & de nord-ouest chassent les nuages & donnent la sérénité. Les premiers procurent un tems doux en hiver, couvrent l'horizon de nuages & font fondre les glaces. Il ne règne aucun vent le matin pendant les chaleurs de la canicule; mais il s'élève bientôt un vent de mer, qu'on nomme *lou pounent*, lequel suit la marche du soleil & souffle jusqu'à son coucher. Les vents du nord-nord-ouest sont suivis d'une fraîcheur en été, qui approche du froid. Le vent d'ouest, *lou vent largue*, est moins redoutable que le mistral : il n'est jamais aussi impétueux ni aussi fréquent ; il devient brûlant dans certains jours d'été ; mais le mistral est toujours froid. Il souffle avec tant de violence, qu'il déracine les arbres, abat les cheminées, renverse les masures, & enlève des pierres assez grosses pour en faire sentir les atteintes de loin. Les voyageurs à cheval, les voitures qui traversent la *Crau*, sont quelquefois culbutés par ce vent terrible. Un homme fut enlevé sur le chemin d'Eiguières à Orgon, & emporté dans sa redingotte au fond d'un vallon, où il fut privé pendant vingt-quatre heures de l'usage de la voix, & il eut pendant plusieurs jours de suite la respiration précipitée, avec des douleurs de poitrine. Les Anciens connoissoient les effets de ce vent furieux dans la plaine de *Crau* ; ils lui donnoient le nom de *circius* par les tourbillons qu'il excite. Son souffle n'est pas aussi dangereux que celui de l'*auvergnac* ou vent du nord, qui fait périr les olives & brûle l'herbe des prés ; heureusement il est moins fréquent que le *circius*.

Les chaleurs de l'été, en 1773, ont été à la *Crau* à deux degrés de moins qu'au Sénégal : en revanche l'étang de Berre, qui est à côté, gela si fort en 1776, que la glace portoit les hommes & les bêtes de somme. Dans un climat aussi variable il y a des années tellement pluvieuses, qu'elles mettent obstacle à la culture des terres. L'orage qu'on essuya en 1724, à la fin de mai, mérite d'être cité pour exemple dans les fastes météorologiques de la Provence. Les eaux, tombant rapidement du ciel, inondèrent une partie du pays, noyèrent les brebis, les lièvres, &c. La pluie couvrit en un instant une zône d'une lieue de large sur six de long, du sud au nord. Les eaux formèrent, sans avoir eu le tems de s'étendre à droite & à gauche, une masse liquide, convexe, élevée de huit pieds au milieu de la *Crau*, comme il arrive aux flots de la mer, qui s'élève sur sa surface en se soutenant à une grande hauteur : c'est dans cette masse liquide que furent suffoqués tous les animaux qu'elle surprit. Sans doute que le souffle de plusieurs vents contraires faisoit refluer ainsi les eaux sur elles-mêmes, arrêtoit leur mobilité & en tenoit les flots suspendus, jusqu'à-ce qu'entraînées par leur poids, elles se répandirent, & franchirent tout obstacle : ruches, planches, pierres, claies, décombres, bâtimens mêmes, rien ne résista à leur violence.

Il n'y a guère que la montagne des Aupies, aux limites de la *Crau*, entre Eiguières & Roquemartine, dont l'élévation soit un peu considérable ; elle a plus de quatre cents toises au dessus du niveau de la mer, & sert de signal aux matelots qui navigueni sur la côte. Les autres montagnes de la *Crau* doivent être au rang des coteaux secondaires qui se sont formés peu à peu par l'alluvion des eaux, leurs couches ayant toutes une même direction.

CRAVANT, village du département du Loiret, canton de Beaugency, & à une lieue & demie de cette ville. On y cultive peu de vignes, mais elles produisent de bon vin.

CRAVANT, village du département de Seine & Oise, arrondissement de Mantes, canton de Bonnières, & à trois lieues trois quarts de Mantes. Il y a dans ce village un pressoir à cidre, comme centre de la récolte des bonnes pommes à cidre.

CRAVANT, bourg du département de l'Yonne, canton de Vermanton, au confluent de la Cure & de l'Yonne, à trois lieues & demie sud-est d'Auxerre. La tour de cette paroisse est construite avec une belle pierre des environs. Ce bourg est entouré de quelques vignes dont les vins sont estimés, surtout celui d'une côte appelée la *Palotte*.

CRÉANCE (La), bourg du département de la Manche, arrondissement de Coutances, à deux lieues ouest de Périers. Il y a un petit havre, séparé par la rivière d'Aï, qu'on y passe à gué. Auprès de cette rivière sont dix-sept salines, où l'on fait une grande quantité de sel de bonne qualité.

CRÉCY, village du département du Cher, arrondissement de Bourges, & à trois lieues deux tiers de cette ville. Il y a un moulin à papier sur la rivière d'Yères, sur laquelle est ce village.

CRÉCY, ville du département de Seine & Marne, sur le Grand-Morin, à l'endroit où cette rivière reçoit deux ruisseaux qui sont les égouts de plusieurs étangs, & même du grand étang de Saint-Denis.

CRÉCY (Forêt de), à trois quarts de lieues sud-ouest de *Crécy*. Elle a, du nord-ouest au sud-est, six mille six cents toises de longueur, & du nord-est au sud-ouest environ trois mille toises de largeur. Il y a aux environs de cette forêt, tant du côté de l'ouest, vers Hermières, que du côté de l'est, vers Haute-Feuille, des bouquets de bois intéressans, au milieu desquels sont des étangs.

CRÉCY, bourg du département de la Somme, sur la Maie, dans le ci-devant Ponthieu. Son territoire est fertile en grains & en foins qui se consomment à Abbeville, Montreuil & Hesdin. Son commerce consiste en bestiaux, fils, laines & chanvre, toutes productions du pays. Il y a deux moulins à huile, & un sous-inspecteur des forêts, qui sont assez nombreuses dans la contrée.

CREGI (Rocher ou Grotte de), près de Meaux en Brie. La partie de cette montagne, qui regarde le levant & le midi, est couverte d'une roche inclinée, qui paroît être un dépôt fait par la fontaine dont nous parlerons. Cette roche s'étend à peu près depuis la moitié de la montagne jusqu'à sa base, & peut avoir environ cinquante à soixante pieds en hauteur, sur plus de cent cinquante ou soixante en largeur, & plus de dix ou douze d'épaisseur: elle est à l'extérieur de la montagne; elle semble y être appliquée & ne pas faire corps avec elle.

A l'extrémité de cette roche, qui tourne vers l'orient, est une grotte de quinze à vingt pieds de long, sur presqu'autant de large, & qui a cinq, six, sept & huit pieds de haut, selon qu'on est plus éloigné ou plus près de son entrée, qui est plus vaste que son fond. Cette grotte est percée dans un massif de pierre tendre, molle, blanchâtre, de la nature de celle des environs de Paris; au moins elle en approche beaucoup. Dans le fond de cette grotte sort d'un trou un torrent d'eau, gros à peu près comme la cuisse d'un homme. Ce torrent n'est pas, à proprement parler, la vraie source de la fontaine. Cette source est au haut de la montagne, où on l'a renfermée dans un regard, & on a pratiqué dans le corps de la montagne un canal où l'eau coule jusqu'à l'ouverture qui est dans la grotte: de là l'eau est reçue dans une rigole pratiquée sur le fond de cette grotte; elle va se perdre sous terre, & se jeter, après en être sortie, dans une auge de pierre qui en est toujours pleine, & le superflus s'écoule dans des fossés voisins.

L'humidité que l'eau occasionne dans cette grotte & les pleurs de la terre qui est au dessus de la grotte font que la voûte en est continuellement humide; que les mousses & les autres plantes qui y sont attachées, sont incrustées de la matière pierreuse que les eaux de la montagne détachent en les traversant, & qu'elles déposent sur des plantes; de plus, ces pleurs & l'humidité que l'eau occasionne, concourent à la destruction de la pierre dont la grotte est formée. Cette pierre se détache aisément, s'exfolie, se dissout en quelque sorte peu à peu, & tombe sur le plancher de la grotte, qui s'élève ainsi successivement.

La masse du rocher qui recouvre la montagne est irrégulière: elle n'a pas de lit; elle est parsemée dans toute son étendue de petites cavités de quelques pouces de hauteur & de largeur; quelquefois elles ont dans ces dimensions un pied ou deux, & sont remplies d'une multitude de petites ramifications dont les branches sont ordinairement creuses. Ces ramifications ne sont autre chose que des incrustations de plantes qui ont été ensevelies dans la boue formée par l'eau qui a dissout les pierres molles & tendres qui composent la montagne. On ne trouve ces cavités que dans l'intérieur du rocher, & lorsqu'on en a fait sauter des éclats. Il y a de ces cavités ou petites grottes qui renferment en petit des choses aussi singulières & aussi variées que ces grottes immenses que les montagnes recèlent dans leurs flancs.

C'est de cette roche extérieure qu'on a tiré & qu'on tire encore la pierre qui a servi à construire le couvent des moines, situé sur la montagne de *Cregi*.

CREIL-SUR-OISE, ville du département de l'Oise, à deux lieues un quart nord-ouest de Senlis. On y passe la rivière d'Oise sur un pont de pierres. Il existe à *Creil* une belle manufacture de cristaux de verrerie, de poterie de terre anglaise. Il y a aussi des carrières, dont on tire des pierres propres à la construction des édifices. On n'y voit qu'un magasin à sables, pour les entrepreneurs de la manufacture des glaces de Saint-Gobin. On y fait un grand commerce de farine: outre cela, on y a un amas de cendres de Beaurain, propres à l'amélioration de certains sols.

CRÉMA. *Créma*, dans le Milanez, à quatre lieues de Lodi, offre les mêmes productions. Le Serio, fleuve qui coule près de cette ville, passe pour avoir un sable fort riche en paillettes d'or.

CRÉMENS DU RHONE. On entend par *crémens* une terre formée par le dépôt limoneux d'une rivière. Dans ce sens, toutes les terres qu'on peut parcourir depuis Beaucaire jusqu'à la mer, dans l'espace de huit à dix lieues, sont des *crémens du Rhône*. Le *crément* se distingue aisément de toute autre terre qui n'est pas *crément*, par deux qualités sensibles. La première & la principale est d'être composée de plusieurs lits ou couches placées les unes sur les autres; la seconde, de ne contenir aucune pierre.

Il est vrai que quelquefois cette seconde qualité se trouve dans quelques terres qui ne sont pas des *crémens* de rivières; mais en ajoutant à ce caractère leur emplacement dans des bassins ou plaines en bassins, on ne peut guère contester leur origine.

Les lits de terre qui composent les *crémens*, quoique posés assez régulièrement les uns au dessus des autres dans une situation horizontale, diffèrent assez souvent en couleur, en épaisseur & en nature de substance. Il est aisé de s'appercevoir que ces différences sont une suite naturelle de ce qui se passe lors de la formation des *crémens*. Les rivières entraînent ordinairement dans leurs inondations trois sortes de matières différentes, des pierres, du sable & de la terre ou limon. Les pierres, comme plus pesantes, ne sortent point du fond du canal. Le sable se place à un niveau plus élevé. Le limon, qui ne fait proprement qu'un corps avec l'eau, de laquelle il ne se sépare pas dans les premiers instans du repos, ne se dépose qu'après un certain espace de tems.

Cela posé, il est évident qu'une rivière qui déborde,

déborde, ne porte, dans une plaine, que du sable & du limon dont le dépôt compose cet assemblage de couches ou lits qui, par leur multiplication, forment ce que nous appelons *crément* ou *aterrissement*. Si les débordemens des rivières sont occasionnés par le concours des eaux torrentielles que fournissent différentes pentes, il est naturel de penser que de ces circonstances provient la différence qu'on remarque dans les lits qui composent les *crémens*.

On peut sûrement, sur les caractères qui viennent d'être exposés, décider si une terre est un *crément* ou bien un terrain de première formation; mais il est à remarquer que ces assemblages de croûtes ou lits ne se peuvent bien reconnoître qu'en fouillant à quelques pieds de profondeur, car à la superficie de la terre les travaux de la culture ont mêlé toutes ces substances.

Quoique les *crémens*, tels qu'ils viennent d'être décrits, soient communs à bien des rivières grandes & petites, il est cependant vrai que quelques fleuves, & surtout le Rhône, ont formé deux ordres de *crémens* bien différens entr'eux, & qu'on ne peut distinguer avec trop de soin, les uns étant salés, amers & stériles, & les autres étant doux & d'une grande fertilité.

Cette division des *crémens du Rhône* surtout porte sur des faits certains. Premiérement, les *crémens* doux sont aisés à reconnoître, surtout au dessus de Beaucaire, & même depuis Beaucaire jusqu'à la mer, dans les endroits qu'on appelle *Iles du Rhône*.

A l'égard des *crémens* salés, pour les faire connoître plus en détail, il faut prendre la chose d'un peu loin pour la mettre dans tout son jour.

On croit pouvoir supposer ici, sans crainte de se tromper, que les eaux de la Méditerranée se sont étendues autrefois jusqu'à Beaucaire. La preuve de cette supposition est claire si l'on examine la qualité du terroir de Beaucaire d'après les caractères qu'on a exposés ci-dessus, & d'après ceux qu'on y ajoutera par la suite, parmi lesquels on indiquera la situation & l'emplacement de ce terroir, relativement au niveau de la mer.

La qualité du terroir de Beaucaire m'a montré partout celle des *crémens*: c'est ce qu'on peut reconnoître au bord des marais, c'est-à-dire, dans les endroits les plus bas, lorsqu'on fait creuser environ quinze à seize pieds pour faire un puits à roue. On trouve dans toute cette profondeur, même nature de *crément*, comme nous l'avons décrite ci-dessus. D'ailleurs, ce terrain n'est élevé que de six pieds au dessus du niveau de la mer. C'est ce qu'on a vérifié par des nivellemens bien suivis, qui ont été faits relativement à un projet de canal formé depuis long-tems: d'où il suit que les couches les plus profondes de ce *crément* sont pour le moins neuf pieds plus bas que la Méditerranée, & par conséquent que la mer a dû se porter dans l'emplacement qu'elles occupent. On voit même qu'elle s'y étendroit incontestablement aujourd'hui si elle ne trouvoit pas d'obstacle. Or, l'obstacle qui lui est opposé n'étant qu'un *crément* formé par succession de tems, & qui n'a pas toujours subsisté, il est naturel de conclure que la mer s'étendoit autrefois jusqu'à Beaucaire.

Cette conséquence est surtout confirmée avec la dernière évidence par la nature de ces *crémens* salés dont nous avons parlé, lesquels n'ont acquis cette qualité que parce qu'ils ont été formés dans l'eau même de la mer, où ils se sont chargés des principes de salure & d'amertume qu'ils ont conservés.

Il ne sera donc pas hors de propos de représenter sous un point de vue général l'état où étoit autrefois ce pays; ce qui nous indiquera clairement la cause des différentes qualités de terrains qu'on y trouve actuellement, soit doux, soit salés, soit fertiles, soit stériles.

Originairement le trajet qui est depuis Beaucaire jusqu'à la mer, étoit un golfe dans lequel le Rhône se déchargeoit. Comme ce fleuve a toujours entraîné beaucoup de limon, il est arrivé, par succession de tems, que ces espaces occupés par l'eau de la mer, ayant été comblés par ce limon du Rhône, ont été aterris de telle sorte que l'inondation a cessé; mais comme cette opération s'est exécutée lentement, il est arrivé que ces terrains qui se formoient ainsi dans la mer, se sont trouvés imprégnés des principes salins dont l'eau de la mer étoit chargée.

On concevra facilement la suite de ces événemens si l'on se représente le Rhône débordé & se déchargeant dans ce golfe. Le cours du fleuve en occupoit le milieu, & ses eaux, s'étendant à droite & à gauche, & se mêlant avec l'eau de la mer, déposoient tout ce dont elles étoient chargées, c'est-à-dire, du sable & du limon, avec cette distinction que le sable & le limon grossier se déposant dans les premiers momens où l'eau commençoit à jouir d'un certain repos, ils se trouvoient précipités plus près du courant de la rivière; mais le limon le plus fin, le plus gras, ayant besoin d'un plus long repos pour se déposer, avoit le tems de gagner les rivages du golfe, qui étoient éloignés d'une lieue de Beaucaire; & de cette manière les lieux les plus éloignés du cours du Rhône ne recevoient qu'un très-mince dépôt d'un limon très-fin & très-délié, & c'est là la véritable cause des marais qui sont restés si bas à côté des bords du canal du Rhône, qui sont beaucoup plus élevés. On a des preuves de ces distinctions de dépôts en examinant la nature de ces deux sortes de terrains; car celui des bords du Rhône est plus élevé, plus rempli de sable grossier, que le terrain des marais, qui est d'un grain plus fin & à un niveau plus bas.

On a encore une preuve très-sensible de ce que l'on a dit au sujet de la salure de l'eau de la mer, qui s'est trouvée mêlée en grande proportion dans les dépôts qui ont eu lieu sur les bords de son bassin. Cette preuve est ce que l'on appelle, dans le pays, *la sansouire*, qui n'est autre chose que les principes du sel marin. Cette sansouire n'est pas ordinairement à la surface de la terre, excepté dans quelques endroits fort bas; mais on la trouve communément en creusant un peu dans le terrain, & c'est la raison de la défense qu'on fait aux laboureurs de la Camargue & des environs, de labourer ces terres profondément, de peur de mettre à découvert la sansouire, & de la mêler avec la bonne terre; ce qui la rendroit stérile.

Je reviens maintenant aux causes qui ont pu contribuer à former aux environs de Beaucaire deux sortes de terrains, les uns salés & les autres doux, les uns bas & les autres élevés.

La pente, avons-nous dit, depuis Beaucaire jusqu'à la mer, est de six pieds : d'après ce fait, il est constant que les *crémens* qui ont quinze pieds de profondeur sur des terrains au bord des marais, ont pu être formés dans le bassin de la mer, & par conséquent se trouver salés.

D'un autre côté, le *crément* du contact, bien loin d'avoir quinze pieds de profondeur, n'ayant que deux pieds, il est évident que la mer n'a jamais pu aller au contact; car il auroit fallu qu'elle se fût élevée au moins de quatre pieds. Il n'est donc pas étonnant que le terrain du contact ne soit pas salé; suivant les principes exposés précédemment. Ce qui confirme que le *crément* du contact n'a que deux pieds d'épaisseur, c'est que lorsqu'on a creusé environ deux pieds dans les terrains de *crémens*, on rencontre des amas de cailloux tout-à-fait semblables à ceux de la montagne voisine & de la Crau, & quelque part qu'on y fasse des puits, on trouve au dessous de deux pieds même *crément*, même eau douce, mêmes cailloux roulés, & jamais d'eau amère ni saumâtre. (*Voyez* ATERRISSEMENS, SANSOUIRE, &c.).

CREMIEU, bourg du département de l'Isère, à cinq lieues & demie de la Tour-du-Pin. *Cremieu* est situé au pied d'une montagne, à une lieue du Rhône. C'est auprès de ce bourg que se trouve cette grotte dont l'ouverture a cinquante toises de hauteur, & soixante toises de largeur; elle passe pour une des sept merveilles du Dauphiné. On y distingue des congélations très-curieuses par la variété de leurs formes, & souvent même par la régularité des dessins. Il y a des eaux minérales, mais elles ne passent pas pour avoir une grande vertu.

CRENEY, village du département de l'Aube, arrondissement & canton premier de Troyes, à une lieue un quart nord-est de cette ville, sur le grand chemin de Troyes à Piney, & au débouché d'un double vallon sec. C'est sur les croupes de ce double vallon que se trouvent les fouilles de la carrière de craie que nous allons décrire. La visite que j'en ai faite, date du 22 juin 1780; elle se trouve dans certaines parties de la masse de craie, & ses lits se montrent & subsistent tant que les petites lames de marne argileuse se conservent; & dès qu'elles se décomposent, les massifs reparoissent, & les couches n'ont plus lieu. Au reste, la disposition par lits n'empêche point les fentes de dessiccation de se suivre assez nettement par des faces larges, continues & nettes, en traversant les couches. Les petits délitemens qui séparent les masses de dessiccation, & plusieurs autres petites masses, sont presque tous dans le sens de l'horizon; mais alors on y apperçoit quelques-veines légères de marnes argileuses qui contribuent à la séparation. Aussi c'est dans la direction des lignes horizontales que se lèvent les blocs de cartelages qui sont employés à la bâtisse.

Sur toutes les faces de la carrière de *Creney*, il n'y a aucune partie de la superficie des fouilles qui n'appartienne à la dessiccation quant à la netteté des plans : il est vrai que les plans varient beaucoup suivant la direction des fentes toutes perpendiculaires aux couches.

J'ai examiné toutes les fentes de dessiccation, toutes perpendiculaires aux couches; je n'en ai pas vu une seule qui ait été vernie sur ses faces par les marnes; au lieu qu'il n'y a aucune séparation de la masse de craie, ou bien ouverte ou passable, dans la direction horizontale, qui ne soit l'effet de l'interposition des marnes argileuses. Les veines multipliées d'argile paroissent distribuées dans les masses, suivant la même direction & dans les intervalles des couches, & la séparation de ces masses par des délits plus ou moins prolongés. Où il n'y a point de délits on n'exploite point ces sortes de blocs mêlés de veines, & l'on en fait des moëlons. Il n'y a de blocs & de cartelages que dans les parties de couches où ces veines ne sont pas remarquables.

La distribution des marnes argileuses ne suit pas toujours la ligne horizontale, cependant la séparation & la direction des couches sont la plupart du tems assujetties à cette distribution qu'on peut toujours suivre par la distinction des lames.

Les pierres de cartelages se taillent dans les masses de craie solides, se fendent suivant les lits & suivant les progrès des dépôts & de la formation des massifs. Ceci est plus sensible dans les autres carrières : l'organisation par couches est plus ou moins suivie; ce qui est bien rare ici.

Les lits disparoissent dès que la marne ne se montre plus; mais les fentes de dessiccation sont toujours remarquables en différens sens, seulement peut-être moins multipliées lorsque les couches manquent. C'est de là que se tirent de grands & gros blocs qui se délitent suivant la ligne horizontale, toujours sans aucune veine, cependant par la suite des dépôts où la substance hétérogène se trouve.

Ceci prouve bien qu'au milieu des massifs de craie les couches se montrent dès que le principe que j'ai établi pour opérer leur séparation & leur distinction est assujetti au progrès & à la suite des dépôts, comme dans toutes les autres masses; preuve que c'est la présence seule de ce principe hétérogène qui contribue à l'organisation par couches.

J'ai examiné attentivement & en détail les faces des fentes de dessiccation, & elles ne m'ont montré que des plans contigus, sans aucune interposition de substance hétérogène. Les fentes horizontales, quoique réduites à une simple ligne peu ouverte, m'ont toujours montré de la marne, ne fût-ce qu'un vernis. Et enfin, lorsque dans la profondeur le principe hétérogène avoit cessé d'être déposé, il n'y avoit plus aucune de ces fentes horizontales ou approchantes que par des ruptures; mais alors il n'y a que des faces éclatées.

J'ai de même examiné dans le plus grand détail les démolitions qui surviennent dans les masses des couches voisines de la superficie de la terre, & j'ai trouvé que toutes ces démolitions s'exécutoient par des délitemens assez constamment parallèles aux dépôts, & toujours, sur quelques-unes des faces délitées, il y a des marnes argileuses. Voilà le principe d'une séparation qui se décèle par l'action des gelées ou de l'humidité & de la sécheresse. Ainsi le mélange de la substance hétérogène, ou sépare les masses de craie, ou les rend propres à se déliter.

Les démolitions se faisoient à la profondeur de plus de quinze pieds au dessous de la surface de la plaine, & les produits des délitemens étoient fort multipliés dans cette épaisseur, & n'avoient guère qu'un pouce & demi à deux pouces, & dans les fentes des délitemens on remarquoit des marnes argileuses dans leur état primitif ou dans l'état de dépôt & de stalactite. Au reste, je n'ai rien vu de délité dans le massif de la craie, que je n'aie remarqué en même tems des matières hétérogènes sur les faces; & principalement sur les faces inférieures. Il n'y a rien de délité sans que cette force de délitation ne s'y trouve bien en quantité plus ou moins considérable, plus ou moins remarquable, & dans certaines parties seulement où ces matières hétérogènes faisoient office de levier, & ont soulevé les portions de lits.

Il me paroît que, dans leurs constructions, les hommes ont imité celles de la nature & les dépôts de la mer, & c'est ainsi que peuvent s'y rencontrer la solidité & la disposition régulière; c'est ce que j'ai observé proche de Châtillon-sur-Seine, où tout est construit par la mer avec la plus grande régularité, tant pour la masse solide, que pour la matière qui fait office de mortier & de liaison, ou plutôt de séparation.

On voit de même dans les fouilles de la carrière de *Crenèy*, les exceptions & la régularité. L'exception est le phénomène le plus général, & la régularité le phénomène le plus rare; mais l'un & l'autre étant rapprochés, c'est le cas de dire que l'exception confirme la règle.

CRENGENAT (Torrent de), département du Haut-Rhin. C'est ainsi qu'on appelle un torrent ou une éruption d'eau qui se voit à une lieue à l'ouest de Porentruy. Dans les tems de pluie ou de la fonte des neiges il grossit singuliérement, & inonde toute la vallée en formant seul une rivière flottable. L'eau sort impétueusement de dessous un rocher, par une ouverture de quatre pieds carrés. La plus longue durée de ce dégorgement est ordinairement de soixante & douze heures. En été, l'ouverture de cette éruption est à sec, & l'on peut descendre jusqu'au fond. Les curieux naturalistes y ramassent des coquillages & des fossiles que l'eau entraîne des souterrains qu'elle parcourt. Ce dégorgement n'a point de cours réglé.

CRÉPÉ, village du département des Deux-Sèvres, arrondissement de Niort, & à une lieue un quart de cette ville. Les environs de ce village produisent de très-bons vins rouges & blancs.

CRÉPY, ville du ci-devant Valois, département de l'Oise, arrondissement de Senlis. Elle étoit autrefois la capitale du Valois. Sa situation dans une presqu'île, entre deux ruisseaux, est fort agréable. Le commerce de cette ville consiste principalement en blé d'une qualité excellente, & qu'on nomme *blé de Valois*, ainsi qu'en bois qu'on voiture à Paris par les rivières d'Ourcq, de Marne & de Seine. Le terroir de *Crépy* est bon, & rapporte en abondance des grains & des fruits.

CRÈTE, grande île de la Méditerranée, à l'entrée de la mer Égée ou Archipel, célèbre dans Homère & dans Virgile par ses cent villes. *Centum habitant urbes, uberrima regna.* Elle eut des rois puissans : ses habitans étoient habiles à tirer de l'arc & de la fronde. L'île fut soumise aux Romains par Metellus, qui eut le surnom de *Creticus*. Elle s'appelle aujourd'hui *Candie*. Partagée en vallées fertiles & en montagnes bien couvertes, elle abonde en vins excellens, en huiles, en blés, en coton & en soie. Les Turcs l'enlevèrent aux Vénitiens dans le dernier siècle, après une guerre de vingt-un ans.

CRÊTE DES MONTAGNES, CRÊTE DES PLANS INCLINÉS. J'appelle *crête* la partie la plus élevée du sommet d'une montagne, & qui forme une espèce d'ados, d'où les pentes sont déterminées vers deux aspects opposés de l'horizon. Les *crêtes* sont très-marquées, surtout dans les montagnes à couches inclinées; elles s'alongent souvent dans une même direction, souvent leur direction varie suivant que les éboulemens ont varié eux-mêmes. (*Voyez* COUCHES INCLINÉES, où les causes de ces effets sont indiquées.)

Je distingue aussi une *crête* bien marquée dans toute l'étendue des plans inclinés, & qui sert à former la séparation des pentes, dont les unes sont dirigées vers la face de ces plans, & les autres dans le sens du revers. Ces *crêtes* sont d'autant plus distinctes, que les plans inclinés sont plus étroits, & que les eaux ont eu plus d'avantage pour évaser les pentes de leurs croupes : ce seroit en suivant cette *crête*, qu'on pourroit déterminer la pente des plans inclinés, depuis la bordure la plus élevée des montagnes ou des collines, jusqu'à la plaine fluviale où va se terminer le plan incliné.

CRETTE (Col de la), montagne du département du Var, arrondissement de Toulon, à trois quarts de lieue sud de Bormes. Cette montagne a du sud-ouest au nord-est deux tiers de lieue de longueur, & du nord-ouest au sud-est une demi-lieue.

CREUE, village du département de la Meuse, à deux lieues trois quarts de Saint-Mihel. Il y a une tuilerie à Valembois, près de ce village, où l'on emploie de l'argile du pays.

CREUILLY, bourg du département du Calvados, arrondissement de Caen, sur la Seule, à deux lieues de la mer. Le territoire de ce bourg est extrêmement fertile. On recueille beaucoup de grains, & les habitans y sont presque tous laboureurs.

CREUGENAT est une énorme ouverture qu'on voit à une demi-lieue de Porentruy, au bas d'un rocher nu adossé à une colline, vers l'extrémité occidentale de la vallée où est située cette ville.

Dans les tems de grosses pluies ou de fontes de neiges cette ouverture se trouve pleine d'eau, qui en dégorge & se répand avec force dans toute la vallée, & forme une rivière flottable, à laquelle viennent se réunir, sous les murs de Porentruy même, la rivière d'Halle & le ruisseau de Fontenois. L'ouverture de *Creugenat* a la forme d'un cône renversé : son diamètre supérieur est de soixante pieds, & sa profondeur de cinquante-cinq. L'eau est vomie très-impétueusement par une gueule de six pieds carrés que présente un rocher entr'ouvert, qui est placé au fond du trou, à l'endroit où il est le plus rétréci. L'eau remonte rapidement jusqu'aux bords de l'orifice avec un grand mugissement, & de là se précipite dans la prairie, qu'elle couvre entièrement. La durée ordinaire de ce débordement, toujours nuisible au terrain qu'il enlève ou qu'il couvre de cailloux, & souvent désastreuse pour les habitans de la vallée, dont il renverse les maisons, est ordinairement de trois fois vingt-quatre heures, ou seulement de vingt-quatre; mais alors il est sujet à des accès multipliés. Lorsque le *Creugenat* est à sec on descend jusqu'à l'ouverture du gouffre, où l'on trouve des coquillages fossiles & fort curieux.

On a beaucoup raisonné sur les causes de ce dégorgement; mais l'opinion la plus générale dans le pays est qu'il est alimenté par le Doubs, qui coule dans les montagnes, à trois lieues de là & sur un sol plus élevé. Ceux qui ont adopté cette hypothèse présument que les eaux de cette rivière, parvenues à un certain degré d'accroissement, trouvent des issues souterraines & peu apparentes, dans lesquelles elles pénètrent pour venir, après avoir circulé au milieu de la masse de terrain intermédiaire, déboucher par l'ouverture décrite ci-dessus, comme cela a lieu dans les dégorgeoirs. On peut conclure de là que les collines qui avoisinent le *Creugenat* sont percées intérieurement & à leur base par des canaux & gouffres souterrains où l'eau peut circuler abondamment, & qu'elle doit être fournie par des eaux courantes, qui sont le produit accidentel des pluies ou de la fonte des neiges. J'ajouterai ici que dans ces contrées, & particulièrement aux environs de Vesoul, il y a beaucoup de ces dégorgeoirs, qui sont également alimentés par des rivières dont le lit est plus élevé que leurs débouchés.

CREUSE (Département de la). Ce département a son nom d'une rivière assez considérable qui l'arrose du sud au nord; il comprend à peu près la partie de l'ancienne province de la Marche, appelée *la Haute-Marche*.

Les bornes de ce département sont, au nord, celui de l'Indre, à l'est ceux de l'Allier & du Puy-de-Dôme, au sud celui de la Corrèze, & à l'ouest celui de la Haute-Vienne.

Ses principales rivières sont la Creuse, qui y prend sa source au dessus de Felletin, passe à Felletin après avoir reçu la Roseille, ensuite à Aubusson, & plus bas la petite Creuse, qui arrose Boussac, continue son cours par Genouillat & Fresselines, ensuite à gauche reçoit la Sedalle & la Bezantine, réunie dans la première, passe à Saint-Vaulry, & la seconde à la Souterraine.

En suivant la lisière occidentale on trouve la Gartempe, grossie de l'Ardonne, puis le Thorion, qui passe à Pontarion, à Bourganeuf & à Chatelluxle-Marcheix, & qui reçoit à droite la Villeneuve, qui arrose Vallière, & un ruisseau au dessus de Pontarion.

Ensuite la Maude, qui n'y a que sa source, non plus que la Vienne & deux autres rivières qui sortent du même plateau que la source de la Creuse.

Il en est de même à peu près sur la lisière orientale, où l'on rencontre l'origine du Cher, qui reçoit quatre embranchemens, à droite & à gauche le Charerot, & la Tardes grossie d'un embranchement, & de la Vouise, qui, après leur jonction, passent à Chambon.

Les principales villes sont Guéret, Aubusson & Bourganeuf.

Ahun commerce & fabrique des toiles sur la *Creuse*.

Aubusson, petite ville sur la *Creuse*, renommée pour ses tapis & ses tapisseries.

Bourganeuf sur le Taurion.

Évaux commerce en grains & en chanvre.

Felletin, où sont les mêmes fabriques qu'à Aubusson à peu près.

Ce pays est peu fertile : il y croît du seigle & des châtaigniers; on y trouve d'ailleurs de bons pâturages, où l'on élève des bestiaux qu'on finit par engraisser pour la provision de Paris & de Bordeaux.

Creuse (la), rivière principale du département de la Creuse. Les pentes des filets d'eau, dont la réunion ou l'assemblage forme l'origine ou la source de la *Creuse*, sont du midi au nord, planche d'Aubusson. Ils se trouvent à trois lieues trois quarts de Felletin, canton de Saint-Denis. Il est nécessaire de faire connoître maintenant les différens filets d'eau ou ruisseaux qui alimentent la première branche de cette source : d'abord ce sont les longs ruisseaux de Fenier & Pignerol, lesquels, avec ceux de Cleravaux & de Bucheresse, vont se rendre à Croze; ce qui présente le premier assemblage de l'origine de la rivière. A tout cet assemblage je dois ajouter les deux ruisseaux latéraux qui se réunissent au Tronc, sur la gauche à Felletin, & sur la droite les ruisseaux de Poussange, qui confluent avant Felletin.

Maintenant, en descendant sur la même pente & direction, vers Aubusson, je rencontre, sur la gauche, cinq à six ruisseaux qui, réunis dans le bois des Chatres, ont leur confluence à Aubusson, & sur la droite le ruisseau de Montieroseille, qui embrasse ces nombreux ruisseaux, lesquels composent la rivière de Roseille, laquelle s'étend sur une fort grande superficie de terrain : toutes ces eaux vont se rendre à la *Creuse*, une lieue au dessus d'Aubusson. On voit par ces détails de filets d'eau & de ruisseaux quelle est la manière dont le sol superficiel des environs d'Aubusson s'imbibe de l'eau pluviale, & comme elle circule dans les massifs graniteux, où son principal mouvement est à la surface; aussi le terrain est-il sillonné à la superficie, de telle sorte que tous les sillons sont remplis d'eau courante : telle est en général la forme du sol dans ces contrées où domine cette hydrographie. Ces phénomènes s'observent partout dans l'ancienne terre : c'est là surtout où se font les irrigations naturelles, bien dirigées, & dont on tire de si grands avantages pour l'arrosement des pâturages & des prairies.

Après toutes ces reprises d'eau, la *Creuse* porte son cours dans la Marche, où elle continue à s'enrichir des eaux des ruisseaux superficiels, comme nous le verrons par la suite. Effectivement, au sortir de la planche d'Aubusson, la *Creuse* débouche dans la planche d'Évaux par Alleyrat & la Rochette, puis le Moutier-d'Ahun & Ahun, qui sont les lieux principaux que baigne cette rivière, & dans les intervalles il y a dix-huit filets d'eau fort alongés à droite & pareil nombre à gauche, qui accompagnent la *Creuse* sans interruption : c'est au milieu de l'espace occupé par ces filets d'eau que se trouve la ville de Guéret, siége de la préfecture de ce département. C'est aussi un peu avant que l'on rencontre la Chapelle-Taillefer, & au milieu de plusieurs filets d'eau multipliés, que se trouve ce qu'on regarde avec raison comme l'origine ou la source de la Gartempe, rivière principale de ce département.

Au-delà du débouché de la *Creuse*, hors de la planche d'Évaux, & à l'angle nord-ouest, est la petite *Creuse*, qui reçoit dans son cours des ruisseaux avec la rivière de Veraux, qui a plusieurs embranchemens, & dont la marche est de l'est à l'ouest. C'est dans la Haute-Marche & dans l'ancienne terre qu'est le cours de la petite *Creuse*, & c'est à l'angle nord-est de la planche du Dorat que les deux *Creuses* se réunissent, apres quoi la *Creuse* reçoit deux rivières, la Sidelle & la Bresentine, & avec un grand nombre de ruisseaux qui garnissent leurs lits de droite & de gauche; c'est alors que la *Creuse* prend toute sa force avant que de passer dans la planche de Châteauroux.

Après que la *Creuse* a quitté le département auquel elle donne son nom, elle pénètre dans d'autres, avec un volume d'eau bien plus considérable, & qui méritera d'entrer dans l'examen hydrographique de ces départemens & des contrées qu'elle y parcourt avec d'autres rivières. C'est ainsi que je me propose de rendre intéressantes les descriptions des départemens, en notant les eaux courantes & les pays qu'elles arrosent; car l'un & l'autre de ces objets ne peuvent trop figurer dans ces descriptions avec tous les détails des observations que j'ai recueillies sur les lieux. Après avoir quitté l'ancienne terre, la *Creuse* débouche dans la nouvelle terre du Berry, dont la limite se rencontre dans la planche de Châteauroux, & va gagner Argenton, après quoi elle traverse cette planche de l'est à l'ouest, & va gagner le Blanc; puis se portant au nord-ouest, c'est à la Rochepofay qu'elle achève de prendre des forces en recevant la Gartempe, grossie par le Sarleron & l'Anglin réunis; puis la *Creuse*, enrichie de toutes ces eaux, va de l'est au nord occuper un petit espace dans l'angle nord-est de la planche de Poitiers, où elle reçoit le Luire, qui a cinq embranchemens fort alongés : de là passant dans la planche de Richelieu, où, recevant la Claise, la *Creuse* continue à se porter au nord-ouest, & va se réunir à la Vienne, autre rivière aussi importante qu'elle; & cette grande masse d'eau va rejoindre la Loire à Cande, après avoir abreuvé Noyers, Masilly, Pouzay, l'Ile-Bouchard & Chinon.

CREUTZNACH (Forêt de), département de Rhin & Moselle, canton de Sobernheim, à deux lieues nord-ouest de cette ville ; elle a du nord au sud une lieue, & de l'est à l'ouest une lieue & demie.

CREUZIER-LE-NEUF, département de l'Allier, canton de Cusset, près la Mourgon, à une lieue un quart de Cusset : on y fait récolte & commerce de vin.

CREUZOT (le), village du département de Saône & Loire, canton de Mont-Cénis, & à un quart de lieue de Mont-Cénis : il s'y fabrique des cristaux, des poids nouveaux, du lest, des boulets de canons pour le service de la marine. Les mines de charbon de terre de cet endroit ont été inondées pendant la révolution, & l'on s'occupe de les mettre à sec.

CRÈVECŒUR, bourg du département de l'Oise, à trois lieues & demie ouest de Breteuil, à deux lieues & demie sud-est de Grandvilliers, & quatre lieues & demie au nord de Beauvais : il y a plusieurs fabriques de serges ou blicourt, & des pressoirs à cidre.

Je me propose de faire connoître l'histoire naturelle des environs de ce bourg, qui sont intéressans par plusieurs articles, lesquels méritent des développemens particuliers, & sur lesquels je reviendrai à plusieurs reprises, parce qu'ils se représenteront dans un grand nombre d'endroits différens.

Sur la route de Paris à *Crèvecœur* on trouve la craie à Beaumont avec les silex, & la craie se continue jusqu'à la seconde poste au-delà de Beaumont ; & à la descente avant Boncourt, & dans tout ce trajet, j'ai remarqué que ce massif de craie étoit recouvert, comme dans l'île de Béru, de sables rouges & de meulières.

Il seroit assez curieux de suivre les limites de cette masse crayeuse, qui va s'enfonçant dessous les meulières, & même dessous des couches coquillières. Le caractère de la craie paroît aussi dans la pierre blanche des limites, vers Beauvais, & surtout dans le vallon de Beauvais ; il consiste à n'indiquer aucune couche & d'offrir des faces très-unies de dessiccation : il y a même des silex parmi cette pierre blanche plus dure que la craie ; elle se délite aisément, & les silex restent à la place.

Le terrain coule en sens contraire de l'Oise : ces sortes de pentes particulières tiennent toujours aux pentes primitives. On trouve dans le trajet de *Crèvecœur* au Mesnil quelques plateaux entre les vallons, & ces plateaux sont couverts d'un grand nombre de galets. Il y a un village qui s'appelle *Gallet ;* c'est un amas de ces cailloux roulés, qui ont eu pour base des silex. Il y a une grande abondance de ces galets sur le plateau du village d'Houssoye. Pareil amas se remarque sur le plateau du village le Chaussois-Gallet, de même sur un plateau au-delà du bois Haren ; ensuite entre Étomenil & Manevillate, & à l'extrémité de la commune de Previlliers, enfin au bois des Gallets, qui est à l'ouest du village de Previlliers.

J'ai reconnu, par une observation, que ces amas de galets étoient très-abondans sur ces terrains, parce qu'ils se trouvent au même niveau ; en sorte que ces traînées particulières ont été déposées ainsi sous la mer. Il est à présumer que les coupures des vallons profonds mettroient à découvert, vers le Mesnil, l'extrémité de la couche de craie si elle s'y continuoit, & qu'elle fût recouverte elle-même par d'autres couches de craie & de silex. Or, nous n'en avons pas vu sur les croupes des vallons avant la Chapelle-Notre-Dame.

Ces galets, si abondans, ont cela de particulier, que ce ne sont que des silex, au lieu que les graves sont des débris de l'ancienne terre, & sont la plupart du tems des quartz, des cristaux de roches. J'ai trouvé quelques-uns de ces graves à l'île de Béru avec les galets. Les silex, sous formes de galets, prouvent que la mer a usé & roulé les produits de la nouvelle terre pendant l'époque de la formation de cette nouvelle terre ; car ces galets faisoient partie des matériaux qui entrent dans les couches horizontales, vu les cailloux roulés de galet. La superficie de ce plateau en est toute couverte, sur une épaisseur très-considérable : il y en a qui couvrent les croupes septentrionales, de même en montant la croupe opposée on en rencontre peu ; mais vers Houssoye il y en a un peu plus. Il paroît, à en juger par ce qu'on voit vers Houssoye, que ces cailloux ne sont pas distribués également sur un même niveau à peu près ; car le plateau avant Houssoye, quoique presqu'assujetti au même niveau, n'en a pas partout & n'en a pas aussi abondamment. Après le bois d'Yhus il y en a sur deux revers ; ensuite sur un plateau le plus élevé les galets sont très-abondans & dans un sablon de mer.

Tous les cailloux roulés ou les galets sont des silex. Dans ces amas de galets on en trouve de différentes grosseurs : les plus petits sont les plus usés & les plus arrondis. Il y en a de gros, qui ont encore beaucoup d'inégalités, & à peine ont-ils commencé à s'arrondir & à se polir. Il est étonnant que ce grand nombre de silex arrondis qui se trouvent dispersés à la superficie du sol ou dans les dernières couches soient des silex de la même nature que les pierres de silex qui sont empâtées dans la craie. Il y a beaucoup de ces silex non arrondis qui ont été dégagés de la craie par l'action des eaux, qui ont détruit les couches au milieu desquelles ils étoient engagés.

Il paroît que ces galets suivent certaines bandes plutôt qu'un certain niveau ; cependant ils sont assujettis aux couches de la superficie, & point résidans dessous d'autres couches. S'ils se raccordent avec ceux de Noyon ou de la forêt de Villers-Coterêts & de l'île de Béru, ils sont un dépôt de la mer; ce qui est un fait singulier, relativement à la nature de la pierre siliceuse dont ils sont tous formés.

On marne aux environs de *Crèvecœur*, en creusant un puits; & lorsqu'on est parvenu à la profondeur de quatorze pieds, on pratique des galeries latérales qu'on creuse tout autour du puits. La craie qu'on en tire, se mêle avec avantage à la terre argileuse & sablonneuse. C'est l'ancienne matrice des meulières, qui recouvre la craie dans ces contrées. Il y a eu en plusieurs endroits des couches de craie de détruites. J'en juge par le grand nombre de silex en formes bizarres qui recouvrent certaines parties du terrain, & qui montrent beaucoup de débris de craie. Je le répète : il n'y a de silex que dans la craie, qui est leur matrice naturelle. Si donc on les trouve à la superficie du sol, détachés, dispersés, accumulés sans ordre & brisés, il est nécessaire qu'ils aient été dégagés de la craie par la destruction, & que l'agent de cette destruction, n'ayant pu les emporter, ait entraîné la craie. Ceci nous donne une preuve des destructions fort étendues & fort considérables de la superficie du globe, outre les excavations des vallées, & indépendamment de ces vallées, puisque ces amas de silex se trouvent sur des plaines très-élevées & même un peu éloignées des vallons. Il faut donc remonter vers ces destructions, en reconnoître l'étendue avant de porter un jugement bien solide sur l'état ancien & primitif, & apprécier l'étendue des changemens qui ont eu lieu à la superficie de la terre dans ces contrées. Mais la grande difficulté consiste à suivre avec attention ces changemens, en remarquant exactement les nuances de tous les effets qui ont dû s'opérer : sans cela nulle analyse, nulle observation précise.

Je reviens au marnage des terres. Je n'ai vu marner que sur les plateaux élevés qui sont recouverts par le limon. Ainsi l'on ne peut douter qu'il n'y ait du choix dans les terres qu'on marne; car leur nature se combine avec la marne qu'on emploie. On marne aussi en-deçà de Beauvais & sur les hauteurs aux environs de Beaumont, où les terres sont profondes.

Les pentes alongées entre les vallons principaux & les vallons latéraux du côté de Saint-Omer prouvent le progrès de l'approfondissement successif & simultané du vallon principal & latéral de ces contrées.

Les ravines y sont très-communes, particuliérement sur les croupes des vallées : c'est vers ces points de partage des eaux que les progrès de l'évasement des vallons s'étendent de plus en plus, & se prolongent par de nouvelles ravines; car les eaux étendent les excavations à la faveur des pentes. Il est vrai que l'étendue de la superficie qui verse les eaux se rétrécit de plus en plus; car l'extrémité inférieure des ravines, des croupes se comble par des matériaux que les eaux y déposent lors de leurs ralentissemens & de leurs diminutions fréquentes.

Je reviens aux galets. Sur le chemin de Breteuil à Amiens on trouve une montagne qui se nomme *Montagne des galets*; car on en observe un grand nombre sur cette montagne. Il y en a d'ailleurs de dispersés sur les hauteurs qu'on rencontre en voyageant vers Amiens. On en trouve de même aux environs de Noyon, & qui ont eu pour base des silex.

En considérant l'étendue des cailloux roulés ou galets on doit être surpris que, dans toute cette étendue, la mer n'ait trouvé de pierres formées que des silex; & qu'elle les ait soumises à l'action des vagues. Il paroît que ces silex ne se trouvent pas seulement dispersés au milieu de la craie, mais encore ailleurs. D'où la mer les a-t-elle tirés? De son fond? Et détruit-elle les couches formées sur le fond de son bassin en ajoutant à ces couches? Ceci a besoin d'être discuté.

La montagne des galets est sur le chemin de Breteuil à Amiens, proche Bonneuil.

Les galets du village de Gallet ne s'étendent que jusqu'à la moitié du village, quoique cette moitié soit aussi élevée que l'autre où il y a des galets.

L'arête la plus élevée du bois de *Crèvecœur* est couverte de galets.

Le plateau le plus élevé du bois de Lihu, sur le chemin du bois de Lihu à Étomenil, offre des galets.

Il ne paroît pas que ces galets fassent une couche continue, car ils sont par bandes interrompues; d'ailleurs, ces bandes paroissent être de niveau.

Sur le chemin de *Crèvecœur* à Étomenil est le bois des Gallets.

Il est clair que les galets des environs de *Crèvecœur* sont d'anciens silex de formes bizarres; car il y en a de très-gros, qui ont conservé les restes des anciennes inégalités, comme des creux, des vides, des trous; les autres parties sont arrondies, usées & polies. Les silex que la mer détache des falaises de Dieppe & des environs du Havre sont arrondis par le roulement des vagues & des flots de la mer montante & descendante.

Ainsi il n'y a pas de doute que ce ne soit le même agent qui ait arrondi les galets des environs de *Crèvecœur* & ceux du Havre, & que ce ne soient les mêmes silex dégagés des couches de craie semblables qui aient servi de base à ces galets.

Tous les vallons que j'ai observés au nord de *Crèvecœur* sont assez profonds, quoiqu'ils soient voisins de leur origine. Ceux qui ont leur direction vers Amiens sont bien plus profonds encore, & leurs croupes offrent des taches de craie, des débris de sables & de terres argilo-sablonneuses. Ceci est une preuve que dans les pays où la matière est tendre & mobile, l'eau a beaucoup dégradé : outre cela, un grand nombre de ravines très-profondes sur les croupes des vallons sont les premières ébauches des vallons latéraux ou des vallons des croupes dont les bords sont très-escarpés.

Tous les vallons, malgré leur profondeur, sont à sec & sans aucune eau courante dans le trajet que nous avons parcouru, c'est-à-dire, depuis *Crèvecœur* jusqu'au Ménil. Ceci n'est pas étonnant, car la craie qui occupe le fond des vallons ne tient pas l'eau. La couche superficielle, qui est un mélange de sable & d'argile, tient l'eau, mais ne la verse pas sur les croupes par les sources, car elle est absorbée par le sol crayeux. On remarque que le sol change aux environs de Grandvilliers, où les sources paroissent & où les filets d'eau courante se continuent après s'être montrés.

CRIMÉE (la), aujourd'hui Tauride depuis sa réunion à l'empire de Russie. Elle est située entre le 50 & le 55e. degré de longitude, & le 45 & le 47e. de latitude.

Vers le nord cette province s'étend jusqu'au gouvernement de Catherineslaw : à l'est elle est bordée par la mer d'Azof & la rivière de Cuban ; & au sud, à l'ouest & au nord-ouest par la Mer-Noire.

Eu égard à la nature du sol, à la situation & à la forme du terrain des diverses contrées de la *Crimée* ou Tauride, on peut la diviser en quatre parties : en pays plat, en pays de montagnes ou collines un peu élevées, ensuite en terrain de la presqu'île de Kertch & en île de Taman. Toutes ces contrées contiennent des objets dignes d'occuper les naturalistes, & nous nous proposons d'en traiter séparément & en détail.

Du pays plat.

Cette partie offre de vastes plaines, qui s'étendent vers le nord, depuis le Nieper jusqu'à Perecop, & de là jusqu'aux rivières de Salghir & de Boulghanak occidental, entre la Mer-Noire, la mer d'Azof & celle de Sivache. Ces plaines se ressemblent toutes par la nature de leur sol. Quoiqu'assez élevées au dessus du niveau de la mer on y trouve fréquemment des lacs salés, des amas de sels ou salines, des couches horizontales qui renferment un grand nombre de corps marins & de coquilles pétrifiées.

Le sol, qui varie très-peu, est une terre argileuse jaunâtre, qui, à la superficie, ayant été mêlée des débris des végétaux, paroît, dans cette partie superficielle, d'un gris-jaunâtre. Dans un grand nombre d'endroits ce sol abonde en amas de sel, particuliérement dans le district de Perecop & de la mer de Sivache.

Entre Perecop & Koslow, & au-delà, le long de la Mer-Noire, sous cette argile, on trouve une pierre calcaire, distribuée par lits horizontaux, mêlée de fragmens de coquilles & de gros sable de mer. Cette pierre est fort poreuse.

La fertilité de ce sol n'est pas uniforme; elle paroît dépendre d'une certaine proportion du mélange de terreau, débris des végétaux, avec la base d'argile, & en même tems de l'état d'humidité où ce sol se trouve. Dans plusieurs endroits il produit abondamment des plantes propres aux pâturages, dans d'autres il est susceptible d'être cultivé avec succès.

On n'y rencontre nulle part des bois & des forêts ; cependant les jardins des environs de Koslow, où les arbres fruitiers & les autres espèces d'arbres croissent facilement & sans beaucoup de soin, prouvent qu'il est possible de peupler ce pays d'arbres.

L'eau des petites rivières & des ruisseaux est la plupart du tems trouble & de mauvais goût; ce qui provient des fonds limoneux que ces eaux parcourent, & du peu de pente qu'elles trouvent dans leurs lits; ce qui les y rend stagnantes dans plusieurs parties. Dans les puits creusés à différentes profondeurs l'eau est souvent saumâtre, parce qu'elle rencontre dans le sol beaucoup de parties salines dont elle est chargée; mais dans les environs de Koslow, où quelques-uns de ces puits ont jusqu'à cinquante sajènes de profondeur, & d'où on la tire à l'aide de chevaux, elle est excellente, & si claire qu'elle ne le cède en rien aux meilleures eaux des sources des grandes rivières.

Les lacs salés, épars en divers endroits de ces plaines, doivent fixer un moment notre attention, tant par rapport aux amas de sel qui servent à les alimenter, que par rapport aux avantages qu'on en retire.

Ces lacs sont à différentes distances de la mer, mais ils sont plus nombreux le long de ses bords. Quant à leur étendue, ils diffèrent beaucoup. Il ne paroît pas qu'on ait encore observé à quelles causes on peut rapporter la formation de leurs bassins. Nous savons seulement que les bords sont quelquefois en pentes douces, & d'autres fois escarpés & hauts. Les premiers peuvent être considérés comme des marais salans, & les autres comme des bassins approfondis d'une manière quelconque dans le sol au milieu duquel on les trouve.

La profondeur de la plupart de ces lacs est d'environ quatre à cinq pieds. Le fond des uns est limoneux, & celui des autres sablonneux.

On ne remarque aucun mouvement particulier à la surface des eaux de ces lacs, d'où l'on ait pu conclure qu'ils sont alimentés par des sources salées abondantes & qui sortent du fond. Dans ce cas, il est probable que des eaux qui filtrent entre deux terres, s'y rendent par tous les points de leurs bords, soit chargées de sel, soit propres à en dissoudre les amas qui se trouvent au fond de ces lacs. On a remarqué que les ruisseaux qui traversent quelques-uns de ces lacs ne contribuent en aucune sorte à leur salure, parce que leurs eaux ne ne sont pas sensiblement chargées de sel. Ainsi nous n'avons aucune observation qui puisse jeter du jour sur l'origine de ces lacs; nous ne connoissons pas même la part que la retraite de la mer peut avoir eue dans l'état de ceux qui se trouvent voisins de ses bords.

On présume cependant que plusieurs de ces lacs ont succédé à des golfes anciens, & l'on se fonde sur la pente douce de leurs bords, à l'endroit où ils communiquoient à la mer, & par les amas de coquilles marines qui s'y trouvent. Ceux des environs de Koslow sont bien propres à confirmer cette hypothèse; car tout le terrain qui les sépare de la mer est un composé de débris de coquilles marines & de sable de mer. C'est la réunion de ces matériaux, qui forme les pierres calcaires qu'on rencontre dans ces intervalles. Rien ne prouve, au reste, que ces amas d'eau salée aient conservé aucune communication souterraine avec la mer. Il est plus vraisemblable que la salure des lacs est plus ou moins considérable, suivant les amas de sel qu'elle a déposés autrefois sur ses bords, & que les eaux dissolvent.

Parmi les lacs abondans en sel, ceux des environs de Perecop tiennent le premier rang. La quantité de sel qu'ils fournissent annuellement est très-considérable, & indique que l'amas salin primitif formoit une très-grande masse de sel.

Le tems où le sel se forme ordinairement sur les lacs est celui des mois les plus chauds de l'été; ce qui comprend une partie du mois de juin, le mois de juillet & celui d'août. Plus le tems de la salaison est sec, plus le sel est abondant, parce qu'alors l'évaporation de l'eau surabondante à la cristallisation étant enlevée plus rapidement, les parties salines s'accumulent en même raison. On sent qu'un tems pluvieux & humide produit un effet contraire. Lorsque la saison est favorable, comme nous l'avons dit, la croûte de sel qui se trouve sur le fond des lacs est une masse solide de deux doigts d'épaisseur, composée de petits & de moyens cristaux étroitement unis par leurs faces, & dont la plupart ont une forme cubique. Quelquefois ces cristaux sont si confusément entassés, qu'ils n'ont aucune figure précise & déterminée. Outre cela ils sont plus ou moins purs, plus ou moins blancs, suivant le fond du lac. Quelquefois sous ces croûtes on rencontre des cristaux isolés d'une grandeur & d'une transparence remarquables, & dont la figure est régulièrement cubique.

Pour la récolte des sels on n'emploie d'autres instrumens que des pelles de bois, au moyen desquelles on enlève les débris des croûtes salines après les avoir lavées dans l'eau pure pour en détacher les parties terreuses: on en charge des chariots avec lesquels on les transporte dans les dépôts & magasins. La profondeur des lacs est si peu considérable, que les chariots y entrent jusqu'à une assez grande distance de leurs bords.

Pays de montagnes & collines.

Les contrées de la partie montueuse sont bornées au nord par les rivières de Saghir & de Boulghanak. De ces limites le terrain s'élève sensiblement jusqu'au pied des montagnes, qui se haussant elles-mêmes par degrés vers le sud, vont former le bord de la mer en demi-cercle; de façon que cette chaîne à l'est s'étend, par une de ses extrémités, jusqu'à Caffa, & par l'autre, à l'ouest, jusqu'auprès de l'embouchure d'Alma. Le commencement de cette masse montueuse peut être placé au milieu de cette bande de terrain, à vingt verstes environ de Saghir vers Carassoubazare, parce qu'on y rencontre les premières collines couvertes de terre végétale & de gros sable rouge. Elles continuent ainsi jusque près de Carassoubazare, où ces masses sont déjà de moyennes montagnes.

Eu égard à leur disposition relative & à leur élévation, ces montagnes peuvent se distinguer en montagnes de l'avant, en montagnes du milieu & en montagnes méridionales du revers. Quelques-unes annoncent qu'elles ont été formées en différens tems par les sédimens de la mer; quelques autres paroissent composées de produits du feu, ou altérées par l'action des éruptions souterraines. En général cependant toutes ces masses se ressemblent en ce qu'elles se prolongent dans la direction de l'est à l'ouest. Leur face septentrionale est plus inclinée que la méridionale. La pierre calcaire, substance qui domine dans toutes, s'y trouve en divers états, & quant à la solidité & au tissu de ses parties, & même quant au mélange des matières hétérogènes; enfin les couches horizontales paroissent avoir une certaine tendance à s'incliner vers le sud.

Les pieds des chaînes principales sont pour la plupart couverts de bancs argileux, & par une suite naturelle on rencontre dans cette région différens schistes & autres terres & pierres que nous ferons connoître plus particulièrement par la suite lorsque nous décrirons en général les avantages de cette partie montueuse.

Ce systême de montagnes offre des sites agréables; des cantons fertiles, fournissant d'abondantes récoltes; des bois applicables à plusieurs usages; des jardins où sont produits les meilleurs fruits; une quantité innombrable de sources, de fontaines, qui versent sur toutes les pentes des montagnes des eaux dont la réunion forme un grand nombre de ruisseaux & quelques rivières.

Les vallées entre les principales montagnes sont bien ouvertes & accessibles; leur fond, ainsi que le pied septentrional des masses montueuses, est de l'argile jaunâtre ou grise, dont nous avons parlé au commencement de cette description. Cette terre est mêlée de petites pierres qu'on rencontre ordinairement sous une couche de terreau qui, dans quelques endroits, a plus d'un pied d'épaiſſeur. Autour des maſſes montueuſes, dont le noyau eſt de craie, le ſol du pied des montagnes, comme du fond des vallées, eſt mêlé de marne crayeuſe qui ſert à le rendre plus fertile, & dans tous les cas l'eau qui deſcend des hauteurs entretient l'humidité dans ce ſol, & contribue à l'augmentation de ſes produits.

Les montagnes du milieu renferment également des vallées fertiles; elles ſont couvertes de bois, & s'étendent depuis l'ancienne *Crimée* & l'Inkerman juſqu'à la chaîne méridionale des montagnes du revers. On y trouve pluſieurs filets d'eau : ceux qui ſuivent les pentes qui ont leur aſpect au nord, gagnent toutes les vallées qui appartiennent à la chaîne, & ceux qui ſe déchargent vers le ſud arroſent toutes les habitations ſituées le long de la côte méridionale de la Mer-Noire. Les premières eaux courantes ſe partagent en deux ſyſtèmes, dont un coule vers le nord-eſt, à Sivache; & l'autre ſe porte vers l'oueſt, dans la Mer-Noire. Une des plus hautes montagnes de la Tauride, nommée *Tſchatir-Dagh*, que nous décrirons plus en détail ci-deſſous, occaſionne ce partage. Comme elle ſe trouve preſqu'au milieu de toute la largeur de la preſqu'île, on doit en conclure que le terrain y eſt plus élevé que partout ailleurs.

Parmi un grand nombre de ruiſſeaux qu'on rencontre depuis cette montagne juſqu'à Caffa, pluſieurs peuvent paſſer pour des rivières, entr'autres le grand & le petit Caraſſou-Salghir, qui ſe réuniſſent à environ vingt verſtes de leur embouchure dans la Sivache; & parmi les petites rivières moins notables, on doit en diſtinguer trois qui ſe jettent dans le Salghir; ſavoir : le grand, le petit & le moyen Indale, Boulganack & Bouſoukſou, qui tombent tous dans la Sivache.

Quelques-unes des rivières de la montagne de Tſchatir-Dagh, & qui coulent à l'occident, ſont auſſi aſſez conſidérables : tels ſont le Boulgbanak occidental, l'Alma, Catſcha & Cahorta, qui tous, par une embouchure particulière, & à peu de diſtance l'un de l'autre, ſe jettent dans la Mer-Noire. Parmi les ruiſſeaux qui tirent leur origine de la partie méridionale de la chaîne, même ceux des environs de Soudak & d'Alouſchta ſe diſtinguent des autres par leur grandeur.

Toutes ces eaux parcourent avec une rapidité remarquable les pentes des montagnes pour ſe répandre dans les vallées, &, franchiſſant dans leur cours des rochers eſcarpés, forment, dans pluſieurs endroits, des caſcades naturelles qui méritent d'être remarquées.

Les plus belles de ces caſcades ſont dans la partie ſeptentrionale des montagnes, & particuliérement dans les croupes du grand Caraſſou & de Salghir, près de l'ancienne Crimée, dans la petite rivière de Bouſoukſou. Mais les ſources de de l'Akarſou, dans la partie méridionale, ſont les plus remarquables de toutes : elles jailliſſent de deſſus un roc eſcarpé de plus de cent cinquante ſajènes; elles ſe trouvent à huit verſtes de Yalta.

Des chutes auſſi conſidérables procurent de grands avantages aux habitans de cette partie montueuſe de la Tauride; car indépendamment de la facilité d'y conſtruire des moulins, ils peuvent, en conſéquence des grandes pentes, conduire les eaux, par des ſaignées ſuperficielles ou des conduits ſouterrains, dans leurs prairies, dans leurs champs, dans leurs jardins, & même dans les villes & les villages pour différens uſages.

Il arrive ſouvent que ces ſaignées, ces dérivations ſe trouvent fort voiſines des ſources d'une rivière; ce qui en diminue beaucoup les eaux; mais on a pour lors l'avantage de la pente & des longs détours qu'on peut donner à ces ſaignées, la rapidité des pentes diminuant d'autant plus qu'on approche davantage des embouchures des rivières. Quelques-unes des rivières, ſurtout les moins conſidérables, dont les eaux ſont épuiſées par ces ſaignées, ſe trouvent à ſec en été, & alors le fond pierreux du lit de ces ruiſſeaux ſe trouve couvert de limon que les eaux y ont dépoſé proche de leur embouchure dans la mer, & c'eſt ce que l'on obſerve dans toutes les rivières qui parcourent la partie ſeptentrionale des montagnes, parce qu'elles entraînent une grande quantité de terre dans leur cours.

On voit par-là que la profondeur du lit de ces rivières, ſurtout vers leur embouchure, doit varier & varie auſſi ſuivant les ſaiſons. Dans les mois chauds de l'été elle eſt preſque nulle; elle redevient plus marquée & plus conſidérable en automne & en hiver. Les bords du lit de ces rivières ſont en quelques endroits taillés dans des couches de pierre, & ſont plus reſſerrés. Lorſqu'ils ſont formés par des couches d'argile, ils ſont moins eſcarpés, plus en pente, & alors les pluies ſoutenues un certain tems font déborder les ruiſſeaux ſur une grande largeur. Leurs eaux ſont chargées de limon qu'elles entraînent dans ces parties inférieures de leur lit, quoiqu'elles ſoient pures dans les parties ſupérieures.

D'après ce que nous venons de dire ſur la diſtribution artificielle des eaux des ruiſſeaux & des rivières, les lieux ſitués le long de leurs lits ſont en général ceux dont on tire un plus grand avantage, ſoit quant aux pâturages, ſoit quant à la culture des grains; auſſi la plupart des habitations ſe trouvent-elles établies ſur ces rivières, & autour d'elles de beaux jardins plantés d'arbres fruitiers & d'arbres d'ornement.

A l'égard de la fertilité particulière de cette partie montueuſe, on peut citer les cantons ſitués le long du cours inférieur du Salghir & du grand Caraſſou, comme ſurpaſſant les autres. Quant aux jardins, ceux qu'on trouve le long de l'Alma, du Catſcha, du Cabarta & du bord méridional de la Mer-Noire, ſe diſtinguent tant par la quantité, que par la qualité de leurs fruits.

Les maſſes montueuſes de la chaîne de l'avant

n'ont, dans les commencemens, aucune liaison entr'elles, & paroissent jetées sans ordre & sans suite à la surface de la terre; mais près de Carassou-Bazare elles commencent à se lier & à présenter une croupe suivie dont une extrémité s'étend jusqu'à l'ancienne *Crimée*, & l'autre jusqu'à Bagthchissari. Au pied de cette croupe au sud sont de très-vastes plaines entiérement ouvertes. Les montagnes à la droite de ces plaines se présentent comme escarpées, & sont composées en partie d'argile jaunâtre, fertile, mêlée de pierre calcaire, contenant des débris de coquilles, & en partie de craie blanche-jaunâtre remplie de silex. On trouve aux pieds de ces montagnes des amas de marne crétacée qu'on emploîroit utilement à l'amélioration des sols argileux. Telle est en particulier la composition de la montagne au pied de laquelle est située la ville de Carassou-Bazare, & dont les masses de craie s'étendent sans interruption jusqu'à la rivière d'Indale.

La chaîne qu'on trouve à la gauche des mêmes plaines s'élève beaucoup moins rapidement que la première dont nous venons de parler. Ses sommets, qui ne présentent pre'qu'une seule couche de pierre calcaire grenue, sont couverts de bois. La pierre calcaire est fort molle, & se taille aisément pour la construction des bâtimens. On y voit surtout des turbinires & rarement des pectinites.

Près d'Achmetschet la pente des montagnes est très-sensible. A quinze verstes de là les montagnes commencent à se rapprocher, & à l'endroit où passe l'Alma elles sont presque réunies; ensuite elles se séparent de nouveau, & laissent entr'elles de longues plaines fort unies.

A la gauche du chemin de Bactschissary à Achmetschet, on rencontre une montagne digne de remarque, à cause de la quantité de cavernes pratiquées dans ses flancs pour la demeure des anciens habitans de ces contrées. Ces excavations donnent lieu d'y reconnoître un grand nombre de pétrifications & une composition analogue à celle des montagnes des environs, c'est-à-dire, une suite de couches de pierres calcaires recouvertes d'une couche épaisse de terreau. On peut contempler cette organisation sur les grands escarpemens qui se présentent au sud, & où se trouvent les entrées des cavernes dont nous venons de parler. Elles ont différentes grandeurs, mais communément elles n'ont pat plus de huit à dix pieds d'élévation. On rencontre dans plusieurs des pierres creusées en forme de baquets, qui reçoivent l'eau par une ouverture pratiquée au haut de la caverne. D'autres offrent, dans les murs, des fosses en forme de carrés alongés, creusées aussi dans la pierre & comblées de terre, où sont déposés les corps des habitans de ces cavernes.

Les montagnes du cercle de Bactschissary diffèrent de toutes les autres de la chaîne de devant par leur forme & la nature de leurs matériaux. Les bancs de pierres calcaires dont elles sont composées, sont couverts, à leurs pieds, d'argile mêlée de débris de pierres calcaires & même de craie ou chaux de coquillles qui se sont répandues à la surface de toutes les vallées qui sont entre les montagnes. Les sommets nus de part & d'autre, sont terminés en plates-formes dont les bords sont taillés à pic, & qui présentent des fentes perpendiculaires fort larges. Ces couches sont d'autant plus remarquables, qu'elles surpassent en épaisseur toutes celles des autres montagnes. On peut d'autant mieux s'assurer de ces détails, qu'il s'en est détaché de gros blocs qui sont isolés & qui semblent des portions de murs. On trouve aussi dans ces montagnes plusieurs cavernes pareilles à celles dont nous avons parlé, & dont quelques-unes sont à plusieurs étages. Une de ces cavernes, qui est creusée dans la montagne de Manghoupa, la plus élevée des montagnes du milieu, offre sur ses murs du salpêtre de Houssage, très-blanc, produit visiblement par le mélange des vapeurs du fumier avec la pierre calcaire, car les habitans de Manghoupa y gardent encore leur bétail.

En général, nous devons observer que toutes ces montagnes ont bien le caractère de celles à couches horizontales, car elles sont terminées à leurs sommets par des plates-formes unies, dans un plan exactement horizontal, & formées de bancs fort épais. Ces phénomènes constans se remarquent partout aux environs de Manghoupa & d'Inkerman.

A six verstes d'Inkerman, vers le sud-est, le smectis ou l'argile à foulon qu'on tire du sein de la terre mérite d'être remarqué. Les femmes tartares & turques en font usage dans les bains pour se laver la tête: on en porte une quantité considérable de Boulaclava à Constantinople. On l'a tiré d'abord de Sobli, village voisin d'Alma, où il avoit été découvert; mais cette mine est presqu'épuisée. On l'extrait à présent près du village de Beikirmane, sur la pente d'une colline composée de marne crétacée, commune à toutes les montagnes crayeuses. On y a creusé des puits de huit à dix sajènes de profondeur pour en tirer le smectis.

Le premier lit qu'on trouve en creusant ces puits est de la marne crétacée en couches suivies: vient ensuite une marne à foulon grisâtre, propre à dégraisser les laines dans les foulons. Sous celle-ci, au fond même, se trouve le smectis: il est d'un gris-foncé ou d'un vert d'olive tant qu'il est humide; il est composé de différens feuillets remplis de points brillans. A mesure qu'il se sèche, il devient d'un blanc-jaunâtre. Ses principales propriétés sont d'être fort doux au toucher, d'écumer dans l'eau lorsqu'on l'a réduit en poudre; enfin, d'absorber l'huile & les graisses: aussi l'emploie-t-on avec succès pour enlever les taches des draps & des étoffes de laine, même pour blanchir le linge; mais pour lors il est nécessaire de le délayer dans de la lessive.

Lorsqu'on a retiré cette terre des puits, on l'expose pendant quelques jours au soleil pour la sécher. Lorsque le puits est épuisé, on pratique des galeries latérales pour en suivre la couche, & souvent les galeries forment une communication d'un puits à l'autre. Ces couches ont communément deux à trois pieds d'épailleur; & d'après la disposition & la nature des couches d'où l'on a tiré le smectis jusqu'à présent, il semble qu'on soit autorisé à conclure que cette terre peut se rencontrer dans d'autres endroits aux environs des montagnes crayeuses.

Depuis Inkerman, en tirant vers le nord-ouest, les montagnes commencent à baisser, & en suivant le cours des rivières de Cabartha, de Cascha & d'Alma elles se terminent à l'embouchure de cette dernière, & leur élévation baisse jusqu'à la mer; elles diffèrent de celles des environs d'Inkerman, en ce qu'elles sont pour la plupart argileuses, & surtout près des embouchures des trois rivières dont on vient de parler. La pierre calcaire même qu'on y rencontre, est beaucoup plus dure & plus compacte, & même mêlée de gravier & de débris de petites coquilles d'une espèce différente, & semblables aux espèces qu'on trouve dans les montagnes de la chaîne de devant.

Leur sol, ainsi que celui des vallées arrosées par ces rivières, est très-fertile, excepté un espace de quelques verstes, où il devient salé, surtout dans le voisinage de leurs embouchures.

Les montagnes qui s'étendent d'Inkerman à l'occident, & qui entourent le port de Sevastepolsh, ne sont pas si hautes que celles de l'intérieur de cette chaîne. La pierre qu'on y trouve, est semblable à celle des montagnes précédentes. Leur sol, outre cela, est argileux de même. Vers le port même elles offrent des bords escarpés; mais plus loin elles s'inclinent, & les endroits situés près de leurs pieds ont le même genre de sol que celui de leurs sommets.

A trois verstes du port on rencontre de petits golfes peu profonds, au bord desquels se forme en été le sel de cuisine.

Le bord de la mer, depuis le port jusqu'au cap où est le couvent de Saint-Georges, est en général, comme nous l'avons déjà remarqué, coupé à pic, & offre des couches de pierres calcaires, où l'on trouve un mélange de coquilles. La côte méridionale de ce cap présente une structure de montagne remarquable; & quoiqu'elle ait plus de cent sajènes d'élévation, elle n'est composée, depuis sa base jusqu'au haut, que de bancs très-minces, de petites & de grandes coquilles du genre des anomites. Vers les parties inférieures ces coquilles sont liées ensemble par un travail de pétrification très-solide. L'eau qui descend des hauteurs & arrose ces couches dépose un sédiment calcaire qui les recouvre. Les croupes de ces montagnes sont couvertes d'une argile martiale rouge, qui, étant délayée par l'eau, communique en plusieurs endroits une teinte rougeâtre à la pierre des couches.

Les montagnes entre le cap Saint-Georges & Boulaclava sont remarquables, en ce qu'elles présentent des marques évidentes des changemens qu'elles ont éprouvés, & des causes qui les ont opérés.

Elles sont composées de couches de pierres calcaires assez compactes, dont une partie est coupée à pic du côté de la mer, & dont l'autre est cassée & brisée de différentes manières. On voit des blocs immenses détachés du sommet, qui ont été précipités dans la mer & qui résident proche de la côte. Plusieurs couches de la même pierre sont culbutées & dans une position perpendiculaire à l'horizon, particuliérement proche le port de Boulaclava.

Dans quelques fentes de ces couches on trouve différens spaths calcaires qui s'y sont formés depuis le désordre qui y est survenu.

Le côté de la montagne qui a son aspect à l'orient, & où l'on a bâti la forteresse de Boulaclava, présente de gros amas de poudingues qui renferment des fragmens de coquilles: ces poudingues sont formés de galets assez nombreux sur les côtes. On a cru remarquer des indices de volcans dans les environs de ces montagnes; mais il ne paroît pas que les indices qu'on en a cités, aient des caractères certains des produits du feu. Les déplacemens des couches, qu'on a considérés d'ailleurs comme des effets des volcans, peuvent avoir été occasionnés par d'autres circonstances qui sont la plupart du tems étrangères aux volcans. Nous devons observer que les montagnes de Boulaclava commencent la principale chaîne qui borde toute la côte méridionale; mais avant de les décrire nous devons parler de celles qui, par leur élévation & leur position, doivent être considérées comme intermédiaires entre celle du devant & celle du revers méridional.

Le commencement des montagnes centrales peut être placé auprès de l'ancienne *Crimée*, d'où elles s'étendent le long de la base septentrionale de la principale chaîne du midi jusque vers Boulaclava. Elles sont en partie liées les unes aux autres, & en partie isolées & dispersées dans ces limites; elles surpassent en hauteur toutes celles de la rangée du devant, mais elles le cèdent à celles de la principale chaîne méridionale.

Quant à la nature des matériaux qui entrent dans leur composition, leurs pieds sont en grande partie formés de couches argileuses entre-mêlées de lits schisteux & de poudingues. Vers leurs sommets on trouve des bancs de pierre calcaire dure & compacte, où l'on ne rencontre, de même que dans les lits de schistes, aucune espèce de corps marins.

Les montagnes au dessous de l'ancienne *Crimée* sont d'une composition particulière, & surtout celle qu'on nomme *Agermisch*. Elle est entièrement séparée des autres. Ses parties inférieures sont en pente, & couvertes d'argile jaune & rouge; mais les parties supérieures, jusqu'au sommet, offrent des bancs de pierre calcaire, composée de cailloux roulés & de débris de coquilles marines étroitement soudés ensemble. On distingue dans ce mélange les pectinites & les cochlites, qui sont encore reconnoissables. Le sommet est couvert d'une couche épaisse de terre végétale & de bois.

Les montagnes à la gauche de la vallée, où étoit l'ancienne *Crimée*, sont en grande partie argileuses en dehors & couvertes de bois; mais dans l'intérieur elles renferment de gros bancs de pierre calcaire dure & compacte. Près du village d'Amurath, à six verstes de l'ancienne *Crimée*, la constitution des montagnes redevient de la même nature que celle des montagnes dont nous avons parlé, avec la différence que, dans les poudingues, on ne trouve guère de coquillages marins, & que dans la profondeur de plus de dix sajènes de la superficie on rencontre des lits d'un schiste noirâtre, & dessous des feuilles minces de sélénite noirâtre, transparent. On fait usage du crayon noir pour tracer des lignes; & comme il tombe en poussière à l'air, il sert aux engrais des vignes.

Le sol, aux environs de ces montagnes, est argileux, mêlé de gravier & de terreau qui forment des couches fort épaisses, particuliérement dans le cercle de l'ancienne *Crimée*, où se trouve une vaste vallée, où l'on voit en fort grand nombre des jardins, des prairies & des champs cultivés.

A quinze verstes environ de l'ancienne *Crimée*, sur le chemin de Soudak, les matériaux des montagnes sont semblables à tous ceux qui entrent dans la composition des centrales, & n'en diffèrent que par la disposition des pierres calcaires dures, dont les bancs, dans certaines parties voisines des sommets, sont inclinés à l'horizon, & s'élancent vers les hauteurs comme des murs. Leurs bases sont couvertes d'argile jaune, & quelquefois grisâtre, sur laquelle se forme, au bord des ruisseaux, le sel marin. Entre les couches de cette argile on trouve, en plusieurs endroits, l'ardoise solide & grossière qui ne se délite pas.

Les montagnes qui se dirigent de ce chemin vers la droite sont de la même forme & de la même composition que celles dont nous avons fait mention, & qui sont situées vers le haut du grand Carassou, & s'étendent de là jusqu'à Salghir.

Sur une de ces montagnes, à trente verstes de Carassoubazare, vers le sud-ouest, se trouve au sommet une immense ouverture qui mérite attention. La glace s'y conserve toute l'année. Elle s'élève, ainsi que les autres qui l'entourent, presqu'au niveau de celles qui forment la chaîne méridionale. Ses sommets sont nus & tapissés d'une pierre calcaire fissile & d'une couche épaisse de terreau. Plusieurs bancs de cette pierre sont dans une situation verticale, & leurs pointes s'élèvent assez haut : c'est au milieu de ces rochers déplacés & en désordre que se trouve l'ouverture dont il est question; elle a environ quarante sajènes en circuit. A l'est & au sud elle est bordée de hautes couches qui offrent un escarpement considérable, & à l'ouest & au nord les mêmes couches inclinées vont revêtir son fond. C'est sur ce fond que se ramassent la neige & la glace, & qu'elles s'y conservent.

A la gauche de ce trou on voit une fente dans la même montagne, qui est également remplie de glace.

On ne sauroit attribuer la formation de la glace qu'à la neige qui s'y accumule pendant l'hiver, & qui, au commencement du printems, se fond par la chaleur du soleil, & va se regeler au fond de l'ouverture, où cette chaleur ne se fait plus sentir, vu la profondeur considérable de ce réservoir naturel, par le froid qu'y entretient la masse de glace qui y réside continuellement.

Dans les mois de juillet & d'août le volume de la glace commence à diminuer, parce que la chaleur s'étend même à une certaine profondeur dans le réservoir : c'est pour cette raison qu'il y a moins de glace en automne qu'au printems, comme dans toutes les glacières semblables. C'est par la même raison que la fonte de la glace est plus ou moins considérable, suivant que l'été est plus ou moins chaud. Mais au retour de l'hiver tout ce qu'il y a de glace ne s'y fond plus & se conserve, soit seule, soit sous les neiges qui s'y accumulent pour lors.

Dans les montagnes voisines de Salghir on rencontre partout, soit sur leurs croupes, soit au fond des vallées, quantité d'argile ferrugineuse brune & rougeâtre; & au dessous de celle-ci, en plusieurs endroits, de la mine de fer limoneuse sous différentes formes; enfin beaucoup de stalactites dans les fentes des montagnes. Aux environs du village d'Énissalé, situé vers les parties supérieures du cours de la rivière de Salghir, les bases des montagnes abondent en différentes espèces de schistes. Outre l'ardoise grise & grossière on y trouve d'abord une ardoise compacte, dont les feuillets ont plus d'un pied d'épaisseur; ensuite une ardoise sèche & fragile, qui se réduit d'elle-même en petits fragmens dans son propre lit. Tous ces bancs sont en plus grande partie inclinés, & approchent de la verticale.

Les bords de la rivière de Salghir sont couverts de jardins & de prairies, pendant que les hauteurs sont couvertes en bois. A quelque distance de là ces montagnes centrales baissent un peu, & continuent ainsi jusqu'à Boulaclava; & dans toute cette étendue on remarque la même composition dans les masses montueuses & dans les vallées, & la même fertilité.

Il nous reste à décrire maintenant la nature des

principales montagnes maritimes, leur distribution & leurs formes.

Elles commencent, comme nous l'avons déjà dit, à Boulaclava, & courent de là parallélement aux bords de la Mer-Noire jusque près de Caffa, formant une chaîne qui n'éprouve que très-peu d'interruptions. Leur hauteur, quoique non positivement mesurée, surpasse probablement trois cents sajènes en plusieurs endroits. On n'y rencontre nulle part des débris de corps marins. La chaîne qui commence à Boulaclava parcourt environ trente verstes, conservant toujours la même élévation : il s'en détache ensuite une partie auprès du village d'Aloupha, qui, s'éloignant de la mer, parvient jusqu'à Yalta. La côte septentrionale de cette chaîne est peu escarpée & couverte de bois, & la méridionale, escarpée dans les parties supérieures, n'offre des pentes que vers le bas. La roche qui se montre dans ces escarpemens est partout uniforme, c'est-à-dire, de pierre calcaire, compacte, d'un gris-foncé, & donne de l'odeur quand on la frotte. La partie inférieure de cette chaîne, qui est en talus, se termine en bords escarpés lorsqu'elle est parvenue à la mer. Elle consiste dans un fond argileux, où l'eau des pluies & des neiges fondues a creusé de profondes ravines, autour desquelles on voit plusieurs blocs de pierres tombées des hauteurs : ces éboulemens de masses de pierres éparses çà & là s'étendent jusque sur le rivage de la mer.

Dans tous ces ravins & sur les bords des ruisseaux on trouve de grandes couches de schistes de différentes espèces, dures & fragiles, parmi lesquelles on rencontre aussi beaucoup d'ardoises en rognons, pour la plupart de forme ronde; & même en quelques endroits l'ardoise des toits, noire, qui se délite en lames minces, ne fait point effervescence avec les acides. Toutes ces qualités prouvent qu'elle est propre à la couverture des maisons. Dans ces bancs argileux il n'est pas rare de trouver aussi l'espèce de schiste noir qui, se desséchant & se fendant à l'air en petits morceaux, en recouvre de grands espaces. L'eau en extrait du sel marin, qui se cristalise le long de certaines parties des bords des ruisseaux qui les reçoivent. Le sol superficiel des parties basses de ces montages, qui sembleroit devoir être stérile, produit malgré cela, dans quelques endroits, des bois, des pâturages, & même des plantes qui ne se rencontrent pas ailleurs. Les jardins plantés le long de la côte, depuis Boulaclava jusqu'à Yalta, se distinguent de tous les autres par la grande variété & l'excellence de leurs arbres fruitiers.

Si l'on recherche les causes de cette fertilité, on ne peut l'attribuer qu'à cette grande quantité de sources & de fontaines, dont l'eau entretient une humidité continuelle dans le sein de la terre : ceci est confirmé aisément par la stérilité des lieux, qui, ayant le même sol, sont privés de toute humidité.

Dans toute cette chaîne on rencontre, sur les sommets, des plaines vastes & étendues, où la pierre calcaire compacte est quelquefois à découvert : en certains endroits cependant les sommets sont couverts d'une couche épaisse de terre qui produit les meilleurs pâturages. Les habitans de la côte y font paître leurs troupeaux en été, & ils y jouissent de l'avantage d'être préservés des piqûres des insectes.

La plaine qui du pied de ces montagnes s'étend jusqu'à la mer, est couverte de champs cultivés & de jardins : les deux petites rivières d'Akarsou & de Balkassou qui l'arrosent, contribuent à son embellissement; la dernière surtout fait mouvoir trois moulins, en consequence de la pente du terrain où son lit est creusé. Le cercle d'Yalta, ainsi que tous les environs de la côte, abonde en fontaines & en ruisseaux dont on tire de grands avantages.

D'Yalta jusqu'à Lonschta la grande chaîne de montagnes offre la même composition & un grand nombre d'éboulemens vers leurs bases. Près d'Yalta se voient de grandes fentes & de grands déplacemens. Dans les bancs & près d'Oursève, des blocs détachés des sommets de la chaîne sont épars le long de sa base. La montagne du cap élevé, voisin du village de Parthenide, offre des pierres d'un gris clair & foncé, qui renferment en même tems des cristaux de schorl & des paillettes de mica; elles sont susceptibles de prendre le poli. Les blocs dont les croupes de cette montagne sont revêtus de ces pierres, sont la plupart dans une situation verticale, pendant que son sommet est recouvert de grandes dalles carrées de la même pierre dans une situation horizontale.

A cinq verstes de ce cap on trouve une autre montagne auprès du petit Lambat, composée de la même espèce de pierre, mais pas aussi élevée. Elle forme un autre cap dont les rochers sont fendus de mille manières, & d'immenses débris détachés du sommet sont dispersés le long des parties inférieures, & même jusque dans la mer. A une assez grande distance des bords on voit plusieurs de ces blocs au dessus de la surface de l'eau; enfin tout le rivage, dans l'étendue de quelques verstes, offre des blocs de pierre calcaire rouge, dont les fentes ont reçu l'infiltration d'un spath blanc qui les remplit exactement.

Près d'Alonschta la grande chaîne est interrompue, & deux grandes montagnes détachées d'elle forment une belle & riche vallée. Une de ces montagnes s'élève en bords escarpés vers son sommet, & toute sa partie inférieure est en pente douce. La côte du nord s'étend environ douze verstes, & celle du sud quinze verstes jusqu'à la mer, & elles sont toutes deux formées par une suite de bancs argileux & de différens schistes. Elle a, sur son sommet, des plaines unies & étendues, en partie formées de couches de pierres, & en partie d'une couche de terre qui produit des plantes alpines. Dans le milieu ce sommet offre des pics élevés, qui sont la suite des déplacemens de bancs calcaires, dont plusieurs sont dans une situation verticale.

Au sud sa partie inférieure est couverte de bois épais, qui s'étendent au nord jusque près de ses sommets : seulement plus ces bois s'approchent des cimes élevées, plus ils sont rares, ne formant vers le haut que des bocages fort peu serrés.

Un de ces bocages recèle un vaste trou, où la glace se conserve toute l'année : il n'est pas cependant aussi considérable que celui dont nous avons parlé, car il n'a pas plus de quatre archines de diamètre, & environ quatorze sajènes de profondeur. Dans quelques fentes qui se trouvent au sommet de la même montagne la neige se conserve également, même en été. Cependant elles ont peu de profondeur; seulement elles sont bien à couvert des rayons du soleil. Cette formation & conservation de la glace prouve la grande élevation de cette montagne, qui d'ailleurs est souvent couverte de nuages, ainsi qu'on l'apperçoit du côté de Perecop, à plus de soixante-dix verstes. Par un tems clair on peut voir de son sommet presque toute la partie occidentale de la presqu'île Taurique, & particuliérement la vaste plaine qui s'étend vers Koffow & la Mer-Noire.

La seconde montagne, qui forme la plaine voisine d'Alouschta, ne lui cède guère en élévation. Sa longueur se dirige du nord au sud. A l'est, sur un de ses flancs, on trouve à ses pieds l'argile & des bois. Vers le sommet on trouve des bancs calcaires semblables à ceux des montagnes que nous avons décrites. A l'ouest les bancs argileux du pied sont mêlés de différens lits de schistes : on y trouve aussi d'immenses blocs de poudingues fendus & brisés de mille manières; ce qui présente les traces de grands déplacemens. Quelques-uns de ces blocs de poudingues ressemblent à de hautes tours, à des colonnes. Quelques-uns de ces blocs sont si fragiles, qu'on les brise à la main; d'autres sont extrêmement durs. Ils sont les uns & les autres composés de pierres calcaires, de quartz, de grands & de petits cailloux roulés, tous cimentés ensemble par une pâte argileuse.

Toute la partie supérieure de la montagne, couverte de ce poudingue, est stérile; mais vers sa base elle n'est pas dénuée de fertilité. Le sol est propre à la culture de différentes espèces d'arbres & autres plantes.

Les montagnes qui s'étendent de là vers le nord présentent la même forme, la même structure & la même composition intérieure, soit en pierre calcaires, soit en schistes, & les mêmes accidens.

A quelques verstes de la vallée où le village actuel d'Alouschta est situé, la chaîne des grandes montagnes maritimes recommence, & continue ensuite sans interruption jusqu'à Ouskuth, se tenant à environ dix verstes éloignée de la côte.

Tout l'espace compris entr'elle & la mer est occupé par de hautes montagnes, dont les bases sont argileuses. Quant au reste, elles sont de même nature que celles qu'on trouve entre Yalta & Alouschta, & que nous avons décrites.

Dans les vallées, le long des ruisseaux qui y coulent, le terrain est assez fertile; mais sur les hauteurs il ne peut être amélioré que par le secours des arrosemens.

En face d'Ouskuth de médiocres montagnes s'étendent jusqu'à la mer. On rencontre, dans leur intérieur, d'épaisses couches de pierre argileuse noire & grise, sur laquelle se forment quantité de cristaux de roche, qui, par leur pureté & leur transparence, ne le cèdent en rien aux autres cristaux orientaux. Ils tiennent par leur base à des masses de quartz solide.

On trouve aussi parmi ces schistes, des poudingues dispersés.

D'Ouskutk à Soudak la chaîne se dirige de la même manière que d'Alouschta à Ouskuth : on n'y remarque ni dans la nature des pierres, ni dans les propriétés de son sol, aucune différence.

La côte de la mer est formée ensuite des mêmes montagnes argileuses stériles dont nous avons décrit la composition.

Près de Soudak toute la contrée présente la même composition de montagnes, le même désordre dans les éboulemens des bancs de pierres calcaires qui se sont inclinés à l'horizon : de même les lits de schistes qui occupent le pied des montagnes paroissent avoir pris des situations variées & différentes. Quelques-uns de ces lits renferment des cristaux de schorl & des mines de fer. Les sommets des montagnes sont entourés de rochers calcaires bouleversés de différentes manières, & qui s'élèvent en pics & en demi-combles.

Les fameux vignobles de Soudak, qu'on préfère à tous ceux de la Tauride, occupent entre les montagnes dont nous venons de parler, une grande vallée qui s'étend sur une longueur d'environ dix verstes jusqu'à la mer. Le fond du sol est une argile grisâtre, mêlée d'une terre noire & grasse, & de gravier, & au dessus de laquelle se trouve une autre argile dure, rougeâtre. La quantité innombrable de sources qui entretiennent ce sol dans une humidité continuelle facilite non-seulement la production des meilleurs raisins, mais aussi d'autres fruits délicieux dont les arbres embellissent ce vignoble.

De Soudak à Caffa c'est le même système dans la composition des montagnes, dans leurs formes, dans leur culture, dans leurs productions. Vers la mer les hauteurs sont taillées à pic, formées la plupart de poudingues, dont les blocs détachés des masses montueuses se sont répandus à leurs pieds, dans le fond des vallées & jusque dans la mer. Dans les fentes des montagnes on rencontre en quelques endroits de la pierre de corne veinée & tachetée, & du talc blanc & pur, dont les lames n'ont guère plus de six pouces de longueur. Ainsi l'on voit, par ces substances & par d'autres que nous avons indiquées, que cette chaîne maritime renferme des pierres assez semblables à celles des montagnes granitiques; cependant elles sont toutes recouvertes par des bancs de pierres calcaires ou horizontaux, ou inclinés à l'horizon, & dont les déplacemens sont visibles. Vers Caffa les bancs calcaires, qui n'avoient montré dans toute l'étendue de la chaîne maritime méridionale aucune trace de corps marins, offrent de nouveau, dans les couches calcaires, des coquillages pétrifiés. Celle aux pieds de laquelle est situé Caffa est composée en grande partie d'argile marneuse, blanchâtre, mêlée d'ocre jaune. La pierre qu'elle renferme dans son intérieur n'est qu'un amas de petites coquilles.

Le rivage de la mer, qui depuis Boulaclava jusqu'à Caffa est couvert de sable gris & de cailloux roulés, l'est ici de gravier jaunâtre, au milieu duquel croissent des joncs, où habitent différens coquillages : la mer y rejette aussi de l'algue.

La nature semble avoir terminé la partie montueuse à Caffa, de telle sorte que de là vers l'orient commence la presqu'île de Kertsch, qui par la nature de son sol diffère totalement des parties de continent que nous venons de décrire en détail.

Climat de la Crimée ou de la Tauride.

Relativement au climat, la nature a favorisé la *Crimée* par la nature de son sol comme par sa position. Si l'on en juge par ses productions végétales, on ne peut douter de ces avantages; car indépendamment des quantités d'arbres & de plantes propres seulement aux pays chauds, les fruits les plus délicats, qui demandent un grand soin & des arbris contre les froids dans les contrées tempérées, mûrissent en *Crimée* dans les jardins sans aucune peine, sans aucun travail, comme on l'a vu dans la description précédente.

La salubrité du climat doit encore se confirmer par la considération que la chaleur y règne les trois quarts de l'année, & quelquefois que la végétation n'y est interrompue que quatre mois dans l'année, & quelquefois moins. Le printems commence au mois de mars : c'est alors que la chaleur fait disparoître insensiblement les effets des variations du tems pendant l'hiver. C'est ainsi qu'on parvient aux plus grandes chaleurs, qui règnent depuis la mi-juin jusqu'à la fin d'août. Quoiqu'on n'ait pas encore constaté par des observations suivies jusqu'à quel degré ces chaleurs parviennent, en général on peut assurer qu'elles sont très-fortes; mais les vents forts & continuels qui pendant tout ce tems soufflent avec une régularité singulière depuis dix heures du matin jusqu'à six heures du soir, les tempèrent, & les rendent plus supportables que dans beaucoup de provinces méridionales de la Russie. Les pluies fréquentes, accompagnées de tonnerres violens, contribuent aussi dans la même saison à rafraîchir l'air.

Dès les premiers jours d'août les nuits commencent à être fraîches, & dès la mi-août les chaleurs du jour même commencent à diminuer. Les mois de septembre & d'octobre forment communément la plus belle saison de l'année : la chaleur est modérée pour lors, & la température agréable; ce qui continue jusqu'à la moitié de novembre sans interruption. A la fin de ce mois commence ordinairement l'automne, suivi en décembre d'un froid très-inconstant & de neiges; ce qui constitue l'hiver. Les gelées qui surviennent alors ne durent jamais plus de deux ou trois jours, & il arrive même qu'on a des jours chauds & agréables dans le mois de janvier.

Quant aux différens vents observés dans toutes les saisons de l'année, ceux du nord & du nord-est peuvent être comptés pour les plus constans; car ils règnent plus long-tems que les autres, & traversant de vastes plaines où ils ne rencontrent aucun obstacle à leur marche, ils soufflent toujours avec force & impétuosité, apportant la neige & le froid en hiver, & un tems nébuleux en automne & au printems; mais en été les mêmes vents, servant le plus à rafraîchir l'air, doivent être considérés comme un don particulier de la nature dans la *Crimée*.

Les autres vents, au contraire, changent si souvent de force & de direction, qu'on peut les considérer en général comme inconstans par rapport à cette contrée; ils n'ont aucun effet sensible & remarquable, excepté ceux du sud-ouest qui soufflent, quoique rarement, avec une certaine force, le plus souvent en automne. Pendant qu'ils règnent on observe une certaine chaleur particulière dans l'air. De plus, ils sont accompagnés de sécheresse, indépendamment de laquelle le ciel est couvert de nuages : en quoi ces vents ressemblent assez à ces ouragans chauds de la Perse & des autres provinces voisines de l'Asie, qu'on peut les considérer comme produisant des effets semblables. Le degré de chaleur qu'ils occasionnent dans l'air n'est pas aussi considérable à la vérité qu'il l'est en Perse. D'ailleurs, ils n'y produisent pas des effets aussi funestes à la santé des habitans, qu'en Asie; & il est vraisemblable qu'en traversant toute la longueur de la Mer-Noire, ils perdent de leur malignité.

La différente position des lieux de la Tauride occasionne quelque différence dans leur climats Ainsi, dans toutes les plaines qui s'étendent depui. le Niéper jusqu'aux chaînes de montagnes que nous avons décrites, on éprouve des chaleurs plus vives & des froids plus considérables qu'ailleurs. Les pluies mêmes y sont plus rares en été, parce qu'un sol nu & uni, donnant toute liberté aux vents

vents forts qui y règnent, de souffler, ils dissipent tous les nuages pluvieux.

Mais dans les districts des montagnes on trouve une différence notable entre le climat des lieux situés vers le nord, & ceux qui ont leur aspect au midi, malgré le peu de distance qu'il y a des uns aux autres. Il est visible que ces derniers endroits, étant à couvert des vents du nord par de hautes chaînes de montagnes, sont moins exposés à l'action des vents froids qui soufflent de cette région, que les lieux qui sont situés au nord. Les vapeurs chaudes de la mer, dont ils reçoivent plus facilement l'influence, contribuent à y tempérer l'air. Aussi rencontre-t-on sur les croupes des montagnes qui sont tournées au midi, des plantes particulières qu'on ne trouve pas dans d'autres expositions.

En été, l'action de la chaleur du soleil y est beaucoup plus forte, parce que la grande chaîne de montagnes qui s'étendent le long de la côte, réfléchit les rayons du soleil; & quoique les vapeurs produites par l'évaporation qui a lieu sur la mer en accumulant les nuages contre la face méridionale des montagnes tendent à y produire des pluies abondantes, cependant elles sont rares dans la partie méridionale, parce que les vents de mer dissipent les nuages à mesure qu'ils s'élèvent, & les chassent loin au nord, d'où il arrive souvent que, dans le même tems qu'on éprouve des pluies fortes au nord de la chaîne, on jouit du côté opposé d'un tems serein, où l'on y ressent de fortes chaleurs.

La disposition des parties montueuses qui forment cette chaîne méridionale & les diverses ouvertures qu'elles laissent entr'elles occasionnent plusieurs singularités remarquables dans la marche & les effets des vents; car dans quelques-uns de ces endroits ouverts à plusieurs aspects les vents changent plusieurs fois en un jour de force & de direction. Il arrive même qu'il se forme des ouragans si violens en conséquence de ces variations, que les campagnes en sont ravagées, & les plus grands arbres déracinés.

Mais ce qui mérite le plus d'être remarqué, c'est un certain vent du nombre des vents inconstans que nous avons distingués ci-devant, qu'on éprouve dans le canton de Boulaclava & dans d'autres endroits de la côte méridionale, qui, à l'instar de ces raffales de mer, commence par souffler avec violence, & s'appaise après un court espace de tems; & quoiqu'il ne s'élève le plus souvent qu'après le coucher du soleil, il laisse après lui une chaleur considérable dans l'air. Sa direction ordinaire est du côté de la mer.

Si l'on considère l'air de toutes les contrées de la *Crimée* ou Tauride, relativement à la salubrité, il paroît qu'il n'est nuisible nulle part, que dans certains lieux situés proche Sivache.

Toutes les habitations y sont placées dans une position suffisamment élevée au dessus du niveau de la mer: on n'y rencontre ni grands marais ni eau stagnante, & d'ailleurs les vapeurs qui s'élèvent des mers voisines se dissipent par les vents continuels. Le canton de Sivache seul est sujet à des vapeurs malfaisantes qui s'élèvent pendant les chaleurs de l'été, mais qui ne se répandent pas au loin, & ne sont sensibles que dans son voisinage, encore lorsque le vent porte les vapeurs dans l'intérieur des terres.

D'ailleurs, on doit considérer que, dans la *Crimée* ou Tauride, les habitations ne sont pas toutes dans les mêmes circonstances, & que par conséquent l'air doit être plus sain dans les unes que dans les autres. La partie montueuse est regardée avec raison comme la plus saine, à cause de sa belle exposition & de la bonté de ses eaux. Ensuite viennent les cantons de Koslow & de Kertsch, qui sont préférés à tous les autres.

Productions de la Crimée.

En parlant de la fertilité du sol de la *Crimée* & de son climat dans les deux sections précédentes de cet article, nous avons fait connoître que le règne végétal y étoit très-abondant. Nous allons donc rendre compte des principaux produits qui le composent.

Les plantes sont aussi variées dans la *Crimée*, que les contrées qu'embrasse l'étendue de son territoire le sont par leur situation & leur exposition, par la nature & les propriétés de leur sol, & par la température de l'air.

Relativement à leur conformité avec les plantes des autres pays, considération qui entre dans le plan de la géographie physique, les végétaux de la *Crimée* sont pour la plupart des mêmes espèces que ceux qu'on trouve dans les contrées méridionales de l'Europe; mais il y en a plusieurs espèces, surtout dans la chaîne méridionale des montagnes, qui ne sont indigènes que de l'Asie seule: ce sont, pour la plus grande partie, les espèces qui croissent sur la côte opposée, en Natolie, & qui nous sont déjà connues par les savantes descriptions de Tournefort.

Il faut aussi remarquer qu'on trouve sur les chaînes de montagnes élevées, des espèces qui ne croissent communément que dans les pays septentrionaux. C'est par la même raison que, sur les sommets les plus élevés de ces montagnes, on trouve des plantes alpines.

Les plantes potagères sont la plupart des espèces qu'on a transportées des pays voisins & surtout de la Turquie; & la différence qu'on peut remarquer entr'elles dans divers endroits ne dépend pas autant des causes physiques, que des soins qu'en prennent les habitans.

Des jardins. Les endroits où la plus grande partie des jardins sont plantés & cultivés dans la *Crimée*, ont déjà été indiqués ci-dessus dans la description du sol. On peut dire en général qu'ils sont toujours placés le long des rivières & des ruisseaux qui descendent des montagnes, parce que cette situation facilite leur arrosement.

Ils occupent partout une grande étendue de terrain, parce qu'ils servent, non-seulement à la production de différens arbres fruitiers, mais encore à la culture de toutes sortes de légumes. De plus, ils renferment des prairies fort considérables qu'on fauche ou qu'on fait paître. On y plante aussi plusieurs espèces d'arbres qui servent en partie à l'ornement, & pour donner de l'ombre. Ils sont aussi souvent plantés autour des enclos; mais en plusieurs endroits ils croissent indistinctement parmi les arbres fruitiers, & forment des mélanges utiles & agréables.

Malgré le peu de soins que les propriétaires des jardins donnent au choix des arbres fruitiers, la plupart des fruits ont une qualité distinguée. La vigne mérite le plus d'être remarquée par les belles espèces de raisins qu'elle produit, quoiqu'on la laisse croître dans une sorte d'abandon; car ce n'est que dans peu d'endroits qu'on en soutient les ceps par le moyen des échalas. On les laisse ramper par terre, ou bien ils s'élèvent d'eux-mêmes en s'entortillant autour des arbres qui se trouvent à leur portée. C'est surtout aux environs de Soudak que se cultive la vigne. Il y a aussi des vignes dans d'autres endroits voisins de la mer, de même que le long de la rivière d'Alma, de Catscha, de Cabartha. Le vin que donnent les différentes sortes de raisins, la plupart d'un gros volume, tant rouge que blanc, est d'une très-bonne qualité; il est d'une force modérée, d'un goût agréable & fort sain; aussi peut-on le compter au nombre des bons vins de table. Il est à croire qu'il pourra encore être amélioré lorsque la culture des vignes aura été soignée, & qu'on aura planté les ceps sur les hauteurs où l'exposition & le sol leur seront plus favorables que dans les plaines où jusqu'à présent on s'est borné à les cultiver.

Tous les soins que prennent les propriétaires de jardins se bornent presqu'uniquement dans les arrosemens qui ne sont pas encore d'une nécessité absolue partout; cependant on en fait usage particuliérement pour les plantes potagères & pour les prairies.

Ces prairies sont formées de plantes nourrissantes & de très-bonne qualité pour les bestiaux : nous n'en donnerons pas le détail, non plus que des arbres fruitiers & d'ornement, qui ressemblent à ceux qu'on cultive dans les parties méridionales de l'Europe.

Des arbres forestiers. L'étendue que les bois occupent en général dans la partie montueuse forme un espace de cent cinquante verstes en longueur; mais on ne peut en déterminer au juste la largeur, parce qu'il y a de grands vides entre les sommets boisés. Cependant, en plusieurs cantons, ces bois s'étendent à travers les chaînes de montagnes, sur une largeur de plus de dix verstes.

Les arbres qui peuplent ces bois ne sont pas partout d'une grandeur uniforme; partout elle dépend du fond du terrain superficiel plus ou moins propre à la production des bois. Dans toutes les chaînes du devant & du centre, les arbres ne sont ni aussi grands ni aussi forts en général que dans les chaînes méridionales & voisines de la mer, & particuliérement dans les gorges profondes des montagnes maritimes; ce qui provient d'abord de ce que les montagnes les plus proches des limites septentrionales de la province ne sont recouvertes que d'une couche fort mince de terreau, au dessous de laquelle se trouvent des bancs de pierres très-compactes. Par conséquent les racines des arbres ne peuvent facilement pénétrer dans ce sol, ni s'y étendre de manière à procurer leur croissance. Mais dans les gorges qui se trouvent entre les montagnes méridionales, ces couches de terre étant suffisamment épaisses, les racines y trouvent un sol où elles peuvent s'étendre & y prendre une nourriture convenable. D'ailleurs, ces cantons renferment une plus grande humidité que les cimes des autres chaînes : cette humidité contribue au plus grand développement des arbres.

Les cantons où il croît un plus grand nombre de ces beaux arbres sont entre Boulaclava & Yalta, sur les flancs septentrionaux de la chaîne maritime. On en trouve de très-beaux aux pieds des montagnes de Tschadir Dag, dans le canton d'Alouschta, ainsi que dans les profondes ravines qu'on voit entre les sommets voisins d'Outkuth. Dans tous ces cantons, les espèces de bois qui peuplent les forêts peuvent être considérés comme des bois de haute futaie.

Mais dans tous les autres cantons, les arbres des forêts ne parviennent qu'à une hauteur médiocre, & ne croissent qu'en forme de buissons; ce qui provient non-seulement, comme nous l'avons dit, des obstacles relatifs au fond du terrain, mais de la multiplicité des branches touffues, qui les empêche de s'élancer à un certain degré d'élévation.

Parmi les plantes qui servent aux usages économiques & aux arts, nous ne ferons mention que du salicot, qui croît en grande quantité autour des lacs salés & des marais salans, & surtout sur les bords de Sivache, où il est aussi abondant que dans les steppes des environs de la mer Caspienne. Cette plante donne, par sa combustion, une grande quantité de soude, dont on connoît les usages.

Des animaux.

On trouve dans la *Crimée* ou Tauride les mêmes animaux que dans les parties méridionales de l'Europe. Les chevaux sont d'une petite taille, & n'ont rien de particulier. La race des vaches & des bœufs est aussi d'une petite taille. Dans quelques endroits seulement on en élève de la grande espèce, qui est originaire de la Petite-Russie. On emploie les bœufs à la culture ; & afin qu'ils puissent faire ce service dans les pays pierreux, on les ferre comme les chevaux.

Les chèvres sont élevées en grande quantité dans les montagnes : leur poil est long & garnit bien l'animal.

Les brebis s'y trouvent par troupeaux nombreux. La race qui y domine, ressemble beaucoup à celle des Kalmouks ; mais elle en diffère par la petitesse de leur taille, & par la queue qui est aussi grosse en haut, & aussi large que celle des brebis des Kalmouks, mais qui est mince vers le bas : leur laine est aussi plus fine & plus douce. Communément elles sont blanches ; mais vers le haut de Salghir & le long d'Alma on en rencontre quantité de noires dans les montagnes, dont les peaux des agneaux morts-nés ne le cèdent en rien à celles des Kalmouks. A commencer de Koslow, dans toute la pointe de Yarchan jusqu'à Perecop, on rencontre la race des brebis, dont les toisons & les peaux grises sont très-célèbres partout, & qui font un objet de commerce dans la *Crimée*. Cette même race est aussi entretenue avec soin dans la presqu'île de Kertsch, le long des bords de la mer de Sivache ; mais les toisons n'en sont pas si belles.

On a remarqué que, transportée dans les montagnes, elle y dégénère faute d'une nourriture & d'un climat appropriés. Effectivement, dans les environs de Koslow, & de là jusqu'à Perecop où cette race prospère, on trouve des plaines rases & unies : la terre y abonde en parties salines & en plantes qui se plaisent dans les terres chargées de sels, comme l'absinthe, l'arroche & autres semblables. De pareilles circonstances locales contribuent à améliorer les pâturages & les brebis, comme cela est connu aussi par expérience dans les steppes salées de la Russie. Il s'ensuit que ces cantons doivent être consacrés particuliérement à l'entretien de cette race à toison grise.

Pour ce qui concerne la différence dans la couleur & dans les autres qualités de la laine de ces brebis, observée à peu de distance des endroits indiqués ci-dessus, & où le sol est absolument le même, comme, par exemple, dans le district de Sivache, il est à croire que ces effets ne sont produits que par le peu de soin que les habitans prennent pour tenir cette race à toison grise entiérement séparée des autres. D'ailleurs, la méthode de gouverner ces animaux est la même partout : ces brebis paissent toute l'année dehors, & ne sont ramenées dans les bergeries que pour la nuit, en hiver ou pendant les ouragans.

Les expériences que l'on a faites jusqu'à présent pour introduire & multiplier cette race de brebis dans d'autres pays voisins des provinces méridionales de la Russie, n'ont point eu de succès ; elle y dégénère. Il y a grande apparence que, dans le choix des circonstances locales, on en avoit omis d'essentielles, car il paroît que la nature du sol & sa température doivent être observées avec soin.

Des poissons. En considérant la situation physique des différentes contrées de la *Crimée*, on conçoit aisément combien elles doivent être abondantes en poissons. Indépendamment des espèces des petits & des moyens qui vivent dans les rivières, les mers qui environnent cette presqu'île contiennent une grande quantité de ceux qui vivent dans les eaux salées, & recherchent les golfes & les côtes. Nous pourrions en citer ici plusieurs, mais nous nous contenterons de faire mention d'une espèce dont la marche & les allures sont pour ainsi dire les mieux connues, parce qu'on en fait une pêche suivie & abondante : c'est le muge de mer ou mulet. Cet excellent poisson de mer se prend en très-grande quantité sur les bords de la Mer-Noire, & surtout près de Koslow & de Caffa. Il est propre à être salé & fumé, & ses œufs, connus surtout en Italie & en Provence sous le nom de *boutargue*, se préparent d'une manière particulière, & sont d'un goût exquis. Au sortir des entrailles du poisson on les plonge avec leur sac dans une forte saumure, & on les laisse ainsi exposés à l'air. Lorsqu'on juge qu'ils sont suffisamment marinés, on les met à part & on les recouvre de cire fondue pour les conserver ainsi & prévenir la corruption. Au moyen de ces précautions on conserve long-tems ces œufs, & on peut les transporter où l'on veut.

Le tems de la bonne pêche de ce poisson est le printems & l'automne, & l'on dit que, comme les harengs, il a tous les ans des passages réglés dans l'ordre suivant : au commencement du printems, il débouche par grandes bandes du détroit de Constantinople dans la Mer-Noire, où il suit la côte occidentale jusqu'à l'embouchure du Don ou Tanaïs : de là il se dirige droit vers la presqu'île de Kertsch, & s'y montre ordinairement aux environs de Koslow, d'abord à peu près dans le mois de mars ; il emploie ensuite trois mois entiers à parcourir la côte de la presqu'île & à franchir le détroit de Jénicalé pour entrer dans la mer d'Azof, où il ne séjourne que les mois de juin & de juillet. Après cette course, il emploie trois mois à suivre la même route rétrograde jusqu'au canal de Constantinople : de là il passe dans la Méditerranée, où l'on en pêche abondamment.

Des insectes. Des insectes utiles, l'abeille mérite seule d'être observée. Les habitans de la *Crimée* en ont assez abondamment, & surtout ceux des montagnes, où il se trouve d'ailleurs des plantes très-propres à l'entretien des abeilles ; mais les meilleurs miels se récoltent dans les cercles d'Achmetschet & de l'ancienne *Crimée*, où il est blanc & pur : dans les lieux voisins de la mer, il est rougeâtre.

Les ruches sont formées de branches d'arbres nattées en forme de cylindres : on les enduit d'argile par dehors ; on les place dans les cours des habitations & dans les jardins, à terre, ou bien on les suspend aux arbres; & dans quelques endroits, comme vers le haut d'Alma, on pratique des habitations aux abeilles dans le creux des arbres.

CRISE (la), rivière du département de l'Aisne, arrondissement de Soissons, à une lieue & demie d'Oulchi-le-Château, où elle prend sa source; elle coule au nord-ouest, puis au nord, & se rend dans l'Aisne, à l'est de Soissons. Les eaux de cette rivière sont propres au dégraissage & à la teinture.

Il seroit possible d'établir, par leur moyen, des fabriques de draps, qui seroient une richesse de plus pour le département de l'Aisne.

CRISSAY (Forêt de), département d'Indre & Loire, arrondissement de Chinon; elle a trois mille toises de longueur, sur six à sept cents toises de largeur.

CRISSOLO, dernier village de la vallée du Pô. Je l'indique comme rendez-vous aux naturalistes qui desirent faire l'examen raisonné de la grotte ou balme del Rio Martino. De ce village on apperçoit une ouverture dans le flanc de la montagne, qui se présente au sud-ouest: c'est l'entrée de la grotte. En sortant de *Crissolo* on descend par une pente douce pour gagner le fond de la vallée, puis on monte pour atteindre la hauteur de l'ouverture où se trouve l'entrée de la grotte. A quelques toises au dessous de cette entrée, vers le fond du vallon, on voit s'échapper de la montagne un ruisseau qui, ne pouvant sortir par l'ouverture de la grotte, laquelle sert d'entrée, a été forcé de se percer une issue plus bas & au niveau du fond de la grotte qu'il traverse dans toute sa longueur.

En pénétrant dans la grotte par l'ouverture dont nous venons de parler, laquelle a environ une toise en largeur & tout autant en hauteur, les regards se portent sur plusieurs colonnes de glace, dont quelques-unes ont l'air de soutenir la voûte; mais dès qu'on avance dans ce souterrain on s'assure que la glace n'y domine pas, car la température y est constamment au dessus de huit dégrès: & d'ailleurs, le ruisseau qui coule avec grand bruit annonce la chaleur des souterrains.

A peine avance-t-on de quelques toises, qu'un grand rocher présente un obstacle à la marche du naturaliste; mais une fente qu'il découvre à la base de ce rocher lui permet de pénétrer plus avant; & au-delà de deux toises qu'a ce passage étroit & désagréable on se trouve dans la grande grotte, dont les parois sont plus écartées, & les voûtes s'élèvent davantage à mesure qu'on chemine dans la grotte.

Le fond de la grotte qui sert de lit au ruisseau est garni de couches de matières déposées par la mer: ces couches, dans leur inclinaison, gardent constamment un certain parallélisme avec le fond du ruisseau; ce qui prouve qu'autrefois ce lit étoit plus élevé, & que probablement le ruisseau avoit pour débouché l'ouverture même de la grotte. Il arrive assez souvent que les couches calcaires ratiformes manquent tout-à-fait, ou bien elles sont remplacées par des blocs anguleux de pierres calcaires entassés les uns sur les autres: c'est sur cette espèce de bande qu'on doit marcher pour visiter la grotte.

Les personnes qui n'ont pas une certaine hardiesse aiment mieux suivre, tant qu'il est possible, le cours du ruisseau & marcher presque toujours dans l'eau; mais cette route, quoique plus sûre, n'est pas la plus agréable, puisque le voyageur, plongé sans cesse dans le bas, ne peut qu'imparfaitement contempler l'architecture bizarrement gothique des voûtes élevées souvent de plus de quinze toises au dessus de sa tête.

Pour peu qu'on ait de courage & d'activité on doit donc préférer de marcher sur le penchant des parois. Cette marche seroit sans doute dangereuse sans de petites aspérités de matières calcaires, dont la surface est hérissée de manière à pouvoir y retenir les pieds. Les stalactites & les stalagmites contribuent aussi à rendre la marche plus sûre & plus facile: les premières servent d'appui pour s'accrocher d'une main, tandis que de l'autre on tient le flambeau. Les stalactites sont si solidement attachées à la roche, qu'il faut des coups de marteau redoublés pour les détacher. Dans les endroits où des morceaux anguleux de roche entassés bizarrement les uns sur les autres succèdent aux concrétions calcaires, on peut marcher dessus sans crainte; car ils sont si fortement agglutinés entr'eux, que le poids d'un homme ne suffit pas pour les désunir.

Dans cette route tantôt on descend au milieu de petits vallons, tantôt on regagne les hauteurs, & en général on monte plus qu'on ne descend; ce qui est prouvé par le mouvement du ruisseau qui du fond de la caverne coule vers son issue.

Pendant le chemin on est forcé quelquefois de descendre au niveau du ruisseau, & souvent il faut le traverser. Dès le commencement de la route, on trouve des bancs de farine fossile (carbonate calcaire en poudre), & cette substance recouvre très-fréquemment le lit du ruisseau. On rencontre aussi dans deux endroits de l'ocre de fer extrêmement rouge, qui pourroit très-bien servir pour des peintures grossières, & dans plusieurs autres on voit de gros rognons de brèche serpentine à ciment calcaire en décomposition; elle est noire & luisante par le mica qui s'y trouve mêlé en abondance.

Vers les deux tiers de la longueur de la grotte un bruit considérable fixe l'attention du voyageur; c'est une cascade qui sort de la roche, qui sert de couverture à la grotte, & le ruisseau qui sillonne le fond de cette caverne dans toute sa longueur est alimenté par les eaux de cette cascade & par celles d'une autre encore plus grande qui est au fond de la grotte.

En continuant sa marche pendant un quart-d'heure on voit le sol changer de nature. Les dépôts calcaires mamelonnés disparoissent, ou plutôt ils sont recouverts d'une couche de terre argileuse extrêmement glissante, à cause de l'eau qui dégoutte en ce lieu : heureusement cette veine d'argile ne s'étend pas bien loin, & l'on retrouve avec plaisir les mêmes couches calcaires.

Après une heure & demie de marche on rencontre une seconde cascade qui fait grand bruit, & qui est plus considérable que la première : on ne la voit bien que lorsqu'on est au fond de la grotte. Un gros ruisseau tombe de la voûte perpendiculairement sur un plancher de marbre blanc : on voit aux environs un sallon de la grandeur d'une vaste église. Un grand rocher, faisant partie de la montagne même, s'avance jusqu'au milieu du salon : son arête joint la voûte au plancher. La longueur de cette partie de la cavité souterraine est de cinq cent huit métres ; ce qui étonne le voyageur, qui ne se lasse pas d'admirer.

On dispute beaucoup sur l'origine de cette longue grotte ; mais pour peu qu'on fasse attention on est forcé de reconnoître, dans ces souterrains, la main de l'homme qui a creusé pour en extraire du marbre qui s'y trouve avec abondance. Ce marbre est d'un blanc-grisâtre, & cette teinte s'affoiblit à mesure qu'on avance dans l'approfondissement de la carrière : vers le fond le marbre est totalement blanc.

Outre cela on doit croire que la nature travaille depuis des siècles à décorer de ses bizarres richesses l'intérieur de ces vides immenses, qu'on doit d'abord à l'action de l'eau courante du ruisseau, qui, dans les premiers tems, consistoit dans l'eau circulante d'une source, laquelle doit avoir aggrandi ses bouches & ses issues, comme on s'est souvent assuré que ces travaux ont lieu lorsque les grottes, comme celles-ci, en mettent à découvert les résultats intéressans.

CRISTAL DE ROCHE. Nous rassemblerons dans cet article tout ce que nous avons recueilli d'observations sur les différens lieux d'où l'on tire le *cristal de roche*, soit en Suisse, soit en Dauphiné ou ailleurs. Ce rapprochement entre dans notre plan. C'est particuliérement sur le Gothard & sur les montagnes qui en dépendent, qu'on a trouvé les plus riches mines de cristal. La plus fameuse qu'on cite en a fourni plus de mille quintaux. Il y a des particuliers qui ne s'occupent que de la recherche & de l'exploitation de cette espèce de mine. Leurs connoissances se bornent à savoir que les mines ou fours à *cristaux de roche* se rencontrent dans les filons de granit. Dans la vallée de Schallinen & sur le haut du Gothard on découvre l'entrée ou l'ouverture de fours ou mines de *cristal de roche* qui ont été exploitées. Il y en a qui sont à des hauteurs étonnantes, auxquelles on n'a pu parvenir qu'en s'y faisant descendre au moyen des cordages. En visitant quelques-unes de ces mines abordables on a remarqué qu'elles étoient toutes dans des rochers de granits composés de quartz, de feldspath & de mica.

Les cristallisateurs reconnoissent les endroits où sont les filons, les masses de quartz dans le granit en les frappant à grands coups, & si le retentissement de ces coups indique un creux ou une cavité, ils entr'ouvent le rocher au moyen de mines & de pétards. Il n'y a que la poudre qui puisse faciliter les progrès dans une substance aussi dure que le granit dont il est question. Ce travail n'a rien qui diffère de celui des autres mines. Toutes celles qu'on peut avoir sont visiblement dans les fentes des filons ou dans des cavités naturelles qui se trouvent sur leur direction, & qui sont tapissées de cristaux en entier ou en partie seulement. Les endroits auxquels les cristaux sont attachés, paroissent être de quartz pur. Les cavités qui les renferment, ont différentes formes ; les unes sont rondes comme les géodes ; d'autres sont oblongues ou alongées avec différentes sinuosités irrégulières, & qui se prolongent dans diverses directions. Elles sont en grand ce qu'on voit en petit dans les morceaux de mines garnis de cristaux : dans un grand nombre de ces fours l'eau y distille, & d'autres sont entiérement secs.

Ce qui nous paroît mériter une attention particulière dans ces cavités, c'est qu'il y a une quantité de terre ou de poussière verte très-fine, qui s'est trouvée être produite par les débris de petites paillettes de mica très-fines, douces au toucher, & faciles à réduire à un plus grand état de division entre les doigts, & nullement attaquables aux acides. A côté & entre les cristaux ou masses de quartz qui ont servi de base aux cristaux on trouve du mica cristallisé, en écailles bien minces, d'une ou de plusieurs lignes de grandeur, formant de petites masses & des groupes posés de champ, irréguliérement arrangés entr'eux. Dans d'autres fours des feuillets de mica réunis formoient des boutons ou masses arrondies, brunes-noirâtres, & striées à l'extérieur. Ces boutons sont groupés les uns sur les autres, mêlés avec d'autres groupes de feldspath blanc & cristalisés en rhomboïdes, parmi lesquels se trouvent quelquefois de petits *cristaux de roches*. Il y a des groupes de feldspath qui sont sans mica, quoiqu'ils soient adhérens à de la roche micacée, comme il y a du mica cristallisé sans aucun mélange de feldspath. Il n'y a point de fours à cristaux où l'on n'ait trouvé de ces débris de mica vert plus ou moins abondans, ainsi que des cristaux de mica & de feldspath. Ces trois substances qu'on trouve dans les fentes ou cavités des granits sont, comme on voit, les mêmes qui entrent dans la composition du granit ; elles n'en different que par l'arrangement & par des formes plus régulières, vu que les parties homogènes de chaque sorte ont trouvé un vide ou un emplacement propre à l'aggrégation libre de ces parties & à leur cristallisation particulière.

Quelques cristallisateurs disent que la plupart de ces cavités étoient remplies d'eau ; ce qui est confirmé d'ailleurs par plusieurs faits analogues remarqués dans des blocs qu'on tire des autres mines. Ils ajoutent que les cristaux qui se trouvoient dans les cavités remplies d'eau étoient plus blancs & plus transparens que ceux qu'on avoit tirés de cavités sans eau, & qui étoient plus ternes & d'une eau plus sale. Souvent leur surface paroît piquetée & comme corrodée : cette remarque est applicable en même tems aux *cristaux de roche* isolés & détachés qu'on rencontre dans les montagnes de la Suisse. Il ne peut être douteux que les cristaux ne se forment en général que par la voie humide & dans des cavités fermées, à l'abri du contact de l'air extérieur.

Une observation qui vient encore à l'appui de ce que nous venons de dire, c'est que des cristaux qui sont dans le fond de ces cavités, où l'eau surabondante devoit naturellement séjourner, sont souvent troubles, ternes & verdâtres, surtout à la base des cristaux, & par l'endroit où ils sont attachés à la gangue ou matrice, pendant que le même prisme est souvent clair & transparent par le bout. Il est tout naturel de croire que le mica a traversé l'eau, & qu'il est entré dans la formation de ces cristaux. On dit, sans examen, qu'ils sont remplis de mousses & d'herbes. Ce n'est que le mica vert qui produit ces apparences : ce dont il est facile de se convaincre d'ailleurs en brisant & examinant quelques-uns de ces cristaux ; car on trouve pour lors que ces prétendues mousses ne sont que la poussière verte ou des débris de mica qui se rencontrent dans le fond des cavités dont nous avons parlé. D'autres cristaux sont tous couverts de ce mica, qui en incruste la superficie, la remplit de rugosités & de petites inégalités qui ôtent à la superficie du cristal le poli & l'apparence vitreuse qu'il a sans ce mélange. Il y a des cavités qui renferment une prodigieuse quantité de ce mica en poussière. En rassemblant le mica qu'on détacheroit des morceaux de granit on auroit une poussière pareille à celle qu'on trouve dans ces cavités. Il n'est pas douteux par conséquent que cette dernière ne provienne de la destruction du granit ; mais on ne trouve pas en même proportion le feldspath cristallisé : apparemment que les circonstances nécessaires à la cristallisation particulière & isolée ne sont pas aussi facilement réunies que celles qui concourent à la cristallisation du quartz, quoique le feldspath paroisse être en proportion égale, & souvent plus forte que celle du quartz dans certains granits.

La chute des rochers découvre quelquefois des *cristaux de roche* : les eaux les transportent dans les torrens, les rivières & les fleuves : on en trouve souvent aussi sur les glaciers. Les montagnes de la Suisse produisent des *cristaux de roche*, depuis la plus belle eau, la plus belle transparence, jusqu'à un ton de noir fort enfumé : ceux-ci conservent une couleur rousseâtre quant ils sont taillés minces. On le nomme assez improprement *cristal noir*.

Cristal (Mines de), dans le département des Hautes Alpes, canton de la Grave, à deux tiers de lieue au sud de la Grave. C'est là que l'on trouve les gites souterrains d'où l'on tire ces beaux blocs de cristal.

Cristal (Lac de), du département des Hautes-Alpes, arrondissement & canton de Briançon, à trois lieues ouest-nord-ouest de Prés : il a environ deux cents toises de longueur.

CRISTAU (Isle de), dans le département du Var, arrondissement de Toulon, près de la Ferre, à une lieue un quart à l'est de l'île de Bregançon, dans la rade d'Hières, près la pointe de la grande Calangue.

Cristau (Plage de), même département, à trois lieues ouest de Toulon, entre la plage de Beaucourt & le cap de la Cride.

CRISTILLON (Col de), montagne du département des Hautes-Alpes, arrondissement d'Embrun, à la source du *Cristillon*. Elle a du sud-ouest au nord-ouest une demi-lieue de longueur dans le massif des granits & des schistes.

CRISTOPHE (Col de), département du Pô, passage facile & très-fréquenté de la vallée de Saint-Martin dans celle de Pragelato : de Rochasse à Fenestrelle, deux lieues.

CROISY-LA-HAYE, département de la Seine-Inférieure, arrondissement de Neufchâtel, sur l'Andelle, laquelle sert à faire tourner les mouvemens d'une papeterie.

CROIX (la), village du département des Alpes-Maritimes, à une lieue & demie de Puget, de Theniers. Il y a deux usines à farines.

Croix (Col de la), dans le département du Pô, passage de la vallée de Quirras dans celle de Lucerne-de-Ristolas (Hautes-Alpes), à Granges-de-Prax (Pô), trois heures & demie de chemin.

Croix (Fort de la), département des Deux-Nèthes, arrondissement d'Anvers, sur le bord de l'Escaut, entre le fort Lillo & la commune d'Oorderen, à deux lieues & demie nord-ouest d'Anvers.

Croix (Rochers des), îles dans le département des Côtes-du-Nord, arrondissement de Lannion, près de la côte, en deux îles. Le plus grand à un quart de lieue de l'est à l'ouest, est très-étroit l'autre est fort petit dans toutes ses dimensions.

Croix (Canal de la). Ce canal se trouve sur la côte ouest de l'Amérique septentrionale. Cette entrée paroît se diviser en plusieurs bras, dont le plus grand tourne au nord. La pointe sud-est de ce canal est un promontoire élevé, auquel le capitaine Cook a donné le nom de *Cap de la Croix*. Il git par cinquante-sept deg. cinquante-sept min. de latitude, & deux cent vingt-trois deg. vingt-une min. de longitude (méridien de Greenwich). Au nord-ouest de cette entrée on apperçoit une chaîne ou plutôt une rangée de montagnes qui s'élèvent & se prolongent au nord-ouest dans une direction parallèle à la côte. Ces montagnes sont entiérement couvertes de neiges, excepté un petit nombre d'endroits où l'on voit des arbres qui semblent sortir du sein des flots. D'après cet aspect on peut penser qu'ils croissent sur des terrains bas ou sur des îles qui bordent le rivage du continent.

CROIX-AUX-MINES (la), village du département des Vosges. Il y a, dans les environs, des mines de plomb qui donnent de l'argent & du cuivre.

CROIX (Sainte-), ville principale de l'île de Tèneriffe, a peu d'étendue & est assez bien bâtie. Derrière elle le pays s'élève peu à peu, & il est d'une hauteur modérée. Par-delà le sol s'élève davantage au sud-ouest, & il continue à monter jusqu'au pic, qui de la rade ne paroît guère plus haut que les collines dont il est entouré. Il semble s'abaisser depuis le pic, mais non d'une manière brusque, aussi loin que l'œil peut s'étendre.

La rade de *Sainte-Croix* est en face de la ville, au côté sud-est de l'île : c'est la meilleure de Tèneriffe. Elle est bien abritée : elle est vaste, & son fond est de bonne tenue; elle se trouve entiérement ouverte aux vents du sud-est & du sud; mais ces vents ne sont jamais de longue durée, & les habitans du pays assurent qu'aucun vaisseau n'y chasse sur ses ancres. Cet avantage est peut-être dû aux soins extrêmes qu'on y prend pour amarrer. Tous les bâtimens qu'on y voit, ont quatre angles dehors, deux au nord-est & deux au sud-ouest, & leurs cables sont appuyés sur des futailles. Quand on néglige cette dernière précaution on est dans le cas de souffrir un peu.

Il y a dans la partie sud-ouest de la rade un môle qui se prolonge de la ville dans la mer, & qui est très-commode pour le chargement & le déchargement des vaisseaux : on y porte l'eau qui s'embarque. L'eau de la ville vient d'un ruisseau qui descend des collines : la plus grande partie arrive dans des tuyaux ou des augets de bois, soutenus par de minces étais : le reste n'atteint pas le rivage. La largeur du canal montre néanmoins qu'il sert quelquefois de lit à de gros torrens. L'eau douce qui se trouve dans cette île est très-bonne.

Longitude, 16 deg. 31 min. ouest; latitude, 28 deg. 30 min. 11 sec. nord. (Méridien de Greenwich.)

CROTON, CROTO & CROTONA, ville de l'Italie méridionale dans le Brutium, sur le golfe de Tarente, au nord du promontoire de Lacinium, aujourd'hui Capodelle-Colomne. Cette ville devint très-puissante; elle avoit quatre lieues de tour lorsque Pyrrhus entra en Italie. Les habitans passoient pour être forts & robustes. Le fameux Milon de *Crotone* ne contribua pas peu à leur donner cette réputation. On connoît les prodiges de force qu'il montra aux Grecs dans les jeux olympiques. *Crotone* n'a pas été moins illustre par le long séjour qu'y fit Pythagore. Ce philosophe réforma les mœurs des habitans, qu'il tira de l'oisiveté & des vices qu'elle entraîne après elle.

CROUPES DE MONTAGNES, DE COLLINES. J'appelle ainsi les pentes qui s'étendent depuis les sommets des montagnes ou des collines, jusqu'au fond des plaines ou des vallées que ces montagnes & ces collines dominent. L'examen de ces *croupes* est intéressant & instructif, en ce qu'il peut faire connoître les matières qui sont entrées dans la composition des montagnes & des collines, ainsi que leur disposition relative : c'est ainsi qu'on a trouvé que la terre étoit formée par couches dans certains cantons, ici par couches horizontales, là par couches inclinées, &c. (*Voyez* Couches.) C'est par cette étude des *croupes* que l'on a vu & distingué les massifs qui n'offroient aucune distinction de lits & de bancs, mais seulement les fentes de dessiccation. C'est donc en observant en détail les *croupes*, qu'on a découvert toute l'économie de la distribution des matériaux de différente nature sur le globe, ainsi que leur disposition respective. Voici encore un ordre de choses qui se trouve marqué sur toutes les *croupes :* c'est la suite & l'étendue des destructions opérées par les eaux pluviales & torrentielles qui ont parcouru ces pentes à mesure qu'elles se sont aggrandies, par les mêmes causes qui en ont formé la plus grande partie.

J'ai tiré de grandes lumières sur les progrès de l'approfondissement des vallées, en comparant la forme des *croupes* des vallées où sont dessinés les angles correspondans, les bords escarpés & les plans inclinés : c'est là que j'ai suivi la marche de l'eau courante dans la succession de son travail depuis les sommets des collines jusqu'aux plaines, en y ajoutant cependant les diverses altérations des formes primitives par les eaux pluviales, torrentielles, &c. (*Voyez* Vallées, Couches de la terre, Angles correspondans.)

J'ai remarqué que, dans la partie inférieure des *croupes* de plusieurs vallées, & surtout de celles qui sont approfondies dans la nouvelle terre, il y avoit beaucoup d'altérations & de destructions qui avoient non-seulement contribué à la forme des *croupes*, mais encore à l'état de la vallée, quant aux eaux qui y circulent.

Il y a des *croupes* qui ont éprouvé des éboulemens considérables, dont les matériaux sont dispersés le long des *croupes*. Souvent ces éboulemens n'ont entamé que les extrémités des couches; souvent aussi ils ont pénétré dans l'intérieur de ces couches, qui ont été culbutées les unes sur les autres. Ce genre de déplacement n'a pas tellement détruit l'organisation & la distinction des couches, que l'eau pluviale n'ait pas continué à circuler dans l'intérieur des lits des assises, & à paroître au dehors par des filets d'eau plus ou moins abondans; en un mot, par des sources dont les eaux se réunissent aux ruisseaux ou rivières qui coulent au fond de la vallée.

Il y a d'autres *croupes* dont les couches ont été totalement désorganisées, de manière que leurs distinctions ont été détruites, & qu'elles se trouvent réduites, surtout à leur partie inférieure, en masses informes, qui peuvent bien absorber l'eau des pluies, mais non les verser au dehors par des épanchemens suivis : aussi n'y voit-on de sources que dans les endroits où les couches suivies & distinctes subsistent encore.

J'ai pu voir tous ces détails dans des coupures larges & profondes faites en plusieurs endroits des environs de Paris, à la partie inférieure des *croupes*. Les lits de pierres calcaires ont été confondus par leur décomposition. Leur tissu primitif, fin & serré, n'est conservé que dans les noyaux qui sont enveloppés de détritus pierreux, qui, ayant été fort comminués, ont d'abord formé une pâte à laquelle l'infiltration des eaux a donné une certaine consistance.

CROZON, bourg du département du Finisterre, arrondissement de Château-Lin, près de la baie de Douarnenez, à quatre lieues sud de Brest. C'est un des plus considérables cantons de l'arrondissement, pays de sables & de rocher; msais la nécessité a obligé les habitans d'y cultiver les terres. La pêche est assez commune dans la riche baie de Douarnenez. Cette commune a un syndic des marins.

CROZON, village du département de l'Indre, canton d'Aigurande, sur la Bordesoule, à trois lieues de la Chatre. Il y a une forge qui tire la fonte d'un fourneau qui est à deux lieues de là dans la commune de Cluis-Dessous. Cette forge est composée de deux affineries, d'une chauffrerie & fonderie. L'eau vient d'un étang abreuvé par plusieurs ruisseaux qui sortent de la plaine & de la ville d'Aigurande.

CRUES DES RIVIÈRES ET DES FLEUVES. Ce sont des augmentations plus ou moins considérables qu'éprouvent les eaux d'un fleuve ou d'une rivière, & qui vont jusqu'au débordement.

Les *crues* des rivières ne se font qu'après des pluies abondantes & soutenues, ou à la suite d'un orage qui a parcouru une grande partie du bassin d'une rivière, ou enfin par la fonte des neiges. Il y a des *crues* accidentelles & d'autres périodiques & régulières qui ont lieu dans certains tems de l'année.

Le dernier degré de la *crue* des fleuves & des rivières est le débordement lorsque l'eau, ne pouvant pas être contenue dans leur canal, franchit ses bords & va couvrir les plaines basses & voisines de leur lit. (*Voyez* DÉBORDEMENT.)

Il y a des *crues* qui ne contribuent qu'à remettre une rivière à un certain degré de plein, & à l'entretenir par des augmentations qui ont lieu de tems en tems : ce sont les effets des pluies de l'équinoxe au milieu de l'été, des premières pluies de l'automne, & des pluies de l'hiver à la suite des dégels.

Les *crues* occasionnées par la fonte des neiges ont une certaine régularité dans les rivières qui prennent leur source au milieu des montagnes qui se dépouillent entiérement des neiges que l'hiver y amène : ces *crues* s'élèvent en conséquence à un certain degré qu'elles ne passent guère, & elles diminuent avec la même régularité. Quant aux effets de la fonte des neiges & des glaces dans les glaciers, ils sont plus durables & plus constans, à moins que cette fonte ne soit précipitée par quelques chaleurs vives & accidentelles ; ce qui n'arrive que très-rarement. Dans ce cas les rivières éprouvent deux sortes de *crues*, les unes journalières, périodiques, parce que la fonte des glaciers cessant la nuit, les rivières qui sont alimentées par les produits de cette fonte éprouvent pour lors une certaine intermittence à laquelle succède petit à petit la *crue* produite par la fonte du jour : telle est l'Arve, qui prend sa source dans les glaciers de Chamouni; mais lorsque l'Arve est réunie au Rhône on ne s'apperçoit plus guère du jeu des *crues* journalières à une certaine distance. A Lyon, par exemple, il faut y faire une grande attention pour y distinguer les effets des *crues* de l'Arve par une hausse légère que ces *crues* y produisent journellement. Les *crues* annuelles sont beaucoup plus sensibles dans les rivières qui sont alimentées par les glaciers. A mesure que la chaleur augmente, les eaux agmentent par des *crues* qui sont remarquables, même dans les lacs que ces rivières traversent, dans le trop plein de ces lacs & dans le reste du cours de ces rivières.

Il y a des *crues* subites produites par des orages; mais elles ne sont bien remarquables qu'autant que l'orage a parcouru la plus grande partie des vallées qui forment le bassin d'une rivière. Il y a quelques années un orage considérable qui se fit sentir

ſentir aux environs de Troyes, ayant été concentré dans cette partie de la vallée de la Seine, ne produiſit dans la Seine à Paris qu'une hauſſe fort peu conſidérable : on ne la remarqua que par la couleur de l'eau, qui fut troublée, & devint fort jaune aſſez ſubitement ; auſſi les *crues* de la Seine ne ſont bien ſenſibles à Paris que lorſque la Marne & l'Yonne ſe réuniſſent à la Seine. On n'éprouve que des *crues* incomplètes & partielles lorſqu'une ſeule de ces trois rivières fournit à ces *crues* ; mais comme malgré cela elles ſuffiſent pour rendre les rivières navigables & marchandes pendant l'été ou dans l'automne, les bateliers les attendent ſur les bords de ces rivières pour profiter du premier flot, & faire des navigations plus promptes & plus heureuſes.

Il en eſt de même de la Loire & de l'Allier pour les convois des bateaux de charbon & d'autres marchandiſes qu'on met en dépôt dans certains ports : leurs *crues*, même les plus légères, favoriſent ces tranſports. C'eſt ſouvent à de pareils bienfaits de la nature, qu'on doit le ſuccès d'une ſpéculation de commerce & l'abondance des denrées dans les grandes villes. (*Voyez les articles de ces rivières.*)

M. Amontons a trouvé que, depuis le 14 ſeptembre 1703, juſqu'au 10 février 1704, la Seine avoit éprouvé huit *crues*, qui réunies toutes enſemble faiſoient deux cent vingt-trois pouces d'eau, & avoient duré ſoixante-dix-ſept jours ; que depuis le 10 février 1704, juſqu'au 18 ſeptembre ſuivant, il y avoit eu huit *crues*, qui n'avoient produit que cent ſoixante-trois pouces, & avoient duré ſoixante-dix jours : d'où ce phyſicien concluoit que les pluies qui avoient contribué à groſſir la Seine avoient été plus ſuivies depuis l'équinoxe d'automne, juſqu'à celui du printems 1704, que depuis ce dernier équinoxe juſqu'à l'automne ſuivant, puiſque la quantité d'eau qui avoit produit les premières crues étoit preſque double de celle qui avoit fourni aux autres, & que le tems étoit preſqu'égal, ainſi que le nombre de ces *crues*.

Quant à ce qui concerne les différentes deſcentes de l'eau, qui avoient eu lieu entre ces *crues*, il a trouvé que leur étendue avoit plus de proportion avec leur durée : d'où il ſemble qu'on peut conclure que les eaux ne baiſſent pas auſſi promptement qu'elles montent ; ce qui peut venir de pluſieurs cauſes : 1°. de ce que les rivières, dans le tems qu'elles ſont groſſes, ſoutiennent les eaux qui ſont diſtribuées de part & d'autre de leur lit : ce ſont ces eaux qui contribuent, à meſure que celles de la rivière diminuent, à verſer dans leur canal une quantité d'eau uniforme qui ſert à les entretenir plus long-tems à un certain degré d'élévation ; 2°. l'eau des pluies ayant pénétré doucement dans les terres en grande partie pendant que l'autre, qui couroit à la ſuperficie, étoit employée à la *crue*, s'épanchoit par les ſources d'un cours ménagé, & ſe joignoit à la première eau torrentielle dont on a fait mention. Au moyen de cette double diſtribution des eaux pluviales le long des canaux des rivières, elles ſont entretenues bien plus long-tems dans leurs baiſſes & dans leurs diminutions.

Au reſte, il ſeroit à deſirer qu'on multipliât les obſervations qu'on pourroit faire ſur les *crues* & les diminutions des rivières, & il eſt à préſumer qu'on auroit des réſultats qui varieroient ſuivant que les rivières ſeroient plus ou moins torrentielles. C'eſt d'après ces vues qu'on devroit ſuivre les *crues* du Rhône & de la Saône, de la Loire & de la Garonne ; & d'après un nombre ſuffiſant d'obſervations exactes ſur les hauteurs de ces rivières en différens tems, on pourroit en tirer des conſéquences très-lumineuſes & très-intéreſſantes ſur la marche des eaux courantes à la ſuperficie de la France, & ſur la différente diſtribution des pluies, ſuivant les diverſes contrées.

L'eau du fond des rivières qui doivent éprouver une *crue* commence à s'accélérer ſenſiblement dans ſon cours, & c'eſt ce que les gens de rivières, qui ſont fort attentifs à ces ſortes de mouvemens, annoncent en diſant que la rivière *mouve du fond*. (*Voyez ce mot.*) Mais ce phénomène ſe trouve lié à une circonſtance auſſi remarquable, quoiqu'on n'en ait encore rien dit ; c'eſt le ſoulévement des ſables & des vaſes limoneuſes qui ſont dépoſés ſur le fond du lit des rivières, & qui, ſe mêlant à l'eau, contribuent à rendre d'abord les eaux du fond plus ou moins troubles ; & comme cette teinte ſe diſtribue aſſez promptement à toute la maſſe des eaux courantes de la rivière, le mouvement du fond ſe reconnoît par le ton louche que prend cette eau.

C'eſt ainſi que l'accélération du mouvement des rivières qui charient des glaces dans les heures où le ſoleil paroît, eſt ſuivie de l'aſcenſion des glaçons qui ſe détachent du fond, & de l'augmentation de la teinte jaunâtre que prend la maſſe de l'eau courante. Ces mouvemens ſont toujours ſuivis d'une certaine *crue*. (*Voyez* GLACES DES RIVIÈRES.)

L'eau d'une rivière ſe trouble & ſe charge de terre, d'autant plus que la *crue* eſt plus rapide & plus conſidérable, parce que l'enlévement des terres que les eaux torrentielles délaient, eſt en raiſon de leur maſſe & de leur viteſſe, & que la grandeur des *crues* dépend des mêmes circonſtances. Il faut cependant conſidérer la nature des terres que l'eau des pluies qui tombe dans une vallée peut délayer, & dont elle peut ſe charger ; car l'effet des *crues* doit varier comme ces circonſtances. On remarque, par exemple, à Paris, que l'eau de la Marne, à égalité de *crue* avec la Seine, eſt beaucoup plus chargée de terre jaune & même rougeâtre, parce qu'elle en rencontre une plus grande quantité dans les parties ſupérieures de ſon baſſin, où ſe trouve un grand nombre de mines de fer. (*Voyez* MARNE.)

Il ne me reste plus qu'à parler des fleuves qui éprouvent des *crues* ou des débordemens périodiques, annuels, & qui arrivent assez constamment dans de certaines saisons : ces fleuves ou plutôt leurs sources ne se trouvent que dans la zône torride. L'on ne doute plus maintenant que ces effets qui avoient paru si surprenans autrefois, ne soient produits par l'eau des pluies très-abondantes dans cette zône, pendant la saison où le soleil y séjourne. Ainsi les *crues* des fleuves sujets à des débordemens annuels tiennent à la suite & au retour des mêmes saisons. Ces saisons elles-mêmes dépendent des vents & de la marche constante & régulière du soleil. (*Voyez* au reste les articles du NIL, du GANGE & des autres fleuves qui éprouvent ces mêmes *crues* périodiques, où les principales circonstances de ces phénomènes, ainsi que les grands effets qui en résultent, sont décrites en détail & analysées avec soin.)

CRUES DES SOURCES. Plusieurs sources & fontaines sont sujètes à des *crues* considérables à la suite de certaines pluies d'orage ou des pluies longues & soutenues de l'été & de l'hiver. Dans ces cas, l'eau de ces sources se trouble & se charge d'une terre jaune, abondante, pour peu qu'il y ait des entonnoirs multipliés qui reçoivent les eaux des pluies, & qui servent à les rassembler dans les réservoirs de ces sources. Je pourrois citer plusieurs sources pareilles ; mais je me contenterai de renvoyer à l'article SOULAINES, où l'on trouvera une description détaillée d'une fontaine où tous ces phénomènes sont très-marqués, & où toutes les circonstances qui y concourent, sont faciles à saisir & à rapprocher. (*Voyez* ABÎME DES SOURCES aux environs de Narbonne, où ces effets s'observent également, & ont été indiqués avec le même soin dans la description de ces contrées intéressantes.)

CRUES PÉRIODIQUES DES FLEUVES DE LA TORRIDE. Les *crues* du Nil, du Gange, de l'Indus, & les inondations qui s'ensuivent le long de leurs bords, se font en même tems par la mousson qui règne dans la latitude de leurs sources ou dans une partie de leur cours. On doit juger à la quantité d'eau qui tombe dans les trois mois que dure la mousson, par celle qui a été mesurée de la côte du Malabar, & qui s'élève à quatre-vingt-trois pouces.

Les *crues* de l'Indus & du Gange ont lieu pendant les mois de juillet & d'août. (*Voyage de Bernier dans l'Inde.*)

CRUZY-LE-CHATEL, ville du département de l'Yonne, arrondissement de Tonnerre, & à quatre lieues est de cette ville. Au hameau de Maulac, qui dépend de *Cruzy*, il y a une verrerie où l'on fabrique des bouteilles communes.

CUBIÈRE (Roc de), montagne du département de l'Aude, canton de Tuchan, & à quatre lieues à l'est de cette ville. Elle mérite l'attention des naturalistes.

CUBLAC, village du département de la Corrèze, arrondissement de Brives, & à quatre lieues de cette ville. On trouve dans cette commune, sur la Vezère, une mine de craie rouge, *rubrica marga, rubra solidiuscula.*

CUBON (Pic de), montagne du département des Hautes-Pyrénées, arrondissement & canton de Bagnères, à trois lieues & demie ouest-sud-ouest de Vielle. Elle a de pente, du sud au nord, deux tiers de lieue, où l'on peut observer sa constitution physique.

CUGNY, village du département de l'Aisne, canton d'Oulchy-le-Châtel. Il y a une tuilerie, & on y exploite des terres pyriteuses propres à faire des engrais.

CUIL (Montagne de). Cette montagne est plus élevée que celle d'Épernay & que le mont Félix; elle a près de cinq cents pieds. Une partie est couverte de bois, une autre est cultivée ; cependant la plus grande partie de sa surface est en friche. Comme celle-ci est presqu'entiérement couverte de bruyères & d'autres plantes, la terre végétale est sablonneuse & colorée. Dans les endroits où elle est cultivée, cette terre est un mélange d'argile & de sable très-coloré, qui est fertile pour la culture des blés. Sous la terre végétale, qui varie par la quantité d'argile & d'ocre martial qu'elle contient, on trouve une terre arénacée jaune, ensuite une couche de pierre calcaire, qui dans des endroits a huit à dix pieds de profondeur. Cette pierre est tendre, poreuse: on reconnoît encore les coquilles qui l'ont formée. Une couche de falun très-friable, coloré, dans lequel on trouve quelques cristaux de gypse, est entre-mêlé de pyrite martial. Sous toutes ces couches on rencontre de la terre marneuse, enfin du tuf calcaire & le banc de craie.

On trouve abondamment, dans l'intérieur de cette montagne, des pyrites & des cailloux roulés, colorés en noir, en rouge par la chaux de fer qui est très-abondamment répandue. La partie orientale de la montagne de *Cuil* a été bouleversée en partie par les eaux d'une inondation qui, après avoir presque comblé cette vallée (située vis-à-vis Montelou) de pierre & de terre, laissa découvert l'intérieur de la montagne. On voit encore des ravines & des fentes perpendiculaires très-profondes formées par les eaux. Cet endroit, qui a environ un mille d'étendue, s'appelle *les Roualles de Cuil.* Il offre encore une élévation de plus de deux cents pieds, des rochers énormes entassés en groupes les uns sur les autres d'une manière pittoresque : la plupart semblent prêts à se détacher, & une quantité descend journellement du haut de la montagne. Ces rochers de pierres calcaires sont colorés diversement par la terre martiale, qui est très-abondante dans cet endroit ; les autres sont d'un rouge éclatant, d'autres bruns, & quelquefois entiérement noirs. Ils sont tous formés de vis & de buccins, & couverts en grande partie par des cristaux de spath calcaire ; enfin on trouve des géodes & des duises quartzeuses dans quelques cailloux.

CUISEAUX, ville du département de Saône & Loire, au pied d'une montagne, à quatre lieues & demie sud-est de Louhans. Il y a quelques vignes dans son territoire, qui sont bien cultivées.

CUISERY, ville du département de Saône & Loire, arrondissement de Louhans, sur la côte, près de la Seille, à une lieue un quart est de Tournus. Cette ville est dans un bon pays. La rivière de Seille commence à y être navigable. Son territoire fournit beaucoup de vin.

CUISIAT, village du département du Jura, canton de Cousance. Il y a une mine de charbon de bois fossile.

CUJELATE, montagne du département des Basses-Pyrénées, canton d'Arudy, à trois lieues un tiers de Bielle. Elle a de l'est à l'ouest deux tiers de lieue de longueur.

CULANT, ville du département du Cher, sur l'Aron, à trois lieues & demie de Bourges. Le territoire de *Culant* renferme une mine de manganèse d'une qualité supérieure reconnue par la société d'agriculture de Mellant. Il y a aussi des carrières de marbre d'un grain très-fin & susceptible d'un très-beau poli.

CULANT (Pic de), département des Hautes-Pyrénées, canton d'Argelès. Il a du nord au sud un tiers de lieue de longueur.

CULIGO (Lac de), département de la Haute-Garonne, canton de Bagnères-de-Luchon, & à deux lieues sud-ouest de cette ville, à la descente de la cascade de cent trente-quatre toises, venant du lac d'Espingon sur le Go.

CULESTRE, village du département de la Côte-Dor, canton d'Arnay-sur-Arroux, près de la source de l'Arroux, à une lieue & demie d'Arnay. C'est un point de partage des eaux, très-remarquable.

CULOTS, centres d'éruption des feux souterrains, d'où les formes de cratères ont disparu.

C'est parce qu'on n'a pas suivi un certain plan d'observations assez étendu & raisonné, qu'on a recherché & indiqué des cratères dans les pays volcanisés, où les produits du feu appartenoient à la seconde époque, & par conséquent ne devoient point offrir ces formes qui ne subsistent que dans la première. On n'a pas soupçonné qu'à la place d'un trou plus ou moins profond, plus ou moins évasé, on ne devoit trouver qu'un amas de terres cuites ou qu'une masse de lave escarpée de tous côtés, ou placée à l'origine des courans, ou isolée sur une hauteur, & qu'il n'y pouvoit exister d'autres vestiges de cratères, mais que ces vestiges étoient trop altérés pour être reconnus. On n'a pas même fait mention de ces massifs de laves ni senti la difficulté de concevoir comment elles avoient pu se former, se conserver ainsi sans avoir de liaison avec celles des courans ; on n'a pas vu que ces courans eux-mêmes tenoient à ces massifs, quoique souvent ces *culots* ne tînssent pas aux courans.

Mais en revanche, pour peu que ces observateurs rencontrassent certaines inégalités dans le terrain, ou une ravine creusée au pied de ces massifs de laves escarpées, ils y ont placé les cratères ; ils y ont imaginé les vestiges des bouches de volcans. C'est ainsi que, sans méthode, sans analyse, on s'égarera toujours dans une suite de faits où les opérations de la nature sont compliquées & altérées. Et dans quelles circonstances ne le sont-elles pas !

C'est à ces observateurs à qui je dis : Ne cherchez pas de cratères dans cette contrée, où il n'en subsiste plus. Au lieu d'une bouche ouverte je ne puis vous montrer que des amas de terres cuites, ou des massifs de laves solides escarpées, placées à l'origine des courans, dispersées sans ordre ou guindées sur des hauteurs. Ce sont les tufs ou *culots* des cratères que vous cherchez ; ainsi vous êtes arrivé trop tard. Si vous prétendez retrouver ici les formes principales des anciens fourneaux où le feu a exercé ses ravages, le tems, qui amène tous les changemens & les nouveaux événemens, détruit les formes des anciens, & il faut se résoudre à fixer les progrès de ses destructions avant que de prononcer sur ce qu'il a incontestablement altéré. Pour mettre de l'ordre dans vos recherches, parcourez d'autres cantons où les cratères se présenteront à vous avec toutes les circonstances qui les caractérisent réellement.

Pour trouver un cratère il n'y a pas de grands efforts d'esprit à faire, si l'on sait reconnoître tous les produits du feu appartenant à la première époque que j'ai distinguée. On verra sur le sommet aplati d'une montagne un trou plus ou moins profond, conique, couvert de scories ou de terres cuites, qui est le centre de quelques courans échappés du pied de la montagne, ou qui est rempli, au fond d'un *culot*, de laves qui s'y sont refroidies sans avoir été versées au dehors.

Je vois que, dans cette recherche des cratères, quelques observateurs ont intention d'en faire usage, non-seulement pour s'assurer de l'existance des volcans par la reconnoissance de leurs anciennnes bouches, mais encore pour y placer des lacs. Le plaisir singulier d'indiquer des amas d'eau dans de vastes trous où la flamme a fondu tant de laves les a séduits sans doute : cette idée philosophique leur a plu. Ils n'ont pas pensé que plus ces contrastes & ces révolutions étoient étonnans, plus aussi il étoit important de les bien constater, & qu'une discussion sévère des faits devoit les présenter plutôt comme des conséquences nécessaires qui en découloient, que comme une hypothèse ingénieuse qu'ils auroient imaginée.

Parmi les *culots* il y en a plusieurs qui ont peu d'élévation, parce que les centres d'éruption ont versé beaucoup de laves; en sorte qu'il en est très-peu resté qui aient conservé une certaine élévation au dessus des plates-formes de courans, dont ces *culots* sont entourés de tous côtés : cela prouve que le creuset pouvoit peu contenir de matières fondues.

D'un autre côté, on voit de ces *culots* fort élevés au dessus des massifs de laves qui sont sorties des centres d'éruption, & qui les enveloppent, en formant d'immenses terrasses dans tout leur contour, sans aucune interruption marquée. Tel est le *culot* du Mézin en Velay, qui est aussi célèbre dans cette province, que le Mont-Dor en Auvergne; enfin, il y en a de très-gros, de très-élevés, & qui ne paroissent pas avoir donné aucun courant au dehors : tel est le beau *culot* de l'Amble.

Toutes ces circonstances peuvent se rencontrer dans la forme des *culots* dont j'ai conçu & expliqué la formation. Effectivement, on ne pourroit pas concevoir comment de gros massifs, la plupart du tems très-solides & sans aucune enveloppe de scories ou de terres cuites pulvérulentes, se trouveroient élevés au milieu d'un sol intact & à plus de deux ou trois cents pieds au dessus de leurs bases, sans avoir été contenus par quelque forme de creuset qui les empêchât de se répandre sur les terrains inférieurs : les restes de ces amas de scories & de terres cuites qui enveloppent ou la base ou certaines parties de ces *culots* sont des preuves de cette disposition primitive.

Dans les mêmes centres d'éruption on trouve souvent réunis les vestiges de *culots* de différens âges; mais pour lors les scories, les terres rouges, produits d'une dernière éruption moderne, ont masqué les restes des premières fontes, & il n'est reste de témoins de ces événemens anciens que les courans dépouillés de scories, & réduits à leurs noyaux de laves compactes & aux terres cuites pulvérulentes.

Au reste, il y a tant de *culots* bien caractérisés, que toutes les petites anomalies ne pourroient former des faits contradictoires : ce sont pour lors, comme on voit, des effets compliqués, quant aux causes, en conséquence des accès du feu à différentes époques.

Il conviendra de distinguer tous les *culots* de la seconde époque, lesquels doivent être assez dégradés, mais cependant beaucoup moins que ceux qui appartiennent à la troisième, & plus ancienne, & qui sont bien dépouillés de scories & de terres cuites, même éboulés dans plusieurs parties de leurs centres.

Il sera bon en même tems de rapprocher de ces *culots* l'état où peuvent se trouver les courans qui sont sortis des anciens cratères, & qui peuvent appartenir à la même époque à peu près.

Il n'y a rien de plus instructif que ces rapprochemens : ainsi, par exemple, les massifs de laves du Mont-Rognon sont bien du même tems que le *culot*. Les massifs de laves adossés à la base du puits de Girou sont bien du même tems que ce beau *culot*. Il n'y a pas vestiges de scories au milieu de ces laves, seulement des terres noires bien comminuées : les laves se trouvent placées les unes sur les autres, avec des points quartzeux seulement.

Le *culot* de la Serre est affaissé & oblitéré assez pour que le courant de la Serre ait été non-seulement dépouillé de scories, mais encore enveloppé de couches horizontales.

Si je compare les courans du puy de Charade avec le *culot*, je trouve qu'ils sont très-anciens, & le *culot* tellement oblitéré, qu'il est presque réduit à rien; car primitivement il y a ici trois cas : 1°. toutes les fois qu'il y a eu des courans il ne doit pas se trouver un *culot* à leur origine, car la dernière éruption a tout versé au dehors; 2°. toutes les fois qu'il y a un *culot*, il ne doit pas toujours se trouver des courans : il y a eu éruption sans épanchemens de lave; 3°. le troisième cas est le plus commun & le plus ordinaire; c'est celui où le volcan ou le centre d'éruption a jeté au dehors des laves abondantes à plusieurs reprises, & a laissé une masse de lave plus ou moins abondante se refroidir dans le foyer sous une enveloppe de scories & de terre cuite.

Je distingue les centres d'éruption par leurs formes : les uns sont couverts de scories, offrent à leur cime un cratère ouvert, & ne sont point couverts de bois; d'autres ont des cratères encore plus ouverts, plus affaissés, & sont couverts de bois, avec des scories & des terres rouges, qui sont dispersées dans la moitié des produits des anciennes inflammations.

A mesure que les cratères se détruisent, leur forme s'arrondit, la partie terreuse y domine, & les bois sont beaucoup plus forts & plus épais.

Dès que les cratères ont disparu totalement, que la forme de ce qui reste à leur place est arrondie en dôme, & que la partie de terre cuite domine, alors on observe les rayons dispersés autour du dôme.

Auſſitôt que les laves commencent à ſe découvrir par le haut, ſoit qu'il reſte ou qu'il ne reſte pas de terres au pied du dôme, je trouve les débris tracés par les lignes concentriques. Il y a pluſieurs de ces formes, couvertes de bois; d'autres ſont à nu entiérement, ſans aucune production végétale; mais alors il y a des terres & des couches propres à ces productions.

D'autres centres d'éruption ont pour noyau un *culot* de laves ſans aucune partie terreuſe, mais ont été recouverts dans une grande partie de leurs contours & de leur élévation par des couches horizontales, & dans ces cas il n'y a rien ni au ſommet ni à la baſe recouverte de couches; mais quelquefois il y a quelques brouſſailles dans les deux parties, ou bien il y a beaucoup de bois dans la partie inférieure de ces collines ou montagnes. Les productions des bois s'obſervent dans les terrains qui appartiennent aux premières époques des courans modernes.

J'ai vu Daniſe, *culot* en dôme, couvert de ſcories abondantes, & qui n'a point encore de bois; c'eſt un *culot* remarquable du Velay.

Cependant il y a des *culots* ronds, couverts de beaux bois, & il y en a qui ne ſont point couverts de bois. Daniſe eſt, par exemple, comme je l'ai dit, en tête arrondie, ſans être couvert de bois. Eyſſenac eſt en tête arrondie, offrant un groupe d'arbres élevés. Le Puy de Clary eſt en tête arrondie, plus moderne que le Puy d'Eyſſenac; auſſi n'eſt-il pas boiſé. Les têtes de Mons ſont couvertes de bois, quoiqu'elles n'aient donné que des courans à demi modernes.

Le Puy de Raches n'eſt point boiſé, quoique *culot* ancien, parce qu'il eſt entiérement dépouillé.

Il y a des *culots* dont le noyau, n'étant pas une lave ſolide, fournit toujours un amas de parties terreuſes abondantes, mais ſans ſcories. Dans ce cas, quoique les courans ſoient très-anciens & réduits à la ſeule lave, la forme du *culot* qui eſt reſtée arrondie reſſemble à celle des *culots* plus modernes; cependant on y trouve des bois & des brouſſailles qui ſuppoſent toujours un certain fonds de terre.

Les bois qui couvrent les Puys qui ſont les centres des éruptions volcaniques ont contribué ſouvent à retenir les terres, débris des ſcories, & en même tems qu'ils facilitent la décompoſition de ces ſcories ils en conſervent les réſultats, & s'oppoſent ainſi au dépouillement du *culot*. Toutes ces circonſtances m'ont paru avoir lieu dans bien des cas. Lorſque les bois ont peu de terre, il leur arrive de couler ſur les revers rapides des dômes ou *culots* qui ſe dépouillent lors des pluies abondantes de l'hiver.

Les *culots* diffèrent beaucoup, comme nous l'avons déjà remarqué, par la forme extérieure ſans veſtiges de cratères. C'eſt un mélange de couches de laves ſolides avec des lits de ſcories ſous formes pulvérulentes.

Il y en a qui ſont dépouillés totalement; alors la forme qu'ont priſe les laves en ſe refroidiſſant, ont influé ſur celles que ces Puys offrent de loin. S'ils ont été décompoſés en partie, c'eſt une ruine. Il y en a qui ſe délitent par des fentes verticales qui font de larges priſmes; quelques-uns ſe délitent auſſi par lames très-propres à couvrir les toits, & pour lors les hommes ont contribué à ces deſtructions.

On ne peut rien voir de plus vieux que ces *culots*, tant ils annoncent partout les effets du tems. Les ſcories ont diſparu totalement; les maſſes de laves ſont en quartiers culbutés au loin. La totalité de ces maſſes ſe décompoſe par fragmens, & rien n'annonce une deſtruction auſſi marquée & auſſi étendue que ces *culots*.

Lorſque les *culots* ont pris une forme arrondie en ſe refroidiſſant, les maſſes à découvert ont toutes cette forme ſans aucun revêtement de terre ou de matières qui ſoient les reſtes des cratères qui n'ont pas eu lieu: tels ſont les Puys des environs d'Iſſengeaux en Velay, & ſurtout la montagne des Rameaux & Mont-Bernier.

On compte aux environs du plateau d'Auteuil, proche Iſſengeaux, ſeize Puys dépouillés ainſi, & d'une forme bizarre & délitée, pendant qu'il y en a parmi eux douze qui ne ſe délitent pas, & dont quelques-uns ſont couverts de terres cuites.

Il y a des *culots* différens par les matières & par leur arrangement relatif & intérieur: ces *culots* ſont des mélanges de terres & de laves compactes; ils ſont arrondis & de forme conique fort régulière, bien iſolés de tous côtés, & établis ſur des maſſes de courans bas, qui ſont les produits des premières éruptions, car les produits des dernières ſont les plus élevés, & ceux qui ſe ſont trouvés bien guindés dans les *culots* ſont de ces derniers.

Juſqu'à préſent aucun obſervateur des volcans ne s'eſt occupé d'examiner & de décrire les *culots*, ni de faire ſentir la difficulté de les raccorder avec l'état primitif; aucun n'a expliqué, comme je l'ai fait, comment des laves ſolides, qui étoient eſcarpées de tous côtés, étoient reſtées ſuſpendues ſans s'ébouler & ſans quitter des gites fort élevés.

Dans l'expoſition des divers objets dont l'examen doit entrer dans la détermination des époques des volcans, j'ai introduit les différens états des *culots*; mais ſi j'euſſe bien examiné les différens noms dont on fait uſage, ſurtout dans les îles volcaniſées, pour déſigner les maſſes montueuſes fort anciennes, dépouillées de terres cuites & de ſcories, & qui ſont connus ſous le nom de *pitons*, je n'aurois pas introduit le nom de *culots*. On en voit effectivement, ſoit à la Martinique, ſoit à Saint-Domingue, qui ſont détachés des chaînes, iſolés, diverſement groupés, comme ceux d'Auvergne

& du Velay, que j'ai cités pour exemples de mes *culots.*

Cette considération doit entrer dans l'article CULOT, comme synonyme de piton, car on ne sauroit trop rapprocher les pitons des îles de l'Amérique, des *culots* d'Auvergne, du Velay & de Provence : c'est ce que doit faire la géographie-physique. (*Voyez* ÉPOQUE DES VOLCANS.)

CULTURES. Il y a différens moyens de faire envisager les *cultures* & leurs produits à la surface du Globe : le premier consiste à les circonscrire par massifs ou nature de sols surtout qui conviennent à telles ou telles productions; le second est de considérer le degré de température qui leur convient.

En comparant les différens massifs aux productions naturelles, il est aisé de reconnoître que cette comparaison a servi de modèle pour le choix des sols qui pouvoient convenir à certaines *cultures;* choix qui a dû embrasser non-seulement le terrain, mais encore son exposition par rapport aux différens aspects de l'horizon, & son niveau au dessus de celui de la mer; ce qui détermine en même tems toutes les conditions que nous avons exposées ci-dessus.

Effectivement, en visitant différens pays cultivés, je reconnoissois par le changement de productions celui du sol & de l'exposition, & par le changement du sol les productions qui alloient se présenter à mes observations; en sorte que les limites de certains terrains me marquoient d'une manière nette & sensible les limites des productions.

Cultures des montagnes & des croupes élevées, & dont la pente est rapide.

Pour peu qu'on ait parcouru les pays de montagnes on a pu remarquer que les côtes escarpées, où l'on a risqué depuis quelque tems une *culture* mal entendue, ont éprouvé les plus grands désastres à la suite des pluies abondantes & soutenues.

A compter du tems où l'on s'est occupé de défrichement, ces travaux de *culture* se sont étendus depuis les sommets les plus élevés & les plus rapides, jusqu'aux plaines qui se trouvent au pied des montagnes. Comme la pratique la plus générale des personnes qui mettent en valeur ces terrains est d'arracher & de réduire en cendres les racines des arbres & des arbustes, ainsi que les gazons qui pouvoient seuls retenir & augmenter la terre végétale qui recouvre la pente rapide des rochers, il s'ensuit que la destruction de ces obstacles a facilité l'enlévement de cette couverture.

La terre végétale, devenue mobile par les travaux de la *culture*, ne peut rester long-tems sur le sol. La première chute d'eau plus ou moins abondante commence à l'enlever par de grandes & profondes ravines; & c'est beaucoup si elle peut résister à ces ravages jusqu'à ce qu'elle ait donné une seconde ou une troisième récolte, & ce n'est qu'à l'instant où le colon voit le rocher à nu, qu'il regrette ou les bois ou les beaux pâturages qu'il a détruits pour faire place à son imprudente culture.

Autant l'observateur instruit & attentif est affligé de cette destruction des pâturages qui donnoient auparavant aux habitans des montagnes les moyens de se nourrir avec le lait, la chair & la graisse des bestiaux beaucoup mieux qu'avec la *culture* précaire de quelques menus grains, même de mettre en valeur par de bons engrais les parties de leurs possessions qui valoient la peine d'être cultivées, autant il est alarmé de voir arracher ce qui pouvoit contenir & même augmenter la terre végétale sur les parties des montagnes qui seroient garnies éternellement de beaux bois ou de pacages abondans si l'on n'eût pas hasardé des travaux aussi peu réfléchis. Le naturaliste observateur sait que plus ces sommets élevés sont garnis de bois & de pâturages, plus ils attirent & fixent les nuages, plus ils absorbent & retiennent les pluies, de manière à garnir, soit pour les arrosemens superficiels, soit pour l'approvisionnement des sources, tous les réservoirs qui se trouvent dans le sein des montagnes. Il sait qu'il en est de même de toutes les hauteurs moyennes qui, si elles sont couvertes de bois ou de gazon, absorbent non-seulement la quantité d'eau nécessaire aux plantes, mais même celle qui peut servir à l'entretien des sources avec lesquelles on peut fertiliser les coteaux inférieurs.

Au contraire, lorsqu'il est témoin de la chute d'une pluie abondante sur les cantons cultivés & en pente, il voit qu'il se forme à leur surface une infinité de torrens dont les eaux, non-seulement ne pénètrent pas dans le sol, mais entraînent toute la terre superficielle, même les pierrailles & les graviers qui forment le tuf : en sorte que, dans ces contrées, les montagnes n'offrent d'un côté que des rochers nus & stériles; & de l'autre, les plaines inférieures ne présentent que l'encombremedt des débris de ces montagnes.

En changeant la constitution des montagnes par une culture mal entendue, & qui entraîne tous les inconvéniens dont je viens de parler, il en est encore résulté que les cantons qui fournissoient aux sources des rivières une eau suffisante, n'ayant plus la même provision d'eau à cause de l'écoulement torrentiel de l'eau des pluies, ne peuvent plus alimenter ces rivières par un épanchement journalier & uniforme : en sorte que la même quantité d'eau, étant supposée fournie par les nuages, ne se distribuera plus dans les rivières avec la même économie qui subsistoit autrefois dans le tems où les réservoirs des sources étoient bien remplis, & fournissoient à un écoulement soutenu. Ainsi, la partie torrentielle étant augmentée, les rivières qui la reçoivent, dépensent en deux ou trois jours de crues & de débordemens ce qu'elles dépensoient en deux ou trois mois de cours réglé. On ne verra donc plus, dans ces cantons, que des torrens impétueux, des inondations désastreuses ou des rivières à sec.

Il en résulte encore d'autres changemens & d'autres malheurs : le lit des rivières, qui étoit fixé & déterminé, s'élargit irrégulièrement par l'effet des eaux torrentielles, dont la marche, vague & impétueuse, arrache les bords, engrave les plaines & les vallées, & finit par ensabler les lits mêmes des fleuves & barrer leurs embouchures à la mer. C'est ainsi que l'homme, par ses travaux imprudens, a concouru avec les élémens, à dégrader les montagnes en y introduisant la stérilité; & l'on attribuera sans examen aux changemens survenus dans les saisons ce qui est l'effet des folles entreprises de l'homme.

En vain voudroit-on réparer le mal qui s'augmente chaque jour par des travaux publics; ils seront toujours insuffisans contre la première & la vraie cause, qui, subsistant & se multipliant sans cesse, rendra de plus en plus tous les efforts impuissans.

Dans les provinces où le mal n'existe pas encore on ne peut rien faire de mieux que d'imiter ce qui se pratique en Provence, où l'on peut jouir du spectacle le plus satisfaisant en ce genre. Il y a peu de côtes, de montagnes & même de rochers qui ne soient cultivés avec autant de profit que d'intelligence, c'est-à-dire, avec cette prévoyance qui renonce à jouir trop tôt pour assurer des jouissances plus longues.

Sur les sommets & sur les côtes les plus escarpées, les pins, les arbustes sont respectés ou coupés avec tant d'économie, ou remplacés avec tant de soin, que ces parties de montagnes sont garanties des ravages auxquels partout ailleurs je les ai vues exposées.

On reconnoît dans cette province, que, pour tirer des coteaux le meilleur parti & le plus durable pour le cultivateur, & le plus profitable pour la société, il faut y assurer la stabilité de la terre végétale superficielle & sa fraîcheur de la manière la plus certaine; que les mêmes précautions doivent régner sur toute l'étendue des croupes en pente & sur les sommets escarpés.

Et dans les cas où la pente approche de trente à quarante-cinq degrés, où les terres de labour ne peuvent tenir contre le lavage des eaux pluviales, & ne peuvent être soutenues utilement & avec économie, on voit qu'il faut renoncer à la culture & la remplacer ou par des prairies & des pâtures, ou par des plantations d'arbres qui conviennent le mieux à l'exposition des lieux.

Il y a des arbustes & des plantes dont les racines peuvent retenir la terre qui couvre les rochers, & y entretenir une fraîcheur convenable : ce sont ces plantations qu'il faut soigner & suivre avec zèle : on formera ou l'on entretiendra de bons sols par ces attentions continuelles. C'est avec ces précautions générales & soutenues que j'ai vu, soit en Provence, soit dans les Vosges, soit dans le Limousin, non-seulement conserver les hauteurs dans leur état naturel, mais surtout les sols inférieurs, & conduire les eaux par des routes qui préviennent les désastres qu'elles produiroient en masses torrentielles. Ces eaux, divisées, distribuées avec soin & avec art, portent partout la fertilisation, au lieu des ravages qu'elles produisent partout ailleurs; mais c'est surtout en conservant les prairies & en les arrosant à tous les niveaux, que les habitans de ces contrées annoncent la plus grande intelligence & la plus savante économie.

Au moyen de ce système de culture, on voit l'habitant des montagnes posséder de son côté la source des plus grandes richesses de la culture dans les eaux & dans la facilité de leur circulation, avec lesquelles il se procure des prairies abondantes & tous les profits qu'on peut retirer des bestiaux qu'il répand dans ces prairies. Ce fonds de richesse le lie avec les habitans des cantons intermédiaires & même des plaines, dont les opérations sont assorties à la nature du sol. C'est cette correspondance, c'est cette unité dans les vues des cultivateurs de l'une & de l'autre contrée qui procurera le bien-être général; c'est aux personnes instruites, aux administrateurs patriotes à maintenir cette belle correspondance. Dans les productions des montagnes on trouvera le soulagement des habitans des plaines, & réciproquement dans l'échange des produits des plaines la montagne trouvera l'abondance des fruits, des grains qu'elle ne peut se procurer par elle-même sans s'exposer aux désastres dont nous avons essayé de tracer une foible esquisse.

Nous pourrions joindre à ces considérations générales quelques faits particuliers; mais nous nous bornerons à en citer deux, qui suffiront pour faire connoître tous les mauvais effets dont nous avons parlé.

Lorsque l'enceinte de Landau fut construite & fortifiée par M. de Vauban à la fin du dix-septième siècle, la Queisch, qui traverse cette ville, n'étoit pas sujète à charier des sables comme elle les charie depuis plus de quatre-vingts ans. Les montagnes d'Abersveiler & de Saint-Jean, situées à deux lieues à l'ouest de Landau, & qui fournissent des eaux à la Queisch, étoient couvertes de forêts. Vers 1730 l'électeur palatin, les ducs de Deux-Ponts & de Lovenstein, seigneurs souverains de ces montagnes, permirent à leurs sujets de les défricher & d'y ouvrir quantité de carrières. Dès que les coteaux furent dépouillés de leurs bois, l'eau des pluies & de la fonte des neiges en entraîna les terres mobiles dans le lit de la Queisch, creusa même sur la pente de ces coteaux des ravins de quinze à vingt pieds de profondeur, dont les sables & autres débris, soit de terres, soit de pierres, furent successivement transportés par la rivière à Landau & aux environs.

Avant le défrichement, les eaux de la Queisch, retenues pour le service de deux moulins, avoient, dans les crues, plusieurs fuites dans les fossés & avant-fossés de la place, où elles ne causoient aucun désordre, parce qu'elles n'étoient pas chargées de terres. Depuis le défrichement des coteaux, ces mêmes fuites d'eau ont été pernicieuses à la fortification; elles ont déposé dans les fossés & avant-fossés une énorme quantité de terres & de sables. Cinq ou six grandes flaques d'eau, en quoi consistoit la principale défense de la place, furent recomblées presqu'entièrement, & les écluses, les batardeaux, les portes des galeries des mines furent ensablées depuis trois jusqu'à six ou sept pieds de hauteur.

Avec de tels transports la Queisch aura bientôt détruit la terre végétale superficielle qui garnit encore les pentes des coteaux nouvellement cultivés, & par une suite de ces enlèvemens journaliers il est à croire que la cause du mal sera détruite elle-même.

Le second fait nous sera fourni par une rivière de Toscane, la Corsonna, qui prend sa source dans les montagnes de Pistoia. Cette rivière a maintenant un grand volume d'eau dans ses crues; car elle est sujète à des débordemens, pendant lesquels elle fait beaucoup de ravages, parce qu'elle entraîne de gros blocs de pierres calcaires, & même une grande quantité de troncs d'arbres. C'est une tradition constante dans le pays, que la Corsonna n'avoit autrefois qu'un médiocre volume d'eau; qu'en cet état elle ne sortoit jamais de son lit, n'entraînoit que très-peu de terres, & ne causoit aucun dommage à l'étroite vallée au milieu de laquelle elle couloit paisiblement; mais depuis qu'on a fait de grands défrichemens dans les montagnes de Pistoia, les eaux pluviales, n'étant plus retenues par les plantes spontanées & le gazon qui affermissent la terre, se précipitent rapidement & avec la plus grande impétuosité dans la vallée de la Corsonna, de manière qu'elles entraînent une immense quantité de pierres, de terres & d'arbres qu'elles arrachent. Depuis ce tems cette rivière, ne pouvant plus tenir dans son lit, inonde pendant ces crues tout le fond de la vallée où elle coule, & la rend ainsi presque totalement inutile pour la culture, au grand dommage des propriétaires riverains.

La commune de Barga a fait quelques dispositions pour resserrer le cours de cette rivière; mais en vain on a tenté de les exécuter. La rapidité de sa marche dans ses crues est trop violente pour lui opposer des obstacles, qui bien loin de remédier au mal donnent plus d'étendue aux inondations de la Corsonna.

Cette rivière, au reste, n'est pas la seule qui, à la suite du défrichement des montagnes, inonde les plaines en Toscane, & ravage les terres cultivées en pente. Il y en a beaucoup d'autres, & il y en aura encore davantage par la suite si le travail des défrichemens s'étend avec aussi peu de précautions qu'on en a pris jusqu'à présent. Les eaux pluviales coulent & se précipitent trop rapidement des montagnes qu'on dégarnit de bois; & d'ailleurs, lorsque ces masses d'eaux torrentielles sont parvenues dans les plaines, elles ne peuvent plus être contenues dans leurs lits, qui se comblent tous les jours par les terres & les pierres que ces eaux entraînent.

On voit de Barga une montagne qui est une preuve effrayante de ces mauvais effets des défrichemens. Cette montagne domine la vallée de la Corsonna; elle étoit autrefois couverte de bois comme les autres montagnes voisines; mais depuis qu'on a eu l'imprudence de couper ces bois, & qu'on y a substitué des champs cultivés, les pluies, & les neiges en se fondant, ont tellement humecté & détrempé les terres ameublies, que, ne trouvant plus d'obstacles, ces eaux ont emporté avec elles la terre superficielle, & en ont totalement dépouillé la montagne; aussi présente-t-elle de Barga un aspect hideux à côté des montagnes qui sont restées couvertes de bois. D'un fait indubitable dont tous les habitans de Barga ont été témoins, ils ont conclu qu'il faut éviter de faire des défrichemens dans de pareilles circonstances.

CUMBERLAND (Cap de). Ce cap est situé dans la terre de Kerguelen. Il y a dans l'intervalle une baie, dont les deux bras semblent offrir un abri aux vaisseaux. On voit par le travers du cap de *Cumberland* une île peu étendue, mais assez élevée, au sommet de laquelle git un rocher qui ressemble à une guérite de sentinelle, & c'est le nom que lui a donné le capitaine Cook. On apperçoit deux milles plus loin, à l'est, un groupe de petites îles & de rochers, dont le terrain est haché. Entre ce groupe & l'île de la *Guérite de sentinelle* le canal a un mille de large & plus de quarante brasses de profondeur, car on ne trouve point de fond avec une ligne de cette longueur.

En traversant le canal on découvre au côté sud du cap de *Cumberland* une baie qui se prolonge à trois lieues dans l'ouest. Elle est formée au nord par ce cap, & au sud par un promontoire auquel le fameux Cook a donné le nom de *Pointe-Pringle*. Le fond de cette baie a été appelé *Baie de Cumberland*.

Au sud de la pointe Pringle la côte forme une cinquième baie, dont cette pointe est l'extrémité septentrionale: de là jusqu'à l'extrémité sud il y a environ quatre milles dans la direction du sud-sud-est quart est. Cette baie, que Cook a nommée *Baie blanche* à cause de quelques pointes de terre ou rochers blancs qu'on apperçoit au fond, renferme plusieurs baies ou anses moins étendues, qui paroissent à l'abri de tous les vents. On voit en travers de la pointe méridionale plusieurs rochers qui élèvent leurs têtes au dessus des flots, & vraisemblablement il y en a beaucoup d'autres qui ne se découvrent pas.

Les fonds des baies & des anses aboutissent communément à des grèves de sable; mais les côtes sont remplies de rochers & fourmillent d'oiseaux dans un grand nombre d'endroits: du reste,

le

le pays se montre aussi nu & aussi stérile qu'aux environs du havre de Noël, & dans tous les lieux qui composent la terre sauvage & aride de Kerguelen.

CUMES. *Cumes* étoit autrefois la ville la plus célèbre de la Campanie, située à une lieue & demie du lac Averne, & à trois lieues de Naples. Il n'y reste que des ruines & un château qui porte le nom de *Cuma*. C'étoit une ville de la plus haute antiquité, bâtie même avant Capoue.

On y voit une grotte profonde, qui semble se diriger vers Baies : elle pouvoit communiquer à celle dont l'entrée est sur le bord du lac Averne. Les éboulemens qui ont fermé les passages font qu'on ne va pas à cent toises de distance.

CUMIÈRES, village du département de la Marne, canton d'Aï, sur la Marne, à trois quarts de lieue d'Épernay. On y récolte & on y fait commerce d'excellens vins.

CUNEXY (Forêt de), département de la Moselle, canton de Vigy. Elle a dix-sept cents toises de long, sur neuf cents toises de large, à une lieue un quart de Metz.

CURE (la), rivière du département de la Nièvre, arrondissement de Château-Chinon. Elle prend sa source à trois lieues nord-est de cette ville, coule au nord, & se rend dans la Seine à Montereau.

CURES, village du département de la Sarthe, arrondissement du Mans, & à quatre lieues de cette ville. Les environs de ce village abondent en grains, en fruits & en pâturages. On y élève beaucoup de volaille, & le gibier y est très-abondant.

CURJAC, bourg du département de la Dordogne, arrondissement de Périgueux, & à quatre lieues de cette ville. Il y a une fonderie de canons, & une faïencerie située sur le Blame, près la source de cette rivière.

CURSAY, bourg du département de la Vienne, canton de Lusignan, & à deux lieues de cette ville. Les environs fournissent un vin blanc spiritueux, très-estimé, dont on exporte une certaine quantité à l'étranger: on y fait aussi commerce de bestiaux. On remarque deux fontaines curieuses à *Cursay*; l'une se nomme la *fontaine de la Roche*, & l'autre la *fontaine de la Jollière*. La première sort sans interruption d'un rocher : le ruisseau passe sous une voûte naturelle faite dans ce rocher. Les eaux de la seconde source sortent avec impétuosité. Après un certain tems cette source cesse de couler, & ne recommence qu'un an ou deux après cette interruption. On n'a pas encore indiqué la cause de ce phénomène, qui tient aux dégorgeoirs.

CURVALLE, village du département du Tarn, canton d'Alban. Près de ce village est une mine de fer, d'où l'on tire du vitriol martial & de l'alun.

CURY-LÈS-IVIERS, village du département de l'Aisne, sur la Brune, à une lieue & demie de Rosoy-sur-Serre. Il y a une tuilerie qui emploie de bonne argile.

CUSAGUES (le). C'étoit un petit pays enclavé dans la Guienne. Il fait partie aujourd'hui du département de la Gironde.

CUSSET, ville du département de l'Allier, arrondissement de la Palisse. Les environs de cette ville produisent beaucoup de grains : on y récolte aussi du vin & de très-beau chanvre. A trois quarts de lieue de *Cusset* est une mine de houille, dont on peut retirer quelques avantages.

CUSSEY-LÈS-FORGES, village du département de la Côte-Dor, canton de Grancey, sur une branche du Tille. Il y a un fourneau pour la fonte du fer de seconde qualité.

CUSSY, village du département de l'Aisne, arrondissement de Laon, & à quatre lieues de cette ville. On trouve, dans ce village, une mine de fer, & on y fabrique de l'alun. La rivière d'Aisne, qui près de là est navigable, facilite le transport de ces objets vers Paris.

CUSSY-LA-COLONNE, village du département de la Côte-Dor, arrondissement de Beaune, & à trois lieues de cette ville. Ce village étoit remarquable par une colonne qui fut élevée en l'honneur de Jules-César, après qu'il eut vaincu les Suisses. Elle est de figure octogone : sur chacune de ses faces est une statue qui représente quelque dieu ou déesse du paganisme, & ces statues sont d'une sculpture admirable.

CUSSY-LÈS-FORGES, village du département de l'Yonne, arrondissement d'Avallon, & à deux lieues de cette ville. On voit des masses de granit un peu rougeâtre dans les environs de ce village.

CUSTINE, village du département de la Meurthe, arrondissement & à trois lieues au nord de Nancy. Il y a une fontaine d'eau minérale.

CUSY, village du département de l'Yonne, canton d'Ancy-le-Franc, près l'Armençon. Il y a une tuilerie où l'on emploie de bonne argile.

CYCLADES INSULÆ, îles de la mer Égée, ainsi nommées parce qu'elles formoient une espèce de cercle autour de Délos. Les Anciens n'étoient pas décidés sur leur nombre; cependant ils s'accordoient à y mettre Naxos, Andros, Oléaros, Paros qui fournissoit un si beau marbre, Mycone & Gyare, qui en étoient les principales. On sait combien la navigation, dans une mer parsemée de tant d'îles, devoit être périlleuse : de là vient l'avis d'Horace : *Interfusa nitentes vites equora Cycladas.*

On appeloit *Sporades* celles qui étoient dispersées sans ordre, tant sur la côte d'Europe, que sur celle de l'Asie. On auroit dû nous faire connoître en même tems ce qui avoit pu en détacher un si grand nombre de la Terre-Ferme.

CYCLOPUM SCOPULI (Écueils des Cyclopes). On nommoit ainsi les trois petites îles qui portoient le nom des Cyclopes, sur la côte orientale de Sicile, au pied de l'Etna, & au voisinage de Catania; mais leur demeure n'étoit pas bornée à ces iles. Ils occupoient la côte même de la Sicile, & c'est sur cette côte qu'il faut chercher où se réfugia la flotte d'Énée. C'étoient les premiers habitans de cette île; ils n'avoient d'autres biens que leurs troupeaux : on leur donne une taille gigantesque, & des os d'une excessive grandeur, qu'on a trouvés en divers lieux de la Sicile, montrent que ces idées étoient fondées. Homère & Virgile ont embelli les demeures des Cyclopes par des aventures dont ils ont fait autant d'épisodes. Les îles des Cyclopes s'appellent aujourd'hui *li Fariglioni*. On met aussi des Cyclopes dans les îles de Vulcain, qui sont au nord de la Sicile. C'est là que, sous les ordres de ce dieu, ils forgeoient les foudres de Jupiter, & qu'ils fabriquoient pour Achille & pour Énée ces belles armes. Voilà quelques détails de la Fable. Nous pouvons maintenant faire connoître la nature des masses qui composent ces îles, parce qu'un artiste dessinateur en a publié les formes. C'est en suivant cet artiste & ses observations, que nous exposerons les singularités de ces *Écueils des Cyclopes*. Ils entourent le petit port de la Trizza. De ce point de vue on apperçoit, au milieu de la mer, plusieurs écueils qui sortent de l'eau plus ou moins; A, B, C, D sont les quatre principaux écueils; B, C, D paroissent de loin sous une forme pyramidale; A est l'extrémité d'une île formée de lave jusqu'à la moitié de sa hauteur, avec une base de basalte, surmontée d'une croûte de pouzzolane combinée avec des parties de matière blanche calcaire, assez dure & compacte, qui, en se détruisant par l'action de l'air, semble être du bois noueux très-veiné. Cette roche, en se durcissant autrefois, s'est fendue, & il s'est introduit dans ses fentes une matière très-dure, poreuse en tout sens, comme des scories. Un naturaliste trouveroit dans cette matière plusieurs objets dignes de ses observations.

Je me bornerai à décrire l'écueil A, attenant le rivage du port de la Trizza, & dont M. Houel a publié un très-beau dessin. Il est fort intéressant par la singularité des retraites qui se sont formées dans sa masse. Elles ont produit des aiguilles de basalte, disposées concentriquement, sans être rectilignes; elles sont courbées, & ont à peu près la forme de la lettre S; elles n'ont pas, comme beaucoup d'autres, des intervalles entr'elles, étant intimement jointes ensemble. Leur tissu est fort homogène & assez semblable à celui des plus belles laves, où l'on voit çà & là de petits cristaux sous forme de roches noires. Ce basalte est d'une grande dureté.

Cet écueil n'est que le reste d'une masse beaucoup plus considérable, que l'action de l'air a décomposée en partie. Quoique les faces des diverses aiguilles soient jointes parfaitement, l'air s'insinue entr'elles, & y introduit de l'humidité qui concourt, avec l'eau, à y creuser un petit espace qui s'élargit insensiblement, & qui sépare ces aiguilles. Alors elles se rompent en plusieurs morceaux, comme on le voit dans le dessin; ensuite les navigateurs les enlèvent, ou bien les vagues les entraînent. C'est ainsi que le laps du tems parvient à détruire des corps durs qui avoient résisté à des efforts violens & multipliés.

Dans tous les environs de ce bel écueil au nord, au midi & le long du rivage, on voit une longue suite de basaltes, dont les formes sont très-variées & très-singulières.

Vue du premier écueil marqué B.

Les basaltes que présente cet écueil B ressemblent d'abord à la plupart de ceux qu'on connoît en France, particuliérement dans la ci-devant province d'Auvergne, en Angleterre, surtout en Écosse & en Irlande; enfin en Italie, aux environs du lac Bolsène, par la régularité de ses colonnes prismatiques; mais en les examinant, on y trouve des différences essentielles qui les rendent instructives & très-intéressantes; car ces colonnes semblent groupées cinq ou six autour d'une seule qui en est comme le centre, & cette particularité est fort curieuse.

Il y a des colonnes prismatiques qui sont de différentes grosseurs & diamètres, & de diverses formes; les unes carrées; les autres héxagones, octogones, depuis douze pouces, jusqu'à dix-huit & vingt de diamètre.

La moitié de cet écueil B est composée de colonnes prismatiques, perpendiculaires à l'horizon, tandis que l'autre moitié est composée d'une autre forme de basalte par couches inclinées & à peu près rectilignes. Ces couches tiennent immédiatement aux colonnes, & leur sont aussi adhérentes que ces colonnes le sont entr'elles. Ces couches sont plus longues vers la base de cet écueil, qu'elles ne le sont à son sommet. Il est remarquable encore que la plupart de ces couches se subdivisent dans leur épaisseur à mesure qu'elles s'élèvent ; en sorte que, vers leurs extrémités supérieures, elles présentent deux & quelquefois trois divisions. Les morceaux de basalte qu'on peut enlever de ces couches présentent des rhomboïdes, parce que ces couches ne se rompent pas de manière que leurs côtés fassent un angle droit avec leurs faces.

Ces couches inclinées vers le bas deviennent presque perpendiculaires vers les parties supérieures, où elles paroissent s'unir en pointe & dominer de beaucoup les parties visibles & les plus élevées des colonnes prismatiques. Ces colonnes sont terminées par le haut, de manière à offrir une espèce d'escalier. Elles semblent même s'élever par une de leurs extrémités, sous une espèce d'argile qui les couvre, & aller se réunir à la pointe la plus élevée que forment les couches de basalte.

Cette matière étrangère, qui surmonte ces basaltes, & qui forme le sommet pyramidal de cet écueil, est de la même nature dont est composée la partie supérieure de l'île de la Trizza.

Les basaltes de cette île ont cette particularité, c'est qu'ils sont remplis de petits cristaux gros comme des pois. Ils ont la beauté apparente des cristaux de roche quant à la pureté des angles & à l'éclat de leur surface; mais ils n'en ont pas la dureté. Ils ne résistent pas non plus à l'action de l'air. On voit des morceaux considérables de basalte, dans lesquels il y avoit autrefois des cristaux que le tems a détruits. Ces morceaux ressemblent à une éponge par la multitude de trous qu'ils offrent à leur surface. Les parties de basalte qui ont le plus de ces cristaux, ne sont pas aussi dures que celles qui en contiennent moins.

Vue du troisième écueil des Cyclopes.

La forme que présente cet écueil est un segment de sphère bien caractérisé. Les colonnes prismatiques qu'il renferme, ont une disposition concentrique qui semble indiquer qu'elles se réunissoient à un centre commun : elle a du avoir quatre-vingts à cent toises de diamètre.

Dans cet écueil on peut reconnoître le concours de deux puissances agissantes. L'une de ces puissances a déterminé la matière à se configurer par colonnes prismatiques concentriques, & l'autre à diviser cette masse par couches parallèles à la surface extérieure de cette masse en traversant les colonnes concentriques. Ces variétés sont des monstruosités dans l'ordre des basaltes, & cependant ces colonnes sont susceptibles de présenter aussi, dans leur état de destruction, des articulations marquées par des intervalles très-apparens.

On trouve aussi, à côté de cette masse, des débris très-intéressans, & qui faisoient partie d'un très-grand sphéroïde qui les décompose. (Voyez le *Voyage pittoresque des îles de Sicile, de Malte & de Lipari*, par Jean Houel.)

DAHN, bourg du département du Bas-Rhin, près d'une des sources du Luter, à quatre lieues un quart nord-ouest de Weissembourg. Il y a une fabrique de bas au métier, une poterie en bonne terre pour vaisselle & autres ustensiles de ménage, & trois ateliers de tuilerie & briqueterie; ce qui indique les besoins de suppléer, pour les constructions, aux pierres à bâtir.

DAIGNY, village du département des Ardennes, à trois quarts de lieues de Sedan, & à quatre lieues de Charleville. Il y a des forges, une affinerie, une platinerie & une refenderie; ce qui met le fer sous des formes qui le rendent propre à plusieurs arts.

DAILLE (la), rivière du département du Var, canton de Besse. Sa source a deux tiers de lieue nord-est de Pignans, verse ses eaux au nord-est, lesquelles se rendent dans l'Argens à trois lieues sud de Draguignan.

DAILS (Trous de). Parmi les preuves des bords de l'ancienne mer, je regarde les *trous de dails*, dans certains rochers calcaires, comme une des plus curieuses & des plus frappantes. On sait que ces animaux cherchent les rochers solides des bords de la mer pour y percer des trous où ils se logent d'abord, qu'ils agrandissent à proportion de l'accroissement qu'ils prennent. Il est donc incontestable que partout où se voient ces trous, la mer y avoit ses bords, que ses eaux flottoient au pied de ces rochers, de manière que les *dails* y jouissoient du double avantage, & d'y trouver une demeure solide, & d'être rafraîchis par l'eau de la mer, qui baignoit ces rochers. M. Targioni, qui a suivi plus qu'aucun autre naturaliste les bords de l'ancienne mer, & qui en a trouvé plus que tout autre les traces en Toscane, nous indique ces phénomènes curieux dans plusieurs endroits où les rochers de pierres dures calcaires annoncent la bordure que la moyenne terre formoit tout autour du bassin de l'ancienne Méditerranée. Pendant le peu de séjour que j'ai fait en Toscane, j'ai retrouvé ces mêmes *trous de dails* dans plusieurs endroits, tels que je les ai caractérisés ci-dessus. J'y ai vu d'ailleurs aux environs plusieurs pierres roulées qui sans doute avoient été détachées des bords de la mer, & qui étoient percées de trous semblables. Ces pierres roulées étoient visiblement des galets arrondis par les flots de la mer aux environs de ses bords. Je pourrois citer quelques endroits en France & en Italie, où ces phénomènes se font remarquer; mais ceux que j'ai indiqués suffisent. J'ajouterai que M. Boules a trouvé de semblables *trous de dails* dans plusieurs provinces d'Espagne; ainsi ce phénomène est plus fréquent qu'on ne pense.

DAINVILLE-AUX-FORGES, village du département de la Meuse, à une lieue trois quarts de Gondrecourt. Il y a plusieurs forges & fourneaux aux environs de ce village.

DALAIS, village du département des Alpes-Maritimes, près du Var, à trois lieues de Puget-Théniers. On trouve aux environs une carrière de marbre veiné de cuivre; ce qui est un indice d'une mine dans le voisinage.

DALÉCARLIE. Dans la *Dalécarlie*, province de Suède, près de Fahlun, il y a deux petits lacs fameux par la forme singulière des perches qui y abondent. Ces poissons y viennent à la grandeur commune, sont de bon goût; mais ils ont tous une bosse sur le dos. Cette particularité est prise dans Linné, *Fauna suecica*, p. 118.

M. Daines Barrington parle d'un petit étang du Merionetshire, qui contient aussi des perches qui ont une bosse près de la queue. Cet étang, nommé *Llyn Raithlyn*, est dans la paroisse de Trawsvynnyd.

La rivière Eynion, dans le Cardiganshire, contient également des truites qui sont aussi bossues. M. Barrington cite à ce sujet *Giraldus Cambrensis*, archidiacre de Brecknock, qui suivit Beaudouin, archevêque de Cantorbéry, dans le sud & dans le nord de la province de Galles en 1188. « Sur les » sommets de ces montagnes (de Galles) on trouve » les lacs de Snowden, qui sont fort extraordi- » naires, car l'un contient une île flottante qui va » d'un bord à l'autre; l'autre lac présente un phé- » nomène non moins admirable; il abonde en » truites, en anguilles & en perches qui sont toutes » borgnes de l'œil gauche. Si le lecteur me de- » mande la cause d'un fait si extraordinaire, je n'en- » treprendrai point de la lui donner. » *Giraldus Cambrensis, lib. xj, cap. 10.*

M. Barrington appuie ce récit par celui-ci, qu'il prend dans les Mémoires de l'Académie des sciences de Paris, année 1748, p. 27 & 28.

M. le marquis de Montalembert a fait à l'Académie l'observation suivante: dans la fontaine du Gabard en Angoumois, on pêche souvent des brochets aveugles, & jamais aucun qui ne soit borgne; ceux qui ne sont que borgnes le sont toujours de l'œil droit, & dans ceux qui sont aveugles on voit aisément que l'œil droit a été attaqué le premier, & est beaucoup plus endommagé que l'autre. Cette fontaine est une espèce de goufre dont on ne peut trouver le fond. Plusieurs petites îles de roseaux qui flottent à sa surface empêchent qu'on ne puisse se servir de filets pour y pêcher. M. de Montalembert fut assez heureux pour attraper un brochet qui effectivement se trouva borgne du côté droit. Ce qu'il y a de singulier, c'est que cette fontaine se décharge par un assez gros ruisseau dans la Lissonne, & que, malgré cette communication qui est très-facile, les gens du pays assurent qu'on ne prend jamais dans cette rivière de brochets borgnes ou aveugles, & qu'on n'en prend aucun dans la fontaine, qui ne le soit.

M. Barrington ne dit point que ces phénomènes aient pour cause la nature de l'eau des lacs ou des rivières, mais au moins cela est très-probable, & comme tels ils appartiennent à l'histoire de ces lacs & à la géographie-physique.

DAMAS (Vent de). Ce vent heureusement souffle rarement dans toute l'Asie, où il y est redouté par les ravages qu'il y cause. Il souffle du sud-sud-est modérément, mais en chargeant l'air d'une brume qui l'obscurcit, & qui contribue, par son excessive chaleur, à étouffer les voyageurs & les gens de la campagne. On ne peut se préserver des influences de ce terrible météore qu'en respirant de tems en tems la bouche contre terre. Dans les maisons même on en est fort incommodé. Les Turcs le nomment *Cham-Yely*.

DAMBACH, ville du département du Bas-Rhin, à trois lieues de Benselden. Près de cette ville & à mi-côte d'une des montagnes des Vosges il y a une mine de fer riche & abondante; elle rend cinquante par cent pesant. Ses filons sont larges de quatre à cinq pieds, & ont outre cela plus de trente toises de hauteur. Ils occupent l'intervalle de deux rochers fort écartés. Cette mine peut aisément se convertir en acier.

DAMERY, bourg du département de la Marne, arrondissement & canton d'Épernay sur la Marne, à une lieue & demie ouest d'Épernay. Ce lieu est renommé pour les excellens vins que produit son terroir. Son exposition au midi & la plantation des vignes sur un fonds crayeux procurèrent beaucoup de maturité aux raisins dans l'année 1709, qui fut en général peu favorable aux vignes. Outre cela on trouve sur la côte qui produit d'aussi bon vin, un amas de coquillages semblables à ceux de Grignon près Versailles. Ce qu'il y a de remarquable dans cette carrière, c'est qu'on y trouve une couche supérieure à celle des coquillages, & qu'elle renferme des coquilles d'eau douce, des planorbes, &c. Cette carrière est correspondante à celle de Courtagnon, qui se trouve dans la même contrée.

DAMME, ville du département de la Lis, arrondissement & canton de Bruges, sur un canal, à deux lieues un quart de la mer, & une lieue trois quarts de Bruges. Le nom de *Damme*, qui en flamand signifie une digue, a été donné à cette ville parce qu'on y a fait de fortes digues pour s'opposer à l'impétuosité de la mer.

DAMME (Canal de). Il tire ses eaux de la Live, rivière qui passe à *Damme*, qu'elle traverse, & forme le canal qui va au sud-ouest se rendre dans les fortifications de Bruges, à côté du canal de Bruges à l'Écluse. Il a une lieue trois quarts de longueur du nord-est au sud-ouest.

DAMPARIS, village du département du Jura, arrondissement de Dole, & à une lieue un quart de cette ville. Il y a près du village une carrière de marbre qui a une couleur pourprée un peu sale & d'un grain fin; il se lève de tel volume qu'on le juge convenable.

DAMPIERRE, village du département du Cher, à deux lieues de Vierzon. Il y a une source d'eau minérale sous le nom de *Sainte-Bodère*.

DANCEMONT (Forêt de), du département de la Haute-Marne, arrondissement de Chaumont; elle a douze cents toises de large, sur deux mille cinq cents toises de long.

DANTZIC (Lac auprès de la ville de). Il y a près d'un village appelé *Tukum*, un mille & demi d'Allemagne, à l'ouest de cette ville, un lac produit par le concours de trois ruisseaux & de quelques fontaines qui sortent des collines voisines, & par l'eau de la pluie, les neiges fondues, &c. Ce lac a environ un demi-mille d'Allemagne de long, sur un huitième de mille de large. Il s'étend du nord-nord-ouest au sud sud-ouest. Il se décharge à l'est & au sud par deux petits ruisseaux. Le terrain à l'entour paroît être du sable mêlé à de l'argile: ses bords & son fond sont en général sablonneux. Il a quatre brasses dans l'endroit le plus profond, mais presque partout ailleurs il n'en a qu'une ou une & demie. Il est rempli de très-bons poissons, comme de perches, de rougets, d'anguilles, &c., & surtout d'une espèce de petite perche fort estimée dans ce pays, qui ne diffère de la perche commune que par ses couleurs & parce qu'elle a la tête plus grosse à proportion du corps: on l'appelle *perche noire*. L'eau de ce lac est douce & saine, excepté dans les mois de juin, juillet & août, qu'elle a coutume, dans les tems secs, de se couvrir dans le milieu d'une efflorescence verte qui, étant poussée par le vent sur les bords, cause une mort certaine aux troupeaux, aux chiens & à la volaille qui boivent de cette eau. Les chevaux qu'on promène dans cette eau n'en sont point incommodés. Dans la même saison l'eau des ruisseaux qui découlent de ce lac conserve sa salubrité.

On a pêché dans ce lac un gros morceau d'ambre blanc. Son élévation & l'éloignement de la mer, qui est à trois milles, ne permettent pas de soupçonner que cet ambre y ait pu venir de l'Océan ; & les bois des environs, qui ne sont composés que de grands arbres résineux, ne pouvant pas vraisemblablement le produire, semblent confirmer que l'ambre est un fluide bitumineux durci par l'action de l'eau & de l'air.

DARDAGNY, village du département du Léman, à deux lieues trois quarts sud-ouest de Genève. Sur la rive occidentale du Rhône est le Mandement de *Dardagny*. Le Loudon l'arrose, & on y pêche des truites excellentes. En quelques endroits on y voit suinter du pétrole; ce qui semble y annoncer du charbon de terre. Le sol y est médiocrement fertile : les soins & l'industrie le font seuls prospérer. On le divisoit en deux paroisses, *Dardagny* & Satigny. Le pays de Gex & le Rhône l'environnent.

DARDANELLES (Canal ou Détroit des). Ce canal sépare l'Europe de l'Asie, & joint l'Archipel à la Propontide ou mer de Marmara. Il est bordé, à droite & à gauche, par de belles collines assez bien cultivées. L'embouchure de ce canal a près de quatre milles & demi de largeur. Les eaux de la Propontide, qui passent par ce canal, y prennent un cours fort rapide ; & lorsque le vent du nord souffle, il n'est point de vaisseaux qui puissent s'y présenter pour y entrer & le traverser ; mais on ne s'apperçoit plus du courant avec un vent du sud. C'est un Bosphore correspondant à celui de Thrace. J'ai fait voir à l'article de Tournefort, que ce canal s'étoit creusé comme les vallées des fleuves qui se jettent dans les mers Noire & de Marmara, & qu'il ne s'est pas ouvert, comme les Anciens ont voulu nous le faire croire, par une irruption subite des eaux.

DARDIDEN (Lac de), du département des Hautes-Pyrénées, arrondissement d'Argelès. Il a du nord au sud mille toises de longueur, sur deux cent cinquante toises de largeur.

DARDILLY, village du département du Rhône, à une lieue & demie de Lyon. Les carrières des environs contiennent une multitude innombrable de fossiles sous différentes formes. On y trouve des cornes d'ammon, des bélemnites, des gryphites, des pétoncles, des limaçons entiers & d'une grosseur peu commune ; en un mot, des huîtres, des vertèbres & autres parties des squelettes de poissons.

DARIEN (Isthme de). Il a cela de remarquable, que l'eau du golfe du Mexique, poussée par le mouvement de la mer de l'est à l'ouest, & par les vents d'est, s'y accumule au point de s'élever à une hauteur très-considérable, & de n'avoir ensuite de débouché que par le détroit de Bahama. Cette élévation de l'eau du golfe contre l'*isthme de Darien* fait que l'Océan atlantique est, dans ces parages, beaucoup au dessus du niveau de la mer du sud. On a cru outre cela que cette digue élevée de l'*isthme* étoit la cause des ouragans qu'on éprouve dans les Antilles & dans les Iles-sous-le-Vent, attendu que les courans d'air, se trouvant concentrés contre cet obstacle, se débandent ensuite dans la large étendue de la baie; mais il faut avouer que cette supposition ne paroît pas fondée sur une suite d'observations solides & décisives.

DARIEUGRAND (Les trois pics), département des Hautes-Pyrénées, à quatre lieues trois quarts d'Argelès ; ils sont à un quart de lieue l'un de l'autre.

DARIEUGRAND (Lac de), même département, à cinq lieues sud-ouest d'Argelès ; il a du sud-ouest au nord-est quatre cents toises de longueur, & cent soixante toises de largeur.

DARNETAL, ville du département de la Seine-Inférieure, à une lieue de Rouen, près du ruisseau d'Aubette. Il y a un grand nombre de manufactures où l'on fabrique des draps, des couvertures, des toiles, des indiennes, plusieurs papeteries où l'on fait du papier de toute mesure.

DATTE DE MER, coquille bivalve du genre des moules, laquelle se trouve sur les côtes de Provence, d'Italie, d'Afrique, & même sur celles de l'Amérique, enfermée dans une pierre qu'elle a creusée, quoique très-dure. Ce qui nous intéresse particuliérement, c'est qu'on trouve ce coquillage bivalve à une très-grande distance des côtes de la mer, dans des moëllons adhérens aux couches, ou même dans des cailloux roulés calcaires ; ce qui prouve incontestablement que tous ces lieux ont été anciennement bords de la mer. J'ai remarqué que, dans ces contrées où les *dattes* résidoient ainsi au milieu des rochers à découvert, on n'en trouvoit qu'au milieu des pierres calcaires, & même des marbres d'un grain serré, mais nullement au milieu des granits & autres pierres dures de la même nature, quoiqu'également exposées à l'eau & aux *dattes*, que les pierres calcaires voisines. (*Voyez* PHOLADE.) Cet état des pierres calcaires qui renferment des *dattes* de mer prouve qu'elles sont d'une formation antérieure à cet ancien bassin de la mer.

DAUME (Plage de), département des Bouches-du-Rhône; elle est à une demi-lieue de Marseille, à l'embouchure de la Veaune, près de l'île de *Daume*.

DAUME (Ile de), même département, à une demi-lieue ouest de la côte, & trois quarts de lieue sud-sud-ouest de Marseille ; elle est ronde & a environ cent cinquante toises de diamètre.

DAUN, village du département de la Meurthe, arrondissement de Sarrebourg, canton de Phalsbourg. Il y a près de ce village des eaux minérales dites *de la bonne Fontaine*, qui sont renommées ; elles sont légères & fort apéritives. Elles passoient dans le pays pour un excellent fébrifuge ; mais elles avoient été négligées jusqu'en 1715, que des soldats de la garnison de Phalsbourg en firent usage pour arrêter un flux de sang contagieux dont ils étoient attaqués, & s'en trouvèrent promptement soulagés & guéris ; ce qui les engagea à faire construire près de la fontaine une chapelle, qui devint dans la suite très-célèbre par les pélerinages & les cures que ces eaux continuèrent à opérer tous les jours.

DAUPHIN, village du département des Basses-Alpes, à une lieue & demie de Forcalquier, & à neuf lieues un quart de Digne, où sont plusieurs fosses de charbon de terre, d'où on le sort rarement, à cause de son odeur forte. Il y a des cristaux de quartz dans les environs.

DAUPHINÉ. C'étoit une des provinces considérables de France : aujourd'hui elle offre quelques départemens que nous indiquerons par la suite. Cette ci-devant province formoit une sorte de triangle, & s'étendoit le long de la rive gauche du Rhône; elle est bornée au septentrion par la Bresse & la Savoie, au midi par la Provence, au couchant par le Rhône, qui la sépare des Cévennes & du Lyonnois, & au levant par la Savoie & le Piémont. On lui donnoit environ quarante lieues dans sa plus grande étendue, du septentrion au midi, depuis Saint-Sorlin, dans la ci-devant Bresse, jusqu'à Mévillons dans les Baronnies ; & la même étendue dans sa plus grande largeur du levant au couchant, depuis Château-Dauphin en Piémont, jusqu'à Viviers, sur les bords du Rhône ; mais dans les environs de Grenoble, dans les contrees arrosées par l'Isère, sa largeur n'est que de vingt-cinq à trente lieues. Le Rhône, l'Isère, le Drac, la Drôme, la Durance, la Bourbe & la Romanche sont ses principales rivières. (*Voyez leurs articles.*)

On pêche une grande quantité de truites dans la plupart des rivières du *Dauphiné*, & c'est l'unique poisson à rechercher qu'elles nourrissent, vu la qualité de leurs eaux.

Entre plusieurs petits lacs qui se trouvent dans cette ci-devant province, nous ne citerons que ceux de Paladru dans le Viennois, de la Frée & du Luc dans le Diois. On pêche dans tous ces lacs beaucoup de poisson qui est de fort bon goût.

Le *Dauphiné* se divisoit en haut & bas, comme la nature l'indiquoit. La partie basse étoit au couchant, le long de la belle & large vallée du Rhône, & la partie haute occupoit les montagnes qui s'étendent au levant.

Le haut *Dauphiné* renfermoit le Gapençois, l'Embrunois, le Grésivaudan, le Briançonnois & le Royannès. L'autre partie comprenoit le Tricastin, le Valentinois, le Diois & le Viennois.

L'air du *Dauphiné* est fort sain dans toutes les contrées ; mais le climat y est en général plus froid que tempéré, & les neiges y durent plus longtems que dans la plupart des autres parties de la France. Cela vient de ce que les montagnes y règnent dans le levant, & y sont fort élevées. Il n'y a que les parties qui s'étendent le long des rives du Rhône, & même de certaines vallées profondes, comme celle de Grenoble, qui soient tempérées. Quoique l'hiver soit long dans le *Dauphiné*, cependant tous les fruits y mûrissent parfaitement, parce qu'en été les chaleurs y sont ordinairement très-fortes. Pour ce qui concerne les richesses du sol, le blé, le vin, les olives, le chanvre & la soie sont les principales productions du pays. Le vin y est en général bon, mais les plus estimés sont ceux de l'Hermitage, de Côte-Rôtie, & ceux du territoire de Vienne. Les gourmets font un cas particulier des vins blancs de Saint-Peret, que produit le terroir entre Thain & l'Isère. Ceux qu'on recueille dans le ci-devant Grésivaudan se consomment dans le pays.

Les pâturages de la ci-devant province du *Dauphiné* sont excellens, tant dans les pays de plaines, que sur les sommets des montagnes, surtout pour la nourriture du gros bétail.

Les montagnes dont les pâturages sont le plus en réputation, sont celles de Sassenage & d'Oysans dans les environs de Grenoble ; celles de Gresses, de Valdrome & de Vécors dans le ci-devant Diois ; celles de Vars & des Orres dans l'Embrunois, & celles de Queyras. Le lait que produisent les vaches nourries dans ces pâturages, & dans le ci-devant Briançonnois, est converti en beurre & en fromages à l'imitation de ceux de Gruyères, & il s'en fait un grand débit en France, surtout de ceux qui sont connus dans le commerce sous le nom de *Sassenage*.

Les plantes qui croissent abondamment sur la montagne de *Prémol* près de Grenoble, sur celles de Bessez, de Grave & dans le mandement d'Oysans, & sur celles de Touland dans le Diois, sont d'un grand usage en médecine.

Les forêts qui couvrent les montagnes du *Dauphiné* sont composées, pour la plupart, de bois de chêne très-propre au chauffage & à la construction ; d'autres sont de sapin bon pour la grande & la petite mâture. Les plus considérables forêts sont situées dans l'Embrunois, du côté de Guillestre, & dans le Grésivaudan, près de la ci-devant Grande-Chartreuse ; elles sont toutes abondantes en gibier. Il y a, dans quelques-unes, des animaux qui ne se trouvent pas dans les autres contrées. Les forêts qui couvrent les montagnes d'Urbon & de

Volaurié, dans le Diois, renferment quantité d'ours. Les loirs & les marmottes se trouvent dans les montagnes des Alpes. On sait que ces animaux dorment six mois sans se réveiller.

Cette ci-devant province abonde en lièvres blancs & en perdrix blanches. On y trouve une grande quantité de faisans, d'aigles & d'autours. Quant aux productions intérieures du sol, les montagnes renferment quantité de mines, dont on trouvera la description à leurs articles.

La province de *Dauphiné*, telle qu'elle étoit jusqu'à l'époque de 1789, étoit, comme nous l'avons dit plus haut, composée de plusieurs petits pays ou états, réunis par la suite des tems, des débris du royaume de Bourgogne. Elle fut anciennement occupée par les Allobroges, qui, après avoir soutenu des guerres longues & sanglantes contre les Romains, en furent enfin subjugués. A la décadence de l'Empire, ce peuple passa sous la domination des Bourguignons, dont le roi résidoit à Vienne. Le royaume de Bourgogne ayant été détruit par les François, ceux-ci possédèrent le pays jusqu'à la mort de Louis-le-Bègue. Je ne suivrai pas les autres révolutions qu'éprouva cette province, pour passer à ce qui concerne son commerce actuel.

Quant au commerce du *Dauphiné*, il répond à la diversité des situations des contrées qu'il renferme. Les montagnes produisent des sapins & autres arbres propres pour la marine & pour les constructions variées : il y en a aussi beaucoup dont on tire de la térébenthine très-liquide, très-belle & bien odoriférante. Les rivières & les ruisseaux qui les traversent, communiquent le mouvement aux moulins & usines des forges & des fonderies, où on fabrique toutes sortes d'ouvrages de fer, d'acier, de cuivre & de plomb, & principalement celle des ancres & des canons, &c.

C'est à Rive-Moirans, à Voiron, à Beaumont-Furent, à Tulins, à Beau-Croissant, à Chabons & à Vienne que se fabrique l'acier. Les fers qu'on appelle *fers à forges* se font dans les forges de Saint-Hugon, d'Hustières, de Tuois, d'Allevard, de Laval, de Goncelin, de la Combe, de Vriage, de Revel, des Portes, de Saint-Gervais & de Royan. C'est à Rives, à Beau-Croissant, à Tulins, à Noiron, à Beaumont-Furent, & surtout à Vienne, que se fabriquent les lames d'épées, comme à Voiron & à Visille les faux & les faucilles. La fonte des canons est a Saint-Georges, & les ancres se forgent à Vienne. Il y a aussi dans ce dernier lieu des forges où l'on travaille le cuivre, ainsi qu'à Tulins, à Voiron & à Beau-Croissant. On prépare le vitriol & les autres minéraux dans les laboratoires d'Allevard, de Laval, de la Cloche, de l'Argentière, de Leschat, de Beaurière & de Larnage.

Les autres manufactures du *Dauphiné* sont les laineries, les toiles & les soieries : les draperies & les autres étoffes de laine ne sont pas des plus fines, mais d'une assez bonne qualité. On ne fabrique que des draps à Grenoble, à Voiron, à Tulins, à Saint-Marcellin, à Royan, à Serre, à Beaurepaire, à Saint-Jean-de-Royan, à Pont-en-Royan, à Valence & dans tous les environs de ces lieux, centres de manufactures. Il passe une grande quantité des draperies du ci-devant *Dauphiné* en Savoie & en Piémont. A Vienne on fabrique des droguets ; à Taulignan & à Dieulefit, des sergettes ; à Romans, des cordillats, des ratines, des estamets & des draps ; à Crest, des ratines & des cordillats ; à Montélimar, des sergettes & des ratines ; & à Buys, des sergettes & des cordillats. Dans presque tous les villages dépendans de ces villes il y a des fabriques des mêmes étoffes de laine, qui se font dans leur chef-lieu. Les laines qu'on emploie dans ces manufactures sont presque toutes de la province, & le commerce s'en fait principalement à Valence, à Crest, à Romans & à Royan.

Les plaines, outre les chanvres, produisent diverses sortes de grains. On y cultive aussi des mûriers blancs, pour la nourriture des vers à soie, dans toute la province, à l'exception des pays de montagnes & des terrains froids. On y cultive aussi des amandiers & des oliviers. Il y a aussi dans toute la province des châtaigniers & des noyers, qui sont d'une grande ressource pour le peuple. Les confins du *Dauphiné*, les bords du Rhône, principalement dans le Viennois, sont plantés de marronniers, & c'est de là que vient la plus grande partie des marrons qui se vendent à Paris sous le nom de *marrons de Lyon*, sans doute parce que le centre de ce commerce est dans cette ville.

Le haut & le bas *Dauphiné* forment aujourd'hui les départemens de la Drôme, de l'Isère & des Hautes-Alpes.

Le *Dauphiné* offre dans les plus grands détails les phénomènes de la moyenne terre : on y voit les déplacemens immenses des couches primitivement horizontales, & qui conservent ce caractère. On y voit les coupures immenses faites dans ces massifs de la moyenne terre par les eaux courantes ; en un mot, la formation des vallées y est démontrée. On y voit aussi des amas de cailloux roulés immenses, dispersés au milieu des couches horizontales, & sur les bords de l'ancienne mer. Voilà les grandes merveilles du *Dauphiné* : elles ont cela de précieux, qu'on en trouve de semblables dans d'autres provinces, où les mêmes phénomènes se retrouvent. (*Voyez* ce que j'ai dit sur les cartes d'Embrun & de Valence, où je montre le prolongement du Jura : je raisonne sur les suites des déplacemens des couches autrefois horizontales ; couches inclinées de la moyenne terre.)

Golfe du Dauphiné.

Je sais, par exemple, qu'il y a des caillou roulé

roulés dans la vallée du Drac, & assez profondément; que ces amas de cailloux roulés sont empâtés de substances terreuses, & mêlés de gros débris, qui ne sont que dégrossis. Il n'est pas douteux qu'on trouveroit de pareils dépôts plus avant dans cette vallée, comme dans celle de l'Isère & de la Romanche. J'ajoute même qu'il y auroit plusieurs restes de couches dont les eaux courantes des rivières ont détruit une partie lorsqu'elles ont repris leur ancien écoulement après la retraite de la mer, qui leur a de nouveau abandonné ce qu'elle avoit envahi.

On pourroit juger aussi des différens degrés de température des québrades, que j'ai prouvé résidantes dans nos vallées des pays de montagnes, par la hauteur des dépôts qui restent, & par l'étendue de ceux qui ont été enlevés par les fleuves depuis la retraite de la mer. Ces deux considérations, qui sont entiérement neuves, mériteroient bien un voyage en *Dauphiné*, le long des vallées principales & latérales des rivières qui se jettent dans le Rhône, d'abord dans celles de l'Isère, de la Romanche & du Drac, ensuite dans celle de la Drôme, de la Durance, &c.

Je vois que Guettard a parcouru le *Dauphiné* assez en détail, qu'il a recueilli des notes infinies sur la minéralogie; mais comme il alloit d'un lieu à un autre sans voir autre chose que la ligne de l'intervalle, il n'a rassemblé que des notes: il n'est donc pas étonnant qu'il n'ait fait connoître aucun phénomène un peu important. Comme la ligne qu'il parcouroit, n'entroit pas dans l'examen ou dans l'établissement d'aucune question importante, il n'en est résulté aucune analyse sur la formation & la distribution relative des massifs du *Dauphiné*, sur leur histoire naturelle, &c.

Il y a des amas de galets dans plusieurs réduits du golfe du Rhône. On se refuseroit à l'examen de plusieurs phénomènes fort curieux, & l'on ne prendroit du golfe qu'une idée incomplète si l'on se bornoit à la seule vallée du Rhône, comme renfermant l'ouverture du golfe, qui a été primitivement ébauchée par le fleuve; car comme plusieurs autres rivières s'y jettent, ce golfe a dû prendre en conséquence plusieurs embranchemens.

Je vois dans la première époque de l'ouverture du golfe, des rochers dépendans des groupes de montagnes que j'ai distingués, & qui en ont été séparés au dessus de Saint-Marcellin par le Drac & l'Isère; ensuite ces blocs de rochers ont été recouverts par les dépôts de la mer, qui a occupé & couvert également de grandes étendues de terrain entre la vallée de l'Isère à Saint-Marcellin & la plaine de Saint-André; ce qui prouve que les vallées de l'Isère & du Drac ont été creusées en même tems que celle du Rhône, & avant la dernière invasion de la mer dans le golfe; car les vides que la mer a remplis par ses dépôts, pendant son dernier séjour, existoient avant cette invasion, surtout les vides des vallées qui n'ont pu s'approfondir sous ses eaux, & dans les parties où son bassin s'étoit prolongé.

Il faudroit voir & suivre les vallées du Drac & de l'Isère, dans ses vues, pour juger de l'étendue des vides par les remplissages, & des déblais par les remblais.

Dauphiné d'Auvergne. C'étoit un certain pays dans la Basse-Auvergne, près de la rivière d'Allier & de la ville d'Issoire: Vodable en étoit la capitale, & cette ville méritoit cette distinction par des vestiges volcaniques dont elle est le centre, & qui se propagent dans les environs: l'Estoing & Vieille-Brioude en dépendoient. Ce pays fait aujourd'hui partie des départemens du Puy-de-Dôme & de la Haute-Loire.

DAUTRE (la), rivière du département du Cantal. Elle prend sa source à trois lieues trois quarts nord-est d'Aurillac, & verse ses eaux au sud-ouest, puis au sud, ensuite à l'ouest; lesquelles finissent par se rendre dans le Cer, près de la Capelle-Viescamp, à trois lieues & demie d'Aurillac.

DAUZAN (le), rivière du département du Cantal, arrondissement & canton sud de Saint-Flour. Elle prend sa source à une lieue & demie du Plomb-du-Cantal, verse ses eaux à l'est; elles remontent au sud-est & se réunissent à la Salhans, qui passe au pied de la montagne de Saint-Flour, & prend le nom de *Lende*, ensuite tourne au sud & se rend dans la Truyère, à une lieue trois quarts sud-est de Saint-Flour. C'est ainsi que le Cantal se débarrasse de ses eaux en les versant dans ce grand égout.

DAVIS (Détroit de), bras de mer entre l'île de Jacques & la côte occidentale du Groenland. Les Sauvages qui habitent les environs de ce détroit sont très-robustes. Ils s'occupent de la chasse & de la pêche, & le sang des animaux est une boisson qui leur est agréable.

DAX, ville du département des Landes, sur l'Adour, à neuf lieues de Bayonne, & à cinq lieues & demie sud-ouest de Tartas, & onze lieues sud-ouest de Mont-de-Marsan. Cette ville, ci-devant capitale des Landes, dans la Gascogne, est très-ancienne: elle fut primitivement la principale habitation des Tarbellions, peuples les plus illustres de l'Aquitaine; ensuite elle appartint aux Romains. Je ne parlerai ici ni des Goths, ni des Francs, ni des Gascons qui l'occupèrent successivement.

Dax est situé dans une plaine fertile & agréable, sur la rive gauche de l'Adour. Au-delà de cette rivière est un faubourg appelé le *Sablar*: on y communique par un pont d'une architecture extrêmement hardie, & d'une élévation très-étonnante au dessus du niveau de la rivière, dont les débordemens d'ailleurs sont fréquens & dangereux.

Le commerce principal de *Dax* consiste en planches de pins, en pains de goudron & de résine, en vin & en eau-de-vie qu'on charge à Bayonne. Des particuliers riches y formèrent, en 1766, une fabrique de sergettes pour doublure d'habits, de cordelats, de cannelés, de flanelles & de petites étoffes à la façon d'Angleterre.

Les eaux thermales de *Dax* sont précieuses quant à leurs qualités & à leurs effets. On y prend des bains chauds & des boues arrosées par les eaux naturellement chaudes & minérales, souveraines pour la guérison des rhumatismes, dont les douleurs les plus vives disparoissent à la simple application. Elles étoient en réputation chez les Romains. La fontaine d'eau minérale chaude, qui est une des plus renommées du canton, a sa source précisément au milieu de la ville. C'est un grand bassin à cinq faces irrégulières, très-profond & d'une étendue très-vaste. Il est toujours plein d'une eau presque bouillante qui en sort abondamment par cinq ou six gros tuyaux. Leur réunion forme un ruisseau assez considérable qui va se jeter dans l'Adour, au bord duquel la ville de *Dax* est située. A environ cinq cents pas au dessous, & assez près des bords de la même rivière, se trouvent des bains qui servent à beaucoup de malades. Ce sont de grands trous pleins d'une eau bourbeuse, beaucoup moins chaude que celle de la fontaine de la ville. Elle provient cependant, selon toute apparence, du même réservoir.

Il y a dans la ville de *Dax*, au lieu dit l'*Abesse*, une forge exploitée au moyen d'un feu biscayen. Tout près est une mine de fer, d'où l'on tire de superbes madrépores en astroïtes, chargés de cette mine de fer que l'on trouve par couches. Elle donne du fer dans cette forge de l'Abesse. On a extrait, pour l'usage de cette forge, de la mine de fer coquillière à côté du moulin de Prousttignac & d'Ardy; mais l'une & l'autre étoient trop sablonneuses.

Je me propose d'ajouter à l'article de *Dax*, où je présente tout ce que renferme l'intérieur de cette ville, trois objets d'histoire naturelle, qui figurent à une certaine distance dans les environs. Le premier offrira la collection des coquillages & autres dépouilles d'animaux que renfermoit, en 1762, le cabinet de M. le président de Borda; le second les amas de plâtre, & le troisième une mine de fer qui, outre les filons fort riches & fort abondans, s'est répandue sur de nombreux amas de coquillages, & les a recouverts d'une couche de stalactiques qui les a ferrifiés sans en faire disparoître les formes générales.

Ces coquillages sont, 1°. des espèces de petits rouleaux qui se trouvent dans une pierre marneuse, blanche, grise, &c. La surface de ces corps marins est semblable à celle des limaçons. Il est à présumer que ce sont ces espèces de coquilles qui ont fait ces trous dans la pierre, qui ensuite ont été détruits, de manière que leurs moules ont été remplis d'une matière pierreuse plus compacte que le reste.

2°. Il y avoit beaucoup d'os, de vertèbres, de côtes, de dents d'animaux marins, entr'autres une mâchoire de vache marine, dont les dents étoient rondes. Il y avoit d'ailleurs des dents de chien de mer, des peignes de différentes formes; enfin des dents de vache marine, qui étoient creuses à leur base. Au reste, nous renvoyons à ce qu'a dit M. Cuvier sur les différentes espèces d'animaux dont les dépouilles ont été recueillies aux environs de *Dax*, & qui n'étoient peut-être pas bien connues en 1762.

3°. Il y avoit aussi des madrépores étoilés, semblables à ceux de Mérignac des environs de Bordeaux; des madrépores branchus, petits & grands; des boules avec des étoiles éparses; des hémisphères avec des points-de-Milan; des cunolithes, &c. Ces madrépores étoient, ou dans l'état ordinaire de fossiles, ou dans l'état spathique, ces spaths se trouvant dans une couche plus profonde que celle qui contenoit les corps purement fossiles. Nous renfermerons dans cette quatrième classe les coquilles que nous indiquerons d'abord sous les dénominations de *vis*, de *rouleaux*, de *peignes*, de *casques*, de *grosses huîtres*, semblables à celles de Saint-Émilion, à quoi nous ajouterons les nombreuses familles semblables à celles de Grignon proche Versailles. Nous distinguerons aussi des peignes & des oursins de la plus belle forme, & des variétés les plus curieuses. A côté, on observoit des noyaux de toutes ces coquilles, dont les uns étoient de la plus belle conservation, & les autres étoient aplatis avec des débris de coquilles à leur surface. On voyoit aussi des noyaux enveloppés d'une cristallisation spathique dans le vide résidant entre le noyau & la pâte qui l'envoloppoit, & étoit de même nature. L'espace vide étoit plus considérable que l'épaisseur de la coquille. Tous ces fossiles ont été surtout recueillis dans la partie des landes qui avoisine la ville de *Dax* au nord, dont les couches sont imprégnées d'un dépôt ferrugineux, qui est connu sous le nom d'*alliofte*; en sorte que toute la charpente des madrépores & les noyaux des coquilles étoient ferrifiés entièrement. Nous avons enfin remarqué en même tems des lenticulaires à spirales bien suivies; des nautilites grosses & petites, fort bien conservées avec leurs noyaux.

Il y a beaucoup de plâtre aux environs de *Dax* & de Bayonne, & voici la marche & la distribution des gîtes dans lesquels on le trouve en masses isolées & mêlé avec les couches de pierres qui lui servent de base: on le trouve à Gaujac, le long du Lien en tournant vers *Dax*, le long de l'Adour, vers Biodos, & enfin vers Biarits, sur les bords de la mer. Il est dessous le bitume, qui est surtout fort abondant à Gaujac.

On remarque des fontaines salantes dans tout le trajet que parcourt le plâtre, & le bitume est plus communément dessus le plâtre.

Le plâtre est par couches en filets parallèles & perpendiculaires à l'horizon, comme celui de Lunéville. Ensuite il y en a en cristaux fort clairs, qui sont des prismes tronqués; les autres sont d'un blanc non transparent & informes, comme celui des Pyrénées. La plus grande partie est rouge, & paroît tirer cette couleur du bitume qui l'accompagne. La disposition du plâtre paroît favorisée par celle de ses cristaux distribués parmi l'argile, à Mérignac proche Bordeaux, & par la suite des amas qui se trouvent arrangés depuis l'ancienne terre des Vosges jusqu'à Paris, en traversant la Lorraine, la Champagne & la Brie.

J'ajoute qu'on trouve beaucoup de bois fossile & pétrifié aux environs de *Dax*.

Les récoltes qu'on a faites dans les premiers tems qu'on étudioit les dépôts superficiels de la mer, doivent encourager, maintenant qu'on est plus instruit, à reprendre par ordre les mêmes recherches pour déterminer les animaux dont on a recueilli les dépouilles, surtout dans les contrées qui environnent la ville de *Dax*, & à Mérignac proche Bordeaux.

DÉBACLE : c'est la rupture des glaces, qui a lieu après qu'une rivière a été prise pendant quelque tems, lorsque le dégel ou d'autres circonstances y produisent la désunion des glaçons. Pour avoir une idée de la manière dont s'opère une *débacle*, il faut connoître comment une rivière se trouve prise, ou comment les glaçons se rassemblent pour la couvrir; car c'est par la combinaison des forces qui désunissent & désassemblent les glaçons, que la *débacle* se déclare.

Lorsqu'une rivière a commencé à charier, si le froid augmente, les glaçons se multiplient & se serrent au point que leur convoi se ralentit & ne peut se continuer sans qu'il n'y ait pas d'obstacle. Alors ils s'arrêtent à certains points où l'obstruction est complète; & pour peu que le froid continue, ces glaçons se soudent entr'eux de manière que leur réunion forme une glace solide & continue, sur laquelle on peut passer avec des traîneaux & des voitures, quoiqu'elle soit faite de pièces & de morceaux; mais comme la soudure n'a pas acquis la même épaisseur que le corps de chacun des glaçons, il est visible que c'est par cette soudure que le dégel doit se faire sentir sur cet assemblage de glaçons qui couvre presque toute la surface d'une rivière. Ainsi l'on voit que ces glaçons se désunissent sensiblement à mesure que le dégel fait des progrès plus marqués.

Outre cela, dans le tems du dégel ou quelques jours après qu'il s'est déclaré, les rivières éprouvent une crue assez considérable, à la suite de laquelle la totalité des glaçons se trouve soulevée de quelques pieds, & se courbe de telle sorte que, dans cet effort, une grande partie des soudures se rompt; ce qui forme de gros quartiers de glace désunis. Il en résulte donc un nouveau convoi de glaçons qui se meuvent d'abord difficilemen, mais qui par la suite sont chariés avec d'autant plus de vitesse, que les quartiers de glaces diminuent davantage, & que la crue fournit plus de véhicule pour dégager les glaçons & favoriser leur transport.

C'est donc à la rapidité & à l'abondance de la crue qu'éprouve une rivière lors du dégel, que sont dues les *débacles*, ainsi que les désastres qu'elles produisent le plus souvent, & dont nous avons été témoins plusieurs fois à Paris & le long de la Loire.

Pour donner une idée de ces catastrophes désastreuses, nous joindrons ici les descriptions qu'on en a données en différens tems, & où tous les événemens ont été présentés simplement & clairement.

Il arrive fort rarement, & même il n'arrive presque jamais que la rivière de Seine & celle de Marne débaclent en même tems : c'est un grand bonheur qu'elles ne partent que l'une après l'autre : le canal même de la Seine ne se fermeroit jamais par les glaces si les glaçons ne trouvoient, aux piles des ponts, des obstacles qui en arrêtent les convois; mais s'il se trouve, comme cela ne manque pas d'arriver, des glaçons disposés à s'arranger de manière à former une arcade couchée, qui s'appuie sur deux piles, alors les convois de glaçons sont arrêtés au dessus des ponts, & continuent à s'accumuler & à se serrer les uns contre les autres. En même tems toute la partie de la rivière qui est au dessous ou, comme disent les gens de rivière, à l'aval de l'endroit où l'embarras s'est formé, cette partie, dis-je, reste vide de glaçons.

Souvent les glaçons qui descendent d'amont en certaine abondance, & qui se trouvent arrêtés par quelques-uns des obstacles dont j'ai parlé, s'amoncellent tellement les uns sur les autres, qu'ils forment des masses dont les efforts, animés par le courant, sont très-redoutables lors des *débacles*; c'est ce que les gens de rivière appellent *rencharge*.

D'abord les rivières commencent à charier une crême de glace ou de très-petits glaçons spongieux; c'est ce que les gens de rivière appellent *butiner*. La rivière continue ensuite à charier en augmentant toujours, & trois ou quatre jours après elle se trouve arrêtée si le froid redouble, & si les glaçons augmentent en volume & en nombre. Au dessous de l'endroit où les glaçons sont arrêtés, la rivière reste libre & non couverte de glaçons, & cela arrive en plusieurs endroits des rivières si les glaçons y sont arrêtés, & dans bien des circonstances la rivière, arrêtée par les premiers ponts de Paris, se trouve couverte dans une grande étendue de son cours au dessus.

Il y a, des deux côtés de la rivière, des glaçons qui se forment, & se prolongent de manière à se joindre d'un bord à l'autre.

Ce sont effectivement les piles des ponts en général, & plus dans Paris qu'ailleurs, qui sont la principale cause qui fait prendre la rivière : l'eau ayant moins de vitesse à ses bords qu'au milieu, il se forme deux grandes lisières de glace, une à chaque côté.

La voie des glaçons se rétrécissant de plus en plus, ceux qui sont en mouvement se touchent; & s'ils deviennent plus larges & plus nombreux, ils forment une obstruction dès qu'ils trouvent des obstacles qui les appuient, & ils arrêtent tout ce qui suit.

Il est aisé de concevoir que la cause qui fait prendre la rivière plus tôt est la même qui ne la laisse débacler que plus tard; car les glaçons accumulés se serrent, & leurs intervalles se remplissent par des glaçons qui en font un corps continu, solide; c'est alors que ces assemblages de glaçons consolidés résistent à tout effort, à moins que la rivière ne hausse ou ne baisse assez considérablement pour que les assemblages se désunissent.

Voici comment s'opèrent les *débacles*.

Dès que le dégel est décidé, la rivière commence à croître peu à peu en se mouvant du fond, en sorte qu'en peu de jours, ou en trois ou quatre, elle peut croître de vingt à vingt-un pouces, & enfin de neuf à dix les derniers jours.

Cette augmentation d'eau, élevant l'assemblage des glaçons & rompant les liens qui les unissoient, détermine la *débacle*, qui commence aux endroits où il y a des vides. Les rivières latérales, qui portent souvent une grande masse d'eau dans les rivières couvertes de glaçons, déterminent souvent la *débacle* à leur jonction : ces mouvemens de glaçons n'ont pas souvent une grande étendue; & lorsque les glaces sont bien soutenues, la rencharge ne les ébranle que très-peu : on en voit seulement de grands tas se former en se culbutant, en passant les uns sur les autres, ou même en coulant par-dessous.

Tous ces glaçons, amenés & amoncelés en très-grande quantité sur chaque place, diminuent d'autant le passage de l'eau; aussi l'eau s'élève au dessus de ces espèces de digues. Ce ne fut qu'en se frayant des débouchés plus libres, que l'eau souleva encore plus les assemblages de glaçons qui couvroient la Seine à Paris; ce qui détruisit les assemblages, & la *débacle* partit après un grand soulévement de ces glaçons. Mais, malgré cela, les glaçons ne cheminoient pas aussi vîte dans Paris & au dessous, que dans les parties d'amont; en sorte que ces derniers se doubloient, se triploient, & couvroient tout le courant. On sent bien que les progrès de ces *débacles* ont des accès suivant que l'eau, qui est le grand agent, qui est accumulée par les obstacles, trouve moyen de couler, & d'entraîner les débris des assemblages de glaces : il résulte de là que la rivière, lorsque l'eau qui fait gonfler les glaces est accumulée, est très-élevée, mais qu'après la *débacle* elle diminue subitement.

Ce qui augmente considérablement le volume dans la rivière est plutôt le volume des glaçons épars, comme ils le sont quelquefois, que celui du véhicule de l'eau; car ce volume lève les glaçons, mais surtout les entraîne.

L'élévation de la rivière, produite par l'affluence de l'eau & l'accumulation des glaces au dessus de Paris, facilita la prompte descente des glaces d'amont. Dès que le passage fut ouvert, cette abondance de glaçons qui arrivoient en foule, non-seulement à la surface de la rivière, mais mêlés à l'eau, entraînoit tout ce qu'elle rencontroit. Cette hauteur de l'eau porta & répandit une quantité prodigieuse de glaçons dans les plaines d'Yvry, de Maisons, de Choisy, de Villeneuve-Saint-Georges: l'eau entra même dans le faubourg Saint-Antoine par la rue Traversière, qui fut remplie de glaçons jusqu'au-delà de la rue de Charenton.

Quand les *débacles* se font sans obstacle, elles ne causent aucun dommage : les glaces de la Seine y venant ainsi de loin, sans qu'il y ait aucune accumulation ou rencharge, & trouvant la traversée de Paris libre, doivent y passer comme y passe la *débacle* de la Marne, qui, se faisant presque toujours après celle de la Seine, & trouvant tous les passages ouverts, ne fait aucun désastre.

La rivière prend par les glaçons qui ont servi d'écuelles, & dont l'eau remplit les interstices des glaçons spongieux, qui deviennent comme cela glace compacte, & qui y gèlent dès qu'elle est en repos. Ces glaçons se choquent, & se brisent à proportion de leurs chocs : il y a de ces glaçons qui ont trois ou quatre pieds d'épaisseur; cela vient de la réunion de plusieurs glaçons par leur rencharge. Je crois qu'on pourroit faire prendre plusieurs petites rivières & les rivières latérales, au lieu d'attendre à retenir les glaçons un peu au dessus de Paris.

Après les éclaircissemens préliminaires sur ce qui constitue les *débacles* en général, nous allons exposer les différentes circonstances que nous avons observées & recueillies, soit à Paris sur la Seine, soit ailleurs sur les grandes rivières qui ont éprouvé ces accidens.

Débacle des rivières en 1789.

La *débacle* de 1789 s'est faite d'une manière particulière, vu la nature de la glace, qui étoit compacte & fort épaisse.

Voici ce qui est arrivé à la première crue d'eau un peu considérable qui eut lieu le dimanche 18 janvier. L'eau déborda au dessous du Pont-Neuf & couvrit la glace, & emporta les bords de l'ouverture en débris jusqu'au port Saint-Nicolas, & les déposa sur la glace, qui subsista pourtant avec quelques ruptures dans certaines parties & sur les bords; de même un peu au dessous du nouveau pont l'eau couloit sur la glace & l'avoit couverte de débris, & sur les bords, à l'extrémité de l'ouverture. On voit que l'eau qui débordoit, ne se faisoit ouverture que dans certains endroits, & faisoit effort dans son accès contre le bord inférieur de l'ouverture & emportoit les débris, & outre cela brisoit la glace; & le long des bords & dans certaines parties du milieu, plus bas, la glace restoit encore entière.

Débacle de 1789, à Paris.

J'ai vu la Seine, le mercredi 21 janvier 1789, dans les parties où elle avoit éprouvé une *débacle* la veille par l'ouverture de l'estacade de la tête de l'île Saint-Louis.

Tout le bassin, depuis l'île Saint-Louis jusqu'au bas de Paris, en suivant le port au blé, étoit débarrassé de glaçons. Il restoit une forte obstruction dans le canal des Grands-Augustins, de l'Hôtel-Dieu, jusqu'à la hauteur de l'île Louvier. Cette obstruction s'étendoit jusqu'au Pont-Rouge: la plupart des glaçons étoient dans une situation verticale. Je remarquai que, dans certains endroits, les glaçons étoient plus petits & plus serrés que dans d'autres, parce que les glaçons avoient été tassés en conséquence de certains courans qui, à différentes heures, avoient eu une marche particulière au milieu de leur masse générale. Je fus témoin d'une de ces marches qui précéda la *débacle*: elles étoient occasionnées par le déplacement de certains glaçons fort larges & fort épais, qui, achevant de prendre une situation verticale, laissoient des vides que les glaçons voisins s'empressoient de remplir, & ainsi de proche en proche. Ces courans particuliers s'étendoient depuis l'Évêché jusqu'au dessus du pont de la Tournelle: il y en avoit même qui se dirigeoient vers le Pont-Rouge.

J'observai que, le long des bords de la rivière, presque tous les glaçons étoient larges & presque à plat, parce que, dans les mouvemens de *débacle*, ils avoient été moins gênés, & avoient trouvé plus d'espace pour s'étendre.

La partie de la rivière, depuis Charenton jusqu'à la tête de l'île Saint-Louis, avoit fourni tous les glaçons de la *débacle* du mardi; & ce qui restoit dans le canal des Grands-Augustins & au dessus étoit dû en partie à la glace formée dans ces bassins, & en partie à la *débacle* du mardi.

En général, on a remarqué que, dans la *débacle* du mardi, les glaçons, en se mêlant les uns aux autres, se disposoient verticalement, & se plaçoient les uns à côté des autres, parce qu'ils occupoient moins de place en cette situation.

Pendant l'obstruction du canal des Grands-Augustins, causée par les glaçons tassés, l'eau ne paroissoit pas couler visiblement au dessous du Pont-Neuf, au débouché de cette partie obstruée le lundi & le mardi. Le courant apparent, mais foible, ne se montra que le mardi au soir & le mercredi matin; l'eau s'étoit fait jour à travers les glaçons; enfin, la *débacle* vint le mercredi à deux heures.

Les glaçons avoient douze à quinze pouces d'épaisseur. Assez communément la glace étoit de deux espèces, l'une claire & transparente, l'autre terne & blanchâtre; la première formoit plus communément la partie inférieure des glaçons, & la seconde la partie supérieure. Lorsque les glaçons se décomposèrent par le progrès du dégel, les parties de glaces transparantes, compactes & claires donnèrent des prismes; les autres ne donnèrent aucune forme régulière, soit dans leurs cassures, soit dans leur décomposition.

Je suis tenté d'attribuer la première à la congellation de l'eau de la rivière, la seconde à la neige qui tomba à différens tems sur la rivière & couvrit la glace. Quelques commencemens de fonte facilitèrent à la neige l'adhésion à la glace compacte & sa congellation: dans plusieurs glaçons cette suture étoit sensible. Je ne dis pas que toute la neige ait donné des glaces brutes & blanchâtres: cela dépendoit des degrés de fonte que la neige éprouvoit.

Débacle de la Loire.

A huit heures, le 18 janvier 1789, à une lieue au dessus d'Orléans, les glaces de la Loire s'accumulèrent par une crue de neuf pieds, & à un tel point qu'elles arrêtèrent le cours du fleuve; mais les fontes venues de plus haut levèrent les obstacles, & entre deux & trois heures après midi la quantité d'eau & de glaçons ouvrit un passage, creva les chaussées du côté du midi, de manière qu'en quatre heures de tems tout le pays que l'on appelle le *val*, se trouva submergé, ainsi que toute la partie de la ville, nommée *le Patereau*, & qui n'en est séparée que par le pont. Cette étendue du terrain submergé peut être évaluée à six ou sept lieues.

La même *débacle* occasionna les plus grands dégats à la Charité, à Saint-Dié, à Blois.

Les glaces mirent quatre jours à faire le trajet de Rouane à Orléans; car la *débacle* s'y fit le 14 à huit heures du matin, & y dura vingt-quatre heures; le 15, la crue de la Loire fut de dix pieds.

Le Rhône, dont les eaux, très-basses, avoient facilité la congellation totale à Lyon, commença à dégeler le 12 par un vent de sud-est, & la *débacle* se fit le 14. Les glaçons, de quatorze à dix-huit pouces d'épaisseur, & partagés en grandes planches de cent pieds carrés de surface, entraînèrent des moulins, des bateaux. La *débacle* de la Saône, dans la même ville, fut plus tardive de deux jours, & encore plus funeste: l'un des ponts de bois, de trois cents pieds de long, fut renversé, & beaucoup d'usines & de moulins furent fort endommagés.

A l'île de Ré, la mer, pendant un mois, n'offrit qu'une glace continue depuis les bords de l'île jusqu'à la Rochelle.

Autre débacle de la Loire.

Après huit jours de dégel, accompagné d'un vent de sud-ouest, humide & chaud, la Loire, grossie par la fonte des neiges, fit un effort prodigieux pour soulever la glace qui couvroit entiérement son lit ; & comme cette glace étoit trop épaisse, elle résista. A une lieue & demie au dessus d'Orléans, dans un espace assez considérable, où la rivière a moins de profondeur, les glaçons, entraînés par le courant, s'amoncelèrent à une hauteur extraordinaire contre la digue de glace qui résistoit, & le fleuve se trouva barré dans toute sa largeur.

Le cours des eaux, presqu'entiérement arrêté, forcé de changer de direction, se porta d'abord sur la rive droite, à l'embouchure du canal, près Combleux, & au dessus de Bionne. Par l'effet de cette explosion latérale des eaux, les rivages & les vallons voisins furent couverts de débris de glaces, & les bateaux chargés emportés à un quart de lieue dans les terres. Alors la levée correspondante de la rive gauche s'étant ouverte en deux endroits, vers le château de l'île & par deux brèches d'environ cent toises, offrit un nouveau cours à la Loire & à des glaçons de trente, quarante & même de cinquante pieds de dimension sur toute face, avec deux à trois pieds d'épaisseur : cinq lieues de pays fertile & peuplé se trouvèrent submergées.

La digue de glace s'amollit enfin & s'ouvrit. La Loire reprit son cours, & les eaux en se retirant laissèrent voir l'effet de leurs ravages. Tous les moulins établis sur la rivière du Loiret furent fort endommagés par cette *débacle* de la Loire, qui se porta principalement dans la vallée de cette rivière, qui lui fournissoit un débouché plus ouvert que les autres parties de son lit.

Débacle de la Vienne.

Dès le 25 novembre les rivières de Loire & de Vienne charièrent des glaçons qui couvrirent entiérement leurs courans. Deux jours après, l'épaisseur de ces glaces se trouva de dix-huit pieds au dégel.

La *débacle* générale des glaces eut lieu dans la Vienne le 22 janvier. D'abord les glaçons éprouvèrent un mouvement dans les parties supérieures de cette rivière, qui les porta jusqu'à Châtelleraut le 17. Ce même mouvement s'étendit le 19 jusqu'à Briançon, entre l'île Bouchard & Chinon. A l'époque de cette seconde station des glaces, la rivière grossit tellement & si subitement, que plusieurs personnes furent surprises dans les campagnes. Ce ne fut que le 22 janvier que la rivière fut débarrassée de ces amas de glaçons qui en gênoient le cours, & qu'ils gagnèrent la Loire.

Les glaces de ces deux rivières s'étant jointes, s'accumulèrent, & s'arrêtèrent à Dampierre, petit bourg à une lieue au dessus de Saumur.

Les glaçons de la Vienne entraînèrent une quantité de bois prodigieuse : outre les écluses, les débris des moulins & d'un grand nombre de bateaux, on vit flotter avec eux des meubles, des troncs d'arbres, surtout des aulnes coupés & arrachés sur les bords de la Vienne & de la Creuze, & dépouillés de leurs branches & de leurs écorces.

Autre débacle de la Loire.

La *débacle* des glaces de la Loire occasionna encore plus de ravages que celle de la Vienne. De tous les moulins qui étoient sur le cours de cette rivière aucun ne resta intact, & les débris des bateaux furent encore en plus grand nombre. Les glaçons rompirent les digues en plusieurs endroits, & inondèrent les campagnes & les villages défendus par ces digues.

Ces glaces, poussées avec véhémence, s'accumulèrent à des hauteurs prodigieuses, surtout vis-à-vis les ponts de Tours. Au faubourg Saint-Symphorien elles s'élevèrent jusqu'à trente pieds, & au commencement d'avril il en restoit encore à fondre. Elles entraînèrent plusieurs pièces du pont d'Amboise jusqu'au pont de Tours, & formèrent ainsi sous ce pont une obstruction si complète, que quatre arches de ce pont furent emportées & détruites.

DÉBLAIS. Ce sont des vides quelconques opérés à la surface de la terre par l'enlévement successif d'une certaine quantité de matériaux, vides dont la quantité & l'étendue peuvent être appréciées à peu près par l'existence des témoins ou des masses réservées, voisines des vides.

Je commence à considérer que toutes les vallées sont des *déblais* de tout le massif qui servoit à combler la vallée & à réunir de plain-pied une croupe à l'autre & un bord à l'autre.

C'est, comme on voit, par les eaux courantes, torrentielles & pluviales que s'opèrent les *déblais* qui ont fait les grands vides des vallées. Pour juger de l'immense quantité des *déblais*, qui a eu lieu à la surface de la Terre par l'approfondissement des vallées, il est nécessaire de considérer comme témoins les intervalles qui sont restés entre les vallées, quoique ces intervalles aient éprouvé d'assez grands enlévemens & destructions ; en un mot, des *déblais*.

Il y a aussi des *déblais* continuels sur les sommets des collines & des montagnes, ainsi que sur leurs flancs, que j'ai indiqués dans plusieurs articles de ce Dictionnaire, & surtout dans ceux de la craie, qui est si facile à décomposer & à déblayer.

Tout ce que j'appelle *îles terrestres* sont les témoins d'autant de *déblais*. Aux environs de Paris je trouve plusieurs de ces îles, qui sont composées le plus souvent de la couche des grès & des meulières qui sont les plus élevés.

Les dépôts calcaires ou de pierres de sables établies dans les grandes montagnes, sur les granits ou autres massifs appartenans à l'ancienne terre, ont été détruits dans plusieurs endroits, & il en subsiste de grandes parties qui sont encore des témoins des *déblais* faits partout ailleurs par les eaux pluviales : c'est ainsi que, dans les Vosges & dans les Pyrénées, j'ai trouvé de ces témoins qui attestent les *déblais* qui ont eu lieu partout ailleurs dans les environs, & partout où les dépôts qui de leur nature se continuent fort loin, ont été établis : telles sont les parties de pierres de sables qui recouvrent les massifs graniteux des Vosges.

DÉBORDEMENS. C'est l'élévation des eaux d'une rivière, d'un fleuve, d'un lac au dessus des bords de leur canal, de leur bassin ou de leur lit. Les *débordemens* produisent toujours l'inondation du terrain voisin des bords que couvrent les eaux débordées. Ils ont lieu le plus souvent à la suite des pluies longues ou abondantes, ou de la fonte des neiges : les eaux étant pour lors chargées de limon ou de terre déposent le plus souvent ces matières sur les bords inondés, où elles jouissent d'un certain repos qui favorise cette précipitation.

Il y a des *débordemens* périodiques, il y en a de temporaires, il y en a de purement accidentels, qui ne tiennent qu'à des circonstances variables.

Les premiers sont assujettis à certaines contrées de la terre, & tiennent à des circonstances régulières qui appartiennent à ces contrées.

Les temporaires tiennent à d'autres systèmes de positions.

Enfin, dans les zônes tempérées, où tout est variable, les *débordemens* le sont aussi.

C'est surtout aux crues & aux *débordemens* qui en sont la suite, que sont dus les transports des matériaux entraînés des parties élevées dans les plaines, & l'élévation de ces plaines.

L'origine des *débordemens* sont les pluies ou les fontes des neiges.

Effets & circonstances des débordemens.

Il arrive souvent des inondations, c'est-à-dire, des crues subites & considérables qui causent de très-grands dommages, parce que les eaux se répandent sur toute l'étendue des plaines torrentio-pluviales, où sont les habitations & les cultures; cependant ces désastres doivent être considérés plutôt comme la suite des anticipations imprudentes que font les hommes sur l'ancien domaine des eaux courantes, que l'effet d'un dérangement dans l'ordre de la nature. Les hommes n'ont pas assez examiné quel étoit l'état d'une rivière sur les bords de laquelle ils ont établi des bâtimens qui, dans des tems plus reculés, se trouvoient placés sur des hauteurs où l'on n'avoit rien à craindre de pareil. Les événemens extraordinaires de notre époque étant beaucoup plus fréquens dans des époques antérieures, on ne s'exposoit pas à leurs ravages. A mesure que la fréquence a diminué, l'appât du gain dans les plaines fertiles y a transporté la culture & l'habitation des cultivateurs : & c'est ainsi que des villes entières ont été exposées à des inondations qu'on a regardées comme un désordre de la nature. Ces effets, bien appréciés, annonçoient seulement que les hommes étoient plus avides & plus imprudens que ne comportoit l'état des choses. Il me paroît que toutes les inondations sont dans ce cas, & que tous les ravages sont de nature à être prévus ou prévenus.

Débordemens des rivières.

Le *débordement* des eaux du Lot fut très-considérable en 1783 au mois de mars. Cette rivière, grossie par une fonte de neiges abondantes, accumulées, pendant l'hiver pluvieux, sur les montagnes des Cévennes, submergea entièrement les plaines qui forment le fond de la vallée où elle coule. Ce fut surtout aux environs de Cahors qu'on éprouva les plus grandes inondations. Dans la nuit du 6 au 7 mars la crue fut si rapide, que, dans l'espace de douze heures, les eaux s'élevèrent à trente-quatre pieds au-dessus du niveau de leur lit ordinaire. Leur élévation surpassa de plusieurs pieds celles où elles s'étoient élevées précédemment dans de pareilles crues : plusieurs maisons furent culbutées, & toutes les habitations placées dans ces plaines fluviales, ainsi que les cultures, éprouvèrent les plus grands dommages : les moulins furent aussi emportés.

La Loire monta à Nantes à dix-huit pouces au dessus des grandes eaux de 1711, les plus fortes dont on se souvenoit. Cette grande rivière rompit ses digues en deux endroits. Saumur fut entouré d'eau pendant plusieurs jours, & on y fut réduit à une espèce de disette.

L'eau des crues d'une rivière, pour être bien sensible & produire un *débordement* un peu considérable, doit être fournie par toutes les vallées d'un bassin ou les principales vallées de ce bassin : ainsi le *débordement* de la Seine à Troyes, dans un grand orage qui parcourut une grande vallée, produisit une crue, une eau trouble à Paris; mais la rivière ne déborde que lorsque les rivières secondaires fournissent en même tems une grande quantité d'eau. De même la Marne déborde quelquefois sans que la Seine, à Paris, éprouve un *débordement*.

Dans les *débordemens* qui eurent lieu à la suite de la fonte des neiges sur la fin de l'hiver de 1784, les eaux reprirent leurs anciens cours indiqués par des dépôts très-aisés à reconnoître ; ce qui prouve que, dans les anciens tems, pareilles abondances d'eau ont produit de semblables inondations & dépôts. Partout où j'ai pu recueillir des éclaircissemens sur la marche des eaux, je me suis convaincu que toutes ces circonstances s'y sont trouvées constamment réunies.

En réunissant tous ces faits, toutes ces observations, on peut remonter des tems modernes aux tems anciens, & retrouver tous les faits du même ordre dans un seul, & toutes les opérations successives dans un résultat actuel.

De même tous les endroits éloignés du cours des eaux, & qui semblent cependant avoir été excavés par les eaux, tels que les vallons secs & toutes les configurations de leurs croupes, en donnant passage aux eaux fournies par la fonte des neiges, ont prouvé que leur approfondissement est dû à l'action des eaux courantes, comme les vallées au milieu desquelles les ruisseaux & les rivières ont un cours soutenu & continuel. On observe aussi les mêmes circonstances instructives dans les effets, à la suite des eaux qui viennent d'orages très-abondans, tant il est vrai qu'en suivant avec soin les opérations de la nature même, ce qu'on prend quelquefois pour ses écarts, on peut rendre raison d'une infinité de phénomènes qu'il est difficile d'expliquer autrement, parce qu'on ne peut pas aisément en rapprocher les causes : ce sont cependant ces causes que les écarts de la nature nous montrent le plus souvent.

Au lieu d'étudier ainsi, on fait des hypothèses où des agens imaginaires figurent d'une manière miraculeuse, & dont rien, dans la nature, ne donne la première idée.

Dans les grandes montagnes on voit plus souvent encore les causes des anciennes dégradations des eaux, lors des *débordemens* que produit annuellement la fonte des neiges, ou qui se montrent accidentellement à la suite des orages violens. Il y a peu de destructions anciennes dont on ne voie des exemples frappans de tems en tems par l'action des eaux, qui, ayant plus d'énergie dans les hautes montagnes, causent des ravages plus marqués que dans les cantons de la nouvelle terre où il y a moins de pente.

Considérez, sous ce point de vue, que ce que les gens peu instruits regardent comme les écarts de la nature, est un reste de son ancienne marche qui se montre plus ou moins rarement, suivant que l'état de la terre est plus ou moins changé en conséquence de l'habitation & de la culture dans les cantons de la nouvelle terre. Ces deux circonstances ont produit beaucoup de changement dans les hautes montagnes : la nature y a encore conservé le dessus, & son ancienne allure est moins altérée par les travaux des hommes, & il y a plus encore d'instruction à trouver lorsque, par l'étude de ce qui se passe de nos jours, on prétend remonter aux causes de ce qui s'est passé, & dont les résultats se montrent partout. C'est par les montagnes qu'on doit commencer l'étude de ces opérations.

Débordemens de la Seine.

Il y a dans Paris différens endroits où l'on a marqué jusqu'à quel point la Seine étoit montée dans les débordemens les plus considérables. L'année 1719, où la quantité de pluie ne fut que de neuf pouces quatre lignes, au lieu de dix-neuf pouces qui sont la quantité moyenne, ayant été extrêmement sèche, & par conséquent la rivière fort basse, on eut la curiosité de mesurer de combien elle étoit pour lors au dessous des marques de ses divers *débordemens*, & l'on trouva qu'elle étoit à vingt-sept pieds & demi au dessous de la marque du *débordement* de 1715, vingt-six pieds & demi au dessous de celui de 1658, & vingt-deux pieds au dessous du *débordement* de 1697, & enfin vingt-quatre pieds au dessous des *débordemens* de la fin de février, & commencement de mars 1711; en sorte qu'il résulte qu'en prenant le point de 1719 pour celui des plus basses eaux, & celui du débordement de 1615 pour celui des plus hautes, les variations de l'eau de la Seine se trouveront être renfermées dans les limites de vingt-sept pieds & demi, & cela fait une assez grande différence dans la quantité d'eau. Si l'on avoit un nombre suffisant d'observations pareilles, on détermineroit assez juste les bornes des hauteurs des rivières, & l'on se régleroit là-dessus pour plusieurs opérations importantes. (*Mémoires de l'Académie*, année 1720, page 10.)

On voit par les *débordemens* de la Seine, qu'elle se porte plus abondamment dans les parties de la plaine fluviale, qui sont plus proches des bords escarpés; que ce sont là les parties les plus basses de la plaine fluviale, celles qui ont été abandonnées les dernières, celles dans lesquelles elle rentre le plus tôt.

J'ai visité, le 9 février, les *débordemens* de la Seine vers Chaillot & Passy, & j'ai vu l'eau se répandre dans le Cours-la-Reine jusqu'à la nouvelle chaussée, & refluant par l'égout. La Seine devroit se répandre sur tout le faubourg Saint-Honoré, mais principalement depuis le bord escarpé de Montmartre à l'Étoile; mais cela ne commence, à cause de l'exhaussement du terrain dans Paris & des quais, qu'à la place de la Concorde; de là, cela lise le bord escarpé de Chaillot & de Passy, ensuite forme une circonférence qui, par un arrondissement insensible qui suit la montée du milieu de Vaugirard, se porte à Issy, enfin va baigner les bords escarpés de Bellevue. J'ai considéré que l'eau a été plus grande, puisqu'il y a des parties qui ont été recouvertes par une seule nappe d'eau qui les a applanies ainsi jusqu'au bord escarpé contre le plan incliné. Le canal est souvent au milieu du dépôt, & déborde des deux côtés dans ce cas.

L'effet d'un *débordement* devroit être dessiné pour donner une idée de ce que peuvent faire les anciens états des rivières, & pour détromper ceux qui raisonnent sur les effets de l'eau d'après l'idée de l'eau fluviale qu'ils voient continuellement réduite à un petit volume.

J'ai

J'ai vu la Seine au dessus de Paris, jusqu'à la hauteur des Carrières, & j'ai remarqué que toute la plaine fluviale étoit couverte d'eau. On se convainc aisément, d'après ce spectacle, 1°. qu'un petit accès torrentiel suffiroit pour couvrir toute l'étendue de ces plaines fluviales; 2°. que c'est la même eau qui a formé le dépôt de la plaine fluviale. On apperçoit les embouchures des deux rivières, la Marne & la Seine, formant une très-grande étendue débordée comme elle l'étoit dans les accès torrentiels. Cette eau alloit raser les anciens bords d'escarpement ou de réaction dans les endroits libres. Paris fait exception à cause de l'exhaussement du terrain & des quais.

Lorsqu'on voit l'étendue des plaines fluviales & qu'on veut faire comprendre à ceux qui n'ont jamais suivi les effets naturels, qu'un état un peu pluvieux dans ces cantons du Globe a suffi pour remplir les plaines fluviales entières, ils ne peuvent comprendre que la rivière soit capable de s'étendre ainsi; mais qu'ils suivent les *débordemens* de la rivière, & ils seront étonnés des effets & du peu d'eau qui les produit.

Débordemens périodiques de certains fleuves.

Il y a des fleuves qui grossissent tellement dans certaines saisons de l'année, qu'ils débordent & qu'ils inondent les terres adjacentes. Parmi tous ces fleuves, le plus célèbre est le Nil, qui s'enfle si considérablement, qu'il inonde toute l'Égypte, excepté les montagnes. L'inondation commence vers le 17 juin, & augmente pendant quarante jours, & puis diminue pendant quarante autres: durant ce tems les villes d'Égypte, qui sont bâties sur des montagnes, paroissent comme autant d'îles.

C'est à ces inondations que l'Égypte doit sa fertilité; car il ne pleut point dans ce pays, ou au moins il n'y pleut que fort peu. Ainsi chaque année est fertile ou stérile en Égypte, selon que l'inondation est plus grande ou moindre. La cause du *débordement* du Nil vient des pluies qui tombent en Éthiopie; elles commencent au mois d'avril, & ne finissent qu'en septembre: durant les trois premiers mois le ciel est serein pendant le jour, mais il pleut toute la nuit. Les pluies de l'Abyssinie contribuent aussi à ce *débordement*; mais le vent du nord en est la cause principale, 1°. parce qu'il chasse les nuages qui portent cette pluie du côté de l'Abyssinie; 2°. parce qu'il fait refouler les eaux du Nil.

DÉBOUQUEMENT. Ce mot est en usage dans l'Amérique, pour désigner un détroit formé par plusieurs îles entre lesquelles les navigateurs sont déterminés à passer, parce que les courans sont favorables à la marche des vaisseaux. Ce terme de *débouquement* s'applique particuliérement aux Antilles & aux îles qui sont au nord de Saint-Domingue. Les principaux sont ceux de Krooked, de Mogane, des Caïques, des îles turques & des îles de Bahama. (*Voyez* cet article BAHAMA.) Les *débouquemens* dont nous venons de parler sont visiblement l'ouvrage des courans qui, se portant dans ces parties, ont ouvert d'abord les passes entre les îles notées ci-dessus, & qui, continuant le même travail, favorisent en même tems la navigation par ces issues.

On peut appliquer aussi ce mot à un débouché quelconque d'une certaine masse d'eau contenue dans certains bassins de l'Océan, circonscrits non-seulement par des côtes élevées, mais surtout par une suite d'écueils à fleur d'eau, & surtout de bas-fonds. J'en donnerai par la suite l'indication & le dénombrement, qui doivent intéresser ceux qui s'occupent de l'histoire de la superficie géographique du globe, que plusieurs géologues ignorent.

DÉCHIRE-CULOTTE (Rocs de), îles du département du Var, arrondissement de Toulon, au sud-sud-ouest de la presqu'île de Giens. Ce sont deux petites îles éloignées d'environ cent toises de la terre; elles ont le cap de Vielle à l'est. C'est ainsi que les bords de la mer se rendent intéressans en Provence.

DECIZE, ville du département de la Nièvre, dans une île formée par la Loire, à six lieues & demie sud-est de Nevers. La situation de cette ville est singulière & pittoresque. Ordinairement les îles que la nature a semées dans le lit des fleuves sont plattes, plus élevées, & n'ont de bord que ce qu'il en faut pour échapper à l'inondation: celle au contraire où *Decize* est située, est un rocher, une véritable montagne; & comme un de ses flancs est coupé à pic, quelques personnes ont présumé qu'elle avoit été détachée du continent par la main des hommes. Il ne reste plus que des piles ruinées d'un pont d'une longueur prodigieuse, qui traversoit les deux bras de la Loire, & où venoient aboutir toutes les communications de l'ouest de la France avec la Bourgogne. Sur les débris de ces piles on a établi un pont de bois, dont l'usage est dangereux pour les voyageurs.

On trouve à *Decize* une grande forge, où l'on fabrique du gros fer. Les mines de charbon de terre de ce département sont autour de cette ville, dans une montagne sur la Loire, où il y a deux exploitations. Ce charbon est noir, gras & visqueux; il s'allume aussi facilement que le charbon de bois, & le feu qu'il produit est encore plus ardent. Cette ville fournit beaucoup de charbon de terre; elle fournit aussi beaucoup de pierres meulières. On y fait du fer-blanc aussi bon que celui d'Allemagne.

A une demi-lieue de *Decize*, & à quelque distance de la Loire, est une carrière de plâtre blanc, veiné d'un rouge couleur de rose: cette carrière est très-remarquable. Il y a dans cette ville un sous-inspecteur des forêts. Elle est dans le syndicat de l'inscription maritime du quartier de Nevers, quatorzième arrondissement maritime.

DÉCLINATURE. Les grands changemens qui sont arrivés à la surface de nos continens, la multitude de débris d'animaux & de plantes étrangères à nos climats, que nous trouvons ensevelis en mille endroits dans les couches, ont fait soupçonner, depuis que l'on étudie le monde physique, que toutes les contrées de notre globe avoient subi de grands déplacemens & avoient pu changer d'aspect par rapport au Ciel, soit par la différente inclinaison de l'axe de la Terre, soit parce que les contrées qui sont voisines des pôles n'y ont pas toujours été fixées invariablement. Ce ne sont pas seulement ces corps déplacés qui nous rappellent & nous attestent ces changemens, ce sont aussi les traditions trouvées chez plusieurs peuples. Les anciennes peuplades de la Russie & de la Sibérie, dont le pays est extrêmement froid, disent qu'il a été fort chaud, & qu'il avoit eu des éléphans, dont on rencontre effectivement chez eux une multitude de dépouilles. On a dit que l'inclinaison de l'axe de la Terre, qui n'est pas aussi constante que l'ont annoncé certains astronomes, a pu produire en ce pays & partout ailleurs une vicissitude aussi étrange dans les climats. M. de Louville pensoit qu'en conséquence de la variation qu'on venoit de découvrir, l'écliptique, au bout d'un certain tems, se confondroit avec l'équateur, & qu'alors toutes les contrées de la Terre jouiroient ensemble, pendant un grand nombre d'années, d'un équinoxe perpétuel, qu'ensuite l'écliptique se porteroit au-delà de l'équateur. Cet astronome a trouvé dans les résultats de ses calculs, une singulière correspondance avec les plus anciennes époques des Babyloniens. Les Égyptiens nous ont transmis de singulières traditions sur les changemens de cette nature. Hérodote, Pline, Diogène de Laërce & Plutarque nous rapportent que, suivant les prêtres égyptiens, le soleil, dans l'espace de onze mille trois cent quarante années de trois cent soixante-cinq jours, s'étoit levé où il se couche, & s'étoit couché où il se lève par deux fois différentes, sans que néanmoins il fût arrivé des changemens dans le climat de l'Égypte, malgré cette variation dans le cours du soleil : *Quod nihil putidiùs si propriè intelligas*, dit plaisamment Jér. Jean Vossius en son *Traité de l'Idolatrie*. M. de Voltaire, dans ses *Élémens de la Philosophie de Newton*, n'en pense pas de même ; mais comme il explique ce grand phénomène par la révolution insensible des pôles vers l'équateur, qui auroit fait tourner, suivant sa façon de penser, notre globe successivement à l'orient, au midi, à l'occident & au septentrion, il n'admet point que l'Égypte ait pu conserver son même climat, & que le nombre d'années désignées par les prêtres égyptiens ait pu suffire pour que ce phénomène ait paru deux fois ; ce qui demande à la vérité deux périodes bien plus grandes. Si cet événement n'est arrivé de la sorte qu'insensiblement, cette remarque est fort juste. Cependant plusieurs écrivains ont cru que des circonstances aussi singulières n'étoient pas de nature à se présenter facilement à l'imagination des Anciens, & qu'on ne peut les regarder comme des fables : en conséquence, ils ont pensé qu'elles avoient rapport à quelques-uns des changemens subits qu'ils supposent avoir eu lieu dans la position de la Terre. D'après cet arrangement Boulanger croyoit que si l'hémisphère maritime a pu prendre quelquefois la place de l'hémisphère terrestre, les contrées boréales ont pris aussi celle des contrées australes, en changeant pôle pour pôle. Par cette disposition, sans qu'il soit arrivé aucun changement dans le Ciel, la rotation de la Terre auroit fait voir aux Égyptiens le soleil se levant du côté de la Libye & se couchant du côté de l'Arabie, où ils le voyoient auparavant se lever. Ce mouvement de la Terre, qui ne demande qu'une demi-révolution des pôles dans un méridien quelconque, c'est-à-dire, douze heures de tems, auroit porté le pôle austral de la Terre sous le pôle boréal du Ciel, & par conséquent les régions occidentales à l'orient, & les orientales à l'occident. Boulanger ajoute que c'est par les échanges subits entre les contrées polaires, que l'on peut expliquer le mieux pourquoi il n'y eut point de changement dans le climat d'Égypte ; car l'équateur resta toujours le même, à la différence près pour l'Égypte, qu'elle se trouva dans l'hémisphère septentrional, au lieu qu'elle étoit auparavant dans le méridional.

Pour revenir maintenant au problême qui nous occupe, & dont tant de Savans ont cherché la solution, nous dirons que s'il y a eu un tems où les revers occidentaux des sommets de l'hémisphère terrestre regardoient le soleil levant, comme la tradition égyptienne semble nous l'apprendre, ce pourroit être sans doute lorsque la Terre étoit dans une position telle que, l'ancien écoulement des eaux étant arrivé, il aura été les frapper & les raccourcir comme ils le sont aujourd'hui ; & si nous les trouvons maintenant placés sous un aspect qui contredit les lois du mouvement présent des mers, ce sera parce que les accidens qui ont occasionné ce changement dans les parties solides & continues de la Terre n'ont jamais pu changer l'ordre immuable de la rotation d'occident en orient, & la direction constante des fluides d'orient en occident. Cette solution, au reste, rentre assez dans la prétention de ces physiciens qui ont regardé le cours des fleuves d'occident en orient comme une suite de la rotation de la Terre, quoiqu'il soit diamétralement opposé au courant général des mers d'orient en occident, qu'ils ont aussi considéré comme une suite nécessaire de cette rotation. On voit bien qu'il y a entre ces deux effets une contradiction manifeste que l'on ne peut résoudre & accorder que par la distinction imaginée entre les suites d'une ancienne rotation, qui a dû laisser des empreintes déterminées sur les solides & entre les effets de la rotation présente à l'égard des fluides qui, susceptibles de se prêter à tous les mouvemens nouveaux, ont par cela même été incapables de conserver les empreintes des mouvemens passés. Ils ont tous paru convaincus que, dans telle position qu'aient été les contrées de la Terre sous les différentes régions du Ciel, la rotation diurne a toujours été d'occident en orient, & le cours général des mers d'orient en occident : d'où ils ont conclu que quoique les continens aient changé d'aspect par les révolutions qui ont eu lieu en différens tems, ils ont dû malgré cela conserver les formes générales qu'ils avoient reçues dans les situations antérieures. (*Voyez* POINTS DE PARTAGE DES EAUX.)

DÉCLINAISON DE L'AIGUILLE AIMANTÉE. A l'une des îles Açores, appelée *el Corvo*, il n'y a point de *déclinaison*, & l'aiguille pointe exactement au midi : il en est de même de quelques autres endroits ; mais non pas de toutes les parties du méridien. Dans les lieux situés à l'est de cette île, jusqu'au promontoire d'Afrique, nommé *Cap des Aiguilles*, à peu de distance du Cap de Bonne-Espérance, l'aiguille est à l'est d'une quantité inégale : de sorte qu'aux îles de Tristan, d'Acunha, & à soixante-dix degrés au-delà, la *déclinaison* augmente jusqu'à environ treize degrés, & ensuite elle diminue insensiblement jusqu'aux lieux voisins du *Cap des Aiguilles*, où il ne se trouve plus de *déclinaison*. En allant de ce cap aux Indes, la *déclinaison* se fait vers l'ouest. A Hambourg, elle est de neuf degrés ; à Amsterdam, de cinq environ.

Les observations prouvent que la *déclinaison* n'est pas toujours la même, mais qu'elle change par succession de tems. Avant qu'on eût découvert cette propriété de l'aiguille aimantée on avoit supposé que la position générale étoit dans la direction du nord au sud, & qu'elle étoit occasionnée par des veines d'aimant placées dans une position collatérale à l'aiguille ; mais on fut bientôt obligé d'abandonner cette prétention dès qu'on eut reconnu que la variation de l'aiguille n'étoit pas constante ; car si la position de l'aiguille, soit directement dans la ligne du méridien, soit déclinant du méridien de quelques degrés, eût été toujours la même dans un même lieu, on auroit eu quelque fondement de croire que cette position étoit occasionnée par une cause constante ; mais la direction ayant été reconnue variable, on a été obligé de chercher quelqu'autre cause de cette position différente de l'aiguille.

Le premier travail qu'il a fallu faire est celui de former un catalogue d'observations faites en différens lieux sur la variation de l'aiguille aimantée, pour prouver que non-seulement la *déclinaison* varioit, mais encore suivant quelle règle elle s'opéroit : il n'y avoit que le tems qui pût nous apprendre jusqu'à quel point la *déclinaison* pouvoit s'étendre à l'est avant de revenir au méridien & de franchir cette ligne pour se porter à l'ouest.

Le docteur Halley ayant rassemblé les observations les plus exactes qu'il pût avoir, & les ayant examinées & comparées avec soin, il en a tiré les conclusions suivantes sur la marche que suivoit l'aiguille aimantée dans sa variation. Il nous annonça donc :

1°. Que dans l'année 1683 la *déclinaison* étoit à l'ouest pour toute l'Europe, mais beaucoup plus forte dans les contrées orientales que dans les pays occidentaux ;

2°. Que sur la côte de l'Amérique septentrionale, vers la Virginie, la Nouvelle-Angleterre & même Terre-Neuve, la *déclinaison* étoit pareillement à l'ouest, & qu'elle augmentoit à mesure qu'on remontoit le long de la côte au nord, jusqu'au point qu'elle étoit de plus de vingt degrés à Terre-Neuve, de trente au détroit d'Hudson, & de cinquante-sept dans la baie de Baffin, mais qu'elle diminuoit pour les navigateurs qui voyageoient à l'est de cette côte. Il concluoit de ces deux sortes d'observations, qu'il devoit y avoir une *déclinaison* à l'est, ou du moins n'y en point avoir à l'ouest quelque part entre l'Europe & la partie du nord de l'Amérique, & que cette position devoit avoir lieu vers la plus orientale des îles Tercères ;

3°. Que, sur la côte du Brésil, il y avoit une *déclinaison* à l'est, qui augmentoit considérablement pour les navigateurs qui alloient vers le sud, jusque-là qu'elle étoit de soixante-douze degrés au cap Frio, de vingt & demi vis-à-vis la rivière de la Plata, & qu'en allant de là au sud-ouest, vers le détroit de Magellan, elle diminuoit jusqu'à dix-sept degrés, & qu'elle n'étoit plus que de quatorze à l'embouchure occidentale de ce détroit ;

4°. Qu'à l'est du Brésil proprement dit, la *déclinaison* à l'est diminuoit de manière qu'elle n'étoit plus que fort peu de chose aux îles de Sainte-Hélène & de l'Ascension, & qu'elle disparoissoit entièrement vers les dix-huit degrés de longitude à l'ouest du Cap de Bonne-Espérance, où l'aiguille s'est trouvée dans la ligne du méridien ;

5°. Qu'à l'est de ces lieux on commençoit à remarquer une *déclinaison* à l'ouest, qui continuoit dans tout l'Océan indien, & qui étoit de dix-huit degrés sous l'équateur, vers le méridien de la pointe septentrionale de Madagascar ; que, près du même méridien, à trente-neuf degrés de latitude sud, elle étoit de dix-sept degrés & demi ; qu'en allant de là vers l'est, on trouvoit que la *déclinaison* à l'ouest décroissoit insensiblement ; de sorte qu'elle étoit à peine de huit degrés au cap Comorin, de trois seulement sur la côte de Java, & qu'il n'y en avoit point aux îles Moluques ; qu'enfin la même chose avoit lieu presqu'à l'ouest de la terre de Van-Diémen ;

6°. Qu'à l'est des Moluques & de la terre de Van-Diémen, à la latitude sud, on trouvoit une autre *déclinaison* à l'est, moindre que l'autre en degrés & en étendue ; car elle étoit sensiblement plus petite à l'île de Rotterdam, que sur la côte orientale de la Nouvelle-Guinée ; & pour indiquer à peu près la proportion suivant laquelle elle décroissoit, on croyoit qu'elle cessoit à environ vingt degrés plus loin à l'est, ou à environ deux cent vingt-cinq degrés de longitude à l'est de Londres, & à vingt degrés de latitude sud, & que c'étoit à ce point que l'aiguille commençoit à décliner à l'ouest ;

7°. Que les *déclinaisons* observées à Baldivia & à l'entrée occidentale du détroit de Magellan prouvoient que la *déclinaison* à l'est, exposée dans la troisième observation, décroissoit fort vîte, & ne pouvoit pas s'étendre à beaucoup de degrés dans la mer du Sud en partant de la côte du Pérou & du Chili, & qu'elle devoit faire place à une petite variation à l'ouest, dans cet espace qui est entre le Chili & la Nouvelle-Zélande, & entre l'île de Hound & le Pérou ;

8°. Qu'en allant au nord-ouest, depuis l'île de Sainte-Hélène, & ensuite celle de l'Ascension jusqu'à l'équateur, la *déclinaison* à l'est continuoit à être fort petite & presque toujours la même ; de telle sorte cependant que, dans cette partie du Monde, le trajet de l'Océan, où il ne paroissoit pas de variation, ne se dirigeoit dans le plan d'aucun méridien, mais plutôt au nord-ouest ;

9°. Qu'à l'entrée du détroit d'Hudson & à l'embouchure de la rivière de la Plata, quoiqu'à peu près sous le même méridien, l'aiguille déclinoit dans l'un de vingt-neuf degrés & demi à l'ouest, & dans l'autre de vingt degrés & demi à l'est : d'où il résultoit clairement l'impossibilité d'expliquer ces variations en supposant deux pôles magnétiques & un axe incliné à l'axe de la Terre ; car, dans cette hypothèse, il devoit s'ensuivre que, sous le même méridien, la *déclinaison* devoit être partout la même.

Cependant, pour expliquer ces phénomènes, M. Halley supposoit que le globe de la Terre étoit un grand aimant qui avoit quatre pôles magnétiques, deux vers le nord, & deux autres vers le pôle sud de la Terre, & que chacun de ces pôles gouvernoit l'aiguille de manière que la vertu du pôle le plus proche l'emportoit toujours sur celle du pôle le plus éloigné.

Mais comme on demandoit à ce physicien bien des circonstances pour déterminer exactement les lieux de ces pôles, il les a fixés ainsi par conjecture : il plaçoit le pôle magnétique du nord le plus proche de nous, auprès ou sous le méridien de la pointe de l'Angleterre, & pas à plus de sept degrés du pôle du nord. Ce pôle magnétique gouvernoit principalement les variations que l'on remarquoit dans toute l'Europe, la Tartarie & la mer du Nord, quoique ses effets fussent un peu modifiés par l'autre pôle magnétique que M. Halley supposoit passer par le milieu de la Californie & à environ quinze degrés du pôle nord du Monde. L'aiguille obéissoit à ce dernier dans toute l'Amérique septentrionale & dans les deux mers qui l'environnent des deux côtés, depuis les Açores à l'ouest, jusqu'au Japon, & même au-delà.

Les deux pôles magnétiques du sud étoient un peu plus écartés du pôle méridional du Monde : l'un étoit à environ seize degrés dans un méridien tracé à vingt degrés à l'ouest du détroit de Magellan, ou à quatre-vingt-quinze degrés à l'ouest de Londres ; il commandoit aux mouvemens de l'aiguille dans toute l'Amérique méridionale, dans la mer du Sud & dans la plus grande partie de l'Océan éthiopique. Le quatrième pôle étoit celui qui paroissoit avoir le plus de vertu, & qui s'étendoit le plus loin. Il étoit plus éloigné du pôle du Monde, & à environ vingt degrés dans un méridien qui passoit par la Nouvelle-Hollande & par les Célèbes, à environ cent vingt degrés en longitude de Londres. Ce pôle dominoit au midi de l'Afrique, en Arabie & dans la Mer-Rouge, en Perse, dans l'Inde & ses îles, & dans tout l'Océan indien, à compter depuis le Cap de Bonne-Espérance à l'est, jusqu'au milieu de la grande mer du Sud, qui sépare l'Asie de l'Amérique.

Il faut montrer maintenant, pour faire connoître tout le système de M. Halley, que les conséquences des observations posées ci-devant peuvent être déduites de cette hypothèse. Pour mieux entendre tout ceci, il faut avoir un globe ou un planisphère sur lequel les quatre pôles magnétiques soient placés dans les situations qu'on vient d'indiquer ci-dessus.

Premièrement, il est clair que le pôle magnétique septentrional de l'Europe étant dans le méridien qui passe par la pointe de l'Angleterre, tous les lieux qui sont situés plus à l'est sentiront l'influence de ce pôle dans la direction plus à l'ouest de leurs méridiens, & que conséquemment l'aiguille, qui s'y dirige au nord, éprouvera une *déclinaison* à l'ouest, qui doit augmenter pour ceux qui voyagent à l'est, jusqu'à quelque méridien de Russie, où elle sera à sa plus grande *déclinaison*, de sorte qu'après ce point, cette variation commence à décroître ; ainsi la *déclinaison* n'étant pour lors que d'un degré & trois quarts à Brest, de quatre degrés & demi à Londres, elle étoit à Dantzick de sept degrés à l'ouest.

A l'ouest des méridiens de la pointe de terre, l'aiguille doit avoir une *déclinaison* à l'est ; mais en approchant du pôle septentrional d'Amérique, qui est situé à l'ouest du méridien, & qui semble avoir le plus de vertu, elle en est attirée vers l'ouest avec une force qui balance la direction qu'elle a reçue du pôle d'Europe, & qui forme une petite variation à l'ouest, dans le méridien même de la pointe de terre. M. Halley supposoit même que, vers le méridien de l'île Tercère, le pôle d'Europe, plus voisin, devoit influer au point de donner à l'aiguille une petite secousse à l'est, quoique ce ne soit que d'un petit espace qu'il domine, le contre-balancement de ces deux pôles ne permettant pas une variation considérable dans toutes les parties orientales de l'Océan atlantique, dans le voisinage des côtes occidentales de l'Angleterre, de l'Irlande, de la France, de l'Espagne & de la Barbarie; mais à l'ouest des Açores, la vertu du pôle d'Amérique étant plus forte que la vertu du pôle d'Europe, l'aiguille a dû être principalement gouvernée par le premier, & toujours tourner plus de son côté à mesure qu'on en approchoit: d'où il arrivoit que, sur la côte de Virginie, de la Nouvelle-Angleterre, de Terre-Neuve, & dans le détroit d'Hudson, la *déclinaison* se faisoit à l'ouest; qu'elle décroissoit à mesure qu'on se rapprochoit de l'Europe, & qu'enfin elle étoit moindre en Virginie & à la Nouvelle-Angleterre, qu'à Terre-Neuve & au détroit d'Hudson.

Cette variation à l'ouest diminuoit encore, par les mêmes raisons, à mesure que l'on traversoit l'Amérique septentrionale; de telle sorte que, vers le méridien du milieu de la Californie, l'aiguille aimantée pointoit encore au nord plein. De là à l'ouest, à Yézo & au Japon, la *déclinaison* se faisoit à l'est, & au milieu de la mer du Sud elle n'étoit pas moindre que de quinze degrés. Cette variation à l'est s'étendoit, à ce qu'on croyoit, sur le Japon, la terre d'Yézo, la Tartarie orientale, une partie de la Chine, jusqu'à ce qu'enfin la variation, devenant occidentale, fût visiblement gouvernée par le pôle magnétique nord de l'Europe.

Le même résultat devoit avoir lieu vers le pôle magnétique du sud, avec cette différence que c'est la pointe du pôle sud de l'aiguille, qui doit être attirée. Il s'ensuivoit de là que la *déclinaison* devoit être à l'est sur la côte du Brésil, à la rivière de la Plata & jusqu'au détroit de Magellan, puisqu'on supposoit un pôle situé à environ vingt degrés plus à l'ouest que le détroit de Magellan. Cette *déclinaison* à l'est se continuoit toujours dans cette direction sur la plus grande partie de la mer d'Éthiopie, jusqu'à ce qu'elle fût contre-balancée par l'action de l'autre pôle magnétique placé au sud, comme elle l'étoit en effet, vers le milieu de l'espace, entre le Cap de Bonne-Espérance & les îles de Tristan, d'Acunha.

Dans les parties plus à l'ouest, le pôle du sud, voisin de l'Asie, prenant le dessus & agissant sur l'aiguille, il se faisoit une *déclinaison* à l'ouest bien considérable, & par sa quantité & par son étendue, à cause de la grande distance de son pôle magnétique au pôle du Monde; ainsi, dans tout l'Océan indien jusqu'à la Nouvelle-Hollande & au-delà, il y avoit constamment une *déclinaison* à l'ouest, de telle sorte que, sous l'équateur même, elle étoit à dix-huit degrés quand elle étoit parvenue à son plus grand période. Vers le méridien de l'île Célèbes, qui est pareillement celui de ce pôle, la *déclinaison* à l'ouest cessoit d'avoir lieu & faisoit place à celle de l'est, qui s'étendoit, suivant l'hypothèse, jusqu'au milieu de la mer du Sud, entre la Nouvelle-Zélande & le Chili; elle étoit remplacée par une petite *déclinaison* à l'ouest, produite par le pôle magnétique sud de l'Amérique, qu'on a fixé dans l'Océan pacifique par les sixième & septième observations.

Jusqu'ici nous n'avons considéré, d'après M. Halley, que la *déclinaison* simple de l'aiguille, & l'on n'a fait attention qu'à deux pôles magnétiques à la fois; mais sous l'équateur & dans toute la zône torride il semble qu'il falloit avoir égard à tous les quatre, & bien s'assurer de leur position, autrement il est visible qu'on ne pourroit pas déterminer facilement quelles devoient être les variations, parce que le pôle le plus proche étoit toujours le plus fort, en supposant cependant qu'il ne pût être contre-balancé par la force réunie de deux pôles plus éloignés. Nous en avons cité un exemple remarquable dans la huitième observation, où l'on trouve qu'en faisant voile de l'île Sainte-Hélène par celle de l'Ascension jusqu'à l'équateur, & dirigeant la route au nord-ouest, la *déclinaison* à l'est étoit peu considérable & ne changeoit point dans tout ce trajet, parce que le pôle magnétique du sud de l'Amérique, qui étoit placé dans une situation plus voisine de ces lieux, & qui en conséquence devoit opérer une grande variation, se trouvoit contre-balancé par l'attraction contraire du pôle du nord de l'Amérique & de celui d'Asie, qui tous les deux sont plus foibles séparément que le pôle du sud d'Amérique, & que dans la route par le nord-ouest on ne changeoit pas de distance avec ce dernier. A mesure qu'on s'éloignoit du pôle asiatique la balance étoit toujours maintenue, parce qu'on approchoit davantage du pôle du nord de l'Amérique. Il n'étoit pas nécessaire d'avoir égard, ou du moins bien peu, au pôle du nord d'Europe, parce que son méridien étoit assez sensiblement écarté des méridiens de ces lieux: on peut raisonner de même sur toutes les autres variations qu'on observe sous la zône torride.

Telle est l'hypothèse par laquelle M. Halley avoit tenté d'expliquer les phénomènes de la *déclinaison* de l'aiguille aimantée; cependant on trouva qu'il restoit encore deux grandes difficultés à examiner & à résoudre. D'abord, en supposant le globe terrestre un aimant, on trouva que c'étoit une chose nouvelle & étrange qu'il eût plus de deux pôles, car M. Halley lui en donnoit quatre.

D'ailleurs, la variation avoit été trouvée différente aux mêmes lieux, dans des tems différens; ce qui ne pouvoit pas s'expliquer dans la supposition des pôles magnétiques occupant une situation fixe & invariable, comme dans l'hypothèse que nous venons d'exposer.

M. Halley, frappé de ces considérations, abandonna pendant plusieurs années toutes ses recherches sur un sujet aussi important; mais enfin il reprit ses méditations, & crut pouvoir former une nouvelle hypothèse. C'est alors qu'en comparant ensemble les observations faites sur la variation de la *déclinaison*, il a cru pouvoir décider, 1°. que, de quelque cause que puissent provenir ces variations, la force de l'aimant doit avoir une marche d'orient en occident; 2°. que ce mouvement ne se fait pas brusquement & par saut, mais qu'il est graduel & continu, puisque la *déclinaison* de l'aiguille change partout régulièrement & par degrés; 3°. que la cause de ces effets doit être très-puissante, puisqu'elle est capable de produire un effet semblable dans des lieux fort éloignés; 4°. que, comme on ne connoît aucun fluide qui ait tant soit peu de vertu magnétique, il n'est pas probable que la variation de la *déclinaison* vienne du mouvement d'aucun fluide qui circule dans les entrailles de la Terre.

Il résulte de tout ceci, suivant les dernières idées de M. Halley, qu'un certain corps solide & grand, contenu dans la Terre, & séparé de tous côtés, comme ayant un mouvement qui lui est propre, & renfermé comme une amande l'est dans un noyau, tourne circulairement de l'est à l'ouest, par où il est aisé d'expliquer les quatre pôles magnétiques attribués ci-dessus à la Terre. Il suffit d'en donner deux au noyau & deux à l'enveloppe extérieure; & comme les deux premiers changent continuellement de situation par leur mouvement circulaire, leur vertu, comparée avec celle des pôles extérieurs, doit être différente en différens tems, & conséquemment la variation de l'aiguille, modifiée par ces forces, doit changer perpétuellement.

M. Halley attribue au noyau le pôle du nord d'Europe & le pôle du sud d'Amérique; il a cru cette supposition nécessaire pour expliquer la variation de la *déclinaison* que l'on éprouve près de ces lieux, & qui est beaucoup plus grande que dans le voisinage des deux autres pôles. Il va plus loin; il conjecture que ces pôles finiront leur révolution dans le période de sept cents ans, & qu'après ce tems les pôles reprendront la même situation qu'ils ont à présent, & qu'ainsi les variations dans la *déclinaison* de l'aiguille aimantée seront les mêmes, partout le globe, qu'elles sont à présent; de sorte qu'il faudroit plusieurs siècles avant que tous les points de cette théorie fussent établis & confirmés d'après l'expérience.

Pour expliquer la révolution circulaire du noyau, il pense que le mouvement journalier, étant imprimé du dehors, ne se communiquoit pas assez exactement aux parties intérieures; qu'elles reçussent par cette impulsion la même vitesse de rotation que les parties extérieures: d'où il résultoit que le noyau magnétique, étant laissé en arrière par l'enveloppe extérieure, sembloit se mouvoir lentement dans une direction contraire ou de l'ouest à l'est par rapport à la marche de cette enveloppe, qui va de l'est à l'ouest.

DÉCOMPOSITIONS DES PIERRES. C'est surtout dans les pierres volcaniques que j'ai été à portée de remarquer ces sortes de *décompositions*; car tous les agens atmosphériques y ont imprimé chaque jour leurs effets: j'ai été surtout à portée d'y reconnoître l'action du tems. C'est là un des principaux élémens de mes époques des volcans: c'est par les *décompositions* que j'ai déterminé les époques, bien convaincu que le tems avoit contribué aux différentes nuances de ces *décompositions*, à leurs multiplications, à leur étendue.

Il y a encore une circonstance particulière qui s'est montrée parallélement à ces *décompositions*: ce sont les déplacemens qui s'en sont suivis; ainsi nous trouvons transportés sur les hauteurs les dépôts qui ont occupé primitivement les fonds des vallons anciens.

C'est en suivant ces mêmes considérations que je puis indiquer beaucoup de contrées semblables à celles des environs de Rochefort, parce que des changemens semblables s'y sont opérés dans le même ordre que le systême des vallons nouveaux ont succédé aux vallons anciens, & que toutes les formes se trouvent indiquées dans les cartes que j'ai publiées.

C'est aussi dans les pays de l'ancienne terre que s'observent les *décompositions* des granits rayés, des gneiss, des schistes. Il résulte, de ces débris, des terres végétales fort abondantes. C'est à la suite de ces *décompositions* qu'en Limousin on rencontre ces terres végétales dans toutes les contrées où dominent ces granits rayés, qui sont surtout composés d'un feldspath, sur lequel agit très-fortement l'humidité de l'atmosphère.

DECOURS (Canal du), département du Nord. Il tire ses eaux des marais de la Scarpe, entre l'Allaing & Vred, communique au canal de Marchiennes, qu'il traverse, &, suivant son cours dans les marais, va finir au dessus de Saint-Amant dans des ruisseaux qui se rendent dans la Scarpe à Thun. Il a quatre lieues de longueur.

DÉGEL. Il seroit fort utile de déterminer à quoi peut appartenir le *dégel*. Je trouve qu'il y a deux causes de cet effet vraiment singulier dans la nature.

Le premier *dégel* est celui qui se fait très-rapidement dans les cantons qui sont voisins du niveau de la mer; aussi arrivent-ils très-fréquemment à la suite des gelées qui ont lieu à certains degrés de latitude des zônes tempérées. Je vois que tout cela s'opère très-rapidement, mais par le seul changement des vents chauds & l'action de la chaleur acquise dans cette zône. Les seconds *dégels* sont produits par la marche lente & régulière du soleil, qui agit sous deux directions, d'abord dans celle de l'équateur au pôle. Les *dégels* s'opèrent à mesure que le soleil s'approche, du tropique, à lasurface de la Terre. Outre cela les *dégels* s'opèrent sur les glaces & les neiges qui sont établies à différentes hauteurs, & leurs progrès se font depuis les plaines jusqu'à certains sommets, jusqu'à ce qu'enfin la chaleur atteigne une certaine ligne constante. Il y a, par rapport à ces *dégels*, deux lignes constantes, l'une fixée à certains degrés de latitude où la glace réside toujours, même à la surface des plaines; l'autre à certains degrés de hauteur qui vont toujours en diminuant jusqu'au cercle polaire.

DÉGEL. C'est l'adoucissement du tems, qui fait fondre dans un pays les glaces & les neiges, surtout dans les plaines où règne ordinairement une température bien douce. Les causes générales du *dégel* sont le retour du soleil vers les pays où la glace s'est formée par son éloignement; les vents du sud, chauds ou tempérés, & humides.

Dans certaines parties des zônes tempérées il y a des *dégels* qui ont plusieurs retours; mais sur les limites des zônes tempérées & froides les *dégels* s'exécutent plus réguliérement, & à des époques plus certaines & moins variables que dans les zônes tempérées.

Il y a des glaces & des neiges qui ne fondent qu'à certaines époques, surtout lorsqu'elles résident à de certaines hauteurs, sur les sommets élevés, même sous la zône torride.

Il y a de ces *dégels* qui s'étendent sur certaines mers, & qui débarrassent les côtes des glaçons, ainsi que les rivières.

Quant aux *dégels* lents & réguliers, ils paroissent les effets de la marche du soleil, assujettis à deux directions; d'abord à celle des différens degrés de latitude, en commençant par les zônes tempérées, & se portant de là jusqu'aux zônes glaciales; la seconde direction dans le progrès des *dégels* se prend depuis le niveau de la mer jusquà une ligne assez constamment fixe, où la glace & la neige tiennent & ne se fondent point. Ces deux directions peuvent être considérées comme étant combinées ensemble & décrivant une courbe depuis un certain degre d'élévation au dessus du niveau de la mer, pris dans les Cordillières jusqu'aux plaines de la Sibérie, où les *dégels* n'ont pas lieu.

DÉGEL. C'est la fonte des glaces ou des neiges dans les différentes parties de la surface de la Terre, par le retour de la chaleur ou d'une température douce qui succède au froid, qui produit la congélation.

Je considère que les causes des *dégels* ont deux marches différentes; l'une, rapide, se montre dans les cantons qui sont voisins du niveau de la mer, & particuliérement dans les plaines des zônes tempérées. Ces sortes de *dégels* s'opèrent dans un intervalle peu considérable, & par le seul changement des vents qui amenent les pluies & un certain degré de chaleur.

Ces *dégels* ont plusieurs retours pendant certaines saisons de l'année, suivant que les vents chauds, tempérés & humides succèdent aux vents froids & secs.

Les *dégels* qui ont une marche lente paroissent plus réguliers, car ils sont assujettis à la marche du soleil, & dans ce cas ils suivent deux directions, celle des différens degrés de latitude, en commençant par les zônes tempérées & s'étendant jusqu'aux zônes glaciales: ces effets se manifestent à certaines époques assez constamment les mêmes.

La seconde direction à laquelle les *dégels* sont assujettis, est celle qu'ils suivent depuis le niveau de la mer jusqu'à une certaine ligne assez constante, où la glace & la neige tiennent toujours & ne se fondent point. Telle est la ligne neigée que M. Bouguer a remarquée en Amérique, dans la chaîne des Cordillières, & qui se soutient toujours à un degré constant au dessus du niveau de la mer. Il en est de même des glaces & des amas de neiges sur les sommets des Alpes & des Pyrénées, & de certaines montagnes qui se maintiennent toujours, sans se fondre, à une certaine hauteur.

Ces deux directions du *dégel* lent & régulier étant combinées ensemble, il en résulte que leurs limites décrivent une courbe, dont l'origine parcourt un certain degré d'élévation au dessus du niveau de la mer, sous la zône torride, vient s'approcher ensuite de ce niveau aux Canaries & aux Pyrénées & dans les Alpes, & enfin finit par venir raser les plaines de Sibérie & les côtes de la mer Glaciale, où le *dégel* n'a lieu dans aucune saison de l'année, même lorsque le soleil parcourt le tropique.

M. de Mairan parle des *dégels* & de leurs retours comme tenant à plusieurs causes régulières, apparemment dans d'autres pays que celui-ci. Il y a des contrées de la Terre où ces *dégels* sont plus réglés que dans la zône tempérée, où rien, quant à ces effets, ne paroît assujetti à des circonstances régulières.

Les *dégels* s'élèvent jusqu'à une certaine hauteur sur le sommet des montagnes, & la régularité de ces effets se démontre par des résultats qui sont constamment les mêmes: telle est la ligne neigée que Bouguer a remarquée en Amérique, dans la chaîne des Cordillières, & qui se soutient à la même ligne toujours constante. Il en est de même des amas de neiges sur les Pyrénées, sur les Alpes, sur les hautes montagnes en général, où le *dégel* ne peut pas parvenir.

Les *dégels* s'élèvent progressivement à certains degrés de hauteur, qu'ils ne franchissent guère dans les plus grandes chaleurs de l'été: cette marche du *dégel* est depuis les plaines basses jusqu'à la limite la plus basse de la neige & des glaces.

M. Bouguer a remarqué que la ligne neigée étoit constamment fixée dans la zône torride, à une hauteur constante, qui est infiniment plus élevée que la même ligne au pic du Ténérif, ou bien aux Pyrénées & aux Alpes. (*Voyez* LIGNE NEIGÉE.)

DÉGORGEOIR *ou* INONDATION SUBITE DE TROIS RIVIÈRES DU ROUSSILLON. Quoique le mois d'octobre 1763 eût été très-sec en Roussillon & dans toute la partie méridionale du royaume, & que le 18 du même mois il ne fût tombé qu'une petite pluie, cependant les trois principales rivières de Gly, de la Tect & de la Tech, & surtout cette dernière, s'enflèrent & débordèrent subitement au point de ravager toutes les campagnes voisines, de rouler avec elles des pierres & des arbres d'une grosseur considérable, & de détruire sur leur passage, des ponts, des martinets, des moulins, des granges & grand nombre de maisons: plusieurs personnes & une assez grande quantité de bestiaux périrent dans ce désastre, qui s'est principalement fait sentir dans le haut Val-Spir & dans les deux villes d'Arles & de Prats-de-Moliou: dans cette dernière il y eut quatorze personnes noyées, & dix-neuf maisons emportées.

Quoique la Tech ait fait le principal ravage, la plus grande quantité d'eau ne venoit ni de sa source ni d'elle-même, mais de quatre forts ruisseaux qui s'y jettent. Ces ruisseaux, nommés le *Parsigole*, le *Camalade*, le *Figuerre* & le *Tech de Rieusères* tirent leurs sources du Canigou, la plus haute montagne des Pyrénées. Le premier renversa une montagne de rochers entassés, dont il y en avoit qui pesoient jusqu'à trois milliers, & il les entraîna avec une si grande violence, qu'il en sortoit du feu, produit par leur choc. Il détruisit & déracina tout sur son passage: les autres ne causèrent pas moins de dommage. Le ruisseau de la Figuerre a, entr'autres choses, tellement rongé le terrain, qu'un éboulement qu'il a causé, a fait découvrir un moulin enterré par un éboulement de la montagne depuis plus de trois cents ans, & dans lequel on a trouvé un chaudron & quelques ustensiles de cette espèce qui s'y étoient conservés. Le ruisseau de Tech de Rieusères a si bien creusé le tour d'une petite plaine, que le village qui lui donne son nom, & qui étoit au milieu de cette plaine, se trouve aujourd'hui placé sur le sommet d'un cône tronqué; & indépendamment des eaux des rivières, il a paru de tous côtés des jets d'eau & des sources abondantes sortant de la terre. On peut juger du dommage causé par un tel accident. On ne se rappelle pas, dans le pays, d'en avoir essuyé un pareil, & on croit qu'il a eu pour cause quelque feu souterrain ou quelque tremblement de terre dans les Pyrénées. Les phénomènes observés se peuvent assez bien rapporter à cette cause.

DÉGRADATION DES MONTAGNES. Il est bien essentiel de suivre dans les hautes montagnes les phénomènes de leur destruction & de leur dégradation.

On sait que ces hautes montagnes sont composées la plupart de deux massifs placés l'un sur l'autre: le premier, & qui sert de base à l'autre, est composé de schistes ou simplement argileux, ou mêlé de filons de quartz & de mica; l'autre est composé de pierre calcaire d'un grain fort fin, distribué par couches, le plus souvent dans une position horizontale; il est constamment placé sur le premier.

Cette composition des hautes montagnes étant bien reconnue, les observateurs qui se sont proposé leur étude, & surtout celle de leur dégradation, ont dû suivre les dérangemens qui sont survenus dans la disposition primitive, & ce sont les résultats des recherches faites à ce sujet qu'il m'a paru intéressant de présenter ici.

Les schistes feuilletés s'écroulent le plus souvent en grandes masses, qui sont saillantes en différens endroits, & elles sont d'une si énorme grandeur, qu'on a de la peine à se persuader qu'elles soient détachées des montagnes supérieures. Elles paroissent tenir à des chaînes inférieures; mais l'inclinaison des couches en tout sens donnant lieu de douter qu'elles tiennent au sol & qu'elles soient dans leur situation première, on reconnoît qu'elles ont été détachées des sommets supérieurs & déplacées; car les schistes des sommets sont tous par couhes horizontales, prouvant que ceux-ci ont été culbutés. Ceci a lieu toutes les fois que les montagnes sont entièrement composées de schistes, & que leurs sommets schisteux sont exposés à l'action des météores. Mais, comme nous l'avons dit d'abord, les roches calcaires sont toujours placées sur les roches schisteuses argileuses quand ces deux massifs se trouvent réunis ensemble. On a trouvé cet arrangement général en Suisse, dans les Alpes, dans les Pyrénées, dans les Cévennes, en Dauphiné, dans les hautes montagnes d'Allemagne. Tous les observateurs exacts ont remarqué partout cette loi constante de la nature. On a prétendu plus d'une fois nous faire voir des roches schisteuses argileuses & des roches de granits placées au dessus des roches calcaires; mais en se donnant la peine de voir & d'examiner, on apperçoit que la roche calcaire n'est qu'adossée & apposée contre la roche schisteuse ou le granit, dont on retrouve les bases, & que les parties élevées au dessus des roches calcaires ne sont qu'une continuation de la même roche schisteuse ou du granit, de façon que la roche calcaire n'est qu'une enveloppe & un dépôt qui s'est formé sur ces roches plus anciennes. On en peut dire autant des roches quartzeuses mêlées de mica, qui paroissent aussi anciennes que le granit; ainsi les massifs des hautes montagnes calcaires, quelle que soit leur élévation, & quoique continuellement chargées de neiges, sont formées par des dépôts postérieurs de beaucoup à la formation de leurs bases schisteuses. Et bien loin que cet état de dépôt exige que ces montagnes soient d'une médiocre élévation, les superfétations calcaires étant au contraire une addition considérable à leurs masses, augmente considérablement leur

leur hauteur : c'est le résultat d'un double travail de la nature, ajouté l'un à l'autre.

Nous croyons donc que, dans les cas dont il s'agit, les hautes montagnes calcaires sont formées & placées sur le pied de la chaîne des roches schisteuses, contre lesquelles ces derniers dépôts ont été adossés; que les dépôts schisteux eux-mêmes sont sur les roches graniteuses.

Les rochers calcaires, monstrueux par leur hauteur, & qui sont actuellement à pic, ont dû fournir d'immenses débris par leur écroulement; débris qui ont comblé & recouvert le fond des vallons; ils devoient donc être encore beaucoup plus élevés qu'auparavant, ainsi que toutes les autres montagnes du globe. Ces débris ont couvert le pied & les bases schisteuses sur lesquelles reposent les massifs calcaires, & ces éboulemens sont visiblement la suite de la décomposition & de la destruction des schistes. Les pierres calcaires qui restent, sont actuellement à pic, parce que c'est la forme qu'a dû prendre ce qui subsiste après des éboulemens.

C'est sur les lieux qu'il faut examiner ces grands phénomènes : on y verra un ensemble & des rapports qui indiquent l'enchaînement des causes & des effets.

Quand, sur ces hautes montagnes, on est placé de manière à pouvoir jeter un coup-d'œil sur deux vallons, dont une masse quelconque fait la séparation, on voit les mêmes massifs calcaires ou schisteux se prolonger sur les mêmes lignes; on peut contempler à son aise le total d'un groupe de montagnes, sur lequel on domine : on en voit les situations respectives les unes par rapport aux autres; mais sur ces points élevés on ne découvre guère les formes principales de ces montagnes, parce qu'elles se couvrent les unes les autres. On ne pourroit tirer parti de ces rapprochemens & de ces ensembles que sur des plans où chaque objet sera placé & figuré convenablement. Une carte pareille des grandes montagnes des Alpes, outre qu'elle seroit préférable à une description emphatique ou semée de détails étrangers, nous vaudroit bientôt une bonne description, où rien ne seroit hypothétique & où tout seroit présenté dans les détails les plus simples.

On a fait & commencé de longues descriptions des Alpes. Une seule carte de ces grandes masses vaudroit infiniment mieux, & avanceroit plus la connoissance de ces masses, que ne pourront faire tous ces écrits dont les auteurs, quoi qu'ils fassent, ne donneront jamais que des résultats d'observations incomplètes. Le seul travail d'une carte nécessiteroit le complément de toutes ces observations.

Pour prendre une idée de ce travail de la nature & de ses effets, il faut visiter toutes les diverses compositions des montagnes; mais nulle part on ne verra ce travail plus en grand, nulle part on ne pourra en saisir les progrès & les résultats que dans les hautes montagnes où les agens de cette *dégradation* sont dans la plus grande activité. Un des endroits où ils se montrent plus grandement, c'est dans l'arrondissement des montagnes qui forment le Saint-Gothard au centre des Alpes.

Le haut du Saint Gothard est une espèce de vallon, puisque des pics, sommets prodigieux sous toutes sortes de formes, s'élèvent au dessus, & l'entourent de tous côtés. L'espace qui est entre ces rochers a une forme à peu près circulaire : il paroît que c'étoit anciennement un fond qui a été élevé & comblé jusqu'au point où il est par la *dégradation* des masses dépouillées qui le dominent, & qui se décomposent encore actuellement sous nos yeux. L'accumulation des débris a produit une superficie presque de niveau, qui va un peu en pente du côté du midi & du côté du nord, par lesquels se fait l'écoulement des eaux que la fonte des neiges fournit, & qui donnent naissance à la Reuss & au Tessin. Des blocs immenses de rochers remplissent la surface de ce vallon; ils y sont dans un désordre qui autorise à croire qu'ils ont été jetés & culbutés au hasard. Il faut que les pics élevés qui bordent ce vallon aient été beaucoup plus hauts qu'ils ne le sont actuellement pour avoir pu suffire à combler cette surface qui a plus d'une lieue. Il n'est pas douteux non plus que les vastes montagnes qui sont aux pieds de toutes celles qui forment l'enceinte du Saint-Gothard, au moyen desquelles on trouve des rampes moins rapides pour s'élever, comme par degrés, à cette hauteur, ne doivent leur existence aux débris de ces colosses qui dominent tout : l'examen de ces rampes annonce effectivement des débris.

D'ailleurs, ce qui se passe actuellement sous nos yeux ne peut laisser aucun doute sur les moyens que la nature emploie pour dégrader les montagnes. Pour ne point quitter le Saint-Gothard, on y voit la Reuss tomber de rocher en rocher. Des blocs & des quartiers énormes qui remplissent son lit, lui barrent le passage, & ne sont ébranlés ni déplacés dans les grandes eaux. Il n'y a point de torrent, point d'écoulement d'eau, si petit qu'il soit, qui, en descendant des montagnes, n'entraîne des terres, des graviers ou des sables pour les porter toujours des hauteurs dans les bas. Les grands torrens, les ruisseaux, les rivières enflées par les fontes subites des neiges & des glaces, non-seulement creusent de vastes & profondes vallées, mais encore entraînent une quantité immense de matériaux qu'ils déposent dans certaines parties de leurs cours, où les eaux jouissent d'une espèce de repos. Les pierres qui sont entraînées par ces eaux diminuent par le frottement qu'elles éprouvent entr'elles & contre les rochers sur lesquels elles roulent, & dont elles occasionnent réciproquement la destruction. Ce sont les débris de cette espèce de trituration qui troublent les eaux, & dont les dépôts élèvent insensiblement les lits des rivières, forment le limon fertile des plaines, & vont jusque dans la mer produire des aterrissemens, ces bancs, ces barres qu'on trouve à l'embouchure des grands fleuves.

Les rochers les plus durs, les granits, ne résistent point aux intempéries des saisons. Leur superficie se dénature, se décompose souvent de manière à distribuer leurs débris aux pieds des pics graniteux: l'eau pénètre dans les fentes des granits, & la gelée sépare deux élémens mal joints & mal unis. Si les blocs se trouvent placés sur une pente qui en favorise le transport par les eaux, les plus gros sont bientôt réduits à de petits noyaux. Quels changemens ne doit pas avoir opérés cette marche de l'agent infatigable de la nature dans les hautes montagnes! Si l'on descend ensuite dans des régions moins élevées, on trouvera le même système & la même marche de la nature. Tout se détruit plus ou moins. Les montagnes fournissent continuellement aux plaines; aussi n'est-ce que sur les hauteurs, de quelque degré qu'elles soient, qu'on retrouve les matériaux qui ont servi & servent aux remblais de plusieurs espèces que la nature opère journellement. C'est entre ces magasins primitifs & ces dépôts modernes, que l'observateur doit se mettre chaque jour pour juger de l'immensité des *dégradations* & des transports; en un mot, des déplacemens produits par l'eau, qui est l'organisateur général.

Pour être en état d'apprécier au juste la *dégradation des montagnes*, il faut être en état de déterminer ce qui peut appartenir à leur composition, ensuite considérer tous les agens qui ont concouru à l'approfondissement des vallées & à la séparation des masses, jusqu'à une certaine profondeur. C'est d'après ces notions préliminaires, qu'on suivra le progrès & l'étendue des altérations que les formes primitives des montagnes ont pu éprouver depuis les époques les plus éloignées, & qu'elles éprouvent chaque jour par les torrens & par la chute des eaux pluviales. Il résulte de toutes ces causes, des enlévemens considérables de matériaux dont une partie est transportée au loin, & dont l'autre sert à combler les vallées.

Il faut bien distinguer ensuite une vallée qui s'ébauche ou qui s'approfondit par le travail des eaux torrentielles, d'une autre vallée qui se comble par l'abaissement des sommets & l'éboulement des croupes. Cette distinction étant une fois admise, il est aisé d'indiquer la marche des deux sortes de destructions qu'on ne peut bien apprécier qu'autant qu'on peut reconnoître les changemens qui arrivent à des formes qu'on ne peut saisir; car comment peut-on saisir l'ordre des effets & des causes si l'on ne peut marquer les limites de leur action successive?

Dégradation des montagnes du Dauphiné.

Comme c'est aux eaux que la *dégradation des montagnes* est principalement due, il convient, à ce qu'on pense, de rappeler ici, en finissant ce qui regarde les eaux du Dauphiné, les effets destructeurs qu'elles occasionnent sur les montagnes.

Il y a long-tems que l'on a écrit que les montagnes se dégradent, que leurs sommets s'abaissent peu à peu. On a calculé cette *dégradation*, & il y a même des auteurs qui n'ont pas craint de déterminer le tems qui étoit nécessaire pour que les montagnes fussent anéanties, & que la Terre devînt plate, semblables à ceux qui, d'après un calcul fait sur le tems que des boulets de fer rougis & pénétrés de feu sont à se refroidir, ont déterminé le tems qu'il falloit à la Terre pour avoir perdu toute sa chaleur, & être ainsi inhabitable. Nous n'entrerons pas dans de semblables calculs. Les données sur lesquelles on a établi ces calculs ne sont pas assez sûres pour qu'on en puisse conclure quelque chose de positif, qui ait même quelque degré de certitude. On a calculé d'après des faits peu constatés: on n'avoit point la hauteur des montagnes qui ont servi à établir ces calculs, & ce n'est que d'après une tradition vulgaire, que l'on a tiré les conclusions que l'on a données. L'on n'a point fait attention à la nature des matières dont ces montagnes étoient composées, considération importante & qui devoit nécessairement entrer pour beaucoup dans ces calculs. Une montagne de sable perdra beaucoup plus facilement dans toutes ses dimensions, que des montagnes qui seroient composées de matières dures & bien liées entr'elles. Une montagne dont les rochers seront à bancs horizontaux, se dégradera beaucoup plus difficilement que celles qui auront des rochers plus ou moins inclinés à l'horizon, ou qui approcheront plus ou moins de la perpendiculaire. L'eau pénétrera bien plus facilement entre les bancs de ces derniers rochers, qu'entre les bancs des rochers horizontaux: ceux-ci présentent à l'eau de grandes surfaces sur lesquelles elle coule aisément, & n'a pas le tems de pénétrer, au lieu que l'eau s'insinue avec facilité entre les bancs des rochers inclinés. Ceux-ci présentent à l'eau des espèces de canaux dans lesquels elle peut, sans beaucoup de difficulté, s'insinuer & filtrer; ensuite l'eau, en se gelant & se dégelant alternativement, agit avec force contre les parois de ces bancs, les écarte les uns des autres, les fait éclater; en sorte que des masses considérables se détachent peu à peu des montagnes, s'écroulent & tombent dans les vallées. Ces éboulemens sont d'autant plus prompts, que les rochers sont d'une matière plus tendre & plus facile à être pénétrée par l'eau: s'ils sont de schiste ou de mauvaise ardoise, la destruction en sera plus prompte que si ces rochers étoient de quartz, de granit, de grès, & en général de pierre dure & peu susceptible d'être pénétrée par l'eau. Si les schistes sont en partie calcaires, la pénétration en sera encore plus prompte.

Toutes ces considérations auxquelles on n'a fait aucune attention en calculant la *dégradation des montagnes*, doivent faire sentir combien les conclusions qu'on a tirées de ces calculs doivent être peu sûres, & combien elles méritent peu le cas que certains philosophes en ont fait. On sent bien que, dans les conclusions qu'on tire de semblables calculs, on ne doit prendre jamais que l'état moyen, & mettre les résultats au plus bas; mais peut-on même être sûr de cet état dès qu'on n'a aucune certitude des données qu'on a employées, & sur lesquelles on a établi le calcul? Ce dont on est certain, c'est que les montagnes se dégradent & que leurs sommets s'abaissent: ce sont des vérités auxquelles on ne peut se refuser, surtout lorsqu'on a un peu parcouru les hautes montagnes. Ce ne sont donc point ces vérités qu'on veut combattre ici, mais seulement ce qu'on a conclu au sujet du tems nécessaire pour que la Terre devînt plate & unie.

Les Anciens ne nous ont rien laissé de certain sur la hauteur que les montagnes avoient de leur tems, & il y a trop peu de tems que les Modernes se sont appliqués à déterminer exactement la hauteur de quelques-unes, pour qu'on puisse en conclure le tems nécessaire à la *dégradation* entière des montagnes; conclusion qui seroit encore hasardée, puisqu'on auroit conclu d'un fait particulier au général, & qu'une montagne, composée de matières faciles à dégrader, peut être voisine d'une autre qui le sera de substances où les causes de la *dégradation* ne peuvent rien ou presque rien pendant des siècles multipliés.

Si l'on veut laisser à la postérité des moyens de la mettre en état de s'éclairer, à ce sujet, d une manière plus constante, il ne peut être que très-utile de déterminer, par des mesures exactes, de combien les montagnes sont actuellement élevées au dessus du niveau de la mer, & de quelle nature sont les matières qui entrent dans leur composition. C'est au physicien, à l'astronome ou au géographe à constater le premier point, & au minéralogiste à établir le second. On s'est particulièrement appliqué à ce dernier objet en parcourant les montagnes du Dauphiné pour en reconnoître la minéralogie; on a en même tems porté son attention aux effets que les eaux produisent dans les montagnes de cette province. Il a semblé qu'on en a peu vu où ces effets aient été plus terribles & plus effrayans, surtout dans les vallées qui sont bordées des montagnes les plus élevées. Le Dauphiné renferme, dans une grande partie de son étendue, de ces sortes de montagnes: non-seulement celles qui sont de granits ou de schistes sont considérablement élevées, mais les montagnes calcaires ne le cèdent pas souvent à celles-ci. On pourroit peut-être même avancer qu'il n'y a pas de province en France, qui renferme des montagnes de cette nature, qui surpassent ou qui égalent en hauteur celles du Dauphiné.

De toutes parts l'on observe des marques de *dégradation*: les vallées sont remplies de cailloux plus ou moins arrondis, selon l'éloignement où ils sont des montagnes d'où ils sont tombés: les ruisseaux, les rivières, les torrens en entraînent dans leurs cours; les pentes des montagnes sont couvertes de matériaux exposés aux courans d'eau, qui les portent dans les vallées, dans les rivières & dans les torrens. D'après l'examen de ces effets, on ne peut disconvenir des changemens considérables que les montagnes du Dauphiné doivent éprouver dans leurs formes & dans leur hauteur.

DEINSE, petite ville du département de l'Escaut, à trois lieues d'Oudenarde. Elle a dans son enceinte vingt-huit fabriques de genièvre, une savonnerie, dix fabriques d'amidon, neuf tuileries où l'on emploie l'argile des environs. La Lis coupe en deux cette ville.

DELEMONT, ville du département du Haut-Rhin, à trois lieues & demie sud-ouest de Lauffen. Cette ville, qui faisoit partie de la ci-devant principauté de Porentruy, dans le Saltzgau, est ornée de beaucoup de fontaines, dont les bassins bien ouverts alimentent plusieurs courans d'eau vive, qui serpentent dans les rues, les assainissent, & y entretiennent la propreté & la fraîcheur. *Delemont*, au pied de laquelle coule la Birse, est située au confluent de cette rivière & de la Sorne, sur le penchant d'une colline qui domine une vallée étroite, laquelle s'ouvre devant elle. Ses habitans s'adonnent à la culture de préférence aux arts mécaniques. Il y a un sous-inspecteur des forêts.

DELENS (Mont). Cette masse montueuse, canton d'Oisans, département de l'Isère, est une des plus hautes de cette contrée des Alpes du Dauphiné. Situé à six myriamètres de Grenoble, cet énorme mont, composé de schiste & de granit, est couvert d'un glacier, dont la surface, unie comme une table, a deux myriamètres de longueur sur environ deux kilomètres de largeur. L'épaisseur de cet amas de glace fait qu'elle se prolonge sur ses bords, & s'étend vers les parties inférieures où les pentes favorisent cette descente. C'est autour de ce glacier que se trouvent des prairies, des coupures approfondies par les torrens, des rochers fendus & crevassés, au point que le fond des gorges & des vallées étroites de la Grave & de Saint-Christophe sont à deux mille deux cents mètres de profondeur au dessous de la surface du glacier.

Le village ou hameau du *Mont Delens*, placé sur une des croupes de cette montagne, est élevé de treize cents mètres au dessus du niveau de la mer.

Le glacier, élevé à trois mille neuf cents mètres au dessus du même niveau, s'étend à plus de trois lieues du nord au sud, jusqu'au Lantaret, à la Bérarde & à Valouise, confins du Briançonnois, département des Hautes-Alpes. C'est au bas de ce glacier, parmi les gazons ou pelouses, que se trouvent des marais renfermés dans des gorges & des enfoncemens produits par des rochers déplacés visiblement de leur situation originaire & primitive. C'est dans ces marais que se trouvent ensevelis au milieu de la tourbe des troncs de bois de mélèze, de bouleau, de tremble & d'aune, qui sont conservés dans leur entier avec leurs racines. D'après l'inspection de leur état & de leur situation on ne peut se refuser à croire que ces arbres ont végété dans ces enfoncemens, qu'ils y ont été abattus sans éprouver aucun autre déplacement ni transport; ils y résident donc depuis une révolution aisée à imaginer, à un ou deux mètres au plus de la superficie des marais, dans un climat où le thermomètre est à la glace toutes les nuits d'été, & où la neige tient pendant neuf à dix mois de l'année.

Il est une autre révolution sur laquelle nous ne pouvons garder le silence, c'est celle en conséquence de laquelle ce dépôt des arbres fossiles occupe une région aussi froide & élevée de huit cents mètres au dessus des forêts actuelles; car les espèces de bois les plus près qui végètent au dessous de cette région sont le bouleau, *betula nigra* Linn., le tremble, *populus tremula*, & la petite variété de l'aune des Alpes, *betula alnus viridis* de l'histoire des plantes; mais ce dernier ne présente qu'un arbrisseau de deux à quatre mètres au plus, & dont le tronc n'a jamais plus qu'un à deux décimètres de diamètre. Ainsi, d'après l'observation des espèces de bois qui existent & végètent sur les montagnes voisines des dépôts des arbres fossiles, & qui occupent une situation inférieure d'environ huit cents mètres, on a reconnu que ce sont le bouleau, le tremble, le mélèze qui fournissent à ces dépôts les troncs fossiles. Cette comparaison est aussi frappante que lumineuse.

Maintenant il faut examiner comment les bois ont pu végéter autrefois presqu'au niveau des glaciers actuels; car les dépôts des bois fossiles sont à deux mille trois cents mètres d'élévation au dessus du niveau de la mer. Rien ne paroissant prouver qu'ils aient pu être transportés hors de l'endroit où ils ont végété, les troncs, les souches des racines, leurs formes, leur situation, tout prouve qu'ils ont été renversés & ensevelis près du sol où ils prirent autrefois leur accroissement.

Ce qui vient à l'appui de ces phénomènes, ce sont de pareils dépôts de bois qui se trouvent ensevelis sur des montagnes du Devoluy & du Gapençois, département des Hautes-Alpes, dans des contrées où il ne subsiste plus de forêts aux environs, mais seulement à deux mille mètres, & même à deux mille trois cents mètres : ainsi ces faits nous autorisent à croire que les bois du *Mont Delens* ont pu végéter autrefois à deux mille cinq cents mètres d'élévation.

Mais ce qui achève d'établir cette possibilité, c'est qu'à la Berarde, à deux myriamètres du *Mont Delens*, vers les sources de la Romanche, dans une gorge entourée de glaciers, j'ai trouvé, sous un abri, un bouquet de bois de pin, *pinus silvestris* Linn., à une élévation de deux mille sept cents mètres, c'est-à-dire, à deux cent vingt mètres au dessus du dépôt des bois fossiles du *Mont Delens*.

Ainsi ces deux faits suffisent pour expliquer la possibilité de l'existence des anciens bois qui ont fourni les fossiles à la hauteur où ils se trouvent. Maintenant il n'est plus question que de faire envisager les différens changemens de formes qu'ont pu éprouver les montagnes de *Delens* & des environs, & la destruction des abris qui ont forcé les bois à descendre neuf cents mètres plus bas que la couche de l'atmosphère où la végétation se soutenoit autrefois.

En effet, la dégradation des montagnes voisines du *Mont Delens*, en diminuant la surface, l'étendue, l'épaisseur des plateaux qui étoient situés près de leurs sommités, a donc pu refroidir les montagnes de *Delens*. Il suffit de jeter les yeux sur cette contrée pour être convaincu que ces changemens ont eu lieu généralement, & que les effets que nous avons indiqués ci-dessus ont dû prendre la place des anciennes dispositions dont les bois fossiles sont des témoins.

Je le répète : l'amincissement des montagnes, leurs dégradations, leurs escarpemens qui s'offrent de toutes parts, sont la première cause de la diminution de leur température & une des causes les plus puissantes de leur refroidissement.

Une seconde cause de ce refroidissement, c'est la destruction des bois, qui contribue encore à favoriser les ravages des torrens & se lie à la première cause.

Les bois, les forêts voisines placées autrefois sur les montagnes de *Delens*, protégeoient l'extension & l'accroissement des jeunes arbres : les hommes les ont détruits, de manière que les glaciers en ont pris la place; & à mesure qu'ils se sont étendus, les bois ont été resserrés dans des limites plus étroites. Voilà les progrès des causes qui ont éloigné les bois des montagnes de *Delens*, au point qu'ils ne peuvent végéter aujourd'hui qu'à deux kilomètres plus bas qu'autrefois. (*Voyez* TEMPÉRATURE DU GLOBE A DIVERSES HAUTEURS, ABRIS ANCIENS, ARBRES FOSSILES.)

DÉLITEMENS. Les couches de la terre se détruisent de plusieurs manières : j'en ai distingué deux principales, la démolition & le *délitement*. Le *délitement* s'opère par l'enlèvement des lames, dont on conçoit que les bancs ont été composés en conséquence des dépôts successifs de la mer. Ce travail s'exécute d'autant plus facilement, que les lames de destruction ont moins d'ahérence les unes aux autres, & que l'exfoliation s'opère plus vîte par l'alternative de l'humidité & de la sécheresse, à laquelle les couches voisines de la surface de la terre sont exposées chaque jour. On comprend aussi très-aisément que ces *délitemens* dépendent surtout de l'état où se trouvent les bancs de la terre; car, il y a un degré d'induration dans les pierres, qui rend le *délitement* ou impossible ou très-lent; mais il devient très-prompt dans le cas où ce sont des argiles & des marnes feuilletées, qui non-seulement se lèvent par lames, mais même finissent par la décomposition des lames en petits débris.

Ce n'est pas seulement dans les massifs distribués par couches que s'opèrent les *délitemens*; ils ont lieu encore dans les massifs qui n'offrent aucune distinction de couches, mais dans lesquels les différentes substances sont arrangées par raies, par rubans. Comme l'action de la sécheresse & de l'humidité est plus ou moins marquée, suivant la nature & la consistance de ces substances, ces composés se détruisent d'autant plus facilement, que les substances les plus tendres y sont plus abondantes : c'est ainsi que sur les granits rayés ou gneiss l'action successive de l'humidité & de la sécheresse est d'autant plus rapide, que les spaths y dominent en plus grande proportion, & se terrifient plus aisément en perdant l'eau de leur cristallisation. J'ai suivi partout en Limousin leur décomposition, qui se faisoit par lames, ou bien même par débris très-petits & fort abondans, qui augmentoient chaque jour la terre végétale des cantons de cette ancienne terre où se trouvoit le gneiss. De même tous les schistes éprouvent une grande destruction par le *délitement*, & il s'opère d'autant plus vîte, que les schistes sont plus tendres & d'un grain plus gros : il en est des schistes argileux comme des schistes calcaires. (*Voyez* SCHISTES.)

DÉLITS. C'est à l'action de l'eau qu'on doit attribuer le feuilletage des pierres en masses : cette action rend visibles des intervalles entre les dépôts & les fentes qui ne se montroient pas. Il ne faut que du tems pour que ces masses se décomposent & se désunissent, soit par la gelée, soit par le feu; & si l'on n'y prend garde, cette division se fait toujours parallélement à la suite des dépôts, quand même il n'y auroit eu primitivement, dans la masse, de *délits* originels. Le fer même, aux bords de la mer, se délite à sa surface, sans qu'il suive la direction des fils.

DELTA. C'est ainsi qu'on nomme, à cause de leur figure triangulaire & semblable à celle de cette lettre grecque, les terrains compris entre les différentes branches de certains fleuves vers leurs embouchures dans la mer.

Le plus fameux *delta* est celui du Nil. Ce fleuve se partage en deux bras un peu au dessous de Memphis, qui est aujourd'hui le Caire. Près de l'endroit où le bras oriental se jette dans la mer étoit la ville de Peluse, & par cette raison son embouchure étoit appelée *Pelusiacum ostium*. Le bras occidental se jette dans la mer près du lieu où étoit la ville de Canope, & se nommoit *Canopique*. Ces deux bras du Nil éprouvèrent par la suite différens changemens, & se partagèrent en plusieurs autres branches qui toutes aboutirent à la mer; mais plusieurs se sont bouchées depuis. Tout cela formoit d'abord, comme on voit, une grande île qui s'étoit partagée en plusieurs autres. Le terrain de ces îles est très-fertile; aussi sont-elles bien cultivées. A l'occident de l'embouchure canopique étoit la ville d'Alexandrie. Entre cette ville & Damiette, qui est auprès de l'embouchure pelusienne, on dit qu'il y a quarante-cinq lieues de côte, & que depuis la mer jusqu'au Caire ou Memphis il y a vingt-cinq lieues; ainsi cette île du *delta* forme un terrain considérable. Quelle immense quantité de matière le Nil n'a-t-il pas voiturée & déposée à son embouchure! La mer favorisant la précipitation du limon dont l'eau du fleuve se trouvoit chargée dans ses crues périodiques, il n'est pas étonnant que ces dépôts aient été formés, non-seulement entre les deux bras du Nil, mais même à l'extérieur; ce qui doit faire un sol factice d'une grande étendue.

Je remarquerai, à cette occasion, que tous les fleuves un peu considérables qui sont exposés aux pluies de la torride & aux débordemens périodiques qui en sont la suite, ont à leurs embouchures, des *delta* tous formés de semblables dépôts: tels sont le Gange, le fleuve de Siam, &c. (*Voyez* dans Volney & dans Sivry une discussion sur l'agrandissement du *delta* du Nil.)

DELTA DU GANGE. A deux cents milles de la mer, pris en ligne directe, ou à trois cents milles si l'on suit le cours du fleuve, on voit se former le *delta* du Gange, dont la superficie est au moins deux fois plus étendue que celle du *delta* du Nil. Les deux branches de l'ouest, nommées le *Cossimbuzar* & le *Jellinghy*, se réunissent pour former le Hoogly, qui est le port de Calcuta & la seule branche du Gange dans laquelle les plus gros vaisseaux entrent communément. Le Cossimbuzar est presqu'à sec depuis le mois d'octobre jusqu'au mois de mai, & le Jellinghy, quoiqu'il reçoive toute l'année une autre rivière, n'est souvent pas navigable pendant les deux ou trois mois les plus secs; en sorte que la seule des branches inférieures du Gange dans laquelle la navigation ne soit jamais interrompue est le Chundnah, qui commence à Moddapour & se termine à Hozingotta.

La partie du *delta* qui est voisine de la mer est un labyrinthe de rivières & de criques salées. Les bras qui communiquent au grand canal du Gange sont les seuls dont l'eau soit douce. Cet espace, connu sous le nom de *forêts* ou *sunderbunds*, a une étendue égale à la principauté de Galles, & est si complétement couvert de bois & infesté de tigres, que les efforts que l'on a faits pour le défricher ont été inutiles. Les nombreux canaux se croisent de tant de manières, qu'ils offrent une grande facilité pour la navigation intérieure, la plus complète dans toute la partie basse du *delta*, sans qu'on soit obligé de faire un long circuit par son sommet ou de se hasarder sur mer. C'est là que se fait & se transporte tout le sel qui se consomme dans le Bengale, & c'est là aussi que se trouvent tous les bois nécessaires à la construction des chaloupes. La longueur de la base du *delta* passe cent quatre-vingts milles : si l'on y ajoute la largeur des deux bras du Gange les plus distans, on trouvera que ce fleuve embrasse ou occupe à son embouchure un espace de deux cents milles.

Les apparences favorisent l'opinion que le Gange avoit autrefois son lit dans la partie maintenant occupée par des lacs & des marais, entre Nattore & Jœffiergunge.

En suivant la côte dans toute l'étendue du *delta*, on ne trouve pas moins de huit embouchures, dont chacune a été probablement dans son tems la principale bouche du Gange. Le changement du cours du principal canal est vraisemblablement la seule cause des changemens qui se sont opérés & qui s'opèrent dans les dimensions du *delta*. On observe que les *delta* des grands fleuves, surtout de ceux qui sont situés entre les tropiques, gagnent chaque année sur la mer; ce qui ne peut être dû qu'au dépôt successif des sables & de la vase que ces fleuves charient. Leurs eaux, chargées de terre, troublent les eaux de la mer quelquefois jusqu'à vingt lieues de distance du rivage. Aujourd'hui les bancs de sable & de vase s'étendent jusqu'à vingt milles des îles situées dans les bouches du Gange & du Burrampooter: ces bancs s'élèvent, dans quelques endroits, jusqu'à quelques pieds au dessus de la surface de l'eau.

Les générations à venir verront probablement ces bancs devenir des îles, & d'autres générations les cultiveront. Rien ne change plus promptement la figure des bords de la mer que le cours des fleuves situés entre les tropiques.

On peut observer en preuve que le Gange a parcouru le *delta*, qu'il n'y a aucune terre dans son ancien gîte & sous sa première forme depuis les monts Tiperah à l'est, jusqu'à la province de Burdwen à l'ouest, & jusqu'à Dacca & Baulah au nord.

Dans toutes les sections des criques du *delta* on ne trouve que du sable & de la vase noire en couches assez régulières, puis enfin de la glaise en forme la vase. On ne voit aucune substance aussi grossière que du gravier jusqu'à la distance de quatre cents milles de la mer; ainsi l'on doit juger par là de l'étendue des dépôts formés par le Gange & les rivières qui s'y jettent, & particuliérement de la superficie de son *delta*, qui est proprement la base de ces dépôts.

DÉLUGE. On entend par ce mot la plus grande alluvion qui ait jamais couvert la Terre, & l'on a prétendu que cette catastrophe avoit dérangé l'harmonie première, la structure de l'ancienne Terre, & que par une cause extraordinaire elle avoit produit les effets les plus terribles, en bouleversant la Terre, soulevant ou applanissant les montagnes, & dispersant les dépouilles des animaux marins couches par couches sur les continens, à mesure que l'inondation gagnoit les parties sèches.

Plusieurs écrivains se sont occupés de l'étendue du *déluge* & de ses causes assez infructueusement pour que nous écartions ces objets. Il nous reste à discuter ses effets, dont nous venons d'indiquer sommairement les principaux. Il nous suffit de dire qu'on a regardé comme une preuve physique des grands changemens que le *déluge* a opérés sur toute la surface de la Terre cette multitude étonnante de corps marins qui se trouvent répandus tant à cette surface que dans l'intérieur des continens. La difficulté est d'expliquer cette dispersion d'une manière conforme à la disposition des matériaux, à la situation des bancs & des couches, ainsi qu'à la distribution des contrées où l'on trouve ces prétendus monumens du *déluge*.

A l'aspect des traces positives des inondations rien ne semble plus naturel, au premier coup-d'œil, que de recourir à la plus grande, à la plus générale catastrophe dont il soit mention dans l'histoire : cependant ceux qui s'en tiennent uniquement à cet événement n'ont pas comparé les effets à la cause; car pour peu qu'on ait considéré, observé même l'ordre général des couches de la Terre, on sera convaincu que la multiplicité de ces couches & la variété des matériaux qui les composent, leur organisation par l'eau, les différens corps marins, & surtout les dépouilles des coquillages qu'elles renferment, toutes déposées régulièrement dans le même sens & par familles; le parallélisme & la direction que ces couches gardent constamment entr'elles, dans l'étendue de certaines contrées, sont l'ouvrage paisible de plusieurs siècles, & ne peuvent être l'effet d'une cause subite, passagère & violente comme a pu être le *déluge*. Ainsi chaque couche étant due à un dépôt particulier, fait dans un tems séparé, la suite des bancs de pierre & des lits de terre, de sables interposés entre ces bancs, annonce des dépôts successifs qui n'ont pu être faits que par un travail lent, régulier, & évidemment exécuté dans le bassin d'une mer tranquille. Toute cette organisation ne peut donc être attribuée au *déluge*. Je veux bien que, dans les premiers tems, les observateurs, frappés des changemens sensibles arrivés à la surface de la Terre, aient cru y voir les traces du *déluge*. Ces assertions étant les résultats de recherches vagues & imparfaites, ne peuvent être maintenant alléguées dans un siècle où chaque chose a été vue de manière à pouvoir indiquer la cause à côté d'un effet quelconque. Le *déluge* a dû être écarté comme une cause superflue, laquelle ne peut occuper que des antiquaires accoutumés à discuter de petits moyens fort inférieurs aux preuves solides qu'on peut tirer de l'observation. Tout ce que le travail des antiquaires a produit doit nous convaincre combien l'histoire civile & tous ses moyens sont inférieurs à ce que l'histoire naturelle de la Terre peut nous faire connoître chaque jour; car ses titres, ses preuves justificatives ne périssent pas, & peuvent être vues & revues autant qu'il convient à l'éclaircissement des différens points contestés. Je finis par dire qu'en suivant cette marche on ne trouvera aucun des effets qui ont été attribués au *déluge*, dont on ne puisse indiquer une cause physique incontestable & indépendante de cette catastrophe miraculeuse.

Cette immense quantité de fossiles marins que l'on trouve en tant d'endroits prouve qu'ils n'y ont pas été transportés par le *déluge*; car on observe de longues suites de bancs dans les carrières de tous les pays, qui sont tous remplis de coquilles & d'autres productions marines, & ces bancs sont à de très-grandes profondeurs. Or, si ces dépouilles des animaux marins avoient été amenées sur la terre sèche par un *déluge* ou par une inondation locale, la plus grande partie seroit demeurée à la surface de la terre, ou du moins elles ne seroient pas enterrées à une grande profondeur, & on ne les verroit pas dans les pierres calcaires les plus solides ou dans les marbres les plus durs, à deux ou trois cents pieds de profondeur.

C'est, comme nous l'avons dit, une supposition bien gratuite que de prétendre, comme l'a fait Woodward, que toute la Terre a été dissoute dans l'eau au tems du *déluge*, & l'on ne peut donner quelque fondement à cette idée qu'en supposant un second miracle qui auroit donné à l'eau la propriété d'un dissolvant universel, miracle dont il n'est fait aucune mention dans l'Écriture-Sainte. D'ailleurs, ce qui anéantit cette supposition, & ce qui la rend même contradictoire, c'est que toutes les matières ayant été dissoutes dans l'eau, les coquilles ne l'ont pas été, puisque nous les trouvons bien entières & bien conservées dans toutes les masses qu'on prétend avoir été dissoutes. Cela prouve évidemment qu'il n'y a jamais eu une telle dissolution, & que l'arrangement des couches horizontales & parallèles ne s'est pas fait en un instant, mais par les sédimens qui se sont amoncelés peu à peu, & qui ont enfin produit des masses considérables par la succession des tems. Tous ceux qui se donneront la peine d'observer reconnoîtront que l'arrangement de toutes les matières qui sont distribuées par couches est l'ouvrage des eaux. Or, il est visible que cet arrangement n'a pu être fait dans le même tems & pendant la courte durée du *déluge*. Cet arrangement est trop régulier, trop suivi dans toutes ses parties, trop étendu, trop uniforme pour s'être opéré brusquement & dans le même tems : il faut en conclure qu'il a été fait par les eaux à la suite des sédimens qu'elles ont formés tranquillement & successivement à mesure que les matériaux, ou étoient amenés dans le bassin de la mer, ou s'y formoient par les animaux marins; car, comme nous l'avons dit, la grande quantité de ces dépouilles annonce & prouve en même tems un travail successif & qui a exigé tout le tems dont la nature a eu besoin pour produire ces masses immenses de coquillages. Toute autre révolution, toute autre combinaison d'agens & de circonstances auroit produit un arrangement différent. D'ailleurs, des accidens locaux, des bouleversemens particuliers, tels que le *déluge* même universel auroit pu les occasionner, n'auroient pas produit cette organisation par couches que nous rencontrons dans une grande partie de la surface de la Terre; car si l'arrangement des terres & des coquilles avoit eu pour cause des révolutions particulières & accidentelles, on trouveroit les pierres & les terres disposées différemment en différens pays, au lieu qu'on les trouve de même à la Chine comme en France, dans l'Amérique comme en Europe, par couches parallèles & horizontales, ou également inclinées.

On peut encore combattre cette dissolution générale & miraculeuse imaginée par Woodward, & qui n'auroit épargné que les coquilles, en observant qu'on trouve, au milieu des bancs de coquilles, des cailloux ou autres pierres roulées par les eaux de la mer, & qui sont contemporaines à la formation & à l'arrangement des coquilles dans les couches. Or, ces pierres roulées n'ont pas été certainement dissoutes dans le tems que les couches se formoient suivant Woodward, & à l'époque du *déluge*. Ainsi le miracle qu'il admet, ne s'est pas étendu sur certaines pierres bien formées, & qui se sont conservées pour lors & depuis dans leur état naturel. Combien d'autres observations ne pourroit-on pas alléguer contre cette supposition, si elle ne se détruisoit pas d'elle-même par son absurdité !

Il suffiroit de faire envisager les massifs graniteux, qui ne sont pas certainement l'ouvrage des eaux, & surtout des eaux de l'ancienne mer qui a formé les massifs à couches horizontales, & qui n'ont reçu aucune sorte de dérangement ni encore moins de dissolution par les eaux, soit de la mer, soit du *déluge* universel; par conséquent on auroit le plus grand tort si l'on admettoit, à la suite de cet événement, une décomposition de la masse du globe.

On ne peut pas non plus prétendre que les coquilles & les poissons, lors de cette inondation, aient été portés par les flots de la mer dans l'intérieur des terres; car, 1°. on trouve ces dépouilles des animaux marins à une profondeur trop grande dans l'intérieur des couches de nos continens, pour avoir été entraînées par les eaux de la mer. D'ailleurs, les amas s'en seroient faits avec une confusion & un désordre qu'il seroit fort aisé de remarquer : au lieu qu'on voit que chaque contrée a des coquillages particuliers, & qu'on les trouve rangés lits par lits, avec une régularité & une uniformité surprenante, & toujours remplis de la même matière qui caractérise les contrées où l'on trouve ces familles de coquillages. Dans les pays de craie on n'y voit que de la craie, dans ceux de sable on n'y voit que du sable, dans ceux où l'on trouve des ſemences & embryons de coquilles qui ne marchent jamais, qui vivent & meurent où elles ſont nées, c'eſt-à-dire, dans les rochers & ſur les rochers mêmes où on les trouve préſentement, tels que les dails, les coraux, les huîtres, avec les impreſſions des paletuviers.

Nous ne parlons ici du *déluge* que pour faire voir que c'eſt ſans raiſon que certains naturaliſtes l'ont regardé comme poſſible dans l'ordre des choſes naturelles, & comme ayant laiſſé de grandes traces de ſon paſſage à la ſurface de la Terre, & contribué à l'organiſation du globe.

Il eſt clair que l'Écriture-Sainte nous le préſente d'abord comme produit par la volonté immédiate de Dieu; car on ne nous indique aucune cauſe naturelle qui ait pu produire ſur la ſurface entière de la Terre la quantité d'eau qu'il a fallu pour couvrir les plus hautes montagnes; & quand même ou pourroit imaginer une telle cauſe, il ſeroit impoſſible de trouver un moyen de faire diſparoître enſuite cette maſſe d'eau immenſe; car en accordant à Whiſton, que ces eaux ont été amenées par la queue d'une comète, il ſera néceſſaire qu'elles aient été détruites par miracle, ſans cela elles inonderoient encore la Terre, & couvriroient les ſommets des plus hautes montagnes.

Rien ne caractériſe mieux un miracle que l'impoſſibilité d'en expliquer la cauſe & les effets par les lois de la nature.

Tous les naturaliſtes qui ont fait des efforts pour rendre raiſon du *déluge* & de ſes effets, ont échoué vis-à-vis des cauſes ſecondes qu'ils ont employées; ils ont prouvé par là que cet événement n'a pu s'opérer que par la cauſe première.

D'ailleurs, ce ne peut être ni dans un ſeul & même tems ni par l'effet du *déluge*, que la mer a laiſſé à découvert les continens que nous habitons; car il eſt certain que le Paradis terreſtre étoit en Aſie, & que l'Aſie étoit un continent habité avant le *déluge*, par conſéquent ce n'eſt pas dans ce tems que les mers, qui ont couvert cette partie conſidérable du globe, en ont formé le ſol. La Terre étoit donc, avant le *déluge*, telle à peu près qu'elle eſt aujourd'hui; & cette énorme quantité d'eau que la juſtice divine auroit fait tomber ſur la Terre pour punir l'homme & faire périr toutes les créatures, n'a pas produit le moindre changement à la ſurface de la Terre, & n'a pas même détruit les plantes, puiſque la colombe rapporta une branche d'olivier.

Pourquoi donc imaginer, comme l'ont fait un grand nombre de naturaliſtes, que cette inondation changea tellement la ſurface du globe juſqu'à une grande profondeur? pourquoi ſuppoſent-ils que ce ſoit le *déluge* qui ait apporté ſur la Terre les coquilles qu'on trouve à ſept ou huit cents pieds dans les bancs de la Terre? Sur quel fondement ont-ils pu s'appuyer pour dire que c'eſt pendant le *déluge* que ſe ſont formées les montagnes & les collines? Comment ont-ils pu imaginer que ces eaux aient entraîné avec elles des maſſes & des bancs de coquillages de deux cents lieues de longueur? On ne peut ſoutenir ſérieuſement cette opinion qu'en reconnoiſſant dans le *déluge* un double miracle : le premier, pour l'augmentation des eaux; le ſecond, pour le tranſport des coquilles & leur grande multiplication dans le baſſin de la mer; mais comme l'Écriture-Sainte ne nous parle que du premier, comment faire gratuitement un article de foi du ſecond?

D'un autre côté, ſi les eaux du *déluge*, après avoir ſéjourné au deſſus des plus hautes montagnes, ſe fuſſent enſuite retirées tout à coup, elles auroient entraîné une ſi grande quantité de matières terreſtres, qu'une grande partie de ces matières auroit regagné le baſſin de la mer, & que l'autre ſeroit reſtée dans un bouleverſement affreux. Le *déluge* eſt donc un miracle dans ſa cauſe comme dans ſes effets. On voit clairement par le texte de l'Écriture-Sainte, qu'il a ſervi uniquement pour détruire l'homme & les animaux, & qu'il n'a changé en aucune ſorte la ſurface de la Terre, ni ſa compoſition, ni ſon organiſation antérieure, puiſqu'après la retraite des eaux, les montagnes & même les arbres étoient à leur place, & que la Terre étoit propre à recevoir toutes ſortes de cultures. Comment toute la race des poiſſons, qui n'entra pas dans l'arche, auroit-elle pu ſe conſerver ſi la Terre eût été diſſoute dans l'eau, ou ſeulement ſi les eaux euſſent été aſſez agitées pour tranſporter les coquilles des Indes en Europe?

Cependant cette ſuppoſition, que c'eſt le *déluge* univerſel qui a tranſporté les coquilles de la mer dans tous les climats de la Terre, eſt devenue l'opinion ou plutôt la ſuperſtition d'un grand nombre de naturaliſtes. Woodward, Scheuchzer & quelques autres encore appellent les coquilles pétrifiées les *médailles du déluge*, & les regardent comme les monumens que Dieu nous a laiſſés de ce terrible événement, afin qu'il ne s'effaçât jamais de la mémoire du genre humain. Enfin, ils ont adopté cette hypothèſe avec tant de reſpect, pour ne pas dire d'aveuglement, qu'ils ne paroiſſent s'être occupés qu'à chercher les moyens de concilier l'Écriture-Sainte avec leur opinion, & qu'au lieu de ſe ſervir de leurs obſervations & d'en tirer des lumières ſûres, ils ont imaginé des ſyſtèmes où l'Écriture-Sainte, qui ne nous a pas été donnée pour cela, eſt conſultée comme un oracle pour l'interprétation de faits qui doivent s'expliquer par des faits du même ordre. Les merveilles que la main toute-puiſſante de Dieu opère d'une manière uniforme & régulière ſont les ſeuls objets de nos recherches & de notre étude, & nous ne devons point nous occuper de ce qui peut avoir quelque relation avec les miracles qui ne rentrent pas dans cet ordre de choſes.

On objecte que le *déluge* étant un fait certain, il doit être permis de raiſonner ſur les conſéquences de ce fait. A la bonne heure; mais il faut convenir que le *déluge* est un effet immédiat de la volonté de Dieu, & avouer qu'il ne nous est pas permis d'en savoir davantage que ce que nous en apprend l'Écriture-Sainte. Il n'est pas dit dans l'Écriture, que le *déluge* a formé les montagnes, qu'il a enlevé du fond des mers les coquilles, & qu'il les a transportées à la surface des continens. Il faut donc se borner à la lettre de l'Écriture, qui, dans cet événement, annonce le châtiment de la justice divine, & non un supplément à la création par une nouvelle organisation de la Terre.

Plusieurs personnes ont donné d'ingénieuses hypothèses sur le *déluge*, mais elles paroissent toutes sujètes à des difficultés insurmontables.

Le docteur Burnet, dans sa *Théorie de la Terre*, a donné une explication du *déluge*, que le docteur Keil a démontrée impossible & peu philosophique. Il a d'abord décrit la Terre primitive comme privée de toute beauté & d'élégance, & a donné une cause au *déluge*, qui non-seulement cadre peu avec sa propre théorie, mais qui est encore insuffisante pour expliquer l'élévation des eaux sur le sommet des montagnes, puisque, par la rupture de sa croûte imaginaire, il est impossible de supposer que les eaux de l'abîme, même avec une telle secousse, aient pu s'élever assez haut sur les parties qui restèrent élevées, pour couvrir les montagnes qui existent maintenant.

Wiston a cherché cette cause dans le choc d'un autre corps planétaire; il a supposé que la queue d'une comète étoit assez condensée pour fournir une quantité d'eau suffisante pour le *déluge*. Mais outre le peu d'accord de cette théorie avec celle de la gravitation, il n'est pas moins difficile, dans cette hypothèse, de se débarrasser des eaux dont la Terre étoit couverte, qu'il ne l'est dans les autres d'en trouver assez pour la submerger.

Ray a expliqué cet étonnant événement en supposant qu'il est arrivé un changement dans le centre de gravité de la Terre; mais comme il est impossible d'assigner ce changement de gravité du centre de la Terre, & le nouveau changement qui l'auroit remis à sa place, cette hypothèse est encore plus incompatible avec nos idées philosophiques, qu'aucune autre qu'on ait imaginée.

Telles sont quelques-unes des principales théories qu'on a avancées jusqu'à présent, & je me borne à cette simple indication.

Je terminerai ce que je me propose définitivement de publier sur mon opinion relative au *déluge*, en joignant ici une note que j'ai cru devoir ajouter à la description éloquente que Sénèque nous a donnée du *déluge* dans ses *Questions naturelles*. On verra ce que je pense sur la possibilité de cette catastrophe & sur ses effets.

Note tirée du sixième volume des Œuvres de Sénèque, chap. XXX, *pag.* 319.

On peut envisager le *déluge*, ou quant aux causes qui ont pu concourir à cette inondation générale, ou quant aux effets qu'il a produits à la surface de notre globe. Sous ces deux points de vue il ne paroît pas qu'il puisse être considéré comme un événement que l'ordre actuel des choses ait amené naturellement, ou dont il soit aisé de prouver l'existence par les vestiges qui nous en restent.

On a dit qu'aucune cause naturelle n'a pu verser tout à coup, sur la surface entière du globe, la quantité d'eau nécessaire pour couvrir les plus hautes montagnes, ni la faire disparoître en la réduisant au volume actuel. On a dit que la catastrophe du *déluge* universel ne pouvoit pas être comptée parmi les événemens dont les physiciens observateurs peuvent s'occuper. En un mot, les auteurs anciens & modernes, payens & chrétiens, qui ont parlé du *déluge*, l'ont représenté comme un événement miraculeux, ordonné par la volonté expresse de Dieu. Cependant les uns & les autres, malgré cet aveu, se sont occupés des moyens que cette cause surnaturelle avoit pu employer pour opérer une inondation générale; ils en ont même recherché curieusement les causes & développer les progrès comme si un miracle pouvoit être plus ou moins facile, plus ou moins croyable.

Sénèque lui-même, quoiqu'obligé d'avoir recours, pour consommer cette grande révolution, à la volonté du Destin, qui, suivant ses principes, disposoit souverainement des agens naturels, & leur communiquoit une énergie extraordinaire, se borne cependant à ces agens. En développant tous les progrès de l'inondation & du désordre qu'elle produisit, il n'y fait concourir que des moyens connus, qu'il assujettit à une marche conforme à l'ordre naturel. Si l'on apprécie bien les circonstances où il semble appeler à lui le Destin, il est aisé de se convaincre qu'il n'en a pas moins de confiance dans les agens naturels dont il a fait choix, & que c'est plutôt pour abréger les détails de ses explications, que pour avouer l'insuffisance de ces agens, qu'il fait mention du Destin.

Ce système d'explication d'un événement aussi extraordinaire, exposé par Sénèque avec toute l'adresse dont il étoit capable, paroît avoir séduit quelques écrivains systématiques de nos jours, qui en ont adopté les principaux agens. J'ai lu avec plaisir les descriptions de ce philosophe; j'ai été frappé de son éloquence & même des ressources de sa physique, mais je n'en suis pas moins porté à discuter chacun des moyens naturels qu'il emploie, pour les réduire à leur juste valeur, & écarter les fausses applications qu'on en a faites & qu'on pourroit en faire par la suite.

Les moyens que Sénèque fait valoir avec tant de sagacité sont l'éruption des eaux souterraines par les sources, la chute abondante des pluies & le changement de la terre en eau. Voyons quel parti on en peut tirer pour inonder la Terre sans déranger, suivant le plan de Sénèque, l'économie de la nature.

J'ai fait observer, dans les notes précédentes, que la quantité d'eau versée sur les continens par les pluies, étant suffisante pour tous les besoins de la nature, il étoit inutile d'imaginer des réservoirs d'eau immenses, placés dans l'intérieur du globe, pour fournir à ses besoins; mais je ne puis ici me borner à cette objection. Si ces amas d'eau considérables peuvent être de quelque secours à Sénèque ou à ses partisans pour inonder la Terre, si cette eau souterraine, sortant de ses réservoirs par les sources, peut former des torrens qui se déchargent dans la mer, & la fassent déborder sur les continens, de manière à couvrir les plus hautes montagnes, je ne puis condamner cette ressource qu'autant que le jeu de ces eaux & leur éruption entraîneroient quelques inconvéniens, ou seroient contraires aux principes de l'hydrostatique.

Une source est l'orifice d'un canal souterrain qui verse au dehors l'eau que sa pente y conduit par une affluence ménagée. Les sources ne peuvent donc tirer leurs eaux que de réservoirs placés intérieurement au dessus du niveau de leur orifice; car il est nécessaire que l'écoulement de l'eau des sources, comme de toute autre eau qui circule à la surface du globe, soit favorisé par la pente & par l'impulsion de l'eau supérieure, qui pèse sur celle qui sort à chaque instant, & qui tend à la remplacer à mesure qu'elle se vide.

En conséquence de ce jeu uniforme de l'eau des sources, il est clair que, pour fournir à leur entretien, elle doit résider dans les lits voisins de la superficie de la Terre. Elle y est retenue d'ailleurs par les couches d'argile qui servent à stratifier les conduits souterrains où elle se rassemble, & qui lui ferment tellement toute issue, qu'elle ne peut pénétrer à une certaine profondeur, ni communiquer avec les réservoirs intérieurs quand même ils existeroient. D'après ce plan de distribution de l'eau des sources, il s'ensuit qu'elle ne peut être que le produit des pluies.

Toute autre manière de concevoir l'origine des sources & leur entretien étant contraire aux principes de l'hydrostatique, il en résulte que les réservoirs souterrains, placés au dessous du niveau de la mer, n'ont pu verser leurs eaux par les sources, & fournir aux torrens qui devoient se précipiter dans le bassin de la mer; & qu'à cette profondeur, non-seulement l'eau est perdue pour la circulation extérieure qui s'opère à la surface du globe, mais encore qu'elle n'a pu concourir à l'inondation générale, telle que l'a décrite Sénèque.

D'après ces principes, il faudra donc placer les réservoirs d'eau, si on a recours à cette ressource, dans les parties superficielles du globe, c'est-à-dire, dans la seule masse des continens, élevées au dessus du niveau de la mer. Or, ce nouvel arrangement n'est pas sans inconvénient; car la masse de tous les continens, élevée au dessus du niveau de la mer, peut-elle offrir des cavités souterraines, propres à renfermer une quantité d'eau qui, ajoutée au volume actuel, combleroit le bassin de la mer, & couvriroit les plus hautes montagnes.

Il est visible que, d'après la constitution des couches de la Terre, que nous connoissons, ces amas d'eau ne peuvent exister ni suffire aucunement à l'inondation générale.

Je veux bien cependant supposer que ces cavités souterraines renferment une quantité d'eau suffisante, & qu'elles peuvent la verser par les sources; il surviendra encore beaucoup de nouveaux obstacles avant que le globe soit totalement inondé. On n'a pas prévu sans doute que cette eau, produite par les sources abondantes, a autant de facilité à rentrer dans les cavités vides, qu'elle en a eu à sortir de ces cavités. Ainsi, à mesure que l'eau de la mer pourra se répandre sur les continens, & qu'elle rencontrera l'orifice des sources, elle remplira de nouveau les cavités souterraines, dont les sources sont les débouchés, & tout ce qu'elles contiendront, sera perdu pour l'inondation. D'après ces réflexions, il est aisé de démontrer qu'en supposant une quantité d'eau suffisante pour opérer une inondation générale, & cette eau contenue dans les cavités souterraines, distribuée uniformément par toute la masse des continens, on n'inonderoit que la moitié du globe, c'est-à-dire, toutes les parties les plus basses, puisque la moitié des cavités souterraines auroit réabsorbé l'eau qu'elles auroient fournie d'abord.

Concluons de cette discussion, qu'il est impossible que les magasins d'eau souterrains & l'éruption forcée des sources concourent efficacement à l'inondation du globe.

Examinons maintenant si la chute des pluies abondantes pourra remplir avec plus de succès les vues de Sénèque. Les pluies sont dépendantes de l'évaporation de l'eau qui se fait sur la mer & sur les continens, & de la dissolution de cette eau dans l'atmosphère. Comme produit de l'évaporation qui puise dans un fonds d'eau connu & donné, il s'ensuit que les pluies ne peuvent fournir à la mer une nouvelle masse d'eau qui serve à inonder le globe. Les vents élèvent les vapeurs où il ne pleut pas, pour les voiturer ailleurs, où elles se résolvent en pluies. Ainsi il est également impossible que l'évaporation ait lieu continuellement sans qu'il pleuve quelque part, & qu'il pleuve abondamment sans que l'évaporation fournisse à la dépense de la pluie. La quantité d'eau qui tombe sur le globe ne peut être plus abondante que celle qui s'élève de la surface terraquée. Les pluies ne règnent que dans certaines contrées, & ne produisent que des inondations locales. La mer ne débordera donc jamais en conséquence des pluies abondantes, qui ne sont qu'un déplacement de l'eau, déjà subsistante à la surface du globe. La mer a dû donner avant que de recevoir : elle ne s'enrichit que de ses largesses; elle ne reprend, par les pluies, que ce qu'elle a perdu par l'évaporation.

Donc les pluies n'ont pu servir à l'inondation générale.

Lorsqu'on lit dans Sénèque la manière dont il fait concourir les sources & les pluies au *déluge*, il semble que rien n'est plus vraisemblable que l'influence de ces causes; mais dès qu'on réduit le jeu de tous ces agens à l'économie de la nature, on trouve qu'ils sont tellement assujettis à des loix, qu'il n'en peut résulter aucune révolution, aucun désordre, & que ces loix circonscrivent la constitution actuelle dans des limites trop précises, pour permettre des écarts semblables à ceux que certains physiciens systématiques supposent presqu'à chaque pas, uniquement parce qu'ils en ont besoin pour appuyer leurs frivoles hypothèses.

Mais le changement de la terre en eau seroit-il capable de suppléer à l'insuffisance des deux premiers moyens? Suivant Sénèque lui-même, il paroît que cette transmutation ne peut s'opérer que lentement & par des progrès insensibles : outre cela ces transmutations sont réciproques, & l'eau, suivant sa doctrine, peut se changer en terre. Or, on ne peut compter sur un moyen si borné & si incertain. Pour produire des révolutions pareilles au *déluge*, il faut des causes aussi violentes qu'efficaces, aussi certaines qu'étendues. On abrège toute discussion, on écarte tout embarras en considérant le *déluge* comme un événement miraculeux qui n'a pu dépendre de l'ordre naturel ni influer sur cet ordre. Tant qu'on mettra en jeu pour ces sortes d'événemens des agens connus, on s'exposera à essuyer autant de contradictions qu'il y a d'agens, & à déranger la marche de ces agens par autant de miracles. Il semble que lorsqu'on étale ainsi la beauté d'une opération miraculeuse, on oublie qu'un miracle, aux yeux d'un physicien, est un but sans moyens, un fait sans circonstances, un résultat sans concours de causes.

Loin que Sénèque ait eu recours à cette ressource, il semble adopter entièrement l'opinion des philosophes qui pensoient que les causes naturelles du *déluge* étoient combinées de manière que, par des progrès insensibles, elles amenoient infailliblement l'époque & le jour fatal de cette révolution. Il est vrai que ces moyens ne sont pas assez solidement établis pour qu'on puisse les admettre. Les plus efficaces sont les aspects des planètes. Il est évident, par ce que nous avons dit, que ces causes ne peuvent éprouver des accès périodiques d'augmentation tant qu'elles resteront assujetties à l'économie actuelle de la nature.

Il est singulier que Sénèque nous parle du *déluge* comme d'un événement futur plutôt que comme une catastrophe des premiers âges du Monde. Il n'ignoroit pas sans doute tout ce que les traditions répandues chez les peuples anciens nous en ont appris. Mais considérant le *déluge* comme un moyen violent & prompt de détruire le vice & de ramener l'heureux règne des vertus, & jugeant ce moyen quelquefois nécessaire pour purifier l'Univers, il a cru en rendre la peinture plus intéressante en le faisant envisager comme un objet d'espérance & de consolation pour les stoïciens, qui, alarmés des vices de toute espèce dont ils étoient témoins, attendoient une nouvelle terre peuplée d'habitans vertueux. C'est pour cela que ces philosophes regardoient la grande masse d'eau contenue dans le bassin de la mer & dans les réservoirs souterrains comme l'espoir d'un Monde futur, *futuri Mundi spem*, comme un organisateur universel.

Cette considération nous conduit aux effets & aux suites naturelles du *déluge*. Sénèque ne paroît pas fort occupé de cet objet intéressant; il envisage seulement, sous un point de vue général, les transports immenses des terres & des rochers par les torrens qui succèdent aux fleuves, & il suit de même les changemens étonnans qu'une masse d'eau considérable devoit produire sur les continens à mesure qu'elle s'y répandoit; enfin il charge cette eau d'organiser la nouvelle Terre destinée à recevoir de nouveaux habitans, mais il n'en décrit aucune opération particulière; il se hâte de faire rentrer l'eau dans ses anciens réservoirs, dans ses anciens bassins, pour découvrir les continens qu'il prépare à l'innocence & à la vertu.

Ce que Sénèque n'avoit qu'indiqué, des physiciens modernes l'ont exposé en détail, en traçant le plan de toutes les opérations du *déluge*; & il faut avouer qu'ils ont tout osé dans cette partie. C'est, selon eux, l'eau du *déluge* qui a formé les couches horizontales du globe par les sédimens des terres qu'elle avoit délayées, & qui a transporté & disposé dans ces couches les coquillages qu'elle a tirés du fond de la mer. C'est cette eau qui, en quittant les continens, a creusé toutes les vallées & produit toutes les inégalités qui se trouvent à la surface de la Terre; en un mot, tous les phénomènes qui ont embarrassé les naturalistes ont été considérés comme l'ouvrage du *déluge*.

Il est vrai qu'à mesure que ces phénomènes ont été connus plus en détail, & qu'on en a mieux saisi l'étendue, la régularité & l'ensemble, on a cessé de rapporter à un événement fortuit, passager, tumultueux, un travail qui demande plus de tems que de force, qui, observé avec soin, & bien apprécié, s'annonce plutôt comme le résultat d'une suite infinie de petits effets, que comme le produit brusque de grandes causes. On a trouvé étrange que la nature en tourmente, comme nous la peint Sénèque, sans frein, sans loix, *soluta legibus*, livrée à une anarchie générale, ait plus fait d'opérations dans le court espace de tems que la révolution a pu durer, qu'elle n'en avoit fait pendant la longue suite de siècles qui a précédé & suivi cette révolution, & surtout lorsqu'elle opéroit sous l'empire des loix dont nous admirons l'activité & la sagesse. Enfin, on n'a point vu sans étonnement que la mer ait eu en réserve, au fond de son bassin, la quantité immense de coquillages qui sont dispersés dans les lits horizontaux du globe terrestre ; & cette première difficulté a été augmentée par celle de concevoir comment l'eau de la mer les a tirés des profondeurs de son bassin, comment enfin cette eau, livrée à une agitation violente & générale, a pu les transporter sur ces continens, les déposer réguliérement & tranquillement par couches, par lits, &c., ce qui est plus étonnant encore, par familles.

Quelques naturalistes, sans s'occuper à discuter les contradictions que renfermoient toutes les hypothèses; toutes les théories qui avoient pour base le *déluge*, se sont bornés à le regarder en tout comme miraculeux & comme n'ayant laissé à la surface du globe de la Terre aucun vestige de son passage: & il faut avouer que c'est un moyen simple d'éluder une question compliquée; car si d'un côté il est difficile de croire qu'une masse d'eau aussi considérable que celle qu'il a fallu rassembler pour inonder toute la Terre ait pu l'envelopper sans y laisser des traces de son séjour, il est évident, d'une autre part, qu'une inondation pareille, dont on ne connoît ni la marche ni les progrès, ne peut faire l'objet des méditations d'un physicien qui n'est éclairé que par l'étude de la nature, soumise à des lois précises, & qui n'a plus de guide dès qu'il est question de la nature livrée à des convulsions extraordinaires. Sur quel fondement d'ailleurs prétendroit-on que ce physicien cherchât dans des opérations surnaturelles l'explication de phénomènes qui portent l'empreinte de tous les agens connus, & qui annoncent que leur marche a toujours été telle que nous l'observons aujourd'hui, simple, régulière & soumise aux lois ordinaires.

Déluges d'Ogygès & de Deucalion.

Les auteurs anciens qui ont parlé du *déluge* de Deucalion & de ses causes, & ceux qui l'ont fait le plus raisonnablement, se sont occupés à examiner si, par la disposition de quelques cantons de la Grèce, il a pu y avoir, dans les premiers tems, des inondations assez considérables pour avoir mérité le nom de *déluges*, & si ces cantons sont ceux où la tradition plaçoit les *déluges* d'Ogygès & de Deucalion : pour lors il est visible qu'en ce cas la tradition grecque aura pu être fondée sur le souvenir de quelques événemens réels, mais exagérés dans la suite par ceux qui auront entrepris de les décrire.

Si nous commençons par discuter ce qui concerne le *déluge* d'Ogygès, nous devons le placer dans la Béotie, habitation de ce prince grec. Cette contrée offre un vaste bassin enfermé de tous côtés par des montagnes dont les eaux se rassemblent au fond d'une grande plaine. On la représente comme coupée en deux par une chaîne de montagnes qui joint le Citheron au mont Ptoon, dans la partie méridionale, qui est la moins étendue, & où la ville de Thèbes étoit bâtie. Ces eaux forment le lac Halica, qui a peu d'étendue, & qui se décharge dans la mer par un canal qui a été perfectionné de la main des hommes. La partie de la plaine qui est au nord a beaucoup plus d'étendue : c'est celle où tombe le Céphissus, assez grosse rivière qui descend du Mont-Parnasse, & qui est d'ailleurs grossie par plusieurs ruisseaux ou rivières. Comme cette plaine n'a aucune communication apparente avec la mer, & qu'au tems de la fonte des neiges les rivières & les torrens qui s'y rendent, tombent dans le lac Copaïs que forme le Céphissus, elle seroit bientôt inondée si la nature n'avoit pas ménagé un écoulement aux eaux par des conduits souterrains qui traversent la base du mont Ptoon. Wheler, qui a fait l'examen & la description de ce pays, dit qu'il a vu l'entrée & la sortie de plus de vingt de ces canaux, qu'il a marqués sur sa carte, & il ajoute même que les habitans l'ont assuré qu'il y en avoit cinquante. Comme le fond de la plaine est plus élevé que le niveau de la mer, Wheler observa qu'à la sortie des débouchés souterrains les eaux se précipitoient dans la mer avec beaucoup de rapidité. On voit encore de la montagne, des puits ou regards qui ont quatre pieds sur chaque face & qui servoient à descendre dans ces canaux & à les nétoyer. Ces regards nous prouvent que l'art étoit venu au secours de la nature, & qu'on n'a entrepris de pareils travaux que pour prévenir les débordemens du lac Copaïs & les inondations qui en étoient la suite.

Strabon parle de ces décharges souterraines du lac Copaïs, & nous apprend qu'au tems d'Alexandre un homme de Chalcis entreprit, par ordre de ce prince, de nétoyer ces canaux, dont plusieurs étoient obstrués; que le travail, quoiqu'imparfait, fit cependant baisser les eaux du lac assez considérablement pour faire reparoître des villes qu'il avoit couvertes de ses eaux & presque détruites par cette inondation.

Un canal de près de deux mille pas communique du lac Copaïs au lac Halica; mais il ne peut servir que quand les eaux du premier sont très-hautes. Strabon attribue l'origine des conduits souterrains à des tremblemens de terre : c'est la ressource de tous ceux qui veulent tout expliquer sans connoître les moyens de la nature. On doit croire que, suivant plusieurs observations de faits semblables, les canaux qui servoient de débouchés aux eaux du lac Copaïs étoient un ouvrage de la nature, d'abord très-parfait, puisque l'approfondissement de la plaine s'en étoit ensuivi, mais que différens obstacles survenus au jeu des eaux avoient exigé les secours de l'art à mesure que les dépôts avoient formé des obstructions plus ou moins complètes. Il n'est donc pas étonnant que la surveillance des habitans ayant été interrompue par des raisons très-fortes, ils aient négligé l'entretien des canaux, & que ce soit à ces circonstances qu'on doive attribuer les inondations qui ont détruit les villes d'Orchomène, d'Athènes & d'Éleusis, qu'on ne vit reparoître qu'après la reſtauration d'une partie des canaux.

On ſoupçonne enfin que, dans les premiers tems, les débordemens du lac Copaïs devoient être & plus fréquens & plus conſidérables, & que l'état où ils avoient réduit le pays fit imaginer un *déluge* qui avoit autrefois inondé toute la plaine. Mais tous ces événemens, pour être placés à certaines époques, & appréciés quant à leur étendue, ſemblent exiger qu'on ait pris connoiſſance & des premières ouvertures des canaux ſouterrains & des différentes cauſes de leurs obſtructions ſucceſſives.

Si nous paſſons maintenant au *déluge* de Deucalion, nous trouverons que les auteurs anciens ne ſont pas d'accord entr'eux ſur les pays où il faut placer les inondations qui y ont donné lieu. Les uns placent le royaume de Deucalion dans la Locride, auprès du Parnaſſe; les autres, au contraire, le placent dans la partie méridionale de la Theſſalie, au pied du mont Pindus. Dans cette incertitude il ne s'agit pas d'examiner laquelle des deux opinions eſt la mieux fondée, mais ſeulement ſi dans l'un & l'autre de ces deux pays on peut indiquer une diſpoſition de terrain capable d'occaſionner des inondations conſidérables.

Si nous nous attachons à l'examen des environs du Parnaſſe, nous trouverons que, ſuivant Spon & Wheler, au-delà des deux ſommets qu'on découvre des ruines de Delphes, il y a une plaine, ſituée à mi-côte, beaucoup plus élevée que celle de Delphes, & dominée encore par d'autres ſommets de la même montagne, qui a une très-grande étendue. Cette plaine eſt entourée de rochers, & préſente une ſorte de baſſin qui reçoit les eaux des montagnes voiſines au tems de la fonte des neiges. Nous verrons qu'une très-groſſe ſource forme au fond de la plaine un lac aſſez étendu, qui a ſa décharge par un canal ſouterrain, & va donner naiſſance au fleuve Pliſtus, au deſſous de Delphes. Au deſſus de l'ouverture ſouterraine du canal on en découvre une autre, par laquelle l'eau doit encore s'écouler lors des crues extraordinaires du lac. Si la nature n'avoit pas ménagé cette décharge ſouterraine, le lac auroit rempli toute la plaine, & les eaux, ſurmontant les rochers qui la bordent, ſe ſeroient répandues dans la plaine de Delphes, & ſeroient tombées dans celle de Criſſa, où elles auroient cauſé une eſpèce de *déluge*. Si, par quelqu'accident, le conduit ſouterrain venoit à s'engorger, le même débordement n'auroit pas manqué d'arriver. Wheler préſume qu'un pareil engorgement, arrivé dans les premiers tems, fut la cauſe phyſique du *déluge* de Deucalion, qui contraignit les habitans de la plaine d'aller chercher une retraite ſur les plus hauts ſommets de la montagne.

D'un autre côté, la Theſſalie, où le plus grand nombre des Anciens s'occupe à mettre le ſéjour de Deucalion, eſt une vaſte plaine, beaucoup plus grande que la Béotie, mais entourée, comme elle, de montagnes qui ne laiſſent qu'une ouverture très-étroite, par où le fleuve Pénée entre dans la mer. Ce fleuve reçoit les eaux d'un grand nombre de rivières qui deſcendent des montagnes; & comme il coule dans un pays uni, il eſt poſſible que ſes débordemens y aient cauſé des inondations conſidérables. Hérodote obſerve à cette occaſion que la Theſſalie n'étoit autrefois qu'un grand lac, & que le fleuve Pénée ne portoit pas ſes eaux à la mer avant l'ouverture du vallon qui eſt à ſon embouchûre, & qu'il croit être l'effet d'un tremblement de terre; événement que pluſieurs Modernes ont adopté d'après Hérodote, mais que j'ai combattu au mot THESSALIE.

Pour revenir aux *déluges* d'Ogygès & de Deucalion, on voit que les Grecs n'avoient pas eu beſoin de ſortir de leur pays pour trouver des débordemens qui leur donnaſſent occaſion d'imaginer ces *déluges*, & qu'on ne peut raiſonnablement les attribuer qu'à certaines diſpoſitions des pays qui ont favoriſé ces inondations dans l'intérieur des terres, & qui appartiennent ſurtout à des plaines & à des vallons ſans iſſues, comme je le ferai voir par la ſuite à ces articles. J'ajouterai ici que tous les *déluges* qui ſe trouvent dans les traditions des Grecs, des Égyptiens, des Indiens, des Chinois, des Américains mêmes peuvent être rapportés aſſez probablement à ces formes de la ſuperficie de la Terre dans certaines contrées que nous avons fait connoître à leurs articles. (*Voyez* VALLONS SANS ISSUES, THESSALIE, PÉNÉE.)

Déluges anciens.

Les Theſſaliens nous diſent qu'au tems de leur *déluge*, le fleuve Pénée, enflé conſidérablement par les pluies, avoit franchi les bornes de ſon lit & de ſa vallée, avoit ſéparé le mont Oſſa du mont Olympe, qui lui étoit auparavant uni & continu, & que c'étoit par cette ouverture que les eaux s'étoient écoulées dans la mer. Hérodote, qui, bien des ſiècles après, alla vérifier la tradition ſur les lieux, prétendit que l'aſpect des coteaux & la diſpoſition des eſcarpemens l'avoient convaincu que rien n'étoit plus vraiſemblable & mieux fondé.

Un autre Hérodote, pas plus ſavant que lui ſur la marche de la nature, avoit rappelé la même hypothèſe, qui établiſſoit toutes les circonſtances d'un *déluge* dans cette contrée de la Béotie : l'on ajoutoit que le fleuve Colpias s'étoit prodigieuſement accru, & que ſon lit & ſa vallée étant comblés, il avoit ouvert les montagnes qui s'oppoſoient à l'écoulement de ſes eaux, & que cet obſtacle étant ouvert, le mont Ptoüs, qui avoit donné une iſſue aux eaux du *déluge*, avoit diſparu à la ſurface de la Terre.

L'antiquaire Wheler, ayant eu occaſion, dans ſon voyage de Grèce, d'examiner les lieux, vérifia les monumens naturels qui en ſont reſtés, & il voudroit nous faire croire que cet événement a eu lieu comme le prétendent les Theſſaliens.

J'ai combatu Tournefort ſur le dégorgement du Pont-Euxin ; je dirai la même choſe des deux faits précédens. Ceux qui ont recueilli & tranſmis les traditions qui nous parlent des effets du *déluge* dans la Theſſalie, la Béotie & dans les contrees de la Thrace & de l'Aſie-Mineure, ont été autoriſés à les appuyer ſur les monumens naturels authentiques qui en ſubſiſtent ſur les lieux, & ces obſervations ont été faites par les voyageurs modernes comme par les anciens ; mais ces dégradations qui ſe remarquent ſur les montagnes & dans les vallées de ces contrées peuvent-elles être attribuées aux débordemens extraordinaires & ſubits du Pénée, du Colpias & du Pont-Euxin ? Cette admirable diſpoſition des bords, des détroits & des vallées ne tient-elle pas à un travail lent des eaux courantes ? & ce qu'on voit dans les vallées du Pénée, du Colpias & dans le détroit de Conſtantinople n'annonce-t-il pas les mêmes diſpoſitions & les mêmes formes réguliérement diſtribuées les unes à l'égard des autres, & qu'on obſerve dans le cours de toutes les vallées de la Terre ? Ainſi ces dernières doivent avoir leur application aux autres ; & ſi les *déluges* n'y ont pas eu lieu, il eſt néceſſaire que ces prétendus *déluges* particuliers de la Theſſalie ne puiſſent être démontrés par l'état des lieux.

Le dégorgement du Pont-Euxin dans l'Archipel avoit été imaginé par les Anciens, avec des circonſtances dont les témoins de ces ravages ſubſiſtoient encore, ſelon eux. Tournefort a cru reconnoître tous les lieux où l'effort des eaux du Pont-Euxin débordé avoit laiſſé des monumens dans toute la longueur du détroit de Conſtantinople. Il a cru, dans la deſcription qu'il en fait, pouvoir faire connoître la violente & ſubite irruption à laquelle on pouvoit attribuer, ſur la foi des Anciens, l'ouverture du détroit ; mais comme toutes les formes des bords du canal, qu'il invoque en preuve de cette cataſtrophe, reſſemblent à celles que nous rencontrons partout dans toutes les grandes vallées, on ne peut que ranger ces événemens parmi les opérations de la nature, auxquelles nous devons généralement ces inégalités de la ſurface de la Terre. Ainſi nous avons écarté, par ces moyens, toutes les hypothèſes qui avoient fait imaginer aux Anciens les *déluges* ou toutes les circonſtances qu'ils y avoient ajoutées.

Tout ce que nous avons dit ſur les *déluges* particuliers peut ſe réduire à certaines inondations qui ont pu avoir lieu dans le cours de quelques fleuves, qui n'ont cauſé que des ravages bien circonſcrits dans les contrées où ſe montroient les inondations. Voilà ce qui a pu faire de fortes impreſſions ſur l'eſprit des peuples de ces contrées, & donner lieu à la croyance. Mais ces inondations, étant de purs accidens, ne peuvent être conſidérés que comme ayant approfondi les vallées, ouvert les détroits qui ſubſiſtent dans les différens lieux, où ils nous ont indiqué les monumens naturels qu'ils attribuent aux *déluges*. Ces monumens ſont des effets des mouvemens journaliers des eaux courantes, & par conſéquent les réſultats du travail uniforme de cet agent infatigable. L'étude de ce beau travail qui s'execute encore ſous nos yeux, ſuffit pour nous convaincre inconteſtablement que ce qu'on a attribué aux *déluges* ne peut en être l'effet.

Ainſi nous devons ſavoir gré aux auteurs anciens qui avoient pris pour des faits des événemens fabuleux & imaginaires, de nous en avoir indiqué, dans la bonne foi où ils étoient, pour preuve des effets qui, bien appréciés, peuvent nous détromper ſi nous ſavons bien remonter vers leurs cauſes.

En cela on ſent aiſément qu'en diſcutant les récits des Anciens, il faut être beaucoup mieux inſtruit qu'eux. C'eſt ce que je ſuis bien éloigné de trouver dans Hérodote pour la Theſſalie, dans Wheler pour la Béotie, dans Tournefort pour le Pont-Euxin ; car s'il y a eu des *déluges* dans ces trois contrées, ils n'ont pu s'opérer comme on les raconte, ni laiſſer pour réſultats de leurs paſſages les monumens qu'on nous en cite. Comme ce ſont des effets qu'on trouve partout, on a le plus grand tort de les conſidérer comme les effets d'accidens particuliers.

Quoique les détails des *déluges* particuliers ou des inondations, que nous avons expoſés ci-devant d'après l'Hiſtoire, n'aient pas toujours le degré de certitude qu'une critique ſévère deſireroit ; toutefois cet accord univerſel de tant de peuples & de philoſophes ſur ces événemens, la plupart exagérés, mérite quelqu'attention.

Le plus ancien des *déluges* locaux & particuliers dont les hiſtoriens faſſent mention, c'eſt celui de Siſuthrus, qui arriva en Chaldée, & dont Abidène eſt le garant.

Le Père du Halde place le *déluge* de Peyrum à la Chine, après celui de Siſuthrus : il fut ſi conſidérable, que Peyrum fut englouti dans la mer. Par la fête inſtituée pour en conſerver la mémoire, on juge qu'il étoit arrivé trois cents ans avant l'ère chrétienne.

La Grèce a éprouvé différens *déluges*. Parmi les autres, celui de Samothrace, rapporté par Diodore de Sicile, a changé la mer Caſpienne, la Mer-Noire, l'Archipel, peut-être même la Méditerranée ; il eſt ſans date ; ce qui prouve ſon antiquité.

La ſeconde inondation particulière de la Grèce, & qu'Euſèbe voudroit appeler le premier des *déluges*, c'eſt celui d'Ogygès, que les chronologiſtes fixent vers l'an 1759 avant notre ère vulgaire. Il inonda l'Attique & une partie des contrées voiſines.

Le *déluge* de Deucalion en Theſſalie eſt le plus célèbre de tous ceux que la Grèce a eſſuyés. Ovide & Lucien ont laiſſé beaucoup de détails ſur cet événement ; il eut lieu deux cent trente ans après le *déluge* d'Ogygès : les marbres de Paros en fixent l'époque. Diodore de Sicile prétend que le continent de l'Asie-Mineure & l'île de Lesbos en furent dépeuplés. Le texte de Platon est encore plus fort en disant qu'après le *déluge* la rareté des hommes étoit si grande, qu'ils se félicitoient, en se rencontrant, d'avoir échappé à l'inondation. Hérodote suppose que la Thessalie étoit un grand lac, & que ce pays étoit arrosé par cinq fleuves, dont le Pénée étoit le principal, & c'est lui qu'on suppose avoir détruit la digue du lac ; ce que j'ai prouvé impossible. Lucien appelle le *déluge* de Deucalion *général*, tandis que la plupart des auteurs les plus anciens disent que ce fut un *déluge* local & particulier, & moi, le plus aventuré.

Par les débordemens de l'Oronte & d'une grande quantité de torrens qui tomboient de la chaîne du Liban & de l'Anti-Liban, la Syrie a subi de tems en tems des *déluges* dont l'Histoire place encore le dernier à l'an de notre ère 1095.

L'Égypte, parmi les autres *déluges*, en a éprouvé un bien plus fort, connu sous le nom de *Prométhée*, qui submergea presque toute l'Égypte, & particuliérement cette partie dont Prométhée étoit gouverneur.

Les commencemens de l'histoire des Chinois sont remplis de détails sur différens *déluges*. L'Empereur dit aux quatre Yao : « Les eaux immenses » du *déluge* se sont répandues & ont tout inondé & » submergé ; les montagnes ont disparu dans leur » sein ; les collines y ont été ensevelies ; leurs flots » mugissans sembloient menacer le Ciel, &c. »

Les Américains de la Floride & des Apalaches célèbrent le *déluge* du lac Théoms qui inonda les environs, à l'exception du mont Olaymi. (*Cérémonies religieuses*, tom. III.)

DÉMOLITION. La destruction des couches de la Terre par *démolition* est aisée à observer, car ce sont les parties des couches séparées par les fentes de dessiccation, qui se désunissent en conséquence de la facilité que les faces supérieures ou inférieures des intervalles terreux qui servent à la distinction des couches ont de se décomposer.

Les *démolitions* s'opèrent aussi par la rupture des couches, surtout lorsque les bancs, portant à faux, se brisent malgré la dureté de la pierre.

C'est surtout dans les cantons où les couches semblent un assemblage de pierres appareillées comme les pierres de taille, où l'on voit le travail de la *démolition* d'une manière plus marquée & plus instructive. Ce ne sont pas seulement dans les pays à couches que les *démolitions* ont lieu, quoique ce soit principalement dans ces cantons que l'on a dû prendre l'idée de la *démolition*, mais elles m'ont paru avoir lieu de même dans les pays à masses. Le tuf lui-même est une *démolition* déjà fort avancée. Dans les craies, les *démolitions* se font très-facilement, parce que les débris de la craie se détachent aisément pour peu que cela se trouve près de la surface de la terre où se voit le tuf. Ces mêmes phénomènes s'observent dans les pays de granits, que l'on démolit fort facilement. Les résultats des fentes de dessiccation, surtout dans le voisinage de la surface de la Terre, présentent toutes ces facilités.

C'est surtout dans les vallées que se présentent plus fréquemment les résultats de la *démolition* ; c'est ainsi qu'aux environs de Paris on trouve des meulières d'un volume très-considérable, dispersées : il en est de même dans les pays de volcans, où les différentes laves qui forment les courans se séparent par la destruction des bases sur lesquelles les courans se sont établis.

Les massifs de prismes se démolissent de même beaucoup plus aisément lorsque les prismes sont articulés, que dans le cas où ils sont d'une certaine épaisseur. En général, on peut dire que des masses homogènes étant données, les fentes produites par la dessiccation ou le refroidissement, contribuent à une prompte *démolition*.

C'est à la suite des éboulemens qui ont lieu sur les croupes des vallées, que s'opèrent les plus grandes *démolitions* de couches ou d'autres massifs.

J'appelle aussi *démolition* la décomposition des couches par assises ou par lames, telles qu'en fournissent des murs naturellement construits par assises.

Les grois de l'Angoumois, qui se trouvent dispersés à la surface des terrains cultivés, me paroissent être les produits de la *démolition* journalière des couches.

Les craies, quoiqu'elles n'offrent aucune apparence de lits ou couches, se détruisent par *démolition*. On apperçoit au dessous du tuf une certaine épaisseur de craie, qui a éprouvé une sorte de décomposition par trapézoïdes, lesquelles s'enlèvent aisément & se détachent de la totalité de la craie : il en est de même par l'effet de la gelée. J'ajoute que toutes les pierres gelices se démolissent ainsi par lames.

En un mot, cette opération de la nature est d'autant plus frappante, qu'elle attaque les couches qui se montrent à la surface de la Terre, & dans lesquelles réside un certain degré d'humidité : ce sont les eaux torrentielles qui opèrent plus promptement ces *démolitions*, car c'est dans les ravines qu'on rencontre en plus grand nombre ces gros débris de la *démolition*.

DÉPLACEMENS & TRANSPORTS. Lorsqu'on rapproche les observations faites à dessein de déterminer les phénomènes généraux du globe, on reconnoît aisément deux grandes classes de matériaux qui occupent les différentes parties de sa surface : la première classe comprend les matériaux qui sont dans leur gisement naturel, dans l'état de première formation ; la seconde classe renferme les matériaux qui ont été déplacés, & qui sont dans l'état de seconde formation.

Les matériaux qui ont été déplacés ou ont été déposés ensuite en forme de sédimens suivis, liés à d'autres masses régulières, & entrant dans leur composition, sont alors dans un état de seconde formation, ou bien ils ont été seulement abandonnés à la superficie des continens, sans suite, sans aucune disposition régulière, sans qu'ils aient formé de nouveaux assemblages : voilà les deux états où ils se trouvent, qu'il faut distinguer avec soin & tout de nouveau.

Les *déplacemens* appartiennent à plusieurs époques, à plusieurs espèces de matériaux, qui ont plus ou moins changé de forme & d'état, & ont eu plus ou moins d'étendue. Ce travail de la nature se reconnoît, 1°. par la nature des matériaux eux-mêmes & leur organisation ; 2°. par leur arrangement ; 3°. par leur disposition relative avec les autres matériaux.

Pour pouvoir jeter du jour sur les matériaux de la première classe, il paroît qu'il convient d'avoir déterminé d'abord l'étendue & les limites des matériaux de la seconde classe ; mais cependant cette reconnoissance, cette discussion n'est bien complète qu'autant qu'on est parvenu jusqu'aux détails des matériaux de la première classe. Il résulte enfin de la comparaison de ces matériaux, des contrastes qui déterminent & fixent avec précision les caractères propres de chaque classe. Et pour commencer par l'ancienne Terre, suivant ma méthode analytique, je dois d'abord rechercher quels sont les matériaux que les eaux ont déplacés ; ensuite je m'attache aux derniers *déplacemens*, je vois jusqu'où ils se sont étendus, qu'elles en sont les causes, quels ont été les progrès de ces causes, & qu'elle est en un mot la défiguration que les matériaux ont éprouvée par leur *transport*. On ne peut bien éclaircir ce dernier article que par l'examen réfléchi & rapproché des matériaux de la première classe, car on ne peut reconnoître en effet l'état de seconde formation que lorsqu'on est parvenu jusqu'à l'état primitif, &c.

Les *déplacemens* ont eu lieu pour les pierres, pour les terres, pour les mines : il y a eu des *déplacemens* faits pendant le séjour de la mer, & formés en dépôts dans son ancien bassin.

Il y a eu des *déplacemens* faits depuis la retraite de la mer, & formés en dépôts hors du bassin, à la surface des différentes parties des continens.

Les derniers *déplacemens* sont ceux que font les rivières dans leurs *transports* en couches littorales, ensuite les torrens par leurs accès, ensuite les dépôts faits par la mer, & tirés de l'ancienne Terre ou des bords du moyen monde ; les *déplacemens* faits par les causes régulières & les *déplacemens* faits par des causes accidentelles, comme volcans, tremblemens de terre, éboulemens.

Les *déplacemens* faits par les eaux sont les *déplacemens* journaliers & les *transports* des cailloux roulés, des terres par les torrens, les pluies & les rivières, sont des matériaux de l'ancienne Terre ou de la nouvelle ; les *déplacemens* faits par les torrens sont de même nature : ce sont les accès des précédens, qui sont plus rares, mais plus terribles par leurs effets ;

Les *déplacemens* anciens des torrens assujettis à un lit voisin du lit actuel, les *déplacemens* anciens des torrens avant qu'ils eussent une route décidée ; les *déplacemens* faits par la circulation des eaux dans les anciens continens, & les *transports* faits par les anciens fleuves dans la mer, qui ont formé des couches particuliérement près des bords de la moyenne Terre ou de l'ancienne, c'est là le produit des dépôts littoraux. On peut mettre dans cette classe les mines de fer par *transport* & en grains : voilà les plus anciens *transports* & les *déplacemens* les plus considérables, a moins que par la suite des observations on ne parvienne à s'assurer que les granits à raies & à lames soient une production de la nature, de seconde formation, comme les amas de charbon de terre, qui certainement sont de seconde formation, porteroient à le croire ; mais cette discussion m'occupera ailleurs.

Il y a des *déplacemens* qui sont peu étendus : ce sont les dégradations des matériaux qui se trouvent dispersés sur les croupes, & qui sont les débris des pierres qui ont éprouvé différens éboulemens, lesquels continuent chaque jour, & que les eaux entraînent des montagnes, & dont elles comblent les vallons : ces dépôts sont très-irréguliers & les matériaux n'en sont point arrondis, parce que le trajet est peu considérable.

Lorsque je jette les yeux sur le globe de la Terre, j'y vois des destructions & une apparence de désordre par les *déplacemens* sans nombre que j'y trouve. Je ne remarque d'un autre côté, sur cette grande masse, qu'une cause active

Dont le travail infatigable
Est le dieu qui la rajeunit.

Cette cause est l'eau qui suit les pentes immenses, tracées depuis les plus grandes hauteurs jusqu'à l'endroit le plus bas, qui est le bassin de la mer. Je vois de même cette eau repompée de ce bassin, rapportée par l'air sur les plus grandes hauteurs & à la surface de tous les continens. Au moyen de ce commerce & de cette double circulation continuelle, je ne crains plus que cette cause ait manqué jamais ou manque un jour à se promener, comme elle le fait actuellement sur toute la surface du globe. Je ne vois donc dans cet agent, qu'une ressource infaillible pour opérer tous les changemens qui sont survenus, & dont nous sommes témoins chaque jour dans la croûte superficielle de la Terre. Ce travail est si multiplié, si continu, si varié, qu'il rend croyables les effets qui étonnent & qui surprennent par leur étendue ou par leur difficulté, surtout lorsqu'on ajoute à cette cause un élément qui ne coûte rien à la nature, qui est la mesure de la formation

formation des nouveaux, tout comme de la destruction des anciens. Avec de l'eau & du tems j'organiserai le globe de la Terre tel qu'il est; je disposerai les matériaux comme ils se trouvent; j'y produirai tous les désordres, tous les dérangemens, tous les déplacemens qu'on y rencontre; en un mot, j'expliquerai tous les phénomènes réguliers, suivis, qui ne tiennent point aux accidens passagers & peu durables.

Cette cause n'a besoin que de la pente pour se transporter d'un lieu à un autre, pour entraîner dans sa marche les matériaux les plus mobiles; & lorsqu'elle est en grandes masses (la suite des pentes contribue à l'y recueillir), elle excave & approfondit à l'aide de la vitesse acquise. Si elle se trouve sédentaire, elle pénètre les masses, elle les désunit, elle les dissout, & elle profite de son repos forcé pour travailler, ou à la destruction sourde, lente & pénible des masses souterraines, ou à la formation de nouveaux dépôts qui pénètrent les anciennes masses, les lient, les unissent plus intimement. Voilà le jeu de l'eau en conséquence de son abondance, de sa généralité, de sa fluidité, &c.

« Le grand ouvrier de la nature, dit M. de Buffon, est le Tems; comme il marche toujours d'un pas égal, uniforme & réglé, il ne fait rien par sauts, mais par degrés, par nuances, par succession: ces changemens, d'abord imperceptibles, deviennent peu à peu sensibles, & se marquent enfin par des résultats auxquels on ne peut se méprendre (tom. II, in-12, *Discours sur les animaux sauvages*, pag. 80.). » Ceci est bien plus vrai encore dans le règne animal, où l'eau se combine avec le tems.

Il y a une considération qui me frappe, c'est la quantité d'eau immense répandue sur le globe, & dont l'activité est si grande. La masse d'eau est à toute autre masse dans un très-grand rapport, & elle passe successivement sur les continens; elle est assez abondante pour ne pas manquer à la nature, & pour ne pas suivre les opérations commencées. D'ailleurs, une opération commencée par l'eau a dû se continuer par l'eau de ce siècle, & l'interruption, outre qu'elle est peu considérable, ne produit aucun dérangement.

Les dérangemens mêmes qui arrivent au globe contribuent à sa conservation. Des débris des anciens tous il se forme de nouveaux composés: de la destruction des produits d'une époque plus ancienne, il se forme des produits qui appartiendront à une autre époque, à un autre ordre de choses.

En supposant que le globe ait été, dans son premier état, parfaitement rond, il a dû perdre cette régularité dans sa surface dès qu'on suppose qu'il reçoit les eaux des pluies. Ces pluies tombent; elles suivent les petites pentes, &, s'accumulant, elles forment des courans qui, par leur vitesse & leur masse, approfondissent autour des arêtes ou parties qui sont restées les plus élevées & seulement les plus exposées à l'action de la pluie qui y tombe, & non à l'action de l'eau qui circule, parceque la marche de celle-ci est toujours de suivre les pentes. Cette différence dans les niveaux & dans les effets de l'eau a dû être bien plus sensible en supposant que la dureté & la nature des matériaux n'étoient pas les mêmes. L'eau n'a entraîné que les parties les plus aisées à déliter, & ensuite les plus aisées à délayer: les parties les plus dures & les plus compactes, elle n'a pu les détruire que par des éboulemens très-lents à opérer. Voilà les deux sources de ces altérations dans la surface du globe.

Au reste, on ne peut guère supposer, comme nous l'avons fait, le globe parfaitement rond, & on prouve que cette supposition n'est pas admissible, en rétablissant tout ce qu'on peut supposer avoir été enlevé par les eaux, d'après la première supposition. Rétablissez tous les déblais immenses, comblez tous les vallons, vous trouverez toujours des masses solides, élevées au dessus des autres, quoique rétablies dans leur état primitif. Par conséquent voilà encore des protubérances sur le globe, en conséquence desquelles il a dû éprouver des excavations & des destructions assez grandes; car dès que vous donnez des pentes très-longues, il est nécessaire que des masses d'eau considérables, qui détruisent & excavent tout ce qui s'oppose à leur marche, soient entraînées le long de ces pentes, & dès-lors voilà une cause d'inégalités considérables si elle agit long-tems & si elle agit souvent.

Les eaux torrentielles produisent encore un effet assez remarquable: c'est le transport des terres qui sont solubles, & dont les eaux se chargent, & qui les colorent. Ces transports sont assez considérables, & se font d'assez loin, une eau trouble restant trouble assez long-tems, quoiqu'elle parcoure un assez long trajet pendant ce tems. Les eaux qui tombent sur les pays calcaires sont bien plus exposées à faire de ces enlévemens de terres solubles, que les eaux qui parcourent les pays de l'ancien Monde, où la terre végétale est un débris de granit. Dans les pays de brasier, dans les cantons où les terres sont colorées par le fer, les eaux entraînent beaucoup d'ocre. Dans les pays schisteux, les eaux se ternissent parce qu'elles délaient aisément des argiles noirâtres, témoin l'Arve dans ses accès torrentiels.

J'ai réfléchi sur les prédictions que les historiens font au sujet des sables & des matériaux voiturés par les fleuves dans la Mer-Noire & dans la mer Caspienne: ils nous annoncent que ces matériaux combleront ces mers un jour; mais ils n'ont pas comparé les progrès des causes qui ont produit les premiers dépôts, avec le ralentissement de ces mêmes causes, dans les effets dont ils pouvoient être témoins; ils ont fait une masse de tous ces effets, sans les diviser à la lumière de ces vues éclairées qui sont le fruit d'une discussion, laquelle parcourt tous les cas. Dans les sciences où il faut beaucoup combiner, rien ne se devine par un premier instinct qui suit les boutades d'une première impression. C'est là façon de raisonner des savans superficiels & des gens du monde.

Ces savans n'ont pas vu que leurs prédictions se portoient sur des tems où ces causes sont dans le retour, où les effets décroissent; ils n'ont pas senti que l'on ne peut tirer, sans témérité, des conséquences aussi étendues pour l'avenir si l'on s'appuie sur les dégradations passées, qui semblent nous montrer des désastres très-multipliés. J'avoue qu'il se fait chaque jour des transports par les fleuves; mais les accès torrentiels sont très-rares, & la quantité d'eau fluviale en voiture très-peu, en comparaison de ce que ces deux causes faisoient autrefois.

Les accès torrentiels ont charié une grande quantité de matériaux tirés des parties antérieures, & leur ralentissement les a déposés. Plus les eaux fluviales ont augmenté, plus les accès ont diminué d'intensité & de durée, & augmenté par les reprises & les repos, plus les dépôts ont eu de facilité à se faire dans les canaux des rivières que les longs torrens avoient entamés & vidés en transportant tout dans la mer. C'est la théorie de cette marche de l'eau qui doit donner le dénouement des phénomènes de la troisième époque, qui concernent le remplissage des canaux des rivières; témoins la fouille du puits de l'École royale militaire & celle du puits d'Amsterdam de Varenius. M. Guettard, qui n'a point soupçonné ce dénouement, croit se tirer d'embarras en calculant, sans avoir les données du problême, le nombre d'années nécessaire pour avoir produit cette quantité immense de matériaux qui ont fait un remplissage aussi considérable.

Les mines de *transport* sont encore un phénomène des lavages extérieurs & intérieurs : elles se trouvent dans leur état primitif au milieu des veines ou lits inclinés du moyen Monde; elles ont été délavées & transportées sur la ligne de séparation de l'ancienne & de la nouvelle Terre, & en grande partie sur les sommités plates de la nouvelle. En suivant ces dépôts, superficiels pour la plus grande partie, on trouve que les amas sont dans le sens de la direction des courans des eaux torrentielles. Ces dépôts, occupant la superficie, sont tous de l'époque purement torrentielle avant l'approfondissement des vallons. Il y en a quelques filons ou veines de dispersés parmi les pierres de sables en couches horizontales; ce qui prouveroit que le dépôt a été formé sous les eaux de la mer. J'ai un fait pour les mines de cuivre, mais je n'en ai point pour les mines de fer, que j'ai toujours trouvées sur la superficie des plaines, dans des terres remuées & lavées, dans les débris des premières couches détruites : peut-être appartiendroient-elles à ces deux époques successives.

La calamine doit être, dans l'un ou l'autre cas, du lavage intérieur ou extérieur. Les ochrières peuvent être dans les trois cas, dans le moyen Monde, dans les lavages intérieurs ou extérieurs. Les mines de fer de *transport* ne m'ont paru être que dans les lavages extérieurs.

J'appelle *pierres perdues* ou *blocs errans* toutes les pierres qu'on trouve dans les parties superficielles du globe, en quartiers plus ou moins gros, sans tenir à aucune couche suivie. Ces pierres sont étrangères au sol sur lequel on les trouve déposées, & ont été amenées (ou seulement détachées de leurs gisemens primitifs) d'assez loin sans avoir éprouvé les frottemens qui arrondissent les cailloux roulés. Ces sortes de pierres ont souvent fait illusion aux naturalistes inattentifs, qui ont cru que les couches du sol étoient formées de ces pierres perdues, & qui ont décidé par ces échantillons accidentels la nature d'un pays. Je les rangerois volontiers parmi les cailloux roulés, ou du moins je les rapporterois à la même classe de matériaux étrangers; elles n'en diffèrent que parce qu'elles n'ont pas été usées : peut-être ces pierres perdues n'ont éprouvé qu'une partie des *déplacemens* & des *transports* des cailloux roulés; elles peuvent appartenir, comme je l'ai dit, à deux classes de phénomènes, aux lavages intérieurs ou aux lavages extérieurs.

Les déblais sont à côté des remblais le long de l'Apennin, dans la plaine de la Lombardie, depuis Pavie jusqu'à Bologne & au-delà. Il y a eu deux sortes de remblais, ceux entraînés dans le bassin de la mer & organisés en couches horizontales, & ceux qui ont été déposés par les torrens dans le tems de leurs décroissemens : ceux-ci sont très-irréguliers & seulement placés le long des bords des canaux torrentiels, & peu font des couches suivies ou des assemblages de matériaux liés.

DÉPOTS DE LA MER. Je me propose, dans cet article, de décrire les différentes empreintes que la mer a laissées de son séjour sur l'hémisphère terrestre, qui fait partie de la mappemonde dédiée aux progrès des connoissances physiques & géographiques. Je partage ces empreintes en deux systêmes de ces connoissances, relativement à leur situation sur cette grande superficie de l'hémisphère terrestre. Le premier systême embrasse la disposition générale des sommets & des grands bassins dont la surface de cet hémisphère est couverte, ainsi que des empreintes qu'elle a conservées de son ancien séjour sous les mers dans l'intérieur de ses bancs, le tout faisant suite aux deux parties de la constitution physique du globe de la Terre.

PREMIÈRE PARTIE.

Disposition générale des sommets & des grands bassins dont la surface de l'hémisphère terrestre est couverte.

La multitude infinie de coquillages répandus par toute la Terre nous a offert les monumens les plus naturels, les plus connus & les plus communs du séjour de nos continens sous les eaux : peut-être en aurions-nous trouvé quelques vestiges en approfondissant les différens systèmes des anciens philosophes, qui ont pour la plupart considéré l'eau comme la matrice & le principe de toutes choses; mais ces opinions, ayant été toutes plutôt les productions de la folle imagination des hommes, que d'un souvenir du passé, n'ont point mérité d'être mises en parallèle avec les respectables monumens de la nature. Nous allons donc encore revenir à ces monumens authentiques qui sont restés de l'ancien état de la Terre, non pour suivre, comme tant d'autres écrivains ont déjà fait, l'examen & l'énumération des différentes productions marines, mais pour en reconnoître les caractères, les formes, les espèces & les familles, je laisse ce soin aux naturalistes qui veulent bien y borner leur travail; mais pour élever nos regards sur la Terre entière & observer en grand s'il n'est pas resté sur nos continens, dans l'ensemble de nos montagnes & dans la disposition générale des sommets du Monde, des empreintes & des traces aussi étendues du séjour des mers, des effets de leur séjour & de leur retraite, enfin des bassins qu'elles ont occupés & qu'elles ont ensuite abandonnés.

Les continens que nous habitons depuis les soixante-quatre siècles environ que nous connoissons, ne sont donc construits que des matériaux provenus de la démolition d'autres plus anciens & d'une multitude de productions marines, dont les parties les plus solides se sont accumulées pendant la durée de l'ancien Monde. Le tems, ce destructeur impitoyable des ouvrages des hommes, n'a pas sur ceux de la nature un égal pouvoir. Les monumens des plus anciennes monarchies ont été détruits; mais parmi les monumens de l'ancien empire de la mer il nous est resté une prodigieuse quantité de fréles coquillages, qui, malgré les siècles, ont conservé jusqu'à nos jours leurs formes, & souvent toute leur beauté. Bien plus, nous distinguons encore, en beaucoup de gites, les espèces que leurs différentes familles reunissoient: leur position banc par banc, couche par couche, n'a pas généralement changé non plus, & l'odeur que ces *dépôts* en ont contractée ne s'est pas même tout-à-fait dissipée. Comme dans ces tems reculés les lits des mers, où tous les matériaux & les débris se construisoient & s'amassoient, occupoient nécessairement des climats différens, de là sans doute proviennent ces grandes variations qu'on remarque dans la nature & la composition des couches intérieures de nos diverses contrées. Dans certains lieux ce ne sont que des lits de pierres blanches; ailleurs elles sont rouges, dans d'autres elles sont noires. Dans une province elles sont toutes singuliérement tendres, & dans d'autres elles sont dures & intraitables. Là on ne voit que des marbres, ici des cristaux & des sels; ailleurs ce ne sont que des lits profonds de marnes, de terre glaise ou de craie; enfin dans d'autres lieux on rencontre des métaux en abondance; pendant qu'à une certaine distance on n'en trouve aucun vestige.

Ce seroit un travail fort utile & fort intéressant, qu'une géographie souterraine qui pourroit vraisemblablement nous conduire à quelques connoissances sur les anciens climats des contrées de notre globe. Ce projet a déjà été connu par ceux des naturalistes qui ont été capables de vues supérieures; mais les différens obstacles que je présume devoir s'opposer au succès qu'on auroit lieu d'espérer, & qui ne permettront jamais qu'on puisse déterminer les obstacles, les espaces que les matières différentes & les fossiles anciens qu'elles contiennent, occupent, ainsi que le plan que chacun de ces espaces peut affecter. Le manque de fouilles & de carrières, qui ne sont ouvertes que près des villes & des principales habitations, & qui laissent des vides considérables, où l'on ne fouillera vraisemblablement jamais, gênera indubitablement les progrès de nos connoissances dans cette partie. Mais quand on pourroit y suppléer par des dépenses extraordinaires, je ne crois pas que nous puissions, par cette voie, en être parfaitement instruits, premiérement parce qu'on confond l'ancien ouvrage des mers avec celui plus récent des torrens dont les *dépôts* accidentels couvrent, en bien des lieux, l'ancien sol, & le condensent, parce que les bancs de la Terre ne sont point partout horizontaux, mais presque tous inclinés du plus au moins vers les grands fleuves ou vers les mers; en sorte qu'il y auroit un grand nombre de contrées où se trouveroit un plan pris, non sur un banc superficiel & uniforme, mais pris sur une section de plusieurs bancs différens. C'est ce que j'ai eu lieu de reconnoître en plusieurs provinces, dont les différentes qualités des sols ne proviennent que de ce que la surface du pays n'est point celle d'une seule & unique couche, mais de plusieurs, dont les extrémités se découvrent d'un côté en plongeant de l'autre, sous une autre couche qui se découvre de même. Voici les observations particulières que j'ai faites à ce sujet en Champagne. En examinant toute l'étendue des lieux qui ne sont composés que de craie, j'y joindrai toutes les réflexions qui y ont rapport, & que je n'ai pas cru devoir en détacher ici.

La contrée crayoneuse de la Champagne commence au dessous de Troyes, se termine au-delà de Réthel, & forme une tare irrégulière à la surface de cette province, qui a plus de quarante lieues de longueur du nord au sud, & communément dix à douze lieues de largeur. La figure de cette tare, qu'on peut voir sur la planche 13, n'a point dans son plan un rapport analogue avec le cours des rivières qui la traversent, pour présumer qu'elle en ait pu être l'ouvrage & le *dépôt*. Elle s'étend du nord au sud; & c'est au contraire du sud-est au nord-ouest qu'elle est obliquement traversée par l'Aisne, la Retourne, la Suippe, la Vesle, la Marne, l'Aube & la Seine; en sorte que leur cours ne paroît être qu'un accident postérieur à la position & à la construction de ce grand amas de craie. Celles de ces rivières qui y prennent leurs sources ne sont pas aussi considérables que celles qui ont leur origine au-delà de leurs limites ; mais toutes généralement ont des vallées fort sensibles, où tous les chocs alternatifs des eaux courantes se distinguent comme imprimés le long de leurs cours ; ce qui témoigne encore que tout ce sol de craie est bien plus ancien que les agens qui y ont fouillé les sillons & les vallées de ces rivières. J'ai eu lieu d'être pleinement convaincu de cette idée, en trouvant dans des fouilles faites de main d'hommes, au milieu des plaines de Brou & de Chelles, près de Paris, qui ne sont construites que de *dépôts* de sables & de grèves, & autres débris apportés par le torrent de la Marne, & dans les lieux dont la hauteur excède de beaucoup la hauteur de nos plus grands débordemens, des morceaux de craie arrondis comme des galettes, depuis la grosseur d'un œuf jusqu'à celle d'une noisette, & parfaitement semblables à ceux qu'on trouve aussi, mais en plus grand nombre, dans les sablières des environs de Châlons, où les crues présentes ne peuvent plus arriver ; preuves évidentes, 1°. que ces craies ensevelies & dispersées dans les différens lieux du cours inférieur de la Marne ne peuvent provenir que des anciens torrens qui ont brisé & tranché les lits de la contrée crayonneuse de Champagne ; 2°. que la nature & la solidité de cette contrée étoient dès-lors ce qu'elles sont aujourd'hui ; 3°. qu'elle ne doit point sa construction au passage des torrens qui ont fouillé les vallées ; & réciproquement, que ces vallées n'ont point été les effets des mêmes causes qui ont produit l'ancien *dépôt* de la craie, comme le pensent ces écrivains qui prétendent que nos vallées sont les vestiges du séjour de ces massifs dans le bassin des mers, & qu'elles doivent leur origine & leur forme aux courans de ces mers qui auroient charié autrefois les matériaux dont nos contrées sont formées. Si les courans imaginaires que ces physiciens ont conçus comme ayant charié des matières qu'ils écartoient & déposoient à droite & à gauche de leurs cours, & comme ayant élevé & construit par ces moyens les revers de la cuve de nos vallées, eussent été, par un tel mécanisme, capables de former nos terrains depuis le plus profond de leur masse jusqu'à leur superficie, & de figurer en même tems cette superficie telle qu'elle est aujourd'hui, la nature de ces terrains & leur plan devroient avoir un rapport bien sensible avec la direction de nos vallées, que ces physiciens prennent pour les traces de ces courans constructeurs, & cette tare de craie qui couvre une partie si grande de la Champagne devroit donc être disposée en long, suivant le sens de nos rivières. Or, puisque les phénomènes répondent si peu à l'hypothèse moderne, il sera donc incontestable qu'on ne doit plus, dans la théorie de la Terre, considérer généralement ces vallées comme les empreintes du séjour dans les anciennes mers.

Les dispositions des contrées qui environnent la craie font de plus connoître que toute la partie de la Champagne, où cette craie domine, a été autrefois en tout ou en partie recouverte d'autres lits & d'autres bancs d'une autre nature, & même de pierres dures, quoiqu'elles y soient extrêmement rares de nos jours, & qu'il soit des contrées circonvoisines où le banc de craie devoit s'étendre, & où il ne paroît cependant plus.

La montagne de Reims, qui fait encore, comme on peut le voir sur la carte, une grande saillie en arrachement sur cette contrée, est construite de pierres d'une espèce toute différente de la craie, & il semble qu'elle devoit s'avancer sur le continent bien plus qu'elle ne fait actuellement vers Reims & vers Châlons, & recouvrir par conséquent la surface crayonneuse qui est présentement découverte. Du côté de Vitry-le-Français c'est tout le contraire : il semble que la tare de craie devroit s'étendre sur les fertiles contrées du Perthois, & en recouvrir les plaines, où l'on ne trouve plus aujourd'hui sous la terre végétale, qui y est excellente, que d[e] grands amas de grèves & de sables.

L'aspect des escarpemens qui dominent aux environs de Vitry, où les coteaux sont de craie, & aux environs de la montagne de Reims, où ils sont de pierre dure, découvre que tous ces changemens ont été occasionnés par la disposition générale de cette province & des contrées circonvoisines, dont les bancs, plongeant vers l'ouest, & se relevant vers l'est avec un plus grand degré d'inclinaison que les rivières qui les traversent, n'en ont pour descendre vers les mers, ont certainement été exposés aux chocs des torrens par leurs extrémités & leurs flancs qui se découvroient, & montroient leurs coupes du côté de l'est, par où les eaux courantes venoient les attaquer, les détruire & les faire reculer sous leurs efforts.

Cette disposition des couches de la Champagne n'est pas si particulière à cette province, que je ne soupçonne qu'elle soit propre à presque tout le continent de la France, comme je l'ai reconnu ailleurs, & surtout à l'ouest du sommet général ; en sorte que la plupart de nos rivières ne roulent point leurs eaux, comme on pourroit le penser, sur la surface d'un banc parallèle à la surface de l'eau qui court, mais sur l'extrémité de plusieurs beaucoup plus inclinées qu'elles vers l'Océan.

Par une suite de cette disposition qui a dû être plus ancienne que le passage des torrens, & appartenir sans doute aux faits antérieurs qui ont produit l'affaissement & la submersion des contrées qui nous réunissoient à l'Amérique, les torrens, étant descendus des sommets de Langres sur la Champagne, ont pris, dans le Perthois, le banc de craie dans sa coupe, & l'ont fait reculer en le démolissant devant eux jusqu'à Vitry-le-Français, où l'on voit aujourd'hui les escarpemens qui investissent, du côté de l'ouest, toute cette contrée, qui par-là est devenue beaucoup plus basse qu'elle ne l'étoit, & qui a plus gagné dans ces événemens, que perdu, puisque l'ancien sol du Perthois devoit être stérile, & qu'après la destruction des lits supérieurs, son fond de craie, qui est sans doute encore, a été recouvert de *dépôts* qui en font aujourd'hui la bonté & la fertilité. Toutes les bordures orientales de ce massif de craie ont été dans ce cas-là, aux endroits surtout où les torrens ont pénétré pour y sillonner leurs cours, parce qu'après avoir démoli de même les craies qui s'opposoient à leur passage, ils ont laissé en place de nouveaux & de meilleurs *dépôts*. C'est ainsi que la Seine l'a fait vers Bréviande, & l'Aisne depuis le finage d'Amagne, en descendant vers Réthel.

Pour sortir ensuite de la contrée crayoneuse, les torrens, en faisant de semblables attaques, ont produit des effets tout contraires, & les bordures orientales de la craie n'ont point fait un si heureux échange, parce que la même disposition des bancs inclinés à l'ouest, & découverts à l'est, qui avoit occasionné, de ce dernier côté, la destruction du mauvais sol, occasionna à l'ouest la destruction des bons terrains qui s'y montroient plus élevés que la craie, qui s'y perdoit sous leurs bancs. C'est pour cette raison que la craie semble suivre la Marne, jusqu'à Dameri, les bancs qui la couvroient ayant été plus détruits dans le fil principal du cours du torrent, que dans les lieux qui en étoient plus éloignés à droite ou à gauche : de là vient que les montagnes de Reims & de Bergères ont resté en saillie sur la contrée de part & d'autre, les efforts directs du torrent n'y ayant point été portés. La Seine & l'Aisne, en quittant la craie, ont aussi produit à peu près les mêmes effets.

Quand les torrens ont ainsi détruit par leurs attaques les bancs qui leur montroient leurs coupes, & qu'ils ont découvert un nouveau sol en déblayant les terrains supérieurs, ce n'est cependant pas si parfaitement, si totalement, qu'ils n'aient laissé derrière eux des témoins des grandes démolitions qu'ils ont faites.

Le mont Aimé, qui est resté au milieu des plaines crayeuses de la Champagne, en est un monument & une preuve frappante. La nature de ses bancs & de ses roches n'a aucun rapport avec le terrain qui l'environne, mais avec les montagnes situées de l'autre côté de Bergères & de Vertus. Il en a donc été une dépendance; il y a donc été adhérent avant que le cours & la chute de plusieurs torrens particuliers dont on voit encore la trace, l'en aient tout-à-fait isolé & détaché comme il l'est aujourh'ui. On doit encore regarder comme des monumens semblables & comme les débris du continent auquel appartenoit le mont Aimé, les différens blocs errans qui se trouvent quelquefois en Champagne, dans des contrées engagées sur le massif de la craie, où l'on ne voit cependant, dans cet intérieur, que des carrières de craie. Ainsi, aux environs de Somme-Sou, sur un des sommets qui séparent le bassin de l'Aube de celui de la Marne, dans un lieu appelé *la Pierre-aux-Vignes*, se voient des cailloux & des pierres dures, brisées, en grande abondance, & qui, vu la nature générale du sol de la contrée, ne peuvent être regardés que comme les débris des anciens bancs qui couvroient la contrée, comme le mont Aimé est un reste du continent qui l'avoisine. Il en doit être sans doute de même dans toutes les autres provinces où se remarquent les pierres perdues, & des rochers énormes & isolés, qui sont étrangers aux lieux où ils sont, & qu'on doit considérer comme les fragmens des terrains supérieurs & autrefois entiers, & qui ne sont plus. Je puis citer, à cette occasion, l'article AUTEUIL & les blocs errans du bois de Boulogne.

On rencontre encore dans toute la Champagne, des fragmens d'un autre genre de bancs supérieurs détruits. Ce sont des marcassites errantes, qui sont dispersées à la surface des plaines & des terres cultivées; elles sont ordinairement brisées & à moitié décomposées, & leur quantité a dû être autrefois considérable à la surface de la Terre. La véritable matrice de ces marcassites est sans contredit la craie même : les carrières en offrent encore qui sont belles, entières & régulièrement formées. Ce qui me fait juger que celles qui sont à la surface des champs proviennent de bancs supérieurs détruits, c'est que, dans toutes les mêmes sablières de Châlons, où, comme je l'ai dit ci-dessus, on trouve une grève de craie : on y voit aussi un gravier noir, formé des débris de ces mêmes marcassites, arrondis & très-limés, mais néanmoins assez reconnoissables pour montrer que ces débris & ceux qui se voient dans les plaines ne sont point des productions modernes, ni placés où ils sont par des accidens journaliers & récens, mais des ouvrages très-anciens de la nature, qui ont été arrachés de leur matrice, brisés, chariés & abandonnés dans les *dépôts* où ils sont par des événemens arrivés dans des tems très-reculés.

De ces observations diverses il résulte donc que nous ne pourrons connoître que très-imparfaitement la véritable composition & disposition que les tares ou massifs des différentes matières présentent à la surface de la Terre. On ne peut les suivre en entier, parce qu'une partie en est souvent détruite, comme la partie orientale de la craie en Champagne, & qu'une autre se dérobe à nos yeux en se plongeant sous des bancs d'une autre nature, comme il arrive encore à la même contrée, & que d'ailleurs ces anciens *dépôts* des mers sont eux-mêmes recouverts de *dépôts* postérieurs, que des accidens d'une autre nature y ont amenés des sommets voisins des continens.

Au reste, si dans quelque contrée plus favorable que celle-ci on pouvoit réussir dans ce genre de géographie, je crois que la carte qui en résulteroit, & où l'on traceroit ainsi légérement les fleuves & les rivières, ressembleroit à un marbre de différentes pierres & de différentes couleurs, qui, après avoir été poli, auroit ensuite été rayé accidentellement: on n'y verroit plus de rapport entre les veines naturelles du marbre & ces raies accidentelles qui l'auroient défiguré, qu'on en verroit entre les tares des couches terrestres & vallées de nos rivières, parce que dans l'un & l'autre cas il y a deux différens ordres de faits qui n'ont aucun rapport ensemble, ni pour la chose ni pour le tems.

Le système d'arrangement de certains naturalistes ne répond point tout-à-fait à leurs observations. Ils ont confondu les matières qui appartiennent au vrai solide de la Terre avec les matières qui ne sont qu'accidentellement & postérieurement posées sur la surface ancienne. Mais les torrens qui sont survenus depuis, ont changé la position où la mer les avoit laissés; & quand ils ont trouvé de ces massifs sur leurs passages, ils les ont démolis, détruits & emportés de nouveau le long de leurs cours. Ces torrens ne pouvoient charier que des corps ordinairement marins; puisqu'à cette époque toute la Terre étoit sortie des eaux. Voilà pourquoi nous y trouvons tant de productions marines, aussi bien que dans les autres *dépôts* qui sont restés sur les plaines élevées & sur les sommets où le cours des torrens ne les a point entiérement détruits ou dérangés. Voilà pourquoi j'ai dit quelque part que les torrens du déluge n'avoient point porté sur les continens ces fossiles que nous y trouvons, mais qu'ils avoient au contraire rendu à la mer une grande partie de ses productions anciennes; ce qui n'est point une fausse hypothèse, puisque nos rivières qui suivent encore les traces qu'ont dû suivre les torrens du déluge, y ramènent encore les grèves de nos sommets, & rendent annuellement aux mers où elles se déchargent, une partie des anciens matériaux qui leur ont appartenu.

Depuis l'apparition générale de l'hémisphère terrestre par la retraite de la mer, on a découvert, à sa surface, des bassins qui devoient avoir la même étendue qu'ils avoient contractée sous les eaux par des courans réglés & déréglés, & par les diverses directions & combinaisons des marées.

Si la mer se retiroit aujourd'hui de nos côtes, son fond nous présenteroit sans doute le même spectacle: nos continens seroient généralement alongés par des plaines immenses, où l'on remarqueroit seulement les éminences & les amas de sables & de vases qui ont été construits par les différens courans & les diverses marées de chaque parage, selon leur plus ou moins d'étendue, où chacun d'eux dominoit, & se trouvoit contenu par les forces circonvoisines. On pourroit cependant, dans le fond de nos mers présentes, découvrir des irrégularités particulières; mais le sentiment de ces naturalistes n'est pas plus favorable que le mien à l'hypothèse qui fait de nos vallées les lits des courans des mers, & les fleuves n'ont sur leurs cartes aucun rapport de direction avec les bandes qu'ils croient avoir vues. Leurs vallées doivent donc de même être indépendantes des terrains qu'elles ont irrégulièrement traversés, & postérieures à leur construction.

La seule & vraie régularité qui doit répondre à la direction de nos rivières ne se trouvera que dans les couches superficielles & postiches qui ont été amenées par les torrens & déposées le long de leurs lits, suivant la révolution & la gravité spécifique de chaque matière. Les vases les plus légères ont gagné les lieux bas & les plus éloignés des sommets; les sablons, les graviers, se sont déposés au dessus d'elles, & les cailloux, les pierrailles & les roches sont restés dans les lieux les plus élevés, plus près du centre de l'irruption, c'est-à-dire, plus près des sommets, ainsi que je l'ai fait voir ailleurs; mais toutes ces matières déplacées ne peuvent point être censées appartenir au vrai sol de la contrée où elles sont présentement, ni être considérées comme des monumens directs qui constatent le séjour dans les anciennes mers.

Il est vrai que, dans ces immenses dépôts de sables, de graviers & de cailloux qui se voient au fond de nos vallées, sous les couches de la terre & dans les grandes plaines qui renferment les grandes vallées, on y trouve ordinairement un grand nombre de corps marins pétrifiés, qui paroissent rendre à la mer les monumens que je prétends ici lui ôter.

Ce fait, qui est très-certain, ne détruit pas néanmoins le résultat des observations précédentes. Je viens de dire tout-à-l'heure que ces dépôts de nos rivières & de nos fleuves n'étoient pas les monumens directs du séjour de la mer dans les lieux où on les remarque, parce que je ne parle pas de la matière de ces dépôts, mais uniquement de leur position présente. Toutes les grèves ou cailloux roulés, dont la surface de la Terre est couverte en tant d'endroits, sur des sommets très-élevés comme dans des lieux très-bas, sont sans contredit originaires de la mer: c'est la mer qui les a roulés, brisés & arrondis comme ils le sont, & qui les a déposés autrefois sur nos continens lorsqu'elle a été chercher un lit ailleurs. Elles ne pourroient provenir que de ce que, les lits de nos mers ayant été autrefois des continens découverts & irréguliers comme les nôtres sur leur surface, toutes ces anciennes empreintes n'ont pu être totalement ensevelies & effacées dans un grand nombre d'endroits, surtout aux débouchés des grands fleuves, dans les lieux où les courans sont constans & réguliers; ce qui n'arrive peut-être alors que parce que les anciennes dispositions les y assujettissent, & aux environs des îles qui ne sont elles-mêmes, ainsi que tous les rochers qui se rencontrent en mer, que d'anciens sommets des débris de ces continens autrefois submergés: il ne pouvoit être de même des anciennes mers. Quoi que j'aie déjà dit sur l'irrégularité de leurs fonds & de leurs bassins, je me suis réservé d'y faire la même exception, parce qu'une plus ancienne & différente disposition pouvoit de même y avoir laissé des empreintes anciennes & des irrégularités de la nature de celles qui se remarquent dans le fond de nos mers, c'est-à-dire, des vallées qui n'auroient pas été comblées, des rochers, des écueils & des îles, restes de terrains qui n'auroient été que peu ou point ensevelis & recouverts Telle ayant pu être l'origine des bassins qui ont divisé, dans les premiers tems, tout notre hémisphère terrestre en régions naturellement séparées les unes des autres par des sommets, nous pouvons concevoir que les cuves de tous ces bassins ont pu s'approfondir hors des eaux, après leur apparition, par les divers tassemens des matières dont ils étoient construits & les divers affaissemens que l'ébranlement général aura dû produire lors de cette grande révolution.

Si, sur les parties les plus considérables des sommets qui servent de limites à ces bassins, nous voyons aujourd'hui des amas immenses de rochers irréguliers, accumulés avec un désordre extrême, & qui s'élèvent jusqu'aux nues, comme les pics du mont Ararrat & tant d'autres, ces vestiges de bouleversemens doivent appartenir sans doute en partie aux efforts qui, soulevant alors tout l'hémisphère terrestre, sont la suite de l'éruption des feux souterrains. Quoi qu'il en soit, ils dûrent agir avec plus de puissance sur les endroits où ils trouvèrent plus de résistance. On a déjà vu que j'ai attribué à cette dernière cause ces énormes dégradations ; mais il est trop vraisemblable que les effets de l'ancienne apparition ont dû de même y contribuer infiniment. Le mouvement général qui a produit l'élévation totale de nos continens n'ayant dû être composé que d'une multitude de mouvemens particuliers, il m'a toujours paru qu'ils ont été très-capables, lors des anciennes révolutions, de briser les couches de nos continens, de les culbuter les unes sur les autres pour en faire paroître auparavant de cachées dans les entrailles des sommets ; ce qui a produit en plusieurs contrées des variétés de terrains & les phénomènes singuliers de l'ancienne terre, que les naturalistes ont été très-embarrassés d'expliquer. Les Cévennes n'ont point de fossile tiré du genre animal : on n'y voit que des mines de charbon, où se trouvent avec abondance ceux du règne végétal, avec beaucoup de métaux & de minéraux ; mais ce qu'il y a d'extraordinaire, c'est que ces terrains métalliques & chargés de végétaux fossiles sont environnés de toutes parts de terrains renfermant des bancs farcis de coquilles marines, de marbres, qui ne contiennent que des débris du genre animal, & jamais du genre végétal. Le terroir qui ne porte point les marques du séjour ou du passage de la mer auroit-il paru depuis que les montagnes des Cévennes auroient été cachées & couvertes par d'autres terrains & des éruptions souterraines? Auroient-elles percé les couches superficielles pour construire ces sommets isolés ou engagés comme des presqu'îles au milieu des autres terrains à coquilles ? J'ajouterai qu'il y a dans le Gévaudan, des montagnes, les unes de granit, les autres de talc, dont le sommet est terminé par un ou plusieurs bancs calcaires ; que jamais ce dernier genre de rochers n'y sert de base aux précédens, & que l'inclinaison & la position des bancs & des feuillets talqueux inférieurs n'avoit rien de commun avec celle des rochers limoneux supérieurs. Je serois porté à conclure que l'acte par lequel la nature a autrefois déplacé le lit de la mer ne suffit pas pour expliquer tous ces phénomènes ; qu'il faut en admettre un autre général qui s'est fait dans les parties solides du globe, & auquel on doit rapporter l'élévation de la plupart des montagnes. Dans de certains cantons, tels que les Cévennes, le soulévement aura été plus grand & plus général : le terrain des couches inferieures, anciennement placées avant toutes les couches calcaires, se sera fait jour & aura percé les couches de la terre, & les aura jetées & écartées de différens côtés.

Il aura paru une nouvelle terre cachée depuis long-tems au dessous de celle qui formoit, lors de l'éruption, la surface des continens, & qui avoit été le lit de la mer. Ce terrain sera dépourvu de toutes sortes de débris d'animaux & de végétaux ; ainsi, avant les tems où notre hémisphère terrestre avoit été l'hémisphère maritime, il avoit eu encore une autre disposition qui le rendoit propre aux productions terrestres. Cette circonstance est trop intéressante quant à l'histoire du globe, pour n'y pas faire l'attention qu'elle mérite. Peut-être pourroit-on supposer que les terrains des Cévennes, que je nomme *ancienne Terre*, n'auroient éprouvé aucun déplacement, & se seroient trouvés au dessus des eaux de la mer avant la formation des charbons de terre, & avant celle des bancs calcaires horizontaux qui les entourent.

Quoi qu'il en soit, après des observations aussi constantes sur les éruptions supposées de nos terrains, à l'endroit de nos sommets, je dois avertir qu'un grand nombre de naturalistes ont fort abusé de cette opération de la nature en la généralisant plus qu'il ne convenoit, & en l'appliquant à toutes les montagnes ; ce qu'on ne doit point faire, puisqu'il est évident que l'ancienne action, destructive des torrens qui les ont fouillées, sillonnées & tranchées, doit être regardée comme le principe le plus général de l'approfondissement de nos vallées & de l'élévation de nos montagnes. Pour ne pas tomber en de pareilles erreurs dans les observations de ce genre qu'on peut faire à l'avenir, il faudra remarquer si les montagnes qui sont brisées & culbutées, sont analogues, par la nature de leurs matériaux, à celles du voisinage qui ne le sont pas. Si on y trouve du rapport, ce sera une preuve certaine que cette montagne n'a été qu'ébauchée & non considérablement soulevée ou dégagée du sein de la Terre. Si au contraire on n'y reconnoît aucune analogie, il y aura toute apparence qu'elle est sortie du sein de la Terre, en quoi cependant on pourroit se tromper encore si l'on ne réunit pas à cela d'autres éclaircissemens; car le mont Aimé, isolé sur les plaines crayeuses de la Champagne, est d'une toute autre nature de pierre, & n'est point le produit d'une éruption, mais un reste & un témoin des terrains supérieurs, qui, ayant été presque tous détruits, ont laissé les inférieurs à découvert. Il faut donc joindre aux précautions qu'on doit prendre dans de pareilles observations, celle de considérer les aspects de ces montagnes, le regard de leurs escarpemens & les rapports qu'elles peuvent avoir, quoiqu'isolées, avec les montagnes circonvoisines, & rechercher si l'on n'y apperçoit point ces angles correspondans qui réunissent la suite des montagnes qui sont assujetties au cours des vallées; & dans ce cas, quelqu'élevées que soient ces montagnes, & quelqu'escarpée & isolée que soit leur coupe, elles ne seront dès-lors que des restes de la démolition des terrains supérieurs, & non la suite d'une éruption locale.

L'écoulement des eaux, lors de l'apparition de la Terre, a dû sans doute laisser des empreintes remarquables à la surface des continens, & les grands sillons que nous observons sur le globe peuvent en être les traces, si l'on excepte cependant les grands produits du travail des eaux courantes, depuis le tems de la retraite de la mer. Les diverses directions sous lesquelles les eaux se sont retirées, ont dû encore vraisemblablement dépendre de plusieurs mouvemens, les uns généraux autour du globe, & les autres particuliers dans chacun des bassins. Les mouvemens généraux ont régné sans doute dans les premiers momens de l'ébranlement général, & les particuliers n'auront surtout régné que sur la fin de cette apparition, & lorsque les sommets des bassins déjà découverts auront interrompu tout le mouvement général. On distinguoit alors les sommets des points de partage, les vallons des vallées, & le tout formoit & dessinoit le même ensemble d'inégalités & de variétés que l'on remarque sur toutes les contrées de la Terre. Des phénomènes de cette nature auront dû s'opérer sur notre hémisphère terrestre par l'écoulement subit des anciennes mers. Pour en trouver les empreintes, rien ne nous le représente plus parfaitement que la direction générale des grands fleuves de l'occident vers l'orient. La chute de cet écoulement universel des eaux a produit sur les principaux sommets les mêmes effets que produisent les fleuves sur les rivages où ils sont jetés; ils les ont détruits & escarpés de telle sorte généralement que tous ces sommets sont courts & rapides vers l'occident, & en pente très-douce vers l'orient; ce qu'il est facile de vérifier. Réunissons pour cela, sous le même coup-d'œil, les sommets du Monde, qui ont donné la direction aux grands fleuves, & examinons leur disposition générale. On doit se souvenir que j'ai avancé que les fleuves ne couloient d'occident en orient que parce que les parties les plus élevées des contrées qu'ils traversent, sont à l'occident de leurs cours, & qu'ainsi ces sommets doivent avoir leur direction, non de l'occident vers l'orient comme on a cru, mais du nord au midi comme ils sont effectivement. Il faut pour cela tracer sur le globe les sommets de tous les continens qui sont visibles & apparens, & regarder les mers comme le fond des sillons dont la Terre est couverte, & les continens avec leurs principales chaînes de montagnes comme les sommets de ces mêmes sillons. On peut avoir recours à la mappemonde dédiée aux progrès de nos connoissances, où ces sommets sont très-exactement tracés.

Si l'on regarde d'abord l'hémisphère terrestre dans tout son ensemble, il est bordé par le sommet de toute l'Amérique, qui n'a qu'un revers très-court, lequel aboutit à la mer Pacifique, & qui est hérissé des plus hautes montagnes du Monde. Il n'y a pas un fleuve ou une rivière notable qui, de ce côté, se rende dans ces mers: l'on n'y voit que des torrens fort courts & rapides, qui nous montrent l'escarpement général de tout l'hémisphère terrestre à l'occident. Il n'en est pas de même de la partie orientale de son cercle: les sommets de l'Asie en sont très-éloignés: ce ne sont que des fleuves de huit cents, douze cents & quinze cents lieues de cours, qui descendent dans la mer des Indes, dans la mer Pacifique & dans la mer Glaciale; ce qui fait connoître combien les sommets sont éloignés des mers orientales. Cette pente rapide d'un côté & cette contre-pente si douce & si longue de l'autre nous indiquent visiblement dans quel sens s'est fait l'ancien écoulement des mers vers l'hémisphère maritime, puisque tout le revers occidental a été escarpé, rendu sec & stérile, & qu'à l'orient sont au contraire de vastes contrées en pente douce & les plus fertiles du Monde. Les continens, vus en détail, nous offriront exactement la même conformité générale.

La ligne du sommet de l'Angleterre, nord & sud, est bien plus proche du bord occidental que de l'oriental. La mer occidentale d'Irlande & d'Angleterre est bien plus profonde que la mer qui baigne les côtes de la Hollande.

La ligne du sommet de la Norwège est bien plus proche de l'Océan que de la mer Baltique. Les montagnes du sommet général de l'Europe sont bien plus hautes vers l'occident, que celles qui sont à l'orient; & si l'on considère ce sommet depuis la Suisse jusqu'en Sibérie, il est bien plus près de la mer Baltique & de la mer Blanche, que de la Mer-Noire & de la mer Caspienne.

Les Alpes & l'Apennin règnent bien plus près de la Méditerranée que de l'Adriatique: d'un côté ce ne sont que des torrens fort courts, de l'autre c'est le long cours du Pô.

La chaîne de montagnes qui sort du Tirol, qui passe en Dalmatie, & qui pousse son extrémité jusqu'à la pointe de la Morée, est toujours à l'occident l'occident de la Turquie européenne, & côtoie sans cesse la mer Adriatique.

Si je regarde le bassin de tout le terrain qui verse ses eaux dans le Pont-Euxin, du côté de l'occident, je vois que ces eaux descendent par un très-long cours, & qu'à l'orient c'est tout le contraire.

Le sommet qui est entre la mer Caspienne & le Pont-Euxin est bien plus loin de la première mer que de la seconde, dont il côtoie le bord oriental.

Cette régularité n'est pas moins sensible en Asie. Si je suis le sommet qui s'étend depuis les Dardanelles jusqu'au détroit de Babel-Mandel, je trouve toujours que les sommets du mont Taurus, du Liban & de toute l'Arabie côtoient la Méditerranée & la Mer-Rouge, & qu'à l'orient ce sont de vastes continens que parcourent des fleuves de long cours qui vont se jeter dans le golfe Persique.

Si depuis le sommet de l'Asie jusqu'à la presqu'île de l'Inde je cherche les sommets de ces continens, je vois ces sommets & ces fameuses montagnes des Gattes s'approcher constamment des mers occidentales, & le plus long revers dirigé vers l'orient.

Si des frontières occidentales de la Chine je suis encore un autre sommet d'une partie de ces continens jusqu'à la pointe du Malaca, je vois la même uniformité à l'occident : les continens sont étroits, les mers sont profondes & sans îles ; à l'orient, au contraire, les continens sont alongés considérablement, & les mers remplies d'une infinité de grandes & de petites îles.

L'Afrique, dans toutes les contrées qu'on est parvenu à connoître, n'offre pas un spectacle moins constant. La chaîne du mont Atlas verse dans les mers des Canaries des torrens & des fleuves d'un cours moins long que n'est celui des eaux courantes qui se portent dans l'intérieur du continent, & qui vont se perdre au loin dans des lacs & de grands marais.

Les plus hautes montagnes qui se présentent aux voyageurs qui feroient le tour de cette partie du Monde sont à l'occident, vers le Cap-Vert & dans toute la Guinée. Cette chaîne, après avoir tourné autour du Congo, va gagner les montagnes de la Lune, qu'on a considérées comme l'épine du Monde ; elle s'alonge jusqu'au Cap de Bonne-Espérance, & se perd sous les eaux du midi, quoiqu'elle occupe assez réguliérement le milieu de la grande pointe de l'Afrique. On reconnoîtra néanmoins, en considérant les mers orientales & occidentales, qu'elle n'est pas au milieu des sillons. La mer occidentale est une mer profonde & sans îles; l'orientale, au contraire, a un très-grand nombre d'îles & de bas-fonds ; en sorte que l'endroit le plus profond de la mer orientale est bien plus près de cette chaîne, que le plus profond des mers occidentales ou des Indes.

Mais il n'est point de partie du Monde où cette admirable régularité soit plus constante que dans l'Amérique : on y voit effectivement le sommet des continens suivre & côtoyer presque toujours la grande mer du Sud, & s'éloigner des rives orientales. Cette chaîne, qui sort des contrées inconnues du nord, y laisse à l'orient les vastes continens arrosés par le Saint-Laurent, le Mississipi & le Rio-Salado, pour traverser le Nouveau-Mexique, & s'approcher de la Mer-Vermeille ; elle traverse ensuite la Nouvelle-Espagne, dont le continent est fort étroit ; mais néanmoins elle en laisse à l'orient la plus grande partie : les mers qu'elle sépare, sont remplies d'îles & de bas-fonds. A l'ouest & à l'occident c'est encore une mer immense. Les sommets, après avoir passé Panama, règnent d'une façon surprenante, sous le nom d'*Andes* & de *Cordillières*, tout le long du Pérou, du Chili & des Terres magellaniques, en côtoyant sans cesse la mer Pacifique, & laissant à l'orient les grands continens arrosés par l'Orénoque, l'Amazone & la Plata.

On voit donc généralement que, dans tous les grands continens, les points de partage des eaux étoient toujours beaucoup plus près des mers de l'ouest, que des mers de l'est ; que les revers de ces continens sont beaucoup plus alongés vers l'est, & toujours raccourcis à l'ouest; que les mers des rives occidentales sont toujours plus profondes & bien moins peuplées d'îles que les rives des mers orientales, & qu'enfin tout représente, sur la surface du globe, les empreintes d'un écoulement général d'occident en orient, lequel, comme fait aujourd'hui le moindre ruisseau, a raccourci tous les revers sur lesquels il tomboit, & n'a fait aucun tort à ceux qui ne lui étoient point opposés. Ces empreintes se retrouvent même dans les îles voisines des continens. Ainsi, par ce formidable écoulement dirigé de l'occident vers l'orient, toutes les îles orientales de l'Asie ont été escarpées à leur couchant; en sorte que, dans toutes ces mers, les côtes des îles sont toujours hautes & hardies à l'ouest, & qu'à l'est elles sont toujours basses, & que les mers qui les baignent, ont peu de profondeur. Dans la plupart des îles orientales du continent de l'Amérique ce phénomène se distingue aussi. Le *Voyage à la Baie d'Hudson*, par Ellis, tome II, nous apprend que l'île de Marbre est très-élevée à l'ouest, & basse à l'est ; qu'on ne voit, dans cette île, que sommets cassés & endommagés, comme s'ils avoient été entamés par quelques inondations & bouleversemens dans cette direction. Il est, outre cela, très-remarquable que les rivières du continent étoient dirigées sur elle, & qu'elles avoient des rivages très-escarpés. Si l'on fait présentement attention que la moindre île de sable ou de vase qui se forme dans les rivières, nous offre les mêmes circonstances, que l'amont en est toujours élevé, & se trouve coupé parce qu'il se détruit sans cesse ; que l'aval au contraire est toujours bas, parce qu'il se construit continuellement par lits & par couches très-minces, on sentira que je n'ai pu conclure autre chose des escarpemens occidentaux de nos continens, sinon qu'ils avoient été frappés, de ce côté, de la fertilité des contrées basses & ralongées des revers orientaux, parce qu'ils n'avoient point été exposés au choc des eaux de l'écoulement général. On sent bien que toutes ces conséquences étoient si simples & si naturelles, que j'étois autorisé par toutes les observations, à les faire valoir.

On doit cependant trouver très-singulier, d'un autre côté, que l'inspection de la surface du globe & de ses sommets m'ait conduit à une conclusion différente & opposée à la tendance générale des mers d'orient en occident, qui est regardée comme constante, & qui l'est en effet. M. de Buffon en a tiré des conséquences tout opposées aux miennes, puisqu'il pense que le cours présent de nos mers, qui se porte sur les rives occidentales de leurs bassins, les a détruites & les détruit encore; au lieu que, suivant mon opinion, ce sont les rives occidentales de ces mêmes bassins, par l'écoulement général des mers de l'occident en orient; ce qui ne peut s'accorder avec la rotation de la Terre dans le même sens.

On ne peut néanmoins disconvenir que les principes qui m'ont conduit à cette conclusion, ne soient très-raisonnables en eux-mêmes; ils sont certainement indubitables & sûrs. Dans les premiers degrés de mes observations sur le moindre filet d'eau courante, c'est par une gradation insensible que, de ces premiers degrés, je suis parvenu aux derniers: partout on a vu qu'un terrain détruit par l'eau présentoit toujours un escarpement à l'agent de sa destruction, & qu'un terrain nouvellement construit étoit toujours en pente légère & constamment opposée aux agens de sa construction & aux parties détruites. Ce qui se passe constamment dans nos rivières donne à tous les degrés de ces observations une force & une solidité qui paroissent incontestables. Malgré cette solidité & cette simplicité dans mes preuves, je sens cependant que c'est beaucoup contr'elles de voir l'état présent de toute la nature, & de n'avoir plus qu'une disposition systématique & qu'une tradition fort antique pour les appuyer.

Les grands accidens que la Terre a éprouvés, & la multitude d'animaux & de plantes étrangères à nos climats, que nous y trouvons ensevelis en mille endroits, ont déjà fait soupçonner, depuis que l'on étudie le Monde physique, que toutes les contrées de notre globe avoient subi de grands déplacemens, & avoient pu changer d'aspect par rapport au Ciel, soit par la différente inclinaison de l'axe de la Terre, soit parce que les contrées qui sont vers les pôles n'y ont pas toujours été invariablement fixées. Ce ne sont pas seulement les corps déplacés qui nous rappellent ces changemens, ce sont aussi les traditions trouvées chez plusieurs peuples. Les anciens Russes de la Sibérie, dont le pays est extrêmement froid, disoient qu'il avoit été fort chaud, & avoit nourri des éléphans, dont en effet on rencontre chez eux une multitude d'ossemens & de dépouilles. L'inclinaison de notre axe, qui n'est pas aussi constante qu'on le pensoit autrefois, a pu produire en ce pays, & partout ailleurs, une vicissitude aussi étrange. M. de Louville pensoit qu'en conséquence de la variation que l'on venoit d'y découvrir, l'écliptique, au bout d'un certain tems, se confondroit avec l'équateur, & qu'alors toutes les contrées de la Terre jouiroient ensemble, pendant un certain nombre d'années, d'un équinoxe perpétuel, & qu'ensuite l'écliptique tourneroit au midi, au-delà de l'équateur. Il y avoit même, dans son calcul, une correspondance avec les plus anciennes époques des Babyloniens.

Nous sommes aussi redevables aux Égyptiens, de traditions fort singulières sur les changemens de cette nature. Hérodote, Pline, Diogène de Laërce & Plutarque nous rapportent que, selon les prêtres égyptiens, le soleil, dans l'espace de onze mille trois cent quarante années de trois cent soixante-cinq jours, s'étoit levé où il se couche, & s'étoit couché où il se lève, par deux fois différentes, sans que néanmoins il fût arrivé le moindre changement dans le climat d'Égypte malgré cette variation apparente du cours du soleil; *quod nihil putidiùs si propriè intelligas*, dit plaisamment Jean Vossius dans son *Traité de l'Idolatrie.* M. de Voltaire, dans ses *Élémens de la Philosophie de Newton*, n'en pense pas de même; mais comme il explique ce grand phénomène par la révolution insensible des pôles vers l'équateur, qui auroit fait tourner, suivant sa façon de penser, notre globe successivement à l'orient, au midi, à l'occident & au septentrion, il n'admet point que l'Égypte ait pu conserver son même climat, & que le nombre d'années dénommées par les prêtres égyptiens ait pu suffire pour que ce phénomène ait paru deux fois; ce qui demande, à la vérité, des périodes bien plus longues si cet événement n'est arrivé de la sorte qu'insensiblement. Comme cette remarque est fort juste, & que cependant des circonstances aussi singulières ne sont pas de nature à se présenter à l'imagination des hommes, pour qu'on puisse ne les regarder que comme des fables, je penserois plutôt qu'elles auroient rapport à quelques-uns de ces changemens subits qui ont changé plusieurs fois la position de la Terre. Si l'hémisphère maritime a pu prendre quelquefois la place de l'hémisphère terrestre, les contrées boréales ont pu aussi prendre la place des contrées australes, en changeant pôle pour pôle. De cette façon, sans qu'il soit arrivé aucun changement dans le Ciel, la rotation de la Terre aura fait voir aux Égyptiens le soleil se levant du côté de la Lybie, & se couchant du côté de l'Arabie, où ils le voyoient auparavant se lever. Ce mouvement de la Terre, qui ne demande qu'une demi-révolution des pôles dans un méridien quelconque, c'est-à-dire, douze heures de tems, aura porté le pôle austral de la Terre sous le pôle boréal de Ciel, le pôle boréal de la Terre sous le pôle austral du Ciel, & par conséquent les régions occidentales à l'orient, & les orientales à l'occident. Ce n'est que par cet échange subit entre les contrées polaires que l'on peut expliquer le mieux pourquoi il n'y eut point de changement dans le climat de l'Égypte, parce que l'équateur resta toujours le même, à la différence pour l'Égypte, qu'elle se trouva dans l'hémisphère septentrional, au lieu qu'elle étoit auparavant dans le méridional.

Pour parvenir présentement au problême dont nous cherchons la solution, s'il y a eu un tems où les revers occidentaux des sommets de notre hémisphère terrestre regardoient le soleil levant, comme cette tradition semble nous l'apprendre, ce pourroit être sans doute lorsque la Terre étoit dans une position semblable, que l'ancien écoulement des eaux étant arrivé, aura été les frapper & les raccourcir comme ils sont; & si nous les trouvons aujourd'hui placés sous un aspect qui contredit les lois du mouvement présent de nos mers, ce sera parce que les accidens qui ont occasionné ce changement d'aspect dans les parties solides & continues de la Terre, n'ont jamais pu changer l'ordre immuable de la rotation d'occident en orient, & la direction constante des eaux d'orient en occident. On ne trouve point cette solution si étrange si l'on fait attention que les physiciens ont regardé le cours des fleuves d'occident en orient comme une suite de la rotation de la Terre, quoiqu'il soit diamétralement opposé au courant général des mers d'orient en occident, qu'ils ont aussi regardé comme une suite nécessaire de cette même rotation. Il y a entre ces deux effets une contrariété manifeste que l'on ne peut résoudre & accorder que par la distinction que j'admets ici des suites d'une ancienne rotation qui a dû laisser des empreintes sur les solides, & des effets de la rotation présente à l'égard des fluides, qui, ayant toujours été susceptibles de se prêter à tous les mouvemens nouveaux, sont survenus, & qui ont par cela même été incapables de conserver les empreintes des mouvemens passés; enfin, parce qu'il est très-vraisemblable que, dans telle position qu'aient été les contrées de la Terre sous les différentes régions du Ciel, la rotation diurne a toujours été d'occident en orient, & le cours général des mers d'orient en occident: d'où il a résulté que les continens, quoiqu'ayant changé d'aspect par les révolutions arrivées, ont toujours dû conserver les formes générales qu'ils avoient reçues dans leurs situations antérieures.

Les effets de cet écoulement de toute la masse des eaux sur les revers aujourd'hui occidentaux de nos sommets ont dû être aussi simples & uniformes, qu'ils ont été universels; mais il n'en a pas été de même sans doute de l'écoulement particulier des eaux qui ont été sur la fin retenues par les sommets de tous les différens bassins. La surface de notre hémisphère n'a dû montrer d'abord qu'une multitude singulière de lacs & de mers particulières, plus ou moins grandes & différemment configurées. Il seroit difficile de savoir si nos continens sont restés long-tems en cet état, & si toutes ces mers particulières ont disparu peu à peu ou tout de suite, toutes ensemble ou séparément. Il est à présumer que la nature se sera servie de toutes ces voies différentes pour dessécher tout-à-fait notre hémisphère; mais pour en être parfaitement instruit, il faudroit avoir beaucoup plus d'observations que nous n'en avons sur les dispositions des bassins qui subsistent encore aujourd'hui en Asie, en Afrique & en d'autres régions. On sauroit alors si les eaux que ces bassins, aujourd'hui secs & sans aucune communication avec les mers, ont contenues, ont pu se dissiper par des conduits souterrains ou par une évaporation lente & successive. Sur les descriptions que nous ont données quelques voyageurs, des contrées intérieures de l'Afrique & de ces contrées fameuses par leurs sables, il semble-roit qu'en ces endroits les restes des eaux des anciennes mers se seroient engloutis dans le sein de la Terre lors de l'élévation de notre hémisphère dans la grande mer du desert, appelée aujourd'hui par les Arabes *Bharbelama* (*mer sans eau*). A mesure qu'on avance dans ces contrées arides & sablonneuses, on remarque que le fond se creuse profondément & se perd en certains endroits, comme en des abîmes, & que de là le fond se relève pour s'abaisser encore vers un autre entonnoir. Ces vastes trous sont en très-grand nombre, & on y voit, de toutes parts, aboutir de larges canaux; & néanmoins ces trous, ces canaux & tous les différens sommets ne montrent que des déserts de sables, qui contiennent des pétrifications sans nombre, les plus dignes qui soient peut-être au Monde, de la curiosité des naturalistes. S'il en faut croire les voyageurs qui s'accordent tous à regarder ces tristes lieux comme des bassins de lacs ou de mers desséchés, on y rencontre souvent des mâts, des planches & autres débris de vaisseaux pétrifiés, dont la forme & la structure mériteroient bien d'être étudiées. Tout semble donc nous annoncer en ces contrées, d'une façon frappante & sensible, que la disparition des eaux s'est opérée subitement par une multitude d'abîmes qui se sont ouverts, & au travers desquels les eaux des mers ont passé, comme au travers d'un crible, en entraînant les vaisseaux dont elles étoient alors chargées. Ces contrées ne me paroissent pas avoir été des lacs, car les lacs sont ordinairement remplis de vases qui s'accumulent faute d'écoulement, & l'on ne voit dans ces régions que des lieux qui ont dû être le domaine des eaux vives & courantes.

Nous n'avons pas de pareils détails sur les vastes déserts de sables dont les bassins intérieurs de l'Asie sont remplis; ainsi nous ne pouvons savoir si les eaux s'en sont échappées comme en Afrique. Mais dès que le fond de ces déserts est de sable, il y a plus que de l'apparence que les eaux ont aussi promptement disparu de ces contrées, sans quoi elles se seroient remplies de vases qui couvriroient aujourd'hui ces régions arides de terres fertiles & propres à la végétation.

L'Asie a encore plusieurs grands bassins qui sont ainsi couverts de terres, & qui offrent des plaines immenses couvertes d'excellens pâturages. Comme ces lieux-là ne sont pas le moins du Monde déchirés & ravinés, & qu'ils ne sont ouverts vers aucune mer, il y a quelqu'apparence que les eaux n'en ont disparu qu'insensiblement & par une longue succession de tems. Ces lieux auront été d'abord des lacs, puis des marais & des bourbiers immenses, & enfin ce qu'ils sont aujourd'hui, c'est-à-dire, fertiles, unis & sans aucun de ces traits qui caractérisent les autres contrées de la Terre, où les eaux se sont retirées subitement, soit par un écoulement souterrain, soit par un écoulement superficiel, comme il a dû arriver dans plusieurs autres bassins. Ceux, par exemple, qui occupoient le contour du nouvel hémisphère terrestre ont pu se dessécher promptement de cette dernière façon. Leurs eaux auront rempli les parties les plus foibles de leurs sommets, pour se réunir dans l'hémisphère maritime à la masse des eaux écoulées. Il a pu en arriver de même à quelques-uns des bassins du centre de nos continens. Quelques-uns se seront aussi rompus & versés les uns dans les autres, & par ce moyen les eaux de plusieurs auront pu se réunir dans ceux qui étoient les plus profonds, & y ont éprouvé un écoulement à travers le sein de la terre, ou s'y sont trouvés desséchés par une longue évaporation, ou y ont subsisté dans le même état, ou enfin ont reçu de nouvelles eaux que les rivières & les sources y ont portées. C'est sans doute à quelques-unes de ces opérations que nous devons les lacs qui existent encore en Asie, ou ceux qu'on sait avoir existé, quoiqu'ils ne soient plus.

Toutes ces différentes opérations, tant générales que particulières de l'écoulement des eaux lors de l'apparition de la Terre, pourroient peut-être être regardées comme capables d'avoir seules pu former, sur la surface de nos continens, toutes les vallées & les escarpemens réguliers que nous y remarquons, sans qu'il soit nécessaire de recourir, comme nous avons fait, à des déluges & à des inondations arrivées sur les continens depuis cette apparition; mais outre qu'il est difficile de se représenter comment, dans des terrains moins flexibles & récemment sortis des eaux, tous les rochers tranchés à plomb, & tous les escarpemens hideux que nous voyons dans nos vallées, auroient pu se former, ce seroit de plus détruire tous les monumens historiques les plus respectables & les plus certains, puisqu'il n'y a point de nation qui ait conservé des traditions constantes sur les déluges, sur les inondations & sur divers autres accidens qui sont arrivés dans leurs contrées depuis l'apparition de la Terre hors des eaux.

Tout notre hémisphère étoit peuplé de nations quand les accidens causés par le feu & par les eaux les ont inquiétées & dévastées, & ont altéré l'ancienne disposition de la surface de notre hémisphère. Avant le déluge, nous y avions une Taprobane, une Atlantide, une Europe jointe à l'Afrique; l'une & l'autre étoient jointes à l'Amérique: nous avions des lacs qui depuis se sont unis à l'Océan, comme le Pont-Euxin; la Mer-Rouge, la Méditerranée & d'autres lacs qui se sont desséchés par des ruptures plus récentes, comme la Thessalie, la Béotie, le Cachemire, &c.

Les terribles ravages que les eaux des torrens ont faits sur la Terre en rompant leurs bassins & en submergeant un tiers de notre hémisphère, sont donc aussi constans que l'ancienne construction de nos terrains sous les eaux, & que leur apparition. Ce sont deux révolutions distinctes & séparées, & deux faits irrévocables. Nous devons seulement reconnoître ici que, dans l'âge des torrens, les eaux de chaque bassin ont suivi, ainsi que je l'ai dit ailleurs, un frayé qui leur avoit été anciennement tracé; qu'elles n'ont fait qu'augmenter, élargir & approfondir nos vallées; qu'elles les ont alongées en réunissant sous un seul cours les vallées des différens bassins, en culbutant leurs sommets, en démolissant les bancs superficiels, en portant dans des lieux bas les *dépôts* & les débris que ces eaux ont arrachés des lieux élevés, & enfin en réunissant dans les mers les eaux qui se rendoient auparavant dans une multitude de puisards & de bassins séparés.

Dépôts sousmarins (Base des). On doit être curieux de connoître quelles ont été en différens tems les bases sur lesquelles les *dépôts sousmarins* ont été faits, même les *dépôts* de différens ordres, parce que cette connoissance répand du jour sur une infinité d'opérations de la nature, dont on n'avoit qu'une idée très-imparfaite, & dont on ne connoissoit pas la succession. Pour aller par ordre, je distinguerai deux sortes de superficies de la Terre, qui ont servi de bases aux *dépôts sousmarins*.

La première que nous puissions indiquer sont les massifs de granits, sur lesquels sont établies les couches inclinées de la moyenne terre, soit pierres de sables, soit calcaires. Ailleurs les mêmes massifs servent aussi de base à la nouvelle terre, mais depuis des tems beaucoup plus voisins de nous que ceux où les *dépôts* de la moyenne terre ont été formés.

La seconde base est formée des massifs de la moyenne terre, sur lesquels on trouve en plusieurs endroits la nouvelle terre appuyée. On voit bien que cette moyenne terre a été la surface de la Terre, 1°. parce que dans ces parties on y trouve des vallons suivis, creusés dans les pierres à grain fin de la moyenne terre: il y a aussi de grandes coupures & de grands vides remplis par les *dépôts* de la nouvelle terre. Je puis indiquer des parties de la ſuperficie de la moyenne terre qui ſe trouvent dans cet état, & à moitié découvertes par l'enlévement & la deſtruction des *dépôts ſouſmarins* de la nouvelle terre, & ces parties ſont fort étendues; 2°. parce que ces parties de la moyenne terre ont été dans de grandes vallées, & coupées par les eaux courantes des grands fleuves; ce qui prouve qu'elles ont été expoſées à l'action des eaux courantes avant d'être recouvertes. J'ai oublié de dire que certains maſſifs de granit qui ont reçu les ſuperpoſitions de la moyenne terre ont été viſiblement découverts, & ont fait partie de la ſurface de la Terre à ſec; car ces parties de la moyenne terre ſont appuyées ſur des maſſifs de granit creuſés en vallées larges & profondes par les eaux courantes. Je trouve ſouvent les mêmes circonſtances pour la nouvelle terre. Je n'ai point vu de portions de la nouvelle terre, qui aient ſervi de baſe à une terre plus nouvelle; ainſi voilà tout ce que l'obſervation nous montre à ce ſujet.

L'examen de ces baſes m'a paru mériter la plus grande attention; car leur état ancien, comparé à leur état actuel, doit impoſer ſilence à ceux qui ont vu les *dépôts ſouſmarins* ſe former à la ſuite des plus grands éboulemens & fracaſſemens de la croûte du globe. Si les parties de la ſurface de la Terre, qui ont été recouvertes par les eaux de la mer & par ſes *dépôts*, plus ou moins épais, ſont encore comme elles étoient avant ſes opérations & après la retraite de la mer; que deviennent toutes ces inclinaiſons de l'axe, toutes ces déclinatures imaginées pour rendre raiſon des variations de la mer dans ſon baſſin? Les mêmes vallons qui ont été creuſés avant l'invaſion de la mer dans ces cantons, ayant été déblayés & mis à découvert, ſervent comme ils ſervoient autrefois, à l'écoulement des eaux de pluſieurs rivières: & quand les ſuperfétations de la nouvelle terre comblent encore des parties de ces vallées, elles n'empêchent point la circulation, qui s'y trouve rétablie au même état où elle étoit. Comment croire enſuite que les invaſions de la mer ſont la ſuite de l'affaiſſement du ſol qui eſt devenu ſon baſſin, puiſque voilà une ſuite de vallons dont les eaux coulent & ſe déchargent dans une grande rivière, & finiſſent par ſe rendre à la mer actuelle, comme ce même ſyſtème de circulation a été autrefois lorſque ces vallons ont été creuſés à la ſurface du ſol de la moyenne terre, qui fait l'objet de cette réflexion?

Il eſt difficile de rencontrer des circonſtances auſſi précieuſes que celles qui nous ſont offertes dans les environs du Pont-Saint-Eſprit, d'Uzès & de Montpellier. On y trouve l'ancien ſol de la moyenne terre calcaire, en partie couvert par les *dépôts ſouſmarins* de la nouvelle terre, & en partie rendu entiérement à notre examen par la deſtruction de ces *dépôts*, offrant d'ailleurs un trajet aſſez étendu pour montrer la même économie, la même diſpoſition générale des lieux, qui exiſtoit avant des opérations qui montrent partout les plus grands réſultats.

Dira-t-on que ces effets tiennent à un débordement local de la Méditerranée? Je réponds que je connois de ſemblables baſes de *dépôts* pareils faits par l'Océan dans des vallées creuſées au milieu de l'ancienne terre, & qui, depuis la retraite de la mer, ont été recreuſées de nouveau & ſervent à peu près à raſſembler les mêmes eaux courantes par les mêmes vallées latérales & la même vallée principale.

Il réſulte de là que les parties de la ſurface de la Terre, qui ont été envahies par la mer & par ſes *dépôts*, n'ont changé ni de niveau ni de diſpoſition générale quant aux pentes, puiſqu'elles correſpondent avec toutes les autres qui les environnent.

Une vérité qui vient à l'appui de ces réſultats, c'eſt qu'après la retraite de la mer toutes les couches, tous les *dépôts* de la nouvelle terre ſont encore horizontaux comme ils ont été formés; ainſi, ſoit avant l'invaſion de la mer, ſoit pendant ſon ſéjour, ſoit après ſa retraite, il n'y a eu aucun changement de ſituation dans les baſes de ſes *dépôts* ni dans ſes *dépôts*.

Ceci nous ramène à des époques très-éloignées, pendant leſquelles le globe n'a éprouvé aucune de ces cataſtrophes & de ces révolutions imaginées pour expliquer des déſaſtres phantaſtiques; & il ſe trouve auſſi malheureuſement que ces époques renferment dans leurs limites les âges les plus tumultueux, ceux des malheurs du Monde.

Le globe n'a donc pas ſouffert dans ſes formes & dans ſa conſtitution primitive malgré les invaſions & les retraites de l'Océan, dont les cauſes ſont auſſi inconnues, que le fait eſt certain & général.

Je pourrois parcourir une grande partie de la Toſcane, j'y trouverois les mêmes phénomènes, & toujours annonçant les mêmes vérités. Les environs de Turin & d'Alexandrie ſont auſſi inſtructifs. La plus grande partie du ſol intérieur, qui ſert de baſe aux *dépôts* & aux ſuperpoſitions de la mer les plus récens, ceux en un mot de la nouvelle terre, appartiennent à la moyenne en Toſcane & dans le Piémont, & l'on y voit de même des vallées anciennes comblées par des *dépôts* de toutes ſortes, dont une grande partie, ayant été enlevée, a mis toutes ces circonſtances à découvert.

Dépôts & tranſports des fleuves dans la mer.

Les fleuves qui ſe jettent dans les mers y entraînent, ſurtout lors de leurs débordemens & de leurs crues annuelles, des matières qu'ils portent plus ou moins loin de leurs embouchures, ſuivant la force de leurs courans; en ſorte que les *dépôts* diminuent d'épaiſſeur, parce qu'à une certaine diſtance l'eau n'eſt plus chargée que de parties légères & très-diviſées, & que moins loin les parties diſſoutes, plus groſſières & plus abondantes, ſont ſoutenues par la viteſſe de l'eau, qui, ralentie, n'en peut plus ſoutenir que des parties légères & très-diviſées. Si l'on examine bien attentivement ce travail, on trouvera que, par la ſuite des ſiècles, les fleuves doivent former des *dépôts* aſſez conſidérables dans les parties du baſſin de la mer, voiſines de leurs embouchures, & que même ces *dépôts* peuvent être diſperſés au loin dans le baſſin, s'étendre & ſe mêler avec les dépouilles des animaux marins qui ſe multiplient, ſoit le long des côtes, ſoit dans l'intérieur du baſſin.

Tous ces produits accumulés ont pu ſuffire dans la plus grande partie des mers pour compoſer des continens, ainſi que nous l'avons déjà indiqué.

Lorſqu'on compare ce qui a dû s'opérer dans nos mers avec ce que nous voyons ſur la plus grande partie de nos continens, il n'y a pas de doute que nos continens n'aient été conſtruits lits par lits par les vaſes & les autres matières que les fleuves & les rivières des anciens continens portoient dans les baſſins où ils ſe raſſembloient, & que cette conſtruction ne ſoit la ſuite d'un travail fort long. Ces anciens continens & ces mers ont dû en conſéquence ſubſiſter comme nos continens & nos mers, pluſieurs ſiècles, pour opérer ces effets par l'activité des cauſes qui y ont viſiblement concouru, ainſi que nous l'avons démontré ci-devant.

Ces anciens continens nourriſſoient des plantes, ces anciens plateaux de continens étoient peuplés des mêmes plantes & des mêmes arbres qu'on y trouve aujourd'hui, & c'eſt ſur les bords extérieurs de ces plateaux, dans la nouvelle terre de l'Angoumois, qu'on a découvert, à une certaine profondeur, des débris d'arbres que les fleuves du Limouſin avoient entraînés & dépoſés. Dans ces cas il n'y a nul changement dans le climat: cependant il y a eu des circonſtances où les retraites de la mer & ſon changement en terres ſèches ont produit celui des climats, & relativement aux anciens continens qui ne donnent plus les mêmes plantes, parce que leurs productions & leurs aſpects ſont changés. Voilà ce qui a occaſionné cette révolution dans un grand nombre de circonſtances.

Je ne connois pas au reſte quelle a pu être la cauſe de cette révolution qui a mis à découvert les parties du globe qui ſont les produits des *dépôts* faits dans le baſſin de la mer, & qui a ſubſtitué à cette mer une autre mer plus reculée, laquelle ne produit plus les mêmes coquillages; mais je ſais, par l'obſervation, que ce fait eſt arrivé, que les monumens naturels qui ſont répandus partout en ſont des témoins beaucoup plus authentiques & plus ſûrs que tout autre témoignage qui auroit pu s'altérer. Les empreintes de ces faits ſont marquées partout en caractères ineffaçables, & ſont auſſi multipliées qu'elles ſont inconteſtables: leur force ne s'affoiblit ni ne s'altère pas par le laps du tems.

Il paroît au reſte que ces changemens ne ſe ſont pas opérés peu à peu; mais tous les faits nous annoncent une révolution ſubite qui a bruſqué les déplacemens de plus d'une eſpèce.

Je pourrois démontrer qu'il n'y a de changemens ſur les bords de la mer actuelle que par les *dépôts* formés à l'embouchure des rivières & des fleuves: voilà la ſeule cauſe active qui ait pu produire ces effets d'une manière ſenſible: toute autre cauſe ne peut avoir que des progrès que l'obſervateur ne peut pas ſuivre, mais dont ſeulement il peut ſaiſir les réſultats.

Ce pourroit être l'objet d'un chapitre de géographie-phyſique, & l'examen des embouchures des fleuves & le rapprochement des phénomènes formeroient un tableau intéreſſant, qui détruiroit les aſſertions vagues qu'on a haſardées ſur les changemens de mer en terres, & de terres en mer.

On réduiroit par-là les choſes à leur véritable valeur & à leur vrai point de vue.

Les golfes, comblés à l'embouchure des fleuves, ſe font par les *dépôts* de ces fleuves, au lieu que les golfes, comblés à l'origine des fleuves, ſont formés par les *dépôts ſouſmarins*. Voilà une différence eſſentielle.

Les vallons de l'ancien Allier & de l'ancienne Loire étoient bien moins alongés que l'Allier actuel & la Loire actuelle; ils avoient à leurs embouchures, des golfes que des *dépôts ſouſmarins* ont comblés.

D'où vient cette différence-là? Pourquoi les *dépôts* des fleuves actuels ne s'organiſent-ils pas ſous la mer, mais l'éloignent au contraire? Les golfes diminuant ou de profondeur ou de nombre ſur les côtes, il s'enſuit que ces côtes tendent à l'égalité, à être moins dentelées, à préſenter moins d'enfoncemens; mais il n'en eſt pas moins intéreſſant de reconnoître l'ancien état des parties comblées par les *dépôts* des fleuves, & à circonſcrire leur étendue ancienne.

Dépôts des rivières.

Les *dépôts* formés par les rivières d'une certaine étendue méritent d'être obſervés ſous deux points de vue differens, & quant à la nature des matériaux primitifs que les eaux courantes ont détachés des parties ſupérieures de la vallée, & quant à la poſition & à la hauteur où ſe trouvent ces *dépôts*.

On reconnoît dans la nature des ſables, des pierres roulées, l'ancien emplacement de ces ſubſtances, la route qu'elles ont faite & le progrès des deſtructions par les eaux courantes.

Dans la poſition relative de chacun de ces matériaux dépoſés par les eaux courantes on reconnoît quelle a été la ſuite du travail de l'eau dans l'approfondiſſement de toute la vallée; car les matériaux détachés des bords élevés des croupes dans les parties ſupérieures de la vallée voiſine des ſources ſe trouvent dépoſés ſur les parties correſpondantes des parties moyennes ou inférieures de la même vallée, comme les matériaux détachés de la base des croupes dans les parties supérieures doivent se trouver déposés sur les plaines de débordement actuelles : c'est cette correspondance de niveau dans les matériaux détachés & déposés qui annonce que l'approfondissement de toutes les parties du vallon s'est fait également partout ; en sorte que les mêmes circonstances qu'on y remarque actuellement se faisoient remarquer dans les premiers tems où il s'ébauchoit comme dans le tems où il étoit à moitié approfondi. Voilà les objets que la géographie-physique observe, suit & compare pour en tirer toute la théorie de l'excavation des vallées par les rivières. Avec ces secours tout s'éclaircit, on remonte vers les tems reculés, & par une suite de faits non interrompus on parvient à l'état actuel, ou plutôt de l'examen de l'état actuel on s'élève aux différentes époques qui ont précédé.

Dépôts des rivières sujètes aux crues.

Je crois que les *dépôts* des rivières, comme la Seine & la Marne, se font avec de certaines circonstances qu'on n'a point encore examinées ou analysées. Il y a peu de changemens remarquables dans le tems que les rivières n'éprouvent point de crue ou d'augmentation, & que leur masse d'eau qu'elles charient, est fournie par les sources seulement ; mais dès qu'une certaine crue commence à se faire sentir dans le courant de la rivière, l'eau commence à exercer sur le fond de son lit une certaine force qui fait cheminer, de proche en proche, d'abord les vases, ensuite les vases & les graviers les plus légers ; & à mesure que la crue fait des progrès, les graviers plus considérables sont transportés. Les obstacles des vannes & des retenues ou digues de moulins cessent & s'ouvrent aux longs transports qui sont proportionnels, & pour la quantité & pour la longueur d'eau que les rivières reçoivent par accroissement. Il se fait en même tems des affouillemens considérables qui creusent chaque partie du lit des rivières, & qui en abaissent plus ou moins le niveau. Tous ces effets se soutiennent dans toute la longueur du canal des rivières tant que la crue a lieu ; mais dès que le ralentissement & la diminution de l'eau se font sentir, c'est un autre ordre d'effets qui commence à s'établir. Avant il y avoit plus de transports que de *dépôts*, présentement il y a plus de *dépôts* que de transports.

Dans tous les tems d'une crue il y a transports, affouillemens & *dépôts* ; car les parties supérieures du canal se dégarnissent pour charger les parties moyennes, & celles-ci pour charger les parties inférieures : ceci est une suite d'effets soutenus qui s'étendent dans toute la longueur du canal. Cependant, avec tous ces effets, comment est-il arrivé que le fond des vallées de la Seine & de la Marne est comblé d'une quantité prodigieuse de matériaux, & que malgré cela le lit se creuse, & les bords ou berges diminuent ; car il est visible que le remplissage de la vallée est la suite de la tendance que l'eau a à former beaucoup plus de *dépôts* que de transports, & cependant, en approfondissant son lit, en diminuant la hauteur & l'épaisseur des berges, il semble qu'il y auroit une autre tendance d'agens en sens contraire ; il semble que cette dernière force se seroit opposée au remplissage des vallées, qui est proportionnel à la distance de la source des rivières. Les rivières ont formé, à la longue, des *dépôts* dont la somme a comblé leur lit dans une proportion assez régulière, & malgré cela je vois que le lit actuel des rivières, quant à la superficie des berges, se trouve au dessous du niveau actuel. Quant au fond du lit, il y a grande apparence que ce fond s'élève encore. La diminution du volume d'eau, soit dans l'état de crue, soit dans l'état moyen, doit occasionner ces baissemens dans le niveau des *dépôts*.

Si l'on suit toutes les côtes, les plates-formes voisines d'un canal ou d'un vallon, telle que la Loire, ou la Seine, ou la Dordogne, on trouvera constamment que les *dépôts* torrentiels de ces rivières sont de la nature des terres & des pierres que les eaux des parties supérieures de tout le bassin qui s'étend au dessus pouvoient entamer & entraîner, & qu'en conséquence les *dépôts* que ces eaux ont pu faire, sont assujettis aux coupures que les premiers torrens ont faites. Partout où ils ont laissé des marques du passage de leurs eaux & des vestiges de leurs cours, ils y ont laissé en même tems des traces de leurs dégradations.

Par conséquent la disposition générale de ces *dépôts* est au même aspect dépendant toujours de la route que suivoient les premiers courans déjà assujettis à une ébauche de canal.

Voilà une observation générale, & qu'il est aisé de vérifier partout en suivant des rivières, soit qu'elles aient voituré des matières fertiles ou infertiles, qu'elles aient entraîné des substances d'une nature différente de celle où les *dépôts* se sont faits, ou de la même nature à peu près.

On sent bien que les eaux se sont portées des parties élevées dans les parties plus basses ; que leur marche ancienne est encore tracée par les rivières qui leur ont succédé, & que c'est en suivant ce même plan de distribution des eaux courantes qu'on peut se rendre raison à soi-même de tous ces phénomènes dont je viens d'exposer un précis.

Dépôts des plaines fluviales.

Il semble que les *dépôts* des plaines fluviales sont plus considérables vers les extrémités des plans inclinés, que le long du pied des bords escarpés. Les premiers *dépôts* sont la continuation de ceux qui recouvrent le plan incliné, & paroissent l'effet naturel du ralentiſſement de l'eau dans cet angle rentrant.

On ſent bien au reſte que, ſuivant les premiers principes de l'approfondiſſement des vallons, l'eau doit avoir entraîné & dépoſé quelque part les matériaux éboulés ſi elle ne les a pas laiſſés au pied de l'eſcarpement; car, dans ce dernier cas, le canal de la rivière ſe trouve éloigné du pied des bords eſcarpés par les matériaux précipités. Ces matériaux ſe ſont trouvés accumulés ainſi lorſque l'eau de la rivière a ceſſé de miner, ou n'a plus eu aſſez d'activité pour l'entraîner à meſure qu'elle ébouloit; mais lorſqu'elle a eu cette force, elle a dépoſé le produit de ces éboulemens, ou à l'extrémité de la face du plan incliné inférieur & du même côté que l'eſcarpement, ou bien ſur les revers ou à la pointe du plan incliné, l'eau ayant dans ces parties une viteſſe ralentie.

Cependant lorſque la rivière occupe le milieu des plaines fluviales, que la pointe des plans inclinés a été émouſſée par la réaction de l'eau, il y a grande apparence que ce ſont non-ſeulement les matériaux voiturés d'amont par le canal principal qui ont comblé la plaine fluviale, mais particuliérement les matières entraînées des croupes, & ſurtout celles qui ont été détachées des bords eſcarpés par les eaux pluviales & les petits torrens. Quelquefois on obſerve que ces *dépôts* ont été amenés par les ruiſſeaux qui tombent dans le vallon principal, leſquels coulent ſur une pente rapide & avec une viteſſe fort grande: ceci favoriſe les tranſports juſqu'à la plaine fluviale, où la rencontre de l'eau du canal principal leur fait éprouver un ralentiſſement qui occaſionne le *dépôt*. On n'a pas encore envisagé ces différens moyens que la nature emploie pour combler le fond de ſes vallées & pour en relever inſenſiblement le niveau. L'étude des matériaux eux-mêmes m'a fait découvrir la réunion de ces agens autant que leur diſpoſition, qui rend leur marche ſi reconnoiſſable.

DESCRIPTION. Il faut beaucoup d'ordre & de méthode dans les *deſcriptions* des différentes contrées de la Terre. On doit s'attacher d'abord aux formes du terrain, qui réſultent de toutes les opérations des eaux courantes ou des pluies, enſuite indiquer l'arrangement & la diſpoſition des différens corps & ſubſtances qui ſe montrent à la ſurface de la Terre, ou qui la compoſent à l'intérieur, & qu'on peut reconnoître dans les coupures des vallées, ou dans les fouilles des carrières & des mines. Mais nous voulons ſurtout que dans les deſcriptions on ſe borne, pour notre objet, aux maſſifs, à leurs limites & à leurs diſpoſitions reſpectives: toute autre conſidération nous paroît devoir ſurcharger l'attention de l'obſervateur, & le diſtraire du véritable objet que nous avons en vue. Au reſte, il y a pluſieurs ſortes de *deſcriptions*: la topographique eſt la plus détaillée, parce qu'elle embraſſe des limites peu étendues : un ſeul objet ſouvent y figure. La chorographique embraſſe un champ plus grand & plus vaſte, & ſouffre moins de détails; auſſi compare-t-on dans ce travail un plus grand nombre d'objets ſemblables entr'eux; enfin la *deſcription* géographique & phyſique enviſage des phénomènes généraux le plus qu'il eſt poſſible, ſans qu'il y ait confuſion dans les objets, ou déſordre dans les conſidérations de tous ces objets.

Rien ne nuit plus à la géographie-phyſique que de préſenter dans les *deſcriptions* de pays des aſpects pittoreſques ou des idées poétiques. Que peut faire à la géographie-phyſique la ſolitude des rochers, la fraîcheur des forêts, la limpidité des eaux, leur doux murmure! Ceux qui s'amuſent de ces idées vulgaires perdent de vue les opérations de la nature & leur réſultat; elles ſont d'un tout autre intérêt pour qui ſait les ſaiſir. Outre cela rien ne nuit plus à la ſcience, que d'accumuler dans les *deſcriptions* relatives à la géographie-phyſique un grand nombre d'objets iſolés, ſans ſuite, ſans ordre, ſans enſemble, & comme ils ſe préſentent à meſure qu'on parcourt un pays, ſans diſcuter ce qui peut être particulier à chacun des objets pour les raccorder avec tous les autres analogues ou ſemblables : ça été & c'eſt encore la méthode de pluſieurs écrivains qui ſe diſent naturaliſtes, & qui ſeroient bien fâchés qu'on ne les lût pas comme ſervant aux progrès de la ſcience.

DÉSERT. Ce ſont de grands eſpaces de terres qui ſont incultes & inhabités : on en diſtingue de deux ſortes; ſavoir, ceux dont le terrain eſt ſec & ſtérile, que l'on ne peut cultiver; enſuite les grands pays qui pourroient être cultivés avantageuſement, mais qui manquent d'habitans.

Les *déſerts* proprement dits ſont de quatre ſortes; ſavoir :

1°. Ceux qui ſont couverts de ſables mobiles;

2°. Les *déſerts* marécageux;

3°. Les *déſerts* pierreux;

4°. Les pays de bruyères.

Les *déſerts* de l'Afrique ſont preſque tous ſablonneux &, par cette raiſon, incultes & très-peu habitables; ceux de la Lybie, qui environnent l'Égypte, ſont, après ceux de Saarha, les plus étendus que nous connoiſſions, & ceux qui repouſſent le plus les habitans.

Les *déſerts* de l'Arabie & de la Syrie ſont, les uns ſablonneux, & les autres pierreux.

Les *déſerts* qui environnent la baſe du mont Imaüs, le *déſert* ſablonneux de Samo dans les États du Grand-Mogol, ſont encore très-conſidérables.

On doit auſſi nommer du nom de *déſert* ceux de Camboya;

Les *déſerts* pierreux de la Nouvelle-Zemble;

Les *déſerts* de Norwège, de l'Upland, de Suède & de Finlande;

Les *déſerts* de l'Allemagne, qui ſont tous couverts de

de bruyères, tels que ceux des environs de Lunebourg, nommés *bruyères de Lunebourg*.

Les *déserts* de l'Afrique & de l'Asie sont fameux & redoutables. « Qu'on se figure un pays sans verdure & sans eau, un soleil brûlant, un ciel toujours sec, des plaines sablonneuses, des montagnes encore plus arides, sur lesquelles l'œil s'étend, & le regard se perd sans pouvoir s'arrêter sur aucun objet vivant; une terre morte & pour ainsi dire écorchée par les vents, laquelle ne présente que des ossemens, des cailloux jonchés, des rochers debout ou renversés, un *désert* entièrement découvert, où le voyageur n'a jamais respiré sous l'ombrage, où rien ne l'accompagne, rien ne lui rappelle la nature vivante; solitude absolue, mille fois plus affreuse que celle des forêts, car les arbres sont encore des êtres pour l'homme qui se voit seul.

» Plus isolé, plus dénué, plus perdu dans ces lieux vides & sans bornes, il voit partout l'espace comme son tombeau. La lumière du jour, plus triste que l'ombre de la nuit, ne renaît que pour éclairer sa nudité, son impuissance, & pour lui présenter l'horreur de sa situation en reculant à ses yeux les barrières du vide, en étendant autour de lui l'abîme de l'immensité qui le sépare de la terre habitée; immensité qu'il tenteroit en vain de parcourir; car la faim, la soif & la chaleur brûlante pressent tous les instans qui lui restent entre le désespoir & la mort. »

C'est ainsi que Buffon nous représente les horreurs du *désert*. C'est avec une éloquence non moins soutenue qu'il nous fait connoître les moyens que l'homme a pour dompter les obstacles qui s'opposent à la domination qu'il semble devoir exercer sur tous les points de la Terre. « L'Arabe, à l'aide du chameau, a su franchir & même s'approprier ces lacunes de la nature : elles lui servent d'asyle; elles assurent son repos & le maintiennent dans son indépendance..... Cependant ce même Arabe, libre, indépendant, tranquille & même riche, au lieu de respecter les *déserts* comme les remparts de sa liberté, les souille par le crime; il les traverse pour aller chez les nations voisines enlever des esclaves & de l'or; il s'en sert pour exercer son brigandage dont malheureusement il jouit encore plus que de sa liberté; car ses entreprises sont presque toujours heureuses. Malgré la défiance de ses voisins & la supériotité de leurs forces, il échappe à leur poursuite, & emporte impunément ce qu'il leur a ravi. Un Arabe qui se destine à ce métier de pirate de terre, s'endurcit de bonne heure à la fatigue des voyages; il essaie à se passer du sommeil, à souffrir la faim, la soif, la chaleur; en même tems il instruit les chameaux, il les élève & les exerce dans cette même vue; peu de jours après leur naissance il leur plie les jambes sous le ventre, il les contraint à demeurer à terre, & les charge, dans cette situation, d'un poids assez fort qu'il les accoutume à porter, & qu'il ne leur ôte que pour leur en donner un plus fort. Au lieu de les laisser paître à toute heure & boire à leur soif, il commence à régler leurs repas, & peu à peu les éloigne à de grandes distances en diminuant aussi la quantité de nourriture. Lorsqu'ils sont un peu forts, il les exerce à la course, il les excite par l'exemple des chevaux, & parvient à les rendre aussi légers & plus robustes; enfin, dès qu'il est sûr de la force, de la légéreté & de la sobriété de ses chameaux, il les charge de ce qui est nécessaire à sa subsistance & à la leur; il part avec eux, arrive, sans être attendu, aux confins du *désert*, arrête les premiers passans, pille les habitations écartées, charge ses chameaux de son butin; & s'il est poursuivi, s'il est forcé de précipiter sa retraite, c'est alors qu'il développe tous ses talens & les leurs. Monté sur l'un des plus légers, il conduit la troupe, la fait marcher jour & nuit presque sans s'arrêter, ni boire ni manger; il fait aisément trois cents lieues en huit jours, & pendant tout ce tems de fatigue & de mouvement il laisse ses chameaux chargés; il ne leur donne chaque jour qu'une heure de repos & une pelotte de pâte; souvent ils courent ainsi neuf ou dix jours sans trouver d'eau; ils se passent de boire; & lorsque par hasard il se trouve une mare à quelque distance de leur route, ils sentent l'eau à plus d'une demi-lieue. La soif qui les presse leur fait doubler le pas, & ils boivent en une seule fois pour tout le tems passé & pour autant de tems à venir; car souvent leurs voyages sont de plusieurs semaines, & leur tems d'abstinences dure aussi long-tems que leur voyage.

» En Turquie, en Perse, en Arabie, en Égypte, en Barbarie, &c. le transport des marchandises ne se fait que par le moyen des chameaux: c'est, de toutes les voitures, la plus prompte & la moins chère. Les marchands & les passagers se réunissent en caravane pour éviter les insultes & les pirateries des Arabes; ces caravanes sont toujours très-nombreuses, & toujours composées de plus de chameaux que d'hommes : chacun de ces chameaux est chargé selon sa force; il la sent si bien lui-même, que quand on lui donne une charge trop forte, il la refuse & reste constamment couché jusqu'à ce qu'on l'ait allégé. Ordinairement les grands chameaux portent un millier & même douze cents pesant; les plus petits, six à sept cents. Dans ces voyages de commerce on ne précipite pas leur marche. Comme la route est souvent de sept à huit cents lieues, on règle leur mouvement & leurs journées; ils ne vont que le pas, & font chaque jour dix à douze lieues; mais tous les soirs on leur ôte leur charge & on les laisse paître en liberté. Si l'on est en pays vert, dans une bonne prairie, ils prennent, en moins d'une heure, tout ce qu'il leur faut pour en vivre vingt-quatre, & pour ruminer

» pendant toute la nuit ; mais rarement ils trouvent de ces bons pâturages, & cette nourriture » délicate ne leur est pas nécessaire ; ils semblent » même préférer aux herbes les plus douces, l'absynthe, le chardon, l'ortie, le genêt, l'acacie » & les autres végétaux épineux : tant qu'ils ont » des plantes à brouter, ils se passent très-aisément de boire.

« Au reste, cette facilité qu'ils ont à s'abstenir » long-tems de boire n'est pas de pure habitude ; » c'est plutôt un effet de leur conformation. Il y » a dans le chameau, indépendamment de quatre » estomacs qui se trouvent d'ordinaire dans les autres animaux ruminans, une cinquième poche » qui leur sert de réservoir pour conserver de l'eau. » Ce cinquième estomac manque aux autres animaux, & n'appartient qu'aux chameaux & aux » dromadaires ; il est d'une capacité assez vaste » pour contenir une assez grande quantité de liqueur ; elle y séjourne sans se corrompre, & sans » que les autres alimens puissent s'y mêler ; & » lorsque l'animal est pressé par la soif, & qu'il a » besoin de délayer les nourritures sèches & de » les macérer par la rumination, il fait remonter » dans sa panse & jusqu'à l'œsophage une partie » de cette eau par une simple contraction de muscles. C'est donc en vertu de cette conformation très-singulière, que le chameau peut se passer plusieurs jours de boire, & qu'il prend en » une seule fois une prodigieuse quantité d'eau » qui demeure saine & limpide dans ce réservoir, » parce que les liqueurs du corps ni les sucs de » la digestion ne peuvent s'y mêler. »

Telles sont les vues générales que présente l'observation des *déserts*, des hommes qui les habitent, & des moyens d'existence qu'ils y ont. Il ne nous reste plus qu'à faire l'énumération des principaux *déserts* que présentent les diverses contrées de la Terre.

Désert de Saarha ou *Grand-Désert.*

C'est le plus grand de l'Afrique. Il est borné au nord par la Barbarie, à l'est par le Fezzan & le Casnah, au sud par le Tombouctou, la Nigritie & la Guinée ; à l'ouest par l'Océan atlantique. Il est situé entre le 15e. & le 30e. degré de latitude nord, & le 0 degré & le 35e. de longitude est. Ses bords au nord, au sud & à l'est portent des noms particuliers, bien qu'ils soient tous contigus. Ainsi, au nord on le nomme, vers les sources du Ghir en Barbarie, *désert de Vareclan*, *désert de Zanhaga* & *désert de Quenziga* : on l'appelle *désert d'Highidi* vis-à-vis la ville de Gademis ; au nord-est il communique avec le *désert* de Barca par celui de Soudah ; à l'est, sur sa limite avec le Fezzan, on le nomme *désert de Lemta* ; plus au sud il prend la dénomination de *désert de Jazar* ; près de Tombouctou c'est le *désert de Terga & d'Azarad*. Par les parties où il est contigu à la Nigritie, il se nomme *désert du Ghir* & *désert de Tegazza* ; enfin sa partie limitrophe de la Guinée est appelée *désert d'Azgar* : son centre même porte le nom particulier ; c'est le *désert de Haher* & de *Targa*.

On le nomme *Sahra*, ou *Sarra*, ou *Saarha*, qui en arabe signifie *désert*, & quelquefois encore *mer de sable*, à cause de sa vaste étendue ; il est peu habité parce que le soleil, dardant ses rayons sur les sables dont il est formé, y cause une chaleur insupportable. La sécheresse y est si grande, qu'on fait quelquefois cent lieues sans trouver une goutte d'eau. Les vastes campagnes de sable mouvant, fréquentes en ce pays, en rendent la traversée très-dangereuse. Il renferme des lions, des panthères, des léopards, des autruches, &c.

Désert de Tombouctou ou *de Tomboutoo.*

Ce *désert* est situé en Nigritie, entre le 12e. & le 15e. degré de latitude nord, & entre le 20e. & le 22e. degré de longitude est, au dessous du grand *désert* de Saarha & de l'autre côté du fleuve Joliba ou Niger, entre ce fleuve & les montagnes des frontières de la Guinée. Les contours sont peu déterminés.

Désert de Degomba.

Il est situé aussi en Nigritie, entre le 11e. & le 12e. degré de latitude nord, & entre le 15e. & le 16e. degré de longitude est, dans la province de Kong ou de Gonjah.

Ce *désert* pourroit bien communiquer avec celui de Tombouctou ; mais les limites de l'un & de l'autre sont trop peu connues pour qu'on puisse rien affirmer de positif à cet égard.

Déserts de Bilmah & de Seth.

Le premier est placé entre le 32e. & le 38e. degré de longitude est, & au dessous du 26e. degré de latitude nord ; il fait aussi partie de la Nigritie. Sa limite du côté du nord est opposée à la limite sud du Fezzan, & en est séparée par une contrée fertile, au nord, & il se joint au *désert* de Libye par le *désert* de Tibeste ; à l'est il est séparé du *désert* de Bornou par la rivière des Antelopes ou des Gazelles ; au sud-est il paroît se joindre au *désert* de Seth, qui s'étend jusqu'aux bords du fleuve Ghir de Ptolémée, sur la limite du Darfour. Ses limites sont au midi les monts Amédèdes ou Usargala, qui donnent naissance aux sources du fleuve Niger ; enfin, à l'ouest il est borné par les provinces de Taboo & du Agaded, qui le séparent du grand *désert* de Saahra. C'est dans l'intervalle qui sépare ces deux *déserts*, que se voient le torrent de Mezeran & les villes de Taboo, de Tagaza, de Gazer, d'Assouda, d'Agades ou d'Audeghert, &c.

Désert de Zeu.

Il est placé en Nigritie, au sud du *désert* de

Seth, dont il est séparé par les villes de Semegonda, de Durti, de Medanso, de Bendula, &c. Au midi il est limité par la province de Kororofa, à l'est par le Ghir de Ptolémée & le royaume de Darfour en Nubie, & à l'ouest par des montagnes qui fournissent plusieurs rivières, lesquelles se jettent dans le Niger. Il est situé entre le 38e. & le 43e. degré de longitude est, & entre le 12e. & le 14e. degré de latitude nord.

Désert de Zansara.

Il paroît correspondre au *désert* de Bismah, & est situé, comme lui, en Nigritie, vers le 18e. degré de latitude nord, & le 31e. degré de longitude ouest.

Désert de Malel.

Il est placé en Nigritie, sur la rive gauche du Niger, en face du lac de Ghana, ayant à l'ouest la province de Tocrur ou de Meckzara, & à l'est les marécages de Wangara. Il gît par 15 degrés de latitude nord, & entre les 30e. & 35e. degrés de longitude est.

Désert de Bahionda.

Il est en Nubie, dans la province de Dongola, entre la ville de Bir-el-Matha, située au pied d'une chaîne de montagnes qui se joint à celle du royaume de Darfour, & la ville de Grood sur le Nil, au dessus des cataractes, & près du point de réunion de ce fleuve avec la rivière de Tacazze, qui prend sa source en Abyssinie. Ce *désert* est de forme alongée, s'étend de l'est à l'ouest, entre le 47e. & le 52e. degré de longitude est, & entre le 18e. & le 19e. degré de latitude nord. Le voyageur Browne a visité l'extrémité ouest de ce *désert*.

Désert de Barca.

Il est situé dans les États du dey de Tripoli, au nord du *désert* de Libye, dont il est séparé par des montagnes, & se joint au *désert* de Saahra par le *désert* de Soudah ou Sort. Il s'étend entre le 38e. & le 45e. degré de longitude est, & entre le 30e. & le 32e. degré de latitude nord.

Désert de Libye.

Ce désert, situé entre le 20e. & le 30e. degré de longitude est, & entre le 25e. & le 30e. de latitude nord, a deux ou trois cent cinquante lieues de longueur de l'est à l'ouest, sur une largeur évaluée à cent cinquante du nord au sud.

Il est borné au nord par le *désert* de Bargah, au midi par le Levatah, à l'est par l'Égypte, & à l'ouest par le Fezzan.

Le voyageur Hornnemann, qui a parcouru ce *désert* & les oasis qu'il renferme, nous fournira les matériaux de cet article.

Le *désert* de Libye forme une limite naturelle à l'Égypte. Il s'étend à l'ouest depuis la vallée de Natron jusqu'aux montagnes d'Oûmm, Essogheïr. Au nord, cette plaine stérile & sauvage est bornée par une chaîne de hautes montagnes, qu'on a en perspective pendant toute la marche des caravanes vers l'ouest. Au sud il comprend un espace considérable, dont on ne connoît point ou dont n'a pas déterminé les limites dans cette direction.

On y trouve du bois pétrifié de diverses formes & de diverses grosseurs : ce sont tantôt des troncs d'arbres entiers de douze pieds & plus de circonférence, tantôt seulement de simples morceaux d'écorce de différentes espèces, ou des branches & des rejetons, ayant à peine trois lignes de diamètre. Plusieurs des grandes tiges conservent encore leurs branches latérales, & dans un grand nombre le bois a subi si peu d'altération, qu'on distingue ses couches concentriques, surtout dans les troncs qui paroissent avoir été des chênes. D'autres bois sont entièrement pétrifiés dans l'intérieur : on n'y discerne ni grains ni fibres, & on les prendroit pour de la pierre si leur forme extérieure n'indiquoit clairement que ce sont des arbres.

Des voyageurs arabes ont assuré qu'on rencontroit, en parcourant ce *désert*, des arbres pétrifiés debout, comme s'ils étoient en pleine croissance. Ce même fait a été observé sur la côte de la Nouvelle-Hollande par M. Bailly, minéralogiste français attaché à l'expédition de découvertes commandée par feu le capitaine Baudin.

Le bois pétrifié du *désert* de la Libye est en général de couleur noire ou approchant ; mais il est quelquefois gris-blanc, & alors il ressemble tellement à du bois dans son état naturel, qu'on s'y tromperoit facilement si l'on n'en jugeoit que d'après l'aspect.

On trouve ces pétrifications éparses, en morceaux isolés ; mais elles se rencontrent plus fréquemment en couches irrégulières qui couvrent des espaces considérables.

S'il existe encore des traces d'une branche occidentale du Nil dans ce *désert*, ainsi que l'ont avancé d'anciens auteurs, & notamment Hérodote, c'est probablement dans quelques parties de ce *désert* qu'on peut espérer de les découvrir. On ne remarque ni canal ni vestige de ce genre dans la route que suit la caravane de l'est à l'ouest, & l'on ne sauroit mieux conseiller les voyageurs qui parcourront ce pays, que de diriger leurs recherches vers le pied de la montagne de sable, située à l'ouest de Ouâdy-el-Natron & dans le district de Mahabag.

Le *désert* est borné au nord par une chaîne de montagnes escarpées, nues & calcaires. A leur pied s'étend un terrain plat, humide & marécageux, ayant depuis un mille jusqu'à six, assez abondant en sources. Ces montagnes font suite depuis la vallée de Natron jusqu'à l'oasis d'Hammon ou Syoûah. Au-delà de cet oasis elles continuent à se diriger vers l'ouest jusqu'à l'oasis de Andjelah, & ensuite jusqu'aux montagnes de Moraije ou Maraï, qui s'étendent au sud-sud-ouest.

Au-delà de Syoûah elles s'élèvent brusquement du niveau de la plaine, avec la roideur d'un précipice, & elles offrent l'aspect d'un rocher nu, sans le moindre revêtement de terre ou de sable. Leur forme extérieure, jointe au sable marin qui couvre le *désert*, indique que cette vaste étendue a été submergée. On voit dans la plaine sablonneuse qui s'étend au pied de ces montagnes, la superficie d'un immense rocher calcaire, qui ne renferme aucune trace de pétrification, tandis que les montagnes adjacentes sont composées de pierre calcaire remplie de débris d'animaux marins & de coquillages. Les couches de toutes ces montagnes sont horizontales.

A l'ouest de Syoûah, Hornnemann trouva deux bancs ou monceaux de coquillages pétrifiés, dont quelques-uns avoient plus de deux pouces de longueur. Son interprète lui dit que, marchant à quelque distance de lui, il avoit vu une montagne isolée & sans connexion avec d'autres, qui étoit entiérement composée de coquillages. On rencontre dans tout cet espace plusieurs de ces grands amas isolés, & les jointures ou interstices de leurs couches, toujours horizontales, étant remplis d'une substance rougeâtre, friable & calcaire, ils ressemblent à des pyramides.

Andjelah, situé à dix journées de marche à l'ouest de Syoûah, est une ville connue dès le tems d'Hérodote. Elle couvre un espace d'un mille environ de circonférence. Les maisons sont de pierre calcaire tirée des montagnes voisines. Les environs sont des plaines sablonneuses; cependant le sol y est assez fertile lorsqu'il est bien arrosé. On ne cultive pas une quantité de blé suffisante pour la consommation des habitans. Les Arabes de Bengasi importent chaque année du froment & de l'orge. Tout l'espace compris entre Andjelah & les montagnes de Maraï est entiérement privé d'eau, & si complétement stérile, qu'il est impossible d'y trouver un seul brin d'herbe. La plaine est composée de pierre calcaire, quelquefois toute nue, mais plus souvent couverte de sable mouvant.

Les montagnes de Maraï semblent devoir leur origine à une base ronde de rocher calcaire, où les vents ont accumulé des monceaux de sables, souvent à une très-grande hauteur. Cette chaîne s'étend fort loin au sud-sud-ouest, & paroît aussi prolonger les ramifications vers le nord; elles sont principalement formées par l'amas de gros rochers de forme bizarre, qui portent l'empreinte de grands bouleversemens arrivés dans ces lieux.

C'est dans cette position, environ par dix-neuf degrés de longitude est & par vingt-huit degrés de latitude nord, que se rencontre la région montueuse d'Harondje, si connue & si redoutée des voyageurs. Son aspect est noir & dépouillé de végétation. Le sol est pierreux, & les pierres sont calcaires. La forme de ces montagnes est généralement conique : leurs couches, jadis horizontales, ont éprouvé une révolution qui les a brisées, bouleversées & confondues comme elles le sont aujourd'hui.

La substance dont elles sont formées ressemble au basalte ferrugineux par la couleur & la nature de ses fragmens.

Ce *désert* montueux d'Harondje est à sept journées d'étendue du nord au sud, & cinq de l'est à l'ouest, & sépare le Fezzan du *désert* de Libye. Une de ses branches même entoure le Fezzan au nord, & se rend jusque sur les limites du *désert* de Saahra. Le tableau, brisé, sauvage & terrible à la fois que présente cette région, fait supposer au voyageur Hornnemann, qu'une révolution volcanique imprima dans un tems quelconque, à sa surface, son apparence actuelle de bouleversement. Nulle part ces inégalités du sol n'y sont d'une grande élévation. L'aspect général de la contrée offre des chaînes continuelles de collines prolongées en différens sens, ne s'élevant que de huit à douze pieds au dessus du niveau du sol intermédiaire, & entre les ramifications desquelles de hautes montagnes isolées, dont les flancs sont très-escarpés dès leur base, s'élèvent d'un terrain absolument plat, sans aucune progression de pente.

Les intervalles qui séparent ces montagnes sont le plus souvent couverts de sable mouvant, blanc, sur lequel sont irréguliérement épars de gros blocs de pierre de la même nature & de la même substance que les pierres généralement répandues dans ce *désert*. Au rapport d'Hornnemann, la terre qui se trouve sous ce sable mouvant ressemble à des cendres vomies par un volcan. Ce voyageur observa dans le même lieu des pierres moins grosses & de couleur rougeâtre, semblables à celles des briques cuites : il y en avoit dont une moitié étoit rouge, & l'autre noirâtre. La partie rouge n'avoit ni la même densité ni le même poids que la noire : la première est plus poreuse & plus spongieuse, & ressemble en général aux scories des métaux.

La substance pierreuse qui constitue la masse de ces montagnes, varie en couleur & en épaisseur; elle est, en quelques endroits, lourde & compacte; dans d'autres, elle a de petits trous & de petites cavités. Ces sortes de pierres sont entremêlées, & l'on n'apperçoit ni dans l'une ni dans l'autre aucune matière ou substance hétérogène.

Le gissement de ces pierres est parfaitement horizontal, mais souvent dérangé. Des parties de la première couche se mêlent avec la seconde, & celle-ci avec la troisième : tantôt les couches prennent une direction oblique, tantôt elles sont mêlées confusément; quelquefois il n'en paroît pas du tout. On voit aussi, de loin en loin, dans les portions plates qui sont dépourvues de sable ou de terre végétale, des rochers à fleur de terre, dont la substance est la même.

Toute cette région de monticules, de collines, de rochers & de montagnes est en même tems entrecoupée de vallées où l'on rencontre par fois de l'eau; & quoique le sol ne soit que du sable blanc, il est assez fertile pour produire des arbres isolés & du fourrage pour les animaux. Ces espaces productifs offrent çà & là des indices de gibier.

Dans une caverne de ces montagnes, l'interprète de M. Hornnemann remarqua que les pierres noires qui la formoient, reposoient sur une couche de pierre blanche argileuse. M. Hornnemann lui-même, dans un voyage postérieur qu'il fit de Fezzan à Tripoli, & traversant le *désert*, qu'il prenoit pour une continuation du Harondje, vit des rangées de collines de basalte, qui alternoient avec des collines calcaires.

Le Harondje, tel que nous venons de le décrire, porte la dénomination de *noir*. Le Harondje blanc y est contigu à l'ouest, & n'est qu'une vaste plaine entre-mêlée de monticules isolées; il s'étend jusqu'aux montagnes qui commencent près du Fezzan. Les pierres qui couvrent la surface de cette plaine ont l'air d'être vernies: il en est de même de toutes les autres substances, & même des rochers qui interrompent de tems en tems le niveau. On trouve parmi les pierres, des débris de grands animaux marins pétrifiés, & plus souvent encore des coquilles fermées & converties en masse solide. Ces coquilles, frappées avec force, rendent un son aigu, & leur cassure a l'apparence de celle du verre.

Les Arabes comprennent dans le Harondje blanc les collines basses, nues & calcaires qui bordent la plaine; mais leur nature est très-différente: elles contiennent beaucoup de pétrifications. Ces montagnes sortent de terre par un escarpement immédiat. La substance dont elles sont formées, n'est que de la pierre à chaux friable, où les pétrifications ont si peu d'adhérence, qu'on peut les arracher sans effort. Ce sont des conques, des limaçons, des poissons & autres substances marines. On y trouve des têtes de poissons, qui suffiroient pour faire la charge d'un homme. Il y a dans les vallées adjacentes une grande quantité de coquillages de la même espèce que ceux qu'on trouve dans la grande plaine, & qui semblent également vernis. (*Voyez* FEZZAN.)

Au milieu de cet immense océan de sables mouvans qui séparent l'Égypte de la portion occidentale de l'Afrique, sont dispersées des espèces d'îles habitées & cultivées, que nous désignerons, à l'exemple des Anciens, sous le nom d'*Oasis*. Il s'en faut de beaucoup que les auteurs anciens & modernes soient d'accord sur le nombre des oasis; cependant ni les uns ni les autres ne les ont portées au-delà de trois. Nous nous proposons de revenir sur ce sujet à l'article Oasis. (*Voyez ce mot.*)

Désert de Sélima.

Il appartient moitié à la Nubie & moitié à l'Égypte, sur le revers des montagnes qui dessinent les bords de la rive gauche du Nil, & à la hauteur des petites cataractes de ce fleuve ou de la ville de Syenne. Il est presque contigu à la pointe sud-est du *désert* de Libye. Les grandes cataractes du Nil sont au sud de ce *désert*, qui est situé entre le 47e. & le 52e. degré de longitude est, & entre le 24e. & le 25e. degré de latitude nord.

Il est de forme alongée, dans la direction du sud-ouest au nord-est. Ce *désert* a été traversé dans le sens de sa largeur par le voyageur Brown.

Désert de Nubie.

Le *désert* de Nubie est dans la direction du sud-est au nord-ouest. Il est situé sur le revers des montagnes qui forment la côte sud ouest de la Mer-Rouge, & entre ces montagnes & la rive droite du Nil au dessus des grandes cataractes. Il est bordé dans une partie de sa longueur par des rochers qui le séparent de la province de Dongola.

Ce *désert*, visité par Bruce, est situé entre le 50e. & le 55e. degré de longitude est, & entre le 17e. & le 23e. degré de latitude nord: sa pointe nord-ouest s'étend jusqu'à la ville d'Ibrim, sur les bords du Nil. (*Voyez les articles* ARABIE, NUBIE, SYRIE, SIBÉRIE, STEPS, PERSE, TARTARIE, &c.)

DÉSERT (Le), du département de Seine & Oise, jardin dans la commune de Versailles, près de la ferme des Essarts, où l'art & l'industrie ont fait disparoître l'aridité du sol. Ce jardin a été noté dans le poëme *des Jardins* de l'abbé Delille; ce qui peut donner l'idée du mérite de cette retraite champêtre.

DESIX (La), département des Pyrénées-Orientales, canton de Sournia. Sa source consiste dans la réunion de plusieurs ruisseaux, à une lieue & demie ouest de Sournia; verse ses eaux à l'est, remonte au nord-est, reçoit la Malassas, & se rend dans la Gly, à trois lieues & demie à l'est de sa source.

DESOUBRE (La), petite rivière du département du Doubs, canton de Pierre-Fontaine. Elle prend sa source près de Loray, village à trois quarts de lieue d'Orchamps, & va se jeter dans le Doubs à Saint-Hippolyte, à treize lieues nord-est de Besançon.

DESPINGON (Lac de) département de la Haute-Garonne, canton de Bagnères-de-Luchon, sur le Go, où il forme une cascade de huit cents pieds de chute, dont les eaux se rendent dans le lac de

Culogo, à deux lieues & demie sud-ouest de Bagnères.

DESSCHEL, bourg du département des Deux-Nèthes, canton de Mol, commune de Geel, & à deux lieues trois quarts nord-est de cette ville. Il y a dans ce bourg de bonnes fabriques de draps & autres étoffes de laine choisie.

DESSICCATION. J'appelle ainsi les effets que les différens massifs de la Terre ont éprouvés lorsqu'ils ont été exposés à l'action de la chaleur & à la retraite qui en a dû être la suite par la perte de l'eau qui les pénétroit; ainsi les continens de la moyenne & de la nouvelle terre, après que la mer les a abandonnés, ont éprouvé les effets de la *dessiccation*, & les fentes se sont formées dans les couches à mesure qu'elles se sont desséchées & qu'elles ont pris plus de consistance par la retraite des matières sur elles-mêmes.

Les massifs de l'ancienne terre, je ne sais à quelle époque, ont éprouvé ces effets de la *dessiccation*, s'ils n'ont pas été formés sous les eaux: toujours est-il vrai qu'ils ont éprouvé les effets de la *dessiccation*, à peu près comme les grands massifs qui ont été certainement sous la mer, & qui n'ont pas été distribués par couches: tels sont les massifs de la craie, les massifs d'argile que la *dessiccation* a réduits en trapézoides.

Ce n'est pas seulement le degré de chaleur qui a influé sur les fentes, mais son action sur les matières qui prenoient une certaine consistance, & la manière dont elles se comportoient en se resserrant sur elles-mêmes & en se pétrifiant. Les sables, par exemple, qui ne se sont point retirés, n'ont point de fentes; les grès, au contraire, ont des fentes.

Quoique cet effet de la chaleur appartienne à la physique, j'ai cru devoir m'en occuper dans ce Dictionnaire, & en faire un article particulier, vu sa grande influence dans plusieurs phénomènes qui tiennent à la géographie-physique, & les grandes conséquences que j'en tire dans plusieurs circonstances: c'est à la *dessiccation*, par exemple, que sont dues les fentes en tout sens qu'on voit dans les deux sortes de massifs graniteux que j'ai distingués, ceux composés de principes distribués uniformément, & ceux où ils sont arrangés par bandes ou par raies, & que les Allemands appellent *gneiss*. En suivant les grandes coupures qu'offrent ces massifs, il est visible qu'ils sont divisés par le moyen de fentes plus ou moins grandes, plus ou moins multipliées, lesquelles sont l'effet de la retraite de la matière à mesure qu'elle a pris un certain arrangement, une certaine consistance solide: c'est par ces fentes que les granits se pénètrent des eaux pluviales, & les versent au dehors à toutes les hauteurs; que les différentes masses terreuses, distribuées par couches, en sortant du sein de la mer où elles avoient été organisées par l'action de la chaleur, éprouvèrent une *dessiccation* plus ou moins remarquable par les fentes qui en résultèrent; que les matières éprouvèrent une plus grande retraite; que l'évaporation fut plus forte; que le grain fin des matières distribuées par couches & par lits éprouva une plus grande retraite, & que les grains moins fins en éprouvèrent très-peu. Aussi les fentes sont très-multipliées dans les cos, dans les ardoises, dans les bancs de pierres où les débris de coquilles ont été très-fortement comminués. Outre cela, la retraite s'étant opérée dans le sens de la longueur des couches, il en résulte que les fentes de *dessiccation* traversent cette épaisseur toujours perpendiculairement à l'horizon. Cependant les irrégularités que la marche peu régulière de la *dessiccation* & de la retraite a pu produire lorsque le grain de la matière a varié, & que la retraite s'est fait sentir inégalement sur les différentes parties des couches, le grain des matières argileuses & pierreuses, distribuées par couches & par lits, paroît avoir éprouvé plus de retraite que les grains moins fins; aussi les fentes de *dessiccation* sont-elles en général très-multipliées dans ces couches, ou plus larges que dans les grains un peu moins fins, & il est possible que le grain des bancs pierreux soit assez gros pour qu'il n'y ait aucune fente sensible de *dessiccation*, parce que les vides sont disséminés.

Dans les masses argileuses qui ont conservé l'état terreux, on trouve beaucoup de fentes de *dessiccation* pourvu que l'argile ait pris une certaine consistance. Les fentes sont verticales si ces masses argileuses sont distribuées par couches d'une épaisseur moyenne; mais elles sont en tout sens, & divisent les masses en espèces de trapézoïdes si ces masses sont épaisses. C'est en conséquence de ce même travail de la nature, que, dans les masses schisteuses ou dans les ardoises, il y a tant de fentes & de résultats de la division par la retraite, qui sont trapézoidaux.

La craie est dans le même cas que l'argile. Comme elle est par masses fort épaisses, elle a éprouvé une *dessiccation* en tout sens, & par conséquent les fentes se présentent de même.

C'est à la suite de ces effets de la *dessiccation* que se font & que s'accélèrent les démolitions des couches ou des masses. Ainsi les parties de granits qui sont à la surface de la terre se démolissent-elles par trapézoïdes, dont les faces font partie des fentes. Il en est de même de la craie & des argiles; mais dans les couches pierreuses il y a semblablement des débris dont les fentes verticales ont commencé la séparation, & à la suite de cela le délitement. (*Voyez* DÉLITEMENT, DÉMOLITION.)

Ce n'est pas seulement en conséquence du travail de la pétrification, que les fentes se sont multipliées; car il y en a dans les masses d'argile qui ont conservé l'état terreux. Il est vrai qu'elles ont pris une certaine consistance; mais elles peuvent, en cet état, se délayer dans l'eau en les laissant tremper assez peu de tems.

Je croirois assez que le travail de l'infiltration n'a pas contribué aux fentes: elles étoient faites, elles étoient ouvertes avant ce travail, car plusieurs de ces fentes ont été remplies par les principes infiltrans & pétrifians que l'eau a chariés dans les masses qui avoient éprouvé la *dessiccation* des fentes.

J'ai vu, il est vrai, différens produits de l'infiltration, qui prouvent que la *dessiccation* a eu des époques différentes, & que l'ouverture a eu des reprises à la suite desquelles les remplissages se sont opérés sur différentes épaisseurs.

Je trouve les preuves de ceci dans les marbres comme dans les pierres calcaires qui approchent des marbres. Effectivement, les marbres sont les résultats de plusieurs opérations successives & assez éloignées les unes des autres.

Les cos en Bourgogne, qui sont des pierres calcaires d'un grain fort fin, très-homogènes, & qui ressemblent, par ce grain, aux pierres à rasoir, qui sont d'une nature différente, ce cos se trouve par bancs: il est ordinaire de le trouver dans la carrière, traversé en tout sens d'un nombre presqu'infini de gerçures plus ou moins, suivant qu'il est plus dur ou plus tendre. On croiroit voir des couches d'argiles séchées & gercées par la *dessiccation*. Souvent le jeu de l'eau, chargée de fer, qui a pénétré dans les gerçures du cos, y forme des dendrites qui se dessinent très-bien sur ce fond uni.

La carrière de Vaugirard, dans les environs de Paris, présente les mêmes phénomènes & la même espèce de pierre.

Dans les craies je n'ai trouvé que de longues fentes de *dessiccation*: comme il n'y a guère de distinction de lits au Chaudey proche Troyes, & au pied de la montagne de Montgueux, & aux environs de Vitry & ailleurs, je n'ai trouvé que de larges fentes bien continuées, mais à des distances très-grandes & ayant une tendance au trapézoïde.

La plupart des brèches présentent des cassures multipliées, qui sont visiblement l'effet de la *dessiccation* ou de l'effort de l'eau par la gelée, & la pâte qui est survenue & qui a relié ensemble ces morceaux détachés par la gerçure, a éprouvé aussi quelquefois des fentes de *dessiccation*.

La pierre de Florence, qui est une espèce de cos, se fend aussi en espèces de prismes irréguliers, & qui sont assez souvent tronqués. Ceci me donnera lieu d'expliquer la formation de ces châteaux & de ces ruines.

C'est à cet effet de la *dessiccation* qu'on doit rapporter les laves ou lèves dont sont couvertes les maisons en Bourgogne. La plupart de ces pierres ont assez communément le grain serré du cos.

De Châtillon à Dijon les bancs horizontaux se délitent d'une manière assez irrégulière, & sont séparés; en sorte que les lames n'ont aucune figure régulière, & leurs surfaces ne sont nullement parallèles entr'elles ni avec les deux surfaces supérieures ou inférieures du banc. De plus, ces bancs sont traversés dans le sens perpendiculaire à l'horizon, d'un grand nombre de fentes, dans la disposition desquelles on ne découvre d'abord aucune régularité, mais qui en ont un singulier arrangement. Ces fentes se continuent bien verticalement en tranchant sans interruption toutes les lames horizontales dans lesquelles le banc se délite; en sorte que si le banc est mis à découvert sur la face d'une de ces fentes par quelques accidens naturels ou par une fouille, chaque banc présente une face bien unie dans ces escarpemens; c'est une tranche de gâteau feuilleté qui a été coupée proprement avec un couteau. Ces sections si fréquentes qui partagent les bancs dans toute leur épaisseur, & qui se croisent en mille manières, n'affectent en aucune façon la direction perpendiculaire à l'horizon & aux deux faces du banc. Souvent elles le traversent de biais; en sorte que les faces des fentes sont en talus. D'autres fois elle est perpendiculaire: on croiroit quelquefois que ces escarpemens qui mettent à découvert plusieurs bancs dont les fentes ne sont pas dans le même plan, sont des ruines de murs, dont les assises sont taillées carrément. Enfin, il y en a qui présentent la forme prismatique dans les passages fréquens d'un banc à l'autre, dont les fentes ne se correspondent pas.

En allant de Civita-Vecchia aux alunières de la Tolfa on trouve une très-grande quantité de pierres de Florence ou de cos calcaires, qui sont fendues par une infinité de gerçures qui les coupent dans tous les sens. Il y en a en prismes irréguliers, en trapézoïdes. Ces prismes traversent l'épaisseur des couches avec leurs bases en se montrant sur les faces supérieures & inférieures. Quelques-unes des faces des prismes & des trapézoïdes sont colorées en bleu, en jaune, en rouge, en couleur de rose. Je me suis amusé à déplacer ces élémens & à décomposer ainsi de très-grosses masses, qui ne consistoient que dans ces sortes d'assemblages.

J'en ai trouvé plusieurs qui me donnèrent le spectacle de ces figures de ruines de château que certains curieux croient reconnoître dans les pierres de Florence. Quelques-unes étant coupées obliquement par la base, dans l'épaisseur d'une couche, & embrassant toute la couche, l'eau chargée de principe colorant s'insinue par ces fentes, & parvient à répandre une teinte plus ou moins foncée sur toutes les faces des prismes; ce qui détache alors chaque objet du champ supérieur qui fait le ciel du paysage de ces ruines.

Les fentes se remplissent ainsi par les principes colorans, & le tout devient susceptible de poli.

A Monte-Rosato, sur la rive droite du Tibre, il y a des fouilles considérables d'une pierre cuite, semblable au peperino de marino: on y voit bien à son aise les fentes de *dessiccation*, qui sont la suite de la retraite de la matière. Il résulte de ces fentes, des trapézoïdes multipliés en plus ou moins grand volume. C'est la même chose à la Bocca de la Verita, à Marino, au Pausilippe, excepté que les couches sont reconnoissables au Pausilippe, au lieu qu'il n'y a aucune marque de couche dans les environs de Rome. (*Voyez le mot* FENTES PERPENDICULAIRES.)

DÉTROIT. C'est un canal resserré entre les terres des deux côtés, & qui ne laisse qu'un petit passage pour communiquer d'une mer à une autre.

Le *détroit* le plus fréquenté est celui de Gibraltar, qui joint la Méditerranée à l'Océan atlantique.

Ensuite vient le Sund, qui se trouve à l'entrée de la mer Baltique, & qui forme la communication de cette mer méditerranée avec la mer d'Allemagne; enfin le *détroit* de Calais ou Pas de Calais, qui réunit la Manche à la mer d'Allemagne, & sépare l'Angleterre de la France. J'ai prouvé dans ma Dissertation sur l'ancienne jonction de l'Angleterre à la France, que le *détroit* de Calais, outre le resserrement des côtes, étoit aussi, quant à la profondeur, la partie dont le fond étoit le plus élevé que celui des autres parties de la Manche ou de la mer d'Allemagne.

Un des *détroits* les plus fameux est celui de Magellan, qui fut découvert en 1520, & qui servit pendant quelque tems aux navigateurs qui vouloient passer de l'Océan dans la mer du Sud; mais en 1616 on découvrit le *détroit* de le Maire, & on abandonna celui de Magellan, tant à cause de sa longueur, que parce que la navigation y est dangereuse, à cause des courans des deux mers qui s'y font sentir & qui s'entre-choquent. (*Voyez* MAGELLAN (*détroit* de).)

Les *détroits* se trouvent dans différentes situations, ou bien ils séparent un continent d'un autre, comme le *détroit* de Gibraltar, ou bien des portions de continent comme celui des Dardanelles, ou bien une portion de continent des autres parties, comme le Sund, ou bien une île d'un continent, & il y en a beaucoup de cette sorte, ou bien enfin une île d'une autre île.

Varenius croit que les *détroits* ont été formés la plupart par l'irruption de la mer dans les terres; & si l'on examine bien ceux qui communiquent des méditerranées à l'Océan, il est aisé de se convaincre que les *détroits*, du moins leur première ouverture, sont dus à l'action de l'eau intérieure des méditerranées, qui débouchoit dans l'Océan. Voir les preuves de Varenius.

M. de Buffon pense que la direction de la plupart des *détroits* est d'orient en occident; ce qu'il attribue à un mouvement ou effort général de la mer dans ce sens.

La seule difficulté qu'on puisse opposer à cette prétention, c'est celle de savoir si l'irruption ne s'est pas faite dans la direction d'occident en orient. Suivant l'hypothèse de M. de Buffon, le *détroit* de Gibraltar a été ouvert dans la direction d'occident en orient, comme le Sund, comme le Pas de Calais. Or, rien ne porte à le croire.

Je serois plutôt porté à croire que le *détroit* de Gibraltar, par exemple, a été ouvert par l'action des eaux courantes de la Méditerranée, laquelle s'est portée à ce point dans la Méditerranée, & l'a ouvert comme tous les fleuves qui se jettent dans l'Océan. Voilà la seule force active que je connoisse dans la nature. Les forces de l'Océan, comme nous le ferons voir en parlant des golfes & des baies, ne peuvent produire un effet sensible qu'autant qu'elles se trouvent favorablement combinées avec la première. De même, ce n'est pas l'action de la mer mue d'orient en occident qui a pu faire ouvrir le détroit du Sund & des grands & petits belts. Cela est visible, comme je l'ai fait voir à l'article de la BALTIQUE, où, en indiquant les progrès de la formation de cette méditerranée, je prouve que l'ouverture du *détroit* ne peut venir des efforts de la mer d'Allemagne.

Varenius pense que les *détroits* ont été ouverts par le mouvement impétueux des vagues contre les côtes, occasionné par les vents; il prétend même que les *détroits* commencent par les baies qui se creusent dans le massif des côtes basses, & composées de terres légères & peu compactes sur lesquelles la mer agit.

Mais il est bien éloigné de croire que toutes les baies & *détroits* aient eu la même origine, & suivant lui il est bien vraisemblable que la plupart sont aussi anciens que la Terre & l'Océan. Cependant l'examen du plus grand nombre semble prouver que les baies & les *détroits* sont dus aux mouvement de l'eau courante. Il est à présumer, par exemple, que plusieurs baies ont été ainsi creusées par les rivières qui s'y réunissoient, & où pénétroient les vagues & le flot des marées, comme nous le ferons voir en parlant des mers intérieures, des manches, &c.

Certains *détroits* peuvent se changer en baies, & les baies en *détroits*: pour cela il suffit que les *détroits* éprouvent des obstructions dans certaines parties de leur canal, de manière à se boucher entiérement. Il résultera, de ce changement, deux baies ou une seule, suivant la position de la partie du *détroit* qui reçoit l'atterrissement; de même si un isthme s'ouvre, & qu'il soit emporté par la mer qui le battoit des deux côtés, il se formera de deux baies un *détroit* qui réunira ces deux baies pour peu que le terrain s'y prête. C'est ainsi que le *détroit* de Calais a été ouvert, & qu'il a, par cette ouverture entre Douvres & Calais, réuni la Manche à la mer d'Allemagne; car l'isthme étant battu continuellement des deux côtés par deux marées impétueuses, a été miné insensiblement, & entiérement emporté.

Un peu plus loin, vers le sud, que le *détroit* de Magellan, on rencontre le *détroit* de le Maire. Il est borné à l'est par une partie du continent & les îles de la Terre-de-Feu. On le traverse bien plus vîte pour

pour passer dans la mer du Sud, que le *détroit* de Magellan.

2°. Le *détroit* de Manille, entre la Luconie & Mindanao, & beaucoup d'autres îles Philippines : il a cent lieues de longueur; c'est un passage fort dangereux pour les vaisseaux, à cause des bancs de sables mobiles qui s'y rencontrent en différens endroits. Il s'étend de l'est à l'ouest, & fait la jonction de la mer du Sud avec l'Océan indien, qui communiquent encore à quelque distance de là, par plusieurs autres endroits plus larges.

Il y a plusieurs *détroits*, soit entre les îles de la mer des Indes & le Continent, soit entre les îles elles-mêmes.

3°. Le *détroit* de Waigats, par lequel il y a certainement communication entre la mer du Nord & la Mer-Glaciale; mais il est tellement fermé par les glaces, que les navigateurs russes n'ont pu le passer. Il est situé entre la Nouvelle-Zemble & la côte des Samoïèdes.

4°. Le *détroit* de Davis, entre la côte de l'Amérique septentrionale & le Groënland.

5°. Le *détroit* de Forbisher, qui fait une communication entre l'Océan atlantique & la baie d'Hudson.

6°. Le *détroit* de Béring ou d'Anson, entre l'Amérique septentrionale & le Kamtzchatka.

Ceux qui ont voyagé dans ces parties disent qu'il y a un *détroit* ou une mer ouverte entre l'Amérique & le Kamtzchatka, & entre l'Amérique & le Groënland, par la raison que, dans l'espace de sept cents lieues en allant du Japon vers l'Amérique septentrionale, les courans portent au nord-nord-ouest, quoique le vent soit variable, et qu'il souffle de tous les autres points de l'horizon. D'ailleurs, dans l'étendue de ces sept cents lieues, on voit tous les jours des baleines & d'autres grands poissons que l'on sait se plaire dans les *détroits* & dans les mers resserrées, & qui ne peuvent venir que par ces passages. Quelques Hollandais assurent qu'ayant fait naufrage sur la côte de la Gorée, ils y virent une baleine qui avoit sur le dos un harpon de fer de Gascogne. Or, on peut conjecturer avec assez de fondement, que cette baleine a passé, des mers voisines du Spitsberg, dans la mer Pacifique par le détroit de Béring.

7°. Le détroit de Babel-Mandel à l'embouchure du golfe arabique : c'est un passage resserré entre l'Océan indien & la Mer-Rouge.

8°. Le *détroit* d'Ormus, à l'embouchure du golfe Persique : on ne le regarde pas communément comme un *détroit*, parce qu'il n'est guère plus resserré que le golfe lui-même.

9°. L'Hellespont, *détroit* fameux chez les Grecs, & par lequel on passe de l'Archipel dans la Propontide. Plus loin est un autre *détroit*, appelé *Bosphore de Thrace*, qui joint la Propontide au Pont-Euxin.

10°. Le *détroit* de Messine, entre la Calabre & la Sicile.

Telles sont les différentes parties de l'Océan, les plus remarquables en conséquence des diverses configurations des côtes. Pour qu'on puisse saisir plus facilement cette correspondance de la mer avec les terres, nous avons cru devoir tracer le périple ou périmètre des bords de la mer dans l'article PERIPLE, où tous ces détails sont décrits successivement par ordre & dans la liaison qui leur convient.

DÉTROIT DE GIBRALTAR. On a dit qu'il y avoit dans ce *détroit*, un courant venant constamment de l'Océan. Quelques navigateurs qui connoissoient ces parages, ont assuré qu'il y avoit trois courans, & quelques-uns même cinq opposés les uns aux autres, un surtout à la côte d'Afrique, & un autre à celle d'Espagne, dirigés à l'ouest, mais à des heures & avec des forces différentes dont ils savoient profiter; mais ils ont ajouté que tout cela se modifioit par le vent & par la marée. Quelques observateurs ont soupçonné beaucoup d'illusion dans ces apparences : ils ont pensé avec raison, que la moindre oscillation dans le vaste Océan, aidée des vents régnans, suffisoit en effet pour repousser rapidement en arrière la superficie de ce goulet, surtout dans le bassin de la Méditerranée, qui ne participe pas à ces mêmes oscillations, mais que très-certainement il existe en dessous, des courans plus violens & dirigés de l'est à l'ouest.

M. Deslandes a prouvé, par des expériences convaincantes, ce fait, auquel conduisent d'ailleurs tant de circonstances qui résultent de l'examen de la Méditerranée, & dont M. Waitz a prouvé la nécessité d'après un grand nombre de considérations. (*Voyez l'article* MÉDITERRANÉE.)

DÉTROITS TERRESTRES. On trouve un très-grand nombre de ces *détroits* dans le voisinage des plateaux, qui sont les points de partage des eaux. M. de Buffon, qui a toujours voulu expliquer les phénomènes extraordinaires par des moyens plus extraordinaires encore, croit que ces *détroits terrestres* sont la suite des affaissemens produits par des volcans ou des tremblemens de terre; mais il est difficile de prouver l'influence de ces agens accidentels dans ces effets. Il est même visible que ces tranchées les plus fameuses, bien loin d'être dues à des tremblemens de terre, sont la suite de ces mêmes circonstances qui ont produit tant de dérangemens, tant de déplacemens dans les couches horizontales de la moyenne terre : il y a même beaucoup de cas où ces tranchées, ces *détroits* ont été creusés par-dessus comme les ravines.

Ces accidens se trouvent particuliérement dans la moyenne terre, où il y a tant & de si grands désordres dans les couches. (*Voyez* COUCHES

INCLINÉES, TRANCHÉES, PORTES.) Ainsi elles sont dues à l'action des eaux intérieures & extérieures, aux affaissemens produits par les unes, aux coupures occasionnées par les autres.

On pourroit prendre les deux bassins des lacs de Nantua & de Silant pour des vestiges d'anciens *détroits* que la mer auroit ouverts en coupant l'isthme qui remplissoit ce vide; mais il restera toujours à donner l'explication de la forme qu'a prise le fond des deux lacs, & surtout à faire connoître les causes qui ont concouru à l'accumulation des matériaux composant les deux digues. Or, l'examen attentif que j'ai fait des environs de ces lacs, m'a convaincu que leurs bassins & leurs digues avoient les mêmes caractères que les bassins & les digues des lacs qui se trouvent dans les vallons des fleuves qui retiennent leurs eaux. Ils appartiennent donc à cette époque du travail des eaux courantes à la surface du globe.

Il n'y a rien là qui sente la machine & l'agent extraordinaire. Ce sont les agens les plus répandus qui y figurent, & dont la marche est la plus active. Ces causes n'ont pu être saisies que par des observateurs qui ont joint des vues particulières à l'examen des lieux.

DEULE (Rivière & canal de), département du Nord. Il prend sa naissance dans la Scarpe, au pied du fort de ce nom, près de Douai; coule au nord-ouest, puis au nord-est, passe à travers la ville de Lille, &, se dirigeant ensuite au nord-ouest, va se rendre dans la Lis, près de Warneton. La partie de ce canal, depuis la Scarpe jusqu'à Lille, se nomme la *Haute-Deule;* elle a été achevée en 1690. Elle sort de ce département & entre dans celui du Pas-de-Calais, reçoit au couchant le canal de Lens & celui de la Bassée, rentre ensuite dans le département du Nord, & va traverser la ville de Lille. La partie depuis cette ville jusqu'à la Lis porte le nom de *Basse-Deule*, & reçoit au levant la rivière de la Marque & autres plus petites. Ce canal a treize lieues de cours depuis la Scarpe jusqu'à la Lis.

DEUX-PONTS, ville du département du Mont-Tonnerre, à une lieue trois quarts de Neuhorbach. Cette ville dépendoit ci-devant de l'Allemagne. Elle étoit capitale du duché & état du même nom, dans le ci-devant cercle du Haut-Rhin, montagnes des Vosges, sur la petite rivière d'Erlach, entre Sarrebruck & Kayserslautern. On trouve, dans les environs de cette ville, plusieurs fabriques de mousselines, de lainerie; des usines d'acier, de fer; une de poudre & d'amidon.

Il existe dans le ci-devant duché de *Deux-Ponts* une mine d'agate, tant jaspée qu'arborisée. Ces agates sont aussi belles que celles qui viennent des Indes, & à meilleur marché. On fait travailler ces pierres en tabatières, en bagues, en boutons de manches, cachets, &c.

Le sol, quoique montagneux, produit beaucoup en pâturages. Le gibier y est commun; le bois y est partout abondant. On y trouve des mines de charbon de terre, de fer & de cuivre. Ce duché fait partie des départemens du Bas-Rhin, du Mont-Tonnerre & de la Sarre.

DIAMANT. C'est une substance cristallisée, très-dure & combustible, dont la forme primitive est un octaèdre plus ou moins bien figuré. Ses faces forment une pyramyde, ou alongée ou aplatie; mais jamais ses angles solides ne sont aussi nettement aussi régulièrement terminés qu'ils le paroissent dans les autres pierres cristallisées, & surtout dans le cristal de roche; mais la cristallisation n'en est pas moins régulière dans l'intérieur.

Cette pierre est composée de petites lames extrêmement minces, si étroitement jointes ensemble, qu'elles présentent une face unie & brillante dans l'endroit de la cassure. Malgré cette union si intime des élémens de la cristallisation du *diamant*, on ne peut le polir qu'en saisissant la disposition des lames dans le sens du recouvrement formé par l'extrémité de l'une sur l'autre. Sans cette précaution les lapidaires ne réussiroient pas, & le *diamant* ne prendroit aucun poli, comme il arrive toujours à ceux qu'on appelle *diamant de nature*, où les recouvremens ne sont pas uniformes & dans le même sens.

Le *diamant* est au dessus de toutes les autres pierres par son éclat, son feu & sa dureté. Il joint à ces avantages celui de recevoir une plus grande quantité de lumière lorsqu'on le chauffe doucement au feu, ou qu'on l'expose quelque tems aux rayons du soleil, & de la conserver aussi plus longtems que les autres corps lorsqu'il est ensuite porté dans les ténèbres.

La dureté du *diamant* faisoit croire qu'il étoit indestructible même au feu le plus violent, & rien ne sembloit mieux fondé que cette opinion. Cependant jamais l'analogie tirée des autres pierres, & surtout des pierres quartzeuses qui ne souffrent point d'altération dans le feu, n'a plus été en défaut que dans cette occasion, & l'on s'est convaincu que cette substance n'étoit qu'une combinaison de carbone & d'hydrogène.

On trouve des *diamans* de toutes les couleurs & de toutes les nuances de couleurs : les uns ont une teinte de pourpre ou de rubis; d'autres d'orangé, comme l'hyacinthe; enfin d'autres une teinte bleue de saphir, ou verte comme celle de l'émeraude. Cette dernière couleur, lorsqu'elle est d'une belle teinte, est la plus rare & la plus chère. Viennent ensuite les *diamans* roses, bleus & jaunes. Les roux & les noirâtres sont les moins estimés. La transparence & la netteté sont les qualités naturelles & essentielles du *diamant* : l'art y ajoute l'éclat & la vivacité des reflets.

Il y a très-peu de mines de *diamant* : jusque vers le milieu du siècle dernier on n'en connoissoit que dans les Indes orientales, & ce n'est que de cette époque qu'il nous en vient du Brésil. Les mines en sont situées dans ces deux parties du Monde, presqu'à la même distance de la ligne; savoir : au nord de l'équateur dans l'Inde, & dans le Brésil à peu près aux mêmes degrés, du côté du midi. On ne doit pas regarder comme de vrais *diamans* toutes les pierres qui, chez les Anciens & même chez les Modernes, ont porté ou portent encore ce nom : tels sont ceux qu'on appelle *diamans d'Arabie*, *de Chypre*, *de Hongrie*, *de Bohême*, *&c.* qui ne sont que des pierres quartzeuses cristallisées, héxagones, de la nature du cristal de roche, & en cela totalement étrangers au *diamant*.

La plus ancienne mine de *diamant* est dans la Gouël, qui sort des montagnes, & va perdre son nom dans le Gange : on l'appelle *mine de Soulempour*, du nom d'une bourgade située près de l'endroit de la rivière où sont les *diamans*. On en a toujours tiré très-peu, ainsi que du Succadan, qui coule dans l'île de Bornéo. La chaîne des montagnes qui s'étend depuis le cap Comorin jusqu'au Bengale, en a fourni infiniment davantage.

Il y a une grande variété dans le sol où se trouvent les mines de *diamant* ; & à l'exception de ceux qu'on tire des sables des rivières, & qui vraisemblablement n'y sont venus que par transport, partout ailleurs la différence très-grande qu'il y a dans les *diamans* annonce que la mine ou le terrain où on les fouille, est le même où ils ont été formés. Plusieurs de ces mines se trouvent à six, huit & douze pieds de profondeur, dans un terrain sabloneux & pierreux. Il y en a d'autres qu'on fouille dans une espèce de minerai ferrugineux, jusqu'à cinquante brasses de profondeur. Mais partout cette pierre singulière vient isolée, & n'adhère jamais au rocher. Elle est enveloppée de toutes parts d'une espèce de pellicule mince & un peu terne, de même nature que sa substance, & qu'on peut regarder comme sa vraie matrice. Celle-ci est communément recouverte d'une première croûte peu solide, formée par la terre ou par le sable même qui l'environne.

Les *diamans* offrent, ainsi que nous l'avons dit, des variétés de formes. Ordinairement cependant leurs cristallisations ressemblent à celles de l'alun, c'est-à-dire, octaèdres; mais on prétend qu'il s'en trouve quelquefois en cube, à angles tronqués ou non tronqués, ou bien en prismes à six faces, terminés par des sommets trièdres très-peu saillans. Le *diamant* du Brésil & de Malaca est même arrondi & a plusieurs faces.

Les mines de *diamant* du royaume de Golconde étoient au nombre de vingt vers la fin du dix-septième siècle, & de quinze dans celui de Visapour; mais la plupart de ces dernières ont été abandonnées depuis. A présent les diamans de Pasteal sont les plus recherchés. Cette mine est située au pied des montagnes de Gate, à environ vingt milles de Golconde, & à dix milles à l'ouest de Masulipatan, à l'endroit où le Kisler tombe dans le Krichna. On assure qu'on en trouve, ainsi que nous l'avons déjà dit, dans les eaux du fleuve Guel au Bengale, & dans celles du Syceadang dans l'île de Bornéo.

La plupart des mines de *diamant* qui existent en Amérique, sont situées dans le Brésil, près de la petite rivière de Milhoverde, assez près de Villa-Nova do Principe, dans la province de Serro do Frio.

DIAUNE, rivière du département de la Loire, canton de Bourg-Argental. Elle prend sa source à trois quarts de lieue de Saint-Sauveur-en-Rue, verse ses eaux au nord-est, arrose Argental, &, se dirigeant au sud-est, passe à l'est de Bonlieu, & se rend dans la Cance, à un quart de lieue sud-est d'Annonay qu'elle arrose.

DIE, ville du département de la Drôme, sur cette rivière. Cette ville étoit la capitale du ci-devant pays de Diois dans le Bas-Dauphiné. La ville de *Die*, située dans une vallée étroite, est fort ancienne. Il y a une fabrique de papier commun : on y fait des couvertures de futaines. On trouve dans ses environs, des cristaux semblables à ceux d'Alençon.

DIEFFENBACH (la), rivière du département de la Roër, canton de Monjoie, à deux lieues au nord duquel endroit elle prend sa source, verse ses eaux à l'est, & se rend dans la Roër après deux lieues & demie de cours.

DIELETTE, petit port de mer dans le département de la Manche, dans l'arrondissement sud-ouest de Cherbourg, à l'embouchure de la rivière de Dielette. Ce port est très-utile pour le débouché des denrées du pays. Les vaisseaux qui passent par le canal de la Manche peuvent s'y réfugier quand ils sont surpris par le mauvais tems ou par les vents contraires.

DIÉMEN (Terre de Van-), l'une des plus grandes îles du Monde connu, située par 159 deg. 45 min. de longitude, & 43 deg. 50 m. de latitude méridionale, à la pointe de la Nouvelle-Hollande, dont elle est séparée par un vaste canal qui avoit échappé à la vigilance des capitaines Cook & Furneaux, lesquels même ne paroissent avoir connu que les îles de l'Amirauté, assez voisines d'ailleurs de la *Terre de Van-Diémen*.

Ce canal, découvert par d'Entrecasteaux, renferme plusieurs ports & une longue suite de rades immenses, où la mer n'est jamais agitée, même par les vents les plus impétueux. Ce navigateur trouva des traces d'habitans, mais n'en vit aucun. Des monceaux de coquilles entassées sur le rivage, près des lieux qui leur avoient servi de foyer, firent juger qu'ils étoient rassemblés en peuplades errantes sur le bord de la mer, d'où ils tirent leur subsistance. On fut à portée de vérifier ces conjectures pendant la relâche que l'on fit dans ce beau canal, où l'on eut occasion de communiquer avec une des peuplades qui l'habitent. Ces sauvages vivent en famille avec leurs femmes & leurs enfans, exempts de tout desir. Leur tranquillité n'est troublée par aucune des passions qui agitent les peuples civilisés.

Outre ce détroit qui sépare la *Terre de Van-Diémen* de la Nouvelle-Hollande, il y en a un second qui se joint à celui-ci, & qui a été découvert par le capitaine Bass.

A l'article HOLLANDE (Nouvelle), nous reviendrons avec de grands détails sur cette contrée nouvelle.

DIEMERINGEN, village du département du Bas-Rhin, canton de Drullengen. Il y a un atelier d'armes, un de chaudronerie, quatre de poteries en terre, entretenues par l'excellente argile à potier qu'on tire des environs; trois de tuileries ou briqueteries. On trouve, près de ce village, des sources salées & de belles carrières de pierres de taille.

DIENAY, village du département de la Côte-Dor, arrondissement de Dijon, près duquel il y a une forge & un fourneau pour le fer commun.

DIENVILLE, bourg du département de l'Aube, sur cette rivière, à deux lieues de Brienne-le-Château. Ce bourg se trouve établi sur un dépôt de l'Aube, qui consiste en un amas considérable de gravier formé par cette rivière dans une large plaine, au milieu de laquelle le château de Brienne est construit sur une butte qui en rend la perspective très-étendue.

DIEPPE, ville du département de la Seine-Inférieure, chef-lieu d'arrondissement, à l'embouchure de la rivière de Béthune. L'origine de cette ville n'est pas fort ancienne. Quelques pêcheurs d'abord lui donnèrent naissance, & successivement cette classe d'hommes, éveillée par l'amour du gain, s'accrut & s'instruisit dans l'art de la pêche & de la navigation, au point que les premiers ils firent flotter le pavillon normand devant les côtes d'Afrique. Les voyages & les établissemens des Dieppois sur les côtes de Guinée sont des entreprises glorieuses & hardies. La découverte du Canada est attribuée à leurs marins Aubert & Verazan. On sait quel immense commerce de pelleteries il en résulta pour la France & le reste de l'Europe. L'île Fernambouc fut découverte par les frères Parmentier & plusieurs autres navigateurs en 1520; ils en rapportèrent de grandes richesses. En Amérique, les capitaines Guerard & Roussel arborèrent le pavillon français sur la terre de Maragnon, avant même que les Espagnols s'y fussent établis. Ribaud, célèbre navigateur dieppois, fut le premier Français qui aborda la Floride, couverte alors d'épaisses forêts, & les noms des caps, des baies, des rivières qui bordent la côte, leur furent donnés par ce marin.

Dieppe, dans le quatorzième siècle, par son industrie & son commerce, s'étoit acquis une grande réputation; elle la soutint jusqu'au bombardement qu'elle essuya, de la part des Anglais, en 1694; mais elle s'est relevée trois fois de ses ruines, tant il est vrai que le génie d'un peuple industrieux est presque toujours indestructible, quoi qu'on fasse pour le combattre.

Les nombreuses fontaines de *Dieppe* sont alimentées par une source située à deux lieues de cette ville, dont les eaux arrivent par des canaux différens, pratiqués sous terre, & qui, dans l'espace d'une lieue, sont creusés sous une voûte dans le roc.

Le port de *Dieppe* est sûr, mais étroit & serré à son entrée. La ville est également fortifiée en deçà & au-delà du port, près la mer. Le pont qui communique de la ville au faubourg de Pollet, est en pierres de taille, & composé de sept arches. Le commerce de cette ville est assez considérable: on le distingue en commerce intérieur & en commerce extérieur & maritime; le premier consiste en ouvrages de corne & d'ivoire, qui de tout tems excitèrent l'admiration des artistes; en tonneaux & en barils pour les salaisons de harengs & de maquereaux; occupation à laquelle sont employés plus de quatre cents tonneliers. La pêche du poisson frais y est considérable, & cette ville est celle qui en fournit le plus à Paris.

On y fait beaucoup de dentelles, dont le produit suffiroit pour faire vivre, par le travail des femmes & des filles, plus des deux tiers des habitans. Cette marchandise s'envoie dans beaucoup de départemens, en Espagne & aux îles de l'Amérique. On doit faire une différence entre le commerce maritime & celui de la pêche. Le premier se fait en tems de paix & lorsque la marine est florissante, par environ quatre-vingts bricks & sloops qui cinglent vers les îles du Levant, en Amérique, en Espagne, en Portugal, en Angleterre, en Irlande, en Hollande, à Pétersbourg, à Brême, à Hambourg, à Calais, à Rouen, à Bordeaux, à la Rochelle, &c.

On parque à *Dieppe* les huîtres qui viennent de Marennes, de la Tremblade, de Granville & de Cancale, & on les transporte ensuite à Paris. Les différens parcs qui y sont établis, peuvent contenir huit cents milliers d'huîtres. En outre, le port de *Dieppe* est celui qui fournit le plus de marée pour l'intérieur. Il y a plusieurs autres branches d'industrie à *Dieppe*. Dans le village de Saint-Nicolas, à une demi-lieue de *Dieppe*, tous les habitans travaillent à la grosse horlogerie. Il y a encore dans cette ville des raffineries de sucre & de sel, qui fournissent beaucoup de villes de France; de plus, trois manufactures de tabac, un atelier de filature & une fabrique de toiles. Le Gouvernement se propose d'y construire des bassins pour y recevoir des bâtimens de guerre.

DIEU-LE-FIT, ville du département de la Drôme, arrondissement de Montelimart, dans laquelle il y a des fabriques de faïencerie, soierie, draperie & poterie. On y trouve aussi deux verreries considérables. Il y a près de cette ville trois sources d'eaux minérales, bonnes contre la bile & les obstructions. On les voit couler sur un sol qui passe pour être riche en argile, ocre, vitriol & fer; aussi sont-elles vitrioliques, ferrugineuses & sulfureuses. L'une d'elles, qui se nomme la *Saint-Louis*, est émétique, fort acide, & laisse sur la langue un goût de fer: une seconde, connue plus particulièrement sous le nom de la *Magdeleine*, est plutôt sulfureuse que vitriolique; la troisième, qui porte le nom de *Galiène*, a des propriétés diurétiques.

DIEUZE, ville du département de la Meurthe, arrondissement de Château-Salins, intéressante par la saline près de laquelle elle est située. L'eau est chargée de sel à seize degrés, c'est-à-dire que, sur cent livres, il y en a seize de sel. (*Voyez l'article* MOSELLE.)

DIGES, bourg du département de l'Yonne, arrondissement d'Auxerre. On y trouve une source minérale, dont les eaux sont absolument semblables à celles d'Epoigny.

DIGNE, ville du département des Basses-Alpes, & chef-lieu de ce département. Une partie du département dont *Digne* est le chef-lieu, est renfermée dans les montagnes sous-alpines. Le reste, qui tient à l'extrémité de la partie moyenne de l'ancienne Provence, est coupé par des coteaux & des montagnes. La Durance couvre de cailloux roulés & de graviers, dans ses fréquens débordemens, les campagnes d'Oraison & des Mées. Les maisons de ces lieux sont construites de ces pierres.

Le terroir de Mirabeau ou Mirabelet recèle beaucoup de bois fossile ou pétrifié: on en a porté à Aix quelques morceaux qui étoient enduits d'une couche calcaire blanchâtre, cassante & sonore. Le bois fossile de Mirabeau a une apparence de charbon de terre; mais la croûte lapidifique qui enduit l'écorce des branches & des troncs l'en font distinguer aisément. Le bois fossile se trouve toujours à la pente des montagnes qui ont souffert quelqu'ébranlement dans leur organisation intérieure au bord des ruisseaux où les eaux pluviales les mettent à découvert en emportant les terres qui les enveloppent. Il n'est jamais disposé en couches entre les pierres calcaires, comme le charbon minéral, qui est abondant dans ce département.

La ville de *Digne* est située entre deux montagnes, sur le confluent de deux rivières. La première est la Bleone; elle vient du village de Pras, dans les Alpes, & reçoit quantité de torrens & de ruisseaux qui grossissent ses eaux, & va se jeter dans la Durance au dessous des Mées. La seconde est la rivière des bains de *Digne*, qu'on nomme *Aigues caoudes* ou *Rivière des eaux chaudes*; elle se jette dans la Bleone immédiatement au dessous de la ville. Cette petite rivière, resserrée entre des montagnes, est à craindre par ses débordemens lorsque la fonte des neiges survient, ou que les pluies d'automne sont abondantes.

Les montagnes qui environnent la ville de *Digne* sont toutes de nature calcaire. Les pierres à bâtir qu'on en retire, reçoivent très-bien le poli. Il s'y trouve aussi du marbre & beaucoup de carrières de gypse. La montagne de Saint-Vincent, qui est en face de la ville, vers le nord, contient beaucoup d'astroïtes, soit en groupes, soit désunies; elles se trouvent à la superficie du terrain. Le terroir de *Digne* est mêlé de sable & de gravier que les rivières y déposent: celui des coteaux voisins a plus de consistance. Les vallées, les bas-fonds présentent un vrai terreau continuellement amélioré par les engrais & la culture.

Les eaux minérales de *Digne* sont depuis longtems en réputation. Elles sortent, à une demi-lieue de cette ville, du pied d'un rocher qui tient à une montagne un peu élevée, exposée au midi, dont la partie supérieure est cultivée. La pierre calcaire, qui constitue en grande partie cette montagne, est disposée en couches inclinées à l'horizon, qui s'étendent du levant au couchant. Le quartz en interrompt la continuité en quelques endroits.

L'eau minérale de la fontaine s'échappe à travers les fentes des rochers, & va se jeter dans une concavité pratiquée par la nature dans cette montagne. Elle jaillit dans un bassin de deux ou trois toises de circonférence. La voûte qui le couvre, a au moins quarante pieds de long sur six à sept de haut, & douze de large: ce sont les étuves des bains. La chaleur de l'eau du bassin est au 39 ou 40e. degré du thermomètre de Réaumur. L'atmosphère de cette grotte, qui est toujours remplie de la vapeur de l'acide sulfureux volatil, n'est pas moins chaude. Il se forme aux voûtes naturelles de ces bains, des concrétions salines de différentes natures, dont on retire, par l'analyse, beaucoup de sélénite, un peu d'alun & un tiers de sel de glauber. Quoique ces eaux n'aient point donné du soufre par l'évaporation, à M. Duclos, le soufre en nature se manifeste dans les canaux des bains, attaché contre les parois; il y est quelquefois cristallisé, & il brûle très-bien lorsqu'il est sec.

Le bitume, qui paroît le principe dominant des eaux thermales de *Digne*, se trouve souvent aux environs des bains. M. Ricavi, médecin, l'a vu découler des fentes des rochers sous la forme de pétrole; il a observé aussi des pyrites sulfureuses attachées aux rochers.

Le fer est très-répandu dans les environs de *Digne*. Ce métal minéralise jusqu'aux testacées. A une demi-lieue des bains, au nord, on trouve une montagne calcaire, qui paroît contenir quelques filons de fer, si l'on en peut juger par la quantité de marcassites & de blocs d'une terre martiale qu'elle contient, dans lesquels on voit le fer cristallisé à peu près comme dans les mines d'Elbe.

Le charbon minéral doit être fort abondant dans les montagnes qui avoisinent les bains; car, en suivant la rivière des eaux chaudes, on ne voit que des schistes noirâtres, un peu bitumineux, tout le long des coteaux, en allant du levant au couchant jusqu'au vallon d'Entragues. Ces montagnes se prolongent au delà de Chaudon. Les sels dont elles sont imprégnées, paroissent à leur superficie en été.

Tous les villages des environs de *Digne* sont renfermés dans les montagnes sous-alpines, qui commencent précisément au sortir de cette ville, & sont situées dans des vallées ou sur des coteaux. Ces montagnes ont une étendue de plus de trente lieues du couchant au levant, & de dix à douze du midi au nord. Elles servent de limites à la partie moyenne de la Provence, se lient avec les montagnes du Dauphiné vers Sisteron, & vont se joindre, à quatre lieues de la mer, à celles du comté de Nice, qui sont une dépendance des Alpes maritimes. Le climat change totalement dans ce long espace. La misère de cette partie fait un grand contraste avec les contrées riantes de la Provence méridionale.

Les argiles sont assez abondantes dans ces montagnes. Les marnes ne s'y trouvent guère qu'au bas des coteaux schisteux, au bas des montagnes calcaires. Tout le reste ne contient qu'un terrain maigre, graveleux & stérile. On rencontre quelquefois dans les coteaux inférieurs, des indices de mine de houille.

La plupart des montagnes sous-alpines sont couvertes, à leur cime, d'une large couche de pierre blanche, dure & entiérement nue au midi : il n'y a de cultivé que leur penchant & les vallées qui sont auprès des villages.

Le sel marin fossile est abondant dans les territoires des communautés de Lambert & d'Aymar. On peut en ramasser des morceaux cristallisés dans les vallons où les eaux pluviales les entraînent. Les schistes des coteaux, en s'éboulant, mettent souvent ce sel à découvert. Les habitans lessivent ces terres salées pour en extraire, par l'évaporation, le sel qu'ils emploient à leurs besoins.

On arrive au territoire de Barles par une gorge entre deux montagnes couvertes de schistes jusqu'à leur partie moyenne. Ces schistes, entraînés par les eaux pluviales avec quantité de pierres détachées des cimes, s'amoncellent au point de rendre les chemins impraticables. Ils sont de nature calcaire, ainsi que les autres pierres, & approchent de l'ardoise par leur couleur, sans être d'un tissu aussi serré & aussi compacte. Les pierres sont bleuâtres & parsemées de bandes spathiques blanchâtres. La partie septentrionale de ces montagnes est gazonnée. Cette vallée est si froide, qu'il n'est pas étonnant d'y voir l'aconit à fleurs bleues, qui ne vient qu'aux montagnes alpines.

Le village de Barles est situé à l'est, dans une vallée, au bord d'une petite rivière qui vient du côté de Seine, près de Gap en Dauphiné, coule auprès des montagnes, & va se jeter dans la Bleone. Elle est fort resserrée dans des gorges étroites. Une de ces montagnes s'éboula en partie dans le lit de la rivière au commencement du dernier siècle. Ses débris fermèrent entiérement le passage aux eaux, qui furent obligées de stagner, d'où il se forma un lac fort étendu, qui devint abondant en truites. Trois ans après les eaux de cette rivière, qui filtroient à travers les terres, s'ouvrirent un passage, & reprirent leur ancien cours; mais le sol de la vallée en fut tellement exhaussé, que la plupart des maisons de Barles restèrent ensevelies à moitié dans la terre, & le premier étage devint le rez-de-chaussée.

DIJONNOIS. Ce pays dépendoit de la ci-devant province de Bourgogne. Il étoit borné au nord par la Franche-Comté, au midi par le Châlonnois, & au couchant par l'Auxois & le pays de la Montagne. Dijon en étoit la capitale. Les principales rivières qui arrosent cette contrée sont : la Saône, l'Ouche, le Suzon, la Tille, la Venelle, la Baize, la Boude & la Vingeanne. Ce pays est bordé de montagnes au couchant : l'air y est sain, & son climat tempéré. Il produit en abondance toutes sortes de grains. Les vins sont excellens. Les plaines du *Dijonnois* abondent en pâturages, & ses montagnes sont couvertes de bois. Il y a aussi des mines de fer & plusieurs forges établies. Le *Dijonnois* fait aujourd'hui partie du département de la Côte-Dor. (*Voyez ce mot.*)

DILLING, village du département de la Moselle, arrondissement de Thionville, près duquel il y a des forges & une manufacture de clincaillerie & de faulx.

DINAN, ville du département des Côtes-du-Nord, dont le commerce consiste en lin, beurre, miel, &c.

A quelque distance de *Dinan* il y a des forges dont le fer est d'une qualité supérieure. Cette ville est très-renommée pour ses eaux minérales, qui sont ferrugineuses.

DINANT, ville du département de Sambre & Meuse, dont les environs abondent en mines de fer & en carrières de marbre blanc, rouge & noir. Il y a aussi des carrières de pierres à bâtir, & d'autres pierres dont on fait des ustensiles & des ouvrages qu'on vend ensuite en Hollande & en Westphalie.

DIO, village de l'arrondissement de Lodève, département de l'Hérault, à douze lieues de Montpellier.

Il y a des mines de cuivre & de plomb qui renferment une assez grande quantité d'argent.

DIZY, village du département de la Marne, arrondissement de Reims, remarquable par les carrières qu'il présente sur le bord de la Marne, lesquelles renferment des terres noires & vitrioliques.

DNIÉPER *ou* BORYSTÈNE, grande rivière de Pologne, se jetant dans la Mer-Noire. On reconnoît le peu de pente sensible dans les cataractes du *Dniéper*, après les cascades qui renferment une chute de cent seize pieds, dans un développement de quarante-un milles. La profondeur se montre à Kitschlas, & n'est que la suite de la pente.

C'est à cause de ce peu de pente qui reste dans le *Dniéper*, de cent soixante-cinq milles depuis Kitschlas jusqu'à la Mer-Noire, que lorsqu'il souffle des vents forts du midi, on en ressent les effets jusqu'à Volnianskoi, qui est la dernière des cataractes.

La qualité de l'eau, son regorgement & le poisson qu'on pêche dans le *Dniéper*, sont trois circonstances dignes d'attention, eu égard à l'éloignement de la mer.

Une troisième observation qu'on est à portée de faire aux cataractes de Borovitsch, c'est que la chute y est fort sensible, puisque, dans le développement de dix-sept milles & demi, savoir, depuis la gare d'Opetschenskoi-Redok jusqu'à celle de Poterpelskoi, on trouve trente toises de chute. Les oscillations de la rivière se multiplient à chaque instant, & l'on y apperçoit des tournans d'eau, des gouffres, des écueils & un courant très-rapide. C'est pourquoi on emploie dans une barque soixante rameurs. Les barques ont différentes longueurs, mais la plus commune est celle de dix-huit toises, sur une largeur de quatre toises & dix pouces, avec le fond plat.

Après une chute si remarquable des cataractes de la Mata, nommément de celle de Borovitsch, qui renferment trente toises de pente dans un développement de dix-sept milles & demi, il en résulte un cours lent; & depuis la gare de Poterpelskoi jusqu'au lac d'Ylmen, dans un développement de cent cinquante-neuf milles, il n'y a que trente-neuf toises & deux pieds de pente. La rapidité du courant de ces cataractes est si étonnante, qu'au milieu des dangers on parcourt les dix-sept milles & demi sur une barque chargée, dans une heure & un quart. Au printems, la chasse de l'eau est plus efficace à cause de la débâcle, de la plus grande hauteur qui en résulte, & du plus grand volume; en été, c'est dans une heure & demie qu'on effectue le passage des cataractes.

DOAZIT, village du département des Landes, arrondissement de Saint-Sever, & à deux lieues un quart de cette ville. On fait à *Doazit*, commerce de fruits : on y récolte aussi d'excellens vins.

DOBERT (Lac de), département des Hautes-Pyrénées, arrondissement de Bagnères, canton de Vielle, & à trois lieues deux tiers ouest de ce lieu, sur la rivière de Complan. Son bassin est d'une forme irrégulière; il a, du nord au sud, quatre cents toises de longueur, sur une égale largeur.

DOCELLES, canton de Bruyères, & à deux lieues sud-ouest de cette ville, près la Vologne, où sont établies trois papeteries qui fabriquent toutes sortes de papier. C'est au dessous de *Docelles* que la Vologne reçoit le Neunée, & qu'on y pêche des moules à perles, lesquelles sont de la plus belle eau.

DOICEAUX, village du département de la Dyle, canton de Grez, à une demi-lieue sud-ouest de ce lieu. Ses principales productions consistent en excellens pâturages; aussi y élève-t-on des bestiaux. Il y a, outre cela, des bois.

DOIRE (Département de la). Ce département, dont une grande partie est dans les Alpes, est borné au nord par le Valais, dont les Alpes pennines le séparent, & à l'ouest par les départemens du Léman & du Mont-Blanc, dont il est séparé par les Alpes pennines & cotiennes; au sud par celui du Pô, dont il est séparé par les montagnes, la Malone & le Pô, & à l'est la Dora-Baltea, & des montagnes le séparent de celui de la Sesia.

Il a vingt lieues du nord au sud-ouest, dix-huit lieues de l'est à l'ouest, & cent quatre-vingt-dix lieues carrées. Sa population est de deux cent vingt-quatre mille huit cent cinquante-trois habitans. Il est composé de deux cent vingt-cinq communes, & partagé en trois arrondissemens communaux ou sous-préfectures, & en vingt justices de paix. La préfecture de ce département est à Ivrée, & les sièges des sous-préfectures sont à Aoste & Chivas. Ce département renferme les évêchés d'Aoste & d'Ivrée, & dépend de la vingt-septième division militaire, dont le commandant réside à Turin.

Les villes sont : Ivrée, Aoste, Chivas, Locana, Aglia, Casella-Monte, Verolengo & Rivazolo.

Ses principales rivières sont : la Dora-Baltea, d'où le département tire sa dénomination, & qui le traverse dans sa plus grande longueur ; Chiusella, Malosna, Orca & le Pô. Aucune, excepté cette dernière, n'est navigable.

Il y a quatre glaciers, qui sont : Breuva, Grisanche, Miaga & Recitor.

Il y a un lac, nommé *Paudia*; trois cols : Allée, Mont & Tournanche ; quatorze montagnes remarquables : Beccadesale, Cervisio, Cormet, Fenestra, Géant, Mont-Alban, Mont-Soana, Noir, Nova, Saint-Bernard (Grand-), Saint-Bernard (Petit-), Tamar, Turto & Vellart.

Le sol de ce département est peu fertile. La plaine qui est aux environs du Pô & de l'Orca produit seule du froment. Tout le reste est en pâturages : ils sont excellens, & on y entretient une grande quantité de bétail, d'où l'on tire des fromages qui ne sont pas sans réputation. Il fournit aussi des bestiaux aux pays de la plaine d'Italie. Il y a beaucoup de bois dans les parties supérieures des vallées. Le sapin & le mélèze y croissent abondamment : les montagnes fournissent toutes sortes de plantes.

Ce pays est fort abondant en mines : la vallée d'Aoste seule en renferme d'argent, de cuivre, de fer, de plomb & de manganèse. L'ardoise & quelques carrières de marbre sont les pierres curieuses de ce pays.

Les montagnes très-hautes de ce département ont de vastes glaciers, dont quelques-uns s'y versent ; mais la plupart se répandent sur le Valais & en Savoie. On y trouve des mines de cristaux de roche, qui offrent un vaste champ d'étude aux naturalistes.

Les habitans de ces contrées sont simples & bons. Ceux du val d'Aoste sont presque tous attaqués de goîtres. On y trouve aussi des Cretins, espèce d'êtres qui n'ont de l'homme que la forme & une figure que l'excessive longueur de leurs goîtres rend hideuse ; ils sont imbécilles au point de paroître muets ; cependant ils ont beaucoup d'activité pour tous leurs besoins naturels.

Ce département est sans manufactures. L'agriculture, les fromages & les forges forment les objets d'occupation, de commerce & d'échange pour ses habitans.

La vallée d'Aoste & le Canavez, avec une petite portion de la province de Turin, forment ce département.

DOL, ville du département d'Ille & Vilaine, à cinq lieues nord-est d'Antrain & à cinq lieues sud-est de Saint-Malo. Cette ville, dans la ci-devant Haute-Bretagne, est située sur un ruisseau, au milieu de terres marécageuses & fertiles, qui produisent quantité de chanvre de bonne qualité, dont la plus grande partie est convertie en toiles. Les autres sols sont fertiles en blé & en fruits, principalement en pommes qui donnent d'excellent cidre, lequel souffre le transport par mer. Les pâturages nourrissent des moutons d'un goût excellent. On y exploite une mine de fer.

DOLE, ville du département du Jura, chef-lieu d'arrondissement & de canton. On fabrique dans cette ville, des ouvrages de cuivre, des bonneteries & des chapeaux. Son commerce principal consiste en grains, en vins, en fruits & en bois. Il y a une verrerie, & aux environs des mines de charbon de terre.

DOLHAIN, village du département de l'Ourthe, canton, commune & faubourg de Limbourg, à une lieue & demie nord-est de Verviers. Il y a une fabrique de draps, dépendante de celle de Verviers.

DOLLEREN, rivière dans le département du Haut-Rhin, arrondissement de Béfort. Elle prend sa source dans les montagnes des Vosges, au pied de la Berhenkopff, grande montagne à trois lieues nord de Béfort, passe à Marvaux, & va se jeter dans l'Ill, à trois quarts de lieue nord de Mulhausen.

DOLLART, golfe de la mer d'Allemagne, lequel sépare la principauté d'Ostfrise de la province hollandaise de Groningue, & reçoit les eaux de l'Embs. On regarde avec raison ce golfe comme un des monumens les plus remarquables des ravages de la mer sur ces côtes en différens tems. Les dernières catastrophes dont on ait conservé la connoissance sont celles des années 1277 & 1287, où plusieurs villes & villages furent engloutis par la mer. Il est à croire que la rivière qui se jette dans ce golfe a pu, par ses différens débordemens, contribuer à ces révolutions, qui ont creusé un golfe à la place d'une plage bien habitée. Depuis un certain tems on remarque que le *Dollart* se rétrécit du côté de l'Ostfrise, & que, soumis à la vigilance de l'administration prussienne, il lui cède chaque année quelque portion de son terrain. On sait au moins que dès l'année 1752 il en a été desséché de ce côté une étendue qui, mise en valeur, rapporte au-delà de quinze mille écus par an. C'est la plage qui se rétablit à la place du golfe détruit. (*Voyez* PLAGE & GOLFE.)

DOM. La première rivière qui se trouve sur la gauche de la Somme est celle de *Dom*, qui outre la tige qu'on peut considérer comme prolongée jusqu'à Montdidier, a quatre embranchemens aussi abreuvés, d'abord celui de Luce, celui d'Avre, puis celui de Montdidier & de Roye.

Si nous reprenons chacune de ces tiges abreuvées, nous verrons que les sources de l'embranchement de Luce, qui sont à Cayeux, sont surmontées de quatre vallons secs, longs & étroits, & que de même la tige est accompagnée, de droite & de gauche,

gauche, de cinq autres vallons secs, qui sans doute doivent contribuer à l'aliment de cette tige.

De même l'embranchement d'Avre, qui s'étend à deux lieues au-delà de Roye, n'a aucun vallon sec; car la source de cet embranchement occupe à Avricourt le fond du vallon sans aucun prolongement ultérieur, & même, en suivant la tige abreuvée, on ne rencontre que de très-petits vallons secs.

Au-delà de Saint-Didier, l'embranchement abreuvé s'étend sur deux ruisseaux, l'un qui va jusqu'à Dompierre, & l'autre jusqu'à Saint-Martin-du-Pas; l'une & l'autre source sont surmontées par des vallons fort étroits. La tige, abreuvée jusqu'à l'embouchure de la Luce, offre, en descendant de Montdidier, sur la gauche, quatre longs vallons secs, & au débouché du quatrième une source & un ruisseau à Fontaine-sous-Montdidier.

Plus bas, du même côté, on rencontre trois autres vallons secs, l'un fort long & d'une largeur moyenne, le second assez large à Mailly, & le troisième, d'une assez grande largeur, qui débouche à Moreuil.

Un peu plus au dessous de l'embouchure de la Luce est celle du Noye, dont l'embranchement abreuvé est fort long, & qui se termine par deux ruisseaux, dont celui de la droite a sa source à Rouvenois, & celui de la gauche à Vindœuil, à une lieue de Breteuil. Les vallons secs qui sont au dessus de ces sources sont fort longs & fort larges sur la gauche du Noye. Je trouve même au débouché de deux de ces ramifications, à Paillart, une petite source qui alimente le Noye, puis six autres ramifications sont distribuées sur toute sa longueur, à côté de la vallée, qui est fort large, surtout aux environs d'Ailly, où l'on trouve une source qui débouche au milieu des dépôts de la vallée. Si l'on suit le tronc de la *Dom* après la réunion de tous ces embranchemens abreuvés, on le trouve d'une largeur presqu'aussi considérable que celle de la Somme.

Au dessous d'Amiens nous voyons la rivière de la Celle, qui se jette dans la Somme par deux embouchures assez fortes; en sorte que sa tige réunit une masse d'eau abondante avec beaucoup d'îles jusqu'à Conty : c'est là que l'on trouve l'embranchement principal de la Celle, qui s'étend jusqu'à Catheux, puis au-delà, & tant à droite qu'à gauche s'offre une multitude de vallons secs, la plupart fort étroits.

Si l'on revient à Conty, sur la gauche, on rencontre quatre embranchemens abreuvés. Le premier passe à Thois & à Courcelles, & est surmonté de deux ramifications de vallons secs, fort étroites & fort alongées; le second, & qui se divise en deux ruisseaux, dont le premier s'étend jusqu'à Sercus, & l'autre jusqu'à Haudicourt, & la partie abreuvée, se trouve surmonté par des ramifications fort étroites & fort longues de vallées sèches; le troisième, qui passe à Poix, se prolonge jusqu'à Simplicourt, & est semblablement surmonté par les mêmes formes de vallons secs.

Le tronc principal, au dessous de Conty, offre à droite & à gauche de la vallée, de chaque côté, trois ou quatre vallons secs qui s'abouchent à angle aigu sur cette vallée, laquelle offre dans son fond de cuve quelques sources & plusieurs îles. Je ne doute pas que ces vallons ne contribuent à augmenter le tronc, ainsi que les plateaux des intervalles lorsqu'ils reçoivent les pluies; car pour lors l'imbibition de l'eau se fait rapidement dans ce sol crayeux, & pour lors cette eau se trouve la plupart du tems rendue à un niveau plus bas des vallons approfondis à un certain point.

DOMAINE, rivière. Elle prend sa source dans le lac de Domoinon, à quatre lieues & demie à l'est de Grenoble. Le lac a quatre cents toises de longueur sur trois cents toises de largeur. Le ruisseau *Domaine* qui en sort, coule à l'ouest, puis au nord-ouest, & va se rendre dans l'Isère à l'ouest du village qui lui donne son nom.

DOMAR (Lacs de), département des Hautes-Pyrénées, canton de Vielle, à deux lieues trois quarts à l'ouest de cette ville. Ils sont au nombre de deux, & ont chacun, du nord-ouest au sud-est, deux cent cinquante toises de long sur cent toises de large.

DOMBALE, village du département de la Meurthe, canton de Saint-Nicolas, près du confluent du Sanon dans la Meurthe, à trois lieues un tiers de Nancy. On avoit découvert quelques sources d'eau salée dans le lit de la rivière de Sanon, & l'on en découvrit une nouvelle lorsqu'on travailloit depuis ce tems en sous-œuvre à la réparation du pont de *Dombale*.

DOMBES. C'étoit un pays particulier, avec titre de principauté souveraine. Il étoit borné à l'est par la Bresse, au nord par le Mâconnois, à l'ouest par le Beaujolois, & au sud par le Lyonnois. Il avoit environ neuf lieues de long sur presqu'autant de large. Quelque peu d'étendue qu'ait eu le pays de *Dombes*, on le divisoit en haute & basse. On considéroit comme basse *Dombes* la partie renfermée entre le Franc-Lyonnois, les mandemens de Villars, de Châtillon & de Pont-de-Vesle dans la Bresse, & le courant de la rivière de Saône qui la sépare du Beaujolois & du Mâconnois, & l'on nommoit haute *Dombes* la partie enclavée de toutes parts dans la Bresse, & qui comprenoit les châtellenies de Chalamont, de Lens & de Châtelar. Tout le pays est arrosé par la Saône, seule rivière qui soit navigable; par la Chalaronne, la Vesle & le Forment, & par plusieurs autres petits ruisseaux qui fertilisent les campagnes. Les terres sont coupées de plaines & de collines, avec quelques forêts & petits bouquets de bois, qui en rendent le séjour agréable & gracieux. Le pays de *Dombes* fait aujourd'hui partie du département de l'Ain.

DOMELLIERS, village du département de l'Oise, canton de Crevecœur, à deux lieues de Breteuil. Il y a soixante fabriques de serges, & quelques pressoirs pour le cidre.

DOMEVRE, village du département de la Meurthe, canton de Blamont, & à une lieue de cette ville. On trouve, aux environs de ce village, une fontaine d'eau minérale. Son bassin a quatre pieds & demi de longueur, sur autant de largeur, & trois pieds de profondeur. Il est couvert d'une voûte & entretenu avec beaucoup de soin. La principale propriété de cette eau est d'être diurétique & purgative si on la prend à la source. Il y a d'ailleurs une manufacture de faïence & de poterie dans ce village.

DOMFRONT, ville du département de l'Orne, chef-lieu d'arrondissement & de canton, étoit la principale ville du pays d'Houlme, dans la ci-devant Basse-Normandie. Elle est située sur une montagne escarpée, au milieu d'une forêt, sur la petite rivière de Varenne.

DOM-GERMAIN, village du département de la Meurthe, à une lieue & demie de Toul. Il y a une tuilerie où il se fabrique de la tuile creuse, dont on fait usage dans tous les environs.

DOMINGUE (Saint-), île principale du golfe du Mexique, qui est remarquable, non-seulement par son sol, mais encore par la mer qui l'entoure, & par son climat. Nous ferons connoître ici ces différens objets. Nous commencerons d'abord par les montagnes de cette île.

§. Ier. *Montagnes de Saint-Domingue.*

Les montagnes les plus élevées de la dépendance du Cap-Français, qu'on a parcourues & décrites, sont celles de la Grande-Rivière, celle de la Montagne-Noire, celle du Doudon & de la grande rivière du Bas-Limbé. Toutes s'élèvent rapidement en forme de pyramides, & se terminent en pics. Elles paroissent toutes terminées par des bancs de pierres calcaires, établis tantôt sur des massifs de granits, tantôt sur ceux de pierres de sables, qui servent de base & de noyau à ces montagnes.

On a distingué dans les chaînes principales de ces grandes masses, des jaspes, des porphyres, des filons de quartz ou de feldspath, des schistes argileux & des pierres calcaires. Quant aux corps marins fossiles ou petrifiés, ils sont moins communs que dans certaines provinces de France. Cependant quelques-unes des montagnes de *Saint Domingue* n'en sont pas dépourvues.

Suivant les observations faites en France & dans les pays étrangers, même hors de l'Europe, par les plus habiles naturalistes, il paroît constant que les granits ne se trouvent jamais établis sur les pierres calcaires, disposées par couches, & qu'on n'en rencontre que par fragmens détachés, qui y ont été transportés par les eaux sur les sommets des montagnes ou des collines calcaires.

Il en est de même à *Saint Domingue*. Les granits forment constamment les bases & les noyaux des montagnes, composées pour la plupart de bancs calcaires à leurs sommets.

Ainsi, à cinq ou six lieues du Cap-Français, on rencontre au pied de la montagne du Grand-Gile, les matières granitoïdes qui composent la base de la grande chaîne, qui s'étend de là jusqu'à la partie espagnole.

Ces sortes de granits offrent un grand nombre de variétés, tant par les divers états & proportion des substances élementaires du granit, que par leurs couleurs. Il paroît que l'agrégation du quartz & du feldspath s'est opérée en grande partie par un gluten calçaire, puisque ces composés éprouvent dans leur cassure un léger mouvement d'effervescence lorsqu'on y verse de l'eau. D'autres sont d'une couleur d'un bleu sombre, & le schorl s'y trouve en certaine proportion. On y remarque quelques points blanchâtres qui se dissolvent lentement & sans un mouvement marqué d'effervescence, d'où il résulte une espèce de gelée comme celle que donne la zéolithe. Ce granit, qui est fort dur & fort pesant, donnant de vives étincelles lorsqu'on le frappe avec l'acier, renferme aussi du mica noirâtre, en lames très-minces.

D'autre granit, formé par la réunion du quartz, du feldspath & du mica, n'a pas autant de solidité ; & quoiqu'il fasse feu lorsqu'on le frappe avec le briquet, il s'égrenne & se brise facilement sous le marteau. Les parties élémentaires sont de diverses couleurs. Enfin, on en trouve encore de plus tendre & dans un état de décomposition très-marqué.

A la grande rivière du Bas-Limbé on rencontre des massifs considérables de granits verdâtres & filamenteux, dont les parties sont peu liées ensemble. Parmi les blocs sont des fragmens de quartz d'un blanc-laiteux, servant de matrice à une mine de cuivre hépatique. On voit aussi dans le même canton, des masses considérables d'une pierre argileuse, d'un vert obscur, remplie de pyrites.

Sur ces granits qui forment, comme nous l'avons dit, la base des montagnes les plus considérables de *Saint-Domingue*, reposent les matières calcaires en conches parallèles, parmi lesquelles on trouve, sur les montagnes du Dondon, quelques débris bien caractérisés de plusieurs espèces de corps marins, comme huîtres orbiculaires de moyenne grandeur, des noyaux de cames &

d'autres coquilles turbinées. Outre cela, sur la ligne de démarcation des possessions espagnoles, quartier du Dondon, il y a de grands bancs de pierres lenticulaires, & des madrépores agatisés.

Assez près de là on a encore observé des masses fort considérables de pierres calcaires très-dures, remplies d'une grande quantité de fragmens arrondis, de diverses couleurs. On y voit même des morceaux de porphyre d'un rouge-foncé, avec des taches blanchâtres. Il n'a pas été possible de retrouver les grandes masses dont ces porphyres ne sont que des détrimens charriés anciennement par les eaux & arrondis par le frottement, & dont la plupart se trouvent enveloppés par la matière calcaire avant qu'elle eût pris une certaine consistance par la pétrification. Mais en comparant les granits, on a reconnu qu'ils étoient de la même nature que ceux qui forment la base des montagnes dont on a parlé. On voit aussi dans les couches de pierres calcaires, des nœuds assez gros de silex, qui s'en détachent avec facilité, & dont la première enveloppe est une substance crétacée, faisant une vive effervescence avec les acides. On y trouve aussi des spaths calcaires sous les formes les plus variées.

Les montagnes principales de la Grande-Rivière, ainsi que celles du Dondon & de la ravine du Limbé, ont pour base des granits à peu près de même nature que ceux dont on a fait mention. Elles sont encore riches en minéraux, car on y rencontre de l'antimoine en plume, & des fragmens d'un charbon de terre de fort bonne qualité; ce qui porte à croire qu'on y trouveroit aussi des mines considérables & très-abondantes de ce précieux fossile.

Dans la partie dite *Jolitrou*, on trouve dans un sol qui paroît assez aride, une mine de cuivre peu riche, dans une gangue quartzeuse. Une autre mine de cuivre vitreux, rouge & gris, se trouve dans une pierre argileuse; mais les filons n'en paroissent pas assez considérables pour dédommager des frais d'exploitation.

Vers l'extrémité de la Montagne-Noire on trouve, dans une terre alumineuse, du bois fossile sous forme de charbon : il prend un assez beau poli, & ressemble au gayet, dont il a les propriétés. On le trouve en fragmens à la surface de la terre, mais ce n'est que par hasard; cependant il semble qu'on pourroit en faire la recherche avec quelque avantage.

§. II. *Météorologie de Saint-Domingue.*

Cette île offre, relativement à la météorologie, des faits assez remarquables. Sur les montagnes la température est quelquefois à 6 degrés au dessus de la glace, & la chaleur s'y élève rarement au dessus de 24 degrés.

Dans les plaines elle va de 10 à 28 degrés, & rarement jusqu'à 30; & d'ailleurs, ce fond de chaleur est toujours modéré, le jour par le vent de mer, la nuit par le vent de terre, qui sont l'un & l'autre très-frais & même agréables.

Quoique le baromètre ait en général peu de variations, on en remarque cependant une qui est diurne & périodique. Lorsque la brise se lève à huit ou neuf heures du matin, le baromètre commence à monter. Son ascension continue jusqu'à onze heures & midi; il descend ensuite un peu jusqu'à trois heures & jusqu'au coucher du soleil. C'est alors qu'on le voit monter jusqu'à dix heures du soir, & son ascension est d'autant plus forte, que le vent de terre souffle plus fortement; après quoi il redescend jusqu'au lendemain matin. Ces mouvemens sont beaucoup plus sensibles en général le jour que la nuit, parce qu'ils paroissent dépendre de la chaleur & de la force des vents.

Les pluies sont encore remarquables par leur abondance & leurs effets. Dans certains cantons montueux de l'île, il tombe jusqu'à trois cent cinquante pouces d'eau de pluie, & souvent un côté d'une chaîne de montagnes est noyé & ravagé par les pluies continuelles, tandis que le revers éprouve une sécheresse & une sérénité constantes.

Les plaines reçoivent moins d'eau que les montagnes: il y tombe communément cinquante pouces d'eau.

Toutes les parties de l'île portent l'empreinte de ces pluies abondantes : ce sont les moyens que la nature a employés & emploie chaque jour pour la formation des plaines qui portent les riches produits de la culture.

Il est aisé de reconnoître une proportion constante & uniforme entre l'étendue des plaines d'alluvion & celle de la pente des coteaux & montagnes, qui versent ses eaux dans la rivière qu'on voit au milieu des plaines, & qui les ont d'abord approfondies. Ce rapport est à peu près d'un à cinq, c'est-à-dire, que cinq lieues carrées de pente des eaux ont donné naissance à une lieue carrée de plaine. C'est là d'ailleurs où l'on peut reconnoître les débris immenses des montagnes voisines, dont les pluies opèrent chaque jour les dégradations. En voici la preuve : sur le bord de la grande rivière qui sépare la plaine d'alluvion de celle du Marin, on observe que, dans le tems des pluies, la rivière contient un centième de vase. Si l'on considère ensuite que la surface des montagnes qui versent dans cette rivière, est de trente lieues carrées, qui reçoivent environ cent cinquante pouces d'eaux pluviales par an, on voit, que la partie des deux plaines, qui a été formée par les dépôts de ces eaux, est d'environ six lieues carrées.

On doit croire que cette dégradation des montagnes & cet envasement des plaines n'ont pas toujours eu le même progrès avant qu'après le défrichement; car dans l'état actuel, lorsque des pluies abondantes, telles que celles qui donnent huit, dix, douze pouces d'eau, & même plus dans l'espace de dix, douze & vingt heures, tombent sur la pente rapide des montagnes dont le sol est ameubli par la culture, on conçoit que la dégradation en doit être immense, & beaucoup plus considérable que dans les tems où d'épaisses forêts, des lianes, des végétaux de toute espèce formoient à la surface du sol une couverture serrée qui le protégeoit contre les ravages des eaux.

A l'embouchure des rivières, les dépôts sont encore bien plus marqués & plus sensibles. Si l'on circonscrit des parties du bord de la mer, qui sont couvertes par ses eaux, à une certaine épaisseur, & qu'on détermine le cours de la rivière vers ce terrain, on obtient une augmentation considérable de terrain en peu d'années. Ainsi, un particulier ayant limité trois cents arpens qui étoient journellement inondés par une tranche d'eau de mer de dix-huit pouces d'épaisseur, il y introduisit les eaux bourbeuses de la grande rivière, & dans l'espace de trois ans toute cette surface a été élevée de deux pieds au dessus de la plus haute marée, & à la place d'un marais infect on a eu une terre de la meilleure qualité. Cette opération montre le prodigieux effet des eaux de pluie, & annonce qu'à mesure que les montagnes se dégradent, les plaines s'étendent, & que par la suite des tems ce travail continuel des eaux doit agrandir la surface de l'île.

Les petites îles ne peuvent pas fournir de pareils exemples: la dégradation des montagnes y est considérable, mais la masse des eaux torrentielles y est trop divisée & trop foible pour produire des effets aussi sensibles & former des aterrissemens aussi rapides, soit à la surface, soit à la suite des plaines; aussi n'y en trouve-t-on point, faute de rivières. Il est nécessaire que ces îles aient en même tems de la longueur & de la largeur pour offrir ces phénomènes.

Une île qui n'auroit que de la longueur sans largeur ressembleroit, quant aux effets des eaux, à une suite de petites îles dont les ruisseaux ou rivières auroient leur origine à la moitié ou aux deux tiers des montagnes des grandes îles, & verseroient leurs eaux directement & séparément dans la mer. On sent que toutes ces eaux courantes produisent peu d'effets, soit sur les bords des îles, soit dans les parages voisins des côtes. La petite quantité de limon dont chacune est chargée, ne peut former des aterrissemens solides & durables.

Non-seulement *Saint-Domingue* a cet avantage sur les petites îles, & l'on peut dire aussi qu'elle est à cet égard mieux proportionnée que Cuba, que la Jamaïque, qui n'ont pas autant de largeur. Il est satisfaisant de pouvoir faire envisager les dégradations des montagnes, qui en général sont si affligeantes, comme un moyen d'accroissement du sol & de la culture pour *Saint-Domingue* & pour les grandes îles montueuses où il pleut beaucoup, puisque les plaines de ces îles doivent à ces effets des eaux leur création & en même tems cette étonnante fécondité, qui est telle qu'une toise carrée nourrit plus d'animaux & de végétaux qu'un arpent de France.

Malgré le défaut de culture, le sol de *Saint-Domingue* est environ quatorze à quinze fois plus productif que celui de la France : d'où il résulte que si, au lieu de denrées de luxe, on y cultivoit des comestibles, & si le sol étoit partout à peu près de la même qualité, la seule partie française, qui est quatorze à quinze fois moins étendue que la France, pourroit nourrir un aussi grand nombre d'habitans.

La culture ordinaire n'est pas même un travail à *Saint-Domingue*. Il suffit de gratter la terre pour qu'elle rende à chaque cultivateur une subsistance saine, abondante, & même au-delà du superflu.

Nulle part la végétation n'est aussi vigoureuse & aussi abondante que dans les cantons fertiles. Les fonds mêmes, qui sont baignés par les eaux de la mer, présentent un tableau de végétation qui étonne; ils sont couverts de mangliers, de paletuviers, & de plantes dont les racines & les parties qui sont dans l'eau, se trouvent chargées d'huîtres.

Dans cette île, le fond de la constitution primitive du sol est de granit, & ce fond est presque partout recouvert par des bancs & des lits de pierres calcaires. Dans la partie de l'ouest se trouvent les anciens foyers des volcans, dont on n'a pas encore bien reconnu & étudié les produits. On sait seulement qu'il y a quelques basaltes prismatiques; mais cette partie de l'histoire naturelle de *Saint-Domingue* est peu avancée, & mériteroit les recherches d'observateurs habitués à voir & à décrire avec une certaine méthode.

§. III. *Sur différens points de l'île de Saint-Domingue.*

1°. Bonnet (Ruisseau du). Vers la base de la montagne du Bonnet se trouve un amas de rochers, au pied desquels il y a une source d'eau claire, qui, après avoir formé un bassin d'environ trois pieds cubes, tombe en cascade dans un petit ruisseau qui coule dans la ravine des sables. A quinze toises à peu près de cette source l'on apperçoit des incrustations qui se forment sur tout ce qui se trouve plongé dans cette eau : les feuilles des plantes y sont conservées avec leurs couleurs & dans leur état de verdure. La montagne du Bonnet est composée principalement de rochers calcaires, que l'eau a tourmentés de différentes manières, & d'où elle a tiré tous les principes d'incrustations qui recouvrent ces plantes.

Assez près de là, dans le quartier du Vaseux, paroisse du Dondon, une rivière assez forte disparoît dans un gouffre effrayant, au nord du Bonnet : elle coule par des canaux souterrains pendant l'espace de quinze ou seize cents toises; ensuite elle reparoît dans la partie de l'ouest & du nord, en se partageant en plusieurs branches.

Une de ces branches sourd au pied du gros chapeau du Bonnet, dans le nord; une autre, à la même hauteur à peu près, s'épanche dans le nord-ouest. La première forme sur l'habitation du Houley un ruisseau qui ne tarit pas; l'autre fournit un volume d'eau considérable dans le bassin Diamant. On présume que c'est du Vaseux que sortent ces eaux, parce que, dès qu'il pleut beaucoup au Bonnet, toutes les ravines sont hautes, excepté celles-ci; & au contraire, lorsque les pluies font croître la rivière du Vaseux, ces deux dégorgeoirs sont abondans, & se troublent pendant que les autres ravines sont claires & ont un cours tranquille. On pourroit, d'après cet état de choses reconnu, réunir les eaux du Vaseux & fournir à la plaine du nord & à la petite anse un volume d'eau considérable.

2°. Borgne (Caverne), qui se trouve dans le massif de la grande colline du Borgne, partie du nord, dépendante du Cap, à *Saint-Domingue.*

Cette caverne est très-étendue, & composée de sept grottes très-spacieuses & très-élevées. Toutes sont superbement décorées par des masses de stalactites, qui ont pris des formes très-variées. On trouve dans la voûte de ces grands souterrains, des excavations en forme d'entonnoirs coniques, creusées par les stillations abondantes & continuelles de l'eau : on voit outre cela de larges morceaux de rochers entassés sur le fond de ces grottes, en conséquence de l'éboulement de quelques parties de la voûte. On sent, en entrant dans ces souterrains, un courant d'air assez considérable qui se porte du dedans au dehors, comme on l'observe dans un grand nombre de pareilles cavernes.

Il y en a plusieurs semblables à celle-ci dans la colonie; elles sont également l'ouvrage de la nature, qui d'un côté détruit & forme des excavations par le travail de l'eau, & d'un autre côté, par la même eau chargée de principes lapidifiques, remplit de nouvelles substances pierreuses cristallisées sous toutes sortes de formes, une grande partie des vides qui se sont formés à une époque précédente. Il n'y a nul fondement à supposer, comme plusieurs écrivains l'ont fait, que ces excavations souterraines ont été formées par les secousses des tremblemens de terre. Il suffit que, dans toutes ces grottes, il se trouve encore ou un ruisseau souterrain, ou ses vestiges, pour n'avoir aucun doute sur l'agent que la nature y emploie, & pour ne pas admettre des forces accidentelles, qui sont les mauvaises ressources des mauvais observateurs.

3°. Port-de-Paix, quartier de *Saint-Domingue*, qui est borné au nord par la mer, au sud par le quartier du Gros-Morne, à l'est par celui de Saint-Louis du nord, & à l'ouest par celui de Jean-Radel: il a, du nord au sud, six lieues d'étendue, & de l est à l'ouest deux lieues. Le port est exposé seulement au vent de nord-ouest, qui, lorsqu'il souffle fort, y excite une houle considérable ou raz-de-marée; ce qui est dangereux pour les vaisseaux qui sont à l'ancre. (*Voyez l'article* RAZ-DE-MARÉE.)

La ville du Port-de-Paix est bâtie dans une plaine d'environ trois cents toises de profondeur, qui étoit, il y a peu d'années, un marais.

Il seroit à desirer qu'on pût rendre, à très-peu de frais, l'air de cette ville plus salubre en le rafraîchissant, & ôter en même tems à ses habitans l'incommodité d'avaler, en respirant, un sable fin que les brises fortes & presque continuelles y élèvent sans cesse : il ne s'agiroit que de distribuer dans toutes les rues l'eau de la rivière du Port-de-Paix, & de les arroser à certaines heures du jour.

Le quartier du Port-de-Paix se divise en plusieurs cantons, dont les principaux sont la Plaine du Port-de-Paix, la Montagne, René-de-Bras, la Plate, le Fond-Ramier, le bas & le haut Moustique.

Le premier canton est traversé par une rivière appelée *les Trois-Rivières.* Sa largeur moyenne est de deux cents pieds, sur une profondeur qui varie depuis dix-huit pouces jusqu'à douze pieds. A une demi-lieue de la ville elle reçoit les eaux de huit rivières & d'un grand nombre de ruisseaux & de torrens : c'est pour cette raison que les trois rivières sont sujètes à de fréquens débordemens.

La montagne du Port-de-Paix a pour sol une argile rouge recouverte par un terreau noir formé de la décomposition des plantes qui y ont végété auparavant. Cette montagne est presque toute composée de bancs considérables de pierre calcaire fort dure; elle est connue, dans le pays, sous le nom de *Roche à Ravet.* Ces pierres sont toutes parsemées de trous occasionnés par la décomposition successive des pyrites martiales qu'elles contenoient abondamment. La couche de la terre végétale & argileuse est, en beaucoup d'endroits, d'une très-médiocre profondeur.

La mer termine le canton du Fond-Ramier au nord, où elle formoit, il n'y a pas long-tems, une très-grande baie que les terres d'alluvion ont presque toute comblée. Il y a de petits îlots, de distance en distance, tout couverts de mangliers, & qui sont inondés à chaque marée.

La plaine comprise entre la saline de Fond-Ramier & la rivière du Moustique est toute couverte d'une infinité de monticules composés uniquement de pierres roulées ou galets; ce qui prouve que leur formation est due à la mer lorsqu'elle couvroit cette plaine & toute celle de Jean-Radel.

La rivière du Moustique, qui ne tarit que dans les sécheresses de mars & d'avril, est sujète à des crues subites; elle a été celle qui a débordé le plus violemment dans le tems du fameux ouragan du 2 septembre 1772. Ce débordement, par lequel tous les arbres de haute-futaie qui se trouvèrent sur la route des eaux, furent déracinés & emportés, a creusé considérablement le lit de cette rivière dans le haut Moustique, surtout dans les endroits resserrés entre les rochers. L'eau s'éleva à cinquante pieds sur une largeur de cent cinquante pieds. Cependant un observateur qui sait bien apprécier ces effets, relativement à ceux qui ont dû précéder dans des tems plus reculés, les trouve peu considérables. Cette preuve se tire de la multitude de ravines creusées selon toutes sortes de directions, & à une profondeur étonnante dans les rochers de pierres dures, & qui doivent être l'ouvrage de plusieurs siècles.

Toute la plaine du bas Moustique, comme celles dont nous avons parlé ci-devant, & à l'article du Port-à-Piment, a fait partie de l'ancien bassin de la mer, comblé par les terres d'alluvion, qui sont d'une épaisseur considérable. On y a fait des fouilles de soixante à soixante-dix pieds de profondeur, & l'on trouve toujours le même dépôt. Le terrain y a conservé un trop grand ameublissement; ce qui occasionne dans les tems des pluies des courans d'eau souterrains, par où les terres s'écoulent, & sont absorbées par de petits gouffres dont on ne peut souvent atteindre le fond.

Toutes les espèces d'opuntia viennent spontanément au bas Moustique, & pourroient servir avantageusement à l'établissement de l'éducation de la cochenille.

Le haut Moustique est séparé du bas par une chaîne de mornes, qui formoient autrefois la côte de la mer : de là le terrain s'élève en amphithéâtre jusqu'aux montagnes qui séparent ce canton du quartier du Port-à-Piment. Il n'y a pas de terrain, dans toute l'île, aussi coupé de ravines profondes que le haut Moustique; ce qui prouve combien les eaux torrentielles, produites par les pluies abondantes, produisent de ravage sur leur route. Il n'est pas rare d'y rencontrer des vallons de plus de cent pieds de profondeur, qui ont été creusés visiblement par ces eaux.

Le sol de ce canton est en beaucoup d'endroits marneux. La qualité de la marne varie à l'infini, en proportion du mélange de l'argile avec la terre calcaire. C'est le meilleur sol, parce qu'il résiste aux sécheresses beaucoup mieux que celui qui est composé de l'argile. Le fond est tantôt de marne blanche, tantôt de craie ou bien de lits de pierre calcaire & de grès verdâtre. Si l'on considère le sol du quartier du Port-de-Paix en général, on y trouve, comme nous l'avons dit, du terreau noir, de l'argile grise-verdâtre, de la marne, de la craie, du gravier & du sable ferrugineux.

La pierre à chaux, compacte, blanche ou rougeâtre, d'un grain fin & très-dure, domine dans tout le quartier : il y en a cependant de blanche, à gros grain & tendre, qui doit en être distinguée. Toutes ces pierres sont par lits & par bancs horizontaux. On y voit aussi des galets ou cailloux roulés en plusieurs endroits, & surtout dans les plaines où la mer les a abandonnés, ainsi que sur certaines hauteurs.

On y rencontre rarement des coquilles fossiles; cependant quelques montagnes, même assez élevées, offrent des amas remarquables de palourdes, d'huîtres, de lambis, &c.

Suivant des observations météorologiques faites avec soin, le thermomètre ne s'est élevé au Port-de-Paix que deux fois au dessus de 20 degrés; il n'est aussi jamais descendu au dessous de 15 degrés & demi. Dans une habitation située au point le plus bas du haut Moustique, il n'est monté que trois fois à 26 degrés & demi, & il est descendu à 13 & à 14 plusieurs fois. La température la plus ordinaire dans ce quartier est entre 22 & 26 à midi, & entre 16 & 20 à six heures du matin.

Les orages se décident ordinairement entre midi & deux heures; il en vient à peu près autant de l'ouest que de l'est, & très-peu du sud.

On observe très-fréquemment des tourbillons de vent assez forts dans le haut Moustique. La position de ce canton entre les deux mers, à peu près à six lieues de distance de l'une & de l'autre, est la principale cause de ce phénomène. La brise du large, c'est-à-dire, du nord-est, souffle assez régulièrement tous les matins. Entre onze heures & midi, la brise d'ouest prend le dessus, & dans ce moment ces deux vents se rencontrant sous un angle fort obtus, font pirouetter tous les corps légers qui sont soumis à leurs efforts particuliers. On peut assurer que la brise d'ouest règne à cette station autant de jours de l'année, que la brise de nord-est.

L'air est fort sain en général dans le quartier du Port-de-paix.

Les savannes y sont couvertes de toutes sortes d'animaux domestiques, tels que chevaux, vaches, bœufs, brebis, moutons, cochons, dindes, pintades, oies, canards, &c.

Dans les cantons boisés du Moustique, le long de la mer, les chasseurs trouvent des bœufs, des chevaux, des cochons marons, des pintades, des ramiers, quatre sortes de tourterelles, des poules, des canards sauvages, des sarcelles, des poules d'eau, des plongeons, des pluviers, des flamans, des pélicans, des spatules, toutes sortes de hérons ou crabiers, des frégates, des pailles-au-cul, des corneilles, des demoiselles anglaises, des perroquets, des perruches, des bécasses, des bécassines, des maringouins, des merles, des bouts-de-petun, des pies, des émerillons, des milans, des fresayes, des chevêches, des têtes-chèvres, des goëlands, des hirondelles de mer & de terre, des hochequeues, des rossignols, des mésanges, des bouvreuils, des pivoines, des colibris, des oiseaux-mouches, des évêques, &c. &c.

Parmi les reptiles, on trouve la grande couleuvre bariolée ou coureuse, la couleuvre verte & autres espèces, le lézard vert, le gris & noir, le caméléon, le mabouya, le sourdon-salamandre; la grenouille, les mille-pieds, l'araignée à crabe, le scorpion, &c.

Les trois rivières sont très-poissonneuses, sans que les espèces de poissons d'eau douce y soient nombreuses. Les plus communs sont : le mulet franc, la carpe, le têtard, le hautdos, l'anguille, le brochet, la sarde grise & le pisquet.

La mer, dans le canal de la Tortue, fournit des

espèces innombrables de poissons. Il suffira d'indiquer ici les principales. La plage produit toutes sortes de crabes : le soldat, le tourlouron, le thon & la bonite y sont rares ; le brochet, le tassard, la caranque, le bécune, le visanneau, le rouget, le coffre, le perroquet, la lune, l'assiette, le hautdos, le chirurgien, la maye, sont les poissons les plus communs. La baie de Moustique fournit beaucoup de tortues de mer.

La côte du Port-de-Paix est assez riche en coquillages, dont les principaux sont : le nautile papyracée, d'une grandeur surprenante ; les espèces nombreuses de limaçons, les lambis, les sabots, les burgos, les casques, les étoiles, les têtes-de-Méduse, les soleil-levans, les pourpres, les oursins, les lepas, les palourdes, les buccins, les vis, les tonnes, les porcelaines, &c.

Ce quartier, qui renferme des montagnes assez élevées & sujètes aux pluies, des plaines vastes & souvent exposées aux sécheresses, offre presque tous les végétaux de l'île.

Les cantons de la Plate, de René-de-Bas & du haut Moustique, outre les bois ordinaires pour la charpente, produisent les plus beaux acajous à planches, unis, ondés & mouchetés ; le bas Moustique n'est couvert que d'arbres rabougris ; cependant les vallées comprises entre les monticules ont de beaux arbres, tels que le mancenillier, le bois palmiste, le bois de rose, le bois blanc, le très-gros gayac : on y voit une multitude de bois propres à tourner, marbrés de toutes sortes de couleurs, & qui n'ont pas encore été nommés par les botanistes. Toutes les espèces de cierges, d'opuntia, s'y rencontrent. On y admire avec raison une espèce de cardace qui vient de la hauteur & de la grosseur d'un arbre : il en est de même d'un opuntia nommé *patte-de-tortue*. Dans le haut Moustique, qui est encore tout couvert de bois, se trouvent toutes les espèces de bois incorruptibles, propres à bâtir ; savoir : différentes sortes de bois de chandelles, le brésillier, le bois de fer, le bois de savanne franc, le bois marbré, le bois à petites feuilles, le grattegale, le bois de rose, le sapotillier des mornes, le grisgris de montagne, le raisinier de montagne, le bois mulâtre, le bois mahot, le bois marie, l'ébène, le *morus tinctoria* si recherché pour la teinture en jaune, le bois de canelle, les acajous, le bois rouge, le cèdre de Bermude, le cèdre blanc.

La chaîne de mornes, qui sépare ce quartier de celui de Port-à-Piment, est toute couverte de pins propres à la petite mâture : on y trouve aussi les différentes sortes de palmistes ; savoir : le franc, le palmiste à vin, le chapelet, les petits & grands lataniers.

4°. Port-à-Piment. C'est un des cantons de l'île de *Saint-Domingue*, qui présente le plus d'objets intéressans pour la géographie-physique. Ainsi nous avons cru devoir en faire un article particulier.

Le quartier du Port-à-Piment est situé au sud-est d'une presqu'île formée par le Moustique, les quartiers de Jean-Rabel, du môle Saint-Nicolas & de Bombarde. Il a environ dix-sept lieues de longueur de l'est à l'ouest, sur sept dans sa plus grande largeur du nord au sud. Il est borné à l'ouest par la mer, au nord-ouest par la baie & la rive gauche de la rivière de Heine, & par la montagne de Jean-Rabel ; à l'est par celle du Gros-Morne, au sud-est par celle de la pierre des Gonaïves, & au sud par la mer.

Ce quartier se divise en trois cantons principaux, qui sont : 1°. celui de Terre-Neuve, 2°. celui de la plaine du Parc, 3°. la grande plaine du Port-à-Piment.

Le canton de Terre-Neuve, situé à l'est & au sud-est de ce quartier, est composé de montagnes de cinq à six cents pieds de hauteur, qui forment deux chaînes à peu près parallèles dans la direction de l'est à l'ouest, & séparées par une gorge ou vallée qui reçoit les eaux des deux croupes, & qui est arrosée par une petite rivière qui porte le nom du canton. Les pluies y sont fort fréquentes, ainsi que dans toutes les montagnes de *Saint-Domingue*. Le terrain y est frais, humide, fertile & propre à la culture du café. Le fond du sol est en général marneux. Ce sol règne dans tout le fond de cette presqu'île & du quartier du Gros-Morne. Il faut en excepter quelques branches de montagnes composées d'argile & de pierres quartzeuses ou de grès. Tous les mornes de Terre-Neuve dont les pentes regardent la mer, ne portent que des arbrisseaux rabougris, & très-peu d'herbes. Entre le bord de la mer & les hautes montagnes fertiles, on trouve des mornes isolés, dont les uns ont une forme arrondie & presqu'hémisphérique ; d'autres ont une forme exactement conique. Les unes & les autres sont composées de pierres calcaires, parmi lesquelles on apperçoit des blocs isolés de silex de toutes les espèces, & diversement colorés.

Le canton de la plaine du Parc a très-peu d'étendue : c'est une plaine qui se termine par un cul-de-sac, & qui est entourée de tous côtés par des montagnes élevées ; ce qui expose toute cette plaine à des pluies abondantes. Malgré cela on n'y trouve que deux ou trois petites sources qui ne peuvent suffire à l'exploitation de deux indigoteries.

Le sol, qui est entiérement le produit des alluvions & de la dégradation des montagnes par les eaux, a beaucoup de profondeur. Les acajous de la plus belle qualité y sont si nombreux, qu'on croiroit qu'ils ont été plantés par les habitans : on les exploite maintenant par le moyen d'une route ouverte depuis peu.

De la plaine du Parc on se rend au quartier & au bourg du Gros-Morne, en franchissant une montagne nommée le *Dos-d'Ane*, & au pied de laquelle sont des indices d'une mine de cuivre.

La plaine du Port-à-Piment a environ dix lieues de longueur le long de la mer, sur quatre de profondeur dans l'intérieur des terres. Il y a deux ports, le grand & le petit. L'entrée de ces mouillages est difficile pour les marins qui ne la connoissent pas bien, parce qu'à environ une lieue au large il y a un grand banc de récifs à fleur d'eau ou sous l'eau, qui ne laisse qu'un passage assez étroit, & qu'on ne peut reconnoître aisément. Ces récifs & la pente presqu'insensible du fond sont cause qu'on n'éprouve jamais de raz-de-marée dans ces ports, parce que la houlle, excitée par la tempête éloignée, vient se briser sur ces barres de récifs, & qu'ensuite la lame peut se développer uniformément sur une plage parfaitement libre & presque de niveau. (*Voyez notre article* RAZ-DE-MARÉE.) Cette position offre un lieu très-commode pour faire des observations sur les marées : elles ont appris que les marées montent entre deux ou trois pieds, selon les différentes saisons; que les plus hautes de toutes sont celles des équinoxes, & surtout celles des nouvelles & des pleines lunes qui arrivent après l'équinoxe d'automne.

La plaine du Port-à-Piment est une des terres les plus nouvelles de *Saint-Domingue*, c'est-à-dire, les dernières que la mer ait abandonnées. Elle n'est composée, dans toute son étendue, que de galets dispersés dans une terre calcaire marneuse, qui recouvre la superficie du sol en quelques endroits. Quoique cette vaste plaine soit l'ancien bassin de la mer, on y trouve cependant une très-grande quantité de monticules, qui sont également composés de galets mêlés de terre, comme la plaine qui est plus basse; elle est aussi entre-coupée de ravines, qui ne sont pas encore fort profondes, mais qui se creusent de plus en plus par les eaux courantes que fournissent les montagnes environnantes: c'est aussi à la même cause des eaux courantes que l'on doit attribuer la formation des monticules, dont le sommet doit déterminer la superficie du dépôt de la mer, & non le niveau de la plaine dans laquelle ces monticules sont dispersés comme nous l'avons dit.

On voit, en suivant les ravines les plus profondes, que tout le sol de cette plaine est un composé de débris de toutes sortes de pierres : les plus abondantes sont les pierres calcaires de différentes sortes, en général très-blanches, ou d'un brun très-brillant; quelques-unes sont susceptibles de prendre le poli; d'autres se décomposent à l'air & à la pluie. Les silex y sont abondans & très-variés dans leurs formes & dans leurs couleurs.

La plaine du Port-à-Piment est exposée à des sécheresses qu'on ne connoît point ailleurs. On assure que, de mémoire d'homme, on en a éprouvé une de trois années consécutives, & de 1779 à 1780 il y a eu dix-huit mois sans pluie. Ce qui rend encore ce sol plus aride, c'est qu'il n'y tombe ni serein ni rosée. Il paroît que les vapeurs qui s'élèvent de la mer, & qui peuvent être poussées par le vent au dessus de cette plaine, y rencontrent un air fort chaud, qui fait qu'elles se soutiennent à une hauteur assez considérable pour arriver au sommet des montagnes voisines & s'y précipiter en rosées abondantes.

La saison des pluies, dans ce quartier, est celle des orages, c'est-à-dire, depuis le mois de mai jusqu'à la fin de septembre. L'hiver & le printems y sont toujours très-secs. La brise y est très-régulière pendant neuf mois de l'année; ce qui tempère beaucoup la chaleur; mais, depuis la fin de novembre jusqu'au commencement de mars, le vent du nord y est insupportable par la quantité de poussière qu'il y élève. Dans le tems des orages & pendant l'automne les pâturages sont abondans, & dans le reste de l'année les animaux mangent un foin desséché sur pied; & ces animaux, au moyen de cette nourriture, sont vifs & vigoureux, & leur viande est d'un très-bon goût. Le lait des chèvres & des bêtes à cornes y est très-gras. Les chevaux de ce quartier sont robustes & vifs, mais ils s'accoutument difficilement à d'autres pâturages, & surtout aux montagnes humides.

Le gibier est assez commun dans cette plaine, & consiste en pintades sauvages, en cochons & cabris marons, en ramiers, en tourterelles & en oiseaux aquatiques.

On voit, outre cela, des compagnies nombreuses de corneilles, semblables à celles d'Europe. Les rats & les chats marons ont singuliérement multiplié dans ce canton, qui, au premier coup-d'œil, paroît n'être propre à nourrir aucune espèce d'animal.

Les arbres & autres plantes sont rares dans cette vaste plaine. Les plus communes sont les espèces très-multipliées de cactus, les torches, cierges épineux, mariacoulis, raquètes, chardons volans, la poinciade épineuse, le franchipanier blanc, le pudique, beaucoup d'espèces de gras-de-gale, le *coccoloba*, une espèce de lutanier à pétioles, le gommier avec une de ses variétés, dont la gomme est beaucoup plus aromatique & plus difficile à dissoudre. L'*euphorbia thytimaloïdes* y est abondant en approchant du pied des montagnes, où il y a un peu de terre végétale & de fraîcheur. Les espèces de *loranthus* y sont communes sur tous les arbrisseaux, mais particuliérement sur les gayacs & le *coccoloba*. Le long des bords de la petite rivière qui vient de Terre-Neuve on trouve le *bignonia arbor*, chêne du pays; le bois de savanne franc; le monbain, le gros mancenillier, le heliettères à fruits en cordes, le grand éclair du pays, le *rauvolsia*, le *taberne montana*, le bois mari, le bois d'ânon. Le *tournefortia* ou liane à chique, la liane oseille, plusieurs espèces de *capparis*, la rhubarde du pays, le paletuvier gris, les diverses espèces d'*epidendrun*, sont les plantes les plus communes après les cactus.

Le

Le canton de Terre-Neuve, qui fait partie, comme nous l'avons dit, du quartier du Port-à-Piment, offre les mêmes fossiles à peu près que les autres cantons de ce quartier. Au fond de la plaine du Port-à-Piment on arrive dans une gorge formée par les deux principales chaînes de montagnes de Terre-Neuve : c'est une ravine, large de cent à cent cinquante pieds, coupée par les eaux dans les couches de pierre calcaire qui composent tout le sol. A cinq lieues des eaux de Boynes cette ravine devient une plaine formée par les alluvions qui y ont porté & laissé toutes sortes de petites pierres roulées : il s'y trouve aussi du grès, des pierres ferrugineuses, du mica. A peu près au milieu de la gorge est un petit tertre composé de pierres arrondies, comme dans les collines de la grande plaine : ces pierres varient singuliérement en grosseur. On peut indiquer les deux extrêmes de ces cailloux roulés par la balle du pistolet & par le boulet de vingt-quatre. La matière principale de ces corps arrondis est une mine de fer dans une gangue en partie quartzeuse & en partie argileuse ; aussi toutes les hauteurs voisines montrent des mines de fer de différentes espèces.

Un peu plus loin on trouve quelques morceaux de pierres micacées, de la mine de fer & de cuivre ; & vers les eaux de Boynes, sous une couche de terre calcaire très-blanche, des cristallisations de gypse, très-variées & très-abondantes. Si cette carrière fournit beaucoup de gypse, elle sera infiniment utile dans le quartier, vu la facilité des transports, car elle est située à deux petites lieues du bord de la mer.

Les détails dans lesquels je suis entré ont été recueillis de différens mémoires, & surtout du recueil du cercle des philadelphes. On ne peut s'empêcher ici de remarquer que ces observateurs ne se sont point occupés à présenter les différens objets qu'ils décrivent avec une certaine méthode. Pour faire connoître combien peu de lumière on peut retirer de leur travail, il suffit de citer un article, d'après lequel on jugera sans peine de leur marche confuse.

« Nos promenades dans les mornes du Cap, » disent-ils, nous ont fait voir au couronnement » une terre ochreuse, des géodes ferrugineuses, » des rochers calcaires, dans lesquels on voit des » *vestiges* de madrépores. En descendant nous » avons trouvé des brèches calcaires spathiques, » des spaths, des stalactites spathiques, des poudingues, des hématites, des bancs de coquilles » maritimes qui s'étendent de l'est à l'ouest & au » sud, des bancs crayeux, des granits, des géodes » argileuses, cuivreuses & ferrugineuses ; des granitoïdes, des jaspes imprégnés de cuivre, des » granitoïdes agatisés, des bancs argileux inclinés de l'est à l'ouest, & quelques-uns du sud au » nord. »

Quand on a parcouru tant d'objets dont les uns snot importans, les autres accidentels, on se demande dans quel ordre toutes ces substances sont disposées les unes par rapport aux autres. Quelle est, par exemple, la disposition des granits & des granitoïdes par rapport aux bancs argileux qu'on indique à la suite ? Sont-ils dessous ou à côté ? Qu'est-ce qu'on entend par *branches calcaires spathiques*, par *bancs crayeux ?* Sont-ils placés dessus ou à côté des granits ? Les granitoïdes qu'on indique après les granits sont-ils dessus les massifs de granits ou à côté ? En un mot, tout est confusément présenté dans cet article, & l'on en conclut cependant *que la mer a couvert les montagnes du Cap.* Il auroit fallu nous dire quels étoient les massifs ou les montagnes que la mer a couverts, de quelles substances ils étoient composés, quelles sont les substances que la mer a pu y ajouter. On nous indique seulement *les bancs de coquilles marines*, mais l'on ne distingue point les époques de ces dépôts & celle des *rochers calcaires dans lesquels on voit des vestiges de madrépores*. Nous desirerions que tant de zèle fût dirigé par des principes également propres à guider la marche des observateurs du cercle, & à fixer nos idées sur les objets dont ils nous parlent, capables, en un mot, de nous fournir des résultats lumineux & instructifs qui avancent la science.

DOMMARTIN-LE-FRANC, village du département de la Haute-Marne, canton de Wassy. Il y a dans ce village, des forges bien entretenues.

DOMME, bourg du département de la Dordogne, chef-lieu de canton. Il est situé sur une montagne, au sommet de laquelle est une ouverture par laquelle on descend dans une grotte fort spacieuse, & meublée de nombreuses stalactites qui méritent l'examen des curieux de ces souterrains voisins de Sarlat.

DOMPIERRE-SUR-NIÈVRE, village de l'arrondissement de Cosne, département de la Nièvre, remarquable par ses deux forges, l'une de fer, l'autre d'acier.

DON *ou* TANAÏS. Ce fleuve prend sa source dans le gouvernement de Moscou, au petit lac Saint-Jean, & a un cours animé par une vitesse relative à la déclivité des contrées montueuses d'où il tire son origine. Il voiture une masse d'eau fournie par quatre-vingts affluens, & grossie accidentellement par la fonte des neiges ; elle annonce partout les efforts les plus violens auxquels est assujettie la marche de ses eaux.

Le *Don* a un cours fort long si l'on y comprend le Donetz & le Menitsech, & si l'on y ajoute la mer d'Azof, qui doit être considérée comme une partie du bassin de ce fleuve. Il est courbé singuliérement à l'est, & retourne à l'ouest en tirant vers le nord : c'est là sa première direction. Son bassin est assez étroit, après quoi il reçoit la Plata sur la droite, & le Véronez à gauche, & après un grand nombre de petits ruisseaux; il se joint au Thapior, rivière considérable & dont le cours est parallèle au sien, ensuite au Medwieditza & à l'Ilasla, dans son détour jusqu'au point de rebroussement où il est le plus près du Volga, & depuis ce point jusqu'à la mer d'Azof il reçoit de droite & de gauche plusieurs rivières, dont les principales sont le Donetz & le Menitsech. Il faut remarquer que la mer d'Azof, qui est, comme je l'ai dit, une sorte d'embouchure de ce fleuve, est bordée de petits ruisseaux, dont le cours annonce une plaine vaseuse nouvellement découverte.

Entre les sources du *Don* & du Dniéper sont celles des rivières d'Oka, de Tula & du Gra, qui forment une espèce de bassin arrondi, dont toutes les eaux vont dans le Volga, & se versent, non au sud, mais au nord-est, où elles rencontrent le Volga, qui court de l'ouest à l'est.

Il paroît que tous ces fleuves ont d'abord une tendance qui les porte vers l'est, & qu'à une certaine latitude ils changent de cours & se dirigent vers l'ouest : tels sont le Dniester, le Bog, le Dniéper, le Donetz & le *Don*; puis le retour a lieu dans le Dniéper & le *Don*.

Les inondations du *Don* sont plus ou moins sensibles, & causent plus ou moins de désastres, suivant la quantité de neige tombée en hiver dans le centre de la Russie, dans les gouvernemens de Moscou, de Toula, d'Orlou, de Tambou, de Véronez & de Charkaw, d'où une foule de rivières principales ou secondaires recueillent les eaux, se déchargent dans le *Don*, & coulent en masse dans la mer d'Azof. On ne doit pas considérer le seul canal du *Don*, mais la grande quantité de confluens qu'il reçoit, dont les principaux sont le Thapior, la Medvieditza, le Bousoulouk, la Vorona, le Donetz, le Sall & le Menitsech, avec un grand nombre de rivières affluentes, de torrens & de ruisseaux.

L'inondation commence à se faire sentir depuis le monastère de Saint-Tichan jusqu'aux embouchures du *Don* dans la mer d'Azof, en couvrant les plaines qui s'étendent sur la gauche de la rivière, depuis sept jusqu'à trente-trois werstes de largeur, c'est-à-dire, d'un talus à l'autre des montagnes secondaires qui bordent le bassin de la rivière.

Dans un développement de quatre cent dix milles, on a reconnu que l'épanchement des eaux du *Don* se fait plus abondamment vers la rive gauche, que vers la droite, parce que la berge droite est roide & montueuse, tandis que la gauche n'offre que des plaines & des pentes douces.

Il est à remarquer que la ville de Tscherkask est exposée à deux sortes d'inondations auxquelles le *Don* est sujet, dont la première est celle des eaux froides, & l'autre celle des eaux chaudes. La première est régulière & systématique : elle arrive ordinairement à la fin du mois de février ou les premiers jours du mois de mars; elle est la suite de la débacle de la partie inférieure du *Don*, causée par un dégel suivi ou par quelque vent chaud qui souffle du côté de la mer d'Azof.

L'autre inondation commence vers la fin d'avril, & se soutient jusqu'à la fin de juillet, y compris, dans cet intervalle, tous les degrés d'élévation de l'eau, & de ses décroissemens. Cette crue extraordinaire & périodique est le résultat du dégel suivi dans le centre de la Russie, de la débacle de la partie supérieure du *Don*, de la plus grande partie de ses confluens, & de la fonte des neiges, qui s'opère dans les contrées montagneuses, d'où les rivières & les torrens, dont nous avons parlé, tirent leur origine.

Tous les désastres auxquels les habitans de la capitale des Cosaques & des plaines voisines sont exposés, dépendent de la quantité de neige tombée en hiver dans les gouvernemens de Toula, de Véronez, de l'Ukraine & de Slobodskaya.

Parmi les crues extraordinaires que la ville de Tscherkask a subies, on en compte trois considérables, dont les habitans conservent la mémoire. La principale arriva l'année 1706, & les autres en 1740 & 1760. Dans l'une de ces années, en comparant l'élévation de l'eau en tems de crue avec le niveau dans le tems de sécheresse qui régna dans l'été qui précéda, on trouve dix-sept pieds de différence.

Il y a trois points essentiels à examiner, qui servent de base aux crues extraordinaires. En général, la crue se forme plus aisément, & fait d'autant plus de progrès, que les parties supérieures d'où elles partent, sont plus élevées, & sont composées de matières d'une destruction facile. Les débordemens, comme nous l'avons dit ailleurs, sont devenus plus sensibles depuis que l'on a exploité les forêts d'où les eaux du *Don* & les rivières affluentes découlent. Autrefois les arbres & les arbustes interceptoient par leurs branches & par leurs feuilles, les gouttes d'eau, & leur donnoient le tems de filtrer dans la terre, où elles formoient des réservoirs suspendus. A présent que les montagnes sont dépouillées & réduites à une parfaite nudité, & que les moyennes & inférieures du cours du *Don* ne sont pas boisées, les crues sont devenues subites, plus fortes & plus courtes, puisque les eaux, éprouvant moins d'obstacles, s'écoulent en moins de tems.

Quoique les habitans de la capitale des Cosaques soient exposés quelquefois, jusqu'à la fin de juillet, aux désastres causés par les débordemens, toutefois il n'y a que douze jours pendant lesquels les eaux restent au même point; état d'équilibre qui existe entre l'action des rivières, & celle de la mer d'Azof. C'est ensuite qu'il y a un écoulement graduel.

Il est bien vrai que le défrichement des montagnes, ainsi que la destruction des forêts, a été dans tous les pays la cause réelle du gonflement fubit des eaux, des crues fubites des fleuves & des rivières, & des défaftres que ces accidens produifent dans les domaines riverains, & enfin dans les notables préjudices qu'ils occafionnent à la navigation. Mais ce qui doit pourtant fixer toute l'attention, c'eft l'obftruction qui en réfulte à l'embouchure des fleuves dans la mer, où fe forment les dépôts des dépouilles des montagnes & des terrains défrichés, le *Don* en détachant du fein des montagnes fillonées de torrens, des maffes compofées de terres, & le Donetz emportant des graviers, du fable & des pierres mêmes : c'eft dans l'intervalle de douze jours, pendant lefquels il exifte à Tfcherkask un mouvement d'ondulation, & que l'équilibre dure entre les eaux du fleuve & celles de la mer, que les dépôts fe forment aux embouchures.

Le *Don* offre des îlots, des dunes, des bancs de fable, tandis que le Donetz charie pêle-mêle, & préfente un mélange de blocs de galets, de graviers & de fables; & l'on remarque des effets analogues, non-feulement à fes débouchés naturels; mais auprès des diftricts d'Okfay, de Guilouskoy, tout le long du Donetz, jufqu'à la Pierre-Blanche.

L'eau même de ces deux branches du fleuve caractérife la nature du fond de leurs lits, des pays qu'elles arrofent, qu'elles coupent dans leurs cours. L'eau du Donetz conferve à peu près fa limpidité, & furpaffe de beaucoup en qualité celle du *Don*.

La nature eft conftante dans fes lois : une diminution graduelle & fucceffive dans la groffeur des cailloux, & la configuration des graviers jufqu'à leur dernier degré de petiteffe. Le fable même décroît dans tous les îlots qu'on y obferve, devenant toujours plus petit jufqu'aux dunes de la mer d'Azof.

Quoiqu'il fe forme des aterriffemens aux embouchures des fleuves & des rivières par le concours des dépôts de la mer, toutefois l'on peut dire que les îlots qu'on remarque aux embouchures du Donetz, ne font pas des aterriffemens de la mer, mais une fuite des tranfports de ce fleuve.

C'eft où il faut s'arrêter, en diftinguant les dunes, qui font l'ouvrage de la mer, d'avec les îlots, ouvrage des fleuves. Le *Don* & le Donetz charient à la mer d'Azof toutes les matières qu'ils ont entraînées du fein des montagnes. Ces mêmes matières, voiturées par les courans relatifs de ces deux rivières & de leurs confluens, & repouffées par les flots de la mer, fe font arrêtées, établies & fixées où il y avoit de l'équilibre entre ces deux forces actives, & forment des dépôts qui conftituent les îles qu'on apperçoit fur le bord de la mer, parmi les embouchures. Il eft bien connu que c'eft dans les mers qui n'ont pas de hautes marées, que fe forment des îles, ainfi que la mer d'Azof; mais où les fortes marées ont lieu, il fe forme généralement des barres & des dunes.

Le Menitfech a fon cours de l'orient à l'occident, & fon confluent avec le *Don* eft à l'oueft-nord-oueft. Il prend fon origine affez près du vallon d'Yafchkoul & de la fource de la Sarpa. C'eft une rivière où il y a peu d'eau, qui a peu de pente, & vers laquelle le *Don*, au printems, groffi par la fonte des neiges & par les rivières affluentes, va refouler une partie de la furabondance de fes eaux jufqu'à foixante milles de diftance de fon confluent. Il tombe, dans le Menitfech, le Kalouche & trois Yeierliks, qui lui fourniffent beaucoup d'eau falée au printems, à leur jonction avec le Menitfech.

C'eft dans le printems que le Menitfech eft rivière. En été, il eft tantôt rivière, tantôt l'on y envifage une fuite de croûtes falines; enfuite des lacs ou bien des mares falines s'y manifeftent, tant il y a de fel qui s'y criftallife & s'y dépofe. Ces états alternatifs du Menitfech, qui fe montre fous forme d'eau courante, de croûtes falines, de mares ou étangs falins, & à plufieurs reprifes, méritent bien l'attention d'un géologifte.

Une autre confidération qui doit l'occuper, c'eft qu'en creufant depuis le diftrict de Stanitza de Menitfech jufqu'à Aftracan, dans tout l'efpace renfermé par les deux chaînes de collines de Malibachevoy & Doufman, on ne trouve que de l'eau falée ou bien faumâtre, & généralement amère. On n'a befoin que de creufer quatre pieds de profondeur pour en voir rejaillir l'eau.

En s'approchant des coteaux, & s'éloignant des veines d'eau du Menitfech, l'eau eft plus fade & plus amère, comme fi le fond originaire, le fol de Stèpe, eût été mêlé avec le limon de la mer; ce que l'on remarque auffi dans la prefqu'île de la Crimée.

On n'a qu'à fe rendre fur les collines dont il a été queftion, ou bien les franchir, pour voir la fcène changer, & la nature offrir un nouveau fpectacle, c'eft-à-dire, des campagnes riantes, une eau meilleure que celle du baffin du *Don* & un air plus falubre.

M. Pallas nous rapporte que prefque tous les diftricts falins qui s'étendent entre le Tols, l'Irfchin & l'Irtich font chargés de fel amer ou de fel marin plus ou moins riche en natron; qu'au printems ces fels fortent de terre fous la forme d'une bouillie ou écume blanche très-mouillée, qui fe deffèche, & devient une farine blanche comme la neige lorfque le tems eft fec.

Ailleurs il ajoute qu'il y a deux lacs falins à droite du Menitfech, que les Cofaques du *Don* nomment *fvatié ofcra*.

On fait que les Cofaques tirent annuellement, des lacs & des rivières, cent foixante millions de livres de fel, fans que la couronne en perçoive le plus petit profit. Ils l'emploient à la falure de leurs poiffons. On en fale une fi grande quantité, qu'un feul pêcheur avouoit qu'il en employoit un million deux cent mille livres par an. Au printems,

& surtout en été, on ne voit que des caravanes de tombereaux qui voiturent le sel le long des bords du Menitsech.

Le sel cristallisé cependant ne se dissout pas par les eaux qui s'accumulent dans les lacs, parce que les sources d'eau saumâtre ne tarissent jamais. Le sel cristallisant y forme des couches plus épaisses, qui sont séparées par les dépôts que les eaux y apportent.

DONGES, bourg du département de la Loire-Inférieure & de l'arrondissement de Savenay. Il est situé dans une contrée marécageuse & abondante en pâturages, dans lesquels on nourrit beaucoup de menu bétail.

DONNEZAN. C'étoit un petit pays du ci-devant comté de Foix, dans la partie du levant de cette province. Cette petite contrée avoit cinq lieues dans sa plus grande longueur, sur trois lieues de largeur. Elle est très-arrosée. L'Aude en est la principale rivière, & plusieurs autres y prennent leur source. Comme elle est remplie de montagnes, le climat y est très-froid. Les pâturages y sont excellens.

DONNEZAC, ville du département de la Corrèze, arrondissement de Brives. Elle possède plusieurs carrières d'ardoise dans ses environs

DONZAIRE, petite ville du département de l'Isère, qui est à l'entrée d'un bassin appartenant à l'ancienne vallée du Rhône, à l'ancien golfe qui en a pris la place, à la nouvelle terre, dépôt formé dans cet ancien golfe; à la nouvelle vallée du Rhône, où l'on voit les vestiges de ce dépôt détruit, car tout cela se trouve réuni à *Donzaire*.

La montagne de *Donzaire* est de pierre calcaire à grain fin; elle est de même nature que celle des montagnes du Vivarais où Viviers est placé, & qui en sont séparées par le Rhône, qui est très-peu éloigné de *Donzaire*. Cette partie de montagnes s'étend encore le long du Rhône & de la route.

Ce qu'il y a de remarquable, c'est que quelques-unes de ces montagnes de *Donzaire* sont formées par des amas de cailloux roulés qui ont été déposés contre le massif de pierres calcaires, ainsi que les coupes faites pour le chemin le font voir. Plus loin ce sont des coteaux de sables & de galets qui bordent la plaine, & le fond de cette même plaine de *Donzaire* à Pierre-Latte est aussi de galets & de graviers. C'est le même sol jusqu'à Baune, qui est à trois lieues de Pierre-Latte, où l'on trouve une montagne calcaire qui fournit une pierre tendre, blanche, d'un grain fort fin, & qui fait la limite du bassin que nous décrivons, & qui peut avoir quatre à cinq lieues de profondeur, en s'éloignant du Rhône & gagnant l'enceinte des montagnes. Si l'on parcourt la plaine dans cette direction de Pierre-Latte à Saint-Paul-Trois-Châteaux, on voit d'abord, dans la première ville, un gros rocher de pierre calcaire à grain fin, qui est parfaitement isolé dans cette plaine, quoique de la même nature que ceux de *Donzaire* & de Viviers. Il nous a paru trop intéressant pour discuter séparément ce qui le concerne. Nous renvoyons à l'article PIERRE-LATTE.

En sortant de Pierre-Latte on trouve un amas assez étendu d'argile, qui ne contient que peu ou point de cailloux roulés. Ce n'est que lorsqu'on approche de l'extrémité de la plaine & de Saint-Paul-Trois-Châteaux, qu'on retrouve les galets & les sables, & enfin des massifs de rochers de grès cliquart blanchâtre & comme quartzeux, qui peuvent avoir quelques centaines de toises de longueur, après quoi on marche dans les sables & dans les cailloux roulés jusqu'à Saint-Paul-Trois-Châteaux. Cette ville est bâtie sur un tertre qui est le prolongement de la montagne de Saint-Juste. Cette montagne est d'une composition singulière. Nous en avons donné une description particulière à l'article SAINT-PAUL-TROIS-CHATEAUX.

DONZIOIS *ou* DONZOIS (le). C'étoit un petit pays qui faisoit partie du Nivernois, & qui est compris maintenant dans le département de la Nièvre. Il est arrosé par l'Yonne, la Loire & le Nonain, & renferme Donzy & Cosne. On y recueille beaucoup de blé & de vin. Les pâturages y sont abondans. Il y a des mines de fer & plusieurs belles forêts : c'est pourquoi on y a établi des forges.

Le principal commerce de cette contrée consiste en fer & en bois.

DORA-BALTEA (la), rivière non navigable du Piémont, la même que la Doire, qui prend sa source au col de l'Allée-Blanche, entre le petit Saint-Bernard & le Mont-Blanc, traverse le val d'Aoste, passe sous les murs d'Aoste & d'Ivrée, & se jette dans le Pô un peu au dessous de Crescentino. Elle est très-rapide & n'a pas moins de trente-huit lieues de cours.

DORA-RIPARIA (la). Elle a sa source dans les Alpes grecques, au col de la Ture, sur les frontières du département des Hautes-Alpes. Elle traverse le val d'Houlge, passe à Cesana, Exilles, Suse, dans l'un des faubourgs de Turin, & se jette dans le Pô un peu plus bas, après un cours de vingt-sept lieues.

DORDAL, village du département de la Meurthe, arrondissement de Château-Salins, remarquable par une carrière de marbre & de belles eaux.

DORDOGNE (Département de la). Ce département tire son nom d'une de ses principales rivières. Il renferme à peu près toute l'ancienne province du Périgord.

Ses bornes sont, au nord, le département de la Haute-Vienne, à l'est celui de la Corrèze, au sud-est celui du Lot, au sud celui de Lot-&-Garonne, à l'ouest celui de la Gironde, & au nord-ouest celui de la Charente.

Ses principales rivières sont la *Dordogne*, le Vezère, le Haut-Vezère & l'Isle.

La *Dordogne* traverse le département de l'est à l'ouest, & passe à Domme, à Limeuil, à la Linde, à Bergerac & à la Motte-Mont-Ravel. Elle reçoit à droite le Vezère, grossi de la rivière de Salaignac & de la Benne, qui passe à Terrasson, Montignac & au Bugue, puis la Louire qui passe à Saint-Alvère & à Liorac, & qui après sa réunion au Candou se jette dans la *Dordogne* à Bergerac, ensuite l'Eygurande qui passe à la Force, enfin le Lidoire qui se jette dans la *Dordogne* au dessous de la Motte-Ravel; à gauche le Céon, qui arrose Daglan, la Couse, qui passe à Monferrand & à Beaumont, & s'y jette à la Linde, puis la rivière de Ravignac qui passe à ce dernier village & à Cimèges. Plus bas, en suivant la lisière du sud, on trouve la rivière d'Orliac qui arrose ce village & Villefranche de Belvez; plus à l'ouest la rivière de Montpasier, & plus loin encore le Dropt qui passe à Eymet, & se trouve grossi de Banège, qui arrose Issigeac.

L'Isle traverse le même département du nord-est à l'ouest. Cette rivière arrose le grand Jumilhac, Savignac-lès-Églises, Antonne, Périgueux, Saint-Astier, Neuvic, Mucidan & Montpont. A droite elle reçoit la rivière de Neuvic, & au dessous de Montpont la grande & la petite Douche. A gauche elle reçoit la Loue, qui passe à Exideuil, puis le Haut-Vezère; ensuite le Manoir, qui arrose Thenon & Saint-Pierre-Chignac; enfin la Cramps, qui passe à Montagnac & à sa confluence à Mucidan.

En jetant les yeux sur la lisière comprise entre le nord & le nord ouest on trouve la Drôme, qui passe à Saint-Pardoux, à la Rivière, à Champagne-de-Belair, à Brantôme, à l'Isle, à Montagrier & à Riberac, Saint-Aulaye & la Rochechalais; elle reçoit d'un côté la rivière de Saint-Félix-de-Bourdeille, & de l'autre la Colle, qui s'y réunit un peu au dessus de Brantôme.

Il ne reste plus que le Bandiat, dont le cours est fort prolongé au dessus de Nontron, & qui arrose ensuite Javeriac.

Les principales villes de ce département sont Périgueux, Sarlat, Bergerac, Nontron & Riberac.

Bergerac, ville dans une grande plaine, sur la *Dordogne*, commerce de vins, de grains, de châtaignes, de papiers; fabrique de grosse bonneterie. Elle a une fonderie de canons.

Périgueux, ville sur l'Isle, commerce en cochons, en châtaignes & en truffes.

Rochebeaucourt, fonderies de canons.

Sarlat commerce d'huile de noix.

En général ce pays est montagneux & couvert de bois de châtaigniers. Il produit peu de grains, mais plus de vins, abonde en gibier, en noix, en châtaignes & en truffes, fruits des gourmands, lorsqu'elles parfument des dindes nourries de mahis.

DORDOGNE. C'est une des principales rivières de France, qui prend sa source dans les Monts-Dor en Auvergne (département du Puy-de-Dôme), & qui parcourt ensuite le Bas-Limousin & le Périgord avant de se réunir à la Garonne au Bec-d'Ambès.

On peut regarder la *Dordogne* comme formée, à son origine, de plusieurs ruisseaux, dont les eaux se trouvent réunies au pont de Saint-Sauve. Ces ruisseaux sont alimentés par des sources multipliées, également élevées, également abondantes, qui sortent du pied des anciens culots de volcans qui bordent l'anceinte de la vallée du Mont-Dor, ainsi que de l'extrémité des divers courans de laves qui sont dispersés dans l'intérieur de la vallée ou sur le revers des montagnes de ce groupe.

Ces ruisseaux sont entretenus toute l'année par les pluies d'orages ou par celles de l'arrière saison, ou enfin par la fonte des neiges à l'approche ou à la fin de l'hiver.

Ces ruisseaux sont d'abord la Dor, qui tombe en cascade d'un plateau où ses eaux se rassemblent de tous côtés, & que domine le Mont-Dor proprement dit avec ses appendices.

Ensuite la Dogne, qui forme une fort belle cascade au dessus du village des Bains. Cette eau est recueillie tout autour du revers de Cacadogne, culot à moitié détruit. Elle sort principalement d'un petit lac qui verse des deux côtés, à l'orient dans l'Allier, & à l'occident dans la vallée du Mont-Dor, puis les ruisseaux du plateau incliné qui se trouve au pied des montagnes volcaniques, depuis Fichade jusqu'au Puy de Latache; enfin ceux que fournit la vallée que domine Puy-Morand d'un côté, celle du lac Guary & du plateau voisin de l'autre : ce sont ces eaux réunies & les précédentes qui forment le courant d'eau, lequel se joint à la *Dordogne* vers l'extrémité de la vallée des Bains, au dessous de Prentegarde.

Je suis entré dans ce détail des différentes sources ou ruisseaux qui donnent tous également de l'eau à la *Dordogne*, & qui doivent être considérés comme la source de cette rivière, plutôt qu'un filet d'eau qui sort du pied du Mont-Dor. Cet usage qui a prévalu de considérer un petit filet d'eau comme la source d'une grande rivière est fondé sur une vue fausse, parce qu'elle est incomplète, parce qu'elle ne donne pas une idée véritable des lieux, & surtout de la distribution des eaux dans les hautes montagnes, ces grands réservoirs de la nature, où les grandes rivières prennent leur origine en rassemblant les eaux de tous côtés. Il est vrai que, pour entrer dans tous ces détails géographiques, il faut avoir étudié avec soin les lieux où ces rivières commencent à se former, & insister, dans cet examen, sur les formes & la nature du terrain qui contribuent à la réunion des eaux, comme à leur distribution en une masse d'eau courante. En général, il s'en faut bien que les recherches & les connoissances aient été partout bien exactes à ce sujet. Les seuls besoins de la géographie-physique m'ont engagé à recueillir tous ces détails, en même tems que les principes m'ont guidé dans la manière de rassembler les termes & les faits, & d'en présenter l'ensemble sous un point de vue instructif. J'ai tâché de faire connoître en même tems les résidus des feux souterrains dans ce centre de montagnes volcaniques, & leur hydrographie, qui offroit la source intéressante d'une rivière principale. (*Voyez* SOURCES DES RIVIÈRES.)

Il me reste à suivre le cours de la *Dordogne* au dessous du pont de Saint-Sauve.

Au dessous du pont de Saint-Sauve les eaux des Monts-Dor réunies continuent à se porter du nord au midi par un cours direct, en arrosant le Port-Dieu, le Monastier jusqu'à Bort, où la rivière passe au pied de beaux groupes de basaltes, ensuite elle va baigner Saint-Thomas. C'est là qu'elle reçoit la Santoire, qui lui vient de l'est, & qui est très-considérable par la réunion de trois rivières qui s'y réunissent du sud, après quoi la *Dordogne* éprouve un détour vers l'ouest, pendant lequel elle se fortifie en recevant la Sarsanne & la Diege, qui sont fournies par l'Auvergne; puis après une descente au sud, elle rencontre successivement la Trusonne, l'Uzèche & la Douffre, qui viennent aussi du nord. A mesure qu'elle continue son cours, cette rivière se porte au sud-ouest, gagne Argental, passage de l'Auvergne dans le département de la Corrèze, après quoi elle reçoit de l'est la rivière d'Encamp, & au dessous de l'Iourdre celle d'Autre, qui vient aussi de l'est; enfin elle continue son détour à l'ouest, en traversant Souillac & le Sarladois, contrées où plusieurs rivières se perdent; elle rencontre ensuite la Vezère, rivière considérable, qui y porte les eaux du département de la Corrèze, qu'elle a parcouru.

Lorsque je la visitai, la *Dordogne* étoit navigable en tout tems, depuis son embouchure jusqu'à Bergerac; mais cette navigation étoit interrompue dans la plus grande partie de l'année, au dessus surtout des environs de la Linde, dans les basses eaux, par le Roc-de-Pile, les Pescaïrons, la Gratusse & les Pêcheries sédentaires.

Il paroît qu'on pourroit faire des écluses pour remédier à ces inconvéniens, ainsi qu'on l'a fait pour le Lot. Avec ces secours on pourroit rendre cette rivière d'un bon service jusqu'à Souillac, & même jusqu'à Argental. Pour cela il suffit que la rivière soit bien encaissée, afin de prévenir les effets des débordemens.

Le Roc-de-Pile est un rocher qui se trouve près du château de ce nom, & qui traverse le lit de la rivière; aussi occasionne-t-il une espèce de cataracte. On a fait sauter quelques éclats de ce rocher, mais on a laissé les éclats au milieu de la rivière; ce qui gêne le courant dans les basses eaux.

Les Pescaïrons sont une portion de canal étroit, que la nature a creusée dans le courant de la rivière, au dessous de Couze. Ce canal est tout hérissé de pointes de rocher par le fond & par les côtés. Il a environ deux cents toises. Il faudroit l'élargir ou le combler.

La Gratusse est une cataracte près la Linde, où l'eau tombe de neuf à dix pieds. Il y a trois pas. Le plus grand est à peine aussi grand que les bateaux ordinaires. Dans les grandes eaux on peut passer partout sans crainte de toucher; mais dans dans les basses ou moyennes eaux on est obligé de diriger sa route entre deux rochers qui forment une espèce de chenal étroit, où le torrent porte les bateaux avec une rapidité incroyable; & si malheureusement on vient à le manquer ou qu'on l'enfile mal, tout périt.

On pourroit construire une écluse pour éviter ce saut, ou du moins élargir le pas principal, voisin du bord du côté de la Linde; adoucir la pente, & enlever les pointes du roc, qui rendent le passage dangereux.

Il faut remarquer que le Vezère se jette dans la *Dordogne* quelques lieues au dessus de la Linde, & qu'en raccommodant les mauvais pas dont nous venons de parler, on faciliteroit en même tems la navigation des deux rivières.

La *Dordogne* entre ensuite dans le Périgord & arrose Bergerac. On peut voir, dans cet article, quelle est dans ce trajet la constitution des bords de cette rivière. Lorsqu'elle est arrivée à Libourne, elle reçoit l'Isle, & par cette confluence réunit toutes les eaux du Périgord, comme elle avoit réuni, par la confluence de la Vezère, une grande partie de celle du département de la Corrèze. Il ne nous reste plus qu'à indiquer les bords de la *Dordogne* jusqu'au Bec-d'Ambès, & leur nature de palus, soit relativement à la culture des grains, soit par rapport à celle des vignes, qui produisent une certaine nature de vin, connu dans le commerce sous ce nom, *vins de Palus*. Au dessous de Libourne, on voit à Saint-Pardon & à Vaires un passage très-fréquenté, où les hommes, les chevaux & les voitures traversent cette large rivière dans des bateaux d'une forme particulière.

C'est vis-à-vis ce passage de Saint-Pardon que l'on observe, dans un plus beau détail que partout ailleurs, les phénomènes du Mascaret. Ce sont de grosses lames d'eau qui, à la marée montante dans la *Dordogne*, sont refoulées contre les bancs de sable, & les lèchent avec beaucoup de bruit & un sifflement qui se fait entendre quelquefois jusqu'à trois lieues de distance. Il a lieu surtout dans les pleines & dans les nouvelles lunes, parce que les marées sont alors & plus fortes & plus actives; & dans le cas où l'eau supérieure de la *Dordogne* est peu abondante, & n'amortissant pas l'effort des vagues poussées par l'intumescence, elles grossissent proportionnellement, & vont se rompre avec fracas contre les obstacles insurmontables des bancs de sable, qui, ne cédant point insensiblement comme le feroit l'eau supérieure, forcent la vague à épuiser contr'eux toute l'énergie qu'elle a reçue de la marée. Les lames de ces vagues grossies occupent quelquefois toute la largeur de la rivière, parce qu'elles se forment en route à chaque banc de sable, & finissent par se réunir en étendant d'un bord du canal à l'autre un bourrelet d'eau considérable. C'est alors qu'on court le plus grand danger à tenir la rivière dans cet instant de tourmente passagère. Ce qui ajoute au danger, c'est un vent très-frais, & le plus souvent orageux, qui produit dans l'air des tourbillons assez rapides, & qui accompagne ces grands mouvemens de l'eau & les augmente. Les arbres mêmes qui sont sur le rivage de la rivière, & sont exposés à des courans d'air produits par ce vent, se trouvent tout courbés dans un sens opposé au bord de la rivière. On sent que pour que cet effet ait lieu, il est nécessaire que ces arbres ne soient pas immédiatement sur le bord, mais reçoivent les impressions de l'air, qui s'échappe par quelque fuite du canal de la rivière, où il se trouve dans un état de condensation & d'agitation violente; au lieu que sur les bords il agit en tous sens & ne détermine pas plus la tête de l'arbre d'un côté que de l'autre, ne formant point de courant déterminé.

Le mascaret m'offrit plusieurs fois un spectacle fort étonnant, qui attira mon attention. Ce phénomène s'annonce, comme je l'ai dit, par une grande quantité de lames & de vagues, qui occupent en même tems toute la largeur de la rivière. C'est visiblement l'effet du flux montant contre les derniers efforts du descendant. Les bourrelets d'eau dont j'ai parlé, & qui sont l'effet successif des vagues, accélèrent de vitesse dans leur marche lorsqu'ils approchent des amas de sable ou des bords peu profonds, parce qu'ils rencontrent moins d'eau & moins d'action dans le descendant, & par conséquent moins de résistance à vaincre. Cela est si sensible, que quelquefois la première vague gagne de vitesse de plus de cent toises le long d'un bord où l'eau est la moins profonde, où il y a plus de remoux, pendant que les vagues qui suivent le bord opposé, où il y a des courans, restent en arrière & n'occasionnent pas d'effets sensibles, parce que les courans du descendant l'emportent; ce qui cause une interruption dans le bourrelet, d'un bord à l'autre. L'effet du bourrelet contre les bancs de sable élevés fait que les vagues du montant se replient vers le haut en blanchissant.

Le mascaret, qui est l'effet du commencement de la marée, est seulement bien sensible dans les pleines ou les nouvelles lunes, avec les circonstances que je viens de décrire précédemment, ainsi que dans les tems où l'eau d'en haut n'est pas débordée ou n'a pas éprouvé de certaine crue.

C'est par cette raison qu'il n'a lieu que dans la *Dordogne*, soit que l'eau du descendant y soit toujours moindre que dans la Garonne, soit qu'elle ait moins de pente ou que les courans du descendant aient moins de force, parce qu'ils ont moins d'abondance, & soit parce que l'eau des marées trouve, au Bec-d'Ambès, à cause des îles & des bords escarpés qui sont du côté de Rocque-de-Tau, & qui côtoient l'embouchure de la *Dordogne*, plus de facilité à se porter dans le canal de cette rivière.

Outre ce phénomène, qui est le prélude de l'intumescence ou du flux, on remarque des courans très-rapides, qui se font sentir dans plusieurs endroits de la rivière, sur les bâtimens, & qui ont lieu autant dans le reflux que dans la marée montante.

DORMANS, petite ville du département de la Marne, & sur le bord de la rivière de ce nom, à six lieues d'Épernay, à moitié chemin de cette ville & de Château-Thierry, un peu avant la forte montagne de Parois. C'est un peu avant cette ville que finit la craie que l'on observe aux environs d'Épernay, & qui constitue d'ailleurs tout le sol de la partie de l'ancienne Champagne, dite *Champagne-Pouilleuse*. Toutes les sommités qui avoisinent *Dormans* sont recouvertes de blocs calcaires siliceux.

DORSET (Fontaine minérale dans le comté de), en Angleterre. Les eaux de cette fontaine, que l'on appelle *chalybées*, se trouvent à Farrington dans le comté de *Dorset*. On les croit surtout imprégnées de vitriol ou de sel de fer, qui est très-volatil; ce qui fait qu'on n'en peut retirer que très-peu d'une grande quantité d'eau qu'on fait évaporer, ou du sédiment qu'elles déposent.

La fontaine salée d'East-Chenok, dans le comté de Sommerset, est éloignée de la mer de plus de vingt milles. On tire, par l'évaporation d'une pinte de ses eaux, quatre-vingts grains de sel, quoiqu'elles soient moins salées, lors de cette expérience, qu'elles ne le sont dans l'été, à cause des pluies qui étoient tombées. On ne sauroit dire qu'elles sont salées par la torréfaction produite par le soleil, puisqu'elles ne sont pas plus voisines de cet astre, qu'une infinité de sources qui néanmoins ne sont pas salées.

DOUARNENEZ, ville du département du Finistère, arrondissement de Quimper. On pêche beaucoup de poiſſon dans les environs de cette ville, entr'autres des juliennes, des congres, des merlans.

La baie qui porte le nom de *Douarnenez* s'étend de la pointe du Croiſſant juſqu'à la Corte; elle a ſept lieues de profondeur, ſur quatre d'ouverture.

DOUBS (Département du). Ce département tire ſon nom de la principale rivière qui le traverſe. Il eſt ſitué dans une eſpèce de grande preſqu'île dont le Jura forme l'enceinte. Il eſt un des trois compris dans l'ancienne Franche-Comté. Il a pour bornes au nord-oueſt le département de la Haute-Saône, & au nord celui du Haut-Rhin; au ſud-eſt le mont Jura & la Suiſſe; enfin, au ſud-oueſt le département du Jura.

La principale rivière eſt le Doubs, qui prend ſa ſource au mont Jura, au ſud-oueſt de Pontarlier; il dirige ſa marche vers le pied des Voſges, au nord-eſt, puis il éprouve un rebrouſſement à la ſuite duquel il ſe porte du nord au ſud, depuis l'Ile-ſur-le-Doubs juſqu'à Quingey. Dans tout ce trajet il traverſe le lac de Saint-Point, arroſe Pontarlier, Mont-Benoît, Morteau, Clerval, Beaume-lès-Dames, Beſançon, Bouſſière & Saint-Vit. Il ne reçoit que deux rivières, la Deſoubre, qui ſe jette dans le *Doubs* à Saint-Hippolyte, & la Lène, qui, après avoir arroſé Ornans, & reçu enſuite le Liſon, va ſe rendre à Quingey, au deſſous duquel cette rivière ſe jette dans le *Doubs*.

Les principales villes que renferme ce département ſont Beſançon, Pontarlier, Quingey & Beaume-lès-Dames.

Beſançon, ancienne, belle & grande ville, très-fortifiée, ſur le *Doubs* qui la partage en deux. Son commerce conſiſte en grains, vins, beſtiaux & en uſtenſiles de fer.

Pontarlier eſt ſitué ſur le *Doubs* & à côté du Jura. Son commerce conſiſte en bétail, & en fromages très-eſtimés.

Quingey, petite ville ſur la Louve. Il y a dans ſon territoire une grotte remplie de congélations.

Ornans, petite ville ſur la Louve. Il y a dans les environs un puits profond, qui dégorge ſi abondamment dans les tems pluvieux, qu'il inonde les campagnes voiſines. Il jette en même tems une grande quantité de poiſſons appelés *ombres*.

DOUBS, rivière qui prend ſa ſource ſur le ſommet du Jura, à quelques lieues de Pontarlier. La vallée de cette rivière eſt creuſée très-irrégulièrement dans le maſſif des couches calcaires de la moyenne terre, qui ont ſouffert pluſieurs bouleverſemens; auſſi une grande partie des ruiſſeaux qui ſont diſtribués le long des bords de cette rivière, & qui étoient deſtinés à l'abreuver, ſe perdent au milieu des bancs de pierres déplacés. Cette rivière cependant continue ſon cours du ſud au nord juſqu'à la hauteur de Gourmoy, après quoi elle retourne du nord au ſud, toujours parcourant le ſommet du maſſif. Au milieu de ce cours, le *Doubs* rencontre beaucoup d'inégalités, & ſon courant éprouve des ſauts multipliés; enfin, il parvient juſqu'à Beſançon avec le volume d'eau qui a échappé aux pertes que les entonnoirs fréquens lui ont occaſionnées; mais dès qu'il a quitté la moyenne terre, il ſe trouve, non-ſeulement dans la nouvelle, mais encore il rencontre pluſieurs rivières abondantes qui réparent ſes pertes, & le rendent une rivière principale, en état de figurer à côté de la Saône.

La ſource du *Doubs* eſt conſidérable, & il paroît que c'eſt le débouché des eaux ſouterraines d'une grande ſuperficie de terrain, ſur laquelle il y a pluſieurs combes ou vallons fermés, qui abſorbent l'eau des pluies. Outre les eaux de cette ſource, le *Doubs* recueille auſſi dans le même endroit les eaux d'un ruiſſeau ou bief aſſez long; plus loin encore deux biefs l'abreuvent; après quoi il ſe jette dans le lac de Saint-Point, qui a une lieue & demie de longueur, ou plutôt il forme ce lac, qui ne reçoit d'ailleurs ſes eaux que de deux ruiſſeaux d'un cours peu étendu. Au-delà le *Doubs* reçoit les eaux de quelques biefs & de quelques ſources juſqu'aux Brenets, n'ayant qu'un vallon mal deſſiné & d'une très petite largeur juſqu'à Gourmoy. C'eſt alors qu'il change de direction & qu'il forme un grand coude qui le porte à l'eſt, & le ramène à l'oueſt juſqu'à Saint-Hippolyte. On eſt étonné enſuite de le voir prendre la direction du ſud au nord juſqu'à Audincourt, enſuite rapidement celle de l'eſt à l'oueſt, & après environ une lieue de cours il reçoit les eaux de trois rivières, dont le cours, étant du nord au ſud, contribue à modifier le ſien, qui prend la direction du ſud-oueſt juſqu'à Beſançon; & même au-delà juſqu'à Oſſelle; puis il reprend celle de l'oueſt juſqu'à Dole; après quoi on voit que ſon cours, qui avoit repris la direction vers le ſud, ſe trouve retourné à l'oueſt par l'action des eaux de trois rivières, la Clauſe, la Louve & le Dorain, qui coulent dans la direction de l'eſt à l'oueſt. Enfin, il reprend la direction ſud-oueſt avant de ſe jeter dans la Saône.

Depuis long-tems on ſoupçonnoit que les eaux du *Doubs* avoient paſſé autrefois par le lit de la Loue, & qu'elles l'avoient creuſé juſqu'à la profondeur où il ſe trouve à préſent. La ſource de la Loue, qui eſt au bout d'un cul-de-ſac, ſe trouve ſurmontée par un rocher perpendiculaire d'environ cinq cents pieds de hauteur. On a peine à croire que ces eaux euſſent pu abattre & entraîner toutes les matières qui la ſurmontoient. On voit de plus, en partant de cette ſource comme centre, un demi-cercle de quatre à cinq lieues de rayon, dont les eaux tendoient à ſe réunir au bas de Pontarlier, pour couler naturellement du côté de la Loue,

comme

comme elles y couleroient encore si le passage du *Doubs*, Remonot & Morteau étoit fermé. On voit aussi une petite combe qui se dirige depuis les environs de Pontarlier, vers la source de la Loue; & à côté de cette source il y a une échancrure dans la montagne, par où les eaux paroissent avoir descendu. Toutes ces raisons portent à croire que les eaux du *Doubs* ne faisoient pas alors le grand circuit par Saint-Ursane, mais qu'elles descendoient directement du côté de Quingey.

A environ cinq lieues plus bas que Pontarlier on voit le *Doubs* entre les roches perpendiculaires & bien conservées, sur la hauteur d'environ cent pieds & sur la longueur d'un quart de lieue. Ces roches sont lavées, arrondies & sillonnées par les eaux; & ce qui peut surprendre, c'est que ces sillons penchent du côté de Pontarlier, contre le cours actuel du *Doubs*. Ce fait singulier rappelle l'idée qu'on a eue sur le passage de cette rivière par le lit de la Loue. Pour s'en assurer davantage, en remontant, on voit partout les roches sillonnées dans le même sens que celles de Remonot, & surtout dans l'endroit dit *les Entre-Roches*, où les sillons sont encore très-bien marqués; en sorte qu'à présent on n'a presque plus de doute sur le cours ancien du *Doubs* avec le lit de la Loue.

Ce qui le prouve encore davantage, ce sont les chênes qu'on trouve enfouis dans la terre, dans des régions purement de sapins, près d'une grange dite *le Grand-Saint-Denis*, au dessus des montagnes de Gilley, sur la paroisse de Long-Maison, vicariat de Flangebouche, ensuite aux environs de Bisot, au bout du village dit *Sous-Réaumont*, entre ce village & les seignes (ou marais), & même dans les seignes. Il y a de ces chênes qui sont à fleur de terre : la charrue les découvre. Ceux qui se trouvent dans les endroits un peu secs, sont très-bien conservés; d'autres approchent de la couleur & de la dureté de l'ébène; d'autres, dans les endroits plus humides, sont réduits en charbon de terre, & on s'en est servi avec avantage dans les petites forges; d'autres enfin sont en charbon de terre feuilleté & décomposé. Ce ne sont pas là les seuls endroits où l'on ait trouvé des chênes enfouis dans la terre, dans des régions de sapins, où il ne croît plus de chênes à présent. On a expliqué ce fait par le transport de ces arbres. Cela est possible. Nous avons beaucoup d'autres matières plus pesantes, évidemment transportées fort loin. On pourroit croire cependant que ces chênes auroient pu croître dans les endroits où ils se trouvent, mais dans un tems où ces régions de sapins n'étoient pas si froides; savoir : quand le sol des vallées voisines n'étoit pas si profond, & quand la mer n'étoit pas si éloignée des montagnes du Jura.

DOUÉ, ville du département de Maine-&-Loire, remarquable par sa belle fontaine & par les mines de charbon de terre qu'on exploite aux environs.

Son commerce le plus abondant consiste en bestiaux, toile, fer & blé.

DOUVRES. Après avoir rendu compte, à l'article CALAIS, de ce qui concerne l'isthme & sa destruction, nous allons nous occuper, en partant du très-resserré détroit de *Douvres*, des changemens qui ont eu lieu sur les côtes de l'Angleterre, depuis l'ouverture de ce détroit. Ces changemens sont intéressans pour suivre une révolution dont les vestiges ont été observés avec soin, & achèvent de nous instruire d'un long travail de l'Océan, qui a commencé par l'ouverture de la Manche. D'énormes chaînes de falaises en précipices & de montagnes de craie suivent la côte depuis *Douvres*, vers l'est, & c'est leur couleur blanche qui a valu à l'île de la Grande-Bretagne le nom d'*Albion*. César mit à l'ancre au dessous d'une d'elles cinquante-cinq ans avant J. C., & assez près du rivage pour être incommodé des dards des Bretons; & après avoir levé l'ancre, il entra dans une baie aujourd'hui occupée par des prairies, & débarqua à *Rutupium*, Richborough. A l'opposite du Sandwich actuel, les murailles de la première ville montrent encore son ancienne force; & les vestiges d'un quai, borné par un fond, indiquent l'ancrage du commerce des Romains. L'adjacente Thanet, la Thanatos des Anciens, à présent impossible à distinguer de la terre ferme, étoit anciennement une île séparée par un canal profond, large depuis un mille & demi jusqu'à quatre, & le centre des établissemens romains. En 449 elle fut célèbre pour avoir été la première place de débarquement des Saxons dans leurs invasions, & elle leur fut assignée par l'imprudent Vortigerne comme une place d'asile & de sûreté. Mais le tems y a produit de si grands changemens, que Thanet n'existe plus comme île, & le *Portus Britanniorum*, où entroient les navires romains, est aujourd hui comblé par des prairies marécageuses. Après qu'on a passé le haut promontoire de craie de Nordh-Forland, s'ouvre l'embouchure de la Tamise, enfermée dans un lit par des rives très-basses, & dont les canaux sont partagés par de nombreux bancs de sable. La perfection actuelle de la navigation fait qu'ils sont navigués avec sûreté par des milliers de vaisseaux qui fréquentent annuellement Londres, ce marché de l'Univers, encore envié, dit l'auteur, près du déclin qui le menace.

Sur les côtes projetées de Suffolk & de Norfolk s'élèvent, par intervalles, des éminences composées de matières différentes. Les collines de Loany paroissent autour de Leostoffe, Dunvich, &c. : les crag-pits, vers Woodbridge, sont de prodigieux puits de coquillages de mer, dont plusieurs sont entiers & tout-à-fait solides : fonds inépuisable d'engrais pour les terres en culture. Vers

Yarmouth, & depuis ce lieu jusqu'au-delà de Wintertoneſſ, la côte eſt baſſe, plate & composée de tuiles ſoutenues par le ſable. De Hapſburgh à Cromer eſt une chaîne de falaiſe argileuſe, s'élevant depuis cinquante juſqu'à cent pieds de hauteur perpendiculaire : proie que dévore l'Océan, qui a produit de grands changemens dans ces parages. Vers Sherringham & Cley la côte eſt formée de jolies petites collines qui s'abaiſſent doucement juſqu'au rivage rocailleux, ſemé de petites roches & de pierres. A Hollkhan, Wells & Warehan les rivages ſablonneux ſe terminent en petits monticules de ſable, liés enſemble par l'*arundo arenaria* ou jonc marin, puiſſant & ſalutaire préſervatif contre les inondations de ſable, qui ſans ce ſecours détérioreroient de vaſtes étendues de terres cultivées, & ſurtout rendroient bientôt inutiles les marais ſalés qu'ils protégent. Le mont de Hunſtanton forme un trait remarquable dans le champ de ce plateau. Sa ſurface eſt de la terre végétale ordinaire à un pied de profondeur. Sous cette terre eſt une couche de menus morceaux de craie; & la couche ſolide des mêmes foſſiles que l'on a perdus pendant pluſieurs milles, commence à reparoître ici, & forme un lit compacte de trente pieds d'épaiſſeur, qui repoſe ſur une pierre rouge de quatre pieds de profondeur. On la broie, & on l'emploie fréquemment pour la couleur rouge. Succèdent enſuite ſept pieds de pierre d'un jaune-ſale, détachée & friable, placée ſur un banc de poudingues de couleur de fer, qui s'étend juſque dans la mer avec de vaſtes fragmens épars ſur le rivage. Ce mont a environ quatre-vingts pieds de hauteur. Il eſt placé à l'entrée des marais ou *metaris æſtuarium* de Ptolomée. Depuis ce lieu, toute la côte, près Snettiſham juſqu'à Lynn, eſt baſſe, plate & compoſée d'ardoiſe.

Depuis Holm, le promontoire ſeptentrional de Norfolk, la mer s'avance profondément à l'oueſt, & forme la grande baie nommée *the Mashes*; les marais, remplis de vaſtes bancs de ſable, dont les ſommets ſont à ſec dans la marée baſſe. Mais les canaux intermédiaires ſont le véhicule d'un commerce prodigieux à Lynn, dans le Norfolk. Lynn eſt ſituée ſur l'Ouze, qui circule juſque dans le ſein de l'Angleterre, & reçoit dans ſon long cours quantité de rivières différentes.

Le rivage oppoſé eſt celui du comté de Lincoln. La principale ville commerçante, Boſton, eſt ſituée ſur la Witham. A quelques milles de la tête de la baie les grandes marées s'élèvent à quatorze pieds à ſon quai, & y conduiſent des vaiſſeaux de plus de cent tonneaux. Ceux qui ſont au deſſus reſtent à Scarp, qui eſt l'ouverture du bras de mer. C'eſt la même choſe à Lynn; car les rivières pareſſeuſes de ces pays plats manquent de force pour former une eau profonde. Le Lincolnshire & partie des ſix autres comtés ſont les pays-bas de la Grande-Bretagne. Le premier eſt borné à l'occident par un cordon de terre élevée, qui, dans ce bas pays, domine, comme les Alpes feroient l'Océan, le reſte de la contrée. Cet eſpace, très-étendu, depuis Scarp juſqu'au promontoire nord, oppoſé à Hull, préſente à la mer un front en arc, & preſque ſans aucune brèche; & il eſt ſi bas, qu'on ne l'apperçoit de la mer qu'à une petite diſtance. Les égliſes, au lieu de montagnes, ſont les ſeuls repaires auxquels les marins reconnoiſſent la terre.

Toute la côte a pour front des marais ſalés ou des collines de ſable, & de plus elle eſt garantie, par des bancs artificiels, contre la fureur de la mer. La Viel'Holinshend donne une longue liſte de ports ſur cette côte à préſent inhoſpitalière. Waynfleet, jadis un havre remarquable, n'eſt plus qu'une vraie crique. Skegneſſ, autrefois une grande ville murée, avec un bon port, n'eſt aujourd'hui qu'une place peu importante, à un mille de la mer. Et le port de Grimeshy, qui du tems d'Édouard III lui fournit onze vaiſſeaux, eſt maintenant comblé par les ſables.

Le grand plateau qui comprend la diviſion de ce comté, nommé *Holland*, avec partie de ceux de Northampton, Norfolk, Cambrigde & Huntingdon, calculé de ſoixante milles de longueur & de quarante de largeur, avoit été originairement un pays couvert de bois. On a trouvé, en creuſant, des forêts entières de ſapins & de chênes, bien au deſſous du ſol marécageux, ſur un fond ſolide, des chênes de quinze pieds de circonférence & de huit toiſes de longueur, la plupart brûlés vers la racine, ancienne méthode de les abattre, & un grand nombre d'autres entièrement déracinés, à ce qu'il paroît, par la force de la mer, entrant avec violence & ſubmergeant tout ce pays, & le couvrant de vaſes & de limon (*ſilt*) qu'elle entraînoit avec elle de tems à autre. On a trouvé un ſquelette de baleine de près de vingt pieds de long.

Par ſuite des tems, cette étendue de terre a ſubi une autre révolution. Le ſilt ou limon a gagné ſi conſidérablement, qu'il a deſſéché des eſpaces très-étendus, & n'a laiſſé ſur d'autres qu'une légère ſuperficie d'eau; ce qui a engagé les Romains à reconquérir ſur la mer ces terres fertiliſées. Ce peuple, infatigable & ingénieux, eſt le premier qui nous ait enſeigné l'art de faire des digues de ſable; c'eſt lui qui reprit à l'Océan des terres précieuſes dont on eſt en poſſeſſion aujourd'hui. Après que les Romains eurent abandonné l'Angleterre, un autre changement ſuccéda : on négligea leurs travaux, les épuiſemens furent interrompus, & le tout devint un marécage & un lac preſque ſans eau, reſſemblant au marais qui eſt actuellement à l'eſt l'aſile de milliers d'oiſeaux aquatiques ou la retraite des bandits.

Ély & pluſieurs petits terrains qui avoient l'avantage de l'élévation à cette époque, étoient de véritables îles. Pluſieurs devinrent les retraites des religieux. Ély, Thorney, Spiney & autres ſe changèrent en abbayes fameuſes, & l'induſtrie de leurs habitans commença à réparer les ouvrages des Romains. De constantes visites ordonnées par des lois salutaires conservèrent ce vaste pays sur les eaux; enfin, le comte de Bedfort acheva de mettre en valeur cette vaste étendue de trois cent mille acres.

Les vastes marécages des comtés de Holland & de Lincoln étoient, dans les anciens tems, l'asile d'une foule d'oiseaux aquatiques; mais, par un heureux changement, l'attention qu'on a eue de dessécher certains lieux, a substitué à leur place des troupeaux nombreux; & à la place de tristes roseaux, on voit briller l'or des moissons. La grue, qui jadis y venoit par troupes, a déserté l'île entière. Le canard sauvage commun fait encore ses pontes par milliers dans les parties qui sont restées sous les eaux; & tous les ans on en envoie des quantités considérables aux marchés de Londres. La grande oie sauvage, origine de l'oie domestique, fait sa ponte dans ces mêmes marécages, & y séjourne toute l'année. On y voit encore les couvées de quelques autres espèces de canards. Les combattans, les vaneaux, les barges rousses, les corlieux, les bécasseaux aux jambes rouges y passent l'été; mais dans l'automne ils partent avec leurs petits, & se dispersent dans l'île. Les hiboux à courtes oreilles ou le scops fait ici ses migrations avec la bécasse; & c'est un hôte bien reçu du fermier, dont il purge les champs de souris. Les canuts fourmillent sur les côtes en hiver : on les prend par troupes dans des filets; mais durant l'été on n'en voit aucun. Le nord le plus reculé est sans doute la retraite de cette multitude d'oiseaux aquatiques qui garnissent les rivages d'Angleterre. Chassés par le froid vers un climat plus méridional, la plupart visitent ces côtes régulièrement tous les ans : d'autres, à qui la nature a donné la force de braver les hivers ordinaires de la zône froide, ne sont que des hôtes accidentels qui visitent ces rivages dans les années où le froid sévit avec une rigueur extraordinaire dans leur terre natale.

Du Nez-de-Clea la terre se retire à l'ouest, & avec le rivage opposé du comté d'York borne le grand bras de mer de l'Humber, qui, s'enfonçant sinueusement très-avant dans le pays, reçoit la Trent & toutes les rivières considérables de cette vaste province. Quelques-unes prennent leurs sources dans ses parties les plus éloignées. Toutes les côtes du comté de Lincoln sont plates, & ont été conquises par la mer. Barton & Barrow n'ont plus aujourd'hui l'apparence de ports, & cependant Holeinshead les qualifioit de son tems de *bons ports*. De semblables accidens sont arrivés à la partie supérieure du bas pays de Holderness, qui est en face des rivages correspondans. Hedon, à quelques milles au dessous de Hull, étoit, il y a quelques siècles, un port très-commerçant; maintenant, éloigné de la mer d'un mille & demi, il a depuis long-tems cédé sa fortune au dernier, qui est une création d'Édouard I, en 1296, & qui forme un excellent port. Mais en revanche la mer s'est bien vengée sur les terres dans le même siècle. La situation & jusqu'aux noms de plusieurs places, autrefois des villes de marque sur l'Humber, n'ont plus aujourd'hui d'existence que dans l'histoire. Ravensper étoit autrefois rivale de Hull, & un port si considérable en 1332, qu'Édouard Baliol & les barons anglois confédérés en partirent avec une flotte destinée à envahir l'Écosse. Henri IV, en 1399, fit choix du même port pour y débarquer & poursuivre la déposition de Richard II; mais, depuis cette époque, l'Océan l'a dévoré tout entier. A sa place on voit des bancs de sable étendus, que la marée basse découvre. Reste encore l'île Sunk, qui, vers l'an 1666, paroissoit au dessus de ces sables comme un écueil dominant. On la reprit, à cette époque, sur la mer, en faisant des levées de terres : c'est la seule partie qu'on en ait recouvrée entièrement, & elle fait un bien considérable. (*Voyez*, pour ce qui reste à connoître sur les côtes de l'Angleterre, dans les articles BRIDLINGTON-BAIE, FLANBOROUGH-CAP & DURHAM, où tous les autres détails les plus intéressans se trouvent.)

DRAC (le), rivière du département des Hautes-Alpes. Il a sa source dans la réunion de plusieurs ruisseaux, dont les uns sont dans l'arrondissement de Briançon, & les autres dans celui d'Embrun; ensuite il coule à l'ouest, puis au sud, retourne à l'ouest, remonte au nord-ouest, passe à Saint-Bonnet, &, remontant au nord, reçoit la Romanche, & va se rendre dans l'Isère, à une lieue un quart nord-ouest de Grenoble.

C'est une rivière impétueuse, & dont le cours est torrentiel.

DRACHENEBONN, village du département du Bas-Rhin, à une lieue trois quarts de Weissembourg. Il y a une mine d'asphalte.

DRACY-LÈS-VITTEAUX, village du département de la Côte-Dor, arrondissement de Semur, & à trois lieues deux tiers de cette ville. Ce village a un terroir fertile en bons vins, ainsi que ceux de Mercurey, de Bourgneuf d'Étroy & de Givry.

DRAGUIGNAN, ville du département du Var, sur le Pis ou l'Artuby, dans une plaine fort agréable, à cinq lieues un tiers nord-ouest de Fréjus. Cette ville de la ci-devant Provence, située dans un des meilleurs cantons du pays, sur la frontière d'une petite contrée nommée *Calliane*, dans une plaine qui en rend le séjour délicieux, étoit le chef-lieu d'une viguerie. La rivière de Pis passe au milieu de la ville, & lui procure de grands avantages. Les environs de cette ville sont extrêmement fertiles, & produisent des fruits excellens. Il y a dans son voisinage quelques montagnes assez élevées, où l'on récolte des vins délicieux, & même en très-grande quantité; mais ils sont si violens, qu'on ne peut les boire sans y mettre beaucoup d'eau. *Draguignan* a vingt-deux moulins à huile, sept à farine de blé, six tanneries & une fabrique de savon.

DRAMBON, village du département de la Côte-Dor, sur la Bèze. Il y a une fonderie d'un fer excellent dans cette commune.

DRANCE-LA-GRANDE, rivière du département du Léman, canton d'Évian. Elle prend sa source à une lieue & demie de Notre-Dame-d'Abondance. Elle coule au nord ouest, reçoit l'Ursine, va à l'ouest, reçoit une autre rivière du même nom, puis la Beveron, &, se dirigeant au nord, se rend dans le lac de Genève après neuf lieues de cours.

DRANCE-LA-PETITE, rivière du même département. Elle prend sa source à une lieue trois quarts nord-ouest du Biot, coule au nord-ouest, puis au nord, & se réunit à la grande *Drance* après trois lieues de cours.

DRANCE (la), rivière du département du Mont-Blanc, arrondissement de Thonon. Elle prend sa source à deux lieues sud-sud-est de Notre-Dame-d'Abondance, coule au nord-nord-est, passe à l'est de Notre-Dame, reçoit le Riveron, & se rend dans le lac de Genève, à une lieue nord-est de Thonon, à six lieues trois quarts de sa source. Dans ces trois rivières l'eau a la même marche & se rend à la même embouchure.

DRAP, village du département des Alpes-Maritimes, arrondissement de Nice, & à deux lieues de cette ville. On y fait commerce d'huile, de soie, de blé, de vins & de légumes de bonne qualité, vu la nature & l'exposition du terroir.

DREUX (Forêt de), dans le département d'Eure & Loir, canton de Dreux, & à une lieue nord-est de cette ville. Elle a cinq mille toises de long, sur trois mille six cents toises de large. Elle est percée d'un grand nombre d'allées.

DRIGNON (Étang de), département des Bouches-du-Rhône, canton de Berre, à l'ouest & proche Berre. Il y communique, & a du sud-ouest au nord-ouest une demi-lieue de long, sur un quart de lieue de large.

DROM, village du département de l'Ain, situé à deux lieues à l'est de Bourg-en-Bresse, dans la chaîne de montagnes dont le revers occidental se nomme *Reversmont*. Il est placé au milieu d'une vallée ou bassin d'un quart de lieue de largeur, ouvert au nord & au sud.

Le sol de ce bassin est rempli de crevasses & de fentes, entre des masses de rochers calcaires, affaissés dans certaines parties, & soulevés dans d'autres. Les couches qu'on peut voir à découvert ne sont point horizontales comme celles des hauteurs qui se correspondent aux deux autres côtés de la vallée. Les trous qu'offrent de toutes parts les rochers du fond de cette vallée, ont pour la plupart des formes coniques, dont la surface est polie & usée, les angles primitifs ayant été abattus & arrondis par l'eau qui pénétroit autrefois par ces issues assez abondamment.

A côté du village est une fontaine ou plutôt un puits, dont l'ouverture est disposée en entonnoir, & où l'eau s'élève en tems de pluie, baisse ensuite & tarit fort souvent. On ne doit donc pas la considérer comme une source ordinaire, qui laisse échapper un courant d'eau, lequel coule sur un plan horizontal. C'est un orifice qui communique à un réservoir d'eau, & par lequel cette eau se montre au dehors quand la masse s'élève à un certain niveau.

Ceci a lieu, comme je l'ai déjà dit, après des pluies abondantes. La vallée se trouve en peu de tems couverte d'eau chargée de sable & de terre. Ces inondations sont fréquentes, mais elles durent peu, cependant toujours trop pour les malheureux habitans de *Drom*, qui voient souvent leurs récoltes fort endommagées par ces eaux. Quand l'inondation commence, on voit les eaux qui jaillissent avec violence, & forment des jets plus ou moins élevés, mais très-multipliés, dont plusieurs montent quelquefois à cinq ou six pieds, & ont plusieurs pouces de diamètre. On est donc fondé à croire que le fond de la vallée est percé comme un crible, & que les eaux souterraines, à mesure qu'elles augmentent dans leur réservoir, s'élancent au dehors, à travers la surface qui le couvre.

Tous ces phénomènes prouvent que le fond du bassin de *Drom* n'est autre chose que la voûte d'une ou de plusieurs cavités souterraines dans lesquelles se rassemble une certaine quantité d'eaux qui se font jour à travers la voûte quand ces réservoirs sont trop pleins.

Les eaux qui coulent sur les croupes extérieures des montagnes voisines de *Drom*, ou qui pénètrent par les fentes des rochers pendant les grandes pluies, ont bientôt rempli les réservoirs souterrains qui communiquent à la vallée; & comme elles ne trouvent pas de débouchés suffisans dans le fond & sur les côtés des cavités, il est naturel qu'elles gagnent la partie supérieure, remplie de fentes & d'issues, & qu'elles y forment les jets dont j'ai parlé. On a observé que ces jets cessent quand l'inondation est arrivée à un certain point, & que pour lors les eaux ne tardent pas à baisser, les déchargeoirs intérieurs suffisant à l'écoulement de l'eau surabondante, à celle que les cavités peuvent contenir; car l'inondation ne diminue pas par l'écoulement extérieur des eaux hors de la vallée, & par la formation d'un torrent momentané ; elles rentrent toutes dans le sein de la terre, & disparoissent en un jour ou deux. La partie de la vallée qu'elles ont couverte, paroît, après leur retraite, toute criblée d'un grand nombre de trous qui ont la forme d'entonnoirs, par où l'eau s'est perdue.

Il paroît que les réservoirs d'eau dont nous avons parlé, ont des déchargeoirs par où une certaine quantité d'eau s'évacue continuellement. Plusieurs de ces déchargeoirs sont connus dans le voisinage de *Drom ;* ils fournissent à des sources qui sortent du pied des montagnes, dans le massif desquelles sont les réservoirs du puits de *Drom*.

On voit, par exemple, à Jasseron une de ces sources qui est l'origine du ruisseau de Jugnon ; une autre au hameau de France, une autre enfin dans le vignoble de Meillonnas. En général, les fontaines qui sortent de terre depuis Treffort jusqu'à Journau & même au-delà, & les ruisseaux qu'elles alimentent, me paroissent produits par la même cause.

Il est aisé de montrer la suite & l'enchaînement de toutes ces circonstances. A l'est de la vallée de *Drom*, le fond des bassins où coulent des ruisseaux & des rivières, notamment celle de Suran, est beaucoup plus élevé que les réservoirs du puits de *Drom*. Il est très-vraisemblable que ces rivières, par des infiltrations souterraines, contribuent à l'entretien des eaux qui s'y trouvent rassemblées. On remarque en plusieurs endroits du lit de la rivière de Suran, & notamment près de Noblens, des entonnoirs qui semblent indiquer une communication intérieure entre les eaux de la rivière de Suran & les réservoirs souterrains de la vallée de *Drom*. Le lit de cette rivière est sur des rochers où l'on voit fréquemment des fentes par où une grande partie de ses eaux doit se perdre ; aussi remarque-t-on que la masse d'eau qu'elle renferme dans son lit, n'augmente pas comme la longueur de son cours. On croit aussi que c'est cette même rivière qui fournit aux réservoirs de *Drom* divers poissons qu'on voit quelquefois dans la fontaine. Le sol paroît favorable à ces communications souterraines que nous supposons entre la rivière de Suran & les réservoirs d'eau de *Drom ;* car dans les environs on trouve beaucoup de ruisseaux qui se perdent & disparoissent entièrement par des entonnoirs dont il est parsemé. (*Voyez l'article des* RIVIÈRES QUI SE PERDENT.)

Ce phénomène de *Drom* rentre dans celui de tous les amas d'eau souterrains qui occupent un niveau inférieur à celui des vallons avec lesquels ils n'ont de débouchés que lorsque ces amas éprouvent des crues un peu considérables. Si vous supposez le fond des vallées abaissé de quelques pieds, alors ces amas d'eau fournissent à l'écoulement d'une source & à l'aliment d'un ruisseau. (*Voyez* SOURCE.)

On voit par ces détails, qu'à quelques circonstances près, les phénomènes les plus étonnans, lorsqu'ils sont surchargés de circonstances merveilleuses, rentrent cependant dans la classe des phénomènes ordinaires si l'on sait écarter ces circonstances.

DROME (la), rivière du département de la *Drôme*, arrondissement de Die, canton de la Motte-Chalençon. Elle prend sa source dans les Alpes, à une lieue un quart est de Valdrome. Elle coule au nord-ouest, traverse les lacs de Luc & de Beaumont, passe au sud de Die, va à l'ouest, arrose Pontaix, Saillans, Aouste, Crest ; passe au sud de Loriol, & se rend dans le Rhône, à deux tiers de lieue sud de la Voulte, à quatre lieues deux tiers sud-sud-ouest de Valence.

DROME (la). Ce département comprend une partie considérable du ci-devant Bas-Dauphiné, & a pris sa dénomination de la principale rivière qui y a sa source & son embouchure.

Les rivières principales de ce département sont, 1°. la Drôme, qui a son origine au sud-est, où elle sort des Alpes, près de Valdrôme : elle remonte au nord, passe à Die, arrose ensuite Pontaix, Saillans, Aouste, Crest, Allex, Loriol, & se rend dans le Rhône ; 2°. l'Isère, que nous faisons connoître par un article principal, auquel nous renvoyons.

Les principales villes du département sont les quatre chef-lieux d'arrondissement, Valence, Die, Nyons & Montelimar ; Romans peut encore être compris parmi les villes remarquables du département.

Sa superficie est d'environ 1,324,327 arpens carrés, & sa population est de 231,188 âmes : il est d'ailleurs composé de trois cent soixante-quatre communes, & divisé en quatre arrondissemens communaux ou sous-préfectures, en vingt-huit cantons & justices de paix.

La préfecture est à Valence. Die, Nyons & Montelimar sont les siéges des sous-préfectures. Il est dans la dix-septième conservation forestière. Il y a soixante-quinze ruisseaux ou rivières ; ce qui prouve la multiplicité des pentes du terrain, qui favorisent la marche des eaux courantes & en même tems la fréquence des pluies, surtout dans les contrées des montagnes & des collines. Effectivement, dans le dénombrement de ces montagnes & lieux élevés, on en compte jusqu'à trente-sept.

Il y a deux grandes forêts, Charambert & Taulignan. Quant aux productions, on doit dire que les terres sont fertiles. Elles produisent en très-grande quantité du froment, du vin, des olives & du chanvre. On y récolte de la soie. On y entretient beaucoup de bétail & de volaille. Les rivières sont poissonneuses, & les forêts donnent beaucoup de gibier. Le vin y est généralement d'excellente qualité, témoins ceux de l'Hermitage, de Côte-

Rôtie, & les vins blancs de Saint-Peraî. Il y a aussi de très-bons pâturages, surtout pour la nourriture du gros bétail. Le lait que donnent les vaches est converti en beurre & en fromages, à l'imitation de ceux de Gruyères; & il s'en fait un grand débit dans l'intérieur de la France, surtout de ceux qu'on vend sous le nom de *Sassenage*. On tire des forêts qui couvrent les montagnes du département, du bois de chauffage & de construction, & des sapins propres pour la grande & petite mâture; en un mot, c'est un pays qui présente de très-grandes ressources, tant pour les agrémens de la vie, que pour le commerce des habitans. Les mines de plomb & de cuivre méritent une exploitation très-suivie. On y trouve aussi des cristaux semblables à ceux d'Alençon, & cinq sources & fontaines d'eaux minérales.

Les objets d'industrie consistent en un grand nombre de fabriques, telles que draperies, bonneteries, bas au métier, étamines, mouchoirs, filature & ouvrages en soie, papeteries, verreries, tannerie, faïencerie, poterie commune, chaux, plâtre, blanc de craie, huiles d'olives & de noix; forges à fer où l'on fait l'emploi de ses propres mines, &c.

DROME (la), rivière du département du Calvados, qui se perd vers l'extrémité de son cours, après sa réunion à la rivière d'Aure, un peu avant la fosse du Soucy, où elles disparoissent sous une colline, après laquelle leurs eaux ressortent pour former le port en Bessin. Ce qui cause cette fosse, c'est qu'il s'élève en ce lieu un obstacle qui s'oppose au cours de ces deux rivières, & les empêche de le continuer à la surface de la terre, vers la mer, où cependant elles parviennent en passant par-dessous la colline: ce que l'on juge, parce que, quand la mer s'est retirée, l'on voit sortir du fond du rivage, sur le revers de la colline, beaucoup d'eau, qui est très-vraisemblablement celle de ces deux rivières, qui s'élève à gros bouillons de trois ou quatre pieds de haut, par des ouvertures qui sont entre les pierres dont tout le rivage est composé. Cette eau est douce & fort claire, & ne sortiroit pas ainsi à bouillons s'il n'y avoit dans le sein de la colline des réservoirs un peu élevés, où elle se trouve rassemblée à mesure que les rivières se déchargent dans l'intérieur, autrement elle couleroit paisiblement & sans violence.

Effectivement, la fosse de Soucy est un grand trou conique, creusé au bout d'une prairie. Sa forme est celle d'un entonnoir un peu oblong. Il a dans son plus grand diamètre trente à trente-cinq pieds, & quelques pieds de moins dans son plus petit. Il peut avoir quinze à vingt pieds de profondeur, & autant de largeur dans son fond. Lorsque l'eau est parvenue dans cet endroit, son cours se rallentit; elle y tourne lentement, & s'y perd par plusieurs ouvertures: il n'y en a qu'une qui soit bien sensible, & dans laquelle l'eau s'engouffre avec bruit & précipitation. Il paroît que ce trou & les autres suffisent pour absorber l'eau de la rivière à mesure qu'elle s'y décharge, car cette fosse n'est jamais pleine. Au reste, cette fosse ne reçoit que la quantité d'eau qui reste à la *Drôme*, lorsqu'elle y arrive; mais avant d'y parvenir, elle en perd une grande partie, & successivement, le long de son cours, par plusieurs trous, qui en absorbent plus ou moins. On en remarque surtout un près de la fosse, dans lequel s'engouffre une quantité d'eau assez considérable; & comme la rivière serpente dans la prairie sur la fin de son cours, elle rencontre dans ce trajet un si grand nombre de trous, qu'elle se trouve réduite, lorsqu'elle parvient à la fosse, à un assez petit volume d'eau, en comparaison de toute celle qu'elle a rassemblée dans tout son cours. Ce qui facilite surtout la perte de ces eaux, c'est la saignée qu'on a faite à la tête de la prairie, pour le service d'un moulin. On a détourné l'eau de la rivière pour empêcher qu'elle n'incommodât le moulin, surtout dans les grandes eaux. L'eau qui s'échappe par cette saignée prend son cours dans la prairie, & s'y perd insensiblement par des trous semblables à ceux du lit de la rivière. Dans quelques-uns de ces trous le corps d'un homme y entreroit. Ils sont d'ailleurs très-nombreux. Il n'est donc pas étonnant que dans l'été, fort souvent, la perte de la rivière soit si accélérée dans ce trajet, qu'elle ne parvient pas jusqu'à la fosse.

Mais en hiver tout se passe bien autrement: l'eau de la rivière, qui est fort abondante, conserve, malgré les pertes qu'elle continue toujours de faire par les trous de la prairie, une quantité d'eau tellement surabondante, qu'elle parvient jusqu'à la fosse, & la remplit de manière à passer par-dessus, & continue son cours dans les prairies. Cette eau forme une rivière qui, au moyen d'un détour, va se rendre probablement à la mer.

Ces différences dans le cours de cette rivière, qui varie de l'hiver à l'été, ont occasionné, à son sujet, celles qui se voient dans les anciennes cartes de la ci-devant province de Normandie. Celle de Crespy, 1748, lui donne un cours continu jusqu'à la mer, & la fait jeter, non au port en Bessin, mais dans le Grand-Vay. Celle de Robert, 1751, interrompt un peu le cours de la *Drôme* après la fosse de Soucy. Celle de Nolin, 1742, fait finir ce cours à cette fosse, & y forme une espèce d'île par deux bras, qui réunissent les deux rivières qui viennent s'y jeter. Enfin, celle de l'abbé Outhier borne à la fosse le cours de la rivière, & lui donne un petit bras qui va se perdre près cette fosse.

Au moyen des observations qu'on a rapportées ci-dessus, il semble qu'on peut concilier toutes ces différences. Ceux qui donnent un cours continu à cette rivière, l'ont apparemment observée en hiver, lorsque la fosse est si pleine qu'elle regorge, & que le trop plein forme une rivière qui s'écoule dans les prairies dont j'ai parlé. Ceux qui ont figuré une île aux environs de cette fosse, ont probablement vu la rivière dans un tems où cette espèce de bras, qui fait le trop plein, coule jusqu'à la fosse, & forme par conséquent avec la rivière une espèce d'île en se réunissant à la fosse. Ceux qui ne remarquent que le faux bras & le lit de la rivière, ont figuré l'état de cette rivière en été & lorsqu'elle est peu fournie d'eau.

De toutes ces variantes, la dernière est celle qui est la plus exacte, celle qui satisfait aux états les plus ordinaires. Effectivement, la rivière se perd exactement à la fosse de Soucy. Le bras qui reçoit le trop plein n'est qu'accidentellement dû à l'industrie humaine, & se perd le plus communément avant d'arriver à la fosse. Le ruisseau formé en hiver par l'abondance des eaux qui regorgent de la fosse n'est qu'un accident. Son lit ne peut être considéré comme le vrai lit de la rivière. Il ne paroît pas d'ailleurs que, si on vouloit tracer le vrai lit que suivroit cette rivière si elle étoit continue, on dût lui donner le cours que lui attribuent ceux qui la conduisent au Grand-Vay.

Il semble, au contraire, que ce cours a été dirigé par la nature vers le port en Bessin. Il paroît que la pente de l'eau est dirigée naturellement vers le port, & nullement vers le Grand-Vay, & que la montagne d'Écure, qui s'oppose au cours de la rivière, renferme une grande partie des canaux souterrains qui servent de débouchés aux eaux qui s'y engouffrent : on peut croire même qu'elle renferme dans son sein des réservoirs naturels où l'eau s'amasse, & d'où elle s'épanche par des canaux souterrains qui la conduisent aux fontaines de Port-en-Bessin. En réunissant la considération de l'eau absorbée dans la fosse avec celle de l'eau sortant par le débouché des fontaines, on ne peut douter que l'intérieur de la montagne d'Écure ne favorise la correspondance qui doit se trouver entre toutes les parties de la circulation souterraine des eaux de la *Drôme*. On ne peut douter que les jets & les bouillons que l'eau y fait, ne soient dus aux différentes pentes de ces canaux.

On ajoute aussi d'autres preuves de cette correspondance : c'est que l'eau de ces fontaines diminue & augmente à proportion que l'eau de la fosse de Soucy éprouve par la circonstance des saisons, de pareils changemens. On dit encore que l'eau des fontaines est bourbeuse ou claire, selon que celle de la fosse est dans l'un ou l'autre état. Ces nouveaux phénomènes, pour peu qu'ils se répètent assez régulièrement, assez constamment, fournissent encore de nouvelles preuves à la correspondance que la situation des lieux rend incontestable.

En examinant la composition de la montagne d'Écure, il paroît que les différens bancs qui s'y trouvent, ont pu se prêter à la formation des cavités qui se sont ouvertes dans l'intervalle de ces bancs, ont permis à l'eau de s'y faire jour, & gagner ainsi les réservoirs qui se sont trouvés dans le sein de la montagne.

Cette conjecture pourra paroître plausible à tous ceux qui commenceront par examiner le cours de la rivière avant la fosse de Soucy, & dans toute l'étendue du canton où elle se perd. Elle serpente, comme on l'a dit, dans une prairie, & côtoie la montagne qui borne cette prairie. Or, on reconnoît facilement que le terrain qui sert de base à cette prairie, permet à l'eau de pénétrer très-facilement jusqu'aux bancs de pierre, qui règnent jusqu'à une certaine profondeur, de le dégrader insensiblement, & d'y former des trous considérables qu'on voit sur les bords de son lit. Les pierres y sont dans un état de dégradation & d'éboulement qui ne peuvent s'être opérés que par le mouvement successif de l'eau à travers les joints des pierres. Cette destruction revient à ce qui s'est passé dans les vallées de la Rille, de l'Iton & de l'Aure, & de la rivière de Sap-André. Qui doute que les mêmes dégradations n'aient pas eu lieu dans le sein de la montagne d'Écure, dans le voisinage de laquelle les eaux courantes de la *Drôme* ont toujours, non-seulement entr'ouvert le fond de leurs vallées, mais encore le flanc des montagnes, de manière à s'ouvrir des débouchés définitivement jusqu'à la mer? Mais elle a cette particularité de plus, qu'à l'extrémité de son cours, & sans qu'on remarque de cavité sensible, elle s'engouffre pour ainsi dire, mais sans chute. L'eau passe entre des cailloux, & l'on ne peut pas plus sonder cet endroit, que les autres betoirs dont nous avons parlé. Ce qui fait prendre à cette rivière cette direction souterraine, c'est un obstacle que son cours rencontre en cet endroit. Elle y trouve une éminence de six à sept pieds de hauteur, dont elle a vraisemblablement miné la base, n'ayant pu la franchir. A quelque distance de cet endroit elle reparoît; mais en hiver, comme l'eau est plus abondante, elle passe par-dessus cette élévation, & son cours paroît continu.

Enfin, la *Drôme*, après avoir perdu une partie de ses eaux dans son cours, se perd entièrement dans la fosse de Soucy. Dans cet endroit elle rencontre une espèce de gouffre qui a près de vingt-cinq pieds de largeur & plus de quinze de profondeur apparente, où la rivière est comme arrêtée, & dans lequel elle entre, sans cependant aucun mouvement sensible, pour ne plus reparoître.

La Rille prend sa source d'une fontaine voisine du village de Planche, éloigné d'une lieue du Mellerant. Elle commence à se perdre dès Lyre, & sa plus grande perte se fait au Rouge-Moulin, en sorte qu'elle disparoît entiérement depuis le Rouge-Moulin jusqu'au château de la Lune.

DRONAY, village du département de la Marne, arrondissement de Vitry-sur-Marne, & à trois lieues trois quarts de cette ville. Cette commune est remarquable par la culture des pruniers de Damas, qui ont pris le surnom de *Dronay*, & qui donnent d'excellens pruneaux.

DRONNE (la), rivière du département de la Haute-Vienne, canton de Chalus, dont la source est à une demi-lieue de cette ville. Elle verse d'abord ses eaux au sud-ouest, passe à Brantôme, à Bourdeille, à l'Ile, tourne à l'ouest, passe près de Riberac, &, se dirigeant au sud-ouest à Aubeterre, à Sainte-Aulaye, à Parcou, à la Roche-Chalais, se rend dans l'Ile, à quatre lieues nord-est de Libourne. On doit juger, par ce détail, de quelle importance est le cours de cette rivière.

DROPT (le), rivière dans le département de la Dordogne, arrondissement de Sarlat. Sa source, à une lieue trois quarts est de Montpazier, coule à l'ouest, passe sous Montpazier, à Villeréal, à Eymet, à Montségur, & se rend dans la Garonne à deux lieues un tiers nord-est de la Réolle.

DROT (le), rivière du département de la Dordogne, arrondissement de Bergerac. Sa source, à trois lieues & demie sud-ouest de Belvez, coule à l'ouest, passe au nord de Villeréal, à Eymet, à la Sauvetat, à Allemand, à Monségur, & se rend dans la Gironde à l'ouest de Gironde, village à deux lieues nord-ouest de la Réolle. Ces deux rivières ont chacune un cours très-intéressant, assujetti aux pentes qui conduisent au bassin du lac de Genève.

DRUGY, village du département de la Somme, commune de Saint-Ricquier, à un quart de lieue ouest de cet endroit, & à une lieue trois quarts d'Abbeville. Il y a dans ce village un château connu sous le nom de *la Ferté*, où l'on trouve des eaux minérales.

DRULINGEN, village du département du Bas-Rhin, arrondissement de Saverne, à trois lieues est de Fenestrange. Il y a deux brasseries & deux tuileries & briqueteries. Outre cela on trouve près de ce village des carrières de pierres de taille fort belles, & susceptibles de prendre un assez beau poli.

DRUZENHEIM (Canal de), dans le département du Bas-Rhin. Il prend ses eaux dans le Rhin, au confluent de la Zorn, rivière; ensuite il remonte & va se réunir à la Wenbach & au canal de Landgarben, qui se termine à la Souflet, rivière, avec laquelle il se rend dans le Rhin. Il a dix mille toises de longeur.

DRYBECKE (la), rivière du département de la Lis, canton de Thielt, à deux lieues un quart ouest, duquel elle prend sa source; ensuite verse ses eaux au sud, puis au sud-ouest, & se rend dans la Mandelbecke, à une demi-lieue sud-est de Rousselaër; elle a deux lieues trois quarts de cours.

DROITWICH (Eaux salées de) dans le Worcertshire. La contrée où ces sources se trouvent, est pleine de petites élévations, sans aucune grande montagne.

Par rapport aux plantes qui croissent aux environs de ces sources, il n'y en a point de particulières; mais les sources sont plus salées où il ne croît rien du tout. Leur profondeur n'est pas la même: quelques-unes sortent à la surface du sol, & celles-là sont moins salées que les autres. Le grand puits, qu'on nomme *Upwich*, a trente pieds de profondeur. Trois sources distinctes s'élèvent du fond de ce puits, qui paroît avoir été une fondrière. L'eau de ces sources est généralement plus froide que l'eau douce, cependant elle ne gèle jamais.

On n'a point trouvé de coquilles dans les fouilles qu'on a faites. Le sol est une terre noire, sous laquelle on trouve une argile sablonneuse & ensuite de la marne. Ceux qui creusent des puits pour avoir de l'eau douce, s'ils trouvent des sources dans la marne, elles sont généralement douces; mais s'ils pénètrent la marne, ils arrivent à une argile mêlée de graviers, dans laquelle les sources sont plus ou moins saumâtres.

Dans les pâturages de Socke en Somersetshire on trouve un grand étang, auquel les pigeons se rendent; mais les troupeaux ne veulent point du tout boire de cette eau, même dans les plus grandes chaleurs d'été, & lorsqu'ils manquent de toute autre eau. Le goût de cette eau est non-seulement saumâtre, mais il est encore plus désagréable. Quand on fait bouillir cette eau, elle fournit beaucoup d'écume épaisse.

DUARE, lieu de la Dalmatie, voisin du cours de la Cettina. C'est à quelque distance de cet endroit qu'on apperçoit des filons verticaux dignes d'attention. Ils ressemblent à des murailles construites de pierres de taille d'une forme régulière, & de celles dont Vallérius fait menton sous la dénomination de *Quadrum*, 81. Leur origine est due aux mêmes causes qui ont concouru à la formation de filons composés d'élémens réguliers des environs de Spalatro. Un peu plus loin, à Mirix, sur le rivage gauche de la Cettina, subsistent également les restes d'une muraille naturelle semblable. Il est visible, par l'examen de ces filons & de tout ce qui les environne, qu'ils ont été formés dans l'intérieur des anciennes montagnes où les vides que ces filons remplissent, ont été d'abord faits par quelque cause; ensuite les eaux en ont déposé insensiblement les matériaux dans une situation verticale; & ce n'est que par le travail de la pétrification, joint à celui de la dessiccation, que les élémens qui composent ces filons, ont pris les formes

formes qu'ils ont. Il n'est pas rare de trouver dans les environs de *Duare* & de Miriz, & dans l'intérieur de la Dalmatie, de ces filons de pierre de sable, pure ou mêlée de coquillages, qui traversent les massifs des montagnes, & surtout dans les différens systèmes de couches d'argile, qui en forment les parties inférieures. (*Voyez* ROGOSNIZA.)

DUÉ (la), village du département de l'Yonne, arrondissement de Joigny, & à deux lieues trois quarts de cette ville. Il y a dans ce village un établissement dont l'objet est de détruire la mendicité, & dont on est redevable au curé de cette paroisse. Convaincu que le moyen le plus sûr de prévenir cet abus étoit de procurer de l'occupation aux pauvres, & de les accoutumer au travail dès leur enfance, ce curé avoit établi dans cette commune une manufacture de clous. Il fit construire les bâtimens & ateliers nécessaires : une roue de deux pieds de diamètre, mise en mouvement par deux pouces d'eau que fournissoit une source voisine, faisoit mouvoir les soufflets des forges. En conséquence, il s'est fait un grand débit des clous qui provenoient de cet établissement. Ces clous sont doux, moins chers que ceux qui se débitent dans les environs, & d'une meilleure qualité que ceux qu'on étoit obligé de faire venir de vingt lieues à la ronde.

DUERO (Bassin du). Ce fleuve a sa source dans le mont Caio, composé de roches calcaires, qui se décomposent continuellement & se réduisent en terres végétales; ce qui rend le sol très-productif. Le *Duero* coule assez directement à l'ouest, & va se rendre à la mer. Il reçoit plusieurs rivières à sa droite. Elles viennent aussi de la chaîne du nord.

Je ne remarquerai maintenant que les montagnes de Burgos, qui entourent le petit bassin de la rivière d'Arlançon, sur laquelle est située cette ville.

La chaîne de montagnes, qui de Pancorvo s'étend au sud-est, est le point de partage des eaux qui, d'un côté, se rendent dans l'Èbre, & de l'autre vont grossir le *Duero*. Cette chaîne est de pierre calcaire.

En se rapprochant de Burgos, on trouve un climat un peu froid, où le terrain produit beaucoup de blé, & donne peu de vin. On y trouve une espèce de pierre composée de graviers unis ensemble par le moyen d'un ciment très-dur. Ils forment une véritable brèche susceptible d'un beau poli.

Vers le confluent de la Pisuergo & du Duero, on trouve une grande plaine environnée de collines terreuses, qui renferment de la pierre à plâtre.

Je dois observer que, dans quelques-unes des montagnes dont j'ai parlé précédemment, on trouve des pierres percées par les dails. (*Voyez l'article* DAILS.)

Le bassin du *Duero*, à la gauche, est fermé par une longue chaîne de montagnes, qui s'étend sans interruption depuis le mont Caio jusqu'à la mer. Dans ce vaste bassin on trouve, en différens endroits, de grandes plaines qui ne produisent que du blé & de l'orge. L'eau y séjourne en général à deux pieds de la superficie, & par cette raison la culture en est facile, & les productions abondantes, parce qu'on n'y redoute pas l'effet des sécheresses.

Les endroits les plus intéressans du reste de ce bassin sont Ségovie, Saint-Ildefonse & la montagne nommée *Guadarrama*, qui fait partie de la chaîne appelée *monts Carpentins*, & qui sépare, du nord-est au sud-ouest, la vieille Castille de la nouvelle. (*Voyez, à leurs articles*, SÉGOVIE, ILDEFONSE & GUADARRAMA.)

Je finirai par une observation générale & fort intéressante, c'est que la partie septentrionale du bassin du *Duero* est sensiblement plus élevée que la partie correspondante du bassin du Tage. Ainsi, du nord au sud, la partie la moins haute de l'Espagne est vers son centre, & celle qui est la plus élevée est à l'orient, sur une ligne tracée à environ vingt-cinq lieues de la côte.

DUFFEL, bourg du département des Deux-Nèthes, sur la Nèthe, à une lieue nord de Malines. Il y a des distilleries de genièvre & des fabriques de vinaigre de bière.

DUN, village du département de la Meuse. Rien n'est plus commun, dans les environs, que les boucardites & les cornes d'ammon. Il y a d'ailleurs des tanneries de cuirs corroyés de toute espèce, trois brasseries de bière blanche, brune & ambrée, une huilerie & un moulin à scie.

DUNES *ou* BUTTES DE SABLES du département du Calvados, arrondissement de Pont-l'Évêque, canton de Dives. Elles sont situées sur le bord de la mer, entre la rivière de Dives & l'Orne, & elles ont deux lieues de longueur de l'est à l'ouest.

DUNES *ou* BUTTES DE SABLES du département du Calvados, arrondissement de Caen. Elles bordent la côte depuis l'embouchure de l'Orne, jusqu'au nord de Langrune, pendant deux lieues de longueur.

Je dois faire envisager ici qu'une des circonstances les plus remarquables dans les deux articles précédens réside dans les embouchures des rivières qui charient les sables qui ont fourni incontestablement les matériaux de ces buttes de sables, dont nous avons indiqué la situation & l'étendue,

& dont il seroit si facile de reconnoître la nature, suivant les terrains parcourus par toutes les rivières qui se jettent à la mer.

Dunes de sables dans le département de la Gironde, arrondissement de Bordeaux & de l'Esparre, le long de la côte de Médoc. Elles commencent à se former dans la partie du sud du bassin d'Arcachon, & se prolongent au nord jusqu'à la pointe de Grave, à l'embouchure de la Gironde. Elles ont deux lieues de long, sur une demi-lieue de large, près le bassin d'Arcachon, & forment une pointe en s'alongeant vers le nord. Nous croyons, suivant les mêmes principes, devoir remonter jusqu'à l'origine des sables qui entrent dans la composition de ces longues buttes de sables. Les détails circonstanciés que renferme le Mémoire suivant, achèveront de montrer tout ce qui, dans la nature, concourt à la formation des *dunes*.

§. Ier. *Sur l'origine des sables déposés par la mer sur ses bords; sur les ravages qu'ils font en avançant vers les terres, & sur les moyens qu'il seroit possible d'employer pour en retarder les funestes effets.*

Beaucoup de naturalistes ont déjà observé que la Terre se dégradoit chaque jour; que les plaines se sillonnoient & se déchiroient; que les vallées se relevoient; que les coteaux prenoient insensiblement une surface plane; que les montagnes mêmes s'abaissoient. Des observations journalières nous apprennent que les fortes pluies, les ruisseaux, les torrens, les rivières, les grands fleuves forment des aterrissemens considérables avec les matières entraînées par leurs eaux, & transportées plus ou moins loin de leur situation originelle. Ces dépôts changent nécessairement la partie du globe qu'ils recouvrent : on les voit combler & dessécher des marais autrefois impraticables, fertiliser des terrains arides, & rendre souvent stériles les campagnes les plus fécondes. Ces derniers effets deviennent surtout plus sensibles à l'embouchure des grands fleuves, &, pour ne rien dire dans ce Mémoire d'étranger au sujet que nous nous sommes proposés d'y traiter, c'est principalement aux embouchures de la Garonne & de l'Adour, que l'on remarque ces aterrissemens destructeurs. Ces deux fleuves prennent naissance dans les monts Pyrénées. Le cours de la Garonne s'étend dans l'espace de plus de soixante lieues; elle reçoit dans son lit les eaux de près de quarante rivières, dont la plus considérable est la Dordogne; & ces rivières ne se réunissent dans son sein qu'après avoir parcouru neuf ou dix provinces presque toutes montagneuses, & des pays qui abondent en argiles, en sables, en craies, en marnes & en d'autres matières aisées à être détrempées & entraînées par l'eau.

Des quartiers de rochers qui se détachent des Pyrénées, dans la vallée de Saint-Béat, où la Garonne roule ses premières eaux, & ceux de quelques torrens dont elle se grossit, entraînent avec eux dans son lit, lui fournissent les premiers matériaux qu'elle dépose sur ses bords. Ces fragmens de différentes espèces de pierre, s'atténuant tous les jours par l'impression du froid & du chaud, par celle de l'eau, le plus actif de tous les dissolvans, par le choc & le frottement continuel qu'ils éprouvent à mesure qu'ils s'éloignent de la source du fleuve, ces fragmens se réduisent insensiblement en cailloux, en gravier & en sable. Une opération semblable doit naturellement se faire dans le lit de toutes les autres rivières qui viennent s'unir à la Garonne; en sorte que, quand même des faits, malheureusement trop certains, ne constateroient pas cette observation, il seroit impossible de ne pas concevoir que ce fleuve doit charier dans la mer une très-grande abondance des matières qu'il entraîne, où dont il se charge dans son cours. On le concevra encore plus facilement lorsqu'on se rapellera que la rivière d'Avance, ou la Durance, qui entre dans la Garonne presque vis-à-vis de Marmande, a sa source dans les sables de Durance, & roule ses eaux dans les plaines sablonneuses de Coustures (ce n'est pas Coustures près de Meillhan, mais près de Durance) & de Casteljaloux; que la source de l'Alizos sort des montagnes de sable qui sont au-devant de Castelnau, de même que le Ciron, en traversant les landes du Bazadois, de Baulac & de Villandrault, entraîne avec lui une prodigieuse quantité de sables dans le fleuve où il se décharge; que la rivière de Castres en entraîne considérablement des landes de Tuzan & de Villagrins. Si jamais le projet du défrichement des landes avoit lieu, le haut Villagrins fourniroit une situation bien favorable à l'ouverture d'un canal navigable depuis Castres jusqu'au bassin d'Arcachon. On trouve dans cette partie de la lande, qui est très-élevée, des marais très-étendus, qui, dans les plus grandes sécheresses de l'été, conservent plusieurs petits lacs, lesquels forment un étang assez considérable dans les saisons pluvieuses. Le point de partage de la pente de cette lande, & vers la Garonne, & vers l'Eyre, est comme fixé en cette partie au dessous du château de Saint-Magne, aux lieux appelés la Hacau & la Ouarcey. La rivière de Castres y prend sa source du côté de la Garonne, & à très-peu de distance un autre marais fournit les eaux du ruisseau qui passe au bas de Béliet, sous le pont construit sur la grande route de Bayonne, & qui se décharge dans l'Eyre. Pour peu de soin qu'on daignât prendre afin d'encaisser cette rivière depuis Béliet jusqu'à son embouchure, il seroit aisé d'établir une communication bien avantageuse entre le havre d'Arcachon & la Garonne; c'est alors qu'on verroit les landes se peupler & se défricher avec succès; que la Jale même, dont la source abondante jaillit de dessous une *dune* de sable, près de Saint-Médard, ne peut qu'en fournir immensément à la Garonne, qui la reçoit à deux lieues au dessous de notre port.

Ce que nous avons dit de la Garonne peut également s'appliquer à l'Adour, quoiqu'il réunisse moins de rivières, & qu'il arrose moins de provinces. Enfin, les grandes landes de Bordeaux, qu'on peut regarder comme un des plus grands aterrissemens de notre Océan, lui rendent insensiblement beaucoup de sables que charient la rivière de l'Eyre & plusieurs gros ruisseaux qui se dégorgent directement sur nos côtes, entre l'Adour & la Garonne.

La mer, qui reçoit dans son bassin toutes ces matières de genre & d'espèces si différens, ne rejette sur sa plage qu'un sable vitrifiable, blanchâtre ou très-peu coloré, mêlé de paillettes talqueuses, presqu'insensibles, & de petits grains noirs, attirables à l'aimant. Cette propriété, qui décèle le fer dans ces derniers, pourroit peut-être nous donner des lumières sur l'origine de nos mines superficielles des landes, dont l'exploitation s'est renouvelée de nos jours, aux environs d'Uza & de Ponteux. Les autres matières gypseuses, calcaires ou crétacées, plus légères & plus faciles à être dissoutes dans l'eau salée, s'y soutiennent aussi plus long-tems, sont portées au loin dans le sein de la mer, & s'y déposent ensuite dans le tems le plus calme & le plus tranquille.

Ce détail préliminaire est indispensable pour faire concevoir à ceux qui n'auroient jamais vu les bords de l'Océan, comme les côtes occidentales de la France se trouvent presque partout bordées de hautes *dunes*, c'est-à-dire, de montagnes de sable ; car le mot *dun* ne signifie que cela même en vieux celtique.

Cette abondance de sables se montre particulièrement dans la Guienne, depuis la pointe du Pas-de-Grave, à l'embouchure de la Garonne, jusqu'à celle d'Anglet & de Biarrits inclusivement, entre Saint-Jean-de-Luz & l'embouchure de l'Adour. Elle ne vient évidemment que de la quantité de matières que ces deux grands fleuves entraînent dans l'Océan, d'où, après avoir été ballotées, broyées & pulvérisées par l'action du roulement des eaux des rivières, & surtout par celle des flots de la mer, elles sont rejetées sur sa plage, où elles forment des aterrissemens immenses. L'agitation perpétuelle des ondes de la mer, la fureur de ses flots & la force du reflux les poussent plus avant hors de son sein, dans les hautes marées, & en forment, le long de ses bords, des éminences & bientôt des montagnes que les vents impétueux & ce qu'on appelle ouragans ont successivement élevées à des hauteurs prodigieuses. Plusieurs de ces premières *dunes*, qui servent comme de barrière à la mer, toujours détruites par l'action des tempêtes qui les transportent vers les terres, & toujours renouvelées par le concours du reflux & des vents, se multiplient & inondent de sable tous les cantons qui se trouvent sur leur passage.

Il ne sera pas inutile de faire envisager ici les progrès de ce travail de la nature, alarmant pour les contrées voisines.

Les sables, déposés par le reflux sur une côte presqu'applatie, ont le tems de sécher avant le retour d'une seconde marée, pour peu que les vents qui y règnent, soient aidés par les rayons du soleil ; alors ces mêmes vents en agitent les grains, devenus plus légers & réduits à leurs molécules primitives par l'évaporation des parties aqueuses & salines qui les lioient d'abord en plus grande masse ; ils les élèvent, les font courir ensuite sur la plage, & en forment bientôt une espèce d'atmosphère qui, au premier obstacle qu'elle rencontre, se condense, s'arrête, & forme elle-même des éminences considérables.

Les nouveaux dépôts servent de base au premier rang des *dunes* entre-coupées de cols & de détroits sinueux ; ils deviennent comme l'entrepôt dont se forment les secondes. Celles-ci procurent de quoi en élever de troisièmes, lesquelles continueroient à leur tour de recevoir & de fournir des sables pour en composer de nouvelles sur la même ligne, si la pente du terrain, la variation des vents ou quelqu'autre cause, changeant la direction de ces courans sableux, ne les forçoient d'aller porter ailleurs les matières premières de ce triste fléau.

D'après ces observations, il est facile de concevoir que les sables, versés par la mer sur ses bords, doivent faire des progrès prodigieux en avançant dans l'intérieur des terres ; ils en font en effet de très-considérables & de très-sensibles. Il n'est aucun canton des bords de l'Océan, depuis l'embouchure de la Garonne jusqu'à celle de l'Adour, où les *dunes* de sables n'occupent au moins une grosse demi-lieue de largeur ; il en est plusieurs où elles s'étendent à une lieue ; elles se répandent dans quelques endroits à plus de deux lieues du bord de la mer. Ce sont plusieurs chaînes de petites montagnes qui laissent entr'elles des vallons tortueux si le terrain que ces sables inondent, est en pente irrégulière, ou des vallons parallèles si le sol n'est pas incliné. Ces chaînes n'ont pas toujours une direction déterminée : les unes s'étendent du couchant au levant, les autres du sud-ouest au nord-est. Celles-ci ont des sommets presque aplatis, qui forment des plaines élevées d'une assez grande étendue. Les premières les ont plus aigus, plus escarpés. Elles sont séparées par des ravins très-profonds ou par des espèces d'entonnoirs & des précipices sans issue. Leur direction la plus commune semble cependant affecter de se porter du sud-ouest au nord-est. Les variations qui arrivent à cet égard dépendent à la fois & de la variation des vents & de la pente du terrain, & même de quelques détroits formés par d'anciennes *dunes*, qui se distinguent encore sur ces campagnes arides.

Fixées par les plantes qui y ont pris naissance, & par les racines des pins, des liéges, des chênes & d'autres arbustes qui les couvrent, ces *dunes*, d'antique formation, opposent une forte résistance aux vents qui se portent directement sur elles. Ces espèces de falaises changent alors la direction des vents qui règnent le plus sur nos côtes, forcent aussi les nuages de sable de suivre une route différente & d'enfiler ces détroits. C'est principalement dans ces lieux que les *dunes* augmentent plus sensiblement en hauteur, & acquièrent une base d'un diamètre plus considérable. Quoique ces sables ne soient transportés & élevés que successivement, si les vents règnent long-tems de la partie de l'ouest & du sud-ouest, une année suffit pour former une montagne, tant leurs progrès sont rapides.

Coulon, dans son Traité historique des fleuves & des rivières de France, imprimé en 1644, assure que de son tems, « les vents des rivages de » la mer (sur la côte de Gascogne) transportoient » des montagnes de sable d'un lieu en un autre, » & engloutissoient les bourgs & des forêts. » Michel de Montagne, dans ses Essais, liv. Ier, chap. XXX, en parlant de ces sables que la mer vomit devant elle, & des ravages qu'ils causent sur les terres qui l'avoisinent, fait mention d'un domaine qu'avoit son frère, sieur d'Arsac, en Médoc, le long de la mer, & qui avoit été enseveli sous ces sables. Il s'exprime ainsi : « Le faîte » d'aucuns bâtimens paroît encore; ses rentes & » domaines se sont échangés en pasquages bien » maigres. Les habitans disent que depuis quel- » que tems la mer se pousse si fort vers eux, qu'ils » ont perdu quatre lieues de terre. Ces sables sont » ses fourrières, & voyons de grandes monjoyes » d'arènes mouvantes qui marchent une demi- » lieue devant elle, & gagnent pays. » Si l'auteur de cet ouvrage eût mis dans ses autres descriptions autant d'exactitude qu'il en montre en parlant du transport de nos montagnes de sable, il ne mériteroit pas le reproche que lui ont fait les critiques & les géographes modernes. Ce qui se passe chaque jour sous nos yeux, sur nos côtes, nous garantit la vérité de son observation.

Sans parler ici de l'ancien & du nouveau Soulac, qui ne présentent maintenant qu'une mer de sables; sans parler des accroissemens de ces sables sur les terres de la côte du bas Médoc jusqu'à l'embouchure du bassin d'Arcachon; sans nous appesantir sur les détails que fournissent à ce sujet les montagnes de la Teste, de Caseaux, de Biscarosse, & la continuité des chaînes de semblables montagnes depuis ce lieu jusqu'à l'embouchure de l'Adour, nous aurions encore de quoi faire des volumes s'il nous falloit décrire tous les désastres opérés par ce fléau dans la seule partie de la ci-devant sénéchaussée de Guienne, enclavée entre le Boucaud ou le canal de Contis & celui de Mimizan. De hautes *dunes* couvrent aujourd'hui l'ancien bourg, l'ancienne église paroissiale, & les riches possessions d'une communauté de bénédictins, établie autrefois dans ce dernier lieu. Les religieux, ne pouvant subsister avec les revenus de la dîme attachée à leur prieuré, se retirèrent à Saint-Sever, & abandonnèrent aux habitans leur église conventuelle; mais celle-ci touche au moment de subir le même sort de l'ancienne. Le ruisseau qui la séparoit des *dunes* les plus voisines a été comblé il y a quatre ans vis-à-vis d'elle, & s'est creusé un nouveau lit plus avant dans les terres. (On écrivoit ce Mémoire en 1774.) Les sables ne trouvant plus de barrières, se sont emparés de l'espace qui étoit devant eux. Déjà ils ont franchi les murs du cimetière; ils s'accumulent contre ceux de l'église, & enseveliront incessamment cet édifice.

Il n'est pas rare de rencontrer des pieds d'arbres qui ne sont pas encore entiérement détruits, & des fondations de murailles faites avec de la brique & de l'argile, sur des plaines les plus voisines de la mer, d'où les vents ont enlevé d'anciennes *dunes* qui les couvroient autrefois. Ces décombres, qui découvrent l'ancienne habitation de nos pères sur les bords de la côte, ne sont pas les seuls monumens des ravages que cause l'inondation de ces sables. Il y en a de tout récens dans la paroisse de Saint-Julien en Born, & notamment dans le quartier appelé de *Sart*, dont les meilleurs fonds se perdent sensiblement tous les jours.

Il n'y a pas cinquante ans qu'on voyoit encore dans ce quartier les plus belles avenues en prairies & en bois de chêne, qui environnoient de toutes parts la maison de feu Dubrocar, ancien receveur de la capitation bourgeoise de cette ville. Les sables, qui en étoient éloignés de plus d'un quart de lieue, s'en sont tellement approchés, & s'y sont accumulés à une hauteur si prodigieuse, que les bois les plus à l'ouest, qui étoient de haute futaie, & de très-vieux chênes, ne paroissent plus aujourd'hui. La maison anciennement bâtie sur ce bien fut détruite il y a plus de vingt ans, & transportée à plus de deux cents pas vers les terres. On eut la précaution de laisser entr'elle & la nouvelle *dune* un petit ruisseau, qu'on imaginoit devoir arrêter le progrès des sables; mais ils ont comblé ce ruisseau, qui s'est pratiqué un nouveau lit plus au levant; & cette nouvelle maison, transportée pour la troisième fois, touche déjà à la *dune* qui doit l'ensevelir un jour. Ce qui reste de bois de chêne sur pied ne végète plus : tous ceux que les sables ont environnés, sont entiérement desséchés. On apperçoit sur les pentes de cette nouvelle montagne le sommet des arbres les plus élevés : il y en a qui ne sont ensevelis qu'à moitié, & d'autres au pied desquels le désastre ne fait que commencer.

Les débordemens de nos étangs & de nos lacs sont encore une suite de l'inondation de ces sables. A mesure que leurs grains s'élèvent en pente douce du côté de la mer, le peu de liaison qu'ils conservent entr'eux & le poids des couches supérieures forcent celles du centre à céder & à écrouler en talus du côté opposé à leur naissance. Ces éboulemens, avançant continuellement vers les terres, comblent insensiblement les étangs qui les bordent. Cependant les eaux que reçoivent continuellement ces étangs par le cours non interrompu de plusieurs petites rivières qui s'y déchargent, se trouvant bornées par ces amas de sable, s'élèvent jusqu'à ce qu'elles se soient fait une issue pour se jeter dans la mer; ce qui ne peut arriver qu'après avoir causé de nouveaux ravages dans les terres. Le Boucaud de Contis, par où l'étang de Saint-Julien se dégorge dans la mer, laisse à peine échapper aujourd'hui la sixième partie des eaux que plusieurs gros ruisseaux y entraînent constamment. Son embouchure, d'ailleurs, se comblant chaque jour par les sables que le reflux ne cesse d'y charrier, il est évident que l'étang gagnera sur les terres l'espace nécessaire pour contenir ses eaux; que celles-ci se ménageront quelqu'autre issue, & qu'elles continueront de renverser tout ce qui pourroit s'opposer à leur nouveau cours.

C'est par de semblables causes que l'ancienne paroisse de Saint-Paul se trouve aujourd'hui sous les eaux de l'étang d'Aureilhan. C'est par une suite des refoulemens des lacs qui se forment entre les terres & les *dunes* qui bordent ces côtes, que le bourg de Bias, son église, ses vignes & toutes les possessions qui l'entouroient, ont été, de nos jours, entiérement submergés.

Ne seroit-il donc pas possible de trouver quelque moyen d'arrêter ces sables, qui s'étendent insensiblement & couvrent le pays de plus en plus? Si l'art & l'industrie ne peuvent rien opposer à la fureur des vents, il est certain qu'ils détruiront peu à peu les anciennes *dunes*, puis les modernes. Le sable se répandra, par succession de tems, sur de plus grands espaces; la hauteur de ces monticules diminuera d'autant, les vallons seront comblés, & il en résultera, à la fin, des plaines arides semblables à nos grandes landes.

Témoin des pertes considérables que les sables occasionnoient aux principaux habitans du quartier de Sart, dans la paroisse de Saint-Julien, l'auteur de ce Mémoire parvint à leur persuader de fixer pour toujours la *dune* qui menaçoit tous leurs héritages. Il leur fit remarquer que les montagnes de sable, couvertes de pins, de liéges, de genêt épineux ou de quelques plantes marines du genre des graminées, connues par les habitans de nos côtes sous les noms de *gourbet* & d'*ourdan*, ne changeoient plus d'assiète, & ne pouvoient servir de minière pour en former de nouvelles. Il acheva de les convaincre, en leur faisant considérer de près la plupart des *dunes* qui touchent le rivage de la mer & qui forment les bords de son bassin. Ces dernières, uniquement garnies de deux espèces de gramen indiquées par Tournefort sous les phrases de *gramen loliaceum, maritimum, foliis pungentibus*, & de *gramen loliaceum, radice repente, maritimum*; subsistent toujours à peu près à la même hauteur. Les grains de sable qui les composent, liés entr'eux par les racines de ces deux espèces de chiendent, & garantis par les tiges & les feuilles de ces plantes, ne sont plus soumis à l'action des vents ordinaires. Il en conclut que s'il étoit possible de faire germer ces mêmes productions sur les *dunes* dont on avoit à redouter le voisinage, on pourroit empêcher l'ensevelissement des domaines des particuliers sous les sables.

Ces mêmes particuliers se déterminèrent enfin à s'ajourner pour aller arracher des *dunes* les plus voisines de la mer ce qu'ils appellent l'*ourdan* & le *gourbet*. Ils distribuèrent ce plan sur la croupe occidentale de la *dune* qui les incommodoit le plus; mais dans la crainte, ou que les vents n'en découvrissent trop tôt les racines, ou que la sécheresse du sable n'en permît pas la réussite, ils imaginèrent de couvrir leur plan avec des branches vertes de pin, qui pussent à la fois & contenir les sables & procurer de la fraîcheur à leur nouvelle plantation.

Tout fut on ne peut mieux exécuté. Ces deux espèces de gramen réussirent parfaitement par la quantité d'eau dont ils furent abreuvés pendant l'hiver; ils provignèrent d'eux-mêmes abondamment, & la superficie de cette *dune* parut enfin avoir pris de la consistance. Les sables qui, les années précédentes, faisoient des progrès si surprenans sur les terres, n'en approchèrent plus dans cette partie, & ils eussent été fixés pour toujours si les habitans avoient fait la dépense de répandre de la graine de pin sur ce monticule ainsi couvert de ces espèces de chiendent, & s'ils eussent veillé à empêcher les troupeaux de vaches & de chèvres d'aller y paître. Cette négligence leur a coûté cher. Les sables, ameublis & divisés par le passage continuel de ces troupeaux, cédèrent à l'action des vents, & recommencèrent leurs anciens ravages.

Il résulta cependant de cette tentative, qu'il est possible de retarder au moins les progrès des sables. On oseroit même en conclure qu'il ne seroit pas impossible de les fixer pour toujours. Voici les principes sur lesquels l'auteur de ce Mémoire établissoit son assertion.

Il est constant que les courans de la mer, qui règnent ordinairement du nord au midi, depuis l'embouchure de la Garonne jusqu'au canal Duchet, & du midi vers le nord depuis l'embouchure de l'Adour jusqu'au Boucaud vieux, en deçà du Cap-Breton, déposent sur le rivage une quantité de sables, qu'ils reprendroient au retour de la marée si on trouvoit le moyen de les retenir dans ce même lieu. Il est également certain que les *dunes* qui bordent le rivage de la mer sont presque toutes séparées par des sinuosités plus larges du côté du rivage que vers les terres, & que c'est dans ces gorges que le reflux dépose en plus grande abondance ces sables funestes, qui, desséchés, se laissent enlever par le moindre vent, & servent de minière à toutes les chaînes de *dunes* qui inondent les bords de nos côtes.

Enfin, quoique les sinuosités dont nous venons de parler ne soient pas le seul endroit où la mer répande des sables, qu'elle en forme au contraire des dépôts assez considérables contre la base de ces premières *dunes*, couvertes de différentes espèces de chiendents marins, & aussi anciennes que le rivage, il est encore certain que ces *dunes* donnent moins de prise à l'effort des vents; que le second reflux répare souvent le dommage que le premier auroit pu faire, & que les sables étrangers sont reportés dans la mer par le retour des flots.

Ne seroit-il pas possible de lier ces *dunes* par leurs bases & de fermer toutes ces sinuosités? Si, à force d'essais, on réussissoit à faire germer la graine de pin sur leurs sommets, ne parviendroit-on pas aussi à la faire réussir dans leurs séparations? Pour tout dire en un mot, si tout le rivage étoit ainsi bordé par des forêts de pins, dont les racines pussent consolider les sables sur lesquels ces arbres auroient pris naissance, les courans ne seroient-ils pas forcés de charrier alors dans le bassin de la mer les sables qu'ils déposent sans cesse sur ces bords? Ces idées paroîtront hasardées peut-être, & on pourra objecter d'abord l'impossibilité de l'exécution, ensuite l'incertitude du succès en supposant l'exécution possible.

L'auteur avoue de bonne foi que l'entreprise qu'il propose, est effrayante par les dépenses énormes qu'elle sembleroit exiger. Mais ne pourroit-on pas commencer l'ouvrage dans l'un des endroits qui occasionneroit le moins de frais? Et certes, il n'est pas de village qui ne se prêtât au bien général s'il y étoit invité par le zèle des supérieurs & par l'appât des concessions de ces *dunes*, qui, dans l'état actuel, ne peuvent être d'aucun rapport. Si, après les mesures les plus sages pour fermer l'une des sinuosités qui fourniroit la plus grande quantité de sables, le succès ne répondoit pas à nos espérances, on n'auroit pas à regretter des sommes bien considérables, & on n'auroit rien à se reprocher. Si le succès étoit au contraire tel qu'on le desire, la dépense de l'essai, bien appréciée, serviroit à calculer celle de l'ouvrage en entier. La difficulté & les travaux immenses de cette entreprise ne doivent donc pas être un motif de découragement. Que ne doit-on pas espérer du concert de plusieurs bras que des vues saines & qu'une autorité éclairée sauroient faire mouvoir pour un objet qui les touche de si près, & qui déjà leur paroît de la dernière importance?

Mais comment faire espérer le succès de ces travaux, quand même l'exécution en seroit possible? La seule inspection des côtes de cette portion de l'Océan, qu'on nomme la *mer des Basques*, nous en donne les assurances les plus décisives en pareil cas. Les sables ne causent aucun ravage sur les terres de ce canton. Il est même certain qu'ils ne s'y sont jamais répandus, puisque les couches de falaises qui bordent le bassin de la mer en cet endroit, n'ont aucune analogie avec les sables que les flots déposent contre leurs bases.

Pourquoi les sables cessent-ils d'être malfaisans sur les côtes de ce rivage? C'est qu'indépendamment des rochers qu'on y rencontre de distance en distance, & dont les angles avancés vont se perdre sous les eaux de la mer, chaque colline qui suit l'alignement de nos *dunes* est liée avec sa voisine par des terres compactes qui retiennent à leurs pieds tous les sables que les courans y déposent. Ces sables, ainsi retenus, ne sont jamais assez éloignés des ondes pour sécher bien vîte; & quand même ils auroient le tems de sécher, les vents n'ont plus de prise sur une plage étroite & garantie par de hautes falaises; ils ne sauroient conséquemment en enlever les sables pour former des *dunes* avancées.

Si quelqu'un pouvoit soupçonner que les sables jetés par la mer sur cette côte ne sont ni aussi légers ni aussi abondans que ceux qu'elle charrie sur les nôtres, il ne faudroit, pour le convaincre du contraire, que lui présenter la quantité de bancs de sables qui auroient déjà obstrué l'embouchure de l'Adour & comblé le port de Saint-Jean-de-Luz si les travaux continuels des ingénieurs à ces deux barres ne rendoient les courans du flux assez violens pour réparer les dégâts que le reflux ne manque jamais d'y faire. Il reste donc bien prouvé que si les sables ne forment point de *dunes* dans ces endroits, c'est que ces hautes collines de terres solides qui bordent le bassin de la mer, se trouvant liées entr'elles, ne laissent aux sables aucun moyen de s'extravaser. Les mêmes effets ne manqueroient donc pas de se montrer sur nos côtes si nous étions assez heureux d'y pouvoir établir une cause qui devînt équivalente.

Or, les procédés que nous n'avons fait qu'indiquer plus haut pourroient la fournir, cette cause. Que l'art supplée à la nature, que les difficultés de l'exécution ne servent surtout qu'à faire trouver les moyens de les surmonter!

§. II. *Observations & notes sur les dunes, avec des réflexions sur ce phénomène naturel.*

Les *dunes*, ainsi que nous l'avons déjà dit, sont des montagnes de sable blanc, cristallin & mobile, amassé sur les bords de la mer, & elles sont menaçantes, excepté quand les sables sont fixés par les racines des plantes qui ont eu le tems d'y croître & de s'y entrelacer à demeure.

Les côtes de France sont couvertes de *dunes* depuis Bordeaux jusqu'un peu par-delà Bayonne; celles de Normandie, de Flandre & de Hollande le font auffi depuis le Blanay, qui eft à une lieue à l'oueft de Calais, jufqu'au Texel, & peut-être beaucoup plus loin.

Dans ces deux pays le fond de la mer eft du même fable criftallin qui forme les *dunes* fans aucune pierre, & la plage qui eft entre la *dune* & la mer. Cette plage, dont une partie eft couverte d'eau à marée haute, & découverte à marée baffe, & que fur les côtes des Pays-Bas on nomme l'*eftran*, eft auffi un terrain de pur fable fans pierres.

Ces fables font fouvent agités & amoncelés par le vent, & furtout par les ouragans.

Tous les jours des terrains cultivés fur les plages, au pied des *dunes*, du côté de la mer, font couverts par des fables que les ouragans y apportent : c'eft ce qui eft arrivé au Cap-Breton, au deffus de Bayonne. Ce pays étoit autrefois fameux par fes vins, qu'on nomme encore *vins du Cap-Breton* : cependant, quand je l'ai vifité, il n'y avoit pas un cep de vigne : tout le vignoble avoit été couvert de fable, & on commençoit à fonger à en planter de nouvelles. C'étoit au vieux Boucault, autre plage femblable, à quelques lieues du Cap-Breton, vers le nord, que fe recueilloit tout le vin nommé de *Cap-Breton*, & on y craignoit fans ceffe de pareilles tempêtes. Pour fe garantir des moins fortes, on mettoit des paillaffons le long des vignes, du côté de la mer. Ils fervoient à garantir en même temps des tempêtes de fable & de l'action directe du vent fur la vigne, qui peut être dangereufe, furtout quand elle eft en fleur, & dans tous les tems pourroit renverfer les ceps ou les tourmenter.

On me montra aux vieux Boucault, fur la plage, des monceaux ou monticules de fable nouvellement formés par les vents; & il étoit évident que ce n'étoit que par des ouragans ou vents tournoyans ; car une tempête de fable, par un vent conftant de mer, auroit élevé ces fables contre la *dune* & n'en auroit pas formé ces monticules ifolés.

Les monticules ou petites *dunes* font fujets à être renverfés par une tempête, comme ils ont été formés par une tempête, à moins qu'ils n'aient exifté affez long-tems pour qu'il y foit cru des plantes dont les racines aient fixé le fable.

Quant aux grandes *dunes* qui forment ces chaînes, lefquelles bordent une grande longueur de côtes, il ne me paroît pas poffible que le vent les détruife. Elles ont été formées par une longue fuite de fiècles, parce que l'inclination des élémens eft d'y apporter le fable plutôt que de l'emporter, & une tempête momentanée ne peut détruire l'ouvrage continu de plufieurs années. D'ailleurs, un ouragan ne peut pas entourer de tous les côtés une chaîne de montagnes comme un monticule ifolé. Je conçois aifément que les tempêtes, venant de la mer, apportent du fable contre les *dunes* & les fortifications, mais je conçois difficilement qu'elles l'entraînent dans la vallée.

Il y a une autre caufe qui tend à la dégradation des *dunes* : ce font les pluies, qui continuellement entraînent les fables des deux côtés de la *dune*, lorfqu'ils ne font pas fixés par les racines des plantes. On en voit de funeftes effets du côté du port de la Tefte en Guienne, où depuis quelques années une terre, extrêmement fertile, derrière une *dune*, a été entièrement couverte d'un fable ftérile, & on craint à la Tefte que les enfablemens ne viennent fucceffivement jufqu'aux murs de ce bourg. C'eft ce qu'on m'a fait voir en 1776, & dans la même année on m'a dit auffi à Dunkerque, qu'il eft arrivé de femblables malheurs à de très-bonnes terres, fituées pareillement derrière la *dune*.

Au refte, je me trompe peut-être quand je dis abfolument qu'il n'y a que les pluies qui dégradent les *dunes*, & que le vent n'y contribue pas : peut-être les deux élémens y concourent; mais je ne crois pas me tromper en difant que communément l'effet du vent eft plutôt de les former que de les détruire.

Je doute, par toutes les raifons que je viens de dire, qu'aucune *dune* foit emportée, puifque je ne crois pas qu'elles puiffent l'être par la violence momentanée d'une tempête; & quant à l'effet fucceffif, foit du vent, foit des pluies, je fuis porté à croire que, dans la fomme des événemens qui arrivent pendant plufieurs années, il y a plus de fable apporté qu'emporté, & la *dune* doit plutôt gagner que perdre. Je me fonde fur ce que c'eft la mer qui a formé les *dunes*. Les vents habituels de la côte font toujours les mêmes, les marées les mêmes, le fond de fable de la mer toujours le même : ainfi l'effet me femble devoir être le même pendant les fiècles. D'ailleurs, je n'ai point entendu dire que pareil malheur fût arrivé. J'ai fouvent entendu parler de ruptures de digues, mais jamais de *dunes* (1).

Je conviens cependant qu'on peut oppofer à mon fentiment un fuffrage d'un bien plus grand poids; c'eft celui des riverains des côtes où la *dune* n'eft pas fort épaiffe, qui tous en craignent extrêmement la rupture, & font tous les ans de très-grandes dépenfes pour prévenir ce malheur.

J'ai vu cette crainte à Blankemberg en Flandre, où réellement les *dunes* ont très-peu d'épaiffeur.

Elle eft exceffive en Hollande, & a occafionné les travaux immenfes de Weftcappel, qu'on appelle *digues*, & dont je crois que le noyau eft une *dune* de fable. Ces travaux, renouvelés tous les ans, rui-

(1) Les *dunes* font l'ouvrage de la nature : ce font des montagnes de fable jetées par la mer fur la côte, & enfuite amoncelées par les vents; c'eft l'ouvrage fucceffif de deux élémens. Les digues font l'ouvrage des hommes ; ce font des remparts factices, oppofés à la mer dans les côtes où il n'y a point de *dunes*. Dans la Hollande, qui eft une prefqu'île, la côte de la grande mer eft bordée de *dunes*, & celle du Zuiderzée de digues.

nent la province de Zélande. On croit que toute l'île de Midelbourg & de Flessingue seroit submergée si la digue ou *dune* de Westcappel étoit forcée, & qu'elle seroit en danger de l'être si on abandonnoit ce dispendieux ouvrage.

En Hollande, il y a deux points où la *dune* est foible; l'un du côté de la Haye, où je n'ai pas été; l'autre est Petten dans la Nort-Hollande, où j'ai passé, & là on a fait, derrière la *dune*, double, je ne sais même si ce n'est pas triple rang de digues pour garantir le pays dans le cas où la *dune* seroit forcée.

Notez qu'un peu plus haut que Petten on avoit autrefois la même crainte. Le fameux pensionnaire Barnewelt fit construire une digue sur le bord de la mer, & ce fut apparemment en avant de la *dune*. Qu'en est-il arrivé? Bien loin que la mer ait emporté cette digue, elle l'a recouverte de sable, en sorte qu'aujourd'hui c'est une *dune* dans laquelle est ensevelie la digue de Barnewelt, qu'on ne voit plus & qui en est devenue le noyau.

Cette anecdote me confirme un peu dans mon opinion, que partout où la mer a formé des *dunes*, elle ne les détruira point, & qu'elle y apportera des sables, plutôt que de les emporter.

J'ai encore une petite raison de croire que la rupture d'une *dune* ne seroit pas si dangereuse qu'on le dit.

On prétend que les pays cultivés derrière les *dunes* sont plus bas que les basses marées, & seroient submergés. Mais dans la côte de Bordeaux à Bayonne, & dans toute celle de Flandre, la chaîne des *dunes* est percée par de grandes trouées, qui font l'écoulement nécessaire des eaux du pays, & c'est dans ces trouées que sont la plupart des ports de Flandre, ceux de Gravelines, de Dunkerque, de Nieuport, d'Ostende, &c. Or, si les pays derrière les *dunes* étoient plus bas que le niveau de la mer dans les hautes marées, il me semble que ce seroit dans ces parties basses que les eaux se seroient amassées, & là qu'elles auroient percé la *dune* pour se faire un passage, & qu'il seroit à craindre que dans les hautes marées la mer ne vînt, par ce même chemin, inonder les terres basses sans avoir de *dunes* à forcer; ce qui n'arrive pas, & ce qu'on ne craint pas par les trouées qui existent.

Le raisonnement que je viens de faire n'est pas applicable à la Hollande, parce qu'il n'y a aucune brèche à la digue depuis l'embouchure de la Meuse jusqu'au Texel; & cela n'est pas étonnant, parce que la Hollande est une presqu'île assez étroite, & que les eaux y ont leur pente & leur débouché de l'autre côté & dans le Zuiderzée.

Cependant je ne crois pas non plus que les terres au pied des *dunes* soient plus basses que l'eau dans les grandes marées, puisque, de l'autre côté, des digues hautes d'environ douze pieds suffisent pour défendre le pays. Or, j'ai bien de la peine à croire que du pied des *dunes* aux rives du Zuiderzée, où est le cours des eaux, il n'y ait pas plus de douze pieds de pente.

Dans mes deux voyages de Guienne je n'ai pas entendu parler de la crainte que les *dunes* ne soient forcées, & le pays de derriere inondé par la mer; mais dans toutes les parties au pied des *dunes* & dans les vallées qui percent à travers de la *dune*, lorsque les terres sont susceptibles de culture, on craint extrêmement les ensablemens formés par la dégradation de la *dune*, & cette crainte n'est que trop justifiée par les funestes exemples qu'on en a très-souvent, comme j'ai déjà dit.

Dans les deux pays où j'ai vu des *dunes*, c'est-à-dire, en Guienne & dans les Pays-Bas, il y a un vaste pays plat de terres sablonneuses, mélangées, à la vérité, soit par les débris des végétaux qui forment le sable noir, gris, &c., soit par quelque autre cause que je ne sais pas, & que je ne chercherai pas à deviner. Mais quand je dis que le terrain est sablonneux, je ne crains pas de me tromper. Dans quelques parties les terres sont des landes stériles, mais dans d'autres ce terrain sablonneux est une terre excellente. Cependant il est aisé de distinguer, sans être naturaliste, les bonnes terres sablonneuses des bonnes terres d'une autre qualité. On le voit par les charrues du pays, qui sont excessivement légères, & même sans roues, dans les excellentes terres de Bruges, de Gand, du pays de Waer, & dans le peu de terrain qu'on laboure en Hollande, au lieu que quand on s'approche de Lille ou de Bruxelles, ainsi que dans les seigneuries de Frise, de Groningue & d'Utrecht, on ne trouve que de très-fortes charrues avec des roues, & attelées de quatre bons chevaux. C'est la différence de la ténacité des terres qui produit cette différence de charrues. Rien n'est plus aisé que le labour des terres sablonneuses dont les particules n'ont presqu'aucune adhérence.

La plaine sablonneuse qui est derrière les *dunes* de Guienne est ce qu'on appelle les *landes de Bordeaux*; & sous les sables on trouve, à plus ou moins de distance de la superficie de la terre, un lit de pierres rouges & martiales qu'on appelle dans le pays l'*alliofte*.

Depuis Calais jusqu'à Anvers les sables sont la terre de l'Univers la plus fertile. Je ne sais si cette différence vient de ce que ces sables sont plus mêlés de parties végétales ou qu'ils sont cultivés depuis long-tems, & que cette longue culture & les engrais ont changé leur nature, ou que la couche de terre au dessous du sable est d'une qualité différente de celle des pays de landes. Je n'ai point sondé ces terres.

Depuis Anvers jusqu'à la Meuse ce sont les landes de Brabant, terrain absolument semblable à celui des landes de Bordeaux; car sous le terrain sablonneux de ces landes on trouve aussi des pierres rouges & martiales comme l'alliofte de Bordeaux.

De l'autre côté de la Meuse commence la chaîne non interrompue de *dunes* dont j'ai déjà parlé, qui

qui va jusqu'au Texel, & qui paroît être le rempart de la Hollande contre la mer du nord.

C'est au pied de ces *dunes* que se trouvent les charmans jardins des environs de Leyde, de Harlem & de Beverwick, &c., terre admirable pour toutes les productions, & dont la superficie est du sable, & à quelques pieds, sous le sable, on trouve une argile semblable à celle du pays d'Utrecht, & des îles qui s'élèvent journellement dans le lit de la Meuse. Je l'ai bien vu dans les tranchées faites dans le jardin de M. Hasselaer, à Beverwick. Dans l'autre partie de la Hollande, vers le Zuiderzée, où il n'y a pas de *dunes*, on ne trouve plus de sables, mais une couche de tourbe, sous laquelle est le même lit d'argile. Je l'ai vérifié en prenant la terre qui se trouve au fond de plusieurs fossés.

J'observe, à cette occasion, que la vallée qui passe à Malesherbes est précisément semblable à la terre de Hollande quant à la superficie, mais non pas quant au fond, où il n'y a pas de lit d'argile, du moins jusqu'à la profondeur où on peut fouiller.

Cette vallée est de tourbe & des côtes d'un sable cristallin, comme celui des *dunes*, qui est la continuation de la veine de sable ou sablon de Fontainebleau & de celle d'Étampes, & des deux côtés de la vallée, au pied des côtes, il y a aussi une lisière, mais malheureusement trop étroite, de terre sablonneuse, excellente pour toute espèce de végétation.

De l'autre côté du Zuiderzée on trouve les seigneuries de Frise & de Groningue du côté du nord. Ces deux pays sont une terre argileuse sans sable, excepté le district de Frise, appelé les Sept-Forêts, *Seven Wolden*. Or, la côte du Zuiderzée, vis-à-vis de la Frise, n'a point de *dunes*, & est défendue par des digues, & je crois qu'il en est de même de la côte vers la mer du Nord. Je ne l'ai pas suivie, mais j'en juge par un seul point où j'ai été, qui est celui de la côte où sont les écluses de Dockum.

Le pays de Drenthe, au sud de la Frise & de Groningue, est un pays de sables & de landes incultes. La seigneurie d'Overyssel, le comté de Zutphen & la partie septentrionale & basse de la Gueldre, qui est la seule que j'aie vue, sont cultivées en grande partie, & il y a aussi des landes; & soit dans la partie cultivée, soit dans la partie inculte, le terrain est de sable: on le voit par les charrues dans la partie cultivée.

Or, pendant que je voyageois dans la Drenthe, allant de Groningue à Zwol, je voyois des montagnes de sable couvertes d'uya, & dans la Gueldre, de la forêt du stathouder, je les ai vues bien plus distinctement du côté de la mer; ainsi je ne doute point que le fond du Zuiderzée ne soit bordé de *dunes*, & que ce ne soit derrière ces *dunes* que sont les pays de sable dont je viens de parler. D'ailleurs, les gens du pays me l'ont certifié.

Notez que dans la Drenthe & une partie de l'Overyssel, sous la couche de sable, ce ne sont point des pierres rouges & martiales comme sous les landes de Bordeaux & de Brabant, mais de grosses roches de granit, de pierres talqueuses & autres pierres qu'on nomme à présent *pierres de l'ancienne terre*.

Toute la seigneurie d'Utrecht est d'argile. Il paroît que ce pays a été formé par les alluvions du Rhin, & il n'aboutit à aucune *dune*.

Après cette description on voit aisément la conséquence que j'en vais tirer.

On voit sensiblement des ensablemens récens au pied des *dunes*, par la dégradation de ces montagnes de sable que les pluies ont nécessairement occasionnées; on voit derrière toutes les *dunes* de vastes pays de sable: il me semble évident que c'est le même effet de la même cause.

Ces plaines de sable sont très-vastes. Je ne sais pas jusqu'où s'étendent les sables de Guienne; je crois qu'ils vont très-loin, en considérant le nom de petites landes qu'ont encore conservé des pays à présent cultivés & très-éloignés de la mer.

Je ne sais pas non plus jusqu'où s'étendent les sables de la Gueldre. Sur ce qu'on m'a dit de Nimègue, je crois que c'est un pays sablonneux.

Pour le pays sablonneux de la Flandre, il s'étend jusqu'au pied du terrain qui s'élève vers le Hainaut & les Ardennes. A Dunkerque, cette partie sablonneuse est fort étroite, parce que la montagne de Cassel avance très-près de la mer.

Le pays sablonneux a fort peu d'étendue dans la Hollande, sans être arrêté par des montagnes, puisque le sable finit où commence la tourbe, & je vais hasarder sur cela une conjecture qui servira en même tems à faire estimer le tems nécessaire pour la formation des plus grandes *dunes*.

Je crois que si les sables tombés des *dunes* de Hollande ne se sont pas encore étendus si loin qu'ils le feront peut-être par la suite des tems, c'est que ces *dunes* sont peu anciennes.

J'ai dit qu'il n'y avoit aucune trouée à travers cette chaîne de *dunes*: il y en avoit autrefois une très-considérable, c'étoit l'embouchure du Rhin. C'est dans le neuvième siècle qu'elle a été obstruée par les sables, & la *dune* qui s'y est formée depuis, & que j'ai traversée en allant & en revenant, a au moins une demi-lieue d'épaisseur; ce qui, soit dit en passant, prouve que le projet de donner une issue au Rhin dans la grande mer est chimérique. Qu'on juge combien il en coûteroit pour le creuser, & en combien peu de tems il seroit recomblé, à moins de dépenses excessives pour l'entretien!

Ceci nous mène encore à une conjecture sur les siècles futurs. Je suis persuadé que par la suite des tems tout le terrain de la Hollande sera élevé, & la tourbe recouverte de sables comme à Harlem & à Beverwick, & que par cette dépense de sable les *dunes* ne seront pas détruites, parce que la mer qui les a formées, tend toujours à les fortifier de son côté en y apportant de nouveaux sables.

Quant aux *dunes*, il reste à traiter des moyens employés par les hommes pour empêcher leur dégradation, soit pour prévenir la rupture totale, soit pour obvier aux ensablemens que forment les dégradations abondantes & subites; car la dégradation insensible des terres des montagnes dans les vallées ne peut s'empêcher par aucun moyen qui soit au pouvoir des hommes.

C'est par les pins que les sables se fixent dans les *dunes* de Guienne, & c'est par l'uya que les hommes cultivent, & quelques arbustes apportes par la nature, dans les *dunes* de Flandre & de Hollande.

Je terminerai ce que j'ai à dire sur les *dunes* par l'exposition des différens travaux qu'a entrepris en dernier lieu M. Bremontier, ingénieur en chef des ponts & chaussées à Bordeaux, sur ces groupes de montagnes errantes, pour en fixer la marche & en essayer la fertilisation. Le premier Mémoire que cet ingénieur publia à ce sujet traitoit des *dunes*, & particuliérement de celles qui se trouvent sur les bords de la mer, entre Bayonne & la pointe de Grave, à l'embouchure de la Gironde.

Outre cela, les autres objets qu'embrassoit cet ouvrage, & les avantages qui devoient résulter de l'exécution des projets de l'auteur, méritoient l'attention des naturalistes & des physiciens, ainsi que des propriétaires & des cultivateurs, aux intérêts desquels M. Bremontier s'étoit également dévoué.

L'étude que cet ingénieur avoit faite des *dunes* lui avoit prouvé que ces amas de sables, plus ou moins considérables, que l'on trouvoit sur les bords de la mer, occupoient, dans la seule partie du golfe de Gascogne, entre la Gironde & l'Adour, l'immense espace de plus de onze cents myriares ou kilomètres carrés de terrain absolument aride, & que son extrême mobilité & sa nature purement quartzeuse avoient fait regarder comme n'étant susceptible d'aucune culture.

Il avoit reconnu que ces amas de sables, qui formoient quelquefois des collines de diverses grandeurs ou des montagnes de plus de soixante mètres d'élévation, avançoient progressivement dans les terres, surmontoient tout ce qui se trouvoit à leur rencontre : forêts, champs cultivés, établissemens, édifices, rien ne résistoit à ce fléau destructeur. Il s'étoit assuré que souvent, pour surcroît de maux, ces sables refoulés obstruoient & interrompoient entiérement le cours des ruisseaux & des rivières qui venoient des landes, dont les eaux arrêtées inondoient les propriétés riveraines & y formoient des lacs immenses, & ces marais infects qui existoient toujours en avant des *dunes*, & qui entretenoient le foyer des maladies dangereuses, connues sous le nom de *fièvres de Médoc*.

D'après ces observations, M. Bremontier fait connoître l'importance du problême de la fixation des *dunes*, dont il avoit cru devoir s'occuper, en y ajoutant la fertilisation des sables fixes. Son premier Mémoire renferme les moyens qu'il avoit imaginés, & les premiers essais des expériences qu'il avoit tentées pour parvenir à sa solution.

Il commence par exposer en détail ce qu'il avoit connu sur la formation, les mouvemens ou la marche de ces sables, qui sont continuellement le jouet des vents; & comme ces vents sont plus constamment dans la partie de l'ouest, & qu'ils soufflent ordinairement avec plus de violence de ce côté que du côté opposé, la marche des *dunes* se trouve nécessairement dirigée vers les terres. Ces détails sont dignes d'intéresser les naturalistes & les physiciens.

Suivant diverses remarques qu'avoit faites M. Bremontier, le progrès des *dunes*, des étangs ou des marais sur les terres étoit d'environ vingt mètres par an. De vastes forêts & des villages qu'on savoit avoir existé sur la côte étoient déjà envahis, & d'autres villages & une multitude de propriétés précieuses attendoient le même sort. Chaque année les pertes augmentoient, & le péril devenoit plus pressant. Nous supprimons plusieurs conjectures sur divers objets, pour passer à l'objet principal dont s'occupoit M. Bremontier.

Il développe d'abord les moyens qu'il propose, comme remplissant le double objet de la fixation des amas de sables & de leur fertilisation. Ces moyens consistoient d'abord à établir, à la surface des *dunes*, des plantations ou des semis, en prenant les précautions nécessaires pour garantir les plantes naissantes de l'effet de la mer, jusqu'à l'époque où elles auroient été en état de lui résister par leurs propres forces. Pour remplir ce dernier objet, M. Bremontier propose l'ouverture d'un large fossé, parallèle au rivage, auquel il préféroit un cordon de fascines d'environ un mètre de hauteur. Ce cordon devoit être établi à peu près à vingt ou vingt-cinq mètres de distance de la laisse des plus hautes marées, & conduit, sans interruption, parallélement au rivage, sur toute la côte, depuis la pointe de Grave jusqu'à l'embouchure de l'Adour. Le fossé ou le cordon devoit recevoir ou arrêter assez long-tems les sables qui sortoient journellement de la mer, pour que les graines du bois de pin, dont ces semis étoient d'abord exclusivement composés, eussent le tems de germer & de prendre assez de force pour n'être pas endommagés par ces nouveaux sables, dont il évalue le volume annuel à quinze ou dix-huit mètres cubes par mètre courant. D'autres cordons, artistement distribués, & plus ou moins rapprochés les uns des autres, suivant que les pentes du terrain étoient plus ou moins fortes, ou la surface plus ou moins exposée à l'action des vents, devoient également abriter pendant trois ans les semis faits sur les plages, sur les sommets des montagnes & sur les rampes, & contenir les sables pendant ce même intervalle de tems ; & dans le cas où les parties de ces rampes les plus exposées n'auroient pas été suffisamment protégées, il proposoit d'y suppléer par des couvertures en branchages de pin, fixés avec des piquets enfoncés dans le terrain.

Il observoit que toute plantation faite entre l'origine des sables vers la mer & leur extrémité du côté des terres, devant être infailliblement détruite, ce devoit être une règle dont on ne pouvoit s'écarter, de ne commencer aucune espèce de travail que dans les parties qui étoient immédiatement sur les bords de la mer. Il établissoit en conséquence l'ordre qu'il convenoit de suivre pour assurer la germination des graines & le succès de ces plantations. Enfin, il ajoutoit définitivement que si toute la partie des *dunes* qui touchoit aux bords de la mer étoit ensemencée seulement sur deux cents mètres de largeur moyenne, la fixation des *dunes* s'opéreroit d'elle-même, vu la très-grande facilité qu'a le pin de se reproduire & de se propager par les graines. Ce moyen n'auroit eu, à la vérité, son entier effet qu'après plusieurs siècles. Mais le premier travail dont nous venons de parler, & qui, suivant l'évaluation de l'auteur, ne devoit guère coûter que trois cent mille francs, étant une fois exécuté, sa continuation pouvoit être abandonnée sans aucun inconvénient.

Mais en augmentant le travail & la dépense, & en appliquant les procédés qu'on vient d'indiquer à une plus grande superficie, on auroit considérablement rapproché l'époque de l'entière fixation & fertilisation des *dunes*. M. Bremontier, en faisant connoître l'utilité de cette accélération, donnoit la dépense totale de l'entreprise. Au moyen d'une somme d'environ huit millions, toutes les *dunes* auroient été fixées & fertilisées dans le court espace de trente années ; & une fois en bonne valeur, elles auroient produit annuellement, d'après ses calculs, quatre à cinq millions de revenu : l'auteur pensoit même, d'après divers essais faits entre la grande & la petite forêt d'Arcachon, que cette dépense de huit millions étoit susceptible de réduction.

Tel est le précis de ce que m'a offert de plus important le premier Mémoire de M. Bremontier ; mais le supplément de cet ouvrage est d'un plus grand intérêt encore, en ce que, présentant les résultats de l'expérience, il est propre à fixer l'opinion sur la possibilité & le mérite de l'entreprise. Cet ingénieur y développe de nouvelles idées sur les avantages qu'on peut retirer des *dunes*, & rend un compte satisfaisant & très-circonstancié des moyens qu'il a employés avec le plus de succès, & qui consistent principalement à étendre sur les parties ensemencées des couvertures de branchages couchés & fixés sur le terrain avec des piquets. L'auteur ne rejette cependant aucun des moyens qu'il avoit proposés dans son premier travail. Effectivement, le défaut de branchages d'arbres verts, essentiels pour protéger les semis dans les rampes les plus immédiatement exposées à l'action des vents, pourroit en rendre l'emploi nécessaire dans quelques parties ; mais il a reconnu que le large fossé ou le cordon de fascines, assez coûteux, qui devoit être établi le long & tout près du rivage, pour retenir les sables qui sortoient journellement & immédiatement de la mer, devenoit absolument inutile, ainsi que ceux qui devoient être construits dans les vallons & sur les plages, & qu'au moyen du simple mélange de quelques graines de genêt avec celles du pin on pourroit suppléer à ces constructions coûteuses ; non-seulement dans ces deux cas, mais diminuer assez considérablement encore l'épaisseur, & par conséquent le prix des couvertures, même dans les parties des *dunes* où elles devenoient les plus indispensables. La germination & l'accroissement des genêts sont, suivant M. Bremontier, d'abord beaucoup plus prompts que ceux des pins. D'ailleurs, il a reconnu que cet arbrisseau touffu devenoit, dans le court espace de deux années, assez fort pour protéger efficacement les jeunes pins, dont la végétation est beaucoup plus lente pendant ce premier intervalle de tems.

L'auteur indique la quantité de graines, soit de pin, soit de genêt, dont ce mélange doit être composé ; & quand ces graines sont bien choisies, un grame pesant de celles de genêt suffit pour trente à trente-cinq grames de celles de pin. Douze ou treize kilogrames de ce mélange suffisent pour ensemencer trente-cinq ou quarante ares de terrain.

Cet ingénieur paroît persuadé que la suppression des cordons de fascines, jointe à la découverte heureuse du bon effet du mélange des graines, produiront une économie de moitié à peu près sur la somme à laquelle la fixation générale des *dunes* avoit été primitivement évaluée ; ce qui est très-important.

Il passe ensuite à l'énumération des différentes plantes qui viennent spontanément ou qui peuvent prospérer dans les *dunes*. Ces plantes sont en grand nombre ; mais il distingue celles qu'on doit employer de préférence pour consolider la surface de ces sables.

Parmi les plantes graminées, l'élyme (*elymnus arenarius*), & le roseau des sables (*arundo arenaria*), sur lesquelles il donne quelques détails intéressans, lui semblent les plus propres pour fixer la surface des allées seulement ou des intervalles qu'il laisse de distance en distance, afin d'empêcher les progrès du feu, qui seroient incalculables dans une forêt aussi immense, toute composée d'arbres résineux ; & dans le cas où ces deux plantes seules seroient insuffisantes pour remplir cet objet, il a recours aux *ononis* & aux genêts.

Il rejette absolument les plantations de tous les

massifs de toute espèce d'arbres ou d'arbustes qui perdent leurs feuilles pendant l'hiver, parce que, lorsqu'ils en seroient dépouillés, la surface des sables seroit exposée à l'action immédiate des vents, dont il est essentiellement nécessaire de la garantir. Il croit cependant qu'en les isolant on peut y laisser croître quelques pieds de chênes; mais le pin maritime (*pinus maritimus*), vu son grand produit, lui paroît surtout devoir être adopté. D'ailleurs, on sait qu'il produit abondamment de la résine.

Un autre objet non moins important des travaux proposés par M. Bremontier étoit le balisage de toute la côte de la partie du golfe de Gascogne, depuis Bayonne jusqu'à la pointe de la Coubre, vis-à-vis l'extrémité orientale de l'île d'Oléron. Cet ingénieur observe qu'un grand nombre de vaisseaux échouent annuellement sur cette côte, parce que les mariniers, lorsqu'ils l'apperçoivent, n'ont aucun point fixe d'après lequel ils puissent se diriger. Le navigateur qui a passé la veille à la vue des montagnes mobiles ne les reconnoît plus le lendemain s'il y est ramené par une tempête, & il est obligé de se perdre sur des écueils & sur des bancs, derrière lesquels il eût pu se mettre à l'abri si les profils des montagnes de sable n'eussent pas été déformés, ou si elles eussent été couvertes de verdure.

Tous ces faits ne sont malheureusement que trop avérés; & pour ne rien laisser à desirer sur un objet qui intéresse aussi essentiellement la marine militaire comme la marine marchande, l'auteur divise ses vastes plantations en marine, qu'il sépare par des allées ou par des vides ayant une direction à celle du rivage, & disposés de manière que les marins les moins clairvoyans ne puissent s'y méprendre, & les reconnoissent en mer d'aussi loin qu'ils puissent les appercevoir.

Cette méthode pour baliser les côtes est aussi nouvelle qu'avantageuse, en ce qu'elle peut économiser les dépenses considérables de construction des tours en bois ou en pierres qui sont déjà élevées ou qu'on se propose d'établir pour éviter les écueils qui sont très-multipliés, surtout à l'embouchure de la Gironde.

Après la lecture du Mémoire de l'ingénieur Bremontier & de son supplément, il ne pouvoit rester aucun doute sur la possibilité de fixer & de fertiliser les sables désastreux de la côte de Gascogne.

En second lieu, il étoit parfaitement reconnu que le pin maritime y prenoit un accroissement extraordinaire, y produisoit plus tôt, & y donnoit un revenu beaucoup plus fort que dans les meilleures terres des landes, où il est très-scrupuleusement & très-avantageusement cultivé.

En troisième lieu, les frais d'ensemencemens sur les plages ou dans les vallons qui se trouvent entre les *dunes*, ne sont guère que le quart de ceux que ces mêmes ensemencemens exigent généralement dans ces-mêmes terres des landes.

En quatrième lieu, la fixation & la fertilisation de la totalité de ces sables ne peuvent guère s'élever au-delà de quatre millions en adoptant les moyens de l'ingénieur Bremontier, &, vingt-cinq années après les premiers procédés mis en usage, il est à présumer que leur récolte donnera quatre millions de revenu.

En cinquième lieu, on est assuré que parmi ces produits se trouvera la végétation vigoureuse des genêts, de l'osier rouge, des vignes & de plusieurs autres plantes.

En sixième lieu, il doit résulter de l'exécution du projet de M. Bremontier, d'immenses avantages pour les propriétaires riverains, dont les héritages ne seront plus envahis, & pour les commerçans, dont les marchandises seront moins exposées aux dangers de la mer.

Les succès des entreprises de M. Bremontier ont été constatés, 1°. par un procès-verbal de visite du 9 fructidor an 3, certifié par l'administration centrale, & rédigé par un de ses membres, conjointement avec l'ingénieur en chef Bremontier;

2°. Par un second procès-verbal du 13 frimaire an 6, certifié par l'administration municipale de la commune de la Teste;

3°. Enfin, par des tronçons de pins & de genêts de sept à huit ans, productions très-remarquables, arrachées dans des parties ensemencées en 1791 & 1792.

M. Bremontier a joint à toutes les pièces précédentes une lettre du commissaire principal de la marine à Bordeaux, & un rapport de deux officiers de vaisseau à la Société des sciences, belles-lettres & arts de la même ville, qui, relativement à la navigation, constatent tous les avantages de ces plantations. A tous ces témoignages on doit joindre une carte générale sur laquelle sont tracées les principales allées de balisage que l'auteur propose, avec une autre carte à échelle double, qui comprend la partie des *dunes* où les semis ont été faits; enfin, un plan où l'on montre la manière dont les couvertures de branchages ont été exécutées.

Il nous reste à faire connoître les derniers travaux de M. Bremontier, dont il expose les résultats dans deux Mémoires qui méritent la plus grande attention; car l'auteur achève d'y montrer les opérations qui complètent cette belle entreprise.

Il fait reparoître un nouvel examen des *dunes*, de ces amas de sables qui paroissent provenir des fragmens de roches détachés des côtes de la mer, d'où la force des vagues les arrache, les transporte & les pousse sur un autre rivage après les avoir roulés dans tous les sens, & réduits à l'état d'une poussière presqu'impalpable.

La nature de ces sables est presqu'entièrement quartzeuse, principalement dans la partie sur laquelle M. Bremontier a dirigé ses essais, & dans la vaste étendue des côtes qui bordent la mer, depuis l'embouchure de la Gironde jusqu'à celle de l'Adour. On ne remarque de corps étrangers au quartz, que quelques parcelles de fer & de mica. Les *dunes* ne contiennent de substances calcaires dans cette étendue, que dans la partie inférieure à l'ancien lit de l'Adour, connu sous le nom de *Vieux-Boucau*, & dans laquelle on cultive la vigne avec succès.

Le reste de la côte étoit dépourvu de végétation sur un espace de cent quatre-vingts kilomètres de longueur, sur une profondeur moyenne de cinq kilomètres. La totalité de la superficie de ces *dunes* est de onze cent trente-huit myriares, & cette immense étendue de pays est encore appuyée par une ligne de lacs & de marais qui contient quatre millions d'ares, & qui, n'ayant aucun moyen d'écoulement, & sans cesse repoussée dans l'intérieur des terres par les sables qui s'avancent, couvrent chaque année une longueur de cent quatre-vingts kilomètres de terres arables, sur vingt-quatre mètres de largeur, & détruisent les plantations, les pays habités; enfin, menacent les points les plus intéressans des départemens de la Gironde & des Landes.

M. Bremontier ne s'est pas borné à chercher les moyens de fixer & de fertiliser les *dunes*, que nous avons décrits comme il convenoit; il s'est également occupé à procurer l'écoulement des grandes nappes d'eau qui se trouvoient placées à leur ados par la décharge d'un grand nombre de ruisseaux qui ne peuvent trouver d'issue jusqu'à la mer, & qui se répandent & inondent les terres cultivées. Les eaux de ces ruisseaux, accumulées depuis longues années, ont formé, comme nous l'avons dit, des lacs qui s'étendent sans exception & avec d'inégales profondeurs, derrière la presque totalité des *dunes*, & qui n'ont que des débouchés très-incertains par trois ou quatre foibles chenaux qui n'en conduisoient qu'une partie à la mer; chenaux, ainsi que ceux de communication de quelques étangs, qui sont sans cesse repoussés par les *dunes*, & forcés de changer en partie de lit comme les étangs eux-mêmes, & qui par conséquent ne conservent point de pente constante. Ils peuvent aussi être obstrués par les sables; de sorte que l'écoulement de tous ces affluens se porte sur des bases aussi foibles que variables.

En conséquence de ces observations connues, M. Bremontier a senti l'importance qu'il y auroit à établir des canaux fixes, qui, bien placés, servissent à l'écoulement de toutes ces eaux stagnantes à la mer, & il s'est assuré, par des nivellemens & des sondages, que les points les plus profonds de ces vastes étangs étoient encore assez élevés au dessus des plus hautes marées pour fournir une pente constante de trois millimètres par double mètre jusqu'à la mer. Il a reconnu que cette pente, d'après d'autres nivellemens, étoit à peu près la même depuis les bords de ces étangs jusqu'au point culminant des landes, en sorte que la contre-pente de la Garonne étoit plus rapide. Ces différens travaux ont servi à l'auteur à établir (les *dunes* étant fixées & fertilisées) les moyens d'ouvrir, sans de grandes dépenses, un canal de navigation entre Bordeaux & Bayonne.

Mais l'impossibilité de construire avec les moyens ordinaires, des canaux qui seroient sans-cesse détruits ou recouverts, lui ont fait chercher d'autres procédés qu'il a trouvés dans la nature même. Il a remarqué que les vents violens qui soufflent sur ces parages ont une direction assez constante de l'est ou du sud-ouest, & il a pensé qu'il pouvoit se servir avec avantage de l'action de ces vents pour balayer ces énormes massifs de sables qu'on tenteroit en vain d'enlever à bras d'hommes, qu'il évalue, pour le lit à faire d'un de ces canaux, à treize millions de mètres cubes.

Il propose donc, à cet effet, de ménager un espace vide d'environ cent mètres de largeur entre ces plantations, & de donner à cet espace la direction des vents les plus constans & les plus violens. Le vent, en s'engouffrant dans cette ouverture, enlèvera le sable léger par monceaux, & ouvrira aux eaux intérieures un passage jusqu'à la mer. Des semis faits sur les rampes qui formeroient les bords de ces canaux, seroient disposés sur une pente de deux mètres, pour un de hauteur, & fixeroient d'une manière solide les talus, qu'il conviendroit d'arrêter, tandis que les parties découvertes seroient enlevées, & successivement creusées jusqu'à l'ancien sol.

M. Bremontier propose d'ouvrir quatre canaux de ce genre, l'un qui aura sa source à l'étang d'Hourtain, le second à l'étang de Lacanau, le troisième à l'étang de Cayau, & le quatrième à celui de Parentis ou de Biscarosse. L'exécution de ce travail important n'étoit encore que commencée; mais quelques essais heureux pouvoient faire présager le succès du reste, qui paroissoit assez probable d'après les précautions que l'auteur se proposoit de prendre pour leur exécution, & qu'il développe avec sagacité dans son troisième Mémoire.

Le quatrième Mémoire a pour objet l'examen des côtes de la Manche & de la mer du Nord, ainsi que celui des travaux qu'il convient de faire pour les fixer & les fertiliser. Comme il n'y a encore aucune plantation ni semis faits sur cette partie par lui, il s'y occupe particuliérement de la topographie des lieux dont nous avons déjà traité, parce qu'il juge qu'il est nécessaire de les bien connoître avant de commencer aucune opération à ce sujet. Il en résulte que, sur les côtes de la Manche, depuis le département du Calvados, dont nous avons fait mention ci-dessus, jusqu'à Dunkerque & l'embouchure de l'Escaut, on trouve fréquemment des amas de sables avancés, qui menacent les terres en culture & siliceuses; mais ils contiennent une assez grande proportion de parties calcaires, & cette composition, qui diffère de celle des *dunes* qu'on observe le long des côtes des départemens de la Gironde & des Landes, rend les premiers plus faciles à fixer : aussi sont-ils plus généralement couverts de plantes qui viennent sans culture ; mais ces plantes, la plupart herbacées, perdent leurs feuilles pendant l'hiver, & ne présentent pas une résistance suffisante à l'action des vents ; aussi ne s'opposent-elles pas autant qu'il convient aux mouvemens des sables, qui produisent les plus grands ravages sur ces côtes, qui auroient besoin, pour être fixés, des mêmes travaux que les *dunes* du sud-ouest.

M. Bremontier, après avoir indiqué les points les plus dignes d'attention, expose les meilleurs moyens de faire avec économie & certitude les travaux nécessaires, & ces moyens sont à peu près ceux employés dans la partie du sud-ouest, & les succès de cette première partie garantissent ceux de cette nouvelle entreprise. Il établit aussi la dépense à faire pour la fixation de toutes ces *dunes*, & cette dépense est évaluée à un million, & pour lors l'ouvrage pourroit être terminé en vingt ans, moyennant qu'il seroit accordé une somme de 50,000 francs chaque année.

L'auteur a récapitulé, dans ce quatrième Mémoire, ses observations sur les *dunes* de toutes les côtes de France, depuis l'embouchure de l'Escaut jusqu'aux frontières de l'Espagne, & a trouvé qu'elles occupoient deux millions quatre cent mille ares, & que leur fixation & fertilisation reviendroient à 5,950,000 francs. Il a donné des tableaux détaillés des *dunes* & des étangs & marais qui sont stagnans à leur ados, dans toute la partie du sud-ouest; des tables de la hauteur de plusieurs de ces marais & étangs au dessus du niveau de la pleine mer, notamment un nivellement détaillé des *dunes* depuis un point pris dans l'étang de Hourtins, jusqu'à la mer ; enfin, une très-belle carte, sur laquelle il a tracé les parties des *dunes* ensemencées, les vallées de balisage projetées, & les nouveaux canaux qui doivent conduire à la mer les eaux des marais & des étangs. Il est à desirer qu'on publie ces cartes, d'ailleurs intéressantes pour l'histoire naturelle & la topographie des *dunes*.

DUNES CONTINENTALES. Aux environs de Laon, commne de Forges, il y a des monticules qui ont la forme de *dunes*, & quelques naturalistes, qui ne redoutent aucune supposition, ont prétendu que c'étoit une preuve que la mer avoit séjourné aux environs de ces différentes contrées. Ils ne nous disent pas d'abord quelle est la mer à laquelle ils attribuent la formation de ces *dunes*. Seroit-ce la mer actuelle ? Seroit-ce l'ancienne mer qui a formé les couches de la nouvelle terre ? Si c'est la mer actuelle, quel est le concours de circonstances qui auroient pu porter cette mer si loin de ses bords, & la reporter dans le bassin actuel ? Je n'en vois aucune capable de faire osciller ainsi l'Océan : & quand on pourroit imaginer un système d'agens propres à occasionner une marche aussi irrégulière de l'Océan sur les terres, comment pourroit-on nous faire croire que les *dunes* formées sur ses bords, à une époque quelconque fort reculée, subsisteroient encore, & n'auroient pas été détruites par les vents ? Il faut avouer que des amas de sables mobiles sont de mauvais monumens pour constater les anciennes démarches de la mer. Si c'est l'ancienne mer qui a formé l'assemblage des couches de la nouvelle terre, il est encore faux qu'elle ait pu former ces *dunes* ; car rien ne prouve que les bords de cette mer aient été fixés à ces points, & ne se soient pas portés beaucoup au-delà. D'ailleurs, nous voyons que les vallons ont eté creusés depuis la retraite de cette mer, & que les *dunes*, dont il est ici question, se trouvent souvent dans le fond de ces vallées. On voit donc que, tous ces effets supposés, ceux de l'Océan sont une considération pleine de fausseté & d'erreur.

Sait-on ce que c'est qu'une *dune* ? comment elle se forme sur les bords de la mer ? Ce n'est pas l'eau qui les arrondit & qui élève les matériaux mobiles, lesquels entrent dans leur composition. Les vagues des bords de la mer rabattent continuellement les sables & les poussent sur la plage, & le vent enlève ensuite ceux qui sont secs, & les accumule par tas irréguliers qui augmentent continuellement.

Dans ce concours de circonstances, je ne vois que les vents d'un côté & des sables de l'autre. Or, qui peut empêcher les vents qui sont engouffrés dans les plaines des environs de Laon de tourmenter & soulever les sables secs & mobiles, & de les accumuler dans des endroits où ces vents ont une marche favorable ? Et dès-lors ces *dunes* ne seront plus l'ouvrage du vent sur les bords de la mer. Combien de vues fausses ces petits observateurs ajoutent aux erreurs du peuple, dont ils croient se distinguer par ces suppositions !

J'ai vû de ces *dunes* dans les landes de Bordeaux, à une certaine distance des bords de la mer & de la ligne des véritables *dunes* littorales. J'en ai vu de même aux environs du Fay & de Saint-Yrier, sur les bords de l'ancienne terre du Limousin, au milieu de certaines parties de la Sologne, en Flandres, dans les environs de Mons & de Bruxelles : il y en a aussi en Limousin, au-delà de Pierre-Brune, & dans la forêt de Villers-Coterêts.

Dans l'Afrique, cet effet des vents de terre est plus remarquable ; mais il n'en est pas plus réel que dans les contrées que je viens de citer.

Si l'on fait attention à l'ensemble de toutes les circonstances qui peuvent concourir à la production d'un effet quelconque, on trouvera qu'il y a toujours des contrées où tel effet est plus remarquable que dans d'autres, & c'est là, ce semble, où l'on doit prendre une idée de ces circonstances ;

mais il faut tellement savoir saisir ces circonstances, qu'elles ne nous échappent pas dans les cas où les effets sont les moins sensibles. Les effets, dans le premier cas, frappent tout le monde, au lieu que dans d'autres ils ne peuvent être démêlés que par les observateurs instruits & attentifs. Il n'y a que ceux-ci qui sachent rapprocher ces cas les uns des autres, pour rappeler à la même classe d'événemens ces effets, malgré les changemens de circonstances qui pourroient faire illusion.

Si j'embrasse toutes les circonstances qui se sont offertes à moi dans toutes les contrées où j'ai rencontré les monticules formés de sables mobiles ou les *dunes*, je les définirai ainsi : ce sont des amas de sables élevés par l'action du vent de mer ou de l'intérieur des terres ; & accumulés. Suivant la marche de ce vent, la manière dont le vent agit, contribue, comme on voit, à la manière dont sont distribués ces monticules. Comme le vent qui souffle sur le bord de la mer a une direction perpendiculaire à la côte, une action égale dans toute son étendue, il n'est pas étonnant que les *dunes* se trouvent rangées le long de la côte sur plusieurs lignes, parce que le vent met toujours en mouvement les sables qui sont sur les croupes comme sur le sommet des *dunes*, & en fait des transports continuels : ainsi, pendant que les sables se sèchent le long des bords de la mer, les mêmes sables résidans sur les sommets des premières *dunes* se transportent sur celui des secondes, & ainsi de suite, de rangées en rangées.

Dans l'intérieur des terres les amas de sables sont distribués assez uniformément dans les plaines, au milieu desquelles le vent joue & tourbillonne continuellement : c'est là aussi que les *dunes* se forment, & prennent presque toujours une forme arrondie.

J'ai observé qu'il y avoit deux circonstances qui s'opposoient à la formation des *dunes* sur les bords de la mer, d'abord le manque de sable sur le fond de la mer, le long de la côte; ce qui a lieu dans tous les cas où les rivières qui se jettent dans la mer, n'en charrient pas de sables.

En second lieu, lorsque la côte de la mer ne s'abaisse pas par un plan incliné non interrompu sous les flots; car alors, pour peu qu'il y ait un petit rebord, il arrête les sables que les vagues ne peuvent plus pousser hors de l'eau, & restant sous l'eau ils ne peuvent, à la suite de la dessiccation, devenir mobiles par le vent.

Dunes marines littorales de la quatrième époque actuelle; dunes de l'intérieur des continens.

Il y a de ces dernières *dunes* dans trois époques au milieu de l'ancienne terre du Limousin ou le long de leurs limites; en second lieu, sur les continens de la nouvelle terre; en troisième lieu, dans les dépôts des rivières, qui sont des amas du troisième ordre.

Je ne puis rien dire de plus précis sur le tems de leur formation.

DUNES TERRESTRES. Le terrain de la Cochinchine, qui est du côté de la mer, est presque toujours sablonneux. Il y a des provinces où l'on trouve une grande quantité de sables, plus particuliérement celle de Ciampa, qui est remplie de montagnes de sables ambulantes, ainsi qu'on les appelle. Le vent qui a la plus grande action sur ces sables les transporte du nord au sud dans une saison, & du sud au nord dans une autre : ainsi ces montagnes changent continuellement de lieu comme de forme, suivant les vents qui soufflent & leur direction. On voit, d'après ces faits, que ce n'est pas seulement sur les bords de la mer que se trouvent les montagnes de sables & les *dunes* formées par le vent, mais encore dans l'intérieur des terres dès que les vents peuvent tourmenter les sables & en former des amas un peu considérables.

Cette même force active fait cheminer les sables assez loin de l'endroit de leurs dépôts naturels, & forme des inondations de matières mobiles, dont la marche est assez difficile à suivre, parce que les traces y manquent souvent sur la route, parce que les circonstances ne favorisoient pas leur accumulation dans ces lieux.

Voir, aux environs de Laon, la note de semblables *dunes* terrestres, & qu'on ne peut considérer comme ayant été formées anciennement sur les bords de la mer. Il est visible que ces *dunes* ont été formées bien postérieurement à la retraite de la mer, puisqu'on peut s'assurer, par l'observation journalière, qu'elles se détruisent & se forment sous nos yeux.

DUNKERQUE, ville, port de mer, arrondissement de Bergues, & à deux lieues est-nord-est de cette ville, & à quatre lieues nord-est de Gravelines. *Dunkerque* doit son origine à une église bâtie dans les dunes, *ker* signifiant en flamand *église*. Cette ville ne tire son éclat que de quelques maisons de commerce puissantes. *Dunkerque* étoit la ville principale du Dunkerquois, petite contrée de la ci-devant Flandre française. Le port de cette ville a coûté des sommes immenses sous Louis XIV. Il étoit en état de recevoir des vaisseaux de ligne. La France perdit ensuite cet avantage : le port néanmoins avoit conservé le droit de franchise. Les habitans de *Dunkerque* sont réduits à boire de l'eau de pluie. Cet inconvénient rend le séjour de cette ville fort mal-sain en été. L'industrie des Dunkerquois consiste en rafineries de sel commun, lesquelles occupent au moins vingt manufactures; en pêches, fabriques de tabacs, amidonneries, corderies, genévreries & verreries. Il y a dans ce port un commissaire-général des relations commerciales de la navigation batave, tant pour ce port & ceux du département du nord, que pour celui du Pas-de-Calais.

DUNKERQUE A FURNES (Canal de). Il va de *Dunkerque* à Furnes, en suivant quelques sinuosités, & reçoit, vers le milieu, à Gevelde, une branche du canal de Mons & une autre branche à une demi-lieue sud-ouest de Furnes. Il a cinq lieues de longueur.

Recherches particulières sur la rade de Dunkerque.

Je trouve d'abord qu'il n'y a eu que des variations.

Si l'on peut compter sur les plans & les cartes de l'Histoire de *Dunkerque*, lesquels sont conservés dans les archives de la ville, on peut en conclure, 1°. que les dunes ont occupé de tout tems les mêmes emplacemens, & tels à peu près qu'elles doivent les comporter, ainsi que je les ferai connoître par la suite;

2°. Que tous les chenaux des moëres ou des ports, non-seulement de *Dunkerque* & de Mardick, mais encore des autres villes maritimes de cette côte, ont toujours gardé leur direction commune, qui se portent tous à gauche, comme celui de *Dunkerque* : similitude & constance qui ne peuvent provenir que d'une même cause, toujours également subsistante & régulière;

3°. Que tous les bancs de la rade, ainsi que ceux du reste de la côte, qui tiennent tous à peu près la même direction, sont rangés près des plages, & ont une certaine tendance vers le Pas-de-Calais, en suivant le courant de cette même côte. Ils sont disposés dans le sens de leur longueur, généralement étroite. Je ferai remarquer que leur forme a été assujettie à quelques variations sensibles, comme d'être alongée ou raccourcie, d'être jointe ou séparée, mais aucun banc n'a disparu entiérement; car leurs noms subsistent, au moins depuis l'usage des cartes hydrographiques. Le Schurchen est joint à la plage de *Dunkerque*, parce que l'ancien Fahrwatter est comblé; mais, dans le vrai, il n'en subsiste pas moins, & sa jonction n'est due, pour la plus grande partie, qu'aux jetées faites en face de ces amas, & surtout au prolongement excessif qui s'en fit sous Louis XIV, pour construire à leur extrémité des forts susceptibles de pouvoir défendre la rade, qui sans cela eût été beaucoup trop éloignée. Ces longs prolongemens ont formé sur la plage des especes d'anses, dans lesquelles les eaux de la marée montante se sont trouvées comme stagnantes. Par ce moyen, les débris & les sédimens qu'elles rejettent vers les côtes s'y sont sans cesse déposés; c'est ce qui a achevé d'obstruer le canal de Mardick, qu'on nommoit fosse, duquel il ne reste plus d'autres traces que de petits ruisseaux qui sont obligés de fléchir leur cours à la rencontre des jetées pour aller rejoindre la mer à leur extrémité.

Ces atterrissemens produits des deux côtés des jetées, ainsi que quelques autres petits décombres occasionnés par les démolitions des forts, ont fait penser à ceux qui examinoient ce qui se passoit sous leurs yeux pendant l'espace étroit de leur séjour, & sans en rechercher les causes, que la mer se retiroit; mais s'ils eussent seulement voulu s'instruire de ce qu'on pouvoit observer au-delà de la ville, depuis Zuyd-Côte, ils auroient adopté une opinion contraire, puisque la mer forme des dunes & ne les dégrade pas; car l'église de ce lieu a été gagnée par les sables, ainsi que l'abbaye des dunes depuis près d'un siècle, & cette église a été obligée de se transporter ailleurs pour se soustraire à l'action des sables.

Extrait des remarques de Michel-Florent Vanlangren, ingénieur du roi d'Espagne, sur les changemens des bancs de la rade de Dunkerque & de Mardick.

Dans les quatre plans les dunes sont, comme on l'a dit en 1624, le banc le plus proche ou celui qui formoit le canal de la côte. Le Schurchen prenoit depuis environ une demi-lieue de l'embouchure de l'Aa à Gravelines, jusqu'à peu près un quart de lieue de l'entrée du port de *Dunkerque*. Vis-à-vis sa pointe il y avoit un autre petit banc qui formoit un canal; de sorte que les vaisseaux avoient pour lors deux passages pour arriver au chenal de *Dunkerque*, en passant par le Fahrwatter ou fosse de Mardick, ainsi nommée parce qu'elle passoit sous le fort de Bois. Le Braque dépassoit l'entrée naturelle du port d'environ une lieue & demie. Le Breebanc étoit situé au-delà du Braque.

Le port de Mardick avoit alors deux bancs & deux canaux vers l'orient. Le plus grand banc se nommoit le *Schurchen*, & s'élevoit bien de douze pieds au dessus de la superficie de la marée basse; l'autre étoit plus plat, & s'appeloit le *Schut-Beek*. Les gros vaisseaux mouilloient entre le Schurchen & la plage; & lorsqu'ils n'avoient pas leur charge ni leurs canons ils alloient à *Dunkerque* & en revenoient par ces canaux, qui n'avoient que quatre pieds de profondeur à marée basse; mais dans le grand port il y avoit bien six, sept & huit brasses de profondeur à basse marée, & devant la ville il y en avoit deux, trois ou quatre. La marée couvroit deux fois par jour les bancs & la plage jusqu'aux dunes.

Dans la seconde carte on voyoit le Schurchen raccourci d'un tiers, & élargi de deux. Son crochet, à l'extrémité antérieure, s'étoit prolongé en doublant, & par ce moyen avoit aussi comblé le petit passage & joint à lui le Schut-Beek. Le Fahrwatter subsistoit encore : il avoit six à huit brasses jusqu'au crochet; mais depuis là jusqu'à l'embouchure du port, pour lors fort rétrécie, il n'avoit que quatre pieds, & à l'entrée du port quatre brasses.

Dans la troisième carte la laisse de basse-mer s'étoit élargie du côté du chenal; c'est ce qui avoit occasionné son prolongement. Le crochet du Schurchen, en continuant à se doubler, avoit si fort rétréci & comblé le Fahrwatter, qu'à

marée

marée basse il étoit à sec : la pointe postérieure ou occidentale de ce même banc s'étoit séparée de lui. Du reste, il n'y avoit que quatre pieds d'eau devant *Dunkerque*, c'est-à-dire que les brasses s'étoient réduites en pieds.

Dans la quatrième carte, le Schurchen tenoit au rivage dans les trois quarts de son étendue. Il ne restoit du Fahrwatter qu'une petite flaque d'eau isolée sur la plage. Le rivage à la droite s'étoit aussi élargi. Depuis l'époque du troisième plan, la braque n'avoit pas changé. L'ingénieur avoit prévu le changement du Fahrwatter, l'ayant bien remarqué par le sable qui voloit avec beaucoup plus de force vers l'orient, que de l'autre côté. Il ajoute que le port de *Dunkerque* étoit si mauvais, qu'à peine un vaisseau déchargé pouvoit y entrer, & qu'il étoit également mauvais deux cents ans avant que le grand banc eût passé la rade de *Dunkerque*.

Dans les premiers plans de l'histoire de *Dunkerque*, le Schurchen n'étoit pas comme dans ceux de l'ingénieur ; il s'étendoit bien loin de chaque côté du chenal, qui se divisoit pour lors en deux canaux ; mais ensuite on voit que ce banc a été coupé dans la direction du chenal, car la mer n'offroit là qu'une embouchure vaste & libre.

La rade étoit au nord-ouest & à l'ouest hors de la portée du canon. Sa largeur étoit celle d'une canonnade, à l'abri d'un banc situé au nord, qui ne se découvre jamais à trois pieds près, gisant comme la côte est-ouest, saine, nette, certaine, à fond vaseux & bon ancrage pour tous gros vaisseaux naviguant de front, trop exposée au sud-ouest & au nord-est. Aux nouvelles & pleines lunes la marée montoit de quatorze à quinze pieds. Le banc qui couvroit la fosse de Mardick au nord, & qui la conservoit, s'applanissoit peu à peu, & découvroit de onze à douze pieds de hauteur à basse mer. Le banc qui sépare la fosse de la rade est large d'une canonnade, & la fosse est à trois cents toises des dunes. Toute la côte, depuis Calais jusqu'à Nieuport, est extrêmement plate ou traversée de bancs qui ne découvrent pas pour la plupart.

L'ancien Fahrwatter se trouve encore dans ce plan, mais extrêmement rétréci à marée basse.

Il paroît donc prouvé par ces détails, que la rade de *Dunkerque* est toujours à la même distance de la ville, de la même étendue, & que les bancs ne font que varier ; enfin, que les changemens fixes sont fort rares, & produits en partie par les travaux des hommes.

Quoiqu'il ne soit pas nécessaire, après tout ce que nous avons dit, de considérer ce qui a pu arriver dans le fond actuel des rivages, néanmoins, comme cela peut compléter les recherches, en venant à l'appui de celles qui regardent la terre ferme, j'ai voulu mettre à portée de juger de la manière d'agir de la mer sur cette côte, par celle dont elle a opéré sur la rade de *Dunkerque*.

On ne sauroit porter bien haut ces observations, parce que l'usage des cartes hydrographiques n'est que bien postérieur à l'invention de la gravure, & que d'ailleurs on ne peut guère compter sur l'exactitude de celles qui datent de plus de cent cinquante ans ; car toutes celles que j'ai vues, sont singuliérement informes & grossières. Il faut donc se contenter, comme nous avons fait, de ce que nous fournit une époque plus moderne, dans laquelle l'hydrographie avoit fait assez de progrès pour qu'on pût compter sur l'exactitude de ces travaux : tels sont les plans & les Mémoires de l'ingénieur du roi d'Espagne, Vanlangren, qui représentent l'état de la rade de *Dunkerque* depuis 1624, & l'état de cette même rade envoyé à la cour de France en 1666. On peut néanmoins joindre à ces plans modernes ceux qui sont insérés dans l'histoire de la ville. De tout ceci, comme de la constitution actuelle, il résulte que la rade est toujours de la même nature sableuse ; que les mêmes bancs subsistent ; en un mot, qu'elle n'a point subi de changement essentiel, mais de pures variations depuis l'an 1600.

Cette stabilité fondamentale & ces variations accidentelles s'accordent parfaitement avec les causes respectives suivantes. Les eaux de l'Océan, entrant dans la mer du Nord par le Pas-de-Calais, se divisent en deux courans ; l'un se porte du côté de l'Angleterre, l'autre du côté de la France ; mais l'affluence des eaux dans ce canal, ou le reflux de celles qui y parviennent après avoir fait le tour des îles britanniques par les Orcades, force le volume qui ne peut s'échapper par le détroit, à refluer sur les côtes, & à pénétrer dans toutes les embouchures des canaux ou de toutes les rivières ; ce qui produit, outre le courant général, des courans particuliers latéraux, d'où résulte la disposition commune de l'ensemble de tous les bancs qui sont rangés près de la côte, & l'arrangement particulier de ceux qui se trouvent à l'entrée des fleuves, tels que ceux de la Tamise, de l'Escaut, du Rhin & de la Meuse ; & comme cet ordre des marées est perpétuel & constant, il n'est pas surprenant que les bancs aient toujours la même direction, occupent la même place, & subsistent de la même manière. Mais, d'un autre côté, comme les tempêtes dérangent la régularité des marées, elles doivent aussi, selon le degré de leur violence, altérer l'uniformité de leur ouvrage. Toutefois, puisqu'elles n'ont qu'une action aussi passagère que violente, & qu'elles n'agissent pas dans une direction constante ni également & dans toute l'étendue d'une même côte à la fois, il s'ensuit aussi que ce que l'une a fait, l'autre le peut défaire, & par conséquent que leur travail n'a rien de stable. D'ailleurs, la cause première des marées ne cessant jamais d'agir, tend toujours à ramener sous son impulsion ce qui s'en écarte ; en sorte que son action imperturbable suffiroit seule pour remettre les choses au même état. On auroit cependant tort d'en inférer que je soutiens qu'il ne s'est fait aucun changement fixe : j'en cite au contraire un dansla jonction du Schurchen à la plage. Mais outre que ceux de cette espèce sont autant l'ouvrage des hommes, que celui des variations de la nature, il n'est point du tout certain que cet aterrissement soit fait pour toujours. Eh ! qui pourroit assûrer qu'une de ces tempêtes qui ont si souvent menacé toutes les villes de la côte d'une submersion, ne reviendra pas le revendiquer ? Quoique tout concoure à l'en priver désormais, elle ne laisse cependant pas d'y tracer chaque jour ses prétentions par les ruisseaux qui subsistent encore dans le même lit qu'occupoit l'ancien canal qu'on nommoit *fosse de Mardick*, tant il est vrai que l'art parvient difficilement à effacer les traces de la nature. En un mot, il est visible que, sans les jetées, il subsisteroit encore.

La couche de terre végétale de toute cette étendue de côtes, d'après mes observations & d'après les fouilles rapportées dans Malbrane, paroît partout à peu près uniforme : c'est un terrain spongieux, léger, noirâtre ; un mélange composé de sable comme celui des dunes, d'une argile vaseuse, entre-mêlée de coquilles entières ou brisées, dont les espèces sont les mêmes que celles qui vivent actuellement le long des côtes, ou qui y sont apportées par les flots. Tout, jusqu'à la profondeur des puits, annonce que ce sont des dépôts ou alluvions marines faites depuis l'état actuel du globe. A l'égard des couches ou bancs qui passent cette profondeur, si deux sondes peuvent suffire pour en faire juger avec une certitude morale, il paroît qu'il s'y en trouve de deux ordres très-différens, non contemporains. L'une de ces sondes a été faite à *Dunkerque*, & poussée jusqu'à trois cent quatorze pieds ; l'autre l'a été à Amsterdam, & poussée jusqu'à deux cent trente-deux pieds.

Dans celle de *Dunkerque* le premier ordre de couches ou le supérieur comprend une épaisseur de cent cinq pieds : les couches y sont très-diversifiées entr'elles, & chaque couche est elle-même un mélange confus de terres ou de sables de plusieurs sortes, entre-mêlés de cailloux, de silex, de grès & autres substances, & de fragmens de craie, rompus & usés par le frottement du roulis : ce sont de véritables décombres provenus des couches terreuses ou solides du terrain adjacent qui domine, ainsi qu'un grand amas de débris de végétaux, tels que des tronçons de chênes ou de corps d'animaux, tels que les coquilles en partie dans leur état naturel, tirés les uns & les autres à peu près de la même profondeur de cent pieds. Un peu au dessous de ce terme commence ce que je considère comme l'ordre des couches inférieures. On n'y a plus trouvé aucun corps étranger minéral, végétal ou animal. On n'y distingue, à proprement parler, qu'un seul banc de deux cents pieds d'épaisseur, presqu'homogène, formé d'une argile brune, d'un grain extrêmement fin & doux, dont certaines parties pétrifiées forment des noyaux extrêmement durs, approchant de la nature du silex, & en tout conformes à ceux qui se rencontrent dans les bancs argileux, semblables à ceux des mines de charbon du Hainaut ; de sorte que toutes ces qualités réunies semblent prouver que cet ordre de couches, qu'on peut nommer *couches de sédimens*, est la continuation de celui qui sert de base à toutes les couches supérieures de la Flandre & du Hainaut, ainsi que d'ailleurs, lequel contient les veines de charbon de terre.

Dans la sonde d'Amsterdam on remarque également les deux ordres de dépôts. Celui des décombres se termine à la profondeur de quatre-vingt-dix-neuf pieds, & le second ordre commence à ce banc de glaise de cent deux pieds, dont la nature & l'épaisseur correspondent bien avec celui de la sonde de *Dunkerque*, dont nous rendrons compte. Il est fâcheux que ces sortes de fouilles ne soient pas faites ou suivies par des naturalistes, comme il paroît que celle d'Amsterdam ne l'a pas été, vu les expressions vagues & non techniques par lesquelles ces couches sont désignées. Ce défaut me fait même juger qu'on pourroit bien avoir transposé l'ordre des couches, à l'égard de celle de trente-un pieds, que je croirois, d'après l'analogie des couches de cette sonde, & d'après celle qui se rencontre dans une infinité d'autres, devoir être placée avant celle de glaise de cent deux pieds. Cependant cela pourroit bien être ainsi dans la nature, puisque les fouilles faites pour le charbon de terre nous apprennent que les bancs qui renferment les veines, sont aussi fréquemment d'une pierre ou roche sableuse, que d'argile ou de schiste ; mais il restoit à désigner la qualité de ce sable, & ce dont il pouvoit être mélangé. (*Voyez* les détails de ces sondes à l'article GENEVRERIE.) Voici ce que l'histoire naturelle nous enseigne sur le pays & sur le terrain dominant.

Le sol en est assez généralement uniforme ; & comme il est d'une bonne qualité, c'est pour cette raison que toute la Flandre & les Pays-Bas sont si fertiles. La couleur est rousse ou un peu blanchâtre, selon que la partie crétacée y domine. Il est composé d'argile jaune, d'ocre, d'un peu de sable & de terre crétacée, de tritus de grès, ou de la craie qui abonde dans cette entrée. Je n'y ai jamais pu appercevoir aucune coquille naturelle de la mer ; mais les pétrifications ne sont pas rares en certains cantons. C'est tout le contraire dans la couche de terre végétale du sol inférieur ; ainsi ces deux couches, quoique contiguës, diffèrent essentiellement ; ce qui indique qu'elles ne sauroient être ni contemporaines ni d'une formation successive.

Immédiatement après le sol cultivé on trouve des couches d'argile ou de sable, dans lesquelles sont des blocs de grès culbutés & rompus : outre cela il s'y rencontre assez communément des cailloux roulés de quartz ou de fragmens de silex sortis des bancs de craie. Ce qui doit paroître singulier, c'est qu'on n'a pu découvrir le moindre vestige de corps marins, ni appris qu'on y en eût trouvé. Cependant j'ai visité avec tout le soin possible maintes excavations, & n'ai pas négligé de questionner tous les ouvriers sur les lieux mêmes.

La craie que l'on rencontre après ces couches forme un massif d'une épaisseur qui varie souvent. Cette épaisseur est de vingt toises, mais elle n'est pas absolument homogène : il s'y rencontre des bancs plus solides, dans lesquels la terre calcaire est combinée avec des sables & de l'argile. Les silex cornus, les pyrites arrondies, y sont fréquens. Les coquilles marines s'y trouvent, quoiqu'en petite quantité; elles sont entières, dans leur état naturel, quant à la substance, mais presque toujours rompues. Je n'ai point d'idée d'en avoir rencontré dans les craies ni dans les cabinets, qui fussent semblables à celles de cette côte : cependant quelques espèces d'oursins pétrifiés en silex m'ont semblé pareils à l'une de celles que les flots jettent sur la plage après la mort de l'animal, & toutes dégradées. Dans le Boulonnois, au lieu de craie, on trouve des bancs de cette pierre dure, qu'on nomme *Marquise*. Depuis Tournay & au-delà, en remontant le pays, la craie cesse, & à sa place il règne un massif de pierre noire, connue sous le nom de cette ville. L'une & l'autre espèce de pierres sont remplies de pétrifications de corps marins la plupart étrangers à l'Europe, & plusieurs inconnues, telles que quantité de polypiers, d'entroques, d'encrinites, de cornes d'ammon : ces genres abondent beaucoup plus que ceux des bivalves ou des univalves. Après toutes ces couches & quelques autres d'une nature analogue, qui gardent presque toujours une situation horizontale, on atteint un ordre de couches qui sont toujours inclinées à l'horizon. Dès qu'on y pénètre, on ne trouve plus que des bancs d'une épaisseur énorme & à peu près homogènes. Leurs variétés se réduisent à être composés ou de sable grossier mélangé d'une argile extrêmement fine & de parcelles de mica ou de schorl, ou presque toujours encore de vrai sédiment de charbon de terre, ou bien ces couches sont simplement d'une argile semblable à celle que la sonde de *Dunkerque* a ramenée au dessous de cent cinq pieds de profondeur. Les coquilles & autres corps marins ne s'y trouvent plus; mais à leur place les empreintes de plantes inconnues à nos climats s'y voient en abondance, tracées avec ce sédiment charbonneux entre les feuillets de l'argile ou dans l'épaisseur de la pierre de sable.

En résumant tout ce que nous venons de rapprocher, il paroît certain que les couches supérieures des deux terrains ont la même base, & qu'elles sont d'une formation postérieure l'une à l'autre, quoique placées au même niveau, puisqu'à la fosse de Douay on n'a atteint la base qu'à soixante & quelques toises de profondeur; qu'ainsi, malgré la différence de niveau entre l'ouverture de la fosse & celle de la sonde de *Dunkerque*, une grande partie des deux couches est à la même hauteur.

Les plus anciennes sont celles du terrain supérieur, puisqu'elles ne contiennent aucune production marine de ces côtes, & que celles du sol inférieur n'en ont pas d'autres, & qu'elles sont formées des décombres de ces premières.

On est donc forcé de convenir qu'il n'existe aucune analogie de composition & du tems de formation entre l'ordre des couches supérieures du terrain inondé & du terrain dominant, quoique tous deux déposés sur une même base commune : d'où il résulte qu'elles ne sont pas le produit d'un travail successif & continu de la mer dans l'état actuel des choses. Il est évident que, dans cette supposition, les dépôts conserveroient une analogie palpable depuis les plus anciens jusqu'aux plus récens, qu'il y auroit une dégradation insensible qui feroit seule juger de leur antiquité, au lieu que, dans l'état présent des choses, nous voyons que les corps étrangers, insérés dans les lits des deux terrains, paroissent être, chacun dans leur ordre, d'une égale antiquité, soit qu'ils se trouvent dans les premières couches ou dans les plus basses. Les fragmens de silex cornus & les décombres qui constituent les couches supérieures du sol inondé sont évidemment les mêmes que ceux des couches terreuses du sol dominant. Les couches solides de ce terrain-ci nous indiquent une opération régulière & soignée assez antique, tandis que celles du sol inférieur ne nous annoncent que l'ouvrage d'une révolution ou plutôt une destruction du précédent dans une époque bien plus moderne.

Nous avions le dessein de donner ici l'énumération des diverses rivières ou ruisseaux qui apportent le sable dont sont formées les dunes de *Dunkerque*, mais nous nous sommes déterminés à renvoyer ces détails aux articles SABLE (Bancs de), SABLE MARIN, MANCHE, &c.

La sonde la plus profonde du Pas-de-Calais est de trente brasses sous la basse mer ordinaire; ce qui correspond à cent soixante-huit pieds six pouces sous le niveau de la fosse de *Dunkerque*.

Le sommet du mont Cassel est estimé à cinq cent soixante-seize pieds au dessus du niveau ordinaire des marées (ou le moyen); ce qui donne une différence, entre ce point & celui de la sonde de trente brasses, de sept cent quarante-quatre pieds six pouces, & entre ce même point & le terme de la sonde de la genévrerie, une différence de huit cent quatre-vingt-dix pieds, dans laquelle hauteur on peut considérer toutes les couches connues, quant à leur nature & à l'ordre dans lequel elles sont comprises, par l'époque de leur formation.

Les terrains des environs de Bergues, Gravelines, *Dunkerque*, &c., sont de trois & quatre pieds plus bas que les marées ordinaires.

Dunes de Dunkerque.

Nous ne pouvons terminer cet article de *Dunkerque* sans faire connoître les dunes qui accompagnent cette ville & son port, & qui lui ont donné son nom. Ces dunes intéressent d'autant plus, que c'est par elles que l'on a fait l'entreprise de leur défrichement, que le Corps des ponts & chaussées a étendu sur plusieurs côtes, & particuliérement sur celles qui sont entre la Gironde & l'Adour. Ce fut sur les dunes qui se trouvent à l'est de *Dunkerque*, que M. Antoine Lebrun, correspondant de la Société d'agriculture de Paris, osa le premier faire cette entreprise en 1784. Je trouvai pour lors que ce défrichement d'une vaste lisière de dunes situées à l'est de *Dunkerque*, & commencé par le cultivateur, méritoit l'attention du Gouvernement, & j'allai de sa part en suivre les différens travaux. Considérée du côté du bien public, cette entreprise présentoit à la France un modèle de culture de la plus grande importance, dont l'imitation sur toute l'étendue des côtes de l'Océan devoit être infiniment précieuse à l'État. Un tableau rapide & succinct, rédigé d'après mes observations, sur la nature des difficultés & de l'importance de ce défrichement, pourra mettre à portée de juger de cette culture.

Les sables que le mouvement de l'Océan porte sur la plage, étant poussés par les vents, s'élèvent en dunes à quelques distances des bords de la mer, & l'action continuée des vents en forme plusieurs rangs. Ces chaînes, presque partout élevées & absolument nues, où croît seulement une espèce de jonc marin, appelé dans le pays *loya*, mais du côté des terres, sont éparses & assez séparées par des terrains inférieurs, où il y végète quelque herbe & mousse, du bois nain & épineux, qui a des racines très-étendues & difficiles à extirper. Ces terrains, plus ou moins inégaux, qu'il faut applanir & fertiliser, étoient la matière des défrichemens praticables. Les grosses dunes qui les coupent en tout sens, ajoutoient aux difficultés du travail.

Parmi les espèces de sols rebelles à la culture on pouvoit évidemment ranger ceux dont nous parlons : c'est du sable cristallin comme celui des grosses dunes qui traversent ces terrains. La main-d'œuvre qu'ils exigent pour leur applanissement, jointe à la difficulté d'en déraciner le bois très-multiplié, le tuf ferrugineux qu'on y rencontre, le défaut de pentes, qui rend les eaux stagnantes pendant une grande partie de l'année, & l'ingratitude du sol ne sont pas les seules circonstances à considérer : ces désavantages si grands sont beaucoup augmentés par la situation sur le bord de la mer, à l'embouchure de la Manche, où règnent, la majeure partie de l'année, des vents violens : de là une difficulté extrême, 1°. de fixer le sable, sans quoi on ne peut parvenir à en former une terre végétale; 2°. de fixer les semences & d'assurer les plantations; 3°. d'empêcher que le sol qu'on a fécondé & les productions qu'on a fait naître ne soient étouffés sous le sable répandu de toutes parts par les vents. Ces obstacles, qui ont détruit un grand nombre de plantations & de cultures, & par conséquent consumé sans fruit des sommes considérables, sont d'une telle nature, qu'on n'a pas d'expression assez forte pour faire sentir tous ces désavantages : ainsi, sans s'appesantir sur des vérités palpables, il reste à considérer quelle étoit cette entreprise du côté de son importance.

Les vents qui enlèvent le sable de la plage ont élevé, comme nous l'avons dit, des dunes, &, continuant leurs efforts sur la plage & sur les dunes mêmes, ont formé plusieurs rangs de dunes, & par cette progression ont dérobé à la culture un terrain immense, & menacent outre cela, de proche en proche, & en divers lieux, les terrains fertiles. C'est par l'attention continuelle qu'on a eue à prévenir leurs funestes effets, qu'on s'opposa aux progrès de l'ensablement. Cette assertion est appuyée sur la connoissance qu'on a des terres autrefois cultivées, qui sont aujourd'hui couvertes ou environnées de dunes : les preuves s'en trouvent dans les terres mêmes du défrichement de M. Lebrun, qui avoient été toutes ou la plupart en culture, & ce n'étoit pas depuis plusieurs années qu'elles avoient cessé de l'être : on pouvoit s'en convaincre par le registre des mouvances du Roi, relativement à son château de Bergues. On voit que les dunes ont gagné du côté des terres, puisqu'elles ont envahi un village, dont l'église subsiste encore, ayant été ensevelie sous les sables au milieu de grandes étendues de terres cultivées, qui ont eu le même sort.

Ces faits étant constans, M. Lebrun apperçut du premier coup-d'œil l'extrême utilité de ces défrichemens, qui étoit double, l'une de rendre à l'agriculture les terrains immenses qu'elle avoit perdus, & l'autre de garantir du progrès de l'ensablement les terres cultivées qui tenoient à cette époque aux dunes.

A une importance si décisive on pouvoit ajouter des circonstances politiques, relatives à l'embouchure de la Manche, laquelle mettoit à portée de jouir de grands avantages pour le commerce du nord, lequel exige la multiplication des hommes pour le service de la marine contre une puissance rivale.

Les difficultés & les grands avantages du défrichement de M. Lebrun ne pouvoient être méconnus; aussi le Gouvernement se décida-t-il à protéger, dans le tems, une entreprise qui annonçoit une sorte de hardiesse & de courage; protection dont ce cultivateur avoit besoin pour écarter les obstacles de plus d'une sorte, qui s'opposoient à ses travaux.

DUNMORE (Grotte de). Cette grotte se

trouve près de Kilkenny en Irlande. Elle est située dans une belle plaine, parsemée de plusieurs petites élévations éparses çà & là. Ses alentours sont couverts de pierres calcaires & remplis de carrières d'un beau marbre noir, dans lequel on découvre des coquillages de couleur blanche. Elle diffère des grottes du Derbyshire & de Mendip par sa profondeur de trente pieds perpendiculaires, & par son ouverture de quarante verges de diamètre.

Les parois de cet antre sont de pierres calcaires, dont les scissures sont recouvertes par les arbres & les arbustes qui y végètent.

L'homme que le desir de connoître & de voir conduit dans ces lieux, y doit descendre avec précaution. Il est surpris d'y rencontrer de toutes parts des pigeons sauvages, rassemblés en grand nombre, & des chouettes : il est vrai que celles-ci habitent les parties plus intérieures de la caverne. Arrivé dans le fond de cette grotte, il contemple avec admiration l'ouvrage de la nature. Une voûte de vingt-cinq verges d'étendue en forme la principale salle, qui est percée de deux ouvertures, l'une à droite, & l'autre à gauche. Si on tourne à droite, on trouve des rochers & des pierres incrustées de substances déposées par les eaux, & qui présentent les figures les plus bizarres. Ces espèces de cristallisations sont formées par les eaux qui suintent de la voûte. Elles sont transparentes, variées dans leurs couleurs, & susceptibles du poli le plus fin. Si on jette par dessus de l'acide quelconque, il fait aussitôt une prompte & vive effervescence.

Ces cristallisations mamelonées pendent dans plusieurs endroits de la voûte, & quelques-unes, par couches successives, se sont accrues au point de s'unir avec celles du sol. Dans cet état on les prendroit pour des colonnes, pour des piliers de quelque cathédrale d'architecture gothique, pour des orgues, des croix; enfin l'imagination y trouve à peu près toutes les ressemblances qu'elle desire, & la pâle clarté des flambeaux augmente le délire des sens. Cependant l'ensemble de cette caverne offre un tableau agréable, mais terrible.

Cette voûte varie singuliérement dans sa hauteur; ici elle s'élève à la hauteur de vingt verges; là, s'abaissant tout à coup, il faut marcher courbé sur ses mains & sur ses pieds pour entrer l'un après l'autre dans des espèces de cellules : c'est ainsi que, dans cette partie du côté droit de la grotte, on peut y parcourir l'espace de plus de cinq cents verges avant de retourner sur ses pas pour gagner le jour & pour se disposer à visiter le côté gauche.

Cette partie est divisée en plusieurs routes; mais les guides ne manquent pas d'en prévenir le voyageur, qui, au moyen d'une pelote de ficelles qu'on fait suivre avec soin, peut s'enfoncer avec confiance dans ce labyrinthe. Cette partie n'est pas aussi horizontale que l'autre, & ses appartemens, si on peut s'exprimer ainsi, sont extrêmement grands; plusieurs ont au moins cent verges de largeur, & leur hauteur est de cinquante. On trouve un petit ruisseau dont les différentes cascades produisent une triste harmonie, bien conforme aux lieux que l'on parcourt. Ce ruisseau va se rendre à un bassin qui est à près d'un quart de mille de sa source. Là on trouve les ossemens au moins d'une centaine d'hommes : plusieurs sont très-grands, & se divisent en morceaux lorsqu'on les tire de l'eau.

Comme il n'y a aucune inscription, & que dans le voisinage de cette grotte les habitans n'ont conservé aucune tradition à cet égard, nous ne nous permettrons aucune conjecture, sinon peut-être que c'est une suite des guerres civiles, & surtout de celle de 1641.

Plusieurs rochers de la voûte, & même des parois de cette grotte, sont de marbre noir parsemé d'empreintes de coquilles blanches. Ce marbre reçoit un poli très-fin, & on s'en sert dans les trois royaumes pour tailler des dales, des chambranles de cheminées, &c.

DUNOIS (Le ci-devant Comté de). C'étoit un petit pays du ci-devant Orléanois, qui faisoit partie de la Beauce, entre les pays Chartrain & Vendômois, & au couchant de l'Orléanois. Cette contrée avoit environ douze lieues dans sa plus grande longueur, & neuf lieues dans sa plus grande largeur. Elle est arrosée par le Loir, l'Yère, la Connie & la Connie-Palue. Ses villes étoient Châteaudun, qui en étoit la capitale; Freteval, Cloye & Marchenoir. On y comptoit autant de bourgs. Le *Dunois* fait aujourd'hui partie du département d'Eure-&-Loir.

DURANCE. Le sol de la ci-devant Provence est singuliérement inégal. Les montagnes dont il est hérissé, ne sont ordinairement séparées que par des vallées étroites. Les principales montagnes, au voisinage desquelles la *Durance* coule, sont celles de Lure & du Leberon; elles sont l'une & l'autre formées par couches, & uniquement composées de pierres calcaires & de marnes.

A Sisteron la *Durance* passe entre deux montagnes qu'on peut regarder comme une dépendance de celle de Lure. Elles sont nues dans un certain espace, & elles sont remarquables en ce que leurs lits sont presque perpendiculaires à l'horizon, & dans le même plan sur les deux bords. La rivière est fort resserrée en cet endroit; elle y coule sur un rocher calcaire & sous une arche unique de quatorze toises & demie de longueur, qui forme le dernier pont qu'on trouve sur son cours.

Il est extrêmement rare que la *Durance* soit contenue par des rochers calcaires ou par des bancs de marne; même le haut des montagnes au pied desquelles elle coule, n'offre que ces espèces de pierres. Je commençai à observer cette rivière à une petite lieue de Sisteron. J'ai remarqué, en la suivant jusqu'à son embouchure, qu'elle couloit presque sans interruption entre des collines formées de cailloux arrondis & entassés les uns sur les autres. Il arrive souvent que ces cailloux sont sans liaisons, mais d'autres fois ils sont unis par un ciment fort dur. Il y a de ces collines graveleuses qui sont adossées contre des montagnes calcaires, & on en voit aussi un très-grand nombre qui sont entiérement isolées.

Au dessus de Sisteron, & sur la rive gauche de la *Durance*, les points les plus élevés où l'on trouve des cailloux roulés, ne sont pas, autant que j'ai pu l'estimer, à plus de vingt-cinq toises sur le niveau de la rivière : on y remarque quelques terrains assez étendus, où ces cailloux sont toujours apparens, ou du moins à peine recouverts d'une couche mince de terre labourable. Ces amas de cailloux sont dominés par une montagne escarpée, formée principalement de terres marneuses. Parmi les torrens qui descendent de cette montagne il s'en trouve qui, ayant rencontré des bancs de cailloux sans liaisons, s'y sont creusé des lits profonds. J'ai remarqué alors que les bancs de cailloux avoient d'autant moins d'épaisseur, qu'ils étoient plus élevés sur la montagne, & qu'ils etoient appuyés, dans quelques endroits, sur des couches de marne.

Au dessus de Sisteron on observe que les cailloux qui sont dans le lit de la *Durance*, sont de même espèce que ceux qui composent les collines voisines ; ils sont presque tous vitrifiables. Les quartz de différentes couleurs y abondent. Les pierres calcaires sont en petit nombre. On y trouve des serpentines & des variolites. J'ai ramassé de ces dernières espèces de pierres au haut des collines, dans des tas de cailloux qu'on avoit formés pour rendre fertiles des champs où ils étoient auparavant dispersés.

La *Durance*, semblable aux grands fleuves dans leur origine, devient aussi considérable qu'eux en s'approchant de son embouchure dans le Rhône. Elle naît au pied des Alpes, dans le Dauphiné, passe à Embrun, où elle reçoit la rivière de Gap, qui commence à grossir ses eaux ; ainsi qu'un nombre d'autres, lorsqu'elle entre en Provence : celle d'Ubaye, qui traverse la vallée de Barcelonnette ; la Caragne à Sisteron, la Bléousse à Digne, l'Asse, le Verdon ; toutes les eaux qui descendent par quantité de ruisseaux & de torrens de la montagne du Leberon, celles des étangs situés auprès de Noves & Saint-Remi, lesquels augmentent tellement son cours, qu'elle égale les plus grands fleuves. La disposition des coteaux de Cante-Perdrix & des montagnes opposées au bac de Mirabeau indique qu'elles ont été séparées par les eaux impétueuses de cette rivière, qui, dans les pluies d'orage ou par la fonte des neiges, acquièrent une telle vélocité, qu'elles entraînent tout ce qui s'oppose à leur cours, déracinent les arbres, renversent les digues, roulent avec elles des blocs de pierres détachés des montagnes, & par la violence de leurs chocs minent la base des coteaux contre lesquels elles viennent heurter, & les font crouler quelquefois avec un fracas horrible. Le bruit de ces eaux est si considérable dans ces occasions, qu'on les entend mugir au loin. L'air en est si fortement comprimé, qu'il n'y auroit pas de sûreté de se trouver dans ces instans sur les bords de cette rivière. La pente moyenne de la *Durance*, qui descend des Alpes, est au moins d'un pied & demi par cent toises ; ce qui donne une prodigieuse rapidité à ses eaux. On peut se figurer tous les ravages que les débordemens de la *Durance* doivent occasionner, les arbres & les graviers qu'elle entasse sur ses bords, les îles que ses flots forment de tous côtés en refluant sur eux-mêmes & en s'écoulant par autant de bras qui changent la face des lieux. Son lit, aussi mobile que ses eaux, n'est jamais assuré. Les rochers qui la repoussent d'un côté, les eaux de l'Asse & du Verdon qui la frappent en flanc de l'autre, rendent son lit aussi variable & aussi inconstant qu'on puisse l'imaginer. Tant de causes agissent ainsi sur les eaux de la *Durance*. Pourquoi n'auroit-elle pas franchi l'obstacle que les montagnes du Bac-de-Mirabeau opposoient autrefois à sa marche ? La correspondance de leurs couches inclinées à l'horizon dans les montagnes opposées, une même organisation dans leur intérieur, ne prouvent-elles pas que la rivière a pu se creuser entr'elles le lit intermédiaire qui les sépare ? Ce n'est pas ici le premier endroit où l'œil étonné admire les traces d'un pareil événement. Cette rivière, tantôt resserrée entre des montagnes schisteuses, dont elle mine lentement la base vacillante, tantôt s'écoulant sans contrainte sur un lit mobile de pierres glissantes, menace de tout engloutir. C'est ainsi qu'ayant abandonné depuis quelque tems le côté opposé à son cours actuel, elle va heurter contre le roc sur lequel une partie du village de Saint-Paul est bâtie, où elle se brise avec fureur dans ses débordemens.

Les inondations de cette rivière ne fertilisent pas toujours les fonds riverains : elle en cause au contraire plus souvent la ruine ; elle dépose bien loin de ses bords un limon léger, sablonneux, qui contient peu de sucs fertilisans. Ce n'est qu'aux bords des eaux stagnantes que cette rivière laisse dans les îlots, des limons que les débris des végétaux convertissent en bon engrais.

La grosseur des cailloux que la *Durance* charrie, varie singuliérement : pourtant les plus gros ont rarement plus d'un pied & demi de diamètre. Quoiqu'ils ne soient pas disposés dans les collines d'une manière régulière, relativement à leur masse, il est assez ordinaire que les plus gros se trouvent dans les lits les plus bas des collines. D'ailleurs, la seule différence qu'il y ait entre les cailloux qui sont dans le lit de la rivière, & ceux qui sont dans les hauteurs voisines, c'est que ceux-là sont parfaitement lisses;

& que la surface de ceux-ci, par l'influence des élémens, est un peu irrégulière. Les cailloux calcaires sont ceux qui sont plus sensiblement dégradés.

La *Durance*, au dessus de Sisteron, frappe dans quelques points de son cours sur la rive droite, contre des bancs de marne; mais elle est aussi contenue dans beaucoup d'endroits, sur les deux bords, par les rochers formés de cailloux roulés.

Le Buech entre dans la *Durance* au dessus de Sisteron. Cette rivière est considérable & fort rapide. Comme elle ne roule guère que des pierres calcaires, j'ai jugé qu'elle ne rencontroit pas dans son cours des collines organisées comme celles que la *Durance* traverse.

Au dessous de Sisteron, on observe des deux côtés de la *Durance* des cailloux roulés; ils se trouvent quelquefois à plus de vingt-cinq toises au dessus du niveau de la rivière. Si on cesse de les voir, ce n'est jamais que dans de petits espaces, & on découvre alors le rocher naturel de la montagne, qui est presque toujours marneux.

Les collines entre lesquelles la *Durance* coule depuis Sisteron jusqu'à Volonne, sont fort voisines. Comme les cailloux dont elles sont composées, sont, dans ces espaces, presque toujours liés par un ciment fort dur, ils forment comme des murs de quai, qui contiennent les eaux de la rivière, & qui l'empêchent de prendre une plus grande largeur.

On observe souvent, sur des lits de cailloux roulés, des bancs de sable. Ceux qu'on trouve sur les collines de Château-Arnoux, présentent des objets bien extraordinaires : on y voit reposer de grosses masses arrondies de pierres calcaires bleues, fort belles & fort dures. Ce sont ces blocs isolés qui ont fourni la pierre de taille avec laquelle on a bâti le pont de Malijai, & d'autres ponts qui sont sur la route de Sisteron. Il est évident que ces blocs n'ont jamais appartenu aux montagnes voisines, actuellement existantes, puisqu'elles ne présentent que des pierres gelisses.

En suivant la rive gauche de la *Durance*, depuis Volonne jusqu'à Jouques, on voit dans ce trajet, en s'élevant jusqu'à Moustiers, des collines entiérement formées de cailloux roulés & de sable. Leur organisation ne peut être mieux prononcée; elles ne renferment que rarement des bancs de pierres différentes : aussi on est réduit, dans la plupart des villes & villages qui s'y trouvent, à construire les édifices avec des cailloux ronds.

Il y a, au haut de ces collines, des plaines extrêmement étendues, & qui ne sont interrompues que par des ravins formés par les eaux pluviales. Ce qui est encore fort remarquable, c'est que le niveau de ces plaines est, dans quelques endroits, élevé de plus de cent cinquante toises sur le lit de la *Durance*, & qu'il est aussi plus élevé sur le niveau de la mer, d'environ soixante-dix toises, que les collines de cailloux roulés, que j'ai observées auprès de Sisteron. Je reviendrai sur ces observations lorsqu'il s'agira de déterminer l'origine de ces amas de cailloux roulés.

En suivant la rivière de Bleaune jusqu'à Mirabelet, on observe qu'elle coule entre des collines uniquement formées de cailloux roulés, & qui ne sont guère moins élevées de cent toises au dessus de son niveau. On sait que ces collines ne se terminent qu'à environ trois lieues de l'embouchure de la rivière. On voit, sur les deux bords, des torrens dont le lit est fort large & rempli de cailloux fournis par les collines voisines. Ces collines ne s'étendent guère, du côté du nord, à plus d'une lieue. Les torrens, qui ont un cours plus long, se distinguent aisément, parce qu'on trouve dans leur lit quelques pierres marneuses.

En examinant la nature des cailloux des collines de Malijai, des Mées, d'Oraison, de Valansolle, &c., on observe assez généralement que la plupart de ceux qui forment les lits les plus bas des collines sont vitrifiables. Mais dans les parties un peu élevées, les cailloux calcaires sont plus nombreux. On trouve pourtant, toujours à leur voisinage, quelques quartz, des granits & des grès assez abondamment. Ces cailloux calcaires sont fort durs, & ils fournissent une des meilleures chaux qu'on puisse employer.

Depuis Château-Arnoux jusqu'à l'extrémité du bois de Negreouls, près de Mirabeau, on voit aussi presque toujours des cailloux roulés sur la rive droite de la *Durance*. Si les collines ainsi organisées sont quelquefois interrompues, c'est pour faire place à des bancs plus ou moins étendus de sable, qui sont souvent durcis, & qui forment alors du grès. Au reste, les collines de cailloux roulés se terminent à une petite distance de ce côté de la rivière. Les collines de sable s'en éloignent davantage, & on les voit très-souvent appuyées sur des bancs de marne, qui sont des expansions du sol naturel des montagnes de Lure & de Leberon.

On commence à observer une espèce de rocher bien extraordinaire au sommet des montagnes de Ganobie & de Lure. Comme il accompagne ensuite, presque sans interruption, les collines de sable & de cailloux, qu'il est souvent mêlé & confondu avec elles, il peut servir à indiquer l'origine de ces cailloux, & à détruire quelques systêmes qu'on pourroit faire sur la formation des collines où on les voit rassemblés.

Il n'est personne qui n'ait pu observer, parmi les matières que la mer jette sur ses bords, des débris de coquilles, arrondis & usés par le frottement. Les livres d'histoire naturelle font mention de plusieurs contrées extrêmement favorables à la multiplication des coquillages, & où les rivages de la mer ne présentent d'autre sable que celui qui peut être formé de la décomposition de ces corps marins. Si on se représente un volume immense de fable coquillier, réuni par un ciment naturel, on aura l'idée la plus exacte des rochers dont je veux parler. Rien n'est pourtant si ordinaire que d'y rencontrer des corps marins d'une parfaite conservation. Il entre constamment du sable dans leur composition, & on y voit aussi quelquefois des cailloux arrondis de toute grandeur, & qui sont indifféremment quartzeux, silicés & calcaires.

Ces rochers forment souvent, sans interruption, des collines étendues. On remarque presque toujours qu'ils sont disposés par couches parallèles. Ils présentent plusieurs variétés. Lorsqu'ils sont principalement formés de débris fort petits de coquilles, on les taille comme le tuf; ils sont alors assez tendres dans la carrière, mais ils durcissent à l'air & ils résistent parfaitement aux injures du tems.

Lorsqu'ils renferment beaucoup de coquilles entières, ils sont alors moins durs, & sujets à se décomposer. Lorsqu'enfin il y a du cailloutage mêlé avec les coquilles, ils forment une masse fort dure, qu'on ne peut pas tailler facilement.

Au reste, il y a peu de collines formées de pierre coquillière, qui ne renferment à la fois des bancs de toutes les variétés que je viens d'indiquer. Il est fort ordinaire de voir des lits de pierre coquillière sur des couches de sable & de cailloux roulés, & réciproquement.

Je me réserve de parler, avec quelqu'étendue, des collines formées de pierres coquillières. Je me borne à présent à dire qu'on y trouve principalement des huîtres, des oursins, des madrépores, des cames, des cœurs & des vis.

Le terroir de Lure n'offre que du sable, des cailloux roulés & de la pierre coquillière. De Pierrerue à Forcalquier le terrain est toujours sablonneux, & il est souvent appuyé sur de la marne. Les collines voisines de Forcalquier sont couronnées de pierres coquillières.

A Mane le terrain est encore sablonneux dans une grande étendue : on y trouve de la pierre coquillière dans plusieurs endroits, & il y en a même une belle carrière qui fournit aux contrées voisines.

Il y a au nord de Mane des montagnes calcaires avec des lits marneux. On voit dans ces rochers une quantité immense de buccins & de limaçons plats. Les coquilles ne subsistent plus : on ne remarque que leur noyau. Je ne fais mention de cette espèce de pierre que parce qu'elle se trouve souvent au voisinage des autres rochers coquilliers.

Le Leberon est une montagne à couche : ses lits sont entiérement distincts ; ils sont ou calcaires, ou marneux, ou séléniteux. Il renferme beaucoup de bancs de houille. Il se termine, du côté de l'est, vers Volx. On voit ainsi qu'il est environné de collines qui n'ont pas été formées de ses débris.

A Manosque tout ce qui n'appartient pas au Leberon ne présente que des pierres coquillières, des sables & des cailloux roulés. De Manosque aux Jourdans on trouve souvent la pierre coquillière, des bancs de grès, de la roche marneuse & des coteaux de cailloux roulés. Les mêmes objets se présentent à Grand-Bois : on y remarque de plus des masses épaisses de sable argileux rougeâtre, dans lesquelles les eaux pluviales ont formé des ravins profonds, jusqu'à ce qu'elles aient rencontré les bancs de cailloux roulés. Les sables légers sont abondans à la Tour-d'Aigues, ainsi que la pierre coquillière & les graviers de la Tour-d'Aigues. A Pertuis le sable est la terre ordinaire : on en voit des bancs qui renferment une quantité infinie de détrimens de coquilles. En suivant le torrent qui vient à Pertuis, on remarque que les sables reposent souvent sur de la marne bleue.

La *Durance*, après avoir serpenté dans des plaines étendues depuis les Mées, se rétrécit vers Mirabeau, & elle est contenue alors entre des montagnes peu éloignées. Sur la rive droite on ne voit, dans un espace d'environ deux lieues, que des rochers calcaires, qui finissent vers la partie du terroir de Pertuis, où sont établies les digues qui défendent le territoire de cette ville; mais dès que ces rochers ont disparu, il leur succède des collines de cailloux roulés, qui s'étendent dans tout le terroir. Il y en a un banc très-considérable, qui est presqu'entiérement composé de pierres vitrifiables. D'ailleurs, le territoire de Pertuis fournit de belles carrières de pierre coquillière, des rochers de pierre blanche pleine de noyaux de buccins & de limaçons plats, & des bancs de sable & de grès. Les remparts de la ville sont appuyés, du côté du nord, sur un rocher de cette dernière espèce, mais qui est mauvais & seulement remarquable, en ce qu'il contient beaucoup de coquillages marins décomposés, & qui se réduisent, lorsqu'on les touche, en une poussière blanche extrêmement fine.

Les bancs de pierre coquillière, de sable & de cailloux roulés ne sont pas bornés du côté du nord & du nord-ouest par le territoire de Pertuis : on les suit encore dans les villages voisins qui sont dans les directions que je viens de marquer. Le Leberon est alors assez éloigné.

En parcourant successivement les terroirs de Ville-Laure, de Cadenet & de Lauris, on voit la continuation des cailloux roulés, des sables & des roches coquillières.

De Lauris à Merindol le Leberon se rapproche beaucoup de la *Durance*. Dans plusieurs endroits, de petites pierres calcaires, détachées de la montagne par les eaux pluviales, couvrent l'ancien sol; mais on ne laisse pas de voir de tems en tems des bancs de cailloux roulés avec des masses de roche coquillière.

En allant du côté de Cavaillon on voit une petite plaine formée de pierres descendues du Leberon. Ces pierres reposent sur des cailloux roulés qui paroissent dans le lit des ravins & dans les lieux où l'on a fait des tranchées un peu profondes.

A un quart de lieue de Merindol on ne voit plus de collines auprès du Leberon. Cette montagné reste alors isolée : elle présente l'aspect le plus désagréable ; elle est presqu'entiérement nue. Les rochers dont elle est formée, sont fort durs & disposés sur un pente rapide.

Il nous reste à décrire la rive gauche de la *Durance*, depuis Jouques. La pierre coquillière y est fort commune, ainsi qu'à Peyroles. Ce dernier village est bâti sur un rocher de cette espèce, & on en trouve de très-belles carrières à une petite demi-lieue vers le sud-est. En allant les visiter on remarque beaucoup de cailloux roulés quartzeux sur les coteaux voisins.

De Peyroles à Meyrargues les collines qui sont vers la *Durance*, ne renferment guère que des cailloux roulés. Cette rivière vient battre quelquefois contre des rochers formés de ces cailloux réunis, & qui se trouvent dans la plaine.

Les coteaux de Fons-Colombe ressemblent à ceux de Meyrargues. Vers Janson il y a des montagnes calcaires, qui ne se terminent qu'à la *Durance*. De la Roque à Malemort il y a beaucoup de cailloux roulés. Ce dernier village est bâti sur une colline où l'on trouve des sables, de la pierre calcaire & de la roche coquillière. Dans toute la plaine qui s'étend vers le bois de Taillade on trouve, à une petite profondeur, des cailloux roulés : la pierre coquillière y est abondante. C'est de là qu'on a tiré celle qu'on a employée à la prise d'eau du canal de Boisgelin & à d'autres ouvrages sur le même canal.

La plaine de Senas, qui joint celle de Malemort, & qui s'étend jusqu'au pied des montagnes d'Allein, de Lamanon, d'Aiguières & d'Orgon, n'est presque composée que de pierres roulées. A mesure que le sol est plus élevé sur le niveau de la *Durance*, la terre labourable a moins de profondeur & les cailloux sont plus apparens. On trouve dans le terroir de Senas, du côté où le sol est plus élevé sur le lit de la rivière, des rochers étendus de pierre coquillière, qui ont fourni les blocs qu'on a employés à la construction des digues.

Le canal de Crapone passe entre deux montagnes assez voisines de Lamanon. Celle qui se trouve à l'est du canal est calcaire, & elle ne montre de rochers différens qu'auprès de Salon, où la pierre coquillière est extrêmement abondante

La montagne de Lamanon est formée de grandes masses de grès & de pierre coquillière. Ces deux espèces de roches sont souvent mêlées & confondues. La montagne s'étend vers Aiguières, & elle passe au nord de ce village.

On sait que la Crau commence à Salon & à Aiguières ; mais cette plaine tient aux bancs de cailloux roulés de Senas. Si, en suivant le chemin de Salon, on les voit disparoître, ce n'est pas qu'il ne s'en trouve à une certaine profondeur.

Les lits de ces espèces de pierres sont d'autant plus éloignés de la surface de la terre, qu'on s'approche davantage de la montagne calcaire, dont les déblais se sont étendus dans la plaine, & ont couvert les pierres roulées qui formoient l'ancien sol.

A Orgon les montagnes sont calcaires, élevées & nues. A leur base & sous les maisons on trouve une pierre blanche coquillière d'un grain fin, & qu'on polit facilement.

En allant d'Orgon à Bonpas on marche pendant quelque tems sur des éboulemens de montagnes calcaires voisines. On observe pourtant bientôt des cailloux roulés. La terre végétale qui couvre ces espèces de pierres, n'acquiert de l'épaisseur qu'à mesure qu'on s'approche de la *Durance* & qu'on traverse les lieux fertilisés par le canal de Crapone.

La colline sur laquelle étoit bâtie la chartreuse de Bonpas offre, à sa partie inférieure, vers l'est, des bancs de marne ; vers le couchant ce sont des grès un peu micacés ; enfin on trouve épars çà & là des cailloux roulés, quartzeux. En s'élevant on continue de voir des cailloux de même espèce. Le grès devient moins commun. On observe quelques bancs de marne bleue, sablonneuse & micacée. On remarque des carrières de pierre coquillière, où l'on distingue des lits de sable. En montant encore plus haut on voit une autre carrière de pierre coquillière plus blanche, plus dure & moins sablonneuse que celle qui est plus voisine de Bonpas.

Les collines de Noves, quoique fort voisines de Bonpas, ne présentent pas la même espèce de pierre ; elles sont calcaires : on voit pourtant à leur sommet des cailloux roulés.

On trouve sur la route de Noves à Saint-Andéol un banc fort étendu & presque superficiel d'un tuf argilo-calcaire formé évidemment dans des eaux stagnantes, & qui repose sur la pierre coquillière.

En allant d'Orgon à Saint-Remy on laisse sur la gauche une chaîne de montagnes calcaires, qui vont se terminer dans le territoire de Tarascon. Le sol de la plaine est, dans une assez grande étendue, couvert de leurs déblais. On ne laisse pas pourtant de découvrir, d'intervalle en intervalle, des cailloux roulés. En creusant à une profondeur suffisante on en trouve constamment.

Ce qui prouve d'ailleurs que l'organisation du terrain ne change point, c'est qu'on trouve au pied des montagnes de Saint-Remy du grès & de la pierre coquillière. A l'extrémité de ces mêmes montagnes, dans le territoire de Tarascon, on trouve beaucoup de cailloux roulés ; & ces amas de graviers ont donné lieu à beaucoup de gens du pays, de croire que la *Durance* les y avoit déposés dans des tems reculés.

En allant de Tarascon à Barbantane on trouve, à une lieue environ, des montagnes calcaires : on les traverse ensuite, sans qu'elles présentent rien de remarquable. En arrivant dans la plaine qui est au sud de Barbantane, & où il y a un étang, on observe la roche coquillière. On la perd dans un petit espace; mais on la retrouve au nord de la colline sur laquelle le village est bâti, & on la suit sur plusieurs collines qui s'étendent vers l'est.

La pierre coquillière de Barbantane est remarquable par la grande quantité de madrépores & d'oursins qu'elle renferme. Les mêmes collines où elle se trouve, offrent différentes carrières de grès, & on remarque que le terrain qui la couronne, quoiqu'élevé de plus de cinquante toises sur le niveau de la *Durance*, est, dans une grande étendue, entièrement composé de cailloux roulés : on y distingue des grès, des quartz blancs & jaunes; mais les pierres les plus communes sont d'une espèce de roche quartzeuse, & entièrement semblables à celles de Bonpas, de Malemort, de la Crau, &c.

Tout le village de Barbantane est pavé avec des cailloux roulés, qu'on a pris sur le sommet de la montagne. Ce qui est très-singulier, c'est qu'on ne trouve plus de ces cailloux dans le reste du territoire, non seulement dans des terrains moins élevés, mais pas même dans la plaine.

La plaine de Barbantane est très-belle & très-fertile : le terrain y est limoneux & fort profond. On assure qu'on peut y creuser des puits & avoir de l'eau abondamment, sans rencontrer du gravier, pourvu qu'on ne fouille pas trop près de la *Durance*. C'est là que cette rivière se perd dans le Rhône. Son lit n'est pas à beaucoup près aussi large près de son embouchure, que dans les parties supérieures de son cours. Son canal, au dessous de la dernière île qu'elle forme, n'a guère plus de trente toises de largeur. Elle est sans doute alors fort profonde. Ses bords sont fort élevés; ils ont quelquefois plus de quinze pieds avant qu'on ne trouve le gravier, & il est rare qu'ils aient moins d'une toise.

Il y a, au dessous du confluent, un gros banc de cailloux roulés, beaucoup plus petits généralement que ceux qu'on observe dans la *Durance*, jusqu'à Bonpas. Il s'en trouve de calcaires, mais en petit nombre. On y voit des quartz, des grès, & surtout beaucoup de granits.

La *Durance* coule sur le gravier jusqu'à son embouchure; mais en remontant cette rivière depuis l'endroit où elle se confond avec le Rhône, dans un espace de cinq à six cents toises, on observe que les cailloux sur lesquels elle coule, sont extrêmement différens de ceux qu'elle montre supérieurement dans presque toute l'étendue de son lit. On peut à peine compter, sur une toise carrée, cinq à six cailloux de la grosseur d'un œuf: on en voit ensuite de la grosseur d'une noix, d'une amande, & ceux qui forment sans comparaison le plus grand nombre, ont les plus petites dimensions. Cette observation prouve que la *Durance*, malgré sa rapidité, ne charrie pas beaucoup de cailloux; autrement on en verroit, à son embouchure, de même grosseur que ceux qu'on observe dans les parties plus élevées de son lit.

En descendant le Rhône depuis Barbantane, on observe rarement des graviers sur ses bords. On en trouve pourtant beaucoup à Tarascon, & ils sont en général beaucoup plus gros que ceux qu'on voit au voisinage de l'embouchure de la *Durance*.

La ville d'Arles est bâtie sur un rocher de pierre calcaire, qui s'étend vers l'est, dans l'espace de quelques centaines de toises : on y voit des carrières assez belles. La colline la plus voisine d'Arles est celle de Mont-Majour, formée de pierre coquillière, qui va se confondre avec les bancs de même espèce, qui sont à Fontvieille.

La Crau commence à un quart de lieue d'Arles, vers l'est. Les terres labourables sont alors profondes, & les cailloux se trouvent assez bas; mais insensiblement ils deviennent plus apparens, & il arrive enfin qu'on ne voit rien autre dans les champs.

Il y a une variété singulière dans la grosseur de ces cailloux; mais ils sont en général plus gros à mesure qu'on s'éloigne d'Arles. Au-delà de Saint-Martin-de-Crau, on a été obligé d'enlever du chemin ceux qui avoient des dimensions trop grandes. Le diamètre des cailloux qui paroissent former le plus grand nombre, est d'environ six pouces; mais il s'en trouve qui ont jusqu'à un pied & demi. Il y a, parmi ces cailloux, des pierres calcaires, des grès, des variolites, des serpentines, des quartz, des granits; mais l'espèce qui est sans comparaison la plus abondante, est une pierre de roche quartzeuse fort dure, d'un blanc-sale. Sa couleur extérieure est rougeâtre communément.

La plaine de la Crau est environnée, du côté du nord, de rochers de pierre coquillière. On en trouve à Fontvieille, aux Baux, à Aureilles, à Mouriès, à Aiguières. On fait la même observation du côté de l'est. La pierre coquillière est commune à Salon, à Pelissane, à Lancon, à Calisane, à Grans, à Istres; mais la Crau en renferme prodigieusement. On en voit sur le chemin avant d'arriver à Saint-Martin-de-Crau. Dans beaucoup de quartiers, elle existe à trois ou quatre pieds de profondeur, & elle est connue sous le nom de *tuf*. Enfin, dans des fermes situées au milieu de la Crau, on rencontre avec étonnement une quantité prodigieuse de coquilles dans des rochers tendres.

On trouve des amas de cailloux roulés & des bancs de pierre coquillière au-delà du Rhône. A Saint-Gilles on ne bâtit qu'avec des cailloux ronds. La pierre coquillière que le terroir de Beaucaire fournit, ne diffère de celle de Fontvieille que par la couleur.

Le rive gauche du Rhône, au dessus d'Avignon, offre des plaines immenses de cailloux roulés. Il y a très-grande apparence qu'ils ont la même origine que ceux qui sont au voisinage de la *Durance*, & l'on ne doute pas qu'on ne parvienne, en faisant des observations suivies, à s'assurer que que ces bancs de cailloux sont réellement continus.

On laisse, en allant de Salon à Aix, la pierre coquillière à Pelissane. On trouve ensuite des montagnes calcaires; mais en approchant de Saint-Canat, près du château de M. Demons, on voit un grand nombre de collines formées de cailloux roulés, qui sont presque tous calcaires. A la Pile, même terroir, on retrouve la pierre coquillière, & on la suit jusqu'à Rognes.

Près d'Aix, sur le chemin d'Avignon, en coupant des collines on a trouvé des bancs de cailloux roulés. Au-delà de cette ville, sur le chemin de Marseille, on observe aussi un très-grand nombre de collines qui en sont formées, & qui offrent des bancs de grès. Les mêmes objets se présentent si, en s'élevant vers le nord, & en passant par le territoire de Venelles, on s'approche de la *Durance*.

Lorsqu'on est au sommet des plus hautes montagnes des Mées, où l'on voit des terres profondes, on ne soupçonneroit pas qu'elles reposent sur des masses énormes de cailloux roulés: on n'en est convaincu que lorsqu'on a observé les magnifiques bancs de poudingues, au pied desquels la ville est bâtie.

Comme les collines voisines d'Aix sont couvertes de terres profondes, elles n'ont pas une organisation aussi décidée qu'un grand nombre de celles qui sont près de la *Durance*; mais le naturaliste, en reconnoissant les mêmes espèces de pierres qu'il avoit trouvées sur les bords de cette rivière, ne peut guère douter qu'elles n'aient toutes une origine commune. Ce qui achève de le convaincre, c'est la continuité & la réunion des mêmes matières qu'il avoit constamment observées ailleurs. En effet, le territoire d'Aix, vers Saint-Marc, offre la pierre coquillière dont la ville est bâtie, & qui ne diffère en aucune manière de celle de Peyroles.

Les cailloux arrondis qu'on voit dans le lit de la *Durance*, dans les plaines & sur les collines voisines de ses bords, sont-ils des corps primitifs, & qui soient sortis des mains de la nature, tels qu'ils sont, & dans la place qu'ils occupent?

J'ai remarqué qu'il y a la plus grande variété dans la nature de ces cailloux; que les quartz de différentes couleurs, les pierres de roche, les serpentines, les grès, les silex, les granits, étoient confondus & placés indifféremment à côté les uns des autres; que ces cailloux sont ordinairement désunis, & que lorsqu'ils forment des rochers, ils sont liés par des matières étrangères; enfin, que chaque caillou appartient, de la manière la plus déterminée, à un genre distinct de pierre.

Il suffit de connoître la manière dont sont organisées les montagnes formées de chacune de ces diverses espèces de pierres, pour savoir qu'elles s'excluent pour ainsi dire mutuellement. Or, ici les pierres des montagnes à couches se trouvent confondues avec les productions des montagnes à filons. L'organisation des premières s'annonce pourtant de la manière la plus marquée. On voit très-souvent les cailloux arrondis disposés sur les collines par lits, & reposant sur des couches de sable, de marne, ou sur les débris d'anciens corps marins vivans.

On voit, dans le torrent des Mées, ces cailloux calcaires arrondis, sur lesquels sont des empreintes de portions de grosses cornes d'ammon. Il est donc évident qu'il y a eu un tems où ces cailloux appartenoient à des masses plus considérables, & où ils n'étoient qu'une matière molle plongée dans la mer.

On peut donc assurer que les cailloux qui forment les plaines & les collines voisines de la *Durance*, ne sont pas des corps primitifs; qu'ils appartenoient originairement à des rochers de différentes espèces; qu'ils ont été transportés à la place qu'ils occupent, & que leur forme arrondie & le poli de leur surface sont des indices certains des mouvemens qu'ils ont essuyés.

Ces cailloux ont-ils été fournis par les montagnes voisines des endroits où on les voit accumulés? Nous l'avons déjà dit: on n'observe sur les montagnes de la Haute-Provence que des marnes & des pierres calcaires; aussi tous les torrens qui y ont leur origine, & qui se jettent dans la *Durance*, ne transportent pas une pierre vitrifiable. Il faut pourtant excepter le Verdon, qui, traversant quelques contrées où le sable quartzeux est abondant, a des grès dans son lit; mais d'ailleurs, les cailloux calcaires, charriés par les torrens, diffèrent essentiellement de ceux qui sont réunis en masse au voisinage de la *Durance*. Ceux-ci sont beaucoup plus durs, mieux arrondis, & ils donnent une chaux fort supérieure à celle que les autres fournissent.

Comme les cailloux calcaires sont placés près des granits, & confondus avec un grand nombre d'autres espèces de pierres étrangères à la partie de la Provence où elles sont rassemblées, il n'est pas douteux que toutes ces pierres arrondies n'aient été transportées & accumulées par la même cause; mais il est évident aussi que les montagnes actuellement existantes, qui environnent ces amas de cailloux, n'en ont fourni aucun, quoiqu'elles soient beaucoup plus élevées.

Ces cailloux ont-ils été transportés par la *Durance?*

C'est une opinion ancienne & généralement adoptée, que le transport du gravier ne dépend que de la rapidité des eaux courantes, & que les rivières qui ont toujours beaucoup de vitesse, en charrient continuellement. Il faut avouer que cette idée est en apparence très-conforme à la raison; & lors même que des phénomènes multipliés la démentent de la manière la plus formelle, on a de la peine à l'abandonner, tant les préjugés établis par l'impreſſion des ſens ont pour nous d'empire.

En effet, la *Durance* a toujours un volume d'eau fort conſidérable. Ayant environ trois lignes de pente par toiſe, ſon principal courant eſt conſtamment rapide. Ses eaux ne ſont jamais limpides. Elle a dans ſon lit des amas énormes de cailloux arrondis, qui paroiſſent partager ſon inſtabilité. Enfin, dévaſtant ſucceſſivement chacun de ſes bords, tantôt elle engloutit des terres labourables, & tantôt elle en rend de nouvelles à l'agriculture.

Tous les anciens auteurs ont parlé de la *Durance* comme d'un torrent extrêmement rapide; mais il n'en eſt aucun qui ait exprimé d'une manière plus préciſe les effets des eaux, d'après l'impreſſion qu'elles font généralement, que Tite-Live, à l'occaſion de l'expédition d'Annibal. Voici ſes paroles.

« De toutes les rivières qui ont leur ſource dans les Alpes, il n'en eſt point qui ſoit plus difficile à paſſer que la *Durance*. La maſſe d'eau qu'elle roule, eſt immenſe, & cependant elle n'eſt pas navigable. Elle n'a pour ainſi dire point de bords. Elle occupe à la fois pluſieurs lits, ſans en avoir jamais de permanens. Il s'y forme à tous momens de nouveaux gués & de nouveaux gouffres, de manière que les piétons mêmes n'y ont pas de paſſages fixes. Comme d'ailleurs elle entraîne des cailloux arrondis, elle n'offre à ceux qui y entrent, qu'un fond fugitif & qu'une traverſe dangereuſe. »

D'après un aſſez grand nombre d'expériences faites dans pluſieurs endroits du lit de la *Durance*, il ſuit que cette rivière parcouroit, dans un tems où ſes eaux étoient baſſes, & où non-ſeulement elles ne charrioient pas du gravier, mais où elles étoient légérement troublées, dix pieds par ſeconde dans un grand nombre de points de ſon cours. Or, il eſt démontré que cette viteſſe eſt fort ſupérieure à celle qui eſt néceſſaire pour charrier du gravier. Il eſt donc certain que le tranſport du gravier ne dépend pas préciſément de la rapidité des eaux, & que la *Durance* n'en charrie point lorſqu'elle eſt dans ſon état ordinaire. Mais on peut ſe convaincre aiſément que, lors même que cette rivière eſt fort enflée, elle ne tranſporte pas loin le gravier. Parmi un grand nombre d'obſervations particulières que je pourrois citer pour prouver ce que je viens d'avancer, je n'en choiſirai qu'une, dont les détails m'ont été fournis à Ville-Laure.

La *Durance* couloit dans un lit aſſez étroit, vis-à-vis du Puy; mais une partie de ſes eaux, au tems des crues, ſe dirigeant du côté de Ville-Laure, cauſoit à ce dernier territoire des dommages conſidérables. A l'origine de ce courant particulier on établit, ſur une aſſez grande étendue, un lit de faſcines, qu'on couvrit de cailloux. Cette barricade, ſi foible, a réſiſté pendant un grand nombre d'années à l'impétuoſité des eaux; elle ne s'eſt abaiſſée que parce que le bois des faſcines s'eſt pourri. Au reſte, il eſt bon d'avertir que les faſcines étoient plus nuiſibles qu'utiles à la ſtabilité de cette eſpèce de levée, parce que le bois, ayant une moindre peſanteur ſpécifique que l'eau, devoit tendre à s'élever, &c. Mais il y a une obſervation générale qui prouve ſans réplique, que la *Durance* charrie très-peu de cailloux. Son cours eſt connu depuis plus de deux mille ans; & depuis lors elle ne s'eſt jamais écartée des établiſſemens formés ſur ſes rives, & elle a toujours eu ſon embouchure à une petite diſtance d'Avignon. Il eſt certain qu'on voit dans un grand eſpace, avant qu'elle entre dans le Rhône, que ſes aterriſſemens ne ſont formés que de cailloux conſidérablement plus petits que ceux qu'on obſerve ſupérieurement dans toute l'étendue de ſon lit. Si tous ces gros cailloux étoient charriés par elle, on les verroit à ſon embouchure; s'ils n'y parviennent pas, c'eſt une preuve que leur mouvement progreſſif eſt extrêmement lent.

Si on m'objectoit que ces cailloux entrent dans le Rhône, on ſeroit également embarraſſé pour ſavoir ce qu'ils deviennent; car on ceſſe d'en trouver dans le lit de ce fleuve à peu de diſtance de Taraſcon. D'ailleurs, on ſait que le Rhône en charrie lui-même, & on reconnoît, immédiatement au deſſous de l'embouchure de la *Durance*, à la grande quantité de granits qui ſont dans les aterriſſemens, que cette rivière ne les a pas fournis.

Enfin, il ſeroit poſſible que la *Durance* coulât près de ſon embouchure ſur de très-gros cailloux, ſans que cela prouvât qu'elle les eût charriés; car on verra par la ſuite de ce Mémoire, que ces cailloux arrondis ſont le ſol naturel ſur lequel la rivière coule.

On pourroit faire une objection ſpécieuſe pour prouver que la *Durance* a la puiſſance de charrier beaucoup de gravier, même fort près de ſon embouchure. Voici cette objection. C'eſt un fait, que cette rivière n'a pas de lits fixes; qu'elle s'en forme elle-même ſouvent de nouveaux, & qu'elle comble ceux qu'elle abandonne. Or, elle ne peut pas produire ces effets dans tout ſon cours, & juſqu'auprès de ſon embouchure, ſans tranſporter même alors des maſſes énormes de graviers.

Pour répondre à cette objection, il ſuffit de conſidérer ce qui ſe paſſe dans un champ où l'on met la charrue. Le choc ouvre & déplace la terre ſans l'emporter; il creuſe & comble tour-à-tour des ſillons. Voilà l'image fidelle de l'effet que produiſent les eaux dans le lit des rivières; & certainement ſi les choſes ne ſe paſſoient pas comme je le dis, ſi les maſſes énormes de cailloux que la *Durance* déplace dans tous les lieux où elle ſe creuſe de nouveaux lits étoient pouſſées devant elle, ces cailloux ne parviennent pas juſqu'à ſon embouchure; & pouvant former des dépôts extraordinaires dans une ſeule crue, on verroit pour ainſi dire le lit de la rivière s'élever continuellement, & il ne lui faudroit qu'un petit nombre d'années pour combler les vallées qu'elle traverse.

Il y a des personnes qui prétendent que la *Durance* approfondit son lit, & que ses eaux étoient autrefois plus élevées qu'elles ne le sont à présent; mais cette opinion est aussi peu fondée que celle que nous venons de combattre.

En effet, il est certain que tous les torrens qui se jettent dans la *Durance* y amènent du gravier, & cela est produit avec d'autant plus de facilité, qu'une grande partie des collines qui sont sur les bords de la rivière sont presqu'entièrement formées de cailloux roulés.

Il est certain, d'un autre côté, qu'il y a très-peu de cailloux qui franchissent l'embouchure de la *Durance* : ainsi il y en entre plus qu'il n'en sort. Le lit de cette rivière doit donc s'élever constamment. Comme il est immense, les dépôts des torrens ne peuvent devenir sensibles qu'après des tems très-longs; mais son élévation n'est pas moins réelle, quoiqu'on n'en puisse pas fixer les progrès.

On voit évidemment à Arles, que les eaux du Rhône sont beaucoup plus hautes qu'autrefois; mais il n'y a pas, que je sache, sur les bords de la *Durance*, d'anciens monumens qui puissent servir à faire connoître de combien le lit de cette rivière s'est élevé depuis un certain nombre de siècles.

On voit, dans tous les endroits où la *Durance* resserrée trouve des montagnes calcaires, qu'elle coule même alors sur des bancs de gravier profonds. Si elle creusoit son lit, ses eaux peseroient immédiatement sur les racines des montagnes voisines, & non pas sur les mêmes espèces de cailloux qu'elle montre dans tout son cours.

Ce qui a fait croire sans doute que la *Durance* approfondissoit toujours plus son lit, c'est qu'il y a un grand nombre de torrens qui, avant de s'y jeter, s'en sont creusé de très-profonds dans les collines qu'ils traversent. Mais il faut remarquer que cela ne s'observe que sur des collines penchantes, où les cailloux sont peu adhérens, & où ils roulent pour ainsi dire d'eux-mêmes, quelque petite que soit la force qui les mette en mouvement.

En admettant que les cailloux qu'on observe sur les bords de la *Durance* ont été transportés par cette rivière, soit qu'on prétende qu'elle creuse son lit, soit qu'on pense qu'elle l'élève, on tombe nécessairement dans les contradictions les plus palpables. En effet, il est certain que dans une infinité d'endroits la *Durance* est appuyée & coule sur des rochers formés de cailloux roulés. Or, si elle creuse son lit, on ne devroit pas y trouver des cailloux, puisqu'on suppose qu'elle les apporte; & si au contraire son niveau s'élève toujours, elle ne peut pas avoir formé les collines qui sont sur ses bords.

Puisque les mêmes effets répondent toujours aux mêmes causes, & puisque toutes les rivières élèvent leurs lits, il suit que les plaines formées de cailloux roulés, qui sont voisines de la *Durance*, & qui sont élevées au dessus du niveau des plus hautes eaux, n'ont pas été formées par cette rivière, à plus forte raison les collines qui dominent ces plaines & offrent la même organisation doivent-elles leur existence à une cause différente.

Lorsqu'on voit depuis Malijai, sur la rive gauche de la *Durance*, dans un espace de sept à huit lieues, sur une largeur qui en a quelquefois plus de quatre, des montagnes continues, uniquement formées de cailloux roulés ou de sable, & élevées de plus de cent cinquante toises sur le lit actuel de la rivière, quelqu'idée qu'on se forme de sa puissance, il faut avoir un goût extrême pour le merveilleux, pour croire que ces montagnes lui doivent leur existence.

Par les observations barométriques faites à Sisteron & à Saint-Maxime, près de Riez, on trouve que ce dernier endroit est plus élevé que l'autre de soixante-dix toises sur le niveau de la mer. Or, les collines de cailloux roulés les plus élevées auprès de Sisteron sont inférieures au sol de la paroisse : donc la disposition & la hauteur des dépôts de la rivière seroient en sens contraire de son cours.

Si la *Durance* avoit charrié les cailloux qui sont au dessus de Sisteron, comme elle n'a pu jamais passer qu'à travers la montagne où se trouve le pont, il faudroit nécessairement qu'elle eût laissé des cailloux sur son cours, à une élévation au moins approchante de celle des montagnes de Riez. Or, c'est ce qu'on n'observe pas. A peu de distance de Sisteron les collines graveleuses qui sont sur la rive gauche de la *Durance* sont peu élevées, & celles qui les dominent ensuite, & qui s'étendent vers l'est, sont formées de pierres calcaires ou de marne, & elles sont, dans l'espace de plusieurs lieues, de plus de soixante toises au dessous du niveau des montagnes de Riez.

On dira peut-être que la *Durance* seule n'a pas fourni ces amas de cailloux roulés, & que les rivières qui les traversent, en ont fourni une partie; mais cela n'est pas soutenable. J'ai suivi, dans un assez grand espace, le Verdon, au dessus & au dessous de Castellane. Tant que cette rivière passe dans le pays marneux on ne voit aucun cailloux roulé au dessus de son lit; mais, à une lieue & demie au dessus de Beauduen, elle entre subitement dans une vallée bordée, des deux côtés, de montagnes de cailloux roulés, élevées de plus de cent toises sur son niveau. Parmi une infinité de preuves qui démontrent que ces montagnes caillouteuses ne peuvent pas être son ouvrage, je n'en choisirai qu'une. Au dessous de Beauduen le Verdon passe à travers une montagne calcaire contiguë aux montagnes graveleuses & de même élévation qu'elles : là des rochers escarpés lui servent de bords dans une certaine étendue, & lui forment un lit assez étroit pour l'empêcher, au tems des crues, de s'échapper avec facilité. Si cette rivière a formé les collines graveleuses, il faut reconnoître qu'elle a aussi formé la montagne calcaire.

J'ajoute encore cette réflexion : s'il y a eu un tems où la *Durance* charrioit une si grande quantité de cailloux, pourquoi a-t-elle cessé de produire les mêmes effets? & comment arrive-t-il aujourd'hui que, malgré sa rapidité, elle n'en amène plus jusqu'à son embouchure?

On a vu, dans la description des environs de la *Durance*, que la Crau tenoit aux plaines & aux montagnes de cailloux roulés que j'ai suivies jusqu'au dessus de Sisteron : ainsi cette plaine, si merveilleuse aux yeux des physiciens, n'est réellement qu'une portion peu considérable d'une contrée fort étendue, où la nature a rassemblé une quantité immense de cailloux. On trouve dans la Crau, des variolites, des serpentines, & en général les mêmes pierres dont sont composées les collines voisines de la *Durance* à Sisteron, à Barbentane, &c. Mais ces observations, en indiquant que ces collines & la Crau doivent leur existence à la même cause, ne prouvent en aucune manière que la *Durance* les a formées

Les terres salées qu'on trouve au nord d'Arles, à une petite profondeur, déposent que la mer y venoit dans des tems reculés. On sait que ce sont les crémens du Rhône qui l'ont éloignée; d'un autre côté, l'étang de Berre, recevant les dépôts de la rivière d'Arc, a dû diminuer continuellement.

La Crau étoit ainsi environnée autrefois par la mer de tous les côtés, excepté vers le nord. Si dans ce tems la *Durance* y avoit eu son embouchure, elle eût déposé sur ses bords des terres fertiles, comme elle l'a fait à Barbentane; si elle eût charrié quelques cailloux, ils eussent été fort petits. Mais reconnoît-on, en voyant la Crau, les dépôts d'une rivière parvenue à son embouchure?

Puisqu'on est conduit constamment à des absurdités, en supposant que les cailloux qu'on observe dans le lit & sur les bords de la *Durance* ont été charriés par cette rivière, il faut nécessairement, pour se rendre raison de leur origine, recourir à une cause plus puissante : la mer est la seule qui se présente.

A la suite de la description la plus suivie & la plus détaillée du bassin de la *Durance* il se présente trois considérations fort importantes, que j'ai le plus grand intérêt d'exposer.

La première a pour objet tout ce qui concerne le lit ou le canal de la rivière, depuis les premières sources jusqu'à son embouchure. La seconde fera connoître la grande quantité des différentes matières qui ont été déplacées dans tout ce trajet. La troisième offrira les différens amas de cailloux roulés, & qui peuvent être rapportés à tous les lieux qu'ont pu occuper les bords & les flots qui ont pu les arrondir. Effectivement, on ne peut suivre les premières eaux courantes voisines des sources de la *Durance* sans reconnoître avec étonnement la grosseur du lit de la *Durance* jusqu'à Sisteron, où le canal paroît s'approfondir au lieu de s'élargir, comme la quantité des eaux des rivières latérales sembleroit l'exiger. Ce n'est que vers l'extrémité de son canal que le lit prend une dilatation considérable, en conséquence des déplacemens & des balancemens qu'il éprouve, & de la multiplication des ilots qui se trouvent dispersés entre les canaux qu'ils séparent. Enfin, les eaux se rapprochent dans un bassin plus étroit & plus profond un peu avant l'embouchure de cette rivière dans le Rhône.

Je retrouve les amas de cailloux un peu au dessous de Lure & de Leberon; ce qui fait croire que ce sont ces portions de montagnes, lors de leur situation sur les bords de la mer, qui ont fourni les matériaux qui, ayant été ballotés par les flots, ont donné lieu à ces amas qui se sont prolongés d'un côté vers Lei, & enfin le long du Rhône, où ils ont laissé un amas considérable de cailloux roulés.

Enfin, la seconde considération a pour objet, comme je l'ai dit, le grand nombre de matériaux qui ont été déplacés, soit le long du lit de la *Durance*, soit le long du lit des rivières latérales. Ceci donne lieu de prendre une idée des nombreux changemens qui sont survenus à la surface du globe par les eaux courantes des fleuves & des rivières, suivant la nature des différens massifs que ces fleuves & ces rivières traversent, dont on peut juger par l'approfondissement des vallées, qui annonce la quantité de ces transports, qui ont été faits & qui continuent à s'opérer par les crues & les inondations.

DURAS, bourg du département de Lot & Garonne, arrondissement de Marmande, sur la rivière qui se jette dans le Drot. Les environs de ce bourg abondent en fruits, en pâturages & en vins.

DURBAN, village du département de l'Arriège, arrondissement de Foix, sur l'Arize. On trouve des paillettes d'or dans le gravier de cette rivière: outre cela elle charrie des cailloux quartzeux, de la mine de fer rouge en roche & en grain, mais moins pesante que celle qui se trouve dans l'Arriège & aux environs. Il paroît que c'est le terrain de cette commune, situé sur la rive gauche de l'Arrize, qui fournit l'or à cette petite rivière. Au dessus de *Durban*, près de la métairie d'Ordas, entre deux coteaux, est un ravin qui est à sec lorsqu'il ne pleut pas. Le ruisseau qui s'y forme en tems de pluie charrie de l'or en assez grande abondance. On voit aussi du quartz blanc & de la mine de fer rouge.

Durban, village du département de l'Aude, arrondissement de Narbonne. On a découvert, dans les montagnes de cette commune, des terres grasses, & même des rochers mous gypseux, qui offrent des cristaux de diverses couleurs. On trouve dans ces mêmes montagnes une fontaine d'eau salée.

DURDAT, village du département de l'Allier, arrondissement de Mont-Luçon, & à deux lieues & demie de cette ville. Ses environs produisent de bons pâturages; aussi on y nourrit beaucoup de bétail, dont il se fait un grand commerce.

DURFORT, village du département du Gard, arrondissement du Vigan. Il y a plusieurs fabriques d'étoffes de laine: outre cela on trouve aux environs des mines de plomb.

DURHAM. De Seaton-Snoot, dans l'évêché de *Durham*, jusqu'à Hatlepool, est une suite de bancs de sable, & le rivage n'est proprement qu'un bas-fond long-tems continué. De la pointe du nez de Hatlepool jusqu'à Blackhalls on trouve une côte rocailleuse de pierre à chaux avec de très-fréquens intervalles de bancs de sable & d'un rivage pierreux. Mais Seham & Hatlepool sont si hérissés de roches, qu'il n'est point d'ennemi qui puisse débarquer ou même tenir devant le rivage sans le danger le plus imminent. Les côtes surtout des environs de Hawthorn-Hive sont un peu excavées, & forment les plus grotesques figures pendant plusieurs milles. Les rivages sont sans cesse écumans sous une mer brisée & irritée par les roches cachées & par les langues de sables qui s'étendent fort loin de la terre. De Seham à Sunderland ce sont des collines de sable & des berges sablonneuses avec peu d'eau. De Weremouth au voisinage de Cléadon, de bas rochers de pierre à chaux forment la côte, coupée çà & là par des monts de sable & des berges pierreuses. De ce point à l'embouchure de la Tyne, & jusqu'à Dunstambrough dans le Northumberland, le rivage est sablonneux & la terre rocailleuse par intervalle. Mais de là à Bamborough on trouve des côtes hautes & composées de rochers qui, en plusieurs endroits, s'avancent fort avant dans la mer, & qui, dans les basses marées, découvrent leurs têtes au dessus des eaux.

Le château de Bamborough est situé sur une chaîne de falaises escarpées. Un charitable prélat a acheté ce domaine, & en a consacré le produit au soulagement des matelots qui font naufrage sur cette dangereuse côte, & à d'autres emplois de bienfaisance.

Les îles ou plutôt les rochers de Farn forment un groupe qui n'est pas éloigné du rivage. Le plus près est à cinq cent trente-quatre toises, & le plus éloigné à sept mille. Il est probable que ces îles ont été séparées du Continent par la mer qui à des marées furieuses, lesquelles se précipitent dans un canal de cinq à douze brasses d'eau. Les rochers les plus éloignés commencent à une profondeur de quarante à cinquante brasses. D'innombrables oiseaux de mer d'une grande variété d'espèces sont en possession des rochers les plus éloignés, où ils trouvent une retraite plus sûre que sur les basses collines du rivage. Toute la côte, depuis le cap Bamborough jusqu'à celui de Saint-Ebb, n'offre aucun asyle aux oiseaux maritimes, qui cherchent les promontoires les plus élevés.

Quand on parle des retraites habitées par les guillemots, les cormorans & les nigauds, on peut être sûr que les falaises s'élèvent à une hauteur remarquable.

De Bamborough jusqu'à l'embouchure de la Twed, c'est un rivage sablonneux, & qui se rétrécit à mesure qu'il se rapproche de l'Écosse. Lindesfarne ou l'Ile-Sainte, avec sa cathédrale & son château ruiné, est fort loin du rivage, & accessible lorsque la mer est retirée. Il est probable qu'elle a été séparée du Northumberland par l'action long-tems continuée des flots. Les marées ne montent pas sur cette plage par un accès gradué; mais l'eau, par un progrès insensible, sourd doucement du sein des sables, qui d'abord n'offrent qu'un fond marécageux, & bientôt cette eau enveloppe l'observateur d'une plaine unie qui embrasse les formes variées des rivages adjacens.

DWINA *ou* LA DOUBLE RIVIÈRE est la plus considérable de celles qui se jettent dans la Mer-Blanche. Elle tire son nom de ce qu'elle réunit les eaux de la Suchona & de la Yug, à une très-grande distance de son embouchure. Cette rivière est navigable jusqu'à Vologda; ce qui fait, par eau, un trajet de six cent soixante-six milles. Elle sert à voiturer les denrées des parties intérieures de l'Empire à Archangel, ville située sur ses bords, à environ six milles de la mer. Les îles de Podesemskoe forment le delta de cette rivière. Elles sont séparées les unes des autres par un détroit fort resserré, mais qui est primitivement l'ouvrage des eaux de la *Dwina*.

On peut approcher de la ville d'Achangel par deux canaux, l'un à l'est & l'autre à l'ouest, chacun de plus de trente milles de longueur. Leur profondeur est depuis trois jusqu'à huit brasses. La cité est placée sur les bords du canal oriental. Les îles du delta sont séparées les unes des autres par un détroit fort étroit, parallèle aux grands canaux, & qui les partage exactement par le milieu. De petits bâtimens russes peuvent y passer, & le pilote du nord assure qu'il y passe de plus forts vaisseaux.

DYLE (Département de la). Ce département tire son nom de la *Dyle*, rivière qui le traverse en passant à Louvain, & de là à Malines, pour tomber, à peu de distance de cette ville, dans l'Escaut.

Les bornes de ce département sont, au nord, celui des Deux-Nèthes, à l'est ceux de la Meuse-Inférieure & de l'Ourthe, au sud ceux de Sambre & Meuse & de Jemmapes, enfin à l'ouest celui de l'Escaut.

Les principales rivières sont la *Dyle*, qui prend sa source dans le département du Pas-de-Calais, la Senne dans le département de Jemmapes, la Demer & la Geète.

La superficie de ce département est d'environ 671,746 arpens carrés, ou 342,848 hectares. Sa population est de 363,956. Il est composé de trois cent quatre-vingt-seize communes, & divisé en trois arrondissemens communaux ou sous-préfectures, en vingt-sept cantons & trente justices de paix. La préfecture de ce département est à Bruxelles. Louvain & Nivelle sont les siéges des sous-préfectures. Ce département est dans l'archevêché de Malines, & dépend de la vingt-quatrième division militaire, dont le commandant réside à Bruxelles. Il est du ressort du tribunal d'appel séant à Bruxelles & dans la vingt-quatrième conservation forestière.

Les principales villes sont les trois chefs-lieux d'arrondissement, auxquelles on peut ajouter Diest & Tirlemont.

Les rivières qui prennent leurs sources dans le département sont Belle-Beeck, Grande-Geète, Groote-Gauche, Lasne, Mauligna, Meeren-Beeck, Resbeke ou Meulen Beeck, Rever, Thy ou Genappe, Trine, Volpe, Voer, &c.

Les productions du département consistent en grains, chanvres, lin, colsa, houblon, orge, fruits, laines, tabac & charbon de terre. Le tabac, le colsa & le charbon de terre sont des sources intarissables de richesses. La bière est la boisson ordinaire du pays. Celle que l'on brasse à Bruxelles est très-épaisse; elle se conserve bien, & l'on en fait des envois au dehors.

Son industrie est très-avantageuse au commerce, tant à celui du dehors qu'à celui de l'intérieur de la France, par le grand nombre de fabriques qui s'y trouvent en activité, & surtout par la beauté, la finesse & la perfection des étoffes en laines, soie, fil de chanvre, coton qui sortent de ses manufactures, tels que draps, frisettes, façon d'Angleterre, & préférables à ceux de cette nation; flanelles, bouracans, calemandes, camelots, indiennes, toiles, dentelles; surtout bas de soie, coutils, siamoises en soie, cotonnades en chaînes de fil, tapisseries de la plus grande beauté, cuirs dorés, galons d'or & d'argent, pour le moins aussi bien travaillés que ceux de Paris & de Lyon; fer battu & blanchi, qui fait qu'aujourd'hui on peut se dispenser de se servir d'aucun vase de cuivre, dont l'usage est fort dangereux dans les cuisines; enfin tous les objets d'arts, d'agrémens, de mode & d'utilité publique y sont portés à un degré de perfection qu'on ne pourra plus surpasser, surtout si le Gouvernement use de tous les moyens qui sont entre ses mains pour encourager & occuper avantageusement le génie industrieux de ce peuple flamand, vraiment digne de faire partie de l'Empire français.

Fin du tome troisième.